Dirk Unschuld
Thomas Hardt

Im Zeichen des Geißbocks
Die Geschichte des 1. FC Köln

Bibliografische Information der Deutschen Bibliothek
Die Deutsche Bibliothek verzeichnet diese Publikation in der Deutschen Nationalbibliografie;
detaillierte bibliografische Daten sind im Internet über http://dnb.ddb.de abrufbar.

Fotos (soweit nicht anders angegeben): Archiv 1. FC Köln, Archiv der Autoren, Agentur Horst Müller, Sportfoto Pfeil, Harry Gommersbach, Dirk Päffgen, Stephan Schlusemann, Michael Scheuß. Nicht in allen Fällen konnten die Fotografen ermittelt werden. Der Verlag bittet um entsprechende Hinweise, um berechtigte Ansprüche abzugelten.

Copyright © 2008 Verlag Die Werkstatt GmbH
Lotzestraße 24a, D-37083 Göttingen
www.werkstatt-verlag.de
Alle Rechte vorbehalten.
Satz und Gestaltung: Verlag Die Werkstatt
Druck und Bindung: Westermann Druck, Zwickau

ISBN 978-3-89533-628-7

Foto: Getty Images

Dirk Unschuld
Thomas Hardt

Im Zeichen des Geißbocks

Die Geschichte des 1. FC Köln

VERLAG DIE WERKSTATT

Inhalt

DIE VORGÄNGERVEREINE DES 1. FC KÖLN

Kölner Ballspiel-Club e.V. 17

1902/03	Erste Meisterschaftsspiele	18
1903-06	Ein eigener Platz	19
1906/07	Französische Champions	20
1907/08	Rekordkulisse im Lokalderby	21
1908/09	KBC-Stil kommt aus Stuttgart	21
1909-11	In „Zehnerliga" dabei	22
1911/12	Endlich Westdeutscher Meister	23
1912-14	Neue Heimat am Klettenbergpark	25
1914-19	Krieg stoppt Spielbetrieb	26
1919/20	Der Favorit strauchelt	27
1920/21	Tränen nach Punktverlust	28
1921/22	Ärger um McGregor	28
1922/23	Der „neue Weg"	30
1923/24	6.000 Besucher bei Platzweihe	31
1924-26	Wachablösung trotz Sensationssieg	32
1926-33	Außersportlich bestens	33
1933-37	Zweitklassig durch Neuordnung	34
1937-39	Abstieg aus der Gauliga nach nur einem Jahr	35
1939-45	Kriegsfußball	36
1945-48	Neuanfänge	38
1947	Franz Kremer wird 1. Vorsitzender des KBC	38

Spielvereinigung Sülz 07 e.V. 39

1911-18	A-Klasse und Kriegsjahre	40
1919-25	Sachlicher und sportlicher Neuaufbau	41
1925-28	Die Ära Swatosch	43
1928-30	7:2-Triumph über Schalke 04	45
1930-35	Das Ende einer Ära	48
1935-38	Nationalspieler Georg „Schorsch" Euler	51
1938/39	Titelhoffnungen	53
1939-43	Abstiegskampf mit Kriegsgastspielern	54
1943-45	Kriegsspielgemeinschaft mit dem Lokalrivalen	56
1946-48	Letzter Protest	57

DER 1. FC KÖLN

1947/48	Die Geburt des 1. FC Köln	59
1948/49	Aufstieg im zweiten Anlauf	64
1949/50	Etablierung in der Oberliga	69
1950/51	Das zweite Jahr im Oberhaus	74
1951/52	Ziel Endrunde nicht erreicht	79
1952/53	Erstmals in der Endrunde um die „Deutsche"	83
1953/54	Endlich Westmeister	89
1954/55	Erstmals in Abstiegsgefahr	95
1955/56	„Tschik" kommt nach Köln	99
1956/57	Ein „verlorenes" Jahr	103
1957/58	„Hennes" zieht in die Endrunde ein	108
1958/59	Frust in der Endrunde	114
1959/60	Der „Boss" in Köln	120
1960/61	Real Madrid in Müngersdorf	127
1961/62	Der große Wurf gelingt – der FC als Deutscher Meister	133
1962/63	Der Favorit strauchelt	144
1963/64	Erster Meister der Bundesliga	153
1964/65	Die unvergessene Nacht von Rotterdam	162
1965/66	Die „Stunde null" nach Hans Schäfer	174
1966/67	Elegant und unstet	181

Foto: Reinaldo Coddou H.

1967/68	Endlich der Pott!	188	1996/97	„Skandalöse Rasenschlampen" ... 400
1968/69	Rettung am letzten Spieltag	196	1997/98	Erster Abstieg ... 405
1969/70	Mit „Granit-Hans" wieder nach oben	205	1998/99	Im Niemandsland ... 410
1970/71	Die Skandalsaison	212	1999/2000	„Der Aufstieg ist unvermeidbar" ... 416
1971/72	Der Elfmetermarathon	222	2000/01	Klassenerhalt gesichert ... 422
1972/73	Das „Jahrhundertspiel"	231	2001/02	„Wie ein Absteiger" ... 427
1973/74	Wieder „Tschik"	240	2002/03	Wiederaufstieg mit Beigeschmack ... 434
1974/75	Die Derby-Saison	247	2003/04	Zurück im Fahrstuhl ... 440
1975/76	„Tschik" zum Letzten	254	2004/05	Das Ergebnis stimmt ... 446
1976/77	Grenzenlose Hennes-Euphorie	260	2005/06	Wechselspiele ... 452
1977/78	Das Double	271	2006/07	Der „Messias" kehrt zurück ... 458
1978/79	Mit leeren Händen	281	2007/08	Der Aufstieg als Mannschaftsleistung ... 464
1979/80	Das Ende der Ära Weisweiler	291		
1980/81	Auf dem Trimmpfad	300	**RUND UM DEN FC**	
1981/82	Lienen-Fall und Schumacher-Foul	307	Hennes – eine Erfolgsstory	472
1982/83	Lokalderby im Pokalfinale	313	60 Jahre Leidenschaft – die Fans des 1. FC Köln	474
1983/84	Hinter den Erwartungen zurück	320	Das Stadion des 1. FC Köln	476
1984/85	„Eigentlich wird man damit Meister..."	326	Die Heimat des 1. FC Köln – das Geißbockheim	480
1985/86	Fastabstieg und UEFA-Pokal-Finale	332	Drei für die Geißböcke: Franz Kremer,	
1986/87	Personalien	340	Hans-Gerhard König, Wolfgang Overath	482
1987/88	Besser als erwartet	346	Die Trainer des 1. FC Köln	484
1988/89	Erfolge bestätigen	351	Wichtige Persönlichkeiten der FC-Geschichte	488
1989/90	Umbruch während des Aufbruchs	357		
1990/91	Immerhin Pokalfinalist	365	**DAS FC-SPIELERLEXIKON**	
1991/92	Vier Trainer für ein Halleluja	373	Alle Spieler des 1. FC Köln	
1992/93	Der Anfang vom Ende	379	von Achenbach bis Zivkovic	493
1993/94	Auftritt: Toni Polster	384		
1994/95	Mit neuem Torjäger in den UI-Cup	389	1. FC Köln – Steckbrief / Best of Colonia	519
1995/96	Neururer als Retter	394	Autoren / Danksagung	520

1962 errang der FC seine erste Deutsche Meisterschaft. Mannschaft und Trainer jubeln (von links): Zeugwart Hans Thönnes, Karl-Heinz Schnellinger, Christian Breuer, Matthias Hemmersbach, Ernst-Günter Habig, Hans Schäfer, Hans Sturm, Trainer „Tschik" Cajkovski, Fritz Pott, Christian Müller, Leo Wilden, Karl-Heinz Thielen.

Über viele Jahre war Wolfgang Overath der prägende Spieler der Kölner Mannschaft. Das Foto zeigt ihn im Zweikampf mit Georg Schwarzenbeck beim 4:3-Sieg des FC über Bayern München am 6. Oktober 1973.
(Foto: Picture Alliance)

Immer wieder gehen prominente Nationalspieler aus den Reihen des 1. FC Köln hervor. So auch Lukas Podolski, der sich am 13. Mai 2006 von seinen Fans verabschiedete. (Foto: Picture Alliance)

Die Kölner Fans sind bekannt für ihre Kreativität und Vereinstreue.
(Foto: Dirk Päffgen)

Nachdem der Wiederaufstieg 2008 feststand, kannten die Fans kein Halten mehr.

Der 1. FC Köln entstand aus zwei Vorgängervereinen. Einer davon war Sülz 07, dessen Spieler 1929 einen Ausflug an die Mosel unternahmen (oberes Foto).
Ein Jahr nach der Fusion, am Ende der Saison 1948/49, stieg der neue Verein 1. FC Köln in die Oberliga-West auf. Mannschaft und Betreuer stellten sich stolz den Fotografen (unteres Foto).

Die Vorgängervereine des 1. FC Köln:

Kölner Ballspiel-Club e.V.

Die „Urzelle" des KBC. Diese Aufnahme aus dem Jahr 1899 zeigt die Mannschaft des „Fußball Clubs Borussia Köln" (nebst ihrer Gegner vom TV Solingen), von dem sich die Gründungsmitglieder des KBC abspalteten.

[STECKBRIEF]

KBC (Kölner BC 1901)

Gegründet: 12. Juni 1901
Erfolge: Westdeutscher Meister: 1912, 1922 (später verzichtet!)
Vereinsfarben: Rot-Schwarz
Sportarten: Fußball, Handball (ab 1922), Leichtathletik, Tennis, Feldhockey, Faustball
Bekannteste Heimspielstätten: KBC-Platz am Klettenbergpark (Militärring), Platz am Café Storchennest
Deutsche A-Nationalspieler: Karl Flink (1 Berufung), Robert Hense (1 Berufung)

[VORSITZENDE]

Wilhelm Balzer
Max Franke
Dr. med. Paul Schönberg
A. Winderstein
Hans Röhrig
Wilhelm Krischer
Franz Kremer
Josef Hoffmann
Adolphs
(ohne Anspruch auf Vollständigkeit)

Im Grunde genommen reicht die Geschichte des 1. FC Köln weiter zurück als bis in das Jahr 1901, in dem mit dem KBC einer der beiden Vorläufer entstand. Der KBC wurde nämlich von einigen „abtrünnigen" Mitgliedern des „Kölner Fußball Clubs Borussia" ins Leben gerufen, der bereits im Mai 1899 entstanden war. Entsprechend lautete die erste Eintragung im Protokollbuch des KBC: „Infolge Differenzen trennten sich von dem Kölner Fußballclub Borussia in dessen Generalversammlung am 12. Juni 1901 die Herren Wilhelm Balzer, E. Nowack, Ludwig Müller, Moritz Kobbe und Karl Heyermann. Dieselben traten noch am gleichen Abend zusammen, um einen neuen Verein zu gründen, der den Namen „Kölner Ballspiel-Club" (KBC) erhielt." Vereinshistorisch ist es nicht nur aus diesem Grunde höchst umstritten, die FC-Gründung auf den 13. Februar 1948 und damit den Tag der Fusion zwischen KBC und Sülz 07 zu legen. Bis in die 1960er Jahre war sich der 1. FC Köln seiner wesentlich länger zurückreichenden Tradition auch bewusst. Noch 1961 wurde das 60. Vereinsjubiläum feierlich begangen. In späteren Jahren wurden die beiden Vorläufervereine dann aber immer mehr außer Acht gelassen, was sicherlich damit zu erklären ist, dass viele der früheren KBC- bzw. Sülz 07- Mitglieder, von denen auch einige im Vorstand des FC tätig waren, nach und nach verstarben. Heute haben die Gründungsjahre der Vorläufervereine lediglich im vollständig ausgeschriebenen Vereinsnamen „1. Fußball-Club Köln 01/07 e.V." noch einen Platz.

JUNGE REBELLEN

Anno 1901 hinkten Köln und das Rheinland bei der Entwicklung des jungen Fußballsports hinter anderen deutschen Metropolen hinterher. Die vorherrschende Leibesübung im gesamten Deutschen Reich war zu jener Zeit das Turnen. Das aus England importierte Fußballspiel war den konservativen Turnern zu „undeutsch" und vor allem zu roh, weshalb sie abwertend von „Fußlümmelei" sprachen. Dennoch gab es zur Gründungszeit des KBC in Köln mit dem Kölner Fußballclub 1899, dem Kölner Fußballclub Borussia und der Spielvereinigung Rhenania bereits drei Fußballvereine, von denen vor allem die „99er" sehr aktiv waren.

Die Gründungsmitglieder des Kölner Ballspiel-Clubs waren Schüler oder junge „Rebellen", die, um sich auch optisch abzuheben, während des Spiels Mützen trugen. Sie besaßen zunächst lediglich einen Ball und mussten erfreulicherweise nicht lange als „wilder Verein" den von Elternhaus und Schule drohenden Fußballverboten trotzen, sondern fanden noch 1901 Aufnahme in den Rheinischen Spielverband (später Rheinisch-Westfälischer Spielverband, bzw. Westdeutscher Spielverband, ab 1948 Westdeutscher Fußballverband). Die Austragung der ersten Pflichtspiele (zu jener Zeit auch „Wettspiele" genannt) gestaltete sich allerdings mitunter schwierig, denn gelegentlich bekam man nicht einmal elf Feldspieler zusammen und musste in Unterzahl beim Gegner antreten.

1902/03

Erste Meisterschaftsspiele

[LEGENDEN]

Robert Hense
*17.11.1885
†20.06.1966

Im Alter von zwölf Jahren kam der damalige Marzellen Gymnasiast erstmals mit dem Fußballspiel in Berührung und machte auf dem Exerzierplatz am Neußer Tor seine ersten sportlichen Gehversuche. Die vorübergehende Auflösung der Spielvereinigung Rhenania, deren Mitbegründer er 1900 als 15-jähriger Schüler war, führte Hense 1903 zum KBC. Anfangs noch als schussstarker Stürmer eingesetzt, avancierte der gebürtige Kölner später zu einem Verteidiger internationaler Klasse. Bis 1914 bestritt er mehr als 300 Spiele in der 1. Mannschaft und war bis zu seinem 60. Lebensjahr bei den Alten Herren aktiv. Hense war Leistungsträger in der Erfolgsmannschaft des KBC, die 1912 Westdeutscher Meister wurde. Neben dem Fußball war der passionierte Tennisspieler auch beim Rudern sowie in der Leichtathletik erfolgreich. Nach 20 Einsätzen für die westdeutsche Auswahlmannschaft war Robert Hense am 16. Oktober 1910 beim 1:2 gegen die Niederlande in Kleve der erste Nationalspieler des KBC. Eine weitere Berufung ins Nationalteam blieb ihm leider versagt. Hense, von seinen Freunden auch „Männlein" genannt, führte ein Fahrrad- und Motorradgeschäft in Köln auf dem Bonner Wall. Für den KBC war Hense als langjähriger, ehrenamtlicher Platzwart tätig. Später wurde er Ehrenmitglied des 1. FC Köln, dem der Fußballpionier bis zu seinem Tod im Jahre 1966 treu blieb. ■

Mit dem Anschluss der Kölner Schülervereinigung an den KBC wurde jedoch schon bald eine Mitgliederzahl erreicht, die einen deutlich lebhaften Spielbetrieb zuließ.
Der noch junge Kölner Ballspiel-Club spielte zunächst in der Nähe der alten Schiffbrücke auf der in Riehl gelegenen Mülheimer Heide. Drei weitere Clubs aus dem Kölner Norden trugen dort ebenfalls ihre Begegnungen aus, so dass sich den wenigen Zuschauern ein buntes Bild bot. Da das Gelände unter der Woche als Weidefläche für Schafe genutzt wurde, war die Grasnabe kaum ausgeprägt. Eine Beschwerde des Schäfers bei der zuständigen Militärbehörde führte dann sogar dazu, dass den Mannschaften der Spielbetrieb auf der Heide verboten wurde. Es gab in jenen Tagen ohnehin kaum Plätze in Köln, auf denen ordentlich Fußball gespielt werden konnte.
Neben der Mülheimer Heide sind lediglich der Exerzierplatz vor dem Neusser Tor sowie der städtische Spielplatz am Lindentor historisch überliefert. Nach der Mülheimer Heide zogen die KBC-Spieler in den Stadtwald auf die Volkswiese hinter der Waldschenke um, ehe es an die Vitalisstraße in Köln-Müngersdorf ging. Die damaligen Sportstätten ähnelten in Aussehen und Beschaffenheit den heutigen Aschenplätzen.

AUF ANHIEB PLATZ 3

Das Spielfeld musste von den Aktiven selbst hergerichtet werden. Ausgerüstet mit den hölzernen Torstangen, Spaten, Brecheisen, Bandmaß und Gips zog man lange vor dem Spielbeginn auf das Gelände, um dieses in einen ordnungsgemäßen Zustand zu bringen. Nicht selten gab es dabei Hohn und Spott vorbeieilender Passanten.
1902 wurde der KBC Gründungsmitglied der höchsten Spielklasse des 1. Bezirks des Rheinisch-Westfälischen Spielverbandes. In der Spielzeit 1902/03 erreichten die Schwarz-Roten auf Anhieb einen respektablen 3. Platz. Der Überlieferung zufolge waren vor allem die Herren M. Kobbe, G. Scholten, W. Balzer, R. Franke, H. Schäfer, H. Schmitz, H. Bösser, Heyermann, W. Wilbertz, Robert Hense, C. Worringen, H. Worringen, Jean Schäfer, P. Hochweg, A. Schroer, A. Daniels, A. Levy, O. Levy, K. Pfau, G. Kother und Hugo Schiefer in jenen Anfangstagen für den KBC am Ball. Da es sich bei den Brüdern Otto und Addy Levy um Juden handelte, wurde der KBC im kölschen Volksmund auch „Jüddeclub" genannt. Wilhelm Balzer, der in den 1950er Jahren Stadtrat von Xanten wurde, bekleidete von der Gründung im Juni 1901 bis in das Jahr 1911 das Amt des 1. Vorsitzenden, damals häufig auch als „Vereinsführer" bezeichnet.
Den Fußballsport zu betreiben, konnte in den Anfangsjahren durchaus Probleme bereiten, wie das Beispiel von Peter-Josef Ruland zeigt. Ruland, der 1906 dem KBC beigetreten war und später im Vorstand bzw. nach 1948 im Ehrenrat des 1. FC Köln tätig war, berichtete: „Eines Nachmittags, als wir gerade Fußball spielten, kam zufällig der Schuldirektor des Gymnasiums, dem ich als Schüler angehörte, bei einem Spaziergang vorbei. Schon am nächsten Tag wurde ich der Schule verwiesen, mit der Begründung, ich hätte mich mit ‚Gassenjungen' umgeben und konnte somit nicht studieren."

DER KBC ALS MOTOR

Als einer der entscheidenden Motoren der jungen westdeutschen Spielbewegung genoss der KBC ein hohes Ansehen unter den 43 Verbandsvereinen. Man trug nicht weniger als 49 Spiele aus (Pflicht- und Freundschaftsspiele), von denen lediglich neun verloren, aber 29 gewonnen wurden. Darunter war ein 2:0 über den Bonner Fußballverein sowie ein prestigeträchtiger 4:1-Sieg über Borussia Köln.
Unter tatkräftiger Unterstützung der KBC-Mitglieder Gottfried Streck sowie der Gebrüder Levy kam es im Mai 1905 zum Anschluss des Rheinisch-Westfälischen Spielverbandes an den DFB. Schon 1902 hatte der KBC einen entsprechenden Antrag gestellt und war am 30. November 1903 schließlich als Einzelmitglied beigetreten. Das Engagement belegt, wie groß seinerzeit der Einfluss der Kölner auf Verbandsebene war.
Als Höhepunkt des Jahres 1903 galt ein Freundschaftsspiel gegen den FC München-Gladbach (nicht zu verwechseln mit der heutigen Borussia), der seinerzeit amtierender Meister des 2. Bezirks sowie größter Verein des Verbandes war. Auf der Waldwiese im Stadtwald siegten die routinierteren Gäste knapp mit 4:3. Im Anschluss wurde gemeinsam mit 300 Mitgliedern und Bürgern in der „Waldschänke" eine Weihnachtsfeier zelebriert. Der „Kommers", das gesellige Zusammensein von „Freund und Feind", fand in der Regel nach jedem Spiel statt.

1. KLASSE, 1. BEZIRK 1902/03

1.	Kölner FC 99	40: 6	14: 2	0:5 – 0:9
2.	Bonner FV 01	36: 7	13: 3	1:3 – 1:6
3.	**Kölner BC 01**	**10:25**	**7: 9**	
4.	FC Borussia 99 Köln	8:24	4:12	3:1 – 1:0
5.	FC Rhenania Köln	2:34	2:14	3:0 – 1:1

1903-06

Ein eigener Platz

In der Meisterschaftssaison 1903/04 belegte der KBC Platz 3 hinter dem Bonner FV und Köln 99. Die erfolgreiche Mannschaft bestand aus A. Levy, Herder, Schäffer, Franke, G. Streck, Scholten, Pfau, O. Levy, Kobbe, O. Haase, Hense, Mangeot und Schwieger. Im Frühjahr 1904 wies der Kölner Ballspiel-Club bereits 96 Mitglieder auf, stellte insgesamt vier Mannschaften und war als mitgliederstärkster Sportverein Kölns der nach dem FC M.-Gladbach zweitgrößte Verein des Verbandes.

Neben den erfolgreichen Meisterschaftsspielen wurden auch zahlreiche attraktive Freundschaftsbegegnungen ausgetragen. Die Osterreise 1904 führte den KBC nach Hessen, wo die Offenbacher Kickers mit 2:1 bezwungen wurden. Einen Tag später musste man sich allerdings dem SV Wiesbaden mit 3:4 geschlagen geben. Auch Alemannia Aachen (2:2), Preußen Duisburg (4:1 für KBC) sowie der FC M.-Gladbach konnten sich auf ihren eigenen Plätzen vom feinen Fußballspiel der Domstädter überzeugen. Herder und Scholten gingen sogar als erste westdeutsche Repräsentativspieler für den Rheinischen Spielverband in die KBC-Geschichte ein.

PLATZEINWEIHUNG MIT „ENGLÄNDERCLUB"
Am 26. Dezember 1904 konnte dann die Einweihung des ersten umzäunten Platzes an der Vitalisstraße begangen werden. Zur Feier des Tages hatte der KBC den „Engländerclub" Viktoria Ratingen eingeladen, in dessen Reihen bei den Tymfordwerken beschäftigte „waschechte" Engländer spielten. Die Platzpremiere wurde dennoch mit 2:1 vom KBC gewonnen. Auch das „Osterrückspiel" gegen die Kickers aus Offenbach konnte mit 2:1 siegreich gestaltet werden. In der Saison 1904/05 rückte der KBC auf den 2. Rang vor. Kurioserweise wurden aber alle Spiele später wegen ungenügender Schiedsrichterleistung (!) annulliert.
Im Januar 1906 konnte sogar Verbandsmeister Köln 99 auf eigenem Geläuf bezwungen werden. Jimmy Schieffer erzielte das goldene Tor – der KBC-Sieg wurde seinerzeit als kleine Sensation gewertet. Köln 99 wurde dennoch erneut Rheinbezirksmeister. Der KBC verlor nicht nur beim Bonner FV (2:3) sondern kassierte beim 0:3 gegen Absteiger Borussia Köln sogar seine höchste Saisonniederlage. So stand am Ende der Saison 1905/06 nur der 3. Platz zu Buche.
Die KBC-Ligaelf bestand damals aus Hense, Higgins, Jahn, Addy und Otto Levy, Ludwig, Schäffer, Mangold, Pfau, Schieffer und Scholten. Parallel zum Fußball hatte der Club zwischenzeitlich auch eine erfolgreiche Leichtathletikabteilung aufgebaut. Viele Fußballer wie beispielsweise Robert Hense und Karl Ludwig waren zugleich als Leichtathleten aktiv.

1. KLASSE, 1. BEZIRK 1903/04

1.	Bonner FV 01	28:11	12:0	2:3 – 3:4
2.	Kölner FC 99	22:11	7:5	0:7 – 2:5
3.	**Kölner BC 01**	16:21	4:8	
4.	FC Borussia 99 Köln	5:28	1:11	4:1 – 5:1
5.	TG 03 Düren	disqualifiziert		

Die Spielabteilung der TG 1903 Düren machte sich als FC 1903 Düren selbständig.

1. KLASSE, 1. BEZIRK 1904/05

1.	Kölner FC 99	38:3	13:1	1:5 – 1:3
2.	**Kölner BC 01**	15:17	7:7	
3.	FC 03 Düren	5:17	4:8	1:0 – 3:3
4.	FC Borussia 99 Köln	3:25	0:10	3:1 – n.a.
5.	Bonner FV 01	disqualifiziert		4:1 – 2:4

Wegen ungenügender Schiedsrichterleistungen wurden alle Spiele annulliert, die beiden Punktbesten bestritten ein Entscheidungsspiel.

ENTSCHEIDUNGSSPIEL UM DIE MEISTERSCHAFT:
Kölner FC 99 - Kölner BC 01   5:1

1. KLASSE, 1. BEZIRK 1905/06

1.	Kölner FC 99	42:9	18:2	1:0 – 1:3
2.	Bonner FV 01	37:15	14:6	2:3 – 2:3
3.	**Kölner BC 01**	24:20	10:10	
4.	Alemannia Aachen	10:22	8:12	3:1 – 2:4
5.	FC 03 Düren	12:24	4:16	7:3 – 4:0
6.	FC Borussia 99 Köln	9:44	4:16	2:0 – 0:3

Regelmäßig veröffentlichte der KBC sein Mitgliederheft *KBC-Sport* sowie Festschriften zu besonderen Anlässen – wie diese Schriften aus den Jahren 1931 und 1941.

1906/07

Französische Champions

Der Platz am Café Storchnest war von 1907 bis 1912 Heimspielstätte des KBC.

1906/07 ging die Meisterschaft abermals an Köln 99, während sich der KBC mit Platz 4 begnügen musste. An Pfingsten 1906 kam der dreifache französische Landesmeister Racing Roubaix an den Rhein. In ganz Westdeutschland sprach man über das bevorstehende Spiel des KBC gegen den französischen Champion der Jahre 1902, 1903 und 1904. Die mit dem französischen Nationaltorwart auflaufenden Gäste mussten sich dem KBC überraschend deutlich mit 4:1 geschlagen geben. Dieses Resultat sorgte nicht nur für viel Aufsehen, sondern brachte dem KBC auch ein Glückwunschtelegramm des deutschen Kronprinzen ein. Gegen Ende des Jahres 1906 kamen die Rot-Schwarzen auf immerhin 124 Mitglieder, und dass Fußball zusehends Anerkennung fand, spiegelte sich in langsam steigenden Zuschauerzahlen wider.

Am 12. Mai 1907 wurde der Rheinisch-Westfälische Spielverband zum Westdeutschen Spielverband. In diese Zeit fällt auch die Gründung des späteren Fusionspartners Sülz 07. In der Meisterschaft machten sich die Schwarz-Roten unterdessen Hoffnungen auf den 1. Tabellenplatz. Nach Niederlagen gegen Alemannia Aachen und Köln 99 sowie Punktverlusten gegen Germania Düren und den Bonner FV reichte es jedoch wieder nur zu einem enttäuschenden 3. Platz in der Endabrechnung. Höhepunkt war die 4:1-Revanche im Rückspiel gegen Aachen.
1907 wurde zudem die seinerzeit gängige Praxis, durch Geldbußen in Höhe von zwei bis fünf Mark Platzverweise gegenstandslos zu machen, untersagt. Im selben Jahr wechselte der KBC auf seinen neuen Sportplatz am Café Storchnest, wo man bis Dezember 1912 seine Heimspiele austrug.
Die Rot-Schwarzen wurden damit im Stadtteil Klettenberg heimisch.

1. BEZIRK, GRUPPE SÜDRHEIN 1906/07

1.	Kölner FC 99	35:14	14:2	1:7 – 3:5
2.	Alemannia Aachen	28:19	10:6	4:1 – 0:7
3.	Bonner FV 01	20:20	7:9	3:3 – 1:3
4.	Kölner BC 01	17:29	6:10	
5.	FC Germania 99 Düren	10:28	3:13	2:2 – 3:1

1907/08

Rekordkulisse im Lokalderby

1907/08 standen erneut die Spiele gegen Köln 99 im Fokus. Beim Spiel auf dem 99er Platz kam es sogar zu einer neuen Rekordkulisse, wobei die exakte Zuschauerzahl bedauerlicherweise nicht übermittelt ist. Erstmals ging der KBC als Favorit ins Spiel. Die auffälligsten Figuren auf dem Spielfeld waren die beiden Mittelläufer Robert Hense (KBC) und Rheindorf (99), die während des Spiels vom Publikum mehrfach mit Applaus bedacht wurden. Beim Stande von 2:1 für die 99er drängte der KBC auf den Ausgleich, der förmlich in der Luft lag. Eine Torchance reihte sich an die andere, doch Peco Bauwens, später DFB-Präsident, rettete den 99ern mit einem Kopfball auf der Linie den knappen 2:1-Vorsprung.

MEISTERBEZWINGER

Erwähnenswert war zudem der Sieg über Meister Alemannia Aachen sowie die Tatsache, dass die Schwarz-Roten die Feierlichkeiten zum zehnjährigen Jubiläum des Westdeutschen Spielverbandes ausrichten durften.
Und in der Meisterschaft? …
Da belegte der KBC mal wieder den 3. Platz.

1. BEZIRK, GRUPPE SÜDKREIS 1907/08

1.	Alemannia Aachen	12: 7	12: 4	3:1 – 0:0
2.	Kölner FC 99	28:19	11: 5	3:7 – 1:2
3.	**Kölner BC 01**	**21:18**	**6:10**	
4.	FC Germania 99 Düren	15:25	6:10	n.b.– n.b.
5.	Bonner FV 01	19:26	5:11	n.b.– 6:3

QUALIFIKATIONSSPIEL ZUR 1. LIGA IN DUISBURG

Essener TV - Kölner BC 01 0:3

1908/09

KBC-Stil kommt aus Stuttgart

Im Winter 1908 verstärkte sich die Mannschaft durch die beiden Stürmer Otto Schulz und Adolf Behr sowie dem aus Stuttgart kommenden Mittelläufer Karl Reich erheblich. Vor allem Reich veränderte den KBC, indem er den Schwarz-Roten die hohe Schule süddeutscher Fußballkunst lehrte. Fortan war der gepflegte „schottische Flachpass", der ein planvolles Kombinationsspiel erlaubte, angesagt und die Zeiten, als man blindlings dem Ball hinterherlief, vorbei. Diese Spielweise sollte rasch zum berühmten „KBC-Stil" werden. 1909 gelangte der KBC zudem zu einem eigenen Clubheim. An dessen Wänden hingen Bilder berühmter Fußballer aus dem In- und Ausland, die vor allem von den jugendlichen Mitgliedern ehrfurchtsvoll bestaunt wurden. Das Clubheim wurde rasch zum geselligen Zentrum. Die Mitgliederzahl stieg im Übrigen zwischen 1908 und 1909 von 175 auf 278 an.

GLÄNZENDE FREUNDSCHAFTSSPIELE

Während der KBC laut Vereinschronik glänzende Freundschaftsspiele gegen Herkules Utrecht und den französischen Club Garennois (9:1) bestritt, beendete man die Ligaspiele 1908/09 mit einem Punkt Rückstand auf den Bezirksmeister Bonner FV auf Platz 2 und qualifizierte sich damit für die neugeschaffene Verbandsliga.

ABSCHLUSSTABELLE 1908/09

1.	Bonner FV 01	24:12	15: 5	1:4 – 2:2
2.	**Kölner BC 01**	**41:19**	**14: 6**	
3.	Alemannia Aachen	31:15	12: 8	4:1 – 1:5
4.	FC Rhenania Köln	15:27	8:12	2:2 – 6:1
5.	Kölner SpV 02	15:38	6:14	0:1 – 6:0
6.	FC Germania 99 Düren	16:31	5:15	n.b – 6:2
7.	Kölner FC 99	disqualifiziert		2:4 – 0:1

Mit dieser Anzeige in der Zeitschrift „Körper und Geist" warb der KBC um Gegner für seine Reserve- und Jugendmannschaften.

1909-11

In „Zehnerliga" dabei

Die deutsche Nationalmannschaft vor dem Spiel gegen Holland in Kleve am 16. Oktober 1910. Dritter von rechts: Robert Hense vom KBC.

ABSCHLUSSTABELLE 1909/10

1.	Duisburger SV	74:20	34:2	2:6 – 2:2
2.	FC München-Gladbach	38:19	23:13	0:0 – 3:1
3.	**Kölner BC 01**	**44:43**	**21:15**	
4.	VfL Köln 99	42:33	18:18	3:1 – 3:4
5.	Alemannia Aachen	43:48	16:20	4:3 – 1:2
6.	Bonner FV 01	47:49	15:21	5:3 – 3:3
7.	Düsseldorfer FC 99	29:50	15:21	2:1 – 1:4
8.	SC Preußen Duisburg	46:55	14:22	0:3 – 3:3
9.	Essener TB	36:47	14:22	2:1 – 4:4
10.	Düsseldorfer SV 04	19:54	10:26	3:1 – 3:1

ABSCHLUSSTABELLE 1910/11

1.	Duisburger SV	66:25	31:5	0:2*– 0:4
2.	Essener TB	56:36	25:11	2:2 – 4:4
3.	**Kölner BC 01**	**47:35**	**23:13**	
4.	FC München-Gladbach	42:25	22:14	3:0 – 0:4
5.	Alemannia Aachen	47:41	21:15	4:2 – 3:2
6.	Bonner FV	44:36	17:19	2:0 – 5:3
7.	Düsseldorfer FC 99	26:45	13:23	1:2 – 2:2
8.	Kölner FC 99	28:44	12:24	2:1 – 3:1
9.	SC Preußen Duisburg	33:54	11:25	1:2 – 5:1
10.	FC Düren 03	17:65	5:31	5:2 – 5:1

*Die erste Begegnung wurde beim Spielstand von 3:2 für den KBC wegen eines Unwetters abgebrochen.

Die vom Volksmund „Zehnerliga" genannte Spielklasse nahm ihren Spielbetrieb 1909/10 auf und war so etwas wie der Vorläufer der späteren Oberliga West. Sie setzte sich aus den ältesten und spielstärksten Vereinen der Bezirke 1-3 zusammen, wobei nicht nur das sportliche Leistungsvermögen eine Rolle spielte, sondern auch das Alter und die Repräsentationsfähigkeit der Clubs. Die aus den besten westdeutschen Vereinen bestehende Liga sollte zum Gradmesser für den Kölner Ballspiel-Club werden und dessen technisch elegantem Spiel.

ERSTER KBCLER IN DER NATIONALELF

In der Premierensaison wurde ein ordentlicher 3. Platz erreicht. Anschließend gaben bei den Osterspielen mit Excelsior Brüssel (3:2 für KBC) und Hannover 96 (2:2) erneut zwei renommierte Vereine zwecks „Spiel und Geselligkeit" ihre Visitenkarte in Köln ab. Und noch ein Erfolg für die Rheinländer: Am 16. Oktober 1910 debütierte mit Robert Hense erstmals ein KBC-Spieler in der Nationalelf und agierte als Verteidiger in der deutschen Mannschaft, die in Kleve mit 1:2 gegen die Niederlande verlor. Hense erinnerte sich später: „Die Presse nahm kaum Notiz. Vorbereitungslehrgang, Übungsspiele oder Mannschaftsbesprechungen, alles das kannten wir damals nicht, auch keinen Masseur oder gar einen Bundestrainer. Wenige Tage vor dem 16. Oktober bekam ich die Mitteilung, dass ich für das Spiel gegen Holland aufgestellt worden war. Ich reiste also nach Kleve, traf dort nur einige mir bekannte Spieler, wir lernten uns schnell kennen und spielten dann zusammen gegen Holland."

AUSGEFALLENES ENTSCHEIDUNGSSPIEL

Die verhältnismäßig strapaziöse Punkterunde verlangte eine bessere Einteilung der Kräfte. Dem Team um Torhüter Peter Ewig, Mittelläufer bzw. Spielgestalter Karl Reich sowie den Goalgettern Niemeyer, Schieffer und Schulz gelang dies offenbar bestens. „O weh, es kommt der KBC", war vielerorts respektvoll zu hören. 1910/11 lief der KBC dennoch „nur" auf Rang 3 ein, hatte aber immerhin seinen alten Rivalen Köln 99 überholt. Eine bessere Platzierung wäre durchaus möglich gewesen, denn das Spiel beim Duisburger SV hatte wegen eines Unwetters beim Stande von 3:2 abgebrochen werden müssen. Aus Zeitnot konnte kein Wiederholungsspiel angesetzt werden.
Am 11. Juni 1911 feierte man im Hotel du Nord sein zehnjähriges Vereinsjubiläum, zu dem ein erstklassiges Programmheft mit Fest- und Liedfolge erschien. Zum traditionellen Osterspiel kamen die „Young Fellows" aus Zürich in die Domstadt.

Festlich begeht der KBC sein zehnjähriges Vereinsjubiläum. Zu den Feierlichkeiten am 11. Juni 1911 erscheint sogar eine eigene Festschrift.

1911/12

Endlich Westdeutscher Meister

28. April 1912: Der KBC schlägt Borussia München-Gladbach (so die damalige Schreibweise) mit 4:2 und wird erstmals Westdeutscher Meister. Diesen Angriff der Kölner können die Borussen allerdings gerade noch abwehren.

Trotz des Weggangs von Karl Reich brachte die Spielzeit 1911/12 den KBC erstmals ans Ziel: Meister der „Zehnerliga". Der zuvor dominierende Duisburger SV war ungewohnt schwach, und so konnte es zu einem Zweikampf zwischen dem Essener Turnerbund (heute Schwarz-Weiß Essen) und dem KBC kommen. Die Spannung bei den rot-schwarzen Anhängern hielt bis zum letzten Spieltag, als es in Köln zum Gipfeltreffen gegen die Essener Turner kam. Ein Punkt fehlte dem KBC noch zum Meistertitel. Bis 15 Minuten vor Spielende lautete das Ergebnis wunschgemäß 2:2, als die Gäste nach einer dubiosen Entscheidung von Schiedsrichter Marum zum dritten Tor kamen. Daraufhin kam es zu Tumulten und Ausschreitungen im Publikum, das in Scharen den Platz stürmte, und den Referee „lynchen" wollte. Marum flüchtete im wahrsten Sinne des Wortes, und ein zufällig anwesender Ersatzschiedsrichter musste die Partie beenden. Damit blieb es beim 3:2 für die Mannschaft aus dem Ruhrgebiet.
Der WSV ordnete aufgrund der Vorkommnisse jedoch ein Wiederholungsspiel an, das beim 2:2 keinen Sieger fand. Anschließend entschied mit dem DFB die nächsthöhere Instanz über das weitere Vorgehen und ordnete ein drittes Spiel, diesmal auf neutralem Platz, an. Zum Unmut der Kölner vergab der Verband die Partie ausgerechnet nach Düsseldorf. Die dort anwesenden Zuschauer wurden Zeugen eines erneuten Thrillers. Nach 25 Minuten gingen die Schwarz-Weißen aus dem Kohlenpott in Führung. Der KBC setzte anschließend alles auf eine Karte und konnte tatsächlich noch den Ausgleich markieren. Dabei blieb es bis zum Ende der regulären Spielzeit. In der fälligen Verlängerung gelang dem KBC in buchstäblich letzter Minute der umjubelte Siegtreffer.

MARATHONSCHLACHTEN
Die deutsche Fußballgeschichte war um ein bis dahin beispielloses Ereignis reicher, und die insgesamt 300 Spielminuten wurden fortan als „Marathonschlacht" bezeichnet. Dem Reglement zufolge war der Titel des westdeutschen Meisters aber noch nicht vergeben, denn der Meister der Verbandsliga musste abschließend gegen den Sieger der Kreisligisten antreten. Dabei hatte sich die Borussia aus München-Gladbach durchgesetzt, und war somit KBC-Gegner im Kampf um den westdeutschen Titel, der auch zur Teilnahme an den Endrundenspielen um die deutsche Meisterschaft berechtigte. Mit 4:2 triumphierten die Kölner über den Rivalen vom Niederrhein. Ein Gladbacher Protest gegen die Spielwertung (Robert Hense soll nach einem Gastspiel bei einem nordfranzösischen Club nicht spielberechtigt gewesen sein), wurde zurückgewiesen.

[LEGENDEN]

Heinrich Morlacke
*02.01.1890
(Aachen)

Der in Aachen geborene Morlacke trat im Alter von 16 Jahren dem KBC bei. Am ersten großen Erfolg der Vereinsgeschichte, der Westdeutschen Meisterschaft 1912, war er als rechter Verteidiger und Stammspieler der Meistermannschaft maßgeblich beteiligt. Später zog es ihn nach Herrsching am Ammersee, wo er 1947 Vorsitzender des örtlichen Sportvereins TSV wurde. Auch dem 1. FC Köln fühlte sich Heinrich Morlacke immer verbunden, was ein reger Briefverkehr mit dem FC, vor allem in den 1950er und 1960er Jahren, belegt.

1911/12

[LEGENDEN]

Karl Flink
Beim FC von 1947
bis 1948
*07.12.1895
(Weilerswist)
†28.11.1958
(Düsseldorf)

Als Sohn eines Gastwirtes erblickte Karl Flink 1895 im rheinischen Weilerswist das Licht der Welt. Als Kind ein erfolgreicher Reckturner, kam er auf dem Gymnasium in Brühl bei Köln zum Fußball. Es war Liebe auf den ersten Blick, wenn auch sein erstes Fußballspiel gegen Fortuna Liblar mit 0:21 (!) verloren ging. Am 10. Februar 1910 heuerte Flink beim KBC an. Zunächst nur in der 8. Mannschaft eingesetzt, war 1913 das Jahr des ehrgeizigen Seitenläufers. Er kämpfte sich binnen zwölf Monaten bis in die 1. Mannschaft hoch. Im 1. Weltkrieg als Gastspieler bei Viktoria Berlin aktiv, legte Flink 1919 erfolgreich seine Fußballlehrerprüfung ab. Neben 20 Berufungen für die westdeutsche Auswahlmannschaft stehen drei Nominierungen für Süddeutschland (als Spieler von Borussia Neunkirchen) sowie ein Einsatz für die Berliner Stadtmannschaft zu Buche. Am 2. Juli 1922 wurde Karl Flink deutscher Nationalspieler. Sein erstes und einziges Länderspiel im Adlerdress bestritt er beim 0:0 in Bochum gegen Ungarn. Klein, schnell und trickreich, dies waren die Attribute des stets schlagfertigen Rheinländers. Nach dem Städtespiel Köln-Duisburg im Jahre 1925 hängte Flink die Fußballschuhe an den Nagel, um sich ganz der Trainertätigkeit zu widmen. Als Sportlehrer war er bei Köln 99, Siegburg 04, KBC, Viktoria Berlin, 1. FC Idar und Fortuna Düsseldorf tätig und ging als erster FC-Trainer nach der Fusion in die Geschichte des 1. FC Köln ein. Bis zu seinem Tod am 28. November 1958 betrieb Karl Flink eine Lotto-Annahmestelle am Düsseldorfer Hauptbahnhof. ■

Westdeutscher Meister 1912: Kölner Ballspielclub. Von links: Schieffer, Schulz, Mienert, Schmitz, Schroer, Zender, Bonn, Groß, Morlacke, Hoffmann, Schaffer.

DEBAKEL IN ENDRUNDE

Nach dem Gewinn der „Westdeutschen" stand für den KBC die Endrunde um die „Deutsche" an, in der man auf den bereits zu kontinentaler Berühmtheit aufgestiegenen Karlsruher FV traf. Die Karlsruher dominierten seinerzeit den deutschen Fußball und galten als Begründer des raumgreifenden Kombinationsspiels. 4.000 Zuschauer wollten sich den Vergleich zwischen KBC und KFV am 12. Mai 1912 auf dem Sportplatz am München-Gladbacher Gaskessel nicht entgehen lassen. Der durch die aufreibenden Entscheidungsspiele geschwächte KBC war jedoch chancenlos und schied mit einem 1:8-Debakel aus der Endrunde aus.

Ein weiterer Rückschlag traf den Club im Dezember 1912, als er den Platz am Café Storchennest verlassen musste, und auf ein notdürftig hergerichtetes Spielfeld an der Riehler Straße umzog.

ABSCHLUSSTABELLE 1911/12

1.	Kölner BC 01	62:32	27: 9	
2.	Essener TB	55:29	27: 9	2:3 – 3:2
3.	Duisburger SV	60:29	24:12	2:2 – 0:7
4.	FC München-Gladbach	47:30	24:12	1:0 – 5:3
5.	Kölner FC 99	37:47	19:17	6:1 – 2:1
6.	Bonner FV 01	38:33	16:20	4:1 – 2:5
7.	SC Preußen Duisburg	31:46	13:23	0:1 – 7:0
8.	Alemannia Aachen	25:40	12:24	4:1 – 4:1
9.	Düsseldorfer FC 99	28:46	10:26	3:2 – 6:0
10.	VfB Ruhrort	27:78	8:28	7:0 – 4:2

ENTSCHEIDUNGSSPIEL UM DIE MEISTERSCHAFT IN DÜSSELDORF

Essener TB – Kölner BC 01   1:2 n.V.

ENDSPIEL WESTDEUTSCHE MEISTERSCHAFT

Borussia München-Gladbach – Kölner BC 01   2:4

VIERTELFINALE – DEUTSCHE MEISTERSCHAFT IN MÜNCHEN-GLADBACH

Karlsruher FV - Kölner BC 01   8:1 (3:0)

Tore: 1:0 Tscherter, 2:0, 3:0 (39., 44.) Förderer, 4:0 (58.) Fuchs, 4:1 (69.) Bosch (Eigentor), 5:1 (72.) Breunig, 6:1 (75.) Fuchs, 7:1 (78.) Hirsch, 8:1 (83.) Förderer.
KBC: Heinrich Schaffer, Heinrich Morlacke, Franz Bonn, Peter Groß, Michael Schmitz, Josef Zender, Hugo Schieffer, Harry Mienert, Robert Hense, Otto Schulz, Karl Hoffmann

Zur erstmaligen Erringung der prestigeträchtigen Westmeisterschaft im Jahr 1912 erhält jeder Spieler der Schwarz-Roten diese seltene Medaille.

1912-14

Neue Heimat am Klettenbergpark

In der Saison 1912/13 war der 2:1-Sieg über den späteren Meister Duisburger SV einer der wenigen Höhepunkte aus KBC-Sicht – zumal es die einzige Saisonniederlage für die „Rotblusen" von der Wedau war. Am Ende einer schlechten Serie belegte der KBC den enttäuschenden 8. Platz. Die schwarz-rote Riege der westdeutschen Repräsentativspieler um Scholten, Hense, Reich, Schieffer und Schulz konnte unterdessen durch Pohl und Weber erweitert werden. Erstmals in der Verbandsliga dabei war übrigens der spätere FC-Erzrivale Borussia München-Gladbach.

Eine gute Nachricht erhielt der KBC-Vorstand im Sommer 1913, als man die Genehmigung erhielt, hinter dem Klettenbergpark eine Platzanlage schaffen zu dürfen. Engagierte Mitglieder opferten anschließend viele Stunden ihrer Freizeit für den Bau der neuen sportlichen Heimat. Das Einweihungsspiel war von historischer Bedeutung, führte es doch erstmals die beiden späteren Fusionspartner KBC und Sülz 07 aufeinander. Nach ausgeglichenem Spiel siegten die Klettenberger mit 4:3, was als Achtungserfolg für die in der nächstniedrigeren A-Klasse spielenden Sülzer gewertet werden kann.

2:12-DEBAKEL GEGEN DUISBURG

Zur Spielzeit 1913/14 wurde das Gebiet des westdeutschen Spielverbandes in fünf Kreise aufgeteilt. Der KBC kam in die „Kreisliga Rheinischer Südkreis", in dem die Bezirke Limburg (Lahn), Koblenz, und das weite Kölner Land zusammengefasst waren. Nachdem man die Kreisliga souverän gewonnen hatte, gingen die Kölner mit großen Hoffnungen in die anschließenden Endspiele um die westdeutsche Meisterschaft. Einem 4:1-Auftaktsieg über den Kasseler FV (heute Hessen Kassel) folgte gegen Preußen Münster jedoch eine herbe 1:4-Niederlage. Und es sollte noch schlimmer kommen: Mit 2:12 (!) musste sich der KBC in der folgenden Begegnung dem Duisburger SV geschlagen geben. Das Spiel fand bei strömendem Regen auf dem alten Spielervereinsplatz am Grunewald statt. Das Spielfeld glich mehr einem See denn einem Fußballplatz. Vom Düsseldorfer SV 04 trennte man sich anschließend Remis und brachte dem Kasseler FV beim 2:1 eine weitere Niederlage bei. Im Rückspiel gegen den Duisburger SV gelang nach erbittertem Kampf ein achtbares 1:1. Preußen Münster siegte auch im zweiten Spiel, diesmal mit 4:2. Die letzte Partie gewann der KBC 4:3 gegen den Düsseldorfer SV. Ganze acht Pünktchen standen also nach der Endrunde auf der Habenseite.

Ungeachtet der sportlichen Enttäuschung waren die Zuschauerzahlen kontinuierlich gestiegen und bei wichtigen Spielen wurden bis zu 10.000 Besucher gezählt. Die Eintrittspreise bei den Ligaspielen lagen bei 50 Pfennigen für einen Stehplatz und 75 Pfennigen für einen Tribünenplatz.

Am Ende der Saison tauchte mit Karl Flink erstmalig ein „Linksinnen" in der 1. Mannschaft des KBC auf, der die Schwarz-Roten in den 1920er Jahren gemeinsam mit dem berühmten Walter Binder zu großen Erfolgen führen sollte. Nach der Meisterschaftssaison begann für die Rheinländer dann der gewohnte „Freundschaftsspielbetrieb" mit Spielen gegen Paris (4:1 für KBC) und Brüssel (4:4).

[LEGENDEN]

Karl „Jubbel" Hoffmann
† 1951 (Köln)

Als Mitglied der KBC-Meistermannschaft von 1912 war Hoffmann eine der bekanntesten Persönlichkeiten des KBC. Auch als sich der steile Aufstieg der Klettenberger fortsetzte, war er einer der Erfolgsgaranten. Der schnelle und extrem schussstarke Linksaußen wurde in einem Atemzug mit Größen wie Binder oder Flink genannt. Wegen seiner humorvollen Art war „Jubbel" absoluter Publikumsliebling. Nach seiner Zeit als Spieler machte sich Hoffmann auch als Vorsitzender der Schwarz-Roten einen Namen. Bis zu seinem Tod im Jahre 1951 war er trotz schwerer Krankheit regelmäßiger Besucher der Meisterschaftsspiele des KBC und später auch des 1. FC Köln.

Klettenberg-Park-Restaurant
Heinrich Deur
Telefon Anno 5500

Stilvolle Gartenanlagen u. Säle

Mittwochs u. Sonntags Großes Konzert

Treffpunkt der KBCer nach den Wettspielen

Gutgepflegte Biere
Reine Weine
Kaffee und Kuchen

Das „Klettenberg Restaurant und Clubhaus" war ab 1913 Mittelpunkt des KBC-Vereinslebens. Hier eine Anzeige des auch für die Öffentlichkeit zugänglichen Vereinsheims aus dem Jahre 1924.

ABSCHLUSSTABELLE 1912/13

1.	Duisburger SV	74:17	32: 4	2:1 – 0:8
2.	Essener TB	60:30	23:13	1:7 – 0:10
3.	FC München-Gladbach	29:25	20:16	1:2 – 2:2
4.	Alemannia Aachen	45:46	19:17	5:2 – 1:4
5.	Bonner FV	35:34	18:18	2:2 – 1:4
6.	Borussia München-Gladbach	31:33	18:18	1:2 – 2:5
7.	Düsseldorfer FC 99	34:42	18:18	0:1 – 1:4
8.	Kölner BC 01	30:59	14:22	
9.	SC Preußen Duisburg	24:57	10:26	4:2 – 1:0
10.	Kölner FC 99	20:41	8:28	3:2 – 3:0

RHEINISCHER SÜDKREIS 1913/14

1.	Kölner BC 01	50:21	23: 5	
2.	Bonner FV 01	39:26	18:10	1:2 – 5:3
3.	FC Borussia 99 Köln	41:39	18:10	2:1 – 0:1
4.	Kölner FC 99	27:20	16:12	1:1 – 7:2
5.	SSV 04 Elberfeld	31:26	13:15	2:1 – 2:1
6.	SV 06 Mülheim	37:41	12:16	5:1 – 9:4
7.	SC 02 Cronenberg	22:48	7:21	4:0 – 6:2
8.	FC 95 Solingen	9:35	5:23	2:1 – 4:1

WESTDEUTSCHE MEISTERSCHAFT 1914

1.	Duisburger SV	24: 6	12: 2	1:1 – 2:12
2.	SC Preußen Münster	23:11	12: 2	2:4 – 1:4
3.	Kölner BC 01	18:28	8: 8	
4.	FV Kassel 95	7:18	5:11	4:1 – 2:1
5.	SV 04 Düsseldorf	11:19	3:15	2:2 – 4:3

1914-19

Krieg stoppt Spielbetrieb

RHEINISCHER SÜDKREIS, KÖLN LINKSRH. 1914/15

1.	Kölner BC 01	29:14	14: 2	
2.	Kölner FC 99	55:15	11: 5	5:2 – 0:8
3.	SpVgg Sülz 07	22:22	9: 7	n.b.– n.b.
4.	SpV 1893 Köln	6:50	4:12	n.b.– n.b.
5.	SV Rhenania 00 Köln	15:26	2:14	n.b.– n.b.

TV 1843 Köln und VfL 1904 Köln wurden disqualifiziert

LINKSRHEINISCHER KRIEGSPOKAL

1. Runde: Kölner FC 99 - Kölner BC 01   3:2

KÖLN LINKSRHEINISCH 1915/16

1.	CfR 99 Köln	30:11	14: 2	n.b.– n.b.
2.	Kölner FC 99	29:13	14: 2	2:1 – 1:2
3.	SpVgg Sülz 07	17:28	6:10	n.b.– n.b.
4.	Kölner BC 01	11:16	3:13	
5.	TV 1843 Köln	10:29	3:13	n.b.– n.b.

KÖLN LINKSRHEINISCH 1916/17

1.	TV Köln 1843		
2.	Kölner SC 1899		1:2 – 1:3
3.	SpV Köln 1893		
4.	CfR Köln 1899		
5.	Kölner BC 1901		
6	SpVgg Sülz 07		
7.	SV Viktoria Köln		

KÖLN LINKSRHEINISCH 1917/18

1. Kölner BC (insgesamt sechs Vereine in der Gruppe)

Endrunde der Bezirke Köln (rechtsrheinisch und linksrheinisch) und Bonn. Neben Siegburg (Bezirk Bonn) holte sich in den Kölner Gruppen der Kölner SC 1899 (linksrheinisch) und der KBC (rechtsrheinisch) den Titel. Da Siegburg jedoch auf die Endrunde verzichtete durfte der KBC im Endspiel gegen den KSC ran, welches in Vingst stattfand.
Endspiel: Kölner SC 99 – Kölner BC 01 4:3

KÖLN 1918/19

Es gab wohl eine Meisterschaft im Bezirk Köln mit acht oder neun Vereinen. Der KBC konnte die Meisterschaft übrigens nicht verteidigen. Diese holte sich der CfR Köln.

Eines der ältesten Mannschaftsbilder des KBC aus dem Kriegsjahr 1915.

Kurz vor dem Beginn der Saison 1914/15 begann am 1. August 1914 der 1. Weltkrieg, der den Spielbetrieb komplett stoppte und tiefe Lücken in den KBC reißen sollte. In der anfänglichen Kriegsbegeisterung meldeten sich auch viele KBC-Mitglieder freiwillig zum Dienst an der Waffe. Reguläre Meisterschaftsspiele konnten zunächst nicht mehr bestritten werden, und sowohl die Westdeutsche als auch die Deutsche Meisterschaft wurden bis Kriegsende nicht vergeben. Im weiteren Verlauf musste schließlich sogar der Sportplatz am Klettenbergpark wegen Nahrungsmittelknappheit zum Gemüseanbau zur Verfügung gestellt werden. Die Vereinsnachrichten konnten wegen Papierknappheit nicht mehr herausgebracht werden.
Max Franke machte sich in jenen schweren Tagen als 1. Vorsitzender um den Club verdient und führte ihn durch die ersten Kriegsjahre 1914-1915, in denen bereits 47 Vereinsmitglieder ihr Leben hatten lassen müssen. Nachdem Forderungen nach einem geregelten Fußballspielbetrieb aufgekommen waren, wurde Ende 1914 eine „Kölner Stadtliga" ins Leben gerufen, deren erster Meister der KBC wurde. Walter Binder, der im November 1914 erstmals für den Kölner BC am Ball war, wurde gemeinsam mit Karl Flink nach Berlin berufen und spielte für den dortigen Erstligisten BBC.
1915/16 trafen in der sogenannten „Stadtliga Köln linksrheinisch" Sülz 07 und KBC erstmals unter Pflichtspielbedingungen aufeinander, sofern man angesichts des Krieges davon sprechen konnte. Für die Schwarz-Roten langte es am Saisonende nur zum 4. Platz bei insgesamt fünf Mannschaften.

„FUSION" MIT VFR 04 MÜLHEIM

Mit zunehmender Kriegsdauer wurde eine Aufrechterhaltung des Spielbetriebes immer schwieriger. So musste der KBC zur Saison 1917/18 eine Kriegsspielgemeinschaft mit dem VfR 04 Mülheim-Kalk bilden, um überhaupt noch spielen zu können. In der lediglich eine Spielzeit existierenden Fusion wurde der Bezirksmeistertitel nach einem mit 3:4 verlorenen Entscheidungsspiel gegen die mittlerweile als Kölner Sport Club 1899 auflaufenden Weidenpescher nur um Haaresbreite verpasst. Im Spielbetrieb standen inzwischen fast nur noch Jugendliche, und Spielausrüstung wie Schuhe, Bälle oder Trikots („Blusen") waren rar. Mit Kriegsende im November 1918 wurde die Notgemeinschaft mit dem VfR Mülheim-Kalk wieder gelöst.

Aufnahmebestätigung für das neue KBC-Mitglied Karl Peikert.

1919/20

Der Favorit strauchelt

Die Erfolgsmannschaft des KBC der Saison 1920/21: Stehend hinten von links: Behr, Bolg, Binder, Bergmann, Flink. Sitzend von links: Beer, Krischer, Dahmen, Schulz, Wynperle, Lang.

Freundschaftliches Treffen des KBC (weiße Trikots) mit dem späteren Erzrivalen im Jahre 1920: Nach dem Spiel bei Borussia München-Gladbach werden beide Mannschaften vor dem Borussen-Clubhaus abgelichtet.

[LEGENDEN]

Walter Binder
*13.05.1896
†13.05.1930

Von 1914 an war Walter Binder neben Karl Flink einer der Stars des KBC. Als Führungsfigur trug er maßgeblich zum Gewinn der später vom KBC abgelehnten Westdeutschen Meisterschaft im Jahre 1922 bei.

Walter Binder, dessen Wurzeln in Stuttgart lagen, kam 1912 in die Domstadt und schloss sich dem KBC an, nachdem er zunächst für den Kölner FV 02 aktiv war. Zusammen mit seinem Freund Karl Flink spielte er während des 1. Weltkrieges vorübergehend in Berlin um nach seiner Rückkehr die Schwarz-Roten zu großen Erfolgen zu führen. Der torgefährliche Offensivspieler, zumeist wurde er als Mittelstürmer eingesetzt, war auf und neben dem Platz eine echte Persönlichkeit. Als Spielführer der westdeutschen Auswahlmannschaft kam Walter Binder zu repräsentativen Ehren. Sein späteres gesundheitliches Schicksal versagte ihm die als sicher angesehene Karriere in der deutschen Nationalmannschaft. Vor einem Spiel gegen den Rheydter Spielverein erlitt Binder einen Blutsturz und musste in Folge dessen seine aktive Laufbahn beenden. Er laborierte schon seit längerer Zeit an einer rätselhaften Krankheit. Bei der Platzweihe des KBC-Platzes an der Militärringstraße im Herbst 1924 führte der legendäre Goalgetter den Ehrenanstoß aus. Sein letztes größeres Spiel war die Partie der Kölner Stadtmannschaft gegen Nürnberg-Fürth am 30. Januar 1924. Im Jahre 1930 verstarb Walter Binder, der bis zu seinem Tod als Sportredakteur für den Kölner Verlag M. DuMont Schauberg tätig war, nach langer Krankheit im Alter von nur 34 Jahren. In den 1950er Jahren wurde dem Sieger der Fußballrundenspiele der Kölner Schulen in Gedenken an den großartigen Spieler der vom 1. FC Köln gestiftete „Walter Binder Wanderpreis" verliehen.

Erst über ein Jahr nach Kriegsende konnte zur Spielzeit 1919/20 wieder ein geregelter Spielbetrieb durchgeführt werden. Allerdings waren die Verhältnisse noch längst nicht wieder geordnet: Der Kaiser hatte abgedankt und Deutschland war zur Demokratie geworden, die als „Weimarer Republik" in die Annalen einging. Der WSV teilte sein Gebiet in acht Kreisligen ein, deren Meister abschließend um die „Westdeutsche" stritten. Mit deutlichem Vorsprung sicherte sich der KBC zunächst die rheinische Südkreismeisterschaft. In der anschließenden westdeutschen Vorrunde überstand man mit einem 4:3 über TURU Düsseldorf in Krefeld die erste Runde. In der Zwischenrunde wurde der Duisburger SV in Mönchengladbach mit 2:1 geschlagen. Anschließend gingen die Klettenberger als Favorit in das bevorstehende Finale gegen VfTuR München-Gladbach. Die zwischenzeitlich aus Berlin zurückgekehrten Flink und Binder zogen erfolgreich die Fäden, und im Westen bot der KBC den vermutlich technisch besten Fußball.

KURIOSES ENDSPIEL IN NEUSS

Das Endspiel wurde in Neuss ausgetragen, wo mehr als 10.000 Zuschauer einen würdigen Rahmen bildeten. Sechs Minuten vor Spielende führten die Kölner mit 1:0, als Gladbach ein zweifelhafter Elfmeter zugesprochen wurde, um dessen Ausführung es ebenfalls Diskussionen gab. Weil KBC-Torwart August Göbler jeweils vor Ausführung auf der Torlinie herumgesprungen war, musste der Strafstoß gleich viermal wiederholt werden, ehe die Gladbacher mit dem Ausgleich eine Verlängerung erzwangen. In der 111. Minute gingen die Borussen dann sogar mit 2:1 in Führung und erhöhten später noch auf 3:1.

SÜDRHEIN, GRUPPE KÖLN 1919/20

1.	Kölner BC 01	80:23	35: 9	
2.	Kölner SC 99	48:35	28:16	3:0 – 1:5
3.	CfR Köln	45:39	27:17	3:0 – 3:3
4.	Bonner FV	56:40	26:18	6:0 – 1:1
5.	SV Mülheim 06	51:45	26:18	2:3 – 5:0
6.	VfR rrh.Köln	41:40	23:21	2:2 – 3:0
7.	FC Solingen 95	41:34	23:21	2:0 – 2:2
8.	BV Solingen 98	38:35	22:22	2:1 – 7:0
9.	SV Rhenania Köln	27:44	19:25	5:1 – 2:2
10.	SV 1843 Köln	22:45	14:30	4:0 – 5:1
11.	TSV Köln 93	26:52	12:32	5:1 – 7:1
12.	CfR Bonn 04	36:79	9:35	6:0 – 4:0

ENDRUNDE WESTDEUTSCHE MEISTERSCHAFT

TuRu 80 Düsseldorf 4:3 h (in Krefeld)
Duisburger SV 2:1 h (in München-Gladbach)
VfTuR 1899 München-Gladbach 1:3 n.V. (in Neuss)

1920-22

KREISLIGA, RHEINISCHER SÜDKREIS 1920/21

1.	Kölner BC 01 (M)	54:18	29:7
2.	Kölner SC 99	41:22	25:11	0:0 – 1:3
3.	CfR Köln	46:29	24:12	3:4 – 3:0
4.	Bonner FV 01	32:27	21:15	1:1 – 2:0
5.	VfR rrh. Köln	35:28	20:16	4:0 – 2:0
6.	SV Mülheim 06	32:32	19:17	6:0 – 1:0
7.	VfJuV Düren	24:30	15:21	2:2 – 4:1
8.	SV Viktoria Köln	25:37	13:23	4:3 – 2:1
9.	FC Alemannia Lendersdorf	15:38	10:26	3:2 – 2:0
10.	SV Siegburg 04	13:56	4:32	8:0 – 6:1

RHEINGAU-MEISTERSCHAFT

1.	Kölner BC 01	10:1	4:0	
2.	SC München-Gladbach 94	3:3	2:2	2:1 (1)
3.	FC Koblenz 00	1:10	0:4	8:0 (2)

Austragungsorte: (1) Düren, (2) Neuwied

WESTDEUTSCHE MEISTERSCHAFT

1.	Duisburger SV	7:3	7:1	0:1 (1)
2.	Kölner BC 01	8:3	6:2	
3.	SC Dortmund 95	8:7	4:4	2:1 (2)
4.	BC Sport Kassel	5:9	1:7	4:1 (3)
5.	SC Preußen Münster	4:10	1:7	2:0 (4)

Austragungsorte: (1) Krefeld, (2) Aachen, (3) Köln, (4) Siegen

RHEINGAULIGA 1921/22

1.	Kölner BC 01	57:24	27:9	
2.	Rheydter SV	38:23	25:11	0:1 – 3:3
3.	Borussia München-Gladbach	53:30	24:12	0:0 – 6:1
4.	Kölner SC 99	38:33	20:16	5:2 – 0:1
5.	Bonner FV 01	36:44	17:19	5:1 – 2:4
6.	VfR rrh. Köln	27:38	17:19	3:2 – 3:0
7.	CfR 99 Köln	26:37	16:20	5:0 – 3:1
8.	Alem. Aachen	24:37	12:24	5:1 – 2:1
9.	Eintracht München-Gladbach	24:37	12:24	3:2 – 2:0
10.	SC München-Gladbach	31:51	10:26	7:2 – 3:2

WESTDEUTSCHE MEISTERSCHAFT

1.	Arminia Bielefeld	11:7	7:3	4:2 (1)
2.	Kölner BC 01	11:4	6:4	
3.	Duisburger SV	9:3	6:4	1:0 (2)
4.	Essener TB	9:4	6:4	2:2*(3)
5.	FV 08 Duisburg	3:10	3:7	1:2 (4)
6.	TSV Kassel 48	2:17	2:8	5:0 (5)

Austragungsorte: (1) Essen, (2) Düsseldorf, (3) Neuss, (4) München-Gladbach, (5) Köln

* Wertung nach Protest für Essen

Tränen nach Punktverlust

Auch die Saison 1920/21 wurde in „Kreisligen" durchgeführt. Nach Abschluss der Ligabegegnungen spielten die Kreismeister die Gaumeisterschaft aus, die zur Teilnahme um die westdeutsche Endrunde berechtigte. Zudem galt es, sich einen Platz in der großräumigeren Gauliga zu sichern, die in der Folgesaison starten sollte. Personell erheblich geschwächt ging der KBC zurückhaltend in die Saison. Mittelfeldakteur August Zeil war auf dem Weg zur Arbeit von einem englischen Lkw überfahren worden und an seinen Verletzungen verstorben. Torwart August Göbler hatte den Verein verlassen. Abwehrrecke Paul Palm war wegen Tätlichkeit gegen einen Schiedsrichter bis Ende Oktober disqualifiziert, und Sturmtank Otto Schulz zog sich im ersten Pflichtspiel eine schwere Verletzung zu. Dennoch gingen die vom überragenden Walter Binder angetriebenen Kölner erneut als Kreisligameister hervor.

Im Rennen um die Rheingau-Meisterschaft setzte man sich gegen den SC München-Gladbach (Ex-FC München-Gladbach) sowie den FC Koblenz durch. Im Kampf um die Westdeutsche Meisterschaft, die im „Einrundensystem" auf neutralen Plätzen ausgespielt wurde, traf man auf den Duisburger SV, Dortmund 95, Preußen Münster und den BC Sport Kassel. Nachdem gegen Münster, Dortmund und Kassel gewonnen worden war, unterlag die KBC-Elf bei der in Krefeld ausgetragenen Partie gegen den alten Rivalen Duisburger SV unglücklich mit 0:1 – den Domstädtern hätte bereits ein Unentschieden zur Westmeisterschaft gereicht. Mit Tränen in den Augen verließen die Schwarz-Roten den Ort des Geschehens. Wieder war man unmittelbar vor dem ersehnten Ziel gescheitert.

Ärger um McGregor

Mit dieser Mannschaft wurde der KBC 1922 Westmeister. Am grünen Tisch wurde den Klettenbergern der Titel dann aber „geklaut". Das Bild aus dem Frühjahr 1923 zeigt stehend von links: Linienrichter Esser, Bolg, Bergmann, Schulz, Binder, Roggendorf, Kievernagel, Behrens, Behr, Krischer. Kniend von links: Ruhle, Niessen.

Zur Saison 1921/22 lösten Gauligen die Kreisligen ab. Nachdem die KBC-Elf in der Vorbereitung mit einem 4:3-Sieg über Mainkreismeister Eintracht Frankfurt auf sich aufmerksam gemacht hatte, gelang ihr mit deutlichem Vorsprung der Gewinn der Gaumeisterschaft. Ohnehin war es ein sportlich gutes Jahr für das Team, dem kaum eine Mannschaft in Westdeutschland Paroli bieten konnte.

Die Torwartposition war mit Roggendorf und dem aus der 2. Mannschaft kommenden Niederländer Manes Wynperle gleich doppelt besetzt.

In der westdeutschen Endrunde trennte man sich in Neuss 2:2 vom Essener Turnerbund, siegte in Düsseldorf mit 1:0 über den Duisburger SV und bezwang Arminia Bielefeld in Essen mit 4:2. Nur gegen Duisburg 08 kassierte die Binder-Elf beim 1:2 eine Pleite, die zum Punktegleichstand mit Bielefeld führte.

Da das Torverhältnis nicht maßgeblich war, wurde ein Entscheidungsspiel anberaumt, das Karfreitag 1922 in Mönchengladbach stattfand. Durch Tore von Josef und

1920-22

Die Mannschaft von Galatasaray Istanbul (damals Konstantinopel) war in den 1920er Jahren Gast der Klettenberger.

[LEGENDEN]

Josef „Jupp" Behr
*1897 †

Adolf „Clabus" Behr verließen die Kölner als 2:1-Sieger das Spielfeld und konnten ihre zweite Westmeisterschaft feiern. Doch das letzte Wort war noch nicht gesprochen. Beim KBC wirkte nämlich seit Sommer 1921 ein Schotte namens McGregor mit, der in der Verwaltung der britischen Besatzungsarmee tätig war und in Klettenberg wohnte. McGregor war vom Club ordnungsgemäß als Spieler gemeldet worden und hatte bereits geholfen, die Rheinbezirksmeisterschaft zu erringen. Vor dem Entscheidungsspiel hatte die Kölner Fußballbehörde jedoch angeordnet, McGregor dürfe nur mitwirken, wenn eine Genehmigung des DFB vorliege. KBC-Vorstandsmitglied Peter-Josef Ruland war daraufhin in der Nacht von Donnerstag auf Freitag per Bahn zu DFB-Geschäftsführer Blaschke nach Kiel geeilt. Blaschke stellte zwar umgehend eine Spielgenehmigung aus, aber der WSV legte dennoch sein Veto ein: McGregor sei zwar spielberechtigt gewesen, seine Berechtigung hätte jedoch zuvor im Bezirksblatt veröffentlicht werden müssen.

ENTSCHEIDUNG AM GRÜNEN TISCH

Der Verband annullierte das Ergebnis des Entscheidungsspiels und ordnete eine Wiederholung am darauffolgenden Sonntag in Düsseldorf an. Weil sich Walter Binder zwischenzeitlich bei einem Spiel der westdeutschen Auswahlmannschaft gegen Berlin verletzt hatte, beantragte der KBC die Verlegung, was vom WSV abgelehnt wurde. Verärgert von der zweifelhaften Rechtsauffassung und dem kuriosen Verhalten des Verbandes trat man daraufhin zum Wiederholungsspiel nicht an, und die zweimal vom KBC besiegten Bielefelder wurden am grünen Tisch Westmeister.

SCHON FRÜH PROFESSIONELLE STRUKTUREN

Abseits des sportlichen Geschehens war der KBC unter seinem Vorsitzenden Wilhelm Krischer zu einem – trotz der Behinderungen durch die Besetzung des Rheinlands – vorbildlich geführten Verein geworden. Der Club hatte bereits knapp 2.000 Mitglieder und besaß neben seinem Clubheim am Klettenbergpark auch eine Geschäftsstelle auf der Luxemburger Straße 188, die sogar über einen Fernsprecher verfügte. Kurioserweise lag sie im Stadtteil Sülz. Auf der Geschäftsstelle konnte der Mitgliedsbeitrag entrichtet oder eine Clubnadel zum Preis von 10 Mark erworben werden. In der KBC-Monatsschrift *Sport* vom April 1922 war zu lesen: „Jedes Mitglied muss im Besitz einer Clubnadel sein und sie natürlich auch tragen. Es muss jedem KBCianer eine Ehrenpflicht sein, sich durch das Tragen der Nadel stolz zu unserem lieben KBC zu bekennen."
Die Spieler der 1. Mannschaft waren nach heutigen Gesichtspunkten „Halbprofis". Zwar bestanden WSV und DFB strikt auf die Einhaltung des Amateurstatus, doch es gab längst versteckte Zahlungen in monetärer Form oder aber in Naturalien durch örtliche Geschäfte und Betriebe. Entsprechend enthielt die Clubzeitung *KBC Sport* zahlreiche Werbeinserate, was nicht nur ihren Druck finanzierte, sondern auch ein hübsches Sümmchen für die Clubkasse übrig ließ. Darüber hinaus war der Clubvorstand bei der Arbeitssuche behilflich – Mitte der 1920er Jahre sollte Sülz 07 unter seinem Vorsitzenden Karl Büttgen in dieser Disziplin neue Dimensionen erreichen.

DIE KBC-FAMILIE

Der KBC indes verfügte inzwischen neben einer Fußball- und einer Leichtathletik- auch über eine Tennisabteilung. Das gesellschaftliche Leben des Vereins spielte sich hauptsächlich in der Gaststätte „Hamm" (Ecke Neumarkt) sowie dem Vereinslokal „Klettenberg Park Restaurant" ab. Das Parkrestaurant verfügte über Säle und Gartenterrasse, so dass dort auch die Mitgliederversammlungen, Weihnachtsfeiern oder andere Clubveranstaltungen durchgeführt werden konnten. Diese hatten einen festlichen Rahmen mit musikalischen Darbietungen und einem eigenen Festprogramm. Der Zusammenhalt der „KBC-Familie" war in dieser Zeit bemerkenswert ausgeprägt.

Der gefährliche „Verbindungsstürmer" war unverzichtbarer Bestandteil der erfolgreichen KBC-Ära Anfang der 1920er Jahre. Ohne die vielen Vorlagen des technisch versierten Halbstürmers hätte der damalige „Superstar" des KBC, Walter Binder, wesentlich weniger glänzen können. Das Gespann Behr-Binder war der Schrecken gegnerischer Abwehrreihen. Mit der Kölner Stadtmannschaft bereiste er halb Europa. 1925/26 wechselte Behr zu Alemannia Aachen, wo er auch seine aktive Laufbahn beendete. In den ersten Nachkriegsjahren war der „kleine Jupp" auch als Trainer erfolgreich tätig, so unter anderem bei Fortuna Köln. In den 1950er Jahren betrieb er in Köln ein Zigarrengeschäft mit Lottoannahmestelle. ■

Schon früh gab der KBC ein eigenes Mitteilungsblatt für die Mitglieder heraus. Hier die Ausgabe September 1921.

KÖLNER BC ■ 29

1922/23

Der „neue Weg"

[LEGENDEN]

Mathias Roggendorf
*07.12.1899

Bereits als Schüler fand Mathias Roggendorf, von seinen Mitspielern nur kurz „Röggelchen" genannt, im Jahre 1912 seinen Weg zum KBC. In den 1920er Jahren zählte er zu den besten Torhütern Kölns, was ihm einige Berufungen in die Kölner Stadtmannschaft einbrachte. Der launische Rheinländer hielt an guten Tagen einfach alles, konnte aber an schlechten Tagen seine Mitspieler zur Verzweiflung treiben. Zur Legende wurde Roggendorf im Oktober 1925 beim 1:0-Sieg des KBC über Sülz 07, als er mit einer sensationellen Leistung den kaum für möglich gehaltenen Erfolg förmlich festhielt. 1927 musste der Keeper wegen Sportinvalidität seine aktive Laufbahn beenden. Berühmtheit erlangte auch die von ihm betriebene und später verpachtete Gaststätte Roggendorf in Klettenberg auf der Luxemburger Straße, in deren „Schlauch" am 13. Februar 1948 die Gründungsversammlung des 1. FC Köln stattfand. Bei den FC-Spielen sah man „Matjö" Roggendorf häufig auf der Tribüne, vorausgesetzt der passionierte Jäger befand sich nicht gerade in der Eifel auf der Pirsch. ■

Ankündigungsplakat von Arminia Bielefeld zum Gastspiel des KBC am 29. April 1924. Es zeigt eindrucksvoll den guten Ruf, den die Kölner auch außerhalb der Domstadt besaßen.

Der WSV beschloss erneut eine gravierende Änderung: Es wurde der sogenannte „Neue Weg" eingeführt, was bedeutete, dass die Meisterschaft von nun an über einen Zeitraum von zwei Jahren ausgedehnt werden sollte. Hiermit wollte man den Spielen, vor allem im schweren Meisterschafts- und Abstiegskampf, die Härte nehmen und die daraus oftmals resultierenden Zuschauerausschreitungen minimieren. Viele der Spieler und Vereinsvorstände waren gegen eine Meisterschaftsdauer von 24 Monaten, mussten die bittere Pille aber dennoch schlucken. Am 2. Juli 1922 kam mit Karl Flink ein weiteres Mitglied des KBC zu Nationalmannschaftsehren. Beim 0:0 in Bochum gegen Ungarn spielte Flink zum ersten und auch letzten Mal für Deutschland. Die Inflation erreichte ihren Höhepunkt, auch bedingt durch die französische Besetzung des Ruhrgebiets. Die Eintrittspreise für Fußballspiele stiegen in schwindelerregende Höhen. Anfang 1923 lagen sie bei 10 Mark, im Oktober 1923 gingen sie in die Billionen. Der Besuch eines Spiels kostete 1.000.000.000.000 (!) Mark. Erst die Währungsreform Ende November 1923 sorgte für eine langsame Normalisierung.

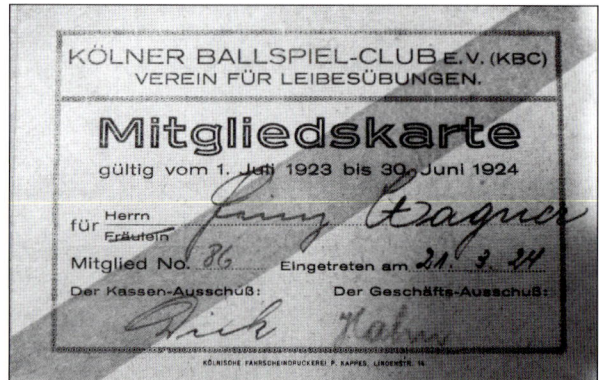

KBC-Mitgliedsausweis der Saison 1923/24. Durch die Inflation stiegen die Beiträge zu Phantasiesummen. Monatsbeiträge von mehreren Millionen (!) Mark waren keine Seltenheit.

ABSCHIED VOM TRAUM

Um einen westdeutschen Vertreter für die Endrunde um die Deutsche Meisterschaft zu ermitteln, spielten die Spitzenreiter der Gauligen in einer einfachen Runde dessen Teilnehmer aus. Der KBC und Jugend Düren waren im Rheingau die Gruppenbesten. Nachdem Düren 3:1 geschlagen, und die Rheingaumeisterschaft in trockenen Tüchern war, musste der Traum von einer Teilnahme an der deutschen Endrunde für die Klettenberger schnell begraben werden. Mit 1:4 beugte man sich in Düsseldorf bereits im ersten Ausscheidungsspiel dem alten Rivalen Duisburger SV. Der Angriffsmotor des KBC, Binder und Behr, wurde von den schnellen Duisburger Läufern an diesem Tage mattgesetzt. Auch das Fehlen von McGregor, Lang und Karl Flink, die aus beruflichen Gründen den Verein verlassen hatten, machte sich negativ bemerkbar. Walter Binder hatte in den Spielen zuvor einige Tore erzielen können, doch die Duisburger „Spione", die bereits zuvor auf dem KBC-Platz gesichtet worden waren, hatten gut aufgepasst und wertvolle taktische Ratschläge gegeben.

RHEINGAULIGA, GRUPPE SÜD 1922/23

1.	Kölner BC 01	33:16	18: 2	
2.	VfR rrh. Köln	27: 9	16: 4	0:4 a
3.	CfR Köln	21:11	13: 7	3:1 h
4.	Kölner SC 99	29:20	13: 7	5:2 h
5.	SV Mülheim 06	26:20	11: 9	3:0 h
6.	SpVgg Sülz 07	17:20	11: 9	4:2 a
7.	Bonner FV 01	25:27	8:12	a
8.	Tura Bonn	14:22	6:14	5:1 h
9.	SV Viktoria Köln	17:28	6:14	5:2 h
10.	SV Rhenania Köln	10:29	6:14	3:0 a
11.	SV Ehrenbreitstein 02	7:24	2:18	a

ENDSPIEL RHEINGAULIGA

Kölner BC 01 - VfJuV Düren 3:1 (Köln)

WESTDEUTSCHE MEISTERSCHAFT

Kölner BC 01 - Duisburger SV 1:4

1923/24

6.000 Besucher bei Platzweihe

Stolz präsentieren sich einige KBC-Mitglieder im September 1924 unmittelbar vor der Platzweihe der frisch renovierten Sportanlage an der Luxemburger Straße/Ecke Militärring.

Von nun an begann für den KBC die sportliche Talfahrt, was den Fußball betrifft. Die Mannschaft war radikal verjüngt worden und bildete nicht die Einheit früherer Tage. Vor allem im Angriff herrschte „Flaute". Die Ausfälle von Stammkräften wie Franz Bolg und Walter Binder, der vor dem Endspiel um die Gaumeisterschaft am 24. Februar 1924 gegen den Rheydter SV einen Blutsturz erlitt, waren nicht zu kompensieren. Das Spiel gegen die Rheydter sollte für lange Zeit das letzte große Fußballereignis für die Schwarz-Roten sein. Es wurde nach zweimaliger Verlängerung mit 2:3 verloren. Das Verletzungspech der Kölner, die zeitweise nur mit acht Spielern auf dem Feld standen, überschattete die im Weidenpescher Park in Köln ausgetragene Begegnung.
Um der hohen Mitgliederzahl gerecht zu werden, sowie der mittlerweile sehr erfolgreichen Leichtathletikabteilung bessere Wettkampf- und Trainingsbedingungen zu schaffen, begann man im Herbst 1923 mit dem Neubau des Sportplatzes am Klettenbergpark (Schnittpunkt Luxemburger/Militärringstraße). Knapp ein Jahr später, am 14. September 1924, fand dessen feierliche Einweihung mit Platzweihe statt. Die Anlage verfügte über je ein Fußball-, bzw. Faustballfeld sowie mehrere Tennisplätze und eine 450 Meter lange und 6 Meter breite Leichtathletiklaufbahn, und war zu dieser Zeit eine der schönsten Sportstätten Kölns, umgeben von Grünschmuck mit Ausblick bis auf das Vorgebirge. Auch eine verbesserte Umzäunung war Bestandteil der neuen Anlage, was vor allem für die Vereinskasse von erheblichem Vorteil war, hatten sich doch bei den Spielen der Vorsaison häufig zumeist jugendliche Besucher durch „Zaunlöcher" ohne Eintritt zu entrichten Zutritt verschafft. Zusätzlich hatte man mit dem am Platz befindlichen Fort VIIa ein weiteres „Clubhaus", das aber vom Raumangebot her eher bescheiden war. Der damalige Kölner Oberbürgermeister Konrad Adenauer hatte sich bei der Stadt nicht unerheblich um Unterstützung für das Platzprojekt des KBC eingesetzt.

GROSSES FEST TROTZ NIEDERLAGE
Gut 6.000 Besucher fanden sich an diesem Tag auf dem Gelände ein. Das Festprogramm sah einen großen „Vereinssechskampf" der Leichtathletik vor. Anschließend spielte die 1. Fußballmannschaft des KBC gegen Köln 99 und verlor mit 0:2 – Torschütze des zweiten Treffers der „Weidenpescher" war übrigens der später als Kölner Sportjournalist bekannte Willi Busse. Eine gemütliche Feierstunde in der Clubgaststätte „Klettenberg Park" (auch „Bei Deux" genannt) rundete die Festlichkeit ab. Das Vereinsorgan *KBC Sport* schrieb in seiner Ausgabe September 1924: „Alle aktiven KBCer müssen sich am 14. September zur Platzweihe in pikfeiner Clubkleidung am Aufmarsch beteiligen". Der Aufruf verfehlte seine Wirkung nicht.
Wie so oft konnten sich auch die Freundschaftsspiele des Jahres 1924 durchaus sehen lassen. So waren unter anderem der VfR Mannheim, Kickers Offenbach, Brandenburg/Dresden, Kilia Kiel und Borussia Neunkirchen in Klettenberg zu Gast.
Kurz nach der Platzweihe setzte der Verein neue Mitgliedsbeiträge für die exakt 1.166 Mitglieder (davon 300 Frauen) fest: So zahlten Jugendliche bis 18 Jahre 50 Pfennige, Erwachsene von 18-25 Jahren 1,50 Mark bzw. von 26-35 Jahren 2,00 Mark und ab 35 Jahren 2,50 Mark.

Diese kunstvolle Plakette erhielt vom KBC jeder an der Platzweihe am 14. September 1924 teilnehmende Sportler.

RHEINGAULIGA, GRUPPE SÜD 1923/24

1.	VfR rrh. Köln	49:20	30:10	h
2.	Kölner BC 01	48:33	28:12	
3.	SpVgg Sülz 07	33:38	24:16	1:2 h.
4.	CfR 99 Köln	35:22	23:17	a
5.	Kölner SC 99	42:40	22:18	1:1 a
6.	Bonner FV 01	42:38	21:19	1:4 h
7.	SV Mülheim 06	33:29	20:20	2:0 a
8.	SV Viktoria Köln	30:44	18:22	1:3 a
9.	Tura Bonn	32:40	17:23	1:0 a
10.	SV Rhenania Köln	25:48	15:25	4:1 h
11.	SV Ehrenbreitstein 02	7:24	2:38	4:1 h

Der SV Ehrenbreitstein 02 wurde aus finanziellen Gründen (Inflation und weite Reisen) in der Saison 1923/24 von der Meisterschaft freigestellt. Die Begegnungen wurden alle für die Gegner als gewonnen gewertet.
Eigentlich hätte der VfR rrh. Köln beim Endspiel um den Titel des Rheingaumeisters auflaufen müssen. Als jedoch jeder Rheingaumeister dem Verband gemeldet werden musste, lag der KBC in der Tabelle vorne, jedoch war der Spielbetrieb noch nicht abgeschlossen. So meldete man kurzerhand den KBC als Teilnehmer.

ENDSPIEL RHEINGAULIGA

Kölner BC 01 - Rheydter SV 2:3 nach zweimaliger Verlängerung (Köln)

Der ehemalige KBC-Platz an der Luxemburger Straße/Ecke Militärring, unweit des „Geißbockheims" existiert bis heute. Deutlich erkennt man noch den Zuschauerwall und die von den KBCianern in den 1920er Jahren angelegte Athletiklaufbahn. Heute ist auf der Anlage ein Rugby-Club beheimatet.

1924-26

Wachablösung trotz Sensationssieg

[LEGENDEN]

Georg "Schorch" Tunkowski
*19.02.1907 †

Noch als Jugendlicher zum KBC gekommen, gelang Tunkowski sehr schnell der Durchbruch in der 1. Mannschaft, der er mehr als zehn Jahre angehörte. Er hielt dem Verein in den sportlich schwierigen Zeiten ab Mitte/Ende der 1920er Jahre immer die Treue. Der größte Erfolg während seiner aktiven Zeit war der Gauligaaufstieg 1937. Wiederholt kam der spielstarke Außenläufer in der Kölner Stadtmannschaft zum Einsatz und spielte später noch lange Zeit bei den Alten Herren.

Das Pflichtspiel der Schwarz-Roten in Koblenz im November 1924 war der Vereinszeitung ein Bild auf der Titelseite wert. Beachtlich: Schon damals wurden die Kölner von mitreisenden Schlachtenbummlern begleitet.

Die 1. Mannschaft des KBC der Spielzeit 1925/26. Sportlich hatte man den Zenit überschritten und stand nun im Schatten des Lokalrivalen Sülz 07.

RHEINGAULIGA, GRUPPE SÜD
1924/25, 1. SERIE

1.	VfR rrh. Köln	27:6	17:3	1:2 h
2.	Bonner FV 01	19:10	14:6	2:3 a
3.	SV Rhenania Köln	20:13	13:7	1:1 h
4.	CfR 99 Köln	21:16	11:9	1:4 a
5.	SV Viktoria Köln	11:15	11:9	0:0 h
6.	Kölner SC 99	15:20	10:10	2:4 h
7.	Tura Bonn	17:22	9:11	4:4 h
8.	SpVgg Sülz 07	21:11	8:12	1:3 h
9.	SV Mülheim 06	18:27	7:13	1:3 a
10.	SC Koblenz 00/02	12:28	7:13	1:3 a
11.	**Kölner BC 01**	**14:27**	**3:17**	

1. RHEINBEZIRKSKLASSE SÜD
1925/26, 2. SERIE

1.	VfR rrh. Köln	57:25	27:13	2:1 a
2.	CfR 99 Köln	50:35	25:15	4:4 h
3.	SpVgg Sülz 07	58:21	24:16	1:0 h
4.	Bonner FV 01	53:40	23:17	1:1 h
5.	SV Rhenania Köln	45:44	22:18	1:2 a
6.	SV Viktoria Köln	29:36	20:20	0:4 a
7.	Kölner SC 99	41:43	19:21	3:2 a
8.	Tura Bonn	43:52	19:21	2:2 a
9.	**Kölner BC 01**	**34:44**	**16:24**	
10.	SV Mülheim 06	43:62	16:24	3:0 h
11.	SC Koblenz 00/02	21:70	9:31	3:1 h

ENTSCHEIDUNGSSPIEL UM DEN
9. PLATZ IM WEIDENPESCHER PARK

Kölner BC 01 - SV Mülheim 06 4:2

Im Januar 1925 belegte der KBC in seiner „Südkreis-" Liga den letzten Tabellenplatz mit nur drei Punkten. Doch auch der Kampf ums sportliche Überleben lockte die Zuschauer an. Auf fremden Plätzen hatten die Domstädter immer noch einen guten Ruf. So zählte der Bonner FV beim Gastspiel der Kölner am 25. Januar 1925 rund 7.000 Besucher. Im *Sportblatt für die Sportverbände im besetzten Gebiet* ist daher von einem „wilden Zuschauerstrom" die Rede. Weiter heißt es: „Auch die Autos hatten sich an Zahl bedeutend verstärkt, vor dem Platz sah man 100 Gefährte aller Art, Autos, Lastkraftwagen, Einspänner und dergleichen."

Zum Jahr 1926 wurde der „Neue Weg" abgeschlossen. Der KBC landete im unteren Tabellenbereich und hatte den Anschluss an die Spitze endgültig verloren. In einem Entscheidungsspiel um den 9. Platz konnte mit einem 4:2-Erfolg über den SV Mülheim 06 noch gerade so die Erstklassigkeit erhalten werden. Die große Zeit der Klettenberger war vorbei.

Einer der wenigen Höhepunkte war der 1:0-Sieg über Sülz 07 im Oktober 1925. Erstmals trat Sülz 07 an diesem Tag mit den Internationalen aus Österreich, Swatosch und Podpera, an. Die Sülzer waren in der Zwischenzeit längst am KBC vorbeigezogen und klarer Favorit. Trotz des Sensationssieges fand die Wachablösung im Kölner Fußball statt, in dem jetzt Sülz 07 dominierte.

1926-33

Außersportlich bestens

1. BEZIRKSKLASSE, SÜDKREIS, STAFFEL 2 1926/27

1.	CfR 1899 Köln	36:13	23:5	0:2 – 1:0
2.	Bonner FV 01	38:20	18:10	4:1 – 1:1
3.	**Kölner BC 01**	**24:16**	**17:11**	
4.	FV Lindenthal 06	36:31	17:11	3:0 – 0:1
5.	VfJuV Düren	28:37	12:16	0:2 – 3:1
6.	SV Düren 06	18:32	11:17	5:0 – 1:1
7.	SSV Vingst 05	35:40	10:18	0:4 – 1:0
8.	SV Viktoria Köln	12:38	4:24	3:1 – 2:2

1. RHEINBEZIRKSKLASSE 1927/28

1.	SpVgg Sülz 07	57:20	25:3	0:5 – 1:3
2.	Borussia München-Gladbach	61:22	25:3	1:2 – 2:7
3.	VfJuV Düren	28:39	12:16	2:0 – 3:4
4.	FV Godesberg 08	27:38	11:17	1:5 – 4:2
5.	**Kölner BC 01**	**23:38**	**11:17**	
6.	SC BW 06 Köln	22:37	10:18	1:4 – 1:0
7.	SV Odenkirchen	28:33	9:19	3:3 – 1:0
8.	SC Aachen 10	24:43	9:19	1:2 – 2:1

1. RHEINBEZIRKSKLASSE, STAFFEL 1 1928/29

1.	Spvgg Sülz 07	82:23	37:11	0:2 – 2:6
2.	Rheydter SV	63:44	34:14	1:1 – 1:1
3.	SC München-Gladbach 94	63:33	29:19	3:1 – 2:5
4.	SC Düren 03	61:44	28:20	2:2 – 3:4
5.	Bonner FV 01	61:43	27:21	4:4 – n.b.
6.	**Kölner BC 01**	**67:51**	**27:21**	
7.	SC BW Köln 06	52:44	27:21	4:2 – 2:1
8.	SV Alsdorf 19	59:62	25:23	6:2 – n.b.
9.	FV Godesberg 08	49:69	21:27	2:0 – 1:2
10.	Eintracht München-Gladbach	33:54	19:29	n.b.– 3:3
11.	SV Bergisch-Gladbach	33:76	14:34	4:1 – 3:3
12.	VfB Aachen 08	43:73	13:35	8:1 – 2:1
13.	SV Odenkirchen	30:80	11:37	5:0 – 4:2

RHEINBEZIRKSLIGA 1929/30

1.	SpVgg Sülz 07	78:35	36:12	0:4 – 1:1
2.	SC München-Gladbach 94	48:36	33:15	2:3 – 1:2
3.	Alemannia Aachen	62:37	33:15	3:1 – 4:10
4.	Borussia München-Gladbach	68:50	30:18	3:2 – 2:2
5.	Rheydter SV	66:54	27:21	3:1 – 2:2
6.	Bonner FV 01	60:51	27:21	3:0 – 1:4
7.	VfR rrh. Köln	54:60	27:21	1:5 – 8:0
8.	**Kölner BC 01**	**55:56**	**23:25**	
9.	SV Mülheim 06	59:65	21:27	1:1 – 1:3
10.	Tura Bonn	52:64	18:30	4:0 – 2:0
11.	SC Düren 03	46:66	16:32	5:3 – 1:5
12.	SC BW 06 Köln	37:65	13:35	1:1 – 2:2
13.	SC Victoria Rheydt	33:77	10:38	2:3 – 3:0

An die früheren Erfolge konnte der Verein bis zur Fusion mit dem Nachbarn nicht mehr anknüpfen. Mannschaften wie CfR Köln und den Bonner FV musste man im Spieljahr 1926/27 hinter sich lassen, wurde aber immerhin noch Dritter der 1. Bezirksklasse Südkreis, Staffel 2. Obwohl der Mannschaft noch bewährte Stützen wie Beuth, Bergmann, Tunkowsky sowie Torwart und Kneipier Roggendorf zur Verfügung standen, hatte man im Kampf um höhere Platzierungen nichts zu bestellen. Beim 4:4 gegen den Bonner FV im Juni 1928 wurde der spätere FC-Mitbegründer und Fußballobmann Franz Bolg für 500 Spiele im KBC geehrt. Im Schatten der sich auf der Erfolgswelle befindlichen Spielvereinigung Sülz 07 war für die Schwarz-Roten in diesen Jahren Abstiegskampf und allenfalls Mittelmaß an der Tagesordnung. Nur die Handballer und Leichtathleten feierten Erfolge und repräsentierten zu dieser Zeit den Spitzensport des Vereins.

Der „außersportliche" Bereich lief aber immer noch bestens. Von Feierlichkeiten bis hin zu wöchentlichen Gesangsabenden. Das Nachrichtenblatt des Vereins *KBC Sport* wurde weiterhin mehrmals jährlich an die Mitglieder versendet. Das Clubhaus wurde teilweise als Geschäftsstelle genutzt. Von 1927/28 bis 1929/30 war ein 5. Platz das beste Resultat. Im selben Zeitraum konnte Sülz 07 die Liga in dreifacher, ununterbrochener Folge als Tabellenführer abschließen. Dies gibt eindeutiges Zeugnis darüber ab, wer zu dieser Zeit die führende Kraft im Kölner Fußball war. Erst zur Spielzeit 1930/31 konnte der KBC mit dem 2. Platz wieder in vordere Regionen vorstoßen, was nur ein Strohfeuer bedeutete, da man in der Folgesaison Achter, bzw. 1932/33 Neunter wurde. Die Weltwirtschaftskrise, einhergehend mit der Massenarbeitslosigkeit sorgte für einen drastischen Rückgang der Zuschauerzahlen und tiefe Löcher in der Vereinskasse.

RHEINBEZIRKSLIGA, GRUPPE 1, 1930/31

1.	Rheydter SV	77:37	33:7	2:3 – 1:0
2.	**Kölner BC 01**	**68:31**	**29:11**	
3.	SpVgg Sülz 07	60:36	25:15	2:2 – 3:1
4.	VfL 05 Viersen	51:42	23:17	5:2 – 2:6
5.	Bonner FV 01	49:54	20:20	4:1 – 0:0
6.	SC München-Gladbach 94	42:42	17:23	3:0 – 3:4
7.	Tura Bonn	43:56	17:23	8:1 – 7:5
8.	SpV Wickrath	42:59	15:25	0:1 – 6:2
9.	CfR 1899 Köln	45:50	14:26	4:0 – 5:2
10.	SSV Vingst 05	31:52	14:26	1:0 – 1:1
11.	SSV Troisdorf 05	33:82	13:27	10:0 – 1:0

RHEINBEZIRKSLIGA, GRUPPE 1 1931/32

1.	Alemannia Aachen	83:21	32:4	0:2 – 2:9
2.	VfL 05 Viersen	59:44	22:14	6:3 – 1:5
3.	CfR 99 Köln	39:38	20:16	2:3 – 0:3
4.	SV Baesweiler 09	53:49	19:17	3:3 – 3:5
5.	Borussia München-Gladbach	45:45	18:18	0:4 – 5:3
6.	SV Rhenania Köln	38:44	18:18	0:1 – 1:2
7.	SC Düren 03	37:43	16:20	4:2 – 0:1
8.	**Kölner BC 01**	**46:51**	**15:21**	
9.	Preußen Dellbrück	28:48	10:26	8:1 – 4:1
10.	SpVgg Waldhaus	23:68	8:28	5:2 – 2:1

Die 1. Mannschaft des KBC im Jahre 1927. Kniend von links: P. Beuth, Tunkowsky, Begmann, Raaf. Stehend von links: Deux, Schulz, Klossmann, Roggendorf, Kraus, Schneider, L. Beuth.

RHEINBEZIRKSLIGA, GRUPPE A 1932/33

1.	SpVgg Sülz 07	71:43	33:11	1:3 – 1:3
2.	SC Viktoria 04 Rheydt	69:41	31:13	4:1 – 2:3
3.	VfR rrh. Köln	63:50	30:14	2:3 – 2:2
4.	SV Odenkirchen	54:56	24:20	1:1 – 1:2
5.	Rhenania Würselen	46:48	23:21	1:2 – 2:3
6.	Bonner FV 01	55:47	22:22	2:1 – 3:2
7.	VfL 05 Viersen	54:58	21:23	4:4 – 2:2
8.	CfR 99 Köln	55:49	20:24	4:1 – 2:3
9.	**Kölner BC 01**	**47:44**	**19:25**	
10.	SpV Düren 06	39:50	18:26	3:1 – 1:2
11.	SC BW 06 Köln	34:43	17:27	0:2 – 0:0
12.	FC Jugend Bergheim	22:80	6:38	4:2 – 5:1

KÖLNER BC ■ 33

1933-37

Zweitklassig durch Neuordnung

BEZIRKSKLASSE, GRUPPE 2 1933/34

1.	Kölner BC 01 (A)	57:29	35: 9	
2.	SSV Vingst 05 (A)	85:49	31:13	
3.	FC Preußen Koblenz	62:42	27:17	
4.	Germania Mudersbach	64:50	25:19	2:1
5.	SC Brachbach 09	71:61	25:19	6:4
6.	SV Siegburg (N)	65:47	24:20	1:1
7.	VfJuV Kalk 05 (N)	70:79	22:22	8:1 – 3:2
8.	SSV Troisdorf (A)	53:57	20:24	3:0
9.	VfJuV Betzdorf 06	60:66	20:24	3:0
10.	SV Bayenthal 20 (N)	48:74	15:29	
11.	Viktoria Hennef (N)	47:85	12:32	
12.	SV Viktoria Neuwied	45:88	8:36	3:2 – 4:2

AUFSTIEGSRUNDE ZUR GAULIGA MITTELRHEIN

1.	SC Blau-Weiß Köln	8: 4	5:3	1:1 – 1:5
2.	1. FC Idar	6: 6	4:4	2:1 – 2:3
3.	Kölner BC 01	6:10	3:5	

BEZIRKSKLASSE, GRUPPE 2 1934/35

1.	SV Beuel 06	80:27	36: 8	4:1 – 0:2
2.	Preußen Dellbrück (N)	45:39	29:15	5:0 – 2:1
3.	SSV Troisdorf 05	84:60	27:17	4:1 – 0:3
4.	FV Godesberg 08 (N)	62:50	25:19	1:2 – 4:6
5.	Kölner BC 01	49:39	22:22	
6.	Rhenania SV Union Köln	43:48	20:24	0:1 – 1:4
7.	Germania Zündorf (N)	43:60	19:25	5:2 – 1:1
8.	VfJuV Kalk	51:60	18:26	2:0 – 4:3
9.	SV Deutz 05 (N)	37:60	18:26	– 5:3
10.	Kölner FV (N)	58:56	17:27	2:2 – 1:0
11.	Germania Mülheim (N)	45:69	17:27	3:2 – 1:2
12.	FC Jugend Bergheim	29:58	16:28	5:0 – 0:x

BEZIRKSLIGA, GRUPPE 2 1935/36

1.	SV Beuel 06	80:23	36: 8	2:2 – 4:1
2.	SSV Vingst 05	67:35	36: 8	2:2 – 0:1
3.	Kölner BC 01	67:18	35: 9	
4.	FV Godesberg 08	55:48	25:19	3:0 – 2:2
5.	SV Rhenania Köln	35:43	22:22	3:1 – 4:0
6.	SuS Nippes 12 (N)	52:55	21:23	8:0 – 2:1
7.	Preußen Dellbrück	39:43	18:26	2:1 – 1:2
8.	VfJuV Kalk 05	46:60	18:26	2:1 – 3:0
9.	FC Phönix Elberfeld	31:57	16:28	2:0 – 0:1
10.	Bonner BC (N)	28:57	16:28	10:0 – 3:0
11.	Kölner FV 02	38:69	12:32	4:1 – 4:1
12.	SC SW Köln	25:55	9:35	3:0 – 3:1

BEZIRKSLIGA, GRUPPE 2 1936/37

1.	Kölner BC	75:17	38: 6	
2.	SV Bayenthal 20	78:65	31:13	3:1 –
3.	BV Friesdorf (N)	72:52	29:15	4:0 – 2:0
4.	SC Köln-Nord (N)	61:48	25:19	5:1 – 3:0
5.	SV Rhenania Köln	51:42	24:20	3:1 – 0:1
6.	SV Union Köln	47:43	23:21	1:0 – 5:4
7.	VfL Poll	53:41	22:22	3:1 – 0:0
8.	FV Godesberg 08	42:43	22:22	0:0 – 5:0
9.	Viktoria Hennef	43:62	15:29	6:1 – 4:3
10.	Bonner BC	29:73	15:29	5:1 –
11.	Preußen Dellbrück	37:81	11:33	13:0 – 3:0
12.	Phönix Ehrenfeld	36:67	8:36	4:0 – 4:0

AUFSTIEGSRUNDE ZUR GAULIGA MITTELRHEIN

1.	Kölner BC 01	12:13	7:5	
2.	SV Westmark Trier	15: 8	6:6	3:1 – 0:7
3.	MSV Koblenz	12:14	6:6	1:2 – 5:1
4.	FV Engers 07	12:16	5:7	1:1 – 2:1

Mit der Machtübergabe an die Nationalsozialisten 1933 wurde der Sport und somit auch der Fußball komplett umgekrempelt. Das Verbandsgebiet wurde auseinandergerissen und in drei Gaue unterteilt: Westfalen, Niederrhein und Mittelrhein – wobei Köln zum Gau Mittelrhein gehörte. Die höchste Spielklasse bildete die Gauliga, deren jeweilige Meister die Deutsche Meisterschaft unter sich ausmachten. Darunter gab es eine Bezirks- und drei Kreisklassen. Die Zuteilung zu den Spielklassen erfolgte nach verschiedenen Gesichtspunkten. Sie richtete sich nach den Erfolgen der letzten Jahre und der „Größe" des Clubs. Zudem sollte jede Großstadt berücksichtigt werden. So war es für den KBC unmöglich Aufnahme in die Gauliga zu finden und der Verein wurde 32 Jahre nach seiner Gründung zum ersten Mal zweitklassig ohne sportlich abgestiegen zu sein.

In der Bezirksklasse Gruppe 2 musste man nun vielfach auch in südlichere Gefilde wie beispielsweise nach Neuwied oder Koblenz reisen. Natürlich setzte man sich den Aufstieg in die Gauliga als Ziel und wurde auch gleich Erster der Bezirksklasse. In der Aufstiegsrunde scheiterten die Schwarz-Roten allerdings kläglich und wurden hinter Blau-Weiß Köln und dem 1. FC Idar nur Dritter und damit Letzter. Auch der 5. Platz 1934/35 bzw. der 3. Rang 1935/36 brachte nicht den sehnlichst erhofften Aufstieg.

AUFSTIEGSFEIERN

Erst in der Saison 1936/37 gelang endlich der große Wurf. Als souveräner Meister der Bezirksliga ging man in die Aufstiegsrunde zur Gauliga Mittelrhein. Hier mussten sich die Kölner gegen den SV Westmark Trier, MSV Koblenz sowie den FV Engers durchsetzen. Nach der ersten Serie lag der KBC aussichtslos an letzter Stelle. Aber in der zweiten Serie wurde das Unmögliche möglich gemacht. Man verlor kein Spiel mehr und durch Niederlagen der anderen Mannschaften musste in der Begegnung gegen den Militär SV Koblenz die Entscheidung fallen. Nur ein deutlicher Erfolg konnte wegen des Torverhältnisses den Aufstieg bringen. Der später im Krieg gefallene, aus Koblenz stammende Spielmacher Claus Wirz, zeigte in diesem alles entscheidenden Spiel eine einmalige Leistung mit der er alle seine Mitspieler mitriss, und so maßgeblich zum großen Erfolg beitrug. Bis wenige Minuten vor Schluss führten die Klettenberger mit 4:1, als das Gerücht aufkam, der KBC müsse noch ein Tor erzielen. Aufgeregt rief man es den Spielern zu und prompt wurde

Erinnerungsbild für die KBC-Spieler eigens zum Aufstieg in die Gauliga 1937 angefertigt.

auch noch der Treffer zum 5:1-Endstand markiert. Die rund 200 mitgereisten Kölner Schlachtenbummler unter den 2.000 Zuschauern jubelten. Der Aufstieg in die Gauliga war besiegelt und der anschließende Einmarsch der Mannschaft durch die Straßen Klettenbergs zum Restaurant Mehring wurde ein Triumphzug, der alle Strapazen vergessen ließ. Der damalige Fußballobmann Michael Engels, auch „De Räuber" genannt, hatte großen Anteil am Wiederaufstieg, denn er hatte im Verlauf der Spielzeit nicht nur private Zeit, sondern auch die ein oder andere Mark in den Verein investiert. In der Aufstiegsmannschaft befanden sich mit Heinz Hungs und Keeper Harald Nelles zwei Akteure, die später auch noch für den 1. FC Köln die Fußballstiefel schnürten. Seit 1932/33 waren der KBC und Sülz 07 in der Saison 1937/38 nun erstmals wieder gemeinsam in der „1. Liga".

1937-39

Abstieg aus der Gauliga nach nur einem Jahr

Der Start in die Erstklassigkeit ging für die Klettenberger gründlich daneben. Zwar spielte man taktisch und technisch gut mit, jedoch ließen die Resultate zu wünschen übrig. Nach einer völlig enttäuschenden Hinrunde hatte der KBC die Rote Laterne. Die Situation war durchaus vergleichbar mit der von Aufsteigern der heutigen Zeit. Man bietet den etablierten Mannschaften erfolgreich Paroli, hat oft gar mehr Spielanteile, doch am Ende setzt sich häufig die Cleverness und Abgeklärtheit der Favoriten siegbringend durch. Im *Kicker* vom 11. Januar 1938 wird der KBC als „enfant terrible der Gauliga" bezeichnet. Denn zu diesem Zeitpunkt hatte man eine beachtliche Serie mit acht Pluspunkten hingelegt, was um so bemerkenswerter war, wenn man die Tatsache bedenkt, dass nach den ersten acht Spieltagen lediglich zwei magere Pünktchen auf der Habenseite standen. Dennoch belegte man trotz des Aufschwungs nur den vorletzten Tabellenplatz. Ein kluger Kopf hatte gar errechnet, dass die Schwarz-Roten an der Tabellenspitze zu finden wären, wenn nur die Rückrunde berücksichtigt würde.

2:1-ERFOLG GEGEN SÜLZ

Eindeutiges Saisonhighlight war der 2:1-Sieg über das favorisierte, zu diesem Zeitpunkt im November 1937 noch als Klassenprimus antretende Sülz 07 vor eigenem Publikum. Die Siegprämie von 10 Mark pro Spieler zahlte der Obmann nach dem Derbysieg besonders gerne aus. Unter den Torschützen bei diesem Überraschungserfolg war auch ein gewisser Hans Weisweiler, später auch als „Hennes" bekannt, der die zukünftige Vereinshistorie des 1. FC Köln entscheidend mitprägen sollte. Weisweiler, der zuvor schon für die A-Jugend des Vereins aufgelaufen war, hatte bei der 1:4-Niederlage des KBC gegen den VfL Köln 99 sein Debüt in der 1. Mannschaft gegeben. Spielertrainer Jupp Bleser schenkte dem jungen, aus Lechenich bei Köln stammenden Nachwuchsakteur sein Vertrauen. „Hennes" war jüngster Spieler im Kader und wurde damals noch als Mittelstürmer oder Rechtsaußen eingesetzt.

Der Erfolg über den Lokalrivalen aus Sülz änderte nichts an der Tatsache, dass man sich bis zum Saisonende nicht mehr aus dem Tabellenkeller befreien konnte. Pikanterweise waren eben jene Sülzer ebenfalls, allerdings unerwartet, in die Abstiegszone geraten, und so kam es am letzten Spieltag zum „Showdown" um den Verbleib in der Gauliga zwischen dem KBC und Sülz 07. Beide Vereine wiesen vor der Begegnung einen Punktestand von 14:20 aus – nur der Sieger war auch im nächsten Jahr noch erstklassig. Wochenlang gab es, vor allem in Sülz-Klettenberg, kein anderes Thema als den bevorstehenden Entscheidungskampf. Rund 9.000 Besucher hatten sich in der Radrennbahn des Kölner Stadions versammelt. Sie wurden Augenzeuge einer denkwürdigen Partie, die Sülz mit 6:0 für sich entscheiden konnte. Gegen den Angriffswirbel von Ullrich, Euler und Co. auf Sülzer Seite hatte man nur zeitweise bestehen können, brach aber in der 2. Halbzeit völlig ein.

ZURÜCK IN DER BEZIRKSKLASSE

So war das Abenteuer Gauliga für den KBC bereits nach nur einer Spielzeit wieder beendet. Hennes Weisweiler erinnerte sich später, nach dem Spiel im Clubheim des KBC aus Frust und Verärgerung über den verpassten Klassenverbleib den ersten Vollrausch seines Lebens gehabt zu haben. Richtigen Spitzenfußball sollte man von nun an beim KBC nicht mehr zu Gesicht bekommen. Zum einen durch mangelnde sportliche Qualität, zum anderen bedingt durch die kommenden Kriegsereignisse. Der Abstieg führte dazu, dass die Klettenberger im Spieljahr 1938/39 in der Bezirksklasse, Gruppe 1 antreten mussten. Hier wurde man nur Fünfter – der Aufstieg, den sich die Schwarz-Roten zum Ziel gesetzt hatten, war nur eine unrealistische Illusion.

[LEGENDEN]

Martin Heer
*07.04.1912

Bevor Martin Heer sich erfolgreich dem Fußballsport widmete, war er begeisterter Handballer. 1933 kam er zum Kölner BC, spielte auch dort zuerst Handball, ehe er 1935 ganz in die Fußballabteilung wechselte. Er entwickelte sich nicht nur zu einem sehr guten Feldspieler, sondern auch zu einem hervorragenden Torwart. Durch seine enorme Körpergröße war er bei hohen Bällen fast unschlagbar. Er wurde wahlweise als Mittelläufer oder Torhüter eingesetzt. Als Mitglied der Mannschaft die 1937 in die Gauliga aufstieg, und den KBC letztmalig in die Erstklassigkeit brachte, erwarb sich Heer große Verdienste um die Schwarz-Roten. 1946/47 kam er als Mittelläufer zu zwei Einsätzen in der Kölner Stadtmannschaft. Beruflich war er als Prokurist einer großen Kölner Holzhandlung tätig. ■

GAULIGA MITTELRHEIN 1937/38

1.	SV Beuel 06	25:20	25:11	0:1 – 3:2
2.	Alemannia Aachen (N)	32:21	24:14	0:4 – 0:0
3.	VfL Köln 99	43:28	20:16	1:1 – 1:4
4.	SV Mülheim 06	34:34	20:16	0:1 – 4:2
5.	Rhenania Würselen	34:29	18:18	3:1 – 0:4
6.	SpVgg Sülz 07	30:30	16:20	2:1 – 0:6
7.	Tura Bonn	20:25	15:19	0:1 – 2:4
8.	VfR rrh. Köln (M)	29:36	14:22	1:0 – 0:2
9.	Bonner FV	26:34	14:22	0:1 – 2:0
10.	Kölner BC 01 (N)	19:35	14:22	

BEZIRKSKLASSE, GRUPPE 1 1938/39

1.	SSV Vingst 05	68:37	36:16	
2.	CfB Niehl	58:38	36:16	3:0
3.	SV Rhenania Köln	72:55	31:21	- 1:1
4.	SuS Nippes 12	68:67	30:22	
5.	**Kölner BC 01 (A)**	70:46	29:23	
6.	SpVgg Frechen 20	60:53	29:23	- 1:1
7.	SC Köln-Nord	55:47	28:24	
8.	SV Bayenthal 20	73:67	28:24	- 3:4
9.	Phönix Ehrenfeld (N)	47:57	27:25	
10.	VfL Poll	45:46	26:26	4:4
11.	SV Union Köln	60:67	26:26	- 2:3
12.	SC BW Köln 06	41:50	18:34	
13.	SV Horrem (N)	34:63	10:42	
14.	VfJuV Kalk 05	35:93	10:42	- 1:10

POKALRUNDE DES GAUES MITTELRHEIN 1938/39

1. Hauptrunde:	SpVgg Frechen 1920 - Kölner BC	0:3
2. Hauptrunde:	Kölner BC - Godesberger FV	1:0
Zwischenrunde:	Kölner BC - VfJuV Düren	5:3
3. Hauptrunde:	Spv.Sp.Velbert - Kölner BC	2:0

1939-45

Kriegsfußball

1. KLASSE KÖLN, GRUPPE 1 1939/40

1.	SV Bayenthal	55:23	18:6
2.	Rhenania Köln	32:25	17:7
3.	Union 05 Köln	33:27	15:9
4.	Kölner BC 01	34:3*	13:11
5.	Schwarz-Weiß Köln	39:38	11:13
6.	Frechen 1920	22:40	7:17
7.	Phönix Köln	18:46	3:21

(* Die beiden Gruppen wurden im kommenden Jahr zusammengefasst)

POKALRUNDE DES GAUES MITTELRHEIN 1939/40

1. Hauptrunde: Kölner BC - VfL Köln 99 1:2

BEZIRKSKLASSE, GRUPPE 1 1940/41 (STAND 4. MAI 1941)

1.	SV Viktoria Köln 1911	121:41	47:5
2.	SV Rhenania Köln	103:34	42:10
3.	Kölner BC 01	78:42	34:18
4.	Sportfreunde 1919 Düren	72:58	32:20
5.	SuS Nippes 1912	92:91	30:20 (1)
6.	Union 05 Köln	56:78	25:27
7.	SSV Vingst 05	63:69	23:29
8.	CfB 09 Niehl	53:55	22:26 (2)
9.	FC Phönix Ehrenfeld	57:67	22:28 (1)
10.	Schwarz-Weiß Bickersdorf	83:91	22:30
11.	SV 1920 Bayenthal	86:89	21:31
12.	SVg Frechen	67:125	16:36
13.	VfL Poll	46:95	14:38
14.	SC Nord-Köln	48:98	10:42

POKALRUNDE DES GAUES MITTELRHEIN 1940/41

1. Hauptrunde: Kölner BC - Bonner FV 01 1:4

BEZIRKSKLASSE, GRUPPE 1 1941/42 (STAND ANFANG JUNI 1942)

1.	SSV Vingst 05	61:22	37:7 (2)
2.	Kölner BC 01	64:43	32:14 (1)
3.	SV 20 Bayenthal	74:37	29:13 (3)
4.	CFB 09 Niehl	62:49	26:20 (1)
5.	Jugend Düren	37:39	24:18 (3)
6.	SuS Nippes 12/Wacker	71:68	22:22 (2)
7.	Schwarz-Weiß Bickersdorf	66:66	22:24 (1)
8.	Sportfreunde 1919 Düren	40:60	18:24 (3)
9.	FC Phönix 1911 Köln	45:58	18:26 (1)
10.	Ehrenfelder SV Rhenania	51:64	18:28 (1)
11.	Rheinischer SV Union 05	59:60	17:29 (1)
12.	Kölner BV 07	47:61	16:30 (1)
13.	Jugend Kalk	38:86	11:35 (1)

(...) = Zahl der Spiele, die nicht ausgetragen wurden oder nicht bekannt sind.

1938: Der junge Hennes Weisweiler im KBC-Dress schraubt sich zum Zweikampf mit dem Würselener Torwart in die Höhe.

Mit Beginn des 2. Weltkriegs im September 1939 kam es zu gravierenden Veränderungen für die Vereine. „Weitermachen" hieß zunächst die Kriegsparole, denn sportliche Ereignisse, besonders Fußball, sollten das Volk vom Krieg ablenken. Für Ende August war der 1. Spieltag der Gauliga geplant, wurde aber wegen der aktuellen politischen Situation sowie dem späteren militärischen Angriff der Wehrmacht auf Polen verschoben. Die Kriegsverhältnisse verhinderten einen Ligaspielbetrieb im Gau Mittelrhein in der gewohnten Form, und so wurde in der Saison 1939/40 eine sogenannte „Stadtmeisterschaft" in zwei Gruppen ausgespielt. Diese startete Anfang September 1939. In Gruppe 1 traf der KBC zumeist auf lokale Konkurrenten wie Rhenania Köln, Nippes 12 oder Union 05 Köln. Im Kader befanden sich illustre Namen wie Hennes Weisweiler, Martin Heer oder Torwart Dr. Josef Engels, der später noch einige Jahre im FC-Vorstand und Verwaltungsrat tätig war.

Die Spiele um die Stadtmeisterschaft wurden nicht zu Ende geführt.
Am 3. Dezember 1939 erfolgte die Wiederaufnahme des Gauligaspielbetriebes. Der nun zweigeteilten Gauliga gehörte der KBC aufgrund seiner schlechten Platzierung im Jahr 1938/39 nicht an, und musste zurück in die Bezirksklasse, in der die Klettenberger bis zur Spielzeit 1944/45 auch blieben. Natürlich hatte man immer noch den Aufstieg im Visier, war aber sportlich nicht in der Lage diesen auch zu realisieren.

„KRIEGSMANNSCHAFTEN"

Nach der Saison 1939/40 wurden die Kriegseinflüsse auf den KBC immer größer. Viele Vereinsmitglieder und Spieler wurden zum Militär einberufen. Dies hatte zur Folge, dass bei den sonntäglichen Meisterschaftsspielen zumeist Jugendliche oder Alte Herren in der 1. Mannschaft spielten, da sich die dazwischenliegenden Altersklassen fast ausschließlich im Kriegseinsatz befanden. Es war keine Seltenheit, dass Fußballobmann Jean Schäfer kurz vor Spielbeginn nur acht Akteure zur Verfügung standen. Hinzu kamen die Ausfälle von Leistungsträger Tunkowsky und Spielmacher Wirz, die nicht zu kompensieren waren. So war ein Angriff auf die Spitze unmöglich.
In der Saison 1940/41 kamen 35 Spieler in der 1. Mannschaft zum Einsatz. Selbst im Heimaturlaub befindliche Frontsoldaten liefen während ihres kurzen Aufenthaltes in der Domstadt für ihre Schwarz-Roten auf. Am Ende befand man sich auf dem 3. Tabellenplatz. Um die Mitglieder auch weiterhin mit Informationen über den Club zu versorgen, lösten die sogenannten *Kriegssportnachrichten* den traditionellen *KBC Sport* als offizielle Vereinspublikation ab. Zum 40-jährigen Vereinsjubiläum wurde im Juni 1941 eine *Denkschrift zum 40-jährigen Bestehen des Kölner Ballspiel-Club e.V.* herausgebracht. Wegen des bestehenden Krieges verzichtete man auf größere Feierlich-

1939-45

Im 2. Weltkrieg wurde die Kölner Innenstadt zu 90 Prozent zerstört.

keiten. Sportplatz und Clubheim an der Militärringstraße waren noch in bestem Zustand und mit Telefon ausgestattet. Die Anlage wurde von KBC-Urgestein Robert Hense, der als Platzwart fungierte, liebevoll gepflegt.

In Pokalwettbewerben konnte sich der KBC nie sonderlich in Szene setzen. So auch im „Tschammer Pokal", der nach dem damaligen Reichssportführer Hans von Tschammer und Osten benannt war. Nach dem Erstrunden-Aus gegen den SV Grefrath im Jahr 1942 schrieb der ehemalige Fußballobmann Michael Engels – mittlerweile Oberstleutnant bei der Wehrmacht – folgenden Brief an den Verein: „… Jedenfalls sehe ich, dass der KBC seinen Traditionen treu bleibt. Pokalspiele werden grundsätzlich verloren, ob das nun gegen Grefrath oder irgendeinen anderen Vertreter eines soliden Wald- und Wiesenfußballs ist. Und wenn so bedeutende Vertreter der hohen Fußballkunst wie Kratz, Heer und Tunkowsky mitwirken, finde ich die Niederlage nicht mal so unbegreiflich. Sie haben eben Erfahrung und wissen, wie man einen ländlichen Verein gewinnen lässt. Es lebe der Pokalkampf!"

PER FELDPOST

Per Feldpost gelangten Briefe und Neuigkeiten aus der Heimat an die Front. Der Krieg weitete sich aus, viele Platzanlagen wurden von Bomben beschädigt. Es wurde immer schwieriger einen geregelten Spielbetrieb aufrecht zu erhalten. Auch in anderer Hinsicht waren massive Kriegsauswirkungen im Vereinsleben zu spüren. Bereits im Juni 1941 waren neun KBC-Mitglieder gefallen. Bei Kriegsende am 8. Mai 1945 hatten der KBC und Sülz 07 insgesamt 63 Mitglieder auf den Schlachtfeldern des 2. Weltkriegs verloren. 1941/42 wurde der KBC „nur" Zweiter der „2. Liga" und musste seinen „Kader" in der Folgespielzeit durch in der Nähe stationierte Flaksoldaten aufstocken, um überhaupt noch antreten zu können. Allen anderen Clubs ging es nicht besser, vielerorts bildeten sich sogenannte „Kriegsspielgemeinschaften", bei kleineren Vereinen kam es zu völligen Auflösungserscheinungen. So waren die Spiele zumeist nur Veranstaltungen ohne großen sportlichen Wert. Bis zum Kriegsende dümpelte der KBC in der Zweitklassigkeit.

Als am frühen Abend des 6. März 1945 amerikanische Truppen ins linksrheinische Köln einzogen, war die Rheinmetropole fast völlig ausgebombt. Die Innenstadt war nur noch eine Trümmerlandschaft sowie der KBC-Platz am Klettenbergpark samt Clubheim.

[LEGENDEN]

Peter Horchem
*1911

1923 wurde Peter Horchem Mitglied des KBC. Nach vorübergehendem Vereinswechsel kehrte er 1934 zu den Klettenbergern zurück. Von da an war Horchem mehr als zehn Jahre lang fester Bestandteil der 1. Fußballmannschaft. Der Allroundspieler wurde auf nahezu allen Positionen eingesetzt, zumeist im Mittelfeld als Spielgestalter. Als Leistungsträger und Stammspieler stieg er 1937 in die Gauliga auf und war letzter Spielführer des KBC bevor dieser im Februar 1948 mit Sülz 07 fusionierte. Nachdem Peter Horchem seine aktive Fußballerzeit beendet hatte, widmete er sich ganz seiner beruflichen Karriere. ∎

GAU KÖLN-AACHEN, STAFFEL KÖLN, 1. KLASSE 1942/43

1.	SV 1920 Bayenthal	60:22	29: 7
2.	Schwarz-Weiß Bickersdorf	57:32	25:11
3.	Sportfreunde 1919 Düren	68:39	19:15
4.	Blau-Weiß Lindenthal	41:45	19:17
5.	GSC Grefrath 1920	38:39	18:18
6.	Kölner BV 07	40:37	17:19
7.	Ehrenfelder SV Rhenania	46:48	16:18
8.	FC Phönix 1911 Köln	30:33	16:20
9.	**Kölner BC 01**	**30:42**	**15:21**
10.	SuS Nippes 1912/Wacker	48:79	15:23
11.	CfB 09 Niehl	17:59	7:29

POKALRUNDE DES GAUES MITTELRHEIN 1944/45

1. Hauptrunde: Kölner BC - Kölner SV Viktoria 11   2:1
2. Hauptrunde: VfR Köln/Mülheimer SV - Kölner BC   3:1

1945-48

Neuanfänge

KREISSTAFFEL KÖLN 1945/46

1.	VfL Poll 1912	81:46	28:12	0:14 – 2:8
2.	Bayenthaler SV	68:44	27:13	1:10 – 0:4
3.	TuS Küppersteg	75:57	27:13	2:6 – 1:2
4.	Blau-Weiß Lindenthal	65:46	25:15	0:12 – 0:4
5.	SV Union Köln	59:57	23:17	0:7 – 0:5
6.	SpVgg Sülz 07	61:41	22:18	1:5 – 0:4
7.	Mülheimer SV	54:39	21:19	0:6 – 0:5
8.	SpVgg Frechen 20	63:54	21:19	1:5 – 1:5
9.	SC Euskirchen	48:55	15:25	1:9 – 2:1
10.	Kölner BV 07	41:72	8:32	0:4 – 3:3
11.	**Kölner BC 01**	**15:119**	**3:37**	

QUALIFIKATIONSRUNDE ZUR RHEINBEZIRKSLIGA 1946/47

1.	SSV Troisdorf	35:15	21: 3	3:7
2.	SV Beuel 06	31:16	17: 7	0:5
3.	TuRa Bonn 04	32:21	17: 7	3:2
4.	SpVgg Sülz 07	46:22	15: 9	0:3
5.	Alemannia Lendersdorf	21:17	12: 8	1:2
6.	SW Köln	16:11	12:10	1:0
7.	**Kölner BC 01**	**27:27**	**12:12**	
8.	Ehrenfelder SV	23:24	11:13	0:1
9.	SV 1920 Ederen	21:25	9:11	1:5
10.	TuS Küppersteg	21:32	8:14	4:1
11.	TuRa 16 Hennef	19:44	6:16	8:0
12.	Kölner BV 07	17:42	4:20	4:1
13.	Sportfreunde Düren 1919	16:29	2:16	2:0

(alle Spiele auf neutralen Plätzen)

RHEINBEZIRKSKLASSE 5 1947/48

1.	SG Bergisch-Gladbach	83:16	30: 2	2:1
2.	TuS Derschlag	66:28	22:10	3:0
3.	SC Balkhausen	45:31	22:10	2:1 – 0:2
4.	TuS Küppersteg	35:24	19:13	6:1
5.	BC Efferen	37:36	18:14	1:2
6.	TuS Mechenich	35:52	12:20	3:1 – 0:0*
7.	CfB Niehl	25:58	9:23	2:0
8.	FC Hertha Rheidt	20:50	6:26	2:2
9.	FC Hertha Bonn	17:68	6:26	
10.	**Kölner BC 01**		**am 13.02.1948 abgemeldet**	

* Das Spiel wurde für den KBC gewertet, da ein Vorstandsmitglied von Mechernich den Schiedsrichter attackierte.

Nach dem Krieg ließ der KBC wieder die begehrten Vereinsnadeln produzieren.

Der Club stand am absoluten Tiefpunkt des Vereinslebens. Nachdem sich das erste Nachkriegschaos ein wenig gelegt hatte, begannen KBC-Mitglieder mit dem Neuaufbau des Platzes und Vereinsheims an der Militärringstraße, der sich allerdings bis Winter 1947 hinzog. So musste man auf den Platz im Lindenthaler Kessel an der Gleueler Straße oder auf den Universitätsplatz ausweichen.

Schon im Herbst 1945 begann ein organisierter Spielbetrieb. Köln war zu diesem Zeitpunkt von englischen Militärs besetzt, die der Neuaufnahme des Spielbetriebes recht positiv gegenüberstanden. Der Kölner BC und auch Sülz 07 starteten die Saison 1945/46 in Staffel 2 der Kölner Stadtliga. Ein desolater letzter Platz stand für die Schwarz-Roten am Ende zu Buche. Nach nur einer Spielzeit war die Kölner Stadtliga schon wieder Geschichte. Zu groß war der Wunsch nach größeren, überregionalen Spielklassen. Nachdem eine eingleisige Oberliga für das Gebiet Mittelrhein 1946/47 nicht zu Stande kam, und eine Rheinbezirksliga unterteilt in vier Gruppen mit insgesamt 51 Mannschaften gegründet wurde, waren die Klettenberger in der 2. Staffel dieser offiziellen Liga vertreten.

„KALORIENSPIELE" IN DER PROVINZ

Doch nicht die Meisterschaftsspiele, sondern die Freundschaftsspiele auf dem Lande waren gefragt. Hier zahlte man mit Naturalien, sprich, Eiern, Fleisch, Butter und anderen kostbaren Nahrungsmitteln. So konnten kleine Dorfvereine berühmte Teams aus der Großstadt in die Provinz locken. Denn in den zerbombten Städten war Nahrung extrem knapp, und so boten die „Kalorienspiele" die Möglichkeit an wertvolle Lebensmittel zu gelangen oder sich einfach einmal richtig satt zu essen. Die Reichsmark war wertlos geworden – es blühte der Schwarzmarkt, auf dem mit Zigaretten oder Naturalien gezahlt wurde. Fußballschuhe und Trikots waren knapp und konnten nur über Bezugsscheine erworben werden.

In der bereits erwähnten Kreisstaffel Köln nistete sich der KBC am Tabellenende ein. Zur Spielzeit 1947/48 wurde die Einführung der Oberliga West beschlossen und somit die erste Verbandsliga des Westens seit der „Zehnerliga". In der Qualifikationsrunde zur neuen, zweigeteilten Rheinbezirksliga, die nun die zweithöchste Spielklasse unter der Oberliga West darstellte, belegte die Mannschaft vom Militärring lediglich den 7. Rang. Dies reichte nicht einmal, um weiterhin zweitklassig zu sein. So war der traditionsreiche Kölner BC zur Saison 1947/48 zum ersten Mal in seiner Vereinsgeschichte nur noch drittklassig vertreten.

Franz Kremer wird 1. Vorsitzender des KBC

Am 8. Februar 1947 wurde Franz Kremer zum Vorsitzenden des Kölner-Ballspiel Clubs gewählt. Er hatte zuvor schon seit 1946 das Amt des 2. Vorsitzenden inne und als ein Urgestein des KBC schon während seiner Jugendzeit bei den Klettenbergern Fußball und Handball gespielt. Er wollte dem Niedergang seines Vereins nicht tatenlos zusehen und lockte Spieler wie Ernst Moog, Hennes Weisweiler, Heinz Hungs oder Harry Nelles zurück zu den Schwarz-Roten. Zudem gelang es dem gewitzten Geschäftsmann, die KBC-Legende Franz Bolg als Fußballobmann zu gewinnen. Bolg leitete auch zeitweise das Training der 1. Mannschaft. Kremer, schon damals auf gute Öffentlichkeit bedacht, sorgte auch dafür, dass wieder regelmäßig eine Clubzeitung erschien. Die Vorstandssitzungen fanden zu jener Zeit im Lokal „Bertram" – auch als „Stadtküche Bertram" – bekannt – auf der Luxemburger Straße statt. Im Herbst 1947 plante man beim KBC eine Fusion mit dem SV Union Köln, die aber nicht zustande kam. Eine andere Fusion, nur ein paar Monate später, sollte der „hohen Tochter" aus Klettenberg mit dem Sülzer „Arbeiterburschen" doch noch den „Mann fürs Leben" bringen. Durch die Vereinigung von KBC und der Spielvereinigung Sülz 07 am 13. Februar 1948 zum 1. FC Köln endet die Geschichte des Kölner-Ballspiel Clubs.

Die Vorgängervereine des 1. FC Köln:

Spielvereinigung Sülz 07 e.V.

Anlässlich der Kirmes fassten im August 1907 einige sportbegeisterte junge Männer den Entschluss, auch im Kölner Stadtteil Sülz einen Fußballclub zu gründen. In diese Zeit fällt die Gründung etlicher deutscher Fußballvereine, zum Teil als gesonderte Abteilung bereits bestehender Turnvereine. In der Gaststätte „Kammel" am De-Noel-Platz fand die Gründungsversammlung statt, an der folgende Vereinsgründer beteiligt waren: Karl Büttgen, Fritz Schultz, Jean Hobusch, Leo Frentz, Paul Müller und Josef Tullen. Leo Frentz und Fritz Schultz hatten in Riehl auf der bekannten Heide ihre Liebe zum Ballsport entdeckt. Wären die Eltern der jungen Herren nicht nach Sülz verzogen, wäre es wahrscheinlich nie zur Gründung des Vereins gekommen, denn die beiden Freunde brachten den ersten Fußball in den damals noch sehr kleinen Vorort mit. Die zum Fußballspielen notwendigen Utensilien wie Torpfosten, Ball und Trikots wurden von den Mitgliedern in Eigenregie durch nicht unerhebliche finanzielle Opfer angeschafft. Der Sülzer Spielverein war also aus der Taufe gehoben.

1907-11: DURCHMARSCH VON DER C-KLASSE

Dem ersten Spielführer des Clubs, Fritz Schultz, gelang es bereits nach kurzer Zeit genügend Mitglieder anzuwerben um eine spielfähige Mannschaft aufzustellen. Das Premierenaufgebot bestand aus: Leo Frentz, Paul Müller, A. Ruhland, H. Baumann, A. Retz, M. Schlägel, R. Jülich, Josef Tullen, Fritz Schultz, A. Nelles und Nikolaus Schumacher. Die Chronik verzeichnet als erstes Spiel einen 12:1-Kantersieg über den SV Beuel. Der Vorstand setzte sich wie folgt zusammen: Karl Büttgen fungierte als 1. Vorsitzender, Josef Tullen als Schriftführer, Jean Hobusch bekleidete das Amt des Kassierers und Leo Frentz war als Zeugwart tätig. Neben dem Sülzer Spielverein bestanden damals in Sülz noch einige andere „wilde" Spielgemeinschaften wie Concordia, Viktoria und der Ballspielclub, die sich aber nach Gründung von Sülz 07 auflösten und sich dem neuen Verein anschlossen. Die Sülzer hatten es nicht leicht in jenen Anfangstagen, stand man doch im Schatten des großen Nachbarn KBC. Der Vorsitzende Karl Büttgen, später Ehrenvorsitzender des 1. FC Köln, hatte als Mitbegründer von Union Köln bereits entsprechende Erfahrungen in der Vereinsarbeit gesammelt.

EIN „WILDER VEREIN"

Die erste Heimspielstätte befand sich hinter der Sülzer Kirche, wurde aber schon 1910 wieder verlassen, da man mit dem Gelände an der Regina-Bogenlampenfabrik in der Rhöndorfer Straße eine adäquatere Anlage fand.
So ging es Schritt für Schritt bergauf. Mit Heinrich Illgner, Clemens Lintermann, C. Sommershoff, Franz Fittgen, Arnold Steilen, und Willi Müller konnte man sich zusätzlich qualitativ verstärken und war nun in der Lage eine spielstarke Mannschaft zu stellen. Sülz 07 begann sein Dasein als sogenannter „wilder Verein", was bedeutete, dass man keinem offiziellen Spielverband angeschlossen war. An einer ausgeschriebenen Pokalrunde beteiligte man sich sehr erfolgreich, was dem Club bereits ein gewisses Ansehen verschaffte. Die Hauptaufgabe bestand aber zunächst darin, Aufnahme in den Rheinisch Westfälischen Spielverband zu finden. Ein Vorhaben, das damals außerordentlich schwer war. Sehr gute Beziehungen oder großer sportlicher Erfolg waren hierfür notwendig.
Erst im Jahre 1909 wurde man vom Verband anerkannt und aufgenommen. Nach Qualifikationsspielen gegen den Ehrenfelder Sportverein (5:1) und den Kölner Fußballverein (7:0) musste man sich buchstäblich von ganz Unten hocharbeiten, denn die erste Spielzeit unter Ligabedingung 1910/11 begann für Sülz in der C-Klasse. Ziel des ehrgeizigen, jungen Vereins war es, möglichst schnell auf Augenhöhe mit Nachbar KBC zu gelangen. Schon nach nur einer Spielzeit beendete man diese mit der Mannschaft Leo Frentz, Josef Tullen, Paul Müller, Fittgen, J. Schumacher, Illgner, Lintermann, Wipperfürth, Kloubert, Fritz Schultz, Fromm und N. Schumacher als ungeschlagener Meister ohne Punktverlust, was den Aufstieg in die nächsthöhere B-Klasse zur Folge hatte.

Die SpVgg Sülz wurde erst 1909 beim Westdeutschen Spielverband aufgenommen und durfte erst ab der Saison 1910 am offiziellen Spielbetrieb teilnehmen

1910/11 C-Klasse
1911/12 B-Klasse
1912/13 A-Klasse

[STECKBRIEF]

Spielvereinigung Sülz 07

Gegründet: August 1907 (als Sülzer Spielverein), am 01.01.1919 Fusion mit dem FC Hertha zur Spielvereinigung Sülz 07
Erfolge: Westdeutscher Meister 1928
Vereinsfarben: Rot-Weiß
Sportarten: Fußball, Handball (ab Ende der 1920er Jahre)
Bekannteste Heimspielstätte: Stadion Radrennbahn Köln-Müngersdorf, Hauptkampfbahn Köln (Stadion Müngersdorf)
Deutsche A-Nationalspieler: Georg Euler (1 Berufung)

[VORSITZENDE]

Sebastian Kerz
Dr. Sulzer
Hermann Schmidt
Walgenbach
Sonje
Brese
Rohrberg
Heinz Bremm
Karl Büttgen
(ohne Anspruch auf Vollständigkeit)

Original Trikotwappen von Sülz 07 aus dem Bestand des FC-Museums.

1911-18

A-Klasse und Kriegsjahre

[LEGENDEN]

Karl Büttgen
*28.06.1890
†1970

Einer der bekanntesten und verdienstvollsten Fußballpioniere Kölns war Karl Büttgen. Schon im Jahre 1905 zählte er zu den Mitbegründern des „Rheinischen Sportvereins Union 05 Köln", dessen Vorsitz er bis 1907 innehatte. Durch Wohnungswechsel nach Köln-Sülz verschlagen, gehörte er im selben Jahr zu den Gründern von Sülz 07. Auch hier stand Büttgen, der von seinen Kölner Landsleuten vielfach nur „die Bütt" genannt wurde, für viele Jahre als Vorsitzender an der Spitze. Durch eine für damalige Verhältnisse äußerst professionelle Vereinsführung sorgte er für den Aufstieg des Kölner Vorortvereins zum Spitzenclub. Der größte Coup gelang ihm 1924 mit der Verpflichtung des österreichischen Nationalspielers Ferdl Swatosch. Mit Swatosch verband „die Bütt" später eine enge Freundschaft. Seine umfangreichen Beziehungen zu Kölner Geschäftsleuten und Unternehmern wusste er gewinnbringend für Sülz 07 einzusetzen. Der stets vorausschauende Büttgen war auch Befürworter des Zusammenschlusses von Spielvereinigung und Kölner BC. Der Fusionsvertrag samt Urkunde trägt auch seine Unterschrift, gilt er doch als „Erfinder" des Namens „1. FC Köln". Schon bei den Sülzern war Karl Büttgen Ehrenvorsitzender und bekleidete dieses Amt auch später beim 1. FC Köln. Für den Anzeigenteil des FC-Stadionheftes „Geißbock Echo" war er von 1957 bis 1970 zuständig. Bis zu seinem Tod im Jahr 1970 blieb sein Platz in der Ehrenloge des Kölner Stadions bei FC-Spielen nie leer.

Die 1. Mannschaft von Sülz 07 in der Saison 1912/13. Sie startete als Aufsteiger in der A-Klasse, der zweithöchsten Liga, eine Etage unter dem großen Nachbarn KBC. Von links: Fittgen, Huhn, Sommershoff, Illgner, Arenz, Frentz, Schumacher, Fromm, Schultz, Radzuweit, Wipperfürth.

Mit nahezu unveränderter Mannschaft gelang es auch im Folgejahr erneut Meister zu werden. Im Anschluss an die Punktrunde standen die Spiele um die „Südkreis Meisterschaft" auf dem Programm. Insbesondere die hierbei ausgetragenen Begegnungen gegen den Siegburger Sportverein haben ihren festen Platz in den Geschichtsbüchern der Rot-Weißen. Das erste Spiel wurde nach einer Gesamtspieldauer von 167 Minuten und viermaligem Seitenwechsel bei Einbruch der Dunkelheit von Schiedsrichter Zündorf, seinerzeit einer der besten Kölner Referees, abgebrochen. Turbulent der Spielverlauf: Nach nur 15 Minuten bereits 0:3 im Rückstand liegend, konnte durch eine geschlossene Mannschaftsleistung noch ein 3:3-Remis erkämpft werden. Das in Bonn ausgetragene Rückspiel konnte Sülz 07 mit 2:1 für sich entscheiden. Da auch die weiteren Partien gegen Birkesdorf (5:1) und Koblenz (3:0) siegreich gestaltet werden konnten, schmückte man sich mit dem Titel „Südkreismeister der B-Klasse 1912". Die Teilnahmeberechtigung für die A-Klasse war dadurch perfekt, man befand sich nun nur noch eine Klasse unter dem späteren Fusionspartner KBC.

NEUE SPIELSTÄTTE
Großes Manko der Sülzer war, dass man weder über ein eigenes Vereinsheim noch über einen eingezäunten Platz verfügte. Durch diesen ungünstigen Umstand konnte der Verein kaum Einnahmen durch Eintrittsgelder verbuchen. So mussten die nicht unerheblichen laufenden Kosten, von Spenden privater Gönner abgesehen, ausschließlich von den Mitgliedsbeiträgen bestritten werden. Das weitere Überleben des Vereins konnte auf lange Sicht also nur durch die Erhebung von Eintrittsgeldern gewährleistet werden, und so machte man sich auf die intensive Suche nach einer geeigneten, umzäunten Platzanlage. Ein hierfür ideales Gelände wurde an der Neuenhöfer Allee gepachtet. Dank der materiellen Unterstützung durch die dem Club sehr nahestehende Familie Tullen konnte ein Zaun rund um die neue Platzanlage des Spielvereins errichtet werden. Die Vorstandssitzungen und andere gesellschaftliche Veranstaltungen des Vereins fanden in der Gaststätte „Kammel" und später im Restaurant „Botz" bzw. „Kinnemann" statt. Mit dem Umzug an die Rhöndorfer Straße war die Restauration „Strunk" neues Clublokal, bevor man durch den erneuten Sportplatzwechsel an die Neuenhöfer Allee die Gaststätte „Willy Ring" zum offiziellen Vereinstreff machte.
Durch die Tatsache, dass im Jahr 1913 nicht weniger als

1919-25

sechs Spieler der 1. Mannschaft zum Militärdienst antreten mussten, wurde man erheblich geschwächt. Hinzu kam der frühe Tod von Vereinsmitbegründer Leo Frentz. Auch der vom FC Hertha übergetretene Mittelstürmer Jean Mertens konnte dieses Vakuum nicht vollständig füllen. Dennoch gelang der Klassenerhalt mühelos. Im selben Jahr fand auch das erste Aufeinandertreffen mit dem Kölner BC in einem Freundschaftsspiel statt, das nur knapp und achtbar mit 3:4 verloren ging. Da auch im Sülzer Lager die beliebten „Gesellschaftsspiele" betrieben wurden, ist ein Blick auf die Entlohnung der Gastmannschaft interessant: 10 Mark und 25 Liter Bier zahlte man laut Vereinschronik an den Gegner.

28 KRIEGSOPFER

Es kam das Jahr 1914 und mit ihm der 1. Weltkrieg. Genau 28 Mitglieder mussten ihr Leben lassen, der Spieler Wipperfürth fiel bereits in den ersten Kriegstagen bei Lüttich. Bis 1915 konnten die Rot-Weißen in halbwegs geordnetem Rahmen weiterspielen. Nachdem man keine elf Spieler mehr zusammenbekam, wurde der Spielbetrieb eingestellt. Die an der Neuenhöfer Allee so mühselig aufgebaute Platzanlage wurde im Krieg schwer in Mitleidenschaft gezogen und genau wie der KBC-Platz zum Gemüseanbau umfunktioniert, die Umzäunung anderen Zwecken geopfert. Die nach Kriegsende zurückkehrenden Spieler und Mitglieder standen im Jahre 1918 vor dem Nichts.

Sachlicher und sportlicher Neuaufbau

Am 1. Januar 1919 fusionierte der Sülzer Spielverein mit dem FC Hertha und hieß nun Spielvereinigung Sülz 07. Diese in der schweren Zeit nach dem 1. Weltkrieg fast schon notwendige Vereinigung brachte mit Gallmann, den Gebrüdern Stöckigt, Peters, Breuer, Lenz und vor allem Jupp Schmitz wertvollen Spielerzuwachs. Doch die größte Sorge galt der Beschaffung einer neuen Platzanlage. Am Frielsweg, im heutigen Beethovenpark, pachtete man ein geeignetes Gelände. Auch die notwendige Umzäunung war schnell beschafft, nicht zuletzt dank der großen finanziellen Unterstützung von Sebastian Kerz, der mittlerweile das Amt des 1. Vorsitzenden bekleidete. Zudem beteiligten sich einige Mitglieder sowohl durch Geldspenden als auch durch aufopferungsvolle, ehrenamtliche Arbeit. Der sportliche Neuaufbau konnte beginnen.

Schon in der Spielzeit 1920/21 zeigte die Erfolgskurve mit dem Gewinn der Gruppenmeisterschaft in der A-Klasse wieder nach oben. Um die höchste Spielklasse, die Rheingauliga zu erreichen, war ein Entscheidungsspiel gegen Rhenania Köln notwendig, dass nach dramatischem Verlauf verloren ging. Bis kurz vor Schluss hatten die vom Volksmund auch als „Rothosen" bezeichneten Sülzer mit 2:1 die Nase vorn, als die Rhenanen per Strafstoß zum Ausgleich kommen konnten. In der nun fälligen Verlängerung musste man noch zwei Gegentreffer zum 2:4-Endstand hinnehmen.

ENDLICH IN DER RHEINGAULIGA

Auch nach der Saison 1921/22 qualifizierte sich die Spielvereinigung wieder für die Aufstiegsspiele zur Rheingauliga, und das obwohl man in der A-Klasse nicht Meister wurde. Eine Neueinteilung der unteren Klasse machte es möglich. Die Rothosen setzten sich in den Aufstiegsspielen durch und zum ersten Mal war Sülz 07 erstklassig.

In der 1. Liga angekommen, spielte der Neuling gleich munter drauflos. Mit schönem Offensivfußball überraschte man die von der Papierform her überlegenen Gegner und wurde 1922/23 auf Anhieb Sechster, 1923/24 im zweiten Jahr sogar Dritter. Großen Anteil am Aufstieg und Erfolg der Mannschaft hatte der Mannheimer Trainer und Ex-Nationalspieler Karl Höger, der mit dem späteren Bundestrainer Herberger schon zusammen für die deutsche Auswahl gespielt hatte. Inzwischen hatte erneut Karl Büttgen den Vorsitz des Vereins übernommen. Der kluge und weitsichtige Büttgen war ein absoluter Glücksfall für Sülz 07. Er besaß den Ehrgeiz, sportlich nach ganz Oben zu kommen. Das vorhandene Spielermaterial war zweifellos gut, doch es fehlte eine Persönlichkeit auf dem Platz, ein Spielgestalter und Dirigent, der die jungen Spieler führte. Die Gelegenheit einen Akteur zu verpflichten, der in dieses Anforderungsprofil passte, sollte sich schon bald bieten. Denn im August 1924 traf eine kombinierte Mannschaft Sülz

[LEGENDEN]

Fritz Schultz
*1892
†30.01.1967

Neben Karl Büttgen war Fritz Schultz einer der Mitgründer von Sülz 07. Schultz war erster Spielführer des Vereins und führte seine Mannschaft auf dem mühsamen Weg von ganz unten hinauf in die oberste Klasse des westdeutschen Fußballs. Eine noch erfolgreichere Karriere blieb der Spielerpersönlichkeit versagt, da er nach dem 1. Weltkrieg als Kriegsgefangener in England sechs Jahre auf seine Rückkehr in die Heimat warten musste. ■

A-KLASSE RHEINISCHER SÜDKREIS 1913/14

1.	Kölner TV 43	42:19	24: 4
2.	SV Rhenania Köln	29:14	20: 8
3.	SpVgg Sülz 07	35:30	14:14
4.	SVg Köln 93	27:27	13:15
5.	VfR Mülheim-Kalk	22:30	13:15
6.	SV Siegburg 04 (N)	14:14	12:16
7.	FC Koblenz 1900	20:38	9:19
8.	FC Germania Bonn	19:36	7:21

RHEINISCHER SÜDKREIS, KÖLN LINKSRHEINISCH 1914/15

1.	Kölner BC 01	29:14	14: 2	n.b. – n.b.
2.	Kölner FC 99	55:15	11: 5	5:2 – 0:8
3.	SpVgg Sülz 07	22:22	9: 7	
4.	SpV 1893 Köln	6:50	4:12	n.b. – n.b.
5.	SV Rhen.00 Köln	15:26	2:14	n.b. – n.b.
	TV 1843 Köln	disqualifiziert		
	VfL 1904 Köln	disqualifiziert		

RECHTSRHEINISCHER KRIEGSPOKAL

1. Runde: Freilos
2. Runde: Kölner FC 99 - SpVgg Sülz 07   3:1

KÖLN LINKSRHEINISCH 1915/16

1.	CfR 99 Köln	30:11	14: 2	2:4 – 1:5
2.	Kölner FC 99	29:13	14: 2	2:5 – 1:7
3.	SpVgg Sülz 07	17:28	6:10	
4.	Kölner BC 01	11:16	3:13	n.b. – n.b.
5.	TV 1843 Köln	10:29	3:13	n.b. – n.b.

1919-25

[LEGENDEN]

Adam „Männi" Ullrich
* 6.9.1905
† 10.8.1982

1920 wurde Adam Ullrich Mitglied der Spielvereinigung Sülz 07. Aufgrund seiner geringen Körpergröße war der Rechtsaußen zumeist kleinster Akteur auf dem Platz. Als Mitglied der westdeutschen Meisterelf 1928 war Ullrich unverzichtbarer Bestandteil der Mannschaft. Der dribbelstarke, wendige und besonders trickreiche gelernte Konditormeister harmonierte auf dem Platz besonders gut mit seinem Freund Fritz Plate. Auch „Männi" Ullrich war Stammspieler in der Kölner Stadtauswahl und stand wiederholt in der westdeutschen Verbandsmannschaft. Beim legendären Abstiegsendspiel gegen den KBC im Jahre 1938, dass Sülz mit 6:0 gewinnen konnte, rettete der reaktivierte Ullrich den Rot-Weißen mit einer sensationellen Leistung, die durch drei Tore gekrönt wurde, den Klassenerhalt, und das obwohl er bereits seine Fußballschuhe mehr oder weniger an den Nagel gehängt hatte. In der Altherren-Mannschaft des 1. FC Köln war das Sülzer Urgestein seit 1948 noch für einige Jahre am Ball. Adam Ullrich betrieb in Köln-Sülz eine eigene Konditorei. Im Jahr 1980 wurde er für 60 Jahre Mitgliedschaft im 1. FC Köln und dessen Vorgängerverein Sülz 07 besonders geehrt.

07/Rhenania Köln auf den Wiener Amateure Sportverein (heute Austria Wien). Schauplatz war der alte, heute längst verschwundene Rhenania-Platz am Melatengürtel. Die Wiener gehörten zur Crème de la Crème des europäischen Fußballs. Einige bekannte Stars standen in ihren Reihen, so unter anderem der Ungar Schaffer, Franz Podpera und der österreichische Nationalspieler Ferdinand „Ferdl" Swatosch. Der international erfahrene Swatosch war genau der Spielertyp, den Karl Büttgen und seine Sülzer suchten. Noch am Tage des Freundschaftsspiels – Sülz verlor übrigens mit 0:6 – versuchte Büttgen dem Österreicher einen Wechsel in die Domstadt schmackhaft zu machen.

Der Neuling Sülz 07 sorgt 1922/23 für Furore in der Rheingauliga. Die 1. Mannschaft von links: Pelzer, Groß, Kerp, Jupp Schmitz, Engels, Nicolin, Cremer, Schnichels, Bleser, Meichsner, Selbach.

SAISON 1919/20 - 1920/21 (WAHRSCHEINLICH 2. LIGA)

RHEINGAULIGA, GRUPPE SÜD 1922/23

1.	Kölner BC 01	33:16	18: 2	0:3 a
2.	VfR rrh. Köln	27: 9	16: 4	2:2
3.	CfR Köln	21:11	13: 7	4:3
4.	Kölner SC 99	29:20	13: 7	1:3
5.	SV Mülheim 06	26:20	11: 9	1:4
6.	**SpVgg Sülz 07**	**17:20**	**11: 9**	
7.	Bonner FV 01	25:27	8:12	1:4
8.	Tura Bonn	14:22	6:14	3:2
9.	SV Viktoria Köln	17:28	6:14	2:0
10.	SV Rhenania Köln	10:29	6:14	3:1
11.	SV Ehrenbreitstein 02	7:24	2:18	1:0

RHEINGAULIGA, GRUPPE SÜD 1923/24

1.	VfR rrh. Köln	49:20	30:10	0:3
2.	Kölner BC 01	48:33	28:12	2:1 a
3.	**SpVgg Sülz 07**	**33:38**	**24:16**	
4.	CfR 99 Köln	35:22	23:17	1:1
5.	Kölner SC 99	42:40	22:18	2:4
6.	Bonner FV 01	42:38	21:19	2:1
7.	SV Mülheim 06	33:29	20:20	1:0
8.	SV Viktoria Köln	30:44	18:22	1:2
9.	Tura Bonn	32:40	17:23	3:2
10.	SV Rhenania Köln	25:48	15:25	2:1
11.	SV Ehrenbreitstein 02	7:24	2:38	1:0

Der SV Ehrenbreitstein 02 wurde aus finanziellen Gründen (Inflation und weite Reisen) in der Saison 1923/24 von der Meisterschaft freigestellt. Die Begegnungen wurden alle für die Gegner als gewonnen gewertet.

ENDSPIEL RHEINGAULIGA

Kölner BC 01 - Rheydter SV   2:3, nach zweimaliger Verlängerung (Köln)

RHEINGAULIGA, GRUPPE SÜD 1924/25, 1. SERIE

1.	VfR rrh. Köln	27: 6	17: 3	0:0*
2.	Bonner FV 01	19:10	14: 6	1:3
3.	SV Rhenania Köln	20:13	13: 7	1:2
4.	CfR 99 Köln	21:16	11: 9	4:0
5.	SV Viktoria Köln	11:15	11: 9	1:2
6.	Kölner SC 99	15:20	10:10	4:0
7.	Tura Bonn	17:22	9:11	3:0
8.	**SpVgg Sülz 07**	**21:11**	**8:12**	
9.	SV Mülheim 06	18:27	7:13	1:2
10.	SC Koblenz 00/02	12:28	7:13	3:1**
11.	Kölner BC 01	14:27	3:17	3:1 h

* Wertung für VfR Köln
** Wertung für Koblenz

1925-28

Die Ära Swatosch

Tatsächlich gelang es, den Star aus dem Alpenland zu verpflichten. Um diesen „Transfer" zu realisieren, hatte man Swatosch mit Geld und beruflicher Perspektive in Form eines Zigarrengeschäftes auf der Berrenrather Straße geködert. Denn dieser hatte bereits in Österreich bestens verdient. Über die Höhe von Swatoschs Entlohnung wurde von Beginn an gemunkelt. Fest steht, dass auch zu jener Zeit vor allem die Spitzenspieler mehr oder weniger legal Zahlungen erhielten. Karl Plate, Sohn des ab 1928 bei den Sülzern unter Vertrag stehenden Spitzenspielers Fritz Plate dazu: „Mein Vater wurde von Sülz 07 sehr gut bezahlt, er hat immer betont, dass er zu dieser Zeit mehr Geld durch Fußball als durch seine reguläre Berufstätigkeit verdient hat." Durch den Rummel um den Österreicher aufgeschreckt, befürchtete der WSV einen Verstoß gegen die Amateurstatuten, denn offiziell gab es den „Fußballprofi" noch nicht. Entsprechend lange dauerte es, für Swatosch vom Verband die Spielgenehmigung zu erhalten. Nach umfangreichen Ermittlungen seitens des WSV wurde diese erst im September 1925 erteilt.

Neben Swatosch verpflichteten die Rothosen mit Franz Podpera noch einen weiteren Spieler aus dem Alpenland. Beide gaben in einem Freundschaftsspiel gegen Blau-Weiß Köln (5:0 für Sülz) ihr Debüt. Da zu diesem Zeitpunkt aber noch keine Spielgenehmigungen vorlagen, belegte der Verband die Spielvereinigung mit einer saftigen Geldbuße. Mit Sondergenehmigung durften Swatosch und Podpera dann einige Wochen später, ebenfalls bei einem freundschaftlichen Vergleich, gegen die ungarische Profimannschaft Vasas Budapest antreten. Vor 3.000 Zuschauern unterlag Sülz unglücklich mit 1:2.

Ferdl Swatosch.

SWATOSCHS PREMIERE
Gespannt warteten die Anhänger auf die Pflichtspielpremiere der berühmten „Ösis". In den ersten Oktobertagen des Jahres 1925 war es endlich soweit. Gegner war kein Geringerer als der KBC, auf dessen Platz man sich trotz spielerischer Überlegenheit mit 0:1 geschlagen geben musste. Auch im nächsten Spiel reichte es nur zu einem Unentschieden. Die Mitspieler mussten sich erst an die Pässe und Laufwege von Swatosch gewöhnen, der zugleich das Training der 1. Mannschaft leitete. Nach einiger Zeit trug die hervorragende, moderne Trainingsarbeit Früchte. So wurde beispielsweise der spielstarke Bonner FV mit 5:2 förmlich überrannt. Trotz des besten Torverhältnisses reichte es 1925/26 nur zu Platz 3, da man am Anfang der Saison zu viel Boden verloren hatte.

Die Öffentlichkeitsarbeit war bei den „Rothosen" weniger ausgeprägt als bei Nachbar KBC. Wer Informationen haben wollte, musste sich der Tagespresse oder „Mundpropaganda" bedienen, eine Vereinszeitschrift gab es nicht. Erst in den 1930er Jahren wurde vom Mitglied und Förderer Tullen sehr unregelmäßig ein kleines, oft nur aus einer Seite bestehendes Informationsblatt für Mitglieder und Aktive gedruckt.

ERNEUTER UMZUG
1926 mussten die Sülzer ihren angestammten Platz am Frielsweg, von bösen Zungen auch als „Kieskuhl" bezeichnet, infolge städtebaulicher Maßnahmen verlassen. Als Ersatz stellte die Stadt Köln die Anlage am Fort VIb zur Verfügung. Der dortige Aschenplatz wurde allerdings nur zum Training

[LEGENDEN]

Ferdinand „Ferdl" Swatosch
*11.05.1894
†29.11.1974

Der gebürtige Wiener erlernte beim SC Simmering das Fußballspielen, bevor er später für Rapid und Austria Wien aktiv war. Bereits mit 18 Jahren wurde Swatosch erstmals für die Nationalmannschaft Österreichs berufen, für die er insgesamt 23 Spiele bestritt. Im Rahmen einer Deutschlandreise von Austria Wien im Jahre 1924 gelang es dem damaligen Vorsitzenden von Sülz 07, Karl Büttgen, den berühmten Spielmacher für den Kölner Vorstadtverein zu verpflichten.

Swatosch übernahm nach seiner Freigabe durch den Verband das Amt des Spielertrainers und führte die Sülzer an die westdeutsche Spitze. Der Gewinn der Westmeisterschaft im Jahre 1928 durch den 7:2-Erfolg der „Rothosen" im Endspiel gegen Schalke 04 stellte den Höhepunkt der Ära Swatosch dar. Der Österreicher etablierte bei Sülz ein bis dato fast unbekanntes „Profitum", indem er regelmäßig und mit System trainieren und sich seine Dienste auch entsprechend vergüten ließ. Auf dem Platz hatte der Nationalspieler nicht nur eine überragende Ballbehandlung und Technik vorzuweisen, er war auch ein gefürchteter Freistoß- und Elfmeterschütze, der über eine ansehnliche Schusskraft verfügte. Viele Jahre lang, auch nach seiner aktiven Laufbahn, betrieb Ferdl Swatosch in Köln eine Toto-Annahmestelle und war zusätzlich noch als Trainer tätig. Die Domstadt wurde ihm zur zweiten Heimat. Bei den Spielen des 1. FC Köln nach der Fusion zwischen Sülz 07 und KBC traf man Swatosch häufig auf der Ehrentribüne der Kölner Hauptkampfbahn an. Auch bei geselligen Veranstaltungen, wie der FC-Karnevalssitzung oder den Jahreshauptversammlungen, war der Altinternationale ein oft und gern gesehener Gast.

1925-28

[LEGENDEN]

Michel Schmitz

Michel Schmitz war ein echtes Eigengewächs der Spielvereinigung 07, aus deren Jugendabteilung er hervorging. Spielertrainer „Ferdl" Swatosch entdeckte das Talent schon früh und holte Schmitz unmittelbar nach seinem 18. Geburtstag in die 1. Mannschaft. Swatosch formte den Mann mit dem urkölschen Namen zu einem der besten Linksaußen im Rheinland. Als den Sülzern mit dem 7:2-Sieg im Endspiel um die Westdeutsche Meisterschaft im Jahre 1928 der größte Erfolg der Vereinsgeschichte gelang, zeigte „der Michel" nicht nur eine überragende Leistung, sondern steuerte auch noch zwei Treffer bei. Beruflich war Schmitz über 30 Jahre lang in der Werkzeugmaschinenfabrik Alfred Schütte in Köln tätig. Im 1. FC Köln kickte er noch einige Jahre bei den Alten Herren. ■

In der Radrennbahn (hier eine zeitgenössische Postkarte Ende der 1920er Jahre), bestritt Sülz 07 ab 1926 den Großteil der Heimspiele. Bei größerem Publikumsinteresse nutzte man die benachbarte Hauptkampfbahn.

oder für Pflichtspiele der unteren Mannschaften genutzt. An selber Stelle entstand übrigens später der Sportpark des 1. FC Köln sowie das 1953 eingeweihte Geißbockheim. Der 1. Mannschaft wurde von der Stadtverwaltung die Radrennbahn des 1923 erbauten Müngersdorfer Stadions zugewiesen. Die Radrennbahn bot damals rund 15.000 Zuschauern Platz und verfügte bereits über eine überdachte Tribüne. Mit diesem Umzug ging zwar der direkte Kontakt zu vielen der alten Sülzer Anhänger verloren, doch war man nun in der Lage durch den gesteigerten Komfort mehr Zuschauer für sich zu gewinnen und eine Mitgliederkasse am Stadion einzurichten, an der die Vereinsmitglieder gleich ihre Beiträge entrichten und verbilligte Eintrittskarten erwerben konnten. Zudem bot der damals für seinen perfekten Zustand berühmte Rasen des Stadions ideale Bedingungen das technisch ausgefeilte Spiel der Rot-Weißen aufzuziehen. Endlich konnte man sich besser ins Rampenlicht der Öffentlichkeit stellen. 1926/27 wurde auch sofort der 1. Platz in der Rheinbezirksklasse errungen, man scheiterte jedoch in den Gruppenspielen um die Bezirksmeisterschaft.

1. RHEINBEZIRKSKLASSE SÜD 1925/26

1.	VfR rrh. Köln	57:25	27:13	4:0
2.	CfR 99 Köln	50:35	25:15	1:1
3.	SpVgg Sülz 07	58:21	24:16	
4.	Bonner FV 01	53:40	23:17	5:2
5.	SV Rhen. Köln	45:43	22:18	2:0
6.	SV Viktoria Köln	29:36	20:20	2:2
7.	Kölner SC 99	41:44	19:21	3:1
8.	Tura Bonn	43:52	19:21	2:1
9.	Kölner BC 01	34:44	16:24	0:1 a
10.	SV Mülheim 06	43:62	16:24	8:0
11.	SC Kobl. 00/02	21:70	9:31	10:2 a

1. RHEINBEZIRKSKLASSE, GRUPPE 1 1926/27

1.	SpVgg Sülz 07	49:17	22: 6
2.	SC Düren 03	39:20	19: 9	2:2 – 1:2
3.	VfR rrh.Köln	42:22	16:12	2:0 – 2:1
4.	SV Rhenania Köln	29:32	14:14	3:0 – 2:2
5.	FV Godesberg 08 (N)	31:36	14:14	6:2 – 0:3
6.	Tura Bonn	25:38	10:18	5:0 – 2:1
7.	SV Mülheim 06	27:43	9:19	4:2 –10:2
8.	Kölner SC 99	27:61	8:20	4:1 – 6:2

ENDRUNDE RHEINBEZIRKSMEISTERSCHAFT

1.	CfR Köln	10: 5	4:2	3:0 (1)
2.	SV Odenkirchen 07	9: 7	4:2	2:3 (2)
3.	SpVgg Sülz 07	7: 6	2:4	
4.	FV Neuendorf	5:13	2:4	5:2 (3)

(1) Köln, (2) Rheydt, (3) Neuwied

1. RHEINBEZIRKSKLASSE, GRUPPE 2 1927/28

1.	SpVgg Sülz 07	57:20	25: 3	
2.	B. M. Gladbach	61:22	25: 3	2:0 – 2:3
3.	VfJuV Düren	28:39	12:16	5:2 – 5:0
4.	FV Godesberg 08	27:38	11:17	2:2 – 6:1
5.	Kölner BC 01	23:38	11:17	3:1 – 5:0
6.	SC BW 06 Köln	22:37	10:18	3:2 – 8:2
7.	SV Odenkirchen	28:33	9:19	4:1 – 4:1
8.	SC Aachen 10	24:43	9:19	4:2 – 4:3

ENTSCHEIDUNGSSPIEL UM DIE MEISTERSCHAFT IN AACHEN

SpVgg Sülz 07 - Borussia München-Gladbach   4:1

ENDRUNDE WESTDEUTSCHE MEISTERSCHAFT

1.	SpVgg Sülz 07	27: 9	10: 2	
2.	FC Preußen Krefeld	17:12	8: 4	2:3 (1)
3.	FC Schalke 04	15:14	7: 5	7:2 (2)
4.	SV Kurhessen Kassel	13:15	6: 6	5:0 (3)
5.	SC Borussia 08 Rheine	17:23	6: 6	6:2 (4)
6.	Sportfreunde SW Barmen	14:21	3: 9	3:1 (5)
7.	TuRV Hagen 72	9:18	2:10	4:1 (6)

(1) München-Gladbach, (2) Duisburg, (3) Kassel, (4) Köln, (5) Köln, (6) Ohligs

ACHTELFINALE – DEUTSCHE MEISTERSCHAFT IN KÖLN

SpVgg Sülz 07 - Eintracht Frankfurt   3:1 (2:1)

Tore: 1:0 (20.) Swatosch, 2:0 (38.) Zarges, 2:1 (42.) Ehmer, 3:1 (80.) Swatosch.

Sülz: Jakob Schmitz, Peter Leers I, Leo Richartz, Kerp, Heinrich Gausepohl, Walter Koch, Adam Ullrich, Josef Pelzer, Ferdinand Swatosch, Heinrich Zarges, Michel Schmitz.

VIERTELFINALE – DEUTSCHE MEISTERSCHAFT IN MÜNCHEN

FC Bayern München - SpVg Sülz 07   5:2 (2:2)

Tore: 1:0, 2:0 (07., 18.) Pöttinger, 2:1 (23.) Swatosch, 2:2 (33.) M. Schmitz, 3:2 (60.) Haringer, 4:2 (70.) Pöttinger, 5:2 (73.) Schmid II

Sülz: Jakob Schmitz, Peter Leers I, Leo Richartz, Kerp, Heinrich Gausepohl, Walter Koch, Peter Leers II, Josef Pelzer, Ferdinand Swatosch, Heinrich Zarges, Michel Schmitz.

1928-30

Westdeutscher Meister mit einem 7:2-Triumph über Schalke 04

Spielszene aus dem westdeutschen Endrundenspiel der Saison 1927/28 Kurhessen Kassel - Sülz 07.

Der totale Durchbruch und mit ihm der größte Erfolg der Vereinsgeschichte wurde in der Spielzeit 1927/28 gefeiert. Wie bereits im Vorjahr schloss man die Rheinbezirksklasse als Tabellenführer ab. Im notwendigen Entscheidungsspiel um die Rheinbezirksmeisterschaft wurde Borussia München-Gladbach im überfüllten Aachener Waldstadion mit 4:1 deklassiert. Auch in den Begegnungen um die Westdeutsche Meisterschaft triumphierte der Kölner Stadtteilverein. Die Swatosch-Elf siegte gegen Borussia Rheine (6:2), Kurhessen Kassel (5:0), TuRa Hagen (4:1) und Schwarz-Weiß Barmen (3:1), lediglich Preußen Krefeld war in der Lage die Rot-Weißen mit 2:3 zu bezwingen.

Am 22. April 1928 erfolgte dann einer der absoluten Höhepunkte der Vereinsgeschichte von Sülz 07. Im ausverkauften Duisburger Stadion wurde das von den legendären Fritz Szepan und Ernst Kuzorra angeführte Schalke 04 vor 35.000 Zuschauern mit 7:2 regelrecht aus der Arena gefegt. Swatosch führte an diesem denkwürdigen Tag glänzend Regie und die Goalgetter Peltzer und Schmitz steuerten allein fünf Tore zum sensationellen Erfolg der Spielvereinigung bei. Mit zwei Punkten Vorsprung in der Endrundentabelle vor Preußen Krefeld wurden die „Rothosen" Westdeutscher Meister und waren somit automatisch für die Endrunde um die Deutsche Meisterschaft qualifiziert. Hier kam es im

Sensationell besiegt Sülz in der Endrunde um die Deutsche Meisterschaft 1928 Eintracht Frankfurt mit 3:1. Hier zu sehen, Heinrich Gausepohl im Zweikampf mit dem Frankfurter Ehmer.

[LEGENDEN]

Heinrich Zarges
* 18.09.1909
† ca. 1940-1945

Der zunächst als Halbstürmer eingesetzte Zarges galt als größtes Kölner Fußballtalent. Schon mit 18 Jahren erkämpfte er sich einen Stammplatz in der Sülzer Meistermannschaft von 1928. Zarges hat die sportliche Geschichte des Vorstadtvereins in mehr als elf Jahren Zugehörigkeit zur 1. Mannschaft mitgeprägt. Auch beim Gewinn des Gaumeistertitels 1939 stand der Publikumsliebling auf dem Platz. Zarges verfügte über ein herausragendes Spielverständnis und kam sowohl in der Kölner Stadtmannschaft als auch in der Mittelrheinauswahl zu repräsentativen Ehren. Gegen Ende seiner Laufbahn wurde der laufstarke Techniker auch erfolgreich als Außenläufer eingesetzt. Heinrich Zarges kehrte aus dem 2. Weltkrieg, in dem er als Soldat an die Front kommandiert wurde, nicht mehr in seine geliebte Heimatstadt Köln zurück.

Im Mai 1928 belohnte sich der Westdeutsche Meister aus Köln-Sülz mit einer Mannschaftstour in die bayerischen Alpen.

1928-30

Bierselige Stimmung beim Kegelabend der Sülzer während der „Alpentour" im Mai 1928.

Von der Sülzer Erfolgsmannschaft der Saison 1927/28 gab die Firma Erdal ein eigenes Sammelbild heraus. Die „Rothosen" sicherten sich nicht nur den Titel im Rheingau, sie wurden auch Westdeutschlands Champion. Stehend von links: Gausepohl, Pelzer, Groß, M. Schmitz, J. Schmitz, Richards, Swatosch, Ullrich, Koch. Kniend von links: Zarges, Cordier, Leers, Schäfer.

1. RHEINBEZIRKSKLASSE, STAFFEL 1 1928/29

1.	Spvgg Sülz 07	82:23	37:11	
2.	Rheydter SV	63:44	34:14	7:0 – 1:2
3.	SC M. Gladbach 94	63:33	29:19	2:0 – 1:0
4.	SC Düren 03	61:44	28:20	3:4 – 5:1
5.	Bonner FV 01	61:43	27:21	0:1 – 3:0
6.	Kölner BC 01	67:51	27:21	6:2 – 2:0
7.	SC BW Köln 06	52:44	27:21	5:0 – 2:0
8.	SV Alsdorf 19	59:62	25:23	2:3 – 6:0
9.	FV Godesberg 08	49:69	21:27	3:0 – 2:2
10.	Eintracht München-Gladbach	33:54	19:29	2:1 – 4:1
11.	SV Bergisch-Gladbach	33:76	14:34	5:0 – 7:3
12.	VfB Aachen 08	43:73	13:35	3:0 – 3:2
13.	SV Odenkirchen	30:80	11:37	0:1 – 8:0

ENDSPIELE UM DIE BEZIRKSMEISTERSCHAFT IN DÜREN

SpVgg Sülz 07 – Borussia München-Gladbach   1:0 - 1:4

3. SPIEL IN DÜSSELDORF

SpVgg Sülz 07 – Borussia München-Gladbach   0:1

WESTDEUTSCHE ENDRUNDE – VIERTELFINALE*

SpVgg Sülz 07 – SV Kurhessen Kassel   2:2 n.V.
Als 150 Minuten in dieser Begegnung keine Entscheidung brachten, wurde die Partie abgebrochen. Eine Woche später trafen beide Teams in Kassel erneut aufeinander.

SV Kurhessen Kassel - SpVgg Sülz 07   2:1
*Der Sieger dieser Runde traf auf den 3. der westdeutschen Endrunde. Der Gewinner dieser Begegnung durfte zusätzlich an der Endrunde zur Deutschen Meisterschaft teilnehmen.

Achtelfinale zur Begegnung mit dem süddeutschen Vizemeister Eintracht Frankfurt. Die Sülzer gingen vor über 30.000 Besuchern in der Kölner Hauptkampfbahn als Außenseiter in die Partie. Doch der Papierform wurde die Swatosch-Elf ganz und gar nicht gerecht. Mit 3:1 bezwang man den Favoriten aus der Mainmetropole nach überlegen geführtem Spiel. Das Kölner Publikum geriet regelrecht in Verzückung und träumte bereits von der Deutschen Meisterschaft. Im folgenden Viertelfinale wartete mit dem Südmeister FC Bayern München ein noch dickerer Brocken. Erschwerend kam hinzu, dass das Spiel in München ausgetragen wurde, und die Bayern somit in den Genuss des Heimvorteils kamen. Ohne den nicht zu ersetzenden Rechtsaußen Adam „Männi" Ullrich und den angeschlagen ins Spiel gegangenen Josef Pelzer hatten die Rheinländer kaum eine Chance und unterlagen schließlich mit 2:5.

NUR ZWEI WEIBLICHE MITGLIEDER

Im Jahr 1929 hatte die Spielvereinigung Sülz 07 exakt 480 Mitglieder, darunter ganze zwei weiblichen Geschlechts, was schlicht und einfach daran lag, dass im Verein außer Fußball keine weiteren Sportarten betrieben wurden. Clublokal war die Restauration „Werres" auf der Sülzburgstraße. Die Geschäftsstelle war seit 1927 in der Moselstraße 28 beheimatet, wurde aber noch Ende 1929 in die Berrenrather Straße 348 verlegt.
Für die Saison 1928/29 hatte man sich die Titelverteidigung der Rheinbezirksmeisterschaft zum Ziel gesetzt. Doch diesmal wurde das entscheidende Spiel gegen den alten Widersacher Borussia München-Gladbach auf dem Dürener Germania-Platz mit 0:1 verloren. Das starke Gladbacher Verteidigungsbollwerk konnte von den spielerisch überlegenen Kölnern nicht geknackt werden. Auch die letzte Chance, noch in die Endrunde um die „Westdeutsche" zu kommen, wurde nach zwei Spielen gegen Kurhessen Kassel, die 2:2 und 1:2 aus Sülzer Sicht endeten, vergeben.

NIEDERLAGE GEGEN DEN „SCHALKER KREISEL"

Doch schon 1929/30 kam es zum erneuten Höhenflug. Souverän wurden die „Rothosen" Rheinbezirksmeister. Unter anderem durch einen 3:2-Auswärtserfolg über Alemannia Aachen, der mit einem Swatosch Tor kurz vor dem Abpfiff im völlig überfüllten Aachener Stadion unter Dach und Fach gebracht wurde, konnte die Tabellenspitze bis zum Schluss gehalten werden. Im Kampf um die Westdeutsche Meisterschaft setzte man sich zunächst gegen den VfL Benrath, CSC 03 Kassel und den FV Neuendorf durch, ehe es zum erneuten Kräftevergleich mit dem immer stärker werdenden FC Schalke 04 kam. Schauplatz war wieder das Duisburger Wedau Stadion. Rund 50.000

Anlässlich der Westmeisterschaft 1928 überreichte der „Kölner Club für Rasenspiele" den Sülzern ein wertvolles, goldenes Buch, in das sich fortan die Gäste der „Rothosen" eintragen durften. Das Buch wird heute im FC-Museum ausgestellt.

1928-30

Auch bei den Sülzern stand die Geselligkeit ganz oben. Das Bild zeigt die 1. Fußballmannschaft im Jahre 1929 bei einer zünftigen „Herrentour".

Zuschauer drängten sich im hoffnungslos überfüllten Rund, es kam zu für die Besucher lebensgefährlichen Situationen und zahlreichen Verletzungen. Ein über Ratingen umgeleiteter Sonderzug mit Sülzer Schlachtenbummlern blieb einen Kilometer vor dem Behelfsbahnhof Duisburg-Wedau stecken, was für die Kölner Anhänger bedeutete, den Rest des Weges zu Fuß zurücklegen zu müssen. Die Strapazen wurden von der rot-weißen Mannschaft auf dem Rasen nicht belohnt. Trotz einer guten Leistung unterlag Sülz dem von Ernst Kuzorra und Fritz Szepan angetriebenen „Schalker Kreisel" mit 5:2. Schalke wurde anschließend erstmals „Westmeister". Ungeachtet der Niederlage gegen die „Königsblauen" hatte die Spielvereinigung noch die Möglichkeit sich durch ein Entscheidungsspiel als dritter Westvertreter für die Endrunde um die „Deutsche" zu qualifizieren. Der Gegner Fortuna Düsseldorf konnte nach Verlängerung mit 4:2 geschlagen werden und Sülz 07 mit viel Dusel um die Viktoria mitspielen. Hier traf man zunächst auf das im heutigen Polen gelegene Titania Stettin. Die Kölner behielten nach mäßigem Spiel mit 4:2 die Oberhand.

1929/30 wird Sülz 07 Rheinbezirksmeister und westdeutscher Vizemeister: Kniend von links: Plate, Zarges, Arndt, Nicolin. Stehend von links: Richards, J. Schmitz, Leers, Swatosch, M. Schmitz, Gausepohl, Pelzer.

Packender Kampf um den Ball beim Mittelrheinderby zwischen Sülz 07 und Alemannia Aachen am 26. Januar 1930.

Auch bei den Sülzern wurde das Weihnachtsfest gebührend gefeiert, wie hier im Jahre 1929 in der damaligen Vereinsgaststätte „Restauration Werres".

RHEINBEZIRKSLIGA 1929/30

1.	SpVgg Sülz 07	78:35	36:12	
2.	SC M. Gladbach 94	48:36	33:15	3:1 – 0:2
3.	Alemannia Aachen	62:37	33:15	2:3 – 3:2
4.	Borussia München-Gladbach	68:50	30:18	6:1 – 2:2
5.	Rheydter SV	66:54	27:21	3:0 – 6:2
6.	Bonner FV 01	60:51	27:21	3:2 – 4:1
7.	VfR rrh. Köln	54:60	27:21	1:2 – 4:0
8.	Kölner BC 01	55:56	23:25	1:1 – 4:0
9.	SV Mülheim 06	59:65	21:27	1:3 – 6:3
10.	Tura Bonn	52:64	18:30	3:2 – 4:1
11.	SC Düren 03	46:66	16:32	5:0 – 2:4
12.	SC BW 06 Köln	37:65	13:35	4:2 – 3:0
13.	SC Victoria Rheydt	33:77	10:38	4:0 – 4:1

WESTDEUTSCHE MEISTERSCHAFT, GRUPPE SÜD

1.	SpVgg Sülz 07	10: 2	6:0	
2.	VfL Benrath 06	10: 9	4:2	5:1 (1)
3.	CSC 03 Kassel	6: 7	2:4	2:1 (2)
4.	FV 11 Neuendorf	2:10	0:6	3:0 (3)

(1) Köln, (2) Elberfeld, (3) Andernach

ENDRUNDE DER BEIDEN GRUPPENERSTEN

1.	FC Schalke 04	11: 5	6:0	2:5 (1)
2.	VfL Benrath 06	9: 4	4:2	0:5 (2)
3.	SpVgg Sülz 07	7:11	2:4	
4.	Homberger SpV	7:14	0:6	5:1 (3)

(1) Duisburg, (2) Düsseldorf, (3) Köln

ENTSCHEIDUNGSSPIEL IN KÖLN UM DEN DRITTEN WESTDEUTSCHEN VERTRETER (SIEHE AUCH SAISON 1928/29)

SpVgg Sülz 07 - Fortuna Düsseldorf   4:2 n.V.

ACHTELFINALE – DEUTSCHE MEISTERSCHAFT IN STETTIN

Stettiner FC Titania - SpVgg Sülz 07   2:4 (2:2)
Tore: 1:0 (04.) Becken, 1:1 (06.) Pelzer, 1:2 (11.) Zarges, 2:2 (35.) Becken, 2:3 (54.) Ullrich, 2:4 (75.) Zarges
Sülz: Jakob Schmitz, Peter Leers, Leo Richartz, Philipp Arndt, Heinrich Gausepohl, Fritz Plate, Adam Ullrich, Josef Pelzer, Ferdinand Swatosch, Heinrich Zarges, Michel Schmitz

VIERTELFINALE – DEUTSCHE MEISTERSCHAFT IN KÖLN

SpVgg Sülz 07 - Hertha BSC Berlin   1:1 n.V.
Tore: 0:1 (44.) Kirsei, 1:1 (47.) Zarges
Sülz: Radermacher, Peter Leers, Hermann Nicolin, Däumel, Köckert, Fritz Plate, Adam Ullrich, Josef Pelzer, Ferdinand Swatosch, Heinrich Zarges, Michel Schmitz.

WIEDERHOLUNGSSPIEL IN BERLIN

Hertha BSC Berlin - SpVgg Sülz 07   8:1 (4:0)
Tore: 1:0, 2:0 (10., 24.) Kirsei, 3:0, 4:0 (29., 44.) Sobek, 5:0 (48.) Radermacher (Eigentor), 6:0 (70.) Kirsei, 6:1 (75.) Swatosch, 7:1 (83.) Hahn, 8:1 (85.) Rokitta
Sülz: Radermacher, Peter Leers, Hermann Nicolin, Philipp Arndt, Köckert, Fritz Plate, Adam Ullrich, Josef Pelzer, Ferdinand Swatosch, Heinrich Zarges, Michel Schmitz

1930-35

Das Ende einer Ära

[LEGENDEN]

Fritz Plate
* 12.04.1904 in Bonn
† 14.05.1984 in Köln

Fritz Plate hat nicht nur über viele Jahre die Vereinsgeschichte von Sülz 07 geprägt, ohne Fritz Plate hätte es den 1. FC Köln wahrscheinlich nie gegeben. Die Idee zur Fusion zwischen den Sülzern und dem KBC hatten der Obmann der Spielvereinigung und sein Kollege Franz Bolg, der selbiges Amt beim KBC bekleidete.

Vom Bonner FV wechselte Plate 1928 zum frischgebackenen Westdeutschen Meister. Noch in Bonn unter Vertrag bildete er zusammen mit seinem Bruder Karl und dem legendären Phöbus Schümmelfeder eine der besten deutschen Vereins-Läuferreihen. Auch in Köln spielend, blieb er Stammkraft der Westdeutschen Auswahlelf und kam häufig für die Kölner Stadtmannschaft zum Einsatz. Zweifellos war Plate zu seiner aktiven Zeit einer der Stars der „Rothosen", der an sportlichen Erfolgen, wie beispielsweise der Westdeutschen Vizemeisterschaft 1930, maßgeblichen Anteil hatte. Eine hartnäckige Knieverletzung zwang ihn seine aktive Laufbahn zu beenden.

Sowohl Sülz 07 als auch dem 1. FC Köln blieb Fritz Plate, der in Köln-Sülz einen Installationsgroßhandel betrieb, sein Leben lang treu. Als Gönner und Sponsor half er, vor allem in den ersten, schweren Jahren der Nachkriegszeit, den FC zu einem deutschen Spitzenverein werden zu lassen.

Zur Beerdigung eines Sülzer Vorstandsmitglieds im Jahre 1930 trat die Mannschaft komplett in Spielkleidung an.

Auf dem Weg zur erhofften Meisterschaft musste als Nächstes Hertha BSC Berlin aus dem Weg geräumt werden. Mit verjüngter Mannschaft angetreten, brachte das Spiel in Köln auch nach 120 Spielminuten beim Stand von 1:1 vor über 30.000 Zuschauern keinen Sieger. Die Entscheidung fiel acht Tage später im Berliner Poststadion, wo die Sülzer überraschend hoch mit 8:1 „überfahren" wurden. Gerüchte, wonach Schlaftabletten im Pausentee der Gäste gewesen sein sollen, konnten nie geklärt oder bewiesen werden. Die 8:1-Packung von Berlin bedeutete zugleich das Ende der Ära Swatosch, von dem man sich im September 1930 trennte, nachdem dieser zuvor vom Verband zum „Berufsspieler" erklärt und gesperrt wurde. Der Fakt, dass Swatosch vom Verein als Spielertrainer ein für damalige Verhältnisse üppiges Gehalt von rund 1.000 Mark monatlich erhalten hatte, war den auf Amateurstatuten bedachten Verbandsinstanzen ein Dorn im Auge. Zudem sorgte die großzügige Entlohnung des Österreichers für Unmut und Gerede bei den weniger gut honorierten „Wasserträgern" in der Mannschaft. Neben Schalke 04 war Sülz 07 unbestritten eine der ersten „Profimannschaften" im westdeutschen Raum.

„GESELLSCHAFTSSPIELE"

Unvergessen sind die großen „Gesellschaftsspiele" der damaligen Zeit. Alle deutschen Mannschaften von Rang und Namen sowie hervorragende ausländische Clubs traten gegen die „Rothosen" an. Sie sind im Goldenen Buch der Spielvereinigung Sülz 07 verewigt, das heute im FC-Museum im RheinEnergieStadion ausgestellt wird. So war beispielsweise der 1. FC Nürnberg traditionell zu Ostern in der Domstadt zu Gast. Es gab in dieser Zeit keine Verbandsmannschaft, in der die Sülzer Größen wie Richartz, Zarges, Plate, Ullrich oder Schmitz nicht vertreten waren. Für die Kölner Stadtmannschaft stellte

Auch die später noch berühmteren Münchner Bayern waren Gäste von Sülz 07. Im Goldenen Buch des Vereins trugen sich die Gäste von der Isar anlässlich des Freundschaftsspieles am 16. August 1930 feierlich ein.

1930-35

Das alljährliche Sommerfest der Sülzer war sehr beliebt. Hier eine Aufnahme aus dem Jahr 1931.

Sülz 07 unter der Führung von Ferdl Swatosch über viele Jahre das Gerippe und begründete deren glänzenden Ruf im In- und Ausland.

Die Trennung von Swatosch wirkte sich auf die Mannschaftsleistung viel ungünstiger aus, als zunächst allgemein angenommen wurde. Besonders deutlich wurde sie in der Vorbereitung auf die Spielzeit 1930/31 als man bei einem Freundschaftsspiel in Köln von Bayern München vernichtend mit 3:10 geschlagen wurde. Auch in der folgenden Punktspielserie lief es nicht rund, so dass am Ende der Saison nur ein 3. Tabellenplatz hinter dem KBC und dem Rheydter SV heraussprang.

1931/32 führte der 1. Tabellenplatz in der Rheinbezirksliga (Gruppe 2) und die anschließende, erfolgreich gestaltete Bezirksendrunde, in der man sich gegen Alemannia Aachen und die SVG Odenkirchen durchsetzte, in die Qualifikation zur Endrunde um die „Westdeutsche". Ein überlegener 4:0-Sieg über den FV Neuendorf ließ im Sülzer Lager die Hoffnung auf bessere Zeiten aufkeimen, diese wurde jedoch mit einer 0:2-Niederlage beim Hessenmeister Borussia Fulda jäh zerstört.

Auch 1932/33 lief die Spielvereinigung als Tabellenführer durchs Ziel und konnte nach hartem Kampf im entscheidenden Spiel gegen die Aachener Alemannen durch ein 2:1 nach Verlängerung die Rheinbezirksmeisterschaft erringen. In der folgenden westdeutschen Endrunde wurde das Ende glorreicher Sülzer Zeiten eingeläutet. Nach einem 0:7-Debakel gegen Fortuna Düsseldorf auf eigenem Platz schied man sang- und klanglos aus dem Wettbewerb aus. Da war die Tatsache, dass die Düsseldorfer später an gleicher Stelle nach einem 3:0 über Schalke 04 Deutscher Meister wurden, nur ein schwacher Trost.

NEUORDNUNG DES SPIELBETRIEBS

Die Neuordnung des Spielbetriebes durch die nationalsozialistischen Machthaber sorgte für die Einführung der „Gauliga Mittelrhein", in der auch Sülz 07 vertreten war. Immerhin war man somit „erstklassig". Die Premierensaison endete mit einem 3. Platz. Nach Swatoschs Abgang wurde die Mannschaft zunächst von Karl Höger trainiert, der seine zweite Amtszeit in Diensten der „Rothosen" antrat. Es folgte 1932 der Engländer Addwood, ehe Ferdl Swatosch erneut als Trainer verpflichtet wurde.
In der Saison 1934/35 wiederholte man den 3. Platz des Vorjahres, 1935/36 konnte gar nur der 6. Tabellenplatz der Gauliga belegt werden, in der man zwischenzeitlich sogar in Abstiegsgefahr geraten war. Mit dem sportlichen Misserfolg setzte auch ein Schwund in der Vereinskasse ein. Zwar waren Zuschauerzahlen von 6.000 Menschen

Fritz Plate, jahrelang Mittelfeldantreiber der „Rothosen", im Kopfballduell bei einer Partie im Jahr 1931.

RHEINBEZIRKSLIGA, GRUPPE 1
1930/31

1.	Rheydter SV	77:37	33: 7	4:4 – 0:2
2.	Kölner BC 01	68:31	29:11	1:3 – 2:2
3.	SpVgg Sülz 07	60:36	25:15	
4.	VfL 05 Viersen	51:42	23:17	4:2 – 0:1
5.	Bonner FV 01	49:54	20:20	4:4 – 4:1
6.	SC München-Gladbach 94	42:42	17:23	4:3 – 2:1
7.	Tura Bonn	43:56	17:23	4:1 – 0:1
8.	SpV Wickrath	42:59	15:25	3:2 – 2:4
9.	CfR 1899 Köln	45:50	14:26	2:1 – 1:2
10.	SSV Vingst 05	31:52	14:26	6:0 – 3:2
11.	SSV Troisdorf 05	33:82	13:27	4:0 –10:0

RHEINBEZIRKSLIGA, GRUPPE 2
1931/32

1.	SpVgg Sülz 07	46:22	27: 9	
2.	SC München-Gladbach	53:36	23:13	1:1 – 1:1
3.	SSV Troisdorf 05	55:50	22:14	4:1 – 2:2
4.	Bonner FV 01	58:42	21:15	4:1 – 0:3
5.	SC Victoria Rheydt	52:49	19:17	0:2 – 6:3
6.	SC BW Köln	32:30	18:18	3:0 – 2:0
7.	Jugend Bergheim	35:42	17:19	5:3 – 4:0
8.	Kölner SC 99 (N)	40:52	17:19	2:0 – 1:2
9.	VfB Aachen 08 (N)	30:55	8:28	2:1 – 2:1
10.	SpV. Wickrath	41:64	8:28	3:1 – 4:0

ENDRUNDE UM DIE BEZIRKSMEISTERSCHAFT

1.	SpVgg Sülz 07	3:2	3:1	
2.	Alemannia Aachen	3:2	2:2	1:0
3.	SVg Odenkirchen	3:5	1:3	2:2

1930-35

ENDRUNDE UM DIE WESTDEUTSCHE MEISTERSCHAFT

Viertelfinale:

SpVgg Sülz 07 - FV Neuendorf 11   4:0

Halbfinale:

1.SV Borussia Fulda - SpVgg Sülz 07   2:0

RHEINBEZIRKSLIGA, GRUPPE A 1932/33

1.	SpVgg Sülz 07	71:43	33:11
2.	SC Victoria 04 Rheydt	69:41	31:13 5:3 – 1:0
3.	VfR rrh. Köln	63:50	30:14 3:0 – 3:8
4.	SV Odenkirchen	54:56	24:20 5:2 – 2:5
5.	Rhenannia Würselen	46:48	23:21 1:1 – 2:2
6.	Bonner FV 01	55:47	22:22 2:5 – 6:1
7.	VfL 05 Viersen	54:58	21:23 6:2 – 3:6
8.	CfR 99 Köln	55:49	20:24 3:2 – 2:0
9.	Kölner BC 01	47:44	19:25 3:1 – 3:1
10.	SpV Düren 06	39:50	18:26 2:0 – 1:1
11.	SC BW 06 Köln	34:43	17:27 8:2 – 2:1
12.	FC Jugend Bergheim	22:80	6:38 6:0 – 2:0

ENDSPIEL UM DIE RHEINBEZIRKSMEISTERSCHAFT

SpVgg Sülz 07 - Alemannia Aachen   2:1 n.V.

ENDRUNDE UM DIE WESTDEUTSCHE MEISTERSCHAFT

Viertelfinale:

Fortuna Düsseldorf - SpVg Sülz 07   7:0

GAULIGA MITTELRHEIN 1933/34

1.	Mülheimer SV 06	52:21	30:10 4:4 – 3:0
2.	VfR rrh. 04 Köln	47:35	27:13 2:3 – 2:3
3.	SpVgg Sülz 07	62:35	36:14
4.	Eintracht Trier	44:43	24:16 1:2 – 1:2
5.	Bonner FV 01	49:42	23:17 5:1 – 2:2
6.	SV Westmark Trier	55:35	22:18 1:0 – 5:2
7.	Kölner CfR	43:46	21:19 5:2 – 2:3
8.	Kölner SC 99	35:45	15:25 0:0 – 7:3
9.	FV 11 Neuendorf	36:62	11:29 3:2 – 5:0
10.	Fortuna Kottenheim	29:67	11:29 6:1 – 1:1
11.	SV Rhenania Köln	37:58	10:30 4:1 – 3:2

GAULIGA MITTELRHEIN 1934/35

1.	VfR rrh. 04 Köln	47:20	29: 7 0:5 – 1:6
2.	Kölner CfR	30:18	23:13 2:3 – 1:4
3.	SpVgg Sülz 07	36:31	20:16
4.	SV Westmark Trier	27:28	20:16 1:1 – 3:1
5.	Mülheimer SV 06	35:26	19:17 1:1 – 4:2
6.	Kölner SC 99	40:44	16:20 1:1 – 4:2
7.	Bonner FV 01	34:44	16:20 4:2 – 0:2
8.	Eintracht Trier	23:32	15:21 3:0 – 1:2
9.	SC BW Köln (N)	24:23	14:22 1:0 – 1:0
10.	1. FC Idar (N)	12:42	8:28 8:1 – 0:0

Packender Kampf um den Ball beim Mittelrheinderby zwischen Sülz 07 und Alemannia Aachen am 26. Januar 1930.

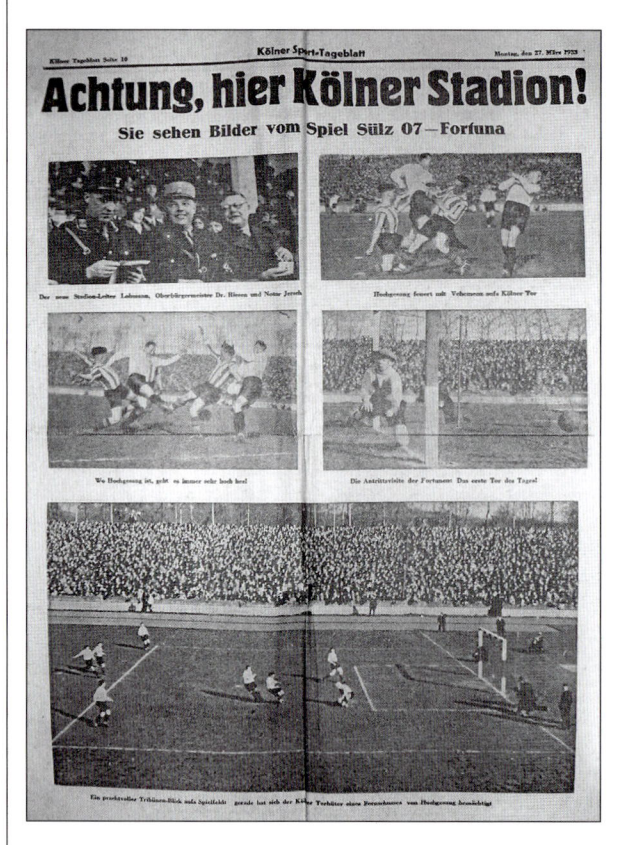

Eine Sonderseite widmete das *Kölner Sport Tageblatt* am 27. März 1933 dem 0:7-Debakel der Sülzer gegen Fortuna Düsseldorf.

„Aufnahmeritual" für Neuzugänge: In der Nacht schlichen sich seine Mannschaftskameraden in das Zimmer des Keepers, überwältigten ihn und rieben sein Hinterteil vollständig mit schwarzer Schuhcreme ein. Die Kameradschaft innerhalb des Teams war gut, und nicht selten tauchte man nach den Spielen noch gemeinsam ins Nachtleben ein. Das die Zuschauer und deren Anfeuerung auch damals schon wichtig für die Leistung der Mannschaft waren, beweist ein Bericht im *Kicker* vom Januar 1935, in dem vom Spiel Sülz 07 gegen Bonner FV (4:2) berichtet wird: „Die Anfeuerung des Kölner Anhangs brachte die BFV-Leute vollends aus dem Konzept und aus dem 2:0 wurde schließlich ein 2:4." Auch Zuschauerausschreitungen waren, besonders bei strittigen Schiedsrichterentscheidungen, keine Seltenheit. Bei einer 0:1-Heimniederlage gegen Köln 99 im Dezember 1935, die durch einen umstrittenen Strafstoß verursacht wurde, konnten aufgebrachte Sülzer Anhänger erst angesichts auftretender Polizei dazu bewegt werden den Platz zu verlassen.

keine Besonderheit, doch die ganz großen Spiele mit üppigen Einnahmen waren zu selten geworden, und außer den Mitgliedsbeiträgen waren die Eintrittsgelder die einzige Einnahmemöglichkeit des Clubs. Dem geringeren Etat wurden die „Spielergehälter" angepasst. Ludwig Kelter, von 1932 bis 1948 Stammtorwart von Sülz 07 erinnert sich: „Wir bekamen pro Spiel fünf Mark Prämie, je nach Zuschauerzahl waren es auch schon mal acht Mark, dazu nach jedem Spiel ein Gratisessen in einer dem Verein freundschaftlich verbundenen Gaststätte."

AUFNAHMERITUALE

Kelter erlebte bei seiner ersten Mannschaftstour 1932 nach Süddeutschland auch gleich das

1935-38

Nationalspieler Georg „Schorsch" Euler

Spielertrainer Georg Euler im Kopfballduell mit zwei Gegenspielern beim Derby Sülz gegen Köln 99 in der Saison 1935/36.

[LEGENDEN]

Georg Euler
*23.12.1905
†1993

„Schorsch" Euler war Kölner durch und durch. In der Rheinmetropole erblickte er auch das Licht der Welt. Fasziniert vom Fußballspiel, das Euler erstmals im Jahre 1918 bei in Köln stationierten englischen Soldaten zu Gesicht bekam, schloss sich der Halbstürmer der Jugendabteilung der rechtsrheinischen Viktoria an. Die rheinische Frohnatur war ein „Wandervogel". In der Domstadt spielte er für den Marienburger SC, KBC, Viktoria und Sülz 07. Zwischendurch machte er noch Station bei BV 04 Düsseldorf.

Am 13. September 1936 wurde Georg Euler beim 1:1 der deutschen Nationalmannschaft in Warschau gegen Polen zum ersten und einzigen Akteur in der Vereinsgeschichte von Sülz 07, der im Adlertrikot spielte. Zu weiteren Berufungen in die deutsche Auswahl kam es nicht mehr, was zum einen an der süddeutschen Dominanz im Nationalteam lag, und zum anderen an Eulers politischen Ansichten, die den Entscheidungsträgern nicht ins nationalsozialistische Bild passten.

Mit der Kölner Stadtmannschaft sowie der Mittelrhein- und westdeutschen Auswahl reiste der kölsche „Schorsch" durch halb Europa, spielte beispielsweise in Bern, Paris und Oslo. Euler war ein Original, in Köln sprichwörtlich bekannt wie ein bunter Hund und nie um einen Spruch verlegen. Am Gewinn der Gaumeisterschaft, dem letzten großen Erfolg der Sülzer im Jahre 1939, hatte der eigenwillige Ballkünstler großen Anteil. Nachdem Georg Euler die Fußballschuhe an den Nagel gehängt hatte, arbeitete er bis zu seiner Verrentung als Verwaltungsangestellter bei den Kölner Verkehrsbetrieben.

Im Sommer 1935 landete Sülz 07 mit der Verpflichtung von Georg „Schorsch" Euler, der das Amt des Spielertrainers übernahm, einen Volltreffer. Der von Düsseldorf 04 gekommene Ex-KBCler ging am 13. September 1936 als erster und einziger Nationalspieler der Sülzer in die Vereinsgeschichte ein. Beim 1:1 in Warschau gegen Polen zum Einsatz gekommen, wurde Euler auch wegen seiner antifaschistischen Einstellung nicht mehr für die Nationalmannschaft berufen. Euler gelang es, hochkarätige Spieler wie Baldus, Stiel und Hans Broich, der von 1948 bis 1951 auch beim FC unter Vertrag stand, an den Verein zu binden, und baute geschickt talentierte Akteure aus der eigenen Jugendabteilung in die 1. Mannschaft ein. So ging es langsam wieder bergauf. Schon im November 1935 wird Euler vom Fachblatt *Fußball* nach einem 1:0-Sieg bei Westmark Trier als „das ganze Mannschaftswerk tragend" bezeichnet. 1936/37 machte sich der Aufwärtstrend auch tabellarisch durch Rang 3 in der Endabrechnung der Gauliga bemerkbar.

FURIOSER START
Das Jahr 1937/38 begann für Sülz 07 im August 1937 mit den Feierlichkeiten zum 30-jährigen Vereinsjubiläum. Auch sportlich starteten die „Rothosen" furios und wurden souveräner Herbstmeister. Doch ausgerechnet beim Lokalrivalen KBC wurde durch eine 1:2-Auswärtspleite der Höhenflug gestoppt. Es folgte eine unerwartete Niederlagenserie der Euler-Schützlinge und so fand man sich plötzlich mitten im Abstiegskampf wieder. Am letzten Spieltag kam es zum alles entscheidenden Abstiegskrimi gegen den KBC in der Radrennbahn. Angetrieben vom reaktivierten Männi Ullrich, der in dieser Begegnung drei Tore erzielen konnte, triumphierte man mit 6:0 und entging dem Abstieg. Ludwig Kelter, damals als Torwart für Sülz 07 auf dem Platz, erinnert sich: „Die rund 9.000 Zuschauer waren in zwei Lager geteilt. Es herrschte eine aufgeheizte Atmosphäre, bei der beide Anhängergruppen

1935-38

[LEGENDEN]

Ludwig Kelter
*22.04.1913

Von SW Bickendorf kam der baumlange Torhüter im Jahre 1932 zur Spielvereinigung 07. Bei der unmittelbar nach seinem Wechsel zu den Sülzern angetretenen Süddeutschlandreise, mit Gastspielen bei Bayern München, Jahn Regensburg, BC Augsburg und FC Straubing, debütierte Kelter im Trikot der „Rothosen". Mehr als zehn Jahre lang war der Keeper sowohl auf der Linie als auch in der Beherrschung des 07er Strafraumes gleichermaßen stark. Kelter brachte es auf zwölf Berufungen für die Gauauswahl sowie auf neun Einsätze für die berühmte Kölner Stadtmannschaft. Er bestritt rund 500 Spiele in der 1. Mannschaft. Größter sportlicher Erfolg war der Gewinn der Mittelrhein-Gaumeisterschaft 1939. Beim 1. FC Köln verstärkte der beliebte Torwart nach seiner Spielerkarriere noch viele Jahre die Alte-Herren-Mannschaft. Für seine Verdienste um Sülz 07 und den 1. FC Köln wurde Ludwig Kelter mit der goldenen Ehrennadel des Geißbockclubs ausgezeichnet.

lautstark ihre Mannschaft anfeuerten".

Das im Sommer 1938 aufkommende Gerücht einer Fusion zwischen Sülz 07 und dem KBC, worüber unter anderem auch der *Kicker* berichtete, bestätigte sich nicht. Nach dem im letzten Moment verhinderten Abstieg war bei den Fans der Spielvereinigung eine gewisse „Fußballmüdigkeit" aufgekommen. So verloren sich zum Freundschaftsspiel gegen die süddeutsche Spitzenmannschaft von Schweinfurt 05 – unter anderem mit den Nationalspielern Andreas Kupfer und Albin Kitzinger hervorragend besetzt – gerade mal 800 Besucher in der Radrennbahn. Die Partie war als echter Gradmesser für die kommende Saison 1938/39 zu sehen, und die wenigen anwesenden Zuschauer waren erstaunt, dass die Kölner mehr als gut mit dem prominenten Gast aus Süddeutschland mithalten konnten und nur knapp mit 0:1 verloren.

Die Mitglieder und Fans trugen sie mit Stolz am Revers: die Vereinsnadel der 1930er Jahre.

GAULIGA MITTELRHEIN 1935/36

1.	Kölner CfR	44:25	24:12	0:4 – 1:1
2.	TuRa Bonn	39:25	23:13	3:2 – 2:2
3.	Bonner FV 01	31:29	21:15	2:1 – 1:1
4.	Mülheimer SV 06	36:22	20:16	2:2 – 0:1
5.	Kölner SC 99	34:28	20:16	0:1 – 0:2
6.	**SpVgg Sülz 07**	**36:32**	**17:19**	
7.	VfR rrh. 04 Köln	36:32	17:19	2:2 – 1:4
8.	TuS Neuendorf	33:40	17:19	2:1 – 2:2
9.	SV Westmark Trier	28:39	11:25	4:1 – 1:0
10.	Eintracht Trier	20:58	8:28	2:1 – 1:1

POKALRUNDE DES GAUES MITTELRHEIN 1935/36

1. Hauptrunde:
Sportfreunde Sieglar - SpVgg Sülz 07   3:2

GAULIGA MITTELRHEIN 1936/37

1.	VfR rrh. 04 Köln	59:31	30:10	1:1 – 0:4
2.	Kölner CFR (M)	50:33	26:14	0:2 – 1:4
3.	**SpVgg Sülz 07**	**30:27**	**21:19**	
4.	Rhen. Würselen	42:39	21:19	0:1 – 1:0
5.	Beueler SV 06 (N)	29:30	21:19	2:0 – 1:1
6.	Mülheimer SV 06	35:34	19:21	1:1 – 1:2
7.	Bonner FV 01	39:38	19:21	1:3 – 1:2
8.	TuRa Bonn	24:32	19:21	4:0 – 0:2
9.	Kölner SC 99	37:43	18:22	2:2 – 6:4
10.	TuS Neuendorf	35:45	15:25	2:0 – 0:5
11.	SV 10 Andernach	36:64	11:29	5:1 – 2:2

POKALRUNDE DES GAUES MITTELRHEIN 1936/37

1. Hauptrunde:
SpVgg Andernach - SpVgg Sülz 07   1:3
2. Hauptrunde:
SpVgg Sülz 07 - SV Union 05 Köln   2:3 n.V.

GAULIGA MITTELRHEIN 1937/38

1.	SV Beuel 06	25:20	25:11	1:2 – 2:3
2.	Alem. Aachen (N)	32:21	24:14	2:0 – 0:2
3.	VfL Köln 99	43:28	20:16	3:2 – 1:1
4.	SV Mülheim 06	34:34	20:16	3:0 – 0:3
5.	Rhen. Würselen	34:29	18:18	2:0 – 2:5
6.	**SpVgg Sülz 07**	**30:30**	**16:20**	
7.	Tura Bonn	20:25	15:19	1:1 – 2:1
8.	VfR rrh. Köln (M)	29:36	14:22	0:2 – 0:0
9.	Bonner FV	26:34	14:22	2:2 – 2:4
10.	Kölner BC 01 (N)	19:35	14:22	6:0 – 1:2

POKALRUNDE DES GAUES MITTELRHEIN 1937/38

1. Hauptrunde:
VfL Niederbieber - SpVgg Sülz 07   1:2
2. Hauptrunde:
SpVgg Sülz 07 - SpV.Sp. 05 Troisdorf   2:1 n.V.
3. Hauptrunde:
VfL Preußen Krefeld - SpVgg Sülz 07   0:3
1. Schlussrunde:
SpVgg Sülz 07 - Eintracht Frankfurt   2:0

Tore: 1:0 (03.) Siegfried, 2:0 (21.) Schmaus
Sülz: Ludwig Kelter, Peter Leers, Willi Stiel, Heinrich Zarges, Georg Euler, Emil Baldus, Schmaus, Philipp Wendt, Sepp Siegfried, Hans Broich, Viere.

2. Schlussrunde
Eimsbütteler TV - SpVgg Sülz 07   2:0

Tore: 1:0 (10.) Lüdecke, 2:0 (40.) Rohwedder
Sülz: Ludwig Kelter, Peter Leers, Willi Stiel, Heinrich Zarges, Georg Euler, Tesch, Kieser, Philipp Wendt, Sepp Siegfried, Hans Broich, Viere.

1938/39

Titelhoffnungen

Die Spielvereinigung Sülz 07 wird 1939 Gaumeister des Mittelrheins. Knieend von links: Wendt, Kelter, Leers, Stiel, Köhnen. Stehend von links: Geschäftsführer Jupp Schmitz, Zarges, Fassbender, Finken, Euler, Siegfried, Broich, Baldus, Hemmersbach, Vorsitzender Heinz Bremm.

GAULIGA MITTELRHEIN 1938/39

1.	SpVgg Sülz 07	32:18	22:14	
2.	SSV Troisdorf 05	51:49	22:14	1:3 – 3:3
3.	TuRa Bonn	30:37	21:15	1:0 – 2:2
4.	Rhen. Würselen	36:33	20:16	2:2 – 1:2
5.	VfR rrh. 04 Köln	32:31	20:16	5:1 – 1:1
6.	VfL Köln 99	38:28	19:17	2:0 – 0:0
7.	Mülheimer SV 06	32:34	17:19	0:1 – 1:1
8.	SV Beuel 06 (M)	27:35	17:19	4:1 – 1:0
9.	TuS Neuendorf	38:34	13:23	3:0 – 1:1
10.	Alemannia Aachen	23:40	9:27	4:0 – 0:0

POKALRUNDE DES GAUES MITTELRHEIN 1938/39
1. Hauptrunde
SpVgg GW Eschweiler - SpVgg Sülz 07   2:1

ENDRUNDE UM DIE DEUTSCHE MEISTERSCHAFT, GRUPPE 2
SpVgg Sülz 07 - Fortuna Düsseldorf   1:3 (0:2)

Tore: 0:1 (12.) Heibach, 0:2, 0:3 (43., 76.) Pickartz, 1:3 (81.) Bornemann
Sülz: Ludwig Kelter, Peter Leers, Philipp Wendt, Heinrich Zarges, Gerog Euler, Emil Baldus, Jakob Hemmersbach, Hein Finken, Sepp Siegfried, Hans Broich, Bornemann.

Viktoria Stolp - SpVgg Sülz 07   0:2 (0:0)

Tore: 0:1 (50.) Siegfried, 0:2 (86.) Finken
Sülz: Ludwig Kelter, Stiel, Philipp Wendt, Tesch, Heinrich Zarges, Emil Baldus, Jakob Hemmersbach, Hein Finken, Sepp Siegfried, Hans Broich, Bornemann

SpVgg Sülz 07 - Viktoria Stolp   5:0 (3:0)

Tore: 1:0 (15.) Könen, 2:0, 3:0, 4:0 (30., 43., 82.) Siegfried, 5:0 (89.) Bornemann
Sülz: Ludwig Kelter, Peter Leers, Stiel, Lauscher, Heinrich Zarges, Emil Baldus, Jakob Hemmersbach, Hein Finken, Sepp Siegfried, Moritz Könen, Bornemann.

Fortuna Düsseldorf - SpVgg Sülz 07   3:2 (2:1)

Tore: 1:0 (03.) Heibach, 1:1 (21.) Finken, 2:1 (24.) Schubart, 2:2 (47.) Bornemann, 3:2 (68.) Heibach
Sülz: Ludwig Kelter, Peter Leers, Stiel, Lauscher, Heinrich Zarges, Emil Baldus, Moritz Könen, Hein Finken, Sepp Siegfried, Euler, Bornemann.

Das starke Vorbereitungsspiel gegen Schweinfurt machte Hoffnungen auf eine sportlich erfolgreichere Spielzeit als im Vorjahr. Schon am ersten Spieltag dann die Ernüchterung: Mit 0:1 unterlag man zu Hause dem Mülheimer SV. Die erneute Aufstellung des „alten Hasen" Männi Ullrich und die Tatsache, dass Euler in der für ihn ungewohnten Stürmerreihe mitwirkte, brachte nicht den gewünschten Erfolg. Am 2. Spieltag wurden die Anhänger mit einem deutlichen 5:1-Erfolg über den VfR Köln besänftigt. Mit einem 0:0 bei Alemannia Aachen vor 5.000 Zuschauern konnte der Aufwärtstrend fortgesetzt werden. Im Dezember 1938 gelang den Sülzern ein 4:1-Heimsieg über den SV Beuel. Nur eine Woche später wurde Aachen mit 4:0 in der Radrennbahn geschlagen. Mittlerweile waren die „Eulerjünger" bereits auf den 2. Tabellenplatz vorgestoßen. Beim Derby gegen Köln 99 am 16. Januar 1939 waren 15.000 Zuschauer Zeuge des 2:0-Erfolgs der „Rothosen". Lange hatte man keine so große Zuschauermenge mehr in der Radrennbahn gesehen. Die Rot-Weißen übernahmen die Tabellenführung und waren nun ernsthafter Anwärter auf den Gaumeistertitel. Die Mannschaft, die noch in der Vorsaison nur knapp dem Abstieg entgangen war, strebte unverhofft nach Meisterehren. Und das gegen durchaus nicht zu verachtende Konkurrenz, wie die seinerzeit stark aufkommenden „Turaner" aus Bonn, Troisdorf 05 oder Köln 99. Auch Niederlagen in Würselen und auf eigenem Platz gegen Troisdorf konnten die Sülzer nicht vom Platz an der Sonne verdrängen. Am Ende wurden die Euler-Schützlinge, punktgleich mit Troisdorf 05, dank des besseren Torverhältnisses Gaumeister und so berechtigt, an der Endrunde um die deutsche Fußballmeisterschaft teilzunehmen.

Hier traf man in Gruppe 2 auf Fortuna Düsseldorf und Viktoria Stolp. Im ersten Spiel hatten die Kölner Heimrecht gegen die Düsseldorfer Fortunen. Mehr als 30.000 Zuschauer sahen einen 3:1-Sieg des Meisterschaftsanwärters aus der Altbiermetropole. Die Sülzer boten den Gästen durchaus Paroli, doch am Ende entschied die größere Cleverness und Erfahrung zugunsten der Düsseldorfer. Vor der nächsten Begegnung musste die Mannschaft die lange Zugreise ins pommersche Stolp (heute Slupsk/Polen) antreten. Bei einer umfangreichen Stadtbesichtigung erholte man sich von den Reisestrapazen und siegte im anschließenden Spiel gegen die heimische Viktoria locker mit 2:0. Sozusagen auf der Rückreise nahmen Euler & Co. noch an einem vom Brandenburger SC veranstalteten Osterturnier teil. Bei der mit namhaften Mannschaften wie den Offenbacher Kickers und dem Freiburger FC besetzten Veranstaltung erreichten die Rheinländer einen guten 3. Platz. Beim abendlichen Umtrunk nach dem Turnier sorgte Spielertrainer „Schorsch" Euler für Aufsehen, indem er dem überraschten Vorstand um Jupp Schmitz seinen Wechsel zur Kölner Viktoria zum Saisonende offenbarte. Das Rückspiel gegen die biedere Elf von Viktoria Stolp in Köln konnte Sülz mit 5:0 für sich entscheiden. Die letzte Endrundenbegegnung fand dann in Düsseldorf statt, wo sich die junge Mannschaft aus Köln mit einer unglücklichen 2:3-Niederlage den Respekt der 10.000 Zuschauer verdiente. Am Ende reichte es nicht, um sich an die Spitze zu setzten, und so schied man als Gruppenzweiter aus der Endrunde aus. Im 1935 eingeführten Tschammer Pokal, dem Vorläufer des heutigen DFB-Pokals, ließen die Sülzer zwar mit gelegentlichen Überraschungssiegen wie dem 2:0-Erfolg über Eintracht Frankfurt 1937 aufhorchen, zu einer Endspielteilnahme kam es aber nicht.

Im Rahmen des deutschen Endrundenspiels gegen Viktoria Stolp machen Mannschaft und Betreuer von Sülz 07 1939 einen Stopp in Stolp, dem heutigen Slupsk in Polen.

1939-43

Abstiegskampf mit Kriegsgastspielern

GAULIGA MITTELRHEIN 1939/40

1.	Mülheimer SV 06	56:14	19: 5	0:0 – 2:2
2.	SpVgg Sülz 07	24:18	17: 7	
3.	VfL Köln 99	36:23	14:10	2:4 – 4:2
4.	VfR rrh. 04 Köln	35:32	13:11	2:1 – 2:1
5.	SG Düren 99	27:28	11:13	0:0 – 2:1
6.	Rhenania Würselen	21:49	7:17	5:3 – 4:3
7.	Alemannia Aachen	12:47	3:21	1:1 – 0:0

POKALRUNDE DES GAUES MITTELRHEIN 1939/40

1. Schlussrunde
SV Kurhessen Kassel - SpVgg Sülz 07   0:5 (0:2)

Tore: 0:1 (15.) Finken, 0:2 (37.) Finken, 0:3 (57.) Klütsch, 0:4 (60.) Siegfried, 0:5 (70.) Köhnen
Sülz: Ludwig Kelter, Schmaus, Philipp Wendt, Tesch, Heinrich Zarges, Emil Baldus, Köhnen, Klütsch, Sepp Siegfried, Hein Finken, Bornemann

2. Schlussrunde
SpVgg Sülz 07 - Westende Hamborn   1:2 n.V.

Tore: 1:0 (20.), Winterscheid, 1:1 (41.) Kreyenberg, 1:2 (99.) Rommer III

GAULIGA MITTELRHEIN 1940/41

1.	VfL Köln 99	97:27	29: 7	2:3 – 2:4
2.	VfR rrh. 04 Köln	50:34	23:13	2:1 – 2:2
3.	SG Düren 99	47:40	22:14	2:5 – 2:0
4.	Mülheimer SV 06	46:45	22:14	4:1 – 1:2
5.	SSV Troisdorf 05	62:40	19:17	3:2 – 0:6
6.	SpVgg Sülz 07	40:38	19:17	
7.	Bonner FV 01	36:43	13:23	0:0 – 3:1
8.	Tura 04 Bonn	36:53	12:24	1:4 – 2:0
9.	SV 67 Andernach	29:66	12:24	6:0 – 1:5
10.	SV Beuel 06	27:84	7:29	7:2 – 0:0

POKALRUNDE DES GAUES MITTELRHEIN 1940/41

1. Hauptrunde
SV Köln-Bayenthal - SpVgg Sülz 07   5:6 n.V.

2. Hauptrunde
SpVgg Sülz 07 - SV Rhenania Köln   6:2

3. Hauptrunde
Germania Mudersbach - SpVgg Sülz 07   7:3

Walter Radant im Jahre 1940 bei der 3:4-Niederlage der Sülzer im Freundschaftsspiel gegen Nippes 12. Radant avancierte später im 1. FC Köln zum wichtigen Goalgetter der Anfangsjahre.

Den wegen des Beginns des 2. Weltkriegs verzögerten Auftakt der Punktspiele zur Saison 1939/40 nutzte man zu Gesellschaftsspielen. Im Umfeld des Vereins war man gespannt, wie sich der Abgang von Georg Euler auf die sportliche Leistungsfähigkeit des Teams auswirken würde. Am 13. August 1939 war die Mannschaft des SV Röhlinghausen beim amtierenden Gaumeister zu Gast. Ungläubiges Staunen machte sich breit im weiten Rund der Radrennbahn, als die Westfalen bereits nach einer Viertelstunde mit 3:0 führten. Auch wenn Sülz innerhalb der letzten acht Minuten noch sechs Treffer zum 6:3-Endstand erzielen konnte, wurde den rund 2.000 Zuschauern deutlich, dass die Verteidigung des Gaumeistertitels, die man sich offiziell als Saisonziel gesetzt hatte, gewiss kein Selbstläufer werden sollte. Die Abgänge wichtiger und verdienter Akteure wie Broich, Leers, Stiel, Euler und Fassbender waren nicht zu kompensieren. Hinzu kam, dass Stürmer Siegfried und Allroundmann Fritz Viere zum Militär eingezogen wurden und nur bedingt einsetzbar waren.

CHANCE FÜR DEN NACHWUCHS

Man setzte zwangsweise wieder verstärkt auf talentierte Jugendliche aus dem eigenen Nachwuchs, wie beispielsweise die beiden Jugendrepräsentativspieler Klütsch und Frenz, die behutsam an die 1. Mannschaft herangeführt wurden. In der in diesem Jahr zweigleisig ausgespielten Gauliga landete das verjüngte Sülzer Team auf dem 2. Tabellenplatz hinter dem Mülheimer SV.
Neben dem Platz hatte die Spielvereinigung mit dem Vorsitzenden Heinz Bremm, dem schlitzohrigen „Manager" Jupp Schmitz sowie dem Urgestein Karl Büttgen einen Vorstand, wie man ihn sich besser kaum wünschen konnte. Oberstudienrat Bremm führte den Verein seriös und gekonnt, Schmitz sichtete Talente und gute Spieler der Region, und Büttgen schaffte „Sponsoren" heran. So ist in der Festschrift „40 Jahre Sülz 07" aus dem Jahre 1947 bei der Rückschau berechtigterweise von „gesunden Vereinsfinanzen" die Rede. Die drei Herren leisteten später auch dem 1. FC Köln noch treue und erfolgreiche Dienste.
Doch der sportliche Niedergang der 07er setzte sich auch 1940/41 fort. Bereits am 11. August 1940 verlor man ein Saisonvorbereitungsspiel gegen den KBC mit 1:3. Es war mehr Schatten als Licht und am Ende war nicht mehr als der 6. Rang in der Endabrechnung drin. Der sich immer weiter ausbreitende Krieg ging auch

1939-43

an Sülz 07 nicht spurlos vorüber. Die Reihen der Aktiven lichteten sich zusehends. Viele Spieler wurden an die Fronten abkommandiert, wobei nicht wenige ihr Leben ließen oder durch massive Kriegsverletzungen den Fußballsport nicht mehr ausüben konnten, wie beispielsweise Sturmtalent Waldemar Schmidt-Brüninghaus, der das traurige Schicksal der Beinamputation erlitt.

KNAPP AM ABSTIEG VORBEI

1941/42 konnten die Sülzer gerade noch dem drohenden Abstieg in die Zweitklassigkeit entgehen. Die personell ausgeblutete Mannschaft war mittlerweile von zahlreichen Soldaten-Gastspielern mehr oder weniger verstärkt worden. Hier kam Köln seine strategisch wichtige Lage zu Gute, und so konnte man wenigstens den immer kleiner werdenden Kader mit örtlich stationierten Soldaten füllen. Gastspieler aus allen Teilen des damaligen Reichsgebiets schnürten für die „Rothosen" die Fußballstiefel, wie beispielsweise die Dresdner Heinz Weber, Horst Schneider und Willi Böhme, die Süddeutschen Beck, Böse und Baumann, die Norddeutschen Töllner und Agen oder die Westdeutschen Quaglia und Kuhn. Einige dieser Spieler, wie Hans Bons, blieben auch nach dem Krieg dem Verein treu. Die Gauliga Mittelrhein war mittlerweile aus „verkehrstechnischen Gründen" in die Bereiche Köln-Aachen und Moselland aufgeteilt worden. Auch die mit dieser Maßnahme einhergehende Verkleinerung der Liga brachte den Sülzern nicht den erhofften Aufschwung. Im Gegenteil, auch im Jahr 1942 kam man in erhebliche Abstiegsgefahr und konnte nur durch einen erfolgreichen Schlussspurt die Klasse sichern.

Noch desolater verlief die Spielzeit 1942/43. Viele der Gastspieler mussten mit zunehmender Kriegsdauer zwangsweise den Verein verlassen. Die dadurch entstandenen Lücken wurden mit Jugendlichen und „Ausgrabungen" aus der Alte-Herren-Mannschaft wie beispielsweise Max Pfennig, Fritz Plate oder den Gebrüdern Schultz ausgefüllt. So belegte die einst so stolze Spielvereinigung am Saisonende einen Abstiegsplatz und stand kurz vor dem ersten Abstieg der Vereinsgeschichte.

Doch das in Berlin ansässige „Reichsfachamt Fußball" billigte den Sülzern ein Entscheidungsspiel um den Klassenverbleib gegen Düren 99 zu. Grundlage hierfür war ein „Einspruchsgesuch wegen unbilliger Härten". In der Tabelle wiesen Sülz und Düren die gleiche Punktzahl und Tordifferenz auf. Die Verbandsinstanzen gaben dem Einspruch der Domstädter nach, und so kam es zum Entscheidungsspiel um den Ligaverbleib zwischen Sülz 07 und Düren 99 in Bonn-Beuel. Mit einem 3:2 Sieg in der Verlängerung sicherten sich die Domstädter die Zugehörigkeit zur obersten Spielklasse.

Mitgliedsausweis der Kriegsspielgemeinschaft KSG VfL 99 / Sülz 07 aus dem Kriegsjahr 1944. Wegen der allgemeinen Papierknappheit nutzte man einfach die alten Ausweise der Sülzer.

GAULIGA MITTELRHEIN 1941/42

1.	VfR Köln 99	68:13	29:3	0:8 – 0:1
2.	VfR rrh.04 Köln	42:31	20:12	2:1 – 1:7
3.	Mülheimer SV 06	39:36	20:12	0:1 – 2:3
4.	SG Düren 99	41:33	17:15	3:3 – 0:5
5.	SV Viktoria Köln	49:44	17:15	2:3 – 1:4
6.	SSV Troisdorf 05	35:32	14:18	5:1 – 2:4
7.	SpVgg Sülz 07	35:46	12:20	
8.	Rhenania Würselen	28:47	8:24	8:1 – 3:2
9.	Bonner FV 01	14:69	7:25	2:2 – 4:0

POKALRUNDE DES GAUES MITTELRHEIN 1941/42

1. Hauptrunde
SV Rhenania Köln - SpVgg Sülz 07   1:4

2. Hauptrunde
SpVgg Nippes 12 - SpVgg Sülz 07   5:0

GAULIGA MITTELRHEIN 1942/43

1.	SV Viktoria Köln	67:31	29:7	2:8 – 0:2
2.	VfR rrh. 04 Köln	59:27	24:12	0:3 – 0:11
3.	VfL Köln 99	76:39	23:13	3:7 – 5:4
4.	Mülheimer SV 06	53:38	21:15	0:2 – 1:3
5.	Bonner FV 01	48:65	19:17	1:3 – 1:3
6.	Alemannia Aachen	38:58	15:21	6:0 – 1:1
7.	SSV Vingst 05	29:57	14:22	5:1 – 0:1
8.	SG Düren 99	28:44	13:23	2:3 – 3:0
9.	SpVgg Sülz 07	38:55	13:23	
10.	Luftwaff. SV Bonn	32:54	9:27	3:1 – 4:3

Vor Beginn der neuen Spielzeit bildeten die SpVgg Sülz 07 und der VfL Köln 99 sowie der VfR rrh. 04 Köln und der Mülheimer SV 06 jeweils eine Kriegsspielgemeinschaft.

POKALRUNDE DES GAUES MITTELRHEIN 1942/43

1. Hauptrunde
SpVgg Sülz 07 hatte Freilos.

2. Hauptrunde
Infolge eines schweren Bombenangriffs wurden die am 31. Mai 1942 angesetzten Begegnungen abgesagt. Die Teams kamen ohne weiteres Spiel in die 3. Runde.

3. Hauptrunde
Mülheimer SV - SpVgg Sülz 07   1:2

Zwischenrunde
SpVgg Sülz 07 - VfR Köln 04   4:0

1. Schlussrunde
Kölner Viktoria 11 - SpVgg Sülz 07   2:3
Tore: 0:1 (04.) Münchhoven, 0:2 Beckmann, 1:2 Weber, 2:2 Euler, 2:3 (83.) Böse

2. Schlussrunde
FV Düdellingen - SpVgg Sülz 07   2:0
Tore: 1:0 (09.) Meylender, 2:0 (41.) Feller
Sülz: Ludwig Kelter, Baumann, Köhnen, Münchhoven, Philipp Wendt, Lauscher, Schiefer, Beckmann, Kuhn, Böse, Schönenberg

1943-45

Kriegsspielgemeinschaft mit dem Lokalrivalen

GAULIGA MITTELRHEIN 1943/44

1.	KSG VfL 99/Sülz	68:21	28: 4	
2.	SG Düren 99	67:17	27: 5	4:0 – 0:5
3.	KSG VfR/Mülheim	42:48	18:14	3:2 – 2:1
4.	Alemannia Aachen	46:39	18:14	3:0 – 4:2
5.	SV Victoria Köln	34:40	16:16	2:4 – 4:0
6.	Kohlscheider BC	28:46	15:17	13:1 – 2:0
7.	Bayenthaler SV	37:51	11:21	7:1 – 1:0
8.	KSG Bonner FV/ Luftwaffe	22:75	6:26	5:0 – 8:1
9.	SSV Vingst	39:56	5:27	7:2 – 3:1
10.	Luffwaff. SV Bonn*			3:6 – 0:2

*Im November bildeten der Luftwaffen SV Bonn und der Bonner FV eine Kriegsspielgemeinschaft.

ENDRUNDE UM DIE DEUTSCHE MEISTERSCHAFT – QUALIFIKATIONSRUNDE IN KÖLN
VfL 99/SpVgg Sülz 07 – KSG Duisburg 0:2 (0:1)
Tore: 0:1 (30.) Hennig, 0:2 (53.) Fey
VfL Köln 99/Sülz 07: Kelter, Marx, Gahlmann, Münchhoven, Hilgemann, Lauscher, Schiefer, Josef Kuckertz, Siegfried, Ernst Moog, Beck

GAULIGA MITTELRHEIN 1944/45
Anfang September sollte die neue Saison wieder starten, aber es liegen weder eine Einteilung noch etwaige Ergebnisse vor. Es ist sehr unwahrscheinlich, dass es noch zu Spielen gekommen ist, da bereits im Oktober die Alliierten Aachen befreiten.

POKALRUNDE DES GAUES MITTELRHEIN 1944/45
1. Hauptrunde
Kreis Oberberg - KSG Sülz 07/Köln 99   2:6
2. Hauptrunde
Sülz 07/Köln 99 - Nippes/Wacker Köln   3:2
3. Hauptrunde
Phönix Ehrenfeld - KSG Sülz 07/Köln 99   2:5
Zwischenrunde
KSG Sülz 07/Köln 99 - SC 06 Lindenthal   6:1
Finale
KSG Sülz 07/Köln 99 - SG Düren 99   2:6

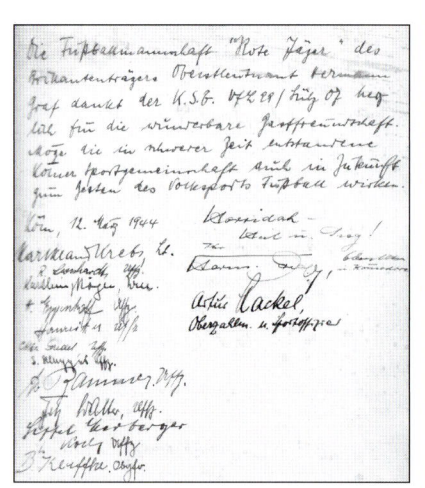

Die während des 2. Weltkriegs berühmte Militärmannschaft der „Roten Jäger" (unter anderem mit Fritz Walter und Sepp Herberger) verewigte sich am 12. März 1944 im Gästebuch der Sülzer.

Die Mannschaft der Kriegsspielgemeinschaft KSG VfL Köln 99/Sülz 07.

Die immer häufiger werdenden, starken Bombardierungen, von denen Köln besonders hart getroffen war, wirkten sich erheblich auf den Spielbetrieb aus. Der Spielermangel wurde zur Spielzeit 1943/44 noch größer. So ging man vor der Saison eine aus der Not geborene Kriegsspielgemeinschaft mit dem alten Rivalen VfL Köln 99 ein, nachdem sich Gerüchte um eine Fusion mit dem KBC, über die sogar das Fachblatt *Fußball Woche* im August 1943 berichtete, als haltlos erwiesen. Es war der Beginn der fünften Kriegsspielmeisterschaft, und der Verein war gezwungen entweder den Spielbetrieb einzustellen oder von der Möglichkeit einer Kriegsspielgemeinschaft Gebrauch zu machen. Gestützt auf die guten sportlichen Beziehungen zu den 99ern kam so die KSG VfL 99/Sülz 07 zustande. Es war eine glückliche „Ehe auf Zeit". Schon 48 Stunden nach dem Zusammenschluss der beiden Kölner Traditionsvereine wurde der amtierende Gaumeister Viktoria Köln im Weidenpescher Park mit 7:2 demontiert. Ihre Heimspiele trug die KSG nicht nur im Kölner Stadion, sondern auch auf dem VfL-Platz aus. Im Laufe der Saison wurden weitere spielstarke Mannschaften wie die KSG MSV/VfR Köln und KSG Bonn bezwungen und der Siegeszug der KSG VfL 99/Sülz 07 mit der Erringung der Gaumeisterschaft gekrönt. Mit den Gaumeistertiteln 1939 und 1944 war Sülz 07 sowohl letzter „Friedensmeister" als auch letzter „Kriegsmeister". In der anschließenden Endrunde um die Deutsche Meisterschaft war schon nach einem Spiel das Ausscheiden aus dem Wettbewerb besiegelt: Mit 0:2 unterlag die Kölner Kriegsspielgemeinschaft am 16. April 1944 der KSG Duisburg. Es kam nur noch zu einigen wenigen Spielen, ehe sich die KSG VfL 99/Sülz 07 mit einem Freundschaftsspiel gegen Schalke 04 (Endstand 3:3) von der Kölner Sportöffentlichkeit verabschiedete.
Bei Kriegsende erging es den Sülzern nicht besser als dem Nachbarn KBC. Viele Mitglieder und Spieler waren an den Fronten des 2. Weltkriegs gefallen oder verwundet worden. 45 Vereinsmitglieder von Sülz 07 verloren als Soldaten zwischen 1939 und 1945 ihr Leben. Nicht nur die Kölner Innenstadt war zu 90 Prozent zerstört, auch der Sportplatz am Fort VIb war massiv beschädigt. Die Radrennbahn, Heimspielstätte der 1. Mannschaft der „Rothosen", war von den Engländern beschlagnahmt worden und somit ebenfalls nicht verfügbar. Auch die materielle Bilanz war verheerend. Außer einem „eingefrorenen" Kapital von 18.000 mittlerweile wertlosen Reichsmark waren keine Aktiva mehr vorhanden. Mit der Pachtung des Universitäts-Platzes fand man wenigstens vorübergehend eine neue, sportliche Heimat. Den Uni-Platz verließen die Rot-Weißen aber sofort, nachdem das vertraute Radstadion wieder freigegeben wurde.

Der Weidenpescher Park mit der heute noch existierenden Holztribüne. In der stimmungsvollen Heimspielstätte des VfL Köln 99 trug die Kriegsspielgemeinschaft Sülz/Köln 99 in der Saison 1943/44 ebenfalls einen Teil der Spiele aus.

1946-47

Letzter Protest

Kurz vor der Spielzeit 1946/47 schlossen sich verschiedene Vereine der früheren Gauliga in einer sogenannten „16er Liga" zusammen. Diese „wilde Liga", auch „Runde der Abtrünnigen" genannt, war eine Protestbewegung gegen den Verband: Der Fußballausschuss hatte nämlich eine Aufsplitterung des Bezirks Mittelrhein in vier Staffeln mit insgesamt 51 Clubs beschlossen, obwohl nicht wenige Vereinsvorstände eine eingleisige Oberliga favorisierten. Später wurde die „16er Liga" im offiziellen Spielbetrieb integriert. Mit einem desolaten vorletzten Tabellenplatz konnte sich Sülz 07 nicht für die 1947 eingeführte, neue höchste Spielklasse, die Oberliga West, qualifizieren. Die „Rothosen" blieben in der zweitklassigen Rheinbezirksliga und traten sportlich auf der Stelle. Der Ruhm vergangener Tage war verblasst und eine Fortsetzung früherer Erfolge mit den vorhandenen Mitteln nicht möglich.

Einen der letzten Höhepunke in der Vereinsgeschichte stellten die Feierlichkeiten zum 40-jährigen Jubiläum im November 1947 dar. Die Fusion mit dem KBC am 13. Februar 1948 zum 1. FC Köln beendete die Existenz der Spielvereinigung Sülz 07. Den Platz der Spielvereinigung in der Rheinbezirksliga nahm von nun an der FC ein. Der traditionelle Arbeiterverein aus Sülz war das Wagnis mit den „elitären" Klettenbergern eingegangen. Die den Verein über viele Jahre entscheidend prägenden Vorstandsmitglieder Karl Büttgen, Heinz Bremm und Jupp Schmitz sowie sportbegeisterte Förderer und alte Sülzer wie Fritz Plate oder Adam Ullrich unterstützten die Fusion zum Großverein und setzten auch im 1. FC Köln ihre erstklassige Arbeit fort.

Die 1. Mannschaft von Sülz 07 in der Saison 1947/48, kurz vor der Fusion mit dem KBC. Stehend: Schmitz, Jobb, Hürtgen, Beckmann, Radant, Szilinsky, Langen, Viere. Hockend von links: Lipponer, Kelter, Bons, Stock.

Im November 1947, drei Monate vor der Fusion mit Lokalrivale KBC, feierten die Sülzer ihr 40-jähriges Vereinsjubiläum, zu dem diese Festschrift erschien.

KREISSTAFFEL 2 - KÖLN 1945/46

1.	VfL Poll 1912	81:46	28:12	1:1 – 2:2
2.	Bayenthaler SV	68:44	27:13	2:4 – 1:3
3.	TuS Küppersteg	75:57	27:13	4:5 – 1:2
4.	BW. Lindenthal	65:46	25:15	0:3 – 4:2
5.	SV Union Köln	59:57	23:17	3:4 – 4:2
6.	**SpVgg Sülz 07**	61:41	22:18	
7.	Mülheimer SV	54:39	21:19	3:4 – 5:1
8.	SpVgg Frechen 20	63:54	21:19	1:3 – 4:0
9.	SC Euskirchen	48:55	15:25	3:0 – 4:0
10.	Kölner BV 07	41:72	8:32	6:2 – 4:2
11.	Kölner BC 01	15:119	3:37	4:0 – 5:1

In einer großen Entscheidungrunde wurden sechs weitere Vereine ermittelt. Wie sich diese zusammensetzte, bleibt weitestgehend im Dunkeln.

QUALIFIKATIONSRUNDE ZUR RHEINBEZIRKSLIGA 1946/47

1.	SSV Troisdorf	35:15	21:3	1:2
2.	SV Beuel 06	31:16	17:7	7:3
3.	TuRa Bonn 04	32:21	17:7	3:4
4.	**SpVgg Sülz 07**	46:22	15:9	
5.	Alemannia Lendersdorf	21:17	12:8	2:4
6.	SW Köln	16:11	12:10	0:1
7.	Kölner BC	27:27	12:12	3:0
8.	Ehrenfelder SV	23:24	11:13	2:2
9.	SV 1920 Ederen	21:25	9:11	5:2
10.	TuS Küppersteg	21:32	8:14	11:2
11.	TuRa 16 Hennef	19:44	6:16	6:2
12.	Kölner BV 07	17:42	4:20	4:0
13.	Spfr. Düren 1919	16:29	2:16	2:1

RHEINBEZIRKSLIGA 1946/47

1.	VfR rrh. 04 Köln	78:34	46:14	1:2 – 2:4
2.	Alemannia Aachen	69:53	40:20	1:2 – 1:2
3.	SV Bayenthal	100:70	38:22	5:2 – 1:5
4.	Rhenannia Würselen	64:54	34:24	1:4 – 2:1
5.	FV Godesberg 08	61:65	32:28	1:3 – 2:1
6.	VfL Köln 99	77:50	31:29	3:1 – 0:4
7.	SG Düren 99	61:55	31:29	2:2 – 2:3
8.	SC SW Köln	53:44	30:30	4:2 – 1:3
9.	Bonner FV	62:58	30:30	2:4 – 3:4
10.	SV Mülheim 06	55:60	30:30	1:6 – 2:0
11.	SV Leverkusen	49:61	30:30	1:1 – 2:2
12.	SSV Troisdorf 05	64:68	28:32	4:4 – 1:2
13.	SV Rhenania Köln	55:69	25:35	4:0 – 3:5
14.	Tura Bonn	46:71	21:39	2:4 – 2:1
15.	**SpVgg Sülz 07**	62:81	20:40	
16.	SV Beuel 06	34:97	14:46	6:4 – 0:2

Ab der Saison 1947/48 gab es im Westen eine Oberliga. Aus dem Rheinbezirk qualifizierten sich der VfR rrh. 04 Köln und Alemannia Aachen für die neue 1. Liga. Sülz verblieb in der Rheinbezirksliga und kickte in der folgenden Saison in Liga 2.

RHEINBEZIRKSLIGA 1947/48

Am 13. Feburar 1948 wurde der 1. FC Köln aus den beiden Vereinen SpVgg Sülz 07 und Kölner BC 01 gegründet. Die Tabelle der letzten Sülzer Spielzeit befindet sich im Abschnitt „Saison 1947/48".

Die Geburt des 1. FC Köln

Schon Ende des Jahres 1947 merkte man sowohl beim KBC als auch im Lager der Spielvereinigung 07, dass es unter den bestehenden Bedingungen sehr schwer werden würde sich sportlich höhere Ziele zu setzen. Die zur Spielzeit 1947/48 neu eingeführte Oberliga West war für beide Clubs aus eigener Kraft kaum erreichbar. Eine Bündelung der vorhandenen Kräfte schien die einzige Möglichkeit zu sein, im Konzert der Großen mitzumischen. Nachdem Fritz Plate, Fußball-Obmann von Sülz 07 und Franz Bolg, sein Amtskollege, sich bereits mehrfach über eine mögliche Fusion unterhalten hatten, wurden zunächst Heinz Bremm, damaliger Vorsitzender der Sülzer, sowie der einflussreiche Ehrenvorsitzende Karl Büttgen informiert. Besonders Büttgen war von der Idee eines Sülz-Klettenberger Großvereins begeistert. Auch Heinz Bremm konnte als Befürworter gewonnen werden. Man war sich einig, dass es kaum einen besseren Mann für das Präsidentenamt des neuen Großvereins geben würde als Franz Kremer. Der gebürtige Kölner verfügte über beste Kontakte zu einflussreichen Personen aus Sport, Politik, Wirtschaft und Kultur. Außerdem war Franz Kremer, der in seiner Jugend im KBC Fußball, Handball und Hockey gespielt hatte, selbst ein erfolgreicher Geschäftsmann. Anfang Februar 1948 war man sich nach einem Gipfeltreffen innerhalb der Vorstände einig.

Bei dieser richtungsweisenden Besprechung waren anwesend: Karl Büttgen, Franz Kremer, Heinz Bremm, Jupp Schmitz, Dr. Josef Engels, Heinz Erping, Fritz Plate, Josef Hahn, Franz Bolg und Barthel Eich. Nun mussten die Mitglieder entscheiden, ob die Fusion zustande kommen sollte. Am 12. Februar 1948 war es soweit. Im Hörsaal IV der Kölner Universität versammelten sich 165 Mitglieder der Spielvereinigung 07 zur Abstimmung. Ludwig Kelter, Zeitzeuge und langjähriger Stammtorwart, erinnert sich: „Es ging heiß her. Leidenschaftliche Diskussionen zwischen Fusionsbefürwortern und Gegnern erhitzten die Gemüter. Nicht wenige fürchteten den Verlust eines liebgewonnenen „Pöstchens", der ein oder andere Spieler sorgte sich um seinen Platz in der 1. Mannschaft. Einige der anwesenden Mitglieder drohten sogar mit Vereinsaustritt". Am Ende siegte die Vernunft. 121 Mitglieder stimmten für die Fusion bei 35 Gegenstimmen und 9 Enthaltungen. Einer der 35 „Fusionsgegner" war Hans Bons, Stammspieler in der 1. Mannschaft der Sülzer. Der heute 84-Jährige erinnert sich: „Ich verstand nicht, warum wir ausgerechnet mit dem KBC, der eine Klasse unter uns auf dem letzten Tabellenplatz stand, fusionieren sollten. Zudem störte es mich, dass Franz Kremer und Martin Heer vom KBC draußen auf dem Flur versuchten, die Fusionsgegner doch noch zum „Ja" umzustimmen. So blieb ich bei meinem „Nein". Erst am späten Abend konnte der Vorsitzende Heinz Bremm die Veranstaltung beschließen.

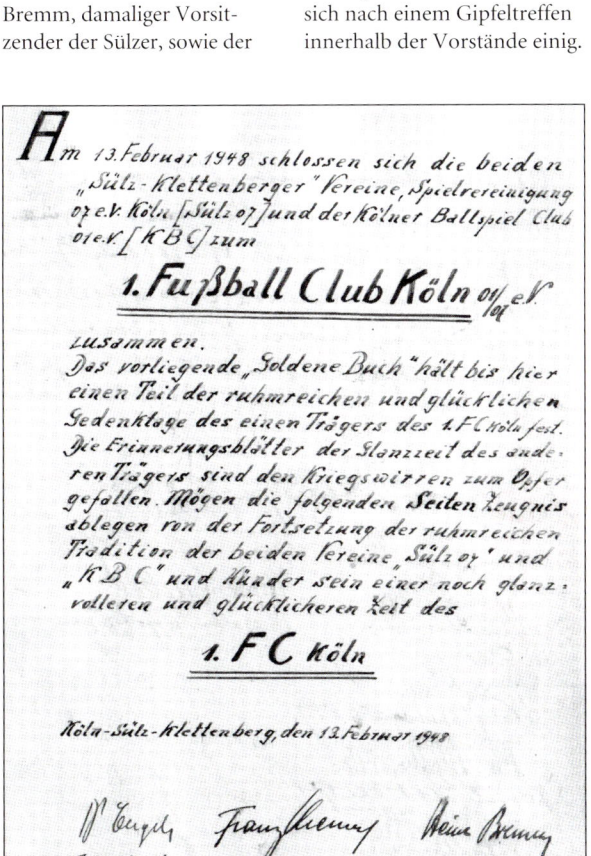

Die Fusion von Sülz 07 und KBC wurde am 13. Februar 1948 feierlich im goldenen Buch der Spielvereinigung Sülz 07 festgehalten.

[LEGENDEN]

Walter Radant
Beim FC von 1939 bis 1950 (Sülz 07 und 1. FC Köln)
Geboren: 26.04.1922 in Köln
Gestorben: 22.02.1969 in Köln
Pflichtspiele beim FC: 45
Pflichtspieltore: 31

Er schoss das erste FC-Tor

Im Alter von acht Jahren begann Walter Radant beim KCfR Köln mit dem Fußball. Im Jahre 1939 wurde er Mitglied von Sülz 07 und nach kurzer Anlaufzeit zum wertvollen Stammspieler der „Rothosen". Der 2. Weltkrieg, in dem Radant als Flak-Kanonier dienen musste, unterbrach seine Laufbahn. Allerdings hinderte ihn der Krieg nicht daran, im Heimaturlaub die Uniform mit dem Sülzer Trikot zu tauschen. Sein Platz auf dem Spielfeld war das Sturmzentrum. Hier kam der kopfballstarke Kölner besonders zur Geltung. Schon bei Sülz 07 war Radant Schützenkönig und er sollte es auch beim FC sein. Begeistert stimmte er der Fusion von Sülz und KBC zu und schrieb gleich im ersten Spiel des neuen Vereins Geschichte: Beim 8:2-Sieg über Nippes 12 steuerte der Angreifer nicht nur fünf Treffer bei, er war auch der erste Torschütze nach Gründung des FC. Endgültig zum Held der Fans avancierte der schussstarke Offensivspezialist 15 Monate später. Bei den Entscheidungsspielen um den Aufstieg in die Oberliga West traf Radant im Hinspiel einmal und im Rückspiel gleich doppelt. So ebnete er dem 1. FC Köln den Weg in die Erstklassigkeit. 1950 wechselte der Torjäger zum VfL Köln 99, kehrte jedoch kurz darauf wieder zu den Geißböcken zurück, um noch einige Jahre bei den Amateuren und später bei den Alten Herren zu kicken. Genau wie dem FC hielt der „Bomber" auch seinem Arbeitgeber, einer Kölner Karosseriebaufirma, in der er als Maschinenschlosser beschäftigt war, immer die Treue.

Am 15. Februar 1948 bestritt diese Mannschaft die FC-Premiere. Unmittelbar vor der Partie gegen Nippes 12 stellt sich das Team den Fotografen: Kniend von links: Moog, Langen, Nelles, Hungs, Szilinsky. Stehend von links: Weyer, Radant, Faber, Lipponer, Alexius, Weisweiler.

[Interessantes & Kurioses]

Schon im Mai 1948 veröffentlichte der 1. FC Köln mit der ersten Ausgabe des *1. FC Köln Nachrichtenblattes* die erste offizielle Publikation des Vereins.

„HIER WOHNT DER MÖRDER VON SÜLZ 07"

Wie schwer man sich vor allem auf Sülzer Seite mit dem Zusammenschluss tat, beweist folgende Begebenheit, an die sich Karl Plate, Sohn von Fritz Plate, erinnert: „Als ich am Morgen nach der Abstimmung mit meinem Vater zu dessen Geschäft ging, hatte jemand mit roter Schrift ‚Hier wohnt der Mörder von Sülz 07' auf das Firmentor geschrieben". Nur einen Tag später hatten sich die KBC-Mitglieder zum selben Zweck in der Stadtküche Bertram auf der Luxemburger Straße eingefunden. Angesichts der sportlich wesentlich schlechteren Situation war man sich bei den Schwarz-Roten schneller einig. Von 166 anwesenden Mitgliedern stimmten 156 für den Zusammenschluss, bei 10 Enthaltungen stand dem kein Veto gegenüber.

KREMER ALS „BOSS" GEWÄHLT

Noch am selben Abend versammelten sich dann im „Schlauch" der Gaststätte Roggendorf auf der Luxemburger Straße, die vom ehemaligen Torwart des KBC betrieben wurde, Vorstände und etliche Mitglieder beider Vereine zu einer improvisierten Gründungsversammlung. Auf Vorschlag von Karl Büttgen erhielt der neue Club den Namen 1. Fußball-Club Köln 01/07 e.V. Franz Kremer wurde einstimmig zum 1. Vorsitzenden gewählt, Heinz Bremm zu seinem Stellvertreter. Als Vereinsfarben entschied man sich für die Kölner Stadtfarben Rot-Weiß, was den Vorteil hatte, dass man in der gleichfarbigen Spielkleidung von Sülz 07 auflaufen konnte und keine neuen Trikots kaufen musste. Das vom Grafiker Walter Hertel (Spitzname „Spiechelei") entworfene Vereinswappen mit dem Dom (bis Sommer 1950 ohne Geißbock!) wurde einige Tage später präsentiert. Nachdem alle Formalitäten erledigt und eine provisorische Satzung niedergeschrieben war, hielten der Ehrenvorsitzende Karl Büttgen und Franz Kremer eine alle Anwesenden begeisternde Ansprache. 24 Stunden später erhielt der 1. FC Köln vom Verband die Spielgenehmigung. Der Zusammenschluss der Traditionsvereine aus Klettenberg und Sülz sorgte allerdings für einigen Wirbel innerhalb der Kölner Fußballszene. Einige Vereine zogen sogar in Erwägung, gegen den „Emporkömmling" nicht anzutreten, um so am „grünen Tisch" die Fusion rückgängig zu machen. Besonders am Namen „Erster" Fußball-Club störten sich viele, denn der 1. FC war keineswegs ältester Club der Domstadt. Doch beim FC wollte man den „Ersten" auch gar nicht mit dem Alter in Verbindung gebracht haben. Vielmehr sollte dieser anspruchsvolle Name auf Leistung und Erfolg bezogen sein. Franz Kremer und seine Mitstreiter hatten sich zum Ziel gesetzt, den 1. FC Köln ganz nach oben zu führen. Der von „Boss" Kremer getätigte Satz „wollt ihr mit mir Deutscher Meister werden" ist mittlerweile legendär.

8:2 – GELUNGENE PREMIERE

Anfangs für seine hohen Ziele noch belächelt, verdeutlichte der FC auf dem grünen Rasen schnell seine großen Ambitionen. Am 15. Februar 1948 fand das erste Spiel der Vereinsgeschichte statt. In der Rheinbezirksliga, Gruppe 1 hatte man den Platz von Sülz 07 eingenommen. 2.432 zahlende Zuschauer in der Radrennbahn hatten ihre Freude am 8:2-Erfolg gegen Nippes 12. Walter Radant, der bei der gelungenen FC-Premiere fünf Treffer erzielen konnte, war erster Torschütze der Vereinsgeschichte, „Bubi" Weyer ging als erster Spielführer in die Historie ein. Die erste Geschäftsstelle befand sich auf dem Sülzgürtel Nummer 12, unweit der damaligen Privatwohnung von Franz Kremer. Im Mai 1948 erschien mit der Nummer 1 des *Nachrichtenblatts 1. FC Köln e.V.* die erste offizielle Publikation des Clubs. Dem nur an Mitglieder vergebenen Heft merkte man die Papierknappheit der Nachkriegsjahre deutlich an. Dennoch fand man auf acht Seiten alle Neuigkeiten aus allen Abteilungen. Neben Fußball wurde im FC der Anfangsjahre auch Leichtathletik sowie Herren- und Damenfeldhandball betrieben.

FEHLENDE SPIELPLÄTZE

Ein großes Problem waren mangelhafte Spiel- und Trainingsbedingungen. Die Plätze von Kölner BC und Sülz 07 waren von den Kriegseinwirkungen stark beschädigt. Die 1. Mannschaft trainierte in der damaligen Westkampfbahn oder auf den Wiesen vor dem Stadion. Übungsleiter und somit erster FC-Trainer war Karl Flink, der als Spieler beim KBC erfolgreich gewesen war. Seine Heimspiele bestritt der FC in der alten Spielstätte von Sülz 07, der Müngersdorfer Radrennbahn. Die verfügbaren Sportplätze reichten aber längst nicht aus, um den Bedarf der unteren Mannschaften sowie der Jugend-, Handball- und Leichtathletikabteilung zu decken. Neben dem Platz in der Radrennbahn konnte lediglich der Aschenplatz am Sülzer Fort VIb benutzt werden. Das Fort VIb wurde auch erstes FC-Vereinsheim. An selber Stelle errichtete man 1953 das Geißbockheim. An der ehemaligen KBC-Spielstätte am Militärring (Fort VIIa) arbeiteten fleißige Vereinsmitglieder in ihrer Freizeit um auch diese wieder in einen bespielbaren Zustand zu bringen. Die sanitären Bedingungen waren mangels geeigneter Dusch- und Umkleideräume jedoch mehr als unzureichend. Da in der gesamten Stadt viele Häuser vom Krieg zerstört waren, herrschte akuter Raummangel. Die Umkleideräume am alten KBC-Platz waren beispielsweise von einer örtlichen Kunstschlosserei belegt, die dort erst auszog, als man durch Vermittlung von FC-Mitgliedern andere Räumlichkeiten organisiert hatte. Schnell stellte sich heraus, dass der 1. FC Köln eine erstklassige Mannschaft aufbieten konnte. Das Tor wurde vom schon beim KBC unter Vertrag stehenden Routinier Harry Nelles sicher gehütet, Stefan Langen und Hennes Weisweiler sorgten für Sicherheit in Abwehr und Mittelfeld und im Sturmzentrum besaß man mit Franz Alexius und Walter Radant zwei gefürchtete Goalgetter. Natürlich blieb der FC auch von Rückschlägen nicht verschont, im ersten Auswärtsspiel am 22. Februar 1948 musste man sich dem FV Bad Godesberg mit 2:3 geschlagen geben. Von der unglücklichen Niederlage ließen sich die Kölner nicht von ihrem Erfolgsweg abbringen. Bis zum Saisonende wurde kein Spiel mehr verloren und die Spielzeit als souveräner Tabellenführer beendet.

AUFSTIEGSRUNDE MIT JUPP DERWALL

Um den ersehnten Aufstieg in die Oberliga West zu realisieren, mussten zwei Entscheidungsspiele gegen den Meister der Rheinbezirksliga, Gruppe 2, Rhenania Würselen, ausgetragen werden. Das Los bescherte dem FC zunächst ein Auswärtsspiel. Rund 1.500 Kölner Anhänger, die per Sonderzug aus der Domstadt angereist waren, unterstützten die Rot-Weißen auf dem Würselener Lindenplatz. Insgesamt wurden 12.700 Besucher gezählt, die in einem kampfbetonten Spiel keine Tore zu sehen bekamen. Alle Fachleute waren sich einig, dass das 0:0 den Kölnern hilfreicher war als den Rhenanen, konnte der FC doch im Rückspiel vor eigenem Publikum alles klar machen. So titelte die *Rheinische Post*: „0:0 – das Sprungbrett für Köln!" So ging man nur eine Woche später,

In der letzten Ausgabe des *KBC-Nachrichtenblatt* von Februar 1948 wird die Fusion von KBC und Sülz 07 verkündet.

Hennes Weisweiler steigt am Höchsten und trifft im Derby gegen den VfL Köln 99 am 17. April 1948 per Kopf zum zwischenzeitlichen 3:1. Am Ende gewinnt der FC mit 4:2.

13. Juni 1948: Der FC scheitert an Rhenania Würselen trotz drückender Überlegenheit. Rechts lauert der aufgerückte Hennes Weisweiler auf seine Chance.

am 13. Juni 1948, selbstbewusst in die alles entscheidende Partie in der Radrennbahn. Mehr als 20.000 Fußballfreunde waren nach Müngersdorf gekommen, um beim sicher geglaubten Oberliga-Aufstieg des FC dabei zu sein. Doch es sollte anders kommen. Angetrieben von Sturmführer Jupp Derwall, dem späteren Bundestrainer, gelang den Würselenern nach 30 Minuten das 1:0. Trotz unzähliger Angriffe und einer drückenden Überlegenheit der Kölner vor allem in der 2. Halbzeit, berannte die Flink-Elf vergeblich das Rhenanenbollwerk. Der Traum vom Aufstieg war geplatzt, und man musste eine weitere Spielzeit in der Rheinbezirksliga antreten.

LEERE VEREINSKASSE NACH DER WÄHRUNGSREFORM

Probleme ganz anderer Art bescherte die am 20. Juni 1948 erfolgte Währungsreform. Im ersten Mannschaftsbuch des 1. FC Köln steht hierzu: „Die verbandsseitig angeordnete Sommersperre musste infolge der Währungsreform, welche die Kassen der Vereine und Verbände vollständig leer machte, aufgehoben werden. Die erlaubten ‚DM-Spiele' sind deshalb von einer niedrigeren Warte aus zu beurteilen, da bei ihnen Spieler Verwendung fanden, die ein einheitliches Mannschaftsgefüge nicht zuließen, und als ‚Versuchskarnickel' und ‚Lückenbüßer' anzusehen sind. Der Zweck heiligte hier die Mittel! Die Einnahmen der ach so kostbaren DM ermöglichten es, den Club bis zum Beginn der Spielzeit 1948/49 über Wasser zu halten und dabei auch dem ‚nimmersatten Verband' zu helfen, dessen Notlage wir ausnahmsweise anerkannten."

Die Freundschaftsspiele waren aber nicht nur für den Verein von Bedeutung, sondern auch für die Spieler. Stefan Langen, Mitglied der damaligen FC-Mannschaft, erinnert sich: „Die ‚Kalorienspiele' waren immer etwas ganz Besonderes. Schon im Vorfeld freuten wir uns auf das deftige und reichhaltige Essen auf dem Land. Bei einem Spiel beim TuS Derschlag an Pfingsten 1948 hatten wir bereits vorher riesige Mengen Eintopf verschlungen. Während der Begegnung plagten uns daher natürlich einige Blähungen und unsere ungewohnt vollen Bäuche, dennoch siegten wir mit 7:1 und verzehrten nach der Partie erneut große Mengen der leckeren Suppe. Die Einheimischen haben Bauklötze gestaunt, als sie sahen, was wir alles in uns hineinschlagen konnten."

Erst nach Beginn der neuen Saison konnte man wieder auf regelmäßige Einnahmen aus dem Pflichtspielbetrieb zurückgreifen.

Packender Zweikampf in Weidenpesch beim Derby gegen den VfL Köln 99 am 17. April 1948 zwischen Willi Bars (VfL, links) und Ernst Moog (FC, rechts). Bars trug von 1949-1953 selbst das FC-Trikot.

STATISTIK 1947/48

RHEINBEZIRKSLIGA

15.02.1948 **1. FC Köln - Nippes 12** 8:2 (2:1)
Zuschauer: 2.432
Tore: 1:0 Radant, 1:1 Pilgram, 2:1, 3:1, 4:1 Radant, 5:1 Faber, 6:1 Weyer, 6:2 (E.), 7:2 Faber, 8:2 (90.) Radant.
Aufstellung: Nelles, Langen, Hungs, Moog, Szilinsky, Radant, Faber, Alexius, Weisweiler, Weyer, Lipponer.

22.02.1948 **FV Bad Godesberg - 1. FC Köln** 3:2 (2:1)
Zuschauer: 4.680
Tore: 0:1 (30.) Alexius, 1:1, 2:1 (40., 44.) Schemmerling, 2:2 Faber, 3:2 Szilinski (E.).
Aufstellung: Nelles, Langen, Hungs, Moog, Szilinsky, Radant, Alexius, Weisweiler, Faber, Lipponer, Weyer.

29.02.1948 **1. FC Köln - Blau-Weiß Köln 06** 3:1 (2:0)
Zuschauer: 5.100
Tore: 1:0, 2:0 (05., 08.) Faber, 3:0 (52.) Alexius, 3:1 Blömerer.
Aufstellung: Nelles, Hungs, Stock, Langen, Moog, Weisweiler, Radant, Faber, Alexius, Weyer, Lipponer.

07.03.1948 **SV Baesweiler 1909 - 1. FC Köln** 0:5 (0:2)
Zuschauer: 1.840
Tore: 0:1, 0:2, 0:3 Faber, 0:4 Radant, 0:5 Weyer.
Aufstellung: Nelles, Hungs, Stock, Langen, Weisweiler, Szilinsky, Radant, Faber, Weyer, Alexius, Lipponer.

14.03.1948 **1. FC Köln - SG Düren 99** 3:1 (0:1)
Zuschauer: 6.100
Tore: 0:1 (05.) Sieger, 1:1 (48.) Alexius, 2:1 Weyer, 3:1 (80.) Faber.
Aufstellung: Nelles, Hungs, Stock, Langen, Weisweiler, W. Schmitz, Radant, Alexius, Faber, Weyer, Dilly.

21.03.1948 **Bonner FV - 1. FC Köln** 1:1 (0:1)
Zuschauer: 8.740
Tore: 0:1 (10.) Radant, 1:1 (70.) Pörtgen.
Aufstellung: Nelles, Stock, Langen, Moog, Weisweiler, Radant, Alexius, Weyer, Faber, Hungs, Lipponer.

11.04.1948 **1. FC Köln - Frechen 1920** 5:2 (2:1)
Zuschauer: 8.500
Tore: 0:1 Servos, 1:1, 2:1 (28., 32.) Weisweiler, 3:1 (50.) Alexius, 4:1 (54.) Weyer, 4:2 Masaert, 5:2 (87.) Faber.
Aufstellung: Nelles, Langen, Nebinger, Szilinsky, Moog, W. Schmitz, Faber, Weisweiler, Radant, Alexius, Weyer.
Besondere Vorkommnisse: Moog verschießt FE (22.).

17.04.1948 **VfL Köln 99 - 1. FC Köln** 2:4 (1:2)
Zuschauer: 16.000
Tore: 0:1 (32.) Alexius, 1:1 (32.) Bars, 1:2 (42.) Weisweiler, 1:3 (56.) Weisweiler, 1:4 (80.) Radant, 2:4 (86.) Graf.
Aufstellung: Nelles, Langen, Stock, Szilinsky, Moog, W. Schmitz, Radant, Alexius, Weisweiler, Faber, Weyer.

09.05.1948 **1. FC Köln - Sp.Gm. Eschweiler** 5:1 (4:0)
Zuschauer: 4.300
Tore: 1:0 (16.) Alexius, 2:0 Weisweiler, 3:0 Weisweiler, 4:0 Faber (45.), 4:1 Pfeiffer, 5:1 Radant.
Aufstellung: Nelles, Langen, Hungs, Szilinsky, Moog, W. Schmitz, Alexius, Weisweiler, Faber, Radant, Weyer.

23.05.1948 **Kohlscheider BC - 1. FC Köln** 2:2 (2:0)
Zuschauer: 3.200
Tore: 1:0 (35.) Martinelli, 2:0 (39.) Birnzweig, 2:1 (77.) Radant, 2:2 Weisweiler.
Aufstellung: Nelles, Langen, Hungs, Szilinsky, Moog, W. Schmitz, Radant, Alexius, Weyer, Weisweiler Faber.
Besondere Vorkommnisse: Faber verschießt einen FE. Durch diesen Punktgewinn sicherte sich der 1. FC Köln vorzeitig die Gruppenmeisterschaft in der Landesliga.

29.05.1948 **1. FC Köln - Tura Bonn** 3:2 (1:1)
Zuschauer: 3.700
Tore: 0:1 Winnen, 1:1 Radant, 2:1 Alexius, 3:1 Lipponer, 3:2 Bodes.
Aufstellung: Nelles, Stock, Nebinger, Langen, Szilinsky, W. Schmitz, Radant, Alexius, Weyer, Weisweiler, Lipponer.

06.06.1948 **Rhenania Würselen - 1. FC Köln** 0:0
Zuschauer: 12.700
Aufstellung: Nelles, Hungs, Nebinger, Langen, Moog, W. Schmitz, Radant, Alexius, Weisweiler, Weyer, Lipponer.

13.06.1948 **1. FC Köln - Rhenania Würselen** 0:1 (0:1)
Zuschauer: 20.000
Tore: 0:1 (26.) Derwall.
Aufstellung: Nelles, Hungs, Nebinger, Langen, Moog, Weisweiler, Weyer, Lipponer, Radant, Alexius, W. Schmitz.
Besondere Vorkommnisse: Weisweiler scheidet in der 75. Minute verletzt aus. Der FC musste mit 10 Mann weiterspielen.

FREUNDSCHAFTSSPIELE

26.03.1948 **VfB Bielefeld - 1. FC Köln** 3:2 (1:1)

28.03.1948 **SV Hellersen - 1. FC Köln** 2:10 (0:4)

29.03.1948 **SV Laer - 1. FC Köln** 3:8 (1:4)

03.04.1948 **SV Bergisch-Gladbach - 1. FC Köln** 0:2 (0:1)

24.04.1948 **1. FC Köln - Duisburger SpV** 1:1 (0:1)

06.05.1948 **1. FC Köln - VfR Köln** 3:1 (0:1)

15.05.1948 **TuS Derschlag - 1. FC Köln** 1:7 (0:3)

27.06.1948 **VfR Köln - 1. FC Köln** 2:0 (0:0)

30.06.1948 **VfL Köln 99 - 1. FC Köln** 2:2 (0:1)

RHEINBEZIRKSLIGA GRUPPE 1 1947/48

1.	1. FC Köln (M)	68:33	36:12
2.	VfL Köln 99	80:36	31:17
3.	Bonner FV	53:32	31:17
4.	Godesberger FV	62:46	26:22
5.	BC Kohlscheid	58:49	26:22
6.	Tura Bonn	51:45	26:22
7.	Frechen 1920	63:70	25:23
8.	SC Baesweiler	38:54	24:24
9.	Blau-Weiß Köln 06	45:50	22:26
10.	Sp.Sgm. Eschweiler	29:57	21:27
11.	Düren 99	43:48	20:28
12.	Schwarz-Rot Köln	42:76	12:36
13.	Sp.u.Sp. Nippes 12	39:75	12:36

AUFSTIEGSSPIEL ZUR OBERLIGA

1. FC Köln - Rhenania Würselen 0:1 - 0:0

BEZIRKSLIGAKADER UND AUFSTIEGSSPIELE 1947/48

Trainer:
Karl Flink

Tor:
Nelles, Harald 13/0

Feld:
Radant, Walter 13/12
Alexius, Franz 13/7
Weisweiler, Hans 13/7
Weyer, Willi 13/4

Langen, Stefan 13/0
Faber, Hans 10/10
Hungs, Heinz 10/0
Moog, Ernst 10/0
Lipponer, Wilhelm 8/1
Schmitz, Willy 8/0
Szilinsky, Eduard 8/0
Stock, Hubert 6/0
Nebinger, Matthias 4/0
Dilly, Peter 1/0

Karl Flink.

Noch eine Szene vom packenden Entscheidungsspiel in Köln gegen Rhenania Würselen. Glücklos berennen die Kölner das Tor der Rhenanen.

1948/49
RHEINBEZIRKSLIGA GRUPPE 1

Aufstieg im zweiten Anlauf

[LEGENDEN]

Franz Alexius
Beim FC von 1947 bis 1952 (KBC und 1. FC Köln)
Geboren: 29.01.1922 in Witzenhausen/Hessen
Gestorben: 02.12.1997 in Köln
Pflichtspiele beim FC: 119
Pflichtspieltore: 59

Torjäger der Anfangsjahre

Dank des Umzugs seiner Eltern vom hessischen Witzenhausen ins rheinische Köln kam Franz Alexius in die Domstadt. Beim traditionsreichen VfL Köln 99 durchlief er die Jugend bis zur 1. Mannschaft. Franz Kremer holte Alexius 1947 zum KBC. Als der FC am 15. Februar 1948 sein erstes Spiel gegen Nippes 12 bestritt, war er mit von der Partie. Am rasanten, sportlichen Aufstieg des 1. FC Köln hatte der torgefährliche Angreifer maßgeblichen Anteil. Mit 24 Saisontoren im Aufstiegsjahr 1948/1949 „bombte" er die Kölner in Richtung Oberliga.

Bis zum Ende seiner Zeit bei den Geißböcken im Sommer 1952 war dem Stürmer sein Stammplatz nicht mehr zu nehmen. Sein Freund Hennes Weisweiler machte ihm 1952 den Wechsel zum Rheydter SV schmackhaft. Nach Beendigung seiner aktiven Laufbahn im Jahre 1955 blieb Alexius dem Fußball als Trainer kleinerer Amateurvereine, beispielsweise beim TSV Ründeroth, erhalten. Seinen Lebensunterhalt verdiente der ehemalige Goalgetter bei der Stadtverwaltung Köln, wo er bis zu seiner Pensionierung als Beamter angestellt war. ■

Vor der Saison 1948/49 gab es einige Neuerungen beim FC. Hennes Weisweiler hatte Karl Flink abgelöst und fungierte nun als Spielertrainer. Auch die Neuzugänge konnten sich sehen lassen. Mit Hans Graf, Willi „Männ" Nagelschmidt und Hans Schäfer hatte man drei Spieler verpflichtet, die in die Annalen des 1. FC Köln eingehen sollten. Auch im Umfeld tat sich einiges. Der alte KBC-Platz war inzwischen wieder hergerichtet worden. Die 1. Mannschaft trainierte hier dienstags und freitags. Trotzdem spielte sich das hauptsächliche Vereinsleben rund um das Sülzer Fort VIb ab. Man hatte das alte Fort inzwischen mit dem FC-Wappen verziert und innen wie außen Sitzmöglichkeiten für Mitglieder und Gäste geschaffen. Ausbau und Renovierung der Clubanlagen waren teuer, und so investierte der Verein innerhalb von 20 Monaten 12.000 DM für den Auf- und Ausbau des Clubheims, die Herrichtung der Umkleideräume, die Schaffung von Wasch- und Brauseräumen, den Einbau einer Warmwasserbereitung, Lichtanlagen sowie für die Anschaffung von Sportgeräten und Kleidung. Im gleichen Zeitraum hatte man 14.000 DM Einnahmen durch Pflicht- und Gesellschaftsspiele zu verzeichnen. Schnell wurde deutlich, dass das Fort bei ständig steigender Mitgliederzahl zu klein war. So reiften beim FC-Vorstand um Franz Kremer erstmals Überlegungen heran, eine neue Anlage mit Vereinsheim zu erbauen. Es sollte jedoch noch fast fünf Jahre dauern, bis es zu den angestrebten Baumaßnahmen kam...

DER FC MARSCHIERT DURCH DIE LIGA

Die fast ausnahmslos positiv verlaufenen Testspiele und das gute Abschneiden im Vorjahr sorgten für eine hohe Erwartungshaltung bei den Fans. Mit vier Siegen aus den ersten vier Meisterschaftsspielen wurde die Mannschaft ihrer Favoritenrolle gerecht. Erst am 5. Spieltag setzte es mit dem 1:2 gegen den Bonner FV die erste Niederlage. Im folgenden Auswärtsspiel beim VfB Lechenich jedoch siegte der FC sensationell zweistellig mit 10:1. Der aus Lechenich stammende Hennes Weisweiler hatte auf seinen Einsatz bewusst verzichtet. Auch im Rückspiel gegen seine „Landsleute" stellte sich der eigenwillige Coach nicht auf. Weitere „Schützenfeste" waren ein 9:4 über den SV Beuel und ein 9:1-Kantersieg gegen Union Köln. So marschierte die Weisweiler-Elf unbeirrbar durch die Liga und beendete die Spielzeit auf Platz 1. 24 Siegen standen nur eine Niederlage sowie ein Unentschieden gegenüber. Die perfekte Zusammensetzung der Mannschaft war der Schlüssel zum Erfolg. Trotz der individuellen Klasse einzelner Akteure kam der Teamgeist nicht zu kurz. Vor allem die Offensive war das Prunkstück des 1. FC Köln. Die Stürmer Radant und Alexius waren torhungrig wie eh und je. Auch die Neuzugänge Schäfer und Graf zeichneten sich durch ihre Torgefährlichkeit aus. Zudem hatte man mit „Männ"

Absolute Raritäten: Karnevalsorden und das dazugehörige Programmheft der ersten FC-Karnevalssitzung vom 14. Februar 1949.

Die Mannschaft des 1. FC Köln vor der Spielzeit 1948/49: Stehend von links: Willi Weyer, Stefan Langen, Hans Faber, Ernst Moog, Willi Nagelschmidt, Hennes Weisweiler, Franz Alexius, Hans Graf (zivil). Kniend von links: Walter Radant, Walter Butscheidt, Hans Schäfer, Heinz Hungs.

Nagelschmidt den wohl schussstärksten Spieler der gesamten Liga in seinen Reihen. Sage und schreibe 114 Tore erzielten die Kölner in der Saison 1948/49. Mit Helmut „Fiffi" Kronsbein stand zudem ein später als Bundesligatrainer (unter anderem bei Hertha BSC Berlin und Hannover 96) erfolgreicher Akteur im Kader.

Wie im Vorjahr mussten erneut zwei „Finalspiele" der Tabellenersten der beiden Rheinbezirksligen um die Rheinbezirksmeisterschaft und den damit verbundenen Aufstieg in die Oberliga West ausgetragen werden. Gegner diesmal war Bayer 04 Leverkusen. Die Rivalität zwischen Dom- und Farbenstädtern war zu jener Zeit noch nicht so ausgeprägt wie heute. Dennoch bestimmten die bevorstehenden Entscheidungsspiele die Gespräche an den Theken und auf den Straßen beider Städte. Die Radrennbahn war Schauplatz der ersten Begegnung. Die für damalige Verhältnisse enorme Kulisse von 22.000 Zuschauern, darunter rund 2.000 Schlachtenbummler aus Leverkusen, wollte sich dieses wichtige Derby nicht entgehen lassen. Die FC-Freunde peitschten ihre Mannschaft unermüdlich mit Anfeuerungsrufen und -gesängen nach vorne. Nach überlegen geführtem Spiel siegten die Domstädter durch Tore von Alexius und Radant verdient mit 2:0 und der FC stand mit einem Bein in der Oberliga. Doch vor dem endgültigen Triumph stand noch der schwere Gang auf die andere Rheinseite an.

AUFSTIEG IN LEVERKUSEN

Leverkusen befand sich regelrecht im Endspieltaumel. Tausende Zuschauer umrahmten bereits Stunden vor dem Spiel das kleine Stadion am Stadtpark. Die Straßen rund um die Arena waren hoffnungslos überfüllt. Von den offiziell 12.000 Zuschauern im Stadion kamen gut die Hälfte aus Köln. Heinzkarl Best, FC-Fan und Mitglied seit 1948, der

Original-Schärpe des Siegerkranzes anlässlich der Rheinbezirksmeisterschaft 1948/49. Sie wird heute im FC-Museum im RheinEnergieStadion ausgestellt.

[Interessantes & Kurioses]

■ Für das Endspiel um die Deutsche Meisterschaft im Kölner Stadion zwischen dem 1. FC Nürnberg und dem 1. FC Kaiserslautern stehen den FC-Mitgliedern exakt 1 (!) Sitzplatz und 195 Stehplätze zur Verfügung, die sofort vergriffen sind.

■ In Ausgabe Nr. 3 des *Nachrichtenblattes 1. FC Köln* bittet der Vorstand die Anhänger darum, sich bei den Spielen nicht am Spielfeldrand aufzuhalten. Auch wird darauf hingewiesen, dass sich die Fans bei Auswärtsfahrten nicht unter die Mannschaft mischen sollen.

■ Hennes Weisweiler absolviert auf der Kölner Sporthochschule unter Sepp Herberger sein Fußballlehrer-Examen mit der Note „sehr gut". Seinem Beispiel folgend, lässt sich „Bubi" Weyer ebenfalls in den Kreis der Herberger Schüler einschreiben.

■ Auf Antrag von Franz Kremer gründet der FC einen „Reservefonds" für die „Schaffung einer Großsportanlage". Zehn Prozent jeder Spieleinnahme werden auf dieses Sonderkonto abgeführt.

■ Am 14. Februar 1949 veranstaltet der 1. FC Köln seine erste Karnevalssitzung im Williamsbau, an der mehrere Kapellen so-

1948/49 ■ 65

Schon nach zehn Minuten bringt Franz Alexius den FC im ersten „Endspiel" gegen Leverkusen mit 1:0 in Führung. Fassungslos schaut der Bayer Torwart dem Ball nach während bei den Fans im Hintergrund der Jubel ausbricht.

wie alle namhaften Kölner Karnevalisten teilnehmen.

■ Ein Tribünenplatz kostet 2 DM (1,50 DM für Mitglieder), während ein Stehplatz für 1 DM (Mitglieder 50 Pfennig) zu haben ist. Erstmals bietet der FC seinen Fans auch Dauerkarten an. Ein Jahresticket „Sitzplatz Loge" gibt es für 50 DM, mit 40 DM etwas günstiger ist das Abo für einen „Sitzplatz Tribüne". Auch damals sind die Dauerkarten schon übertragbar.

■ Mehr und mehr „Unentwegte" begleiten den 1. FC Köln zu den Auswärtsspielen. Hierzu müssen sich die Anhänger rechtzeitig auf der Geschäftsstelle anmelden, da für sonntägliche Kraftfahrzeugfahrten eine Genehmigung sowie ein Fahrbefehl erforderlich sind.

■ Als erstes „Merchandisingprodukt" des Clubs gibt es ab Herbst 1948 Vereinsnadeln käuflich zu erwerben. Diese werden auf der Geschäftsstelle, im Clubheim, in der Gaststätte „Müller" sowie an der Mitgliederkasse im Stadion angeboten.

■ Am 15. Juli 1949 findet im Hörsaal 1 der Universität Köln die erste ordentliche Mitgliederversammlung des 1. FC Köln statt. Hierbei wird unter anderem der komplette Vorstand entlastet und einstimmig in seinem Amt bestätigt.

bei beiden Partien dabei war, erinnert sich: „Unheimlich viele FC-Freunde waren nach Leverkusen gekommen, nicht wenige davon zu Fuß. Die Atmosphäre war einmalig. Tausende Anhänger beider Vereine mussten noch vor Spielbeginn den Heimweg antreten, weil sie keinen Zugang zum restlos ausverkauften Stadion erhielten." Nach dem Motto „Never change a winning team" lief der FC mit der selben Mannschaft wie in der Vorwoche auf. Auch diesmal nutzte die Weisweiler-Truppe ihre spielerische Überlegenheit voll aus. Vor allem in der 2. Halbzeit dominierten die Kölner das Geschehen nach Belieben. Folgerichtig behielt der FC mit 3:1 die Oberhand. Radant (2) und Graf machten mit ihren Toren den Weg in die Erstklassigkeit endgültig frei. Nach dem Spiel wurden die Akteure von ihren begeisterten Anhängern auf den Schultern in die Kabine getragen. Tausende von Schlachtenbummlern stürmten den Platz. Ein riesiger Lorbeerkranz samt Meisterwimpel wurde der Mannschaft überreicht. In den Straßen und Kneipen Kölns, vor allem in Sülz und Klettenberg, dauerten die Feierlichkeiten bis in die frühen Morgenstunden. Im FC-Vereinsheim sprach Regierungspräsident Dr. Warsch spät am Abend seine Glückwünsche aus und verlieh Mannschaft und Trainer die von ihm gestiftete Sportehrenplakette.

Nach dem letzten, mit 3:1 in Leverkusen gewonnenen Entscheidungsspiel um den Aufstieg präsentiert sich die Mannschaft mit dem Meisterkranz des Rheinbezirks. Kniend von links: Alexius, Graf, Nelles, Weyer, Schäfer, Radant. Stehend von links: Faber, Weisweiler, Moog, Langen, Präsident Kremer, Nußbaum, Spielausschussmitglied Fritz Plate, Obmann Franz Bolg.

STATISTIK 1948/49

RHEINBEZIRKSLIGA

18.09.1948 1. FC Köln - Blau-Weiß Köln 2:1 (0:1)
Zuschauer: 4.200
Tore: 0:1, Hammers, 1:1 (75.) Alexius, 2:1 (89.) Weyer (FE).
Aufstellung: Nelles, Broich, Hungs, Langen, Weisweiler, Schmitz, Radant, Alexius, Hochgeschurtz, Weyer, Schäfer.
Besondere Vorkommnisse: Platzverweis von Broich in der 65. Minute.

26.09.1948 SV Baesweiler - 1. FC Köln 2:4 (2:3)
Zuschauer: 1.200
Tore: 3 x Nagelschmidt, 1 x Schäfer.
Aufstellung: Nelles, Langen, Hungs, Weisweiler, Moog, Schmitz, Radant, Weyer, Nagelschmidt, Graf, Schäfer.

02.10.1948 1. FC Köln - SC Erkelenz 09 5:0 (2:0)
Zuschauer: 3.200
Tore: 1:0 Alexius, 2:0 Schäfer, 3:0 Alexius, 4:0 Radant, 5:0 Weyer.
Aufstellung: Nelles, Hungs, Weisweiler, Schmitz, Radant, Nagelschmidt, Schäfer, Alexius, Moog, Graf, Weyer.

10.10.1948 Schwarz-Weiß Köln - 1. FC Köln 2:4 (1:1)
Zuschauer: 5.000
Tore: 2 x Schäfer, 1 x Radant, Alexius.
Aufstellung: Nelles, Graf, Hungs, Weisweiler, Schmitz, Moog, Nagelschmidt, Weyer, Alexius, Radant, Schäfer.

17.10.1948 1. FC Köln - Bonner FV 1:2 (1:1)
Zuschauer: 5.400
Tore: 0:1 Harth, 1:1 Schäfer, 1:2 Harth.
Aufstellung: Nelles, Graf, Schäfer, Hungs, Weisweiler, Moog, Schmitz, Radant, Alexius, Faber, Weyer.
Besondere Vorkommnisse: Butscheidt hält einen FE von Weyer.

24.10.1948 VfB Lechenich - 1. FC Köln 1:10 (0:4)
Zuschauer: 1.200
Tore: 0:1, 0:2, 0:3 Nagelschmidt, 0:4 Alexius, 1:4 Schönebeck, weitere Treffer erzielten: 3 x Alexius, 2 x Graf, 1 x Nagelschmidt.
Aufstellung: Nelles, Langen, Hungs, Weyer, Moog, Schmitz, Radant, Alexius, Nagelschmidt, Graf, Faber.
Besondere Vorkommnisse: Schmitz hält FE von Nagelschmidt.

31.10.1948 1. FC Köln - SV Beuel 9:4 (5:4)
Zuschauer: 3.800
Tore: 3 x Nagelschmidt, 2 x Radant, 2 x Graf, Weyer, Schäfer.
Aufstellung: Nelles, Langen, Hungs, Moog, Weisweiler, Schäfer, Nagelschmidt, Graf, Weyer, Radant, Alexius.

07.11.1948 1. FC Köln - SV Kellersberg 3:1 (2:0)
Zuschauer: 2.800
Tore: 1:0 Alexius, 2:0 Nagelschmidt, 2:1, 3:1 (85.) Schäfer.
Aufstellung: Schmied, Broich, Langen, Weyer, Weisweiler, Graf, Schmitz, Radant, Alexius, Nagelschmidt, Schäfer.

14.11.1948 Union Köln - 1. FC Köln 1:5 (0:3)
Zuschauer: 6.200
Tore: 0:1 Graf, 0:2 Schäfer, 0:3 Weyer (Elfm.), 1:3 Geuenichs, 1:4 Radant, 1:5 Nagelschmidt.
Aufstellung: Schmied, Broich, Langen, Weisweiler, Schmitz, Graf, Schäfer, Weyer, Radant, Nagelschmidt, Alexius.

21.11.1948 1. FC Köln - SC Köln-West 1:0 (0:0)
Zuschauer: 9.000
Tor: 1:0 (65.) Weyer.
Aufstellung: Schmied, Hungs, Langen, Weyer, Moog, Hochgeschurtz, Radant, Alexius, Schäfer.
Besondere Vorkommnisse: Hochgeschurtz (FC) und Busch (SC) erhielten einen Platzverweis.

28.11.1948 VfL Köln 99 - 1. FC Köln 1:3 (0:1)
Zuschauer: 6.300
Tore: 0:1 Schäfer, Graf, Langen (Elfmeter).
Aufstellung: Schmied, Moog, Hungs, Weyer, Weisweiler, Langen, Radant, Alexius, Faber, Graf.
Besondere Vorkommnisse: Hilligmann erhielt einen Platzverweis.

05.12.1948 1. FC Köln - Godesberger FV 6:0 (3:0)
Zuschauer: 5.000
Tore: 2 x Radant, 2 x Alexius, 1 x Schäfer, 1 x Faber.
Aufstellung: Schmied, Langen, Moog, Weyer, Weisweiler, Schmitz, Radant, Alexius, Schäfer, Faber, Graf.

12.12.1948 Tura Bonn - 1. FC Köln 2:4 (1:2)
Zuschauer: 6.600
Tore: 0:1 (02.) Graf, 1:1 Lehmann, 1:2 Graf, 1:3 Alexius, 1:4 Schäfer, (2:4) Herbst.
Aufstellung: Schmied, Langen, Moog, Weyer, Weisweiler, Schmitz, Radant, Faber, Schäfer, Graf, Alexius.

09.01.1949 Blau-Weiß Köln - 1. FC Köln 0:6 (0:2)
Zuschauer: 6.500
Tore: 3 x Faber, 2 x Weyer, 1 x Graf.
Aufstellung: Schmied, Hungs, Moog, Langen, Weisweiler, Weyer, Radant, Alexius, Faber, Schäfer, Graf.

16.01.1949 1. FC Köln - SV Baesweiler 6:1 (4:0)
Zuschauer: 3.300
Tore: 3 x Alexius, 3 x Radant.
Aufstellung: Schmied, Langen, Hungs, Weisweiler, Moog, Weyer, Radant, Alexius, Faber, Schäfer, Graf.

23.01.1949 SC Erkelenz 09 - 1. FC Köln 3:5 (3:3)
Zuschauer: 2.000
Tore: 2 x Nagelschmidt, 2 x Alexius, 1 x Graf.
Aufstellung: Schmied, Hungs, Moog, Weisweiler, Weyer, Radant, Alexius, Nagelschmidt, Schäfer, Graf.

30.01.1949 1. FC Köln - Schwarz-Weiß Köln 3:2 (1:0)
Zuschauer: 4.600
Tore: Nagelschmidt, Weyer, Radant.
Aufstellung: Schmied, Langen, Hungs, Weisweiler, Moog, Weyer, Radant, Alexius, Nagelschmidt, Schäfer, Graf.

06.02.1949 Bonner FV - 1. FC Köln 0:2 (0:2)
Zuschauer: 6.500
Tore: 0:1, 0:2, Schäfer.
Aufstellung: Schmied, Hungs, Nagelschmidt, Langen, Weisweiler, Weyer, Radant, Alexius, Schäfer, Faber, Graf.

13.02.1949 1. FC Köln - VfB Lechenich 5:0 (2:0)
Zuschauer: 3.300
Tore: 1:0 (12.) Graf, 2:0 (16.) Faber, 3:0 (55.) Radant, 4:0 (63.) Alexius, 5:0 (71.) Alexius.
Aufstellung: Schmied, Langen, Hungs, Weisweiler, Moog, Weyer, Radant, Alexius, Faber, Schäfer, Graf.

06.03.1949 SV Beuel - 1. FC Köln 1:5 (1:3)
Zuschauer: 3.000
Tore: 2 x Graf, 1 x Weisweiler, Radant, Schäfer.
Aufstellung: Schmied, Langen, Hungs, Weisweiler, Moog, Weyer, Radant, Alexius, Faber, Schäfer, Graf.

13.03.1949 SV Kellersberg - 1. FC Köln 1:4 (1:2)
Zuschauer: 2.000
Tore: 1:0 (10.) Janosch, 1:1 Graf, 1:2 (43.) Schäfer, 1:3 Weisweiler, 1:4 Vogel (E.).
Aufstellung: Schmied, Langen, Hungs, Weisweiler, Moog, Weyer, Radant, Alexius, Faber, Schäfer, Graf.

20.03.1949 1. FC Köln - Union 05 Köln 9:1 (5:0)
Zuschauer: 3.700
Tore: 5 x Faber, 2 x Schäfer, 2 x Radant, 9:1 (90.) Geuenich (FE).
Aufstellung: Schmied, Langen, Hungs, Weisweiler, Moog, Weyer, Radant, Alexius, Faber, Schäfer, Graf.

27.03.1949 SC West - 1. FC Köln 1:1 (1:0)
Zuschauer: 9.000
Tor: Nagelschmidt.
Aufstellung: Schmied, Langen, Hungs, Weisweiler, Moog, Weyer, Radant, Alexius, Schäfer, Faber, Nagelschmidt.

02.04.1949 1. FC Köln - VfL Köln 99 3:1 (1:1)
Zuschauer: 6.000
Tore: 0:1 Bins, 1:1 Schäfer, 2:1 Graf, 3:1 Schäfer.
Aufstellung: Schmied, Kronsbein, Hungs, Moog, Langen, Weisweiler, Weyer, Faber, Nagelschmidt, Schäfer, Graf.

10.04.1949 FV Bad Godesberg - 1. FC Köln 1:4 (0:2)
Zuschauer: 3.500
Tore: 2 x Alexius, 1 x Faber, Langen.
Aufstellung: Nelles, Nagelschmidt, Hungs, Langen, Moog, Nußbaum, Radant, Alexius, Broich, Faber, Graf.

24.04.1949 1. FC Köln - Tura Bonn 4:2 (2:1)
Zuschauer: 3.000
Tore: Alexius, Radant, Langen, Nußbaum.
Aufstellung: Nelles, Hungs, Nagelschmidt, Langen, Moog, Weyer, Radant, Alexius, Graf, Nußbaum, Kronsbein.

08.05.1949 1. FC Köln - Bayer Leverkusen 2:0 (1:0)
Zuschauer: 22.000
Tore: 1:0 (10.) Alexius, 2:0 (56.) Radant.
Aufstellung: Nelles, Langen, Moog, Nußbaum, Weisweiler, Weyer, Radant, Alexius, Faber, Schäfer, Graf.

15.05.1949 Bayer Leverkusen - 1. FC Köln 1:3 (1:1)
Zuschauer: 12.000
Tore: 0:1 (30.) Graf, 1:1 (35.) Laaser, 1:2, 1:3 (48., 84.) Radant
Aufstellung: Nelles, Langen, Moog, Nußbaum, Weisweiler, Weyer, Radant, Alexius, Faber, Schäfer, Graf.

FREUNDSCHAFTSSPIELE

03.07.1948 Blau-Weiß Köln - 1. FC Köln 1:1 (1:1)

14.07.1948 Fortuna Köln - 1. FC Köln 2:1 (1:1)

31.07.1948 Bayer 04 Leverkusen - 1. FC Köln 4:1 (1:0)

06.08.1948 SSV Wuppertal - 1. FC Köln 2:2 (1:1)

14.08.1948 1. FC Köln - TuS Neuendorf 2:5 (0:1)

22.08.1948 Preußen Dellbrück - 1. FC Köln 4:3 (1:1)

29.08.1948 1. FC Köln - SpV. Wiesbaden 5:1 (3:1)

05.09.1948 BV Bedburg - 1. FC Köln 0:4 (0:2)

12.09.1948 1. FC Köln - Preußen Dellbrück 2:0 (1:0)

19.12.1948 1. FC Köln - SSV Wuppertal 4:2 (1:2)

26.12.1948 1. FC Köln - Rhenania Würselen 2:1 (0:0)

09.02.1949 Sporthochsch. Köln - 1. FC Köln 1:2 (0:1)

27.02.1949 Rheydter SV - 1. FC Köln 1:3 (1:2)

03.04.1949 Mülheimer SV - 1. FC Köln 4:3 (3:0)

16.04.1949 1. FC Köln - Kickers Offenbach 4:4 (1:2)

18.04.1949 1. FC Köln - FC St. Pauli 1:4 (0:0)

28.05.1949 Rhenania Würselen - 1. FC Köln 1:2 (1:0)

29.05.1949 1. FC Köln - Hamborn 07 3:3 (0:1)

04.06.1949 1. FC Köln - Viktoria Berlin 4:4 (2:4)

06.06.1949 SV Moselweiß - 1. FC Köln 2:4 (1:1)

11.06.1949 1. FC Köln - Spfr. Katernberg 2:1 (2:1)

12.06.1949 Hamborn 07 - 1. FC Köln 0:1 (0:0)

16.06.1949 1. FC Köln - Vohwinkel 80 6:1 (1:0)

18.06.1949 SC Niederschelde - 1. FC Köln 1:3 (0:1)

22.06.1949 1. FC Köln - Duisburger SpV 4:1 (1:1)

25.06.1949 BC Efferen - 1. FC Köln 2:2 (1:0) (Hürth)

29.06.1949 1. FC Köln - Preußen Dellbrück 2:2 (1:0)

STATISTIK 1948/49

Selbstbewusst betreten die FC-Spieler das Leverkusener Stadion am Stadtpark zur „Entscheidungsschlacht" um dem Oberligaaufstieg am 15. Mai 1949.

RHEINBEZIRKSLIGA GRUPPE 1 1948/49

1.	1. FC Köln (M)	114:31	49: 3
2.	SC Köln-West (N)	68:31	36:16
3.	Bonner FV	45:20	34:18
4.	SV Beuel 06	60:49	32:20
5.	Godesberger FV	69:49	32:20
6.	Tura Bonn	59:51	27:25
7.	Blau-Weiß Köln 06	52:58	27:25
8.	VfL Köln 99	60:55	24:28
9.	Viktoria Kellersberg	46:49	24:28
10.	SV Baesweiler 09	46:53	22:20
11.	Schwarz-Weiß Köln	35:48	22:30
12.	Union Köln 05	30:82	16:36
13.	SC Erkelenz (N)	23:65	12:40
14.	VfB Lechenich (N)	33:98	9:43

AUFSTIEGSSPIEL ZUR OBERLIGA

1. FC Köln – Bayer Leverkusen 2:0 - 3:1

BEZIRKSLIGAKADER UND AUFSTIEGSSPIELE 1948/49

Abgänge: Dilly (Fortuna Köln), Lipponer (Jugend 07 Bergheim), Nebinger (Ende der Laufbahn), Stock (SG Bergisch-Gladbach), Szilinsky (Preußen Dellbrück)

Zugänge: Broich (RW Zollstock), Graf (VfL Köln 99), Hochgeschurtz (eigene Jugend), Kronsbein (Preußen Danzig), Nagelschmidt (VfL Köln 99), Nußbaum (Bonner FV), Schäfer (RW Zollstock), Schmied (SW Essen)

Trainer:
Hennes Weisweiler

Tor:
Schmied, Benno 17/0
Nelles, Harald 11/0

Feld:
Radant, Walter 27/19
Weyer, Willi 27/8
Alexius, Franz 26/23
Schäfer, Hans 26/20

Langen, Stefan 25/3
Graf, Hans 24/16
Weisweiler, Hans 24/2
Moog, Ernst 24/0
Hungs, Heinz 22/0
Nagelschmidt, Willi 16/16
Faber, Hans 17/11
Schmitz, Willi 10/0
Nußbaum, Walter 4/1
Broich, Hans 4/0
Hochgeschurtz, Stephan 2/0
Kronsbein, Helmut 2/0

Wichtige Neuigkeiten für die FC-Mitglieder auf wenig Papier. Das *Nachrichtenblatt 1. FC Köln*, Ausgabe September 1948. Da man zu dieser Zeit noch eine Leichtathletikabteilung hatte, wurde auf der Titelseite eines verstorbenen Athleten gedacht.

Mit einem flammenden Rundbrief ruft FC-Geschäftsführer Jupp Schmitz die Mitglieder auf, den Club in den Entscheidungsspielen zu unterstützen.

1949/50
OBERLIGA WEST

Etablierung in der Oberliga

Um sich an die raue Oberligaluft zu gewöhnen, standen für die FC-Spieler in der Vorbereitung zur Spielzeit 1949/50 einige schwere Testspiele auf dem Programm. So empfing man in der Hauptkampfbahn den amtierenden Meister und Pokalsieger Österreichs Austria Wien sowie den Meisterschaftszweiten des Rheinlandes, TuS Neuendorf. Zwar verloren die Kölner das Spiel gegen die favorisierte Austria mit 4:7, begeisterten aber die 12.700 Fans im Stadion mit herzerfrischendem Offensivfußball. Auch der unerwartete 5:0-Erfolg über die Neuendorfer (heute als TuS Koblenz bekannt) machte Appetit auf die bevorstehenden Oberligaspiele. Die beim 1. FC Köln unter Vertrag stehenden Akteure galten seit Saisonbeginn als „Vertragsspieler". Mit dem „Vertragsspielertum" wollte man von Verbandsseite aus eine bessere Trennung von „Profis" und Amateuren erreichen. Nach heutigen Gesichtspunkten waren die Spieler jener Zeit Halbprofis, die zum einen vom Verein bezahlt wurden, zum anderen aber noch mehr oder weniger einer Berufstätigkeit nachgingen. Sie waren jedoch zumeist in Betrieben untergebracht, deren Chefs dem Club nahe standen, und so den dort angestellten Fußballern genügend Freiräume gestatteten um am zeitaufwändigen Spiel- und Trainingsbetrieb einer Vertragsspielermannschaft teilnehmen zu können. Da die Vereine sich an die vom Verband angeordneten Gehaltsgrenzen halten mussten, die Obergrenze lag bei 320 DM monatlich zusätzlich einer Leistungsprämie, die im allgemeinen 10 DM pro Einsatz nicht überschritt, köderte man gute Spieler mit beruflicher Perspektive, Handgeldern oder wertvollen Sachgeschenken. Günter Schemmerling, in der Saison 1951/52 beim FC unter Vertrag, erinnert sich noch heute gern an das tolle Auto zurück, mit dem ihm der Vorstand von Preußen Dellbrück einen Wechsel auf die andere Rheinseite schmackhaft machte. Dank der glänzenden Führung von Präsident Franz Kremer und dem umsichtigen Geschäftsführer Jupp Schmitz war man beim FC wirtschaftlich auf die zunehmende Professionalisierung des Fußballsports bestens vorbereitet und erhielt problemlos die Lizenz, als „Amateurverein mit Vertragsspielerabteilung" im bezahlten Fußball antreten zu dürfen.

Schon damals hatte der FC etliche Sponsoren, die den Verein materiell unterstützten. In den Anfangstagen waren dies größtenteils noch lokale Firmen, vor allem aus den Stadtteilen Sülz und Klettenberg. Von den Gönnern floss aber nicht nur Geld in die Vereinskasse. So war auch der Kölner Großmetzger Jupp Schlömer ein glühender FC-Anhänger, was für den Club den großen Vorteil hatte, dass die Spieler regelmäßig ihr Fleisch- und Wurstpaket bekamen und sich so Kraft für den anstrengenden Pflichtspielbetrieb „anessen" konnten.

OBERLIGASTART BEIM „ANGSTGEGNER"

Ausgerechnet beim Vorjahresaufsteiger Rhenania Würselen fand die FC-Premiere am 4. September 1949 in der damals höchsten Spielklasse statt. Bei brütender Hitze behielten die Rhenanen mit 2:0 die Oberhand. Zwar hatten die Kölner einige Torchancen, die aber vom hervorragenden Würselener Torwart Schmeitz zunichte gemacht wurden. So bekam die Anfangseuphorie einen gehörigen Dämpfer und zum ersten Heimspiel gegen Preußen Münster kamen „nur" 10.000 Zuschauer in die Radrennbahn. Gegen die erfahrenen Gäste aus dem Münsterland kam man über ein 1:1 nicht hinaus. Erst in der 84. Minute gelang Paul Lehmann der Ausgleich und somit das erste Oberligator der Vereinsgeschichte. Es war offensichtlich, dass sich die Mannschaft erst an die qualitativ bessere und auch härtere Spielweise gewöhnen musste. Als auch das folgende Heimspiel gegen RW Oberhausen mit 1:2 verloren wurde, war die Geduld der Fans am Ende. „In Köln ist man dem 1. FC ernsthaft böse", titelte eine Lokalzeitung. Pfiffe begleiteten die Mannschaft nach Spielende in die Kabine, zu allem Überfluss hatte „Boor" Faber auch noch einen Strafstoß verschossen.

Vor dem zwei Wochen später, am 1. Oktober 1949, stattfindenden Lokalderby gegen Preußen Dellbrück (später Viktoria Köln) war die Atmosphäre angespannt. Obwohl die Preußen Heimrecht hatten, wurde die Begegnung in der Müngersdorfer Hauptkampfbahn ausgetragen. Das erste Kölner Lokalderby in der Oberliga West lockte 14.000 Besucher in die Arena, die mit einem schwachen 1:1 Unentschieden bitter enttäuscht wurden. Die Partie fand auf niedrigem Niveau statt und der FC wartete auch nach dem 4. Spieltag noch immer auf den ersten doppelten Punktgewinn.

Am 9. Oktober 1949 war es endlich soweit: Durch ein verdientes 6:2 über Duisburg 08 gelang dem 1. FC Köln der erste Sieg. Hans Schäfer war mit vier Treffern der Matchwinner.

[LEGENDEN]

Willi „Bubi" Weyer
Beim FC von 1946 bis 1950 (KBC und 1. FC Köln)
Geboren: 18. Juni 1918 in Köln
Pflichtspiele für den FC: 68
Pflichtspieltore: 12

Der erste Kapitän

Schon in den 1930er Jahren war Willi Weyer eine bekannte Persönlichkeit im Kölner Fußball. Nachdem er beim CfR Köln das fußballerische Rüstzeug erhalten hatte, lenkte der ballsichere Mittelläufer seit 1937 das Offensivspiel des traditionsreichen VfL Köln 99. In der Auswahlmannschaft des Mittelrheins kam er zu regelmäßigen Einsätzen. Einmal spielte Weyer sogar in der Nationalelf, doch die am 2. Oktober 1938 in Sofia mit 3:1 gegen Bulgarien gewonnene Partie galt lediglich als inoffizielles Testspiel.

Nach einem kurzen Aufenthalt bei der SpVgg Herten kam der Halbstürmer 1946 zum FC-Vorgängerverein KBC. Nicht einmal zwei Jahre später fusionierten die Klettenberger mit der Spielvereinigung Sülz 07. Der technisch versierte und erfahrene Weyer war für den noch jungen Club außerordentlich wertvoll. So war es keine Frage, dass Trainer Karl Flink ihn sofort zum Kapitän bestimmte und er so zum ersten Spielführer in der Geschichte des 1. FC Köln wurde. Als man am 15. Februar 1948 in der Radrennbahn das erste Spiel gegen Nippes 12 bestritt, war „Bubi" Weyer mit dabei und konnte sich beim 8:2-Erfolg sogar einmal in die Torschützenliste eintragen.

Er behielt die Kapitänsbinde, genau wie seinen Stammplatz in der 1. Mannschaft, bis zum Ende seiner FC-Zeit im Sommer 1950. Weyers Traum, den FC in die Erstklassigkeit zu führen, war in Erfüllung gegangen. Noch ein Jahr lang half er mit, die Kölner in der neuen Spielklasse zu etablieren, bevor er zu Fortuna Düsseldorf wechselte, wo er als Spielertrainer seine ➜

Karriere 1954 beendete. Berühmt wurde der offensiv ausgerichtete Mittelfeldspieler auch unter seinem Spitznamen „Bubi", den er von Mitspielern „verpasst" bekam. Heute lebt Willi Weyer zusammen mit seiner Ehefrau in einem Seniorenheim in Neuss.

[Interessantes & Kurioses]

■ Im *1. FC Köln Nachrichtenblatt* Nr. 4, September 1949 sucht der FC für die Spieler „Bubi" Weyer und „Männ" Nagelschmidt je eine Arbeitsstelle als kaufmännischer Angestellter bzw. Kraftfahrer.

■ Auch die Eintrittspreise werden auf Oberliganiveau erhöht. Teuerste Kategorie ist der Sitzplatz Tribüne für 3 DM (Mitglieder 2 DM), günstigstes Ticket ist der Stehplatz für 1 DM, den FC-Mitglieder sogar gratis erhalten.

■ Zur Spielzeit 1949/50 hat der 1. FC Köln bereits zwölf Ticketvorverkaufsstellen im Kölner Stadtgebiet.

■ Mit Wange (Marathonlauf) und Richartz (Diskuswurf/Kugelstoßen) nehmen zwei Mitglieder der FC-Leichtathletikabteilung an den Deutschen Meisterschaften in Bremen teil. Willi Wange war bereits 1949 Westdeutscher Meister im 25-Kilometer-Lauf geworden.

■ Erstmals macht der 1. FC Köln auch durch den Aushang großer und kleiner Plakate auf seine Heimspiele aufmerksam.

■ Das Training der Vertragsspieler findet zwei- bis dreimal wöchentlich in der Radrennbahn des Kölner Stadions statt.

■ Nach dem großen Erfolg im Vorjahr wird auch am 13. Februar 1950 wieder eine FC-Karnevalssitzung im Williamsbau abgehalten. Sie geht in die Vereinsgeschichte ein, da im Verlauf der Sitzung das spätere Wappentier und Maskottchen, Geißbock „Hennes", vom Zirkusdirektorenpaar Carola und Harry Williams an den 1. FC Köln als Glücksbringer übergeben wird.

Als junger FC-Trainer: Hennes Weisweiler.

Die Mannschaft der ersten Oberligasaison 1949/50: Stehend von links: Walter Radant, Walter Nußbaum, Franz Alexius, Hans Roggow, Hans Graf, Willi Weyer, Willi Nagelschmidt, Paul Lehmann. Kniend von links: Willi Bars, Hennes Weisweiler, Harry Nelles, Walter Butscheidt, Stefan Langen, Hans Schäfer.

Endlich konnten die FC-Anhänger jubelnd den Heimweg aus der Radrennbahn antreten. Einmal in Gang gekommen, gewann der FC auch die nächsten zwei Spiele. Erst am 8. Spieltag musste man mit der 2:3-Heimpleite gegen Altmeister Duisburger SV erneut den Platz als Verlierer verlassen.

SENSATIONELLER SIEG ÜBER SCHALKE 04 UND HENNES I.

Saisonhöhepunkte waren zweifellos die Begegnungen mit dem ruhmreichen FC Schalke 04, zu deren erster es am 16. November 1949 kam. 21.000 Zuschauer in der voll besetzten Kölner Radrennbahn wurden an diesem Tag Augenzeugen einer Fußballsensation. Denn der Aufsteiger aus der Domstadt bezwang den haushohen Favoriten aus Gelsenkirchen durch das goldene Tor von Willy Bars mit 1:0. Der Erfolg war für den FC nicht unverdient, und so attestierte der *Sport Beobachter* den Kölnern „große Schnelligkeit und letzten Einsatz am Ball". Ein weiteres Highlight der Hinrunde war der 3:0-Heimerfolg im Westderby gegen Alemannia Aachen. Im letzten Spiel der 1. Serie verlor die Weisweiler-Elf nach dramatischem Verlauf und 3:1-Halbzeitführung mit 3:5 bei Borussia Dortmund, das zur Rückrunde auch erster Gast im Kölner Stadion war. Da es seinerzeit noch keine Winterpause gab, fand die Begegnung nur 14 Tage nach dem Hinspiel, am 22. Januar 1950, statt. Wegen des zu erwartenden großen Zuschauerinteresses hatte man als Austragungsort nicht wie gewohnt die Radrennbahn, sondern das große Müngersdorfer Stadion ausgewählt. Mehr als 25.000 Besucher bedeuteten Saisonrekord bei den FC-Heimspielen. Rund 1.500 westfälische Schlachtenbummler waren mit Sonderbussen angereist. Am Ende jubelten nur die rot-weißen Anhänger, denn ihr FC siegte gegen den amtierenden Westmeister überraschend deutlich mit 3:1 und leistete sich sogar noch den Luxus zwei vergebener Elfmeter.

Dieses Spiel zeigte: Der 1. FC Köln kam mit spielerisch starken Mannschaften besser zurecht als mit Teams, bei denen der kämpferische Aspekt im Vordergrund stand. Nach dem Erfolg über den BVB blieben die Kölner in einer eindrucksvollen Serie bis zum 16. April 1950 (1:2-Auswärtsniederlage bei Arminia Bielefeld) ungeschlagen. In diesem Zeitraum konnte endlich der alte Widersacher aus Würselen mit 2:0 bezwungen werden. Mit demselben Resultat besiegte der FC auch seinen rechtsrheinischen Stadtrivalen Preußen Dellbrück. Eine Attraktion besonderer Art bestaunten die Kölner Fußballfreunde am 12. März 1950 beim Spiel FC gegen Vohwinkel 80. Fast genau einen Monat, nachdem Geißbock Hennes dem FC im Rahmen seiner Karnevalssitzung als Glücksbringer überreicht worden war, gab das Maskottchen beim 2:0-Erfolg der Gastgeber ein gelungenes Heimdebüt. Am bemerkenswertesten war aber sicherlich der völlig unerwartete 2:1-Auswärtserfolg vor 40.000 Zuschauern im Schalker Hexenkessel. Mit seinem Siegtor in der 86. Minute hatte Schäfer die mitgereisten Kölner Anhänger in Ekstase versetzt. Überhaupt waren die FC-Freunde sehr reisefreudig und häufig musste ein kompletter Sonderzug bei der deutschen Bahn beantragt werden. Selbst zum Spiel nach Wuppertal gegen Vohwinkel wollten mehr als 600 Schlachtenbummler mitfahren. Die relativ geringe Entfernung zu den Spielorten machte es möglich, denn die weiteste Auswärtsfahrt ging ins rund 200 Kilometer entfernte Bielefeld.

GRUNDSTEINLEGUNG FÜR DIE RIVALITÄT ZU AACHEN

Bis auf Rang 2 der Tabelle war man mittlerweile vorgestoßen, und nicht wenige dachten schon an eine Teilnahme an den Endrundenspielen um die

Historischer Moment: Am 13. Februar 1950 bekommt der 1. FC Köln im Rahmen seiner zweiten Karnevalssitzung vom Zirkus Williams Geißbock Hennes I. als neues Maskottchen geschenkt. Die feierliche Übergabe mit: (v.l.) Hennes Weisweiler, Unbekannt, Franz Kremer, Johann Thelen (Zirkusdirektor und Initiator), Unbekannt.

Kurios: Da der erste, in geringer Auflage hergestellte FC-Karnevalsorden der Session 1950 sofort vergriffen war, ließ der FC flugs einen weiteren produzieren.

Liebevoll kümmert sich FC-Kapitän Willi Weyer um den Neuzugang.

konnten mit dem Geleisteten durchaus zufrieden sein. Mit einigen Freundschaftsspielen, fünf davon im Rahmen einer Süddeutschlandreise ausgetragen, in denen die zukünftigen Leistungsträger Jupp Röhrig, Berthold Nordmann und Martin Hirche, Neuzugänge zur Spielzeit 1950/51, erstmals eingesetzt wurden, ließ man das Spieljahr ausklingen. Der FC hatte sich erfolgreich in der Oberliga West etabliert. Auch die Zuschauerzahlen waren mehr als zufriedenstellend. Durchschnittlich 12.500 Besucher sahen die Heimspiele, gar 13.500 Zuschauer wurden im Schnitt bei den Auswärtsspielen der Domstädter gezählt. Alle Mannschaftsteile waren ausgewogen und gut besetzt. Für den in die Jahre gekommenen Nelles stellte Butscheidt einen zuverlässigen Nachfolger auf der Torwartposition dar, die Abwehr war mit Langen, Graf, Weisweiler, Nußbaum, Karl „Schutzmann" Schmitz und Weyer bestens bestückt. In Mittelfeld und Angriff sorgten Schäfer, Nagelschmidt, Alexius, Lehmann und Bars für Gefahr in den gegnerischen Abwehrreihen. Bemerkenswert: Schäfer und Nagelschmidt erzielten zusammen 31 der insgesamt 61 FC-Saisontore.

Deutsche Meisterschaft. Doch die 1:2-Pleite beim Vorletzten Arminia Bielefeld machte die Hoffnung zunichte. Mit einer 2:3-Niederlage in Aachen endete für die Geißböcke die erste Saison im Oberhaus. Damit verpasste der FC die Teilnahme an der deutschen Endrunde. Die sich in akuter Abstiegsgefahr befindlichen Aachener bestritten die Partie mit äußerster Härte. Infolge eines Schlages seines Gegenspielers erlitt Hans Graf einen Kieferbruch und konnte wochenlang nur flüssig ernährt werden. Hinzu kam eine skandalöse Leistung des Schiedsrichters. Durch diese Vorkommnisse wurde der Grundstein für die bis heute bestehende Rivalität zur Alemannia gelegt. Trotz allem stand am Ende ein mehr als respektabler 5. Tabellenplatz zu Buche. Vorstand, Mannschaft und Fans

Brenzlige Situation vor dem FC-Tor beim Stadtderby gegen Preußen Dellbrück am 12. Februar 1950. Flankiert von Graf (links) und Schäfer (rechts) faustet Butscheidt den Ball aus der Gefahrenzone. Die Geißböcke siegen am Ende mit 2:0.

STATISTIK 1949/50

OBERLIGA WEST

04.09.1949 Rhenania Würselen - 1. FC Köln 2:0 (0:0)
Zuschauer: 8.000
Tore: 1:0 (63.) Mohren, 2:0 (67.) Mohren.
Aufstellung: Butscheidt, Roggow, Langen, Nußbaum, Graf, Weyer, Radant, Alexius, Bars, Lehmann, Schäfer.

11.09.1949 1. FC Köln - SC Preußen Münster 1:1 (0:0)
Zuschauer: 10.000
Tore: 0:1 (81.) Lammers, 1:1 (84.) Lehmann.
Aufstellung: Butscheidt, Langen, Weisweiler, Weyer, Graf, K. Schmitz, Radant, Alexius, Bars, Nußbaum, Lehmann.

25.09.1949 1. FC Köln - Rot-Weiß Oberhausen 1:2 (0:1)
Zuschauer: 10.000
Tore: 0:1 (31.) Juskowiak, 1:1 (52.) Lehmann, 1:2 (58.) Fohr.
Aufstellung: Butscheidt, Langen, K. Schmitz, Weyer, Graf, Nußbaum, Radant, Bars, Faber, Lehmann, Nagelschmidt.

01.10.1949 Preußen Dellbrück - 1. FC Köln 1:1 (0:0)
Zuschauer: 14.000
Tore: 0:1 (48.) Graf, 1:1 (63.) Stobbe.
Aufstellung: Butscheidt, Langen, Weisweiler, Weyer, Nußbaum, K. Schmitz, Radant, Alexius, Graf, Schäfer, Lehmann.

09.10.1949 1. FC Köln - FV Duisburg 08 6:2 (2:1)
Zuschauer: 10.000
Tore: 1:0 (07.) Schäfer, 1:1 (24.) Rühl, 2:1 (38.) Lehmann, 3:1, 4:1, 5:1 (53., 58., 61.) Schäfer, 6:1 (75.) Bars, 6:2 (79.) Rohmann.
Aufstellung: Nelles, Langen, Weisweiler, Weyer, Nußbaum, M. Schmitz, Bars, Alexius, Graf, Lehmann, Schäfer.

16.10.1949 TSG Vohwinkel 80 - 1. FC Köln 0:3 (0:1)
Zuschauer: 15.000
Tore: 0:1, 0:2 (40., 53.) Alexius, 0:3 (88.) Bars.
Aufstellung: Butscheidt, Langen, Weisweiler, Nußbaum, Graf, Weyer, Bars, Alexius, Schäfer, Lehmann, Nagelschmidt.

23.10.1949 1. FC Köln - STV Horst-Emscher 4:0 (1:0)
Zuschauer: 14.300
Tore: 1:0 (32.) Lehmann, 2:0 (49.) Schäfer, 3:0 (57.) Lehmann, 4:0 (85.) Alexius.
Aufstellung: Butscheidt, Langen, Weisweiler, Nußbaum, Graf, Weyer, Bars, Alexius, Schäfer, Lehmann, K. Schmitz.

30.10.1949 1. FC Köln - Duisburger SV 2:3 (1:3)
Zuschauer: 11.000
Tore: 0:1 (04.) Kemper, 0:2 (31.) Koll, 1:2 (35.) Alexius, 1:3 (44.) Hoffmann, 2:3 (75.) Alexius.
Aufstellung: Nelles, Langen, Weisweiler, Nußbaum, Graf, Weyer, Bars, Alexius, Schäfer, Lehmann, K. Schmitz.

06.11.1949 Hamborn 07 - 1. FC Köln 4:1 (1:0)
Zuschauer: 4.000
Tore: 1:0 (12.) Betzkowiak, 2:0 (52.) Kalenborn, 2:1 (65.) Alexius, 3:1 (65.) M.Oles, 4:1 (85.) Trapphoff.
Aufstellung: Nelles, Langen, Weisweiler, Nußbaum, Graf, Weyer, Bars, Alexius, Schäfer, Lehmann, K. Schmitz.

16.11.1949 1. FC Köln - FC Schalke 04 1:0 (0:0)
Zuschauer: 21.000
Tore: 1:0 (74.) Willi Bars.
Aufstellung: Nelles, Langen, Weisweiler, Schmitz, Graf, Weyer, Alexius, Bars, Lehmann, Faber, Schäfer.

20.11.1949 Rot-Weiß Essen - 1. FC Köln 3:0 (2:0)
Zuschauer: 18.000
Tore: 1:0 (15.) Kleina, 2:0 (24.) Gottschalk, 3:0 (74.) Gottschalk.
Aufstellung: Nelles, Langen, Graf, K. Schmitz, Weisweiler, Weyer, Bars, Alexius, Faber, Schäfer, Lehmann.

27.11.1949 1. FC Köln - Arminia Bielefeld 4:2 (1:1)
Zuschauer: 3.000
Tore: 1:0 (19.) Alexius, 1:1 (32.) Bockermann, 2:1 (48.) Schäfer, 3:1 (50.) Bars, 4:1 (65.) Schäfer, 4:2 (82.) Schwartz.
Aufstellung: Butscheidt, Langen, Graf, Nußbaum, Weisweiler, K. Schmitz, Bars, Alexius, Lehmann, Schäfer, Faber.

04.12.1949 Spvgg Erkenschwick - 1. FC Köln 1:0 (1:0)
Zuschauer: 3.000
Tor: 1:0 (07.) Ludorf.
Aufstellung: Butscheidt, Langen, Graf, Weyer, Weisweiler, Nußbaum, Bars, Alexius, Lehmann, Schäfer, Radant.

11.12.1949 1. FC Köln - Alemannia Aachen 3:0 (0:0)
Zuschauer: 8.000
Tore: 1:0 (57.) Alexius, 2:0 (77.) Lehmann, 3:0 (87.) Schäfer.
Aufstellung: Butscheidt, Langen, Graf, Nußbaum, Weisweiler, Weyer, Bars, Alexius, Lehmann, Schäfer, Nagelschmidt.

08.01.1950 Borussia Dortmund - 1. FC Köln 5:3 (1:3)
Zuschauer: 18.000
Tore: 0:1 (23.) Bars, 1:1 (31.) Schanko, 1:2 (39.) Alexius, 1:3 (44.) Nagelschmidt, 2:3 (66.) Preißler, 3:3 (72.) Erdmann, 4:3 (79.) Preißler, 5:3 (81.) Kasperski.
Aufstellung: Langen, Graf, Nußbaum, Weisweiler, Weyer, Bars, Alexius, K. Schmitz, Schäfer, Nagelschmidt.

15.01.1950 Preußen Münster - 1. FC Köln 1:1 (0:0)
Zuschauer: 18.000
Tore: 1:0 (47.) Lammers, 1:1 (60.) Nußbaum (FE).
Aufstellung: Butscheidt, Langen, Graf, Nußbaum, Weisweiler, Bars, Weyer, Alexius, Lehmann, Schäfer, Nagelschmidt.

22.01.1950 1. FC Köln - Borussia Dortmund 3:1 (1:1)
Zuschauer: 25.000
Tore: 1:0 (43.) Nagelschmidt, 1:1 (44.) Preißler, 2:1 (80.) Lehmann, 3:1 (81.) Nußbaum.
Aufstellung: Butscheidt, Langen, Graf, Nußbaum, Weisweiler, Weyer, Bars, Alexius, Lehmann, Nagelschmidt, Schäfer.

29.01.1950 Rot-Weiß Oberhausen - 1. FC Köln 0:3 (0:1)
Zuschauer: 4.000
Tore: 0:1 (25.) Schäfer, 0:2 (75.) Nagelschmidt, 0:3 (82.) Schäfer.
Aufstellung: Butscheidt, Langen, Graf, Nußbaum, Weisweiler, Bars, Weyer, Nagelschmidt, Alexius, Schäfer, Lehmann.

05.02.1950 1. FC Köln - Rhenania Würselen 2:0 (0:0)
Zuschauer: 10.000
Tore: 1:0 (55.) Schäfer, 2:0 (57.) Bars.
Aufstellung: Butscheidt, Langen, Graf, Nußbaum, Weisweiler, Weyer, Bars, Alexius, Nagelschmidt, Schäfer, Lehmann.

12.02.1950 1. FC Köln - Preußen Dellbrück 2:0 (1:0)
Zuschauer: 24.208
Tore: 1:0, 2:0 (44., 51.) Schäfer.
Aufstellung: Butscheidt, Langen, Graf, Nußbaum, Weisweiler, Weyer, Bars, Alexius, Nagelschmidt, Schäfer, Lehmann.

26.02.1950 FV Duisburg 08 - 1. FC Köln 0:2 (0:1)
Zuschauer: 4.000
Tore: 0:1 (12.) Schäfer, 0:2 (64.) Nagelschmidt.
Aufstellung: Butscheidt, Langen, Graf, Nußbaum, Weisweiler, Weyer, Bars, Alexius, Nagelschmidt, Schäfer, Lehmann.

05.03.1950 STV Horst-Emscher - 1. FC Köln 2:2 (1:1)
Zuschauer: 25.000
Tore: 0:1 (09.) Schäfer, 1:1 (29.) Sense, 1:2 (63.) Nagelschmidt, 2:2 (85.) Sense.
Aufstellung: Butscheidt, Langen, Graf, Nußbaum, Weisweiler, Weyer, Bars, Alexius, Nagelschmidt, Schäfer, Lehmann.

12.03.1950 1. FC Köln - TSV Vohwinkel 80 2:0 (1:0)
Zuschauer: 11.000
Tore: 1:0 (22.) Schäfer, 2:0 (54.) Nagelschmidt.
Aufstellung: Butscheidt, Langen, Graf, Nußbaum, Weisweiler, Weyer, Bars, Alexius, Nagelschmidt, Schäfer, Lehmann.

19.03.1950 Duisburger SV - 1. FC Köln 1:1 (0:1)
Zuschauer: 10.000
Tore: 0:1 (15.) Nagelschmidt, 1:1 (78.) Lankhof.
Aufstellung: Butscheidt, Langen, Graf, Nußbaum, Weisweiler, Weyer, Bars, Alexius, Nagelschmidt, K. Schmitz, Lehmann.

26.03.1950 1. FC Köln - Hamborn 07 4:0 (1:0)
Zuschauer: 15.000
Tore: 1:0 (34.) Nagelschmidt (HE), 2:0 (50.) Nußbaum, 3:0 (73.) Alexius, 4:0 (88.) Nagelschmidt.

Franz Alexius, FC-Torjäger der Anfangsjahre, in vorbildlicher Schusshaltung bei der Partie gegen Hamborn.

STATISTIK 1949/50

Aufstellung: Butscheidt, Langen, Graf, Nußbaum, Weyer, Weisweiler, Bars, Alexius, Nagelschmidt, Schäfer, Lehmann.

02.04.1950 **1. FC Köln - Rot-Weiß Essen** 2:1 (2:1)
Zuschauer: 11.000
Tore: 1:0 (01.) Nagelschmidt, 2:0 (15.) Schäfer, 2:1 (23.) Zöllmann.
Aufstellung: Butscheidt, Langen, Graf, Nußbaum, Weisweiler, Weyer, Bars, Alexius, Nagelschmidt, Schäfer, Lehmann.

07.04.1950 **FC Schalke 04 - 1. FC Köln** 1:2 (0:0)
Zuschauer: 41.000
Tore: 1:0 (78.) Jahnel, 1:1 (82.) Graf, 1:2 (86.) Schäfer.
Aufstellung: Butscheidt, Langen, Graf, Nußbaum, Weisweiler, Weyer, Bars, Alexius, Nagelschmidt, Schäfer, Lehmann.

16.04.1950 **Arminia Bielefeld - 1. FC Köln** 2:1 (1:0)
Zuschauer: 10.000
Tore: 1:0 (23.) Hasse, 2:0 (64.) Berning, 2:1 (67.) Paul Lehmann.
Aufstellung: Butscheidt, Langen, Graf, Nussbaum, Weisweiler, Weyer, Bars, Alexius, Nagelschmidt, Schäfer, Lehmann.

23.04.1950 **1. FC Köln - Spvgg Erkenschwick** 2:1 (2:0)
Zuschauer: 18.000
Tore: 1:0 (34.) Bars, 2:0 (36.) Nagelschmidt, 2:1 (68.) Lienhardt.
Aufstellung: Butscheidt, Langen, Graf, Nußbaum, Weisweiler, Weyer, Bars, Alexius, Nagelschmidt, Schäfer, Lehmann.

07.05.1950 **Alemannia Aachen - 1. FC Köln** 3:2 (1:1)
Zuschauer: 16.000
Tore: 0:1 (34.) Nußbaum, 1:1 (39.) Derwall, 2:1 (51.) Mauß (Elfmeter), 2:2 (54.) Nagelschmidt, 3:2 (67.) Mauß (Elfmeter).
Aufstellung: Butscheidt, Langen, Graf, Weisweiler, Roggow, Nußbaum, Bars, Alexius, Nagelschmidt, Schäfer, Lehmann.

FREUNDSCHAFTSSPIELE

11.08.1949 **SV Bergisch-Gladbach - 1. FC Köln** 3:4 (1:2)

13.08.1949 **1. FC Köln - Austria Wien** 4:7 (2:4)

24.08.1949 **1. FC Köln - TuS Neuendorf** 5:0 (2:0)

27.08.1949 **VfL Bochum - 1. FC Köln** 5:6 (3:4)

28.08.1949 **VfB Bottrop - 1. FC Köln** 1:3 (0:2)

18.09.1949 **SSV Wuppertal - 1. FC Köln** 2:4 (1:2)

26.12.1949 **1. FC Köln - Wacker Wien** 4:1 (1:1)

01.01.1950 **1. FC Köln - Rapid Köln** 3:5 (1:2)

10.04.1950 **1. FC Köln - Spvgg Fürth** 3:3 (2:1)

30.04.1950 **Tura Düsseldorf - 1. FC Köln** 0:3 (0:3)

18.05.1950 **Bremischer SV - 1. FC Köln** 5:4 (2:1)

20.05.1950 **Sportfreunde Katernberg - 1. FC Köln** 4:5 (4:0)

27.05.1950 **SV Rohrbach/Heidelberg - 1. FC Köln** 1:4 (0:2)

29.05.1950 **Freiburger FC - 1. FC Köln** 0:5 (0:2)

31.05.1950 **SV Tübingen - 1. FC Köln** 0:7 (0:3)

02.06.1950 **FC Singen 04 - 1. FC Köln** 2:3 (1:1)

04.06.1950 **FK Pirmasens - 1. FC Köln** 2:1 (1:0)

11.06.1950 **1. FC Köln - Fortuna Köln** 9:2 (3:0)

14.06.1950 **1. FC Köln - Hajduk Split** 0:2 (0:2)

18.06.1950 **Bayer Leverkusen - 1. FC Köln** 6:1 (2:1)

21.06.1950 **1. FC Köln - 1.FC Saarbrücken** 0:2 (0:1)

24.06.1950 **Rheydter SpV - 1. FC Köln** 5:0 (2:0)

30.06.1950 **1. FC Köln - Preußen Dellbrück** 4:0 (2:0)

Nachdenkliche Minen nach dem denkwürdigen Spiel bei Borussia Dortmund, das die Kölner trotz einer 3:1-Halbzeitführung noch mit 3:5 verloren. Von links: Weyer, Nußbaum, Langen, Karl Schmitz, Butscheidt.

OBERLIGA WEST 1949/50

1.	Borussia Dortmund (M)	76:36	43:17
2.	Preußen Dellbrück (N)	55:41	39:21
3.	Rot-Weiß Essen	78:47	38:22
4.	STV Horst-Emscher	62:35	37:23
5.	**1. FC Köln (N)**	**61:39**	**37:23**
6.	FC Schalke 04	65:55	37:23
7.	SpVgg Erkenschwick	49:42	34:26
8.	Preußen Münster	53:42	28:32
9.	Spfr. Hamborn 07	50:55	28:32
10.	Duisburger SpV (N)	51:65	27:33
11.	Rot-Weiß Oberhausen	46:60	27:33
12.	Alemannia Aachen	37:56	27:33
13.	Rhenania Würselen	45:52	26:34
14.	TSG Vohwinkel 80	42:68	21:39
15.	Armminia Bielefeld (N)	32:72	17:43
16.	FV Duisburg 08 (N)	29:66	14:46

OBERLIGAKADER 1949/50

Abgänge: Broich (Spfr. Herdorf), Hochgeschurtz (Blau-Weiß Köln), Hungs (Germania Zündorf), Kronsbein (SSV Ulm), Moog (Fortuna Köln), Schmied (Borussia Lippstadt), W. Schmitz (Ende der Laufbahn)

Zugänge: Bars (VfL Köln 99), Butscheidt (Bonner FV), Lehmann (TuRa Bonn), Roggow (TuRa Düsseldorf), K. Schmitz (VfL Köln 99)

Trainer:
Hennes Weisweiler

Tor:
Butscheidt, Walter 25/0
Nelles, Harald 5/0

Feld:
Graf, Hans 30/2
Langen, Stefan 30/0
Alexius, Franz 29/9

Lehmann, Paul 29/8
Bars, Willi 29/7
Nußbaum, Walter 28/4
Weyer, Willi 28/0
Weisweiler, Hans 28/0
Schäfer, Hans 27/18
Nagelschmidt, Willi 19/13
Schmitz, Karl 12/0
Radant, Walter 5/0
Faber, Hans 4/0
Roggow, Hans 2/0

FIEBERKURVE 1949/50

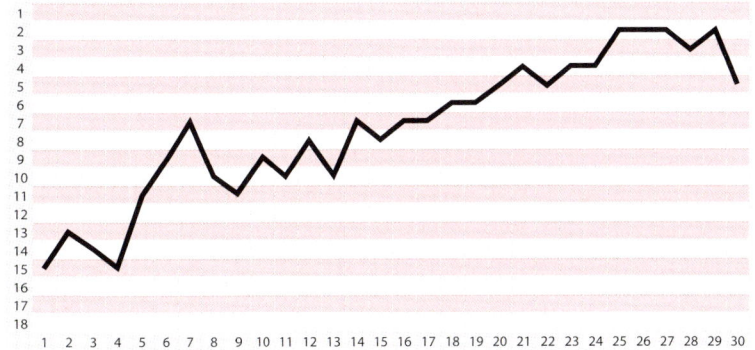

1950/51
OBERLIGA WEST

Das zweite Jahr im Oberhaus

[LEGENDEN]

Martin Hirche
Beim FC von 1950 bis 1965 (1950 - 1958 Spieler, 1958 - 1965 Trainer Amateure)
Geboren: 10.10.1922 in Penzig bei Görlitz
Gestorben: 08.12.1986 in Köln
Pflichtspiele beim FC: 208
Pflichtspieltore: 4

Der treue Martin – Schrecken der gegnerischen Angreifer

In Penzig bei Görlitz erblickte Martin Hirche das Licht der Welt. Die Wirren des 2. Weltkriegs verschlugen ihn nach Unkel am Rhein. Später in Köln wohnhaft, schloss er sich dem SC West an, wo er zu einem erstklassigen Verteidiger heranreifte. So wurde auch der 1. FC Köln auf ihn aufmerksam, der ihn 1950 unter Vertrag nahm. Für die Geißböcke avancierte der auch in der Läuferreihe einsetzbare Abwehrspieler zu einem der wertvollsten und wichtigsten Akteure der 1950er Jahre. Viele gegnerische Angreifer bissen sich an Hirche, der von großer, kräftiger Statur war, die Zähne aus. Martin Hirche galt als Sinnbild des vereinstreuen Spielers, der für seine Mannschaft das letzte Hemd gab. Keine Frage, dass er seinem FC immer treu blieb.

In der Jugendabteilung der Geißböcke sammelte der Defensivspezialist noch während seiner aktiven Zeit erste Erfahrungen als Trainer. Als er 1958 die Fußballstiefel an den Nagel hing, wurde er Cheftrainer der FC-Amateure. Mit den „Amas" war Hirche äußerst erfolgreich. 1962 führte er die Mannschaft in die Verbandsliga und errang 1965 die Mittelrheinmeisterschaft. Auch seine Söhne Ralf und Horst spielten später für die Amateure des 1. FC Köln. Horst Hirche wurde als Ersatztorwart sogar Deutscher Amateurmeister 1981. Beruflich war Martin Hirche als Angestellter einer Kölner Versicherung tätig. Außerdem verstärkte er einige Jahre lang noch die „Alten Herren" des FC.

Seine schon gute Mannschaft hatte der FC zum Beginn der Saison 1950/51 durch einige hochkarätige Neuzugänge nochmals verstärkt. Mit dem holländischen Internationalen Frans de Munck hatte man einen erstklassigen Torwart verpflichtet, der nicht nur sportlich eine Bereicherung darstellte, sondern auch durch seine attraktive äußere Erscheinung die weiblichen Fans in Scharen ins Stadion lockte. Auch die aus Köln und dem Umland verpflichteten Röhrig, Hirche sowie Nordmann sollten allesamt „Volltreffer" werden. Vorbereitungsspiele gegen starke Mannschaften waren inzwischen Tradition geworden, und so gaben innerhalb von einer Woche der Deutsche Meister VfB Stuttgart und erneut Austria Wien – bei der praktisch das halbe österreichische Nationalteam unter Vertrag stand – Gastspiele in der Kölner Hauptkampfbahn. Beim 3:2-Sieg über den VfB feierte Frans de Munck eine gelungene Premiere im FC-Dress. Auch das 3:3 gegen die technisch brillanten Ösis wurde als Erfolg gewertet. Bei den Wienern stand mit Ernst Ocwirk ein Mann auf dem Platz, der 20 Jahre später, in der Spielzeit 1970/71, als Cheftrainer bei den Geißböcken tätig sein sollte. Die Meisterschaftsspiele konnten also beginnen, und was sich schon in den Testspielen angedeutet hatte, setzte sich in der Liga fort.

TRAUMSTART

Dem FC gelang ein Traumstart mit vier Siegen in Folge, darunter die geglückte Revanche in Aachen und ein 6:2-Kantersieg im ersten Pflichtspiel gegen den späteren Erzrivalen Borussia Mönchengladbach am 10. September 1950. Erst die 0:1-Niederlage bei Preußen Münster am 6. Spieltag stoppte den Rot-Weißen Siegeszug. Ein spätes Tor von Alexius sicherte den Geißböcken beide Punkte vor 30.000 Zuschauern im prestigeträchtigen Kölner Derby. Nach dem gewonnenen Lokalkampf befand sich der FC auf einem guten 2. Tabellenplatz. Doch auch in dieser Saison blieben die erwarteten Dämpfer nicht aus. Durch einen buchstäblich mit dem Abpfiff erzielten Gegentreffer musste man sich RW Essen mit 2:3 geschlagen geben, ohne den durchaus verdienten Punkt mit an den Rhein nehmen zu können.

HENNES AUCH BEI AUSWÄRTSSPIELEN DABEI

Da senkte selbst der hinter dem Kölner Tor grasende Geißbock Hennes die Hörner. Das Maskottchen wurde zu fast allen Auswärtsspielen der Vertragsspieler mitgenommen und hatte zumeist einen Platz im Mannschaftsbus. Bei den Heimspielen war Hennes sowieso immer präsent,

10. September 1950: Erstmals treffen die rheinischen Rivalen in der Oberliga aufeinander. Willi Bars (nicht im Bild) hat eine seiner gefürchteten „Bomben" abgefeuert und erzielt das 4:1 gegen Borussia Mönchengladbach. Endstand: 6:2 für den FC.

74 ■ 1950/51

In den 1950er Jahren reiste Geißbock Hennes mit zu den Auswärtsspielen. Bei der Begegnung mit dem Rheydter SV setzten die Gastgeber dem Kölner Bock eine weibliche Ziege entgegen, die in den Vereinsfarben „geschmückt" war.

worauf man beim FC auch großen Wert legte. Denn der Geißbock lenkte zusätzliche Aufmerksamkeit der Medien auf den 1. FC Köln, der durch das eigenwillige Maskottchen auch überregional seinen Bekanntheitsgrad steigerte und schnell als „Geißbockelf" berühmt wurde. Rasch gewöhnte sich Hennes daran, im Rampenlicht der Öffentlichkeit zu stehen. Deutlich mehr Eingewöhnungsschwierigkeiten hatte Neuzugang de Munck, der zunehmend unsicherer wirkte und bei der 1:2-Auswärtsniederlage beim Tabellenschlusslicht Duisburger SV beide Gegentreffer verschuldete. Trainer Weisweiler reagierte und gab erst einmal Butscheidt den Vorzug im FC-Gehäuse. Wie im Vorjahr elektrisierte auch 1950/51 der Westschlager 1. FC Köln - Schalke 04 die Fußballfreunde an Rhein und Ruhr. Den Knappen gelang durch einen 3:2-Heimerfolg die Revanche für die in der Vorsaison erlittenen Pleiten. Der FC musste dieses Spitzenspiel praktisch mit nur neun Feldspielern austragen, da Schäfer, einer der wichtigsten Akteure der Geißböcke, sich bereits in der 20. Minute erheblich verletzte und so über eine Statistenrolle nicht hinauskam. Bekanntlich durfte damals in Pflichtspielen noch nicht ausgewechselt werden. Unrühmlicher Höhepunkt der Begegnung waren versuchte Übergriffe von Schalker Anhängern auf Schiedsrichter Faist, der den Kölnern in der 90. Minute einen umstrittenen Elfmeter zugesprochen hatte, der am Sieg der Knappen freilich nichts mehr änderte.

JUPP RÖHRIG WIRD ERSTER FC-NATIONALSPIELER NACH DEM KRIEG

Der 22. November 1950 stellt bis heute ein besonderes Datum in der FC-Historie dar. Im ersten Nachkriegsländerspiel des DFB in Stuttgart gegen die Schweiz kam in der 88. Minute Jupp Röhrig für den verletzten Barufka aufs Spielfeld und wurde so erster Nationalspieler des 1. FC Köln nach dem 2. Weltkrieg. Gerüchte, er habe in diesem Länderspiel keinen Ballkontakt gehabt, bestreitet der sympathische Altinternationale bis heute energisch. Röhrig hatte sich als famoser Außenläufer bereits fest im Team der Domstädter etabliert und stand zurecht im Notizbuch von Bundestrainer Sepp Herberger.

In der Oberliga lief es dagegen für die Rot-Weißen nicht mehr rund. Einer peinlichen 3:4-Heimschlappe gegen die Sportfreunde Katernberg, in deren Reihen kein Geringerer als Helmut Rahn stürmte, folgte eine weitere Schlappe vor eigenem Publikum gegen Borussia Dortmund, was ein Abrutschen auf Rang 5 der Tabelle zur Folge hatte. Wie de Munck einige Wochen zuvor, musste nun Butscheidt beide Gegentreffer beim 1:2 auf seine Kappe nehmen. Hennes Weisweiler schenkte nun wieder dem ersten ausländischen Star in Köln sein Vertrauen, der dann auch bis zum Saisonende außer im Rückspiel gegen

[Interessantes & Kurioses]

■ Während der Spielzeit 1950/51 tauchen bei einigen Top-Spielen im Kölner Stadion gefälschte Eintrittskarten auf.

■ Rund um das alte Sülzer Fort beginnen die Bauarbeiten für einen neuen „Sportpark". So wird der Grundstein für die bis heute als FC-Sportpark bekannte Anlage gelegt. Den Anfang bildet ein neuer Rasenplatz.

Die Eintrittskarte zum ersten Derby gegen Gladbach in der Oberliga.

■ Auch die FC-Geschäftsstelle zieht im Herbst 1950 erneut um, da die alten Räumlichkeiten zu klein geworden sind. Die neue Anschrift lautet nun Luxemburger Straße 303.

■ Am 1. Januar 1951 wird die Tischtennisabteilung des 1. FC Köln gegründet. Der Trainings- und Spielbetrieb findet zunächst im alten, später abgerissenen KBC-Clubhaus statt. Dr. Heinz Ahlfeld wird erster Abteilungsleiter.

Zum 50. Vereinsjubiläum produzierte der FC diese für die damalige Zeit Aufsehen erregende Festschrift.

Ab September 1950 tauchte erstmals der Geißbock auf dem Cover der Vereinsnachrichten auf. Hier die Ausgabe März 1951.

Selbst die Presse war begeistert über den glanzvollen Sieg des 1. FC Köln gegen Schalke 04 am 8.4.1951.

Schneeballett auf weißer Pracht beim Heimspiel gegen Rot-Weiß Oberhausen am 10. Dezember 1950. Schäfer und Hirche nehmen einen Oberhausener Gegenspieler in die Zange.

Preußen Münster in allen Meisterschaftsbegegnungen eingesetzt wurde. Erneut wurden auch in der Rückserie die rheinischen Rivalen aus Aachen (3:0) und Mönchengladbach (3:1) überzeugend geschlagen. Licht und Schatten wechselten sich ab. Triumphalen Erfolgen wie dem 6:0-Heimsieg über Horst-Emscher folgten deprimierende Niederlagen wie das unerwartete 0:4 auf eigenem Platz gegen die Preußen aus Münster. So betrug der Abstand zu den ersten beiden Tabellenplätzen zumeist bis zu fünf Punkten.

Eine nette Begebenheit ereignete sich vor dem FC-Gastspiel beim Rheydter SV. Der mitgereiste Geißbock Hennes sah sich plötzlich und unerwartet einer Ziege gegenüber, die mit einer in den Vereinsfarben der Rheydter geschmückten Decke am Spielfeld stand. So irritiert verlor auch die Mannschaft die folgende Partie mit 0:1.

NACHKRIEGS-ZUSCHAUERREKORD

Einen deutschen Nachkriegszuschauerrekord für Vereinspunktspiele verzeichnete man am 8. April 1951 beim Auftritt des FC Schalke 04 im Müngersdorfer Stadion. Exakt 57.114 Eintrittskarten konnten offiziell verkauft werden. Schon Stunden vor dem Spiel wälzten sich die Massen in Richtung der Arena. Das Stadion war bereits lange vor dem Anpfiff voll besetzt. Berthold Nordmann, der beide Tore zum 2:0-Erfolg der Kölner erzielte, erinnert sich: „Es war eine echte Länderspielkulisse, einfach atemberaubend. Ich hatte meiner Verlobten und zukünftigen Frau eine Tribünenkarte besorgt. Erst wollte mich Hennes nicht aufstellen. Ich sagte ihm in einem hitzigen Gespräch, dass ich sofort den Verein verlassen würde. Kurz vor Spielbeginn teilte er mir mit, dass ich doch in der ersten Elf stand. Ich dankte es ihm mit zwei Toren." Den Kölnern gelang es trotz des beachtlichen Erfolgs gegen die Knappen nicht mehr, auf die ersten beiden Tabellenplätze und damit in die deutsche Endrunde vorzudringen.

Die Saison 1950/51 endete mit einer 0:2-Niederlage bei Borussia Dortmund. Mit dem 4. Rang im Endklassement hatten die Geißböcke eine unter dem Strich ordentliche Saison gespielt. Die Neuzugänge, allen voran Röhrig, de Munck und Nordmann, hatten sich als echte Verstärkungen erwiesen. Mit 60 erzielten Treffern hatte der FC die zweitbeste Torausbeute der Oberliga West vorzuweisen. Vor allem Alexius (13 Tore), Bars (14) und natürlich Schäfer (11) waren das Prunkstück der Kölner Angriffsreihe. Auch Newcomer Nordmann unterstrich mit acht Saisontoren seine Gefährlichkeit. Der FC war nicht nur eine feste Größe in der Oberliga geworden, er erwarb sich auch zunehmend bundesweit hohes Ansehen als Spitzenmannschaft. Fraglos stieg mit dem Erfolg auch die Zahl der Neider. Auch die Zuschauerzahlen wurden erneut gesteigert, 16.734 Besucher kamen im Schnitt zu den Heimspielen. Dem größeren Publikumsinteresse Rechnung tragend, zog der FC nun fast komplett in die große Hauptkampfbahn um. Lediglich die Spiele gegen Mönchengladbach und Erkenschwick wurden noch in der kleineren Radrennbahn ausgetragen.

50-JÄHRIGES JUBILÄUM

Im Juni 1951 feierte der 1. FC Köln sein 50-jähriges Bestehen. Dem Anlass entsprechend wurde eine von Julius Laugomer hervorragend erstellte, aufwändige Festschrift produziert. Zur Saison 1951/52 übernahm Laugomer dann auch das Amt des Schriftführers und war somit für Inhalt und Gestaltung der vier- bis sechsmal jährlich erscheinenden *FC-Nachrichten* verantwortlich. Als Abschluss der Jubiläumsfeierlichkeiten gastierte Eintracht Frankfurt zum freundschaftlichen Vergleich in der Domstadt. Zu diesem Zeitpunkt waren die Vorbereitungen für die neue Spielzeit bereits in vollem Gange.

STATISTIK 1950/51

OBERLIGA WEST

26.08.1950 1. FC Köln - Hamborn 07 2:0 (1:0)
Zuschauer: 10.329
Tore: 1:0 (17.) Nagelschmidt, 2:0 (74.) Nußbaum.
Aufstellung: de Munck, Langen, Graf, Nußbaum, Weisweiler, Hirche, Bars, Alexius, Nagelschmidt, Röhrig, Nordmann.

03.09.1950 Alemannia Aachen - 1. FC Köln 0:2 (0:0)
Zuschauer: 15.000
Tore: 0:1 (67.) Schäfer, 0:2 (77.) Bars.
Aufstellung: de Munck, Langen, Graf, Röhrig, Weisweiler, Hirche, Bars, Alexius, Nagelschmidt, Schäfer, Nordmann.

10.09.1950 1. FC Köln - Borussia M'gladbach 6:2 (4:2)
Zuschauer: 10.282
Tore: 0:1 (24.) Laaser, 1:1 (25.) Alexius, 2:1 (30.) Schäfer, 3:1 (32.) Nordmann, 4:1 (36.) Bars, 4:2 (55.) Laaser, 5:2 (60.) Schäfer, 6:2 (70.) Bars.
Aufstellung: de Munck, Langen, Graf, Nußbaum, Weisweiler, Hirche, Bars, Röhrig, Alexius, Schäfer, Nordmann.

17.09.1950 STV Horst-Emscher - 1. FC Köln 0:1 (0:0)
Zuschauer: 12.000
Tor: 0:1 (73.) Alexius.
Aufstellung: de Munck, Langen, Graf, Nußbaum, Weisweiler, Hirche, Bars, Röhrig, Alexius, Schäfer, Nordmann.

24.09.1950 1. FC Köln - SpVgg Erkenschwick 3:0 (1:0)
Zuschauer: 11.203
Tore: 1:0 (38.) Alexius, 2:0 (52.) Schäfer, 3:0 (85.) Bars.
Aufstellung: de Munck, Langen, Graf, Hirche, Weisweiler, Nußbaum, Bars, Röhrig, Alexius, Schäfer, Nordmann.

01.10.1950 Preußen Münster - 1. FC Köln 1:0 (1:0)
Zuschauer: 18.000
Tor: 1:0 (28.) Rachuba.
Aufstellung: de Munck, Langen, Graf, Hirche, Weisweiler, Nußbaum, Bars, Röhrig, Alexius, Schäfer, Nordmann.

08.10.1950 1. FC Köln - Preußen Dellbrück 1:0 (0:0)
Zuschauer: 27.667
Tor: 1:0 (86.) Alexius.
Aufstellung: de Munck, Langen, Graf, Hirche, Weisweiler, Röhrig, Bars, Alexius, Nagelschmidt, Schäfer, Nordmann.

15.10.1950 Rot-Weiß Essen - 1. FC Köln 3:2 (1:1)
Zuschauer: 16.000
Tore: 1:0 (08.) Termath, 1:1 (39.) Röhrig, 2:1 (60.) Zaro, 2:2 (75.) Bars, 3:2 (89.) Jahnel.
Aufstellung: de Munck, Langen, Graf, Hirche, Weisweiler, Röhrig, Bars, Alexius, Nordmann, Schäfer, Nagelschmidt.

22.10.1950 Duisburger SV - 1. FC Köln 2:1 (1:0)
Zuschauer: 10.000
Tore: 1:0 (13.) Meier, 2:0 (52.) Zimmermann, 2:1 (89.) Alexius.
Aufstellung: de Munck, Langen, Graf, Nußbaum, Weisweiler, Hirche, Bars, Alexius, Nordmann, Röhrig, Schäfer.

29.10.1950 1. FC Köln - Rheydter SV 4:0 (1:0)
Zuschauer: 6.814
Tore: 1:0 (40.) Schäfer, 2:0 (50.) Alexius, 3:0 (80.) Alexius, 4:0 (82.) Schäfer.
Aufstellung: Butscheidt, Langen, Bars, Röhrig, Graf, Hirche, Nußbaum, Alexius, Nordmann, Schäfer, Nagelschmidt.

05.11.1950 Fortuna Düsseldorf - 1. FC Köln 0:1 (0:1)
Zuschauer: 26.000
Tor: 0:1 (41.) Schäfer.
Aufstellung: Butscheidt, Langen, Graf, Hirche, Nußbaum, Röhrig, Bars, Alexius, Schäfer, Nagelschmidt.

19.11.1950 FC Schalke 04 - 1. FC Köln 3:2 (1:0)
Zuschauer: 30.000
Tore: 1:0 (33.) Sandmann, 2:0 (48.) Eppenhoff, 3:0 (65.) Kleina, 3:1 (78.) Alexius, 3:2 (90.) Nußbaum (Elfmeter).
Aufstellung: Butscheidt, Langen, Graf, Hirche, Nußbaum, Röhrig, Broich, Alexius, Nordmann, Nagelschmidt, Schäfer.

26.11.1950 1. FC Köln - Spfr. Katernberg 3:4 (1:2)
Zuschauer: 8.203
Tore: 1:0 (10.) Nußbaum (HE), 1:1 (39.) Krystek, 1:2 (42.) Vordenbäumen, 1:3 (48.) Rahn, 2:3 (62.) Nagelschmidt (FE), 2:4 (86.) Majewski, 3:4 (89.) Nagelschmidt.
Aufstellung: Butscheidt, Langen, Wittenberg, Röhrig, Nußbaum, Hirche, Bars, Alexius, Graf, Nordmann, Nagelschmidt.

03.12.1950 1. FC Köln - Borussia Dortmund 1:2 (0:1)
Zuschauer: 15.654
Tore: 0:1 (20.) Flügel, 0:2 (52.) Linneweber, 1:2 (86.) Koschmieder (Eigentor).
Aufstellung: Butscheidt, Langen, Graf, Hirche, Weisweiler, Röhrig, Bars, Alexius, Nagelschmidt, Schäfer, Nordmann.

10.12.1950 1. FC Köln - Rot-Weiß Oberhausen 6:0 (3:0)
Zuschauer: 3.923
Tore: 1:0 (01.) Alexius, 2:0 (25.) Nagelschmidt, 3:0, 4:0, 5:0 (26., 50., 70.) Bars, 6:0 (84.) Nagelschmidt.
Aufstellung: de Munck, Langen, Hirche, Graf, Nußbaum, Weisweiler, Röhrig, Bars, Alexius, Schäfer, Nagelschmidt.

07.01.1951 Hamborn 07 - 1. FC Köln 0:0
Zuschauer: 5.000
Aufstellung: de Munck, Langen, Graf, Hirche, Weisweiler, Nußbaum, Bars, Röhrig, Alexius, Schäfer, Nordmann.

14.01.1951 1. FC Köln - Alemannia Aachen 3:0 (0:0)
Zuschauer: 15.323
Tore: 1:0 (47.) Nordmann, 2:0 (69.) Bars, 3:0 (78.) Bars.
Aufstellung: de Munck, Langen, Graf, Nußbaum, Weisweiler, Hirche, Bars, Alexius, Nordmann, Schäfer, Nordmann.

21.01.1951 Borussia M'gladbach - 1. FC Köln 1:3 (0:2)
Zuschauer: 10.000
Tore: 0:1 (18.) Schäfer, 0:2 (33.) Nordmann, 1:2 (80.) Laaser, 1:3 (86.) Alexius.
Aufstellung: de Munck, Langen, Graf, Nußbaum, Weisweiler, Hirche, Bars, Röhrig, Alexius, Schäfer, Nordmann.

28.01.1951 1. FC Köln - TSV Horst-Emscher 6:0 (2:0)
Zuschauer: 11.568
Tore: 1:0 (08.) Schäfer, 2:0, 3:0 (40., 53.) Nordmann, 4:0 (70.) Bars, 5:0 (78.) Nußbaum (HE), 6:0 (82.) Schäfer.
Aufstellung: de Munck, Langen, Graf, Nußbaum, Weisweiler, Hirche, Bars, Röhrig, Alexius, Schäfer, Nordmann.

04.02.1951 SpVgg Erkenschwick - 1. FC Köln 1:1 (1:0)
Zuschauer: 8.000
Tore: 1:0 (22.) Sperl, 1:1 (51.) Bars.
Aufstellung: de Munck, Langen, Graf, Hirche, Weisweiler, Nußbaum, Bars, Röhrig, Alexius, Schäfer, Nordmann.

11.02.1951 1. FC Köln - Preußen Münster 0:4 (0:0)
Zuschauer: 28.956
Tore: 0:1 (48.) Rachuba, 0:2 (57.) Preißler, 0:3 (60.) Gerritzen, 0:4 (75.) Preißler.
Aufstellung: Butscheidt, Langen, Graf, Hirche, Weisweiler, Nußbaum, Bars, Alexius, Nagelschmidt, Schäfer, Nordmann.

18.02.1951 Preußen Dellbrück - 1. FC Köln 1:1 (1:0)
Zuschauer: 18.414
Tore: 1:0 (08.) Dörner, 1:1 (72.) Graf.
Aufstellung: de Munck, Langen, Graf, Nußbaum, Weisweiler, Hirche, Bars, Röhrig, Alexius, Schäfer, Nordmann.

25.02.1951 1. FC Köln - Rot-Weiß Essen 2:1 (1:1)
Zuschauer: 15.339
Tore: 1:0 (06.) Alexius, 1:1 (39.) Abromeit, 2:1 (84.) Schäfer.
Aufstellung: de Munck, Langen, Graf, Nußbaum, Weisweiler, Hirche, Bars, Röhrig, Alexius, Schäfer, Nordmann.

04.03.1951 1. FC Köln - Duisburger SV 2:0 (0:0)
Zuschauer: 9.618
Tore: 1:0 (49.) Alexius, 2:0 (87.) Bars.
Aufstellung: de Munck, Langen, Graf, Nußbaum, Weisweiler, Hirche, Bars, Röhrig, Schäfer, Alexius, Nordmann.

11.03.1951 Rheydter SV - 1. FC Köln 1:0 (0:0)
Zuschauer: 20.000
Tor: 1:0 (69.) Güttgemanns.
Aufstellung: de Munck, Langen, Graf, Nußbaum, Weisweiler, Hirche, Bars, Röhrig, Alexius, Schäfer, Nordmann.

18.03.1951 1. FC Köln - Fortuna Düsseldorf 2:1 (1:1)
Zuschauer: 19.533
Tore: 0:1 (02.) Müller, 1:1 (33.) Bars, 2:1 (81.) Nordmann.
Aufstellung: de Munck, Langen, Graf, Nußbaum, Weisweiler, Hirche, Bars, Alexius, Nordmann, Röhrig, Schäfer.

01.04.1951 Rot-Weiß Oberhausen - 1. FC Köln 2:2 (0:1)
Zuschauer: 6.000
Tore: 0:1 (17.) Alexius, 0:2 (54.) Nußbaum, 1:2 (74.) Günther (Foulelfmeter), 2:2 (80.) Pyta.
Aufstellung: de Munck, Langen, Graf, Nußbaum, Weisweiler, Hirche, Bars, Alexius, Nordmann, Röhrig, Schäfer.

08.04.1951 1. FC Köln - FC Schalke 04 2:0 (2:0)
Zuschauer: 57.114
Tore: 1:0 (16.) Nordmann, 2:0 (27.) Nordmann.
Aufstellung: de Munck, Langen, Graf, Nußbaum, Weisweiler, Hirche, Bars, Alexius, Nordmann, Röhrig, Schäfer.

22.04.1951 Sportfreunde Katernberg - 1. FC Köln 0:1 (0:0)
Zuschauer: 12.000
Tor: 0:1 (55.) Nagelschmidt.
Aufstellung: de Munck, Langen, Graf, Nußbaum, Weisweiler, Hirche, Broich, Alexius, Nordmann, Schäfer, Nagelschmidt.

29.04.1951 Borussia Dortmund - 1. FC Köln 2:0 (2:0)
Zuschauer: 12.000
Tore: 1:0 (01.) Schanko, 2:0 (21.) Kasperski.
Aufstellung: de Munck, Langen, Graf, Nußbaum, Weisweiler, Hirche, Bars, Alexius, Nordmann, Röhrig, Schäfer.

FREUNDSCHAFTSSPIELE

01.08.1950 1. FC Köln - SC Köln West 4:3 (4:1)

06.08.1950 1. FC Köln - FK Pirmasens 3:2 (0:2)

13.08.1950 1. FC Köln - VfB Stuttgart 3:2 (0:1)

19.08.1950 1. FC Köln - Austria Wien 3:3 (2:2)

17.12.1950 Preußen Krefeld - 1. FC Köln 2:10 (1:6)

26.12.1950 1. FC Köln - SC Union 06 Berlin 5:2 (3:0)

23.03.1951 1. FC Köln - 1. FC Kaiserslautern 0:0

26.03.1951 1. FC Kaiserslautern - 1. FC Köln 2:3 (2:2)

01.05.1951 FSV Frankfurt - 1. FC Köln 0:3 (0:2)
(Bad Gandersheim)

05.05.1951 1. FC Köln - FC Schweinfurt 05 1:1 (1:1)

13.05.1951 SC Göttingen 05 - 1. FC Köln 2:2 (0:1)
(Bockum-Hövel)

14.05.1951 TSV Detmold - 1. FC Köln 1:1 (1:0)

20.05.1951 1. FC Köln - Meidericher SpV 1:2 (0:0)

02.06.1951 1. FC Köln - 1860 München 3:2 (1:1)

09.06.1951 SG BW/SW Köln - 1. FC Köln 0:6 (0:2)

16.06.1951 SC Union 06 Berlin - 1. FC Köln 0:1 (0:1)

23.06.1951 1. FC Köln - Eintracht Frankfurt 2:4 (0:2)

28.06.1951 Fortuna Köln - 1. FC Köln 0:6 (0:2)

30.06.1951 Bayer Leverkusen - 1. FC Köln 1:3 (0:1)

STATISTIK 1950/51

Der 1. FC Köln in der Saison 1950/51: Stehend von links: Willi Bars, Willi Nagelschmidt, Walter Nußbaum, Franz Alexius, Hennes Weisweiler, Jupp Röhrig, Martin Hirche, Hans Schäfer, Berthold Nordmann. Kniend von links: Stefan Langen, Frans de Munck, Hans Graf.

OBERLIGA WEST 1950/51

1.	FC Schalke 04	69:36	42:18
2.	Preußen Münster	58:36	41:19
3.	Borussia Dortmund (M)	52:36	39:21
4.	1. FC Köln	60:31	38:22
5.	Fortuna Düsseldorf (N)	49:35	31:29
6.	Rot-Weiß Essen	59:53	30:30
7.	Spfr. Hamborn 07	42:45	30:30
8.	Preußen Dellbrück	49:52	28:32
9.	Rheydter SV (N)	47:57	28:32
10.	STV Horst-Emscher	47:51	27:33
11.	SpVgg Erkenschwick	34:39	27:33
12.	Spfr. Katernberg (N)	55:64	26:34
13.	Rot-Weiß Oberhausen	31:50	26:34
14.	Borussia M'gladbach.(N)	47:72	25:35
15.	Alemannia Aachen	56:66	24:36
16.	Duisburger SpV.	27:59	18:42

OBERLIGAKADER 1950/51

Abgänge: Faber (Freiburger FC), Lehmann (Freiburger FC), Radant (Ende der Laufbahn), Roggow (Freiburger FC), K. Schmitz (Preußen Dellbrück), Weyer (Fortuna Düsseldorf)

Zugänge: Broich (Spfr. Herdorf), de Munck (Sittard), Hirche (SC Köln West), Nordmann (Bonner FV), Röhrig (Germania Zündorf), Schütz (VfL Köln 99), Wittenberg (ASV Landau)

Trainer: Hennes Weisweiler

Tor:
de Munck, Frans	24/0
Butscheidt, Walter	6/0

Feld:
Alexius, Franz	30/13
Graf, Hans	30/1
Hirche, Martin	30/0
Langen, Stefan	30/0
Nordmann, Berthold	29/8
Bars, Willi	28/14
Röhrig, Josef	28/1
Schäfer, Hans	28/11
Nußbaum, Walter	26/5
Weisweiler, Hans	26/0
Nagelschmidt, Willi	13/7
Broich, Hans	2/0
Wittenberg, Wilfried	1/0

Hinzu kommt ein Eigentor von Paul Koschmieder (Borussia Dortmund).

FIEBERKURVE 1950/51

Karnevalsorden von 1951 – erstmals ist der Geißbock auf dem Orden zu sehen.

1951/52
OBERLIGA WEST

Ziel Endrunde nicht erreicht

Mit dieser Mannschaft gewinnt der FC ein internationales Turnier in Antwerpen. Stehend von links: Martin Hirche, Stefan Langen, Hennes Weisweiler, Jupp Röhrig, Paul Mebus, Georg Gawliczek, Willi Bars, Jakob Wimmer. Kniend von links: Hans Schäfer, Frans de Munck, Hans Graf.

[LEGENDEN]

Paul Mebus
Beim FC von 1951 bis 1957
Geboren: 09.06.1920 in Düsseldorf
Gestorben: 12.12.1993 in Köln
Pflichtspiele beim FC: 103
Pflichtspieltore: 2

Held und tragische Figur

Beim Düsseldorfer Stadtteilclub VfL Benrath erlernte Paul Mebus das Fußballspielen. Im Verein, den sein Vater mitbegründet hatte, debütierte er schon mit 17 Jahren in der 1. Mannschaft. Bei den Schwarz-Weißen wurde er zum unverzichtbaren Leistungsträger und schaffte es sogar bis in die Nationalelf, wo er am 15. April 1951 beim 3:2-Sieg über die Schweiz in Zürich seine Premiere feierte. 1948 absolvierte Mebus unter Sepp Herberger an der Kölner Sporthochschule als Jahrgangsbester seine Ausbildung zum Fußballlehrer, wo ihm anschließend ein Job als Dozent angeboten wurde.

Beim FC hatte man den linken Außenläufer schon länger beobachtet. Als Mebus dann in Köln tätig war, nutzte man die Gunst der Stunde und machte dem Nationalspieler ein Engagement bei den Geißböcken schmackhaft. Der kopfballstarke Techniker stellte sofort eine Top-Verstärkung dar und eroberte auf Anhieb einen Stammplatz. Am schnellen Aufschwung des FC, mit dem Erreichen des Pokalfinales 1954 sowie der Westmeisterschaft im selben Jahr, hatte er maßgeblichen Anteil. Nachdem sich sein Vereinskollege Jupp Röhrig kurz vor der WM 1954 verletzte, durfte Mebus unerwartet neben Hans Schäfer als zweiter Kölner zum legendären Turnier in die Schweiz mitfahren. Hier kam er allerdings nur bei der dubiosen 3:8-Vorrundenpleite gegen die Ungarn zum Einsatz, bei der er sich unglücklicherweise auch noch verletzte. Seinen Frust ertränkte er anschließend im Alkohol, was Sepp Herberger missfiel. Fortan verzichtete der Bundestrainer auf den Kölner, der es während seiner FC-Zeit auf fünf Länderspiele brachte. Insgesamt wurde er sechsmal in die DFB-Auswahl berufen.

Beruflich hatte man ihm beim FC unter die Arme gegriffen, und dafür gesorgt, dass

---

Das erste Ausrufezeichen setzte der FC bereits vor Saisonbeginn mit der Verpflichtung des auf dem Sprung in die Nationalmannschaft stehenden Torwarts Fritz Herkenrath vom Lokalrivalen Preußen Dellbrück. Zur Besänftigung des Preußen Vorstands transferierte man im Gegenzug Walter Butscheidt auf die „Schäl Sick" – dieser hatte aber in der abgelaufenen Spielzeit sowieso meist auf der Reservebank Platz nehmen müssen. Zudem gelang mit der Verpflichtung von Außenläufer Paul Mebus ein weiterer Transfercoup, denn Mebus war aktueller A-Nationalspieler und hatte für seinen Verein VfL Benrath schon ein Länderspiel bestritten. Hinzu kam noch der äußerst erfahrene Georg Gawliczek, der sich als ausgebildeter Fußball- und Sportlehrer auch um das Training der FC-Jugend kümmerte. Da auch Mebus an der Kölner Sporthochschule sein Trainerdiplom erworben hatte, bestand die Läuferreihe der Geißböcke mit Mebus, Gawliczek und Weisweiler komplett aus „Sportlehrern". Mit dem von TuRa Bonn gekommenen Günther Schemmerling hatte man für den Angriff einen echten „Knipser" unter Vertrag genommen. Die Zielsetzung war somit klar: Erstmals seit der Fusion wollte der 1. FC Köln in die Endrunde um die Deutsche Meisterschaft einziehen. Alle Leistungsträger konnten bis auf Nordmann, der zwar im Verein blieb, sich aber vorzugsweise um sein Studium kümmerte, gehalten werden.

Das erste Punktspiel führte den Geißbocktross ins Duisburger Stadion. Beim Gegner Hamborn 07 hatte man eigentlich beide Punkte fest eingeplant. Die Weisweiler-Elf ereilte jedoch der erste Rückschlag schon vor der Abreise in den Kohlenpott. Der „fliegende Schulmeister" Willi Bars, der diesen Spitznamen seinem Beruf als Grundschullehrer verdankte, fiel verletzt aus. Zudem musste der eher für die Reservemannschaft eingeplante Gerhard Gawliczek, der Bruder vom gleichnamigen Georg, in die Abwehr eingebaut werden. So kam der haushohe Favorit aus der Domstadt nur zu einem schmeichelhaften 0:0 und konnte nur einen Zähler mitnehmen. Entsprechend gesunken war die Erwartungshaltung der 29.261 Fans im Müngersdorfer Stadion beim eine Woche später stattfindenden Duell mit der Dortmunder Borussia. Doch der FC enttäuschte seine Fans diesmal nicht und siegte verdient mit 3:2. Es folgten ein beachtlicher 2:0-Auswärtserfolg am gefürchteten Stimberg in Erkenschwick sowie ein souveräner 3:0-Heimsieg gegen Horst-Emscher. Neuzugang Schemmerling hatte die „Emscher Husaren" per Hattrick im Alleingang „erschossen".

AN TONI TUREK GESCHEITERT

Ausgerechnet bei Fortuna Düsseldorf mussten die Kölner ihre erste Saisonniederlage hinnehmen. Das Düsseldorfer Stadion feierte an diesem Tag seinen 25. Geburtstag und das Spiel der rheinischen Kontrahenten bildete den Höhepunkt der Feierlichkeiten. Es stand für den FC von Anfang an unter keinem guten Stern, denn nach nur vier Minuten musste Rechtsverteidiger Langen nach einem Zusammenprall mit seinem Gegenspieler Wolf

1951/52 79

er auf der Luxemburger Straße ein Herrenmodegeschäft eröffnen konnte. Dieses betrieb er bis zum Ende seiner aktiven Laufbahn im Sommer 1957. Fast sein ganzes Leben lang hatte Paul Mebus mit schweren Alkoholproblemen zu kämpfen. Zeitweise ging es ihm so schlecht, dass er nach einer durchzechten Nacht dem Wirt die Rechnung mit seiner 1954er WM-Teilnehmermedaille beglich. Auch FC-Präsident Franz Kremer war die Feierfreudigkeit des Außenläufers ein Dorn im Auge. Dennoch war Mebus in den 1950er Jahren einer der begnadetsten Fußballer, die das Trikot mit dem Geißbock trugen. Nachdem er den FC verlassen hatte, war er für diverse kleinere Vereine wie beispielsweise SV Troisdorf, SV Schlebusch, Glückauf Habbelrath-Grefrath, TuRa Hennef, TuS Höhenhaus, Eitorf 09, Göttingen 05 und SC Sinzig als Trainer tätig. Nach einer schweren Erkrankung verstarb Paul Mebus 1993 in einer kleinen Wohnung in Köln.

[Interessantes & Kurioses]

■ Die *Club-Nachrichten* des 1. FC Köln erscheinen unter der Leitung von Julius Laugomer im September 1951 erstmals bebildert und im DIN-A 4 Format.

■ Zu den Auswärtsspielen werden für die Schlachtenbummler nun Sonderbusse der Firma Hackländer bereitgestellt. Ausgangspunkt für die Fahrten ist das Zigarrenhaus von Jupp Röhrig auf der Luxemburger Straße 303. Es befindet sich im selben Haus wie die FC-Geschäftsstelle.

■ Am 8. März 1952 verstirbt der 2. Vorsitzende des 1. FC Köln, Heinz Bremm, nach langer, schwerer Krankheit.

■ Immer beliebter bei Fans und Mitgliedern werden die Dauerkarten. Sie sind nur für Sitzplätze verfügbar. Teuerste Kategorie ist die „Tribüne Mitte" für 75 DM, das Jahresticket für die „Vortribüne" ist schon zum Preis von 40 DM zu haben (Mitgliederpreise).

FC-Karnevalsorden 1952.

1. FC Köln-Preußen Dellbrück 5:0. Torjäger Günter Schemmerling hat soeben das 2:0 im Derby erzielt. Am Saisonende wechselte der Stürmer zum Lokalrivalen.

verletzt vom Platz getragen werden. Diagnose: Schlüsselbeinbruch. Mit nur zehn Mann erarbeiteten sich die Geißböcke zwar noch zahlreiche Chancen, die aber vom gut aufgelegten Nationalkeeper Toni Turek, der sogar einen Strafstoß von Graf halten konnte, zunichte gemacht wurden. Folgerichtig titelte der *Fußball Sport*: „Toni Turek entnervt dezimierten FC Köln". Paul Mebus kam aufgrund seiner guten Leistungen im FC-Dress am 23. September 1951 beim 2:0-Sieg Deutschlands in Wien gegen Österreich zu seinem ersten Länderspieleinsatz als Geißbock.
Große Anspannung herrschte vor dem 6. Spieltag vor allem beim neuen FC-Torwart Herkenrath, der sich im bisherigen Saisonverlauf einen Stammplatz gesichert hatte. Denn im Kölner Derby ging es gegen Herkenraths Ex-Verein, von dem er, begleitet von einigem Presserummel, zu den Geißböcken gewechselt war. Beim klaren 5:0-Erfolg seiner Mannschaft musste der Keeper aber kaum ins Geschehen eingreifen. Schemmerling hatte erneut dreifach getroffen und führte mittlerweile die Torjägerliste der Oberliga West an. Die schwachen Preußen waren trotz der vielen Ausfälle beim FC an diesem Tag kein Gradmesser. Mittlerweile hatten die Kölner das größte Lazarett der Oberliga vorzuweisen. Neben Bars fielen auch Hirche, Langen, Weisweiler und Georg Gawliczek verletzt aus. Mit drei aufeinanderfolgenden Pleiten machte sich zwischen dem 9. und 11. Spieltag die Misere auch in Resultaten bemerkbar. Dem deftigen 1:4 bei den ungeliebten Aachenern folgte eine peinliche 0:2-Schlappe gegen Aufsteiger Bayer 04 Leverkusen im ersten Ligapflichtspiel zwischen Geißböcken und Farbenstädtern. Ein 1:4 beim Meidericher SV rundete die Negativserie ab. Bemerkenswert: Der inzwischen wieder für Herkenrath das Tor hütende de Munck hatte den Ehrentreffer per Elfmeter erzielt. Auf Platz 8 der Tabelle war man inzwischen abgerutscht, womit das Ziel „Endrunde" schon im November 1951 als utopisch erschien. Daran änderte auch ein 6:0-Kantersieg über den Rheydter SV und das beachtliche 3:1 gegen den Spitzenreiter und späteren Westmeister RW Essen nichts.
Die Rückrunde begann mit dem zweiten Sieg gegen Hamborn 07. De Munck schoss sein zweites Saisontor zum zwischenzeitlichen 2:0 – erneut per Strafstoß. Das Rückspiel im Stadion Rote Erde beim gastgebenden BVB verloren die Geißböcke mit 2:3, wobei sich die spannendsten Begebenheiten außerhalb des grünen Rasens ereigneten, denn an der Seitenlinie gerieten FC-Trainer Weisweiler und BVB-Coach „Bumbas" Schmidt aneinander. Es entstand ein Tumult, an dem auch Zuschauer und Vereinsfunktionäre beteiligt waren und der erst durch Einschreiten der Polizei beigelegt werden konnte. In den folgenden Begegnungen erreichte der FC drei Remis hintereinander und gewann auch das zweite Kölner Derby, diesmal mit 3:1. Der lange vermisste Bars war endlich wieder einsatzfähig und sorgte so für mehr Flexibilität im Angriff. Trotzdem blieb der FC unberechenbar. Konstanter Erfolg stellte sich nicht ein. Diesmal gingen sogar beide Partien gegen Schalke 04 verloren. Am 6. April 1952 konnten die Gelsenkirchener beim 3:1 erstmals einen doppelten Punktgewinn in Müngersdorf verzeichnen. Enttäuscht traten die 48.000 Besucher den Heimweg an, wohl wissend, dass ihre Mannschaft mittlerweile im Niemandsland der Tabelle umherdümpelte.

DAS SAISONZIEL VERFEHLT
Wenigstens gelang mit einem überzeugenden 4:0 über Preußen Münster ein versöhnlicher Abschluss einer unerfreulichen Spielzeit. Das Saisonziel deutsche Endrunde war um Längen verfehlt worden. Permanente Umstellungen der Mannschaft hatten auch Trainer Weisweiler ins Kreuzfeuer der Kritik gebracht. Hinzu kam das schon fast unheimliche Verletzungspech. So mehrten sich rund um den Club die Stimmen, die eine Ablösung des Trainers forderten. Auch Teile des FC-Vorstandes sprachen offen über den „frischen Wind", den ein neuer Coach in die Mannschaft bringen könnte. Dass der 1. FC Köln sich inzwischen auch über die Landesgrenzen hinaus einen hervorragenden Ruf erarbeitet hatte, bewiesen die Einladungen zu zwei internationalen Turnieren in Antwerpen und im niederländischen Treebeek. Vor allem beim Turnier in den Niederlanden am 10. und 11. Mai 1952 sorgten die Geißböcke durch deutliche Siege über die Profimannschaften von Leeds United sowie Hibernian Edinburgh für Aufsehen. Hier ereignete sich auch folgende Begebenheit, an die sich Günther Schemmerling mit einem Schmunzeln erinnert: „Als wir aus Treebeek den Weg zurück nach Köln antreten wollten, stellten wir im Bus fest, dass Frans de Munck nicht dabei war. Auch nach über einer Stunde Wartezeit erschien der ‚schöne Frans' nicht. So begannen wir die nähere Umgebung nach unserem verschollenen Mannschaftskameraden abzusuchen. Wir fanden ihn schließlich in einem nahegelegenen Frisörsalon, wo er sich in aller Seelenruhe einen neuen Haarschnitt zulegte, und so seinem Spitznamen alle Ehre machte. Da der Frans ein Bombentyp war, nahm es ihm niemand übel."

STATISTIK 1951/52

Paul Mebus und Jupp Röhrig betätigen sich als Losverkäufer zugunsten des Wiederaufbaus der Kölner „Gürzenich"-Säle.

Franz Alexius beim Angriff auf das Dortmunder Tor beim Westduell gegen den BVB (FC - BVB 3:2).

OBERLIGA WEST

19.08.1951 Hamborn 07 - 1. FC Köln 0:0
Zuschauer: 20.000
Aufstellung: Herkenrath, Georg Gawliczek, Graf, Langen, Gerhard Gawliczek, Mebus, Becker, Alexius, Schemmerling, Röhrig, Schäfer.
Besondere Vorkommnisse: Langen schied kurz nach Spielbeginn mit Schlüsselbeinbruch aus. Der FC spielte mit zehn Mann weiter.

26.08.1951 1. FC Köln - Borussia Dortmund 3:2 (1:0)
Zuschauer: 29.621
Tore: 1:0 (29.) Röhrig, 2:0 (57.) Alexius, 2:1 (71.) Michallek, 3:1 (85.) Schemmerling, 3:2 (89.) Erdmann.
Aufstellung: Herkenrath, Georg Gawliczek, Gerhard Gawliczek, Graf, Langen, Mebus, Becker, Alexius, Schemmerling, Röhrig, Schäfer.

02.09.1951 SpVgg Erkenschwick - 1. FC Köln 0:2 (0:2)
Zuschauer: 9.000
Tore: 0:1 (23.) Schemmerling, 0:2 (38.) Schäfer.
Aufstellung: Herkenrath, Langen, Graf, Mebus, Georg Gawliczek, Röhrig, Becker, Alexius, Schemmerling, Schäfer, F. Pecher.

09.09.1951 1. FC Köln - TSV Horst-Emscher 3:0 (2:0)
Zuschauer: 13.918
Tore: 1:0, 2:0, 3:0 (23., 33., 74.) Schemmerling.
Aufstellung: Herkenrath, Langen, Graf, Mebus, Georg Gawliczek, Röhrig, Becker, Alexius, Schemmerling, Meier, F. Pecher.
Besondere Vorkommnisse: Röhring verschießt FE.

16.09.1951 Fortuna Düsseldorf - 1. FC Köln 2:1 (2:1)
Zuschauer: 25.000
Tore: 1:0, 2:0 (14., 22.) Wolff, 2:1 (37.) Schäfer.
Aufstellung: Herkenrath, Langen, Graf, Mebus, Georg Gawliczek, Röhrig, Becker, Alexius, Schemmerling, Schäfer, F. Pecher.
Besondere Vorkommnisse: Graf verschießt einen FE (70.). – Langen muss mit Schlüsselbeinbruch (5.) vom Platz.

30.09.1951 1. FC Köln - Preußen Dellbrück 5:0 (2:0)
Zuschauer: 16.085
Tore: 1:0 (08.) Schäfer, 2:0, 3:0, 4:0 (16., 60., 80.) Schemmerling, 5:0 (82.) Schäfer.
Aufstellung: Herkenrath, Hirche, Graf, Mebus, Georg Gawliczek, Röhrig, Becker, Alexius, Schemmerling, Meier, Schäfer.

07.10.1951 Sportfreunde Katernberg - 1. FC Köln 1:1 (0:0)
Zuschauer: 12.000
Tore: 1:0 (57.) Penting, 1:1 (66.) Schäfer.
Aufstellung: Herkenrath, Graf, Wimmer, Röhrig, Georg Gawliczek, Mebus, Becker, Alexius, Schäfer, Meier.

21.10.1951 1. FC Köln - Schwarz-Weiß Essen 1:1 (0:0)
Zuschauer: 13.418
Tore: 0:1 (63.) Wulf, 1:1 (65.) Röhrig (FE).
Aufstellung: Herkenrath, Becker, Graf, Mebus, Georg Gawliczek, Röhrig, F. Pecher, Alexius, Schemmerling, Meier, Schäfer.

28.10.1951 1. FC Köln - Alemannia Aachen 4:1 (2:1)
Tore: 0:1 (25.) Schäfer, 1:1 (27.) Schütt, 2:1, 3:1 (44., 60.) Gärtner, 4:1 (78.) Schütz.
Aufstellung: Herkenrath, Becker, Graf, Mebus, Schütz, Röhrig, F. Pecher, Alexius, Meier, Schäfer, Schemmerling.

04.11.1951 1. FC Köln - Bayer Leverkusen 0:2 (0:1)
Zuschauer: 28.287
Tore: 0:1 (31.) Becks, 0:2 (49.) Langen (Eigentor).
Aufstellung: de Munck, Langen, Graf, Mebus, Schütz, Georg Gawliczek, Becker, Alexius, Schemmerling, Röhrig, Schäfer.

11.11.1951 Meidericher SV - 1. FC Köln 4:1 (3:0)
Zuschauer: 20.000
Tore: 1:0 (20.) Mühlenberg, 2:0 (30.) Krämer, 3:0, 4:0 (32., 62.) Hetzel, 4:1 (83.) de Munck (Elfmeter).
Aufstellung: de Munck, Langen, Graf, Mebus, Georg Gawliczek, Röhrig, Bars, Alexius, Schemmerling, Schäfer, Becker.

18.11.1951 1. FC Köln - Rheydter SV 6:0 (3:0)
Zuschauer: 13.000
Tore: 1:0, 2:0 (15., 27.) Schemmerling, 3:0 (35.) Röhrig, 4:0 (58.) Bars, 5:0 (79.) Graf, 6:0 (88.) Schemmerling.
Aufstellung: de Munck, Langen, Becker, Mebus, Schütz, Wimmer, Bars, Röhrig, Schemmerling, Schäfer, Graf.

25.11.1951 1. FC Köln - Rot-Weiß Essen 3:1 (0:1)
Zuschauer: 18.000
Tore: 0:1 (36.) Rahn, 1:1 (58.) Schemmerling, 2:1 (63.) Schäfer, 3:1 (82.) Graf.
Aufstellung: de Munck, Langen, Becker, Mebus, Georg Gawliczek, Wimmer, Bars, Röhrig, Schemmerling, Schäfer, Graf.

02.12.1951 FC Schalke 04 - 1. FC Köln 2:1 (0:0)
Zuschauer: 25.000
Tore: 1:0 (58.) Kleina, 1:1 (81.) Schemmerling, 2:1 (83.) Matzkowski. (HE)
Aufstellung: de Munck, Langen, Becker, Mebus, Georg Gawliczek, Wimmer, Bars, Röhrig, Schemmerling, Schäfer, Graf.
Besondere Vorkommnisse: Platzverweis von Bars (43.)

09.12.1951 Preußen Münster - 1. FC Köln 0:0
Zuschauer: 10.000
Aufstellung: de Munck, Langen, Graf, Hirche, Mebus, Becker, Georg Gawliczek, Wimmer, Schemmerling, Röhrig, Schäfer.

30.12.1951 1. FC Köln - Hamburn 07 3:1 (2:0)
Zuschauer: 10.000
Tore: 1:0 (20.) Röhrig, 2:0 (23.) de Munck (Elfmeter), 3:0 (49.) Röhrig, 3:1 (81.) Stahl.
Aufstellung: de Munck, Langen, Graf, Mebus, Wimmer, Becker, Georg Gawliczek, Meier, Röhrig, Schemmerling.

06.01.1952 Borussia Dortmund - 1. FC Köln 3:2 (2:0)
Zuschauer: 20.000
Tore: 1:0, 2:0 (22., 27. [Elfmeter]) Flügel, 2:1 (75.) Schäfer, 3:1 (79.) Niepieklo, 3:2 (86.) Röhrig.
Aufstellung: de Munck, Becker, Graf, Mebus, Weisweiler, Meier, Georg Gawliczek, Schemmerling, Röhrig, Schäfer.

13.01.1952 1. FC Köln - SpVgg Erkenschwick 1:1 (1:0)
Zuschauer: 12.000
Tore: 1:0 (30.) Graf, 1:1 (78.) Schumacher.
Aufstellung: de Munck, Langen, Hirche, Georg Gawliczek, Mebus, Wimmer, Graf, Meier, Röhrig, Schäfer.

20.01.1952 STV Horst-Emscher - 1. FC Köln 1:1 (0:1)
Zuschauer: 10.000
Tore: 0:1 (29.) Bars, 1:1 (88.) Möckel.
Aufstellung: de Munck, Langen, Hirche, Mebus, Graf, Wimmer, Bars, Georg Gawliczek, Alexius, Röhrig, Schäfer.

27.01.1952 1. FC Köln - Fortuna Düsseldorf 1:1 (1:0)
Zuschauer: 15.000
Tore: 1:0 (11.) Schäfer, 1:1 (70.) Mauritz.
Aufstellung: de Munck, Langen, Hirche, Mebus, Weisweiler, Wimmer, Bars, Georg Gawliczek, Graf, Röhrig, Schäfer.

03.02.1952 Preußen Dellbrück - 1. FC Köln 1:3 (1:0)
Zuschauer: 25.000
Tore: 1:0 (22.) Höher, 1:1 (47.) Gawliczek, 1:2 (49.) Alexius, 1:3 (51.) Alexius.
Aufstellung: de Munck, Langen, Hirche, Mebus, Weisweiler, Wimmer, Bars, Georg Gawliczek, Alexius, Röhrig, Schäfer.

10.02.1952 1. FC Köln - Sportfr. Katernberg 2:0 (1:0)
Zuschauer: 7.000
Tore: 1:0 (10.) Röhrig, 2:0 (55.) Alexius.
Aufstellung: de Munck, Hirche, Graf, Mebus, Weisweiler, Wimmer, Bars, Georg Gawliczek, Röhrig, Alexius, Schemmerling.

17.02.1952 Schwarz-Weiß Essen - 1. FC Köln 4:1 (3:1)
Zuschauer: 9.000
Tore: 0:1 (11.) Alexius, 1:1 (11.) Redder, 2:1 (18.) Stemmer, 3:1 (32.) Müller, 4:1 (83.) Hofmann.
Aufstellung: de Munck, Hirche, Graf, Mebus, Weisweiler, Wimmer, Bars, Georg Gawliczek, Röhrig, Alexius, Schäfer.

02.03.1952 1. FC Köln - Alemannia Aachen 2:0 (0:0)
Zuschauer: 30.000
Tore: 1:0 (50.) Röhrig (HE), 2:0 (76.) Bars.
Aufstellung: de Munck, Hirche, Graf, Mebus, Weisweiler, Wimmer, Bars, Georg Gawliczek, Schäfer, Röhrig, Schemmerling.

09.03.1952 Bayer Leverkusen - 1. FC Köln 2:1 (0:1)
Zuschauer: 18.000
Tore: 0:1 (08.) Schäfer, 1:1 (83.) Becks, 2:1 (84.) Spikowski.
Aufstellung: de Munck, Hirche, Graf, Mebus, Weisweiler, Wimmer, Bars, Georg Gawliczek, Schemmerling, Röhrig, Schäfer.

1951/52 ■ 81

STATISTIK 1951/52

1951/52 arbeitete Hans Schäfer noch als Figaro im elterlichen Friseurgeschäft.

16.03.1952 **1. FC Köln - Meidericher SV** 4:2 (3:0)
Zuschauer: 10.000
Tore: 1:0, 2:0 (03., 35.) Schäfer, 3:0 (39.) Alexius, 3:1 (75.) Hufnagel, 4:1 (77.) Schäfer, 4:2 (83.) Hetzel.
Aufstellung: Herkenrath, Schütz, Graf, Georg Gawliczek, Weisweiler, Wimmer, Becker, Alexius, Meier, Röhrig, Schäfer.

23.03.1952 **Rheydter SV - 1. FC Köln** 1:3 (1:1)
Zuschauer: 20.000
Tore: 0:1 (25.) Schemmerling, 1:1 (36.) Düllmann (Elfmeter), 1:2 (72.) Schäfer, 1:3 (89.) Alexius.
Aufstellung: Herkenrath, Langen, Graf, Mebus, Georg Gawliczek, Wimmer, Schemmerling, Alexius, Meier, Röhrig, Schäfer.

30.03.1952 **Rot-Weiß Essen - 1. FC Köln** 1:0 (1:0)
Zuschauer: 12.000
Tor: 1:0 (09.) Hinz.
Aufstellung: Herkenrath, Langen, Graf, Mebus, Georg Gawliczek, Wimmer, Schemmerling, Alexius, Meier, Röhrig, Schäfer.

06.04.1952 **1. FC Köln - FC Schalke 04** 1:3 (0:2)
Zuschauer: 48.000
Tore: 0:1 (20.) Wilmovius, 0:2 (22.) Siebert, 1:2 (49.) Röhrig, 1:3 (85.) Behring.
Aufstellung: Herkenrath, Langen, Graf, Mebus, Weisweiler, Wimmer, Schemmerling, Georg Gawliczek, Alexius, Röhrig, Schäfer.

09.04.1952 **1. FC Köln - Preußen Münster** 4:0 (1:0)
Zuschauer: 6.000
Tore: 1:0 (06.) Schäfer, 2:0, 3:0 (48., 80.) Perscher, 4:0 (87.) Meier (FE).
Aufstellung: de Munck, Langen, Graf, Mebus, Hirche, Wimmer, Becker, Meier, Schäfer, F. Pecher, Röhrig.

WESTDEUTSCHER POKAL

Die kommenden Spiele um den Westdeutschen Pokal zählen bereits für die Spielzeit 1952/53:

1. Runde
18.05.1952 **SpVgg Frechen 20 - 1. FC Köln** 0:5 (0:1)
Tore: 0:1 Schäfer, 0:2 Gawliczek, 0:3 Schemmerling, 0:4 (Eigentor), 0:5 Schäfer.
Aufstellung: Herkenrath, Becker, Graf, Mebus, Hirche, Wimmer, Schemmerling, Alexius, Georg Gawliczek, Röhrig, Schäfer.

2. Runde
25.05.1952 **Fortuna Köln - 1. FC Köln** 1:0 (0:0)
Zuschauer: 5.000
Tor: 1:0 (50.) Lorentz (HE).
Aufstellung: Herkenrath, Langen, Becker, Weisweiler, Hirche, Wimmer, W. Pecher, Georg Gawliczek, Röhrig, Alexius, Schemmerling.

FREUNDSCHAFTSSPIELE

01.08.1951 Preußen Dellbrück - 1. FC Köln 1:6 (1:4)
04.08.1951 1. FC Köln - FC Royal Antwerpen 2:1 (2:1)
05.08.1951 TB Berlin - 1. FC Köln 2:1 (2:0) (Seesen / Harz)
09.08.1951 Bonner FV - 1. FC Köln 0:2 (0:1)
11.08.1951 1. FC Köln - FV Engers 7:0 (3:0)
12.08.1951 VfL Benrath - 1. FC Köln 1:3 (1:1)
14.10.1951 Sportfr. Wanne-Eickel - 1. FC Köln 0:3 (0:1)
16.12.1951 1860 München - 1. FC Köln 3:4 (3:2)
26.12.1952 1. FC Köln - Partizan Belgrad 1:2 (0:1)
13.04.1952 Stadtelf Antwerpen - 1. FC Köln 1:4 (0:1)
14.04.1952 Rapid Wien - 1. FC Köln 1:2 (0:1), (Antwerpen)
26.04.1952 1. FC Köln - Rapid Köln 6:1 (5:1)
27.04.1952 Eintracht Frankfurt - 1. FC Köln 1:1 (1:1)
01.05.1952 Stadtauswahl Bonn - 1. FC Köln 0:4 (0:1)
03.05.1952 1. FC Köln - Bremischer SV 3:2 (2:1)
10.05.1952 Leeds United - 1. FC Köln 1:4 (1:2) (Treebeek / Niederlande)
11.05.1952 1. FC Köln - Hibernian Edinburgh 4:1 (2:0) (Treebeek)
24.05.1952 Borussia Dortmund - 1. FC Köln 0:0 (Unna)
28.05.1952 1. FC Köln - Stade Reims 4:2 (1:1)
01.06.1952 Arminia Hannover - 1. FC Köln 1:3 (1:1) (Westercelle)
02.06.1952 ATSV Bremen 1860 - 1. FC Köln 1:2 (Holzhausen)
08.06.1952 Tura Ludwigshafen - 1. FC Köln 0:1 (0:1)
09.06.1952 Schweinfurt 05 - 1. FC Köln 2:1 (1:0)
11.06.1952 FC Solingen-Gräfrath - 1. FC Köln 0:5
14.06.1952 1. FC Köln - VfL Benrath 5:2

OBERLIGA WEST 1951/52

1.	Rot-Weiß Essen	78:41	45:15
2.	FC Schalke 04 (M)	63:47	40:20
3.	Alemannia Aachen	65:47	36:24
4.	Borussia Dortmund	79:53	34:26
5.	**1. FC Köln**	**57:40**	**33:27**
6.	Bayer Leverkusen (N)	49:41	32:28
7.	Preußen Münster	53:48	32:28
8.	Meidericher SpV. (N)	57:55	29:31
9.	Preußen Dellbrück	42:48	29:31
10.	Spfr. Katernberg	62:70	27:33
11.	Schwarz-Weiß Essen (N)	43:57	27:33
12.	Fortuna Düsseldorf	43:48	26:34
13.	STV Horst-Emscher	48:61	26:34
14.	SpVgg Erkenschwick	53:71	24:36
15.	Rheydter SV	58:88	23:37
16.	Spfr. Hamborn 07	30:65	17:43

OBERLIGAKADER 1951/52

Abgänge: Broich (Ende der Laufbahn), Butscheidt (Preußen Dellbrück), Nagelschmidt (SC Köln-West), Nußbaum (Bayer Leverkusen), Wittenberg (VfR Marienhagen)
Zugänge: Becker (Rapid Köln), Georg Gawliczek (unbekannt), Gerhard Gawliczek (Meidericher SV), Herkenrath (Preußen Dellbrück), Mebus (VfL Benrath), Meier (VfB Oldenburg), F. Pecher (Borussia Lippstadt), W. Pecher (Borussia Lippstadt), Schemmerling (TuRa Bonn), Schütz (VfL Köln 99), Wimmer (VfL Benrath)

Trainer:		Schemmerling, Günter	24/14
Hennes Weisweiler		Langen, Stefan	20/0
		Wimmer, Jakob	20/0
Tor:		Alexius, Franz	19/7
de Munck, Frans	17/2	Becker, Franz	19/0
Herkenrath, Fritz	13/0	Hirche, Martin	13/0
		Meier, Werner	12/1
Feld:		Bars, Willi	11/3
Röhrig, Josef	30/9	Weisweiler, Hans	8/0
Graf, Hans	29/3	Pecher, Walter	0/0
Mebus, Paul	29/0	Schütz, Anton	4/0
Schäfer, Hans	27/15	Gawliczek, Gerhard	2/0
Gawliczek, Georg	27/1	Pecher, Fritz	6/2

FIEBERKURVE 1951/52

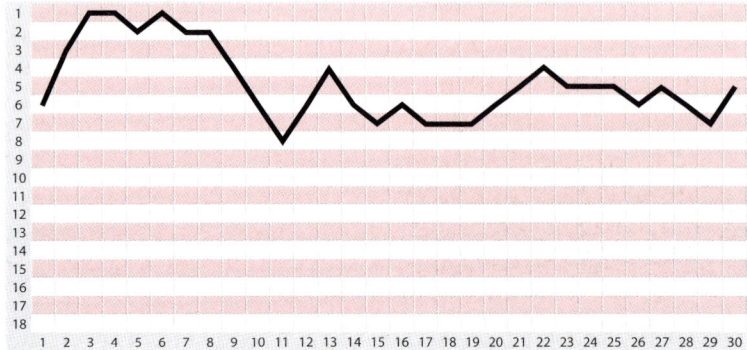

1952/53
OBERLIGA WEST

Erstmals in der Endrunde um die „Deutsche"

Einige bedeutende Veränderungen gab es zur neuen Spielzeit. Neben acht Neuzugängen für die Vertragsspielermannschaft hatte man sich nach vierjähriger Tätigkeit als Spielertrainer von Hennes Weisweiler getrennt, den es zum Rheydter SV zog. Neuer Chefcoach der Kölner wurde Helmut Schneider, der vom VfR Mannheim in die Domstadt wechselte. Schneider war als Spieler unter anderem bei Bayern München und Waldhof Mannheim aktiv und hatte es 1940 sogar zu einem Einsatz in der Nationalmannschaft gebracht. Vor allem bei der Spielvereinigung Fürth hatte er sich als Trainer einen Namen gemacht, und so versprach man sich beim FC einiges von ihm. Sein Auftrag: Attraktiver Fußball für das anspruchsvolle Kölner Publikum und endlich das Erreichen der Endrundenspiele um die Deutsche Meisterschaft.

Nach optimal verlaufener Vorbereitung – alle Testspiele wurden gewonnen – siegten die Geißböcke auch im ersten Pflichtspiel bei Horst-Emscher mit 2:1. Schon der 2. Spieltag brachte ein echtes Schlagerspiel, denn mit RW Essen war der amtierende Westmeister im Kölner Stadion zu Gast. 40.000 Zuschauer sahen einen 2:1-Erfolg des 1. FC Köln gegen eine Essener Mannschaft, die noch in der Vorwoche Bayer Leverkusen mit 8:1 auseinandergenommen hatte.

„WER KANN KÖLN DEN ERSTEN PUNKT ABKNÖPFEN?"

Der Sieg gegen das Top-Team aus dem Kohlenpott weckte im Umfeld schnell Begehrlichkeiten. Auch die lokale Presse fragte: „Vor einem großen Jahr des 1. FC Köln?" So stieg der Erwartungsdruck auf die Mannschaft, die diesem aber standhielt und auch beim unbequemen Aufsteiger aus Sodingen mit 1:0 als Sieger vom Platz ging. Matchwinner war Frans de Munck, inzwischen wieder unumstrittener Stammtorwart, der kurz vor Schluss einen Handelfmeter parieren konnte. Der 4. Spieltag brachte das immer wieder interessante Duell mit Alemannia Aachen, zu dem 20.000 Besucher, darunter ein wie immer starker Anhang aus der Kaiserstadt, nach Müngersdorf gekommen waren. Obwohl der FC noch unter der Woche bei einem Spiel gegen eine Schweizer Auswahl in Zürich Kräfte lassen musste, behielt er nach zähem Kampf mit 3:1 die Oberhand. „Wer kann Köln den ersten Punkt abknöpfen?", fragte eine besorgte Zeitung, die einen allzu langweiligen Alleingang der Rot-Weißen befürchtete. Doch das Team ließ sich nicht beirren und setzte seinen Siegeszug fort.

Trotz strömenden Regens gewann der FC auf dem gefürchteten Lindenbruch in Katernberg. Der Holländer Bert Carlier lief erstmals als Rechtsaußen auf und führte sich mit seinem Tor zur 1:0-Führung glänzend ein. Auch im Domstadt-Derby schlug der FC Preußen Dellbrück klar

FC-Mannschaftsbild 1952/1953: Stehend von links: Martin Hirche, Walter Müller, Jupp Röhrig, Bert Carlier, Berthold Nordmann, Georg Gawliczek, Hans Schäfer, Dr. Franz Wichelhaus, Fritz Breuer, Gerhard Ihns, Trainer Helmut Schneider. Kniend von links: Paul Mebus, Stefan Langen, Frans de Munck, Hans Graf, Franz Becker.

[LEGENDEN]

Walter Müller
Beim FC von 1952 bis 1958
Geboren: 22.12.1928 in Kassel
Gestorben: 16.09.1995 in Kassel
Pflichtspiele beim FC: 168
Pflichtspieltore: 71

Das „Kopfballungeheuer" der 1950er Jahre

Als Jugendlicher ein guter Handballer im Stadtteilverein Kassel-Harleshausen, war Walter Müller als Fußballer noch erfolgreicher. Auf der Position des Mittelstürmers gehörte er zum Stamm der Kasseler Stadtmannschaft. Entscheidend für die weitere Laufbahn des Offensivspielers war sein Wechsel zum damaligen Nordoberligisten Göttingen 05 im Jahre 1949. Bei den Niedersachsen wurde er, mittlerweile zum Rechtsaußen „umgeschult", Leistungsträger und kam repräsentativ in der Auswahlmannschaft Norddeutschlands zum Einsatz.

Der Wunsch Turn- und Sportlehrer zu werden, führte Müller im Sommer 1952 an die Kölner Sporthochschule. FC-Präsident Franz Kremer und sein „Scout" Jupp Schmitz zögerten nicht lange und so wurde der angehende Student im Sommer 1952 Vertragsspieler des 1. FC Köln. Bei seiner Pflichtspielpremiere am 24. August 1952, einem 2:1-Erfolg über den STV Horst-Emscher, war Müller auch direkt als Torschütze erfolgreich. Bis zum Saisonende sollten noch 16 weitere Treffer hinzukommen, was für die Kölner Platz 2 in der Oberliga West und somit die Qualifikation zur Endrunde um die Deutsche Meisterschaft bedeutete. 1953/54 hatte der sympathische Hesse mit großem Verletzungspech zu kämpfen. Obwohl in nur sieben Oberligabegegnungen eingesetzt, gelang ihm dennoch ausgerechnet am letzten Spieltag ein historisches Tor: Mit dem 2:1 in der 88. Minute beim Auswärtsspiel in Sodingen sicherte Müller dem

Mit 2:0 behielt der FC gegen Rot-Weiß Essen die Oberhand. Damit waren die Essener Anhänger nicht einverstanden. Einige von ihnen stürmten den Platz, so dass die Kölner Spieler von der Polizei aus der Arena eskortiert wurden.

1. FC Köln seinen ersten Westdeutschen Meistertitel nach dem Krieg. Mehrmals hatte sich Walter Müller in das berühmte Notizbuch von Bundestrainer Sepp Herberger gespielt, zu einem Einsatz in der A-Nationalmannschaft kam es aber nie. Dessen ungeachtet war der torgefährliche und kopfballstarke Akteur ein wichtiger Bestandteil der erfolgreichen FC-Mannschaft der 1950er Jahre. Im Sommer 1955 absolvierte das „Kopfballungeheuer" sein Diplom als Turn- und Sportlehrer mit der Note „Sehr gut" und wurde als Bester seines Semesters mit der August-Bier-Plakette ausgezeichnet. Am Ende der Spielzeit 1957/1958 verließ Walter Müller den 1. FC Köln, um in seine Heimatstadt Kassel zurückzukehren und sich Hessen Kassel anzuschließen. Nach Beendigung seiner Fußballerlaufbahn war Walter Müller als Sportlehrer und Trainer der Kasseler tätig.

4,10 DM kostete der Sitzplatz beim westdeutschen Pokalendspiel 1953 im Düsseldorfer Rheinstadion.

[Interessantes & Kurioses]

- Durch einen 2:0-Erfolg im Finale gegen RW Essen am 30. Juni 1953 wird der FC erstmals Westdeutscher Pokalsieger und gewinnt so seinen ersten Titel. Während der Partie im Düsseldorfer Rheinstadion kommt es mehrfach zu Zuschauerausschreitungen. Zahlreiche Personen werden von der Polizei festgenommen.

- FC-Leichtathlet Willi Krüll wird westdeutscher Meister 1953 im 200 m und 400 m Hürdenlauf.

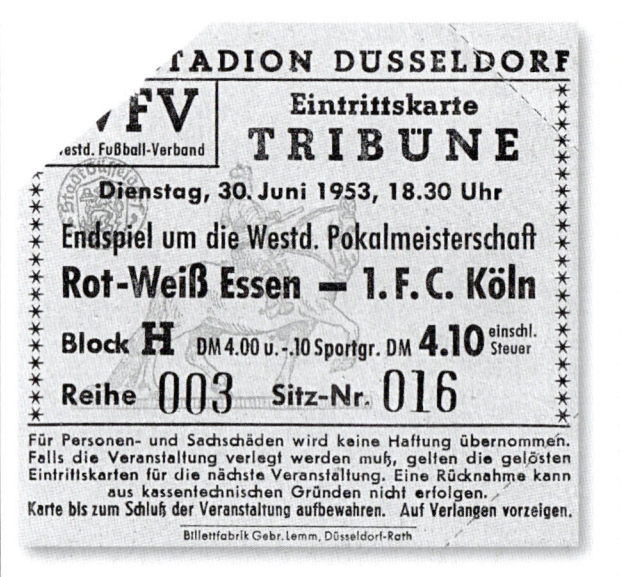

mit 2:0. Schlüssel zum Sieg war die Tatsache, dass Preußen-Spielmacher Herbert Dörner, der in der kommenden Saison das Geißbocktrikot überstreifen sollte, von Georg Gawliczek völlig abgemeldet wurde. Sämtliche Fan-Busse, die zum folgenden Auswärtsspiel bei Borussia Mönchengladbach fuhren, waren ausverkauft, obwohl die Borussen längst kein so attraktiver Gegner waren wie in späteren Bundesligazeiten. Die Anhänger wurden für die Fahrt an den Niederrhein mit einem 6:0-Kantersieg, bei dem allein Schäfer als vierfacher Torschütze erfolgreich war, belohnt. Nur eine Woche später, am 19. Oktober 1952, gingen die FC-Festwochen beim Spiel gegen Fortuna Düsseldorf weiter, denn der Gast aus der Landeshauptstadt wurde mit 5:2 demontiert. Nach weiteren Erfolgen zu Hause gegen den Meidericher SV und bei Schwarz-Weiß Essen hatten die Kölner an der Tabellenspitze bereits vier Punkte Vorsprung vor dem ärgsten Verfolger Borussia Dortmund. Mit der Gewissheit des beruhigenden Punktepolsters konnte der FC entspannt eine kurze Gastspielreise nach Jugoslawien antreten.

SCHÄFERS DEBÜT IM ADLERDRESS

Nicht mit auf dem Balkan war Hans Schäfer, der sich bei Sepp Herbergers Nationalmannschaft befand und am 9. November 1952 sein Debüt im Adlerdress gab. Beim 5:1-Sieg der deutschen Elf gegen die Schweiz hatte der junge Kölner mit zwei Toren einen perfekten Einstand.
Zeit um sich auf den Lorbeeren auszuruhen blieb Schäfer nicht, denn am nächsten Oberligaspieltag mobilisierte das Gastspiel des FC Schalke 04 in Köln die Massen wie eh und je. FC-Schatzmeister Heini Erping freute sich über die stattliche Kulisse von 50.000 Fußballfreunden, die einen warmen Regen in die Vereinskasse spülten. Vor der Partie wurden die Nationalspieler Schäfer und der Schalker Berni Klodt mit Blumen geehrt. Auf dem Platz hatten die Geißböcke aber keine Gastgeschenke zu vergeben und holten im 11. Punktspiel den 11. Sieg. Bester Mann auf dem Platz war der Göttinger Neuzugang Walter Müller, der nicht nur zwei sehenswerte Tore erzielen konnte, sondern auch sonst einen ständigen Gefahrenherd darstellte. Erfreulich war auch, dass Paul Mebus nach langer Verletzungspause wieder mitmischen konnte.

SPITZENSPIEL IN DER ROTEN ERDE

Am 12. Spieltag kam es dann im Dortmunder Stadion Rote Erde zum lange erwarteten Spitzenspiel mit dem BVB. Da die Kölner in der Tabelle schon fünf Punkte vor den Westfalen lagen, hatte die Begegnung einen regelrechten Endspielcharakter. Und tatsächlich gelang es den Borussen der Schneider-Truppe im 12. Spiel die erste Niederlage beizubringen. Der 4:2-Erfolg der Dortmunder war unter dem Strich verdient, da sie an diesem Tag die kämpferisch bessere Leistung boten. Für den FC kam der Ausfall von Stürmer Müller erschwerend hinzu.

Im folgenden Heimspiel gegen Bayer Leverkusen reichte es nur zu einem mühsamen 2:2. Glücklicherweise erholten sich die Geißböcke vom vorübergehenden Tief und beendeten die Hinrunde als souveräner Herbstmeister. Mit einem Paukenschlag meldete sich der 1. FC Köln aus der Winterpause, die nur einen Monat gedauert hatte, zurück. Mit 9:2 wurde der STV Horst-Emscher aus dem Müngersdorfer Stadion geschossen – ein Auftakt nach Maß. Ein überragender Helmut Rahn auf Seiten von RW Essen holte die Domstädter bei der 3:0-Auswärtspleite in Bergeborbeck auf den Boden der Tatsachen zurück. Der FC hatte bei seinem Auftritt in der Ruhrmetropole seine schwächste Saisonleistung gezeigt. Die Mannschaft hatte ihren perfekten Rhythmus der Vorrunde inzwischen verloren. Gegen den SV Sodingen reichte es auf eigenem Platz nur zu einem Remis, der Auftritt bei Alemannia Aachen ging gar verloren. Erst am 8. Februar 1953 bekamen die FC-Fans beim 7:3-Erfolg über Schlusslicht Katernberg wieder ein Schützenfest zu sehen. Genau sieben Tage später mussten die Rot-Weißen nach einer unglücklichen Niederlage in Duisburg die Tabellenführung an die Dortmunder Borussen abgeben.

Jetzt begann das große Zittern, denn um die Endrunde zu erreichen, musste zumindest Platz 2 in der Endabrechnung belegt werden. Spielerisch war der 1. FC Köln zweifellos eine Klasse für sich, hatte man doch mit Jupp Röhrig einen Spielgestalter von internationalem Format in den eigenen Reihen. Doch es kam immer häufiger vor, dass man ihm einen „Wachhund" auf die Füße stellte, und so nicht selten auch die gesamte Offensive der Geißbockelf empfindlich störte. Konnten die Kölner ihr technisch feines Kombinationsspiel ungestört aufziehen, waren sie nur schwer zu stoppen. Das mussten auch die Gladbacher feststellen, als sie am 22. Februar 1953 gleich ein halbes Dutzend Gegentore eingeschenkt bekamen. Mittlerweile hatten aber auch die vermeintlichen Underdogs bemerkt, dass der FC nicht unbesiegbar war, und so gelang es Preußen Dellbrück am 24. Spieltag erstmals den großen linksrheinischen Rivalen in einem Meisterschaftsspiel zu bezwingen. Immer noch hatten die Geißböcke drei Punkte Vorsprung auf den wertlosen 3. Tabellenplatz. Und als in einem begeisternden Spiel vor 60.000 Zuschauern in Müngersdorf Spitzenreiter Borussia Dortmund mit 5:1 fast schon deklassiert wurde, war klar, dass man sich die Endrundenteilnahme wohl nicht mehr nehmen lassen würde. So behauptete der FC Platz 2, wurde Westdeutscher Vizemeister und hatte endlich das langersehnte Ziel erreicht. Erstmals stand der einstige Vorortverein im Rampenlicht der deutschen Fußballbühne. Im Westen war der 1. FC Köln neben Schalke 04 und Borussia Dortmund längst zum Kassenmagnet geworden, was besonders die Schatzmeister der gastgebenden Vereine freute. Doch auch die Zuschauerzahlen auf eigenem Platz konnten sich sehen lassen. Nur der BVB konnte in seinem Stadion in der Spielzeit 1952/53 mehr Besucher begrüßen als der FC. Stars wie de Munck, Mebus, Röhrig oder Schäfer waren in aller Munde. Fans und Fachleute waren sich gleichermaßen einig, dass die Kölner um die Vergabe der Meisterschale ein ernsthaftes Wörtchen mitreden würden. Mit großer Vorfreude erwarteten die rheinischen

■ Die Luxemburger Straße ist die Straße des 1. FC Köln: Gleich fünf FC-Spieler haben hier ihr Geschäft. Mannschaftskapitän Hans Graf ein Fachgeschäft für Autozubehör, Jupp Röhrig ein Zigarrenhaus, Gerhard Ihns verkauft Fahrräder, Paul Mebus betreibt einen Herrenmodeladen und Stefan Langen ist Inhaber der „Weinstube zum Geißbock". Interessant ist die Tatsache, dass sich der Laden von Jupp Röhrig im selben Haus wie die FC-Geschäftsstelle befindet (Nr. 303).

■ Im Januar 1953 kommt es zur Gründung der FC-Boxsportabteilung. Im Dezember 1952 war bereits eine Basketballabteilung ins Leben gerufen worden.

■ Im Februar ist die A-1 Jugend des 1. FC Köln zu Gast in Liverpool und damit die erste FC-Mannschaft, die auf der Insel gastiert. Als Höhepunkt des Englandtrips besuchen die Jugendlichen noch das FA-Cup-Spiel des FC Everton gegen Manchester United.

■ Mit 26 Treffern wird Hans Schäfer Torschützenkönig der Oberliga West.

■ Geißbock Hennes, normalerweise auch bei den Auswärtsspielen der Kölner immer dabei, wird vom DFB für die Endrundenbegegnungen „gesperrt". Laut offiziellem Schreiben gehört „kein Getier auf den Spielplatz". Für Hennes ist dieser Umstand besonders schade, da man ihm zum Saisonbeginn einen nagelneuen Sonderwagen zum Anhängen an den Mannschaftsbus besorgt hat.

■ Beim Spiel der Kölner „Auf Schalke" wird neben dem Zuschauerrekord (rund 50.000) auch ein bis dato unerreichter Fahrzeugrekord aufgestellt. Mehr als 8.000 Fahrzeuge (PKW, LKW, Omnibusse und Motorräder) aus dem gesamten Westen werden von der Polizei Gelsenkirchen gezählt.

■ Erstmals in der Vereinsgeschichte bietet der FC auch Halbjahresdauerkarten zum Kauf an.

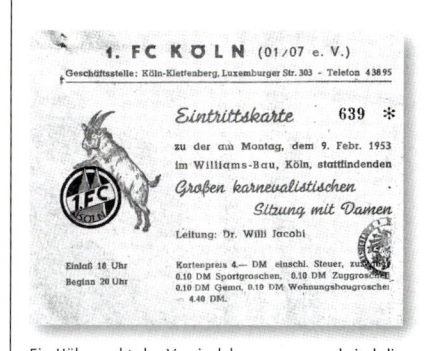

Bei der Hochzeit von Hans Schäfer am 28. April 1953 sind neben dem FC-Vorstand und Geißbock Hennes auch einige Mitspieler sowie eine spalierstehende Jugendmannschaft zu Gast.

Ein Höhepunkt des Vereinslebens waren und sind die FC-Karnevalssitzungen. Die Tickets zu der alljährlichen Veranstaltung sind seit jeher heiß begehrt, wie dieses Exemplar vom 9. Februar 1953.

Das „Neujahrsschwein" brachte Franz Kremer und dem FC tatsächlich Glück. Erstmals erreichte man die Endrunde um die „Deutsche" und wurde zudem Westdeutscher Pokalsieger.

Seit September 1951 präsentierte man den Mitgliedern die beliebten Clubnachrichten im DIN-A4 Format und mit teils farbigem Cover. Offiziell hieß das Heft nun *Der Geißbock*. Ein Quantensprung in Sachen Öffentlichkeitsarbeit, der bei Mitgliedern und Presse sehr gut ankam. Das Bild zeigt die Ausgabe Oktober/November 1952.

Ticket zum DM-Endrundenspiel am 31. Mai 1953 im Ludwigshafener Südweststadion.

Fußballfreunde die kommenden Endrundenspiele, die neben dem sportlichen Prestige auch eine für die Clubkasse lukrative Angelegenheit waren. Geld, das der FC für ein ehrgeiziges Projekt gut gebrauchen konnte. Denn wo früher das alte Sülzer Fort gestanden hatte, waren die Bauarbeiten für ein neues, modernes Clubhaus in vollem Gange. Die Baukosten hierfür wurden mit mindestens 250.000 DM veranschlagt – eine für die damalige Zeit riesige Summe. Da kam der Vereinsführung um Franz Kremer jede Zusatzeinnahme gerade recht.

„IM STIL DES WAHREN MEISTERS": DIE ENDRUNDE

Eintracht Frankfurt, 1. FC Kaiserslautern und Holstein Kiel hießen die Gegner in den Gruppenspielen um die „Deutsche". Zum Auftakt mussten die Kölner im Frankfurter Waldstadion antreten und wurden gleich in der ersten Minute durch ein frühes Führungstor des Süddeutschen Meisters eiskalt erwischt. Als die Hessen fünf Minuten vor der Halbzeit auf 2:0 erhöhten, war das Schicksal der Geißböcke praktisch schon besiegelt. Man versuchte noch die drohende Niederlage abzuwenden, konnte sich aber gegen die starken Frankfurter nicht mehr entscheidend in Szene setzen. Der wegen einer Muskelverletzung ausgefallene Röhrig wurde schmerzlich vermisst. Mit dem 1. FC Kaiserslautern war eine mit Nationalspielern gespickte, deutsche Spitzenmannschaft am 10. Mai 1953 im Müngersdorfer Stadion zu Gast. 65.000 Zuschauer wollten sich den Auftritt von Stars wie den Gebrüdern Walter, Werner Liebrich, Horst Eckel oder Werner Kohlmeyer nicht entgehen lassen. Die ganz in Blau spielenden Geißböcke enttäuschten ihre Fans nicht und boten Angriffsfußball vom Feinsten. Röhrig war auch wieder mit von der Partie. Vor dem Pfälzer Tor herrschte ein regelrechter Belagerungszustand. Doch das Salz in der Suppe, ein Tor, wollte nicht fallen. Es fiel wie so oft auf der Gegenseite. Der erfahrene Fritz Walter nutzte eine Unachtsamkeit in der Kölner Hintermannschaft mit all seiner Routine aus und brachte die Gäste kurz vor dem Seitenwechsel in Führung. Nur eine Minute nach Wiederanpfiff gelang Ottmar Walter das 2:0. Trotz des Anschlusstreffers, den der junge Willi Gierlich markieren konnte, verteidigte der FCK seine Führung. Der FC war einfach noch nicht abgezockt genug, obwohl er weite Strecken der Begegnung dominiert hatte. Nicht zu Unrecht wurde die Mannschaft nach dem Abpfiff trotz der Niederlage mit reichlich Applaus bedacht. Nach der Pleite gegen die Walter-Elf rangierten die Kölner an letzter Position der Gruppentabelle.

Eine Woche später hatten die Kölner erneut Heimrecht und kamen beim 3:2 über Holstein Kiel zu ihrem ersten Endrundenerfolg. Auch im Rückspiel rang man den Kieler Störchen beim 2:2 einen verdienten Punkt ab. Trotz allem reichte es nicht aus, um ganz vorne dabei zu sein. So galt es, in den verbleibenden zwei Begegnungen gegen Frankfurt und Kaiserslautern seine Haut so teuer wie möglich zu verkaufen, was dem FC auch eindrucksvoll gelang. Beim 2:2 in Ludwigshafen war man dem FCK, dem späteren Deutschen Meister, ein ebenbürtiger Gegner und begeisterte das verwöhnte Pfälzer Publikum. „Köln im Stil des wahren Meisters" titelte anschließend das Fachblatt *Kicker*. Im letzten Spiel gab es ein torloses Remis gegen die Eintracht. Auch wenn der Griff nach den Sternen noch nicht gelungen war, konnten die Kölner mit der ersten Endrundenteilnahme zufrieden sein.

STATISTIK 1952/53

OBERLIGA WEST

24.08.1952 STV Horst-Emscher - 1. FC Köln 1:2 (0:2)
Zuschauer: 8.000
Tore: 0:1 (10.) Schäfer, 0:2 (13.) Müller, 1:2 (62.) Sense.
Aufstellung: de Munck, Langen, Graf, Gawliczek, Hirche, Wichelhaus, Müller, Röhrig, Breuer. Schäfer, Ihns.

31.08.1952 Rot-Weiß Essen - 1. FC Köln 2:1 (2:0)
Zuschauer: 40.000
Tore: 1:0 (16.) Schäfer, 2:0 (41.) Breuer, 2:1 (55.) Termarth.
Aufstellung: de Munck, Langen, Graf, Gawliczek, Hirche, Müller, Röhrig, Breuer, Schäfer, Ihns, Wichelhaus.

07.09.1952 SV Sodingen - 1. FC Köln 0:1 (0:0)
Zuschauer: 25.000
Tore: 0:1 (76.) Ihns.
Aufstellung: de Munck, Langen, Graf, Gawliczek, Hartmann, Wichelhaus, Müller, Röhrig, Breuer, Schäfer, Ihns.

14.09.1952 1. FC Köln - Alemannia Aachen 3:1 (2:0)
Zuschauer: 20.000
Tore: 1:0 (12.) Wichelhaus, 2:0 (41.) Schäfer, 2:1 (52.) J. Schmidt, 3:1 (76.) Müller.
Aufstellung: de Munck, Langen, Graf, Gawliczek, Hartmann, Wichelhaus, Ihns, Breuer, Müller, Röhrig, Schäfer.

21.09.1952 Sportfreunde Katernberg - 1. FC Köln 1:2 (0:1)
Zuschauer: 5.000
Tore: 0:1 (07.) Carlier, 0:2 (55.) Schäfer, 1:2 (84.) Vordenbäumen.
Aufstellung: de Munck, Langen, Graf, Becker, Gawliczek, Wichelhaus, Ihns, Breuer, Müller, Schäfer, Carlier.

28.09.1952 1. FC Köln - Preußen Dellbrück 2:0 (1:0)
Zuschauer: 34.000
Tore: 1:0 (28.) Müller, 2:0 (71.) Breuer.
Aufstellung: de Munck, Langen, Graf, Gawliczek, Wichelhaus, Röhrig, Ihns, Breuer, Müller, Schäfer, Carlier.

12.10.1952 Borussia M'gladbach - 1. FC Köln 0:6 (0:1)
Zuschauer: 19.000
Tore: 0:1 (23.) Röhrig, 0:2, 0:3 (47., 65.) Schäfer, 0:4 (75.) Breuer, 0:5, 0:6 (87., 89.) Schäfer.
Aufstellung: de Munck, Langen, Graf, Gawliczek, Hirche, Wichelhaus, Müller, Ihns, Breuer, Röhrig, Schäfer.

19.10.1952 1. FC Köln - Fortuna Düsseldorf 5:2 (2:1)
Zuschauer: 34.000
Tore: 1:0, 2:0 (11., 13.) Müller, 2:1 (14.) K. Grammminger, 3:1, 4:1 (54., 64. [HE]) Ihns, 5:1 (76.) Schäfer, 5:2 (81.) Mauritz.
Aufstellung: de Munck, Langen, Graf, Gawliczek, Wichelhaus, Hirche, Müller, Breuer, Ihns, Röhrig, Schäfer.

26.10.1952 1. FC Köln - Meidericher SV 2:0 (2:0)
Zuschauer: 20.000
Tore: 1:0 (35.) Breuer, 2:0 (42.) Breuer.
Aufstellung: de Munck, Langen, Graf, Gawliczek, Hirche, Wichelhaus, Müller, Breuer, Ihns, Röhrig, Schäfer.

02.11.1952 Schwarz-Weiß Essen - 1. FC Köln 1:2 (0:1)
Zuschauer: 30.000
Tore: 0:1 (30.) Schäfer, 1:1 (52.) Jackstell, 1:2 (87.) Schäfer.
Aufstellung: de Munck, Langen, Graf, Gawliczek, Hirche, Wichelhaus, Müller, Ihns, Breuer, Röhrig, Schäfer.

16.11.1952 1. FC Köln - FC Schalke 04 4:2 (2:1)
Zuschauer: 50.000
Tore: 0:1 (01.) Siebert, 1:1 (34.) Müller, 2:1 (35.) Schäfer, 3:1 (56.) Breuer, 4:1 (67.) Müller, 4:2 (88.) Klodt.
Aufstellung: de Munck, Langen, Graf, Gawliczek, Hirche, Mebus, Müller, Ihns, Röhrig, Schäfer, Breuer.

23.11.1952 Borussia Dortmund - 1. FC Köln 4:2 (2:1)
Zuschauer: 40.000
Tore: 1:0 (02.) Niepieklo, 2:0 (10.) Kasperski, 2:1 (20.) Gawliczek, 3:1, 4:1 (57., 65.) Kasperski, 4:2 (73.) Breuer.
Aufstellung: de Munck, Langen, Graf, Gawliczek, Hirche, Mebus, Nordmann, Breuer, Ihns, Röhrig, Schäfer.

30.11.1952 1. FC Köln - Bayer Leverkusen 2:2 (1:2)
Zuschauer: 22.000
Tore: 1:0 (02.) Röhrig, 1:1 (16.) Kirchhoff, 1:2 (19.) Kirchberg, 2:2 (82.) Schäfer.
Aufstellung: de Munck, Langen, Graf, Mebus, Gawliczek, Wichelhaus, Müller, Breuer, Ihns, Röhrig, Schäfer.

07.12.1952 SpVgg Erkenschwick - 1. FC Köln 2:3 (1:1)
Zuschauer: 7.000
Tore: 0:1 (24.) Müller, 1:1 (39.) Linka, 1:2 (70.) Müller, 1:3 (84.) Breuer, 2:3 (85.) Berger.
Aufstellung: de Munck, Langen, Graf, Becker, Gawliczek, Wichelhaus, Müller, Breuer, Ihns, Röhrig, Schäfer.

14.12.1952 Preußen Münster - 1. FC Köln 0:3 (0:2)
Zuschauer: 25.000
Tore: 0:1 (13.) Nordmann, 0:2 (40.) Schäfer, 0:3 (84.) Ihns.
Aufstellung: de Munck, Langen, Graf, Becker, Gawliczek, Hirche, Breuer, Röhrig, Nordmann, Schäfer, Ihns.

04.01.1953 1. FC Köln - STV Horst-Emscher 9:2 (6:0)
Zuschauer: 10.000
Tore: 1:0 (11.) Breuer, 2:0 (14.) Carlier, 3:0 (25.) Breuer, 4:0 (30.) Ihns, 5:0 (35.) Graf, 6:0 (40.) Breuer, 6:1 (53.) Schmidt, 7:1 (55.) Hirche, 8:1 (75.) Carlier, 9:1 (78.) Ihns, 9:2 (82.) Lange.
Aufstellung: de Munck, Langen, Graf, Becker, Hirche, Ihns, Breuer, Nordmann, Röhrig, Carlier.

11.01.1953 Rot-Weiß Essen - 1. FC Köln 3:0 (2:0)
Zuschauer: 30.000
Tore: 1:0 (18.) Islacker, 2:0 (34.) Rahn, 3:0 (86.) Islacker.
Aufstellung: de Munck, Graf, Langen, Becker, Gawliczek, Hirche, Müller, Breuer, Röhrig, Schäfer, Ihns.

18.01.1953 1. FC Köln - SV Sodingen 1:1 (1:1)
Zuschauer: 10.000
Tore: 1:0 (14.) Müller, 1:1 (32.) Blatt.
Aufstellung: de Munck, Langen, Graf, Becker, Gawliczek, Hirche, Müller, Breuer, Ihns, Röhrig, Schäfer.

25.01.1953 Alemannia Aachen - 1. FC Köln 3:2 (2:1)
Zuschauer: 18.000
Tore: 1:0 (03.) Richter, 2:0 (04.) G. Schmidt, 2:1 (40.) Schäfer, 3:1 (61.) Kraus, 3:2 (87.) Breuer.
Aufstellung: de Munck, Langen, Graf, Becker, Gawliczek, Hirche, Müller, Breuer, Nordmann, Röhrig, Schäfer.

08.02.1953 1. FC Köln - Sportfr. Katernberg 7:3 (5:1)
Zuschauer: 5.000
Tore: 0:1 (13.) Köhler, 1:1 (19.) Carlier, 2:1, 3:1 (25., 28.) Müller, 4:1 (41.) Schäfer, 5:1 (42.) Carlier, 5:2 (58.) Carel, 6:2 (62.) Penting (Eigentor), 6:3 (78.) Köhler, 7:3 (80.) Schäfer.
Aufstellung: de Munck, Langen, Graf, Mebus, Gawliczek, Röhrig, Ihns, Breuer, Müller, Schäfer, Carlier.

15.02.1953 Meidericher SV - 1. FC Köln 3:2 (1:0)
Zuschauer: 20.000
Tore: 1:0 (40.) Hetzel, 2:0 (46.) Hufnagel, 2:1 (57.) Röhrig, 2:2 (59.) Schäfer, 3:2 (79.) Neumann (Elfmeter).
Aufstellung: de Munck, Langen, Graf, Mebus, Wichelhaus, Gawliczek, Ihns, Röhrig, Müller, Schäfer, Carlier.

22.02.1953 1. FC Köln - Borussia M'gladbach 6:0 (1:0)
Zuschauer: 12.000
Tore: 1:0 (30.) Carlier, 2:0 (61.) Breuer, 3:0 (79.) Carlier, 4:0, 5:0 (83., 85.) Schäfer, 6:0 (89.) Röhrig (FE).
Aufstellung: de Munck, Langen, Graf, Mebus, Hirche, Röhrig, Nordmann, Breuer, Müller, Schäfer, Carlier.

01.03.1953 Fortuna Düsseldorf - 1. FC Köln 2:0 (0:0)
Zuschauer: 40.000
Tore: 1:0 (82.) Wimmer, 2:0 (86.) K. Grammminger.
Aufstellung: de Munck, Langen, Graf, Mebus, Hirche, Gawliczek, Müller, Röhrig, Breuer, Schäfer, Carlier.

08.03.1953 Preußen Dellbrück - 1. FC Köln 1:0 (0:0)
Zuschauer: 40.000
Tor: 1:0 (67.) Schlömer I.
Aufstellung: de Munck, Langen, Graf, Mebus, Wichelhaus, Gawliczek, Müller, Breuer, Ihns, Röhrig, Schäfer.

15.03.1953 1. FC Köln - Schwarz-Weiß Essen 5:2 (4:2)
Zuschauer: 12.000
Tore: 0:1 (06.) Fiedler, 1:1 (18.) Röhrig, 2:1 (20.) Ihns, 3:1, 4:1 (27., 32.) Müller, 4:2 (42.) Keus, 5:2 (70.) Schäfer.
Aufstellung: de Munck, Langen, Graf, Mebus, Gawliczek, Nordmann, Bars, Röhrig, Müller, Schäfer, Ihns.

18.03.1953 FC Schalke 04 - 1. FC Köln 1:1 (1:0)
Zuschauer: 55.000
Tore: 1:0 (27.) Matzkowski (FE), 1:1 (56.) Bars.
Aufstellung: de Munck, Langen, Graf, Mebus, Gawliczek, Nordmann, Bars, Röhrig, Müller, Schäfer, Ihns.

29.03.1953 1. FC Köln - Borussia Dortmund 5:1 (3:1)
Zuschauer: 60.000
Tore: 0:1 (04.) Niepieklo, 1:1 (24.) Ihns (Elfmeter), 2:1, 3:1 (25., 41.) Schäfer, 4:1 (82.) Müller, 5:1 (83.) Bars.
Aufstellung: de Munck, Becker, Graf, Mebus, Gawliczek, Hirche, Bars, Röhrig, Müller, Schäfer, Ihns.

12.04.1953 Bayer Leverkusen - 1. FC Köln 2:2 (1:1)
Zuschauer: 16.000
Tore: 1:0 (08.) Thiede, 1:1 (20.) Bars, 1:2 (55.) Bars, 2:2 (70.) Thiede.
Aufstellung: de Munck, Becker, Graf, Mebus, Gawliczek, Hirche, Bars, Röhrig, Müller, Schäfer, Carlier.

19.04.1953 1. FC Köln - SpVgg Erkenschwick 4:0 (1:0)
Zuschauer: 14.000
Tore: 1:0 (23.) Schäfer, 2:0 (48.) Müller, 3:0, 4:0 (61., 62.) Schäfer.
Aufstellung: de Munck, Langen, Graf, Mebus, Gawliczek, Hirche, Bars, Röhrig Müller, Schäfer, Ihns.

26.04.1953 1. FC Köln - Preußen Münster 1:1 (1:1)
Zuschauer: 8.500
Tore: 1:0 (06.) Müller, 1:1 (19.) Lesch (FE).
Aufstellung: de Munck, Graf, Langen, Heinz Goffart, Hirche, Gawliczek, Becker, Breuer, Müller, Gierlich, Nordmann.

ENDRUNDE

03.05.1953 Eintracht Frankfurt - 1. FC Köln 2:0 (2:0)
Zuschauer: 52.000
Tore: 1:0 (01.) Dziwocki, 2:0 (39.) Hesse.
Aufstellung: de Munck, Becker, Graf, Mebus, Hirche, Gawliczek, Bars, Müller, Breuer, Schäfer, Ihns.

10.05.1953 1. FC Köln - 1.FC Kaiserslautern 1:2 (0:1)
Zuschauer: 65.000
Tore: 0:1 (43.) F.Walter, 0:2 (46.) O. Walter, 1:2 (59.) Gierlich.
Aufstellung: de Munck, Langen, Graf, Mebus, Hirche, Müller, Gierlich, Breuer, Röhrig, Schäfer.

17.05.1953 1. FC Köln - Holstein Kiel 3:2 (2:0)
Zuschauer: 30.000
Tore: 1:0 (01.) Schäfer, 2:0 (09.) Breuer, 3:0 (52.) Röhrig, 3:1 (59.) Schildt, 3:2 (62.) Maier.
Aufstellung: de Munck, Becker, Graf, Mebus, Hirche, Müller, Ihns, Breuer, Röhrig, Schäfer.

24.05.1953 Holstein Kiel - 1. FC Köln 2:2 (2:1)
Zuschauer: 9.000
Tore: 1:0 (20.) Schradi, 2:0 (27.) Haack, 2:1 (29.) Schäfer, 2:2 (88.) Gawliczek.
Aufstellung: de Munck, Langen, Graf, Mebus, Gawliczek, Nordmann, Müller, Ihns, Breuer, Röhrig, Schäfer.

31.05.1953 1.FC Kaiserslautern - 1. FC Köln 2:2 (2:1)
Zuschauer: 40.500
Tore: 0:1 (09.) Müller, 1:1 (11.) Röhrig (E.), 2:1 (38.) F. Walter, 2:2 (90.) Schäfer.
Aufstellung: de Munck, Langen, Graf, Mebus, Hartmann, Hirche, Müller, Gierlich, Ihns, Röhrig, Schäfer.

STATISTIK 1952/53

07.06.1953 **1. FC Köln - Eintracht Frankfurt** 0:0
Zuschauer: 20.000
Aufstellung: Nelles, Langen, Graf, Mebus, Hartmann, Hirche, Müller, Gierlich, Breuer, Röhrig, Schäfer.

WESTDEUTSCHER POKAL

Die kommenden Spiele um den Westdeutschen Pokal zählen bereits für die Spielzeit 1953/54:

Viertelfinale
17.06.1953 **Vohwinkel 80 - 1. FC Köln** 3:5 (2:2)
Zuschauer: 15.000
Tore: 1:0 Pelzer, 1:1 Röhrig, 1:2 Breuer, 2:2 Pelzer, 2:3 Gawliczek, 3:3 Weber, 3:4 (77.) Gierlich, 3:5 (86.) Schäfer.
Aufstellung: de Munck, Langen, Graf, Mebus, Hartmann, Gawliczek, Müller, Gierlich, Breuer, Röhrig, Schäfer.

Halbfinale
24.06.1953 **1. FC Köln - Borussia Dortmund** 2:1 n.V.
Zuschauer: 18.000
Tore: 1:0 (22.) Hirche, 1:1 (32.) Farke, 2:1 (118.) Nordmann.
Aufstellung: de Munck, Graf, Langen, Gawliczek, Hartmann, Hirche, Müller, Gierlich, Breuer, Röhrig, Nordmann.

Finale
30.06.1953 **Rot-Weiß Essen - 1. FC Köln** 0:2 (0:2)
Zuschauer: 15.000
Tore: 0:1 (03.) Röhrig, 0:2 (26.) Breuer.
Aufstellung: de Munck, Langen, Graf, Mebus, Hartmann, Hirche, Müller, Gierlich, Breuer, Röhrig, Schäfer.

Besondere Vorkommnisse: Das Finale wurde in Düsseldorf ausgetragen. Göbel (RWE) wurde in der 58. Minute des Feldes verwiesen.

FREUNDSCHAFTSSPIELE

01.08.1952 **1. FC Köln - SV Mannheim** 6:1 (3:1)
05.08.1952 **Auswahl Mülheim/R.- 1. FC Köln** 2:5
09.08.1952 **1. FC Köln - FC Sochaux** 4:0 (2:0)
10.08.1952 **SV Neukirchen - 1. FC Köln** 2:6
16.08.1952 **1. FC Köln - TuS Neuendorf** 5:0 (3:0)
10.09.1952 **Schweizer Auswahl - 1. FC Köln** 6:4 (3:2) (Zürich)
05.11.1952 **Partizan Belgrad - 1. FC Köln** 4:0
06.11.1952 **Roter Stern Belgrad - 1. FC Köln** 7:1
26.12.1952 **1. FC Köln - Roter-Stern Belgrad** 2:4 (1:1)
05.04.1953 **Stadtelf Antwerpen - 1. FC Köln** 1:3 (0:0)
06.04.1953 **Wacker Wien - 1. FC Köln** 5:1 (1:1) (Antwerpen)
10.06.1953 **RW Oberhausen - 1. FC Köln** 3:1
13.06.1953 **TuS Neuendorf - 1. FC Köln** 1:2 (1:0)

FIEBERKURVE 1952/53

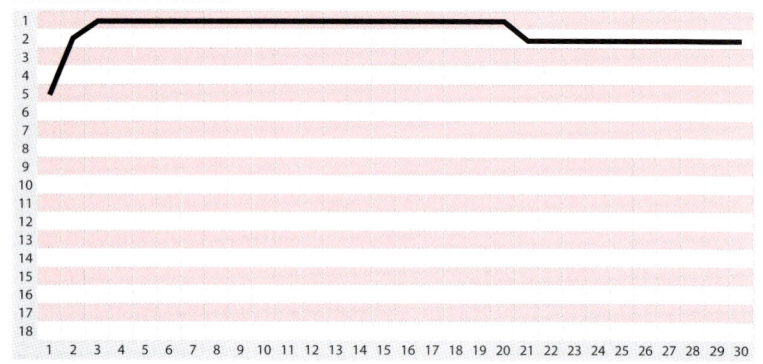

OBERLIGA WEST 1952/53

1.	Borussia Dortmund	87:36	46:14
2.	1. FC Köln	86:42	43:17
3.	Rot-Weiß Essen (M)	86:40	40:20
4.	Meidericher SpV.	63:51	36:24
5.	Alemannia Aachen	61:57	34:26
6.	FC Schalke 04	67:49	33:27
7.	Preußen Münster	74:60	32:28
8.	Preußen Dellbrück	52:39	31:29
9.	Fortuna Düsseldorf	68:60	30:30
10.	Bayer Leverkusen	50:68	29:31
11.	SV Sodingen (N)	47:54	25:35
12.	STV Horst-Emscher	42:73	23:37
13.	Schwarz-Weiß Essen	54:76	22:38
14.	Bor. M'gladbach (N)	31:80	21:39
15.	Spfr. Katernberg	57:91	19:41
16.	Spvgg Erkenschwick	41:90	16:44

ENDRUNDE ZUR DEUTSCHEN MEISTERSCHAFT

1.	1. FC Kaiserslautern	16:7	11:1
2.	Eintracht Frankfurt	8:7	7:5
3.	1. FC Köln	8:10	5:7
4.	Holstein Kiel	8:16	1:11

OBERLIGA- UND ENDRUNDENKADER 1952/53

Abgänge: Alexius (Rheydter SV), Gerhard Gawliczek (Phönix Ludwigshafen), Herkenrath (Rot-Weiß Essen), Meier (Tura Ludwigshafen), F. Pecher (VfB Remscheid), W. Pecher (VfB Remscheid), Schemmerling (Preußen Dellbrück), Schütz (Rheydter SV), Weisweiler (Rheydter SV), Wimmer (Fortuna Düsseldorf)
Zugänge: Breuer (Rapid Köln), Carlier (VV Venlo), Gierlich (VfL Köln 99), Goffart (SC Köln West), Hammer (Blau-Weiß Köln), Hartmann (Itzehoher SV), Ihns (Eimsbütteler TV), Müller (Göttingen 05), Dr. Wichelhaus (Bayer 04 Leverkusen)

Trainer:		Langen, Stefan	32/0
Helmut Schneider		Ihns, Gerhard	29/8
		Breuer, Fritz	28/14
Tor:		Hirche, Martin	24/1
de Munck, Frans	35/0	Mebus, Paul	19/0
Nelles, Harald	1/0	Dr. Wichelhaus, Franz	14/1
		Becker, Franz	12/0
Feld:		Nordmann, Berthold	10/1
Graf, Hans	36/1	Carlier, Bert	8/7
Schäfer, Hans	34/29	Bars, Willi	6/4
Müller, Walter	33/18	Gierlich, Willi	4/1
Gawliczek, Georg	33/2	Hartmann, Benno	4/0
Röhrig, Josef	33/6	Goffart, Heinz	1/0

Dazu kommt ein Eigentor in der Oberliga von Helmut Penting (Sportfreunde Katernberg).

Beim Hallentraining im Winter 1952 begutachten von links Nordmann, Carlier, Erfolgstrainer Schneider, Schäfer und Gawliczek die Übungen ihrer Kollegen.

1953/54
OBERLIGA WEST

Endlich Westmeister

Erneut hatte es beim FC vor der Saison einen Trainerwechsel gegeben. Karl Winkler, der bereits seit Mai praktisch im Hintergrund bei den Geißböcken arbeitete, wurde von Ortsnachbar Preußen Dellbrück abgeworben und brachte mit Herbert Dörner gleich seinen Spielgestalter mit. Winkler, von seinen Spielern auch „der Alte" genannt, übernahm von seinem zweifellos guten Vorgänger Helmut Schneider eine intakte Mannschaft.

Mit dem von Düren 99 verpflichteten Nationalspieler Georg Stollenwerk hatten die Kölner einen weiteren hochkarätigen Neuzugang zu verzeichnen. Trotz eines guten Angebots des 1. FC Kaiserslautern gelang es, Stollenwerk in die Domstadt zu locken.

WO IST FRANS?

Die Saison begann am 1. August 1953 gleich mit einem Pflichtspiel. Im Viertelfinale des DFB-Pokals, für das man sich durch den Gewinn des Westdeutschen Pokals qualifiziert hatte, musste der FC zu Hause gegen den Berliner Pokalsieger Viktoria 89 antreten. Bis zum Anpfiff wartete man vergeblich auf Torwart Frans de Munck, und so blieb Trainer Winkler keine andere Wahl als Ersatzkeeper Hartenstein zwischen die Pfosten zu stellen. Zu allem Überfluss hatte der seine Spielkleidung vergessen. Nach einigem Hin und Her konnte ein Dress beim Berliner Gast geliehen werden. Auch das Spiel verlief für die Kölner holprig, denn man geriet zweimal in Rückstand, erreichte durch einen glücklichen 3:2-Erfolg am Ende aber doch noch die nächste Runde. Der vermisste de Munck kam übrigens eine halbe Stunde nach Spielbeginn im Stadion an, wobei er der festen Überzeugung war, das Spiel hätte um 19 Uhr statt um 18 Uhr angepfiffen werden sollen.

Gut eine Woche später feierten die Geißböcke mit dem 4:0 über den STV Horst-Emscher einen gelungenen Saisonauftakt, der durch die nachfolgenden drei Unentschieden etwas geschmälert wurde. Erst am 13. September 1953 gelang den Kölnern beim 3:0-Heimsieg gegen Borussia Mönchengladbach wieder ein doppelter Punktgewinn. Stolz präsentierte man nach der Begegnung den Gästen vom Niederrhein das am Vortag eingeweihte Geißbockheim. Mit dem neuen Clubhaus besaß der 1. FC Köln eine in Deutschland wohl beispiellose Anlage.

Einigen Wirbel hatte es im Vorfeld des bevorstehenden Derbys mit Preußen Dellbrück gegeben. Bei der Verpflichtung von Preußen-Star Herbert Dörner hatten die FC-Verantwortlichen zugesagt, Dörner in den Spielen gegen den Rivalen nicht einzusetzen. Da Jupp Röhrig noch an einer Verletzung laborierte, stellte Trainer Winkler den blonden Spielgestalter dennoch auf. Mit Erfolg, denn beim 2:0 lieferte Dörner eine sehr gute Leistung ab, die er mit dem Siegtor krönte. Ganz nebenbei hatte der FC bei den Stadtderbys fast immer Heimvorteil, denn die Preußen verlegten ihre Heimspiele gegen den Nachbarn wegen des großen Faninteresses fast immer von der Riehler Radrennbahn in die Hauptkampfbahn nach Müngersdorf. Zu dieser Zeit war das kölsche Duell das einzig wahre Derby, das für reichlich Gesprächsstoff bei den Fußballfreunden in der Domstadt sorgte. Die Spiele gegen Mönchengladbach oder Leverkusen hatten längst nicht

Die Mannschaft des Westdeutschen Meisters 1954. Von links: Trainer Karl Winkler, Walter Müller, Hans Schäfer, Paul Mebus, Berthold Nordmann, Benno Hartmann, Jupp Röhrig, Herbert Dörner, Georg Stollenwerk. Kniend von links: Martin Hirche, Frans de Munck, Hans Graf.

[LEGENDEN]

Herbert Dörner
Beim FC von 1953 bis 1959
Geboren: 14.07.1930 in Köln
Gestorben: 26.03.1991 in Köln
Pflichtspiele beim FC: 192
Pflichtspieltore: 43

Das schlampige Genie

Begleitet von einigem Medienrummel kam Herbert Dörner im Sommer 1953 zum FC. Seine außergewöhnlichen Fähigkeiten ließen ihn regelrecht zum „Shootingstar" werden. Dörner konnte überall eingesetzt werden, wo er gebraucht wurde. Herbert Dörner gehörte während seiner sechs Jahre beim FC, sofern er nicht verletzt war, immer zum Stammpersonal. Seine Qualitäten kamen auf der offensiven Außenläuferposition am besten zur Geltung – hier konnte er auch seine ausgeprägte Torgefährlichkeit ausspielen. 1956 gelang ihm sogar der Sprung in die Nationalmannschaft. Dem Debüt in Oslo gegen Norwegen folgte aber nur noch eine weitere Berufung in die DFB-Auswahl. Denn irgendwie stand sich der geniale Fußballer, der seine Karriere auf der „schäl Sick" beim Mülheimer SV begonnen hatte, selbst im Weg. Dörner war ein lebenslustiger Typ, der auch schon mal „um die Häuser" zog. Und auch mit dem notwendigen Training nahm es die kölsche Frohnatur nicht immer ganz so genau. Einige Mitspieler erinnern sich schmunzelnd an die Begebenheit, als Dörner, der zu Beginn seiner FC-Zeit noch als Konditor beim „Kaufhof" arbeitete, sich vor dem Training das Gesicht mit Mehl einrieb, über das morgendliche, schwere Arbeiten stöhnte und so hoffte, von den schweißtreibenden Übungen befreit werden zu können. Als Trainer Winkler später den Bäckermeister auf die Problematik ansprach, zeigte sich dieser verwundert, denn der gewitzte Herbert wurde zu nachtschlafender Zeit nur selten in der Backstube gesichtet.

Im Sommer 1959 zog es Dörner zum Bonner FV. Viele Geschichten und Anekdoten, wie beispielsweise die, dass er seine eigene Hochzeit beinahe verschlafen hätte, ranken sich um den Mann, der bei seinem ➔

außerordentlichen Talent mehr aus seiner Karriere hätte machen können. Bis 1962 stand das Enfant terrible in Bonn unter Vertrag, ehe er wegen „mangelnden Trainingsfleißes" suspendiert wurde. Neben dem Fußball hatte sich Dörner in Bonn eine Existenz als Gastwirt der „Zwitscherstube" aufgebaut, in der er bis 1961 als Wirt tätig war. Danach verdiente er seinen Lebensunterhalt als Vertreter und fungierte nebenbei als Trainer bei diversen Amateurvereinen, wie beispielsweise dem HFV Erpel.

[Interessantes & Kurioses]

- Am 15. September 1953 findet im neuen Geißbockheim erstmals eine Jahreshauptversammlung der Mitglieder statt.

- „Das ideale Brautpaar" ist der Titel eines Kinofilms des bekannten Regisseurs Robert A. Stemmle, zu dem Hans Schäfer und Frans de Munck einige Fußballsequenzen beisteuern. De Munck spielt in dem Streifen einen Torwart, der die Tochter eines Chefarztes umgarnt und als Happy End im Kölner Dom heiratet.

- Premiere: Beim DFB-Pokalendspiel gegen den VfB Stuttgart am 17. April 1954 läuft der FC erstmals mit dem Geißbockwappen auf dem Trikot auf. Das FC-Wappen ohne „Hennes" trugen die Kölner bereits 1949/50 auf ihrer Spielkleidung, zumeist spielte man bis 1954 aber ohne „Logo" auf dem Trikot.

- Hans Schäfer wird mit 26 erzielten Treffern erneut Torschützenkönig der Oberliga West.

- Vielseitiger Herbert Dörner: Auf fünf verschiedenen Positionen, nämlich Verteidiger, linker Läufer, Rechtsaußen, Halbrechts und Halblinks, wird der blonde Techniker im Saisonverlauf eingesetzt.

- 60.000 Zuschauer sehen das DFB-Pokalendspiel 1. FC Köln gegen VfB Stuttgart. Ein Nachkriegszuschauerrekord für deutsche Pokalendspiele, der erst 1963 beim Finale Hamburger SV gegen Borussia Dortmund (70.000 Zuschauer) überboten wird.

Kölsche Karnevalskunst – der FC-Orden 1954.

DFB-Pokalspiel gegen den HSV: Hans Schäfer setzt sich gegen den Nationalmannschaftskollegen Jupp Posipal durch.

die Brisanz und Attraktivität späterer Jahre.
Als ungeschlagener Tabellenführer empfing man am 11. Spieltag den Drittplatzierten RW Essen zum Spitzenspiel in Köln. 45.000 Besucher wollten sich diesen Vergleich nicht entgehen lassen. Die FC-Fans wurden bitter enttäuscht, denn ihr Club wurde von wie entfesselt aufspielenden Essenern mit 0:5 förmlich auseinandergenommen. Doch die große Stärke der Kölner war die Tatsache, dass man sich auch von solch herben Rückschlägen nicht dauerhaft entmutigen ließ und nur sieben Tage später durch ein 2:0 bei Fortuna Düsseldorf die Anhänger versöhnte.

WIEDERSEHEN MIT „HENNES"

Der Auftritt des Rheydter SV am 15. November 1953 brachte auch ein Wiedersehen mit Ex-Trainer Hennes Weisweiler, der mittlerweile am Niederrhein tätig war. Mit Franz Alexius und Stefan Hochgeschurtz waren gleich zwei weitere ehemalige FC-Akteure in Diensten der Rheydter. Weisweiler hatte seine Mannschaft mit einem Spezialtraining auf Kölner Boden besonders heiß auf das Spiel gemacht, in dem es dann auch entsprechend kampfbetont zur Sache ging. Am Ende wurde der 1. FC Köln seiner Favoritenrolle mit Mühe gerecht und behielt mit 1:0 die Oberhand. Als Tabellenzweiter hinter Preußen Münster beendete der FC die Hinrunde.
Ein echtes Highlight hatte die Halbfinalauslosung des DFB-Pokals ergeben, die den Geißböcken ein Auswärtsspiel bei Nordmeister Hamburger SV bescherte. So startete am 12. Dezember 1953 ein Sonderzug aus Köln in Richtung Hansestadt. Unter den Mitreisenden befanden sich nicht nur die Schlachtenbummler, sondern auch Vorstand und Mannschaft. Um sich den Abend vor dem Spiel zu vertreiben, besuchten alle zusammen das Hamburger „Hansa Theater". Die FC-Offiziellen staunten nicht schlecht über die Tatsache, dass so viele Anhänger den weiten Weg in die Elbmetropole angetreten hatten. „Man hatte im ‚Hansa Theater' den Eindruck, auf einer internen Veranstaltung des 1. FC Köln zu sein", berichtete Pressewart Julius Laugomer. Sicherlich hatte auch die Reeperbahn eine nicht unerhebliche Anziehungskraft ... Mit Spannung wurde das Spiel gegen den favorisierten HSV, angeführt von Nationalspieler Jupp Posipal, erwartet. Es entwickelte sich ein echter Pokalfight, der beim Stande von 1:1 nach 90 Minuten in die Verlängerung ging. Beide Mannschaften kämpften verbissen um den Einzug ins Endspiel, denn der DFB hatte den Pokalwettbewerb attraktiver gemacht, indem sich der Sieger automatisch für die Endrunde um die Deutsche Meisterschaft qualifizierte. Schorsch Stollenwerk und „Steff" Langen machten mit ihren Toren alles klar und sicherten somit die erste DFB-Pokalfinalteilnahme der Vereinsgeschichte. Langen erinnert sich an die „Belohnung" für diese Leistung: „Boss Franz Kremer war so begeistert, dass er nach der Partie spontan jedem Spieler hundert Mark in die Hand drückte. Für damalige Verhältnisse kein geringer Betrag. Leider wurde mir ausgerechnet am Kölner Bahnhof das Geld aus meiner Tasche geklaut."
Der Rückrundenauftakt konnte mit einem 3:3 bei Horst-Emscher und einem grandiosen 7:3-Erfolg gegen Bayer Leverkusen als gelungen bezeichnet werden. Ein heftiger Schneesturm sorgte während des Spiels bei Alemannia Aachen für irreguläre Bedingungen. Eine hohe Schneedecke hatte sich auf dem Platz gebildet. Die kampfstarken Aachener kamen auf dem ungewohnten Geläuf besser zurecht und siegten mit 4:2. Aus der Bahn brachte den FC auch diese Pleite nicht, denn die folgenden drei Partien wurden allesamt gewonnen. Nach 23 Spieltagen war ein Fünfkampf um die Westdeutsche Meisterschaft entbrannt. Neben dem Tabellenführer aus der Domstadt machten sich die dahinter platzierten Mannschaften von Schalke 04, Borussia Dortmund, RW Essen

und Preußen Münster Hoffnungen auf den Titel.
Im Februar 1954 standen für die Geißböcke gleich zwei aufeinander folgende Duelle mit direkten Konkurrenten um die Vorherrschaft im Westen auf dem Programm. Den Anfang machte die Reise nach Dortmund, wo der FC aus einem 0:2-Rückstand noch ein 2:2 machte, und so einen wertvollen Punkt aus Westfalen entführen konnte. „Auf unserem Geschäftszimmer geht es schlimmer zu als vor einem Länderspiel", stöhnte Geschäftsführer Jupp Schmitz in Anbetracht der riesigen Ticketnachfrage vor dem Gastspiel des FC Schalke 04. Dennoch, gleichgültig ob Schalke in Köln oder der 1. FC Köln in Gelsenkirchen antrat, bei diesem Westschlager machte der Vereinskassierer immer ein glückliches Gesicht. So auch am 21. Februar 1954, als 55.000 Eintrittskarten abgesetzt wurden. Viel Prominenz wie Bundesarbeitsminister Anton Storch, DFB-Präsident Peco Bauwens oder Nationaltrainer Sepp Herberger wurde auf der Ehrentribüne in Müngersdorf gesichtet. Etliche Fernseh- und Wochenschaukameras waren vertreten. Das Spiel wurde für die Besucher zum Erlebnis. Beide Mannschaften spielten offensiv, das Spielmacherduell zwischen Röhrig auf Kölner und Hermann Eppenhoff auf Schalker Seite hatte Rasse und Klasse. Am Ende siegten die Schalker glücklich mit 3:2, die Ovationen des Publikums galten am Ende beiden Teams. Nun waren die Knappen zwar punktgleich mit dem FC, der wegen seiner besseren Tordifferenz die „Poleposition" aber verteidigen konnte.

Zu einem kuriosen Freundschaftsspiel kam es nur drei Tage später, als der 1. FC Köln in s'Hertogenbosch gegen die Nationalelf der Niederlande antrat: Mit Frans de Munck trat der seinerzeit beste holländische Torwart für den Gast aus Deutschland an. Die Geißböcke boten trotz einer 1:3-Niederlage eine sehr ansprechende Leistung, was vom unerwartet objektiven Publikum mit Beifall auf offener Szene belohnt wurde. In der Tageszeitung *De Haagsche Courant* war zu lesen: „Den Deutschen gelang es nicht, ihre technischen Fähigkeiten in Toren auszudrücken."
Der Auftritt bei den „Oranjes" brachte nicht den erhofften Auftrieb, denn mit dem 1:3 bei RW Essen folgte die zweite Pleite gegen eine Spitzenmannschaft. Fast schon traditionsgemäß war für den FC an der Hafenstraße nichts zu holen. Nach einem 8:1 am vorletzten Spieltag gegen Preußen Münster war die Ausgangslage klar. Köln lag punktgleich mit Schalke auf Rang eins, dahinter mit nur einem Punkt Rückstand RW Essen. Die Westmeisterschaft war für die Geißböcke zum Greifen nah und konnte mit einem Sieg am letzten Spieltag beim SV Sodingen aus eigener Kraft erreicht werden.

ERSTMALS WESTDEUTSCHER MEISTER

Bis zur 88. Minute musste beim Stande von 1:1 gezittert werden, ehe Rechtsaußen Walter Müller das Tor zum 2:1-Sieg markierte. Erstmals seit der Fusion von KBC und Sülz 07 war der 1. FC Köln Westdeutscher Meister – ausgerechnet in dem Jahr, in dem der Westtitel zum 50. Mal ausgespielt wurde. Auf den Schultern ihrer mitgereisten Anhänger wurde die siegreiche Mannschaft in Sodingen vom Platz getragen und anschließend vom WFV-Vorsitzenden Konrad Schmedeshagen geehrt. Als Krönung der Feierlichkeiten hatte Vergnügungsobmann Dr. Willi Jacobi einen Fackelzug durch Sülz-Klettenberg organisiert. Der FC war ein verdienter Meister, der mit 83 erzielten Toren nicht nur den besten Angriff, sondern mit 43 Gegentoren auch die beste Abwehr der Oberliga vorzuweisen hatte. Umso beachtlicher wurde der Titelgewinn durch den Fakt, dass man bedingt durch großes Verletzungspech bei insgesamt 30 Meisterschaftsspielen nur zweimal in unveränderter Aufstellung antreten konnte.

KNAPP AM POKAL VORBEIGESCHOSSEN

Die Kölner qualifizierten sich durch die gewonnene Westmeisterschaft auch erneut für die Endrundenspiele um die „Deutsche". Doch zunächst stand am 17. April 1954 ein weiterer Höhepunkt an. Im Ludwigshafener Südweststadion standen sich der 1. FC Köln und der VfB Stuttgart im zweiten Nachkriegsendspiel um den DFB-Pokal gegenüber. Nicht wenige Experten trauten dem FC das „Double", den Gewinn von Pokal und Meisterschaft zu. Zwei deutsche Spitzenmannschaften trafen aufeinander, beide gespickt mit Nationalspielern, wie Röhrig, Schäfer, Mebus und Stollenwerk auf Kölner sowie Retter, Karl Barufka und Karl Bögelein auf Stuttgarter Seite. Unter den 60.000 Zuschauern im Stadion war auch Geißbock Hennes. Beide Mannschaften

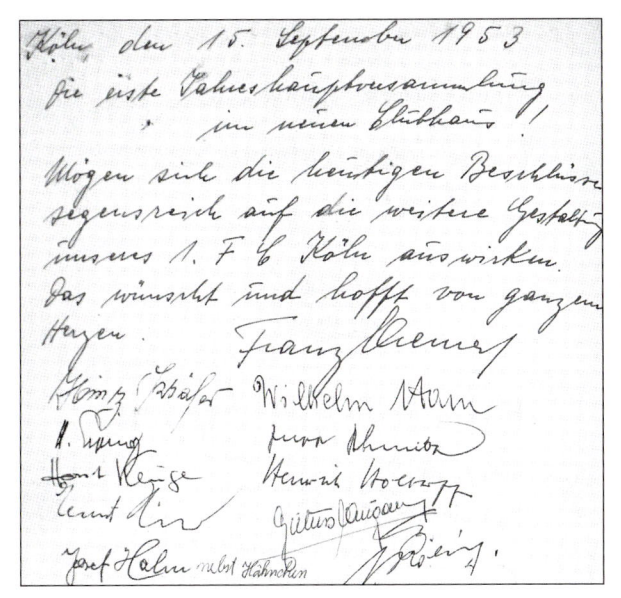

Silbermedaille des DFB, verliehen an die FC-Spieler und Offiziellen nach dem unglücklich verlorenen Pokalfinale gegen den VfB Stuttgart (Vorder- und Rückseite).

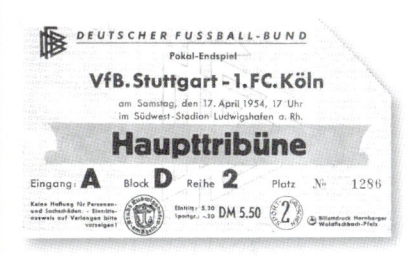

Eine Seltenheit für jeden Eintrittskartensammler: das Ticket vom DFB-Pokalspiel 1954, VfB Stuttgart - 1. FC Köln.

Nur drei Tage nach seiner Einweihung findet erstmals eine FC-Jahreshauptversammlung im nagelneuen Geißbockheim statt. Franz Kremer und die anwesenden Mitglieder verewigen sich aus diesem Anlass im Goldenen Buch des Clubhauses.

Wertvolles Erinnerungsstück: das Programmheft vom DFB-Pokalendspiel 1954.

Lufthoheit: Frans de Munck faustet im Pokalendspiel gegen Stuttgart den Ball aus der Gefahrenzone. Hans Schäfer (links) und Stefan Langen schauen staunend zu.

Urkunde von Georg Stollenwerk zur Verleihung der silbernen Meisterschaftsnadel anlässlich des Gewinns der Westdeutschen Meisterschaft.

Mit 3:2 besiegte der FC in der Endrunde die Frankfurter Eintracht.

ZUM ZWEITEN MAL UM DIE „DEUTSCHE"

Umso mehr richtete sich jetzt das Augenmerk auf die Endrundenspiele. Wegen der bevorstehenden Weltmeisterschaft in der Schweiz wurde eine einfache Runde auf neutralen Plätzen ausgespielt. Der Geißbocktross musste zunächst nach Ludwigshafen reisen, um gegen Eintracht Frankfurt anzutreten, nur drei Wochen, nachdem man an gleicher Stelle das Pokalfinale so unglücklich verloren hatte. Angetrieben vom zweifachen Torschützen Stollenwerk siegten die Kölner mit 3:2.

Doch die Freude währte nur kurz, denn im folgenden, in Stuttgart ausgetragenen Vergleich mit dem 1. FC Kaiserslautern kam es zu einem handfesten Schiedsrichterskandal. In der 25. Spielminute ereignete sich die Szene, an der sich die Gemüter noch lange erhitzten: Nach einem angeblichen Handspiel von Benno Hartmann im Kölner Strafraum entscheidet Schiedsrichter Winkler aus Nürnberg völlig unerwartet auf Strafstoß für die Pfälzer. Es folgten tumultartige Proteste der Kölner Spieler und des Stuttgarter Publikums. Frans de Munck verließ aus Protest gar sein Tor und konnte nur nach gutem Zureden seiner Mitspieler zum Weitermachen überredet werden. Fritz Walter versenkte den fälligen Elfmeter eiskalt. Die Zuschauer im ausverkauften Neckarstadion hatten bis dahin mehrheitlich den Süddeutschen vom Betzenberg die Daumen gedrückt, standen von nun an aber wie ein Mann hinter den an diesem Tag ganz in Blau spielenden Geißböcken. Trotz einer zwischenzeitlichen 4:1-Führung der Roten Teufel, kamen die unermüdlich kämpfenden Rheinländer bis auf 4:3 heran, konnten den Ausgleichstreffer aber nicht mehr erzielen, wobei einem Dörner-Tor wegen Abseits die Anerkennung verweigert wurde. Nach der Begegnung konnte nur ein großes Polizeiaufgebot den Unparteiischen vor der Wut der aufgebrachten Menge schützen. Die „Leistung" des Schiedsrichters löste in der gesamten bundesdeutschen Presse Empörung aus, so war beispielsweise in der Hannoveraner *Neuen Woche* zu lesen: „Der Schiedsrichter stellte mit einer Fehlentscheidung ohnegleichen den Spielverlauf auf den Kopf." Dem 1. FC Köln nutzte die Rolle des heldenhaften Verlierers reichlich wenig, denn durch die Niederlage von Stuttgart war das Ausscheiden aus dem Wettbewerb besiegelt.

GROSSER EMPFANG FÜR DIE 54ER WELTMEISTER

Dessen ungeachtet erlebte die Fußballbegeisterung im Rheinland weitere Höhenflüge, denn die Tatsache, dass Deutschland die WM 1954 in der Schweiz unerwartet gewinnen konnte, löste nicht nur bundesweit, sondern auch im Schatten der Domtürme großen Jubel aus. Mit Hans Schäfer und Paul Mebus waren auch zwei FC-Spieler am „Wunder von Bern" beteiligt. Während der lebenslustige Mebus, ein Charakterzug, der dem strengen Bundestrainer Herberger nicht sonderlich zusagte, nur beim 3:8-Vorrundendebakel gegen Ungarn eingesetzt wurde, bestritt Vereinskollege Schäfer bis auf eben jene Partie alle Begegnungen des Turniers, einschließlich des legendären Endspiels im Berner Wankdorfstadion. Der rührige Franz Kremer hatte in der kölschen Heimat bereits einen standesgemäßen Empfang für die beiden WM-Helden organisiert. Auch die Bevölkerung nahm großen Anteil an der Heimkehr der Weltmeister, und so flankierten Zehntausende die Straßen Kölns als Schäfer und Mebus, angeführt von der Standarte des 1. FC Köln, in offenen VW-Käfern vom Bahnhof bis ans Geißbockheim chauffiert wurden. Unzählige Autos, Motorräder, Fahrräder und Fußgänger schlossen sich dem Triumphzug an, und so waren innerhalb kürzester Zeit die Militärring- und Berrenrather Straße völlig überfüllt. Bevor es zur Endstation Clubheim ging, zeigten sich beide Akteure noch auf dem Balkon der damaligen Privatwohnung von Hans Schäfer in der Berrenrather Straße ihren „Untertanen". Im Geißbockheim erfolgte zu später Stunde die von Regierungspräsident Dr. Warsch durchgeführte Auszeichnung der Weltmeister mit der „großen Sportehrenplakette".

agierten sehr defensiv. Der Kampf dominierte die Partie, spielerische Glanzlichter waren die Ausnahme. In der 75. Minute bot sich die einmalige Gelegenheit, den Pokal erstmals nach Köln zu holen, denn nach Foul an Schäfer zeigte Schiedsrichter Albert Dusch auf den Elfmeterpunkt. Da der etatmäßige Schütze Jupp Röhrig angeschlagen in die Begegnung gegangen und zudem kurz vor der Strafstoßentscheidung zur Seitenlinie gehumpelt war, um sich behandeln zu lassen, übernahm Herbert Dörner die Verantwortung und schoss knapp am linken Pfosten vorbei. Der am Boden zerstörte Dörner wurde noch auf dem Platz von seinen Mitspielern getröstet. Die reguläre Spielzeit endete torlos. In der Verlängerung gelang dem Stuttgarter Erwin Waldner nach einer feinen Einzelaktion der Siegtreffer. Deprimiert nahmen die Kölner anschließend die Silbermedaillen entgegen. Der erste nationale Titelgewinn war ihnen verwehrt geblieben.

STATISTIK 1953/54

OBERLIGA WEST

09.08.1953 1. FC Köln - STV Horst-Emscher 4:0 (2:0)
Zuschauer: 10.000
Tore: 1:0 (19.) Breuer, 2:0 (28.) Schäfer, 3:0 (53.) Breuer, 4:0 (80.) Dörner.
Aufstellung: de Munck, Hirche, Graf, Stollenwerk, Hartmann, Gierlich, Müller, Dörner, Breuer, Röhrig, Schäfer.

23.08.1953 Bayer Leverkusen - 1. FC Köln 3:3 (0:0)
Zuschauer: 14.000
Tore: 1:0 (47.) Thiede, 1:1, 1:2, 1:3 (53., 72., 75.) Stollenwerk, 2:3 (76.) Schultz, 3:3 (89.) Langen (E.).
Aufstellung: de Munck, Graf, Mebus, Hartmann, Gierlich, Müller, Stollenwerk, Breuer, Dörner, Nordmann, Langen.

30.08.1953 1. FC Köln - Alemannia Aachen 1:1 (0:1)
Zuschauer: 30.000
Tore: 0:1 (35.) G.Schmidt, 1:1 (53.) Nordmann.
Aufstellung: de Munck, Langen, Becker, Mebus, Hirche, Gierlich, Müller, Stollenwerk, Breuer, Dörner, Nordmann.

06.09.1953 Schwarz-Weiß Essen - 1. FC Köln 1:1 (0:1)
Zuschauer: 25.000
Tore: 0:1 (17.) Büttner (E.), 1:1 (72.) Kasperski.
Aufstellung: de Munck, Langen, Becker, Mebus, Hartmann, Gierlich, Müller, Stollenwerk, Nordmann, Schäfer, Dörner.

13.09.1953 1. FC Köln - Borussia M'gladbach 3:0 (0:0)
Zuschauer: 10.000
Tore: 1:0 (74.) Dörner, 2:0 (76.) Schäfer, 3:0 (80.) Dörner.
Aufstellung: de Munck, Langen, Becker, Mebus, Hartmann, Hirche, Stollenwerk, Dörner, Nordmann, Gierlich, Schäfer.

20.09.1953 Preußen Dellbrück - 1. FC Köln 0:2 (0:0)
Zuschauer: 15.000
Tore: 0:1 (58.) Schäfer, 0:2 (67.) Dörner.
Aufstellung: de Munck, Langen, Hirche, Mebus, Hartmann, Gierlich, Becker, Stollenwerk, Nordmann, Dörner, Schäfer.

27.09.1953 1. FC Köln - VfL Bochum 5:0 (3:0)
Zuschauer: 15.000
Tore: 1:0 (11.) Dörner, 2:0 (30.) Schäfer, 3:0, 4:0 (32., 54.) Dörner, 5:0 (89.) Nordmann.
Aufstellung: de Munck, Langen, Hirche, Mebus, Hartmann, Gierlich, Becker, Stollenwerk, Dörner, Nordmann, Schäfer.

04.10.1953 Meidericher SV - 1. FC Köln 1:1 (0:0)
Zuschauer: 10.000
Tore: 1:0 (48.) Nolden, 1:1 (62.) Schäfer.
Aufstellung: de Munck, Langen, Graf, Mebus, Hartmann, Hirche, Becker, Stollenwerk, Nordmann, Dörner, Schäfer.

18.10.1953 1. FC Köln - Borussia Dortmund 4:1 (3:1)
Zuschauer: 40.000
Tore: 1:0 (11.) Niepieklo, 1:1 (25.) Stollenwerk, 2:1 (31.) Schäfer, 3:1, 4:1 (35., 66. [FE]) Dörner.
Aufstellung: de Munck, Langen, Hirche, Mebus, Hartmann, Gierlich, Müller, Stollenwerk, Nordmann, Dörner, Schäfer.

25.10.1953 FC Schalke 04 - 1. FC Köln 1:1 (0:1)
Zuschauer: 45.000
Tore: 0:1 (19.) Breuer, 1:1 (70.) Sadlowski.
Aufstellung: de Munck, Langen, Gierlich, Graf, Hartmann, Hirche, Breuer, Stollenwerk, Dörner, Röhrig, Schäfer.

01.11.1953 1. FC Köln - Rot-Weiß Essen 0:5 (0:1)
Zuschauer: 45.000
Tore: 0:1 (43.) Vordenbäumen, 0:2 (49.) Gottschalk, 0:3 (56.) Steffens, 0:4, 0:5 (87., 88.) Rahn.
Aufstellung: de Munck, Langen, Gierlich, Graf, Hartmann, Hirche, Stollenwerk, Dörner, Breuer, Röhrig, Schäfer.

08.11.1953 Fortuna Düsseldorf - 1. FC Köln 0:2 (0:1)
Zuschauer: 26.000
Tore: 0:1 (44.) Röhrig, 0:2 (77.) Schäfer.
Aufstellung: de Munck, Langen, Hirche, Mebus, Hartmann, Gierlich, Dörner, Stollenwerk, Breuer, Röhrig, Schäfer.

15.11.1953 1. FC Köln - Rheydter SV 1:0 (1:0)
Zuschauer: 15.000
Tore: 1:0 (12.) Stollenwerk.
Aufstellung: de Munck, Langen, Hirche, Mebus, Hartmann, Gierlich, Dörner, Stollenwerk, Breuer, Röhrig, Schäfer.

29.11.1953 Preußen Münster - 1. FC Köln 2:0 (0:0)
Zuschauer: 36.000
Tore: 1:0 (69.) Seemann, 2:0 (72.) Lammers.
Aufstellung: de Munck, Langen, Graf, Mebus, Hirche, Gierlich, Stollenwerk, Dörner, Nordmann, Röhrig, Schäfer.

06.12.1953 1. FC Köln - SV Sodingen 4:2 (1:1)
Zuschauer: 12.000
Tore: 1:0 (18.) Schäfer, 1:1 (35.) Kropla, 1:2 (52.) Edler, 2:2 (53.) Stollenwerk, 3:2 (68.) Nordmann, 4:2 (80.) Schäfer.
Aufstellung: de Munck, Langen, Graf, Gierlich, Hartmann, Röhrig, Müller, Stollenwerk, Dörner, Nordmann, Schäfer.

20.12.1953 STV Horst-Emscher - 1. FC Köln 3:3 (2:1)
Zuschauer: 6.000
Tore: 1:0 (12.) Kelbassa (FE), 1:1 (19.) Schäfer, 2:1 (21.) Kelbassa, 3:1 (46.) Schmidt, 3:2 (50.) Stollenwerk, 3:3 (87.) Dörner.
Aufstellung: de Munck, Langen, Graf, Mebus, Hartmann, Gierlich, Dörner, Stollenwerk, Nordmann, Röhrig, Schäfer.

27.12.1953 1. FC Köln - Bayer Leverkusen 7:3 (5:1)
Zuschauer: 15.000
Tore: 1:0 (08.) Nordmann, 1:1 (11.) Schultz, 2:1 (17.) Dörner, 3:1, 4:1, 5:1 (21., 33., 40.) Schäfer, 6:1 (52.) Dörner, 6:2 (60.) Schultz, 6:3 (62.) Langwagen, 7:3 (71.) Schäfer.
Aufstellung: de Munck, Langen, Graf, Mebus, Hartmann, Gierlich, Dörner, Stollenwerk, Nordmann, Röhrig, Schäfer.

03.01.1954 Alemannia Aachen - 1. FC Köln 4:2 (2:1)
Zuschauer: 20.000
Tore: 1:0 (05.) J. Schmidt, 1:1 (11.) Schäfer, 2:1 (21.) G. Schmidt, 3:1 (51.) J. Schmidt, 3:2 (57.) Poch, 4:2 (68.) Poch.
Aufstellung: de Munck, Langen, Graf, Mebus, Hartmann, Gierlich, Dörner, Stollenwerk, Nordmann, Röhrig, Schäfer.

10.01.1954 1. FC Köln - Schwarz-Weiß Essen 7:0 (4:0)
Zuschauer: 8.000
Tore: 1:0 (02.) Nordmann, 2:0 (30.) Schäfer, 3:0 (35.) Stollenwerk, 4:0, 5:0 (38., 57.) Röhrig, 6:0 (77.) Breuer, 7:0 (89.) Breuer.
Aufstellung: de Munck, Langen, Graf, Mebus, Hartmann, Dörner, Breuer, Stollenwerk, Nordmann, Röhrig, Schäfer.

17.01.1954 Borussia M'gladbach - 1. FC Köln 0:3 (0:1)
Zuschauer: 30.000
Tore: 0:1 (24.) Breuer, 0:2 (60.) Röhrig, 0:3 (85.) Dörner.
Aufstellung: de Munck, Langen, Graf, Mebus, Hirche, Gierlich, Dörner, Stollenwerk, Breuer, Röhrig, Schäfer.

24.01.1954 1. FC Köln - Preußen Dellbrück 1:0 (0:0)
Zuschauer: 40.000
Tor: 1:0 (50.) Breuer.
Aufstellung: Hartenstein, Langen, Graf, Mebus, Hartmann, Hirche, Dörner, Stollenwerk, Breuer, Röhrig, Schäfer.

31.01.1954 VfL Bochum - 1. FC Köln 3:2 (1:1)
Zuschauer: 19.000
Tore: 0:1 (11.) Schäfer, 1:1 (35.) Schirrmacher, 2:1 (51.) Koch, 3:1 (54.) Schulze-Frieling, 3:2 (61.) Nordmann.
Aufstellung: de Munck, Hirche, Graf, Mebus, Gierlich, Breuer, Dörner, Stollenwerk, Nordmann, Röhrig, Schäfer.

07.02.1954 1. FC Köln - Meidericher SV 3:1 (1:0)
Zuschauer: 8.000
Tore: 1:0 (43.) Stollenwerk, 2:0 (46.) Dörner, 3:0 (80.) Dörner, 3:1 (86.) Küppers.
Aufstellung: de Munck, Becker, Graf, Mebus, Hartmann, Hirche, Stollenwerk, Dörner, Nordmann, Röhrig, Schäfer.

14.02.1954 Borussia Dortmund - 1. FC Köln 2:2 (2:0)
Zuschauer: 40.000
Tore: 1:0 (14.) Sandmann, 2:0 (20.) Mebus (Eigentor), 2:1, 2:2 (59., 75.) Dörner.
Aufstellung: de Munck, Becker, Graf, Mebus, Hartmann, Hirche, Stollenwerk, Dörner, Nordmann, Röhrig, Schäfer.

21.02.1954 1. FC Köln - FC Schalke 04 2:3 (1:3)
Zuschauer: 55.000
Tore: 0:1 (08., 17.) Krämer, 1:2 (28.) Dörner, 1:3 (42.) Laszig, 2:3 (57.) Mebus.
Aufstellung: de Munck, Nordmann, Graf, Mebus, Hartmann, Hirche, Stollenwerk, Dörner, Breuer, Röhrig, Schäfer.

07.03.1954 Rot-Weiß Essen - 1. FC Köln 3:1 (0:1)
Zuschauer: 32.000
Tore: 0:1 (34.) Gierlich, 1:1 (55.) Vordenbäumen, 2:1 (58.) Rahn, 3:1 (74.) Vordenbäumen.
Aufstellung: de Munck, Dörner, Graf, Mebus, Hartmann, Röhrig, Becker, Stollenwerk, Nordmann, Gierlich, Schäfer.

14.03.1954 1. FC Köln - Fortuna Düsseldorf 2:0 (1:0)
Zuschauer: 25.000
Tore: 1:0, 2:0 (26., 51.) Schäfer.
Aufstellung: de Munck, Langen, Graf, Mebus, Hartmann, Röhrig, Stollenwerk, Gierlich, Nordmann, Dörner, Schäfer.

21.03.1954 Rheydter SV - 1. FC Köln 2:6 (1:4)
Zuschauer: 25.000
Tore: 0:1 (05.) Stollenwerk, 0:2 (09.) Nordmann, 0:3 (20.) Hirche, 0:4 (25.) Röhrig (FE), 1:4 (43.) Abel, 2:4 (57.) Düllmann (HE), 2:5, 2:6 (63., 73.) Schäfer.
Aufstellung: de Munck, Langen, Graf, Mebus, Hartmann, Röhrig, Stollenwerk, Gierlich, Nordmann, Dörner, Schäfer.

04.04.1954 1. FC Köln - Preußen Münster 8:1 (3:1)
Zuschauer: 25.000
Tore: 1:0 (02.) Nordmann, 1:1 (11.) Gerritzen, 2:1 (20.) Schäfer, 3:1, 4:1 (21., 53.) Stollenwerk, 5:1, 6:1 (71., 75.) Schäfer, 7:1, 8:1 (76., 88.) Röhrig (FE, HE).
Aufstellung: de Munck, Langen, Graf, Mebus, Hartmann, Röhrig, Müller, Stollenwerk, Nordmann, Dörner, Schäfer.

11.04.1954 SV Sodingen - 1. FC Köln 1:2 (1:0)
Zuschauer: 32.000
Tore: 1:0 (25.) Linka, 1:1 (53.) Röhrig (FE), 1:2 (89.) Müller.
Aufstellung: de Munck, Langen, Graf, Mebus, Hartmann, Röhrig, Müller, Stollenwerk, Nordmann, Dörner, Schäfer.

DFB-POKAL

Viertelfinale
01.08.1953 1. FC Köln - Viktoria 89 Berlin 3:2 (0:1)
Zuschauer: 20.000
Tore: 0:1 (41.) Horter, 1:1 (49.) Schäfer, 1:2 (51.) Horter, 2:2 (52.) Schäfer, 3:2 (80.) Mebus.
Aufstellung: Hartenstein, Langen, Graf, Hartmann, Hirche, Müller, Stollenwerk, Breuer, Dörner, Schäfer.

Halbfinale
13.12.1953 Hamburger SV - 1. FC Köln 1:3 n.V.
Zuschauer: 30.000
Tore: 0:1 (47.) Stollenwerk, 1:1 (49.) Harden, 1:2 (94.) Stollenwerk, 1:3 (115.) Langen.
Aufstellung: de Munck, Graf, Langen, Hirche, Hartmann, Mebus, Becker, Stollenwerk, Nordmann, Röhrig, Schäfer.

Finale
17.04.1954 VfB Stuttgart - 1. FC Köln 1:0 n.V.
Zuschauer: 60.000
Tor: 1:0 (96.) Waldner.
Aufstellung: de Munck, Langen, Graf, Mebus, Hartmann, Dörner, Müller, Stollenwerk, Nordmann, Röhrig, Schäfer.

Besondere Vorkommnisse: Das Finale wurde in Ludwigshafen ausgetragen. Dörner verschießt einen Foulelfmeter (75. Minute).

ENDRUNDE

08.05.1954 1. FC Köln - Eintracht Frankfurt 3:2 (2:1)
Zuschauer: 34.000
Tore: 0:1 (25.) Heilig, 1:1, 2:1 (31., 39.) Stollenwerk, 3:1 (50.) Dörner, 3:2 (55.) Weilbächer.

STATISTIK 1953/54

Aufstellung: de Munck, Langen, Graf, Mebus, Hartmann, Röhrig, Breuer, Stollenwerk, Nordmann, Dörner, Schäfer.
Besondere Vorkommnisse: Die Begegnung wurde in Ludwigshafen ausgetragen.

16.05.1954 1.FC Kaiserslautern - 1. FC Köln 4:3 (1:0)
Zuschauer: 65.000
Tore: 1:0 (32.) F.Walter (Elf.), 2:0 (46.) Scheffler, 3:0 (48.) Wenzel, 3:1 (63.) Schäfer, 4:1 (68.) O.Walter, 4:2 (79.) Nordmann, 4:3 (83.) Stollenwerk.
Aufstellung: de Munck, Langen, Graf, Mebus, Hartmann, Röhrig, Breuer, Stollenwerk, Nordmann, Dörner, Schäfer.
Besondere Vorkommnisse: Die Begegnung wurde in Stuttgart ausgetragen.

WESTDEUTSCHER POKAL

(Das kommende Spiel um den Westdeutschen Pokal zählt bereits für die Spielzeit 1954/55. In der ersten Runde hatte Köln ein Freilos.)

2. Runde
05.06.1954 VfL 99 Köln - 1. FC Köln 1:3 (0:2)
Zuschauer: 4.000
Tore: 2 x Müller, Breuer.
Aufstellung: de Munck, Langen, Graf, Goffart, Hartmann, Hirche, Müller, Stollenwerk, Breuer, Dörner, Hammer.

(Der FC musste nicht weiter antreten. Als letztjähriger Finalist waren die Geißböcke automatisch für den DFB-Pokal 1954/55 qualifiziert.)

FREUNDSCHAFTSSPIELE

02.08.1953 Düren 99 - 1. FC Köln 1:4 (0:1)

12.08.1953 Preußen Dellbrück - 1. FC Köln 3:2 (1:1)

15.08.1953 Stadtauswahl Düren - 1. FC Köln 0:12 (0:5)

11.10.1953 1. FC Köln - Düren 99 6:2 (4:1)

24.02.1954 Nationalmann. Niederlande - 1. FC Köln 3:1 (0:0)

22.05.1954 VfB Stuttgart - 1. FC Köln 2:3 (0:2)

28.04.1954 1. FC Köln - Tura Bonn 7:0

23.05.1954 Freiburger FC - 1. FC Köln 2:5 (1:4)

27.05.1954 1. Simmeringer SC - 1. FC Köln 0:0
(in Geleen/Niederlande)

30.05.1954 FC Tilleur Lüttich - 1. FC Köln 1:0
(in Geleen/Niederlande)

02.06.1954 1. FC Köln - FK Sarajevo 1:1

20.06.1954 SC Rapid Köln - 1. FC Köln 1:3

26.06.1954 Stadtelf Oberhausen - 1. FC Köln 2:2 (1:1)

Der FC-Tross beim Einchecken ins Hotel während einer Freundschaftsspieltournee in Süddeutschland im Mai 1954.

OBERLIGA WEST 1953/54

1.	1. FC Köln	83:43	41:19
2.	Rot-Weiß Essen	75:49	40:20
3.	FC Schalke 04	76:51	39:21
4.	Preußen Münster	60:54	33:27
5.	Bor. Dortmund (M)	69:58	32:28
6.	Schwarz-Weiß Essen	72:53	31:29
7.	Bayer Leverkusen	58:67	31:29
8.	VfL Bochum (N)	50:58	31:29
9.	Alemannia Aachen	59:59	28:32
10.	Fortuna Düsseldorf	53:49	27:33
11.	Meidericher SpV.	46:55	27:33
12.	Borussia M'gladbach	56:73	27:33
13.	Preußen Dellbrück	41:55	27:33
14.	SV Sodingen	46:56	26:34
15.	Rheydter SV (N)	45:76	20:40
16.	STV Horst-Emscher	43:76	20:40

ENDRUNDE ZUR DEUTSCHEN MEISTERSCHAFT 1953/54

1.	1. FC Kaiserslautern	5:3	4:0
2.	1. FC Köln	6:6	2:2
3.	Eintracht Frankfurt	2:4	0:4

Durch die anstehende WM in der Schweiz wurde nur eine einfache Runde auf neutralen Plätzen gespielt.

OBERLIGA- UND ENDRUNDENKADER 1953/54

Abgänge: Bars (Ende der Laufbahn) Carlier (FK Pirmasens), Georg Gawliczek (Phönix Ludwigshafen), Ihns (Hamburger SV), Wichelhaus (Borussia M'gladbach)
Zugänge: Stollenwerk (Düren 99), Hartenstein (FC Schalke 04), Dörner (Preußen Dellbrück)

Trainer:		Mebus, Paul	29/1
Karl Winkler		Nordmann, Berthold	27/10
		Langen, Stefan	26/0
Tor:		Röhrig, Josef	23/8
de Munck, Frans	31/0	Graf, Hans	23/0
Hartenstein, Klaus	1/0	Gierlich, Willi	20/1
		Hirche, Martin	19/1
Feld:		Breuer, Fritz	13/7
Dörner, Herbert	32/18	Becker, Franz	9/0
Stollenwerk, Georg	31/15	Müller, Walter	8/1
Schäfer, Hans	30/26	Goffart, Heinz	0/0
Hartmann, Benno	30/0	Hammer, Alfred	0/0

Hinzu kommt in der Oberliga ein Eigentor von Horst Büttner (Schwarz-Weiß Essen).

FIEBERKURVE 1953/54

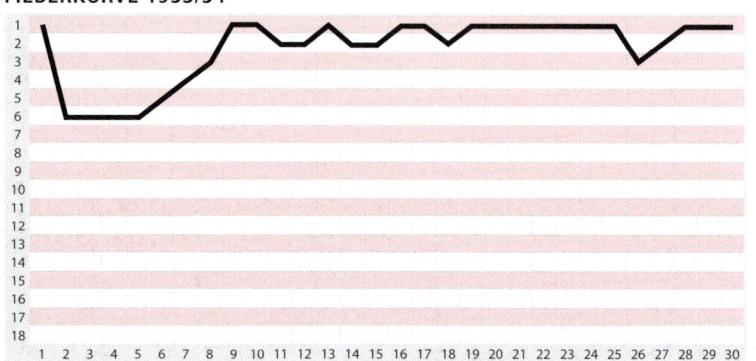

1954/55
OBERLIGA WEST

Erstmals in Abstiegsgefahr

Trotz des verlorenen Pokalendspiels und der unglücklich verlaufenen Endrunde konnte man die abgelaufene Spielzeit in der Führungsetage der Geißböcke zurecht als Erfolg werten. Auch wenn das bis dato erfolgreichste Jahr der Rot-Weißen in die Amtszeit von Sportlehrer Karl Winkler fiel, erhoffte man sich durch einen erneuten Trainerwechsel noch bessere Resultate, vor allem im Vergleich mit anderen deutschen Spitzenmannschaften. Denn der Vorstand um Franz Kremer schaute längst über den westdeutschen Tellerrand hinaus. Vielen FC-Fans war der Name des „Neuen" allerdings völlig unbekannt, denn mit Kurt Baluses hatten die Kölner einen eher in Norddeutschland bekannten Trainer verpflichtet. Baluses eilte an der Küste ein guter Ruf voraus, was vor allem daran lag, dass er den SV Itzehoe, der bis dahin allenfalls ein durchschnittliches Dasein fristete, bis hinauf in die Oberliga Nord geführt hatte. Der neue Coach brachte mit dem Allroundspieler Harald Stelzner gleich noch einen Akteur mit in die Domstadt, der sich allerdings nie richtig durchsetzen konnte. Für mehr Aufsehen sorgte da schon der plötzliche Abgang von Frauenschwarm Frans de Munck, den es in seine niederländische Heimat zurückzog. An Stelle des legendären de Munck holte man das erst 22 Jahre alte Torwarttalent Günter Jansen vom pfälzischen VfR Frankenthal.

VERLETZUNGSPECH BRINGT ERSTE GROSSE KRISE

Die neue Saison stand von Anfang an unter keinem guten Stern. Der erfolgsverwöhnte Club wurde vom Verletzungspech regelrecht gebeutelt. Beim mühsamen 2:1-Auftaktsieg im heimischen Müngersdorf gegen den Duisburger SV fehlten mit Mebus, Röhrig und Nordmann gleich drei wichtige Stammkräfte. Vor allem der Ausfall von Spielmacher Röhrig, der wie so oft an einem Muskelfaserriss laborierte, war für den FC kaum zu kompensieren. Trotz der Ausfälle legte man mit drei Siegen in Serie einen Start nach Maß hin. Doch am 9. September 1954 nahm das Unheil seinen Lauf. Nur drei Tage vor dem schweren Auswärtsspiel bei Westfalia Herne zog sich Hans Schäfer im Training einen Bänderriss zu. Der Verlust des Nationallinksaußen war ein herber Schlag für die Geißböcke, und so musste der noch nicht wieder vollständig genesene Jupp Röhrig eingesetzt werden. Auch er konnte die 1:2-Niederlage im Kohlenpott nicht verhindern.
Es war der Beginn einer schwarzen Serie, denn bis zum 14. November 1954 ging die Baluses-Elf in acht Pflichtspielen siebenmal als Verlierer vom Platz und flog zudem nach einem peinlichen 0:7 in Kaiserslautern aus dem DFB-Pokal. Nur beim Heimspiel gegen Borussia Dortmund gelang dem FC nach zähem Kampf ein 2:2-Unentschieden. Das Tragische an der Begegnung war, dass der erstmals nach seiner Verletzung wieder eingesetzte Schäfer sich nach nur 45 Minuten erneut verletzte und die Partie nur humpelnd beenden konnte. Die Kölner waren in der Tabelle inzwischen ungewohnt weit nach unten abgerutscht. Am 24. Oktober 1954, nach der 2:1-Pleite beim FC Schalke 04, war man nur noch einen Punkt von den Abstiegsrängen entfernt. Da es in den vergangenen Jahren mit dem Verein stets steil bergauf gegangen war, reagierte das Umfeld mit Liebesentzug. Einige frustrierte Mitglieder kündigten ihre Mitgliedschaft und auch bei den Zuschauerzahlen war ein spürbarer Rückgang zu verzeichnen. Am deutlichsten machte sich das erkaltete Faninteresse bei den Auswärtsspielen bemerkbar. Nur noch die ganz Unentwegten begleiteten die Mannschaft auf fremde Plätze. Zum Aachener Tivoli, wo sonst die FC-Freunde in Heerscharen hingepilgert waren, reiste am 31. Oktober 1954 nur ein offizieller Fan-Bus

[LEGENDEN]

Fritz Breuer
Beim FC von 1952 bis 1965
Geboren: 23.08.1929 in Köln
Pflichtspiele beim FC: 197
Pflichtspieltore: 32

Vielseitiger Akteur
Bis zu seinem 19. Lebensjahr spielte Fritz Breuer beim Deutzer Spielverein und wurde später Mitglied von Rapid Köln. 1952 holte ihn Trainer Helmut Schneider zum FC. Breuer, den besonders seine Vielseitigkeit auszeichnete, war viele Jahre lang aus der Mannschaft der Kölner nicht mehr wegzudenken. Der introvertiert wirkende Spieler wurde sowohl als Innenstürmer als auch auf der Position des Rechtsaußen eingesetzt. Nach dem Ende seiner Laufbahn beim FC, kickte er noch einige Zeit zum Vergnügen bei „seinen" Deutzern.
Beruflich als Kraftfahrer tätig, genießt der kölsche Jung heute seinen Ruhestand. Den Geißböcken ist er noch eng verbunden, regelmäßig wird er auf der Ehrentribüne des RheinEnergieStadions gesichtet. ■

Mannschaftsbild 1954/55: Stehend von links: Trainer Kurt Baluses, Georg Stollenwerk, Hans Schäfer, Herbert Dörner, Heinz Goffart, Benno Hartmann, Hans Graf, Stefan Langen, Fritz Breuer, Walter Müller, Harry Stelzner, Jupp Röhrig, Paul Mebus. Kniend von links: Martin Hirche, Fanz-Josef Scheuer (Amateur), Ewald Przeslowka (Amateur), Günter Jansen, Klaus Hartenstein, Günter Selas (Amateur), Alfred Hammer, Willi Minich.

[Interessantes & Kurioses]

- Beim 2:1-Sieg der Nationalmannschaft in Hamburg gegen Irland führt Jupp Röhrig die deutsche Elf als Kapitän auf das Spielfeld.

- Erstmals in der Vereinsgeschichte steigt die Mitgliederzahl des Clubs auf über 3.000 an.

- Der bisherige Fußballobmann und „Manager" der Vertragsspieler sowie FC-Mitgründer, Franz Bolg, beendet zum Saisonbeginn 1954/55 auf eigenen Wunsch seine Tätigkeit. Als Anerkennung für seine langjährigen Verdienste wird ihm die goldene FC-Ehrenplakette verliehen.

- Mit Mischa Sijacic nimmt der FC den ehemaligen Masseur der jugoslawischen Nationalmannschaft unter Vertrag.

- Karl-Heinz Boveleth, Mitglied der FC-Boxabteilung, wird deutscher Amateurmeister im Halbweltergewicht.

- Großer Erfolg für die 1. Amateurmannschaft der Geißböcke: Als Meister der Bezirksklasse Mittelrhein (Staffel 3) steigen die „Amas" in die Landesliga auf.

- Am 20. April 1955 bestreitet der 1. FC Köln ein Freundschaftsspiel bei den Franzosen von Stade Reims. Der 3:1-Erfolg der Kölner ist das erste Flutlichtspiel einer deutschen Mannschaft, das live im Fernsehen übertragen wird.

Die sportlich enttäuschende Spielzeit wird auch auf dem FC-Karnevalsorden thematisiert.

aus Köln an, trotz der relativ geringen Entfernung. Erst am 14. November feierte man mit einem 2:0 beim Meidericher SV endlich wieder einen doppelten Punktgewinn. Doch die Ausfälle von Leistungsträgern zogen sich weiter wie ein roter Faden durch die Saison. Dem inzwischen wieder genesenen Schäfer stand der Ausfall von Mebus gegenüber, der sich einen Schädelbasis- und Jochbeinbruch zugezogen hatte.

EIN YOUNGSTER WIRD DIE „NUMMER 1" IM FC-TOR

Neben den permanenten Ausfällen hatte man nach de Muncks Weggang auch noch ein handfestes Torwartproblem. Klaus Hartenstein, der bei Saisonbeginn noch erklärt hatte, nur beim FC bleiben zu wollen, wenn er nicht mehr als Ersatzkeeper für de Munck fungieren müsse, zeigte sehr unbeständige Leistungen und musste oftmals hinter sich greifen. Dem jungen Jansen traute man die Rolle des Stammtorwarts noch nicht zu. Nachdem der unglückliche Hartenstein in den Spielen gegen Leverkusen und Schwarz-Weiß Essen zusammen sieben Gegentore kassiert hatte, beförderte Trainer Baluses Youngster Günter Jansen endgültig zur Nummer 1. Selbst der allmächtige Vereinschef bekam den Frust der erfolgsverwöhnten Anhängerschaft zu spüren. Willi Kremer, Bruder von Franz Kremer erinnert sich: „Als wir gegen Bayer Leverkusen auf eigenem Platz mit 1:4 verloren hatten, bekam mein Bruder Rufe wie ,Kremer ins Tor' oder ,Kremer zurücktreten' zu hören. Nicht nur ihn schmerzten diese Pöbeleien, auch mir taten diese Angriffe sehr weh, besonders wenn man wusste, dass er dem FC jede freie Minute seiner Zeit widmete und was er für den Club geleistet hatte."
Eine richtig eingespielte Truppe konnte der 1. FC Köln in der gesamten Spielzeit nicht aufbieten. Während der ersten 14 Spieltage musste Coach Baluses 14 verschiedene Aufstellungen präsentieren. Eine weitere, erhebliche Schwächung. Zeitweise schien es, als würde der amtierende Westmeister tatsächlich den bitteren Gang in die Zweitklassigkeit antreten müssen.

Zu Beginn der Rückrunde zierte der FC das Tabellenende, Kapitän Hans Graf nahm die prekäre Situation mit rheinischem Humor und ließ sich für den *Kicker* sogar mit der berühmten „roten Laterne" in der Hand ablichten. Bei einer Krisensitzung in Franz Kremers damaliger Privatwohnung auf dem Sülzgürtel 32, gibt die Mannschaft dem „Boss" das Versprechen nicht abzusteigen.

WECHSELGERÜCHTE UM HANS SCHÄFER

Für Verwirrung sorgte auch, dass Hans Schäfer beim Gastspiel von Partizan Belgrad bei RW Essen auf der Tribüne gesichtet wurde. Sofort wurden dem Weltmeister Wechselabsichten unterstellt, die dieser aber in der Presse energisch zurückwies. Da Schäfer gerade den Bau einer Tankstelle in seiner Heimatstadt plante, wäre ein Vereinswechsel wohl kaum in Frage gekommen. „Ich denke gar nicht daran Köln zu verlassen, besonders jetzt nicht, wo mein Club in der Tabelle schlecht steht", wird „de Knoll" im *Kicker* zitiert. Schäfer gab im Derby „bei" den Dellbrücker Preußen mit zwei Toren trotz dichten Nebels in Müngersdorf die passende Antwort und führte sein Team zu einem wichtigen 4:1-Erfolg. Passend zur sportlichen Krise wurde auch der FC-Karnevalsorden 1955 gestaltet. Durch einen gebeugten Geißbock und den Satz „Mer kumme widder" konnte die Lage auf kölsche Art treffend dargestellt werden. Im Verlauf der Rückrunde stabilisierte sich die Leistung der Kölner.
In den Heimspielen wurden die zum Klassenerhalt notwendigen Punkte geholt. Der Supergau Abstieg blieb aus. Letztendlich konnte man – gemessen am Saisonverlauf – mit dem 8. Tabellenplatz zufrieden sein. Interessant war, wie der FC 1954/55 in vielen internationalen Freundschaftsspielen Kontakte mit dem Ausland knüpfte und dabei durch die nicht geringen Antrittsgagen ganz nebenbei noch die ein oder andere Mark in die Clubkasse wirtschaftete. Reiseschwerpunkt war im abgelaufenen Jahr Frankreich. Nicht weniger als siebenmal traten die Kölner im Land der Feinschmecker zum Vergleich mit namhaften

Kuriose Rarität: Speisekarte der Vertragsspieler-Weihnachtsfeier 1954/55.

Gegnern wie beispielsweise Olympique Lyon oder RC Lens an. Aber auch zu Hause konnten die Fans so manchen Gast aus mehr oder weniger fernen Ländern bestaunen. Mit dem berühmten Liverpooler Club FC Everton gab sich am 22. Mai 1955 ein echter „Leckerbissen" die Ehre. Gegen die ausgebufften englischen Profis wollten die FC-Spieler natürlich besonders gut aussehen, was ihnen auch eindrucksvoll gelang. „Gegen Everton wie ein Meister" titelte der *Fußball Sport* nach dem verdienten 1:0-Erfolg der Geißböcke durch einen sehenswerten Treffer von Fritz Breuer. Auch die lautstarke Supporter-Gruppe, die von der Insel mit in die Domstadt gekommen war, konnte die Niederlage der in den traditionellen blauen Trikots spielenden Toffees nicht verhindern.
Herausragender Akteur der Saison war „Kopfballungeheuer" Walter Müller, der mit 16 Pflichtspieltoren maßgeblichen Anteil am „Happy End" hatte und sich bis in Sepp Herbergers Notizbuch spielte, leider aber nicht im A-Team zum Einsatz kam.

WEISWEILER DIE ZWEITE

Zum Saisonende hatten die FC-Verantwortlichen noch eine handfeste Überraschung auf Lager. Ein guter alter Bekannter kehrte ans Geißbockheim zurück. Hennes Weisweiler, der auch an der Kölner Sporthochschule tätige Herberger-Assistent, unterschrieb einen Dreijahresvertrag. So hatte man sich mitten im „Sommerloch" mit einem Paukenschlag eindrucksvoll ins Gespräch gebracht und das Interesse an der kommenden Spielzeit bei den Anhängern merklich erhöht.

STATISTIK 1954/55

OBERLIGA WEST

22.08.1954 1. FC Köln - Duisburger SV 2:1 (1:1)
Zuschauer: 10.000
Tore: 0:1 (07.) Frymark, 1:1 (11.) Müller, 2:1 (88.) Stelzner.
Aufstellung: Hartenstein, Langen, Hartmann, Stollenwerk, Graf, Hirche, Müller, Breuer, Stelzner, Dörner, Schäfer.

29.08.1954 Fortuna Düsseldorf - 1. FC Köln 2:4 (0:1)
Zuschauer: 25.000
Tore: 0:1 (34.) Stollenwerk, 0:2 (63.) Schäfer, 1:2 (73.) Jäger, 2:2 (74.) Kern, 2:3 (86.) Müller, 2:4 (88.) Stollenwerk.
Aufstellung: Hartenstein, Goffart, Graf, Breuer, Hartmann, Hirche, Müller, Stelzner, Dörner, Stollenwerk, Schäfer.

05.09.1954 1. FC Köln - Preußen Dellbrück 4:1 (1:0)
Zuschauer: 25.000
Tore: 1:0 (29.) Stollenwerk, 1:1 (46.) Lorenz, 2:1 (62.) Schäfer, 3:1, 4:1 (81., 85.) Müller.
Aufstellung: Hartenstein, Goffart, Graf, Dörner, Hartmann, Hirche, Müller, Stelzner, Breuer, Stollenwerk, Schäfer.

12.09.1954 Westfalia Herne - 1. FC Köln 2:1 (2:0)
Zuschauer: 14.000
Tore: 1:0 (25.) Pühl, 2:0 (43.) Bothe, 2:1 (71.) Breuer.
Aufstellung: Hartenstein, Langen, Graf, Breuer, Hartmann, Hirche, Müller, Stollenwerk, Dörner, Röhrig, Stelzner.

19.09.1954 1. FC Köln - Rot-Weiß Essen 2:4 (2:2)
Zuschauer: 20.000
Tore: 0:1 (12.) Islacker, 1:1 (13.) Röhrig, 1:2 (18.) Islacker, 2:2 (26.) Dörner, 2:3 (67.) Islacker, 2:4 (75.) Grewer.
Aufstellung: Hartenstein, Langen, Graf, Mebus, Hartmann, Hirche, Müller, Breuer, Stollenwerk, Röhrig, Dörner.

03.10.1954 VfL Bochum - 1. FC Köln 2:1 (1:1)
Zuschauer: 35.000
Tore: 1:0 (18.) Bühner, 1:1 (31.) Müller, 2:1 (73.) Schirrmacher.
Aufstellung: Hartenstein, Hirche, Graf, Mebus, Hartmann, Dörner, Müller, Breuer, Stollenwerk, Röhrig, Stelzner.

10.10.1954 1. FC Köln - Borussia Dortmund 2:2 (1:1)
Zuschauer: 30.000
Tore: 0:1 (28.) Preißler, 1:1 (31.) Dörner, 1:2 (53.) Preißler, 2:2 (54.) Dörner.
Aufstellung: Hartenstein, Graf, Hirche, Mebus, Hartmann, Ewe, Breuer, Stollenwerk, Dörner, Stelzner, Schäfer.

24.10.1954 FC Schalke 04 - 1. FC Köln 2:1 (1:0)
Zuschauer: 28.000
Tore: 1:0 (03.) Krämer, 1:1 (63.) Röhrig, 2:1 (78.) Krämer.
Aufstellung: Jansen, Graf, Hirche, Mebus, Hartmann, Ewe, Müller, Stollenwerk, Dörner, Röhrig, Stelzner.

31.10.1954 Alemannia Aachen - 1. FC Köln 3:2 (1:1)
Zuschauer: 20.000
Tore: 1:0 (11.) Pfeiffer, 1:1 (17.) Müller, 2:1 (50.) Knauf, 2:2 (62.) Röhrig, 3:2 (81.) Poch.
Aufstellung: Jansen, Graf, Hirche, Breuer, Hartmann, Ewe, Müller, Stollenwerk, Dörner, Röhrig, Stelzner.

07.11.1954 1. FC Köln - SV Sodingen 2:3 (0:2)
Zuschauer: 8.000
Tore: 0:1 (13.) Wenker, 0:2 (15.) Linka, 0:3 (74.) Wächter, 1:3, 2:3 (75., 86.) Schäfer.
Aufstellung: Jansen, Graf, Hirche, Mebus, Hartmann, Ewe, Müller, Stollenwerk, Breuer, Röhrig, Schäfer.

14.11.1954 Meidericher SV - 1. FC Köln 0:2 (0:1)
Zuschauer: 14.000
Tore: 0:1 (43.) Müller, 0:2 (82.) Schäfer.
Aufstellung: Hartenstein, Langen, Graf, Goffart, Hirche, Dörner, Müller, Breuer, Stollenwerk, Röhrig, Schäfer.

21.11.1954 1. FC Köln - Bayer Leverkusen 1:4 (0:1)
Zuschauer: 15.000
Tore: 0:1 (36.) Thiede, 0:2 (47.) Schultz, 1:2 (50.) Dörner, 1:3 (55.) Thiede, 1:4 (64.) Langwagen.
Aufstellung: Hartenstein, Hartmann, Graf, Goffart, Hirche, Dörner, Müller, Breuer, Stollenwerk, Röhrig, Schäfer.

05.12.1954 Schwarz-Weiß Essen -1. FC Köln 3:0 (1:0)
Zuschauer: 6.000
Tore: 1:0 (08.) Zerres, 2:0 (47.) Wulf, 3:0 (80.) Burkardt.
Aufstellung: Hartenstein, Langen, Minich, Ewe, Hartmann, Hirche, Müller, Dörner, Breuer, Röhrig, Graf.

12.12.1954 1. FC Köln - Borussia M'gladbach 5:1 (5:0)
Zuschauer: 8.000
Tore: 1:0 (13.) Ewe, 2:0 (16.) Röhrig (Elfmeter), 3:0 (23.) Dörner, 4:0 (25.) Stelzner, 5:0 (40.) Dörner, 5:1 (73.) Reh (FE).
Aufstellung: Jansen, Graf, Minich, Breuer, Hartmann, Hirche, Müller, Dörner, Ewe, Röhrig, Stelzner.

26.12.1954 Preußen Münster - 1. FC Köln 1:0 (0:0)
Zuschauer: 7.000
Tor: 1:0 (60.) Breuer (Eigentor).
Aufstellung: Jansen, Graf, Minich, Breuer, Hartmann, Hirche, Müller, Dörner, Ewe, Röhrig, Stelzner.

09.01.1955 Duisburger SV - 1. FC Köln 3:1 (1:1)
Zuschauer: 9.000
Tore: 0:1 (25.) Ewe, 1:1 (33.) Rühl, 2:1 (64.) Frey, 3:1 (66.) Wechselberger.
Aufstellung: Jansen, Graf, Minich, Langen, Hartmann, Hirche, Müller, Dörner, Ewe, Röhrig, Stelzner.

23.01.1955 Preußen Dellbrück - 1. FC Köln 1:4 (1:1)
Zuschauer: 25.000
Tore: 1:0 (13.) Lorenz, 1:1 (43.) Schäfer, 1:2 (60.) Ewe, 1:3 (62.) Schäfer, 1:4 (80.) Röhrig.
Aufstellung: Jansen, Graf, Minich, Breuer, Mebus, Hirche, Müller, Dörner, Ewe, Röhrig, Schäfer.

30.01.1955 1. FC Köln - Westfalia Herne 2:0 (1:0)
Zuschauer: 16.000
Tore: 1:0, 2:0 (29., 72.) Müller.
Aufstellung: Jansen, Graf, Minich, Breuer, Mebus, Hirche, Müller, Dörner, Ewe, Röhrig, Schäfer.

06.02.1955 Rot-Weiß Essen - 1. FC Köln 4:2 (1:0)
Zuschauer: 20.000
Tore: 1:0, 2:0, 3:0 (13., 59., 61.) Röhrig, 3:1, 3:2 (69., 70.) Müller, 4:2 (89.) Vordenbäumen.
Aufstellung: Jansen, Graf, Minich, Breuer, Müller, Hirche, Mebus, Dörner, Ewe, Röhrig, Schäfer.

13.02.1955 1. FC Köln - VfL Bochum 1:0 (1:0)
Zuschauer: 7.000
Tor: 1:0 (14.) Müller
Aufstellung: Jansen, Graf, Minich, Breuer, Mebus, Hirche, Müller, Dörner, Ewe, Röhrig, Schäfer.

27.02.1955 Borussia Dortmund - 1. FC Köln 1:1 (1:1)
Zuschauer: 11.000
Tore: 1:0 (24.) Niepieklo, 1:1 (42.) Müller.
Aufstellung: Jansen, Graf, Minich, Hartmann, Mebus, Hirche, Müller, Breuer, Nordmann, Röhrig, Schäfer.

06.03.1955 1. FC Köln - FC Schalke 04 3:2 (3:2)
Zuschauer: 28.000
Tore: 0:1 (16.) Zang, 1:1 (18.) Breuer, 2:1 (22.) Nordmann, 2:2 (28.) Krämer, 3:2 (37.) Nordmann.
Aufstellung: Jansen, Graf, Minich, Dörner, Mebus, Hirche, Müller, Breuer, Nordmann, Röhrig, Schäfer.

13.03.1955 1. FC Köln - Fortuna Düsseldorf 4:1 (1:1)
Zuschauer: 30.000
Tore: 1:0 (02.) Schäfer, 1:1 (31.) Müller, 2:1 (68.) Hirche, 3:1 (83.) Breuer, 4:1 (89.) Röhrig (HE).
Aufstellung: Jansen, Graf, Minich, Dörner, Mebus, Hirche, Müller, Breuer, Nordmann, Röhrig, Schäfer.

20.03.1955 1. FC Köln - Alemannia Aachen 1:0 (0:0)
Zuschauer: 15.000
Tor: 1:0 (72.) Müller.
Aufstellung: Jansen, Graf, Minich, Dörner, Mebus, Hirche, Müller, Breuer, Stollenwerk, Röhrig, Schäfer.

27.03.1955 SV Sodingen - 1. FC Köln 2:1 (1:1)
Zuschauer: 12.000
Tore: 0:1 (16.) Breuer, 1:1 (37.) Linka, 2:1 (48.) Adamik.
Aufstellung: Jansen, Graf, Minich, Dörner, Mebus, Hirche, Müller, Breuer, Nordmann, Röhrig, Schäfer.

03.04.1955 1. FC Köln - Meidericher SV 4:0 (0:0)
Zuschauer: 13.000
Tore: 1:0 (53.) Nordmann, 2:0 (62.) Röhrig, 3:0, 4:0 (78., 89.) Schäfer.
Aufstellung: Jansen, Graf, Minich, Ewe, Hartmann, Hirche, Müller, Stollenwerk, Nordmann, Röhrig, Schäfer.

11.04.1955 Bayer Leverkusen - 1. FC Köln 4:0 (2:0)
Zuschauer: 16.000
Tore: 1:0 (33.) Thiede, 2:0 (39.) Langwagen, 3:0 (54.) Nußbaum, 4:0 (84.) Cesar.
Aufstellung: Jansen, Graf, Minich, Ewe, Hartmann, Hirche, Müller, Breuer, Stollenwerk, Röhrig, Schäfer.

17.04.1955 1. FC Köln - Schwarz-Weiß Essen 2:0 (0:0)
Zuschauer: 12.000
Tore: 1:0 (60.) Breuer, 2:0 (67.) Nordmann.
Aufstellung: Jansen, Graf, Minich, Ewe, Hirche, Dörner, Stollenwerk, Breuer, Nordmann, Röhrig, Schäfer.

24.04.1955 Borussia M'gladbach - 1. FC Köln 3:2 (1:0)
Zuschauer: 30.000
Tore: 1:0 (19.) Göbbels, 2:0 (47.) Reh, 2:1 (48.) Stollenwerk, 2:2 (55.) Nordmann, 3:2 (88.) Reh.
Aufstellung: Jansen, Graf, Minich, Goffart, Hirche, Stollenwerk, Dörner, Ewe, Röhrig, Nordmann.

01.05.1955 1. FC Köln - Preußen Münster 3:3 (2:1)
Zuschauer: 10.000
Tore: 0:1 (01.) Schulz, 1:1 (12.) Stollenwerk, 2:1 (27.) Nordmann, 2:2 (79.) Schulz, 2:3 (81.) Gerritzen, 3:3 (85.) Stollenwerk.
Aufstellung: Jansen, Graf, Goffart, Stollenwerk, Hirche, Ewe, Müller, Dörner, Nordmann, Röhrig, Stelzner.

DFB-POKAL

1. Runde
14.08.1954 1. FC Köln - STV Horst-Emscher 2:1 (0:1)
Zuschauer: 7.000
Tore: 0:1 (45.) Schmitt, 1:1 (65.) Dörner, 2:1 (80.) Müller.
Aufstellung: Jansen, Hartnich, Hirche, Breuer, Mebus, Müller, Stelzner, Stollenwerk, Dörner, Graf, Schäfer.

Achtelfinale
21.09.1954 1.FC Kaiserslautern - 1. FC Köln 7:0 (4:0)
Zuschauer: 7.000
Tore: 1:0 (01.) Biontino, 2:0 (31.) Scheffler, 3:0 (32.) Scheffler, 4:0 (44.) Scheffler, 5:0 (53.) Wanger, 6:0 (65.) F.Walter, 7:0 (71.) Biontino.
Aufstellung: Jansen, Langen, Graf, Mebus, Hartmann, Hirche, Müller, Breuer, Stollenwerk Röhrig, Dörner.

WESTDEUTSCHER POKAL

(Das kommende Spiel um den Westdeutschen Pokal zählt bereits für die Spielzeit 1955/56)

1. Runde
05.06.1955 SC Köln-West - 1. FC Köln 2:4 (1:1)
Zuschauer: 3.000
Tore: 1:0 Harthmuth, 1:1 Stollenwerk, 2:1 Fuchs, 2:2 Schäfer, 2:3 Stollenwerk, 2:4 Schäfer.
Aufstellung: Jansen, Graf, Minich, Mebus, Hartmann, Hirche, Müller, Dörner, Stollenwerk, Röhrig, Schäfer.

FREUNDSCHAFTSSPIELE

01.08.1954 Berliner SV 92 - 1. FC Köln 0:4 (0:2)
(Paderborn)

07.08.1954 1. FC Köln - Hamburger SV 1:1 (1:1)

STATISTIK 1954/55

08.08.1954 SSV Hagen - 1. FC Köln 2:3 (2:2)

13.08.1954 1. FC Köln - Berchem Sp. Antwerpen 5:0 (3:0)

17.08.1954 Olympique Lyon - 1. FC Köln 2:5 (1:2)

14.09.1954 OSC Lille - 1. FC Köln 3:2 (1:1)
(in Paris/Frankreich)

17.10.1954 1. FC Köln - Altona 93 3:3 (2:3)

17.11.1954 Auswahl Wuppertal - 1. FC Köln 2:0 (1:0)

28.11.1954 VfR Frankenthal - 1. FC Köln 1:0 (0:0)

19.12.1954 Rheydter SV - 1. FC Köln 0:3 (0:1)

16.02.1955 1. FC Köln - HCA Newell's 2:2 (2:0)

20.04.1955 Stade Reims - 1. FC Köln 1:3 (1:2)

03.05.1955 Wiener SC - 1. FC Köln 1:1 (0:1)
(in Verviers/Belgien)

05.05.1955 Red Star Olymp. Audonien - 1. FC Köln 0:3 (0:2)
(in Caen/Frankreich)

07.05.1955 FC Rouen - 1. FC Köln 5:2 (3:2)
(in Le Havre/Frankreich)

11.05.1955 Düren 99 - 1. FC Köln 3:3 (2:2)

12.05.1955 Tilleur Lüttich - 1. FC Köln 2:2 (0:2)

15.05.1955 Alemannia Aachen - 1. FC Köln 1:3 (0:1)
(in Düren-Kreuzau)

18.05.1955 Racing Lens - 1. FC Köln 3:4 (2:3)

22.05.1955 1. FC Köln - FC Everton 1:0 (0:0)

25.05.1955 FC Schalke 04 - 1. FC Köln 2:2 (2:2)
(in Nijmegen/Niederlande)

01.06.1955 Bonner FV/Tura Bonn - 1. FC Köln 1:2 (0:1)

04.06.1955 Auswahl Brühl - 1. FC Köln 0:11 (0:8)

09.06.1955 1. FC Köln - FC La Chaux-de-Fonds 3:3 (1:2)

18.06.1955 Valenciennes FC - 1. FC Köln 5:2 (3:1)

21.06.1955 Rapid Heerlen - 1. FC Köln 3:1 (2:0)
(in Kerkrade/Niederlande)

25.06.1955 Kickers Offenbach - 1. FC Köln 4:5 (1:1)
(in Lemgo)

29.06.1955 Auswahl Niederlande - 1. FC Köln 5:4 (2:2)
(in Leeuwarden/Niederlande)

30.06.1955 D.W.S. Amsterdam - 1. FC Köln 4:2 (2:0)

OBERLIGA WEST 1954/55

1.	Rot-Weiß Essen	64:38	45:15
2.	SV Sodingen	54:40	39:21
3.	Bayer Leverkusen	54:42	36:24
4.	Borussia Dortmund	63:57	30:30
5.	FC Schalke 04	51:49	30:30
6.	Fortuna Düsseldorf	66:65	30:30
7.	**1. FC Köln (M)**	**60:55**	**29:31**
8.	Duisburger SpV (N)	48:52	29:31
9.	Preußen Münster	70:60	28:32
10.	Preußen Dellbrück	51:58	28:32
11.	Alemannia Aachen	56:64	28:32
12.	Schwarz-Weiß Essen	52:55	27:33
13.	Westfalia Herne (N)	57:63	26:34
14.	Borussia M'gladbach	48:65	26:34
15.	Meidericher SpV	39:60	26:34
16.	VfL Bochum	36:46	23:37

FIEBERKURVE 1954/55

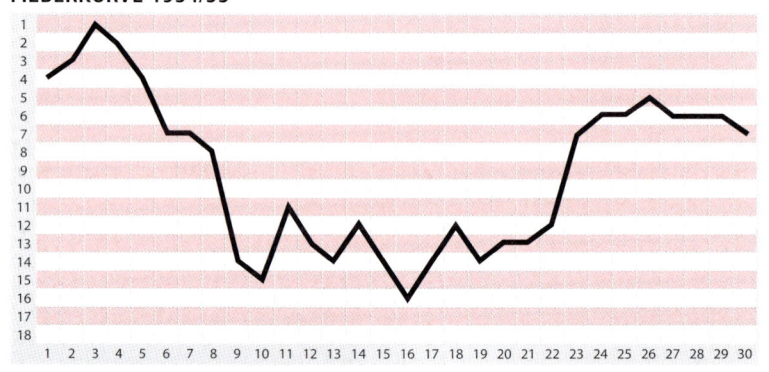

OBERLIGAKADER 1954/55

Abgänge: Becker (Ende der Laufbahn), de Munck (Fortuna Sittard), Gierlich (SV Hannover 96)
Zugänge: Minich (BV Osterfeld), Ewe (VfL Benrath), Jansen (VfR Frankenthal), Stelzner (SV Itzehoe)

Trainer:
Kurt Baluses

Tor:
Jansen, Günter 20/0
Hartenstein, Klaus 10/0

Feld:
Hirche, Martin 30/1
Graf, Hans 30/0
Müller, Walter 27/14
Röhrig, Josef 26/7
Breuer, Fritz 26/5
Dörner, Herbert 25/6
Schäfer, Hans 19/10
Stollenwerk, Georg 18/6
Hartmann, Benno 18/0
Ewe, Paul 17/3
Minich, Willi 17/0
Mebus, Paul 14/0
Stelzner, Harald 13/2
Nordmann, Berthold 8/6
Goffart, Heinz 6/0
Langen, Stefan 6/0
Hammer, Alfred 0/0

Einen rauschenden Empfang bietet die Kölner Bevölkerung den Weltmeistern Hans Schäfer und Paul Mebus.

Original FC-Trikot aus der Saison 1954/55 von Walter Müller. Das rare Textil wird im FC-Museum im RheinEnergieStadion ausgestellt.

1955/56
OBERLIGA WEST

„Tschik" kommt nach Köln

Als am 17. Juli 1955 der D-Zug aus München am Kölner Hauptbahnhof eintraf, wird selbst der am Bahnsteig wartende Franz Kremer nicht geahnt haben, dass einer der Fahrgäste die weitere Geschichte des 1. FC Köln maßgeblich beeinflussen würde. Im aus der bayerischen Landeshauptstadt anrollenden Zug saß kein Geringerer als der bekannte jugoslawische Internationale Zlatko Cajkovski. Jugoslawiens „Fußballer des Jahres" befand sich mit seinen 31 Jahren bereits im Spätsommer seiner Karriere, war aber eine Klasse für sich. Neben seinem Engagement bei den Geißböcken konnte Cajkovski auf der Sporthochschule das Fußballlehrerdiplom ablegen, was die Entscheidung sich für drei Jahre zu binden zusätzlich erleichterte. Außer dem Star vom Balkan waren keine weiteren nennenswerten Zu- oder Abgänge zu verzeichnen.
Die Rückkehr von Hennes Weisweiler unterstrich die optimistischen Saison-Prognosen. Höhepunkt der üblichen Vorbereitungsspiele war das Wiedersehen mit dem unvergessenen Frans de Munck, der mit seinem neuen Club Fortuna Geleen am 7. August 1955 in Müngersdorf zu Gast war. Groß war die Wiedersehensfreude bei den ehemaligen Mannschaftskameraden, selbst Geißbock Hennes wurde vom „schönen Frans" persönlich begrüßt. Auf dem Platz kannten die Kölner allerdings keine Freunde und so bekam de Munck an diesem Nachmittag achtmal eingeschenkt. Selbst der „schwarze Panther" konnte die eklatanten Schwächen seiner Vorderleute nicht gänzlich ausbügeln. Der neue ausländische FC-Star Cajkovski, dem seine früheren Mitspieler den Spitznamen „Tschik" – was in etwa „Stummel" bedeutete und sich auf seine Körpergröße von nur 1,64 m bezog – verpasst hatten, musste von der Tribüne aus zusehen. Trotz intensiver Bemühungen war es noch nicht gelungen, die notwendige Spielgenehmigung vom jugoslawischen Verband zu bekommen.

SAISONAUFTAKT OHNE CAJKOVSKI
Relativ spät, am 28. August 1955, wurde es mit dem Beginn der Ligaspiele ernst. Völlig unerwartet starteten die Kölner mit einer 1:3-Schlappe in Sodingen in die Saison. Spielerisch war man sogar besser als die Gastgeber, die das in Schönheit sterbende Kölner Team letztlich niederkämpften. Es folgte ein Heimsieg gegen SW Essen und eine erneute Auswärtsniederlage, diesmal in Münster. Der FC war launisch geworden. Zum Problemfall wurde Neuzugang Cajkovski, der auch bis zum 5. Spieltag noch keine Freigabe erhalten hatte. Der „Fall Cajkovski" hatte sich zum Präzedenzfall entwickelt. Die Verbandsfunktionäre in „Tschiks" Heimat befürchteten weitere Abgänge namhafter Spieler und damit einen fußballerischen Aderlass im Balkanstaat. Erst am 20. September war es gelungen, die langersehnte Genehmigung zu erhalten. Der 54fache Nationalspieler war kurzerhand selbst nach Belgrad gefahren und hatte die Dinge mit tatkräftiger Unterstützung der lokalen Sportpresse vor Ort geregelt. Im brisanten kölschen Derby gegen Preußen Dellbrück feierte Cajkovski am 2. Oktober 1955 sein Pflichtspieldebüt vor 35.000 Neugierigen in der Hauptkampfbahn. Der unbändige Offensivdrang des kleinen Mittelfeldakteurs begeisterte die Zuschauer und der FC gewann trotz eines 0:2-Rückstands noch mit 4:3.

AUSSCHREITUNGEN BEIM SPIEL GEGEN HAMBORN
Das Spiel der Weisweiler-Elf basierte auf spielerischer Klasse, mit perfekten Technikern wie Schäfer, Röhrig, Cajkovski oder Stollenwerk in den eigenen Reihen. Daher war die zunehmend rustikale Gangart in der Oberliga West für den 1. FC Köln nicht unbedingt von Vorteil. Dass die Härte in den westdeutschen Stadien so stark zugenommen hatte, ließ sich einfach erklären: Der WFV plante die Abschaffung der 2. Vertragsspielerliga, was vor allem in den unteren Tabellenregionen zu einem regelrechten Existenzkampf führte. Nicht selten übertrug sich die angeheizte Atmosphäre auf dem Platz auch auf die Ränge. Als in der Begegnung Köln - Hamborn 07 Hans Schäfer kurz vor dem Ende der Partie von zwei Gegenspielern gleichzeitig gefoult wurde, brannten bei einigen Fanatikern auf der Tribüne alle Sicherungen durch, obwohl der Schiedsrichter beide Übeltäter sofort des Feldes verwiesen hatte. Einem Zuschauer gelang es, den Gästespieler Kallenborn tätlich anzugreifen, und ehe Ordnungsdienst oder Polizei eingreifen konnten, war eine handfeste Schlägerei zwischen Hamborner Spielern und Kölner Fans im Gange. Der FC wurde von der WFV-Spruchkammer zu 1.000 DM Geldstrafe sowie zum Verteilen von 10.000 Handzetteln mit Verhaltensmaßregeln für das Publikum bei den nächsten beiden Heimspielen verdonnert. Kurioserweise revidierte der WFV das Urteil einige Wochen später, ein fader Beigeschmack blieb jedoch.
Diese Vorfälle überschatteten den 3:1-Erfolg der Gastgeber, der den Auftakt einer kleinen Siegesserie von insgesamt drei doppelten Punktgewinnen nach Gang bedeutete. Erst auf dem Aachener Tivoli gab es die fast schon traditionelle Niederlage. Höhepunkt der Vorrunde war der erste Oberligasieg über Bayer 04 Leverkusen. Beim 4:0-Auswärtserfolg im Leverkusener Stadtpark lief die kreative Mittelfeldachse Caj-

---

[LEGENDEN]

Hans Graf
Beim FC von 1948 bis 1958
Geboren: 06.08.1923 in Köln
Pflichtspiele beim FC: 245
Pflichtspieltore: 23

Vom Tennistalent zum Vertragsfußballer

Bevor Hans Graf zum Fußball kam, war er ein ausgesprochenes Tennistalent und spielte sogar um die deutsche Jugendmeisterschaft. Eher zufällig nahm ihn ein beim Bayenthaler SV spielender Freund mit zum Fußball. Hier stellte man fest, dass Graf auch im Fußball außerordentliches Talent besaß. Bis zur 1. Mannschaft durchlief er bei den Bayenthalern alle Jugendteams und entwickelte sich zu einem der gefährlichsten Innenstürmer am Mittelrhein. Nach einem kurzen Gastspiel beim VfL Köln 99 kam er zur Saison 1948/1949 zum 1. FC Köln. Bei den Geißböcken machte man aus dem Angreifer einen erstklassigen Verteidiger, der ohne Qualitätsverlust auch als linker Läufer einsetzbar war. Zusammen mit Stefan Langen und Keeper Frans de Munck bildete er über viele Jahre die Standardabwehr der Kölner. Graf war nicht nur ein erstklassiger Defensivspieler, auch seine gefährlichen Vorstöße waren gefürchtet. Wenn der Kapitän zu einem seiner berühmten Weitschüsse ansetzte, „klingelte" es nicht selten im gegnerischen Kasten.
Im Sommer 1958 beendete Hans Graf seine Fußballerlaufbahn, um sich ganz dem Beruf zu widmen. Von seinem gleichnamigen Vater hatte „Hansi" bereits zu seiner aktiven Zeit auf der Luxemburger Straße ein Fachgeschäft für Reifen- und Autozubehör übernommen, das er erfolgreich führte. ■

[Interessantes & Kurioses]

- Rechtsaußen Walter Müller besteht an der Sporthochschule Köln das Diplom-Sportlehrer-Examen mit der Note „Sehr gut" und wird als bester Absolvent mit der August-Bier-Plakette ausgezeichnet.

- Theodor Schumacher und Adam Müller, schon vor dem 2. Weltkrieg Mitglieder des KBC, kommen erst im November 1955, mehr als zehn Jahre nach Kriegsende, aus russischer Kriegsgefangenschaft zurück in ihre Heimatstadt Köln. Der FC überreicht ihnen vor dem Heimspiel gegen Westfalia Herne eine Dauer-Ehrenkarte zum Besuch der Heimspiele.

Bevor das Geißbock Echo im Jahre 1957 seine Premiere feierte, mussten sich die Fans mit Programmheften von „Fremdproduzenten" wie beispielsweise dem Sport Beobachter zufrieden geben. Hier ein Exemplar vom Heimspiel gegen Schalke.

- Der Bürgermeister der Stadt Köln, Theo Burauen, wird Vorstandsmitglied bei den Geißböcken.

- Hans Schäfer eröffnet am 28. März 1956 eine Shell-Tankstelle auf dem Lindenthalgürtel. Zur Einweihung erscheint neben dem Vorstand auch die komplette 1. Mannschaft.

- Jupp Schmitz feiert im Mai 1956 sein 35-jähriges Jubiläum als Geschäftsführer. Er bekleidete diese Funktion bereits bei Sülz 07.

- Ein von Herbert Dörner bei Fortuna Düsseldorf unterzeichneter Vertrag für die Saison 1956/57 platzt wegen eines noch bestehenden Kontrakts beim FC.

- Im Oktober 1955 löst sich die Leichtathletikabteilung des 1. FC Köln auf. Einige der ehemaligen Mitglieder gründen in einer Klettenberger Gaststätte einen neuen Club, den LC Südstern Köln.

kovski-Stollenwerk auf Hochtouren. Auch der 5:1-Kantersieg gegen Fortuna Düsseldorf vor der stattlichen Heimkulisse von 42.000 Zuschauern, unter ihnen Bundestrainer Sepp Herberger, erfreute die Anhänger der Geißböcke. Zumal es in dieser Begegnung endlich das erste Pflichtspieltor von „Tschik" zu sehen gab.

FORMSCHWANKUNGEN

Ein weiteres Kuriosum ereignete sich beim Gastspiel der Kölner im Stadion von RW Essen. Der Essener Spieler Franz „Penny" Islacker ließ während des Spiels einen mitgereisten FC-Fan von der Polizei notieren, da dieser ihn angeblich beleidigt hatte.

Während der wie üblich nur kurzen Winterpause hatten sich die Kölner vom 2. Weihnachtstag an für eine Woche nach Süddeutschland, genauer gesagt nach Oberstdorf verabschiedet. Auf dem idyllisch am Fuße des bekannten Nebelhorns gelegenen Sportplatz konnte Trainer Weisweiler seine Mannschaft in aller Ruhe auf die Rückserie vorbereiten. Die 14 mitgereisten Akteure wurden gruppenweise in örtlichen Pensionen untergebracht, während die Mahlzeiten gemeinsam in einem Hotel eingenommen wurden. Vormittags standen intensives Training, nachmittags Spaziergänge und Erholung auf dem Programm. Mit einem Freundschaftsspiel gegen den Südoberligisten Schwaben Augsburg wurden die Unkosten des Aufenthaltes durch das Antrittsgeld praktisch amortisiert.

Der Rückrundenauftakt im verschneiten Müngersdorfer Stadion glückte, wenn auch mühsam. Beim 2:1 gegen Sodingen blieben wenigstens beide Punkte in der Domstadt. Der FC war aber für eine Spitzenmannschaft im weiteren Saisonverlauf nicht konstant genug. Glanzvollen Erfolgen wie den Siegen über Borussia Dortmund und Schalke 04 standen enttäuschende Pleiten wie beispielsweise in Hamborn oder Herne gegenüber. Vor allem im Endspurt verloren die Geißböcke viele unnötige Punkte, was das Erreichen von Platz 2 unmöglich machte. Keine andere Elf der Oberliga zeigte so große Formschwankungen wie die Weisweiler-Truppe, und das, obwohl man mit Cajkovski, Dörner und Breuer eine der stärksten Läuferreihen im Westen hatte. Der versöhnliche 5:1-Sieg am letzten Spieltag über den amtierenden Deutschen Meister RW Essen war der Abschluss einer Spielzeit, in der mit dem 7. Tabellenplatz erneut nicht den Erwartungen von Vorstand und Umfeld entsprochen werden konnte.

Einen Erfolg konnte man am Geißbockheim dennoch feiern: Herbert Dörner gelang der Sprung in die Nationalmannschaft, für die er am 13. Juni 1956 beim Spiel in Oslo gegen Norwegen debütierte.

Hoffnungsvoll auch das torgefährliche Offensivtalent Hansi Sturm, dem im abgelaufenen Spieljahr der Durchbruch von der eigenen Jugend in den Vertragsspielerkader gelungen war. An ihm sollte man in Köln noch viel Freude haben. Auch für die restlichen FC-Spieler war die Saison noch nicht beendet. Es folgte die Reise nach Griechenland mit Spielen gegen AEK und Panathinaikos Athen sowie Olympiakos Piräus. Der FC war der erste deutsche Verein, der nach dem Krieg bei den Griechen zu Gast war. Weiter ging es nach Jugoslawien zur Begegnung mit „Tschiks" altem Club Partizan Belgrad.

MIT DREI „LEIHGABEN" GEGEN ATLETICO MADRID

Im spanischen La Coruna traf man beim Turnier „Trafeo Teresa Herrera" auf den spanischen Traditionsverein Atletico Madrid. Bei der 1:4-Niederlage standen mit Jänisch (RW Essen), dem Spanier Sodoroghia und dem Franzosen Jackstell drei Leihspieler im FC-Trikot auf dem Platz. Der Grund: Röhrig, Nordmann, Graf und Breuer waren angeschlagen zu Hause geblieben, Dörner weilte bei der Nationalmannschaft. Mit Hilfe des Spielervermittlers Julius Ukrainczyk war es den Kölnern gelungen die fehlenden Akteure leihweise zu verpflichten. Diese repräsentativen Auslandsaufenthalte kamen in der Heimat bestens an.

Von links nach rechts: Walter Müller, Masseur Mischa Sijacic, Willi Minich, Paul Mebus, Hansi Sturm, Jupp Röhrig, „Tschik" Cajkovski, Präsident Franz Kremer, Berthold Nordmann, Hans Graf, Günter Jansen, Georg Stollenwerk, Martin Hirche, Heinz Goffard, Hans Schäfer, Trainer Hennes Weisweiler, Herbert Dörner.

STATISTIK 1955/56

OBERLIGA WEST

28.08.1955 SV Sodingen - 1. FC Köln 3:1 (1:0)
Zuschauer: 16.000
Tore: 1:0 (12.) Harpers, 2:0 (51.) Stolte, 2:1 (63.) Schäfer, 3:1 (82.) Linka.
Aufstellung: Jansen, Graf, Dörner, Mebus, Hirche, Stollenwerk, Müller, Sturm, Nordmann, Röhrig, Schäfer.

31.08.1955 1. FC Köln - Schwarz-Weiß Essen 4:1 (1:1)
Zuschauer: 10.000
Tore: 0:1 (17.) Mozin, 1:1, 2:1 (22., 52.) Nordmann, 3:1, 4:1 (77., 85.) Sturm.
Aufstellung: Jansen, Graf, Dörner, Stollenwerk, Mebus, Hirche, Müller, Sturm, Nordmann, Röhrig, Schäfer.

04.09.1955 Preußen Münster - 1. FC Köln 3:1 (0:0)
Zuschauer: 15.000
Tore: 1:0 (76.) Rey, 2:0 (77.) Rachuba, 3:0 (80.) Jenatschek, 3:1 (88.) Schäfer.
Aufstellung: Jansen, Graf, Dörner, Stollenwerk, Mebus, Hirche, Müller, Sturm, Nordmann, Röhrig, Schäfer.

11.09.1955 1. FC Köln - Duisburger SV 1:1 (1:0)
Zuschauer: 14.000
Tore: 1:0 (03.) Schäfer, 1:1 (51.) Lohmann.
Aufstellung: Jansen, Deutsch, Minich, Stollenwerk, Hirche, Dörner, Müller, Sturm, Schwier, Röhrig, Schäfer.

18.09.1955 Borussia Dortmund - 1. FC Köln 3:0 (2:0)
Zuschauer: 18.000
Tore: 1:0 (02.) Kapitulski, 2:0, 3:0 (14., 86.) Kapitulski, 3:0 (77.) Kapitulski.
Aufstellung: Jansen, Graf, Minich, Stollenwerk, Hirche, Dörner, Müller, Sturm, Nordmann, Röhrig, Schäfer.

02.10.1955 1. FC Köln - Preußen Dellbrück 4:3 (1:2)
Zuschauer: 35.000
Tore: 0:1, 0:2 (01., 09.) Grandrath, 1:2, 2:2, 3:2 (24., 46., 51.) Schäfer, 3:3 (62.) Frantzen, 4:3 (64.) Nordmann.
Aufstellung: Jansen, Graf, Minich, Cajkovski, Hirche, Dörner, Müller, Stollenwerk, Nordmann, Röhrig, Schäfer.

09.10.1955 FC Schalke 04 - 1. FC Köln 2:1 (1:0)
Zuschauer: 35.000
Tore: 1:0 (38.) Koslowski, 2:0 (60.) Siebert, 2:1 (75.) Schäfer.
Aufstellung: Jansen, Graf, Minich, Cajkovski, Hirche, Dörner, Sturm, Stollenwerk, Nordmann, Röhrig, Schäfer.

16.10.1955 1. FC Köln - Hamborn 07 3:1 (2:1)
Zuschauer: 13.000
Tore: 1:0 (20.) Schäfer, 1:1 (26.) Thiede, 2:1 (38.) Dörner, 3:1 (64.) Müller.
Aufstellung: Jansen, Graf, Minich, Breuer, Hirche, Röhrig, Müller, Sturm, Stollenwerk, Dörner, Schäfer.

23.10.1955 Wuppertaler SV - 1. FC Köln 0:2 (0:0)
Zuschauer: 28.000
Tore: 0:1, 0:2 (78., 86.) Dörner.
Aufstellung: Jansen, Graf, Minich, Cajkovski, Hirche, Röhrig, Müller, Breuer, Nordmann, Dörner, Schäfer.

30.10.1955 1. FC Köln - Westfalia Herne 4:2 (1:1)
Zuschauer: 10.500
Tore: 0:1 (21.) Grandt, 1:1 (32.) Stollenwerk, 2:1 (46.) Röhrig, 3:1 (76.) Breuer, 3:2 (77.) Overdieck, 4:2 (85.) Stollenwerk.
Aufstellung: Jansen, Graf, Minich, Cajkovski, Hirche, Röhrig, Breuer, Stollenwerk, Nordmann, Dörner, Schäfer.

06.11.1955 Alemannia Aachen - 1. FC Köln 2:1 (2:1)
Zuschauer: 20.000
Tore: 1:0 (15.) Roßbach, 2:0 (20.) Krämer, 2:1 (42.) Dörner.
Aufstellung: Jansen, Graf, Minich, Cajkovski, Hirche, Dörner, Breuer, Stollenwerk, Nordmann, Röhrig, Schäfer.

19.11.1955 1. FC Köln - Borussia M'gladbach 1:0 (1:0)
Zuschauer: 5.000
Tor: 1:0 (40.) Stollenwerk.
Aufstellung: Jansen, Graf, Minich, Cajkovski, Hirche, Dörner, Müller, Breuer, Stollenwerk, Röhrig, Nordmann.

27.11.1955 Bayer Leverkusen - 1. FC Köln 0:4 (0:1)
Zuschauer: 13.000
Tore: 0:1 (08.) Stollenwerk, 0:2 (52.) Müller, 0:3 (72.) Nordmann, 0:4 (85.) Schäfer.
Aufstellung: Jansen, Graf, Minich, Cajkovski, Breuer, Dörner, Müller, Stollenwerk, Nordmann, Röhrig, Schäfer.

04.12.1955 1. FC Köln - Fortuna Düsseldorf 5:1 (3:0)
Zuschauer: 42.000
Tore: 1:0 (01.) Stollenwerk, 2:0 (25.) Dörner, 3:0 (36.) Cajkovski, 4:0 (63.) Stollenwerk, 4:1 (66.) Derwall, 5:1 (71.) Dörner.
Aufstellung: Jansen, Graf, Minich, Cajkovski, Breuer, Dörner, Müller, Stollenwerk, Nordmann, Röhrig, Schäfer.

11.12.1955 Rot-Weiß Essen - 1. FC Köln 3:2 (0:0)
Zuschauer: 25.000
Tore: 1:0 (52.) Rahn, 1:1 (60.) Nordmann, 1:2 (62.) Stollenwerk, 2:2 (76.) Islacker (FE), 3:2 (85.) Röhrig.
Aufstellung: Jansen, Graf, Hirche, Cajkovski, Breuer, Dörner, Müller, Stollenwerk, Nordmann, Röhrig, Schäfer.

08.01.1956 1. FC Köln - SV Sodingen 2:1 (2:0)
Zuschauer: 10.000
Tore: 1:0 (04.) Schäfer, 2:0 (31.) Stollenwerk, 2:1 (47.) Blatt.
Aufstellung: Jansen, Graf, Hirche, Cajkovski, Breuer, Dörner, Müller, Stollenwerk, Nordmann, Röhrig, Schäfer.

15.01.1956 Schwarz-Weiß Essen - 1. FC Köln 0:0
Zuschauer: 10.000
Aufstellung: Jansen, Graf, Hirche, Cajkovski, Breuer, Dörner, Müller, Stollenwerk, Nordmann, Röhrig, Schäfer.

22.01.1956 1. FC Köln - Preußen Münster 3:3 (0:2)
Zuschauer: 7.000
Tore: 0:1 (30.) Lammers, 0:2 (33.) Scheidt, 1:2 (60.) Schäfer, 2:2 (65.) Müller, 2:3 (75.) Rey, 3:3 (84.) Dörner.
Aufstellung: Jansen, Graf, Minich, Cajkovski, Breuer, Dörner, Müller, Stollenwerk, Nordmann, Röhrig, Schäfer.

29.01.1956 Duisburger SV - 1. FC Köln 0:2 (0:1)
Zuschauer: 18.000
Tore: 0:1 (16.) Nordmann, 0:2 (72.) Müller.
Aufstellung: Jansen, Graf, Minich, Cajkovski, Hirche, Dörner, Müller, Stollenwerk, Nordmann, Röhrig, Schäfer.

05.02.1956 1. FC Köln - Borussia Dortmund 3:1 (1:0)
Zuschauer: 32.000
Tore: 1:0 (12.) Burgsmüller (Eigentor), 1:1 (67.) Preißler, 2:1, 3:1 (75., 78.) Müller.
Aufstellung: Jansen, Graf, Minich, Cajkovski, Hirche, Dörner, Müller, Stollenwerk, Nordmann, Röhrig, Schäfer.

19.02.1956 1. FC Köln - FC Schalke 04 3:2 (2:0)
Zuschauer: 30.000
Tore: 1:0 (10.) Schäfer, 2:0 (32.) Müller, 3:0 (53.) Minich (HE), 3:1 (61.) Sadlowski, 3:2 (85.) Sadlowski.
Aufstellung: Jansen, Graf, Minich, Cajkovski, Hirche, Dörner, Müller, Stollenwerk, Nordmann, Röhrig, Schäfer.

26.02.1956 Hamborn 07 - 1. FC Köln 4:2 (1:0)
Zuschauer: 10.000
Tore: 1:0 (14.) Jesih, 2:0 (51.) Hnevsa, 3:0 (54.) Jesih, 3:1 (63.) Müller, 3:2 (70.) Schäfer, 4:2 (83.) Jesih.
Aufstellung: Jansen, Graf, Minich, Cajkovski, Hirche, Dörner, Müller, Breuer, Nordmann, Röhrig, Schäfer.

11.03.1956 Peußen Dellbrück - 1. FC Köln 1:1 (1:0)
Zuschauer: 23.000
Tore: 1:0 (45.) Grandrath, 1:1 (52.) Nordmann.
Aufstellung: Jansen, Graf, Minich, Cajkovski, Breuer, Dörner, Müller, Stollenwerk, Nordmann, Röhrig, Schäfer.

18.03.1956 Westfalia Herne - 1. FC Köln 3:1 (2:1)
Zuschauer: 15.000
Tore: 1:0 (18.) Sopat, 2:0 (22.) Overdiek, 2:1 (28.) Müller, 3:1 (55.) Overdiek.
Aufstellung: Jansen, Deutsch, Minich, Cajkovski, Graf, Breuer, Müller, Nordmann, Stollenwerk, Dörner, Schäfer.

25.03.1956 1. FC Köln - Alemannia Aachen 0:0
Zuschauer: 40.000
Aufstellung: Jansen, Graf, Breuer, Cajkovski, Hirche, Dörner, Müller, Sturm, Nordmann, Stollenwerk, Schäfer.

02.04.1956 Borussia M'gladbach - 1. FC Köln 3:2 (2:1)
Zuschauer: 23.000
Tore: 1:0 (35.) Reh, 1:1 (36.) Sturm, 2:1, 3:1 (43., 65.) Jansen, 3:2 (88.) Nordmann.
Aufstellung: Jansen, Graf, Breuer, Cajkovski, Hirche, Dörner, Müller, Sturm, Nordmann, Stollenwerk, Schäfer.

08.04.1956 1. FC Köln - Bayer Leverkusen 0:0
Zuschauer: 12.000
Aufstellung: Jansen, Graf, Minich, Cajkovski, Hirche, Breuer, Müller, Sturm, Stollenwerk, Dörner, Schäfer.
B.V.: Nutz hält HE von Minich.

15.04.1956 1. FC Köln - Wuppertaler SV 1:2 (0:1)
Zuschauer: 10.000
Tore: 0:1 (17.) Kirchstein, 1:1 (67.) Cajkovski (FE) 1:2 (84.) Beck.
Aufstellung: Jansen, Graf, Breuer, Cajkovski, Hirche, Dörner, Sturm, Müller, Stollenwerk, Röhrig, Schäfer.

22.04.1956 Fortuna Düsseldorf - 1. FC Köln 2:0 (0:0)
Zuschauer: 22.000
Tore: 1:0 (53.) Juskowiak, 2:0 (71.) K. Grammiger.
Aufstellung: Jansen, Goffart, Graf, Cajkovski, Hirche, Stollenwerk, Sturm, Müller, Dörner, Breuer, Schäfer.

29.04.1956 1. FC Köln - Rot-Weiß Essen 5:1 (2:1)
Zuschauer: 12.000
Tore: 1:0 (11.) Schäfer, 2:0 (22.) Nordmann, 2:1 (31.) Seemann, 3:1 (47.) Stollenwerk, 4:1 (60.) Müller, 5:1 (75.) Dörner.
Aufstellung: Jansen, Graf, Breuer, Cajkovski, Hirche, Dörner, Müller Stollenwerk, Nordmann, Röhrig, Schäfer.

WESTDEUTSCHER POKAL

2. Runde
03.08.1955 Rapid Köln - 1. FC Köln 1:10 (0:4)
Zuschauer: 5.000
Tore: Nordmann (3), Schäfer (3), Sturm (3), Josef Röhrig.
Aufstellung: Jansen, Breuer, Graf, Dörner, Hirche, Stollenwerk, Müller, Sturm, Nordmann, Röhrig, Schäfer.

3. Runde
01.11.1955 Meidericher SV - 1. FC Köln 2:0 (0:0)
Zuschauer: 8.000
Tore: 1:0 (51.) Dziwoki, 2:0 (56.) Carl.
Aufstellung: Jansen, Graf, Minich, Breuer, Nordmann, Hirche, Müller, Dörner, Stollenwerk, Röhrig, Schäfer.

FREUNDSCHAFTSSPIELE

31.07.1955 1. FC Köln - Vienna Wien 3:2 (3:0)

07.08.1955 1. FC Köln - Fortuna Geleen 8:1 (5:0)

13.08.1955 1. FC Köln - Berchem Sp. Antwerpen 5:0 (3:0)

17.08.1955 VfL Schwerte - 1. FC Köln 0:3 (0:0)

07.09.1955 1. FC Köln - Deutsche Olymp. Auswahl 5:4 (3:3)

24.09.1955 VfB Bottrop - 1. FC Köln 4:4 (2:4)

30.12.1955 FC Oberstdorf - 1. FC Köln 1:11 (1:2)

01.01.1956 Schwaben Augsburg - 1. FC Köln 0:5 (0:2)

01.05.1956 Auswahl Luxemburg - 1. FC Köln 0:8 (0:2)

07.05.1956 AEK Athen - 1. FC Köln 2:1 (0:0)

11.05.1956 Olympiakos Piräus - 1. FC Köln 0:1 (0:0)

STATISTIK 1955/56

Datum	Spiel	Ergebnis
13.05.1956	Panathinaikos Athen - 1. FC Köln	1:2 (1:1)
16.05.1956	Partizan Belgrad - 1. FC Köln	4:2 (0:1)
21.05.1956	Borussia Hildesheim - 1. FC Köln	1:1 (0:1)
27.05.1956	1. FC Köln - STV Horst-Emscher	6:0 (3:0)
31.05.1956	1. FC Nürnberg - 1. FC Köln	3:2 (3:0)
01.06.1956	Auswahl Lothringen - 1. FC Köln (in Merlbach/Lothringen)	2:11 (2:5)
02.06.1956	Untere Saarlandausw. - 1. FC Köln (in Dillingen)	1:4 (1:1)
10.06.1956	1. FC Köln - FC Toulouse	1:1 (0:1)
16.06.1956	SV Darmstadt 98 - 1. FC Köln (in Ober-Ramstadt)	0:7 (0:3)
17.06.1956	AS Nancy - 1. FC Köln (in Bolougne/Frankreich)	3:3 (1:2)
21.06.1956	1. FC Köln - Milli Spor Adana	9:1 (3:1)
23.06.1956	Stolberger SpV. - 1. FC Köln	1:5 (0:2)
29.06.1956	Atletico Madrid - 1. FC Köln (in La Coruña)	4:1 (1:1)

OBERLIGA WEST 1955/56

		Tore	Punkte
1.	Borussia Dortmund	78:36	45:15
2.	FC Schalke 04	67:38	41:19
3.	Alemannia Aachen	70:55	41:19
4.	Duisburger SpV.	48:36	36:24
5.	Rot-Weiß Essen (M)	59:45	36:24
6.	Fortuna Düsseldorf	55:48	36:24
7.	1. FC Köln	59:48	32:28
8.	Schwarz-Weiß Essen	44:45	27:33
9.	SV Sodingen	44:49	27:33
10.	Wuppertaler SV (N)	43:62	27:33
11.	Borussia M'gladbach	60:70	26:34
12.	Preußen Münster	51:64	26:34
13.	Westfalia Herne	51:60	24:36
14.	Preußen Dellbrück	49:69	24:36
15.	Bayer Leverkusen	37:65	17:43
16.	Spfr. Hamborn 07 (N)	45:70	15:45

OBERLIGAKADER 1955/56

Abgänge: Ewe (Schwarz-Weiß Essen), Hammer (Blau-Weiß Köln), Hartenstein (Duisburger SV), Langen (Ende der Laufbahn), Stelzner (Rheydter SV), Hartmann (Bayer Leverkusen)

Zugänge: Cajkovski (Partizan Belgrad), Jäcker (VfL Schwerte), Deutsch (Rapid Köln), Schwier (eigene Jugend), Sturm (eigene Amateure)

Trainer: Hennes Weisweiler

Tor:
Jansen, Günter 30/0
Jäcker, Hans 0/0

Feld:
Schäfer, Hans 29/14
Dörner, Herbert 29/8
Graf, Hans 29/0
Stollenwerk, Georg 28/9
Müller, Walter 27/10
Nordmann, Berthold 26/9
Röhrig, Josef 25/1
Hirche, Martin 25/0
Cajkovski, Zlatko 24/2
Breuer, Fritz 20/1
Minich, Willi 19/1
Sturm, Hans 12/3
Mebus, Paul 3/0
Deutsch, Josef 2/0
Goffart, Heinz 1/0
Schwier, Bernd 1/0
Becker, Franz 0/0
Hartmann, Benno 0/0

Dazu kommt in der Oberliga ein Eigentor von Willi Burgsmüller (Borussia Dortmund).

FIEBERKURVE 1955/56

Hans Graf, Franz Kremer, Jupp Röhrig und Hennes Weisweiler mit dem Vorstand von AEK-Athen bei der „Griechenland Tour" im Mai 1956.

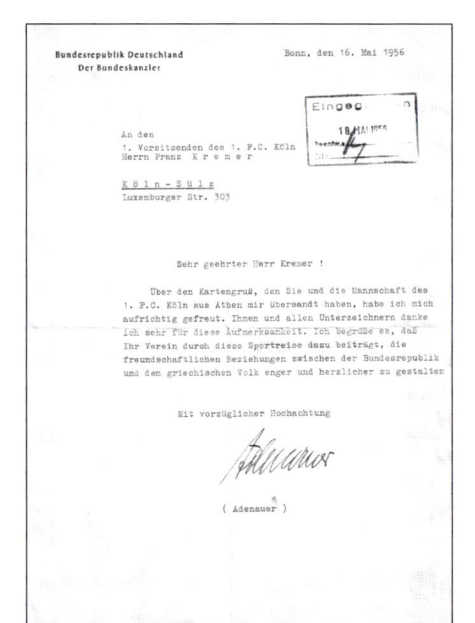

Im Mai 1956 bestreitet der FC drei Freundschaftsspiele in Griechenland. Das gefällt sogar Bundeskanzler Konrad Adenauer, der an Franz Kremer einen entsprechenden Brief adressiert. Das Foto zeigt FC-Kapitän Jupp Röhrig beim Wimpeltausch mit seinem „Amtskollegen" von Panathinaikos Athen und dem Schiedsrichtergespann.

1956/57
OBERLIGA WEST

Ein „verlorenes" Jahr

Obwohl der Kader in den vergangenen Jahren stetig qualitativ verbessert wurde, belegte der FC ausgerechnet in den letzten beiden Spielzeiten die schlechtesten Platzierungen seit Vereinsgründung, was um so enttäuschender war, wenn man in Betracht zog, welche Mittel dem Club auf und neben dem Platz zur Verfügung standen. So verzichtete man vor der Saison 1956/57 fast vollständig auf Neuverpflichtungen. Mit dem ehemaligen Amateurnationalkeeper Günter Klemm vom FSV Frankfurt holte man nur einen Akteur von Außerhalb ans Geißbockheim. Zusätzlich wurden die Eigengewächse Hansi Sturm, Rudi Eder und Hennes Pfeiffer zu Vertragsspielern befördert. Die Weisweiler-Truppe sollte endlich zu einer spiel- und kampfstarken Einheit zusammenwachsen.

SIEG GEGEN DIE NATIONALELF UND AUSWÄRTSSIEGE

Für Aufsehen sorgte eines der obligatorischen Vorbereitungsspiele. Der FC trat gegen keinen Geringeren als die DFB-Auswahl an. Was heute im Höchstfall dem „großen" FC Bayern zur Stadioneinweihung vorbehalten ist, wurde am 8. August 1956 im Müngersdorfer Stadion den 50.000 Besuchern als schlichtes „Übungsspiel" präsentiert. Als der junge Pfeiffer in der 75. Minute den Siegtreffer zum 3:2-Endstand für die Kölner markierte, gerieten die schon zuvor begeisterten Massen endgültig aus dem Häuschen. Verstärkt wurde die Begeisterung der Anhänger noch durch die Tatsache, dass die Nationalelf keineswegs mit einer Reservistentruppe, sondern fast vollständig mit Stammkräften (abgesehen von den Kölner Nationalspielern) aufgelaufen war.

Die übliche „Vorsaison-Euphorie" hatte ihren Höhepunkt erreicht, und so zog es zum ersten Meisterschaftsspiel gut 40.000 Zuschauer hinaus in die Kölner Hauptkampfbahn, um den FC gegen die zugkräftige Elf von RW Essen um „Boss" Helmut Rahn siegen zu sehen. Doch die blind stürmenden Geißböcke wurden von den clever konternden Essenern eiskalt mit 1:4 abserviert, und so wehten am Ende im weiten Rund zwar rot-weiße Fahnen – allerdings nur die der mitgereisten Schlachtenbummler aus dem Ruhrpott. Es folgte ein 3:1-Auswärtssieg beim Meidericher SV, doch vor eigenem Publikum musste man sich anschließend erneut geschlagen geben, diesmal mit 3:4 gegen den amtierenden Deutschen Meister aus Dortmund. Auch wenn es durch ein 3:1 beim Wuppertaler SV den zweiten Auswärtserfolg zu bejubeln gab, fehlte wie schon in den letzten Spielzeiten die Kontinuität. Beim ganz auf Offensive ausgelegten Spiel der Kölner wurde die Defensive häufig vernachlässigt. Hinzu kam der bereits damals hohe Anspruch von Fans und Medien in der Domstadt. Es war keine Seltenheit, dass selbst junge und unerfahrene Spieler bei schlechten Leistungen gnadenlos ausgepfiffen wurden. Wegen der daraus resultierenden Nervosität unterliefen der Mannschaft so besonders auf eigenem Platz viele vermeidbare Fehler. Daher konnte man in fremden Stadien oft lockerer aufspielen. Erst am 12. Spieltag bezog der FC beim 1:3 auf Schalke die erste Auswärtsniederlage. Ein Kuriosum ereignete sich beim enttäuschenden 1:1 in Köln gegen Westfalia Herne. Schiedsrichter Holtik hatte die Begegnung drei Minuten

Plausch bei einem Aufenthalt der FC-Profis in der Sportschule Duisburg-Wedau zwischen Schäfer, Sturm und Cajkovski.

[LEGENDEN]

Georg „Schorsch" Stollenwerk
Beim FC von 1953 bis 1966 (Spieler), dazu 1963-1966 (Trainer Profireserve), 1966-1969 (Amateurtrainer), 01.01.1976 -30.06.1976 Trainer Lizenzspieler)

Geboren: 19.12.1930 in Düren
Pflichtspiele beim FC: 286
Pflichtspieltore: 47

Der Allrounder

Bevor er in die Domstadt kam, war Georg Stollenwerk schon bei seinem Heimatverein Düren 99 aktiv. Viermal war er während seiner Zeit in Düren in die DFB-Auswahl berufen worden und zudem mit der Amateurnationalmannschaft bei den Olympischen Spielen in Helsinki gewesen. Nationaltrainer Sepp Herberger wollte Stollenwerk, dessen Eltern in Düren eine Gaststätte betrieben, unbedingt zum 1. FC Kaiserslautern lotsen, doch „Schorsch" zog es vor im Rheinland zu bleiben und gab dem FC den Vorzug. Damit war Herberger nicht einverstanden und ignorierte den Neu-Kölner fast drei Jahre lang.
Bei den Geißböcken avancierte er sofort zum unumstrittenen Stammspieler. Was Stollenwerk besonders auszeichnete, war seine fast schon unglaubliche Vielseitigkeit. Während seiner aktiven Zeit beim FC wurde er auf sämtlichen Positionen eingesetzt, im Notfall sogar als Torwart (!). 1955 gelang ihm am 18. Dezember beim 1:2 in Rom gegen Italien das Comeback im Nationalteam. Es war gleichzeitig sein erstes Länderspiel als Mitglied des 1. FC Köln. Die WM 1958 in Schweden war der internationale Höhepunkt des Allrounders. Ingesamt bestritt Stollenwerk während seiner Karriere 23 A-Länderspiele. Auch beim FC konnte der Nationalspieler zahlreiche Erfolge feiern. An fünf Westdeutschen Meisterschaften war Stollenwerk maßgeblich beteiligt. Zweikampfstärke und hervorragendes Stellungsspiel zeichneten ihn besonders aus, doch auch in der Offensive vermochte er Akzente zu setzen. Erst als sein alter „Intimfeind" Tschik ➜

Der FC schlägt im Juni 1957 den PSV Eindhoven mit 5:1 auf eigenem Platz. Gebannt schauen „Tschik" Cajkovski, Torwart Günter Klemm und Georg Stollenwerk nach dem herankommenden Ball.

Cajkovski zur Saison 1961/1962 beim FC den Trainerposten antrat, verlor er seinen Stammplatz. Die beiden hatten sich schon zu gemeinsamen aktiven Zeiten alles andere als gut verstanden. Cajkovski brachte Stollenwerk nur noch sporadisch, trotzdem hatte der Routinier noch seinen Anteil am Gewinn der Deutschen Meisterschaft 1962. Beim Endspiel setzte ihn Tschik allerdings wie erwartet auf die Bank.

Inzwischen im Besitz der Fußballlehrerlizenz, wechselte er 1964 vom Spielfeld auf die Trainerbank, betreute zunächst die FC-Lizenzspielerreserve, damals auch nach ihrem berühmten Coach „Stollenwerk-Elf" genannt. Sie setzte sich aus Reservisten der Profis und Amateuren zusammen, die hier Spielpraxis sammeln sollten. Von 1966 bis 1969 war er für die erste Amateurmannschaft der Geißböcke verantwortlich, wurde mit den „Amas" 1967 Mittelrheinmeister. Stollenwerk trainierte anschließend auch für kurze Zeit Alemannia Aachen in der Bundesliga sowie einige Jahre lang Landesligist TuS Langerwehe. Als im Winter der Saison 1975/1976 beim FC nach der Entlassung von Tschik Cajkovski Not am Mann war, sprang der treue „Schorsch" als Übergangslösung ein, bevor Hennes Weisweiler im Sommer 1976 das Amt übernahm. Georg Stollenwerk, seit 1963 Ehrenmitglied des 1. FC Köln, kümmerte sich nun ganz um seine Papier- und Kartonagenfabrik in Gemünd in der Eifel. Bis heute leitet er das Unternehmen.

zu früh abgepfiffen, worauf er „im Namen des 1. FC Köln" per Lautsprecherdurchsage (!) freundlich hingewiesen wurde. Die sowieso schon angesäuerten Fans rasteten daraufhin völlig aus, es kam zu Krawallen und der unglückliche „Schwarzkittel" kam nur mit Polizeischutz in die Kabine. Am 7. Oktober gelang den Geißböcken beim mageren 1:0 über den VfL Bochum der ersehnte, erste Heimerfolg. Trainer Weisweiler setzte inzwischen stark auf die Verjüngung der Mannschaft. Mit Pfeiffer, Sturm, Minich und Fendel, der noch den Amateurstatus hatte, wurden eigene Nachwuchskräfte, die gerade einmal Anfang 20 waren, regelmäßig in der Vertragsspielerelf eingesetzt. Pfeiffer war mit nur 19 Jahren jüngster „Profi".

DAS „NEBELSPIEL"

Als das sogenannte Nebelspiel ging die Heimpartie gegen den SV Sodingen am 18. November 1956 in die Geschichte ein. Dichter Novembernebel hatte sich um die Arena gelegt, der die Sicht auf das Spielfeld erheblich behinderte. Als der Underdog aus dem Herner Vorort in der 52. Minute überraschend mit 2:0 in Führung ging, stürmten plötzlich rund 2.000 Zuschauer den Platz, igelten Spieler und Schiedsrichter ein und ließen bei der Gelegenheit auch gleich Ball und Eckfahnen mitgehen. Man berief sich auf den dichten Nebel und wollte einen Abbruch der Begegnung praktisch „erzwingen". Der Spielstand begünstigte das Verhalten der Massen dabei erheblich. Erst durch berittene Polizei konnte der Tumult beendet werden. Augenzeugen berichteten später, dass der verletzte Mebus am Spielfeldrand gestikulierend über die Aschenbahn gelaufen war und permanent „Abbrechen!" in die Menge gerufen hatte. Nach 61 Minuten beugte sich Schiri Klabbers dem Druck der Massen und er beendete die Partie vorzeitig. Diese Entscheidung sorgte nicht nur für Aufsehen in der Presse, sondern auch dafür, dass der Ruf des 1. FC Köln, besonders einflussreich bei den Verbandsinstanzen zu sein, untermauert wurde. Am 13. Dezember 1956 entschied die Spruchkammer des WSV das Spiel neu anzusetzen. Der Protest des SV Sodingen wurde abgewiesen. Das Wiederholungspiel gewann der FC am 27. Januar 1957 knapp und glücklich mit 2:1.

Nach der Hinrunde belegten die Kölner den 4. Tabellenplatz, immerhin eine Verbesserung im Vergleich zum Vorjahr. Hatte man noch vor kurzem von einem Spielabbruch profitiert, so kam dem FC die Absage des Rückrundenauftakts bei RW Essen denkbar ungelegen, denn die komplette Mannschaft samt Betreuern befand sich schon seit Tagen zur Vorbereitung in der nahe gelegenen Duisburger Verbandssportschule Wedau. Bereits um 10.30 Uhr hatte Schiedsrichter Wiegandt den Platz nach starken Regenfällen für unbespielbar erklärt. Franz Kremer höchstpersönlich inspizierte anschließend zusammen mit Hennes Weisweiler und einigen Spielern das Geläuf und fällte das eindeutige Urteil „bespielbar". Die Tatsache, dass bei den Essenern drei Stammspieler verletzungsbedingt ausgefallen waren, ließ die Gerüchteküche zusätzlich brodeln. Unverrichteter Dinge musste die FC-Delegation den Heimweg in die Domstadt antreten. Mit einem 4:1-Heimsieg über den Meidericher SV feierte der FC dennoch einen gelungenen Auftakt des Jahres 1957.

HENNES IN GEFAHR

Beim Spiel in Bochum (2:2) bekam auch Geißbock Hennes die zunehmende Aggressivität des Publikums zu spüren. Nach der Begegnung wollten einige enttäuschte Zuschauer ihre Wut über den entgangenen Sieg am Kölner Maskottchen auslassen. Nur weil sein „Pfleger" Siepen beruhigend auf die Angreifer einwirkte, konnte das unschuldige Tier von Fußtritten verschont werden.

Am 17. März 1957 ereilte den FC dann der dritte Spielausfall der Saison. Obwohl sich im Wedau Stadion schon rund 15.000 Menschen zum Gastspiel der Kölner gegen den heimischen Duisburger SV versammelt hatten, wurde die Partie wegen Dauerregens vom örtlichen Gartenbaudirektor, der eine erhebliche Beschädigung des Spielfeldes befürchtete, kurzerhand abgesagt. Beide Mannschaften sowie der anwesende Schiedsrichter Thier konnten die Absage nicht nachvollziehen. Eine Möglichkeit, das Spiel dennoch anzupfeifen, bestand nicht, da sich alle Beteiligten des Hausfriedensbruchs schuldig gemacht hätten. Allerdings muss zur „Ehrenrettung" des Gartenbaudirektors hinzugefügt werden, dass bereits damals für eine Neusaat des Rasens knapp 30.000 DM zu berappen waren. Trotz dieser Unannehmlichkeiten blieben die Geißböcke in zwölf Spielen nacheinander ungeschlagen. Erst am 30. März 1957 unterlag man im Nachholspiel bei RW Essen trotz zwischenzeitlicher 2:0-Führung überraschend hoch mit 2:6. Erneut waren die Rheinländer wie schon im Hinspiel klassisch ausgekontert worden.

In der Tabelle stand der FC mittlerweile auf Rang 3, zwei Punkte hinter dem zweitplatzierten Duisburger SV. Somit hatte das Nachholspiel in Duisburg am 18. April 1957 vorentscheidende Bedeutung im Kampf um den begehrten 2. Platz, der zur Endrundenteilnahme um die Deutsche Meisterschaft berechtigte. Trotz spielerischer Überlegenheit unterlagen die Kölner mit 1:3. Von Anfang an hatte der Tag für die Weisweiler-Elf unter keinem guten Stern gestanden, denn bedingt durch Osterstau und einige Unfälle kam der FC-Mannschaftsbus von der Polizei eskortiert erst auf die letzte Minute im Stadion an, so dass die Begegnung mit mehr als 20 Minuten Verspätung angepfiffen wurde.

Nur neun Tage später bot sich die praktisch letzte Chance, doch noch ein Wörtchen im Kampf um die Endrundenteilnahme mitzureden. Ein weiterer direkter Mitkonkurrent, der FC Schalke 04, gastierte in Müngersdorf. Schon Tage vorher war das mit Spannung erwartete Spiel restlos ausverkauft. „Das ist heute das reinste Länderspiel", meinte Stadionverwalter Adam Krahforst, der kopfschüttelnd das Eintreffen der Massen begutachtete. Schon Stunden vor dem Spiel schlängelten sich Omnibusse und Autos auf der Aachener Straße, sämtliche Parkplätze waren völlig überfüllt. 63.982 Zuschauer quetschten sich in die altehrwürdige Hauptkampfbahn, was einen neuen Nachkriegszuschauerrekord bei einem Punktspiel im Westen bedeutete. Die Stehränge waren so überfüllt, dass den Fans im hinteren Bereich die Sicht versperrt war. Dies führte zu Unmut und gipfelte in einigen Handgemengen und „Grasbüschelschlachten". Erneut sorgte erst das Auftauchen berittener Polizei am Spielfeldrand für eine Beruhigung der Menge. Am Ende gingen alle, abgesehen von den gut 4.000 Schalker Schlachtenbummlern, glücklich nach Hause, hatte „ihr" FC doch beim berauschenden 4:2-Erfolg Fußball aus der Feinkostabteilung geboten. Vor allem der überragende, zweifache Torschütze Hans Schäfer bekam fast pausenlos Applaus auf offener Szene. Der auch von der Presse ausgiebig gefeierte Erfolg gegen die Königsblauen gab Auftrieb: beide nachfolgenden Begegnungen in Sodingen und gegen Münster wurden gewonnen.

KEIN GLÜCK AUF DEM TIVOLI

Ein weiterer Sieg am letzten Spieltag auf dem gefürchteten Aachener Tivoli war notwendig, um den 2. Platz zu erreichen. Zusätzlich durfte der noch vorne liegende Duisburger SV sein Heimspiel gegen Schalke nicht gewinnen. Köln spielte in der Kaiserstadt so gut wie nie zuvor, doch es reichte nur zu einem dramatischen 3:3. Den zwischenzeitlichen 1:3-Rückstand konnten die Geißböcke noch aufholen, doch der Siegtreffer wollte trotz Dauerdrucks auf das Aachener Tor nicht fallen. Kurz nach dem Abpfiff kam dann auch noch das Gerücht eines Schalker Sieges in Duisburg auf. Die mitgereisten Geißbockanhänger strahlten mit Präsident Franz Kremer um die Wette und stürmten kurzerhand den Platz. Umso größer war die Enttäuschung als sich die Meldung als „Ente" entpuppte. Die Partie im Wedau-Stadion war ebenfalls Unentschieden ausgegangen. Der FC hatte erneut sein Saisonziel nicht erreicht. Das Halbfinale des Westdeutschen Pokals bedeutete zugleich das letzte Pflichtspiel der Saison. Beim Wuppertaler SV setzte es eine enttäuschende 2:4-Pleite und damit das Ende Kölner Pokalträume. Bevor die Spieler in den „Urlaub" gehen konnten, standen noch einige Freundschaftsspiele auf dem Programm. Ein echtes Ereignis dabei war die Partie einer Kombination aus Wuppertaler SV und 1. FC Köln, die im Stadion am Zoo gegen Atletico Madrid antrat. 28.000 Fußballfreunde lockte der Besuch der spanischen Ballkünstler an, die beim 3:3 auch voll auf ihre Kosten kamen.

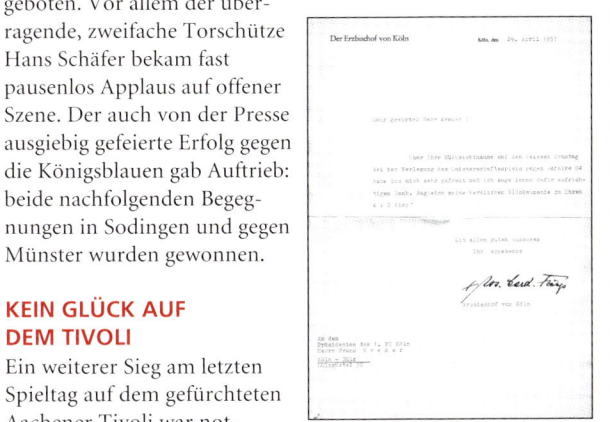

Auch auf guten Kontakt zum Klerus achtete man beim FC Anno 1956/1957. Der legendäre Kardinal Frings bedankte sich per Brief bei Franz Kremer für die Verlegung des Meisterschaftsspiels gegen Schalke 04 am Weißen Sonntag 1957.

[Interessantes & Kurioses]

■ Im Winter 1956 kommt es im Geißbockheim zu einem Kaminbrand. Die Staatsanwaltschaft Köln ermittelt daraufhin gegen Franz Kremer wegen „fahrlässiger Brandstiftung". Nur wenige Wochen später wird das Verfahren eingestellt, da eine mangelhafte Wartung durch den Schornsteinfeger den Brand verursacht hat.

■ Die langjährigen Vorstandsmitglieder Julius Laugomer und Dr. Willi Jacobi treten auf eigenen Wunsch aus privaten Gründen von ihren Ämtern zurück.

■ Erstmals in der FC-Geschichte wird ein Verwaltungsrat als zusätzliches Vereinsorgan geschaffen. Bei der am 28. September 1956 im Geißbockheim stattfindenden Jahreshauptversammlung werden folgende Mitglieder in die Premierenbesetzung gewählt: Regierungsrat Dr. Heinz Ahlfeld, Dr. med. Josef Engels, Bankdirektor Fritz Höfermann, Kaufhof-Chef Dr. Werner Schulz und der Industrielle Otto Wolff von Amerongen.

■ Johann Kolz, Mitglied der FC-Boxabteilung, wird deutscher Vizemeister im Halbweltergewicht.

■ Für seine seit der Saison 1948/49 bestehende Treue zum 1. FC Köln erhält Kapitän Hans Graf nach seinem 350. Spiel in der Vertragsspielermannschaft von Franz Kremer einen Scheck über 1.000 Mark als einmalige Sonderzuwendung.

■ Hauptkoordinationsstelle für den Eintrittskartenverkauf ist seit Saisonbeginn das Zigarrenhaus Jupp Röhrig.

■ Heinz Neubauer, Geschäftsführer einer bekannten Kölner Metallwarengroßhandlung, ist seit Beginn der Saison 1956/57 ehrenamtlicher Obmann bzw. Betreuer der Vertragsspielerabteilung. Diese Position ist in etwa mit der des heutigen Managers vergleichbar.

■ Der 1. FC Köln nimmt am Osterturnier im belgischen Brügge teil und belegt Platz 4. Gegner sind Dinamo Zagreb und eine Brügger Stadtmannschaft.

Rarität: Der FC-Orden 1957.

STATISTIK 1956/57

OBERLIGA WEST

19.08.1956 1. FC Köln - Rot-Weiß Essen 1:4 (0:1)
Zuschauer: 40.000
Tore: 0:1 (39.) Isacker, 0:2 (69.) Wöske, 0:3 (76.) Grewer, 1:3 (77.) Breuer, 1:4 (84.) Rahn.
Aufstellung: Klemm, Stollenwerk, Breuer, Dörner, Hirche, Röhrig, Müller, Sturm, Pfeiffer, Nordmann, Schäfer.

26.08.1956 Meidericher SpV - 1. FC Köln 1:3 (0:0)
Zuschauer: 20.000
Tore: 0:1 (50.) Pfeiffer, 0:2 (57.) Nordmann, 1:2 (78.) Nolden I, 1:3 (80.) Pfeiffer.
Aufstellung: Klemm, Goffart, Minich, Stollenwerk, Hirche, Breuer, Pfeiffer, Sturm, Nordmann, Dörner, Schäfer.

05.09.1956 1. FC Köln - Borussia Dortmund 3:4 (1:2)
Zuschauer: 35.000
Tore: 0:1 (27.) Preißler, 1:1 (30.) Schäfer, 1:2 (42.) Preißler, 2:2, 3:2 (51., 53.) Sturm, 3:3 (70.) Preißler, 3:4 (83.) Peters.
Aufstellung: Klemm, Goffart, Breuer, Stollenwerk, Hirche, Dörner, Pfeiffer, Sturm, Nordmann, Röhrig, Schäfer.

09.09.1956 Wuppertaler SV - 1. FC Köln 1:3 (0:2)
Zuschauer: 33.000
Tore: 0:1 (08.) Sturm, 0:2 (33.) Schäfer, 1:2 (53.) Kirchstein, 1:3 (88.) Pfeiffer.
Aufstellung: Klemm, Goffart, Minich, Stollenwerk, Hirche, Röhrig, Pfeiffer, Sturm, Nordmann, Dörner, Schäfer.

23.09.1956 1. FC Köln - Westfalia Herne 1:1 (1:0)
Zuschauer: 10.000
Tore: 1:0 (19.) Müller, 1:1 (46.) Cyliax.
Aufstellung: Klemm, Breuer, Minich, Stollenwerk, Hirche, Röhrig, Müller, Sturm, Nordmann, Dörner, Pfeiffer.

30.09.1956 Preußen Dellbrück - 1. FC Köln 0:0
Zuschauer: 12.000
Aufstellung: Klemm, Dörner, Breuer, Cajkovski, Hirche, Stollenwerk, Müller, Sturm, Nordmann, Röhrig, Pfeiffer.

07.10.1956 1. FC Köln - VfL Bochum 1:0 (1:0)
Zuschauer: 8.000
Tor: 1:0 (22.) Dörner.
Aufstellung: Klemm, Dörner, Breuer, Cajkovski, Hirche, Stollenwerk, Müller, Sturm, Nordmann, Röhrig, Schäfer.

14.10.1956 Borussia M'gladbach - 1. FC Köln 0:3 (0:2)
Zuschauer: 10.000
Tore: 0:1 (01.) Schäfer, 0:2 (18.) Nordmann, 0:3 (88.) Müller.
Aufstellung: Klemm, Minich, Breuer, Dörner, Röhrig, Stollenwerk, Müller, Sturm, Nordmann, Schäfer, Pfeiffer.

21.10.1956 1. FC Köln - Duisburger SpV 2:1 (1:1)
Zuschauer: 45.000
Tore: 1:0 (01.) Sturm, 1:1 (15.) Schneider, 2:1 (68.) Schäfer.
Aufstellung: Klemm, Breuer, Minich, Dörner, Röhrig, Stollenwerk, Müller, Sturm, Nordmann, Schäfer, Pfeiffer.

28.10.1956 Schwarz-Weiß Essen - 1. FC Köln 2:2 (2:1)
Zuschauer: 15.000
Tore: 1:0 (09.) Schieth, 1:1 (25.) Fendel, 2:1 (32.) Keus, 2:2 (90.) Fendel.
Aufstellung: Klemm, Breuer, Minich, Dörner, Hirche, Stollenwerk, Müller, Sturm, Pfeiffer, Fendel, Nordmann.

04.11.1956 1. FC Köln - Fortuna Düsseldorf 3:2 (3:2)
Zuschauer: 20.000
Tore: 1:0 (02.) Schäfer, 1:1 (12.) Neuschäfer, 2:1 (21.) M. Grammiger (E.), 2:2 (32.) Jansen, 3:2 (43.) Schäfer.
Aufstellung: Klemm, Breuer. Stollenwerk, Dörner, Röhrig, Hirche, Pfeiffer, Sturm, Fendel, Schäfer, Nordmann.

11.11.1956 FC Schalke 04 - 1. FC Köln 3:1 (2:1)
Zuschauer: 25.000
Tore: 1:0 (20.) Jagieski, 1:1 (28.) Sturm, 2:1 (43.) Matzkowski, 3:1 (80.) Laszig.
Aufstellung: Klemm, Breuer, Stollenwerk, Dörner, Röhrig, Hirche, Pfeiffer, Sturm, Fendel, Schäfer, Nordmann.

18.11.1956 1. FC Köln - SV Sodingen 0:2 (0:1) (Abbruch)
Zuschauer: 7.000
Tore: 0:1, 0:2 (01., 52.) Cieslarczyk.
Aufstellung: Klemm, Breuer, Stollenwerk, Dörner, Röhrig, Hirche, Pfeiffer, Sturm, Fendel, Schäfer, Nordmann.
Besondere Vorkommnisse: Die Begegnung wurde wegen starkem Nebel abgebrochen.

02.12.1956 Preußen Münster - 1. FC Köln 1:1 (0:0)
Zuschauer: 7.000
Tore: 0:1 (68.) Müller, 1:1 (69.) Schnoor.
Aufstellung: Klemm, Breuer, Stollenwerk, Dörner, Röhrig, Hirche, Pfeiffer, Sturm, Fendel, Müller, Nordmann.

09.12.1956 1. FC Köln - Alemannia Aachen 1:1 (1:1)
Zuschauer: 10.000
Tore: 0:1 (07.) Pfeiffer, 1:1 (22.) Dörner.
Aufstellung: Klemm, Breuer, Stollenwerk, Dörner, Röhrig, Goffart, Pfeiffer, Sturm, Fendel, Müller, Nordmann.

13.01.1957 1. FC Köln - Meidericher SpV 4:1 (2:0)
Zuschauer: 6.000
Tore: 1:0 (07.) Dörner (HE), 2:0, 3:0 (28., 68.) Nordmann, 3:1 (70.) Geisen, 4:1 (78.) Nordmann.
Aufstellung: Klemm, Breuer, Stollenwerk, Dörner, Röhrig, Hirche, Cajkovski, Sturm, Fendel, Müller, Nordmann.

20.01.1957 Borussia Dortmund - 1. FC Köln 1:1 (0:1)
Zuschauer: 18.000
Tore: 0:1 (34.) Nordmann, 1:1 (69.) Michallek (FE).
Aufstellung: Klemm, Goffard, Stollenwerk, Dörner, Röhrig, Hirche, Cajkovski, Sturm, Pfeiffer, Müller, Nordmann.

27.01.1957 1. FC Köln - SV Sodingen 2:1 (0:1)
Zuschauer: 8.000
Tore: 0:1 (39.) Linka, 1:1 (55.) Müller, 2:1 (85.) Schäfer.
Aufstellung: Klemm, Breuer, Stollenwerk, Dörner, Röhrig, Hirche, Cajkovski, Sturm, Schäfer, Müller, Nordmann.

03.02.1957 1. FC Köln - Wuppertaler SV 3:3 (1:1)
Zuschauer: 22.000
Tore: 1:0 (09.) Sturm, 1:1 (36.) Ausgustat, 1:2 (51.) Michael, 2:2 (58.) Schäfer, 3:2 (58.) Nordmann, 3:3 (85.) Piontek.
Aufstellung: Klemm, Breuer, Stollenwerk, Dörner, Fendel, Hirche, Cajkovski, Sturm, Schäfer, Müller, Nordmann.

10.02.1957 Westfalia Herne - 1. FC Köln 1:1 (0:0)
Zuschauer: 7.000
Tore: 1:0 (60.) Cyliax, 1:1 (72.) Schäfer.
Aufstellung: Klemm, Breuer, Stollenwerk, Dörner, Röhrig, Hirche, Cajkovski, Sturm, Schäfer, Müller, Nordmann.

17.02.1957 1. FC Köln - Preußen Dellbrück 4:1 (3:1)
Zuschauer: 12.000
Tore: 1:0 (03.) Müller, 2:0, 3:0 (09., 11.) Nordmann, 3:1 (22.) Quarz, 4:1 (75.) Schäfer.
Aufstellung: Klemm, Minich, Stollenwerk, Dörner, Röhrig, Hirche, Cajkovski, Sturm, Schäfer, Müller, Nordmann.

24.02.1957 VfL Bochum - 1. FC Köln 2:2 (0:1)
Zuschauer: 22.000
Tore: 0:1 (14.) Nordmann, 1:1 (46.) Bergmeier, 2:1 (75.) Bergmeier, 2:2 (87.) Schäfer.
Aufstellung: Klemm, Minich, Stollenwerk, Dörner, Röhrig, Hirche, Cajkovski, Sturm, Schäfer, Müller, Nordmann.

24.03.1957 1. FC Köln - Schwarz-Weiß Essen 1:0 (1:0)
Zuschauer: 3.500
Tore: 1:0 (02.) Sturm.
Aufstellung: Klemm, Breuer, Stollenwerk, Dörner, Fendel, Hirche, Cajkovski, Sturm, Schäfer, Müller, Nordmann.

30.03.1957 Rot-Weiß Essen - 1. FC Köln 6:2 (0:1)
Zuschauer: 25.000
Tore: 0:1 (20.) Grewer (Eigentor), 0:2 (54.) Nordmann, 1:2, 2:2 (54., 55.) Isalcker, 3:2 (62.) Röhrig, 4:2 (64.) Grewer (HE), 5:2 (74.) Röhrig, 6:2 (85.) Grewer.
Aufstellung: Klemm, Breuer, Stollenwerk, Dörner, Röhrig, Hirche, Cajkovski, Sturm, Schäfer, Müller, Nordmann.

07.04.1957 Fortuna Düsseldorf - 1. FC Köln 2:2 (0:0)
Zuschauer: 24.000
Tore: 1:0 (53.) Jansen, 2:0 (55.) Müller, 2:1 (58.) Nordmann, 2:2 (87.) Fendel.
Aufstellung: Klemm, Breuer, Stollenwerk, Dörner, Pfeiffer, Hirche, Cajkovski, Sturm, Fendel, Müller, Nordmann.

13.04.1957 1. FC Köln - Borussia M'gladbach 5:2 (3:0)
Zuschauer: 7.000
Tore: 1:0 (04.) Pfeiffer, 2:0 (16.) Müller, 3:0 (39.) Dörner (HE) 4:0 (46.) Dörner, 5:0 (56.) Fendel, 5:1 (70.) Brülls, 5:2 (89.) Steffens.
Aufstellung: Klemm, Breuer, Stollenwerk, Dörner, Röhrig, Hirche, Cajkovski, Sturm, Fendel, Müller, Nordmann.

18.04.1957 Duisburger SpV - 1. FC Köln 3:1 (0:1)
Zuschauer: 33.000
Tore: 0:1 (41.) Schäfer, 1:1 (55.) Schneider, 2:1 (60.) Münnix, 3:1 (78.) Benning.
Aufstellung: Klemm, Breuer, Stollenwerk, Dörner, Röhrig, Cajkovski, Sturm, Schäfer, Müller, Fendel.

27.04.1957 1. FC Köln - FC Schalke 04 4:2 (1:1)
Zuschauer: 63.962
Tore: 0:1 (07.) Siebert, 1:1 (38.) Schäfer, 2:1 (56.) Pfeiffer, 3:1 (67.) Schäfer, 4:1 (70.) Sturm (HE), 4:2 (72.) Klodt.
Aufstellung: Klemm, Breuer, Stollenwerk, Dörner, Röhrig, Hirche, Cajkovski, Sturm, Schäfer, Müller, Fendel.

05.05.1957 SV Sodingen - 1. FCKöln 1:2 (1:0)
Zuschauer: 15.000
Tore: 1:0 (06.) Becker, 1:1 (64.) Cajkovski, 1:2 (86.) Sturm.
Aufstellung: Klemm, Eder, Stollenwerk, Dörner, Pfeiffer, Hirche, Cajkovski, Sturm, Schäfer, Müller, Nordmann.

12.05.1957 1. FC Köln - Preußen Münster 5:0 (3:0)
Zuschauer: 12.000
Tore: 1:0 (10.) Schäfer, 2:0 (16.) Sturm (FE), 3:0 (34.) Pfeiffer, 4:0, 5:0 (50., 88.) Schäfer.
Aufstellung: Klemm, Breuer, Stollenwerk, Dörner, Röhrig, Hirche, Cajkovski, Sturm, Schäfer, Müller, Fendel.

19.05.1957 Alemannia Aachen - 1. FC Köln 3:3 (1:1)
Zuschauer: 18.000
Tore: 1:0 (27.) Krisp, 1:1 (38.) Fendel, 2:1 (50.) M.Pfeiffer, 3:1 (59.) M.Pfeiffer, 3:2 (62.) Pfeiffer, 3:3 (70.) Fendel.
Aufstellung: Klemm, Breuer, Stollenwerk, Dörner, Röhrig, Hirche, Cajkovski, Sturm, Schäfer, Müller, Fendel.

WESTDEUTSCHER POKAL

1. Runde
01.09.1956 SV Bergisch Gladbach 09 - 1. FC Köln 0:6 (0:2)
Zuschauer: 5.000
Tore: 0:1 (12.) Nordmann, 0:2 (22.) Sturm, 0:3 (73.) Breuer, 0:4 (75.) Nordmann, 0:5 79.) Sturm, 0:6 (89.) Sturm.
Aufstellung: Klemm, Goffart, Minich, Stollenwerk, Hirche, Dörner, Pfeiffer, Sturm, Nordmann, Breuer, Schäfer.
Besondere Vorkommnisse: Höffken verschoss einen FE (07.).

2. Runde
16.12.1956 Bayer Uerdingen - 1. FC Köln 0:2 (0:1)
Zuschauer: 3.000
Tore: 0:1 (24.) Müller, 0:2 (50.) Fendel.
Aufstellung: Klemm, Graf, Breuer, Cajkovski, Stollenwerk, Dörner, Müller, Sturm, Nordmann, Röhrig, Fendel.

3. Runde
10.03.1957 Bayer Leverkusen - 1. FC Köln 0:6 (0:1)
Zuschauer: 10.000
Tore: 0:1 (36.) Sturm, 0:2 (59.) Müller, 0:3 (62.) Dörner, 0:4 (65.) Nordmann, 0:5 (75.) Pfeiffer, 0:6 (78.) Cajkovski.
Aufstellung: Klemm, Hirche, Breuer, Cajkovski, Stollenwerk, Dörner, Müller, Sturm, Nordmann, Pfeiffer, Fendel.

Viertelfinale
25.05.1957 1. FC Köln - Alemannia Aachen 1:0 (0:0)
Zuschauer: 12.000
Tor: 1:0 (47.) Müller.
Aufstellung: Klemm, Eder, Breuer, Stollenwerk, Hirche, Sturm, Müller, Dörner, Fendel, Schäfer, Pfeiffer.
Besondere Vorkommnisse: Drei Aachener werden des Feldes verwiesen.

STATISTIK 1956/57

Halbfinale
05.06.1957 **Wuppertaler SV - 1. FC Köln** 4:2 (2:1)
Zuschauer: 10.000
Tore: 0:1 (05.) Schäfer, 1:1 (26.) Beck, 2:1 (33.) Augustat, 2:2 (57.) Schäfer, 3:2 (61.) Beck (FE) 4:2 (79.) Meurer.
Aufstellung: Klemm, Hirche, Breuer, Cajkovski, Stollenwerk, Dörner, Müller, Sturm, Fendel, Schäfer, Pfeiffer.

FREUNDSCHAFTSSPIELE

01.08.1956 **1. FC Köln - Iraklis Saloniki** 6:1 (3:1)

04.08.1956 **1.FC Nürnberg - 1. FC Köln** 0:3 (0:2) (in Brühl)

08.08.1956 **1. FC Köln - Deutsche Nationalelf** 3:2 (1:2)

11.08.1956 **Kasseler Amateurausw. - 1. FC Köln** 0:6 (0:1)

12.08.1956 **SC Göttingen 05 - 1. FC Köln** 0:2 (0:2)

18.09.1956 **Eintracht Frankfurt - 1. FC Köln** 5:1 (2:1)

26.12.1956 **1. FC Köln - Eintracht Frankfurt** 1:0 (0:0)

21.04.1957 **Dinamo Zagreb - 1. FC Köln** 3:2 (2:0)
(in Brügge/Belgien)

22.04.1957 **Stadtauswahl Brügge - 1. FC Köln** 3:1 (2:1)

01.05.1957 **Kickers Offenbach - 1. FC Köln** 1:2 (1:1)
(in Rüsselsheim)

30.05.1957 **Union Berlin - 1. FC Köln** 1:1 (0:0)

01.06.1957 **Eintracht Braunschweig - 1. FC Köln** 1:3 (0:0)

06.06.1957 **PSV Eindhoven - 1. FC Köln** 1:5 (1:3)

15.06.1957 **Rapid Köln - 1. FC Köln** 2:10 (0:5)

20.06.1957 **Fortuna Geleen - 1. FC Köln** 1:1 (1:1)
(in Nijmegen/Niederlande)

21.06.1957 **1. FC Köln - Slavia Prag** 4:3 (3:1)

29.06.1957 **1. FC Köln - D.W.S. Amsterdam** 5:1 (2:1)
(in Bergheim)

30.06.1957 **Eintracht Kreuznach - 1. FC Köln** 5:6 (4:3)

OBERLIGA WEST 1956/57

1.	Bor. Dortmund (M)	73: 33	41:19
2.	Duisburger SpV.	56: 39	39:21
3.	**1. FC Köln**	**67: 50**	**39:21**
4.	FC Schalke 04	76: 49	36:24
5.	Alemannia Aachen	65: 54	34:26
6.	Fortuna Düsseldorf	65: 53	33:27
7.	Meidericher SpV. (N)	62: 42	32:28
8.	Rot-Weiß Essen	57: 51	32:28
9.	Wuppertaler SV	41: 52	30:30
10.	VfL Bochum (N)	54: 54	29:31
11.	Westfalia Herne	33: 38	27:33
12.	Preußen Dellbrück	46: 62	25:35
13.	Preußen Münster	48: 70	25:35
14.	SV Sodingen	41: 44	26:34
15.	Schwarz-Weiß Essen	43: 63	22:38
16.	Borussia M'gladbach	39:112	10:50

FIEBERKURVE 1956/57

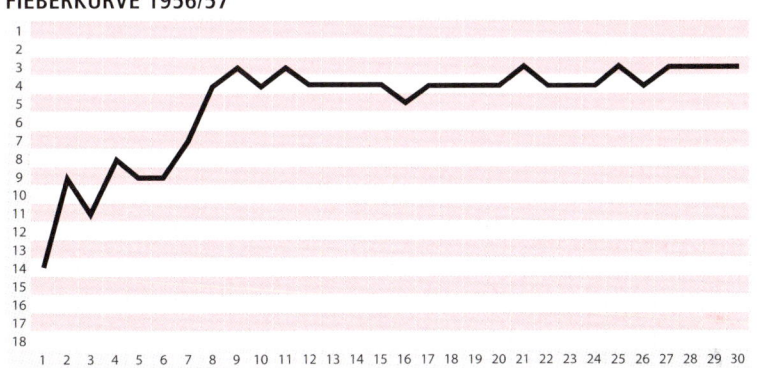

OBERLIGAKADER 1956/57

Abgänge: Becker (Ende der Laufbahn), Deutsch (Eintracht Braunschweig), Hartmann (Bayer Leverkusen), Jansen (Borussia M'gladbach), Schwiers (Preußen Dellbrück), Jäcker (Eintracht Braunschweig)
Zugänge: Eder (eigene Amateure), Fendel (eigene Jugend), Klemm (FSV Frankfurt), Pfeiffer (eigene Jugend)

Trainer:		Breuer, Fritz	25/1
Hennes Weisweiler		Müller, Walter	24/6
		Schäfer, Hans	23/17
Tor:		Pfeiffer, Hans	22/7
Klemm, Günter	30/0	Röhrig, Josef	19/0
Jansen, Günter	0/0	Cajkovski, Zlatko	18/1
Feld:		Fendel, Helmut	14/6
Sturm, Hans	30/10	Minich, Willi	8/0
Dörner, Herbert	30/5	Goffart, Heinz	5/0
Stollenwerk, Georg	30/0	Eder, Rudi	1/0
Nordmann, Berthold	26/12	Graf, Hans	0/0
Hirche, Martin	26/0	Mebus, Paul	0/0

Dazu kommen in der Oberliga Eigentore von Willi Grewer (Rot-Weiß Essen) und Martin Gramminger (Fortuna Düsseldorf).

Am 20. September 1956 feiert der Vizepräsident und verdiente FC-Förderer Werner Müller seinen 50. Geburtstag, zu dem auch die Geißbock-Jugend gratuliert.

1957/58
OBERLIGA WEST

„Hennes" zieht in die Endrunde ein

[LEGENDEN]

Hans „Hansi" Sturm
Beim FC von 1951 bis 1967
Geboren: 3.9.1935 in Schönau
Gestorben: 20.6.2007 in Köln
Pflichtspiele beim FC: 407
Pflichtspieltore: 100

Der Mann mit der „Pferdelunge"

Hansi Sturm war ein waschechtes Eigengewächs aus der FC-Jugend. Als Heimatvertriebener kam er im Alter von 15 Jahren nach Köln. Hier schloss er sich 1951 der Jugendabteilung des 1. FC Köln an. Als der FC 1953 mit der A-Jugend erstmals in England spielte, war auch der Juniorennationalspieler beim historischen Ereignis in Liverpool mit von der Partie. Fast genau zwölf Jahre später kam der Publikumsliebling erneut in die Beatles-Stadt. Als Kapitän führte er den 1. FC Köln beim Europapokalrückspiel auf den Platz der legendären Anfield Road. Ursprünglich als Halbstürmer eingesetzt, wurde Sturm später mit großem Erfolg zum Außenläufer umgeschult. Dort kam sein elegantes, laufintensives Spiel am besten zur Geltung. Aber auch in der Defensive oder im Angriff konnte der Allrounder glänzen. Neben seinen läuferischen Qualitäten verfügte Sturm auch über einen wuchtigen Schuss, der ihn zum gefürchteten Freistoß- und Elfmeterschützen machte. 1958 debütierte der von seinen Teamkollegen auch „Scheich" genannte Sturm in der deutschen Nationalmannschaft. Obwohl der vielseitige Außenläufer „nur" drei A-Länderspiele bestritt, nahm er an zwei WM-Endrunden teil, 1958 in Schweden und 1962 in Chile. In beiden Turnieren kam der Mann mit der „Pferdelunge" zu je einem Einsatz.

Noch größere Erfolge feierte er mit seinem FC. Als die Geißböcke 1962 und 1964 Deutscher Meister wurden, hatte der gelernte Klempner daran maßgeblichen Anteil. Am 19. Juni 1966 wurde der ➝

Ausschließlich Rheinländer hatte der FC zur neuen Spielzeit verpflichtet, denn sowohl Werner Opper (Bad Godesberg), Günter Mühlenbock (Bonn) als auch Juniorennationaltorwart Fritz Ewert (Düsseldorf) kamen aus der näheren Umgebung Kölns. Die Politik, bevorzugt Spieler aus der Region unter Vertrag zu nehmen, wurde bewusst praktiziert, da man sich einer schnelleren Eingewöhnung in die Mannschaft und einer hohen Identifikation mit dem Club sicher sein konnte. Zur Saisonvorbereitung zog Trainer Weisweiler seine Schäfchen für eine Woche in der nahe gelegenen Sportschule Hennef zusammen. Hohe Siege in den Testspielen gegen Union 06 Berlin (15:0) und den PSV Eindhoven (6:1) zeigten, dass diese Maßnahme Wirkung gezeigt hatte, denn die Mannschaft präsentierte sich schon in erstaunlicher Frühform.

PREMIERE FÜR DAS GEISSBOCK ECHO

So reisten die Geißböcke selbstbewusst zum ersten Pflichtspiel in die Landeshauptstadt nach Düsseldorf. Im Rheinstadion setzte der FC seinen Torhunger nahtlos fort und siegte mit 4:2. Bereits zur Halbzeit führten die Kölner mit 3:0. Selbst Bundestrainer Herberger, der die Partie von der Tribüne aus verfolgte, war sichtlich angetan, zumal sich seine Schützlinge Schäfer und Stollenwerk Bestnoten verdienten. Das Düsseldorfer Publikum honorierte das sehenswerte Spiel der Gäste mit lautstarkem Beifall, während die eigene Mannschaft mit Pfiffen bedacht wurde. Fritz Ewert, der vor der Rückkehr in seine Heimatstadt noch sichtlich aufgeregt war, lieferte eine fehlerfreie Leistung ab.

Trotz des auch in der Presse gefeierten Erfolgs im Auftaktspiel, wurden zur Heimpremiere in Müngersdorf nur 10.000 Besucher gezählt. Die, die gekommen waren, bekamen vom FC schon vor dem Spiel eine Überraschung geliefert. Beim Passieren der Stadiontore wurde den Fans erstmalig ein vom Verein produziertes Programmheft mit dem Namen *Geißbock Echo* kostenlos überreicht. Damit war man einer der ersten deutschen Vereine, der zu jedem Heimspiel eine eigene Stadionzeitung herausbrachte. Zur Erstausgabe der bei den Anhängern bis heute außerordentlich beliebten Publikation blieben nach einem 3:1 über Westfalia Herne beide Punkte in Köln. Am 3. Spieltag hatten es die Kölner dann erstmals mit einem Favoriten im Kampf um den Westmeistertitel zu tun. Im Stadion Rote Erde traf man auf den amtierenden Deutschen Meister Borussia Dortmund. Trotz einer 1:0-Führung durch ein Eigentor der Schwarz-Gelben gingen die Rheinländer mit 1:5 unter. Schorsch Stollenwerk hatte in der FC-Abwehr einen rabenschwarzen Tag erwischt. Der Dortmunder Mittelstürmer Kelbassa spielte mit seinem Kölner Kontrahenten Katz und Maus und erzielte allein drei Tore. Die Pleite bei den Westfalen brachte den FC regelrecht aus dem Tritt. Es folgte ein enttäuschendes 1:1 zu Hause gegen Angstgegner RW Essen und eine deutliche 1:4-Niederlage beim Duisburger SV.

DERBYPLEITE SORGT FÜR HOHN UND SPOTT

Da kam das Derby gegen die sich mittlerweile in Viktoria Köln (Fusion mit dem SC Rapid Köln) umbenannten Preu-

ßen aus Dellbrück gerade recht, denn in den früheren Duellen mit dem Stadtrivalen konnten die Geißböcke das bessere Ende zumeist für sich verbuchen. Bei Dauerregen hatten sich nur 15.000 erwartungsfrohe Zuschauer in der Hauptkampfbahn eingefunden. Sie wurden von „ihrem" FC bitter enttäuscht. Wie schon in der Vorwoche setzte es erneut eine bittere 1:4-Pleite. Ernst Günter Habig, zu diesem Zeitpunkt noch in Diensten der Viktoria, erzielte mit seinem berühmten harten Schuss zwei blitzsaubere Freistoßtore für die rechtsrheinischen Gäste.

Der gute Start war mittlerweile längst vergessen und der FC auf Platz 10 im Niemandsland der Oberligatabelle verschwunden. Hennes Weisweiler war es noch nicht gelungen eine eingespielte Mannschaft zu präsentieren. Zudem funktionierte die Mischung aus älteren, erfahrenen Akteuren wie Nordmann, Stollenwerk, Schäfer oder Röhrig mit Nachwuchsspielern wie Fendel, Mühlenbock, Sturm und Pfeiffer noch nicht.

Nach der Blamage im Derby musste der FC einigen Spott über sich ergehen lassen. Sogar eine von Viktoria-Anhängern produzierte „Todesanzeige", in der das Ableben des 1. FC Köln bekannt gegeben wurde, machte in Kneipen und Großbetrieben der Domstadt die Runde. Tief saß der Stachel der Demütigung bei den Fans, und so verirrten sich zur Begegnung mit dem VfL Bochum gerade einmal 5.000 Unentwegten nach Müngersdorf, die allerdings einen sehenswerten 6:2-Sieg der Kölner zu sehen bekamen und somit den Beweis, dass die Stürmer der Rot-Weißen das Tore schießen noch nicht verlernt hatten.

Gegen den VfL Bochum gewann der FC 1957/58 beide Begegnungen. Schäfer (Nr. 10) hat beim 2:1-Erfolg in Bochum gerade das 1:0 erzielt und wird von Stollenwerk (links) beglückwünscht.

STREIT ZWISCHEN TRAINER UND STAR

Am 13. Oktober 1957 galt es für den FC den eigenen Startrekord aus der Saison 1952/53 zu verteidigen. Alemannia Aachen hatte die ersten neun Spiele gewonnen und dabei lediglich zwei Gegentore kassiert und reiste als ungeschlagener Spitzenreiter von gut 6.000 Schlachtenbummlern begleitet nach Köln. Jubeln durften am Ende aber nur die 44.000 FC-Freunde im Stadion, denn ihre Mannschaft brachte dem Tabellenführer aus der Kaiserstadt eine empfindliche 4:0-Niederlage bei. Selbst Alemannen-Trainer Georg Knöpfle musste den verdienten Sieg der Kölner anerkennen. „Mer han jewonne", verkündeten die stolzen Kölschen lautstark bei ihrem Abmarsch aus dem Stadion. Doch dem FC blieb das alte Problem, nicht konstant zu sein, erhalten. Überzeugenden Siegen wie dem 4:0 zu Hause gegen Preußen Münster folgten Enttäuschungen wie beispielsweise die Niederlagen in Oberhausen oder Schalke. Oft war man schlicht und einfach zu verspielt, wollte den Ball förmlich ins Tor tragen anstatt den direkten Abschluss zu suchen. Auch neben dem Platz hatten sich in der Zwischenzeit einige Brandherde gebildet. Coach Weisweiler, als eigensinniger Sturkopf bekannt, und Präsident Franz Kremer waren schon länger uneins.

Kremer war es gewohnt, als „allmächtiger Boss" auch bei der sonntäglichen Aufstellung der Mannschaft ein Wörtchen mitzureden. Ein Umstand, der dem ehrgeizigen Weisweiler überhaupt nicht passte. Auch mit Teilen der Mannschaft eckte der knurrige Trainer an. Auf den jugoslawischen Ballkünstler Cajkovski hatte es Weisweiler besonders abgesehen. So kam es auch zum heute noch legendären Wortgefecht zwischen Hennes und „Tschik", in dessen Verlauf der berühmte „Tschik, decken! Arschloch!"-Ausspruch Weisweilers gefallen ist. Der Trainer hatte von dem kleinen Jugoslawen verlangt, gegnerische Spieler bei deren Vorstößen in Manndeckung zu nehmen, was dem Offensivkünstler schwerfiel. Relativ frustriert verließ Cajkovski am Saisonende den Verein, um in Israel seine erste Trainerstation anzutreten. Hinter vorgehaltener Hand wurde auch längst von einem Abschied Weisweilers zum Saisonende gesprochen. Am Ende der Hinrunde belegte der FC einen enttäuschenden 9. Tabellenplatz.

ZUM ERSTEN MAL IN ENGLAND

Da konnte ein wenig Abwechslung vom Ligaalltag nicht schaden. So begab sich der 1. FC Köln am 11. November 1957 zum ersten Male mit seiner Vertragsspielermannschaft zu zwei Freundschaftsspielen nach England. 1953 hatte bereits eine A 1 Jugendmannschaft des FC den Kanal überquert. Gerade einmal zwölf Jahre nach dem Krieg wurden Trips deutscher Vereine auf die Insel auch von den Medien in der Heimat besonders gewürdigt. Die *Kölnische Rundschau* hatte sogar eigens Reporter Jupp Müller mit ins vereinigte Königreich entsendet. Nach anstrengender Flug- und Busreise fand noch am selben Tag im südenglischen Plymouth die erste Begegnung mit einer Mannschaft aus dem Mutterland des Fußballs statt. Gut 10.000 Besucher waren in den Home Park gekommen, um ihre Mannschaft, Plymouth Argyle, und den Gast aus „Cologne" zu sehen. Sie bekamen ein flottes Spiel geboten, dass die Geißböcke mit 3:2 für sich entscheiden konnten. Angesichts dieser Leistung war es kaum zu glauben, dass die Kölner gerade einmal 30 Stunden zuvor ihr Oberligaspiel gegen den FC Schalke absolviert hatten. Zweiter Gegner der Englandtour war der FC Middlesbrough im Nordosten der Insel. In der damaligen Heimspielstätte von „Boro", dem Ayresome Park – mittlerweile spielen die „Teessiders" im Riverside Stadium – gelang dem FC vor 35.000 Zuschauern ein 2:1-Sieg. Ganz nebenbei war man die erste ausländische Mannschaft, die „Boro" auf ei-

sympathische Akteur für 500 Pflicht- und Freundschaftsspiele in der 1. Mannschaft des 1. FC Köln geehrt. Ein Rekord, den zuvor nur Hans Schäfer erreichte. Wie beliebt der „Scheich" bei den Fans war, belegt die Tatsache, dass die Anhänger anlässlich des Jubiläums einen riesigen Autokorso zu Sturms Tankstelle in der Neuenhöfer Allee organisierten. Bis in die 1970er Jahre kickte er noch bei diversen, kleineren Kölner Amateurclubs. Bei den Spielen seiner Geißböcke im Stadion blieb sein Ehrenplatz auf der Tribüne nur selten leer. Sein fußballerisches Talent gab er an Sohn Ralf weiter, der von 1988 bis 1994 die FC-Lizenzspielerabteilung verstärkte.

[Interessantes & Kurioses]

■ Historische Premiere im Müngersdorfer Stadion am 13. August 1957: Beim Freundschaftsspiel des FC gegen den FSV Frankfurt (0:1) erstrahlt in der Arena erstmals eine Flutlichtanlage.

■ Mit einem Spiel gegen Kickers Offenbach (3:1) weiht der FC vor 8.000 Zuschauern das Stadion der Stadt Frechen ein.

■ Wie schon im Vorjahr spielt der FC kombiniert mit dem Wuppertaler SV. In zwei internationalen Freundschaftsspielen werden die Grasshoppers aus Zürich in Köln mit 4:1 und Espanyol Barcelona in Wuppertal mit 4:2 bezwungen.

■ Hans Schäfer, Georg Stollenwerk und Hansi Sturm stehen im deutschen WM-Aufgebot für das Turnier in Schweden. Auch „Boss" Franz Kremer ist als offizieller Delegationsteilnehmer mit im deutschen Quartier in Bjärred.

■ Am 3. Juli 1958 steigt im Kölner Rhein Hotel die feierliche Verabschiedung von Hennes Weisweiler sowie den Spielern Hans Graf, Walter Müller und Berthold Nordmann.

■ Der 1. FC Köln feiert sein zehnjähriges Bestehen. Es findet allerdings keine gesonderte Feierlichkeit statt. Nur in den *Clubnachrichten* und im *Geißbock Echo* erscheinen Berichte und Rückblicke zum Jubiläum.

■ Hans Schäfer erhält für sein 25. Länderspiel am 2. März 1958 in Brüssel gegen Belgien die goldene Ehrennadel des DFB.

■ Beim Meisterschaftsspiel 1. FC Köln - Meidericher SV (3:0) am 9. Februar 1958 spielen beide Mannschaften mit Trauerflor, um den drei Tage zuvor in München durch ein tragisches Flugzeugunglück ums Leben gekommenen Sportkameraden von Manchester United zu gedenken.

■ Hansi Sturm bestreitet am 2. April 1958 beim Spiel CSSR-Deutschland in Prag seinen ersten Einsatz im Adlerdress.

■ Zu den Fußballendspielen der Kölner Volksschulen stiftet der FC dem Sieger den „Walter Binder Gedächtnispreis" im Gedenken an den berühmten Spielgestalter des KBC.

■ Ohne die „Schwedenfahrer" und Leistungsträger Sturm, Stollenwerk und Schäfer, die sich zeitgleich bei der Weltmeisterschaft befinden, bestreitet der FC zum zweiten Mal das westdeutsche Pokalendspiel. In Wuppertal unterliegt man Fortuna Düsseldorf am 27. Juni 1958 mit 1:4.

■ Wie schon in den Vorjahren setzt der 1. FC Köln zu sämtlichen Oberligaauswärtsspielen Fan-Sonderbusse ein. Interessant die Fahrpreise: So kostet beispielsweise der Trip nach Gelsenkirchen 6,50 DM, nach Hamborn sind 5,75 DM und nach Wuppertal 4,25 DM zu entrichten. Die Preise gelten für die Hin- und Rückfahrt. Mit den dazugehörigen Tickets können sich die treuen Anhänger im Zigarrenhaus von Jupp Röhrig eindecken.

■ Während der „Sommerpause" 1958 wird Geißbock Hennes zur Kurzerholung in den Kölner Zoo gebracht. Da sowohl die Artgenossen als auch die Tierpfleger unter seiner aggressiven Art schwer zu leiden haben, wird er in den Dünnwalder Tierpark verlegt, wo er vom 18. Juli bis 16. August 1958 zum Tagessatz von 2,50 DM bestens aufgehoben ist.

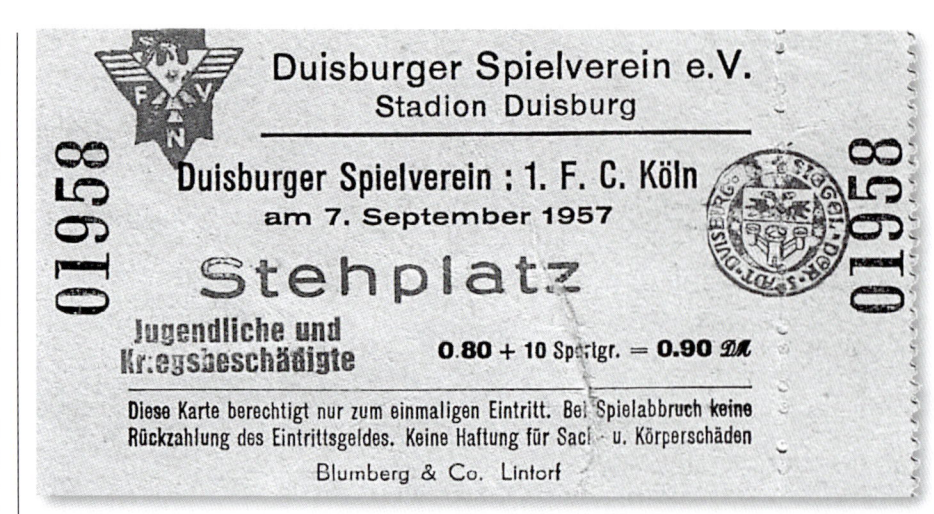

Erschwinglicher Stehplatz. Für 90 Pfennig konnten die mitgereisten FC-Fans von den Stehplätzen aus ihre Mannschaft beim Duisburger SV unterstützen.

Im November 1957 sind die Kölner erstmals in England. Nach dem Spiel bei Plymouth Argyle bekommt man als Andenken dieses Holzschild.

genem Platz bezwingen konnte. Für „Tschik" Cajkovski war es die letzte Partie für Köln. Sowohl in Plymouth als auch in Middlesbrough wurden die Gäste aus Deutschland feierlich vom Bürgermeister empfangen. Die lokale Presse war voll des Lobes und in beiden Spielen bekam man reichlich Applaus des überaus objektiven Publikums. So schrieb die in Middlesbrough erscheinende *Evening Gazette*: „Es war eine Freude, dem klugen Spiel des 1. FC Köln zuzusehen." Hansi Sturm wurde als „great centre half" gewürdigt.

ENDSPURT
So motiviert gelang auch der Rückrundenauftakt nach Maß, denn Fortuna Düsseldorf konnte in Müngersdorf mit 4:1 geschlagen werden. Im Gegensatz zum Hinspiel stand diesmal aber nicht der Düsseldorfer Ewert, sondern der Wiesbadener Günter Klemm im FC-Tor. Er hatte den jungen Nachwuchskeeper bereits einige Wochen vorher verdrängt, und so musste sich Ewert in der Reserve beweisen und auf bessere Zeiten hoffen. Die sportliche Achterbahnfahrt ging auch in der zweiten Serie zunächst nahtlos weiter. Dem tollen Auftakt gegen Düsseldorf folgte ein lustloser Auftritt in Herne, und auch über den beachtlichen Sieg gegen den favorisierten BVB durften sich die rot-weißen Anhänger nicht lange freuen, denn bei RW Essen verloren die Kölner das erste Spiel des Jahres 1958 glatt mit 1:3. Da man in Essen bislang nie gut ausgesehen hatte, war mit der Niederlage schon fast zu rechnen.

Die am 13. März 1958 veröffentlichte Meldung, dass Hennes Weisweiler seinen Vertrag nicht verlängern würde, überraschte niemanden. Vielmehr verwunderte die Tatsache, dass sowohl Weisweiler mit Viktoria Köln bereits einen neuen Arbeitgeber als auch der FC mit dem Ungarn Peter Szabo schon einen Nachfolger vermelden konnte. Nach der Partie in Essen appellierte man an die Ehre der Mannschaft. Auch auf Drängen des Vorstands hin mussten alle Hebel in Bewegung gesetzt werden, um die deutsche Endrunde noch zu erreichen. Der Appell zeigte Wirkung: Was niemand für möglich gehalten hatte, wurde Realität. Die Weisweiler-Elf legte einen famosen Endspurt hin. Beginnend mit der gelungenen 3:1-Derbyrevanche gegen Viktoria Köln am 19. Januar 1958 verlor der FC bis zum Saisonende kein Spiel mehr. Besondere Highlights dieser Serie waren das „Schützenfest" beim 8:2 über Hamborn, das sensationelle 3:2 auf Schalke und der entscheidende 2:0-Erfolg auf dem Aachener Tivoli, nach dem den Kölnern Platz 2 und somit die Qualifikation für die Endrunde nicht mehr zu nehmen war. Gut 10.000 Schlachtenbummler aus der Domstadt waren nach Aachen gekommen, um ihre Mannschaft anzufeuern. Mehr als 40.000 Zuschauer quälten sich auf den hoffnungslos überfüllten Rängen des Tivoli. Beim Gedränge auf den Stehplätzen registrierten Polizei und Rettungsdienste 25 Verletzte. Die Aachener Feuerwehr war mit allen verfügbaren Krankenwagen im Einsatz. In Köln herrschte mittlerweile große Euphorie. Zum für die Geißböcke sportlich fast bedeutungslosen letzten Punktspiel gegen den Wuppertaler SV kamen 40.000 nach Müngersdorf, um die Mannschaft für das Erreichen der Endrunde zu feiern. Mit einem 2:0-Sieg machte der FC beste Werbung für die bevorstehenden Begegnungen mit den besten deutschen Vereinsmannschaften und besiegelte zudem den Abstieg des WSV.

DIE „MARATHON-SCHLACHT" VON FRANKFURT
Allerdings mussten die Kölner noch eine letzte, nicht unerhebliche Hürde überwinden, um endgültig zu den acht Vereinen zu gehören, die den Titel unter sich ausmachten. Der Modus sah ein Entscheidungsspiel auf neutralem Platz zwischen dem Zweiten der Oberliga West, also dem FC, und dem Vizemeister der Oberliga Südwest, dem 1. FC Kaiserslautern, vor. Als Austragungsort hatte der DFB das Frankfurter Waldstadion festgelegt. Die altehrwürdige Arena platzte am 19. April 1958 fast aus allen Nähten, als die mit Nationalspielern gespickten Kontrahenten zum Showdown antraten. 76.000 Zuschauer im Stadion wurden Zeuge eines wahren Dramas, in dem die Kölner bereits zur Halbzeit mit 3:1 in Front lagen. Doch die von ihrem unermüdlichen Kapitän Fritz Walter angetriebenen

Pfälzer schafften noch vor dem Ende der regulären Spielzeit den Ausgleich. Es folgte die Verlängerung, doch auch nach 120 Spielminuten konnte kein Sieger ermittelt werden. Da es das Elfmeterschießen in der heutigen Form noch nicht gab, wurde für den nächsten Tag (!) an gleicher Stelle ein Wiederholungsspiel angesetzt. Obwohl seit der letzten Begegnung kaum 24 Stunden vergangen waren, bevölkerten immerhin noch knapp 56.000 Zuschauer das weite Rund. Das große Interesse der Fußballfreunde an diesen überregionalen Spitzenspielen war auch eine Art Abstimmung für die Bundesliga, über deren Einführung immer lauter und heftiger in Vereinen und Verbänden diskutiert wurde. Diesmal nutzte der FC seine physische Überlegenheit und siegte durch Tore von Sturm, Schäfer und Fendel mit 3:0. Nach vierjähriger „Abstinenz" war den Kölnern die erneute Qualifikation für die Endrunde gelungen.

„WIR WAREN DABEI"

Gruppengegner im Kampf um die Deutsche Meisterschaft waren der Hamburger SV, FK Pirmasens und der 1. FC Nürnberg. Wegen der anstehenden Weltmeisterschaft in Schweden wurde nur eine einfache Runde auf neutralen Plätzen gespielt. Gleich in der ersten Partie hatten die Domstädter mit dem HSV einen ganz dicken Brocken erwischt. Auch der norddeutsche Spielort Hannover kam dem FC nicht gerade entgegen, denn die meisten Besucher im Niedersachsenstadion hielten den Hamburgern die Daumen. Dennoch gingen die Rheinländer durch ein Tor des jungen Hennes Pfeiffer bereits nach acht Minuten in Führung. Doch der überragende HSV-Goalgetter Uwe Seeler drehte die Begegnung praktisch im Alleingang und erzielte sowohl den Ausgleichstreffer als auch das 2:1 für die Hanseaten. Dieter Seeler, Bruder von Uwe, sorgte für das 3:1 und somit für den Endstand. Auffallend war vor allem die läuferische Überlegenheit der Hamburger. Die 210 Minuten von Frankfurt forderten jetzt ihren Tribut. Rund 3.000 FC-Anhänger hatten den Weg in die niedersächsische Landeshauptstadt angetreten, 400 von ihnen im eigens von der Kölnischen Rundschau organisierten Sonderzug „Klingender Rheinländer", einer Art Vorläufer der heutigen „Sambawagen". Im zweiten Gruppenspiel kam man gegen den FK Pirmasens im Augsburger Rosenau-Stadion nicht über ein enttäuschendes 1:1 hinaus. Damit war der Zug Richtung Endspiel endgültig abgefahren und das letzte Spiel in Berlin gegen Altmeister 1. FC Nürnberg war bedeutungslos geworden. Auch im dritten Anlauf gelang den Geißböcken bei der 3:4-Niederlage kein Sieg. Da beide Mannschaften nichts mehr zu verlieren hatten, wurde mit offenem Visier gespielt und die Zuschauer im Olympiastadion hatten ihre helle Freude an der Fußballdemonstration, die von permanenten Beifallssalven begleitet wurde. „Fußball, wie ihn Berlin lange nicht sah", jubelte die Fußball Woche anschließend völlig zu recht. So blieb für den 1. FC Köln nach der Endrunde nur das Fazit „Wir waren dabei". Nach mageren Jahren hatte die Teilnahme einen ersehnten finanziellen Zusatzgewinn gebracht. Fast eine Viertelmillion Zuschauer sahen die Spiele in Frankfurt, Hannover, Augsburg und Berlin.

Zeitdokument mit Seltenheitswert: Die erste Ausgabe der FC-Stadionzeitung *Geißbock Echo* vom 18. August 1957 (Heimspiel gegen Westfalia Herne).

Wie immer begehrt – Karnevalsorden 1958.

Die zwei Entscheidungsspiele um den Einzug in die deutsche Endrunde gegen den 1. FC Kaiserslautern mobilisierte die Massen. Sturm markiert die 1:0-Führung beim 3:0-Sieg im zweiten Spiel.

STATISTIK 1957/58

OBERLIGA WEST

10.08.1957 Fortuna Düsseldorf - 1. FC Köln 2:4 (0:3)
Zuschauer: 25.000
Tore: 0:1, 0:2 (06.,11.) Schäfer, 0:3 (32.) Nordmann, 1:3 (70.) Juskowiak (HE), 1:4 (82.) Nordmann, 2:4 (84.) K. Grammlinger.
Aufstellung: Ewert, Hirche, Dörner, Sturm, Stollenwerk, Mühlenbock, Müller, Cajkovski, Nordmann, Schäfer, Fendel.

18.08.1957 1. FC Köln - Westfalia Herne 3:1 (1:1)
Zuschauer: 10.000
Tore: 0:1 (17.) Pyka, 1:1 (21.) Schäfer, 2:1 (53.) Müller, 3:1 (70.) Nordmann.
Aufstellung: Ewert, Hirche, Dörner, Sturm, Stollenwerk, Mühlenbock, Müller, Cajkovski, Nordmann, Schäfer, Fendel.,

25.08.1957 Borussia Dortmund - 1. FC Köln 5:1 (2:1)
Zuschauer: 28.000
Tore: 0:1 (14.) Sandmann (E.), 1:1 (28.) Niepieklo, 2:1 (45.) Kelbassa, 3:1 (56.) Preißler, 4:1, 5:1 (83., 86.) Kelbassa.
Aufstellung: Ewert, Hirche, Dörner, Sturm, Stollenwerk, Mühlenbock, Müller, Cajkovski, Nordmann, Schäfer, Fendel.

01.09.1957 1. FC Köln - Rot-Weiß Essen 1:1 (0:1)
Zuschauer: 20.000
Tore: 0:1 (43.) Küchenmeister, 1:1 (46.) Müller.
Aufstellung: Ewert, Dörner, Breuer, Sturm, Stollenwerk, Mühlenbock, Müller, Cajkovski, Nordmann, Schäfer, Fendel.

07.09.1957 Duisburger SV - 1. FC Köln 4:1 (1:1)
Zuschauer: 18.000
Tore: 0:1 (08.) Cajkovski (HE), 1:1 (29.) Lohmann, 2:1 (55.) Hilterhaus, 3:1 (60.) Fink, 4:1 (75.) Benning.
Aufstellung: Ewert, Breuer, Dörner, Röhrig, Stollenwerk, Mühlenbock, Fendel, Cajkovski, Nordmann, Schäfer, Pfeiffer.

14.09.1957 1. FC Köln - Viktoria Köln 1:4 (0:1)
Zuschauer: 15.000
Tore: 0:1 (31.) Bernd Schwiers, 1:1 (53.) Müller, 1:2 (63.) Lorenz, 1:3 (69.) Habig, 1:4 (84.) Grandrath.
Aufstellung: Klemm, Breuer, Dörner, Sturm, Röhrig, Mühlenbock, Müller, Cajkovski, Fendel, Schäfer, Nordmann.

22.09.1957 Hamborn 07 - 1. FC Köln 0:0
Zuschauer: 10.000
Aufstellung: Klemm, Eder, Stollenwerk, Cajkovski, Hirche, Mühlenbock, Müller, Sturm, Nordmann, Röhrig, Schäfer.

29.09.1957 1. FC Köln - VfL Bochum 6:2 (2:0)
Zuschauer: 5.000
Tore: 1:0 (28.) Müller, 2:0 (37.) Fendel, 3:0 (46.) Schäfer, 3:1 (56.) Bergmeier, 4:1 (60.) Nordmann, 5:1 (83.) Fendel, 6:1 (85.) Schäfer, 6:2 (90.) Backhaus.
Aufstellung: Ewert, Eder, Stollenwerk, Mühlenbock, Hirche, Sturm, Müller, Cajkovski, Nordmann, Schäfer, Fendel.

05.10.1957 Meidericher SV - 1. FC Köln 2:1 (1:1)
Zuschauer: 10.000
Tore: 0:1 (11.) Schäfer, 1:1 (17.) Nolden II, 2:1 (59.) Scheurer.
Aufstellung: Ewert, Eder, Stollenwerk, Cajkovski, Hirche, Sturm, Müller, Dörner, Nordmann, Schäfer, Fendel.

13.10.1957 1. FC Köln - Alemania Aachen 4:0 (2:0)
Zuschauer: 50.000
Tore: 1:0 (20.) Stollenwerk, 2:0, 3:0, 4:0 (30., 60., 79.) Nordmann.
Aufstellung: Ewert, Eder, Breuer, Stollenwerk, Hirche, Sturm, Pfeiffer, Röhrig, Nordmann, Schäfer, Fendel.

20.10.1957 Rot-Weiß Oberhausen - 1. FC Köln 3:2 (1:1)
Zuschauer: 28.000
Tore: 1:0 (20.) Feldkamp I, 1:1 (41.) Nordmann, 2:1 (49.) Feldkamp II, 2:2 (59.) Schäfer, 3:2 (72.) Marquardt.
Aufstellung: Ewert, Eder, Breuer, Stollenwerk, Hirche, Sturm, Pfeiffer, Röhrig, Nordmann, Schäfer, Fendel.

27.10.1957 1. FC Köln - Preußen Münster 4:0 (2:0)
Zuschauer: 13.000
Tore: 1:0 (24.) Müller, 2:0, 3:0 (45., 79.) Schäfer, 4:0 (88.) Nordmann.
Aufstellung: Klemm, Eder, Breuer, Stollenwerk, Hirche, Sturm, Müller, Röhrig, Nordmann, Schäfer, Fendel.

03.11.1957 Wuppertaler SV - 1. FC Köln 1:2 (0:0)
Zuschauer: 5.000
Tore: 0:1 (56.) Schäfer, 0:2 (63.) Cajkovski, 1:2 (88.) Probst (FE).
Aufstellung: Klemm, Eder, Breuer, Stollenwerk, Hirche, Sturm, Dörner, Cajkovski, Nordmann, Schäfer, Fendel.

10.11.1957 1. FC Köln - FC Schalke 04 0:2 (0:0)
Zuschauer: 40.000
Tore: 0:1 (67.) Koslowski, 0:2 (85.) Soja.
Aufstellung: Klemm, Stollenwerk, Breuer, Dörner, Hirche, Sturm, Müller, Cajkovski, Nordmann, Schäfer, Pfeiffer.

24.11.1957 SV Sodingen - 1. FC Köln 2:2 (1:2)
Zuschauer: 10.000
Tore: 1:0 (01.) Niemann, 1:1 (08.) Müller, 1:2 (22.) Fendel, 2:2 (83.) Adamik.
Aufstellung: Klemm, Eder, Breuer, Stollenwerk, Sturm, Mühlenbock, Müller, Röhrig, Nordmann, Dörner, Fendel.

01.12.1957 1. FC Köln - Fortuna Düsseldorf 4:1 (2:0)
Zuschauer: 30.000
Tore: 1:0 (12.) Sturm (HE), 2:0 (44.) Müller, 3:0 (64.) Fendel, 3:1 (65.) M. Grammlinger, 4:1 (81.) Fendel.
Aufstellung: Klemm, Eder, Breuer, Stollenwerk, Sturm, Mühlenbock, Müller, Röhrig, Nordmann, Schäfer, Fendel.

08.12.1957 Westfalia Herne - 1. FC Köln 1:0 (0:0)
Zuschauer: 3.000
Tor: 1:0 (54.) Wandollek.
Aufstellung: Klemm, Eder, Breuer, Stollenwerk, Hirche, Sturm, Müller, Röhrig, Nordmann, Schäfer, Fendel.

15.12.1957 1. FC Köln - Borussia Dortmund 3:1 (1:0)
Zuschauer: 25.000
Tore: 1:0 (22.) Müller, 1:1 (64.) Kelbassa, 2:1 (65.) Nordmann, 3:1 (68.) Schäfer.
Aufstellung: Klemm, Breuer, Dörner, Sturm, Stollenwerk, Mühlenbock, Müller, Röhrig, Nordmann, Schäfer, Fendel.

05.01.1958 Rot-Weiß Essen - 1. FC Köln 3:1 (1:0)
Zuschauer: 10.000
Tore: 1:0, 2:0 (18., 54.) Rahn, 2:1 (65.) Sturm, 3:1 (89.) Islacker.
Aufstellung: Klemm, Stollenwerk, Dörner, Sturm, Breuer, Mühlenbock, Müller, Röhrig, Nordmann, Schäfer, Fendel.

12.01.1958 1. FC Köln - Duisburger SV 2:1 (0:1)
Zuschauer: 8.000
Tore: 0:1 (43.) Koll, 1:1 (75.) Fendel, 2:1 (81.) Sturm.
Aufstellung: Klemm, Stollenwerk, Dörner, Mühlenbock, Breuer, Sturm, Müller, Röhrig, Nordmann, Schäfer, Fendel.

19.01.1958 Viktoria Köln - 1. FC Köln 0:3 (0:1)
Zuschauer: 17.000
Tore: 0:1 (41.) Stollenwerk, 0:2, 0:3 (81., 85.) Schäfer.
Aufstellung: Klemm, Dörner, Breuer, Hirche, Mühlenbock, Müller, Sturm, Stollenwerk, Schäfer, Fendel.

26.01.1958 1. FC Köln - Hamborn 07 8:2 (5:1)
Zuschauer: 5.000
Tore: 1:0 (06.) Stollenwerk, 2:0, 3:0 (13., 25.) Müller, 4:0, 5:0 (26., 30. [FE]) Sturm, 5:1 (34.) Tönges, 6:1 (58.) Sturm, 6:2 (67.) Tönges, 7:2 (70.) Fendel, 8:2 (82.) Müller.
Aufstellung: Klemm, Dörner, Breuer, Röhrig, Stollenwerk, Mühlenbock, Müller, Sturm, Pfeiffer, Schäfer, Fendel.

02.02.1958 VfL Bochum - 1. FC Köln 1:2 (0:1)
Zuschauer: 8.000
Tore: 0:1 (06.) Schäfer, 0:2 (70.) Müller, 1:2 (76.) Pawlik.
Aufstellung: Klemm, Dörner, Breuer, Röhrig, Hirche, Mühlenbock, Müller, Sturm, Stollenwerk, Schäfer, Fendel.

09.02.1958 1. FC Köln - Meidericher SV 3:0 (0:0)
Zuschauer: 14.000
Tore: 1:0 (51.) Sturm, 2:0 (61.) Schäfer, 3:0 (81.) Sturm (FE).
Aufstellung: Klemm, Dörner, Breuer, Röhrig, Hirche, Mühlenbock, Müller, Sturm, Stollenwerk, Schäfer, Fendel.

09.03.1958 1. FC Köln - Rot-Weiß Oberhausen 4:2 (3:0)
Zuschauer: 5.000
Tore: 1:0 (02.) Stollenwerk, 2:0, 3:0 (18., 21.) Sturm, 3:1 (61.) Luckenbach, 4:1 (84.) Sturm, 4:2 (89.) Lauten.
Aufstellung: Klemm, Breuer, Dörner, Röhrig, Hirche, Mühlenbock, Müller, Sturm, Stollenwerk, Schäfer, Fendel.

16.03.1958 Preußen Münster - 1. FC Köln 1:1 (0:0)
Zuschauer: 10.000
Tore: 0:1 (50.) Sturm (HE), 1:1 (51.) Rachuba.
Aufstellung: Klemm, Breuer, Dörner, Röhrig, Hirche, Mühlenbock, Müller, Sturm, Stollenwerk, Schäfer, Nordmann.

23.03.1958 1. FC Köln - SV Sodingen 4:1 (2:1)
Zuschauer: 13.000
Tore: 0:1 (01.) Cieslaczyk, 1:1 (30.) Sturm, 2:1 (43.) Röhrig, 3:1 (69.) Pfeiffer, 4:1 (79.) Sturm.
Aufstellung: Klemm, Stollenwerk, Dörner, Röhrig, Breuer, Mühlenbock, Müller, Sturm, Pfeiffer, Schäfer, Fendel.

30.03.1958 FC Schalke 04 - 1. FC Köln 2:3 (2:1)
Zuschauer: 34.000
Tore: 0:1 (13.) Sturm, 1:1 (27.) Kördel, 2:1 (30.) H. Laszig, 2:2 (49.) Sturm, 2:3 (73.) Müller.
Aufstellung: Klemm, Stollenwerk, Dörner, Röhrig, Breuer, Mühlenbock, Müller, Sturm, Pfeiffer, Schäfer, Fendel.

07.04.1958 Alemannia Aachen - 1. FC Köln 0:2 (0:0)
Zuschauer: 42.000
Tore: 0:1 (53.) Fendel, 0:2 (74.) Pfeiffer.
Aufstellung: Klemm, Dörner, Stollenwerk, Röhrig, Breuer, Mühlenbock, Müller, Sturm, Pfeiffer, Schäfer, Fendel.

13.04.1958 1. FC Köln - Wuppertaler SV 2:0 (2:0)
Zuschauer: 40.000
Tore: 1:0 (25.) Sturm (FE), 2:0 (31.) Pfeiffer.
Aufstellung: Klemm, Eder, Dörner, Röhrig, Breuer, Stollenwerk, Müller, Sturm, Pfeiffer, Schäfer, Fendel.

WESTDEUTSCHER POKAL

1. Runde
28.08.1957 Bonner FV - 1. FC Köln 0:4 (0:3)
Zuschauer: 5.000
Tore: 0:1, 0:2 (25., 30.) Schäfer, 0:3 (35.) Nordmann, 0:4 (75.) Pfeiffer.
Aufstellung: Klemm, Stollenwerk, Dörner, Breuer, Hirche, Röhrig, Müller, Cajkovski, Nordmann, Schäfer, Pfeiffer.

Durch die Teilnahme an der DM-Endrunde hatte der 1. FC Köln in der 2. Westdeutschen Pokalrunde ein Freilos.

3. Runde
17.05.1958 Rhenania Würselen - 1. FC Köln 2:4 (1:2)
Zuschauer: 1.800
Tore: 0:1 (19.) Müller, 1:1 (26.) Schaffrath, 1:2 (35.) Müller, 1:3 (51.) Fendel, 2:3 (77.) Mohren I, 2:4 (90.) Fendel.
Aufstellung: Klemm, Eder, Breuer, Knappert, Hirche, Mühlenbock, Müller, Dörner, Bisanz, Pfeiffer, Fendel.

Viertelfinale
24.05.1958 1. FC Köln - STV Horst-Emscher 5:3 (5:2)
Zuschauer: 2.000
Tore: 1:0 (06.) Fendel, 1:1 (11.) Niggemeier, 2:1 (23.) Fendel, 3:1 (25.) Müller, 4:1 (40.) Dörner, 4:2 (43.) Groppe, 5:2 (44.) Knappert, 5:3 (58.) Schmidt.
Aufstellung: Klemm, Fendel, Müller, Dörner, Knappert, Mühlenbock, Pfeiffer, Breuer, Bisanz, Hirche, Eder.

Halbfinale
21.06.1958 VfB Bottrop - 1. FC Köln 2:3 (1:2)
Zuschauer: 2.000
Tore: 0:1 (02.) Fendel, 1:1 (04.) Sobek, 1:2 (77.) Pfeiffer, 2:2 (50.) Mikolaizack, 2:3 (87.) Eder.
Aufstellung: Ewert, Eder, Dörner, Fendel, Pfeiffer, Bisanz, Hirche, Mühlenbock, Röhrig, Breuer, Müller.

STATISTIK 1957/58

Finale
27.06.1958 **Fortuna Düsseldorf - 1. FC Köln** 4:1 (2:0)
Zuschauer: 4.500
Tore: 1:0 (26.) Nienhaus, 2:0 (28.) Steffen, 2:1 (56.) Fendel, 3:1 (73.) Wolfram, 4:1 (83.) Steffen.
Aufstellung: Ewert, Eder, Dörner, Bisanz, Hirche, Mühlenbock, Müller, Breuer, Pfeiffer, Röhrig, Fendel.
Besondere Vorkommnisse: Das Spiel wurde in Wuppertal ausgetragen.

ENDRUNDE

Qualifikation
19.04.1958 **1.FC Kaiserslautern - 1. FC Köln** 3:3 n.V. (1:2)
Zuschauer: 76.000
Tore: 0:1 (10.) Schäfer, 1:1 (31.) O. Walter, 1:2 (35.) Pfeiffer, 1:3 (48.) Fendel, 2:3 (80.) Wodarczik, 3:3 (84.) Wenzel.
Aufstellung: Klemm, Stollenwerk, Dörner, Röhrig, Breuer, Mühlenbock, Müller, Sturm, Pfeiffer, Schäfer, Fendel.
Besondere Vorkommnisse: Die Begegnung wurde in Frankfurt ausgetragen.

20.04.1958 **1.FC Kaiserslautern - 1. FC Köln** 0:3 (0:1)
Zuschauer: 56.000
Tore: 0:1 (17.) Sturm, 0:2 (57.) Schäfer, 0:3 (80.) Fendel.
Aufstellung: Klemm, Stollenwerk, Dörner, Röhrig, Breuer, Hirche, Müller, Sturm, Pfeiffer, Schäfer, Fendel.
Besondere Vorkommnisse: Die Begegnung wurde in Frankfurt ausgetragen.

26.04.1958 **Hamburger SV - 1. FC Köln** 3:1 (1:1)
Zuschauer: 73.000
Tore: 0:1 (08.) Pfeiffer, 1:1, 2:1 (20., 59.) U. Seeler, 3:1 (69.) D. Seeler.
Aufstellung: Klemm, Stollenwerk, Dörner, Röhrig, Breuer, Mühlenbock, Müller, Sturm, Pfeiffer, Schäfer, Fendel.
Besondere Vorkommnisse: Die Begegnung wurde in Hannover ausgetragen.

04.05.1958 **FK Pirmasens - 1. FC Köln** 1:1 (1:0)
Zuschauer: 48.000
Tore: 1:0 (16.) Breitzke, 1:1 (57.) Pfeiffer.
Aufstellung: Klemm, Stollenwerk, Dörner, Hirche, Breuer, Mühlenbock, Röhrig, Sturm, Pfeiffer, Schäfer, Fendel.
Besondere Vorkommnisse: Die Begegnung wurde in Augsburg ausgetragen.

10.05.1958 **1.FC Nürnberg - 1. FC Köln** 4:3 (1:3)
Zuschauer: 25.000
Tore: 1:0 (02.) Glomb, 1:1 (07.) Pfeiffer, 1:2 (28.) Sturm (FE) 1:3 (34.) Schäfer, 2:3, 3:3 (50., 79.) Glomb, 4:3 (83.) Schweinberger.
Aufstellung: Klemm, Hirche, Dörner, Knappert, Breuer, Mühlenbock, Müller, Sturm, Pfeiffer, Schäfer, Fendel.
Besondere Vorkommnisse: Die Begegnung wurde in Berlin ausgetragen.

FREUNDSCHAFTSSPIELE

27.07.1957 **Union Krefeld - 1. FC Köln** 1:1 (1:1)

01.08.1957 **1. FC Köln - SC Union 06 Berlin** 15:0 (6:0)

03.08.1957 **1. FC Köln - PSV Eindhoven** 6:1 (2:1)

04.08.1957 **VfL Benrath - 1. FC Köln** 2:4 (2:2)

13.08.1957 **1. FC Köln - FSV Frankfurt** 0:1 (0:0)

04.09.1957 **Kickers Offenbach - 1. FC Köln** 1:3 (0:2)
(in Frechen)

24.09.1957 **1. FC Köln - US Valenciennes** 8:0 (3:0)

11.11.1957 **Plymouth Argyle FC - 1. FC Köln** 2:3 (2:1)

13.11.1957 **FC Middlesbrough - 1. FC Köln** 1:2 (0:0)

29.12.1957 **VV Venlo - 1. FC Köln** 0:1 (0:0)

29.05.1958 **FC Luzern - 1. FC Köln** 2:4 (0:3)

30.05.1958 **Young Boys Bern - 1. FC Köln** 1:2 (1:0)

04.06.1958 **FC la Chaux-de-Fonds - 1. FC Köln** 1:1 (0:0)

07.06.1958 **FC Basel - 1. FC Köln** 1:3 (1:2)

14.06.1958 **FV Bad Honnef - 1. FC Köln** 3:7 (2:3)

17.06.1958 **1. FC Köln - Eintracht Braunschweig** 6:1 (5:1)

OBERLIGA WEST 1957/58

1.	FC Schalke 04	74:36	41:19
2.	1. FC Köln	74:45	40:20
3.	Alemannia Aachen	47:38	37:23
4.	Meidericher SpV.	56:37	36:24
5.	Borussia Dortmund (M)	67:44	35:25
6.	Preußen Münster	48:45	30:30
7.	Rot-Weiß Essen	40:42	30:30
8.	Fortuna Düsseldorf	57:58	29:31
9.	Viktoria Köln	57:58	29:31
10.	Duisburger SpV.	41:48	29:31
11.	Rot-W. Oberhausen (N)	45:56	28:32
12.	Westfalia Herne	46:62	27:33
13.	SV Sodingen	44:55	24:36
14.	VfL Bochum	39:62	24:36
15.	Wuppertaler SV	46:60	23:37
16.	Spfr. Hamborn 07 (N)	29:67	18:42

ENDRUNDE ZUR DEUTSCHEN MEISTERSCHAFT 1957/58

1.	Hamburger SV	8:3	6:0
2.	1. FC Nürnberg	7:8	3:3
3.	FK Pirmasens	4:5	2:4
4.	1. FC Köln	5:8	1:5

Durch die anstehende WM in Schweden wurde nur eine einfache Runde auf neutralen Plätzen gespielt.

OBERLIGA- UND ENDRUNDENKADER 1957/58

Abgänge: Mebus (Tura Hennef), Minich (Borussia M'gladbach), Jansen (Borussia Mönchengladbach), Goffart (Eintracht Braunschweig)
Zugänge: Bisanz (eigene Amateure), Ewert (TuRu Düsseldorf), Knappert (eigene Jugend), Mühlenbock (Bonner FV), Opper (FV Bad Godesberg), M. Röhrig, Schneider, Wiegel (alle eigene Jugend, bzw. Amateure)

Trainer:		Breuer, Fritz	29/0
Hennes Weisweiler		Dörner, Herbert	28/0
		Mühlenbock, Günter	27/0
Tor:		Röhrig, Josef	26/1
Klemm, Günter	26/0	Nordmann, Berthold	21/10
Ewert, Fritz	9/0	Hirche, Martin	20/0
		Cajkovski, Zlatko	11/2
Feld:		Eder, Rudi	11/0
Sturm, Hans	34/20	Pfeiffer, Hans	13/7
Schäfer, Hans	34/18	Knappert, Joachim	1/0
Stollenwerk, Georg	33/4	Bisanz, Gero	0/0
Fendel, Helmut	32/9	Graf, Hans	0/0
Müller, Walter	30/13		

Dazu kommt in der Oberliga ein Eigentor von Herbert Sandmann (Borussia Dortmund).

FIEBERKURVE 1957/58

1958/59
OBERLIGA WEST

Frust in der Endrunde

[LEGENDEN]

Helmut Fendel
Geboren:
27. Juli 1937 in Köln
Beim FC von:
1951-1953 und
1955-1960
Pflichtspiele beim FC: 100
Pflichtspieltore: 42

Auf Anhieb zum Stammspieler

Im Sommer 1951 wurde Helmut Fendel Mitglied der schon damals erstklassigen Jugendabteilung des 1. FC Köln. Zwei Jahre später sorgte der Wohnortwechsel der Eltern nach Refrath, einem Ortsteil von Bergisch Gladbach, für eine kurze Unterbrechung seiner „FC-Karriere". Die Kölner hatten das Talent jedoch im Auge behalten und im Sommer 1955 wurde der „verlorene Sohn" ans Geißbockheim zurückgeholt. Durch gute Leistungen bei den Amateuren empfahl sich der Offensivspieler für höhere Aufgaben. Am 28. Oktober 1956 feierte er beim Oberligaspiel im Uhlenkrugstadion gegen Schwarz-Weiß Essen ein traumhaftes Debüt mit zwei Toren in der 1. Mannschaft. Der Nachwuchsakteur avancierte praktisch auf Anhieb zur Stammkraft und erhielt zu Beginn der Saison 1957/1958 den Vertragsspielerstatus.

Der wendige Stürmer war vor allem als Vorlagengeber beliebt, er „fütterte" beispielsweise Schäfer, Nordmann oder Sturm. Er suchte aber auch selbst den Abschluss, was 42 Tore in 101 Pflichtspielen für den FC belegen. Als der 1. FC Köln in der Saison 1959/60 erstmals Deutscher Vizemeister wurde, war Fendel vom Verletzungspech geplagt.

1960 wechselte er schließlich zu Borussia Mönchengladbach. Dort stand er noch drei Jahre unter Vertrag und war nach Karriereende vier Jahre als Trainer des SV Refrath tätig. Bis zur Verrentung arbeitete der ehemalige Vertragsspieler als Schreinermeister in Bergisch Gladbach, wo er heute noch lebt.

WM-HEIMKEHRER

Den kölschen WM-Fahrern Schäfer, Sturm und Stollenwerk bereitete man bei der Rückkehr vom Turnier in Schweden einen wahrhaft weltmeisterlichen Empfang. Wie schon vier Jahre zuvor säumten tausende Fußballbegeisterte und Schaulustige die Straßen. Hans Schäfer hatte die deutsche Mannschaft in allen Begegnungen als Kapitän auf das Spielfeld geführt und sogar drei Tore erzielt, Verteidiger Schorsch Stollenwerk wurde von Sepp Herberger ebenfalls in allen sechs Spielen aufgeboten. Der junge Hansi Sturm kam nur in der letzten Partie gegen Frankreich zum Einsatz. Allerdings stand die WM ganz im Zeichen der Brasilianer, die sich mit dem überragenden Pelé den Titel sicherten, während Deutschland „nur" Vierter wurde und den Erfolg von Bern nicht wiederholen konnte. Allerdings war der Fachwelt auch in der deutschen Elf ein junger Akteur aufgefallen. Der rot-blonde Karl-Heinz Schnellinger, bei Düren 99 unter Vertrag, deutete in den Begegnungen gegen die CSSR und Frankreich sein großes Potential an. Obwohl in Schweden von Herberger zu „offensiv" eingesetzt, bewies der Dürener sein Talent als Abwehrspieler. FC-Boss Franz Kremer, der als Mitglied der offiziellen Delegation ebenfalls in Schweden weilte, hatte Schnellinger schon seit längerem auf dem „Wunschzettel" und versuchte dem Nationalspieler einen Wechsel ans Geißbockheim schmackhaft zu machen.

TALENTE AUS DER REGION: SCHNELLINGER, WILDEN, POTT

Unter einigem Pressegetöse kündigte Schnellinger Ende Juli 1958 tatsächlich seinen Vertrag in Düren und heuerte bei den Geißböcken an. Wegen der seinerzeit komplizierten Wechselmodalitäten wurde dem Verteidiger vom Verband eine Sperre bis zum 31. Oktober 1958 aufgebrummt. So begann der 19-Jährige eine Ausbildung in der Hauptverwaltung des Kaufhofs, der Firma also, die den FC seit Jahren nicht nur finanziell, sondern auch durch Vermittlung von Lehr- und Arbeitsstellen für die Vertragsspieler tatkräftig unterstützte. Kein Wunder, denn mit Kaufhof-Chef Werner Müller hatten die Kölner einen Mann im Vorstand, der für den Club im wahrsten Sinne des Wortes Gold wert war.

Außer dem Aufsehen erregenden Coup mit Schnellinger hatte man einige hoffnungsvolle Talente wie beispielsweise Wilden, Pott oder die Vettern Christian Müller und Christian Breuer von Vereinen aus der Region verpflichtet. Allesamt „Volltreffer", wie sich später herausstellen sollte. Eine Transferbilanz, von der manch späterer FC-Manager nur träumen konnte …

Sowohl die etablierten Spieler als auch die Neuzugänge waren gespannt auf den neuen Trainer Peter Szabo, der den im Zorn geschiedenen Hennes Weisweiler abgelöst hatte. Der Ungar hatte sich bereits als Linksaußen und Mitglied der sogenannten „Wundermannschaft" von MTK Budapest einen Namen gemacht. Als MTK auf Europatournee ging, wurde Szabo gleich vom 1. FC Nürnberg verpflichtet, mit dem er 1920 Deutscher Meister wurde. Als Trainer war er in verschiedenen Ländern tätig, vor seinem Engagement beim 1. FC Köln in den Niederlanden. Mit den Worten: „Ich war als Spieler Deutscher Meister und ich möchte auch als Trainer Deutscher Meister werden", trat Szabo seinen Dienst in der Domstadt an. Doch wie schon in der Vorsaison spielten die Geißböcke eine enttäuschende Hinrunde. Gleich in der Auftaktbegegnung gab es nur ein mageres 2:2 gegen Aufsteiger Borussia Mönchengladbach vor eigenem Publikum.

Während der gesamten Spielzeit zeigte sich der FC relativ heimschwach, holte in Müngersdorf „nur" 19 Punkte aus 15 Spielen, während man auf fremden Plätzen mit 20 Pluspunkten besser abschnitt. Zudem erwiesen sich die Kölner mit insgesamt 13 Punkteilungen als die Remiskönige der Liga. Beispielhaft für die Heimschwäche des FC waren die eher unerwarteten Niederlagen gegen Preußen Münster und den späteren Westmeister Westfalia Herne.

WIEDERSEHEN MIT HENNES WEISWEILER

Es gab aber auch Grund zum Jubeln für die rot-weiße Anhängerschaft. Zum Beispiel beim Wiedersehen mit Hennes Weisweiler in Köln-Höhenberg am 6. Spieltag. Die Viktoria hatte bis dato nach fünf Oberligaspielen nicht einen Punkt auf der Habenseite, was sich auch nach dem Derby nicht änderte. Mit 6:0 wurden die Viktorianer auf eigenem Geläuf deklassiert, und Weisweiler, den bekanntlich Pleiten gegen den Ex-Verein besonders verärgerten, mochte am Ende gar nicht mehr hinsehen. Ohnehin hatte er keinen guten Einstand beim neuen Arbeitgeber, denn seine Mannschaft hielt sich hartnäckig am Tabellenende. Von aufgebrachten Viktoria-Fanatikern wurde sogar das Gerücht in Umlauf gebracht, Weisweiler sei von

Vor dem Spitzenspiel bei Fortuna Düsseldorf, dass der FC mit 4:3 für sich entscheiden kann, präsentiert sich die Mannschaft im überfüllten Rheinstadion den Fotografen. Von links: Hans Schäfer, Fritz Ewert, Rudi Eder, Karl-Heinz Schnellinger, Günter Mühlenbock, Leo Wilden, Jupp Röhrig, Helmut Fendel, Herbert Dörner, Georg Stollenwerk, Fritz Breuer.

Franz Kremer beim Stadtrivalen „eingeschleust" worden, um diesen in den sportlichen Ruin zu treiben. Zu allem Überfluss wurde über diese Verschwörungstheorien auch noch in der lokalen Presse berichtet.

Am 2. November 1958 gab dann endlich Karl-Heinz Schnellinger sein lange erwartetes Pflichtspieldebüt. Bei der 0:1-Niederlage in Oberhausen war er zusammen mit seinem Dürener „Landsmann" Stollenwerk bester Mann auf dem Platz, wobei das Abwehrduo eine höhere Niederlage noch verhinderte. Historisches ereignete sich am 12. Spieltag im Stadion an der Essener Hafenstraße. Zum ersten Mal gelang dem FC in der Oberliga ein Sieg bei RW Essen, das ohne seinen verletzten „Boss" Helmut Rahn antreten musste. Pfeiffer (3) und Fendel sorgten mit ihren Toren für das Ende der kölschen Durststrecke in der Ruhrmetropole.

Kurz vor dem Jahreswechsel, am 28. Dezember 1958, bekamen 6.000 Zuschauer im traditionsreichen Weidenpescher Park eine Sensation geboten. Im Westdeutschen Pokal unterlag der haushohe Favorit aus Sülz-Klettenberg dem Gastgeber VfL Köln 99 mit 0:1. Bereits in der 5. Minute war den zwei Klassen tiefer spielenden 99ern durch Wedekind das goldene Tor gelungen. Kurios: Torwart Klemm hatte sich in der 42. Minute bei einem Zusammenprall so erheblich verletzt, dass er vom Spielfeld genommen werden musste. Allroundmann Schorsch Stollenwerk stellte sich zwischen die Pfosten, blieb ohne Gegentor und bewies auch auf ungewohnter Position seine Vielseitigkeit. Das peinliche Ausscheiden aus dem Wettbewerb konnte er aber auch nicht mehr verhindern. Auch in die Oberliga-Rückrunde startete der FC eher holprig. Besonders groß war die Verärgerung bei den Fans, als man ausgerechnet an Kar-

Der FC-Tross beim Herumalbern auf Auswärtstour in der Saison 1958/59. Von links: Trainer Szabo, Wilden, Brungs, Fendel, Klemm, Stollenwerk, Masseur Sijacic, Schnellinger, Müller, Jost, Betreuer Neubauer, Mühlenbock, Unbekannt und Zeugwart Thönnes (hockend).

[Interessantes & Kurioses]

■ Kuriose Zahlenspielerei mit der närrischen Zahl 11: Am 11.11.1958, dem Beginn der Karnevalssession, weist das Meisterschaftskonto des 1. FC Köln 11:11 Punkte auf. Im letzten Spiel vor den „drei tollen Tagen" wird das 11. Unentschieden erreicht, und nur einen Tag später feiert man die 11. Karnevalssitzung des Vereins.

■ Im Messepokal, dem Vorläuferwettbewerb des heutigen UEFA-Pokals, tritt eine Kölner Stadtmannschaft an, die sich aus Spielern von FC und Viktoria zusammensetzt. Gegen Birmingham City scheidet man nach einem 2:2 in Köln sowie einem 0:2 in England in der ersten Runde aus dem Turnier aus. Für den FC sind beteiligt: Ewert, Schnellinger, Stollenwerk, Fritz Breuer, Dörner, Brungs, Sturm, Schäfer, Mühlenbock, Fendel und Pfeiffer.

■ Am 14. April 1959 bestreitet der FC im Eindhovener Philips-Stadion ein Freundschaftsspiel gegen die holländische B-Nationalmannschaft. Beim 2:2 vor 20.000 Zuschauern erzielen Wilden und Müller die Tore für die Geißböcke.

■ Schmerzhaftes Aufnahmeritual. Um vollwertiges Mitglied der Mannschaft zu werden, ist es traditionell die Pflicht der neuen Spieler, den „heiligen Geist" über sich ergehen zu lassen. Bei diesem Ulk stürzen sich die Mannschaftskameraden auf das mehr oder weniger ahnungslose Opfer, entblößen sein Hinterteil und bearbeiten selbiges mit Schlägen.

Während des Aufenthaltes im Teamhotel in Eindhoven wurden gleich mehrere Akteure „getauft": Der ahnungslose, bereits im Bett liegende Brungs lässt seine Teamkollegen auf die Frage nach einer Illustrierten mit der Antwort „Kutt eren ihr Junge" ins Zimmer, wird flugs der Schlafanzughose beraubt, und das „Unglück" nimmt seinen Lauf. Müller und Christian Breuer haben sich in ihrem Zimmer eingeschlossen, doch selbst Trainer Szabo macht den Schabernack mit und erwirkt durch einen Trick („Machen Sie mal auf Breuer, ich muss Sie sprechen") die Öffnung der Türe. Über Leo Wilden kommt der „Geist" völlig unerwartet am hellen Tag im Hotelflur. Der gewitzte Schnellinger hat sofort erkannt, dass er dem Schicksal sowieso nicht entgehen kann, und einigt sich mit den Kollegen darauf, sein Hinterteil freiwillig zu entblößen, worauf im Gegenzug jeder nur einmal zuschlagen darf. Nur der kleine Jost umgeht vorläufig das Ritual. Er hat sein Einzelzimmer stets abgeschlossen und das Fenster verriegelt, um ein Eindringen der Meute über den Balkon zu verhindern.

- Karl-Heinz Schnellinger bestreitet am 19. November 1958 beim 2:2 gegen Österreich in Berlin sein erstes A-Länderspiel als Mitglied des 1. FC Köln und bildet zusammen mit Vereinskamerad Georg Stollenwerk ein Verteidigerpaar. Zuvor hatte er bereits drei Einsätze im Adlerdress als Spieler von Düren 99.

- Die FC-Reservemannschaft belegt in der „Reservetabelle" der Oberliga West einen hervorragenden zweiten Platz hinter Schalke 04. Die „Stars" der Vertragsreserve sind unbestritten Goalgetter Christian Müller und sein Vetter Christian Breuer.

- Mit einer Bruttoeinnahme von exakt 562.173 DM kann der 1. FC Köln die mit Abstand beste Bilanz in der Oberliga West vorweisen. Nach Abzug aller Abgaben bleibt dem Verein der stattliche Gewinn von 211.827,52 DM aus 15 Meisterschaftsspielen. Die finanziell auch sehr lukrative deutsche Endrunde ist in diesen Zahlen noch nicht enthalten!

- Zum 31. Juli 1959 beendet der legendäre Geschäftsführer Jupp Schmitz seine Tätigkeit auf der FC-Geschäftsstelle, bleibt aber weiterhin dem Vorstand der Geißböcke erhalten.

- Hans-Gerhard König, eine spätere FC-Legende als Geschäftsführer, Stadionsprecher und Pressechef, beginnt am 1. Juni 1959 seine Tätigkeit als „Clubsekretär" und Mitarbeiter der Presseabteilung bei den Geißböcken. Sein Debüt als Stadionsprecher feiert der gebürtige Hannoveraner am 23. Mai 1959 beim Endrundenspiel gegen Werder Bremen (2:2) in Müngersdorf.

- Im Sommer 1959 wird die Geschäftsstelle des 1. FC Köln endgültig von der Luxemburger Straße, wo die Ticketvorverkaufsstelle von Jupp Röhrig erhalten bleibt, ins Geißbockheim verlegt. Am und um das Clubhaus beginnen im Juni 1959 umfangreiche Bauarbeiten: Die Heizungsanlage wird auf Ölfeuerung umgebaut, zwei neue Rasen- und ein neuer Aschenplatz werden angelegt, der Bau der Sporthalle begonnen sowie der Parkplatz vor dem Geißbockheim befestigt. Die Kosten von rund 122.000 DM tragen neben dem FC auch die Stadt Köln und das Land Nordrhein Westfalen, da die Anlage auch in großem Umfang dem Amateur- und Jugendsport zugutekommt. Auch die FC-Mitglieder werden in den *Clubnachrichten* zu „Bauspenden" aufgerufen. Insgesamt sind seit Baubeginn des Geißbockheims rund 1.000.000 DM Baukosten entstanden.

- Zur Saison 1958/59 setzt der FC 527 Sitzplatzdauerkarten ab und erhöht fast zeitgleich die Mitgliedsbeiträge. Jugendli-neval nach furiosem Start und einer 2:0-Führung in Müngersdorf gegen Borussia Dortmund das Spiel ohne Not aus der Hand gab und noch mit 2:3 verlor. Freude hatte dabei nur Gästetrainer Max Merkel, der sich im Vorfeld der Begegnung mit Franz Kremer ein kleines Wortscharmützel in der Presse geliefert hatte. „Eine private Freud für mi", feixte der Wiener beim anschließenden Kabinengespräch.

Die Überraschungsmannschaft der Spielzeit 1958/59 war zweifellos Westfalia Herne. Vom erfahrenen Fritz Langner trainiert, marschierten die Herner unbeirrbar an der Tabellenspitze. Erster gegen Sechster lautete das Spitzenspiel des Westens, als der FC am 21. Spieltag ans Stadion am Schloß Strünkede reisen musste. Die Begegnung wurde sogar vom TV übertragen und im Spiel ein eigens angefertigter „Fernsehball" verwendet, den man besonders hellweiß und mit schwarzen Kreisen gefärbt hatte, um den Zuschauern an der Mattscheibe in Zeiten des Schwarz-Weiß-Bildes eine bessere Optik zu ermöglichen. Der linke Läufer der Herner, Helmut Benthaus, der einige Jahre später auch im Geißbockdress für Furore sorgen sollte, erzielte die 1:0-Führung für den Spitzenreiter. Fendel besorgte den Kölner Ausgleich, der auch gleichzeitig der Endstand war. Trainer Szabo war mit dem Remis hochzufrieden, denn der FC konnte als erster Gast der Westfalia auf eigenem Platz einen Punkt abknöpfen.

FURIOSER ENDSPURT

Der starke Auftritt in Herne hatte die Geißbock-Kicker anscheinend beflügelt. Wie im Vorjahr legte man einen unwiderstehlichen Saisonendspurt hin. Fünf Siege in Folge, darunter ein Auswärtserfolg im Mittelrheinderby bei Alemannia Aachen, beförderten den FC bis auf den 3. Tabellenplatz. Nur noch drei Punkte betrug der Rückstand zum ersehnten 2. Rang, den noch Fortuna Düsseldorf belegte. Der rapide sportliche Aufwärtstrend brachte die Massen zurück nach Müngersdorf. Beim 1:0-Sieg gegen RW Essen waren bereits 40.000 zahlende Zuschauer in der Arena, zum Lokalkampf mit der Viktoria passierten 42.000 Fußballfreunde die Stadiontore. Schon im Vorfeld war das Derby mal wieder Stadtgespräch Nummer eins. Nicht nur wegen der Rückkehr von Hennes Weisweiler in die Hauptkampfbahn, sondern auch, weil sich die Viktorianer zwischenzeitlich im Abstiegskampf Luft verschafft hatten. Den rechtsrheinischen Gästen gelang trotz 2:0-Führung der Hausherren die Sensation. Mit einem enormen Kraftakt erzielte der 38-jährige Bulenda mit dem Abpfiff das 2:2. Für den FC war dies bereits das 13. Unentschieden der Saison. Die Anhänger von der „Schäl Sick" stürmten jubelnd den Platz und trugen den „Oldie" auf Schultern in die Kabine. Bester Akteur in Reihen der Viktoria war Läufer Jean Löring, der später als legendärer Präsident von Fortuna Köln bundesweite Berühmtheit erlangte.

Das folgende Spiel im Rheinstadion bei den Düsseldorfer Fortunen war nun endgültig zum Endspiel geworden. Vor restlos ausverkauftem Haus bekamen die Zuschauer ein wahres Drama zu sehen. Dreimal ging der FC in Führung – dreimal glichen die Düsseldorfer aus. Erst in der 85. Minute versetzte Stollenwerk mit dem 4:3-Siegtreffer den Landeshauptstädtern den entscheidenden Stoß und brachte die Kölner mit einem Bein in die Endrunde. Ein verdienter Erfolg für die Gäste, die auf Brungs und Sturm wegen Verletzungen verzichten mussten. Fritz Ewert, der pikanterweise immer noch in der Düsseldorfer Hammer Dorfstraße wohnte und sich seit Wochen in Topform befand, rettete den Geißböcken mit einigen Klasseparaden den Sieg. Eine Begebenheit am Rande: Ein direkt hinter dem Tor stehender Polizeihund biss durch das Tornetz den Düsseldorfer Dieter Wöske in den Allerwertesten. Das Tier bekam jedoch nur dessen Sporthose zu packen, und so konnte sich der Fortunenstürmer aus den Fängen des Schäferhundes befreien. Der Sieg ging den Kölnern buchstäblich runter wie Öl, hatte doch die komplette Fortuna-Mannschaft noch in der Vorwoche auf der Tribüne in Müngersdorf den späten Viktoria-Ausgleich bejubelt. Jetzt bewahrheitete sich das alte Sprichwort: „Wer zuletzt lacht, lacht am besten". „Aber eins, aber eins, das bleibt bestehen, der 1. FC Köln wird niemals untergehen...", hallte es aus der FC-Kabine, während bei den Gastgebern Grabesstille herrschte.

Mit zwei 1:0-Siegen in den letzten beiden Spielen gegen Meiderich und Schalke ließen sich die Geißböcke nicht mehr vom 2. Platz verdrängen. Trotz Punktgleichheit mit den Verfolgern aus Düsseldorf entschied das Torverhältnis zugunsten der Domstädter. Eher unerwartet hatte man die deutsche Endrunde doch noch erreicht. Grund hierfür war auch die Leistungssteigerung einiger wichtiger Akteure. Schnellinger hatte sich zum Verteidiger internationalen Formats gemausert. „Er wird immer englischer", lobte die Sportpresse den „Fuss". Ewert

Beim Endrundenspiel in Bremen trifft man auf den spektakulären Neuzugang der kommenden Saison – Helmut Rahn. Von links: Trainer Szabo, Klemm, Fendel, Röhrig, Betreuer Neubauer, Rahn, Dörner, Schäfer, Präsident Kremer.

war mittlerweile unumstrittener Stammkeeper, der dem FC manchen Punkt festgehalten und sich sogar in Bundestrainer Herbergers Notizbuch gespielt hatte. Stollenwerk in den Sturm zu beordern, erwies sich als perfekter Schachzug, denn dem Dürener gelangen vor allem im Saisonendspurt wichtige Tore. Auch der junge Außenläufer Wilden zeigte, dass für die Zukunft noch einiges von ihm zu erwarten war.

OHNE HENNES KEIN GLÜCK IN DER ENDRUNDE

Die Endrunde geriet für die Kölschen allerdings zur herben Enttäuschung. Bereits die Auftaktpartie in Ludwigshafen brachte eine unerwartete 0:4-Klatsche gegen den Südwestvertreter aus Pirmasens. Wie schon 1958 hatte der DFB erneut verhindert, dass Geißbock Hennes seine Mannschaft zu den Auswärtsspielen begleiten durfte. Der beim Verband beantragte Passierschein für das Maskottchen wurde rigoros abgelehnt.

Im folgenden Heimspiel kam man gegen Werder Bremen nicht über ein 2:2 hinaus, und dem späteren Meister Eintracht Frankfurt musste man sich sowohl auswärts als auch zu Hause geschlagen geben. Das verletzungsbedingte Fehlen von Stollenwerk kam erschwerend hinzu. Erst als das Endspiel in unerreichbare Ferne gerückt war, besiegte der FC sowohl Bremen als auch Pirmasens. Begünstigt durch das schlechte Abschneiden in der Endrunde, wurde bereits vor dem Saisonende die Trennung von Trainer Peter Szabo bekannt gegeben. Präsident Kremer hatte nach der 1:2-Pleite in Frankfurt mit dem Ungarn ein heftiges Wortgefecht in der Kabine. Der Coach war unzufrieden mit der Spielweise von Röhrig und Schäfer gewesen und hatte diese als „Altherren-Bequemlichkeit" bezeichnet. „Wenn Sie das als Trainer bemerkt haben, warum haben Sie dann nicht junge Leute wie Bisanz und Schnellinger, die das Spiel noch aus dem Feuer hätten reißen können, nach vorne gejagt?" Diese harten Worte schrieb der Vorsitzende Szabo ins Stammbuch. Als Röhrig und Schäfer von der Aussage des Trainers hörten, weigerten sie sich weiterhin an Szabos Training teilzunehmen. Seine Autorität hatte der Sportlehrer sowieso schon längst verloren, von den Spielern wurde er nur respektlos „Onkel Peter" genannt. Es war ein offenes Geheimnis, dass nicht vom Trainer, sondern hauptsächlich von Boss Kremer in Zusammenarbeit mit seinen Vertrauten Hans Schäfer, Jupp Röhrig und dem Spielausschussobmann Heinz Neubauer die Mannschaft aufgestellt und die Taktik bestimmt wurde.

Beim letzten Endrundenspiel gegen Pirmasens gaben mit Christian Müller und Christian Breuer zwei hoffnungsvolle Talente ihr Pflichtspieldebüt in der 1. Mannschaft der Geißböcke. Müller krönte seine Premiere mit den Toren zum 1:0 und 3:2. Auch der türkische Nationalspieler Coskun Tas, der bereits seit einigen Tagen mit der Mannschaft trainierte, aber noch nicht spielberechtigt war, deutete seine Stärken an. Am 16. Juni gab der 1. FC Köln den neuen Cheftrainer bekannt. Oswald Pfau wurde von Bremerhaven, wo er den dortigen Oberligisten betreute, an den Rhein gelotst. Pfau, zum Zeitpunkt seiner Verpflichtung 44 Jahre alt, war als Spieler unter anderem bei Eintracht Frankfurt und Hertha BSC Berlin aktiv. Außerdem war der aus Zwickau stammende Fußballlehrer als Trainer für die Stuttgarter Kickers und vor seiner Flucht in den Westen als Nationaltrainer der damaligen Ostzone und späteren DDR tätig.

Es war jedoch ein anderer Neuzugang, der die rheinischen Fußballfans elektrisierte. Helmut Rahn, einer der Helden von Bern, stand kurz vor der Unterschrift beim 1. FC Köln!

che bis 14 Jahre zahlen 0,50 DM, Jugendliche von 14 bis 18 Jahren 1 DM, aktive 2 DM sowie inaktive Mitglieder 3 DM pro Monat.

■ Georg Stollenwerk wird am 26. Oktober 1958 in Paris für sein 25. Länderspiel mit der goldenen Ehrennadel des DFB ausgezeichnet.

■ Der gestiegenen Anzahl von Autogrammwünschen zumeist jugendlicher Fans wird der FC durch die Herausgabe eines eigens produzierten, zehnseitigen Autogrammheftes, in dem alle Spieler abgebildet sind, gerecht.

■ Seltene Ehrung bei der FC-Jahreshauptversammlung am 10. Oktober 1958: Karl-Heinz „King" Schäfer, Jupp Schmitz und Willi Stahl erhalten für mehr als 25-jährige Vorstandstätigkeit den goldenen Ehrenring des 1. FC Köln.

Die 11. Karnevalssitzung des FC wird auf dem offiziellen Orden des Vereins entsprechend hervorgehoben.

Aufmerksam schauen die FC-Spieler beim ersten Training der Saison 1958/1959 den Übungen zu, die Trainer Peter Szabo vormacht.

STATISTIK 1958/59

OBERLIGA WEST

17.08.1958 1. FC Köln - Borussia M'gladbach 2:2 (0:1)
Zuschauer: 12.000
Tore: 0:1 (24.) Wicken, 0:2 (52.) Mühlhausen, 1:2 (64.) Stollenwerk, 2:2 (79.) Sturm.
Aufstellung: Ewert, Stollenwerk, Breuer, Mühlenbock, Röhrig, Wilden, Pfeiffer, Sturm, Dörner, Schäfer, Fendel.

24.08.1958 STV Horst-Emscher - 1. FC Köln 2:4 (1:2)
Zuschauer: 15.000
Tore: 1:0 (18.) Stollenwerk (E.), 1:1 (23.) Fendel, 1:2 (34.) Schäfer, 1:3, 1:4 (52., 75.) Brungs, 2:4 (83.) Lange.
Aufstellung: Klemm, Stollenwerk, Dörner, Röhrig, Breuer, Mühlenbock, Knappert, Brungs, Sturm, Pfeiffer, Schäfer, Fendel.

31.08.1958 1. FC Köln - VfL Bochum 5:1 (1:0)
Zuschauer: 8.000
Tore: 1:0 (22.) Pfeiffer, 2:0 (68.) Brungs, 3:0 (71.) Röhrig, 4:0 (75.) Knappert, 5:0 (88.) Pfeiffer, 5:1 (90.) Hille.
Aufstellung: Klemm, Stollenwerk, Dörner, Röhrig, Breuer, Mühlenbock, Knappert, Brungs, Pfeiffer, Schäfer, Fendel.

07.09.1958 Borussia Dortmund - 1. FC Köln 0:0
Zuschauer: 40.000
Aufstellung: Klemm, Stollenwerk, Dörner, Röhrig, Breuer, Mühlenbock, Knappert, Brungs, Wilden, Schäfer, Pfeiffer.

14.09.1958 1. FC Köln - Preußen Münster 0:2 (0:1)
Zuschauer: 15.000
Tore: 0:1 (21.) Lulka, 0:2 (90.) Schwerdtner.
Aufstellung: Klemm, Stollenwerk, Dörner, Bisanz, Breuer, Mühlenbock, Brungs, Röhrig, Pfeiffer, Schäfer, Fendel.

28.09.1958 Viktoria Köln - 1. FC Köln 0:6 (0:3)
Zuschauer: 20.000
Tore: 0:1 (19.) Sturm (HE), 0:2 (27.) Schäfer, 0:3 (30.) Sturm, 0:4 (76.) Pfeiffer, 0:5 (83.) Schäfer, 0:6 (88.) Fendel.
Aufstellung: Klemm, Stollenwerk, Dörner, Röhrig, Breuer, Mühlenbock, Brungs, Sturm, Pfeiffer, Schäfer, Fendel.

05.10.1958 1. FC Köln - Westfalia Herne 0:1 (0:1)
Zuschauer: 25.000
Tor: 0:1 (20.) Wandollek.
Aufstellung: Klemm, Stollenwerk, Dörner, Röhrig, Breuer, Mühlenbock, Brungs, Sturm, Pfeiffer, Schäfer, Fendel.

12.10.1958 Duisburger SpV - 1. FC Köln 1:1 (0:0)
Zuschauer: 13.000
Tore: 0:1 (46.) Schäfer, 1:1 (71.) Knoll.
Aufstellung: Klemm, Stollenwerk, Bisanz, Wilden, Breuer, Mühlenbock, Brungs, Sturm, Pfeiffer, Schäfer, Dörner.

19.10.1958 1. FC Köln - SV Sodingen 1:1 (1:1)
Zuschauer: 11.000
Tore: 1:0 (06.) Morryson, 1:1 (36.) Brungs.
Aufstellung: Klemm, Stollenwerk, Dörner, Wilden, Breuer, Mühlenbock, Brungs, Sturm, Pfeiffer, Jost, Fendel.

02.11.1958 Rot-Weiß Oberhausen - 1. FC Köln 1:0 (0:0)
Zuschauer: 12.000
Tor: 1:0 (87.) Marquardt.
Aufstellung: Klemm, Stollenwerk, Schnellinger, Röhrig, Breuer, Dörner, Brungs, Sturm, Pfeiffer, Schäfer, Fendel.

09.11.1958 1. FC Köln - Alemannia Aachen 2:2 (0:2)
Zuschauer: 20.000
Tore: 0:1 (03.) Molnar, 0:2 (28.) Krisp, 1:2 (53.) Dörner, 2:2 (88.) Sturm.
Aufstellung: Ewert, Stollenwerk, Schnellinger, Dörner, Röhrig II, Mühlenbock, Pfeiffer, Jost, Sturm, Röhrig, Fendel.

23.11.1958 Rot-Weiß Essen - 1. FC Köln 2:4 (1:2)
Zuschauer: 25.000
Tore:1:0 (03.) Dait, 1:1 (26.) Pfeiffer, 1:2 (36.) Fendel, 2:2 (75.) Vorderbäumen, 2:3, 2:4 (80., 84.) Pfeiffer.
Aufstellung: Ewert, Stollenwerk, Schnellinger, Dörner, Eder, Mühlenbock, Bisanz, Sturm, Pfeiffer, Schäfer, Fendel.

30.11.1958 1. FC Köln - Fortuna Düsseldorf 3:3 (2:1)
Zuschauer: 30.000
Tore: 0:1 (19.) Mauritz, 1:1 (37.) Sturm, 2:1 (39.) Schäfer, 2:2 (54.) Derwall (FE), 3:2 (57.) Sturm (HE), 3:3 (62.) Wöske.
Aufstellung: Ewert, Stollenwerk, Schnellinger, Dörner, Breuer, Mühlenbock, Sturm, Röhrig, Pfeiffer, Schäfer, Fendel.

07.12.1958 Meidericher SV - 1. FC Köln 0:0
Zuschauer: 11.000
Aufstellung: Ewert, Stollenwerk, Schnellinger, Dörner, Breuer, Mühlenbock, Sturm, Röhrig, Pfeiffer, Schäfer, Fendel.

14.12.1958 FC Schalke 04 - 1. FC Köln 2:2 (1:2)
Zuschauer: 15.000
Tore: 0:1 (12.) Pfeiffer, 0:2 (14.) Schäfer, 1:2, 1:3 (41., 68.) Klodt.
Aufstellung: Ewert, Stollenwerk, Schnellinger, Dörner, Breuer, Mühlenbock, Brungs, Sturm, Pfeiffer, Schäfer, Fendel.

04.01.1959 Borussia M'gladbach - 1. FC Köln 0:0
Zuschauer: 13.000
Aufstellung: Ewert, Stollenwerk, Eder, Röhrig, Dörner, Mühlenbock, Brungs, Sturm, Pfeiffer, Schäfer, Fendel.

11.01.1959 1. FC Köln - STV Horst-Emscher 4:1 (0:0)
Zuschauer: 7.000
Tore:1:0 (61.) Schäfer, 2:0 (63.) Eder, 3:0 (67.) Fendel, 4:0 (79.) Schäfer, 4:1 (90.) Wischnowski (Elf.).
Aufstellung: Ewert, Stollenwerk, Schnellinger, Röhrig, Breuer, Mühlenbock, Brungs, Dörner, Eder, Schäfer, Fendel.

18.01.1959 VfL Bochum - 1. FC Köln 0:0
Zuschauer: 15.000
Aufstellung: Ewert, Stollenwerk, Schnellinger, Röhrig, Breuer, Mühlenbock, Brungs, Sturm, Schäfer, Dörner, Pfeiffer.

25.01.1959 1. FC Köln - Borussia Dortmund 2:3 (2:1)
Zuschauer: 22.000
Tore: 1:0 (12.) Pfeiffer, 2:0 (14.) Fendel, 2:1 (38.) Schmidt, 2:2 (60.) Kelbassa, 2:3 (82.) Konietzka.
Aufstellung: Ewert, Stollenwerk, Schnellinger, Röhrig, Breuer, Sturm, Brungs, Dörner, Pfeiffer, Schäfer, Fendel.

01.02.1959 Preußen Münster - 1. FC Köln 1:1 (0:1)
Zuschauer: 15.000
Tore: 0:1 (25.) Schäfer, 1:1 (80.) Scheidt.
Aufstellung: Ewert, Stollenwerk, Schnellinger, Breuer, Mühlenbock, Eder, Dörner, Sturm, Pfeiffer, Schäfer, Fendel.

14.02.1959 Westfalia Herne - 1. FC Köln 1:1 (1:0)
Zuschauer: 9.000
Tore: 1:0 (44.) Benthaus, 1:1 (67.) Fendel.
Aufstellung: Ewert, Stollenwerk, Schnellinger, Dörner, Breuer, Mühlenbock, Bisanz, Sturm, Pfeiffer, Schäfer, Fendel.

22.02.1959 1. FC Köln - Duisburger SpV 3:1 (0:0)
Zuschauer: 12.000
Tore: 1:0 (71.) Stollenwerk, 2:0 (80.) Fendel, 2:1 (84.) Koll (FE), 3:1 (86.) Schäfer.
Aufstellung: Ewert, Eder, Schnellinger, Röhrig, Breuer, Mühlenbock, Stollenwerk, Sturm, Brungs, Schäfer, Fendel.

01.03.1959 SV Sodingen - 1. FC Köln 1:3 (1:1)
Zuschauer: 12.000
Tore: 1:0 (34.) Marx, 1:1 (43.) Schäfer, 1:2 (73.) Mühlenbock,1:3(76.) Schäfer.
Aufstellung: Ewert, Eder, Schnellinger, Sturm, Breuer, Mühlenbock, Brungs, Röhrig, Stollenwerk, Schäfer, Fendel.

08.03.1959 1. FC Köln - Rot-Weiß Oberhausen 5:1 (3:0)
Zuschauer: 18.000
Tore: 1:0 (10.) Stollenwerk,2:0 (17.) Brungs, 3:0 (21.) Fendel, 3:1 (65.) Wirthwein, 4:1 (77.) Fendel, 5:1 (80.) Sturm (HE).
Aufstellung: Ewert, Eder, Schnellinger, Röhrig, Breuer, Mühlenbock, Brungs, Sturm, Stollenwerk,Schäfer, Fendel.

15.03.1959 Alemannia Aachen - 1. FC Köln 1:2 (0:1)
Zuschauer: 20.000
Tore: 0:1 (33.) Jansen (E.), 0:2 (54.) Stollenwerk, 1:2 (67.) Mühlenbock (E.).
Aufstellung: Ewert, Eder, Dörner, Sturm, Breuer, Brungs, Röhrig, Stollenwerk, Schäfer, Fendel.

22.03.1959 1. FC Köln - Rot-Weiß Essen 1:0 (0:0)
Zuschauer: 40.000
Tor: 1:0 (68.) Stollenwerk.
Aufstellung: Ewert, Eder, Schnellinger, Sturm, Breuer, Mühlenbock, Brungs, Röhrig, Stollenwerk, Dörner, Fendel.

28.03.1959 1. FC Köln - Viktoria Köln 2:2 (1:0)
Zuschauer: 42.000
Tore: 1:0 (33.) Stollenwerk, 2:0 (64.) Sturm (FE), 2:1 (81.) Maes, 2:2 (90.) Bulenda.
Aufstellung: Ewert, Schnellinger, Sturm, Breuer, Mühlenbock, Brungs, Dörner, Stollenwerk, Schäfer, Fendel.

05.04.1959 Fortuna Düsseldorf - 1. FC Köln 3:4 (0:1)
Zuschauer: 56.000
Tore: 0:1 (24.) Fendel, 0:2 (49.) Stollenwerk, 1:2 (51.) Derwall, 2:2 (63.) Wolffram, 2:3 (68.) Schäfer, 3:3 (71.) Wolffram, 3:4 (85.) Stollenwerk.
Aufstellung: Ewert, Dörner, Schnellinger, Wilden, Breuer, Eder, Röhrig, Stollenwerk, Schäfer, Fendel.

19.04.1959 1. FC Köln - Meidericher SV 1:0 (0:0)
Zuschauer: 20.000
Tore: 1:0 (53.) Dörner (HE).
Aufstellung: Ewert, Dörner, Schnellinger, Wilden, Breuer, Mühlenbock, Eder, Röhrig, Sturm, Schäfer, Fendel.

26.04.1959 1. FC Köln - FC Schalke 04 1:0 (1:0)
Zuschauer: 60.000
Tore: 1:0 (01.) Sturm.
Aufstellung: Ewert, Dörner, Schnellinger, Wilden, Breuer, Mühlenbock, Jost, Röhrig, Sturm, Schäfer, Fendel.

WESTDEUTSCHER POKAL

1. Runde
28.12.1958 VfL Köln 99 - 1. FC Köln 1:0 (1:0)
Zuschauer: 6.000
Tor: 1:0 (05.) Wedekind.
Aufstellung: Klemm, Eder, Stollenwerk, Röhrig, Wilden, Mühlenbock, Brungs, Sturm, Pfeiffer, Schäfer, Fendel.
Besondere Vorkommnisse: Torhüter Klemm (42.) verletzte sich. Für ihn ging Stollenwerk ins Kölner Tor.

ENDRUNDE

16.05.1959 FK Pirmasens - 1. FC Köln 4:0 (1:0)
Zuschauer: 60.000
Tore: 1:0 (14.) Kapitulski, 2:0 (46.) Seebach, 3:0 (56.) Kapitulski, 4:0 (59.) Schroer.
Aufstellung: Ewert, Dörner, Schnellinger, Sturm, Breuer, Mühlenbock, Brungs, Röhrig, Pfeiffer, Schäfer, Fendel.
Besondere Vorkommnisse: Das Spiel wurde in Ludwigshafen ausgetragen.

23.05.1959 1. FC Köln - SV Werder Bremen 2:2 (1:0)
Zuschauer: 38.000
Tore: 1:0 (05.) Brungs, 1:1 (68.) Schütz, 2:1 (76.) Röhrig, 2:2 (89.) Schröder.
Aufstellung: Ewert, Dörner, Schnellinger, Wilden, Breuer, Mühlenbock, Brungs, Sturm, Jost, Fendel.

30.05.1959 Eintracht Frankfurt - 1. FC Köln 2:1 (2:0)
Zuschauer: 65.000
Tore: 1:0 (12.) Kreß, 2:0 (33.) Felgenspan, 2:1 (75.) Dörner (FE).
Aufstellung: Ewert, Schnellinger, Bisanz, Mühlenbock, Breuer, Wilden, Brungs, Dörner, Röhrig, Schäfer, Fendel.

07.06.1959 1. FC Köln - Eintracht Frankfurt 2:4 (1:2)
Zuschauer: 35.000
Tore: 0:1 (02.) Felgenspan, 1:1 (19.) Fendel, 1:2 (27.) Kreß, 1:3 (65.) Felgenspan, 2:3 (72.) Röhrig, 2:4 (75.) Meier.
Aufstellung: Ewert, Dörner, Mühlenbock, Schnellinger, Breuer, Wilden, Jost, Röhrig, Bisanz, Schäfer, Fendel.

13.06.1959 SV Werder Bremen - 1. FC Köln 0:2 (0:0)
Zuschauer: 25.000
Tore: 0:1 (57.) Jost, 0:2 (83.) Bisanz.
Aufstellung: Ewert, Dörner, Schnellinger, Röhrig, Wilden, Mühlenbock, Breuer, Bisanz, Fendel, Schäfer, Jost.

20.06.1959 1. FC Köln - FK Pirmasens 3:2 (2:1)
Zuschauer: 15.000
Tore: 1:0 (15.) Müller, 1:1 (28.) Seebach, 2:1 (41.) Jost, 2:2 (55.) Seebach, 3:2 (64.) Müller.
Aufstellung: Ewert, Dörner, Schnellinger, Röhrig, F. Breuer, Mühlenbock, Jost, C. Breuer, Müller, Schäfer, Fendel.

STATISTIK 1958/59

FREUNDSCHAFTSSPIELE:

14.04.1958 B-Nationalm. Niederlande - 1. FC Köln 2:2 (1:1) (in Eindhoven/Niederlande)

09.05.1958 1. FC Köln - FC Basel 4:1

26.07.1958 Union Krefeld - 1. FC Köln 1:8

02.08.1958 VfB Bielefeld - 1. FC Köln 0:4

03.08.1958 Auswahl Siegen - 1. FC Köln 0:4

10.08.1958 BV 1919 Osterfeld - 1. FC Köln 1:7 (0:4)

30.09.1958 Feyenoord Rotterdam - 1. FC Köln 2:5

04.11.1958 1. FC Köln - Feyenoord Rotterdam 4:0 (0:0)

30.03.1959 AS St. Etienne - 1. FC Köln 1:2 (1:1) (in Luxemburg)

23.06.1959 TuS Neuendorf - 1. FC Köln 2:1

OBERLIGA WEST 1958/59

1.	Westfalia Herne	60:23	45:15
2.	1. FC Köln	60:35	39:21
3.	Fortuna Düsseldorf	89:56	39:21
4.	VfL Bochum	61:43	36:24
5.	Borussia Dortmund	59:47	35:25
6.	Rot-Weiß Essen	51:42	32:28
7.	Preußen Münster	50:51	32:28
8.	Meidericher SpV	44:44	30:30
9.	Duisburger SpV	55:46	28:32
10.	Alemannia Aachen	52:56	28:32
11.	FC Schalke 04 (M)	57:52	27:33
12.	Rot-Weiß Oberhausen	48:65	27:33
13.	Borussia M'gladbach (N)	39:58	25:35
14.	Viktoria Köln	57:83	23:37
15.	SV Sodingen	34:57	21:39
16.	STV Horst-Emscher (N)	32:90	13:47

ENDRUNDE ZUR DEUTSCHEN MEISTERSCHAFT 1958/59

1.	Eintracht Frankfurt	26:11	12: 0
2.	1. FC Köln	10:14	5: 7
3.	FK Pirmasens	16:18	4: 8
4.	Werder Bremen	12:21	3: 9

OBERLIGA- UND ENDRUNDENKADER 1958/59

Abgänge: Müller (Hessen Kassel), Nordmann (Ende der Laufbahn), Cajkovski (w.d.S. Hapoel Haifa)

Zugänge: Brungs (FV Bad Honnef), Jost (eigene Jugend), Breuer (SV Fliesteden), Müller (SV Fliesteden), Schnellinger (Düren 99), Pott (RW Zollstock), Wilden (VfL Köln 99)

Trainer: Peter Szabo

Tor:
Ewert, Fritz 27/0
Klemm, Günter 9/0

Feld:
Mühlenbock, Günter 34/1
Schäfer, Hans 33/13
Fendel, Helmut 33/11
Breuer, Fritz 33/0
Dörner, Herbert 31/3
Röhrig, Josef 31/4
Stollenwerk, Georg 29/8
Sturm, Hans 26/8

Schnellinger, Karl H. 25/0
Brungs, Franz 23/6
Pfeiffer, Hans 19/8
Eder, Rudi 12/1
Wilden, Leo 11/0
Bisanz, Gero 8/1
Jost, Dittmar 7/2
Knappert, Joachim 3/1
Müller, Christian 1/2
Breuer, Christian 1/0
Röhrig, Manfred 1/0
Hirche, Martin 0/0
Wiegel, Karl-Heinz 0/0
Schneider, Walter 0/0
Opper, Werner 0/0

Dazu kommt in der Oberliga ein Eigentor von Fred Jansen (Alemannia Aachen).

FIEBERKURVE 1958/59

Das internationale Freundschaftsspiel des FC in Luxemburg gegen AS St. Etienne war ein Fußballhighlight für das Großherzogtum. Das kunstvoll gestaltete Ankündigungsplakat wird hier begutachtet von FC-Legende Jupp Schmitz, Hans-Gerhard König und Zeugwart Hans Thönnes.

Um den vielen Autogrammwünschen jugendlicher Fans gerecht zu werden, bringt der FC ein eigenes „Autogrammheft" heraus.

1959/60
OBERLIGA WEST

Der „Boss" in Köln

[LEGENDEN]

Josef „Jupp" Röhrig
Beim FC von 1950 bis 1960 (Spieler), 1962-1964 Jugendscout, 1964-1981 (Jugendtrainer)
Geboren: 28.02.1925 in Zündorf (Köln-Porz)
Pflichtspiele beim FC: 282
Pflichtspieltore: 42

Der erste Nationalspieler des FC
Auf der „schäl Sick" in Zündorf kam Jupp Röhrig zur Welt. Als 1941 wegen des Krieges bei seinem Stammverein Germania der Spielbetrieb eingestellt wurde, wechselte das Talent in den Weidenpescher Park zum VfL Köln 99. Innerhalb von ein paar Wochen spielte er sich in die 1. Mannschaft, errang mit den „99ern" in der Saison 1941/1942 die Gaumeisterschaft und spielte in der Endrunde um die „Deutsche." 1943 musste Röhrig zum Arbeitsdienst, dann zum Militär und war schließlich zwei Jahre lang in Frankreich in amerikanischer Kriegsgefangenschaft. Auch hier erkannte man die fußballerischen Fähigkeiten des Rheinländers: Racing Straßburg unterbreitete ihm sogar ein Profiangebot. Doch Röhrig zog es im April 1946 wieder in die Heimat. Ab 1950 konnte der FC auf ihn zählen. Jupp Röhrig war der Mann, der den spielerischen Grundstein des 1. FC Köln legte. Der mittlerweile als Halblinker agierende Intelligenzfußballer spielte meisterhaft die Rolle des Regisseurs, war aber zugleich ein absoluter Mannschaftsspieler. Beim FC bildete er zusammen mit Hans Schäfer ein Traumpaar – Röhrig als Vorbereiter, Schäfer als eiskalter Vollstrecker. So setzte ihn auch Bundestrainer Sepp Herberger im ersten Länderspiel der deutschen Nationalmannschaft nach dem 2. Weltkrieg ein. Es war am 22. November 1950 in Stuttgart gegen die Schweiz. Der DFB gewann mit 1:0. Damit ging er als erster Nationalspieler des 1. FC Köln in die Geschichte ein. Herberger berief ihn auch ➔

Ein stattlicher Wagenpark hatte sich rund um das Geißbockheim beim ersten Training zum Saisonauftakt 1959/60 gebildet. Mehr als 1.000 Schaulustige waren in den Grüngürtel gekommen, um den „neuen" FC und den prominenten Neuzugang Helmut Rahn zu begutachten.
Schon zu Beginn seiner Tätigkeit zeigte sich, dass der neue Trainer Oswald Pfau kein Mann großer Worte war. Viel mehr achtete er auf Disziplin und Kondition. Pfau war ein Verfechter des sogenannten „Intervall-Trainings", das besonders körperliche Härte und Kondition voraussetzte. Dennoch hatte Pfau, wie die meisten seiner Vorgänger, nur begrenzte Macht. Das letzte Wort, vor allem in Sachen Aufstellung, behielt sich Präsident Franz Kremer vor. Entkräftet gingen die vom eher bedächtigen Trainer Szabo „verwöhnten" FC-Kicker in die üblichen Testspiele. Nachdem man gegen den 1. FC Kaiserslautern in Jülich mit 0:2 verloren hatte, gelang gegen die holländischen Profis des VV Venlo ein überzeugendes 3:1. Zweifellos hatte man auf dem Papier den besten Kader seit der Vereinsgründung vorzuweisen.
So startete der 1. FC Köln erstmals als Top-Favorit in seine elfte Oberligasaison. Obwohl das erste Meisterschaftsspiel beim Duisburger SV mit 2:3 verloren ging, waren die Geißböcke spielerisch deutlich überlegen. Rahn gelang bei seiner Punktspielpremiere gleich das erste Tor im FC-Dress. Schon eine Woche später korrigierte man die Auftaktpleite durch einen lockeren 3:1-Erfolg gegen Borussia Mönchengladbach. Wie schon in Duisburg musste man erneut auf Schäfer, Röhrig und Tas verzichten, die wegen Verletzungen zum Zuschauen verdammt waren.
Der von Öffentlichkeit und Fans permanent beobachtete Weltmeister Helmut Rahn hatte sich in Köln erstaunlich schnell eingelebt. Auf dem Platz zeigte sich der „Boss" auffallend mannschaftsdienlich, privat hatte er eine schicke Wohnung in der Hohentwielstraße 3, im Stadtteil Lindenthal, bezogen. Auch heute noch zählt das Viertel zu den besseren Wohngegenden der Domstadt, in der Nähe des Stadtwaldes gelegen und nur wenige Minuten vom Geißbockheim entfernt. Schon damals musste Rahn für seine Wohnung 300 DM Monatsmiete berappen. Diese Summe aufzubringen war für den „Boss" kein Problem. Neben seinen Einkünften als Vertragsspieler stand er auch in Franz Kremers Geschenkartikelfirma als „Vertreter" auf der Lohnliste. So konnte sich der „Junge aus dem Ruhrpott" ganz auf seinen Job beim FC konzentrieren. Franz Kremer war der Presserummel um Rahn gerade recht, bedeutete er doch Werbung und Aufmerksamkeit für seinen Verein. Auch aus diesem Grund hatte er den Essener verpflichtet.
Bereits für den 3. Spieltag war das Lokalderby gegen die Viktoria angesetzt, das die Stadt wie immer in zwei Lager spaltete. Für den FC bedeutete es ein „Heimspiel" mehr, denn wie so oft, musste die gastgebende Viktoria wegen des großen Zuschauerinteresses nach Müngersdorf ausweichen und zog vor 40.000 Besuchern auch prompt mit 1:3 den Kürzeren. Frustriert trollte sich „Peterchen" der Pudel, das Maskottchen der Rechtsrheinischen, in eine Ecke, während Geißbock Hennes am Spielfeldrand triumphierte. Die Derbysiege waren für die FC-Fans besondere Festtage, in etwa vergleichbar mit heutigen Erfolgen gegen Gladbach oder Leverkusen. Als sechs Tage später Preußen Münster in Köln gastierte, war auch Kapitän Hans Schäfer wieder einsatzbereit. Trotz des ramponierten Rasens der Hauptkampfbahn, der unter einem drei Wochen zuvor stattgefundenen Polizeisportfest arg gelitten hatte, feierte „de Knoll" ein glänzendes Comeback und steuerte einen Treffer zum souveränen 3:0-Sieg über die Münsterländer bei. Auch den Zuschauern wurde im Vorfeld der Partie einiges geboten. Die vom rührigen, neuen Clubsekretär Hans-Gerhard König gegründete „FC-Singschar", die sich aus Kindern der Jugendabteilung zusammensetzte, unterhielt das Publikum mit musikalischen Beiträgen. Allmählich kam das Team von Oswald Pfau ins Rollen. Auch ein enttäuschendes 0:0 bei Schwarz-Weiß Essen am 5. Spieltag brachte die Geißböcke nicht aus dem Konzept. Die Hamborner Löwen wurden am 26. September 1959 mit 6:2 förmlich überfahren. Jedem FC-Stürmer gelang ein Treffer und Rahn erzielte sein insgesamt 100. Oberliga-Tor.

SPITZENREITER NACH SENSATIONELLEM 5:1 „AUF SCHALKE"

Das folgende Auswärtsspiel brachte die mitgereisten Kölner Schlachtenbummler endgültig in Ekstase: Durch einen sensationellen 5:1-Erfolg „auf Schalke" in der ausverkauften Glückauf Kampfbahn katapultierte sich der 1. FC Köln an die Tabellenspitze der Oberliga West. Die hoffnungslos unterlegenen Knappen waren mit diesem Resultat noch gut

Hintere Reihe von links: Karl-Heinz Ripkens, Günter Mühlenbock, Jupp Röhrig, Karl-Heinz Thielen, Christian Müller, Christian Breuer, Hans Schäfer, Coskun Tas, Georg Stollenwerk, Trainer Oswald Pfau. Mittlere Reihe von links: Leo Wilden, Karl-Heinz Schnellinger, Günter Klemm, Präsident Franz Kremer, Fritz Ewert, Hansi Sturm, Helmut Rahn, Betreuer Heinz Neubauer. Vordere Reihe von links: Zeugwart Hans Thönnes, Otto Neteler, Masseur Mischa Sijacic, Fritz Pott.

FC-Karnevalsorden 1960.

bedient und hatten es nur ihrem Torwart Jupp Broden zu verdanken, dass die Niederlage nicht zweistellig ausfiel.
Vor allem Kölns junge Garde sorgte fortan für Furore. Allen voran der wendige Mittelstürmer Christian Müller. Er wirbelte die Abwehrreihen durcheinander und zeigte Vollstreckerqualitäten. Stopper Leo Wilden legte die gegnerischen Angreifer als kompromissloser Manndecker gleich reihenweise an die Kette. Auswärtsfahrten gerieten für die FC-Freunde mittlerweile zur puren Freude. Auch in Dortmund siegte man ohne Mühe mit 3:0. Es war der erste Oberligasieg der Kölner in der Roten Erde.
Als Herbstmeister beendeten die Geißböcke die Hinrunde. Die bereits am 27. Dezember beginnende Rückrunde war der Auftakt zu einer wahren Torflut. Nicht weniger als 20 Tore gab es in den ersten vier Spielen zu bejubeln. Die kölsche Offensivabteilung um Schäfer, Rahn und Vollstrecker Müller lief auf Hochtouren. Der Duisburger SV (5:1), Viktoria Köln (5:1), Preußen Münster (6:0) und Pokalsieger SW Essen (4:2) waren die Leidtragenden. Nach je einem Remis in Hamborn und zu Hause gegen Schalke musste man erst nach 22 Spielen durch ein 1:3 bei der starken Westfalia in Herne den Platz als Verlierer verlassen. Die Westfalia war neben Schalke und dem BVB der hartnäckigste Verfolger im Kampf um die Westmeisterschaft, dennoch änderte auch die Niederlage in Herne nichts am komfortablen Fünf-Punkte-Vorsprung des Tabellenführers aus Köln.

WESTMEISTER UND ZUSCHAUERMAGNET

Diesen Vorsprung ließ sich der FC nicht mehr nehmen. Bereits am 27. Spieltag stand man als Meister fest. Immerhin sieben Punkte betrug der Vorsprung auf den Zweitplatzierten aus Herne. Der expandierende Club aus Sülz-Klettenberg hatte eine Saison der Rekorde hingelegt. Sowohl auswärts als auch im heimischen Müngersdorf lockte man die mit Abstand meisten Zuschauer an, exakt 372.475 Besucher passierten die Kölner Stadiontore. Kein Wunder, denn die mit Nationalspielern gespickte Geißbockelf, inzwischen auch als „Herbergers Kompostbeet" bezeichnet, hatte sich zu einer der bekanntesten und interessantesten Vereinsmannschaften Deutschlands entwickelt. Zudem war es dem preußisch-akribischen Trainer Pfau gelungen, aus seinen hervorragenden Solisten ein harmonisches Orchester zu formen. Mit 85 erzielten Toren wurde der von Borussia Dortmund in der Spielzeit 1952/53 aufgestellte westdeutsche Rekord nur um ganze zwei Tore verfehlt. Nach einem 7:1-Erfolg über RW Essen überreichte WFV-Boss Schmedeshagen dem FC den Westdeutschen Meisterkranz und den Akteuren bei der abendlichen Feierstunde im Geißbockheim die entsprechenden Siegerplaketten.
So gingen die Geißböcke als klarer Favorit in die Endrundenspiele um die „Deutsche". Bereits in der Vorbereitung auf die Endrunde überließ Trainer Pfau nichts dem Zufall. Stammspieler und Reservisten teilte er in zwei Gruppen auf, die getrennt voneinander trainierten. Die Vertragsspielermannschaft bekam von Pfau einen vierseitigen Brief mit Verhaltensregeln für die Wochen der Endrunde überreicht. So etwas hatten selbst erfahrene Routiniers wie Rahn und Schäfer noch nicht erlebt. In diesem Brief war unter anderem zu lesen: „Private Angelegenheiten, Lebensweise, Trainingseifer, Pflichtbewusstsein und Zusammengehörigkeit haben sich sinnvoll der großen Aufgabe einzufügen. Es wird keinen unserer Männer geben, der sich dieser Verantwortung entzieht! … Während der Zeit der Aufenthalte außerhalb Kölns zur Vorbereitung, wird in seinen Kader für die WM 1954 in der Schweiz. Doch tragischerweise verletzte sich der Ballästhet ausgerechnet beim Abschlusstraining. Für ihn wurde Vereinskamerad Paul Mebus nachnominiert. Überhaupt hatte Röhrig, was seine internationale Karriere betrifft einiges Pech, so dass er es trotz seiner herausragenden Fähigkeiten auf „nur" zwölf A-Länderspiele brachte. Zudem residierte ausgerechnet auf Röhrigs Position kein Geringerer als Fritz Walter. Trotzdem weckte der FC-Star auch bei anderen Vereinen Begehrlichkeiten. So tauchten im Sommer 1952 plötzlich drei Unterhändler von Juventus Turin bei Jupp Röhrig auf, um ihn mit riesigen Geldbeträgen nach Italien zu locken. Trotz der Verlockung des Geldes war es für den Nationalspieler keine Frage dennoch in der Domstadt zu bleiben, zumal er sich hier bereits eine Existenz aufgebaut hatte. Seit Dezember 1950 betrieb er auf der Luxemburger Straße 303 ein Zigarrenhaus mit FC-Eintrittskartenvorverkauf. Aber nicht nur das Geschäft hielt ihn in Köln. Auch die Ehre. Noch heute sagt er stolz: „Ich habe noch für das Wappen auf der Brust gespielt. Schon deswegen konnte ich einfach nicht vom FC weg." Nach seinem „Abschiedsspiel" gegen Real Madrid am 13. August 1960 beendete Jupp Röhrig seine aktive Karriere. Doch Röhrig feierte zwei Jahre später noch einmal ein unverhofftes Kurzcomeback im Geißbocktrikot. Als bei einer Freundschaftsspielreise durch die Schweiz und Frankreich im Mai 1962 wegen der WM in Chile gleich vier Akteure nicht verfügbar waren, überredete man kurzerhand den „Fußballrentner" die Tour mitzumachen. 1964 übernahm Röhrig das Training der FC-A1-Jugend. Der Kontakt zum FC war nie abgerissen, denn seit seinem Karriereende betätigte sich der erfolgreiche Kaufmann als Talentscout für die Geißböcke. Seine Arbeit für die Jugend sollte reiche Früchte tragen. Neben 13 Mittelrheinmeisterschaften, vier Westdeutschen Meisterschaften und zwei westdeutschen Pokalsiegen, gewann er mit der A-Jugend 1971 auch die Deutsche Meisterschaft. Nachdem er 1980 das Lottogeschäft aufgab, arbeitete die FC-Legende noch einige Jahre für die Kölner Lotto Zentrale im Innen- und Außendienst. Bei jedem Heimspiel seines 1. FC Köln sieht man ihn auf der Ehrentribüne des Rhein-EnergieStadions.

[Interessantes & Kurioses]

- Zum Saisonbeginn 1959/60 werden die Stehplatzpreise zu den FC-Heimspielen erhöht. Für 2 DM kann sich der Fan aussuchen, ob er in der Kurve oder im Bereich Mitte stehen möchte. Rabatt gibt es nur für FC-Mitglieder sowie die in Köln stationierten belgischen Armeeangehörigen: Sie zahlen nur den halben Preis.

- Neue Heimat für Hennes I: Ab August 1959 wohnt der Geißbock bei FC-Mitglied Peter Filz in der Belvederestraße in Köln-Müngersdorf. Zuvor war Hennes mehr als neun Jahre bei Wilhelm Siepen in der Marsiliusstraße untergebracht, wo aufgrund baulicher Veränderungen kein Platz mehr für ihn war.

- Am 23. März 1960 debütiert FC-Stopper Leo Wilden in der deutschen Nationalmannschaft beim Spiel gegen Chile in Stuttgart. Torwart Fritz Ewert feiert im heimischen Köln am 21. Oktober 1959 beim 7:0-Erfolg der DFB-Elf gegen Holland seine Premiere im Adlerdress.

- Zum Osterturnier von Tasmania Berlin, an dem neben den Gastgebern auch der FC und Hertha BSC teilnehmen, bietet der 1. FC Köln eine „Fanflugreise" an. Für 200 DM gibt es Flug, Eintrittskarte sowie eine Übernachtung mit Frühstück „all inclusive".

- Am 2. Weihnachtstag des Jahres 1959 gründet sich in der Gaststätte von Willi Meurer, im bei Bergheim gelegenen Ichendorf, der erste FC-Fan-Club. Der „1. FC Köln Anhängerclub Ichendorf" zählt bei seiner Gründung 25 Mitglieder und ist bei sämtlichen Heim- und Auswärtsspielen der Geißböcke vertreten. Geführt wird der Verein von Willi Meurer, Karl Schön und Rainer Esser. „Meckern und etwas gegen den 1. FC Köln sagen" gilt als Verstoß gegen die Satzung und hat eine Geldstrafe für die Clubkasse zur Folge. Ihre Stammplätze haben die Club-Mitglieder in der Stehplatzkurve.

- Franz Kremer setzt sich weiterhin massiv für die Einführung der Bundesliga ein. So auch auf dem DFB-Bundestag 1959 in Saarbrücken. Den stärksten Widerstand gegen die Einführung einer deutschen Eliteliga bekommt der FC-Präsident von süddeutschen Vereins- und Verbandsvertretern.

- Vor dem Spiel gegen RW Oberhausen am 21. November 1959 wird Georg Stollenwerk für seinen 300. Einsatz im FC-Trikot geehrt. Hans Schäfer kann nach der Begegnung mit SW Essen am 24. Januar 1960 sogar auf 500 Einsätze für die Rot-Weißen zurückblicken. In den Einsatzzahlen sind

Souvenirverkäufer mit Sympathie für den FC beim deutschen Endspiel in Frankfurt.

Obwohl der FC „nur" Vizemeister wurde, organisierte man in Köln einen umjubelten Triumphzug durch die Straßen der Domstadt.

der Speisen- und Getränkeplan vom Trainer aufgestellt und keinerlei Alkohol gestattet. Der Tagesablauf vom Trainer angesetzt und überwacht. Der Trainingsanzug zum ständigen Anzug bestimmt. Kein Besuch der Frauen, Bräute oder Freundinnen gestattet sowie die Mannschaft von Presse, Funk und Öffentlichkeit abgeschirmt."

EINE FAST SOUVERÄNE ENDRUNDE

In der Gruppe 2 hatten es die Kölner mit Werder Bremen, dem FK Pirmasens und der Berliner Tasmania zu tun. Viel hing vom Resultat des Auftaktspiels im Bremer Weserstadion ab. Längst ausverkauft war die Arena, als die Begegnung am 14. Mai 1960 angepfiffen wurde. Auf dem Schwarzmarkt wurden horrende Preise für ein Ticket gezahlt. Aus Köln waren 500 Anhänger per Fansonderzug angereist – insgesamt hatten sich mehr als 1.500 kölsche Schlachtenbummler auf den Weg in die Hansestadt gemacht.

Doch zur Verblüffung des Publikums spielte der Favorit aus dem Rheinland keineswegs meisterlich. Den letztlich schmeichelhaften 2:1-Erfolg hatte man nur Torwart Fritz Ewert zu verdanken, der eine erstklassige Leistung ablieferte und mit zahlreichen Glanzparaden die Punkte regelrecht festhielt. Zudem entschärfte „die Plaat" auch noch einen Strafstoß des Bremers Willi Schröder. Selbst Manchester Citys Torwartlegende Bert Trautmann, der das Spiel von der Ehrentribüne aus verfolgt hatte, fand lobende Worte für den Kölner Schlussmann. Auch Schnellinger verdiente sich das Prädikat „Weltklasse".

Der Erfolg in Bremen bot beste Voraussetzungen Gruppensieger zu werden und ins Endspiel einzuziehen. Neben dem Platz sorgte aber plötzlich „Boss" Rahn für Unruhe. Der „Held von Bern" kokettierte mit einem Angebot des italienischen Erstligisten Vicenza, das dem Flügelstürmer neben 140.000 DM Handgeld auch 1.500 DM Monatsgehalt sowie

100 DM für jedes erzielte Tor bringen sollte. Franz Kremer zeigte sich ungerührt von den italienischen Abwerbungsversuchen, denn Rahn hatte 1959 einen bis zum 31. Juli 1962 gültigen Vertrag beim FC unterschrieben, der dann auszugsweise in der „Kölnischen Rundschau" veröffentlicht wurde. Die Mannschaft beeindruckte das Theater nicht, sie behielt mit 4:0 gegen den FK Pirmasens auch im zweiten Endrundenspiel die Oberhand. Rahn äußerte sich im Flachs zu seinen Wechselabsichten: „Ich kann das Olivenöl nicht vertragen, daher wäre Italien nichts für mich."

Mit einer eigens gecharterten Sondermaschine der „Pan American", in der auch einige „Edelfans" Platz genommen hatten, hob der Geißbocktross vom Flughafen Köln-Wahn ab in Richtung Berlin zum nächsten Gruppenspiel beim Berliner Meister Tasmania. In der Spreemetropole wurden erneut zahlreiche FC-Freunde gesichtet. Viele Autos mit den bekannten Kennzeichen „K", „BM" (Bergheim) und „DN" (Düren) parkten rund ums Olympiastadion. 88.200 zahlende Zuschauer sahen einen verbissen geführten Kampf, bei dem Hans Schäfer wegen Verletzung ab der achten Minute nur noch als „Statist" mitwirken konnte. Die Tasmanen hatten als Glücksbringer Boxeuropameister Gustav „Bubi" Scholz dabei, der seine „Tas" bis an den Spielfeldrand begleitete. Der FC zog sich weit in die eigene Hälfte zurück, nutzte aber durch Rahn und Müller eiskalt die wenigen sich bietenden Torchancen, bevor in der Schlussminute noch der Anschlusstreffer für die Berliner fiel. Kuriosum am Rande: Eigentlich wollten sich die Kölner im Sportheim des Berliner Fußballverbandes am Wannsee einlogieren. Da dort jedoch zu diesem Zeitpunkt unerwartete Überbelegung herrschte, veranlasste Präsident Kremer noch vor Ort den Umzug ins Hotel „Berlin" unweit des Kurfürstendamms.

Nur eine Woche später, am 4. Juni 1960, waren die Berliner zum Rückspiel in Köln zu Gast. Auch ohne ihren verletzten Kapitän Hans Schäfer siegten die Geißböcke mit 3:0 vor 52.000 Zuschauern. Nun fehlte nur noch ein Punkt, um sich erstmals für das Endspiel um die Deutsche Meisterschaft zu qualifizieren. Ein glanzloses 1:1 in Ludwigshafen beim FK Pirmasens reichte, um das Ziel schon vor dem letzten Gruppenspiel gegen Werder Bremen zu erreichen. Auch der Kontrahent im kommenden Endspiel stand schon fest: Der ruhmreiche Hamburger SV würde der Gegner sein. Doch ausgerechnet vor dem größten Ereignis der noch jungen Vereinsgeschichte blamierte sich der FC nach Leibeskräften. Da bereits alles entschieden war, wollten den Auftritt des SV Werder zum letzten Endrundenspiel nur noch 16.000 Zuschauer sehen. Die Kölner schonten sich für das bevorstehende Endspiel und agierten bewusst mit angezogener Handbremse. Der an diesem Tag eingesetzte Ersatztorwart Günter Klemm musste beim 2:5-Debakel allein zwei Tore auf seine Kappe nehmen. Die Fans quittierten die Vorstellung ihrer Lieblinge mit einem wütenden Pfeifkonzert. Einige unbelehrbare Pflicht- und Freundschaftsspiele enthalten. Als Dankeschön der Fans für die Vereinstreue des Kapitäns wird ein Autokorso von mehr als 100 Fahrzeugen organisiert. Geschlossen fährt dieser zum „Volltanken" zu Schäfers Tankstelle an der Ecke Dürener Straße/Lindenthalgürtel. Dritter Jubilar im Bunde ist Geißbock Hennes I, der im Februar 1960 seit zehn Jahren „im Amt" ist.

■ Vorbildlicher Service des 1. FC Köln: Zu jedem Heimspiel sind für kriegsgeschädigte Anhänger 338 Sitzplatzkarten reserviert. Dies macht etwa zehn Prozent der im Kölner Stadion verfügbaren Sitzplätze aus. Zusätzlich werden an den Gastverein je nach Anforderung 100 bis 200 Sitzplatztickets verkauft.

■ Für die Erringung der Westdeutschen Meisterschaft erhält jeder FC-Spieler 750 Mark Prämie.

■ Rund 15.000 schriftliche Autogrammwünsche kommen in der Spielzeit 1959/60 per Post im Geißbockheim an.

■ „Ärger" für Jupp Röhrig: Weil er beim Endrundenheimspiel gegen Tasmania Berlin in „Puma"-Schuhen aufläuft, erhält er einen Anruf von „Adidas"-Chef Adi Dassler, der dies im TV aufmerksam beobachtet hatte. Der FC wird seinerzeit schon von „Adidas" ausgerüstet.

Einlauf der Protagonisten ins Frankfurter Waldstadion zum Endspiel um die Deutsche Meisterschaft 1960.

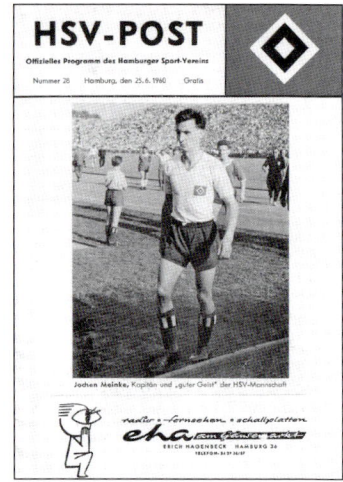

Offizielles Programmheft zum Endspiel um die „Deutsche". Auch der HSV gab zu diesem Anlass ein Extra-Programm heraus.

Massenhaft trudeln die FC-Fans mit Sonderzügen in Frankfurt zum Endspiel um die „Deutsche" ein.

■ Für den Fernsehfilm „Wie werde ich Nationalspieler", werden auch einige Sequenzen mit der FC-D-Jugend gedreht. Die B- und C-Jugend der Geißböcke begleitet die 1. Mannschaft zum Gruppenspiel gegen den FK Pirmasens mit zwei Bussen nach Ludwigshagen. Auch im Jahre 1960 existieren also schon die „Kiddy-Fahrten"…

■ Zum 30. Juni 1960 scheidet Hans-Gerhard König aus dem Amt des Geschäftsführers und des Clubsekretärs aus, um eine Stelle in der Industrie anzunehmen. Er bleibt dem Club aber als Jugendbetreuer und Pressemitarbeiter erhalten (Geißbock Echo, Clubnachrichten).

■ Zur Erinnerung an die Endrunde und das Endspiel 1960 gibt der Kölner Stadt Anzeiger ein 52 Seiten starkes Erinnerungsbuch heraus. Es wird nur an die Spieler und Funktionäre des 1. FC Köln vergeben.

Die original Eintrittskarte zum Endspiel um die „Deutsche".

Fanatiker wollten dem armen Klemm sogar zu Leibe rücken. Sein Torwartkollege Ewert tröstete den sympathischen Sportsmann mit den Worten: „Lass die Rowdys."

ENDLICH IM FINALE!
Per Bus startete der Westmeister bereits am Mittwoch vom traditionellen Abfahrtpunkt – das Zigarrenhaus Röhrig auf der Luxemburger Straße – in Richtung Frankfurt, dem Austragungsort des 49. Endspiels um die Deutsche Meisterschaft. Schon unterwegs auf der Autobahn bei Montabaur im Westerwald wurden die vorbeifahrenden Kölner von Bauarbeitern mit „FC – Hip Hip Hurra!"-Transparenten begrüßt.
Untergebracht war die Mannschaft in der Landessportschule unweit des Waldstadions. Bei recht spartanischer Einrichtung teilten sich vier Spieler ein Zimmer. Mit lockerem Training und einem Kinobesuch bereitete man sich auf den großen Tag vor.
Am Samstag, den 25. Juni 1960 war es endlich soweit: Vor mehr als 70.000 Zuschauern, darunter Vizekanzler Ludwig Erhard, kämpften der 1. FC Köln und der Hamburger SV um den höchsten Titel im deutschen Fußball. Zum ersten Mal in der Endspielgeschichte hatte eine Kölner Mannschaft das Finale erreicht. Für Verwunderung bei den rund 15.000 mitgereisten FC-Fans, die von der Blaskapelle Christian Reuter mit kölschem Liedgut ins Stadion „geführt" worden waren, sorgte die Mannschaftsaufstellung. Statt des starken türkischen Linksaußen Tas, der vor allem in den Endrundenspielen überzeugt hatte, vertraute Trainer Pfau dem jungen, noch unerfahrenen Amateur Karl-Heinz Thielen. Später gab es das Gerücht, Franz Kremer und Mannschaftsführer Schäfer hätten die Aufstellung von Tas verhindert, um mit einer nur aus deutschen Spielern bestehenden Mannschaft ins Endspiel zu gehen. Dies wurde aber von den Beteiligten energisch bestritten. Auch die Spieler von damals argumentieren heute in diesem Punkt unterschiedlich. Ein fader Beigeschmack blieb. Wahrscheinlich gab man Thielen aufgrund dessen größerer Schnelligkeit den Vorzug. Christian Breuer, eigentlich in der Defensive tätig, spielte im Angriff. Stollenwerk und Schäfer kamen ausgerechnet im wichtigen Endspiel erstmals nach ihren Verletzungspausen wieder zum Einsatz. Mühlenbock, der bis auf die 2:5-Pleite gegen Bremen in allen Endrundenbegegnungen gespielt hatte, musste die Bank drücken. Pfau konnte es sich intern nicht erlauben, seine Stars Stollenwerk und Schäfer ausgerechnet im Endspiel nicht zu berücksichtigen, dies hätte Franz Kremer nicht geduldet. Wenigstens war „Boss" Rahn wieder aufgetaucht, der bis kurz vor dem Spiel zu einem feucht-fröhlichen Ausflug verschwunden war.
Bei sengender Hitze ging der FC in der 52. Minute durch Christian Breuer in Führung. Völlig verdient, denn bereits in der ersten Hälfte war man die tonangebende Mannschaft mit den besseren Torchancen gewesen. Nur 30 Sekunden später sorgte Uwe Seeler nach einem blitzschnellen Konter für den Ausgleich. Die letzten zehn Minuten der Partie hatten es dann in sich: In der 80. Minute erzielte Dörfel, der an diesem Tag mit seinem Bewacher Stollenwerk Katz und Maus spielte, die 2:1-Führung für die Hanseaten. Beide Mannschaften waren völlig erschöpft, als die Begegnung sieben Minuten vor dem Ende wegen eines Wadenkrampfs von Schiedsrichter Kandlbinder minutenlang unterbrochen war. Besonders dem FC tat die Unterbrechung der „Sonnenschlacht" gut, denn mit einem Kraftakt gelang Müller in der 85. Spielminute der Ausgleich zum 2:2. Der Fußballgott war an diesem Tag aber kein Kölner. Erneut gingen die Hamburger nur eine Minute später durch Seeler mit 3:2 in Führung. Obwohl der HSV-Stürmer den Treffer aus stark abseitsverdächtiger Position markierte, erkannte der Unparteiische das Tor an. Dabei blieb es bis zum Abpfiff und trotz aufopfernden Kampfes mussten die FC-Spieler zusehen, wie die „Salatschüssel" an den HSV vergeben wurde. Wobei die Überreichung der Meisterschale zur Verärgerung der Zuschauer nicht im Stadion, sondern beim abendlichen Bankett des DFB in einem Frankfurter Nobelhotel stattfand.
Ebenso enttäuscht verließen die FC-Fans die Hessenmetropole – viele von ihnen im eigens vom Kölner Stadt Anzeiger organisierten Sonderzug. Durch Pech und eine unglückliche Zusammenstellung der Mannschaft war den Kölnern der Griff nach der Meisterschale verwehrt geblieben. Unterkriegen ließ man sich in der Domstadt dennoch nicht. Die Kölner Bevölkerung bereitete der Mannschaft bei der Rückkehr aus Frankfurt einen wahrhaft meisterlichen Empfang. Auf Prunkwagen des vergangenen Rosenmontagszuges wurden Spieler und Offizielle vom Bahnhof aus durch die Stadt bis zur Radrennbahn nach Müngersdorf gefahren, wo ebenfalls eine jubelnde Menge wartete.

STATISTIK 1959/60

OBERLIGA WEST

22.08.1959 Duisburger SpV - 1. FC Köln 3:2 (2:0),
Zuschauer: 23.000
Tore: 1:0 (04.) Jessner, 2:0 (15.) Jessner, 2:1 (68.) Rahn, 3:1 (85.) Benning, 3:2 (90.) Müller.
Aufstellung: Ewert, Stollenwerk, Schnellinger, Mühlenbock, Wilden, Sturm, C. Breuer, Brungs, Müller, Rahn, Röhrig.

29.08.1959 1. FC Köln - Borussia M'gladbach 3:1 (2:0),
Zuschauer: 20.000
Tore: 1:0 (38.) Müller, 2:0 (42.) Jost, 2:1 (57.) Mühlhausen, 3:1 (61.) Müller.
Aufstellung: Ewert, Stollenwerk, Schnellinger, Mühlenbock, Wilden, Sturm, C. Breuer, Bisanz, Müller, Jost, Rahn.

06.09.1959 Viktoria Köln - 1. FC Köln 1:3 (0:1),
Zuschauer: 40.000
Tore: 0:1 (15.) Sturm, 0:2 (61.) Jost, 1:2 (87.) Bulenda, 1:3 (90.) Sturm (FE).
Aufstellung: Ewert, Stollenwerk, Schnellinger, Mühlenbock, Wilden, Sturm, Rahn, Tas, Müller, Schäfer, Jost.

12.09.1959 1. FC Köln - Preußen Münster 3:0 (1:0),
Zuschauer: 20.000
Tore: 1:0, 2:0 (26., 66.) Müller, 3:0 (78.) Schäfer.
Aufstellung: Ewert, Stollenwerk, Schnellinger, Mühlenbock, Wilden, Sturm, C. Breuer, Jost, Müller, Schäfer, Rahn.

19.09.1959 Schwarz-Weiß Essen - 1. FC Köln 0:0,
Zuschauer: 23.000
Aufstellung: Ewert, Stollenwerk, Schnellinger, Mühlenbock, Wilden, Sturm, Rahn, C. Breuer, Müller, Schäfer, Jost.

26.09.1959 1. FC Köln - Spfr.Hamborn 07 6:2 (4:1),
Zuschauer: 15.000
Tore: 1:0 (08.) Jost, 2:0 (28.) Müller, 3:0 (35.) Schäfer, 3:1 (41.) Hnevsa, 4:1 (42.) Tas, 5:1 (56.) Müller, 6:1 (72.) Rahn, 6:2 (85.) Franken.
Aufstellung: Ewert, Stollenwerk, Schnellinger, Mühlenbock, Wilden, Sturm, Rahn, Tas, Müller, Schäfer, Jost.

10.10.1959 FC Schalke 04 - 1. FC Köln 1:5 (0:1),
Zuschauer: 40.000
Tore: 0:1 (15.) Müller, 0:2 (60.) Jost, 0:3 (62.) Schäfer, 0:4 (65.) Müller, 1:4 (76.) Soya, 1:5 (80.) Schäfer.
Aufstellung: Ewert, Stollenwerk, Schnellinger, Mühlenbock, Wilden, Sturm, Jost, Tas, Müller, Schäfer, Rahn.

17.10.1959 1. FC Köln - Westfalia Herne 3:2 (1:2),
Zuschauer: 50.000
Tore: 1:0 (18.) Tas, 1:1 (21.) Burkhardt, 1:2 (22.) Kraskwitz, 2:2 (70.) Schnellinger, 3:2 (80.) Jost.
Aufstellung: Ewert, Stollenwerk, Schnellinger, Mühlenbock, Wilden, Sturm, Rahn, Tas, Müller, Schäfer, Jost.

25.10.1959 Fortuna Düsseldorf - 1. FC Köln 1:1 (0:0),
Zuschauer: 40.000
Tore: 0:1 (73.) Sturm, 1:1 (88.) Jansen (HE).
Aufstellung: Ewert, Stollenwerk, Schnellinger, Mühlenbock, Wilden, Sturm, Rahn, Tas, Müller, Schäfer, Jost.

31.10.1959 1. FC Köln - Meidericher SV 3:1 (1:1),
Zuschauer: 11.000
Tore: 1:0 (23.) Sturm, 1:1 (34.) Geisen, 2:1 (48.) Müller, 3:1 (62.) Schäfer.
Aufstellung: Ewert, Stollenwerk, Schnellinger, Mühlenbock, Wilden, Sturm, Breuer, Tas, Müller, Schäfer, Rahn.

14.11.1959 Borussia Dortmund - 1. FC Köln 0:3 (0:2),
Zuschauer: 30.000
Tore: 0:1, 0:2 (09., 44.) Fendel, 0:3 (67.) Schäfer.
Aufstellung: Ewert, Stollenwerk, Schnellinger, Mühlenbock, Wilden, Sturm, C. Breuer, Tas, Müller, Schäfer, Fendel.

21.11.1959 1. FC Köln - Rot-Weiß Oberhausen 3:2 (2:1),
Zuschauer: 15.000
Tore: 1:0 (07.) Müller, 2:0 (15.) Rahn, 2:1 (34.) van Üüm, 2:2 (77.) Schlagowski, 3:2 (79.) Müller.
Aufstellung: Ewert, Stollenwerk, Schnellinger, Mühlenbock, Wilden, Sturm, Rahn, C. Breuer, Müller, Schäfer, Fendel.
Besondere Vorkommnisse: Sturm schoss einen FE an die Latte (83.).

29.11.1959 1. FC Köln - Alemannia Aachen 0:1 (0:0),
Zuschauer: 35.000
Tor: 0:1 (48.) Krämer.
Aufstellung: Ewert, Stollenwerk, Schnellinger, Mühlenbock, Wilden, Sturm, Rahn, Jost, Müller, Röhrig, Tas.

06.12.1959 Rot-Weiß Essen - 1. FC Köln 0:2 (0:0),
Zuschauer: 28.000
Tore: 0:1, 0:2 (49., 60.) Fendel.
Aufstellung: Ewert, Stollenwerk, Schnellinger, Mühlenbock, Wilden, Sturm, Rahn, C. Breuer, Müller, Röhrig, Fendel.

12.12.1959 1. FC Köln - VfL Bochum 2:0 (0:0),
Zuschauer: 13.000
Tore: 1:0 (70.) Müller, 2:0 (73) Fendel.
Aufstellung: Ewert, Stollenwerk, Schnellinger, Mühlenbock, Wilden, Sturm, Rahn, Röhrig. Müller, Schäfer, Fendel.

27.12.1959 1. FC Köln - Duisburger SpV 5:1 (1:0),
Zuschauer: 30.000
Tore: 1:0 (38.) Rahn, 2:0 (69.) Müller, 3:0 (75.) Schäfer, 3:1 (77.) Jessner, 4:1 (86.) Fendel, 5:1 (88.) Müller.
Aufstellung: Ewert, Stollenwerk, Schnellinger, Mühlenbock, Wilden, Sturm, Rahn, Röhrig, Müller, Schäfer, Fendel.

10.01.1960 1. FC Köln - Viktoria Köln 5:1 (2:1),
Zuschauer: 28.000
Tore: 1:0 (19.) Tas, 2:0 (34.) Schäfer, 2:1 (36.) Lorenz, 3:1 (79.) Tas, 4:1 (82.) Müller, 5:1 (88.) Müller.
Aufstellung: Ewert, Stollenwerk, Schnellinger, Mühlenbock, Wilden, Sturm, Rahn, Röhrig, Müller, Schäfer, Tas.

17.01.1960 Preußen Münster - 1. FC Köln 0:6 (0:1),
Zuschauer: 15.000
Tore: 0:1 (13.) Rahn, 0:2, 0:3 (48., 56.) Schäfer, 0:4 (60.) Müller, 0:5, 0:6 (83., 88.) Schäfer.
Aufstellung: Ewert, Stollenwerk, Schnellinger, Mühlenbock, Wilden, Sturm, Röhrig, Müller, Schäfer, Fendel, Rahn.

24.01.1960 1. FC Köln - Schwarz-Weiß Essen 4:2 (1:2),
Zuschauer: 32.000
Tore: 1:0 (09.) Schäfer, 1:1 (22.) Rummel, 1:2 (44.) Klöckner, 2:2 (65.) Sturm, 3:2 (66.) Röhrig, 4:2 (90.) Schäfer.
Aufstellung: Ewert, Stollenwerk, Schnellinger, Mühlenbock, Wilden, Sturm, Rahn, Röhrig, Müller, Schäfer, Tas.

31.01.1960 Hamborn 07 - 1. FC Köln 2:2 (1:1),
Zuschauer: 22.000
Tore: 0:1 (04.) Müller, 1:1 (44.) Schönborn, 2:1 (59.) Rinas, 2:2 (88.) Müller.
Aufstellung: Ewert, Stollenwerk, Schnellinger, Mühlenbock, Wilden, Sturm, Rahn, C. Breuer, Müller, Schäfer, Fendel.

07.02.1960 1. FC Köln - FC Schalke 04 1:1 (0:1),
Zuschauer: 52.000
Tore: 0:1 (35.) Klodt, 1:1 (81.) Müller.
Aufstellung: Ewert, Stollenwerk, Schnellinger, Mühlenbock, Wilden, Sturm, Rahn, Röhrig, Müller, Schäfer, Tas.

14.02.1960 Westfalia Herne - 1. FC Köln 3:1 (3:1),
Zuschauer: 20.000
Tore: 0:1 (10.) Röhrig, 1:1 (35.) Luttrop, 2:1 (36.) Hüser, 3:1 (38.) Luttrop.
Aufstellung: Ewert, Stollenwerk, Schnellinger, F. Breuer, Müller, Sturm, Wilden, Tas, Fendel, Röhrig, Rahn.

21.02.1960 1. FC Köln - Fortuna Düsseldorf 3:1 (1:0),
Zuschauer: 15.000
Tore: 1:0 (35.) Müller, 1:1 (73.) Mauritz, 2:1 (74.) Müller, 3:1 (82.) Fendel.
Aufstellung: Ewert, Schnellinger, Stollenwerk, Mühlenbock, Wilden, Sturm, Rahn, C. Breuer, Müller, Röhrig, Fendel.

27.02.1960 Borussia M'gladbach - 1. FC Köln 1:2 (1:1),
Zuschauer: 33.000
Tore: 1:0 (25.) Brülls, 1:1 (37.) Rahn, 1:2 (73.) Müller.
Aufstellung: Ewert, Stollenwerk, Schnellinger, Mühlenbock, Wilden, Sturm, Rahn, C. Breuer, Müller, Röhrig, Brungs.

06.03.1960 Meidericher SV -1. FC Köln 1:3 (1:2),
Zuschauer: 15.000
Tore: 0:1 (03.) Müller, 0:2 (17.) Breuer, 1:2 (31.) Versteeg, 1:3 (68.) Rahn.
Aufstellung: Ewert, Stollenwerk, Schnellinger, Mühlenbock, Wilden, Sturm, Rahn, C. Breuer, Müller, Röhrig, Brungs.

13.03.1960 1. FC Köln - Borussia Dortmund 2:2 (0:1),
Zuschauer: 55.000
Tore: 0:1 (08.) Schütz, 1:1, 2:1 (56., 70.) Rahn, 2:2 (72.) Schütz.
Aufstellung: Ewert, Stollenwerk, Schnellinger, Mühlenbock, Wilden, Sturm, Müller, Rahn, C. Breuer, Fendel, Röhrig.

27.03.1960 Rot-Weiß Oberhausen - 1. FC Köln 2:2 (1:0),
Zuschauer: 28.000
Tore: 1:0 (09.) van Üüm, 1:1 (62.) Stollenwerk, 1:2 (70.) Thielen, 2:2 (72.) Demski.
Aufstellung: Ewert, Stollenwerk, Schnellinger, Mühlenbock, Wilden, Sturm, Röhrig, Schäfer, Rahn, Thielen, C. Breuer.

03.04.1960 Alemannia Aachen - 1. FC Köln 3:1 (3:1),
Zuschauer: 25.000
Tore: 1:0 (04.) Krisp, 2:0, 3:0 (18., 23.) Frivaldi, 3:1 (43.) Jost.
Aufstellung: Ewert, Stollenwerk, Pott, C. Breuer, Wilden, Sturm, Thielen, Jost, Müller, Schäfer, Rahn.

10.04.1960 1. FC Köln - Rot-Weiß Essen 7:1 (4:1),
Zuschauer: 16.000
Tore: 1:0 (22.) Sturm (FE), 1:1 (33.) Wrenger, 2:1, 3:1 (35., 36.) Müller, 4:1 (39.) Rahn, 5:1 (75.) Schäfer, 6:1 (86.) Müller, 7:1 (90.) Rahn.
Aufstellung: Ewert, Stollenwerk, C. Breuer, Röhrig, Wilden, Sturm, Rahn, Jost, Müller, Schäfer, Fendel.

23.04.1960 VfL Bochum - 1. FC Köln 3:2 (2:1),
Zuschauer: 30.000
Tore: 0:1 (06.) Rahn, 1:1 (28.) Pawlack, 2:1 (33.) Linka, 2:2 (65.) Breuer, 3:2 (66.) Backhaus.
Aufstellung: Ewert, C. Breuer, Schnellinger, Finken, Wilden, Sturm, Rahn, Ripkens, Stollenwerk, Schäfer, Brungs.

WESTDEUTSCHER POKAL

1. Runde
06.04.1960 Viktoria Alsdorf - 1. FC Köln 1:4 (1:2),
Zuschauer: 10.000
Tore: 1:0 (21.) Schmitz, 1:1 (27.) Rahn, 1:2 (42.) Müller, 1:3 (63.), 1:4 (73.) Fendel.
Aufstellung: Ewert, Stollenwerk, C. Breuer, Röhrig, Pott, Sturm, Rahn, Jost, Müller, Schäfer, Fendel.

2. Runde
07.05.1960 SSV Bergisch Gladbach - 1. FC Köln 1:6 (0:3),
Zuschauer: 8.000
Tore: 0:1 (13.) Rahn, 0:2, 0:3 (43., 45.) Müller, 0:4 (47.) Schäfer, 1:4 (48.) Schumacher, 1:5 (82.) Sturm, 1:6 (88.) Schäfer.
Aufstellung: Klemm, C. Breuer, Schnellinger, Röhrig, Wilden, Sturm, Rahn, Jost, Müller, Schäfer, Tas.

3. Runde
30.06.1960 1. FC Köln - Westfalia Herne 1:0 (0:0),
Zuschauer: 8.000
Tor: 1:0 (79.) Schäfer.
Aufstellung: Ewert, Sturm, Stollenwerk, Schnellinger, C. Breuer, Thielen, Mühlenbock, Ripkens, Müller, Schäfer, Tas.

Die Pokalrunde 1959/60 wird in der kommenden Saison beendet.

ENDRUNDE

14.05.1960 SV Werder Bremen - 1. FC Köln 1:2 (1:0),
Zuschauer: 36.000
Tore: 1:0 (31.) Wilmovius, 1:1 (48.) Müller, 1:2 (57.) Müller.

STATISTIK 1959/60

Aufstellung: Ewert, C. Breuer, Schnellinger, Röhrig, Wilden, Mühlenbock, Rahn, Sturm, Müller, Schäfer, Tas.

21.05.1960 **1. FC Köln - FK Pirmasens** 4:0 (2:0), Zuschauer: 40.000
Tore: 1:0 (29.) Rahn, 2:0, 3:0 (43., 46.) Tas, 4:0 (54.) Müller.
Aufstellung: Ewert, C. Breuer, Schnellinger, Mühlenbock, Wilden, Sturm, Rahn, Röhrig, Müller, Schäfer, Tas.

29.05.1960 **Tasmania Berlin - 1. FC Köln** 1:2 (0:1), Zuschauer: 88.000
Tore: 0:1 (21.) Rahn, 0:2 (85.) Müller, 1:2 (90.) Greuel.
Aufstellung: Ewert, C. Breuer, Schnellinger, Mühlenbock, Wilden, Sturm, Rahn, Röhrig, Müller, Schäfer, Tas.

04.06.1960 **1. FC Köln - Tasmania Berlin** 3:0 (1:0), Zuschauer: 52.000
Tore: 1:0 (43.) Tas, 2:0 (62.) Müller, 3:0 (77.) Rahn.
Aufstellung: Ewert, C. Breuer, Schnellinger, Mühlenbock, Wilden, Sturm, Rahn, Ripkens, Müller, Röhrig, Tas.

12.06.1960 **FK Pirmasens - 1. FC Köln** 1:1 (0:1), Zuschauer: 20.000
Tore: 0:1 (38.) Rahn, 1:1 (84.) Brunn.
Aufstellung: Ewert, C. Breuer, Schnellinger, Mühlenbock, Wilden, Sturm, Rahn, Ripkens, Müller, Röhrig, Tas.

18.06.1960 **1. FC Köln - SV Werder Bremen** 2:5 (0:3), Zuschauer: 15.000
Tore: 0:1 (14.) Hänel, 0:2 (17.) Wilmovius, 0:3 (44.) Nachtwey, 1:3 (53.) Müller, 1:4 (68.) Wilmovius, 1:5 (72.) Barth, 2:5 (77.) Sturm.
Aufstellung: Klemm, C. Breuer, Schnellinger, Röhrig, Wilden, Sturm, Rahn, Ripkens, Müller, Tas, Thielen.

25.06.1960 **Hamburger SV - 1. FC Köln** 3:2 (0:0), Zuschauer: 71.000
Tore: 0:1 (53.) Breuer, 1:1 (54.) U. Seeler, 2:1 (75.) Dörfel, 2:2 (86.) Müller, 3:2 (88.) U. Seeler.
Aufstellung: Ewert, Stollenwerk, C. Breuer, Schnellinger, Röhrig, Wilden, Sturm, Rahn, Müller, Schäfer, Thielen.

FREUNDSCHAFTSSPIELE

01.08.1959 Bayer Leverkusen - 1. FC Köln 2:0 (1:0)

05.08.1959 1. FC Köln - Roter Stern Belgrad 2:1 (1:1)

08.08.1959 Bonner FV - 1. FC Köln 2:5 (1:2)

09.08.1959 Auswahl Siegkreis - 1. FC Köln 0:8 (0:3) (in Eitorf)

12.08.1959 1.FC Kaiserslautern - 1. FC Köln 2:0 (2:0) (in Jülich)

15.08.1959 1. FC Köln - VV Venlo 3:1 (1:0)

27.10.1959 Standard Lüttich - 1. FC Köln 4:5 (2:2)

15.04.1960 Tasmania Berlin - 1. FC Köln 2:4 (1:1)

17.04.1960 Hertha BSC Berlin - 1. FC Köln 2:3 (1:2)

02.05.1960 Racing Paris - 1. FC Köln 1:2 (1:0) (in Luxemburg)

Bankettkarte mit Menüfolge vom Endspiel gegen den HSV.

Im Juli 1959 wird die FC-Geschäftsstelle von der Luxemburger Strasse 303 endgültig ins Geißbockheim verlegt.

OBERLIGA WEST 1959/60

1.	1. FC Köln	85:39	44:16
2.	Westfalia Herne (M)	56:37	37:23
3.	Borussia Dortmund	81:62	35:25
4.	FC Schalke 04	59:41	34:26
5.	Duisburger SpV	47:51	30:30
6.	Rot-Weiß Essen	46:60	29:31
7.	Viktoria Köln	60:71	28:32
8.	Meidericher SpV	35:45	28:32
9.	Alemannia Aachen	43:56	28:32
10.	Preußen Münster	37:52	28:32
11.	VfL Bochum	46:49	27:33
12.	Spfr. Hamborn 07 (N)	45:48	27:33
13.	Rot-Weiß Oberhausen	40:49	27:33
14.	Borussia M'gladbach	38:52	27:33
15.	Fortuna Düsseldorf	46:53	26:34
16.	Schwarz-Weiß Essen (N)	47:46	25:35

ENDRUNDE ZUR DEUTSCHEN MEISTERSCHAFT 1959/60

1.	1. FC Köln	14:8	9:3
2.	Werder Bremen	18:12	8:4
3.	Tasmania Berlin	11:11	6:6
4.	FK Pirmasens	9:21	1:11

OBERLIGA- UND ENDRUNDENKADER 1959/60

Abgänge: Dörner (Bonner FV), Eder (Bonner FV), Pfeiffer (Bayer Leverkusen), Opper (FV Bad Godesberg)
Zugänge: Finken (Blau-Weiß Köln), Neteler (BV Essen/Oldenburg), Rahn (RW Essen), Tas (Besiktas Istanbul), Thielen (eigene Amateure)

Trainer: Oswald Pfau

Tor:
Ewert, Fritz 36/0
Klemm, Günter 1/0

Feld:
Sturm, Hans 37/7
Stollenwerk, Georg 31/1
Wilden, Leo 37/0
Rahn, Helmut 36/16
Müller, Christian 35/35
Schnellinger, K.-Heinz 35/1
Mühlenbock, Günter 31/0

Schäfer, Hans 24/15
Röhrig, Josef 23/2
Breuer, Christian 24/3
Tas, Coskun 19/7
Fendel, Helmut 11/7
Jost, Dittmar 11/6
Breuer, Fritz 1/0
Brungs, Franz 4/0
Thielen, Karl-Heinz 4/1
Bisanz, Gero 1/0
Finken, Herbert 1/0
Pott, Fritz 1/0
Ripkens, Karl-Heinz 4/0
Neteler, Otto 0/0

ENDSPIEL UM DIE DEUTSCHE MEISTERSCHAFT

Hamburger SV - 1. FC Köln   3:2

FIEBERKURVE 1959/60

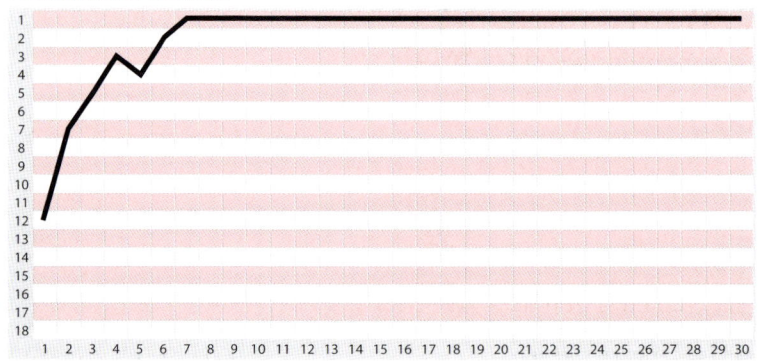

1960/61
OBERLIGA WEST

Real Madrid in Müngersdorf

Das verlorene Endspiel um die „Deutsche" hatte den sonst als arrogant geltenden Kölnern ungeahnte Sympathie eingebracht. Bei vielen Fußballfreunden galt die Geißbockelf als moralischer Sieger, der unglücklich verloren hatte – später nannte man so etwas einmal „Meister der Herzen."
Der „Superstar" Helmut Rahn hatte nach einigem Hin und Her den FC zum holländischen Ehrendivisionär SC Enschede verlassen und dabei ein ordentliches Handgeld eingestrichen. Immer mehr wurden deutsche Spitzenspieler von ausländischen Profìclubs mit viel Geld geködert. Die deutschen Vertragsspielervereine, allesamt noch an veraltete „Amateurstatuten" gebunden, hatten dem in der Regel nichts entgegenzusetzen, obwohl Spieler Gelder über und unter dem Tisch, teilweise aus schwarzen Kassen erhielten. In Köln konnten die meisten „Stars" gehalten werden, weil Franz Kremer schon während der aktiven Laufbahn für ein Standbein nach der Karriere seiner Spieler sorgte, ihnen zum Besitz von Immobilien und/oder geschäftlichen Existenzen verhalf. Die guten Kontakte des „Boss" zu Wirtschaft und Politik waren im wahrsten Sinne des Wortes unbezahlbar für den Club ...

DURCHBRUCH FÜR DIE „BUNDESLIGA"

Auch beim DFB erkannten mittlerweile die meisten Funktionäre, dass eine weitere Professionalisierung des deutschen Fußballs zwingend notwendig war. Dies galt nicht nur für die Spielergehälter, sondern auch für die Schaffung einer eingleisigen, bundesweiten Eliteliga, in der die besten deutschen Mannschaften Woche für Woche ihre Kräfte messen konnten. „Bundesliga" lautete das Zauberwort, für das sich Franz Kremer und seine Mitstreiter seit vielen Jahren vehement eingesetzt hatten. Verstöße gegen das bestehende Vertragsspielerstatut waren sowieso seit Jahren an der Tagesordnung. So kam es im Rahmen des DFB-Bundestags 1960 in Frankfurt zum entscheidenden Durchbruch, ausgelöst von einem Antrag auf Begrenzung der Zahl der Vertragsspielervereine bis spätestens 1963 des saarländischen Fußballverbandes unter dem späteren DFB-Präsidenten Hermann Neuberger. Auch wenn noch nicht direkt von einer Bundesliga die Rede war, so war doch allen Beteiligten klar, dass die Weichen in diese Richtung gestellt waren.
Die Spielzeit 1960/61 begann für „Boss" Kremer schon mit einem Erfolg bevor das erste Pflichtspiel seiner Kölner angepfiffen wurde. „Die Bundesliga ist für mich selbstverständlich, der Fall Rahn erledigt", wird der Präsident im Juli 1960 zitiert. Für Rahn hatte man am Grüngürtel noch eine nicht unerhebliche Ablösesumme vom SC Enschede kassiert und war letztlich froh, dass das Wechseltheater um den „Helden von Bern" beendet war. Von Viktoria Köln wurde mit Ernst-Günter Habig ein Rahn-Nachfolger für den rechten Flügel gefunden. Habig verfügte über einen „waffenscheinpflichtigen" Schuss, was ihm den kölschen Spitznamen „de Bums" einbrachte. Zum Saisonauftakt hatte der FC ein besonderes Highlight organisiert, das weit über die

Für das Gastspiel von Real Madrid war auch das *Geißbock Echo* mit einer Sonderausgabe zur Stelle. Gleichzeitig war es der Startschuss für Hans-Gerhard König als Chefredakteur des Heftes.

[LEGENDEN]

Leo Wilden
Beim FC von 1958 bis 1966
Geboren: 03.07.1936 in Köln
Pflichtspiele beim FC: 245
Pflichtspieltore: 2

„Lei" meldete alle ab...

Leo Wilden stammte aus dem unerschöpflichen Talentquell des VfL Köln 99, von wo er 1958 ans Geißbockheim kam. Im ersten Jahr noch nicht zur Stammbesetzung gehörend, startete der Verteidiger in seiner zweiten Spielzeit beim FC durch, und entwickelte sich zum unverzichtbaren Bestandteil der Kölner Defensivabteilung. Viele Topstürmer der damaligen Zeit bissen sich an dem zähen, kampfstarken Manndecker die Zähne aus. Auch Sepp Herberger wusste um die Qualitäten des Defensivspezialisten und berief ihn zwischen 1960 und 1964 exakt 15-mal in die A-Nationalmannschaft. Auch zur WM 1962 durfte der „Lei", wie ihn seine Teamkollegen riefen, mitfahren, wurde aber beim Turnier nicht eingesetzt. Dass die Geißböcke 1962 und 1964 Deutscher Meister wurden, war auch ein Verdienst von Leo Wilden. Kopfball- und Zweikampfstärke zeichneten ihn ebenso aus wie eine gehörige Portion Schlitzohrigkeit. 1966 verließ er den FC in Richtung Bayer Leverkusen, wo er wegen eines Herzleidens im Jahre 1969 das Fußballspielen beenden musste. Später war er bei den Farbenstädtern als Sportdirektor tätig und coachte diverse Amateurvereine im Kölner Umland. Seit 1966 verdient der ehemalige Nationalspieler, dessen berufliche Laufbahn als Vertreter für Spirituosen begonnen hatte, sein Geld im Tabakwaren Groß- und Einzelhandel. Sein bekanntestes Geschäft ist sicherlich das auf der Luxemburger Straße 269, wo es auch Tickets und Fanartikel des FC zu kaufen gibt. Bei den Spielen der Geißböcke trifft man den „Lei" noch regelmäßig im Stadion.

[Interessantes & Kurioses]

- Beim 3:0-Heimsieg des 1. FC Köln gegen den Meidericher SV am 24. April 1961 befindet sich unter den 15.000 Zuschauern auch die komplette Nationalmannschaft Mexikos, die zuvor am Geißbockheim eine Trainingseinheit absolviert hat.

- Exakt 943 FC-Anhänger besitzen in der Saison 1960/61 eine Sitzplatzdauerkarte für die Heimspiele der Geißböcke.

- Die Nationalmannschaft Kameruns ist für drei Wochen im Rheinland zu Gast. Dabei wird sie unter anderem auch vom 1. FC Köln eng betreut. Das Team vom schwarzen Kontinent ist nicht nur Gast beim Spiel gegen Real Madrid, es darf auch selbst gegen Hans Schäfer und Co antreten. Diesen Vergleich können die Gastgeber am 3. August 1960 vor 10.000 Besuchern in der Hauptkampfbahn mit 6:2 für sich entscheiden.

- Große Veränderungen im Geißbockheim: Mit Heinz und Anni Rausch hat das Clubhaus ab November 1960 ein neues Geschäftsführer-Ehepaar. Auch baulich gibt es für die vielen Gäste des Hauses einige Neuerungen zu bestaunen. Clubzimmer, „Geißbock Stube" und Saal erscheinen im neuen Gewand. Es wird bewusst darauf geachtet, dass die Preise für Getränke und Speisen bezahlbar sind. Blickfang ist die große Ausstellungsvitrine im Eingangsbereich, in der unzählige Erinnerungsstücke wie Wimpel, Pokale und vieles mehr zu sehen sind. Zusätzlich erhält das Geißbockheim einen Anbau für die Jugendabteilung sowie eine 1.050 m² große Terrasse und eine 600 m² große Sporthalle, die im Juli 1961 eingeweiht wird. Erstmals wird der Parkplatz asphaltiert. Auch zwei nagelneue Rasenplätze, einer ausschließlich für die Vertragsspielerabteilung, werden ihrer Bestimmung übergeben. Insgesamt verfügt man nun über zwei Aschen- und vier Rasenplätze, einen davon mit Lichtanlage. Das am 13. September 1953 eröffnete Haus, in dem sich seinerzeit auch vier Wohnungen für Angestellte des Clubs befinden, kostete mit Einrichtung bereits rund eine Million DM und war schon 1959 restlos bezahlt. Die Renovierungen und Neubauten schlagen mit gut 800.000 DM zu Buche.

Franz Kremer und Real-Madrid-Manager Emil Östreicher bei der Ankunft der „Königlichen" in Köln.

Ticket vom berühmten „Röhrig-Abschiedsspiel" gegen Real Madrid am 13. August 1960.

ABSCHIEDSSPIEL FÜR JUPP RÖHRIG MIT DEN „KÖNIGLICHEN"

Keine geringere Mannschaft als Real Madrid, bereits damals als fünffacher und damit einziger Europapokalsieger (der Wettbewerb wurde erst 1956 eingeführt) weltbekannt, gab am 13. August 1960 ein Gastspiel in der Müngersdorfer Hauptkampfbahn. Frühzeitig hinterlegten die FC-Verantwortlichen einen Scheck über 25.000 US-Dollar bei der spanischen Botschaft in Bonn. Dies hatte der Real-Vorstand zur Bedingung gemacht, um sich finanziell abzusichern. Allein die Ankündigung, dass die „Königlichen" nach Köln kommen sollten, sorgte für Unruhe und Vorfreude bei den Fans. Diese erhielt durch eine drastische Erhöhung der Eintrittspreise jedoch einen erheblichen Dämpfer. Der sonst günstige Stehplatz kostete satte vier DM, ein Sitzplatz auf der überdachten Haupttribüne gar 25,10 DM. So teure Tickets waren in Köln bislang noch zu keinem Fußballspiel verkauft worden, denn die Verpflichtung des spanischen Starensembles war alles andere als billig. Als Honorar wurden 104.000 DM fällig, hinzu kamen 13.000 DM Gesamtkosten für den Flug, der Hotelaufenthalt erster Klasse im Dom-Hotel für 25 Personen mit buchstäblich „allen Schikanen" verschlang weitere 10.000 DM. Zum Vergleich: Wenn man zu jener Zeit den FC zum Freundschaftsspiel verpflichtete, waren „nur" 10.000 DM fällig. An die Stadt Köln waren insgesamt 101.000 DM für Umsatzsteuer, Vergnügungssteuer und Stadionmiete zu entrichten. Der FC verbuchte letztlich einen Reingewinn von „nur" 41.745 DM, der auf das Baukonto des Clubs überwiesen wurde. Um die Einnahmen zu erhöhen, hatte man auf der Gegengerade eine Zusatztribüne mit Sitzplätzen installiert. Dadurch sank zwar die Anzahl der Stehplätze, aber mit den wesentlich teureren Sitzplätzen ließ sich deutlich mehr Geld verdienen. Wirtschaftlich eine sinnvolle Entscheidung, die jedoch einige der treuen Stehplatzbesucher sehr verärgerte.

Dennoch wollten sich exakt 43.352 zahlende Zuschauer den Auftritt von Puskas, Di Stefano, Santamaria und Co. nicht entgehen lassen und sorgten für eine gut gefüllte Arena – darunter auch einige spanische Studenten sowie in rheinischen Textilfabriken arbeitende Spanierinnen, die „ihr" Real anfeuern wollten. Zudem galt die Begegnung auch als Abschiedsspiel für Jupp Röhrig. Der langjährige Regisseur, Kapitän und Nationalspieler hatte zum Ende der vergangenen Saison seinen Rücktritt erklärt. Nicht wenige wollten dem Jupp, einem der verdienstvollsten und sympathischsten Akteure des Vereins, ihre Aufwartung machen und dabei das Wiedersehen der alten Kontrahenten aus dem 1954er WM-Endspiel – Schäfer und Puskas – hautnah erleben. Auch Bundestrainer Sepp Herberger und sein Assistent Helmut Schön hatten sich auf der Ehrentribüne eingefunden. Sie alle sollten ihr Kommen nicht bereuen, denn sie bekamen das wohl beste und aufregendste Freundschaftsspiel der FC-Geschichte zu sehen.

In einem wahren Offensivfeuerwerk beider Mannschaften unterlagen die Geißböcke unglücklich mit 4:5, brachten das viel gerühmte Real an den Rand einer peinlichen Niederlage. Als die Madrilenen, die in der gleichen Aufstellung wie beim siegreichen Europapokalfinale in Glasgow gegen Eintracht Frankfurt angetreten waren, bereits nach 20 Minuten mit 2:0 durch Treffer von Di Stefano und Gento führten, sah alles nach einem Spaziergang des Favoriten aus. Doch in der 2. Spielhälfte gaben die Kölner richtig Gas. Thielen, noch vor dem Pausentee, und Müller sorgten für den Ausgleich, ehe

Gento erneut zur 3:2-Führung der Spanier traf. Als Schäfer der Ausgleich und Neuzugang Willi Wrenger der 4:3-Führungstreffer gelang, wurde das Stadion zum Tollhaus. Wie entfesselt berannten die Geißböcke, angetrieben vom überragenden Duo Röhrig/Schäfer das Tor der Real-Profis und vergaßen dabei völlig, ihren eigenen Torraum abzusichern. So gelang den Gästen durch ein Kontertor von Gento und einen von Hansi Sturm unglücklich abgefälschten Freistoß von Puskas noch ein glücklicher 5:4-Erfolg.

Die Besucher in Müngersdorf und Millionen vor den Fernsehgeräten – die 2. Halbzeit wurde vom deutschen Fernsehen live übertragen – waren begeistert. Auch die Real-Spieler waren voll des Lobes über ihre Kontrahenten. „Dieser Wilden ist ein großartiger Stopper", gab Di Stefano zu Protokoll und Puskas lobte „die herausragende Kondition der Kölner um ihren klugen Dirigenten Hans Schäfer". Kuriosum am Rande: Die Madrilenen hatten mit einem Hersteller von Fußbällen einen Werbevertrag abgeschlossen und verlangten vor der Begegnung mit dem entsprechenden, mitgebrachten Ball zu spielen. Darauf wollte sich der 1. FC Köln nicht einlassen, und so entschied man sich für einen Kompromiss. In der 1. Halbzeit wurde mit dem Ball aus Madrid, in der 2. Hälfte mit der Lederkugel aus Köln gespielt. Beim abendlichen Bankett im Geißbockheim erhielt jeder FC-Spieler eine goldene Uhr von den Real-Verantwortlichen um den legendären Manager Emil Östreicher. Einige der damaligen Spieler hüten diese Uhr noch heute als wertvolles Erinnerungsstück an ein unvergessliches Spiel.

Nur 72 Stunden später wurde in Müngersdorf erneut ein fußballerischer Leckerbissen geboten. Am ersten Spieltag der Oberliga West standen sich der 1. FC Köln und Schalke 04 gegenüber. Die Schalker hatten sich bereits bei der Partie gegen Real Madrid ein Bild von der Stärke der Kölner machen können – sie wurden komplett inklusive Trainer „Schorsch" Gawliczek, der früher selbst das FC-Trikot getragen hatte, auf der Tribüne gesichtet. Trotz einer 2:0-Führung musste der FC am Ende für das Kräfte raubende Real-Spiel Tribut zollen und kam nur zu einem 3:3 gegen die Knappen. Das Auftaktremis war der Beginn einer langen und torreichen Siegesserie in der Liga. Beim Duisburger SV triumphierte man mit 6:2 – während der gemeinsamen Erstklassigkeit mit dem DSV erst der zweite Sieg der Geißböcke in Duisburg. Bereits nach acht (!) Minuten war das Heimspiel gegen das erschreckend schwache Hamborn 07 entschieden, der FC führte durch Tore von Müller (2) und Thielen mit 3:0. Otto Neteler erzielte in der 66. Minute den 4:0-Endstand. Nach einem souveränen 6:1-Erfolg im Ruhrstadion beim VfL Bochum am 4. September 1960 übernahm die Mannschaft von Oswald Pfau erstmals die Tabellenführung. Mit den Aachener Alemannen hatte man traditionell einige Probleme, siegte aber mit etwas Dusel mit 2:1. Am 6. Spieltag lief die FC-Offensive wieder auf Hochtouren. Aufsteiger TSV Marl-Hüls wurde mit 6:2 deklassiert.

16. SIEG IM 23. KÖLNER DERBY

Auch das 23. Kölner Derby gegen die Viktoria konnte den 1. FC Köln nicht stoppen. Mit 3:0 behielt man vor 28.000 Zuschauern in der Hauptkampfbahn beim „Auswärtsspiel" die Oberhand. Gegen keinen anderen Verein der Westliga büßte die Viktoria bis dato mehr Punkte ein als gegen den Lokalrivalen aus Sülz-Klettenberg. Bevor man Preußen Münster auf heimischem Geläuf mit 4:1 bezwang, konnte auch das Ablösespiel für Helmut Rahn unter Flutlicht beim SC Enschede mit 2:1 gewonnen werden. Neben dem „Boss" war seinerzeit übrigens auch der Ex-Kölner Hennes Pfeiffer bei den Niederländern unter Vertrag. Ohne die verletzten Stollenwerk, Thielen und Schäfer (Rippenfellentzündung) erkämpfte sich der FC ein letztlich verdientes 1:1 bei Westfalia Herne. Erst am 16. Oktober „erwischte" es den amtierenden Westmeister. Bei der 0:1-Heimniederlage gegen RW Oberhausen musste man trotz Überlegenheit und 10:0

■ Am 10. Januar 1960 wird die Vertragsspielermannschaft des 1. FC Köln samt Vorstand und Betreuern von Oberbürgermeister Theo Burauen für die Deutsche Vizemeisterschaft im Rathaus der Domstadt feierlich geehrt.

■ Wie schon im Vorjahr hat sich der FC dazu entschlossen, für die Endrundenspiele den Bereich „Stehplatz Mitte" zu „bestuhlen." Stehplatztickets sind somit nur für die Nord- und Südkurve erhältlich. Die Ticketpreise: Tribüne gedeckt: 12, Tribüne unüberdacht: 10, Gegentribüne: 8 und Stehplatz Kurve: 2 DM.

■ Gleich vier Hochzeiten meldet die Vertragsspielerabteilung zum Saisonende: Christian Müller, Fritz Pott, Hans Sturm und Karl-Heinz Schnellinger treten im Mai/Juni 1961 in den Ehestand. Keeper Fritz Ewert hatte bereits im Februar 1960 geheiratet.

■ Der 1. FC Köln zieht zum dritten Mal ins westdeutsche Pokalendspiel ein und verliert am 24. August 1960 in Düsseldorf mit 3:1 gegen Borussia Mönchengladbach.

■ Franz Kremer erhält für seine Verdienste um den deutschen Fußball die silberne Ehrennadel des DFB.

■ Seltener Rekord für Hansi Sturm. Der Mann mit der „Pferdelunge" bestreitet sowohl in der Saison 1959/60 als auch in der Spielzeit 1960/61 alle Spiele der 1. Mannschaft des 1. FC Köln. So kommt er im Zeitraum von knapp zwei Jahren auf exakt 97 (!) Begegnungen in Pflicht- und Freundschaftsspielen.

■ Teurer Unterhalt des Geißbockheims: Im Jahre 1961 wendet der 1. FC Köln allein 28.000 DM für Heizkosten, Strom und Wasser auf.

Christian Müller (Bildmitte), FC-Goalgetter der 1960er Jahre, wird beim Auswärtsspiel in Marl-Hüls hart bedrängt. Im Hintergrund lauert Hansi Sturm.

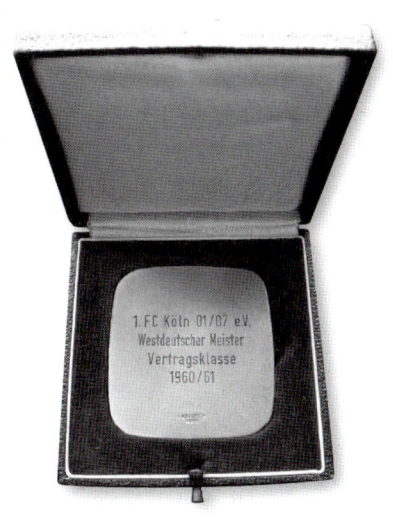

Meistermedaille des westdeutschen Fußballverbandes, die an die Spieler des 1. FC Köln verliehen wurde.

Das 60-jährige Vereinsjubiläum wird auch auf dem FC-Karnevalsorden thematisiert.

Liebevoller und origineller gestaltet als heute: die Speisekarte des Geißbockheims in der Saison 1960/61.

Nach dem mit 3:4 verlorenen Endrundenheimspiel gegen Hertha BSC Berlin kommt der Schiedsrichter nur mit Polizeischutz in die Kabine.

Ecken den ersten doppelten Punktverlust der Saison 1960/61 hinnehmen und schlitterte danach in eine regelrechte Formkrise. Der Umstand, dass die Spieler in diesem Jahr so gut wie keine Sommerpause hatten, machte sich nun bemerkbar. Die Begegnungen bei RW Essen (0:2), gegen den BVB (2:3), der damit neuer Spitzenreiter wurde, sowie beim Meidericher SV (1:2) wurden allesamt verloren. Bei der Partie in Essen stand der Platz an der Hafenstraße knöcheltief unter Wasser. Nicht zuletzt aufgrund der irregulären Bedingungen verletzte sich Nationalspieler Leo Wilden in einer der zahlreichen, tiefen Pfützen und zog sich eine schmerzhafte Muskelzerrung zu. Ein weiterer, nicht zu ersetzender Ausfall.

DER „SCHÄFER-KOMPLEX"

Auffallend war, dass die Kölner ohne ihren Kapitän und Spielgestalter Hans Schäfer aus fünf Spielen nur ein mageres Pünktchen auf der Habenseite verbuchen konnten. Schäfer, der Kopf der Mannschaft, war in den Wochen vor seiner Erkrankung in bestechender Form, sowohl als Sturmdirigent als auch als Torjäger. Sepp Herberger plante bereits das Comeback Schäfers in der Nationalelf. Verzweifelt sprach Trainer Pfau im Fachblatt *Sport Beobachter* von einem „Schäfer-Komplex" seiner Mannschaft. Zeitweilig wurde sogar überlegt, Jupp Röhrig zu reaktivieren. Eine immer noch anhaltende Knieverletzung sorgte aber dafür, dass er kein Comeback feiern konnte. Doch auch als „de Knoll" zum Rückrundenauftakt wieder einsatzfähig war, verlor man auf Schalke mit 0:2. Erst im Nachholspiel gegen Borussia Mönchengladbach am Silvestertag 1960 sahen 11.000 Fans durch Tore von Sturm (2), Müller und Schäfer einen einigermaßen sicheren 4:1-Heimsieg ihres Clubs. Kurios: Da sich Torwart Fritz Ewert kurz vor der Halbzeit verletzte und nicht ausgewechselt werden durfte, musste „Allroundtalent" Schorsch Stollenwerk den Kasten sauber halten.

Ganz allmählich befreite sich der FC wieder aus dem tiefen Tal, holte bei den unbequemen Sodingern beim 1:1 einen nicht unverdienten Punkt. Am 15. Januar 1961 dann der letzte „Tiefpunkt" der Meisterschaftssaison. Eine 0:1-Pleite bei Hamborn 07 bedeutete die letzte Niederlage, bis zum Saisonende blieb man in den letzten 13 Ligaspielen ungeschlagen. Der Duisburger Spielverein bekam wie schon in der Hinrunde sechs Gegentore eingeschenkt – Endstand 6:0 für Köln. Zwei Treffer steuerte der frischgebackene Abiturient Karl-Heinz Thielen bei. Auch die Derbys in Aachen und gegen Viktoria Köln wurden zur Freude der FC-Fans mit 3:0 bzw. 2:0 gewonnen. Besonders der Erfolg auf dem gefürchteten Aachener Tivoli war ein Hochgenuss für die vielen Kölner Schlachtenbummler. Am 26. Spieltag übernahm der FC nach einem 6:1 über RW Essen die Tabellenführung. Da half den Essenern auch die harte Gangart ihres Abwehrspielers Otto Rehhagel nicht weiter. Mit drei Punkten Vorsprung vor Borussia Dortmund verteidigte der 1. FC Köln schließlich die Westdeutsche Meisterschaft. In den anschließenden Endrundenkämpfen um den deutschen Titel bekam man es in den Gruppenspielen wieder einmal mit Werder Bremen, sowie der Berliner Hertha und dem 1. FC Nürnberg zu tun.

ENTTÄUSCHENDE ENDRUNDE

Doch schon die erste Endrundenbegegnung geriet zur Enttäuschung, da es trotz Feldüberlegenheit gegen den Vizemeister des Nordens, Werder Bremen, nur zu einem mageren 1:1 auf eigenem Platz reichte. Der sonst so gefährliche Kölner Angriff wurde von der Bremer Abwehr um Sepp Piontek abgemeldet. Offenbar glaubten auch viele der 35.000 Zuschauer in Müngersdorf nicht mehr an einen Sieg ihrer Mannschaft und verließen frühzeitig den Ort des Geschehens.

An Dramatik kaum zu überbieten war die folgende Partie beim 1. FC Nürnberg. Das Wiedersehen der „Helden von Bern", Max Morlock und Hans Schäfer, beide neben dem Lauterer Werner Liebrich die zu diesem Zeitpunkt letzten noch bei einem Oberligaverein unter Vertrag stehenden 1954er Weltmeister, wurde ein echter Fußballleckerbissen. Dreimal ging der heimische Club durch sein Idol Morlock in Führung, dreimal egalisierten die Gäste aus dem Rheinland. Das 3:3 war wohl das sehenswerteste Endrundenspiel 1961. Begeistert spendete das Publikum beiden Mannschaften nach der Partie lang anhaltenden Applaus. Überragend auf Kölner Seite Schnellinger, der wie so oft internationales Format bewies, und Thielen als eiskalter Vollstrecker. „Wie auch immer die Endspielpaarung lauten wird, dieses Spiel war an Klasse und Dramatik kaum zu überbieten", meinte FC-Präsident Kremer nach der Partie.

Vor eigenem Publikum verlor der amtierende deutsche Vizemeister gegen die bis dato in der Endrunde noch tor- und punktlose Hertha mit 3:4. Das Rückspiel in Berlin konnte der FC allerdings mit 2:1 für sich entscheiden. Der erste und einzige doppelte Punktgewinn der Geißböcke im gesamten Endrundenverlauf. Gegen den zukünftigen Deutschen Meister aus Nürnberg verlor man in Müngersdorf mit 1:2. Die letzte, praktisch bedeutungslos gewordene Partie beim SV Werder endete 1:1-Unentschieden. Der 1. FC Köln konnte 1960/61 zwar seine Vorherrschaft im Westen behaupten, doch der erneute Einzug ins deutsche Endspiel, den man sich intern mehr als erhofft hatte, wurde glatt verfehlt. In „weiser Voraussicht" hatte man die Trennung von Trainer Pfau bereits im Januar 1961 beschlossen.

STATISTIK 1960/61

OBERLIGA WEST

16.08.1960 1. FC Köln - FC Schalke 04 3:3 (2:1)
Zuschauer: 35.000
Tore: 1:0 (16.) Müller, 2:0 (39.) Thielen, 2:1, 2:2 (45., 51.) Soya, 2:2 (51.) Soya, 3:2 (52.) Sturm (FE), 3:3 (74.) Koslowski.
Aufstellung: Ewert, Stollenwerk, Schnellinger, Ripkens, Wilden, Sturm, Thielen, Schäfer, Müller, Wrenger, C. Breuer.

21.08.1960 Duisburger SV - 1. FC Köln 2:6 (1:2)
Zuschauer: 18.000
Tore: 1:0 (08.) Jordan, 1:1 (25.) Breuer, 1:2 (35.) Schäfer, 2:2 (48.) Koll, 2:3 (51.) Müller, 2:4 (58.) Schäfer, 2:5 (80.) Neteler, 2:6 (83.) Neteler.
Aufstellung: Ewert, Stollenwerk, Schnellinger, C. Breuer, Wilden, Sturm, Thielen, Schäfer, Müller, Wrenger, Neteler.

28.08.1960 1. FC Köln - Hamborn 07 4:0 (3:0)
Zuschauer: 8.000
Tore: 1:0, 2:0 (03., 06.) Müller, 3:0 (08.) Thielen, 4:0 (67.) Neteler.
Aufstellung: Ewert, Stollenwerk, Schnellinger, C. Breuer, Wilden, Pott, Thielen, Sturm, Müller, Wrenger, Neteler.

04.09.1960 VfL Bochum - 1. FC Köln 1:6 (1:2)
Zuschauer: 15.000
Tore: 0:1 (07.) Schäfer, 1:1 (14.) Pagojus, 1:2 (16.) Breuer, 1:3, 1:4 (75., 84.) Müller, 1:5 (85.) Sturm, 1:6 (89.) Wrenger.
Aufstellung: Ewert, Stollenwerk, Schnellinger, C. Breuer, Wilden, Sturm, Thielen, Schäfer, Müller, Wrenger, Neteler.

10.09.1960 1. FC Köln - Alemannia Aachen 2:1 (1:0)
Zuschauer: 30.000
Tore: 1:0 (42.) Sturm (HE), 2:0 (74.) Breuer, 2:1 (78.) Bergstein.
Aufstellung: Ewert, Stollenwerk, Schnellinger, C. Breuer, Wilden, Sturm, Habig, Schäfer, Müller, Wrenger, Neteler.

17.09.1960 1. FC Köln - TSV Marl-Hüls 6:2 (5:1)
Zuschauer: 7.000
Tore: 0:1 (07.) Schumacher, 1:1, 2:1 (15., 17.) Schäfer, 3:1 (23.) Müller, 4:1 (43.) Neteler, 5:1 (45.) Wrenger, 6:1 (68.) Schäfer, 6:2 (75.) Serschen.
Aufstellung: Ewert, Schnellinger, Stollenwerk, C. Breuer, Wilden, Sturm, Thielen, Schäfer, Müller, Wrenger, Neteler.

24.09.1960 Viktoria Köln - 1. FC Köln 0:3 (0:0)
Zuschauer: 28.000
Tore: 0:1 (59.) Thielen, 0:2 (64.) Schäfer, 0:3 (69.) Müller.
Aufstellung: Ewert, Stollenwerk, Schnellinger, C. Breuer, Wilden, Sturm, Thielen, Schäfer, Müller, Wrenger, Neteler.

02.10.1960 1. FC Köln - Preußen Münster 4:1 (4:0)
Zuschauer: 11.000
Tore: 1:0 (01.) Wrenger, 2:0, 3:0, 4:0 (13., 15., 17.) Schäfer, 4:1 (76.) Lulka.
Aufstellung: Ewert, Stollenwerk, Schnellinger, C. Breuer, Wilden, Sturm, Thielen, Schäfer, Müller, Wrenger, Neteler.

08.10.1960 Westfalia Herne - 1. FC Köln 1:1 (0:0)
Zuschauer: 20.000
Tore: 0:1 (50.) Wrenger, 1:1 (60.) Kraskewitz.
Aufstellung: Ewert, Pott, Schnellinger, C. Breuer, Wrenger, Wilden, Sturm, Tas, Jost, Müller, Neteler.

16.10.1960 1. FC Köln - Rot-Weiß Oberhausen 0:1 (0:0)
Zuschauer: 12.000
Tor: 0:1 (80.) Siemensmeyer II.
Aufstellung: Ewert, Pott, Schnellinger, C. Breuer, Wilden, Sturm, Habig, Ripkens, Müller, Wrenger, Neteler.

30.10.1960 Rot-Weiß Essen - 1. FC Köln 2:0 (0:0)
Zuschauer: 8.000
Tore: 1:0 (46.) Walenziak, 2:0 (80.) Lindner.
Aufstellung: Ewert, Pott, Schnellinger, C. Breuer, Wilden, Sturm, Habig, Jost, Stollenwerk, Wrenger, Thielen.

06.11.1960 1. FC Köln - Borussia Dortmund 2:3 (0:2)
Zuschauer: 25.000
Tore: 0:1 (15.) Schütz, 0:2 (37.) Konietzka, 1:2 (54.) C. Breuer, 1:3 (60.) Emmerich, 2:3 (67.) Müller.
Aufstellung: Ewert, Pott, Tas, C. Breuer, Schnellinger, Sturm, Thielen, Stollenwerk, Müller, Wrenger, Habig.

12.11.1960 Meidericher SV - 1. FC Köln 2:1 (1:1)
Zuschauer: 10.000
Tore: 1:0 (27.) Krämer, 1:1 (31.) Thielen, 2:1 (47.) Versteeg.
Aufstellung: Ewert, Pott, Schnellinger, Tas, Stollenwerk, Sturm, Thielen, C. Breuer, Müller, Wrenger, Neteler.

11.12.1960 FC Schalke 04 - 1. FC Köln 2:0 (1:0)
Zuschauer: 30.000
Tore: 1:0 (33.) Gerhardt, 2:0 (50.) Berz.
Aufstellung: Ewert, Pott, Schnellinger, Stollenwerk, Wilden, Sturm, Habig, Schäfer, Tas, Ripkens, C. Breuer.

31.12.1960 1. FC Köln - Borussia M'gladbach 4:1 (1:0)
Zuschauer: 11.000
Tore: 1:0 (25.) Müller, 1:1 (57.) Kohn, 2:1, 3:1 (63. [FE], 69. [FE]) Sturm, 4:1 (88.) Schäfer.
Aufstellung: Ewert, Pott, Schnellinger, C. Breuer, Wilden, Sturm, Stollenwerk, Schäfer, Müller, Wrenger, Habig.

08.01.1961 SV Sodingen - 1. FC Köln 1:1 (0:1)
Zuschauer: 9.000
Tore: 0:1 (22.) Ripkens, 1:1 (59.) Lipka.
Aufstellung: Schumacher, Pott, Schnellinger, C. Breuer, Wilden, Sturm, Habig, Schäfer, Müller, Ripkens, Tas.

15.01.1961 Hamborn 07 - 1. FC Köln 1:0 (0:0)
Zuschauer: 20.000
Tore: 1:0 (69.) Sabath.
Aufstellung: Schumacher, Pott, Schnellinger, F. Breuer, C. Breuer, Sturm, Habig, Schäfer, Müller, Ripkens, Stollenwerk.

05.02.1961 TSV Marl-Hüls - 1. FC Köln 1:1 (1:0),
Zuschauer: 10.000
Tore: 1:0 (22.) Serschen, 1:1 (54.) Sturm.
Aufstellung: Schumacher, Stollenwerk, Schnellinger, C. Breuer, Wilden, Pott, Ripkens, Schäfer, Müller, Sturm, Habig.

11.02.1961 1. FC Köln - Duisburger SpV 6:0 (2:0)
Zuschauer: 7.000
Tore: 1:0 (27.) Müller, 2:0 (33.) Wacker (E.), 3:0, 4:0 (53., 63.) Thielen, 5:0 (75.) Ripkens, 6:0 (84.) Breuer.
Aufstellung: Schumacher, Stollenwerk, Schnellinger, C. Breuer, Wilden, Sturm, Thielen, Schäfer, Müller, Ripkens, Habig.

19.02.1961 Alemannia Aachen - 1. FC Köln 0:3 (0:2)
Zuschauer: 28.000
Tore: 0:1 (12.) Schäfer, 0:2 (25.) Müller, 0:3 (66.) Habig.
Aufstellung: Ewert, Stollenwerk, Schnellinger, C. Breuer, Wilden, Sturm, Thielen, Schäfer, Müller, Ripkens, Habig.

26.02.1961 1. FC Köln - Viktoria Köln 2:0 (0:0)
Zuschauer: 35.000
Tore: 1:0 (58.) Sturm, 2:0 (76.) Habig.
Aufstellung: Schumacher, Stollenwerk, Schnellinger, F. Breuer, Wilden, Sturm, Thielen, C. Breuer, Müller, Ripkens, Habig.

05.03.1961 SC Preußen Münster - 1. FC Köln 0:3 (0:2)
Zuschauer: 25.000
Tore: 0:1 (13.) Müller, 0:2 (22.) Ripkens, 0:3 (53.) Habig.
Aufstellung: Ewert, Stollenwerk, Schnellinger, C. Breuer, Wilden, Sturm, Thielen, Schäfer, Müller, Ripkens, Habig.

12.03.1961 1. FC Köln - Westfalia Herne 4:2 (2:0)
Zuschauer: 40.000
Tore: 1:0 (23.) Schäfer, 2:0 (41.) Ripkens, 3:0 (60.) Schäfer, 3:1, 3:2 (71., 75.) Overdieck, 4:2 (88.) Thielen.
Aufstellung: Ewert, Stollenwerk, Pott, C. Breuer, Wilden, Sturm, Thielen, Schäfer, Müller, Ripkens, Habig.

19.03.1961 Rot-Weiß Oberhausen - 1. FC Köln 0:0,
Zuschauer: 30.000
Aufstellung: Ewert, Stollenwerk, Pott, C. Breuer, Wilden, Sturm, Thielen, Schäfer, Müller, Ripkens, Habig.

03.04.1961 1. FC Köln - VfL Bochum 1:0 (0:0)
Zuschauer: 30.000
Tor: 1:0 (57.) Schäfer.
Aufstellung: Ewert, Stollenwerk, Schnellinger, C. Breuer, Wilden, Sturm, Thielen, Schäfer, Müller, Ripkens, Habig.

08.04.1961 1. FC Köln - Rot-Weiß Essen 6:1 (1:1)
Zuschauer: 20.000
Tore: 1:0 (05.) Müller, 1:1 (14.) Gorgs, 2:1 (63.) Müller, 3:1 (67.) Sturm (HE), 4:1 (70.) Schäfer, 5:1 (73.) Ripkens, 6:1 (87.) Thielen.
Aufstellung: Ewert, Stollenwerk, Schnellinger, C. Breuer, Wilden, Sturm, Thielen, Schäfer, Müller, Ripkens, Habig.

16.04.1961 Borussia Dortmund - 1. FC Köln 3:3 (2:1)
Zuschauer: 43.000
Tore: 1:0 (13.) Cyliax, 1:1 (33.) Müller, 2:1 (36.) Schütz, 2:2 (54.) Schäfer, 2:3 (61.) Müller, 3:3 (64.) Kelbassa (FE).
Aufstellung: Ewert, Stollenwerk, Schnellinger, C. Breuer, Wilden, Sturm, Thielen, Schäfer, Müller, Ripkens, Habig.

24.04.1961 1. FC Köln - Meidericher SpV 3:0 (1:0)
Zuschauer: 15.000
Tore: 1:0, 2:0 (27., 74.) Schäfer, 3:0 (86.) Thielen.
Aufstellung: Ewert, Stollenwerk, Schnellinger, C. Breuer, Wilden, Sturm, Thielen, Schäfer, Ripkens, Müller, Habig.

30.04.1961 Borussia M'gladbach - 1. FC Köln 2:3 (1:2)
Zuschauer: 35.000
Tore: 0:1 (02.) Dresbach (E.), 1:1 (20.) Kohn, 1:2 (28.) Müller, 2:2 (60.) Brungs, 2:3 (85.) Thielen.
Aufstellung: Ewert, Stollenwerk, Schnellinger, C. Breuer, Wilden, Sturm, Thielen, Schäfer, Müller, Ripkens, Habig.

13.05.1961 1. FC Köln - SV Sodingen 1:0 (0:0)
Zuschauer: 15.000
Tore: 1:0 (84.) Sturm.
Aufstellung: Ewert, Stollenwerk, Schnellinger, C. Breuer, Wilden, Sturm, Thielen, Schäfer, Müller, Ripkens, Habig.

WESTDEUTSCHER POKAL

Die Pokalrunde 1959/60 wird in der Spielzeit 1960/61 fortgesetzt

Viertelfinale

30.07.1960 1. FC Köln - Wuppertaler SV 6:1 (4:0)
Zuschauer: 10.000
Tore: 1:0, 2:0 (15., 21.) Müller, 3:0 (33.) Schäfer, 4:0 (37.) Müller, 4:1 (47.) Grandrath, 5:1, 6:1 (69., 75.) Wrenger.
Aufstellung: Ewert, C. Breuer, Schnellinger, Stollenwerk, Wilden, Sturm, Habig, Schäfer, Müller, Wrenger, Tas.

Halbfinale

07.08.1960 Schwarz-Weiß Essen - 1. FC Köln 0:2 (0:1)
Zuschauer: 15.000
Tore: 0:1 (31.) Thielen, 0:2 (89.) Sturm.
Aufstellung: Ewert, C. Breuer, Schnellinger, Ripkens, Wilden, Sturm, Habig, Schäfer, Müller, Wrenger, Thielen.

Finale

24.08.1960 Borussia M'gladbach - 1. FC Köln 3:1 (0:0)
Zuschauer: 40.000
Tore: 0:1 (48.) Sturm (FE), 1:1, 2:1 (51., 77.) Ulli Kohn, 3:1 (83.) Brungs.
Aufstellung: Ewert, Stollenwerk, Schnellinger, C. Breuer, Wilden, Sturm, Thielen, Ripkens, Müller, Wrenger, Neteler.
Besondere Vorkommnisse: Das Spiel wurde in Düsseldorf ausgetragen.

1. Runde

23.10.1960 BC Efferen - 1. FC Köln 1:3 (0:2)
Zuschauer: 3.000
Tore: 0:1 (03.) Tas, 0:2 (24.) Thielen, 1:2 (65.) Porz, 1:3 (78.) Wrenger.
Aufstellung: Schumacher, Pott, Neteler, Stollenwerk, C. Breuer, Sturm, Thielen, Habig, Wrenger, Tas, Müller.

2. Runde

26.12.1960 SV Schlebusch - 1. FC Köln 0:4 (0:2)
Zuschauer: 3.500
Tore: 0:1 (35.) Habig, 0:2 (36.) Schäfer, 0:3 (56.) Habig, 0:4 (63.) Müller.

STATISTIK 1960/61

Aufstellung: Ewert, Wilden, Stollenwerk, Schäfer, Müller, Sturm, Habig, Pott, Schnellinger, C. Breuer, Thielen.

3. Runde
09.04.1961 **Eintracht Gelsenkirchen - 1. FC Köln** 2:3 (0:1)
Zuschauer: 8.000
Tore: 0:1 (40.) Ripkens, 1:1 (47.) Mecke, 1:2 (53.) Sturm, 1:3 (63.) Ripkens, 2:3 (67.) Schönwälder.
Aufstellung: Ewert, Stollenwerk, Schnellinger, C. Breuer, Wilden, Sturm, Habig, Jost, Müller, Neteler, Ripkens.

4. Runde
07.05.1961 **SC Preußen Münster - 1. FC Köln** 0:3 (0:1)
Zuschauer: 8.000
Tore: 0:1 (08.) Schulz (E.), 0:2 (50.) Thielen, 0:3 (76.) Schäfer.
Aufstellung: Schumacher, Stollenwerk, Pott, C. Breuer, Sturm, Thielen, Schäfer, Ripkens, Müller, Habig, Finken.
(Die Sieger der 4. Pokalrunde waren für die Hauptrunde im DFB-Pokal qualifiziert. Die Hauptrunde 1960/61 startete erst in der Spielzeit 1961/62)

ENDRUNDE

20.05.1961 **1. FC Köln - Werder Bremen** 1:1 (1:0)
Zuschauer: 35.000
Tore: 1:0 (32.) Thielen, 1:1 (58.) Schütz.
Aufstellung: Ewert, Stollenwerk, Schnellinger, C. Breuer, Wilden, Sturm, Thielen, Schäfer, Müller, Ripkens, Habig.

27.05.1961 **1. FC Nürnberg - 1. FC Köln** 3:3 (1:1)
Zuschauer: 45.000
Tore: 1:0 (06.) Morlock, 1:1 (44.) Müller, 2:1 (50.) Morlock, 2:2 (57.) Thielen, 3:2 (77.) Morlock, 3:3 (79.) Thielen.
Aufstellung: Ewert, Schnellinger, Stollenwerk, Sturm, Wilden, Breuer, Schäfer, Ripkens, Habig, Müller, Thielen.

03.06.1961 **1. FC Köln - Hertha BSC Berlin** 3:4 (1:2)
Zuschauer: 16.000
Tore: 0:1 (06.) Taube, 1:1 (14.) Ripkens, 1:2 (42.) Faeder, 1:3 (51.) Lange, 2:3 (79.) Schäfer, 2:4 (80.) Lange, 3:4 (87.) Schäfer.
Aufstellung: Ewert, Stollenwerk, Schnellinger, C. Breuer, Wilden, Sturm, Thielen, Schäfer, Müller, Ripkens, Habig.

10.06.1961 **Hertha BSC Berlin - 1. FC Köln** 1:2 (0:0)
Zuschauer: 40.000
Tore: 0:1 (48.) Müller, 1:1 (69.) Faeder, 1:2 (83.) Müller.
Aufstellung: Ewert, Schnellinger, Stollenwerk, C. Breuer, Wilden, Sturm, Schäfer, Ripkens, Habig, Müller, Thielen.

14.06.1961 **1. FC Köln - 1. FC Nürnberg** 1:2 (1:1)
Zuschauer: 53.000
Tore: 0:1 (15.) Müller, 1:1 (29.) Müller, 1:2 (61.) Zenger.
Aufstellung: Ewert, Stollenwerk, Schnellinger, C. Breuer, Wilden, Sturm, Thielen, Schäfer, Müller, Ripkens, Habig.

18.06.1961 **SV Werder Bremen - 1. FC Köln** 1:1 (0:1)
Zuschauer: 13.000
Tore: 0:1 (27.) Müller, 1:1 (70.) Wilmowius.
Aufstellung: Ewert, Stollenwerk, Schnellinger, C. Breuer, Wilden, Sturm, Thielen, Schäfer, Müller, Ripkens, Habig.

FREUNDSCHAFTSSPIELE

03.08.1960 **1. FC Köln - Nationalmann. Kamerun** 6:2 (3:0)

13.08.1960 **1. FC Köln - Real Madrid** 4:5 (1:2)

28.09.1960 **SC Enschede - 1. FC Köln** 1:2 (1:2)

01.11.1960 **Daring Brüssel - 1. FC Köln** 1:3 (1:0)

07.12.1960 **VfL Köln 99 - 1. FC Köln** 0:9

OBERLIGA WEST 1960/61

1.	1. FC Köln (M)	79:33	42:18
2.	Borussia Dortmund	70:46	39:21
3.	FC Schalke 04	59:40	35:25
4.	Rot-Weiß Oberhausen	48:36	35:25
5.	Westfalia Herne	60:47	34:26
6.	Borussia M'gladbach	58:58	31:29
7.	Spfr. Hamborn 07	46:48	31:29
8.	Alemannia Aachen	61:61	29:31
9.	Preußen Münster	41:50	27:33
10.	Viktoria Köln	49:62	27:33
11.	Meidericher SpV	47:48	26:34
12.	TSV Marl-Hüls (N)	41:61	26:34
13.	Duisburger SpV	40:67	26:34
14.	SV Sodingen (N)	47:58	25:35
15.	Rot-Weiß Essen	32:46	24:36
16.	VfL Bochum	45:62	23:37

ENDRUNDE ZUR DEUTSCHEN MEISTERSCHAFT 1960/61

1.	1. FC Nürnberg	18:9	10:2
2.	Werder Bremen	8:11	6:6
3.	1. FC Köln	11:12	5:7
4.	Hertha BSC Berlin	9:14	3:9

Im Sommer 1961 fertigt der Kölner Künstler Hein Derichsweiler dem FC eine Bronzefigur in drei verschiedenen Größen. Sie ziert Heute noch das Geißbockheim. Auch kleinere Figuren wurden für besondere, um den Verein verdiente Personen hergestellt.

FIEBERKURVE 1960/61

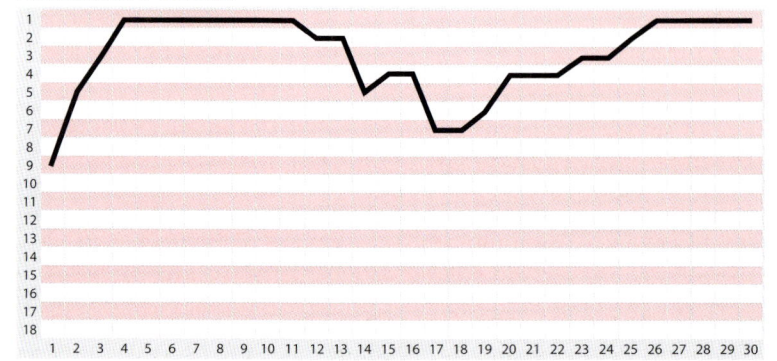

OBERLIGA- UND ENDRUNDENKADER 1960/61

Abgänge: Bisanz (Viktoria Köln), Brungs (Borussia M'gladbach), Fendel (Borussia M'gladbach), Klemm (Viktoria Köln), Knappert (SC Fortuna Köln), Mühlenbock (Viktoria Köln), Rahn (SC Enschede), Röhrig (Ende der Laufbahn)
Zugänge: Habig (Viktoria Köln), Schumacher (Tura Bonn), Wrenger (RW Essen)

Trainer: Oswald Pfau

Tor:
Ewert, Fritz 31/0
Schumacher, Anton 5/0

Feld:
Sturm, Hans 36/9
Breuer, Christian 36/5
Müller, Christian 34/23
Schnellinger, Karl-Heinz 34/0
Stollenwerk, Georg 33/0

Wilden, Leo 33/0
Schäfer, Hans 29/21
Thielen, Karl-Heinz 28/13
Habig, Ernst-Günter 27/3
Ripkens, Karl-Heinz 24/6
Wrenger, Willi 14/4
Pott, Fritz 13/0
Neteler, Otto 10/4
Tas, Coskun 5/0
Jost, Dittmar 2/0
Breuer, Fritz 2/0
Finken, Herbert 0/0

Dazu kommen Eigentore von Manfred Wacker (Duisburger SpV) und Friedel Dresbach (M'gladbach) in der Oberliga.

Die Jubiläums-Clubnachrichten.

1961/62
OBERLIGA WEST

Der große Wurf gelingt – der FC als Deutscher Meister

Die vielen Kiebitze am Geißbockheim freuten sich, beim ersten Training der neuen Saison einen alten Bekannten wiederzusehen. "Tschik" Cajkovski, bereits als Spieler beim Anhang der Geißböcke sehr beliebt, stand schon seit Januar als Nachfolger von Oswald Pfau, der zum FK Pirmasens wechselte, fest. Cajkovski hatte sich als Spielertrainer und Trainer in Israel bei Hapoel Haifa und in den Niederlanden einen Namen gemacht. Beim 1. FC Köln setzte man große Hoffnungen in den kleinen Jugoslawen, der zuletzt beim Ehrendivisionär DOS Utrecht sein Geld verdient hatte. "Tschik" kehrte an den Ort zurück, wo er seine Trainerlaufbahn an der Sporthochschule vorbereitet hatte, und unterschrieb einen Zweijahresvertrag. Als Spieler im Geißbockdress war es dem heißblütigen Südeuropäer nicht ganz gelungen, seine hohen Ansprüche zu verwirklichen. Nun konnte er in Zusammenarbeit mit Franz Kremer, mit dem er sich bereits als Aktiver hervorragend verstanden hatte, höhere Ziele in Angriff nehmen. Die Deutsche Meisterschaft hatte man als Verein mit der größten Fußballabteilung innerhalb des westdeutschen Fußballverbandes nicht aus den Augen verloren. "Tschik" war der absolute Wunschkandidat von "Boss" Kremer. "Wenn wir mit ihm nicht Deutscher Meister werden, werden wir es mit keinem Trainer", wurde der allmächtige Präsident zitiert. Sensationelle Ab- oder Zugänge suchte man vergebens. Mit Alda, Regh und Hemmersbach verpflichtete man Talente von Amateurclubs aus der Region. Im holländischen Noordwijk bezogen die Kölner samt Spielerfrauen und Kindern ein zehn Tage dauerndes Trainingslager, bei dem unter anderem durch ausgedehnte Strandläufe Kondition „gebolzt" wurde. Die Tatsache, dass der Trainer die Frauen und Kinder der Akteure im Mannschaftshotel duldete, brachte ihm schon zu Beginn seiner Tätigkeit die ersten Pluspunkte bei seinen Spielern ein. Vor allem durch Cajkovskis Initiative wurde alles noch professioneller. Viele freie Tage gab es nicht mehr, fünfmal pro Woche wurde trainiert, manchmal zweimal täglich. Für die damalige Zeit durchaus nicht die Norm. Da die meisten FC-Spieler beruflich „Narrenfreiheit" hatten, konnten sie die Zeit für das häufige Training recht einfach erübrigen. Auch fachlich verschaffte sich der ehemalige Weltklassespieler schnell Respekt. Fritz Pott erinnert sich: „‚Tschik' konnte uns mit dem Ball alles vormachen. Er legte sich 25 Meter vom Tor entfernt den Ball zurecht und haute ihn dem Fritz Ewert nach Ansage in den Winkel. Seine Technik war immer noch sensationell. Das machte Eindruck."

TRAINER UND MANNSCHAFT „BUNDESLIGAREIF"

Das Team war in seiner Zusammensetzung schon „bundesligareif". Ewert war einer der besten deutschen Torhüter, der mit dem im Vorjahr zum FC gekommenen „echten" Toni Schumacher einen starken Vertreter hinter sich hatte. Die Nationalspieler Schnellinger und Wilden agierten auf internationalem Niveau. Hinzu kamen mit Fritz Pott, Matthias Hemmersbach, der eigentlich gelernter Stürmer war, und dem mittlerweile in die Jahre gekommenen Stollenwerk erstklassige Defensivspezialisten. Hans Schäfer – Kapitän, Regisseur und Goalgetter in Personalunion, zudem verlängerter Arm des Trainers auf dem Platz – zog in seiner unnachahmlichen Art im Mittelfeld die Fäden, unterstützt von Habig, Regh, Christian Breuer und „Gries" Ripkens. Dazu der laufstarke Hansi Sturm, der bei Bedarf auch im Deckungsverbund eingesetzt wurde. Sie alle waren, mehr oder weniger, neben ihren Vorbereiterqualitäten auch immer für einen Treffer gut. In der Offensive hatte man in Thielen und Müller zwei Vollstrecker ersten Ranges. Namen, bei denen die FC-Fans noch heute ins Schwärmen geraten.

Der Pflichtspielauftakt begann verheißungsvoll. Bei der starken Frankfurter Eintracht siegte man im DFB-Pokal trotz eines 0:2-Rückstandes noch mit 3:2 nach Verlängerung. Wegen der bevorstehenden Weltmeisterschaft in Chile begannen die Punktspiele der Oberliga West bereits Anfang August. Auch um die „Deutsche" wurde 1962 aus selbem Grund nur eine einfache Endrunde gespielt. Der 1. FC Köln startete am 6. August 1961 mit einem 5:3-Heimerfolg gegen den SV Sodingen in eine seiner erfolgreichsten Spielzeiten. Mit den Sodingern taten sich die Kölner traditionell recht schwer, somit war der doppelte Punktgewinn trotz einiger Schwächen in der Defensive ein Auftakt nach Maß, auch wenn man im Spielverlauf Glück hatte, dass die Gäste wegen des Platzverweises von Flieger nur noch neun Feldspieler zur Verfügung hatten. Noch mehr Glück hatte der FC eine Woche später beim Gastspiel in Meiderich. 10.000 Zuschauer staunten nicht schlecht, als ihr

[LEGENDEN]

Karl-Heinz Schnellinger
Beim FC von 1958 bis 1963
Geboren: 31.03.1939 in Düren
Pflichtspiele beim FC: 178
Pflichtspieltore: 11

Der „Fuss" war eine Klasse für sich

Vom Straßenfußballer zum Weltklasseverteidiger – so lässt sich die Karriere von Karl-Heinz Schnellinger bezeichnen. In seiner Heimatstadt Düren kickte er als Kind mit seinen Spielkameraden in jeder freien Minute. Erst mit zwölf Jahren trat er der SG Düren 99 bei. Dort entwickelte sich Schnellinger zur herausragenden Persönlichkeit, der noch als Mitglied des seinerzeit in der zweiten Liga spielenden Dürener Clubs zum A-Nationalspieler aufstieg. Als 19-Jähriger debütierte er in Bundestrainer Herbergers Elf. Im Umfeld der WM 1958 machte Franz Kremer dem rotblonden Verteidiger einen Wechsel zum 1. FC Köln schmackhaft. Anfang August 1958 unterzeichnete der „Fuss" („fussisch": kölsch für „rothaarig") bei den Geißböcken. Beim FC formte man ihn zum Weltklassespieler, der alle Facetten des Spiels meisterlich beherrschte. Kampf, überragende Technik und perfektes Stellungsspiel gehörten ebenso zu seinem Repertoire wie offensive Qualitäten im Spielaufbau. So wurde er nicht nur bei den Geißböcken, sondern auch in der Nationalmannschaft zur Stammkraft. Bis zum Ende seiner aktiven Laufbahn bestritt Schnellinger 47 Länderspiele für den DFB. In Köln wohnte Schnellinger zusammen mit seiner Ehefrau im Haus von Präsident Franz Kremer und arbeitete nebenbei in der Geschenkartikelfirma des „Boss". Seine Zeit bei den Kölnern krönte der Abwehrorganisator mit dem Gewinn der Meisterschaft 1962 und der anschließenden Wahl zu Deutschlands „Fußballer des Jahres". Mit dem Ehrentreffer zum 1:3 beim letzten deutschen Endspiel gegen Borussia ➔

Grenzenloser Jubel nach dem 4:0 über den 1. FC Nürnberg. Der FC ist erstmals Deutscher Meister.

Dortmund verabschiedete sich Schnellinger aus der Domstadt. Die für damalige Verhältnisse unglaubliche Ablöse von 1,3 Millionen DM zahlte der AS Rom für den Publikumsliebling. Man munkelte, dass rund 300.000 DM der Transfersumme als Handgeld an den Spieler überwiesen wurden. Auch in Italien avancierte der „Dürener Jung" zum Superstar. Zunächst von Rom an den AC Mantua ausgeliehen, fand er ab 1965 beim AC Mailand seine sportliche Heimat. Innerhalb von neun Jahren holte Schnellinger mit Milan außer dem UEFA-Cup sämtliche Trophäen, die ein Vereinsspieler seinerzeit gewinnen konnte. Wie hoch sein internationales Ansehen war, belegt die Tatsache, dass der legendäre Stanley Matthews den Deutschen unbedingt bei seinem Abschiedsspiel dabeihaben wollte. 1974 kehrte der Mann, der an vier Weltmeisterschaften teilgenommen hatte, für ein kurzes Intermezzo bei Aufsteiger TB Berlin nach Deutschland zurück, konnte den Abstieg der „Veilchen" aber nicht verhindern. Nach nur einem Jahr zog es ihn wieder in seine Wahlheimat Mailand zurück. ■

MSV permanent auf das Tor des Westmeisters anrannte. Doch der tollkühne Ewert im Kölner Kasten hielt einfach alles. Und so kam es, wie es kommen musste: Als in der 56. Minute der Meidericher Schlussmann Friedhelm Jesse einen scharf hereingebrachten Flankenball nicht festhalten kann, staubt der junge Hemmersbach ab und markiert den Siegtreffer für die Gäste. Richtig eingespielt war das Kölner „Starensemble" aber noch nicht, denn nur drei Tage nach dem glücklichen Sieg beim MSV schied man nach einem 2:3 im Bremer Weserstadion gegen den späteren Pokalsieger verdientermaßen aus dem DFB-Pokalwettbewerb aus. „Tschik" experimentierte zu Beginn seiner Amtszeit sowohl in Sachen Aufstellung als auch im taktischen Bereich, Hemmersbach und Regh wurden beispielsweise zunächst im

Offensivverbund eingesetzt. So dauerte es seine Zeit, bis es beim FC richtig „rund" lief. Nach einem mühsamen 3:2 in Müngersdorf gegen RW Oberhausen setzte man sich an die Tabellenspitze. Schon am 4. Spieltag mussten die Geißböcke die erste Saisonniederlage hinnehmen. Ausgerechnet beim ungeliebten Rheinrivalen und frischgebackenen Aufsteiger Fortuna Düsseldorf setzte es eine empfindliche 1:4-Schlappe. Im 21. „Karnevalsderby" war es erst der 4. Sieg für die Landeshauptstädter. Nach dieser Pleite war Cajkovski als Psychologe gefragt, zumal mit dem Gastspiel auf dem gefürchteten Aachener Tivoli ein weiteres schweres Auswärtsspiel anstand. Der Ausfall der Leistungsträger Sturm und Schäfer, der sich bereits am 1. Spieltag eine Leistungszerrung zugezogen hatte, wog schwer. Dennoch besiegte man die

Schwarz-Gelben mit 4:2. Auch die folgenden drei Oberligabegegnungen entschied der FC zu seinen Gunsten, obwohl sich bei der Partie beim Duisburger SV mit Leo Wilden (Armbruch) eine weitere wichtige Stütze schwer verletzte. Erst am 1. Oktober 1961 bezog man beim 1:2 in Herne die zweite Niederlage und konnte auch im achten Versuch am Schloß Strünkede nicht gewinnen.

ERSTMALS INTERNATIONAL

Am 27. September 1961 kam es unter den Flutlichtstrahlern des Müngersdorfer Stadions zu einer historischen Premiere: Zum ersten Mal seit der Clubgründung bestritt der 1. FC Köln ein Spiel in einem internationalen Wettbewerb. Kein Geringerer als das berühmte Inter Mailand war der Gegner im Messepokal. Der 1955 ins Leben gerufene

Der offizielle Meisterwimpel des DFB wird heute im FC-Museum ausgestellt.

Vergleich der Messestädte war ein Vorläuferwettbewerb des 1971 eingeführten UEFA-Cups, an dem noch im Vorjahr die Kölner Stadtmannschaft, bestehend aus Akteuren des FC und der Viktoria, teilgenommen hatte. Dass nun die Geißböcke und nicht die Viktoria die Stadt Köln vertreten sollten, sorgte im Lager der Rechtsrheinischen für verständlichen Ärger. „Man hat uns ausgebootet", empörten sich die Viktorianer. Jedoch war der FC der seit Jahren eindeutig erfolgreichere Club der Domstadt, und das Exekutivkomitee drängte darauf, dass nur die stärksten Vereinsmannschaften ihre jeweilige Stadt vertreten sollten. Pikant: In diesem Komitee waren unter anderem Hermann Schmaul, seines Zeichens Fußballobmann des Kreises Köln und Ehrenmitglied des Geißbockclubs, sowie Degenhard Wolf, Schiedsrichterobmann des DFB und Schwiegervater von FC-Kapitän Hans Schäfer.
So gewannen die Sülz-Klettenberger nicht nur zusätzliches internationales Renommee, sondern auch lukrative Einnahmen, denn der Auftritt der „Interisti" lockte gut 40.000 Besucher ins Stadion. Den ersten Dämpfer mussten die Italiener schon bei ihrer Ankunft in Köln hinnehmen. Wegen einer Messe waren sämtliche Luxushotels der Domstadt restlos ausgebucht. So mussten die nur an beste Häuser gewöhnten Gäste sich wohl oder übel in der WFV-Sportschule in Duisburg-Wedau einlogieren. Als am Spieltag die Mailänder Aufstellung bekannt gegeben wurde, pfiffen sich die enttäuschten Zuschauer die Seele aus dem Leib. Der Grund hierfür war, dass die Blau-Schwarzen nur mit einer besseren Reservemannschaft aufliefen. Stars wie den Spanier Luis Suarez (früher FC Barcelona) oder den Engländer Gerry Hitchens (früher Aston Villa) suchte man auf dem Platz vergebens, sie sollten offensichtlich für das in der Heimat bevorstehende Derby mit dem AC Mailand geschont werden. Die verdiente Quittung hierfür bekam der italienische Tabellenführer um Coach Helenio Herrera von den Gastgebern auf dem Spielfeld serviert. Nach einem sehenswerten 4:2 der Heimmannschaft, die sich auch durch einen fünfminütigen Ausfall des Flutlichts nicht aus dem Konzept bringen ließ, musste Inter geschlagen den Rückweg über die Alpen antreten.

IN DER „KATHEDRALE" DES FUSSBALLS

Entsprechend gespannt war man auf das Rückspiel, dass am 11. Oktober 1961 in der Hauptstadt der Lombardei ausgetragen wurde. Mannschaft und Begleitung reisten per Zug nach Mailand. Im ständig rumpelnden Schlafwagen hatte niemand ein Auge zugetan. Der Morgenkaffee in der Villa d'Este am landschaftlich reizvollen Comer See, seinerzeit Treffpunkt der europäischen Aristokratie, entschädigte für die strapaziöse Anreise. Alles war von den Gastgebern perfekt organisiert worden. Selbst Torwart Fritz Ewert, der in der Nacht mit starken Zahnschmerzen zu kämpfen hatte, wurde von einem eigens herbeigerufenen Dentisten von seinem Leiden befreit. Noch aufopferungsvoller verlief die Fahrt vom Rhein nach Milano für fünf kölsche Schlachtenbummler. Sie waren mit dem Auto 20 Stunden lang unterwegs. Der offiziellen Kölner Delegation hatten sich auch fünf Stadträte angeschlossen, die das berühmte San-Siro-Stadion genauer unter die Lupe nehmen wollten, denn in der Heimat diskutierte man seit einigen Jahren über einen Stadionneubau. Da stellte die damals über rund 100.000 Sitzplätze verfügende „Kathedrale" des Fußballs das perfekte Anschauungsobjekt dar. Mit 30.000 Zuschauern war die Arena beim Spiel selbst nur zu knapp einem Drittel gefüllt. Überschattet wurde die Begegnung vom schlechten Schiedsrichter Skoric aus Jugoslawien, der alle noch so regelwidrigen Tricks der italienischen Profis durchgehen ließ. Die gastfreundlichen Italiener hatten den Schiri beim Bankett am Tag zuvor mit einer goldenen Uhr beehrt, was den Kölnern übel aufgestoßen war. Hemmersbach wurde wegen angeblichen groben Foulspiels an Suarez des Platzes verwiesen, das 2:0 resultierte aus einem Strafstoß, obwohl das Handspiel von Regh vor dem 16-Meter-Raum stattgefunden hatte. Trainer Cajkovski spurtete nach der Partie über den ganzen Platz, um dem Unparteiischen und Landsmann gehörig die Meinung zu geigen. Trotzdem war der 2:0-Sieg der pausenlos anrennenden Hausherren unter dem Strich verdient.
Dieses Resultat machte ein Entscheidungsspiel auf „neutralem" Platz notwendig. Nach Zusicherung eines Anteils von 55.000 DM an den Einnahmen stimmte der FC aus wirtschaftlicher Vernunft zu, das dritte Spiel am 25. Oktober 1961 erneut in Mailand auszutragen. Den Kölnern blieb nur der finanzielle Gewinn. Sportlich verlor man deutlich mit 3:5. Schon nach 45 Minuten lag man aussichtslos mit 1:4 zurück. Durch die raue Gangart der Gäste schieden Suarez und Torwart Bugatti auf Seiten der Mailänder aus, dennoch geriet der Sieg nie ernsthaft in Gefahr. So war das Abenteuer europäischer Wettbewerb bereits nach der ersten Runde beendet.

[Interessantes & Kurioses]

■ Festlich begeht der 1. FC Köln sein Vereinsjubiläum. Fast genau 60 Jahre nach der Gründung des Vorgängerclubs KBC finden am 22. Juli 1961 die Feierlichkeiten statt. Den Auftakt bildet eine Morgenfeier im Geißbockheim, bei der unter anderem Dr. Wilhelm Sälter, Vorsitzender der deutschen Sportjugend, und Franz Kremer die Festreden halten. Viel Prominenz aus Politik, Wirtschaft und Sport, darunter Bundestrainer Sepp Herberger, befindet sich unter den rund 300 geladenen Gästen. Die berühmte Bronzeplastik von Geißbock Hennes, erschaffen vom Kölner Künstler und Bildhauer Hein Derichsweiler, die noch heute am Treppenaufgang des Geißbockheims steht, wird erstmals der Öffentlichkeit präsentiert. Zum Jubiläumsspiel, das auch gleichzeitig den Saisonauftakt 1961/62 bedeutet, tritt der FC am Nachmittag in Müngersdorf gegen den bulgarischen Meister ZSKA Sofia an (Endstand 4:0 für den FC). Im „Gürzenich", der „guten Stube Kölns", findet, begleitet vom bekannten Orchester Kurt Edelhagen, die Abendgala statt. Im Vorfeld der Feierlichkeiten hatte der Vorstand die Mitglieder zu Spenden für die kostenintensiven Veranstaltungen gebeten. Dem Anlass entsprechend erscheint pünktlich zum Festtag eine edle, ➔

Europapokalpremiere für den FC im Sept./Okt. 1961 gegen Inter Mailand. Seltenes Erinnerungsstück an dieses Ereignis ist die dazugehörige Eintrittskarte.

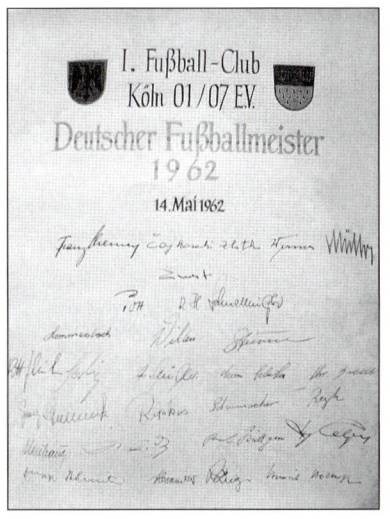

Eintrag der Meistermannschaft ins goldene Buch der Stadt Köln.

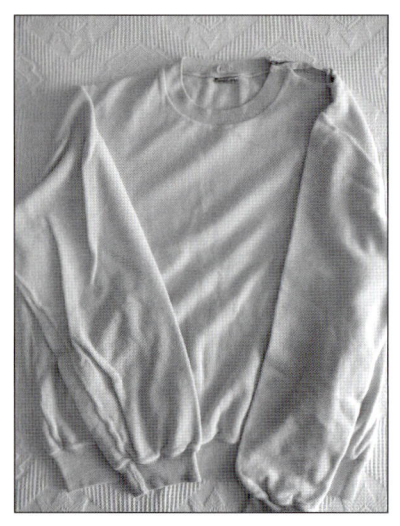

Heute undenkbar, damals Normalität: Mit diesem Nickipullover bestritt FC-Torwart Fritz Ewert das Endspiel um die Deutsche Meisterschaft. Der Pullover befindet sich noch im Besitz der Familie Ewert.

in Leinen gebundene Festschrift mit dem Titel „60 Jahre 1. FC Köln". Auch die am Jubiläumstag gehaltenen Festreden werden später in einem Sonderheft des FC für die Nachwelt festgehalten. Neben der „Hauptfeier" veranstaltete man auch noch einen „Herrenabend" sowie ein Altherrenfußballturnier.

„HEUTE SPILLEN MANNSCHAFT FUSSBALL"

In der Meisterschaft lief es besser. Nur vier Tage nach dem Aus im Messepokal wurde Borussia Mönchengladbach auf eigenem Platz mit 1:6 vernichtend geschlagen. Thielen zeigte sich in blendender Verfassung, erzielte nicht nur einen lupenreinen Hattrick, sondern die ersten vier Treffer im Alleingang. Mit seinem Gegenspieler Friedhelm Frontzeck (sein Sohn Michael schnürte später ebenfalls die Fußballstiefel für die Fohlen) machte der blonde Angreifer, was er wollte. Der Gladbacher Nationalspieler Albert Brülls sprach nachher im Kicker von einem „Klassenunterschied". 44.000 Besucher wollten sich am 5. November 1961 bei sonnigem Herbstwetter das Spitzenspiel zwischen dem Tabellenführer aus Köln und dem Dritten Schalke 04 nicht entgehen lassen. Am Ende jubelten nur die gut 5.000 mitgereisten Anhänger aus Gelsenkirchen, denn ihre Elf siegte glücklich durch ein Tor des bereits 35 Lenze zählenden Berni Klodt.

Es sollte bis zum Saisonende die einzige Heimpleite bleiben, und schon eine Woche nach der unglücklichen Niederlage gegen die Königsblauen versöhnte man die Fans mit einem famosen 4:0-Auswärtssieg bei Borussia Dortmund. Der überragende Schnellinger schoss nicht nur das 1:0 selbst, sondern gab zu zwei weiteren Toren die Vorlagen. Der TSV Marl-Hüls musste, wie schon im Vorjahr, sechs Gegentore in Müngersdorf einstecken. Mit einer 0:1-Auswärtsniederlage bei Preußen Münster beendete der Westmeister die Hinrunde. Nachdem Schnellinger schon zur Halbzeit angeschlagen draußen bleiben musste, konnte der FC das in der 53. Minute gefallene Tor der Gastgeber nicht mehr egalisieren. Mit nur zehn Mann war gegen die kampfstarken Münsteraner, die von der fanatischen Kulisse im ausverkauften Preußen-Stadion angetrieben wurden, an diesem Tag kein Kraut gewachsen. Traditionell lagen dem FC hart agierende, kämpfende Mannschaften weniger als solche, die „mitspielten", wie es beispielsweise in Dortmund der Fall gewesen war. Viele Gegner versuchten den in der Regel technisch und spielerisch überlegenen Kölnern durch übertriebene Härte den Schneid abzukaufen.

Schon am 10. Dezember 1961 begann mit dem Auswärtsspiel im Glückauf-Stadion beim SV Sodingen die Rückrunde. Die bemitleidenswerten Sodinger blieben auch im 16. Spiel hintereinander ohne Sieg und verloren glatt mit 1:5. Daran änderte auch der Umstand, dass Wilden die letzten Minuten nach einer Platzwunde an der Augenbraue mit einem „Turban" spielen musste, nichts. Schnellinger mischte nach seiner Verletzung in Münster wieder mit und führte gekonnt Regie. Auf dem hart gefrorenen Boden der Müngersdorfer Hauptkampfbahn eroberte sich der FC nach einem 3:0 über den Meide-

Unvergesslicher Empfang in der Heimat. Ganz Köln war bei der Rückkehr des Meisters auf den Beinen. Stolz präsentierte Hans Schäfer auf dem Neumarkt der jubelnden Masse die Schale.

richer SV die Tabellenspitze zurück, nur um sie eine Woche später durch ein 1:4 in Oberhausen wieder zu verspielen. Bei minus sieben Grad zitterten Akteure und Zuschauer um die Wette. Das vierte Tor für die Gastgeber erzielte übrigens kein Geringerer als „Kalli" Feldkamp, der später erfolgreich als Trainer arbeitete.

Das Niederrhein-Stadion war offenbar kein gutes Pflaster für die Domstädter, denn in acht gemeinsamen Oberligajahren konnte der FC nur eine Begegnung bei den Kleeblättern gewinnen. Die unerwartete Schlappe in Oberhausen hatte einige Anhänger verärgert, und so kamen zum prestigeträchtigen Rückspiel gegen Fortuna Düsseldorf einen Tag vor Silvester nur 11.000 Zuschauer. Die Daheimgebliebenen verpassten eine wahre Gala ihrer Mannschaft, die den Rheinrivalen mit 5:0 auseinandernahm. „Heute spillen Mannschaft Fußball. Links, rechts, in Gasse und Schuss. Da muss Abwehr von Fortuna zugucken. Aber auch Wilden in Abwehr ganz groß. Jetzt ich Oberhausen vergessen", freute sich „Tschik" nach der Partie. Da der ärgste Meisterschaftskonkurrent Schalke in Duisburg unerwartet verloren hatte, übernahm man wieder den 1. Platz in der Oberliga. Nach der gelungenen Revanche für die in der Hinrunde erlittene bittere Niederlage brauste der FC-Express mit Volldampf Richtung erneuter Westmeisterschaft.

DREIFACHER TRIUMPH IM DERBY

Aachen wurde mit 5:3 besiegt. Auch das dritte Derby der Saison gegen die Viktoria gewann der FC, diesmal mit 4:0. Das Hinspiel sowie die in der Radrennbahn ausgetragene Drittrundenbegegnung im westdeutschen Pokal hatten die Geißböcke bereits deutlich zu ihren Gunsten entscheiden können (5:0, 4:1). Selbst Hennes Weisweiler musste die Überlegenheit der Rot-Weißen eingestehen. Da war dicke Luft im Hause Weisweiler/Neubauer garantiert, denn der Viktoria Coach und der FC-Manager wohnten seinerzeit in der Müngersdorfer Belvederestraße im selben Haus. „Wenn die Viktoria mal wieder gegen uns verloren hatte, sprach der Hennes tagelang kein Wort mehr mit mir", erinnerte sich Heinz Neubauer später schmunzelnd.

Nachdem man 21 Spiele lang nicht Unentschieden gespielt hatte, teilte man sich am 22. und 23. Spieltag mit dem Duisburger SV (2:2) und Schwarz-Weiß Essen vor 35.000 am Essener Uhlenkrug (2:2) die Punkte. Peinlich war das Remis gegen den Tabellenletzten und späteren Absteiger aus Duisburg. Erst in der 87. Minute gelang Schnellinger per Gewaltschuss der erlösende Ausgleich. Durch Siege über Hamborn 07 (2:0), Westfalia Herne (4:2) und Borussia Mönchengladbach (3:0) war der Westtitel so gut wie unter Dach und Fach – auch wenn man sich vor 40.000 in der ausverkauften Glückauf Kampfbahn den Schalkern erneut beugen musste. Schalkes Angriffsführer Willi Koslowski war an diesem Tag von seinen Nationalmannschaftskollegen Wilden und Sturm nicht zu halten, der „Schwatte" erzielte beim 2:1 beide Tore für die Heimmannschaft. Im Vorfeld der Weltmeisterschaft galt es für die potentiellen Kandidaten wie Sturm, Schnellinger, Thielen und Wilden, sich besonders reinzuhängen. Nicht selten waren Bundestrainer Herberger oder sein Assistent Helmut Schön bei den Spielen der Kölner zugegen, um sich ihre „Schäfchen" anzusehen.

„DE KNOLL" ÜBERZEUGT FÜR DEUTSCHLAND UND KÖLN

Dabei rückte plötzlich ein Mann wieder in den Fokus der Nationalelf, der seit drei Jahren nicht mehr den Adlerdress getragen hatte: Hans Schäfer. Der Kapitän befand sich trotz seiner mittlerweile bereits 34 Jahre in bestechender Form und glänzte als Regisseur, Vorbereiter und Vollstrecker. Eigentlich hatte „de Knoll" 1959 seinen „Rücktritt" aus der Nationalmannschaft erklärt. Der Aufbau der privaten und beruflichen Karriere – Schäfer war für Franz Kremer in der Werbe- und Geschenkartikelbranche tätig, führte zudem erfolgreich eine eigene Tankstelle – forderte neben der Aufgabe beim 1. FC Köln seine ganze Zeit und Aufmerksamkeit. Doch nun, im Herbst seiner Karriere, hatte sich der Geschäftsmann eine sichere Existenz aufgebaut. Sport und Beruf hielten Schritt. In einem Interview Anfang März mit der *Kölnischen Rundschau* ließ Schäfer dann die Katze aus dem Sack. „Wenn man mir eine Chance gibt, bei der Weltmeisterschaft 1962 in Chile zu spielen, dann bin ich bereit!" Interessant war auch diese Aussage des kölschen Spielführers: „Sie wissen, dass ich nur mäßig trinke und rauche, aber darauf kann ich auch von heute auf morgen verzichten." Schäfer war bereit, und Herberger ließ sich die Chance, seinen „alten Bekannten" zu reaktivieren, nicht entgehen, nominierte ihn direkt zu einem Testspiel des A-Nationalteams gegen eine „B-Nationalauswahl". Der Kölner überzeugte bei seiner Rückkehr vollends. Am 11. April 1962 dann das „richtige" Comeback. Beim 3:0 der deutschen Elf in Hamburg gegen Uruguay erzielte er das zwischenzeitliche 2:0 und lieferte im 35. Länderspiel eine Glanzleistung ab. Anschließend war sich nicht nur die rheinische Presse weitgehend darüber einig, dass Schäfer mit nach Chile musste. Auch der erneute Gewinn der Westdeutschen Meisterschaft war nicht zuletzt das Verdienst des Kölner Regisseurs. Nach einer Punkteteilung mit dem BVB (0:0) am 28. Spieltag wurde am Geißbockheim zwar noch einmal gezittert, da Verfolger Schalke nur zwei Punkte zurücklag, doch nach dem absolut souveränen 5:2-Auswärtserfolg in Marl-Hüls war der Titel praktisch gewonnen. Sportlich fair erkannten die 12.000 Zuschauer im Hülser Jahnstadion die erstklassige Leistung der Gäste an. Nach dem Schlusspfiff gab es lang anhaltenden Applaus für den alten und neuen Meister. TSV-Marl-Hüls-Spielführer Jupp Ptaczinski überreichte Hans Schäfer einen Gratulationsblumenstrauß. Heinz Sewina, Trainer der Gastgeber, brachte es nach der Partie auf den Punkt: „Der 1. FC Köln ist eine Klassemannschaft, die beste im Westen. Unsere Mannschaft hatte keine Chance." So reichte im letzten Spiel der Saison ein 4:4-Remis gegen Preußen Münster auf eigenem Platz.

■ FC-Spieler Karl-Heinz Thielen beginnt ein Volkswirtschaftsstudium an der Universität Köln. Seine „Studentenwohnung" befindet sich im Geißbockheim, was dem Juniorennationalspieler lange Wege zum Training erspart.

■ Der 1. FC Köln stiftet als Beihilfe zu den Arzt- und Krankenhauskosten für den erkrankten Hürdenweltrekordler Martin Lauer (ASV Köln) einen Betrag von 2.000 DM aus dem Erlös des Messepokalheimspiels gegen Inter Mailand.

■ Am 14. Februar 1962 spielt eine Mannschaft aus 1. FC Köln und Borussia Mönchengladbach (!), in der die Borussen allerdings nur durch Mülhausen und Torwart Dresbach – der ab der 74. Minute für den verletzten Ewert zum Einsatz kommt – vertreten sind, gegen eine DFB-Auswahl. Vor 35.000 Zuschauern in Müngersdorf gewinnt die „Nationalmannschaft" glücklich mit 3:2.

■ Die von Martin Hirche trainierten und von Abteilungsleiter Karl-Heinz „King" Schäfer hervorragend geförderten FC-Amateure schaffen ihren bis dato größten Erfolg: Den Aufstieg in die Verbandsliga, der seinerzeit höchsten Amateurklasse. Als Anerkennung wird der kompletten Mannschaft samt Betreuern die Flugreise zum Endspiel um die Deutsche Meisterschaft nach Berlin spendiert. Die erfolgreichen Aufsteiger: Christian Meyer, Helmut Roth, Paul Zimmermann, Walter Schneider, Manfred Röhrig, Theo Hass, Helmut Reichow, Paul Eich, Klaus Cziezeit, Willi Rumor, Christian Nickisch (Kapitän), Heinz Türck und Jürgen Reitz.

■ Zum Endrundenspiel gegen Eintracht Frankfurt organisiert die *Kölnische Rundschau* erneut einen Fan-Sonderzug. Mit insgesamt 14 Waggons inklusive Sambawagen, in denen rund 1.000 Anhänger

Auch dem Kicker war die Meisterschaft der Geißböcke die Titelseite wert.

Platz finden, ist dies der größte Fußballsonderzug in der bisherigen Geschichte der Bundesbahn. Bereits acht Tage später wird dieser Rekord bereits eingestellt: Ein noch größerer Zug setzt sich in Richtung Hannover zur Partie gegen den HSV in Bewegung.

■ Wegen der DFB-Auflagen und des hohen Alters von zwölf Jahren verzichtet Geißbock „Hennes" auf die Fahrt zum Endspiel nach Berlin.

■ Nach dem 51. deutschen Endspiel ist der 1. FC Köln der 50. deutsche Meister, da im Jahre 1922 der Titel nicht vergeben wurde.

■ Mannschaft und Vorstand tragen sich nach dem Gewinn der deutschen Meisterschaft ins goldene Buch der Stadt Köln ein. Die Siegerelf hat sich dabei etwas Besonderes ausgedacht: Sie schreibt ihre Namen in der Berliner Spielformation auf die Doppelseite.

■ Lieselotte Kremer, Ehefrau von FC-Boss Franz Kremer, verziert aus Freude über den Titelgewinn den Bürgersteig vor der FC-Gaststätte „Dörper" an der Berrenrather Straße mit roter und weißer Farbe, was ihr eine Anzeige des Ordnungsamtes einbringt. Diese wird aber später zurückgezogen und nur eine „Ermahnung" ausgesprochen.

■ Nette Geste der Stadt Hannover: Auf dem Rückflug von Berlin lässt man die siegreiche Mannschaft durch den Piloten grüßen, als das Flugzeug sich gerade über der niedersächsischen Landeshauptstadt befindet.

■ Am 13. Dezember 1961 eröffnet FC-Spieler Hans Sturm in der Neuenhöfer Allee/Ecke Hermeskeiler Straße eine „Gasolin"-Tankstelle. Fritz Ewert wird im Mai

Der Spielausschussvorsitzende des WFV überreichte den glücklichen Kölnern den Meisterkranz.

Der FC war eine Klasse für sich und hatte erneut eine Saison der Rekorde hingelegt. Man schoss zu Hause (49) und auswärts (40) die meisten Tore und schaffte mit insgesamt 89 Treffern eine Zahl, die in den vergangenen 15 Oberligajahren nur von Fortuna Düsseldorf in der Spielzeit 1958/59 erreicht wurde. An insgesamt 20 von 30 Spieltagen hieß der Tabellenführer 1. FC Köln. Nur 15 Spieler kamen in den Meisterschaftsspielen zum Einsatz, sieben von ihnen in der Position des Mittelstürmers: Müller (11-mal), Regh (10-mal), Hemmersbach (3-mal), Christian Breuer, Schäfer (je 2-mal), Habig und Stollenwerk (je einmal). „Mädchen für alles" war Ernst-Günter Habig. Er kam nicht nur auf allen Verteidiger-, sondern auch auf sämtlichen Offensivpositionen zum Einsatz. Thielen wurde mit 24 Toren Vize-Torschützenkönig der Oberliga West, hinter dem Essener Rummel. Torwart Ewert war gewohnt zuverlässig und hatte in Toni Schumacher einen ordentlichen Stellvertreter. Die Läuferreihe Sturm, Wilden und Schnellinger war zweifellos die beste in Deutschland. Vor allem Schnellinger stach heraus. Längst waren italienische „Spione" und Spieleragenten auf ihn aufmerksam geworden. Doch noch konnte der Nationalspieler in Köln gehalten werden…

EINE STARKE ENDRUNDE

Entspannt und der eigenen Stärke bewusst ging das Team um Trainer Cajkovski in die bevorstehenden Endrundenspiele. Bei der nur einfachen Endrunde war ein guter Start besonders wichtig – gegen Auftaktgegner Eintracht Frankfurt zählte also nur ein Sieg. 65.000 Zuschauer im proppevollen Waldstadion wurden am Karsamstag Zeuge des 3:1-Erfolgs über den Südmeister aus der Hessenmetropole. Nachdem es zur Halbzeit durch Tore von Kreß und Habig 1:1 gestanden hatte, erzielte Thielen unmittelbar nach der Pause innerhalb von 180 Sekunden die beiden entscheidenden Treffer. Trotz optischer Überlegenheit der

Gastgeber, vor allem in der 1. Hälfte, hatte man die Eintracht eiskalt ausgekontert. Ein taktischer Schachzug von Cajkovski hatte den Erfolg gebracht: Er hatte in der Kabine Stollenwerk zurückbeordert auf die Position des rechten Verteidigers und Schnellinger auf die offensivere Läuferposition gestellt.

Nach dem enorm wichtigen Auftaktsieg galt es nun nachzulegen. In der „neutralen Runde" war am 28. April 1962 das Niedersachsenstadion in Hannover Schauplatz der zweiten Endrundenpartie gegen den HSV.

Die Kölner hatten nichts dem Zufall überlassen und eigens an der Lüneburger Heide, genauer gesagt in Mellendorf am Lönssee, ein Trainingsquartier bezogen. In der Abgeschiedenheit des Hotels „Schwanenwik" konnte man sich von Mittwoch bis Samstag ganz auf das entscheidende Spiel vorbereiten. Eine eiserne Kette vor der Hoteleinfahrt machte deutlich, dass weder die vielen Autogrammjäger noch sonst jemand im Lager der Geißböcke erwünscht war. So bekam die Mannschaft vom Trubel, der rund um die Begegnung in der niedersächsischen Hauptstadt herrschte, nichts mit.

Für Ärger hatte lediglich die Kartenverteilung durch den DFB gesorgt. Nur 6.177 Tickets (darunter 3.000 Stehplätze) standen dem FC zur Verfügung. Sie gingen weg wie die berühmten warmen Semmeln. Viele Schlachtenbummler reisten somit ohne Karte nach Hannover – bis zu 200 DM wurden auf dem Schwarzmarkt für eins der begehrten Billets geboten. Selbst FC-Pressewart Hans-Gerhard König wurde ein „unmoralisches Angebot" gemacht. Doch der gebürtige Norddeutsche war dafür nicht zu haben und entgegnete trocken: „Meine Karte ist für 1.000 DM nicht zu haben."
„Nur" insgesamt knapp 8.000 Anhänger des 1. FC Köln befanden sich unter den 76.000 Zuschauern in der restlos ausverkauften Arena. Matthias Hemmersbach kommentierte die „Länderspielkulisse" so: „Ich habe mich nicht getraut, nach oben zu gucken." Auch der „Vater des Wirtschaftswunders", Ludwig Erhard, und

Sepp Herberger waren Augenzeugen des Vergleichs. Der Rest des „neutralen" Publikums stand auf Seiten des HSV. In der Presse war bereits von einem „vorweggenommenen Endspiel" die Rede. Vor allem das Duell der Nationalspieler Uwe Seeler und Leo Wilden stand im Fokus.

Der FC begann furios und war in der 1. Hälfte die klar bessere Mannschaft. Aus den zahlreichen Chancen konnte man aber kein Kapital schlagen. In der 2. Halbzeit drückten die Hanseaten aufs Tempo, und die Kölner hielten im kämpferischen „Pokalstil" dagegen. Wilden legte Seeler regelrecht an die Kette, war der ständige „Schatten" des Hamburger Goalgetters. Da halfen auch die lauten „Uwe, Uwe"-Sprechchöre, die während des gesamten Spiels im Stadion zu hören waren, nichts. Der gefährliche Dörfel war bei Pott in den besten Händen. Und wenn doch mal ein Schuss aufs Tor kam, war der bärenstarke Ewert, der nach dem Spiel auf den Schultern der Fans vom Platz getragen wurde, zur Stelle. Der Angriff der Norddeutschen war praktisch lahm gelegt. Dennoch fiel erst in der 79. Minute die Entscheidung: Den zwölften Eckball der Kölner, von Schäfer getreten, bekam HSV-Keeper Schnoor nicht zu fassen. Per Kopf war Christian Müller zur Stelle und markierte den 1:0-Siegtreffer. Mit einem Bein stand der 1. FC Köln bereits im Endspiel.

In der letzten Endrundenpartie, diesmal vor heimischem Publikum, trat man gegen den bereits ausgeschiedenen FK Pirmasens an. Die Pfälzer, die vom ehemaligen FC-Coach Oswald Pfau betreut wurden, hatten im Verlauf der Endrunde bereits gegen die Eintracht (1:8) und den HSV (3:6) hohe Niederlagen einstecken müssen. Im Kölner Lager wollte man den FKP aber keinesfalls auf die leichte Schulter nehmen, und so bezog man in der Sportschule Hennef erneut ein Trainingslager. Die Mannschaft war bis in die Haarspitzen motiviert – die volle Konzentration bis zum Schluss zahlte sich aus: Mit 10:0 wurden die bedauernswerten Pirmasenser regelrecht deklassiert. Ein pausenloser Kölner Sturmlauf auf

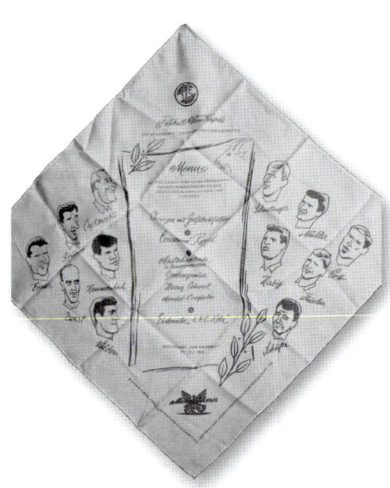

Die „Mannheimer Versicherung" stiftete den FC-Spielern zum Titel Lebensversicherungen und ein Festmahl im Geißbockheim. Zur Erinnerung erhielt jeder Akteur dieses Seidentuch.

ein Tor gegen den harmlosen Südwestvertreter führte zum von den Zuschauern frenetisch gefeierten zweistelligen Resultat. Der überragende Thielen war viermal als Torschütze erfolgreich. Anschließend herrschte in der gesamten Domstadt Karnevalsstimmung. Der 1. FC Köln hatte sich nach einer starken Endrunde mit 14:1 Toren und 6:0 Punkten völlig verdient zum zweiten Mal für das deutsche Endspiel qualifiziert. Gegner war kein Geringerer als der Rekordmeister und amtierende Titelträger 1. FC Nürnberg.

„JECK AUF FUSSBALL"

Nach einigem Gerangel im Vorfeld hatte man sich seitens des DFB für Berlin als Austragungsort des Finales um die Deutsche Meisterschaft entschieden. Zunächst sah es so aus, als hätte Stuttgart die besseren Karten, doch nicht zuletzt aufgrund der politischen Situation in der ehemaligen Reichshauptstadt bekam Berlin den Zuschlag. Durch die am 13. August 1961 auf Anordnung der DDR-Regierung erbaute „Berliner Mauer" wurde die Teilung der Stadt besiegelt. Dies hatte auch Einfluss auf das bevorstehende Endspiel, denn den vielen Fußballfreunden aus dem Ostteil Berlins war dadurch der Besuch der Veranstaltung unmöglich.

Der gesamte FC-Tross war schon am Dienstag von Köln-Wahn aus in die Spreemetropole geflogen und hatte im Haus des „Verbandes Berliner Ballspielvereine" am Kleinen Wannsee sein Trainingsquartier bezogen. In der Villa logierten zu früheren Zeiten die Barone Oppenheim und Rothschild. Nur Ernst-Günter Habig war wegen Flugangst mit dem Zug angereist. Wieder einmal hatte Franz Kremer bei der Auswahl der Unterkunft einen „Treffer" gelandet. „Dieses Haus ist so schön, dass man ohne weiteres seinen Urlaub hier verbringen könnte", fand Hansi Sturm nur lobende Worte für das idyllisch gelegene Verbandsheim. Auf dem Platz des TuS Wannsee fand man ideale Bedingungen. Hart trainiert wurde in den letzten Tagen vor dem „Showdown" aber nicht mehr. Im Gegenteil, neben Spaziergängen und Boccia spielen unternahm die komplette Mannschaft auch eine Stadtrundfahrt. Besonders beeindruckt waren die Spieler von der Berliner Mauer und der Bernauer Straße. „Am Fernsehen erhält man von diesem Schandmal doch längst nicht den gleichen traurigen Eindruck wie hier an Ort und Stelle. Man sollte es kaum glauben", zeigte sich Fritz Ewert sichtlich geschockt.

In der Heimat fieberte man dem Endspiel entgegen. Ganz Köln war „jeck" auf Fußball. Die enorme Kartennachfrage konnte nicht annähernd befriedigt werden, und auch der Verkauf von Fernsehgeräten stieg sprunghaft an, da die Partie live übertragen wurde. Das in Köln verkaufte Kartenkontingent von rund 4.500 Stück war innerhalb kürzester Zeit vergriffen. Und auch in Berlin gab es bereits Tage vor der Partie keine Sitzplatztickets mehr zu erwerben. Viele Kölner Geschäfte hatten ihre Schaufensterdekoration mit FC-Devotionalien geschmückt, und überall in der Stadt war Geißbock Hennes präsent – sei es auf Krawatten, Kölschgläsern, Wimpeln, Fahnen oder in Gestalt von Plastikfiguren, die in großen Mengen im „Kaufhof" an den Fan gebracht wurden und in Sachen Beliebtheit längst den bekannten „Drachenfels-Esel" abgelöst hatten.

Schwierig gestaltete sich für die FC-Fans die Anreise nach Berlin. Dem kölschen Schlachtenbummler-Sonderzug wurde bereits im Vorfeld von Seiten der DDR-Reichsbahn die Durchfahrt durch die „Zone" untersagt. So musste man improvisieren. Der Zug fuhr nun bis Hannover, wo die Anhänger in 20 bereitgestellten Bussen die Fahrt an die Spree fortsetzten. Unzählige Kölner reisten zudem mit dem PKW an, was zur Folge hatte, dass sich am Grenzübergang Helmstedt kilometerlange Kraftfahrzeugschlangen bildeten. Die des kölschen Dialekts nicht mächtigen „Vopos" mussten sich so einiges anhören ... Wesentlich bequemer hatten es die 580 „Edelfans", darunter Oberbürgermeister Theo Burauen und DFB-Präsident Peco Bauwens, die in insgesamt sechs Sondermaschinen per Flugzeug nach Berlin unterwegs waren. Sowohl der Fan-Sonderzug als auch die Sondermaschinen waren von der *Kölnischen Rundschau* organisiert worden. Überall in Berlin sah man Anzeichen für das bevorstehende Endspiel. Selbst auf dem Dach des berühmten Café Kranzler hatten Schlachtenbummler die FC-Fahne gehisst. Den Freitag vor dem Endspiel nutzte die Mannschaft zur Entspannung. Abends stand noch ein Kinobesuch auf dem Programm. „In den Klauen des Dr. Mabuse" lautete der „Reißer", den man sich auf der Leinwand ansah. Doch in den Köpfen der Spieler drehte sich sowieso alles nur um den morgigen Samstag.

BERLIN, 12. MAI 1962. DEUTSCHER MEISTER: 1. FC KÖLN

Am 12. Mai 1962 um 17 Uhr ist es endlich soweit. Exakt 83.212 Zuschauer im Olympiastadion – darunter der Regierende Bürgermeister Berlins, Willy Brandt, die Bundesminister Höcherl, Stücklen, Lemmer und Scheel – sowie Millionen an den Fernsehschirmen verfolgen das 51. deutsche Endspiel. Der aufstrebende FC gegen den Altmeister. Das Duell der Weltmeister Hans Schäfer gegen Max Morlock. Mit Schiedsrichter Dusch aus Kaiserslautern hat der DFB einen erfahrenen Referee mit der Spielleitung betraut. Mit den Worten „wir vergessen euch nicht" grüßt der Stadionsprecher auch die vielen Fußballfans im Osten der Stadt, die bei diesem Großereignis nicht dabei sein können. Das Publikum bedankt sich für diese Geste mit tosendem Beifall. Bei strahlendem Sonnenschein gewinnt Schäfer nach dem obligatorischen Wimpeltausch mit Morlock die Platzwahl zu seinen Gunsten.

Nachdem sich die Nürnberger, die wegen ihres glücklichen Gruppensieges über Tasmania Berlin mit einem gellenden Pfeifkonzert empfangen werden, in den ersten 15 Minuten ein leichtes Übergewicht erspielt haben, nutzt Kapitän Schäfer die erste gute Torchance der Geißböcke eiskalt aus. Nach 22 Minuten kommt er links vom Tor an den Ball, umkurvt „Club"-Keeper Wabra und schiebt die Lederkugel

Offizielles Programmheft des DFB zum Endspiel 1962.

1962 zum Tankstellenbesitzer. Seine Shell-„Tanke" befindet sich in der Rhöndorfer Straße. Auch Christian Müller und Karl-Heinz Ripkens machen sich selbständig. Während Müller das Zigarrenhaus mit Kartenvorverkauf von Jupp Röhrig in der Luxemburger Straße übernimmt, eröffnet Ripkens in der Widdersdorfer Straße eine Annahme für chemische Reinigung in der auch Zeitschriften und Toto/Lotto angeboten werden.

■ Die traditionelle Karnevalssitzung des 1. FC Köln fällt 1962 erstmals in der Vereinsgeschichte aus. Grund hierfür sind die verheerenden Katastrophen in Hamburg und im Saargebiet. Bei der Hamburger Sturmflut kamen am 16. und 17. Februar 1962 insgesamt 315 Menschen ums Leben, beim Grubenunglück in der Schachtanlage „Luisenthal" im Saarland starben 299 Bergleute.

Sonderheft der FC-Clubnachrichten zur deutschen Meisterschaft 1962.

FC-Fans vor dem Endspiel um die „Deutsche" am Berliner Olympiastadion.

Eines der zahlreichen Sonderprogramme zum Endspiel.

■ Prominenter Besuch im Geißbockheim: Der frischgebackene englische Meister Ipswich Town macht im Rahmen seiner Europatournee auch Station in Köln. Das Endspiel um die „Deutsche" verfolgt die Mannschaft von der Insel am Bildschirm im FC-Clubhaus und zeigt sich anschließend beeindruckt von der Leistung der Kölner.

■ Keine Verschnaufpause für die FC-Spieler: Während die „Chile-Fahrer" Sturm, Schäfer, Schnellinger und Wilden zur Nationalmannschaft reisen, begibt sich die restliche Mannschaft noch auf eine Freundschaftsspielreise in die Schweiz bzw. nach Frankreich. Bei den zum 1:0 ins Netz. Der Führungstreffer ist der Startschuss für ein wahrhaft meisterliches Kölner Offensivspiel. Nur vier Minuten nach dem 1:0 schließt Habig einen Blitzangriff über Schnellinger, Sturm und Müller per Kopf zum 2:0 ab. Die Ostkurve, in der die meisten FC-Fans untergebracht sind, ertrinkt im rot-weißen Fahnenmeer. „FC vor, noch ein Tor", rufen die rund 7.000 Anhänger und Sympathisanten der Geißbockelf lautstark von den Rängen. Zeitweilig geht es „hin und her", doch wenn die Süddeutschen gefährlich werden, ist der sichere Ewert oder die Abwehr um Schnellinger und Wilden zur Stelle.

In der 49. Spielminute dann die Entscheidung: Nach einem gekonnten Dribbling feuert Habig vom linken Strafraumeck aus eine seiner gefürchteten „Granaten" ab. Zu spät kommt der Nürnberger Torwart an den Ball, der bereits im Netz zappelt. Schon das zweite Tor des oft verkannten Kölner Halbrechten. Das neutrale Berliner Publikum steht mittlerweile nahezu geschlossen auf Seiten der Kölner, so begeistert der moderne, schön anzusehende Fußball der ganz in weiß spielenden Rheinländer die Massen. Permanent brandet Applaus auf, begeisterter Jubel begleitet nahezu alle Aktionen, die von den Akteuren in technischer Vollendung dargeboten werden. Auch in Sachen Laufarbeit und Athletik ist das Team aus dem Rheinland den Franken deutlich überlegen. Max Morlock, normalerweise Impulsgeber des „Club", wird von seinem Bewacher Hansi Sturm schlichtweg abgemeldet. Nach 71 Minuten setzt ausgerechnet Abwehrspieler Fritz Pott den Schlusspunkt: Nach einem Befreiungsschlag der Nürnberger kommt er in Höhe der Mittellinie an den Ball. Praktisch ungestört spurtet der Verteidiger bis vor das gegnerische Tor, zieht ab und trifft zum 4:0-Endstand. Damit wird das 3:0, das „Tschik" Cajkovski vor dem Spiel seiner Truppe prophezeit hatte, noch übertroffen. Den Kölnern bieten sich noch einige andere Gelegenheiten, sodass durchaus ein noch höheres Resultat möglich gewesen wäre.

Nach dem Abpfiff kannte der Jubel bei Spielern, Offiziellen und Fans kein Ende. Endlich war der FC auf dem Gipfel angekommen, ein neuer Name musste in die Meisterschale eingeprägt werden. Begeisterte Schlachtenbummler stürmten den Platz. Ein FC-Fan wuchtete gar ein ganzes Fass Kölsch auf den „heiligen Rasen". DFB-Präsident und FC-Ehrenmitglied Peco Bauwens überreichte die Schale an seinen kölschen „Landsmann" Hans Schäfer. Samt der Trophäe nahmen Hansi Sturm und Fritz Pott ihren Kapitän auf die Schultern. Ein Bild, das bis heute häufig in diversen FC-Publikationen präsentiert wird. Franz Kremer hatte seinen Satz: „Wollt ihr mit mir Deutscher Meister werden?", wofür er noch vor 14 Jahren belächelt worden war, in die Tat umgesetzt. Seinen Meistertrainer nahm er in die Arme, und aufmerksamen Beobachtern war nicht entgangen, dass dem kleinen Jugoslawen Freudentränen über die Wange kullerten. Es passte einfach alles zusammen. Angefangen von der Vereinsführung um „Boss" Kremer über Coach Cajkovski, dem es gelungen war, aus vielen guten Einzelspielern eine verschworene Gemeinschaft zu machen, bis hin zu „Dirigent" Hans Schäfer, der auf dem Rasen den Taktstock schwang. „Vor allem unsere erstklassige Kameradschaft untereinander war einer der Schlüssel zum Erfolg", schwärmt Fritz Pott noch heute vom damaligen Teamgeist. Sportjournalist Erich Wick brachte es im Frankfurter Neuen Sport auf den Punkt: „Das Kölner Spiel hat eine mannschaftliche Geschlossenheit, als seien 11 Spieler ein Lebewesen mit 22 Beinen; eine Kondition, die jede Anforderung spielend meistert; steiles, direktes, modernes Spiel." Im Umfeld der Mannschaft hatte man in Heinz Neubauer und dem Kölner Industriellen Fritz Hammerschmidt wertvolle Helfer. Sie waren so etwas wie Manager, Betreuer und Organisatoren rund um die Mannschaft. Die nationale Presse überbot sich förmlich an Superlativen. Da war beispielsweise vom „Kölner Profistil", „dem Hauch der künftigen Bundesliga", von „Köln gehört die Zukunft" oder von „Real Madrid vom Rhein" die Rede. Nach dem abendlichen Bankett im festlich geschmückten Saal des Restaurants der Berliner Kongresshalle, bei dem man den Spielern die goldenen Meisternadeln des DFB überreichte, ging es am nächsten Tag per Flugzeug zurück nach Köln.

Ein Kölner Geschäft hat sein Schaufenster zu Ehren des deutschen Meisters dekoriert.

GANZ KÖLN STEHT KOPF

Schon am Flughafen Köln-Wahn wurden die Mannschaft und ihre Begleiter von Tausenden Anhängern erwartet, deren allzu heiße kölsche Leidenschaft mit Wasserwerfern gekühlt werden musste. Nur mit Mühe gelang das Aussteigen aus dem Flugzeug, in das diesmal selbst Habig eingestiegen war. Um die Meisterfeier nicht zu verpassen, hatte er seine Flugangst an diesem Tage weggeschoben. Eskortiert von Polizeimotorrädern ging es in offenen VW-Käfern, alle mit dem Kölner Stadtwappen geschmückt, weiter in Richtung Stadt. Hinter dem Autokorso fuhr der Bus mit den winkenden Spielerfrauen, dazu Geißbock Hennes im eigenen Kastenwagen. Auf dem Neumarkt hatte sich bereits eine Menschenmenge von geschätzten 40.000 Personen versammelt. Nur mit Mühe verhinderte die Polizei, dass die Masse die eigens aufgebaute Bühne regelrecht platt drückte. Es war Karneval im Mai, und so riefen einige kölsche Jrielächer (Menschen, die dem Rheinländer nicht geheuer sind, da sie grinsen und nicht lachen) „Kamelle" oder „dr Zoch kütt". Um 14.30 Uhr erreichten die Spieler endlich ihr Ziel. Die Meisterschale blinkte in der Sonne, und jeder versuchte einen Blick auf die „Salatschüssel" zu erhaschen. Oberbürgermeister Theo Burauen hatte es schwer, seine kurze Dankesrede zu formulieren. Sie ging im lauten Jubel fast unter. Von so viel Euphorie angesteckt, versprach Franz Kremer via Mikrophon nun auch den Europapokal nach Köln holen zu wollen. Vom Neumarkt ging der Triumphzug weiter Richtung Geißbockheim. Viele Häuser waren mit rot-weißen Fahnen geschmückt. Dicht gedrängt wie beim Rosenmontagszug standen die Kölner Bürger Spalier. Am Geißbockheim angekommen, zogen sich Mannschaft und Offizielle zum Essen zurück, müde und hungrig nach stundenlanger Jubelfahrt durch Köln. Dennoch zeigten sich die „Helden" mehrfach auf der Terrasse, um sich frenetisch feiern zu lassen. Am und im Clubhaus, auf dessen Parkplatz zahlreiche Bier- und Würstchenstände aufgebaut worden waren, feierten rund 50.000 (!) Fans bei Kölsch, Lichtorgel und großem Feuerwerk noch bis in die frühen Morgenstunden. Vier Kapellen sorgten für Tanz in allen Räumen. Das Vereinsgelände schien förmlich aus den Nähten zu platzen. Ein würdiger Meister wurde würdig gefeiert. Heinzkarl Best, seit 1949 FC-Mitglied, der in Berlin und bei den anschließenden Feierlichkeiten von Anfang bis Ende dabei war: „Dieses Wochenende wird jeder, der es erleben durfte, niemals vergessen."

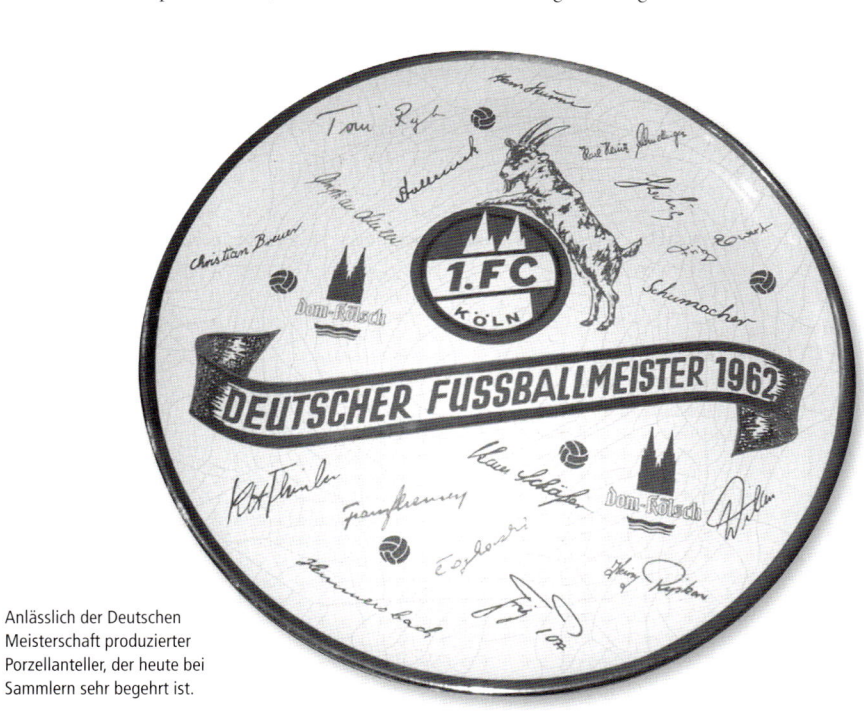

Anlässlich der Deutschen Meisterschaft produzierter Porzellanteller, der heute bei Sammlern sehr begehrt ist.

Das Endspiel-Ticket.

Spielen gegen FC Basel (4:4), Grasshoppers Zürich (4:2), Racing Straßburg (1:3) und FC Biel (7:1), werden unter anderem auch Neuzugang Helmut Benthaus und Altstar Jupp Röhrig eingesetzt.

■ In New York tritt die DFB-Auswahl gegen eine Mannschaft des „Deutsch-Amerikanischen Fußballbundes" an. Beim 7:2-Erfolg des DFB sind mit Wilden und Sturm auch zwei Kölner vertreten.

■ Jeder Spieler der Meistermannschaft erhält als Anerkennung von der Mannheimer Versicherungsgesellschaft eine Lebensversicherung. Auch Boss Franz Kremer lässt sich nicht lumpen: Er lädt Mannschaft und Betreuer samt Frauen zu einem rauschenden Gartenfest in seinem privaten Anwesen in der Kölner Franzstraße 77 ein. Bei der Gelegenheit überreicht der FC-Präsident jedem seiner Spieler eine goldene Armbanduhr sowie eine vom FC gestaltete „Meisterplakette" in Münzform.

■ 10.000 Gulden zahlt der MVV Maastricht dem FC für ein Freundschaftsspiel anlässlich des 60-jährigen Vereinsjubiläums. Die Kölner gewinnen den Vergleich deutlich mit 7:2.

■ Anlässlich des Gewinns der Deutschen Meisterschaft gibt der 1. FC Köln eine Sonderausgabe der Clubnachrichten mit dem Titel „Deutscher Fußballmeister 1962" heraus. Die Festschrift ist innerhalb weniger Wochen restlos vergriffen.

STATISTIK 1961/62

OBERLIGA WEST

06.08.1961 1. FC Köln - SV Sodingen 5:3 (3:2)
Zuschauer: 8.000
Tore: 1:0 (06.) Thielen, 1:1 (14.) Grams, 2:1 (23.) Schäfer, 2:2 (35.) Grams, 3:2 (43.) Schäfer, 4:2 (57.) Pott (FE), 4:3 (67.) Lipka, 5:3 (80.) Regh.
Aufstellung: Ewert, Stollenwerk, Pott, Hemmersbach, Wilden, Schnellinger, Thielen, Schäfer, Müller, Habig, Regh.

13.08.1961 Meidericher SV - 1. FC Köln 0:1 (0:0)
Zuschauer: 10.000
Tor: 0:1 (56.) Hemmersbach.
Aufstellung: Ewert, Stollenwerk, Pott, C. Breuer, Wilden, Schnellinger, Thielen, Hemmersbach, Müller, Habig, Regh.

20.08.1961 1. FC Köln - Rot-Weiß Oberhausen 3:2 (2:1)
Zuschauer: 17.000
Tore: 1:0 (04.) Hemmersbach, 2:0 (05.) C. Breuer, 2:1 (18.) Siemensmeyer, 2:2 (48.) Barwenzik (FE); 3:2 (54.) Pott (FE).
Aufstellung: Ewert, Stollenwerk, Pott, C. Breuer, Wilden, Schnellinger, Thielen, Ripkens, Hemmersbach, Habig, Müller.

27.08.1961 Fortuna Düsseldorf - 1. FC Köln 4:1 (1:1)
Zuschauer: 32.000
Tore: 1:0 (09.) Heiligenrath, 1:1 (13.) Hoffmann (E.), 2:1 (65.) Meyer, 3:1 (80.) Steffen, 4:1 (83.) Meyer.
Aufstellung: Ewert, Stollenwerk, Pott, C. Breuer, Wilden, Schnellinger, Thielen, Ripkens, Hemmersbach, Habig, Müller.

03.09.1961 Alemannia Aachen - 1. FC Köln 2:4 (0:1)
Zuschauer: 20.000
Tore: 0:1 (19.) Müller, 1:1 (53.) Stein, 1:2 (65.) Regh, 2:2 (73.) Stein, 2:3 (75.) Thielen, 2:4 (88.) Müller.
Aufstellung: Ewert, Stollenwerk, Pott, C. Breuer, Wilden, Schnellinger, Thielen, Hemmersbach, Müller, Ripkens, Regh.
Besondere Vorkommnisse: Ewert hält FE von Krämer.

10.09.1961 1. FC Köln - Viktoria Köln 5:0 (2:0)
Zuschauer: 35.000
Tore: 1:0 (27.) Thielen, 2:0 (45.) Schäfer, 3:0, 4:0 (53.,60.) Thielen, 5:0 (65.) Schäfer.
Aufstellung: Ewert, Stollenwerk, Pott, C. Breuer, Wilden, Schnellinger, Thielen, Schäfer, Müller, Hemmersbach, Habig.

16.09.1961 Duisburger SpV - 1. FC Köln 0:3 (0:1)
Zuschauer: 8.000
Tore: 0:1, 0:2 (19., 58.) Hemmersbach, 0:3 (68.) Schnellinger.
Aufstellung: Ewert, Stollenwerk, Pott, C. Breuer, Wilden, Schnellinger, Habig, Schäfer, Müller, Hemmersbach, Regh.

23.09.1961 1. FC Köln - Schwarz-Weiß Essen 2:0 (1:0)
Zuschauer: 16.000
Tore: 1:0 (31.) Müller, 2:0 (80.) Breuer.
Aufstellung: Ewert, C. Breuer, Pott, Sturm, Stollenwerk, Thielen, Müller, Schnellinger, Schäfer, Hemmersbach, Habig.

01.10.1961 Westfalia Herne - 1. FC Köln 2:1 (1:0)
Zuschauer: 18.000
Tore: 1:0 (36.) Pyka, 2:0 (88.) Gehlisch, 2:1 (89.) Sturm.
Aufstellung: Ewert, Habig, Regh, Sturm, Pott, Schnellinger, Thielen, Schäfer, Müller, Hemmersbach, C. Breuer.

15.10.1961 1. FC Köln - Hamborn 07 2:1 (1:0)
Zuschauer: 12.000
Tore: 1:0, 2:0 (30., 78.) Regh, 2:1 (80.) Sabath (FE).
Aufstellung: Ewert, Habig, Pott, Sturm, Stollenwerk, Schnellinger, Thielen, Schäfer, Müller, Hemmersbach, Regh.

29.10.1961 Borussia M'gladbach - 1. FC Köln 1:6 (0:3)
Zuschauer: 30.000
Tore: 0:1, 0:2, 0:3, 0:4 (10., 22., 32., 53.) Thielen, 0:5 (63.) Müller, 1:5 (85.) Brülls, 1:6 (87.) Hemmersbach.
Aufstellung: Ewert, Habig, Pott, Sturm, Stollenwerk, Schnellinger, Thielen, Schäfer, Müller, Hemmersbach, Regh.

05.11.1961 1. FC Köln - FC Schalke 04 0:1 (0:1)
Zuschauer: 44.000
Tor: 0:1 (40.) Klodt.
Aufstellung: Schumacher, Stollenwerk, Pott, Sturm, Wilden, Schnellinger, Thielen, Schäfer, Müller, Habig, Regh.
Besondere Vorkommnisse: Sturm verschießt einen FE (65.).

12.11.1961 Borussia Dortmund - 1. FC Köln 0:4 (0:1)
Zuschauer: 30.000
Tore: 0:1 (44.) Schnellinger, 0:2, 0:3 (50., 51.) Thielen, 0:4 (55.) Hemmersbach.
Aufstellung: Ewert, Habig, Pott, Sturm, Wilden, Schnellinger, Thielen, Mathias Hemmersbach, Regh, Ripkens, C. Breuer.

19.11.1961 1. FC Köln - TSV Marl-Hüls 6:1 (3:0)
Zuschauer: 11.000
Tore: 1:0 (08.) Regh, 2:0 (11.) Schnellinger, 3:0 (22.) Müller, 3:1 (58.) van Haaren, 4:1 (63.) Thielen (FE), 5:1 (75.) Habig, 6:1 (88.) Thielen.
Aufstellung: Ewert, Habig, Pott, Sturm, Wilden, Schnellinger, Thielen, Ripkens, Regh, Hemmersbach, Müller.

25.11.1961 Preußen Münster - 1. FC Köln 1:0 (0:0)
Zuschauer: 35.000
Tor: 1:0 (52.) M.Pohlschmidt.
Aufstellung: Ewert, Habig, Pott, Sturm, Wilden, Schnellinger, Thielen, Schäfer, Regh, Ripkens, Müller.
Besondere Vorkommnisse: Schnellinger schied in der zweiten Halbzeit verletzt aus. Der FC spielte nur noch mit zehn Mann weiter.

10.12.1961 SV Sodingen - 1. FC Köln 1:5 (1:2)
Zuschauer: 6.000
Tore: 0:1 (10.) Breuer, 0:2 (20.) Müller, 1:2 (25.) Wundrock, 1:3 (68.) Wilden, 1:4 (75.) Thielen,1:5 (88.) Breuer.
Aufstellung: Ewert, Habig, Pott, Sturm, Wilden, Schnellinger, Thielen, Schäfer, Regh, C. Breuer, Müller.

17.12.1961 1. FC Köln - Meidericher SV 3:0 (2:0)
Zuschauer: 8.000
Tore: 1:0 (05.) Schäfer, 2:0 (12.) Thielen, 3:0 (50.) Sturm (FE).
Aufstellung: Ewert, Habig, Pott, Sturm, Wilden, Schnellinger, Thielen, Schäfer, Regh, C. Breuer, Müller.

23.12.1961 Rot-Weiß Oberhausen - 1. FC Köln 4:1 (0:1)
Zuschauer: 11.000
Tore: 0:1 (41.) Müller, 1:1 (46.) Siemensmeyer, 2:1 (48.) Kowalski, 3:1 (60.) van Üem, 4:1 (62.) Feldkamp.
Aufstellung: Ewert, Habig, Pott, Sturm, Wilden, Schnellinger, Thielen, Schäfer, Regh, C. Breuer, Müller.

30.12.1961 1. FC Köln - Fortuna Düsseldorf 5:0 (2:0)
Zuschauer: 11.000
Tore: 1:0 (14.) Müller, 2:0 (16.) Habig, 3:0 (46.) Thielen, 4:0 (58.) Müller, 5:0 (62.) Thielen.
Aufstellung: Ewert, C. Breuer, Pott, Sturm, Wilden, Schnellinger, Thielen, Habig, Schäfer, Ripkens, Müller.

07.01.1962 1. FC Köln - Alemannia Aachen 5:3 (2:1)
Zuschauer: 14.000
Tore: 1:0 (03.) Habig, 1:1 (10.) Bergstein, 2:1 (16.) Thielen, 2:2 (49.) Frauencron, 3:2 (58.) Müller, 4:2 (60.) Habig, 4:3 (65.) Bergstein, 5:3 (73.) Schnellinger.
Aufstellung: Ewert, C. Breuer, Pott, Sturm, Wilden, Schnellinger, Thielen, Habig, Hemmersbach, Ripkens, Müller.

13.01.1962 Viktoria Köln - 1. FC Köln 0:4 (0:2)
Zuschauer: 30.000
Tore: 0:1 (20.) Ripkens, 0:2 (25.) Thielen, 0:3 (57.) Maes (E.), 0:4 (71.) Müller.
Aufstellung: Ewert, C. Breuer, Pott, Sturm, Wilden, Schnellinger, Thielen, Habig, Schäfer, Ripkens, Müller.

21.01.1962 1. FC Köln - Duisburger SpV 2:2 (1:2)
Zuschauer: 10.000
Tore: 1:0 (20.) Thielen, 1:1 (30.) Benning, 1:2 (41.) Eichholz, 2:2 (87.) Schnellinger.
Aufstellung: Schumacher, C. Breuer, Pott, Sturm, Wilden, Schnellinger, Thielen, Schäfer, Habig, Ripkens, Müller.

28.01.1962 Schwarz-Weiß Essen - 1. FC Köln 2:2 (0:2)
Zuschauer: 35.000
Tore: 0:1 (22.) Schäfer, 0:2 (40.) Müller, 1:2 (70.) Trimhold, 2:2 (85.) Rummel.
Aufstellung: Ewert, Habig, Pott, Sturm, Wilden, Schnellinger, Thielen, Schäfer, Regh, Ripkens, Müller.

25.02.1962 Hamborn 07 - 1. FC Köln 0:2 (0:0)
Zuschauer: 8.000
Tore: 0:1 (48.) Regh, 0:2 (85.) Müller.
Aufstellung: Schumacher, Habig, Pott, Hemmersbach, Wilden, Schnellinger, Thielen, Sturm, Regh, Schäfer, Müller.

28.02.1962 1. FC Köln - Westfalia Herne 4:2 (1:1)
Zuschauer: 15.000
Tore: 1:0 (16.) Koch, 1:1 (38.) Müller, 2:1 (57.) Schäfer, 3:1 (65.) Thielen, 4:1 (70.) Schäfer, 4:2 (81.) Luttrop.
Aufstellung: Schumacher, Pott, Hemmersbach, Wilden, Schnellinger, Thielen, Sturm, Regh, Schäfer, Müller.
Besondere Vorkommnisse: In der 86. Minute scheidet Sturm verletzt aus.

11.03.1962 1. FC Köln - Borussia M'gladbach 3:0 (1:0)
Zuschauer: 17.000
Tore: 1:0 (42.) Thielen, 2:0 (54.) C. Breuer, 3:0 (90.) Thielen.
Aufstellung: Schumacher, Habig, Pott, Hemmersbach, Wilden, Schnellinger, Thielen, Sturm, C. Breuer, Schäfer, Müller.

17.03.1962 FC Schalke 04 - 1. FC Köln 2:1 (1:0)
Zuschauer: 40.000
Tore: 1:0, 2:0 (14., 46.) Koslowski, 2:1 (57.) Schäfer.
Aufstellung: Schumacher, Habig, Pott, Hemmersbach, Wilden, Schnellinger, Thielen, Sturm, C. Breuer, Schäfer, Müller.

25.03.1962 1. FC Köln - Borussia Dortmund 0:0
Zuschauer: 40.000
Aufstellung: Schumacher, Habig, Pott, Wilden, Schnellinger, Thielen, Schäfer, Stollenwerk, Ripkens, Sturm.

01.04.1962 TSV Marl-Hüls - 1. FC Köln 2:5 (0:3)
Zuschauer: 12.000
Tore: 0:1 (13.) Müller, 0:2 (17.) Habig, 0:3 (21.) Schäfer, 1:3 (52.) Seil, 1:4 (70.) Thielen, 1:5 (88.) Schäfer, 2:5 (89.) Serchen (HE).
Aufstellung: Ewert, Pott, Schnellinger, Hemmersbach, Wilden, Sturm, Thielen, Habig, Müller, Schäfer, C. Breuer.

08.04.1962 1. FC Köln - Preußen Münster 4:4 (1:1)
Zuschauer: 8.000
Tore: 0:1 (15.) Bockisch, 1:1 (37.) Müller, 1:2 (47.) Bensmann, 1:3 (59.) Dörr, 2:3 (67.) Müller, 2:4 (75.) M.Pohlschmidt, 3:4, 4:4 (77., 81.) Schäfer.
Aufstellung: Ewert, Pott, Schnellinger, Hemmersbach, Wilden, Sturm, Thielen, Habig, Regh, Schäfer, Müller.

ENDRUNDE DEUTSCHE MEISTERSCHAFT

21.04.1962 Eintracht Frankfurt - 1. FC Köln 1:3 (1:1)
Zuschauer: 65.000
Tore: 0:1 (34.) Habig, 1:1 (40.) Kreß, 1:2, 1:3 (46., 49.) Thielen.
Aufstellung: Schumacher, Pott, Schnellinger, Sturm, Wilden, Stollenwerk, Schäfer, Habig, Thielen, Regh, Müller.

28.04.1962 1. FC Köln - Hamburger SV 1:0 (0:0)
Zuschauer: 77.000
Tor: 1:0 (79.) Müller.
Aufstellung: Ewert, Pott, Schnellinger, Hemmersbach, Wilden, Sturm, Habig, Schäfer, Thielen, Müller, C. Breuer.
Besondere Vorkommnisse: Das Spiel wurde in Hannover ausgetragen.

05.05.1962 1. FC Köln - FK Pirmasens 10:0 (3:0)
Zuschauer: 40.000
Tore: 1:0, 2:0 (19., 25.) Thielen, 3:0, 4:0 (39., 52.) Müller, 5:0 (58.) Habig, 6:0 (59.) Schäfer, 7:0, 8:0 (60., 65.) Thielen, 9:0 (75.) Müller, 10:0 (78.) Sturm (FE).
Aufstellung: Ewert, Pott, Schnellinger, Hemmersbach, Wilden, Sturm, Habig, Schäfer, Thielen, Müller, C. Breuer.

12.05.1962 1. FC Köln - 1. FC Nürnberg 4:0 (2:0)
Zuschauer: 83.212
Tore: 1:0 (22.) Schäfer, 2:0, 3:0 (26., 49.) Habig, 4:0 (71.) Pott.
Aufstellung: Ewert, Pott, Schnellinger, Hemmersbach, Sturm, Wilden, Habig, Schäfer, Thielen, Müller, C. Breuer.
Besondere Vorkommnisse: Das Spiel wurde in Berlin ausgetragen.

STATISTIK 1961/62

DFB-POKAL
(Die ersten beiden DFB-Pokalspiele gehören zu der Saison 1960/61)

1. Runde
28.07.1961 Eintracht Frankfurt - 1. FC Köln 2:3 n.V., Zuschauer: 12.000
Tore: 1:0 (10.) Stein, 2:0 (44.) Horn, 2:1, 2:2 (69., 70.) Schäfer, 2:3 (102.) Müller.
Aufstellung: Ewert, Stollenwerk, Pott, C. Breuer, Wilden, Schnellinger, Thielen, Habig, Müller, Ripkens, Schäfer.
Besondere Vorkommnisse: Habig verschießt einen FE.

Viertelfinale
16.08.1961 SV Werder Bremen - 1. FC Köln 3:2 (2:0), Zuschauer: 15.000
Tore: 1:0, 2:0 (15., 44. (Elf.) Hänel, 2:1 (64.) Thielen, 2:2 (65.) Habig, 3:2 (88.) Hänel.
Aufstellung: Ewert, Stollenwerk, Pott, C. Breuer, Wilden, Schnellinger, Thielen, Schäfer, Habig, Müller, Ripkens.

WESTDEUTSCHER POKAL

1. Runde
07.10.1961 Germania Zündorf - 1. FC Köln 1:2 (1:0), Zuschauer: 4.000
Tore: 1:0 (43.) Hürth, 1:1 (63.) Habig, 1:2 (77.) Ripkens.
Aufstellung: Schumacher, Habig, F. Breuer, Pott, Alda, Eich, Regh, C. Breuer, Müller, Heitmann, Ripkens.

2. Runde
15.11.1961 1. FC Köln - Duisburger SV 5:1 (2:0), Zuschauer: 2.000
Tore: 1:0, 2:0 (20., 45.) Regh, 2:1 (63.) Kurwan, 3:1 (69.) Schnellinger, 4:1, 5:1 (75., 86.) Regh.
Aufstellung: Schumacher, Habig, C. Breuer, Pott, Sturm, Wilden, Schnellinger, Thielen, Hemmersbach, Regh, Ripkens.

3. Runde
02.12.1961 Viktoria Köln - 1. FC Köln 1:4 (1:1), Zuschauer: 8.000
Tore: 0:1 (05.) Thielen, 1:1 (08.) Lefkes, 1:2 (62.) Thielen, 1:3 (75.) Müller, 1:4 (88.) Thielen.
Aufstellung: Ewert, Habig, Pott, C. Breuer, Wilden, Sturm, Thielen, Schäfer, Regh, Hemmersbach, Müller.

4. Runde
27.06.1962 Bayer Leverkusen - 1. FC Köln 0:3 (0:2), Zuschauer: 12.000
Tore: 0:1, 0:2 (07., 16.) Thielen, 0:3 (70.) Schnellinger.
Aufstellung: Ewert, Pott, Schnellinger, Hemmersbach, Wilden, Sturm, Thielen, Habig, Müller, Schäfer, C. Breuer.
Die Sieger der vierten Pokalrunde waren für die Hauptrunde im DFB-Pokal qualifiziert. Die Hauptrunde 1961/62 startete erst in der Spielzeit 1962/63.

FIEBERKURVE 1961/62

EUROPAPOKAL (MESSEPOKAL)

1. Runde (Hinspiel)
27.09.1961 1. FC Köln - Inter Mailand 4:2 (3:1), Zuschauer: 40.000
Tore: 1:0 (02.) Sturm, 1:1 (18.) Morbello, 2:1 (23.) Müller, 3:1 (36.) Hemmersbach, 3:2 (62.) Petrone, 4:2 (66.) Thielen.
Aufstellung: Ewert, Habig, Pott, Sturm, Stollenwerk, Schnellinger, Thielen, Ripkens, Müller, Hemmersbach, C. Breuer.
Besondere Vorkommnisse: Spielunterbrechung wegen Flutlichtausfall.

1. Runde (Rückspiel)
11.10.1961 Inter Mailand - 1. FC Köln 2:0 (1:0), Zuschauer: 30.000
Tore: 1:0, 2:0 (05., 58. [FE]) Suarez.
Aufstellung: Ewert, Habig, Pott, Schnellinger, Stollenwerk, Sturm, Thielen, Schäfer, Müller, Hemmersbach, Regh.
Besondere Vorkommnisse: Hemmersbach erhält einen Platzverweis (56.), Stollenwerk scheidet verletzt aus(80.).

1. Runde (Entscheidungsspiel)
25.10.1961 Inter Mailand - 1. FC Köln 5:3 (4:1), Zuschauer: 14.000
Tore: 1:0, 2:0 (04., 08.) Surarez, 3:0 (32.) Humberto, 4:0 (41.) Morbello, 4:1, 4:2 (43., 54.) Regh, 5:2 (63.) Morbello, 5:3 (72.) Ripkens.
Aufstellung: Ewert, Habig, Pott, Schnellinger, Stollenwerk, Sturm, Thielen, Schäfer, Müller, Ripkens, Regh.

FREUNDSCHAFTSSPIELE

22.07.1961 1. FC Köln - ZSKA Sofia 4:0 (1:0) (Jubiläumsspiel 60 Jahre 1. FC Köln)

30.07.1961 SV Troisdorf - 1. FC Köln 2:3 (0:2) (in Mechernich)

01.08.1961 1. FC Köln - Standard Lüttich 2:1 (1:1)

07.02.1962 1. FC Köln - SC Enschede 3:0 (2:0)

22.05.1962 FC Basel - 1. FC Köln 4:4 (2:3)

23.05.1962 Grasshoppers Zürich - 1. FC Köln 2:4 (1:3)

26.05.1962 Racing Straßburg - 1. FC Köln 3:1 (2:0)

30.05.1962 FC Sochaux - 1. FC Köln 0:3

02.06.1962 FC Biel - 1. FC Köln 2:7 (0:4)

13.06.1962 1. FC Köln - Racing Straßburg 2:0 (0:0)

30.06.1962 MVV Maastricht - 1. FC Köln 2:7 (0:5)

OBERLIGA WEST 1961/62

1.	1. FC Köln (M)	89:40	44:16
2.	FC Schalke 04	68:40	43:17
3.	Rot-Weiß Oberhausen	53:37	40:20
4.	Schwarz-Weiß Essen (N)	64:39	38:22
5.	Meidericher SV	50:37	35:25
6.	Westfalia Herne	58:45	34:26
7.	Preußen Münster	60:47	34:26
8.	Borussia Dortmund	67:51	32:28
9.	Fortuna Düsseldorf (N)	57:50	32:28
10.	Viktoria Köln	62:72	29:31
11.	Alemannia Aachen	50:56	27:33
12.	Spfr.Hamborn 07	38:68	22:38
13.	Borussia M'gladbach	42:57	21:39
14.	TSV Marl-Hüls	52:82	21:39
15.	SV Sodingen	31:57	18:42
16.	Duisburger SpV	28:91	10:50

ENDRUNDE ZUR DEUTSCHEN MEISTERSCHAFT 1961/62

1.	1. FC Köln	14:1	6:0
2.	Eintracht Frankfurt	11:5	4:2
3.	Hamburger SV	7:6	2:4
4.	FK Pirmasens	4:24	0:6

Wegen der anstehenden WM in Chile wurde nur eine einfache Endrunde gespielt.

ENDSPIEL UM DIE DEUTSCHE MEISTERSCHAFT

1. FC Köln - 1. FC Nürnberg   4:0

OBERLIGA- UND ENDRUNDENKADER 1961/62

Abgänge: Finken (Tasmania Berlin), Jost (TSV Marl-Hüls), Neteler (Wuppertaler SV), Tas (Bonner FV), Wrenger (Rot-Weiß Oberhausen)
Zugänge: Alda (SSV Siegburg 04), Eich (eigene Amateure), Hemmersbach (BC Efferen), Heitmann (eigene Amateure), Regh (SW Stotzheim)

Trainer:
Zlatko „Tschik" Cajkovski

Tor:
Ewert, Fritz 26/0
Schumacher, Anton 8/0

Feld:
Schnellinger, K.-Heinz 34/5
Pott, Fritz 34/3
Thielen, Karl-Heinz 33/30
Müller, Christian 33/21
Habig, Ernst-Günter 33/9

Wilden, Leo 30/1
Schäfer, Hans 27/15
Hemmersbach, Matth. 23/6
Sturm, Hans 27/3
Breuer, Christian 22/5
Regh, Anton 19/6
Stollenwerk, Georg 13/0
Ripkens, Karl-Heinz 12/1
Alda, Joachim 0/0
Breuer, Fritz 0/0
Eich, Hans-Paul 0/0
Heitmann, Jürgen 0/0

Dazu kommt noch je ein Eigentor von Karl Hoffmann (Düsseldorf) sowie von Werner Maes (Viktoria Köln).

1962/63
OBERLIGA WEST

Der Favorit strauchelt

[LEGENDEN]

Hans Schäfer
Beim FC von: 1948-1965 (Spieler), 1965-1969 (Trainerassistent)
Geboren: 19.10.1927 in Köln
Pflichtspiele beim FC: 507
Pflichtspieltore: 304

„De Knoll"

Hans Schäfer, der laut Geburtsurkunde eigentlich „Johann" heißt, ist eine der ganz großen Persönlichkeiten des 1. FC Köln. Das Licht der Welt erblickte er in Köln-Sülz, aufgewachsen ist er allerdings im Stadtteil Zollstock. In der Jugendabteilung der DJK Zollstock erkannte man schnell das außergewöhnliche Talent des Linksfußes. Am intensivsten bemühte sich die Spielvereinigung Sülz 07 um die Dienste des gelernten Figaros. Nach der Vereinigung der Sülzer mit dem KBC sollte Hans Schäfer eine tragende Rolle spielen. Auf Anhieb sicherte er sich einen Stammplatz in der Mannschaft von Spielertrainer Hennes Weisweiler, der dem Rohdiamanten aus Zollstock den letzten Feinschliff verpasste. Schon nach einem Jahr konnte Schäfer den ersten großen Erfolg mit dem FC feiern: Nach missglücktem Anlauf im Vorjahr gelang der ersehnte Aufstieg in die Oberliga West. Auch in der neuen, erstklassigen Liga etablierte sich „de Knoll", so sein Spitzname bei Teamkollegen und Fans, als Spitzenspieler. 1953 wurde er mit 26 Treffern erstmals Torschützenkönig der Oberliga West, zog mit dem FC in die Endrunde um die Deutsche Meisterschaft ein und wurde Westdeutscher Pokalsieger. Schon zuvor, am 9. November 1952, gab der Kölner Linksaußen seine Premiere in Sepp Herbergers Nationalmannschaft. Im Augsburger Rosenau-Stadion durfte er gegen die Schweiz zusammen mit Fritz Walter stürmen.
Mit der Verpflichtung von Jupp Röhrig im Sommer 1950 hatte man Schäfer einen genialen Partner an die Seite gestellt, mit dem er sich ideal ergänzte. Schäfer war

Die Euphorie um den FC war unverändert hoch. Vier Akteure des frischgebackenen Deutschen Meisters, Wilden, Sturm, Schäfer und Schnellinger, waren im Chile-Aufgebot von Bundestrainer Herberger. Hans Schäfer, der nach dem Turnier seinen Rücktritt aus der Nationalmannschaft erklärte, führte die deutsche Elf in allen vier WM-Spielen als Kapitän auf den Platz. Schäfer war bis dato außerdem der erste Deutsche, der an drei Weltmeisterschaften teilnahm. Auch Schnellinger wurde in allen Begegnungen eingesetzt. Sturm wurde nur im ersten Spiel gegen Italien aufgestellt, Wilden war als „Tourist" mit nach Südamerika gereist.
Als „Tschik" Cajkovski am 22. Juli 1962 seine Truppe zum Saisoneröffnungstraining antreten ließ, umsäumten mehr als 3.000 Schaulustige den Trainingsplatz am Clubhaus. Außer auf den Essener Linksaußen Heinz Hornig und das aus Marburg gekommene Sturmtalent Georg Tripp, richtete sich die Aufmerksamkeit vor allem auf den vom TSV 1860 München verpflichteten Ex-Nationalspieler Helmut Benthaus. Vor seinem Engagement bei den „Löwen" hatte Benthaus viele Jahre lang als hervorragender Läufer bei Westfalia Herne gespielt, wo ihm auch der Durchbruch in die Nationalelf gelungen war. Nach einem verlorenen Jahr an der Grünwalder Straße hoffte er nun beim FC wieder an alte Glanzzeiten anknüpfen zu können.

OVERATH UND WEBER FÜR EIN JAHR GESPERRT

Mit den Juniorennationalspielern Wolfgang Weber und Wolfgang Overath sicherte man sich die Dienste zweier viel versprechender Talente. Da beide in repräsentativen Jugendauswahlmannschaften gespielt hatten, unterlagen sie nach den damaligen Statuten des WFV einer einjährigen Sperrfrist und konnten somit nicht in der Vertragsspielermannschaft eingesetzt werden. Overath und Weber sollten gezielt gefördert und aufgebaut werden, denn bereits im nächs-

ten Jahr würde man einen noch größeren Kader benötigen, in dem die Qualität nicht zu kurz kommen durfte. Aus einfachem Grund: Auf dem DFB-Bundestag am 28./29. Juli 1962 in Dortmund beschloss man endgültig die Einführung der Bundesliga. Spät, aber nicht zu spät wurde endlich das wahr, wofür Franz Kremer und seine Mitstreiter sich seit vielen Jahren massiv eingesetzt hatten. Schon zur Spielzeit 1963/64 sollte die neue deutsche Fußballelite ihren Spielbetrieb aufnehmen. Zugleich wählte man einen neuen DFB-Präsidenten: Dr. Hermann Gösmann löste den seit 1949 amtierenden Vorsitzenden Peco Bauwens ab. Daran, dass der 1. FC Köln in der Bundesliga vertreten sein würde, zweifelte sowieso niemand, obwohl in Fußballdeutschland bereits heftig über den Aufnahmemodus diskutiert wurde.
So betrachteten die Kölner die Saison 1962/63 schon als eine Vorbereitung auf die bevorstehende Bundesliga. Nachdem der FC gegen Eintracht Frankfurt nach Verlängerung

DFB-Präsident Peco Bauwens bei der Europapokalauslosung mit den „Beweisstücken". Die Lose wurden damals noch per Hand geschrieben.

Damals wie heute Massenandrang am Geißbockheim beim Auftakttraining.

unglücklich aus dem DFB-Pokal ausgeschieden war, konnte man den Traum vom „Double" begraben und sich ganz auf die Meisterschaftsspiele konzentrieren. Bei RW Oberhausen starteten die Geißböcke in die letzte Saison der Oberliga West. Und gleich zum Auftakt bekam der Meister zu spüren, was ihn in dieser Saison erwarten würde: Gegner, die gegen den Titelträger besonders motiviert waren. Hinzu kam das Verletzungspech, was dazu führte, dass man nicht in Bestbesetzung im Niederrhein-Stadion antreten konnte. Trotz der zwischenzeitlichen 1:0-Führung durch Müller unterlag man am Ende den Oberhausenern mit 1:3. Durch ein glanzloses 3:0 gegen Fortuna Düsseldorf verhinderten die Kölner in Müngersdorf einen Fehlstart. Schon am 3. Spieltag stand das Kölner Derby an. Die gut 25.000 Zuschauer in der Hauptkampfbahn bekamen das wohl härteste Stadtduell der Derbygeschichte zu sehen. Viele Ruppigkeiten und ständige Unfairness bekam der überforderte Schiedsrichter Leidag nicht in den Griff. Unrühmlicher Höhepunkt war der Platzverweis des Viktorianers Klever wegen Nachtretens. Am Ende siegten die Geißböcke auch im 27. Derby glücklich mit 2:1.

PREMIERE IM EUROPAPOKAL DER LANDESMEISTER – DAS LEGENDÄRE 1:8 VON DUNDEE

In den Köpfen der FC-Spieler spukte ohnehin schon ein anderes, viel größeres Ereignis herum: Das Debüt im Europapokal der Landesmeister, der heutigen Champions League. Bereits knapp zwei Monate zuvor war ausgerechnet ein Kölner Nobelhotel zum Mittelpunkt des europäischen Fußballs geworden. Hier, unweit des Doms, fand die Auslosung der verschiedenen Europapokalwettbewerbe der UEFA für die Saison 1962/63 statt. Neben UEFA-Generalsekretär Hans Bangerter war unter anderem auch Kommissionspräsident Jose Crahay anwesend. Peco Bauwens fungierte als „Glücksfee". „Seinen" Kölnern loste er aus einem Sektkübel vor den Augen der internationalen Presse den schottischen Meister FC Dundee zu. Genau wie die Kölner hatten auch die Blauen vom Dens Park ihren ersten nationalen Meistertitel gewonnen und waren in die Phalanx der großen Clubs aus Glasgow eingedrungen. Dundee-Manager Bob Shankly, Bruder des berühmten Liverpool-Trainers Bill Shankly, ließ einen sehenswerten, technisch versierten Angriffsfußball spielen. Alle Spieler des schottischen Meisters waren im Gegensatz zu ihren Kölner Kollegen Vollprofis. Das Los hatte entschieden, dass der FC am 5. September 1962 zunächst auf der Insel antreten musste. Man hatte nichts dem Zufall überlassen und, wie schon während der vergangenen deutschen Endrunde, Clubsekretär Karl-Ludwig Fröhlich bereits eine Woche vor dem Spiel als „Späher" nach Dundee entsendet, um die Schotten im letzten Pflichtspiel zu beobachten. „Tschik" Cajkovski schätzte die Analysen des erfahrenen ehemaligen Amateurfußballers. Im Hotel „Royal British" fand die Kölner Delegation ein standesgemäßes Quartier. Neben den FC-Offiziellen befanden sich im Flieger noch zwölf „Edelfans" wie Fritz Schreiner und andere „Allesfahrer". Insgesamt waren rund 90 Schlachtenbummler aus Köln nach Schottland gekommen. Nachdem man bis Edinburgh geflogen war, musste der restliche Weg per Omnibus zurückgelegt werden.

Wegen der bekannten Flugangst war Ernst-Günter Habig auf dem Landweg nach Dundee gekommen. Im Kölner Lager sorgte die immer noch große Verletztenmisere für Unruhe. Mit Pott und Schnellinger fiel die komplette Außenverteidigung aus. Auch Hansi Sturm litt an einer deutlich geschwollenen Fußprellung. Ewert sollte nach langer Verletzungspause in Dundee erstmals wieder spielen, obwohl er weder in der Vorbereitung noch in den bis dato wenigen Pflichtspielen Spielpraxis erlangen konnte. Routinier Stollenwerk sowie Müller und Schäfer waren ebenfalls angeschlagen. Um nicht plötzlich mit nur zehn Spielern dazustehen, wurde der für die Reserve- und Amateurmannschaft vorgesehene Georg Tripp per Sonderflug nachgeholt. Im Glenars Park, dem Platz eines örtlichen Amateurclubs, absolvierte der FC sein Abschlusstraining. Umgerechnet gut 70 DM mussten die Kölner für die Nutzung der Anlage berappen.

Am Mittwochabend, dem 5. September 1962 war es dann endlich so weit. Im ausgespielt. Schäfer war einer der „Helden von Bern", er hatte sogar die Vorlage zum Siegtor von Helmut Rahn gegeben. Die internationale Presse feierte ihn als „besten Linksaußen der Welt". 1958 in Schweden und 1962 in Chile spielte der Kölner Flügelstürmer noch bei zwei weiteren WM-Turnieren. In Schweden und Chile führte er die deutsche Elf sogar bei allen Begegnungen als Kapitän auf das Spielfeld. Insgesamt bestritt Schäfer 39 A-Länderspiele.

Auch beruflich lief es rund bei der „Knoll", die den Spitznamen wegen seines leicht erregbaren Trotzkopfes verpasst bekam. Zunächst in der Parfümerieabteilung des „Kaufhof" beschäftigt, machte er sich 1956 selbständig und eröffnete in Köln-Lindenthal eine Tankstelle. Ab 1958 trug Schäfer beim FC die Kapitänsbinde, die er von seinem Freund Jupp Röhrig übernommen hatte. Von der Linksaußenposition war er mittlerweile erfolgreich in die des Halbstürmers gewechselt. Nach der WM 1962 in Chile beendete er seine Laufbahn in der Nationalelf. Dessen ungeachtet wählte ihn die deutsche Sportpresse 1963 zu Deutschlands „Fußballer des Jahres". Im stolzen Fußballeralter von 37 Jahren beendete der Publikumsliebling im Sommer 1965 endgültig seine aktive Karriere.

Von 1965 bis 1969 fungierte Schäfer als Trainerassistent und Teambetreuer der Geißböcke. Bei jedem FC-Heimspiel im RheinEnergieStadion sieht man Hans Schäfer auf seinem verdienten Ehrenplatz.

kein „sturer" Linksaußen, der nur auf seiner Position „festklebte", sondern ein kampfstarker Offensivantreiber, der immer wieder ins Sturmzentrum drängte und dort mit einmaliger Treffsicherheit massenhaft Tore erzielte. In der Spielzeit 1953/54 wurde der FC erstmals Westdeutscher Meister – auch dank der erneut 26 Saisontore von Schützenkönig Schäfer, der inzwischen auch in der Nationalmannschaft gesetzt war und mit in die Schweiz zur Weltmeisterschaft 1954 fahren durfte.

Hintere Reihe von links: Trainer „Tschik" Cajkovski, Hans Schäfer, Fritz Ewert, Karl-Heinz Schnellinger, Leo Wilden, Christian Müller, Karl-Heinz Thielen, Hansi Sturm, Helmut Benthaus.
Kniend von links: Fritz Pott, Ernst-Günter Habig, Toni Regh, Karl-Heinz Ripkens, Georg Stollenwerk, Heinz Hornig.

[Interessantes & Kurioses]

■ Bei einem Preisausschreiben des *Kicker* ist der Hauptpreis, den 1. FC Köln zu allen Europapokalbegegnungen – Heim- und Auswärtsspiele – zu begleiten. Da Gewinner Norbert Prinz aus dem saarländischen Losheim unerwartet nur die zwei Spiele gegen den FC Dundee sehen kann, wird er von der Fachzeitschrift auch zum Endspiel in London eingeladen, worauf er aber verzichtet, da „seine" Kölner nicht ins Finale gekommen sind…

■ Hans Schäfer bestreitet beim Heimspiel gegen den Wuppertaler SV (5:2) sein 600. Spiel (Pflicht- und Freundschaftsspiele!) in der 1. Mannschaft des 1. FC Köln und erzielt dabei sein 447. Tor.

■ Zwei 20-jährige Anhänger des FC Dundee sind per Anhalter zum Europapokalrückspiel nach Köln gekommen. Auf diese Art hatte die Anreise eine Woche gedauert. Als Anerkennung für diese Leistung wird ihnen vom FC im Geißbockheim je eine Stehplatzkarte überreicht.

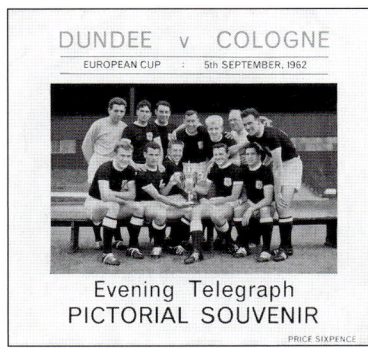

Erinnerungsstück an die Auseinandersetzung mit dem FC Dundee: Programmheft zur Partie in Dundee.

verkauften Dens Park betrat der 1. FC Köln Europas große Fußballbühne. Von Beginn an berannten die Gastgeber das Tor der überraschten und geschwächten Gäste. In den Wochen zuvor hatte der FC Dundee eine immense Negativserie hingelegt, doch davon war nichts mehr zu spüren. Zusätzlich wurde der schottische Meister vom frenetischen Publikum förmlich nach vorne gepeitscht. „So eine fast schon südländische Begeisterung hätte ich nicht erwartet", staunte der verletzte Fritz Pott auf der Tribüne. Die Anfeuerungsgesänge übertrafen laut Augen- und Ohrenzeugen sogar zeitweilig den berühmten Glasgower „Ibrox Roar". Matthias Hemmersbach erinnerte sich später, dass es „so laut war, dass man weder den Nebenmann noch sonst etwas verstehen konnte." Bereits in der 4. Spielminute nahm für den FC das Unglück seinen Lauf, als Fritz Ewert beim Sprung nach dem Ball unglücklich mit dem gegnerischen Mittelstürmer Cousin zusammenprallte und benommen mit gespaltener Oberlippe liegen blieb. Erst nach minutenlanger Behandlung durch Masseur Bocsai – der Mannschaftsarzt Dr. Bohne weilte unglücklicherweise im Urlaub – war Ewert in der Lage weiterzumachen. Ein sicherer Rückhalt war der Keeper jetzt nicht mehr. Innerhalb von drei Minuten schlug es dreimal im Kölner Kasten ein, zur Halbzeit lagen die überforderten Geißböcke gar mit 0:5 zurück. In der Pause hatte man ein Einsehen und ließ Ewert draußen. Er wurde umgehend in einem örtlichen Krankenhaus untersucht und eine schwere Gehirnerschütterung diagnostiziert. Die Tatsache, dass sich der Kölner Torwart später an keine der Begebenheiten nach seiner Verletzung erinnern konnte, zeigt das Ausmaß der Misere. Da man bekanntlich noch nicht auswechseln durfte, wurde nun Verteidiger Toni Regh ins Tor beordert, der sich wacker auf ungewohntem Terrain schlug. In der 2. Hälfte musste der FC „nur" noch drei weitere Gegentreffer hinnehmen. Benthaus gelang in der 72. Minute wenigstens der Ehrentreffer.

Trotz des desolaten Endstands von 1:8, der bis dahin höchsten Niederlage der Vereinsgeschichte, musste man den Kölnern zumindest zugutehalten, dass sie auf dem vom häufigen Regen tiefen Geläuf nicht aufsteckten und in sportlich fairer Art und Weise „untergingen". Aber keine der Bemühungen war vom Erfolg gekrönt. Selbst erfahrene Nationalspieler wie Schäfer oder Sturm konnten die Demontage nicht verhindern. Der junge Hemmersbach war in diesem Spiel hoffnungslos überfordert. Beim FC Dundee lief es an diesem Abend einfach perfekt. Beim anschließenden Bankett gab es bei den FC-Spielern natürlich lange Gesichter, während in den Augen der schottischen Profis die Siegesfreude funkelte.

Auf dem Rückflug am nächsten Morgen herrschte frustriertes Schweigen. Auch Trainer Cajkovski war sichtlich deprimiert und sprach die legendären Worte: „Am besten, Flugzeug stürzt ab." Nach dreistündigem Flug landet die Maschine wohlbehalten an dem Ort, an dem sie noch vor knapp vier Monaten mit der Meisterschale im Gepäck gelandet war. Die Reaktionen in der Heimat waren bunt gemischt und reichten von Verständnis und „jetzt erst recht" bis hin zu bösartiger Schadenfreude. Auch der Präsident des Lokalrivalen Viktoria Köln, Heinrich Kierdorf, konnte den Spott nicht hinter dem Berg halten. „Üre Hochmut sitt ihr jetz quitt, dä 1. FC es noch lang kei Real Madrid", wurde der Vorsitzende der Rechtsrheinischen in der *Kölnischen Rundschau* zitiert. Beim FC wollte und konnte man den Kopf nicht in den Sand stecken. Schon am kommenden Sonntag war der Meidericher SV in Müngersdorf zu Gast. Die Chance für die gebeutelten Geißböcke, sich nach dem „Dundee-Debakel" bei ihren Anhängern zu rehabilitieren.

DIE „WIEDERAUFERSTEHUNG"

Zwar waren nur 8.000 Zuschauer zum Spiel gegen die „Zebras" gekommen, doch begrüßten sie die Mannschaft überraschenderweise mit langem, herzlichem Applaus. Für diese Geste der treuen Anhänger bedankte sich Hans Schäfer später sogar schriftlich in der *Kölnischen Rundschau*. So motiviert besiegte man den Gast aus Duisburg mit 3:0. Vom „Dundee-Schock" keine Spur, denn auch die folgenden Begegnungen in Dortmund (3:2) und gegen den Wuppertaler SV (5:2) wurden gewonnen. Allen Unkenrufen zum Trotz hatten sich die Kölner an die Tabellenspitze gesetzt. So schöpfte man neuen Mut für das am 26. September 1962 anstehende Europapokalrückspiel.

Die Schotten weilten schon seit einigen Tagen im noblen „Senator Hotel". Trotz der aussichtslosen Hypothek des Hinspiels glimmte bei den Fans noch ein kleiner Hoffnungsschimmer. Wie sonst wäre es zu erklären gewesen, dass mehr als 40.000 Fußballfreunde, darunter 39 per Reisebus gekommene Supporter aus Dundee, von den Flutlichtstrahlern der Hauptkampfbahn angelockt wurden? Schon bei der Seitenwahl der Kapitäne Schäfer und Cox veranstalteten sie enormen Lärm, wollten so das Wunder erzwingen. Wie entfesselt berannte die Kölner Elf anschließend das Tor der Gäste, die sich ausschließlich in die Defensive gedrängt sahen. Durch Tore von Habig, Schäfer und Müller (2) führte der FC nach 58 Minuten mit 4:0. In der 61. Spielminute zeigte der dänische Schiedsrichter Poulsen nach Foul von Ure an Thielen auf den Elfmeterpunkt. Habig vergab die Riesenchance zum 5:0 und setzte den Strafstoß an die Latte. Bereits in der 1. Hälfte hatten die Kölner unzählige Torgelegenheiten nicht genutzt oder waren vom etwas unglücklich leitenden Referee benachteiligt worden. Das erforderliche 7:0 oder ein noch höheres Resultat wäre durchaus möglich gewesen. Nach dem vergebenen Elfmeter war jedoch der ganz große Schwung zum Erliegen gekommen. Kuriose Parallele: Wie schon im Hinspiel zog sich auch diesmal ein Torwart eine Kopfverletzung zu. Diesmal traf es Dundee-Keeper Slater, der nach 27 Minuten vom Platz genommen wurde und erst in der 49. Minute wieder

Ende der Europa-Mission: Gegen den FC Dundee kam Köln unter die Räder. Schäfer war sauer, der schottische Mittelläufer Ure nahm's gelassen.

eingesetzt werden konnte. So mussten sich die an diesem Abend aufopferungsvoll kämpfenden und um Klassen besser spielenden Geißböcke aus dem europäischen Wettbewerb verabschieden. Auch die enorme Anfeuerung des Publikums half am Ende nicht. Im Gegenteil: Da einige der Zuschauer auch den Unparteiischen und die Gästemannschaft mit Schmährufen bedacht hatten und sich die Dundee-Funktionäre in der Ehrenloge nicht freundlich genug behandelt fühlten, sorgten die Schotten für einen kleinen Eklat, indem sie nach dem Spiel dem offiziellen Bankett im Geißbockheim fernblieben.

BLUMEN AUS GLADBACH

Die unglücklich verlaufene Aufholjagd hatte Kräfte gekostet, was in den folgenden Punktspielen deutlich wurde. Nach einer verdienten 1:3-Heimpleite im Spitzenspiel gegen Schalke kam man auch gegen Aufsteiger Bayer Leverkusen vor eigenem Publikum nicht über ein 0:0 hinaus. Erfreulich war lediglich, dass Fritz Ewert seine in Dundee erlittene Verletzung überstanden hatte und wieder im FC-Kasten stand. Bei Hamborn 07 reichte es ebenfalls nur zu einem Remis (1:1). Erst der damalige „Lieblingsgegner" Borussia Mönchengladbach konnte am 28. Oktober 1962 mit 2:0 bezwungen werden.
Nette Geste der Gäste vom Niederrhein: Dem frischgebackenen Fußballer des Jahres Karl-Heinz Schnellinger überreichten die Borussen vor dem Spiel einen Blumenstrauß. Insgesamt blieb der FC seit dem Spiel gegen Leverkusen elf Begegnungen lang ungeschlagen, darunter glückliche Unentschieden wie beispielsweise gegen Aachen oder SW Essen, aber auch hohe Siege gegen RW Oberhausen (6:0) und Westfalia Herne (4:1).
Die zwischenzeitlich verlorene Tabellenführung konnte dank dieser ordentlichen Serie wieder zurückerobert werden. Durch den ungewöhnlich langen und harten Winter des Jahres 1962/63 waren viele Punktspiele ausgefallen, und auch der 1. FC Köln war davon betroffen. Drei ganze Spieltage

■ Wegen Nebels muss das Freundschaftsspiel SC Enschede (mit Helmut Rahn) gegen 1. FC Köln am 10. Oktober 1962 beim Stand von 2:0 für die Gastgeber vor 25.000 Zuschauern nach 42 Minuten abgebrochen werden.

■ Am 24. Oktober 1962 feiert Fritz Pott in Stuttgart beim 2:2 der deutschen Nationalmannschaft gegen Frankreich sein Debüt im Dress des DFB. Er ist damit der elfte deutsche Nationalspieler des Vereins nach dem Kriege. Auch beruflich läuft es rund beim „guten Pott": Am 17. Januar 1963 eröffnet der Verteidiger in Köln-Zollstock, Höninger Weg 184, ein Sportartikelgeschäft mit Toto-Lotto Annahme.

■ Premiere: Zum ersten Mal wird mit Karl-Heinz Schnellinger ein Spieler des 1. FC Köln zu Deutschlands „Fußballer des Jahres" gewählt. Mit 149 Stimmen liegt der 23-Jährige deutlich vor seinem Mannschaftskameraden Hans Schäfer (110 Stimmen) sowie Herbert Erhardt (56 Stimmen). Die Wahl zum „Fußballer des Jahres" wird von der deutschen Sportpresse seit 1960 durchgeführt. Die entsprechende Ehrung findet am 27. Oktober 1962 im Geißbockheim statt. Auch von internationalen Sportjournalisten erhält Schnellinger immer wieder das Prädikat „Weltklasse". Zudem wird der „Fuss" auch zu Kölns „Sportler des Jahres" gewählt. Fast parallel erscheint auf dem Buchmarkt eine Biographie über Schnellinger mit dem Titel „Gib mir den Ball", für die der renommierte Kölner Sportjournalist Willy Thelen als Autor fungiert.

■ Bis zum 1. Dezember 1962 müssen an der Bundesliga „interessierte" Vereine ihre Bewerbungen für die neue Spielklasse auf der DFB-Geschäftsstelle einreichen. Nach Eintracht Frankfurt ist der 1. FC Köln der zweite Verein, dessen entsprechende Unterlagen beim Verband eingehen. Insgesamt nutzen 46 von 74 Vereinen ihr Anrecht auf Bewerbung für die Bundesliga. Große Vollmachten zur endgültigen Auswahl der zukünftigen Bundesligisten hat der sogenannte Bundesligaausschuss, dessen stellvertretender Vorsitzender „Boss" Franz Kremer ist.
Viele Faktoren spielen eine Rolle, um in den Kreis der 16 „Auserwählten" zu kommen. So werden die sportlichen Leistungen ab der Saison 1951/52 ebenso mit einbezogen wie Tradition, Vermögensstand und Umfeld (Stadionart und Größe). Bereits am 11. Januar 1963 werden die ersten neun Bundesligisten vom Ausschuss bekannt gegeben, unter denen sich auch der 1. FC Köln befindet. Die noch fehlenden sieben Vereine werden vom DFB im Mai 1963 veröffentlicht.

■ Am 28. November 1962 macht der 1. FC Köln gegen Girondins Bordeaux (Endstand

Kalli Thielen stürmt beim Meisterschaftsendspiel gegen Borussia Dortmund auf das gegnerische Tor, kann die Niederlage des Favoriten aus Köln aber nicht verhindern.

3:2 für den FC) sein 100. internationales Spiel. In dieser Statistik sind Pflicht- und Freundschaftsspiele enthalten.

■ Karl-Heinz Schnellinger bestreitet als einziger Nationalspieler alle acht Länderspiele des DFB im Kalenderjahr 1962.

■ Im Januar 1963 verlängert Fritz Ewert seinen Vertrag um vier Jahre. „Die Plaat" steht bereits seit 1957 bei den Geißböcken unter Vertrag. Auch Hans Schäfer bindet sich für zwei weitere Jahre an „seinen" FC.

■ Nachdem Ernst-Günter Habig vor dem Spiel gegen den 1. FC Kaiserslautern das Mannschaftsquartier in Kirchheimbolanden auf eigenen Entschluss verlässt, wird er vom 1. FC Köln aus seinem Vertrag entlassen. Nur wenige Tage später unterschreibt „de Bums" beim Lokalrivalen Viktoria Köln. Der Wechsel wird begleitet von unschönen Pressegerüchten über angebliche Geldverleihungen Habigs an Trainer Cajkovski.

■ Zwei Tage vor dem deutschen Endspiel unterschreiben die Kölner Spieler „Lizenzverträge". Zusätzlich erhält jeder Akteur 10.000 DM Treueprämie. Vor allem

fielen an Rhein und Ruhr der extremen Witterung mit Eis und Schnee zum Opfer. Entsprechend eng wurde der Terminkalender, da viele Begegnungen nachgeholt werden mussten. Um noch mehr Chaos im Spielplan zu verhindern, wurde im Januar/Februar der auf vielen Plätzen liegende hohe Schnee einfach platt gewalzt und die Spiele auf dem weißen „Parkett" ausgetragen. Keine Spielstätte besaß eine Rasenheizung. So gerieten viele Begegnungen zu einer Art „Lotterie", da die Aktionen auf dem Spielfeld vom Zufall bestimmt wurden. Ein Zustand, der gerade für die technisch anspruchsvollen FC-Kicker von Nachteil war. Auch beim Rückspiel in Leverkusen am 17. Februar 1963 waren Ski und Rodel gut. Auf der weißen Pracht hatte vor allem Neunationalspieler Fritz Pott große Probleme mit seinem Gegenspieler Werner Görts. „Der war schnell und wendig, ich hatte

meine liebe Mühe und Not mit ihm auf der geschlossenen Schneedecke. Wir lagen hoffnungslos mit 1:4 zurück, kamen dank einiger Fehler von Bayer-Torwart Manglitz (der später auch für den FC spielen sollte) bis auf 4:4 heran, verloren aber am Ende nicht unverdient mit 4:5", erinnert sich Pott noch heute an das für lange Zeit letzte „Derby" Köln - Leverkusen. Plötzlich war die sonst so famose Abwehr mit Schnellinger, Wilden und Pott die Schwachstelle der Cajkovski-Truppe. So kassierte man bei der 2:4-Pleite in Gladbach vier, beim glücklichen 4:3-Sieg in Wuppertal immerhin noch drei Gegentore. Erst gegen Schlusslicht Marl-Hüls behielt man beim 2:0-Heimerfolg vor 12.000 Zuschauern eine weiße Weste. Vor dem Anpfiff wurde Fritz Ewert für 200 Spiele (Pflicht- und Freundschaftsspiele) in der 1. Mannschaft des 1. FC Köln geehrt.

„TSCHIK" WILL GEHEN

Mit wechselhaften Resultaten und ohne wirklich zu überzeugen, beendeten die Kölner ihre letzte Oberligasaison. Enttäuschungen wie dem 0:1 in Aachen standen wertvolle Siege wie beispielsweise das 1:0 auf Schalke gegenüber. Ende März 1963 verkündete Trainer Cajkovski, dass er seinen am Saisonende auslaufenden Vertrag nicht verlängern würde. Nach exakt 111 Spielen auf der Kölner Bank kehrte „Tschik" dem Geißbockheim den Rücken. Viele Spieler hatten zu dem Jugoslawen ein sehr gutes Verhältnis und reagierten zunächst enttäuscht auf dessen geplanten Abgang. Doch die Entscheidung von „Tschik" stand, er suchte bei den aufstrebenden Bayern in München eine neue Herausforderung. Der FC-Vorstand handelte schnell und verpflichtete wenig später mit dem erfahrenen Georg Knöpfle, der schon seit 1958 die Mannschaft von Werder Bremen betreute,

148 ■ 1962/63

einen adäquaten Nachfolger. Knöpfle unterschrieb einen Dreijahresvertrag. Trotz der „Unruhe" im Umfeld gelang es der Mannschaft erneut, Westdeutscher Meister zu werden. Der vierte Titelgewinn in Folge (der fünfte insgesamt) bedeutete einen einmaligen Rekord in der Geschichte der Oberliga West.

DER FC BEKOMMT DAS „MEISTERBUCH"

Das von den Kölner Werkschulen kunstvoll gestaltete „Westmeisterbuch", eigentlich ein Wanderpreis, ging als Anerkennung für diese Leistung in den Besitz des 1. FC Köln über. Es ist heute im FC-Museum im Kölner Stadion ausgestellt. Auch wenn die Kölner die Galaform des Vorjahres im Saisonverlauf nur bedingt erreichen konnten, hatten sie sich für die letzte deutsche Endrunde vor Einführung der Bundesliga einiges vorgenommen. Dabei traf man zunächst erneut auf den Altmeister aus der Noris – den 1. FC Nürnberg. 46.000 Zuschauer im restlos ausverkauften Frankenstadion wollten sich die Neuauflage des Endspiels von 1962 nicht entgehen lassen. Und sie bekamen für ihr Eintrittsgeld einiges geboten, denn wie schon in der Endrunde 1961 trennten sich Franken und Rheinländer 3:3. Der FC hatte schon mit 3:1 geführt, musste aber nach einer Verletzung von Schäfer noch den Ausgleich hinnehmen und am Ende sogar noch froh sein, nicht verloren zu haben. Da half auch die Tatsache nichts, dass die Gäste in den ersten 30 Minuten ihre bislang wohl beste Saisonleistung gezeigt hatten.

Gegen den Südwestmeister 1. FC Kaiserslautern wurde der FC seiner Favoritenrolle gerecht. Sage und schreibe acht Treffer bekamen die Pfälzer beim 8:2 vor 50.000 in Müngersdorf eingeschenkt. Zur Verwunderung des Kölner Anhangs waren die Roten Teufel bereits nach sechs Minuten mit 2:0 in Führung gegangen. Bis zum Pausentee schafften die Geißböcke den Ausgleich. Als sich dann noch der Lauterer Keeper Wolfgang Schnarr verletzte, brachen alle Dämme. Der FC war auf die Stunde topfit. Insbesondere fiel die hervorragende konditionelle Verfassung der Mannschaft auf. Kaum ein anderes Team in Deutschland war so austrainiert wie der amtierende Meister, der sich im Endrundenverlauf zusehends steigerte. Ganz nach „Tschiks" Geschmack war man total auf Offensive eingestellt. Selbst die Stopper schalteten sich mit ins Angriffsspiel ein. Das bekam auch die Berliner Hertha zu spüren, die im heimischen Olympiastadion mit 6:3 und in Köln mit 5:1 deutlich geschlagen wurde.

Der FC marschierte mit Riesenschritten Richtung Endspiel. Ein Sieg im vorletzten Endrundenspiel gegen den 1. FC Kaiserslautern hätte praktisch die Qualifikation für das Finale bedeutet. Doch die Kölner strauchelten, und die aufopferungsvoll kämpfende Elf vom Betzenberg trotzte dem Favoriten in Ludwigshafen ein unerwartetes 1:1 ab. Die Kölner waren entnervt vom permanenten Pfeifkonzert der Lautern-Fans, vor allem gegen Christian Müller, der im Hinspiel FCK-Torwart Schnarr unabsichtlich verletzt hatte. Zeitgleich gewannen die Nürnberger in Berlin mit 5:0 und übernahmen die Tabellenführung in der Endrundengruppe 1.

GIPFELTREFFEN IN MÜNGERSDORF

„Club" und FC waren punktgleich, die Süddeutschen hatten aber das bessere Torverhältnis. Damit kam es am letzten Spieltag in Müngersdorf zum alles entscheidenden Gipfeltreffen. Klar war: Köln musste gegen Nürnberg gewinnen, um zum dritten Mal ins deutsche Endspiel einzuziehen. Mehr als 60.000 Zuschauer, darunter 2.600 Gästeanhänger, waren gekommen, um den 1. FC Köln in seiner letzten Endrundenbegegnung zu sehen. Erstmals in der Geschichte des 1. FC Köln waren sämtliche Tickets im Vorverkauf abgesetzt worden. Der „Club" suchte sein Heil in der Defensive. Ein Fehler, denn die modernsten Tempofußball spielenden Gastgeber waren nicht zu halten – bereits zur Halbzeit führten die überragenden Kölner mit 5:0. So konnte man es im 2. Durchgang etwas ruhiger angehen lassen, ohne dass der Erfolg auch nur annähernd in Gefahr geriet. Mit 6:2 wurden die bemitleidenswerten Franken geschlagen. Die altehrwürdige Hauptkampfbahn wackelte bis in ihre Grundfesten, die kölschen Fußballfreunde feierten ohrenbetäubend. Auch die „VIPs" auf der Ehrentribüne – immerhin waren neben Vizekanzler Erhard auch drei Bundesminister gekommen – waren begeistert. „Es ist schon eine Freude, so quirligen und schnellen Leuten wie Thielen, Hornig, Sturm oder Müller zuzusehen", machte auch Postminister Richard Stücklen keinen Hehl aus seiner Anerkennung für die wieder ganz in weiß zaubernden Geißböcke. „Die 1. Halbzeit dürfte das Beste gewesen sein, was je eine Kölner Mannschaft demonstriert hat", jubelte „Tschik" Cajkovski nach dem Schlusspfiff. Verdient qualifizierte sich der 1. FC Köln für das letzte Endspiel um die „Deutsche". Als einzige Endrundenmannschaft war man ungeschlagen geblieben und hatte mit 29 Treffern auch die mit Abstand beste Torausbeute vorzuweisen. Mit großem Selbstbewusstsein reisten die Kölner bereits mittwochs per Zug nach Stuttgart, wo am Samstag, den 29. Juni 1963 das 52. und letzte Endspiel um die Deutsche Meisterschaft stattfinden sollte.

IM LETZTEN ENDSPIEL UM DIE „DEUTSCHE"

Im „Waldhotel Schatten", ganz in der Nähe des Schlosses „Solitude" gelegen, bezog der noch amtierende Deutsche Meister sein Quartier. „Aus Schatten kommt man immer wieder in Sonne", flachste „Tschik". Nur einmal wurde noch mit Ball trainiert, und wie schon im Vorjahr stand am Tag vor dem großen Spiel ein gemeinsamer Kinobesuch auf dem Programm. Nach langen Diskussionen entschied man sich für den Streifen „Der scharlachrote Musketier". Dem Angebot, eine namhafte Stuttgarter Autofabrik zu besichtigen, kamen die Kölschen nicht nach, was ihnen von den Einheimischen äußerst übel genommen wurde. Schwabenstolz will halt bewundert werden…

Das Finale war, erstmals seit 1933, eine rein westdeutsche Angelegenheit, denn mit Bo- die Junggesellen sind später geschockt, als sie feststellen, dass das Finanzamt gut ein Drittel der Summe einbehält.

■ Am 13. Februar 1963 jährt sich die Fusion von KBC und Sülz 07 zum 15. Mal. Da der FC seinerzeit sein erstes Spiel gegen Nippes 12 ausgetragen hatte, lädt man den Vorstand des Amateurvereins am 15. Februar 1963 zu einer Feierstunde ins Geißbockheim ein. Den Vertretern der „Nippesser" überreicht der FC neben Fußbällen und Schuhen auch Trikots und weitere Sportausrüstung.

■ Bereits im März 1963 legt der 1. FC Köln die Eintrittspreise für die kommende erste Bundesligaspielzeit fest. Teuerster Platz ist die „gedeckte Tribüne" für 14 DM, am günstigsten der „Stehplatz Kurve", er ist für 3 DM zu haben.

■ Am 23. März 1963 tagt der Bundesligaausschuss im Geißbockheim.

■ Besonders einfallsreich ist der Geschäftsführer der „Geißbock Gaststätten GmbH", Heinz Rausch. Auf der Terrasse des Clubhauses eröffnet er am 1. Mai 1963 eine Minigolfanlage und ein gemütliches „Schwarzwaldhäuschen", das von den Anhängern auch scherzhaft „Schießbud" genannt wird.

■ Auf das erste Endrundenspiel beim 1. FC Nürnberg bereitet sich der FC in Vorra im Pegnitztal vor. Trainiert wird auf dem Platz des SC Vorra, der als Dankeschön einen nagelneuen „Flutlichtball" erhält. Ebenfalls auf dem Programm steht ein Besuch bei Ausrüster adidas in Herzogenaurach. Auch in Berlin nutzt man die freie Zeit: Außer in das Musical „My fair Lady" geht man auch in den berühmten Berliner Zoo. Vor den Endrundenheimspielen hält sich die Mannschaft im idyllisch gelegenen „Parkhotel Königsforst" am Kölner Stadtrand auf.

Der Karnevalsorden der Session 1962/63 spielt auf die kommende Bundesliga an, die zunächst viele Gegner hatte, in die aber später alle hinein wollten.

■ Zum Endspiel 1963 starten unter anderem zwei Fan-Sonderzüge mit insgesamt 1.700 Schlachtenbummlern, darunter auch einige „Bierleichen", von Köln nach Stuttgart.

■ Wie schon im Vorjahr wird 1963 die vom Endspiel zurückkommende Mannschaft in offenen VW-Käfern durch die Stadt zum Geißbockheim gefahren. Auch NRW-Ministerpräsident Meyers und

Programmheft und Eintrittskarte zum letzten Endspiel um die Deutsche Meisterschaft 1963.

Oberbürgermeister Theo Burauen lassen es sich nicht nehmen, dass Team zu empfangen.

■ Die in der Vorsaison aufgestiegene 1. Amateurmannschaft des 1. FC Köln schafft den umjubelten Klassenerhalt in der Verbandsliga, der höchsten Amateurklasse. Als Weihnachtgeschenk lädt der FC das Team komplett zum Länderspiel Deutschland – Schweiz in Augsburg ein.

■ Die A-Junioren der Geißböcke (unter anderem mit Wolfgang Weber, Wolfgang Overath und Jürgen Rumor), gewinnen ein internationales Jugendturnier in Mailand. Teilnehmer neben dem FC: Partizan Belgrad, Inter Mailand und Racing Paris.

■ Interessante Statistik des 1. FC Köln nach 14 Jahren Oberliga West: Von insgesamt 420 Spielen wurden 228 gewonnen, 87 endeten unentschieden, in 105 Vergleichen ging der Gegner als Sieger vom Platz.

■ In der Saison 1962/63 hat der 1. FC Köln als Voll- und Teilzeitmitarbeiter: 20 Vertragsspieler, 6 Trainer und Übungsleiter, 3 Mitarbeiter im Clubsekretariat, 5 Gärtner sowie Kabinenwarte und Hilfsarbeiter zur Pflege der Sportanlagen, 1 Masseur, 1 Zeugwart und 2 Putzfrauen auf der Lohnliste stehen.

■ Zu jedem Auswärtsspiel bietet der 1. FC Köln seinen Fans Sonderbusse an. Für Preise zwischen 2 und 9 DM werden die Anhänger zu den Stadien gebracht.

■ Jubiläum für das *Geißbock Echo*: Zum Heimspiel gegen Hamborn 07 erscheint die 100. Ausgabe des beliebten Programmheftes.

russia Dortmund war ein alter Bekannter der Gegner in der Schwabenmetropole. Die Zuschauer konnten sich auf einen echten Leckerbissen freuen. Beide Mannschaften hatten viele Stars und Nationalspieler in ihren Reihen: Die Dortmunder mit ihrem Sturmlenker Jürgen Schütz, der in „Aki" Schmidt und Timo Konietzka kaltblütige Vollstrecker an seiner Seite hatte, trafen auf die „Abwehr der Internationalen" mit Ewert, Pott, Schnellinger, Benthaus, Wilden und Sturm, die allesamt schon in der Nationalelf zum Einsatz gekommen waren. Überhaupt fand man in der Kölner Startaufstellung nur vier Akteure, die in ihrer bisherigen Karriere noch kein A-Länderspiel bestritten hatten.

Das Neckarstadion war an diesem sonnigen Samstag mit 74.662 zahlenden Besuchern restlos ausverkauft. Während die rund 12.000 mitgereisten FC-Fans in der „Untertürkheimer Kurve" standen, hatte man den ebenfalls großen Dortmunder Anhang in der „Cannstatter Kurve" untergebracht. Schon vor dem Spiel lieferten sich die beiden Fanlager regelrechte Gesangsgefechte: „Kennedy sprach zu Adenauer, Borussia spielt die Kölner sauer", schallte es beispielsweise aus dem Block der BVB-Anhänger, die kölschen Schlachtenbummler antworteten mit „Dortmund hat zwar gutes Bier, Meister aber werden wir". Da das neutrale Publikum in der Regel immer zum „Underdog" hält, drückten die meisten der anwesenden Süddeutschen den Schwarz-Gelben die Daumen. Die Oberligaspiele gegen den BVB in der abgelaufenen Saison hatten jeweils zugunsten der Rot-Weißen geendet. Schon vor dem Anpfiff galt es für die FC-Freunde, den ersten Schock zu verdauen. Goalgetter Christian Müller, mit neun Endrundentoren bester Schütze der Rheinländer, konnte wegen einer schmerzhaften Zerrung nicht auflaufen. Für ihn musste Regh auf der eher ungewohnten Mittelstürmerposition spielen. Hans Schäfer gewann die Seitenwahl, entschied sich jedoch unverständlicherweise dazu, seine Elf zunächst gegen die tief stehende Sonne spielen zu lassen. Noch größer war der Schreck beim Favoriten aus der Domstadt, als Kurrat nach neun Minuten die Westfalen mit 1:0 in Front brachte. Von der Sonne geblendet, ließ Ewert den vergleichsweise harmlosen Schuss passieren. Der Torschütze war an diesem Tag eine der entscheidenden Figuren auf dem Spielfeld. Der wendige Läufer brachte das Kunststück fertig, Hans Schäfer, den „Strippenzieher" der Geißböcke, abzumelden, ihm buchstäblich auf den Füßen zu stehen und damit das

Kölner Spiel völlig aus dem Takt zu bringen. Der FC hatte trotzdem einige hochkarätige Torchancen, die aber ungenutzt blieben. BVB-Torwart Wessel war in blendender Form und entschärfte etliche sogenannte „Unhaltbare". Regh, der vom hünenhaften Stopper Paul „betreut" wurde, war an diesem Tag kein adäquater Ersatz für Müller. Thielen, Schäfer, Hornig und Ripkens klebte obendrein noch das Schusspech an den Stiefeln. In der 2. Halbzeit bauten die taktisch diszipliniert und geschickt spielenden Dortmunder den Vorsprung durch Tore von Wosab und Schmidt auf 3:0 aus. Schnellingers Anschlusstreffer in der 73. Minute bedeutete nur noch Ergebniskosmetik.

Es war nicht nur das letzte Tor in einem Endspiel um die „Deutsche", sondern auch das letzte von Schnellinger im FC-Dress, denn der große Blonde war auf dem Sprung ins Lire-Paradies Italien. Irgendwie konnten die Kölner selbst nicht so recht begreifen, was sich da auf dem Rasen des Neckarstadions abspielte, so siegessicher war man gewesen. Besonders „Tschik" Cajkovski, der zum (vorläufig) letzten Mal als FC-Coach auf der Bank gesessen hatte, war tief enttäuscht. Nur wenige Tage später sollte er seinen neuen Job bei den Bayern antreten. Zu gerne hätte er sich mit der Meisterschaft aus Köln verabschiedet. Dennoch bedeuteten ein Meister- und ein Vizemeistertitel eine hervorragende Bilanz für den sympathischen Jugoslawen. Den nicht unverdienten Sieg des BVB erkannte man sportlich fair an. Mit Tränen in den Augen gingen die Kölner Spielerfrauen geschlossen in die Kabine, um ihre niedergeschlagenen Männer zu trösten. Die FC-Fans ließen sich die Laune nicht völlig verderben. Schon am Bahnhof Köln-Süd wartete am nächsten Tag eine beträchtliche Menschenmenge auf den neuen Vizemeister. Immerhin noch gut 30.000 Fans bereiteten der Mannschaft anschließend am Geißbockheim einen mehr als würdigen Empfang. Erneut hatte Geißbock-Gastronom Heinz Rausch am Clubhaus ein perfektes Fest organisiert.

STATISTIK 1962/63

OBERLIGA WEST

18.08.1962 Rot-Weiß Oberhausen - 1. FC Köln 3:1 (2:1)
Zuschauer: 20.000
Tore: 0:1 (16.) Müller, 1:1 (32.) Barwenzik (FE), 2:1 (40.) Dait, 3:1 (47.) Scheurer.
Aufstellung: Schumacher, Stollenwerk, Schnellinger, Hemmersbach, Wilden, Sturm, Regh, Habig, Müller, Schäfer, Hornig.

25.08.1962 1. FC Köln - Fortuna Düsseldorf 3:0 (0:0)
Zuschauer: 20.000
Tore: 1:0 (54.) Habig, 2:0 (88.) Schäfer, 3:0 (90.) Müller.
Aufstellung: Schumacher, Regh, Schnellinger, Hemmersbach, Wilden, Sturm, Benthaus, Müller, Schäfer, Hornig.

02.09.1962 Viktoria Köln - 1. FC Köln 1:2 (1:1)
Zuschauer: 25.000
Tore: 0:1 (19.) Thielen, 1:1 (42.) Diegel, 1:2 (84.) Schäfer.
Aufstellung: Schumacher, Habig, Regh, Hemmersbach, Wilden, Sturm, Thielen, Ripkens, Müller, Schäfer, Hornig.
B.V.: Klever (Viktoria Köln) erhält einen Platzverweis.

09.09.1962 1. FC Köln - Meidericher SV 3:0 (3:0)
Zuschauer: 8.000
Tore: 1:0 (21.) Thielen, 2:0 (35.) Müller, 3:0 (42.) Hornig.
Aufstellung: Schumacher, Regh, Schnellinger, Hemmersbach, Wilden, Sturm, Habig, Thielen, Müller, Schäfer, Hornig.
Besondere Vorkommnisse: Schumacher hält einen FE von Nolden.

16.09.1962 Borussia Dortmund - 1. FC Köln 2:3 (1:1)
Zuschauer: 38.000
Tore: 1:0 (16.) Schütz, 1:1 (40.) Müller, 2:1 (55.) Wosab, 2:2 (62.) Habig, 2:3 (88.) Müller.
Aufstellung: Schumacher, Regh, Schnellinger, Hemmersbach, Wilden, Sturm, Habig, Thielen, Müller, Schäfer, Hornig.

22.09.1962 1. FC Köln - Wuppertaler SV 5:2 (4:0)
Zuschauer: 13.000
Tore: 1:0 (02.) Schäfer, 2:0 (03.) Sturm, 3:0 (11.) Hornig, 4:0 (35.) Müller, 4:1 (68.) Glomb, 5:1 (77.) Müller, 5:2 (83.) Glomb.
Aufstellung: Schumacher, Regh, Schnellinger, Benthaus, Wilden, Sturm, Thielen, Hemmersbach, Müller, Schäfer, Hornig.
Besondere Vorkommnisse: Domagalla hält einen HE. von Sturm. - Schäfer wird für 600 Spiele im Trikot des 1. FC Köln geehrt.

07.10.1962 1. FC Köln - FC Schalke 04 1:3 (0:0)
Zuschauer: 38.000
Tore: 0:1 (57.) Koslowski, 1:1 (73.) Regh, 1:2 (85.) Bechmann, 1:3 (89.) Ipta.
Aufstellung: Schumacher, Regh, Pott, Schnellinger, Wilden, Benthaus, Thielen, Habig, Müller, Schäfer, Hornig.

13.10.1962 1. FC Köln - Bayer Leverkusen 0:0
Zuschauer: 15.000
Aufstellung: Ewert, Pott, Schnellinger, Hemmersbach, Wilden, Sturm, Thielen, Regh, Müller, Schäfer, Hornig.

21.10.1962 Hamborn 07 - 1. FC Köln 1:1 (1:0)
Zuschauer: 16.000
Tore: 1:0 (43.) Rinas, 1:1 (49.) Müller.
Aufstellung: Ewert, Pott, Schnellinger, Hemmersbach, Wilden, Sturm, Thielen, Schäfer, Müller, Benthaus, Regh.

28.10.1962 1. FC Köln - Borussia M'gladbach 2:0 (0:0)
Zuschauer: 7.000
Tore: 1:0 (61.) Sturm, 2:0 (74.) Müller.
Aufstellung: Ewert, Pott, Schnellinger, Hemmersbach, Wilden, Sturm, Habig, Thielen, Müller, Schäfer, Hornig.

04.11.1962 TSV Marl-Hüls - 1. FC Köln 1:3 (1:0)
Zuschauer: 9.000
Tore: 1:0 (20.) Wandolek, 1:1 (71.) Schnellinger, 1:2 (80.) Habig, 1:3 (88.) Thielen.
Aufstellung: Ewert, Pott, Regh, Sturm, Wilden, Schnellinger, Thielen, Hornig, Habig, Müller, Schäfer.
Besondere Vorkommnisse: Schnellinger wird für seine Wahl zum Fußballer des Jahres geehrt.

11.11.1962 1. FC Köln - Alemannia Aachen 2:2 (1:1)
Zuschauer: 15.000
Tore: 0:1 (16.) Glenski, 1:1 (18.) Schäfer, 2:1 (62.) Müller, 2:2 (90.) Martinelli (Elf.).
Aufstellung: Schumacher, Pott, Schnellinger, Hemmersbach, Wilden, Sturm, Thielen, Habig, Müller, Schäfer, Hornig.

18.11.1962 Schwarz-Weiß Essen - 1. FC Köln 2:2 (1:1)
Zuschauer: 30.000
Tore: 0:1 (24.) Schäfer, 1:1 (42.) Kördel, 2:1 (57.) Rummel, 2:2 (87.) Müller.
Aufstellung: Ewert, Pott, Regh, Schnellinger, Wilden, Sturm, Thielen, Habig, Müller, Schäfer, Hornig.

24.11.1962 Preußen Münster - 1. FC Köln 0:0
Zuschauer: 35.000
Aufstellung: Ewert, Pott, Schnellinger, Habig, Wilden, Sturm, Thielen, Hemmersbach, Regh, Ripkens, Müller.

02.12.1962 1. FC Köln - Westfalia Herne 4:1 (1:0)
Zuschauer: 12.000
Tore: 1:0 (07.) Regh, 2:0 (54.) Hemmersbach, 3:0 (61.) Ripkens, 4:0 (72.) Müller, 4:1 (74.) Clement.
Aufstellung: Ewert, Pott, Schnellinger, Habig, Wilden, Sturm, Hemmersbach, Müller, Ripkens, Regh.

09.12.1962 1. FC Köln - Rot-Weiß Oberhausen 6:0 (1:0)
Zuschauer: 5.000
Tore: 1:0 (11.) Schäfer, 2:0 (57.) Müller, 3:0 (68.) Thielen, 4:0 (74.) Regh, 5:0 (80.) Müller (Elf.), 6:0 (82.) Regh.
Aufstellung: Ewert, Pott, Schnellinger, Habig, Wilden, Sturm, Thielen, Hemmersbach, Müller, Schäfer, Regh.

30.12.1962 Fortuna Düsseldorf - 1. FC Köln 1:1 (0:1)
Zuschauer: 9.000
Tore: 0:1 (39.) Thielen, 1:1 (57.) Straschitz.
Aufstellung: Ewert, Pott, Schnellinger, Habig, Wilden, Sturm, Thielen, Hemmersbach, Müller, Schäfer, Ripkens.

03.02.1963 1. FC Köln - Preußen Münster 2:1 (2:0)
Zuschauer: 10.000
Tore: 1:0 (10.) Hornig, 2:0 (33.) Müller, 2:1 (57.) Bensmann.
Aufstellung: Schumacher, Pott, Schnellinger, Habig, Wilden, Benthaus, Thielen, Hemmersbach, Müller, Schäfer, Hornig.

17.02.1963 Bayer Leverkusen - 1. FC Köln 5:4 (2:1)
Zuschauer: 10.000
Tore: 0:1 (13.) Thielen, 1:1 (27.) Peters, 2:1 (39.) Heidenreich, 3:1 (51.) Peters, 4:1 (66.) Klimaschefski, 4:2 (68.) Müller, 4:3 (73.) Hemmersbach, 4:4 (79.) Benthaus, 5:4 (88.) Görts.
Aufstellung: Ewert, Pott, Schnellinger, Habig, Wilden, Benthaus, Hemmersbach, Thielen, Müller, Schäfer, Sturm.

10.03.1963 Borussia M'gladbach - 1. FC Köln 4:2 (3:0)
Zuschauer: 12.000
Tore: 1:0, 2:0 (18., 42.) Mühlhausen, 3:0 (45.) Kohn, 4:0 (46.) Brungs, 4:1 (69.) Schäfer, 4:2 (72.) Müller.
Aufstellung: Ewert, Pott, Schnellinger, Hemmersbach, Wilden, Benthaus, Thielen, Ripkens, Müller, Schäfer, Hornig.

17.03.1963 Wuppertaler SV - 1. FC Köln 3:4 (0:2)
Zuschauer: 15.000
Tore: 0:1 (10.) Thielen, 0:2 (30.) Schäfer, 0:3, 0:4 (46., 60.) Thielen, 1:4, 2:4 (64., 75.) Tönges, 3:4 (87.) Kiefer.
Aufstellung: Ewert, Pott, Schnellinger, Hemmersbach, Wilden, Benthaus, Stollenwerk, Ripkens, Thielen, Schäfer, Hornig.

24.03.1963 1. FC Köln - TSV Marl-Hüls 2:0 (0:0)
Zuschauer: 12.000
Tore: 1:0 (77.) Tripp, 2:0 (87.) Pott (FE)
Aufstellung: Ewert, Pott, Habig, Wilden, Benthaus, Stollenwerk, Ripkens, Thielen, Schäfer, Hornig, Tripp.

27.03.1963 FC Schalke 04 - 1. FC Köln 0:1 (0:0)
Zuschauer: 35.000
Tor: 0:1 (82.) Schäfer.
Aufstellung: Ewert, Regh, Pott, Schnellinger, Wilden, Sturm, Müller, Schäfer, Thielen, Ripkens, Hornig.

31.03.1963 Alemannia Aachen - 1. FC Köln 1:0 (0:0)
Zuschauer: 32.000
Tore: 1:0 (52.) Nolden,
Aufstellung: Ewert, Stollenwerk, Pott, Schnellinger, Wilden, Sturm, Müller, Schäfer, Hemmersbach, Benthaus, Hornig.

07.04.1963 1. FC Köln - Viktoria Köln 2:0 (0:0)
Zuschauer: 28.000
Tore: 1:0, 2:0 (78., 87.) Schäfer.
Aufstellung: Ewert, Pott, Schnellinger, Ripkens, Wilden, Benthaus, Tripp, Sturm, Stollenwerk, Schäfer, Müller.

10.04.1963 1. FC Köln - Borussia Dortmund 2:1 (2:1)
Zuschauer: 38.000
Tore: 0:1 (08.) Schütz, 1:1 (13.) Schnellinger, 2:1 (41.) Regh.
Aufstellung: Ewert, Pott, Schnellinger, Hemmersbach, Wilden, Sturm, Habig, Ripkens, Müller, Schäfer, Regh.

13.04.1963 Meidericher SV - 1. FC Köln 3:0 (2:0)
Zuschauer: 20.000
Tore: 1:0 (06.) Dansberg,, 2:0, 3:0 (37., 53.) Krämer.
Aufstellung: Ewert, Pott, Habig, Schnellinger, Regh, Benthaus, Tripp, Sturm, Stollenwerk, Schäfer, Müller.

20.04.1963 1. FC Köln - Schwarz-Weiß Essen 2:0 (1:0)
Zuschauer: 22.000
Tore: 1:0 (25.) Müller, 2:0 (46.) Habig.
Aufstellung: Ewert, Pott, Schnellinger, Hemmersbach, Wilden, Sturm, Habig, Ripkens, Müller, Schäfer, Hornig.

28.04.1963 Westfalia Herne - 1. FC Köln 0:1 (0:0),
Zuschauer: 7.000
Tor: 0:1 (88.) Hornig.
Aufstellung: Ewert, Fritz, Pott, Schnellinger, Hemmersbach, Wilden, Sturm, Habig, Ripkens, Müller, Benthaus, Hornig.

12.05.1963 1. FC Köln - Hamborn 07 4:0 (2:0)
Zuschauer: 7.000
Tore: 1:0 (07.) Müller, 2:0 (42.) Ripkens, 3:0, 4:0 (71., 88.) Hemmersbach.
Aufstellung: Ewert, Regh, Pott, Benthaus, Wilden, Sturm, Stollenwerk, Hemmersbach, Müller, Ripkens, Hornig.

DFB-POKAL

1. Runde
28.07.1962 FSV Mainz 05 - 1. FC Köln 0:5 (0:3)
Zuschauer: 12.000
Tore: 0:1 (11.) Schäfer, 0:2 (23.) Hemmersbach, 0:3 (38.) Thielen, 0:4 (76.) Müller, 0:5 (89.) Hornig.
Aufstellung: Schumacher, Pott, Schnellinger, Hemmersbach, Wilden, Sturm, Thielen, Habig, Müller, Schäfer, Hornig.
Besondere Vorkommnisse: Thielen erhält einen Platzverweis (70.).

2. Runde
08.08.1962 1. FC Köln - Eintracht Frankfurt 1:2 n.V.
Zuschauer: 40.000
Tore: 1:0 (49.) Müller, 1:1 (64.) Schämer, 1:2 (94.) Weilbächer.
Aufstellung: Schumacher, Regh, Pott, Hemmersbach, Wilden, Benthaus, Sturm, Habig, Müller, Schäfer, Hornig.

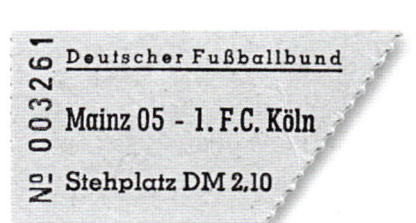

Zum DFB-Pokalspiel beim FSV Mainz 05 gleicht das Stehplatzticket einer Kinokarte.

STATISTIK 1962/63

EUROPAPOKAL (POKAL DER LANDESMEISTER)

Hinspiel
05.09.1962 FC Dundee - 1. FC Köln 8:1 (5:0)
Zuschauer: 35.000
Tore: 1:0 (10.) Penman, 2:0 (11.) Seith, 3:0 (12.) Robertson, 4:0 (26.) Gilzean, 5:0 (45.) Smith, 6:0 (49.) Penman, 7:0, 8:0 (63., 66.) Gilzean, 8:1 (72.) Benthaus.
Aufstellung: Ewert, Regh, Pott, Sturm, Hemmersbach, Wilden, Benthaus, Thielen, Schäfer, Müller, Habig, Hornig.
Besondere Vorkommnisse: Ewert scheidet in der Halbzeit verletzt aus. Regh geht ins Tor.

Rückspiel
26.09.1962 1. FC Köln - FC Dundee 4:0 (3:0),
Zuschauer: 40.000
Tore: 1:0 (08.) Habig (Elf.), 2:0 (40.) Müller, 3:0 (44.) Schäfer, 4:0 (58.) Müller.
Aufstellung: Schumacher, Regh, Pott, Schnellinger, Wilden, Benthaus, Thielen, Schäfer, Müller, Habig, Hornig.
Besondere Vorkommnisse: Habig schießt einen FE an die Latte (61.).

WESTDEUTSCHER POKAL

1. Runde
30.09.1962 Jugend Bergheim - 1. FC Köln 0:4 (0:1),
Zuschauer: 2.500
Tore: 0:1 (13.) Müller, 0:2 (72.) Regh, 0:3 (79.) Müller, 0:4 (90.) Müller.
Aufstellung: Ewert, Stollenwerk, Pott, Hemmersbach, Sturm, Benthaus, Thielen, Habig, Müller, Regh, Ripkens.

2. Runde
23.02.1963 Sportfreunde Siegen - 1. FC Köln 0:5 (0:3),
Zuschauer: 20.000
Tore: 0:1 (27.) Müller, 0:2 (35.) Hornig, 0:3 (45.) Ripkens, 0:4 (52.) Müller, 0:5 (86.) Schäfer.
Aufstellung: Ewert, Pott, Schnellinger, Hemmersbach, Wilden, Benthaus, Habig, Ripkens, Müller, Schäfer, Hornig.

3. Runde
07.05.1963 1. FC Köln - Wuppertaler SV 0:1 (0:0),
Zuschauer: 3.000
Tore: 0:1 (54.) Arnich.
Aufstellung: Schumacher, Pott, Regh, Hemmersbach, Stollenwerk, Sturm, Habig, Ripkens, Müller, Benthaus, Hornig.

ENDRUNDE DEUTSCHE MEISTERSCHAFT

25.05.1963 1.FC Nürnberg - 1. FC Köln 3:3 (3:3),
Zuschauer: 44.000
Tore: 0:1 (04.) Sturm, 1:1 (09.) Reisch, 1:2 (14.) Hemmersbach, 1:3 (15.) Hornig, 2:3 (36., 45.) Strehl.
Aufstellung: Ewert, Pott, Schnellinger, Hemmersbach, Wilden, Sturm, Habig, Schäfer, Müller, Ripkens, Hornig.

29.05.1963 1. FC Köln - 1.FC Kaiserslautern 8:2 (2:2),
Zuschauer: 50.000
Tore: 0:1 (02.) Reitgaßl, 0:2 (06.) Neumann, 1:2 (16.) Sturm, 2:2 (37.) Schäfer, 3:2 (51.) Müller, 4:2 (68.) Benthaus, 5:2 (70.) Hornig, 6:2 (73.) Müller, 7:2 (75.) Regh, 8:2 (83.) Thielen.
Aufstellung: Ewert, Pott, Regh, Benthaus, Schnellinger, Sturm, Thielen, Schäfer, Müller, Ripkens, Hornig.

01.06.1963 Hertha BSC Berlin - 1. FC Köln 3:6 (1:3),
Zuschauer: 36.000
Tore: 0:1 (01.) Regh, 1:1 (13.) Waclawiak, 1:2 (19.) Schäfer, 1:3 (39.) Müller, 1:4 (47.) Thielen, 2:4, 3:4 (58. (Elf.), 65.) Altendorff, 3:5 (75.) Thielen, 3:6 (77.) Müller.
Aufstellung: Ewert, Pott, Regh, Benthaus, Schnellinger, Sturm, Thielen, Schäfer, Müller, Hemmersbach, Hornig.

08.06.1963 1. FC Köln - Hertha BSC Berlin 5:1 (1:0),
Zuschauer: 38.000
Tore: 1:0, 2:0 (23., 50.) Müller, 2:1 (60.) Lange, 3:1 (73.) Müller, 4:1 (88.) Sturm, 5:1 (90.) Müller.
Aufstellung: Ewert, Pott, Wilden, Benthaus, Schnellinger, Sturm, Thielen, Schäfer, Müller, Ripkens, Hornig.

15.06.1963 1.FC Kaiserslautern - 1. FC Köln 1:1 (0:1),
Zuschauer: 23.000
Tore: 0:1 (30.) Regh, 1:1 (78.) Neumann.
Aufstellung: Ewert, Pott, Regh, Benthaus, Schnellinger, Wilden, Thielen, Schäfer, Müller, Ripkens, Hornig.
Besondere Vorkommnisse: Das Spiel wurde in Ludwigshafen ausgetragen.

22.06.1963 1. FC Köln - 1.FC Nürnberg 6:2 (5:0),
Zuschauer: 60.000
Tore: 1:0 (05.) Müller, 2:0 (08.) Schäfer, 3:0 (14.) Thielen, 4:0 (40.) Sturm (Elf.), 5:0 (43.) Thielen, 5:1 (63.) Wild, 6:1 (77.) Thielen, 6:2 (86.) Wild.
Aufstellung: Ewert, Pott, Wilden, Benthaus, Schnellinger, Sturm, Thielen, Schäfer, Müller, Ripkens, Hornig.

29.06.1963 Borussia Dortmund - 1. FC Köln 3:1 (1:0),
Zuschauer: 74.662
Tore: 1:0 (09.) Kurrat, 2:0 (57.) Wosab, 3:0 (65.) Schmidt, 3:1 (73.) Schnellinger.
Aufstellung: Ewert, Pott, Regh, Benthaus, Schnellinger, Sturm, Wilden, Thielen, Schäfer, Ripkens, Hornig.

FREUNDSCHAFTSSPIELE

29.07.1962 Amateurausw. Nordbaden - 1. FC Köln 3:6 (2:3)

31.07.1962 1860 München - 1. FC Köln 1:0 (0:0)

04.08.1962 Rot-Weiß Essen - 1. FC Köln 2:4 (0:2)

11.08.1962 Arminia Hannover - 1. FC Köln 4:3 (1:1)

10.10.1962 SC Enschede - 1. FC Köln 2:0
Besondere Vorkommnisse: Spiel wurde nach 42 Minuten wegen Nebel abgebrochen.

06.11.1962 Standard Lüttich - 1. FC Köln 2:2 (2:0)

28.11.1962 1. FC Köln - Girondins Bordeaux 3:2

26.12.1962 1. FC Köln - Slovnaft Bratislava 0:0

20.03.1963 Fortuna Geleen - 1. FC Köln 1:5

15.04.1963 1. FC Köln - US Sedan 7:6 n.E. (in Luxemburg)

24.04.1963 1. FC Köln - Racing Paris 2:5

14.05.1963 1. FC Köln - Universidad de Chile 1:1 (0:1)

OBERLIGA- UND ENDRUNDENKADER 1962/63

Abgänge: Alda (SSV Siegburg 04), C. Breuer (Alemannia Aachen), Eich (eigene Amateure), Heitmann (eigene Amateure)
Zugänge: Tripp (VfL Marburg), Hornig (RW Essen), Benthaus (1860 München), Weber (SpVgg Porz), Overath (SV Siegburg)

Trainer:
Zlatko Cajkovski

Tor:
Ewert, Fritz 28/0
Schumacher, Anton 9/0

Feld:
Wilden, Leo 34/0
Müller, Christian 34/28
Schäfer, Hans 33/14
Schnellinger, Karl-Heinz 33/3
Sturm, Hans 32/6
Pott, Fritz 31/1
Hornig, Heinz 28/6
Thielen, Karl-Heinz 27/15
Hemmersbach, Matth. 26/5
Regh, Anton 22/8
Habig, Ernst-Günter 22/4
Benthaus, Helmut 20/2
Ripkens, Karl-Heinz 18/2
Stollenwerk, Georg 7/0
Tripp, Georg 3/1
Breuer, Fritz 0/0

OBERLIGA WEST 1962/63

1.	1. FC Köln (M)**	65:37	42:18
2.	Borussia Dortmund**	77:39	40:20
3.	Meidericher SV**	47:43	38:22
4.	Preußen Münster**	51:32	37:23
5.	Alemannia Aachen	58:42	37:23
6.	FC Schalke 04**	62:43	35:25
7.	Schwarz-Weiß Essen	44:37	33:27
8.	Viktoria Köln	81:69	30:30
9.	Bayer Leverkusen (N)	50:54	30:30
10.	Rot-Weiß Oberhausen	49:58	29:31
11.	Borussia M'gladbach	44:60	24:36
12.	Spfr.Hamborn 07	34:50	24:36
13.	Fortuna Düsseldorf	43:64	22:38
14.	Westfalia Herne	43:65	21:39
15.	Wuppertaler SV (N)	43:66	20:40
16.	TSV Marl-Hüls	37:69	18:42

** Qualifiziert für die Bundesliga.

ENDRUNDE ZUR DEUTSCHEN MEISTERSCHAFT

1.	1. FC Köln	29:12	10:2
2.	1. FC Nürnberg	19:12	8:4
3.	Hertha BSC Berlin	8:19	3:9
4.	1. FC Kaiserslautern	7:20	3:9

ENDSPIEL UM DIE DEUTSCHE MEISTERSCHAFT

Borussia Dortmund - 1. FC Köln 3:1

FIEBERKURVE 1962/63

1963/64
1. BUNDESLIGA

Erster Meister der Bundesliga

Die Bundesliga: in der Saison 1963/64 noch Neuland und zugleich große Attraktion. Erwartungsfroh harren von links Pott, Sturm, Wilden und Schäfer der Dinge, die da kommen.

[LEGENDEN]

Wolfgang Overath
Beim FC von: 1962-1977 (Spieler), 1991-1998 (Mitglied Verwaltungsrat), seit 14.06.2004 Präsident 1. FC Köln
Geboren: 29.09.1943 in Siegburg
Pflichtspiele beim FC: 543
Pflichtspieltore: 119

Kapitän, Weltmeister, Präsident

In Siegburg geboren und aufgewachsen, wurde Wolfgang Overath mit neun Jahren Mitglied des SSV Siegburg 04. Der FC hatte die Talente der Umgebung fest im Blick und entsendete seinen Schatzmeister Richard Pelzer nach Siegburg, um das Supertalent nach Köln zu locken. 1962 unterschrieb Overath bei den Geißböcken. Als 1963 die Bundesliga startete, ging es auch mit der Karriere des Spielgestalters in Lichtgeschwindigkeit voran. Gleich in der Premierensaison errang er mit den Kölnern als Stammspieler die Deutsche Meisterschaft und erzielte am 1. Spieltag in Saarbrücken das erste Bundesligator des 1. FC Köln. Auch der Sprung in die Nationalelf ließ nicht lange auf sich warten. 1966 wurde ihm auch die Ehre zuteil, Spielführer der Geißböcke zu werden. Für immerhin elf Jahre, bis zu seinem Abschied vom FC, behielt er die Binde. In der DFB-Auswahl sicherte sich Overath sofort einen Stammplatz, wurde bei der WM in England Vizeweltmeister, 1970 WM-Dritter, und vier Jahre später krönte er mit dem Weltmeistertitel beim Turnier im eigenen Land seine Karriere. Kurze Zeit später gab Overath seinen Rücktritt aus der Nationalelf bekannt. Beim FC durchlebte er in den folgenden Jahren Höhen und Tiefen, gewann mit den Geißböcken jedoch keinen Titel mehr. Als zur Saison 1976/77 Hennes Weisweiler nach Köln zurückkam, waren die Tage des Ballzauberers im rot-weißen

➜

Kaum ein Verein in Deutschland war auf die kommende Bundesliga so gut vorbereitet wie der 1. FC Köln. Um die Finanzen der Geißböcke, die vom erfolgreichen Geschäftsmann Richard Pelzer erstklassig geführt wurden, war es glänzend bestellt. Der Transfer von Karl-Heinz Schnellinger zum AS Rom (er wurde von dort zunächst zum AC Mantua verliehen), bedeutete zwar aus sportlicher Sicht einen herben Verlust, war aber finanziell ein exzellentes Geschäft für die Kölner. Die Wahnsinnssumme von 1,3 Millionen DM überwiesen die Italiener auf das schon vorher prall gefüllte Konto. Der Wechsel von Ernst-Günter Habig zu Viktoria Köln spülte zusätzliche 14.000 DM in die Kasse.

Geschäftsführer Heinrich Holthoff und sein Team in der FC-Verwaltung hatten vom Abrechnungswesen bis zum Ticketverkauf alles den Erfordernissen des Bundesligabetriebes angepasst. 1.195 verkaufte Dauerkarten bedeuteten neuen Rekord. Bis auf Habig und Schnellinger konnten alle „Stars", die jetzt Lizenzspieler und nicht mehr Vertragsspieler waren, gehalten werden. Mit dem erfahrenen Georg Knöpfle war ein Trainer verpflichtet worden, der die richtige Mischung aus „Zuckerbrot und Peitsche" beherrschte.
Schon beim Eröffnungstraining am 23. Juli 1963 am Geißbockheim ließ der Coach seine Spieler ordentlich schwitzen. Trotz sengender Hitze war die Übungseinheit für 14 Uhr

angesetzt worden. Die lauten Kommandos des „Feldwebels" waren bis in den letzten Winkel des Trainingsgeländes deutlich vernehmbar. In Anlehnung an den optisch ähnlichen amerikanischen Schauspieler, wurde Knöpfle wegen seiner nicht vorhandenen Haarpracht der Spitzname „Yul Brynner" verpasst. Die Verbesserung der Defensive und die Förderung der jungen Spieler hatte sich Knöpfle besonders auf die Fahne geschrieben. Schnell war erkennbar, dass er auf die äußerst talentierten Nachwuchskräfte Overath und Weber vertraute. In der Vorbereitung, wo es auch zu Begegnungen mit starken internationalen Gegnern wie Honved Budapest, Real Zaragoza, oder Austria Wien kam, machten beide ei-

Dress gezählt. Nach einem demütigenden Ende mit dem Höhepunkt der Nichtaufstellung im 1977er Pokalfinale gegen Hertha BSC Berlin gab der Ballvirtuose seinen Rücktritt bekannt.

Eine Ära war zu Ende, denn Overath hatte 15 Jahre lang die FC-Geschichte geprägt. Von überdurchschnittlichem Ehrgeiz angetrieben, hatte es der aus einer Großfamilie mit acht Kindern stammende Siegburger zu Weltruhm gebracht. Overath vereinigte alle Anlagen, die einen Spielgestalter internationalen Formats auszeichneten: stark am Ball, technisch versiert und mit genialer Übersicht. Zentimetergenau erreichten seine Pässe oft über mehr als 30 Meter ihren Adressaten. Auch im Torabschluss und bei Standardsituationen bewies er unzählige Male seine Klasse. Overath war für die Mannschaft enorm wichtig. Fehlte er – lief es beim FC nicht. Overath polarisierte auch. Mit seiner nicht selten hitzköpfigen Art eckte er bei Gegenspielern und Fans regelmäßig an. Oft wurde dem Kölner Kapitän vorgeworfen, für die Nationalmannschaft besser zu spielen als für den FC. Zumal Overath fast immer mit Günter Netzer, dem anderen Weltklassespielgestalter der 1970er Jahre, verglichen wurde und der Mönchengladbacher eher im Vereinsdress statt beim DFB zur Hochform auflief. Das Regisseur-Duell zwischen Overath und Netzer, die sich privat übrigens bestens verstanden, fesselte die Fußballfans in ganz Deutschland viele Jahre lang. Wolfgang Overath war und ist dennoch eine der international bekanntesten Persönlichkeiten, die je das Trikot des 1. FC Köln getragen haben. Trotz hochkarätiger Angebote aus dem In- und Ausland blieb er den Geißböcken immer treu. Kein Wunder, dass die Fans ihn bei seinem Abschiedsspiel am 17. Mai 1977 wie einen Helden verabschiedeten.

Nach dem Ende seiner Spielerkarriere kümmerte sich der findige Geschäftsmann um seine Immobilien und wurde Repräsentant der Firma adidas. Schon in den Anfangsjahren seines Engagements beim FC hatte Overaths väterlicher Berater Franz Kremer mitgeholfen, dem Nationalspieler ein finanzielles Fundament aufzubauen, das er später erfolgreich vergrößerte. Der Weltmeister setzt sich auch intensiv für soziale Projekte ein. So unterstützt der gelernte Kaufmann nicht nur die Obdachlosen seiner Heimatstadt, er spielt auch regelmäßig für den guten Zweck in der „Lotto-Elf". Zudem ist er regelmäßig in der FC-Traditionsmannschaft aktiv. Das Geschehen bei „seinem" Klub verfolgte er stets aufmerksam. Immer wieder geisterte sein Name durch die Gazetten, wenn nach einem „Retter" für den FC gesucht wurde. Im Juni 2004 gab Overath dem „Drängen" der Öffentlichkeit nach und wurde zum achten Präsidenten des 1. FC Köln gewählt.

Vor dem letzten Heimspiel gegen den VfB Stuttgart am 9. Mai 1964 präsentiert sich die Meistermannschaft den Fans. Von rechts nach links: Wolfgang Weber, Toni Schumacher, Matthias Hemmersbach, Toni Regh, Heinz Hornig, Wolfgang Overath, Fritz Pott, Karl-Heinz Thielen, Christian Müller, Helmut Benthaus, Leo Wilden, Hansi Sturm, Fritz Ewert, Hans Schäfer.

ERFRISCHENDER BUNDESLIGAAUFTAKT

Am 24. August 1963 war es endlich so weit. Der 1. FC Köln bestritt seine erste Bundesligapartie. Schauplatz war das Saarbrücker Ludwigspark-Stadion. 35.000 Zuschauer wollten die Begegnung zwischen dem Vizemeister und dem heimischen 1. FC Saarbrücken sehen. Die Gäste kontrollierten das Spiel über weite Strecken und gingen durch Overath nach 22 Minuten in Führung. Gerade rechtzeitig für die rund 200 mitgereisten FC-Fans, die wegen einer Zugverspätung erst 20 Minuten nach dem Anpfiff in der Arena eintrafen. Wegen eines Leitungsschadens war der Sondertriebwagen der Bahn bei Euskirchen stehen geblieben. Erst nach dem Einsatz einer alten Dampflok konnte die Reise nach 67 Minuten Unterbrechung fortgesetzt werden. Kurz vor der Halbzeit markierte Müller mit einem sehenswerten Hammer aus mehr als 25 Metern das 2:0. In der 2. Hälfte war von den Kölnern nicht mehr viel zu sehen. Als die Saarbrücker in der letzten halben Stunde ungestüm das Tor berannten, war es vor allem Wilden und Ewert zu verdanken, dass die Partie letztlich verdient und relativ mühelos ohne Gegentor mit 2:0 gewonnen wurde. Netter Nebeneffekt des Erfolges in Saarbrücken: Punkt- und Torgleich mit dem FC Schalke 04 waren die Geißböcke erster Tabellenführer der neuen Spielklasse.

Vor der Bundesligaheimpremiere am 31. August 1963 gegen den Karlsruher SC erhielt Leo Wilden Blumen für sein 200. Spiel im rot-weißen Trikot. Diese wurden gleich kräftig gegossen, denn es regnete in Strömen. Wegen des buchstäblichen „Sauwetters" waren „nur" 21.187 zahlende Zuschauer gekommen. Mit den harmlosen Karlsruhern, in deren Reihen auch Rolf Kahn, Vater von Oliver Kahn spielte, hatten die Kölner keine Probleme. Erneut erzielte Overath, der mit Schäfer bereits ein starkes Duo bildete, die Führung. „Ersatzstürmer" Sturm (2) und Hornig trafen zum 4:0-Endstand. Allroundmann Hansi Sturm hatte Christian Müller als Angreifer hervorragend vertreten. Prominentester Zuschauer war Bundestrainer Herberger. Auf der Tribüne munkelte man bereits, dass der „Bundessepp" eigens wegen Supertalent Overath nach Müngersdorf gekommen war, auch wenn er mit den Worten „macht mir den Jungen nicht verrückt" noch abwiegelte. Erfreulich auch der Auftritt von Debütant Wolfgang Weber, der eine solide Partie ablieferte. Neben den nationalen Ambitionen wollte sich der FC auch international beweisen. Der europäische Messepokal bot die beste Gelegenheit dazu. Auftaktgegner La Gantoise Gent stellte keine große Hürde dar. Nach dem lockeren 3:1-Heimsieg im Hinspiel reichte ein 1:1 in Belgien zum Einzug in die nächste Runde.

In der Bundesliga stand das Auswärtsspiel bei 1860 München auf dem Spielplan. Der erste Härtetest für den Meisterschaftsaspiranten. Das Grünwalder Stadion war mit 45.000 Fußballfreunden nahezu überfüllt – der Auftritt des Tabellenführers mobilisierte die Fußballfreunde an der Isar. Bis zu 90 DM wurden auf dem Schwarzmarkt für eine Tribünenkarte gezahlt. Nach torlosen ersten 45 Minuten besorgte Overath auch im dritten Bundesligaspiel die Führung. Durch das verletzungsbedingte Ausscheiden von Löwen-Kapitän und Abwehrchef Alfons Stemmer wurden die Gastgeber geschwächt, dennoch gelang ihnen in Unterzahl der Ausgleich. Routiniert und kaltschnäuzig im Profistil auftretend, ließ man sich aber weder vom ersten Gegentreffer der Saison noch vom frenetischen Publikum beirren. Vor allem Benthaus zeigte an alter Wirkungsstätte eine tadellose Leistung. Sturm und Schäfer sorgten mit ihren Toren dafür, dass der FC mit 3:1 die Oberhand und damit auch die Tabellenführung behielt.

DER ALTE WESTSCHLAGER

Erster gegen Zweiter hieß es am 4. Spieltag. Der alte Westschlager Köln - Schalke sorgte für eine proppenvolle Hauptkampfbahn. 55.719 zahlende Besucher wollten sich den Spitzenkampf nicht entgehen lassen. Pech für den FC, bereits nach zwölf Minuten verletzte sich der linke Läufer Weber und konnte anschließend nur noch die Außenbahn auf- und abhumpeln. Nach der Pause blieb er ganz draußen, und die Kölner mussten die Begegnung mit zehn Mann zu Ende spielen. Der FC hatte einen regelrechten Blitzstart hingelegt und durch Hornig in der ersten Minute das 1:0 erzielt. Nur vier Minuten später glich Schalke aus, Stan Libuda brachte nach 32 Minuten die „Knappen" in Führung. Trotz Unterzahl kämpfte die Knöpfle-Truppe verbissen gegen die drohende Niederlage an. Mit Erfolg: Sturm gelang der viel umjubelte Ausgleich zum 2:2, der auch den Endstand bedeutete. Der erste Punktverlust der Saison bedeutete gleichzeitig den Verlust der Tabellenführung an den HSV.

Dessen ungeachtet war der FC die attraktivste Mannschaft der Liga. Wo die Rot-Weißen antraten, waren die Stadien voll. Kein anderes Team der Liga hatte einen höheren Auswärtszuschauerschnitt. Beim Auftritt in Braunschweig beispielsweise war das Stadion so überfüllt, dass das Publikum bis an den Spielfeldrand stand und von der Polizei zurückgedrängt werden musste. Die Geißböcke mit ihrem mächtigen Vorsitzenden Franz Kremer polarisierten, ähnlich wie heute der FC Bayern. Man kam entweder, weil man mit dem FC sympathisierte oder weil man ihn verlieren sehen wollte. Das Gastspiel bei der Berliner Hertha am 21. September 1963 sorgte gleich für einen neuen Bundesligazuschauerrekord. 85.411 Fußballfreunde waren ins Olympiastadion gekommen. Eine Zahl, die aufgrund der Stadionkapazität auch nur in Berlin möglich war.

Den FC motivierte die große Kulisse. Obwohl Wilden, Weber und Thielen verletzungsbedingt fehlten, erreichte man einen verdienten 3:0-Auswärtserfolg und eroberte den ersten Tabellenplatz zurück, da die Hamburger zeitgleich auf Schalke den Kürzeren gezogen hatten. Nur eine Woche später schrammte das rheinische Star-Ensemble haarscharf an der ersten Niederlage vorbei. Gegen Trainer Knöpfles Ex-Club Werder Bremen stand es in Müngersdorf nach 60 Minuten schon 2:0 für die Gäste, ehe man mit einem Kraftakt in der Schlussphase innerhalb von 14 Minuten doch noch einen überaus glücklichen 4:3-Heimsieg landen konnte.

ERSTE PLEITE IN FRANKFURT

Doch am 7. Spieltag war es soweit: Mit 1:2 verlor der 1. FC Köln bei Eintracht Frankfurt sein erstes Bundesligaspiel. Schäfer war wegen einer Bauchmuskelzerrung angeschlagen in die Partie gegangen, Weber und Thielen waren immer noch nicht einsatzfähig. Die Niederlage im Waldstadion blieb weitgehend ohne Folgen, der FC konnte Platz 1 der Tabelle behaupten und durch einen 3:0-Arbeitssieg gegen Preußen Münster im folgenden Heimspiel festigen. Einzig das rustikale Einsteigen der Münsteraner Spieler sorgte für Aufruhr bei den Kölner Fans, und so wurden die Gäste nach der Partie als „Mörder" beschimpft.

Am 26. Oktober 1963 kam es in Müngersdorf zum Wiedersehen mit Helmut Rahn. Der „Boss", der 1960 mit dem FC deutscher Vizemeister geworden war, hatte mittlerweile in Duisburg beim Meidericher SV angeheuert. Rahn wirbelte die Abwehr der Geißböcke gehörig durcheinander. Bis zur 88. Minute führten die Gäste aus dem Ruhrgebiet, doch Overath, dem sein zweiter „Doppelpack" gelang, erzielte kurz vor dem Ende den Ausgleich zum 3:3.

Abwechslung vom „Bundesligaalltag" bot der Messepokal. In der 2. Runde hatte das Los dem FC einen wesentlich prominenteren Widersacher beschert: Gegen den Traditionsverein Sheffield Wednesday hatte man zunächst Heimrecht. Nach knapp vierwöchiger Zwangspause konnte Schäfer wieder spielen. Mit Erfolg – der

Höhepunkte der internationalen Begegnungen waren nicht selten die festlichen Bankette im Anschluss an die Spiele. Auch die Engländer von Sheffield Wednesday waren gute Gastgeber, sie veranstalteten ein fürstliches Essen im Grand Hotel zu Sheffield anlässlich der Rückrundenpartie im Messepokal.

Schnappschuss von Leo Wilden vor dem Mannschaftsbus von Sheffield Wednesday im Rahmen der Messepokalbegegnung in der englischen Klingenstadt.

[Interessantes & Kurioses]

■ Erneut geht der Titel „Fußballspieler des Jahres" an einen Akteur des 1. FC Köln. Nach seinem 2. Platz im Vorjahr erhält Hans Schäfer 1963 die verdiente Ehrung. Mit 102 Stimmen siegt er deutlich vor Max Morlock (1. FC Nürnberg, 41 Stimmen) und Jürgen Werner (HSV, 33 Stimmen). Ex-Clubkamerad Karl-Heinz Schnellinger landet mit 29 Stimmen auf Rang 4. Ein vom Fachblatt Kicker veranstalteter Festakt zu Ehren des Kapitäns findet am 4. Oktober 1963 im Geißbockheim statt. Als weitere Auszeichnung erhält Hans Schäfer für seine Verdienste um den 1. FC Köln als erster aktiver Spieler im Rahmen der Jahreshauptversammlung die goldene Ehrennadel mit Brillanten sowie eine Prämie von 5.000 DM.

■ Wolfgang Overath gibt am 28. September 1963 sein Nationalmannschaftsdebüt. Beim 3:0-Erfolg der DFB-Elf in Frankfurt gegen die Türkei wird der junge Kölner in der 69. Minute für Konietzka eingewechselt.

■ Der FC kauft in Rösrath, rund 20 Kilometer östlich von Köln gelegen, ein 37.000 m² großes Grundstück, auf dem ein Trainingszentrum mit Sportplätzen, Halle und Unterkunftsgebäude entstehen soll. Kostenpunkt: Rund 380.000 DM. Der Baubeginn ist für Frühjahr 1964 vorgesehen. Der Verein plant, für das Projekt eine Rücklage von einer Million DM zu bilden. Auf dem Grundstück befindet sich der „Georgshof", ein leer stehendes Gebäude, das dem Roten Kreuz früher als Schwesternwohnheim diente. Diese Pläne wurden allerdings bis heute nicht realisiert, obwohl der 1. FC Köln immer noch im Besitz des Areals ist.

■ Zu jedem Heimspiel stellt der 1. FC Köln 300 Freikarten für Kölner Schüler zur Verfügung. Nach Errichtung einer Stahlrohrtribüne auf der Gegengeraden fasst das Müngersdorfer Stadion 1963 63.682 Zuschauer.

■ Beim Spiel des FC in Nürnberg wird vor dem Anpfiff eine Gedenkminute für die verstorbenen Präsidenten der USA und des DFB, John F. Kennedy und Peco Bauwens, abgehalten. Beide Mannschaften spielen mit Trauerflor.

■ Die Partie gegen den 1. FC Kaiserslautern (5:1) am 7. Dezember 1963 ist das erste Bundesligaheimspiel des 1. FC Köln unter Flutlicht.

■ Gleich zwei Bücher über FC-Kapitän Hans Schäfer sind neu auf dem Buchmarkt erhältlich: Der Kölner DuMont-Verlag gibt den Titel „Die Schäfer Ballade" heraus, im

Der FC-Karnevalsorden spielte auf die eher dürftigen Kölner Stadionverhältnisse an.

Münchner Copress-Verlag erscheint „Tausend Spiele – Tausend Tore".

■ Insgesamt neun Bundesligatore erzielt Wolfgang Overath, der Shootingstar der Bundesliga, in seiner ersten Saison. Siebenmal trifft der Mittelfeldspieler jeweils zum 1:0 seiner Mannschaft.

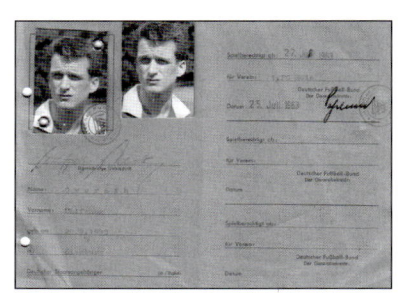

Auch Wolfgang Overath ist ein „Kind der Bundesliga". Sein erster Lizenzspielerpass wird heute im FC-Museum ausgestellt.

■ Meistergeheimnis Vielseitigkeit: Nur 15 Akteure werden von Trainer Knöpfle im Saisonverlauf eingesetzt, die wenigsten in der gesamten Bundesliga. Mit diesen 15 Spielern agiert der erfahrene Coach in insgesamt 19 Aufstellungen. Ein Beweis für die hohe Qualität des Kaders, denn jeder FC-Kicker kann auf (fast) jeder Position spielen.

■ „Vize-Hennes" für den FC: Der Schweizer Geschäftsmann Rudi Koller ersteht für 1.370 DM bei der traditionellen Geißbock-Versteigerung in Deidesheim/Pfalz ein besonders stattliches Exemplar. Als dem Mann mit dem Tier die Einreise in die Heimat verweigert wird, entschließt er sich, den Bock dem 1. FC Köln zu schenken. Helmut Benthaus und Clubhauspächter Heinz Rausch holen das Tier am 25. September 1963 in Deidesheim ab. Im Sportpark an der Militärringstraße findet der zuvor schon auf den Namen „Oskar" getaufte Geißbock im bereits bestehenden kleinen „Gehege" von „Heinzchen" – einem weiteren Bock, der vor einiger Zeit von der Firma „Rolli Eis" gestiftet worden war – eine neue Heimat. Hennes I. leistet den beiden keine Gesellschaft. Er logiert, wie schon seit Jahren, bei der Familie Filz in Köln-Müngersdorf.

Angriff des Bundesligaspitzenreiters lief auf Hochtouren. Bereits vor dem Seitenwechsel hatten sich die Gastgeber einen beruhigenden 3:0-Vorsprung erarbeitet. Doch dann verletzte sich Schäfer erneut und bekleidete von da an allenfalls eine Statistenrolle. Mit dem Ausfall des Kapitäns stellte die gesamte Mannschaft die Arbeit ein. Den „Owls" aus Sheffield gelangen zur Verärgerung der 8.367 Zuschauer noch zwei Treffer, sodass am Ende nur ein knapper 3:2-Sieg der Heimmannschaft zu Buche stand.

Schlechte Aussichten für das Rückspiel und auch kein gutes Omen für das bevorstehende schwere Auswärtsspiel bei den auf eigenem Platz noch ungeschlagenen Braunschweigern. Schon Tage vor der Begegnung war das Stadion an der Hamburger Straße restlos ausverkauft. Trainer Knöpfle plagten immer noch Personalsorgen. Schäfers alte Verletzung war wieder zu Tage getreten und „de Knoll" fiel auf unbestimmte Zeit aus. Auch Weber laborierte immer noch an seiner Blessur. Wenigstens konnte Thielen seit einigen Wochen wieder mitmischen.

DER 500. SIEG DER VEREINSGESCHICHTE

Nach langer Zwangspause fand Thielen langsam wieder zu alter Form und Torgefährlichkeit zurück. So gelang ihm nicht nur das wichtige 1:1 beim Remis in Braunschweig, auch zum umjubelten 4:1-Erfolg im Spitzenspiel gegen den HSV vor 63.676 restlos begeisterten Zuschauern steuerte der blonde Frauenschwarm zwei blitzsaubere Tore bei. Die anfängliche 1:0-Führung der Hanseaten konnte den 500. Sieg der Kölner seit Vereinsgründung nicht verhindern. Hornig und Schäfer waren nicht einsatzfähig, wurden aber von den „Ersatzstürmern" Regh und Weber, der endlich wieder fit war, bestens vertreten.

Bis zur Winterpause ließ der FC nichts mehr anbrennen. Nach dem 2:2 in Nürnberg gelang mit einem 3:2 beim BVB die Revanche für das verlorene Endspiel im Sommer. Seit 1958 hatten die Kölner nun in Dortmund nicht mehr verloren. Am 14. Spieltag wurde der 1. FC Kaiserslautern mit 5:1 deklassiert – alle fünf Treffer gingen auf das Konto von Thielen. Der glückliche 1:0-Erfolg auf Schneeboden beim VfB Stuttgart durch das goldene Tor von Hornig war der gelungene Schlussakkord einer souveränen Hinrunde mit Köln als erstem Herbstmeister der Bundesliga. Mit vier Punkten Vorsprung zogen die Rheinländer relativ einsam ihre Kreise. Zu Hause ungeschlagen und mit positiver Auswärtsbilanz (12:4 Punkte) wurde man der Favoritenrolle voll und ganz gerecht, trotz zeitweiliger Verletzungssorgen und der Tatsache, dass der „Fußballer des Jahres" 1963, Hans Schäfer, in sieben von 15 Begegnungen nicht dabei sein konnte. Trotz seiner bereits 36 Jahre war der Kapitän immer noch die Seele des FC-Spiels. Dennoch kam Trainer Knöpfle während der Hinrunde mit nur 14 Akteuren aus.

Auch im Messepokal gab es Grund zum Jubeln: Gegen die starken Engländer von Sheffield Wednesday siegten die Kölner im Hexenkessel Hillsborough-Stadion verdient mit 2:1 durch Tore von Thielen und Overath. „Die Kölner Spieler wechselten ihre Positionen in vollendeter Weise, sie blieben immer in Ballbesitz, und die Wednesday-Spieler liefen beinahe jämmerlich hinterher", zollte der *Sheffield Telegraph* dem FC, der in die Runde der letzten acht eingezogen war, höchsten Respekt. Die Mannschaft hatte sich die rund einen Monat dauernde Winterpause redlich verdient.

ÜBERRASCHUNG IM SCHNEE

In Zeiten der Klimaerwärmung eine echte Rarität, doch als der 1. FC Köln und der 1. FC Saarbrücken zum Rückrundenauftakt am 11. Januar 1964 den „Rasen" der Müngersdorfer Hauptkampfbahn betraten, war der Platz bei eisigen Minusgraden von einer geschlossenen Schneedecke überzogen. Als Müller nach 14 Minuten die Gastgeber in Front brachte, sah alles nach einem standesgemäßen Resultat für den haushohen Favoriten aus. Doch die Kölner spielten pomadig und überheblich und bekamen vom couragiert auftretenden Schlusslicht aus dem Saarland prompt die Quittung serviert. Bis zur Pause lag der verdatterte Meisterschaftsaspirant mit 1:3 zurück. Im zweiten Abschnitt verteidigte der FCS den Vorsprung geschickt, den ideenlosen Geißböcken fiel

So sah es in der Saison 1963/64 meistens aus. Der FC jubelte. Hier hat Heinz Hornig gerade das 3:1 in Köln gegen den BVB erzielt. Endstand: 5:2.

Wegen Ausschreitungen beim Spiel gegen Frankfurt musste der FC nach Wuppertal ausweichen. Die Fans schreckte dies nicht, sie reisten per Sonderzug ins Bergische, um Ihren Verein zu unterstützen.

Historische Rarität: das *Geißbock Echo* vom ersten Bundesligaspiel in Köln gegen den Karlsruher SC vom 31. August 1963.

nichts mehr ein. Die Sensation des 16. Spieltages war perfekt. Und das, obwohl die Kölner erstmals seit September wieder in Bestformation aufgelaufen waren. Die Offensivkräfte Thielen, Hornig und Schäfer waren allesamt einsatzfähig.
Holprig ging es weiter: Für die Knöpfle-Truppe reichte es beim KSC und gegen die Münchner Löwen jeweils „nur" zu einem 2:2-Unentschieden. Doch die Konkurrenz aus Meiderich, Stuttgart, Dortmund oder Schalke konnte die sieglose Zeit der Kölner nicht nutzen. Immer noch thronten die Rot-Weißen unangefochten an der Tabellenspitze. Ausgerechnet beim „Westklassiker" in der Glückauf-Kampfbahn gelang gegen den FC Schalke 04 der erste Rückrundenerfolg. Zum mittlerweile sechsten Mal war es Overath, der seine Farben in einem Bundesligaspiel mit 1:0 in Führung brachte. Müller und Schäfer erzielten die weiteren Treffer. Eiskalt wurden die Königsblauen beim 3:2-Sieg ausgekontert. Damit hatte der FC nach Dortmund und Stuttgart bereits den dritten direkten Titelrivalen auf eigenem Platz geschlagen.
Auch der Messepokal wurde 1964 fortgesetzt. Im Viertelfinale des Wettbewerbs wurde den Kölnern das namhafte Team des AS Rom zugelost. Vor nur 12.000 Zuschauern verlor der FC in der italienischen Hauptstadt deutlich mit 1:3. Der Ex-Dortmunder Jürgen Schütz, inzwischen bei den Römern unter Vertrag, erzielte allein zwei Tore.
In der Bundesliga blieb man, wenn auch oft glanzlos, ungeschlagen. Nach einem 3:1-Arbeitssieg gegen die schwache Berliner Hertha vor eigenem Publikum entführten die Domstädter beim 1:1 aus dem Bremer Weserstadion zumindest einen Punkt, wobei Fritz Pott ein sensationelles Freistoßtor aus 40 Metern gelang, allerdings mit gütiger Hilfe des Bremer Keepers Bernard.

DER ERSTE „BUNDESLIGASKANDAL"

Zum großen Skandal kam es am 29. Februar 1964 beim Spiel in Müngersdorf gegen Eintracht Frankfurt. Die Hessen hatten dem FC in der Hinrunde die erste Niederlage beigebracht, man war also besonders motiviert und um Revanche bemüht. Mit begeisterndem Offensivfußball berannten die Geißböcke den Kasten der Adler. Mit Erfolg – bereits nach 11 Minuten markierte Benthaus mit einem sehenswerten Schuss das 1:0 für die Hausherren. Zum Leidwesen der 35.422 zahlenden Zuschauer konnte der FC unzählige Torchancen nicht nutzen. In der 52. Spielminute dann die entscheidende Szene: Der am Boden liegende Müller hatte einen völligen Blackout und schlug dem Frankfurter Stinka ins Gesicht. Schiedsrichter Lutz blieb keine andere Wahl, als den Heißsporn des Feldes zu verweisen. Nach dieser Aktion ging ein nicht zu übersehender Bruch durch das Kölner Spiel. Die Eintracht gewann die Oberhand und erzielte schließlich noch das 1:1, was auch den Endstand bedeutete. Damit wollte sich ein Teil der FC-Fans nicht abfinden. Es kam zu derben Beleidigungen und Tätlichkeiten, sowohl gegen Gästespieler als auch gegen den Referee, der unter anderem von einer Fahnenstange am Kopf getroffen wurde. Unter massivem Polizeischutz gelang es schließlich, den „Schwarzkittel" aus dem Stadion zu schmuggeln. Die Ausschreitungen hatten Folgen: Der DFB erteilte dem 1. FC Köln ein Platzverbot für zwei nationale Heimspiele und 2.000 DM Geldstrafe. Betroffen waren die Bundesligabegegnung mit der Braunschweiger Eintracht sowie das DFB-Pokalspiel gegen den 1. FC Nürnberg. Zusätzlich

Ehrenwimpel des DFB für den 1. FC Köln zur Deutschen Meisterschaft 1964.

- Zu jedem Auswärtsspiel in der Bundesliga setzt der 1. FC Köln Sonderbusse und/oder Sonderzüge ein.

- Für die 4- bis 5-mal jährlich erscheinenden *Clubnachrichten* wendet der 1. FC Köln pro Ausgabe bis zu 12.000 DM auf.

- Zum Bundesligastart bringt der FC eine unfangreiche Presseinformation für die Medienvertreter heraus. Dieser Service wird in den kommenden Jahren erfolgreich wiederholt.

- Am 1. Oktober 1963 richtet der FC im Clubhaus ein „Presse- und Organisationsbüro" ein, das von Hans-Gerhard König geleitet wird.

- Im Rahmen der Jahreshauptversammlung wird Georg Stollenwerk als drittem Spieler nach Jupp Röhrig und Hans Schäfer die Ehrenmitgliedschaft des 1. FC Köln verliehen. Diese Ehre wird auch dem Vorstandsmitglied und „Amateurchef" Karl-Heinz „King" Schäfer zuteil. Last but not least wird Franz Kremer von der Versammlung nicht nur einstimmig wiedergewählt, sondern ebenfalls spontan zum Ehrenmitglied ernannt.

- Die unzähligen an den 1. FC Köln gerichteten Autogrammwünsche werden vom ehrenamtlichen „Autogramm-Onkel" Ferdinand Schopen bearbeitet. Zwischen November 1962 und Dezember 1963 werden 11.135 Briefe beantwortet.

- Der FC-Altinternationale Jupp Röhrig übernimmt das Training der A-Jugend.

- Vor dem „verschneiten" Heimspiel gegen den 1. FC Saarbrücken überreicht der FC allen Inhabern von Tribünen-Dauerkarten ein wärmendes Sitzkissen.

- Am 2. Juni 1964 werden Mannschaft und Vorstand des 1. FC Köln von Bundeskanzler Prof. Ludwig Erhard im Bonner Palais Schaumburg zu Ehren des Gewinns der Deutschen Meisterschaft empfangen. Damit war Erhard der erste Kanzler, der einen deutschen Fußballmeister empfing. Bereits am 15. Mai hatte OB Theo Burauen den Meister im Kölner Rathaus geehrt, anschließend war das Team Gast auf dem Motorschiff der Stadt Köln, wo ein kaltes Büffet auf die Ehrengäste wartete.

- Zum „Heimspiel" gegen Eintracht Braunschweig in Wuppertal lädt der 1. FC Köln seine aktiven Mitglieder zu einer kostenlosen Sonderfahrt ein.

- Am 29. April 1964 ist der 1. FC Köln beim Länderspiel Deutschland - Tschechoslowakei (3:4) in Ludwigshafen mit fünf Nationalspielern vertreten. Neben Pott, Thielen und Overath stehen auch Wilden und Weber auf dem Rasen des Südwest-Stadions. Sechster Kölner im Bunde ist Fritz Ewert, der als Ersatztorwart zum Aufgebot gehört.

- Mehr als 30.000 DM investiert der FC in seine Meisterfeier am Geißbockheim, bei der es unter anderem auch Freibier für die Fans gibt. Um den „Verlust" etwas zu minimieren, erhält jedoch nur der Freibier, der zuvor ein „Meisterkölschglas" zum Preis von 2 DM erworben hat.

- Großer Verlust: Karl Mehring, legendärer Wirt, von dessen Gaststätte aus die Auswärtsfahrten der Fans starteten, verstirbt vor dem Pokalspiel des FC gegen den 1. FC Nürnberg im Düsseldorfer Rheinstadion an den Folgen eines Herzinfarktes. Mehrings Wirtschaft in der Luxemburger Straße war eine der bekanntesten „FC-Kneipen", der Besitzer selbst langjähriges Mitglied und Zuschauer bei den Heim- und Auswärtsspielen. Auch bei der Bundesligabegegnung des FC in Dortmund verstirbt ein Zuschauer.

- „Kartenpanne": Weil man zum Messepokalspiel gegen den FC Valencia keinen allzu großen Andrang erwartet, sind am Stadion nur fünf Kassen besetzt, die von Besuchermassen regelrecht überrannt werden. Viele Zuschauer verschaffen sich zudem über das Marathontor „illegalen" Zutritt in die Arena.

- Nach der Meisterfeier stellen Karl-Heinz Thielen, Hans Schäfer und Toni Regh fest, dass ihnen offensichtlich die goldenen DFB-Meisternadeln von den Anzugjacken entwendet worden sind. Später ruft die *Bild* die „Souvenirjäger" zur Rückgabe der wertvollen Erinnerungsstücke auf.

wurde Müller bis zum 29. April 1964 gesperrt.
Die Mannschaft ließ sich von diesem ersten „Bundesligaskandal" nicht irritieren, schaltete trotz des ungünstigen Hinspielresultats den AS Rom aus. In einer begeisternden Partie wurden die Italiener mit 4:0 bezwungen. Christian Müller, dessen Sperre für internationale Partien nicht galt, schoss sich mit drei Treffern den Frust vom Frankfurt-Spiel von der Seele. Schade war lediglich die Tatsache, dass nur 16.922 Besucher in die Hauptkampfbahn gekommen waren.
Nur zwei Tage später siegte man auch bei Preußen Münster souverän mit 2:0. Das Spitzentreffen beim Meidericher SV am 24. Spieltag im überfüllten Wedau-Stadion endete wie schon das Hinspiel Remis – diesmal mit 2:2. Die von Trainerfuchs „Riegel-Rudi" Gutendorf betreuten Duisburger hatten sich mit ihrer erfolgreichen Defensivtaktik zum ärgsten FC-Verfolger gemausert.

„HEIMSPIEL" IN WUPPERTAL

Mindestens 50 Kilometer von Köln entfernt musste das „gesperrte" Heimspiel am 21. März 1964 gegen Braunschweig ausgetragen werden. Bundesligastaffelleiter Baresel hatte bereits auf Wuppertal als Austragungsort entschieden. In der damaligen Kölner „Fanszene" hatten die Vorkommnisse vom Frankfurt-Spiel für Aufruhr gesorgt. Viele der treuen, friedlichen Anhänger waren sauer auf die Randalierer. Doch nach guter kölscher Art machte man das Beste aus der Misere. Regelrechte Fanmassen setzten sich

Der 1. FC Kaiserslautern würdigte den Deutschen Meister aus der Domstadt auf der Titelseite seines Programmheftes.

am Spieltag vom Rheinland in Richtung Bergisches Land in Bewegung. Die überwältigende Mehrheit der 20.761 Zuschauer im Wuppertaler Stadion am Zoo war aus Köln angereist. Somit wurde die Platzsperre praktisch noch zum Gewinn, denn den finanziellen Erlös durfte Schatzmeister Pelzer mit in die Heimat nehmen.
Auch sportlich lief bei dem „Heimspiel" auf fremdem Platz alles glatt. Mit 4:1 behielt der FC die Oberhand – ein Ergebnis, mit dem die hoffnungslos unterlegenen Niedersachsen noch gut bedient waren. Mit Riesenschritten eilte der 1. FC Köln in Richtung Titel. Bei sieben Punkten Vorsprung nach dem 25. Spieltag vor dem Meidericher SV zweifelte niemand mehr an der zweiten Deutschen Meisterschaft des Favoriten. Fans und Experten sollten mit ihrer Prognose Recht behalten. In den letzten fünf Saisonspielen blieb der FC ungeschlagen. Einem 1:1 beim HSV folgte ein überlegenes 5:0 in Köln gegen den „Club" aus Nürnberg, den man im zwangsweise nach Düsseldorf (!) verlegten Pokalspiel nur 72 Stunden zuvor ebenfalls bezwungen hatte, diesmal mit 3:2 nach Verlängerung. Auch ins Rheinstadion waren über 20.000 Zuschauer zum „Heimspiel" gekommen.

MEISTERSTÜCK GEGEN DEN BVB

Mit einem Sieg vor eigenem Publikum gegen Borussia Dortmund am 18. April 1964 konnte das Meisterstück perfekt gemacht werden. Nach turbulentem Spielverlauf, in dem der Vorjahreschampion mit 1:0 in Führung gegangen war, steckte der FC jedoch nicht auf und kam zu einem von den 40.000 Fans im Stadion frenetisch bejubelten 5:2-Erfolg. Der 1. FC Köln konnte sich schon zwei Spieltage vor Saisonschluss als erster Deutscher Meister der Bundesliga feiern lassen. Obwohl er schon viele Jahre als Coach arbeitete, war es für Trainer Knöpfle der erste nationale Titel. Die Feierlichkeiten hielten sich anschließend aber in Grenzen, denn die Meisterfeier hatte man für den Abend nach dem letzten Heimspiel gegen den VfB Stuttgart geplant. Zudem hatten die ehrgeizigen Kölner das Ziel, die Spielzeit

trotz der bereits gefallenen Entscheidung anständig zu beenden. Außerdem war man noch aussichtsreich im DFB-Pokal vertreten, und das „Double", der Gewinn von Meisterschaft und Pokal, wäre die Krönung des ersten Bundesligajahres gewesen.
Doch die Hoffnungen, beide Titel ins Geißbockheim zu holen, mussten schnell ad acta gelegt werden. Bereits gegen Hannover 96 hatte man beim 3:0 nach Verlängerung einige Mühe, im Viertelfinale war ein 2:4 bei Hertha BSC Berlin Endstation. Bundesliga, Messe- und DFB-Pokal: Die Belastung war doch um einiges größer als in der alten Oberliga, obwohl die Kölner in der Bundesliga das wohl konditionsstärkste Team besaßen.
Tragisch das Ausscheiden im europäischen Messecup: Nach einer deutlichen 1:4-Pleite beim FC Valencia, wäre im Rückspiel fast noch die Sensation gelungen, hätte nicht Fritz Pott beim Stand von 2:0 für den FC in der 70. Spielminute einen Elfmeter verschossen. Ein 3:0-Erfolg hätte zum Finaleinzug gereicht. Tragisch: Der etatmäßige Schütze, Hansi Sturm, hatte den Strafstoß „rausgeholt", und nach alter Fußballerweisheit soll der Gefoulte ja nicht selbst schießen ...
In der Bundesliga blieb die ungeschlagene Serie erhalten, sowohl im letzten Auswärtsspiel beim 1. FC Kaiserslautern (3:3), wo der frischgebackene Meister überraschend herzlich mit Blumen begrüßt wurde, als auch im letzten Heimspiel. Zu Gast in Müngersdorf war der VfB Stuttgart, der sich 54 Minuten lang größte Mühe gab, die kölsche Meisterfeier zu vermassen. Erst in der 55. bzw. 83. Minute sorgten Schäfer und Hornig für den schmeichelhaften Sieg des Champions, der mit sechs Punkten Vorsprung souverän und verdient den Titel geholt hatte.

RAUSCHENDE MEISTERFEIER AM GEISSBOCKHEIM

Schiedsrichter Zimmermann hatte die Partie kaum abgepfiffen, da stürmten die begeisterten FC-Fans den Platz. Stolz präsentierte Kapitän Hans Schäfer der jubelnden Menge die Meisterschale. Selbst Stuttgarts Trainer Kurt Baluses ließ

Freibier für die Massen

Die Meisterfeier am Geißbockheim ist bis heute legendär. Besonderer Blickfang war ein Rondell, an dem die FC-Spieler in Lebensgröße abgebildet waren.

sich von der überkochenden rheinischen Stimmung beeindrucken: „Das kann es einfach nur in Köln geben", war der ehemalige FC-Coach sehr angetan vom bunten Treiben um ihn herum. Vom Stadion ging der Triumphzug weiter in Richtung Sülz-Klettenberg zum Geißbockheim, wo Clubhauspächter Heinz Rausch mal wieder eine prächtige Meisterfeier organisiert hatte. Das Team samt Funktionsträgern wurde auf einem rot-weiß geschmückten LKW „transportiert". Überall am Clubhaus waren Getränke- und Imbissstände aufgebaut worden. Mehr als 60.000 Fußballfreunde hatten sich eingefunden. Immer wieder musste sich die Mannschaft, die im Vereinsheim, das nur für offizielle Gäste zugänglich war, beim Bankett saß, ihren Fans zeigen. Auch die Spieler wurden einzeln „vorgebrüllt". Mehrere Kapellen im und außerhalb des Geißbockheims sorgten für den passenden, musikalischen Rahmen. Als es dunkel wurde, sorgten ein Höhenfeuerwerk und eine Lichtwasserorgel für Aufsehen. Das Kölsch floss in Strömen, und erst im Morgengrauen verließen die letzten FC-Freunde freudetrunken den Grüngürtel.

Schon am Müngersdorfer Stadion begann die Meisterfeier, von wo es weiterging zum Geißbockheim. Hier präsentieren Fritz Ewert, Franz Kremer, Leo Wilden, Wolfgang Weber, Heinz Hornig und Wolfgang Overath der jubelnden Masse die Schale.

Bundeskanzler Ludwig Erhard empfängt den Deutschen Meister aus Köln.

1963/64 ■ 159

STATISTIK 1963/64

BUNDESLIGA

24.08.1963 1.FC Saarbrücken - 1.FC Köln 0:2 (0:2)
Zuschauer: 35.000
Tore: 0:1 (22.) Overath, 0:2 (43.) Müller.
Aufstellung: Ewert, Pott, Regh, Benthaus, Wilden, Sturm, Thielen, Schäfer, Müller, Overath, Hornig.

31.08.1963 1.FC Köln - Karlsruher SC 4:0 (2:0)
Zuschauer: 21.187
Tore: 1:0 (12.) Overath, 2:0 (17.) Sturm, 3:0 (70.) Hornig, 4:0 (79.) Sturm.
Aufstellung: Ewert, Pott, Regh, Benthaus, Wilden, Weber, Thielen, Schäfer, Sturm, Overath, Hornig.

07.09.1963 1860 München - 1.FC Köln 1:3 (0:0)
Zuschauer: 45.000
Tore: 0:1 (48.) Overath, 1:1 (55.) Auernhammer (FE), 1:2 (67.) Sturm (FE), 1:3 (76.) Schäfer.
Aufstellung: Ewert, Pott, Weber, Benthaus, Wilden, Sturm, Thielen, Schäfer, Müller, Overath, Hornig.

14.09.1963 1.FC Köln - FC Schalke 04 2:2 (1:2)
Zuschauer: 55.719
Tore: 1:0 (02.) Hornig, 1:1 (05.) Gerhardt, 1:2 (32.) Libuda, 2:2 (68.) Sturm
Aufstellung: Ewert, Pott, Regh, Benthaus, Wilden, Weber, Sturm, Schäfer, Müller, Overath, Hornig.
B.V.: Weber schied zur Pause verletzt aus.

21.09.1963 Hertha BSC Berlin - 1.FC Köln 0:3 (0:1)
Zuschauer: 85.400
Tore: 0:1 (02.) Müller, 0:2 (75.) Sturm, 0:3 (88.) Müller.
Aufstellung: Ewert, Regh, Pott, Benthaus, Hemmersbach, Sturm, Ripkens, Schäfer, Müller, Overath, Hornig.

05.10.1963 1.FC Köln - Werder Bremen 4:3 (0:1)
Zuschauer: 21.506
Tore: 0:1 (05.) Klöckner, 0:2 (59.) Meyer, 1:2 (66.) Schäfer, 2:2 (74.) Müller, 3:2 (77.) Schäfer, 4:2 (80.) Müller, 4:3 (84.) Zebrowski.
Aufstellung: Ewert, Pott, Regh, Hemmersbach, Wilden, Benthaus, Sturm, Schäfer, Müller, Overath, Hornig.

12.10.1963 Eintracht Frankfurt - 1.FC Köln 2:1 (2:1)
Zuschauer: 41.000
Tore: 1:0 (20.) Huberts, 2:0 (33.) Trimhold, 2:1 (41.) Müller.
Aufstellung: Ewert, Pott, Regh, Hemmersbach, Wilden, Benthaus, Sturm, Schäfer, Müller, Overath, Hornig.

19.10.1963 1.FC Köln - Preußen Münster 3:0 (1:0)
Zuschauer: 24.442
Tore: 1:0, 2:0 (22., 80.) Overath, 3:0 (90.) Müller.
Aufstellung: Ewert, Pott, Regh, Benthaus, Wilden, Benthaus, Thielen, Sturm, Müller, Overath, Hornig.

26.10.1963 1.FC Köln - Meidericher SV 3:3 (1:2)
Zuschauer: 42.210
Tore: 1:0 (08.) Overath, 1:1 (30.) Krämer, 1:2 (32.) Versteeg, 2:2 (68.) Müller, 2:3 (80.) Versteeg, 3:3 (88.) Overath.
Aufstellung: Ewert, Pott, Hemmersbach, Regh, Wilden, Benthaus, Thielen, Sturm, Müller, Overath, Hornig.

09.11.1963 Eintracht Braunschweig - 1.FC Köln 1:1 (1:1)
Zuschauer: 29.600
Tore: 1:0 (03.) Moll, 1:1 (45.) Thielen.
Aufstellung: Ewert, Pott, Regh, Hemmersbach, Wilden, Thielen; Benthaus, Müller, Overath, Hornig.

16.11.1963 1.FC Köln - Hamburger SV 4:1 (1:1)
Zuschauer: 63.676
Tore: 0:1 (18.) Dörfel, 1:1 (24.) Thielen, 2:1, 3:1 (52., 55.) Müller, 4:1 (74.) Thielen.
Aufstellung: Ewert, Pott, Hemmersbach, Benthaus, Wilden, Sturm, Thielen, Weber, Müller, Overath, Regh.

23.11.1963 1.FC Nürnberg - 1.FC Köln 2:2 (2:1)
Zuschauer: 37.000
Tore: 0:1 (04.) Sturm, 1:1, 2:1 (12., 32.) Albrecht, 2:2 (67.) Müller.
Aufstellung: Ewert, Pott, Hemmersbach, Benthaus, Wilden, Sturm, Thielen, Weber, Müller, Overath, Regh.

30.11.1963 Borussia Dortmund - 1.FC Köln 2:3 (2:3)
Zuschauer: 42.000
Tore: 1:0, 2:0 (07., 14.) Konietzka, 2:1, 2:2 (23., 33.) Sturm, 2:3 (36.) Schäfer.
Aufstellung: Ewert, Hemmersbach, Pott, Benthaus, Wilden, Schäfer, Müller, Overath, Regh, Sturm.
Besondere Vorkommnisse: Schäfer scheidet nach 36 Minuten verletzt aus, Ewert hält HE (73.) von Emmerich.

07.12.1963 1.FC Köln - 1.FC Kaiserslautern 5:1 (1:0)
Zuschauer: 23.244
Tore: 1:0, 2:0, 3:0, 4:0 (33., 49., 62., 67.) Thielen, 4:1 (69.) Meier, 5:1 (73.) Thielen.
Aufstellung: Ewert, Hemmersbach, Regh, Benthaus, Wilden, Sturm, Thielen, Weber, Müller, Overath, Hornig.

14.12.1963 VfB Stuttgart - 1.FC Köln 0:1 (0:0)
Zuschauer: 73.000
Tor: 0:1 (70.) Hornig.
Aufstellung: Ewert, Hemmersbach, Regh, Benthaus, Wilden, Sturm, Thielen, Weber, Müller, Overath, Hornig.

11.01.1964 1.FC Köln - 1.FC Saarbrücken 1:3 (1:3)
Zuschauer: 13.336
Tore: 1:0 (14.) Müller, 1:1, 1:2 (27., 32.) Schönwälder, 1:3 (38.) Meng.
Aufstellung: Ewert, Hemmersbach, Regh, Benthaus, Wilden, Sturm, Thielen, Schäfer, Müller, Overath, Hornig.

18.01.1964 Karlsruher SC - 1.FC Köln 2:2 (0:1)
Zuschauer: 45.000
Tore: 0:1 (09.) Müller, 1:1 (76.) Metzger, 1:2 (82.) Schäfer, 2:2 (89.) Saida.
Aufstellung: Ewert, Regh, Pott, Benthaus, Wilden, Sturm, Thielen, Schäfer, Müller, Overath, Hornig.

25.01.1964 1.FC Köln - 1860 München 2:2 (1:1)
Zuschauer: 26.678
Tore: 0:1 (13.) Kohlars, 1:1 (34.) Sturm (HE), 1:2 (57.) Kohlars, 2:2 (65.) Schäfer.
Aufstellung: Ewert, Pott, Regh, Benthaus, Wilden, Sturm, Thielen, Schäfer, Müller, Overath, Hornig.

01.02.1964 FC Schalke 04 - 1.FC Köln 2:3 (0:2)
Zuschauer: 30.000
Tore: 0:1 (29.) Overath, 0:2 (30.) Müller, 1:2 (49.) Koslowski, 1:3 (74.) Schäfer, 2:3 (80.) Gerhardt.
Aufstellung: Ewert, Pott, Regh, Benthaus, Wilden, Sturm, Hemmersbach, Schäfer, Müller, Overath, Hornig.

15.02.1964 1.FC Köln - Hertha BSC Berlin 3:1 (2:0)
Zuschauer: 18.413
Tore: 1:0 (16.) Müller, 2:0 (38.) Schäfer, 2:1 (50.) Schäfer (E), 3:1 (81.) Thielen.
Aufstellung: Schumacher, Pott, Regh, Weber, Wilden, Sturm, Thielen, Schäfer, Müller, Overath, Hornig.

22.02.1964 Werder Bremen - 1.FC Köln 1:1 (1:0)
Zuschauer: 33.000
Tore: 1:0 (45.) Schütz (FE), 1:1 (68.) Pott.
Aufstellung: Schumacher, Pott, Regh, Weber, Wilden, Sturm, Thielen, Schäfer, Müller, Overath, Hornig.

29.02.1964 1.FC Köln - Eintracht Frankfurt 1:1 (1:0)
Zuschauer: 35.422
Tore: 1:0 (11.) Bernthaus, 1:1 (81.) Huberts.
Aufstellung: Schumacher, Pott, Regh, Weber, Wilden, Sturm, Thielen, Schäfer, Müller, Overath, Benthaus.
B.V.: Platzverweis Müller (52.).

07.03.1964 Preußen Münster - 1.FC Köln 0:2 (0:2)
Zuschauer: 32.000
Tore: 0:1, 0:2 (29., 36.) Thielen.
Aufstellung: Ewert, Hemmersbach, Pott, Benthaus, Wilden, Sturm, Thielen, Schäfer, Weber, Overath, Regh.

14.03.1964 Meidericher SV - 1.FC Köln 2:2 (2:0)
Zuschauer: 44.000
Tore: 1:0 (03.) Krämer, 2:0 (17.) Nolden (HE), 2:1 (62.) Sturm, 2:2 (68.) Weber.
Aufstellung: Ewert, Pott, Regh, Benthaus, Wilden, Sturm, Thielen, Schäfer, Weber, Overath, Hemmersbach.

21.03.1964 1.FC Köln - Eintracht Braunschweig 4:1 (1:0)
Zuschauer: 20.761
Tore: 1:0 (27.) Overath, 1:1 (58.) Hosung, 2:1, 3:1 (59., 62.) Thielen, 4:1 (78.) Hornig.
Aufstellung: Ewert, Pott, Regh, Benthaus, Wilden, Sturm, Thielen, Schäfer, Weber, Overath, Hornig.
B.V.: Aufgrund von Ausschreitungen beim letzten Heimspiel wurde die Partie gegen Braunschweig in Wuppertal ausgetragen.

04.04.1964 Hamburger SV - 1.FC Köln 1:1 (1:0)
Zuschauer: 43.000
Tore: 1:0 (41.) Kreuz (FE), 1:1 (83.) Weber.
Aufstellung: Ewert, Pott, Regh, Benthaus, Wilden, Sturm, Thielen, Schäfer, Weber, Overath, Hornig.

11.04.1964 1.FC Köln - 1.FC Nürnberg 5:0 (2:0)
uschauer: 29.461
Tore: 1:0 (18.) Schäfer, 2:0 (22.) Sturm, 3:0 (47.) Schäfer, 4:0 (82.) Weber, 5:0 (89.) Thielen.
Aufstellung: Schumacher, Pott, Regh, Benthaus, Wilden, Sturm, Thielen, Schäfer, Weber, Overath, Hornig.

18.04.1964 1.FC Köln - Borussia Dortmund 5:2 (1:1)
Zuschauer: 39.549
Tore: 0:1 (22.) Schmidt, 1:1 (45.) Sturm, 2:1 (59.) Thielen, 3:1 (60.) Hornig, 3:2 (62.) Brungs, 4:2 (69.) Thielen, 5:2 (87.) Wilden.
Aufstellung: Ewert, Pott, Regh, Benthaus, Wilden, Hemmersbach, Thielen, Sturm, Weber, Overath; Hornig.
B.V.: Der FC wird am 28. Spieltag vorzeitig Deutscher Meister 1964.

25.04.1964 1.FC Kaiserslautern - 1.FC Köln 3:3 (2:3)
Zuschauer: 28.000
Tore: 0:1 (11.) Hornig, 1:1 (17.) Prins, 2:1 (22.) Richter, 2:2 (28.) Sturm (FE), 2:3 (35.) Schäfer, 3:3 (59.) Wrenger.
Aufstellung: Ewert, Pott, Regh, Hemmersbach, Wilden, Sturm, Thielen, Schäfer, Weber, Overath, Hornig.

09.05.1964 1.FC Köln - VfB Stuttgart 2:1 (0:1)
Zuschauer: 31.582
Tore: 0:1 (04.) Höller, 1:1 (55.) Schäfer, 2:1 (83.) Hornig.
Aufstellung: Ewert, Pott, Regh, Benthaus, Wilden, Sturm, Thielen, Schäfer, Müller, Overath, Hornig.
B.V.: Thielen muss in der 58. Minute verletzt vom Platz.

DFB-POKAL

1. Runde
08.04.1964 1.FC Köln - 1.FC Nürnberg 3:2 n.V.
Zuschauer: 20.688
Tore: 1:0 (09.) Schäfer, 1:1 (44.) Billmann, 2:1 (61.) Thielen, 2:2 (70.) Morlock, 3:2 (96.) Hemmersbach.
Aufstellung: Ewert, Pott, Regh, Benthaus, Wilden, Hemmersbach, Thielen, Schäfer, Sturm, Overath, Hornig.
B.V.: Das Spiel wurde wegen Platzsperre in Düsseldorf ausgetragen.

2. Runde
22.04.1964 1.FC Köln - Hannover 96 3:0 n.V.
Zuschauer: 8.258
Tore: 1:0 (98.) Hornig, 2:0, 3:0 (105., 117.) Weber.
Aufstellung: Ewert, Pott, Regh, Hemmersbach, Wilden, Sturm, Thielen, Benthaus, Weber, Overath, Hornig.

Viertelfinale
20.05.1964 Hertha BSC Berlin - 1.FC Köln 4:2 (0:1)
Zuschauer: 32.000
Tore: 0:1 (20.) Schäfer, 1:1, 2:1 (48., 56.) Altendorff, 3:1 (60.) Steinert, 4:1 (62.) Rühl, 4:2 (64.) Schäfer.
Aufstellung: Schumacher, Pott, Regh, Rumor, Hemmersbach, Benthaus, Schäfer, Sturm, Weber, Müller; Hornig.

STATISTIK 1963/64

MESSEPOKAL

1. Runde (Hinspiel)
04.09.1963 1.FC Köln - La Gantoise Gent 3:1 (1:0)
Zuschauer: 7.313
Tore: 1:0 (19.) Sturm (FE), 1:1 (53.) E. Delmulle, 2:1 (55.) Weber, 3:1 (72.) Sturm (FE).
Aufstellung: Schumacher, Pott, Regh, Benthaus, Wilden, Weber, Stollenwerk, Schäfer, Sturm, Ripkens, Hornig.

1. Runde (Rückspiel)
16.10.1963 La Gantoise Gent - 1.FC Köln 1:1 (0:0)
Zuschauer: 4.000
Tore: 0:1 (55.) Overath, 1:1 (57.) de Voss.
Aufstellung: Schumacher, Thielen, Hemmersbach, Benthaus, Wilden, Regh, Stollenwerk, Müller, Sturm, Overath, Hornig.
B.V.: de Voss (Gent) verschießt einen FE (65.).

2. Runde (Hinspiel)
06.11.1963 1.FC Köln - Sheffield Wednesday 3:2 (3:0)
Zuschauer: 8.367
Tore: 1:0 (28.) Müller, 2:0 (35.) Hornig, 3:0 (44.) Sturm (FE), 3:1 (80.) Pearson, 3:2 (86.) Holliday.
Aufstellung: Schumacher, Hemmersbach, Regh, Benthaus, Wilden, Sturm, Thielen, Schäfer, Müller, Overath, Hornig.

2. Runde (Rückspiel)
27.11.1963 Sheffield Wednesday - 1.FC Köln 1:2 (1:0)
Zuschauer: 35.000
Tore: 1:0 (16.) Layne, 1:1 (59.) Thielen, 1:2 (66.) Overath.
Aufstellung: Schumacher, Hemmersbach, Weber, Benthaus, Wilden, Sturm, Thielen, Schäfer, Müller, Overath, Regh.

Viertelfinale (Hinspiel)
29.01.1964 AS Rom - 1.FC Köln 3:1 (2:0)
Zuschauer: 11.000
Tore: 1:0 (08.) Schütz, 2:0 (19.) Sormani, 3:0 (48.) Schütz (FE) 3:1 (75.) Thielen.
Aufstellung: Schumacher, Hemmersbach, Regh, Benthaus, Wilden, Thielen, Sturm, Overath, Schäfer, Ripkens, Hornig.

Viertelfinale (Rückspiel)
05.03.1964 1.FC Köln - AS Rom 4:0 (1:0)
Zuschauer: 16.922
Tore: 1:0 (44.) Benthaus, 2:0, 3:0, 4:0 (65., 85., 89.) Müller.
Aufstellung: Ewert, Pott, Regh, Weber, Wilden, Sturm, Thielen, Schäfer, Müller, Overath, Benthaus.
B.V.: Sturm verschießt einen FE.

Halbfinale (Hinspiel)
06.05.1964 FC Valenica - 1.FC Köln 4:1 (1:0)
Zuschauer: 50.000
Tore: 1:0 (14.) Waldo, 2:0 (59.) Ficha, 3:0 (63.) Roberto, 4:0 (70.) Waldo, 4:1 (76.) Schäfer.
Aufstellung: Ewert, Pott, Regh, Hemmersbach, Weber, Sturm, Thielen, Overath, Schäfer, Benthaus, Müller.

Halbfinale (Rückspiel)
14.05.1964 1.FC Köln - FC Valencia 2:0 (2:0)
Zuschauer: 25.855
Tore: 1:0 (27.) Benthaus, 2:0 (37.) Müller.
Aufstellung: Schumacher, Pott, Regh, Rumor, Hemmersbach, Sturm, Benthaus, Schäfer, Weber, Müller, Hornig.
B.V.: Zamora hält FE von Pott (70.).

FREUNDSCHAFTSSPIELE

31.07.1963 1.FC Köln - Honved Budapest 3:2 (1:1)

03.08.1963 SC Euskirchen - 1.FC Köln 2:6 (0:3)

07.08.1963 1.FC Köln - RFC Lüttich 2:1 (2:1) (in Düren)

10.08.1963 1.FC Köln - Real Saragosa 2:1

16.08.1963 Austria Wien - 1.FC Köln 1:1 (0:0)

20.08.1963 Tura/Bonner FV - 1.FC Köln 1:7 (1:1)

18.09.1963 Nippes 12/Köln 99 - 1.FC Köln 1:13

02.11.1963 RSV Waldbröl - 1.FC Köln 0:8 (0:3)

10.12.1963 1.FC Köln - Spartak Moskau 1:0 (0:0)

12.02.1964 1.FC Köln - SpVgg Herten 5:0 (3:0)

25.03.1964 1.FC Köln - Levski Sofia 1:0 (0:0)

28.05.1964 Siegburger SV - 1.FC Köln 1:13 (0:5)

30.05.1964 Ausw. Bergheim - 1.FC Köln 1:8 (0:5)

07.06.1964 Aalborg BK - 1.FC Köln 2:3 (1:1)

10.06.1964 La Gantoise Gent - 1.FC Köln 2:9 (0:7)
(in Straßburg/Frankreich)

12.06.1964 Bonsucesso Rio de Janeiro - 1.FC Köln 0:2 (0:1)
(in Straßburg/Frankreich)

16.06.1964 SpVgg Porz - 1.FC Köln 0:6 (0:5)

BUNDESLIGA 1963/64

1.	1.FC Köln (M)	78:40	45:15
2.	Meidericher SV	60:36	39:21
3.	Eintracht Frankfurt	65:41	39:21
4.	Borussia Dortmund (M)	73:57	33:27
5.	VfB Stuttgart	48:40	33:27
6.	Hamburger SV (P)	69:60	32:28
7.	1860 München	66:50	31:29
8.	FC Schalke 04	51:53	29:31
9.	1.FC Nürnberg	45:56	29:31
10.	Werder Bremen	53:62	28:32
11.	Eintracht Braunschweig	36:49	28:32*
12.	1.FC Kaiserslautern	48:69	26:34
13.	Karlsruher SC	42:55	24:36
14.	Hertha BSC Berlin	45:65	24:36
15.	Preußen Münster	34:52	23:37
16.	1.FC Saarbrücken	44:72	17:43

BUNDESLIGAKADER 1963/64

Abgänge: Habig (Viktoria Köln), Schnellinger (AC Mantua), Tripp (Kickers Offenbach)
Zugänge: Rumor (eigene Jugend)

Trainer: Georg Knöpfle

Tor:
Ewert, Fritz 26/0
Schumacher, Anton 4/0

Feld:
Sturm, Hans 30/13
Overath, Wolfgang 30/9
Wilden, Leo 29/1
Regh, Anton 29/0
Benthaus, Helmut 27/1
Pott, Fritz 27/1
Thielen, Karl-Heinz 25/16
Hornig, Heinz 24/7
Müller, Christian 22/15
Schäfer, Hans 22/12
Weber, Wolfgang 17/3
Hemmersbach, Matth. 17/0
Ripkens, Karl-Heinz 1/0
Stollenwerk, Georg 0/0
Rumor, Jürgen 0/0
Breuer, Fritz 0/0

Offizielle Meisternadel des DFB in Gold. Sie wurde ausschließlich an die Spieler der Meistermannschaft vergeben. Hier das Exemplar von Wolfgang Weber.

FIEBERKURVE 1963/64

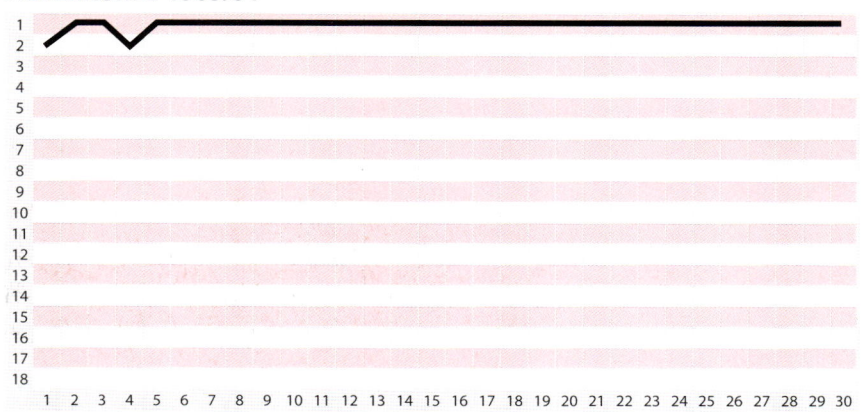

1964/65
1. BUNDESLIGA

Die unvergessene Nacht von Rotterdam

[LEGENDEN]

Wolfgang Weber
Beim FC von 1962 bis 1977
Geboren: 26.06.1944 in Schlawe/Pommern
Pflichtspiele beim FC: 470
Pflichtspieltore: 32

„Der Bulle"

Bei der Spielvereinigung Porz startete Wolfgang Weber 1954 seine ersten fußballerischen Gehversuche. Als Halbstürmer spielte er sich bis in die Juniorennationalmannschaft. Dort funktionierte ihn Trainer Heddergott mit Erfolg zum Abwehrspieler um. Franz Kremer und Jupp Röhrig holten das Talent 1962 zum 1. FC Köln, nachdem Weber Angebote von Bayer Leverkusen und Viktoria Köln ausgeschlagen hatte. Nach der statutengemäßen einjährigen Sperre kämpfte sich der Porzer in die Bundesligamannschaft und wurde zu einem unverzichtbaren Bestandteil der FC-Abwehr. Gleich im ersten Jahr bei den Profis wurde Weber Deutscher Meister und schaffte bereits 1964 den Sprung in die Nationalmannschaft, mit der er 1966 bei der WM in England Vizeweltmeister wurde. Im legendären, durch das „Wembley-Tor" berühmt gewordenen Finale gegen den Gastgeber machte Weber das 2:2 und ist damit bis heute der einzige FC-Spieler, der in einem WM-Endspiel ein Tor erzielen konnte. Unvergessen auch die Duelle im Europapokal gegen den FC Liverpool 1965, wo der Defensivspezialist mit gebrochenem Wadenbein spielte. Seine harte, aber dennoch faire Spielweise brachte ihm Spitznamen wie „der Bulle" oder „Eisenfuß" ein. 1968 gewann Weber mit dem FC auch den DFB-Pokal und bestritt 1970 in Mexiko seine zweite WM, bei der er allerdings „nur" zweimal zum Einsatz kam. Trotz zahlreicher hartnäckiger Verletzungen kämpfte sich der „Bulle" immer wieder zurück ins Stammaufgebot der Geißböcke. Als er sich 1973 nach fast zweijähriger Auszeit, bedingt durch Ver-

Der 1. FC Köln vor der Saison 1964/65. Stehend von links: Präsident Franz Kremer, Hans Schäfer, Jürgen Rumor, Hannes Löhr, Hansi Sturm, Christian Müller, Leo Wilden, Karl-Heinz Thielen, Matthias Hemmersbach, Herbert Bönnen, Wolfgang Weber, Hans-Alfred Roth, Hans-Josef Bläsing, Gerd Schobert, Trainer Georg Knöpfle. Sitzend von links: Wolfgang Overath, Helmut Benthaus, Toni Regh, Fritz Ewert, Fritz Pott, Toni Schumacher, Hans-Jürgen Kleinholz, Georg Stollenwerk, Heinz Hornig.

Franz Kremer war bekennender Frankreichfan. So bereitete es dem Boss besondere Freude, das „Sommertrainingslager" seiner Mannschaft zu organisieren. Alle Spieler inklusive Frauen und Kinder sowie das Funktionsteam und der Vorstand verbrachten Ende Juli 1964 eine Woche im malerischen Badeort Trouville in der Normandie. Auch die Neuzugänge waren mit in die Normandie gereist. Neben einigen Trainingseinheiten standen vor allem Strandspaziergänge, Schwimmen und Tennis auf dem Programm. Den Schlusspunkt bildete ein Freundschaftsspiel gegen eine lokale Auswahl, das locker mit 10:1 gewonnen wurde. Sogar das ZDF war mit einem Kamerateam vor Ort.
Der Aufenthalt in Frankreich zeigte erneut, wie wichtig Franz Kremer die Harmonie innerhalb seines Teams war. Nicht nur sportlich, auch privat. Wann immer es möglich war, wurden die Familien der Spieler mit einbezogen – egal ob es gemeinsame Feierlichkeiten, Veranstaltungen oder aber „Urlaube" waren. Kremer war der Überzeugung, dass nur gute Leistungen erbracht werden konnten, wenn bei seinen „Angestellten" auch privat alles rund lief. Selbiges galt für die finanzielle Absicherung, und so ebnete der umsichtige Alleinherrscher auch den Weg zu gut dotierten Repräsentativjobs, Immobilien oder Geschäften.

DER ERSTE BRASILIANER IM FC-DRESS

Dabei zog vor allem ein neues Gesicht die Blicke auf sich. Jose Gilson Rodriguez, in seiner Heimat nur kurz „Zeze" genannt, war der spektakulärste Transfer der Kölner. 60.000 DM musste man für „Zeze" an Ablöse zahlen, wovon der Spieler selbst 10.000 DM Handgeld einstrich. Da der Verkauf von Karl-Heinz Ripkens an Standard Lüttich 50.000 DM eingebracht hatte, hielt sich der „Schaden" in Grenzen. Lange hatte man sich um den Brasilianer bemüht und noch länger auf ihn warten müssen. Franz Kremer hatte sich besonders für die Verpflichtung von „Zeze" stark gemacht. Der Boss hoffte nicht nur auf die fußballerischen Künste des Brasilianers. Er war auch von der Ausstrahlung des Stürmers überzeugt. Hansgeorg Knöpfle, Sohn von Trainer Georg Knöpfle, erinnert sich: „Kremer hatte schon lange vorher etliche Bilder von ‚Zeze' und schwärmte von dessen stattlichem Aussehen. Er hoffte wohl auf eine ähnliche Wirkung wie vor Jahren bei Frans de Munck." Dieser hatte bekanntlich in den 1950er Jahren nicht nur durch sein Können, sondern auch durch sein Aussehen unzählige Leute ins Stadion gelockt – ähnlich wie die Ballacks oder Beckhams der heutigen Zeit. Im ganzen „Zeze"-Hype ging die Ver-

Eine „Perle", die nicht glänzte: „Zeze", der erste Brasilianer beim FC.

pflichtung von Hannes Löhr fast unter. Dabei sollte sich die „Nas" zur FC-Legende entwickeln… Das Saisonziel war gesteckt: Neben der Titelverteidigung wollte man auch im Europapokal der Landesmeister eine gute Figur abgeben. Fans und Fachleute waren gespannt, wie die Kölner mit der anstehenden Doppelbelastung fertig werden würden. Die Saisonvorbereitung inklusive der obligatorischen Testspiele war perfekt verlaufen.

KLASSISCHER FEHLSTART

Das Unternehmen Titelverteidigung konnte beginnen. Auch bei den Fans hatte sich schon ein gewisser „Bundesligaentzug" eingestellt, und so entrichteten zum Auftaktspiel 51.394 Fußballfreunde in Müngersdorf ihr Eintrittsgeld, obwohl mit Hertha BSC Berlin – trotz einiger namhafter Verstärkungen – nicht unbedingt der attraktivste Gegner der Liga antrat.
Als der FC nach 62 Minuten standesgemäß mit 2:0 führte, sah alles nach dem erwarteten Sieg des Meisters aus. Doch als die Berliner die Offensive verstärkten, unterliefen den Kölnern einige unerklärliche Abwehrpatzer, sodass die Gäste urplötzlich zwei Treffer erzielen und das Resultat egalisieren konnten. Als sich alles schon auf eine Punkteteilung eingestellt hatte, gelang den Herthanern kurz vor Schluss sogar das 3:2. Die erfolgsverwöhnten Fans der Geißböcke pfiffen sich die Seele aus dem Leib. Vor allem „Zeze", der unter großem Getöse und für viel Geld an den Rhein gekommen war, stellte einen Totalausfall dar.
Als auch noch die folgende Auswärtspartie bei Aufsteiger Hannover 96 mit 0:2 verloren wurde, war der Fehlstart perfekt. In seinem 32. Bundesligaspiel gelang dem 1. FC Köln erstmals kein Tor.
Am 3. Spieltag musste man sich gleich mit dem nächsten Bundesliganeuling, Borussia Neunkirchen, messen. Nach den zwei Auftaktpleiten stand der FC bereits mächtig unter Druck. Entsprechend nervös agierten die Spieler auf dem Rasen. Zum Entsetzen der 24.238 Fans in Müngersdorf lagen die Geißböcke bereits nach neun Minuten mit 1:3 zurück. Doch als ihnen das Wasser bis zum Hals stand, rafften sich die Kölner auf und drehten das Spiel. Angetrieben von Overath und Schäfer, siegte man noch mit 4:3 und verhinderte so die dritte Pleite in Folge. Der erste doppelte Punktgewinn war perfekt.
Nach dem mühsamen Erfolg gegen den Aufsteiger von der Saar lief es in der Liga endlich rund. Bis zum 4. Dezember 1964 blieb der FC ohne Niederlage. Dem aufregenden 3:3 beim VfB Stuttgart folgten souveräne Siege gegen Werder Bremen (4:1), beim Meidericher SV (3:0) und über Eintracht Braunschweig (5:1), wobei Müller ein lupenreiner Hattrick gelang. Trainer Knöpfle war, schon allein wegen der Neuzugänge, zum Experimentieren gezwungen. Während der gesamten vergangenen Saison kam man mit nur 15 Spielern aus, 1964/65 wurden bereits nach vier Spieltagen 16 Akteure eingesetzt. Die Abwehr zeigte zwar hier und da immer noch einige Unsicherheiten, vor allem Wilden, Regh und Pott befanden sich in einer Formkrise, doch die Offensive lief endlich wieder auf Hochtouren. Overath, Hornig, Müller, Thielen und Schäfer zeigten Vollstrecker- und Vorbereiterqualitäten. Wolfgang Weber hatte sich längst zu einem wichtigen Element entwickelt. Vor allem wegen der beiden Jungnationalspieler Overath und Weber sah man Bundestrainer Helmut Schön, der inzwischen den legendären Sepp Herberger abgelöst hatte, regelmäßig bei den Spielen des 1. FC Köln. Auch Hannes Löhr deutete mehr und mehr seine außergewöhnliche Torgefährlichkeit an. Von den Neuzugängen wurde lediglich der Eitorfer, der von Fans und Mitspielern nur „die Nas" gerufen wurde, regelmäßig eingesetzt. Der Brasilianer „Zeze" war längst zum teuren Bankdrücker geworden.

HANS SCHÄFER: ÄLTESTER BUNDESLIGASPIELER UND LEISTUNGSTRÄGER

Erstaunlich: Wie schon so oft ging Hans Schäfer voran und führte die Mannschaft, auch wenn es mal nicht lief. Und das, obwohl der Kapitän mit inzwischen 37 Jahren ältester Bundesligaspieler war, nachdem Richard Kreß (Frankfurt) seine Laufbahn beendet hatte. Hatte man in der Vorsaison gegen Eintracht Frankfurt noch die erste Niederlage hinnehmen müssen, so triumphierten die Kölner diesmal im Waldstadion mit 4:1, und auch der KSC musste sich am 9. Spieltag vor den Augen von Bundeskanzler Erhard mit selbigem Resultat dem FC geschlagen geben, der nach der Partie neuer Tabellenführer war. Nach zwei Remis beim 1. FC Kaiserslautern (2:2) und gegen 1860 München (1:1) konnten die Kölner Schlachtenbummler erneut einen doppelten Punktgewinn bejubeln, was sie nach dem mit 3:2 gewonnenen Westduell in der Schalker Glückaufkampfbahn besonders gerne taten.
Die Fans honorierten die Erfolgsserie ihrer Mannschaft: 46.853 Zuschauer kamen zum Heimspiel gegen den HSV am 28. November 1964. Trotz des Ausfalls von Thielen, Wilden und Schäfer sowie der zusätzlichen Belastung im Europapokal entzauberte der FC die überforderten Hanseaten schon in der 1. Hälfte. Overath (2) und Müller hatten die 3:0-Führung herausgeschossen, die zugleich den Endstand bedeutete. Müller hatte bereits sein 14. Saisontor erzielt und führte die Torjägerliste an. Nicht wenige forderten den Knipser in die Nationalelf, doch Bundestrainer Schön hatte offensichtlich kein Faible für den Kölner.

letzungen und eine private Krise, wieder in die DFB-Auswahl hineingespielt hatte, erhoffte sich der „Eisenfuß", an der WM 1974 im eigenen Land teilnehmen zu können. Doch Bundestrainer Schön setzte nicht mehr auf den Kölner, und so absolvierte Weber am 23. Februar 1974 sein letztes von insgesamt 53 Länderspielen. Im Januar 1977 beendete er nach einer Herzmuskelentzündung seine Karriere.
Wolfgang Weber war zu seiner aktiven Zeit einer der besten Abwehrspieler der Welt. Überragend im Zweikampf- und Kopfballspiel, legte er die gegnerischen Angreifer reihenweise an die Kette. Dennoch wurde er während seiner gesamten Laufbahn nicht ein Mal vom Platz gestellt. Bis heute ist der sympathische, immer volksnahe Altinternationale einer der beliebtesten FC-Akteure aller Zeiten. Von 1977 bis 1978 betätigte sich Weber beim FC als „Mädchen für alles", war Assistenztrainer, Torwarttrainer und hauptsächlich Spielbeobachter. Von 1978 bis 1980 agierte er 18 Monate lang als Cheftrainer von Werder Bremen. Zwischen 1980 und 1993 war der Vizeweltmeister für die Firma adidas tätig. Seit 1993 ist Wolfgang Weber Privatier und hat zahlreiche Ehrenämter inne. Er ist beispielsweise Pate der FC-Jugendabteilung und ehrenamtlicher Hobbyarchivar von Köln-Porz. Zudem sieht man den „Bullen" bei jedem Spiel „seines" FC auf der Ehrentribüne. ■

Auch das *Geißbock Echo* thematisiert den eher dürftigen Start des FC in die Saison 1964/1965.

Mit 4:1 triumphierte der FC in Frankfurt.

1964/65 ■ 163

[Interessantes & Kurioses]

■ Netter Nebenverdienst für Karl-Heinz Thielen: Der Offensivspieler fungiert nicht nur als Fotomodell für sportliche Herrenmode, sondern auch als Kolumnenschreiber für die *Kölnische Rundschau*.

■ Am 5. August 1964 wird das Stadion in Essen-Bergeborbeck in „Georg Melches Stadion" umbenannt. RW Essen lädt aus diesem Anlass den FC zum Freundschaftsspiel ein. Die Partie endet 2:2.

■ Der FC gewinnt am 8. August 1964 im Müngersdorfer Stadion das letzte westdeutsche Pokalendspiel mit 3:0 gegen den FC Schalke 04. Die Torschützen vor 17.058 Zuschauern sind „Zeze", Thielen und Schäfer. Der Sieger dieses regionalen Pokalwettbewerbs qualifizierte sich vor Einführung der Bundesliga für die erste Hauptrunde des DFB-Pokals, was auch heute noch der Fall ist. Ab 1975 nahmen an diesem Wettbewerb nur noch Amateurmannschaften teil.

■ Mit „Zeze" hat der 1. FC Köln einen von 13 Ausländern in der Bundesliga unter Vertrag. Der Brasilianer nutzt den Aufenthalt in Deutschland und lässt sich in Köln acht erkrankte Zähne entfernen.

■ Franz Kremer wird Vorsitzender des Bundesligaausschusses. Er löst damit Ludwig Franz (Nürnberg) ab.

Zugmagnet FC: Auswärts lockte der Meister die Massen an. Die Vereine warben mit dem prominenten Gast, wie hier Eintracht Braunschweig in seinem offiziellen Programm.

Erst am 14. Spieltag hatte die Erfolgsserie mit dem 0:3 beim „Club" in Nürnberg ein Ende. Die erste Pleite seit dem 29. August war zugleich die höchste Niederlage der Domstädter in der noch jungen Bundesligahistorie. Mit den verletzten Thielen, Müller und Schäfer musste „Schorsch" Knöpfle fast auf seinen kompletten Angriff verzichten. Besonderes Pech hatte Schäfer, der sich beim Europapokalspiel gegen Athen eine komplizierte Meniskusverletzung zuzog. Solch kapitale Ausfälle konnte selbst der FC nicht kompensieren.

„ZEZE" UND DIE ANGST VORM SCHNEE

Beim Spiel in Nürnberg lag eine dichte Schneedecke auf dem Platz des Frankenstadions. „Zeze", der aufgrund der prekären Kölner Personalsituation zu seinem dritten Pflichtspieleinsatz kam, hatte in seinem Leben noch nie Schnee gesehen, geschweige denn darauf Fußball gespielt. Entsprechend unterirdisch war seine Leistung, denn der sensible Südamerikaner hatte regelrecht Angst vor der „weißen Pracht". Mitspieler Fritz Pott erinnert sich: „Es war ein Wahnsinn von Knöpfle, ‚Zeze' ausgerechnet im Nürnberger Tiefschnee zu bringen. Schon beim Einlauf zitterte der arme Kerl wie Espenlaub. Er war schlichtweg überfordert."
Die Niederlage von Nürnberg bedeutete zugleich den Verlust der Tabellenführung, um die inzwischen ein Zweikampf mit dem Überraschungsteam von Werder Bremen entbrannt war. Zum Ende der Hinrunde gab es in Müngersdorf noch ein dramatisches Westderby gegen Borussia Dortmund zu bestaunen. Trotz einer 3:0-Führung reichte es gegen die Schwarz-Gelben nur zu einem 3:3. Am Ende konnten sich die Kölner beim glänzenden Torwart Toni Schumacher, der in dieser Saison Ewert aus dem FC-Kasten verdrängt hatte, bedanken. Mit einigen Glanzparaden sicherte der Keeper den Gastgebern wenigstens den einen Punkt.
Nur eine Woche später dann der Rückrundenauftakt gegen die Hertha. Man war fest entschlossen, die peinliche Heimpleite des Hinspiels vergessen zu machen. Der FC startete hoch motiviert und führte schon nach 13 Minuten mit 3:0. Den Berlinern gelang nur noch der Ehrentreffer – die Gäste nahmen beide Punkte mit an den Rhein. Für die Kölner hatte der Sieg an der Spree den angenehmen Nebeneffekt, dass man die Tabellenführung zurückerobern konnte.
Die Winterpause war 1964/65 noch kürzer als im letzten Jahr, und bereits am 2. Januar 1965 stand das Rückspiel gegen Hannover 96 auf dem Programm. Erneut verlor der FC gegen die „Roten" aus Niedersachsen, diesmal mit 0:1. Obwohl man 85 Minuten Zeit hatte, aus dem Rückstand einen Erfolg oder zumindest ein Remis zu machen, lief beim Meister nichts zusammen. Nachwuchsmann Rumor, nach dessen missglückter Rückgabe das Gegentor entstanden war, konnte kein Vorwurf gemacht werden. Das Talent aus der eigenen Jugend hatte sich im Saisonverlauf bereits als wertvoller Ergänzungsspieler etabliert. Hans Schäfer, der die Partie mit eingegipstem Bein von der Tribüne aus verfolgte, fehlte als ordnende Hand an allen Ecken und Enden.

ALLES ANDERE ALS MEISTERHAFT

Trotz seiner außerordentlichen Fähigkeiten konnte Overath Schäfer noch nicht vollständig ersetzen. Schon charakterlich unterschieden sich der älteste Bundesligaspieler und der Jungstar wesentlich. Während Schäfer eine gelungene Mixtur aus urkölschem Kumpeltyp und begnadetem, international erfahrenem Recken darstellte, paarten sich bei Overath Genialität und Wahnsinn. Vom Beginn seiner Karriere an polarisierte der Siegburger Fans, Mitspieler und Trainer. Mit seinen perfekten Pässen und Offensivaktionen konnte er das Publikum in regelrechte Verzückung bringen. Gelegentlich wirkte er jedoch zu verspielt oder ließ sich von Gegenspielern durch sein aufbrausendes Temperament provozieren. Und so trieb er die FC-Freunde zur Verzweiflung, die ihm aber immer wieder verziehen, weil seine Art, am und mit dem Ball zu zaubern, einzigartig war.
Da hatte es Overaths Nationalmannschafts- und Vereinskollege Wolfgang Weber etwas leichter. Ihn liebten die Fans wegen der nie aufgebenden Spielweise und seiner ruhigen, sympathischen Art auf und neben dem Platz. Bis heute ist Weber einer der beliebtesten FC-Spieler aller Zeiten.
Den allgemeinen Leistungsschwund der Mannschaft nur mit Schäfers Fehlen zu erklären war jedoch zu einfach. Im schweren zweiten Bundesligajahr wurde fast jeder Akteur im Laufe der Saison von einer Formkrise befallen. Hinzu kamen die an der Substanz zehrenden Europapokalspiele, woran sich selbst die Kölner „Profis" erst noch gewöhnen mussten. Als die Knöpfle-Truppe auch beim Neuling in Neunkirchen nicht über ein mageres 1:1 hinauskam und in der ersten Runde nach einem 0:2 beim 1. FC Nürnberg aus dem DFB-Pokal ausschied, wurde deutlich, dass die Geißböcke von ihrer Meisterform des Vorjahres weit entfernt waren.
Sieben Clubs spielten theoretisch noch um den Titel, denn zwischen dem Siebten, Hannover 96, und Tabellenführer Werder Bremen lagen gerade einmal vier Punkte. Dennoch war die Partie am 20. Spieltag bei Werder Bremen ein absolutes Spitzentreffen. Der Tabellenführer traf auf den punktgleichen Verfolger. Der FC hatte nach einem mühsamen 2:1-Heimsieg in der Vorwoche gegen den VfB Stuttgart die Talsohle zumindest vorläufig durchschritten. Das Weserstadion war im wahrsten Sinne des Wortes zu klein – 41.000 Menschen drängten sich in die völlig überfüllte Arena. Unter den Zuschauern befand sich auch Bill Shankly, der Manager des FC Liverpool, der den zukünftigen Europapokalgegner bereits zum dritten Mal persönlich begutachtete. Große Angst dürfte ihm der Auftritt des amtierenden Meisters nicht bereitet haben, denn er sah ein Spiel auf ein Tor. Pausenlos berannten die Hanseaten das kölsche Gehäuse, und nur das Glück sowie der überragende Torwart Schumacher verhinderten eine Pleite für die Gäste, die sich ein glückliches 0:0 erduselten.

ABSCHIED AUS DEM TITELKAMPF

Nur drei Tage nach dem ersten Spiel gegen den englischen Meister FC Liverpool (s.u.) gastierte der Meidericher SV in Müngersdorf. Den Hausherren fehlte sichtlich die körperliche und geistige Frische. Obwohl man durch ein Müller-Tor mit 1:0 geführt hatte, verlor der FC durch einen Doppelschlag der Gäste in der 73. und 74. Minute mit 1:2. Ein trostloses Spiel das in keinem Verhältnis zum grandiosen 3:3 des Vorjahres stand. Wie schon gegen Liverpool machte das Kölner Mittelfeld den Fehler, den agilen, vorne lauernden Löhr zu selten anzuspielen. Thielen befand sich seit Wochen im Formtief, und Weber, Schäfer, Sturm sowie Hornig fehlten verletzt. Titelkonkurrent Werder Bremen nutzte die FC-Niederlage durch ein überragendes 4:0 im Norddderby beim HSV, um mit zwei Punkten Vorsprung die Tabellenspitze zu festigen. Spätestens jetzt war selbst den größten Optimisten klar, dass die Titelverteidigung kaum realisierbar war. Was die folgenden Begegnungen bestätigten, als man bei Abstiegskandidat Eintracht Braunschweig nur zu einem schmeichelhaften 1:1-Remis kam und sich zu Hause der Frankfurter Eintracht mit 3:4 geschlagen geben musste. Wie schon so oft in dieser Saison hatte das Knöpfle-Team einen komfortablen Vorsprung (3:1) nicht zum Sieg nutzen können. Vier Punkte betrug nun der Abstand auf Platz 1, und auch intern hatte man die Meisterschaft schon abgeschrieben. Vizepräsident Werner Müller brachte es auf den Punkt: „Jetzt noch vom Titel zu sprechen ist utopisch." Die Konzentration galt dem Europapokal, wo die Kölner dem großen FC Liverpool erfolgreich Paroli boten. Die offizielle Verabschiedung aus dem Titelkampf wirkte auf die FC-Spieler wie eine Befreiung. Losgelöst vom Druck, immer gewinnen zu müssen, lief man zu großer Form auf. Beim KSC behielt man am 24. Spieltag mit 4:2 völlig verdient die Oberhand. Kurios: Aktivposten Weber erzielte trotz einer Schienbeinverletzung zwei Tore.

BLUMEN VOM GEGNER

Die harmlosen „Roten Teufel" wurden am 27. März 1965 in Köln mit 3:0 geschlagen. Vor dem Anpfiff eine schöne Geste der Pfälzer, die dem Gegner in Anerkennung für die grandiosen Spiele gegen Liverpool ein Blumengebinde überreichten. Auch im ausverkauften Stadion an der Grünwalder Straße ließen sich die Domstädter nicht aus dem Konzept bringen. Kapitän Hans Schäfer war erstmals nach fünfmonatiger Verletzungspause wieder dabei, schwang gleich wie in alten Zeiten den Taktstock und steuerte sogar zwei mustergültige Torvorlagen bei. Trotz Unterzahl, Overath musste nach grobem Foulspiel bereits in der 25. Minute unter die Dusche, ließ man sich das Zepter gegen die planlos anrennenden Münchner Löwen nicht aus der Hand nehmen und siegte mit 3:2. „Der alte Hans, der kann's" titelte später der *Kicker*, und auch das Publikum in der bayerischen Landeshauptstadt spendete den meisterlich auftretenden Rheinländern Applaus auf offener Szene. Durch die Siegesserie war man wieder bis auf einen Punkt an Werder Bremen herangerückt. Plötzlich war die Meisterschale wieder zum Greifen nah. Auch deswegen wollten am 10. April 1965 mehr als 60.000 Zuschauer den alten Westschlager gegen den FC Schalke 04 sehen. Durch Tore von Schäfer und Thielen konnte der 1. FC Köln erstmals seit sechs Jahren wieder ein Heimspiel gegen die „Knappen" gewinnen. Das 2:1 war ein verdientes Resultat, bei dem vor allem der immer besser werdende, quirlige Linksaußen Heinz Hornig zu gefallen wusste. Die Tatsache, dass er seit kurzer Zeit zum Kreis der Nationalmannschaft gehörte, hatte dem Dribbelkünstler merklichen Auftrieb gegeben.

UNERWARTETE MEISTERCHANCEN

Die tabellarische Situation war nach der Partie unverändert. „Wenn wir alle restlichen Spiele gewinnen, werden wir doch noch Meister", orakelte

Auch wenn Hennes auf dem FC-Karnevalsorden der Saison noch selbstbewusst die Schale hochhält, wurde man am Ende „nur" Vizemeister.

■ Beim Spiel des FC in Kaiserslautern ist der Betzenberg völlig überfüllt. Es kommt zu einem tragischen Unglücksfall: Ein Zuschauer wird von den nachdrängenden Massen an eine Absperrung gedrückt und erleidet tödliche Verletzungen.

■ Bei der Wahl zur „Mannschaft des Jahres 1964" belegt der 1. FC Köln den 4. Platz.

■ Der FC ist an der Verpflichtung des brasilianischen Torwarts Miguel Ferreira von RC Botafogo interessiert. Dieser weilt im Februar in Köln und wird, wie sein Landsmann „Zeze", im Geißbockheim untergebracht und von Assistenztrainer Georg Stollenwerk trainiert. Als sich die Bundesligauntauglichkeit des Brasilianers herausstellt, wird er zum Amateurverein Bonner FV abgegeben.

■ Beim 2:2 in Dortmund erzielt Hans Schäfer sein 500. Tor im Dress des 1. FC Köln. Bereits eine Woche zuvor war der Kapitän beim Heimspiel gegen den Nürnberger „Club" für seinen 700. Einsatz für die Geißböcke geehrt worden. Beide Zahlen beinhalten übrigens Pflicht- und Freundschaftsspiele.

■ Vor dem Auswärtsspiel beim Karlsruher SC stellt die Mannschaft des 1. FC Köln erstaunt fest, dass man im selben Hotel wie der Gegner untergebracht ist.

■ Heinz Hornig feiert am 13. März 1965 beim 1:1 gegen Italien in Hamburg sein Debüt in der deutschen Nationalmannschaft. Fast zeitgleich besteht Hornig, genau wie sein Mannschaftskamerad Helmut Benthaus, an der Sporthochschule Köln erfolgreich die Fußballlehrer-Prüfung.

Festlich beging man beim FC den 60. Geburtstag von „Boss" Franz Kremer am 30. Juli 1965. Zu Ehren des Präsidenten trat auch Hans-Gerhard König mit der „FC-Singschar" auf.

- Während des Aufenthaltes in Athen zum Europapokalspiel gegen Panathinaikos, befindet sich zufällig das Kreuzfahrtschiff „Hanseatic" im Hafen von Piräus. Da die Besatzung des Ozeandampfers die Kölner im Stadion leidenschaftlich unterstützt, entschließt sich die Mannschaft zum Gegenbesuch nach dem Spiel, um mit Kapitän und Matrosen das 1:1 zu feiern.

- Während der Europapokalaufenthalte in England wird der FC vor Ort von Torwartlegende Bernd Trautmann betreut und beraten.

- Wolfgang Overath, Wolfgang Weber, Hansi Sturm, Karl-Heinz Thielen, Helmut Benthaus und Heinz Hornig werden zu gemeinsamen Hausbesitzern. Auf einem Grundstück in Köln-Nippes (Longericher Straße) entsteht ein Mehrfamilienhaus mit sechs 3-Zimmer-Wohnungen. Bei der Umsetzung des Projekts helfen auf Vermittlung von Franz Kremer sowohl das Land Nordrhein Westfalen als auch die Stadt Köln sowie die Stadtsparkasse Köln.

- Als Anerkennung für seine Leistungen in den Europapokalspielen gegen den FC Liverpool bekommt Wolfgang Weber vom Land Nordrhein-Westfalen einen einwöchigen Erholungsaufenthalt in Bad Münstereifel geschenkt.

- Zur Saison 1964/65 erhöht der 1. FC Köln in und außerhalb Kölns die Zahl seiner Ticketvorverkaufstellen. In 14 Geschäften sind nun Eintrittskarten für die FC-Spiele zu erwerben. Auch die Zahl der verkauften Dauerkarten ist gestiegen. Exakt 1.473 Abos können vom Verein an den Fan gebracht werden.

Für „betuchtere" Fans und um den Verein verdiente Menschen ließ der FC 1965 diese schmuckvolle Vase produzieren, die heute ein begehrtes Sammlerstück ist.

Präsident Kremer. Allerdings musste man in den verbleibenden drei Partien noch zweimal auswärts antreten. Zunächst ging es zum HSV, der eine bis dato unbefriedigende Saison gespielt hatte. Dennoch bestimmte nicht der Titelanwärter aus Köln das Geschehen, sondern die ersatzgeschwächten Hanseaten. Mit Mühe und Not rettete der unerwartet enttäuschende FC ein 0:0, auch Bremen kam im Fernduell nur zu einem 2:2 beim Meidericher SV. Es war also immer noch alles möglich, obwohl das Remis an der Waterkant unter dem Strich ein Rückschlag war. Das letzte Heimspiel gegen den 1. FC Nürnberg am 29. Spieltag musste somit unter allen Umständen gewonnen werden. Der äußere Rahmen hätte nicht besser sein können. Oberbürgermeister Theo Burauen, Franz Kremer, Bundestrainer a. D. Sepp Herberger, Bundestrainer Schön und DFB-Präsident Dr. Gösmann ehrten Hans Schäfer für 700 Spiele im rot-weißen Trikot.
Mehr als 35.000 erwartungsfrohe Zuschauer jubelten der „Knoll" zu. Zu deren Leidwesen ließ sich der FC vom gemächlichen Tempo der Franken anstecken. Obwohl die Knöpfle-Elf einige gute Torchancen hatte, gelang es nicht, die Nürnberger Abwehrmauer und den an diesem Tag in Weltklasseform agierenden „Club"-Torhüter Roland Wabra zu überwinden. Wie schon beim Spiel in Hamburg haperte es im Angriff, da auch der sonst immer gefährliche Müller nicht richtig in Tritt kam. Zeitgleich brachte Bremen durch ein 3:0 über Borussia Dortmund den Titel unter Dach und Fach.
Zwar knapp, aber nicht unerwartet war der erneute Griff nach dem höchsten Titel im deutschen Fußball misslungen. Zur letzten Begegnung der Saison musste der FC nach Dortmund reisen. Beim 2:2 bekam das Publikum schönsten Sommerfußball geboten. Der Punkt reichte den Geißböcken zur Vizemeisterschaft, die mit 2.000 DM Prämie pro Akteur belohnt wurde. Eine lange Spielzeit, die ihre Höhepunkte zweifellos in den legendären europäischen Vergleichen hatte, war zu Ende.

AUFWÄNDIGE REISE NACH ALBANIEN

Man hatte sich viel vorgenommen im Europapokal. Die „Schmach von Dundee" zwei Jahre zuvor war in den Köpfen von Spielern und Verantwortlichen immer noch präsent. In der ersten Runde bekam man mit Partizan Tirana einen echten Exoten zugelost. Das streng kommunistisch regierte Albanien hatte sich vom Westen hermetisch abgeriegelt, und niemand wusste genau, was ihn erwartete. So konnte der FC auch keinen Scout nach Tirana entsenden, denn allein die Anreise der Mannschaft zum ersten Spiel war alles andere als unkompliziert.
Im Vorfeld waren umfangreiche Formalitäten zur Visumbeschaffung notwendig. So mussten beispielsweise pro Person fünf (!) Passbilder abgegeben werden. In Düsseldorf starteten die Kölner ihre Reise ins Unbekannte. Über die Stationen Frankfurt, Rom und Bari erreichten sie die albanische Hauptstadt. Schon unmittelbar nach der Landung bestätigte sich die alte Weisheit: „Andere Länder, andere Sitten." Der FC hatte sich zur Vorsicht eigene Verpflegung und Chefkoch Becker vom Geißbockheim mitgenommen. Die Albaner fühlten sich gekränkt, gestatteten den Gästen dann aber doch, ihr mitgebrachtes Fleisch, Wurst und Butter zu verzehren, der Koch aber durfte seiner Arbeit nicht nachgehen. Das hielt die freundlichen „Betreuer" der Gastgeber allerdings nicht davon ab, bei der deutschen Wurst kräftig hinzulangen…
Mehr als 3.000 Schaulustige hatten sich am Tag vor dem Spiel beim Abschlusstraining der Geißböcke eingefunden. Besonders zu schaffen machte den Kölnern die außergewöhnlich starke Hitze. Auch am Spieltag zeigte das Thermometer mehr als 30 Grad im Schatten. Hinzu kamen ein gummiähnlicher, unberechenbar springender Ball und ein auffallend kleiner Platz. „Direktspiel nicht möglich", konstatierte Wolfgang Overath vor dem Anpfiff. So verlegte sich der FC auf die Defensive. Man wollte unter keinen Umständen in Schönheit sterben. Mit Erfolg – das Endergebnis von 0:0 stellte eine gute Ausgangsposition für das Rückspiel in der Domstadt dar. Schlachtenbummler aus Köln waren nicht mitgereist. Nur eine 20-köpfige, aus Deutschen und Österreichern bestehende Touristengruppe, die im 40 Kilometer entfernten Adriabadeort Durazzo Urlaub machte, unterstützte die Domstädter im Stadion. Beim abendlichen Bankett erwiesen sich die Albaner als gute Gastgeber. Jeder FC-Spieler wurde mit einer landestypischen Kopfbedeckung beschenkt. Und ehe sie sich versehen hatten, wurden die sonst eher ans Schunkeln gewöhnten Gäste in albanische Volkstänze integriert.
Dass Partizan nicht so einfach auszuspielen war, hatte schon das Hinspiel gezeigt. „Die muss man niederkämpfen", gab Trainer Knöpfle seiner Mannschaft mit auf den Weg. 45.000 Besucher hatte die zweite Partie ins Müngersdorfer Stadion gelockt. Sie wurden lange auf die Folter gespannt, erst in der 75. Minute gelang Hansi Sturm der erlösende Führungstreffer. Kurz vor Schluss erzielte Overath den 2:0-Endstand.

UNVERGESSLICHE GASTFREUNDSCHAFT IN GRIECHENLAND

Gespannt blickte man nun nach Brüssel, wo die nächste Runde ausgelost wurde. Das Los brachte mit Griechenlands Meister Panathinaikos Athen eine von der Papierform her lösbare Aufgabe. Erneut musste der 1. FC Köln zunächst auswärts antreten. Betuchte Schlachtenbummler konnten über das in Köln ansässige Cooks Reisebüro Sonderflüge zum Preis von 540 DM inklusive zweier Übernachtungen buchen. Die Mannschaft startete wieder von Düsseldorf aus und bezog im Hotel „Cecile" im Athener Nobelvorort Kyfissia Quartier. Vor Ort wurde man von einem Vertreter der deutschen Botschaft empfangen. Anschließend stand eine kurze Besichtigung der Akropolis auf dem Programm.
Das Spiel fand zum Karnevalsauftakt am 11.11.1965 statt. Die 33.000 Zuschauer im ausverkauften Stadion sorgten für eine wahrhaft südländische Atmosphäre. Sie feuerten zahlreiche Raketen ab, die zur regelrechten Gefahr für alle

Einlauf der „Gladiatoren" zum Europapokal-Achtelfinalhinspiel bei Panathinaikos Athen.

Beteiligten wurden. Auch auf dem Rasen wurde um jeden Ball gekämpft, und die Kölner mussten feststellen, dass man die Griechen zumindest ein wenig unterschätzt hatte. Einige Panathinaikos-Spieler gingen äußerst rustikal zu Werke, doch der bulgarische Referee Romanzeff machte keinen Hehl aus seiner Antipathie gegen die Deutschen und entpuppte sich als wahrer „Heimschiedsrichter". Trotz allem war der FC leicht überlegen und ging in der 26. Minute durch Müller in Führung, der noch zwei weitere „Hundertprozentige" hatte, diese aber nicht verwerten konnte. Das wurde bestraft, und den Athenern gelang nach 76 Minuten der umjubelte Ausgleich, bei dem es auch bis zum Schluss blieb. Die Hintermannschaft der Geißböcke um Routinier Leo Wilden stand felsenfest, und wie schon im Rückspiel gegen Tirana war Abwehrtalent Jürgen Rumor einer der Matchwinner.
Neben dem Platz erwiesen sich die Griechen als außergewöhnlich gastfreundlich. Wolfgang Weber erinnert sich: „So herzlich wurden wir selten irgendwo aufgenommen. Von der Bewirtung bis zum Dolmetscher hatte man an alles gedacht. Wir wurden regelrecht verwöhnt." Auch Boss Kremer sorgte mit seiner launigen Bankettrede für Begeisterung bei den Spielern und Verantwortlichen von Panathinaikos. Den Dolmetscher und den bei den Spielern beliebten griechischen Busfahrer lud er spontan zum Rückspiel nach Köln ein.
Die größte Angst der Griechen war, dass in Köln, das zweite Spiel fand am 25. November statt, schon Schnee liegen würde. Ein Untergrund, auf dem die Südländer traditionell Probleme hatten. Doch diese Befürchtungen waren unbegründet, es herrschten kühle, aber trockene Bedingungen. 61.423 Zuschauer, darunter knapp 10.000 griechische Gastarbeiter aus dem gesamten Bundesgebiet, bedeuteten ein volles Haus. 200 Anhänger des griechischen Meisters waren zusätzlich mit Sonderbussen aus Athen angereist.
Das Publikum hatte gerade einmal die Plätze eingenommen, da gingen die Gäste schon nach fünf Minuten in Führung. Der FC ließ sich glücklicherweise nicht aus der Ruhe bringen, nutzte seine spielerische Überlegenheit und kam nur 15 Minuten später durch Thielen zum verdienten Ausgleich. Wie schon in den vorangegangenen Europacupspielen agierte man nach dem Motto „Safety first", was sich als goldrichtige Maßnahme herausstellte. Aus einer sicheren Abwehr heraus kontrollierten die Geißböcke Ball und Gegner. Die Geduld wurde durch Müllers Siegtreffer zum 2:1 gut eine Viertelstunde vor dem Abpfiff belohnt. Bei jedem FC-Tor feuerten die Fans Raketen ab. Köln war eine Runde weiter und eigentlich trübte nur die schwere Meniskusverletzung, die sich Hans Schäfer im Spiel ohne Einwirkung des Gegners zugezogen hatte, die Siegesstimmung. Der Kapitän sollte für Monate ausfallen.

Rar: Souvenirwimpel vom Europapokal-Achtelfinalrückspiel zwischen dem FC und Panathinaikos Athen.

1964/65 ■ 167

Unter Sammlern in Deutschland und England gesucht: Das Programm zum Hinspiel gegen Liverpool in Köln …

… und das dazugehörige Ticket.

■ Eine FC-Traditionsmannschaft tritt vor dem Bundesligaspiel gegen Borussia Dortmund am 12. Dezember 1964 gegen eine Auswahl der Teilnehmer und Medaillengewinner der Olympischen Spiele von Innsbruck und Tokio an. Für den FC spielen Tschik Cajkovski, Fritz Breuer, Martin Hirche, Walter Müller, Willi Bars, Herbert Dörner, Walter Nußbaum, Berthold Nordmann, Hans Graf, Franz Alexius, Frans De Munck und Jupp Röhrig. Die unterhaltsame Partie endet 3:3.

■ Am 28. Januar 1965 verstirbt das ehemalige Vorstandsmitglied, der Zahnarzt Dr. Willy Jacobi. Der leidenschaftliche FC-Anhänger und Karnevalist prägte wie kaum ein anderer den Begriff des „Vertragszuschauers", deren Sprecher Jacobi war. Seit 1948 begleitete der Zahnarzt den FC zu jedem Spiel, bis ihn seine heimtückische Krankheit davon abhielt.

■ Wolfgang Overath besteht vor der Handelskammer Köln erfolgreich die Kaufmannsgehilfenprüfung.

■ 1965 wird die von Jupp Röhrig trainierte A1-Jugendmannschaft durch einen 2:0-Endspielsieg gegen den VfL Bochum erneut westdeutscher Jugendmeister.

Die Auslosung der Viertelfinalbegegnungen fand in Wien statt. Echte Knaller wie Benfica Lissabon, Real Madrid oder der FC Liverpool befanden sich im Lostopf. Die Kölner hatten den DFB-Funktionär und FC-Mitglied Hermann Schmaul nach Österreich entsendet. Franz Kremer reagierte zunächst etwas geschockt, als ihm dieser telefonisch das Ergebnis der Auslosung mitteilte. Keinen Geringeren als den englischen Meister FC Liverpool hatte man „erwischt" und musste obendrein zunächst zu Hause antreten. Realist Kremer fand schnell die Fassung zurück. „Was soll's, von den anderen hätte uns auch keiner was geschenkt, obwohl mir Real oder Benfica lieber gewesen wären", gab der Boss zu Protokoll.

LIVERPOOL – EIN „DRAMA" IN VIER AKTEN

Dass die Engländer ein schwerer Brocken werden würden, war von vornherein klar. Man wollte aber vorbereitet sein und nichts dem Zufall überlassen. Schorsch Stollenwerk wurde, zusammen mit Dolmetscher Scherer von Cooks Reisebüro, als „Spion" auf die Insel entsendet, um sich das Spiel Liverpool gegen Sheffield Wednesday anzusehen und mit den Verantwortlichen vor Ort letzte Details zu besprechen. „Ein Spiel zu sehen reicht natürlich nie aus, um eine Mannschaft vollständig einschätzen zu können, aber man sah schon die Klasse der seit 14 Spielen ungeschlagenen Engländer", erinnert sich Stollenwerk. Liverpools Manager Bill Shankly war von einem Weiterkommen seines Clubs felsenfest überzeugt. „Ein knappes Resultat in Köln und ein deutlicher Sieg vor eigenem Publikum dürften wohl reichen", gab sich Shankly siegessicher. Dennoch hatten auch die Liverpooler den FC mehrfach beobachtet, sowohl Assistenztrainer Bennett als auch Shankly selbst.
Um die Mannschaft von der Öffentlichkeit abzuschotten und sich optimal auf die erste Begegnung mit Englands Meister vorbereiten zu können, zogen sich die Kölner in die Sportschule Duisburg-Wedau zurück. Erst am Spieltag fuhr die Mannschaft wieder nach Köln. Die Gäste waren schon am Montag in Düsseldorf gelandet und logierten im Hotel „Schloß Auel" in der Nähe von Siegburg.

10. FEBRUAR 1965, KÖLN: 1. FC KÖLN - FC LIVERPOOL = 0:0

Von den zahlreichen Ehrengästen im voll besetzten Müngersdorfer Stadion war Bundeskanzler Ludwig Erhard sicherlich der prominenteste. Auch im Ausland sorgte die Partie für reges Interesse und wurde von der Eurovision in sieben Länder live übertragen. Das Spiel selbst konnte die hochgesteckten Erwartungen nur zum Teil erfüllen. Vor allem die „Reds" enttäuschten, indem sie ihr Heil fast ausnahmslos in der Defensive suchten. Die Kölner fanden kein rechtes Mittel gegen die massiv verteidigenden Engländer. Pech kam auch dazu: Thielen, der mit einem 30-Meter-Hammer nur den Pfosten traf, und Löhrs nicht anerkannter Abseitstreffer. Ansonsten entwickelte man außer ein paar sehenswerten Fernschüssen kaum Torgefahr – das Fehlen von Dribbler Hornig und Sturmführer Schäfer machte sich bemerkbar. Die wenigen Torschüsse Liverpools entschärfte der starke Schumacher. Auch die Kölner Abwehr zeigte an diesem Abend internationales Format. Wilden meldete den schottischen Nationalstürmer St. John ab, und Weber ließ dem gefürchteten Hunt keine Chance. Hunt lobte nach der Begegnung seinen Gegenspieler: „Gegen so einen Klassemann habe ich schon lange nicht mehr spielen müssen", diktierte er in die Notizbücher der zahlreichen Journalisten.
Den 0:0-Endstand feierten die Briten indessen wie einen Sieg. Sie zeigten sich beim abendlichen Bankett im Geißbockheim bei bester Laune. Franz Kremer überreichte jedem Liverpooler Spieler einen silbernen Becher sowie ein Tischfeuerzeug. Aufbauende Worte fand Kanzler Erhard: „Es war ein gutes Spiel, und ihr wart die Besseren", meinte der „Vater des Wirtschaftswunders" und steckte sich genüsslich eine von Franz Kremers Zigarren an.

3. MÄRZ 1965, LIVERPOOL: FC LIVERPOOL - 1. FC KÖLN = AUSGEFALLEN WEGEN UNBESPIELBARKEIT DES PLATZES

Schon am Samstagmorgen (die Partie gegen Liverpool sollte am Mittwoch stattfinden) war der FC-Tross nach London geflogen. Man wollte die Gelegenheit nutzen, den FC Liverpool beim Spiel gegen den amtierenden englischen Pokalsieger West Ham United zu beobachten. So saß dann die komplette Kölner Mannschaft auf der Tribüne des „Upton Park" und sah beim 2:1 Liverpools erste Niederlage seit vier Monaten.
Ein harmonischer, fünftägiger Aufenthalt auf der Insel sollte mit einem erfolgreichen Spiel enden. Zumindest ein drittes Spiel, das bei einem Remis notwendig wäre, wollte man erzwingen. Am Spieltag war es dann plötzlich ungewöhnlich kalt. Zu der empfindlichen Kälte und dem schneidenden Wind hatte sich vor Spielbeginn heftiges Schneetreiben gesellt, das sich immer mehr verstärkte. Eine Viertelstunde vor dem planmäßigen Anpfiff wurde über die Stadionlautsprecher bekannt gegeben, dass das Spiel ausfallen würde. Die 52.876 Zuschauer, die sich bereits an der Anfield Road eingefunden hatten, waren restlos enttäuscht und machten lautstark ihren Unmut deutlich. Zumal der Abmarsch der Massen stundenlang dauerte: Die Stehplatzbesucher hatten keine Tickets erhalten, sondern waren nach dem Entrichten ihres Obolus an den Turnstiles ohne Billet in die Arena gelassen worden, was ein endloses Geldzurückzahlen zur Folge hatte.
Hinter den Kulissen, in den Stadionkatakomben, spielten sich dramatische Szenen ab. Nachdem der dänische Schiedsrichter Hansen den Platz besichtigt hatte, war Liverpools Manager Shankly beobachtet worden, wie er in die Kabine des Referees gegangen war. Kurz darauf sagte dieser die Partie ab, obwohl sich die FC-Spieler bereits auf dem Platz warm gemacht hatten und er noch wenige Minuten vor Shanklys Auftauchen unter Zeugen geäußert hatte, anpfeifen zu wollen. Dies rief

Billard als Ausgleich im Mannschaftshotel. Von links: Schumacher, Müller, Thielen, Overath, Hemmersbach, Zeugwart Thönnes und Pott.

die Kölner Verantwortlichen auf den Plan, die sofort die Schirikabine bestürmten. Es kam zu hitzigen Diskussionen, nach denen der Däne zu keinen weiteren Gesprächen bereit war und zwei Bobbys kommen ließ, die den Zutritt zur Kabine verwehrten. Angeblich soll der Unparteiische sogar die Äußerung „weder Mister Shankly noch Adolf Hitler noch sonst irgendjemand haben etwas mit meinem Entschluss zu tun" getätigt haben. Diese geschmacklose Entgleisung bestritt Hansen später energisch, nachgewiesen werden konnte sie ihm letztlich nicht.

Der Kölner Ärger war verständlich, denn der nun praktisch sinnlos gewordene Aufenthalt in England hatte Kosten von rund 20.000 DM verursacht. Glück im Unglück: Die Hälfte der Schadenssumme musste laut Statuten der FC Liverpool zahlen. Es gab unterschiedliche Aussagen darüber, ob die Spielabsage nun wirklich berechtigt war oder nicht. Der Tenor war letztlich, dass der Platz selbst wohl bespielbar war, der Schneesturm aber eine Sicht auf das Spielfeld von den Tribünen aus unmöglich machte. Am schlimmsten hatte es die rund 400 mitgereisten FC-Fans getroffen, die für den Trip an den Mersey Geld und Urlaub geopfert hatten und unverrichteter Dinge wieder abreisen mussten.

17. MÄRZ 1965, LIVERPOOL: FC LIVERPOOL - 1. FC KÖLN = 0:0

Wer es sich leisten konnte, hatte zwei Wochen später erneut die Gelegenheit, die Reise in die Heimat der Beatles anzutreten. Diesmal waren die äußeren Bedingungen optimal. Was „Spion" Stollenwerk schon bei seinem vorherigen Besuch an der Anfield Road aufgefallen war, bestätigte sich auch gegen den FC. Das Publikum, vor allem die berühmte „Kop"-Tribüne, veranstaltete einen Höllenlärm und stand wie ein Mann hinter seiner Elf. An jenem denkwürdigen 17. März 1965 schrieb ein Mann FC-Geschichte: Torwart Anton „Toni" Schumacher lieferte das wohl beste Spiel seiner Karriere ab. Obwohl überlegen agierend, kam Liverpool erst in der 22. Minute zum ersten Torschuss, doch von da an verhinderte der Kölner Torwart mit zahllosen Klasseparaden einen möglichen Rückstand.

Schumacher eroberte nicht nur die Herzen der FC-Fans, auch die Supporter der „Reds" applaudierten dem Keeper später lautstark. Selbst Liverpools Oberbürgermeister Caplan war nach der Partie so begeistert, dass er den Torhüter spontan in der Kabine besuchte und ihn zu seiner Weltklasseleistung beglückwünschte. „Schumacher besiegte Liverpool" titelte die *Daily Post* anschließend. Späte Genugtuung für den Mann, der jahrelang hinter Fritz Ewert die „Nummer Zwei" gewesen war. Erst 1964/65 hatte sich der sympathische, immer ruhig und besonnen auftretende Toni still und heimlich seinen Stammplatz erkämpft.

Bester Feldspieler war erneut Wolfgang Weber, der den gefährlichen Hunt unerbittlich ausmanövrierte und sogar noch etliche sehenswerte Offensivaktionen zeigte. Zusammen mit Ersatzmann Hemmersbach, der den nicht einsatzfähigen Stopper Wilden hervorragend vertrat, bildete er eine harmonische Zerstörungseinheit, an der sich die blindwütig anrennenden Engländer die Zähne ausbissen. Der FC verbuchte seinerseits auch einige wenige gefährliche Vorstöße,

Diese Sammlerpostkarte wird im Museum des FC Liverpool als Andenken an die Begegnungen mit dem FC verkauft.

Eintrittskarte zum ausgefallenen Spiel an der Anfield Road, die jedoch zur Neuansetzung ebenfalls gültig war.

Das offizielle Programmheft zum Spiel in Liverpool.

- Großer Erfolg auch für die 1. Amateurmannschaft des 1. FC Köln: Das Team von Trainer Martin Hirche und Betreuer Karl-Heinz „King" Schäfer wird Mittelrheinmeister 1965 und qualifiziert sich damit für die Spiele um die deutsche Amateurmeisterschaft. Hier scheitert man bereits in der ersten Runde nach zwei Begegnungen an der Spielvereinigung Erkenschwick. Bemerkenswert: Zum Heimspiel der FC-Amateure waren mehr als 4.000 Zuschauer ans Geißbockheim gekommen. Die erfolgreiche Mannschaft: Paul Alger, Herbert Gehrke, Bernd Haferkamp, Theo Haß, Dieter Heimerich, Hans-Jürgen Kleinholz, Christian Meyer, Franz-Peter Neumann, Christian Nickisch (Kapitän), Jürgen Reitz, Manfred Röhrig, Wilfried Rumor, Hans Sax, Peter Schäfer, Gerd Schobert und Karl-Heinz Tabat.

- Da sich die Übergabe von Hennes I. zum 15. Mal jährt, erhält Carola Williams, die zusammen mit Ehemann Harry dem FC seinerzeit das Maskottchen schenkte, vom Verein eine wertvolle Geißbock-Plastik.

- Robert Schwan und Wilhelm Neudecker, Manager und Präsident des zukünftigen Bundesligaaufsteigers FC Bayern München, hospitieren im Januar 1965 für einige Tage beim 1. FC Köln, um sich über die Führung eines modernen Bundesligaclubs ein Bild zu machen und wertvolle Anregungen zu gewinnen. Im Rahmen der „Fortbildung" werden auch zwei Freundschaftsspiele beider Clubs vereinbart, die der FC mit 6:4 und 2:1 für sich entscheiden kann.

die aber nicht verwertet werden konnten. Hier machte sich das Fehlen von Torjäger Müller, für den „Zeze" spielen durfte, bemerkbar.
Der begeisterte Beifall der Zuschauer nach dem Abpfiff galt beiden Mannschaften. Genugtuung für die Gäste aus dem Rheinland – hatte doch Liverpool-Coach Shankly ein 5:0 seiner Mannschaft prognostiziert, was er allerdings später bestritt. Da schmeckte das Glas Ale im „Adelphi Hotel", der Unterkunft der Geißböcke, noch einmal so gut. Mit dem 0:0 hatte sich der 1. FC Köln ein nun notwendiges, drittes Spiel erkämpft, über dessen Austragungsort noch Differenzen herrschten. Die Liverpooler favorisierten Glasgow, die Kölner plädierten für Rotterdam. Die UEFA musste entscheiden.

24. MÄRZ 1965, ROTTERDAM: 1. FC KÖLN - FC LIVERPOOL = 2:2 NACH VERLÄNGERUNG. KÖLN SCHEIDET AUS DURCH MÜNZWURF.

So durfte sich der FC schon im Vorfeld über einen kleinen „Sieg" freuen, denn die UEFA entschied tatsächlich auf Rotterdam als Austragungsort des dritten Spiels. Zähneknirschend mussten die Mannen um Bill Shankly den Beschluss hinnehmen. Den FC-Anhängern kam die relativ „kurze" Anreise in die Niederlande natürlich entgegen. Die ersten 10.000 in Köln zu erwerbenden Karten fanden reißenden Absatz, und so musste Geschäftsführer Heinz Holthoff am Samstag vor dem Spiel noch einmal nach Rotterdam fahren, um weitere 6.000 Tickets zu organisieren. Auch diese waren innerhalb weniger Stunden vergriffen, und der FC hatte sein Kontingent in kürzester Zeit vollständig verkauft. Einschließlich der Schlachtenbummler, die sich vor Ort eine Karte erwerben wollten, rechnete man mit mehr als 20.000 deutschen Fans. Eine Kalkulation, die sich auch bestätigte. „Invasie van Duitsers for Köln - Liverpool" lautete die Schlagzeile auf der Sportseite des *Allgemeen Dagblad*.
Über 12.000 FC-Anhänger starteten am Spieltag mit PKW und Sonderbussen in die Niederlande. Sogar mit

Sportflugzeugen trafen einige in Rotterdam ein. Zusätzlich hatten rund 3.600 Fans mit vier Sonderzügen der Bundesbahn die Fahrt angetreten. Schon im Kölner Hauptbahnhof sorgten die Schlachtenbummler mit ihren Kuhglocken, Megaphonen und Gesängen für Stimmung. Pech hatten nur die Reisenden des ersten Sonderzuges. Ihre Dampflok hatte schon in Pulheim eine Panne. Erst nach einer 90 Minuten langen Pause, als die anderen drei Sonderzüge ihn schon lange überholt hatten, konnte der Zug die Fahrt mit einer neuen Lok fortsetzen. Frustriert begab man sich an die „Vernichtung" der 9.000 im Zug mitgeführten Bierflaschen. Auch die Autofahrer hatten Schwierigkeiten bei der Anreise. Am Grenzübergang bei Didam stauten sich die Fahrzeuge der Fußballfreunde bis zu einer Länge von zehn Kilometern. Von diesen Nöten der Kölner Anhänger erfuhr auch Boss Kremer, der sich daraufhin mit dem deutschen Konsulat in Rotterdam in Verbindung setzte. Nach einer Rücksprache mit dem niederländischen Zoll drückte dieser dann nicht nur ein, sondern beide Augen zu und verzichtete vorübergehend auf Einzelkontrollen. Den kurzen Weg vom Bahnhof bis zum Feyenoord-Stadion, auch als „De Kuip" bekannt, nutzten die kölschen Fans, um ihre eigens komponierten Schlachtgesänge einzuüben. Der beliebteste war „FC lass die Beatles heulen, Ihr werdet Liverpool verbeulen". Mannschaft und Betreuer waren bereits am Vortag per „Rheingold Express" in der Hafenstadt angekommen und logierten im Hotel „Atlanta". Mit mehr als 50.000 Zuschauern war das „De Kuip" am Spieltag fast vollständig gefüllt. Die 20.000 FC-Anhänger sorgten für ein rot-weißes Fahnenmeer. Eine elektrisierende Spannung lag über dem weiten Rund, und nachdem Kapitän Hansi Sturm die Seitenwahl gewonnen hatte, konnte es endlich losgehen. Schon nach 22 Minuten traf die Kölner ein folgenschwerer Schlag. Wolfgang Weber blieb nach einem Zusammenprall mit Milne verletzt auf dem Spielfeld liegen. Anschließend machte er noch einige Gehversuche, verließ

aber schließlich den Platz. Die erste Diagnose von Mannschaftsarzt Dr. Bohne lautete Bluterguss im Wadenbein. Die Abwesenheit Webers konnten die Engländer nur eine Minute später zum 1:0-Führungstor durch den völlig freistehenden St. John nutzen. Nun lief der Liverpooler Sturm auf Hochtouren. In der 37. Minute setzte Thompson einen 16-Meter-Hammer an die Latte, der lauernde Hunt brauchte nur noch abzustauben – 2:0 für Liverpool. Doch der FC kämpfte verbissen weiter und wurde durch das 1:2-Anschlusstor von Kalli Thielen, das zugleich den Halbzeitstand bedeutete, belohnt. Einen von Hornig raffiniert aus halblinker Position hereingebrachten Freistoß brauchte Thielen nur noch „einzunicken".
Als der verletzte Weber zur 2. Halbzeit wieder auf dem Rasen erschien, löste er einen Begeisterungssturm des Publikums aus, zumal von ihm nun als humpelndem Statisten auf der Mittelstürmerposition die ersten gefährlichen Kölner Szenen ausgingen. In der Pause hatte Weber auf Anweisung von Dr. Bohne und Masseur Hermanns in der Kabine zum „Belastungstest" von einer Bank springen müssen. Der Nationalspieler verzog zwar schmerzverzerrt das Gesicht, durfte aber wieder auflaufen. Webers Härte sich selbst gegenüber brachte ihm später Spitznamen wie „Eisenfuß" oder „Bulle" ein. Der unbändige Kampfgeist der Rheinländer führte zum Erfolg: Noch im Fallen beförderte Thielen in der 48. Minute auf Rechtsaußen den Ball in den freien Raum, und Löhr, der aus dem Hintergrund herangerauscht war, knallte das Leder aus 25 Metern flach in die untere Ecke des Liverpooler Gehäuses. Das Stadion schien nun förmlich zu platzen, so groß war der anschließende Jubel. Die nie aufgebenden Kölner und die mit zunehmender Spieldauer immer unfairere Gangart der Briten machte die neutralen Niederländer im Stadion zu lautstarken Sympathisanten der Domstädter. Kurz darauf bot sich Weber sogar die Chance zum 3:2, doch sein Schuss ging über den Kasten von Keeper Lawrence. Auch Löhr hatte

Der legendäre Münzwurf: Gebannt starren Hemmersbach und einige Spieler der „Reds" auf die am Boden liegende kleine Holzscheibe.

- 1.134.000 DM nimmt der 1. FC Köln in der Saison 1964/65 ein. Davon bekommen allein die Lizenzspieler 808.000 DM. Das durchschnittliche Jahresgehalt eines FC-Profis liegt bei 40.000 bis 57.000 DM.

- Beim Bundesligaspiel Köln - Nürnberg wird von Dieben die Tür zur Schiedsrichterkabine aufgebrochen und dem Saarbrücker Referee Willi Gusenberger sowie seinen Assistenten insgesamt rund 800 DM Bargeld entwendet. Der FC ersetzt dem Gespann das entwendete Geld, die Fahndung nach den Dieben verläuft ergebnislos.

Ticket zum berühmten Entscheidungsspiel zwischen Liverpool und dem FC ...

... und das dazugehörige Programmheft.

An der Anzeigetafel des „de Kuip" in Rotterdam führte man den FC klar als „Heimmannschaft".

nach einem herrlichen Alleingang den Führungstreffer auf dem Schlappen.

In der 70. Minute dann der erste Eklat: Als Hannes Löhr von Ron Yeats per klassischem Faustschlag niedergestreckt wurde, blieb die Pfeife des belgischen Schiedsrichters Schaut stumm. Nur mit Mühe konnten die Ordner anschließend einen Platzsturm der wütenden FC-Fans verhindern. Eine klare Tätlichkeit blieb ungeahndet. Der Referee entwickelte sich zur spielentscheidenden Figur, als er einem glasklaren Treffer von Hornig in der 74. Minute die verdiente Anerkennung verweigerte. Dennoch, die Kölner Angriffe liefen Schlag auf Schlag, aber bei allem Einsatz fehlte das notwendige Glück. Praktisch in Unterzahl agierend, rettete sich der FC in die Verlängerung, die torlos blieb. Da das Elfmeterschießen seinerzeit noch nicht in der heutigen Form zum Regelwerk gehörte, musste nun über Sieg und Niederlage gelost werden. Eine kleine Holzscheibe mit je einer weißen und einer roten Seite stellte die „Münze" dar, die für die endgültige Entscheidung sorgen sollte. Schiri Schaut, der übrigens sein erstes Europapokalspiel leitete, und die Kapitäne beider Mannschaften versammelten sich zum bis heute legendären „Münzwurf von Rotterdam", umringt von Mitspielern und den Schiedsrichterassistenten. Auch hier spielte der Unparteiische eine dubiose Rolle. Fritz Pott erinnert sich: „Nicht nur, dass er während des gesamten Spiels mehr oder weniger gegen uns gepfiffen hatte, nein, er bestimmte auch noch höchstpersönlich, welche Farbe auf der Holzscheibe für uns und welche für Liverpool gelten sollte. Das fand ich schon irgendwie suspekt. Aber aller guten Dinge sind drei, und Hansi Sturm hatte ja schon zweimal die Platzwahl gewonnen, warum sollte es also nicht ein drittes Mal gut gehen?" Kein Zuschauer hatte den Ort des Geschehens verlassen, als Schaut den ersten Losversuch startete. Doch auch die kleine runde Holzscheibe konnte sich für keine der beiden Seiten entscheiden und blieb hochkant im morastigen Rasen stecken. Sogar der Münzwurf musste wiederholt werden. Die Nerven aller Beteiligten waren aufs Äußerste angespannt, als der belgische Referee die Münze zum zweiten Mal in den Rotterdamer Nachthimmel warf. Als plötzlich einige der Liverpool-Spieler jubelnd die Arme hochrissen, war klar, dass sich die Münze zur roten Seite gewendet hatte. Der FC Liverpool hatte das Lotteriespiel gewonnen. Der 1. FC Köln war nach insgesamt 300 Spielminuten ausgeschieden, ohne verloren zu haben. Ein Schock für alle, die das unsägliche Glücksspiel in irgendeiner Art verfolgt hatten. Den Spielern standen die Tränen in den Augen.

Nicht nur die Fans im Stadion waren tief getroffen, auch Millionen Fußballfreunde in der Heimat, die die Begegnung im TV verfolgt hatten, konnten das Geschehene kaum fassen. Beim Fernsehen und in den Redaktionen der Tages- und Sportpresse standen die Telefone nicht mehr still. Beim FC gingen unzählige aufmunternde Briefe aus ganz Deutschland und dem europäischen Ausland ein. Auch die internationale Presse war sich einig – so auszuscheiden, hatten die tapferen Geißböcke nicht verdient. „Man kommt um die ironische Feststellung nicht herum, dass die Begegnung schließlich mit dem Wurf eines Spielchips entschieden wurde", schrieb selbst die altehrwürdige *Times*. Für Wolfgang Weber bedeutete das Ausscheiden aus dem Wettbewerb nicht die letzte Hiobsbotschaft. Im Kölner St.-Franziskus-Krankenhaus wurde bei dem beliebten FC-Spieler ein Wadenbeinbruch diagnostiziert. Doch trotz aller Trauer in der Domstadt und rund um das Geißbockheim hatten die unvergesslichen „Schlachten" mit dem FC Liverpool dem 1. FC Köln einen unbezahlbaren Image- und Sympathiegewinn eingebracht.

STATISTIK 1964/65

BUNDESLIGA

22.08.1964 1. FC Köln - Hertha BSC Berlin 2:3 (1:0)
Zuschauer: 51.394
Tore: 1:0 (16.) Schäfer, 2:0 (62.) Thielen, 2:1 (70.) Faeder, 2:2 (77.) Rühl, 2:3 (89.) Schulz.
Aufstellung: Ewert, Pott, Regh, Weber, Wilden, Sturm, Thielen, Schäfer, Müller, Overath, Zeze.

29.08.1964 SV Hannover 96 - 1. FC Köln 2:0 (2:0)
Zuschauer: 76.000
Tore: 1:0, 2:0 (30., 35.) Gräber.
Aufstellung: Schumacher, Pott, Regh, Weber, Wilden, Sturm, Thielen, Schäfer, Müller, Overath, Benthaus.

05.09.1964 1. FC Köln - Borussia Neunkirchen 4:3 (2:3)
Zuschauer: 24.238
Tore: 0:1 (02.) Pidancet, 0:2 (03.) May, 1:2 (08.) Müller, 1:3 (09.) Glod, 2:3 (25.) Overath, 3:3, 4:3 (61., 64.) Müller.
Aufstellung: Schumacher, Pott, Regh, Weber, Wilden, Sturm, Thielen, Schäfer, Müller, Overath, Löhr.

12.09.1964 VfB Stuttgart - 1. FC Köln 3:3 (2:2)
Zuschauer: 70.000
Tore: 0:1 (16.) Hornig, 1:1 (27.) Geiger, 2:1 (35.) Siebert, 2:2 (38) Schäfer, 2:3 (47.) Löhr, 3:3 (50.) Geiger
Ewert, Pott, Regh, Weber, Wilden, Sturm, Thielen, Schäfer, Löhr, Hornig, Hemmersbach.
B.V.: Ewert hält FE von Arnold (44.).

19.09.1964 1. FC Köln - Werder Bremen 4:2 (2:0)
Zuschauer: 38.552
Tore: 1:0 (20.) Müller, 2:0 (38.) Schäfer, 2:1 (60.) Schütz, 3:1 (79.) Hornig, 3:2 (83.) Zebrowski, 4:2 (87.) Schäfer.
Aufstellung: Schumacher, Pott, Regh, Weber, Rumor, Sturm, Hornig, Schäfer, Müller, Löhr, Hemmersbach.

26.09.1964 Meidericher SV - 1. FC Köln 0:3 (0:3)
Zuschauer: 38.000
Tore: 0:1 (25.) Heidemann (E), 0:2 (36.) Schäfer, 0:3 (42.) Müller.
Aufstellung: Schumacher, Thielen, Regh, Weber, Rumor, Sturm, Hornig, Schäfer, Müller, Overath, Benthaus.

10.10.1964 1. FC Köln - Eintracht Braunschweig 5:1 (1:1)
Zuschauer: 18.592
Tore: 1:0 (20.) Müller, 1:1 (38.) Ulsaß, 2:1 (50.) Thielen, 3:1, 4:1, 5:1 (62., 76., 85.) Müller.
Aufstellung: Schumacher, Thielen, Regh, Weber, Rumor, Sturm, Hornig, Schäfer, Müller, Overath, Wilden.

17.10.1964 Eintracht Frankfurt - 1. FC Köln 1:4 (0:1)
Zuschauer: 27.000
Tore: 0:1 (45.) Müller, 1:1 (50.) Solz, 1:2 (60.) Müller, 1:3 (63.) Thielen, 1:4 (85.) Müller.
Aufstellung: Schumacher, Thielen, Regh, Weber, Rumor, Sturm, Hornig, Schäfer, Müller, Overath, Wilden.

24.10.1964 1. FC Köln - Karlsruher SC 4:1 (1:1)
Zuschauer: 21.368
Tore: 0:1 (17.) Cieslarczyk, 1:1 (31.) Thielen, 2:1 (47.) Müller, 3:1, 4:1 (57., 86.) Thielen.
Aufstellung: Schumacher, Pott, Regh, Weber, Wilden, Sturm, Thielen, Schäfer, Müller, Overath, Hornig.

07.11.1964 1. FC Kaiserslautern - 1. FC Köln 2:2 (0:2)
Zuschauer: 38.000
Tore: 0:1 (20.) Hornig, 0:2 (27.) Thielen, 1:2 (58.) Neumann (HE), 2:2 (76.) Leydecker
Aufstellung: Ewert, Thielen, Regh, Weber, Schäfer, Müller, Overath, Hornig, Pott, Wilden.
B.V.: Aufgrund des hohen Zuschaueraufkommens wird ein Zuschauer zu Tode gedrückt.

14.11.1964 1. FC Köln - 1860 München 1:1 (1:0)
Zuschauer: 30.220
Tore: 1:0 (25.) Hornig, 1:1 (57.) Brunnenmeier.
Aufstellung: Schumacher, Rumor, Weber, Sturm, Schäfer, Müller, Overath, Hornig, Pott, Wilden. Löhr.

21.11.1964 FC Schalke 04 - 1. FC Köln 2:3 (1:2)
Zuschauer: 28.000
Tore: 0:1 (10.) Schäfer, 1:1 (25.) Gerhardt, 1:2 (35.) Overath, 2:2 (54.) Kreuz, 2:3 (60.) Thielen
Aufstellung: Ewert, Pott, Regh, Weber, Wilden, Hemmersbach, Thielen, Schäfer, Sturm, Overath, Hornig.

28.11.1964 1. FC Köln - Hamburger SV 3:0 (3:0)
Zuschauer: 46.853
Tore: 1:0, 2:0 (12., 33.) Overath, 3:0 (38.) Müller.
Aufstellung: Ewert, Pott, Regh, Benthaus, Weber, Hemmersbach, Müller, Löhr, Sturm, Overath, Hornig.

05.12.1964 1. FC Nürnberg - 1. FC Köln 3:0 (2:0)
Zuschauer: 47.000
Tore: 1:0 (06.) Wüthrich, 2:0, 3:0 (26., 57.) Strehl.
Aufstellung: Ewert, Pott, Regh, Weber, Wilden, Benthaus, Sturm, Zeze, Overath, Hornig.

12.12.1964 1. FC Köln - Borussia Dortmund 3:3 (1:0)
Zuschauer: 41.000
Tore: 1:0 (29.) Hornig, 2:0 (55.) Sturm (FE), 3:0 (65.) Overath, 3:1 (68.) Konietzka, 3:2, 3:3 (80., 83.) Emmerich.
Aufstellung: Schumacher, Pott, Rumor, Benthaus, Weber, Hemmersbach, Regh, Sturm, Löhr, Overath, Hornig.

19.12.1964 Hertha BSC Berlin - 1. FC Köln 1:3 (1:3)
Zuschauer: 36.600
Tore: 0:1 (08.) Müller, 0:2 (11.) Overath, 0:3 (13.) Löhr, 1:3 (27.) Steinert.
Aufstellung: Schumacher, Rumor, Regh, Weber, Wilden, Hemmersbach, Müller, Sturm, Löhr, Overath, Hornig.
B.V.: Sturm verschießt FE (21.).

02.01.1965 1. FC Köln - SV Hannover 96 0:1 (0:1)
Zuschauer: 30.000
Tor: 0:1 (05.) Bandura.
Aufstellung: Schumacher, Rumor, Regh, Weber, Hemmersbach, Sturm, Thielen, Müller, Löhr, Overath, Hornig.

09.01.1965 Borussia Neunkirchen - 1. FC Köln 1:1 (1:1)
Zuschauer: 23.000
Tore: 0:1 (16.) Weber, 1:1 (45.) May.
Aufstellung: Schumacher, Regh, Rumor, Hemmersbach, Wilden, Sturm, Weber, Thielen, Müller, Overath, Hornig.

23.01.1965 1. FC Köln - VfB Stuttgart 2:1 (1:0)
Zuschauer: 22.000
Tore: 1:0 (40.) Müller, 1:1 (47.) Weiß, 2:1 (74.) Overath.
Aufstellung: Schumacher, Pott, Rumor, Benthaus, Weber, Hemmersbach, Thielen, Müller, Regh, Overath, Hornig.

30.01.1965 SV Werder Bremen - 1. FC Köln 0:0
Zuschauer: 40.000
Aufstellung: Schumacher, Pott, Regh, Weber, Wilden, Sturm, Thielen, Benthaus, Müller, Overath, Hornig.

13.02.1965 1. FC Köln - Meidericher SV 1:2 (0:0)
Zuschauer: 15.500
Tore: 1:0 (68.) Müller, 1:1, 1:2 (72., 74.) Gecks.
Aufstellung: Schumacher, Pott, Regh, Benthaus, Wilden, Hemmersbach, Thielen, Rumor, Müller, Overath, Löhr.

20.02.1965 Eintracht Braunschweig - 1. FC Köln 1:1 (1:1)
Zuschauer: 20.000
Tore: 1:0 (26.) Krafczyk, 1:1 (37.) Benthaus (FE).
Aufstellung: Schumacher, Hemmersbach, Regh, Benthaus, Wilden, Weber, Müller, Zeze, Löhr, Overath, Hornig.

06.03.1965 1. FC Köln - Eintracht Frankfurt 3:4 (1:1)
Zuschauer: 26.000
Tore: 1:0 (03.) Müller, 1:1 (09.) Lechner, 2:1 (48.) Löhr, 3:1 (52.) Overath (FE), 3:2 (74.) Lechner (FE), 3:3 (75.) Hornig (E.), 3:4 (79.) Lechner.
Aufstellung: Schumacher, Hemmersbach, Benthaus, Regh, Weber, Wilden, Thielen, Löhr, Müller, Overath, Hornig.
B.V.: Loy hält FE von Benthaus (34.).

20.03.1965 Karlsruher SC - 1. FC Köln 2:4 (1:1)
Zuschauer: 45.000
Tore: 1:0 (03.) Madl, 1:1 (10.) Overath (FE), 2:1 (65.) Kenschke, 2:2, 2:3 (66., 68.) Weber, 2:4 (71.) Löhr.
Aufstellung: Ewert, Pott, Regh, Weber, Wilden, Hemmersbach, Zeze, Sturm, Löhr, Overath, Hornig.

27.03.1965 1. FC Köln - 1. FC Kaiserslautern 3:0 (0:0)
Zuschauer: 21.000
Tore: 1:0 (60.) Kostrewa (E.), 2:0 (73.) Thielen, 3:0 (75.) Löhr.
Aufstellung: Schumacher, Pott, Regh, Benhaus, Hemmersbach, Sturm, Thielen, Zeze, Löhr, Overath, Hornig.

03.04.1965 TSV 1860 München - 1. FC Köln 2:3 (0:2)
Zuschauer: 44.000
Tore: 0:1 (34.) Hornig, 0:2 (45.) Thielen, 1:2 (70.) Grosser, 1:3 (82.) Thielen, 2:3 (88.) Wagner.
Aufstellung: Schumacher, Pott, Hemmersbach, Sturm, Wilden, Löhr, Thielen, Schäfer, Müller, Overath, Hornig.
B.V.: Platzverweis von Overath (25.).

10.04.1965 1. FC Köln - FC Schalke 04 2:1 (1:0)
Zuschauer: 60.000
Tore: 1:0 (25.) Schäfer, 2:0 (72.) Thielen, 2:1 (77.) Bechmann.
Aufstellung: Schumacher, Pott, Regh, Sturm, Wilden, Hemmersbach, Thielen, Schäfer, Müller, Overath, Löhr, Hornig.

30.04.1965 Hamburger SV - 1. FC Köln 0:0
Zuschauer: 48.700
Aufstellung: Schumacher, Pott, Regh, Löhr, Hemmersbach, Sturm, Thielen, Schäfer, Müller, Overath, Hornig.

08.05.1965 1. FC Köln - 1. FC Nürnberg 0:0
Zuschauer: 35.000
Aufstellung: Schumacher, Pott, Regh, Sturm, Wilden, Hemmersbach, Thielen, Schäfer, Müller, Overath, Hornig.
B.V.: Hans Schäfer wird für sein 700. FC-Spiel geehrt.

15.05.1965 Borussia Dortmund - 1. FC Köln 2:2 (1:1)
Zuschauer: 27.000
Tore: 0:1 (15.) Schäfer, 1:1 (23.) Konietzka, 1:2 (73.) Müller, 2:2 (74.) Wosab
Aufstellung: Schumacher, Pott, Regh, Hemmersbach, Wilden, Sturm, Thielen, Schäfer, Müller, Overath, Hornig.
B.V.: Hans Schäfer erzielt sein 500. FC-Tor.

WESTDEUTSCHER POKAL
Finale
08.08.1964 1. FC Köln - FC Schalke 04 3:0 (2:0)
Zuschauer: 17.058
Tore: 1:0 (12.) Zeze, 2:0 (21.) Thielen, 3:0 (80.) Schäfer.
Aufstellung: Schumacher, Rumor, Regh, Sturm, Wilden, Weber, Thielen, Schäfer, Müller, Overath, Zeze.

EUROPAPOKAL DER LANDESMEISTER
1. Runde (Hinspiel)
09.09.1964 Partizan Tirana - 1. FC Köln 0:0
Zuschauer: 26.000
Aufstellung: Schumacher, Pott, Regh, Weber, Wilden, Sturm, Thielen, Schäfer, Müller, Overath, Hemmersbach.

1. Runde (Rückspiel)
23.09.1964 1. FC Köln - Partizan Tirana 2:0 (0:0)
Zuschauer: 45.536
Tore: 1:0 (75.) Sturm, 2:0 (90.) Overath.
Aufstellung: Schumacher, Thielen, Regh, Weber, Rumor, Sturm, Löhr, Schäfer, Müller, Overath, Benthaus.

Achtelfinale (Hinspiel)
11.11.1964 Panathinaikos Athen - 1. FC Köln 1:1 (0:1)
Zuschauer: 33.000
Tore: 0:1 (27.) Müller, 1:1 (75.) Papoutsakis.
Aufstellung: Ewert, Thielen, Regh, Weber, Sturm, Rumor, Müller, Overath, Hornig, Wilden, Hemmersbach.

Achtelfinale (Rückspiel)
25.11.1964 1. FC Köln - Panathinaikos Athen 2:1 (1:0)
Zuschauer: 62.000
Tore: 0:1 (05.) Koumanidis, 1:1 (19.) Thielen, 2:1 (74.) Müller.
Aufstellung: Ewert, Rumor, Regh, Hemmersbach, Weber, Sturm, Hornig, Thielen, Schäfer, Müller, Overath.

STATISTIK 1964/65

Viertelfinale (Hinspiel)
10.02.1965 1. FC Köln - FC Liverpool 0:0
Zuschauer: 60.000
Aufstellung: Schumacher, Pott, Regh, Benthaus, Weber, Wilden, Thielen, Sturm, Müller, Overath, Löhr.

Viertelfinale (Rückspiel)
17.03.1965 FC Liverpool - 1. FC Köln 0:0
Zuschauer: 52.876
Aufstellung: Schumacher, Pott, Regh, Hemmersbach, Sturm, Weber, Thielen, Zeze, Löhr, Overath, Hornig.

Viertelfinale (Entscheidungsspiel)
24.03.1965 FC Liverpool - 1. FC Köln 2:2 n.V.
Zuschauer: 52.000
Tore: 1:0 (23.) St. John, 2:0 (37.) Hunt, 2:1 (39.) Thielen, 2:2 (49.) Löhr.
Aufstellung: Schumacher, Pott, Regh, Sturm, Hemmersbach, Weber, Thielen, Müller, Löhr, Overath, Hornig.
B.V.: Das Spiel wurde in Rotterdam ausgetragen. Der FC Liverpool kam durch Münzwurf ins Halbfinale.

DFB-POKAL

1. Runde
16.01.1965 1. FC Nürnberg - 1. FC Köln 2:0 (1:0)
Zuschauer: 33.000
Tore: 1:0 (19.) Strehl, 2:0 (86.) Wild.
Aufstellung: Schumacher, Pott, Rumor, Benthaus, Wilden, Hemmersbach, Thielen, Weber, Müller, Sturm, Löhr.

FREUNDSCHAFTSSPIELE

26.07.1964 Auswahl Normandie - 1. FC Köln 1:10 (0:3)
(in Trouville/Frankreich)

01.08.1964 Stadtmannschaft Hagen - 1. FC Köln 2:7 (1:3)

05.08.1964 Rot-Weiß Essen - 1. FC Köln 2:2 (2:1)

12.08.1964 Sportfreunde Saarbrücken - 1. FC Köln 0:8 (0:1)

15.08.1964 AS St. Etienne - 1. FC Köln 1:1 (0:1) (in Vichy)

18.08.1964 FC Basel - 1. FC Köln 1:4 (0:2)

29.09.1964 1. FC Köln - Auswahl Mittelrhein 3:1 (2:1)

27.10.1964 SC Enschede - 1. FC Köln 0:4 (0:1)

27.12.1964 Borussia M'gladbach - 1. FC Köln 4:1 (0:3)

03.02.1965 1. FC Köln - FC Bayern München 6:4 (5:2)

15.04.1965 SC Enschede - 1. FC Köln 1:6 (1:3)

05.05.1965 Fortuna 54 Geleen - 1. FC Köln 2:2 (0:0)

18.05.1965 1. FC Köln - SC Beerschot 4:2 (2:2)

22.05.1965 FC Bayern München - 1. FC Köln 1:2 (1:1)

27.05.1965 1. FC Köln - Auswahl Köln linksrh. 7:0

04.06.1965 1. FC Köln - Nationalmannschaft Thailand 3:0

15.06.1965 AC Turin - 1. FC Köln 2:0 (1:0)

17.06.1965 AC Florenz - 1. FC Köln 4:1 (0:0)

21.06.1965 PFC Beroe Stara Zagora - 1. FC Köln 1:2

23.06.1965 ZSKA Sofia - 1. FC Köln 0:1

1. BUNDESLIGA 1964/65

1.	Werder Bremen	54:29	41:19
2.	1. FC Köln (M)	66:45	38:22
3.	Borussia Dortmund	67:48	36:24
4.	1860 München (P)	70:50	35:25
5.	Hannover 96 (N)	48:42	33:27
6.	1. FC Nürnberg	44:38	32:28
7.	Meidericher SV	46:48	32:28
8.	Eintracht Frankfurt	50:58	29:31
9.	Eintracht Braunschweig	42:47	28:32
10.	Bor. Neunkirchen (N)	44:48	27:33
11.	Hamburger SV	46:56	27:33
12.	VfB Stuttgart	46:50	26:34
13.	1. FC Kaiserslautern	41:53	25:35
14.	Hertha BSC Berlin*	40:62	25:35
15.	Karlsruher SC	47:62	24:36
16.	FC Schalke 04	45:60	22:38

Da die Bundesliga aufgestockt wurde, gab es in dieser Saison keinen sportlichen Absteiger.
* Hertha BSC Berlin musste zwangsabsteigen, da es Schwarzgelder an seine Spieler bezahlte. Dafür rückte Tasmania Berlin in die Bundesliga nach.

FIEBERKURVE 1964/65

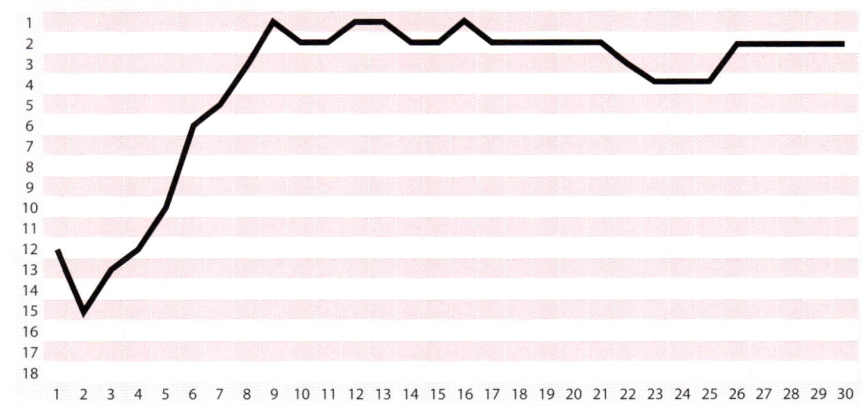

BUNDESLIGAKADER 1964/65

Abgänge: Ripkens (Standard Lüttich)
Zugänge: Bönnen (SC Schlebusch), Löhr (Sportfreunde Saarbrücken), „Zeze" (Madureira EC Rio de Janeiro), Roth (eigene Jugend), Bläsing (eigene Jugend)

Trainer: Georg Knöpfle

Tor:
Schumacher, Anton 23/0
Ewert, Fritz 7/0

Feld:
Regh, Anton 28/0
Overath, Wolfgang 27/9
Sturm, Hans 26/1
Hornig, Heinz 25/6
Müller, Christian 24/19
Weber, Wolfgang 23/3
Thielen, Karl-Heinz 22/12

Wilden, Leo 22/0
Pott, Fritz 21/0
Hemmersbach, Matth. 20/0
Schäfer, Hans 17/8
Löhr, Johannes 17/5
Rumor, Jürgen 12/0
Benthaus, Helmut 11/1
Zeze, Jose G. Rodriguez 5/0
Bönnen, Herbert 0/0
Roth, Hans-Alfred 0/0
Bläsing, Hans-Josef 0/0
Breuer, Fritz 0/0
Stollenwerk, Georg 0/0

Mit hängendem Kopf und gebrochenem Wadenbein schleicht Wolfgang Weber nach der durch Münzwurf verlorenen „Schlacht" gegen den FC Liverpool vom Platz des „De Kuip" in Rotterdam.

„Exotische" Gäste in Müngersdorf: Der FC empfing Partizan Tirana.

1965/66
1. BUNDESLIGA

Die „Stunde null" nach Hans Schäfer

[LEGENDEN]

Matthias Hemmersbach
Beim FC von 1961 bis 1973
Geboren: 26. Juli 1941 in Hürth-Efferen
Gestorben: 15. Juni 1997 in Hürth-Efferen
Pflichtspiele beim FC: 389
Pflichtspieltore: 29

Stolz präsentieren sich zum Saisonstart 1965/66 von links Ole Sörensen, Franz Krauthausen, Wolfgang Rausch, Franz-Peter Neumann und Srdjan Cebinac in ihren nagelneuen FC-Trikots.

Auf „Matthes" war immer Verlass

Beim BC Efferen kam Matthias Hemmersbach erstmals mit dem Fußballsport in Berührung. Nur einen Steinwurf vom Geißbockheim entfernt entwickelte sich „Matthes" zum vielseitigen Angreifer. Als erfolgreichster Torschütze seines in der Landesliga spielenden Vereins wurde auch der große Nachbar 1. FC Köln auf ihn aufmerksam. Schon länger hatte das Talent davon geträumt, für den FC aktiv zu sein. Entsprechend schnell wurde man sich im Sommer 1961 über einen Wechsel einig. Der Sprung von der Landes- in die Oberliga gelang erstaunlich gut, zumal Coach „Tschik" Cajkovski den hoffnungsvollen Nachwuchsakteur förderte und ihm trotz der nicht geringen Erwartungshaltung von Vorstand und Fans sein Vertrauen schenkte. Beim Publikum kam der immer bescheiden und bodenständig auftretende Hemmersbach auf Anhieb gut an. Schon in seinem ersten Jahr wurde er mit dem FC Deutscher Fußballmeister 1962 und war im Endspiel mit 20 Jahren jüngster Akteur im Team des Meisters. Trainer Georg Knöpfle schulte den gelernten Stürmer endgültig zum Verteidiger um. Auf dieser Position bewährte er sich, gehörte zum Stamm, als man 1964 erneut die „Schale" nach Köln holte. Mit dem DFB-Pokalsieg 1968 kam ein weiterer Titel hinzu, an dem Matthias Hemmersbach maßgeblichen Anteil hatte. Zuverlässigkeit, Kampfgeist und Fairness prägten seine Laufbahn. Nach zwölf Jahren bei den Geißböcken wechselte er 1973 über den Rhein zu Bayer Leverkusen. Nach seinem Engagement bei ➡

Das bei den FC-Spielern und deren Familien inzwischen sehr beliebte Sommertrainingslager wurde auch vor der Saison 1965/66 wiederholt. Diesmal ging es mit Kind und Kegel für eine Woche an die bulgarische Schwarzmeerküste. Die im Vorfeld geplante Südamerikareise kam nicht zustande. Wie immer hatte man einige Testspiele vereinbart, um die Kosten der Reise zumindest zu amortisieren. Schon die Hinreise nach Bulgarien wurde zu zwei Freundschaftsspielen in Italien gegen den AC Turin und den AC Florenz genutzt. Beide Partien verloren die nach einer langen Saison ausgelaugten Kölner mit 0:2 und 1:4. Auch die Begegnungen auf dem Balkan mit Stara Zagora und CDNA Sofia gingen mit 1:2 und 0:1 negativ aus.

DIE „DIOR"-TRIKOTS

Beim offiziellen Trainingsauftakt am Geißbockheim gab es für die vielen Zaungäste einen optischen Leckerbissen zu bestaunen. Der FC präsentierte seinen Anhängern ein nagelneues rot-weißes Trikot. Im selben Dress sollte der 1. FC Köln 1968 erstmals deutscher Pokalsieger werden, und bis heute ist das Trikot als sogenanntes „Retroshirt" ein beliebter Fanartikel. Schnell kamen Gerüchte auf, die Kölner hätten die Spielkleidung beim französischen Edelschneider „Dior" produzieren lassen. Die schmucken Hemden kamen zwar aus Frankreich, genauer gesagt vom in Paris ansässigen Bekleidungshersteller Jacques Fath, waren aber weder bei „Dior" noch bei „Chanel" erworben worden.

Namhafte Abgänge hatte es außer Helmut Benthaus nicht gegeben. Dem Ex-Nationalspieler lag ein lukratives Angebot des FC Basel für die Funktion des Spielertrainers vor. Auch wenn man den erfahrenen Benthaus gerne noch ein bis zwei Jahre gehalten hätte, legte ihm der FC keine Steine in den Weg und stimmte dem Wechsel zu den Eidgenossen zu. Der im Vorjahr unter viel Getöse gekommene „Zeze" war übrigens still und heimlich wieder in seine Heimat zurückgekehrt. Viel wichtiger war die Tatsache, dass Hans Schäfer seine lange und glanzvolle Karriere im Alter von 37 Jahren nun endgültig beendet hatte. Bange fragten sich die Fans, wie man den langjährigen Kapitän und Kopf des FC-Spiels ersetzen wollte, bzw. ob er überhaupt zu ersetzen war. Immerhin blieb Schäfer den Geißböcken als Co-Trainer erhalten.

DER „FALSCHE" CEBINAC

Bei den Neuzugängen setzte man besondere Hoffnungen auf den dänischen Nationalspieler Ole Sörensen und den jugoslawischen Internationalen Srdjan Cebinac. Doch gerade

Fototermin mit Hennes I. Von links: Toni Regh, Wolfgang Overath, Fritz Pott, Hannes Löhr, Srdjan Cebinac, Wolfgang Weber, Christian Müller, Matthias Hemmersbach, Hansi Sturm, Toni Schumacher, Karl-Heinz Thielen.

den Farbenstädtern spielte der gelernte Maler wieder für „seinen" BC Efferen und arbeitete für die Bayer-Wohnungsbaugenossenschaft. Das beschauliche Efferen war immer Lebensmittelpunkt von Matthias Hemmersbach, der am 15. Juni 1997 nach langer, schwerer Krankheit starb. ∎

bei Cebinac unterlief den Kölnern ein Missgeschick, für das sie später einigen Spott ertragen mussten: Man hatte nämlich schlicht den „falschen" Cebinac verpflichtet. Eigentlich sollte der 21-fache Nationalspieler Zvezdan Cebinac in die Domstadt transferiert werden, doch an dessen Stelle bekam man den exakt 15 Minuten jüngeren Zwillingsbruder Srdjan. Dieser konnte sich beim FC nie durchsetzen, kam nur zu vier Pflichtspieleinsätzen und wurde bereits nach einem Jahr in die Niederlande „abgeschoben". Cebinac bezog am Geißbockheim übrigens die Wohnung von „Zeze".
Der Däne Sörensen machte zumindest in den ersten Trainingseinheiten einen besseren Eindruck. Der Skandinavier hatte zum Zeitpunkt seines Wechsels an den Rhein bereits 23 Länderspiele für sein Heimatland bestritten und sollte als Lenker des Kölner Offensivspiels die Nachfolge von Hans Schäfer antreten. Eine Hoffnung, die leider nicht zur Realität wurde.
Das seit dem Schäfer-Rücktritt vakante Kapitänsamt hatte Georg Knöpfle an Wolfgang Weber übertragen, der mit 21 Jahren jüngster Bundesligaspielführer wurde. Der junge, sensible Weber trug schwer an der Last der Kapitänsbinde, und so übernahm Kalli Thielen während der Saison das prestigeträchtige Amt. Mit dem Ziel, Deutscher Meister zu werden, ging man in die Spielzeit 1965/66.

UND WIEDER EIN FEHLSTART
Bei einer kurz vor Saisonbeginn durchgeführten Umfrage zählten die meisten Bundesligatrainer den 1. FC Köln zur Gruppe der Top-Favoriten. In der Liga selbst gab es eine große Veränderung, denn sie war von vormals 16 auf nun 18 Vereine aufgestockt worden. Neben den später fast alle Negativrekorde aufstellenden Berliner Tasmanen waren der FC Bayern München und Borussia Mönchengladbach neu in die Beletage des deutschen Fußballs aufgestiegen. Kurios war die Tatsache, dass beide „Emporkömmlinge" von ehemaligen „Kölnern" betreut wurden. Während bei den Bayern Meistertrainer „Tschik" Cajkovski erfolgreich auf der Kommandobrücke stand, war keinem Geringeren als Hennes Weisweiler mit den Borussen vom Niederrhein der Aufstieg in die Bundesliga gelungen. Vor allem Weisweiler freute sich auf die zukünftigen Duelle mit „seinem" FC...
Wie im Vorjahr legte die Knöpfle-Truppe auch 1965/66 wieder einen klassischen Fehlstart hin und verlor zu Hause gegen „Angstgegner" Hannover 96 (0:1) sowie auf dem Lauterer Betzenberg (2:3). Zum Heimauftakt waren 36.527 nach Müngersdorf gekommen, um die Geißböcke in ihren neuen Trikots zu sehen. Doch ausgerechnet die neuen, schicken Hemden sorgten für Aufregung bei Schiedsrichter Franz Heumann. Der Bayer war der Ansicht, dass sich die Trikots

Offizielles FC-Autogrammblatt der Spielzeit 1965/66. Es wurde tausendfach an autogrammhungrige Jugendliche in ganz Deutschland vom Verein versendet. Allerdings mit gedruckten Unterschriften der Stars.

[Interessantes & Kurioses]

∎ In und außerhalb Kölns hat der FC inzwischen fünf Anhängerclubs, mit denen der Verein in sehr engem Kontakt steht.

∎ Beim 1:0-Heimsieg gegen Eintracht Frankfurt am 16. Oktober 1965 ist erstmals ein Drahtzaun rings um die Stehplätze des Müngersdorfer Stadions aufgerichtet, der anschließend zum „Dauerzustand" wird. Mit dem Zaun will man Übergriffe auf Spieler und Schiedsrichter sowie das Betreten des Platzes durch Zuschauer verhindern.

∎ Beim Auswärtsspiel gegen den FC Schalke 04 (0:0) erleidet Torwart Toni Schumacher eine Gehirnerschütterung. Er wird ab der 2. Halbzeit von Feldspieler Franz Krauthausen ersetzt, der seine Sache gut macht und ohne Gegentor bleibt.

∎ In beiden Spielen gegen Bayern München „gelingt" den Süddeutschen jeweils ein Eigentor.

∎ Vor der Partie gegen Eintracht Braunschweig wird Hansi Sturm für 500 Spiele (Pflicht- und Freundschaftsspiele) für den FC geehrt. Beim 3:0-Erfolg gelingt dem „Mann mit der Pferdelunge" auch sein 162. Tor für die Geißböcke. Zu Sturms Ehren veranstalten die FC-Anhänger einen Autokorso vom Geißbockheim zur Tankstelle des ehemaligen Nationalspielers in der Neuenhöfer Allee.

∎ Am 30. Juli 1965 vollendet Franz Kremer sein 60. Lebensjahr. Neben einem Festakt im Geißbockheim, an dem mehr als 400 geladene Gäste teilnehmen, lädt der Präsident auch zur Feier in sein Privathaus in der Kölner Franzstraße 77 ein. Bei dieser Gelegenheit wird ein eigens zu Ehren des „Boss" produzierter, 60 Minuten langer Film vorgestellt. Der sowohl in Schwarz-weiß als auch in Farbe produzierte Streifen, bei dem Carol Serbu glänzend Regie führte, stößt nicht nur bei Franz Kremer auf helle Begeisterung. Auch die Mitglieder, die den beeindruckenden Film im Rahmen der Jahreshauptversammlung am 14. Oktober 1965 vorgeführt bekommen, sind sichtlich angetan.

Die Fans konnten sich 1965/66 diesen schmucken Wandteller zulegen, der heute eine Rarität darstellt.

- Bei der Jahreshauptversammlung wird FC-Präsident Franz Kremer einstimmig wiedergewählt – ebenso der Vorstand, dem Peter Weiand, Dr. Norbert Kremer und Friedrich Roesch neu angehören.

- Eine weitere große Ehre für Franz Kremer: Am 9. August 1965 wird ihm vom Bundespräsidenten Dr. Heinrich Lübke das „Verdienstkreuz Erster Klasse des Verdienstordens der Bundesrepublik" verliehen.

- FC-Spieler Toni Regh eröffnet am 16. März 1966 in Euskirchen eine Shell-Tankstelle.

- Im Frühjahr 1966 beginnt der 1. FC Köln mit ersten Ausschachtungsarbeiten im FC-Sportpark hinter dem Geißbockheim. Hier soll ein neues Amateur- und Jugendstadion entstehen.

- Bundestrainer Helmut Schön beruft Wolfgang Overath, Wolfgang Weber und Heinz Hornig ins Aufgebot des DFB für die Weltmeisterschaft 1966 in England.

- Bei der Wahl zu Deutschlands „Fußballer des Jahres" 1966 belegt Wolfgang Weber hinter Franz Beckenbauer (FC Bayern) und Uwe Seeler (HSV) den 3. Platz.

FC-Mitgliedsausweis, gültig von 1964 bis 1966.

der Gastgeber optisch nicht genug von denen der Gäste aus Niedersachsen abheben würden, und so mussten die Hausherren wie gewohnt ganz in Weiß auflaufen.

Erst am 3. Spieltag konnte beim 3:1-Heimsieg über den von „Riegel-Rudi" Gutendorf betreuten VfB Stuttgart der erste doppelte Punktgewinn eingefahren werden, bei dem Heinz Hornig das Kunststück vollbrachte, bei seinem Treffer zum 1:1 einen Eckball direkt zu verwandeln. Kurios: Schiri Horstmann verhängte während der Partie drei Elfmeter, zwei für Köln, einen für die Gäste, die allesamt verschossen wurden. Außerdem gab es das erste Tor des neuen FC-Dänen Sörensen zu bejubeln, der ansonsten größtenteils eine Enttäuschung darstellte und Schäfer in keiner Form ersetzen konnte.

Dem Sieg gegen die Schwaben folgten drei weitere Bundesligasiege hintereinander, auch Meister Bremen konnte mit 2:0 in Köln geschlagen werden, ehe man zur Wiesn-Zeit bei den Münchner Löwen mit 1:2 die dritte Saisonpleite hinnehmen musste. Dennoch verlief die Hinrunde von den Ergebnissen her recht positiv. Sieben Siegen standen nur drei Pleiten sowie ein Unentschieden gegenüber. Besonders erfreulich der hohe 6:0-Sieg gegen Tasmania Berlin und das 3:2 im Derby auf dem ausverkauften Gladbacher Bökelberg, welches mehr als 5.000 mitgereiste Kölner Schlachtenbummler Siegeslieder anstimmen ließ.

6:1-KANTERSIEG GEGEN DIE BAYERN

Das eindeutig beste Spiel zeigten die Geißböcke jedoch gegen die Münchner Bayern am 16. Spieltag. Deren Trainer „Tschik" Cajkovski hatte im Vorfeld vollmundig angekündigt, dass man „vor Köln keine Angst habe – wir sind besser". Allerdings konnte man bei den Kölnern auch keine Furcht vor den Bayern feststellen. Die Domstädter boten dem Publikum eine Leistung in der Art und Weise, die sie zwei Jahre zuvor zum ersten Bundesligameister gemacht hatte. Mit 6:1 wurde der Aufsteiger zurück an die Isar geschickt. Zwei Treffer steuerte der überragende Hornig bei, Overath führte glänzend Regie, und Sörensen zeigte eines seiner wenigen starken Spiele im FC-Trikot. Da half den Bayern auch der starke Beckenbauer nicht. Die 41.882 Zuschauer in der Müngersdorfer Hauptkampfbahn waren aus dem Häuschen und verbreiteten Karnevalsstimmung mitten im Advent.

Trotz der positiven Gesamtbilanz gab es einige Kritikpunkte. Das FC-Spiel blieb zu oft hinter den Erwartungen zurück. Schönen Fußball bekam das verwöhnte und auch anspruchsvolle Kölner Publikum zu selten geboten. Und vom Ziel Meisterschaft war der auf Platz 4 rangierende FC weit entfernt, denn der Rückstand auf Spitzenreiter 1860 München betrug zum Ende der Hinrunde bereits satte sechs Punkte – eine Menge „Holz" in Zeiten der Zwei-Punkte-Regel.

EIN KORB VON „HENNES"

Unzufrieden mit den Leistungen und dem Tabellenstand, versuchte der Vorstand in der Winterpause dem Gladbacher Erfolgscoach Hennes Weisweiler eine dritte Amtszeit am Geißbockheim schmackhaft zu machen. Doch der eigenwillige „Boor", der auch an der Kölner Sporthochschule als Lehrer tätig war, gab seiner alten Liebe eiskalt einen Korb, wohl wissend, dass er und Alleinherrscher Franz Kremer auf Dauer nicht zusammenarbeiten konnten. Unverständlicherweise wurde nach dem gescheiterten Werben um Weisweiler der Vertrag mit dem inzwischen nicht unumstrittenen Knöpfle bis zum Ende der Saison 1966/67 verlängert.

Wenigstens glückte der Rückrundenauftakt. Nach einem 1:1-Remis bei Hannover 96 blieb man bis zu einer unglücklichen 2:1-Niederlage bei Werder Bremen am 26. Februar 1966 ungeschlagen. Im DFB-Pokal blamierte sich das Kölner Star-Ensemble allerdings bis auf die Knochen. Gegen den krassen Underdog Tasmania Berlin reichte es im Erstrundenspiel vor eigenem Publikum nur zu einem peinlichen 1:1, was nach damaligem Reglement ein Wiederholungsspiel an der Spree notwendig machte.

„Außer-Haus-Service": Mit diesem wunderschönen Lieferfahrzeug erfüllte das Geißbockheim anno 1965 auch gastronomische Wünsche außerhalb des FC-Clubhauses.

Bei ihrem ersten Auftritt in Müngersdorf wurden die Bayern mit 6:1 deklassiert. Soeben hat Heinz Hornig (rechts) das 5:1 markiert.

Die nur 4.756 Zuschauer skandierten „Aufhören" und feuerten vor lauter Enttäuschung in der Verlängerung die Berliner an. Das Rückspiel gewannen die Rheinländer allerdings ungefährdet mit 2:0. Die Mühen lohnten sich nicht, in der zweiten Runde schied man nach einem 0:2 bei Bayern München aus. In der Liga gab man sich gegen die Bayern allerdings keine Blöße – auch das Rückspiel an der Grünwalder Straße entschied der FC mit 4:1 deutlich zu seinen Gunsten und nahm den Münchnern die letzten Hoffnungen auf die Deutsche Meisterschaft. Insgesamt blieb die Rückrunde wechselhaft. Man spielte zwar permanent im Spitzenquintett der Bundesliga, hatte auch theoretische Meisterchancen, konnte aber nie wirklich ganz nach vorne dringen. Siege, wie das 3:1 gegen den späteren Meister 1860 München oder das souveräne 5:1 über den HSV, ließen die kölschen Fans jubeln. Unerwartete Pleiten wie das 1:2 in Neunkirchen oder das mühsame 2:2-Unentschieden im ersten Müngersdorfer Bundesligaderby gegen die Gladbacher Borussen sorgten für Missstimmung beim Anhang. Auch die Kölner Boulevardpresse sparte nicht mit Kritik, es wurde sogar unterstellt, Sörensen und Cebinac würden von ihren Mitspielern geschnitten und absichtlich zusammengetreten, um deren Aufstellung zu verhindern. Diese Aussagen brachten Boss Kremer derart auf die Palme, dass er in der Halbzeit des Spiels gegen Gladbach im Presseraum laut wurde und die anwesenden Journalisten als „Schmierer" bezeichnete. Diese Formulierung reduzierte er später auf die Schreiber eines bekannten Kölner Boulevardblatts.

Die Saison beendete der 1. FC Köln auf dem 5. Tabellenrang. Für damalige Kölner Verhältnisse eine enttäuschende Platzierung. Auch die Zuschauerzahlen waren merklich zurückgegangen, was für Mindereinnahmen von rund 65.000 DM in der Vereinskasse sorgte. Vor allem personell gab es aber Positives zu berichten. Overath war mittlerweile glänzend in die Rolle des Spielgestalters hineingewachsen und hatte sich, wie der ebenfalls konstant auf internationalem Niveau spielende Weber, seinen Stammplatz in der DFB-Auswahl gesichert – damit auch bei der anstehenden WM in England. Auch Hornig und Routinier Sturm absolvierten eine ordentliche Saison. Shootingstar war allerdings Stürmer Hannes Löhr, der sich nicht nur einen Stammplatz erkämpfen konnte, sondern in seinem zweiten Jahr bei den Geißbö-

Schon in den 1960er Jahren machte man mit den FC-Stars gerne Werbung, wie hier ein Schokoriegelproduzent mit Wolfgang Overath.

1965/66 ■ 177

Historisch. Das *Geißbock Echo* vom ersten Bundesliga-Gastspiel des Erzrivalen Borussia Mönchengladbach in Müngersdorf.

Vor dem Messecup-Auswärtsspiel in Budapest nimmt Kapitän Hansi Sturm die Begrüßung des gegnerischen Spielführers und des Schiedsrichtergespanns entgegen.

- Der FC hat für diverse Amateurvereine in Anatuya/Argentinien eine Sozialpartnerschaft übernommen und stiftet für diese regelmäßig Trikots, Bälle, Schuhe und Bekleidung.

- Neue Attraktion im FC-Sportpark am Geißbockheim: Auf Anregung von Clubhausgeschäftsführer Heinz Rausch besteht ab dem 1. Mai 1966 die Möglichkeit, auf Shetland-Ponys durch den schönen Grüngürtel zu reiten. Vor allem die jungen Besucher des FC-Geländes sind begeistert.

- Beim Spiel des FC (3:2 für Köln) in Meiderich wirft ein über die Leistung des Schiedsrichters erboster Meiderich-Anhänger dem Unparteiischen nach der Partie eine Tüte Erdnüsse ins Gesicht.

- Da der Vertrag des Mönchengladbacher Stürmers Jupp Heynckes ausläuft, versucht Franz Kremer den Goalgetter nach Köln zu locken, wofür er besonders vom Niederrhein herbe Kritik einstecken muss. Der Boss wehrt sich: „Wenn ein solcher Mann zu haben ist, wäre ich töricht, mich nicht um ihn zu bemühen." Dennoch kommt eine Verpflichtung von Heynckes nicht zustande.

cken mit 18 Bundesligatoren als treffsicherster Akteur seiner Mannschaft ins Blickfeld der Nationalmannschaft geraten war.

KEINE FEIERTAGE AUF EUROPÄISCHEM PARKETT

Nach den Galavorstellungen der Vorsaison im Europapokal der Landesmeister waren die Kölner 1965/66 „nur" im Messepokal vertreten. Selbstverständlich wollte man auch im Vorläuferwettbewerb des UEFA-Cup eine gute Figur abgeben.

In der ersten Runde traf der FC auf Union Luxemburg. Natürlich hatten die biederen Amateure aus dem Großherzogtum keine Chance gegen die Bundesligatruppe aus dem Rheinland. In Luxemburg siegten die Geißböcke mit 4:0, in Müngersdorf gar mit 13:0 (!), dem bis heute höchsten Sieg in einem Pflichtspiel.

In der zweiten Runde tat man sich mit den eher unbekannten Griechen von Aris Saloniki wesentlich schwerer, doch das mit 1:2 verlorene Hinspiel wurde durch einen 2:0-Heimsieg gedreht, womit die Qualifikation für das Viertelfinale erreicht war. Hier traf man auf die Ungarn von Ujpest Dozsa Budapest. Unglücklicherweise hatte der FC zunächst Heimrecht, doch der knappe 3:2-Erfolg brachte nichts ein, da eine herbe 0:4-Klatsche nach indiskutabler Leistung in der ungarischen Hauptstadt das Aus bedeutete.

Eintrittskarte vom Messepokalheimspiel gegen Ujpest Budapest.

Bei Mitgliedern und Fans unverändert beliebt: die FC-*Clubnachrichten*.

Der FC-Karnevalsorden von 1966.

Der gute Kontakt zur Presse war dem FC wichtig. Zwischen 1963 und 1967 veröffentlichte der Verein spezielle Presshefte.

STATISTIK 1965/66

BUNDESLIGA

14.08.1965 1.FC Köln - SV Hannover 96 0:1 (0:1)
Zuschauer: 36.527
Tore: 0:1 (29.) Bandura.
Aufstellung: Schumacher, Pott, Regh, Sturm, Hemmersbach, Weber, Thielen, Sörensen, Müller, Overath, Löhr.

21.08.1965 1.FC Kaiserslautern - 1.FC Köln 3:2 (1:2)
Zuschauer: 33.000
Tore: 0:1 (14.) Müller, 1:1 (42.) Rummel, 1:2 (43.) Krauthausen, 2:2, 3:2 (46., 51.) Reitgaßl.
Aufstellung: Schumacher, Pott, Regh, Sturm, Weber, Löhr, Thielen, Sörensen, Müller, Krauthausen, Hornig.

28.08.1965 1.FC Köln - VfB Stuttgart 3:1 (0:0)
Zuschauer: 35.031
Tore: 0:1 (49.) Reiner, 1:1 (59.) Hornig, 2:1 (69.) Löhr, 3:1 (85.) Sörensen.
Aufstellung: Ewert, Pott, Hemmersbach, Sturm, Weber, Löhr, Thielen, Sörensen, Müller, Overath, Hornig.
B.V.: Sawitzki hält FE von Overath und anschließend die Wiederholung von Sturm (80.), Sieloff schießt FE an Pfosten (88.).

04.09.1965 Meidericher SV - 1.FC Köln 2:3 (2:2)
Zuschauer: 25.000
Tore: 0:1 (20.) Thielen, 1:1 (31.) Krämer, 2:1 (38.) Versteeg, 2:2 (45.) Overath, 2:3 (50.) Thielen.
Aufstellung: Ewert, Pott, Hemmersbach, Sturm, Weber, Löhr, Thielen, Sörensen, Müller, Overath, Hornig.

11.09.1965 1.FC Köln - FC Schalke 04 2:1 (0:0)
Zuschauer: 28.478
Tore: 1:0 (63.) Löhr, 1:1 (68.) Kreuz, 2:1 (88.) Sturm.
Aufstellung: Schumacher, Pott, Hemmersbach, Sturm, Weber, Löhr, Thielen, Sörensen, Krauthausen, Overath, Hornig.

18.09.1965 1.FC Köln - Werder Bremen 2:0 (1:0)
Zuschauer: 41.658
Tore: 1:0 (12.) Löhr, 2:0 (47.) Thielen.
Aufstellung: Ewert, Pott, Hemmersbach, Sturm, Weber, Löhr, Regh, Thielen, Wilden, Overath, Sörensen.

02.10.1965 TSV 1860 München - 1.FC Köln 2:1 (1:0)
Zuschauer: 44.000
Tore: 1:0 (25.) Rebele, 1:1 (59.) Löhr, 2:1 (76.) Grosser.
Aufstellung: Ewert, Pott, Hemmersbach, Sturm, Weber, Löhr, Regh, Thielen, Wilden, Overath, Sörensen.

16.10.1965 1.FC Köln - Eintracht Frankfurt 1:0 (1:0)
Zuschauer: 28.502
Tor: 1:0 (29.) Pott (HE).
Aufstellung: Schumacher, Pott, Sturm, Wilden, Weber, Löhr, Neumann, Hemmersbach, Overath, Sörensen, Thielen.

20.10.1965 Eintracht Braunschweig - 1.FC Köln 1:2 (1:1)
Zuschauer: 28.000
Tore: 0:1 (08.) Neumann, 1:1 (15.) Gerwien, 1:2 (49.) Neumann.
Aufstellung: Schumacher, Pott, Sturm, Wilden, Weber, Sörensen, Neumann, Hemmersbach, Overath, Krauthausen, Thielen.

23.10.1965 1.FC Köln - Borussia Neunkirchen 4:2 (2:1)
Zuschauer: 19.919
Tore: 1:0 (17.) Thielen, 2:0 (34.) Bönnen, 2:1 (43.) Kuntz, 3:1 (65.) Löhr, 4:1 (74.) Krauthausen, 4:2 (85.) Kuntz.
Aufstellung: Ewert, Pott, Sturm, Bönnen, Weber, Löhr, Neumann, Hemmersbach, Overath, Krauthausen, Thielen.

30.10.1965 Tasmania Berlin - 1.FC Köln 0:6 (0:1)
Zuschauer: 20.000
Tore: 0:1 (03.) Thielen, 0:2 (64.) Löhr, 0:3, 0:4 (69., 72.) Neumann, 0:5 (76.) Overath, 0:6 (90.) Löhr.
Aufstellung: Schumacher, Pott, Sturm, Wilden, Weber, Sörensen, Neumann, Hemmersbach, Overath, Löhr, Thielen.

06.11.1965 1.FC Köln - Karlsruher SC 2:0 (0:0)
Zuschauer: 17.500
Tore: 1:0 (78.) Thielen 2:0 (79.) Sturm.
Aufstellung: Schumacher, Pott, Rumor, Sturm, Wilden, Weber, Thielen, Neumann, Overath, Löhr, Hornig.

20.11.1965 Borussia M'gladbach - 1.FC Köln 2:3 (1:2)
Zuschauer: 35.000
Tore: 1:0 (06.) Heynckes, 1:1 (15.) Müller, 1:2 (29.) Löhr, 1:3 (49.) Thielen, 2:3 (75.) Rupp.
Aufstellung: Schumacher, Pott, Hemmersbach, Weber, Sturm, Thielen, Wilden, Löhr, Müller, Overath, Hornig.

27.11.1965 1.FC Köln - Borussia Dortmund 1:2 (1:2)
Zuschauer: 41.155
Tore: 0:1 (29.) Held, 0:2 (34.) Emmerich, 1:2 (37.) Müller.
Aufstellung: Schumacher, Pott, Hemmersbach, Weber, Sturm, Thielen, Wilden, Löhr, Müller, Overath, Hornig.
B.V.: Leo Wilden wurde für 300 Spiele im FC-Trikot geehrt.

04.12.1965 Hamburger SV - 1.FC Köln 2:2 (0:1)
Zuschauer: 30.000
Tore: 0:1 (31.) Löhr, 1:1 (52.) Pohlschmidt, 1:2 (72.) Müller, 2:2 (90.) Pohlschmidt.
Aufstellung: Schumacher, Pott, Hemmersbach, Weber, Sturm, Thielen, Wilden, Löhr, Müller, Overath, Hornig.

11.12.1965 1.FC Köln - FC Bayern München 6:1 (3:1)
Zuschauer: 41.882
Tore: 1:0 (16.) Borutta (E.), 2:0 (24.) Hornig, 3:0 (30.) Pott (FE), 3:1 (43.) Beckenbauer (FE), 4:1 (48.) Müller, 5:1 (63.) Hornig, 6:1 (82.) Thielen.
Aufstellung: Schumacher, Pott, Hemmersbach, Weber, Sturm, Thielen, Sörensen, Löhr, Müller, Overath, Hornig.

18.12.1965 1.FC Nürnberg - 1.FC Köln 2:0 (0:0)
Zuschauer: 34.000
Tore: 1:0 (46.) Volkert, 2:0 (54.) Wild.
Aufstellung: Schumacher, Pott, Bönnen, Löhr, Sturm, Thielen, Wilden, Sörensen, Müller, Overath, Hornig.

08.01.1966 SV Hannover 96 - 1.FC Köln 1:1 (1:1)
Zuschauer: 35.000
Tore: 0:1 (20.) Löhr, 1:1 (25.) Gräber.
Aufstellung: Ewert, Rumor, Hemmersbach, Bönnen, Weber, Overath, Krauthausen, Sturm, Thielen, Löhr, Hornig.

15.01.1966 1.FC Köln - 1.FC Kaiserslautern 3:2 (2:0)
Zuschauer: 11.159
Tore: 1:0 (16.) Thielen, 2:0 (32.) Löhr, 2:1 (52.) Braner, 3:1 (54.) Löhr, 3:2 (85.) Wrenger.
Aufstellung: Ewert, Pott, Hemmersbach, Bönnen, Weber, Overath, Müller, Sturm, Thielen, Löhr, Overath.
B.V.: Für FCK Keeper Schnoor geht Klimaschefski 10 Min. ins Tor.

29.01.1966 VfB Stuttgart - 1.FC Köln 0:1 (0:1)
Zuschauer: 38.000
Tor: 0:1 (40.) Löhr.
Aufstellung: Schumacher, Pott, Regh, Hemmersbach, Weber, Sturm, Thielen, Müller, Löhr, Overath, Hornig.

05.02.1966 1.FC Köln - Meidericher SV 1:1 (0:0)
Zuschauer: 22.484
Tore: 1:0 (47.) Rühl, 1:1 (64.) Pott
Aufstellung: Schumacher, Wilden, Pott, Hemmersbach, Weber, Sturm, Thielen, Müller, Löhr, Overath, Hornig.
B.V.: MSV-Abwehrspieler Müller bekommt einen Platzverweis (85.).

12.02.1966 FC Schalke 04 - 1.FC Köln 0:0
Zuschauer: 28.000
Aufstellung: Schumacher, Wilden, Pott, Hemmersbach, Weber, Sturm, Krauthausen, Müller, Löhr, Overath, Hornig.
B.V.: Krauthausen vertritt ab der 46. Minute den verletzten Schumacher im Tor.

26.02.1966 SV Werder Bremen - 1.FC Köln 2:1 (2:0)
Zuschauer: 28.000
Tore: 1:0 (26.) Danielsen, 2:0 (39.) Dausmann, 2:1 (84.) Löhr.
Aufstellung: Schumacher, Rausch, Pott, Sturm, Weber, Hemmersbach, Müller, Neumann, Krauthausen, Löhr, Hornig.

05.03.1966 1.FC Köln - TSV 1860 München 3:1 (2:0)
Zuschauer: 54.284
Tore: 1:0 (14.) Müller, 2:0 (40.) Krauthausen, 3:0 (55.) Löhr, 3:1 (84.) Küppers.
Aufstellung: Schumacher, Pott, Regh, Hemmersbach, Weber, Sturm, Cebinac, Krauthausen, Müller, Overath, Löhr.

12.03.1966 Eintracht Frankfurt - 1.FC Köln 0:0
Zuschauer: 28.000
Aufstellung: Ewert, Pott, Regh, Hemmersbach, Weber, Sturm, Thielen, Neumann, Müller, Overath, Löhr.
B.V.: Der Frankfurt Höfer schied nach 56 Minuten verletzt aus.

19.03.1966 1.FC Köln - Eintracht Braunschweig 3:0 (3:0)
Zuschauer: 14.627
Tore: 1:0 (13.) Thielen, 2:0 (20.) Sturm, 3:0 (28.) Thielen.
Aufstellung: Schumacher, Pott, Regh, Sturm, Weber, Hemmersbach, Thielen, Cebinac, Müller, Overath, Löhr.

26.03.1966 Borussia Neunkirchen - 1.FC Köln 2:1 (2:1)
Zuschauer: 12.000
Tore: 1:0 (11.) Kuntz, 1:1 (15.) Cebinac, 2:1 (17.) Kuntz.
Aufstellung: Ewert, Pott, Regh, Hemmersbach, Weber, Sturm, Cebinac, Kleinholz, Thielen, Overath, Löhr.

02.04.1966 1.FC Köln - Tasmania Berlin 4:0 (2:0)
Zuschauer: 7.796
Tore: 1:0 (01.) Krauthausen, 2:0 (07.) Kleinholz, 3:0 (65.) Regh, 4:0 (84.) Löhr.
Aufstellung: Ewert, Pott, Regh, Sturm, Weber, Hemmersbach, Thielen, Kleinholz, Krauthausen, Sörensen, Löhr.

16.04.1966 Karlsruher SC - 1.FC Köln 2:1 (2:0)
Zuschauer: 30.000
Tore: 1:0 (25.) Wild, 2:0 (38.) Dobat, 2:1 (82.) Müller.
Aufstellung: Ewert, Pott, Regh, Rausch, Weber, Hemmersbach, Thielen, Kleinholz, Müller, Sturm, Löhr.

23.04.1066 1.FC Köln - Borussia M'gladbach 2:2 (0:0)
Zuschauer: 15.958
Tore: 1:0 (59.) Müller, 1:1 (78.) Milder (FE), 1:2 (82.) Rupp, 2:2 (88.) Regh.
Aufstellung: Schumacher, Pott, Regh, Bönnen, Sturm, Hemmersbach, Thielen, Löhr, Müller, Overath, Hornig,

30.04.1966 Borussia Dortmund - 1.FC Köln 3:2 (2:0)
Zuschauer: 24.000
Tore: 1:0, 2:0 (29., 44.) Emmerich, 2:1, 2:2 (56., 58.) Müller, 3:2 (80.) Cyliax.
Aufstellung: Ewert, Pott, Rumor, Hemmersbach, Weber, Sturm, Thielen, Overath, Müller, Löhr, Hornig.
B.V.: Sturm scheidet zur Pause verletzt aus.

14.05.1966 1.FC Köln - Hamburger SV 5:1 (3:0)
Zuschauer: 22.000
Tore: 1:0 (40.) Rumor, 2:0, 3:0 (41., 43.) Löhr, 3:1 (60.) Seeler, 4:1 (73.) Müller, 5:1 (86.) Hornig.
Aufstellung: Schumacher, Pott, Regh, Rumor, Weber, Hemmersbach, Thielen, Löhr, Müller, Overath, Hornig.
B.V.: Der Hamburger Wulf scheidet nach 57 Minuten verletzt aus.

21.05.1966 FC Bayern München - 1.FC Köln 1:4 (0:3)
Zuschauer: 28.000
Tore: 0:1 (03.) Hornig, 0:2 (22.) Overath, 0:3 (30.) Beckenbauer (E), 1:3 (74.) Grosser, 1:4 (77.) Müller.
Aufstellung: Schumacher, Pott, Rausch, Rumor, Weber, Hemmersbach, Krauthausen, Löhr, Müller, Overath, Hornig.

28.05.1966 1.FC Köln - 1.FC Nürnberg 2:1 (2:1)
Zuschauer: 15.000
Tore: 1:0 (17.) Hornig, 1:1 (24.) Strehl (FE), 2:1 (27.) Weber.
Aufstellung: Schumacher, Pott, Regh, Rumor, Weber, Hemmersbach, Krauthausen, Löhr, Müller, Overath, Hornig.

STATISTIK 1965/66

DFB-POKAL

1. Runde
22.01.1966 1.FC Köln - Tasmania Berlin 1:1 n.V. (1:1)
Zuschauer: 4.756
Tore: 1:0 (60.) Hornig, 1:1 (87.) Konieczka.
Aufstellung: Ewert, Pott, Hemmersbach, Bönnen, Weber, Overath, Sörensen, Wilden, Thielen, Löhr, Hornig.

1. Runde (Wiederholungsspiel)
19.02.1966 Tasmania Berlin - 1.FC Köln 0:2 (0:1)
Zuschauer: 3.000
Tore: 0:1, 0:2 (29., 78.) Löhr.
Aufstellung: Ewert, Wilden, Rumor, Sturm, Weber, Hemmersbach, Krauthausen, Müller, Löhr, Hornig, Sörensen.

Achtelfinale
09.03.1966 FC Bayern München - 1.FC Köln 2:0 (1:0)
Zuschauer: 38.000
Tore: 1:0 (10.) Brenninger, 2:0 (65.) Ohlhausen.
Aufstellung: Schumacher, Pott, Regh, Hemmersbach, Weber, Sturm, Cebinac, Krauthausen, Müller, Overath, Löhr
B.V.: Beckenbauer verschießt FE (07.).

MESSE-POKAL

1. Runde (Hinspiel)
08.09.1965 Union Luxemburg - 1.FC Köln 0:4 (0:3)
Zuschauer: 4.463
Tore: 0:1 (14.) Krauthausen, 0:2 (28.) Thielen, 0:3 (35.) Löhr, 0:4 (80.) Krauthausen.
Aufstellung: Schumacher, Pott, Hemmersbach, Sturm, Weber, Wilden, Löhr, Thielen, Krauthausen, Overath, Hornig.

1. Runde (Rückspiel)
05.10.1965 1.FC Köln - Union Luxemburg 13:0 (8:0)
Zuschauer: 4.448
Tore: 1:0, 2:0 (02., 06.) Thielen, 3:0, 4:0 (12., 15.) Löhr, 5:0 (16.) Overath, 6:0, 7:0 (23., 31.) Thielen, 8:0 (44.) Neumann, 9:0 (57.) Löhr, 10:0 (72.) Müller, 11:0 (78.) Neumann, 12:0 (87.) Overath, 13:0 (90.) Weber.
Aufstellung: Ewert, Pott, Sturm, Wilden, Weber, Neumann, Regh, Overath, Müller, Thielen.

2. Runde (Hinspiel)
26.10.1965 Aris Salonki - 1.FC Köln 2:1 (2:1)
Zuschauer: 20.000
Tore: 1:0, 2:0 (08., 18.) Philippou, 2:1 (28.) Sturm.
Aufstellung: Schumacher, Pott, Sturm, Rumor, Weber, Sörensen, Bönnen, Hemmersbach, Overath, Löhr, Thielen.

2. Runde (Rückspiel)
16.11.1965 1.FC Köln - Aris Saloniki 2:0 (0:0)
Zuschauer: 11.000
Tore: 1:0, 2:0 (63., 83.) Thielen.
Aufstellung: Schumacher, Pott, Sturm, Rumor, Wilden, Neumann, Hemmersbach, Overath, Müller, Löhr, Thielen.

Viertelfinale (Hinspiel)
02.02.1966 1.FC Köln - Ujpest Dozsa Budapest 3:2 (3:1)
Zuschauer: 4.000
Tore: 1:0 (18.) Löhr, 1:1 (30.) Bene, 2:1 (31.) Löhr, 3:1 (43.) Sturm, 3:2 (81.) Solymosi (FE).
Aufstellung: Schumacher, Pott, Wilden, Hemmersbach, Weber, Sturm, Thielen, Müller, Löhr, Overath, Hornig.

Viertelfinale (Rückspiel)
16.02.1966 Ujpest Dozsa Budapest - 1.FC Köln 4:0 (1:0)
Zuschauer: 25.000
Tore: 1:0 (13.) Dunai, 2:0, 3:0 (46., 62.) Bene, 4:0 (70.) Kuharzky.
Aufstellung: Ewert, Pott, Wilden, Hemmersbach, Weber, Sturm, Krauthausen, Sörensen, Müller, Löhr, Hornig.
B.V. Pott verschießt einen FE.

FREUNDSCHAFTSSPIELE

30.07.1965 1.FC Köln - Partizan Belgrad 3:3 (1:0)
03.08.1965 RFC Lüttich - 1.FC Köln 1:1 (1:0)
06.08.1965 Rapid Wien - 1.FC Köln 1:3 (0:0)
10.08.1965 FC Basel - 1.FC Köln 2:4 (2:2)
22.08.1965 CS Brügge - 1.FC Köln 1:2
11.10.1965 KSV Hessen Kassel - 1.FC Köln 0:1 (0:1)
15.12.1965 Go Ahead Eagles Deventer - 1.FC Köln 1:4 (0:1)
28.12.1965 1.FC Köln - RFC Lüttich 6:0 (3:0)
09.04.1966 VfB Marathon Remscheid - 1.FC Köln 1:6 (0:4)
17.04.1966 ASV Landau - 1.FC Köln 2:5 (1:3)
26.04.1966 B 1903 Kopenhagen - 1.FC Köln 0:0
14.05.1966 1.FC Köln - Standard Lüttich 3:2 (2:1)
22.05.1966 SV Sandhausen - 1.FC Köln 3:6
07.06.1966 Amateurauswahl Köln - 1.FC Köln 0:9
11.06.1966 Mittelrheinauswahl - 1.FC Köln 4:6 (1:3)
(in Erftstadt-Liblar)

BUNDESLIGA 1965/66

1.	1860 München	80:40	50:18
2.	Borussia Dortmund (P)	70:36	47:21
3.	Bayern München (N)	71:38	47:21
4.	Werder Bremen (M)	76:40	45:23
5.	**1.FC Köln**	**74:41**	**44:24**
6.	1.FC Nürnberg	54:43	39:29
7.	Eintracht Frankfurt	64:46	38:30
8.	MSV Duisburg*	70:48	36:32
9.	Hamburger SV	64:52	34:34
10.	Eintracht Braunschweig	49:49	34:34
11.	VfB Stuttgart	42:48	32:36
12.	Hannover 96	59:57	30:38
13.	Borussia M'gladbach (N)	57:68	29:39
14.	FC Schalke 04	33:55	27:41
15.	1.FC Kaiserslautern	42:65	26:42
16.	Karlsruher SC	35:71	24:44
17.	Borussia Neunkirchen	32:82	22:46
18.	Tasmania Berlin (N)	15:108	8:60

* Hatte sich im Laufe der Saison von Meidericher SV in MSV Duisburg umbenannt.

BUNDESLIGAKADER 1965/66

Abgänge: Benthaus (FC Basel), Schäfer (Ende der Laufbahn), „Zeze" (Madureira EC Rio de Janeiro), Breuer (Ende der Laufbahn bzw. Deutz 05)
Zugänge: Sörensen (BK Kopenhagen), Cebinac (OFK Belgrad), Kleinholz (eigene Amateure), Krauthausen (SC Jülich 1910), Neumann (eigene Amateure), Rausch (eigene Jugend)

Trainer: Georg Knöpfle

Tor:
Schumacher, Anton 22/0
Ewert, Fritz 12/0

Feld:
Löhr, Johannes 33/18
Pott, Fritz 33/3
Weber, Wolfgang 32/1
Sturm, Hans 31/3
Hemmersbach, Matth. 31/0
Overath, Wolfgang 30/3
Thielen, Karl-Heinz 29/11
Müller, Christian 23/12
Hornig, Heinz 21/6
Regh, Anton 14/2
Sörensen, Ole 13/1
Wilden, Leo 12/0
Krauthausen, Franz 11/4
Neumann, Franz-Peter 7/4
Rumor, Jürgen 6/1
Bönnen, Herbert 5/1
Cebinac, Srdjan 3/1
Kleinholz, Hans-Jürgen 3/1
Rausch, Wolfgang 3/0
Stollenwerk, Georg 0/0
Bläsing, Hans-Josef 0/0
Roth, Hnas-Alfred 0/0

Dazu kommt je ein Eigentor von Karl Borutta und Franz Beckenbauer (beide Bayern München).

FIEBERKURVE 1965/66

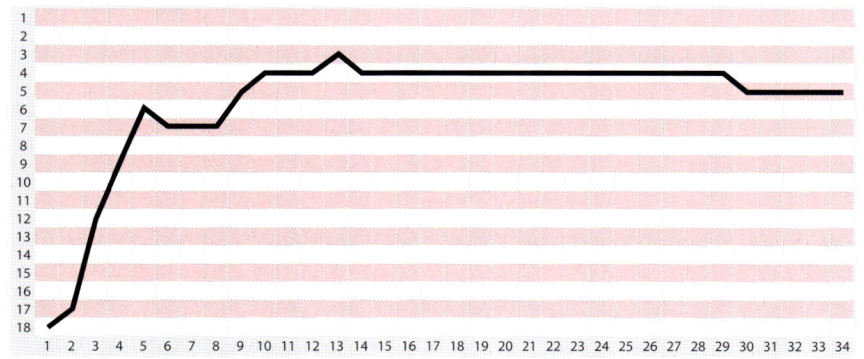

Dieses Seidentuch ließ Franz Kremer für die Spielerfrauen und -freundinnen anlässlich der Weihnachtsfeier 1965 anfertigen.

1966/67
1. BUNDESLIGA

Elegant und unstet

Stehend von links: Wolfgang Overath, Hannes Löhr, Heinz Flohe, Karl-Heinz Thielen, Roger Magnusson, Hansi Sturm, Wolfgang Rausch, Jürgen Jendrossek, Heinz Hornig, Trainer Willi Multhaup. Sitzend von links: Jürgen Rumor, Toni Regh, Fritz Pott, Toni Schumacher, Milutin Soskic, Matthias Hemmersbach, Wolfgang Weber.

Trainer Willi „Fischken" Multhaup.

[LEGENDEN]

Fritz Pott
Beim FC von 1958 bis 1970
Geboren: 23. April 1939 in Köln
Pflichtspiele beim FC: 284
Pflichtspieltore: 13

Moderner Verteidiger

Nachdem man in den vergangenen Jahren kaum Veränderungen vorgenommen hatte, gab es zur Spielzeit 1966/67 beim FC den großen Umbruch. Obwohl noch mit einem Vertrag ausgestattet, verließ Meistertrainer Georg Knöpfle das Geißbockheim. Knöpfle hatte ein Angebot als „technischer Direktor" des HSV vorliegen. Da der Coach schon früher für die Hanseaten tätig war und zudem noch ein Haus in der Elbmetropole besaß, bat er Franz Kremer um vorzeitige Auflösung seines Kontraktes. Der FC-Vorstand kam Knöpfles Bitte gerne nach, denn nach gut dreijähriger Zusammenarbeit mit dem Fußballlehrer hatte sich die ein oder andere Abnutzungserscheinung gezeigt.

Der neue Mann sollte Aufbruchstimmung erzeugen und an alte Erfolge anknüpfen. Mit Willi Multhaup konnte der 1. FC Köln einen der renommiertesten Bundesligatrainer verpflichten. Multhaup, der von Freunden nur „Fischken" genannt wurde, hatte nicht nur 1965 den SV Werder Bremen zur Deutschen Meisterschaft geführt, es gelang ihm, nur ein Jahr später mit Borussia Dortmund den Europapokal der Pokalsieger zu erringen. Zudem hatte er unter anderem bei Preußen Münster und dem Meidericher SV erfolgreich gearbeitet. Um sich die Dienste des Erfolgstrainers zu sichern, musste der FC tief in die Tasche greifen. Von sagenhaften 8.000 DM Monatsgehalt war die Rede.

ABSCHIED VON WILDEN, MÜLLER UND EWERT

Die mit großen Erwartungen und für teures Geld gekommenen Enttäuschungen Cebinac und Sörensen durften sich nach nur einer Spielzeit neue Vereine suchen. Mit Wilden, Müller und Ewert verabschiedeten sich aber gleich drei um den 1. FC Köln sehr verdiente Akteure, die an den Deutschen Meisterschaften von 1962 und 1964 sowie an vielen weiteren Erfolgen der Geißböcke großen Anteil hatten. Wilden, der von Alter und Leistungsfähigkeit her seinen Zenit überschritten hatte und schon in der Vorsaison nicht mehr zum Stamm gehörte, wechselte zu Regionalligist Bayer Leverkusen, um dort seine Karriere ausklingen zu lassen. Er betrieb aber weiterhin das Tabakwarengeschäft mit FC-Vorverkaufsstelle in der Neusser Straße und blieb somit dem indirekten Umfeld des Vereins erhalten.

Anders war es bei Christian Müller. Multhaup hätte den erfahrenen Stürmer gerne

Was haben Hans Schäfer, Dirk Lottner und Fritz Pott gemeinsam? Sie alle erlernten das Fußballspielen bei Rot-Weiß Zollstock im Kölner Süden. Auch Fritz Pott war hier seit seinem 7. Lebensjahr aktiv, stieg später mit den Zollstockern in die Bezirksklasse auf. 1958 wagte das Talent den Wechsel zum großen FC. Bereits ab der Spielzeit 1960/61 spielte Pott regelmäßig bei den „Profis". In der Folgesaison bestritt der Defensiv-Allrounder alle Meisterschaftsspiele bis zum Finale um die Deutsche Meisterschaft gegen den 1. FC Nürnberg. Durch einen 4:0-Triumph wurden die Kölner erstmals Deutscher Meister, und Fritz Pott erzielte nach einem unwiderstehlichen Sololauf über den ganzen Platz den Schlusspunkt.

Pott war ein für damalige Verhältnisse moderner Verteidiger, der sich konstruktiv am Aufbauspiel beteiligte oder auch mal mit „nach vorne" ging, wenn es möglich war. Am 24. Oktober 1962 feierte er in Stuttgart gegen Frankreich sein A-Länderspieldebüt. Häufige Leistenverletzungen sorgten dafür, dass Fritz Pott während seiner langen Laufbahn „nur" drei A-Länderspiele bestritt.

Der DFB-Pokalsieg 1968 war Potts letzter großer Erfolg bei den Geißböcken, 1969 beendete er seine aktive Karriere. Dem Fußball blieb er als Trainer noch einige Jahre erhalten, war beim SC Brühl, der SpVgg Frechen und Viktoria Köln tätig. Im Büro des viel beschäftigten Inhabers einer Glas- und Gebäudereinigung finden sich sehenswerte Erinnerungsstücke aus der goldenen FC-Zeit.

[Interessantes & Kurioses]

■ Da der DFB ein neues Bundesligastatut beschließt, müssen die Vereine ihre Satzungen ändern. Daher findet am 24. Juni 1966 eine außerordentliche Mitgliederversammlung im Geißbockheim statt, bei der die Satzung entsprechend modifiziert wird. Gleichzeitig wird eine neue Beitragsstruktur verabschiedet. Inaktive Mitglieder aus Köln zahlen nun 50 DM Jahresbeitrag, auswärtige und aktive Mitglieder zahlen dagegen „nur" 40 DM. Jugendliche müssen 12 bzw. 18 DM per annum berappen.

■ Große Sorge beim 1. FC Köln um die Gesundheit von „Boss" Franz Kremer. Der Präsident leidet sichtlich unter einer starken Diabetes und Herzbeschwerden. Beim Heimspiel gegen Nürnberg am 25. März 1967 erleidet er einen leichten Herzanfall und wird von zwei anwesenden Ärzten behandelt. Im Februar/März 1967 weilt Franz Kremer zur Kur in Bad Münstereifel.

■ Der 1. FC Köln nimmt vom 31. August bis zum 1. September 1966 erstmals am vom FC Barcelona veranstalteten Turnier um den Juan-Gamper-Pokal teil. Nach einem 3:2-Sieg über den FC Nantes unterliegt man im Endspiel den Gastgebern vor 80.000 Zuschauern mit 1:3.

■ Tony Waddington, der Manager des englischen Traditionsvereins Stoke City, weilt eine Woche lang zu Hospitationszwecken beim 1. FC Köln. Neben den Trainingsmethoden informiert er sich auch über Fragen der Vereinsführung.

■ Am 13. August 1966 bestreitet der 1. FC Köln sein 1000. Spiel. Gegner ist, wie schon bei der ersten Partie der Vereinsgeschichte, die Mannschaft von Nippes 12. Vor 1.640 Zuschauern in der Radrennbahn gewinnt der FC mit 18:1.

In der Serie *Sport Report* erschien 1966 ein heute seltener Band über den 1. FC Köln.

Sympathische Neuzugänge der Spielzeit 1966/67: Der Jugoslawe Milutin Soskic (links) und der Schwede Roger Magnusson.

gehalten, doch der heißblütige Blondschopf war nach einem Krach mit Franz Kremer und „Co-Trainer" Hans Schäfer nicht mehr zu halten und ging zum Karlsruher SC. Kremer und Schäfer waren ein eingeschworenes Gespann mit ungeheurer Macht. Ein Umstand, der es dem jeweiligen FC-Trainer nicht immer leicht machte. Das von Christian Müller betriebene Zigarrengeschäft mit FC-Vorverkaufsstelle wurde wieder von Jupp Röhrig übernommen.

Die Tatsache, dass die Kölner den jugoslawischen Nationaltorwart Milutin Soskic von Partizan Belgrad verpflichteten, sorgte für die Abwanderung von Fritz Ewert, der sich auf seine „alten Tage" nicht mit der Rolle als dritter Torwart zufriedengeben wollte. Bereits im Vorjahr war „die Plaat" nur die Nummer 2 hinter Schumacher gewesen, und so zog es den Keeper zum AZ Alkmaar in die Niederlande. Auch Toni Schumacher zeigte sich keinesfalls erfreut von der Soskic-Verpflichtung, konnte aber zum Bleiben überredet werden. Dabei hatte man mit dem 29-jährigen Jugoslawen einen echten Klassemann verpflichtet, der nicht nur auf 373 Einsätze für die Belgrader „Partisanen", sondern auch auf 52 Länderspiele für sein Heimatland zurückblicken konnte. Soskic bezog die Wohnung von Ole Sörensen in Köln-Klettenberg.

Mit dem Schweden Roger Magnusson war ein weiterer Nationalspieler in die Domstadt geholt worden. Der sympathische Skandinavier war ein erstklassiger Techniker und hatte das Zeug zum Publikumsliebling, denn seit Jupp Röhrigs Zeiten liebten die FC-Fans gute und kluge Techniker. Magnusson hatte allerdings mit enormen körperlichen Defiziten zu kämpfen und war das harte Training einer Bundesligamannschaft nicht gewohnt. Mitspieler Fritz Pott erinnert sich: „Roger war vom Können her zweifellos einer der besten und liebenswürdigsten Fußballer, mit denen ich je zusammengespielt habe. Leider hatte er körperlich und konditionell riesige Probleme. Ich sehe ihn noch heute vor mir, wie erschöpft er nach den Trainingseinheiten war und sich teilweise übergab. Oft war er so ausgepumpt, dass er noch vor der Kabine an der Schuhwaschanlage Wasser trank."

Obwohl es bereits mehrfach schiefgegangen war, suchte man erneut das Glück mit Spielern aus dem Ausland. Als Volltreffer, vor allem auf lange Sicht, erwies sich die Verpflichtung des erst 18 Jahre alten Juniorennationalspielers Heinz Flohe vom TSV Euskirchen. Als Perspektivspieler auf Empfehlung von DFB-Trainer Dettmar Cramer geholt, sollte der gebürtige Kölner sich in den kommenden Jahren zu einer echten Größe im FC-Dress entwickeln...

BLUMEN FÜR DIE VIZEWELTMEISTER

Offiziell eröffneten die Kölner am 1. August 1966 mit einem Freundschaftsspiel gegen den amtierenden Double-Sieger der ČSSR, Dukla Prag, die Saison. 15.000 Zuschauer empfingen die im himmelblauen FC-Trikot auflaufenden kölschen WM-Fahrer Overath, Weber und Hornig besonders herzlich. Das DFB-Team war nach einem dramatischen Finale gegen Gastgeber England Vizeweltmeister geworden. Das sogenannte „Wembley Tor" ist bis heute unvergessen. Wolfgang Weber, der sich in allen Begegnungen das Prädikat „Weltklasse" verdiente, hatte durch sein Tor im Endspiel zum 2:2 kurz vor dem Ende der regulären Spielzeit die spätere Verlängerung erst möglich gemacht und ist bis heute einziger FC-Spieler, der in einem WM-Finale ein Tor erzielen konnte. Overath und Weber hatten beim Weltturnier auf der Insel alle Begegnungen bestritten, Heinz Hornig wurde nicht eingesetzt und war nur als „Tourist" mit nach England gefahren. Neben dem Applaus des Publikums gab es auch Blumen und den

Sein berühmtestes Tor schoss Wolfgang Weber im Trikot der Nationalelf: Das 2:2 von Wembley rettete die deutsche Elf beim WM-Finale 1966 in die Verlängerung. Ein Reporter beschrieb Webers Reaktion: „Ein Mann explodiert in einem einzigen Schrei: Tor!"

obligatorischen Empfang beim Oberbürgermeister für die WM-Helden. Trotz allen Jubels ging das Auftaktspiel gegen die starken Tschechen mit 1:4 verloren. Nicht zuletzt deswegen entschied man sich kurzfristig zu einem 20 Tage langen Trainingslager im „Hoheitsgebiet" der Mönchengladbacher Borussia. Das in Brüggen am Niederrhein gelegene Hotel „Borner Mühle" bot hierzu ideale Bedingungen.

AUFTAKTSIEG GEGEN DEN MEISTER

Offensichtlich hatte sich das Trainingsquartier ausgezahlt, denn endlich gab es einmal keine Niederlage zum Saisonauftakt. Vor 50.197 begeisterten Zuschauern, darunter Bundesinnenminister Lücke und die Nationalmannschaft von Guinea, wurde der Deutsche Meister 1860 München mit 2:0 bezwungen.

Nach dem sehenswerten Erfolg gegen die '60er wurden die Kölner von der Presse etwas vorschnell zum Titelaspiranten erklärt. Doch zwei Auswärtspleiten nacheinander bei Eintracht Frankfurt (0:4) und in Braunschweig (0:1) holten alle Träumer in und um den 1. FC Köln wieder auf den Boden der Tatsachen zurück. Und obwohl man das Heimspiel am 10. September 1966 gegen den Spitzenreiter VfB Stuttgart, bei dem Heinz Flohe ein ordentliches Heimdebüt abgab, mit 3:1 gewinnen konnte, zeigten die nächsten Begegnungen, dass der FC vor allem in der Fremde einige Probleme hatte. Aus den Auswärtsspielen in Meiderich, Kaiserslautern und Dortmund holten die Geißböcke nur ein mickriges Pünktchen. Ausgerechnet auf dem gefürchteten Lauterer Betzenberg lieferte man die beste Leistung ab und wurde vom sonst wie ein Mann hinter der eigenen Mannschaft stehenden Publikum gefeiert (!). Mit dem 1:6 bei Multhaups Ex-Club BVB setzte es eine regelrechte Klatsche und die bis dato höchste Bundesliganiederlage. Überragender Akteur bei den Schwarz-Gelben: Rudi Assauer, später bekannt als Manager des FC Schalke 04. Nach dem Debakel von Dortmund kasernierte Multhaup seine Spieler in der Sportschule Hennef ein – ohne Erfolg, denn den „Gipfel" stellte eine herbe 2:4-Heimschlappe gegen Bayern München dar. Seit dem 4. Spieltag hatte man von sechs Begegnungen nur die Heimpartie gegen Schalke 04 am 24. September 1966 äußerst glücklich mit 2:1 gewonnen und lag erneut weit hinter den eigenen und öffentlichen Erwartungen zurück.

Die Neuzugänge Soskic und Magnusson hatten sich dennoch auf Anhieb Stammplätze gesichert. Soskic zeigte, dass er ein ausgezeichneter Vertreter seines Fachs war, wenngleich er häufig von seiner Hintermannschaft im Stich gelassen wurde und zudem noch die exakte Abstimmung mit seinen Vorderleuten fehlte. Was besonders positiv auffiel: Der Jugoslawe identifizierte sich sofort mit seinem neuen Verein. Er trainierte wie besessen und fand im Haus von FC-Geschäftsführer und Stadionsprecher Hans-Gerhard König eine Heimat.

TRÄNEN BEI „SCHOLLI"

Nach dem verlorenen Heimspiel gegen Mönchengladbach rannen dem Torwart vor Ärger Tränen über die Wangen. Als eine kleine Gruppe jugendlicher FC-Fans anschließend ihren „Helden" beim Besteigen des Mannschaftsbusses dennoch aufmunternde Worte zuriefen, weinte „Scholli", so sein Spitzname, erneut. Diesmal allerdings vor Rührung.
Roger Magnusson hatte, trotzdem er regelmäßig eingesetzt wurde, einige Probleme. Er begeisterte zwar mit einer überragenden Technik, seine Dribblings und Alleingänge waren jedoch oft zu durchsichtig, sodass sich gegnerische Abwehrspieler schnell auf den Skandinavier einstellen konnten. Zudem hatte der Schwede noch ein anderes „Handicap": Enfant terrible Overath sah offensichtlich seinen Regisseurposten in Gefahr, was zur

■ Leidtragender einer falschen Adressangabe im Fachblatt *Kicker* ist der Briefträger von Hürth-Efferen. Er schleppte kistenweise Briefe mit Autogrammwünschen in das Haus „Sonnenwinkel 25", in dem zwar Roger Magnusson, Hannes Löhr und einige Nachwuchsspieler wohnen, nicht aber, wie im Fachblatt angegeben, Wolfgang Overath.

■ Der frischgebackene Radweltmeister Rudi Altig wird vom 1. FC Köln zum Heimspiel gegen den VfB Stuttgart eingeladen.

■ Die Stadionbesucher in Müngersdorf ärgern sich über die von der Stadt Köln in großem Umfang erhöhten Parkgebühren rund um die Arena.

■ Heinz Hornig eröffnet am 9. November 1966 in der Aachener Straße 704, ganz in der Nähe des Stadions, eine Aral-Tankstelle.

■ Anlässlich des Länderspiels Deutschland - Norwegen im Müngersdorfer Stadion findet das anschließende Bankett beider Nationalmannschaften im Geißbockheim statt.

■ Wolfgang Weber wird im Dezember 1966 von der Zeitung *Express* zu „Kölns Sportler Nr. 1" gewählt.

■ Das Fassungsvermögen des Müngersdorfer Stadions wird aus Sicherheitsgründen von 63.000 auf knapp 53.000 Steh- und Sitzplätze gesenkt.

■ WG der besonderen Art: Hannes Löhr, Roger Magnusson und Jürgen Jendrossek wohnen mit zwei weiteren Nachwuchstalenten in Hürth-Efferen im Haus „Sonnenwinkel", dass vom FC eigens zur Unterbringung junger Spieler angemietet wurde. Herbergsvater Ludwig Fröhlich, Vater des ehemaligen FC-Clubsekretärs Karl-Ludwig Fröhlich, betreut seine Schützlinge mit großer Fürsorge.

■ Eine deutliche Anzeigenpreiserhöhung bei den FC-Clubnachrichten hat zur Folge, dass sich die vier Ausgaben, die mit rund 32.000 DM zu Buche schlagen, nun selbst tragen.

Der Karnevalsorden 1967 verweist auf die hervorragende FC-Jugendarbeit.

- Bei den Heimspielen gegen Karlsruhe, Hannover und Meiderich ist Alt-Bundeskanzler Ludwig Erhard in Müngersdorf zu Gast, der seit März 1967 FC-Mitglied ist.

- Die 61.804 zahlenden Zuschauer beim Achtelfinalwiederholungsspiel HSV - 1. FC Köln (2:0) bedeuten Rekordbesuch für ein Pokalvorrundenspiel nach dem Krieg.

- Am 22. Februar 1967 feiert Hannes Löhr beim Länderspiel Deutschland - Marokko in Karlsruhe sein Nationalmannschaftsdebüt. Zum 5:1-Sieg der deutschen Mannschaft steuert der Kölner sogar einen Treffer bei.

- Hannes Löhr und Wolfgang Weber bestehen an der Sporthochschule Köln erfolgreich das Fußballlehrerexamen.

- Nach 1965 wird die 1. Amateurmannschaft des 1. FC Köln erneut Mittelrheinmeister und qualifiziert sich für die Spiele um die deutsche Amateurmeisterschaft. Nachdem man den Berliner Vertreter Sportfreunde Neukölln in zwei Spielen mit 5:1 und 2:0 geschlagen hatte, scheiterten die Amateure in der zweiten Runde nach zwei Niederlagen (0:2, 1:2) an Bayer Uerdingen. Beide Heimspiele gegen Neukölln und Uerdingen fanden im Müngersdorfer Stadion statt. Die erfolgreichen „Amas" von Trainer Georg Stollenwerk und Betreuer Karl-Heinz „King" Schäfer waren: Malta, Knoblauch, Frangenberg, Heimerich, Hermes, Sax, Cziezeit, Bertram, Nickisch, Holubeck, Wollny, Keuthmann, Alger, Heyeres, Reitz, Dengg, Bergfelder und Moog.

- Rolf Adams, Mitglied der FC-Tischtennisabteilung, erringt in Malta den ungewöhnlichen Titel des „Eurovisionsmeisters". Nur ein Jahr später kann er den Erfolg im bayerischen Inzell wiederholen.

Über das Ableben von Hennes I. und die Inthronisierung von Hennes II. berichtet das *Geißbock Echo* am 26. November 1966 zum Heimspiel gegen Gladbach.

Im Trainingslager in der „Borner Mühle" bestaunen die FC-Spieler ein von Kindern liebevoll gestaltetes „Geißbock-Kettcar". Auf dem Foto von links Regh und Hemmersbach, im Hintergrund sind Thielen und Soskic zu sehen.

Folge hatte, dass die beiden Supertechniker nur selten miteinander harmonierten. „Virtuos, aber erfolglos", titelte eine Zeitung treffend. Magnusson behauptete später, von Overath auf dem Spielfeld ignoriert worden zu sein.
Auch der Weggang von Christian Müller machte sich in Form der mageren Torausbeute bemerkbar. Auf das Rheinderby Köln - Düsseldorf mussten die Fans in der Bundesliga bislang verzichten. 1966/67 änderte sich dies, denn die Fortunen von der „Kö" waren soeben aufgestiegen. Am 29. Oktober traten die Kölner zunächst im Düsseldorfer Rheinstadion an. Trotz einer schwachen Vorstellung siegte man überaus glücklich mit 3:1. Nur Soskic und Weber verdienten sich gute Noten. Der Aufsteiger ließ unzählige Einschussmöglichkeiten und obendrein noch zwei Elfmeter ungenutzt.
Ungeachtet des doppelten Punktgewinns steckte der 1. FC Köln im unteren Drittel der Tabelle fest. Nach einem 1:1-Remis auf eigenem Platz vor nur 11.083 zahlenden Zuschauern gegen Hannover 96 ging es am 12. November 1966 zum Karlsruher SC. Bis zur 87. Minute führten die Rheinländer durch Löhr mit 1:0, doch ausgerechnet der im Zorn geschiedene Christian Müller markierte den Ausgleich für seinen neuen Club.

ERSTE DERBYPLEITE GEGEN GLADBACH

Tiefpunkt der Hinrunde war die 1:2-Heimniederlage gegen Borussia Mönchengladbach, die für Freude bei Trainer Weisweiler sorgte. Es war überhaupt der erste Sieg der Gladbacher in Köln – kurz vor Schluss hatte Netzer den Siegtreffer für die „Fohlen" markiert. Die FC-Fans ahnten noch nicht, dass die Borussen fortan, vor allem in Müngersdorf, zum Angstgegner der Geißböcke werden sollten.
Beim Blick auf die Tabelle bot sich ein ungewohntes Bild: Der große 1. FC Köln stand nur auf Platz 15 mit Kontakt zu den Abstiegsrängen. Auswärtssiege bei Rot-Weiß Essen (3:1) und Werder Bremen (3:1) bedeuteten zwar einen versöhnlichen Abschluss der ersten Serie, konnten aber über die enttäuschende Hinrunde nur bedingt hinwegtrösten. Beim Spiel in Essen hatte der FC dennoch endlich kämpferische Tugenden gezeigt. Eine Notwendigkeit, die der erfahrene Multhaup längst erkannt hatte: „Die Mannschaft muss lernen, dass sie sich Erfolge nicht nur erspielen kann, sondern auch erkämpfen muss", meinte „Fischken" im *Kicker*.
Der Coach scheute sich auch nicht, junge Talente wie Flohe, Jendrossek, Rumor, Rausch oder Struth einzubauen. Zum einen, weil er wegen regelmäßiger Ausfälle der „Alten" wie beispielsweise Regh, Hornig, Thielen oder Weber dazu gezwungen war, zum anderen weil er der Jugend wieder vermehrt eine Chance geben wollte und musste. Schnell war vom „Kölner Kindergarten" die Rede. Der wurde auch flugs zum Karnevalsmotto erkoren: „Wat simmer rich, mer han de Jugend", war auf dem FC-Karnevalsorden 1967 zu lesen. Der Grund für die Verjüngung: Auch bei den Geißböcken war man zum Sparen gezwungen. Nicht nur, weil die Zuschauerzahlen im Vergleich zu den früheren Bundesligajahren zurückgegangen waren, sondern auch, weil teure Transfers ausländischer Spieler, die sich größtenteils als „Flops" erwiesen hatten wie Magnusson, Sörensen, Cebinac und „Zeze", mehr als 200.000 DM verschlungen hatten. Eine für damalige Verhältnisse riesige Summe. Zusätzlich riss der begonnene Bau des Amateur- und Jugendstadions (ab 1977 als „Franz-Kremer-Stadion" bekannt) im FC-Sportpark ein großes Loch in die Kasse. Die Kosten für das Projekt waren mit rund 800.000 DM veranschlagt.

KONSTANT INKONSTANT

Auch die Rückrunde verlief wechselhaft und inkonstant. Negative „Highlights" waren beispielsweise die 1:4-Heimschlappe gegen Eintracht Frankfurt und die 0:3-Niederlage im Derby auf dem Gladbacher Bökelberg, das inzwischen auch zum Duell der „Regisseure" Netzer und Overath geworden war. Weisweiler hatte seine Truppe vor der Partie gegen Köln besonders heiß gemacht, in dem er äußerte: „Ihr könnt ruhig die restlichen Spiele verlieren, nur gegen die Kölner nicht." Höhepunkte dagegen waren der 1:0-Sieg über den seit Wochen ungeschlagenen und späteren Meister aus Braunschweig, das 3:1 bei Georg Knöpfles HSV sowie das deutliche 4:1 in Köln am letzten Spieltag gegen Werder Bremen. Mit dem 7. Tabellenrang im Endklassement erreichte der 1. FC Köln seine schlechteste Platzierung seit Bestehen der Bundesliga. Trotzdem reichte es für die Qualifikation zum internationalen Messecup. Auch im DFB-Pokal gab es keine großen Erfolge zu feiern. Obwohl die Kölner gegen den BVB und den HSV jeweils ein Wiederholungsspiel erzwangen, in der zweiten Runde war Endstation.

PETER WEIAND GEGEN FRANZ KREMER

Ein Eklat um Vorstandsmitglied Peter Weiand erschütterte den 1. FC Köln im Februar/März 1967. Peter Weiand, seit der Saison 1965/66 neu im FC-Vorstand, hatte in der bekannten Kölner Gaststätte „Wenzel am Ring" Interna, die unter anderem Vertragsinhalte des „technischen Leiters" Hans Schäfer betrafen, öffentlich ausgeplaudert. Weiand, der als Vorstandsmitglied des Nordwest Lotto von Berufs wegen viel mit Zahlen zu tun hatte, machte sich offenbar Sorgen um die anders als in früheren Jahren angespannte finanzielle Situation des 1. FC Köln. Offensichtlich nannte er zu später Stunde Zahlen, die die FC-Finanzen im Allgemeinen und das Gehalt von Hans Schäfer im Besonderen betrafen. Den ebenfalls am Tisch sitzenden Amateurtrainer Schorsch Stollenwerk soll das Vorstandsmitglied mit den Worten: „Wenn der Schäfer 3.000 DM verdient und du nur 1.500, dann darfst du ruhigen Gewissens mehr verlangen", regelrecht aufgestachelt haben. Eine unnötige Äußerung, zumal das Verhältnis der beiden Altinternationalen Schäfer und Stollenwerk mittlerweile merklich abgekühlt war. Zudem sollen in Bezug auf Franz Kremer Worte wie „alter, lallender Mann" gefallen sein, was Weiand später aber energisch bestritt. Mehrere in der Gaststätte anwesende Personen aus dem FC-Umfeld, darunter der 3. Vorsitzende Karl-Heinz Schäfer, trugen Weiands Ausführungen an den „Boss"

weiter, der verständlicherweise erbost reagierte. Zum einen hatte Kremer höchstpersönlich dafür gesorgt, dass Weiand in den Vorstand kam, zum anderen regelte der „Boss" praktisch vom ersten Tag an alle Verträge, die beim FC abgeschlossen wurden, im Alleingang. Dies geschah immer mit ausdrücklicher Billigung des Vorstandes.

Vor allem Hans Schäfer, mit dem er sich privat und geschäftlich bestens verstand und auch im selben Haus wohnte, lag ihm besonders am Herzen. Noch 1963 hatte Kremer das kölsche Idol trotz eines 150.000-DM-Angebotes eines holländischen Vereins in der Domstadt halten können. Ein kluger Schachzug, denn Schäfer war nicht nur Publikumsliebling, er führte die Mannschaft auch in den ersten Bundesligajahren äußerst erfolgreich, hatte großen Anteil an der Deutschen Meisterschaft von 1964. Um den Vertrag für „die Knoll" attraktiver zu gestalten, hatte Kremer seinem Kapitän auch eine Anstellung nach der aktiven Karriere mit einem Bruttogehalt von 3.000 DM zugesagt. Eine Maßnahme, die aufgrund der außerordentlichen Verdienste von Hans Schäfer um den 1. FC Köln durchaus nachvollziehbar und nicht überzogen war.

Zusätzliche Brisanz erhielt der ganze Vorfall durch den Umstand, dass Weiands Ehefrau Ingeborg seit einiger Zeit für die FC-Buchhaltung tätig war und sich daher einige Finanzakten des Vereins in ihrem Besitz befanden. In einer Nacht-und-Nebel-Aktion wurden die Akten von Geschäftsführer König und Schatzmeister Pelzer zurückgefordert und aus den Räumlichkeiten abgeholt. Frau Weiand, deren Mann sich zu diesem Zeitpunkt im Ausland aufhielt, fühlte sich überrumpelt und reagierte brüskiert. Für die Presse, vor allem für die Boulevardblätter, war dies alles ein gefundenes Fressen. Da war sogar von „Gestapo-Methoden" die Rede. Dies ließ

sich Schatzmeister Pelzer nicht bieten. Per Anwalt erreichte er eine Gegendarstellung.

Der ganze Eklat gipfelte schließlich darin, dass Kremer Weiand aufforderte, seinen Vorstandsposten niederzulegen. Am Ende gab es nur Verlierer: Weiand, weil er indiskret gehandelt und letztlich dem Verein geschadet hatte, aber auch Kremer, dessen Vereinsführung als „demokratischer Diktator" ins Fadenkreuz der Kritik von Presse und FC-Freunden geraten war. Auch im Vorstand der Geißböcke rumorte es. Verwaltungsratsmitglied Ferdinand Mülhens hatte sein finanzielles Engagement beim Lokalrivalen Viktoria Köln ausgeweitet, Fritz Hammerschmidt, lange im FC-Vorstand und neben Heinz Neubauer Manager der Lizenzspieler, hatte sich ebenfalls still und leise zurückgezogen. Einigen Mitgliedern fehlte die Transparenz, und im immer moderner und professioneller werdenden Fußballgeschäft waren Alleinherrscher wie Franz Kremer rar geworden. Erstmals in seiner langen Amtszeit war der „Boss" angeschlagen – auch gesundheitlich, hatte mit Diabetes und Herzbeschwerden zu kämpfen. Nach einer langen Aussprache legte man den Zwist schließlich zu den Akten. Peter Weiand wurde von 1973 bis 1987 ein genauso erfolgreicher FC-Präsident wie der „Boss". Die Witwen, Liselotte Kremer und Ingeborg Weiand, verbindet seit vielen Jahren eine enge Freundschaft über den Tod ihrer Männer hinaus.

Franz Kremer genoss einen hohen Bekanntheitsgrad. Im Winter 1966 wurde sogar ein eigenes Kölschglas mit dem Konterfei des „Boss" aufgelegt.

■ Am 28. Mai 1967 bestreitet der ehemalige FC-Torwart Frans de Munck im Dress von Vitesse Arnheim sein Abschiedsspiel. Auf Wunsch von de Munck ist der Gegner „sein" FC. Die Kölner gewinnen das Freundschaftsspiel mit 7:1 – Hans Schäfer feiert zu Ehren de Muncks ein umjubeltes „Comeback".

■ Am 23. April verunglückt der 17-jährige Heinz Rausch, hoffnungsvolles FC-Jugendtalent, Sohn von Clubhauspächter Heinz und Bruder von FC-Lizenzspieler Wolfgang Rausch, bei einem Verkehrsunfall tödlich.

■ Karl-Heinz Thielen schreibt weiterhin eine wöchentliche Kolumne in der *Kölnischen Rundschau*. Dem Verein und seinen Mitspielern gefällt dies eher weniger, zumal der Kapitän mit kritischen Worten nicht geizig ist.

■ Der 1. FC Köln verlängert den Ausrüstervertrag mit adidas um zwei weitere Jahre, wofür die Herzogenauracher nicht nur 10.000 DM, sondern auch 60 Paar Fußballschuhe jährlich an den Rhein transferieren.

■ Große Trauer beim 1. FC Köln: Am 4. November 1966 verstirbt Geißbock Hennes I. im stolzen Alter von 16 Jahren an Altersschwäche. Das Maskottchen war seit dem 13. Februar 1950 im Amt. Sein Nachfolger, der noch junge Hennes II., wird am 26. November 1966 zum Heimspiel gegen Borussia Mönchengladbach offiziell eingeführt. Wie sein Vorgänger ist auch der neue Geißbock ein Geschenk von Carola Williams. Die am Geißbockheim wohnenden Böcke „Oskar" und „Heinzchen" hatten sich umsonst Hoffnungen gemacht, die Nachfolge von Hennes I. antreten zu dürfen, dessen Kopf präpariert und im Clubzimmer des Geißbockheims aufgehängt wird. Hennes II. wohnt wie sein Vorgänger bei Familie Filz in Köln-Müngersdorf.

Nachdem Anfang der 1960er Jahre bereits Hennesfiguren aus Plastik produziert wurden, gab es sie ab Mitte der 1960er Jahre auch in Stoff.

STATISTIK 1966/67

BUNDESLIGA

20.08.1966 1. FC Köln - TSV 1860 München 2:0 (2:0)
Zuschauer: 50.197
Tore: 1:0 (27.) Thielen, 2:0 (28.) Overath (FE).
Aufstellung: Soskic, Regh, Sturm, Hemmersbach, Weber, Rumor, Magnusson, Overath, Löhr, Thielen, Hornig.

27.08.1966 Eintracht Frankfurt - 1. FC Köln 4:0 (2:0)
Zuschauer: 40.000
Tore: 1:0, 2:0, 3:0 (14., 45., 57.) Bronnert, 4:0 (77.) Solz.
Aufstellung: Soskic, Pott, Hemmersbach, Rumor, Regh, Sturm, Overath, Magnusson, Thielen, Löhr, Hornig.

03.09.1966 Eintracht Braunschweig - 1. FC Köln 1:0 (0:0)
Zuschauer: 26.000
Tor: 1:0 (63.) Ulsaß.
Aufstellung: Soskic, Rausch, Pott, Rumor, Sturm, Struth, Magnusson, Flohe, Löhr, Overath, Hornig.

10.09.1966 1. FC Köln - VfB Stuttgart 3:1 (1:0)
Zuschauer: 29.346
Tore: 1:0 (03.) Regh, 2:0 (46.) Hemmersbach, 3:0 (53.) Löhr, 3:1 Peters (84.).
Aufstellung: Soskic, Pott, Regh, Struth, Sturm, Hemmersbach, Magnusson, Rausch, Löhr, Overath, Flohe.

17.09.1966 MSV Duisburg - 1. FC Köln 1:0 (1:0)
Zuschauer: 30.000
Tor: 1:0 (16.) Rühl.
Aufstellung: Soskic, Pott, Regh, Hemmersbach, Sturm, Struth, Magnusson, Rumor, Löhr, Overath, Hornig.

24.09.1966 1. FC Köln - FC Schalke 04 2:1 (1:0)
Zuschauer: 26.972
Tore: 1:0 (31.) Hornig, 2:0 (52.) Löhr, 2:1 (53.) Bechmann.
Aufstellung: Soskic, Pott, Regh, Hemmersbach, Rumor, Sturm, Magnusson, Weber, Löhr, Overath, Hornig.

01.10.1966 1. FC Kaiserslautern - 1. FC Köln 0:0
Zuschauer: 34.000
Aufstellung: Soskic, Pott, Regh, Hemmersbach, Rumor, Sturm, Magnusson, Weber, Löhr, Overath, Hornig.

08.10.1966 1. FC Köln - Hamburger SV 0:0
Zuschauer: 35.260
Aufstellung: Soskic, Pott, Hemmersbach, Sturm, Regh, Weber, Rumor, Magnusson, Löhr, Overath, Hornig.

15.10.1966 Borussia Dortmund - 1. FC Köln 6:1 (2:0)
Zuschauer: 43.000
Tore: 1:0 (13.) Wosab, 2:0 (26.) Held, 3:0 (54.) Emmerich, 4:0 (62.) Wosab, 4:1 (63.) Jendrossek, 5:1, 6:1 (71., 76.) Emmerich.
Aufstellung: Soskic, Rausch, Regh, Hemmersbach, Sturm, Weber, Magnusson, Jendrossek, Löhr, Overath, Hornig.

22.10.1966 1. FC Köln - FC Bayern München 2:4 (1:2)
Zuschauer: 30.222
Tore: 0:1 (03.) Müller, 1:1 (19.) Magnusson, 1:2, 1:3 (31., 63.) Ohlhauser, 2:3 (68.) Pott, 2:4 (87.) Müller.
Aufstellung: Soskic, Pott, Hemmersbach, Weber, Regh, Rumor, Sturm, Magnusson, Overath, Löhr, Hornig.

29.10.1966 Fortuna Düsseldorf - 1. FC Köln 1:3 (0:2)
Zuschauer: 35.000
Tore: 0:1 (25.) Magnusson, 0:2 (42.) Hemmersbach, 1:2 (61.) Hoffer, 1:3 (78.) Löhr.
Aufstellung: Soskic, Pott, Rumor, Weber, Hemmersbach, Flohe, Löhr, Magnusson, Thielen, Overath, Hornig.
B.V.: Biskup (Düsseldorf) verschießt einen HE (09.) und Koch (Düsseldorf) verschießt einen FE (87.).

05.11.1966 1. FC Köln - SV Hannover 96 1:1 (1:1)
Zuschauer: 11.083
Tore: 1:0 (22.) Flohe, 1:1 (38.) Straschitz.
Aufstellung: Soskic, Pott, Hemmersbach, Rumor, Weber, Sturm, Jendrossek, Overath, Löhr, Flohe, Hornig.

12.11.1966 Karlsruher SC - 1. FC Köln 1:1 (0:1)
Zuschauer: 15.000
Tore: 0:1 (35.) Löhr, 1:1 (88.) Müller.
Aufstellung: Soskic, Pott, Rumor, Weber, Hemmersbach, Flohe, Sturm, Magnusson, Löhr, Overath, Hornig.

26.11.1966 1. FC Köln - Borussia M'gladbach 1:2 (1:0)
Zuschauer: 21.058
Tore: 1:0 (01.) Flohe, 1:1 (64.) Laumen, 1:2 (85.) Netzer.
Aufstellung: Soskic, Pott, Hemmersbach, Sturm, Rumor, Weber, Magnusson, Flohe, Löhr, Overath, Hornig.

03.12.1966 Rot-Weiß Essen - 1. FC Köln 1:3 (0:1)
Zuschauer: 22.000
Tore: 0:1 (28.) Jendrossek, 0:2 (70.) Löhr, 0:3 (73.) Magnusson, 1:3 (74.) Lippens.
Aufstellung: Soskic, Rausch, Struth, Weber, Rumor, Sturm, Magnusson, Overath, Jendrossek, Flohe, Löhr.
B.V.: Der Essener Saric verschießt einen FE (07.).

17.12.1966 SV Werder Bremen - 1. FC Köln 1:3 (1:1)
Zuschauer: 12.000
Tore: 0:1 (10.) Jendrossek, 1:1 (24.) Schweighöfer, 1:2 (52.) Jendrossek, 1:3 (70.) Struth.
Aufstellung: Soskic, Rausch, Hemmersbach, Weber, Rumor, Sturm, Struth, Overath, Jendrossek, Flohe, Löhr.

07.01.1967 TSV 1860 München - 1. FC Köln 2:1 (1:0)
Zuschauer: 22.000
Tore: 1:0 (05.) Bründl, 1:1 (57.) Hornig, 2:1 (61.) Grosser.
Aufstellung: Soskic, Rausch, Struth, Hemmersbach, Sturm, Weber; Hornig, Overath, Flohe, Löhr.

21.01.1967 1. FC Köln - Eintracht Frankfurt 1:4 (1:2)
Zuschauer: 15.000
Tore: 0:1 (12.) Bronnert, 1:1 (13.) Magnusson, 1:2 (45.) Bronnert, 1:3 (65.) Solz, 1:4 (70.) Bronnert.
Aufstellung: Soskic, Rausch, Struth, Hemmersbach, Rumor, Sturm, Magnusson, Overath, Jendrossek, Löhr, Hornig.

28.01.1967 1. FC Köln - Eintracht Braunschweig 1:0 (0:0)
Zuschauer: 30.000
Tor: 1:0 (46.) Löhr.
Aufstellung: Soskic, Rausch, Struth, Hemmersbach, Rumor, Sturm, Hornig, Overath, Jendrossek, Löhr, Flohe.

11.02.1967 VfB Stuttgart - 1. FC Köln 2:2 (1:0)
Zuschauer: 25.000
Tore: 1:0 (27.) Weiß, 1:1 (55.) Overath (FE), 1:2 (76.) Struth, 2:2 (85.) Weiß.
Aufstellung: Soskic, Rausch, Struth, Hemmersbach, Rumor, Sturm, Thielen, Overath, Jendrossek, Löhr, Hornig.

18.02.1967 1. FC Köln - MSV Duisburg 1:1 (1:1)
Zuschauer: 22.000
Tore: 0:1 (03.) Lotz, 1:1 (43.) Overath.
Aufstellung: Soskic, Rausch, Struth, Hemmersbach, Weber, Sturm, Magnusson, Overath, Thielen, Löhr, Hornig.

25.02.1967 FC Schalke 04 - 1. FC Köln 1:0 (1:0)
Zuschauer: 32.000
Tor: 1:0 (27.) Hermann.
Aufstellung: Soskic, Rausch, Struth, Weber, Rumor, Hemmersbach, Magnusson, Löhr, Jendrossek, Flohe, Hornig.

04.03.1967 1. FC Köln - 1. FC Kaiserslautern 2:1 (0:0)
Zuschauer: 18.000
Tore: 1:0 (47.) Löhr, 1:1 (61.) Kentschke, 2:1 (80.) Löhr.
Aufstellung: Soskic, Rausch, Hemmersbach, Weber, Rumor, Sturm, Magnusson, Thielen, Jendrossek, Löhr, Hornig.

11.03.1967 Hamburger SV - 1. FC Köln 1:3 (1:2)
Zuschauer: 15.000
Tore: 1:0 (18.) Hellfritz, 1:1 (19.) Weber, 1:2 (37.) Löhr, 1:3 (77.) Hemmersbach.
Aufstellung: Soskic, Rausch, Hemmersbach, Weber, Rumor, Sturm, Jendrossek, Flohe, Thielen, Löhr, Hornig.

18.03.1967 1. FC Köln - Borussia Dortmund 1:1 (1:1)
Zuschauer: 30.000
Tore: 1:0 (27.) Löhr, 1:1 (33.) Peehs.
Aufstellung: Soskic, Rausch, Hemmersbach, Weber, Rumor, Sturm, Jendrossek, Flohe, Thielen, Overath, Löhr.

25.03.1967 1. FC Köln - 1. FC Nürnberg 2:0 (1:0)
Zuschauer: 25.000
Tore: 1:0 (33.) Jendrossek, 2:0 (83.) Löhr.
Aufstellung: Soskic, Rausch, Pott, Weber, Sturm, Hemmersbach, Overath, Rumor, Jendrossek, Hemmersbach, Löhr.
B.V.: Franz Kremer erleidet Herzattacke.

01.04.1967 FC Bayern München - 1. FC Köln 2:0 (1:0)
Zuschauer: 22.000
Tore: 1:0 (43.) Müller, 2:0 (81.) Roth.
Aufstellung: Soskic, Rausch, Pott, Weber, Rumor, Hemmersbach, Jendrossek, Flohe, Thielen, Overath, Löhr.

15.04.1967 1. FC Köln - Fortuna Düsseldorf 2:0 (0:0)
Zuschauer: 27.000
Tore: 1:0 (79.) Löhr, 2:0 (84.) Hornig.
Aufstellung: Soskic, Rausch, Weber, Regh, Pott, Flohe, Thielen, Overath, Jendrossek, Löhr, Hornig.

22.04.1967 SV Hannover 96 - 1. FC Köln 0:1 (0:0)
Zuschauer: 17.000
Tor: 0:1 (64.) Thielen.
Aufstellung: Soskic, Rausch, Regh, Weber, Pott, Hemmersbach, Thielen, Flohe, Jendrossek, Overath, Hornig.

29.04.1967 1. FC Köln - Karlsruher SC 2:2 (1:2)
Zuschauer: 18.000
Tore: 0:1 (05.) Weidlandt, 1:1 (12.) Thielen, 1:2 (21.) Cieslarczyk (HE), 2:2 (59.) Overath.
Aufstellung: Soskic, Regh, Sturm, Hemmersbach, Pott, Flohe, Thielen, Jendrossek, Overath, Löhr, Hornig.

12.05.1967 Borussia M'gladbach - 1. FC Köln 3:0 (3:0)
Zuschauer: 20.000
Tore: 1:0 (03.) Laumen, 2:0 (30.) Vogts, 3:0 (42.) Heynckes.
Aufstellung: Soskic, Rausch, Regh, Hemmersbach, Pott, Flohe, Thielen, Overath, Löhr, Hornig.

20.05.1967 1. FC Köln - Rot-Weiß Essen 2:1 (0:1)
Zuschauer: 16.000
Tore: 0:1 (09.) Lippens, 1:1, 2:1 (75., 85.) Overath.
Aufstellung: Soskic, Rausch, Hemmersbach, Weber, Pott, Sturm, Overath, Löhr, Thielen, Hornig.

27.05.1967 1. FC Nürnberg - 1. FC Köln 1:1 (1:0)
Zuschauer: 27.000
Tore: 1:0 (32.) Müller, 1:1 (87.) Regh.
Aufstellung: Soskic, Rausch, Regh, Weber, Pott, Hemmersbach, Magnusson, Neumann, Thielen, Overath, Hornig.

03.06.1967 1. FC Köln - SV Werder Bremen 4:1 (2:0)
Zuschauer: 7.000
Tore: 1:0 (08.) Hornig, 2:0 (30.) Neumann, 3:0 (66.) Löhr, 3:1 (83.) Ferner, 4:1 (90.) Pott (FE).
Aufstellung: Soskic, Rausch, Regh, Weber, Pott, Hemmersbach, Thielen, Neumann, Hornig, Overath, Löhr.

DFB-POKAL

1. Runde (Hinspiel)
14.01.1967 Borussia Dortmund - 1. FC Köln 2:2 n.V.
Zuschauer: 18.000
Tore: 0:1 (72.) Overath, 0:2 (75.) Flohe, 1:2, 2:2 (82., 90.) Emmerich.
Aufstellung: Soskic, Rausch, Rumor, Hemmersbach, Struth, Overath, Sturm, Hornig, Jendrossek, Flohe, Löhr.

1. Runde (Rückspiel)
24.01.1967 1. FC Köln - Borussia Dortmund 1:0 (0:0)
Zuschauer: 45.000
Tor: 1:0 (83.) Jendrossek.
Aufstellung: Soskic, Rausch, Hemmersbach, Rumor, Struth, Overath, Sturm, Magnusson, Jendrossek, Löhr, Hornig.

STATISTIK 1966/67

2. Runde (Hinspiel)
03.02.1967 1.FC Köln - Hamburger SV 0:0
Zuschauer: 42.000
Aufstellung: Soskic, Rausch, Struth, Hemmersbach, Rumor, Sturm, Magnusson, Overath, Jendrossek, Flohe, Löhr.

2. Runde (Rückspiel)
14.02.1967 Hamburger SV - 1.FC Köln 2:0 (0:0)
Zuschauer: 61.804
Tore: 1:0 (51.) Dörfel, 2:0 (70.) Seeler.
Aufstellung: Soskic, Rumor, Rausch, Weber, Struth, Hemmersbach, Flohe, Overath, Hornig, Jendrossek, Löhr.

FREUNDSCHAFTSSPIELE

13.06.1966 1.FC Köln - Mittelrheinauswahl 5:2

01.08.1966 1.FC Köln - Dukla Prag 1:4 (1:1)

08.08.1966 1.FC Köln - Ujpest Dozsa Budapest 2:2 (0:1)

10.08.1966 Sittardia Sittard - 1.FC Köln 0:0

13.08.1966 Nippes 1912 - 1.FC Köln 1:18 (1:7)
1000. Spiel des 1.FC Köln

31.08.1966 FC Nantes - 1.FC Köln 2:3 n.V. (in Barcelona)

01.09.1966 FC Barcelona - 1.FC Köln 3:1

06.09.1966 Düren 99/SG Eschweiler - 1.FC Köln 5:7

13.09.1966 1.FC Köln - Mittelrheinauswahl 5:2 (2:2)

25.10.1966 Ajax Amsterdam - 1.FC Köln 1:1 (0:0)

01.11.1966 G.V.A.V. Groningen - 1.FC Köln 2:0 (1:0)

08.11.1966 1.FC Köln - Bundeswehrausw. (Luftw.) 3:2

22.12.1966 Alemannia Aachen - 1.FC Köln 1:1 (0:1)

26.12.1966 Bayer 04 Leverkusen - 1.FC Köln 1:3 (1:1)

02.04.1967 Wacker Burghausen - 1.FC Köln 3:15 (0:9)

06.05.1967 SpVgg Andernach - 1.FC Köln 2:8 (0:2)

21.05.1967 VfR Neuß - 1.FC Köln 4:5 (4:2)

28.05.1967 Vitesse Arnheim - 1.FC Köln 1:7 (1:3)

04.06.1967 Schwarz-Gelb Unna - 1.FC Köln 1:5 (0:5)

06.06.1967 Wuppertaler SV - 1.FC Köln 0:1 (0:0)

11.06.1967 Eintracht Trier - 1.FC Köln 1:5 (0:1)

Zur Saison 1966/67 war das Geißbockheim Motiv eines edlen FC-Wandtellers in limitierter Auflage.

Die Begegnungen mit Schalke 04 waren immer Highlights. Beim 2:1 für den FC am 24. September 1966 standen sich Heinz Hornig und S04-Keeper Norbert Nigbur gegenüber.

1. BUNDESLIGA 1966/67

1.	Eintracht Braunschweig	49:27	43:25
2.	1860 München (M)	60:47	41:27
3.	Borussia Dortmund	70:41	39:29
4.	Eintracht Frankfurt	66:49	39:29
5.	1.FC Kaiserslautern	43:42	38:30
6.	Bayern München (P)	62:47	37:31
7.	**1.FC Köln**	**48:48**	**37:31**
8.	Borussia M'gladbach	70:49	34:34
9.	Hannover 96	40:46	34:34
10.	1.FC Nürnberg	43:50	34:34
11.	MSV Duisburg	40:42	33:35
12.	VfB Stuttgart	48:54	33:35
13.	Karlsruher SC	54:62	31:37
14.	Hamburger SV	37:53	30:38
15.	FC Schalke 04	37:63	30:38
16.	Werder Bremen	49:56	29:39
17.	Fortuna Düsseldorf (N)	44:66	25:43
18.	Rot-Weiß Essen (N)	35:53	25:43

BUNDESLIGAKADER 1966/67

Abgänge: Bönnen (AZ Alkmaar), Cebinac (Sittardia Sittard), Ewert (AZ Alkmaar), Krauthausen (Rot-Weiß Oberhausen), Müller (Karlsruher SC), Sörensen (PSV Eindhoven), Wilden (Bayer Leverkusen), Stollenwerk (Ende der Laufbahn/Amateurtrainer 1.FC Köln), Roth (unbekannt), Bläsing (unbekannt)
Zugänge: Bergfelder (eigene Amateure), Flohe (TSV Euskirchen), Jendrossek (eigene Jugend), Magnusson (Juventus Turin), Soskic (Partizan Belgrad), Struth (eigene Jugend), Alger (eigene Amateure), Klütsch (eigene Jugend), Röhrig Junior (eigene Jugend), Schlüssel (eigene Jugend)

Trainer: Willi Multhaup

Tor:
Soskic, Milutin   34/0
Schumacher, Anton   0/0

Feld:
Overath, Wolfgang   33/6
Löhr, Johannes   32/13
Hemmersbach, Matth.   31/3
Hornig, Heinz   26/4
Sturm, Hans   26/0
Weber, Wolfgang   25/1
Rumor, Jürgen   23/0
Rausch, Wolfgang   22/0

Pott, Fritz   21/2
Magnusson, Roger   20/4
Jendrossek, Jürgen   19/5
Flohe, Heinz   18/2
Thielen, Karl-Heinz   16/2
Regh, Anton   15/2
Struth, Karl-Heinz   11/2
Neumann, Franz-Peter 2/1
Bergfelder, Helmut   0/0
Kleinholz, Hans-Jürgen 0/0
Alger, Paul   0/0
Klütsch, Reiner   0/0
Röhrig, Josef jun.   0/0
Schlüssel, Peter   0/0

Dazu kommt ein Eigentor von Gottfried Peter (1860 München).

FIEBERKURVE 1966/67

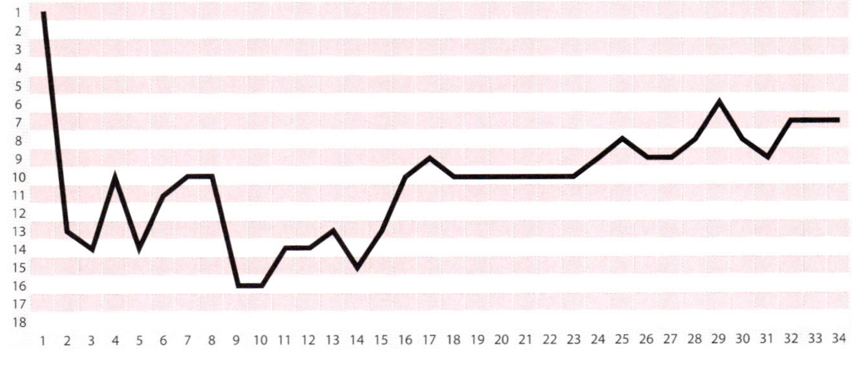

1967/68
1. BUNDESLIGA

Endlich der Pott!

[LEGENDEN]

Johannes „Hannes" Löhr
Beim FC von 1964 - 1977 (Spieler), 1978 - 1980 (Assistenztrainer), 1980 - 1983 (Sportdirektor), 1983 - 1986 (Cheftrainer)
Geboren: 05.07.1942 in Eitorf

Pflichtspiele beim FC: 505
Pflichtspieltore: 235

Die „Nas"

Erster Verein von Hannes Löhr war der SV Eitorf 05. Nach einem zweijährigen Aufenthalt als Vertragsspieler bei den Sportfreunden Saarbrücken kam der gelernte Maschinenschlosser 1964 zum 1. FC Köln. Die „Nas", so sein Spitzname wegen seines großen Riechorgans, entwickelte sich zum erfolgreichsten Bundesligatorjäger der FC-Geschichte. 1967 debütierte Löhr, der bereits mit zwölf Jahren Vollwaise war, in der Nationalelf und war 1968 erster Bundesligatorschützenkönig der Geißböcke. Im selben Jahr holte er mit den Kölnern auch den DFB-Pokal. Seinen größten internationalen Auftritt feierte der Angreifer bei der WM 1970 in Mexiko, wo er in allen sechs Begegnungen eingesetzt wurde. Insgesamt kann die „Nas" auf 20 A-Länderspiele für den DFB zurückblicken. 1975 wollte der Goalgetter, inzwischen im Besitz des Trainerscheins, seine Karriere eigentlich beenden, doch beim FC überredete man ihn, noch zwei Jahre „dranzuhängen". Eine Maßnahme mit Erfolg – als Spieler und später als Trainerassistent leistete er seinen nicht unerheblichen Beitrag zum Pokalgewinn 1977 und dem triumphalen „Double" 1978.
Bis 1980 fungierte er beim FC als Co-Trainer, bevor er bis 1983 als sporttechnischer Direktor für die Lizenzspielerabteilung verantwortlich war. 1983 folgte er Rinus Michels als Cheftrainer. Als Löhr im Februar 1986 den FC verließ, heuerte er beim DFB an und führte 1988 die Olympiamannschaft zur Bronzemedaille. Von

Stehend von links: Trainer Willy Multhaup, Wolfgang Overath, Heinz Flohe, Karl-Heinz Rühl, Matthias Hemmersbach, Dietmar Mürdter, Karl-Heinz Thielen, Hannes Löhr, Josef Röhrig Junior, Wolfgang Weber, Reinhard Roder, Assistenztrainer Hans Schäfer.
Sitzend von links: Toni Regh, Jürgen Rumor, Fritz Pott, Wolfgang Rausch, Paul Heyeres, Milutin Soskic, Toni Schumacher, Franz-Peter Neumann, Jürgen Jendrossek, Heinz Hornig, Heinz Simmet.

Obwohl im FC-Umfeld gemunkelt wurde, der Vorstand wolle sich aufgrund der doch eher dürftigen Spielzeit 1966/67 von Trainer Multhaup trennen, machte man mit „Fischken" weiter. Die Vorsaison wurde als notwendiger Umbruch angesehen und die „Erfolglosigkeit" als damit einhergehendes Übel. Beim FC hoffte man in der neuen Saison wieder erfolgreicher zu sein, ohne die Bürde des Favoriten tragen zu müssen. Franz Kremer brachte es beim Trainingsauftakt auf den Punkt: „Unser Wunsch wäre es, einmal in der Situation zu sein wie Eintracht Braunschweig: erst Außenseiter und dann doch Meister werden." Zudem hatte Trainerassistent Hans Schäfer große Autorität, womit er letztlich Multhaups Job rettete. Denn die Spieler achteten den Mann mit dem Hans-Albers-Gesicht zwar als korrekten und ehrlichen Menschen, nicht aber als Chef. Und genau diese Autoritätslücke füllte Hans Schäfer, dem die Akteure bereitwillig „parierten".
Auf teure Neuzugänge aus dem Ausland war diesmal verzichtet worden. Mit Karl-Heinz Rühl hatte man einen erfahrenen Stürmer verpflichten können, der obendrein noch gebürtiger Kölner war und schon bei Hertha BSC Berlin sowie dem MSV Duisburg seine Treffsicherheit unter Beweis gestellt hatte. Dem Transfer von Heinz Simmet, den die Geißböcke von Absteiger RW Essen geholt hatten, war ein wochenlanges Tauziehen mit den Gladbacher Borussen vorausgegangen, bei dem die Domstädter schließlich die Nase vorn hatten. Wie sich herausstellte, ein Glücksfall, denn Simmet sollte zum echten Dauerbrenner und Leistungsträger im FC-Trikot werden. Paul Heyeres war als dritter Torwart unter Vertrag genommen worden, nachdem sich der Aachener bereits im Vorjahr bei den FC-Amateuren ausgezeichnet hatte. Die von Göttingen 05 gekommenen Dietmar Mürdter und Reinhard Roder konnten sich nach gutem Start nicht durchsetzen und verließen den Verein am Saisonende. Mit Hansi Sturm beendete eine echte FC-Institution seine Karriere bei den Geißböcken. Da man Sturm wegen seines fortgeschrittenen Alters keine „Stammplatzgarantie" mehr geben konnte, wechselte der „Scheich", so sein Spitzname im Mannschaftskreis, zur Kölner Viktoria.
Die obligatorischen Vorbereitungsspiele brachten den Kölner Fußballfans wieder interessante Mannschaften aus dem Ausland. Besonders gespannt waren die Anhänger auf die am 4. August 1967 stattfindende Begegnung mit dem FC Liverpool. 23.383 zahlende Zuschauer lockte der Vergleich in die Arena, und sie wurden nicht enttäuscht. Auch dank des überragenden Overath bezwang man die Engländer mit 1:0 und revanchierte sich für die „Lospleite" knapp 2½ Jahre zuvor. Ansonsten waren die Testspiele eher mittelprächtig verlaufen.

SIEBEN TORE BEIM WESTSCHLAGER

Zum Saisonbeginn wusste man daher nicht so recht, wo man stand. Die fast schon erwartete 0:3-Auftaktniederlage gegen Hannover 96 steckten die Köl-

→

Der FC gewann bei den Bayern mit 3:0. Kalli Rühl markiert gerade das 1:0 für die Kölner.

ner erstaunlich gut weg, zumal trotzdem 36.075 Besucher in Müngersdorf das erste Heimspiel gegen 1860 München sehen wollten. Supertalent Heinz Flohe markierte in der 76. Minute den 1:0-Siegtreffer. Es folgten Siege im Messepokal gegen Slavia Prag (2:0) und in der Bundesliga beim frischgebackenen Europacupsieger FC Bayern München (3:0). Da staunte „Tschik" nicht schlecht, als „seine" Geißböcke die müden Bayern an die Wand spielten.

Am 9. September 1967 dann der bis dahin höchste Bundesligasieg. Mit 7:0 wurde der FC Schalke 04 im Westderby vor 32.697 Zuschauern aus dem Kölner Stadion geschossen. Allein Nationalstürmer Hannes Löhr gelangen drei Treffer.

Auf den Triumph über Schalke folgte ein 0:2 bei Borussia Dortmund, das von einem schweren Schwächeanfall, den Franz Kremer auf der Tribüne erlitt, überschattet wurde. Der Präsident musste von der Tribüne in die FC-Kabine geführt werden, wo er ärztlich behandelt wurde. Die Sorge um die angeschlagene Gesundheit des „Boss" wurde immer größer. Im weiteren Verlauf der Hinrunde merkte man deutlich, dass der FC in diesem Jahr besser und auch homogener auftreten sollte. Die den Kölnern früher häufig attestierte Überheblichkeit war kaum noch zu spüren. Die Geschlossenheit des Teams und kämpferische Tugenden standen im Vordergrund. Einige gegnerische Trainer, wie beispielsweise Albert Sing von 1860 München oder der Nürnberger Coach Max Merkel, echauffierten sich gar über die angeblich zu harte Gangart der Geißböcke. Willy Multhaup ließen diese Vorwürfe kalt. „Solange es der Schiedsrichter zulässt, ist das schon in Ordnung", verteidigte „Fischken" seine Mannschaft. Den FC-Fans sollte es recht sein, denn ihre Mannschaft drehte nun auch verloren geglaubte Spiele, wie das am 6. Spieltag gegen den VfB Stuttgart, als aus einem 0:2-Rückstand noch ein 2:2 gemacht wurde. Im Angriff klappte es wieder hervorragend. Bei Hannes Löhr war der Knoten endgültig geplatzt – er wurde zum überragenden Torjäger, der mit Kalli Rühl einen passablen Sturmpartner hatte. Und Regisseur Overath war ohnehin immer für ein Tor gut. Im Vorjahr hatte man nur ganze 48 Treffer erzielt, 1967/68 immerhin satte 20 Tore mehr. Zudem war im Regelwerk des DFB endlich eine Neuerung aufgenommen worden, die den Trainern mehr Flexibilität gewährleistete – erstmals durfte während des Spiels ein Feldspieler ausgewechselt werden. Bereits 1966/67 hatte man das Auswechseln des Torwarts erlaubt. Ab der Spielzeit 1968/69 gestattete man sogar den Wechsel von zwei Feldspielern. Die erste Bundesligaauswechslung der FC-Geschichte erfolgte am 2. Spieltag beim Heimspiel gegen die Münchner Löwen, als Pott in der 62. Minute für Mürdter eingewechselt wurde.

Am Ende der Hinrunde standen die Kölner in der Tabelle zwar nur auf Platz 8, der Rückstand zur zweitplatzierten Gladbacher Borussia betrug aber nur zwei Punkte. Über allem thronte Spitzenreiter 1. FC Nürnberg, der der Konkurrenz bereits um sieben Punkte enteilt war und später auch Meister wurde.

MERKEL RASTET AUS
Denkwürdigste Partie der ersten Serie war sicherlich das begeisternde 3:3 gegen den bis dahin ungeschlagenen Tabellenführer aus Nürnberg. 50.748 Zuschauer waren nach Müngersdorf gekommen, um den Klassenprimus stürzen zu sehen. Orkanartiger Jubel brandete bei den Fans auf, als Overath in der 71. Minute per Strafstoß den 3:2-Führungstreffer nach turbulentem Spielverlauf erzielte. Die Kölner hatten schon mit 0:1 und 1:2 zurückgelegen, sich aber beeindruckend herangekämpft. Bitter, dass dem Nürnberger Leupold nach 74 Minuten, begünstigt von einem schweren Soskic-Patzer, noch der Ausgleich gelang. „Club"-Trainer und Dampfplauderer Max Merkel beschwerte sich nach dem Spiel über die angeblich unfaire Kölner Härte: „Wenn du nach Nürnberg kommst, wirst du was erleben", raunzte er nach der Begegnung FC-Coach Multhaup an. Danach zeigte der jähzornige Wiener sogar noch demonstrativ auf sein Hinterteil, wofür er später vom DFB-Sportgericht zu 3.000 DM Geldstrafe verurteilt wurde. Merkel war schon vor dem Spiel unangenehm aufgefallen, indem er die Herausgabe der

1990 bis 2002 betreute er die U21-Auswahl des DFB. Mit 51 Jahren beendete Löhr übrigens an der Kölner Sporthochschule sein Studium der Sportwissenschaften. Heute lässt es der in Köln wohnhafte Ex-Torjäger ruhiger angehen, macht ausgedehnte Wanderungen und genießt die Zeit mit seiner Familie. ∎

Original FC-Trikot von Hannes Löhr aus der Saison 1967/1968.

Der FC-Karnevalsorden 1968.

[Interessantes & Kurioses]

- Assistenztrainer Hans Schäfer lehnt ein Cheftrainer-Angebot des VfB Stuttgart ab.

- Mit dem Schrecken davon kommt die Mannschaft des 1. FC Köln bei ihrer Rückkehr vom Messepokalspiel aus Glasgow: Wegen Nebels war der Flieger von Frankfurt nach Düsseldorf umgeleitet worden. Bei der Landung berührte die Maschine mit einer Tragfläche eine Begrenzungslampe der Rollbahn. Es blieb, zum Glück für alle, bei geringfügigem Sachschaden.

- Mit Hannes Löhr wird erstmals ein Spieler des 1. FC Köln Torschützenkönig der Fußball Bundesliga. 27-mal trifft Löhr ins Schwarze und erhält als Anerkennung die berühmte Torjägerkanone des *Kicker*.

Die Torjägerkanone von Hannes Löhr wird im FC-Museum ausgestellt.

- Auch nach fünf Spielzeiten belegt der FC in der „ewigen Tabelle" der Bundesliga den ersten Platz.

- Der israelische Trainer Werner Besserglik weilt zum Studium deutscher Trainingsmethoden einige Tage im Kreise der FC-Lizenzspieler.

- Eine Gruppe von Sportlehrern und Jugendleitern aus der UdSSR besucht am 2. März 1968 das Geißbockheim. Nachdem die Gäste die komplette Anlage besichtigt haben, sieht die Gruppe auch das am selben Tag stattfindende Bundesligaspiel des FC gegen den Karlsruher SC (4:0). Eine offizielle Delegation aus dem Tschad ist ebenfalls anwesend.

Mannschaftsaufstellung an die Presse mit den Worten „holen Sie sich die aus der Zeitung" verweigerte und äußerte, er wolle sich lieber die Beine amputieren lassen, als jemals Trainer des 1. FC Köln zu werden. Merkels Beine blieben zeitlebens ungefährdet – er wurde nie Trainer beim FC. Aber die Hinrunde hatte auch andere interessante Begebenheiten zu bieten.

PRÜGEL IN KARLSRUHE UND FRANKFURT

Da wäre beispielsweise der 1:0-Auswärtserfolg beim Karlsruher SC, als die Kölner echten Klassefußball boten, den das knappe Resultat nur unzureichend widerspiegelte. Pikant am Rande: Abwehrtitan Wolfgang Weber meldete seinen ehemaligen Mitspieler Christian Müller, der vor Jahresfrist im Zorn nach Baden gewechselt war, völlig ab. Als überaus schlechte Verlierer erwiesen sich nach der Begegnung einige Karlsruher Fanatiker, die vor allem Weber und Overath beim Besteigen des Mannschaftsbusses mit Fahnenstangen, Fausthieben und Fußtritten traktierten. Gut, dass „Boss" Kremer dieses schändliche Treiben nicht mitansehen musste, denn der Präsident begleitete die Mannschaft wegen seines angeschlagenen Gesundheitszustandes kaum noch zu den Auswärtsspielen.
Grund zum Jubeln gab auch das souveräne 5:0 gegen den 1. FC Kaiserslautern vor eigenem Publikum. Angetrieben vom überragenden Hornig, wurden die Pfälzer regelrecht zerlegt. Die Geißböcke waren so etwas wie der Angstgegner der „Roten Teufel". Unter den begeisterten 18.093 Zuschauern war auch Scott Symon, Manager der Glasgow Rangers, Kölns nächstem Gegner im Messepokal, denn der FC war nach einem 2:2 im Rückspiel bei Slavia Prag in die zweite Runde eingezogen. Im Gegenzug weilte Multhaup am 28. Oktober 1967 auf der Insel, um die Schotten zu beobachten. So hatte Hans Schäfer die Verantwortung beim Auswärtsspiel in Hamburg, aber auch „die Knoll" konnte das unglückliche 1:3 im Volksparkstadion nicht verhindern. Ebenfalls sehr unerfreulich war die deutliche

1:4-Heimpleite gegen Werder Bremen sowie das 1:2 bei Aufsteiger Borussia Neunkirchen. Auch im berühmten Ibrox Park zu Glasgow strichen die Kölner beim Zweitrundenauftaktspiel im Messepokal mit 0:3 die Segel. Offensichtlich war man beeindruckt vom „Ibrox Roar", den die 52.000 im Stadion verlauten ließen.
Nur drei Tage später stand die Auswärtspartie bei Eintracht Frankfurt auf dem Spielplan. Für den FC war es das dritte Spiel innerhalb einer Woche. Zahlreiche Ruppigkeiten beider Mannschaften überschatteten die Partie, in der die Rheinländer nach 15 Minuten durch Löhr in Führung gingen. Ein wegen Abseits nicht gegebenes Tor der Hausherren in der 60. Minute ließ die Stimmung beim bis dahin über das eigene Team erbosten Publikum kippen, zumal die Gäste nur acht Minuten später, ebenfalls durch Löhr, das 2:0 erzielten. Den Hessen glückte zwar noch der Anschlusstreffer, den doppelten Punktgewinn der Geißböcke konnten sie aber nicht mehr verhindern. Ein Teil der Zuschauer war nicht zu beruhigen und versuchte seine Aggressionen an den Kölner Spielern sowie am Mannschaftsbus auszulassen. Nur unter starkem Einsatz von Polizei und Ordnern gelangten die FC-Spieler und Schiri Jan Redelfs in die Kabinen. Besonders auf Nationalspieler Overath hatten es die Chaoten abgesehen. Der Regisseur wurde bespuckt und aufs Übelste beleidigt. Am FC-Mannschaftsbus, der massiv mit Steinen beworfen wurde, waren die Scheiben beschädigt und die Radioantenne abgebrochen worden. Auch der Kölner Busfahrer war Leidtragender der unsäglichen Spuckattacken. Dennoch überwog bei den Kölnern die Freude über den wichtigen Sieg, als man die Heimfahrt antrat. Niemand ahnte, welch traurige Nachricht den FC-Tross in der Heimat erwarten würde.

FRANZ KREMER IST TOT

Als der Mannschaftsbus nach dem Sieg in Frankfurt zum Geißbockheim fuhr, wunderten sich die Insassen darüber, dass das Clubhaus hell erleuchtet, auf dem Parkplatz

aber kaum ein Wagen zu sehen war. Als die Mannschaft gerade dem Bus entstiegen war, stürzte Geschäftsführer König aus dem Haus und überbrachte die Hiobsbotschaft: „Franz Kremer ist tot! Heute Nachmittag ist er gestorben. Ihr hattet in Frankfurt gerade das zweite Tor geschossen." Betretenes Schweigen setzte bei den Spielern ein. Obwohl man um den angeschlagenen Gesundheitszustand von Franz Kremer gewusst hatte, bedeutete die Nachricht für alle einen tiefen Schock. Hans Schäfer begann zu weinen. „Ich kann es nicht glauben", sagte er mit tränenerstickter Stimme. „Kein Boss mehr da, zu dem man gehen kann?", sprach Wolfgang Weber zu sich selbst.
Weinend hörten sich die Spieler an, wie ihr Präsident verstorben war. Der Boss hatte der Rundfunkübertragung aus Frankfurt gelauscht und sich über das zweite Tor seiner Mannschaft gefreut. Plötzlich bat er seine Frau, das Radio abzustellen und einen Arzt zu rufen, es gehe ihm so schlecht wie noch nie. Als der schnell gerufene Notarzt in der Franzstraße ankam, war Franz Kremer bereits tot. Er war so verstorben, wie es seine Freunde immer befürchtet hatten – während eines Spiels seiner Mannschaft.
Der Mann, der den 1. FC Köln seit seiner Gründung am 13. Februar 1948 in unnachahmlicher Weise geführt hatte, war gegangen. Wolfgang Weber erinnert sich: „Wir waren erschüttert, tieftraurig und ergriffen. Wir konnten gar nicht glauben, dass der Boss nicht mehr in die Kabine kommen sollte, um uns sein ‚viel Glück, Männer' zu wünschen, sich nach Siegen mit uns zu freuen oder uns nach Pleiten zusammenzustauchen." Für viele der FC-Spieler war Kremer ein väterlicher Vertrauter und Berater gewesen. Der Tod des „Boss" war ein unersetzlicher Verlust, darüber waren sich sowohl seine Freunde als auch seine Gegner einig.

WERNER MÜLLER SPRINGT EIN

Vorläufig übernahm nun der langjährige, um den FC sehr verdiente Vizepräsident und Kaufhof-Chef Werner Müller

Ein unersetzlicher Verlust ist der Tod von Präsident Franz Kremer. Bei seiner Beisetzung hält die Mannschaft am Sarg des „Boss" die Totenwache. Dazu die offizielle Todesanzeige des 1. FC Köln.

das Präsidentenamt auf kommissarischer Basis. Das Ableben von Franz Kremer sorgte für ein großes Echo in der regionalen und nationalen Presse. Kremer war im Fußball weit über die Grenzen der Domstadt hinaus eine bekannte Persönlichkeit gewesen.
Am 16. November 1967 wurde Franz Kremer unter großer Anteilnahme der Bevölkerung auf dem Kölner Südfriedhof beigesetzt. Der Sarg mit dem Leichnam des Präsidenten war bereits am Vortag in „seinem" Geißbockheim aufgebahrt worden. Mehrere tausend Menschen gaben ihm das letzte Geleit, darunter Prominenz aus Politik, Sport und öffentlichem Leben. Viele ehemalige Kölner wie beispielsweise Frans de Munck, Karl-Heinz Schnellinger, Helmut Benthaus oder „Tschik" Cajkovski, der hemmungslos weinte, waren gekommen. Die Lizenzspieler und Trainer standen rund um den Sarg Ehrenspalier. Unzählige Beileidstelegramme und Kondolenzbriefe aus ganz Deutschland, der ganzen Welt, waren im Geißbockheim eingetroffen.

3:0-SIEG FÜR DEN „BOSS"
Beim Heimspiel gegen den MSV Duisburg am 18. November 1967 war der Stammplatz des „Boss" in der Loge des Müngersdorfer Stadions erstmals leer. Ein rot-weißes Nelkengebinde erinnerte an den verstorbenen Präsidenten. Die Mannschaft lief mit Trauerflor auf, und sämtliche Begegnungen des 14. Spieltags wurden nach 10 Minuten für 60 Sekunden unterbrochen, um dem „Vater der Bundesliga" zu gedenken. Das Stadionmagazin *Geißbock Echo* war vollständig als Erinnerungsausgabe an Franz Kremer aufgemacht worden und enthielt nicht, wie sonst üblich, die Mannschaftsaufstellung oder Neuigkeiten rund um den FC. Auch für ihren toten Präsidenten zeigten die Geißböcke in Anwesenheit von Ludwig Erhard und NRW-Ministerpräsident Heinz Kühn eine der besten Saisonleistungen und siegten gegen die „Zebras" souverän mit 3:0.
Leider konnte der FC diese Zielstrebigkeit nicht mit ins nächste Heimspiel nehmen. Und so gab es ausgerechnet gegen Mönchengladbach wieder eine schmerzhafte Niederlage. Der überragende Netzer stach Overath glatt aus und führte die „Fohlen" zu einem verdienten 2:5-Erfolg. Auch das Kölner Publikum quittierte die spielerische Glanzleistung der Borussen mit ehrlichem Applaus.

DIE RANGERS ALS ENDSTATION
Im Messepokal war die Hoffnung auf ein Weiterkommen vor dem Zweitrundenrückspiel gegen die Glasgow Rangers aufgrund des 0:3 im Hinspiel verschwindend gering. Deswegen und vielleicht auch wegen der verheerenden Pleite gegen Gladbach verirrten sich nur 8.121 zahlende Besucher in die Hauptkampfbahn, um die ruhmreichen Schotten zu sehen. Die allerdings feuerten ihre Mannschaft bei strömendem Regen bedingungslos an. Mit Erfolg, bereits nach 60 Sekunden ging der FC durch Overath in Führung. Rühl und Weber erhöhten während der regulären Spielzeit auf 3:0, womit das Hinspielresultat egalisiert war. Die völlig durchnässten Zuschauer waren begeistert. In der Verlängerung bewiesen die Gäste allerdings die bessere Kondition. Ein Sonntagsschuss von Henderson in der 116. Minute bedeutete das 3:1. Nun hätten die Kölner noch ein Tor erzielen müssen, was ihnen aber trotz pausenlosen Anrennens nicht gelang. Trotz großem Kampf schieden die offenbar gegen Mannschaften von der Insel glücklosen Kölner aus.
Um das Unglück perfekt zu machen, kam man auch im Mittelrheinduell bei Aufsteiger Alemannia Aachen mit 2:4 unter die Räder. Mit dem 1:0-Heimerfolg über den amtierenden Meister Eintracht Braunschweig in der letzten Partie der Hinrunde auf schneebedecktem Boden konnte die Durststrecke beendet werden.
Die diesmal vier Wochen dauernde Bundesligapause hatte den Kölnern offensichtlich gut getan. Sie starteten furios mit einem 2:1-Sieg über Hannover 96 – dem ersten Heimerfolg gegen die Niedersachsen – und einem 1:0 bei den '60ern in München. Es folgten ein begeisterndes 3:3 in Müngersdorf gegen die Bayern und ein 1:1 auf Schalke. Mit dem schönen

■ Wolfgang Overath übernimmt eine Generalagentur der „Nürnberger Versicherungen". Jürgen Rumor eröffnet im Schiefersburger Weg in Köln ein Tabakwarenfachgeschäft mit Zeitungs- und Spirituoseneinzelhandel.

■ Am 12. März 1968 wird Matthias Hemmersbach beim Pokalspiel gegen Eintracht Frankfurt für 300 Spiele (Pflicht- und Freundschaftsspiele) geehrt.

■ Auf der FC-Jahreshauptversammlung am 20. Oktober 1967 wird Franz Kremer drei Wochen vor seinem Tod für zwei weitere Jahre einstimmig zum Präsidenten gewählt.

■ Wolfgang Overath wird von den Lesern des *Express* zu Kölns „Sportler des Jahres 1967" gewählt.

■ Jupp Röhrigs FC-A-Jugend wird nach einem 6:0-Endspielsieg über Westfalia Herne westdeutscher Meister.

■ Das „Geißbock Stadion" (heute als „Franz-Kremer-Stadion" bekannt) macht riesige Fortschritte und geht seiner endgültigen Fertigstellung entgegen, die für Frühjahr 1969 erwartet wird.

■ Nach der angespannten Atmosphäre beim Hinspiel Köln - Nürnberg findet vor dem Rückspiel in der Frankenmetropole ein „Freundschaftsessen" der beiden Clubs statt.

Unglücklich ausgeschieden: Das Ticket vom Messecupspiel gegen die Glasgow Rangers.

Wimpeltausch der Kapitäne Thielen und Christopheit vor dem Pokalfinale 1968.

Das Duell der Regisseure Overath und Netzer wird auch vom *Fohlen Echo* von Borussia Mönchengladbach zum Gastspiel des FC auf dem Bökelberg thematisiert.

Slavia Prag legte anlässlich des Gastspiels der Kölner eine spezielle Postkarte auf.

schon ordentlich verlaufen, feierte man in einem anderen Wettbewerb einen eher unerwarteten Triumph – im DFB-Pokal.

NACHSITZEN GEGEN FRANKFURT UND BRAUNSCHWEIG

In der ersten Runde bekamen es die Kölner mit dem FC Homburg zu tun. Der saarländische Underdog aus der Regionalliga kämpfte zwar verbissen, hatte aber letztlich gegen die routiniert aufspielenden Kölner keine Chance. Bemerkenswert: Verteidiger Fritz Pott mit zwei sehenswerten Weitschusstoren.

Da bereitete der Gegner in der zweiten Runde, Eintracht Frankfurt, schon mehr Probleme. Trotz Heimvorteils quälten sich die Geißböcke zu einem schmeichelhaften 1:1, bei dem Overath erst in der 83. Minute den Ausgleich erzielen konnte. Die deutlich besseren Hessen vergaben etliche gute Einschussmöglichkeiten in einer insgesamt niveauarmen Partie. Der FC musste sich Pfiffe und Gelächter der restlos enttäuschten Fans anhören, die zudem dadurch unangenehm auffielen, dass sie mehrfach während der Partie auf den Platz stürmten.

Da es auch nach Verlängerung beim Remis blieb, musste nach damaligem Regelwerk ein Wiederholungsspiel ausgetragen werden. Im Frankfurter Waldstadion belagerten die Hausherren in der 1. Hälfte unentwegt das Tor der Gäste, die es nur ihrem hervorragend aufgelegten Keeper Soskic zu verdanken hatten, dass sie mit einem 0:0 in die Kabine gehen durften. In Halbzeit zwei konnte sich der FC aus der Umklammerung lösen und kam zu einigen sehenswerten Chancen. Endlich führte Overath Regie und ließ sich nicht von den unentwegten „Overath raus"-Rufen des Eintracht-Anhangs irritieren. Als die 23.000 Zuschauer bereits fest mit einer Verlängerung rechneten, gelang ausgerechnet Youngster Jendrossek, bis dahin schwächster Akteur auf dem Platz, nach Zuckerpass von Pott das überraschende 1:0-Siegtor für den 1. FC Köln. Im Viertelfinale galt es eine weitere Eintracht auszuschal-

3:0-Sieg gegen die Dortmunder Borussen revanchierte man sich für die in der Hinrunde erlittene 0:2-Niederlage. Insgesamt war eine weitere Steigerung des 1. FC Köln zu beobachten, der in der Rückrunde mit 20 Pluspunkten exakt zwei Zähler mehr holte als in der ersten Serie. Hätten die Kölner eine bessere Defensive gehabt, wäre bestimmt eine noch höhere Platzierung möglich gewesen. Zu lange hatte Multhaup vor allem auf der Position des letzten Mannes experimentiert. Zunächst hielt man am indisponierten Neuzugang Roder zu lange fest. Pott und Rumor konnten auf dem Liberoposten ebenso wenig die Erwartungen erfüllen wie Thielen, der als „gelernter" Stürmer überfordert war. Erst Weber, der auf allen Defensivpositionen überzeugte, und die vermehrte Einbindung von Simmet im Abwehrverbund erwiesen sich als erfolgreiche Maßnahmen. Webers Klasse war unbestritten, doch auch Simmet zeigte, dass er eine echte Verstärkung darstellte. Am Ende erreichte man einen respektablen 4. Tabellenplatz – allerdings weit abgeschlagen hinter Meister 1. FC Nürnberg. War die Bundesligasaison

ten, diesmal die aus Braunschweig. An der gefürchteten Hamburger Straße war nach 90 Minuten noch kein Tor gefallen. Dies änderte sich in der Verlängerung, als Ulsaß zunächst für die Gastgeber und Löhr in der 110. Minute für die Gäste traf. Die Kölner hatten einen großen Kampf geliefert und ein Wiederholungsmatch erzwungen, obwohl sie fast die gesamte Verlängerung über auf 10 Mann dezimiert waren, da Hornig verletzt ausgeschieden war und Multhaup bereits in der regulären Spielzeit ausgewechselt hatte. Die wenigen mitgereisten Schlachtenbummler feierten das Unentschieden wie einen Sieg. Das Wiederholungsspiel gegen den Deutschen Meister aus Niedersachsen war schon vor dem Anpfiff ein voller Erfolg. Mehr als 40.000 Zuschauer sorgten für eine klingende Kasse. Und der FC setzte auf dem Platz noch einen drauf, bot das beste Spiel der Saison. Schon nach 24 Minuten führten die Geißböcke durch Overath und Löhr mit 2:0. Die Rheinländer spielten sich in einen wahren Rausch, der das Publikum zu Begeisterungsstürmen hinriss. Obwohl Ulsaß in der 2. Spielhälfte noch den Anschlusstreffer besorgen konnte, geriet der völlig verdiente Erfolg der Kölner nie in Gefahr. Dreimal trafen Hornig, Simmet und Flohe Pfosten und Latte – Braunschweigs Nationaltorwart Wolter entschärfte allein fünf sogenannte „Hundertprozentige". „Die Kölner kommen bestimmt ins Endspiel", ließ sich selbst der begeisterte Bundestrainer Schön auf der Tribüne zu einer Prognose hinreißen. Nun freuten sich alle auf das kommende Halbfinale gegen den alten Westrivalen Borussia Dortmund.

53.000 Fußballfreunde sorgten für ein ausverkauftes Müngersdorfer Stadion und bedeuteten eine Nettoeinnahme von 150.000 DM. Sie wollten sehen, wie der FC zum zweiten Mal nach 1954 ins deutsche Pokalendspiel einzog. Sehen konnte man seit kurzem in der Hauptkampfbahn erheblich besser, nachdem eine nagelneue 400-Lux-Flutlichtanlage installiert worden war, die deutlich mehr Sichtkomfort auf dem Spielfeld bot. Mit den ohne ihre Leistungsträger Emmerich, Kurrat und Libuda angetretenen Westfalen hatte man weniger Probleme als erwartet. Durch Tore von Thielen und Löhr (2) behielten die Kölner mit 3:0 die Oberhand. Die jubelnden FC-Fans dachten schon an das Finale und träumten von kommenden Europapokalschlachten…

**DFB-POKALENDSPIEL:
1. FC KÖLN - VFL BOCHUM, SÜDWESTSTADION LUDWIGSHAFEN, 9. JUNI 1968**
Schon vor dem großen Finale hatte es einige Misstöne zwischen FC und DFB gegeben. Der Verband hatte nicht nur den Spieltag vom 1. auf den 9. Juni verlegt, sondern auch gleich den Spielort. Vom zunächst vorgesehenen Niedersachsenstadion in Hannover musste man nun ins Südweststadion nach Ludwigshafen „ausweichen", da der DFB kurzfristig ein in Hannover stattfindendes Länderspiel gegen England abgeschlossen hatte. „Mit solchen Methoden schafft man es bestimmt nicht, den Pokalwettbewerb aufzuwerten", wetterte FC-Geschäftsführer König. Ungeachtet der Differenzen im Vorfeld sorgten die 58.000 Zuschauer, darunter je 20.000 Fans aus Köln und Bochum, im altehrwürdigen Ludwigshafener Südweststadion für den passenden Rahmen beim Spiel David gegen Goliath. Die in der seinerzeit zweitklassigen Regionalliga spielende Mannschaft des VfL Bochum war sensationell bis ins Endspiel vorgedrungen und hatte auf ihrem Weg ins Finale unter anderem Pokalverteidiger Bayern München und Borussia Mönchengladbach aus dem Weg geräumt. Trotzdem galt der FC als haushoher Favorit. In der Abgeschiedenheit des Hotel „Waldhaus Wilhelm" in der Nähe von Edenkoben hatte man sich konzentriert auf das zweite Pokalfinale nach 1954 vorbereitet.
Bei strahlendem Sonnenschein pfiff Schiedsrichter Riegg die Begegnung an. Vor allem in der 1. Halbzeit mischten die tapfer kämpfenden Bochumer, für die das Erreichen des Finales den größten Erfolg der Vereinsgeschichte bedeutete, munter mit. Auch durch den

Ein strahlender Hannes Löhr mit dem Pott.

1:0-Führungstreffer der Kölner durch Hornig ließ sich der VfL nicht beirren und kam nach 37 Minuten durch Böttcher zum verdienten Ausgleich. Jetzt merkten die Kölner endgültig, dass sie den Regionalligisten nicht unterschätzen durften. Sie begannen, ihre spielerische Überlegenheit in die Waagschale zu werfen. Mit Erfolg. Nur eine Minute nach dem Ausgleich besorgte Rühl das 2:1 für den Favoriten, was auch den Pausenstand bedeutete. Im zweiten Abschnitt war der FC dann drückend überlegen. Folglich markierte Rühl nach 57 Minuten das 3:1, eine knappe Viertelstunde später erzielte Löhr mit dem 4:1 den letzten Treffer des Spiels. Die Bochumer hatten sich teuer verkauft, doch letztlich gegen die routinierteren Geißböcke an diesem Tag keine Chance, obwohl ihnen beim Stand von 3:1 ein klarer Strafstoß nach Foul von Hemmersbach an Böttcher verweigert wurde. Hornig, Overath und Co spielten richtig schönen Fußball, so dass auch die anwesenden neutralen Zuschauer dem Sieger aus der Domstadt anerkennenden Applaus spendeten. Bundestrainer Schön auf der Tribüne lobte vor allem Youngster Flohe, dem er eine große Zukunft bescheinigte.

Im Kölner Lager war die Freude riesig. Tausende Schlachtenbummler stürmten den Platz, und die Siegerehrung konnte nur mit Mühe durchgeführt werden. Es dauerte lange, bis Bundeskanzler Dr. Kiesinger den Pokal an Kapitän Karl-Heinz Thielen überreichen konnte. Faire Geste des Siegers: Die Kölner ließen den Cup mit Sekt befüllen und die sympathischen Bochumer den ersten Schluck daraus trinken. Milutin Soskic wischte sich die Freudentränen aus den Augen. „Das sein schönster Tag in meinem Leben, mit Partizan wurde ich nie Pokalsieger", radebrechte der Belgrader. Noch lange hörte man aus der FC-Kabine das bekannte „So ein Tag…"-Lied. Auch für „Fischken" Multhaup, dessen Abschied zum Saisonende bereits feststand, bedeutete der Pokalsieg einen gelungenen Abschluss seiner Zeit beim 1. FC Köln. Später bekannte der Trainer sogar, dass der Pokalsieg mit den Kölnern sein schönster Titel gewesen sei. Es war auch Multhaups Verdienst, dass der DFB-Pokal erstmals ins Geißbockheim kam. Einziger Wermutstropfen: Der FC-Vorstand hatte versäumt, in der Domstadt einen gebührenden Empfang zu organisieren. Die Leistung der Pokalhelden schmälerte dies jedoch nicht.

DFB-Wimpel, das offizielle Programm und das Ticket zum Endspiel.

STATISTIK 1967/68

BUNDESLIGA

19.08.1967 SV Hannover 96 - 1. FC Köln 3:0 (1:0)
Zuschauer: 50.197
Tore: 1:0 (05.) Bandura, 2:0, 3:0 (71., 83.) Heynckes.
Aufstellung: Soskic, Pott, Hemmersbach, Thielen, Roder, Weber, Jendrossek, Simmet, Mürdter, Overath, Löhr.

26.08.1967 1. FC Köln - 1860 München 1:0 (0:0)
Zuschauer: 36.075
Tor: 1:0 (76.) Flohe.
Aufstellung: Soskic, Rausch, Hemmersbach, Simmet, Weber, Roder, Thielen, Flohe, Mürdter (62.Pott), Overath, Löhr.

02.09.1967 FC Bayern München - 1. FC Köln 0:3 (0:0)
Zuschauer: 35.000
Tore: 0:1 (51.) Rühl, 0:2, 0:3 (59., 89.) Löhr.
Aufstellung: Soskic, Rausch, Hemmersbach, Simmet, Roder, Weber, Rühl, Flohe, Löhr, Overath, Hornig.

09.09.1967 1. FC Köln - FC Schalke 04 7:0 (1:0)
Zuschauer: 32.697
Tore: 1:0 (02.) Löhr, 2:0 (53.) Rühl, 3:0 (57.) Löhr, 4:0 (66.) Rühl, 5:0 (78.) Weber, 6:0 (88.) Löhr, 7:0 (90.) Simmet.
Aufstellung: Soskic, Rausch, Hemmersbach, Simmet, Roder, Weber, Rühl, Flohe, Löhr, Overath, Hornig.

13.09.1967 Borussia Dortmund - 1. FC Köln 2:0 (1:0)
Zuschauer: 40.000
Tore: 1:0 (40.) Wosab, 2:0 (90.) Emmerich.
Aufstellung: Soskic, Rausch, Hemmersbach, Simmet, Roder, Weber, Rühl, Flohe, Löhr, Overath, Hornig (51. Jendrossek).

16.09.1967 1. FC Köln - VfB Stuttgart 2:2 (0:2)
Zuschauer: 21.918
Tore: 0:1 (13.) Weiß, 0:2 (23.) Huttary, 1:2 (51.) Rühl, 2:2 (70.) Overath (FE).
Aufstellung: Soskic, Rausch, Hemmersbach, Rumor, Roder, Weber, Rühl, Flohe, Löhr, Overath, Hornig (33. Jendrossek).

23.09.1967 Karlsruher SC - 1. FC Köln 0:1 (0:1)
Zuschauer: 40.000
Tor: 0:1 (26.) Löhr.
Aufstellung: Soskic, Pott, Rausch, Hemmersbach, Roder, Weber, Rühl, Flohe, Löhr, Overath, Hornig.

30.09.1967 1. FC Köln - SV Werder Bremen 1:4 (0:1)
Zuschauer: 25.827
Tore: 0:1, 0:2 (43., 65.) Rupp, 0:3 (79.) Björnmose, 1:3 (85.) Löhr, 1:4 (88.) Lorenz.
Aufstellung: Soskic, Rausch (46. Regh), Pott, Hemmersbach, Roder, Weber, Rühl, Flohe, Löhr, Overath, Hornig.

14.10.1967 Borussia Neunkirchen - 1. FC Köln 2:1 (0:0)
Zuschauer: 12.000
Tore: 0:1 (49.) Löhr, 1:1 (62.) Linsenmaier, 2:1 (77.) Gayer.
Aufstellung: Soskic, Rausch, Regh, Simmet, Rumor, Weber, Rühl, Flohe, Löhr, Overath, Hornig.

21.10.1967 1. FC Köln - 1. FC Kaiserslautern 5:0 (3:0)
Zuschauer: 18.093
Tore: 1:0 (03.) Flohe, 2:0 (15.) Overath, 3:0, 4:0 (28., 62.) Löhr, 5:0 (66.) Overath (FE).
Aufstellung: Soskic, Rausch, Hemmersbach, Simmet, Roder, Weber, Rühl, Flohe, Löhr, Overath, Hornig.

28.10.1967 Hamburger SV - 1. FC Köln 3:1 (1:1)
Zuschauer: 16.000
Tore: 1:0 (38.) Krämer, 1:1 (44.) Rühl, 2:1, 3:1 (47., 56.) Seeler.
Aufstellung: Soskic, Rausch, Hemmersbach, Simmet, Roder (56. Rumor), Weber, Rühl, Flohe, Löhr, Overath, Hornig.

04.11.1967 1. FC Köln - 1. FC Nürnberg 3:3 (1:1)
Zuschauer: 50.748
Tore: 0:1 (09.) Strehl, 1:1 (43.) Flohe, 1:2 (54.) Brungs, 2:2 (63.) Rühl, 3:2 (72.) Overath (FE), 3:3 (74.) Leupold.
Aufstellung: Soskic, Rausch, Regh, Simmet, Rumor (63. Pott), Hemmersbach, Rühl, Flohe, Löhr, Overath, Hornig.

11.11.1967 Eintracht Frankfurt - 1. FC Köln 1:2 (0:1)
Zuschauer: 15.000
Tore: 0:1, 0:2 (15., 68.) Löhr, 1:2 (85.) Schämer (FE).
Aufstellung: Schumacher, Rausch, Regh, Simmet, Pott, Hemmersbach, Rühl, Flohe, Löhr, Overath, Hornig.

18.11.1967 1. FC Köln - MSV Duisburg 3:0 (2:0)
Zuschauer: 20.501
Tore: 1:0 (06.) Overath, 2:0 (38.) Löhr, 3:0 (58.) Rühl.
Aufstellung: Schumacher, Rausch, Pott, Hemmersbach, Thielen, Weber, Rühl, Simmet, Löhr, Overath, Hornig.

25.11.1967 1. FC Köln - Borussia M'gladbach 2:5 (1:1)
Zuschauer: 37.148
Tore: 1:0 (32.) Löhr, 1:1 (35.) Wimmer, 1:2, 1:3 (65., 67.) Meyer, 1:4 (85.) Netzer (FE), 1:5 (87.) Wimmer, 2:5 (89.) Simmet.
Aufstellung: Schumacher, Rausch, Pott, Hemmersbach, Thielen, Weber, Rühl, Simmet, Löhr, Overath, Hornig.

02.12.1967 Alemannia Aachen - 1. FC Köln 4:2 (2:2)
Zuschauer: 27.000
Tore: 1:0 (05.) Ferdinand, 2:0 (08.) Gronen, 2:1, 2:2 (25., 33.) Löhr, 3:2 (56.) Krott, 4:2 (76.) Ferdinand.
Aufstellung: Schumacher, Rausch, Pott, Hemmersbach, Thielen, Weber, Rühl (49. Flohe), Simmet, Löhr, Overath, Hornig.

09.12.1967 1. FC Köln - Eintracht Braunschweig 1:0 (0:0)
Zuschauer: 11.508
Tor: 1:0 (61.) Thielen.
Aufstellung: Schumacher, Regh, Hemmersbach, Simmet, Weber, Thielen, Flohe, Rühl, Löhr, Overath, Hornig.

06.01.1968 1. FC Köln - SV Hannover 96 2:1 (1:0)
Zuschauer: 8.349
Tore: 1:0 (25.) Löhr, 1:1 (46.) Irtel, 2:1 (71.) Simmet.
Aufstellung: Schumacher, Rausch, Hemmersbach, Simmet, Weber, Thielen, Rühl, Flohe (12. Rumor), Löhr, Overath, Hornig.

13.01.1968 TSV 1860 München - 1. FC Köln 0:1 (0:1)
Zuschauer: 17.000
Tor: 0:1 (03.) Löhr.
Aufstellung: Schumacher, Pott, Hemmersbach, Simmet, Weber, Thielen, Rühl, Rumor, Löhr (68. Jendrossek) Overath, Hornig.

20.01.1968 1. FC Köln - FC Bayern München 3:3 (2:2)
Zuschauer: 30.000
Tore: 0:1, 0:2 (15., 25.) Koulmann, 1:2 (40.) Löhr, 2:2 (45.) Rühl, 2:3 (56.) Müller (FE), 3:3 (75.) Löhr (FE).
Aufstellung: Schumacher, Pott, Hemmersbach, Simmet, Weber, Thielen, Rühl, Rumor, Löhr, Overath (56. Rausch), Hornig.

03.02.1968 FC Schalke 04 - 1. FC Köln 1:1 (1:1)
Zuschauer: 34.000
Tore: 1:0 (17.) Wittkamp, 1:1 (44.) Löhr.
Aufstellung: Schumacher, Rausch, Hemmersbach, Pott, Weber, Thielen, Rühl (68. Jendrossek), Simmet, Löhr, Rumor, Hornig.

10.02.1968 1. FC Köln - Borussia Dortmund 3:0 (0:0)
Zuschauer: 21.000
Tore: 1:0 (62.) Löhr, 2:0 (73.) Rühl, 3:0 (83.) Jendrossek.
Aufstellung: Schumacher, Rausch, Pott, Hemmersbach, Weber, Thielen, Rühl, Simmet, Jendrossek, Rumor, Löhr.

17.02.1968 VfB Stuttgart - 1. FC Köln 2:0 (2:0)
Zuschauer: 18.000
Tore: 1:0 (04.) Gress, 2:0 (27.) Handschuh.
Aufstellung: Schumacher, Rausch, Pott, Hemmersbach, Weber, Thielen (68. Hornig), Rühl, Simmet, Löhr, Rumor, Jendrossek.

02.03.1968 1. FC Köln - Karlsruher SC 4:0 (1:0)
Zuschauer: 11.000
Tore: 1:0, 2:0 (32., 50.) Löhr, 3:0 (77.) Rühl, 4:0 (82.) Hornig.
Aufstellung: Soskic, Rausch, Pott, Hemmersbach, Weber (23. Jendrossek), Thielen, Rühl, Simmet, Löhr, Rumor, Hornig.

09.03.1968 SV Werder Bremen - 1. FC Köln 3:1 (2:0)
Zuschauer: 20.000
Tore: 1:0 (10.) Björnmose, 2:0 (42.) Danielsen, 3:0 (62.) Rupp, 3:1 (75.) Pott (HE).
Aufstellung: Soskic, Rausch, Pott, Hemmersbach, Weber, Rumor, Rühl (50. Regh), Simmet, Löhr, Jendrossek, Hornig.

16.03.1968 1. FC Köln - Borussia Neunkirchen 2:1 (1:0)
Zuschauer: 6.000
Tore: 1:0 (44.) Löhr, 1:1 (86.) Linsenmaier, 2:1 (89.) Thielen.
Aufstellung: Soskic, Pott, Regh, Hemmersbach, Weber, Roder, Thielen, Simmet, Jendrossek (46. Alger), Overath, Löhr.

23.03.1968 1. FC Kaiserslautern - 1. FC Köln 2:1 (0:0)
Zuschauer: 10.000
Tore: 0:1 (48.) Löhr, 1:1, 2:1 (75. [FE], 80.) Kapitulski.
Aufstellung: Soskic, Rausch, Pott, Regh, Hemmersbach, Weber, Rumor, Simmet, Overath, Thielen, Löhr.

30.03.1968 1. FC Köln - Hamburger SV 2:1 (0:0)
Zuschauer: 25.000
Tore: 1:0, 2:0 (63., 68.) Rühl, 2:1 (87.) Seeler.
Aufstellung: Soskic, Pott, Regh, Hemmersbach, Weber, Thielen, Rühl, Simmet, Jendrossek, Overath, Löhr.

06.04.1968 1. FC Nürnberg - 1. FC Köln 2:1 (1:0)
Zuschauer: 45.000
Tore: 1:0 (30.) Volkert, 2:0 (47.) Starek, 2:1 (50.) Rühl.
Aufstellung: Soskic, Pott, Regh, Hemmersbach, Weber, Thielen (69. Jendrossek), Rühl, Simmet, Löhr, Overath, Hornig.

20.04.1968 1. FC Köln - Eintracht Frankfurt 5:1 (3:0)
Zuschauer: 13.000
Tore:v 1:0 (13.) Overath, 2:0 (37.) Jendrossek, 3:0, 4:0 (44., 56.) Flohe, 4:1 (77.) Hölzenbein, 5:1 (90.) Löhr.
Aufstellung: Soskic, Pott, Regh, Hemmersbach, Weber, Flohe, Rühl (25. Jendrossek), Simmet, Löhr, Overath, Hornig.

26.04.1968 MSV Duisburg - 1. FC Köln 3:2 (1:0)
Zuschauer: 20.000
Tore: 1:0, 2:0 (44., 65.) Kremer, 3:0 (66.) Budde, 3:1 (77.) Overath, 3:2 (87.) Weber.
Aufstellung: Soskic, Pott, Rumor, Hemmersbach, Weber, Hermes, Bergfelder, Simmet, Overath, Löhr, Hornig (46. Flohe).

11.05.1968 Borussia M'gladbach - 1. FC Köln 1:0 (1:0)
Zuschauer: 16.000
Tor: 1:0 (23.) Netzer (HE).
Aufstellung: Soskic, Pott, Hemmersbach, Regh, Weber, Thielen, Jendrossek, Simmet, Löhr, Overath, Hornig.

18.05.1968 1. FC Köln - Alemannia Aachen 3:1 (2:0)
Zuschauer: 11.000
Tore: 1:0 (01.) Hemmersbach, 2:0 (32.) Overath, 3:0 (52) Jendrossek, 3:1 (72.) Sell.
Aufstellung: Soskic, Hemmersbach, Regh, Rumor, Pott, Weber, Thielen, Simmet, Löhr, Overath, Hornig.

25.05.1968 Eintracht Braunschweig - 1. FC Köln 1:2 (1:2)
Zuschauer: 7.000
Tore: 0:1 (10.) Overath, 0:2 (18.) Thielen, 1:2 (42.) Polywka.
Aufstellung: Soskic, Pott, Regh, Hemmersbach, Weber, Thielen, Simmet, Overath, Löhr, Hornig.

DFB-POKAL

1. Runde
27.01.1968 FC Homburg/Saar - 1. FC Köln 1:4 (0:3)
Zuschauer: 11.000
Tore: 0:1 (17.) Pott, 0:2 (38.) Thielen, 0:3 (40.) Rumor, 1:3 (83.) Kittel (FE), 1:4 (84.) Pott.
Aufstellung: Schumacher, Rausch, Pott, Hemmersbach, Weber, Thielen, Rühl, Simmet, Löhr, Rumor, Flohe (69. Jendrossek).

Achtelfinale (Hinspiel)
12.03.1968 1. FC Köln - Eintracht Frankfurt 1:1 n.V.
Zuschauer: 15.000
Tore: 0:1 (51.) Schämer, 1:1 (83.) Overath.
Aufstellung: Schumacher, Rausch (72. Regh), Pott, Hemmersbach, Weber, Thielen, Jendrossek, Simmet, Löhr, Overath, Hornig.

STATISTIK 1967/68

Achtelfinale (Rückspiel)
19.03.1968 Eintracht Frankfurt - 1.FC Köln 0:1 (0:0)
Zuschauer: 23.000
Tore: 0:1 (86.) Jendrossek.
Aufstellung: Soskic, Pott, Hemmersbach, Weber, Regh, Thielen, Rühl, Jendrossek, Simmet, Overath, Löhr.

Viertelfinale (Hinspiel)
11.04.1968 Eintracht Braunschweig - 1.FC Köln 1:1 n.V.
Zuschauer: 23.000
Tore: 1:0 (92.) Ulsaß, 1:1 (110.) Löhr.
Aufstellung: Soskic, Weber, Regh (28. Rausch), Simmet, Hemmersbach, Pott, Flohe, Overath, Rühl, Löhr, Hornig.

Viertelfinale (Rückspiel)
23.04.1968 1.FC Köln - Eintracht Braunschweig 2:1 (2:0)
Zuschauer: 40.000
Tore: 1:0 (02.) Overath, 2:0 (24.) Löhr, 2:1 (53.) Ulsaß.
Aufstellung: Soskic, Pott, Hemmersbach, Weber, Regh, Simmet, Overath, Jendrossek, Flohe, Löhr, Hornig.

Halbfinale
03.05.1968 1.FC Köln - Borussia Dortmund 3:0 (2:0)
Zuschauer: 53.000
Tore: 1:0 (11.) Thielen, 2:0, 3:0 (24., 58.) Löhr.
Soskic, Pott, Thielen, Weber, Regh, Flohe (30. Rumor) Simmet, Overath, Jendrossek, Löhr, Hornig.

Finale
09.06.1968 VfL Bochum - 1.FC Köln 1:4 (1:2)
Zuschauer: 58.000
Tore: 0:1 (22.) Hornig, 1:1 (37.) Böttcher, 1:2, 1:3 (38., 57.) Rühl, 1:4 (70.) Löhr.
Aufstellung: Soskic, Pott, Hemmersbach, Flohe, Weber, Rühl, Thielen, Simmet, Löhr, Overath, Hornig.
B.V.: Das Spiel wurde in Ludwigshafen ausgetragen.

MESSE-POKAL

1. Runde (Hinspiel)
30.08.1967 1.FC Köln - Slavia Prag 2:0 (1:0)
Zuschauer: 10.022
Tore: 1:0 (40.) Rühl, 2:0 (49.) Löhr.
Aufstellung: Soskic, Rausch, Hemmersbach, Simmet, Pott, Weber, Rühl, Flohe, Thielen, Overath, Löhr.

1. Runde (Rückspiel)
11.10.1967 Slavia Prag - 1.FC Köln 2:2 (2:0)
Zuschauer: 60.000
Tore: 1:0 (03.) Tesar, 2:0 (38.) Lala, 2:1 (50.) Löhr, 2:2 (60.) Rühl.
Aufstellung: Soskic, Rausch, Hemmersbach, Simmet, Roder (Rumor), Weber, Rühl, Flohe, Löhr, Overath, Hornig.

2. Runde (Hinspiel)
08.11.1967 Glasgow Rangers - 1.FC Köln 3:0 (0:0)
Zuschauer: 52.000
Tore: 1:0 (53.) Ferguson, 2:0 (65.) Henderson, 3:0 (71.) Ferguson.
Aufstellung: Schumacher, Rausch, Regh, Simmet, Pott, Hemmersbach, Rühl, Flohe, Löhr, Overath, Hornig.

2. Runde (Rückspiel)
28.11.1967 1.FC Köln - Glasgow Rangers 3:1 n.V.
Zuschauer: 8.121
Tore: 1:0 (01.) Overath, 2:0 (74.) Rühl, 3:0 (78.) Weber, 3:1 (116.) Henderson.
Aufstellung: Schumacher, Rausch, Pott, Hemmersbach, Thielen, Weber, Rühl, Simmet, Löhr (72. Flohe) Overath, Hornig.

FREUNDSCHAFTSSPIELE

29.07.1967 1.FC Köln - Dukla Prag 1:4 (0:1)
01.08.1967 SC Fortuna Köln - 1.FC Köln 2:3 (1:1)
04.08.1967 1.FC Köln - FC Liverpool 1:0 (0:0)
06.08.1967 SV 09 Eitorf - 1.FC Köln 1:12 (0:8)
08.08.1967 1.FC Köln - FC Nantes 3:2 (3:2)
12.08.1967 1.FC Köln - Alemannia Aachen 1:2 (1:1)
13.08.1967 SpVgg Frechen 20 - 1.FC Köln 1:10 (0:5)
03.10.1967 SG Düren 99 - 1.FC Köln 1:5 (0:3)
24.10.1967 Hertha BSC Berlin - 1.FC Köln 1:1 (0:0)
20.12.1967 NEC Nijmwegen - 1.FC Köln 1:4 (0:2)
26.12.1967 Rot-Weiß Essen - 1.FC Köln 0:2 (0:1)
30.12.1967 Kickers Offenbach - 1.FC Köln 1:2 (1:1)
28.01.1968 TuS Neuendorf - 1.FC Köln 2:5 (0:4)
13.04.1968 TuS Haste - 1.FC Köln 0:4 (0:1)
28.04.1968 SC Göttingen 05 - 1.FC Köln 1:3 (0:1)
05.05.1968 VfB Stuttgart - 1.FC Köln 2:2 (1:1)
(in Tuttlingen)
26.05.1968 Arminia Bielefeld - 1.FC Köln 4:2 (2:1)
11.06.1968 1.FC Köln - 1.FC Kaiserslautern 0:1 (0:0)
18.06.1968 Servette Genf - 1.FC Köln 1:1 (1:0)
22.06.1968 1.FC Köln - AC Florenz 0:1 (0:1)
25.06.1968 FC Basel - 1.FC Köln 3:2 (1:1)
29.06.1968 1.FC Köln - AS Rom 0:2 (0:1)

1. BUNDESLIGA 1967/68

1.	1.FC Nürnberg	71:37	47:21
2.	Werder Bremen	68:51	44:24
3.	Borussia M'gladbach	77:45	42:26
4.	**1.FC Köln**	**68:52**	**38:30**
5.	Bayern München (P)	68:58	38:30
6.	Eintracht Frankfurt	58:51	38:30
7.	MSV Duisburg	69:58	36:32
8.	VfB Stuttgart	65:54	35:33
9.	Eintr.Braunschweig (M)	37:39	35:33
10.	Hannover 96	48:52	34:34
11.	Alemannia Aachen (N)	52:66	34:34
12.	1860 München	55:39	33:35
13.	Hamburger SV	51:54	33:35
14.	Borussia Dortmund	60:59	31:37
15.	FC Schalke 04	42:48	30:38
16.	1.FC Kaiserslautern	39:67	28:40
17.	Borussia Neunkirchen (N)	33:93	19:49
18.	Karlsruher SC	32:70	17:51

BUNDESLIGAKADER 1967/68

Abgänge: Kleinholz (VfR Neuss), Magnusson (Juventus Turin), Neumann (Vitesse Arnheim), Sturm (Viktoria Köln), Klütsch (eigene Amateure), Schlüssel (Fortuna Düsseldorf)
Zugänge: Hermes (eigene Amateure), Heyeres (eigene Amateure), Mürdter (SC Göttingen 05), Roder (SC Göttingen 05), Rühl (MSV Duisburg), Simmet (RW Essen)

Trainer: Willi Multhaup

Tor:
Soskic, Milutin	25/0
Schumacher, Anton	9/0
Heyeres, Paul	0/0

Feld:
Löhr, Johannes	34/27	Pott, Fritz	25/1
Hemmersbach, Matth.	33/1	Rausch, Wolfgang	22/0
Simmet, Heinz	31/3	Thielen, Karl-Heinz	20/3
Weber, Wolfgang	31/2	Flohe, Heinz	17/5
Overath, Wolfgang	29/9	Jendrossek, Jürgen	15/3
Rühl, Karl-Heinz	28/13	Rumor, Jürgen	15/0
Hornig, Heinz	28/1	Regh, Anton	14/0
		Roder, Reinhard	11/0
		Mürdter, Dietmar	2/0
		Alger, Paul	1/0
		Bergfelder, Helmut	1/0
		Hermes, Bernhard	1/0
		Röhrig, Josef jun.	0/0
		Neumann, Fanz-Peter	0/0

FIEBERKURVE 1967/68

1968/69
1. BUNDESLIGA

Rettung am letzten Spieltag – der FC erstmals im Abstiegskampf

[LEGENDEN]

Karl-Heinz Rühl
Beim FC von 1967 bis 1970 (Spieler), 1997 bis 1998 (Sportdirektor)
Geboren: 14.11.1939 in Berlin
Pflichtspiele beim FC: 101
Pflichtspieltore: 45

Ein Berliner in Köln
Obwohl Karl-Heinz Rühl schon beim SC West und der Kölner Viktoria (1959-1963) für Furore gesorgt hatte, kam der schussstarke Angreifer erst über Umwege zum FC. Denn inzwischen hatte er sich in der Bundesliga bereits bei Hertha BSC Berlin (1963-1965) und dem MSV Duisburg (1965-1967) als Leistungsträger etabliert. Im Sommer 1967 gelang es, den Torjäger und Vorbereiter ans Geißbockheim zu locken. In seiner ersten Saison sicherte er sich nicht nur auf Anhieb einen Stammplatz, er wurde mit den Geißböcken auch DFB-Pokalsieger. Am Titel hatte „Kalli" maßgeblichen Anteil, denn er erzielte im Finale gegen den VfL Bochum zwei Tore. 1970 wechselte der Rechtsaußen nach Belgien zu Daring Brüssel.

Da der frühere Amateurnationalspieler im Besitz der Fußballlehrerlizenz war, betätigte er sich unter anderem bei PAOK Saloniki, Karlsruher SC, MSV Duisburg, Borussia Dortmund, 1860 München und VfL Osnabrück als Trainer. Auch als Manager war Rühl aktiv beim Karlsruher SC und Hertha BSC Berlin. Von 1997 bis 1998 kam der gebürtige Berliner, der auch heute noch in Köln lebt, als Sportdirektor zum FC zurück. Eine Zeitspanne, die mit dem erstmaligen Abstieg des Traditionsvereins in die zweite Liga endete.

Stehend von links: Trainer Hans Merkle, Peter Blusch, Werner Biskup, Ludwig Bründl, Wolfgang Weber, Heinz Flohe, Karl-Heinz Rühl, Karl-Heinz Thielen, Matthias Hemmersbach, Assistenztrainer Hans Schäfer. Sitzend von links: Wolfgang Overath, Heinz Hornig, Heinz Simmet, Fritz Pott, Paul Heyeres, Rolf Birkhölzer, Toni Regh, Jürgen Jendrossek, Hans Langanke, Bernhard Hermes.

Den ersten Fehler beging man beim FC schon vor der Saison, indem man die Teilnahme am sogenannten Alpen-Pokal zugesagt hatte. Dieser Wettbewerb war eine Art „Intertoto-Runde", bei der die Kölner gegen Kaiserslautern (0:1), Servette Genf (1:1), AC Florenz (0:1), FC Basel (2:3) und AS Rom (0:2) antraten. Neben dem verheerenden sportlichen Abschneiden ignorierten die FC-Fans die „Veranstaltung" fast völlig und blieben zu Hause. Erschwerend kam hinzu, dass die Spieler keinerlei Erholungszeit hatten, da das erste Alpen-Pokal-Spiel bereits zwei Tage nach dem Pokalfinale gegen Bochum stattfand. Alles andere als gute Voraussetzungen für den neuen Trainer Hans Merkle, der seit kurzem im FC-Sportpark die Verantwortung trug.

Obwohl einige Gerüchte über eine mögliche Rückkehr von „Tschik" Cajkovski oder Hennes Weisweiler rund ums Geißbockheim im Umlauf waren, zauberten die Verantwortlichen einen nahezu unbekannten Mann aus dem Hut. Denn Hans Merkle war in Deutschland nur Insidern ein Begriff, was sicherlich auch daran lag, dass der gebürtige Karlsruher zuvor vier Jahre lang in der Schweiz tätig war. Hier betreute er die traditionsreichen Young Boys aus Bern. Obwohl Merkle mit den Young Boys keinen Titel holte, machte er sich vor allem als Talententdecker und Jugendförderer einen Namen – und aufgrund seiner drakonischen Trainingspraktiken und seiner keineswegs diplomatischen Art als „Granit-Hansel". Vor seinem Engagement in Bern coachte der Herberger-Schüler unter anderem den SSV Reutlingen und die Offenbacher Kickers. Zeit genug, um auf Trainersuche zu gehen, hatte man beim FC gehabt, da Willy Multhaup bereits im Frühjahr 1968 ankündigte, sein Amt zum Saisonende niederlegen zu wollen. Umso enttäuschter reagierten die FC-Fans, als sie von Merkles Verpflichtung hörten, denn nicht wenige von ihnen hatten von einer Rückkehr des „verlorenen Sohnes" Hennes Weisweiler geträumt.

OSKAR MAASS WIRD NEUER PRÄSIDENT
Neben dem neuen Trainer hatte der 1. FC Köln ab dem 9. August 1968 auch wieder einen „richtigen" Präsidenten. Werner Müller, der von vornherein festgelegt hatte, nur kommissarisch zur Verfügung zu stehen, rückte wunschgemäß wieder in das Amt des 2. Vorsitzenden zurück. Zum neuen Vorsitzenden wählten die Mitglieder im Rahmen der außerordentlichen Versamm-

Erleichterung nach der „Last-Minute-Rettung" am letzten Spieltag bei Fans, Presse und Akteuren. Von rechts Thielen, Trainer Merkle und Jendrossek.

lung Oskar Maaß. Der neue Präsident war ein enger Vertrauter von Franz Kremer gewesen und ein intimer Kenner des 1. FC Köln, dem er seit 1949 als Mitglied angehörte. Zunächst bei den „Alten Herren" spielend, erwarb sich der ehemalige Regierungsbaumeister als Vorsitzender des Geißbockheim-Bauausschusses große Verdienste. Seitdem war Maaß in unterschiedlichen FC-Gremien tätig, sowohl im Vorstand als auch im Verwaltungs- und Ehrenrat. Der leidenschaftliche Züchter deutscher Schäferhunde war ein eher moderater Typ, dessen Führungsstil nicht mit dem von „Alleinherrscher" Franz Kremer vergleichbar war. Bei den Neuzugängen setzte man auf die Verpflichtung bundesligaerfahrener Akteure. Verteidiger Werner Biskup hatte eine überzeugende Saison bei Fortuna Düsseldorf gespielt. Wie im Vorjahr bei Simmet pokerte man auch um Biskup mit dem Rivalen aus Mönchengladbach. Da der FC über den größeren finanziellen Spielraum verfügte, blieben die Domstädter erneut Sieger. Was auf dem Rasen nicht mehr klappte, gelang wenigstens am grünen Tisch. Auch Peter Blusch wurde für die Defensive geholt. Er hatte schon 110 Bundesligapartien für die Frankfurter Eintracht absolviert. Vor allem Biskup, aber auch Blusch sollten sich als echte Verstärkungen erweisen. Von den Münchner Löwen war Angreifer Ludwig Bründl an den Rhein gewechselt, ihm gelang der Durchbruch aber nicht, und seine Zeit beim FC endete nach nur einer Spielzeit. Rund 300.000 DM Ablöse und Handgelder ließen sich die Kölner das Trio der „drei großen B" – Biskup, Blusch und Bründl – kosten. Hinzu kam Torwarttalent Rolf Birkhölzer aus der eigenen Jugend, der die Nummer 3 hinter Milutin Soskic und Paul Heyeres war, da Toni Schumacher nach acht Jahren beim FC zu Viktoria Köln transferiert wurde.
Mit Jürgen Rumor und Wolfgang Rausch verließen zwei FC-Eigengewächse den Verein, die man ungern abgab. Beide hatten zum Stamm der Geißböcke gehört, doch sie suchten beim 1. FC Kaiserslautern bzw. bei RW Essen eine neue Herausforderung. Wolfgang Rausch, übrigens Sohn des langjährigen Clubhausgeschäftsführers Heinz Rausch, erinnert sich: „Ich hatte 1967/68 regelmäßig gespielt. Insgeheim hoffte ich, im Pokalfinale aufgestellt zu werden. Dies war nicht der Fall, und ich dachte mir, versuch es mal woanders. Keine leichte Entscheidung, da ich fast meine gesamte Jugend am und im Geißbockheim verbracht hatte. Aber oft ist der Prophet im eigenen Land halt weniger wert."

OHNE TORWART UND TORJÄGER IN DIE SAISON

Schon zu Saisonbeginn hatte Trainer Merkle mit dem Hindernis zu kämpfen, Stammtorwart Soskic und Goalgetter Löhr ersetzen zu müssen. Soskic hatte sich beim Alpen-Pokal-Spiel gegen Kaiserslautern einen komplizierten Wadenbeinbruch zugezogen, Löhr laborierte an einer Lungenerkrankung und befand sich noch im Waldsanatorium in Schömberg/Schwarzwald. Der Torschützenkönig hatte schon in der Sommerpause für Aufsehen gesorgt, als er mit einem Angebot von Schalke 04 kokettierte und eine Anhebung seiner Bezüge forderte. Die Merkle-Truppe hatte eine ordentliche Vorbereitung absolviert und ein Trainingslager im „Haus Aggertal" in der Nähe von Gummersbach bezogen. Da Gummersbachs Handballer deutlich stärker sind als die Fußballer, gewann der FC ein Freundschaftsspiel mit 10:0. Auch alle anderen Testspiele, beispielsweise gegen RW Essen und Fortuna Düsseldorf, wurden gewonnen.
Nominell hatten die Kölner einen sehr guten Kader, außerdem waren sie amtierender Pokalsieger. Und so wurden sie vor der Saison auch zum Kreis der Titelaspiranten gezählt. Mit Ach und Krach glückte der Start durch einen mühsamen 2:1-Heimsieg über Aufsteiger Kickers Offenbach. Die 30.000 Zuschauer in Müngersdorf sahen einen erschreckend schwachen FC, der sich am 2. Spieltag die fast schon obligatorische Pleite (1:2) auf dem Gladbacher Bökelberg abholte und so die ihm auferlegte Favoritenbürde schnell wieder los war. Es folgte ein 1:0-Heimsieg gegen Hannover 96 mit

[Interessantes & Kurioses]

■ Wolfgang Overath belegt bei der Wahl zu Deutschlands „Fußballer des Jahres" den 3. Platz hinter Franz Beckenbauer (Bayern München) und Hermann Nuber (Kickers Offenbach).

■ Hannes Löhr ist als einziger Fußballer unter 450 Prominenten aus Politik, Wissenschaft, Kunst, Wirtschaft und Sport in einem „Prominenten-Kochbuch" aufgeführt. Das Lieblingsgericht des Kölners: Cinzano- und Waldorfcocktail, Rumpsteak mit pikantem Kartoffelsalat, gemischter Eisbecher.

■ Wolfgang Overath wird in die FIFA-Weltauswahl berufen, die im Maracana-Stadion in Rio gegen die Nationalmannschaft Brasiliens antritt. Vor mehr als 100.000 Zuschauern behalten die Brasilianer mit 2:1 knapp die Oberhand.

■ Beim Spiel in München gegen die Bayern (0:1) wird Hannes Löhr von einer Blechbüchse aus dem Zuschauerbereich am Kopf getroffen und geht zu Boden, kann nach kurzer Behandlung aber weitermachen. Ein später vom FC in Erwägung gezogener Protest findet letztlich nicht statt.

■ Im Frühjahr 1969 legt der langjährige und ehrenamtliche Lizenzspielerobmann, Betreuer und Manager Heinz Neubauer sein Amt nach Differenzen mit Präsident Maaß und Co-Trainer Hans Schäfer nieder. Neubauer bleibt zwar FC-Mitglied, doch ein würdiger Abschied für den verdienstvollen Neubauer wird vom FC versäumt. Maaß erklärte die Trennung von Neubauer damit, dass er so den „Reifeprozess vom amateurhaft idealisierenden Betreuen zum nüchternen, professionellen Wirken" eingeleitet habe. Fakt war, dass mit Heinz Neubauer ein großes Stück FC-Geschichte den Club verlassen hatte.

■ Als Zeichen der Freundschaft werfen die FC-Spieler vor der Europapokalbegegnung in Bordeaux Blumen ins Publikum. Die ehrlich gemeinte Geste der Kölner wird von den Franzosen mit herzlichem Applaus bedacht.

Bordeaux zu Gast in der Domstadt.

- Um die Zuschauergewohnheiten und Interessen besser einschätzen zu können, verteilt der FC bei einem Bundesligaspiel und der Partie gegen den FC Barcelona entsprechende Fragebögen. Hauptkritikpunkt der Stadionbesucher ist die in die Jahre gekommene, unkomfortable Müngersdorfer Hauptkampfbahn.

FC-Mitgliedsausweis des Jahres 1968/69.

- Im Herbst 1968 wird die gesamte Verwaltung des 1. FC Köln ins Geißbockheim verlegt, nachdem diese zuvor teilweise neben dem Clubhaus auch in Räumlichkeiten in der Neunhöfer Allee und der Franzstraße untergebracht war. Hierzu werden kleinere Umbaumaßnahmen im „Verwaltungstrakt" durchgeführt. Aufgrund der Sparmaßnahmen ist die Geschäftsstelle im Geißbockheim nur noch mit fünf hauptamtlichen Mitarbeitern – darunter eine Halbtagskraft – besetzt.

- Der 1. FC Köln verkauft zur Saison 1968/69 genau 1.736 Dauerkarten.

- Alfred Neven du Mont, Kölner Verleger der Zeitungen Kölner Stadt-Anzeiger und Express, stiftet den FC-Spielern eine „Nichtabstiegsprämie" in unbekannter Höhe.

- Betreiberwechsel im Geißbockheim. Heinz und Anni Rausch, die mehr als acht Jahre lang für die Bewirtung zuständig waren, übergeben die Verantwortung nun an das Ehepaar Röth, das ab dem 7. Dezember 1968 „im Amt" ist. Die neuen, aus Schwaben stammenden Pächter verfügten über umfangreiche Erfahrung in der Gastronomie, waren zuvor unter anderem in den berühmten Kölner Sartorybetrieben tätig.

- Vor dem Heimspiel gegen Mönchengladbach wird Heinz Hornig für 300 Spiele (Pflicht- und Freundschaftsspiele) geehrt.

- Im Rahmen der ARD-Sendereihe „Große Fußballclubs" widmet sich die 30 Minuten lange Folge am 29. März 1969 dem 1. FC Köln.

„Tschik" Cajkovski, der inzwischen von der Isar an die Leine gewechselt war, eine derbe 0:4-Niederlage in Kaiserslautern und ein enttäuschendes 0:0 auf eigenem Platz gegen 1860 München. Besonders schwach präsentierte sich die Mannschaft am 6. Spieltag beim HSV. Bei den Norddeutschen ging man mit 1:3 unter, und nur der glänzend aufgelegte Keeper Heyeres, der inzwischen Birkhölzer im Kasten der Geißböcke abgelöst hatte, verhinderte Schlimmeres. Der FC war auf den 12. Tabellenplatz abgerutscht. Der anschließende 2:0-Heimsieg gegen Schalke 04 brachte etwas Luft, doch das kurzfristige Hoch wurde durch eine unglückliche 1:2-Niederlage bei Aufsteiger Hertha BSC getrübt. Die Pleite wurde für die Kölner durch einen verschossenen Elfmeter von Pott und einen Platzverweis für Blusch, der vom DFB-Sportgericht für zwei Monate gesperrt wurde, noch schlimmer. Es war die vierte rote Karte gegen den FC im sechsten Bundesligajahr. Auf fremden Plätzen präsentierten sich die Geißböcke 1968/69 extrem schwach. Ihren Höhepunkt erreichte die Auswärtsschwäche am 30. Oktober 1968, als man beim VfB Stuttgart mit 1:6 unter die Räder kam.

DIE HEIMSTÄRKE VERHINDERT SCHLIMMERES

Die Tatsache, dass der FC aber vor eigenem Publikum relativ gute Resultate erzielte, verhinderte ein totales Absinken in die Niederungen der Bundesligatabelle. In der gesamten Saison verlor man nur zwei Heimspiele – diese allerdings ausgerechnet gegen Aachen (1:2) und Gladbach (1:4). Auf der anderen Seite konnten die Geißböcke nur zwei Auswärtssiege verbuchen, einen davon am letzten Spieltag der Hinrunde mit 1:0 beim amtierenden Meister 1. FC Nürnberg. Ein wichtiger Erfolg, wie sich später herausstellen sollte. Der lange und sehnsüchtig vermisste Torjäger Hannes Löhr hatte inzwischen seine Lungenentzündung auskuriert und war nach zwölf Wochen langer Zwangspause wieder einsetzbar. So konnte „die Nas" seine Kicker-Torjägerkanone erst am 2. November 1968 beim Spiel in Müngersdorf gegen die Bayern entgegennehmen. Beim anschließenden 1:1 erzielte der Angreifer dann auch das Kölner Tor.
Am Ende der Hinrunde stand der einstige Titelaspirant auf Platz 13 mit bedrohlichem Kontakt zu den Abstiegsrängen. Eine für den FC ungewohnte Situation. Als Favorit gestartet, steckte man nun mitten im Abstiegskampf. In einer Aussprache zwischen Vorstand, Mannschaft und Trainer schwor man sich auf die Rückrunde ein. Doch wie es so oft ist, wenn die Krise erst einmal um sich gegriffen hat, nutzen auch Sitzungen und Standpauken zumeist nichts. Und so rutschten die Geißböcke auch gleich am 1. Spieltag der Rückrunde auf dem schneebedeckten Biebrer Berg in Offenbach glatt mit 1:3 aus und bezogen beim anschließenden Heimspiel gegen Mönchengladbach eine bittere 1:4-Klatsche. Obendrein gab es auch noch Krach zwischen Präsident Maaß und Trainer Merkle. Man munkelte gar, dass Maaß heimlich mit dem Stuttgarter Coach Gunther Baumann über einen Wechsel zum FC verhandelt habe und der Rauswurf Merkles kurz bevorstünde.

MERKWÜRDIGE TRAININGSMETHODEN

Der nach außen bärbeißig wirkende Badenser Merkle hatte schon nach kurzer Amtszeit einen Autoritätsverlust erlitten. Wolfgang Weber erinnert sich: „Eines Tages fing Merkle an, uns mit Leichtathletikgeräten wie dem Wurfhammer trainieren zu lassen. Das fanden wir natürlich nicht so ideal, und manche Spieler beschwerten sich daraufhin beim Vorstand, der Merkle dann zurückpfiff." Verhandlungen mit anderen Trainern wurden von Maaß energisch dementiert, und Merkle blieb im Amt. Auch als

Hannes Löhr bei der Überreichung seiner Torjägerkanone.

sich die sportliche Situation des 1. FC Köln weiter zuspitzte und man sowohl in der ersten Runde des DFB-Pokals mit 0:1 beim VfB Stuttgart ausschied, als auch in Hannover am 20. Spieltag mit 0:3 den Kürzeren zog. Die Kölner waren auf Rang 16 abgerutscht mit nur noch einem mickrigen Pünktchen Abstand zu den Abstiegsrängen. Ein glücklicher 2:1-Heimerfolg am 1. Februar 1969 gegen Kaiserslautern verschaffte kurzfristig Luft. Gegen die Pfälzer hatte man seit Bundesligabeginn jedes Heimspiel gewinnen können. Doch nie gab es einen so bitteren Sieg wie diesmal. Pechvogel Milutin Soskic, der sich nach seiner Verletzung langsam wieder herangekämpft hatte, zog sich erneut einen Beinbruch zu. Kurioserweise wieder in einer Partie gegen die „Roten Teufel". Die Tragik um den Jugoslawen berührte Coach Merkle so sehr, dass er nach dem Schlusspfiff in Tränen ausbrach.

Am Geißbockheim rumorte es weiter, als wie schon knapp zwei Jahre zuvor Kritik am Gehalt und der Funktion von Trainerassistent Hans Schäfer laut wurde. Der aufs Sparen fixierte Oskar Maaß war bestrebt, Kosten zu minimieren, wo er nur konnte. So kam es zum Krach zwischen Maaß und dem Ex-Nationalspieler. Spekulationen kamen auf, dass Schäfer in der kommenden Saison als Scout fungieren sollte – zu deutlich geringeren Konditionen. Diesen Posten lehnte der Altinternationale strikt ab. Außerdem war das Verhältnis zwischen Chefcoach Merkle und Schäfer längst nicht so gut wie in den Vorjahren zu Multhaup. Es kam zu Kompetenzstreitigkeiten, unter denen besonders die Spieler litten, die manchmal nicht mehr wussten, ob sie nun auf Merkle oder auf Schäfer hören sollten. Nach der Auswärtsniederlage bei 1860 München am 8. Februar 1969 versuchte man auf Betreiben von Präsident Maaß, Jendrossek und Bründl mit einer Geldstrafe wegen „mangelnden Einsatzes" zu belegen. Das Vorhaben schlug fehl, da solche Strafen nach der Satzung nicht haltbar waren.

KEIN ENTRINNEN AUS DEM KELLER

Vor allem auswärts blieb der FC ein Schatten früherer Tage. Abgesehen vom Sieg in Frankfurt gab es in der Fremde bis zum Saisonende nichts zu holen. Die lebenswichtigen Punkte holten die Kölner in Müngersdorf. In der großen Not des Abstiegskampfes beobachtete man in den letzten Spielen bei den FC-Fans ein kaum für möglich gehaltenes Phänomen. Die Mannschaft wurde nicht wie sonst üblich ausgepfiffen, wenn es nicht lief, sondern angefeuert. Die Anhänger, die noch einige Wochen zuvor vor Wut ihre Fahnen verbrannten, hatten den Ernst der Lage erkannt – für sie war ein Abstieg der „Bundesligainstitution" FC undenkbar.

Auch das Team rückte enger zusammen, unternahm sogar einen gemeinsamen Zoobesuch. Die Resultate blieben inkonstant, doch als man das Nachholspiel gegen den HSV auf eigenem Geläuf mit 4:1 für sich entscheiden konnte, glaubten sich die Kölner der größten Sorgen entledigt. Auf Tabellenplatz 13 rangierend, hatten sie ihr Schicksal selbst in der Hand. Doch das Zittern ging weiter. Bei der Braunschweiger Eintracht verlor die Merkle-Truppe mit 1:2 und kam im folgenden Heimspiel über ein 3:3 gegen Werder Bremen nicht hinaus.

Der Abstiegskampf ging nun in die entscheidende Phase. Die gefährdeten Mannschaften Köln, Dortmund, Nürnberg und Offenbach mussten alle noch gegeneinander antreten. Man versuchte die Mannschaft von äußeren Einflüssen so gut wie möglich abzuschotten und bezog auch vor den Heimpartien zumeist Trainingslager, entweder im abgelegenen „Forsthaus Rath" in Nideggen/Eifel oder im Kölner „Parkhotel Königsforst". Durch Treffer von Rühl und Löhr wurde die vorletzte Heimpartie gegen Borussia Dortmund mit 2:1 gewonnen. Ausgerechnet auf dem Aachener Tivoli musste eine weitere Vorentscheidung fallen. Nachbarschaftshilfe war von den in diesem Jahr weit oben mitspielenden Kaiserstädtern nicht zu erwarten. Ergebnis: 2:1 für Aachen. Der FC war jetzt 15. mit einem Pünktchen Vorsprung zum 16., dem „Club" aus Nürnberg.

ABSTIEGSDRAMA AM LETZTEN SPIELTAG

Als hätten es die Spielplangestalter geahnt, gab es am letzten Spieltag ein wahres Drama. Alle vier potenziellen Abstiegskandidaten spielten direkt gegeneinander. Köln zu Hause gegen Nürnberg, Dortmund auf eigenem Platz gegen Offenbach. Da der FC ein schlechteres Torverhältnis als die Konkurrenz aus Nürnberg und Dortmund vorzuweisen hatte, musste das Saisonfinale gewonnen werden. Der dramatische Überlebenskampf der Traditionsvereine sorgte auch bundesweit für riesiges Medieninteresse, und so wurde selbst der souveräne Titelgewinn des FC Bayern von den Geschehnissen am Tabellenende überschattet.

Der 7. Juni sollte in die Vereinsgeschichte des 1. FC Köln eingehen. Mehr als 53.000 Zuschauer wollten sehen, was zum Saisonbeginn niemand für möglich gehalten hätte: Pokalsieger und Meister kämpften um den Verbleib in der Bundesliga. Hatte man noch sieben Jahre zuvor gemeinsam im Endspiel um den Titel gestanden, so ging es nun um die nackte Existenz. Köln begann nervös und machte es lange spannend. Erst in der 51. Minute gelang dem starken Overath nach feiner Vorarbeit von Simmet das erlösende 1:0. Rühl und Hornig erhöhten nach 72 bzw. 84 Minuten auf 3:0. Die altehrwürdige Hauptkampfbahn erbebte vom Jubel bis in ihre Grundfesten. Die FC-Fans feierten den Sieg wie eine Meisterschaft. Die Kölner hatten es geschafft und sich den Verbleib in der Beletage des deutschen Fußballs gesichert. Nürnberg musste als amtierender Deutscher Meister den bitteren Gang in die Zweitklassigkeit antreten und wurde mit fairem Applaus verabschiedet. Ein Abstieg des FC hätte sicherlich verheerende Folgen gehabt. Leistungsträger und Nationalspieler wie Overath, Weber oder Löhr wären nur schwer zu halten gewesen. Jetzt strich jeder Kölner Akteur rund 3.000 DM Nichtabstiegsprämie ein. Fans und Spieler feierten den Klassenerhalt ausgiebig.

Das *Geißbock Echo* war sich der Relevanz des letzten Saisonspiels gegen Nürnberg bewusst: „Heute geht es um alles ..."

Zur Saison 1968/1969 erschien ein heute gesuchtes FC-Porträt mit dem Titel „Am Ball – 1. FC Köln Avantgardist unter den deutschen Fußball Clubs."

Prominenter Besuch in Müngersdorf: Roy Black auf der Ehrentribüne mit Fritz Pott und Milutin Soskic.

FC-Ankündigungsplakat zum Messepokalspiel gegen den FC Barcelona …

…und das Ticket vom Spiel in Barcelona.

Hennes II und sein Betreuer Günter Neumann werden von der FC-Ersatzbank bestaunt.

Eintrittskarte von der Begegnung mit Erst Happels ADO Den Haag.

Am nächsten Tag bestritt der FC ein Freundschaftsspiel im westfälischen Levern gegen den FC St. Pauli. Einige der Kölner Akteure sah man deutlich „angeschlagen" aus dem Bus steigen. Niemand nahm es ihnen übel…

Doch wie konnte es zum Absturz des 1. FC Köln kommen? Viele Faktoren spielten eine Rolle. Beispielsweise die langen Verletzungen von Soskic, Löhr sowie Weber. Im Angriff mangelte es an Alternativen, zumal sich der teure Sturm-Neuzugang Bründl als Fehlgriff erwies. Hinzu kam, dass Kapitän und Regisseur Wolfgang Overath eine schwache Saison gespielt hatte. Private Probleme, Overaths Ehefrau war zeitweilig schwer erkrankt, machten dem Nationalspieler zu schaffen. Auch immer wiederkehrende Gerüchte über angebliche Angebote für Overath von namhaften Clubs aus dem In- und Ausland sorgten für Unruhe. Da war sogar von Real Madrid die Rede. Letztlich hielt der Siegburger seinem FC aber die Treue – wohl auch, weil er seine berufliche Zukunft im Rheinland sah und seine heimatverbundene Frau strikt gegen einen Umzug war. Allerdings hätte der Kapitän die Geißböcke bei einem Abstieg dennoch verlassen, daran ließ er keinerlei Zweifel.

Bekannt wurde auch, dass Hans Schäfers Arbeitsverhältnis beim 1. FC Köln endgültig zu Ende war. Der Co-Trainer hatte seinen Vertrag gekündigt, um sich ganz der Werbeartikelfirma seines verstorbenen Präsidenten Franz Kremer zu widmen. Da er zusätzlich noch eine Tankstelle verpachtet hatte, war Schäfer auf das FC-Gehalt nicht angewiesen. Nun musste nur noch die Frage geklärt werden, ob man mit Trainer Merkle weitermachen wollte oder nicht. Oskar Maaß war gegen den Coach, favorisierte den ehemaligen FC-Torwart Frans de Munck. Doch eine einflussreiche Gruppe im FC-Vorstand um Werner Müller und Schatzmeister Richard Pelzer setzte sich für einen Verbleib Merkles ein, der noch bis Sommer 1970 unter Vertrag stand. Vor allem Pelzer, als erfolgreicher Unternehmer und kühler Rechner bekannt, wollte die rund 70.000 Mark Abfindung, die bei einer vorzeitigen Trennung fällig gewesen wären, sparen. Was ihm wahrscheinlich den Job rettete, waren die glanzvollen Auftritte der Kölner im Europapokal und die Tatsache, dass er menschlich und von seinem Engagement her wenig Angriffsfläche bot. Merkle selbst war sowieso fest entschlossen, seine „Mission" in Köln zu Ende zu führen. „Ich gehe nur, wenn ich rausgeworfen werde", stellte er unmissverständlich klar.

NEUAUSLOSUNG

„Jetzt werden wir uns ganz auf den Europapokal konzentrieren!" Diese Feststellung traf Wolfgang Overath kurz nach dem Pokalsieg gegen den VfL Bochum. Er sollte Recht behalten, denn im Gegensatz zum enttäuschenden Abschneiden in der Bundesliga spielte man auf internationalem Parkett, genauer gesagt im Europapokal der Pokalsieger, auf höherem Niveau.

Zunächst war den Kölnern die rumänische Mannschaft von Dynamo Bukarest zugelost worden. Doch politische Ereignisse verhinderten die Reise auf den Balkan. Am 21. August 1968 waren Truppen des Warschauer Paktes in Prag einmarschiert, um den dortigen Reform- und Demokratisierungsbemühungen entgegenzutreten. Es kam zu Auseinandersetzungen, bei denen 98 Tschechen und Slowaken sowie 50 Soldaten der Interventionstruppen ums Leben kamen. Mehrere an den Europapokalen beteiligte Clubs hatten mit einem Boykott gedroht, falls sie gegen Mannschaften aus Ländern, die an der Invasion in der ČSSR beteiligt waren, spielen mussten. Daraufhin beschloss das Dringlichkeitskomitee der UEFA, alle Spiele neu auszulosen. Das neue Losverfahren sorgte dafür, dass sowohl die Clubs aus Ost- als auch aus Westeuropa zunächst unter sich blieben.

BORDEAUX STATT BUKAREST

Statt Bukarest bekam der FC nun den französischen Vizepokalsieger Girondins Bordeaux zugelost. Bordeaux hatte das Finale gegen Meister St. Etienne verloren und war als „Verlierer" in den Wettbewerb gerutscht, da St. Etienne verständlicherweise am Pokal der Landesmeister teilnahm. In der französischen Liga hatte

Hans Merkle und Hans Schäfer freuten sich über die Rettung am letzten Spieltag gegen den 1. FC Nürnberg.

Girondins in der abgelaufenen Saison einen respektablen 6. Tabellenplatz belegt.
Der FC hatte das Glück, zunächst in Bordeaux antreten zu dürfen. Hans-Gerhard König, Georg Stollenwerk und Jupp Röhrig hatten den Gegner vorher beobachtet. 18.465 Zuschauer im fast ausverkauften „Municipal Stadion" unterstützten ihre Elf nach Leibeskräften. Nach 19 Minuten gingen die Gastgeber in Führung, Rühl gelang wenig später der Ausgleich. Unglücklicherweise mussten die Geißböcke in der 2. Hälfte noch ein Gegentor hinnehmen. Ein Schuss von Masse fälschte der niederländische Schiedsrichter Dorpmans so unglücklich ab, dass er unhaltbar im Kölner Kasten landete. Besonders bitter für den großartig aufspielenden Torwart Heyeres, der dem FC die knappe Niederlage mit einigen Glanzparaden gerettet hatte. Girondins trat insgesamt äußerst ruppig und teilweise unfair auf. Vor allem Abwehrspieler Blusch bekam von Bordeaux-Angreifer Couecou mächtig Contra und beendete die Partie mit zerfetztem Trikot und blauen Schienbeinen. „Wenn der nach Köln kommt, fresse ich ihn auf", schimpfte Blusch später. Eine geschlossene Mannschaftsleistung am 2. Oktober 1968 in Müngersdorf reichte, um die Franzosen aus dem Wettbewerb zu werfen. Blusch und Overath hatten schon vor der Pause die Weichen auf Sieg gestellt, Rühl sorgte mit seinem Elfmetertor in der 53. Minute für die endgültige Entscheidung. Die 25.000 Zuschauer gingen zufrieden nach Hause.

GEGEN „ADO" UND ERNST HAPPEL

Nächster Gegner war der eher unbekannte holländische Pokalsieger ADO Den Haag, der im Finale immerhin Ajax Amsterdam bezwingen konnte. Die auch als „Elf der Namenlosen" bezeichneten Niederländer wurden seit knapp sieben Jahren von einem umso bekannteren Trainer betreut. Kein Geringerer als der ehemalige österreichische Internationale Ernst Happel schwang bei ADO das Zepter. Happel wurde später vor allem als Erfolgstrainer des HSV bekannt. Der Vereinsname ADO hat übrigens nichts mit der gleichnamigen Gardinenmarke zu tun, er bedeutet „Alles door Oefening" = alles durch Übung.

Erneut hatten die Kölner das Glück, zunächst auswärts anzutreten. Wie schon Bordeaux war auch ADO mehrfach beobachtet worden, diesmal von Trainer Merkle höchstpersönlich. Vor der Partie hatte man im Seebad Scheveningen Quartier bezogen und lediglich in Form von ausgedehnten Strandläufen trainiert. Im brodelnden Kessel des fast ausverkauften Zuiderpark gab es vor 23.000 den erwarteten Pokalfight. Der FC stand massiv unter Druck, blieb aber dank einer kompakten Abwehr um die überragenden Biskup und Blusch sowie des erneut bärenstarken Keepers Heyeres ohne Gegentor, obwohl die Holländer zu zahlreichen Chancen kamen. Mit einem Konter kurz vor dem Abpfiff erzielte Joker Jendrossek sogar noch das von den rund 1.000 per Sonderzug angereisten kölschen Schlachtenbummlern bejubelte 1:0-Siegtor.
Im Rückspiel am 27. November 1968 lieferte der FC eine souveräne Leistung ab. Bereits nach 100 Sekunden gelang Löhr der Führungstreffer. Obwohl sich die Mannen von Ernst Happel verzweifelt wehrten, machten die Kölner durch Tore von Löhr und Blusch in der 2. Halbzeit alles klar.
War ADO Den Haag schon eher unbekannt gewesen, so brachte die Viertelfinalauslosung dem FC einen noch „exotischeren" Kontrahenten: Randers Freja. Kaum jemand hatte zuvor vom dänischen Cupsieger gehört, mit dem die Kölner die Klingen kreuzen sollten. Da es in der Bundesliga mit den Geißböcken zwischenzeitlich rapide bergab gegangen war, hatte man vor den Amateuren aus Dänemark gehörigen Respekt, zumal diesmal der FC im Hinspiel Heimrecht hatte. Die Skandinavier wollten gegen die deutschen Profis ihre Haut so teuer wie möglich verkaufen und hatten daher weder Kosten noch Mühen gescheut. Mehr als 25.000 Kronen investierte man in ein Trainingslager in Spanien, um sich auf die Begegnungen mit den Kölnern vorzubereiten.

BRENNENDE FAHNEN

Obwohl es sich um ein Europapokalviertelfinale handelte, „verirrten" sich nur 15.000 Fußballfreunde nach Müngersdorf, um den Kampf des deutschen Pokalsiegers gegen die unbekannten Dänen zu sehen. Die Fans quittierten die teilweise erbärmlichen Auftritte in der Bundesliga mit konsequentem Liebesentzug. Offensichtlich hatten die Daheimgebliebenen geahnt, dass ihre Mannschaft nicht an die bislang ordentlichen Europacup-Leistungen anknüpfen konnte. Im Gegenteil: Man blamierte sich gegen die dänischen Feierabendfußballer nach Leibeskräften. Auch die Tatsache, dass die Mannschaft einige Tage im Trainingslager in Nideggen „einkaserniert" worden war, zeigte keinen Erfolg.
Mit der unorthodoxen, nur auf Zerstörung bedachten Spielweise der Dänen kamen die Kölner überhaupt nicht zurecht. Schmeichelhaft die Führung durch Jendrossek nach 34 Minuten. Kurz vor dem Pausenpfiff dann die Überraschung, als die Gäste nach einem Eckball, den Heyeres nicht richtig zu fassen bekam, den Ausgleich erzielen konnten. Auch im zweiten Abschnitt fanden die Hausherren kein probates Mittel, um das Randers-Bollwerk zu knacken. Die Zuschauer quittierten das Trauerspiel mit Pfiffen und höhnischem Gelächter. Negativer Höhepunkt: Auf der Gegentribüne verbrannten enttäuschte Fans Kölner Fahnen. Als niemand mehr an ein „Happy End" glaubte, raffte sich der FC noch einmal auf, und dem aufgerückten Biskup gelang nach Kopfballvorlage von Jendrossek das erlösende 2:1.
Randers ist eine kleine Industriestadt im Norden Jütlands mit rund 55.000 Einwohnern. Der FC-Tross staunte nicht schlecht, als man am 12. März 1969, dem Tag des Rückspiels, den mit Schnee bedeckten Platz des Randers-Stadions besichtigte. Doch ein Ausfall der Begegnung war nicht zu befürchten, denn die Verantwortlichen hatten mehr als 230 freiwillige Helfer in der Hinterhand, die das Spielfeld im Handumdrehen von der wei-

Der FC-Karnevalsorden 1969.

Eintrittskarte vom Europapokalspiel bei ADO Den Haag.

Am 9. August wählte man Oskar Maaß zum neuen Präsidenten des Clubs. Hierzu wurden die FC-Mitglieder zu einer außerordentlichen Versammlung eingeladen.

Auch der „Sport Beobachter" war zum Abstiegsendspiel gegen den 1. FC Nürnberg mit einer Extraausgabe zur Stelle.

Kapitän Wolfgang Overath beim Wimpeltausch mit dem Spielführer des FC Barcelona.

Auch der Einsatz von „Bulle" Weber half nicht – der FC Barcelona war Endstation im Europapokal der Pokalsieger.

Katalanen in Köln. Ticket vom Spiele gegen Barcelona.

Fanerinnerungswimpel vom „Barca"-Auftritt in Köln.

ßen Pracht befreiten. Die Spieler der Gastgeber waren noch am Morgen ihrer regulären Berufstätigkeit nachgegangen. Auch FC-Schatzmeister Richard Pelzer, von Beruf selbständiger Großhändler für Wurstdärme und Tierhäute, verband das Nützliche mit dem Praktischen. Im nahe gelegenen Großschlachthof von Randers erkundigte er sich gleich nach den Preisen für Därme und Häute.
Diesmal gaben sich die Kölner Profis gegen die biederen Amateure keine Blöße und bestimmten das Spiel. Nach 24 Minuten erzielt Biskup das überfällige 1:0, Rühl macht mit einem Doppelschlag im zweiten Spielabschnitt alles klar. Die Sensation, auf die die 18.000 im ausverkauften Stadion gehofft hatten, war ausgeblieben. Bemerkenswert: Eine 30 Personen starke FC-Fangruppe aus dem Ruhrgebiet war mit einem eigens gemieteten Bus nach Dänemark gekommen. Die Anhänger aus dem Revier hatten ein Transparent in feinstem Kohlenpottdeutsch vorbereitet: „Hennes, nimmse auffe Hörner" war dort zu lesen. Der Wunsch ging in Erfüllung…

TRAUMLOS BARCELONA
Trotz enormer Probleme in der Bundesliga hatte der FC das Halbfinale erreicht. Im Lostopf befanden sich neben den eher unattraktiven Mannschaften von Slovan Bratislava und Dunfermline Athletic auch der große FC Barcelona. Vor allem Schatzmeister Pelzer, der auf große Einnahmen spekulierte, hoffte, im Halbfinale auf die Katalanen zu treffen. Und tatsächlich – das Traumlos wurde Realität. Das Halbfinale lautete 1. FC Köln gegen FC Barcelona. Die Katalanen waren schon damals, mit zahlreichen Nationalspielern in ihren Reihen, ein Begriff im Weltfußball. Genau wie im Viertelfinale musste man auch diesmal das Hinspiel in Müngersdorf bestreiten. Im bewährten „Forsthaus Rath" in Nideggen bereitete sich der FC auf die Begegnung mit den Katalanen vor, die ihrerseits im Kölner Hotel „Excelsior" abgestiegen waren. 45.000 Besucher bildeten einen würdigen Rahmen. Es wären sicherlich noch mehr gewesen, wenn der FC auf die Erhebung eines „Topzuschlags" verzichtet hätte. Satte 20 DM mussten gezahlt werden, wollte man das Duell von der Tribüne aus erleben. Ein für damalige Verhältnisse hoher Preis. Trotzdem verbuchten die Kölner 180.000 DM Nettoeinnahmen, hinzu kamen noch 50.000 DM vom Fernsehen, das die Partie zeitversetzt in deutsche Wohnstuben sendete. Überschattet wurde das Spiel von der tragischsten Figur auf dem Spielfeld: FC-Torwart Paul Heyeres. Der Keeper, der die Kölner mit seinen Leistungen gegen Bordeaux und Den Haag im Wettbewerb gehalten hatte, verlor gegen den spanischen Renommierclub völlig die Nerven.

ZWEI TORE „VERSCHENKT"
Zunächst lief für die Geißböcke alles bestens. Bereits nach sieben Minuten erzielte Löhr mit einem raffinierten Schuss aus halblinker Position das 1:0. Eine gute Viertelstunde später dann der erste kapitale Bock von Heyeres, als er einen harmlosen „Kullerball" von Zabalza aus 25 Metern Torentfernung passieren ließ. Der FC bäumte sich auf, wollte zumindest mit einem Sieg im Gepäck zum Rückspiel nach Barcelona fahren. Die Mühen wurden mit dem 2:1 durch Rühl belohnt. Doch nur 350 Sekunden später unterlief dem bemitleidenswerten Heyeres der nächste schwere Fehler. Einen Freistoß von Fuste faustete der Kölner Torhüter selbst ins Netz – praktisch ein Eigentor. Nach 79 Minuten wurde der entnervte Schlussmann gegen Birkhölzer ausgewechselt, der nun auch in den restlichen Bundesligaspielen das FC-Tor hütete. Nach dem denkwürdigen Match gegen die Spanier kam Heyeres nicht mehr für den FC zum Einsatz und wechselte am Saisonende zu seinem Heimatverein Alemannia Aachen.
Das 2:2-Remis bedeutete eine ungünstige Ausgangsposition für das Rückspiel in der katalanischen Metropole. Dessen ungeachtet hatte sich der FC vorgenommen, nicht kampflos die Segel zu streichen. Vom mit 80.000 Zuschauern gut besetzten Nou-Camp-Stadion waren die Gäste aus dem Rheinland sichtlich beeindruckt. Mithalten konnten die Kölner nur bis zur 17. Minute, als Rühl den Führungstreffer der Blau-Roten egalisierte. Von da an zog der spanische Pokalsieger einen Angriffswirbel auf, dem die biederen Gäste nichts entgegenzusetzen hatten. Fast eine Stunde lang hielt das unsichere Geißbockbollwerk dem Druck stand, bis der überragende Nationalspieler Fuste mit einem lupenreinen Hattrick alles klar machte und den FC Barcelona ins Endspiel beförderte. Nach der Partie war man sich einig, dass die Kölner mit dem 1:4 noch gut bedient gewesen waren. Den FC-Spielern gingen 4.000 DM Siegprämie verloren. Der Traum vom Finale hatte im Nou Camp ein jähes Ende gefunden.

STATISTIK 1968/69

BUNDESLIGA

17.08.1968 1. FC Köln - Kickers Offenbach 2:1 (1:0),
Zuschauer: 30.000
Tore: 1:0 (37.) Overath, 2:0 (68.) Flohe, 2:1 (75.) Becker.
Aufstellung: Birkhölzer, Thielen, Blusch, Biskup, Weber, Simmet, Rühl, Flohe, Bründl, Overath, Hornig.

24.08.1968 Borussia M'gladbach - 1. FC Köln 2:1 (0:0),
Zuschauer: 32.000
Tore: 1:0 (58.) Wimmer, 2:0 (83.) Bleidick, 2:1 (87.) Flohe.
Aufstellung: Birkhölzer, Blusch, Pott, Biskup, Weber, Simmet, Rühl, Flohe, Bründl (75. Jendrossek), Overath, Hornig.

31.08.1968 1. FC Köln - SV Hannover 96 1:0 (0:0),
Zuschauer: 16.000
Tor: 1:0 (47.) Hornig.
Aufstellung: Birkhölzer, Blusch, Pott, Biskup, Weber, Simmet, Rühl, Flohe, Bründl (70. Thielen), Overath, Hornig.

04.09.1968 1. FC Kaiserslautern - 1. FC Köln 4:0 (0:0),
Zuschauer: 12.000
Tore: 1:0 (49.) Friedrich, 2:0 (50.) Hasebrink, 3:0 (75.) Kentschke, 4:0 (83.) Windhausen.
Aufstellung: Birkhölzer, Blusch, Pott, Biskup, Weber, Simmet, Rühl (60. Thielen), Flohe, Bründl, Overath, Hornig.

07.09.1968 1. FC Köln - TSV 1860 München 0:0
Zuschauer: 28.000
Aufstellung: Heyeres, Blusch, Pott, Biskup, Weber, Simmet, Thielen, Flohe, Bründl, Overath, Hornig.

14.09.1968 Hamburger SV - 1. FC Köln 3:1 (2:1),
Zuschauer: 20.000
Tore: 0:1 (07.) Rühl, 1:1 (30.) Seeler, 2:1 (35.) Hönig, 3:1 (74.) H.Schulz.
Aufstellung: Heyeres, Blusch, Pott, Biskup, Weber, Simmet, Rühl, Flohe, Bründl, Overath, Hornig.

21.09.1968 1. FC Köln - FC Schalke 04 2:0 (1:0),
Zuschauer: 35.000
Tore: 1:0 (40.) Rühl, 2:0 (65.) Biskup.
Heyeres, Thielen, Pott, Blusch, Weber, Biskup, Flohe, Simmet, Rühl, Overath, Hornig.

28.09.1968 Hertha BSC Berlin - 1. FC Köln 2:1 (0:0),
Zuschauer: 55.000
Tore: 1:0 (58.) Steffenhagen, 2:0 (72.) Krafczyk, 2:1 (82.) Rühl.
Aufstellung: Heyeres, Thielen, Pott, Blusch, Weber, Biskup, Flohe, Simmet, Rühl, Overath (17. Hemmersbach), Hornig.
B.V.: Blusch erhält in der 72 Min. einen Platzverweis. Fraydl hält einen Elfmeter von Pott.

05.10.1968 1. FC Köln - Eintracht Frankfurt 2:1 (1:0),
Zuschauer: 11.000
Tore: 1:0 (05.) Rühl, 2:0 (51.) Hornig, 2:1 (88.) Huberts.
Heyeres, Thielen, Pott, Hemmersbach, Weber, Biskup, Simmet, Rühl, Overath, Hornig.

19.10.1968 MSV Duisburg - 1. FC Köln 0:0
Zuschauer: 17.000
Aufstellung: Heyeres, Thielen, Pott, Hemmersbach, Weber, Biskup, Jendrossek, Simmet, Rühl, Overath, Hornig.

26.10.1968 1. FC Köln - Eintracht Braunschweig 2:0 (1:0),
Zuschauer: 16.000
Tore: 1:0 (24.) Hornig, 2:0 (77.) Overath.
Aufstellung: Heyeres, Thielen, Pott, Hemmersbach, Weber, Biskup, Jendrossek (77. Bründl), Simmet, Rühl, Overath, Hornig.

30.10.1968 VfB Stuttgart - 1. FC Köln 6:1 (3:0),
Zuschauer: 22.000
Tore: 1:0 (14.) Larsson, 2:0 (31.) Menne, 3:0 (41.) Handschuh, 4:0 (57.) Haug, 4:1 (68.) Rühl, 5:1 (88.) Arnold, 6:1 (89.) Gress.
Aufstellung: Heyeres, Thielen, (87. Hermes), Pott, Hemmersbach, Weber, Biskup, Jendrossek, Simmet, Overath (58. Löhr), Hornig.

02.11.1968 1. FC Köln - FC Bayern München 1:1 (1:0),
Zuschauer: 43.000
Tore: 1:0 (40.) Löhr, 1:1 (47.) Ohlhauser.
Aufstellung: Heyeres, Pott, Hemmersbach, Biskup, Weber, Simmet, Rühl, Flohe (75. Hermes), Löhr (72. Bründl) Overath, Hornig.

09.11.1968 SV Werder Bremen - 1. FC Köln 3:1 (1:0),
Zuschauer: 15.000
Tore: 1:0 (37.) Rupp, 2:0 (68.) Görts, 3:0 (75.) Schütz (FE), 3:1 (84.) Hornig.
Aufstellung: Heyeres, Pott, Hemmersbach, Biskup, Weber, Simmet, Jendrossek, Hermes, Löhr, Overath, Hornig.

16.11.1968 Borussia Dortmund - 1. FC Köln 1:1 (0:0),
Zuschauer: 20.000
Tore: 1:0 (69.) Neuberger, 1:1 (87.) Thielen.
Aufstellung: Heyeres, Thielen, Hemmersbach, Weber, Biskup, Simmet, Jendrossek, Hermes, Löhr, Overath, Hornig.

30.11.1968 1. FC Köln - Alemannia Aachen 1:2 (0:1),
Zuschauer: 15.000
Tor: 0:1 (13.) Pawellek, 0:2 (85.) Hoffmann (FE), 1:2 (90.) Biskup.
Aufstellung: Heyeres, Thielen, Blusch, Hemmersbach, Biskup, Weber, Jendrossek (46. Bründl), Simmet, Overath, Löhr, Hermes.

07.12.1968 1. FC Nürnberg - 1. FC Köln 0:1 (0:0),
Zuschauer: 11.000
Tor: 0:1 (77.) Overath.
Aufstellung: Heyeres, Hemmersbach, Thielen, Blusch, Biskup, Weber, Rühl, Simmet, Hermes, Overath, Löhr.

11.01.1969 Kickers Offenbach - 1. FC Köln 3:1 (2:0),
Zuschauer: 16.000
Tore: 1:0 (08.) Becker, 2:0 (19.) Schmitt, 2:1 (49.) Hermes, 3:1 (88.) Schmitt.
Aufstellung: Heyeres, Thielen, Hemmersbach, Blusch, Simmet (46. Jendrossek), Rühl, Hermes, Löhr, Overath, Hornig.

18.01.1969 1. FC Köln - Borussia M'gladbach 1:4 (0:2),
Zuschauer: 33.000
Tore: 0:1 (08.) Laumen, 0:2 (30.) Netzer, 0:3 (63.) Netzer (FE), 0:4 (67.) Netzer, 1:4 (72.) Rühl.
Aufstellung: Heyeres, Thielen, Pott, Blusch, Biskup (35. Hermes), Hemmersbach, Rühl, Simmet, Löhr, Overath, Hornig.

25.01.1969 SV Hannover 96 - 1. FC Köln 3:0 (2:0),
Zuschauer: 15.000
Tore: 1:0 (03.) Skoblar, 2:0 (15.) Zobel, 3:0 (80.) Anders.
Aufstellung: Soskic, Pott (65. Hermes), Hemmersbach, Thielen, Blusch, Simmet, Rühl, Flohe (55. Löhr), Jendrossek, Overath, Hornig.

01.02.1969 1. FC Köln - 1. FC Kaiserslautern 2:1 (0:0),
Zuschauer: 18.000
Tore: 0:1 (49.) Hasebrink, 1:1 (76.) Löhr, 2:1 (87.) Jendrossek.
Aufstellung: Soskic (49. Heyeres), Thielen, Simmet, Biskup, Blusch, Hermes (46. Löhr), Jendrossek, Flohe, Rühl, Overath, Hornig.

08.02.1969 TSV 1860 München - 1. FC Köln 2:1 (0:1),
Zuschauer: 11.000
Tore: 0:1 (14.) Bründl, 1:1 (50.) Reich, 2:1 (79.) Zeiser.
Aufstellung: Heyeres, Thielen, Simmet, Rühl, Blusch, Flohe, Bründl, Jendrossek, Löhr (78. Hemmersbach), Overath, Hornig.

01.03.1969 FC Schalke 04 - 1. FC Köln 3:1 (2:1),
Zuschauer: 30.000
Tore: 1:0 (09.) Libuda, 1:1 (14.) Rühl, 2:1 (25.) Wittkamp, 3:1 (73.) Libuda.
Aufstellung: Heyeres, Thielen, Pott, Blusch, Biskup, Simmet, Rühl, Flohe, Jendrossek, Overath, Hornig, (46. Löhr, - 74. Bründl).

08.03.1969 1. FC Köln - Hertha BSC Berlin 1:0 (0:0),
Zuschauer: 18.000
Tor: 1:0 (72.) Biskup.
Aufstellung: Heyeres, Thielen, Pott, Blusch, Weber, Biskup, Rühl, Simmet, Jendrossek (71. Bründl), Overath, Hornig.

15.03.1969 Eintracht Frankfurt - 1. FC Köln 1:2 (0:2),
Zuschauer: 10.000
Tore: 0:1, 0:2 (02., 27.) Rühl, 1:2 (81.) Hölzenbein.
Aufstellung: Heyeres, Thielen, Pott, Blusch, Weber, Biskup, Rühl, Simmet, Jendrossek, Overath, Hornig.

22.03.1969 1. FC Köln - MSV Duisburg 1:1 (0:1),
Zuschauer: 17.000
Tore: 0:1 (42.) Heidemann, 1:1 (61.) Rühl.
Aufstellung: Heyeres, Thielen, Pott, Blusch (51. Hermes), Weber (11. Bründl), Biskup, Rühl, Simmet, Jendrossek, Overath, Hornig.

09.04.1969 1. FC Köln - VfB Stuttgart 5:2 (3:1),
Zuschauer: 22.000
Tore: 1:0 (03.) Rühl, 2:0, 3:0 (17., 20.) Löhr, 3:1 (31.) H.Eisele, 4:1 (47.) Jendrossek, 4:2 (48.) Handschuh, 5:2 (75.) Overath.
Aufstellung: Birkhölzer, Hemmersbach, Pott, Blusch, Weber, Biskup, Rühl, Simmet, Löhr (41. Jendrossek), Overath, Hornig.

26.04.1969 FC Bayern München - 1. FC Köln 1:0 (0:0),
Zuschauer: 27.000
Tor: 1:0 (64.) Müller.
Aufstellung: Birkhölzer, Thielen, Pott, Hemmersbach, Weber, Blusch (65. Löhr), Rühl, Simmet, Biskup, Overath, Hornig.

30.04.1969 1. FC Köln - Hamburger SV 4:1 (3:0),
Zuschauer: 30.000
Tore: 1:0 (17.) Biskup, 2:0 (23.) Hornig, 3:0 (43.) Biskup, 3:1 (57.) Seeler, 4:1 (75.) Rühl.
Aufstellung: Birkhölzer, Thielen, Pott, Hemmersbach, Weber, Biskup, Rühl, Simmet, Löhr, Overath, Hornig.

03.05.1969 Eintracht Braunschweig - 1. FC Köln 2:1 (2:1),
Zuschauer: 9.000
Tore: 1:0 (21.) Ulsaß, 2:0 (22.) Maas, 2:1 (37.) Löhr.
Aufstellung: Birkhölzer, Thielen, Pott, Blusch, Weber, Biskup, Rühl, Simmet, Löhr, Overath, Hornig.

17.05.1969 1. FC Köln - SV Werder Bremen 3:3 (3:2),
Zuschauer: 16.000
Tore: 1:0 (03.) Biskup, 2:0 (04.) Overath, 2:1 (27.) Görtz, 2:2 (36.) Danielsen, 3:2 (40.) Rühl (FE), 3:3 (65.) Höttges (FE).
Aufstellung: Birkhölzer, Thielen, Pott, Hemmersbach (43. Blusch), Weber, Biskup, Rühl, Simmet, Löhr, Overath, Hornig.

24.05.1969 1. FC Köln - Borussia Dortmund 2:1 (2:1),
Zuschauer: 34.000
Tore: 1:0 (10.) Rühl, 2:0 (26.) Rühl, 2:1 (44.) Weist.
Aufstellung: Birkhölzer, Thielen, Hemmersbach, Blusch, Weber, Biskup, (65. Jendrossek), Rühl, Simmet, Löhr, Overath, Hornig.

31.05.1969 Alemannia Aachen - 1. FC Köln 2:1 (1:0),
Zuschauer: 20.000
Tore: 1:0 (31.) Ionescu, 1:1 (55.) Jendrossek, 2:1 (65.) Martinelli.
Aufstellung: Birkhölzer, Thielen, Hemmersbach, Blusch, Weber, Biskup (46. Jendrossek), Rühl, Simmet, Löhr, Overath, Hornig.

07.06.1969 1. FC Köln - 1. FC Nürnberg 3:0 (0:0),
Zuschauer: 53.028
Tore: 1:0 (51.) Overath, 2:0 (77.) Rühl, 3:0 (84.) Hornig.
Aufstellung: Birkhölzer, Thielen, Hemmersbach, Blusch (60. Jendrossek), Weber, Biskup, Rühl, Simmet, Löhr, Overath, Hornig.

DFB-POKAL

1. Runde
21.01.1969 VfB Stuttgart - 1. FC Köln 1:0 (1:0),
Zuschauer: 17.000
Tor: 1:0 (43.) Gress.
Aufstellung: Soskic, Pott, Hemmersbach, Thielen, Blusch, Simmet, Rühl, Hermes, Jendrossek, Overath, Hornig (46. Löhr).

STATISTIK 1968/69

EUROPAPOKAL DER POKALSIEGER

1. Runde (Hinspiel)
18.09.1968 Girondins Bordeaux - 1.FC Köln 2:1 (1:1),
Zuschauer: 15.465
Tore: 1:0 (19.) Petyt, 1:1 (26.) Desremeaux (E.), 2:1 (56.) Masse.
Aufstellung: Heyeres, Pott, Hemmersbach, Blusch, Weber, Biskup, Flohe, Simmet, Rühl, Overath, Hornig.
B.V.: Eine Flanke von Masse wird von Schiedsrichter Dorpmans unhaltbar für Keeper Heyeres zum 2:1 Siegtreffer abgefälscht.

1. Runde (Rückspiel)
02.10.1968 1.FC Köln - Girondins Bordeaux 3:0 (2:0),
Zuschauer: 25.000
Tore: 1:0 (20.) Blusch, 2:0 (22.) Overath, 3:0 (53.) Rühl (FE.).
Aufstellung: Heyeres, Thielen, Hemmersbach, Blusch, Weber, Biskup, Flohe, Simmet, Rühl, Overath, Hornig.

2. Runde (Hinspiel)
12.11.1968 ADO Den Haag - 1.FC Köln 0:1 (0:0),
Zuschauer: 23.000
Tor: 0:1 (88.) Jendrossek.
Aufstellung: Heyeres, Thielen, Blusch, Weber, Biskup, Simmet, Hermes, Flohe, Löhr (76. Jendrossek), Overath, Hornig.

2. Runde (Rückspiel)
27.11.1968 1.FC Köln - ADO Den Haag 3:0 (1:0),
Zuschauer: 25.000
Tore: 1:0, 2:0 (03., 53.) Löhr, 3:0 (74.) Blusch.
Aufstellung: Heyeres, Thielen, Simmet, Biskup, Weber, Blusch, Rühl (30. Jendrossek), Löhr, Hornig (46. Hemmersbach), Overath, Hermes.

Viertelfinale (Hinspiel)
05.03.1969 1.FC Köln - SK Freja Randers 2:1 (1:1),
Zuschauer: 15.000
Tore: 1:0 (34.) Jendrossek, 1:1 (43.) Gaardsö, 2:1 (88.) Biskup.
Aufstellung: Heyeres, Thielen, Simmet, Biskup, Weber, Blusch, Rühl, Flohe (56. Hermes), Jendrossek, Overath, Hornig.

Viertelfinale (Rückspiel)
12.03.1969 SK Freja Rangers - 1.FC Köln 0:3 (0:1),
Zuschauer: 18.000
Tore: 0:1 (24.) Biskup, 0:2, 0:3 (69., 84.) Rühl.
Aufstellung: Heyeres, Thielen, Pott, Blusch, Weber, Jendrossek, Rühl, Biskup, Simmet, Overath, Hornig.

Halbfinale (Hinspiel)
02.04.1969 1.FC Köln - FC Barcelona 2:2 (1:1),
Zuschauer: 45.000
Tore: 1:0 (07.) Löhr, 1:1 (23.) Zabalza, 2:1 (75.) Rühl, 2:2 (77.) Heyeres (E).
Aufstellung: Heyeres (79. Birkhölzer), Thielen (26. Hemmersbach), Weber, Pott, Blusch, Biskup, Simmet, Rühl, Löhr, Overath, Hornig.

Halbfinale (Rückspiel)
19.04.1969 FC Barcelona - 1.FC Köln 4:1 (1:1),
Zuschauer: 80.000
Tore: 1:0 (06.) Marti, 1:1 (17.) Rühl, 2:1, 3:1, 4:1 (55, 64, 79.) Fuste.
Aufstellung: Birkhölzer, Thielen, Blusch, Pott, Weber, Biskup, Rühl, Löhr (58. Jendrossek), Simmet, Overath, Hornig.

FREUNDSCHAFTSSPIELE

03.08.1968 VfL Gummersbach - 1.FC Köln 0:10 (0:3)

04.08.1968 Sportfreunde Lüdenscheid - 1.FC Köln 0:2 (0:2)

07.08.1968 Rot-Weiß Essen - 1.FC Köln 0:4 (0:2)

10.08.1968 Viktoria Köln - 1.FC Köln 2:4 (2:4)

11.08.1968 Grün-Weiß Enzen - 1.FC Köln 2:10 (2:2)

13.08.1968 Fortuna Düsseldorf - 1.FC Köln 1:3 (0:1)

23.11.1968 Wuppertaler SV - 1.FC Köln 0:3 (0:1)

26.12.1968 VfL Bochum - 1.FC Köln 1:1 (1:1)

05.02.1969 1.FC Köln - Mittelrheinauswahl 3:1 (1:0)

15.02.1969 Bonner SC - 1.FC Köln 1:1 (0:1)

04.05.1969 BV Essen/Oldenburg - 1.FC Köln 0:8 (0:6)

08.06.1969 FC St. Pauli - 1.FC Köln 0:2 (0:1) (in Levern)

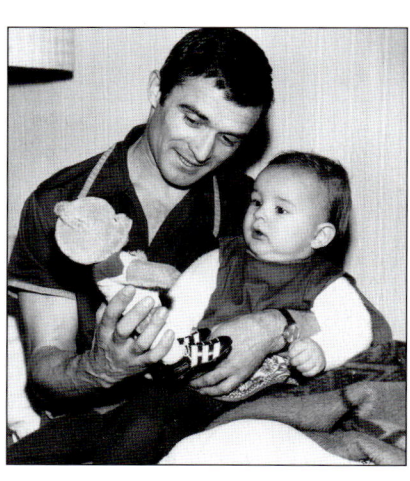

Publikumsliebling Milutin Soskic mit Sohn.

1. BUNDESLIGA 1968/69

1.	Bayern München	61:31	46:22
2.	Alemannia Aachen	57:51	38:30
3.	Borussia M'gladbach	61:46	37:31
4.	Eintracht Braunschweig	46:43	37:31
5.	VfB Stuttgart	60:54	36:32
6.	Hamburger SV	55:55	36:32
7.	FC Schalke 04	45:40	35:33
8.	Eintracht Frankfurt	46:43	34:34
9.	Werder Bremen	59:59	34:34
10.	1860 München	44:59	34:34
11.	Hannover 96	47:45	32:36
12.	MSV Duisburg	33:37	32:36
13.	**1. FC Köln (P)**	**47:56**	**32:36**
14.	Hertha BSC Berlin (N)	31:39	32:36
15.	1.FC Kaiserslautern	45:47	30:38
16.	Borussia Dortmund	49:54	30:38
17.	1.FC Nürnberg (M)	45:55	29:39
18.	Kickers Offenbach (N)	42:59	28:40

BUNDESLIGAKADER 1968/69

Abgänge: Alger (Viktoria Köln), Bergfelder (Bonner SC), Mürdter (Bayer Leverkusen), Rausch (Rot-Weiß Essen), Roder (Bayer Leverkusen), Rumor (1.FC Kaiserslautern), Schumacher (Viktoria Köln), Struth (Fortuna Köln), F. P. Neumann (Fortuna Köln)
Zugänge: Birkhölzer (eigene Jugend), Biskup (Fortuna Düsseldorf), Blusch (Eintracht Frankfurt), Bründl (1860 München), Langanke (eigene Jugend)

Trainer: Hans Merkle

Tor:
Heyeres, Paul 21/0
Birkhölzer, Rolf 12/0
Soskic, Milutin 2/0

Feld:
Overath, Wolfgang 34/6
Simmet, Heinz 34/0
Biskup, Werner 32/6
Hornig, Heinz 32/6
Rühl, Karl-Heinz 30/14
Thielen, Karl-Heinz 29/1

Weber, Wolfgang 28/0
Blusch, Peter 25/0
Pott, Fritz 24/0
Hemmersbach, Matth. 22/0
Löhr, Johannes 20/7
Jendrossek, Jürgen 19/3
Flohe, Heinz 14/2
Bründl, Ludwig 13/1
Hermes, Bernhard 11/1
Regh, Anton 0/0
Röhrig, Josef junior 0/0
Langanke, Hans 0/0
Pott, Fritz 0/0

FC-Dauerkarte Saison 1968/69.

FIEBERKURVE 1968/69

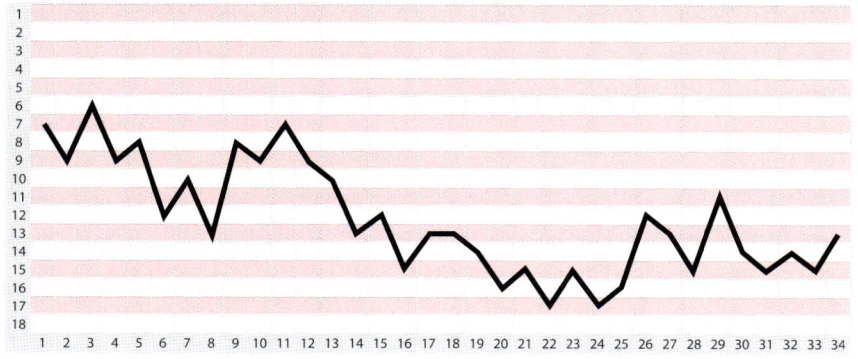

1969/70
1. BUNDESLIGA

Mit „Granit-Hans" wieder nach oben

Mit bescheidenem Optimismus ging man am Geißbockheim in die neue Saison. Die Vorbereitung inklusive eines harmonischen, zweiwöchigen Trainingslagers im hessischen Grünberg war optimal verlaufen. In Zeiten, in denen sich die Spieler nicht mit ihrer Playstation oder dem Laptop ins Zimmer zurückziehen konnten, wurde der Teamgeist mit gemeinsamen Skat- oder Kegelabenden gestärkt. In den Testspielen zeigte der FC schon eine beachtliche Frühform und besiegte unter anderem West Ham United, das in Köln mit den 1966er Weltmeistern Moore, Peters und Hurst angetreten war, mit 4:1.

VIELVERSPRECHENDE VERSTÄRKUNG

Die drei Neuzugänge waren gut integriert worden. Mit Manfred Manglitz hatte man einen waschechten „kölschen Jung" verpflichtet. Der extrovertierte Torwart, wegen seines großen Mundwerks auch nach dem berühmten Boxer „Cassius" Clay benannt, zählte zu den Besten seines Fachs. Er hatte beim MSV Duisburg bereits 192 Bundesligabegegnungen und zwei Länderspiele für die Nationalmannschaft bestritten. Endlich war das Torwartproblem der Kölner gelöst. Mit Soskic und Birkhölzer befanden sich zwei anständige Ersatzkeeper im Kader. Auch für die im Vorjahr schwache Offensive war Oskar Maaß ein Transfercoup geglückt. Der von Werder Bremen geholte Stürmer Bernd Rupp war ein echter Torjäger, der sowohl bei den Norddeutschen als auch zuvor bei Borussia Mönchengladbach seine Treffsicherheit unter Beweis gestellt hatte. Bei den Fans war der Angreifer auf Anhieb beliebt, und sie widmeten ihm mit „Hopp, hopp, hopp, wir haben einen Rupp" auch gleich einen eigenen Schlachtruf. 225.000 DM Ablöse investierte der FC in Manglitz (100.000 DM) und Rupp (125.000 DM). Besonders Manfred Manglitz freute sich auf seine Tätigkeit beim 1. FC Köln. „Neun Jahre habe ich auf den Tag gewartet, dass ich beim FC spielen kann", meinte „Cassius" im *Kicker*. Seine Verpflichtung war früher immer am Veto Franz Kremers gescheitert, der sich mit dem „Dampfplauderer" nicht anfreunden konnte. Mittelfeldspieler Wolfgang Riemann, der von Eintracht Tier ans Geißbockheim wechselte, war eher als Ergänzungsspieler gedacht. Ihm blieb leider der Durchbruch beim FC versagt, und am Saisonende zog er weiter zum 1. FC Nürnberg. Einziger bemerkenswerter Abgang war der von Toni Regh. Der sympathische „Tünn" hatte den Kölnern acht Jahre lang treue Dienste geleistet und an den Erfolgen in den 1960er Jahren großen Anteil. Ihn zog es zum aufstrebenden Lokalrivalen von „Schäng" Löring, zu Fortuna Köln.

DER FC VERPFLICHTET EINEN KONDITIONSTRAINER

In der Trainerfrage entschied man sich, den mit Hans Merkle noch ein Jahr lang laufenden Vertrag trotz der enttäuschenden Vorsaison zu

Die Neuzugänge Manfred Manglitz und Bernd Rupp in bester Laune beim Saisoneröffnungstraining 1969/70.

[LEGENDEN]

Heinz Hornig
Beim FC von 1962 bis 1970 (Spieler), 1985 - 1987 (Amateurtrainer), 1992 - 1998 (Geschäftsführer Marketing), seit 1996 (Mitglied Scoutingabteilung)
Geboren: 28.9.1937 in Gelsenkirchen
Pflichtspiele beim FC: 246
Pflichtspieltore: 45

„Ein erstklassiger Linksaußen"

Bei Eintracht Gelsenkirchen erlernte Heinz Hornig das Fußball-ABC und spielte später in der höchsten Amateurklasse. Bald kickte sich der Offensivspieler bis in die Amateurnationalmannschaft, und so sicherte sich der große Nachbar Schalke 04 die Dienste des 1,68 Meter großen Leichtgewichts. Bei den Knappen setzte er sich nicht durch, woraufhin er ab 1959 bei Rot-Weiß Essen aktiv war und dort zum Leistungsträger avancierte. Das setzte er auch beim 1. FC Köln fort, der den kleinen Dribbler zur Saison 1962/63 unter Vertrag nahm. Für den FC war der Flügelflitzer äußerst wertvoll: Mit seinen unnachahmlichen, aus vollem Lauf geschlagenen Flanken fütterte er die Offensive der Geißböcke „mundgerecht" und zeigte dazu auch selbst Vollstreckerqualitäten. Der große Pelé adelte Hornig einst mit den Worten „ein erstklassiger Linksaußen". Auch dank des Mannes aus dem Ruhrpott holte der FC 1964 die Deutsche Meisterschaft und 1968 den DFB-Pokal. Seine Leistungen im Vereinsdress brachten ihm immerhin sieben Einsätze in der Nationalmannschaft und die Berufung den WM-Kader 1966, wobei er beim Turnier in England nicht zum Einsatz kam. 1970 verließ Hornig die Domstadt, um zu Daring Brüssel zu gehen. In Belgien beendete er seine Spielerlaufbahn.
Inzwischen im Besitz des Trainerscheins, kehrte er ins Rheinland zurück und betreute als Coach unter anderem Fortuna ➜

Köln, den FV Bad Honnef und die FC-Amateure. Zusätzlich baute Hornig privat eine Fanartikelfirma auf und fungierte von 1996 bis 1998 als Geschäftsführer der Marketing- und Vertriebs GmbH des 1. FC Köln.

Heute ist der ehemalige Meisterspieler im Scoutingbereich der Geißböcke ebenso tätig wie in seiner eigenen Fanartikel- und Werbegeschenkfirma, die er zusammen mit seinem Sohn betreibt. Seinen Wohnsitz hat er ins ruhige Bedburg, unweit von Köln, verlegt.

Der 1. FC Köln in der Saison 1969/1970. Stehend von links: Wolfgang Overath, Wolfgang Riemann, Matthias Hemmersbach, Hannes Löhr, Trainer Hans Merkle, Wolfgang Weber, Karl-Heinz Rühl, Bernhard Hermes, Karl-Heinz Thielen, Peter Blusch. Sitzend von links: Fritz Pott, Bernd Rupp, Heinz Flohe, Rolf Birkhölzer, Milutin Soskic, Manfred Manglitz, Werner Biskup, Heinz Simmet, Heinz Hornig.

[Interessantes & Kurioses]

- Unersättlicher Manfred Manglitz: Nach dem Freundschaftsspiel in Bergisch Gladbach am 10. August 1969 „plündert" der Keeper die Küche des Geißbockheims. Ein Filet, ein Kotelett, ein Tatarbrötchen, ein Brötchen mit Sülze, eine Gulaschsuppe, einen strammen Max und zum Nachtisch zwei Stücke Nusskuchen werden von Manglitz verdrückt. Am 11. Oktober 1969 stellt „Cassius" einen weiteren „Rekord" auf: Beim Spiel in Essen erreicht der Torwart als erster Akteur 200 Bundesligaspiele.

- Am 19. August 1969 findet in Leverkusen das Abschiedsspiel von Leo Wilden statt. Der FC behält in der Farbenstadt gegen Bayer 04 mit 3:0 die Oberhand.

- Beim FC-Auswärtsspiel im Berliner Olympiastadion gegen die Hertha wird ein bis heute gültiger Zuschauerrekord für ein Bundesligaspiel aufgestellt. Exakt 88.075 zahlende Besucher sehen die Partie.

- Einen 20 Minuten langen Flutlichtausfall mussten die Zuschauer während des Spiels Hannover 96 - 1. FC Köln am 15. Oktober 1969 hinnehmen.

- Nach dem 2:1-Auswärtssieg bei Bayern München erhält jeder FC-Spieler 2.000 DM Siegprämie, die sich wie folgt zusammensetzen: 800 DM Siegprämie, 200 Mark für den 1. Tabellenplatz und 1.000 DM Privatspenden begeisterter Sponsoren.

erfüllen. Der durch Hans Schäfers Weggang vakante Posten des Trainerassistenten wurde durch den mehrfachen Deutschen Meister im Speerwurf, Rolf Herings, besetzt. Herings kümmerte sich um die Kondition der Geißbockkicker im Allgemeinen und später um das Wohl der Torhüter im Besonderen. Mit Erfolg – Klassekeeper wie Manglitz, Welz, „Toni" Schumacher und Illgner bekamen unter Herings Fittichen den notwendigen Feinschliff. Bis heute ist Rolf Herings dem Verein eng verbunden. Er ist ein echtes FC-Urgestein, auch wenn er zwischenzeitlich schon einmal zurückzog. Pikant: Der Olympiateilnehmer hatte im Vorjahr noch die Akteure von Borussia Mönchengladbach auf Vordermann gebracht.

Die gute Vorbereitung wirkte sich auch auf die Leistungen in der Bundesliga aus. Trotz eines 0:2-Rückstandes bog man das Auftaktspiel in Müngersdorf gegen Eintracht Braunschweig noch in einen 3:2-Sieg um. Neben sehenswertem Kampfgeist und der „Unterstützung" des Schiris, der den Kölnern nicht nur einen umstrittenen Elfmeter zusprach, sondern den Niedersachsen auch ein reguläres Tor aberkannte, waren endlich Glück und Moral zu den Geißböcken zurückgekehrt.

Die schon im Vorjahr bewiesene Heimstärke wurde 1969/70 untermauert. Dem 1:2 bei Werder Bremen am 2. Spieltag folgte ein hervorragendes 6:2 über den MSV Duisburg, und auch vom unglücklichen 0:1 bei 1860 München ließ man sich nicht unterkriegen, besiegte Alemannia Aachen, das von FC-Legende Schorsch Stollenwerk betreut wurde, im 35. Mittelrheinderby am 13. September 1969 mit 3:0. Die 32.000 Zuschauer im Kölner Stadion hatten ihre helle Freude. Am 6. Spieltag musste der FC mit dem 0:1 gegen Hertha BSC im Berliner Olympiastadion die vorerst letzte Pleite hinnehmen.

BEEINDRUCKENDE SERIE MIT HÖCHSTEM BUNDESLIGASIEG

Der FC legte eine Serie hin, die man ihm vor der Saison nicht zugetraut hätte. Von 14 möglichen konnten die Rot-Weißen 13 Punkte auf der Habenseite verbuchen und eroberten die Spitzenposition in der Tabelle. Absolute Highlights der Erfolgsserie waren das 8:0 (!) gegen Schalke am 8. November 1969 – neben dem 8:0 über Eintracht Braunschweig in der Spielzeit 1979/80 der bis heute höchste Bundesligasieg – sowie der 2:1-Erfolg beim amtierenden Double-Gewinner FC Bayern München am 13. Spieltag. Vor allem der Kantersieg über die „Knappen" vor den Augen von Bundeskanzler Willy Brandt sorgte für Aufsehen. Die entfesselt aufspielenden Rheinländer nahmen die Blauen aus dem Ruhrpott nach allen Regeln der Kunst auseinander. „Ein tolles Spiel der Kölner. Wirklich phantastisch. So werden sie Meister", zeigte sich auch der Kanzler angetan vom rot-weißen Angriffswirbel. Unerwartet war der FC zum Meisterschaftsanwärter gewor-

Der Auswärtsauftakt bei Bernd Rupps Ex-Club Werder Bremen geht mit 1:2 verloren

Aufsteiger RW Oberhausen freute sich darüber, endlich wieder gegen den 1. FC Köln spielen zu dürfen.

Auch das Foul von Fichtel an Löhr konnte nicht verhindern, dass der FC gegen Schalke 04 mit 8:0 triumphierte.

Schalke-Präsident Günter Siebert und Willy Brandt bestaunten auf der Ehrentribüne in Müngersdorf das 8:0 des FC über die Knappen.

den. Schärfster Konkurrent im Kampf um die Ligaspitze waren ausgerechnet Hennes Weisweiler und seine Gladbacher Fohlen, die nach ihrem 3. Platz im Vorjahr nun nach der „Salatschüssel" griffen. 54.000 Zuschauer sorgten für ein restlos ausverkauftes Müngersdorfer Stadion, als die Erzrivalen vom Mittel- und Niederrhein am 29. November 1969 aufeinander trafen. Gut und gerne die doppelte Menge an Karten hätte der FC absetzen können – im Innenraum der Arena waren 1.400 zusätzliche Sitzplätze geschaffen worden. Das Publikum bekam ein hochklassiges Derby mit Chancen auf beiden Seiten zu sehen. Die Spielgestalter Overath und Netzer waren die herausragenden Persönlichkeiten auf dem Spielfeld. Overath befand sich ohnehin seit Wochen in erstklassiger Verfassung. Er ließ seinen Durchhänger vom Vorjahr vergessen und wurde wieder zum Herzstück des FC-Spiels. Als alle bereits mit einer verdienten Punkteteilung der alten Rivalen rechneten, markierte le Fevre in der 88. Minute den 1:0-Siegtreffer für die Weisweiler-Truppe. Erneut gelang es dem alten Fuchs Hennes, kurz vor seinem 50. Geburtstag beide Punkte aus „seiner" Domstadt, in der er übrigens immer noch wohnte, zu entführen. Diesmal hatte der FC die Niederlage nicht verdient, musste die Tabellenführung aber zähneknirschend den Borussen überlassen. Die Rivalität zwischen Köln und Mönchengladbach war weiter gestiegen: „Hi-Ha-Ho – Gladbach ist k.o.", jubelten die FC-Fans beim Spiel gegen 1860, als man über Transistorradio von der zeitgleichen Niederlage der „Fohlen" gegen Eintracht Frankfurt erfuhr. Und als Weisweiler mit seiner Mannschaft beim 3:0-Heimsieg der Geißböcke über Werder Bremen als Augenzeuge im Stadion war, begrüßten ihn die kölschen Anhänger mit dem Gesang: „Gut, dass ihr gekommen seid, um den zukünftigen Meister zu sehen."

GESTOLPERT, ABER NICHT GEFALLEN

Die Kölner waren gestolpert, aber sie fielen nicht. Bei der Frankfurter Eintracht kam

■ Beim Freundschaftsspiel in Quadrath Ichendorf hat der zwischen den Pfosten stehende FC-Ersatzkeeper Milutin Soskic so wenig zu tun, dass er während (!) der Partie einer Schar Autogrammjäger bereitwillig alles Mögliche signiert. Die Gäste aus der Domstadt siegen mit 14:1.

■ Wolfgang Overath ist der erste Akteur in der Geschichte der Bundesliga, der 200 Spiele für denselben Verein absolviert.

■ Mit dem Grundstück „Georgshof", dass der 1. FC Köln 1963 erworben hatte, beschäftigt sich der Gemeinderat von Rösrath. Das Areal sowie das darauf befindliche, leer stehende Gebäude sind in einem Zustand der Verwahrlosung. Nicht nur optisch stellt das alte Haus wegen seiner herauswehenden Gardinen eine Störung dar, es dient auch „lichtscheuen Gestalten" als Unterschlupf.

■ Beim Freundschaftsspiel gegen Fortuna Köln am 2. August 1969 wird Karl-Heinz Thielen für 400 Pflicht- und Freundschaftsspiele im FC-Trikot geehrt. Im weiteren Saisonverlauf feiern auch Matthias Hemmersbach (400 Spiele) und Wolfgang Weber (300 Spiele) Jubiläum.

■ Bei der Bundesligapartie der Geißböcke gegen Eintracht Braunschweig in Müngersdorf sitzt die israelische Nationalmannschaft auf Einladung des FC auf der Ehrentribüne.

Statt ewiger Vorbereitungsspiele gegen die Bayern gab es Anno 1969 noch wirklich interessante Testspielgegner in Müngersdorf zu sehen, wie beispielsweise den Londoner Traditionsverein West Ham United.

Das Ticket zum Spiel in Bremen.

1969/70 ■ 207

- Wie schon seit vielen Jahren setzt sich der FC bei der Stadt Köln für den Bau eines neuen Stadions ein. Die Zustände in der alten Müngersdorfer Hauptkampfbahn sind verheerend. Bei viel zu wenigen Sitzplätzen „verweilt" man auf den Stehplätzen bei nassem Wetter im Schlamm. Schlechte Sicht und mangelhafte sanitäre Anlagen runden das negative Gesamtbild ab.

- Wolfgang Overath wird zu Kölns „Sportler des Jahres" gewählt.

- Auch 1969/70 setzt der 1. FC Köln organisierte Fanbusse zu den Auswärtsspielen ein. Die Fahrzeuge stellt das Kölner Busunternehmen „Küppers". Die Busse starten traditionell am Zigarrenhaus Röhrig auf der Luxemburger Straße.

- Wegen der angespannten Finanzlage des FC verzögert sich die offizielle Eröffnung des Jugend- und Amateurstadions (heute Franz-Kremer-Stadion) am Geißbockheim, das nahezu fertig gestellt ist.

- Richard Pelzer scheidet nach zwölf Jahren aus dem Amt des Schatzmeisters aus, bleibt dem FC aber als Vorstandsmitglied erhalten.

- Neuer Trainer bei den FC-Amateuren: Nachfolger von Georg Stollenwerk, der als Cheftrainer zu Alemannia Aachen wechselt, wird Gero Bisanz. Seit 1957 war der Sportpädagoge Mitglied des 1. FC Köln und sowohl bei den Amateuren als auch bei den Vertragsspielern (1957 bis 1960) aktiv. An der Sporthochschule Köln fungierte er als Assistent von Hennes Weisweiler.

Neuzugang „Cassius" Manglitz schafft es auf die Titelseite des Geißbock Echo.

Wolfgang Weber und Hannes Löhr mit ihren DFB-Teamtaschen kurz vor der Abreise zur WM 1970 in Mexiko.

man beim 0:0 zu einem verdienten Punktgewinn, und beim nächsten Heimspiel deklassierte man die „Roten Teufel" aus Kaiserslautern mit 6:1. Obwohl der FC mit einer 0:1-Niederlage in Dortmund in die Winterpause ging, konnte man von einer sehr guten Hinrunde sprechen. Dass man sich als Fast-Absteiger so schnell erholen würde, hatten auch die optimistischsten Anhänger nicht erwartet. Selbst als Kalli Thielen via Presse die angeblich veralteten Trainingsmethoden von Hans Merkle für die Auswärtsschwäche der Geißböcke verantwortlich machte, kam bei der Mannschaft keine Unruhe auf.
Auch Präsident Maaß wurde kein Merkle-Freund mehr. Immer wieder kritisierte der Vorsitzende den Coach, der sich tapfer gegen die Angriffe wehrte. Wie so oft schwebte das „Gespenst" Hennes Weisweiler über dem Geißbockheim, über dessen angebliche Rückkehr mal wieder spekuliert wurde. Doch ausgerechnet bei den Feierlichkeiten zu seinem 50. Geburtstag beendete der Startrainer alle Spekulationen. „Ich bleibe in Gladbach", versicherte er den versammelten Gästen, die in spontanen Jubel ausbrachen. Der anwesende FC-Geschäftsführer König, der wenige Minuten zuvor noch einen rot-weißen Blumenstrauß an den Jubilar überreicht hatte, wurde vor Schreck sichtlich blass um die Nase. Der Geschäftsführer hatte gehofft, Weisweiler „nach Hause" holen zu können. „Auch in zehn Jahren können wir noch zusammenarbeiten. Dann bin ich 50 und Hennes 60." Offensichtlich besaß König hellseherische Fähigkeiten, denn gut sechs Jahre später sollte der „verlorene Sohn" tatsächlich wieder beim FC anheuern…
Furios startete der FC in die Rückrunde, trotz zahlreicher Spielausfälle wegen des kalten und schneereichen Winters. Sensationelle neun Bundesligasiege hintereinander brachten die Kölner auf Meisterkurs. Als sich die begeisterten kölschen Anhänger schon auf einen spannenden Titelkampf mit den Gladbacher Borussen freuten, stürzten die hochfliegenden Domstädter gnadenlos und unverhofft ab.

EINBRUCH IM ENDSPURT UND PROBLEME MIT RANDALIERERN

Den Anfang machte eine nicht einkalkulierte 0:1-Heimschlappe gegen Aufsteiger Rot-Weiß Oberhausen, von der sich die Mannschaft nicht mehr erholte. Nach der Partie gegen die Kleeblätter kam es zu äußerst unschönen Szenen, als sich meist jugendliche Fanatiker vor den Kabinen versammelten und den Frust über die Niederlage an Polizei und Ordnungsdienst ausließen. Mit Wurfgeschossen wurden die Scheiben des Oberhausener Mannschaftsbusses durchlöchert. Diverse Autos und der Fanbus der Gästeanhänger wurden stark beschädigt. „Unser Bus sieht aus wie nach einem Tieffliegerangriff", reagierte Oberhausens Co-Trainer Kalli Feldkamp geschockt. Auch dem schwachen Schiri wollte die aufgebrachte Meute an den Kragen, doch dieser war längst durch den Seitenausgang geflüchtet.
Die Probleme mit jugendlichen Randalierern wurden zunehmend schlimmer. Vor allem in der Nordkurve des Müngersdorfer Stadions, wo seinerzeit der „harte Kern" der FC-Anhänger untergebracht war, kam es gelegentlich zu Randale und Tätlichkeiten. Appelle via Stadionlautsprecher und *Geißbock Echo* an die renitenten Jugendlichen blieben weitgehend wirkungslos. Schon beim Heimspiel zuvor hatte es in der Kölner Innenstadt Ausschreitungen von sogenannten Fans gegeben.
Nach der Oberhausen-Pleite ging man in fünf von sechs Ligaspielen als Verlierer vom Platz. Nur beim Nachholspiel in Duisburg gelang es, einen Punkt zu entführen. Erst am letzten Spieltag, bei der bedeutungslos gewordenen Heimpartie gegen Borussia Dortmund, konnten die Kölner durch ein 5:2 beide Punkte auf der Habenseite verbuchen. Die Chance, Meister zu werden, war durch den Einbruch im Endspurt vertan worden. Viele „englische Wochen" mit bis zu drei Spielen innerhalb von

sieben Tagen hatten an den Kräften gezehrt. Vor allem Techniker wie Flohe und Overath litten an der Terminhatz. Noch nicht deprimierend genug, holte der ungeliebte Rivale vom Bökelberg die Meisterschale erstmals an den Niederrhein.

Doch letztlich überwog der positive Eindruck und die Tatsache, dass sich der 1. FC Köln vom Katastrophenjahr 1968/69 gut erholt hatte und in der Endabrechnung einen im Vorfeld nicht erwarteten 4. Tabellenplatz belegte. Damit war die Qualifikation für das lukrative internationale Geschäft, sprich Messepokal, gesichert.

Großen Anteil am Höhenflug hatte Wolfgang Overath. Er war wieder zur zentralen, torgefährlichen Figur des Kölner Spiels avanciert und zudem eine feste Größe in der Nationalmannschaft, auch im Hinblick auf die bevorstehende WM in Mexiko. Immerhin zwölf Bundesligatore erzielte der Mittelfeldgenius und war damit drittbester Schütze seines Teams. Bei Auswärtsspielen wurde der Kölner Kapitän häufig aufs Übelste angefeindet und ausgepfiffen, umso beachtlicher seine Leistungen. Allerdings: Wenn Overath einen schlechten Tag erwischt hatte, schwächelte nicht selten die ganze Mannschaft. Ähnliche Symptome waren beim FC schon zu beobachten, als Röhrig und Schäfer noch das Spiel der Kölner lenkten. Häufig war vom „FC Overath" die Rede. Supertalent Flohe war ein weiterer Ballzauberer in den Reihen der Rot-Weißen, dessen Name in Bundestrainer Schöns Notizbuch bereits vermerkt war. Mit Manglitz hielt ein Keeper das Tor sauber, den nicht wenige Experten als den stärksten in Deutschland einstuften. Pech für „Cassius", dass der Münchner Sepp Maier den Platz im Kasten der DFB-Auswahl „blockierte". Immerhin war der FC-Torwart zeitweilig die Nummer zwei im deutschen Tor. Auf zwei Länderspiele brachte er es im Kalenderjahr 1970. Es sollten seine letzten im Adlerdress sein… Mit Weber, Hemmersbach, Simmet und Biskup hatte Manglitz eine solide Abwehr vor sich, die er perfekt dirigierte. Die Arbeit von Konditionstrainer Rolf Herings machte sich positiv bemerkbar, was man vor allem am „zweiten Frühling" älterer Akteure wie Hornig oder Thielen eindrucksvoll beobachten konnte. Thielen hatte inzwischen die Wandlung vom Angreifer zum modernen Abwehrspieler mit Offensivdrang vollzogen. Zusammen mit „Matthes" Hemmersbach, der seine wohl beste Saison im FC-Dress absolvierte, bildete er ein gefährliches Außenverteidigerpaar. Im Angriff waren sowohl Rupp als auch Löhr und Rühl immer für einen Treffer gut, was auch die Anzahl der erzielten Tore eindrucksvoll dokumentiert. Immerhin 36 Treffer mehr als im Vorjahr erzielten die Geißbock-Stürmer.

NEUER FÜHRUNGSSTIL

Auf der Führungsebene gab es seit dem Amtsantritt von Oskar Maaß einige einschneidende Veränderungen. Die Zeiten, als Franz Kremer über viele Jahre hinweg der Mann einsamer Entscheidungen war, gehörten endgültig der Vergangenheit an. Maaß setzte auf einen demokratischen Führungsstil. Wichtige Entscheidungen wurden vom Vorstand gemeinsam entschieden und abgestimmt. Erst bei Stimmengleichheit war das Votum des Präsidenten erforderlich. Kontrolliert wurde der Vorstand vom Verwaltungsrat, in dem neben Ministerialdirigent Dr. Heinz Ahlfeld und Oberbürgermeister Theo Burauen auch die mächtigen Wirtschaftsbosse Ferdinand Mülhens (4711), Friedrich B. Roesch (Kaufhof), Dr. Werner Schulz (ebenfalls Kaufhof) und Otto Wolff von Amerongen regierten. Besonders Wolff von Amerongen, der dem Verwaltungsrat vorstand, hatte immensen Einfluss. Der Großindustrielle bekleidete zahlreiche Posten. Er war beispielsweise Präsident des Deutschen Industrie- und Handelstages und Vorsitzender des Ostausschusses der deutschen Wirtschaft.

Die Wirtschaftsfachleute schauten dem Vorstand vor allem in finanziellen Angelegenheiten genau auf die Finger. Denn so rosig wie in früheren Jahren war es um die FC-Finanzen nicht mehr bestellt. Rund 600.000 DM Verbindlichkeiten drückten den Geißbockclub. Zwar war die Schuldenlast durch den Vereinsbesitz (Geißbockheim, Grundstücke) abgedeckt, doch es wurde gespart, wo es nur möglich war. Geschäftsführer Hans-Gerhard König war einer der Leidtragenden des Sparkurses. Er musste fast den gesamten Arbeitsaufwand der Geschäftsstelle und Presseabteilung zusammen mit nur einer Sekretärin bewältigen. Einige FC-Mitglieder, die gegen den Kurs von Oskar Maaß waren, warfen dem feingeistigen Präsidenten einen zu laschen Führungsstil vor. Einen geeigneten Gegenkandidaten hatten die „Maaß-Gegner" aber nicht vorzuweisen. Zweifellos hielt Maaß von Anfang an die Zügel zu locker. Wo früher Franz Kremer nur einmal auf den Tisch hauen musste, um für Ruhe im Club zu sorgen, vermisste man bei dem gebürtigen Pommern die im Bundesligageschäft zuweilen notwendige Härte.

Wegen zahlreicher witterungsbedingter Spielausfälle im Winter und der sehr früh beginnenden Weltmeisterschaft in Mexiko kam es im DFB-Pokal zu einem Kuriosum. Das am 24. März 1970 ausgetragene Erstrundenspiel bei RW Essen sollte der einzige Pokalauftritt des FC in der Saison 1969/70 sein. Die kampfbetonte, sehenswerte Begegnung auf dem vom Dauerregen völlig aufgeweichten „Acker" des Georg-Melches-Stadions endete nach Verlängerung 3:3. Nach dem Regelwerk wurde ein Rückspiel fällig. Exakt vier Monate (!) mussten beide Mannschaften warten, bis es zum erneuten Treffen kam…

Dieses FC-Porträt mit etwas „schlüpfrigem" Cover, wird heute in Sammlerkreisen gesucht.

■ Zum Saisonende 1969/70 weilt der 1. FC Köln erstmals in Israel und im Iran. Die Reise ins Heilige Land findet auf Einladung des Vereins Maccabi Netanya statt. Die Mannschaft bestreitet in Israel nicht nur drei Freundschaftsspiele, sondern besucht auch Jerusalem, Bethlehem, Jericho und das Tote Meer. Beim Abschlussbankett hält der Bürgermeister eine denkwürdige Tischrede in deutscher Sprache. Von Israel aus reist der FC weiter in den Iran, wo man nicht nur außergewöhnliche Gastfreundschaft genießt, sondern auch in Teheran zwei Freundschaftsspiele bestreitet.

1970 ist der FC erstmals in Israel – hier das offizielle Ankündigungsplakat.

Hessen und Rheinländer trennten sich zur Adventszeit schiedlich friedlich 0:0.

FC-Dauerkarte der Saison 1969/70.

Sieben Tore konnten die Zuschauer beim 5:2-Heimsieg des FC über RW Essen bestaunen.

STATISTIK 1969/70

BUNDESLIGA

16.08.1969 1. FC Köln - Eintracht Braunschweig 3:2 (0:0),
Zuschauer: 22.000
Tore: 0:1, 0:2 (52., 64.) Maas, 1:2 (72.) Rühl (FE), 2:2 (75.) Blusch, 3:2 (85.) Overath.
Aufstellung: Manglitz, Thielen, Blusch, Biskup, Hemmersbach, Hermes (64. Riemann), Simmet, Overath, Rühl, Rupp, Löhr (80. Thelen).

23.08.1969 SV Werder Bremen - 1. FC Köln 2:1 (0:1),
Zuschauer: 25.000
Tore: 0:1 (13.) Rühl, 1:1 (55.) Görtz, 2:1 (58.) Danielsen.
Aufstellung: Manglitz, Thielen, Blusch, Hemmersbach, Biskup, Simmet, Overath, Thelen (85. Riemann), Rühl, Rupp, Hornig (80. Weber).

29.08.1969 1. FC Köln - MSV Duisburg 6:2 (4:0),
Zuschauer: 20.000
Tore: 1:0 (06.) Rupp, 2:0 (10.) Hemmersbach, 3:0 (19.) Löhr, 4:0 (28.) Rupp, 4:1 (48.) Sondermann, 5:1 (62.) Löhr, 6:1 (65.) Overath, 6:2 (72.) Budde.
Aufstellung: Manglitz, Simmet, Weber, Blusch, Hemmersbach, Rühl (54. Riemann), Overath, Hermes, Thelen, Rupp, Löhr.

06.09.1969 TSV 1860 München - 1. FC Köln 1:0 (0:0),
Zuschauer: 26.000
Tor: 1:0 (76.) Fischer.
Aufstellung: Manglitz, Simmet, Biskup, Weber, Hemmersbach, Blusch, Overath, Hermes, Thelen (74. Hornig), Rupp, Löhr.

13.09.1969 1. FC Köln - Alemannia Aachen 3:0 (1:0),
Zuschauer: 32.000
Tore: 1:0 (29.) Flohe, 2:0 (82.) Rupp, 3:0 (88.) Thelen.
Aufstellung: Manglitz, Blusch, Weber, Biskup, Hemmersbach, Simmet, Flohe (60. Hermes), Overath, Rupp, Löhr (73. Thelen) Hornig.
B.V.: Aachens Prokop hält FE von Löhr.

26.09.1969 Hertha BSC Berlin - 1. FC Köln 1:0 (0:0),
Zuschauer: 88.075
Tor: 1:0 (63.) Gayer.
Aufstellung: Manglitz, Blusch, Weber, Biskup (88. Riemann), Hemmersbach, Flohe (78. Thielen) Simmet, Overath, Rühl, Rupp, Löhr.

04.10.1969 1. FC Köln - VfB Stuttgart 3:1 (2:0),
Zuschauer: 17.000
Tore: 1:0 (15.) Hornig, 2:0 (41.) Overath, 3:0 (63.) Blusch, 3:1 (70.) Arnold.
Aufstellung: Manglitz, Thielen, Biskup, Blusch, Hemmersbach, Simmet, Overath, Flohe (74. Riemann), Rupp, Löhr, Hornig (69. Thelen).

11.10.1969 Rot-Weiß Essen - 1. FC Köln 0:0
Zuschauer: 30.000
Aufstellung: Manglitz, Thielen, Hemmersbach, Blusch, Biskup, Simmet, Overath, Rühl, Rupp, Löhr, Hornig.

15.10.1969 SV Hannover 96 - 1. FC Köln 3:4 (1:4),
Zuschauer: 36.000
Tore: 0:1 (07.) Hornig, 0:2 (11.) Löhr, 1:2 (26.) Breuer, 1:3 (35.) Blusch, 1:4 (37.) Löhr, 2:4 (55., 69.) Heynckes.
Aufstellung: Manglitz, Thielen (62. Flohe), Blusch, Biskup, Hemmersbach, Simmet, Overath, Rühl, Rupp, Löhr, Hornig (82. Thelen).

25.10.1969 1. FC Köln - Hamburger SV 3:0 (1:0),
Zuschauer: 28.000
Tore: 1:0 (17.) Löhr, 2:0, 3:0 (46., 63.) Overath.
Manglitz, Thielen, Biskup, Weber, Hemmersbach, Simmet, Overath, Flohe (77. Thelen), Rühl, Rupp, Löhr.

02.11.1969 Rot-Weiß Oberhausen - 1. FC Köln 0:2 (0:0),
Zuschauer: 33.000
Tore: 0:1 (68.) Rühl, 0:2 (90.) Overath.
Aufstellung: Manglitz, Thielen, Weber, Biskup, Hemmersbach, Simmet, Overath, Rühl, Rupp, Löhr, Hornig.

08.11.1969 1. FC Köln - FC Schalke 04 8:0 (3:0),
Zuschauer: 36.000
Tore: 1:0 (15.) Rupp, 2:0 (17.) Hornig, 3:0 (39.) Rupp, 4:0, 5:0 (48., 52.) Löhr, 6:0, 7:0 (64., 78.) Thielen, 8:0 (82.) Overath.
Aufstellung: Manglitz, Thielen, Hemmersbach, Weber (54. Blusch), Biskup, Simmet, Overath, Rühl, Rupp, Löhr, Hornig.

15.11.1969 FC Bayern München - 1. FC Köln 1:2 (0:1),
Zuschauer: 44.000
Tore: 0:1 (14.) Rühl, 1:1 (48.) Müller, 1:2 (60.) Simmet.
Aufstellung: Manglitz, Thielen, Weber, Biskup, Hemmersbach, Simmet, Overath, Rühl, Rupp, Löhr, Hornig.

29.11.1969 1. FC Köln - Borussia M'gladbach 0:1 (0:0),
Zuschauer: 54.000
Tor: 0:1 (88.) le Fevre.
Aufstellung: Manglitz, Thielen, Weber, Biskup, Hemmersbach, Rühl, Simmet, Overath, Rupp, Löhr, Hornig.

06.12.1969 Eintracht Frankfurt - 1. FC Köln 0:0
Zuschauer: 22.000
Aufstellung: Manglitz, Thielen, Weber, Biskup (43. Blusch), Hemmersbach, Rühl, Simmet, Overath, Rupp, Löhr, Hornig.

13.12.1969 1. FC Köln - 1. FC Kaiserslautern 6:1 (4:1),
Zuschauer: 12.000
Tore: 1:0 (05.) Hemmersbach, 1:1 (14.) Geisert (FE), 2:1 (35.) Flohe, 3:1 (41.) Rühl, 4:1 (45.) Simmet, 5:1 (57.) Löhr, 6:1 (58.) Rühl.
Aufstellung: Manglitz, Thielen, Weber, Biskup (85. Blusch), Hemmersbach, Rühl, Simmet, Flohe, Rupp, Löhr, Hornig.

19.12.1969 Borussia Dortmund - 1. FC Köln 1:0 (0:0),
Zuschauer: 26.000
Tor: 1:0 (51.) Weist.
Aufstellung: Manglitz, Thielen, Weber, Biskup, Hemmersbach, Simmet, Rühl (53.Blusch), Flohe, Rupp, Löhr, Hornig.

31.01.1970 1. FC Köln - TSV 1860 München 2:1 (2:0),
Zuschauer: 12.000
Tore: 1:0 (13.) Simmet, 2:0 (25.) Rupp, 2:1 (90.) Fischer.
Aufstellung: Manglitz, Thielen, Weber, Biskup, Hemmersbach, Simmet, Overath, Rühl, Rupp, Löhr, Hornig.

07.02.1970 Alemannia Aachen - 1. FC Köln 1:3 (0:1),
Zuschauer: 18.000
Tore: 0:1 (29.) Simmet, 0:2, 0:3 (50., 62.) Rupp, 1:3 (67.) Hermandung.
Aufstellung: Manglitz, Thielen, Biskup, Weber, Hemmersbach, Simmet, Overath, Flohe, Rupp, Löhr, Hornig.

14.02.1970 1. FC Köln - Hertha BSC Berlin 5:1 (2:0),
Zuschauer: 26.000
Tore: 1:0 (06.) Biskup, 2:0 (32.) Löhr, 3:0 (57.) Hemmersbach, 3:1 (75.) Gayer (FE), 4:1 (83.) Löhr, 5:1 (86.) Overath (FE).
Aufstellung: Manglitz, Thielen, Weber, Biskup, Hemmersbach, Simmet, Flohe, Overath, Rupp, Löhr, Hornig.

21.02.1970 VfB Stuttgart - 1. FC Köln 0:3 (0:2),
Zuschauer: 30.000
Tore: 0:1, 0:2, 0:3 (05., 32., 67.) Rupp.
Aufstellung: Manglitz, Thielen, Weber, Biskup, Hemmersbach, Simmet, Flohe, Overath (88. Thelen) Rupp, Rühl, Löhr.

28.02.1970 1. FC Köln - Rot-Weiß Essen 5:2 (2:1),
Zuschauer: 32.000
Tore: 1:0 (09.) Flohe, 1:1 (36.) Jung, 2:1 (41.) Rupp, 3:1, 4:1 (49., 57.) Rühl, 5:1 (64.) Hemmersbach, 5:2 (78.) Beer.
Aufstellung: Manglitz, Thielen, Biskup, Weber, Hemmersbach, Simmet, Flohe, Overath, Rupp, Rühl, Löhr.
B.V.: Bockholt hält FE von Overath.

07.03.1970 1. FC Köln - SV Hannover 96 5:0 (2:0),
Zuschauer: 20.000
Tore: 1:0 (18.) Overath, 2:0, 3:0 (26., 72.) Hemmersbach, 4:0 (77.) Overath, 5:0 (87.) Rupp.
Aufstellung: Manglitz, Thielen, Biskup, Weber, Hemmersbach, Simmet, Overath, Flohe, Rupp, Rühl (74. Hornig), Löhr.
B.V.: Podlasly hält FE von Rühl.

11.03.1970 Eintracht Braunschweig - 1. FC Köln 1:2 (0:2),
Zuschauer: 25.534
Tore: 0:1 (09.) Simmet, 0:2 (27.) Löhr, 1:2 (51.) Maas.
Aufstellung: Manglitz, Thielen, Biskup, Weber, Hemmersbach, Simmet, Overath, Flohe, Rupp, Löhr, Rühl.

14.03.1970 Hamburger SV - 1. FC Köln 2:5 (0:2),
Zuschauer: 26.000
Tore: 0:1 (29.) Löhr, 0:2 (42.) Overath, 1:2 (48.) Hof, 1:3, 1:4 (59., 66.) Löhr, 2:4 (69.) Hellfritz, 2:5 (75.) Rupp.
Aufstellung: Manglitz, Thielen (30. Hornig), Weber, Biskup, Hemmersbach, Simmet, Flohe, Rupp, Rühl, Overath, Löhr.

17.03.1970 1. FC Köln - SV Werder Bremen 3:0 (2:0),
Zuschauer: 29.000
Tore: 1:0 (16.) Rupp, 2:0 (18.) Overath, 3:0 (51.) Löhr.
Aufstellung: Manglitz, Rühl, Weber, Biskup, Hemmersbach, Simmet, Flohe, Overath, Rupp, Löhr, Hornig.

21.03.1970 1. FC Köln - Rot-Weiß Oberhausen 0:1 (0:0),
Zuschauer: 30.000
Tor: 0:1 (87.) Karbowiak (87.).
Aufstellung: Manglitz, Rühl, Biskup, Weber, Hemmersbach (18. Blusch), Simmet, Overath, Flohe, Rupp, Löhr, Hornig.

28.03.1970 FC Schalke 04 - 1. FC Köln 1:0 (1:0),
Zuschauer: 20.000
Tor: 1:0 (44.) Neuser.
Aufstellung: Manglitz, Blusch, Biskup, Weber, Hemmersbach, Hermes, Flohe, Overath, Rupp, Löhr, Rühl.

04.04.1970 1. FC Köln - FC Bayern München 0:2 (0:0),
Zuschauer: 36.000
Tore: 0:1, 0:2 (67., 77.) Müller.
Aufstellung: Manglitz, Thielen, Weber, Biskup, Hemmersbach, Rühl, Overath, Rupp, Löhr, Hornig.
B.V.: Pumm erhält in der 50. Minute einen Platzverweis.

11.04.1970 Borussia M'gladbach - 1. FC Köln 2:0 (1:0),
Zuschauer: 32.000
Tore: 1:0 (35.) Sieloff, 2:0 (50.) Laumen.
Aufstellung: Manglitz, Thielen, Blusch, Biskup, Hemmersbach, Overath (54. Riemann), Weber, Flohe, Rupp, Rühl, Hornig (46. Thelen).
B.V.: Manglitz hält FE von Netzer.

14.04.1970 MSV Duisburg - 1. FC Köln 1:1 (1:0),
Zuschauer: 11.000
Tore: 1:0 (09.) Wissmann, 1:1 (71.) Weber.
Aufstellung: Manglitz, Blusch, Biskup, Hemmersbach, Weber, Riemann, Simmet, Thelen, Löhr, Flohe, Rupp.

18.04.1970 1. FC Köln - Eintracht Frankfurt 1:2 (1:1),
Zuschauer: 8.000
Tore: 1:0 (18.) Thelen, 1:1 (37.) Nickel, 1:2 (81.) Heese.
Aufstellung: Manglitz, Blusch, Weber, Biskup, Hemmersbach, Simmet, Riemann (78. Hermes), Flohe, Thelen, Löhr, Rupp.

25.04.1970 1. FC Kaiserslautern - 1. FC Köln 3:2 (3:1),
Zuschauer: 18.000
Tore: 1:0 (06.) Ackermann, 2:0 (13.) Richter, 2:1 (17.) Löhr, 3:1 (43.) Geisert, 3:2 (75.) Löhr (FE).
Aufstellung: Manglitz, Goldau, Hemmersbach, Weber, Biskup, Hermes, Thelen, Simmet, Rupp, Flohe, Löhr.

03.05.1970 1. FC Köln - Borussia Dortmund 5:2 (2:0),
Zuschauer: 8.000
Tore: 1:0, 2:0 (21., 34.) Rupp, 3:0 (51.) Thelen, 3:1 (54.) Trimhold, 4:1 (59.) Löhr, 5:1 (65.) Flohe, 5:2 (83.) Heeren.
Aufstellung: Manglitz, Hemmersbach, Biskup, Weber, Blusch, Simmet, Flohe (83. Hermes), Overath, Thelen, Rupp, Löhr.

STATISTIK 1969/70

DFB-POKAL
1. Runde
24.03.1970 Rot-Weiß Essen - 1.FC Köln 3:3 n.V.
Zuschauer: 20.000
Tore: 0:1 (23.) Hemmersbach, 1:1 (28.) Littek, 1:2 (94.) Rupp, 2:2 (107.) Beer, 2:3 (116.) Rupp, 3:3 (120.) Fürhoff.
Aufstellung: Manglitz, Blusch, Hemmersbach, Weber, Biskup, Hermes, Rupp, Flohe, Löhr, Overath, Hornig (101. Thelen).
B.V.: Der Wettbewerb wurde erst kommende Saison fortgeführt.

FREUNDSCHAFTSSPIELE

18.07.1969 TSV Klein-Linden - 1.FC Köln 0:6 (0:2)

20.07.1969 SV Darmstadt 98 - 1.FC Köln 1:2 (0:2)

23.07.1969 TSV Eintr. Stadtallendorf - 1.FC Köln 0:11

26.07.1969 Eintracht Trier - 1.FC Köln 1:2 (1:2)

29.07.1969 1.FC Köln - West Ham United 4:1 (2:1)

01.08.1969 FC Germania Dattenfeld - 1.FC Köln 2:10 (1:4)

02.08.1969 SC Fortuna Köln - 1.FC Köln 1:5 (0:3)

06.08.1969 1.FC Köln - Coritiba FC 1:2 (1:0)

09.08.1969 VfR Neuß - 1.FC Köln 0:3 (0:2)

10.08.1969 SSG Bergisch-Gladbach - 1.FC Köln 0:9 (0:5)

19.08.1969 Bayer 04 Leverkusen - 1.FC Köln 0:3

07.09.1969 Red Star Paris - 1.FC Köln 0:3 (0:0)
(in Spaichingen)

23.09.1969 Rheydter SV - 1.FC Köln 1:8 (1:4)

07.10.1969 Kreisauswahl Oberbruch - 1.FC Köln 0:13 (0:7)
(in Heinsberg)

21.10.1969 SC Pulheim - 1.FC Köln 0:3 (0:2)

18.11.1969 Unimannschaft Köln - 1.FC Köln 0:2 (0:1)

22.11.1969 TuS Neuendorf - 1.FC Köln 1:1 (1:1)

07.12.1969 1.FC Langen - 1.FC Köln 0:8 (0:5)

27.12.1969 1.FC Paderborn - 1.FC Köln 0:1 (0:0)

28.12.1969 Viktoria Köln - 1.FC Köln 0:5 (0:3)

17.01.1970 1.FC Quadrath-Ichendorf - 1.FC Köln 1:14 (0:7)

20.01.1970 1.FC Köln - Mittelrheinauswahl 7:1 (1:0)

28.04.1970 VfR Limburg - 1.FC Köln 1:2 (1:1)

09.05.1970 Auswahl Haifa - 1.FC Köln 1:1 (0:1)

11.05.1970 Auswahl Tel Aviv - 1.FC Köln 1:0 (1:0)

16.05.1970 Maccabi Netanya - 1.FC Köln 1:2 (1:0)

20.05.1970 PAS Teheran - 1.FC Köln 0:0

22.05.1970 Touch Peykan Teheran - 1.FC Köln 1:0 (1:0)

30.05.1970 Kreisauswahl Melsungen - 1.FC Köln 0:8 (0:2)

31.05.1970 KSV Hessen Kassel - 1.FC Köln 0:2 (0:2)

03.06.1970 VfL Gevelsberg - 1.FC Köln 1:8

1. BUNDESLIGA 1969/70

1.	Borussia M'gladbach	71:29	51:17
2.	Bayern München (M,P)	88:37	47:21
3.	Hertha BSC Berlin	67:41	45:23
4.	1.FC Köln	83:38	43:25
5.	Borussia Dortmund	60:67	36:32
6.	Hamburger SV	57:54	35:33
7.	VfB Stuttgart	59:62	35:33
8.	Eintracht Frankfurt	54:54	34:34
9.	FC Schalke 04	43:54	34:34
10.	1.FC Kaiserslautern	44:55	32:36
11.	Werder Bremen	38:47	31:37
12.	Rot-Weiß Essen (N)	41:54	31:37
13.	Hannover 96	49:61	30:38
14.	Rot-Weiß Oberhausen (N)	50:62	29:39
15.	MSV Duisburg	35:48	29:39
16.	Eintracht Braunschweig	40:49	28:40
17.	1860 München	41:56	25:43
18.	Alemannia Aachen	31:83	17:51

FIEBERKURVE 1969/70

BUNDESLIGAKADER 1969/70

Abgänge: Bründl (Stuttgarter Kickers), Heyeres (Alemannia Aachen), Hornig (Daring Brüssel, w.d.l.S.), Jendrossek (NEC Nijmegen), Regh (Fortuna Köln), Röhrig (Ende der Laufbahn), Rühl (Daring Brüssel, w.d.l.S.), Langanke (unbekannt)
Zugänge: Goldau (TuS Höhenhaus), Manglitz (MSV Duisburg), Riemann (Eintracht Trier), Rupp (Werder Bremen), Thelen (eigene Amateure)

Trainer: Hans Merkle

Tor:
Manglitz, Manfred	34/0	Weber, Wolfgang	30/1
Birkhölzer Rolf	0/0	Overath, Wolfgang	29/12
Soskic, Milutin	0/0	Rühl, Karl-Heinz	27/8
		Thielen, Karl-Heinz	24/2
Feld:		Flohe, Heinz	23/4
Rupp, Bernd	34/16	Hornig, Heinz	20/3
Hemmersbach, Matth.	34/6	Blusch, Peter	19/3
Biskup, Werner	33/1	Thelen, Werner	14/3
Löhr, Johannes	32/19	Hermes, Bernhard	8/0
Simmet, Heinz	31/5	Riemann, Wolfgang	8/0
		Goldau, Karl-Heinz	1/0
		Pott, Fritz	0/0

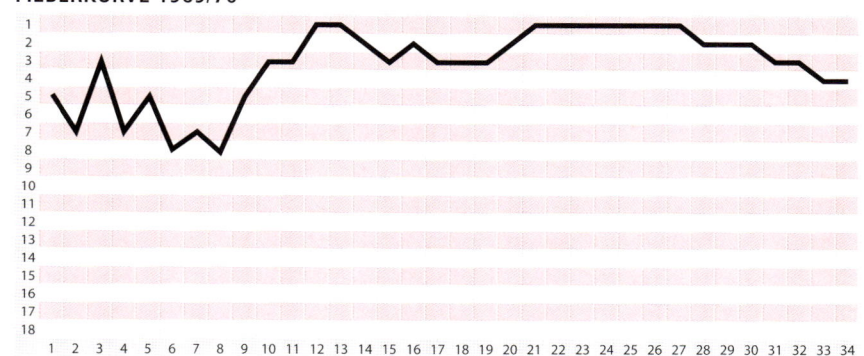

Nachdenklich im Mannschaftsbus. Heinz Hornig bestritt seine letzte Saison als FC-Spieler.

Karnevalsorden 1970 – mit dem FC sollte es laut Motiv wieder aufwärts gehen.

1970/71
1. BUNDESLIGA

Die Skandalsaison

[LEGENDEN]

Heinz Simmet
Beim FC von 1967 bis 1978
Geboren: 22.11.1944 in Göttelborn
Pflichtspiele beim FC: 477
Pflichtspieltore: 51

289 Bundesligaspiele in Folge
Im saarländischen Göttelborn erblickte Heinz Simmet nicht nur das Licht der Welt, hier startete er als Jugendlicher auch seine ersten fußballerischen Gehversuche. Schnell wurde der große Nachbar Borussia Neunkirchen auf den Mittelfeldspieler aufmerksam und nahm ihn unter Vertrag. Mit den Borussen kickte Simmet von 1964 bis 1966 und wechselte nach deren Abstieg zu Rot-Weiß Essen. Mit RWE stieg er nach nur einem Jahr ebenfalls ab, dabei war Simmet noch einer der Besten. Nach einem heftigen Transfergerangel mit Borussia Mönchengladbach sicherte sich der FC die Dienste des Saarländers. Ein Glücksgriff, denn der robuste, unermüdliche Kämpfer avancierte zum Dauerbrenner und Publikumsliebling. In seiner unnachahmlichen Art hielt er im Mittelfeld Regisseur Overath den Rücken frei, war der „Wasserträger" des Spielmachers und meldete ganz nebenbei noch den gegnerischen Spielmacher ab. Doch Simmet konnte nicht nur rennen und kämpfen, sondern auch selbst gescheite Pässe schlagen und mit seinem „Mordsschuss" etliche Tore erzielen. „Ohne mich hätte Overath nie so glänzen können", wusste der „Hein" um seinen Stellenwert in der Mannschaft. Gleich in seinem ersten Jahr holte er mit den Kölnern den DFB-Pokal und stellte zwischen 1970 und 1977 einen wohl einmaligen Bundesligarekord als Feldspieler auf: Er bestritt 289 Bundesligaspiele in ununterbrochener Folge. Obwohl er oft dicht dran war, kam der Dauerbrenner nie in der Nationalmannschaft zum Einsatz. Seine Titelsammlung beim FC bereicherte der für seine Vielsei-

→

Hintere Reihe von links: Trainer Ernst Ocwirk, Jürgen Lex, Ottmar Kuhrt, Dieter Schmitz, Manfred Claßen, Karl-Heinz Thielen, Bernd Cullmann, Matthias Hemmersbach, Wolfgang Weber, Hannes Löhr, Wolfgang Overath, Co-Trainer Rolf Herings. Sitzend von links: Heinz Flohe, Heinz Simmet, Hans-Josef Kapellmann, Wolfgang John, Manfred Manglitz, Milutin Soskic, Thomas Parits, Kurt Kowalski, Werner Biskup, Bernd Rupp.

Was sich schon länger angedeutet hatte, bestätigte sich zur Saison 1970/71. Der FC trennte sich von Coach Hans Merkle. Der wollte sich zunächst nicht mit der Trennung abfinden und behauptete, die Kölner hätten nicht rechtzeitig gekündigt, womit sich der Vertrag automatisch um ein Jahr verlängern würde. Nun sprachen die Anwälte, und nach einigem Hin und Her sowie einer entsprechenden Abfindung verzichtete Merkle auf weitere Ansprüche.

EIN TRAINER AUS ÖSTERREICH
Wie schon sein Vorgänger war auch der neue Trainer in rheinischen Gefilden fast unbekannt. Ernst Ocwirk hieß der neue „Geißbock-Dompteur". Der Österreicher hatte sich als Meistermacher bei Austria Wien trotz seiner erst 44 Jahre schon einen Namen gemacht und konnte auf eine lange und erfolgreiche Laufbahn als Spieler zurückblicken. Als ehemaliger Star der Wiener Austria hatte er 62 Einsätze für sein Heimatland absolviert. Sieben Jahre lang war er als Vollprofi bei Sampdoria Genua aktiv gewesen. Die Zeit in der italienischen Liga hatte Ocwirk, der kein Mann großer Worte war, geprägt. Er führte ein eher strenges Profiregime und vertrat die Maxime: „Hier Leistung – dort Geld". Disziplin und Ordnung waren oberstes Gebot, auch was die Außendarstellung betraf: Als Neuzugang Wolfgang John zum ersten Training mit einem imposanten Backenbart erschien, musste der „Gesichtsteppich" auf Geheiß des Trainers gestutzt werden. Leider machte ihm der DFB von Anfang an das Leben schwer. Grund des Ärgers: Ocwirk war nicht im Besitz der für die Bundesliga erforderlichen A-Trainerlizenz. Daher fungierte er zunächst offiziell als „Technischer Direktor" und absolvierte den „A-Schein" später an der Sporthochschule. „Ich freue mich aufrichtig, mit Könnern von Format wie Weber, Manglitz, Löhr und natürlich Overath zu arbeiten", sagte der Mann aus der Alpenrepublik bei seinem Amtsantritt.

Ocwirk hatte aus Wien seinen Landsmann Thomas Parits mitgebracht – pfeilschneller Außenstürmer, der zum Stamm der österreichischen Nationalmannschaft gehörte. Er eroberte sich einen Stammplatz im Team der Geißböcke, nachdem es im Vorfeld einiges Gerangel mit dem österreichischen Verband gegeben hatte. Mit dem Aachener „Jupp" Kapellmann gelang es, eines der größten offensiven Mittelfeldtalente Westdeutschlands zum FC zu locken. Kapellmann stand eine großartige Karriere bevor. Er avancierte zum Leistungsträger und Nationalspieler. Leider mussten ihn die Kölner drei Jahre später aus wirtschaftlichen Gründen an den FC Bayern verkaufen. Stürmer Wolfgang John und Abwehrspieler Manfred

Claßen, die von Tasmania Berlin bzw. vom deutschen Amateurmeister Jülich 10 zum FC stießen, kamen über ein Reservistendasein nicht hinaus und verließen den Club am Saisonende. John flog später sogar aus disziplinarischen Gründen aus dem Kader. Die 90.000 DM Ablöse, die man für John nach Berlin überwiesen hatte, wurden buchstäblich in den Sand gesetzt. Bemerkenswert war dagegen ein Zugang von den eigenen Amateuren.

„CULLI" WIRD PROFI

Bernd Cullmann erhielt zur Saison 1970/71 den Lizenzspielerstatus und rückte von den „Amas" zu den Profis auf. Er sollte zum echten Dauerbrenner werden und viele Jahre lang die Abwehr der Geißböcke zusammenhalten. Die Akteure, von denen man sich trennte, gehörten schon im Vorjahr nicht mehr zum Stamm. Hermes, der sich im Mittelfeld nicht gegen den Weltklassemann Overath durchsetzen konnte zog es zum Wuppertaler SV, Amateurnationalspieler Thelen zu Werder Bremen, Riemann nach Nürnberg und Ersatzkeeper Birkhölzer zu Hessen Kassel. Die höchste Ablöse spielte der erfahrene Abwehrakteur Peter Blusch ein, für den der 1. FC Kaiserslautern eine sechsstellige Summe berappen musste.

Bereits zum Ende der vergangenen Saison verließen Kalli Rühl und Heinz Hornig den Club. Rühl und Hornig zog es zum belgischen Verein Daring Brüssel, wo sie im Herbst ihrer Karriere noch einmal richtig „absahnen" konnten. Der FC legte den verdienten Spielern keine Steine in den Weg. Beide sollten später in unterschiedlichen Positionen ihren Weg zurück zu den Geißböcken finden... Fritz Pott, der schon 1969/70 nach einem heftigen Krach mit Trainer Merkle nicht mehr eingesetzt wurde, hatte am Saisonende endgültig die Fußballstiefel an den Nagel gehängt und kümmerte sich intensiv um seine Gebäudereinigungsfirma, die er bis heute betreibt. Dem Fußball blieb „der gute Pott" als Trainer erhalten, coachte unter anderem den SC Brühl und Viktoria Köln. Sein Name war und ist eng mit den großen Erfolgen des 1. FC Köln in den 1960er Jahren verbunden.

Bei der soeben beendeten Weltmeisterschaft in Mexiko hatte die DFB-Auswahl den 3. Platz erreicht: Sie war unglücklich mit 3:4 nach Verlängerung im „Jahrhundertspiel" gegen Italien ausgeschieden. Mit Manglitz, Overath, Weber und Löhr waren immerhin vier FC-Spieler mit nach Mittelamerika gereist. Overath spielte eine überragende WM und wurde in allen Begegnungen eingesetzt. Vor allem die südamerikanische Presse verneigte sich vor den Spielkünsten des Kölner Regisseurs, feierte ihn ausgiebig und verlieh ihm den Titel „König von Mexiko". Auch Löhr kam in allen sechs Partien des Weltturniers zum Einsatz. Der leicht angeschlagene Weber bestritt nur zwei Spiele. Lediglich Torhüter Manglitz war als „Tourist" mitgefahren, kam er doch an Stammkeeper Sepp Maier nicht vorbei. In Köln wurden die vier WM-Fahrer bei ihrer Rückkehr begeistert empfangen. Sie trugen sich traditionell ins goldene Buch der Stadt ein. Hannes Löhr und Wolfgang Weber mussten sogar noch Empfänge in ihren Heimatorten Eitorf und Porz „über sich ergehen lassen". Weil es sich im Vorjahr bewährt hatte, bezogen die Kölner erneut ein 14-tägiges Trainingslager im hessischen Grünberg. Am 24. Juli stand das erste Pflichtspiel auf dem Programm. Der DFB-Pokal des Vorjahres musste ja noch zu Ende gespielt werden.

ERSTES PFLICHTSPIEL IM „ALTEN" WETTBEWERB

So kam es vier Monate nach dem 3:3-Hinspiel zur zweiten Begegnung mit Rot-Weiß Essen. Spielmacher Overath zeigte sich trotz der WM-Strapazen in sehr guter Verfassung. Auch Thomas Parits führte sich glänzend ein. Ihm gelangen beim deutlichen 5:1-Erfolg zwei Treffer. Selbstbewusst zogen die Kölner in die nächste Runde gegen den MSV Duisburg. Mit fast schon beängstigender Frühform nahm der FC die armen „Zebras" mit 6:1 auseinander und erreichte mühelos das Viertelfinale. Hier wartete niemand Geringeres als der ewige Rivale aus Mönchengladbach. Das Los hatte den Weisweiler-Schützlingen das Heimrecht zugesprochen. Da mit großem Zuschauerandrang zu rechnen war, hatten die Kölner den Gladbachern angeboten, das Heimrecht zu tauschen, da die Kapazität des Müngersdorfer Stadions wesentlich größer war als die Arena der „Fohlen", was bei der obligatorischen Einnahmenteilung mehr Geld für beide Clubs bedeutet hätte. Doch die Niederrheiner lehnten das Angebot aus der Domstadt empört ab. So fand das „vorgezogene Finale" am 5. August 1970 auf dem ausverkauften Bökelberg statt.

HEMMERSBACH, DER HELD VOM BÖKELBERG

Bei prächtiger Stimmung auf den Rängen gingen die Gäste durch Löhr in Führung, im zweiten Spielabschnitt drehte Gladbach das Spiel durch Vogts und Müller auf 2:1. Als das Publikum schon mit einem Sieg der Hausherren rechnete, gelang Biskup nach umstrittenem Foulelfmeter noch das 2:2 und somit die Verlängerung. Die war gerade einmal drei Minuten alt, da markierte Außenverteidiger Hemmersbach nach Flanke von Flohe mit dem Knie das 3:2 für den FC. Groß war der Jubel nach dem ersten Pflichtspielsieg über den rheinischen Rivalen seit fast fünf Jahren. Hennes Weisweiler ärgerte sich, denn er wollte unbedingt das Double 1970 nach Gladbach holen. Ausgerechnet „seine" Kölner hatten ihm einen Strich durch die Rechnung gemacht.

Fast unmittelbar nach dem schweren Pokalspiel ging es für die FC-Spieler gleich weiter in Richtung Flughafen. Die kommende Terminnot nicht ahnend, hatte der Kölner Vorstand die Teilnahme an einem internationalen Turnier in Palma de Mallorca zugesagt. Nun fürchtete man die zusätzliche Belastung, zumal eine Woche später der Bundesligastart bevorstand. Trotzdem jettete der FC auf die Sonneninsel, bestritt am 7. und 9. August Spiele gegen Tottenham Hotspurs (1:0) und ZSKA Sofia (1:2) und strich die Antrittsprämie von gut 30.000 DM ein.

Beim Bundesligaauftakt in Bremen konnte man dank tigkeit gelobte, gelernte Maler mit dem Pokalsieg 1977 und dem krönenden Double von 1978.

Im selben Jahr beendete Heinz Simmet seine glanzvolle Laufbahn und widmete sich fortan ganz seinem Malerbetrieb in Köln, den er bereits zu aktiven Zeiten etabliert hatte und heute zusammen mit seinem Sohn betreibt. Einmal pro Woche sieht man den „Hein", der durch seine kumpelhafte, lustige Art besonders beliebt war und ist, beim Hallenfußball mit Ex-Kollegen am Geißbockheim. Seinen Wohnsitz hat Simmet im ruhigen Hürth-Efferen, vor den Toren Kölns. ■

[Interessantes & Kurioses]

■ Im August 1970 verstirbt plötzlich und unerwartet FC-Maskottchen Hennes II. Die Öffentlichkeit nimmt großen Anteil am plötzlichen Tod des Geißbocks, und so wird unter anderem auch durch einen Aufruf des *Express* ein Nachfolger für Hennes II. gesucht. In Köln-Widdersdorf wird man fündig. Hennes III. feiert seinen Amtsantritt am 22. August 1970 beim FC-Heimspiel gegen Eintracht Braunschweig (3:1).

■ Wolfgang Overath baut in der Siegburger Alfred-Delp-Straße ein Mehrfamilienhaus. Bei der Wahl zu Deutschlands „Fußballer des Jahres" belegt der Kölner Kapitän den 3. Platz hinter Uwe Seeler (HSV) und Gerd Müller (FC Bayern München).

„Bauer" Wilhelm Schäfer feierte im August 1970 sein Debüt als „Hennes-Betreuer". Bis zu seinem Tod am 11. Juni 2006 war der Hobby-Landwirt aus Köln-Widdersdorf für die Kölner Wappentiere zuständig.

- Am 22. November 1970 feiert Heinz Flohe in Athen beim Spiel Griechenland - Deutschland (1:3) sein Länderspieldebüt. In der 79. Minute wird der Kölner für den Gladbacher Netzer eingewechselt. Er ist damit der 18. Nachkriegsinternationale des Vereins. Kein Club stellt bis dato nach dem 2. Weltkrieg dem DFB mehr Nationalspieler als der FC.

- Vor dem Heimderby gegen Gladbach motiviert Trainer Ocwirk seine Mannschaft mit dem Spruch: „Ich will heute Abend Gladbachs Skalp haben." Da die Geißböcke den alten Rivalen tatsächlich mit 3:2 schlagen, überreicht die Ehefrau von Geißbockheim-Chefkoch Jupp Müller der Mannschaft beim späteren Abendessen im Clubhaus eine Perücke.

- Vor dem Auswärtsspiel beim HSV am 2. April 1971 wird Manfred Manglitz als erster Akteur für 250 Bundesligaspiele geehrt.

Eintrittskarte vom Pokalendspiel 1970.

Fanerinnerungswimpel vom Finale 1970 wie er im Umfeld des Niedersachsenstadions an die Schlachtenbummler verkauft wurde.

eines späten Treffers von Löhr noch einen schmeichelhaften Punkt aus dem Norden mit an den Rhein nehmen. Der Bremer „Zerstörer" Horst-Dieter Höttges hatte seinen Nationalmannschaftskollegen Overath unerbittlich an die Kette gelegt und bekämpfte ihn und damit das gesamte Kölner Spiel mit allen legalen und illegalen Mitteln. Beim FC dachten ohnehin schon alle an das bevorstehende Halbfinale im Pokal. Erneut hatte das Los für ein Derby gesorgt.

WIEDER EIN POKAL-DERBY

Alemannia Aachen gegen den 1. FC Köln lautete die Paarung des Semifinales. Im Handumdrehen waren alle 32.000 Tickets abgesetzt worden. Der Tivoli platzte aus allen Nähten. Im Gegensatz zum Viertelfinale war die Ocwirk-Truppe gegen den Bundesligaabsteiger aus der Printenstadt Favorit. Dieser Rolle wurde man auch gerecht. Schon in der 1. Halbzeit stellte Löhr mit seinem Doppelschlag in der 23. und 29. Minute die Weichen auf Sieg. Flohe und Overath erhöhten in der 2. Hälfte auf 4:0. Verdient zog der FC zum dritten Mal ins Endspiel um den DFB-Pokal ein. 2.000 DM Prämie kassierte jeder Spieler für den Finaleinzug. Für den erhofften Cupsieg hatte Präsident Maaß bereits 5.000 DM pro Mann ausgelobt. Den Schwung aus dem Pokal nahm man zunächst auch mit in die Bundesliga. Die Heimpremiere wurde gegen Eintracht Braunschweig mit 3:1 gewonnen. Das 20-jährige Talent Bernd Cullmann kam als Offensivkraft (!) zu seinem Bundesligadebüt und krönte es mit dem Tor zum zwischenzeitlichen 2:1.

DFB-POKALENDSPIEL, 29. AUGUST 1970: 1. FC KÖLN - KICKERS OFFENBACH

Die Generalprobe für das Pokalfinale war weitgehend gelungen, auch wenn man unter der Woche beim Freundschafts-Ablösespiel für Kalli Rühl und Heinz Hornig gegen Daring Brüssel nur zu einem 2:2 kam. Der DFB hatte als Endspielort das Hannoveraner Niedersachsenstadion bestimmt. Wie schon im Halbfinale war der FC auch im Endspiel eindeutiger Favorit gegen den Bundesligaaufsteiger Kickers Offenbach. Es ist somit falsch, wenn in diversen Publikationen vom „Zweitligisten" Offenbach die Rede ist. Zum Zeitpunkt des Endspiels waren die Hessen längst in der 1. Bundesliga. Auf den Rängen gaben eindeutig die kölschen Schlachtenbummler den Ton an, 10.000 waren mit nach Niedersachsen gereist. Ihnen standen 7.000 Anhänger der Offenbacher gegenüber. Insgesamt hatten sich gut 50.000 Fußballfreunde in der Arena versammelt. Unter ihnen auch FC-Torwartlegende Frans de Munck, Trainer des belgischen Pokalsiegers FC Brügge, der den vermeintlichen Europapokalgegner beobachten wollte. De Munck setzte dabei fest auf „seine" Kölner...

Wie es bei solchen Spielen in der Regel üblich ist, sympathisierten die neutralen Zuschauer mit dem Underdog. So auch diesmal, zumal der FC von Beginn an schwach, überheblich und ohne Mumm spielte. Der „David" aus Offenbach kam gegen den „Goliath" aus Köln immer besser in Tritt, und nach 24 Minuten bahnte sich mit dem 1:0-Führungstor des OFC durch Winkler die Sensation an. Dabei blieb es bis zum Pausenpfiff. Nach der Halbzeit kamen die Kölner motiviert aus der Kabine. Mit wütenden Angriffen versuchten sie den Ausgleich zu erzwingen, doch sie scheiterten immer wieder an der Kickers-Defensive oder am blendend aufgelegten OFC-Keeper Volz. In der 63. Minute erhöhten die Offenbacher durch Gecks sogar auf 2:0. Ganz aufgeben wollten die Kölner noch nicht, sie griffen weiterhin mehr oder weniger blind an und wurden eine gute Viertelstunde vor Schluss mit dem 2:1-Anschlusstreffer durch Löhr belohnt.

In der 81. Minute kam es dann zum Eklat: Schiedsrichter Schulenburg billigte dem FC nach angeblichem Foul an Rupp einen mehr als umstrittenen Strafstoß zu. Es folgten wütende Proteste des Publikums, Fäuste flogen, und einige Fans stürmten auf den Platz. Ein Zuschauer trat den bereits auf dem Elfmeterpunkt liegenden Ball weg. Erst nach fünfminütiger Unterbrechung konnte der Strafstoß ausgeführt werden. Werner Biskup, als bombensicherer Elfmeterschütze bekannt, scheiterte jedoch an seinen Nerven und an Kickers-Torwart Volz, der den schwach geschossenen Ball des Kölners parierte. Volz hatte sich zwar sichtlich zu früh bewegt, doch der unsichere Referee traute sich angesichts der aggressiven Masse nicht, den Elfer wiederholen zu lassen. Mit Tränen in den Augen schlich Unglücksrabe Biskup später in die Kabine. Er war zur ähnlich tragischen Figur geworden wie Herbert Dörner, der 16 Jahre zuvor im Pokalfinale gegen den VfB Stuttgart ebenfalls einen entscheidenden Elfmeter verschossen hatte. Alles in allem war der Sieg der Hessen verdient. Der FC konnte trotz des besseren Spielermaterials der Partie nie seinen Stempel aufdrücken, ließ den letzten Einsatz und Laufbereitschaft vermissen. Für die Offenbacher war es der bis heute größte Erfolg der Vereingeschichte. Kurios: OFC-Spieler Winfried Schäfer, später auch unter anderem als KSC-Trainer bekannt, war zum Saisonbeginn von Meister Mönchengladbach an den Bieberer Berg gewechselt. Ihm gelang das seltene Kunststück, mit zwei Vereinen im selben Jahr den Meistertitel und den Pokal zu gewinnen. Beim abendlichen Bankett ertränkten einige Kölner Spieler ihren Frust über die Blamage im Alkohol. Wahrscheinlich ahnten sie schon, was sie in der Heimat erwartete.

„GEISTERZUG" DURCH KÖLN

In der Domstadt hatte man bereits den Siegeszug durch Köln organisiert. Doch kaum ein Mensch wollte die zurückgekehrten „Helden" sehen – die Kölner zeigten den FC-Stars die kalte Schulter. Gespenstisch wirkte die Fahrt der Mannschaft durch die fast menschenleeren Straßen. „Ich wäre am liebsten im Erdboden versunken", erinnerte sich Wolfgang Overath später an die grausige „Triumphfahrt". Nun musste Ocwirk die ramponierte Psyche der Geißböcke wieder aufbauen. Mit einem mühevollen 2:1 über den VfB Stuttgart gewann man auch das zweite Bundesligaheimspiel.

Schock zum Saisonauftakt. Betretene Mienen nach dem verlorenen Pokalfinale gegen Kickers Offenbach bei Weber, Rupp, Simmet und Overath (von links).

Doch der Sieg wurde mit einer schweren Schulterverletzung Overaths teuer erkauft. Einen Monat lang musste man verletzungsbedingt auf die Dienste des Nationalspielers verzichten. Wechselhaft und inkonstant ging es mit dem FC in der Bundesliga weiter. Siege, Niederlagen und Unentschieden wechselten sich ab. Es hatte sich wieder eine Inkonstanz eingeschlichen, die man eigentlich schon abgelegt zu haben glaubte. Auch die Auswärtsschwäche war zurückgekehrt. Während der gesamten Hinrunde konnten die Kölner auf fremden Plätzen nur vier mickrige Pünktchen erobern. Zum Glück und zur Freude der Fans bot man die beste Auswärtsleistung beim 1:1 in Mönchengladbach, wo man dank zahlreicher Chancen einen Sieg verdient gehabt hätte. Zu Hause blieb der FC relativ stark – außer den Bayern, die in Müngersdorf mit 3:0 die Oberhand behielten, konnte kein Gegner beide Punkte aus Köln entführen. Positiv hervorzuheben waren aus Kölner Sicht beispielsweise die feinen Heimsiege gegen den HSV (3:0) und Schalke 04 (2:0). Schwer tat man sich beim 2:0 gegen Aufsteiger Arminia Bielefeld, der erstmals zu einer Bundesligapartie seine Visitenkarte in der Hauptkampfbahn abgab. Auf Tabellenplatz 7 beendet der FC die Hinrunde.

IN SÜDAMERIKA

In der Winterpause starteten die Kölner zu ihrer bislang weitesten und abenteuerlichsten Reise. Vom 29. Dezember 1970 bis zum 15. Januar 1971 ging es erstmals ins ferne Südamerika. Der Trip führte die Domstädter in vier verschiedene Länder. Schon Franz Kremer hatte immer von einer FC-Amerikatour geträumt.
Über Sevilla, wo man bei der Gelegenheit auch gleich ein Freundschaftsspiel gegen den von Max Merkel betreuten FC Sevilla bestritt, ging es mit Zwischenstopp in Las Palmas weiter nach Argentinien, genauer gesagt nach Buenos Aires. Hier kam es am 3. Januar 1971 zu einer Begegnung mit der argentinischen Nationalmannschaft. Die Gäste aus Deutschland erreichten gegen die „Gauchos" ein respektables 1:1. Nur eine Woche später stand man in Montevideo dem Meister Uruguays, Nacional Montevideo, gegenüber und siegte mit 2:1. Beliebtestes Mitbringsel der Spieler: Hosen und Jacken aus Antilopenleder. Überhaupt gestaltete sich der Aufenthalt in Uruguay recht abenteuerlich: Nur wenige Meter vom Mannschaftshotel entfernt wurde der englische Botschafter von einer linksextremen Gruppierung entführt.
Erst am 13. Januar 1971 gab es die erste Niederlage der Tour zu verzeichnen, als der FC in der Hauptstadt Perus gegen Universitario Lima vor 50.000 Zuschauern mit 2:3 unterlag. Den Abschluss bildete ein Spiel in Brasilien beim berühmten FC Sao Paulo, das allerdings auch verloren wurde (1:2). Tropische Temperaturen und extrem hohe Luftfeuchtigkeit machten den Akteuren zu schaffen.
Die Südamerikareise hatte im Vorfeld für reichlich Ärger zwischen dem Vorstand und Trainer Ocwirk gesorgt. Der Coach befürchtete als Folge der Reisestrapazen einen zu hohen Substanzverlust und wäre am liebsten zu Hause geblieben. Doch Präsident Maaß hatte die Verträge bereits vor Monaten unterzeichnet. Zudem bedeuteten die Gastspiele einen warmen Geldregen für die Vereinskasse, zumal man im Winter während der Spielpause

Das waren noch Zeiten... Im Januar 1971 tritt der FC gegen die Nationalmannschaft Argentiniens an.

- Beim Heimspiel gegen Rot-Weiß Essen am 5. Mai 1971 gelingt Matthias Hemmersbach mit dem zwischenzeitlichen Treffer zum 2:1 das 500. Bundesligator des FC (Endstand 3:2). Damit sind die Kölner der erste Club, der die 500er-Marke erreicht.

- In Bangkok tritt die „Geißbock AH" (FC-Altherrenmannschaft) zu einem Spiel gegen die thailändische Nationalmannschaft an. Die Senioren halten sich wacker und verlieren bei tropischem Gewitter und auf überschwemmtem Platz nur knapp mit 0:2.

- Für 500 Pflicht- und Freundschaftsspiele in der ersten Mannschaft des 1. FC Köln wird Karl-Heinz Thielen vor dem Heimspiel gegen Kickers Offenbach am 5. Juni 1971 geehrt.

- Der FC nimmt am 18. und 19. Mai 1971 an einem internationalen Turnier im spanischen Zaragoza teil. Dabei besiegt man den RSC Anderlecht mit 4:1 und trennt sich von Gastgeber Real Zaragoza mit 1:1.

- Im Herbst 1970 verstirbt Karl Büttgen, ehemaliger Vorsitzender von Sülz 07 und seit 1948 Ehrenvorsitzender des 1. FC Köln.

- Jupp Schmitz, legendärer ehemaliger Spieler und Geschäftsführer von Sülz 07 und des 1. FC Köln, verstirbt am 28. Juni 1971 im Alter von 79 Jahren. Schmitz war bis zu seinem Tod im FC-Vorstand und im Ehrenrat tätig.

Die A-Jugend des 1. FC Köln wird Deutscher Meister. Der entsprechende Ehrenwimpel des DFB befindet sich noch im Besitz des Clubs.

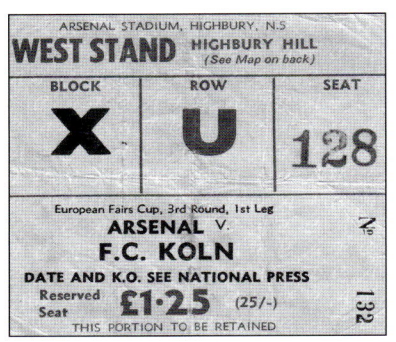

Ticket vom Spiel in Highbury. Der FC unterlag im legendären Stadion im Norden von London knapp mit 1:2.

Im Mai 1971 bot der FC seinen Mitgliedern sogar einen „Tanz in den Mai" an, der eine große Resonanz fand.

Exotisch: Im Messepokal empfing der FC auch die Mannschaft von Spartak Trnava aus der ČSSR.

Diesen herrlichen Wimpel überreichten die „Gunners" den Kölnern vor dem Hinspiel in der englischen Hauptstadt.

Dank des 1:0 vor eigenem Publikum kamen die Kölner eine Runde weiter.

KONZENTRATION AUF DIE POKALWETTBEWERBE

Im internationalen Messepokal lief es für Overath und Co hervorragend. Nach dem RC Paris Sedan (5:1 und 0:1) schaltete man auch den AC Florenz (2:1, 1:0), sowie Spartak Trnava (1:0, 3:0) aus und erreichte das Viertelfinale, wo mit Arsenal London der erste richtig harte Brocken wartete. Nachdem bereits frühzeitig feststand, dass es auf die Meisterschaft keinerlei Aussichten gab, konzentrierte man sich beim FC auf die Pokalwettbewerbe. Auch der DFB-Pokal-Auftakt gelang. Im Stadion an der Kreuzeiche bezwang man den SSV Reutlingen mit 5:2.

Der Rückrundenstart war mit dem 1:1 gegen Werder Bremen und dem 1:3 bei Eintracht Braunschweig durchwachsen, doch dann holte man aus den folgenden sechs Ligaspielen zehn von zwölf möglichen Punkten. Als Höhepunkt der kleinen Serie gelang beim 3:2-Erfolg am 27. März 1971 endlich der erste Bundesligaheimsieg gegen Mönchengladbach. Im Pokal ließen die Kölner weiterhin nichts anbrennen, erreichten durch ein 4:1 bei Eintracht Frankfurt locker das Viertelfinale. Zuvor war man eine Woche in Hofheim/Taunus im Trainingslager gewesen. Eine Maßnahme, die sich auszahlte. Das Weiterkommen war für den FC auch finanziell von größter Wichtigkeit, denn die Zuschauerzahlen waren sonst kaum Einnahmemöglichkeiten hatte, die Kosten für die Lizenzspielerabteilung aber unverändert weiterliefen. Auf 30.000 Flugkilometer mit 32 Starts und Landungen brachte es der FC-Tross während des Südamerikatrips.

DIE „GUNNERS" AUSGESCHALTET

Mit Spannung erwarteten die Fußballfreunde im Rheinland die Begegnung mit dem englischen Traditionsverein Arsenal London. Das Hinspiel fand im legendären Highbury-Stadion statt. Kurz vor der Halbzeit gelang Kalli Thielen per direkt verwandelter Ecke das 1:1, nachdem McLintock die Hausherren nach 24 Minuten in Führung gebracht hatte. Beste Kölner waren Manglitz und der überragende Biskup, die von den Arsenal Fans mit stürmischem Applaus gefeiert wurden. In der 2. Halbzeit erzielten die „Gunners" vor 40.700 Zuschauern noch ein Tor zum 2:1-Endstand. Doch gerade wegen des Auswärtstreffers machte man sich beim FC Hoffnung, die Londoner noch ausschalten zu können. Beim Rückspiel in Müngersdorf übernahmen die Kölner von Beginn an die Regie. Vor allem die ersten 20 Minuten ließen die 48.000 in Verzückung geraten. Bereits nach fünf Minuten erzielte der erneut starke Biskup per Elfmeter das 1:0. Der Strafstoß war allerdings ebenso umstritten wie einige andere Entscheidungen, die der rumänische Referee Petrear während der Begegnung zugunsten des FC verhängte. Heinz Hofmann, auch unter dem Spitznamen „Gurkendoktor" bekannt, der sich viele Jahre lang als Freund und Gönner vor allem um die FC-Amateure große Verdienste erworben hat, war seinerzeit Schiedsrichterbetreuer des Vereins. Im luxuriösen Wagen holte Hofmann die „Männer in Schwarz" vom Bahnhof oder Flughafen ab. Zusätzlich gab es als kleines „Souvenir" einige schöne Sachgeschenke, wie beispielsweise Trainingsbekleidung oder edle Oberhemden. Ein Schelm, wer Böses dabei denkt… Trotz des schwachen Unparteiischen boten die Kölner eine sehr gute Leistung, bei der auch das Publikum mit „FC vor, noch ein Tor" begeistert mitging. Am Ende konnte man das knappe, aber verdiente 1:0 über die Zeit retten und sich dank der neuen Auswärtstorregel zum zweiten Mal in der Vereinsgeschichte für das Halbfinale des Messepokals qualifizieren.

SECHS PLEITEN IN FOLGE

Wer dachte, die Erfolge auf europäischer Bühne würden für weiteren Auftrieb in der Liga sorgen, sah sich bitter getäuscht. Wie so oft in den letzten Jahren folgte auf hellen Sonnenschein wieder tiefe Finsternis, denn zwischen dem 27. und 32. Spieltag verlor der FC sechs Spiele in Folge. Darunter eine denkwürdige 0:7-Packung bei den Münchner Bayern, der bis heute höchsten Auswärtsniederlage in der Kölner Bundesligahistorie. Die verheerende Pleite an der Isar sorgte auch für eine zusätzliche Verschlechterung des Verhältnisses zum Erzrivalen aus Mönchengladbach, der sich mit den Bayern einen packenden Kampf um den Titel lieferte. Am Niederrhein munkelte man, der FC habe sich mit Absicht „abschlachten" lassen, um den „Fohlen" in die Meistersuppe zu spucken. Später machten im Rahmen des Bundesligaskandals Schiebungsgerüchte die Runde. Denn eine Meisterschaft der Bayern hätte auch dem FC genutzt, der so als Pokalfinalist automatisch für den Europapokal der Pokalsieger qualifiziert gewesen wäre. Ein Nachweis wurde in diesem Zusammenhang jedoch nie erbracht.

Nur das Nachholspiel gegen RW Essen am 5. Mai 1971 konnte mit 3:2 gewonnen werden. Mit einem 2:2 auf Schalke und dem versöhnlichen 4:2-Heimsieg über die Kickers aus Offenbach vor nur noch 7.000

Unentwegten beendete man die achte Bundesligasaison auf dem enttäuschenden 11. Tabellenplatz. Die unglaublich vielen Spiele dieser Marathonsaison hatten die Mannschaft völlig ausgepumpt. Die Partie gegen Offenbach war das 70. (!) Spiel der Saison, Pflicht- und Freundschaftsvergleiche inklusive. Die Fans hatten für den Leistungsabfall ihrer Lieblinge kein Verständnis. Sie machten ihrem Unmut durch Pfiffe und deftige Beleidigungen Luft. Der „Wellentalfußball", den der 1. FC Köln seit Jahren zelebrierte, manifestierte das schon seit langem existierende Bild von der launischen rheinischen Diva, die von „himmelhoch jauchzend" bis „zu Tode betrübt" das kölsche Seelenleben perfekt widerspiegelte.

DIE „ALTE DAME" GIBT SICH DIE EHRE

Die Halbfinalauslosung im Messepokal hatte mit Juventus Turin einen echten Knaller gebracht, der auf hohe Einnahmen hoffen ließ. Trainer Ocwirk war im Vorfeld eigens nach Turin gereist, um „Juve" zu beobachten. Am 14. April hatten zunächst die Geißböcke Heimrecht – und Zahltag. 52.180 Besucher, darunter einige mitgereiste „Tifosi" und zahlreiche italienische Gastarbeiter, sorgten für ein ausverkauftes Haus. Trotz einiger guter Chancen musste man nach 37 Minuten das 0:1 hinnehmen und fortan erfolglos gegen die massive Turiner Abwehr anrennen. Absoluter Star „Juves" war übrigens der Augsburger Helmut Haller, langjähriger deutscher Italienlegionär und guter alter Bekannter aus der Nationalmannschaft. Erst zwei Minuten vor dem Ende besorgte Routinier Thielen das 1:1 und erhielt damit den letzten Hoffnungsschimmer, doch noch ins Finale einzuziehen, aufrecht. Besonders tragisch: Kapitän Overath musste noch in der 1. Halbzeit verletzungsbedingt das Feld räumen und wurde durch Bernd Cullmann ersetzt.

Auch die Turiner waren heiß auf das Duell mit den Deutschen. Über 65.000 Fans hatten sich zum Rückkampf im Stadio Communale versammelt, um ihre Elf ins Endspiel zu schreien. Auf Kölner Seite musste Overath verletzungsbedingt passen. Nach nur 120 Sekunden schlug es zum ersten Mal im FC-Tor ein. Nun wiederholte sich der Ablauf des Hinspiels. Die Ocwirk-Truppe rannte gegen das italienische Bollwerk an, ohne es knacken zu können. Hemmersbach vergab zwei sogenannte Hundertprozentige. Kurz vor dem Ende besiegelte Anastasi mit seinem Treffer zum 2:0 das endgültige Aus für die tapfer kämpfenden Rheinländer.

DURCHMARSCH IM DFB-POKAL

Keine Atempause für die in drei Wettbewerben vertretenen Kölner. Auch im DFB-Pokal ging es Schlag auf Schlag. Nachdem man bereits den SSV Reutlingen und die Frankfurter Eintracht ausgeschaltet hatte, wurde auch der HSV in Müngersdorf mit 2:0 aus dem Wettbewerb geschmissen. Gelungene Revanche für die fünf Tage zuvor in der Bundesliga erlittene 0:2-Auswärtspleite. Im Halbfinale kam es dann in der Glückauf-Kampfbahn zum alten Klassiker gegen Schalke 04. Zur Halbzeit setzte keiner der 33.000 Zuschauer mehr auf den FC, der gegen die stark aufspielenden „Knappen" durch Tore von Scheer und dem überragenden Libuda mit 2:0 ins Hintertreffen geraten war. Doch die Kölner kamen wie verwandelt aus der Kabine. Treffer von Overath, Thielen und Flohe sorgten dafür, dass man eine schon verloren geglaubte Partie drehen und sich erneut für das Endspiel um den DFB-Pokal qualifizieren konnte.

Das Ende einer Ära. Im Januar 1971 erscheint die letzte Ausgabe der legendären Clubnachrichten.

■ Bei ihrer dritten Ausspielung am 11. Juli 1971 fällt die deutsche A-Jugendmeisterschaft erstmals an den 1. FC Köln. Im in Fürth ausgetragenen Finale besiegt die von Jupp Röhrig betreute Mannschaft die Vertretung des 1. FC Nürnberg mit 3:1. Der Meister spielt mit: Rüdiger Evers, Norbert Sczepanski, Bernd Zock, Herbert Neumann, Josef Bläser, Rainer Nicot, Manfred Liebig, Georg Bosbach, Klaus Richling, Harald Konopka, Herbert Hein, Jürgen Glowacz, Albert Wunderlich.

■ Ungeschlagen und mit 43:1 Punkten steigt die erste Tischtennismannschaft von der Landes- in die Verbandsliga auf.

■ Mehr als 1.000 Plakate versendet der FC vor seinen Spielen an die Aushangstellen in und um Köln.

■ Wegen Tätlichkeiten beim Heimspiel gegen den HSV erhalten drei „FC-Fans" eine Anzeige wegen Hausfriedensbruchs. Zudem spricht der Verein Stadionverbote aus.

■ Im Oktober 1970 erscheint im Kölner DuMont-Verlag die Wolfgang-Overath Biographie „Ja, mein Temperament!".

Im europäischen Messepokal, dem Vorläufer des UEFA-Cups, kam der FC bis ins Halbfinale. Geißbock-Kapitän Wolfgang Overath beim Wimpeltausch vor dem Halbfinalhinspiel gegen Juventus Turin.

Wimpel der Offenbacher Kickers, dem FC vor dem Endspiel überreicht.

Souvenirwimpel für die Fans vom 1971er Pokalendspiel…

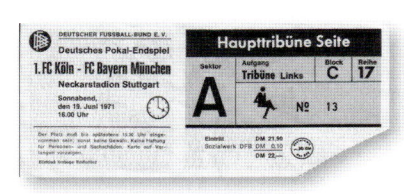

…und die Eintrittskarte zum unglücklich verlorenen Spiel.

Wimpel, den die Bayern dem FC vor dem Finale überreichten. Er wird heute im FC-Museum ausgestellt.

Programm des DFB zum Pokalfinale.

DFB-POKALENDSPIEL, 19. JUNI 1971: FC BAYERN MÜNCHEN - 1. FC KÖLN

Die vierte Finalteilnahme des FC war durch den im Vorfeld zu Tage getretenen Bundesligaskandal (s.u.) überschattet worden. Da auch Manfred Manglitz in den Skandal verstrickt war, wurde der Keeper augenblicklich vom Vorstand beurlaubt. Schon beim letzten Bundesligaspiel gegen Offenbach musste daher Ersatztorwart Soskic das Tor hüten. Dem treuen „Scholli" war schon Wochen vorher die Kündigung zur neuen Saison ins Haus geflattert. Trotzdem war der Jugoslawe ganz Profi, als er gebraucht wurde.

Im Gegensatz zum letzten Finale ging man diesmal gegen die Münchner Bayern nicht als Favorit ins Spiel und konnte sich im Trainingslager im schwäbischen Leonberg ganz in Ruhe auf das in Stuttgart stattfindende große Ereignis vorbereiten. Trotz des in der Bundesliga offensichtlich bestehenden Bestechungssumpfes war die Ticketnachfrage enorm. Auch in Köln waren der Sonderzug und die Fanbusse in die baden-württembergische Landeshauptstadt in Windeseile ausverkauft. Das Neckarstadion war mit 71.000 Zuschauern bis auf den letzten Platz gefüllt. Die rund 6.000 mitgereisten FC-Fans sahen sich einer Übermacht von mehr als 15.000 Bayern-Anhängern gegenüber. „Alle Böcke beißen, nur der Kölner Geißbock nicht", tönte es aus der Bayern-Kurve. „Määääh!", schallte es aus dem Kölner Block trotzig zurück.

Das Spiel selbst bot Kampf, Einsatz, Tempo und Dramatik. Schon nach 14 Minuten überraschte Rupp mit dem 1:0 die verdatterten Münchner. Wolfgang Overath bot eine erstklassige Leistung, seine Mannschaft spielte gefällig und hatte die besseren Spielanteile. Bis zur 52. Minute hielt man den knappen Vorsprung, ehe Beckenbauer den Ausgleich markieren konnte. Beim 1:1 blieb es bis zur 90. Minute: Verlängerung. Auch diese blieb bis zur 118. Minute torlos, obwohl die Bayern nach dem Platzverweis von Koppenhöfer nach gut einer Stunde auf zehn Spieler dezimiert waren. Dann gelang Schneider mit einem Sonntagsschuss der 2:1-Siegtreffer. Unhaltbar schlug die Kugel am Innenpfosten ein. Der Sudden Death ließ die Kölner Spieler zu Salzsäulen erstarren. Tragisch: Ein regulärer Treffer von Rupp in der Nachspielzeit wurde von Schiedsrichter Biwersi nicht anerkannt. Innerhalb von nur gut zehn Monaten hatte man zwei Pokalendspiele verloren. Das Bild des weinenden Milutin Soskic ging durch die deutsche Presse. Kleiner Trost für den FC: Schon vor dem Finale stand fest, dass sich der Verlierer für den UEFA-Pokal, so der neue Name des Messe-Cups, qualifizieren würde.

MANGLITZ UND DER BUNDESLIGASKANDAL

Beim Empfang anlässlich seines 50. Geburtstags lässt der Präsident von Absteiger Kickers Offenbach, Horst Gregorio Canellas, die Bombe platzen: Vor zahlreich erschienener Presse und Fußballprominenz spielt Canellas Tonbänder von „Schein-Bestechungsgesprächen" vor. Zusätzlich eröffnet der Präsident der entsetzten Festgesellschaft, dass es im Abstiegskampf der abgelaufenen Saison nicht mit rechten Dingen zugegangen sein soll. Auf den Tonbändern ist auch ein Gespräch mit FC-Keeper Manglitz zu hören, in dem sich der Kölner bereiterklärt, bei Zahlung von 100.000 DM für ein gewünschtes Resultat zu sorgen. Zudem äußert Manglitz, dass fünf weitere, namentlich nicht genannte FC-Spieler bereit wären, Begegnungen zu manipulieren. Nach und nach kommt in der Bundesliga ein riesiger Betrugs- und Bestechungsskandal ans Licht – zweifellos sind Spiele verschoben worden. Es dauert Jahre, bis alle Gerichtsverfahren abgeschlossen sind. Der Schaden für die Liga ist enorm.

IMAGESCHADEN NACH BESTECHUNG UND BETRUG

Das schon angekratzte Image des Fußballs nahm noch mehr Schaden, und die Zuschauerzahlen sanken besorgniserregend. Glück im Unglück für den FC, dass „nur" Manfred Manglitz am Skandal beteiligt ist, obwohl „Cassius" später nochmals behauptet: „Wenn ich auspacke, wird es eng für fünf weitere Kölner Spieler, von denen der jüngste erst 23 Jahre alt ist." Bewiesen werden konnten diese Aussagen jedoch nie. Fakt ist laut *Kicker*, dass Manglitz sich neben 25.000 DM „Extrasiegprämie", die er für den 3:2-Sieg gegen Abstiegskonkurrent Rot-Weiß Essen von OFC-Boss Canellas kassierte, auch nachweislich bereiterklärte, das für den Abstieg entscheidende letzte Spiel gegen Offenbach zugunsten der Hessen zu manipulieren. Auch bei der 2:4-Heimniederlage gegen Abstiegskandidat Rot-Weiß Oberhausen soll es nicht mit rechten Dingen zugegangen sein. Der Torwart wurde zunächst zu lebenslänglichem Profiverbot und 25.000 DM Geldstrafe verurteilt, später wurde das Urteil auf drei Jahre reduziert. Seine Bundesligakarriere war dennoch beendet. Diese dunkle Angelegenheit zeigte zugleich, wie groß die Angst vor einem Abstieg und dessen finanziellen Konsequenzen für Verein und Spieler war, denn die Regionalliga als Unterbau der Bundesliga stand noch immer unter dem Vertragsspielerstatut. Der DFB antwortete auf dieses Problem mit der Einführung der 2. Bundesliga als Profiliga drei Jahre später.

Böser Bube im Bestechungsskandal: Kölns Torhüter Manfred Manglitz.

STATISTIK 1970/71

BUNDESLIGA

15.08.1970 SV Werder Bremen - 1. FC Köln 1:1 (1:0),
Zuschauer: 25.000
Tore: 1:0 (25.) Schmidt, 1:1 (85.) Löhr.
Aufstellung: Manglitz, Thielen, Biskup, Weber, Hemmersbach, Simmet, Flohe, Overath, Rupp (41. John) Parits, Löhr.

22.08.1970 1. FC Köln - Eintracht Braunschweig 3:1 (2:1),
Zuschauer: 25.000
Tore: 1:0 (15.) Simmet, 1:1 (19.) Erler, 2:1 (22.) Cullmann, 3:1 (63.) Löhr.
Aufstellung: Manglitz, Thielen, Biskup, Weber, Hemmersbach, Simmet, Overath, Cullmann, Parits, Flohe, Löhr.

05.09.1970 1. FC Köln - VfB Stuttgart 2:1 (1:0),
Zuschauer: 18.000
Tore: 1:0 (34.) Parits, 2:0 (70.) Flohe, 2:1 (74.) Weidmann.
Aufstellung: Manglitz, Thielen, Weber, Biskup, Hemmersbach, Simmet, Overath (42. Cullmann), Flohe, Kapellmann, Parits, Löhr.

12.09.1970 Hertha BSC Berlin - 1. FC Köln 3:2 (0:0),
Zuschauer: 85.000
Tore: 0:1 (48.) Parits, 1:1 (51.) Patzke, 2:1 (55.) Brungs, 2:2 (73.) Parits, 3:2 (78.) Horr.
Aufstellung: Manglitz, Thielen, Weber, Biskup, Hemmersbach, Simmet, Flohe, Rupp, Parits, Kapellmann, Löhr.

19.09.1970 1. FC Köln - Borussia Dortmund 2:2 (1:0),
Zuschauer: 23.000
Tore: 1:0 (28.) Rupp, 1:1 (68.) Weist, 1:2 (77.) Weinkauff, 2:2 (87.) Biskup (HE).
Aufstellung: Soskic, Thielen, Biskup, Weber, Hemmersbach, Simmet, Flohe (71. Cullmann), Kapellmann, Rupp, Parits, Löhr.

23.09.1970 Rot-Weiß Essen - 1. FC Köln 2:0 (1:0),
Zuschauer: 37.000
Tore: 1:0 (04.) Jung, 2:0 (72.) Lippens.
Aufstellung: Manglitz, Thielen, Weber, Biskup, Hemmersbach, Simmet, Flohe, Kapellmann, Rupp, Parits, Löhr (50. Lex).

26.09.1970 1. FC Köln - Eintracht Frankfurt 0:0,
Zuschauer: 15.500
Aufstellung: Manglitz, Thielen, Biskup, Weber, Hemmersbach, Cullmann (32. Lex), Simmet, Flohe, Kapellmann, Parits, Rupp.

03.10.1970 Borussia M'gladbach - 1. FC Köln 1:1 (0:1),
Zuschauer: 22.000
Tore: 0:1 (19.) Rupp, 1:1 (48.) le Fevre.
Aufstellung: Manglitz, Thielen, Weber, Biskup, Hemmersbach, Simmet, Flohe, Kapellmann, Lex (46. Cullmann), Parits, Rupp.

07.10.1970 1. FC Köln - Hamburger SV 3:0 (1:0),
Zuschauer: 19.000
Tore: 1:0 (45.) Rupp, 2:0 (57.) Löhr, 3:0 (89.) Rupp.
Aufstellung: Manglitz (77. Soskic), Thielen, Biskup, Weber, Hemmersbach, Simmet, Flohe, Overath, Kapellmann, Rupp, Löhr,

10.10.1970 SV Hannover 96 - 1. FC Köln 2:0 (1:0),
Zuschauer: 16.000
Tore: 1:0 (16.) Keller, 2:0 (90.) Bertl.
Aufstellung: Soskic, Thielen, Biskup, Weber, Hemmersbach, Kapellmann, Flohe (85. Lex), Overath, Rupp, Parits, Löhr (69. Simmet).

24.10.1970 1. FC Köln - Arminia Bielefeld 2:0 (0:0),
Zuschauer: 9.500
Tore: 1:0 (81.) Rupp, 2:0 (83.) Parits.
Aufstellung: Manglitz, Simmet, Biskup, Weber, Hemmersbach, Cullmann, Flohe, Overath, Rupp, Parits, Löhr.

28.10.1970 MSV Duisburg - 1. FC Köln 0:0,
Zuschauer: 13.000
Aufstellung: Manglitz, Simmet, Biskup,. Weber, Hemmersbach, Cullmann, Overath, Kapellmann, Parits, Flohe, Rupp.

31.10.1970 1. FC Kaiserslautern - 1. FC Köln 0:0,
Zuschauer: 32.000
Aufstellung: Manglitz, Simmet, Biskup, Weber, Hemmersbach, Cullmann, Overath, Flohe, Thielen, Kapellmann, Rupp.
B.V.: Rot für Biskup (40.).

07.11.1970 1. FC Köln - FC Bayern München 0:3 (0:0),
Zuschauer: 38.000
Tore: 0:1 (61.) Müller, 0:2, 0:3 (75., 85.) Brenninger.
Aufstellung: Manglitz, Simmet, Thielen, Weber, Hemmersbach, Cullmann, Overath, Flohe, Kapellmann, Parits, Rupp.

14.11.1970 Rot-Weiß Oberhausen - 1. FC Köln 2:2 (0:2),
Zuschauer: 12.000
Tore: 0:1, 0:2 (06., 37.) Rupp, 1:2, 2:2 (58., 61.) L. Kobluhn.
Aufstellung: Manglitz, Kowalski, Cullmann, Weber, Hemmersbach, Simmet, Flohe, Overath, Kapellmann, Parits, Rupp.

28.11.1970 1. FC Köln - FC Schalke 04 2:0 (0:0),
Zuschauer: 37.000
Tore: 1:0 (73.) Hemmersbach, 2:0 (88.) Rupp.
Aufstellung: Manglitz, Kowalski, Thielen (63. Cullmann), Weber, Hemmersbach, Simmet, Overath, Flohe, Parits, Rupp, Löhr.

05.12.1970 Kickers Offenbach - 1. FC Köln 4:1 (1:0),
Zuschauer: 14.000
Tore: 1:0 (20.) E.Kremers, 2:0 (47.) Gecks, 3:0 (57.) E.Kremers, 3:1 (80.) Löhr, 4:1 (85.) Winkler.
Aufstellung: Manglitz, Kowalski, Hemmersbach, Simmet, Biskup, Weber, Parits, Cullmann, Rupp, Overath, Löhr.

23.01.1971 1. FC Köln - SV Werder Bremen 1:1 (1:1),
Zuschauer: 7.000
Tore: 1:0 (39.) Rupp, 1:1 (44.) Höttges.
Aufstellung: Manglitz, Thielen, Biskup (26. Classen), Weber, Hemmersbach, Simmet, Overath, Kapellmann, Parits (75. Lex), Rupp, Flohe.

30.01.1971 Eintracht Braunschweig - 1. FC Köln 3:1 (0:1),
Zuschauer: 16.775
Tore: 0:1 (35.) Löhr, 1:1 (70.) Deppe, 2:1 (85.) Erler, 3:1 (87.) Ulsaß.
Aufstellung: Manglitz, Kowalski, Thielen, Weber, Hemmersbach, Simmet, Kapellmann, Overath, Löhr, Flohe, Rupp.

06.02.1971 1. FC Köln - MSV Duisburg 2:1 (1:1),
Zuschauer: 11.000
Tore: 1:0 (13.) Löhr, 1:1 (17.) Kentschke, 2:1 (67.) Thielen.
Aufstellung: Manglitz, Kowalski, Thielen, Weber, Hemmersbach, Simmet, Overath, Flohe, Kapellmann (53. Parits), Rupp, Löhr.

13.02.1971 VfB Stuttgart - 1. FC Köln 1:2 (1:1),
Zuschauer: 22.000
Tore: 1:0 (09.) Haug, 1:1 (10.) Overath, 1:2 (54.) Parits.
Aufstellung: Manglitz, Thielen, Biskup, Weber, Hemmersbach, Simmet, Flohe, Overath, Rupp, Parits, Löhr.

27.02.1971 1. FC Köln - Hertha BSC Berlin 3:2 (1:0),
Zuschauer: 28.000
Tore: 1:0, 2:0 (44., 54.) Thielen, 2:1 (63.) Varga, 2:2 (67.) Horr, 3:2 (77.) Biskup (FE).
Aufstellung: Manglitz, Thielen, Biskup, Weber, Hemmersbach, Simmet, Overath, Flohe, Parits, Rupp, Löhr.

05.03.1971 Borussia Dortmund - 1. FC Köln 0:0,
Zuschauer: 13.000
Aufstellung: Manglitz, Thielen, Weber (34. Cullmann), Biskup, Hemmersbach, Simmet, Overath, Flohe, Löhr, Kapellmann, Parits.

20.03.1971 Eintracht Frankfurt - 1. FC Köln 1:1 (1:1),
Zuschauer: 27.000
Tore: 1:0 (04.) Grabowski, 1:1 (19.) Löhr.
Aufstellung: Manglitz, Thielen, Weber, Biskup, Hemmersbach, Simmet, Flohe, Overath, Parits, Löhr, Rupp.

27.03.1971 1. FC Köln - Borussia M'gladbach 3:2 (3:1),
Zuschauer: 45.000
Tore: 0:1 (07.) Heynckes, 1:1 (09.) Weber, 2:1, 3:1 (14., 37.) Rupp, 3:2 (67.) Köppel.
Aufstellung: Manglitz, Thielen, Weber, Biskup, Hemmersbach, Simmet, Overath, Flohe, Parits, Rupp, Löhr.

02.04.1971 Hamburger SV - 1. FC Köln 2:0 (1:0),
Zuschauer: 12.000
Tore: 1:0 (23.) Nogly, 2:0 (88.) H. Schulz.
Aufstellung: Manglitz, Thielen, Biskup, Hemmersbach (79. Kowalski), Weber, Flohe (48. Cullmann), Simmet, Parits, Kapellmann, Rupp, Löhr.

17.04.1971 1. FC Köln - SV Hannover 96 0:1 (0:1),
Zuschauer: 7.000
Tor: 0:1 (44.) Keller.
Aufstellung: Manglitz, Thielen, Simmet, Biskup, Kowalski, Weber, Flohe, Kapellmann, Parits, Rupp, Löhr.
B.V.: Biskup verschießt einen FE (87.).

01.05.1971 Arminia Bielefeld - 1. FC Köln 1:0 (0:0),
Zuschauer: 30.000
Tor: 1:0 (59.) Braun.
Aufstellung: Manglitz, Thielen, Biskup, Weber (46. Classen), Hemmersbach, Simmet, Flohe, Cullmann, Kapellmann, Parits, Löhr.

05.05.1971 1. FC Köln - Rot-Weiß Essen 3:2 (0:1),
Zuschauer: 11.000
Tore: 0:1 (45.) Lippens, 1:1 (58.) Overath, 2:1 (63.) Hemmersbach, 3:1 (80.) Flohe, 3:2 (83.) Peitsch.
Aufstellung: Manglitz, Thielen, Biskup, Weber, Hemmersbach, Simmet, Overath, Flohe, Kapellmann, Rupp, Löhr (73. Cullmann - 87. Parits).

08.05.1971 1. FC Köln - 1. FC Kaiserslautern 1:2 (1:1),
Zuschauer: 7.000
Tore: 1:0 (23.) Flohe, 1:1 (25.) Rademacher, 1:2 (87.) Ackermann.
Aufstellung: Manglitz, Thielen, Biskup, Weber, Hemmersbach, Simmet, Overath, Flohe, Kapellmann (67. Parits) Rupp, Löhr.

15.05.1971 FC Bayern München - 1. FC Köln 7:0 (2:0),
Zuschauer: 28.000
Tore: 1:0 (21.) Thielen (E), 2:0 (41.) Breitner, 3:0, 4:0 (51., 72.) Schneider, 5:0 (78.) Hoeneß, 6:0 (81.) Müller, 7:0 (84.) Mrosko.
Aufstellung: Manglitz, Thielen, Weber, Biskup, Hemmersbach, Simmet, Flohe, Overath, Lex (46. Cullmann), Rupp, Kapellmann.

22.05.1971 1. FC Köln - Rot-Weiß Oberhausen 2:4 (2:2),
Zuschauer: 6.800
Tore: 1:0 (14.) Kapellmann, 1:1 (20.) Ohm, 2:1 (30.) Rupp, 2:2, 2:3 (35., 51. [FE]) L.Kobluhn, 2:4 (73.) Krauthausen.
Aufstellung: Manglitz, Thielen, Cullmann, Weber, Hemmersbach, Simmet, Overath, Flohe, Parits, Rupp, Kapellmann.

29.05.1971 FC Schalke 04 - 1. FC Köln 2:2 (0:0),
Zuschauer: 5.000
Tore: 0:1 (48.) Overath, 0:2 (66.) Rupp, 1:2 (82.) Libuda, 2:2 (85.) Rüssmann.
Aufstellung: Manglitz, Kowalski, Cullmann, Classen, Hemmersbach, Simmet, Kapellmann, Overath, Parits, Rupp, Löhr.

05.06.1971 1. FC Köln - Kickers Offenbach 4:2 (1:2),
Zuschauer: 7.000
Tore: 0:1 (03.) Kraft, 1:1 (28.) Overath, 1:2 (38.) E.Kremers, 2:2 (58.) Löhr, 3:2 (78.) Thielen, 4:2 (81.) Rupp.
Aufstellung: Soskic, Thielen, Weber, Biskup, Hemmersbach, Simmet (53. Kowalski), Overath, Kapellmann (33. Flohe), Parits, Rupp, Löhr.

DFB-POKAL

1969/70
1. Runde
24.07.1970 1. FC Köln - Rot-Weiß Essen 5:1 (2:0),
Zuschauer: 24.000
Tore: 1:0 (29.) Parits, 2:0 (32.) Overath, 3:0, 4:0 (48.-HE, 59.) Biskup, 4:1 (80.) Löhr, 5:1 (84.) Parits.
Aufstellung: Manglitz, Thielen, Weber, Biskup, Hemmersbach, Kapellmann, Flohe, Overath, Rupp, Parits, Löhr.
B.V.: Durch die WM in Mexiko war der Wettbewerb in der vergangenen Saison unterbrochen worden und wurde erst in der neuen Spielzeit fortgesetzt.

STATISTIK 1970/71

Achtelfinale
29.07.1970 **1. FC Köln - MSV Duisburg** 6:1 (4:0),
Zuschauer: 24.000
Tore: 1:0 (12.) Löhr, 2:0 (22.) Biskup (FE), 3:0 (26.) Flohe, 4:0 (40.) Parits, 5:0 (58.) Löhr, 6:0 (75.) Flohe, 6:1 (84.) Budde.
Aufstellung: Manglitz, Thielen, Weber, Biskup, Hemmersbach, Kapellmann, Flohe, Overath, Rupp, Parits, Löhr.

Viertelfinale
05.08.1970 **Bor. M'gladbach - 1. FC Köln** 2:3 n.V.,
Zuschauer: 32.000
Tore: 0:1 (31.) Löhr, 1:1 (52.) Vogts, 2:1 (60.) Müller (HE), 2:2 (87.) Biskup (FE), 2:3 (93.) Hemmersbach.
Aufstellung: Manglitz, Thielen, Weber, Biskup, Hemmersbach, Kapellmann, Flohe, Overath, Rupp, Parits (63. Cullmann), Löhr.

Halbfinale
19.08.1970 **Alemannia Aachen - 1. FC Köln** 0:4 (0:2),
Zuschauer: 32.000
Tore: 0:1, 0:2 (23., 29.) Löhr, 0:3 (73.) Flohe, 0:4 (86.) Overath.
Aufstellung: Manglitz, Thielen, Weber, Biskup, Hemmersbach, Simmet, Flohe, Overath, Kapellmann (53. John), Parits, Löhr

Finale
29.08.1970 **Kickers Offenbach - 1. FC Köln** 2:1 (1:0),
Zuschauer: 50.000
Tore: 1:0 (24.) Winkler, 2:0 (63.) Gecks, 2:1 (72.) Löhr.
Aufstellung: Manglitz, Thielen (31. Rupp), Weber, Biskup, Hemmersbach, Simmet, Flohe, Overath, Kapellmann, Parits, Löhr.
B.V.: Das Finale der Pokalsaison 1969/70 wurde in Hannover ausgetragen. Volz hält FE (82.) von Biskup.

1970/71
1. Runde
12.12.1970 **SSV Reutlingen - 1. FC Köln** 2:5 (1:2),
Zuschauer: 12.000
Tore: 0:1 (15.) Löhr, 0:2 (26.) Simmet, 1:2 (36.) Böhni, 2:2 (47.) Wolny, 2:3 (58.) Rupp, 2:4 (71.) Löhr, 2:5 (80.) Weber.
Aufstellung: Manglitz, Classen, Biskup (85. Cullmann), Weber, Hemmersbach, Simmet, Flohe (30.Lex), Overath, Kapellmann, Rupp, Löhr.

Achtelfinale
20.02.1971 **Eintracht Frankfurt - 1. FC Köln** 1:4 (1:2),
Zuschauer: 11.000
Tore: 0:1 (33.) Flohe, 1:1 (36.) Nickel, 1:2 (41.) Parits, 1:3 (50.) Simmet, 1:4 (51.) Flohe.
Aufstellung: Manglitz, Thielen (66. Kapellmann), Hemmersbach, Biskup, Simmet, Weber, Overath, Flohe, Rupp, Parits, Löhr.

Viertelfinale
07.04.1971 **1. FC Köln - Hamburger SV** 2:0 (0:0),
Zuschauer: 24.000
Tore: 1:0 (62.) Rupp, 2:0 (88.) Löhr.
Aufstellung: Manglitz, Thielen, Biskup, Weber, Hemmersbach, Simmet, Overath, Flohe, Kapellmann, Rupp, Löhr.

Halbfinale
12.05.1971 **FC Schalke 04 - 1. FC Köln** 2:3 (2:0),
Zuschauer: 33.000
Tore: 1:0 (07.) Scheer, 2:0 (17.) Libuda, 2:1(47.) Overath, 2:2 (70.) Thielen, 2:3 (75.) Flohe.
Aufstellung: Manglitz, Thielen, Weber, Biskup, Hemmersbach, Simmet, Overath, Flohe, Parits (38. Lex), Rupp, Kapellmann.

Finale
19.06.1971 **FC Bayern München - 1. FC Köln** 2:1 n.V.,
Zuschauer: 71.000
Tore: 0:1 (14.) Rupp, 1:1 (52.) Beckenbauer, 2:1 (118.) Schneider.
Aufstellung: Soskic, Thielen (99. Cullmann), Biskup, Weber, Hemmersbach, Flohe, Overath, Simmet (79. Kapellmann), Parits, Rupp, Löhr.
B.V.: Das Finale wurde in Stuttgart ausgetragen. Der Münchner Koppenhöfer erhält in der 72. Minute einen Platzverweis.

MESSE-POKAL

1. Runde (Hinspiel)
15.09.1970 **1. FC Köln - RC Paris-Sedan** 5:1 (2:0),
Zuschauer: 6.400
Tore: 1:0 (26.) Parits, 2:0 (35.) Thielen, 3:0 (47.) Rupp, 3:1 (69.) Pierron, 4:1 (72.) Rupp, 5:1 (84.) Lex.
Aufstellung: Soskic, Thielen, Hemmersbach, Simmet, Biskup, Weber, Rupp, Flohe, Parits, Kapellmann, Löhr (74. Lex).

1. Runde (Rückspiel)
29.09.1970 **RC Paris-Sedan - 1. FC Köln** 1:0 (0:0),
Zuschauer: 6.400
Tor: 1:0 (87.) Dellamore (FE).
Aufstellung: Manglitz, Biskup, Thielen, Weber, Classen, Simmet, Flohe, Kapellmann, Lex, Parits (46. John), Rupp.

2. Runde (Hinspiel)
20.10.1970 **AC Florenz - 1. FC Köln** 1:2 (1:1),
Zuschauer: 10.000
Tore: 1:0 (20.) Mariani, 1:1, 1:2 (25., 46.) Flohe.
Aufstellung: Manglitz, Hemmersbach, Simmet, Cullmann, Biskup, Weber, Kapellmann, Flohe, Parits, Overath, Rupp.

2. Runde (Rückspiel)
03.11.1970 **1. FC Köln - AC Florenz** 1:0 (1:0),
Zuschauer: 15.000
Tor: 1:0 (33.) Biskup (FE).
Aufstellung: Manglitz, Thielen (53. Cullmann), Hemmersbach (46. Kowalski), Simmet, Biskup, Weber, Kapellmann, Parits, Flohe, Overath, Rupp.

Achtelfinale (Hinspiel)
25.11.1970 **Spartak Trnava - 1. FC Köln** 0:1 (0:1),
Zuschauer: 17.000
Tor: 0:1 (08.) Dobias (E).
Aufstellung: Manglitz, Thielen, Hemmersbach, Simmet, Biskup, Weber, Parits, Flohe, Kowalski, Cullmann, Rupp.

Achtelfinale (Rückspiel)
09.12.1970 **1. FC Köln - Spartak Trnava** 3:0 (1:0),
Zuschauer: 9.500
Tore: 1:0 (34.) Biskup (FE), 2:0 (60.) Hemmersbach, 3:0 (74.) Rupp.
Aufstellung: Manglitz, Kowalski (57. Lex), Weber, Biskup, Hemmersbach, Simmet, Overath, Cullmann (24. Classen), Parits, Rupp, Löhr.

Viertelfinale (Hinspiel)
09.03.1971 **Arsenal London - 1. FC Köln** 2:1 (1:1),
Zuschauer: 40.700
Tore: 1:0 (24.) Mc Lintock, 1:1 (44.) Thielen, 2:1 (69.) Storey.
Aufstellung: Manglitz, Thielen (76. Kowalski), Cullmann, Biskup, Hemmersbach, Simmet, Flohe, Overath, Parits (44. Kapellmann) Rupp, Löhr.

Viertelfinale (Rückspiel)
23.03.1971 **1. FC Köln - Arsenal London** 1:0 (1:0),
Zuschauer: 48.000
Tor : 1:0 (05.) Biskup (FE).
Aufstellung: Manglitz, Thielen, Biskup, Weber, Hemmersbach (68. Kowalski), Simmet, Flohe, Kapellmann, Overath, Rupp, Löhr.

Halbfinale (Hinspiel)
14.04.1971 **1. FC Köln - Juventus Turin** 1:1 (0:1),
Zuschauer: 52.180
Tore: 0:1 (37.) Bettega, 1:1 (88.) Thielen.
Aufstellung: Manglitz, Thielen, Biskup, Weber, Hemmersbach, Overath (31. Cullmann), Simmet, Flohe, Kapellmann, Rupp, Löhr.

Halbfinale (Rückspiel)
28.04.1971 **Juventus Turin - 1. FC Köln** 2:0 (1:0),
Zuschauer: 65.700
Tore: 1:0 (02.) Capello, 2:0 (84.) Anastasi.
Aufstellung: Manglitz, Weber, Thielen, Biskup, Hemmersbach, Simmet, Flohe, Cullmann, Kapellmann, Rupp, Löhr (46.Parits).

FREUNDSCHAFTSSPIELE

11.07.1970 VfB Gießen - 1. FC Köln 1:3

12.07.1970 Tuspo Breidenstein - 1. FC Köln 1:3

15.07.1970 Bundesw. Nationalmannsch. - 1. FC Köln 1:7

18.07.1970 Borussia Fulda - 1. FC Köln 0:8 (0:4)

19.07.1970 VfR Lich - 1. FC Köln 1:13 (0:3)

07.08.1970 Tottenham Hotspurs - 1. FC Köln 0:1 (0:1)
(in Palma de Mallorca)

09.08.1970 ZSKA Sofia - 1. FC Köln 2:1 (0:0)
(in Palma de Mallorca)

23.08.1970 Royal Daring Club Brüssel - 1. FC Köln 2:2 (1:1)

13.12.1970 1. FC Nürnberg - 1. FC Köln 2:1 (1:0)

30.12.1970 FC Sevilla - 1. FC Köln 1:3 (0:1)

03.01.1971 Nationalm. Argentinien - 1. FC Köln 1:1 (1:0)
(in Buenos Aires)

09.01.1971 Nacional Montevideo - 1. FC Köln 1:2 (1:0)
(in Montevideo)

13.01.1971 Universitario Lima - 1. FC Köln 3:2 (3:0)

15.01.1971 FC Sao Paulo - 1. FC Köln 2:1 (0:1)

16.05.1971 FC Neuötting - 1. FC Köln 0:9

18.05.1971 Real Saragossa - 1. FC Köln 1:1 (0:1)

19.05.1971 RSC Anderlecht - 1. FC Köln 1:4
(in Saragossa)

12.06.1971 TuS Langerwehe - 1. FC Köln 1:3 (0:1)

Offizielles Programm des DFB zum Pokalfinale 1970 gegen Kickers Offenbach.

STATISTIK 1970/71

Action vor dem Kölner Tor beim Pokalfinale 1971 gegen die Bayern. FC-Keeper Soskic klärt die Situation vor Weber, Uli Hoeneß und Simmet.

1. BUNDESLIGA 1970/71

1.	Borussia M'gladbach (M)	77:35	50:18
2.	Bayern München	74:36	48:20
3.	Hertha BSC Berlin	61:43	41:27
4.	Eintracht Braunschweig	52:40	39:29
5.	Hamburger SV	54:63	37:31
6.	FC Schalke 04	44:40	36:32
7.	MSV Duisburg	43:47	35:33
8.	1.FC Kaiserslautern	54:57	34:34
9.	Hannover 96	53:49	33:35
10.	Werder Bremen	41:40	33:35
11.	**1.FC Köln**	**46:56**	**33:35**
12.	VfB Stuttgart	49:49	30:38
13.	Borussia Dortmund	54:60	29:39
14.	Arminia Bielefeld (N)	34:53	29:39
15.	Eintracht Frankfurt	39:56	28:40
16.	Rot-Weiß Oberhausen	54:69	27:41
17.	Kick.Offenbach (N,P)*	49:65	27:41
18.	Rot-Weiß Essen*	48:68	23:45

BUNDESLIGAKADER 1970/71

Abgänge: Birkhölzer (KSV Hessen Kassel), Blusch (1.FC Kaiserslautern), Goldau (eigene Amateure), Hermes (Wuppertaler SV), Riemann (1.FC Nürnberg), Thelen (SV Werder Bremen), Pott (Ende der Laufbahn)
Zugänge: Classen (Jülich 1910), Cullmann (eigene Amateure), John (Tasmania 1900 Berlin), Kapellmann (Alemannia Aachen), Kowalski (eigene Amateure), Lex (eigene Amateure), Parits (Austria Wien),

Trainer: Ernst Ocwirk

Tor:
Manglitz, Manfred 31/0
Soskic, Milutin 4/0

Feld:
Simmet, Heinz 34/1
Hemmersbach, Matth. 33/2
Weber, Wolfgang 33/1
Flohe, Heinz 32/3
Rupp, Bernd 30/14
Parits, Thomas 29/5
Thielen, Karl-Heinz 29/4
Biskup, Werner 27/2
Kapellmann, Josef 27/1
Overath, Wolfgang 26/4
Löhr, Johannes 24/8
Cullmann, Bernd 19/1
Kowalski, Kurt 9/0
Lex, Hans-Jürgen 6/0
Classen, Manfred 3/0
John, Wolfgang 1/0

Arminia Bielefeld gastierte 1970/71 erstmals als Bundesligist in Köln. Premierengeschenke verteilte der FC nicht und gewann 2:0.

FIEBERKURVE 1970/71

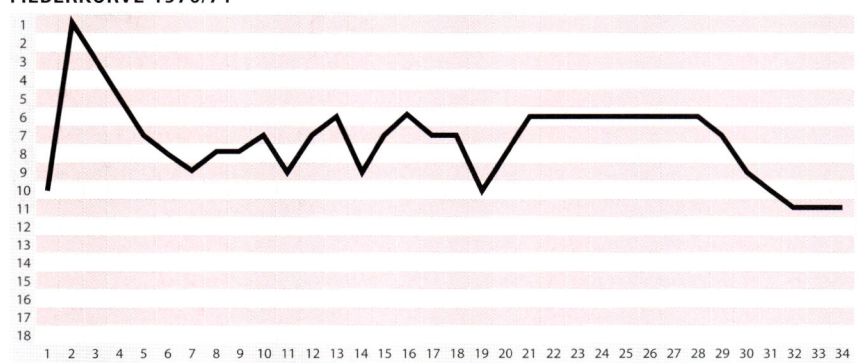

1971/72
1. BUNDESLIGA

Der Elfmetermarathon

[LEGENDEN]

Karl-Heinz Thielen
Beim FC 1959-1973 (Spieler), 1973-1986 (Geschäftsführer, Manager, Vizepräsident), 1992-1993 (Manager), Verwaltungsrat 1991-1992, 1993-1995
Geboren: 2. April 1940 in Ariendorf
Pflichtspiele beim FC: 401
Pflichtspieltore: 145

Eckte in Köln an: Trainer Lorant mit seinem verletzten Abwehrchef Wolfgang Weber.

An allen großen Titeln beteiligt

Dass er zu einem der erfolgreichsten Spieler und Funktionäre in der FC-Geschichte werden würde, wagte Karl-Heinz Thielen kaum zu träumen, als er im Sommer 1959 vom Kölner Vorortclub TSV Rodenkirchen ans Geißbockheim wechselte. Zunächst in der 1. Amateurmannschaft eingesetzt, wurde der schnelle und torgefährliche Außenstürmer schnell zur überragenden Figur. Zum Ende der Saison 1959/60 holte man „Kalli" in die Vertragsspielerabteilung. Sofort eroberte er sich einen Stammplatz im Staraufgebot der Kölner. Als Torschütze und Vorlagengeber gleichermaßen bewährt, wurde Thielen zur tragenden Säule der FC-Meistermannschaften von 1962 und 1964, auch beim Pokalsieg 1968 war er dabei. Einziges Manko des schussstarken Rechtsaußen war seine zeitweilige Unbeständigkeit. So kam er trotz überragender Anlagen zu „nur" zwei Einsätzen in der A-Nationalmannschaft.

Noch während seiner Profizeit bereitete sich Thielen auf „die Zeit danach" vor, studierte Wirtschaftswissenschaften und wurde Diplom-Kaufmann. Im Frühjahr 1973 beerbte „Kalli" FC-Urgestein Hans-Gerhard König als Geschäftsführer der Geißböcke. Als geschäftsführendes Vorstandsmitglied, Manager und Vizepräsident blieb er bis zu seinem Rücktritt im Herbst 1986 an verantwortlicher Stelle tätig. Dabei bewies Thielen vor allem in

Zur Spielzeit 1971/72 ging eine Ära zu Ende: Der 1. FC Köln zog aus der alten Müngersdorfer Hauptkampfbahn aus. Nach ewigem „Geklüngel" hatten sich die Stadtväter zu einem Abriss des alten Stadions entschieden, und an gleicher Stelle sollte eine neue Arena entstehen. Die Maßnahmen der Stadt Köln zwangen den FC, in die in unmittelbarer Nachbarschaft gelegene alte Müngersdorfer Radrennbahn umzuziehen, die auch von Regionalligist Fortuna Köln genutzt wurde. Man kehrte also dorthin zurück, wo am 15. Februar 1948 mit der Partie gegen Nippes 12 alles angefangen hatte… Mehr als vier Jahre lang sollten die Geißböcke hier ihre Heimspiele austragen.

Die neue Heimat brachte für den Verein viele Probleme mit sich. Die Zufahrtswege waren völlig unzureichend, die Sicht von manchen Plätzen verheerend und die Arbeitsbedingungen für Presse, Funk und Fernsehen mehr als dürftig. Auch die sanitären Einrichtungen verdienten sich die Note „ungenügend". Größtes Problem war jedoch die geringe Kapazität der Sportstätte. Trotz zusätzlich errichteter Stahlrohrtribüne hatten nur rund 28.000 Zuschauer Platz in der engen Arena. So waren die Einnahmen aus den Eintrittsgeldern auch bei ausverkauften Topspielen äußerst gering. Konkurrenten, wie beispielsweise Bayern München, die in riesigen Stadien antreten konnten, waren deutlich im Vorteil. So musste der FC den Gürtel, vor allem was Spielerverpflichtungen betraf, deutlich enger schnallen. Auch das Prämiensystem der Profis wurde während der Saison den neuen Bedingungen angepasst. Richteten sich die Zuwendungen früher auch nach den Zuschauerzahlen, so bestimmten jetzt nur noch die sportlichen Resultate die Höhe der Prämien. Eine positive Seite hatte die Radrennbahn dennoch zu bieten: die einmalige Atmosphäre. Die Zuschauer waren ganz nah dran am Geschehen, und nicht selten wurde das Provisorium zum echten Hexenkessel. Zeitzeuge und FC-Fan Thomas Hardt schwärmt noch heute: „Selbst wenn das Stadion nur spärlich gefüllt war, war die Stimmung hervorragend. Vor allem das ‚Fußstampfen' der Zuschauer auf den alten Holzbänken und der daraus resultierende Höllenlärm werden mir ewig im Gedächtnis bleiben."

DER NEUE IST EIN SCHLEIFER

Wie so oft gab es zu Saisonbeginn auch auf der Trainerposition eine Veränderung. Ernst Ocwirk hatten die FC-Verantwortlichen bereits im März 1971 mitgeteilt, dass man das Beschäftigungsverhältnis nicht über das Saisonende hinaus ausdehnen würde. Neuer Mann war der extrovertierte Ungar

→

222 ■ 1971/72

Gyula Lorant, der in der Vorsaison noch beim 1. FC Kaiserslautern tätig und dort vorzeitig entlassen worden war. Lorant war zu seiner aktiven Zeit Mittelläufer in der ungarischen Nationalmannschaft, die 1954 das legendäre WM-Finale von Bern gegen Deutschland verlor. „In zwei Wochen werden alle Spieler fürchterlich auf mich schimpfen", verkündete der neue Mann bei seinem Amtsantritt. Die Trainingskiebitze staunten nicht schlecht, als der Ungar die Mannschaft schon morgens um neun durch den Stadtwald scheuchte. Auch auf Pünktlichkeit legte Lorant großen Wert. Als FC-Urgestein Kalli Thielen eine Stunde zu spät zum Abschlusstraining vor dem Spiel in Frankfurt kam, strich ihn der strenge Coach nicht nur spontan aus dem Kader, er brummte dem verdutzten Thielen gleich noch 100 DM Geldstrafe auf. Da der „Sünder" nur bereit war, 20 statt 100 DM zu zahlen, musste Präsident Maaß als Schlichter einschreiten. So kam der ehemalige Kapitän noch einmal mit einem blauen Auge davon, da Maaß der Ansicht war, dass der einmalige Ausschluss aus dem Kader Strafe genug gewesen sei.

ZURÜCKHALTUNG AUF DEM TRANSFERMARKT

Die Zeiten spektakulärer Neuzugänge waren beim FC vorläufig beendet. Zum einen, weil man aus finanziellen Zwängen die Groschen zusammenhalten musste, zum anderen, weil die teuren Transfers der letzten Jahre oft nicht eingeschlagen hatten. Nun setzten die Kölner wieder auf junge Talente aus der Region und der eigenen Jugend. Aus der A-Jugend, die soeben Deutscher Meister geworden war, erhielten Jürgen Glowacz, Josef Bläser und Harald Konopka Lizenzspielerverträge. Konopka sollte für viele Jahre nicht nur die Abwehr der Domstädter entscheidend verstärken, er beackerte auch die Außenbahn, dass es eine wahre Freude war. Vor allem Goalgetter Dieter Müller sollte in späteren Jahren von den gefährlichen Flanken des aus Düren zur FC-Jugend gekommenen „Raubeins" profitieren. Auch Jürgen Glowacz avancierte zum Leistungsträger, ehe er sich später mit Hennes Weisweiler zerstritt und zu Werder Bremen flüchtete. Glowacz, der aus der Jugendabteilung von Schwarz-Weiß Köln hervorgegangen war, brachte es im Sommer 2004 sogar zum FC-Vizepräsidenten.

Auch von den eigenen Amateuren verzeichneten die Profis Neuzugänge. Angreifer Paul Scheermann und Heinz-Dieter Schmitz erhielten ihre Chance in der Bundesligamannschaft. Besonders Stürmer Scheermann startete viel versprechend mit guten Spielen und einigen Toren. Unerklärlich, warum ihm der Sprung nach ganz oben nicht gelang. Detlef Lauscher und Karlheinz Hähnchen kamen von kleineren Vereinen und waren im Vorfeld als Ergänzungsspieler gedacht. Lauscher blieb gut fünf Jahre lang bei den Geißböcken und sollte zum unauffälligen, aber wertvollen Bestandteil des 1. FC Köln werden. Hähnchen blieb den Fans nur wegen seines Familiennamens in Erinnerung. Komplett neu besetzt werden musste die Torhüterposition. Manglitz hatte sich durch den Bundesligaskandal selbst aus der Mannschaft katapultiert, und dem treuen Milutin Soskic war schon Ende der vergangenen Saison mitgeteilt worden, dass man nicht gedachte den auslaufenden Kontrakt zu verlängern. So ging Soskic zurück in seine Heimat und heuerte bei OFK Belgrad an. So wurden mit Gerhard Welz vom 1. FC Nürnberg und Karlheinz Volz von den Offenbacher Kickers zwei Keeper ans Geißbockheim geholt, die in ihren Vereinen jeweils die „Nummer eins" waren. Immerhin 250.000 DM Ablöse musste man für die beiden Torhüter investieren. Welz schaffte den Sprung zum Stammtorwart trotz anfänglicher Unsicherheiten auf Anhieb, Volz verließ am Saisonende nach nur drei Pflichtspieleinsätzen den Club frustriert in Richtung FSV Frankfurt.

Die Vorbereitungsspiele auf die neue Saison, darunter ein 1:1 gegen den AS Monaco im mittlerweile komplett fertig gestellten Jugend- und Amateurstadion im FC-Sportpark, waren zufrieden stellend verlaufen. Wie schon in den letzten Jahren verbrachte man auch diesmal das Sommertrainingslager in der Sportschule Grünberg.

BUNDESLIGAPREMIERE IN DER RADRENNBAHN

24.000 Zuschauer wollten die FC-Bundesligapremiere in der Köln werden. Hähnchen blieb den Fans nur wegen seines Familiennamens in Erinnerung. Komplett neu besetzt werden musste die Torhüterposition. Transferdingen ein gutes Händchen. Neben Millionentransfers wie die von Roger van Gool oder Tony Woodcock holte er auch Talente wie beispielsweise Dieter Müller, Pierre Littbarski, Bernd Schuster oder Roland Gerber an den Rhein. Bemerkenswert: An allen großen Titeln, die der 1. FC Köln bis zum heutigen Tag gewonnen hat, war Karl-Heinz Thielen beteiligt, entweder als Spieler oder als Funktionär.

Von 1992 bis 1993 gab der „Robert Redford vom Geißbockheim", so sein ihm von Toni Schumacher verpasster Spitzname, ein kurzes Comeback als FC-Manager. Immer wieder geisterte sein Name durch die Medien, wenn ein geeigneter Präsidentschaftskandidat für die Kölner gesucht wurde. Doch letztlich wollte er seine gut dotierte Position als Bezirksleiter beim Westlotto nicht aufgeben. Seit 2006 ist „Kalli" Ruheständler, allerdings weiter als lizenzierter Spielerberater tätig. Zu seinen Klienten gehören unter anderem Ex-FC-Spieler Alexander Voigt und BVB-Stürmer Diego Klimowicz. Wenn Thielen nicht in Sachen Fußball unterwegs ist, entspannt er sich in seinem Zuhause in Köln oder geht seiner weiteren Leidenschaft nach: dem Golfspiel. ■

[Interessantes & Kurioses]

■ Wegen des geringen Fassungsvermögens der Radrennbahn gibt der FC keine Freikarten mehr an Schulklassen und Jugendliche ab. Bislang hatte man pro Saison rund 14.000 solcher Tickets im Gebiet des Fußballverbandes Mittelrhein verteilt.

■ Sein 100. Bundesligator gelingt Hannes Löhr beim 4:0 über Rot-Weiß Oberhausen am 18. März 1972 in Müngersdorf.

■ Wolfgang Overath wird von den Lesern zweier großer Kölner Tageszeitungen zum „Sportler des Jahres 1971" gewählt. Der Kapitän stellt zudem auch einen neuen Rekord auf: Beim Heimspiel gegen Hertha BSC Berlin (3:0) am 4. März 1972 wird er für seinen 258. Bundesligaeinsatz geehrt – kein Akteur der höchsten Spielklasse kann auf mehr Einsätze zurückblicken.

■ In der Winterpause plant der 1. FC Köln, eine Afrikareise anzutreten. Obwohl die Spieler schon gegen Cholera und Gelbsucht geimpft sind, kommt der Trip aus Zeitmangel nicht zustande.

■ Wolfgang Weber, Wolfgang Overath, Hannes Löhr und Heinz Flohe sammeln in der Kölner Innenstadt Geld zugunsten des Deutschen Roten Kreuzes.

Stehend von links: Trainer Gyula Lorant, Heinz Flohe, Heinz Simmet, Josef Bläser, Bernd Cullmann, Heinz-Dieter Schmitz, Karl-Heinz Thielen, Paul Scheermann, Harald Konopka, Matthias Hemmersbach, Wolfgang Weber, Jürgen Glowacz, Wolfgang Overath, Co-Trainer Rolf Herings. Kniend von links: Werner Biskup, Detlev Lauscher, Hans-Josef Kapellmann, Gerhard Welz, Karlheinz Volz, Karl-Heinz Hähnchen, Bernd Rupp, Hannes Löhr.

Fürstlicher Besuch: Zum Saisonauftakt 1971/72 war der AS Monaco am Geißbockheim zu Gast.

- Der FC Bayern und Schalke 04 buhlen heftig um die Dienste von FC-Nationalspieler Heinz Flohe. Vergeblich – „Flocke" unterschreibt im Frühjahr 1972 einen neuen Vierjahresvertrag bei den Geißböcken.

- Eine Gruppe von 16 französischen Sporthochschuldirektoren besucht das FC-Heimspiel gegen Eintracht Braunschweig (2:0). Rund 20 führende Sportjournalisten aus der Sowjetunion gastieren beim Spiel der Kölner gegen Hertha BSC Berlin (3:0).

kleinen Radrennbahn sehen. Lorant vertraute gleich zum Start den Youngstern Glowacz und Konopka, was er nicht bereuen sollte. Obwohl man gegen Werder Bremen „nur" 0:0 spielte, zeigten die Kölner eine ordentliche Leistung – trotz des verletzungsbedingten Fehlens von Kapitän Overath. Nach einem weiteren Remis in Frankfurt gelang am 3. Spieltag vor eigenem Publikum im Westduell gegen Dortmund endlich der erste Sieg unter Lorants Regie.

Im Verlauf der Hinrunde wurde schnell klar, dass auch der neue Trainer keine Wunder vollbringen konnte. Es war ihm aber zumindest gelungen, sowohl die Offensive als auch die Defensive zu stärken und somit für eine deutlich verbesserte Punktausbeute zu sorgen, auch wenn es am Anfang einige Startschwierigkeiten gab. Um ganz vorne mitzumischen, reichte es freilich nicht – die Liga wurde seit Beginn der 1970er Jahre vom FC Bayern und von Borussia Mönchengladbach dominiert. Hinzu kamen die obligatorischen Überraschungsteams, wie beispielsweise in diesem Jahr der FC Schalke 04, der unerwartet Vizemeister wurde. Gegen jene Schalker mussten die Kölner beim 2:6 in Gelsenkirchen am 1. September 1971 auch die empfindlichste Niederlage der Saison hinnehmen. Kurios: S04-Stürmer Klaus Scheer erzielte dabei fünf Tore, allein viermal war er in Halbzeit eins erfolgreich. Für die FC-Fans war die „Packung" von Schalke zu verschmerzen, schließlich hatte man den Knappen vor allem in Müngersdorf schon so manches Mal ordentlich eingeschenkt.

KLEINE UND GROSSE DERBYS...

Mit dem Wiederaufstieg von Fortuna Düsseldorf war ein weiteres Rheinduell hinzugekommen. Erstmals seit April 1967 gastierte die Mannschaft von der „Kö" wieder in der Domstadt. Peinlicherweise verlor der FC mit 1:2 und kam auch im Rückspiel in der Altbiermetropole nur zu einem 1:1. Aber was war schon das „kleine" Derby im Vergleich zum ewig jungen Kampf mit den Fohlen vom Niederrhein. Zum Hinspiel war die Radrennbahn bis unter das Dach gefüllt. Im engen Stadion herrschte prickelnde Derbystimmung. Die Zuschauer sollten ihr Kommen nicht bereuen, denn sie bekamen eine spektakuläre Partie zu sehen. Schon in den ersten 45 Minuten gab es für beide Fanlager je zwei Tore zu bejubeln. Hemmersbach und Flohe hatten für die Geißböcke, Netzer und le Fevre für die Fohlen getroffen. Ausgerechnet Paul Scheermann wurde zum Held des kölschen Anhangs, als er mit seinen zwei Treffern den 4:3-Sieg der Kölner sicherstellte. Da half den Gladbachern auch ein weiteres Tor von Netzer nichts mehr. Der zweite Bundesligaheimerfolg gegen den ungeliebten Rivalen hintereinander war perfekt, und der Jubel kannte keine Grenzen mehr. Die Begegnung war zweifellos ein Höhepunkt der Saison. Umso enttäuschender, dass man im Rückspiel auf dem Bökelberg mit 0:3 die Segel streichen musste. Um das Unglück perfekt zu machen, meldete sich „Bulle" Weber vor der Partie in Gladbach wegen eines Bandscheibenleidens krank. Niemand ahnte, dass er für Monate ausfallen sollte.

ORDENTLICH, ABER NICHT ÜBERRAGEND

In der Winterpause nahmen die FC-Profis erstmals an einem neuartigen Fußballevent für kalte Wintertage teil. Man startete bei den Hallenturnieren in Dortmund und Remscheid, wobei die Kölner die Veranstaltung in der Westfalenhalle nach Siegen über Oberhausen, Bremen und Gastgeber BVB sogar gewinnen konnten.

Die Hinrunde war mit dem 4. Tabellenplatz positiv abgeschlossen worden. Trainer Lorant war es gelungen, junge Spieler wie Konopka, Glowacz und Kapellmann erfolgreich einzubauen. Sie dankten es ihm mit guten Leistungen. Vor allem Kapellmann hatte sich prächtig entwickelt. Der Ungar funktionierte den schnellen Aachener zum Abwehrspieler mit Offensivdrang um. Kapellmanns Vorstöße rissen häufig Löcher in die gegnerische Verteidigung. Selbst Bundestrainer Helmut Schön war schon auf den dunkelhaarigen Kölner aufmerksam geworden. Und auch Nationalmannschaftskapitän Overath war nach zwi-

Auch 1971/72 im Brennpunkt des Interesses: Die Spiele der Geißböcke gegen die Gladbacher „Fohlen". Hier Heinz Flohe im Zweikampf mit Gladbachs Regisseur Günter Netzer.

Nach einem 0:3 in München warf der FC die Bayern dank eines 5:1-Heimtriumphs aus dem DFB-Pokal. Rupp erzielte das 3:0. „Kaiser" Franz Beckenbauer konnte nur entsetzt zusehen, links Flohe.

schenzeitlichem Durchhänger wieder zum Leistungsträger geworden. Mit Flohe, der soeben einen neuen, gut dotierten Vierjahresvertrag unterschrieben hatte, und vor allem mit „Arbeitsbiene" Heinz Simmet verfügte der kölsche Dirigent über erstklassige Zuarbeiter. Leider fiel Overath zeitweilig wegen einer hartnäckigen Bauchmuskelverletzung aus. Rupp und Löhr bildeten ein passables Stürmerduo, obwohl vor allem Rupp häufig zu viele Chancen benötigte, um ein Tor zu erzielen.

Die Rückrunde verlief ähnlich wie die erste Serie – ordentlich, aber nicht überragend. Da man keine Chance hatte, um den Titel mitzuspielen, senkte man die Ticketpreise auf den Stehplätzen um eine DM. Die Geißböcke erfreuten ihre Anhänger mit tollen Spielen wie beispielsweise dem 4:1 in Hannover, dem beeindruckenden 3:0 gegen die starke Berliner Hertha oder dem 4:2 gegen die „Roten Teufel" aus Kaiserslautern. Pleiten wie das 1:4 in Müngersdorf gegen die bei den Fans nicht gerade beliebten Bayern sorgten für Frust bei allen, die ein rot-weißes Herz hatten.

SKANDAL UM LORANT

Lorant brachte also den FC sportlich wieder „auf Spur". Doch der extrovertierte Trainer polarisierte und eckte an. Vor allem Oskar Maaß war mit diversen Entscheidungen seines Angestellten nicht immer einverstanden. Schon des Öfteren war es zu Meinungsverschiedenheiten zwischen dem Ungarn und dem FC-Vorsitzenden gekommen. Eine besonders lautstarke ereignete sich beim UEFA-Cup-Rückspiel in Dundee, als der Präsident die Auswechslung von Torjäger Rupp nicht akzeptieren wollte. Gerade in Personalfragen war man sich uneins. Wo früher Franz Kremer problemlos auf die Mannschaftsaufstellung Einfluss nehmen konnte, wehrten sich die Trainer nun mit Händen und Füßen gegen Eingriffe in ihren Zuständigkeitsbereich. So kam es, wie es kommen musste – zum Eklat.

Beim DFB-Pokalhinspiel an der Grünwalder Straße gegen den FC Bayern München, dass der FC sang- und klanglos mit 0:3 verlor, rief Präsident Maaß Trainer Lorant von der Tribüne aus Anweisungen zu. Daraufhin rastete der heißblütige Magyar aus. „Halts Maul, du fette alte Sau", soll der erboste Fußballlehrer in Richtung seines Vorsitzenden gerufen haben. Damit war das Tischtuch zwischen Präsident und Coach endgültig zerschnitten. Schon auf der anschließenden Pressekonferenz wurde Lorant von Maaß vertreten. Der FC-Tross war gerade aus der Isarmetropole zurück in die Domstadt gekommen, da wurde Gyula Lorant der erste Trainer der FC-Historie, der vorzeitig seinen Stuhl räumen musste. Der Ungar schaltete sofort seinen Anwalt ein, und die Kölner „durften" 25.000 DM Abfindung zahlen, schließlich hatte der gut dotierte Angestellte rund 8.500 DM Monatssalär zuzüglich Erfolgsprämien bezogen.

So trainierte Rolf Herings als Interimscoach bis zum Saisonende die Mannschaft, obwohl der Co- und Konditionstrainer bereits seinen bevorstehenden Abschied im Sommer verkündet hatte. Mit einem 4:2-Heimsieg gegen den 1. FC Kaiserslautern feierte der „Neue" einen gelungenen Einstand. Immerhin elf Pluspunkte aus acht Begegnungen wurden unter Herings Regie geholt. Wie schon nach der Hinrunde stand man auch am Ende der Spielzeit auf dem 4. Tabellenrang, und die Qualifikation für den UEFA-Pokal war erneut gesichert. Vor der Saison hätte wohl kaum jemand dem FC eine solch positive Platzierung zugetraut.

DRAMATISCHER RÜCKGANG DER ZUSCHAUERZAHLEN

Alarmierend war der starke Zuschauerrückgang, der unter anderem mit dem Bundesligaskandal und den unwirtlichen Kölner Stadionverhältnissen zusammenhing. Erschwerend kam hinzu, dass man seit Jahren, vom 1968er Pokalsieg abgesehen, an die großen Erfolge der Vergangenheit nicht anknüpfen konnte. Nur noch knapp 14.000 Fans verfolgten im Saisondurchschnitt die FC-

Im Rahmen des Heimspiels gegen den VfB Stuttgart (4:1) am 30. Oktober 1971 wird Wolfgang Weber für 400 Pflicht- und Freundschaftsspiele im Geißbockdress geehrt. Die exakt selbe Ehrung wird Hannes Löhr am 8. April 1972 zuteil. Er krönt sein Jubiläum, zu dem er u.a. diese Schärpe erhielt, mit zwei Toren beim 4:2-Heimsieg über den 1. FC Kaiserslautern. Ein weiterer Jubilar ist Matthias Hemmersbach, der am 28. August 1971 sogar für 500 Partien im rot-weißen Trikot geehrt wird.

Programmheft vom UEFA-Cup-Spiel beim FC Dundee.

■ Nach Unstimmigkeiten mit Trainer Gyula Lorant legt FC-Zeugwart Hans Thönnes überraschend sein Amt zum Saisonbeginn nieder und wird durch Hans Krausenecker ersetzt. Doch schon im Juni 1972 kündigen die Kölner ihm wieder und holen „Urgestein" Thönnes, der schon seit 1936 bei Sülz 07 tätig war, ans Geißbockheim zurück.

■ Ein Antrag des 1. FC Köln, in der Radrennbahn die Zahl der Stehplätze und damit das Fassungsvermögen von 28.000 auf 33.000 zu erhöhen, wird von der Stadt Köln abgelehnt.

■ Mal wieder ein Wechsel im FC-Clubhaus: Hans-Julius und Gertrud Röth scheiden als Geschäftsführer aus gesundheitlichen Gründen auf eigenen Wunsch aus. Die neue Geschäftsführung des Geißbockheims liegt nun in den Händen von Vorstandsmitglied Herbert Noack (ehrenamtlich), dem Gastronomenehepaar Andre und Helga Lescroart sowie Chefkoch Jupp Müller.

In der berühmten „Roten Erde" spielte der FC beim späteren Absteiger Borussia Dortmund 0:0.

Spiele live in der Radrennbahn. So entstanden Einnahmeverluste, die sich in Verbindlichkeiten von fast 400.000 DM ausdrückten. Große Sprünge waren daher zumindest vorläufig nicht möglich. Allerdings hatte sich im Laufe der Jahre auch das Freizeitverhalten, vor allem der jüngeren „Kundschaft", drastisch gewandelt. Viele Möglichkeiten, sich das Wochenende zu vertreiben, konkurrierten mit dem Fußball, der bei den Jugendlichen Anfang der 1970er Jahre alles andere als angesagt war.

DUNDEE, DIE ZWEITE
Im UEFA-Pokal, dem Nachfolgewettbewerb des Messecups, trafen die Kölner zunächst auf den französischen Traditionsverein AS St. Etienne. Nach einem respektablen 1:1 in Frankreich reichte ein mühsames 2:1 auf eigenem Platz zum Erreichen der zweiten Runde. Schlüssel zum Sieg war die Tatsache, dass die „schwarze Perle" Salif Keita, der Starstürmer von St. Etienne, beim erfahrenen Weber in den besten Händen war.
Die Auslosung des nächsten Gegners brachte dann die Rückkehr eines alten Traumas. Der FC Dundee war den Kölnern zugelost worden, und nur allzu ungern erinnerte man sich an die 1:8-Schmach, die man gegen die Schotten vor acht Jahren erlitten hatte. Nachdem das Hinspiel in Müngersdorf mit 2:1 gewonnen wurde, lag man in Dundee bis zur 88. Minute knapp mit 2:3 zurück. Ein Resultat, das dank der Auswärtstorregel zum Weiterkommen gereicht hätte. Doch dann glückte Wilson 90 Sekunden vor Schluss das 4:2. Erneut waren die Geißböcke am FC Dundee gescheitert. Die britische Insel schien für die Geißböcke kein gutes Pflaster zu sein. Besonders ärgerlich: In der nächsten Runde wäre der AC Mailand mit Karl-Heinz Schnellinger der Gegner gewesen. Mindestens 300.000 DM hätte die Begegnung mit Milan in die leere FC-Kasse gespült...

DRAMA IM DFB-POKAL-HALBFINALE
Bevor es zum bis heute legendären Elfmetermarathon mit dem FC Schalke 04 kam, mussten noch einige Hürden genommen werden. Zur Pokalsaison 1971/72 hatte der DFB den Wettbewerb kräftig umgekrempelt. Alle Spiele bis auf das Finale wurden nun wie im Europapokal mit Hin- und Rückspiel ausgetragen. Wahrscheinlich wollte man beim DFB mit dem neuen Modus sicherstellen, dass Favoritenstürze die Ausnahme blieben. Diese Gefahr bestand für den FC in Runde eins nicht, denn gegen den in der Bezirksklasse spielenden Essener FV musste man einfach weiterkommen. Gerne hätten die Amateure auf ihrem vereinseigenen Aschenplatz gespielt, doch ab der ersten Hauptrunde waren Rasenplätze vorgeschrieben, und so musste der „Pokalzwerg" ins Stadion an der Hafenstraße ausweichen. 15.000 Besucher waren gekommen, um den ungleichen Kampf zu sehen. Als der Favorit schon zur Halbzeit mit 4:1 in Front lag, war klar, dass die Sensation ausbleiben würde. Am Ende siegte der Bundesligist standesgemäß mit 9:1. Im Rückspiel agierten die Kölner mit angezogener Handbremse, dennoch reichte es zu einem lockeren 5:0.

IN DER RADRENNBAHN WERDEN SPIELE GEDREHT
In der zweiten Runde bekam man es mit den Offenbacher Kickers zu tun. Die im Vorjahr abgestiegenen Hessen hatten sich besonders viel vorgenommen und kamen auf dem ausverkauften Bieberer Berg zu einem nicht unverdienten 3:1-Erfolg. Das ließ der FC nicht auf sich sitzen und entschied das Rückspiel nach großartiger kämpferischer Leistung mit 4:0 zu seinen Gunsten. Der Vorstand freute sich auf das kommende Viertelfinale, denn mit dem FC Bayern war nicht nur ein sportlich attraktiver, sondern auch finanziell zugkräftiger Gegner zugelost worden. Wichtige Einnahmen in Zeiten dramatischen Zuschauerrückgangs.
Ohne die verletzten Overath und Weber trat man die Reise nach München an und verlor mit 3:0. Die Gäste aus dem Rheinland traten ungewöhnlich defensiv auf, und im Verlauf der Partie kam es zum bereits erwähnten Disput zischen Präsident Maaß und Trainer Lorant, an dessen Ende der Rauswurf des Ungarn stand. Erneut musste man versuchen, einen negativen Auftakt in der heimischen Radrennbahn zu einem Happy End zu führen. Die Fans glaubten offensichtlich an das Wunder, denn das Stadion war bis auf den letzten Platz gefüllt. Erstmals wurde Spielern und Anhängern deutlich, was in der engen Arena mit Unterstützung des Publikums möglich war. Die Heimmannschaft wurde regelrecht nach vorne gebrüllt und mit unaufhörlichem Fußtrampeln auf den Holzbänken angetrieben. Im härtesten Spiel der Saison machte der FC das Unmögliche möglich und bezwang die Münchner trotz der Hypothek des Hinspiels. Löhr, ein Eigentor von Schwarzenbeck, sowie Rupp und Glowacz sorgten für eine 4:0-Führung. „Bomber" Gerd Müller gelang nach 54 Minuten der Anschlusstreffer, was ein Weiterkommen der Bayern zur Folge gehabt hätte. Doch Rupp erlöste mit seinem Tor zum 5:1 gut 20 Minuten vor dem Abpfiff die FC-Fans und ließ diese in komplette Glückseligkeit verfallen. Auffallend war die fast schon brutale Härte, mit der die Partie geführt wurde. Am schlimmsten traf es den Münchner Wolfgang Sünnholz, der einen Schienbeinbruch erlitt.

VIERTER ELFER IN DER 95. MINUTE
Im Halbfinale traf man auf den FC Schalke 04. Vor erneut ausverkauftem Haus mussten die Kölner zu ihrem Leidwesen zunächst auf eigenem Platz antreten. Gegen die in diesem Jahr stark aufspielenden Königsblauen zeigten sich die Geißböcke hoch motiviert, zumal die Begegnung immer noch einen gewissen Derbycharakter hatte. Bis zur 52. Minute lag man nach dem Treffer von Klaus Fischer mit 0:1 im Hintertreffen, doch dank eines famosen Schlussakkords mit Toren von Cullmann, Löhr (2) und Overath stand es am Ende 4:1 für den 1. FC Köln.
Das Finale war zum Greifen nah, als die Rheinländer am 10. Juni 1972 in der Gelsenkirchener Glückauf-Kampfbahn antraten. Keine Frage, dass auch das traditionsreiche Stadion in der Ruhrmetropole prall gefüllt war. Der

Pokalkampf der alten Westrivalen sollte in die deutsche Pokalgeschichte eingehen. Bei brütender Hitze versuchten die Kölner zunächst, den komfortablen 4:1-Vorsprung aus dem Hinspiel über die Zeit zu verwalten. Doch der Sturmlauf der Gastgeber bereitete dem Vorhaben schon nach 41 Minuten ein Ende, denn Fischer, Rüssmann und Scheer hatten die Königsblauen mit 3:0 in Führung gebracht. Nun musste der FC umschalten und war zum Mitspielen gezwungen. Mit Erfolg – noch vor dem Pausentee gelang Löhr der Anschlusstreffer. Die Gäste kamen gut erholt aus der Kabine und machten auch gleich das Spiel. Mit einem umstrittenen Handelfmeter war erneut Hannes Löhr erfolgreich. Obwohl mit 2:3 im Rückstand liegend, wähnten sich die Kölner schon im Endspiel. Doch sie machten die Rechnung ohne Schiedsrichter Heckeroth, der nun zum entscheidenden Protagonisten auf dem Spielfeld werden sollte. In der 80. Minute scheiterte Beverungen mit einem weiteren Strafstoß, den man getrost als Konzessionsentscheidung bezeichnen konnte, an FC-Keeper Welz. Noch nicht einmal 180 Sekunden später zeigte der völlig verunsicherte Referee nach einem angeblichen Foul von Kapellmann an Erwin Kremers erneut auf den ominösen Punkt. Der Zwillingsbruder des Gefoulten, Helmut Kremers, machte es besser als sein Kollege Beverungen und verwandelte sicher zum 4:2. Die Arena war längst zum Hexenkessel geworden. Das Publikum feuerte die Knappen bedingungslos an, es kam zu vereinzelten Ausschreitungen, permanent liefen Personen auf den Platz. Da das 4:2 den Kölnern zum Finaleinzug gereicht hätte, verzögerten sie das Spiel, wo es nur ging. So ließ der Unparteiische sehr lange nachspielen.

Die 95. Minute war bereits angebrochen, als der Mann in Schwarz zum vierten Mal Elfmeter gab. Kapellmann hatte Rüssmann im Strafraum umgerissen, die Entscheidung diesmal korrekt. Helmut Kremers ließ sich auch diese Chance nicht entgehen. Der Endstand von 5:2 bedeutete Verlängerung, in der sich bis auf Elfmeter Nummer fünf, diesmal zur Abwechslung für den FC, nicht viel ereignete. Doch Biskup verschoss die Fahrkarte ins Endspiel kläglich. Sonst ein bombensicherer Schütze, gingen mit Biskup ausgerechnet dann die Nerven durch, wenn es wirklich wichtig war.

Somit musste das Elfmeterschießen, das ebenfalls an Dramatik kaum zu überbieten war, endgültig über Sieg und Niederlage entscheiden. Die jeweils ersten sechs Elfer verliefen ausgeglichen. Sowohl Köln als auch Schalke verwandelten je fünf Versuche sicher, nur Libuda und Overath verschossen. Es stand 5:5, als Beverungen auch im zweiten Versuch in Welz seinen Meister fand. Nun bot sich Jürgen Glowacz die Großchance, seine Mannschaft ans Ziel der Träume zu bringen, doch das Nachwuchstalent scheiterte am erfahrenen Haudegen Nigbur im Schalker Kasten. Nachdem Van Haaren das 6:5 für die Knappen besorgte, stand der achte kölsche Schütze, Bernd Cullmann, unter Zugzwang. Er musste treffen, um den FC im Spiel zu halten. „Culli" hatte riesiges Pech: Sein eigentlich unhaltbar geschossener Elfmeter landete am Pfosten. Die schon auf dem Spielfeld lauernden Heimfans stürmten begeistert auf den Rasen, während die Kölner das Geschehene kaum fassen konnten. Ohnmächtige Wut auf den Skandalschiedsrichter machte sich breit – Oskar Maaß stürmte nach der Begegnung direkt in dessen Kabine. Beim FC legte man sogar Protest gegen die Wertung der Partie ein, der vom DFB aber abgewiesen wurde. Einziger Trost: Man war gegen den späteren Pokalsieger ausgeschieden.

Kalli Thielen im Zweikampf mit Schalke-Stürmer Klaus Fischer.

Die Eintrittskarte zum legendären Pokalspiel gegen die Bayern.

Zum Pokalspiel gegen die Bayern erschien Jubiläumsausgabe Nummer 250 des *Geißbock Echos*.

1971/72 ■ 227

STATISTIK 1971/72

BUNDESLIGA

14.08.1971 1.FC Köln - SV Werder Bremen 0:0,
Zuschauer: 24.000
Aufstellung: Welz, Weber, Biskup (46. Schmitz), Simmet, Hemmersbach, Cullmann, Flohe, Konopka, Rupp, Glowacz, Löhr.

21.08.1971 Eintracht Frankfurt - 1.FC Köln 2:2 (2:1),
Zuschauer: 26.000
Tore: 1:0 (03.) Nickel, 2:0 (12.) Grabowski, 2:1 (36.) Rupp, 2:2 (84.) Löhr.
Aufstellung: Welz, Cullmann (46. Kapellmann), Weber, Biskup, Hemmersbach, Simmet, Flohe, Overath, Glowacz (62. Konopka), Rupp, Löhr.

28.08.1971 1.FC Köln - Borussia Dortmund 2:1 (1:0),
Zuschauer: 15.000
Tore: 1:0 (24.) Simmet, 2:0 (58.) Rupp, 2:1 (89.) Bücker.
Aufstellung: Welz, Thielen, Biskup, Weber, Hemmersbach, Simmet, Flohe, Overath, Kapellmann (46. Glowacz), Rupp, Löhr.

01.09.1971 FC Schalke 04 - 1.FC Köln 6:2 (4:0),
Zuschauer: 38.000
Tore: 1:0, 2:0, 3:0, 4:0 (02., 06., 33., 42.) Scheer, 5:0 (49.) Huhse, 5:1 (65.) Overath, 6:1 (72.) Scheer, 6:2 (81.) Rupp.
Aufstellung: Welz, Hemmersbach, Weber, Biskup (46. Cullmann), Kapellmann (46. Thielen), Simmet, Flohe, Overath, Konopka, Rupp, Löhr.

04.09.1971 1.FC Köln - Fortuna Düsseldorf 1:2 (0:2),
Zuschauer: 16.000
Tore: 0:1 (36.) Biesenkamp, 0:2 (41.) Herzog, 1:2 (54.) Glowacz.
Aufstellung: Volz (46. Welz), Hemmersbach, Cullmann, Weber, Thielen, Simmet, Konopka, Overath, Glowacz, Rupp, Löhr (46. Hähnchen).

11.09.1971 Hertha BSC Berlin - 1.FC Köln 1:1 (1:0),
Zuschauer: 60.000
Tore: 1:0 (28.) Gutzeit, 1:1 (59.) Overath.
Aufstellung: Welz, Konopka, Biskup, Weber (53. Kapellmann), Cullmann, Simmet, Overath, Glowacz, Thielen, Löhr, Rupp.

18.09.1971 1.FC Köln - Eintracht Braunschweig 2:0 (1:0),
Zuschauer: 12.000
Tore: 1:0 (19.) Biskup (FE), 2:0 (88.) Lauscher.
Aufstellung: Welz, Kapellmann, Biskup, Weber, Hemmersbach, Simmet, Konopka (82. Cullmann), Overath, Glowacz, Löhr (36. Lauscher), Rupp.

25.09.1971 Rot-Weiß Oberhausen - 1.FC Köln 1:1 (0:1),
Zuschauer: 7.000
Tore: 0:1 (24.) Rupp, 1:1 (88.) Denz.
Aufstellung: Welz, Kapellmann, Weber, Konopka, Hemmersbach, Simmet, Flohe (71. Scheermann), Overath, Löhr, Glowacz (51. Lauscher), Rupp.

02.10.1971 1.FC Köln - Borussia M'gladbach 4:3 (2:2),
Zuschauer: 25.000
Tore: 1:0 (15.) Hemmersbach, 1:1 (21.) Netzer, 1:2 (42.) le Fevre, 2:2 (44.) Flohe, 3:2 (46.) Scheermann, 3:3 (68.) Netzer, 4:3 (80.) Scheermann.
Aufstellung: Welz, Kapellmann, Biskup (15. Scheermann), Weber, Hemmersbach, Simmet, Flohe, Overath, Konopka, Löhr (76. Schmitz), Glowacz.

13.10.1971 1.FC Kaiserslautern - 1.FC Köln 2:0 (1:0),
Zuschauer: 25.000
Tore: 1:0 (43.) Vogt, 2:0 (87.) Hosic.
Aufstellung: Welz, Kapellmann, Biskup, Konopka, Hemmersbach, Simmet, Flohe (73. Scheermann), Löhr, Overath, Thielen, Rupp.

16.10.1971 1.FC Köln - Arminia Bielefeld 1:0 (0:0),
Zuschauer: 10.000
Tor: 1:0 (79.) Konopka.
Aufstellung: Welz, Kapellmann, Konopka, Weber, Biskup, Simmet, Flohe, Overath, Glowacz (73. Löhr), Scheermann, Rupp.

23.10.1971 VfL Bochum - 1.FC Köln 1:5 (0:2),
Zuschauer: 20.000
Tore: 0:1 (03.) Scheermann, 0:2 (42.) Rupp, 1:2 (50.) Wosab (FE), 1:3 (54.) Galeski (E), 1:4 (56.) Rupp, 1:5 (87.) Overath.
Aufstellung: Welz, Kapellmann, Biskup (88. Hemmersbach), Weber, Konopka, Flohe, Overath, Simmet, Rupp, Scheermann, Löhr.

30.10.1971 1.FC Köln - VfB Stuttgart 4:1 (2:1),
Zuschauer: 17.000
Tore: 1:0 (24.) Rupp, 1:1 (31.) Ettmayer, 2:1, 3:1 (39., 71.) Rupp, 4:1 (77.) Simmet.
Aufstellung: Welz, Kapellmann, Biskup, Weber, Konopka, Simmet, Overath, Flohe, Rupp, Scheermann (70. Thielen), Löhr.
B.V.: Biskup verschießt HE.

06.11.1971 FC Bayern München - 1.FC Köln 1:1 (0:1),
Zuschauer: 36.000
Tore: 0:1 (42.) Kapellmann, 1:1 (86.) Hoeneß
Aufstellung: Welz, Kapellmann, Weber, Biskup, Konopka, Simmet, Flohe (72. Glowacz), Overath, Rupp, Scheermann, Löhr.

13.11.1971 1.FC Köln - SV Hannover 96 3:1 (2:0),
Zuschauer: 11.000
Tore: 1:0 (16.) Scheermann, 2:0 (27.) Overath, 3:0 (86.) Rupp, 3:1 (87.) Keller.
Aufstellung: Welz, Kapellmann, Weber, Konopka, Schmitz, Simmet, Overath, Glowacz (75. Lauscher), Rupp, Scheermann, Löhr.
B.V.: Konopka schießt FE (08.) neben das Tor.

26.11.1971 MSV Duisburg - 1.FC Köln 1:1 (1:0),
Zuschauer: 12.000
Tore: 1:0 (36.) Wunder, 1:1 (77.) Scheermann.
Aufstellung: Welz, Kapellmann, Biskup, Weber, Thielen, Simmet, Overath, Flohe, Rupp, Scheermann, Löhr.
B.V.: Welz hält FE von Lehmann (48.).

11.12.1971 1.FC Köln - Hamburger SV 3:0 (0:0),
Zuschauer: 15.000
Tore: 1:0, 2:0, 3:0 (62., 71., 77.) Rupp.
Aufstellung: Welz, Kapellmann, Biskup, Simmet, Thielen, Konopka, Flohe, Overath, Rupp, Scheermann (46. Glowacz), Löhr.

22.01.1972 SV Werder Bremen - 1.FC Köln 2:2 (1:2),
Zuschauer: 18.000
Tore: 0:1 (23.) Scheermann, 1:1 (25.) Weist, 1:2 (39.) Cullmann, 2:2 (48.) Laumen.
Aufstellung: Welz, Kapellmann, Biskup, Cullmann, Konopka, Flohe, Simmet, Overath, Rupp (70. Glowacz), Scheermann, Löhr.

19.02.1972 1.FC Köln - FC Schalke 04 0:1 (0:0),
Zuschauer: 28.000
Tor: 0:1 (90.) Braun.
Aufstellung: Welz, Kapellmann, Weber, Konopka, Simmet, Overath, Flohe, Rupp, Glowacz (46. Scheermann) Löhr.

26.02.1972 Fortuna Düsseldorf - 1.FC Köln 1:1 (1:1),
Zuschauer: 14.000
Tore: 0:1 (08.) Flohe, 1:1 (26.) Baltes.
Aufstellung: Welz, Kapellmann, Cullmann, Konopka, Weber, Simmet, Flohe, Overath, Glowacz, Scheermann, Rupp.

04.03.1972 1.FC Köln - Hertha BSC Berlin 3:0 (0:0),
Zuschauer: 11.000
Tore: 1:0, 2:0 (71., 85.) Flohe, 3:0 (90.) Löhr.
Aufstellung: Welz, Kapellmann, Cullmann, Weber, Konopka, Simmet, Overath, Flohe, Rupp, Scheermann (65. Lauscher), Löhr.

07.03.1972 1.FC Köln - Einracht Frankfurt 1:1 (0:1),
Zuschauer: 13.000
Tore: 0:1 (10.) Nickel, 1:1 (74.) Overath (FE).
Aufstellung: Welz, Kapellmann, Cullmann, Weber, Konopka, Simmet, Overath, Flohe (69. Glowacz), Rupp, Scheermann (63. Lauscher), Löhr.

11.03.1972 Eintracht Braunschweig - 1.FC Köln 0:1 (0:1),
Zuschauer: 6.764
Tor: 0:1 (17.) Glowacz.
Aufstellung: Welz, Kapellmann, Weber, Cullmann, Konopka, Simmet, Glowacz, Flohe, Rupp, Löhr, Scheermann.

18.03.1972 1.FC Köln - Rot-Weiß Oberhausen 4:0 (2:0),
Zuschauer: 10.000
Tore: 1:0 (06.) Löhr, 2:0 (35.) Glowacz, 3:0 (68.) Flohe, 4:0 (72.) Lauscher.
Aufstellung: Welz, Kapellmann, Weber, Cullmann, Simmet, Konopka, Glowacz, Flohe, Rupp (78. Biskup), Scheermann (60. Lauscher), Löhr.

21.03.1972 Borussia Dortmund - 1.FC Köln 0:0,
Zuschauer: 15.000
Aufstellung: Welz, Kapellmann, Cullmann, Weber, Flohe, Simmet, Löhr, Glowacz, Rupp, Lauscher (80.Scheermann).

25.03.1972 Borussia M'gladbach - 1.FC Köln 3:0 (1:0),
Zuschauer: 21.000
Tore: 1:0 (28.) Netzer, 2:0 (75.) le Fevre, 3:0 (85.) Wimmer.
Aufstellung: Welz, Kapellmann, Cullmann, Biskup, Konopka, Simmet, Flohe, Glowacz, Rupp, Scheermann, Löhr.

08.04.1972 1.FC Köln - 1.FC Kaiserslautern 4:2 (3:1),
Zuschauer: 11.000
Tore: 0:1 (05.) Henkes, 1:1 (08.) Löhr, 2:1 (22.) Rupp, 3:1 (25.) Glowacz, 4:1 (54.) Löhr, 4:2 (74.) Cullmann (E).
Aufstellung: Welz, Kapellmann, Biskup, Cullmann, Konopka, Simmet, Flohe, Scheermann, Glowacz, Rupp, Löhr.

15.04.1972 Arminia Bielefeld - 1.FC Köln 2:3 (0:0),
Zuschauer: 12.000
Tore: 0:1 (46.) Lauscher, 1:1 (61.) Damjanoff (FE), 1:2 (74.) Scheermann, 2:2 (77.) Stegmayer, 2:3 (79.) Rupp.
Aufstellung: Welz, Kapellmann, Cullmann, Hemmersbach, Konopka, Simmet, Scheermann, Löhr, Glowacz (75. Thielen), Rupp, Lauscher.

22.04.1972 1.FC Köln - VfL Bochum 1:1 (0:1),
Zuschauer: 8.000
Tore: 0:1 (32.) Walitza, 1:1 (50.) Lauscher.
Aufstellung: Welz, Kapellmann, Cullmann, Konopka, Hemmersbach, Simmet, Flohe, Löhr (79. Thielen), Glowacz (46. Scheermann), Rupp, Lauscher.

06.05.1972 VfB Stuttgart - 1.FC Köln 1:1 (1:0),
Zuschauer: 7.000
Tore: 1:0 (14.) Frank, 1:1 (81.) Thielen.
Aufstellung: Welz, Kapellmann, Hemmersbach, Cullmann, Konopka, Simmet, Biskup, Flohe, Rupp, Scheermann (46. Glowacz), Lauscher (76. Thielen).

20.05.1972 1.FC Köln - FC Bayern München 1:4 (0:2),
Zuschauer: 27.000
Tore: 0:1 (20.) Schwarzenbeck, 0:2 (41.) Müller, 0:3 (63.) Kapellmann (E), 1:3 (66.) Rupp, 1:4 (82.) Roth (FE).
Aufstellung: Welz, Kapellmann, Cullmann, Konopka (46. Overath), Hemmersbach, Simmet, Flohe, Löhr, Thielen, Rupp, Glowacz (82. Scheermann).

03.06.1972 SV Hannover 96 - 1.FC Köln 1:4 (1:1),
Zuschauer: 15.000
Tore: 1:0 (01.) Keller, 1:1 (36.) Thielen, 1:2 (53.) Overath, 1:3, 1:4 (86., 89.) Flohe.
Aufstellung: Welz, Cullmann, Kapellmann, Konopka, Hemmersbach, Simmet, Flohe, Overath, Thielen (74. Glowacz), Rupp, Löhr.

23.06.1972 1.FC Köln - MSV Duisburg 4:1 (3:1),
Zuschauer: 4.000
Tore: 1:0 (07.) Löhr, 1:1 (15.) Seliger, 2:1 (22.) Löhr, 3:1 (40.) Kapellmann, 4:1 (86.) Löhr.
Aufstellung: Welz, Kapellmann, Cullmann, Thielen (86. Konopka), Hemmersbach, Simmet, Overath, Flohe, Glowacz (58. Lauscher), Rupp, Löhr.

28.06.1972 Hamburger SV - 1.FC Köln 1:1 (1:0),
Zuschauer: 5.000
Tore: 1:0 (30.) Nogly, 1:1 (65.) Löhr (HE).
Aufstellung: Welz, Kapellmann, Cullmann, Thielen, Hemmersbach (46. Konopka), Simmet, Flohe, Overath, Glowacz, Rupp, Löhr.

STATISTIK 1971/72

DFB-POKAL

1. Runde (Hinspiel)
05.12.1971 Essener FV 1912 - 1. FC Köln 1:9 (1:4),
Zuschauer: 15.000
Tore: 0:1, 0:2 (07., 10.) Rupp, 0:3 (28.) Löhr, 1:3 (29.) Niggenaber, 1:4 (35.) Overath, 1:5 (71.) Simmet, 1:6, 1:7 (74., 77.) Overath, 1:8 (83.) Rupp, 1:9 (89.) Flohe.
Aufstellung: Volz, Kapellmann, Simmet, Biskup, Thielen, Konopka, Flohe, Overath, Rupp, Scheermann (46. Glowacz), Löhr (63. Lauscher).
B.V.: In dieser Spielzeit wurde der DFB-Pokal erstmals in Hin- und Rückspiel ausgetragen.

1. Runde (Rückspiel)
15.12.1971 1. FC Köln - Essener FV 1912 5:0 (0:0),
Zuschauer: 4.000
Tore: 1:0 (52.) Kapellmann, 2:0, 3:0 (57., 77.) Overath, 4:0 (85.) Hähnchen, 5:0 (87.) Glowacz.
Aufstellung: Volz, Kapellmann, Cullmann, Konopka, Schmitz, Bläser (46. Scheermann), Overath, Flohe, Glowacz, Hähnchen, Lauscher.

Achtelfinale (Hinspiel)
12.02.1972 Kickers Offenbach - 1. FC Köln 3:1 (2:1),
Zuschauer: 25.000
Tore: 1:0 (02.) Gecks, 2:0 (24.) Kostedde, 2:1 (37.) Overath, 3:1 (48.) Held.
Aufstellung: Welz, Kapellmann, Weber, Biskup, Konopka, Simmet, Flohe, Overath, Rupp, Scheermann, Löhr.

Achtelfinale (Rückspiel)
23.02.1972 1. FC Köln - Kickers Offenbach 4:0 (2:0),
Zuschauer: 20.000
Tore: 1:0 (25.) Löhr, 2:0 (38.) Rupp, 3:0 (58.) Scheermann, 4:0 (86.) Rupp.
Aufstellung: Welz, Kapellmann, Weber, Cullmann (62. Thielen), Konopka, Simmet, Flohe, Overath, Rupp, Scheermann, Löhr.

Viertelfinale (Hinspiel)
01.04.1972 FC Bayern München - 1. FC Köln 3:0 (1:0),
Zuschauer: 20.000
Tore: 1:0 (30.) Roth, 2:0, 3:0 (59., 85.) Müller.
Aufstellung: Welz, Kapellmann, Konopka, Cullmann, Schmitz, Simmet, Biskup, Flohe, Rupp, Glowacz, Löhr.

Viertelfinale (Rückspiel)
12.04.1972 1. FC Köln - FC Bayern München 5:1 (1:0),
Zuschauer: 28.000
Tore: 1:0 (19.) Löhr (FE), 2:0 (49.) Schwarzenbeck (E), 3:0 (50.) Rupp, 4:0 (52.) Glowacz, 4:1 (54.) Müller, 5:1 (69.) Rupp.
Aufstellung: Welz, Kapellmann, Hemmersbach, Cullmann, Konopka, Simmet, Glowacz, Flohe, Rupp, Löhr, Lauscher (79. Scheermann).

Halbfinale (Hinspiel)
30.05.1972 1. FC Köln - FC Schalke 04 4:1 (0:1),
Zuschauer: 28.000
Tore: 0:1 (15.) Fischer, 1:1 (52.) Cullmann, 2:1 (67.) Löhr, 3:1 (72.) Overath, 4:1 (85.) Löhr.
Aufstellung: Welz, Kapellmann, Cullmann, Konopka, Hemmersbach (46. Glowacz), Simmet, Flohe, Overath, Thielen (76. Biskup), Rupp, Löhr.

Halbfinale (Rückspiel)
10.06.1972 FC Schalke 04 - 1. FC Köln 6:5 n.E.,
Zuschauer: 35.000
Tore: 1:0 (15.) Fischer, 2:0 (32.) Rüssmann, 3:0 (41.) Scheer, 3:1, 3:2 (42., 59. [HE]) Löhr, 4:2, 5:2 (83. [FE], 90. [FE]) H.Kremers.
Aufstellung: Welz, Kapellmann, Cullmann, Konopka (43. Glowacz), Hemmersbach, Simmet, Flohe (100. Biskup), Overath, Thielen Rupp, Löhr.
Elfmeterschießen: Fischer (1:0), Löhr (1:1), Libuda (verschossen), Overath (gehalten), Nigbur (2:1), Thielen (2:2) H.Kremers (3:2), Biskup (3:3), E.Kremers (4:3), Kapellmann (4:4), Fichtel (5:4) Simmet (5:5) Beverungen (verschossen), Glowacz (gehalten), van Haaren (6:5), Cullmann (Pfosten).
B.V.: Beverungen verschießt FE (80.), Nigbur hält FE von Biskup (105.).

UEFA-POKAL

1. Runde (Hinspiel)
15.09.1971 AS St. Etienne - 1. FC Köln 1:1 (0:0),
Zuschauer: 23.000
Tore : 0 :1 (80.) Simmet, 1:1 (85.) Sarramagna.
Aufstellung: Welz, Kapellmann, Hemmersbach, Simmet, Biskup, Weber, Konopka, Thielen (86. Glowacz), Löhr, Overath, Rupp.

1. Runde (Rückspiel)
28.09.1971 1. FC Köln - AS St. Etienne 2:1 (0:0),
Zuschauer: 12.000
Tore: 1:0 (47.) Simmet, 2:0 (63.) Glowacz, 2:1 (75.) Revelli.
Aufstellung: Welz, Hemmersbach, Cullmann, Weber, Kapellmann, Simmet, Overath, Flohe (46. Glowacz), Konopka, Löhr, Rupp.

2. Runde (Hinspiel)
19.10.1971 1. FC Köln - FC Dundee 2:1 (0:0),
Zuschauer: 15.000
Tore: 1:0 (51.) Scheermann, 1:1 (75.) Kinninmonth, 2:1 (83.) Löhr.
Aufstellung: Welz, Kapellmann, Simmet, Konopka, Biskup, Weber, Glowacz (50. Löhr), Flohe, Scheermann, Overath (83. Hemmersbach), Rupp.

2. Runde (Rückspiel)
03.11.1971 FC Dundee - 1. FC Köln 4:2 (1:1),
Zuschauer: 15.000
Tore: 1:0 (12.) Duncan, 1:1 (35.) Simmet, 1:2 (58.) Flohe, 2:2, 3:2 (70., 79.) Duncan, 4:2 (88.) Wilson.
Aufstellung: Welz, Kapellmann, Konopka, Simmet, Biskup, Rupp (68. Thielen), Flohe, Scheermann, Löhr, Overath, Weber.

FREUNDSCHAFTSSPIELE

17.07.1971 1.FC Oberursel - 1.FC Köln 0:12 (0:3)
20.07.1971 TSV 1846 Lohr - 1.FC Köln 1:8 (0:4)
24.07.1971 FSV Frankfurt - 1.FC Köln 3:5 (0:2)
27.07.1971 SG Sontra - 1.FC Köln 0:10 (0:5)
31.07.1971 Bayer 04 Leverkusen - 1.FC Köln 1:6 (1:3)
03.08.1971 1.FC Köln - AS Monaco 1:1 (0:1)
07.08.1971 FC Valencia - 1.FC Köln 2:1 (0:0)
08.08.1971 Alemannia Aachen - 1.FC Köln 0:4 (0:2)
10.08.1971 SV Oberaußem - 1.FC Köln 1:7 (0:3)
18.08.1971 Viktoria Birkesdorf - 1.FC Köln 1:10 (1:3)
25.08.1971 RSC Anderlecht - 1.FC Köln 0:1
21.09.1971 SC Merzenich - 1.FC Köln 0:9
26.10.1971 OGC Nizza - 1.FC Köln 1:3 (0:1)
20.11.1971 FSV Mainz 05 - 1.FC Köln 0:3 (0:0)
02.01.1972 Bayer Uerdingen - 1.FC Köln 1:3 (0:2)
08.02.1972 Royal Daring Club Brüssel - 1.FC Köln 1:2 (1:1)
16.02.1972 SC Pulheim - 1.FC Köln 1:16 (0:8)
12.03.1972 ASV Bergedorf 85 - 1.FC Köln 1:4 (1:2)
07.05.1972 VfB Eberbach - 1.FC Köln 0:6 (0:4)
16.05.1972 Olympique Charleroi - 1.FC Köln 2:1 (1:1)
04.06.1972 DJK Sparta Werlte - 1.FC Köln 2:13 (1:6)
16.06.1972 VfL Gummersbach - 1.FC Köln 2:9 (0:7)

Beim Elfmeterdrama gegen Schalke drängten die Massen bis auf den Platz.

STATISTIK 1971/72

FC-Verteidiger Matthias Hemmersbach wird für sein 500. Pflicht- und Freundschaftsspiel im Dress des 1. FC Köln stilvoll geehrt.

Erstmals hieß der frühere Messepokal 1971/72 UEFA-Pokal. Gegen den AS St. Etienne konnte sich der FC noch durchsetzen, scheiterte dann aber am FC Dundee.

1. BUNDESLIGA 1971/72

1.	Bayern München (P)	101:38	55:13
2.	FC Schalke 04	76:35	52:16
3.	Borussia M'gladbach (M)	82:40	43:25
4.	1. FC Köln	64:44	43:25
5.	Eintracht Frankfurt	71:61	39:29
6.	Hertha BSC Berlin	46:55	37:31
7.	1. FC Kaiserslautern	59:53	35:33
8.	VfB Stuttgart	52:56	35:33
9.	VfL Bochum (N)	59:69	34:34
10.	Hamburger SV	52:52	33:35
11.	Werder Bremen	63:58	31:37
12.	Eintracht Braunschweig	43:48	31:37
13.	Fortuna Düsseldorf (N)	40:53	30:38
14.	MSV Duisburg	36:51	27:41
15.	Rot-Weiß Oberhausen	33:66	25:43
16.	Hannover 96	54:69	23:45
17.	Borussia Dortmund	34:83	20:48
18.	Arminia Bielefeld	(41:75	19:49)

Arminia Bielefeld wurden, wegen Bestechung, alle Punkte aberkannt, und alle Spiele für den Gegner gewertet.

BUNDESLIGAKADER 1971/72

Abgänge: Classen (Viktoria Köln), John (Blau-Weiß 90 Berlin), Kowalski (Bayer Leverkusen), Lex (Viktoria Köln), Manglitz (Entlassung wegen Bundesligaskandal), Parits (Eintracht Frankfurt), Soskic (OFK Belgrad),

Zugänge: Bläser (eigene Jugend), Glowacz (eigene Jugend), Hähnchen (SV Dorsten), Konopka (eigene Jugend), Lauscher (VfR Übach-Palenberg), Scheermann (eigene Amateure), Schmitz (eigene Amateure), Volz (Kickers Offenbach), Welz (1. FC Nürnberg)

Trainer:
Gyula Lorant (bis 4. April 1972),
Rolf Herings (ab 5. April 1972)

Tor:
Welz, Gerhard	34/0
Volz, Karlheinz	1/0

Feld:
Simmet, Heinz	34/2
Rupp, Bernd	33/16
Konopka, Harald	33/1
Löhr, Johannes	32/9
Kapellmann, Josef	32/2
Flohe, Heinz	29/7
Glowacz, Jürgen	28/4
Overath, Wolfgang	25/6
Scheermann, Paul	24/7
Cullmann, Bernd	23/1
Weber, Wolfgang	21/0
Biskup, Werner	19/1
Hemmersbach, Matth.	17/1
Thielen, Karl-Heinz	15/2
Lauscher, Detlev	11/4
Schmitz, Heinz-Dieter	3/0
Hähnchen, Karl-Heinz	1/0
Bläser, Josef	0/0

Dazu kommt ein Eigentor von Erwin Galeski (VfL Bochum).

Der FC-Karnevalsorden spielt in humoristischer Form auf das viel zu kleine Radrennbahn-Stadion an.

FIEBERKURVE 1971/72

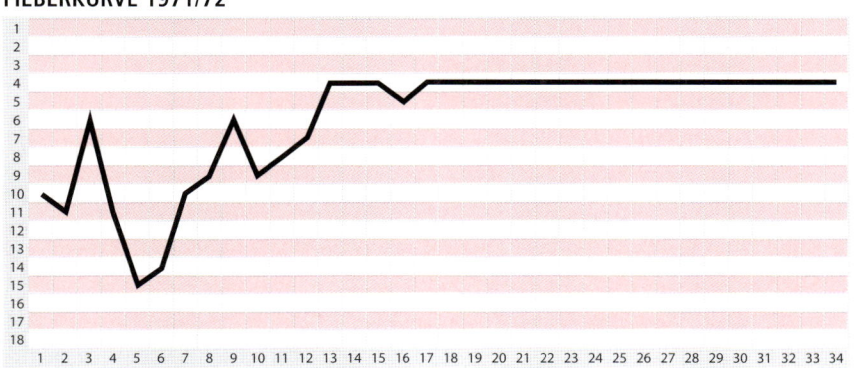

FC-Dauerkarte der Spielzeit 1971/72.

1972/73
1. BUNDESLIGA

Das „Jahrhundertspiel"

Im Stil der 1970er: Heinz Simmet, Herbert Hein und Jürgen Glowacz im privaten Outfit (von links).

„FAMILIENURLAUB" IN ACAPULCO

In Mexiko lernte der neue Übungsleiter seine neuen Schützlinge kennen. Im Rahmen der zweiten Südamerikatour der Kölner fand der Saisonauftakt in der Hitze von Guadalajara statt. Neben zwei Begegnungen mit der A-Nationalmannschaft Mexikos spielte man auch gegen den brasilianischen Meister Atletico Mineiro sowie gegen die mexikanische B-Auswahl.
Nachdem alle Beteiligten gegen Pocken und Cholera geimpft waren, startete die erste Gruppe, bestehend aus den Lizenzspielern und deren Frauen, Richtung Südamerika. Als besonderes Bonbon schenkten die Verantwortlichen den Akteuren samt Anhang einen Urlaub im exklusiven mexikanischen Badeort Acapulco. Gesponsert wurde der Aufenthalt am Pazifik vom Kaufhof. Zwei Wochen später wurden die Herzdamen wieder zurück in die Heimat transportiert. Die Kicker mussten weiter nach Mexiko-City und Leon fliegen, um die erwähnte „Freundschaftsspieltournee" in Angriff zu nehmen. Hierzu war auch der Vorstand um Oskar Maaß angereist. In 2.300 Metern Höhe und bei 25 Grad leitete Rudi Schlott die ersten Übungseinheiten. Großzügig hatte der mexikanische Fußballverband die Sportschule unweit des berühmten Aztekenstadions zur Verfügung gestellt. Insgesamt drei Wochen verbrachte man in Mexiko. Schlott brachte auch gleich einen neuen Assistenten mit: Der gebürtige Schwabe Volker Kottmann, der aus der Leichtathletik kam und an einem Kölner Gymnasium als Sportlehrer tätig war, übernahm den Posten von Rolf Herings, der

Zur Spielzeit 1972/73 musste sich das FC-Umfeld nicht nur an den fast schon obligatorischen neuen Trainer, sondern auch an einen neuen Geschäftsführer gewöhnen. Einer der Neuen war eigentlich ein alter Bekannter. Karl-Heinz Thielen, der seine aktive Laufbahn langsam ausklingen ließ, war vom grünen Rasen an den Schreibtisch im Geißbockheim gewechselt. FC-Legende Hans-Gerhard König, der seit 14 Jahren haupt- und ehrenamtlich für den Verein aktiv war, hatte nach Differenzen mit dem Vorstand sein Amt gekündigt. Er blieb allerdings bis Herbst 1972 im Dienst, um Thielen einzuarbeiten und die Kündigungsfrist zu wahren. So ganz konnte König, der eine Stelle in der Wirtschaft angenommen hatte, von seinen Geißböcken aber nicht lassen, denn er blieb dem Club als Stadionsprecher, Pressemitarbeiter und kritisches Mitglied erhalten. Thielen als Geschäftsführer zu installieren entsprach dem Wunsch von Oskar Maaß, der sich einen Teammanager nach englischem Vorbild vorstellte. „Kalli" war von den Voraussetzungen her die Idealbesetzung für den Posten – als mittlerweile dienstältester FC-Profi mit reichhaltiger Erfahrung kannte er das Fußballgeschäft mit all seinen Tücken. Zudem hatte er schon seit einigen Jahren das Kaufmannsdiplom in der Tasche.
Schon frühzeitig hatten sich die Verantwortlichen die Dienste von Rudi Schlott gesichert, der als neuer Coach die Lizenzspieler betreuen sollte. Er war zuvor langjähriger Assistenztrainer von Hennes Weisweiler in Gladbach und als Mathematik- und Sportlehrer am Solinger Humboldt-Gymnasium tätig gewesen. Schlott, der seine Qualitäten eher im theoretischen Bereich hatte, vermittelte eine farblose „Beamtenmentalität" und schien mit seiner Art nicht so recht zu den rheinischen Stimmungsmenschen zu passen.

[LEGENDEN]

Hans-Josef „Jupp" Kapellmann
Beim FC von 1970 bis 1973
Geboren: 19.12.1949 in Bardenberg
Pflichtspiele beim FC: 139
Pflichtspieltore: 24

Der „schnelle Jupp"

Der von Alemannia Aachen zum FC gekommene Hans-Josef Kapellmann entwickelte sich in Köln zu einem „Hansdampf in allen Gassen". Denn wie es gerade notwendig war, wurde er vom Rechtsaußen zum Verteidiger und zum Schluss sogar zum Mittelstürmer. Dies belegt, wie vielseitig der schnelle „Jupp" war. Schon während seiner Zeit in Köln studierte Kapellmann, der für den FC zunächst ein Angebot der Bayern ausgeschlagen hatte, BWL und erbaute in der Domstadt ein eigenes Mehrfamilienhaus. Bei den Geißböcken avancierte der Aachener auch zum Nationalspieler. Insgesamt fünfmal trug er den Adlerdress. Als die Bayern sich 1973 erneut um den Allrounder bemühten, mussten die Kölner ihn wegen wirtschaftlicher Zwänge an die Isar ziehen lassen. Mit den Bayern sammelte er Titel: Eine Deutsche Meisterschaft, drei Europapokalsiege sowie der Weltpokal standen nach sechs Jahren beim FCB zu Buche. Nach zwei Jahren bei 1860 München beendete Kapellmann seine Laufbahn.
Schon immer hob sich der leidenschaftliche Angler von anderen Profis ab. Er beherrschte mehrere Fremdsprachen und war musikalisch begabt. Da er inzwischen auch ein Medizinstudium absolviert hatte, praktizierte „Jupp" fortan als Arzt. Mittlerweile betreibt er in Rosenheim eine orthopädische Gemeinschaftspraxis. ∎

Der deutsche Vizemeister- und Vizepokalsieger 1972/73. Hintere Reihe von links: Rainer Gebauer, Josef Bläser, Herbert Mühlenberg, Georg Bosbach, Hans-Dieter Schmitz, Herbert Neumann, Herbert Hein. Mittlere Reihe von links: Trainer Rudi Schlott, Wolfgang Overath, Wolfgang Weber, Bernd Cullmann, Heinz Simmet, Matthias Hemmersbach, Karl-Heinz Thielen, Hannes Löhr, Co-Trainer Volker Kottmann. Untere Reihe von links: Heinz Flohe, Detlev Lauscher, Hans-Josef Kapellmann, Gerhard Welz, Harald Schumacher, Harald Konopka, Jürgen Glowacz, Karl-Heinz Hähnchen. Es fehlt: Paul Scheermann.

[Interessantes & Kurioses]

■ Um mehr Zuschauer in die Radrennbahn zu locken, geben FC und Lokalrivale Fortuna Köln am 30. September 1972 eine Doppelveranstaltung. Am selben Tag bestreiten zunächst die Südstädter ihr Regionalligaspiel gegen Preußen Münster (4:1), anschließend bekommen die 15.800 Besucher dann die Bundesligapartie gegen Werder Bremen (1:0) zu sehen. Den gleichen Zweck verfolgt der FC auch beim Heimspiel gegen Hertha BSC Berlin. Für jede gelöste Eintrittskarte können die Fans ihre Frau oder Freundin umsonst mit ins Stadion bringen. Weibliche Zuschauer waren anno 1972/73 eher die Ausnahme.

Der FC-Mitgliedsausweis der Saison 1972/73.

zusammen mit FC-Amateurtrainer Gero Bisanz zu Bayer Leverkusen gewechselt war und dort eine neue Herausforderung suchte.

„TONI" KOMMT ZUM FC

Auch die neuen Spieler waren mit nach Mexiko gereist. Diesmal hatte man sich praktisch zum Nulltarif verstärkt und ausschließlich auf junge Talente gesetzt. Im Nachhinein betrachtet war der wichtigste Neuzugang Juniorennationaltorwart Harald Schumacher, der von Schwarz-Weiß Düren ans Geißbockheim gekommen war. Auch wenn es noch knapp zwei Jahre dauern sollte, bis er sich seinen Stammplatz im Kasten gesichert hatte, so wurde er doch eine der bis heute bekanntesten und prägnantesten Persönlichkeiten der FC-Geschichte. Schon während der „Mexikotour" bekam er von den Teamkollegen in Anlehnung an den „Held von Liverpool", Anton „Toni" Schumacher, den Spitznamen „Toni" verpasst.
Die weiteren Neuzugänge, Herbert Hein, Georg Bosbach und Herbert Neumann, kamen aus Jupp Röhrigs erfolgreicher A-Jugend, Herbert Mühlenberg von den eigenen Amateuren und Rainer Gebauer vom kleinen Amateurverein SV Roleber. Die beiden Herberts, Neumann und Hein, sollten sich zu echten Verstärkungen mausern. Neumann, zweifellos einer der technisch versiertesten Mittelfeldspieler die je das Geißbockdress getragen haben, hatte später maßgeblichen Anteil am größten Erfolg der Vereinsgeschichte, dem Double 1978. Auch Herbert Hein, genau wie Neuman und Bosbach bereits Juniorennationalspieler, entwickelte sich zum fähigen Abwehrspieler, der es bis zu seinem Wechsel zu Borussia Dortmund im Jahre 1979 auf immerhin 145 Pflichtspiele in der ersten Mannschaft brachte. Die beiden Stürmer Gebauer und Mühlenberg verließen den FC am Saisonende in Richtung SV Eupen (Belgien) bzw. Bayer Leverkusen. Tragisch das Schicksal von Georg Bosbach. Gerade hatte er den Lizenzspielerstatus erreicht, da verunglückte er am 13. September 1972 bei einem Verkehrsunfall im Kreis Euskirchen tödlich. Auch die Verlobte des 18-Jährigen überlebte das tragische Unglück nicht. Hans-Gerhard König hielt bei Bosbachs Beisetzung eine bewegende Trauerrede am Grab des Fußballtalents.

ABSCHIED VON BISKUP UND RUPP

Namhafteste Abgänge waren Werner Biskup und Bernd Rupp. Während Biskup ein lukratives Angebot des RFC Lüttich annahm, kehrte Rupp nach Mönchengladbach zurück, wo er bereits in den ersten Bundesligajahren unter Vertrag gestanden hatte. Der Weggang von Rupp war sportlich ein herber Verlust, der zunächst nicht kompensiert werden konnte. Während der gesamten Saison wurde der Torjäger schmerzlich vermisst. Erst in der kommenden Spielzeit sollte das Sturmproblem mit der Verpflichtung von Dieter Müller behoben werden. Der Transfer des Stürmers an den Niederrhein sorgte zudem auch gleich wieder für Missstimmung zwischen den alten Rivalen: Da man Rudi Schlott trotz eines noch ein Jahr gültigen Kontrakts in die Domstadt hatte ziehen lassen, erhofften die Fohlen im Gegenzug einen Preisnachlass beim Rupp-Transfer. Doch die Gladbacher machten die Rechnung ohne Oskar Maaß, und so war die volle Ablösesumme von 225.000 DM fällig. Geld, dass man am Geißbockheim dringend benötigte, denn der Weggang von Karlheinz Volz nach nur einem Jahr riss ein empfindliches Loch in die sowieso schon klamme Kölner Vereinskasse. Stolze 120.000 DM hatte man ein Jahr zuvor für den Torwart, der sich gegen Welz nicht durchsetzen konnte, an die Offenbacher Kickers überwiesen. Ohne einen Pfennig Ablöse zu kassieren, musste man den unzufriedenen Keeper zum deutschen Amateurmeister FSV Frankfurt ziehen lassen. Fazit: ein Transferflop erster Klasse.

DER LIGAPOKAL ALS FLOP

Die wegen der Olympischen Spiele in München besonders lange Sommerpause überbrückte man mit dem erstmals ausgespielten Ligapokal. Hier hatte es der FC mit den Lokalkonkurrenten aus Düsseldorf, Leverkusen und mit der Kölner Fortuna zu tun. Gegen die Farbenstädter von der anderen Rheinseite, die mit Sportdirektor Leo Wilden und dem Trainergespann Bisanz/Herings von drei ehemaligen FCern angeführt wurden, hatte man keine Probleme. Beide Spiele konnten gewonnen werden. Auch mit den Düsseldorfern kam es zu zwei Begegnungen. Sowohl Köln als auch die Fortuna behielt jeweils auf eigenem Platz die Oberhand. Besonders interessant aus kölscher Sicht der letzte Vergleich im Ligapokal: Der große FC musste gegen den kleinen Nachbarn Fortuna antreten. Nachdem Overath und Co im Hinspiel nur ein Remis erreichten und die zweite Partie sogar mit 0:2 verloren wurde, erntete man reichlich Hohn und Spott. Wie schon der Alpenpokal vier Jahre zuvor lockte auch der neue Wettbewerb die Zuschauer nicht ins Stadion.

PFLICHTSPIELAUFTAKT INTERNATIONAL

Erst am 13. September 1972 durften die FC-Profis zum ersten „richtigen" Pflichtspiel auflaufen. Die irische Mannschaft von Bohemians Dublin gastierte im Rahmen der UEFA-Cup-Erstrundenpartie in Müngersdorf. Wenn auch etwas mühsam, so siegte man doch verdient mit 2:1.
Der Start in die zehnte Bundesligasaison ging mit einer 1:3-Pleite beim VfB Stuttgart allerdings gründlich daneben. Trotzdem lieferten die Schlott-Schützlinge eine passable Hinrunde ab, an deren Ende man Platz 5 der Tabelle belegte. Nur viermal verließ der FC als Verlierer den Platz. Von den insgesamt acht Bundesligasiegen vor der Winterpause freuten sich die Fans besonders über das 3:0 gegen die Schalker und die damit gelungene Revanche für das unglücklich verlorene Pokalspiel der Vorsaison. Beim unerwarteten 2:1-Erfolg gegen den amtierenden Deutschen Meister Bayern München feierte der deutschstämmige argentinische Angreifer Ricardo Horacio Neumann sein Debüt im Kölner Sturm. Er war zur Behebung der Sturmflaute im Dezember 1972 für 100.000 DM aus Buenos Aires an den Rhein geholt worden. Leider wurde der bei den Fans beliebte blonde Frauenschwarm auf Dauer nicht die erhoffte Verstärkung. Knapp zwei Jahre später verkaufte man den Gaucho nach Korsika an den SSC Bastia. Die Tore gegen die Bayern schossen dagegen Cullmann und Kapellmann.
Der Aachener Kapellmann spielte sein bestes Jahr im FC-Dress. Er war nicht nur körperlich topfit, Trainer Schlott hatte ihm auch eine offensivere Rolle verpasst. Spielte Kapellmann in der Abwehr, sorgte er für gefährliche Vorstöße. Fehlte einer der etatmäßigen Offensivkräfte, wie beispielsweise Löhr, wurde er in den Angriff beordert. So gelangen Kapellmann 1972/73 immerhin 20 Pflichtspieltore. Wie schon im letzten Jahr nahm man in der Winterpause erneut an den immer beliebter werdenden Hallenturnieren teil. Diesmal gastierten die Kölner bei Veranstaltungen in Dortmund, Essen und Berlin.

BESTE BUNDESLIGA-PLATZIERUNG SEIT ACHT JAHREN

Die Rückrunde verlief sogar noch etwas besser als die ersten 17 Begegnungen. Den erneut acht Siegen standen lediglich drei Niederlagen gegenüber. Wären da nicht die vielen Unentschieden (6) gewesen, der FC hätte mit Sicherheit eine ernsthafte Titelchance gehabt. So wurde man am Ende „nur" Zweiter, satte 11 Punkte hinter den Bayern, die ihren Titel verteidigen konnten. Trotzdem bedeutete die Vizemeisterschaft die beste Bundesligaplatzierung seit acht Jahren. Die Qualifikation für das internationale Geschäft war auch in der nächsten Spielzeit wieder gesichert. Beachtlich die Heimstärke: In der Radrennbahn blieben die Kölner die gesamte Saison über ungeschlagen. Trotzdem sank der Zuschauerzuspruch auf ein historisches Rekordtief. Nur noch 10.500 zahlende Besucher wollten im Durchschnitt die Darbietungen in Müngersdorf sehen. Der bis heute schlechteste Zuschauerschnitt in der FC-Geschichte.

BLAMAGE IM HOHEN NORDEN

Auch in den Pokalwettbewerben waren die Kölner mehr oder weniger erfolgreich vertreten. Im UEFA-Cup ließ man nach dem bereits erwähnten 2:1-Hinspielerfolg gegen die Bohemians aus Dublin auch im Rückspiel auf der grünen Insel nichts anbrennen. Ein lockeres 3:0 im mit 20.000 Besuchern ausverkauften Dalymount Park reichte, um die nächste Runde zu erreichen. Hier trafen die Rheinländer auf den norwegischen Meister Viking Stavanger. Stavanger, immerhin zu „Europas Stadt mit den meisten Holzhäusern" gekürt, war nicht unbedingt ein Traumlos. So machte sich Enttäuschung bei den Verantwortlichen breit, hatte man doch auf „Knaller" wie beispielsweise den FC Valencia gehofft.
So kam es zur ersten Begegnung mit einer Mannschaft aus Norwegen. Anscheinend gefiel es den kölschen Kickern in der malerischen Hafenstadt so gut, dass man sich als braver Gast präsentierte und sensationell mit 0:1 den Kürzeren zog. „Ich schäme mich für den Mist, den

- Anekdotenreiche Mexikotour: Eines Abends traten im Kölner Mannschaftshotel zwei angebliche Vertreter eines mexikanischen Erstligisten auf, die Wolfgang Overath für eine Millionensumme unter Vertrag nehmen wollen. Beim Anblick der „windigen Gestalten" kann Präsident Maaß nur lächelnd abwinken. Hannes Löhr hat derweil eine Begegnung der anderen Art: Beim abendlichen Spaziergang außerhalb des Hotels trifft er auf eine Gruppe Homosexueller, die ihm hinterherpfeifen. Eiligen Schrittes flüchtet Löhr zurück ins Hotel.

- Der FC ist an der Verpflichtung des israelischen Nationalspielers Mordechai Spiegler interessiert. Nachdem der Israeli von den Kölnern zwei Wochen lang im Training getestet wird, verzichtet man allerdings auf seine Dienste.

- Nach der 2:5-Niederlage in Mönchengladbach am 2. Dezember 1972 ereignet sich ein Novum in der FC- und Bundesligageschichte: Der erboste Präsident Maaß verordnet seinem Trainer Rudi Schlott eine achttägige Denkpause. Während der Beurlaubung übernimmt Assistenzcoach Volker Kottmann das Training der sichtlich erstaunten Lizenzspieler. Immerhin lenkte die Aktion die Aufmerksamkeit der Fußballfreunde auf den FC: Als Schlott das Training wieder aufnimmt, kommen mehr als 1.000 Schaulustige ans Geißbockheim.

- Das für den 9. Februar angesetzte Bundesligaspiel bei Werder Bremen wird aus ungewöhnlichem Grund abgesagt: Fast die gesamte Bremer Mannschaft leidet unter einem aggressiven Grippevirus mit dem Namen „London 4272". Die Kölner sind bereits in einem Hotel unweit der Hansestadt untergebracht und müssen unverrichteter Dinge wieder abreisen.

- Kombiniert mit dem Wuppertaler SV tritt der FC am 20. Februar 1972 in Wuppertal gegen Spartak Moskau an. Die Begegnung endet 1:1. Mit dem WSV hatte man bereits 1956/57 bzw. 1957/58 kombinierte Freundschaftsspiele bestritten.

- Als Manager, Geschäftsführer und Chefredakteur der *Bundesliga Zeitung* beendet Karl-Heinz Thielen seinen langjährigen Kolumnistenjob bei der *Kölnischen Rundschau*.

Immer spannend: das Rheinderby Köln gegen Düsseldorf.

Das 1972/73 im „B-Verlag" erschienene FC-Porträt findet man heute nur noch bei Sammlerbörsen oder im Internet.

- Am 14. Februar 1973 debütiert Bernd Cullmann in München bei der 2:3-Niederlage gegen Argentinien in der deutschen Nationalmannschaft. Er krönt seinen Einstand mit dem Anschlusstor zum 2:3. Auch Jupp Kapellmann kommt zu seinem ersten Einsatz im Dress des DFB. Er feiert sein Debüt am 12. Mai 1973 beim 3:0 in Hamburg gegen Bulgarien.

- Beim Heimspiel gegen den MSV Duisburg am 2. Februar 1972 drängen aufgrund mangelnden Ordnungsdienstes und zu wenig besetzter Kassenhäuschen mehrere tausend Zuschauer ohne Ticket in die Radrennbahn. Dem FC entsteht ein Einnahmeverlust von rund 20.000 DM.

- Beim Heimspiel gegen den HSV (2:1) am 17. Februar 1973 werden einige Außenaufnahmen zur ARD-Krimiserie „Tatort" in der Radrennbahn gedreht.

- Torwart Gerhard Welz hat sich für rund 8.000 DM ein eigenes Reitpferd gekauft, mit dem er ab und an durch den Stadtwald reitet. Da Präsident Maaß Angst hat, dass der Keeper stürzen könnte, verbietet dieser kurzerhand das Hobby seines gut dotierten Angestellten. Die Folge: Welz muss den edlen Rappen verkaufen.

- Der FC plant die Verpflichtung des deutschen Starstürmers Ottmar Hitzfeld vom FC Basel. Diese scheitert jedoch am Veto der Eidgenossen, die den Amateurnationalspieler nicht freigeben wollen. Hitzfeld erlangt später als Meistertrainer von Borussia Dortmund und Bayern München großen Bekanntheitsgrad.

- Rund 600.000 DM Schulden drücken den FC zu Saisonbeginn 1972/73. Daher senkt die Stadt Köln die Stadionmiete von zehn auf sechs Prozent der Einnahmen.

ihr gespielt habt", schäumte Oskar Maaß anschließend vor Wut. Auch die Fans waren stinksauer. Sie empfingen ihre Mannschaft beim nächsten Bundesligaspiel gegen Aufsteiger Wuppertaler SV mit einem gellenden Pfeifkonzert. Die Blamage bei den Norwegern wollten die FC-Profis dann aber doch nicht auf sich sitzen lassen. Mit 9:1 erteilte man den bemitleidenswerten Nordmännern vor nur 7.000 Zuschauern eine echte Lehrstunde. Wolfgang Weber gab nach seiner Bandscheibenoperation, in deren Folge er an Depressionen erkrankte und fast acht Monate lang zum Zusehen gezwungen war, ein umjubeltes Comeback. Mann des Tages: Hannes Löhr mit fünf Treffern.

Wer für das Viertelfinale mit mehr Losglück gerechnet hatte, sah sich bitter enttäuscht. Ausgerechnet „Angstgegner" Mönchengladbach wurde für die Kölner aus dem Lostopf gezogen. Erstmals kam es so zu einem direkten Aufeinandertreffen zweier Bundesligisten in einem europäischen Wettbewerb. Die Tatsache, dass Köln zunächst das Heimrecht genießen durfte, war für die Schlott-Elf sicherlich kein Vorteil. Die Gladbacher Taktik, in Müngersdorf möglichst ohne Gegentor zu bleiben, um dann auf eigenem Platz alles klar zu machen, ging auf: Dem 0:0 in der Radrennbahn folgte am 13. Dezember 1972 ein deprimierendes 0:5 bei Dauerregen auf dem Bökelberg, bei dem der FC ohne jede Chance war. Besonders bitter: Nur elf Tage zuvor hatte man bereits das Bundesligahinspiel an gleicher Stelle mit 2:5 verloren. Wenigstens blieb den Kölnern noch der nationale Pokal, um ihre Anhänger zu versöhnen…

ÜBER DAS „KLEINE DERBY" ZUM „JAHRHUNDERTENDSPIEL"

Auch 1972/73 war der DFB noch nicht von seinem unsinnigen Pokalmodus mit Hin- und Rückspiel abgerückt. Die Terminnot, die sich in zahlreichen „englischen Wochen" ausdrückte, wurde so noch verschärft. Gleich in Runde eins kam es zum für die rheinischen Fans interessanten Vergleich mit dem aufstrebenden Regionalligisten Fortuna Köln. Die Regionalliga war die seinerzeit zweithöchste deutsche Spielklasse. Die Fortunen hatten in den letzten Jahren mit dem Geld von Mäzen und Präsident Jean „Schäng" Löring kräftig aufgestockt und sogar namhafte Akteure wie den ehemaligen Nationaltorwart Wolfgang Fahrian in die Südstadt gelockt. Mittelfristig strebten Löring und Co den Aufstieg in die Bundesliga an.

Beide Spiele fanden in der Radrennbahn statt. Beim am 9. Dezember 1972 ausgetragenen Hinspiel hatte die Fortuna Heimrecht. Beim FC trug Co-Trainer Volker Kottmann die sportliche Verantwortung, nachdem der Vorstand Chefcoach Schlott nach der 2:5-Bundesligaklatsche in Gladbach eine achttägige Denkpause verordnet hatte. Schlott beobachtete die Partie von der Tribüne aus. Genau wie die nur 9.000 Zuschauer war er von dem, was die Geißböcke auf dem Rasen boten, entsetzt. Dem Regionalligisten unterlegen, verlor man verdient mit 1:2. Im Rückspiel gelang dem FC aber die Revanche. Nachdem Cullmann nach 20 Minuten das 1:0 für die „Hausherren" besorgt hatte, konnten zahlreiche Chancen nicht genutzt werden. So kam es zur Verlängerung, in der sich der Bundesligist mit der besseren Kondition durchsetzte. Flohe, Bläser und der neue Publikumsliebling aus Argentinien, Ricardo Neumann, schossen die Tore zum 4:0-Erfolg. Der Südamerikaner erlitt tragischerweise einige Zeit später einen schweren Autounfall und musste wochenlang im Krankenhaus behandelt werden.

Nach dem Erfolg im Stadtduell steigerte sich der FC zu großer Pokalform. In Runde zwei musste man gegen den HSV antreten. Um dem Karnevalstrubel in der Domstadt zu entfliehen, bezog die Mannschaft frühzeitig in Hamburg Quartier. Der norddeutsche Traditionsverein war nur noch ein Schatten früherer Tage und schwebte in der Bundesliga in akuter Abstiegsgefahr. Dennoch gingen die Hanseaten vor nur 6.000 Unentwegten im Volkspark mit 2:0 in Führung. Overath und Gebauer schafften den Ausgleich und damit eine sehr gute Ausgangsposition für die Rheinländer, die das Rück-

Galavorstellung im DFB-Pokalhalbfinale 1973: Kapellmann setzt sich durch, und Köln besiegt Offenbach mit 5:0.

Dramatisches 1973er Finale gegen den Erzrivalen: Welz pariert den Elfmeter von Heynckes.

spiel am 14. März 1973 mit 4:1 zu ihren Gunsten entscheiden konnten. Löhr (3) und Flohe ebneten mit ihren Treffern den Weg ins Viertelfinale.

KEINE PROBLEME MIT DEN „JÄGERMEISTERN"

Hier traf man ebenfalls auf einen Verein aus dem Norden der Republik – Eintracht Braunschweig. Die Löwen aus Niedersachsen hatten eine „Änderung" auf ihrem Trikot vollzogen, die bundesweit für großes Aufsehen sorgte. Statt des traditionellen Wappens mit dem Löwen prangte nun der große Hirschkopf eines Wolfenbütteler Spirituosenproduzenten auf dem Dress der Eintracht, die sich diese Werbemaßnahme fürstlich honorieren ließ. Damit waren die Braunschweiger der erste Verein der Bundesliga, der offiziell seine Trikotbrust verkaufte. Die Kölner, deren Brust noch „blank" war, waren schon allein aus finanziellen Gründen auf ein Weiterkommen im Pokal angewiesen. Bei acht Spielern liefen zudem am Saisonende die Verträge aus, da war jede Partie auch ein Bewerbungsschreiben.
Gegen die „Jägermeister-Elf" sorgte der FC schon im Hinspiel an der Hamburger Straße für klare Verhältnisse. Auch dank eines überragenden Wolfgang Weber, der endlich seine Form wieder gefunden und zwei blitzsaubere Tore erzielt hatte, kam man zu einem deutlichen 5:0-Erfolg und stand praktisch schon im Halbfinale. So konnten sich die Geißböcke im Rückspiel schonen und siegten trotzdem ungefährdet mit 3:2. Bei der Begegnung kam die spätere FC-Legende Harald „Toni" Schumacher zu seinem ersten Pflichtspieleinsatz, als er für den angeschlagenen Welz eingewechselt wurde.

In der Runde der letzten Vier kam es zur Neuauflage des 1970er Endspiels gegen die Offenbacher Kickers und damit zum Wiedersehen mit Ex-Trainer Gyula Lorant, der inzwischen bei den Hessen tätig war. Von der Tatsache, dass sie zunächst vor eigenem Publikum auftreten mussten, ließen sich die Kölner nicht stoppen. Sie wollten unbedingt ins Finale und ließen daran keinen Zweifel. Mit 5:0 wurde der Außenseiter auseinander genommen. Flohe und Overath zelebrierten Fußball der Extraklasse. Pokalatmosphäre, wie sie bei einem englischen FA-Cup Spiel nicht besser hätte sein können, herrschte unter den 23.000 begeisterten Fans in der Radrennbahn. „Köln wie einst im Mai", jubelte selbst der sonst eher zurückhaltende *Kicker*. Was die Anhänger schon jetzt elektrisierte: Das rheinische Traumendspiel Köln gegen Gladbach war zum Greifen nah, denn die Weisweiler-Truppe hatte zeitgleich durch einen 3:1-Sieg über Werder Bremen den ersten Schritt Richtung Finale gemacht. Auch wenn die OFC-Fans beim Rückspiel noch auf eine Sensation hofften, wurde der endgültige Finaleinzug doch zur Formsache. Ein sicheres 1:1 reichte, um ans Ziel der Träume zu gelangen.

DFB-POKALFINALE: 1. FC KÖLN - BORUSSIA MÖNCHENGLADBACH, DÜSSELDORF, 23. JUNI 1973

Im Düsseldorfer Rheinstadion kam es dann zum wohl bis heute besten und aufregendsten DFB-Pokalendspiel aller Zeiten. Schon unmittelbar nachdem die Begegnung feststand, gab es sowohl in Köln als auch in Mönchengladbach innerhalb kürzester Zeit keine Tickets mehr. 69.600 Zuschauer füllten die neue, zur kommenden Fußball-WM 1974 renovoierte Arena in der Landeshauptstadt bis auf den letzten Platz. Von den neutralen Zuschauern abgesehen, waren je 25.000 Anhänger beider Teams an diesem strahlenden Sonnentag nach Düsseldorf gekommen. Bei der „Generalprobe", dem Bundesligarückspiel drei Wochen zuvor, hatten die Domstädter

■ Die Partie Fortuna Düsseldorf - 1. FC Köln (3:2) am 4. November 1972 ist das 500. Spiel von Wolfgang Overath im FC-Trikot (Pflicht- und Freundschaftsspiele).

■ Immer häufiger kommt es am Rande der FC-Spiele zu Randale und Sachbeschädigungen in den Straßenbahnen und Bussen der KVB. Übermütige „Fans" ziehen Notbremsen, Fahrgäste werden angepöbelt und tätlich angegriffen. Allein nach dem Heimspiel gegen Bayern München entsteht ein Sachschaden von mehr als 10.000 DM. Der FC versucht die Unbelehrbaren mittels eines von der Mannschaft unterschriebenen Aufrufs im Stadionheft zur Vernunft zu bringen.

■ Bescheiden wird das 25-jährige FC-Jubiläum am 13. Februar 1973 begangen. Zum Gedenken an den Gründungstag legt der Vorstand am Grab von Franz Kremer einen Kranz nieder.

■ Zur Saison 1972/73 müssen sich die FC-Fans an eine neue Stadionzeitung gewöhnen. Zum Premierenheimspiel am 20. September 1972 gegen Rot-Weiß Oberhausen wird an den Toren des Stadions erstmals die *Bundesliga Zeitung* an die Zuschauer verteilt. Sie ersetzt das *Geißbock Echo*, das seit August 1958 offizielles Programmheft der Kölner war. Die *Bundesliga Zeitung* wird erstmals auch an die FC-Mitglieder verschickt. Als Chefredakteur fungiert Manager Karl-Heinz Thielen, im Hintergrund steht Hans-Gerhard König helfend zur Seite. Allerdings sollte sich die Publikation nur für rund 1½ Jahre halten, bevor das beliebte *Geißbock Echo* sein Comeback feierte…

Historische Premiere: Zur Spielzeit 1972/73 löste die Bundesliga Zeitung *für 1½ Jahre das* Geißbock Echo *ab. Hier die Premierenausgabe des Stadionheftes zum Heimspiel gegen RW Oberhausen.*

■ Beim Pokalfinalbankett im Düsseldorfer Hotel InterConti wird „Matthes" Hemmersbach von DFB-Präsident Dr. Gösmann mit den Worten „Na, wie geht's denn, Herr Schnellinger?" begrüßt.

Bei Mitgliedern und FC-Fans beliebt war das in den 1970er Jahren regelmäßig veranstaltete Sommerfest am Geißbockheim (Einladung).

Die Einladung des DFB für die Ehrengäste zum „Finaldinner".

Souvenirwimpel des Endspiels der rheinischen Konkurrenten.

Gesuchte Sammlerrarität: Der *Westdeutsche Stadionkurier* zum Pokalfinale in Düsseldorf.

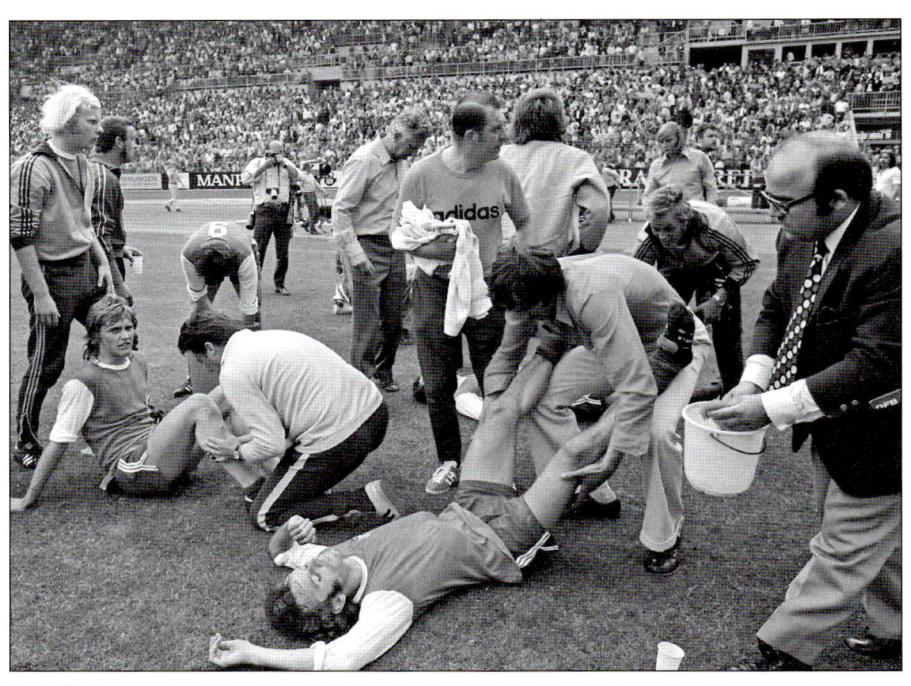

Vor der Verlängerung des „Jahrhundertendspiels" werden die erschöpften Kölner Spieler von ihren Betreuern gepflegt.

mit 3:1 triumphiert. Nun waren die Karten neu gemischt. Zum fünften Mal in dieser Saison trat „Schüler" Schlott gegen seinen „Lehrmeister" Weisweiler an. Wolfgang Weber hat die Begegnung in lebhafter Erinnerung: „Vom Anpfiff an legten beide Mannschaften los wie die Feuerwehr. Die 22 Mann auf dem Rasen wirkten wie aufgezogen. Es ging hoch und runter. Kaum hatten wir einen Angriff beendet, rollte schon der Gladbacher Gegenangriff auf uns zu." Kein Regisseur hätte das 30. Endspiel um den Vereinspokal besser inszenieren können. Beide Kontrahenten standen sich in nichts nach und boten eine offene Partie von der ersten bis zur letzten Minute. Die Torhüter Welz und Kleff spielten wie vom anderen Stern. Beide Keeper entschärften je ein Dutzend „Hundertprozentige". Nach etlichen Chancen auf beiden Seiten brachte „Hacki" Wimmer die Borussen nach 23 Minuten mit 1:0 in Front. Kurz vor dem Seitenwechsel glich Mittelfeldtalent Herbert Neumann aus – 1:1. Overath hatte mit der Hacke abgelegt, und Neumann drosch die Kugel aus 20 Metern ins Netz. In der 58. Minute hielt Welz einen von Jupp Heynckes getretenen Foulelfmeter. Knapp 20 Minuten vor dem Ende musste Overath wegen Wadenkrämpfen ausge-

wechselt werden. Später wird dem Kapitän hinter vorgehaltener Hand vorgeworfen, dass er nicht auf die Zähne gebissen und weitergespielt hatte. Ohne auch nur eine Minute Leerlauf stand der Pokalknüller nach regulärer Spielzeit immer noch 1:1.
In der fälligen Verlängerung kam es zu der Szene, die wohl jeder Fußballfreund aus unzähligen TV-Rückblicken kennt: Spielgestalter Günter Netzer, der bis dahin die Ersatzbank drücken musste, wechselte sich unter dem Jubel der Gladbacher Anhänger selbst ein. Vor dem Spiel hatte es Unstimmigkeiten zwischen Weisweiler und Netzer gegeben. Der Spieler hatte nämlich seinen Wechsel zu Real Madrid verkündet. Doch nicht nur deswegen war „Hennes" sauer auf den Regisseur. Schon länger stimmte die Chemie zwischen dem eigensinnigen Coach und seinem Star nicht mehr.
Man schrieb die 93. Minute, und Netzer war gerade einmal zwei Minuten auf dem Feld, als der spätere Kölner Bonhof ihm links auf Höhe des 16-Meter-Raumes den Ball in die Gasse spielte. Mit langen Schritten und wehenden Haaren marschierte er auf den Ball zu und schoss ihn unhaltbar für Welz ins linke obere Toreck. Tragisch für den FC: Der blonde Techniker traf den Ball nicht richtig, er rutschte ihm „über

den Schlappen". So bekam das Spielgerät erst die kuriose Flugbahn, die es FC-Torwart Welz unmöglich machte, das Leder noch zu erreichen. Während der restlichen Verlängerung belagerten die Kölner den Gladbacher Strafraum, aber alle Bemühungen blieben erfolglos. In einem Spiel, das zwei Sieger verdient gehabt hätte, behielten die Borussen die Oberhand. Während der Erzrivale jubelte, sanken die FC-Spieler konsterniert auf den Rasen. Die Gladbacher trösteten ihre Kontrahenten. Man tauschte die Trikots, und alle Spieler des Siegers, bis auf Netzer, gingen im FC-Dress auf die unvermeidliche Ehrenrunde. Nach 1954, 1970 und 1971 wurden die Kölner erneut zur tragischen Figur eines DFB-Pokalendspiels.

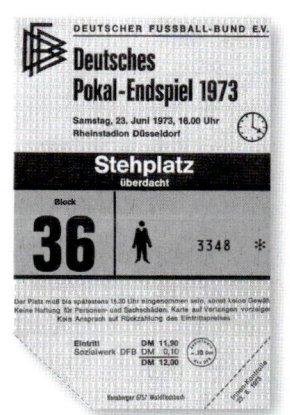

Gesuchtes Andenken: die Eintrittskarte zum Endspiel.

STATISTIK 1972/73

BUNDESLIGA

16.09.1972 VfB Stuttgart - 1.FC Köln 3:1 (2:1),
Zuschauer: 17.000
Tore: 0:1 (30.) Mühlenberg, 1:1 (36.) Frank, 2:1 (40.) Weidmann, 3:1 (75.) Frank.
Aufstellung: Welz, Hemmersbach, Bläser, Cullmann, Konopka, Simmet, Flohe, Overath, Scheermann (59. Thielen), Kapellmann, Mühlenberg (75. Hähnchen).

20.09.1972 1.FC Köln - Rot-Weiß Oberhausen 3:1 (3:1),
Zuschauer: 8.800
Tore: 1:0 (11.) Kapellmann, 2:0 (33.) Flohe, 3:0 (38.) Cullmann, 3:1 (42.) Kobluhn (FE).
Aufstellung: Welz, Hemmersbach, Cullmann, Thielen, Konopka, Simmet, Overath, Flohe, Gebauer (75. Scheermann), Kapellmann, Lauscher.

23.09.1972 MSV Duisburg - 1.FC Köln 1:1 (0:0),
Zuschauer: 11.000
Tore: 0:1 (57.) Kapellmann, 1:1 (86.) Budde.
Aufstellung: Welz, Hemmersbach, Cullmann, Thielen, Konopka, Flohe (80. H. Neumann), Overath, Simmet, Bläser, Kapellmann, Gebauer (55. Lauscher).

30.09.1972 1.FC Köln - SV Werder Bremen 1:0 (0:0),
Zuschauer: 15.800
Tor: 1:0 (47.) Simmet.
Aufstellung: Welz, Hemmersbach, Cullmann, Bläser, Konopka, Simmet, Overath, Flohe, Gebauer (87. Scheermann), Kapellmann, Lauscher (75. H.Neumann).

04.10.1972 Hamburger SV - 1.FC Köln 0:0,
Zuschauer: 12.000
Aufstellung: Welz, Hemmersbach, Cullmann, Thielen, Flohe, Konopka, Simmet, Overath, Bläser (79. Gebauer), Kapellmann, Löhr,

07.10.1972 1.FC Köln - Eintracht Braunschweig 4:3 (1:0),
Zuschauer: 8.000
Tore: 1:0 (29.) Kapellmann, 2:0 (47.) Simmet, 3:0 (49.) Gebauer, 3:1 (52., 62.) Bründl, 4:2 (87.) Konopka, 4:3 (88.) Gersdorff.
Aufstellung: Welz, Hemmersbach, Cullmann, Thielen, Konopka, Simmet (60. Bläser), Overath, Flohe, Gebauer (86. Scheermann), Kapellmann, Löhr.

14.10.1972 SV Hannover 96 - 1.FC Köln 0:0,
Zuschauer: 20.000
Aufstellung: Welz, Kapellmann, Thielen, Cullmann, Hemmersbach, Simmet, Bläser, Overath, H. Neumann, Löhr, Lauscher.

21.10.1972 1.FC Köln - Hertha BSC Berlin 4:0 (1:0),
Zuschauer: 8.000
Tore: 1:0 (40.) Thielen, 2:0 (63.) Glowacz, 3:0 (77.) Löhr, 4:0 (89.) Overath.
Aufstellung: Welz, Kapellmann, Cullmann, Thielen, Konopka, Simmet, Overath, H. Neumann (46. Bläser), Glowacz (75. Gebauer), Löhr, Lauscher.

28.10.1972 1.FC Kaiserslautern - 1.FC Köln 2:1 (0:0),
Zuschauer:10.000
Tore: 1:0 (56.) Bitz, 2:0 (71.) Seel, 2:1 (86.) Simmet.
Aufstellung: Welz, Kapellmann, Thielen, Cullmann, Konopka, Simmet, Overath, Flohe, Gebauer (46. Löhr), Mühlenberg (63. Scheermann), Lauscher.

31.10.1972 1.FC Köln - Wuppertaler SV 1:1 (0:0),
Zuschauer: 22.000
Tore: 1:0 (56.) Overath, 1:1 (62.) Kohle.
Aufstellung: Welz, Kapellmann, Cullmann, Thielen, Konopka, Simmet, Overath, Flohe, Glowacz (78. Scheermann), Löhr, Lauscher.

04.11.1972 Fortuna Düsseldorf - 1.FC Köln 3:2 (2:0),
Zuschauer: 45.000
Tore: 1:0 (23.) Zewe, 2:0 (25.) Budde, 3:0 (49.) Geye, 3:1 (63.) Thielen, 3:2 (89.) Bläser.
Aufstellung: Welz, Hemmersbach, Thielen, Cullmann, Konopka, Simmet, Glowacz (74. Bläser), Flohe, Overath, Löhr (64. Scheermann), Kapellmann.

11.11.1972 1.FC Köln - FC Schalke 04 3:0 (3:0),
Zuschauer: 13.500
Tore: 1:0 (05.) Kapellmann (FE), 2:0 (28.) Simmet, 3:0 (44.) Lauscher.
Aufstellung: Welz, Kapellmann, Cullmann (84. Hemmersbach), Thielen, Konopka, Simmet, Overath, Flohe, Glowacz, Löhr, Lauscher.

17.11.1972 VfL Bochum - 1.FC Köln 2:4 (0:1),
Zuschauer: 14.000
Tore: 0:1 (04.) Löhr, 0:2 (60.) Simmet, 1:2 (65.) Lameck, 2:2 (69.) Konopka (E), 2:3 (84.) Flohe, 2:4 (85.) Löhr.
Aufstellung: Welz, Konopka, Cullmann, Weber, Kapellmann, Simmet, Overath, Flohe, H. Neumann, Löhr, Lauscher.

21.11.1972 1.FC Köln - Eintracht Frankfurt 3:1 (1:0),
Zuschauer: 10.000
Tore: 1:0 (43.) Löhr (FE), 1:1 (68.) Parits, 2:1 (69.) Flohe, 3:1 (83.) Löhr (FE).
Aufstellung: Welz, Kapellmann, Weber, Cullmann, Konopka, Simmet, Overath, Flohe, Glowacz, Löhr, Lauscher.

25.11.1972 1.FC Köln - Kickers Offenbach 1:1 (1:1),
Zuschauer: 10.000
Tore: 0:1 (13.) Blechschmidt, 1:1 (34.) Löhr.
Aufstellung: Welz, Kapellmann, Weber, Cullmann, Konopka, Simmet, Overath, Flohe, Glowacz (72. H. Neumann), Löhr, Lauscher.

02.12.1972 Borussia M'gladbach - 1.FC Köln 5:2 (3:0),
Zuschauer: 28.000
Tore: 1:0 (01.) Bonhof, 2:0 (16.) Rupp, 3:0 (37.) Heynckes, 3:1 (52.) Flohe, 4:1, 5:1 (56. [FE], 65. [FE]) Heynckes, 5:2 (74.) Simmet.
Aufstellung: Welz, Hemmersbach, Konopka, Simmet, Weber, Cullmann, Overath, H. Neumann, Flohe, Löhr, Lauscher.

16.12.1972 1.FC Köln - FC Bayern München 2:1 (1:1),
Zuschauer: 28.000
Tore: 1:0 (10.) Cullmann, 1:1 (18.) Krauthausen, 2:1 (90.) Kapellmann.
Aufstellung: Welz, Kapellmann, Cullmann, Konopka, Hein, Simmet, Löhr, Flohe, Weber, R. Neumann (87. Hähnchen), Lauscher.
B.V.: Welz hält FE von G. Müller (18.).

20.01.1973 1.FC Köln - VfB Stuttgart 5:1 (0:1),
Zuschauer: 8.800
Tore: 0:1 (28.) Weidmann, 1:1 (52.) Kapellmann, 2:1 (62.) R.Neumann, 3:1 (66.) Löhr (FE), 4:1 (73.) Kapellmann (FE), 5:1 (85.) Flohe.
Aufstellung: Welz, Kapellmann, Cullmann, Weber, Konopka (18. Hein), Simmet, Flohe, H.Neumann, Gebauer (78. Hähnchen), R. Neumann, Löhr.

27.01.1973 Rot-Weiß Oberhausen - 1.FC Köln 2:2 (0:1),
Zuschauer: 6.000
Tore: 0:1 (06.) Hein, 1:1 (53.) Wilbertz, 2:1 (76.) Heinrichs, 2:2 (83.) Gebauer.
Aufstellung: Welz, Kapellmann, Weber, Cullmann, Hein, Konopka, Simmet, Flohe, Hähnchen (68. Gebauer), R.Neumann (78. Bläser) H. Neumann.
B.V.: Welz hält FE von Kobluhn (32.).

02.02.1973 1.FC Köln - MSV Duisburg 3:1 (2:1),
Zuschauer: 15.000
Tore: 1:0 (15.) Overath, 2:0 (25.) R.Neumann, 2:1 (34.) Rettkowski, 3:1 (49.) Gebauer.
Aufstellung: Welz, Kapellmann, Cullmann, Weber, Hein, Simmet, Overath, Flohe, Gebauer, R. Neumann, Hähnchen (70. Bläser).

17.02.1973 1.FC Köln - Hamburger SV 2:1 (1:0),
Zuschauer: 10.000
Tore: 1:0 (41.) Cullmann, 1:1 (57.) Zaczyk (FE), 2:1 (90.) Löhr.
Aufstellung: Welz, Kapellmann, Cullmann, Weber, Hein, Simmet, Overath, Flohe, Gebauer (86. Konopka), Hähnchen (46. Lauscher), Löhr.

24.02.1973 Eintracht Braunschweig - 1.FC Köln 2:0 (0:0),
Zuschauer: 7.907
Tore: 1:0 (68.) Merkhoffer, 2:0 (77.) Bründl.
Aufstellung: Welz, Kapellmann, Cullmann, Weber, Konopka, Simmet, Flohe, Overath, Gebauer, H. Neumann (67. Thielen), Löhr.

10.03.1973 1.FC Köln - SV Hannover 96 3:3 (1:2),
Zuschauer: 9.000
Tore: 0:1 (17.) Kaemmer, 0:2 (20.) Reimann, 1:2 (38.) Simmet, 1:3 (60.) Reimann, 2:3 (70.) Cullmann, 3:3 (75.) Löhr (HE).
Aufstellung: Welz, Konopka, Cullman, Weber, Hein, Simmet, Overath, Flohe, Gebauer, Kapellmann, Löhr.

17.03.1973 Hertha BSC Berlin - 1.FC Köln 1:1 (1:1),
Zuschauer: 17.000
Tore: 1:0 (15.) Gutzeit, 1:1 (22.) Löhr.
Aufstellung: Welz, Kapellmann, Weber, Cullmann, Hein, Simmet, Flohe, Overath, Glowacz (75. Lauscher), Gebauer, Löhr.

20.03.1973 SV Werder Bremen - 1.FC Köln 2:1 (2:1),
Zuschauer: 21.000
Tore: 1:0 (08.) Zembski, 2:0 (13.) Höttges, 2:1 (26.) Hein.
Aufstellung: Welz, Kapellmann, Cullmann, Weber, Hein, Simmet, Flohe, Overath, Glowacz, Gebauer, Löhr.

24.03.1973 1.FC Köln - 1.FC Kaiserslautern 2:0 (1:0),
Zuschauer: 10.000
Tore: 1:0 (14.) Glowacz, 2:0 (74.) Flohe.
Aufstellung: Welz, Kapellmann, Weber, Cullmann, Hein (66. Konopka), Simmet, Flohe, Overath, Glowacz, Gebauer (78. H. Neumann), Löhr.

31.03.1973 Wuppertaler SV - 1.FC Köln 2:2 (0:1),
Zuschauer: 28.000
Tore: 0:1 (30.) Cullmann, 1:1, 2:1 (64. [FE], 69.) Kohle, 2:2 (74.) Miss (E).
Aufstellung: Welz, Hein, Weber, Cullmann, Konopka, Simmet, Flohe (82. H. Neumann), Overath, Glowacz, Kapellmann (68. Bläser), Löhr.

07.04.1973 1.FC Köln - Fortuna Düsseldorf 1:0 (0:0),
Zuschauer: 17.000
Tor: 1:0 (84.) Lauscher.
Aufstellung: Welz, Hein, Cullmann, Weber, Konopka, Overath, Flohe, Glowacz, R.Neumann (46. Lauscher), Löhr.

04.05.1973 1.FC Köln - VfL Bochum 2:1 (0:1),
Zuschauer: 10.000
Tore: 0:1 (15.) Walitza, 1:1 (77.) Cullmann, 2:1 (87.) Löhr.
Aufstellung: Welz, Hein (83. H. Neumann), Cullmann, Weber, Konopka, Simmet, Overath, Flohe, Glowacz (58. Gebauer), Kapellmann, Löhr.
B.V.: Scholz hält FE von Löhr.

19.05.1973 Eintracht Frankfurt - 1.FC Köln 5:0 (0:0),
Zuschauer: 13.000
Tore: 1:0 (59.) Reichel, 2:0 (67.) Hölzenbein, 3:0 (69.) Rohrbach, 4:0 (78.) Kalb, 5:0 (89.) Trinklein.
Aufstellung: Welz, Hein, Konopka, Cullmann, Weber, Glowacz (77. Gebauer), Overath, Flohe, Kapellmann, Löhr.

22.05.1973 FC Schalke 04 - 1.FC Köln 2:2 (1:2),
Zuschauer: 35.000
Tore: 1:0 (20.) E,Kremers (FE), 1:1 (24.) Weber, 1:2 (30.) Simmet, 2:2 (50.) E.Kremers.
Aufstellung: Welz, Kapellmann, Weber, Cullmann, Hemmersbach, Simmet, H. Neumann (77. Gebauer), Overath (54. Bläser), Hein, Glowacz, Löhr.

26.05.1973 Kickers Offenbach - 1.FC Köln 2:3 (1:2),
Zuschauer: 15.000
Tore: 0:1 (13.) Lauscher, 1:1 (14.) Kostedde, 1:2 (22.) Weber, 1:3 (52.) Schäfer (E), 2:3 (73.) Kostedde.
Aufstellung: Welz, Kapellmann, Weber, Cullmann, Konopka, H. Neumann, Simmet, Löhr, Glowacz, Hein, Lauscher (84. R. Neumann).

02.06.1973 1.FC Köln - Borussia M'gladbach 3:1 (1:1),
Zuschauer: 16.000
Tore: 0:1 (13.) Kulik, 1:1 (40.) Kapellmann (FE), 2:1 (47.) Glo-

STATISTIK 1972/73

wacz, 3:1 (84.) Flohe.
Aufstellung: Welz, Kapellmann, Cullmann, Weber, Hein, Simmet, Overath, Flohe, Glowacz, H.Neumann (77. Konopka), Löhr.

09.06.1973 FC Bayern München - 1.FC Köln 1:1 (0:0),
Zuschauer: 50.000
Tore: 0:1 (50.) Hein, 1:1 (80.) Hoeneß.
Aufstellung: Welz, Hein, Weber, Cullmann, Kapellmann, Simmet, Overath, H.Neumann, Flohe, Glowacz, Löhr.

LIGA-POKAL

09.08.1972 1.FC Köln - Bayer Leverkusen 6:2 (2:1),
Zuschauer: 4.000
Tore: 1:0, 2:0 (08., 37.) Kapellmann, 2:1 (41.) Langer, 3:1 (61.) Kapellmann, 4:1 (65.) Overath, 5:1 (70.) Flohe, 6:1 (72.) Cullmann, 6:2 (83.) Wieland.
Aufstellung: Welz, Hemmersbach, Cullmann, Thielen, Konopka, Simmet, Overath, Flohe, Glowacz, Kapellmann, Lauscher (63. H. Neumann).

12.08.1972 Fortuna Düsseldorf - 1.FC Köln 3:1 (1:0),
Zuschauer: 8.000
Tore: 1:0 (11.) Herzog, 2:0 (71.) Budde, 3:0 (81.) Geye, 3:1 (84.) Kapellmann.
Aufstellung: Welz, Hemmersbach, Cullmann, Thielen, Konopka, Simmet, Flohe, Overath, Glowacz, Kapellmann, Lauscher (30. Bosbach - 46. H. Neumann).

16.08.1972 Bayer Leverkusen - 1.FC Köln 0:2 (0:0),
Zuschauer: 1.500
Tore: 0:1 (47.) Kapellmann (E), 0:2 (55.) Flohe.
Aufstellung: Welz, Hemmersbach, Konopka, Thielen, Cullmann, Simmet, Overath, Flohe, Glowacz (46. Hähnchen), Kapellmann, H. Neumann (69. Scheermann).

18.08.1972 1.FC Köln - Fortuna Düsseldorf 4:1 (3:0),
Zuschauer: 2.500
Tore: 1:0, 2:0 (20., 25. [FE]) Kapellmann, 3:0 (37.) Thielen, 3:1 (62.) Schulz, 4:1 (77.) Glowacz.
Aufstellung: Welz, Hemmersbach, Cullmann, Thielen, Konopka, Simmet, Overath, Flohe, Hähnchen (57.Glowacz), Kapellmann (77. Scheermann), H. Neumann.

22.08.1972 Fortuna Köln - 1.FC Köln 1:1 (0:1),
Zuschauer: 10.000
Tore: 0:1 (37.) Kapellmann, 1:1 (83.) Thier.
Aufstellung: Welz, Hemmersbach, Cullmann, Konopka, Thielen, Simmet, Overath, H. Neumann, Scheermann, Kapellmann (83. Mühlenberg), Hähnchen (78. Bläser).

11.10.1972 1.FC Köln - Fortuna Köln 0:2 (0:1),
Zuschauer: 10.000
Tore: 0:1 (35.) Kucharski, 0:2 (87.) Glock.
Aufstellung: Welz, Hemmersbach, Thielen, Cullmann, Konopka (46. Bläser), Simmet, Flohe (20. H. Neumann), Overath, Gebauer, Kapellmann, Löhr.

DFB-POKAL

1. Runde (Hinspiel)
09.12.1972 Fortuna Köln - 1.FC Köln 2:1 (2:0),
Zuschauer: 9.000
Tore: 1:0 (35.) Bergfelder, 2:0 (43.) Thier, 2:1 (88.) Overath.
Aufstellung: Welz, Hein, Cullmann, Weber, Konopka, Simmet (42. Bläser), Overath, H. Neumann (18. Hemmersbach), Flohe, Löhr, Lauscher.
B.V.: In dieser Saison wurden die Paarungen des DFB-Pokals letztmalig in Hin- und Rückspielen ausgetragen.

1. Runde (Rückspiel)
20.12.1972 1.FC Köln - Fortuna Köln 4:0 n.V.,
Zuschauer: 15.000
Tore: 1:0 (20.) Cullmann, 2:0 (95.) Flohe, 3:0 (110.) R. Neumann, 4:0 (117.) Bläser.
Aufstellung: Welz, Kapellmann, Cullmann, Konopka, Hein, Weber, Simmet, Flohe (105. Bläser), Hähnchen, R. Neumann, Löhr.

Achtelfinale (Hinspiel)
03.03.1973 Hamburger SV - 1.FC Köln 2:2 (2:0),
Zuschauer: 6.000
Tore: 1:0 (38.) Nolgy, 2:0 (44.) Heese, 2:1 (63.) Overath, 2:2 (85.) Gebauer.
Aufstellung: Welz, Konopka, Weber, Cullmann, Hein, Simmet, Bläser, Overath, Gebauer, Flohe, Löhr.

Achtelfinale (Rückspiel)
14.03.1973 1.FC Köln - Hamburger SV 4:1 (2:0),
Zuschauer: 8.000
Tore: 1:0 (26.) Löhr (FE), 2:0 (34.) Löhr, 2:1 (58.) Heese, 3:1 (74.) Flohe, 4:1 (89.) Löhr.
Aufstellung: Welz, Konopka (74. Glowacz), Hein, Weber, Cullmann, Simmet, Overath, Flohe, Kapellmann, Gebauer, Löhr.

Viertelfinale (Hinspiel)
14.04.1973 Eintracht Braunschweig - 1.FC Köln 0:5 (0:1),
Zuschauer: 10.000
Tore: 0:1, 0:2 (39., 57.) Weber, 0:3 (71.) Hein, 0:4, 0:5 (77., 89.) Löhr.
Aufstellung: Welz, Kapellmann, Cullmann (71.Bläser), Weber, Konopka, Simmet, Flohe (77. Lauscher) Overath, Glowacz, Hein, Löhr.

Viertelfinale (Rückspiel)
18.04.1973 1.FC Köln - Eintracht Braunschweig 3:2 (1:0),
Zuschauer: 4.700
Tore: 1:0 (43.) Flohe, 2:0 (55.) Weber, 2:1 (62.) Gersdorff (FE), 3:1 (73.) Löhr, 3:2 (83.) Gerwien.
Aufstellung: Welz (67. Schumacher), Kapellmann, Hein, Weber, Konopka (60. Bläser), Simmet, Overath, Glowacz, Löhr, Lauscher.
B.V.: Franke hält FE von Löhr (90.).

Halbfinale (Hinspiel)
01.05.1973 1.FC Köln - Kickers Offenbach 5:0 (2:0),
Zuschauer: 23.000
Tore: 1:0 (35.) Hein, 2:0 (41.) Cullmann, 3:0 (62.) Löhr, 4:0 (70.) Kapellmann, 5:0 (84.) Overath.
Aufstellung: Welz, Kapellmann, Cullmann, Weber, Konopka, Simmet, Overath, Glowacz, Hein, Löhr.

Halbfinale (Rückspiel)
15.05.1973 Kickers Offenbach - 1.FC Köln 1:1 (1:0),
Zuschauer: 19.000
Tore: 1:0 (30.) Ritschel, 1:1 (86.) Löhr.
Aufstellung: Welz, Kapellmann, Cullmann, Weber, Konopka (73. Hemmersbach), Simmet, Overath, Flohe, Glowacz, Hein, Löhr.

Finale
23.06.1973 Borussia M'gladbach - 1.FC Köln 2:1 n.V.,
Zuschauer: 69.600
Tore: 1:0 (23.) Wimmer, 1:1 (41.) H. Neumann, 2:1 (93.) Netzer.
Aufstellung: Welz, Kapellmann, Weber, Cullmann, Hein, Overath (71. Konopka), H. Neumann, Simmet, Flohe, Glowacz (71. Gebauer), Löhr.
B.V.: Das Finale wurde in Düsseldorf ausgetragen. Welz hält einen FE von Heynckes (58.).

UEFA-POKAL

1. Runde (Hinspiel)
13.09.1972 1.FC Köln - Bohemians Dublin 2:1 (0:1),
Zuschauer: 4.000
Tore: 0:1 (24.) Daly, 1:1, 2:1 (48., 74.) Flohe.
Aufstellung: Welz, Hemmersbach, Bläser, Cullmann, Konopka, Simmet, Flohe, Overath, Scheermann, Kapellmann, Mühlenberg, (69. Thielen).

1. Runde (Rückspiel)
27.09.1972 Bohemians Dublin - 1.FC Köln 0:3 (0:0),
Zuschauer: 20.000
Tore: 0:1 (76.) Flohe, 0:2 (81.) Kapellmann, 0:3 (84.) Lauscher.
Aufstellung: Welz, Bläser, Konopka, Thielen, Cullmann, Simmet, Gebauer, Flohe, Kapellmann, Overath, Lauscher.

2. Runde (Hinspiel)
24.10.1972 Viking Stavanger - 1.FC Köln 1:0 (0:0),
Zuschauer: 13.000
Tor: 1:0 (77.) Vold.
Aufstellung: Welz, Kapellmann, Cullmann, Thielen, Overath, Bläser, Glowacz, Löhr, Simmet, Lauscher.

2. Runde (Rückspiel)
07.11.1972 1.FC Köln - Viking Stavanger 9:1 (4:1),
Zuschauer: 7.000
Tore: 1:0 (10.) Flohe, 2:0 (14.) Löhr, 3:0 (16.) Cullmann, 3:1 (34.) Poulsen, 4:1 (37.) Löhr, 5:1 (46.) Kapellmann, 6:1, 7:1 (55., 59.) Löhr,, 8:1 (60.) Löhr, 9:1 (64.) Kapellmann (FE).
Aufstellung: Welz, Kapellmann (66. Hemmersbach), Bläser

Im UEFA-Cup traf der FC auf Viking Stavanger. Hannes Löhr beim Angriff auf das Tor der Norweger.

STATISTIK 1972/73

(60. Weber), Cullmann, Konopka, Simmet, Overath, Flohe, Glowacz, Löhr, Lauscher.

Achtelfinale (Hinspiel)
28.11.1972 **1.FC Köln - Borussia M'gladbach** 0:0,
Zuschauer: 12.000
Aufstellung: Welz, Konopka, Weber, Cullmann, Hemmersbach, Simmet, Overath, Flohe, Glowacz (60. Gebauer), Löhr, Lauscher.

Achtelfinale (Rückspiel)
13.12.1972 **Borussia M'gladbach - 1.FC Köln** 5:0 (2:0),
Zuschauer: 15.000
Tore: 1:0 (06.) Kulik, 2:0 (35.) Vogts, 3:0 (64.) Jensen, 4:0 (66.) Rupp, 5:0 (79.) Jensen.
Aufstellung: Welz, Kapellmann, Hemmersbach (46. Hein), Cullmann, Konopka, Flohe, Simmet, Weber, Lauscher, Löhr, H. Neumann (66. Bläser).

FREUNDSCHAFTSSPIELE

23.07.1972 **Nationalmann. Mexiko A - 1.FC Köln** 5:4 n.E.
(in Guadalajara/Mexiko)

26.07.1972 **Atletico Mineiro - 1.FC Köln** 6:5 n.E.
(in Guadalajara/Mexiko)

30.07.1972 **Nationalmann. Mexiko B - 1.FC Köln** 6:7 n.E.
(in Leon/Mexiko)

02.08.1972 **Nationalmann. Mexiko A - 1.FC Köln** 3:1 (1:0)
(in Leon/Mexiko)

14.08.1972 **SEC Bastia - 1.FC Köln** 1:2

20.08.1972 **Olympia-Auswahl Ungarn - 1.FC Köln** 2:0 (2:0)
(in Budapest)

24.08.1972 **SV Roleber - 1.FC Köln** 1:11 (0:4)

02.09.1972 **SC Elsdorf - 1.FC Köln** 1:6 (0:0)

03.09.1972 **SV Baesweiler - 1.FC Köln** 0:7

09.09.1972 **Auswahl Obere Sieg - 1.FC Köln** 1:11 (0:6)

10.09.1972 **SpVgg Oberaußem-Fortuna - 1.FC Köln** 2:7 (1:4)

16.01.1973 **1.FC Köln - Chacarita Juniors** 1:0 (0:0)

11.04.1973 **Sportver.Solingen - 1.FC Köln** 0:8 (0:4)

21.04.1973 **FC Brügge - 1.FC Köln** 2:1 (1:0)

24.04.1973 **1.FC Nürnberg - 1.FC Köln** 3:2 (2:1)

05.05.1973 **Stadtauswahl Wiehl - 1.FC Köln** 1:11 (0:4)

09.05.1973 **FC Monheim - 1.FC Köln** 1:11 (0:5)

13.05.1973 **Partick Thistle FC - 1.FC Köln** 0:3 (0:1)
(in Tuttlingen)

27.05.1973 **Stadtauswahl Saarlouis - 1.FC Köln** 2:7 (1:2)

31.05.1973 **Standard Lüttich - 1.FC Köln** 2:1 (2:0)

03.06.1973 **FC Quadrath-Ichendorf - 1.FC Köln** 2:18 (0:9)

10.06.1973 **FC Maxhütte-Haidhof - 1.FC Köln** 0:13 (0:7)

11.06.1973 **TV 1862 Bad Mergentheim - 1.FC Köln** 1:11

17.06.1973 **SV Schwetzingen - 1.FC Köln** 2:8

26.06.1973 **Nationalmannsch. Japan - 1.FC Köln** 1:3 (0:1)
(in Tokio/Japan)

01.07.1973 **Nationalmannsch. Japan - 1.FC Köln** 0:4 (0:1)
(in Osaka/Japan)

03.07.1973 **Nationalmannsch. Japan - 1.FC Köln** 2:6 (1:3)
(in Tokio/Japan)

1. BUNDESLIGA 1972/73

1.	Bayern München (M)	93:29	54:14
2.	1.FC Köln	66:51	43:25
3.	Fortuna Düsseldorf	62:45	42:26
4.	Wuppertaler SV (N)	62:49	40:28
5.	Borussia M'gladbach	82:61	39:29
6.	VfB Stuttgart	71:65	37:31
7.	Kickers Offenbach (N)	61:60	35:33
8.	Eintracht Frankfurt	58:54	34:34
9.	1.FC Kaiserslautern	58:68	34:34
10.	MSV Duisburg	53:54	33:35
11.	Werder Bremen	50:52	31:37
12.	VfL Bochum	50:68	31:37
13.	Hertha BSC Berlin	53:64	30:38
14.	Hamburger SV	53:59	28:40
15.	FC Schalke 04 (P)	46:61	28:40
16.	Hannover 96	49:65	26:42
17.	Eintracht Braunschweig	33:56	25:43
18.	Rot-Weiß Oberhausen	45:84	22:46

FIEBERKURVE 1972/73

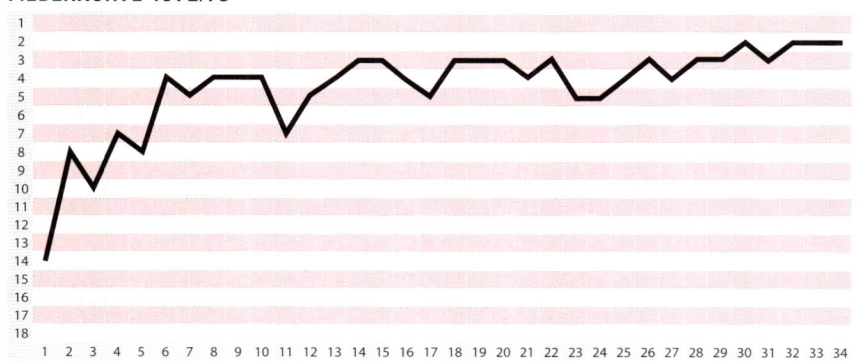

LIGAPOKAL

1.	Fortuna Köln	10:3	9:3	0:2 –	1:1
2.	Fortuna Düsseldorf	14:9	8:4	4:1 –	1:3
3.	1.FC Köln	14:9	7:5		
4.	Bayer Leverkusen	4:21	0:12	6:2 –	2:0

BUNDESLIGAKADER 1972/73

Abgänge: Biskup (RFC Lüttich), Rupp (Borussia M'gladbach), Volz (FSV Frankfurt),
Zugänge: Bosbach (eigene Jugend), Gebauer (SV Roleber), Hein (eigene Jugend), Mühlenberg (eigene Amateure), H. Neumann (eigene Jugend), R.-H. Neumann (Chacaritas Juniors Buenos Aires) Schumacher (Schwarz-Weiß Düren).

Trainer: Rudi Schlott (bis 03. Dezember 1972), Volker Kottmann (vom 04. Dezember bis 11. Dezember) Rudi Schlott (ab 12. Dezember 1972)

Tor:
Welz, Gerhard 34/8
Schumacher, Harald 0/0
Feld:
Simmet, Heinz 34/8
Cullmann, Bernd 34/6
Kapellmann, Josef 32/8
Flohe, Heinz 30/7
Overath, Wolfgang 30/3
Löhr, Johannes 28/11

Konopka, Harald 28/1
Weber, Wolfgang 22/2
Gebauer, Rainer 19/3
Glowacz, Jürgen 17/3
Hein, Herbert 17/3
Lauscher, Detlev 17/3
Neumann, Herbert 17/0
Thielen, Karl-Heinz 12/2
Bläser, Josef 12/1
Hemmersbach, Matthias 11/0
Scheermann, Paul 7/0
Neumann, Ricardo-Horacio 6/2
Hähnchen, Karl-Heinz 6/0
Mühlenberg, Herbert 2/1
Bosbach, Georg 0/0
Schmitz Heinz-Dieter 0/0

Dazu kommen Eigentore von Erich Miss (Wuppertaler SV) und Winfried Schäfer (Kickers Offenbach).

Mit einer Doppelveranstaltung versuchten die Lokalrivalen FC und Fortuna mehr Fans ins Stadion zu locken.

1973/74
1. BUNDESLIGA

Wieder „Tschik"

[LEGENDEN]

Herbert Neumann
Beim FC von 1969 bis 1980, 1983
Geboren: 14.11.1953 in Köln-Porz
Pflichtspiele beim FC: 258
Pflichtspieltore: 55

Torgefährlicher Sonnyboy
Schon bei seinen ersten Vereinen, dem TV Urbach und der SpVgg Porz, fiel Herbert Neumann durch seine herausragenden Fähigkeiten auf. Talente aus der Region ließ sich der FC zu jener Zeit nicht entgehen und so wurde der spätere DFB-Jugendauswahlspieler 1969 verpflichtet. Trainer Jupp Röhrig formte den „Rohdiamanten" zum Spielgestalter. 1971 wurde Neumann mit der A-Jugend des 1. FC Köln deutscher Jugendmeister. 1972 rückte der Mittelfeldakteur in den Profikader der Kölner auf, etablierte sich auf Anhieb und gehörte zum erweiterten Stamm. Nachdem Overath 1977 seine Laufbahn beendet hatte, bildete der Ballkünstler zusammen mit Heinz Flohe ein „Traumpaar", das in der Doublesaison 1977/78 22 Tore erzielte und viele Treffer vorbereitete. Mit herausragender Technik ausgestattet, dazu noch torgefährlich – so kann man die Fähigkeiten des Sonnyboys beschreiben, die ihm ein A-Nationalmannschaftsspiel einbrachten. Nach Differenzen mit Trainer Karl-Heinz Heddergott ging er 1980 nach Italien zu Udinese Calcio und ein Jahr später zum FC Bologna. Während der Saison 1982/83 kehrte der gebürtige Kölner für kurze Zeit zum FC zurück und gewann zum dritten Mal in seiner Karriere den DFB-Pokal. Anschließend war Neumann noch für Olympiakos Piräus und den FC Chiasso aktiv, bevor er beim FC Zürich seine erste Trainerstelle annahm. Weitere Trainerstationen waren Vitesse Arnheim, RSC Anderlecht, Istanbulspor, NAC Breda und VVV Venlo. Nach wie vor lebt er in seiner Heimatstadt Köln. Nicht selten ist er bei den FC-Spielen im RheinEnergieStadion zu Gast.

Seinem Ruf als Fußballglobetrotter wurde der 1. FC Köln auch im Sommer 1973 wieder gerecht. War man im Vorjahr noch in Südamerika unterwegs, so war nun Asien, genauer gesagt Japan, das Ziel. Schon einen Tag nach dem unglücklich verlorenen Pokalendspiel flog man über die Zwischenstation Anchorage in Alaska nach Tokio. In Japan waren die Kölner richtige Stars, die auf Schritt und Tritt von zahlreichen Fotografen und Kameras verfolgt wurden. Am begehrtesten war Wolfgang Overath – überall hörte man „Overatto, Overatto"-Sprechchöre der Einheimischen. Im Rahmen des zehntägigen Aufenthaltes spielte der FC dreimal gegen die japanische Nationalmannschaft, zweimal in Tokio, einmal in Osaka. Obwohl die Spiele alle live im japanischen Fernsehen übertragen wurden, kamen pro Spiel zwischen 20.000 und 40.000 Zuschauer in die Stadien. Auch ein Besuch der Sehenswürdigkeiten von Kyoto stand auf dem Programm. Organisiert wurde die Reise von einem alten Bekannten: Julius Ukrainczyk, langjähriger Spielervermittler und „Matchmaker" aus Paris, hatte im Hintergrund die Fäden gezogen.

KAPELLMANN ALS TEUERSTER BUNDESLIGATRANSFER

Wegen der bevorstehenden Weltmeisterschaft 1974 in Deutschland startete die Saison relativ früh. Das Trainingslager im niederländischen Papendaal bei Arnheim dauerte dennoch knapp zwei Wochen.
Natürlich drehte sich auch in diesem Jahr das Personalkarussell. Für bundesweites Aufsehen sorgte der Wechsel von Jupp Kapellmann zu den Bayern. Schon seit Monaten liebäugelte der Kölner Abwehrspieler mit den Münchenern, lehnte ein neues Vertragsangebot des FC ab. Der nicht mehr zu verhindernde Transfer brachte einen warmen Regen für die leere Geißbockkasse. Exakt 804.000 DM mussten die Münchner für Kapellmann zahlen, der bis dato teuerste Bundesligatransfer, der die Domstädter mit einem Schlag schuldenfrei machte. Auch für Rainer Gebauer, der zum belgischen Zweitdivisionär AS Eupen ging, kassierte Manager Thielen noch eine fünfstellige Ablösesumme. Paul Scheermann zog es zu Bundesligaabsteiger Rot-Weiß Oberhausen, Karl-Heinz Hähnchen zum 1. FC Saarbrücken. Auch Herbert Mühlenberg blieb der Durchbruch versagt, und so wechselte er leihweise zu Bayer Leverkusen und wurde später an den VfL Osnabrück verkauft. Kalli Thielen beendete nun auch offiziell seine aktive Karriere. Der Mann, der in 571 Pflicht- und Freundschaftsspielen 249 Treffer für den FC erzielt hatte, kümmerte sich nun ganz um seinen Managerjob. Besonders weh tat den Fans der Abschied von Publikumsliebling Matthias Hemmersbach. In zwölf Jahren bei den Geißböcken hatte er alle Höhen und Tiefen kennengelernt, war maßgeblich am Gewinn von zwei Meisterschaften und einem Pokalsieg beteiligt. „Matthes" ließ nun seine Karriere bei Verbandsligist Bayer Leverkusen ausklingen.

ES „MÜLLERT" WIEDER BEIM FC

Hoffnungsvollster Neuzugang war sicherlich Dieter Müller. Der 19-jährige Mittelstürmer und Amateurnationalspieler war von den Offenbacher Kickers an den Rhein gekommen. Er galt als großes Sturmtalent, und man hoffte, in ihm endlich den lange entbehrten „Knipser" gefunden zu haben. Tatsächlich schaffte es Müller zum zweitbesten Torschützen der FC-Geschichte nach Hannes Löhr. Auch dank seiner Tore schafften die Kölner fünf Jahre später den ganz großen Triumph. Endlich „müllerte" es wieder in Müngersdorf. Zusätzlich bekamen noch Reinhardt Schmitz von TURU Düsseldorf und Winfried Berkemeier von den eigenen Amateuren Lizenzspielerverträge. Zu „Legenden" im rot-weißen Trikot wurden beide jedoch nicht. Zum erweiterten Kader gehörte auch Amateur Rainer Nicot. Und es gab die Rückkehr eines alten Bekannten zu feiern: Konditionstrainer Rolf Herings war nach seinem einjährigen Abstecher nach Leverkusen ans Geißbockheim zurückgekehrt. Er ersetzte Volker Kottmann, der überraschend den Cheftrainerposten bei Fortuna Köln angenommen hatte. Die Südstädter hatten ihr Ziel erreicht und waren in die Bundesliga aufgestiegen. Nun kämpften in Köln zwei Vereine um das anspruchsvolle Publikum. Trotz der Lokalkonkurrenz stieg der Zuschauerschnitt beim FC wieder leicht an, und zum Auftakttraining am Geißbockheim kamen mehr als 3.000 erwartungsfrohe Anhänger.

KATASTROPHALER FEHLSTART – SCHLOTT MUSS GEHEN

Nach den üblichen Testspielen begann am 11. August 1973 mit dem Heimspiel gegen Eintracht Frankfurt die Bundesligasaison. Die Kölner legten einen klassischen Fehlstart hin, den so im Vorfeld niemand erwartet

Hintere Reihe von links: Heinz Simmet, Ricardo-Horacio Neumann, Harald Konopka, Reinhard Schmitz, Hannes Löhr, Detlev Lauscher, Heinz Flohe. Mittlere Reihe von links: Trainer Rudi Schlott, Wolfgang Overath, Dieter Müller, Winfried Berkemeier, Herbert Neumann, Bernd Cullmann, Ockenfels, Masseur Carlo Drauth. Untere Reihe von links: Josef Bläser, Wolfgang Weber, Gerhard Welz, Harald Schumacher, Herbert Hein, Jürgen Glowacz.

hatte. Nach einem mühsamen 1:1 gegen die Hessen verlor man sowohl in Düsseldorf (0:3) als auch beim MSV Duisburg (1:5) und belegte erstmals in der Vereinsgeschichte den letzten Platz in der Bundesligatabelle. Obwohl am 4. Spieltag ein Heimsieg gegen den 1. FC Kaiserslautern (3:1) gelang, holte der FC aus den Partien beim VfB Stuttgart, gegen Bochum und in Hamburg nur ein mickriges Pünktchen. Die Mannschaft rangierte punktgleich mit dem Tabellenletzten auf Rang 16, und dem Vorstand riss der Geduldsfaden. Der menschlich integre, aber glücklose Coach Rudi Schlott musste vorzeitig sein Spind räumen. Dabei hatte der Sportlehrer alles versucht, um die Wende herbeizuführen. Um einen besseren Überblick zu haben, setzte er sich während der Spiele sogar zeitweise auf die Tribüne. Doch auch der „Tribünenadler" konnte den Abwärtstrend nicht stoppen.

„TSCHIK" KOMMT ZURÜCK

Sein Nachfolger wurde kein Geringerer als „Tschik" Cajkovski, mit dem man in seiner zweiten Traineramtszeit am Geißbockheim hoffte, an frühere Erfolge anknüpfen zu können. Schon auf der Fahrt zum UEFA-Cup-Erstrundenspiel beim türkischen Vertreter Eskisehirspor Kulübü, von dem an anderer Stelle noch mehr zu lesen sein wird, stieß „Tschik" zur Mannschaft. Der FC-Tross war sogar den Umweg über München geflogen, damit Cajkovski „zusteigen" konnte. Mit einem 0:0 in der Türkei feierte er auch gleich einen guten Einstand.

Gespannt wartete man nun auf „Tschiks" Bundesligapremiere am kommenden Samstag gegen die Offenbacher Kickers. Etwas enttäuschend war die Tatsache, dass nur 14.000 Neugierige die Rückkehr des Meistertrainers sehen wollten, zumal der angekündigt hatte, das „Stadion seien ausverkauft, wenn kommen alle meine Freunde". An Selbstbewusstsein hatte es ja dem „Tschik" noch nie gemangelt. Und sein Debüt wurde viel versprechend – mit 2:0 bezwang man die Gäste vom Bieberer Berg. Der neue Sturmtank Dieter Müller, der bislang zwar gute Ansätze zeigte, aber erst einen Treffer verbuchen konnte, schoss gegen seine ehemaligen Mitspieler zwei sehenswerte Tore.

Nur eine Woche später, am 29. September 1973, dann das Derby in Gladbach. An seinem 30. Geburtstag wurde Wolfgang Overath für sein 300. Bundesligaspiel geehrt. Borussenkapitän Jupp Heynckes überreichte seinem Amtskollegen einen Blumenstrauß und eine Standuhr. Nachdem der FC durch Harald Konopka in Führung gegangen war, besorgte der Ex-Kölner Rupp den Ausgleich für die Hausherren. Dabei blieb es bis zum Abpfiff. Nach dem Punktgewinn auf dem Bökelberg spendierte „Tschik" seinen Spielern im Gladbacher Clubhaus eine Runde Sekt – sehr zum Missfallen von Manager Thielen.

Cajkovskis Verpflichtung brachte zunächst einen unverhofften sportlichen Aufschwung. Vor allem die „alten Hasen" Weber, Löhr und Overath erlebten ihren dritten Frühling. Weber, nach schwerer Bandscheiben- und Rückenverletzung, kämpfte sich wieder in die Nationalmannschaft zurück und war unverzichtbarer Bestandteil der Kölner Abwehr. Auch Overath wurde rechtzeitig mit Blick auf die anstehende WM zur festen Größe in der DFB-Auswahl von Helmut Schön. Bis zum Ende der Hinrunde verlor der FC nur noch ein Spiel (0:1 in Hannover).

WICHTIGER SIEG IM STADTDUELL

Nicht nur die Bayern wurden mit 4:3 geschlagen, auch den ersten Bundesligalokalkampf gegen die Fortuna entschieden die Geißböcke mit 2:0 souverän zu ihren Gunsten. In der restlos ausverkauften Radrennbahn zeigte der FC eindrucksvoll, wer die Nummer eins in der Stadt war. Ein durchaus wichtiger Sieg, auch für das Prestige in Köln und Umgebung. Denn der rührige Fortunen-Boss Löring investierte nicht nur jede

[Interessantes & Kurioses]

■ Am 12. Oktober 1973, um 21.55 Uhr ist es so weit: Oskar Maaß verlässt nach fünfjähriger Amtszeit die Kommandobrücke des 1. FC Köln. Maaß bleibt dem Verein als Mitglied des Verwaltungsrates erhalten. Im Rahmen der 25. Jahreshauptversammlung seit der FC-Gründung wählen die Mitglieder einen neuen Vorsitzenden: Peter Weiand, 54 Jahre alter Direktor der Nordwestdeutschen Toto- und Lotto-Gesellschaft, soll von nun an die Geschicke des Clubs leiten. Weiand, seit 1963 FC-Mitglied, war bereits von 1965 bis 1967 im Vorstand tätig gewesen, jedoch nach einem Krach mit Franz Kremer ausgeschieden. Neben seinem Präsidentenamt bei den Geißböcken ist der Finanzfachmann auch Vorsitzender des ASV-Köln (Leichtathletik). Seine Vertrauten, Klaus Hartmann und Kurt Werner, werden zum Vizepräsidenten bzw. zum Vorsitzenden des Sportbeirates gewählt. Diplom-Kaufmann Klaus Hartmann, Direktor der Kaufhof-Zentralverwaltung, wird zudem zum Schatzmeister ernannt. Manager Karl-Heinz Thielen wird zum bezahlten geschäftsführenden Vorstandsmitglied berufen. Die Führungscrew besteht nun aus Weiand, Hartmann, Werner und Thielen.

■ Bei der Jahreshauptversammlung wird auch eine Erhöhung der Mitgliedsbeiträge beschlossen: Erwachsene (aktiv und passiv) zahlen nun 60 DM Jahresbeitrag, Jugendliche müssen 30 bzw. 24 DM per anno zahlen.

Im Sommer 1973 ist der FC erstmals in Japan. Für die Gastgeber Grund genug, ein erstklassiges Programmheft zu produzieren, das eine absolute Seltenheit darstellt.

- Am 11. August 1973 findet im Geißbockheim erneut ein Sommerfest für die FC-Mitglieder statt. Mehr als 500 Besucher machen von der Einladung Gebrauch und erfreuen sich am Abend an einem riesigen Feuerwerk.

- Bernd Cullmann bietet via Stadionheft sein Auto zum Kauf an. Für rund 7.000 DM soll das Gefährt möglichst an einen FC-Fan verkauft werden. Auch Jürgen Glowacz und Harald Konopka inserieren ihre gebrauchten Autos in der *Bundesliga Zeitung*.

- Am 28. und 29. August 1973 nimmt der FC an einem Blitzturnier im spanischen Gijon teil. Nach Spielen gegen Sporting Gijon (2:1) und Velez Mostar (1:0) kommt es auf der Rückreise zu einer Irrfahrt: Da der Provinzflughafen wegen Nebels gesperrt ist, muss die Mannschaft in acht Taxis ins 450 Kilometer entfernte Madrid reisen. Eins der Fahrzeuge gibt unterwegs den Geist auf, und so müssen sich Flohe, Bläser und Lauscher per Anhalter in die Hauptstadt durchschlagen.

- Vor der Begegnung 1. FC Köln - Wuppertaler SV (0:0) am 2. November 1973 kommt es zu Ausschreitungen rivalisierender Fangruppen. Erst ein massiver Polizeieinsatz verhindert Schlimmeres. Nach dem Spiel stoppen Rowdys zwei Straßenbahnen und werfen sechs Scheiben ein.

- Beim Heimspiel gegen Hannover 96 (2:1) am 18. Mai 1974 wird Wolfgang Overath für 600 Pflicht- und Freundschaftsspiele im Dress der Geißböcke geehrt. Auch Hannes Löhr und Wolfgang Weber feiern Jubiläen: Beide absolvieren im Saisonverlauf ihr jeweils 500. Spiel für den 1. FC Köln.

Im September 1973 übernahm „Tschik" nach 12 Jahren wieder das Training der FC-Profis.

UEFA-Cup gegen OGC Nizza: Einen edlen Vereinswimpel überreichten die Franzosen den Kölnern.

Auch der FC-Karnevalsorden 1974 hatte die Rückkehr von „Tschik" Cajkovski zum Thema.

Menge Geld, sondern ließ auch keine Gelegenheit aus, sein „Vereinche" zu verkaufen und die Werbetrommel zu rühren. Dem neuen FC-Präsidenten Peter Weiand, seit fünf Tagen im Amt, war der Erfolg gegen den Stadtrivalen sogar eine Sonderprämie für die Spieler wert.

Nach der Winterpause setzte sich der Höhenflug fort. Obwohl man mit einer 1:2-Niederlage bei Eintracht Frankfurt das erste Pflichtspiel des Jahres 1974 verlor, folgten anschließend fünf Siege in Folge, darunter auch der erste Bundesligaerfolg auf dem gefürchteten Lauterer Betzenberg. Erst eine 1:2-Heimschlappe gegen den HSV am 2. März 1974 beendete die Erfolgsserie. Besonders bitter: Stammkeeper Welz zog sich nach einem Zusammenprall mit dem Hamburger Peter Krobbach eine Gehirnerschütterung zu, die der ehrgeizige Torhüter nicht behandeln ließ. Erst als er kurz darauf beim Training mit dem Kopf gegen den Torpfosten knallte und später zusammenbrach, begab sich Welz in neurologische Behandlung. „Keine Minute zu spät", wie er später konstatierte, denn eine Schwellung drückte schon aufs Gehirn und machte einen operativen Eingriff notwendig. Die schwere Verletzung des gebürtigen Frankfurters machte den Weg frei für den bisherigen Ersatztorwart Harald „Toni" Schumacher, dessen Karriere nun richtig Fahrt aufnahm – Welz schaffte kein Comeback und verließ den Verein zur Saison 1975/76 nach langer Krankheitsphase.

Auf der Zielgeraden wurden die Kölner wieder inkonstant. Nach dem 2:1-Erfolg in Offenbach glaubten die FC-Fans, dass sich ihr Club von der unglücklichen Pleite beim HSV erholt habe, doch sie täuschten sich. Einer Heimniederlage gegen Gladbach (0:1) folgte ein 1:4 bei den Bayern. Wenigstens konnte man die Vorherrschaft in der Domstadt halten, denn die Fortuna wurde beim 5:0 noch deutlicher als im Hinspiel bezwungen und regelrecht auseinandergenommen. Trotz großen Kampfes und einiger denkwürdiger Spiele stiegen die Südstädter am Saisonende ab, und mit den kölschen Derbys war somit für lange Zeit Schluss. Dem FC reichten sieben Punkte aus den letzten sechs Spielen, um auf Platz 5 der Endabrechnung zu landen und sich damit erneut für den lukrativen UEFA-Cup zu qualifizieren. Dies bedeutete rein tabellarisch zwar einen Rückschritt im Vergleich zum Vorjahr, doch angesichts des schwachen Starts wertete man die Platzierung als Erfolg. Es blieb die Erkenntnis, dass man mit Hannes Löhr und Talent Dieter Müller wieder über ein gefährliches Sturmduo verfügte: Zusammen erzielten sie 43 Pflichtspieltore, davon allein 33 in der Bundesliga. Für die Zukunft konnte man nur hoffen, dass Topspieler wie beispielsweise Flohe, Neumann oder Cullmann den Geißböcken die Treue hielten. Vor allem Flohe und Neumann kokettierten des Öfteren mit Abwanderungsgedanken. Dringender denn je brauchte der 1. FC Köln eine gute und attraktive Mannschaft. Denn nur einen Steinwurf von der Radrennbahn entfernt, hatte man nach ewigem Hin und Her am 7. Dezember 1973 den Grundstein für ein neues, 60.000 Zuschauer fassendes „Superstadion" gelegt. Symbo-

FC und Fortuna erstmals gemeinsam in der Bundesliga. Beide Begegnungen entscheiden die Geißböcke zu ihren Gunsten. Das Foto zeigt Herbert Hein bei einem Angriff auf das Fortunen-Tor beim 5:0-Sieg des FC am 30. März 1974.

lisch schleppten die Spieler und Trainer Cajkovski je einen Sack Zement zur Baustelle.

POKALSPIEL IM SCHATTEN DER ÖLKRISE

Im DFB-Pokal konnte man nicht an die Erfolge der Vorsaison anknüpfen. Wenigstens hatte der DFB den unsinnigen Modus mit Hin- und Rückspiel abgeschafft. Im Schatten der Ölkrise stand die Erstrundenbegegnung gegen Regionalligist Eintracht Braunschweig. Im Herbst 1973 hatten die Erdöl exportierenden Länder die Rohölpreise drastisch angehoben. Als Folge der daraus resultierenden Öl-Knappheit entstand in Deutschland der sogenannte autofreie Sonntag. Da der FC das Spiel an einem Montagabend unter dem als Stromfresser berüchtigten Flutlicht austragen wollte, benötigte man sogar die Einwilligung der Rheinisch-Westfälischen Elektrizitätswerke (RWE). Da die Flutlichtanlage der Radrennbahn mittels Wasserkraft gespeist wurde, gab es seitens des Energieversorgers keine Bedenken. Allerdings wollten nicht mehr als nur 2.800 zahlende Zuschauer das 2:0 und den damit verbundenen Einzug in die zweite Runde sehen. Der nächste Gegner, der Wuppertaler SV, stellte ebenfalls keine große Hürde dar. Der 1:0-Sieg durch das goldene Tor von Löhr drückte die Überlegenheit der Geißböcke nur unzureichend aus.

Einen dramatischen Pokalfight bekamen 28.000 Besucher am 16. Februar 1974 im Frankfurter Waldstadion zu sehen. Die 2:0-Führung der gastgebenden Eintracht wurde durch Overath und Flohe egalisiert. Auch nach 90 Minuten stand es 2:2 – Verlängerung. Erneut gingen die Hessen in Front, Overath glich aus. Mit seinem zweiten Tor zum 4:3 versetzte Eintracht-Torjäger Bernd Hölzenbein den Kölnern den endgültigen k.o. und besiegelte damit das unglückliche Aus im Pokal, den die Frankfurter am Ende sogar gewannen.

DER FC ALS „FRANZOSENKILLER"

Im UEFA-Pokal wurde es zunächst exotisch, ging es doch zum Auftakt zum türkischen Vertreter Eskisehirspor Kulübü. Die Partie bedeutete nicht nur „Tschik" Cajkovskis Einstand, sondern auch eine abenteuerliche Anreise: Da es in der 300.000-Einwohner-Stadt zwischen Istanbul und Ankara keinen Flughafen gab, mussten die Kölner per Bus von Istanbul aus ins türkische Hochland reisen. Zunächst per Fähre über den Bosporus, dann am Marmara-Meer vorbei, wo „Tschik" spontan den Bus anhalten ließ, um mit den Spielern im warmen Meer zu baden. Der Rest der Strecke wurde fast 200 Kilometer lang durch eine kahle Steinwüste zurückgelegt. Nach insgesamt 30 Stunden Anreise erreichten sie dann endlich das Ziel. Vor Spielbeginn beschäftigte dann ein ganz anderes Ereignis die Domstädter: Da das bulgarische Schiedsrichtergespann aus unerklärlichen Gründen nicht am Spielort eintraf, leitete ein türkischer (!) Unparteiischer aus Ankara die Partie. Die Kölner fürchteten nun, „verpfiffen" zu werden. Doch die Ängste waren unbegründet – Referee Türkdogan machte seine Sache so gut, dass er nach dem Abpfiff einen Hagel von Stein- und Tomatenwürfen der enttäuschten Zuschauer über sich ergehen lassen musste. Das Spiel in Eskisehir endete 0:0 und ließ dem FC für das Rückspiel damit alle Möglichkeiten offen. Vor 13.000 Zuschauern,

Der charmante „Komfort" der Radrennbahn. Das „Füßetrampeln" der Fans auf den Holzbänken ließ nicht selten die gegnerischen Mannschaften zittern.

■ Ende August 1973 erscheint im Heugel Verlag eine 172-seitige Festschrift zum 25-jährigen Jubiläum des 1. FC Köln mit dem Titel „25 Jahre – ein Begriff für Leistung im Spitzen- und Breitensport". Das erstklassige Buch stammt aus der Feder von Hans-Gerhard König.

■ Zum ersten Mal seit 1970 kann der 1. FC Köln in einer Saison wieder einen Gewinn erwirtschaften. 626.000 DM „Plus" können verbucht werden.

■ Genau 3.023.000 DM beträgt der Saisonetat für die FC-Lizenzspielerabteilung.

■ Zum dritten Mal hintereinander wird Wolfgang Overath von den Lesern des Kölner *Express* zu Kölns „Sportler des Jahres" gewählt.

■ Mit dem 1:2 gegen den HSV am 2. März 1974 verliert der FC erstmals nach 29 Heimspielen wieder auf eigenem Platz. Letztmals hatten die Kölner am 20. Mai 1972 beim 1:4 gegen die Bayern eine Heimpleite hinnehmen müssen.

Extrem seltenes UEFA-Cup Auswärtsprogramm. Das „Allez L'O.M." vom Spiel in Marseille.

■ Rund 1½ Jahre nach Einführung der *Bundesliga Zeitung* als offizielles Club- und Stadionmagazin des 1. FC Köln kommt das beliebte *Geißbock Echo* zurück. Es feiert seine Premiere am 30. März 1974 zum Derby gegen Fortuna Köln. Verantwortlich für das Kölner Stadionprogramm, das auch an die FC-Mitglieder versendet wird, ist Hans-Gerhard König, der bereits von 1960 bis 1972 „Macher" der seit 1957 erscheinenden Publikation war.

■ Mit 0:1 verliert die immer noch von Jupp Röhrig erfolgreich betreute A1-Jugend des FC das Endspiel um die deutsche Jugendmeisterschaft gegen den 1. FC Nürnberg.

- 425 DM kostet die Fanreise zum UEFA-Cup-Auswärtsspiel nach Nizza pro Person. Im Preis enthalten sind eine Übernachtung, Flug und ein Ticket zum Spiel. Das gleiche „Paket" zum Spiel bei den Tottenham Hotspurs kostet 185 DM.

- Der beim Auswärtsspiel in Wuppertal von Herbert Neumann erzielte Treffer zum 2:0-Endstand für den FC wird von den Zuschauern der ARD-Sportschau zum „Tor des Monats" April gewählt.

Das Ticket vom UEFA-Pokal-Spiel bei den Spurs.

- Nach seiner Rückkehr zum FC plant „Tschik" Cajkovski, Manager Thielen zu reaktivieren. Doch der winkt dankend ab. „Kalli" will sich ganz auf seinen Managerjob konzentrieren.

- Auch Zlatan, Sohn von „Tschik" Cajkovski, zieht es zu den Geißböcken. Er jagt bei den FC-Amateuren dem runden Leder nach.

- Beim Länderspiel Deutschland-Frankreich (2:1) am 13. Oktober 1973 in Gelsenkirchen wird Wolfgang Weber für seinen 50. Einsatz im Dress des DFB geehrt. Drei Tage zuvor hatte er nach fast zweijähriger Abstinenz beim Spiel gegen Österreich sein Comeback in der Nationalmannschaft gefeiert.

- Die Ostasienreise zum Saisonbeginn bringt dem FC einen Reingewinn von 100.000 DM.

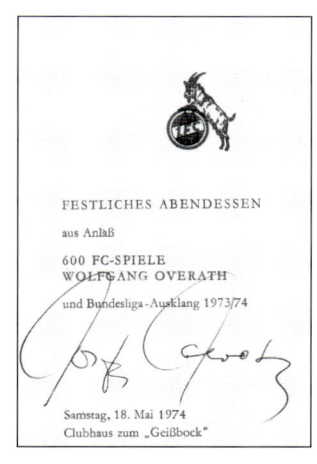

Wolfgang Overath feierte seine 600 Einsätze für den FC festlich im Geißbockheim.

Der FC schlägt Schalke 3:1. Heinz Flohe besorgt soeben den Endstand.

darunter knapp die Hälfte türkische Gastarbeiter, gewann man mit 2:0.
Ein schwererer Gegner wartete in der zweiten Runde auf die Domstädter. Der zweifache französische Meister Olympique Marseille, der 1972 noch das nationale „Double" gewonnen hatte, war nicht nur eines der renommiertesten Teams Frankreichs, sondern verfügte mit Nationalspieler Hector Tresor auch über erstklassiges Spielermaterial. Zudem brachte die Begegnung mit Olympique auch ein Wiedersehen mit Ex-FC-Spieler Roger Magnusson, der mittlerweile in Marseille sein Geld verdiente.
Köln musste zunächst ans Mittelmeer reisen. Im mit 34.000 Fans besetzten Stade Velodrome agierten die offensichtlich beeindruckten Geißböcke ängstlich und zurückhaltend. Nur Cullmann und Weber erreichten Normalform. Zwei schwere Fehler von Torwart Welz sorgten dafür, dass die Gastgeber zu einem 2:0-Erfolg kamen. Kaum jemand rechnete noch damit, dass die Rheinländer ins Achtelfinale einziehen könnten. Doch den 20.000 Zuschauern in der Radrennbahn wurde am 6. November 1973 ein echtes Fußballfest geboten, an dem sie einen nicht unerheblichen Anteil hatten. Die unermüdliche Anfeuerung der Fans trieb die Geißböcke zu einem umjubelten 6:0-Kantersieg – überragend Löhr und Müller als jeweils zweifache Torschützen.
Im Achtelfinale wurde dem FC erneut ein französischer Club zugelost – diesmal der OGC Nizza. Offensichtlich hatten die Rheinländer an der Cote d'Azur einen hervorragenden Ruf, denn zum Hinspiel war das Stade du Ray mit 23.000 Besuchern bis auf den letzten Platz gefüllt. Gegen den französischen Tabellenführer traten die Kölner bewusst defensiv auf, um erneut auf heimischem Boden alles klarzumachen. Bis zur 71. Minute ging der Plan auf, doch dann traf Ericsson zum 1:0-Endstand für die Gastgeber. Um die eigene Stärke wissend, war man mit der knappen Niederlage nicht unzufrieden, und so wurden die Spieler mit einem nächtlichen Bummel durch die Straßen Nizzas belohnt. Tatsächlich siegte der FC zu Hause ungefährdet mit 4:0 und entwickelte sich zum regelrechten „Franzosenkiller".

ZUM FÜNFTEN MAL AUF DER INSEL GESCHEITERT

Nun stand man bereits im Viertelfinale und wartete gespannt auf die Auslosung. Die Kölner bekamen den wohl dicksten Brocken aufgetischt: Tottenham Hotspurs. Obwohl die „Spurs" in der Tabelle der ersten englischen Division nur an 12. Stelle rangierten, hatten sie dennoch einen guten Ruf und eine schlagkräftige Mannschaft, in deren Reihen beispielsweise die nordirische Torwartlegende Pat Jennings oder der englische Nationalstürmer Martin Chivers kickten. Es war längst zur festen Einrichtung geworden, zukünftige Gegner zu beobachten. Und so reiste „Tschik" höchstpersönlich zum Meisterschaftsspiel der „Heißsporne" gegen Ipswich Town. Die Tatsache, dass der FC zunächst Heimrecht hatte, war sicherlich kein Vorteil. Finanziell war Tottenham allerdings ein Traumlos, denn die Radrennbahn war beim Hinspiel ausverkauft. Trotz der traditionell überragenden kölschen Europacupstimmung hatte man große Probleme mit den Londonern. Den Führungstreffer der „Spurs" durch McGrath konnte Müller noch ausgleichen, doch dem 2:1 von Peters hatte man nichts mehr entgegenzusetzen. Die Niederlage bedeutete praktisch schon das Aus, denn in der englischen Hauptstadt trauten selbst die kühnsten Optimisten den Geißböcken keinen Sieg zu. 41.000 Zuschauer, darunter knapp 500 mitgereiste Gästefans, waren zum Rückspiel an die White Hart Lane im Norden Londons gekommen. Sie sahen einen nie gefährdeten 3:0-Sieg von Tottenham gegen harmlose Kölner. Schon nach 15 Minuten führten die Gastgeber mit 2:0, ehe Peters kurz nach der Halbzeit die endgültige Entscheidung besorgte. Zum fünften Mal war der FC an einer Mannschaft von der britischen Insel gescheitert.

STATISTIK 1973/74

BUNDESLIGA

11.08.1973 1.FC Köln - Eintracht Frankfurt 1:1 (0:0), Zuschauer: 16.000
Tore: 1:0 (68.) Löhr (FE), 1:1 (71.) Weber (E).
Aufstellung: Welz, Konopka (21. R. Schmitz), Cullmann, Weber, Hein, Simmet, Overath (54. R. Neumann), Flohe, Glowacz, Müller, Löhr.

18.08.1973 Fortuna Düsseldorf - 1.FC Köln 3:0 (1:0), Zuschauer: 35.000
Tore: 1:0 (20.) Herzog, 2:0, 3:0 (49.,90.) Geye.
Aufstellung: Welz, Glowacz, Cullmann, Bläser, Hein, Simmet (81. Nicot), Löhr, Flohe, R.Neumann (74. R. Schmitz), Müller, Lauscher.

21.08.1973 MSV Duisburg - 1.FC Köln 5:1 (2:1), Zuschauer: 16.000
Tore: 0:1 (23.) Müller, 1:1 (31.) Wunder, 2:1 (44.) Dietz, 3:1 (48.) Hosic, 4:1 (52.) Seliger, 5:1 (68.) Lehmann (FE).
Aufstellung: Welz, Simmet, Cullmann, Bläser, Nicot, Hein, Flohe, Löhr, Glowacz, Müller, Lauscher (70. R. Neumann).

25.08.1973 1.FC Köln - 1.FC Kaiserslautern 3:1 (1:0), Zuschauer: 10.000
Tore: 1:0 (07.) Flohe, 2:0 (65.) Glowacz, 3:0 (78.) Hein (FE), 3:1 (87.) Sandberg,.
Aufstellung: Welz, Konopka (79. Bläser), Weber, Cullmann, Hein, Simmet, Overath, Flohe, H. Neumann (61. Lauscher), Glowacz, Müller.

01.09.1973 VfB Stuttgart - 1.FC Köln 2:1 (0:1), Zuschauer: 50.000
Tore: 0:1 (11.) H.Neumann, 1:1 (57.) Ettmayer, 2:1 (61.) Stickel.
Aufstellung: Welz, Konopka (82. Bläser), Weber, Cullmann, Hein, Simmet, Flohe, Overath, Glowacz, Müller (74. Lauscher), H.Neumann.
B.V.: Glowacz bekommt in der 88.Minute einen Platzverweis.

08.09.1973 1.FC Köln - VfL Bochum 2:2 (1:0), Zuschauer: 11.000
Tore: 1:0 (34.) Flohe, 2:0 (67.) Weber, 2:1 (69.) Balte (FE), 2:2 (74.) Eggert.
Aufstellung: Schumacher, Konopka, Weber, Cullmann, Hein, Simmet, Overath, Flohe, H.Neumann (64. Müller), Löhr (84. R.Neumann), Lauscher.

15.09.1973 Hamburger SV - 1.FC Köln 3:1 (1:1), Zuschauer: 21.000
Tore: 0:1 (10.) Simmet, 1:1, 2:1 (22., 58.) Björnmose, 3:1 (86.) Krause.
Aufstellung: Schumacher, Konopka, Weber, Cullmann, Hein, Overath, Flohe, Simmet, H.Neumann, Löhr (64. Müller), Lauscher (85. Berkemeier).

22.09.1973 1.FC Köln - Kickers Offenbach 2:0 (1:0), Zuschauer: 14.000
Tore: 1:0, 2:0 (02., 70.) Müller.
Aufstellung: Schumacher, Konopka, Weber, Cullmann, Hein, Simmet, Overath, Flohe (82. R.Neumann), Müller (74. Berkemeier), Löhr, Lauscher.

29.09.1973 Borussia M'gladbach - 1.FC Köln 1:1 (0:1), Zuschauer: 27.500
Tore: 0:1 (40.) Konopka, 1:1 (48.) Rupp.
Aufstellung: Schumacher, Konopka, Weber, Cullmann, Hein, Simmet, Overath, Flohe, H.Neumann, Müller, Lauscher.

06.10.1973 1.FC Köln - FC Bayern München 4:3 (3:2), Zuschauer: 28.000
Tore: 1:0 (10.) Overath, 1:1 (21.) Schwarzenbeck, 1:2 (34.) Hoeneß, 2:2 (35.) Flohe, 3:2 (42.) Overath, 4:2 (60.) Löhr, 4:3 (80.) Roth.
Aufstellung: Welz, Konopka, Weber, Hein, Cullmann, Simmet, Overath, Flohe, Glowacz, Löhr, Lauscher.

17.10.1973 Fortuna Köln - 1.FC Köln 0:2 (0:1), Zuschauer: 28.000
Tore: 0:1 (21.) Overath, 0:2 (73.) Löhr.
Aufstellung: Welz, Konopka, Cullmann, Weber, Hein, Simmet, Flohe (85. Müller), Overath, Glowacz, Löhr, Lauscher (74. H.Neumann).

20.10.1973 1.FC Köln - Rot-Weiß Essen 3:2 (2:1), Zuschauer: 13.000
Tore: 1:0 (03.) Weber, 1:1 (05.) de Vlugt, 2:1, 3:1 (11., 65.) Löhr, 3:2 (88.) Lippens.
Aufstellung: Welz, Konopka, Weber, Cullmann, Hein, Overath, Flohe, Glowacz (69. R.Neumann), Löhr, Lauscher (69. H.Neumann).

27.10.1973 Hertha BSC Berlin - 1.FC Köln 2:2 (2:0), Zuschauer: 30.000
Tore: 1:0 (16.) Hein (E), 2:0 (43.) Beer, 2:1 (61.) Müller, 2:2 (84.) Weber.
Aufstellung: Welz, Konopka, Weber, Cullmann, Hein, Simmet, Flohe, Overath, Glowacz, Löhr (46. Müller), Lauscher (71. H.Neumann).
B.V.: Konopka bekommt in der 81. Minute einen Platzverweis.

02.11.1973 1.FC Köln - Wuppertaler SV 0:0, Zuschauer: 20.000
Aufstellung: Welz, Simmet, Cullmann, Hein, Weber, Flohe, Overath, Löhr, Glowacz, Müller, Lauscher (46. H.Neumann).

10.11.1973 FC Schalke 04 - 1.FC Köln 2:2 (1:1), Zuschauer: 45.000
Tore: 1:0 (29.) Fischer, 1:1 (33.) Weber, 1:2 (52.) Löhr, 2:2 (59.) Ehmke.
Aufstellung: Welz, Konopka, Weber, Cullmann, Hein, Flohe, H.Neumann, Overath, Müller, Löhr.

17.11.1973 1.FC Köln - SV Werder Bremen 2:0 (1:0), Zuschauer: 13.000
Tore: 1:0 (02.) Simmet, 2:0 (52.) H.Neumann.
Aufstellung: Welz, Konopka, Weber, Cullmann (85. Bläser), Weber, Hein, Simmet, Overath, Flohe, Müller (46. R.Neumann), Löhr.

08.12.1973 SV Hannover 96 - 1.FC Köln 1:0 (0:0), Zuschauer: 12.400
Tor: 1:0 (57.) Stegmayer.
Aufstellung: Welz, Konopka, Cullmann, Weber, Hein, Simmet, Flohe, Overath, Glowacz (75. R.Neumann), Müller, Löhr.

05.01.1974 Eintracht Frankfurt - 1.FC Köln 2:1 (1:1), Zuschauer: 31.000
Tore: 0:1 (30.) D. Müller, 1:1 (32.) H. Müller, 2:1 (78.) Grabowski.
Aufstellung: Welz, Konopka, Cullmann, Weber (34. Bläser), Hein, Simmet, Flohe, Löhr, Glowacz, Müller, Lauscher.

12.01.1974 1.FC Köln - Fortuna Düsseldorf 4:2 (2:0), Zuschauer: 22.000
Tore: 1:0 (21.) Weber, 2:0 (29.) Müller, 3:0 (63.) Löhr, 4:0 (75.) Glowacz, 4:1 (85.) Brei, 4:2 (87.) Herzog.
Aufstellung: Welz, Konopka, Weber, Cullmann, Hein, Simmet (78. Bläser), Overath (82. Berkemeier), Flohe, Müller, Glowacz, Löhr.

19.01.1974 1.FC Köln - MSV Duisburg 5:1 (3:1), Zuschauer: 14.000
Tore: 1:0 (03.) Flohe, 2:0 (08.) Müller, 2:1 (28.) Lehmann, 3:1 (38.) Konopka, 4:1 (76.) Flohe, 5:1 (81.) Löhr.
Aufstellung: Welz, Konopka, Weber, Cullmann, Hein, Simmet, Overath, Glowacz, Müller (83.Lauscher), Löhr.

26.01.1974 1.FC Kaiserslautern - 1.FC Köln 1:2 (1:1), Zuschauer: 23.000
Tore: 1:0 (05.) Sandberg, 1:1 (24.) Müller, 1:2 (84.) Löhr.
Aufstellung: Welz, Konopka, Weber, Cullmann, Hein, Simmet, Flohe, Overath, Glowacz, Müller, Löhr.

02.02.1974 1.FC Köln - VfB Stuttgart 5:2 (3:0), Zuschauer: 21.800
Tore: 1:0 (11.) Löhr, 2:0 (14.) Müller, 3:0 (39.) Löhr, 3:1 (48.) Brenninger, 4:1 (62.) Löhr, 5:1 (73.) Müller, 5:2 (86.) Ohlicher.
Aufstellung: Welz, Konopka, Cullmann, Weber, Hein, Simmet, Overath, Flohe, Glowacz (38. H.Neumann), Müller, Löhr.

09.02.1974 VfL Bochum - 1.FC Köln 0:2 (0:1), Zuschauer: 8.500
Tore: 0:1 (27.) Löhr, 0:2 (65.) Müller.
Aufstellung: Welz, Konopka, Weber, Cullmann, Hein, Simmet, Flohe, Overath, Glowacz, Müller (77. H.Neumann) Löhr.

02.03.1974 1.FC Köln - Hamburger SV 1:2 (1:1), Zuschauer: 12.000
Tore: 0:1 (14.) Winkler, 1:1 (38.) Overath, 1:2 (68.) Zaczyk.
Aufstellung: Welz, Konopka, Cullmann, Hein, Weber, Simmet, Overath, Flohe, Glowacz, Müller, Löhr.

09.03.1974 Kickers Offenbach - 1.FC Köln 1:2 (1:1), Zuschauer: 15.000
Tore: 0:1 (33.) Lauscher, 1:1 (44.) Ritschel (FE), 1:2 (89.) Müller.
Aufstellung: Welz, Konopka, Weber, Cullmann, Hein, Simmet, Löhr, Overath, Glowacz, Müller, Lauscher.

16.03.1974 1.FC Köln - Borussia M'gladbach 0:1 (0:0), Zuschauer: 28.000
Tor: 0:1 (87.) Heynckes.
Aufstellung: Schumacher, Konopka, Cullmann, Weber, Hein, Simmet, Overath, Flohe (46. Lauscher), Glowacz (83. H.Neumann), Müller, Löhr.

23.03.1974 FC Bayern München - 1.FC Köln 4:1 (2:1), Zuschauer: 55.000
Tore: 1:0 (06.) G.Müller, 1:1 (13.) Flohe, 2:1 (29.) Hoffmann, 3:1 (56.) Breitner (FE), 4:1 (78.) Kapellmann.
Aufstellung: Schumacher, Konopka, Weber, Cullmann, Hein, Simmet, Overath (68. Lauscher), H.Neumann, Glowacz (46. Löhr), Müller, Flohe.

30.03.1974 1.FC Köln - Fortuna Köln 5:0 (1:0), Zuschauer: 19.800
Tore: 1:0 (26.) Flohe, 2:0 (47.) Löhr, 3:0, 4:0 (73., 80.) Flohe, 5:0 (88.) Löhr.
Aufstellung: Schumacher, Konopka, Weber, Cullmann, Hein, Simmet, Flohe, Overath, Müller (73. R.Neumann), Löhr, Lauscher (70. H.Neumann).

06.04.1974 Rot-Weiß Essen - 1.FC Köln 1:1 (1:0), Zuschauer: 13.000
Tore: 1:0 (07.) Wörmer, 1:1 (67.) Simmet.
Aufstellung: Schumacher, Konopka, Weber, Cullmann, Hein, Simmet, H.Neumann, Overath, Müller, Löhr, Lauscher.

20.04.1974 1.FC Köln - Hertha BSC Berlin 3:4 (1:2), Zuschauer: 12.700
Tore: 0:1 (11.) K.Müller, 1:1 (22.) Simmet, 1:2 (32.) Hermandung, 1:3 (50.) Beer, 2:3 (58.) D.Müller, 2:4 (77.) Sziedat, 3:4 (90.) D.Müller.
Aufstellung: Schumacher, Konopka, H.Neumann, Cullmann, Hein, Simmet, Overath, Flohe, Müller, Löhr, Lauscher.

27.04.1974 Wuppertaler SV - 1.FC Köln 1:3 (0:1), Zuschauer: 14.000
Tore: 0:1, 0:2 (09., 52.) H.Neumann, 0:3 (54.) Müller, 1:3 (65.) Neuberger.
Aufstellung: Schumacher, Konopka, Bläser, Cullmann, Hein, Simmet, H.Neumann, Overath (85. R.Neumann), Flohe, Müller, Löhr.

04.05.1974 1.FC Köln - FC Schalke 04 3:1 (2:1), Zuschauer: 28.000
Tore: 1:0 (05.) Müller, 2:0 (33.) Flohe, 2:1 (37.) H.Kremers, 3:1 (63.) Flohe.
Aufstellung: Schumacher, Konopka, Cullmann, Bläser, Hein, Simmet, Overath, Flohe, H.Neumann, Müller, Löhr.

11.05.1974 SV Werder Bremen - 1.FC Köln 4:2 (2:2), Zuschauer: 11.000
Tore: 1:0 (08.) Roentved, 1:1 (21.) Löhr, 2:1 (37.) Höttges (FE), 2:2 (45.) Cullmann, 3:2 (73.) Bracht, 4:2 (81.) Görts.
Aufstellung: Schumacher, Konopka, Cullmann, Weber, Hein, Simmet, H.Neumann, Overath, Flohe, Müller, Löhr.
B.V.: Löhr bekommt in der 37.Minute einen Platzverweis.

STATISTIK 1973/74

18.05.1974 **1. FC Köln - SV Hannover 96** 2:1 (2:0),
Zuschauer: 8.000
Tore: 1:0 (07.) Müller, 2:0 (30.) Overath, 2:1 (84.) Reimann.
Aufstellung: Schumacher, Konopka, Weber, Cullmann, Hein, Simmet, Overath, Flohe, H.Neumann, Müller, Lauscher.

DFB-POKAL

1. Runde
03.12.1973 **1. FC Köln - Eintracht Braunschweig** 2:0 (0:0),
Zuschauer: 2.800
Tore: 1:0 (56.) Müller, 2:0 (67.) Hein.
Aufstellung: Welz, Konopka, Cullmann, Weber, Hein, Simmet, Overath, Flohe, Glowacz, Müller, Löhr.

Achtelfinale
15.12.1973 **1. FC Köln - Wuppertaler SV** 1:0 (0:0),
Zuschauer: 9.000
Tor: 1:0 (75.) Löhr.
Aufstellung: Welz, Konopka, Cullmann, Weber, Hein, Simmet, Overath, Flohe, Glowacz, Müller, Löhr (78. R.Neumann).

Viertelfinale
16.02.1974 **Eintracht Frankfurt - 1. FC Köln** 4:3 n.V.,
Zuschauer: 28.000
Tore: 1:0 (25.) Hölzenbein, 2:0 (61.) Rohrbach, 2:1 (69.) Overath, 2:2 (73.) Flohe, 3:2 (93.) Hölzenbein, 3:3 (99.) Overath, 4:3 (108.) Hölzenbein.
Aufstellung: Welz, Konopka (94. Bläser), Hein, Weber, Cullmann, Simmet, Flohe (105. H.Neumann), Overath, Glowacz, Müller, Löhr.

UEFA-POKAL

1. Runde (Hinspiel)
19.09.1973 **Eskisehirspor Kulübü - 1. FC Köln** 0:0,
Zuschauer: 10.000
Aufstellung: Schumacher, Konopka, Hein, Weber, Cullmann, Simmet, Glowacz, Flohe, H.Neumann, Löhr, Overath.

1. Runde (Rückspiel)
03.10.1973 **1. FC Köln - Eskisehirspor Kulübü** 2:0 (1:0),
Zuschauer: 13.000
Tore: 1:0 (38.) Lauscher, 2:0 (47.) Löhr.
Aufstellung: Welz, Konopka, Hein, Bläser, Cullmann, Simmet, Glowacz, Flohe, Löhr, H.Neumann (46. Müller), Lauscher.

2. Runde (Hinspiel)
23.10.1973 **Olympique Marseille - 1. FC Köln** 2:0 (0:0),
Zuschauer: 34.000
Tore: 1:0 (68.) Lopez, 2:0 (74.) Kuszowski.
Aufstellung: Welz, Konopka, Glowacz, Weber, Cullmann, Simmet, Hein, Flohe, Löhr, Overath, Lauscher (75. Müller).

2. Runde (Rückspiel)
06.11.1973 **1. FC Köln - Olympique Marseille** 6:0 (4:0),
Zuschauer: 18.000
Tore : 1:0 (07.) Flohe, 2:0, 3:0 (10., 37.) Müller, 4:0 (40.) Overath (FE), 5:0, 6:0 (47., 55.) Löhr.
Aufstellung: Welz, Konopka (66. Bläser), Hein, Weber, Cullmann, Simmet, Glowacz, Müller, Flohe (60. R.Neumann), Overath, Löhr.

Achtelfinale (Hinspiel)
27.11.1973 **OGC Nizza - 1. FC Köln** 1:0 (0:0),
Zuschauer: 23.000
Tor: 1:0 (70.) Ericsson.
Aufstellung: Welz, Glowacz, Hein, Konopka, Simmet, Cullmann, Neumann, Flohe, Müller, Overath, Löhr.

Achtelfinale (Rückspiel)
12.12.1973 **1. FC Köln - OGC Nizza** 4:0 (2:0),
Zuschauer: 18.000
Tore: 1:0 (22.) Müller, 2:0, 3:0 (32., 83.) Flohe, 4:0 (85.) Löhr.
Aufstellung: Welz, Konopka, Hein (88. R.Neumann), Weber, Cullmann, Simmet, Glowacz, Flohe (88. Bläser), Overath, Müller, Löhr.

Halbfinale (Hinspiel)
06.03.1974 **1. FC Köln - Tottenham Hotspurs** 1:2 (0:1),
Zuschauer: 28.000
Tore: 0:1 (18.) McGrath, 1:1 (54.) Müller, 1:2 (75.) Peters.
Aufstellung: Welz, Konopka (75. Lauscher), Hein, Weber, Cullmann, Simmet, Glowacz, Flohe, Müller, Overath, Löhr.

Halbfinale (Rückspiel)
20.03.1974 **Tottenham Hotspurs - 1. FC Köln** 3:0 (2:0),
Zuschauer: 41.000
Tore: 1:0 (11.) Chivers, 2:0 (15.) Coates, 3:0 (49.) Peters.
Aufstellung: Schumacher, Konopka, Simmet, Weber, Cullmann, Glowacz, Hein, Flohe, Müller, Overath, Lauscher (46. Löhr).

FREUNDSCHAFTSSPIELE

07.07.1973 **VfB Gießen - 1. FC Köln** 2:4

08.07.1973 **Borussia Fulda - 1. FC Köln** 0:5 (0:0)

29.07.1973 **1. FC Paderborn - 1. FC Köln** 3:4 (0:1)

01.08.1973 **Go Ahead Eagles Deventer - 1. FC Köln** 0:1 (0:0)

04.08.1973 **FC Utrecht - 1. FC Köln** 2:2 (1:1)

05.08.1973 **Sportfreunde Siegen - 1. FC Köln** 2:5 (2:4)

08.08.1973 **SV Oberaußem - 1. FC Köln** 1:9 (0:4)

14.08.1973 **FC Leichlingen - 1. FC Köln** 2:4 (1:2)

15.08.1973 **FC Ringsdorff - 1. FC Köln** 2:6 (2:3)

28.08.1973 **Sporting Gijon - 1. FC Köln** 1:2 (1:0)

29.08.1973 **Velez Mostar - 1. FC Köln** 0:1 (0:1)
(in Gijon/Spanien)

12.09.1973 **Rot-Weiß Lüdenscheid - 1. FC Köln** 0:4 (0:1)

26.09.1973 **FC Gebäudereiniger Köln - 1. FC Köln** 2:7 (0:4)

14.10.1973 **VfR Neuss - 1. FC Köln** 1:4 (0:2)

30.10.1973 **SV Wiesbaden - 1. FC Köln** 2:2 (0:2)

29.12.1973 **Viktoria Köln - 1. FC Köln** 1:2 (0:1)

01.01.1974 **Frechen 1920 - 1. FC Köln** 1:4 (1:0)

31.03.1974 **VfB Oldenburg - 1. FC Köln** 1:4 (1:1)

13.04.1974 **SV Kyllburg - 1. FC Köln** 1:11 (0:4)

23.04.1974 **Teutonia Lippstadt - 1. FC Köln** 1:4

05.05.1974 **VfB Wissen - 1. FC Köln** 2:2

07.05.1974 **Kreisauswahl Düren - 1. FC Köln** 0:1 (0:1)

12.05.1974 **Bünder SV - 1. FC Köln** 3:4

23.05.1974 **SV Neubeckum - 1. FC Köln** 3:3 (1:2)

25.05.1974 **Alemannia Aachen - 1. FC Köln** 3:3 (1:1)

02.06.1974 **SV Dreis - 1. FC Köln** 1:8 (0:4)

05.06.1974 **FSV Cappel - 1. FC Köln** 0:4 (0:1)

08.06.1974 **SW Düren - 1. FC Köln** 1:9 (1:5)

1. BUNDESLIGA 1973/74

1.	Bayern München (M)	95:53	49:19
2.	Bor. M'gladbach (P)	93:52	48:20
3.	Fortuna Düsseldorf	61:47	41:27
4.	Eintracht Frankfurt	63:50	41:27
5.	**1. FC Köln**	**69:56**	**39:29**
6.	1. FC Kaiserslautern	80:69	38:30
7.	FC Schalke 04	72:68	37:31
8.	Hertha BSC Berlin	56:60	33:35
9.	VfB Stuttgart	58:57	31:37
10.	Kickers Offenbach	56:62	31:37
11.	Werder Bremen	48:56	31:37
12.	Hamburger SV	53:62	31:37
13.	Rot-Weiß Essen (N)	56:70	31:37
14.	VfL Bochum	45:57	30:38
15.	MSV Duisburg	42:56	29:39
16.	Wuppertaler SV	42:65	25:43
17.	Fortuna Köln (N)	46:79	25:43
18.	Hannover 96	50:66	22:46

BUNDESLIGAKADER 1973/74

Abgänge: Bosbach (verstarb bei Unfall am 13. September 1972), Gebauer (AS Eupen), Hähnchen (1. FC Saarbrücken), Hemmersbach (Bayer Leverkusen), Kapellmann (Bayern München), Mühlenberg (Bayer Leverkusen / VfL Osnabrück), Scheermann (Rot-Weiß Oberhausen), Thielen (Ende der Laufbahn)
Zugänge: Berkemeier (eigene Amateure), Müller (Kickers Offenbach), Nicot (eigene Amateure), R. Schmitz (Turu Düsseldorf)

Trainer:
Rudi Schlott (bis 16. September 1973), Zlatko Cajkovski (ab 17. September 1973)

Tor:
Welz, Gerhard   21/0
Schumacher, Harald   13/0

Feld:
Simmet, Heinz   34/4
Cullmann, Bernd   34/1
Hein, Herbert   34/1
Flohe, Heinz   32/11
Müller, Dieter   31/17

Löhr, Johannes   31/16
Overath, Wolfgang   31/5
Weber, Wolfgang   29/5
Konopka, Harald   29/2
Glowacz, Jürgen   23/2
Neumann, Herbert   22/4
Lauscher, Detlev   22/1
Neumann, Ricardo-Horacio 10/0
Bläser, Josef   9/0
Berkemeier, Winfried 3/0
Nicot, Rainer   2/0
Schmitz, Reinhard   2/0
Schmitz Heinz-Dieter 0/0

FIEBERKURVE 1973/74

1974/75
1. BUNDESLIGA

Die Derby-Saison

Auf ein Trainingslager in weit entfernten Gefilden verzichtete man in diesem Jahr. Im eher bescheidenen Ambiente der Sportschule Hennef absolvierte der FC die Vorbereitung auf die Saison 1974/75. Es folgte eine Reihe von Freundschaftsspielen im In- und Ausland, deren Höhepunkte die erneute Teilnahme am Turnier im spanischen Vigo und ein respektables 0:0 gegen die französische Nationalmannschaft in Paris waren.

STRACK UND „ZIMBO" KOMMEN

Die Neuzugänge waren unspektakulär. Juniorennationalspieler Gerd Strack war von der Jugend in die Lizenzspielerabteilung aufgestiegen, nachdem er schon ein Jahr zuvor vom Nachbarverein Frechen 20 zum Geißbockheim gekommen war. Der talentierte Abwehrspieler kam bereits in seinem ersten Profijahr regelmäßig zum Einsatz. Ihn zeichnete nicht nur seine Übersicht in der Defensive, sondern auch ein „Mordsschuss" aus, mit dem er regelmäßig für Gefahr vor dem gegnerischen Tor sorgte. Strack wurde ein echter Dauerbrenner im FC-Trikot, der es bis in die Nationalmannschaft bringen sollte.

Nicht weniger erfolgreich verlief die Karriere von Herbert Zimmermann. Den gelernten Stürmer hatte man für 140.000 DM vom FC Bayern gekauft, wo er zwei Jahre lang über ein Reservistendasein nicht hinaus gekommen war. In Köln wurde der Angreifer mit Erfolg zum Abwehrspieler umgeschult. Seine zehnjährige FC-Karriere, während der „Zimbo" zum Nationalspieler avancierte, wurde gekrönt von einer Meisterschaft und drei Pokalsiegen. Weitere Neuzugänge waren der vom FC Schalke 04 gekommene Peter Ehmke und Heinz-Theo Horst von den eigenen Amateuren. Sie konnten sich jedoch keine Stammplätze erobern.

Drei Jahre nach dem Weggang von Milutin Soskic hatte man mit Slobodan Topalovic erneut einen jugoslawischen Torhüter verpflichtet. Keeper Nummer drei war Amateurschlussmann Wolfgang Mattern. Unumstrittene Nummer eins blieb Toni Schumacher, der sich schon zum Ende der vergangenen Saison seinen Stammplatz im FC-Kasten gesichert hatte. Obwohl Schumacher noch gelegentliche Schwächen zeigte, deutete er schon jetzt an, dass er sich zu einem erstklassigen Vertreter seines Fachs entwickeln würde.

SCHON WIEDER EIN FEHLSTART

Nennenswerte Abgänge gab es nicht zu verzeichnen, sodass man verhalten optimistisch in die neue Saison gehen konnte. Beim ersten Heimspiel gegen Rot-Weiß Essen am 24. August 1974 wurden vor dem Anpfiff unter großem Applaus die kölschen Weltmeister begrüßt. Bei der WM im eigenen Land hatte das DFB-Team von Helmut Schön den Titel geholt und im Finale die Niederlande mit 2:1 bezwungen. Mit Overath, Cullmann und Flohe hatten gleich drei FC-Spieler im deutschen Aufgebot gestanden. Während der Kölner Kapitän in allen sieben Begegnungen eingesetzt wurde, kamen „Culli" und „Flocke" zu je drei Einsätzen und mussten im Finale auf der Ersatzbank Platz nehmen. Unmittelbar nach der WM verkündete FC-Kapitän Overath auf dem Höhepunkt seiner internationalen Karriere

„Stummel" Cajkovski und seine beiden Neuzugänge Herbert Zimmermann (links) und Gerd Strack.

[LEGENDEN]

Gerhard „Gerd" Strack
Beim FC von 1972 bis 1985
Geboren: 01.09.1955 in Kerpen
Pflichtspiele beim FC: 338
Pflichtspieltore: 46

Der Abwehrspezialist

Bei der SpVgg Habbelrath und SpVg Frechen 20 erhielt Gerd Strack das fußballerische Rüstzeug. Auf den talentierten Abwehrspieler wurde auch der 1. FC Köln aufmerksam, der ihn 1972 in seine Jugendabteilung holte. Unter den Fittichen von Jupp Röhrig gelang ihm 1974 der Sprung zu den Profis. Auch Hennes Weisweiler setzte auf Strack, als der FC 1977 den DFB-Pokal und 1978 sogar das Double holte. Als Kapitän war es Gerd Strack, der 1983 den „Pott" und den damit bislang letzten Titel des 1. FC Köln in Empfang nehmen durfte. Auch schaffte es der kopfballstarke Verteidiger bis in die Nationalmannschaft und sicherte als Libero der DFB-Auswahl mit seinem Tor zum 2:1 gegen Albanien die EM-Teilnahme 1984.

Meniskusverletzungen warfen den ruhigen und sympathischen Vertreter seiner Zunft des Öfteren zurück, dennoch kam er auf zehn Einsätze in der A-Nationalmannschaft. 1985 wechselte Strack zum FC Basel und aus der Schweiz 1987 zu Fortuna Düsseldorf, wo er im selben Jahr seine Karriere verletzungsbedingt beendete. Zwischen 1980 und 1985 führte er ein Tabakwaren- und Lottogeschäft mit FC-Vorverkaufsstelle, dass im Mai 1985 von Leo Wilden übernommen wurde. Pech hatte der Familienvater in den 1980er Jahren. Bei einem Bauherrenmodell verlor der „Lange" eine stattliche Summe seines Geldes. Heute ist er in Hürth vor den Toren Kölns wohnhaft. Beim FC sieht man ihn regelmäßig – sowohl bei Spielen der Amateur- und Jugendmannschaften als auch bei den Profis. Ab und an zeigt der Ex-Profi sein Können in der FC-Traditionsmannschaft. ■

Hintere Reihe von links: Heinz Simmet, Hannes Löhr, Wolfgang Weber, Detlev Lauscher, Jürgen Glowacz, Ricardo-Horacio Neumann. Mittlere Reihe von links: Co-Trainer Rolf Herings, Herbert Neumann, Heinz Flohe, Dieter Müller, Peter Ehmke, Bernd Cullmann, Gerd Strack, Winfried Berkemeier, Masseur Carlo Drauth, Wolfgang Overath. Vordere Reihe von links: Trainer Zlatko Cajkovski, Herbert Zimmermann, Gerhard Welz, Wolfgang Mattern, Harald Schumacher, Herbert Hein, Harald Konopka.

[Interessantes & Kurioses]

■ Am 2. Oktober 1974 löst sich die Schachabteilung des 1. FC Köln auf. Grund: Den meisten Schachspielern ist der Jahresbeitrag von 60 DM zu hoch. Exakt 22 Mitglieder treten somit aus dem Verein aus.

■ Im Saisonverlauf werden Wolfgang Weber und Hannes Löhr für 300 Bundesligaspiele geehrt, Heinz Simmet für 500 Pflicht- und Freundschaftsspiele in der ersten Mannschaft des 1. FC Köln.

■ Auf Anregung von Stadionsprecher Hans-Gerhard König findet im Geißbockheim am 30. Januar 1975 der erste „Fan-Abend" des 1. FC Köln statt. Vorstand und Lizenzspieler diskutieren mit mehr als 300 überwiegend jugendlichen Anhängern aus der Südkurve. Haupttagesordnungspunkt: Wie kann man der zunehmenden Gewalt in und ums Stadion Herr werden? Besonders König setzt sich gegen die Gewalt ein und prägt das Motto „Begeisterung ja – Krawalle nein!".

■ Mehr als 10.000 postalische Autogrammwünsche erreichen den 1. FC Köln in der Saison 1974/75. Sie werden alle von der ehrenamtlichen „FC-Autogrammdame" Jacqueline Lauber beantwortet.

seinen Rücktritt aus der Nationalmannschaft.
Der weltmeisterliche Jubel in der Radrennbahn kehrte sich nach der Partie zu einem gellenden Pfeifkonzert um, denn der FC verlor mit 0:1. Als aus den folgenden fünf Bundesligaspielen nur zwei magere Pünktchen geholt wurden und man zwischenzeitlich sogar auf Platz 18 der Tabelle rangierte, war der Fehlstart perfekt. Vorstand und Mannschaft

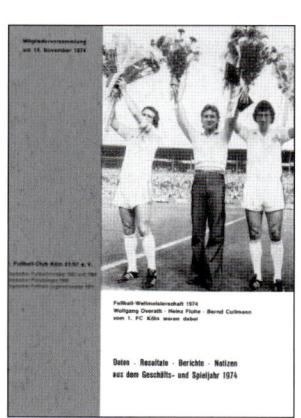

Das im November 1974 erschienene Mitgliederjahresheft feierte die „kölschen Weltmeister" Wolfgang Overath, Heinz Flohe und Bernd Cullmann auf der Titelseite.

trafen sich zur Krisensitzung und kamen zu dem Ergebnis, dass mehr die Überheblichkeit als mangelndes Können für die Negativserie verantwortlich war. Erst am 7. Spieltag durfte man beim 4:2-Heimerfolg über den VfB Stuttgart den ersten Saisonsieg feiern. Doch wie so oft in den letzten Jahren sollte die Achterbahnfahrt nun wieder aufwärts gehen, denn die Kölner verloren nur noch das folgende Auswärtsspiel beim HSV. Danach blieben die Geißböcke bis zum Ende der Hinrunde ungeschlagen.

MAL WIE EIN MEISTER, MAL WIE EIN ABSTEIGER

Der FC wurde nicht nur als „launische Diva", sondern auch als „Sphinx vom Rhein" bezeichnet – es gelang einfach nicht, konstant erfolgreich zu spielen. Das galt auch für die Rückrunde, in die man zwar ordentlich startete und zeitweise auch Kontakt zur Spitze hatte, doch durch unvorhergesehene Pleiten machte man sich die Chance, nach den Sternen zu greifen, selbst zunichte. Umjubelten Siegen wie dem 1:0 über die Bayern

oder dem 4:0 gegen den HSV standen ärgerliche Rückschläge wie die Pleiten in Düsseldorf (0:3) oder Bremen (1:4) gegenüber. Hinzu kam die fast schon obligatorische Heimschlappe gegen Gladbach (1:2). Die von Präsident Weiand geforderte sportliche Weiterentwicklung war ausgeblieben. Wie im Vorjahr belegte der FC am Ende erneut den 5. Tabellenplatz und qualifizierte sich für den UEFA-Cup. Das entsprach nicht ganz dem, was die doch hochklassig besetzte Kölner Mannschaft zu leisten im Stande war. Der schlechte Start, die Launenhaftigkeit und teils langwierige Verletzungen von Weber, Zimmermann, Hein und Flohe trugen mit dazu bei, dass nicht alles wunschgemäß verlaufen war. Hinzu kam das inzwischen schon etwas gespannte Verhältnis zwischen Trainer Cajkovski und einigen Spielern, die sich hinter vorgehaltener Hand über taktische Defizite und veraltete Trainingsmethoden „Tschiks" beschwerten. Ein 4:2-Heimsieg gegen den MSV Duisburg stellte ein versöhnliches Saisonende dar. Die Partie gegen die

Im August 1974 nimmt der FC an einem Mini-Turnier im spanischen Vigo teil, wo dieses wohl einmalige Bild entstand. Auf dem Foto sind von links „Tschik" Cajkovski, Herbert Neumann und Bernd Cullmann beim Stadtbummel zu sehen.

Zebras sollte das 599. und letzte Spiel von Hannes Löhr im FC-Dress sein, der seine glanzvolle Laufbahn beenden und sich der Jugendarbeit widmen wollte. Doch schon bald wurde der Torjäger reaktiviert, obwohl Sturmpartner Dieter Müller seinen Ruf als Knipser noch untermauert hatte. Mit 24 Treffern belegte er am Saisonende Rang zwei der Bundesligatorjägerliste.

Die finanzielle Entwicklung des Vereins war weiterhin positiv. Schatzmeister Klaus Hartmann führte die Clubfinanzen äußerst gewissenhaft. Seit Weiand und seine Vorstandsmannschaft das Ruder übernommen hatten, verzeichneten die Kölner jeweils einen Überschuss am Saisonende. Und schon Ende 1975 hoffte man ins neue Müngersdorfer Stadion umziehen zu können, dass seiner Fertigstellung entgegenging. Die 60.000-Zuschauer-Arena bot mit ihrer Kapazität ungeahnte Einnahmemöglichkeiten ...

IM UEFA-CUP BIS INS HALBFINALE

Die finnischen Feierabendfußballer vom PV Kokkolan bereiteten dem Kölner Bundesligisten keine Probleme. Mit 5:1 und 4:1 bezwang man die Nordeuropäer jeweils deutlich.
In Runde zwei wurde es schwerer und abenteuerlicher. Dinamo Bukarest hieß der Gegner. Der FC musste zuerst in der rumänischen Hauptstadt antreten. Reisen hinter den Eisernen Vorhang waren auch zu dieser Zeit noch ein Trip ins Ungewisse. Ein böses Erwachen gab es schon im Mannschaftshotel „Floreasca", wo statt lukullischer Genüsse zum Abendessen nur Brotsuppe und Joghurt serviert wurden. Leider war FC-Koch Jupp Müller verhindert gewesen, und so musste man sich wohl oder übel mit den angebotenen Speisen abfinden.
Im tristen Dinamo-Stadion hatten sich trotz unfreundlicher Anstoßzeit am Nachmittag mehr als 30.000 Zuschauer versammelt. Dies war umso

Zur Saison 1974/75 führte der FC erstmals ein Dauerkarten-Scheckheft ein, bei dem die Tickets zu den Spielen einzeln entnommen werden konnten.

■ Der sogenannte „Förderkreis" des 1. FC Köln wird auf Initiative des Vorstands gegründet. Ihm gehören Mitglieder und Edelfans an, die sich durch Spenden und den Erwerb von VIP-Tickets in besonderem Maße engagieren. Die 1.400 DM teuren VIP-Jahreskarten beinhalten einen Sitzplatz auf der Haupttribüne, Bewirtung in den Stadionräumlichkeiten in Form von Getränken und kleinen Snacks sowie einen Parkplatz in Stadionnähe.

■ Beim 4:2-Heimsieg über den MSV Duisburg am letzten Spieltag gelingt Hannes Löhr ein sehenswertes Tor: Eine Flohe-Flanke köpft die „Nas" zunächst an die Querlatte und geht bei der Aktion zu Boden. Den zurückprallenden Ball verwandelt Löhr sitzend (!) per Kopf ins Duisburger Tor.

■ Jürgen Glowacz, Herbert Hein, Harald Konopka und Herbert Neumann werden mit der Bundeswehr-Auswahl „Militär-Weltmeister" 1975. Beim Endspiel im Hagener Ischelandstadion geling Konopka per Elfmeter sogar der 1:0-Siegtreffer gegen die Niederlande.

■ Der Treffer von Jürgen Glowacz zum 4:0-Endstand im Heimspiel gegen den HSV am 26. März 1975 wird von der ARD-Sportschau zum „Tor des Monats" März gewählt. Die ihm hierfür verliehene Medaille hat Glowacz dem FC-Museum im RheinEnergieStadion zu Ausstellungszwecken zur Verfügung gestellt.

Unvergessene Flutlichtnächte in der Radrennbahn: Wolfgang Overath hat soeben das 1:0 gegen Partizan Belgrad erzielt.

Jürgen Glowacz erzielte im März 1975 das „Tor des Monats". Die dazugehörige Medaille ist im FC-Museum zu bestaunen. Das Kästchen, in das die Medaille eingelegt ist, stammt allerdings von Glowacz' Ehrung für 100 Spiele im FC-Dress.

Gegen den FC Amsterdam schafften die Kölner den Einzug ins UEFA-Cup-Halbfinale 1975: Flohe köpft aufs Tor, Dieter Müller lauert.

Am 24. August 1974 hatte das FC-Sommerfest die 12. Bundesligasaison zum Motto.

- Der FC lädt zu jedem Heimspiel 20-50 Kinder und Jugendliche von Sportvereinen der Umgebung zu den Bundesligaspielen ein. Bereits zwei Jahre zuvor war diese Aktion wieder ins Leben gerufen worden, nachdem der Club wegen des geringen Fassungsvermögens der Radrennbahn zeitweilig darauf verzichtet hatte.

- In den Katakomben des Geißbockheims werden erstmals mehrere große Kraftgeräte aufgebaut, um die Muskeln der Akteure zu stärken.

Originelle Idee des Clubhauses: Zu Silvester 1974/75 gab es im Geißbockheim stilecht „FC-Sekt".

erstaunlicher, wenn man die Tatsache bedachte, dass Dinamo als Mannschaft der Polizei und des Innenministeriums nicht unbedingt als Sympathieträger galt. Die Kölner trotzten den unbequemen Rumänen ein 1:1 ab – keine schlechte Ausgangsposition für das Rückspiel. Dieses wurde für 16.803 Fußballfreunde in der Radrennbahn zum echten Thriller, denn trotz eines 0:2-Rückstandes drehten die Geißböcke das Spiel und gewannen am Ende mit 3:2.

Im Achtelfinale gab es ein Wiedersehen mit „Tschiks" Ex-Club Partizan Belgrad. Die rund 35 Edelfans, die für 450 DM per Flugzeug zum Hinspiel mit nach Jugoslawien gereist waren, mussten enttäuscht die 0:1-Niederlage ihrer Mannschaft zur Kenntnis nehmen. Doch wie so oft rückte der FC die Dinge im magischen Flutlichtschein der Radrennbahn wieder gerade und überrollte die „Partisanen" mit 5:1. Da konnte man sich sogar noch den Luxus leisten, zwei Elfmeter zu verschießen.

Im Viertelfinale trafen Overath und Co auf den FC Amsterdam. Der holländische Ehrendivisionär stand zwar im Schatten des großen Lokalrivalen Ajax, hatte zuvor jedoch Inter Mailand und Fortuna Düsseldorf aus dem Wettbewerb geworfen. Köln hatte zunächst Heimrecht und erarbeitete sich mit einem 5:1-Erfolg ein gutes Polster für das Rückspiel in Amsterdam. In den Niederlanden behielten die Domstädter trotz der auch schon im Hinspiel brutalen Spielweise der Gastgeber die Oberhand und siegten mit 3:2.

AUSGERECHNET BORUSSIA

Die Freude über den Halbfinaleinzug währte nicht lange. Wie schon zwei Jahre zuvor ging es auf europäischer Bühne erneut gegen den Erzrivalen aus Mönchengladbach. 28.000 Fans quetschten sich zum Hinspiel in die überfüllte Radrennbahn. „Tschik" hatte im Vorfeld vollmundig angekündigt, den Borussen „fünf Stück reinhauen" zu wollen. Doch die Mannschaft vom Niederrhein wurde durch solche Aussagen erst angestachelt. Die FC-Fans mussten eine weitere bittere Heimpleite gegen den ungeliebten Rivalen erdulden. Mit 1:3 behielten die offensiv auftretenden Gäste verdient die Oberhand.

Die Chancen, noch das Endspiel zu erreichen, waren für die Kölner damit auf den Nullpunkt gesunken. Im Rückspiel reichte den Fohlen ein mühsamer 1:0-Sieg gegen ersatzgeschwächte Geißböcke, um ins Finale einzuziehen. Später gewannen die Gladbacher übrigens auch den „Pott".

DERBYFREUDE UND DERBYLEID IM DFB-POKAL

Was dem FC in den insgesamt vier Begegnungen in der Bundesliga und im UEFA-Cup nicht gelang, glückte im DFB-Pokal – ein Sieg gegen Mönchengladbach. Bis es so weit war, mussten zunächst die Amateure vom VfB Oldenburg aus dem Weg geräumt werden, was auch problemlos gelang – mit 6:2 siegte der FC im hohen Norden.

Irgendwie liefen sich Kölner und Gladbacher regelrecht nach, und so kam es in der zweiten Runde im nationalen Pokal zum besagten rheinischen Derby. Den 15.000 Zuschauern auf dem Bökelberg wurde ein packender Pokalkampf geboten. Doch nur die gut 2.000 mitgereisten FC-Fans hatten Grund zum Feiern: Obwohl ihre Mannschaft nach 31 Minuten mit 1:3 zurücklag, fightete sich die Overath-Truppe noch zu einem 5:3-Erfolg.

Nachdem der zukünftige Deutsche Meister aus dem Wettbewerb geworfen worden war, hofften die Kölner, ins Endspiel vordringen zu können. Der nächste Gegner FC St. Pauli stellte kein großes Hindernis dar – ohne Mühe qualifizierte sich die Overath-Mannschaft nach einem 4:1 über die Kiez-Kicker für die nächste Runde. Hier kam es erneut zu einem Rheinlandderby, diesmal gegen Fortuna Düsseldorf. Immerhin 50.000 Besucher waren zum Vergleich zwischen Kölsch- und Altbiermetropole ins Rheinstadion der Landeshauptstadt gekommen. Gegen die in diesem Jahr stark aufspielenden Fortunen hatte man in den beiden Bundesligabegegnungen nur einen Punkt holen können. Und auch im Pokal lief es trotz eines frühen Führungstreffers von Dieter Müller nicht besser, denn die Gastgeber machten aus dem 0:1 am Ende ein 5:2, und für den FC war der Traum ausgeträumt.

Der Karnevalsorden 1975 blickte schon auf das neue Müngersdorfer Stadion voraus.

STATISTIK 1974/75

BUNDESLIGA

24.08.1974 **1. FC Köln - Rot-Weiß Essen** 0:1 (0:1),
Zuschauer: 16.000
Tore: 0:1 (35.) Burgsmüller.
Aufstellung: Schumacher, Konopka, Strack, Cullmann, Hein, Simmet, Neumann (46. Lauscher), Overath, Glowacz (46. Zimmermann), Müller, Löhr.

31.08.1974 **VfL Bochum - 1. FC Köln** 3:2 (2:2),
Zuschauer: 20.000
Tore: 0:1 (07.) Müller, 1:1 (24.) Balte (FE), 1:2 (35.) Löhr, 2:2 (44.) Eggert, 3:2 (74.) Kaczor.
Aufstellung: Schumacher, Konopka, Hein (46. Strack), Cullmann, Neumann, Flohe, Overath, (55. Lauscher), Simmet, Glowacz, Müller, Löhr.

11.09.1974 **1. FC Köln - Fortuna Düsseldorf** 2:2 (2:0),
Zuschauer: 28.000
Tore: 1:0 (19.) Simmet, 2:0 (27.) Flohe, 2:1 (50.) Budde, 2:2 (68.) Geye (FE).
Aufstellung: Schumacher, Konopka, Strack, Cullmann, Hein (65. Zimmermann), Simmet, Flohe, Overath, Glowacz, Müller, Löhr (75. Lauscher).

14.09.1974 **FC Bayern München - 1. FC Köln** 6:3 (2:3),
Zuschauer: 36.000
Tore: 0:1 (01.) Müller, 1:1 (10.) Zobel, 1:2 (21.) Simmet, 1:3 (28.) Löhr (FE), 2:3 (33.) Wunder (FE), 3:3 (54.) Beckenbauer, 4:3 (69.) Kapellmann (FE), 5:3 (82.) Müller, 6:3 (89.) Rummenigge.
Aufstellung: Schumacher, Glowacz, Konopka, Cullmann, Strack, Simmet, Overath, Flohe (79. Horst), Ehmke (46. Zimmermann), Müller, Löhr.

21.09.1974 **1. FC Köln - Kickers Offenbach** 0:1 (0:0),
Zuschauer: 10.000
Tor: 0:1 (85.) Schäfer.
Aufstellung: Schumacher, Konopka, Weber, Glowacz, Cullmann, Simmet, Overath, Neumann, Löhr, Müller, Lauscher (78. Zimmermann).
B.V.: Bockholt hält Elfmeter von Löhr (45.) und Konopka (88.).

28.09.1974 **Hertha BSC Berlin - 1. FC Köln** 1:1 (1:0),
Zuschauer: 45.000
Tore: 1:0 (05.) Sidka, 1:1 (72.) Zimmermann.
Aufstellung: Schumacher, Konopka, Weber, Cullmann, Strack (46. Zimmermann), Simmet, Neumann, Overath, Glowacz, Müller, Löhr.

05.10.1974 **1. FC Köln - VfB Stuttgart** 4:2 (2:1),
Zuschauer: 12.000
Tore: 1:0 (24.) Müller, 2:0 (27.) Glowacz, 2:1 (43.) Weller, 3:1 (50.) Löhr, 3:2 (58.) Ohlicher, 4:2 (73.) Lauscher.
Aufstellung: Schumacher, Konopka, Weber, Cullmann, Strack, Simmet, Overath, Neumann, Glowacz, Müller (61. Lauscher), Löhr.

09.10.1974 **Hamburger SV - 1. FC Köln** 3:1 (2:0),
Zuschauer: 28.000
Tore: 1:0 (09.) Bertl, 2:0 (18.) Björnmose, 3:0 (49.) Zaczyk, 3:1 (77.) Neumann.
Aufstellung: Schumacher (55. Mattern), Konopka, Weber, Cullmann, Strack (66. Lauscher), Simmet, Neumann, Overath, Glowacz, Müller, Löhr.

12.10.1974 **Wuppertaler SV - 1. FC Köln** 1:4 (0:1),
Zuschauer: 7.000
Tore: 0:1 (42.) Müller, 0:2 (65.) Neumann, 1:2 (67.) Gu.Jung, 1:3 (73.) Konopka, 1:4 (85.) Overath (FE).
Aufstellung: Schumacher, Glowacz, Weber, Cullmann, Konopka, Simmet, Neumann, Overath, Ehmke (70. Lauscher), Müller, Löhr (80. Strack).

19.10.1974 **1. FC Köln - FC Schalke 04** 4:2 (1:2),
Zuschauer: 28.000
Tore: 0:1 (20.) Fischer (FE), 1:1 (34.) Cullmann, 1:2 (44.) Fischer, 2:2, 3:2 (67., 76.) Cullmann, 4:2 (78.) Müller.
Aufstellung: Schumacher, Konopka, Cullmann, Weber, Glowacz, Simmet, Overath, Neumann, Ehmke (46. Flohe), Müller, Löhr (52. Lauscher).

02.11.1974 **Eintracht Braunschweig - 1. FC Köln** 1:4 (1:2),
Zuschauer: 22.000
Tore: 0:1 (16.) Cullmann, 1:1 (21.) Gersdorff, 1:2 (24.) Müller, 1:3 (82.) Lauscher, 1:4 (89.) Müller.
Aufstellung: Schumacher, Simmet, Cullmann, Weber, Konopka, Glowacz, Neumann, Overath, Müller, Flohe (69. Löhr) Lauscher.

09.11.1974 **1. FC Köln - SV Werder Bremen** 3:1 (1:0),
Zuschauer: 11.000
Tore: 1:0 (05.) Konopka (FE), 2:0 (73.) Simmet, 3:0 (77.) Overath, 3:1 (84.) Höttges.
Aufstellung: Schumacher, Glowacz, Cullmann, Weber, Konopka, Simmet, Overath, Neumann, Flohe, Müller, Lauscher (62. Löhr).

16.11.1974 **Borussia M'gladbach - 1. FC Köln** 1:1 (1:1),
Zuschauer: 20.000
Tore: 1:0 (18.) Jensen, 1:1 (24.) Müller.
Aufstellung: Schumacher, Glowacz, Weber, Cullmann, Konopka, Simmet, Overath, Neumann, Müller, Flohe, Lauscher (81. Löhr).

23.11.1974 **1. FC Köln - Eintracht Frankfurt** 0:0,
Zuschauer: 24.000
Aufstellung: Schumacher, Glowacz, Weber (13. Löhr), Cullmann, Konopka, Simmet, Overath, Neumann, Müller, Flohe, Lauscher (60. Ehmke).

30.11.1974 **Tennis Borussia Berlin - 1. FC Köln** 2:3 (1:1),
Zuschauer: 5.500
Tore: 0:1 (13.) Strack, 1:1 (40.) Stolzenburg (FE), 1:2, 1:3 (55, 60.) Löhr, 2:3 (66.) Stolzenburg.
Aufstellung: Schumacher, Glowacz, Strack, Konopka, Simmet, Flohe, Overath, Neumann, Löhr, Müller, Löhr.

18.01.1975 **1. FC Köln - 1. FC Kaiserslautern** 2:0 (0:0),
Zuschauer: 15.000
Tore: 1:0 (88.) Löhr, 2:0 (90.) Müller.
Aufstellung: Schumacher, Glowacz, Weber, Cullmann, Zimmermann, Simmet, Overath, Neumann (78. Lauscher), Flohe, Müller, Löhr.

22.01.1975 **MSV Duisburg - 1. FC Köln** 1:3 (1:0),
Zuschauer: 16.000
Tore: 1:0 (16.) Worm, 1:1, 1:2 (50., 55.) Simmet, 1:3 (59.) Glowacz.
Aufstellung: Schumacher, Glowacz, Weber, Cullmann, Zimmermann, Simmet, Neumann, Overath, Müller, Flohe, Löhr (46. Lauscher).

25.01.1975 **Rot-Weiß Essen - 1. FC Köln** 1:1 (0:0),
Zuschauer: 14.000
Tore: 1:0 (79.) Lippens, 1:1 (90.) Müller.
Aufstellung: Schumacher, Glowacz, Weber, Cullmann, Konopka, Simmet, Neumann, Overath, Flohe, Müller, Löhr (80. Zimmermann).

01.02.1975 **1. FC Köln - VfL Bochum** 4:1 (4:0),
Zuschauer: 17.508
Tore: 1:0 (08.) Neumann, 2:0 (29.) Müller, 3:0 (35.) Overath, 4:0 (43.) Glowacz, 4:1 (71.) Eggeling.
Aufstellung: Schumacher, Glowacz, Konopka, Cullmann, Zimmermann, Simmet, Overath, Neumann (76. Ehmke), Flohe, Müller, Lauscher.

15.02.1975 **Fortuna Düsseldorf - 1. FC Köln** 3:0 (1:0),
Zuschauer: 42.000
Tore: 1:0 (09.) Seel, 2:0 (75.) G.Zimmermann (FE), 3:0 (90.) Brei.
Aufstellung: Schumacher, Glowacz, Konopka, Cullmann, H.Zimmermann, Simmet, Neumann (46. Löhr), Flohe, Overath, Müller, Lauscher.

22.02.1975 **1. FC Köln - FC Bayern München** 1:0 (1:0),
Zuschauer: 28.000
Tor: 1:0 (04.) Flohe (FE).
Aufstellung: Schumacher, Glowacz, Konopka, Zimmermann, Simmet, Overath (77. Löhr), Flohe, Ehmke (46. Strack), Müller, Lauscher, Cullmann.

01.03.1975 **Kickers Offenbach - 1. FC Köln** 1:4 (0:2),
Zuschauer: 30.000
Tore: 0:1 (04.) Neumann, 0:2 (12.) Simmet, 0:3, 0:4 (56., 69.) Müller, 1:4 (83.) Kostedde.
Aufstellung: Schumacher, Glowacz, Konopka, Cullmann, Strack, Simmet, Neumann (78. Löhr), Overath, Zimmermann, Flohe, Müller.

08.03.1975 **1. FC Köln - Hertha BSC Berlin** 2:1 (1:0),
Zuschauer: 28.000
Tore: 1:0 (15.) Müller, 2:0 (86.) Flohe, 2:1 (88.) Kliemann.
Aufstellung: Schumacher, Glowacz, Cullmann, Konopka, Strack, Simmet, Neumann (28. Lauscher), Flohe, Overath, Müller, Löhr.

22.03.1975 **VfB Stuttgart - 1. FC Köln** 2:0 (2:0),
Zuschauer: 40.000
Tore: 1:0, 2:0 (18., 22.) Ettmayer.
Aufstellung: Schumacher, Glowacz, Konopka, Cullmann, Strack, Neumann, Simmet, Flohe (78. Ehmke), Overath, Müller (61. Lauscher), Löhr.

26.03.1975 **1. FC Köln - Hamburger SV** 4:0 (1:0),
Zuschauer: 21.440
Tore: 1:0 (08.) Müller, 2:0 (71.) Löhr, 3:0 (79.) Konopka, 4:0 (87.) Glowacz.
Aufstellung: Schumacher, Glowacz, Konopka, Cullmann, Strack (33. Weber), Simmet, Neumann, Overath, Flohe, Müller, Löhr.

01.04.1975 **1. FC Köln - Wuppertaler SV** 4:0 (1:0),
Zuschauer: 9.184
Tore: 1:0 (17.) Müller, 2:0, 3:0 (49., 64.) Flohe, 4:0 (76.) Neumann.
Aufstellung: Schumacher, Cullmann (66. Ehmke), Weber, Konopka, Simmet, Neumann, Flohe, Overath (66. Lauscher), Glowacz, Müller, Löhr.

15.04.1975 **FC Schalke 04 - 1. FC Köln** 1:1 (0:0),
Zuschauer: 58.000
Tore: 1:0 (68.) Scheer, 1:1 (75.) Löhr.
Aufstellung: Schumacher, Glowacz, Cullmann, Konopka, Hein, Neumann, Simmet, Flohe (72. Lauscher), Overath, Müller, Löhr.

19.04.1975 **1. FC Köln - Eintracht Braunschweig** 3:0 (3:0),
Zuschauer: 13.296
Tore: 1:0, 2:0 (17., 18.) Müller, 3:0 (31.) Neumann.
Aufstellung: Schumacher (73. Topalovic), Glowacz, Cullmann, Konopka, Hein, Simmet, Overath, Flohe, Neumann (78. Lauscher), Müller, Löhr.

03.05.1975 **SV Werder Bremen - 1. FC Köln** 4:1 (2:1),
Zuschauer: 26.500
Tore: 0:1 (19.) Müller, 1:1 (22.) Kamp, 2:1 (36.) Weist, 3:1 (55.) Kamp, 4:1 (57.) Roentved.
Aufstellung: Schumacher, Glowacz, Hein, Konopka, Simmet, Neumann, Flohe, Overath, Müller (71. Lauscher), Löhr.

10.05.1975 **1. FC Köln - Borussia M'gladbach** 1:2 (1:1),
Zuschauer: 28.000
Tore: 0:1 (03.) Simonsen, 1:1 (37.) Löhr (FE), 1:2 (59.) Danner.
Aufstellung: Schumacher, Glowacz (62. Lauscher), Hein, Cullmann, Konopka, Simmet, Overath, Flohe, Neumann, Müller (68. Weber), Löhr.

23.05.1975 **Eintracht Frankfurt - 1. FC Köln** 3:2 (3:1),
Zuschauer: 32.000
Tore: 0:1 (06.) Neumann, 1:1 (12.) Hölzenbein, 2:1 (24.) Beverungen, 3:1 (28.) Hölzenbein, 3:2 (74.) Neumann.
Aufstellung: Schumacher, Glowacz, Weber, Cullmann, Konopka, Simmet, Zimmermann (46. Strack), Overath, Neumann, Müller, Löhr (38. Flohe).

31.05.1975 **1. FC Köln - Tennis Borussia Berlin** 7:1 (2:0),
Zuschauer: 7.500
Tore: 1:0 (40.) Müller (FE), 2:0 (43.) Overath, 2:1 (48.) Bittmayer, 3:1, 4:1 (61., 67.) Flohe, 5:1 (70.) Simmet, 6:1, 7:1 (75., 90. [HE]) Müller.
Aufstellung: Schumacher, Konopka, Cullmann (53. Weber), Strack, Zimmermann, Simmet, Neumann (41. Löhr), Overath, Glowacz, Müller, Flohe.

STATISTIK 1974/75

07.06.1975 **1. FC Kaiserslautern - 1. FC Köln** 1:1 (1:0),
Zuschauer: 20.000
Tore: 1:0 (29.) Sandberg, 1:1 (84.) Löhr (FE).
Aufstellung: Schumacher, Konopka (77. Lauscher), Strack, Weber, Zimmermann, Simmet (46. Löhr), Neumann, Overath, Flohe, Glowacz, Müller.
B.V.: Platzverweis für Glowacz (30.).

14.06.1975 **1. FC Köln - MSV Duisburg** 4:2 (3:2),
Zuschauer: 12.000
Tore: 0:1 (11.) Worm, 1:1 (15.) Neumann, 2:1 (22.) Löhr, 3:1 (33.) Müller, 3:2 (44.) Bücker, 4:2 (62.) Müller.
Aufstellung: Schumacher, Konopka, Weber, Strack, Hein, Simmet, Overath, Neumann (88. Berkemeier), Flohe, Müller, Löhr.

DFB-POKAL

1. Runde
08.09.1974 **VfB Oldenburg - 1. FC Köln** 2:6 (1:5),
Zuschauer: 9.000
Tore: 0:1 (13.) Müller, 0:2 (20.) Simmet, 0:3 (25.) Löhr, 0:4 (26.) Flohe, 0:5 (31.) Simmet, 1:5 (40.) Bäumer, 1:6 (56.) Cullmann, 2:6 (88.) Kuschel.
Aufstellung: Schumacher, Konopka, Weber, Cullmann, Strack, Simmet, Flohe, Overath, Glowacz, Müller, Löhr.
B.V.: Voß hält FE von Löhr (52.).

2. Runde
29.01.1975 **Borussia M'gladbach - 1. FC Köln** 3:5 (3:4),
Zuschauer: 15.000
Tore: 1:0 (13.) Heynckes, 2:0 (30.) Wimmer, 2:1 (31.) Flohe, 3:1 (34.) Simonsen (FE), 3:2 (35.) Konopka, 3:3 (39.) Flohe, 3:4 (44.) Neumann, 3:5 (60.) Müller.
Aufstellung: Schumacher, Konopka, Glowacz, Cullmann, Zimmermann, Simmet, Neumann, Overath, Flohe, Müller, Lauscher.

3. Runde
08.02.1975 **1. FC Köln - FC St. Pauli** 4:1 (3:0),
Zuschauer: 7.569
Tore: 1:0 (4.) Neumann, 2:0 (32.) Flohe, 3:0 (39.) Müller, 3:1 (66.) Waack, 4:1 (73.) Flohe.
Aufstellung: Schumacher, Glowacz, Cullmann, Konopka, Zimmermann, Simmet, Overath, Neumann, Flohe, Müller (46. Löhr), Lauscher (59. Ehmke).

Achtelfinale
15.03.1975 **Fortuna Düsseldorf - 1. FC Köln** 5:2 (2:1),
Zuschauer: 50.000
Tore: 0:1 (13.) Müller, 1:1, 2:1 (31., 38.) G.Zimmermann, 3:1 (62.) Geye, 3:2 (84.) Neumann, 4:2, 5:2 (88.-FE, 90.) Brei.
Aufstellung: Schumacher, Glowacz, Konopka, Cullmann, Strack (65. Ehmke), Simmet, Neumann, Flohe, Overath, Müller, Löhr (62. Lauscher).

UEFA-POKAL

1. Runde (Hinspiel)
18.09.1974 **1. FC Köln - Kokkolan PV** 5:1 (4:0),
Zuschauer: 5.000
Tore: 1:0 (01.) Löhr, 2:0, 3:0 (12., 25.) Müller, 4:0 (33.) Overath, 4:1 (48.) Maekelae, 5:1 (84.) Flohe.
Aufstellung: Schumacher, Konopka, Glowacz, Strack (61. Zimmermann), Cullmann, Simmet, Ehmke (54. Neumann), Flohe, Müller, Overath, Löhr.

1. Runde (Rückspiel)
02.10.1974 **Kokkolan PV - 1. FC Köln** 1:4 (0:0),
Zuschauer: 3.000
Tore: 0:1 (50.) Neumann, 0:2 (60.) Löhr (FE), 1:2 (75.) A.Lamberg, 1:3, 1:4 (85., 88.) Simmet.
Aufstellung: Schumacher, Konopka, Zimmermann, (25. Berkemeier), Weber, Cullmann, Simmet, Glowcaz, Neumann, Müller, Overath, Löhr.

2. Runde (Hinspiel)
23.10.1974 **Dinamo Bukarest - 1. FC Köln** 1:1 (0:1),
Zuschauer: 30.000
Tore: 0:1 (41.) Lauscher, 1:1 (65.) Dinu.
Aufstellung: Schumacher, Glowacz; Konopka, Weber (77. Strack), Cullmann, Simmet, Neumann, Flohe, Müller (60. Löhr), Overath, Lauscher.

2. Runde (Rückspiel)
06.11.1974 **1. FC Köln - Dinamo Bukarest** 3:2 (1:2),
Zuschauer: 16.000
Tore: 0:1 (03.) Custow, 0:2 (08.) Georgescu, 1:2 (18.) Overath, 2:2 (58.) Neumann, 3:2 (73.) Müller.
Aufstellung: Schumacher, Glowacz, Konopka, Weber, Cullmann, Neumann, Simmet, Flohe, Müller, Overath, Lauscher.
B.V.: Dinu erhält einen Platzverweis.

Achtelfinale (Hinspiel)
27.11.1974 **Partizan Belgrad - 1. FC Köln** 1:0 (0:0),
Zuschauer: 25.000
Tor: 1:0 (81.) Vukotic.
Aufstellung: Schumacher, Strack, Konopka, Glowacz, Cullmann, Simmet, Neumann, Flohe, Müller, Overath, Löhr.

Achtelfinale (Rückspiel)
12.12.1974 **1. FC Köln - Partizan Belgrad** 5:1 (0:0),
Zuschauer: 16.803
Tore: 1:0 (48.) Overath, 2:0 (64.) Löhr, 3:0 (66.) Müller, 4:0 (71.) Glowacz, 4:1 (73.) Kozic, 5:1 (85.) Flohe.
Aufstellung: Schumacher, Glowacz, Konopka, Strack, Cullmann, Simmet, Neumann, Flohe, Müller, Overath, Löhr.
B.V.: Overath (24.) und Konopka (37.) verschießen einen FE, Harald Schuhmacher hält einen FE.

Viertelfinale (Hinspiel)
05.03.1975 **1. FC Köln - FC Amsterdam** 5:1 (1:1),
Zuschauer: 25.000
Tore: 1:0 (01.) Flohe, 1:1 (31.) Visser, 2:1 (50.) Flohe (FE), 3:1, 4:1, 5:1 (63., 70., 77.) Müller.
Aufstellung: Schumacher, Glowacz, Zimmermann (46. Lauscher), Konopka, Cullmann, Neumann, Flohe, Müller, Overath, Löhr.
B.V.: Van Der Ban erhält einen Platzverweis (67.).

Viertelfinale (Rückspiel)
19.03.1975 **FC Amsterdam - 1. FC Köln** 2:3 (0:3),
Zuschauer: 4.000
Tore: 0:1 (27.) Strack, 0:2 (43.) Müller, 0:3 (45.) Löhr, 1:2 , 2:3 (68., 79.) Jansen.
Aufstellung: Schumacher (46. Topalovic), Glowacz, Strack, Konopka, Cullmann, Simmet, Lauscher, Müller (73. Ehmke), Overath, Löhr.

Halbfinale (Hinspiel)
10.04.1975 **1. FC Köln - Borussia M'gladbach** 1:3 (0:2),
Zuschauer: 28.000
Tore: 0:1 (23.) Simonsen, 0:2 (35.) Danner, 1:2 (52.) Löhr, 1:3 (60.) Simonsen.
Aufstellung: Schumacher, Konopka, Cullmann, Hein, Simmet, Neumann, Overath, Glowacz, Flohe (78. Lauscher) Müller, Löhr.

Halbfinale (Rückspiel)
22.04.1975 **Borussia M'gladbach - 1. FC Köln** 1:0 (0:0),
Zuschauer: 33.000
Tor: 1:0 (48.) Danner.
Aufstellung: Topalovic, Glowacz, Cullmann, Konopka, Hein, Nicot, Löhr, Neumann, Berkemeier (80. G. Schäfer), Overath, Lauscher.

Die finnischen Feierabendfußballer von Kokkolan PV stellten für den Bundesligisten aus Köln keine große Hürde dar.

FREUNDSCHAFTSSPIELE

26.07.1974 Viktoria Köln - 1. FC Köln 2:1 (0:0)
27.07.1974 SV Kulmbach - 1. FC Köln 0:5 (0:3)
28.07.1974 Hassia Bingen - 1. FC Köln 0:8 (0:5)
03.08.1974 BV Brambauer - 1. FC Köln 2:5 (2:3)
04.08.1974 DJK Plaidt - 1. FC Köln 0:9 (0:2)
07.08.1974 SpVgg Neu-Isenburg - 1. FC Köln 2:3 (1:1)
09.08.1974 SV Aue Liebenau - 1. FC Köln 1:16 (0:7)
10.08.1974 AMISIA Papenburg - 1. FC Köln 0:7 (0:4)
11.08.1974 TuS Grevenbroich - 1. FC Köln 1:7 (0:4)
14.08.1974 RFC Lüttich - 1. FC Köln 1:4 (0:2)
17.08.1974 Celta de Vigo - 1. FC Köln 4:3 (2:1)
18.08.1974 Honved Budapest - 1. FC Köln 3:4 n.E.
(in Vigo/Spanien)
20.08.1974 Nationalmannsch. Frankreich - 1. FC Köln 0:0
(in Paris/Frankreich)
25.08.1974 ADO Den Haag - 1. FC Köln 5:1 (3:0)
01.09.1974 SV Vulkan Manderscheid - 1. FC Köln 0:8 (0:5)
24.09.1974 AS Eupen - 1. FC Köln 1:5 (1:1)
13.10.1974 SpVgg Oberaußem-Fortuna - 1. FC Köln 1:6 (0:4)
05.01.1975 FC Nantes - 1. FC Köln 1:1 (1:0)
08.01.1975 TuS Neuendorf - 1. FC Köln 1:4 (1:1)
29.04.1975 VfL Benrath - 1. FC Köln 2:4 (1:3)
11.05.1975 FC Bitburg - 1. FC Köln 2:7 (1:5)
01.06.1975 VfL Gummersbach - 1. FC Köln 0:9 (0:4)
08.06.1975 TuS Tiefenstein - 1. FC Köln 1:8 (0:5)

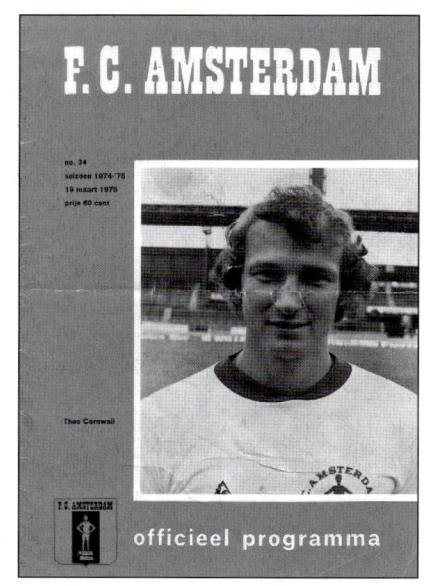

Offizielles Programmheft der UEFA-Cup-Partie beim FC Amsterdam.

STATISTIK 1974/75

1. BUNDESLIGA 1974/75

1.	Borussia M'gladbach (M)	86:40	50:18
2.	Hertha BSC Berlin	61:43	44:24
3.	Eintracht Frankfurt (P)	89:49	43:25
4.	Hamburger SV	55:38	43:25
5.	**1. FC Köln**	**77:51**	**41:27**
6.	Fortuna Düsseldorf	66:55	41:27
7.	FC Schalke 04	52:37	39:29
8.	Kickers Offenbach	72:62	38:30
9.	Eintracht Braunschweig (N)	52:42	36:32
10.	Bayern München	57:63	34:34
11.	VfL Bochum	53:53	33:35
12.	Rot-Weiß Essen	56:68	32:36
13.	1. FC Kaiserslautern	56:55	31:37
14.	MSV Duisburg	59:77	30:38
15.	Werder Bremen	45:69	25:43
16.	VfB Stuttgart	50:79	24:44
17.	Tennis Bor. Berlin (N)	38:89	16:52
18.	Wuppertaler SV	32:86	12:56

BUNDESLIGAKADER 1974/75

Abgänge: Bläser (Alemannia Aachen), R.-H. Neumann (SSC Bastia, während der laufenden Saison), H.-D. Schmitz (Ende der Laufbahn), R. Schmitz (TuS Grevenbroich),
Zugänge: Ehmke (FC Schalke 04), Horst (eigene Amateure), Mattern (eigene Jugend), Schäfer (eigene Amateure), Strack (eigene Jugend), Topalovic (FK Galenika Zemun), Zimmermann (Bayern München)

Trainer: Zlatko Cajkovski

Tor:
Schumacher, Harald 34/0
Mattern, Wolfgang 1/0
Topalovic, Slobodan 1/0
Welz, Gerhard 0/0

Feld:
Müller, Dieter 34/24
Simmet, Heinz 34/7
Overath, Wolfgang 34/4
Löhr, Johannes 33/11
Glowacz, Jürgen 33/4
Cullmann, Bernd 32/4
Konopka, Harald 32/3
Neumann, Herbert 31/9
Flohe, Heinz 28/7
Lauscher, Detlev 25/2
Weber, Wolfgang 20/0
Strack, Gerhard 18/1
Zimmermann, Herbert 15/1
Ehmke, Peter 8/0
Hein, Herbert 8/0
Berkemeier, Winfried 1/0
Horst, Heinz-Theo 1/0
Nicot, Rainer 0/0
Schäfer, Günter 0/0

Das Programm zum Spiel bei den Bayern.

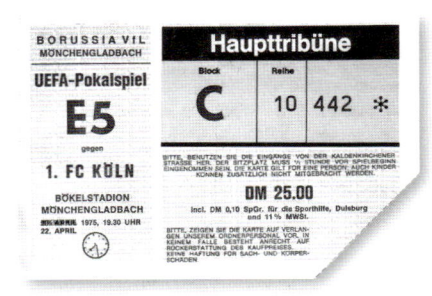

FIEBERKURVE 1974/75

Zum Leidwesen der FC-Fans scheiterte man 1974/75 im UEFA-Cup erneut an Mönchengladbach.

Dieses Gruppenbild wurde auf einem Ausflugsschiff beim Turnier im spanischen Vigo „geschossen".

# 1975/76
1. BUNDESLIGA

„Tschik" zum Letzten

[LEGENDEN]

Harald Konopka
Beim FC von 1970 bis 1983
Geboren: 18.11.1952 in Düren
Pflichtspiele beim FC: 457
Pflichtspieltore: 25

Exzellentes Raubein

Schon mit der FC-A-Jugend gewann Harald Konopka seinen ersten Titel, wurde 1971 Deutscher Meister. Zur Saison 1971/72 wechselte der Offensivverteidiger in den Profikader. „Harry" etablierte sich schnell bei den Profis. Zwischenzeitlich liebäugelte er zwar mit einem Wechsel zu den Offenbacher Kickers, konnte von FC-Präsident Maaß aber zum Bleiben bewogen werden. Glücklicherweise, denn mit Konopkas Karriere ging es weiter bergauf. Mit dem FC wurde der Dürener 1977 Pokalsieger und holte 1978 das begehrte Double. Dass Konopka „nur" zweimal in die A-Nationalmannschaft berufen wurde, lag daran, dass seine Position vom Hamburger Manfred Kaltz besetzt war. Seinen letzten Titel im FC-Dress holte der 1978er WM-Teilnehmer mit dem DFB-Pokalgewinn 1983. Harald Konopka war nicht nur ein beinharter Abwehrspieler, der sich durchaus „rustikaler" Mittel bediente, sondern auch ein exzellenter Flankengeber. Seine präzisen Hereingaben wurden zumeist von Dieter Müller dankbar verwertet. Wenn ihm etwas nicht gefiel, konnte er hitzköpfig reagieren, wie beispielsweise bei der Siegerehrung nach dem 1983er Pokalfinale, als er einigen pfeifenden Zuschauern flugs das blanke Hinterteil präsentierte. 1983/84 spielte der Kunstliebhaber noch eine Saison beim BVB und hing dann die Fußballschuhe an den Nagel. Anschließend betätigte sich der gelernte Kaufmann als Trainer im Amateurbereich, u.a. in seinem jetzigen Wohnort bei der SSG Bergisch-Gladbach. Beruflich ist das ehemalige „Raubein" heute Vertreter der Firma Kraft Foods. ■

Hintere Reihe von links: Herbert Zimmermann, Dieter Müller, Herbert Neumann, Günter Weber, Detlev Lauscher, Wolfgang Weber, Heinz Flohe, Herbert Hein. Mittlere Reihe von links: Trainer Zlatko Cajkovski, Co-Trainer Rolf Herings, Wolfgang Overath, Heinz Simmet, Jürgen Glowacz, Matthias Brücken, Gerd Strack, Harald Konopka, Dieter Schwabe, Bernd Cullmann, Co-Trainer Hannes Löhr, Masseur Carlo Drauth, Manager Karl-Heinz Thielen. Vordere Reihe von links: Dieter Prestin, Roland Gerber, Slobodan Topalovic, Harald Schumacher, Gerhard Welz, Günter Schäfer, Miodrag Petrovic.

Mit „Tschik" und ohne teure Transfers ging der FC in die 13. Bundesligasaison. Beim Trainingslager in der bewährten Sportschule Grünberg in Hessen waren die Neuverpflichtungen bereits dabei. Von Bayer Leverkusen wurde Stürmer Matthias Brücken verpflichtet, Amateurnationalspieler Hans-Otto Hiestermann kam vom 1. FC Nürnberg. Den jugoslawischen Außenstürmer Miodrag Petrovic, der auch schon beim 1. FC Nürnberg gespielt hatte, holte man aus der Schweiz von Servette Genf, Dieter Schwabe vom SSV Troisdorf und Günter Weber von den FC-Amateuren. Insgesamt 500.000 DM Ablöse blätterten die Kölner für Brücken, Petrovic (er wurde schon im Dezember 1975 an Westfalia Herne verkauft) und Hiestermann hin. Der Durchbruch bei den Geißböcken gelang ihnen jedoch nicht. Besondere Hoffnungen waren mit einem weiteren Neuen verbunden: Stürmer Benny Wendt wechselte in der Winterpause vom schwedischen Norrköping ins Rheinland. Doch auch Wendt, der später bei Tennis Borussia Berlin und vor allem beim 1. FC Kaiserslautern Karriere machte, gelang es nicht, sich beim FC einen Stammplatz zu sichern.

PRESTIN UND GERBER – ZWEI „VOLLTREFFER"

Manager Karl-Heinz Thielen glückte es jedoch auch, zwei „Volltreffer" unter Vertrag zu nehmen. Da war zum einen Juniorennationalspieler Dieter Prestin. Er kam aus der überaus erfolgreichen A1-Jugend der Kölner, die unter der Leitung von Altstar Jupp Röhrig seit Jahren zu den besten Nachwuchsmannschaften Deutschlands gehörte. 13 Jahre lang sollte der Defensivkünstler fester Bestandteil der Profimannschaft des 1. FC Köln sein – auch wenn es knapp drei Jahre dauerte, bis sich das Talent einen festen Stammplatz eroberte. Als weiterer Rohdiamant entpuppte sich Roland Gerber, den man vom baden-württembergischen Amateurverein FV Lauda verpflichtete. Unter „Tschik" Cajkovski kam der gelernte Mittelfeldspieler nicht richtig zum Zug, doch dessen Nachfolger Georg Stollenwerk funktionierte ihn zum Libero um. Mit Erfolg – Hennes Weisweiler machte Gerber später zu seinem Abwehrchef, der eine tragende Säule der Doublemannschaft von 1978 werden sollte.

WIEDER AUSSCHREITUNGEN IN MÜNGERSDORF

Der FC war inzwischen als Fehlstarter bekannt. Diesem Ruf wurde er auch 1975/76 gerecht. Mit dem 2:1 gegen Hannover 96 in der Radrennbahn holte man nur einen

Sieg aus den ersten sieben Bundesligaspielen. Überschattet wurde die Begegnung von Ausschreitungen, die durch eine Gruppe meist jugendlicher FC-Fans verursacht wurde. Unverhofft griffen die Randalierer die Schlachtenbummler aus Hannover an und verbrannten deren Fahnen. Trotz der umfangreichen Bemühungen des Vereins, durch Fan-Abende und andere Aktionen die Anhänger intensiver mit einzubeziehen, bekam man das Problem nicht in den Griff. Eine Problematik, die den Club stark belastete, denn die Ausschreitungen schadeten nicht nur dem Ruf, sie schreckten so manchen Fußballfreund vom Stadionbesuch ab.

Ein weiteres Problem waren die dürftigen Leistungen der Profis auf dem Platz. Trainer Cajkovski gelang es nicht, den Spielern die oft deutlich spürbare Überheblichkeit auszutreiben. „Tschik" hatte kaum Autorität bei den Akteuren, die sich nicht selten hinter dessen Rücken über den kleinen, rundlichen Jugoslawen amüsierten. Wolfgang Weber erinnert sich: „Tschik hatte seinen Zenit einfach überschritten. Er war zu seiner Glanzzeit sicherlich ein erstklassiger Trainer, doch bei uns haute es zum Schluss einfach nicht mehr hin. Sein lustiges Kauderwelsch – ‚du spielen Tschup-Tschup' – konnten vor allem die jungen Spieler kaum verstehen." Auch die Trainingsmethoden des ehemaligen Meistertrainers, vor allem im taktischen Bereich, waren nicht mehr zeitgemäß.

PREMIERE IM NEUEN STADION

Ausgerechnet kurz vor der Eröffnung des neuen Müngersdorfer Stadions hinkten die Kölner sportlich hinterher. Trotzdem erwartete man den Umzug in die neue, komplett überdachte Arena sehnsüchtig. Am 12. November 1975, einen Tag nach der FC-Jahreshauptversammlung, war es endlich so weit: Mit dem Eröffnungsspiel 1. FC Köln-Fortuna Köln wurde die „Betonschüssel" ihrer Bestimmung übergeben. Genau 36.310 zahlende Zuschauer sahen einen 3:0-Sieg der Geißböcke, bei der Hannes Löhr für sein 600. FC-Spiel geehrt wurde. Löhr, der seine Karriere eigentlich beenden wollte, wurde wegen einer langwierigen Rippenfellentzündung von Dieter Müller reaktiviert. Kein schlechter Schachzug, denn der mittlerweile 33-jährige Oldie traf allein in der Meisterschaft noch 15-mal ins Schwarze.

Spannend verlief die Bundesligapremiere im neuen Stadion: Vor 41.071 Besuchern gab es gegen die Frankfurter Eintracht ein Drama. Schon nach 15 Minuten musste FC-Keeper Slobodan Topalovic, der für den verletzten Schumacher im Tor stand, wegen einer Gehirnerschütterung vom Platz getragen werden. Für ihn wurde die Nummer 3 im Kölner Kasten, Wolfgang Mattern, eingewechselt. Mattern hatte gerade seinen Platz eingenommen, da musste er auch schon das erste Mal hinter sich greifen. Die Hessen führten zur Halbzeit mit 2:0, aber der FC glich durch Flohe und Konopka aus. Erneut gelang den Gästen die Führung, doch Arbeitsbiene Heinz Simmet rettete mit seinem Tor zum 3:3 das erste Punktspiel in der neuen Heimat. Fans und Fachleute waren von der mehr als 60.000 Zuschauer fassenden Kampfbahn, die als eine der modernsten in Europa galt, begeistert. Endlich konnte man gerade zu den Spitzenspielen mehr als die nur 28.000 möglichen Tickets in der Radrennbahn verkaufen. Auch an der breiten Leichtathletiklaufbahn rund um das Spielfeld störte man sich zunächst nicht. Doch gerade die Laufbahn sollte später zur Stimmungsbremse werden, denn die Fans saßen viel zu weit entfernt vom Geschehen auf dem Rasen.

„TSCHIK" MUSS GEHEN

Nach dem ersten Punktspiel im neuen Stadion hoffte man, dass die neue Arena auch der Mannschaft Auftrieb geben würde. Nachdem die Kölner gegen Offenbach (4:0) und sogar bei den Bayern (2:1) siegten, deutete alles darauf hin. Doch die letzte Partie der Hinrunde geriet zum Debakel. Vor ausverkauftem Haus wurde man von Borussia Mönchengladbach mit 0:4 überrollt. Die 60.386 Zuschauer brachten die Rekordeinnahme von mehr als 800.000 DM – der FC hätte über 100.000 Tickets für das Spiel der alten Rivalen verkaufen können. Doch am Ende blieb der bittere Geschmack der Niederlage. Die

Die Pflichtspielpremiere im neuen Müngersdorfer Stadion gegen Eintracht Frankfurt endete nach dramatischem Verlauf 3:3. Das *Geißbock Echo* in neuem, größerem Format und die Eintrittskarte des Spiels.

[Interessantes & Kurioses]

■ Im September 1975 erscheint im Droste Verlag das von Hans-Gerhard König geschriebene Buch „1. FC Köln – vom Vorstadtverein zum Weltclub".

■ Zweimal gelingt Spielern des 1. FC Köln das „Tor des Monats". Der Treffer von Hannes Löhr zum 2:0-Endstand gegen Hertha BSC Berlin wird im Januar, Dieter Müllers Tor für die deutsche Nationalmannschaft bei der EM in Jugoslawien gegen die ČSSR wird im Juni zum schönsten Treffer gewählt.

■ Nach der Bundesligapremiere im neuen Müngersdorfer Stadion zwischen dem 1. FC Köln und Eintracht Frankfurt feiern beide Mannschaften die Eröffnung der Arena bei einem anschließenden Bankett im Geißbockheim.

■ Beim DFB-Pokalheimspiel gegen Bayern München (2:5) am 3. April 1976 wird Wolfgang Overath für 700 Pflicht- und Freundschaftsspiele im Geißbocktrikot geehrt.

Historische Lektüre für die FC-Fans. Das Buch „Vom Vorstadtverein zum Weltclub" von Hans-Gerhard König, erstmals erschienen im September 1975.

■ Da man Unregelmäßigkeiten in der Dachkonstruktion des neuen Stadions entdeckt, wird die Arena aus Sicherheitsgründen für eine Woche geschlossen. So muss der FC sein Heimspiel gegen Aufsteiger Bayer 05 Uerdingen notgedrungen in der Radrennbahn austragen. Immerhin siegen die Kölner beim letzten Pflichtspiel im Provisorium vor 7.744 Zuschauern mit 4:0.

■ Die „Geißbock-AH" (Altherrenmannschaft) nimmt an einem Turnier in Thailand teil.

■ Immer noch führt der 1. FC Köln die „ewige Tabelle" der Bundesliga vor Bayern München an.

- Im Geißbockheim findet im April 1976 eine zweistündige Diskussionsveranstaltung mit der Mannschaft und rund 50 FC-Fans statt, die ihre Stars befragen dürfen.

- Während es für einen doppelten Punktgewinn auf eigenem Platz „nur" 1.000 DM Prämie pro Spieler gibt, zahlt der FC für einen Auswärtserfolg jedem Akteur 1.400 DM Siegprämie.

- Anfang Oktober 1975 lädt Präsident Weiand Mannschaft und Betreuer zu einem fünftägigen Kurzurlaub nach Ibiza ein, wo man auch ein Freundschaftsspiel gegen eine Inselauswahl bestreitet.

- Beim 3:0-Heimsieg gegen Rot-Weiß Essen am 4. Oktober 1975 erzielt Heinz Simmet mit dem Treffer zum zwischenzeitlichen 2:0 das 800. Bundesligator der Kölner.

- FC-Masseur Charly Drauth erkrankt an ansteckender Gelbsucht sowie an Tuberkulose, woraufhin die gesamte Mannschaft eine entsprechende Schutzimpfung über sich ergehen lassen muss.

- Bernd Cullmann und Toni Schumacher verlängern im März 1976 ihre Verträge um je vier Jahre. Auch Dieter Müller kann für zwei weitere Jahre an den FC gebunden werden. Sein Jahresgehalt wird auf 200.000 DM aufgestockt. Daran, dass der Goalgetter seinen Kontrakt verlängert, hat auch der Duisburger Kaufmann und Inhaber einer Fettschmelze, Karl Fischermanns, großen Anteil. FC-Freund Fischermanns ist nicht nur Müllers Berater, er schießt auch eine ordentliche Summe zum vereinbarten Garantiebetrag aus eigener Tasche hinzu. Ebenfalls bei den Geißböcken bleiben Herbert Zimmermann und Jürgen Glowacz – beide unterschreiben neue Zweijahresverträge.

Machte eine atemberaubende Karriere beim FC: Harald „Toni" Schumacher.

Das Programmheft Kurze Fuffzehn genießt nicht nur bei den Fans von RW Essen Kultstatus. Der Besuch der Kölner an der Hafenstraße war den Machern die Titelseite wert.

Borussen wurden inzwischen von Udo Lattek trainiert, nachdem Hennes Weisweiler dem Lockruf der Pesetas erlegen und zum FC Barcelona gewechselt war. Auch in der neuen Umgebung nahm der „Gladbach-Fluch" kein Ende. Die Gäste boten eine Galavorstellung, die ihnen sogar den Applaus der staunenden Kölner Fans einbrachte. Wolfgang Weber, zuvor für 600 Spiele im FC-Trikot stürmisch gefeiert, ärgerte sich: „Ausgerechnet bei uns spielen die immer wie die Weltmeister", zischte der „Bulle" nach der Partie.
Die hoffnungslose Unterlegenheit der eigenen Mannschaft ließ beim Vorstand um Präsident Weiand und Manager Thielen alle Alarmglocken klingeln. Nach einer Krisensitzung war der Rauswurf von Trainer Cajkovski, den man offiziell als Rücktritt verkaufte, beschlossene Sache. Beim letzten Pflichtspiel des Jahres 1975, der Pokalbegegnung mit der Spielvereinigung Fürth, saß „Tschik" zum letzten Mal auf der Trainerbank der Geißböcke. Zwei Jahre und drei Monate hatte die letzte Amtszeit von Cajkovski als FC-Coach gedauert. Mit einer Träne im Knopfloch verließ der bei den Fans sehr beliebte Jugoslawe die Domstadt und heuerte bei Ligakonkurrent Kickers Offenbach an.

STOLLENWERK ÜBERNIMMT

Als Nachfolger wurde etwas überraschend der Altinternationale Georg Stollenwerk präsentiert. Ausgerechnet Stollenwerk, der zu gemeinsamen aktiven Zeiten nie ein Freund von „Tschik" gewesen war, trat dessen Erbe an – wohl auch deshalb, weil sich in der Winterpause kaum Alternativen boten. Zudem war der ehemalige Nationalspieler ein intimer Kenner der FC-Verhältnisse. Von Beginn an stand intern jedoch fest, dass der Herberger-Schüler nur eine Interimslösung sein würde. Sie fingen an, den bei seinem neuen Club FC Barcelona unglücklichen Starcoach Hennes Weisweiler „anzubaggern". Disziplinfanatiker Stollenwerk gelang es unterdessen, wieder bessere Resultate zu erzielen und das zum Ende der Ära Cajkovski schlechte Betriebsklima zu verbessern. Mit einem 2:0-Heimsieg über Hertha BSC Berlin startete er in die Rückrunde. Der neue Trainer, der parallel auch noch Verbandsligaclub TuS Langerwehe betreute, führte vor allem mit den jungen Spielern wie Gerber oder Zimmermann viele Einzelgespräche. Zudem hatte „Schorsch" das Glück, dass Sturmtank Dieter Müller nach fast viermonatigem Krankenhaus- und Kuraufenthalt wieder einsatzfähig war. In der Rückrunde markierte der Goalgetter immerhin noch 13 Treffer. Was moderne Trainingsmethoden und Taktik betraf, war der Ex-Nationalspieler seinem Vorgänger deutlich überlegen.
Doch der erhoffte Höhenflug nach ganz oben blieb auch unter Stollenwerk aus. Unerwartete Punktverluste auf eigenem Platz gegen Karlsruhe (1:3), Braunschweig (1:1) und Bremen (1:1) verhinderten den durchaus möglichen Angriff auf die Tabellenspitze. Die Schuld hierfür wurde auch beim äußerst schlechten Rasen der neuen Hauptkampfbahn gesucht, der sich bei den Spielen bereits nach wenigen Minuten in eine Mondlandschaft verwandelte und während der Sommerpause ausgetauscht werden sollte.
Eine weitere Serie, unter anderem mit 4:0-Erfolgen in Duisburg sowie gegen Uerdingen und Düsseldorf, legte den Grundstein dafür, dass man sich erneut die Teilnahme am lukrativen internationalen Geschäft sicherte. Mit dem 4. Tabellenplatz in der Endabrechnung war sogar eine Verbesserung im Vergleich zum Vorjahr zu vermelden. Am letzten Spieltag wurde es aber noch einmal bitter: Beim Auswärtsspiel in Mönchengladbach musste man nicht nur eine 1:2-Niederlage hinnehmen, sondern auch noch miterleben, wie der Rivale die Meisterschale überreicht bekam.

SENSATIONSMELDUNG ÜBERSCHATTET ALLES

Schon seit dem 22. April 1976 warteten die Kölner Fuß-

Bei RW Essen siegte der FC mit 3:2. Auch der heutige Vizepräsident Jürgen Glowacz war maßgeblich am Erfolg beteiligt.

Die Gaststätte „Landhaus Kuckuck" war Schauplatz einer Feier von Mannschaft und Vorstand. Auf dem Erinnerungsfoto vor dem Lokal präsentiert sich der Vorstand um Kurt Werner, Klaus Hartmann und Peter Weiand in bester Laune.

Spartak Moskau war leider Endstation im UEFA-Cup.

ballfreunde auf den Beginn der neuen Saison, denn dem FC-Vorstand war ein Coup gelungen, der sogar bundesweit für großes Aufsehen gesorgt hatte. Hennes Weisweiler, von dessen Rückkehr man in der Domstadt seit Jahren geträumt hatte, war bei seinem neuen Arbeitgeber, dem FC Barcelona, nicht glücklich geworden. Das ungewohnte Umfeld und Querelen mit Barca-Superstar Johan Cruyff verursachten an neuer Wirkungsstätte bei Hennes mehr Frust als Lust. Peter Weiand und Kalli Thielen nutzten die Chance und machten Weisweiler die Rückkehr ans Geißbockheim schmackhaft. Weiand war zu den Verhandlungen eigens nach Spanien geflogen und hatte den „Fußballprofessor" in sein Ferienhaus auf Ibiza eingeladen. Bei den FC-Anhängern herrschte grenzenloser Jubel, als an besagtem Tag die Verpflichtung von „Don Hennes" bekannt gegeben wurde. Weisweiler stürzte sich sofort in die Arbeit. Schon beim Auswärtsspiel in Bochum am 1. Mai 1976, das wegen Bauarbeiten im Ruhrstadion in Herne stattfand, saß der neue Trainer an dessen Verpflichtung auch Düsseldorf und Duisburg interessiert waren auf der Tribüne. Im Umfeld entstand eine Euphorie, die man in etwa mit der Rückkehr von Christoph Daum im November 2006 vergleichen kann.

KEIN GLANZ IN DEN POKALWETTBEWERBEN

Im UEFA-Pokal strich der FC 1975/76 schon frühzeitig die Segel. Nur mit Glück überstand man die erste Runde gegen die dänischen Amateure von B 1903 Kopenhagen. Nach einem 2:0 vor eigenem Publikum geriet der Auftritt in Dänemark zur Blamage, als die favorisierten Kölner nach 90 Minuten mit 0:2 zurücklagen. In der fälligen Verlängerung verhinderten drei Tore von Joker Matthias Brücken die totale Katastrophe. Eine Runde später war Spartak Moskau Endstation: Nach dem 2:0 in der sowjetischen Hauptstadt gewannen die Gäste aus der UdSSR auch in Köln mit 1:0. Bester Mann einer äußerst schwachen Mannschaft war Ersatztorwart Slobodan Topalovic, der seit einigen Wochen für den mit Fingerbruch und Meniskusschaden aussetzenden Toni Schumacher zwischen den Pfosten stand und eine höhere Niederlage vereitelte. Nicht viel besser gestaltete sich der DFB-Pokal. Die ersten drei Begegnungen überstand man gegen die vermeintlich leichten Gegner aus Wilhelmshaven, Freiburg und Fürth ohne größere Probleme. Doch in Runde vier schrammte die Diva nur knapp an der Pokalsensation vorbei. Gegen Zweitligist Schwarz-Weiß Essen waren zwei Spiele inklusive Verlängerung (1:1, 1:0) notwendig, ehe das goldene Tor von Herbert Neumann dem Favoriten den Einzug ins Viertelfinale ermöglichte. Das „Traumlos", ein Heimspiel gegen Bayern München, bescherte beiden Vereinen mit 50.156 zahlenden Zuschauern üppige Einnahmen, doch sportlich gab es für den FC an diesem Abend keine Erträge. Beim „Müller-Festival" in Müngersdorf traf der bajuwarische Gerd dreimal und der kölsche Dieter zweimal ins gegnerische Tor. Am Ende bezogen die Hausherren eine deutliche 2:5-Pleite, die auch das Aus im nationalen Pokal besiegelte.

Zum Lotto hatte der 1. FC Köln schon immer gute Verbindungen. Und wer bestreitet schon, dass die Buchstaben „FC KÖLN" in der Tat „sechs Richtige" sind?

■ 30.000 DM Defizit entstehen dem FC beim Freundschaftsspiel gegen die ukrainische Spitzenmannschaft Dynamo Kiew mit Superstar Oleg Blochin. Da aufgrund des Karnevals nur 7.000 Zuschauer ins Stadion pilgern, ist es nicht möglich, die 80.000 DM Antrittsgage für die Osteuropäer einzuspielen.

■ Hannes Löhr wird von den Lesern des *Express* zu Kölns „Sportler des Jahres" 1975 gewählt.

■ Beim UEFA-Cup-Auswärtsspiel in Moskau werden Mannschaft und Betreuer des 1. FC Köln in einer Jugendherberge (!) untergebracht.

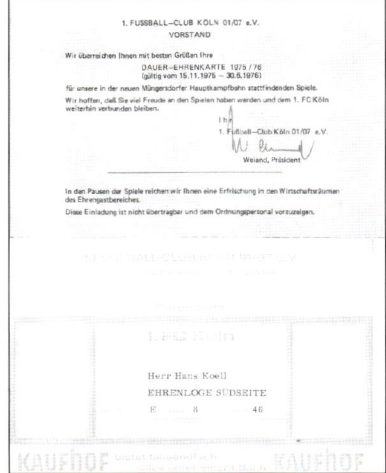

In der Ehrenloge durften die besonders verdienten Mitglieder des FC-Förderkreises Platz nehmen. Mehr als 1.000 DM Jahresbeitrag zahlten die VIPs für dieses Privileg. Hans Koell, angesehener Kölner Zahnarzt und langjähriger FC-Fan, war einer von ihnen.

STATISTIK 1975/76

BUNDESLIGA

09.08.1975 Hertha BSC Berlin - 1. FC Köln 2:1 (1:1)
Zuschauer: 60.000
Tore: 1:0 (28.) Hermandung, 1:1 (41.) Konopka, 2:1 (66.) Beer (HE).
Aufstellung: Schumacher, Konopka, W.Weber, Strack, Zimmermann, Simmet, Neumann (83. Cullmann), Overath, Petrovic (59. Hein), Müller, Hiestermann.

16.08.1975 1. FC Köln - SV Hannover 96 2:1 (1:1)
Zuschauer: 18.201
Tore: 0:1 (16.) Damjanoff, 1:1 (33.) Hiestermann, 2:1 (46.) Müller.
Aufstellung: Schumacher, Konopka, W.Weber, Strack (46. Cullmann), Zimmermann, Simmet, Overath, Neumann, Petrovic, Müller, Hiestermann (65. Hein).

23.08.1976 Eintracht Braunschweig - 1. FC Köln 0:0
Zuschauer: 26.184
Aufstellung: Schumacher, Konopka, Cullmann, Strack, W.Weber (61. Brücken), Simmet, Hein, Overath, Neumann, Zimmermann, Hiestermann.
B.V.: Handschuh verschießt FE (72.).

27.08.1975 1. FC Köln - 1. FC Kaiserslautern 1:1 (0:1)
Zuschauer: 22.332
Tore: 0:1 (06.) Sandberg, 1:1 (52.) Zimmermann.
Aufstellung: Schumacher, Konopka, Strack, Cullmann, Hein (27. Löhr), W.Weber (73. Petrovic), Simmet, Overath, Zimmermann, Neumann, Hiestermann.

30.08.1975 Karlsruher SC - 1. FC Köln 3:1 (0:1)
Zuschauer: 40.000
Tore: 0:1 (03.) Löhr, 1:1 (59.) Kübler, 2:1 (66.) Krauth, 3:1 (86.) Vogel.
Aufstellung: Schumacher, Konopka, Cullmann, W.Weber, Zimmermann (52. Hein), Simmet, Neumann, Flohe (46. Lauscher), Löhr, Overath, Hiestermann.

06.09.1975 1. FC Köln - Hamburger SV 1:1 (1:0)
Zuschauer: 22.357
Tore: 1:0 (05.) Löhr, 1:1 (79.) Kaltz.
Aufstellung: Schumacher, Konopka, Simmet, Cullmann, W.Weber, Neumann, Overath, Flohe (46. Brücken), Glowacz, Löhr, Hiestermann.

13.09.1975 SV Werder Bremen - 1. FC Köln 3:2 (2:2)
Zuschauer: 18.000
Tore: 0:1 (31.) Overath, 0:2 (38.) Flohe, 1:2 (40.) Höttges (FE), 2:2 (42.) Röber, 3:2 (84.) Weist.
Aufstellung: Schumacher, Strack (65. Gerber), W.Weber, Cullmann, Hein, Simmet, Konopka, Flohe, Overath, Glowacz, Löhr (60. Hiestermann).

20.09.1975 1. FC Köln - MSV Duisburg 3:1 (1:1)
Zuschauer: 11.744
Tore: 0:1 (02.) Jara, 1:1 (22.) Strack, 2:1 (47.) Hein, 3:1 (49.) Cullmann, 3:2 (82.) Worm.
Topalovic, Hein, W.Weber, Konopka, Strack, Cullmann, Overath, Flohe, Glowacz (77. Brücken), Simmet, Löhr (69. Hiestermann).

27.09.1975 Bayer Uerdingen - 1. FC Köln 1:1 (1:0)
Zuschauer: 20.000
Tore: 1:0 (44.) Riege, 1:1 (88.) Löhr.
Aufstellung: Topalovic, Konopka, Hein (63. Zimmermann), Strack, W.Weber, Cullmann, Glowacz, Flohe (63. Neumann), Overath, Simmet, Löhr.

04.10.1975 1. FC Köln - Rot-Weiß Essen 3:0 (0:0)
Zuschauer: 16.055
Tore: 1:0 (53.) Brücken, 2:0 (58.) Simmet, 3:0 (73.) Löhr.
Aufstellung: Topalovic, Konopka, Strack, W.Weber, Zimmermann, Cullmann, Overath, Flohe, Glowacz (46. Simmet - 78. Neumann) Brücken, Löhr.

25.10.1975 Fortuna Düsseldorf - 1. FC Köln 0:0
Zuschauer: 22.000
Aufstellung: Topalovic, Konopka, W.Weber, Cullmann, Strack, Simmet, Neumann, Overath, Flohe (59. Glowacz), Zimmermann, Löhr.

31.10.1975 1. FC Köln - VfL Bochum 1:0 (0:0)
Zuschauer: 13.391
Tor: 1:0 (86.) Löhr.
Aufstellung: Topalovic, Konopka, W.Weber, Cullmann, Strack, Simmet, Flohe, Overath, Neumann (46. Brücken), Zimmermann (55. Glowacz), Löhr.

08.11.1975 FC Schalke 04 - 1. FC Köln 3:1 (1:1)
Zuschauer: 35.000
Tore: 0:1 (26.) Löhr, 1:1 (30.) Fischer, 2:1 (67.) Bongartz, 3:1 (69.) H.Kremers.
Aufstellung: Topalovic, Strack, W.Weber, Cullmann, Konopka, Hein (82. Brücken), Simmet, Overath, Glowacz, Flohe, Löhr.

15.11.1975 1. FC Köln - Eintracht Frankfurt 3:3 (0:2)
Zuschauer: 41.071
Tore: 0:1 (15.) Nickel, 0:2 (45.) Hölzenbein, 1:2 (49.) Flohe, 2:2 (50.) Konopka, 2:3 (57.) Nickel, 3:3 (59.) Simmet.
Topalovic (14. Mattern), Konopka, Cullmann, W.Weber, Hein, Simmet, Overath (46. Lauscher), Neumann, Glowacz, Flohe, Löhr.

22.11.1975 1. FC Köln - Kickers Offenbach 4:0 (2:0)
Zuschauer: 22.804
Tore: 1:0 (13.) Neumann, 2:0 (41.) Löhr, 3:0 (47.) Neumann, 4:0 (59.) Löhr.
Aufstellung: Schumacher, Konopka, Cullmann, W.Weber, Hein, Simmet, Neumann, Flohe, Glowacz, Hein, Lauscher.

29.11.1975 FC Bayern München - 1. FC Köln 1:2 (1:1)
Zuschauer: 30.000
Tore: 1:0 (15.) Rummenigge, 1:1 (41.) Strack, 1:2 (69.) Neumann.
Aufstellung: Schumacher, Konopka, Cullmann, W.Weber, Strack, Hein, Neumann, Flohe, Simmet, Glowacz, Löhr.
B.V.: Schumacher hält FE von Dürnberger (59.).

06.12.1975 1. FC Köln - Borussia M'gladbach 0:4 (0:3)
Zuschauer: 60.386
Tore: 0:1 (24.) Simonsen, 0:2 (35.) Heynckes, 0:3, 0:4 (38, 62.) Jensen.
Aufstellung: Schumacher, Strack, W.Weber, Cullmann, Konopka (81. Lauscher), Simmet, Neumann, Löhr, Glowacz (67. Hiestermann), Flohe, Hein.

17.01.1976 1. FC Köln - Hertha BSC Berlin 2:0 (0:0)
Zuschauer: 31.918
Tore: 1:0 (82.) W.Weber, 2:0 (85.) Löhr.
Aufstellung: Schumacher, Konopka, Cullmann, W.Weber, Hein, Simmet, Neumann, Flohe, Müller, Löhr, Wendt.

24.01.1976 SV Hannover 96 - 1. FC Köln 3:3 (1:0)
Zuschauer: 24.600
Tore: 1:0 (19.) Anders, 1:1 (62.) Konopka (FE), 2:1 (70.) Damjanoff, 2:2 (73.) W.Weber, 2:3 (79.) Löhr, 3:3 (87.) Damjanoff.
Aufstellung: Schumacher, Konopka, Cullmann, W.Weber, Hein, Simmet, Neumann, Flohe, Müller, Löhr, Wendt.

07.02.1976 1. FC Köln - Eintracht Braunschweig 1:1 (0:1)
Zuschauer: 23.247
Tore: 0:1 (22.) Frank, 1:1 (53.) Löhr.
Aufstellung: Schumacher, Konopka, Cullmann, W.Weber, Hein, Simmet, Neumann, Flohe (46. Wendt), Glowacz, Müller, Löhr.

21.02.1976 1. FC Köln - Karlsruher SC 1:3 (1:0)
Zuschauer: 11.786
Tore: 1:0 (42.) Müller, 1:1, 1:2 (65., 73.) Flindt-Bjerg, 1:3 (77.) Kübler.
Aufstellung: Topalovic, Konopka, Cullmann, Strack, Hein, Simmet, Overath, Neumann, Glowacz (80. Wendt), Müller, Löhr.

06.03.1976 Hamburger SV - 1. FC Köln 2:1 (0:1)
Zuschauer: 20.000
Tore: 0:1 (32.) Löhr, 1:1 (55.) Ettmayer, 2:1 (77.) Reimann.
Aufstellung: Schumacher, Konopka, Strack, Cullmann, Hein, Simmet, Neumann, Flohe, G.Weber (78. Glowacz), Müller (75. Wendt), Löhr.

09.03.1976 1. FC Kaiserslautern - 1. FC Köln 1:1 (1:0)
Zuschauer: 25.000
Tore: 1:0 (29.) Toppmöller (FE.), 1:1 (73.) Glowacz.
Aufstellung: Schumacher, Konopka, Strack, Cullmann, Hein, Simmet, Glowacz, Neumann, Flohe, Müller, Löhr (79. Overath).

13.03.1976 1. FC Köln - SV Werder Bremen 1:1 (0:0)
Zuschauer: 10.984
Tore: 1:0 (85.) Müller, 1:1 (89.) Ohling.
Aufstellung: Schumacher, Glowacz, Cullmann (35. Gerber), W.Weber, Strack, Simmet, Neumann (48 G.Weber), Flohe, Overath, Müller, Löhr.

20.03.1976 MSV Duisburg - 1. FC Köln 0:4 (0:1)
Zuschauer: 11.000
Tore: 0:1 (29.) Müller, 0:2 (48.) Löhr, 0:3, 0:4 (58., 72.) Müller.
Aufstellung: Schumacher, Konopka, Strack (27. Neumann), Hein, W.Weber, Flohe, Overath, Müller, Löhr (74. Wendt).

27.03.1976 1. FC Köln - Bayer Uerdingen 4:0 (1:0)
Zuschauer: 7.744
Tore: 1:0 (34.) Flohe, 2:0, 3:0 (56., 59.) Müller, 4:0 (80.) Brücken.
Aufstellung: Schumacher, Glowacz, W.Weber, Konopka, Hein, Simmet (77. Gerber), Overath, Flohe, Neumann (46. Brücken), Müller, Löhr.
B.V.: Das Spiel wurde in der Radrennbahn ausgetragen.

10.04.1976 Rot-Weiß Essen - 1. FC Köln 2:3 (0:3)
Zuschauer: 12.000
Tore: 0:1, 0:2 (28., 30.) Müller, 0:3 (34.) Dörre (E), 1:3 (72.) Hrubesch, 2:3 (87.) Burgsmüller.
Aufstellung: Schumacher, Konopka, Cullmann, W.Weber (41. Neumann), Hein, Simmet, Flohe, Overath, Brücken (70. Lauscher), Müller, Glowacz.

17.04.1976 1. FC Köln - Fortuna Düsseldorf 4:0 (2:0)
Zuschauer: 18.234
Tore: 1:0 (20.) Konopka, 2:0, 3:0 (38., 50.) Glowacz, 4:0 (53.) Müller.
Aufstellung: Schumacher, Konopka, Cullmann, W.Weber, Hein (62. Brücken), Simmet, Overath, Flohe, Glowacz (68. Strack), Müller, Löhr.

01.05.1976 VfL Bochum - 1. FC Köln 1:0 (1:0)
Zuschauer: 18.000
Tor: 1:0 (27.) Kazcor.
Aufstellung: Schumacher, Hein, W.Weber, Strack, Konopka, Simmet, Overath, Flohe, Müller, Löhr (58. Neumann).
B.V.: Das Spiel wurde in Herne ausgetragen.

15.05.1976 Eintracht Frankfurt - 1. FC Köln 2:2 (2:0)
Zuschauer: 15.000
Tore: 1:0 (04.) Nickel, 2:0 (33.) Neuberger, 2:1 (60.) Löhr, 2:2 (84.) Hein.
Aufstellung: Schumacher, Konopka, Strack, (62. Neumann), W.Weber, Hein, Simmet, Glowacz, Flohe (39. Prestin), Overath, Müller, Löhr.

25.05.1976 1. FC Köln - FC Schalke 04 2:1 (1:1)
Zuschauer: 38.984
Tore: 0:1 (27.) Fischer, 1:1 (39.) Müller, 2:1 (65.) Overath.
Aufstellung: Schumacher, Konopka, Gerber, Zimmermann, Hein, Simmet, Overath, Flohe, Glowacz, Müller, Löhr.

29.05.1976 Kickers Ofenbach - 1. FC Köln 1:5 (1:2)
Zuschauer: 25.000
Tore: 1:0 (26.) Theis, 1:1 (27.) Glowacz, 1:2 (33.) Müller, 1:3 (78.) Löhr, 1:4 (86.) Flohe, 1:5 (89.) Zimmermann.
Aufstellung: Schumacher (82. Prestin), Gerber, Zimmermann, Hein, Simmet, Flohe, Overath, Glowacz, Müller, Löhr.

04.06.1976 1. FC Köln - FC Bayern München 1:0 (0:0)
Zuschauer: 58.000
Tor: 1:0 (77.) Konopka (FE).
Aufstellung: Schumacher, Konopka, Gerber, Zimmermann, Hein, Simmet, Overath, Flohe, Glowacz (82. Neumann), Müller, Löhr (55. Prestin).

STATISTIK 1975/76

12.06.1976 Borussia M'gladbach - 1.FC Köln 2:1 (2:0)
Zuschauer: 34.000
Tore: 1:0 (06.) Jensen, 2:0 (35.) Wittkamp, 2:1 (78.) Müller.
Aufstellung: Schumacher, Konopka, Gerber, Zimmermann, Hein, Simmet (68. Neumann), Overath, Flohe, Glowacz (62. Prestin), Müller, Löhr.

DFB-POKAL

1. Runde
01.08.1975 1.FC Köln - Olympia Wilhelmshaven 2:0 (1:0)
Zuschauer: 6.685
Tore: 1:0 (03.) Neumann, 2:0 (70.) Petrovic.
Aufstellung: Schumacher, Konopka, Strack (46. Cullmann), W.Weber, Hein, Simmet, Neumann (46. Hiestermann), Overath, Zimmermann, Müller, Petrovic.

2. Runde
17.10.1975 1.FC Köln - SC Freiburg 8:2 (4:1)
Zuschauer: 4.425
Tore: 1:0 (16.) Overath, 2:0 (17.) W.Weber, 3:0 (22.) Brücken, 3:1 (42.) Martinelli, 4:1 (44.) Glowacz, 4:2 (53.) Bührer, 5:2 (73.) Neumann, 6:2 (77.) Brücken, 7:2, 8:2 (81., 84.-FE) Löhr.
Aufstellung: Topalovic, Konopka, Cullmann (46. Simmet), W.Weber, Zimmermann, Strack (46. Neumann), Flohe, Overath, Glowacz, Brücken, Löhr.

3. Runde
13.12.1975 1.FC Köln - Spvgg Fürth 3:1 (0:0)
Zuschauer: 6.000
Tore: 1:0 (58.) Flohe, 2:0 (61.) Löhr, 3:0 (69.) Brücken, 3:1 (74.) Hofmann.
Aufstellung: Topalovic, Konopka (64. Prestin), Cullmann, W.Weber, Strack (46. Brücken), Simmet, Flohe, Hein, Glowacz, Löhr, Lauscher.

Achtelfinale
31.01.1976 Schwarz-Weiß Essen - 1.FC Köln 1:1 n.V.
Zuschauer: 10.000
Tore: 0:1 (30.) Müller, 1:1 (70.) Bals.
Aufstellung: Topalovic, Konopka, Cullmann, W.Weber, Hein, Simmet, Neumann (81. Lauscher), Flohe, Glowacz, Müller, Löhr.

Entscheidungsspiel
11.02.1976 1.FC Köln - Schwarz-Weiß Essen 1:0 n.V.
Zuschauer: 8.898
Tor: 1:0 (111.) Neumann.
Aufstellung: Topalovic, Konopka, W.Weber (62. Strack), Cullmann, Hein, Simmet, Glowacz, Neumann, Brücken (95. Lauscher), Müller, Löhr.

Viertelfinale
03.04.1976 1.FC Köln - FC Bayern München 2:5 (1:3)
Zuschauer: 50.156
Tore: 0:1 (06.) U.Horsmann, 1:1 (10.) D.Müller, 1:2 (27.) G.Müller, 1:3 (34.) Hoeneß, 1:4 (57., 60.) G.Müller, 2:5 (67.) D.Müller.
Aufstellung: Schumacher, Glowacz, W.Weber, Konopka, Hein (39. Schwabe), Neumann, Overath, Gerber, Flohe, Müller, Löhr (63. Brücken).

UEFA-POKAL

1. Runde (Hinspiel)
17.09.1975 1.FC Köln - B 1903 Kopenhagen 2:0 (2:0)
Zuschauer: 7.470
Tore: 1:0 (17.) Andersen (E), 2:0 (25.) Löhr (FE).
Aufstellung: Topalovic, Strack, W.Weber, Cullmann, Hein, Konopka, Flohe, Overath, Glowacz, Simmet, Löhr (55. Hiestermann).

1. Runde (Rückspiel)
01.10.1975 B 1903 Kopenhagen - 1.FC Köln 2:3 n.V.
Zuschauer: 2.500
Tore: 1:0, 2:0 (14., 65.) Kristiansen, 2:1, 2:2, 2:3 (96., 110., 118.) Brücken.
Aufstellung: Topalovic, Konopka, Strack, W.Weber, Zimmermann, Cullmann, Flohe, Overath, Glowacz, Neumann (69. Brücken), Löhr.

2. Runde (Hinspiel)
22.10.1975 Spartak Moskau - 1.FC Köln 2:0 (1:0)
Zuschauer: 10.000
Tore: 1:0, 2:0 (16., 89.) Lovtschew.
Aufstellung: Topalovic, Konopka, W.Weber, Strack, Zimmermann, Flohe, Overath, Cullmann, Glowacz (82. Simmet), Brücken, Löhr.

2. Runde (Rückspiel)
05.11.1975 1.FC Köln - Spartak Moskau 0:1 (0:0)
Zuschauer: 21.865
Tore: 0:1 (62.) Andrejew.
Aufstellung: Topalovic, Konopka, W.Weber, Cullmann, Strack, Simmet, Flohe, Overath, Glowacz (67. G. Weber), Brücken (67. Neumann), Löhr,
B.V.: Prochorow hält einen FE von Löhr (42.).

FREUNDSCHAFTSSPIELE

12.07.1975 VfB Gießen - 1.FC Köln 2:4

13.07.1975 SC Viktoria Nidda - 1.FC Köln 2:9

16.07.1975 SV Korbach - 1.FC Köln 0:6

20.07.1975 Viktoria Köln - 1.FC Köln 2:2

22.07.1975 AS St. Etienne - 1.FC Köln 1:1

26.07.1975 Borussia Neunkirchen - 1.FC Köln 0:1

27.07.1975 SV Maischeid - 1.FC Köln 1:8

19.08.1975 TuS Neuendorf - 1.FC Köln 1:7

21.09.1975 Sportfreunde Siegen - 1.FC Köln 2:6

07.10.1975 Inselauswahl Ibiza - 1.FC Köln 0:3

12.11.1975 1.FC Köln - Fortuna Köln 3:0

07.01.1976 1.FC Köln - FC Barcelona 1:1

13.01.1976 Amateurauswahl Bergheim - 1.FC Köln 0:4

27.02.1976 1.FC Köln - Dynamo Kiew 3:3

24.04.1976 Siegburg 04 - 1.FC Köln 1:5

09.05.1976 SC Blau-Weiß Wulfen - 1.FC Köln 1:4

16.05.1976 VfR Frankenthal - 1.FC Köln 0:4

21.05.1976 Stadtauswahl Bad Salzuflen - 1.FC Köln 0:6

1. BUNDESLIGA 1975/76

1.	Borussia M'gladbach (M)	66:37	45:23
2.	Hamburger SV	59:32	41:27
3.	Bayern München	72:50	40:28
4.	**1. FC Köln**	**62:45**	**39:29**
5.	Eintracht Braunschweig	52:48	39:29
6.	FC Schalke 04	76:55	37:31
7.	1.FC Kaiserslautern	66:60	37:31
8.	Rot-Weiß Essen	61:67	37:31
9.	Eintracht Frankfurt (P)	79:58	36:32
10.	MSV Duisburg	55:62	33:35
11.	Hertha BSC Berlin	59:61	32:36
12.	Fortuna Düsseldorf	47:57	30:38
13.	Werder Bremen	44:55	30:38
14.	VfL Bochum	49:62	30:38
15.	Karlsruher SC (N)	46:59	30:38
16.	Hannover 96 (N)	48:60	27:41
17.	Kickers Offenbach	40:72	27:41
18.	Bayer 05 Uerdingen (N)	28:69	22:46

BUNDESLIGAKADER 1975/76

Abgänge: Berkemeier (Tennis Borussia Berlin), Ehmke (KRC Mechelen), Horst (eigene Amateure), Lauscher (FC Basel, während der laufenden Saison), Petrovic (Westfalia Herne, während der laufenden Saison), Welz (Preußen Münster, während der laufenden Saison),
Zugänge: Brücken (Bayer Leverkusen), Gerber (FV Lauda), Hiestermann (1. FC Nürnberg), Petrovic (Servette Genf), Prestin (eigene Jugend), Schwabe (SSV Troisdorf 05) G. Weber (eigene Amateure), Wendt (IFK Norrköping, w.d.l.S.)

Trainer: Zlatko Cajkovski (bis 13. Dezember 1975), Georg Stollenwerk (ab 01. Januar 1976)

Tor:
Schumacher, Harald 26/0
Topalovic, Slobodan 8/0
Mattern, Wolfgang 1/0

Feld:
Simmet, Heinz 34/2
Konopka, Harald 33/5
Löhr, Johannes 30/15
Flohe, Heinz 29/4
Hein, Herbert 29/2
Neumann, Herbert 28/3
Glowacz, Jürgen 27/4
Overath, Wolfgang 27/2
Weber, Wolfgang 27/2
Cullmann, Bernd 26/1
Strack, Gerhard 21/2
Müller, Dieter 19/14
Zimmermann, Herbert 13/2
Brücken, Matthias 9/2
Hiestermann, Hans-Otto 9/1
Gerber, Roland 7/0
Wendt, Benny 6/0
Lauscher, Detlev 5/0
Prestin, Dieter 4/0
Petrovic, Miodrag 3/0
Weber, Günter 2/0
Nicot, Heinz 0/0
Schwabe, Dieter 0/0
Schäfer, Günter 0/0
Welz, Gerhard 0/0

Dazu kommt ein Eigentor von Hans Dörre (Rot-Weiß Essen).

FIEBERKURVE 1975/76

1976/77
1. BUNDESLIGA

Grenzenlose Hennes-Euphorie

[LEGENDEN]

Dieter Müller
Beim FC von 1973 bis 1981
Geboren: 01.04.1954 in Offenbach
Pflichtspiele beim FC: 326
Pflichtspieltore: 231

Rekordhalter
Über den SC Götzenhain und die Offenbacher Kickers kam Sturmtalent Dieter Müller 1973 zum FC. DFB-Trainer Herbert Widmayer hatte das Talent des jungen Angreifers erkannt und ihn nach Köln „vermittelt", da er in Offenbach nicht richtig zum Zuge kam. Ursprünglich hieß Dieter Müller mit Nachnamen Kaster. Da er aber bei seiner Mutter und deren zweitem Ehemann aufwuchs, nahm er nach der Adoption den Namen des Stiefvaters an. In der Domstadt schaffte Müller den Durchbruch und „knipste" gleich im ersten Jahr 17 Tore. 1977 und 1978 gewann Müller die Trojägerkanone der Bundesliga. Mit dem FC wurde er Meister und zweimal Pokalsieger. Auch der Sprung in die Nationalmannschaft gelang dem Hessen. Insgesamt zwölf A-Länderspiele bestritt Müller in seiner Karriere, „ballerte" als Joker die DFB-Auswahl mit drei Treffern im Halbfinale 1976 ins EM-Endspiel, das erst nach Elfmeterschießen verloren wurde. Nach seiner Zeit in Köln kickte er noch für den VfB Stuttgart, Girondins Bordeaux, den 1. FC Saarbrücken und erneut Kickers Offenbach. Ein schwerer Schicksalsschlag traf ihn im Mai 1997, als er seinen erst 16-jährigen Sohn durch eine unheilbare Krankheit verlor. Heute lebt Dieter Müller in Hochheim bei Offenbach. Der ehemalige Torjäger betreut Jugendliche in Fußballschulen und ist seit 2000 als Präsident „seiner" Kickers tätig. Einen besonderen Rekord wird Müller so schnell niemand nehmen können: In der Saison 1977/78 erzielte er beim 7:2-Sieg über Werder Bremen sechs Tore in einem Bundesligaspiel – bis heute unerreicht. ■

Hintere Reihe von links: Herbert Zimmermann, Dieter Müller, Herbert Neumann, Ferdinand Rohde, Herbert Hein, Roland Gerber, Dieter Prestin, Jürgen Glowacz, Wolfgang Weber. Mittlere Reihe von links: Co-Trainer Rolf Herings, Benny Wendt, Günter Weber, Preben-Elkjaer Larsen, Klaus Kösling, Matthias Brücken, Bernd Cullmann, Harald Konopka, Heinz Simmet, Wolfgang Overath, Trainer Hennes Weisweiler. Vordere Reihe von links: Heinz Flohe, Hannes Löhr, Otto Hiestermann, Slobodan Topalovic, Harald Schumacher, Roger van Gool, Dieter Schwabe, Gerd Strack, Rainer Nicot.

Seit Jahren hatten die FC-Fans von der Rückkehr ihres Wunschtrainers geträumt. Wie lange mussten sie schmerzerfüllt Richtung Niederrhein blicken, wo ihr Hennes Weisweiler dem ungeliebten Rivalen die Trophäen an den Bökelberg holte. Weisweilers Amtsantritt löste eine unerwartete Euphoriewelle aus. Exakt 2.796 Dauerkarten wurden vor der Saison abgesetzt, was einen neuen Rekord bedeutete. Als der „Fußballprofessor" seine neuen Schützlinge am 11. Juli zum ersten offiziellen Training antreten ließ, drängten sich fast 10.000 Schaulustige ins FC-Stadion am Geißbockheim. Doch nicht nur der neue Trainer lockte die Kiebitze in den Grüngürtel. Auch den neuen „Millionenmann" wollten die Fans in Aktion sehen.

ROGER VAN GOOL, DER ERSTE MILLIONENTRANSFER DER BUNDESLIGA

Für den belgischen Nationalstürmer Roger van Gool, Weisweilers absoluten Wunschspieler, überwiesen die Kölner stolze 1,15 Millionen DM an den FC Brügge. Finanziell war es um die Geißböcke wieder bestens bestellt, und so konnte man den Betrag ohne Kreditaufnahme zahlen. Damit ging der Belgier als erster Millionentransfer in die Bundesligageschichte ein. Doch die für damalige Verhältnisse sehr hohe Ablösesumme, für die die Kölner scharf kritisiert wurden, war gut angelegt. Während seiner drei Jahre bei den Geißböcken bewährte sich der wendige Dribbler als erstklassiger Vorbereiter und Torschütze, obwohl er einige Anlaufzeit benötigte. Zusammen mit Dieter Müller und Heinz Flohe bildete er ein Trio der Extraklasse. Auch die anderen Mitspieler profitierten von dem schnellen, wendigen Belgier, der die gegnerischen Abwehrreihen auf Trab hielt. Mit dem Dänen Preben-Elkjaer Larsen und dem vom 1. FC Paderborn verpflichteten Ferdinand Rohde wurden zwei weitere Angreifer geholt. Aus der FC-A-Jugend erhielt Sturmtalent Klaus Kösling einen Lizenzspielervertrag. Obwohl Larsen später bei der EM 1984 noch mit der dänischen Nationalelf für Furore sorgen sollte, gelang es ihm genau wie Rohde und Kösling nicht, sich auf Dauer bei den Kölnern zu etablieren. „Die Erwartungen sind ganz schön hoch. Ich kann nur an die Fans appellieren, nicht sofort die

Geduld zu verlieren, wenn es mal nicht so läuft", versuchte „Don Hennes" etwas auf die Euphoriebremse zu treten. Dass die Kölner Ausnahmekönner in ihren Reihen hatten, war von Flohe und Müller bei der EM-Endrunde in Belgrad eindrucksvoll bewiesen worden. Beide boten sowohl im Halbfinale gegen Jugoslawien als auch im Endspiel gegen die ČSSR eine überragende Leistung. Flohe glänzte nach knapp 16-monatiger Nationalmannschaftsabstinenz als unermüdlicher, kreativer Antreiber im Mittelfeld, Müller als eiskalter Vollstrecker. Mit seinen drei Toren im Semifinale machte der Stürmer den Finaleinzug der deutschen Mannschaft erst möglich. Im Endspiel unterlag das DFB-Team der Tschechoslowakei unglücklich nach Elfmeterschießen.

HARTE VORBEREITUNG

Fast schon traditionell war erneut die Sportschule Grünberg Schauplatz des Trainingslagers. Weisweiler nahm seine Spieler hart ran. Trotz großer Hitze wurde bis zu dreimal täglich trainiert. „Bei mir muss jeder rennen, egal auf welcher Position er spielt, und wer da nicht spurt, wird nicht mehr viel Freude haben", gab Hennes zu Protokoll. Disziplin und Kondition waren oberstes Gebot, hierfür hatte bereits Stollenwerk die Grundlagen gelegt. Dennoch achtete Weisweiler darauf, dass die meisten Übungen mit Ball absolviert wurden und so nie Langeweile aufkam. Davon profitierte vor allem Ballvirtuose Heinz Flohe, der erstmals seit langem schmerzfrei in die Saison ging. Eine homöopathische Therapie hatte seinem hartnäckigen Rücken- und Bandscheibenleiden ein Ende bereitet. Aber auch die Geselligkeit kam nicht zu kurz, und so staunten die FC-Kicker nicht schlecht, als plötzlich Präsident Weiand mit zwei Fässern Kölsch im Trainingsquartier auftauchte und zu einem zünftigen Grillabend einlud.

Den noch etwas zu großen Kader konnte man vor Saisonbeginn mit Erfolg ausdünnen. Detlef Lauscher war schon zum Ende der vergangenen Spielzeit für 230.000 DM zum FC Basel transferiert worden, Günter Weber zog es zum MSV Duisburg, Benny Wendt zu Aufsteiger Tennis Borussia Berlin. Die Wechsel von Hans-Otto Hiestermann und Matthias Brücken zum FV Würzburg 04 spülten weitere 135.000 DM in die Kölner Kasse.

Härtester Gegner der Vorbereitungsspiele waren die Tottenham Hotspurs, die mit 3:1 geschlagen wurden. Ein gutes Omen für die kommenden Pflichtspiele.

REKORDSTART

36.058 zahlende Zuschauer waren zum Saisonauftakt gegen die in Köln nicht sonderlich zugkräftige Mannschaft des 1. FC Kaiserslautern gekommen. Ein Doppelpack von Müller und die Entscheidung durch Konopka reichten zum verdienten Arbeitssieg über die Roten Teufel. Es wurde noch besser, denn auch die folgenden vier Bundesligapartien konnte der 1. FC Köln gewinnen. Einen solchen Auftakt hatten die Kölner noch nie in der Bundesliga hingelegt. Die FC-Fans waren sich sicher, dass am Ende der Saison die Meisterschale nach 13 Jahren zurück ans Geißbockheim kommen würde. Skeptiker, die noch nicht an den Titel glauben wollten, wurden für verrückt erklärt oder schlicht ausgelacht. Zu den ersten drei Heimspielen wurden exakt 140.660 Tickets abgesetzt, was einen Schnitt von mehr als 46.000 Besuchern bedeutete. Kein Wunder, denn man bot nicht nur erfolgreicheren, sondern auch endlich offensiveren Fußball. Es mache riesigen Spaß mit Hennes Weisweiler, bekannte Wolfgang Overath im *Kicker*. Da ahnte der Kapitän wohl noch nicht, was auf ihn zukam …

Eine völlig unerwartete 2:3-Auswärtsschlappe am 6. Spieltag bei Aufsteiger Tennis Borussia Berlin, der in der Vorwoche noch eine 0:9-Packung in München hinnehmen musste, versetzte den aufstrebenden Domstädtern einen empfindlichen Knacks. Schon nach 13 Minuten hatte Toni Schumacher zweimal hinter sich greifen müssen. Ausgerechnet der zum Saisonbeginn an die Spree gewechselte Benny Wendt hatte gegen seine ehemaligen Kollegen das 1:0 besorgt. In der zweiten Hälfte gingen die Berliner mit 3:0 in Front. Die späten Tore von Johannes Löhr und Dieter Müller reichten nicht, um noch eine Wende herbeizuführen. So geschockt, verlor man auch das folgende Auswärtsspiel bei den Bayern mit 1:4. Nach den zwei Pleiten in Folge musste der FC die Tabellenführung ausgerechnet an Verfolger Mönchengladbach abgeben. Plötzlich war das alte Problem der Launenhaftigkeit, das man schon überwunden geglaubt hatte, wieder da. Einem begeisternden 2:0-Heimsieg vor 52.670 Zuschauern im Klassiker gegen Schalke 04 folgte eine 1:2-Auswärtsniederlage beim HSV. Genauso ging es am 10. und 11. Spieltag weiter – erst ein 5:1-Sieg über Aufsteiger Saarbrücken, dann eine 1:2-Pleite beim Karlsruher SC. Dennoch wartete man gespannt auf das Duell gegen Mönchengladbach am 6. November 1976.

TICKETZOFF MIT GLADBACH

Schon der Vorverkauf verlief sensationell. Allein in der Vorverkaufsstelle von Altstar Jupp Röhrig gingen über 2.000 schriftliche Kartenbestellungen ein. Zwischen den Vereinen gab es Ärger um die begehrten Tickets. Die Tatsache, dass die FC-Geschäftsstelle nur 2.500 Karten, darunter gerade einmal 500 Sitzplätze, an den Niederrhein schickte, sorgte dort für einige Aufregung. „Beim Rückspiel erhält Köln dann auch nur zwei Prozent unserer Sitzplatzkapazität, also exakt 35 Sitzplatztickets!", schäumte Borussen-Manager Grashoff. 59.173 Zuschauer drängten sich letztlich ins völlig ausverkaufte Müngersdorfer Stadion. Viele sahen den Kampf der Erzrivalen auch als Kampf um den Titel an, doch der Vorsprung von Tabellenführer Gladbach auf Verfolger Köln betrug vor der Partie fünf Punkte. Am Ende waren es derer sogar sieben, denn der FC verlor zum vierten Mal in Folge gegen die Lattek-Truppe. Beim 0:3 wurde man trotz einiger hochkarätiger Chancen eiskalt ausgekontert. Schon nach dem 0:2 verließen die enttäuschten FC-Fans in Scharen die Arena. Von der Meisterschaft konnte nun endgültig keine Rede mehr sein.

Auch der FC-Karnevalsorden 1977 hat die Rückkehr von Hennes Weisweiler zum Thema.

[Interessantes & Kurioses]

■ Eine Krawatten produzierende Firma macht Werbung mit FC-Torjäger Dieter Müller, der den Halsschmuck auch für Fußballfans wieder interessanter machen soll.

■ Nach dem 3:0-Sieg gegen Eintracht Braunschweig am 11. September 1976 spendiert Heinz Flohe dem Personal und Gästen des Geißbockheims 160 Gläser Freibier.

■ Herbert Zimmermann feiert beim 2:0 der deutschen Nationalmannschaft am 6. Oktober 1976 in Cardiff gegen Wales sein A-Länderspieldebüt.

■ Beim Länderspiel des DFB gegen die ČSSR am 17. November 1976 in Hannover gelingt Heinz Flohe mit dem Treffer zum 1:0 das 1.000. Tor in der Geschichte der deutschen Nationalmannschaft, das obendrein von der ARD zum „Tor des Monats" November gekürt wird. Die Partie endet mit 2:0.

■ Bis auf vier Vereine, darunter der FC, haben mittlerweile alle Bundesligaclubs einen Trikotwerbepartner. Mehrere Unternehmen buhlen um die Brust der Kölner. Doch ein entsprechender Vertrag kommt (noch) nicht zustande. Zum einen ist Präsident Weiand kein Freund der Trikotwerbung, zum anderen sind die Angebote dem FC nicht hoch genug dotiert. „Unter einer Million Mark geben wir unsere Trikotbrust nicht her", lässt Weiand die interessierten Firmen wissen.

■ Mit Schlagstöcken und teilweise sogar Pistolen sind sieben Personen bewaffnet, die im Rahmen des FC-Heimspiels gegen Borussia Dortmund am 3. Dezember 1976 verhaftet werden.

- Das 400. Bundesligaspiel von Wolfgang Overath verliert der FC bei Eintracht Frankfurt mit 0:4. Obendrein unterläuft Hennes Weisweiler ein grober Wechselfehler. Nachdem bereits der Jugoslawe Topalovic und der Däne Larsen auf dem Platz sind, wechselt er mit van Gool den dritten Ausländer ein, obwohl nur zwei erlaubt sind. Auf das Spielergebnis hat das keinen Einfluss, der FC wird jedoch vom DFB mit einer Geldstrafe belegt.

- Das FC-Auswärtsspiel bei Borussia Dortmund am 13. Mai 1977 findet wegen des schlechten Zustands des Rasens im Westfalenstadion ausgerechnet im Gelsenkirchener Parkstadion, der Heimat des BVB-Erzrivalen Schalke 04, statt. 25.000 Zuschauer erleben einen 2:1-Erfolg der Geißböcke durch Tore von Simmet und van Gool.

- Heinz Flohe wird bei der Saisonpremiere gegen den 1. FC Kaiserslautern für sein 500. FC-Spiel geehrt. Für 700 Partien im Dress des rheinischen Traditionsvereins erhält Hannes Löhr die verdiente Ehrung.

- Zu sämtlichen UEFA-Cup-Auswärtsspielen organisiert der FC in Zusammenarbeit mit dem Kölner Reiseunternehmen ITAS Fansonderflüge. So kostet der Flug nach London zum Hinspiel bei den Queens Park Rangers 198 DM. Auch zu den Bundesligaauswärtsspielen fahren Fanbusse oder Züge. Die Busse starten vom Zigarrenhaus Jupp Röhrig und vom Omnibusbahnhof am Dom. Die Fahrt nach Karlsruhe kostet beispielsweise 34,50 DM.

- Eine saftige Erhöhung der Beiträge müssen die mehr als 2.000 FC-Mitglieder auf Beschluss der Jahreshauptversammlung vom 4. November 1976 hinnehmen. Erwachsene Mitglieder (aktiv und passiv) zahlen statt zuvor 60 jetzt 90 DM, Jugendliche bis 14 Jahre 36 statt bisher 24 DM.

Wiedersehen mit Günter Netzer beim UEFA-Cup in Zürich.

Gestörtes Verhältnis: Hennes Weisweiler mit seinem Star Wolfgang Overath.

ERSTE KRITIK AN OVERATH

Zutiefst empört übte Weisweiler erstmals deutliche Kritik an seinen Kreativspielern, speziell an Overath und Flohe. „Im Mittelfeld wird der Ball viel zu lange gehalten", kritisierte der Trainer seine Regisseure, die dazu neigten, ein bis zwei Spielzüge zu viel zu praktizieren und damit den Überraschungseffekt beim Gegner zunichte machten. Er hatte Overath entgegen seiner sonstigen Gewohnheit von nahezu sämtlichen Defensivaufgaben befreit und mehr nach vorne beordert. Eine Maßnahme, die zunächst aufging, doch im Saisonverlauf kam der Kapitän dieser Aufgabe mit immer weniger Konsequenz nach. Längst hatte der erfahrene Hennes erkannt, dass das FC-Spiel mit Overath leichter auszurechnen und die Mannschaft ohne ihn mehr in Bewegung war. Weisweiler sah in der von Overath dominierten Hackordnung den Hauptgrund für die jahrelange Erfolglosigkeit der Kölner. Der Spieler schwieg, und Weisweiler sprach nur über Dritte mit Overath. Im kleinen Kreis soll der Erfolgscoach sogar geäußert haben, man werde mit Overath niemals mehr Meister. Zudem munkelte man, dass die beiden anderen Weltklassesolisten im Kölner Kader, Heinz Flohe und Herbert Neumann, ohne Overath zu noch besseren Leistungen fähig wären. Der Zufall kam Weisweiler zu Hilfe. Der Spielführer verletzte sich im Training, sodass ihn der eigenwillige Hennes in der Hinrunde, abgesehen vom UEFA-Cup-Rückspiel gegen die Queens Park Rangers (4:1), nicht mehr einsetzen „musste". Aber auch die Abwehr bereitete Sorgen. Cullmann laborierte während der gesamten Saison an einer hartnäckigen Zehenerkrankung. Zimmermann, der sich mittlerweile sogar in die Nationalmannschaft gespielt hatte, litt kurzfristig unter Verletzungspech. Gerd Strack war im Formtief und liebäugelte mit einem Wechsel zu Fortuna Düsseldorf. Ohne Overath lief es in der Bundesliga zunächst nicht besser. Einem 2:1-Auswärtserfolg über den VfL Bochum folgte ein mühsames 1:1 vor eigenem Publikum gegen Borussia Dortmund, bei dem einige FC-Fans lautstark den Namen des Kapitäns skandierten, und eine 1:2-Auswärtsschlappe bei Werder Bremen. Die Anhänger waren gespalten. Manche befürworteten Weisweilers Vorgehen in Sachen Overath, für andere war die Demontage ihres Idols schlichtweg unmöglich.

Die anfängliche Euphorie war vor allem intern längst einer nüchternen Betrachtungsweise gewichen. Es war klar, dass auch Weisweiler seine Zeit brauchen würde, um eine erfolgreiche Mannschaft aufzubauen. So war man letztlich recht zufrieden mit dem 5. Tabellenplatz zur Winterpause und belohnte die Profis samt Funktionsteam mit einem einwöchigen Urlaub auf Teneriffa. Die gemeinsamen Tage auf der Sonneninsel zeigten sportlich wenig Wirkung, denn der Rückrundenauftakt ging völlig daneben. Nach den ersten fünf Bundesligapartien stand die magere Bilanz von nur 2:8 Punkten zu Buche.

„TONI" MUSS AUF DIE BANK

Veränderungen in der Mannschaft zeigten ebenfalls keine positive Wirkung. Weisweiler hatte überraschend den in der Hinrunde formschwachen Torwart Schumacher auf die Bank gesetzt und dafür Topalovic den Vorzug gegeben. Mit der Denkpause war der ehrgeizige Torhüter nicht einverstanden. „Ich kann die Maßnahme des Trainers nicht verstehen", nörgelte er im Fachblatt *Kicker*. Wolfgang Overath war inzwischen wieder in der Mannschaft. Doch die Tatsache, dass der Kapitän viel zu unauffällig agierte, war Wasser auf Weisweilers Mühlen. Das anfangs zumindest nach außen innige Verhältnis zwischen Star und Trainer war inzwischen restlos gestört. Der Regisseur warf dem Coach in der Presse vor, ihn nur hinter seinem Rücken zu kritisieren. „Mittelfeldspieler in seinem Alter können das heute verlangte Tempo kaum noch bringen", stichelte Hennes zurück. Overath wurde langsam mürbe und deutete bereits an, zum Saisonende seine aktive Laufbahn beenden zu wollen. Der Vertrag des Spielmachers lief ohnehin

Beim „auf Schalke" (!) ausgetragenen Auswärtsspiel gegen den BVB siegten die Geißböcke mit 2:1. Zimmermanns Angriff auf das Dortmunder Tor scheiterte allerdings.

aus, und Weisweiler hatte Präsident Weiand bereits unmissverständlich erklärt, dass der weitere Weg des FC nur ohne Overath stattfinden sollte. Der Riss zwischen Trainer und Kapitän war nicht mehr zu kitten. Erneut legte sich Hennes mit einem „Star" an – wie in Gladbach mit Netzer und in Barcelona mit Cruyff. Weisweiler demütigte Overath: Als der Weltmeister bei der 2:4-Niederlage in Kaiserslautern ausgewechselt werden will, reagiert Weisweiler nicht. Er lässt ihn weiterspielen und sagt später: „Ich wollte damit deutlich machen, was er noch leisten kann und was nicht."

DER „BULLE" MUSS AUFHÖREN

Nach dem Spiel gegen Rot-Weiß Essen (2:2) am 22. Januar 1977 endete abrupt die aktive Karriere einer anderen FC-Legende. Bei Wolfgang Weber wurden schwere Herzrhythmusstörungen diagnostiziert. Die Ärzte verordneten dem „Bullen" sogleich jegliches Trainings- und Spielverbot. Die Partie gegen die Essener sollte das letzte Pflichtspiel des Publikumslieblings sein. Einer der verdienstvollsten und beliebtesten Akteure musste nach fast 15 Jahren bei den Geißböcken seine Laufbahn beenden. Webers Vertrag lief zwar nur bis zum Saisonende, doch der Vorstand wollte den erfahrenen Recken weiterhin in irgendeiner Funktion an den Club binden. Dazu passte, dass der „Eisenfuß" kurz vor dem Abschluss seiner Ausbildung zum Diplom-Sportlehrer stand. Bis zum Ende der Spielzeit wurde Weber übrigens als „Spion" zukünftiger Gegner eingesetzt.

8:4 – EIN „HANDBALL-ERGEBNIS"

Am 23. Spieltag gelang endlich der erste doppelte Punktgewinn der Rückrunde. Der 8:4-Heimsieg über Tennis Borussia Berlin erinnerte mehr an ein Handballspiel, bei dem Dieter Müller als vierfacher Torschütze besonders hervorstach. Eine Woche später wurden auch die Bayern vor 56.927 Besuchern in Müngersdorf mit 3:0 bezwungen. Es folgten Unentschieden in Schalke (1:1) und gegen den HSV (3:3). Bei der Partie in Gelsenkirchen verletzte sich Keeper Topalovic bei einem Zusammenprall mit dem Schalker Klaus Fischer und verhalf so dem frustriert auf der Bank schmorenden Schumacher zum Comeback. Die Begegnung mit den Hamburgern verlief dramatisch. Nach einem lupenreinen Müller-Hattrick in der 1. Halbzeit gelang den Hanseaten in den zweiten 45 Minuten noch der Ausgleich.
Der Zwist zwischen Overath und Weisweiler wurde kaum noch thematisiert. Da der Rücktritt des Kapitäns zum Saisonende nun definitiv feststand, hatte Hennes sein Ziel erreicht. Der finanziell unabhängige Weltmeister aus Siegburg konnte sich zukünftig mehr seinen erfolgreichen Geschäften (unter anderem Immobilien, Versicherungen) widmen. Zudem unterzeichnete Overath schon im Frühjahr 1977 einen lukrativen Vertrag mit Sportartikelhersteller adidas als Repräsentant für den Großraum Köln/Bonn.

ENDSPURT RICHTUNG UEFA-CUP-PLATZ

Am 12. April 1977 verloren die Geißböcke das Derby in Gladbach mit 1:3. Die Qualifikation für den UEFA-Cup war inzwischen akut gefährdet, der Abstand zum erforderlichen 5. Tabellenplatz betrug immerhin drei Punkte. Obwohl man schon das DFB-Pokalendspiel erreicht hatte, sollte der internationale Wettbewerb auch über die Bundesligaplatzierung gesichert werden.
Tatsächlich rafften sich die Geißböcke zum Saisonende noch einmal auf. Mit fünf Siegen in den letzten fünf Spielen schaffte man den Sprung auf Platz 5. Besonders bemerkenswert die Kantersiege gegen Duisburg (5:2) und Bochum (6:1), wobei Müller gegen den VfL seinen zweiten „Viererpack" erzielte. Beim Saisonausklang im Kölner Stadion gab es einen 3:0-Erfolg über Werder Bremen. Vier Tage nach seinem Abschiedsspiel bestritt Overath sein letztes Bundesligaspiel für den FC, bei dem ihm sogar das Tor zum zwischenzeitlichen 2:0 gelang.

■ Frank Blunstone, Assistenztrainer von Manchester United, hospitiert eine Woche lang bei Hennes Weisweiler, um die Trainingsmethoden des Bundesligisten genauer unter die Lupe zu nehmen.

■ Zum UEFA-Cup-Rückspiel bei den Grasshoppers Zürich packt Zeugwart Hans Thönnes nur eine Trikotgarnitur ein, die dem jugoslawischen Schiedsrichter Raus allerdings zu ähnlich mit der Spielkleidung der Heimmannschaft ist. So bleibt den Gästen aus Köln nichts anderes übrig, als die Begegnung mit dem Ausweichdress des Gastgebers zu bestreiten.

■ Zur Spielzeit 1976/77 wird Christoph Daum Trainer der FC-C2/C3-Jugend. Daum, der an der Kölner Sporthochschule studiert, ist zudem als Abwehrspieler im Kader der 1. Amateurmannschaft.

■ FC-Lizenzspieler Herbert Hain heiratet im September 1976 seine Frau Brigitta. Auch Gerd Strack (am 22. Mai 1977) und Roland Gerber kommen „unter die Haube." Harald „Toni" Schumacher ehelicht am 5. September 1976 in Kreuzau bei Düren seine Braut Marlies Schumacher, geb. Kapschak.

■ Heinz Flohe wird zu Kölns „Sportler des Jahres" 1976 gewählt.

■ Die Stadionsprecher der Bundesliga treffen sich im April 1977 zu einer Tagung im Geißbockheim.

■ 330.000 DM lässt sich der 1. FC Köln die Anschaffung eines neuen Mannschaftsbusses kosten, der im November 1976 seiner Bestimmung übergeben wird.

■ Mit 34 erzielten Treffern ist Dieter Müller Bundesligatorschützenkönig. Nach Hannes Löhr im Jahre 1968 ist Müller der zweite FC-Spieler, der sich die Torjägerkanone des *Kicker* sichern kann.

Torschützenkönig 1977: Dieter Müller.

Sonderausgabe der *Bild* zum Overath-Abschied.

■ Zum Saisonende erhält der scheidende FC-Kapitän Wolfgang Overath zahllose Angebote, seine Karriere fortzusetzen. So buhlen unter anderem der VfL Bochum, Fortuna Köln und der SV Siegburg um den Ex-Nationalspieler.

Eintritts- und VIP-Karten für das Abschiedsspiel des Kölner Kapitäns.

GLANZVOLLE ABSCHIEDSGALA FÜR WOLFGANG OVERATH

Schon lange vor Saisonende hatte Wolfgang Overath seinen Abschied von der großen Fußballbühne bekannt gegeben. Es war keine Frage, dass der verdienstvolle Kapitän ein gebührendes Abschiedsspiel erhalten sollte. Am 17. Mai 1977 war es so weit. 60.000 Zuschauer im ausverkauften Müngersdorfer Stadion, darunter zahlreiche Prominenz aus Sport, Politik und Show, machten dem FC-Idol beim Spiel des 1. FC Köln gegen die WM-Elf von 1974 ihre Aufwartung. Die ausverkaufte Kulisse bedeutete eine Einnahme von rund 250.000 DM, die Overath seinem Konto gutschreiben lassen konnte. Eine verdiente Treueprämie nach gut 15-jähriger Vereinszugehörigkeit. Es wären sicherlich noch ein paar Mark mehr geworden, hätte die Stadt Köln der im Vorfeld beantragten Minderung der Stadionmiete zugestimmt. Dennoch wurde es ein rauschendes Abschiedsfest für den 81-fachen Nationalspieler.
Beifallumrauscht lief der Regisseur zunächst für die 1974er Weltmeister auf und ließ es sich nicht nehmen, die 1:0-Führung seiner Geißböcke durch van Gool höchstpersönlich zu egalisieren. In der 2. Halbzeit spielte Overath im FC-Dress. Immer wieder schallten Sprechchöre wie „Wolfgang, du darfst nicht gehen" durch die Arena. Für eine besondere Gaudi sorgte Sepp Maier Mitte der 2. Halbzeit, als er plötzlich den Geißbock Hennes von der Tartanbahn ins Tor der „Weltmeister" führte. Einen weiteren Lacher erntete er für die eigens mitgebrachte rote Karte, die er Flohe während des Spiels zeigte. Die WM-Elf gewann das Spiel letztlich durch weitere Treffer von Breitner, Simmet (Eigentor) und Hölzenbein mit 4:1.
Doch das Ergebnis war an diesem wunderbaren Abend reine Nebensache. Zehn Minuten vor dem Abpfiff ging Overath vom Spielfeld und überreichte sein Trikot seinem Sohn Marco. Sichtlich bewegt verabschiedete sich der Kölner Rekordnationalspieler über die Stadionlautsprecher von seinen vielen Anhängern – ein großes Kapitel Kölner Fußballgeschichte war beendet. Nach dem Spiel wurde bei einem großen Bankett im Geißbockheim weitergefeiert. Overath war der erste 1974er Weltmeister, der die Fußballstiefel an den Nagel hing. Nach 765 Pflicht- und Freundschaftsspielen mit 287 Toren zum Saisonende, der deutschen Meisterschaft 1964, dem Pokalsieg 1968, dem WM-Titel 1974 und der Teilnahme an drei Weltmeisterschaften war nun endgültig Schluss. Bis heute ist Wolfgang Overath eine der bekanntesten Persönlichkeiten, die je das Geißbocktrikot getragen haben.

PROBLEME MIT DEM POLNISCHEN VIZEMEISTER

Im UEFA-Cup zog der FC mit dem Grubenarbeiterclub GKS Tychy aus dem polnischen Kohlenpott gleich einen unbequemen Gegner. Erstmals trafen die Geißböcke auf eine Mannschaft aus Polen. Weisweiler und Manager Thielen hatten den Vizemeister mehrfach beobachtet. Trotzdem tat sich der Bundesligaspitzenreiter vor 18.520 Zuschauern in Müngersdorf mit den geschickt verteidigenden Osteuropäern äußerst schwer. Erst Flohe, der kurz vor der Halbzeit per Foulelfmeter traf, und van Gool per Abstauber sicherten den Kölnern ein schmeichelhaftes 2:0. Beim in Kattowitz ausgetragenen Rückspiel hatte man weniger Probleme. Ein 1:1 reichte zum ungefährdeten Einzug in die zweite Runde. Zudem genossen die Kölner die bemerkenswerte polnische Gastfreundschaft im Hotel „Silesia", in dem man den Gästen aus Deutschland jeden Wunsch von den Lippen ablas.

GEGEN „RENTNER" NETZER

Nächster Kontrahent auf europäischer Bühne waren die Grasshoppers Zürich. Eigentlich kein Topspiel, wäre beim Schweizer Traditionsverein nicht ein alter Bekannter gewesen. Mittelfeldgenius Günter Netzer war inzwischen aus Spanien zu den Eidgenossen gewechselt und bekam im Spätherbst seiner Karriere in Zürich sein Gnadenbrot. Trotz spielerischer Überlegenheit kamen die Weisweiler-Schützlinge im Hinspiel auf eigenem Platz „nur" zu einem 2:0-Erfolg. Im Züricher Hardturmstadion hatten die kölschen Ballkünstler mehr mit dem ungewöhnlich tiefen Platz als mit dem Gegner zu kämpfen. Trotzdem siegte man verdient mit 3:2. Der Däne Larsen konnte als zweifacher Torschütze sein Können aufblitzen lassen. Erfreulich auch das Comeback von Bernd Cullmann, der erstmals nach siebenmonatiger Verletzungspause wieder ein Pflichtspiel bestritt. Grasshoppers-Star Günter Netzer trat in beiden Begegnungen nicht sonderlich in Erscheinung.

NICHT SCHON WIEDER ENGLAND...

Ausgerechnet gegen ein Team von der Insel, genauer gesagt gegen die Londoner Erstligisten Queens Park Rangers, mussten die Domstädter im Achtelfinale antreten. Die Blau-Weißen aus dem Westen der Themsemetropole pflegten einen eher kontinentalen Angriffsfußball und waren mit etlichen englischen und schottischen Nationalspielern gespickt. Beim Hinspiel kam der FC ohne Overath an der Loftus Road mit 0:3 gewaltig unter die Räder. Erst kurz vor Spielbeginn war man per Flugzeug in London angekommen. Die agilen Angreifer des englischen Vizemeisters, allen voran Nationalspieler Stan Bowles, brachten die Kölner ein ums andere Mal in Verlegenheit und so kam „QPR" zu einem verdienten Erfolg. Konsterniert flog man bereits eine Stunde nach dem Abpfiff zurück ins Rheinland. Erstaunlicherweise hatten auch die britischen Zeitungen dem Streit zwischen Weisweiler und Overath einige Sonderstorys gewidmet. Obwohl die Chancen auf ein Weiterkommen weniger als gering waren, wollten 37.911 Fußballfreunde beim Rückspiel das erhoffte Wunder live miterleben. Und tatsächlich wäre der Traum fast Realität geworden. Den schnellen Führungstreffer der Gäste nach vier Minuten steckte der FC erstaunlich gut weg. Er war das Startsignal für einen furiosen Sturmlauf, der die Zuschauer förmlich von den Sitzen riss. Müller, Löhr und Weber schossen noch vor dem Seitenwechsel eine 3:1-Führung heraus, die erneut Müller nach

Trotz großen Kampfes schied der FC gegen die Queens Park Rangers unglücklich aus: Dieter Müller erzielte das 4:1.

Eintrittskarte vom Spiel in London bei „QPR".

Der Wimpel, den die Queens Park Rangers vor dem UEFA-Cup-Hinspiel dem FC überreichten, und der für die Fans.

Vor dem (ersten) Finale um den DFB-Pokal 1977 überreichten die Herthaner dem FC den traditionellen Wimpel, der heute im „FC-Museum" ausgestellt wird.

einer Stunde auf 4:1 ausbaute. Die Rangers spielten seit der 43. Minute nur noch zu zehnt, da Clement nach einem bösen Revanchefoul an Löhr des Feldes verwiesen worden war. Nur ein Tor fehlte, um die nächste Runde zu erreichen, doch am Ende ging den bravourös kämpfenden Kölnern die Puste aus. Das hohe Tempo forderte seinen Tribut. Die Fans honorierten die Leistung ihrer Mannschaft trotz des Ausscheidens mit tosendem Applaus. Auch der Vorstand zeigte sich beeindruckt und überwies jedem Spieler noch 2.000 der fürs Weiterkommen ausgehandelten 5.000 DM Prämie.

„TÜNN" RETTET DAS RHEIN-DERBY

Die Amateure vom Itzehoer SV wurden zum Auftakt des DFB-Pokals mit 7:0 bezwungen. Doch schon in Runde zwei bekamen die Kölner ein schweres Los, denn sie mussten zum Rhein-Derby bei Fortuna Düsseldorf antreten. Die Fortunen wollten sich für die 1:3-Niederlage in der Bundesliga revanchieren und dominierten die Partie. Die reguläre Spielzeit brachte nach einem 2:2 keine Entscheidung. In der Verlängerung setzte sich dann der FC nach Treffern von Flohe und Müller durch. Das Weiterkommen hatte man aber in erster Linie Torwart Schumacher zu verdanken, der seine Mannschaft mit etlichen Klasseparaden im Spiel gehalten hatte. Balsam für die Seele vom ehrgeizigen „Tünn", der nach einigen schwächeren Bundesligaspielen in die Kritik geraten war.

EIN SCHLAGERPRODUZENT BEIM GEGNER

Auch in der dritten Runde bekam man es mit einem Ligakonkurrenten zu tun. Tennis Borussia Berlin war am 15. Dezember 1976 in Müngersdorf zu Gast. Bei den Berlinern spielte ein Mann namens Horst Nussbaum alias Schlagerproduzent Jack White. Der Schallplattenmillionär hatte u.a. bereits bei der Kölner Viktoria als Vertragsspieler gekickt. Auf dem Fußballplatz war er allerdings weniger erfolgreich als am Mischpult, wo er mit Interpreten wie Tony Marshall oder David Haselhoff mehr als 500 Millionen Tonträger verkaufte. Den Kölnern gelang ein müheloser 5:1-Sieg.
Im Achtelfinale traf man zu Hause auf Zweitligist FC Homburg. Schon zur Halbzeit führte der FC mit 7:0. Nach der Pause stellte man die Arbeit ein, so dass die Homburger noch zwei Treffer zum 7:2-Endstand erzielen konnten. Unter den nur 10.295 Zuschauern befand sich auch eine beträchtliche Menge saarländischer Schlachtenbummler, die lautstark auf sich aufmerksam machten.

4.000 DM SIEGPRÄMIE NACH HALBFINALEINZUG

Das Viertelfinale brachte der Weisweiler-Truppe erneut ein Heimspiel. Der ruhmreiche „Club" aus Nürnberg war in Müngersdorf zu Gast. Seit jenem schicksalhaften Abstiegsendspiel an gleicher Stelle acht Jahre zuvor dümpelten die Franken in den Niederungen der 2. Liga. Ein Sieg in der Domstadt wäre für die Männer aus der Noris eine Sensation gewesen. Doch FC-Stürmer Dieter Müller schoss mit drei Treffern (Endstand 4:2) die Süddeutschen praktisch im Alleingang ab. Der wichtige Erfolg brachte jedem Akteur eine eigens aufgestockte Siegprämie von 4.000 DM.
Auch im Halbfinale blieb dem FC das Losglück treu. Man bekam das vierte Heimspiel hintereinander, diesmal gegen das bereits als Bundesligaabsteiger feststehende Rot-Weiß Essen. „Nur" 30.550 zahlende Zuschauer wollten Zeuge der Partie sein. Souverän und den Essenern in allen Belangen überlegen, sicherten sich die Kölner beim 4:0-Sieg ihre sechste Pokalfinalteilnahme. Flohe dirigierte meisterlich, und der Angriff um den überragenden Müller sowie Oldtimer Löhr war nicht zu

Zum Pokalfinale 1977 gab es zwei Programme: das offizielle des DFB sowie das „inoffizielle" für die Begleiter der Mannschaften.

Die Einladung des DFB zum anschließenden Pokalbankett.

Gerd Strack und Heinz Flohe mit dem Pott.

bändigen. Auch Mittelfeldspieler Heinz Simmet, der seit sieben (!) Jahren kein Bundesligaspiel versäumt hatte, zeigte einmal mehr, wie wertvoll er für den 1. FC Köln war. Die Tatsache, dass Overath mit einer Achillessehnenblessur angeschlagen passen musste, fiel kaum ins Gewicht.

28. MAI 1977, NIEDERSACHSENSTADION HANNOVER: DFB-POKALFINALE (1. SPIEL) 1. FC KÖLN - HERTHA BSC BERLIN 1:1 NACH VERLÄNGERUNG

Gewissenhaft bereiteten sich die Kölner auf das Finale gegen Bundesligakonkurrent Hertha BSC Berlin vor. Schon fünf Tage vor dem Spiel bezog man ein Trainingsquartier in Hellendorf/Wedemark, abseits der Niedersachsenmetropole. Genug Stoff, um die Seiten der Gazetten zu füllen, hatte es schon vor dem Spiel gegeben. Zuerst buchten die Kölner den Berlinern, deren Trainer Georg Kessler sich 1986 sieben Monate lang glücklos als FC-Coach versuchen sollte, das Hotel quasi vor der Nase weg. Und schon seit Wochen verhandelten sie mit Hertha-Torwart Norbert Nigbur, der bei den Rheinländern bereits einen Vorvertrag für die neue Spielzeit unterschrieben hatte. Diese Personalie brachte Brisanz in die Begegnung, zumal Toni Schumacher trotz einer eher schwachen Saison seinen Platz im FC-Tor nicht kampflos aufgeben wollte.

Der FC ging als Favorit in das 34. Endspiel um den DFB-Vereinspokal. Keine guten Erinnerungen hatten die Domstädter an Hannover, hatten sie doch an gleicher Stelle sieben Jahre zuvor eine unangenehme Finalpleite gegen Kickers Offenbach hinnehmen müssen. 54.000 Zuschauer fanden sich bei hochsommerlichen Temperaturen am Pfingstsamstag in der Arena ein. Mehr als 20.000 mitgereiste FC-Fans bekamen einen hochklassigen Pokalkampf zweier an diesem Tage gleichwertiger Mannschaften zu sehen. Chancen auf beiden Seiten wurden von den überragenden Torhütern zunichte gemacht, denn Schumacher und Nigbur übertrafen sich praktisch gegenseitig. Entgegen den Erwartungen einiger Fachleute befand sich Overath in der Startformation. In seinem letzten Pflichtspiel für den 1. FC Köln zeigte er eine durch Kampf bestimmte Leistung. Offensivimpulse vermochte er kaum zu setzen. Schon fast symbolisch wechselte ihn Weisweiler später nach 91 Minuten gegen Herbert Neumann aus. Eine Minute vor der Pause fiel das 1:0 für den Favoriten. Natürlich war es Dieter Müller, der nach einer Konopka-Flanke mit einem sehenswerten Hechtkopfball das Leder unhaltbar in die Maschen des Berliner Tores setzte. In der 64. Minute wurde der unermüdliche Kampfgeist der Männer von der Spree belohnt: Ebenfalls per Kopf gelang Oldie Lorenz Horr der Ausgleich. 1:1 stand es auch nach 90 Minuten, was die obligatorische Verlängerung zur Folge hatte. Die Nachspielzeit brachte ebenfalls keinen Sieger hervor, und so musste erstmals in der Geschichte des Wettbewerbs ein Finale wiederholt werden. Am veralteten Modus des DFB, der die Entscheidungsfindung durch Elfmeterschießen noch nicht vorsah, wurde anschließend lautstarke Kritik geübt.

30. MAI 1977, NIEDERSACHSENSTADION HANNOVER: DFB-POKALFINALE (2. SPIEL), 1. FC KÖLN - HERTHA BSC BERLIN 1:0

Zwei Tage später, am Pfingstmontag, kam es zum historischen Wiederholungsspiel. Was sich bereits nach der ersten Partie andeutete, bestätigte sich jetzt. Hennes Weisweiler verzichtete auf Overath und gab dessen „Nachfolger" Herbert Neumann den Vorzug. Das Angebot des Trainers, auf der Ersatzbank Platz zu nehmen, lehnte Overath, der sich tief gedemütigt fühlte, ab. Die Kapitänsbinde übernahm Hannes Löhr. Da die meisten der Kölner Schlachtenbummler am nächsten Tag wieder zur Arbeit mussten, waren viele zwangsweise schon abgereist. So sahen die zweite Begegnung „nur" 35.000 Zuschauer, unter denen sich die immer noch stattliche Anzahl von rund 10.000 kölschen Fans befand. Knapp 1.000 Hartgesottene hatten sogar von Samstag bis Montag am Ort des Geschehens ausgeharrt.

Diesmal agierte der FC überlegener als im ersten Spiel, konnte die Dominanz aber zunächst nicht in zählbare Erfolge ummünzen. Im zweiten Abschnitt konnten die Kessler-Schützlinge die Partie ausgeglichener gestalten. Nach 63 Minuten annullierte Schiri Ohmsen sogar einen Treffer der Herthaner von Beer wegen angeblicher Abseitsstellung. In dieser Druckphase gelang den Kölnern etwas überraschend das 1:0. Erneut verwandelte Dieter Müller per Flugkopfball

Entscheidung im zweiten Spiel: Dieter Müller erzielt per Flugkopfball den 1:0-Siegtreffer gegen Hertha BSC Berlin.

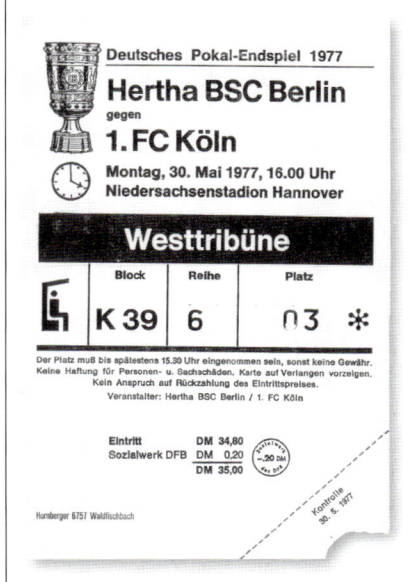

Zwei Spiele – zwei Tickets. Das Pokalendspiel 1977 war das erste, das wiederholt werden musste.

eine Maßflanke von Harald Konopka. In der Schlussphase verteidigten die Geißböcke ihren knappen Vorsprung. Der zweite Pokalsieg in der Geschichte des 1. FC Köln war perfekt und brachte jedem Spieler eine Prämie von 10.000 DM. Unter dem Jubel der anwesenden FC-Fans nahm Hannes Löhr den Pott aus den Händen von DFB-Ehrenpräsident Dr. Gösmann entgegen. Im Jubeltrubel versuchte Manager Thielen, Overath zu überreden, sich zum Siegerfoto zur Mannschaft zu begeben, doch der tief enttäuschte Spielführer lehnte mit den Worten: „Schließlich war ich nicht dabei", brüsk ab.

Beim abendlichen Bankett im Hannoveraner Hotel „Interconti" sorgte die Hertha für einen handfesten Eklat, als sie der Veranstaltung aus Verärgerung über Referee Ohmsen, von dem man sich stark benachteiligt fühlte, demonstrativ fernblieb. Schon bei der Siegerehrung im Stadion war vor allem Norbert Nigbur, der in beiden Begegnungen erstklassig gehalten hatte, negativ aufgefallen. Der designierte FC-Torwart veranstaltete einen regelrechten Amoklauf und war nur mit Mühe vom Unparteiischen fernzuhalten.

In Köln hatte man aus Angst vor einer Enttäuschung bewusst keinen großen Empfang geplant. Trotzdem feierten tausende Anhänger spontan am und im Geißbockheim bis in die frühen Morgenstunden.

Als die Mannschaft gegen 23 Uhr eintraf, wurde sie lautstark mit dem Gesang: „Mir han de Pokal in Kölle, denn do jehöt de hin", begrüßt. Die Feier war so ausschweifend, dass die alte Theke im Gastraum dabei kaputtging. Clubhaus-Chefkoch Jupp Müller sah die Beschädigung anschließend gelassen: „Das war schon o.k. so, das alte Ding musste sowieso raus."

SAISONABSCHLUSS IM FERNEN JAPAN

Nach 1973 gastierte der FC vom 1. bis 12. Juni zum zweiten Mal in Japan. In Tokio (2), Hiroshima und Kyoto wurden insgesamt vier Spiele gegen die japanische Nationalmannschaft ausgetragen. Die Geißböcke wurden bei ihren Auftritten stürmisch gefeiert – besonders Wolfgang Overath stand im Mittelpunkt der Ovationen. Nach zwei strapaziösen Pokalendspielen und mehr als 16 Stunden langer Flugreise wurde nur die erste Partie mit 0:1 verloren, dann siegte der 1. FC Köln mit 2:0, 3:0 und 3:1. In Kyoto bestritt Wolfgang Overath das letzte seiner 765 FC-Spiele und erzielte das letzte seiner 287 Tore für die Kölner.

Deutscher Pokalsieger 1977. Stehend von links: Cullmann, Löhr, Präsident Weiand, Flohe, Gerber, Konopka, Hein, Simmet, Müller, Schatzmeister Hartmann, Trainer Weisweiler, Mannschaftsarzt Bonnekoh. Kniend von links: Schumacher, van Gool, Strack, Neumann, Zimmermann, Co-Trainer Herings.

STATISTIK 1976/77

BUNDESLIGA

14.08.1976 1. FC Köln - 1. FC Kaiserslautern 3:1 (2:0)
Zuschauer: 36.058
Tore: 1:0, 2:0 (39., 42.) Müller, 2:1 (47.) Melzer, 3:1 (63.) Konopka.
Aufstellung: Schumacher, Zimmermann, Gerber, Weber, Konopka, Simmet, Flohe (62. Neumann), Overath, van Gool, Müller, Löhr (82. Kösling).

21.08.1976 Rot-Weiß Essen - 1. FC Köln 0:3 (0:1)
Zuschauer: 21.000
Tore: 0:1 (16.) van Gool, 0:2 (76.) Müller, 0:3 (83.) Zimmermann.
Aufstellung: Schumacher, Konopka, Gerber (67. Strack), Weber, Zimmermann, Simmet, Flohe, Overath, van Gool, Müller, Löhr (74. Kösling).
B.V.: Schumacher hält FE von Lorant.

28.08.1976 1. FC Köln - Eintracht Frankfurt 2:0 (1:0)
Zuschauer: 48.646
Tore: 1:0 (10.) van Gool, 2:0 (86.) Kösling.
Aufstellung: Schumacher, Glowacz, Weber, Zimmermann, Konopka, Simmet, Overath, Flohe, van Gool, Müller, Löhr (73. Kösling).

04.09.1976 Fortuna Düsseldorf - 1. FC Köln 1:3 (0:1)
Zuschauer: 35.000
Tore: 0:1 (42.) Müller, 0:2 (51.) Flohe, 0:3 (53.) Müller, 1:3 (65.) Mattson.
Aufstellung: Schumacher, Glowacz, Weber, Zimmermann, Konopka, Simmet, Overath, Flohe, van Gool, Müller, Löhr.

11.09.1976 1. FC Köln - Eintracht Braunschweig 3:0 (0:0)
Zuschauer: 55.956
Tore: 1:0 (60.) Overath, 2:0 (81.) Löhr, 3:0 (86.) Overath.
Aufstellung: Schumacher, Glowacz, Weber, Konopka, Zimmermann, Simmet, Overath, Flohe, van Gool, Müller, Löhr.

18.09.1976 Tennis Borussia Berlin - 1. FC Köln 3:2 (2:0)
Zuschauer: 20.000
Tore: 1:0 (02.) Wendt, 2:0 (13.) Schulz, 3:0 (55.) Subklewe, 3:1 (88.) Löhr, 3:2 (90.) Müller.
Aufstellung: Schumacher, Glowacz, Weber, Zimmermann, Konopka (61. Gerber), Simmet, Flohe, Overath, van Gool, Müller, Löhr.

25.09.1976 FC Bayern München - 1. FC Köln 4:1 (2:0)
Zuschauer: 77.850
Tore: 1:0 (09.) Rummenigge, 2:0 (41.) Hoeneß, 2:1 (60.) Overath, 3:1 (78.) Hoeneß, 4:1 (79.) Dürnberger.
Aufstellung: Schumacher, Konopka, Weber, Gerber, Zimmermann, Simmet, Overath, Flohe, van Gool, Müller, Löhr.

02.10.1976 1. FC Köln - FC Schalke 04 2:0 (0:0)
Zuschauer: 55.000
Tore: 1:0 (76.) Gerber, 2:0 (88.) Müller.
Aufstellung: Schumacher, Zimmermann, Gerber, Weber, Glowacz, Simmet, Overath, Flohe, van Gool, Müller, Kösling (62. Löhr).

09.10.1976 Hamburger SV - 1. FC Köln 2:1 (1:0)
Zuschauer: 58.000
Tore: 1:0 (42.) Eigl, 1:1 (50.) Müller, 2:1 (77.) Zimmermann (E).
Aufstellung: Schumacher, Konopka, Gerber, Weber, Zimmermann, Simmet, Flohe, Overath, van Gool (02. Löhr), Müller, Kösling (79. Nicot).

23.10.1976 1. FC Köln - 1. FC Saarbrücken 5:1 (1:0)
Zuschauer: 26.634
Tore: 1:0 (05.) Löhr, 2:0 (50.) Strack, 3:0 (60.) Löhr (FE), 3:1 (73.) H.Traser (FE), 4:1 (84.) Müller, 5:1 (88.) Konopka (FE).
Aufstellung: Schumacher, Konopka, Gerber, Weber, Strack, Glowacz, Simmet, Overath, Müller, Löhr.

30.10.1976 Karlsruher SC - 1. FC Köln 2:1 (0:1)
Zuschauer: 35.000
Tore: 0:1 (13.) Müller, 1:1 (49.) Struth, 2:1 (85.) Janzon.
Aufstellung: Schumacher, Konopka, Gerber, Weber, Strack, Simmet, Overath (70. Flohe), van Gool, Müller, Löhr (67. Rohde).

06.11.1976 1. FC Köln - Borussia M'gladbach 0:3 (0:1)
Zuschauer: 59.173
Tore: 0:1 (43.) Heynckes, 0:2 (74.) Bonhof, 0:3 (83.) Heynckes.
Aufstellung: Schumacher, Gerber, Cullmann, Weber, Glowacz, Simmet, Overath, Flohe, van Gool, Müller (78. Rohde), Larsen (78. Löhr).

13.11.1976 MSV Duisburg - 1. FC Köln 1:1 (1:1)
Zuschauer: 26.600
Tore: 0:1 (34.) Larsen, 1:1 (45.) Büssers.
Aufstellung: Schumacher, Glowacz, Weber, Gerber, Konopka, Flohe, Simmet, Cullmann, van Gool, Müller, Larsen.
B.V.: Dietz verschießt einen FE (07.).

20.11.1976 1. FC Köln - Hertha BSC Berlin 3:2 (2:1)
Zuschauer: 22.355
Tore: 1:0 (05.) Gerber, 2:0 (16.) Müller, 2:1 (21.) Sidka, 3:1 (57.) Flohe (FE), 3:2 (88.) Hermandung.
Aufstellung: Schumacher, Glowacz, Gerber, Weber, Simmet, Flohe, Cullmann (67. Zimmermann), van Gool, Müller, Larsen.

27.11.1976 VfL Bochum - 1. FC Köln 1:2 (1:0)
Zuschauer: 17.000
Tore: 1:0 (44.) Fromm, 1:1 (63.) Müller, 1:2 (73.) Flohe.
Aufstellung: Schumacher, Konopka, Geber, Weber, Zimmermann (83. Hein), Glowacz, Flohe, Simmet, van Gool, Müller, Larsen (62. Kösling).

03.12.1976 1. FC Köln - Borussia Dortmund 1:1 (0:0)
Zuschauer: 40.510
Tore: 0:1 (53.) Hartl, 1:1 (57.) van Gool.
Aufstellung: Schumacher, Konopka, Gerber (65. Neumann), Weber, Zimmermann, Simmet, Flohe, Glowacz, van Gool, Müller, Larsen (46. Kösling).

11.12.1976 SV Werder Bremen - 1. FC Köln 2:1 (0:1)
Zuschauer: 23.000
Tore: 1:0 (28.) Müller, 1:1 (52.) Roentved, 2:1 (53.) Röber.
Aufstellung: Schumacher, Konopka, Gerber, Zimmermann, Hein, Simmet, Flohe, Neumann, van Gool (79. Rohde), Müller, Larsen (74. Kösling).

15.01.1977 1. FC Kaiserslautern - 1. FC Köln 4:2 (0:2)
Zuschauer: 15.000
Tore: 0:1 (38.) Scheller (E), 0:2 (42.) Müller, 1:2 (46.) Toppmöller, 2:2 (48.) Riedl, 3:2 (69.) Toppmöller, 4:2 (81.) Riedl.
Aufstellung: Topalovic, Konopka, Gerber, Weber, Hein, Simmet (73. Neumann), Flohe, Overath, van Gool, Müller, Löhr (67. Zimmermann).
B.V.: Platzverweis für Hein.

22.01.1977 1. FC Köln - Rot-Weiß Essen 2:2 (1:2)
Zuschauer: 14.643
Tore: 1:0 (18.) Müller, 1:1 (22.) Hrubesch, 1:2 (24.) Wieczorkowski, 2:2 (72.) Overath.
Aufstellung: Schumacher, Konopka, Weber, Gerber, Zimmermann, Simmet (85. Glowacz), Overath, Flohe, van Gool, Müller, Löhr.
B.V.: Flohe (FC) und Lorant (RWE) erhalten einen Platzverweis (40.).

29.01.1977 Eintracht Frankfurt - 1. FC Köln 4:0 (1:0)
Zuschauer: 24.000
Tore: 1:0, 2:0, 3:0, 4:0 (40., 68., 69., 76.) Wenzel.
Aufstellung: Topalovic, Konopka, Zimmermann, Cullmann, Gerber, Simmet, Glowacz (73. Strack), Neumann (73. van Gool), Overath, Müller, Larsen.

05.02.1977 1. FC Köln - Fortuna Düsseldorf 2:2 (2:1)
Zuschauer: 17.966
Tore: 1:0 (08.) Löhr, 2:0 (10.) Müller, 2:1 (29.) Szymanek, 2:2 (88.) Seel.
Aufstellung: Topalovic, Konopka, Gerber, Zimmermann, Glowacz, (61. Neumann), Cullmann, Simmet, Overath, van Gool (75. Larsen), Müller, Löhr.

12.02.1977 Eintracht Braunschweig - 1. FC Köln 4:2 (1:1)
Zuschauer: 20.815
Tore: 1:0 (10.) Holzer, 1:1 (23.) van Gool, 2:1 (61.) Frank, 3:1 (66.) Hollmann, 4:1 (77.) Frank, 4:2 (85.) Glowacz.
Aufstellung: Topalovic, Konopka, Strack, Gerber, Zimmermann, Cullmann, Overath, Simmet, Glowacz, Müller, van Gool.

26.02.1977 1. FC Köln - Tennis Borussia Berlin 8:4 (4:2)
Zuschauer: 12.455
Tore: 0:1 (02.) Hochheim, 1:1, 2:1 (05., 07.) Müller, 3:1 (20.) Simmet, 4:1 (25.) Overath, 4:2 (44.) Stradt, 5:2 (49.) Simmet, 6:2 (67.) Müller, 6:3 (68.) Berkemeier, 6:4 (74.) Subkleve, 7:4 (82.) Müller, 8:4 (85.) Flohe.
Aufstellung: Topalovic, Glowacz, Cullmann, Gerber, Hein (46. Zimmermann), Simmet, Overath, Flohe, van Gool, Müller, Löhr (81. Konopka).

05.03.1977 1. FC Köln - FC Bayern München 3:0 (2:0)
Zuschauer: 56.927
Tore: 1:0, 2:0 (08., 17.) van Gool, 3:0 (57.) Beckenbauer (E).
Aufstellung: Topalovic, Konopka, Cullmann (61. Strack), Gerber, Zimmermann, Simmet, Overath, Flohe, van Gool, Müller, Löhr (76. Prestin).

12.03.1977 FC Schalke 04 - 1. FC Köln 1:1 (1:1)
Zuschauer: 60.000
Tore: 0:1 (21.) Zimmermann, 1:1 (28.) Abramczik.
Topalovic (29. Schumacher), Konopka, Gerber, Cullmann, Zimmermann, Simmet, Overath, Flohe, van Gool, Müller (79. Strack).

19.03.1977 1. FC Köln - Hamburger SV 3:3 (3:0)
Zuschauer: 34.078
Tore: 1:0, 2:0, 3:0 (10., 21., 33.) Müller, 3:1 (56.) Bertl, 3:2 (64.) Volkert, 3:3 (76.) Memering.
Aufstellung: Schumacher, Konopka (76. Strack), Cullmann, Gerber, Zimmermann, Simmet, Overath, Flohe, van Gool, Müller, Löhr (64. Larsen).

26.03.1977 1. FC Saarbrücken - 1. FC Köln 3:1 (1:1)
Zuschauer: 25.000
Tore: 0:1 (18.) Prestin, 1:1, 2:1, 3:1 (45., 50., 67.) Stegmayer.
Aufstellung: Schumacher, Glowacz, Strack, Gerber, Zimmermann, Simmet, Flohe, Overath (46. Konopka), Prestin (77. Rohde), Müller, Löhr.

01.04.1977 1. FC Köln - Karlsruher SC 4:1 (3:0)
Zuschauer: 9.043
Tore: 1:0 (01.) Müller, 2:0 (14.) Gerber, 3:0 (36.) Müller, 3:1 (70.) Struth (HE), 4:1 (73.) Müller.
Aufstellung: Schumacher, Konopka (76. Hein), Gerber, Strack, Zimmermann, Nicot, Simmet, Flohe, Glowacz, Müller, Löhr.

12.04.1977 Borussia M'gladbach - 1. FC Köln 3:1 (0:0)
Zuschauer: 30.000
Tore: 1:0 (58.) Bonhof, 2:0 (70.) Simonsen, 2:1 (75.) Flohe, 3:1 (77.) Kulik.
Aufstellung: Schumacher, Glowacz (58. Löhr) Gerber, Strack, Zimmermann, Nicot, Flohe, Simmet, Konopka, Prestin (46. van Gool), Müller.

16.04.1977 1. FC Köln - MSV Duisburg 5:2 (3:1)
Zuschauer: 17.716
Tore: 1:0 (28.) Löhr, 1:1 (33.) Bücker, 2:1 (37.) Müller, 3:1 (43.) Löhr, 3:2 (54.) Seliger, 4:2 (56.) Müller, 5:2 (87.) van Gool.
Aufstellung: Topalovic, Zimmermann, Gerber, Strack, Nicot, Simmet, Overath, van Gool, Müller, Löhr.

23.04.1977 Hertha BSC Berlin - 1. FC Köln 2:4 (1:1)
Zuschauer: 12.500
Tore: 0:1 (10.) Müller, 1:1 (21.) Gersdorff, 1:2 (54.) Strack, 1:3 (65.) van Gool, 2:3 (71.) Granitza, 2:4 (77.) Müller.
Schumacher. Nicot (46. Konopka), Gerber, Strack, Zimmermann, Simmet, Flohe, Neumann, van Gool, Müller, Löhr.

06.05.1977 1. FC Köln - VfL Bochum 6:1 (5:0)
Zuschauer: 11.305
Tore: 1:0, 2:0 (15., 20.) Müller, 3:0 (33.) Flohe, 4:0, 5:0 (42., 43.) Müller, 6:0 (60.) Simmet, 6:1 (85.) Kaczor.
Aufstellung: Schumacher, Konopka, Gerber, Strack (46. Cullmann), Zimmermann, Simmet, Flohe, Neumann, van Gool, Müller, Löhr.

STATISTIK 1976/77

13.05.1977 **Borussia Dortmund - 1.FC Köln** 1:2 (1:0)
Zuschauer: 25.000
Tore: 1:0 (18.) Burgsmüller, 1:1 (58.) Simmet, 1:2 (89.) van Gool.
Aufstellung: Schumacher, Konopka, Gerber, Strack, Zimmermann, Simmet, Flohe, Neumann, van Gool, Müller, Löhr.
B.V.: Das Spiel wurde im Gelsenkirchener Parkstadion ausgetragen.

21.05.1977 **1.FC Köln - Werder Bremen** 3:0 (2:0)
Zuschauer: 14.298
Tore: 1:0 (10.) Flohe, 2:0 (29.) Overath, 3:0 (83.) van Gool.
Aufstellung: Schumacher, Konopka, Gerber, Strack (22. Cullmann), Zimmermann, (85. Hein), Simmet, Overath, Flohe, van Gool, Müller, Löhr.

DFB-POKAL

1. Runde
08.08.1976 **Itzehoer SV - 1.FC Köln** 0:7 (0:2)
Zuschauer: 8.000
Tore: 0:1 (38.) Müller, 0:2 (45.) Overath, 0:3 (48.) Müller, 0:4 (58.) Overath, 0:5 (67.) Löhr, 0:6 (85.) Glowacz, 0:7 (86.) Müller.
Aufstellung: Schumacher, Konopka, Zimmermann, Weber, Gerber, Simmet, Overath, Flohe (60. Glowacz), Müller, van Gool, Löhr (75. Kösling).

2. Runde
16.10.1976 **Fortuna Düsseldorf - 1.FC Köln** 2:4 n.V.
Zuschauer: 27.000
Tore: 0:1 (25.) Müller, 1:1 (31.) Kriegler, 1:2 (43.) Löhr, 2:2 (58.) Kriegler, 2:3 (93.) Flohe (FE), 2:4 (105.) Müller.
Aufstellung: Schumacher, Konopka, Weber, Gerber, Zimmermann (42. Strack), Simmet, Overath, Flohe, Glowacz, Müller, Löhr (67. Kösling).

3. Runde
15.12.1976 **1.FC Köln - Tennis Borussia Berlin** 5:1 (3:1)
Zuschauer: 8.946
Tore: 1:0 (03.) Müller, 2:0 (17.) Flohe (FE), 3:0 (34.) van Gool, 3:1 (37.) Eggert, 4:1 (60.) Löhr, 5:1 (81.) Neumann.
Aufstellung: Schumacher, Konopka, Gerber, Weber (80. Hein), Zimmermann, Simmet, Flohe, Neumann, van Gool, Müller, Löhr.

Achtelfinale
08.01.1977 **1.FC Köln - FC Homburg/Saar** 7:2 (7:0)
Zuschauer: 10.295
Tore: 1:0 (12.) Flohe, 2:0 (14.) Müller, 3:0 (18.) Flohe, 4:0 (24.) Overath, 5:0 (30.) van Gool, 6:0 (32.) Overath, 7:0 (37.) Müller, 7:1 (63.) Bartel, 7:2 (88.) Lenz.
Aufstellung: Topalovic, Konopka, Gerber, Weber, Hein, Simmet, Overath, Flohe, van Gool, Müller, Löhr (68. Rohde).

Viertelfinale
09.02.1977 **1.FC Köln - 1.FC Nürnberg** 4:2 (1:1)
Zuschauer: 16.000
Tore: 1:0 (04.) Müller, 1:1 (24.) Eder, 2:1 (48.) Müller, 3:1 (56.) Cullmann, 4:1 (84.) Müller, 4:2 (88.) Petrovic.
Aufstellung: Topalovic, Konopka, Cullmann, Gerber, Weber, Zimmermann, Simmet, Glowacz, Overath, van Gool, Müller, Löhr.

Halbfinale
07.04.1977 **1.FC Köln - Rot-Weiß Essen** 4:0 (3:0)
Zuschauer: 30.550
Tore: 1:0 (07.) Zimmermann, 2:0 (34.) Simmet, 3:0 (44.) Müller, 4:0 (67.) Prestin.
Aufstellung: Schumacher, Konopka, Gerber, Strack, Zimmermann, Nicot (71. Neumann), Simmet, Flohe, Glowacz (50. Prestin), Müller, Löhr..

Finale (1. Spiel)
28.05.1977 **1.FC Köln - Hertha BSC Berlin** 1:1 n.V.
Zuschauer: 54.000
Tore: 1:0 (44.) Müller, 1:1 (64.) Horr.
Aufstellung: Schumacher, Konopka, Zimmermann, Strack, Gerber, Simmet, Overath (91. Neumann), Flohe, van Gool, Müller, Löhr (81. Larsen).

B.V.: Das Finale wurde in Hannover ausgetragen. Da es nach 120 Minuten unentschieden stand, wurde die Begegnung zwei Tage später erneut angesetzt.

Finale (Entscheidungsspiel)
30.05.1977 **1.FC Köln - Hertha BSC Berlin** 1:0 (0:0)
Zuschauer: 35.000
Tor: 1:0 (70.) Müller.
Aufstellung: Schumacher, Konopka, Strack, Gerber, Zimmermann, Simmet, Neumann (77. Cullmann) Flohe, van Gool, Müller. Löhr.
B.V.: Das Wiederholungsspiel wurde erneut in Hannover ausgetragen.

UEFA-POKAL

1. Runde (Hinspiel)
15.09.1976 **1.FC Köln - GKS Tychy** 2:0 (1:0)
Zuschauer: 18.520
Tore: 1:0 (42.) Flohe (FE), 2:0 (88.) van Gool.
Aufstellung: Schumacher, Glowacz, Weber, Zimmermann, Konopka, Simmet, Flohe, Overath, van Gool, Müller (77. Kösling), Löhr.
B.V.: Flohe verschießt einen FE (44.).

1. Runde (Rückspiel)
29.09.1976 **GKS Tychy - 1.FC Köln** 1:1 (1:0)
Zuschauer:: 15.000
Tore: 1:0 (18.) Ogaza, 1:1 (75.) Müller.
Aufstellung: Schumacher, Konopka (70. Glowacz), Zimmermann, Strack, Weber, Gerber, (73. Kösling), Simmet, van Gool, Flohe, Müller, Overath.
B.V.: Das Spiel wurde in Kattowitz ausgetragen.

2. Runde (Hinspiel)
20.10.1976 **1.FC Köln - Grasshoppers Zürich** 2:0 (1:0)
Zuschauer: 17.566
Tore: 1:0 (37.) Konopka, 2:0 (77.) Müller.
Aufstellung: Schumacher, Konopka, Weber, Gerber, Strack, Simmet, Flohe, Overath, Glowacz (70. van Gool), Müller, Kösling (70. Löhr).

2. Runde (Rückspiel)
03.11.1976 **Grasshoppers Zürich - 1.FC Köln** 2:3 (0:0)
Zuschauer: 13.000
Tore: 0:1 (56.) Müller, 0:2 (58.) Larsen, 1:2 (75.) Bauer (FE), 1:3 (79.) Larsen, 2:3 (85.) Bosco.
Aufstellung: Schumacher, Glowacz, Gerber, Weber (81. Hein), Cullmann, Simmet, van Gool, Flohe, Müller, Overath, Larsen.
B.V.: Der FC spielte in Trikots der Gastgeber.

Achtelfinale (Hinspiel)
24.11.1976 **Queens Park Rangers - 1.FC Köln** 3:0 (2:0)
Zuschauer: 21.000
Tore: 1:0 (39.) Givens, 2:0 (41.) Webb, 3:0 (74.) Bowles.
Aufstellung: Schumacher, Konopka, Gerber, Weber, Konopka, Flohe, Cullmann, Simmet, van Gool, Müller, Larsen.

Achtelfinale (Rückspiel)
07.12.1976 **1.FC Köln - Queens-Park Rangers** 4:1 (3:1)
Zuschauer: 37.911
Tore: 0:1 (04.) Masson, 1:1 (22.) Müller, 2:1 (33.) Löhr, 3:1 (36.) Weber, 4:1 (60.) Müller.
Aufstellung: Schumacher, Konopka, Weber, Gerber, Zimmermann, Simmet, Flohe van Gool, (76. Larsen), Overath, Müller, Löhr.
B.V.: Platzverweis für Clement (43.).

FREUNDSCHAFTSSPIELE

16.07.1976 **SG Blankenau - 1.FC Köln** 0:16

18.07.1976 **TSV Wiera - 1.FC Köln** 0:7

20.07.1976 **VfR Lich - 1.FC Köln** 0:8

23.07.1976 **TSV Elbenberg - 1.FC Köln** 0:16

25.07.1976 **Olympique Marseille - 1.FC Köln** 0:1
(in Mulhouse/Frankreich)

28.07.1976 **1.FC Paderborn - 1.FC Köln** 3:6

31.07.1976 **1.FC Köln - Tottenham Hotspurs** 3:1

03.08.1976 **Südwest Ludwigshafen - 1.FC Köln** 0:3

10.08.1976 **Alemannia Goch - 1.FC Köln** 2:11

18.08.1976 **RFC Antwerpen - 1.FC Köln** 1:2

25.08.1976 **SpVgg Oberaußem - 1.FC Köln** 0:4

31.08.1976 **VfL Osnabrück - 1.FC Köln** 1:2

07.09.1976 **SpVgg Porz - 1.FC Köln** 5:13

22.09.1976 **SuS Schaag - 1.FC Köln** 1:9

10.10.1976 **VfB Remscheid - 1.FC Köln** 0:9

24.10.1976 **VfL Benrath - 1.FC Köln** 1:4

22.03.1977 **TuS Neuendorf - 1.FC Köln** 1:9

10.05.1977 **Auswahl Ennepetal - 1.FC Köln** 1:15

17.05.1977 **1.FC Köln - WM Elf 1974** 1:4

01.06.1977 **Nationalmannschaft Japan - 1.FC Köln** 1:0
(in Tokio/Japan)

05.06.1977 **Nationalmannschaft Japan - 1.FC Köln** 0:2
(in Tokio/Japan)

10.06.1977 **Nationalmannschaft Japan - 1.FC Köln** 0:3
(in Hiroshima/Japan)

12.06.1977 **Nationalmannschaft Japan - 1.FC Köln** 1:3
(in Kyoto/Japan)

In Japan war der FC ein gern gesehener Gast.

STATISTIK 1976/77

1. BUNDESLIGA 1976/77

1.	Bor. M'gladbach (M)	58:34	44:24
2.	FC Schalke 04	77:52	43:25
3.	Eintracht Braunschweig	56:38	43:25
4.	Eintracht Frankfurt	86:57	42:26
5.	**1. FC Köln**	**83:61**	**40:28**
6.	Hamburger SV (P)	67:56	38:30
7.	Bayern München	74:65	37:31
8.	Borussia Dortmund (N)	73:64	34:34
9.	MSV Duisburg	60:51	34:34
10.	Hertha BSC Berlin	55:54	34:34
11.	Werder Bremen	51:59	33:35
12.	Fortuna Düsseldorf	52:54	31:37
13.	1. FC Kaiserslautern	53:59	29:39
14.	1. FC Saarbrücken	43:55	29:39
15.	VfL Bochum	47:62	29:39
16.	Karlsruher SC	53:75	28:40
17.	Tennis Bor. Berlin (N)	47:85	22:46
18.	Rot-Weiß Essen	49:103	22:46

BUNDESLIGAKADER 1976/77

Abgänge: Brücken (FV Würzburg 04, w.d.l.S.), Hiestermann (FV Würzburg 04, w.d.l.S.), G. Schäfer (VfL Osnabrück), Schwabe (Bonner SC), G. Weber (MSV Duisburg), Wendt (Tennis Borussia Berlin)
Zugänge: van Gool (FC Brügge), Kösling (eigene Jugend), Larsen (Vanlose IF), Rohde (1. FC Paderborn),

Trainer: Hennes Weisweiler

Tor:
Schumacher, Harald	27/0
Topalovic, Slobodan	8/0
Mattern Wolfgang	0/0

Feld:
Müller, Dieter	34/34
Simmet, Heinz	34/4
Gool van, Roger	32/10
Gerber, Roland	31/3
Flohe, Heinz	30/7
Konopka, Harald	30/2
Zimmermann, Herbert	30/2
Löhr, Johannes	27/7
Overath, Wolfgang	24/6
Glowacz, Jürgen	21/1
Weber, Wolfgang	18/0
Strack, Gerhard	16/2
Cullmann, Bernd	12/0
Larsen, Preben-Elkjaer	9/1
Neumann, Herbert	9/0
Kösling, Klaus	8/1
Hein, Herbert	6/0
Nicot, Rainer	5/0
Rohde, Ferdinand	4/0
Prestin, Dieter	3/1

Dazu kommen Eigentore von Herbert Scheller (1. FC Kaiserslautern) und Franz Beckenbauer (Bayern München).

Offizieller Ehrenwimpel des DFB zum Pokalsieg 1977.

Das DFB-Programmheft für die Teilnehmer des Pokalfinales.

FIEBERKURVE 1976/77

Hennes Weisweiler mit Kurt Werner (links) und Werner Müller (rechts) vom FC-Vorstand.

1977/78
1. BUNDESLIGA

Das Double

Der Double-Triumph: Stolz präsentieren Hennes Weisweiler und sein Kapitän Heinz Flohe die Meisterschale und den DFB-Pokal.

[LEGENDEN]

Heinz Flohe
Beim FC von 1966 bis 1979 (Spieler), 1993-1995, 1996-1999 (Co-Trainer Amateure), 1995-1996 (Co-Trainer Lizenzspieler).
Geboren: 28.01.1948 in Köln
Pflichtspiele beim FC: 453
Pflichtspieltore: 118

„CULLI" BLEIBT
Was wird wohl aus „Culli"? Das fragten sich die rund 4.000 Fans beim ersten Training am 10. Juli 1977. Denn der Nationalspieler liebäugelte nach der für ihn enttäuschend verlaufenen Vorsaison, in der er seinen Liberoposten an Roland Gerber verloren hatte, mit einem Wechsel zu Borussia Dortmund. Doch zum Glück für den FC und den Verteidiger platzte der Transfer. Zum einen waren die Dortmunder nicht bereit, die geforderte Ablöse von rund einer Million DM zu zahlen, zum anderen konnte „Culli" letztlich zum Bleiben bewogen werden.
Wie immer bereiteten sich die Kölner in Grünberg auf die neue Saison vor. Einen weiteren millionenschweren Neuzugang wie im Vorjahr Roger van Gool suchte man diesmal vergebens. Mit den Juniorennationalspielern Gerald Ehrmann und Holger Willmer waren ausschließlich junge Akteure mit Zukunftsperspektive verpflichtet worden. Ehrmann, ein talentierter Torwart, war vom TSV Tauberbischofsheim gekommen. Er sollte an „Toni" Schumacher allerdings nie vorbeikommen und erst sieben Jahre später beim 1. FC Kaiserslautern Karriere machen. Linksaußen Holger Willmer sollte langfristig zur wertvollen Verstärkung werden, war jedoch zunächst „nur" Ergänzungsspieler.

HEINZ FLOHE ALS NEUER KAPITÄN
Eine der spannendsten Fragen vor der neuen Saison war sicherlich, wie der FC im ersten Jahr ohne Overath auftreten würde. Seine Nachfolge als Kapitän trat Heinz Flohe an, den die Mannschaft einstimmig wählte. Immerhin neun Jahre hatte Overath zuvor die Binde getragen.
Ansonsten musste Weisweiler nicht viel verändern. Schumacher war mittlerweile die unumstrittene Nummer eins im Tor und spielte eine herausragende Saison, vor ihm bildeten Gerber und Strack, flankiert von Konopka und Zimmermann, ein „Bollwerk" der Extraklasse. Auch Cullmann kämpfte sich nach seinem Techtelmechtel mit dem BVB wieder ins Team und agierte, wenn er gebraucht wurde, in der Defensive oder später erfolgreich im Mittelfeld, das mit den beiden genialen „Zauberern" Flohe und Neumann sowie „Arbeitstier" Simmet schon erstklassig besetzt war. Vor allem Neumann steigerte sich zu einer herausragenden Persönlichkeit. Im Vorjahr noch zumeist auf der Bank sitzend, avancierte er im Duett mit Flohe zum Leistungsträger. Hinzu kamen das Torjägerduo van Gool und Müller sowie die noch jungen, hungrigen Akteure wie Willmer und Prestin. Auch Oldtimer Hannes Löhr war beim Saisonstart wieder mit von der Partie, obwohl er

Mit „Flocke" zum Double
In Köln geboren, aber in Euskirchen aufgewachsen, wurde Heinz Flohe beim TSV Euskirchen zum Juniorennationalspieler. Zur Saison 1966/67 nahm ihn der 1. FC Köln unter Vertrag. Dass er zunächst keinen Stammplatz bekam, lag zum einen an seinen Rückenproblemen, und zum anderen daran, dass die Spielmacherposition von Overath besetzt war. Trotzdem schaffte er es, sich dauerhaft zu etablieren (wurde 1968 deutscher Pokalsieger) und auch Bundestrainer Schön entging Flohes Klasse nicht, so feierte der Kölner 1970 sein Debüt in der Nationalmannschaft. Ab 1973 regelmäßig in der DFB-Elf eingesetzt, nahm der wortkarge Akteur an den Weltmeisterschaften 1974 und 1978 teil. Insgesamt brachte es der Vizeeuropameister von 1976 auf 39 Länderspiele. Im Verein erlebte Flohe seinen Höhepunkt, als Hennes Weisweiler zurückkam und der FC 1977 Pokalsieger wurde. Kurz darauf – nach Overaths Karriereende – machte ihn Hennes zum Kapitän. Er rechtfertigte das Vertrauen und führte die Kölner zum „Double". Zweifellos war Heinz Flohe neben Wolfgang Overath und Jupp Röhrig der beste Regisseur der FC-Geschichte. Nachdem er später bei 1860 München im Spiel gegen den MSV Duisburg von Paul Steiner brutal gefoult wurde, musste der Euskirchener seine aktive Laufbahn beenden. Seit Jahren leidet „Flocke" an einer Herzerkrankung, dennoch besucht er regelmäßig Spiele seines FC. ∎

[Interessantes & Kurioses]

- Beim Sommer-Trainingslager wird die Mannschaft des 1. FC Köln vom örtlichen Tennis-Club Grünberg zum Grillen eingeladen. Dafür haben die Tenniscracks eigens ein Kalb geschlachtet, das sich schon seit morgens 9 Uhr auf dem Grill dreht, damit es abends um 19 Uhr verzehrt werden kann.

- Vor dem Heimspiel gegen Schalke 04 wird Hannes Löhr für 700 Pflicht- und Freundschaftsspiele im FC-Dress geehrt.

- Bei einer Ehrung in Paris bekommt Dieter Müller von Schauspieler Jean-Paul Belmondo den „bronzenen Schuh" als drittbester Torjäger Europas überreicht. Zudem eröffnet der Kölner Stürmer in Hausen bei Offenbach ein Sportartikelgeschäft.

- In der Spielzeit 1977/1978 setzt der 1. FC Köln exakt 3.274 Dauerkarten ab. In dieser Zahl sind die im Winter verkauften Rückrundenabos allerdings bereits enthalten.

- Am 11. November 1977 wird im Rahmen eines Festaktes das „Amateurstadion" im FC-Sportpark am Geißbockheim zu Ehren des legendären FC-Präsidenten Franz Kremer an dessen zehnten Todestag in „Franz-Kremer-Stadion" umbenannt. Bei der Feierstunde ist neben Liselotte Kremer auch der Vorstand um Präsident Peter Weiand unter den rund 300 geladenen Gästen.

Die Abbildungen zeigen die Gedenktafel und die Einladung für die Teilnehmer des Festaktes.

mittlerweile schon 35 Lenze zählte. Alles in allem zählte der FC zweifellos zu den Meisterkandidaten, zumal auch die Vorbereitungsspiele, darunter ein 6:0-Erfolg über Feyenoord Rotterdam, optimal verlaufen waren.

1:5-KLATSCHE ZUM BUNDESLIGASTART

Zum ersten Pflichtspiel mussten die Kölner im DFB-Pokal auf den Bieberer Berg nach Offenbach reisen. Im Stile einer Klassemannschaft konterte man die leidenschaftlich fightenden Hessen eiskalt aus und erreichte nach einem letztlich ungefährdeten 4:0-Sieg die nächste Runde. Ein Auftakt nach Maß, der die Fans bereits von einem Kantersieg im Rheinduell am ersten Bundesligaspieltag bei Fortuna Düsseldorf träumen ließ.

Und tatsächlich schien vor 35.000 im Rheinstadion alles nach dem Wunsch der 7.000 mitgereisten FC-Fans zu laufen, denn die Geißböcke gingen bereits nach 70 Sekunden durch das 18-jährige Nachwuchstalent Holger Willmer in Führung. Doch dann begingen die Kölner eine altbekannte Unart – sie wurden überheblich. So konnten die Fortunen die Begegnung drehen. Noch in Halbzeit eins fiel der Ausgleich, im zweiten Abschnitt legten die Gastgeber viermal nach. Am Ende stand eine deprimierende 1:5-Packung. Katastrophe oder Weckruf zur rechten Zeit? Weisweiler hielt sich nach der Partie relativ bedeckt und regelte die Angelegenheit intern. Nach dem Traumstart im vergangenen Jahr nun wieder ein Fehlstart. Im Kampf um vordere Tabellenregionen hatten die kommenden Spiele entscheidende Bedeutung. Beim Heimauftakt gegen den VfL Bochum ging es nur darum zu gewinnen, egal wie. „Nur" 18.000 Zuschauer lockte die Begegnung ins Stadion, woran wohl das Debakel der Vorwoche nicht ganz schuldlos war. Betont defensiv kam man gegen die biederen Bochumer zu einem 2:1-Arbeitssieg, den das Publikum mit gellenden Pfiffen quittierte. Dennoch hatte man die ersten Punkte im Sack. Psychologisch war dieser Sieg ungemein wichtig, denn der FC startete eine erfreuliche Positivserie und gewann spektakulär die folgenden vier Pflichtspiele.

DIETER MÜLLERS HISTORISCHER TORREKORD

Am 17. August 1977 ereignete sich in Müngersdorf ein Spiel, das in die Bundesligageschichte eingehen sollte. Der FC besiegte Werder Bremen mit 7:2, wobei allein Dieter Müller sechs Treffer beisteuerte. Ein bis heute bestehender Bundesligarekord.

Auch im DFB-Pokal kam man nach einem recht mühsamen 3:1-Heimsieg gegen die Amateure von Eintracht Bad Kreuznach eine Runde weiter. Nach einem Aufsehen erregenden 3:0-Auswärtserfolg bei den Bayern, der den Sprung der Geißböcke auf Tabellenplatz eins zur Folge hatte, war auch bei den Fans das Fieber wieder geweckt. 55.000 erlebten den 6:0-Kantersieg über Eintracht Braunschweig am 31. August 1977.

UNERWARTETE RÜCKSCHLÄGE

Der rasante Weg nach oben wurde jedoch unerwartet gebremst. Zunächst durch eine 0:1-Niederlage beim späteren Absteiger 1. FC Saarbrücken, auf die eine Woche später eine 2:4-Heimschlappe im Spitzenduell mit Schalke 04 folgte. Zur Partie gegen die Knappen hatte der FC zur Verärgerung der 56.000 Zuschauer einen „Top-Zuschlag" erhoben und so die Fans gleich doppelt geärgert. Als am 17. September 1977 mit dem 0:1 beim HSV auch die dritte Partie nacheinander verloren wurde, kehrte im kölschen Lager endgültig Ernüchterung ein. Da passte ins Bild, dass man in der ersten Runde des Europapokals der Pokalsieger im Hinspiel vor eigenem Publikum gegen den allerdings starken FC Porto nur zu einem 2:2-Remis kam und die Chancen auf ein Weiterkommen somit äußerst gering waren. Zusätzlicher Nachteil: Harald Konopka war für die erste Runde gesperrt, weil er im letzten Jahr nach dem Ausscheiden gegen die Queens Park Rangers dem Schiedsrichter einige „nette" Abschiedsworte mit auf den Heimweg gegeben hatte… Die Kölner befanden sich in einer Krise, und keiner wusste so recht, wie der FC wieder hinausfinden sollte, zumal die Mannschaft immer unsicherer wurde. Zusätzliche Unruhe verursachten zunächst auch die „Unzufriedenen", Glowacz und Cullmann. „Culli", von den Fans lautstark gefordert, musste sich bei Weisweiler erst mühsam an die Stammformation herankämpfen, Glowacz war des Reservistendaseins endgültig überdrüssig und ließ sich Anfang November 1977 für 100.000 DM bis zum Saisonende an Werder Bremen ausleihen. Gut dotierte Kaufangebote für Glowacz, beispielsweise von Schalke 04, lehnten die Kölner ab, deren Vereinskasse so prall gefüllt war wie noch nie. Das umsichtige Wirtschaften des Vorstandes, geschickte Transferpolitik, verbesserte Zuschauerzahlen und der sportliche Erfolg im Vorjahr hatten für hohe Einnahmen gesorgt. Im Rahmen eines gemeinsamen Abendessens bei Präsident Weiand schwor man sich nochmals ein und gelobte, die Krise schnellstmöglich zu überwinden.

Zumindest in der Bundesliga zeigte die Aussprache Wirkung. Der FC befreite sich mit einem 4:1 über Borussia Dortmund auf eigenem Platz von der Negativserie.

FRÜHES AUS IM EUROPAPOKAL

Auf europäischer Ebene war die Hypothek des schwachen Hinspiels nicht mehr auszugleichen. In Portugal unterlag man mit 0:1 und schied bereits in Runde eins aus dem Wettbewerb aus, obwohl die Portugiesen von Manager Thielen und „Scout" Wolfgang Weber mehrfach beobachtet worden waren. Wegen einer Platzsperre des FC Porto wurde die Partie übrigens in Coimbra ausgetragen, was für die Gäste unangenehme Strapazen zur Folge hatte. Noch in der Nacht nach dem Spiel musste man die 200 Kilometer bis Lissabon per Bus zurücklegen, um einen Rückflug in die Heimat zu erwischen.

5:2-TRIUMPH AUF DEM BÖKELBERG

In der Bundesliga ging es jedoch weiter aufwärts. Eines der Saisonhighlights ereignete sich am 1. Oktober 1977 auf dem

Gladbacher Bökelberg. Nach einem begeisternden Spiel triumphierte der FC mit 5:2. Der amtierende Meister wurde auf eigenem Geläuf regelrecht gedemütigt. Matchwinner war Dieter Prestin, der an Stelle von Löhr am rechten Flügel stürmte und seine Leistung mit zwei Toren krönte.

Der Sieg im Derby war der Auftakt zu einer sehenswerten Serie. In der Bundesliga holte man aus den folgenden fünf Spielen 9:1 Punkte, im Pokal zog die Weisweiler-Truppe nach Erfolgen beim FSV Frankfurt (3:0) und gegen den Karlsruher SC (4:0) ins Viertelfinale ein. Erst ein 0:3 beim VfB Stuttgart am 26. November 1977 beendete den Aufschwung kurzfristig, bevor man mit einem 4:1 über Aufsteiger St. Pauli als Herbstmeister in die wegen der anstehenden WM in Argentinien nur knapp drei Wochen dauernde Winterpause ging. Dabei deutete sich schon an, dass es zu einem rheinischen Zweikampf um den Titel kommen würde. Denn nur einen Punkt hinter den Kölnern lauerte der alte Rivale aus Mönchengladbach.

NEUZUGANG AUS JAPAN

Die Offensive des deutschen Pokalsiegers hatte inzwischen noch eine Verstärkung erhalten. Der Japaner Yasuhiko Okudera, der schon auf 42 Länderspiele für sein Heimatland zurückblicken konnte, war für 300.000 DM vom FC Furukawa geholt worden. Der Angreifer war den Kölnern bei der Japan-Tour im vergangenen Sommer aufgefallen. Nachdem man „Oku" im Rahmen der Saisonvorbereitung testete und für tauglich befand, den Geißbockdress zu tragen, musste der FC lange auf die Spielgenehmigung für den Offensivspezialisten warten.

Das Pflichtspieldebüt des ersten Japaners in der Bundesliga verlief tragisch: Am 22. Oktober 1977 beim MSV Duisburg verschuldete er nach 30 Sekunden einen Foulelfmeter, den allerdings „Toni" Schumacher bravourös parierte. Am Ende behielten die Geißböcke mit 2:1 die Oberhand. Dennoch erwies sich Okudera nach Startschwierigkeiten letztlich als Verstärkung. Mit wichtigen Toren und Vorlagen sollte er einen nicht unerheblichen Anteil an kommenden Erfolgen haben. Da „Oku" bei seinem Dienstantritt in der Domstadt noch kein Wort Deutsch sprach, war in der ersten Zeit bei den Spielen und während des Trainings immer ein Dolmetscher anwesend. Dank Sprachschule lernte der Japaner aber schnell, sich zu verständigen.

GELUNGENE REVANCHE GEGEN DIE FORTUNA

Der Start in die schwere zweite Serie wurde dank eines sicheren 1:0-Arbeitssieges über Fortuna Düsseldorf positiv gestaltet, zumal man sich so zumindest für die Schmach des Hinspiels revanchieren konnte. Noch souveräner zog der FC ins Pokalhalbfinale ein. Zweitligist Schwarz-Weiß Essen wurde in Müngersdorf mit 9:0 bezwungen, wobei allein Dieter Müller vier Treffer beisteuerte. Enttäuschend war wie schon in den Vorrunden die Zuschauerresonanz: Gerade einmal 2.941 zahlende Besucher verloren sich im weiten Rund. Somit war der Pokal für die Kölner ein Zuschussgeschäft, denn für das Erreichen des Halbfinales musste der Club schon jedem Spieler rund 4.000 DM Prämie zahlen. Diesen Umstand nahm man relativ gelassen hin, da der Finaleinzug und die damit verbundenen fetten Einnahmen mittlerweile fest eingeplant waren.

Auch in der Bundesliga zeigte die Fieberkurve weiter nach oben. Einem 0:0 beim VfL Bochum folgten Siege bei Werder Bremen (2:0) sowie ebenfalls ein 2:0 gegen die Bayern auf eigenem Platz vor 53.000 begeisterten Fans. In der Tabelle machten sich die sportlichen Erfolge ebenfalls bemerkbar. Beruhigende fünf Punkte betrug der Vorsprung auf den Verfolger vom Niederrhein, sodass man die überraschende 0:1-Niederlage auf geschlossener Schneedecke bei Eintracht Braunschweig am 22. Spieltag halbwegs verkraften konnte.

MIT GLÜCKSTOR UND MINUSKULISSE INS POKALENDSPIEL

Stell dir vor, es ist Pokalhalbfinale, und (fast) keiner geht hin. Was heute undenkbar ist, war anno 1978 traurige Realität, denn beim Semifinale in Köln gegen Werder Bremen am 25. Januar wollten gerade einmal 16.000 Fußballfreunde live dabei sein. Sie bekamen ein verkrampftes, unattraktives Spiel zu sehen, das der 1. FC Köln durch ein Glückstor von Gerd Strack in der Nachspielzeit der 1. Halbzeit zu seinen Gunsten entschied. Dennoch, der Titelverteidiger hatte sich erneut für das Endspiel qualifiziert, und der Traum vom „Double" nahm mittlerweile Gestalt an. Und das bevorstehende Cupfinale war für die Fans ein echtes Highlight: Kein Wunder, denn der Gegner war Rheinrivale Fortuna Düsseldorf…

KARNEVALSNIEDERLAGE AUF SCHALKE

In der Meisterschaft ging es zunächst holprig weiter. Einem 3:1-Heimsieg über den 1. FC Saarbrücken folgte eine 0:2-Pleite bei Schalke 04. Damit waren die Schalker die einzige Mannschaft, die den FC 1977/1978 zweimal schlagen konnten. Dass die Niederlage in Gelsenkirchen ausgerechnet an Karneval passierte, bestätigte mal wieder diejenigen, die den Kölnern (zu Unrecht!) unterstellen, besonders während der „tollen Tage" schwach zu spielen.

Der Rückschlag im Kohlenpott hatte Folgen. Das Polster auf Verfolger Gladbach war auf zwei Punkte zusammengeschmolzen. Vor allem auswärts hatte man das Problem, dass die Angreifer unter Ladehemmung litten und zudem von den Außen nicht genügend „gefüttert" wurden. Hier vermisste man vor allem die Zuspiele von Routinier Hannes Löhr, der zum 31. Dezember 1977 seine Karriere endgültig beendet hatte, um als Assistent von Trainer Weisweiler zu fungieren. Der Belgier van Gool befand sich im zwischenzeitlichen Formtief, Okudera musste seine Anlaufschwierigkeiten noch überwinden. So hing dann auch Torjäger Müller häufig in der Luft.

ENDSPURT RICHTUNG MEISTERSCHAFT

Nach dem Rückschlag auf Schalke sahen die FC-Fans angstvoll dem kommenden Heimspiel gegen den HSV entgegen. Unbegründet, denn

Dieter Müller nimmt die Kicker-*Torjägerkanone in Empfang.*

■ Am 13. November 1977 findet am Geißbockheim erneut ein Tag der offenen Tür für die Anhänger statt, bei dem auch die Mannschaft anwesend ist. Am Vortag war Dieter Müller beim Heimspiel gegen den 1. FC Kaiserslautern die „Kicker-Torjägerkanone" überreicht worden.

■ Vor der 1:2-Auswärtsniederlage beim VfB Stuttgart wird FC-Kapitän Heinz Flohe für sein 300. Bundesligaspiel geehrt.

■ Im Dezember 1977 verlängert Hennes Weisweiler seinen Vertrag beim FC bis zum 30. Juni 1980.

■ Heinz Flohe wird von den Lesern des Express zum „Sportler 1977" gewählt.

■ Am 29. Dezember 1977 weilt der 1. FC Köln in Tel Aviv/Israel zu einem Freundschaftsspiel gegen die israelische Nationalmannschaft. Die Partie endet 0:0.

■ Heinz Flohe ist der erste Bundesligafußballer, der im DDR-Fernsehen anlässlich einer Sendung über die bevorstehende WM in Argentinien zu Wort kommt. Per Telefon interviewt, hören Millionen Fußballfans im anderen deutschen Staat die Stimme des FC-Kapitäns.

■ Am 22. Februar 1978 gibt Herbert Neumann beim 2:1-Sieg in München gegen England sein Debüt in der A-Nationalmannschaft. Sein erstes Länderspiel bleibt auch zugleich sein letztes.

■ Am 4. März 1978, um exakt 16.01 Uhr erzielt Bernd Cullmann das 1.000. Kölner Bundesligator beim 1:1 in Berlin gegen die Hertha. Damit ist der FC der erste Club, der diese Rekordmarke erreicht.

■ Bei einem Taxiunfall im März 1978 zieht sich Roger van Gool eine Platzwunde am Kopf zu.

Mannschaft und Offizielle erhielten zum Double eine wertvolle Goldmünze, die auch als Silberversion in limitierter Stückzahl veräußert wurde. Das Foto zeigt das Exemplar von FC-Stadionsprecher und -Pressechef Hans-Gerhard König.

■ 30.000 DM Prämie erhalten die Spieler des 1. FC Köln pro Kopf für den Gewinn der Deutschen Meisterschaft.

■ Immerhin 29 Saisontore erzielt das Meistermittelfeld, bestehend aus Heinz Flohe, Herbert Neumann, Heinz Simmet und (später) Bernd Cullmann.

Die Eintrittskarte zum Pokalendspiel gegen Fortuna Düsseldorf.

Sehenswerte Zeugen stolzer Geschichte. Meister- und Pokalsiegerwimpel des DFB 1978.

ihre Mannschaft schoss sich mit einem 6:1-Kantersieg bei dichtem Schneetreiben zum 30. Vereinsjubiläum aus der Mini-Krise. Da staunte selbst HSV-Jungmanager Günter Netzer auf der Ehrentribüne. In den letzten zehn Saisonspielen sollten die Kölner nur noch einmal als Verlierer vom Platz gehen. Nach dem Erfolg über die Hamburger kamen die Geißböcke zu einem wertvollen 2:1-Auswärtssieg bei Borussia Dortmund.

Das richtige Signal im Hinblick auf das Spitzenspiel gegen Gladbach am 25. Februar 1978. 60.000 Zuschauer, die mehr als 900.000 DM in die Kasse spülten, drängten sich im proppenvollen Müngersdorfer Stadion und sahen zunächst eine dominante Fohlenelf, die durch Simonsen in Führung ging. Doch in Halbzeit zwei übernahm der FC das Zepter und kam kurz vor dem Abpfiff zum verdienten Ausgleich durch Flohe. Das Remis half den Kölnern mehr als den Borussen, denn sie konnten den leidigen Verfolger mit vier Punkten Vorsprung auf Distanz halten und steuerten weiterhin zielstrebig Richtung Meisterschaft.

Ein wichtiges Signal an Mannschaft und Fans war die Vertragsverlängerung von Goalgetter Dieter Müller Anfang März 1978. Der Angreifer hatte zeitweilig mit einem Wechsel innerhalb der Bundesliga oder ins Ausland geliebäugelt. Doch der FC machte Müller ein attraktives Angebot. Von 250.000 DM Jahressalär war die Rede. Zusätzlich steuerte Müller-Intimus und FC-Gönner, Schmalzproduzent Karl Fischermanns, noch rund 50.000 DM pro Jahr hinzu, so dass der Torschützenkönig auf das für damalige Verhältnisse äußerst üppige Jahresgehalt von circa 300.000 DM kam. Doch auch die hervorragende sportliche Perspektive hielt den Stürmer am Geißbockheim, denn auf dem Platz gab sich die Weisweiler-Truppe zunächst keine Blöße mehr. Einem 1:1 bei der heimstarken Berliner Hertha folgten Siege gegen den MSV Duisburg (5:2) und bei Absteiger 1860 München (3:1). Aber der FC wäre nicht der FC, würde er nicht noch einmal selbst für unnötige Spannung sorgen. Beim vorletzten Heimspiel gegen Eintracht Frankfurt nahm man sich eine kollektive Auszeit und unterlag sensationell mit 0:1. Da die Gladbacher zeitgleich in Saarbrücken gewannen, waren die Titelkonkurrenten nun punktgleich. Nur dank des besseren Torverhältnisses behielt Köln die Tabellenführung.

Noch drei Spiele standen bis zum Saisonende auf dem Programm: Der FC musste noch zweimal auswärts, in Kaiserslautern und beim designierten Absteiger St. Pauli, sowie zu Hause gegen den VfB Stuttgart ran. Schwierigste Aufgabe war sicherlich die Begegnung auf dem gefürchteten Betzenberg, wo die Kölner seit Bundesligabeginn erst einmal siegen konnten. Taktisch diszipliniert und aus der Defensive heraus auf Konter lauernd, versuchte man vor 32.000 lautstarken Zuschauern zum Erfolg zu kommen. Dabei hatte der Spitzenreiter Glück, dass Schiri Jensen ein klares Handspiel von Strack im eigenen Strafraum übersah und der fällige Elfmeterpfiff ausblieb. Für den FC lohnte sich die Geduld – Müller und Okudera erzielten in der 76. und 82. Minute die Treffer zum wichtigen 2:0-Auswärtssieg. „Dieser Erfolg kann für uns zwei Millionen DM wert sein", jubelte Vorstandsmitglied Kurt Werner nach der Partie. Immer noch konnte man die Schale aus eigener Kraft holen und hatte bereits einen weiteren Titel vor Augen – den DFB-Pokal.

15. APRIL 1978, PARKSTADION GELSENKIRCHEN: DFB-POKALFINALE 1. FC KÖLN - FORTUNA DÜSSELDORF 2:0

Davon, dass sich der 1. FC Köln vorgenommen hatte, seine siebte Finalteilnahme

Dieter Müller, Toni Schumacher und Gerd Strack (von links) bejubeln den Pokalsieg nach dem gewonnenen Endspiel gegen Fortuna Düsseldorf.

Drama am letzten Spieltag. Dieter Müller in Aktion gegen St. Pauli.

Das Programmheft zum holprigen Saisonauftakt (1:5) bei Fortuna Düsseldorf.

mit dem Pokalsieg zu krönen, merkten die 70.000 Zuschauer im Gelsenkirchener Parkstadion zunächst nichts. Rheinrivale Fortuna Düsseldorf bestimmte das Spiel und kam zu zahlreichen Chancen, scheiterte jedoch an der eigenen Abschlussschwäche und am glänzend aufgelegten „Toni" Schumacher im Kölner Tor. Auf Seiten der Düsseldorfer befand sich unter anderem auch Klaus Allofs, der von 1981 bis 1987 auch im FC-Trikot für Furore sorgen sollte. Nach torloser 1. Halbzeit wurden die Kölner gegen Ende der 2. Hälfte etwas stärker und kamen nach 71 Minuten zum überraschenden Führungstreffer durch Cullmann. Per Kopf hatte „Culli" einen Konopka-Freistoß verwandelt. Jetzt kippte das Spiel und der Pokalverteidiger aus der Domstadt übernahm die Regie. Besonders stark: Mittelfeldmotor Herbert Neumann, der trotz hartnäckiger Kniebeschwerden eine der auffälligsten Figuren auf dem Spielfeld war. Regisseur Flohe hingegen zog sich schon nach 15 Minuten eine Fußblessur zu. Kurz vor Schluss markierte van Gool den 2:0-Endstand.
Der im Vorjahr gewonnene Pokal konnte also für zumindest ein weiteres Jahr in der Vitrine im Geißbockheim stehen bleiben. Beim abendlichen Bankett im Gelsenkirchener Hans-Sachs-Haus ehrte DFB-Präsident Hermann Neuberger Sieger und Besiegte. Rund 15.000 DM Prämie brachte den Geißbockkickern der Pokalsieg. In Köln hatte man keine Feier geplant. „Das holen wir alles nach, wenn wir auch noch die Meisterschaft gewonnen haben", gab Hennes Weisweiler zu Protokoll. Doch als die Mannschaft nach Mitternacht am Geißbockheim ankam, warteten noch rund 1.000 Fans auf ihre Helden. Kapitän Heinz Flohe sorgte dafür, dass die Anhänger bei 1.200 Litern Freibier noch bis in die Morgenstunden feiern konnten. Einziger Wermutstropfen: Einige vom Alkohol benebelte Souvenirjäger ließen Tischdecken mit dem Vereinsemblem und Dekorationsgegenstände mitgehen. Selbst die auf dem Dach gehisste Clubfahne fand einen Liebhaber.
Beim FC hatten alle jetzt nur noch ein Ziel: Als dritter Verein nach Schalke (1937) und den Bayern (1969) wollte man das seltene „Double" gewinnen…

„OKU" – FAUSTPFAND IM ENDSPURT

Um den Traum von der Meisterschaft zu realisieren, musste das letzte Heimspiel gegen den VfB Stuttgart unbedingt gewonnen werden. Keine Frage, dass das Stadion mit 60.000 Besuchern restlos ausverkauft war. Gastgeschenke verteilten die Schwaben nicht, sie machten dem FC das Leben schwer. Die bereits nach 18 Minuten erzielte Führung durch Flohe, der vor dem Anpfiff für sein 600. Spiel (Pflicht- und Freundschaftsspiele) geehrt wurde, egalisierte Ottmar Hitzfeld (der spätere Erfolgstrainer) eine Viertelstunde vor dem Ende. Doch Okudera, der viel Zeit gebraucht hatte, um richtig Fuß zu fassen, rettete mit seinem Sonntagsschuss den 2:1-Sieg der Hausherren und wahrte damit alle Titelchancen, denn der Verfolger vom Niederrhein siegte zeitgleich beim HSV mit 6:2.

DRAMATISCHES FERNDUELL MIT DEM ERZRIVALEN

Der letzte Spieltag der Saison am 29. April 1978 sollte als einer der denkwürdigsten in die Bundesligageschichte eingehen. Gleichauf mit je 46:20 Punkten gingen der 1. FC Köln und Borussia Mönchengladbach in die letzte Partie. Das Torverhältnis der Kölner (81:41) sprach im Vergleich zu Gladbach (74:44) allerdings eindeutig zugunsten der Geißböcke.
Um immerhin zehn Treffer war der FC besser und konnte daher ganz entspannt zum bereits feststehenden Absteiger FC St. Pauli reisen. Einen zusätzlichen Vorteil rechnete man sich im Kölner Lager aufgrund der Tatsache aus, dass die St. Paulianer wegen des großen Publikumsinteresses ihren Platz am Millerntor verlassen und ins ungeliebte Volksparkstadion umziehen mussten. Allein der FC hatte gut 20.000 Tickets in Hamburg geordert, von denen in Köln allerdings „nur" rund

■ Wie im Vorjahr sichert sich Dieter Müller 1978 erneut die Torjägerkanone als treffsicherster Bundesligaschütze. Mit 24 Saisontoren muss er sich den Titel des Schützenkönigs allerdings mit Namensvetter Gerd Müller vom FC Bayern teilen, der ebenfalls 24-mal ins Schwarze traf.

■ Das legendäre Flugkopfballtor zum 5:0 von Yasuhiko Okudera gegen den FC St. Pauli am letzten Spieltag wird im Rahmen der ARD-Sportschau zum „Tor des Monats" im April 1978 gewählt.

■ Zum zweiten Mal innerhalb eines Jahres tritt der 1. FC Köln Ende Juli 1978 eine Reise ins ferne Japan an, wo man im Rahmen eines 14 Tage dauernden Aufenthaltes an einem internationalen Turnier teilnimmt. Hier stehen dem Sieg über die thailändische Nationalmannschaft (5:1) ein Unentschieden gegen die B-Auswahl Japans (1:1) und Coventry City (1:1) sowie eine 1:2-Niederlage gegen Borussia Mönchengladbach gegenüber.

■ Beim Weltmeisterschaftsspiel Deutschland - Italien (0:0) am 14. Juni 1978 in Buenos Aires gibt Harald Konopka sein Debüt in der A-Nationalmannschaft. In der 54. Minute wird „Harry" für Vereinskamerad Herbert Zimmermann eingewechselt.

■ Musikalisch würdigt die kölsche Band „De Höhner" den Gewinn der Meisterschaft. Die Single „Unsre Bock es Meister" wird zum Verkaufsschlager in den Plattenläden der Domstadt.

■ Anlässlich des 30-jährigen Vereinsjubiläums findet am 13. Februar 1978 im Geißbockheim ein Jubiläumsempfang statt. Unter den Gästen befindet sich auch Zirkuschefin Carola Williams, die dem FC 1950 den ersten Geißbock „Hennes" gestiftet hatte.

■ Im Rahmen der FC-Jahreshauptversammlung am 10. November 1977 wird Liselotte Kremer, Witwe von Franz Kremer, zum Ehrenmitglied ernannt. Im Januar 1978 erhält auch Wolfgang Overath die Ehrenmitgliedschaft des Geißbockclubs.

Das Spiel gegen St. Pauli fand im Volksparkstadion statt, nicht wie auf dem Ticket angegeben am „Millerntor."

Eine absolute Rarität: Das Programmheft vom letzten Saisonspiel gegen den FC St. Pauli.

Es ist vollbracht. Mit fünf Toren bei St. Pauli sicherte Köln sich den Meistertitel 1978 (von links: Assistenztrainer Herings, Weisweiler, Löhr).

- Über 20.000 Autogrammkarten verschickt der FC im Laufe der Saison 1977/1978 an die sammelnden Anhänger.

- Im „Double-Jahr" hat der 1. FC Köln 20 offizielle Fanclubs.

- Mit durchschnittlich 34.484 Besuchern bei den Bundesligaspielen erreicht der FC den höchsten Zuschauerschnitt seiner bisherigen Vereinsgeschichte.

- Die „Stiftung Warentest" nimmt die deutschen Bundesligastadien unter die Lupe. In der Endabrechnung belegt das Müngersdorfer Stadion immerhin den 3. Platz.

- In der Meisternacht knöpft Heinz Flohe jedem seiner Mannschaftskameraden 100 DM ab und übergibt die Gesamtsumme an den griechischen FC-Masseur Perikles Fillipou.

- Beim 3:0-Pokalsieg gegen den FSV Frankfurt am Bornheimer Hang ist Weltstar Pelé unter den Ehrengästen.

- „Toni" Schumacher und Roland Gerber bauen zusammen in Euskirchen ein Mehrfamilienhaus. Bei den Ausschachtungsarbeiten werden gleich mehrere Blindgänger aus dem 2. Weltkrieg gefunden, die sofort entschärft werden müssen.

10.000 an den Fan gebracht wurden. Später wurde gemunkelt, FC-Manager Kalli Thielen habe absichtlich die riesige Kartenmenge geordert, um St. Pauli den Heimvorteil am stimmungsvollen Millerntor zu nehmen. Obwohl der mutmaßliche deutsche Meister zu Gast war, konnten die Braun-Weißen im großen Volksparkstadion nur gut 25.000 zahlende Zuschauer begrüßen. Auch die Gladbacher waren zu ihrem letzten Saisonspiel gegen Borussia Dortmund wegen Bauarbeiten am Bökelberg ins Düsseldorfer Rheinstadion ausgewichen.

Der FC tat sich mit den Kiezkickern zunächst erstaunlich schwer. Erst nach 27 Minuten erzielte Flohe die erlösende Führung. Was die Kölner Spieler zu diesem Zeitpunkt nicht ahnen konnten: In Düsseldorf führte die Konkurrenz zu diesem Zeitpunkt bereits mit 4:0. Bis zur Halbzeit blieb es in Hamburg bei der knappen Führung der Gäste, während die Fohlen schon sagenhaft mit 6:0 in Front lagen. Am Radio hörten die Kölner Verantwortlichen von den Ereignissen im Rheinstadion. Hennes Weisweiler motivierte die Mannschaft eindringlich, weitere Treffer zu erzielen, wohl ahnend, was sich in Düsseldorf noch ereignen könnte. Tatsächlich münzte der FC seine Dominanz in der 2. Halbzeit endlich in Tore um. Okudera (2), erneut Flohe und Cullmann erzielten die Treffer zum hochverdienten 5:0-Endstand für den 1. FC Köln.

Als man nach dem Abpfiff von der „Düsseldorfer Torflut" hörte, waren die Kölner Spieler erstaunt. Noch weitere sechs Gegentore hatten sich die Dortmunder einschenken lassen und mit sage und schreibe 12:0 (!) verloren – eine bis heute nicht mehr übertroffene Rekordpleite. Es war von „Arbeitsverweigerung" und sogar von „Manipulation" die Rede. Später wurde BVB-Trainer Otto Rehhagel, den das skandalöse Resultat letztlich den Job kostete, in „Torhagel" umbenannt und jedem Dortmunder Spieler vom Verein 2.000 DM Strafe aufgebrummt. Zudem ermittelte auch der DFB in der Angelegenheit, jedoch ohne Ergebnis, und so kam es von Verbandsseite aus nur zu einem „Verweis wegen unsportlichen Verhaltens". So oder so half der zweistellige Sieg den Gladbachern nicht. Das 5:0 reichte dem FC mit der um drei Treffer besseren Tordifferenz zum heiß ersehnten Titel. 14 lange Jahre hatten die Fans warten müssen, ehe die Schale wieder in die Domstadt zurückkam. Als drittem deutschen Club gelang den Kölnern das „Double". Der Jubel bei der Mannschaft und den mitgereisten Anhängern, die begeistert auf den Platz stürmten, kannte keine Grenzen mehr. Der Hamburger Polizei passte die Begeisterung der Schlachtenbummler weniger. Sie hetzte grundlos scharfe Hunde auf die Anhänger. Einige Fans erlitten Bissverletzungen und hatten zerstörte Hosen zu beklagen.

Schon im zweiten Jahr seiner Tätigkeit hatte Weisweiler den FC auf den Gipfel geführt, der schon zuvor immer gut besetzten Mannschaft die Inkonstanz ausgetrieben und sie zu einer stabilen Einheit geformt. Gediegen feierten Mannschaft und Betreuer später noch in der „Störtebeker Bar" des Hamburger „Crest Hotels", bevor am nächsten Tag in der Heimat die eigentliche Party stieg.

KÖLN EMPFÄNGT SEINE HELDEN

Die Domstadt feierte Karneval im Mai. Schon Stunden vor der Ankunft der Erfolgsmannschaft drängten sich tausende Anhänger auf dem Rathausvorplatz. Nur mit Mühe gelangten die Helden durch die rot-weiße Masse ins Innere des Gebäudes, wo sie von Oberbürgermeister Jon van Nes Ziegler und DFB-Schatzmeister Egidius Braun empfangen wurden. Nach Überreichung von Meisterschale, Ehrenwimpel und Nadeln präsentierte man die „Salatschüssel" und den „Pott" dem jubelnden Volk. Lautstark skandierten die Fans Gesänge wie „Gladbach hat umsonst

Sogar ein Fanschal mit den Spielerköpfen wurde anlässlich des Doubles produziert.

gezahlt" oder „Hi ha ho – Gladbach ist k.o." Besonders gefeiert wurde Torwartheld „Toni" Schumacher. „Toni für Deutschland", hallte es lautstark aus der Menge. Auch der anschließende Autokorso, vom Kölner Rathaus über den Neumarkt bis hin zum Geißbockheim, geriet zum Triumphzug, bei dem hunderttausende jubelnder Bürger die Straßen säumten. Ähnliche Begeisterung herrschte bei den Abschlussfeierlichkeiten am Clubhaus, wo man für die Fans Festzelte und Bierbuden errichtet hatte. Wegen Okudera war sogar eigens ein Kamerateam aus Japan angereist. Selbst der in Sachen Meisterfeiern erfahrene Hennes Weisweiler staunte ob der kölschen Begeisterung nicht schlecht: „So etwas wie hier habe ich in Mönchengladbach nie erlebt", zeigte sich der Meistertrainer sichtlich angetan. „Eine derartige Menschenmenge war nicht einmal da, als der amerikanische Präsident John F. Kennedy 1963 der Stadt einen Besuch abstattete", erinnerte sich ein altgedienter Ratsherr fassungslos.

Der Kader der Double-Saison. Hintere Reihe von links: Wolfgang Weber, Preben-Elkjaer Larsen, Klaus Kösling, Heinrich Pape, Harald Konopka, Heinz Simmet, Heinz Flohe. Zweite Reihe von links: Trainer Hennes Weiseiler, Dieter Müller, Roland Gerber, Bernd Cullmann, Holger Willmer, Norbert-Christian Schmitz, Hannes Löhr, Co-Trainer Rolf Herings. Dritte Reihe von links: Ferdinand Rohde, Herbert Hein, Herbert Neumann, Herbert Zimmermann, Dieter Prestin, Gerd Strack. Vordere Reihe von links: Rainer Nicot, Jürgen Glowacz, Harald Schumacher, Gerald Ehrmann, Dieter Schwabe, Roger van Gool.

Mit Mühe kämpft sich Heinz Flohe samt Meisterschale durch die Massen am Kölner Rathaus.

STATISTIK 1977/78

BUNDESLIGA

06.08.1977 Fortuna Düsseldorf - 1. FC Köln 5:1 (1:1)
Zuschauer: 35.000
Tore: 0:1 (02.) Willmer, 1:1 (29.) Seel, 2:1, 3:1 (49., 58.) Lund, 4:1 (70.) Brei, 5:1 (76.) Szymanek.
Aufstellung: Schumacher, Konopka, Gerber, Strack, Zimmermann, Simmet, Neumann (64. Cullmann), Flohe, van Gool, Müller, Willmer (72. Prestin).

13.08.1977 1. FC Köln - VfL Bochum 2:1 (2:1)
Zuschauer: 18.000
Tore: 1:0 (29.) van Gool, 1:1 (43.) Tenhagen, 2:1 (44.) van Gool.
Aufstellung: Schumacher, Konopka, Gerber, Strack, Zimmermann, Simmet, Flohe, Neumann, van Gool, Müller, Löhr.

17.08.1977 1. FC Köln - SV Werder Bremen 7:2 (3:1)
Zuschauer: 18.000
Tore: 1:0, 2:0, 3:0 (12., 24., 32.) Müller, 3:1 (42.) Roentved, 4:1, 5:1 (52., 72.) Müller, 5:2 (81.) Bracht, 6:2 (85.) Flohe, 7:2 (85.) Müller.
Aufstellung: Schumacher, Konopka, Strack, Gerber, Zimmermann, Simmet (82. Cullmann), Flohe, Neumann, van Gool, Müller, Löhr (82. Willmer).

27.08.1977 FC Bayern München - 1. FC Köln 0:3 (0:1)
Zuschauer: 50.000
Tore: 0:1 (05.) Schwarzenbeck (E), 0:2 (56.) Müller, 0:3 (83.) Konopka.
Aufstellung: Schumacher, Konopka, Gerber, Strack, Zimmermann, Simmet, Flohe, Neumann, van Gool, Müller, Löhr.

31.08.1977 1. FC Köln - Eintracht Braunschweig 6:0 (3:0)
Zuschauer: 55.000
Tore: 1:0 (25.) Neumann, 2:0 (31.) Simmet, 3:0 (43.) Löhr, 4:0 (60.) van Gool, 5:0 (63.) Müller, 6:0 (85.) van Gool.
Aufstellung: Schumacher, Konopka (72. Glowacz), Gerber, Strack, Zimmermann, Simmet, Flohe, Neumann, van Gool, Müller, Löhr (75. Willmer).

03.09.1977 1. FC Saarbrücken - 1. FC Köln 1:0 (0:0)
Zuschauer: 34.000
Tor: 1:0 (56.) H.Traser.
Aufstellung: Schumacher, Konopka, Gerber, Strack (35. Cullmann), Zimmermann, Simmet, Flohe, Neumann, van Gool, Löhr.

10.09.1977 1. FC Köln - FC Schalke 04 2:4 (1:1)
Zuschauer: 56.000
Tore: 1:0 (30.) Müller, 1:1 (43.) Fischer, 1:2 (47.) Rüssmann, 1:3 (66.) Thiele, 1:4 (70.) Fischer (FE), 2:4 (90.) Flohe.
Aufstellung: Schumacher, Konopka, Gerber, Zimmermann, Nicot, Simmet, Flohe, Neumann, van Gool, Müller, Löhr.
B.V.: Groß hält FE von Müller.

17.09.1977 Hamburger SV - 1. FC Köln 1:0 (1:0)
Zuschauer: 40.000
Tor: 1:0 (13.) Nogly.
Aufstellung: Schumacher, Konopka, Cullmann, Gerber, Zimmermann, Simmet, Flohe, Neumann, Glowacz (80. Willmer), van Gool, Müller.

24.09.1977 1. FC Köln - Borussia Dortmund 4:1 (2:0)
Zuschauer: 26.000
Tore: 1:0 (28.) Müller; 2:0 (45.) van Gool, 3:0 (58.) Zimmermann, 4:0 (67.) Müller, 4:1 (87.) Burgsmüller.
Aufstellung: Schumacher, Konopka, Gerber, Strack, Zimmermann, Simmet, Flohe, Neumann (75. Glowacz), van Gool, Müller, Löhr (67. Cullmann).

01.10.1977 Borussia M'gladbach - 1. FC Köln 2:5 (0:2)
Zuschauer: 32.000
Tore: 0:1 (24.) Prestin, 0:2 (40.) Neumann, 1:2 (50.) Bonhof, 1:3 (55.) Prestin, 1:4 (64.) Konopka, 1:5 (82.) Müller, 2:5 (85.) Simonsen.
Aufstellung: Schumacher, Zimmermann, Gerber, Strack, Konopka, Simmet, Neumann, Flohe, van Gool, Müller, Prestin (73. Glowacz).

12.10.1977 1. FC Köln - Hertha BSC Berlin 3:1 (1:0)
Zuschauer: 27.000
Tore: 1:0 (18.) Müller, 2:0 (64.) Gerber, 3:0 (65.) van Gool, 3:1 (73.) Beer.
Aufstellung: Schumacher, Glowacz (46. Löhr), Gerber, Strack, Zimmermann, Simmet, Flohe, Neumann, Prestin, Müller, van Gool.
B.V.: Schumacher hält FE von Gersdorff (73.).

22.10.1977 MSV Duisburg - 1. FC Köln 1:2 (0:2)
Zuschauer: 28.000
Tore: 0:1 (10.) Zimmermann, 0:2 (28.) Müller, 1:2 (70.) Dietz.
Aufstellung: Schumacher, Strack, Gerber, Cullmann, Zimmermann, Simmet, Flohe, Neumann, van Gool, Müller, Okudera (76. Prestin).
B.V.: Schumacher hält FE von Seliger (01.).

29.10.1977 1. FC Köln - 1860 München 6:2 (4:0)
Zuschauer: 22.000
Tore: 1:0 (05.) Cullmann, 2:0 (13.) van Gool, 3:0 (27.) Cullmann, 4:0 (35.) Müller, 4:1 (48.) Scheller (FE), 4:2 (53.) Nielsen, 5:2 (60.) Prestin, 6:2 (86.) Flohe.
Aufstellung: Schumacher, Strack, Gerber, Cullmann (46. Hein), Simmet, Flohe, Neumann, Prestin, Müller, van Gool.

05.11.1977 Eintracht Frankfurt - 1. FC Köln 2:2 (2:1)
Zuschauer: 40.000
Tore: 0:1 (19.) Müller, 1:1 (24.) Grabowski, 2:1 (36.) Hölzenbein, 2:2 (60.) Flohe.
Aufstellung: Schumacher, Konopka, Gerber, Strack, Cullmann, Simmet, Flohe, Neumann, Prestin, Müller, van Gool (82. Okudera).

12.11.1977 1. FC Köln - 1. FC Kasierslautern 4:1 (1:1)
Zuschauer: 54.000
Tore: 0:1 (10.) Stickel, 1:1 (31.) Müller, 2:1 (58.) Strack, 3:1 (69.) Neumann, 4:1 (75.) Flohe (FE).
Aufstellung: Schumacher, Konopka, Gerber, Strack, Zimmermann, Simmet, Flohe, Neumann, Prestin, Müller, van Gool.

26.11.1977 VfB Stuttgart - 1. FC Köln 3:0 (3:0)
Zuschauer: 67.579
Tore: 1:0 (27.) Kelsch, 2:0 (28.) H. Müller, 3:0 (32.) Hoeneß.
Aufstellung: Schumacher, Konopka, Gerber, Strack, Zimmermann, Simmet (46. Cullmann), Flohe, Neumann, van Gool, Müller, Prestin (70. Okudera).

03.12.1977 1. FC Köln - FC St. Pauli 4:1 (1:1)
Zuschauer: 16.000
Tore: 1:0 (36.) R. Gerber, 1:1 (40.) F. Gerber, 2:1 (72.) Flohe, 3:1 (83.) Neumann, 4:1 (86.) Müller.
Aufstellung: Schumacher, Konopka, Gerber, Strack, Zimmermann, Simmet (46. Cullmann), Flohe, Neumann, van Gool, Müller, Okudera.

10.12.1977 1. FC Köln - Fortuna Düsseldorf 1:0 (1:0)
Zuschauer: 29.000
Tor: 1:0 (09.) Neumann.
Aufstellung: Schumacher, Konopka, Gerber, Strack, Zimmermann, Cullmann, Flohe, Neumann, van Gool, Müller, Okudera (59. Prestin).

17.12.1977 VfL Bochum - 1. FC Köln 0:0
Zuschauer: 32.000
Aufstellung: Schumacher, Konopka, Gerber, Strack, Zimmermann, Cullmann, Neumann, Flohe, van Gool, Müller, Prestin (46. Okudera).

07.01.1978 SV Werder Bremen - 1. FC Köln 0:2 (0:0)
Zuschauer: 23.000
Tore: 0:1 (49.) Flohe, 0:2 (58.) Siegmann (E).
Aufstellung: Schumacher, Konopka, Gerber, Strack, Zimmermann, Cullmann, Flohe, Neumann, van Gool, Müller, Okudera.

14.01.1978 1. FC Köln - FC Bayern München 2:0 (0:0)
Zuschauer: 53.000
Tore: 1:0 (58.) Neumann, 2:0 (74.) Van Gool.
Aufstellung: Schumacher, Konopka, Gerber, Strack, Zimmermann, Cullmann, Flohe, Neumann, van Gool (75. Prestin), Müller, Okudera.

21.01.1978 Eintracht Braunschweig - 1. FC Köln 1:0 (0:0)
Zuschauer: 18.692
Tor: 1:0 (72.) Handschuh.
Aufstellung: Schumacher, Konopka, Strack, Gerber, Zimmermann, Flohe, Cullmann, Neumann, Prestin (55. Simmet), Müller, Okudera (81. Willmer).

28.01.1978 1. FC Köln - 1. FC Saarbrücken 3:1 (1:0)
Zuschauer: 13.000
Tore: 1:0 (15.) Müller, 2:0 (56.) Flohe, 3:0 (58.) van Gool, 3:1 (64.) Heck.
Aufstellung: Schumacher, Konopka, Gerber, Strack, Zimmermann, Neumann, Flohe, van Gool, Müller, Okudera (58. Willmer).

04.02.1978 FC Schalke 04 - 1. FC Köln 2:0 (0:0)
Zuschauer: 50.000
Tore: 1:0 (82.) Larsson, 2:0 (88.) Abramczik.
Aufstellung: Schumacher, Konopka, Gerber, Strack, Zimmermann, Cullmann, Flohe, Neumann, van Gool, Müller, Willmer (46. Prestin).
B.V.: Fischer verschießt FE (90.).

11.02.1978 1. FC Köln - Hamburger SV 6:1 (1:0)
Zuschauer: 22.000
Tore: 1:0 (08.) van Gool, 2:0 (49.) Neumann, 3:0 (55.) Flohe, 4:0 (58.) Strack, 4:1 (59.) Volkert, 5:1 (66.) van Gool, 6:1 (89.) Konopka.
Aufstellung: Schumacher, Konopka, Gerber, Strack, Zimmermann, Cullmann (78. Simmet), Flohe, Neumann, van Gool, Müller, Prestin (25. Okudera).

18.02.1978 Borussia Dortmund - 1. FC Köln 1:2 (1:1)
Zuschauer: 40.400
Tore: 0:1 (01.) Flohe (FE), 1:1 (33.) Geyer, 1:2 (61.) Cullmann.
Aufstellung: Schumacher, Konopka, Gerber, Strack, Zimmermann, Cullmann, Flohe, Neumann, van Gool, Okudera, Willmer.

25.02.1978 1. FC Köln - Borussia M'gladbach 1:1 (0:1)
Zuschauer: 60.000
Tore: 0:1 (38.) Simonsen, 1:1 (86.) Flohe.
Aufstellung: Schumacher, Konopka, Gerber, Strack (18. Simmet), Zimmermann, Cullmann, Flohe, Neumann, van Gool, Müller, Okudera (75. Willmer).

04.03.1978 Hertha BSC Berlin - 1. FC Köln 1:1 (1:1)
Zuschauer: 86.883
Tore: 0:1 (30.) Cullmann, 1:1 (45.) Brück (FE).
Aufstellung: Schumacher, Konopka, Gerber, Strack, Zimmermann, Cullmann, Flohe, Neumann, Okudera, Müller, Willmer (86. Simmet).

11.03.1978 1. FC Köln - MSV Duisburg 5:2 (2:1)
Zuschauer: 28.000
Tore: 1:0 (31.) Bregmann (E), 2:0 (36.) Neumann, 2:1 (41.) Stolzenburg, 3:1 (53.) van Gool, 3:2 (62.) Worm, 4:2, 5:2 (68., 88.) Müller.
Aufstellung: Schumacher, Konopka, Gerber, Strack, Zimmermann, Cullmann, Neumann, Flohe, Okudera, van Gool, Müller.

18.03.1978 1860 München - 1. FC Köln 1:3 (1:1)
Zuschauer: 22.000
Tore: 0:1 (11.) Cullmann, 1:1 (42.) Kohlhäufl, 1:2, 1:3 (74., 75.) Müller.
Aufstellung: Schumacher, Konopka, Gerber, Strack, Zimmermann (57. Hein), Cullmann, Flohe, Neumann, van Gool, Müller, Okudera.

01.04.1978 1. FC Köln - Eintracht Frankfurt 0:1 (0:0)
Zuschauer: 42.000
Tor: 0:1 (69.) Hölzenbein.
Aufstellung: Schumacher, Konopka, Gerber, Strack, Hein, Cullmann, Flohe, Neumann (78. Simmet), Okudera (78. Willmer), van Gool, Müller.

08.04.1978 1. FC Kaiserslautern - 1. FC Köln 0:2 (0:0)
Zuschauer: 32.000
Tore: 0:1 (76.) Müller, 0:2 (82.) Okudera.

STATISTIK 1977/78

Aufstellung: Schumacher, Konopka, Gerber, Strack, Zimmermann, Cullmann, Flohe, Neumann, Okudera, Müller, van Gool.

22.04.1978 **1. FC Köln - VfB Stuttgart** 2:1 (1:0)
Zuschauer: 60.000
Tore: 1:0 (18.) Flohe, 1:1 (76.) Hitzfeld, 2:1 (80.) Okudera.
Aufstellung: Schumacher, Konopka, Gerber, Strack, Zimmermann, Neumann, Flohe, Cullmann, van Gool, Müller, Okudera.

29.04.1978 **FC St. Pauli - 1. FC Köln** 0:5 (0:1)
Zuschauer: 25.000
Tore: 0:1 (27.) Flohe, 0:2 (60.) Okudera, 0:3 (69.) Flohe, 0:4 (83.) Cullmann, 0:5 (86.) Okudera.
Aufstellung: Schumacher, Konopka, Gerber, Zimmermann, Strack (89. Hein), Cullmann, Flohe (80. Simmet), Neumann, van Gool, Müller, Okudera.

DFB-POKAL

1. Runde
30.07.1977 **Offenbacher Kickers - 1. FC Köln** 0:4 (0:2)
Zuschauer: 12.000
Tore: 0:1 (19.) Müller, 0:2 (44.) Strack, 0:3 (65.) Müller, 0:4 (89.) van Gool.
Aufstellung: Schumacher, Konopka, Zimmermann, Strack, Gerber, Simmet, Flohe, Neumann, Müller, van Gool, Löhr.

2. Runde
20.08.1977 **1. FC Köln - SG Eintracht Bad Kreuznach** 3:1 (2:0)
Zuschauer: 6.000
Tore: 1:0, 2:0 (16., 34.) van Gool, 3:0 (68.) Flohe (FE), 3:1 (87.) Kapalla.
Aufstellung: Schumacher, Glowacz (80. Konopka), Gerber, Strack, Zimmermann, Cullmann, Flohe, Neumann, van Gool, Müller, Willmer (69. Löhr).

3. Runde
15.10.1977 **FSV Frankfurt - 1. FC Köln** 0:3 (0:3)
Zuschauer: 8.000
Tore: 0:1 (03.) Müller, 0:2 (25.) Prestin, 0:3 (43.) Neumann.
Aufstellung: Schumacher, Zimmermann, Gerber (80. Cullmann), Strack, Hein, Simmet, Flohe, Neumann, van Gool, Müller, Prestin (64. Löhr).
B.V.: Schumacher hält FE von Zele (53.).

Bis heute einmaliger Rekord: Im Spiel gegen Werder Bremen am 17. August 1977 erzielte Dieter Müller als erster und bislang einziger Akteur sechs Bundesligatore in einem Spiel.

Achtelfinale
19.11.1977 **1. FC Köln - Karlsruher SC** 4:0 (3:0)
Zuschauer: 10.000
Tore: 1:0 (17.) van Gool, 2:0 (27.) Neumann, 3:0 (40.) Müller, 4:0 (68.) Flohe (HE).
Mattern, Konopka, Gerber, Strack, Zimmermann, Simmet, Flohe, Neumann, Prestin (62. Okudera), Müller (86. Cullmann), van Gool.

Viertelfinale
20.12.1977 **1. FC Köln - Schwarz-Weiß Essen** 9:0 (4:0)
Zuschauer: 2.941
Tore: 1:0 (05.) Okudera, 2:0 (09.) Müller, 3:0 (38.) Cullmann, 4:0, 5:0 (41., 48.) Müller, 6:0 (50.) van Gool, 7:0 (57.) Müller, 8:0 (63.) van Gool, 9:0 (90.) Okudera.
Aufstellung: Schumacher, Konopka, Gerber, Strack, Hein, Zimmermann, Flohe (60. Löhr), Cullmann, van Gool, Müller, Okudera.

Halbfinale
25.01.1978 **1. FC Köln - SV Werder Bremen** 1:0 (1:0)
Zuschauer: 16.000
Tor: 1:0 (45.) Strack.
Aufstellung: Schumacher, Konopka, Gerber, Strack, Zimmermann, Cullmann, Neumann, Flohe, van Gool (83. Prestin), Müller, Okudera.

Finale
15.04.1978 **1. FC Köln - Fortuna Düsseldorf** 2:0 (0:0)
Zuschauer: 70.000
Tore: 1:0 (71.) Cullmann, 2:0 (90.) van Gool.
Aufstellung: Schumacher, Konopka, Gerber, Strack, Zimmermann, Cullmann, Flohe, Neumann, van Gool, Müller, Okudera.
B.V.: Das Finale wurde in Gelsenkirchen ausgetragen.

EUROPAPOKAL DER POKALSIEGER

1. Runde (Hinspiel)
14.09.1977 **1. FC Köln - FC Porto** 2:2 (1:0)
Zuschauer: 21.000
Tore: 1:0 (04.) Löhr, 1:1 (60.) Gabriel, 2:1 (66.) Müller, 2:2 (69.) Octavio.
Aufstellung: Schumacher, Glowacz, Gerber, Cullmann, Zimmermann, Simmet, Neumann, Flohe, van Gool, Müller, Löhr (61. Willmer).

1. Runde (Rückspiel)
28.09.1977 **FC Porto - 1. FC Köln** 1:0 (0:0)
Zuschauer: 30.000
Tor: 1:0 (57.) Murca.
Aufstellung: Schumacher, Hein, Gerber, Strack, Zimmermann, Simmet, Flohe, Neumann, van Gool, Müller, Löhr (70. Prestin).
B.V.: Das Spiel wurde in Coimbra ausgetragen.

Stolz präsentiert sich der FC-Vorstand mit den gewonnenen Trophäen. Von links: Kurt Werner, Klaus Hartmann, Peter Weiand und Karl-Heinz Thielen.

FREUNDSCHAFTSSPIELE

13.07.1977 **SV Hermannstein - 1. FC Köln** 1:10

15.07.1977 **Kreisauswahl Gelnhausen - 1. FC Köln** 1:9

17.07.1977 **KSV Hessen Kassel - 1. FC Köln** 0:3

19.07.1977 **Kreisauswahl Melsungen - 1. FC Köln** 0:7

22.07.1977 **VfB Stuttgart - 1. FC Köln** 3:4

23.07.1977 **FC Hanau 93 - 1. FC Köln** 2:6

26.07.1977 **1. FC Köln - Feyenoord Rotterdam** 6:0

02.08.1977 **VV Venlo - 1. FC Köln** 2:0

16.10.1977 **SV Darmstadt 98 - 1. FC Köln** 0:2

25.10.1977 **Rot-Weiß Lüdenscheid - 1. FC Köln** 4:3

29.12.1977 **Nationalmannschaft Israel - 1. FC Köln** 0:0
(in Tel Aviv/Israel)

02.01.1978 **FC Winterslag - 1. FC Köln** 0:0

24.03.1978 **SV Hannover 96 - 1. FC Köln** 1:2

27.03.1978 **FC Groningen - 1. FC Köln** 1:3

04.05.1978 **TV Kalkum 1911 Wittlaer - 1. FC Köln** 1:11

06.05.1978 **Standard Lüttich - 1. FC Köln** 0:1

07.05.1978 **FC Quadrath-Ichendorf - 1. FC Köln** 2:4

11.05.1978 **ASV Neumarkt - 1. FC Köln** 2:4

12.05.1978 **ATS Kulmbach - 1. FC Köln** 1:3

21.05.1978 **Nationalmannschaft Thailand - 1. FC Köln** 1:5
(in Yokohama/Japan)

23.05.1978 **Coventry City - 1. FC Köln** 1:1
(in Okuiya/Japan)

25.05.1978 **Nationalmannschaft Japan - 1. FC Köln** 1:1
(in Tokio/Japan)

27.05.1978 **Borussia M'gladbach - 1. FC Köln** 2:1
(in Tokio/Japan)

STATISTIK 1977/78

1. BUNDESLIGA 1977/78

1.	1.FC Köln (P)	86:41	48:20
2.	Borussia M'gladbach (M)	86:44	48:20
3.	Hertha BSC Berlin	59:48	40:28
4.	VfB Stuttgart (N)	58:40	39:29
5.	Fortuna Düsseldorf	49:36	39:29
6.	MSV Duisburg	62:59	37:31
7.	Eintracht Frankfurt	59:52	36:32
8.	1.FC Kaiserslautern	64:63	36:32
9.	FC Schalke 04	47:52	34:34
10.	Hamburger SV	61:67	34:34
11.	Borussia Dortmund	57:71	33:35
12.	Bayern München	62:64	32:36
13.	Eintracht Braunschweig	43:53	32:36
14.	VfL Bochum	49:51	31:37
15.	Werder Bremen	48:57	31:37
16.	1860 München (N)	41:60	22:46
17.	1.FC Saarbrücken	39:70	22:46
18.	FC St. Pauli (N)	44:86	18:50

BUNDESLIGAKADER 1977/78

Abgänge: Glowacz (Werder Bremen, w.d.l.S.), Larsen (SC Lokeren, w.d.l.S.), Löhr (Assistenztrainer 1. FC Köln, w.d.l.S.), Overath (Ende der Laufbahn), Rohde (Rot-Weiß Lüdenscheid), Topalovic (Viktoria Köln), W. Weber (Ende der Laufbahn)

Zugänge: Ehrmann (TSV Tauberbischofsheim), Willmer (VfB Lübeck), Okudera (FC Furukawa, w.d.l.S.), Pape (eigene Jugend), N.-C. Schmitz (eigene Jugend)

Trainer:
Hennes Weisweiler

Tor:
Schumacher, Harald	34/0
Ehrmann, Gerald	0/0
Mattern, Wolfgang	0/0

Feld:
Flohe, Heinz	34/14	Zimmermann, Herbert	32/2
Neumann, Herbert	34/8	Konopka, Harald	31/3
Gerber, Roland	34/2	Cullmann, Bernd	27/6
Müller, Dieter	33/24	Simmet, Heinz	23/1
van Gool, Roger	32/12	Okudera, Yasuhiko	20/4
Strack, Gerhard	32/2	Prestin, Dieter	14/3
		Willmer, Holger	11/1
		Löhr, Johannes	8/1
		Glowacz, Jürgen	5/0
		Hein, Herbert	4/0
		Nicot, Rainer	1/0
		Kösling Klaus	0/0
		Larsen, Preben-Elkjaer	0/0
		Pape, Heinz	0/0
		Schmitz, Norbert-Cristian	0/0

Dazu kommen Eigentore von Georg Schwarzenbeck (Bayern München), Norbert Siegmann (Werder Bremen) und Kees Bregmann (MSV Duisburg).

Unvergessen ist die Meisterfeier am Rathaus, bei der ganz Köln auf den Beinen war.

FIEBERKURVE 1977/78

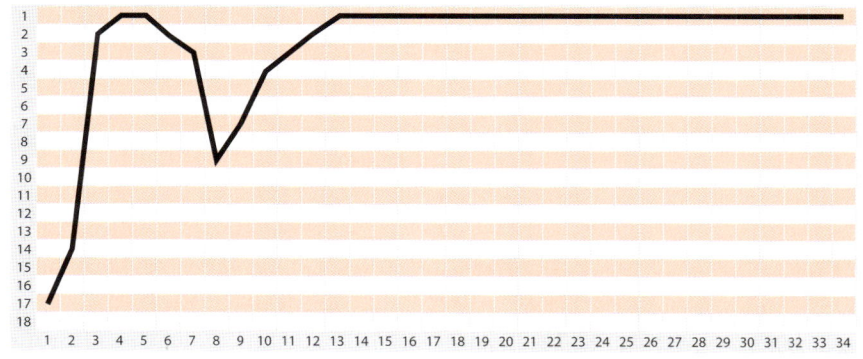

Der von Fortuna Düsseldorf an den FC überreichte Gedenkwimpel (oben) und das Programmheft (rechts).

Herrlicher Schnappschuss von „Harry" Konopka bei der FC-Meisterfeier.

1978/79
1. BUNDESLIGA

Mit leeren Händen

Hintere Reihe von links: Thomas Kroth, Reinhard Schmitz, Harald Konopka, Jürgen Glowacz, Heinz Flohe. 3. Reihe von links: Präsident Peter Weiand, Trainer Hennes Weisweiler, Herbert Neumann, Bernd Cullmann, Holger Willmer, Yasuhiko Okudera, Jürgen Mohr, Dieter Müller, Co-Trainer Rolf Herings, Co-Trainer Hannes Löhr. 2. Reihe von links: Herbert Zimmermann, Klaus Kösling, Dieter Prestin, Herbert Hein, Roland Gerber, Gerd Strack. Vordere Reihe von links: Bernd Schuster, Roger van Gool, Harald Schumacher, Gerald Ehrmann, Stephan Engels, Jürgen Willkomm.

Fünf FC-Spieler, Flohe, Müller, Konopka, Zimmermann und Cullmann, befanden sich im deutschen Kader bei der WM 1978 in Argentinien. Bis auf Cullmann wurden alle Kölner beim für die DFB-Auswahl enttäuschend verlaufenden Turnier eingesetzt. Konopka feierte beim 0:0 gegen Italien am 14. Juni 1978 sein Debüt im Adlerdress und wurde somit der 23. Nachkriegsinternationale des 1. FC Köln. Nach der „Schmach von Cordoba", mit der peinlichen Niederlage gegen Österreich, war die deutsche Elf schon in der zweiten Finalrunde ausgeschieden. Damit endete auch die Ära Helmut Schön als Bundestrainer, der von Jupp Derwall beerbt wurde. Nach der WM verkündete zudem Heinz Flohe seinen endgültigen Rücktritt aus der Nationalmannschaft.

„LITTI" KOMMT
Wie schon im Vorjahr war erneut auf teure Neuzugänge verzichtet worden. Vom FC Augsburg holte man Juniorennationalspieler Bernd Schuster nach Köln. Um das blonde Mittelfeldtalent hatte es ein langes Tauziehen mit Borussia Mönchengladbach gegeben, das letztlich sogar vom Arbeitsgericht entschieden wurde. Am „grünen Tisch" siegten die Kölner, und so wurde Schuster endgültig ein Geißbock. Ein Glücksfall, denn der Techniker sollte es im FC-Trikot zum Topstar und Nationalspieler bringen, der den Verein allerdings zu früh verließ. Jürgen Glowacz war nach seinem knapp achtmonatigen Leihaufenthalt von der Weser an den Rhein zurückgekehrt und fest entschlossen, sich trotz der früheren Differenzen mit Weisweiler auf Dauer einen Stammplatz zu erobern. Ein Vorhaben, das er nur bedingt umsetzen konnte. Weitere Neue waren die Talente Jürgen Mohr von Borussia Brand und Thomas Kroth von Kickers Offenbach. Während Mohr der Durchbruch beim FC nicht gelang, sollte sich Kroth zum wertvollen Ergänzungsspieler mausern. Hinzu kam Jürgen Willkomm aus der eigenen A-Jugend, der sich bei den Profis allerdings auf Dauer nicht etablieren konnte.

Ein zunächst unspektakulär wirkender Neuzugang sollte sich zum absoluten Volltreffer entwickeln, der in den kommenden Jahren zu einem der besten und beliebtesten Akteure des 1. FC Köln wurde: Pierre Littbarski. Der kleine Dribbler war Manager Thielen im Rahmen der deutschen Jugendmeisterschaften aufgefallen, als der Berliner mit seiner Mannschaft Hertha Zehlendorf gegen die A-Jugend der Geißböcke spielte und diese mit drei Toren praktisch im Alleingang aus dem Wettbewerb schoss. Ohne zu zögern, verpflichtete Thielen das Ausnahmetalent. Schlappe 50.000 DM überwiesen die Kölner für „Litti" nach Berlin.

[LEGENDEN]

Herbert Zimmermann
Beim FC von 1974 bis 1984
Geboren: 01.07.1954 in Engers
Pflichtspiele beim FC: 267
Pflichtspieltore: 30

Der beste Außenverteidiger der FC-Historie

Aufgewachsen in Engers bei Neuwied am Mittelrhein, machte Herbert Zimmermann beim örtlichen FV seine ersten fußballerischen Gehversuche. Von der Jugend bis in die 1. Mannschaft entwickelte er sich zu einem überdurchschnittlichen Stürmer mit überragender Torquote. Der FC Bayern wurde auf Zimmermann aufmerksam und nahm ihn 1972 gegen den Willen der Eltern unter Vertrag. Doch beim mit Topstars gespickten Münchner Ensemble drückte der Angreifer dauerhaft die Ersatzbank. Auf Vermittlung des ehemaligen Kölners Jupp Kapellmann gelangte „Zimbo" 1974 zum FC. „Tschik" Cajkovski funktionierte den gelernten Stürmer zum Verteidiger um. Ein Glücksgriff, denn Zimmermann avancierte zu einem der besten Außenverteidiger der FC-Historie. Souverän in der Defensive mit gefährlichen Offensivvorstößen – so lassen sich die Qualitäten von Zimmermann kurz und bündig beschreiben. Im Geißbockdress spielte sich der Abwehrspieler bis in die Nationalmannschaft, war WM-Teilnehmer 1978 und brachte es auf insgesamt 14 A-Länderspiele. Mit dem FC wurde er 1977 und 1983 deutscher Pokalsieger. Beim Gewinn des Doubles 1978 war der Verteidiger einer der Leistungsträger. Seinen Wohnsitz hat „Zimbo" im ländlichen Stommeln vor den Toren Kölns. Die Verbindung zum FC ist eng – Herbert Zimmermann ist für die Scoutingabteilung des Vereins tätig.

[Interessantes & Kurioses]

- Der 1. FC Köln kalkulierte mit durchschnittlich 31.000 Besuchern pro Bundesligaspiel. Bei einem erreichten Schnitt von „nur" 22.235 Zuschauern wird dieses Ziel verfehlt. In der Bundesligazuschauertabelle belegen die Geißböcke Platz 11.

- Am 22. und 23. August 1978 nimmt der FC am „Juan Gamper Turnier" des FC Barcelona teil. Nach Siegen über Botafogo Rio de Janeiro und Rapid Wien dürfen die Kölner die Trophäe mit nach Hause nehmen.

- Vor dem Heimspiel gegen den HSV am 16. September 1978 wird Dieter Müller für sein 300. Bundesligaspiel geehrt.

- Für sein 300. Spiel im FC-Trikot am 18. November 1978 gegen Bremen überreicht Werder-Manager Rudi Assauer dem Kölner Torwart „Toni" Schumacher ein Fässchen Bremer Matjesheringe. Ebenfalls sein 300. Pflicht- und Freundschaftsspiel für den FC bestreitet Herbert Neumann am 2. März 1979 gegen den 1. FC Kaiserslautern.

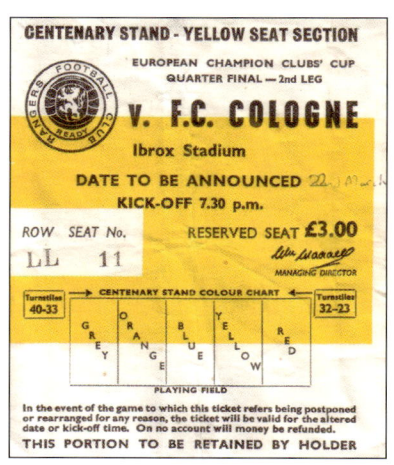

Neu beim FC und noch mit dem Mofa zum Training: Pierre Littbarski.

Erinnerungswimpel und Ticket vom Spiel in Glasgow.

Das offizielle Eröffnungstraining fand diesmal im Müngersdorfer Stadion statt, bevor es anschließend wieder ins Trainingsquartier nach Grünberg ging.

DER „BULLE" GEHT NACH BREMEN

Auch im Trainer- und Betreuerstab hatte es vor der Saison 1978/79 Veränderungen gegeben. Hannes Löhr, der zusammen mit Wolfgang Weber im Dezember 1977 seine aktive Laufbahn unwiderruflich beendet hatte, fungierte weiterhin neben Rolf Herings als Assistenztrainer. „Bulle" Weber, der erfolgreich als Spielbeobachter bei den Geißböcken tätig gewesen war, zog es zu Werder Bremen, wo er die Stelle als Cheftrainer antrat. Ganz aus dem Fußballgeschäft ausgestiegen war FC-Legende Heinz Simmet. Nach elf Jahren im rot-weißen Dress kümmerte sich der Anstreichermeister nun ganz um sein Malergeschäft, das er bereits seit einigen Jahren erfolgreich betrieb. Im Rahmen eines „Blitzwechsels" ging auch Verteidiger Herbert Hein im Oktober 1978 zu Borussia Dortmund. Den qualitativ ansprechenden Defensivspezialisten ließ man nur ungern ziehen, doch Hein erhoffte sich beim BVB einen dauerhaften Stammplatz. Immerhin 550.000 DM Ablöse kassierten die Kölner für den blonden Abwehrspieler.

MESSERSTECHEREIEN GEGEN „MANUTD"

Die üblichen Vorbereitungsspiele gegen kleinere Amateurvereine waren alle hoch gewonnen worden, doch mit Manchester United hatte man auch einen härteren Testspielgegner nach Müngersdorf geladen, wobei die Engländer damals noch lange nicht so hochklassig besetzt waren, wie dies heute der Fall ist. 1:1 trennte sich der FC von den Red Devils aus Manchester, doch das eigentliche Spiel geriet schnell zur Nebensache. Einige englische „Schlachtenbummler" suchten in der Südkurve Streit und hatten dabei wohl auch die Messer recht locker sitzen. Es kam zu Schlägereien, und selbst United-Trainer Dave Sexton konnte seine Landsleute per Stadionmikrophon nicht zur Vernunft bringen. So musste sich die Polizei der Sache annehmen. Da mehrere Verletzte zu beklagen waren, war auch der Einsatz von Krankenwagen und Rettungskräften notwendig. „In Zukunft werden wir wohl kein Freundschaftsspiel mehr mit einer englischen Mannschaft abschließen", war Manager Thielen später restlos bedient.

Auch 1978/79 fand das erste Pflichtspiel im Rahmen des DFB-Pokalwettbewerbs statt. Relativ locker erreichten die Kölner nach einem 4:1-Erfolg bei Zweitligist Rot-Weiß Lüdenscheid die 2. Runde.

EIN ANGEBOT AUS BARCELONA

Für Aufregung sorgte kurz vor dem Bundesligastart ein gut dotiertes Angebot des FC Barcelona an Hennes Weisweiler, der den „Boor" gerne als Sportdirektor verpflichtet hätte. Bei den Katalanen hatte der Meistertrainer immer noch einen hervorragenden Ruf, doch Weisweiler zog es vor in Köln zu bleiben, und erteilte Barca eine Abfuhr.
Das überdeutliche Bekenntnis zum FC war auch ein Signal an die Mannschaft, die in der kommenden Spielzeit als amtierender Double-Sieger von der Konkurrenz noch mehr gejagt werden würde als sonst. Zum Auftakt musste man zu Eintracht Braunschweig reisen, eine vermeintlich leichte Aufgabe. Doch die Kölner legten einen ihrer gefürchteten Fehlstarts hin und verloren überraschend mit 0:1. Der pomadig wirkende Meister enttäuschte und fand nie seinen Spielrhythmus, auch wenn ihm kurz vor Schluss ein reguläres Tor von Strack wegen angeblicher Torhüterbehinderung nicht anerkannt wurde. Eine der Ursachen, warum

Abschied zweier Legenden: Wolfgang Weber und Hannes Löhr sagen „Tschö".

der FC spielerisch enttäuschte, war sicherlich das Fehlen von Kapitän Heinz Flohe. Der Regisseur laborierte immer noch an einem Muskelfaserriss, den er sich bei der WM zugezogen hatte. Bis in den Oktober sollte der Spielmacher noch ausfallen – ein nicht zu unterschätzendes Handicap. Wenigstens gelang eine Woche nach dem verpatzten Auftakt mit dem mühsamen 2:1-Heimsieg über Aufsteiger Darmstadt 98 der erste doppelte Punktgewinn.

„DIE NAS" UND „DER BULLE" SAGEN TSCHÖ

Am 25. Oktober 1978 wurden zwei um den 1. FC Köln besonders verdiente Akteure in den „Ruhestand" verabschiedet. 25.000 Fußballfreunde waren trotz miserablen Wetters nach Müngersdorf gekommen, um Wolfgang Weber und Hannes Löhr die Ehre zu erweisen. Zum Abschied spielten sie mit dem FC gegen eine DFB-Auswahl. Nach 32 Minuten wurden „die Nas" und „der Bulle" ausgewechselt und verließen durch ein von beiden Mannschaften gebildetes Spalier den Platz. Es folgten Blumen, zahlreiche Ehrenrunden und sehr viel Applaus. Die Partie endete mit 2:1 für die DFB-Auswahl. Die Veranstaltung wurde von Hans-Gerhard König, der seinerzeit schon den Overath-Abschied organisiert hatte, hervorragend geleitet. In den Geschichtsbüchern der Geißböcke haben sich „der Bulle" und „die Nas" ihren festen Platz gesichert.

DER ALTE GLANZ FEHLT

In der Bundesliga lief es weiterhin holprig. Zu oft spielte man Remis, allein in der Hinrunde endeten sechs Partien unentschieden. Hinzu kam die unerklärliche Heimschwäche. Satte zwölf Punkte gab der FC auf eigenem Platz an die Konkurrenz ab. So viele wie bislang noch nie zuvor in der Bundesliga. Somit fehlte natürlich die Punktausbeute, um das Saisonziel der Titelverteidigung zu verwirklichen. Gegen den stark gestarteten 1. FC Kaiserslautern kam man zu einem 1:1. Wegen Bauarbeiten am Betzenberg wurde die Begegnung vor 41.000 Zuschauern im Ludwigshafener Südweststadion ausgetragen, bei der Pierre Littbarski zu seinem Pflichtspieldebüt für den FC kam. Für alle bisherigen drei Bundesligatreffer war kurioserweise Bernd Cullmann verantwortlich, der von Weisweiler für den verletzten Flohe zum Kapitän ernannt worden war.

Neben dem langen Fehlen von Flohe hatte der 1. FC Köln in dieser Spielzeit noch ein anderes Problem: Die eklatante „Ladehemmung" im Angriff. Torschützenkönig Dieter Müller befand sich im Dauerformtief und wurde von Weisweiler sogar zeitweilig auf die Bank verbannt. Nur magere acht Bundesligatore erzielte Müller im Verlauf der gesamten Saison – genauso viele wie Außenverteidiger Zimmermann. Müller kämpfte mit privaten und psychischen Problemen, die seine Leistungsfähigkeit beeinträchtigten. Auch bei den Offensivspezialisten van Gool und Okudera herrschte Flaute, Youngster Littbarski musste sich noch an die raue Bundesligaluft gewöhnen, zeigte aber schon sehr gute Ansätze. Selbiges galt für Stephan Engels, einem Eigengewächs der FC-Jugend, der zu seinen ersten Einsätzen kam und eine große Karriere im Geißbockdress vor sich hatte. Nach sieben Spieltagen hatte nur Aufsteiger Nürnberg weniger Treffer auf seinem Konto als die Geißböcke. Zu allem Überfluss fiel auch noch Neumann wegen Magengeschwüren zeitweilig aus.

So gab es in der Hinrunde neben positiven Begebenheiten wie dem 2:0 über Werder Bremen (nach zuvor neun sieglosen Bundesligaspielen), dem 5:2-Auswärtssieg beim VfL Bochum oder dem 2:0-Erfolg bei der Berliner Hertha auch jede Menge Rückschläge zu verkraften. Hier seien besonders die bitteren Heimpleiten gegen den HSV (1:3), Eintracht

- Die FC-Nachwuchsstars Holger Willmer, Bernd Schuster und Gerald Ehrmann sind bei Familie Hammermann in Hürth-Efferen einlogiert, sozusagen als „Fußball-Kommune" mit Familienanschluss.

- Harald „Toni" Schumacher wird vom *Express* zu Kölns „Sportler des Jahres" gewählt.

- Beim 3:1-Erfolg der deutschen Nationalmannschaft am 22. Mai 1979 in Dublin gegen Irland feiert Bernd Schuster seinen ersten Einsatz in der A-Nationalmannschaft. Nur vier Tage später, am 26. Mai 1979, debütiert „Toni" Schumacher beim 3:1 der DFB-Auswahl in Reykjavik gegen Island.

- Eine „alte Geschichte" ist dem DFB um Chefankläger Kindermann eine Ermittlung wert: Zum letzten Spiel der Saison 1977/78 beim FC St. Pauli hatten die Kölner bekanntlich rund 20.000 Tickets im Vorfeld geordert, davon aber „nur" gut 10.000 abgesetzt. Die Kosten für die Karten waren seinerzeit mit einem 150.000-DM-Scheck bezahlt worden, von dem der 1. FC Köln später 91.000 DM zurückforderte. Die Ermittlungen des Verbandes wegen „Manipulationsverdacht" bleiben jedoch ergebnislos.

- Der langjährige FC-Mannschaftsarzt Dr. Wilhelm Heinen wird am 2. Oktober 1978 auf dem Melaten-Friedhof beigesetzt. Mannschaft und Vorstand nehmen an der Trauerfeier teil.

- Am 8. August 1978 bestreitet der FC gegen Vitesse Arnheim sein 300. internationales Spiel (Pflicht und Freundschaft).

Erinnerungsstück an die unvergessenen Begegnungen mit Nottingham Forest: Das Programmheft aus England.

Der Trainer und sein Nachwuchsstar: Hennes Weisweiler und Bernd Schuster.

- Zu allen Auswärtsspielen im Europapokal bietet das Kölner „Top Service Reisebüro" organisierte Fan-Flüge an.

- Am 20. September 1978 findet im Geißbockheim eine nachträgliche Meisterfeier von Mannschaft und Betreuern sowie dem Vorstand statt. Zudem sind auch Vertreter der Polizei geladen, die bei der großen Meisterfeier für einen reibungslosen Ablauf gesorgt hatten.

- Im Hotel, in dem viele der FC-Fans zum Spiel bei Nottingham Forest einquartiert sind, bricht nachts in der Küche ein Feuer aus. Der Brand kann rechtzeitig gelöscht werden, während alle Gäste evakuiert sind.

Sonderausgabe des *Geißbock-Echos* zum Europapokalspiel gegen Nottingham Forest.

Frankfurt (0:2) und den VfB Stuttgart (1:2) genannt. Auf dem enttäuschenden neunten Tabellenplatz beendete der FC die Hinrunde. Wenigstens zog man nach Siegen über Westfalia Herne (3:2) und Eintracht Braunschweig (3:2 n.V.) ins Achtelfinale des DFB-Pokal ein.

HENNES LEIDET

Besonders Hennes Weisweiler litt am sportlichen Abwärtstrend seiner Mannschaft. Vor der Saison hatte „Don Hennes" noch über das veraltete Spielsystem der Deutschen bei der verpatzten WM in Argentinien geledert und dem neuen Bundestrainer Jupp Derwall empfohlen, in der Nationalelf einen „Kölner Block" zu installieren. Prompt lief es im eigenen Team nicht mehr rund – doppelt ärgerlich für den erfolgsverwöhnten Fußballlehrer. Zähneknirschend musste Weisweiler bei Auswärtsspielen Spottgesänge wie „Absteiger" über sich ergehen lassen. Während der Hinrunde fiel auch noch Gerd Strack wegen Meniskusbeschwerden aus. Für Strack hatte man nach dem Verkauf von Hein kaum Alternativen.

Youngster Bernd Schuster, dem die Personalnot zu regelmäßigen Einsätzen verhalf, fügte sich erstaunlich gut ins Team des Double-Siegers ein. „Von ihm werden wir noch einiges sehen", erkannte Weisweiler. Das Saisonziel Titelverteidigung schrieb man schon im Winter ab. Zu groß war der Abstand zur Tabellenspitze geworden. „Wir peilen Platz 5 an, um wieder an einem europäischen Wettbewerb teilnehmen zu können", verkündete Trainer Weisweiler lapidar. Immerhin konnten sich die Kölner so ganz auf die Pokalwettbewerbe konzentrieren.

ERSTER SPONSOR

Im neuen Jahr überraschte der FC zunächst neben dem Platz. Erstmals in der Vereinsgeschichte präsentierte man mit der Firma „Pioneer" einen Sponsor. Beharrlich hatte sich der Vorstand um Peter Weiand bislang geweigert, die Trikotbrust zu verkaufen, doch dem japanischen Elektroriesen war das Engagement bei den Kölnern die für damalige Verhältnisse riesige Summe von einer Million DM pro Jahr wert. Da konnte man nicht mehr länger widerstehen und einigte sich auf einen Dreijahresvertrag. Beim Turnier in der Berliner Deutschlandhalle vom 3. bis 7. Januar präsentierten sich die Geißböcke erstmals mit beflockter Trikotbrust der Öffentlichkeit.

Zu schaffen machte nicht nur dem FC die durch die extrem harten Witterungsbedingungen zwangsweise verlängerte Winterpause. Die Clubs hatten mit zahlreichen Spiel- und damit Einnahmeausfällen zu kämpfen. Die Kölner waren besonders von Eis und Schnee betroffen, allein fünf Spiele wurden abgesagt. Wochenlange Wettkampfpause und eingeschränkte Trainingsbedingungen nagten an den Nerven der Akteure. Die Verantwortlichen reagierten, und so absolvierte man Anfang Februar ein Kurztrainingslager auf Mallorca mit einem Freundschaftsspiel gegen Drittligist Atletico Baleares.

GELUNGENER RÜCKRUNDENSTART

Erst am 10. Februar durfte der FC mit dem Heimspiel gegen Eintracht Braunschweig wieder ein Bundesligaspiel bestreiten. Dem 3:1-Heimsieg über die Niedersachsen, bei dem Heinz Flohe nach erneut dreimonatiger Verletzungspause ein gelungenes Comeback feierte, folgte ein 1:0-Auswärtserfolg in Darmstadt. Die 10.000 DM, die man für das Kurztrainingslager auf „Malle" investiert hatte, waren also nicht umsonst. Am 2. März gastierte Spitzenreiter Kaiserslautern in der Domstadt. Die Pfälzer waren das Überraschungsteam der Saison. In Köln lagen die Roten Teufel durch Treffer von Müller und Littbarski mit 0:2 zurück, ehe Meier und Toppmöller (heute als Trainer bekannt) noch für ein 2:2-Unentschieden sorgten. Auf der Tribüne wurde auch John Greig, Trainer des Europapokalgegners Glasgow Rangers, gesichtet, der die Kölner schon zum zweiten Mal unter die Lupe nahm. Ebenfalls mit einem enttäuschenden 2:2 endete die Heimpartie gegen Fortuna Düsseldorf. Zweimal hatte der FC geführt, doch ausgerechnet der spätere Kölner Klaus Allofs besorgte den Ausgleich für die Düsseldorfer. Nach dem glänzenden Europapokalauftritt unter der Woche gegen die Glasgow Rangers hatte man sich im Rheinduell mehr erhofft. Immerhin: Gerd Strack feierte nach fünfmo-

natiger Verletzungspause ein ordentliches Comeback. Für ihn rückte Bernd Schuster ins Mittelfeld.
Der Spielplan war durch die vielen Ausfälle ohnehin hoffnungslos durcheinander gewirbelt. Noch am 17. März fiel das Auswärtsspiel beim HSV der Witterung zum Opfer. Nach einem 5:0-Heimsieg über den BVB und einem 1:1 beim 1. FC Nürnberg musste man sich erst im Auswärtsspiel beim MSV Duisburg am 4. April mit 1:2 geschlagen geben. Doch ein 1:0-Sieg gegen Schalke 04 nur drei Tage später ließ die Duisburg-Pleite wieder vergessen. Trotz der zusätzlichen Belastung im Europapokal hatte man sich mittlerweile bis auf den sechsten Tabellenplatz vorgearbeitet. Die Erfolge im internationalen Geschäft sorgten auch in der Bundesliga für Auftrieb. Am 26. Spieltag, nur 68 Stunden nach der „Schlacht von Nottingham", siegten die Geißböcke bei Eintracht Frankfurt sensationell mit 4:1, vier Tage später wurde Arminia Bielefeld in Köln mit 2:1 bezwungen. Erst eine unerwartet hohe 1:5-Schlappe beim FC Bayern stoppte den Kölner Aufwärtstrend. Wahrscheinlich waren die FC-Spieler schon in Gedanken beim vier Tage später stattfindenden Rückspiel im Europacup-Halbfinale gegen Nottingham Forest.

IM ENDSPURT GEHT DIE LUFT AUS

Nottingham war für die Kölner bekanntlich Endstation im europäischen Wettbewerb. Der Schock über das Ausscheiden saß bei Spielern und Verantwortlichen tief. Nur drei Tage später musste man im DFB-Pokal-Achtelfinale zu Hertha BSC Berlin reisen. Mit einem 2:0 nach Verlängerung katapultierten die Berliner den ersatzgeschwächten Pokalverteidiger aus dem Rennen. Die den FC schon von Saisonbeginn an plagende Personalsituation hatte ihren „Höhepunkt" erreicht. In Berlin saßen mit Engels, Mohr und Kroth nur noch Nachwuchsspieler auf der Bank. Eine schwarze Woche, mit dem 1:5 in München, dem Aus gegen Nottingham und der Pleite im Pokal. Jetzt blieb nur noch das Rennen um einen UEFA-Cup-Platz, doch das schwierige Restprogramm sprach gegen die Kölner. Beim Heimderby gegen Mönchengladbach war ein 1:1 zu wenig, doch das Schlimmste sollte erst noch kommen.

DAS 0:6 BEIM HSV UND DIE FOLGEN

Mit einer Verlegenheitself trat der FC beim kommenden Meister HSV an, da inzwischen auch noch Schuster die Verletztenliste „bereicherte". Schon zur Halbzeit lag man hoffnungslos mit 0:3 zurück. Dass die Partie noch zum Debakel geriet, hatten ausgerechnet Heinz Flohe und Herbert Neumann auf dem Gewissen. Wegen Nachtretens gegen den Hamburger „Jimmy" Hartwig bekam Flohe von Schiri Linn in der 54. Minute die rote Karte gezeigt. Als unmittelbar danach Neumann auf den Unparteiischen einstürmte, um ihm zu sagen, was er von Flohes Platzverweis hielt, durfte er seinen Mannschaftskameraden in die Kabine begleiten. Angeblich soll Neumann „Schiri, du Arschloch" gesagt haben, doch diesen Vorwurf bestritt der sonst immer besonnen auftretende Mittelfeldspieler energisch. Um zwei Akteure dezimiert, musste FC-Keeper Schumacher noch dreimal hinter sich greifen, sodass am Ende ein bitteres 0:6 zu Buche stand.
Nicht nur Trainer Weisweiler, auch der Vorstand war stocksauer über die Vorkommnisse von Hamburg. Man griff hart durch. Neumann und Flohe wurden vorläufig vom Training suspendiert und mit Geldstrafen von je 1.000 DM belegt. Flohe überwarf sich anschließend endgültig mit dem Vorstand und wechselte zur neuen Saison im Zorn zu Aufsteiger 1860 München. Bitter, dass ausgerechnet das Skandalspiel an der Waterkant sein letzter Einsatz im FC-Dress war. Inzwischen war auch Hennes Weisweiler in die Schusslinie geraten. Da ihm die Bestrafung von Flohe und Neumann nicht ausreichte, geriet er öffentlich mit Manager Kalli Thielen aneinander. Intern und seitens der Presse wurde „Don Hennes" scharf kritisiert. Nachdem er Mitte Mai erneut ein Angebot des FC Barcelona erhalten hatte, um bei den Katalanen als Manager einzusteigen, bat er den FC um Auflösung seines bis 30. Juni 1980 datierten Vertrages. Doch die Kölner ließen den Fußballehrer nicht ziehen, und so musste der Meistermacher wohl oder übel am Geißbockheim bleiben, statt ins Nou Camp zu wechseln.
Nach dem Debakel beim HSV blieb der 1. FC Köln in den letzten vier Bundesligaspielen ungeschlagen: jeweils 1:1-Remis gegen Bremen und Bochum sowie ein 4:1-Sieg beim VfB Stuttgart, mit dem man den Schwaben die mögliche Meisterschaft „versaute". Hinzu kam ein 3:1-Erfolg gegen Hertha BSC Berlin. Dennoch gelang es nicht mehr, das Ziel UEFA-Cup-Platz noch zu erreichen. Auf dem undankbaren 6. Tabellenrang, nur einen Punkt hinter dem anvisierten 5. Platz, beendete der letztjährige Meister die Spielzeit 1978/79. Trotz der internationalen Höhepunkte mit dem zum Greifen nahen Finaleinzug im Europapokal stand man am Ende mit leeren Händen da.
Doch es gab auch positive Aspekte einer enttäuschenden Saison: Einige hoffnungsvolle Talente drängten sich ins Rampenlicht oder hatten den Durchbruch schon geschafft. Allen voran Bernd Schuster, der bereits bis in die Nationalmannschaf vorgedrungen war, und Pierre Littbarski sowie Stefan Engels.

DER GEISSBOCK-KOCH IN BULGARIEN

Im Europapokal der Landesmeister hatte man sich beim FC diesmal viel vorgenommen. Schon allein aus finanziellen Aspekten wollte man möglichst weit kommen. Die erste Runde brachte zunächst ein Heimspiel gegen den isländischen Meister IA Akranes, das die Kölner nach glanzlosem Auftritt mit 4:1 für sich entscheiden konnten. Auf das Rückspiel in Island freuten sich die FC-Spieler besonders. „Da wollte ich schon immer mal hin. Schön, dass es jetzt auf diesem Wege klappt", meinte Harald Konopka. In der 4.500 Einwohner zählenden Kleinstadt Akranes, rund 100 Kilometer von der Hauptstadt Reykjavik entfernt, tat sich der Deutsche Meister so schwer, dass Hennes Weisweiler nach

Unvergessene Europacup-Nächte in Müngersdorf: Ankündigungsplakat vom Spiel gegen die „Rangers".

Peter Weiand, langjähriger FC-Präsident.

■ Fürstlich feiert FC-Präsident Peter Weiand am 19. Juni 1979 seinen 60. Geburtstag im Geißbockheim. Zu diesem Anlass wird eigens ein 23.000 DM teures Zelt auf der Terrasse des soeben umfangreich renovierten Clubhauses aufgebaut. Unter den rund 450 geladenen Gästen befinden sich unter anderem NRW-Ministerpräsident Johannes Rau, DFB-Präsident Hermann Neuberger, Bundestrainer Jupp Derwall, Wolfgang Overath, Hans Schäfer sowie der komplette FC-Lizenzspielerkader mit Ausnahme von „Zimbo" Zimmermann, der kurz zuvor Vater geworden war, des erkrankten Gerd Strack sowie der suspendierten Herbert Neumann und Heinz Flohe.

■ Der 1. FC Köln stellt die erfolgreichste Jugendabteilung im Gebiet des Fußballverbandes Mittelrhein. Sowohl die A- als auch die B- und C-Jugend werden Mittelrheinmeister.

- Noch immer deutlich vor dem FC Bayern München führt der 1. FC Köln die „ewige Tabelle" der Bundesliga an.

- Im März 1979 erscheint im Bergmann Verlag das von Hans-Gerhard König bearbeitete Buch „Die großen Clubs – 1. FC Köln". Hier wird auf 192 Seiten die FC-Geschichte in Wort und Bild kurz und prägnant dargestellt.

- Auch Heinz Flohe ist Thema eines Buches mit dem Titel „Der Weg zur deutschen Meisterschaft". Es erscheint im Herbst 1978.

- 3.527 Dauerkarten verkauft der FC zur Spielzeit 1978/79.

Diverse Bücher erschienen zur Saison 1978/79. Das Double im Vorjahr steigerte die Verkaufszahlen…

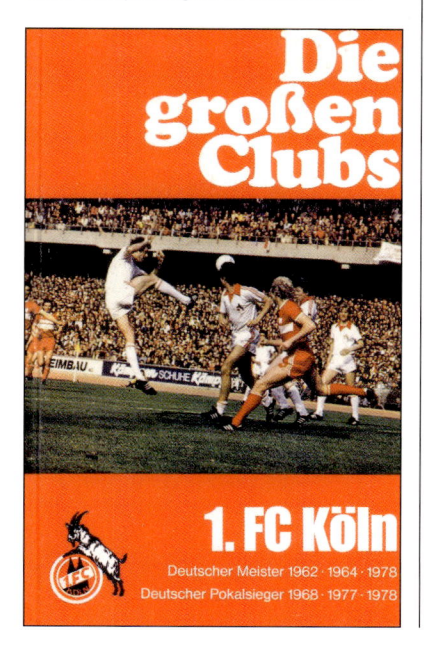

dem 0:1-Pausenrückstand in der Kabine förmlich explodierte. Van Gool schaffte dann in der zweiten Hälfte noch das 1:1. Im Achtelfinale warteten nun die Bulgaren von Lokomotive Sofia.
Hannes Löhr und Rolf Herings hatten den bulgarischen Meister ausgiebig beobachtet und konnten Hennes Weisweiler wertvolle Tipps geben. Zum Glück durfte Köln zuerst in Sofia antreten und so bei einer eventuellen Pleite auf dem Balkan in der Domstadt die Dinge zurechtrücken. „Wir wollen keinen Schönheitspreis gewinnen", gab Coach Weisweiler die Marschroute vor. Mit kontrollierter Defensive wollte man möglichst keine Gegentore zulassen. Kulinarisch konnte bei der Reise nach Sofia nichts schiefgehen. Um ideal versorgt zu sein, hatten die Kölner den bewährten Geißbockheim-Chefkoch Jupp Müller sowie jede Menge Lebensmittel aus der Heimat mitgenommen, an denen sich später auch die Gastgeber erfreuen durften. Das Spiel konnte der FC nach einer vom Kampf dominierten Partie mit 1:0 nach einem schönen Zimmermann-Solo für sich entscheiden. Im Rückspiel bereiteten die „Eisenbahner" den Domstädtern vor 17.000 in Müngersdorf keine Probleme. Besonders hervorzuheben war Dieter Müller, der endlich einmal wieder zwei Tore erzielte. Gespannt wartete man auf die Auslosung des Viertelfinales im Züricher Sheraton Hotel. Mit den Glasgow Rangers brachte diese nun erstmals einen richtigen „Knaller". Die Schotten hatten zuvor schon Mannschaften wie Juventus Turin und den PSV Eindhoven aus dem Wettbewerb geworfen. Daher durfte man die Rangers keinesfalls unterschätzen.

SCHOTTISCHE INVASION IN KÖLN
Zum Hinspiel musste der schottische Meister nach Köln reisen. Die Supporter der Blauen aus Glasgow pilgerten in Scharen an den Rhein. Unter den 36.000 Zuschauern in Müngersdorf, darunter auch Bundestrainer Derwall und DFB-Chef Neuberger, befanden sich mehr als 4.000 Anhänger von der Insel, die

ihr Team lautstark anfeuerten. Die im Vorfeld befürchteten Krawalle blieben aus.
Auch als Müller die Hausherren nach 59 Minuten mit 1:0 in Führung gebracht hatte, verstummte der Rangers-Anhang nicht. Die FC-Fans konnten an diesem Abend mit ihrer Mannschaft vollauf zufrieden sein. Klar dominierten die Gastgeber das Geschehen und verbuchten vor allem in der 2. Halbzeit zahlreiche Einschussmöglichkeiten. Einziges Manko war die ungenügende Chancenverwertung. So blieb es bis zum Abpfiff beim knappen 1:0. „Toni" Schumacher behielt an seinem 25. Geburtstag eine weiße Weste und blieb ohne Gegentor. Gespannt wartete man nun auf das Rückspiel in Schottland.

WINTEREINBRUCH IN GLASGOW
Nicht nur in der Bundesliga hatte der FC mit Spielausfällen zu kämpfen. Auch im Europapokal ereilten die Kölner inzwischen die Wetterkapriolen. Pünktlich zum Frühlingsanfang zog in Schottland der Winter ein. Ein stundenlanger Schneesturm verwandelte den Ibrox Park in eine weiße Märchenlandschaft. So musste das Spiel von Mittwoch auf Donnerstag verlegt werden. Bereits um 13 Uhr mittags entschied der spanische Referee Martinez, dass das Spiel nicht stattfinden konnte.
Besonders bitter war die Absage für die rund 300 mitgereisten FC-Fans, die für 420 DM Reisekosten plus Verpflegung nicht eine Minute Fußball zu sehen bekamen. „Das ist das Bitterste, was unseren Fans passieren konnte", stöhnte Manager Thielen, der vergeblich mit allen Mitteln versuchte, die Partie doch noch anpfeifen zu lassen. Kein Wunder, dass im Glasgower Hotel Excelsior, in dem ein Teil der Schlachtenbummler untergebracht war, eine kleine „Palastrevolution" ausbrach. Später trafen noch zwei weitere Chartermaschinen mit Kölner Fans ein, die man nicht mehr rechtzeitig hatte warnen können. Nur wenige Anhänger konnten anschließend ein Hotelzimmer in der schottischen Metropole ergattern. Wer es sich leisten konnte, blieb noch eine Nacht,

doch das Gros der Schlachtenbummler musste die Rückreise in die Heimat antreten. „Glasgower Nächte sind lang", hallte es voller Galgenhumor durch die menschenleeren Gänge des Airports. Spontan entschloss sich der FC-Vorstand, den 274 betroffenen Fans Freikarten für eines der kommenden internationalen Spiele zu stiften, falls es dazu kommen sollte.
24 Stunden nach der Spielabsage konnte die Begegnung angepfiffen werden. Wegen Bauarbeiten befanden sich „nur" 44.000 Zuschauer im berühmten Ibrox Park, der restlos ausverkauft war. Die Kölner kämpften verbissen gegen die mit fast schon an Brutalität grenzender Härte agierenden Rangers. Nach der Partie waren Cullmann, Prestin, Flohe und der gerade erst wieder gesunde Strack angeschlagen. Nachdem man sich des Drucks der Heimmannschaft erfolgreich erwehrt hatte, gelang Dieter Müller in der 47. Minute der Führungstreffer. Kurz vor Schluss mussten die Kölner zwar noch den Ausgleich hinnehmen, der den Einzug ins Halbfinale aber nicht mehr verhindern konnte.

DER FC BEGEISTERT IM „VORGEZOGENEN FINALE"
Auch die Halbfinalauslosung fand in Zürich statt. Im Topf befanden sich die Lose von Malmö FF, Austria Wien und den Briten. Was man befürchtet hatte, wurde Realität: Der FC bekam mit Nottingham Forest die schwierigste Aufgabe zugelost. Trainerlegende Brian Clough und sein Assistent Peter Taylor hatten innerhalb weniger Jahre aus Forest einen echten Spitzenclub geformt. Das Team aus den englischen Midlands war erstklassig besetzt. Im Tor stand Legende Peter Shilton, weltweit einer der Besten seiner Zunft. Genialer Spielmacher der „Reds" war der routinierte Schotte Archie Gemmill. Im Angriff der Engländer wirbelte sein Landsmann John Robertson. Der Dribbelkünstler war berühmt für seine Maßflanken und stark bei Standardsituationen. Hinzu kamen seine Sturmpartner Peter Birtles, ein Nordire, sowie der Engländer Tony Woodcock, den die FC-Fans später noch näher kennen lernen sollten…

Waren es in Glasgow noch Eis und Schnee, mit denen man zu kämpfen hatte, so war es in Nottingham jede Menge Regen. Während in Deutschland endlich der Frühling gekommen war, regnete es auf der Insel in Strömen, als die Kölner einen Tag vor dem Hinspiel gegen Forest in Mittelengland landeten. „Was haben wir eigentlich verbrochen, dass wir immer unter solch widrigen Bedingungen spielen müssen", flachste Libero Gerber. Das traditionelle Bankett beider Clubs fand schon am Vorabend des Spiels statt. Nach einigem Bangen erklärte der portugiesische Schiedsrichter Garrido am nächsten Tag den Platz des City Ground für bespielbar. 42.000 Fans, darunter rund 800 mitgereiste FC-Anhänger, drängten sich in der überfüllten Arena. Mehr als 400 Millionen Menschen weltweit sahen die Begegnung an den TV-Geräten. Nur in Deutschland blieb der Bildschirm schwarz. Durch Tore von van Gool (6.) und Müller (19.) gingen die Kölner sensationell mit 2:0 in Führung. Noch vor der Halbzeit gelang jedoch Birtles der Anschlusstreffer. Auf dem morastigen Schlammboden entwickelte sich eine der größten „Schlachten" der FC-Geschichte. Angetrieben von den 42.000 drängte Forest auf den Ausgleich, den Bowyer in der 53. Minute markierte. Nun stürmte Nottingham mit Mann und Maus und ging durch das 3:2 von Robertson nach gut einer Stunde erstmals in Führung. Doch die Geißböcke steckten nicht auf. Matchwinner wurde Okudera, der nur 60 Sekunden nach seiner Einwechslung in der 80. Minute mit einem Flachschuss den 3:3-Endstand besorgte. Herausragend an diesem Abend der unermüdliche van Gool, Cullmann und Gerber. Das Fehlen von Regisseur Flohe, der wegen einer Zerrung erneut aussetzen musste, war hervorragend kompensiert worden. Das englische Publikum verabschiedete den Deutschen Meister mit tosendem Applaus.

Die Presse überschlug sich anschließend förmlich. „Im Schlamm von Nottingham zeigte Köln sein bestes Spiel seit Jahren", titelte die *Bild*. „Köln verdarb Nottingham die größte Nacht der Vereinsgeschichte", war in der *Nottingham Evening Post* zu lesen. Auch der Kommentar von Forest-Stürmer Woodcock traf den Nagel auf den Kopf: „That's a wonderful team."

DAS AUS VOR 58.000
Am 25. April 1979 wollten 57.723 Besucher im restlos ausverkauften Müngersdorfer Stadion sehen, wie der 1. FC Köln dem Traum vom Europapokalsieg ein Stück näher kam. Einschließlich der Summe, die das Fernsehen für die Live-Übertragung der Partie zahlte, nahm der FC schon vor dem Anpfiff mehr als 1,6 Millionen DM ein. Ein bis dato einmaliger Rekord in der Vereinsgeschichte. Größtes Problem von Trainer Weisweiler war der Ausfall von Libero Gerber, der wegen einer Knieverletzung nicht einsatzfähig war. So musste er die Abwehr umstellen, was nicht gerade von Vorteil war.
Wie schon in Nottingham bestimmten die Geißböcke auch im Rückspiel zunächst das Geschehen. Doch nach 40 Minuten ereilte sie ein schwerer Rückschlag. Dieter Müller musste wegen einer Zerrung ausgewechselt werden. Für ihn kam Heinz Flohe aufs Spielfeld, doch „Flocke" fehlte nach seiner Verletzung noch die Spielpraxis. Die Einwechslung des Spielmachers sorgte auch bei den Mitspielern für Verwunderung, hätten sie doch den voll im Saft stehenden Littbarski bevorzugt. Torlos gingen beide Teams in die Pause.
In der zweiten Hälfte wurden die Engländer deutlich stärker und kamen zu einigen hochkarätigen Chancen. Der noch im Hinspiel so starke van Gool war bei Anderson praktisch abgemeldet. So kam es, wie es kommen musste: In der 65. Minute erzielte Bowyer den Führungstreffer für die Gäste. Der FC setzte zu einer großen Schlussoffensive an, und Edeljoker Okudera wurde für Glowacz eingewechselt. Doch zum Erfolg kamen die Weisweiler-Schützlinge nicht mehr. Letztlich verdient zog Nottingham Forest ins Endspiel in München ein. Gegen die Schweden von Malmö FF holte sich das Team von Brian Clough später den Europapokal. Für den FC war die unendliche Geschichte tragischer Begegnungen mit Mannschaften von der britischen Insel um ein Kapitel reicher.

Dauerkarten-Werbeplakat zur Spielzeit 1978/1979.

Ein Geschenk der besonderen Art: Diese Standuhr erhielt der FC von „Forest" als Erinnerung an das Halbfinale.

UEFA-Cup-Halbfinale 1979: Der 1. FC Köln erreichte bei Nottingham Forest ein 3:3-Unentschieden, das er im Rückspiel nicht nutzen kann. Hier attackiert Konopka den Nottingham-Star Tony Woodcock, der später zu einem der beliebtesten Spieler im Geißbock-Dress wurde.

STATISTIK 1978/79

BUNDESLIGA

12.08.1978 Eintracht Braunschweig - 1.FC Köln 1:0 (1:0)
Zuschauer: 23.663
Tor: 1:0 (25.) Popivoda.
Aufstellung: Schumacher, Konopka, Gerber, Strack, Zimmermann (56. Hein), Cullmann, Glowacz, Neumann, van Gool (73. Willmer), Müller, Okudera.

19.08.1978 1.FC Köln - SV Darmstadt 98 2:1 (0:1)
Zuschauer: 20.000
Tore: 0:1 (05.) Cestonaro, 1:1, 2:1 (48., 73.) Cullmann.
Aufstellung: Schumacher, Konopka, Gerber, Strack, Zimmermann, Cullmann, Glowacz (46. Hein), Neumann, van Gool, Müller, Okudera (80. Willmer).

26.08.1978 1.FC Kaiserslautern - 1.FC Köln 1:1 (0:1)
Zuschauer: 41.000
Tore: 0:1 (01.) Cullmann, 1:1 (75.) Toppmöller.
Aufstellung: Schumacher, Konopka, Gerber, Strack, Hein, Cullmann (76. Glowacz), Zimmermann, Neumann, van Gool, Littbarski (76. Müller), Okudera.
B.V.: Das Spiel wurde in Ludwigshafen ausgetragen.

02.09.1978 1.FC Köln - 1.FC Nürnberg 2:0 (1:0)
Zuschauer: 20.000
Tore: 1:0 (18.) Gerber, 2:0 (66.) Hein.
Aufstellung: Schumacher, Konopka, Gerber, Strack, Hein, Glowacz, Cullmann, Zimmermann, van Gool, Müller, Okudera (55. Willmer).

09.09.1978 Fortuna Düsseldorf - 1.FC Köln 1:1 (0:0)
Zuschauer: 36.000
Tore: 0:1 (62.) Littbarski, 1:1 (66.) K. Allofs.
Aufstellung: Schumacher, Konopka, Gerber, Strack, Hein, Cullmann, Glowacz (71. van Gool), Zimmermann, Littbarski, Müller, Okudera (81. Engels).

16.09.1978 1.FC Köln - Hamburger SV 1:3 (0:1)
Zuschauer: 44.000
Tore: 0:1 (09.) Hartwig, 1:1 (65.) Müller, 1:2 (71.) Hidien, 1:3 (89.) Hrubesch.
Aufstellung: Schumacher, Konopka (80. Prestin), Gerber, Strack, Hein, Neumann, Cullmann, Zimmermann, van Gool (80. Engels), Müller, Littbarski.

30.09.1978 Borussia Dortmund - 1.FC Köln 0:0
Zuschauer: 39.800
Aufstellung: Schumacher, Konopka, Gerber, Strack, Hein, Cullmann, Zimmermann, Neumann, van Gool, Müller, Engels (85. Littbarski).

07.10.1978 1.FC Köln - MSV Duisburg 3:3 (2:2)
Zuschauer: 22.000
Tore: 0:1, 0:2 (07., 16.) Worm, 1:2 (28.) Flohe (HE), 2:2 (38.) van Gool, 2:3 (48.) Weber, 3:3 (65.) van Gool.
Aufstellung: Schumacher, Konopka, Gerber, Strack, Zimmermann, Neumann (84. Hein), Flohe (81. Glowacz), Cullmann, van Gool, Müller, Engels.

14.10.1978 FC Schalke 04 - 1.FC Köln 1:1 (0:0)
Zuschauer: 59.000
Tore: 0:1 (64.) Zimmermann, 1:1 (65.) E.Kremers.
Aufstellung: Schumacher, Konopka, Gerber, Strack, Zimmermann, Cullmann, Flohe, Glowacz, van Gool, Müller, Engels (46. Prestin).

21.10.1978 1.FC Köln - Eintracht Frankfurt 0:2 (0:1)
Zuschauer: 22.000
Tore: 0:1 (32.) Borchers, 0:2 (51.) Pezzey.
Aufstellung: Schumacher, Konopka, Gerber, Prestin (46. Schuster), Zimmermann, Cullmann, Flohe, Glowacz, van Gool, Müller, Willmer (68. Littbarski).
B.V.: Lorant verschießt einen FE.

28.10.1978 Arminia Bielefeld - 1.FC Köln 1:0 (0:0)
Zuschauer: 35.000
Tor: 1:0 (82.) Pagelsdorf.
Aufstellung: Schumacher, Konopka, Gerber, Schuster, Zimmermann, Cullmann, Glowacz, Neumann, Okudera (46. Prestin), van Gool, Müller.
B.V.: Gerber erhält einen Platzverweis (75.).

04.11.1978 1.FC Köln - FC Bayern München 1:1 (0:0)
Zuschauer: 54.591
Tore: 1:0 (61.) D.Müller, 1:1 (72.) G.Müller.
Aufstellung: Schumacher, Konopka, Cullmann, Schuster, Zimmermann, Glowacz, Flohe (83. Prestin), Neumann, van Gool, Müller, Willmer.

11.11.1978 Borussia M'gladbach - 1.FC Köln 2:0 (0:0)
Zuschauer: 34.000
Tore: 1:0 (61.) del Haye, 2:0 (87.) Kulik.
Aufstellung: Schumacher, Schuster, Cullmann, Konopka, Zimmermann, Prestin (46. Engels) Glowacz, Neumann, van Gool, Müller, Willmer.

18.11.1978 1.FC Köln - SV Werder Bremen 2:0 (2:0)
Zuschauer: 15.000
Tore: 1:0 (08.) van Gool, 2:0 (15.) Konschal (E).
Aufstellung: Schumacher, Konopka, Gerber, Schuster, Zimmermann, Cullmann, Flohe, Neumann (77. Glowacz), van Gool, Müller, Okudera.

24.11.1978 VfL Bochum - 1.FC Köln 2:5 (0:2)
Zuschauer: 30.000
Tore: 0:1 (12.) Flohe, 0:2 (25.) Okudera, 1:2 (64.) Bast, 1:3 (74.) van Gool, 2:3 (77.) Bast, 2:4 (87.) Müller, 2:5 (89.) Zimmermann.
Aufstellung: Schumacher, Konopka, Gerber, Schuster, Zimmermann, Cullmann, Flohe (70. Glowacz), Neumann, van Gool, Müller, Okudera.

16.12.1978 Hertha BSC Berlin - 1.FC Köln 0:2 (0:1)
Zuschauer: 17.000
Tore: 0:1 (23.) Okudera, 0:2 (51.) Neumann.
Aufstellung: Schumacher, Konopka, Gerber, Schuster, Zimmermann, Cullmann, Neumann, Prestin, Müller, Okudera.

23.12.1978 1.FC Köln - VfB Stuttgart 1:2 (1:0)
Zuschauer: 33.000
Tore: 1:0 (14.) Okudera, 1:1, 1:2 (69., 78.) Hoeneß
Aufstellung: Schumacher, Konopka, Gerber, Schuster, Zimmermann, Glowacz, Cullmann, Neumann, van Gool, Müller, Okudera.

10.02.1979 1.FC Köln - Eintracht Braunschweig 3:1 (1:0)
Zuschauer: 12.000
Tore: 1:0 (24.) Gerber, 2:0 (58.) Cullmann, 3:0 (78.) van Gool, 3:1 (82.) Krause.
Aufstellung: Schumacher, Konopka, Gerber, Schuster, Zimmermann, Cullmann, Neumann, Flohe, van Gool, Müller, Okudera (65. Littbarski).

17.02.1979 SV Darmstadt 98 - 1.FC Köln 0:1 (0:0)
Zuschauer: 14.000
Tor: 0:1 (80.) Neumann.
Aufstellung: Schumacher, Konopka, Gerber, Schuster, Zimmermann, Cullmann, Neumann, Flohe, van Gool (87. Littbarski), Müller, Okudera (58. Prestin).

02.03.1979 1.FC Köln - 1.FC Kaiserslautern 2:2 (1:0)
Zuschauer: 29.000
Tore: 1:0 (07.) Müller, 2:0 (47.) Littbarski, 2:1 (63.) Meier, 2:2 (70.) Toppmöller.
Aufstellung: Schumacher, Konopka, Gerber, Schuster, Zimmermann (85. Prestin), Glowacz, Cullmann, Neumann, Flohe, Littbarski, Müller.

10.03.1979 1.FC Köln - Fortuna Düsseldorf 2:2 (2:1)
Zuschauer: 15.000
Tore: 1:0 (19.) Strack, 1:1 (24.) Lund, 2:1 (45.) Flohe (FE), 2:2 (46.) K. Allofs.
Aufstellung: Schumacher, Konopka, Gerber, Strack, Zimmermann, Cullmann (70. Okudera), Schuster, Neumann (70. Glowacz), Flohe, Littbarski, Müller.

24.03.1979 1.FC Köln - Borussia Dortmund 5:0 (2:0)
Zuschauer: 16.000
Tore: 1:0 (12.) Müller, 2:0 (25.) Zimmermann (FE), 3:0 (66.) Neumann, 4:0 (68.) Glowacz, 5:0 (88.) Zimmermann.
Aufstellung: Schumacher, Konopka, Gerber, Schuster, Zimmermann, Prestin, Glowacz, Neumann, van Gool, Müller (77. Littbarski), Okudera (77. Willmer).

27.03.1979 1.FC Nürnberg - 1.FC Köln 1:1 (1:1)
Zuschauer: 26.000
Tore: 1:0 (02.) Müller, 1:1 (07.) Lieberwirth.
Aufstellung: Schumacher, Konopka, Gerber, Schuster, Zimmermann, Cullmann, Prestin (70. Engels), Neumann, Glowacz, Müller, van Gool.

04.04.1979 MSV Duisburg - 1.FC Köln 2:1 (0:1)
Zuschauer: 20.000
Tore: 0:1 (40.) Neumann, 1:1 (50.) Dietz, 2:1 (63.) Jakobs.
Aufstellung: Schumacher, Konopka, Gerber, Schuster, Zimmermann, Cullmann, Flohe (63. Glowacz), Neumann, Müller, Prestin (80. Willmer).

07.04.1979 1.FC Köln - FC Schalke 04 1:0 (0:0)
Zuschauer: 23.000
Tor: 1:0 (87.) Zimmermann.
Aufstellung: Schumacher, Konopka, Gerber, Schuster, Zimmermann, Glowacz, Engels (66. Mohr), Okudera, van Gool, Müller, Willmer (76. Littbarski).

14.04.1979 Eintracht Frankfurt - 1.FC Köln 1:4 (0:1)
Zuschauer: 21.000
Tore: 0:1 (33.) Müller, 1:1 (66.) Elsener, 1:2 (67.) Zimmermann (HE), 1:3 (85.) van Gool, 1:4 (89.) Willmer.
Aufstellung: Schumacher, Konopka, Strack, Gerber (25. Engels), Zimmermann, Schuster, Prestin (77. Willmer), Neumann, van Gool, Müller, Okudera.

18.04.1979 1.FC Köln - Arminia Bielefeld 2:1 (2:0)
Zuschauer: 15.000
Tore: 1:0 (31.) Neumann, 2:0 (40.) Müller, 2:1 (81.) Eilenfeld.
Aufstellung: Schumacher, Konopka, Cullmann, Strack, Zimmermann, Schuster, Glowacz (46. Prestin), Neumann, van Gool, Müller, Okudera (86. Willmer).

21.04.1979 FC Bayern München - 1.FC Köln 5:1 (4:0)
Zuschauer: 31.000
Tore: 1:0 (08.) Rummenigge, 2:0 (13.) Niedermayer, 3:0 (41.) Janzon, 4:0 (44.) Rummenigge, 5:0 (67.) Janzon, 5:1 (79.) Konopka.
Aufstellung: Schumacher, Konopka, Strack, Cullmann, Prestin, Schuster, Glowacz, Neumann, Okudera, van Gool, Willmer (64. Engels).

05.05.1979 1.FC Köln - Borussia M'gladbach 1:1 (1:1)
Zuschauer: 22.000
Tore: 0:1 (15.) Wohlers, 1:1 (38.) Okudera.
Aufstellung: Schumacher, Konopka, Cullmann, Strack, Zimmermann, Glowacz, Schuster (46. Willmer), Neumann, Flohe, Okudera, van Gool (78. Littbarski).

08.05.1979 Hamburger SV - 1.FC Köln 6:0 (3:0)
Zuschauer: 62.000
Tore: 1:0 (15.) Memering, 2:0 (34.) Hartwig, 3:0, 4:0 (43., 73.) Keegan, 5:0 (80.) Kaltz (FE), 6:0 (83.) Magath.
Aufstellung: Schumacher, Konopka (53. Littbarski), Cullmann, Strack, Zimmermann, Glowacz, Neumann, Flohe, Mohr, Okudera, van Gool (46. Willmer).
B.V.: Flohe und Neumann erhalten einen Platzverweis (54.)

12.05.1979 SV Werder Bremen - 1.FC Köln 1:1 (1:0)
Zuschauer: 15.000
Tore: 1:0 (14.) Möhlmann, 1:1 (74.) Schuster.
Aufstellung: Schumacher, Konopka, Cullmann, Strack, Zimmermann, Schuster, Glowacz, Mohr, van Gool (73. Engels), Okudera, Willmer.

19.05.1979 1.FC Köln - VfL Bochum 1:1 (0:1)
Zuschauer: 8.610
Tore: 0:1 (08.) Kaczor, 1:1 (83.) Littbarski.
Aufstellung: Schumacher, Konopka, Cullmann, Strack, Zimmermann, Schuster, Glowacz, Mohr, van Gool (77. Engels), Okudera (60. Littbarski), Willmer.

STATISTIK 1978/79

02.06.1979 VfB Stuttgart - 1. FC Köln 1:4 (0:2)
Zuschauer: 56.000
Tore: 0:1 (12.) Willmer, 0:2 (26.) Zimmermann, 0:3 (62.) Konopka, 0:4 (73.) Glowacz, 1:4 (74.) B.Förster.
Aufstellung: Schumacher, Konopka, Cullmann, Strack, Prestin, Zimmermann, Schuster, Glowacz, van Gool (71. Engels), Okudera, Willmer (77. Littbarski).

09.06.1979 1.FC Köln - Hertha BSC Berlin 3:1 (0:0)
Zuschauer: 11.000
Tore: 1:0 (47.) Zimmermann (HE), 1:1 (52.) Krämer, 2:1 (78.) Okudera, 3:1 (90.) Littbarski.
Aufstellung: Schumacher, Konopka, Cullmann, Strack, Prestin, Schuster, Glowacz, Zimmermann, van Gool (66. Müller), Okudera, Willmer (66. Littbarski).

EUROPAPOKAL DER LANDESMEISTER

1. Runde (Hinspiel)
13.09.1978 1.FC Köln - IA Akranes 4:1 (3:1)
Zuschauer: 8.495
Tore: 1:0 (13.) Littbarski, 2:0 (26.) Neumann, 2:1 (30.) Halgrimsson, 3:1 (38.) Neumann, 4:1 (73.) Konopka.
Aufstellung: Schumacher, Konopka, Gerber, Schuster (78. Glowacz), Hein, Strack, Gerber, Cullmann, van Gool, Zimmermann, Neumann, Littbarski, Willmer.

1. Runde (Rückspiel)
27.09.1978 IA Akranes - 1.FC Köln 1:1 (1:0)
Zuschauer: 6.000
Tore: 1:0 (08.) Hein (E), 1:1 (73.) van Gool.
Aufstellung: Schumacher, Konopka, Gerber, Strack, Hein, Cullmann, Zimmermann, Neumann (80. Glowacz), van Gool, Littbarski, Engels.

2. Runde (Hinspiel)
18.10.1978 Lokomotive Sofia - 1.FC Köln 0:1 (0:0)
Zuschauer: 20.000
Tore: 0:1 (58.) Zimmermann.
Aufstellung: Schumacher, Konopka, Gerber, Zimmermann, Strack, Cullmann, Flohe (46. Willmer), Glowacz, van Gool, Müller, Prestin.

2. Runde (Rückspiel)
01.11.1978 1.FC Köln - Lokomotive Sofia 4:0 (1:0)
Zuschauer: 17.000
Tore: 1:0 (20.) Müller, 2:0 (52.) van Gool, 3:0 (75.) Glowacz, 4:0 (79.) Müller.
Aufstellung: Schumacher, Konopka (81. Prestin), Gerber, Schuster, Zimmermann, Cullmann, Neumann, Glowacz, van Gool (69. Engels), Müller, Willmer.

Viertelfinale (Hinspiel)
06.03.1979 1.FC Köln - Glasgow Rangers 1:0 (0:0)
Zuschauer: 36.000
Tor: 1:0 (59.) Müller.
Aufstellung: Schumacher, Konopka, Gerber, Schuster, Zimmermann, Glowacz (77. Prestin), Flohe, Cullmann, Neumann, Müller, Littbarski.

Viertelfinale (Rückspiel)
22.03.1979 Glasgow Rangers - 1.FC Köln 1:1 (0:0)
Zuschauer: 44.000
Tor: 0:1 (47.) Müller, 1:1 (86.) MacLean.
Aufstellung: Schumacher, Konopka, Gerber, Schuster, Strack (20. Prestin), Schuster, Zimmermann, Flohe, Cullmann, Neumann, Müller, van Gool (73. Glowacz).

Halbfinale (Hinspiel)
11.04.1979 Nottingham Forest - 1.FC Köln 3:3 (1:2)
Zuschauer: 42.000
Tore: 0:1 (06.) van Gool, 0:2 (19.) Müller, 1:2 (28.) Birtles, 2:2 (53.) Bowyer, 3:2 (63.) Robertson, 3:3 (81.) Okudera.
Aufstellung: Schumacher, Konopka, Gerber, Schuster, Prestin, Cullmann, Zimmermann, Neumann, Glowacz (80. Okudera), van Gool, Müller.

Halbfinale (Rückspiel)
25.04.1979 1.FC Köln - Nottingham Forest 0:1 (0:0),
Zuschauer: 57.723
Tor: 0:1 (65.) Bowyer.
Aufstellung: Schumacher, Konopka, Cullmann, Strack, Prestin, Schuster, Glowacz (70. Okudera), Neumann, Zimmermann, Müller (40. Flohe), van Gool.

DFB-POKAL

1. Runde
06.08.1978 Rot-Weiß Lüdenscheid - 1.FC Köln 1:4 (1:2)
Zuschauer: 13.000
Tore: 1:0 (26.) Zedler, 1:1, 1:2 (36., 41.) Müller, 1:3 (47.) Glowacz, 1:4 (75.) Okudera.
Aufstellung: Schumacher, Konopka, Zimmermann, Hein, Gerber, Cullmann, Glowacz, Neumann, Prestin (53. Willmer), Müller, Okudera

2. Runde
24.09.1978 Westfalia Herne - 1.FC Köln 2:3 (1:2)
Zuschauer: 12.000
Tore: 1:0 (06.) Bals (FE), 1:1 (29.) Littbarski, 1:2 (36.) Zimmermann (FE), 1:3 (52.) Laufer (E), 2:3 (72.) Scheer.
Aufstellung: Schumacher, Konopka, Strack, Gerber, Hein, Cullmann, Neumann, Zimmermann, Prestin (80. Engels), Littbarski, van Gool.

3. Runde
01.12.1978 1.FC Köln - Eintracht Braunschweig 3:2 n.V.
Zuschauer: 12.000
Tore: 0:1 (23.) Krause, 1:1 (49.) Zimmermann, 1:2 (62.) Krause (FE), 2:2 (79.) Zimmermann, 3:2 (99.) Hollmann (E).
Aufstellung: Schumacher, Konopka (108. Prestin), Gerber, Schuster, Zimmermann, Cullmann, Neumann, Flohe (46. Glowacz), van Gool, Müller, Okudera.

Achtelfinale
28.04.1979 Hertha BSC Berlin - 1.FC Köln 2:0 n.V.
Zuschauer: 27.000
Tore: 1:0, 2:0 (113., 116.-FE) Brück.
Aufstellung: Schumacher, Konopka, Schuster, Strack, Zimmermann, Cullmann, Flohe, Neumann, Okudera, Littbarski (88. Engels), Willmer.

Zur Saison 1978/79 gab der FC erstmals große Porträt-Autogrammkarten im Postkartenformat heraus. Hier das Exemplar von Roland Gerber.

FREUNDSCHAFTSSPIELE

19.07.1978 TSG Lütter - 1.FC Köln 0:11

21.07.1978 SG 08 Oberbiel - 1.FC Köln 1:7

23.07.1978 Kickers Offenbach - 1.FC Köln 3:2

25.07.1978 VfL Bad Wildungen - 1.FC Köln 1:9

27.07.1978 VfR Lich - 1.FC Köln 1:8

29.07.1978 1.FC Köln - Manchester United 1:1

08.08.1978 Vitesse Arnheim - 1.FC Köln 0:2

22.08.1978 Botafogo FR Rio de Janeiro - 1.FC Köln 1:2 (in Barcelona)

23.08.1978 Rapid Wien - 1.FC Köln 0:5 (in Barcelona)

25.10.1978 1.FC Köln - Deutsche Nationalmannschaft 1:2

16.01.1979 Preußen Münster - 1.FC Köln 1:1

08.02.1979 Atletico Baleares - 1.FC Köln 0:6 (in Palma de Mallorca/Spanien)

24.02.1979 Dinamo Zagreb - 1.FC Köln 1:2

25.02.1979 Lazio Rom - 1.FC Köln 0:0

12.06.1979 Alemannia Lendersdorf - 1.FC Köln 0:3

15.06.1979 FC Preußen Espelkamp - 1.FC Köln 1:13

Der Souvenirwimpel vom Europapokalspiel gegen Nottingham Forest.

STATISTIK 1978/79

Das große ManU zu Gast in Köln. Am 29. Juli 1978 gastierten die „Red Devils" zum Testspiel in Müngersdorf und brachten diesen wunderschönen Wimpel mit.

FIEBERKURVE 1978/79

1. BUNDESLIGA 1978/79

1.	Hamburger SV	78:32	49:19
2.	VfB Stuttgart	73:34	48:20
3.	1.FC Kaiserslautern	62:47	43:25
4.	Bayern München	69:46	40:28
5.	Eintracht Frankfurt	50:49	39:29
6.	1.FC Köln (M,P)	55:47	38:30
7.	Fortuna Düsseldorf	70:59	37:31
8.	VfL Bochum	47:46	33:35
9.	Eintracht Braunschweig	50:55	33:35
10.	Borussia M'gladbach	50:53	32:36
11.	Werder Bremen	48:60	31:37
12.	Borussia Dortmund	54:70	31:37
13.	MSV Duisburg	43:56	30:38
14.	Hertha BSC Berlin	40:50	29:39
15.	FC Schalke 04	55:61	28:40
16.	Arminia Bielefeld (N)	43:56	26:42
17.	1.FC Nürnberg (N)	36:67	24:44
18.	SV Darmstadt 98 (N)	40:75	21:47

BUNDESLIGAKADER 1978/79

Abgänge: Hein (Borussia Dortmund, w.d.l.S.), Mattern (eigene Amateure), Pape (Viktoria Köln), N.-C. Schmitz (Tennis Borussia Berlin), Simmet (Blau-Weiß Köln),
Zugänge: Engels (eigene Jugend), Glowacz (Werder Bremen), Kroth (Kickers Offenbach), Littbarski (Hertha 03 Zehlendorf), Mohr (Borussia Brand), Schuster (FC Augsburg), Willkomm (eigene Jugend).

Trainer: Hennes Weisweiler		Gerber, Roland	24/2
		Schuster, Bernd	24/1
Tor:		Strack, Gerhard	19/1
Schumacher, Harald	34/0	Willmer, Holger	18/2
Ehrmann, Gerald	0/0	Prestin, Dieter	17/0
		Littbarski, Pierre	16/4
Feld:		Flohe, Heinz	13/3
Konopka, Harald	34/2	Engels, Stephan	13/0
Zimmermann, Herbert	33/8	Hein, Herbert	8/1
Cullmann, Bernd	31/4	Mohr, Jürgen	4/0
van Gool, Roger	30/6	Kösling, Klaus	0/0
Müller, Dieter	29/8	Nicot, Rainer	0/0
Glowacz, Jürgen	29/2	Kroth, Thomas	0/0
Neumann, Herbert	25/5	Willkomm, Jürgen	0/0
Okudera, Yasuhiko	24/5		

Dazu kommt ein Eigentor von Hartmut Konschal (Werder Bremen).

Auf dem Weg ins Europacup-Halbfinale schaltete der FC auch die Glasgow Rangers aus. Beim Hinspiel in Köln erzielt Dieter Müller (im Bild rechts) den 1:0-Siegtreffer.

Das Ticket zum unvergessenen Spiel in Nottingham.

1979/80
1. BUNDESLIGA

Das Ende der Ära Weisweiler

Hintere Reihe von links: Rudolf Müller, Herbert Zimmermann, Herbert Neumann, Thomas Kroth, Dieter Müller, Roger van Gool, Ralf Außem, Jürgen Willkomm. Mittlere Reihe von links: Co-Trainer Hannes Löhr, Co-Trainer Rolf Herings, Stephan Engels, Frank Hartmann, Jürgen Mohr, Holger Willmer, Gerd Strack, Bernd Schuster, Bernd Cullmann, Trainer Hennes Weisweiler. Vordere Reihe von links: Roland Gerber, Yasuhiko Okudera, Klaus Kösling, Harald Schumacher, Gerald Ehrmann, Dieter Prestin, Pierre Littbarski, Harald Konopka.

[LEGENDEN]

Bernd Schuster
Beim FC von 1978 bis 1980
Geboren: 22.12.1959 in Augsburg
Pflichtspiele beim FC: 76
Pflichtspieltore: 14

Der „blonde Engel"

Im süddeutschen Augsburg verbrachte Bernd Schuster seine Jugend, spielte beim Ortsteilclub SV Hammerschmiede und später beim großen FC. Nach einem „Transferhickhack" mit Borussia Mönchengladbach und dem 1. FC Köln entschied sich der Juniorennationalspieler schließlich für die Kölner. Am Geißbockheim war Trainer Hennes Weisweiler sein großer Förderer. „Don Hennes" setzte ihn zunächst als Libero und in der Defensive ein, bevor man erkannte, dass der mit einer überragenden Technik ausgestattete Schuster auch ein großartiger Mittelfeldregisseur war. Stark am Ball und bei Standards sowie mit glänzender Übersicht ausgestattet, war er in der Lage, Flanken über 40 Meter „mundgerecht" zu servieren. Seine Tore waren nicht selten spektakulär und wurden auch in späteren Jahren zum „Tor des Monats" bzw. „des Jahres" gekürt. Schuster, der im bergischen Kürten ein Gestüt besitzt, war immer einer, der offen aussprach, wenn ihn etwas störte. So eckte er auch beim FC-Trainer Heddergott an, den er öffentlich als „Flasche" bezeichnete. Bei den Geißböcken schon zur Spitzenkraft und zum Nationalspieler avanciert, wechselte der Europameister von 1980 zum FC Barcelona.
In Spanien verpasste man Schuster wegen seiner Haarpracht schnell den Beinamen „blonder Engel". Auf der iberischen Halbinsel wurde er zur Legende, spielte nicht nur für Barca, sondern auch bei Real Madrid und Atletico Madrid, gewann mehrfach die Meisterschaft, den Pokal und den Supercup. Dass Schuster „nur" 21 A-Länderspiele bestritt, hatte er seiner un- ➜

Zusammen mit seinem Assistenten Hannes Löhr verbrachte Hennes Weisweiler den Sommerurlaub in Frankreich. Die in Ungnade gefallenen Heinz Flohe und Herbert Neumann dürften dort für Gesprächsstoff gesorgt haben. Während man im Fall Neumann noch grübelte, war das Tischtuch zwischen Weisweiler und Flohe endgültig zerrissen. Aus dem einstigen „Traumpaar" waren „Intimfeinde" geworden. Bevor die Teamkollegen ins Training für die neue Saison einstiegen, mussten Flohe und Neumann bereits ein „Straftraining" am Geißbockheim absolvieren. Der restlos enttäuschte Flohe wollte unbedingt zu Aufsteiger 1860 München wechseln, das dem Ex-Kapitän ein gutes Angebot unterbreitet hatte.

„FLOCKE" GEHT...

„Ehe ich weiter für den 1. FC Köln spiele, höre ich lieber auf", wurde „Flocke" im *Kicker* zitiert. Zunächst wollte der FC-Vorstand um Peter Weiand Flohe nicht ziehen lassen, doch nach einigem Hin und Her und der Androhung juristischer Maßnahmen wurde der Transfer von Köln an die Isar am 15. Juli 1979 innerhalb von 40 Minuten beschlossen. 600.000 DM Ablöse kassierten die Kölner für ihren ehemaligen Spielmacher, dessen Kapitänsamt nun Bernd Cullmann übernahm. Nach 13 Jahren im Geißbocktrikot wurde der Publikumsliebling nun also ein Löwe. Das Kriegsbeil zwischen Neumann und Weisweiler wurde begraben, zumal man es sich nicht leisten konnte, einen weiteren Spielgestalter abzugeben. Ein anderer prominenter Abgang war Jürgen Glowacz, der ebenfalls wegen des Trainers den Verein verließ und ausgerechnet bei Bundesliganeuling Bayer 04 Leverkusen anheuerte.
2.000 Neugierige pilgerten zum Trainingsauftakt ans Geißbockheim. Aufsehen erregende Neuzugänge bekamen sie nicht zu Gesicht. Von Nachbar und Bundesligaaufsteiger Bayer Leverkusen war Außenstürmer Rudolf Müller gekommen. Bei den FC-Profis konnte sich der Juniorennationalspieler nicht dauerhaft etablieren. Nachdem er 1982 den Verein verlassen hatte, kam er 1993/94 zu den FC-Amateuren ans Geißbockheim zurück. Dabei gelang ihm sogar ein kurioses Kurzcomeback in der Bundesligamannschaft der Kölner. Hinzu kamen noch Mittelfeldspieler Ralf Außem sowie Verteidiger Jürgen Willkomm aus der eigenen Jugend.
Das Vorbereitungstrainingslager fand zum siebten Mal in Grünberg statt. Neben den üblichen Testspielen gegen Amateurvereine nahm der FC auch an einem Turnier in Brüssel teil, wo man gegen Real Madrid eine knappe 3:4-Niederlage nach Elfmeterschießen hinnehmen musste.

bequemen Art zu „verdanken" – den Ruf des Enfant terrible wurde er nicht mehr los. Für Aufsehen im männerdominierten Fußballgeschäft sorgte auch die Tatsache, dass er sich von Ehefrau Gaby managen ließ. Weitere Station seiner Karriere war Bayer Leverkusen, bevor er im fernen Mexiko bei Unam seine aktive Laufbahn beendete, um ins Trainergeschäft einzusteigen. Erste Trainerstation war ausgerechnet Fortuna Köln, wo Schuster ordentliche Arbeit ablieferte. Das blieb auch dem FC nicht verborgen, und so verpflichteten die soeben zum ersten Mal abgestiegenen Geißböcke ihren ehemaligen Spieler zur Saison 1998/99 als Coach. Das Engagement Schusters geriet zum Waterloo: Statt zum anvisierten Aufstieg führte er den FC nur auf Platz 10 in der zweiten Liga. Nach der Enttäuschung bei den Kölnern kam seine Trainerlaufbahn richtig ins Rollen. Mit Erfolg war er in der Ukraine bei Schachtjor Donezk tätig, bevor Schuster wieder nach Spanien zurückging. Sowohl bei UD Levante als auch beim FC Getafe leistete der „blonde Engel" Beachtliches. Den Höhepunkt erreichte er zur Saison 2007/08: Bernd Schuster arbeitet als Trainer von Real Madrid. Mit den „Königlichen" holte er gleich im ersten Jahr die spanische Meisterschaft. ∎

Das Zweitrundenspiel im DFB-Pokal gegen Altona 93 wurde im Franz-Kremer-Stadion ausgetragen.

Beim „Juan-Gamper-Turnier" des FC Barcelona war der FC stets ein gern gesehener Gast.

…UND KOMMT AM ERSTEN SPIELTAG ZURÜCK

Als hätten es sich die Spielplangestalter gedacht, war ausgerechnet am ersten Spieltag der Saison 1979/80 der TSV 1860 München mit dem „verlorenen Sohn" Heinz Flohe in Müngersdorf zu Gast. Der Vereinskasse tat die Ansetzung gut, denn Flohes Rückkehr an seine alte Wirkungsstätte lockte immerhin 39.792 Neugierige an. Brisante Szenen gab es auf dem Spielfeld allerdings nicht zu sehen, und der FC bezwang den Aufsteiger verdient mit 2:1 durch Tore von Neumann und Strack. Zimmermann und Konopka leisteten sich sogar noch den „Luxus", zwei Elfmeter zu verschießen. In den Reihen der '60er spielte mit Hans-Josef Kapellmann ein weiterer Ex-Kölner, der aber nicht wesentlich in Erscheinung trat.

FANWUT

Die FC-Fans waren stinksauer über das Abservieren ihres Idols, wofür sie in erster Linie den Trainer verantwortlich machten. Vor allem aus der Südkurve waren Pro-Flohe- und sogar „Weisweiler raus"-Rufe zu vernehmen. Auf der Gegengeraden hatten Fans ein Transparent mit der Aufschrift „Flohe gehört zum FC wie der Dom zu Köln" angebracht. Der nun im Fadenkreuz der Fans stehende Weisweiler konnte über den Auftaktsieg froh sein, denn im Falle einer Niederlage wäre der Druck der Massen sicherlich enorm gewesen. Die Freude über den ersten Sieg währte nicht lang, denn das folgende Auswärtsspiel bei Borussia Dortmund wurde mit 1:3 verloren. Einem mühsamen 1:1 auf eigenem Platz gegen Fortuna Düsseldorf folgte eine 0:3-Schlappe beim VfB Stuttgart. In der Kölner Abwehr vermisste man weiterhin Libero Roland Gerber, der immer noch an seiner Kniegeschichte laborierte. Und im Angriff flutschte es mit dem Quartett Müller, Littbarski, Willmer und van Gool nicht immer wunschgemäß. Wobei van Gool wegen dauernder Verletzungen fast über die gesamte Saison zum Zuschauen verdammt war und Ende Februar 1980 für knapp eine Mio. DM an Coventry City nach England verkauft wurde. An seinem „Nachfolger" Pierre Littbarski kam der Belgier einfach nicht mehr vorbei. Ebenfalls lange aussetzen musste Harald Konopka, der an einer Blutvergiftung (!) erkrankt war. Ein Rätsel war auch Okudera, dem nicht selten seine Nerven einen Streich spielten. Auswärts bot der Japaner zumeist ansprechende Leistungen, während er vor eigenem Publikum enorme Schwierigkeiten hatte.

GROSSE UND KLEINE DERBYS

Am 8. September 1979 besiegt der FC mit sage und schreibe 8:0 den späteren Absteiger Eintracht Braunschweig. Allein Müller erzielte gegen die bemitleidenswerten Niedersachsen vier Treffer. Dem überragenden Pierre Littbarski, der fünf Tore vorbereitete, war damit endgültig der Durchbruch gelungen. Zusammen mit dem 8:0 über Schalke 04 in der Saison 1969/70 ist es der bis heute höchste Bundesligasieg der Geißböcke.
Nur eine Woche später gastierten die Kölner erstmals in der „verbotenen Stadt" am Autobahnkreuz – bei Bayer Leverkusen. Dank der umfangreichen Zuwendungen des Bayer-Konzerns und einer umsichtigen sportlichen Führung war den Kickern aus der Farbenstadt der langersehnte Aufstieg in die Beletage des deutschen Fußballs gelungen. Im Spiel gegen die Kölner konnte Bayer erstmals ein mit 22.000 Zuschauern ausverkauftes Haus melden. Allein 10.000 FC-Fans waren in die Chemiemetropole gekommen. Nicht alle von ihnen in friedlicher Absicht. Im Gegenteil – einige lieferten sich heftige Auseinandersetzungen mit Leverkusener Anhängern. So wurde der Grundstein zur heutigen „Feindschaft" der Rivalen vom Mittelrhein gelegt. Dessen ungeachtet ist vor allem für die älteren Kölner Anhänger das Duell mit Borussia Mönchengladbach das einzig „wahre Derby". Sportlich gesehen war die Begegnung mit Bayer eine Enttäuschung. Nach einem schwachen Auftritt kamen die Geißböcke erst durch ein Glückstor von Müller in der 82. Minute zum 1:1-Ausgleich, der den Endstand bedeutete. Die Inkonstanz früherer Jahre hatte wieder Einzug gehalten. Es gelang nicht mehr, dauerhaft erfolgreich zu sein, um im Titelkampf den Spitzenmannschaften Bayern München und HSV Paroli zu bieten. Das berühmte Auf und Ab des FC in der Bundesliga ging also munter weiter. Nachdem man am 7. Spieltag einen 3:1-Heimsieg über den FC Schalke 04 feiern konnte, setzte es am 6. Oktober 1979 eine 0:3-Niederlage beim amtierenden Meister HSV mit Superstar Kevin Keegan. Aus der geplante Revanche für die 0:6-Schmach der Vorsaison wurde nichts. Denjenigen im Kölner Umfeld, die vor der Saison mal wieder vom Titelgewinn geträumt hatten, erteilte Hennes Weisweiler eine deutliche Absage. „Unsere Konzentration gilt dem Erreichen des 5. Tabellenplatzes", äußerte der Coach in der *Kölnischen Rundschau*.
Ein echtes Drama bekamen 33.000 Besucher beim „großen Derby" Köln gegen Gladbach am 9. Spieltag zu sehen. Schon zur Halbzeit lagen sich die FC-Fans in Müngersdorf freudetrunken in den Armen, denn ihre Mannschaft führte gegen den alten Rivalen deutlich mit 3:0. Die Kölner dominierten das Spiel nach Belieben und sahen schon wie der sichere Sieger aus. Doch in der 2. Halbzeit überschlugen sich die Ereignisse. Trotz Führung wurden die Gastgeber von den Borussen ausgekontert und mussten innerhalb von 13 Minuten vier Gegentore hinnehmen. Glück für den FC, dass Müller nach überlegtem Zuspiel von Schuster in der 74. Minute wenigstens noch den Ausgleich besorgte, sodass es letztlich beim 4:4 blieb. Besonders Libero Gerber, der nach seiner Verletzung einfach nicht in Tritt kam, tat sich mit den schnellen Gladbacher Angreifern schwer.

„TONI" UND TONY

Nur eine Woche später ging die Achterbahnfahrt der Rot-Weißen mit dem sensationellen 2:1-Sieg beim kommenden Deutschen Meister Bayern München weiter. Überragender Mann auf dem Platz war FC-Keeper „Toni" Schumacher, der reihenweise erstklassige Torchancen der Bayern zunichte machte und

Für 2,5 Millionen DM Ablöse wurde Tony Woodcock im November 1979 Geißbock. Mit Hennes Weisweiler und Manager Karl-Heinz Thielen stieß der Engländer auf die Verpflichtung an.

anschließend vom *Kicker* mit Italiens Torwartlegende Dino Zoff verglichen wurde. Immer lauter wurden die Stimmen derer, die den Kölner auch dauerhaft im Tor der Nationalmannschaft sehen wollten. Doch noch zierte sich Bundestrainer Derwall, der den „Tünn" bislang erst zu einem A-Länderspiel hatte kommen lassen. Er bevorzugte stattdessen den Bremer Burdenski sowie den Schalker Nigbur als „Thronfolger" des langjährigen Stammkeepers Sepp Maier, der im Mai 1979 sein letztes Länderspiel bestritten hatte. Doch „Tonis" Zeit in der DFB-Auswahl sollte noch kommen...
Der Erfolg von München gab Auftrieb. In den folgenden drei Bundesligaspielen blieben die Domstädter ungeschlagen, holten 5:1 Punkte und arbeiteten sich bis auf den 5. Tabellenplatz vor. Doch nicht das kleine sportliche Hoch hielt die FC-Fans in Atem. Ein Neuzugang aus dem Mutterland des Fußballs sorgte für Gesprächsstoff. Nach wochenlangen Verhandlungen brachten Peter Weiand und Kalli Thielen am 19. November 1979 den bislang spektakulärsten und teuersten Transfer der Vereinsgeschichte unter Dach und Fach. Der englische Nationalstürmer Tony Woodcock wechselte für exakt 2.493.750 DM Ablöse von Europapokalsieger Nottingham Forest zum 1. FC Köln. Im „Paket" war auch ein Freundschaftsspiel beider Clubs vereinbart, das am 18. Dezember 1979 in Köln ausgetragen wurde und 1:1 endete. Der Zweieinhalbjahresvertrag, den Woodcock unterzeichnete, brachte ihm ein Gehaltsvolumen von rund 800.000 DM. Der Offensivspezialist war den Kölnern bereits bei den internationalen Begegnungen mit den Engländern aufgefallen. Schon damals hätte Weisweiler „Woody" gerne verpflichtet, nun hatte es endlich geklappt. Der erste Eindruck, den Tony von seinen neuen Mitspielern gewinnen durfte, war eher negativ. Von der Tribüne des Frankfurter Waldstadions aus sah der prominente Neuzugang seine zukünftigen Teamkollegen nach einer indiskutablen Leistung mit 0:3 gegen die Eintracht verlieren.

MEISTERHOFFNUNGEN IN DER WINTERPAUSE

Ungeachtet der Niederlage von Frankfurt zog das erste Training des Engländers mehr als 5.000 Schaulustige ans Geißbockheim. Einen Teil seiner Ablösesumme spielte Woodcock sofort wieder ein. Zu seiner Premiere am 30. November 1979 kamen immerhin 30.366 Zuschauer nach Müngersdorf, um die Partie gegen den VfL Bochum und vor allem den neuen Stürmerstar zu sehen. Ansonsten hätten der eher unattraktive Gegner und die abendliche Anstoßzeit seinerzeit höchstens 15.000 Fans angezogen. Auch in England sorgte der Wechsel des Nationalspielers nach Köln für Aufsehen. 25 englische Journalisten und ein Kamerateam hatten sich für das Spiel gegen Bochum bei Pressechef König akkreditiert. Mühsam behielt der FC gegen die biederen Bochumer mit 2:1 die Oberhand, und Woodcock feierte ein ordentliches Debüt.
Nach Siegen gegen Werder Bremen (4:1) und bei Aufsteiger Bayer Uerdingen (3:1) überwinterte der 1. FC Köln

FC-Mitgliedsausweis der Saison 1979/80.

Beim ersten Bundesligaspiel zwischen Bayer Leverkusen und dem 1. FC Köln gab es neben Ausschreitungen auch ein 1:1 zu sehen.

1979/80 ■ 293

[Interessantes & Kurioses]

- Erst Anfang Juli 1979 gelingt es dem *Kicker*, Dieter Müller seine in der Saison 1977/78 gewonnene Torjägerkanone zu überreichen.

- 100.000 DM bringt dem 1. FC Köln ein Kurztrip ins saudi-arabische Riad, wo man am 5. November 1979 ein Freundschaftsspiel gegen die Nationalmannschaft des Königreichs durch ein Littbarski-Tor mit 1:0 gewinnen kann.

- Wegen eines Verkehrsstaus hat Neuzugang Tony Woodcock gleich beim ersten Training 20 Minuten Verspätung, woraufhin 50 DM für die Mannschaftskasse fällig sind. Ganz in der Nähe von Altbundespräsident Walter Scheel, im „Prominentenvorort" Marienburg, haben Woodcock und Ehefrau Carol eine möblierte Wohnung bezogen.

- Als sich Ex-FC-Kapitän Heinz Flohe beim Spiel seiner neuen Mannschaft 1860 München gegen den MSV Duisburg, nach einem brutalen Foul des späteren Kölners Paul Steiner, so schwer verletzt, dass er für den Rest der Saison ausfällt, schickt ihm der FC einen riesigen Blumenstrauß mit Genesungswünschen ins Krankenhaus München-Grünwald.

- In der Winterpause gewinnt der 1. FC Köln das Hallenturnier in der Dortmunder Westfalenhalle, wo man gegen Fortuna Düsseldorf, den MSV Duisburg und Borussia Mönchengladbach die Nase vorn hat. Neben dem Startgeld von 9.000 DM kassiert der FC eine Siegprämie von 5.000 DM.

- Der 1976 gegründete, erste belgische FC-Fanclub hat im Februar 1980 bereits 200 Mitglieder.

Fanerinnerungswimpel vom DFB-Pokalfinale 1980.

auf Tabellenplatz drei. Da man sich nur zwei Punkte hinter Spitzenreiter Bayern München befand, keimten rund um den Dom sogar wieder Hoffnungen auf die Meisterschaft auf, zumal alle Titelkonkurrenten noch in der Domstadt antreten mussten. Die Verpflichtung Woodcocks trug bereits erste Früchte, auch wenn der Engländer selbst noch kein Tor erzielt hatte. So schuf er seinem Angriffspartner Dieter Müller wertvolle Räume, die dieser in Tore ummünzte. Der zuvor schwächelnde Müller blühte an Woodcocks Seite zunächst richtig auf. „Woody" war ohnehin eher der Sturmlenker und Vorbereiter, weniger der „Knipsertyp".

WEISWEILER KÜNDIGT SEINEN ABSCHIED AN
Im schneebedeckten Olympiastadion startete der FC in die zweite Serie. Gegen die Münchner Löwen kam man zwar „nur" zu einem 1:1, doch man blieb ungeschlagen und auf Tuchfühlung zur Tabellenspitze. Sieben Tage später, am 26. Januar 1980 war es dann endlich soweit: Beim 4:1-Heimerfolg im Westklassiker gegen den BVB erzielte Tony Woodcock mit dem Kopfballtreffer zum zwischenzeitlichen 2:0 sein erstes Tor im FC-Trikot. Anschließend wurde der beliebte „Woody" von seinen jubelnden Kollegen fast erdrückt. „I'm happy", gab der zurückhaltende Brite nach dem Spiel bescheiden zu Protokoll. Vier Tage später kündigte Hennes Weisweiler der überraschten Öffentlichkeit seinen Abschied zum Saisonende an. Zwar hatte der FC-Vorstand um Peter Weiand und Karl-Heinz Thielen öffentlich immer bekräftigt, den Vertrag mit dem Fußballlehrer verlängern zu wollen, doch hinter den Kulissen war man sich offensichtlich nicht einig. Zu lange hatte man den eigenwilligen und stolzen Meistertrainer hinsichtlich des neuen Vertrages hingehalten. Noch am selben Tag unterzeichnete der Coach in Paris einen Vertrag beim US-Club Cosmos New York, bei dem u.a. Franz Beckenbauer unter Vertrag stand. In Richtung seiner aktuellen Bosse nahm der enttäuschte Weisweiler kein Blatt vor den Mund. Präsident Weiand attestierte er sogar öffentlich mangelnden Fußballsachverstand. Offensichtlich hatte der zuvor geäußert, sich von Weisweiler trennen zu wollen. Das Vertrauensverhältnis zwischen Verein und Trainer war wohl schon seit seinen Wechselgedanken in Richtung FC Barcelona nachhaltig gestört. Das Gros der Mannschaft reagierte jedoch geschockt auf die Meldung. Nicht wenige Spieler hatten bekanntlich dem Erfolgstrainer ihre Karriere zu verdanken. Die Fans, die Weisweiler zu Saisonbeginn wegen Flohes Ausbootung kritisiert hatten, skandierten nun während der Spiele regelmäßig „Hennes, Hennes"-Rufe.

WEISWEILERS NACHFOLGER
Mit einem 6:3-Sieg bei Fortuna Düsseldorf am 20. Spieltag gab das Team die passende Antwort auf die Unruhe im Umfeld. Auf Rang 2, nur einen Punkt hinter Spitzenreiter HSV, waren die Kölner zum ernsthaften Titelaspiranten geworden. Derweil brodelte die Gerüchteküche über die Weisweiler-Nachfolge. Vom Ex-Stuttgart-Trainer Jürgen Sundermann bis hin zu Co-Trainer Hannes Löhr hatte die Gerüchteküche einiges zu bieten.
Zweiter gegen Sechster lautete die Paarung am 9. Februar 1980, als sich der VfB Stuttgart in Müngersdorf vorstellte. Nur drei Punkte trennten Rheinländer und Schwaben in der Tabelle. Der FC hatte einige Mühe mit den spielstarken Gästen, musste zweimal einen Rückstand ausgleichen und konnte mit dem 2:2 am Ende froh sein, wenigstens einen Punkt behalten zu dürfen. Obwohl man auf Platz 3 abrutschte, waren alle drei Titelaspiranten, Hamburg, Bayern und Köln, mit je 28 Zählern auf der Habenseite punktgleich. Die Kölner Bilanz von 12:2 Punkten aus den letzten sieben Spielen konnte sich sehen lassen. Mitte Februar 1980 beendete der FC die Spekulationen über die Weisweiler-Nachfolge. Etwas überraschend hatte man sich am Geißbockheim für den 53-jährigen Karl-Heinz Heddergott entschieden. Heddergott war zuvor noch nie in der Bundesliga tätig gewesen und arbeitete als „Leiter des Ausbildungswesens beim DFB". Ähnlich wie vor ihm bereits Georg Gawliczek, Udo Lattek oder Dettmar Cramer wechselte nun auch Heddergott vom sicheren Job beim Verband ins Haifischbecken Bundesliga. Man durfte gespannt sein, wie der fließend Englisch und Französisch sprechende Sportlehrer, dem der Ruf eines Theoretikers vorauseilte, mit den FC-Profis zurechtkommen würde.

EIN ECHTES SPITZENSPIEL
Nun konnte man sich wieder ganz dem „Tanz auf zwei Hochzeiten" widmen, denn sowohl in der Meisterschaft als auch im Pokal waren die Kölner noch bestens im Rennen. Doch wie so oft in der Historie der Geißböcke kam mitten im Hoch ein unerwartetes Tief in Form einer 1:2-Pleite bei Eintracht Braunschweig, die den Titelhoffnungen der Weisweiler-Schützlinge einen Dämpfer verpasste. Für den FC war es die erste Bundesliganiederlage seit drei Monaten. Doch der Club erholte sich und besiegte eine Woche später Bayer Leverkusen zu Hause mit 4:0 und nahm beim 1:1 auf Schalke einen Punkt mit. Der Traum von der Schale war noch realistisch. Die nächsten Wochen sollten zeigen, ob man wirklich das Zeug zum Champion hatte, denn es standen die Begegnungen mit den direkten Konkurrenten HSV und FC Bayern an – lediglich unterbrochen durch das Derby auf dem Bökelberg.
Sogenannte Topspiele halten häufig nicht das, was sie versprechen. Bei der Partie der Kölner gegen den HSV am 25. Spieltag war dies nicht der Fall. Im Gegenteil – die 54.484 Besucher im Müngersdorfer Stadion kamen voll auf ihre Kosten. Nachdem die Gäste aus dem Norden bereits mit 2:0 in Führung lagen, kämpfte sich der FC zurück und glich durch Schuster und Littbarski aus. Doch ausgerechnet „Toni" Schumacher, seit Wochen einer der Erfolgsgaranten, wird kurz vor Schluss zur tragischen Figur. Eine harmlose Hereingabe faustete der Keeper direkt vor die Füße von HSV-Stürmer Hrubesch, der sich mit dem 3:2-Siegtreffer für die Norddeutschen bedankte. Bitter für den „Tünn", der zuvor sogar

noch einen Elfmeter von Kaltz pariert hatte. Im Duell der beiden Engländer Woodcock und Keegan blieb übrigens der Hamburger Punktsieger. In Gladbach erreichte der 1. FC Köln nach 0:2-Rückstand immerhin noch ein 2:2-Remis, doch an der Tabellenspitze waren die Bayern mit vier Punkten Vorsprung davongezogen. Eben jene Bayern gastierten am 29. März 1980 in Köln. Für den FC war die ausverkaufte Begegnung sowohl die letzte Minimalchance auf den Titel als auch der letzte große Zahltag der Saison. Gegen die überlegen agierenden Bayern konnte der FC zweimal einen Rückstand ausgleichen, doch als die Geißböcke am Ende mit Mann und Maus stürmten, mussten sie sich nach zwei eiskalten Kontertoren der Münchner mit 2:4 geschlagen geben. Der Meisterschaftszug war endgültig abgefahren.

HENNES WIRFT HIN – HEDDERGOTT KOMMT

Frust machte sich bei allen Beteiligten breit, allen voran bei Trainer Weisweiler, der sich mit dem Titel nach New York verabschieden wollte. Als „sein" FC am 12. April nach einem schwachen Auftritt bei der Berliner Hertha mit 0:1 verlor, hatte Hennes endgültig genug. Entnervt bat er den Vorstand um die sofortige Auflösung seines Vertrages und die damit verbundene Freigabe für seinen neuen Club Cosmos New York. So endete Weisweilers dritte Amtszeit als FC-Trainer. Bis heute ist er, gemessen an der Anzahl seiner mit den Geißböcken gewonnenen Titel, der erfolgreichste Trainer der FC-Geschichte.
Nachdem sein Nachfolger Karl-Heinz Heddergott, der eigentlich erst zur neuen Saison seine Stelle hatte antreten sollen, vom DFB die Freigabe erteilt bekam, saß er beim Bundesligaheimspiel gegen den MSV Duisburg erstmals auf der Kölner Bank. Den Abwärtstrend konnte aber auch Heddergott nicht aufhalten. Unter seiner Regie wurde nicht nur der Einstand gegen die „Zebras" mit 2:3 verloren, sondern auch noch die Auswärtsspiele in Kaiserslautern (0:2) und Bochum (0:2). Lediglich im Heimspiel gegen Eintracht Frankfurt verließ man nach einem mühsamen 2:2 nicht als Verlierer den Platz.
Heddergott musste Trümmer beseitigen, für die er nicht verantwortlich war. Im FC-Umfeld wurden Stimmen laut, die dem Vorstand vorwarfen, den neuen Trainer jetzt zu „verheizen", statt ihn zur neuen Spielzeit in Ruhe die Mannschaft aufbauen zu lassen.
Zwei Siege aus den letzten beiden Spielen reichten, um sich nach einjähriger Abstinenz wieder für das internationale Geschäft zu qualifizieren. Absteiger Werder Bremen, der sich schon im Saisonverlauf von Ex-FC-Spieler Wolfgang Weber getrennt hatte, wurde im Weserstadion mit 5:0 geschlagen, wobei Woodcock vier Tore erzielte, darunter ein lupenreiner Hattrick in der 2. Halbzeit. Endlich durfte Trainer Heddergott seinen ersten Bundesligasieg feiern. Mit einem müden 1:0-Heimsieg durch das 21. Saisontor von Dieter Müller vor nur noch 12.000 Zuschauern beendete der 1. FC Köln die Spielzeit 1979/1980 auf dem 5. Tabellenplatz – immerhin 13 Punkte hinter dem zeitweiligen Meisterkonkurrenten Bayern München. Doch Neu-Trainer Heddergott war froh, endlich seinen ersten Sieg vor heimischer Kulisse feiern zu dürfen. Weniger begeistert über das lustlose Gekicke gegen Uerdingen waren die Fans, die am Marathontor lautstark ihren Unmut bekundeten.

LAUF IM POKAL

Auch 1979/80 stellte der FC wieder unter Beweis, dass er eine „Pokalmannschaft" ist. Mit dem FSV Mainz 05 hatte man in Runde eins kaum Probleme. Mit 5:0 wurde das Team aus der Oberliga Südwest bezwungen. Finanziell war der Pokalauftakt ein Flop. Nur 2.281 Unentwegte verloren sich im weiten Müngersdorfer Rund. Der nächste Gegner, Verbandsligist Altona 93, war sportlich kaum attraktiver als die Mainzer. Da erneut mit einer Minuskulisse gerechnet werden musste, verzichtete die Mannschaft freiwillig auf ihre eigentlich ausgehandelte Siegprämie von 1.200 DM und gab sich mit 200 DM pro Kopf zufrieden.
Um der sterilen Atmosphäre im kaum ausgelasteten Müngersdorfer Stadion zu entfliehen, hatten die Veranz

Im Pokalfinale 1980 traf man erneut auf den rheinischen Rivalen Fortuna Düsseldorf. Diesmal zog der FC den Kürzeren. Das Bild zeigt Dieter Müller im Zweikampf mit dem Düsseldorfer Wirtz.

■ Am 3. März 1980 heiratet Hennes Weisweiler in Neuss seine Braut Gisela, geborene Heizmann. Die Feierlichkeiten finden im Düsseldorfer Nobelhotel „Breidenbacher Hof" statt.

■ Dass es sportlich nach dem Double von 1978 nicht mehr ganz so rund läuft, merkt man auch am Dauerkartenverkauf. „Nur" noch 2.252 Saisonabos können an den Fan gebracht werden.

■ Die Geißbock-AH (FC-Altherrenmannschaft) nimmt erneut an einem internationalen Turnier in Thailand teil. Das Finale gewinnen die Kölner vor 40.000(!) Zuschauern in Bangkok gegen den Royal Bangkok Club mit 5:3 nach Elfmeterschießen.

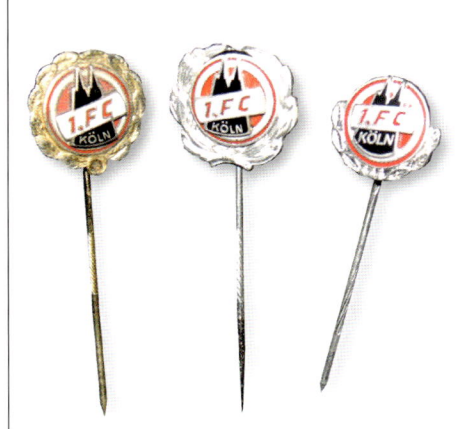

Mitgliedsnadeln in Gold und Silber, mit denen der FC verdiente Mitglieder ehrt.

- Nach siebenjähriger Abstinenz gelingt den FC-Handballdamen der Wiederaufstieg in die Verbandsliga Mittelrhein.

- FC-Stürmer Dieter Müller eröffnet im November 1979 in Bergheim bei Köln ein Sportartikelgeschäft.

- Bei allen neun Länderspielen, die der DFB im Kalenderjahr 1979 bestreitet, wird Bernd Cullmann eingesetzt. Im Januar 1980 verlängert „Culli" seinen Vertrag beim FC um drei weitere Jahre bis 30. Juni 1983.

Bernd Cullmann

- Für das Männermodemagazin *Der Herr* stellt sich Tony Woodcock als Fotomodell zur Verfügung.

- Eine zuvor von Jürgen Glowacz geführte Lotto-Annahmestelle in Köln-Weidenpesch übernimmt im April 1980 dessen ehemaliger Teamkollege Herbert Zimmermann.

- Am 29. April bestreitet der FC in New York das „Ablösespiel" für Hennes Weisweiler. „Don Hennes" schlägt seine ehemalige Mannschaft mit 3:1.

- Die Qualifikation für den UEFA-Cup bringt jedem FC-Spieler 7.000 DM Prämie.

- Schon im März 1980 wechselt Roger van Gool als erster FC-Spieler nach England, genauer gesagt zu Coventry City.

- Zwei Akteure dürfen sich über 500 Spiele im rot-weißen Spielkleid freuen: Harald Konopka am 30.11.1979 gegen den Vfl Bochum und Bernd Cullmann am 9.2.1980 gegen den VfB Stuttgart.

- Am 26.1.1980 erzielt Tony Woodcock mit dem 2:0 gegen Borussia Dortmund das „Tor des Monats" Januar 1980.

- Am 5.12.1979 feiert Hennes Weisweiler im Geißbockheim seinen 60. Geburtstag. 250 geladene Gäste sind anwesend.

wortlichen die Pokalpartie kurzerhand ins vereinseigene Franz-Kremer-Stadion verlegt. Eine Maßnahme mit Erfolg, denn immerhin 6.000 Fans kamen in den Grüngürtel und verbreiteten eine regelrechte Volksfeststimmung. Nach Abzug aller Unkosten erzielte der Verein sogar noch 20.000 DM Gewinn. Der 10:0-Erfolg über die Hamburger rundete einen gelungenen Pokalnachmittag ab.

POKALKÄMPFE UND ARBEITSSIEGE

Erst in der dritten Runde traf man auf einen Kontrahenten aus der Bundesliga. Um weiterhin im Rennen um den „Pott" zu bleiben, musste der VfL Bochum im heimischen Ruhrstadion bezwungen werden. Am 12. Januar 1980 entwickelte sich eine Begegnung, die die Bezeichnung „Pokalkampf" in jeder Hinsicht verdiente. Durch zwei umstrittene Standardsituationen, Freistoß und Elfmeter, lag der FC nach einer Stunde Spielzeit mit 2:0 vorne. Beide Treffer hatte Schuster erzielt. Doch die nun aufgeputschten Bochumer kämpften leidenschaftlich und schafften es, die Partie zu drehen. Ein Doppelschlag von Abel rettete die Gastgeber in die Verlängerung. Nach 94 Minuten traf Bast zum 3:2, die 15.000 Zuschauer tobten. Als alles nach einer Kölner Niederlage aussah, traf der eingewechselte Neumann per Kopf zum 3:3-Endstand. Held des Tages aus kölscher Sicht war einmal mehr „Toni" Schumacher, der sein Team mit unzähligen Klasseparaden im Spiel gehalten hatte. Nach dem Remis machte das damalige Reglement ein Wiederholungsspiel notwendig, das am 29. Januar 1980 in Köln stattfinden sollte. Doch die zweite Auflage konnte nicht annähernd an die Attraktivität und Dramatik des Hinspiels anknüpfen. Den niveauarmen Kick gewann der FC durch einen 2:1-Arbeitssieg und qualifizierte sich so für das Achtelfinale.

Dort hieß der Gegner Darmstadt 98. Nur 4.684 Fans zog der Auftritt des hessischen Zweitligisten einen Tag vor Weiberfastnacht nach Müngersdorf. Mehr oder weniger ungefährdet besiegte man die stark ersatzgeschwächten Darmstädter Lilien mit 3:1, wobei Herbert Neumann alle drei Treffer erzielte und sich die Auszeichnung „Man of the Match" redlich verdiente. Im Viertelfinale mussten die Kölner ins Saarland zum FC Homburg reisen. Bereits zum dritten Mal nach 1967/68 und 1976/77 traf man im Pokal auf die Homburger. Gutes Omen: Jedes Mal wurde der FC am Ende auch Pokalsieger. Die saarländischen Fußballfreunde brachte das Gastspiel der Geißböcke auf Trab. Mit 22.000 Zuschauern war das Waldstadion nicht nur restlos ausverkauft, man musste noch Zusatztribünen aufstellen, um der großen Kartennachfrage halbwegs gerecht zu werden. Die vom Heimpublikum erhoffte Sensation blieb jedoch aus. Mit 4:1 setzte sich der Bundesligist gegen den Zweitligisten souverän durch.

Im Semifinale kam es im Gelsenkirchener Parkstadion zum Evergreen gegen den FC Schalke 04. Dort reichte dem FC eine durchschnittliche Leistung, um vor 35.000 Besuchern gegen die ersatzgeschwächten Knappen zu einem 2:0-Erfolg durch Tore von Littbarski und Woodcock zu kommen. Wie so oft in dieser Spielzeit war erneut „Toni" Schumacher, der inzwischen auch in der Nationalelf zur „Nummer eins" avanciert war und in der 84. Minute wegen einer Zerrung ausgewechselt wurde, überragender Akteur der Kölner. 5.000 DM Siegprämie pro Spieler war dem FC-Vorstand die achte Finalteilnahme im DFB-Pokal wert. Hier sollte es zu einer Neuauflage des 1978er Endspiels gegen Fortuna Düsseldorf kommen. Wie schon vor zwei Jahren fand das Spiel erneut in Gelsenkirchen statt.

4. JUNI 1980, PARKSTADION GELSENKIRCHEN: DFB-POKALFINALE 1. FC KÖLN - FORTUNA DÜSSELDORF 1:2

Für den FC war das Endspiel die Chance, nach der geglückten UEFA-Cup-Qualifikation mit dem Pokalsieg noch ein weiteres Highlight zu setzen. Obwohl die Düsseldorfer amtierender Pokalsieger waren, gingen die Kölner als Favorit ins Rennen. Ein Risiko ging Trainer Heddergott ein, als er den lange verletzten Gerd Strack als Libero aufbot. 65.000 Zuschauer, von denen wegen eines riesigen Staus Tausende erst nach dem Anpfiff in die Arena kamen, sahen zunächst kein gutes Spiel, in dem keine der beiden Mannschaften dominierte. Dennoch war das 1:0 durch Cullmann nach 26 Minuten, der wie schon im rheinischen Finale zwei Jahre zuvor die Führung erzielte, nicht unverdient. 1:0 für Köln hieß es auch zur Halbzeit.

Im zweiten Abschnitt erhöhten die Düsseldorfer den Druck und konnten die meisten Spielanteile für sich verbuchen. Zum Ärger der gut 15.000 FC-Fans im Stadion konnte sich ihre Mannschaft nicht von den Angriffswellen der Fortunen befreien. So kam es, wie es kommen musste. Wenzel (59.) und Thomas Allofs (65.) brachten mit ihren Treffern die Düsseldorfer auf die Siegerstraße. Die Geißböcke setzten zwar alles auf eine Karte, doch die verzweifelte Schlussoffensive wurde nicht von Erfolg gekrönt. Pünktlich pfiff Schiedsrichter Heinz Aldinger das rheinische Pokalfinale ab. Traurig verließen die kölschen Schlachtenbummler den Ort des Geschehens. Niederlagen gegen das Team aus der ungeliebten Landeshauptstadt schmerzten besonders – erst recht im Endspiel um den DFB-Pokal. Die von Trainer Otto Rehhagel betreuten Düsseldorfer hingegen konnten die gelungene Revanche für 1978 feiern.

Der FC wurde seinem Ruf, häufig kurz vor dem großen Triumph zu versagen, erneut gerecht. Von bis dato acht bestrittenen Endspielen hieß der Sieger „nur" dreimal 1. FC Köln. Das offizielle Bankett in Gelsenkirchen verließ der FC-Tross schnell, um noch einige Stunden im Geißbockheim zu verbringen. „Wir sind um eine Enttäuschung reicher", brachte Bernd Cullmann später die Stimmungslage auf den Punkt.

STATISTIK 1979/80

BUNDESLIGA

11.08.1979 1. FC Köln - 1860 München 2:1 (0:0)
Zuschauer: 39.792
Tore: 1:0 (63.) Neumann 1:1 (69.) Gerber, 2:1 (77.) Strack.
Aufstellung: Schumacher, Konopka, Cullmann, Strack, Prestin, Zimmermann, Schuster, Neumann, Littbarski, Müller, Okudera (46. Willmer).
B.V.: Zander hält FE von Zimmermann (67.) und Konopka (86.).

18.08.1979 Borussia Dortmund - 1. FC Köln 3:1 (1:0)
Zuschauer: 45.000
Tor: 1:0 (27.) Strack (E), 2:0 (65.) Vöge, 2:1 (69.) Schuster (FE), 3:1 (71.) Geyer.
Schuamcher, Konopka, Cullmann, Strack, Prestin, Zimmermann, Schuster, Neumann, Littbarski, Müller, Okudera (64. Willmer).

29.08.1979 1. FC Köln - Fortuna Düsseldorf 1:1 (0:0)
Zuschauer: 21.160
Tore: 0:1 (85.) Schmitz, 1:1 (90.) Müller.
Aufstellung: Schumacher, Konopka, Cullmann, Strack, Prestin, Zimmermann, Schuster, Neumann, van Gool (57. Littbarski), Müller, Willmer.

01.09.1979 VfB Stuttgart - 1. FC Köln 3:0 (0:0)
Zuschauer: 48.000
Tore: 1:0 (48.) H. Müller, 2:0 (75.) Hattenberger, 3:0 (88.) Klotz.
Aufstellung: Schumacher, Konopka, Cullmann, Strack, Prestin, Neumann, Zimmermann (46. Okudera), Littbarski, van Gool (59. Schuster), Müller, Willmer.

08.09.1979 1. FC Köln - Eintracht Braunschweig 8:0 (2:0)
Zuschauer: 9.683
Tore: 1:0 (07.) Cullmann, 2:0 (32.) Okudera, 3:0, 4:0, 5:0 (47., 66., 78.) Müller, 6:0 (81.) Willkomm, 7:0 (87.) Willmer, 8:0 (90.) Müller.
Aufstellung: Schumacher, Konopka, Schuster, Strack, Prestin, Cullmann (70. Willkomm), Kroth, Okudera, Littbarski, Müller, Willmer.

15.09.1979 Bayer 04 Leverkusen - 1. FC Köln 1:1 (0:0)
Zuschauer: 22.000
Tore: 1:0 (71.) Bruckmann, 1:1 (82.) Müller.
Aufstellung: Schumacher, Konopka, Schuster, Strack, Zimmermann, Cullmann, Kroth (77. Prestin), Okudera, Littbarski, Müller, Willmer (84. Engels).

22.09.1979 1. FC Köln - FC Schalke 04 3:1 (1:1)
Zuschauer: 30.654
Tore: 1:0 (17.) Littbarski, 1:1 (35.) Abramczik, 2:1 (63.) Neumann, 3:1 (85.) Müller.
Aufstellung: Schumacher, Cullmann, Schuster, Strack, Prestin (38. Willkomm), Kroth, Neumann, Okudera, Littbarski, Müller, Willmer.
B.V.: Schumacher hält FE von Dzoni (87.).

06.10.1979 Hamburger SV - 1. FC Köln 3:0 (1:0)
Zuschauer: 40.000
Tore: 1:0 (29.) Keegan, 2:0 (64.) Hartwig, 3:0 (67.) Hrubesch.
Aufstellung: Schumacher, Kroth (09. Willkomm), Schuster, Strack, Zimmermann, Cullmann, Okudera, Willmer, Neumann (68. Engels), Littbarski, Müller.

20.10.1979 1. FC Köln - Borussia M'gladbach 4:4 (3:0)
Zuschauer: 31.399
Tore: 1:0 (14.) Schuster, 2:0 (39.) Willmer, 3:0 (43.) Strack, 3:1, 3:2 (52., 55.-FE) Nickel, 3:3 (60.) Lienen, 3:4 (65.) Nielsen, 4:4 (74.) Müller.
Aufstellung: Schumacher, Zimmermann, Gerber, Strack, Prestin (76. Engels), Cullmann, Schuster, Okudera, Littbarski, Müller, Willmer.

27.10.1979 FC Bayern München - 1. FC Köln 1:2 (0:0)
Zuschauer: 33.000
Tore: 0:1 (53.) Müller, 1:1 (60.) Hoeneß, 1:2 (89.) Schuster.
Aufstellung: Schumacher, Schuster, Gerber, Strack, Zimmermann, Cullmann, Okudera, Engels, Littbarski, Willmer, Müller.

03.11.1979 1. FC Köln - Hertha BSC Berlin 2:2 (2:1)
Zuschauer: 14.644
Tore: 1:0 (08.) Engels, 1:1 (11.) Brück, 2:1 (16.) Strack, 2:2 (85.) Brück.
Aufstellung: Schumacher, Zimmermann, Gerber, Strack, Cullmann, Schuster, Okudera, Willmer, Littbarski, Müller, Engels (80. Konopka).
B.V.: Kleff hält FE von Schuster (67.).

10.11.1979 MSV Duisburg - 1. FC Köln 0:2 (0:1)
Zuschauer: 10.000
Tore: 0:1 (34.) Okudera. 0:2 (88.) Willmer.
Aufstellung: Schumacher, Schuster, Gerber, Strack, Zimmermann, Cullmann, Okudera, Willmer, Littbarski, Müller, Engels.

17.11.1979 1. FC Köln - 1. FC Kaiserslautern 2:0 (0:0)
Zuschauer: 20.965
Tore: 1:0, 2:0 (49., 82.) Müller.
Aufstellung: Schumacher, Schuster, Gerber, Strack, Zimmermann, Cullmann, Okudera, Willmer, Littbarski, Müller, Engels (46. Konopka).

24.11.1979 Eintracht Frankfurt - 1. FC Köln 3:0 (2:0)
Zuschauer: 25.000
Tore: 1:0 (26.) Cha, 2:0 (44.) Karger, 3:0 (79.) Cha.
Aufstellung: Schumacher, Konopka, Gerber, Strack, Zimmermann (38. Kroth), Cullmann, Schuster, Okudera, Littbarski, Müller, Willmer.

30.11.1979 1. FC Köln - VfL Bochum 2:1 (1:1)
Zuschauer: 30.366
Tore: 1:0 (34.) Schuster, 1:1 (35.) Eggeling, 2:1 (76.) Littbarski.
Aufstellung: Schumacher, Konopka, Cullmann, Strack, Zimmermann, Schuster, Okudera (85. Prestin), Willmer (65. Engels), Littbarski, Müller, Woodcock.

08.12.1979 1. FC Köln - SV Werder Bremen 4:1 (3:0)
Zuschauer: 15.838
Tore: 1:0 (04.) Zimmermann, 2:0 (21.) Schuster (FE), 3:0 (33.) Müller, 3:1 (66.) Röber, 4:1 (85.) Strack.
Aufstellung: Schumacher, Prestin, Gerber, Strack, Cullmann, Schuster, Cullmann, Okudera (75. Kroth), Littbarski, Müller, Woodcock.

15.12.1979 FC Bayer 05 Uerdingen - 1. FC Köln 1:3 (0:1)
Zuschauer: 15.000
Tore: 0:1 (27.) Müller, 1:1 (53.) van de Loo, 1:2 (65.) Okudera, 1:3 (81.) Müller.
Aufstellung: Schumacher, Prestin, Cullmann, Strack, Zimmermann, Schuster, Littbarski, Okudera, Woodcock, Müller, Kroth (73. Willmer).

19.01.1980 1860 München - 1. FC Köln 1:1 (1:0)
Zuschauer: 18.000
Tore: 1:0 (33.) Bitz, 1:1 (67.) Okudera.
Aufstellung: Schumacher, Prestin, Cullmann, Strack, Zimmermann, Schuster, Neumann, Littbarski, Okudera, Müller, Woodcock.

26.01.1980 1. FC Köln - Borussia Dortmund 4:1 (0:0)
Zuschauer: 28.944
Tore: 1:0 (50.) Müller, 2:0 (64.) Woodcock, 3:0 (78.) Neumann, 4:0 (84.) Schuster, 4:1 (90.) Vöge.
Aufstellung: Schumacher, Prestin, Cullmann, Strack, Zimmermann, Schuster, Neumann, Okudera, Littbarski, Müller, Woodcock.

02.02.1980 Fortuna Düsseldorf - 1. FC Köln 3:6 (0:1)
Zuschauer: 30.000
Tore: 0:1 (41.) Neumann, 0:2 (50.) Okudera, 0:3 (53.) Cullmann, 1:3 (58.) Wenzel, 1:4 (67.) Littbarski, 2:4 (71.) Zewe, 3:4 (74.) Wenzel, 3:5 (78.) Müller, 3:6 (81.) Okudera.
Aufstellung: Schumacher, Prestin, Gerber, Strack, Cullmann, Zimmermann, Neumann, Woodcock, Littbarski (81. Konopka), Müller, Okudera.

09.02.1980 1. FC Köln - VfB Stuttgart 2:2 (0:0)
Zuschauer: 38.633
Tore: 0:1 (49.) Hadewicz, 1:1 (50.) Littbarski, 1:2 (74.) Kelsch, 2:2 (87.) Strack.
Aufstellung: Schumacher, Prestin (69. Schuster), Gerber, Strack, Zimmermann, Cullmann, Neumann, Okudera, Littbarski, Müller, Woodcock.

23.02.1980 Eintracht Braunschweig - 1. FC Köln 2:1 (1:0)
Zuschauer: 17. 967
Tore: 1:0 (12.) Trimhold, 2:0 (83.) Popivoda, 2:1 (87.) Müller.
Aufstellung: Schumacher, Cullmann, Gerber (70. Konopka), Strack, Zimmermann, Schuster, Neumann, Okudera, Littbarski, Müller, Woodcock.

01.03.1980 1. FC Köln - Bayer Leverkusen 4:0 (1:0)
Zuschauer: 16.961
Tore: 1:0 (40.) Strack, 2:0 (48.) Neumann, 3:0 (87.) Müller, 4:0 (90.) Willmer.
Aufstellung: Schumacher, Konopka, Cullmann, Strack, Prestin, Neumann, Kroth (77. Willmer), Littbarski, Müller, Woodcock, Schuster.

08.03.1980 FC Schalke 04 - 1. FC Köln 1:1 (1:0)
Zuschauer: 55.000
Tore: 1:0 (41.) Bittcher, 1:1 (47.) Schuster.
Aufstellung: Schumacher, Prestin, Schuster, Strack, Konopka (84. Zimmermann), Cullmann, Neumann, Woodcock, Okudera, Littbarski, Müller.

15.03 1980 1. FC Köln - Hamburger SV 2:3 (0:1)
Zuschauer: 54.484
Tore: 0:1 (11.) Buljan, 0:2 (64.) Jakobs, 1:2 (75.) Schuster, 2:2 (81.) Littbarski, 2:3 (90.) Hrubesch.
Aufstellung: Schumacher, Prestin, Schuster, Strack, Zimmermann, Cullmann, Neumann, Woodcock, Littbarski, Müller, Okudera (62. Willmer).
B.V.: Schumacher hält FE von Kaltz (41.).

22.03.1980 Borussia M'gladbach - 1. FC Köln 2:2 (2:0)
Zuschauer: 28.100
Tore: 1:0, 2:0 (15. FE, 32.) Hannes, 2:1 (52.) Woodcock, 2:2 (79.) Littbarski.
Aufstellung: Schumacher, Prestin, Schuster, Strack, Zimmermann, Cullmann (77. Kroth), Willmer, Woodcock, Littbarski, Müller, Okudera.

29.03.1980 1. FC Köln - FC Bayern München 2:4 (0:1)
Zuschauer: 58.339
Tore: 0:1 (26.) Hoeneß, 1:1 (56.) Müller, 1:2 (58.) Hoeneß, 2:2 (70.) Zimmermann, 2:3 (85.) Breitner, 2:4 (90.) Oblak.
Aufstellung: Schumacher, Prestin, Schuster, Strack, Zimmermann, Cullmann, Neumann, Woodcock, Littbarski, Müller, Willmer.

12.04.1980 Hertha BSC Berlin - 1. FC Köln 1:0 (0:0)
Zuschauer: 18.000
Tor: 1:0 (73.) Schuster (E).
Aufstellung: Schumacher, Konopka, Schuster, Strack, Prestin, Zimmermann, Neumann, Okudera (71. Willmer), Littbarski (74. Engels), Müller, Woodcock.

19.04.1980 1. FC Köln - MSV Duisburg 2:3 (2:1)
Zuschauer: 11.806
Tore: 1:0 (25.) Littbarski, 1:1 (40.) Jara, 2:1 (44.) Woodcock, 2:2 , 2:3 (55., 85.) Jara.
Aufstellung: Schumacher, Prestin, Cullmann, Strack, Zimmermann, Schuster, Neumann, Woodcock, Littbarski, Müller, Okudera (57. Willmer).

26.04.1980 1. FC Kaiserslautern - 1. FC Köln 2:0 (1:0)
Zuschauer: 32.855
Tore: 1:0 (18.) Geye, 2:0 (52.) Eigendorf.
Aufstellung: Schumacher, Konopka, Cullmann, Strack (30. Willmer), Prestin (80. Okudera), Schuster, Zimmermann, Woodcock, Littbarski, Müller, Kroth.

03.05.1980 1. FC Köln - Eintracht Frankfurt 2:2 (2:1)
Zuschauer: 11.727
Tore: 1:0 (04.) Neumann, 2:0 (21.) Schuster, 2:1 (43.) Cha, 2:2 (87.) Nickel (FE).
Aufstellung: Schumacher, Konopka, Cullmann, Schuster, Zimmermann, Kroth, Neumann, Willmer, Littbarski, Müller, Woodcock.

STATISTIK 1979/80

17.05.1980 **VfL Bochum - 1. FC Köln** 2:0 (0:0)
Zuschauer: 18.000
Tore: 1:0 (82.) Pinkall, 2:0 (85.) Oswald.
Aufstellung: Schumacher, Konopka, Cullmann, Zimmermann, Prestin, Schuster, Kroth (80. Engels), Willmer, Littbarski (70. Müller), Okudera, Woodcock.

24.05.1980 **SV Werder Bremen - 1. FC Köln** 0:5 (0:1)
Zuschauer: 17.000
Tore: 0:1 (18.) Woodcock, 0:2 (50.) Müller, 0:3, 0:4, 0:5 (66., 75., 87.) Woodcock.
Aufstellung: Schumacher, Prestin (88. Außem), Zimmermann, Cullmann (76. Engels), Kroth, Schuster, Okudera, Willmer, Littbarski, Müller, Woodcock.

31.05.1980 **1. FC Köln - FC Bayer 05 Uerdingen** 1:0 (1:0)
Zuschauer: 12.007
Tore: 1:0 (11.) Müller.
Aufstellung: Schumacher, Konopka, Cullmann, Zimmermann, Prestin, Kroth, Okudera, Willmer (46. Mohr), Littbarski, Müller, Woodcock.

DFB-POKAL

1. Runde
25.08.1979 **1. FC Köln - FSV Mainz 05** 5:1 (0:0)
Zuschauer: 2.281
Tore: 1:0 (49.) Müller, 2:0 (54.) Willmer, 3:0 (61.) van Gool, 3:1 (67.) Bopp, 4:1 (72.) Willmer, 5:1 (75.) Orf (E).
Aufstellung: Schumacher, Prestin, Cullmann, Strack, Zimmermann (57. Kroth), Schuster, Mohr, Okudera (46. Willmer), van Gool, Müller, Littbarski.

2. Runde
30.09.1979 **1. FC Köln - FC Altona 93** 10:0 (5:0)
Zuschauer: 5.777
Tore: 1:0 (03.) Müller, 2:0 (11.) Willmer, 3:0 (23.) Müller, 4:0 (27.) Okudera, 5:0 (37.) Littbarski, 6:0 (58.) Neumann, 7:0 (64.) Müller, 8:0 (65.) Zimmermann, 9:0 (67.) Schuster (FE), 10:0 (77.) Müller.
Aufstellung: Schumacher, Zimmermann, Schuster, Strack (66. Willkomm), Cullmann (58. Gerber), Kroth, Okudera, Neumann, Littbarski, Müller, Willmer.
B.V.: Das Spiel wurde im Franz-Kremer Stadion ausgetragen.

3. Runde
12.01.1980 **VfL Bochum - 1. FC Köln** 3:3 n.V.
Zuschauer: 15.000
Tore: 0:1, 0:2 (15.-FE, 60.) Schuster, 1:2, 2:2 (63., 78.) Abel, 3:2 (94.) Bast, 3:3 (116.) Neumann.
Aufstellung: Schumacher, Prestin, Cullmann, Strack, Zimmermann, Schuster, Okudera (106. Willmer), Kroth (91. Neumann), Littbarski, Müller, Woodcock.

3. Runde (Entscheidungsspiel)
29.01.1980 **1. FC Köln - VfL Bochum** 2:1 (2:1)
Zuschauer: 11.146
Tore: 1:0 (08.) Müller, 1:1 (14.) Abel, 2:1 (33.) Woodcock.
Aufstellung: Schumacher, Prestin (24. Konopka), Cullmann, Strack (78. Kroth), Zimmermann, Schuster, Neumann, Okudera, Littbarski, Müller, Woodcock.

Achtelfinale
13.02.1980 **1. FC Köln - SV Darmstadt 98** 3:1 (1:0)
Zuschauer: 4.684
Tore: 1:0, 2:0, 3:0 (20., 59., 64.) Neumann, 3:1 (79.) Weber.
Aufstellung: Schumacher, Schuster, Gerber, Strack (79. Zimmermann), Prestin, Cullmann, Neumann, Okudera, Littbarski, Müller, Woodcock.

Viertelfinale
05.04.1980 **FC Homburg/Saar - 1. FC Köln** 1:4 (0:1)
Zuschauer: 22.000
Tore: 0:1 (27.) Müller, 0:2 (48.) Woodcock, 1:2 (49.) Wagner, 1:3 (69.) Schuster, 1:4 (87.) Woodcock.
Aufstellung: Schumacher, Strack, Cullmann, Zimmermann, Prestin (79. Konopka), Schuster, Neumann, Woodcock, Littbarski (83. Okudera), Müller, Willmer.

Halbfinale
10.05.1980 **FC Schalke 04 - 1. FC Köln** 0:2 (0:1)
Zuschauer: 35.000
Tore: 0:1 (09.) Littbarski, 0:2 (66.) Woodcock.
Schumacher (84. Ehrmann), Konopka, Cullmann, Zimmermann, Prestin, Schuster, Neumann, Willmer, Littbarski, Müller (46. Okudera), Woodcock.

Finale
04.06.1980 **Fortuna Düsseldorf - 1. FC Köln** 2:1 (0:1)
Zuschauer: 65.000
Tore: 0:1 (26.) Cullmann, 1:1 (59.) Wenzel, 2:1 (65.) T. Allofs.
Aufstellung: Schumacher, Konopka, Zimmermann, Strack, Prestin, Schuster, Cullmann, Kroth (66. Okudera), Littbarski (71. Willmer), Müller, Woodcock.

FREUNDSCHAFTSSPIELE

20.07.1979 **Racing Straßburg - 1. FC Köln** 3:3

22.07.1979 **TSG Bad Wurzach - 1. FC Köln** 1:9

23.07.1979 **SSV Ulm 1846 - 1. FC Köln** 0:1

26.07.1979 **SC Waldgirmes - 1. FC Köln** 1:12

28.07.1979 **1. FC Köln - Athletic Bilbao** 4:0

31.07.1979 **TSV Hiders - 1. FC Köln** 1:6

02.08.1979 **KSV Hessen Kassel - 1. FC Köln** 0:1

07.08.1979 **RWD Molenbeek - 1. FC Köln** 0:2
(in Brüssel/Belgien)

09.08.1979 **Real Madrid - 1. FC Köln** 4:3 n.E.
(in Brüssel/Belgien)

21.08.1979 **RSC Anderlecht - 1. FC Köln** 1:2
(in Barcelona/Spanien)

22.08.1979 **FC Barcelona - 1. FC Köln** 3:2 n.V.

05.09.1979 **SV Breinig - 1. FC Köln** 1:13

09.10.1979 **KSV Kortrijk - 1. FC Köln** 1:2

05.11.1979 **Nationalmann. Saudi-Arabien - 1. FC Köln** 0:1
(in Riad/Saudi-Arabien)

18.12.1979 **1. FC Köln - Nottingham Forest** 1:1

03.01.1980 **Alemannia Aachen - 1. FC Köln** 0:4

08.01.1980 **Girondins Bordeaux - 1. FC Köln** 2:0

22.04.1980 **TuS Lindlar - 1. FC Köln** 0:7

29.04.1980 **Cosmos New York - 1. FC Köln** 3:1

06.06.1980 **SV Olympia Rheinzabern - 1. FC Köln** 0:6

07.06.1980 **Sportfreunde Saarbrücken - 1. FC Köln** 4:7

08.06.1980 **SpVgg Odenkirchen - 1. FC Köln** 0:14

Die Eintrittskarte zum DFB-Pokalfinale.

Die Einladung zum „Finaldinner" 1980.

FC-Autogrammkarte 1979/80 von Jürgen Willkomm.

STATISTIK 1979/80

1. BUNDESLIGA 1979/80

1.	Bayern München	84:33	50:18
2.	Hamburger SV (M)	86:35	48:20
3.	VfB Stuttgart	75:53	41:27
4.	1. FC Kaiserslautern	75:53	41:27
5.	**1. FC Köln**	**72:55**	**37:31**
6.	Borussia Dortmund	64:56	36:32
7.	Borussia M'gladbach	61:60	36:32
8.	FC Schalke 04	40:51	33:35
9.	Eintracht Frankfurt	65:61	32:36
10.	VfL Bochum	41:44	32:36
11.	Fortuna Düsseldorf (P)	62:72	32:36
12.	Bayer Leverkusen (N)	45:61	32:36
13.	1860 München (N)	42:53	30:38
14.	MSV Duisburg	43:57	29:39
15.	Bayer 05 Uerdingen (N)	43:61	29:39
16.	Hertha BSC Berlin	41:61	29:39
17.	Werder Bremen	52:93	25:43
18.	Eintracht Braunschweig	32:64	20:48

Als Tabellendritter wird der VfB Stuttgart ausgewiesen, da er im direkten Vergleich mit 4:3 (3:1 - 1:2) vorne liegt.

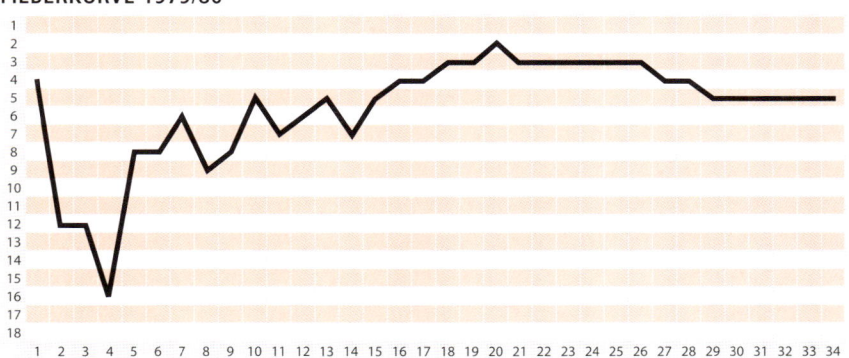

BUNDESLIGAKADER 1979/80

Abgänge: Flohe (1860 München), Glowacz (Bayer Leverkusen), Nicot (eigene Amateure), van Gool (Coventry City, w.d.l.S.)
Zugänge: Außem (eigene Jugend), R. Müller (Bayer Leverkusen), Woodcock (Nottingham Forest, w.d.l.S.)

Trainer:
Hennes Weisweiler (bis 15. April 1980), Karl-Heinz Heddergott (ab 16. April 1980)

Tor:
Schumacher, Harald	34/0
Ehrmann, Gerald	0/0

Feld:
Müller, Dieter	34/21	Strack, Gerhard	30/6
Littbarski, Pierre	34/7	Willmer, Holger	27/4
Cullmann, Bernd	33/2	Prestin, Dieter	26/0
Schuster, Bernd	32/9	Woodcock, Anthony	20/7
Zimmermann, Herbert	31/2	Konopka, Harald	19/0
Okudera, Yasuhiko	30/6	Neumann, Herbert	18/6
		Kroth, Thomas	14/0
		Engels, Stephan	11/1
		Gerber, Roland	10/0
		Willkomm, Jürgen	3/1
		van Gool, Roger	2/0
		Außem, Ralf	1/0
		Mohr, Jürgen	1/0
		Müller, Rudolf	0/0
		Kösling, Klaus	0/0

FIEBERKURVE 1979/80

Auf Hennes Weisweiler folgt im April 1980 Karl-Heinz Heddergott als FC-Trainer. Von links: Manager Karl-Heinz Thielen, Trainer Karl-Heinz Heddergott und Präsident Peter Weiand.

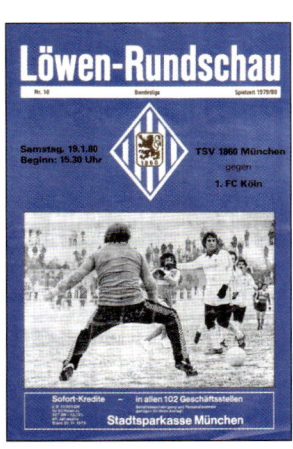

Bei den Münchner Löwen teilte man sich beim 1:1 die Punkte.

Das offizielle Programmheft zum Pokalfinale 1980.

Vor dem Pokalspiel überreichten die Fortunen dem FC diesen Wimpel.

1980/81
1. BUNDESLIGA

Auf dem Trimmpfad

[LEGENDEN]

Bernd Cullmann
Beim FC von 1969 bis 1983 (Spieler), Vorstand (1991-1993), 1993-1996 (Manager)
Geboren: 01.11.1949 in Rötsweiler
Pflichtspiele beim FC: 459
Pflichtspieltore: 41

Das FC-Urgestein
Mit neun Jahren schnürte Bernd Cullmann für die SpVgg Porz erstmals die Fußballstiefel. Über die diversen Auswahlmannschaften spielte er sich 1969 zum 1. FC Köln. In der Jugend als Halbstürmer und Außenläufer eingesetzt, funktionierte man ihn beim FC zum Abwehrspieler um. 1973 feierte er sein Debüt in der A-Nationalmannschaft. Insgesamt 40 Länderspiele bestritt Cullmann inkl. der WM 1974 und der EM 1980. Beim FC musste „Culli" lange auf Titel warten und wäre beinahe kurz vor dem großen Triumph zu Borussia Dortmund gewechselt. Der Grund: In der Spielzeit 1976/77 war es für den kopfballstarken Verteidiger nicht rund gelaufen. Nur langsam erholte er sich von einer schweren Verletzung und musste anschließend häufig auf der Ersatzbank Platz nehmen. Doch Cullmann, der sich immer bedingungslos mit dem FC identifiziert hatte, blieb glücklicherweise in Köln. Nachdem er bereits 1977 DFB-Pokalsieger geworden war, holte „Culli" mit den Geißböcken nur ein Jahr später das Double. Die Spielzeit 1982/83 war die letzte des sympathischen FC-Urgesteins. Eine Arthrose in den großen Zehen und die lädierte Achillessehne zwangen ihn im Frühjahr 1983, seine glänzende Laufbahn zu beenden. Vom grünen Rasen wechselte er als Repräsentant zu einem Sportartikelhersteller. 1993 wurde er Manager bei „seinem" FC, warf aber nach der Entlassung von Cheftrainer Engels am 31. März 1996 ebenfalls das Handtuch. Es folgte im Jahr 2000 eine kurze Amtszeit als Manager des MSV Duisburg, bei der er kaum Akzente setzen konnte.

Hintere Reihe von links: Rudolf Müller, Herbert Zimmermann, Thomas Kroth, Anthony Woodcock, Harald Konopka, René Botteron, Yasuhiko Okudera, Dieter Müller, Ralf Außem. Mittlere Reihe von links: Konditionstrainer Rolf Herings, Bernd Schuster, Bernd Cullmann, Herbert Neumann, Körner, Jürgen Mohr, Frank Hartmann, Holger Willmer, Gerd Strack, Co-Trainer Hannes Löhr, Trainer Karl-Heinz Heddergott. Vordere Reihe von links: Zeugwart Hans Thönnes, Pierre Littbarski, Jürgen Willkomm, Stephan Engels, Harald Schumacher, Gerald Ehrmann, Roland Gerber, Dieter Prestin, Heinrich Kerscher.

Gleich drei FC'ler kehrten mit einem Titel aus der Sommerpause zurück. Harald Schumacher, Bernd Schuster und Bernd Cullmann hatten maßgeblichen Anteil daran, dass die deutsche Mannschaft in Rom die Europameisterschaft errungen hatte. Herbert Zimmermann, vierter Kölner im EM-Kader, konnte wegen Ischiasbeschwerden nicht eingesetzt werden.

IM FAVORITENKREIS
Eine Euphorie hatten die Erfolge in der Domstadt allerdings nicht losgetreten, denn zu frisch waren noch die Erinnerungen an die Geschehnisse des letzten Jahres. Mit der Kündigung von Hennes Weisweiler beispielsweise endete eine erfolgreiche Ära, und die Position konnte mit Karl-Heinz Heddergott nicht annähernd gleichwertig besetzt werden. Bereits gegen Ende der letzten Spielzeit hatten schwache Auftritte der Geißböcke für Missstimmung gesorgt, und Ruhe schien auch zum Start der neuen Saison nicht einzutreten. Mit dem Weltmeister von 1974 Rainer Bonhof (FC Valencia) und dem 41-fachen Schweizer Nationalspieler René Botteron (FC Zürich), der dem FC vom Ex-Kölner „Tschik" Cajkovski wärmstens empfohlen worden war, kamen zwei Hochkaräter an den Rhein und hoben den FC in den Kreis der Favoriten. Allerdings zeigte sich die Mannschaft in der Vorbereitung nicht gerade von ihrer besten Seite. Der Startschuss fiel am 18. Juli in Bad Godesberg, wo es ein standesgemäßes 9:0 zu notieren gab. Zwar gab es auch in den folgenden Freundschaftsspielen die erwarteten Erfolge gegen unbekanntere Teams, aber bei der ersten harten Bewährungsprobe im Mitsubishi-Cup setzte es eine klare 0:3-Niederlage gegen den HSV.

„FLASCHE" UND „ROTZLÖFFEL"
Die war jedoch gleich am ersten Spieltag vergessen, als der FC nach einem überzeugenden 5:2 Erfolg in Bielefeld an der Spitze der Tabelle stand. „Köln walzte Arminia nieder", titelte der Kicker und platzierte drei Kölner in die Elf des Tages. In den kommenden Wochen jedoch sollten gute Kritiken Mangelware bleiben. Unerwartete Punktverluste gegen Leverkusen (1:1), Bochum (2:2), Nürnberg (2:2) und Niederlagen in Stuttgart (0:3), gegen den HSV (0:3), bei 1860 (1:2) und in Kaiserslautern (1:5) drückten die Stimmung bei den Fans. Daran konnte auch der 4:3-Erfolg am 7. Spieltag in Duisburg nichts ändern.
Nur in den beiden Pokalwettbewerben konnten die Erwartungen mit dem Erreichen der jeweils zweiten Runde erfüllt werden – allerdings gehörten die Gegner nicht gerade zu den Topteams. Im DFB-Pokal reichte es zu einem souveränen 6:0 beim westfälischen Amateurligisten SpVgg Emsdetten. Auf Europas Bühne trafen die Heddergott-Schützlinge auf den IA Akranes. Bereits in Island konnten nach dem sicheren 4:0-Erfolg die Weichen für ein Weiterkommen gestellt wer-

Das Votum der Fans ist eindeutig.

den, denn auch im Rückspiel zeigten sich die Nordeuropäer als schwächerer Gegner. Dieter Müller gelang ein lupenreiner Hattrick – übrigens der letzte eines Kölners bis zum heutigen Tage in einem internationalen Wettbewerb.

Die Siege konnten aber nicht über die Querelen zwischen Trainer Heddergott und verschiedenen Spielern hinwegtäuschen. Das Band war zerrissen, und es wurden teilweise verbale Gefechte über die Medien ausgetragen. Schusters Aussage „Flasche" konterte der Trainer mit „Rotzlöffel" und „der Krieg geht weiter". Zwei Akteure zogen schon bald ihre Konsequenzen und wechselten recht schnell ihre Trikots. Herbert Neumann zog es zum italienischen Erstligisten Udinese Calcio, und Schuster unterschrieb beim FC Barcelona. Ein Transfer zu seinem Förderer Weisweiler nach New York war geplatzt, da in den USA während der Saison keine neuen Spieler unter Vertrag genommen werden durften. Die amerikanische Spielergewerkschaft hatte kurzfristig mit ihrer Klage gegen den Fußballverband Erfolg gehabt. Zwar spülten die Transfers einen kräftigen Geldsegen in die Vereinskassen (insgesamt 2,4 Millionen DM), doch der sportliche Verlust war nicht aufzufangen.

Nach der DFB-Pokal-Begegnung gegen den Zweitligisten SC Freiburg (1:1 n.V.) wurde auch der erfolglose Coach (250.000 DM Abfindung) als erster in der laufenden Bundesligasaison beurlaubt und Rinus Michels unter Vertrag genommen. Verhandlungen mit Max Merkel scheiterten bereits im Vorfeld am Veto einiger Spieler. Kommentar von Gerd Strack: „Wenn Merkel kommt, kaufe ich mich selbst aus meinem Vertrag frei."

DER TRIUMPH VON BARCELONA

Mit Michels schien der FC die richtige Wahl getroffen zu haben. Erstmals saß der Holländer, der 1974 als Bondscoach Vizeweltmeister wurde, gegen den KSC auf der Bank und erlebte mit dem 4:0 den ersten Heimsieg der Saison im 5. Spiel. Und eine Woche später gab es sogar ein 5:0 gegen die Frankfurter Eintracht, doch richtig rund lief es noch nicht. Im Freiburger Mösle-Stadion folgte eine erneute Pokal-Blamage. Das Wiederholungsspiel gegen die Breisgauer ging mit 1:3 verloren, und auch im Europapokal drohte nach einer 0:1 Heimpleite gegen den FC Barcelona das Aus.

[Interessantes & Kurioses]

■ Auch die 2. Amateurmannschaft feiert einen Titelgewinn. In der Landesliga holt Jürgen Reitz mit seiner Mannschaft die Meisterschaft und schafft somit auch den Aufstieg in die Verbandsliga. Mit dabei übrigens der spätere Amateurtrainer Christoph John.

■ Bis auf die A-Jugend holen alle Nachwuchsteams Meistertitel. Dabei schießt die C-Jugend „den Bock ab". Die C1 ist die bisher erfolgreichste der FC-Geschichte: Staffelsieger, Kreismeister, Mittelrheinmeister und Westdeutscher Meister. Dazu gesellt sich noch der Kreispokal.

■ Die Geißbock Gaststätten GmbH, bzw. die Gastronomie des Clubhauses des 1. FC Köln, kann im Kalenderjahr 1980 ihr bestes Ergebnis seit 1953 erzielen.

Das Wappentier von Ipswich Town ist das Pferd. Der FC bekam als Gastgeschenk eine besonders kunstvolle Version für die Vitrine.

Der „General" wachte streng über seine „Truppen": Rinus Michels bei seinem ersten Training am Geißbockheim.

■ „Toni" Schumacher wird bei der Wahl zu Kölns „Sportler des Jahres" mit überwältigender Mehrheit an die Spitze gewählt. Über 96.000 Stimmkarten sind mit seinem Namenszug in der Wahlurne gelandet. Auf Platz 2 liegt mit René Botteron (22.500 Stimmen) ein weiterer FC-Spieler.

■ Drei Jubiläen gibt es für FC-Aktive zu feiern. Harald Schumacher und Dieter Müller bestreiten im Sommer 1980 ihr 400. Spiel (Pflicht und Freundschaft). Gerd Strack kommt beim Freundschaftsspiel in Udinese zu seinem 300. Einsatz.

■ Einen Titel holt sich der 1. FC Köln dann doch noch: Mit einem 2:0 im heimischen Franz-Kremer-Stadion werden die „kleinen" Geißböcke Deutscher Amateurmeister. Mit im Kader, der von Erich Rutemöller trainiert wird, Christoph Daum, der wenige Jahre später noch für Aufsehen sorgen sollte.

Das Ticket vom Spiel Bielefeld – Köln (2:5).

Darüber hinaus unterlagen die Geißböcke in der Liga mit einem 0:2 in Mönchengladbach – die erste Niederlage für Michels. Einzig die Vertragsverlängerung mit „Toni" Schumacher konnte gefeiert werden. Der Nationaltorhüter zeigte einmal mehr seine Verbundenheit mit dem Verein und verzichtete auf eine Erhöhung seiner Bezüge: „Der 1. FC Köln hat mir beim Aufbau meiner Existenz geholfen, jetzt möchte ich mich auf diesem Weg bedanken." Dabei waren die Finanzen in der Domstadt durchaus vorzeigbar. Auf der Jahreshauptversammlung am 30. Oktober konnte ein Gewinn von 440.000 DM vermeldet werden. Eine Bilanz, von der andere Bundesligaclubs nur träumen durften.

Mit dem Rückspiel in Barcelona hatte die Mannschaft eine schier unlösbare Aufgabe vor sich. Doch zu was das Team in der Lage war, bewies es am Abend des 5.11.1980 im Camp Nou. Mit 4:0 fegte der FC, in seinem 100. Europapokalspiel, die Katalanen aus dem eigenen Stadion. Gerd Strack, Stephan Engels, Pierre Littbarski und Dieter Müller trafen bei der Kölner Lehrstunde. Nach dem Triumph sorgten Tumulte von spanischen Fans für Missstimmung. Zunächst flogen „nur" Hartgeld und Flaschen in Richtung Kölner Auswechselspieler. Später wurden sogar Sitzbänke geschleudert. Der Ärger darüber war angesichts des glanzvollen Sieges allerdings schnell verflogen.

FALSCHES SPIEL DER FÖRSTER-BRÜDER

Mit gestärktem Selbstvertrauen blieben die Geißböcke auch in den kommenden vier Bundesligabegegnungen ungeschlagen. Durch Siege gegen Uerdingen (3:0), Dortmund (2:1) und Punktgewinnen bei Bayern München (1:1) – mit einem überragenden Schumacher – und in Düsseldorf, wo einen Tag zuvor Otto Rehhagel seine Koffer gepackt hatte, kletterte das Team aus dem Tabellenkeller. Gerd Strack hatte in München mit seinem Ausgleichstreffer nicht nur für den unerhofften Punktgewinn gesorgt, sondern auch gleichzeitig das „Tor des Monats" November erzielt. Erst im letzten Heimspiel der Hinrunde gegen die Schalker Knappen blitzte das alte Übel erneut auf, und man verlor mit 0:2. Anders das Auftreten im UEFA-Pokalwettbewerb. Neben dem FC war der VfB Stuttgart der einzige noch verbliebene bundesdeutsche Vertreter im Wettbewerb und der nächste Gegner. Im Schwabenland unterlag der FC verdient mit 1:3. Trotzdem waren die Rheinländer beim Rückspiel nicht chancenlos, was unter anderem an der Sperrung der Förster-Brüder lag. Bernd hatte sich im Hinspiel für den vorbelasteten Karl-Heinz vom schwedischen Schiedsrichter Ericsson den gelben Karton abgeholt. Für diese Unsportlichkeit bekamen beide mit einer Sperre im Rückspiel die Quittung. Ohne die zwei Nationalspieler unterlagen die Schwaben den Geißböcken mit 1:4 n.V.

So waren die Verantwortlichen zur Winterpause doch

Wieder mal ein „Drama" gegen eine britische Mannschaft. Unglücklich schied der FC im Halbfinale des UEFA-Cups gegen Ipswich Town aus, auch wenn „Litti" zwei englische Gegenspieler locker abhängte.

noch ganz zufrieden mit dem Erreichten. Immerhin stand der Club im Viertelfinale des UEFA-Pokals, und in der Liga hatte die Michels-Elf Tuchfühlung mit dem vorderen Mittelfeld aufnehmen können.

AUF LÜTTICH FOLGT IPSWICH

Anfang Januar startete der FC mit dem Gewinn des Berliner Hallenturniers aus der Winterpause. Zum Bundesligaauftakt zwei Wochen später reichte es dank Stephan Engels zu einem 1:1 beim benachbarten Werksclub. Der Punkteteilung folgten ein mühsames 1:0 im Nachholspiel gegen Bielefeld und ein überzeugender 3:1-Erfolg über den VfB Stuttgart. In Hamburg allerdings unterlag man auf Schneeboden dem HSV mit 2:0. Bei den Hanseaten spielte übrigens Franz Beckenbauer, der Mitte November aus Amerika nach Deutschland zurückgekehrt war. Es folgten drei weitere Spiele ohne Niederlage. Ein sicheres 4:1 gegen die Münchner Löwen, eine Punkteteilung in Bochum und ein knapper, aber verdienter 1:0-Erfolg gegen den MSV Duisburg.

So launisch wie in der Bundesliga präsentierten sich die Kölner international nicht. Im Viertelfinale wartete das belgische Spitzenteam Standard Lüttich mit Ernst Happel auf die Geißböcke. Das 0:0 in Belgien bildete eine gute Ausgangsposition für das Weiterkommen. Im Rückspiel gab es, ohne die gelbgesperrten Cullmann und Engels, einen hartumkämpften 3:2-Erfolg. Bis zur 87. Minute hatten die Anhänger zittern müssen, ehe Littbarski den viel umjubelten Siegtreffer markierte. Skandalös das Verhalten von Lüttichs Mannschaftskapitän Michel Renquin: Der Belgier hatte sich nach seinem Platzverweis in der 90. Minute auf dem Weg in die Kabine mit dem Hitlergruß in Richtung Zuschauer verabschiedet.

In der Domstadt drehte sich anschließend alles um den nächsten Halbfinalgegner von der Insel: Ipswich Town. Der „Provinzverein" hatte bis zu diesem Zeitpunkt Erstaunliches geleistet und war noch in allen drei Wettbewerben vertreten. Dem FC dagegen blieb nur noch die UEFA-Pokal-Bühne, um auf sich aufmerksam zu machen. In der Meisterschaft hatte man den Anschluss zu den internationalen Plätzen nach drei weiteren sieglosen Spielen (1:2 in Nürnberg, 2:2 gegen Kaiserslautern, 1:1 beim KSC) verloren. Da bot sich der englische Tabellenführer als Messlatte für kommende Aufgaben an. Köln trat auf der Insel äußerst diszipliniert auf und kehrte mit einer knappen 0:1-Niederlage in die Heimat zurück.

Wesentlich blamabler war das Ligaspiel drei Tage später in Frankfurt. „Betrug am Zuschauer", stand in großen Lettern im *Kicker* zu lesen. Der FC hatte glatt mit 0:4 verloren. Nicht viel besser waren die Kritiken nach der 2:3-Heimschlappe gegen Mönchengladbach. So lehnten sich die „Experten" nicht sehr weit aus dem Fenster, die dem 1. FC Köln ebenfalls ein Ausscheiden aus dem internationalen Wettbewerb prophezeiten. Und sie sollten Recht behalten. Vor 52.192 Zuschauern erwies sich Ipswich als klar bessere Mannschaft und gewann durch einen Treffer von Terry Butcher erneut mit 1:0. So scheiterten die Kölner zum sechsten Mal in einem internationalen Halbfinale und standen erneut mit leeren Händen da.

MITTELMASS

In der Meisterschaft war das Team ins Mittelfeld abgerutscht und verharrte dort bis zum Saisonende. Weitere Heimniederlagen gegen München (ein schmeichelhaftes 0:3) und gegen Düsseldorf (1:2) sorgten für Unmut auf den Rängen. Vor allem das Auftreten gegen die Bayern verärgerte Fans und ehemalige Akteure. Fritz Ewert kommentierte das Auftreten gegen den späteren Deutschen Meister recht treffend: „Die Kölner rennen rum, als wären sie auf einem Trimmpfad." Da konnten auch die Erfolge in Uerdingen (1:0), Schalke (2:1) oder der Punktgewinn in Dortmund (2:2) nicht versöhnen. Die Saison war verkorkst – trotz dem Erreichen des Halbfinales im UEFA-Pokal. Der FC gehörte nicht mehr zu den ersten Adressen im Deutschen Fußball. Bereits zum Ende der Saison führten Verhandlungen mit einigen Topakteuren zum gleichen Ergebnis: Absagen. Jan Ceulemanns blieb lieber in Belgien und Felix Magath beim HSV, Asgeir Sigurvinsson zog die Bayern vor und Norbert Eilenfeldt die Roten Teufel vom Betzenberg.

Die FC-Amateure feierten ihren bislang größten Erfolg, den Gewinn der Deutschen Amateurmeisterschaft 1981. Stehend von links: Herlein, Faber, Langer, Henseler, Grabosch, Lipka, Faust, Knöppel, Trainer Erich Rutemöller, Kohtz, Betreuer Hans Sax. Kniend von links: Betreuer „Büb" Fuhrmann, Dick, Abels, Mattern, Marti, Nicot, Hirche.

Zum Endspiel der FC-Amateure um die Deutsche Amateurmeisterschaft gegen den FC St. Pauli erschien sogar eine Sonderausgabe des Geißbock Echos.

Trotz einer 0:1 Niederlage im Hinspiel warf der FC den großen FC Barcelona aus dem UEFA-Pokal.

STATISTIK 1980/81

BUNDESLIGA

16.08.1980 Arminia Bielefeld - 1. FC Köln 2:5 (1:1)
Zuschauer: 30.000
Tore: 0:1 (21.) Littbarski, 1:1 (22.) Sackewitz (FE), 1:2 (53.) Woodcock, 1:3 (60.) Kroth, 1:4 (83.) D. Müller, 2:4 (87.) Sackewitz, 2:5 (90.) D.Müller.
Aufstellung: Schumacher, Konopka, Bonhof, Gerber, Prestin, Kroth, Schuster, Woodcock, Littbarski, D. Müller, Botteron

20.08.1980 1.FC Köln - Bayer Leverkusen 1:1 (0:0)
Zuschauer: 25.479
Tore: 0:1 (63.) Ökland, 1:1 (90.) Woodcock.
Aufstellung: Schumacher, Prestin, Gerber, Strack, Kroth, Bonhof, Schuster, Woodcock, Littbarski, D. Müller, Botteron.

23.08.1980 VfB Stuttgart - 1.FC Köln 3:0 (1:0)
Zuschauer: 42.000
Tore: 1:0 (43.) Klotz, 2:0 (51.) Hattersberger, 3:0 (69.) Allgöwer.
Aufstellung: Schumacher, Kroth, Gerber, Bonhof, Prestin, Schuster, Cullmann, Botteron, Littbarski (59. Willmer), D. Müller (81. Hartmann), Woodcock.

03.09.1980 1.FC Köln - Hamburger SV 0:3 (0:1)
Zuschauer: 40.050
Tore: 0:1 (43.) Kaltz (FE), 0:2 (65.) Groh, 0:3 (68.) Hrubesch.
Aufstellung: Schumacher, Prestin (46. Kerscher), Gerber, Strack, Kroth, Cullmann (68. Littbarski), Schuster, Bonhof, Botteron, D. Müller, Woodcock.

06.09.1980 1860 München - 1.FC Köln 2:1 (1:1)
Zuschauer: 25.000
Tore: 0:1 (38.) D.Müller, 1:1, 2:1 (43., 70.) Völler.
Aufstellung: Schumacher, Cullmann, Gerber, Strack, Kroth, Bonhof, Schuster, Botteron, Littbarski, D. Müller, Woodcock (81. Willmer).

13.09.1980 1.FC Köln - VfL Bochum 2:2 (1:1)
Zuschauer: 9.753
Tore: 0:1 (35.) Blau, 1:1 (42.) Littbarski, 2:1 (59.) D.Müller, 2:2 (66.) Kaczor.
Aufstellung: Schumacher, Prestin, Gerber, Strack, Kroth, Bonhof, Botteron, Woodcock, Littbarski, D. Müller, Willmer.

20.09.1980 MSV Duisburg - 1.FC Köln 3:4 (1:0)
Zuschauer: 25.000
Tore: 1:0 (34.) Grillemeier, 1:1 (47.) D. Müller, 1:2 (52.) Strack, 1:3 (60.) D. Müller, 1:4 (71.) Littbarski, 2:4 (83.) Gores, 3:4 (87.) Steininger.
Aufstellung: Schumacher, Kroth (22. Kerscher), Gerber, Strack, Prestin, Bonhof, Botteron, Woodcock, Littbarski, D. Müller, Engels.

27.09.1980 1.FC Köln - 1.FC Nürnberg 2:2 (1:2)
Zuschauer: 12.689
Tore: 1:0 (11.) Prestin, 1:1 (21.) Volkert (FE), 1:2 (35.) Oberacher, 2:2 (53.) Strack.
Aufstellung: Schumacher, Kerscher, Gerber, Strack, Kroth (79. Willkomm), Prestin, Botteron, Engels (63. Willmer), Littbarski, D. Müller, Woodcock.

15.10.1980 1.FC Kaiserslautern - 1.FC Köln 5:1 (2:0)
Zuschauer: 33.000
Tore: 1:0 (12) Geye, 2:0 (20.) Riedl, 3:0 (63.) Funkel, 3:1 (74.) D.Müller, 4:1 (76.) Funkel, 5:1 (86.) Geye.
Aufstellung: Schumacher, Prestin, Gerber, Strack, Willmer (30. Konopka), Cullmann, Botteron, Bonhof, Littbarski, D. Müller, Okudera.

18.10.1980 1.FC Köln - Karlsruher SC 4:0 (2:0)
Zuschauer: 8.232
Tore: 1:0, 2:0 (23. [FE], 44. [HE]) Bonhof, 3:0 (62.) Woodcock, 4:0 (79.) D. Müller.
Aufstellung: Schumacher, Konopka, Gerber, Strack, Prestin, Bonhof, Cullmann, Botteron (79. Willkomm), Littbarski, D. Müller, Woodcock.

25.10.1980 1.FC Köln - Eintracht Frankfurt 5:0 (3:0)
Zuschauer: 13.425
Tore: 1:0 (09.) Gerber, 2:0 (11.) Woodcock, 3:0 (44.) Littbarski, 4:0, 5:0 (53., 75.) Botteron.
Aufstellung: Schumacher, Konopka, Gerber, Bonhof, Prestin, Cullmann, Willmer, Botteron, Littbarski (71. Engels), D. Müller, Woodcock.

31.10.1980 Borussia M'gladbach - 1.FC Köln 2:0 (2:0)
Zuschauer: 27.800
Tore: 1:0, 2:0 (29. -FE, 40.) Hannes.
Aufstellung: Schumacher, Konopka, Cullmann, Strack (25. Gerber), Willmer, Botteron, Bonhof, Prestin, Littbarski, D. Müller, Woodcock.

08.11.1980 1.FC Köln - Bayer Uerdingen 3:0 (2:0)
Zuschauer: 9.139
Tore:1:0 (22.) Botteron, 2:0 (41.) Littbarski, 3:0 (65.) Engels.
Aufstellung: Schumacher, Konopka, Cullmann, Strack, Willmer, Engels, Botteron, Bonhof, Littbarski (63. Kroth), D. Müller (74. Hartmann), Woodcock.

15.11.1980 FC Bayern München - 1.FC Köln 1:1 (1:1)
Zuschauer: 25.000
Tore: 1:0 (3.) Dürnberger, 1:1 (9.) Strack.
Aufstellung: Schumacher, Konopka, Strack, Cullmann, Prestin, Engels, Bonhof, Willmer (75. Gerber), Botteron, Woodcock, D. Müller.

29.11.1980 1.FC Köln - Borussia Dortmund 2:1 (1:0)
Zuschauer: 19.103
Tore: 1:0 (20.) Engels, 1:1 (62.) Burgsmüller, 2:1 (64.) Woodcock.
Aufstellung: Schumacher, Cullmann, Gerber, Strack, Konopka, Willmer, Bonhof, Botteron, Engels, D. Müller (76. Littbarski), Woodcock.

06.12.1980 Fortuna Düsseldorf - 1.FC Köln 0:0
Zuschauer: 10.564
Aufstellung: Schumacher, Konopka, Gerber, Strack, Cullmann, Bonhof, Willmer, Botteron, Engels, D. Müller, Woodcock.

13.12.1980 1.FC Köln - FC Schalke 04 0:2 (0:0)
Zuschauer: 13.884
Tore: 0:1 (53.) Elgert, 0:2 (60.) Opitz.
Aufstellung: Schumacher, Konopka (62. Hartmann), Cullmann, Strack, Willmer (46. Kroth), Bonhof, Botteron, Engels, Littbarski, D.Müller, Woodcock.

24.01.1981 Bayer 04 Leverkusen - 1.FC Köln 1:1 (0:0)
Zuschauer: 16.000
Tore: 1:0 (46.) Ökland, 1:1 (68.) Engels.
Aufstellung: Schumacher, Konopka, Cullmann, Strack (69. Kroth), Zimmermann, Bonhof, Botteron, Engels, Littbarski, D. Müller (69. Hartmann), Woodcock.

31.01.1981 1.FC Köln - Arminia Bielefeld 1:0 (1:0)
Zuschauer: 9.614
Tor: 1:0 (38.) D.Müller.
Aufstellung: Schumacher, Konopka, Cullmann, Strack, Zimmermann, Bonhof, Botteron, Engels, Littbarski (76. Kroth), D. Müller, Woodcock.

07.02.1981 1.FC Köln - VfB Stuttgart 3:1 (2:1)
Zuschauer: 18.994
Tore: 0:1 (21.) Kelsch, 1:1 (25.) Greiner (E), 2:1 (32.) D.Müller, 3:1 (80.) Konopka.
Aufstellung: Schumacher, Konopka, Cullmann, Strack (82. Gerber), Zimmermann, Bonhof, Botteron, Engels, Littbarski, D. Müller, Woodcock.

14.02.1981 Hamburger SV - 1.FC Köln 2:0 (1:0)
Zuschauer: 37.600
Tore: 1:0 (31.) Hartwig, 2:0 (86.) Hrubesch.
Aufstellung: Schumacher, Konopka, Cullmann, Strack, Zimmermann, Bonhof, Botteron, Engels (76. Willmer) Littbarski, D. Müller, Woodcock.

21.02.1981 1.FC Köln - 1860 München 4:1 (4:1)
Zuschauer: 8.720
Tore: 1:0 (2.) D. Müller, 2:0 (5.) Bonhof, 3:0 (6.) D. Müller, 4:0 (20.) Bonhof, 4:1 (37.) Nastase.
Aufstellung: Schumacher, Konopka, Cullmann, Strack, Zimmermann, Bonhof, Botteron, Engels, Littbarski (61. Kroth) D. Müller, Woodcock.

07.03.1981 VfL Bochum - 1.FC Köln 1:1 (0:0)
Zuschauer: 20.000
Tore: 0:1 (53.) Woodcock, 1:1 (76.) Blau.
Aufstellung: Schumacher, Konopka, Cullmann, Strack, Prestin, Botteron, Bonhof, Zimmermann, Woodcock, D. Müller, Littbarski.

14.03.1981 1.FC Köln - MSV Duisburg 1:0 (1:0)
Zuschauer: 8.031
Tor: 1:0 (21.) Bonhof.
Aufstellung: Schumacher, Konopka, Cullmann, Zimmermann, Strack, Bonhof, Botteron, Engels, Littbarski (80. Prestin), D. Müller, Woodcock (70. Willmer).

21.03.1981 1.FC Nürnberg - 1.FC Köln 2:1 (0:1)
Zuschauer: 27.000
Tore: 0:1 (32.) D. Müller, 1:1 (67.) Hintermaier, 2:1 (75.) Oberacher.
Aufstellung: Schumacher, Konopka, Cullmann, Strack, Zimmermann, Bonhof, Botteron (81. Willmer), Engels (76. Prestin), Littbarski, D. Müller, Woodcock.

28.03.1981 1.FC Köln - 1.FC Kaiserslautern 2:2 (1:1)
Zuschauer: 17.258
Tore: 1:0 (28.) D. Müller, 1:1 (43.) Geye, 2:1 (62.) D.Müller, 2:2 (71.) Wendt.
Aufstellung: Schumacher, Konopka, Gerber, Cullmann, Prestin, Bonhof, Botteron (80. Kroth), Engels (80. Willmer), Littbarski, D. Müller, Woodcock.

04.04.1981 Karlsruher SC - 1.FC Köln 1:1 (0:1)
Zuschauer: 23.000
Tore: 0:1 (37.) Engels, 1:1 (76.) Bold.
Aufstellung: Schumacher, Konopka, Gerber, Prestin, Kroth, Engels, Cullmann, Botteron, Littbarski, D. Müller, Woodcock.
B.V.: Woodcock erhält einen Platzverweis (63.).

11.04.1981 Eintracht Frankfurt - 1.FC Köln 4:0 (2:0)
Zuschauer: 22.000
Tore: 1:0 (42.) Pezzey, 2:0 (45.) Nachtweih, 3:0, 4:0 (61., 65. HE) Hölzenbein.
Aufstellung: Schumacher, Cullmann, Kroth, Prestin, Willmer, Konopka, Littbarski (46. Zimmermann), Botteron (46. R.Müller), Gerber, D.Müller, Engels.

18.04.1981 1.FC Köln - Borussia M'gladbach 2:3 (0:1)
Zuschauer: 27.075
Tore: 0:1 (05.) Nickel, 1:1 (47.) Cullmann, 1:2 (50.) Rahn, 2:2 (53.) Littbarski, 2:3 (73.) Nickel.
Aufstellung: Schumacher, Konopka, Gerber, Cullmann, Prestin, Zimmermann (46. Bonhof), Botteron, Willmer, Littbarski, D. Müller, Engels.

09.05.1981 Bayer Uerdingen - 1.FC Köln 0:1 (0:0)
Zuschauer: 12.000
Tor: 0:1 (67.) D.Müller.
Aufstellung: Schumacher, Prestin, Cullmann, Bonhof, Konopka, Willmer, Botteron, Engels, Littbarski (84. Gerber), D. Müller, Woodcock (87. Knöppel).

16.05.1981 1.FC Köln - FC Bayern München 0:3 (0:2)
Zuschauer: 54.813
Tore: 0:1 (09.) Breitner (FE), 0:2 (15.) Hoeneß, 0:3 (75.) Niedermayer.
Aufstellung: Schumacher, Konopka, Prestin, Cullmann, Botteron (82. Knöppel), Willmer, Bonhof, Engels, Littbarski, D. Müller, Woodcock (68. Hartmann).

30.05.1981 Borussia Dortmund - 1.FC Köln 2:2 (1:1)
Zuschauer: 33.000
Tore: 0:1 (12.) Knöppel, 1:1 (14.) Geyer, 1:2 (65.) Willmer, 2:2 (86.) Votava.
Aufstellung: Schumacher, Kroth, Cullmann, Knöppel, Prestin, Bonhof, Hartmann, Engels, Willmer, Littbarski, D. Müller (84. R.Müller).

STATISTIK 1980/81

06.06.1981 **1.FC Köln - Fortuna Düsseldorf** 1:2 (0:1)
Zuschauer: 12.431
Tore: 0:1 (27.) K. Allofs (FE), 0:2 (56.) T. Allofs, 1:2 (89.) Willmer.
Aufstellung: Schumacher, Hartmann, Cullmann, Prestin (65. Kerscher), Kroth, Bonhof, Botteron, Engels, Littbarski, D. Müller, Willmer.

13.06.1981 **FC Schalke 04 - 1.FC Köln** 1:2 (0:2)
Zuschauer: 12.000
Tore: 0:1 (12.) Engels, 0:2 (31.) D. Müller, 1:2 (71.) Elgert.
Aufstellung: Schumacher, Hartmann, Cullmann, Bonhof (52. R. Müller), Kroth, Engels, Botteron, Woodcock (34. Kerscher), Littbarski, D. Müller, Willmer.

DFB-POKAL

1. Runde
30.08.1980 **SpVgg Emsdetten - 1.FC Köln** 0:6 (0:3)
Zuschauer: 8.500
Tore: 0:1 (3.) D. Müller, 0:2 (17.) Strack, 0:3 (45.) D. Müller, 0:4 (48.) Botteron, 0:5 (55.) Cullmann, 0:6 (78.) Bonhof.
Aufstellung: Schumacher, Kerscher, Gerber, Strack (46. Willkomm), Kroth, Cullmann, Bonhof, Botteron, Littbarski, D. Müller (77. Hartmann), Woodcock.
B.V.: Das Spiel wurde in Rheine ausgetragen.

2. Runde
04.10.1980 **1.FC Köln - SC Freiburg** 1:1 n.V.
Zuschauer: 2.018
Tore: 0:1 (51.) Dörflinger, 1:1 (56.) Woodcock.
Aufstellung: Schumacher, Prestin, Gerber, Strack, Willmer, Bonhof, Botteron, Woodcock, Littbarski, D. Müller (106. Hartmann), Engels (113. Willkomm).

2. Runde (Entscheidungsspiel)
28.10.1980 **SC Freiburg - 1.FC Köln** 3:1 (2:1)
Zuschauer: 17.000
Tore: 1:0 (11.) Piller, 1:1 (35.) Cullmann, 2:1 (45.) Dörflinger, 3:1 (67.) Wöhrlin.
Aufstellung: Schumacher, Konopka, Gerber, Bonhof, Willmer (70. Engels) Prestin, Cullmann, Okudera, Littbarski (46. Hartmann), D. Müller, Woodcock.

UEFA-POKAL

1. Runde (Hinspiel)
16.09.1980 **IA Akranes - 1.FC Köln** 0:4 (0:0)
Zuschauer: 3.509
Tore: 0:1 (50.) Kroth, 0:2 (59.) Littbarski, 0:3 (78.) D. Müller, 0:4 (80.) Strack.
Aufstellung: Schumacher, Prestin, Gerber, Strack, Kroth, Bonhof (38. Cullmann), Woodock, Botteron, Littbarski, D. Müller, Engels.

1. Runde (Rückspiel)
01.10.1980 **1.FC Köln - IA Akranes** 6:0 (2:0)
Zuschauer: 2.000
Tore: 1:0 (27.) Engels, 2:0, 3:0, 4:0, 5:0 (34., 74., 84., 87.) D. Müller, 6:0 (89.) Okudera.
Aufstellung: Schumacher, Gerber, Prestin, Strack (21. Okudera), Willmer, Kroth, Botteron (46. Willkomm), Woodcock, Littbarski, D. Müller, Engels.

2. Runde (Hinspiel)
22.10.1980 **1.FC Köln - FC Barcelona** 0:1 (0:1)
Zuschauer: 27.639
Tor: 0:1 (44.) Quini.
Aufstellung: Schumacher, Prestin, Konopka, Strack (23. Willmer), Gerber, Bonhof, Cullmann, Littbarski, Botteron, D. Müller, Woodcock.

2. Runde (Rückspiel)
05.11.1980 **FC Barcelona - 1.FC Köln** 0:4 (0:1)
Zuschauer: 35.000
Tore: 0:1 (41.) Strack, 0:2 (46.) Engels, 0:3 (63.) Littbarski, 0:4 (70.) D.Müller.
A.: Schumacher, Prestin (41. Littbarski), Konopka, Strack, Willmer, Bonhof, Cullmann, Engels, Botteron, D. Müller, Woodcock.

Achtelfinale (Hinspiel)
26.11.1980 **VfB Stuttgart - 1.FC Köln** 3:1 (2:1)
Zuschauer: 37.000
Tore: 0:1 (17.) Konopka, 1:1, 2:1 (35., 36. -HE) H. Müller, 3:1 (66.) K.-H. Förster.
Aufstellung: Schumacher, Prestin (5.) Kroth, Konopka (86. Littbarski), Strack, Gerber, Willmer, Cullmann, Engels, Botteron, D. Müller, Woodcock.

Achtelfinale (Rückspiel)
10.12.1980 **1.FC Köln - VfB Stuttgart** 4:1 n.V.
Zuschauer: 23.491
Tore: 1:0 (24.) D. Müller, 2:0 (62.) Woodcock, 2:1 (85.) Konopka (E), 3:1 (86.) Strack, 4:1 (107.) Woodcock.
Aufstellung: Schumacher, Willmer, Konopka, Strack, Cullmann, Engels, Botteron (70. Kroth), Bonhof, Woodcock, D. Müller, Littbarski (84. Hartmann).

Viertelfinale (Hinspiel)
04.03.1981 **Standard Lüttich - 1.FC Köln** 0:0
Zuschauer: 43.000
Aufstellung: Schumacher, Zimmermann, Konopka, Strack, Bonhof, Cullmann, Prestin, Botteron, Willmer, Engels, Woodcock.

Viertelfinale (Rückspiel)
18.03.1981 **1.FC Köln - Standard Lüttich** 3:2 (1:1)
Zuschauer: 57.104
Tore: 1:0 (30.) D. Müller, 1:1 (44.) Graf, 1:2 (66.) Vandersmissen, 2:2 (70.) Bonhof (FE), 3:2 (86.) Littbarski.
Aufstellung: Schumacher, Prestin, Konopka, Strack, Zimmermann (55. Willmer), Bonhof, Gerber, Littbarski, Botteron, D. Müller, Woodcock, (86. Kroth).

Halbfinale (Hinspiel)
08.04.1981 **Ipswich Town - 1.FC Köln** 1:0 (1:0)
Zuschauer: 42.000
Tor: 1:0 (34) Wark.
Aufstellung: Schumacher, Prestin, Konopka, Strack (05. Kroth), Gerber, Cullmann, Littbarski, Engels, Botteron, D. Müller (70. Willmer), Woodcock.

Halbfinale (Rückspiel)
22.04.1981 **1.FC Köln - Ipswich Town** 0:1 (0:0)
Zuschauer: 52.192
Tor: 0:1 (65.) Butcher.
Aufstellung: Schumacher, Prestin, Konopka, Zimmermann (70. Willmer), Bonhof, Cullmann, Littbarski, Engels, Botteron, D. Müller, Woodcock.

FREUNDSCHAFTSSPIELE

18.07.1980 **FC Ringsdorf Godesberg - 1. FC Köln** 0:9 (0:5)

23.07.1980 **VfL Eiterfeld - 1. FC Köln** 0:4 (0:3)

25.07.1980 **RSV Wetzlar - 1. FC Köln** 2:18 (0:9)

27.07.1980 **KSV Hessen Kassel - 1. FC Köln** 0:0

29.07.1980 **SV Maberzell - 1. FC Köln** 3:23 (3:12)

31.07.1980 **SV Korbach - 1. FC Köln** 0:8 (0:5)

05.08.1980 **1. FC Köln - Standard Lüttich** 3:2 (1:1)

06.08.1980 **1. FC Köln - Hamburger SV** 0:3 (0:1)

08.08.1980 **RFC Lüttich - 1. FC Köln** 1:3 (0:2)

10.08.1980 **Standard Lüttich - 1. FC Köln** 6:5 n.E.

23.09.1980 **SSV Troisdorf 05 - 1. FC Köln** 1:3 (1:1)

12.10.1980 **Udinese Calcio - 1. FC Köln** 1:3 (0:2)

21.01.1981 **Fortuna Köln - 1. FC Köln** 2:2 (2:0)

27.01.1981 **Arsenal London - 1. FC Köln** 1:0 (1:0)

28.02.1981 **Eintracht Trier - 1. FC Köln** 0:4 (0:1)

05.05.1981 **SV Meppen - 1. FC Köln** 0:1 (0:0)

26.05.1981 **Hertha BSC Berlin - 1. FC Köln** 1:2 (1:2)

03.06.1981 **AS Essonne - 1. FC Köln** 1:6 (0:2)
(in Paris)

09.06.1981 **Renault Brühl - 1. FC Köln** 1:9 (0:6)

Erinnerungswimpel anlässlich des UEFA-Cup-Halbfinales 1. FC Köln gegen Ipswich Town.

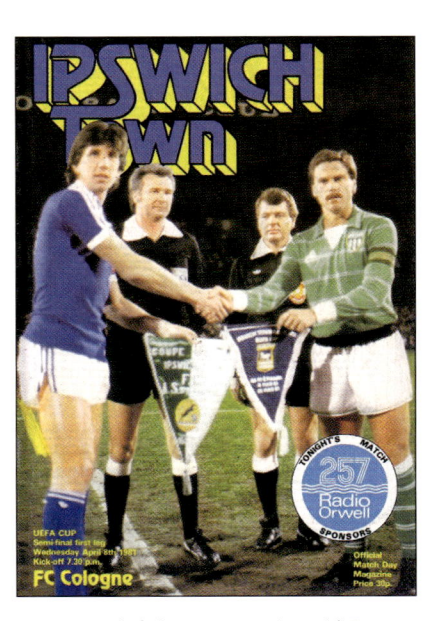

Das Programmheft der Begegnung mit Ipswich Town.

STATISTIK 1980/81

Souvenirwimpel vom UEFA-Pokal-Viertelfinale bei Standard Lüttich. Die Partie endete 0:0.

FIEBERKURVE 1980/81

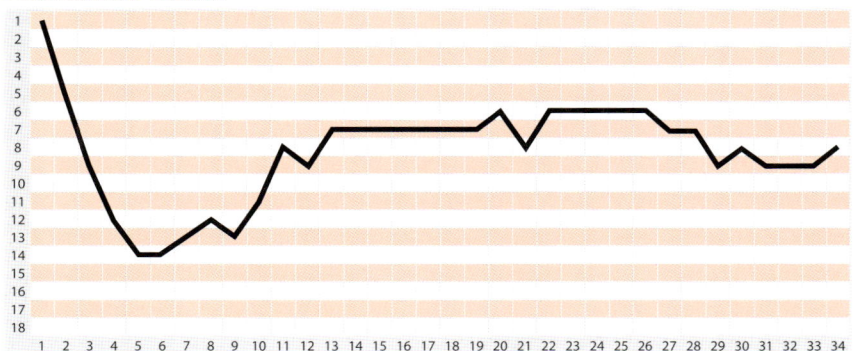

1. BUNDESLIGA 1980/81

1.	Bayern München (M)	89:41	53:15
2.	Hamburger SV	73:43	49:19
3.	VfB Stuttgart	70:44	46:22
4.	1.FC Kaiserslautern	60:37	44:24
5.	Eintracht Frankfurt	61:57	38:30
6.	Borussia M'gladbach	68:64	37:31
7.	Borussia Dortmund	69:59	35:33
8.	1.FC Köln	54:55	34:34
9.	VfL Bochum	53:45	33:35
10.	Karlsruher SC (N)	56:63	32:36
11.	Bayer Leverkusen	52:53	30:38
12.	MSV Duisburg	45:58	29:39
13.	Fortuna Düsseldorf (P)	57:64	28:40
14.	1.FC Nürnberg (N)	47:57	28:40
15.	Arminia Bielefeld (N)	46:65	26:42
16.	TSV 1860 München	49:67	25:43
17.	FC Schalke 04	43:88	23:45
18.	Bayer 05 Uerdingen	47:79	22:46

BUNDESLIGAKADER 1980/81

Abgänge: Außem (Viktoria Köln, w.d.l.S.), Kösling (Sportinvalide, w.d.l.S.), Mohr (Hertha BSC Berlin), Neumann (Udinese Calcio, w.d.l.S.), Okudera (Hertha BSC Berlin, w.d.l.S.), Schuster (FC Barcelona, w.d.l.S.), Willkomm (SG Wattenscheid 09).
Zugänge: Bonhof (Valencia CF), Botteron (FC Zürich), Hartmann (eigene Jugend), Kerscher (eigene Jugend), Knöppel (eigene Amateure).

Trainer: Karl-Heinz Heddergott (bis 04. Oktober 1980), Rolf Herings (vom 05. bis 15. Oktober), Rinus Michels (ab 16. Oktober)

Tor:
Schumacher, Harald 34/0
Ehrmann, Gerald 0/0

Feld:
Müller, Dieter 34/17
Botteron, René 33/3
Littbarski, Pierre 32/6
Bonhof, Rainer 31/5
Woodcock, Anthony 29/6
Cullmann, Bernd 29/1
Engels, Stephan 24/5
Konopka, Harald 24/1
Willmer, Holger 23/2
Prestin, Dieter 23/1
Strack, Gerhard 22/3
Gerber, Roland 21/1
Kroth, Thomas 19/1
Zimmermann, Herbert 10/0
Hartmann, Frank 8/0
Kerscher, Heinrich 5/0
Schuster, Bernd 5/0
Knöppel, Hermann 3/1
Müller, Rudolf 3/0
Willkomm, Jürgen 2/0
Okudera, Yasuhiko 1/0
Außem, Ralf 0/0
Neumann, Herbert 0/0
Kösling, Klaus 0/0

Dazu kommt ein Eigentor von Uwe Greiner (VfB Stuttgart).

Beim Gastspiel in Bielefeld siegt der FC mit 5:2. Da hilft auch das rustikale Einsteigen des Arminen Lorenz-Günter Köstner gegen Schuster nichts. Köstner war übrigens 1997/1998 erster „Abstiegstrainer" der FC-Geschichte.

Im UEFA-Cup kam es zum deutschen Duell mit dem VfB Stuttgart, bei dem die Kölner die Oberhand behielten.

Der Starneuzugang der vergangenen Saison, Tony Woodcock, ziert die Titelseite des FC-Mitgliederjahresheftes.

1981/82
1. BUNDESLIGA

Lienen-Fall und Schumacher-Foul

Hintere Reihe von links: Rudolf Müller, Klaus Allofs, Rainer Bonhof, Harald Konopka, Ferenc Schmidt, Hans-Peter Lipka, Holger Willmer, Stephan Engels, Co-Trainer Horst Köppel. Mittlere Reihe von links: Trainer Rinus Michels, Anthony Woodcock, Bernd Cullmann, Gerd Strack, Paul Steiner, Frank Hartmann, Telat Üzüm, Bernd Grabosch, Hans Faust, René Botteron. Vordere Reihe von links: Klaus Fischer, Roland Gerber, Matthias Hönerbach, Harald Schumacher, Pierre Littbarski, Gerald Ehrmann, Dieter Prestin, Heinrich Kerscher, Thomas Kroth.

Der 1. FC Köln setzte neue Maßstäbe für die Liga. Das Duo Michael Meier/Johannes Löhr hatte im Hintergrund ganze Arbeit geleistet und insgesamt neun Spieler ans Geißbockheim geholt. Dabei sprengten die Kölner wieder einmal das Rekordbuch der Bundesligatransfers.

DER FC AUF REKORDJAGD
Für Klaus Allofs überwies Schatzmeister Klaus Hartmann 1,3 Mio. DM auf das Konto der Düsseldorfer Fortuna. Mit den Schecks für Klaus Fischer (500.000 DM an Schalke 04) und Paul Steiner (400.000 DM an den MSV Duisburg) hatte der FC über 2 Mio. DM investiert. Dem standen Einnahmen von 3,1 Mio. DM aus den Transfererlösen gegenüber – zu den Verkäufen von Bernd Schuster (1,8 Mio. DM, FC Barcelona) und Herbert Neumann (500.000 DM, FC Udinese) aus der Vorsaison waren noch 800.000 DM vom VfB Stuttgart für Dieter Müller gekommen.

Mit ihm war die Kölner Presse nicht gerade liebevoll umgesprungen. Angesichts seines Gewichts verglichen sie den Stürmer mit einem Bierfass. Trotz der hochkarätigen Verstärkung wurden die Geißböcke nicht zum Favoritenkreis gezählt. „Ob diese zusammengekaufte Truppe sich findet, bleibt fraglich", war die einhellige Meinung der sogenannten Experten. Das Problem für Trainer Rinus Michels bestand darin, aus dem Star-Ensemble, das keinen Regisseur vorzuweisen hatte, eine schlagkräftige Mannschaft zu formen. „Toni" Schumacher wischte die Bedenken wie immer recht schnell vom Tisch: „Was soll das ganze Gerede um die Einkäufe. Mit dem Haufen der vergangenen Saison konnten wir nichts anfangen. Ich will ganz oben stehen." Dezentere Töne hörte man dagegen im Vorfeld von Manager Johannes Löhr: „Wir wollen zwar oben mitspielen, aber auf jeden Fall einen UEFA-Pokalplatz erreichen."

TURNIERSIEG IN BARCELONA
Dass große Namen nicht mit Erfolg gleichzusetzen sind, mussten die Fans bereits in der Vorbereitung erleben. Zwar wurde im ersten Spiel mit einem 9:0 beim TSV Hungen ein Sieg eingefahren, doch beim Turnier in Mannheim konnten das Endspiel (0:0 gegen Waldhof) und der Turniersieg (1:1 gegen Karlsruhe) nur durch Elfmeterschießen erreicht werden. Die 0:1-Niederlage gegen Bayern beim Turnier in Offenburg und vor allem das 0:3 beim Ablösespiel für Klaus Fischer in Gelsenkirchen sorgten bereits vor dem ersten Ligaspiel für Missstimmung. Darüber konnte auch der 3:2-Erfolg über den Tabellenneunten der englischen Liga, Leeds United, nicht hinwegtäuschen.
Der Saisonstart fiel dann standesgemäß aus: 33.438 Zuschauer sahen einen glücklichen 1:0-Erfolg über die Dortmunder Borussia. „Toni"

[LEGENDEN]

Anthony „Tony" Woodcock
Beim FC von 1979 bis 1982, 1986 bis 1988
Geboren: 06.12.1955 in Eastwood/England
Pflichtspiele beim FC: 155
Pflichtspieltore: 46

Publikumsliebling aus England
Als „Profi-Lehrling" wurde Anthony Woodcock ab 1972 bei Nottingham Forest ausgebildet. Zunächst an die unterklassigen Clubs Doncaster Rovers und Lincoln City ausgeliehen, stand er bis 1979 bei Forest als Profi unter Vertrag. Unter der Führung des legendären Brian Clough gewann er mit Nottingham den Ligapokal, die nationale Meisterschaft und als Krönung 1979 den Europapokal der Landesmeister. Den Kölnern, die im Halbfinale gegen die „Reds" ausschieden, war der starke Angreifer positiv aufgefallen. Im November 1979 war es so weit: Für die Rekordablöse von knapp 2,5 Millionen DM wechselte „Tony" aus den Midlands an den Rhein, wo er direkt zum Publikumsliebling und Stammspieler avancierte. Obwohl durchaus mit Torgefahr ausgestattet, war „Woody" eher der Vorbereiter. Die großen Erfolge, die Woodcock in Nottingham gefeiert hatte, blieben ihm in Köln versagt. 1982 ging er zurück auf die Insel zu Arsenal London und stand bei den „Gunners" bis 1986 unter Vertrag. Als Autor des Fußballenthüllungsbuchs „Inside Soccer" sorgte der sonst eher zurückhaltende Offensivspezialist für Aufsehen. Von 1986 bis 1988 folgte dann sein zweiter Aufenthalt beim FC, bevor er zwischen 1988 und 1990 seine letzte Profistation bei Fortuna Köln hatte. Bei den Südstädtern fungierte der 42-fache englische Nationalspieler auch als sportlicher Leiter. Als Trainer betreute er unter anderem den SC Brück und den VfB Leipzig. Heute ist Tony Woodcock, der in der Nähe von Nottingham lebt, als Fachkommentator für englische und deutsche TV-Stationen tätig.

1981/82 ■ 307

[Interessantes & Kurioses]

- Im Sommer 1981 eröffnet Leo Wilden sein zweites Ladenlokal. Neben dem Haus in der Neusser Straße verfügt er nun auch über ein Geschäft in Köln-Weidenpech.

- Im Oktober 1981 gewinnt Pierre Littbarski mit seinem Treffer zum 1:0 in der Begegnung gegen Bielefeld (2:0) zum ersten Mal die Wahl beim „Tor des Monats".

Immer ein Höhepunkt waren die Begegnungen mit den Bayern, die am 17. Oktober 1981 in Köln eine deutliche 4:0-Klatsche bezogen.

Der FC-Mitgliedsausweis 1981/82.

Auch im August 1981 nahm der FC wieder am berühmten „Juan-Gamper-Turnier" des FC Barcelona teil.

Bei der 1:3-Niederlage in Bochum übersprang Woelk Konopka und Strack.

Schumacher spielte sich in die *Kicker*-Elf des Tages. Eine Woche später gewannen die Geißböcke die Begegnung beim 1. FC Nürnberg (3:1) ebenfalls nur aufgrund einer starken Defensive.
Dass der FC noch immer einen großen Namen in Europa hatte, zeigte die Einladung des FC Barcelona zum Juan-Gamper-Turnier. Hier blühte das Team erstmals so richtig auf. Einem sicheren 2:0 gegen den englischen Vizemeister und UEFA-Pokalsieger Ipswich Town folgte ein 4:0 gegen die Gastgeber. Die Katalanen hatten nicht den Hauch einer Chance, und die Domstädter kehrten als Turniersieger zurück.
„Bochum ist nicht Barcelona", hallte es drei Tage später durch das Ruhrstadion. Der FC war von der „grauen Maus" glatt mit 1:3 überfahren worden. Richtig erholt zeigten sich die Geißböcke aber selbst beim folgenden 2:0-Erfolg über die Frankfurter Eintracht nicht. „Toni hielt alles", wusste der *Kicker* einen der Erfolgsgaranten zu benennen. Den Sieg leitete Tony Woodcock ein, der den Club fast verlassen hätte. Gleich vier englische Topvereine hatten um die Gunst des Nationalspielers gebuhlt, der am Rhein anfangs unzufrieden gewesen war.
Dass sich die Mannschaft aber noch nicht gefunden hatte, zeigte sich in der ersten Runde im DFB-Pokal. Beim späteren Absteiger MSV Duisburg verlor sie mit 1:2 und schied aus. Beim HSV sah das Spiel der Kölner optisch zwar besser aus, aber das nackte Ergebnis sprach mit 1:3 eine andere Sprache. Nach dieser Niederlage wendete sich endlich das Blatt.

ELF SPIELE OHNE NIEDERLAGE
Mit Siegen gegen Duisburg (3:0), M'gladbach (3:0), die Bayern (4:0), Düsseldorf (3:0) und Braunschweig (3:0) in Müngersdorf und den Auswärtserfolgen in Bielefeld (2:0) und Karlsruhe (4:1) – mit Trainerneuverpflichtung Max Merkel – fuhren die Rot-Weißen sieben Siege ein. Dazu kamen noch die Punkteteilungen gegen Darmstadt, in Stuttgart, Leverkusen und Bremen. Zum Jahreswechsel hatte die Mannschaft endlich die Tabellenspitze erklommen. Vor allem der ungefährdete Erfolg im Schlagerspiel gegen die Bayern beeindruckte. „Ein Team, in dem alles stimmt", titelte der *Kicker*. Diese Erkenntnis kam nicht nur aufgrund der überragenden Defensivleistung zustande, immerhin blieb der FC auch im 5. Heimspiel ohne Gegentor, sondern auch dank eines jungen Berliners, der drei Tage zuvor seinen ersten Einsatz in der Nationalmannschaft vermelden konnte. Mit zwei Treffern zum Einstand sorgte Pierre Littbarski fast im Alleingang für den klaren 3:1-Erfolg der Deutschen über die Österreicher.
Rund um das Geißbockheim herrschte Zufriedenheit. Einzig René Botteron zog die Konsequenzen für seine nur noch sporadischen Einsätze und wechselte in der Winterpause

Beim 2:0-Erfolg in Bielefeld erzielte Littbarski beide Treffer und brachte den FC an die Tabellenspitze.

leihweise zu Standard Lüttich bevor er zur Saison 1982/83 an den „Club" transferiert wurde. Zuvor hatten mit Roland Gerber, den es nach Darmstadt zog, Hans Faust und Heinz Kerscher (beide SG Wattenscheid 09) drei weitere Spieler ihre Koffer gepackt.

HOLPRIGER RÜCKRUNDENSTART

Mit dem so reduzierten Kader starteten die Geißböcke Neujahr in den Trainingsbetrieb, um die Tabellenführung zu verteidigen. Gerade einmal zehn Tage dauerte die Vorbereitung und endete mit einer Pleite. Das 0:1 zum Auftakt in Dortmund bedeutete gleichzeitig den Abschied vom Platz an der Sonne. Und prompt bahnte sich mit dem auf der Bank schmorenden Klaus Allofs ein neuer Konflikt an: „Für die Ersatzbank bin ich mir zu schade, und außerdem büße ich so meine WM-Chancen ein", ärgerte sich der Ex-Düsseldorfer. Aber Michels ließ sich nicht erweichen. Auch ohne Allofs gewann der FC gegen Nürnberg mit 4:1 sein erstes Rückrundenheimspiel. Mit Mühe schlug das Team eine Woche später den VfL Bochum mit 1:0. Da die Begegnung der Bayern in Bremen abgesagt wurde, waren die Geißböcke auf den Thron zurückkehrt. „Mit so viel Glück werden wir auch Deutscher Meister", blickte „Toni" Schumacher kritisch auf das vergangene Spiel zurück.

Das Glück allein nicht ausreicht, sah man schon eine Woche später. Im Frankfurter Waldstadion setzte es eine 2:4-Niederlage. Diese läutete gleichzeitig den schwarzen Februar ein. Zuhause reichte es im Duell mit dem HSV nur zu einem 1:1, und beim Tabellenletzten in Duisburg gab es eine erneute Niederlage (0:1). Innerhalb von drei Wochen hatte der FC den Kontakt zur Spitze verloren. Daran änderten auch die fünf Punkte aus den kommenden drei Spielen wenig. Zwar hatte sich der FC nach Siegen gegen Stuttgart, 3:0 durch drei Allofs-Treffer, in Gladbach (2:0) und dem Punktgewinn in Kaiserslautern (1:1) wieder an die Spitze herangearbeitet, aber die Hamburger und die Bayern zeigten sich insgesamt beständiger.

DER LIENEN-FALL

Stephan Engels kam aufgrund der guten Leistung zu seinem ersten Länderspiel bei der Südamerikatour der Nationalmannschaft. Gegner war kein Geringerer als Brasilien. Zeitweise standen bei der 0:1-Niederlage vier Kölner auf dem Platz (Littbarski, Fischer, Engels und Schumacher). Die Strapazen der Südamerika-Länderspielreise bekam der FC eine Woche später zu spüren. Arminia Bielefeld gewann in Köln mit 1:0 und sorgte dafür, dass der Meisterschaftszug endgültig ohne die Geißböcke abfuhr. Ein Elfmeter, der keiner war – Ewald Lienen hatte sich im Strafraum theatralisch fallen lassen –, wurde von den Gästen genutzt. „Im Eiskunstlauf würde ich glatt eine 5,9 vergeben", ärgerte sich Manager Löhr. „Diese Niederlage können wir nur mit einem Sieg bei den Bayern wettmachen", konstatierte Trainer Michels. Dort mussten die Kölner drei Tage später antreten. Zwar gab es „nur" ein 1:1, aber was beide Teams boten, entsprach einem echten Spitzenspiel.

Als nächstes stand das kleine Derby gegen die rechtsrheinischen Werkskicker an. Bereits nach einer guten Stunde führte der FC mit 5:0, ehe das

■ Klaus Fischers Treffer zum 3:3 beim WM-Spiel gegen Frankreich wird nicht nur zum „Tor des Monats Juli 1982", sondern auch zum „Tor des Jahres 1982" gekürt.

Autogrammkarte des 1. FC Köln der Spielzeit 1981/82. Hier das Exemplar von Dieter Prestin.

Der Karnevalsorden der Saison 1981/82 spielte auf die kommende WM in Spanien an.

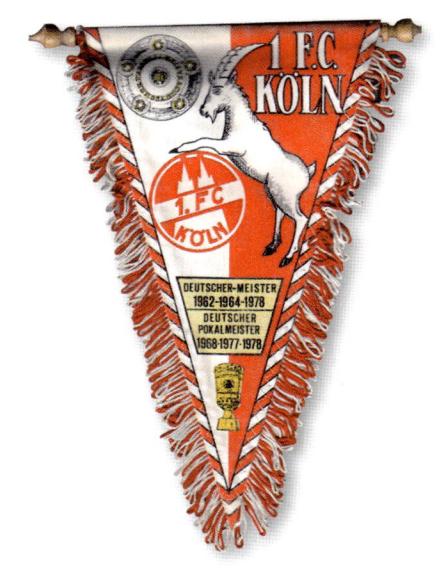

Der FC-Vereinswimpel 1981/82.

Vorstandssitzung im Geißbockheim während der Saison 1981/82.

Team einen Gang zurückschaltete und dem Gast noch zwei Treffer gelangen. Für die Domstädter traf gleich dreimal Anthony Woodcock – eine gute Empfehlung des abwanderungswilligen Engländers. Arsenal London und der FC Everton buhlten um den Ex-Nottingham-Star. Doch noch hatte sich der 26-Jährige nicht entschieden, wo er in der kommenden Saison die Fußballschuhe schnüren wollte. Für den FC war er jedenfalls Gold wert. Auch in Darmstadt war er, neben seiner erstklassigen Leistung, mit einem Treffer an dem 4:2-Erfolg beteiligt. Genau wie vier Tage später beim Sieg gegen den SV Werder Bremen (4:2). Vier Spieltage vor Saisonende war ein Dreikampf an der Bundesligaspitze entbrannt. Vorneweg der HSV, zwei Punkte dahinter Köln und Bayern.

VIZEMEISTER

Der 1. FC Köln patzte schon am 31. Spieltag mit dem 1:1 bei Abstiegskandidat Fortuna Düsseldorf. Allerdings suchten die Kölner Spieler die Schuld nicht bei sich selbst, sondern bei der Vereinsführung. „Die Marokko-Reise war eine Frechheit", tönte Rainer Bonhof. Gemeint war der Kurztrip Anfang der Woche nach Casablanca, den der FC sich nicht entgehen lassen wollte. Zwei Wochen später war die Salatschüssel endgültig in Richtung Elbe und dem Hamburger Sportverein unterwegs. Der FC hatte auch in Braunschweig (4:4) gepatzt. So reichte dem HSV ein 3:3, um an der angeblich längsten Theke der Welt seinen 6. Meistertitel zu feiern. Neben der sportlichen Enttäuschung gab es in Köln auch gleich den ersten prominenten Abgang zu vermelden. Anthony Woodcock zog es zurück auf die Insel (Arsenal London). Im letzten Spiel der Saison, als feststehender Vizemeister, unterlagen die Geißböcke mit 3:4 dem 1. FC Kaiserslautern. Die Pfälzer sprangen somit noch schnell auf den Zug in Richtung UEFA-Pokal und ließen verdutzte Gladbacher auf dem internationalen Bahnhof stehen.
Für die Kölner Nationalspieler stand noch keine Pause an. Vier Akteure machten sich auf zur Weltmeisterschaft in Spanien. Neben Anthony Woodcock, der in den englischen Kader berufen wurde, gehörten „Toni" Schumacher, Pierre Littbarski und Klaus Fischer zum deutschen Aufgebot. Gemeinsam mit Holger Hieronymus (HSV) und Thomas Allofs (Fortuna Düsseldorf) hielt sich Stefan Engels auf Abruf bereit.

BLAMABLE WM-VORSTELLUNG

Es sollte trotz des 2. Platzes eine WM mit vielen dunklen Flecken werden. Der erste Fleck klatschte bereits beim Eröffnungsspiel der Deutschen auf die weißen Trikots der Mannschaft. Der Gegner hieß Algerien und wurde in die Kategorie Fußballzwerg eingeordnet. Bundestrainer Jupp Derwall im Vorfeld der Begegnung: „Meine Spieler würden mich für doof erklären, wenn ich ihnen zu erzählen versuche, die Algerier könnten Fußball spielen." Aber genau das konnten die Afrikaner an diesem Nachmittag besser und gewannen verdient mit 2:1. „Toni" Schumacher äußerte schon die ersten Bedenken: „Wenn wir hier rausfliegen, unterziehe ich mich vor meiner Rückkehr einer Gesichtsoperation." Ganz so schlimm entwickelte es sich dann doch nicht. Im zweiten Spiel gegen Chile gewann die deutsche Nationalmannschaft mit 4:1. Als „ersten Schritt nach vorn" bezeichnete Trainer Derwall den Erfolg. Eine „Auferstehung" sah gar DFB-Präsident Hermann Neuberger.

Im letzten Vorrundenspiel traf die Derwall-Elf auf Österreich. Nach dem Spiel waren nicht nur die Deutschen, sondern die Fußballfans weltweit empört. Grund war die Arbeitsverweigerung beider Teams ab der 20. Minute. Nachdem Horst Hrubesch zum 1:0 getroffen hatte, übertrafen sich die Teams an Zurückhaltung. Durch das Ergebnis erreichten beide Teams die zweite Runde, und Algerien ging leer aus. Deutschland traf anschließend auf England (0:0). Im letzten Spiel der Gruppenrunde zwei wartete Gastgeber Spanien. In diesem Spiel setzten vor allem die Geißböcke Pierre Littbarski und Klaus Fischer mit ihren Treffern beim 2:1-Erfolg ihre Duftmarken. Das DFB-Team stand im Halbfinale.
Das folgende Spiel gegen Frankreich blieb aus verschiedensten Gründen besonders im Gedächtnis: sechs Tore, eine Verlängerung und ein Elfmeterschießen, das ebenfalls verlängert werden musste, sowie eines der übelsten Fouls der Fußballgeschichte. Doch der Reihe nach. „Litti" hatte die Derwall-Elf nach 18 Minuten in Führung gebracht, als Platini zehn Minuten später den Ausgleich markierte. In Halbzeit zwei folgte dann der unrühmliche Auftritt von „Toni" Schumacher. Nach einer knappen Stunde stürmte der „Tünn" bei einem Angriff der Équipe tricolore ohne Rücksicht mit gestrecktem Bein auf Battiston zu, traf diesen im Gesicht, sodass der Franzose verletzt am Boden liegen blieb. Ungerührt marschierte der Keeper zurück in seinen Kasten und kümmerte sich nicht um den verletzten Spieler. Dieses Foul sollte ihm noch lange nachhängen. Im weiteren Spielverlauf zogen die Franzosen auf 3:1 davon, doch Karl-Heinz Rummenigge und Klaus Fischer – mit einem seiner berühmten Fallrückzieher – sorgten noch für den Ausgleich. Dann folgte ein Elfmeterschießen, in dem Schumacher über sich hinauswuchs und zwei Bälle hielt. Im Finale konnte dann aber auch der Kölner Schlussmann nichts mehr retten. Mit 1:3 unterlag die deutsche Elf den Italienern und kehrte als Vizeweltmeister in die Heimat zurück.

STATISTIK 1981/82

BUNDESLIGA

08.08.1981 1. FC Köln - Borussia Dortmund 1:0 (0:0)
Zuschauer: 33.438
Tor: 1:0 (69.) Bonhof.
Aufstellung: Schumacher, Konopka, Strack, Steiner, Prestin, Cullmann, Bonhof, Littbarski, Fischer, Allofs, Botteron.

14.08.1981 1. FC Nürnberg - 1. FC Köln 1:3 (0:0)
Zuschauer: 40.000
Tore: 0:1 (53.) Bonhof (FE), 1:1 (63.) Heck, 1:2, 1:3 (78., 84.) Fischer.
Aufstellung: Schumacher, Konopka, Strack, Steiner, Prestin (33. Kroth), Littbarski, Bonhof, Cullmann (61. Willmer), Botteron, Fischer, Allofs.
B.V.: Schumacher hält FE von Weyerich (73.).

22.08.1981 VfL Bochum - 1. FC Köln 3:1 (2:1)
Zuschauer: 35.000
Tore: 1:0 (11.) Blau, 2:0 (29.) Oswald, 2:1 (43.) Allofs, 3:1 (66.) Abel.
Aufstellung: Schumacher, Steiner, Strack, Willmer, Bonhof, Cullmann (32. Konopka), Botteron (75. Kroth), Woodcock, Littbarski, Fischer, Allofs.

26.08.1981 1. FC Köln - Eintracht Frankfurt 2:0 (0:0)
Zuschauer: 30.842
Tore: 1:0 (65.) Woodcock, 2:0 (79.) Bonhof (FE).
Aufstellung: Schumacher, Konopka, Strack, Steiner, Willmer, Bonhof, Botteron, Woodcock, Littbarski, Fischer, Allofs (79. Engels).
B.V.: Schumacher hält HE von Nickel.

05.09.1981 Hamburger SV - 1. FC Köln 3:1 (0:0)
Zuschauer: 41.300
Tore: 0:1 (46.) Littbarski, 1:1 (55.) Hrubesch, 2:1 (65.) Bastrup, 3:1 (82.) Milewski.
Aufstellung: Schumacher, Willmer, Strack, Steiner, Konopka, Bonhof, Cullmann, Woodcock, Allofs, Littbarski (68. Botteron), Fischer (68. Engels).

11.09.1981 1. FC Köln - MSV Duisburg 3:0 (2:0)
Zuschauer: 13.959
Tore: 1:0 (12.) Kempe (E), 2:0 (15.) Cullmann, 3:0 (52.) Engels.
Aufstellung: Schumacher, Konopka, Strack, Steiner, Willmer, Bonhof, Cullmann (49. Engels), Allofs, Littbarski, Fischer, Woodcock.

19.09.1981 VfB Stuttgart - 1. FC Köln 1:1 (1:1)
Zuschauer: 30.000
Tore: 1:0 (36.) D.Müller, 1:1 (40.) Littbarski.
Aufstellung: Schumacher, Konopka, Strack, Steiner, Willmer, Allofs, Bonhof, Cullmann, Littbarski, Fischer, Woodcock (63. Kroth).

26.09.1981 1. FC Köln - Borussia M'gladbach 3:0 (1:0)
Zuschauer: 42.296
Tore: 1:0 (18.) Allofs, 2:0 (75.) Littbarski, 3:0 (78.) Fischer.
Aufstellung: Schumacher, Konopka (72. Hartmann), Strack, Steiner, Willmer, Cullmann (83. Kroth), Bonhof, Allofs, Littbarski, Fischer, Woodcock.

03.10.1981 Arminia Bielefeld - 1. FC Köln 0:2 (0:1)
Zuschauer: 24.500
Tore: 0:1, 0:2 (22., 77.) Littbarski.
Aufstellung: Schumacher, Konopka, Strack, Steiner, Willmer, Cullmann, Bonhof, Allofs (70. Engels), Littbarski, Fischer (68. Kroth), Woodcock.

17.10.1981 1. FC Köln - FC Bayern München 4:0 (1:0)
Zuschauer: 58.252
Tore: 1:0 (20.) Steiner, 2:0 (57.) Woodcock, 3:0 (83.) Kroth, 4:0 (86.) Strack.
Aufstellung: Schumacher, Konopka, Strack, Steiner, Willmer, Bonhof, Allofs, Cullmann, Littbarski, Fischer (84. Engels), Woodcock (73. Kroth).

24.10.1981 Bayer 04 Leverkusen - 1. FC Köln 1:1 (1:1)
Zuschauer: 20.000
Tore: 1:0 (17.) Glowacz (HE), 1:1 (21.) Woodcock.
Aufstellung: Schumacher, Konopka (65. Hartmann), Strack, Steiner, Willmer, Cullmann, Bonhof, Allofs, Littbarski, Fischer, Woodcock (86. Kroth).

31.10.1981 1. FC Köln - SV Darmstadt 98 1:1 (1:0)
Zuschauer: 13.828
Tore: 1:0 (13.) Bonhof (HE), 1:1 (64.) Mattern (FE).
Aufstellung: Schumacher, Konopka (78. Hartmann), Strack, Steiner, Willmer, Bonhof, Cullmann, Allofs (55. Kroth), Littbarski, Fischer, Woodcock.
B.V.: Rudolf hält FE von Bonhof (43.).

07.11.1981 SV Werder Bremen - 1. FC Köln 1:1 (1:0)
Zuschauer: 35.000
Tore: 1:0 (19.) Siegmann, 1:1 (89.) Fischer.
Aufstellung: Schumacher, Willmer (76. Engels), Strack, Steiner, Konopka, Cullmann, Bonhof, Woodcock (62. Botteron), Littbarski, Fischer, Allofs.

14.11.1981 1. FC Köln - Fortuna Düsseldorf 3:0 (0:0)
Zuschauer: 22.659
Tore: 1:0, 2:0 (46., 56.) Woodcock, 3:0 (71.) Strack.
Aufstellung: Schumacher, Hartmann, Strack, Willmer (82. Engels), Bonhof, Cullmann, Allofs, Littbarski, Fischer, Woodcock (78. Kroth).

28.11.1981 Karlsruher SC - 1. FC Köln 1:4 (0:2)
Zuschauer: 32.000
Tore: 0:1 (21.) Bonhof (FE), 0:2 (36.) Fischer, 1:2 (48.) Günther (FE), 1:3 (64.) Woodcock, 1:4 (83.) Littbarski.
Aufstellung: Schumacher, Konopka, Strack (49. Prestin), Steiner, Willmer, Cullmann, Bonhof, Woodcock (83. Hartmann), Littbarski, Fischer, Engels.
B.V.: Schumacher hält FE von Groß (30.).

12.12.1981 1. FC Köln - Eintracht Braunschweig 3:0 (3:0)
Zuschauer: 14.282
Tore: 1:0 (26.) Bonhof (FE), 2:0, 3:0 (34., 39.) Littbarski.
Aufstellung: Schumacher, Konopka, Strack, Steiner, Willmer, Bonhof, Cullmann (72. Engels), Allofs (80. Kroth), Littbarski, Fischer, Woodcock.

16.01.1982 Borussia Dortmund - 1. FC Köln 1:0 (0:0)
Zuschauer: 33.000
Tor: 1:0 (81.) Klotz.
Aufstellung: Schumacher, Willmer, Strack, Steiner (46. Hartmann), Konopka, Cullmann, Bonhof, Woodcock, Engels, Littbarski, Fischer.

23.01.1982 1. FC Köln - 1. FC Nürnberg 4:1 (2:1)
Zuschauer: 12.217
Tore: 1:0, 2:0 (15., 27.) Woodcock, 2:1 (40.) Heck, 3:1 (54.) Engels, 4:1 (77.) Littbarski.
Aufstellung: Schumacher, Konopka, Strack, Steiner, Willmer, Bonhof, Allofs, Cullmann, Engels, Littbarski, Fischer, Woodcock.

30.01.1982 1. FC Köln - VfL Bochum 1:0 (0:0)
Zuschauer: 17.193
Tor: 1:0 (75.) Littbarski.
Aufstellung: Schumacher, Konopka (58. Allofs), Strack, Steiner, Willmer, Bonhof, Cullmann, Engels, Littbarski, Fischer (81. Kroth), Woodcock.

06.02.1982 Eintracht Frankfurt - 1. FC Köln 4:2 (1:1)
Zuschauer: 30.000
Tore: 1:0 (26.) Nachtweih, 1:1 (32.) Fischer, 2:1 (67.) Löw (FE), 2:2 (73.) Pezzey (E), 3:2 (81.) Falkenmeyer, 4:2 (89.) Anthes.
Aufstellung: Schumacher, Konopka (68. Hartmann), Cullmann, Steiner, Willmer, Engels, Littbarski, Bonhof, Kroth, Fischer, Woodcock (51. Allofs).

13.02.1982 1. FC Köln - Hamburger SV 1:1 (0:1)
Zuschauer: 50.686
Tore: 0:1 (33.) Kaltz (FE), 1:1 (57.) Bonhof (FE).
Aufstellung: Schumacher, Konopka (26. Prestin), Strack, Steiner, Willmer, Cullmann, Bonhof, Engels (62. Allofs), Littbarski, Fischer, Woodcock.

27.02.1982 MSV Duisburg - 1. FC Köln 1:0 (1:0)
Zuschauer: 16.000
Tor: 1:0 (45.) Dietz (FE).
Aufstellung: Schumacher, Willmer, Strack, Steiner, Prestin, Cullmann (75. Kroth), Bonhof, Engels, Littbarski, Fischer, Woodcock (48. Allofs).

06.03.1982 1. FC Köln - VfB Stuttgart 3:0 (1:0)
Zuschauer: 17.039
Tore: 1:0, 2:0, 3:0 (02., 51., 82.) Allofs.
Aufstellung: Schumacher, Prestin, Strack (85. Kroth), Steiner, Willmer, Bonhof, Engels, Woodcock, Littbarski, Fischer, Allofs.

09.03.1982 1. FC Kaiserslautern - 1. FC Köln 1:1 (0:0)
Zuschauer: 31.050
Tore: 1:0 (74.) Eilenfeld, 1:1 (83.) Allofs.
Aufstellung: Schumacher, Prestin, Strack, Steiner, Willmer, Bonhof (86. Kroth), Engels, Allofs, Littbarski, Fischer (72. Cullmann), Woodcock.

13.03.1982 Borussia M'gladbach - 1. FC Köln 0:2 (0:1)
Zuschauer: 35.484
Tore: 0:1 (38.) Engels, 0:2 (83.) Littbarski.
Aufstellung: Schumacher, Prestin, Strack, Steiner, Willmer, Engels (83. Kroth), Bonhof, Allofs, Littbarski, Fischer (78. Cullmann), Woodcock.

30.03.1982 1. FC Köln - Arminia Bielefeld 0:1 (0:0)
Zuschauer: 15.476
Tore: 0:1 (54.) Riedl (FE).
Aufstellung: Schumacher, Prestin, Strack, Steiner, Willmer, Engels, Bonhof, Fischer, Woodcock (67. Cullmann), Allofs.

03.04.1982 FC Bayern München - 1. FC Köln 1:1 (1:1)
Zuschauer: 75.000
Tore: 1:0 (18.) Breitner (FE), 1:1 (20.) Littbarski.
Aufstellung: Schumacher, Prestin, Cullmann (46. Woodcock), Steiner, Willmer, Konopka, Strack, Bonhof, Engels, Littbarski, Allofs.

17.04.1982 1. FC Köln - Bayer 04 Leverkusen 5:2 (3:0)
Zuschauer: 13.596
Tore: 1:0, 2:0 (26., 32.) Woodcock, 3:0 (41.) Bonhof (HE), 4:0 (60.) Woodcock, 5:0 (63.) Strack, 5:1 (71.) Ökland, 5:2 (88.) Gelsdorf.
Aufstellung: Schumacher, Prestin, Strack, Steiner, Willmer, Konopka, Engels (76. Kroth), Bonhof (76. Hartmann), Cullmann, Littbarski, Woodcock.

24.04.1982 SV Darmstadt 98 - 1. FC Köln 2:4 (1:1)
Zuschauer: 16.000
Tore: 1:0 (21.) Cestonaro, 1:1 (38.) Strack, 1:2 (64.) Littbarski, 1:3 (70.) Woodcock, 2:3 (73.) Stettner, 2:4 (90.) Strack.
Aufstellung: Schumacher, Willmer, Strack, Steiner, Prestin, Cullmann, Bonhof, Engels (84. Kroth), Konopka (31. Allofs), Littbarski, Woodcock.

28.04.1982 1. FC Köln - SV Werder Bremen 4:2 (3:1)
Zuschauer: 19.068
Tore: 0:1 (25.) Reinders (FE), 1:1 (29.) Fischer, 2:1 (40.) Woodcock, 3:1 (43.) Konopka, 4:1 (53.) Steiner, 4:2 (88.) Meier.
Aufstellung: Schumacher, Konopka (71. Hartmann), Cullmann, Steiner, Prestin (28. Kroth), Willmer, Bonhof, Engels, Fischer, Woodcock, Allofs.

08.05.1982 Fortuna Düsseldorf - 1. FC Köln 1:1 (0:1)
Zuschauer: 25.000
Tore: 0:1 (38.) Littbarski, 1:1 (54.) Dusend.
Aufstellung: Schumacher, Konopka (65. Woodcock), Strack, Steiner, Engels (88. Kroth), Cullmann, Allofs, Bonhof, Willmer, Littbarski, Fischer.

15.05.1982 1. FC Köln - Karlsruher SC 2:0 (0:0)
Zuschauer: 10.795
Tore: 1:0, 2:0 (63., 88.) Allofs.
Aufstellung: Schumacher, Konopka, Strack, Steiner, Cullmann, Willmer (72. Kroth), Bonhof, Allofs, Engels, Littbarski, Woodcock, (67. Fischer).

22.05.1982 Eintracht Braunschweig - 1. FC Köln 4:4 (1:0)
Zuschauer: 20.000

1981/82 ■ 311

STATISTIK 1981/82

Tore: 1:0 (27.) Grobe, 1:1 (47.) Bonhof, 2:1 (48.) Worm, 2:2 (49.) Woodcock, 3:2 (56.) Pahl, 4:2 (62.) Geyer, 4:3 (67.) Littbarski, 4:4 (73.) Woodcock.
Aufstellung: Schumacher, Hartmann, Strack, Steiner, Kroth (57.Willmer), Bonhof, Engels, Cullmann, Allofs (59. Fischer), Littbarski, Woodcock.

29.05.1982 **1.FC Köln - 1.FC Kaiserslautern** 3:4 (2:2)
Zuschauer: 14.450
Tore: 1:0 (08.) Allofs, 1:1 (24.) Neues, 1:2 (31.) Hofeditz, 2:2 (34.) Cullmann, 2:3 (48.) Briegel, 3:3 (63.) Strack, 3:4 (73.) Dusek.
A.: Schumacher, Engels, Strack, Steiner, Willmer, Bonhof (70. Hartmann), Cullmann, Allofs, Littbarski, Fischer, Woodcock.

DFB-POKAL

1. Runde
29.08.1981 **MSV Duisburg - 1.FC Köln** 2:1 (1:0)
Zuschauer: 16.000
Tore: 1:0 (16.) Fruck, 1:1 (72.) Strack, 2:1 (86.) Szesni.
Aufstellung: Schumacher, Willmer, Konopka, Strack, Steiner, Bonhof, Botteron, Littbarski, Fischer, Woodcock, Allofs (46. Engels).

FREUNDSCHAFTSSPIELE

15.07.1981 **TSV Hungen - 1.FC Köln** 0:9 (0:2)

17.07.1981 **Waldhof Mannheim - 1.FC Köln** 3:4 n.E.

18.07.1981 **Karlsruher SC - 1.FC Köln** 2:4 n.E.
(in Mannheim)

21.07.1981 **TuS Nieder-Eschbach - 1.FC Köln** 1:4 (0:3)

23.07.1981 **VfB Schrecksbach - 1.FC Köln** 2:14 (1:8)

25.07.1981 **Offenburger FV - 1.FC Köln** 2:4 (2:3)

26.07.1981 **FC Bayern München - 1.FC Köln** 1:0 (0:0)
(in Offenburg)

27.07.1981 **FC Schalke 04 - 1.FC Köln** 3:0 (1:0)

30.07.1981 **1.FC Köln - Leeds United** 3:2 (1:0)

04.08.1981 **FC Twente Enschede - 1.FC Köln** 1:2 (1:1)

18.08.1981 **Ipswich Town - 1.FC Köln** 0:2 (0:1)
(in Barcelona)

19.08.1981 **FC Barcelona - 1.FC Köln** 0:4 (0:2)

02.09.1981 **1.FC Viersen - 1.FC Köln** 0:1

09.10.1981 **FC Basel - 1.FC Köln** 0:5 (0:0)

10.10.1981 **Kickers Offenbach - 1.FC Köln** 0:2 (0:2)

03.11.1981 **KSV Baunatal - 1.FC Köln** 1:8 (1:3)

04.12.1981 **FC St. Pauli - 1.FC Köln** 0:2 (0:1)

06.12.1981 **TuS Iserlohn - 1.FC Köln** 0:11 (0:9)

08.01.1982 **Go Ahead Eagles Deventer - 1.FC Köln** 0:1 (0:0)

20.02.1982 **1.FC Viersen - 1.FC Köln** 1:5 (0:3)

20.03.1982 **SV Hannover 96 - 1.FC Köln** 0:3 (0:1)

08.04.1982 **Auswahl Hongkong - 1.FC Köln** 1:3 (0:1)

30.04.1982 **WAC Casablanca - 1.FC Köln** 2:5

02.05.1982 **Maghreb AS Fes - 1.FC Köln** 0:5 (in Fes/Marokko)

18.05.1982 **SuS Northeim - 1.FC Köln** 2:12

1. BUNDESLIGA 1981/82

1.	Hamburger SV	95:45	48:20
2.	1.FC Köln	72:38	45:23
3.	Bayern München (M)	77:56	43:25
4.	1.FC Kaiserslautern	70:61	42:26
5.	Werder Bremen (N)	61:52	42:26
6.	Borussia Dortmund	59:40	41:27
7.	Borussia M'gladbach	61:51	40:28
8.	Eintracht Frankfurt (P)	83:72	37:31
9.	VfB Stuttgart	62:55	35:33
10.	VfL Bochum	52:51	32:36
11.	Eintr.Braunschweig (N)	61:66	32:36
12.	Arminia Bielefeld	46:50	30:38
13.	1.FC Nürnberg	53:72	28:40
14.	Karlsruher SC	50:68	27:41
15.	Fortuna Düsseldorf	48:73	25:43
16.	Bayer Leverkusen	45:72	25:43
17.	SV Darmstadt 98 (N)	46:82	21:47
18.	MSV Duisburg	40:77	19:49

FIEBERKURVE 1981/82

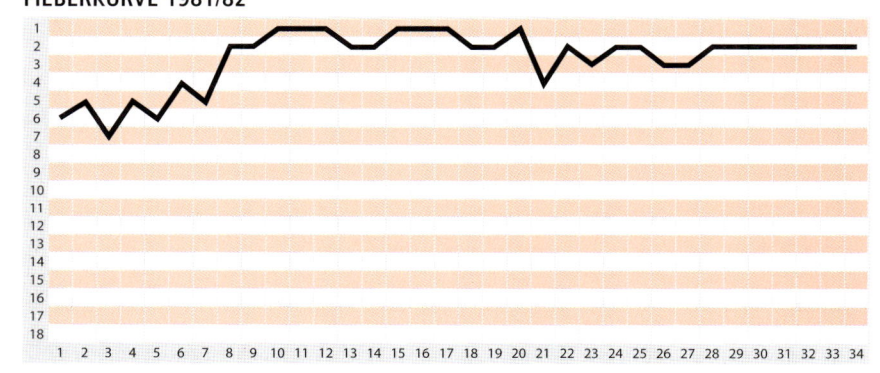

BUNDESLIGAKADER 1981/82

Abgänge: Botteron (Standard Lüttich, w.d.l.S.), Faust (Wattenscheid 09, w.d.l.S.), Gerber (Darmstadt 98, w.d.l.S.), Kerscher (Wattenscheid 09, w.d.l.S.), Knöppel (eigene Amateure), D. Müller (VfB Stuttgart), Willkomm (Wattenscheid 09)
Zugänge: K. Allofs (Fortuna Düsseldorf), Faust (eigene Amateure), Fischer (FC Schalke 04), Grabosch (eigene Amateure), Hönerbach (Bayer Leverkusen), Lipka (eigene Amateure), Schmidt (Union Böckingen), Steiner (MSV Duisburg), Üzum (VfR Heilbronn)

Trainer:
Rinus Michels

Tor:
Schumacher, Harald 34/0
Ehrmann, Gerald 0/0

Feld:
Bonhof, Rainer 34/9
Steiner, Paul 34/2
Littbarski, Pierre 33/15
Willmer, Holger 33/0
Woodcock, Anthony 32/15
Strack, Gerhard 32/6
Cullmann, Bernd 32/2
Fischer, Klaus 31/7
Allofs, Klaus 30/9

Engels, Stephan 27/3
Konopka, Harald 26/1
Kroth, Thomas 22/1
Prestin, Dieter 13/0
Hartmann, Frank 11/0
Botteron, René 6/0
Kerscher, Heinrich 0/0
Müller, Rudolf 0/0
Faust, Hans 0/0
Grabosch, Bernd 0/0
Hönerbach, Matthias 0/0
Lipka, Hans-Peter 0/0
Schmidt, Ferenc 0/0
Üzum, Telat 0/0
Gerber, Roland 0/0
Zimmermann, Herbert 0/0

Dazu kommen Eigentore von Thomas Kempe (MSV Duisburg) und Bruno Pezzey (Eintracht Frankfurt).

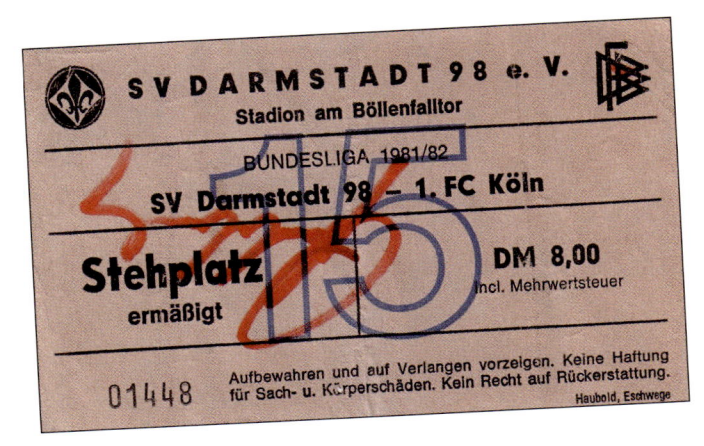

Das Auswärtsspiel bei Absteiger Darmstadt 98 gewann der FC mit 4:2.

1982/83
1. BUNDESLIGA

Lokalderby im Pokalfinale

Hintere Reihe von links: Stephan Engels, Dieter Prestin, Hans-Peter Lipka, Klaus Allofs, Vincent Mennie, Matthias Hönerbach, Herbert Zimmermann, Harald Konopka. Mittlere Reihe von links: Konditionstrainer Rolf Herings, Bernd Cullmann, Holger Willmer, Rainer Bonhof, Paul Steiner, Gerd Strack, Frank Hartmann, Trainer Rinus Michels. Vordere Reihe von links: Ferenc Schmidt, Thomas Kroth, Klaus Fischer, Gerald Ehrmann, Harald Schumacher, Edhem Sljivo, Pierre Littbarski, Co-Trainer Silvester Takac.

[LEGENDEN]

Pierre „Litti" Littbarski
Beim FC von 1978 bis 1986, 1987 bis 1993
Geboren: 16.04.1960 in Berlin
Pflichtspiele beim FC: 505
Pflichtspieltore: 144

Der Dribbelkönig

Trotz geringer Transfertätigkeiten gehörte der FC auch im 20. Bundesligajahr zu den Favoriten der Liga. Als bekannte Größe hatte nur der 13-fache jugoslawische Nationalspieler Edhem Sljivo vom OGC Nizza den Weg an den Rhein eingeschlagen. Die Zugänge komplettierte Vincent Mennie, Sohn eines schottischen Armeeangehörigen, der bisher bei Borussia Lippstadt dem Ball nachjagte. Den Verein verlassen hatte dagegen Anthony Woodcock. Arsenal London hatte 2,6 Mio. DM für den Topstürmer überwiesen. Gerade durch diesen Abgang hatte Trainer Rinus Michels ein Problem weniger. Die überbesetzte Offensive hatte in der vergangenen Spielzeit oftmals für Unruhe innerhalb der Mannschaft gesorgt. Das sollte nun anders werden. Doch der FC tat sich zu Beginn der Saison wieder einmal schwer. Bereits in der Vorbereitung hatte es in den Härtetests fast ausschließlich Niederlagen gehagelt. Einzig die Spiele gegen den FC Brügge (2:1) und Tottenham Hotspurs (3:1 n.E.) wurden gewonnen. In der Liga folgte ein Fehlstart. In Braunschweig (2:2) rettete Klaus Fischer, neben einem überragenden Harald Schumacher, erst in der Schlussphase einen Punkt, und nach der Begegnung in Dortmund (0:2) fand sich der FC in den unteren Regionen der Tabelle wieder. Die zwei folgenden Heimspiele gegen Schalke (2:1) und den FCK (3:0) ließen die Fans wieder aufatmen. Der nächste Rückschlag folgte aber in Nürnberg (1:2) mit einer erneuten Pleite.

ZU BESUCH BEIM ALTEN „TSCHIK"

Für Abwechslung sorgte der UEFA-Cup. Beim AEK Athen sollte bereits der Grundstein für die zweite Runde gelegt werden. Und lange sah es so aus, dass die Geißböcke zufrieden von der Akropolis, wo Ex-Geißbock „Tschik" Cajkovski regierte, zukehren könnten. Bis um 22.49 Uhr die Lichter ausgingen, genauer gesagt das Flutlicht. Beim Stand von 3:3 war in der Nachspielzeit wegen eines Brandes im Elektrizitätswerk der Strom ausgefallen. Die UEFA setzte die Begegnung zwei Wochen später erneut an, die der FC, nach vorherigem Protest, mit 1:0 gewinnen konnte. Über das Rückspiel in Köln urteilte der *Kicker*: „Athen mit 5:0 weggefegt."
Die Spiele auf internationaler Bühne schienen die Mannschaft für die Bundesliga wachgerüttelt zu haben, denn fortan lief das Spiel der Rot-Weißen. Einem Sieg gegen Bremen (2:1) folgte ein brillantes 6:2 in der Landeshauptstadt Düsseldorf, ein klarer 4:1-Erfolg über den KSC und ein Punktgewinn beim rheinischen Derby in Leverkusen. Eine Woche später kam

Als der damalige FC-Manager Karl-Heinz Thielen Juniorennationalspieler Pierre Littbarski für ein „Taschengeld" von Hertha Zehlendorf verpflichtete, wird selbst der erfahrene Manager nicht geahnt haben, welch „dicken Fisch" er da an Land gezogen hatte. Der echte Berliner Junge erlernte von 1967 bis 1976 beim VfL Schöneberg das Fußballspielen, war von 1976 bis 1978 bei Hertha Zehlendorf aktiv und machte nebenbei eine Lehre beim Berliner Finanzamt. Bei den Spielen um die deutsche Jugendmeisterschaft gegen die Vertretung des 1. FC Köln war der dribbelstarke Angreifer den Verantwortlichen aufgefallen und von Thielen quasi noch am Spielfeldrand unter Vertrag genommen worden. Trotz der erstklassigen Besetzung des Kölner Kaders bestritt er in seinem ersten Profijahr immerhin 21 Pflichtspiele in der ersten Mannschaft. Ab der Saison 1979/80 wurde „Litti" zum unumstrittenen Stammspieler. Die Herzen der Fans hatte der kleine Berliner im Sturm erobert. Er wurde zu einem der beliebtesten Akteure der FC-Vereinsgeschichte. Seine Dribblings und Kunststücke, aber auch seine sehenswerten Traumtore verzückten die Zuschauer. Folgerichtig auch der Sprung in die Nationalmannschaft, für die er am 14. Oktober 1981 in Wien gegen Österreich sein Debüt feierte. Insgesamt bestritt „Litti" 73 A-Länderspiele, nahm an drei Welt- und zwei Europameisterschaften teil. 1990 krönte er seine internationale Karriere mit dem Gewinn der Weltmeisterschaft in Italien. Im Vereinsdress gewann Littbarski mit dem DFB-Pokalsieg 1983 kurioserweise nur einen großen Titel.

➜

1986 erlag der offensive Mittelfeldspieler mit Spielmacherqualitäten einem finanziell lukrativen Angebot von Racing Paris. Doch in der Seine-Metropole wurde der in Köln mittlerweile heimisch gewordene Ballzauberer nicht glücklich. Reumütig kehrte er ein Jahr später zu seinen Geißböcken zurück, hatte, um die Rückkehr zu ermöglichen, sogar einen Teil der Ablöse leihweise übernommen. Mit offenen Armen nahmen die FC-Fans den „verlorenen Sohn" wieder auf. Noch sechs Jahre verbrachte das Idol in Köln, half mit, den FC 1993 vor dem Abstieg zu retten, bevor er nach Japan zu Jef United und später Brummel Sendai ging, um dort 1997 seine Laufbahn zu beenden. In Japan lernte „Litti" auch seine 2. Frau Hitomi kennen. Nach seiner aktiven Zeit wurde der inzwischen in Japan sesshaft gewordene Littbarski Trainer. Zunächst beim FC Yokohama, ging er 2001 als Co-Tainer ausgerechnet zu Bayer Leverkusen. Nach einem kurzen Gastspiel als Cheftrainer des MSV Duisburg ging er wieder zum FC Yokohama zurück. Von 2005 bis 2006 betreute Pierre Littbarski den FC Sydney. Mit den Australiern wurde er auf Anhieb Meister. Trotz des Erfolges beendete man die Zusammenarbeit. Nachdem er während der WM 2006 als Fernsehexperte für RTL tätig war, unterschrieb Littbarski zum 1. Februar 2007 einen Trainervertrag beim japanischen Zweitligisten Avispa Fukuoka.

Das Ticket zum UEFA-Cup-Spiel bei den Rangers.

Zur Saison 1982/83 erschien der erste „Fanartikelkatalog" des 1. FC Köln in Form eines mehrseitigen Faltblatts.

Bis heute schwärmen die FC-Fans vom 5:0-Heimsieg über die Glasgow Rangers im UEFA-Pokal am 3. November 1982. Hier erzielt Klaus Fischer gerade das 3:0.

es zum erneuten Kräftemessen mit dem Nachbarn, der nun in der zweiten DFB-Pokalhauptrunde in der Domstadt antreten musste. Wie in Runde eins, als es gegen die Filiale in Krefeld ging, schickte der FC die Pillendreher mit 3:1 nach Hause. Im zweiten Pokalwettbewerb trafen die Kölner auf ihren „Lieblingsgegner" Glasgow Rangers. Die Schotten behielten im Hinspiel der zweiten Runde im heimischen Ibrox-Park mit 2:1 die Oberhand und gingen optimistisch ins Rückspiel. „So wie Athen lassen wir uns nicht abschlachten", versprach Glasgows Trainer John Greig. Doch genau wie die Griechen präsentierte sich der Gast von der Insel 14 Tage später desolat. Im fast ausverkauften Stadion führte der FC nach gut 20 Minuten bereits mit 4:0. Am Ende stand erneut ein 5:0, und die Schotten machten sich still und leise auf den Heimweg. In der Liga dagegen präsentierte sich der FC wieder einmal launisch. Sieg und unerwartete Niederlage wechselten stetig. Dies spiegelte sich auch in den Besucherzahlen wieder. Beim 1:0 gegen Bielefeld kamen gerade einmal 13.233 Fans. Und das, obwohl die Geißböcke nur einen Zähler Rückstand auf den Tabellenführer Hamburg aufwiesen. Aber deprimierende Schlappen wie das 0:3 in Frankfurt trugen nicht dazu bei, das

Interesse zu steigern, wie eine Woche später beim 4:1 gegen den VfL Bochum zu sehen war. Gut 9.000 Zahlungswillige säumten die Ränge in Müngersdorf, und Geschäftsführer Karl-Heinz Thielen war froh, dass es noch den UEFA-Pokal als Einnahmequelle gab.

ENDSTATION ROM
Bevor das Team aus der italienischen Hauptstadt anreiste, standen zunächst noch zwei Partien in der Liga auf dem Terminkalender. Unter anderem auch ein Besuch beim letztjährigen Pokalsieger FC Bayern München. Und auch dort sollte der FC bestehen, dank eines überragenden Schumacher im Tor. Pierre Littbarski markierte noch in der letzten Spielminute den Siegtreffer. Eine Woche später kam Tabellenführer HSV in die Domstadt. Gegen die Happel-Schützlinge war der Teilerfolg (1:1) durchaus zufriedenstellend. „Toni" spielte sich zum vierten Mal in die *Kicker*elf des Tages, und der FC setzte sich endgültig in der Spitzengruppe der Tabelle fest.
Vier Tage später stand der UEFA-Pokal auf dem Programm, und 44.165 Fans lösten ihr Ticket an den Kassen. Mit Rom wurde der aktuelle Tabellenführer Italiens durch einen Treffer von Klaus Allofs als Verlierer zurück über die Alpen geschickt. Dem *Kicker*

schwante für das Rückspiel jedoch Schlimmes: „Der 1. FC Köln muss sich warm anziehen", war zu lesen, und das Fachblatt sollte recht behalten. Beim 0:2 im Olympiastadion bot vor allem der Angriff eine deprimierende Abschiedsvorstellung auf der internationalen Fußballbühne. Eine solche war diese Begegnung tatsächlich für Rainer Bonhof im Trikot des 1. FC Köln. Der Weltmeister von 1974 war mit seinem Reservistendasein unzufrieden und schlug seine Zelte für die Rückrunde in Berlin auf. Die Niederlage beim späteren italienischen Meister hatte dem FC ganz deutlich die Grenzen im internationalen Fußball aufgezeigt.
Anders dagegen noch das Auftreten in der Bundesliga. „Gefahr aus Köln", stand in verschiedenen Publikationen zu lesen, das 4:1 in Mönchengladbach als herbstmeisterlich beschrieben. Nur acht Tage später war dieser Traum durch die einzige Heimpleite der Saison gegen den VfB Stuttgart (1:2) ausgeträumt. Nachdem es beim späteren Absteiger Berlin auch nur zu einem 0:0 reichte, fanden sich die Rot-Weißen plötzlich auf einem enttäuschenden 6. Platz zur Winterpause wieder. Zum Abschluss des Jahres 1982 besuchten die Stuttgarter Kickers in der dritten Pokalrunde das Müngersdorfer Stadion

Kölsches Pokalfinale am 11. Juni 1983: 1. FC gegen Fortuna. Littbarski zieht ab und erzielt den Siegtreffer für die Geißböcke.

und waren mit der 1:5-Niederlage gut bedient. Wieder einmal kamen nur 4.000 Fans ins kalte Oval. Kickers-Coach Jürgen Sundermann hatte sich im Vorfeld als großer Spielverderber gezeigt. Der FC wollte 20.000 Freikarten an den Kölner Schulen verteilen, doch der Schwabe legte sein Veto ein. „Toni" Schumacher indes störte dies alles nicht. Er hatte sein persönliches WM-Trauma mit Battiston überwunden. Eine Woche nach seiner Wahl zum Kölner „Sportler des Jahres" wurde er von den Lesern des Kicker mit überwältigender Mehrheit zum besten Torhüter Deutschlands gewählt. Ein „Schicksal", das Schumacher mit Gerd Strack teilte. Der hatte auf der Position des Liberos den Bochumer Dieter Bast klar hinter sich gelassen. Der groß gewachsene Verteidiger spielte eine traumhafte Saison. Noch am 21. September hatte er das U21-Team im EM-Finale in Sheffield als Kapitän auf den Platz führen dürfen. Vier Wochen später stand er dann beim 2:1 im Wembleystadion erstmals auch bei der A-Nationalmannschaft über 90 Minuten auf dem Rasen.

TRISTESSE IM STADION

Der Club dagegen konnte keine so positive Bilanz ziehen. Für Rinus Michels allerdings kein Grund, den Kampf um die Meisterschaft bereits aufzugeben. Wohl auch deshalb, weil mit Herbert Neumann, den es vom FC Bologna wieder an den Rhein gezogen hatte, endlich ein Mittelfeldregisseur anheuerte – ablösefrei. Und die Mannschaft schickte sich bis April an, dem holländischen Coach Recht zu geben. In den ersten acht Rückrundenbegegnungen gab es nur eine Niederlage (2:3 in Kaiserslautern). Allerdings spielte der aktuelle Spitzenreiter aus Hamburg ebenfalls stark, sodass der Abstand von vier Punkten nicht verkleinert werden konnte. Die Rheinländer mussten sich ihre Erfolgserlebnisse im DFB-Pokal holen. Im Viertelfinale traf man auf den FC Schalke 04, der bereits zehn Tage zuvor beim 4:1 durch das Parkstadion gejagt worden war. Und auch im Pokalspiel hatten die Knappen nicht viel entgegenzusetzen. Mit 5:0 schickten die Domstädter den Tabellenvorletzten zurück in den Ruhrpott – Klaus Fischer traf dreimal an diesem Tag. In der Bundesliga blieb es für die Geißböcke dagegen deprimierend. Trotz der recht guten Heimvorstellungen wollte kaum jemand das Team sehen. Gegen Braunschweig (3:1) kamen 7.664 zahlende Zuschauer, gegen den „Club" (5:2) gar nur 6.044. Selbst im Derby gegen Leverkusen (5:2) füllten gerade einmal 6.119 Interessierte die Plätze. Dazu kamen die gewohnten Ausrutscher wie ein 1:1 beim Tabellenletzten in Karlsruhe.

POKALHIT ZUM HALBFINALE

Im Halbfinale des DFB-Pokals wartete mit dem VfB Stuttgart ein schwerer Gegner auf die Kölner, die jedoch zeigten, was sie zu leisten vermochten. „Der Hit riss alle mit", lautete eine der anschließenden Schlagzeilen. 35.720 Zuschauer wurden Zeuge eines großartigen und spannenden Fußballspiels, in dem sich beide Teams einen offenen Schlagabtausch lieferten. Der FC gewann in der Verlängerung mit 3:2 und sorgte in Köln für wahre Festtagsstimmung. Held des Tages war Frank Hartmann. Sieben Minuten vor dem Ende eingewechselt, gelang ihm 60 Sekunden später der Ausgleichstreffer, und in der Verlängerung glänzte er als Flankengeber zum Siegtor für Paul Steiner.
Die Freude war zwei Tage später noch größer, als auch die Kölner Fortuna mit einem glorreichen 5:0 die Dortmunder abfertigte und somit am 11. Juni ein Stadtderby als Finalbegegnung feststand. Dies sollte aber bis zum Endspiel für beide Clubs der letzte Höhepunkt bleiben, denn die weiteren Saisonziele konnten bereits wenige Tage später endgültig zu den Akten gelegt werden.

[Interessantes & Kurioses]

■ Die A-Jugend zieht überraschend in die Endrunde um die Deutsche Meisterschaft ein. Im Finale in Marburg unterliegt sie der Frankfurter Eintracht mit 0:2. Trainer dieser A-Jugend war übrigens ein gewisser Christoph Daum.

■ Nicht nur in Deutschland, sondern auch in Übersee ist die Jugend der Domstädter gern gesehener Gast. So weilt die A-1 im Februar in Saudi Arabien und unterliegt dort der Jugendnationalmannschaft mit 0:3.

■ Autogrammkarten sind in den 1980er Jahren ein Gradmesser der Beliebtheit einer Mannschaft. Beim FC werden rund 10.000 verschickt, womit die Domstädter zu den beliebtesten Teams der Republik zählen.

■ Geehrt wird in diesem Jahr auch Hans-Gerhard König, der seit 25 Jahren für den FC als Stadionsprecher fungiert.

■ Stark gesunken ist das Zuschauerinteresse. Rund 17.000 Zuschauer besuchen im Schnitt die 17 Bundesligaspiele im Müngersdorfer Stadion, 7.000 weniger als kalkuliert.

■ Erstmals richtet der FC ein Hallenturnier in der Sporthalle Deutz aus. Die Rot-Weißen dürfen sich auch gleich als erster Gewinner in die Siegerliste eintragen.

■ Nachdem der Fanartikelverkauf bislang immer über Lizenzeigner geregelt war, nimmt der FC ab dem 30. Juni 1982 das „Merchandising" komplett selbst in die Hand. Neben dem Verkauf im Gastbereich des Geißbockheims und im Stadion findet erstmals auch ein Versand der Devotionalien statt. Der Verein erhofft sich so Mehreinnahmen von rund 100.000 DM.

Siegermedaille der Stadt Köln (Vorder- und Rückseite), die nur an Spieler und Offizielle verliehen wurde.

- Stephan Engels Treffer zum 2:0 (5:0) bei den Glasgow Rangers wurde zum „Tor des Monats" gekürt.

- Auch die Handballabteilung präsentiert sich überaus erfolgreich. Die Herren sind Staffelsieger und Aufsteiger, dazu Kreispokalsieger, und es gelingt sogar der Einzug ins Mittelrheinpokalfinale. Bei den Damen ist die weibliche A-Jugend am erfolgreichsten. In der Kreismeisterschaft muss man sich erst im Entscheidungsspiel dem Pulheimer SC geschlagen geben. Aber im Kreispokal haben die jungen Damen die Nase vorn.

- Einen Rekord für die Ewigkeit stellen die Geißböcke im DFB-Pokal auf. Alle sechs Spiele, von Runde eins bis einschließlich des Finalspiels, werden in Müngersdorf ausgetragen. Selbst Hertha BSC Berlin kann dies heutzutage kaum noch erreichen, da in der ersten Runde die Amateurmannschaften grundsätzlich alle Heimrecht haben.

- Pierre Littbarski wird mit der U21 Vize-Europameister. Nachdem das Hinspiel in Sheffield mit 1:3 verloren ging, sollte in Bremen doch noch der Titel gewonnen werden. Dreifacher Torschütze auf deutscher Seite war Pierre Littbarski. Leider kassierte die Nationalelf auch zwei Gegentreffer, sodass England die Trophäe mit nach Hause nehmen durfte.

Der 1. FC Köln ist Deutscher Pokalsieger 1983. Stehend von links: Engels, Schumacher, Herings, Strack, Steiner, Michels, Präsident Weiand, Konopka, Willmer, Hartmann, Sportdirektor Löhr, Zimmermann, Manager Thielen, Hönerbach. Kniend von links: Allofs, Littbarski, Prestin, Neumann, Fischer, Sljivo, Co-Trainer Takac.

Der Pokalsiegerwimpel des DFB. Heute zu sehen im FC-Museum.

Im Rahmen des Sportpressefestes bekommt Pierre Littbarski die „goldene Presseente" verliehen (rechts FC-Stadionsprecher Hans-Gerhard König).

Der FC verlor in Bielefeld fast ohne Gegenwehr mit 0:2, und die Fortuna blamierte sich gegen die Offenbacher Kickers gar mit 1:4 und verabschiedete sich aus dem Aufstiegsrennen. So plätscherten die letzten Meisterschaftsbegegnungen vor sich hin. Der FC blieb seinem Motto „Zuhause hui, Auswärts pfui" für 1983 treu und landete am Ende auf einem 5. Platz, der immerhin die Qualifikation für den Europapokal bedeutete.

EINE STADT STEHT KOPF

In den letzten Maitagen sprach ganz Köln nur noch vom Traumfinale: FC gegen Fortuna. Innerhalb von nur wenigen Stunden war die Partie ausverkauft und spülte die Rekordsumme von 800.000 DM in die Kassen beider Vereine, für die nach Abzug der Unkosten immerhin jeweils 1/3 gutgeschrieben werden konnte. Eine Stadt spielte verrückt – das war allein schon in der Planung des Rahmenprogramms zu erkennen: BAP spielt die Nationalhymne, Willy Millowitsch macht den Stadionsprecher, dazu die „Höhner" oder vielleicht doch die Bläck Fööss? All diese Möglichkeiten waren im Gespräch. Am Ende blieb dann doch alles beim Alten.

Von Beginn an dominierte der Zweitligist aus der Südstadt das Spiel, konnte seine zahlreichen Torchancen gegen die ängstlich und hilflos agierenden Geißböcke aber nicht nutzen. In der 68. Minute hatte der FC das Glück des Favoriten, als Pierre Littbarski nach einem Missverständnis zwischen Helmschrot und Finkler eiskalt aus 11 Metern zum 1:0-Siegtreffer einschoss. Dies war ganz und gar nicht nach dem Geschmack der „neutralen" Zuschauer die den FC bei der späteren Siegerehrung teilweise gnadenlos auspfiffen und so für einen bitteren Beigeschmack des bis heute letzten Titelgewinns der Geißböcke sorgten. Die Reaktionen der Spieler gingen von Fassungslosigkeit bis Wut. Harald Konopka zeigte den pfeifenden Nörglern gar das blanke Hinterteil mit den Worten „Jubelt, ihr Arschlöcher!" Auch bei der späteren Feier im Geißbockheim sollte es Ärger geben: Während drinnen nur die Mannschaft samt Ehrengäste feierte, fühlten sich die nur wenigen Hundert treuen Fans vor dem Clubhaus ausgesperrt. Mit wütenden Spottgesängen und „Michels raus"-Rufen machten sie ihrem Unmut Luft. Trotz aller negativen Begleitumstände – der 1. FC Köln hatte zum vierten Mal in seiner Vereinsgeschichte den „Pott" gewonnen und die Mannschaft begoss den Sieg mit reichlich Kölsch und Sekt inkl. musikalischer Unterhaltung durch die „Höhner". Wer nun aber dachte, dass rund um die Cluballee Ruhe einkehren würde, wurde schnell eines Besseren belehrt. So erklärte Rüdiger Schmitz, persönlicher Berater und Freund von „Toni" Schumacher: „Trainer Rinus Michels ist völlig ungeeignet, junge Spieler in den Kader einzugliedern." Und Schumacher selbst legte noch vom Krankenbett aus, er ließ sich in der Spielpause den Meniskus richten, nach: „Mit Michels wollte doch keiner aus der Mannschaft etwas zu tun haben. Er lebt wie in einer Wasserburg, und ich bin der einzige Steg zu ihm." Und auch die Fans standen dem Holländer distanziert gegenüber. Selbst bei der Pokalfeier hallten „Michels raus"-Rufe über den Parkplatz des Geißbockheims. So wurden bereits die ersten Störfeuer für die neue Saison gelegt.

STATISTIK 1982/83

BUNDESLIGA

21.08.1982 1.FC Köln 2:2 (0:0)
Zuschauer: 20.800
Tore: 1:0 (61.) Bruns, 1:1 (69.) Zimmermann, 2:1 (73.) Tripbacher, 2:2 (77.) Fischer
Aufstellung: Schumacher, Strack, Hönerbach, Steiner, Willmer, Kroth, Sljivo (80. Konopka), Engels, Cullmann (61. Zimmermann), Littbarski, Fischer,

01.09.1982 Borussia Dortmund - 1.FC Köln 2:0 (1:0)
Zuschauer: 45.500
Tore: 1:0 (14.) Keser, 2:0 (53.) Rüssmann.
Aufstellung: Schumacher, Strack, Hönerbach, Steiner, Willmer, Sljivo, Konopka (78. Hartmann), Engels, Prestin, Littbarski, Fischer.

04.09.1982 1.FC Köln - FC Schalke 04 2:1 (2:1)
Zuschauer: 26.727
Tore: 1:0 (06.) Engels, 1:1 (21.) Clute Simon, 2:1 (33.) Hönerbach
Aufstellung: Schumacher, Hönerbach, Strack, Steiner, Willmer, Prestin, Engels, Sljivo, Konopka, Littbarski (84. Hartmann), Fischer (67. Cullmann).

07.09.1982 1.FC Köln - 1.FC Kaiserslautern 3:0 (2:0)
Zuschauer: 13.203
Tore: 1:0 (31.) Fischer, 2:0 (43.) Littbarski, 3:0 (70.) Sljivo.
Aufstellung: Schumacher, Strack, Steiner, Prestin, Hönerbach, Konopka (77. Bonhof), Engels, Sljivo, Willmer, Fischer, Littbarski.

11.09.1982 1.FC Nürnberg - 1.FC Köln 2:1 (1:1)
Zuschauer: 20.000
Tore: 1:0 (04.) Reinhardt, 1:1 (16.) Steiner, 2:1 (51.) Heck.
Aufstellung: Schumacher, Hönerbach, Willmer (60. Zimmermann), Steiner, Strack, Konopka, Littbarski, Sljivo, Fischer, Engels, Cullmann (72. Hartmann).

18.09.1982 1.FC Köln - SV Werder Bremen 2:1 (2:1)
Zuschauer: 12.787
Tore: 1:0 (02.) Littbarski, 1:1 (08.) Meier, 2:1 (12.) Allofs.
Aufstellung: Schumacher, Hönerbach, Strack, Steiner, Prestin, Willmer (46. Zimmermann), Konopka, Sljivo, Engels (80. Hartmann), Littbarski, Allofs.

25.09.1982 Fortuna Düsseldorf - 1.FC Köln 2:6 (2:1)
Zuschauer: 16.500
Tore: 1:0 (07.) Edvaldsson, 1:1 (39.) Littbarski, 2:1 (41.) Wenzel, 2:2 (47.) Allofs, 2:3 (69.) Steiner, 2:4 (80.) Fischer, 2:5 (84.) Sljivo, 2:6 (90.) Hartmann.
Aufstellung: Schumacher, Hönerbach (86. Hartmann), Willmer (78. Prestin), Strack, Steiner, Konopka, Sljivo, Engels, Littbarski, Fischer, Allofs.

02.10.1982 1.FC Köln - Karlsruher SC 4:1 (3:1)
Zuschauer: 9.826
Tore: 1:0 (02.) Fischer, 1:1 (18.) Günther, 2:1 (40.) Littbarski, 3:1 (43.) Strack, 4:1 (79.) Engels (FE).
Aufstellung: Schumacher, Strack, Hönerbach, Steiner, Willmer, Konopka (53. Bonhof), Sljivo, Engels, Littbarski, Fischer (80. Hartmann), Allofs.

09.10.1982 Bayer 04 Leverkusen - 1.FC Köln 0:0
Zuschauer: 12.500
Aufstellung: Schumacher, Strack, Prestin, Steiner, Willmer, Konopka (67. Bonhof), Sljivo, Fischer, Engels, Littbarski, Allofs, (78. Hartmann).

23.10.1982 1.FC Köln - Arminia Bielefeld 1:0 (1:0)
Zuschauer: 13.233
Tor: 1:0 (27.) Strack.
Aufstellung: Schumacher, Strack, Prestin (46. Zimmermann), Steiner, Willmer, Konopka, Sljivo, Bonhof, Engels, Littbarski, Allofs (79. Hartmann).

30.10.1982 Eintracht Frankfurt - 1.FC Köln 3:0 (2:0)
Zuschauer: 33.000
Tore: 1:0, 2:0 (23., 27.) Nickel, 3:0 (79.) Cha.
Aufstellung: Schumacher, Strack, Konopka, Steiner, Willmer, Bonhof (77. Zimmermann), Sljivo, Allofs, Littbarski, Fischer, Engels.

06.11.1982 1.FC Köln - VfL Bochum 4:1 (0:0)
Zuschauer: 9.160
Tore: 1:0 (50.) Littbarski, 2:0, 3:0 (66., 69.) Fischer, 4:0 (72.) Littbarski, 4:1 (73.) Storck.
Aufstellung: Schumacher, Strack, Steiner, Willmer, Zimmermann, Bonhof, Sljivo, Engels, Littbarski, Fischer, Allofs.
B.V.: Zumdick hält FE. von Engels (84.).

13.11.1982 FC Bayern München - 1.FC Köln 0:1 (0:0)
Zuschauer: 55.000
Tor: 0:1 (90.) Littbarski.
Aufstellung: Schumacher, Prestin, Willmer, Strack, Steiner, Konopka (80. Bonhof), Sljivo, Engels, Littbarski, Fischer, Allofs.

20.11.1982 1.FC Köln - Hamburger SV 1:1 (1:1)
Zuschauer: 49.176
Tore: 1:0 (41.) Engels, 1:1 (43.) Magath.
Aufstellung: Schumacher, Prestin, Strack, Steiner, Willmer, Konopka, Sljivo, Fischer, Engels, Littbarski, Allofs.

27.11.1982 Borussia M'gladbach - 1.FC Köln 1:4 (0:1)
Zuschauer: 25.000
Tore: 0:1 (11.) Allofs, 0:2 (58.) Littbarski, 1:2 (65.) Bruns, 1:3 (79.) Littbarski, 1:4 (81.) Allofs.
Aufstellung: Schumacher, Steiner, Strack, Prestin, Zimmermann, Bonhof, Sljivo, Engels (72. Cullmann), Littbarski, Fischer (72. Hartmann), Allofs.

04.12.1982 1.FC Köln - VfB Stuttgart 1:2 (1:2)
Zuschauer: 22.556
Tore: 0:1, 0:2 (12., 32.) Allgöwer, 1:2 (38.) Allofs.
Aufstellung: Schumacher, Cullmann, Prestin, Steiner (80. Hartmann), Zimmermann, Bonhof (46. Willmer), Sljivo, Engels, Littbarski, Fischer, Allofs.

11.12.1982 Hertha BSC Berlin - 1.FC Köln 0:0
Zuschauer: 18.332
Aufstellung: Schumacher, Prestin, Zimmermann, Cullmann (79.Hartmann), Steiner, Willmer, Littbarski, Sljivo, Fischer, Engels, Allofs.

22.01.1983 1.FC Köln - Eintracht Braunschweig 3:1 (1:0)
Zuschauer: 7.664
Tore: 1:0 (38.) Zimmermann, 2:0 (48.) Allofs, 3:0 (60.) Willmer, 3:1 (71.) Geiger.
Aufstellung: Schumacher, Prestin, Cullmann, Steiner, Zimmermann, Hartmann, Sljivo, Willmer, Littbarski, Fischer, Allofs.

29.01.1983 1.FC Kaiserslautern - 1.FC Köln 3:2 (1:0)
Zuschauer: 29.000
Tore: 1:0 (05.) Eilenfeld, 1:1 (62.) Littbarski, 2:1 (68.) Briegel (FE), 3:1 (75.) Wolf, 3:2 (78.) Zimmermann.
Aufstellung: Schumacher, Prestin, Cullmann, Zimmermann, Steiner, Hartmann (63. Neumann), Littbarski, Sljivo, Fischer, Willmer, Allofs.

05.02.1983 1.FC Köln - Borussia Dortmund 2:2 (1:0)
Zuschauer: 14.758
Tore: 1:0 (02.) Allofs, 1:1 (72.) Klotz, 2:1 (80.) Allofs, 2:2 (90.) Klotz.
Aufstellung: Schumacher, Cullmann (46. Hartmann), Prestin, Steiner, Zimmermann, Willmer, Sljivo (83. Neumann), Engels, Littbarski, Fischer, Allofs.

19.02.1983 FC Schalke 04 - 1.FC Köln 1:4 (0:2)
Zuschauer: 25.000
Tore: 0:1 (05.) Fischer, 0:2 (16.) Steiner, 1:2 (59.) Dietz, 1:3 (71.) Littbarski, 1:4 (77.) Zimmermann.
Aufstellung: Schumacher, Prestin, Zimmermann, Hartmann, Steiner, Willmer, Littbarski, Sljivo, Fischer, Hönerbach, Allofs.

05.03.1983 SV Werder Bremen - 1.FC Köln 1:1 (0:1.)
Zuschauer: 34.000
Tore: 0:1 (43.) Fischer, 1:1 (54.) Sidka (FE).
Aufstellung: Schumacher, Strack, Prestin, Steiner, Zimmermann, Sljivo, Engels, Willmer, Hönerbach, Littbarski, Fischer.

12.03.1983 1.FC Köln - Fortuna Düsseldorf 4:0 (3:0)
Zuschauer: 13.384
Tore: 1:0 (05.) Allofs, 2:0, 3:0 (21., 45. [FE]) Littbarski, 4:0 (77.) Engels.
Aufstellung: Schumacher, Prestin Steiner (82. Haas), Hönerbach (71. Hartmann), Strack, Zimmermann, Willmer, Engels, Littbarski, Fischer, Allofs.

19.03.1983 Karlsruher SC - 1.FC Köln 1:1 (0:1)
Zuschauer: 15.000
Tore: 0:1 (19.) Willmer, 1:1 (81.) Bold.
Aufstellung: Schumacher, Prestin, Zimmermann, Strack, Steiner, Willmer, Littbarski, Sljivo, Fischer, Engels (88. Hönerbach), Allofs.

22.03.1983 1.FC Köln - 1.FC Nürnberg 5:2 (3:1)
Zuschauer: 6.044
Tore: 1:0 (04.) Allofs, 2:0 (18.) Littbarski, 2:1 (25.) Weyerich (FE), 3:1 (44.) Allofs, 4:1 (58.) Engels, 4:2 (65.) Dreßel, 5:2 (87.) Fischer.
Aufstellung: Schumacher, Prestin, Steiner, Strack, Zimmermann, Engels, Sljivo, Willmer (65. Hönerbach), Littbarski, Fischer, Allofs.

09.04.1983 Arminia Bielefeld - 1.FC Köln 2:0 (0:0)
Zuschauer: 23.000
Tore: 1:0 (47.) Lienen, 2:0 (85.) Reiss.
Aufstellung: Schumacher, Strack, Prestin, Steiner, Zimmermann, Willmer (77. Allofs), Sljivo (85. Haas), Engels, Littbarski, Fischer, Hartmann.

16.04.1983 1.FC Köln - Eintracht Frankfurt 2:2 (1:1)
Zuschauer: 9.780
Tore: 1:0 (05.) Littbarski (FE), 1:1 (16.) Sziedat, 2:1 (53.) Fischer, 2:2 (59.) Kroth.
Aufstellung: Schumacher, Strack, Steiner, Hönerbach, Prestin, Hartmann, Sljivo, Zimmermann, Willmer (65. Neumann), Fischer, Littbarski.

19.04.1983 1.FC Köln - Bayer 04 Leverkusen 4:1 (2:1)
Zuschauer: 6.119
Tore: 1:0 (03.) Fischer, 2:0 (10.) Strack, 2:1 (33.) Ökland, 3:1 (60.) Fischer, 4:1 (69.) Neumann.
Aufstellung: Schumacher, Prestin, Strack, Steiner, Hartmann, Hönerbach, Neumann, Sljivo (46. Zimmermann), Engels, Littbarski, Fischer.

30.04.1983 VfL Bochum - 1.FC Köln 0:0
Zuschauer: 18.000
Schumacher (53. Ehrmann), Prestin, Zimmermann, Strack, Steiner, Hönerbach, Littbarski, Neumann, Fischer (41. Willmer), Engels, Hartmann.

07.05.1983 1.FC Köln - FC Bayern München 2:0 (1:0)
Zuschauer: 54.300
Tore: 1:0 (45.) Strack, 2:0 (65.) Steiner.
Aufstellung: Schumacher, Prestin, Strack, Steiner, Willmer, Hönerbach, Zimmermann, Neumann, Littbarski, Fischer, Engels.

14.05.1983 Hamburger SV - 1.FC Köln 2:1 (1:0)
Zuschauer: 50.000
Tore: 1:0 (39.) Hartwig, 1:1 (75.) Littbarski, 2:1 (76.) Hartwig.
Aufstellung: Schumacher, Prestin (74. Haas), Steiner, Strack, Willmer, Hönerbach (66. Allofs), Zimmermann, Engels, Neumann, Littbarski, Fischer.

21.05.1983 1.FC Köln - Borussia M'gladbach 2:1 (0:1)
Zuschauer: 15.891
Tore: 0:1 (23.) Bruns, 1:1 (55.) Strack, 2:1 (79.) Steiner.
Aufstellung: Schumacher, Prestin (83. Hönerbach), Strack, Steiner, Zimmermann, Neumann, Hartmann, Engels, Littbarski, Fischer, Allofs (68. Willmer).

28.05.1983 VfB Stuttgart - 1.FC Köln 2:1 (1:0)
Zuschauer: 34.000
Tore: 1:0 (44.) Allgöwer, 2:0 (62.) Six, 2:1 (86.) Hartmann.
Aufstellung: Schumacher, Strack, Hönerbach, Steiner, Zimmermann, Konopka (59. Hartmann), Neumann, Engels, Littbarski, Fischer, Allofs (70. Willmer).

STATISTIK 1982/83

04.06.1983 **1. FC Köln - Hertha BSC Berlin** 3:2 (1:0)
Zuschauer: 6.393
Tore: 1:0 (23.) Willmer, 2:0 (53.) Zimmermann, 3:0 (77.) Allofs, 3:1 (80.) Timme, 3:2 (84.) Killmaier.
Aufstellung: Schumacher, Prestin, Zimmermann, Strack, Willmer, Konopka (81. Sljivo), Littbarski, Neumann (46. Hartmann), Fischer, Engels, Allofs.

DFB-POKAL

1. Runde
28.08.1982 **1. FC Köln - Bayer 05 Uerdingen** 3:1 (2:1)
Zuschauer: 5.013
Tore: 1:0 (05.) Schwarz (E), 1:1 (07.) Szech, 2:1 (45.) Strack, 3:1 (71.) Engels (FE).
Aufstellung: Schumacher, Hönerbach, Strack, Steiner, Prestin, Konopka, Sljivo, Engels, Littbarski, Fischer, Schmidt (59. Kroth).

2. Runde
16.10.1982 **1. FC Köln - Bayer 04 Leverkusen** 3:1 (2:1)
Zuschauer: 7.446
Tore: 1:0 (03.) Engels, 1:1 (35.) Waas, 2:1 (36.) Sljivo, 3:1 (62.) Littbarski.
Aufstellung: Schumacher, Prestin, Strack, Steiner, Willmer, Konopka, Sljivo (57. Bonhof), Engels (69. Zimmermann), Littbarski, Fischer, Allofs.
B.V.: Platzverweis für Saborowski (66.).

Achtelfinale
18.12.1982 **1. FC Köln - Stuttgarter Kickers** 5:1 (3:0)
Zuschauer: 3.969
Tore: 1:0 (23.) Engels, 2:0 (30.) Fischer, 3:0 (37.) Allofs, 4:0 (48.) Fischer, 5:0 (55.) Engels, 5:1 (69.) Klinsmann.
Aufstellung: Schumacher, Hönerbach, Cullmann, Zimmermann, Prestin (86. Willmer), Neumann, Sljivo, Engels, Littbarski, Fischer, Allofs (46. Hartmann).

Viertelfinale
01.03.1983 **1. FC Köln - FC Schalke 04** 5:0 (3:0)
Zuschauer: 12.819
Tore: 1:0, 2:0 (05., 18.) Fischer, 3:0 (36.) Engels, 4:0 (47.) Fischer, 5:0 (62.) Zimmermann.
Aufstellung: Schumacher, Hönerbach (46. Strack), Steiner, Prestin, Willmer, Zimmermann, Sljivo (86. Hartmann), Engels, Littbarski, Fischer, Allofs.

Halbfinale
02.04.1983 **1. FC Köln - VfB Stuttgart** 3:2 n.V.
Zuschauer: 35.720
Tore: 0:1 (10.) Allgöwer, 1:1 (20.) Engels (FE), 1:2 (62.) Six, 2:2 (84.) Hartmann, 3:2 (94.) Steiner.
Aufstellung: Schumacher, Prestin, Strack, Steiner, Zimmermann, Hönerbach (83. Hartmann), Sljivo, Engels, Littbarski, Fischer, Allofs (77. Willmer).

Finale
11.06.1983 **1. FC Köln - SC Fortuna Köln** 1:0 (0:0)
Zuschauer: 60.000
Tor: 1:0 (68.) Littbarski.
Aufstellung: Schumacher, Prestin, Strack, Steiner, Zimmermann, Konopka (81. Willmer), Neumann, Engels, Littbarski, Fischer, Allofs (90. Hartmann).

UEFA-POKAL

1. Runde (Hinspiel)
14.09.1982 **AEK Athen - 1. FC Köln** 3:3 (2:2) abgebr.
Zuschauer: 37.000
Tore: 1:0 (03.) Vlachos, 1:1 (29.) Fischer, 1:2 (32.) Zimmermann, 2:2 (42.) Ballis (FE), 3:2 (51.) Nikoloudis, 3:3 (57.) Strack.
Aufstellung: Schumacher, Hönerbach, Strack, Steiner, Willmer, Konopka, Cullmann, Zimmermann, Sljivo, Littbarski, Fischer (46. Hartmann).
B.V.: Das Spiel wurde in der 91. Minute wegen Flutlichtausfalls abgebrochen und zwei Wochen später erneut angesetzt.

Wiederholungsspiel
29.09.1982 **AEK Athen - 1. FC Köln** 0:1 (0:0)
Zuschauer: 12.486
Tor: 0:1 (58.) Allofs.
Aufstellung: Schumacher, Hönerbach, Strack, Steiner, Prestin, Konopka, Sljivo, Engels, Fischer, Littbarski, Allofs (82. Hartmann).

1. Runde (Rückspiel)
06.10.1982 **1. FC Köln - AEK Athen** 5:0 (4:0)
Zuschauer: 16.490
Tore: 1:0 (09.) Fischer, 2:0 (15.) Sljivo, 3:0 (21.) Engels (FE), 4:0 (24.) Fischer, 5:0 (60.) Sljivo.
Aufstellung: Schumacher, Prestin, Strack, Steiner, Willmer, Konopka, Sljivo, Engels (83. Hartmann), Littbarski (61. Bonhof), Fischer, Allofs.
B.V.: Mavros verschießt einen FE. (37.).

2. Runde (Hinspiel)
20.10.1982 **Glasgow Rangers - 1. FC Köln** 2:1 (1:0)
Zuschauer: 55.000
Tore: 1:0 (10.) Johnstone, 1:1 (60.) Allofs, 2:1 (85.) McClelland.
Aufstellung: Schumacher, Konopka (80. Zimmermann), Strack, Steiner, Prestin, Bonhof, Sljivo, Cullmann, Engels, Littbarski, Allofs (80. Willmer).

2. Runde (Rückspiel)
03.11.1982 **1. FC Köln - Glasgow Rangers** 5:0 (4:0)
Zuschauer: 49.644
Tore: 1:0 (07.) Littbarski, 2:0 (12.) Engels, 3:0 (19.) Fischer, 4:0 (21.) Engels (FE), 5:0 (52.) Allofs.
Aufstellung: Schumacher, Prestin, Strack, Steiner, Willmer, Konopka, Sljivo, Engels, Littbarski, Fischer, Allofs (74. Cullmann).
B.V.: Platzverweis für Willmer.

Achtelfinale (Hinspiel)
24.11.1982 **1. FC Köln - AS Rom** 1:0 (1:0)
Zuschauer: 44.165
Tor: 1:0 (40.) Allofs.
Aufstellung: Schumacher, Zimmermann, Cullmann, Steiner, Prestin, Konopka, Bonhof, Sljivo, Engels, Fischer, Allofs.

Achtelfinale (Rückspiel)
08.12.1982 **AS Rom - 1. FC Köln** 2:0 (0:0)
Zuschauer: 68.000
Tore: 1:0 (55.) Iorio, 2:0 (88.) Falcao.
Aufstellung: Schumacher, Zimmermann, Cullmann, Willmer, Prestin, Littbarski, Bonhof (87. Hartmann), Sljivo, Engels, Fischer, Allofs.

FREUNDSCHAFTSSPIELE

24.07.1982 TSV Gilserberg - 1. FC Köln 1:6 (0:2)

25.07.1982 SpVgg Langenselbold - 1. FC Köln 1:5 (1:3)

27.07.1982 SKG Bad Homburg - 1. FC Köln 0:4 (0:2)

29.07.1982 SV Wiesbaden - 1. FC Köln 0:3 (0:1)

31.07.1982 SC Freiburg - 1. FC Köln 0:1 (0:1)

01.08.1982 Borussia M'gladbach - 1. FC Köln 3:2 (0:0)
(in Freiburg)

03.08.1982 Dynamo Zagreb - 1. FC Köln 1:0 (0:0)
(in Paris)

05.08.1982 Paris St.Germain - 1. FC Köln 2:1 (2:1)

10.08.1982 1. FC Köln - FC Brügge 2:1 (2:0)

13.08.1982 AZ Alkmaar - 1. FC Köln 1:0 (0:0)
(in Amsterdam)

15.08.1982 Tottenham Hotspurs - 1. FC Köln 1:3 n.E.
(in Amsterdam)

24.08.1982 Manchester City - 1. FC Köln 8:7 n.E.
(in Barcelona)

25.08.1982 FC Barcelona - 1. FC Köln 6:5 n.E.

09.01.1983 OGC Nizza - 1. FC Köln 1:1 (0:1)

11.01.1983 Olympique Lyon - 1. FC Köln 1:1 (0:0)

04.04.1983 1. FC Saarbrücken - 1. FC Köln 0:4 (0:1)

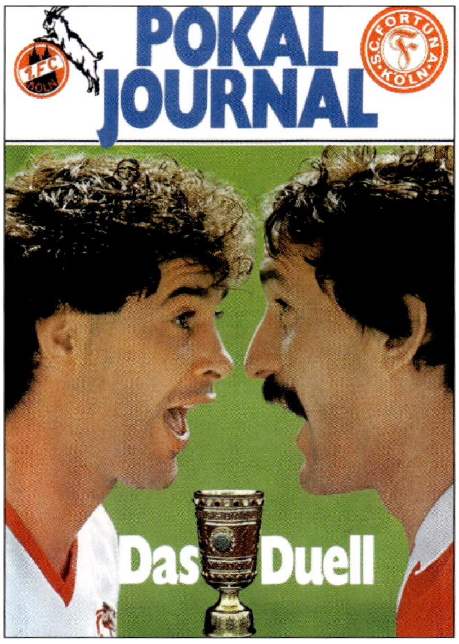

Drei Programmhefte erschienen zum 1983er Endspiel.

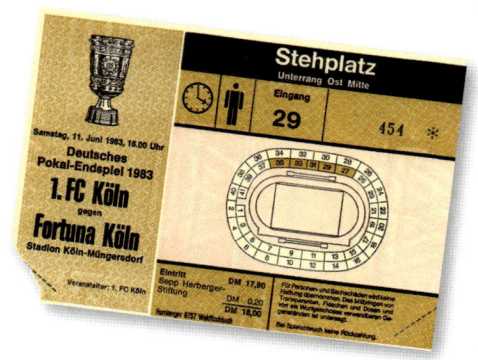

Eintrittskarte zum Pokal-Stadtderby.

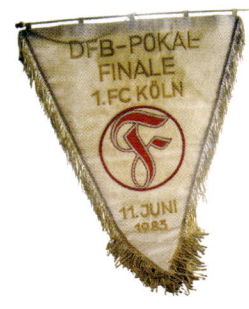

Wimpel der Fortuna, der vor dem Spiel dem FC überreicht wurde.

STATISTIK 1982/83

Der FC zu Gast in der „Ewigen Stadt". Eintrittskarte vom UEFA-Pokalspiel beim AS Rom.

FIEBERKURVE 1982/83

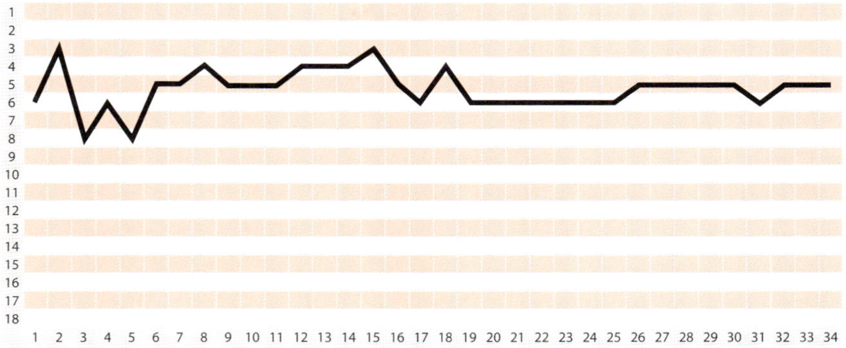

1. BUNDESLIGA 1982/83

1.	Hamburger SV (M)	79:33	52:16
2.	Werder Bremen	76:38	52:16
3.	VfB Stuttgart	80:47	48:20
4.	Bayern München (P)	74:33	44:24
5.	1. FC Köln	69:42	43:25
6.	1. FC Kaiserslautern	57:44	41:27
7.	Borussia Dortmund	78:62	39:29
8.	Arminia Bielefeld	46:71	31:37
9.	Fortuna Düsseldorf	63:75	30:38
10.	Eintracht Frankfurt	48:57	29:39
11.	Bayer Leverkusen	43:66	29:39
12.	Borussia M'gladbach	64:63	28:40
13.	VfL Bochum	43:49	28:40
14.	1. FC Nürnberg	44:70	28:40
15.	Eintracht Braunschweig	42:65	27:41
16.	FC Schalke 04 (N)	48:68	22:46
17.	Karlsruher SC	39:86	21:47
18.	Hertha BSC Berlin (N)	43:67	20:48

Klaus Fischer umspielt Vierchowod von AS Rom. Im UEFA-Cup bezwangen die Kölner den römischen Club im heimischen Stadion mit 1:0.

BUNDESLIGAKADER 1982/83

Abgänge: Bonhof (Hertha BSC Berlin, w.d.l.S.), Grabosch (Fortuna Köln), Kroth (Eintracht Frankfurt, w.d.l.S.), Lipka (FC Zürich, w.d.l.S.), R. Müller (Rot-Weiß Essen, w.d.l.S.), Woodcock (Arsenal London)
Zugänge: Haas (1. FC Saarbrücken, w.d.l.S.), Mennie (Borussia Lippstadt), Neumann (FC Bologna, w.d.l.S.), Sljivo (OGC Nizza)

Trainer: Rinus Michels		Allofs, Klaus	24/12
		Hartmann, Frank	23/2
Tor:		Hönerbach, Matthias	20/1
Schumacher, Harald	34/0	Konopka, Harald	15/0
Ehrmann, Gerald	1/0	Neumann, Herbert	10/1
		Bonhof, Rainer	9/0
Feld:		Cullmann, Bernd	9/0
Littbarski, Pierre	34/16	Haas, Uwe	3/0
Steiner, Paul	33/5	Kroth, Thomas	1/0
Fischer, Klaus	32/12	Schmidt, Ferenc	0/0
Willmer, Holger	32/3	Üzüm, Telat	0/0
Engels, Stephan	30/5	Mennie, Vincent	0/0
Strack, Gerhard	28/5	Faust, Hans	0/0
Sljivo, Edhem	28/2	Müller, Rudolf	0/0
Prestin, Dieter	28/0	Lipka, Hans-Peter	0/0
Zimmermann, Herbert	26/5		

Das offizielle Programmheft zum Kölschen Pokalfinale.

Der Erinnerungswimpel vom UEFA-Cup-Heimspiel gegen AS Rom.

1982/83 ■ 319

1983/84
1. BUNDESLIGA

Hinter den Erwartungen zurück

[LEGENDEN]

Dieter Prestin
Beim FC von 1966 bis 1989
Geboren: 23.08.1956 in Hürth
Pflichtspiele beim FC: 316
Pflichtspieltore: 9

Dauerläufer mit Kämpferherz
Noch nicht einmal zehn Jahre war Dieter Prestin alt, als er in die Jugendabteilung der Geißböcke gelangte. Trainer wie Jupp Röhrig und Erich Rutemöller förderten den wendigen Angreifer, dem 1975 der Sprung in den Profikader gelang. Hennes Weisweiler funktionierte den Offensivspieler zum „Abwehr-Terrier" um. Eine seiner Sternstunden feierte er in Mönchengladbach, beim 5:2-Sieg in der Doublesaison 1977/78. Er schoss zwei Treffer und legte somit einen Meilenstein für den Titelgewinn. Neben der Meisterschaft 1978 wurde Prestin mit dem FC auch dreimal DFB-Pokalsieger (1977, 1978, 1983). Seine Karriere wäre noch erfolgreicher und länger geworden, wenn ihn nicht immer Verletzungen zurückgeworfen hätten. Insgesamt 20 Operationen musste der zweifache Familienvater über sich ergehen lassen. 1989 musste er als Sportinvalide mit dem Profifußball aufhören und beschränkte sich auf gelegentliche Einsätze in der FC-Traditionsmannschaft. Der Verteidiger schlug im Laufe der Jahre Angebote aus Frankfurt, Mönchengladbach und Stuttgart aus. „Aus Köln kriegt mich keiner weg", antwortete der Freund des kölschen Karnevals auf die „unmoralischen Angebote". Prestin war noch ein Fußballer vom „alten Schlag" mit Kämpferherz sowie beeindruckender Lauf- und Konditionsstärke ausgestattet. Daher spielte er 1986 trotz gebrochener Nase im UEFA-Cup Finale gegen Real Madrid. Heute lebt und arbeitet Dieter Prestin in Pulheim bei Köln als Sportversicherungsmakler.

Hintere Reihe von links: Konditionstrainer Rolf Herings, Stephan Engels, Klaus Allofs, Frank Hartmann, Klaus Fischer, Andreas Gielchen, Uwe Haas, Matthias Hönerbach. Mittlere Reihe von links: Zeugwart Hans Thönnes, Trainer Rinus Michels, Gerd Strack, Holger Willmer, Paul Steiner, Bernd Cullmann, Vincent Mennie, Anthony Baffoe, Herbert Zimmermann, Co-Trainer Silvester Takac. Untere Reihe von links: Pierre Littbarski, Dieter Prestin, Harald Konopka, Gerald Ehrmann, Michael Nißl, Harald Schumacher, Ferenc Schmidt, Edhem Sljivo.

Sportlich begann die Saison 1983/84 mit zwei Tiefschlägen. Zum einen verstarb Hennes Weisweiler am 05. Juli 1983 im Alter von 63 Jahren. Insgesamt hatte er rund elf Jahre bei den Geißböcken unter Vertrag gestanden. Des Weiteren zog sich Stephan Engels im ersten Vorbereitungsspiel gegen den 1. FC Kaiserslautern einen Kreuzbandriss zu und fiel für über drei Monate aus.

„TONI" GEGEN MICHELS
Wie im Vorjahr hielt sich der FC mit Neueinkäufen sehr zurück. Lediglich drei Nachwuchsspieler rückten in den Profikader auf. Überhaupt standen rund um den FC zu Beginn der neuen Spielzeit viele Fragezeichen: Wie stark ist das Team? Entwickeln sich die Zuschauerzahlen weiterhin nach unten? Das größte Problem aber bestand wohl zwischen Trainer und Mannschaft. Bereits kurz vor der Sommerpause hatte sich „Toni" Schumacher offen gegen Rinus Michels ausgesprochen, was ihm eine Geldstrafe von 1.000 DM einbrachte. Damit war nach außen zwar vorerst Ruhe eingekehrt, aber unter der Oberfläche gärte es weiter. Die Kluft zwischen Trainer und Mannschaft war nicht mehr zu kitten. Beim Vorbereitungsspiel in Wien saß Michels neben Manager Johannes Löhr in der Ehrenloge, anstatt die Mannschaft von der Seitenlinie aus zu coachen. Selbst im *Kicker* war der Zwist Dauerthema. So war es nicht verwunderlich, dass nach wechselhafter Vorbereitung und einem Fehlstart in der Liga das Engagement zwischen dem FC und dem holländischen Coach recht schnell beendet war. Drei Tage vor dem zweiten Heimspiel gegen die Offenbacher Kickers wurde die Trennung bekannt gegeben. „Michels hat um Vertragsauflösung gebeten. Diesem Wunsch haben wir entsprochen", lautete der kurze Kommentar des Vorstandes.

LICHT UND SCHATTEN
Die Mannschaft stand nach zwei Niederlagen in den ersten beiden Begegnungen gegen Bielefeld (2:3) und in Düsseldorf (0:2) am Tabellenende. Mit Löhr, der zunächst übergangsweise und dann ab Mitte September in Vollzeit das Training leitete, sollte alles besser werden. Zumindest vom Ergebnis her war Besserung in Sicht. Der FC gewann gegen die Hessen aus Offenbach mit dem knappsten aller Ergebnisse, spielerisch allerdings war keine Steigerung erkennbar. Auch nicht in Bremen (0:1), Mannheim (2:2) oder beim 2:1-Heimerfolg über die Jägermeister-Jünger aus Braunschweig. Einzig der „Querulant" Schumacher, der in Mannheim wegen Vorstandskritik von Präsident Peter Weiand vereinsintern gesperrt wurde, holte sich Woche für Woche Bestnoten ab. „Toni" hatte zum wiederholten Male die missliche Einkaufspolitik der Geißböcke kritisiert. Der Präsident ant-

Mit 7:1 bezwingt der FC den österreichischen Pokalsieger SSW Innsbruck. „Hansi" Reif im erfolgreichen Zweikampf.

[Interessantes & Kurioses]

■ 14 Tage lang geben Spieler in Gaststätten und Verbrauchermärkten Autogrammstunden und werben damit für den Besuch der Heimspiele bzw. für den Kauf von Dauerkarten. Immer mit dabei der Pokal, den sie im Vorjahr gewonnen hatten.

FC-Autogrammkarte der Saison 1983/84 von Matthias Hönerbach.

wortete mit dieser Sperre auf seine drakonische Art. Damit beendete er Schumachers Serie von 216 Bundesligaspielen in Folge.

Ansonsten bot die Mannschaft enttäuschendes. Tiefpunkt war die 0:1-Pleite im Europapokalspiel bei Wacker Innsbruck, wo das Team nach einer guten halben Stunde völlig den Faden verlor und sich am Ende erneut bei „Toni" bedanken konnte, dass die Niederlage nicht höher ausfiel. Licht und Schatten wechselten immer wieder. Einem klaren 3:0 gegen den VfL Bochum folgte ein 2:4 auf dem Bökelberg. Nach einem brillanten 7:1 über Wacker Innsbruck kehrte man aus Stuttgart mit einer 2:3-Niederlage zurück. Erst im Oktober schien sich die Truppe endlich gefunden zu haben. Mit dem 6:2 über Kickers Offenbach im DFB-Pokal starteten die Kölner durch. Einziger Rückschlag in dieser Phase war die 1:3-Niederlage bei Ujpest Dozsa Budapest, die im Rückspiel (4:2) trotz großen Kampfes nicht ausgebügelt werden konnte.

„SO VIEL WIE SEIT ZEHN JAHREN NICHT"

In der Bundesliga hatten die Kölner endlich einen Lauf. Selbst der FC Bayern musste sich als Tabellenführer mit 2:0 geschlagen geben. In Nürnberg siegte man mit 3:1. Die Frankfurter wurden mit einem 7:0 im wahrsten Sinne des Wortes zu Würstchen verarbeitet. Selbst der amtierende Meister HSV musste beim 2:2 im Volksparkstadion der neuen Spielstärke der Geißböcke Lob zollen. Auch die Stimmung in der Mannschaft schien sich auf dem aufsteigenden Ast zu befinden. „So viele Punkte haben wir in den letzten zehn Jahren hier in Hamburg nicht geholt", freute sich ein schmunzelnder Pierre Littbarski und spielte damit auf die zehnjährige Kölner Durststrecke im Volkspark an. Der Patient 1. FC Köln schien auf dem Weg der Besserung, so die Verantwortlichen. Doch die Mannschaft belehrte alle eines Besseren. In den letzten vier Bundesligabegegnungen des Jahres gab es mit einem 3:0 über Bayer Uerdingen nur noch einen Sieg. Vor allem die klare Heimpleite gegen den 1. FCK (1:4) und das verlorene Derby in Leverkusen (1:2) schmerzten in dieser Phase. Zumindest für Gerd Strack hatte das Jahr 1983 noch einen erfolgreichen Abschluss. Dank seines Kopfballes, zehn Minuten vor dem Ende des EM-Qualifikationsspiels gegen Albanien, durfte die deutsche Nationalmannschaft nun doch noch zur Europameisterschaft im Sommer nach Frankreich fahren. Darüber hinaus löste Strack „Toni" Schumacher als Kölns „Sportler des Jahres" ab. Nach einer ruhigen Winterpause starteten die Geißböcke gleich nach den Weihnachtsfeiertagen in die Vorbereitung zur Rückrunde. Insgesamt fünf Hallenturniere, mit einem Sieg in Genf, sowie zwei Spiele bei

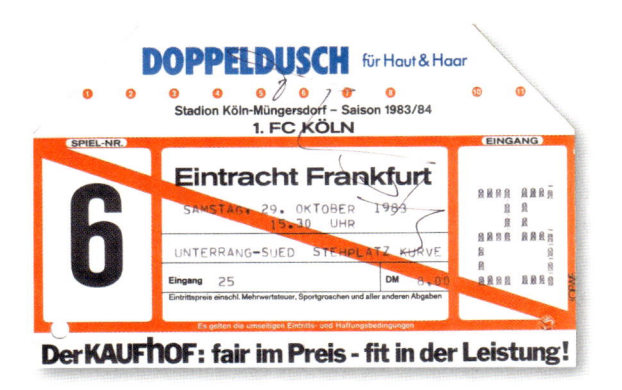

Mit 7:0 wird Eintracht Frankfurt in Müngersdorf geschlagen.

■ Als dritter Geißbock nach Karl-Heinz Schnellinger (1962) und Hans Schäfer (1963) wird Harald Schumacher zu „Deutschlands Fußballer des Jahres" gewählt.

Dem Fußballer des Jahres 1984, Harald „Toni" Schumacher, ist dieses zur Saison 1983/84 erschienene Buch gewidmet.

■ Vor der EM erbittet sich Schumachers Manager Rüdiger Schmitz eine schriftliche Stammplatzgarantie von Hermann Neuberger. Schmitz befürchtet eventuelle Nachwehen aufgrund des Battiston-Eklats vor zwei Jahren. Der DFB-Präsident stellt ihm dieses Papier aus, wohlwissend, dass keiner dem Toni das Wasser reichen kann.

1983 erscheint die Premierenausgabe der FC-Bücher „So ein Tag…" im Kölner Verlag Edition Steffan.

■ Erneut wird die A-Jugend Mittelrheinmeister. In deren Reihen stehen übrigens bereits mit Thomas Häßler und Bodo Illgner zwei kommende Weltmeister. Letzterer zeigt bereits bei der U16-Europameisterschaft, was in ihm steckt. Vor 10.000 Zuschauern in Ulm schlägt die Deutsche Elf die Sowjetunion mit 2:0. Mit dabei U16-Mannschaftskapitän Olaf Janßen, der in der kommenden Saison in der Kölner A-Jugend spielen soll.

Vom Freundschaftsspiel gegen die Spanier von Sporting Gijon brachte der FC diesen schmucken Wimpel mit.

An den Ungarn von Ujpest Budapest scheiterten die Geißböcke im Europapokal der Pokalsieger trotz des Einsatzes von Klaus Fischer.

Viktoria Köln (4:0) und Alemannia Aachen (3:1) standen im Terminkalender.

EIN SPIEL MIT ZWEI SCHIEDSRICHTERN

Doch dies reichte nicht, um bei Zweitligist Hannover 96 im DFB-Pokal bestehen zu können. Die Niedersachsen, die von Ex-FC'ler Werner Biskup trainiert wurden, kämpften den Erstligisten nieder und hatten am Ende mit 3:2 die Nase vorn. Auch in der Meisterschaft wurde der Erfolgszug immer wieder durch unnötige Niederlagen abgebremst. Der Revanche in Bielefeld (2:1) folgte ein 0:2 in Offenbach, dem Erfolg über Düsseldorf (1:0) eine glatte Heimpleite gegen Werder Bremen (1:4), gepaart mit einem Platzverweis für Stephan Engels. Dieses Wechselbad der Gefühle setzte sich während der gesamten Rückrunde fort. Dazu kam noch der Zwist mit dem Ausrüster adidas, da der FC bekannt gab, für die Saison 1985/86 zu Puma zu wechseln. „Die haben unsere Bedingungen sofort akzeptiert", so FC-Präsident Peter Weiand. Akzeptiert hatte am Ende auch Klaus Allofs das neue Angebot des FC. Der Ex-Düsseldorfer verlängerte frühzeitig seinen Vertrag bis 1987. Für die Geißböcke war dies eine wichtige Maßnahme. Wie wertvoll der Stürmer war, zeigte er bereits eine Woche später gegen Mannheim (2:0). Vor 5.323 Zuschauer gelang ihm in der letzten Spielminute der entscheidende Treffer. Und auch in Bochum, wo die Kölner mit einem 3:2-Erfolg aufwarten konnten, gehörte er zu den Besten. So zeigte sich nach dem dritten Auswärtssieg der Saison mit der möglichen UEFA-Pokal-Qualifikation endlich wieder ein Silberstreifen am Horizont. Aber genauso schnell verschwand selbiger wieder, nachdem aus den drei folgenden Spielen gegen M'gladbach (1:2), dem VfB Stuttgart (2:2) und in München (2:4), nur ein Punkt eingefahren wurde. Dabei hatten die Geißböcke in allen Spielen sogar geführt, doch diese Führung nicht in einen Erfolg ummünzen können. In München sahen 28.000 Zuschauer zwei grundverschiedene Halbzeiten mit zwei Schiedsrichtern. Zu dieser Zeit testete der DFB den Austausch mit Referees aus der Schweiz. In München sollte der Züricher Willi Jaus durch die 90 Minuten führen. Doch für den schwarzen Mann endete das Ganze nach 68 Minuten. Da führten die Gäste noch 2:1, aber wegen eines Muskelfaserrisses ließ der Schweizer sich durch seinen Linienrichter Arturo Martino ersetzen. Diese Unterbrechung brachte den FC so außer Tritt, dass die Bayern noch zu drei weiteren Treffern kamen.

Drei Spielen ohne Sieg folgten drei ohne Niederlage: ein Erfolg gegen Nürnberg (3:1), in Frankfurt (2:0) und ein Remis in Braunschweig (2:2), wo daraufhin zwei Tage später Trainer Uli Maslo entlassen wurde. Im Heimspiel gegen den letztjährigen Meister HSV setzte es eine deutliche 1:4-Niederlage, und somit waren die UEFA-Pokalplätze wieder in weite Ferne gerückt. Lokalrivale Leverkusen stand mit drei Punkten Vorsprung einen Rang höher. „Da müssen wir schon in Kaiserslautern gewinnen, um eine geringe Chance zu erhalten", wusste auch Johannes Löhr. Dort reichte es dann immerhin zu einem 2:2, und weil der Tabellennachbar zu Hause verlor, war der Vorsprung überraschend zusammengeschmolzen. Mit einem Sieg gegen Dortmund sollte der Grundstein für eine erfolgreiche Aufholjagd gelegt werden.

QUALIFIKATION GESCHAFFT

Jedoch hatten die Westfalen zunächst etwas dagegen. Zur Pause führte die Borussia mit 2:0. Mit Kampf und Einsatzbereitschaft kehrte der FC aus der Kabine zurück und drehte die Partie. Am Schluss stand es 5:2, dank eines überragenden Klaus Allofs, und plötzlich sah alles wieder ganz anders aus. Leverkusen hatte erneut verloren

Auch 1983/84 machte der FC schon „Charity": Vor dem Heimspiel gegen den VfB Stuttgart überreichen Toni Schumacher und Pierre Littbarski einen Scheck zugunsten der deutschen Krebshilfe an Mildred Scheel, Frau von Altbundespräsident Walter Scheel.

■ Immerhin zweimal dürfen die FC-Amateure im DFB-Pokal antreten. Nachdem in der ersten Runde die Westfalen vom FC Gohfeld mit einem knappen 2:1 nach Hause geschickt werden, hat die Mannschaft von Erich Rutemöller gegen den Bundesligisten VfB Stuttgart keine Chance und unterliegt mit 1:8.

■ Nach 21 Jahren verdrängen die Bayern den 1. FC Köln von der Spitze der ewigen Bundesligatabelle – genauer gesagt am 12. November 1983. Die Geißböcke unterliegen den Roten Teufeln mit 1:4. Die Bayern schlagen den HSV mit 1:0 und stehen nun seit diesem Tag unbedrängt an der Spitze.

und musste seinen Rivalen in der Tabelle vorbeiziehen lassen. Acht Tage später reiste der FC nach Krefeld und überzeugte erneut. Vor allem in der Offensive begeisterten die Kölner. 6:4 lautete der Endstand, Klaus Allofs traf dreimal. Somit war das drei Wochen zuvor propagierte Endspiel fast schon bedeutungslos geworden. Leverkusen hatte auch an diesem Spieltag zu Hause verloren, und der FC lag nun zwei Punkte vor den Rot-Schwarzen. Das Torverhältnis tat ein Übriges. Eine Niederlage mit fünf Toren Unterschied trauten auch die größten Pessimisten dem FC nicht zu. So weit kam es dann auch nicht. Der FC gewann die letzte Partie sicher mit 2:0 und hatte somit klar den Sprung in den UEFA-Pokal geschafft. Dies brachte jedem Akteur eine Erhöhung des Kontostandes um 6.000 DM ein. Erneut trug sich Allofs zweimal in die Torschützenliste ein. Er war neben Schumacher einer der Väter dieses unerwarteten Erfolges. In den letzten sieben Spielen konnte sich der Ex-Fortune immer in die Torschützenliste eintragen und stand am Ende in der Torjägerliste der Bundesliga hinter Karl-Heinz Rummenigge immerhin auf dem 2. Platz.
Meister wurde übrigens der VfB Stuttgart, und Meistermacher war ein ehemaliger Kölner. Helmut Benthaus gehörte 1964 zum Aufgebot der Kölner Titelhelden. Vier Tage nach der Begegnung in Leverkusen war dann für den größten Teil der Mannschaft die Spielzeit endgültig beendet. Die letzte Partie der Saison – ein Freundschaftsspiel in Bad Oeynhausen – endete mit einem klaren 8:0, und die meisten Mannen von Johannes Löhr konnten ihren Urlaub antreten.

DREI EM-TEILNEHMER
Noch nicht in den Urlaub fuhren Harald Schumacher, Gerhard Strack, Pierre Littbarski und natürlich Klaus Allofs. Sie standen im Aufgebot für die Europameisterschaft in Frankreich. Nur der neue Meister VfB Stuttgart konnte die gleiche Anzahl an Akteuren in der Nationalmannschaft aufbieten. Nach einem 0:0 gegen Portugal und einem 2:1-Erfolg gegen Rumänien verloren die Derwall-Schützlinge gegen Spanien mit 0:1. In der letzten Spielminute hatte die „Selección" durch Maceda den Siegtreffer markiert und zog anstatt der deutschen Elf ins Halbfinale ein. Einer der wenigen Lichtblicke in der deutschen Nationalmannschaft war wieder einmal Schumacher, der gegen die Spanier sogar einen Strafstoß von Carrasco abwehrte. Aber wie der FC war auch die Nationalelf hinter den Erwartungen zurückgeblieben.

Edler Vereinswimpel der Spielzeit 1983/84.

Immer wieder ein Hingucker: der FC-Karnevalsorden.

FC-Sponsor „DoppelDusch" verteilte diesen Terminkalender im Stadion.

STATISTIK 1983/84

BUNDESLIGA

13.08.1983 1. FC Köln - Arminia Bielefeld 2:3 (1:1)
Zuschauer: 10.140
Tore: 1:0 (09.) Littbarski, 1:1 (24.) Ozaki, 1:2 (67.) Geils, 1:3 (80.) Grillemeier, 2:3 (83.) Allofs.
Aufstellung: Schumacher, Baffoe, Strack, Steiner, Prestin, Konopka (61. Zimmermann), Hartmann, Fischer, Willmer (46. Haas), Littbarski, Allofs.

17.08.1983 Fortuna Düsseldorf - 1. FC Köln 2:0 (1:0)
Zuschauer: 30.000
Tore: 1:0, 2:0 (35., 76.) Bommer.
Aufstellung: Schumacher, Baffoe (46. Haas), Steiner, Strack, Prestin, Hönerbach, Hartmann, Fischer, Zimmermann (85. Gielchen), Littbarski, Allofs.

24.08.1983 1. FC Köln - Kickers Offenbach 1:0 (0:0)
Zuschauer: 9.194
Tor: 1:0 (66.) Fischer.
Aufstellung: Schumacher, Strack, Prestin, Steiner, Gielchen, Sljivo (55. Willmer), Haas, Zimmermann, Littbarski, Fischer (84. Hartmann), Allofs.

30.08.1983 SV Werder Bremen - 1. FC Köln 1:0 (1:0)
Zuschauer: 26.500
Tor: 1:0 (20.) Schaaf.
Aufstellung: Schumacher, Strack, Steiner, Prestin, Zimmermann, Gielchen, Willmer, Haas (46. Sljivo), Littbarski, Fischer, Allofs.

03.09.1983 1. FC Köln - Eintracht Braunschweig 2:1 (1:0)
Zuschauer: 5.701
Tore: 1:0 (06.) Littbarski, 2:0 (58.) Willmer, 2:1 (63.) Keute.
Aufstellung: Schumacher, Strack, Prestin, Steiner, Willmer (89. Sljivo), Gielchen, Haas, Zimmermann (82. Hönerbach) Littbarski, Fischer, Allofs.

10.09.1983 SV Waldhof Mannheim - 1. FC Köln 2:2 (1:2)
Zuschauer: 30.000
Tore: 0:1 (30.) Allofs, 1:1 (37.) Linz, 1:2 (44.) Steiner, 2:2 (48.) Makan.
Ehrmann, Strack, Prestin (67. Hartmann), Steiner, Willmer, Hönerbach, Gielchen, Fischer, Sljivo (53. Haas), Littbarski, Allofs.
B.V.: Das Spiel wurde im Südwest-Stadion Ludwigshafen ausgetragen.

17.09.1983 1. FC Köln - VfL Bochum 3:0 (2:0)
Zuschauer: 6.128
Tore: 1:0 (01.) Fischer, 2:0 (43.) Fischer, 3:0 (73.) Littbarski.
Aufstellung: Schumacher, Hönerbach, Strack, Steiner, Zimmermann, Willmer, Gielchen (46. Hartmann), Haas (82. Schmidt), Littbarski, Fischer, Allofs.

24.09.1983 Borussia M'gladbach - 1. FC Köln 4:2 (3:1)
Zuschauer: 30.600
Tore: 0:1 (10.) Hartmann, 1:1 (14.) Mill, 2:1 (25.) Hannes (FE), 3:1 (44.) Rahn, 3:2 (50.) Littbarski, 4:2 (90.) Lienen.
Aufstellung: Schumacher, Hönerbach, Willmer, Strack (18. Prestin), Steiner, Zimmermann (74. Schmidt), Littbarski, Hartmann, Fischer, Haas, Allofs.

01.10.1983 VfB Stuttgart - 1. FC Köln 3:2 (1:0)
Zuschauer: 29.000
Tore: 1:0 (37.) Müller, 2:0 (67.) Niedermayer, 2:1 (79.) Allofs, 3:0 (80.) Allgöwer, 3:2 (85.) Fischer.
Aufstellung: Schumacher, Strack, Hönerbach, Steiner, Prestin (46. Zimmermann), Reif, Hartmann, Haas (73. Schmidt), Littbarski, Fischer, Allofs.

15.10.1983 1. FC Köln - FC Bayern München 2:0 (0:0)
Zuschauer: 51.991
Tore: 1:0 (49.) Steiner, 2:0 (76.) Littbarski.
Aufstellung: Schumacher, Prestin, Strack, Steiner, Hönerbach, Hartmann, Engels (86. Willmer), Haas (65. Reif), Littbarski, Fischer, Allofs.

22.10.1983 1. FC Nürnberg - 1. FC Köln 1:3 (1:1)
Zuschauer: 20.000
Tore: 0:1 (12.) Allofs, 1:1 (44.) Heck, 1:2 (67.) Hönerbach, 1:3 (83.) Littbarski.
Aufstellung: Schumacher, Prestin, Hönerbach, Strack, Steiner, Littbarski, Reif, Zimmermann, Haas (71. Willmer), Allofs (16. Mennie).

29.10.1983 1. FC Köln - Eintracht Frankfurt 7:0 (3:0)
Zuschauer: 9.609
Tore: 1:0 (29.) Haas, 2:0 (32.) Fischer, 3:0 (39.) Haas, 4:0 (49.) Allofs, 5:0 (73.) Hartmann, 6:0 (84.) Steiner, 7:0 (89.) Mennie.
Aufstellung: Schumacher, Prestin, Strack, Steiner, Hönerbach, Hartmann, Engels, Haas, Littbarski, Fischer (50. Mennie), Allofs (72. Reif).

05.11.1983 Hamburger SV - 1. FC Köln 2:2 (1:1)
Zuschauer: 31.000
Tore: 1:0 (30.) Steffen, 1:1, 1:2 (37., 60.) Littbarski,, 2:2 (83.) Magath.
Aufstellung: Schumacher, Prestin, Steiner, Strack, Hönerbach, Hartmann, Engels, Reif, Littbarski, Fischer, Allofs.

12.11.1983 1. FC Köln - 1. FC Kaiserslautern 1:4 (0:2)
Zuschauer: 12.097
Tore: 0:1 (08.) Nilsson, 0:2 (39.) Hübner, 1:2 (69.) Strack, 1:3 (80.) Nilsson, 1:4 (88.) Brunner.
Aufstellung: Schumacher, Gielchen (57. Willmer), Strack, Steiner, Hönerbach, Hartmann, Engels (58. Reif), Haas, Littbarski, Fischer, Allofs.

26.11.1983 Borussia Dortmund - 1. FC Köln 0:0
Zuschauer: 18.500
Aufstellung: Schumacher, Prestin, Hönerbach, Strack, Steiner, Hartmann (88. Reif), Littbarski, Engels, Fischer, Haas (78. Zimmermann), Allofs.
B.V.: Raducanu verschießt FE (40.).

02.12.1983 1. FC Köln - Bayer 05 Uerdingen 3:0 (0:0),
Zuschauer: 8.507
Tore: 1:0 (49.) Littbarski, 2:0 (61.) Strack, 3:0 (83.) Fischer.
Aufstellung: Schumacher, Prestin, Steiner, Strack, Hönerbach, Hartmann (84. Mennie), Haas (70. Zimmermann), Engels, Littbarski, Fischer, Allofs.

09.12.1983 Bayer 04 Leverkusen - 1. FC Köln 2:1 (1:1)
Zuschauer: 16.000
Tore: 0:1 (04.) Allofs, 1:1 (34.) Waas, 2:1 (57.) Cha.
Aufstellung: Schumacher, Prestin (79. Mennie), Strack, Hönerbach, Hartmann, Zimmermann, Engels, Haas (53. Willmer), Littbarski, Fischer, Allofs.

21.01.1984 Arminia Bielefeld - 1. FC Köln 1:2 (0:1)
Zuschauer: 15.000
Tore: 0:1 (21.) Fischer, 0:2 (52.) Allofs, 1:2 (58.) Pagelsdorf (FE).
Aufstellung: Schumacher, Hönerbach, Prestin, Willmer (75. Reif), Steiner, Hartmann, Gielchen, Mennie, Fischer, Littbarski, Allofs.

04.02.1984 Kickers Offenbach - 1. FC Köln 2:0 (0:0)
Zuschauer: 12.000
Tore: 1:0 (49.) Kutzop, 2:0 (71.) Bein.
Aufstellung: Schumacher, Prestin, Willmer, Hönerbach, Steiner, Hartmann, Littbarski, Gielchen, Fischer, Mennie (81. Haas), Allofs.

07.02.1984 1. FC Köln - Fortuna Düsseldorf 1:0 (0:0)
Zuschauer: 32.677
Tor: 1:0 (74.) Littbarski.
Aufstellung: Schumacher, Prestin, Strack, Steiner, Hartmann, Engels, Hönerbach, Willmer, Littbarski, Fischer, Allofs.

11.02.1984 1. FC Köln - SV Werder Bremen 1:4 (0:1)
Zuschauer: 13.742
Tore: 0:1 (41.) Möhlmann, 0:2, 0:3 (50., 63.) Meier, 0:4 (72.) Völler, 1:4 (80.) Prestin.
Aufstellung: Schumacher, Strack (34. Mennie), Prestin, Steiner, Willmer, Hönerbach, Engels, Hartmann, Littbarski, Fischer, Allofs.
B.V.: Engels erhält einen Platzverweis (15.).

25.02.1984 1. FC Köln - SV Waldhof Mannheim 2:0 (1:0)
Zuschauer: 5.323
Tore: 1:0 (17.) Fischer, 2:0 (90.) Allofs.
Aufstellung: Schumacher, Steiner, Prestin, Hönerbach, Willmer, Hartmann (77. Gielchen), Mennie, Haas, Littbarski, Fischer, Allofs.

10.03.1984 VfL Bochum - 1. FC Köln 2:3 (0:0)
Zuschauer: 15.000
Tore: 1:0 (56.) Schreier (HE), 1:1 (57.) Fischer, 1:2 (60.) Hartmann, 1:3 (87.) Willmer, 2:3 (89.) Schreier.
Aufstellung: Schumacher, Prestin, Steiner, Hönerbach, Steiner, Hartmann, Engels, Lefkes, Mennie, Fischer, Haas (74. Gielchen), Allofs.

17.03.1984 1. FC Köln - Borussia M'gladbach 1:2 (1:0)
Zuschauer: 41.000
Tore: 1:0 (08.) Allofs, 1:1 (50.) Matthäus, 1:2 (83.) Rahn.
Aufstellung: Schumacher, Prestin, Steiner, Lefkes, Gielchen, Engels, Mennie, Willmer, Littbarski, Fischer, Allofs.

24.03.1984 1. FC Köln - VfB Stuttgart 2:2 (2:1)
Zuschauer: 13.736
Tore: 1:0, 2:0 (08., 31.) Fischer, 2:1, 2:2 (38., 63.) Reichert.
Aufstellung: Schumacher, Prestin, Lefkes, Steiner, Hönerbach, Hartmann (57. Gielchen), Mennie, Engels, Littbarski (73. Willmer), Fischer, Allofs.
B.V.: Roleder hält FE von Littbarski (04.).

31.03.1984 FC Bayern München - 1. FC Köln 4:2 (0:2)
Zuschauer: 28.000
Tore: 0:1 (08.) Engels, 0:2 (27.) Littbarski, 1:2 (51.) K.H. Rummenigge, 2:2 (72.) Nachtweih, 3:2, 4:2 (75., 85.) Mathy.
Aufstellung: Schumacher, Prestin, Lefkes, Steiner, Hartmann (54. Willmer), Engels, Littbarski, Fischer, Mennie (72. Strack), Allofs.
B.V.: Schiedsrichter Jaus wird ab der 68. Min. durch Martino ersetzt.

07.04.1984 1. FC Köln - 1. FC Nürnberg 3:1 (0:0)
Zuschauer: 5.656
Tore: 0:1 (61.) Trunk, 1:1 (71.) Engels, 2:1 (77.) Fischer, 3:1 (81.) Littbarski.
Aufstellung: Schumacher, Prestin, Strack, Steiner, Hönerbach (38. Haas), Hartmann (61. Lefkes), Mennie, Engels, Littbarski, Fischer, Allofs.

14.04.1984 Eintracht Frankfurt - 1. FC Köln 0:2 (0:0)
Zuschauer: 31.000
Tore: 0:1, 0:2 (84., 89.) Allofs.
Aufstellung: Schumacher, Strack, Prestin, Steiner, Lefkes, Hönerbach, Littbarski, Engels, Mennie (89. Willmer), Fischer, Allofs.

21.04.1984 Eintracht Braunschweig - 1. FC Köln 2:2 (2:0)
Zuschauer: 18.266
Tore: 1:0 (42.) Worm, 2:0 (45.) Geyer, 2:1 (51.) Allofs, 2:2 (90.) Littbarski.
Aufstellung: Schumacher, Strack, Lefkes (74. Haas), Steiner, Hönerbach, Engels, Hartmann, Mennie (46. Reif), Littbarski, Fischer, Allofs.

28.04.1984 1. FC Köln - Hamburger SV 1:4 (0:2)
Zuschauer: 32.970
Tore: 0:1 (31.) Kaltz (FE), 0:2 (43.) Schatzschneider, 0:3 (54.) Schröder, 0:4 (55.) Rolff, 1:4 (65.) Allofs.
Aufstellung: Schumacher, Prestin, Strack, Steiner, Hönerbach, Hartmann, Engels, Lefkes (57. Gielchen), Littbarski, Fischer (61. Haas), Allofs.

04.05.1984 1. FC Kaiserslautern - 1. FC Köln 2:2 (0:0)
Zuschauer: 18.558
Tore: 0:1 (69.) Prestin, 1:1 (73.) Hübner, 1:2 (83.) K. Allofs, 2:2 (84.) T. Allofs.
Aufstellung: Schumacher, Prestin, Hönerbach, Lefkes, Steiner, Hartmann, Reif, Engels, Fischer, Mennie (62. Gielchen), Allofs.

12.05.1984 1. FC Köln - Borussia Dortmund 5:2 (0:2)
Zuschauer: 8.264
Tore: 0:1 (20.) Rüssmann, 0:2 (43.) Koch, 1:2 (47.) Lefkes, 2:2 (54.) Littbarski, 3:2 (73.) Hartmann, 4:2 (84.) Littbarski, 5:2 (87.) Allofs.
Aufstellung: Schumacher, Prestin, Steiner, Lefkes, Hartmann, Reif, Engels, Hönerbach, Littbarski, Fischer, Allofs.

STATISTIK 1983/84

19.05.1984 **Bayer 05 Uerdingen - 1. FC Köln** 4:6 (0:3)
Zuschauer: 11.000
Tore: 0:1 (06.) Lefkes, 0:2, 0:3 (15., 39.) Allofs, 1:3 (46.) Gulich, 2:3 (55.) Feilzer, 2:4 (62.) Littbarski, 3:4 (70.) Jusufi, 3:5 (72.) Littbarski, 3:6 (85.) Allofs, 4:6 (87.) Gulich.
Aufstellung: Schumacher, Prestin, Hönerbach, Lefkes, Steiner, Hartmann, Littbarski, Gielchen, Fischer, Reif (62. Strack), Allofs.
B.V.: Schumacher hält FE von Funkel.

26.05.1984 **1. FC Köln - Bayer 04 Leverkusen** 2:0 (0:0)
Zuschauer: 12.236
Tore: 1:0, 2:0 (62., 90.) Allofs.
Aufstellung: Schumacher, Strack, Prestin, Steiner, Hönerbach, Hartmann (42. Engels), Gielchen, Lefkes (60. Mennie), Littbarski, Fischer, Allofs.
B.V.: Bittorf erhält einen Platzverweis (34.).

DFB-POKAL

1. Runde
27.08.1983 **VfR Aachen-Forst - 1. FC Köln** 1:6 (0:4)
Zuschauer: 5.860
Tore: 0:1 (11.) Littbarski (HE), 0:2 (12.) Steiner, 0:3, 0:4, 0:5 (28., 45., 48.) Fischer, 0:6 (82.) Willmer, 1:6 (89.) Mund.
Aufstellung: Schumacher, Strack, Prestin, Steiner, Zimmermann, Gielchen (61. Schmidt), Sljivo, Haas (24. Willmer), Littbarski, Fischer, Allofs.
B.V.: Das Spiel wurde am Tivoli ausgetragen.

2. Runde
08.10.1983 **1. FC Köln - Kickers Offenbach** 6:2 (4:1)
Zuschauer: 5.191
Tore: 1:0 (19.) Steiner, 2:0 (21.) Strack, 3:0 (25.) Grünewald (E), 4:0 (33.) Hartmann, 4:1 (37.) Kutzop (FE), 5:1 (55.) Fischer, 5:2 (82.) Kutzop, 6:2 (84.) Steiner.
Aufstellung: Schumacher, Hönerbach, Strack, (85. Gielchen), Steiner, Prestin, Hartmann, Engels, Haas (73. Mennie), Littbarski, Fischer, Allofs.

Achtelfinale
14.01.1984 **SV Hannover 96 - 1. FC Köln** 3:2 (1:2)
Zuschauer: 21.000
Tore: 1:0 (06.) Surmann, 1:1 (14.) Allofs, 1:2 (31.) Fischer, 2:2 (64.) Lorant (FE), 3:2 (74.) Hartmann.
Aufstellung: Schumacher, Prestin, Hönerbach, Steiner, Zimmermann, Hartmann, Reif (46. Willmer), Haas, Littbarski, Fischer, Allofs.

EUROPAPOKAL DER POKALSIEGER

1. Runde (Hinspiel)
14.09.1983 **SSW Wacker Innsbruck - 1. FC Köln** 1:0 (0:0)
Zuschauer: 15.000
Tore: 1:0 (70.) Gröss.
Aufstellung: Schumacher, Hönerbach, Strack, Steiner, Willmer, Zimmermann, Gielchen, Littbarski, Haas, Fischer, Allofs (70. Hartmann).

1. Runde (Rückspiel)
28.09.1983 **1. FC Köln - SSW Wacker Innsbruck** 7:1 (4:1)
Zuschauer: 16.948
Tore: 1:0 (13.) Strack, 2:0 (15.) Allofs, 3:0 (26.) Fischer, 3:1 (31.) Gröss, 4:1 (44.) Steiner, 5:1 (49.) Fischer, 6:1 (53.) Allofs, 7:1 (60.) Strack.
Aufstellung: Schumacher, Hönerbach, Strack, (77. Zimmermann.), Steiner, Prestin, Hartmann (70. Gielchen), Reif, Haas, Littbarski, Fischer, Allofs.

Achtelfinale (Hinspiel)
19.10.1983 **Ujpest Dozsa Budapest - 1. FC Köln** 3:1 (2:0)
Zuschauer: 10.000
Tore: 1:0 (38.) Kiss, 2:0 (42.) Kisznyer, 3:0 (63.) Kiss, 3:1 (74.) Steiner.
Aufstellung: Schumacher, Hönerbach (76. Willmer) Strack, Steiner, Prestin, Reif, Hartmann, Haas (54. Zimmermann) Allofs, Littbarski, Fischer.

Achtelfinale (Rückspiel)
02.11.1983 **1. FC Köln - Ujpest Dozsa Budapest** 4:2 (2:1)
Zuschauer: 42.541
Tore: 0:1 (08.) Strack (E), 1:1 (17.) Strack, 2:1 (43.) Littbarski, 3:1 (47.) Allofs, 3:2 (66.) Fekete, 4:2 (88.) Allofs.
Aufstellung: Schumacher, Hönerbach, Strack, Steiner, Prestin, Hartmann, Engels, Haas (70. Willmer) Littbarski, Fischer, Allofs.

FREUNDSCHAFTSSPIELE

15.07.1983 **1. FC Kaiserslautern - 1. FC Köln** 1:3 (in Mannheim)

16.07.1983 **VfR Mannheim - 1. FC Köln** 6:5 n.E.

19.07.1983 **Eintracht Stadtallendorf - 1. FC Köln** 2:9

20.07.1983 **TSV 1883 Grünberg - 1. FC Köln** 2:8

21.07.1983 **TSV Großen-Linden - 1. FC Köln** 1:7

23.07.1983 **VfR Volkmarsen - 1. FC Köln** 1:7

24.07.1983 **VfL Hamm/Sieg - 1. FC Köln** 1:2

27.07.1983 **Rot-Weiß Essen - 1. FC Köln** 3:5

29.07.1983 **VfR Aalen - 1. FC Köln** 2:4

30.07.1983 **SSV Ulm - 1. FC Köln** 1:3

02.08.1983 **1. FC Köln - Grasshoppers Zürich** 2:1

05.08.1983 **Austria Wien - 1. FC Köln** 1:4

09.08.1983 **SVG Langbroich/Schierwaldenrath - 1. FC Köln** 1:6

19.08.1983 **Atletico Madrid - 1. FC Köln** 6:7 n.E. (in Gijon)

20.08.1983 **Sporting Gijon - 1. FC Köln** 1:0

22.11.1983 **SSG Bergisch-Gladbach 09 - 1. FC Köln** 0:11

01.01.1984 **Viktoria Köln - 1. FC Köln** 0:4

10.01.1984 **Alemannia Aachen - 1. FC Köln** 1:3

22.04.1984 **FC Avenir Beggen - 1. FC Köln** 2:1

05.05.1984 **VfB Waltrop - 1. FC Köln** 5:7 n.E.

20.05.1984 **BGM Allkauf Heinsberg - 1. FC Köln** 1:15

30.05.1984 **FC Bad Oeynhausen - 1. FC Köln** 0:8

1. BUNDESLIGA 1983/84

1.	VfB Stuttgart	79:33	48:20
2.	Hamburger SV (M)	75:36	48:20
3.	Borussia M'gladbach	81:48	48:20
4.	Bayern München	84:41	47:21
5.	Werder Bremen	79:46	45:23
6.	1. FC Köln (P)	70:57	38:30
7.	Bayer Leverkusen	50:50	34:34
8.	Arminia Bielefeld	40:49	33:35
9.	Eintracht Braunschweig	54:69	32:36
10.	Bayer 05 Uerdingen (N)	66:79	31:37
11.	Waldhof Mannheim (N)	45:58	31:37
12.	1. FC Kaiserslautern	68:69	30:38
13.	Borussia Dortmund	54:65	30:38
14.	Fortuna Düsseldorf	63:75	29:39
15.	VfL Bochum	58:70	28:40
16.	Eintracht Frankfurt	45:61	27:41
17.	Kickers Offenbach (N)	48:106	19:49
18.	1. FC Nürnberg	38:85	14:54

BUNDESLIGAKADER 1983/84

Abgänge: Cullmann (Ende der Laufbahn, w.d.l.S.), Faust (eigene Amateure, w.d.l.S.), Konopka (Borussia Dortmund, w.d.l.S.), Neumann (Olympiakos Piräus), Schmidt (BV 08 Lüttringhausen, w.d.l.S.)
Zugänge: Baffoe (eigene Jugend), Gielchen (eigene Jugend), Lefkes (eigene Amateure, w.d.l.S.), Nißl (eigene Jugend), Reif (eigene Jugend)

Trainer: Rinus Michels (bis 23. August 1983), Johannes Löhr (ab 24. August 1983)

Tor:
Schumacher, Harald	33/0
Ehrmann, Gerald	1/0
Nißl, Michael	0/0

Feld:
Allofs, Klaus	34/20	Hartmann, Frank	30/4
Littbarski, Pierre	33/17	Hönerbach, Matthias	30/1
Fischer, Klaus	33/12	Strack, Gerhard	26/2
Steiner, Paul	33/3	Haas, Uwe	22/2
Prestin, Dieter	31/2	Willmer, Holger	21/2
		Engels, Stephan	19/2
		Mennie, Vincent	17/1
		Gielchen, Andreas	17/0
		Reif, Hans-Werner	12/0
		Zimmermann, Herbert	12/0
		Lefkes, Manfred	11/2
		Sljivo, Edhem	4/0
		Schmidt, Ferenc	3/0
		Baffoe, Anthony	2/0
		Konopka, Harald	1/0

FIEBERKURVE 1983/84

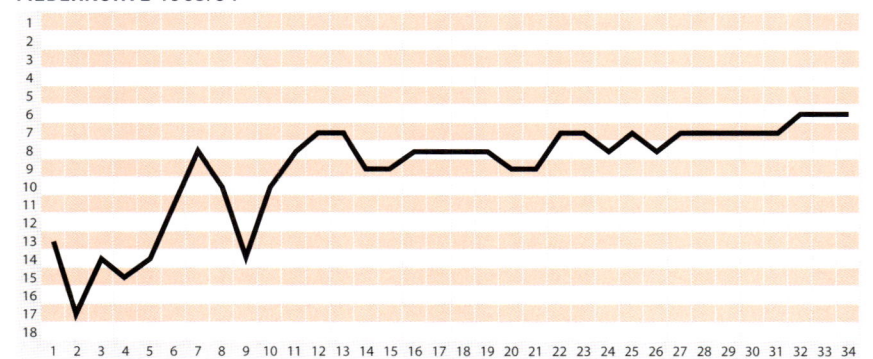

1984/85
1. BUNDESLIGA

„Eigentlich wird man damit Meister…"

[LEGENDEN]

Klaus Allofs
Beim FC von 1981 bis 1987
Geboren: 05.12.1956 in Düsseldorf
Pflichtspiele beim FC: 220
Pflichtspieltore: 120

Weltklassestürmer

Klaus Allofs war schon gestandener Nationalspieler, als er für die stolze Summe von 2,25 Millionen DM ausgerechnet vom Rheinrivalen Fortuna Düsseldorf zum FC wechselte. Immerhin 21-mal hatte Allofs schon den Dress des DFB getragen und war mit der Fortuna 1979 und 1980 Deutscher Pokalsieger geworden. Obwohl er einige Anlaufschwierigkeiten in Köln hatte, eroberte sich der sympathische Angreifer schnell einen Stammplatz. Auch seine internationale Karriere setzte sich fort. Während seiner Zeit bei den Geißböcken kam er zu 29 Berufungen in die Nationalmannschaft (insgesamt waren es 56), wurde 1986 Vizeweltmeister. Den Titel des Europameisters trug er bereits seit 1980, als er am Triumph der deutschen Mannschaft maßgeblichen Anteil hatte. Allofs, dessen Bruder Thomas ebenfalls drei Jahre lang beim FC unter Vertrag stand, war ein hervorragender Techniker, schnell und schussstark. Mit 88 Treffern gehört der Mann, der beim TuS Gerresheim das Fußballspielen erlernte, zu den erfolgreichsten Bundesligatorschützen in der FC-Historie. Trotz seiner langen Zugehörigkeit zum 1. FC Köln gewann er mit den Geißböcken „nur" einen großen Titel – den des DFB-Pokalsiegers 1983. Allofs war wegen seiner Sachlichkeit auch im Mannschaftskreis sehr beliebt, fungierte sogar als FC-Spielführer. Als die Kölner 1986 zum ersten und einzigen Male in einem europäischen Endspiel standen, führte Klaus Allofs die Mannschaft zum UEFA-Cup Finale gegen Real Madrid als Kapitän ins Bernabeu-Stadion. 1987 wechselte der passionierte Pferdeliebhaber nach

➡

Hintere Reihe von links: Frank Hartmann, Stephan Engels, Karl-Heinz Geils, Günter Hutwelker, Andreas Gielchen, Heller, Hans-Peter Lehnhof, Matthias Hönerbach. Mittlere Reihe von links: Konditionstrainer Rolf Herings, Zeugwart Hans Thönnes, Norbert Dickel, Gerd Strack, Paul Steiner, Anthony Baffoe, Ralf Geilenkirchen, Armin Görgens, Manfred Lefkes, Vincent Mennie, William Hartwig, Co-Trainer Dieter Zahnleiter, Trainer Hannes Löhr. Vordere Reihe von links: Masseur Jürgen Schäfer, Pierre Littbarski, Klaus Allofs, Uwe Bein, Michael Nißl, Dieter Prestin, Harald Schumacher, Hans-Werner Reif, Thomas Häßler, Uwe Haas, Masseur Perikles Fillipou.

Obwohl der FC überraschend den Sprung ins internationale Geschäft geschafft hatte, ruhte sich keiner im Trainerstab auf den Lorbeeren aus. „Das Erreichte grenzt fast schon an ein Wunder", kommentierte Trainer Johannes Löhr die Leistung. Löhr hatte die total zerstrittene Truppe als Tabellenvorletzter übernommen. Nur durch das totale Versagen der Konkurrenz hatten die Rheinländer noch den Sprung in den UEFA-Pokal geschafft. In der neuen Spielzeit sollte das anders werden. Fünf Abgänge wurden durch elf Neue ersetzt, davon acht Nachwuchsspieler.

ELF NEUE

Der ganz große „Kracher" fehlte allerdings erneut. Zwar hatte der FC bereits mit Gordon Strachan (FC Aberdeen) einen Vertrag geschlossen, aber der Schotte sprang kurzfristig noch ab und wendete sich Manchester United zu. Nach langem Hin und Her stimmte der FC dem neuen Kontrakt zu, was ihm 200.000 DM einbrachte. Nur drei gestandene Profis wechselten so mit William Hartwig (Hamburg), Karl-Heinz Geils (Bielefeld) und Uwe Bein (Offenbach) an den Militärring. Deshalb blieb die Vorstandsetage in der Zielsetzung zurückhaltend. Wieder wurde „nur" die Teilnahme an einem internationalen Wettbewerb ausgerufen sowie natürlich eine attraktive Spielweise. Da bis auf Klaus Fischer, den es zum VfL Bochum zog, kein Stammspieler den Kader verlassen hatte, eine durchaus realistische Einschätzung.

GRAVIERENDE LEISTUNGS-UNTERSCHIEDE

Die Vorbereitung wurde mittlerweile zum 14. Mal im hessischen Grünberg abgehalten. Dort fügten die Geißböcke dem Vizemeister aus der Tschechei, Dukla Prag, die höchste Niederlage (9:1) der Vereinsgeschichte zu. Auch der Turniersieg der Domstädter in Udine, wo sie gegen Udinese Calcio (5:4 n.E.) und den FC Fluminense Rio de Janeiro (4:1) gewannen, vermittelte einen positiven Eindruck. Bei den Neuzugängen machte sofort der junge Siegener Norbert Dickel auf sich aufmerksam. Gleich im ersten Saisonspiel gegen Teutonia Köppern (9:0) traf er insgesamt viermal und benötigte dafür gerade einmal 25 Minuten. Dies veranlasste den *Kicker*, den Stürmer mit Bayerns Dieter Hoeneß zu vergleichen.

Zum Bundesligaauftakt in Braunschweig führten aber wieder die „Alten" die Mannschaft zum ersten Saisonsieg. Littbarski und Allofs hatten nach dem zwischenzeitlichen Ausgleich von Peter Lux für die 2:1 Führung gesorgt. Drei Minuten vor dem Ende machte dann Neuzugang „Jimmy" Hartwig den Sack zu. Gemeinsam mit den Bayern und M'gladbach thronte der FC an der Spitze der Liga. Dem ersten Erfolg in der Liga schloss sich auch einer im Pokal an. Wie vor zwei Jah-

Ticket vom UEFA-Cup-Hinspiel bei Standard Lüttich. Gegen die Belgier setzte sich der FC relativ mühelos mit 2:0 und 2:1 durch.

Souvenirwimpel aus Lüttich.

ren hieß der Gegner Stuttgarter Kickers. Diesmal stimmten die Schwaben einem Wechsel ins Franz-Kremer-Stadion zu. 3.485 Zuschauer kamen in das kleine schmucke Gelände am Geißbockheim, das im Vorjahr komplett renoviert worden war, und sahen einen glatten 8:0-Sieg des Erstligisten.

Vier Wochen später zog dann Ernüchterung am Geißbockheim ein. 1:7 Punkte und 4:14 Tore war die Bilanz der zurückliegenden Begegnungen. Schon beim 1:1 im Nachholspiel gegen Bielefeld deckten die Ostwestfalen Schwächen auf. Es folgten teilweise erschreckende Niederlagen in Bremen (2:6), Bayer Uerdingen (1:5 – die bis dahin höchste Bundesligaheimniederlage des FC) und Bayern München (0:2). Und auch international drohte bereits gegen Pogon Stettin nach dem glücklichen 2:1-Hinspielsieg das Aus. Die Mannschaft schien zerstritten. Offen zeigte sich dies nach der Münchner Pleite. „Ich will nicht immer der Sündenbock sein und werde in Köln meine sofortige Freigabe fordern", polterte Hartwig. Wie gravierend die Leistungsunterschiede in dieser Phase der Saison waren, zeigten die acht Pflichtspiele in den kommenden sechs Wochen: sieben Siege und ein Unentscheiden. Der FC war aus dem Keller wieder in die Spitze geklettert und darüber hinaus international in Runde drei eingezogen. Gleich zweimal scheiterten die Stettiner (1:0) im Rückspiel mit einem Elfmeter. So reichte der Treffer von Uwe Bein, um weiterzukommen. Mit Standard Lüttich hatte der FC in Runde zwei ein Traumlos erwischt: kurze Anfahrt und lösbare Aufgabe. Bereits bei den Belgiern wurde mit einem 2:0-Erfolg der Grundstein für das Weiterkommen gelegt. Im Rückspiel reichte dann eine mäßige Leistung, um erneut siegreich (2:1) zu sein.

ENDLICH GEHTS AUFWÄRTS

Mit einem tollen 6:1 über Dortmund mit vier Allofs-Treffern wurde der goldene Oktober eingeläutet. Die FC-Torfabrik war angelaufen. Düsseldorf (4:2), Schalke (4:1), in Frankfurt (4:1) und ein 1:1 gegen Meister Stuttgart waren die Stationen von Platz 16 auf Platz 4. Vor allem in Frankfurt begeisterte die Mannschaft: „Kölner wirbelten wie ein Meister", schwärmte der *Kicker*. „Viel besser kann man nicht spielen", lobte auch Löhr, und auch „Litti" meldete sich zu Wort: „Die Mannschaft spielt für ‚Toni'." Denn Schumacher wurden Abwanderungsgedanken unterstellt. Sogar Lokalrivale Leverkusen sollte zu den Kandidaten gehören. Die Verhandlungen zogen sich bis Mitte Februar hin, ehe „Toni" und der Club einen Nenner gefunden hatten. Garant für diesen Aufschwung war Klaus Allofs, der souverän die Torjägerliste anführte.

In Hamburg war auch Allofs machtlos. „Die Kölner spielten flau beim HSVau", war im *Kicker* nach dem 1:3 zu lesen. Vier Tage später kam es noch dicker. Im Derby gegen M'gladbach wurden die Geißböcke in der ersten halben Stunde regelrecht an die Wand gespielt und lagen mit 0:4 im Hintertreffen. Am Ende gewann die Fohlen hoch verdient mit 5:1. Nicht unbedingt besser, aber immerhin erfolgreich der folgende Auftritt in Bochum: Nur einmal konnte „Toni" bezwungen werden. Sein Gegenüber Ralf Zumdick musste dagegen dreimal hinter sich greifen. Somit hatten die Geißböcke die Talfahrt vorerst gestoppt.

ERNEUTE PLEITE IN NIEDERSACHSEN

Im DFB-Pokal in Runde zwei hieß der Gegner Hannover 96. Wie sich die Bilder glichen – das Niedersachsenstadion erwies sich wieder einmal als nicht einnehmbare Festung für die Rot-Weißen. Die Truppe von Ex-FC'ler Werner Biskup, der von 1968 bis 1972 gemeinsam mit Hannes Löhr in der Domstadt gespielt hatte, gewann mit 2:1.

International hatte der FC die russische Mannschaft von Spartak Moskau als Gegner zugelost bekommen. Gespielt wurde übrigens aufgrund der besseren Wetterbedingungen in Tiflis. Beim 0:1 hielt sich die Mannschaft, um einen überragenden „Toni" Schumacher, alle Möglichkeiten für die nächste Runde offen. Auch in der Liga meldete sich der FC wieder zurück. Noch vor der Winterpause gab es ein sicheres 4:1 beim KSC, und auch im Nachholspiel gegen Leverkusen hatte der FC mit 3:1 ein leichtes Spiel. Weitere Siege gegen Kaiserslautern (2:0) – dem ersten Bundesligaspiel in dieser Saison ohne Gegentor – und ein weiteres Nachholspiel in Mannheim (2:1) ließen das Team zur Winterpause auf Platz 3 klettern. Zu den letzten Erfolgen in der Liga gesellte sich auch noch ein 2:0 über die Russen aus Moskau, was das Erreichen des Viertelfinales im UEFA-Pokal bedeutete. Also rundherum eine zufriedenstellende Bilanz für die erste Saisonhälfte. „Jetzt können wir erst einmal schöne Weihnachten erleben", so Trainer Löhr.

Frankreich, spielte bei Olympique Marseille, wo er 1989 Meister und Pokalsieger wurde, und Girondins Bordeaux. 1990 kehrte Allofs in die Bundesliga zurück und heuerte beim SV Werder Bremen an. Bevor er bei den Hanseaten drei Jahre später seine Karriere beendete, wurde er an der Weser Deutscher Pokalsieger (1991), Europapokalsieger der Pokalsieger (1992) und Deutscher Meister (1993).

Für die Bremer ist der ehemalige Klassestürmer auch heute noch überaus wertvoll. Als geschäftsführender Manager steht er hier für Kontinuität und sportlichen Erfolg der Hansestädter. Im hohen Norden ist der Rheinländer längst heimisch geworden. In seine bisherige Amtszeit fallen die Pokalsiege 1999 und 2004 sowie die Deutsche Meisterschaft 2004 und der Gewinn des Ligapokals 2006. Bekannt ist Allofs auch dafür, dass er immer wieder Größen, wie beispielsweise Valérien Ismael, Diego oder Naldo aus dem Hut zaubert, die in der Bundesliga zuvor kaum jemand kannte.

Exotisches Programmheft in kyrillischer Schrift vom UEFA-Cup-Auswärtsspiel bei Spartak Moskau.

Eintrittskarte des UEFA-Pokalspiels in Mailand.

[Interessantes & Kurioses]

■ Die FC'ler sind heiß begehrt beim Fernsehen. So stellen Harald Schumacher und Pierre Littbarski die Stars einer 13-teiligen Fernseh-Fußball-Schule dar. Litti ist darüber hinaus Gast bei Frank Elstner in der beliebten Show „Wetten, dass…?".

■ Zum 2. Mai 1985 übernimmt Leo Wilden, Abwehrspieler der Geißböcke in den 1950er und 1960er Jahren, die Lotto-Annahmestelle und Vorverkaufsstelle von Gerhard Strack in der Luxemburger Straße 269.

■ Nicht nur der Ausrüster, der FC hatte bereits in der letzten Saison den Wechsel von adidas zu Puma bekannt gegeben, sondern auch der Werbepartner wird zur Saison 1985/86 erneuert. So spült der neue Vertrag mit dem Batteriehersteller Daimon rund 950.000 DM in die Kassen der Geißböcke, also 100.000 Mark mehr als der drei Jahre alte Vertrag mit dem Trikotsponsor Doppeldusch. Werbemanager von Daimon ist übrigens der spätere Präsident des 1. FC Kaiserslautern René Jäggi.

■ Wolfgang Overath bekleidet in seiner Heimatstadt Siegburg das Amt des Karnevalsprinzen.

In seiner Heimatstadt Siegburg brachte es „Wolfgang I." sogar zum Karnevalsprinzen – und nahm seine Gattin Karin zur Prinzessin.

■ Auch 1985 kann sich die Bilanz des ältesten Jugendjahrgangs durchaus sehen lassen: Westdeutscher Pokalsieger mit einem 4:1 über Westfalia Herne und Westdeutscher Vizemeister. Dazu kommen noch Einsätze von Bodo Illgner und Olaf Janßen in der Jugendnationalmannschaft.

■ 26-mal schießt oder köpft Klaus Allofs das Runde ins Eckige und liegt damit vor Rudi Völler an der Spitze der Bundesliga-Torjägerstatistik.

„Im Europapokal erwarten wir Inter Mailand mit Karl-Heinz Rummenigge, und dann haben wir mit Bayern, Bremen und Hamburg noch sehr interessante Heimspiele, die zu echten Knüllern in der Rückrunde werden", freute sich Pierre Littbarski auf den Start ins neue Jahr.

FC-STARS AUF ABENTEUERURLAUB

Das neue Jahr begann mit zwei Hallenturnieren in Köln und Essen sowie einem Trip auf den südamerikanischen Kontinent. Diese Tour entwickelte sich teilweise zu einem Abenteuerurlaub, sorgte doch bereits beim Flug von Honduras nach San Salvador eine fehlende Türdichtung für Aufregung im Flieger. Beim Spiel waren es dann die Zuschauer, die für Missstimmung verantwortlich waren, indem sie mit Zitrusfrüchten und teilweise sogar Whiskyflaschen – wenn auch leider leeren, wie manche Spieler anmerkten – auf die Kölner zielten. Einige Tage später sorgte der südamerikanische Platzwart, der betrunken mit einer Pistole in der Hand über das Gelände streunte, für heilloses Chaos. Zurück im „sicheren" Deutschland, ging es in der Bundesliga zunächst weiter aufwärts. Zwar taten sich die Geißböcke schwer, aber mit dem 1:0 gegen Braunschweig stand man schon auf Platz zwei. Danach pausierte die Liga zunächst einmal einige Wochen. DFB-Pokal, ein Länderspiel und der unerwartet starke Wintereinbruch sorgten für viele Spielausfälle. So musste der FC erst vier Wochen nach dem Braunschweig-Spiel zum nächsten Mal in der Uerdinger Grotenburg ran. „Die ganze Palette des Fußballs wurde in Krefeld geboten", stand im Kicker zu lesen. Leider stand dort auch, dass die Kölner mit 1:2 verloren hatten und Pierre Littbarski vom Platz gestellt wurde, was ihm eine vierwöchige Sperre einbrachte. Eine weitere Niederlage folgte dann wenige Tage später mit 0:1 in Mailand, wobei die Gäste aus der Domstadt zumindest in der ersten Hälfte mehr als ebenbürtig waren.

Die Zuschauermüdigkeit in der Bundesliga, die in den letzten zwei Jahren stetig angestiegen war, war auch bei den folgenden Spielen zu spüren. So reiste der Spitzenreiter aus München an, der nach Minuspunkten gerade einmal einen Zähler besser dastand, und nur 40.736 Zuschauer fanden den Weg ins Stadion. Diejenigen, die nicht gekommen waren, sollten es nicht bereuen: der Deutsche Pokalsieger gewann mit 2:0 und setzte sich erst einmal wieder ab. Innerhalb der folgenden 14 Tage war der Meisterschaftszug nach den Niederlagen in Bielefeld (0:1), Dortmund (0:2) und Stuttgart (1:3) endgültig abgefahren.

RUMMENIGGE BEENDET POKAL-TRÄUME

Die letzte Hoffnung, der Europapokal, konnte ebenfalls sehr schnell zu den Akten gelegt werden. Ein bärenstarker Karl-Heinz Rummenigge führte die Norditaliener zu einem klaren Erfolg (3:1), wobei der Ex-Bayer zwei Treffer selbst besorgte. 58.000 Zuschauer sorgten für einen warmen Geldregen in die Kassen des Bundesligisten. Im Vorfeld dieser Begegnung hatte der Kartenverkauf bei den Behörden für Ärger gesorgt. Der FC wollte dem Stammpublikum ein Vorverkaufsrecht einräumen. Die Fans, die auch Karten für die Begegnung gegen Eintracht Braunschweig erwarben, hatten gleichzeitig ein Vorkaufsrecht für das Mailand-Ticket. Der Minister für Wirtschaft genehmigte dies schließlich für die begrenzte Anzahl von 25.000 Tickets. Gegen die Begrenzung legten die Kölner Beschwerde ein, wobei die endgültige Entscheidung erst Monate danach gefällt wurde.

Der FC stand nach $^2/_3$ der Saison wieder einmal mit leeren Händen da: in den beiden Pokalwettbewerben gescheitert und im Titelkampf hoffnungslos zurückgefallen. Jetzt war sogar das eigentliche Saisonziel im kommenden Jahr, international zu Spielen, in Gefahr geraten. Aber in den folgenden Spielen schaffte es die Mannschaft, in die

Uwe Bein und Pierre Littbarski im Duell mit Inter-„Superstar" Karl-Heinz Rummenigge. Gegen die Italiener schied der FC im Viertelfinale aus dem UEFA-Cup aus.

Erfolgsspur zurückzufinden. 16 von 18 möglichen Punkten aus den folgenden neun Spielen wurden geholt, und das Team von Johannes Löhr blieb ungeschlagen. Vor allem die Siege gegen die Titelanwärter Werder Bremen (3:2) und in M'gladbach (3:2) sorgten für Anerkennung und Aufsehen. Jetzt stimmten zwar die sportlichen Ergebnisse, aber im Umfeld beherrschten Zwistigkeiten das Tagesgeschehen. „Jimmy" Hartwig und Gerd Strack bekamen Geldstrafen, da sie öffentlich Kritik an der Arbeit von Trainer Löhr übten.

21 TREFFER IN DREI SPIELEN

Die Saison der Wechselbäder endete mit einem Negativerlebnis. Mit einem beschämenden 0:6 kehrte die Mannschaft aus Kaiserslautern zurück. Es war das 65. und gleichzeitig letzte Spiel in diesem Spieljahr. Eine Woche zuvor hatte das Team bereits zu Hause gegen den feststehenden Absteiger Karlsruher SC mit 3:4 den Kürzeren gezogen. Eines der besten Spiele der Saison sahen die Zuschauer übrigens erst gegen Saisonende. Im Derby in Leverkusen bestaunten 13.000 Zuschauer immerhin acht Tore, schön verteilt, auf jeder Seite vier. Der FC drehte die zweifache Führung der Leverkusener noch vor der Pause und lag nach 50. Minuten sogar mit zwei Treffern vorn, ehe den Gastgebern doch noch der Ausgleich gelang. Erstmals von Beginn an dabei war ein gewisser Thomas Häßler, der sich über die zusätzlichen 16.000 DM Honorar für das Erreichen des UEFA-Pokals freuen konnte.

Drei Tage später wurde der Fußball zur Nebensache. Über 90 Minuten flimmerten die schrecklichen Bilder aus dem Brüsseler Heysel-Stadion über die Bildschirme in ganz Europa. 39 Tote und rund 400 Verletzte. Der 29. Mai gehört zu den bittersten Stunden in der Geschichte des Europapokals. Der Statistik halber sei noch erwähnt, dass Juventus Turin das Endspiel gegen den FC Liverpool mit 1:0 gewinnen konnte.

Zwar war mit Platz drei das Saisonziel klar erreicht, aber trotzdem konnte niemand wirklich zufrieden sein. Der Einbruch der Mannschaft im März hatte höhere Ziele verhindert. Dass sie zu mehr in der Lage war, hatten die beiden Serien von 12:0 und 16:2 Punkten gezeigt, die um den Pleitenmonat Februar präsentiert wurden. Allein acht Auswärtssiege standen am Schluss auf dem Kölner Konto. „Eigentlich wird man damit Meister", konstatierte Stephan Engels nach dem 3:2 in Schalke, als er auf die Auswärtsstärke angesprochen wurde. Insgesamt wurden 17 Zähler auf des Gegners Platz errungen. Nur Meister Bayern München konnte mit 21 mehr aufweisen. Das große Manko war in dieser Spielzeit die schwache Defensive. Mit Frankfurt und den beiden Absteigern Karlsruhe und Braunschweig gab es nur drei Clubs, die mehr Treffer kassierten. Feiern konnte am Ende zumindest Klaus Allofs, der mit 26 Treffern Bundesligatorschützenkönig wurde. Eine Zahl, die bis zum heutigen Tage nur noch ein einziges Mal überboten wurde.

Der FC-Karnevalsorden der Session 1984/85.

Dieses herrliche Gastgeschenk überreichte Inter Mailand dem FC anlässlich der Begegnungen im UEFA-Cup. Das Bild ist heute in einer Vitrine des Geißbockheims zu besichtigen.

■ Knapp 4 Millionen DM Vereinsvermögen kann der Vorstand voller Stolz bei der Jahreshauptversammlung seinen Mitgliedern präsentieren. Damit gehören die Domstädter zu den gesündesten Clubs in Deutschland.

■ Zu Beginn der Spielzeit wird Michael Trippel zum Sprecher der Fans ernannt. Im Laufe der Saison, auch beschleunigt durch die Ereignisse in Brüssel, wird von Seiten des FC die Zusammenarbeit verstärkt.

■ In neuer Aufmachung erscheint das *Geißbock Echo* seit Saisonbeginn. Die Macher stellen das unbequeme Zeitungsformat ein und das Heft kommt fortan in einem schwarzweißen Hochglanz im DIN-A4-Format.

■ In neuem Glanz erscheint auch das Franz-Kremer-Stadion. So werden in der Tribüne Umkleideräume für die Mannschaften und Toiletten für die Zuschauer installiert.

■ Mit dem Tor zum zwischenzeitlichen 3:1 am 25. April 1985 gegen Werder Bremen, erzielt Pierre Littbarski nicht nur das „Tor des Monats" April 1985, sondern auch das „Tor des Jahres 1985".

Am 11. Mai 1985 siegte der FC mit 3:2 auf dem Gladbacher Bökelberg. Überragender Mann war Klaus Allofs, der alle drei Treffer erzielte.

Einer der aktivsten FC-Fanclubs der 1980er Jahre waren die „HE-GOATS". Einige Mitglieder sowie der erste Fanbeauftragte Michael Trippel bei einer Rast auf der Fahrt zum UEFA-Cup-Spiel bei Inter Mailand.

1984/85 ■ 329

STATISTIK 1984/85

BUNDESLIGA

25.08.1984 Eintracht Braunschweig - 1. FC Köln 1:3 (1:1)
Zuschauer: 17.000
Tore: 0:1 (36.) Littbarski, 1:1 (45.) Lux (FE), 1:2 (49.) Allofs (FE), 1:3 (87.) Hartwig.
Aufstellung: Schumacher, Hönerbach, Strack, Steiner, Prestin, Engels, Bein, Hartwig, Lehnhoff (82. Lefkes), Littbarski (87. Dickel), Allofs.

04.09.1984 1. FC Köln - Arminia Bielefeld 1:1 (0:0)
Zuschauer: 13.926
Tore: 0:1 (52.) Ozaki, 1:1 (72.) Allofs.
Aufstellung: Schumacher, Prestin (69 Dickel), Strack, Steiner, Lehnhoff, Hartwig (80. Hartmann), Bein, Engels, Görgens, Littbarski, Allofs.

08.09.1984 SV Werder Bremen - 1. FC Köln 6:2 (1:1)
Zuschauer: 22.000
Tore: 1:0 (20.) Meier, 1:1 (44.) Allofs, 2:1 (47.) Reinders (FE), 3:1 (48.) Völler, 4:1 (52.) Neubarth, 5:1, 6:1 (64., 65.) Meier, 6:2 (76.) Hartwig.
Aufstellung: Schumacher, Prestin, Strack, Steiner, Görgens (67. Reif), Hartwig, Hönerbach (55. Hartmann), Lehnhoff, Engels, Bein, Allofs.

15.09.1984 1. FC Köln - Bayer 05 Uerdingen 1:5 (1:2)
Zuschauer: 7.252
Tore: 0:1 (12.) Hartmann (E), 0:2 (27.) Herget, 1:2 (34.) Engels, 1:3 (73.) F. Funkel, 1:4 (74.) Raschid, 1:5 (86.) Herget.
Aufstellung: Schumacher, Hartmann, Strack, Steiner, Hönerbach, Hartwig, Lehnhoff, Mennie (28. Dickel), Engels, Bein (61. Haas), Allofs.

22.09.1984 FC Bayern München - 1. FC Köln 2:0 (0:0)
Zuschauer: 56.000
Tore: 1:0 (75.) Rummenigge, 2:0 (90.) Wohlfahrt.
Aufstellung: Schumacher, Hartwig, Lefkes, Steiner, Gielchen, Haas (54. Hartmann), Hönerbach, Lehnhoff (71. Bein), Engels, Littbarski, Allofs.

29.09.1984 1. FC Köln - Borussia Dortmund 6:1 (2:1)
Zuschauer: 11.615
Tore: 1:0 (10.) Littbarski, 1:1 (14.) Raducanu (FE), 2:1, 3:1 (20., 51. [FE]) Allofs, 4:1 (55.) Engels (FE), 5:1, 6:1 (67., 76.) Allofs.
Aufstellung: Schumacher, Hönerbach,. Lefkes, Steiner, Gielchen, Lehnhoff (79. Häßler), Hartmann (70. Reif), Bein, Engels, Littbarski, Allofs.

06.10.1984 1. FC Köln - VfB Stuttgart 1:1 (0:0)
Zuschauer: 17.921
Tore: 1:0 (55.) Allofs, 1:1 (60.) Allgöwer.
Aufstellung: Schumacher, Hönerbach, Lefkes, Steiner, Gielchen, Hartmann (63. Geils), Hartwig, Bein (68. Lehnhoff), Engels, Littbarski, Allofs.

20.10.1984 1. FC Köln - Fortuna Düsseldorf 4:2 (1:1)
Zuschauer: 11.791
Tore: 0:1 (28.) Holmquist, 1:1 (38.) Allofs, 2:1 (51.) Bein, 3:1 (56.) Littbarski, 4:1 (71.) Allofs, 4:2 (80.) Hartwig (E).
Aufstellung: Schumacher, Hönerbach, Strack, Steiner, Lehnhoff (65. Hartmann), Hartwig, Bein, Engels, Littbarski, Allofs.

27.10.1984 Eintracht Frankfurt - 1. FC Köln 1:4 (0:2)
Zuschauer: 35.000
Tore: 0:1 (14.) Bein, 0:2 (33.) Lehnhoff, 0:3 (60.) Bein, 0:4 (80.) Engels, 1:4 (88.) Svensson.
Aufstellung: Schumacher, Strack, Steiner, Hönerbach, Lehnhoff, Geils, Gielchen, Bein, Engels (86. Hartmann) Littbarski, Allofs.

03.11.1984 1. FC Köln - FC Schalke 04 4:1 (1:0)
Zuschauer: 31.983
Tore: 1:0 (38.) Allofs, 1:1 (48.) Schatzschneider, 2:1 (50.) Littbarski, 3:1 (54.) Bein, 4:1 (80.) Allofs.
Aufstellung: Schumacher, Hönerbach, Strack, Steiner, Gielchen (81. Hartwig), Lehnhoff (86. Hartmann), Bein, Engels, Littbarski, Allofs.

10.11.1984 Hamburger SV - 1. FC Köln 3:1 (1:1)
Zuschauer: 36.000
Tore: 0:1 (30.) Hartwig, 1:1 (31.) Wehmeyer, 2:1, 3:1 (47., 66.) Wuttke.
Aufstellung: Schumacher, Hönerbach, Strack, Steiner, Geils, Hartwig, Lehnhoff, Bein, Engels, Littbarski, Allofs.

14.11.1984 1. FC Köln - Borussia M'gladbach 1:5 (0:4)
Zuschauer: 44.421
Tore: 0:1 (04.) Dreßen, 0:2 (19.) Rahn, 0:3 (20.) Mill, 0:4 (32.) Rahn, 1:4 (58.) Allofs, 1:5 (63.) Bruns.
Aufstellung: Schumacher, Hönerbach, Strack, Steiner, Lehnhoff (36. Gielchen), Bein, Engels, Hartwig (36. Hartmann), Geils, Littbarski, Allofs.
B.V.: Sude hält FE von Engels (13.) und HE von Allofs (22.).

17.11.1984 VfL Bochum - 1. FC Köln 3:1 (0:1)
Zuschauer: 35.000
Tore: 0:1 (03.) Littbarski, 1:1 (74.) Kree, 1:2 (75.) Engels, 1:3 (88.) Littbarski.
Aufstellung: Schumacher, Prestin, Strack, Steiner, Geils, Hönerbach, Gielchen, Bein (82. Lehnhoff), Engels, Littbarski, Hartmann.

01.12.1984 Karlsruher SC - 1. FC Köln 1:4 (0:1)
Zuschauer: 20.000
Tore: 0:1, 0:2 (04., 58.) Littbarski, 1:2 (59.) Theis, 1:3 (72.) Littbarski, 1:4 (90.) Bein.
Aufstellung: Schumacher, Prestin, Strack, Steiner, Lehnhoff (79. Gielchen), Hartwig, Hönerbach, Bein, Geils, Littbarski, Allofs.

04.12.1984 1. FC Köln - Bayer 04 Leverkusen 3:1 (1:0)
Zuschauer: 10.449
Tore: 1:0 (12.) Engels, 2:0 (50.) Hartwig, 2:1 (75.) Haas (FE), 3:1 (80.) Allofs (FE).
Aufstellung: Schumacher, Prestin, Strack, Hönerbach, Geils, Hartwig, Lehnhoff (73. Hartmann), Bein, Engels, Littbarski, Allofs.

08.12.1984 1. FC Köln - 1. FC Kaiserslautern 2:0 (1:0)
Zuschauer: 11.016
Tore: 1:0 (17.) Bein, 2:0 (50.) Littbarski.
Aufstellung: Schumacher, Prestin, Steiner, Geils, Hönerbach, Lehnhoff (87. Gielchen), Hartwig, Bein, Engels, Littbarski, Allofs.

22.12.1984 SV Waldhof Mannheim - 1. FC Köln 1:2 (0:2)
Zuschauer: 25.000
Tore: 0:1 (21.) Allofs, 0:2 (36.) Littbarski, 1:2 (67.) Heck.
Aufstellung: Schumacher, Prestin, Strack, Steiner, Hönerbach, Geils, Lehnhoff, Bein, Engels (13. Gielchen), Littbarski, Allofs.

01.02.1985 1. FC Köln - Eintracht Braunschweig 1:0 (1:0)
Zuschauer: 18.303
Tor: 1:0 (20.) Littbarski.
Aufstellung: Schumacher, Prestin, Steiner, Hönerbach, Geils, Gielchen, Bein, Lefkes, Littbarski, Dickel (58. Mennie).

02.03.1985 Bayer 05 Uerdingen - 1. FC Köln 2:1 (1:1)
Zuschauer: 15.000
Tore: 1:0 (32.) Schäfer, 1:1 (39.) Engels, 2:1 (57.) Schäfer.
Aufstellung: Schumacher, Geils, Lefkes, Prestin, Lehnhoff, Hartwig (75. Gielchen), Bein (83. Dickel), Hönerbach, Engels, Littbarski, Allofs.
B.V.: Littbarski erhält einen Platzverweis (65.).

09.03.1985 1. FC Köln - FC Bayern München 0:2 (0:1)
Zuschauer: 40.736
Tore: 0:1 (28.) Hoeneß, 0:2 (89.) Matthäus.
Aufstellung: Schumacher, Prestin, Steiner, Hönerbach, Geils (81. Dickel), Lehnhoff, Hartwig, Bein, Engels, Gielchen (60. Strack), Allofs.

13.03.1985 Arminia Bielefeld - 1. FC Köln 1:0 (0:0)
Zuschauer: 18.000
Tor: 1:0 (52.) Rautiainen.
Aufstellung: Schumacher, Hönerbach, Steiner, Prestin, Lehnhoff, Hartwig, Bein, Engels, Geils (68. Strack), Dickel (68. Haas), Allofs.

16.03.1985 Borussia Dortmund - 1. FC Köln 2:0 (0:0)
Zuschauer: 20.000
Tore: 1:0 (60.) Zorc (FE), 2:0 (78.) Raducanu.
Aufstellung: Schumacher, Prestin, Strack, Steiner, Geils, Hönerbach, Lehnhoff (61. Dickel), Hartwig, Engels, Bein, Allofs.

23.03.1985 VfB Stuttgart - 1. FC Köln 3:1 (2:1)
Zuschauer: 25.000
Tore: 0:1 (08.) Hartwig, 1:1 (32.) Allgöwer, 2:1 (42.) Reichert, 3:1 (90.) Klinsmann.
Aufstellung: Schumacher, Prestin, Steiner, Hönerbach, Geils, Hartwig (80. Dezelak), Gielchen (71. Strack), Engels, Bein, Lehnhoff, Allofs.

30.03.1985 1. FC Köln - SV Waldhof Mannheim 0:0
Zuschauer: 9.517
Aufstellung: Schumacher, Geils (39. Strack), Steiner, Hönerbach, Prestin, Lehnhoff, Hartwig, Bein, Gielchen (67. Mennie), Littbarski, Allofs.

03.04.1985 Fortuna Düsseldorf - 1. FC Köln 1:2 (1:1)
Zuschauer: 13.000
Tore: 1:0 (06.) Dusend, 1:1 (13.) Bein, 1:2 (80.) Allofs.
Aufstellung: Schumacher, Prestin, Steiner, Strack, Lehnhoff (67. Geilenkirchen), Hönerbach, Gielchen, Bein, Engels, Littbarski, Allofs.

13.04.1985 1. FC Köln - Eintracht Frankfurt 2:0 (2:0)
Zuschauer: 10.613
Tore: 1:0 (28.) Bein, 2:0 (36.) Engels.
Aufstellung: Schumacher, Prestin, Steiner, Hönerbach, Lehnhoff (72. Geils), Mennie, Bein, Engels, Littbarski, Allofs.

20.04.1985 FC Schalke 04 - 1. FC Köln 2:3 (1:1)
Zuschauer: 35.700
Tore: 1:0 (14.) Täuber, 1:1 (30.) Allofs, 2:1 (61.) Hartmann, 2:2 (85.) Littbarski, 2:3 (87.) Allofs.
Aufstellung: Schumacher, Geils (28. Haas), Steiner, Hönerbach, Gielchen, Lehnhoff, Bein, Engels, Prestin, Littbarski, Allofs.

25.04.1985 1. FC Köln - SV Werder Bremen 3:2 (1:0)
Zuschauer: 23.951
Tore: 1:0, 2:0 (12., 55.) Allofs, 2:1 (59.) Neubarth, 3:1 (71.) Littbarski, 3:2 (86.) Pezzey.
Aufstellung: Schumacher, Prestin, Lefkes, Steiner, Hönerbach, Lehnhoff, Mennie, Haas (86. Häßler), Engels (73. Geilenkirchen), Littbarski, Allofs.

04.05.1985 1. FC Köln - Hamburger SV 2:1 (0:1)
Zuschauer: 21.558
Tore: 0:1 (35.) Jakobs, 1:1 (69.) Allofs, 2:1 (73.) Engels.
Aufstellung: Schumacher, Prestin, Steiner, Lefkes, Steiner, Hönerbach, Lehnhoff (75. Geils), Mennie, Haas (59. Geilenkirchen), Engels, Littbarski, Allofs.

11.05.1985 Borussia M'gladbach - 1. FC Köln 2:3 (1:1)
Zuschauer: 26.000
Tore: 0:1 (06.) Allofs, 1:1 (37.) Borowka, 2:1 (47.) Rahn, 2:2, 2:3 (65., 89.) Allofs.
Aufstellung: Schumacher, Geils, Steiner, Prestin, Lehnhoff (78. Lefkes), Engels, Mennie (64. Geilenkirchen); Hönerbach, Gielchen, Littbarski, Allofs.

17.05.1985 1. FC Köln - VfL Bochum 2:1 (1:1)
Zuschauer: 13.634
Tore: 1:0 (25.) Lehnhoff, 1:1 (43.) Kuntz, 2:1 (71.) Engels.
Aufstellung: Schumacher, Prestin, Steiner, Hönerbach, Geils, Lehnhoff (76. Geilenkirchen), Haas (65. Häßler), Engels, Gielchen, Littbarski, Allofs.

25.05.1985 Bayer 04 Leverkusen - 1. FC Köln 4:4 (2:3)
Zuschauer: 13.000
Tore: 1:0 (22.) Schreier, 1:1 (25.) Littbarski, 2:1 (36.) Schlegel, 2:2 (39.) Littbarski, 2:3 (44.) Lehnhoff, 2:4 (50.) Lefkes, 3:4, 4:4 (64. FE, 75.) Waas.
Aufstellung: Schumacher, Prestin, Lefkes, Geils, Lehnhoff (65. Geilenkirchen), Hönerbach, Häßler (55. Haas), Gielchen, Engels, Littbarski, Allofs.

01.06.1985 1. FC Köln - Karlsruher SC 3:4 (2:1)
Zuschauer: 9.000
Tore: 1:0 (02.) Walz (E), 1:1 (35.) Günther, 2:1, 3:1 (39., 52.) Allofs, 3:2 (67.) Walz, 3:3 (80.) Glückler, 3:4 (83.) Günther.
Aufstellung: Schumacher, Prestin (57. Lefkes), Steiner, Hönerbach, Gielchen (39. Geilenkirchen), Lehnhoff, Geils, Engels, Häßler, Littbarski, Allofs.

08.06.1985 1. FC Kaiserslautern - 1. FC Köln 6:0 (2:0)
Zuschauer: 13.398
Tore: 1:0, 2:0 (28., 32.) T. Allofs, 3:0 (47.) Prestin (E), 4:0 (59.) Brehme (FE), 5:0 (72.) Melzer, 6:0 (76.) T. Allofs.
Aufstellung: Schumacher, Geils, Steiner, Prestin, Gielchen, Lehnhoff (87. Dickel), Hönerbach, Häßler, Engels (57. Geilenkirchen), Littbarski, K. Allofs.

STATISTIK 1984/85

DFB-POKAL

1. Runde
01.09.1984 **1. FC Köln - Stuttgarter Kickers** 8:0 (3:0)
Zuschauer: 3.485
Tore: 1:0, 2:0 (08., 20.) Allofs, 3:0 (30.) Hartwig, 4:0 (47.) Strack, 5:0 (57.) Hobday (E), 6:0 (62.) Allofs, 7:0 (83.) Lehnhoff, 8:0 (85.) Dickel.
Aufstellung: Schumacher (67. Nißl), Prestin, Strack, Steiner, Görgens, Lehnhoff, Hartwig (56. Dickel), Bein, Engels, Littbarski, Allofs.

2. Runde
21.11.1984 **SV Hannover 96 - 1. FC Köln** 2:1 (1:1)
Zuschauer: 55.000
Tore: 1:0 (32.) Surmann, 1:1 (43.) Littbarski, 2:1 (66.) Gue.
Aufstellung: Schumacher, Hönerbach, Strack, Prestin, Steiner, Gielchen (46. Lehnhoff), Bein, Engels, Geils (76. Hartwig), Littbarski, Allofs.

UEFA-POKAL

1. Runde (Hinspiel)
19.09.1984 **1. FC Köln - Pogon Stettin** 2:1 (0:1)
Zuschauer: 8.326
Tore: 0:1 (35.) Haas (E), 1:1 (53.) Engels, 2:1 (76.) Littbarski.
Aufstellung: Schumacher, Hönerbach, Lefkes, Hartwig, Lehnhoff, Reif (46. Hartmann), Haas (62. Bein), Engels, Gielchen, Littbarski, Allofs.

1. Runde (Rückspiel)
03.10.1984 **Pogon Stettin - 1. FC Köln** 0:1 (0:0)
Zuschauer: 30.000
Tor: 0:1 (71.) Bein.
Aufstellung: Schumacher, Hönerbach, Lefkes, Steiner, Lehnhoff (55. Hartwig), Bein, Engels, Gielchen, Hartmann, Littbarski, Allofs.
B.V.: Kensy verschießt FE (53.), Schumacher hält HE von Lesniak (83.).

2. Runde (Hinspiel)
24.10.1984 **Standard Lüttich - 1. FC Köln** 0:2 (0:1)
Zuschauer: 20.000
Tore: 0:1 (39.) Littbarski, 0:2 (80.) Bein.
Aufstellung: Schumacher, Hönerbach, Strack, Steiner, Hartwig (49. Gielchen), Lehnhoff, Bein, Engels, Geils (84. Hartmann), Littbarski, Allofs.

2. Runde (Rückspiel)
07.11.1984 **1. FC Köln - Standard Lüttich** 2:1 (1:0)
Zuschauer: 25.190
Tore: 1:0 (42.) Strack, 2:0 (54.) Allofs, 2:1 (76.) Gründel.
Aufstellung: Schumacher, Hönerbach, Strack, Steiner, Gielchen (46.Hartwig), Lehnhoff, Bein (68. Häßler), Engels, Geils, Littbarski, Allofs.
B.V.: Bodart hält FE von Allofs (60.).

Achtelfinale (Hinspiel)
28.11.1984 **Spartak Moskau - 1. FC Köln** 1:0 (1:0)
Zuschauer: 35.000
Tor: 1:0 (35.) Posdnjakow.
Aufstellung: Schumacher, Geils, Strack, Steiner, Prestin, Hartwig, Hönerbach, Bein (76. Hartmann), Engels, Littbarski, Allofs.
B.V.: Spiel wurde in Tiflis ausgetragen.

Achtelfinale (Rückspiel)
12.12.1984 **1. FC Köln - Spartak Moskau** 2:0 (1:0)
Zuschauer: 33.149
Tore: 1:0 (24.) Bein, 2:0 (75.) Littbarski.
Aufstellung: Schumacher, Hönerbach, Steiner, Prestin, Geils, Lehnhoff (75. Gielchen), Hartwig, Bein, Engels, Littbarski, Allofs.

Viertelfinale (Hinspiel)
06.03.1985 **Inter Mailand - 1. FC Köln** 1:0 (0:0)
Zuschauer: 76.000
Tor: 1:0 (55.) Causio.
Aufstellung: Schumacher, Prestin, Steiner, Hönerbach, Hartwig, Lehnhoff (89. Strack), Bein, Engels, Geils (65. Gielchen), Littbarski, Allofs.

Viertelfinale (Rückspiel)
20.03.1985 **1. FC Köln - Inter Mailand** 1:3 (0:1)
Zuschauer: 58.186
Tore: 0:1 (18.) Marini, 1:1 (66.) Bein, 1:2 (75.) Rummenigge, 1:3 (85.) Rummenigge.
Aufstellung: Schumacher, Hönerbach, Steiner, Prestin, Hartwig, Lehnhoff, Bein, Engels, Geils (19. Haas - 46. Strack), Littbarski, Allofs.
B.V.: Ferri erhält einen Platzverweis (09.).

FREUNDSCHAFTSSPIELE

21.07.1984 **SV Teutonia Köppern - 1. FC Köln** 0:9

22.07.1984 **TuS Wirbelau - 1. FC Köln** 2:15

25.07.1984 **SV Allendorf - 1. FC Köln** 0:9

27.07.1984 **KSV Hessen Kassel - 1. FC Köln** 1:1

28.07.1984 **TSV Münnerstadt - 1. FC Köln** 0:19

01.08.1984 **Dundee United - 1. FC Köln** 2:1
(in Bad Kreuznach)

04.08.1984 **Meerbecker SV Moers - 1. FC Köln** 1:8

07.08.1984 **1. FC Köln - Dukla Prag** 9:1

12.08.1984 **Udinese Calcio - 1. FC Köln** 4:5

14.08.1984 **Fluminense Rio de Jan.– 1. FC Köln** 1:4
(in Udine/italien)

19.08.1984 **Olympiakos Piräus - 1. FC Köln** 4:1

28.08.1984 **RSC Anderlecht - 1. FC Köln** 1:2
(in Madrid)

29.08.1984 **Real Madrid - 1. FC Köln** 4:1

28.10.1984 **TSV Dissen - 1. FC Köln** 0:20

09.01.1985 **Nationalmann. El Salvador - 1. FC Köln** 0:4
(in San Salvador)

13.01.1985 **Guatemala - 1. FC Köln** 0:0

15.01.1985 **Nationalmannsch. Honduras - 1. FC Köln** 0:3
(in San Petro Sela)

18.01.1985 **Nationalmannsch. Honduras - 1. FC Köln** 2:0
(in Tegucigalpa)

20.01.1985 **Nationalmann. El Salvador - 1. FC Köln** 0:2
(in San Salvador)

20.05.1985 **SpVgg Porz - 1. FC Köln** 1:13

28.05.1985 **Taubertalauswahl - 1. FC Köln** 0:11
(in Bad Mergentheim)

1. BUNDESLIGA 1984/85

1.	Bayern München (P)	79:38	50:18
2.	Werder Bremen	87:51	46:22
3.	**1. FC Köln**	**69:66**	**40:28**
4.	Borussia M'gladbach	77:53	39:29
5.	Hamburger SV	58:49	37:31
6.	Waldhof Mannheim	47:50	37:31
7.	Bayer 05 Uerdingen	57:52	36:32
8.	FC Schalke 04 (N)	63:62	34:34
9.	VfL Bochum	52:54	34:34
10.	VfB Stuttgart (M)	79:59	33:35
11.	1. FC Kaiserslautern	56:60	33:35
12.	Eintracht Frankfurt	62:67	32:36
13.	Bayer Leverkusen	52:54	31:37
14.	Borussia Dortmund	51:65	30:38
15.	Fortuna Düsseldorf	53:66	29:39
16.	Arminia Bielefeld	46:61	29:39
17.	Karlsruher SC (N)	47:88	22:46
18.	Eintracht Braunschweig	39:79	20:48

BUNDESLIGAKADER 1984/85

Abgänge: Ehrmann (1. FC Kaiserslautern), Fischer (VfL Bochum), Sljivo (RFC Lüttich), Willmer (Bayern München), Zimmermann (Ende der Laufbahn).
Zugänge: Bein (Kickers Offenbach), Dezelak (eigene Amateure), Dickel (Sportfreunde Siegen), Geilenkirchen (eigene Jugend) Geils (Arminia Bielefeld), Görgens (Siegburg 04), Hartwig (Hamburger SV) Häßler (eigene Jugend), Heller (eigene Amateure), Hutwelker (Fortuna Köln), Lehnhoff (SV Baesweiler 09).

Trainer: Johannes Löhr

			Gielchen, Andreas	23/0
			Hartwig, William	20/5
Tor:			Strack, Gerhard	17/0
Schumacher, Harald	34/0		Hartmann, Frank	12/0
Nißl, Michael	0/0		Lefkes, Manfred	11/1
			Dickel, Norbert	9/0
Feld:			Geilenkirchen, Ralf	8/0
Lehnhoff, Hans-Peter	34/3		Haas, Uwe	8/0
Allofs, Klaus	32/26		Mennie, Vincent	7/0
Engels, Stephan	32/9		Häßler, Thomas	6/0
Hönerbach, Matthias	32/0		Görgens, Armin	2/0
Steiner, Paul	32/0		Reif, Hans-Werner	2/0
Littbarski, Pierre	28/16		Dezelak, Detlef	1/0
Bein, Uwe	27/8		Baffoe, Anthony	0/0
Geils, Karl-Heinz	26/0		Hutwelker, Günter	0/0
Prestin, Dieter	25/0		Heller, Hans	0/0

Dazu kommt ein Eigentor von Günter Walz (Karlsruher SC).

FIEBERKURVE 1984/85

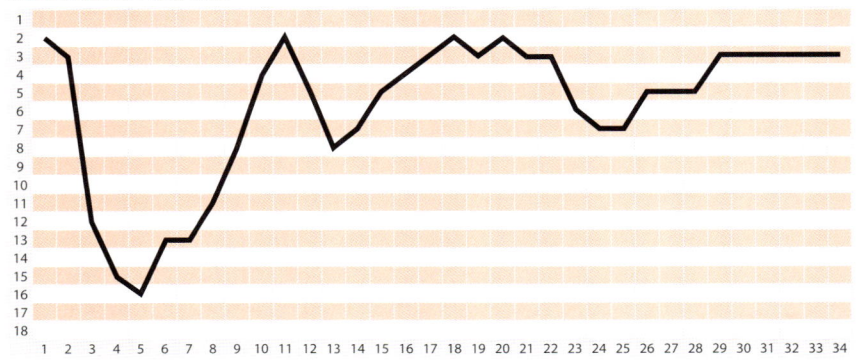

1985/86
1. BUNDESLIGA

Fastabstieg und UEFA-Pokal-Finale

[LEGENDEN]

Harald „Toni" Schumacher
Beim FC von 1972 bis 1987
Geboren: 06.03.1954 in Düren
Pflichtspiele beim FC: 542

Hintere Reihe von links: Uwe Bein, Karl-Heinz Geils, Ralf Geilenkirchen, William Hartwig, Michel van de Korput, Stephan Engels, Matthias Hönerbach. Mittlere Reihe von links: Trainer Hannes Löhr, Co-Trainer Christoph Daum, Detlef Dezelak, Paul Steiner, Norbert Dickel, Heinz Rother, Andreas Gielchen, Armin Görgens, Olaf Janßen, Hans-Peter Lehnhoff, Konditionstrainer Rolf Herings, Masseur Jürgen Schäfer. Vordere Reihe von links: Pierre Littbarski, Klaus Allofs, Dieter Prestin, Bodo Illgner, Harald Schumacher, Michael Nißl, Thomas Häßler, Vincent Mennie, David Pizanti.

Umstrittener Held

Bis heute ist Harald „Toni" Schumacher nicht nur der berühmteste Torwart der FC-Geschichte, sonder einer der bekanntesten nationalen und internationalen Akteure, die der Club je hervorgebracht hat. Wie viele berühmte rheinische Fußballer kam auch Schumacher aus Düren. Der örtliche Fußballverein Schwarz-Weiß war sein erster Club, der ihn zunächst als Stürmer einsetzte und dann im Alter von 12 Jahren zum Torwart umschulte. Mit verbissenem Training und Ehrgeiz kämpfte er sich bis in die Jugendnationalmannschaft. Nachdem Schumacher seine Ausbildung zum Kupferschmied erfolgreich abgeschlossen hatte, nahm er 1972 das Angebot des 1. FC Köln an. In Köln erwartete ihn ein steiniger Weg. Zunächst kam er an Stammkeeper Gerd Welz nicht vorbei. Doch als sich Welz schwer verletzte, nahm „Toni" unverhofft den Platz im Kölner Tor ein. Den Spitznamen „Toni" bekam Schumacher aus mehreren Gründen verpasst. Zum einen, weil sein zweiter Vorname „Anton" ist, zum anderen, weil seinerzeit mit Konopka ein weiterer Harald beim FC spielte. Zudem hieß einer seiner erfolgreichen Vorgänger bei den Geißböcken ja auch Toni Schumacher. Als 1976 Hennes Weisweiler wieder FC-Trainer wurde, kamen auf Schumacher zunächst harte Zeiten zu, denn der knurrige Hennes war kein Freund des Jungtorwarts. Zeitweilig gab er Ersatzkeeper Slobodan Topalovic den Vorzug. Zum Ende der Spielzeit 1976/77 wollte man „Toni" loswerden und stattdessen Norbert Nigbur von Hertha BSC Berlin verpflichten. Doch Schumacher legte einen glänzenden Saisonabschluss hin und hielt auch in den beiden 1977er ➜

„Die Mannschaft befindet sich im Umbruch." Mit dieser Aussage bremste Geschäftsführer Michael Meier die aufkommende Euphorie rund um das Geißbockheim. Und auch „Toni" Schumacher blieb Realist: „Wir haben im vergangenen Jahr über unsere Verhältnisse gespielt." Dass die Verantwortlichen am Militärring sich in Zurückhaltung übten, sollte sich im Laufe des Jahres als der richtige Weg erweisen.
Von den Neuverpflichtungen waren ohnehin keine großen Taten zu erwarten. Einige waren schwer einzuschätzen, so der 17-fache israelische Nationalspieler David Pizanti. Er galt zwar in seiner Heimat als großer Star, aber ob der Abwehrspieler in der Bundesliga bestehen konnte, war unklar. Zumindest erhöhte sein Kauf die Popularität des 1. FC Köln in Israel – die erste Partie gegen Eintracht Frankfurt (1:1) wurde dort sogar live übertragen.

Zum Ende der Vorbereitung kam dann noch Michel van de Korput vom AC Turin. Der 21-fache holländische Nationalspieler, der von den Italienern zuletzt an Feyenoord Rotterdam ausgeliehen war, sollte die Probleme auf der Liberoposition lösen.

SCHWACHER SAISONSTART

Nach den obligatorischen Vorbereitungsspielen startete der FC zunächst durchwachsen in die Liga. Die ersten sieben Begegnungen endeten bis auf ein 2:0 gegen Dortmund sowie einer 0:1-Niederlage in Kaiserslautern unentschieden. Dazwischen lag ein glatter 4:2-Sieg im DFB-Pokal beim TSV 1860 München. Der Münchner Traditionsverein war mittlerweile in die Oberliga abgerutscht. Klaus Allofs zeigte hier eindrucksvoll seine Klasse und erzielte alle vier Treffer.
Im Europapokal drohte bereits in der ersten Runde das

Aus. Das spanische Überraschungsteam des Vorjahres, Sporting Gijon, schaffte in Köln ein 0:0. In Spanien konnte die Mannschaft vom Rhein aber doch noch mit 2:1 gewinnen und zog in die zweite Runde ein. Die spanischen Zuschauer erwiesen sich nicht als faire Gastgeber. Schon während des Spiels warfen sie pausenlos Zitronen auf die Kölner Spieler. Nachdem es Paul Steiner zu viel wurde und er eine zurückwarf, bekam er prompt die gelbe Karte vom österreichischen Schiedsrichter Wöhrer. Nach dem Spiel wurde das Team auf dem Weg zum Bus sogar tätlich angegriffen und bespuckt. Als „Toni" Schumacher sich dagegen körperlich zur Wehr setzte, war innerhalb weniger Sekunden die gesamte Kölner Mannschaft in ein Handgemenge verwickelt. In der Liga dagegen agierte das Team weiterhin wechselhaft. „Ich habe heute nichts Positives entdeckt, und für das Negative

Der FC-Block beim UEFA-Cup-Spiel in Hammarby. Dichtes Schneetreiben trübte die Sicht auf das Spielfeld.

reicht die Sendezeit nicht", grollte „Toni" Schumacher nach dem 0:5-Desaster von Stuttgart mit drei Toren von Jürgen Klinsmann. Diesem Spiel folgte ein 4:2 gegen Schalke, ein 1:3 in Hannover und wiederum ein 3:1 gegen Saarbrücken. Die Diva vom Rhein hatte so ihre Launen. Die brauchte sie zumindest im DFB-Pokal nach dem 1:4 n.V. in Kaiserslautern nicht mehr auszuleben.

INTERNATIONAL WEITER DABEI

International dagegen spielte man auf ganz anderen Ebenen. Im Heimspiel gegen Bohemians Prag gewann der FC hochverdient mit 4:0, und auch in der Goldenen Stadt gab es ein klares 4:2. Gehörte die Mannschaft auswärts in der letzten Saison noch zu den besten Teams, so war in dieser Spielzeit bei Gastreisen bislang kein Erfolgserlebnis zu erringen. Mit dem 0:0 in Hamburg, übrigens dem ersten Bundesligaauswärtsspiel ohne Gegentor seit April 1984, und dem 2:3 in Uerdingen wartete die Mannschaft mittlerweile seit neun Auswärtsbegegnungen auf einen Sieg. So war die Freude groß, als es endlich in Düsseldorf (3:1) klappte. Zuvor war bereits der 1. FC Nürnberg mit einer Niederlage auf die Heimreise geschickt worden. Somit konnten die Geißböcke erstmals in dieser Spielzeit ein positives Punktekonto aufweisen. Dies war aber auch der letzte Sieg in der Bundesliga vor der Winterpause.

Nach einer Heimniederlage gegen Waldhof Mannheim (0:1) und zwei Punkteteilungen gegen Frankfurt (1:1) und Kaiserslautern (1:1) war die Bilanz im nationalen Fußball so düster wie lange nicht mehr. Besser sah es im UEFA-Pokal aus. Hier konnte das Viertelfinale erreicht werden. Mit der schwedischen Mannschaft Hammarby IF war den Geißböcken ein Gegner zugelost worden, der schon seit sieben Wochen keine Spielpraxis hatte und dementsprechend schwer einzuschätzen war. Gespielt wurde wegen der Rasenheizung im Råsundastadion bei Stockholm und nicht im heimischen Söderstadion in Hammarby. Am Spieltag selbst war der eigentliche Spielort egal. Der plötzliche Wintereinbruch sorgte allerorten für Chaos. Der Fan-Bus, der aus der Domstadt in die schwedische Metropole unterwegs war, brauchte für die Hinfahrt insgesamt 25 und für die Rückfahrt gar 32 Stunden. Im Gepäck lag eine unnötige 1:2-Niederlage, denn der FC hatte bis zur 70. Minute hochverdient geführt und musste erst zwei Minuten vor Schluss den Siegtreffer hinnehmen. Auf den Schnee von Stockholm folgte der Nebel von Köln. Zwei Stunden vor Spielbeginn schien eine Austragung des Rückspiels unmöglich. Die Verantwortlichen der Stadt ließen sich etwas einfallen. Sie stellten an zwei Ecken des Stadions Heizsonnen auf und drückten so den Nebel nach oben. Schließlich konnte die Partie dann doch pünktlich und ohne Sichtbehinderung ausgetragen werden. In einer harten, aber jederzeit fairen Begegnung waren Kampf und Lauffreudigkeit Trumpf, aber auch das Glück spielte eine Rolle. Zur Pause stand die Partie noch 1:1, ehe Thomas Häßler, gerade einmal vier Minuten auf dem Platz, bei einem Solo gleich sechs Schweden stehen ließ. Seine Flanke verwertete Klaus Allofs per Fallrückzieher zur Kölner Führung. Dann sollte es bis zur 86. Minute dauern, bis erneut gejubelt wurde. Vorbereiter war erneut der 1,66 Meter große Wirbelwind, Vollstrecker diesmal jedoch Uwe Bein.

HAUSGEMACHTE PROBLEME

Außerhalb des Platzes backte sich der FC seine Probleme wieder einmal selbst. Pierre Littbarski rügte im *Aktuellen Sportstudio* die Einkaufspolitik des Clubs. Der Verein reagierte zurückhaltend. Anders bei Paul Steiner. Ihm wurde zunächst verboten, in der Kölner Innenstadt eine Kneipe zu eröffnen. Man befürchtete, dass sich dies negativ auf seine Leistungen auswirken könnte. Eine Unterlassungserklärung sollte er sogar schriftlich vorlegen. Der Ex-Mannheimer gab am Ende schließlich nach. Überhaupt keinen Rückzieher machte Johannes Löhr. Seine Arbeitsweise war mehr und mehr in die Kritik geraten. Auch der 75-jährige Ex-Präsident Oskar Maaß hatte seinen Kopf gefordert. Löhr konterte: „Das, was er von sich gegeben hat, führe

Pokalendspielen bravourös – ausgerechnet gegen den designierten Nachfolger Nigbur. Nur ein Jahr nach dem Pokalsieg 1977 krönte Schumacher seine Vereinskarriere mit dem Double. Nach anfänglichem Zögern machte ihn Bundestrainer Jupp Derwall zum Nationalspieler. 1979 debütierte „Toni" gegen Island und wurde 1980 Stammkeeper der DFB-Auswahl, mit der er 1980 die Europameisterschaft gewann. 1982 und 1986 wurde der Schlussmann, der sich gern mit Filmfigur „Rocky" verglich, Vizeweltmeister. Insgesamt bestritt Schumacher 76 A-Länderspiele. 1983 kam mit dem DFB-Pokalsieg ein weiterer Titel im Vereinsdress hinzu. „Toni" war ein Liebling der Massen, einer, mit dem sich die Fans in der Südkurve identifizieren konnten. Viele seiner Zitate, wie „Ich bin das Raubtier, und der Ball ist die Beute", sind legendär. Als er im WM-Halbfinale den Franzosen Patrick Battiston bei einem Foul schwer verletzte und die Aktion anschließend mit dem Satz „Ich kaufe ihm neue Jackettkronen" kommentierte, diskreditierte er sich selbst. Schumacher war auf dem Platz schlicht erfolgsbesessen, wollte immer gewinnen. Wahrscheinlich hätten Toni noch viele Jahre im Kölner Tor bevorgestanden, wäre da nicht sein Skandalbuch „Anpfiff" gewesen. In diesem autobiographischen Werk prangerte Schumacher, der 1984 und 1986 Deutschlands „Fußballer des Jahres" wurde, auch Missstände im deutschen Fußball offen an. Aus Sicht der Vorstände beim FC und auch beim DFB war der „Nestbeschmutzer" nun nicht mehr haltbar. Doch auch nach der Zeit in Köln feierte der Weltklassekeeper weitere Erfolge. Nachdem er ein Jahr lang beim FC Schalke 04 spielte, den Abstieg der „Knappen" aber nicht verhindern konnte, wechselte er in die Türkei zu Fenerbahce Istanbul. Auch hier wurde der „kölsche Tünn" Meister und Volksheld zugleich. 1991 dann die Rückkehr nach Deutschland zum FC Bayern, bei dem er sogar noch acht Bundesligaspiele bestritt. Von 1995 bis 1998 war „Toni" Torwarttrainer bei Borussia Dortmund, wo er von Ottmar Hitzfeld im Dortmunder Meisterjahr 1995/96 als „Geschenk" zu einem Kurzeinsatz kam. 1998 versuchte er sich dann als Cheftrainer bei Fortuna Köln. Sein Abgang bei den Fortunen ist bis heute legendär: Im Dezember 1999 wurde er bei einem Spiel gegen Waldhof Mannheim noch in der Halbzeitpause von Präsident Jean Löring gefeuert. Danach war Schumacher zum Unmut der FC-Freunde von 2001 bis 2003 als Torwarttrainer bei Bayer Leverkusen tätig. Später betrieb „Toni" in Köln die Agentur sportsfirst, die sich um Rechte, Werbung und andere Dinge rund um den Fußball kümmerte. Zum FC bestehen kaum noch Kontakte, obwohl „Toni" Schumacher immer davon geträumt hatte, einmal Präsident des 1. FC Köln zu werden. ■

[Interessantes & Kurioses]

■ Neue Stadionpläne in Köln – nicht aber die Stadt Köln oder die Geißböcke kokettieren damit, sondern Rüdiger Schmitz, Berater von „Toni" Schumacher und Pierre Littbarski. Schmitz will eine Arena für 30.000 Zuschauer mit einem beweglichen Rasen und VIP-Lounges hochziehen. Kostenpunkt: 60 Millionen DM.

Heute als „Retro Jacke" wieder in: Original FC-Trainingsjacke der Saison 1985/86.

Gedenkwimpel vom UEFA-Cup-Auftakt in Müngersdorf. Der FC und die Spanier aus Gijon trennten sich 0:0.

Auch wenn Dieter Prestin im Müngersdorfer Rückspiel zu Fall kommt – auf seinem Weg ins UEFA-Pokal-Finale setzte sich der FC auch gegen Sporting Lissabon durch.

ich auf sein hohes Alter zurück. Außerdem soll er an die Fehler denken, die er machte, als er noch in Amt und Würden stand."

Das Jahr 1986 begann positiv. Der erste Auftritt – beim eigenen Hallenturnier – konnte siegreich beendet werden. Nach einem zweiten Hallenturnier in Essen ging es nach Israel, wo zwei Freundschaftsspiele anstanden. Allerdings dauerte es weitere zwei Wochen, bis die Liga wieder anfing. Für die Geißböcke war der Start fatal. 0:8 Punkte aus den ersten Begegnungen bedeuteten endgültig Abstiegsgefahr und für Hannes Löhr den Abschied. Nach der 1:5-Klatsche in Dortmund wurde im darauffolgenden Heimspiel gegen den Nachbarn Leverkusen (2:3) vor gerade einmal 10.000 Zuschauern eine 2:0-Pausenführung verspielt. So musste Löhr am Ende der Woche seinen Hut nehmen.

Mit dem 53-jährigen Imme Georg Keßler saß danach ein bundesliga-erfahrener Coach auf der Bank, der schon vor Jahren Hertha BSC zur Vizemeisterschaft und zum Vizepokalsieg geführt hatte – die Berliner verloren 1977 mit Keßler gegen den 1. FC Köln. Trotzdem endete der Auftakt gleich mit einem 0:2 in Bremen. Nach diesem Spiel kehrte erst einmal der Winter zurück. So wurde die Partie beim VfL Bochum zum dritten Mal abgesagt.

ILLGNERS DEBÜT

In München ging es dann erwartungsgemäß mit einer 3:1-Niederlage gegen die Bayern weiter. Nicht erwartet worden war der Platzverweis von Harald Schumacher. In der 76. Minute war Roland Wohlfahrt ganz allein auf „Toni" losmarschiert und vom Nationalkeeper zu Fall gebracht worden. Schiedsrichter Werner Föckler wertete die Tat als rotwürdig und schickte den temperamentvollen Kölner zum ersten Mal in seiner Laufbahn vorzeitig unter die Dusche. Für ihn kam ab der 76. Minute Bodo Illgner, Nachwuchstalent und U16-Europameister, der allerdings den folgenden Strafstoß von Lothar Matthäus auch nicht abwehren konnte. „Toni" Schumacher, der ohne Kommentar den Platz verließ, war einige Tage später sichtlich geschockt. Vier Wochen Sperre für ein angebliches Foul, das von München bis Hamburg als Schwalbe angesehen wurde? „Ich weiß nicht, ob ich für einen Verband, der solche Sportrichter duldet, weiter in der Nationalelf spielen kann." „Toni" dachte sogar an einen WM-Boykott. In der Berufungsverhandlung eine Woche später wurde er freigesprochen. Bodo Illgner, als Schumachers Vertreter, schien die ganze Sache kalt zu lassen. Im Heimspiel gegen den VfB Stuttgart hielt er wie ein „Routinier", so wurde zumindest seine Leistung im *Kicker* bewertet, und erhielt beim 2:1 über den VfB Stuttgart Lob von allen Seiten. Da drei Tage später das UEFA-Pokal-Viertelfinale anstand, war das Thema Schumacher erst einmal in den Hintergrund gerückt. Unter anderem deshalb, weil „Toni" international ohnehin spielberechtigt blieb. Mit Sporting Lissabon war bloß der „kleine" Club als Gegner zugelost worden. Nur mit sehr viel Glück und einem eiskalten Klaus Allofs reichte es aber zu einem 1:1. Allofs verwandelte in der Schlussminute einen Foulelfmeter und ließ sich auch nicht beirren, als dieser wiederholt wurde, weil Olaf Janßen zu früh in den Strafraum gelaufen sein sollte.

Drei Tage später, wieder mit Schumacher, bot sich das alte Bild. „Wie ein Trümmerhaufen", bilanzierte der *Kicker* die Leistung in Gelsenkirchen (0:3) kurz. Der FC hatte auf Schalke aber nicht nur ein Spiel, sondern auch Pierre Littbarski mit einem doppelten Bänderriss verloren, der mindestens sechs Wochen Pause nach sich zog. In der Tabelle waren die Geißböcke mittlerweile ziemlich nahe an die Abstiegsränge herangerückt. Gerade einmal einen Punkt betrug der Vorsprung auf den Tabellenvorletzten 1. FC Nürnberg. Da konnte auch das 3:0 über Hannover nicht für Entspannung sorgen. Der FC erwies sich als Abschussrampe für Übungsleiter, denn neben Helmut Benthaus, der nach der Niederlage des VfB in Köln gehen musste, durfte auch Jörg Berger bei Hannover 96 seine Koffer packen. Richtig jubeln konnten die Kölner erst, als sie mit einem verdienten 2:0 über Lissabon ins Halbfinale des UEFA-Pokals einzogen.

TRAUMWELT EUROPAPOKAL

Mit dem belgischen KSV Waregem als nächstem Gegner stand sogar eine lösbare Aufgabe an. Real Madrid und Inter Mailand wären in der derzeitigen Verfassung der Kölner wohl klarer Favorit gewesen. Etwas entspannter konnte man somit drei Tage nach dem Halbfinaleinzug auf die Bundesligatabelle schauen. Das 2:1 in Saarbrücken ließ den Vorsprung auf drei Zähler anwachsen. Es folgte abermals eine schwarze Serie von sieben sieglosen Spielen. Nur drei Punkte gegen Hamburg, Uerdingen und in Mannheim konnten errungen werden. Dazu kamen Niederlagen in Bochum (0:2), gegen M'gladbach (0:2), Nürnberg (0:3) und Düsseldorf (1:3). Der FC stand nach 1969 zum zweiten Mal am Abgrund. Umso überraschender das Auftreten auf der internationalen Bühne.

Nach zwei denkwürdigen Spielen gegen den KSV Waregem standen die Geißböcke tatsächlich im Finale um den UEFA-Pokal. „Köln verschenkte gegen harmlose Belgier gleich reihenweise Tore", war im *Kicker* zu lesen. Dabei hatte die Mannschaft den KSV mit 4:0 durch Tore von Hans-Peter Lehnhoff, Ralf Geilenkirchen und zweimal Klaus Allofs nach Hause geschickt. 45.000 entboten nach dem Schlusspfiff der Mannschaft stehende Ovationen. Das Hinspiel hatte also das Tor zu den Finalspielen weit aufgestoßen. Im Rückspiel, das in Kortrijk ausgetragen wurde, kam es schon vor dem Spiel zu Problemen: Ordner und Polizei provozierten Kölner Fans, die ihrerseits Feuerwerkskörper zündeten und Schlägereien im Block anzettelten. Viele der 3.000 Anhänger erlebten den Schlusspfiff nicht und wurden von der Polizei abgeführt. So geriet das Spiel insgesamt zur Nebensache. Der FC kam mit dem 3:3 weiter und traf nun im Endspiel auf die Königlichen aus Madrid.

Allerdings hatte das Auftreten der Fans ein Nachspiel. Der FC bekam eine Platzsperre für das Finale. Dies bedeutete, dass die Begegnung gegen die Spanier mindestens 350 Kilometer von Köln entfernt ausgetragen werden musste. Natürlich legte Geschäftsführer Michael Meier sofort eine Beschwerde ein, die insgesamt neun Punkte umfasste. Einen der Hauptgründe sahen die Verantwortlichen darin, dass der Veranstalter nicht die vorgeschriebenen Maßnahmen rund ums Stadion eingehalten hatte und dass an den Abendkassen noch Tickets für den Kölner Block an den Mann gebracht worden waren. Die Berufung war erfolglos. Selbst Bayern-Manager Uli Hoeneß konnte nur den Kopf schütteln: „Das Urteil ist lächerlich. Aber die bei der UEFA machen doch eh, was sie wollen, ob wir den Fans jetzt Karten besorgen oder nicht." So wurde für das Rückspiel Berlin als Endspielort ausgewählt. Mit Thomas Häßler und Pierre Littbarski standen zwei gebürtige Berliner in den Reihen des FC, sodass die Kölner Verantwortlichen darauf hofften, einige Fans ins Stadion zu locken. Außerdem war da ja noch Georg Keßler, der die Hertha sehr erfolgreich trainiert hatte.

Der zweite Schock in diesen Tagen war, dass Pierre Littbarski seinen Abschied bekannt gab. Nicht in Italien, sondern in Frankreich lag sein neuer Arbeitsplatz. Der französische Aufsteiger Racing Paris sicherte sich für drei Jahre die Dienste des Dribbelkünstlers und überwies dem FC dafür 2,75 Millionen DM.

Innerhalb von zehn Tagen wurde nun über den weiteren Werdegang des Clubs entschieden, da mit dem letzten Bundesligaspieltag gegen den VfL Bochum und den beiden Begegnungen gegen Real Madrid alles auf dem Spiel stand. Vor allem die Begegnung gegen die Westfalen sorgte für Nervenanspannung auf und neben dem Platz. „Ein 1. FC Köln in der zweiten Liga? Daran kann und darf ich gar nicht denken", drückte Bernd Cullmann das Gefühl einer ganzen Region aus. Die Ausgangslage war prekär. Auf Platz 16 stand Borussia Dortmund, die beim Tabellenletzten Hannover 96 antreten musste, der seinerseits schon seit einigen Wochen seine Zukunft besiegelt hatte. Einen Punkt besser standen die Geißböcke, die den VfL Bochum empfingen. Ebenfalls gefährdet war der 1. FC Nürnberg, der punktgleich mit dem FC auf Rang 14 stand. Das Team von der Noris empfing den SV Waldhof Mannheim. Selbst die beiden Bundesligadinos aus Frankfurt und Kaiserslautern waren noch nicht endgültig gerettet. Kurz und gut: Der FC gewann mit 3:0 und schickte Borussia Dortmund in die Relegation. Gegner dort war übrigens Fortuna Köln. Held des Tages bei der Partie in der Hauptkampfbahn war Pierre Littbarski. Zwei Monate nach seinem doppelten Kreuzbandriss feierte er gegen den VfL ein Aufsehen erregendes Comeback. Mit seinen beiden Treffern legte er den Grundstein für den Verbleib des 1. FC Köln in der Bundesliga. Trotz des feststehenden Klassenerhalts konnte „Toni" diese Spielzeit nicht so schnell abhaken. „Diese Saison hat mich fünf Jahre meines Lebens gekostet", resümierte er.

Viel Zeit, sich mit der Rettung zu befassen, blieb den Kölnern nicht. Vier Tage nach Bochum stand die Partie in Madrid an. Und wer dachte, es könnte schlimm kommen, der wurde eines Besseren belehrt, denn es kam noch schlimmer. Dabei hatte der FC die Gastgeber in der ersten halben Stunde sogar im Griff und führte durch einen Treffer von Klaus Allofs. Doch noch vor der Pause drehte der spanische Rekordmeister die Partie. Nach dem Seitenwechsel brach der FC völlig zusammen und kassierte in den letzten fünf Minuten sogar noch zwei Gegentreffer zum Endstand von 5:1.

Alles hoffte nun auf das Wunder von Berlin. Es blieb aus. Der FC gewann durch Treffer von Uwe Bein und Ralf Geilenkirchen mit 2:0. Zwar hatte die Mannschaft von Georg Keßler alles gegeben, aber die Chancenauswertung blieb zu dürftig. Enttäuschend war das Zuschauerinteresse in Berlin. Gerade einmal 16.185 zahlende Zuschauer hatten den Weg ins Olympiastadion gefunden.

MANNSCHAFTSTOUR INS WM-QUARTIER

Für den größten Teil der Mannschaft war die Saison damit beendet. Anders sah es bei den Nationalspielern aus. „Toni" Schumacher, Klaus Allofs und Pierre Littbarski fuhren von Berlin aus nach Malente, um sich dort auf die Weltmeisterschaft vorzubereiten. Hier eckte Schumacher wieder einmal an. Auf der einen Seite sogar höchst verständlich: Die fünfjährige Tochter Vanessa war mit einer Lungenentzündung ins Krankenhaus eingeliefert worden. „Toni" war nach Rücksprache mit Trainer Horst Köppel sofort ins Krankenhaus geeilt. Allerdings gegen den Willen von Teamchef Franz Beckenbauer, der zunächst darauf bestanden hatte, dass der Kölner nochmals mit ins Trainingslager fahren sollte, das mittlerweile nach Kaiserau

FC-Autogrammkarte von Michel van de Korput.

Die Eintrittskarten beider Finalspiele gegen die „Königlichen".

■ Auch ohne Meistertitel zeigte sich die A-Jugend von ihrer stärksten Seite. Mit Torwart Uwe Brunn, Thomas Wichterich und Ralf Sturm gehörten gleich drei Kölner der DFB-Auswahl an.

Thomas Häßler in Aktion beim Halbfinal-Hinspiel gegen den KSV Waregem. Der FC besiegte die Belgier mit 4:0.

1985/86 ■ 335

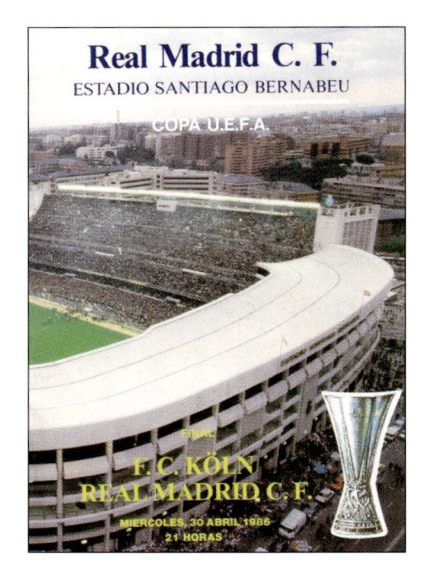

Das Programmheft des Spiels in Madrid.

Das Ticket zum Hinspiel bei Sporting Lissabon. Durch ein 1:1 legte der FC den Grundstein für den Einzug ins Halbfinale.

Plakat vom UEFA-Cup-Rückspiel mit den Autogrammen der Spieler. Leider fand es in Berlin und nicht wie vorgesehen in Köln statt.

verlegt worden war. Zum anderen hatte Toni die schwache WM-Vorbereitung kritisiert. Dies brachte ihm einen Maulkorb des „Kaisers" ein. Kritik habe nur intern zu erfolgen, so der Teamchef. „Wenn Schumacher sich nicht daran hält, kann er zu Hause bleiben." Er fuhr am Ende nicht nach Hause, was sich als richtig erweisen sollte. Der Start ins WM-Turnier verlief erfolgreich. Nach den Spielen gegen Uruguay (1:1) und Schottland (2:1) stand die Mannschaft bereits mit einem Bein im Achtelfinale. Vor dem letzten Vorrundenspiel gegen Dänemark meldete sich plötzlich Karl-Heinz Rummenigge zu Wort, weil er sich vom Kölner Keeper gemobbt fühlte. „Die Kölner Spieler, an der Spitze ‚Toni' Schumacher, machen gezielt Stimmung gegen meine Person", klagte das Rotbäckchen, um dann zwei Tage später bekannt zu geben, er hätte sich davon überzeugt, dass diese Vorwürfe nicht stimmen würden. Auch sportlich machte sich die Unruhe in der Mannschaft bemerkbar. Gegen die Dänen gab es eine 0:2-Niederlage. Im Achtelfinale traf die DFB-Elf auf Marokko. Das Team fand wieder zum gewohnt disziplinierten Spiel zurück und schlug die Afrikaner mit 1:0.

TONI DER ELFMETERTÖTER

Glück und ein überragender Schumacher waren die Wegbereiter für einen Erfolg im Viertelfinale gegen Mexiko. Nach 120 Minuten stand es in Monterrey noch 0:0, sodass ein Elfmeterschießen die Entscheidung bringen musste. „Toni" hielt zwei von vier Elfmetern und war damit der Held des Abends. Bereits in der Schlussphase der Verlängerung hatte er mehrmals bravourös gerettet. Der Kicker fasste das bisherige Auftreten des Kölners am besten in Worte: „Würden doch nur alle ihren Ehrgeiz so sichtbar in Leistung umsetzen." Gemeint war damit nicht nur das Auftreten – spielerisch hatten die Deutschen bisher nicht viel bewegt –, sondern auch die Einstellung. So waren Klaus Augenthaler, Ditmar Jakobs, Dieter Hoeneß und Uli Stein als Nachtschwärmer aufgefallen. Stein hatte in diesem Zusammenhang Teamchef Beckenbauer als „Suppenkasper" bezeichnet – dies bedeutete für ihn endgültig das Aus.
Im Halbfinale wartete Frankreich auf die Beckenbauer-Elf. Endlich kam zum kämpferischen auch das spielerische Element dazu. So gewann das Team die Begegnung verdient mit 2:0 und stand im Endspiel um die Weltmeisterschaft 1986. Ein Hauptverdienst daran hatte das Kölner Duo Schumacher/Allofs. Als einzige waren beide bisher von der ersten bis zur letzten Minute dabei.
Im Finale hieß der Gegner Argentinien mit Weltstar Diego Maradona. Die Südamerikaner hatten dank der Hand Gottes den Finaleinzug geschafft und galten als Favorit. Dieser Rolle wurden sie auch gerecht. Leider aber unter tatkräftiger Mithilfe von „Toni" Schumacher. Beim 0:1 unterlief er einen lang gezogenen Freistoß von Burruchaga, und der freistehende Brown brauchte den Ball nur per Kopf einzudrücken. Nach fast einer Stunde erhöhte der Madrider Stürmer Valdano auf 2:0. Doch das deutsche Team kämpfte sich zurück. Rummenigge und Völler schafften den Ausgleich. Nach dieser Wende witterte die deutsche Mannschaft noch ihre Siegchance und vernachlässigte bei ihren Angriffsversuchen die Abwehr. Dies wussten die Argentinier zu nutzen und erzielten vier Minuten vor dem Ende durch Burruchaga den Siegtreffer. Trotz der Niederlage wurde die Mannschaft in der Heimat gefeiert. Selbst die Gazetten verzichteten auf ihre üblichen Seitenhiebe. „Jungs, ihr könnt stolz heimkommen", stand da zu lesen. „Unsere Mannschaft kann auch auf diesen 2. Platz stolz sein und hat in der Heimat bei der Rückkehr einen herzlichen Empfang verdient." Den bekamen die Akteure dann auch in Frankfurt.

Hugo Sanchez erzielt den Ausgleich für die Madrilenen, nachdem Klaus Allofs die Geißböcke in Front gebracht hatte.

Gegen Real Madrid steht der FC erstmals in einem europäischen Endspiel. Der Wimpeltausch der Kapitäne Allofs und Camacho vor der Begegnung im Estadio Santiago Bernabeu.

STATISTIK 1985/86

BUNDESLIGA

10.08.1985 1. FC Köln - Eintracht Frankfurt 1:1 (0:0)
Zuschauer: 16.000
Tore: 1:0 (64.) Allofs (FE), 1:1 (72.) Theiss (FE).
Aufstellung: Schumacher, van de Korput, Pizanti, Steiner, Prestin, Geilenkirchen (57. Lehnhoff), Hönerbach, Bein, Engels, Littbarski, Allofs.

17.08.1985 1. FC Kaiserslautern - 1. FC Köln 1:0 (0:0)
Zuschauer: 16.800
Tor: 1:0 (73.) Brehme.
Aufstellung: Schumacher, van de Korput, Steiner, Prestin, Hönerbach, Lehnhoff, Bein (62. Häßler), Engels, Pizanti, Littbarski, Allofs.

21.08.1985 1. FC Köln - Borussia Dortmund 2:0 (2:0)
Zuschauer: 13.000
Tore: 1:0 (10.) Hrubesch (E), 2:0 (27.) Lehnhoff.
Aufstellung: Schumacher, van de Korput, Geils, Steiner, Prestin, Lehnhoff (85.Geilenkirchen), Gielchen, Engels, Pizanti (69. Janßen), Littbarski, Allofs.

31.08.1985 Bayer 04 Leverkusen - 1. FC Köln 1:1 (1:0)
Zuschauer: 15.000
Tore: 1:0 (38.) Götz, 1:1 (83.) Lehnhoff.
Aufstellung: Schumacher, van de Korput, Prestin, Steiner (46. Dickel), Lehnhoff, Geils, Hönerbach, Geilenkirchen, Engels, Pizanti (65. Hartwig), Littbarski.

04.09.1985 1. FC Köln - SV Werder Bremen 3:3 (2:1)
Zuschauer: 20.000
Tore: 1:0 (01.) Dickel, 2:0 (03.) Steiner, 2:1 (13.) Völler, 3:1 (47.) Geils, 3:2 (53.) Pezzey, 3:3 (54.) Völler.
Aufstellung: Schumacher, van de Korput, Prestin, Steiner, Geils, Lehnhoff, Engels, Gielchen, Geilenkirchen (58. Hartwig), Littbarski, Dickel.

07.09.1985 Borussia M'gladbach - 1. FC Köln 1:1 (0:0)
Zuschauer: 24.500
Tore: 0:1 (62.) Dickel, 1:1 (67.) Rahn (FE).
Aufstellung: Schumacher, van de Korput, Prestin, Steiner, Lehnhoff (62. Mennie), Geils, Hönerbach, Engels, Geilenkirchen (75. Gielchen) Littbarski, Dickel.
B.V.: Bruns verschießt FE (29.).

14.09.1985 1. FC Köln - FC Bayern München 1:1 (0:1)
Zuschauer: 43.000
Tore: 0:1 (02.) Augenthaler, 1:1 (76.) Dickel.
Aufstellung: Schumacher, van de Korput, Prestin, Steiner (33. Hartwig), Geils, Hönerbach, Lehnhoff (62. Häßler), Pizanti, Engels, Geilenkirchen, Littbarski, Dickel.

21.09.1985 VfB Stuttgart - 1. FC Köln 5:0 (2:0),
Zuschauer: 20.000
Tore: 1:0 (03.) Sigurvinsson, 2:0, 3:0, 4:0 (30., 61., 79.) Klinsmann, 5:0 (86.) Allgöwer.
Aufstellung: Schumacher, van de Korput, Steiner, Hönerbach, Hartwig (61. Häßler), Geils, Engels, Geilenkirchen, Pizanti, Littbarski, Dickel (46. Görgens).

28.09.1985 1. FC Köln - FC Schalke 04 4:2 (2:1)
Zuschauer: 17.000
Tore: 1:0 (31.) Engels, 1:1 (32.) Thon, 2:1 (38.) Dickel, 2:2 (47.) Hartmann, 3:2 (51.) Littbarski, 4:2 (72.) Geilenkirchen.
Aufstellung: Schumacher, van de Korput, Geils, Steiner, Hönerbach, Lehnhoff (79. Häßler), Geilenkirchen, Engels, Pizanti, Littbarski (88. Janßen), Dickel.

05.10.1985 SV Hannover 96 - 1. FC Köln 3:1 (3:1)
Zuschauer: 38.000
Tore: 1:0 (09.) Hellberg, 2:0 (23.) Gue, 2:1 (30.) Engels, 3:1 (37.) Thomas.
Aufstellung: Schumacher, van de Korput, Steiner, Hönerbach, Geils, Lehnhoff (69. Häßler), Engels, Geilenkirchen, Gielchen (46. Pizanti), Littbarski, Dickel.

11.10.1985 1. FC Köln - 1. FC Saarbrücken 3:1 (2:0)
Zuschauer: 9.959
Tore: 1:0 (08.) Littbarski (FE), 2:0 (28.) Geilenkirchen, 2:1 (74.) Foda, 3:1 (75.) Allofs.
Aufstellung: Schumacher, Hönerbach (81. Prestin), Geils, Steiner, Pizanti, Lehnhoff (69. Häßler), Littbarski, Geilenkirchen, Engels, Dickel, Allofs.

26.10.1985 Hamburger SV - 1. FC Köln 0:0
Zuschauer: 23.000
Aufstellung: Schumacher, van de Korput, Geils, Prestin, Mennie, Gielchen, Geilenkirchen, Bein (74. Lehnhoff), Engels, Littbarski, Janßen.

02.11.1985 Bayer 05 Uerdingen - 1. FC Köln 3:2 (1:2)
Zuschauer: 8.000
Tore: 1:0 (08.) Loontiens, 1:1 (14.) Littbarski, 1:2 (34.) Geilenkirchen, 2:2 (57.) Schäfer (FE), 3:2 (85.) Loontiens.
Aufstellung: Schumacher, van de Korput, Prestin (86. Lehnhoff), Steiner, Geils, Geilenkirchen, Mennie (62. Pizanti), Engels, Janßen, Bein, Littbarski.

09.11.1985 1. FC Köln - 1. FC Nürnberg 3:1 (1:1)
Zuschauer: 8.000
Tore: 0:1 (04.) Eckstein, 1:1, 2:1 (21.-FE, 60.) Littbarski, 3:1 (63.) Dickel.
Aufstellung: Schumacher, van de Korput, Prestin (57. Häßler), Steiner, Geils (46. Lehnhoff), Geilenkirchen, Bein, Engels, Mennie, Littbarski, Dickel.

19.11.1985 Fortuna Düsseldorf - 1. FC Köln 1:3 (0:2)
Zuschauer: 7.200
Tore: 0:1 (12.) Engels, 0:2 (26.) Geilenkirchen, 1:2 (80.) Holmquist, 1:3 (89.) Littbarski.
Aufstellung: Schumacher, van de Korput, Prestin, Steiner, Geilenkirchen (85. Lehnhoff), Bein, Janßen, Mennie, Engels, Littbarski, Allofs.

03.12.1985 1. FC Köln - SV Waldhof Mannheim 0:1 (0:1)
Zuschauer: 7.500
Tor: 0:1 (31.) Walter.
Aufstellung: Schumacher, van de Korput, Steiner, Prestin, Geilenkirchen, Lehnhoff, Geils, Bein (60. Häßler), Engels (46. Dickel), Littbarski, Allofs.

07.12.1985 Eintracht Frankfurt - 1. FC Köln 2:2 (2:0)
Zuschauer: 13.000
Tore: 1:0 (04.) Fritz, 2:0 (17.) Kitzmann, 2:1 (52.) Allofs, 2:2 (81.) Bein (FE).
Aufstellung: Schumacher, van de Korput, Prestin (46. Gielchen), Steiner, Lehnhoff, Geils, Geilenkirchen, Bein, Engels (63. Pizanti), Dickel, Allofs.

14.12.1985 1. FC Köln - 1. FC Kaiserslautern 1:1 (1:1)
Zuschauer: 7.000
Tore: 1:0 (01.) Gielchen, 1:1 (08.) Wuttke.
Aufstellung: Schumacher, van de Korput, Geils, Steiner, Gielchen (69. Pizanti), Lehnhoff (53. Häßler), Geilenkirchen, Bein, Janßen, Littbarski, Allofs.

25.01.1986 Borussia Dortmund - 1. FC Köln 5:1 (2:0)
Zuschauer: 17.500
Tore: 1:0, 2:0 (02., 08.) Wegmann, 3:0 (52.) Loose, 4:0 (66.) Pagelsdorf, 4:1 (67.) Gielchen, 5:1 (78.) Wegmann.
Aufstellung: Schumacher, van de Korput (46. Lehnhoff), Prestin, Steiner, Geils, Gielchen, Littbarski, Geilenkirchen, Bein, Janßen (65. Häßler), Allofs.

31.01.1986 1. FC Köln - Bayer 04 Leverkusen 2:3 (2:0)
Zuschauer: 10.000
Tore: 1:0, 2:0 (06., 09.) Allofs, 2:1 (52.) Zechel, 2:2 (72.) Cha, 2:3 (77.) Waas.
Aufstellung: Schumacher, Steiner, Prestin, Geilenkirchen (73. Pizanti), Geils, Häßler (88. Lehnhoff), Bein, Hönerbach, Gielchen, Littbarski, Allofs.

08.02.1986 SV Werder Bremen - 1. FC Köln 2:0 (1:0)
Zuschauer: 21.600
Tore: 1:0 (21.) Neubarth, 2:0 (72.) Schaaf.
Aufstellung: Schumacher, Steiner, Prestin, Geils, Hönerbach, Lehnhoff, Häßler, Geilenkirchen (74. Dickel), Gielchen, Littbarski, Allofs.

22.02.1986 FC Bayern München - 1. FC Köln 3:1 (2:0)
Zuschauer: 12.000
Tore: 1:0 (05.) Matthäus (FE), 2:0 (25.) Wohlfahrt, 2:1 (64.) Lehnhoff, 3:1 (77.) Matthäus (FE).
Aufstellung: Schumacher, van de Korput, Prestin, Steiner, Geils, Lehnhoff, Häßler (30. Dickel - 76.Illgner), Gielchen, Hönerbach, Littbarski, Allofs.
B.V.: Schumacher erhält einen Platzverweis (75.).

01.03.1986 1. FC Köln - VfB Stuttgart 2:1 (2:0)
Zuschauer: 8.000
Tore: 1:0, 2:0 (21., 39.) Geilenkirchen, 2:1 (82.) Sigurvinsson.
Aufstellung: Illgner, van de Korput, Prestin, Steiner, Pizanti, Geils, Hönerbach, Geilenkirchen, Littbarski, Allofs.

08.03.1986 FC Schalke 04 - 1. FC Köln 3:0 (2:0)
Zuschauer: 18.000
Tore: 1:0 (24.) Täuber (FE), 2:0 (33.) Hartmann, 3:0 (69.) Täuber.
Aufstellung: Schumacher, van de Korput, Prestin, Steiner, Geils, Geilenkirchen, Hönerbach, Lehnhoff, Pizanti (26. Janßen), Littbarski (46. Dickel), Allofs.

15.03.1986 1. FC Köln - SV Hannover 96 3:0 (1:0)
Zuschauer: 7.000
Tore: 1:0 (44.) Geschlecht (E), 2:0 (82.) Bein, 3:0 (84.) Allofs.
Aufstellung: Schumacher, van de Korput, Prestin, Steiner, Geilenkirchen (46. Bein), Geils, Hönerbach, Janßen, Allofs, Dickel.

22.03.1986 1. FC Saarbrücken - 1. FC Köln 1:2 (0:0)
Zuschauer: 13.000
Tore: 0:1 (56.) Bein, 1:1 (76.) Jusufi, 1:2 (77.) Lehnhoff.
Aufstellung: Schumacher, van de Korput, Gielchen, Steiner, Görgens, Geilenkirchen (67. Häßler), Hönerbach, Janßen, Bein, Allofs, Dickel (58. Lehnhoff).

25.03.1986 VfL Bochum - 1. FC Köln 2:0 (0:0)
Zuschauer: 9.000
Tore: 1:0 (74.) Wegmann, 2:0 (77.) Kuntz (FE).
Aufstellung: Schumacher, van de Korput, Prestin, Steiner, Geilenkirchen, Geils, Geilenkirchen, Hönerbach, Bein, Janßen, Lehnhoff (66. Dickel), Allofs.

29.03.1986 1. FC Köln - Hamburger SV 1:1 (0:0)
Zuschauer: 12.000
Tore: 1:0 (49.) Allofs, 1:1 (67.) van Heesen.
Aufstellung: Schumacher, van de Korput, Prestin, Steiner, Geilenkirchen (71. Dickel - 83. Görgens), Geils, Hönerbach, Häßler, Janßen, Lehnhoff, Allofs.

05.04.1986 1. FC Köln - Bayer 05 Uerdingen 1:1 (1:1)
Zuschauer: 7.000
Tore: 0:1 (06.) W.Funkel, 1:1 (07.) Bein.
Aufstellung: Schumacher, van de Korput, Gielchen, Steiner, Hönerbach, Geils, Bein (59. Dickel), Häßler, Janßen, Lehnhoff (76. Geilenkirchen), Allofs.

08.04.1986 1. FC Köln - Borussia M'gladbach 0:2 (0:1)
Zuschauer: 18.000
Tore: 0:1, 0:2 (26., 85.) Criens.
Aufstellung: Schumacher, Steiner, Geils, Gielchen (75. Pizanti), Geilenkirchen (52. Dickel), Häßler, Hönerbach, Bein, Janßen, Lehnhoff, Allofs.

12.04.1986 1. FC Nürnberg - 1. FC Köln 3:0 (1:0)
Zuschauer: 27.500
Tore: 1:0 (39.) Giske, 2:0 (48.) Nitsche, 3:0 (73.) Andersen.
Aufstellung: Schumacher, van de Korput, Prestin (70. Dickel), Steiner, Hönerbach (57. Geilenkirchen); Bein, Häßler, Janßen, Geils, Lehnhoff, Allofs.

19.04.1986 1. FC Köln - Fortuna Düsseldorf 1:3 (0:1)
Zuschauer: 10.000
Tore: 0:1 (20.) Thiele, 0:2 (51.) Fach, 0:3 (58.) Keim, 1:3 (66.) Hönerbach.
Aufstellung: Schumacher, van de Korput (63. Pizanti), Prestin, Steiner, Geils, Hönerbach, Bein, Häßler, Janßen, Geilenkirchen (51. Dickel), Allofs.

STATISTIK 1985/86

22.04.1986 SV Waldhof Mannheim - 1. FC Köln 1:1 (1:0)
Zuschauer: 5.400
Tore: 1:0 (28.) Sebert (FE), 1:1 (63.) Hönerbach.
Aufstellung: Schumacher, Gielchen, Prestin, Steiner, Geils (63. Rother), Häßler (46. Bein), Geilenkirchen, Hönerbach, Janßen, Dickel, Allofs.
B.V.: Zimmermann hält FE. von Allofs. Geilenkirchen erhält einen Platzverweis (85.).

26.04.1986 1. FC Köln - VfL Bochum 3:0 (1:0)
Zuschauer: 18.000
Tore: 1:0 (34.) Littbarski, 2:0 (68.) Bein, 3:0 (81.) Littbarski.
Aufstellung: Schumacher, Gielchen, Prestin, Steiner, Görgens, Geils, Bein (84. Häßler), Hönerbach, Janßen, Littbarski, Allofs (84. Dickel).

DFB-POKAL

1. Runde
24.08.1985 TSV 1860 München - 1. FC Köln 2:4 (0:2)
Zuschauer: 16.000
Tore: 0:1, 0:2 (23., 42.) Allofs, 1:2 (67.) Bruckhoff (FE), 2:2 (75.) Horstmann, 2:3, 2:4 (85.-FE, 87.) Allofs.
Aufstellung: Schumacher, van de Korput, Prestin, Steiner, Pizanti, Geils (75. Hartwig), Lehnhoff (73. Geilenkirchen), Gielchen, Engels, Littbarski, Allofs.

2. Runde
19.10.1985 1. FC Kaiserslautern - 1. FC Köln 4:1 n.V.
Zuschauer: 16.311
Tore: 1:0 (04.) T. Allofs, 1:1 (27.) Geilenkirchen, 2:1 (96.) Wolf, 3:1 (110.) Roos, 4:1 (116.) Brehme.
Aufstellung: Schumacher, van de Korput, Prestin (103. Lehnhoff), Steiner, Geils, Geilenkirchen, Littbarski, Mennie, Engels, Dickel (88. Janßen), Allofs.
B.V.: Steiner (FC) erhält einen Platzverweis (118.).

UEFA-POKAL

1. Runde (Hinspiel)
18.09.1985 1. FC Köln - Sporting Gijon 0:0
Zuschauer: 15.000
Aufstellung: Schumacher, van de Korput, Steiner, Hönerbach, Geilenkirchen (46. Lehnhoff), Hartwig, Häßler (62. Engels), Geils, Pizanti, Littbarski, Dickel.

1. Runde (Rückspiel)
02.10.1985 Sporting Gijon - 1. FC Köln 1:2 (1:0)
Zuschauer: 39.000
Tore: 1:0 (02.) Nino, 1:1 (47.) Engels, 1:2 (79.) Dickel.
Aufstellung: Schumacher, van de Korput, Prestin, Steiner, Geilenkirchen, Lehnhoff (80. Gielchen), Engels, Geils, Pizanti (46. Häßler), Dickel, Littbarski.

2. Runde (Hinspiel)
23.10.1985 1. FC Köln - Bohemians Prag 4:0 (2:0)
Zuschauer: 12.000
Tore: 1:0 (11.) Littbarski, 2:0 (13.) Geils, 3:0 (52.) van de Korput, 4:0 (83.) Littbarski.
Aufstellung: Schumacher, van de Korput, Prestin, Steiner, Geilenkirchen, Geils, Görgens (32. Mennie), Bein, Engels, Littbarski, Allofs (46. Häßler).

2. Runde (Rückspiel)
06.11.1985 Bohemians Prag - 1. FC Köln 2:4 (1:2)
Zuschauer: 16.000
Tore: 0:1 (05.) Mennie, 1:1 (15.) Janecka (FE), 1:2 (33.) Dickel, 1:3 (59.) Littbarski, 1:4 (75.) Dickel, 2:4 (88.) Micinec.
Aufstellung: Schumacher, van de Korput, Steiner (76. Janßen), Prestin, Geils, Geilenkirchen (34. Lehnhoff), Bein, Mennie, Engels, Littbarski, Dickel.

Achtelfinale (Hinspiel)
27.11.1985 Hammarby IF - 1. FC Köln 2:1 (0:1)
Zuschauer: 8.000
Tore: 0:1 (31.) Geilenkirchen, 1:1, 2:1 (70., 88.) Holmquist.
Aufstellung: Schumacher, van de Korput, Geils, Steiner, Hönerbach, Geilenkirchen, Bein (77. Janßen), Mennie, Engels, Littbarski, Allofs.
(im Råsundastadion bei Stockholm).

Achtelfinale (Rückspiel)
11.12.1985 1. FC Köln - Hammarby IF 3:1 (1:1)
Zuschauer: 14.000
Tore: 0:1 (35.) Andersson (FE), 1:1 (39.) Littbarski (HE), 2:1 (66.) Allofs, 3:1 (86.) Bein.
Aufstellung: Schumacher, van de Korput, Geils, Steiner, Geilenkirchen, Bein, Engels, Gielchen (54. Janßen), Lehnhoff (62. Häßler), Littbarski, Allofs.

Viertelfinale (Hinspiel)
05.03.1986 Sporting Lissabon – 1. FC Köln 1:1 (0:0)
Zuschauer: 60.000
Tore: 1:0 (55) Meade, 1:1 (90) Allofs (FE).
Aufstellung: Schumacher, van de Korput, Prestin, Steiner, Geils, Lehnhoff, Geilenkirchen, Hönerbach, Pizanti (66. Janßen), Littbarski (80. Dickel), Allofs.

Viertelfinale (Rückspiel)
18.03.1986 1. FC Köln - Sporting Lissabon 2:0 (2:0)
Zuschauer: 37.000
Tore: 1:0 (07.) Allofs, 2:0 (37.) Bein.
Aufstellung: Schumacher, van de Korput, Prestin, Steiner, Hönerbach, Geilenkirchen, Bein, Janßen, Allofs, Dickel (74. Lehnhoff).
B.V.: Damas hält einen FE von Bein (80.).

Halbfinale (Hinspiel)
02.04.1986 1. FC Köln - KSV Waregem 4:0 (1:0)
Zuschauer: 45.000
Tore: 1:0 (43.) Lehnhoff, 2:0, 3:0 (50., 67. [FE]) Allofs, 4:0 (80.) Geilenkirchen.
Aufstellung: Schumacher, van de Korput, Steiner, Prestin, Geils, Hönerbach, Häßler, Bein (75. Gielchen), Janßen, Lehnhoff (68. Geilenkirchen), Allofs.

Halbfinale (Rückspiel)
16.04.1986 KSV Waregem - 1. FC Köln 3:3 (0:2)
Zuschauer: 13.000
Tore: 0:1, 0:2 (25., 35.) Allofs, 1:2 (52., 60.) Mutombo, 2:3 (68.) Allofs (FE), 3:1 (86.) Allofs, 3:3 (78.) Görtz.
Aufstellung: Schumacher, van de Korput, Geils, Steiner, Prestin (59. Gielchen), Geilenkirchen, Häßler, Hönerbach, Bein, Janßen, Allofs.
B.V.: Das Spiel wurde in Kortrijk ausgetrgen.

Finale (Hinspiel)
30.04.1986 Real Madrid - 1. FC Köln 5:1 (2:1)
Zuschauer: 60.000
Tore: 0:1 (29.) Allofs, 1:1 (37.) Sanchez, 2:1 (41.) Gordillo, 3:1, 4:1 (50., 84.) Valdano, 5:1 (90.) Santillana.
Aufstellung: Schumacher, Gielchen, Prestin, Steiner, Geils, Geilenkirchen, Hönerbach, Bein (71. Häßler), Janßen, Littbarski (84. Dickel), Allofs.

Finale (Rückspiel)
06.05.1986 1. FC Köln - Real Madrid 2:0 (1:0)
Zuschauer: 16.185
Tore: 1:0 (23.) Bein, 2:0 (72.) Geilenkirchen.
Aufstellung: Schumacher, Gielchen, Prestin, Steiner, Geils (84. R. Schmitz), Geilenkirchen, Hönerbach, Bein, Janßen (60. Pizanti), Littbarski, Allofs.
B.V.: Das Spiel wurde, wegen Ausschreitungen im Halbfinale in Berlin ausgetragen.

Auch Littis Wutschreie halfen nichts – der FC unterlag in Madrid mit 1:5.

STATISTIK 1985/86

FREUNDSCHAFTSSPIELE

09.07.1985 KSV Waregem - 1.FC Köln 5:4 n.E. (in Paris)

11.07.1985 AS St. Etienne - 1.FC Köln 4:5 n.E. (in Paris)

17.07.1985 TSV Villingen - 1.FC Köln 1:16

20.07.1985 KSV Baunatal - 1.FC Köln 0:5

22.07.1985 SSV Ulm - 1.FC Köln 1:5

24.07.1985 Borussia Fulda - 1.FC Köln 2:10

26.07.1985 FC Olympia Lampertheim - 1.FC Köln 0:12

28.07.1985 1.FC Köln - Galatasaray Istanbul 4:1

02.08.1985 RFC Lüttich - 1.FC Köln 3:2

03.08.1985 Hamburger SV - 1.FC Köln 1:5 (in Lüttich)

06.08.1985 Kreisauswahl Bergheim - 1.FC Köln 0:8 (in Quadrath-Ichendorf)

13.08.1985 FC Twente Enschede - 1.FC Köln 1:1

07.01.1986 Maccabi Netanya - 1.FC Köln 1:2

14.01.1986 Maccabi Haifa - 1.FC Köln 2:1

26.02.1986 1.FC Viersen - 1.FC Köln 2:3

Erinnerungswimpel vom UEFA-Cup-Spiel in der spanischen Hauptstadt.

1. BUNDESLIGA 1985/86

1.	Bayern München (M)	82:31	49:19
2.	Werder Bremen	83:41	49:19
3.	Bayer 05 Uerdingen (P)	63:60	45:23
4.	Borussia M'gladbach	65:51	42:26
5.	VfB Stuttgart	69:45	41:27
6.	Bayer Leverkusen	63:51	40:28
7.	Hamburger SV	52:35	39:29
8.	Waldhof Mannheim	41:44	33:35
9.	VfL Bochum	55:57	32:36
10.	FC Schalke 04	53:58	30:38
11.	1.FC Kaiserslautern	49:54	30:38
12.	1.FC Nürnberg	51:54	29:39
13.	**1.FC Köln**	**46:59**	**29:39**
14.	Fortuna Düsseldorf	54:78	29:39
15.	Eintracht Frankfurt	35:49	28:40
16.	Borussia Dortmund	49:65	28:40
17.	1.FC Saarbrücken (N)	39:68	21:47
18.	Hannover 96 (N)	43:92	18:50

FIEBERKURVE 1985/86

BUNDESLIGAKADER 1985/86

Abgänge: Baffoe (Rot-Weiß Oberhausen), Haas (Arminia Bielefeld), F. Hartmann (FC Schalke 04), Heller (eigene Amateure), Hutwelker (Fortuna Köln), Lefkes (Union Solingen), Mennie (FC Dundee, w.d.l.S.), Reif (Union Solingen), Strack (FC Basel)

Zugänge: Illgner (eigene Jugend), Janßen (eigene Jugend), van de Korput (AC Turin), Pizanti (Maccabi Netanya), Rother (TuS Merheim 07), R. Schmitz (eigene Amateure)

Trainer:
Johannes Löhr (bis 06. Februar), Georg Keßler (ab 07. Februar)

Tor:
Schumacher, Harald	33/0
Illgner, Bodo	2/0
Nißl, Michael	0/0

Feld:
Geilenkirchen, Ralf	31/6	Hönerbach, Matthias	25/2
Steiner, Paul	31/1	Littbarski, Pierre	24/8
Lehnhoff, Hans-Peter	30/4	Allofs, Klaus	24/7
Geils, Karl-Heinz	30/1	Dickel, Norbert	24/5
van de Korput, Michel	27/0	Häßler, Thomas	21/0
Prestin, Dieter	26/0	Bein, Uwe	20/5
		Gielchen, Andreas	18/2
		Janßen, Olaf	18/0
		Engels, Stephan	17/3
		Pizanti, David	17/0
		Mennie, Vincent	5/0
		Görgens, Armin	4/0
		Hartwig, William	4/0
		Rother, Heinz	1/0
		Schmitz, Robert	0/0
		Dezelak, Detlef	0/0

Dazu kommen Eigentore von Horst Hrubesch (Borussia Dortmund) und Roman Geschlecht (Hannover 96).

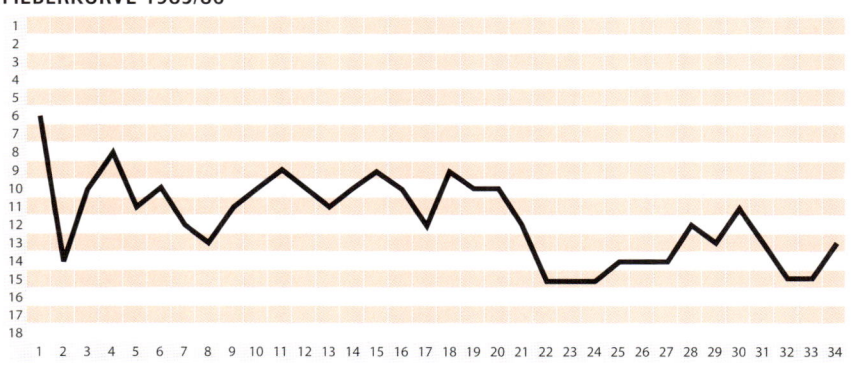

Die FC-Fans im Bernabeu-Stadion beim UEFA-Cup-Finale gegen die „Königlichen". Ganz vorn mit Kappe ist Rainer Mendel, der langjährige Fanbeauftragte, zu sehen.

1986/87
1. BUNDESLIGA

Personalien

[LEGENDEN]

Paul Steiner
Beim FC von 1981 bis 1991
Geboren: 23.01.1957 in Waldbrunn/Odenwald
Pflichtspiele beim FC: 356
Pflichtspieltore: 26

Eine feste Größe

Als Paul Steiner 1981 vom MSV Duisburg nach Köln kam, hatte er bei den FC-Fans einen schweren Stand. Ursache hierfür war sein brutales Foul an Heinz Flohe, der wegen der daraus resultierenden Verletzung seine Fußballstiefel an den Nagel hängen musste. Obwohl Flohe zu diesem Zeitpunkt bereits für 1860 München spielte, war er immer noch Liebling der Kölner Anhänger. „Steiner, du Mörder" hatte sogar ein erboster Anhänger an eine der Müngersdorfer Stadionwände gekritzelt. Doch die Zweifel an seiner Person beseitigte der Abwehrspieler, der zuvor beim TSV Stümpfelbrunn und bei Waldhof Mannheim gespielt hatte, schnell. Auf Anhieb wurde er Stammspieler und gleich im ersten Jahr Vizemeister. Ein Jahr später feierte er mit dem 1983er Pokalsieg seinen ersten und leider auch einzigen großen Titel mit den Kölnern. Gerade Steiner hatte großen Anteil daran, dass der „Pott" ins Geißbockheim geholt wurde. Im Halbfinale erzielte er das entscheidende Tor und meldete im Endspiel gegen Fortuna Köln Torjäger Dieter Schatzschneider ab. Auch in den folgenden Jahren war der gelernte Industriekaufmann eine feste Größe. Kurios, dass er es trotz beständig guter Leistungen „nur" zu einem A-Länderspiel brachte. Dennoch war Steiner WM-Teilnehmer 1990, kam beim Turnier allerdings nicht zum Einsatz. Dessen ungeachtet erwartete ihn nach der WM zusammen mit Pierre Littbarski, Bodo Illgner und Thomas Häßler in Köln ein weltmeisterlicher Empfang. Beim ersten Meisterschaftsspiel der Saison 1990/91 verletzte sich „Paule" so schwer, dass er ➔

Hintere Reihe von links: Uwe Bein, Karl-Heinz Geils, Anthony Woodcock, Morten Olsen, Andreas Gielchen, Jürgen Goschler, Stephan Engels, Hans-Peter Lehnhoff, Matthias Hönerbach. Mittlere Reihe von links: Zeugwart Willi Rechmann, Co-Trainer Christoph Daum, Konditionstrainer Rolf Herings, Ralf Geilenkirchen, Detlef Dezelak, Björn Rehm, Armin Görtz, Robert Schmitz, Michael Wollitz, Paul Steiner, David Pizanti, Masseur Jürgen Schäfer, Trainer Georg Keßler. Vordere Reihe von links: Thomas Wichterich, Klaus Allofs, Dieter Prestin, Bodo Illgner, Harald Schumacher, Thomas Allofs, Olaf Janßen, Thomas Häßler und Hennes V.

„Sehnsucht nach schönem Fußball." Mit dieser Schlagzeile startete das Bundesligasonderheft des *Kicker* in die Spielzeit 1986/87. Zwar war diese Aussage nicht nur auf den 1. FC Köln gemünzt, aber sie entsprach doch dem Empfinden rund ums Geißbockheim. Zumal der Abgang von Pierre Littbarski nicht unbedingt ein Empfehlungsschreiben dafür war, dass es bei den Rheinländern besser laufen könnte. So fanden sich die Kölner auch erstmals nicht bei den groß angelegten Umfragen wieder, wenn Experten wie Schauspielerin Elke Sommer den Titelträger von 1987 benennen sollten. Der FC stand am Scheideweg nach seiner schwächsten Saison seit Einführung der Bundesliga. Mit Anthony Woodcock (500.000 DM), der nach vier Jahren London wieder zurückkehrte, und Thomas Allofs (1,7 Millionen DM) hatte sich das Team von Georg Kessler vor allem in der Offensivabteilung verstärkt. Armin Görtz vom letztjährigen Halbfinalgegner KSV Waregem fand vor Saisonbeginn den Weg in die Domstadt. Der Abschied wurde dem belgischen Team mit 500.000 DM erleichtert. Dazu kam mit Stephan Engels, der nach langer Verletzungspause endlich wieder einsatzfähig war, praktisch ein weiterer Neuzugang. Und es stieß noch ein fast 37-Jähriger namens Morten Olsen zum Team. Nicht wenige belächelten den FC aufgrund dieser Verpflichtung, und das, obwohl der dänische Nationalspieler ablösefrei war. Sie alle sollten sich noch verwundert die Äuglein reiben, denn der Libero aus Anderlecht entwickelte sich sportlich und menschlich zu einem der beeindruckendsten Persönlichkeiten im Trikot des 1. FC Köln. Und Köln wäre nicht Köln, wenn es diese Neuzugänge nicht gebührend feiern würde. So schmetterten rund 12.000 Anhänger der Rot-Weißen gemeinsam mit der Mannschaft den neuen FC-Song „Unser Hätz schläht für de FC Kölle" bei der Saisoneröffnung am Geißbockheim.

UNTERM TISCH

Beeindrucken konnte der FC vor allem in der Vorbereitung bei Spielen gegen den türkischen Meister Besiktas Istanbul, wo ein 5:1 heraussprang, und mit dem 6:0 gegen den luxemburgischen Meister Avenir Beggen. Beschämend dagegen der DFB. Bei der Pokalauslosung zur 1. Runde war das Los der Stuttgarter Kickers, im wahrsten Sinne des Wortes, unter den Tisch gefallen. Dieses wurde dann zunächst dem letzten freien Los Tennis Borussia Berlin zugeteilt. Diese Auslosung war aber zwei Tage später wieder Geschichte. Selbstverständlich hatte der Einspruch der Schwaben Erfolg. Es wurde

Daran konnte man sich als FC-Fan nicht gewöhnen. „Litti" bei seinem glücklicherweise nur kurzen Gastspiel in der französischen Hauptstadt bei Racing Paris.

erneut gelost. Hier wollte es das Schicksal, dass den Kickers erneut die Berliner Veilchen zugelost wurden.

Den FC trieb es, anstatt nach Gütersloh, nun ins beschauliche Emmendingen. Dorthin reiste der rot-weiße Tross Ende August, als die Bundesliga bereits ihre ersten drei Spieltage hinter sich hatte. Mit Niederlagen in Bochum (1:3), in München (0:3) und dem torlosen Remis gegen die Frankfurter kam es wieder einmal zum gewohnten Fehlstart. Für einen großartigen Stimmungswechsel sorgte da der 4:0-Erfolg bei den schwäbischen Amateuren nicht unbedingt, zumal in der Liga zwei weitere Schlappen gegen Leverkusen (1:4) und in Mannheim (0:2) für Katerstimmung sorgten. Der FC war am Tabellenende angekommen und traf nun auf den Nobody FC Homburg/Saar. Ein Team, das man höchstens in der Oberliga vermutete, das jedoch im vergangenen Jahr in die deutsche Eliteliga emporgeklettert war und bereits zwei Zähler mehr vorweisen konnte als die etablierten Geißböcke.

Am Ende war die Welt zwischen den beiden Vereinen wieder zurechtgerückt. Die Domstädter holten mit 3:0 ihren ersten Saisonsieg und sicherten damit zunächst das Überleben ihres Trainers am Rhein. Denn fünf Tage zuvor hatte das Krisenmanagement im Clubzimmer getagt und über die Ablösung von „Sir Keßler" diskutiert. Der Burgfrieden hielt gerade einmal eine Woche. Nach einer neuerlichen Pleite in Uerdingen (1:3) war die Uhr des 53-Jährigen endgültig abgelaufen.

DAUM WIRD BEFÖRDERT

Christoph Daum, seit gut zwei Jahren Co-Trainer, und Rolf Herings übernahmen das Zepter am Militärring und konnten mit 0:0 gegen den Ligadritten VfB Stuttgart einen Teilerfolg feiern. „Ich bin kein Wunderheiler", merkte Daum an. „Ich versuche nur das Beste aus der Mannschaft rauszuholen." Genau das gelang dem bis zu diesem Zeitpunkt außerhalb Kölns unbekannten Westfalen. Ein neuer Trainer mit neuen Ideen. So platzierte er den Dänen Olsen ins Mittelfeld und hatte Erfolg. Neun Punkte aus den kommenden fünf Begegnungen ließen die Elf langsam seine aktive Laufbahn nicht weiterführen konnte. Steiner, der den Spitznamen „der eiserne Paul" verpasst bekam, wurde trotz seiner durchaus rustikalen Spielweise nicht einmal des Feldes verwiesen. Paul Steiner lebt immer noch in Köln. Bis zum Saisonende 2007/08 war er als Chefscout bei Bayer Leverkusen tätig, danach arbeitete er in der gleichen Funktion beim 1. FC Köln. ■

Erst am 6. Spieltag gelang mit dem 3:0 gegen Aufsteiger FC Homburg der erste Saisonsieg.

Nach 1984 auch 1986 Deutschlands „Fußballer des Jahres": Harald „Toni" Schumacher.

[Interessantes & Kurioses]

■ Erstmals startet der FC mit einem „Tag der offenen Tür" in die Saison. Die Idee wird von den Fans begeistert angenommen. Bei herrlichem Wetter feiern rund 15.000 Fans ein großartiges Familienfest.

■ Der „Preis des 1. FC Köln" wird auf der Galopprennbahn in Köln-Weidenpesch ausgetragen. Somit ist der FC erstmals Veranstalter eines Pferderennens im Rahmenprogramm.

■ Eine Ehrung ganz besonderer Art wird Franz Bolg bei der Jahreshauptversammlung am 16. Dezember 1986 zuteil. Der Mitbegründer des 1. FC Köln wird für 75 Jahre Mitgliedschaft geehrt.

■ Der Fußball ist salonfähig. „Toni" Schumacher beispielsweise spielt eine Komparsenrolle in Rudi Carrells Sendung „Rudis Tagesshow".

Der „Chef" und sein Nachfolger: Am 23. September 1986 wird Christoph Daum zum ersten Mal FC-Cheftrainer. Er beerbt den glücklosen „Sir" Georg Keßler.

■ In Köln brennt die Luft bei der 38. Jahreshauptversammlung. Im *Kicker* ist sogar die Art der Bestuhlung im Geißbockheim Thema. Erstmals soll ohne Tische, also wie im Kino, bestuhlt werden. Offizielle Begründung: der große Andrang. Insgesamt kommen am 13. November 1986 600 Mitglieder ins Geißbockheim, das dadurch fast aus allen Nähten platzt. Da es aber nur für 350 Personen zugelassen ist, muss die Versammlung abgesagt werden und wird am 16. Dezember 1986 im Messekongress-Zentrum nachgeholt.

■ Hennes der V. als Glücksfee – diese Idee setzt der Veranstalter des Essener Hallenturniers in die Tat um: Auf dem Tisch liegen fünf Umschläge mit den Namen der beteiligten Vereine und darauf jeweils eine Möhre. Das Kölner Maskottchen, das vorsichtshalber den ganzen Tag noch nichts zu fressen bekommen hat, stürzt sich auf die erstbeste Möhre. Im ersten Umschlag befindet sich, wie soll es anders sein, natürlich der 1. FC Köln.

Das *Geißbock Echo* erschien zur Saison 1986/87 erstmals mit farbiger Titelseite.

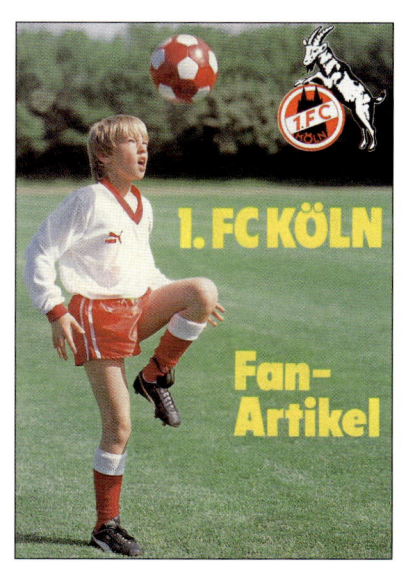

„Merchandising" noch in den Kinderschuhen: zeitgenössischer FC-Fanartikelkatalog.

Einsatz pur: Steiner (links) und Geils beim Pokalspiel in Uerdingen. Leider schied man gegen den damaligen Werksclub aus dem Wettbewerb aus.

nach oben klettern. Und auch die Spieler fanden endlich zu alter Form zurück. Da war zum Beispiel Thomas Allofs – eigentlich zum Toreschießen verpflichtet, wirkte er zunächst wie ein Fremdkörper. Auf Schalke (4:2) platzte endlich der Knoten. Innerhalb von 22 Minuten gelang ihm ein lupenreiner Hattrick. Sieben Tage später brillierte Stephan Engels als zweifacher Torschütze gegen den BVB (2:0), in Düsseldorf war es Klaus Allofs (3 Treffer), der beim 4:0 herausragte. Dazu kam noch der 3:1-Erfolg im Pokal über die Mannheimer, bei dem Klaus Allofs erneut dreimal traf. Der sportliche Erfolg ließ es hinter den Kulissen trotzdem nicht ruhiger werden. So trat nach dem Spiel bei den Schalker Knappen Vizepräsident Karl-Heinz Thielen von seinem Vorstandsposten zurück. Seinen Bereich übernahm Klaus Hartmann, der bereits von 1973 bis 1981 dieses Amt bekleidet hatte. Nach sechs Spielen ohne Niederlage folgten drei Spiele ohne Sieg. Mehr als der Fehltritt in Hamburg (0:1) schmerzte die schwere Verletzung von Thomas Allofs, der einen Kreuzbandriss erlitt. Es folgte außerdem noch das Aus im DFB-Pokal-Achtelfinale in Uerdingen (1:3). Das 3:0 gegen den SV Werder Bremen versöhnte nur bedingt, auch wenn die Nordlichter bis zu diesem Zeitpunkt einer der ersten Verfolger des Spitzenreiters Bayern München waren.

Wesentlich abwechslungsreicher schien die verschobene Jahreshauptversammlung zu werden. Bereits im Vorfeld wurden einige Gerüchte gestreut. So sollte Karl-Heinz Thielen sich mit rund 60.000 DM Abfindung verabschiedet haben. Weiterhin kursierte, dass bei Transfers an Vorstandsmitglieder Provisionsgelder ausgezahlt worden wären. Fast jeden Tag schwebten neue „Wahrheiten" via *Express* durch die Öffentlichkeit. Am Ende blieb das befürchtete Chaos aus. Peter Weiand gab zum 3. April auf einer außerordentlichen Jahreshauptversammlung seinen Rücktritt bekannt. Vier Tage nach der JHV, am 20.12.1986, erschütterte noch die Todesnachricht von Oskar Maaß den Verein. Der dritte Präsident des 1. FC Köln, der dem Club von 1968 bis 1973 vorgestanden hatte, hatte am Samstagnachmittag aufgrund massiver und ernster gesundheitlicher Probleme den Freitod gewählt. Im Oktober 1986 hatte er noch seinen Rückzug aus dem Verwaltungsrat bekannt gegeben. Für seine Verdienste rund um den 1. FC Köln war dem 1910 in Stettin geborenen Maaß noch auf der JHV gedankt worden.

SCHLUSSPFIFF FÜR SCHUMACHER

Obwohl sportlich gerade einmal Mittelmaß, hatte der Name 1. FC Köln in der Welt noch einen guten Klang. So stand zur Winterpause wieder einmal eine Auslandsreise auf dem Programm. Nach zwei erfolglosen Hallenturnieren in Essen und Köln flogen die Geißböcke nach Argentinien, Brasilien und Israel. Während der insgesamt sieben Spiele war das Auftreten des Bundesligisten teilweise bemerkenswert. So erreichte man gegen den Weltpokalsieger River Plate immerhin ein 1:1, und bei einem Turnier im israelischen Haifa siegten die Geißböcke über die Mönchengladbacher Fohlen mit 5:2 und gewannen das Turnier.

Sportlich ging es also aufwärts, aber außerhalb des Platzes schien alles beim Alten. Entweder die Cluboffiziellen, die Spieler oder die Presse selbst sorgten für Schlagzeilen. So sollte Stephan Engels während der ersten Begegnung in Haifa seinem israelischen Gegenspieler ein „Heil Hitler" an den Kopf geworfen haben, was der Kölner Mittelfeldspieler vehement bestritt. Der Schiedsrichter entpuppte sich in dieser Angelegenheit am Ende als Wendehals. Zunächst bestätigte er die Aussage des Gegenspielers von Engels. Später zog

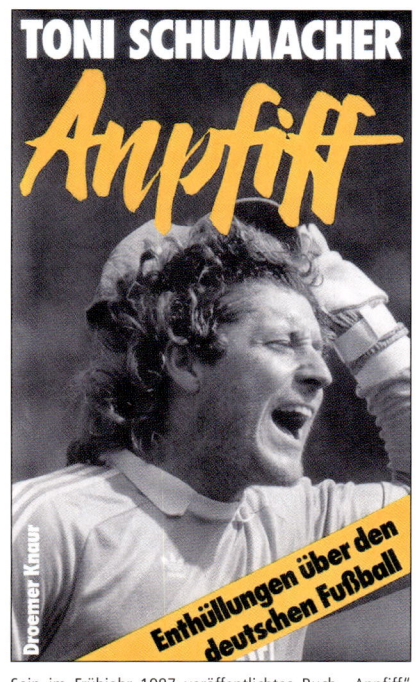

Sein im Frühjahr 1987 veröffentlichtes Buch „Anpfiff" bedeutete für „Toni" Schumacher das Aus beim FC.

Nach Führungsquerelen ein neuer Präsident: Dietmar Artzinger-Bolten.

Karnevalsorden 1987. Hennes träumt von Meisterschale und Pokal.

er seine Einschätzung wieder zurück, sodass Engels entlastet wurde. Zum guten Schluss der Vorbereitung wurde noch schnell die Rasenheizung im Müngersdorfer Stadion eingeweiht, das Spiel gegen Banik Ostrava endete 1:1. Gegen den VfL Bochum gewann der FC (1:0) zum Auftakt in die Rückrunde. Aber die Leistung war hier ebenfalls dürftig.

Dann kam der nächste Paukenschlag außerhalb des Sportplatzes. „Köln sperrt Schumacher", so die Titelschlagzeile des Kicker, und im Innenteil hieß es: „Kommt nach dem ‚Anpfiff' der Schlusspfiff für Schumacher?" „Toni" hatte in seinem Buch „Anpfiff" zu einem Rundumschlag ausgeholt, in dem er sich besonders mit den Themen Doping, Nationalmannschaft und 1. FC Köln auseinandersetzte. Schumacher verzichtete in seinen Ausführungen auf eine ansonsten übliche anonyme Darstellung und nannte Ross und Reiter. Der FC reagierte sofort und sperrte Schumacher erst einmal, später dann für den Rest der Spielzeit. Somit war die Begegnung gegen die Westfalen das letzte Spiel, das Schumacher nach 422 Bundesligaeinsätzen für den 1. FC Köln bestritten hat.

SAISONZIEL VERFEHLT

Im Spiel eins nach Schumacher stand Bodo Illgner beim 2:1-Erfolg bei der Frankfurter Eintracht im Tor. Illgner galt schon zu diesem Zeitpunkt als *das* Torwarttalent. Sportlich schien der Zug langsam Fahrt aufzunehmen. Einem Punktgewinn gegen den Tabellenführer Bayern folgte ein 1:0 in Leverkusen. Dieser Sieg wurde besonders gefeiert, da dadurch die Meisterschaft für die „Pillendreher" unmöglich wurde. Nach zwei weiteren Erfolgen gegen Mannheim (2:1) und in Homburg (3:1) hatte die Mannschaft für das Jahr 1987 eine imponierende Serie von 11:1 Punkten hingelegt und war bis auf den 5. Platz hochgeklettert. Mit Dietmar Artzinger-Bolten hatte der Club derweil einen neuen Präsidenten bekommen. Mit 235 Ja-Stimmen, 197 Nein-Stimmen und 25 Enthaltungen trat er im Rahmen der außerordentlichen Mitgliederversammlung am 3. April 1987 die Nachfolge von Peter Weiand an.

Doch mit der Kölner Fußballherrlichkeit war es erst einmal vorbei. Eine unnötige 1:2-Heimpleite gegen Uerdingen und das anschließende 1:5 im Neckarstadion sorgten für Ernüchterung rund um den Militärring. In den folgenden sechs Spielen schürte die Mannschaft aber weiterhin die Hoffnung auf einen UEFA-Pokalplatz. Zwei Siege (Schalke 3:2, Düsseldorf 1:0) und viermal ein 1:1 (in Berlin, Nürnberg, Dortmund und gegen den HSV) lauteten die Ergebnisse. Die letzten drei Bundesligabegegnungen, alles direkte Konkurrenten, endeten allesamt mit einer Pleite (1:5 in Kaiserslautern, 2:4 gegen M'gladbach, 1:2 in Bremen). So war das Saisonziel meilenweit verfehlt worden.

Für die neue Saison waren aber bereits die ersten Weichen gestellt. Den Club verlassen würden mit Karl-Heinz Geils (Hannover 96) und Klaus Allofs (Olympique Marseille) nur zwei Stammspieler. Dafür sollte mit Jürgen Kohler ein Ausnahmetalent an den Rhein wechseln. Zusätzlich würde mit Udo Lattek als Sportdirektor ein ausgesprochener Fußballfachmann zum FC kommen. Und auch mit dem 1. FC Nürnberg einigte man sich, so dass Bodo Illgner am Rhein gehalten werden konnte. Dabei hatte der FC Glück, da Illgner bereits einen Vorvertrag beim „Club" unterzeichnet hatte. Der FC verpflichtete zudem Rudi Kargus von Fortuna Düsseldorf als erfahrene Nummer Zwei hinter Bodo Illgner. Schlappe 40.000 DM Ablöse überwies man für den Ex-Nationalspieler, der insgesamt drei Jahre in Diensten des 1. FC Köln bleiben sollte.

- Für den verdienten Hans-Gerhard König übernimmt Holger Radtke nun das Kommando am Pressepult. Seine erste Tat ist die Umstellung des *Geißbock Echos*. Es erscheint fortan mit mehrfarbiger Titelseite und erhält einen höheren Seitenumfang. Dazu kommt ein neu eingerichteter Abo-Service.

- Neu ist auch der Service, dass Familiendauerkarten zum Kauf angeboten werden.

- Die C-Jugend des FC holt sich die Mittelrheinmeisterschaft in überlegener Manier. In der Endrunde zur Westdeutschen Meisterschaft belegen die jungen „Böcke" hinter der SpVgg Buer-Hassel Platz 2.

- Jugendeuropameister Bodo Illgner wird bereits nach wenigen Bundesligaspielen für das Länderspiel gegen Italien in Köln in die deutsche Nationalmannschaft berufen. Bis zu seinem Debüt im Adlerdress dauert es allerdings noch fünf Monate, ehe es am 23. September 1987 in Hamburg beim Spiel gegen Dänemark (1:0) so weit ist.

Die kölschen Vizeweltmeister verewigen sich bei ihrer Rückkehr nach Köln im Goldenen Buch der Stadt.

1986/87 ■ 343

STATISTIK 1986/87

BUNDESLIGA

09.08.1986 VfL Bochum - 1. FC Köln 3:1 (1:1)
Zuschauer: 23.000
Tore: 1:0 (09.) Leifeld, 1:1 (24.) T. Allofs, 2:1 (47.) Woelk, 3:1 (67.) Leifeld.
Aufstellung: Schumacher, Olsen, Prestin, Steiner, Geils (58. Engels), Häßler (75. Woodcock), Gielchen, Bein, Görtz, T. Allofs, K. Allofs.

15.08.1986 1. FC Köln - Eintracht Frankfurt 0:0
Zuschauer: 22.000
Aufstellung: Schumacher, Olsen, Prestin, Steiner, Geils (46. Lehnhoff), Häßler, Hönerbach, Janßen, Pizanti, T. Allofs, K. Allofs.

23.08.1986 FC Bayern München - 1. FC Köln 3:0 (2:0)
Zuschauer: 39.000
Tore: 1:0 (13.) Pflügler, 2:0, 3:0 (31., 65.) Wohlfahrt.
Aufstellung: Schumacher, Olsen, Prestin, Steiner, Lehnhoff (66. Görtz), Häßler, Hönerbach (37. Engels) Geils, Pizanti, T. Allofs, K. Allofs.

02.09.1986 1. FC Köln - Bayer 04 Leverkusen 1:4 (0:2)
Zuschauer: 25.000
Tore: 0:1 (33.) Rolff, 0:2 (39.) Waas, 0:3 (47.) Götz, 1:3 (57.) Engels (HE), 1:4 (90.) Schreier (FE).
Aufstellung: Schumacher, Olsen, Prestin, Steiner, Lehnhoff, Geils (58. Bein) Engels, Woodcock, Janßen, T. Allofs (58. Häßler), K. Allofs.
B.V.: Vollborn hält FE von K. Allofs.

06.09.1986 SV Waldhof Mannheim - 1. FC Köln 2:0 (2:0)
Zuschauer: 15.000
Tore: 1:0, 2:0 (32., 45.) Bührer.
Aufstellung: Schumacher, Olsen, Prestin (46. Wollitz), Steiner, Gielchen, Häßler, Janßen (46. Bein), Engels, Woodcock, T. Allofs, K. Allofs.

13.09.1986 1. FC Köln - FC Homburg/Saar 3:0 (0:0)
Zuschauer: 6.000
Tore: 1:0 (48.) Bein, 2:0 (68.) Steiner, 3:0 (72.) Woodcock.
Aufstellung: Schumacher, Olsen, Prestin, Steiner, Lehnhoff, Hönerbach, Bein, Häßler, Engels, Woodcock, K. Allofs.

20.09.1986 Bayer 05 Uerdingen - 1. FC Köln 3:1 (3:0)
Zuschauer: 15.000
Tore: 1:0 (02.) Edvaldsson, 2:0 (15.) Klinger, 3:0 (45.) W.Funkel, 3:1 (77.) Woodcock.
Aufstellung: Schumacher, Olsen, Prestin, Steiner, Hönerbach, Häßler (73. Janßen), Lehnhoff (76. Wollitz), K. Allofs, Woodcock, T. Allofs.

27.09.1986 1. FC Köln - VfB Stuttgart 0:0
Zuschauer: 12.000
Aufstellung: Schumacher, Steiner, Prestin, Wollitz, Geils, Olsen, Häßler, Engels, Woodcock, T. Allofs (58. Lehnhoff), K. Allofs.

04.10.1986 FC Schalke 04 - 1. FC Köln 2:4 (2:1)
Zuschauer: 39.000
Tore: 1:0 (16.) Opitz, 2:0 (26.) Wegmann, 2:1 (45.) Wollitz, 2:2, 2:3, 2:4 (53., 61., 75.) T. Allofs.
Aufstellung: Schumacher, Steiner, Prestin, Wollitz, Olsen, Geils, Engels (83. Hönerbach), Häßler, Janßen (76. Lehnhoff), T. Allofs, K. Allofs.

11.10.1986 1. FC Köln - Borussia Dortmund 2:0 (2:0)
Zuschauer: 18.000
Tore: 1:0, 2:0 (08.-FE, 17.) Engels.
Aufstellung: Schumacher, Steiner, Geils, Prestin, Lehnhoff, Olsen, Janßen, Häßler (74. Bein), Engels (85. Woodcock), T. Allofs, K. Allofs.

18.10.1986 Fortuna Düsseldorf - 1. FC Köln 0:4 (0:2)
Zuschauer: 17.500
Tore: 0:1 (03.) T. Allofs, 0:2, 0:3, 0:4 (44., 67., 85.) K. Allofs.
Aufstellung: Schumacher, Steiner, Prestin, Wollitz, Janßen (77. Lehnhoff), Geils, Häßler (77. Woodcock), Olsen, Engels, T. Allofs, K. Allofs.

01.11.1986 1. FC Köln - Blau-Weiß 90 Berlin 1:1 (1:1)
Zuschauer: 14.000
Tore: 1:0 (11.) K. Allofs, 1:1 (45.) Selcuk.
Aufstellung: Schumacher, Steiner, Prestin, Wollitz, Lehnhoff, Geils, Olsen (81. Janßen), Bein (52. Häßler), Engels, T. Allofs, K. Allofs.

08.11.1986 1. FC Köln - 1. FC Nürnberg 3:1 (1:0)
Zuschauer: 9.000
Tore: 1:0, 2:0 (04., 48.) T. Allofs, 2:1 (62.) Anderssen, 3:1 (85.) Woodcock.
Aufstellung: Schumacher, Steiner, Prestin, Wollitz, Lehnhoff (46. Häßler), Geils, Olsen, Janßen, Engels, T. Allofs (79.Woodcock), K. Allofs.

15.11.1986 Hamburger SV - 1. FC Köln 1:0 (0:0)
Zuschauer: 32.000
Tor: 1:0 (78.) Beiersdorfer.
Aufstellung: Schumacher, Steiner, Prestin, Wollitz, Olsen, Geils, Engels, Lehnhoff, Janßen (79. Häßler), T. Allofs (43.Woodcock), K. Allofs.

22.11.1986 1. FC Köln - 1. FC Kaiserslautern 2:2 (1:0)
Zuschauer: 12.000
Tore: 1:0 (18.) Woodcock, 1:1 (46.) Allievi, 1:2 (57.) Roos, 2:2 (83.) Häßler.
Aufstellung: Schumacher, Steiner, Prestin, Wollitz (64. Janßen), Lehnhoff, Hönerbach, Geils, Olsen, Görtz (59. Häßler) Woodcock, K. Allofs.

29.11.1986 Borussia M'gladbach - 1. FC Köln 3:1 (3:0)
Zuschauer: 31.000
Tore: 1:0 (12.) Bakalorz, 2:0, 3:0 (22., 30.) Hochstädter, 3:1 (90.) Lehnhoff.
Aufstellung: Schumacher, Steiner, Wollitz, Geils (46. Häßler), Lehnhoff, Prestin (15. Hönerbach), Olsen, Janßen, Geilenkirchen, Woodcock, K. Allofs.

05.12.1986 1. FC Köln - SV Werder Bremen 3:0 (2:0)
Zuschauer: 12.000
Tore: 1:0 (07.) Geils, 2:0 (15.) K. Allofs, 3:0 (89.) Wodcock.
Aufstellung: Schumacher, Steiner, Prestin, Geils, Olsen, Engels, Häßler, Lehnhoff (79. Janßen) Woodcock, K. Allofs.

21.02.1987 1. FC Köln - VfL Bochum 1:0 (1:0)
Zuschauer: 6.000
Tor: 1:0 (35.) Geils.
Aufstellung: Schumacher, Steiner, Hönerbach, Geils, Wollitz, Lehnhoff (84. Bein), Olsen, Engels, Görtz, Woodcock, K. Allofs.

28.02.1987 Eintracht Frankfurt - 1. FC Köln 1:2 (0:0)
Zuschauer: 16.000
Tore: 0:1 (47.) Woodcock, 1:1 (76.) Müller, 1:2 (80.) Woodcock.
Aufstellung: Illgner, Steiner, Hönerbach, Wollitz, Lehnhoff (77. Bein), Geils, Olsen, Görtz, Engels, Woodcock (88. Prestin), K. Allofs.

14.03.1987 1. FC Köln - FC Bayern München 1:1 (1:0)
Zuschauer: 52.000
Tore: 1:0 (38.) Woodcock, 1:1 (68.) Augenthaler.
Aufstellung: Illgner, Steiner, Hönerbach, Wollitz, Engels (79. Bein), Geils, Olsen, Engels, Görtz, Woodcock, K. Allofs.

21.03.1987 Bayer 04 Leverkusen - 1. FC Köln 0:1 (0:0)
Zuschauer: 18.500
Tor: 0:1 (68.) Bein.
Aufstellung: Illgner, Steiner, Hönerbach, Wollitz, Lehnhoff, (75. Prestin), Geils, Olsen, Görtz, Bein, Woodcock, K. Allofs.

28.03.1987 1. FC Köln - SV Waldhof Mannheim 2:1 (1:0)
Zuschauer: 8.000
Tore: 1:0 (26.) Steiner, 2:0 (47.) Bein, 2:1 (76.) Walter.
Aufstellung: Illgner, Steiner, Hönerbach, Wollitz, Lehnhoff, Geils, Olsen, Janßen, Görtz (46. Häßler), Bein, Woodcock.

04.04.1987 FC Homburg/Saar - 1. FC Köln 1:3 (0:2)
Zuschauer: 9.000
Tore: 0:1 (08.) K. Allofs, 0:2 (25.) Woodcock, 1:2 (65.) Freiler, 1:3 (77.) Lehnhoff.
Aufstellung: Illgner, Steiner, Hönerbach, Wollitz, Görtz, Lehnhoff, Prestin, Olsen, Bein (87. Geilenkirchen) Woodcock (83. Engels), K. Allofs.

11.04.1987 1. FC Köln - Bayer 05 Uerdingen 1:2 (0:2)
Zuschauer: 13.000
Tore: 0:1 (19.) Klinger, 0:2 (45.) Gudmundsson, 1:2 (51.) Bein (FE).
Aufstellung: Illgner, Steiner, Prestin, Wollitz (56. Engels), Lehnhoff, Geils (73. Häßler), Olsen, Bein, Görtz, Woodcock, K. Allofs.

15.04.1987 VfB Stuttgart - 1. FC Köln 5:1 (1:1)
Zuschauer: 22.000
Tore: 1:0 (07.) Allgöwer (FE), 1:1 (19.) K. Allofs, 2:1 (60.) Klinsmann, 3:1 (61.) Wollitz (E), 4:1, 5:1 (81., 84.) Hartmann.
Aufstellung: Illgner, Hönerbach, Prestin, Wollitz, Olsen, Görtz, Geils, Bein, Lehnhoff, Woodcock, K. Allofs.

25.04.1987 1. FC Köln - FC Schalke 04 3:2 (2:1)
Zuschauer: 13.000
Tore: 1:0 (18.) Engels, 1:1 (19.) Wegmann, 2:1, 3:1 (21., 79.) K. Allofs, 3:2 (90.) Kruse.
Aufstellung: Illgner, Steiner, Prestin, Hönerbach, Lehnhoff (72. Janßen), Geils (63. Bein), Olsen, Engels, Görtz, Woodcock, K. Allofs.

01.05.1987 Borussia Dortmund - 1. FC Köln 1:1 (0:0)
Zuschauer: 51.634
Tore: 0:1 (52.) K. Allofs, 1:1 (89.) Keser.
Aufstellung: Illgner, Steiner, Hönerbach, Prestin, Steiner, Geils, Lehnhoff (46. T. Allofs), Olsen (85. Gielchen), Engels, Görtz, Woodcock, K. Allofs.

08.05.1987 1. FC Köln - Fortuna Düsseldorf 1:0 (1:0)
Zuschauer: 12.000
Tor: 1:0 (45.) K. Allofs.
Aufstellung: Illgner, Steiner, Geils, Hönerbach, Lehnhoff, Olsen, Bein, T. Allofs (57. Janßen), Görtz, Woodcock, K. Allofs.

16.05.1987 Blau-Weiß 90 Berlin - 1. FC Köln 1:1 (1:0)
Zuschauer: 9.189
Tore: 1:0 (39.) Gaedke, 1:1 (49.) K. Allofs.
Aufstellung: Illgner, Steiner, Prestin, Olsen, Hönerbach, Görtz (46. Lehnhoff), Bein, Engels, T. Allofs (84. Geilenkirchen), Woodcock, K. Allofs.

23.05.1987 1. FC Nürnberg - 1. FC Köln 1:1 (1:1),
Zuschauer: 17.000
Tore: 1:0 (08.) Andersen, 1:1 (35.) Lieberwirth (E).
Aufstellung: Illgner, Steiner (17. Janßen), Prestin, Hönerbach, Lehnhoff, Geils, Olsen, Engels, Görtz, Woodcock, K. Allofs.
B.V.: Geils erhält einen Platzverweis (62.).

30.05.1987 1. FC Köln - Hamburger SV 1:1 (0:0)
Zuschauer: 18.000
Tore: 0:1 (51.) Jakobs, 1:1 (90.) Engels (FE).
Aufstellung: Illgner, Steiner, Prestin, Hönerbach (58. Geilenkirchen), Olsen, Janßen, Engels, Görtz (58.Häßler), Woodcock, K. Allofs.

06.06.1987 1. FC Kaiserslautern - 1. FC Köln 5:1 (1:1)
Zuschauer: 26.936
Tore: 0:1 (10.) Engels, 1:1 (36.) Hartmann, 2:1 (57.) Kohr, 3:1 (61.) Hartmann, 4:1 (70.) Kohr, 5:1 (72.) Allievi.
Aufstellung: Illgner, Steiner, Hönerbach, Wollitz, Görtz, Prestin (54. Geilenkirchen), Olsen, Engels, Janßen, Woodcock, K. Allofs.

13.06.1987 1. FC Köln - Borussia M'gladbach 2:4 (1:2)
Zuschauer: 30.000
Tore: 0:1 (27.) Hochstätter, 0:2 (31.) Rahn, 1:2 (35.) K. Allofs, 2:2 (68.) Woodcock, 2:3 (75.) Rahn, 2:4 (80.) Thiele.
Aufstellung: Illgner, Olsen, Steiner, Hönerbach, Lehnhoff (61. Häßler), Prestin (61. Geilenkirchen), Janßen, Engels, Görtz, Woodcock, K. Allofs,

17.06.1987 SV Werder Bremen - 1. FC Köln 2:1 (2:1)
Zuschauer: 31.100
Tore: 1:0 (12.) Ordenewitz, 1:1 (37.) K. Allofs, 2:1 (40.) Völler.
Aufstellung: Illgner, Gielchen, Steiner, Olsen, Hönerbach, Lehnhoff, Engels, Görtz (57. Wollitz), Janßen, Woodcock, K. Allofs.

STATISTIK 1986/87

DFB-POKAL

1. Runde
30.08.1986 FC Emmendingen - 1.FC Köln 0:4 (0:1)
Zuschauer: 9.000
Tore: 0:1 (25.) Woodcock, 0:2 (57.) K. Allofs, 0:3, 0:4 (66., 76.) Engels.
Aufstellung: Schumacher, Olsen, Wollitz, Steiner, Geils, Janßen (46. Lehnhoff), Görtz, Engels, Woodcock, T. Allofs, K. Allofs.

2. Runde
25.10.1986 1.FC Köln - SV Waldhof Mannheim 3:1 (2:0)
Zuschauer: 9.000
Tore: 1:0, 2:0 (09., 18.) K. Allofs, 2:1 (65.) Sebert, 3:1 (73.) K. Allofs.
Aufstellung: Schumacher, Steiner, Prestin, Wollitz (66. Görtz), Lehnhoff, Geils, Olsen, Bein (78. Häßler), Engels, T. Allofs, K. Allofs.

3. Runde
19.11.1986 Bayer 05 Uerdingen - 1.FC Köln 3:1 (2:1)
Zuschauer: 15.000
Tore: 1:0 (11.) Bierhoff, 1:1 (27.) K. Allofs (FE), 2:1 (45.) Klinger, 3:1 (75.) Witeczek.
Aufstellung: Schumacher, Steiner, Prestin, Wollitz, Lehnhoff (58. Geilenkirchen), Geils, Olsen, Görtz, Janßen (80. Häßler), Woodcock, K. Allofs.

FREUNDSCHAFTSSPIELE

28.06.1986 Kreisauswahl Schleiden - 1.FC Köln 0:7 (0:2)
(in Kall)

05.07.1986 VfL Kommern - 1.FC Köln 0:20 (0:13)
(in Euskirchen)

12.07.1986 Blau-Gelb Schwerin - 1.FC Köln 0:6 (0:4)
(in Castrop-Rauxel)

15.07.1986 Borussia Brand - 1.FC Köln 0:10 (0:7)

19.07.1986 SV Beuel - 1.FC Köln 1:8 (1:2)

22.07.1986 Fortuna Köln - 1.FC Köln 1:6 (1:4)

23.07.1986 Wuppertaler SV - 1.FC Köln 1:1 (0:0)

25.07.1986 Glasgow Rangers - 1.FC Köln 0:2 (0:1)
(in Koblenz)

27.07.1986 SpVgg Brakel - 1.FC Köln 0:5

30.07.1986 1.FC Köln - Besiktas Istanbul 5:1 (1:0)
(im Südstadion)

02.08.1986 1.FC Bocholt - 1.FC Köln 1:1 (1:1)

03.08.1986 1.FC Köln - Olympiakos Piräus 1:2
(im Franz-Kremer Stadion)

05.08.1986 FC Avenir Beggen - 1.FC Köln 0:6 (0:2)

24.08.1986 Real Saragossa - 1.FC Köln 5:3 n.E.

16.09.1986 Bundeswehr Nationalmann. - 1.FC Köln 2:2 (0:2)
(in Niederkassel-Rheidt)

30.09.1986 B 1909 Odense - 1.FC Köln 1:4 (1:2)

14.01.1987 Boca Juniors - 1.FC Köln 3:2 (2:1)
(Mar del Plata)

20.01.1987 River Plate - 1.FC Köln 1:1 (1:0)
(Mar del Plata)

22.01.1987 C.A. Independiente - 1.FC Köln 1:2 (0:1)
(Mar del Plata)

24.01.1987 Corinthians Sao Paulo - 1.FC Köln 1:0 (0:0)

26.01.1987 Joinville EC - 1.FC Köln 1:1 (0:1)
(in Joinville/Brasilien)

04.02.1987 Maccabi Haifa - 1.FC Köln 4:5 n.E.

09.02.1987 Borussia M'gladbach - 1.FC Köln 2:5 (0:2)
(in Haifa)

14.02.1987 1.FC Köln - Banik Ostrava 1:1 (0:1)

BUNDESLIGAKADER 1986/87

Abgänge: Dezelak (Rot-Weiß Essen, w.d.l.S.), Dickel (Borussia Dortmund), Görgens (Fortuna Köln), Hartwig (FC Homburg/Saar), Littbarski (Racing Paris), Nißl (SC Brück), Rother (Viktoria Köln)
Zugänge: T. Allofs (1. FC Kaiserslautern), Brunn (eigene Jugend, w.d.l.S.), Görtz (SV Waregem), Olsen (RSC Anderlecht), M. Wollitz (Arminia Bielefeld), Wichterich (eigene Jugend), Woodcock (Arsenal London)

Trainer: Georg Keßler (bis 22. September), Christoph Daum (ab 23. September)

Tor:
Schumacher, Harald	18/0
Illgner, Bodo	16/0
Brunn, Uwe	0/0

Feld:
Olsen, Morten	34/0
Allofs, Klaus	33/14
Steiner, Paul	33/2
Lehnhoff, Hans-Peter	31/2
Woodcock, Anthony	30/10
Prestin, Dieter	29/0
Engels, Stephan	27/6
Geils, Karl-Heinz	25/2
Hönerbach, Matthias	23/0
Häßler, Thomas	21/1
Wollitz, Michael	21/1
Janßen, Olaf	21/0
Görtz, Armin	20/0
Bein, Uwe	17/4
Allofs, Thomas	16/7
Geilenkirchen, Ralf	6/0
Gielchen, Andreas	4/0
Pizanti, David	2/0
van de Korput, Michel	0/0
Wichterich, Thomas	0/0
Schmitz, Robert	0/0
Dezelak, Detlef	0/0

Dazu kommt ein Eigentor von Dieter Lieberwirth (1.FC Nürnberg).

1. BUNDESLIGA 1986/87

1.	Bayern München (M,P)	67:31	53:15
2.	Hamburger SV	69:37	47:21
3.	Borussia M'gladbach	74:44	43:25
4.	Borussia Dortmund	70:50	40:28
5.	Werder Bremen	65:54	40:28
6.	Bayer Leverkusen	56:38	39:29
7.	1.FC Kaiserslautern	64:51	37:31
8.	Bayer 05 Uerdingen	51:49	35:33
9.	1.FC Nürnberg	62:62	35:33
10.	1.FC Köln	50:53	35:33
11.	VfL Bochum	52:44	32:36
12.	VfB Stuttgart	55:49	32:36
13.	FC Schalke 04	50:58	32:36
14.	Waldhof Mannheim	52:71	28:40
15.	Eintracht Frankfurt	42:53	25:43
16.	FC Homburg (N)	33:79	21:47
17.	Fortuna Düsseldorf	42:91	20:48
18.	Blau-Weiß 90 Berlin(N)	36:76	18:50

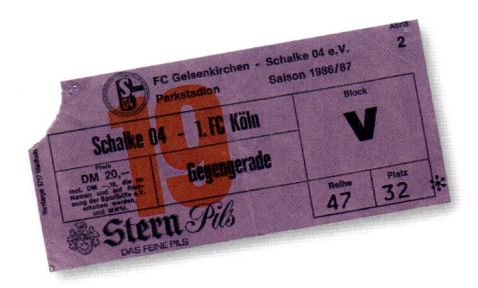

Die Südkurve macht mit Transparenten ihrem Unmut zur Entlassung des Fan-Idols „Toni" Schumacher Luft.

FIEBERKURVE 1986/87

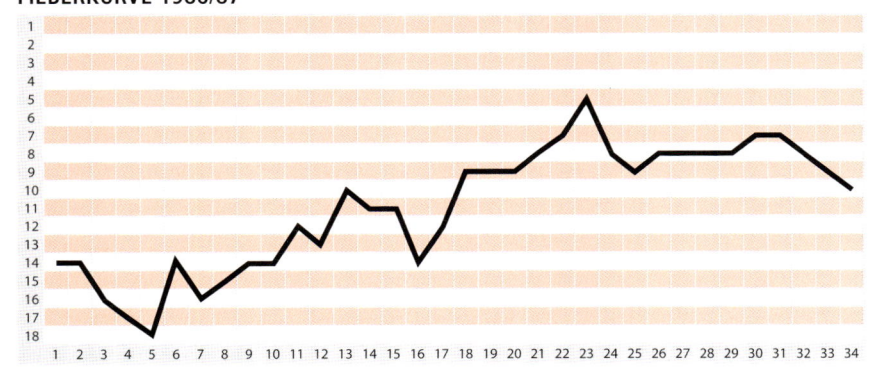

1987/88
1. BUNDESLIGA

Besser als erwartet

[LEGENDEN]

Morten Olsen
Beim FC von 1986 bis 1989 (Spieler), 1993 bis 1995 (Trainer)
Geboren: 14.08.1949 in Vordingborg/Dänemark
Pflichtspiele beim FC: 85
Pflichtspieltore: 2

Der besondere Gestalter

„Was wollen die denn mit dem alten Mann?", fragten sich viele FC-Fans, als der dänische Altstar Morten Olsen 1986 im Herbst seiner Karriere nach Köln kam. Doch der Nationalspieler (insgesamt 102 Länderspiele) vom belgischen Renommierclub RSC Anderlecht war bei den Kölnern sofort erste Wahl, und als Ende September 1986 der noch junge Christoph Daum neuer FC-Trainer wurde, erwies sich der Däne als besonders wertvoll. Der Abwehrchef war Daums verlängerter Arm auf dem Spielfeld. Olsen war eine der kölschen Leitfiguren Ende der 1980er Jahre, der großen Anteil an den damaligen Erfolgen des Vereins hatte. Sicher in der Defensive und durch seine langen Pässe wertvoll für die Offensive, eroberte er sich schnell die Anerkennung des Publikums. Später beorderte Daum den Libero mit Erfolg auf die Position des Mittelfeldregisseurs. Beim FC beendete der Däne 1989 seine Spielerkarriere. Fortan widmete er sich dem Trainerberuf. Zunächst bei Bröndby Kopenhagen, dann ab 29. April 1993 bei „seinem" 1. FC Köln, den er vor dem Abstieg rettete. Olsens Vorstellungen vom modernen Fußball und sein propagiertes „Pressingsystem" konnte das zu dieser Zeit in seinen Möglichkeiten stark eingeschränkte Kölner Kickerpersonal leider nicht umsetzen. Hinzu kamen Ahnungslosigkeit in der Führungsetage. Nach einer Pokalpleite bei den Amateuren vom SV Beckum 1995 wurde Olsen entlassen. Nächste Station war Ajax Amsterdam, das er 1998 zur niederländischen Meisterschaft führte. Seit 2000 hat Morten Olsen seinen Traumjob – er ist Nationaltrainer Dänemarks.

Untere Reihe von links: Zeugwart Willi Rechmann, Pierre Littbarski, Thomas Häßler, Thomas Allofs, Bodo Illgner, Stephan Engels, Rudi Kargus, Ralf Geilenkirchen, Jann Jensen, Andreas Gielchen, Masseur Jürgen Schäfer. Mittlere Reihe von links: Co-Trainer Roland Koch, Armin Görtz, Paul Steiner, Flemming Povlsen, Matthias Baranowski, Jürgen Kohler, Robert Schmitz, Michael Wollitz, Trainer Christoph Daum. Obere Reihe von links: Michael Griehsbach, Morten Olsen, Dieter Prestin, Anthony Woodcock, Olaf Janßen, Matthias Hönerbach.

Zur neuen Saison hatte der *Kicker* genau die richtige Einschätzung getroffen für das, was die Fans des 1. FC Köln erwarten würde: „Neuanfang mit Udo und den Twens". Die Mannschaft war komplett umgekrempelt worden. Harald Schumacher sollte fortan auf Schalke zum Idol werden und Klaus Allofs die französischen Abwehrreihen mit Olympique Marseille verwirren. Dazu hatten noch Uwe Bein (HSV) und Karl-Heinz Geils (Hannover 96) den Weg Richtung Norddeutschland eingeschlagen. Bei den Neuzugängen galt einzig Abwehrspieler Jürgen Kohler (Waldhof Mannheim) als gesetzt. Hinter Flemming Povlsen stand zunächst ein Fragezeichen, ob er Geißbock werden könnte. Real Madrid pochte auf ein angebliches Optionsrecht, Aarhus GF dementierte dies.
Nicht nur sportlich wehte ein neuer Wind ums Geißbockheim. Auch in der Führungsetage wirkten neue Gesichter. Präsident Dietmar Artzinger-Bolten war seit April im Amt. Seinen Abschied für Oktober hatte auch Manager Michael Meier bekannt gegeben, der den Club in Richtung Leverkusen verließ. Der ganz große Zampano jedoch war Udo Lattek, das „Abschiedsgeschenk" des alten Präsidenten. Der als Technischer Direktor eingestellte Lattek sollte Trainerneuling Christoph Daum den Rücken freihalten. Der wiederum hatte stark zu kämpfen, seinen Wunsch-Co-Trainer Roland Koch, der schon die B1-Jugend der Geißböcke trainierte und als Co-Trainer beim Bonner SC, bzw. zuletzt bei den FC-Amateuren tätig gewesen war, beim FC unterzubringen. Am Ende waren dann alle zufrieden.

DER LITTBARSKI-EFFEKT

Die Vorbereitungsspiele ließen keinen Optimismus aufkommen. Nur drei Siege (Holstein Kiel 6:0, Eutin 08 8:0, Kaiserslautern 3:1) in sieben Begegnungen waren keine gute Ausbeute. Die Mannschaft war schwer einzuschätzen. Dies änderte sich nach den ersten Ligaspielen auch nicht. Punktgewinne in Karlsruhe (1:1) und Bochum (0:0), dazwischen ein knapper Erfolg gegen die Roten Teufel (2:1) erlaubten noch keine großen Rückschlüsse auf die Spielstärke der Rheinländer. Die Verantwortlichen werkelten und zauberten Mitte August plötzlich Pierre Littbarski aus dem Hut. Der war in Paris nie richtig glücklich geworden und sehnte sich nach den Domtürmen und dem Geißbockheim am Militärring. Rund 3,9 Millionen DM blätterten die Geißböcke für den kleinen Dribbelkönig hin, wobei er selbst seinem neuen Club mit einem Darlehen von rund 1,5 Millionen über die Runden half. Der Littbarski-Effekt sorgte nicht nur für ein Ansteigen der Zuschauerzahlen, sondern erwies sich auch sportlich zunächst als Meilenstein. In der Meisterschaft stürzten die Geißböcke nach dem 2:0 gegen Bayer Uerdingen, wo sich Littbarski in seinem Debütspiel

346 ■ 1987/88

Flemming Povlsen (im Bild links), dänischer Publikumsliebling im FC-Dress, erzielte beim 4:1-Heimsieg gegen Mönchengladbach das 2:0.

gleich als Torschütze eintragen konnte, den VfB Stuttgart als Tabellenführer: Im Neckarstadion gewann der FC souverän mit 2:0. Vier Tage später kam der gleiche Gegner ins Müngersdorfer Stadion, diesmal im DFB-Pokal. Die Partie endete wie am Mittwochabend: Der FC verließ als deutlicher Sieger den regennassen Rasen. Diesmal sogar mit 3:0, und wieder hatte Littbarski seine Farben mit zwei Treffern auf die Siegerstraße geführt. Und der FC punktete in der Meisterschaft weiter. Nach einem 0:0 gegen Leverkusen, dem 2:1 bei Borussia Dortmund und einem starken 3:1 über Meister Bayern München standen die Daum-Schützlinge bereits auf Platz 2 der Tabelle. „Udo, der Guru vom Rhein", titelte der *Kicker* und machte schnell den blauen Pullover als Glücksbringer aus. Und der sollte weiterhin Glück bringen. Nach einem 0:0 in Mannheim, mit einem skandalösen Platzverweis für Povlsen, folgten Siege gegen Homburg (3:0) und in Nürnberg (2:1). Der FC war nun an der Spitze der Liga angekommen. „Vom Klüngel zur Kameradschaft", feierte der *Kicker* den neuen Spitzenreiter, und ganz Köln bereitete sich auf den alten Westschlager gegen Borussia M'gladbach vor, die an dritter Stelle der Tabelle standen. Und was den knapp 60.000 Fans geboten wurde, war Fußball vom Allerfeinsten. Mit einem 4:1 wurde der „Angstgegner" nach Hause geschickt. Leider erwies sich der alte Spitzenreiter Bremen als beständiger Widersacher, und nach dem 1:1 in Frankfurt waren die Kicker von der Weser wieder vorne. Der zweite Rückschlag folgte im Pokal. Der Oberligist Viktoria Aschaffenburg sorgte mit dem 1:0 über die Geißböcke für die Sensation in der zweiten Runde. In der Bundesliga war ein Dreikampf entbrannt. Neben den beiden Erstplatzierten mischte auch noch Vorjahresmeister Bayern München mit. Der FC hatte aber zunächst nur Augen für das Gipfeltreffen in Bremen. Nach einem Sieg über den HSV (1:0) standen die beiden Clubs nur durch drei Tore voneinander getrennt an der Spitze. Genau diese Anzahl von Toren fiel in der Begegnung. Zwei davon für die Norddeutschen. Der FC-Express war ein wenig ins Stocken geraten. Beim Schlusslicht Schalke 04 reichte es nur zu einem 2:2, und nach Siegen gegen Hannover (2:0) und zum Rückrundenauftakt gegen Karlsruhe (4:0) gab es eine herbe 0:3-Schlappe am Betzenberg. Zwar überwinterten die Kölner noch auf Platz 2, aber der Rückstand zur Mannschaft von Otto Rehhagel war mittlerweile auf vier Punkte angewachsen.

KNAPP DANEBEN
In der Winterpause spielte man die üblichen Hallenturniere. Der FC war bei vieren vertreten, wobei in Köln und beim stark besetzten Turnier in Paris das Parkett als Sieger verlassen werden konnte. Das Ganze in Trikots mit neuem Werbeträger. Zum 1. Januar präsentierten die Kölner den Schriftzug „Samsung" auf ihrer Brust, was der DFB erst nach zähen Verhandlungen genehmigt hatte. Zuvor hatte es noch keinen Profilclub gegeben, der in einer laufenden Saison den Sponsor wechselte. Der FC war wieder interessant geworden. So schmerzte es auch nicht so sehr, dass das geplante Trainingslager in El Salvador und Honduras ausfiel, da mit einem Turnier in Los Angeles und Spielen in Costa Rica bereits in wenigen Tagen Ausweichmöglichkeiten gefunden wurden, ehe die Meisterschaftsrunde wieder startete. Zuvor verkündete Udo Lattek seinen Abschied, nach nur sechs Monaten. Der Ex-Trainer wechselte die Seiten und heuerte bei der neuen Zeitschrift *Sportbild* an.
Der Start aus der Winterpause verlief nicht nach dem Geschmack von Trainer Christoph Daum. Zwar blieb der FC in den ersten sieben Spielen ungeschlagen, aber es sprangen auch nur zwei Siege heraus. Im

[Interessantes & Kurioses]

■ Das 40-jährige Vereinsjubiläum feiert die Mannschaft mit einem 4:0 im Freundschaftsspiel bei der Arminia aus Bielefeld. Die Geburtstagsparty steigt auf dem Roncalliplatz mit den „Höhnern" und rund 10.000 begeisterten Fans.

■ Der FC vermerkt einen Zuschaueraufschwung um 29 Prozent. Insgesamt passieren 363.150 Zuschauer die Tore des Müngersdorfer Stadions, was einen Schnitt von 21.362 Fans pro Spiel bedeutet.

Heute von Wimpelsammlern begehrt: FC-Wimpel der Saison 1987/88 mit Sponsor- und Spielernamen auf der Rückseite.

■ Im Oktober 1987 übernimmt Wolfgang Schänzler die Leitung der Geschäftsstelle des 1. FC Köln von Michael Meier.

■ Meister kann auch die Jugendabteilung vorweisen. Zum Beispiel die A2, die den Titel des Kreismeisters erringt. Noch stärker präsentiert sich die C-Jugend, die zum zweiten Mal nach 1981 Westdeutscher Meister wird. Im Endspiel wird der SV Baesweiler mit 4:3 bezwungen. Den Erfolg perfekt macht dann noch der Gewinn des Kreispokals. Hier wird Lieblingsrivale Leverkusen mit 4:2 bezwungen. In nichts nachstehen wollte da die C2, die ebenfalls den Titel in der Leistungsklasse ohne Punktverlust (!) gewinnt. Ebenfalls ohne Punktverlust dribbelt sich die D2 durchs Spieljahr und steigt in die Leistungsstaffel auf. Abgerundet wird die Titelflut vom Kreismeistertitel der E-Jugend. Auch hier reicht es zum Double (2:0 gegen Leverkusen).

Im legendären Ludwigshafener Südwest-Stadion fand das Bundesligaspiel gegen Kultclub Waldhof Mannheim statt. Die Partie endete 0:0.

1987/88 ■ 347

Auch 1987/88 gab der FC wie gewohnt Autogrammkarten heraus, wie dieses schöne Stück von Stephan Engels belegt.

Bereits zum sechsten Mal veranstaltete der FC im Januar 1988 in der Kölner Sporthalle sein Hallenturnier, das sich beim Publikum stets großer Beliebtheit erfreute und ein attraktives Teilnehmerfeld zu bieten hatte.

■ Pierre Littbarskis Treffer zum 1:0 im DFB-Pokal-Spiel gegen Stuttgart sollte ihm am Monatsende zum dritten Mal den Titel des „Torschützen des Monats" (August 1987) einbringen. Ein Kunststück, welches zwei Monate später (Oktober 1987) auch Thomas Häßler mit dem 4:1 gegen Gladbach gelang.

■ Als traditionsbewusst erweisen sich die Anhänger des FC. In der Diskussion steht eine neue Heimat, sprich der Wechsel von der Süd- in die Nordkurve. Hauptgrund dafür ist, dass die Mannschaft beim Betreten des Stadions nicht von den gegnerischen Fans begrüßt werden soll. Letztlich entschieden sich die Fans dazu, in der Südkurve zu bleiben.

■ Die Kölner Verkehrsbetriebe (KVB) lassen ab dem Herbst 1987 auf eine ihrer Straßenbahnen den Schriftzug „Ich steh zum FC" lackieren und machen somit in Kölns Straßen Werbung für den FC.

Ganz Köln freute sich über die Rückkehr des „verlorenen Sohnes" Pierre Littbarski.

achten Spiel erwischte es die Mannschaft dann im Saarland. Beim Tabellenletzten FC Homburg blamierten sich die Kölner mit 0:1 und verabschiedeten sich endgültig aus dem Titelrennen. Der kleine Club war seit Wochen der Gesprächsstoff der Liga, da die Mannschaft mit dem Schriftzug „London" auf der Brust aufmarschierte. Der Werbezug des weltweit bekannten Kondomherstellers veranlasste die DFB-Bosse zu einem Gang vor Gericht. Am Ende durfte der Name der „englischen Hauptstadt" – so äußerte sich der Homburger Stadionsprecher unter dem Gejohle der Zuschauer – nicht auf den Trikots getragen werden, aber die Geschäftsführung des Unternehmens konnte sich trotzdem die Hände reiben, hatte doch der DFB durch sein engstirniges Verhalten selbst für die beste Werbung gesorgt. Sieben Spieltage vor Saisonende waren die Bremer mit sechs Punkten davongezogen. Hoch anzurechnen war der Mannschaft, dass sie trotzdem weiter versuchte, die Fans zufrieden zu stellen. Bis auf die 0:3-Niederlage in Hamburg, gelang dies auch weitestgehend. Immerhin setzte das Team mit dem Sieg in Mönchengladbach (1:0) und gegen den kommenden Deutschen Meister Werder Bremen (2:0) noch zwei Ausrufezeichen in der Schlussphase der Saison. Dies gelang auch Armin Görtz. Seine starke Saisonleistung machte ihn am 27. April 1988 beim Spiel gegen die Schweiz in Kaiserslautern (1:0) zum 35. Nationalspieler in der Vereinsgeschichte des 1. FC Köln. So endete die Saison mit dem dritten Tabellenplatz zufriedenstellender als zuvor gedacht. Nicht zufrieden indes war „Toni" Schumacher mit seinem letzten Auftritt in seiner langjährigen Heimat. Ausgerechnet in seinem „Wohnzimmer" wurde der Abstieg des FC Schalke 04 besiegelt. An ihm lag es jedenfalls nicht, dass die Knappen mit 1:3 unterlagen, denn der Keeper verhinderte durch seine Paraden einen höheren Kölner Sieg.

ENDSTATION HALBFINALE

Vor der Europameisterschaft in Deutschland redete im Vorfeld alles vom Titel. Am Ende erreichte die Beckenbauer-Truppe das Halbfinale, in dem man sich den Niederlanden mit 1:2 geschlagen geben musste. Aus Köln waren neben Ersatztorwart Bodo Illgner, Jürgen Kohler und Pierre Littbarski auf deutscher Seite mit dabei. Bei den Dänen standen mit Flemming Povlsen und Morten Olsen, mit 38 Jahren der älteste Teilnehmer, zwei weitere Akteure der Domstädter im Turnier. Ins Halbfinale waren die Deutschen durch zwei 2:0-Siege gegen Spanien und Dänemark und ein Remis (1:1) gegen die Italiener gelangt. Hier war letztendlich das mangelnde Zweikampfverhalten ausschlaggebend für den Erfolg der Oranjes. Selbst Jürgen Kohler, der bis zu diesem Spiel als bester deutscher Turnierspieler auf sich aufmerksam machte, ließ nach. Ausgerechnet sein Gegenspieler Marco van Basten avancierte zum Matchwinner und beendete eine für den Badenser bis dahin zufriedenstellende Saison enttäuschend.

Vor dem Heimspiel gegen den HSV am 31. Oktober 1987 wurde FC-Legende Hans Schäfer von Präsident Artzinger-Bolten geehrt. Schäfer hatte am 19. Oktober seinen 60. Geburtstag gefeiert.

STATISTIK 1987/88

BUNDESLIGA

01.08.1987 Karlsruher SC - 1.FC Köln 1:1 (1:0)
Zuschauer: 24.000
Tore: 1:0 (11.) Harforth (FE), 1:1 (50.) Geilenkirchen.
Aufstellung: Illgner, Steiner, Prestin, Kohler, Geilenkirchen, Lehnhoff, Olsen, Engels, Görtz, Povlsen (76. Häßler), Allofs (76. Woodcock).

07.08.1987 1.FC Köln - 1.FC Kaiserslautern 2:1 (1:0)
Zuschauer: 17.000
Tore: 1:0 (37.) Allofs, 1:1 (68.) Kohr, 2:1 (87.) Janßen (FE).
Aufstellung: Illgner, Steiner, Prestin, Kohler, Geilenkirchen (77. Lehnhoff), Olsen, Häßler, Engels, Görtz (57. Janßen), Povlsen, Allofs.
B.V.: Kohr erhält einen Platzverweis (86).

15.08.1987 VfL Bochum - 1.FC Köln 0:0
Zuschauer: 18.000
Aufstellung: Illgner, Steiner, Prestin, Kohler, Olsen, Engels, Häßler, Janßen (86. Geilenkirchen), Görtz, Povlsen (73. Woodcock), Allofs.

22.08.1987 1.FC Köln - Bayer 05 Uerdingen 2:0 (0:0)
Zuschauer: 17.000
Tore: 1:0 (47.) Povlsen, 2:0 (63.) Littbarski.
Aufstellung: Illgner, Steiner, Prestin, Kohler, Häßler (70. Lehnhoff), Olsen, Littbarski (81. Geilenkirchen), Engels, Görtz, Allofs, Povlsen.

25.08.1987 VfB Stuttgart - 1.FC Köln 0:2 (0:1)
Zuschauer: 56.000
Tore: 0:1 (19.) Povlsen, 0:2 (71.) Allofs.
Aufstellung: Illgner, Steiner, Prestin, Kohler, Häßler, Görtz, Olsen, Engels, Littbarski, Allofs, Povlsen.

02.09.1987 1.FC Köln - Bayer 04 Leverkusen 0:0
Zuschauer: 33.000
A.: Illgner, Steiner, Prestin (34. Hönerbach), Kohler, Häßler, Olsen, Littbarski, Engels, Görtz, Allofs, Povlsen (46. Woodcock).

05.09.1987 Borussia Dortmund - 1.FC Köln 1:2 (0:0)
Zuschauer: 28.700
Tore: 0:1 (48.) Povlsen, 0:2 (73.) Allofs, 1:2 (88.) Dickel.
Aufstellung: Illgner, Steiner, Hönerbach, Kohler, Häßler, Olsen, Littbarski, Engels (73. Gielchen), Görtz, Allofs, Povlsen.

12.09.1987 1.FC Köln - FC Bayern München 3:1 (3:1)
Zuschauer: 56.000
Tore: 0:1 (13.) Brehme, 1:1 (16.) Allofs, 2:1 (27.) Engels, 3:1 (45.) Povlsen.
Aufstellung: Illgner, Steiner, Prestin (39. Hönerbach), Kohler, Häßler, Olsen, Littbarski, Engels, Görtz, Povlsen (81. Woodcock), Allofs.
B.V.: Augenthaler erhält einen Platzverweis (67).

18.09.1987 SV Waldhof Mannheim - 1.FC Köln 0:0
Zuschauer: 17.500
Aufstellung: Illgner, Steiner, Kohler, Hönerbach, Olsen, Littbarski, Engels, Häßler, Görtz, Allofs, Povlsen.
B.V.: Povlsen erhält einen Platzverweis (45.).
B.V.: Das Spiel wurde in Ludwigshafen ausgetragen.

26.09.1987 1.FC Köln - FC Homburg/Saar 3:0 (1:0)
Zuschauer: 13.000
Tore: 1:0 (35.) Steiner, 2:0 (67.) Povlsen, 3:0 (73.) Steiner.
Aufstellung: Illgner, Steiner, Hönerbach, Kohler, Häßler, Olsen (77. Griehsbach), Littbarski, Engels, Görtz, Povlsen, Allofs (77. Baranowski).

03.10.1987 1.FC Nürnberg - 1.FC Köln 1:2 (0:1)
Zuschauer: 37.000
Tore: 0:1 (39.) Allofs, 1:1 (53.) Schwabl, 1:2 (83.) Häßler.
Aufstellung: Illgner, Steiner, Hönerbach, Kohler, Häßler, Littbarski, Engels, Olsen, Görtz, Povlsen, Allofs.

10.10.1987 1.FC Köln - Borussia M'gladbach 4:1 (2:1)
Zuschauer: 59.000
Tore: 1:0, 2:0 (10., 27.) Povlsen, 2:1 (37.) Rahn, 3:1 (68.) Herbst (E), 4:1 (80.) Häßler.

A.: Illgner, Steiner, Hönerbach, Kohler, Häßler (86. Schmitz), Olsen (86. Gielchen), Littbarski, Engels, Görtz, Povlsen, Allofs.

17.10.1987 Eintracht Frankfurt - 1.FC Köln 1:1 (1:0)
Zuschauer: 45.000
Tore: 1:0 (18.) Olsen (E), 1:1 (46.) Görtz.
Aufstellung: Illgner, Steiner, Gielchen, Hönerbach, Häßler, Olsen (75. Geilenkirchen), Littbarski, Engels, Görtz, Povlsen, Baranowski (85. Woodcock).
B.V.: Gundelach hält einen FE von Engels (07.).

31.10.1987 1.FC Köln - Hamburger SV 1:0 (0:0)
Zuschauer: 34.000
Tor: 1:0 (34.) Povlsen.
Aufstellung: Illgner, Steiner, Hönerbach, Kohler, Häßler, Olsen, Littbarski, Engels, Görtz, Povlsen, Allofs.

07.11.1987 SV Werder Bremen - 1.FC Köln 2:1 (1:1)
Zuschauer: 30.000
Tore: 0:1 (05.) Kohler, 1:1 (15.) Neubarth, 2:1 (71.) Votava.
Aufstellung: Illgner, Steiner, Hönerbach, Kohler, Olsen (76. Baranowski), Görtz, Engels, Littbarski (76. Woodcock), Häßler, Allofs, Povlsen,
B.V.: Engels erhält einen Platzverweis (83.).

14.11.1987 FC Schalke 04 - 1.FC Köln 2:2 (2:2)
Zuschauer: 30.000
Tore: 1:0 (03.) Thon, 2:0 (05.) Goldbaek, 2:1 (10.) Kohler, 2:2 (29.) Görtz.
A.: Illgner, Steiner, Hönerbach, Geilenkirchen, Kohler, Woodcock, Littbarski, Häßler (78. Baranowski), Görtz, Allofs, Povlsen.

21.11.1987 1.FC Köln - SV Hannover 96 2:0 (0:0)
Zuschauer: 12.000
Tore: 1:0, 2:0 (54., 70.) Baranowski.
Aufstellung: Illgner, Steiner, Kohler, Hönerbach, Häßler, Olsen, Littbarski, Griehsbach (52. Geilenkirchen), Görtz, Povlsen, Allofs (46. Baranowski).

27.11.1987 1.FC Köln - Karlsruher SC 4:0 (1:0)
Zuschauer: 10.000
Tore: 1:0 (28.) Olsen, 2:0 (68.) Görtz, 3:0 (78.) Baranowski, 4:0 (89.) Littbarski (FE).
Aufstellung: Illgner, Steiner, Kohler, Hönerbach, Häßler, Olsen, Littbarski, Griehsbach (58. Geilenkirchen), Görtz, Povlsen (71. Woodcock), Baranowski.

05.12.1987 1.FC Kaiserslautern - 1.FC Köln 3:0 (1:0)
Zuschauer: 26.900
Tore: 1:0 (30.) Kohr, 2:0 (65.) Hartmann, 3:0 (70.) Allievi.
Aufstellung: Illgner, Steiner, Kohler, Häßler (76. Schmitz), Gielchen, Olsen, Littbarski, Görtz, Baranowski, Povlsen (76. Geilenkirchen).

20.02.1988 1.FC Köln - VfL Bochum 2:2 (1:1)
Zuschauer: 13.000
Tore: 1:0 (09.) Engels, 1:1 (14.) Woelk, 1:2 (53.) Leifeld, 2:2 (81.) Woodcock.
Aufstellung: Illgner, Gielchen (65. Geilenkirchen), Kohler, Hönerbach, Häßler, Olsen, Littbarski, Engels, Görtz, Baranowski, Povlsen (78. Woodcock).

27.02.1988 Bayer 05 Uerdingen - 1.FC Köln 1:1 (1:1)
Zuschauer: 10.000
Tore: 0:1 (11.) Littbarski (FE), 1:1 (15.) Prytz (FE)
Aufstellung: Illgner, Steiner, Kohler, Hönerbach, Janßen, Olsen, Engels, Geilenkirchen, Görtz, Povlsen (46. Woodcock), Häßler.

05.03.1988 1.FC Köln - VfB Stuttgart 1:1 (0:0)
Zuschauer: 10.000
Tore: 0:1 (73.) Sigurvinsson, 1:1 (77.) Engels.
Aufstellung: Illgner, Steiner, Hönerbach, Gielchen, Häßler, Olsen, (46. Woodcock), Littbarski, Engels, Görtz, Baranowski (46. Janßen), Povlsen.

11.03.1988 Bayer Leverkusen - 1.FC Köln 1:1 (1:1)
Zuschauer: 14.000
Tore: 0:1 (26.) Görtz, 1:1 (27.) Cha.
Aufstellung: Illgner, Steiner, Gielchen, Kohler, Häßler, Olsen (79. Geilenkirchen), Janßen, Littbarski, Engels, Görtz, Povlsen.

19.03.1988 1.FC Köln - Borussia Dortmund 2:0 (1:0)
Zuschauer: 16.000
Tore: 1:0 (45.) Häßler, 2:0 (52.) Povlsen.
Aufstellung: Illgner, Gielchen, Steiner, Kohler, Geilenkirchen, Häßler (83. Janßen), Olsen, Engels, Görtz, Povlsen (89. Woodcock), Littbarski.

23.03.1988 FC Bayern München - 1.FC Köln 2:2 (1:0)
Zuschauer: 24.000
Tore: 1:0 (26.) Dorfner, 2:0 (52.) Hughes, 2:1, 2:2 (58., 75.) Geilenkirchen
Aufstellung: Illgner, Steiner, Gielchen, Kohler, Häßler, Olsen (58. Woodcock), Littbarski, Görtz, Engels, Geilenkirchen, Povlsen (81. Hönerbach).

26.03.1988 1.FC Köln - SV Waldhof Mannheim 3:0 (0:0)
Zuschauer: 10.000
Tore: 1:0 (63.) Dickgießer (E), 2:0 (77.) Engels (FE), 3:0 (85.) Littbarski (FE).
Aufstellung: Illgner, Steiner, Kohler, Gielchen (87. Hönerbach), Geilenkirchen, Häßler, Olsen (62. Povlsen), Engels, Görtz, Woodcock, Littbarski.

09.04.1088 FC Homburg/Saar - 1.FC Köln 1:0 (1:0),
Zuschauer: 10.000
Tor: 1:0 (45.) Dooley.
Aufstellung: Illgner, Steiner, Gielchen, Kohler, Geilenkirchen (85. Janßen), Häßler, Olsen (60. Povlsen), Littbarski, Görtz, Engels, Woodcock.

16.04.1988 1.FC Köln - 1.FC Nürnberg 3:1 (3:1)
Zuschauer: 14.000
Tore: 1:0 (15.) Povlsen, 1:1 (17.) Reuter, 2:1 (40.) Janßen, 3:1 (42.) Povlsen.
Aufstellung: Illgner, Steiner (86. Hönerbach), Gielchen, Kohler, Häßler, Olsen, Littbarski, Engels, Görtz, Povlsen, Janßen.
B.V.: Philipkowski erhält einen Platzverweis (67.).

23.04.1988 Borussia M'gladbach - 1.FC Köln 0:1 (0:0)
Zuschauer: 26.000
Tor: 0:1 (61.) Povlsen.
Aufstellung: Illgner, Gielchen (20. Hönerbach), Steiner, Kohler, Häßler, Littbarski, Olsen, Engels (29. Janßen), Görtz, Allofs, Povlsen.

30.04.1988 1.FC Köln - Eintracht Frankfurt 1:1 (0:1)
Zuschauer: 12.000
Tore: 0:1 (23.) Detari, 1:1 (65.) Littbarski.
Aufstellung: Illgner, Olsen (59. Woodcock), Steiner, Häßler, Geilenkirchen (81. Baranowski), Littbarski, Janßen, Görtz, Povlsen, Allofs.

03.05.1988 Hamburger SV - 1.FC Köln 3:0 (2:0)
Zuschauer: 9.400
Tore: 1:0, 2:0 (11., 35.) Spörl, 3:0 (89.) Labbadia.
Aufstellung: Illgner, Steiner, Hönerbach, Kohler (57. Woodcock), Geilenkirchen, Häßler, Görtz, Littbarski, Janßen, Allofs, Povlsen.

07.05.1988 1.FC Köln - SV Werder Bremen 2:0 (1:0)
Zuschauer: 35.000
Tore: 1:0 (03.) Povlsen, 2:0 (50.) Littbarski (HE).
Aufstellung: Illgner, Steiner, Hohs, Hönerbach, Geilenkirchen, Olsen (72. Janßen), Littbarski, Häßler, Görtz, Povlsen, Baranowski (77. Woodcock).

14.05.1988 1.FC Köln - FC Schalke 04 3:1 (0:1)
Zuschauer: 20.000
Tore: 0:1 (34.) Götz, 1:1 (70.) Häßler, 2:1 (74.) Littbarski (FE), 3:1 (84.) Janßen.
Aufstellung: Illgner, Steiner, Kohler, Hönerbach (46. Woodcock), Geilenkirchen, Littbarski, Gielchen, Häßler, Görtz, Allofs (72. Janßen), Povlsen.

21.05.1988 SV Hannover 96 - 1.FC Köln 0:3 (0:1)
Zuschauer: 16.400
Tore: 0:1 (42.) Povlsen, 0:2 (55.) Littbarski (FE), 0:3 (89.) Häßler.
A.: Illgner, Steiner, Hönerbach, Kohler, Geilenkirchen (82. Woodcock), Gielchen, Littbarski, Häßler, Görtz, Allofs, Povlsen.

STATISTIK 1987/88

DFB-POKAL

1. Runde
29.08.1987 1.FC Köln - VfB Stuttgart 3:0 (2:0)
Zuschauer: 30.000
Tore: 1:0, 2:0 (27., 37.) Littbarski, 3:0 (90.) Engels.
Aufstellung: Illgner, Steiner, Kohler, Prestin, Häßler, Olsen (76. Geilenkirchen), Littbarski, Engels, Görtz, Allofs, Povlsen (88. Woodcock).

2. Runde
24.10.1987 Viktoria Aschaffenburg - 1.FC Köln 1:0 (0:0)
Zuschauer: 12.000
Tor: 1:0 (83.) Höfer.
Aufstellung: Illgner, Steiner, Kohler, Hönerbach, Häßler, Gielchen (86. Woodcock), Littbarski, Engels, Görtz, Allofs (86. Baranowski), Povlsen.

FREUNDSCHAFTSSPIELE

10.07.1987 Holstein Kiel - 1.FC Köln 0:6 (0:4)

12.07.1987 Eutin 08 - 1.FC Köln 0:8 (0:3)

14.07.1987 FC St. Pauli - 1.FC Köln 2:2 (1:0)
(in Bad Schwartau)

17.07.1987 FC Bayern München - 1.FC Köln 2:1 (1:1)
(in Koblenz)

19.07.1987 1.FC Kaiserslautern - 1.FC Köln 1:3 (1:1)

22.07.1987 Dukla Prag - 1.FC Köln 1:0 (0:0)
(in Dillenburg)

24.07.1987 Nationalmann. Bulgarien - 1.FC Köln 2:0 (2:0)
(in Alsfeld)

05.08.1987 RSV Urbach - 1.FC Köln 0:14

12.08.1987 Standard Lüttich - 1.FC Köln 2:2 (2:1)

27.09.1987 SV Bedburg - 1.FC Köln 0:10

06.10.1987 Aarhus GF - 1.FC Köln 3:3 (2:1)

18.10.1987 BC Hürth-Stotzheim - 1.FC Köln 2:15

08.11.1987 Drochtersen/Assel - 1.FC Köln 1:13 (1:5)

01.12.1987 Roda Kerkrade - 1.FC Köln 2:0 (0:0)

22.01.1988 Dynamo Kiew - 1.FC Köln 3:0 (0:0)
(in Los Angeles)

24.01.1988 CD Guadalagara - 1.FC Köln 0:1 (0:0)
(in Los Angeles)

27.01.1988 Nationalmann. Costa Rica - 1.FC Köln 1:0 (1:0)

29.01.1988 Deportivo Alajuelense - 1.FC Köln 2:1 (1:0)
(in Alajuela/Costa Rica)

31.01.1988 CS Herediano - 1.FC Köln 1:2 (0:1)
(in Herediano/Costa Rica)

06.02.1988 Alemannia Aachen - 1.FC Köln 2:2 (0:1)

09.02.1988 SC Charleroi - 1.FC Köln 1:0 (1:0)

13.02.1988 Arminia Bielefeld - 1.FC Köln 0:4 (0:3)

04.04.1988 Union Luxemburg - 1.FC Köln 0:1 (0:1)

22.05.1988 VfL Rheinbach - 1.FC Köln 3:9 (0:5)

1. BUNDESLIGA 1987/88

1.	Werder Bremen	61:22	52:16
2.	Bayern München (M)	83:45	48:20
3.	1.FC Köln	57:28	48:20
4.	VfB Stuttgart	69:49	40:28
5.	1.FC Nürnberg	44:40	37:31
6.	Hamburger SV (P)	63:68	37:31
7.	Borussia M'gladbach	55:53	33:35
8.	Bayer Leverkusen	53:60	32:36
9.	Eintracht Frankfurt	51:50	31:37
10.	Hannover 96 (N)	59:60	31:37
11.	Bayer 05 Uerdingen	59:61	31:37
12.	VfL Bochum	47:51	30:38
13.	Borussia Dortmund	51:54	29:39
14.	1.FC Kaiserslautern	53:62	29:39
15.	Karlsruher SC (N)	37:55	29:39
16.	Waldhof Mannheim	35:50	28:40
17.	FC Homburg	37:70	24:44
18.	FC Schalke 04	48:84	23:45

FIEBERKURVE 1987/88

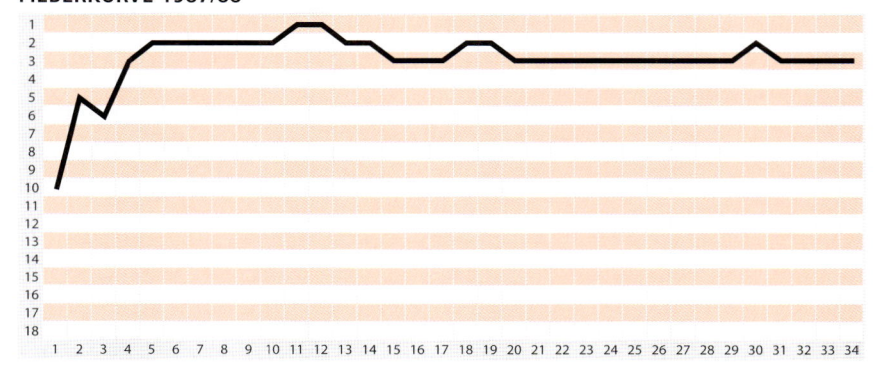

BUNDESLIGAKADER 1987/88

Abgänge: K. Allofs (Olympique Marseille), Bein (Hamburger SV), Geils (SV Hannover 96), Lehnhoff (RFC Antwerpen, w.d.l.S.), Schumacher (FC Schalke 04), van de Korput (Germinal Ekeren), Pizanti (Queens Park Rangers), R. Schmitz (BVL 08 Remscheid, w.d.l.S.), M. Wollitz (FC Schalke 04, w.d.l.S.)

Zugänge: Baranowski (Rot-Weiß Oberhausen), Griehsbach (BVL 08 Remscheid), Hohs (eigene Amateure), Jensen (B 1909 Odense, w.d.l.S.), Kargus (Fortuna Düsseldorf), Kohler (SV Waldhof Mannheim), Littbarski (Racing Paris, w.d.l.S.), Povlsen (Real Madrid)

Trainer: Christoph Daum

Tor:
Illgner, Bodo 34/0
Kargus, Rudi 0/0

Feld:
Povlsen, Flemming 34/13
Häßler, Thomas 34/5
Görtz, Armin 34/4
Steiner, Paul 33/2
Littbarski, Pierre 31/8
Kohler, Jürgen 30/2
Olsen, Morten 30/1
Hönerbach, Matthias 26/0
Engels, Stephan 25/4
Allofs, Thomas 21/6
Geilenkirchen, Ralf 20/3
Woodcock, Anthony 20/1
Gielchen, Andreas 15/0
Janßen, Olaf 13/3
Baranowski, Matthias 11/3
Prestin, Dieter 7/0
Griehsbach, Michael 3/0
Lehnhoff, Hans-Peter 3/0
Schmitz, Robert 2/0
Hohs, Hans 1/0
Jensen, Jann 0/0
Wollitz, Michael 0/0

Dazu kommen Eigentore von Roland Dickgießer (Waldhof Mannheim) und Thomas Herbst (Borussia M'gladbach).

Jubel in Müngersdorf beim Derbysieg über Mönchengladbach: Steiner, Görtz, Allofs und Povlsen.

1988/89
1. BUNDESLIGA

Erfolge bestätigen

Hintere Reihe von links: Andreas Gielchen, Frank Greiner, Hansi Sturm, Morten Olsen, Olaf Janßen, Matthias Hönerbach. Mittlere Reihe von links: Betreuer Hans Schimberg, Paul Steiner, Andreas Keim, Jann Jensen, Armin Görtz, Jürgen Kohler, Günter Schlipper, Mannschaftsarzt Dr. Günter Enderer, Co-Trainer Roland Koch, Trainer Christoph Daum. Vordere Reihe von links: Zeugwart Willi Rechmann, Pierre Littbarski, Flemming Povlsen, Falko Götz, Bodo Illgner, Rudi Kargus, Stephan Engels, Thomas Allofs, Thomas Häßler, Masseur Jürgen Schäfer.

[LEGENDEN]

Thomas Allofs
Beim FC von 1986 bis 1989
Geboren: 17.11.1959 in Düsseldorf
Pflichtspiele beim FC: 82
Pflichtspieltore beim FC: 37

Der „kleine" Allofs

Vom 1. FC Kaiserslautern kam Thomas Allofs 1986 zum 1. FC Köln. Bei den Pfälzern hatte der kleine, laufstarke Stürmer in 126 Bundesligaspielen immerhin 61 Treffer erzielt. Genau wie sein älterer Bruder Klaus begann er seine Laufbahn beim Düsseldorfer Vorortclub TuS Gerresheim und bei Fortuna Düsseldorf. Auch Thomas wurde, genau wie Klaus, mit den Landeshauptstädtern Deutscher Pokalsieger 1979 und 1980.

Nur ein Jahr spielte er noch zusammen mit seinem Bruder Klaus beim FC, bevor es diesen nach Frankreich zog. Mit den Geißböcken erreichte der „kleine Allofs" 1989 die Vizemeisterschaft und wurde Bundesligatorschützenkönig (zusammen mit Roland Wohlfarth vom FC Bayern München). Er ist damit der bislang letzte FC-Spieler, der sich die „Kicker-Kanone" sichern konnte. Thomas Allofs, der insgesamt 378 Bundesligaspiele bestritt und dabei 148 Tore erzielte, brachte es auf zwei Berufungen in die A-Nationalmannschaft (davon eine als Spieler des 1. FC Köln).

Nach seinem Engagement in der Domstadt wechselte er nach Frankreich zu Racing Straßburg. Es sollte nur ein kurzer Aufenthalt im Elsass werden, denn schon wenige Monate später kehrte der Angreifer zur Düsseldorfer Fortuna zurück, wo er 1992 seine aktive Karriere beendete. Heute lebt Thomas Allofs in Erkrath bei Düsseldorf und betreibt zusammen mit seinem Schwiegervater das Entsorgungs- und Recyclingunternehmen „Lück & Allofs". Zudem ist er als Vorstandsmitglied bei Fortuna Düsseldorf tätig.

Bereits während der Europameisterschaft starteten die Geißböcke in die Vorbereitung zur neuen Spielzeit. Allerdings ohne Matthias Baranowski. Den Stürmer, der im Vorjahr von Rot-Weiß Oberhausen gekommen war, zog es zum FC Homburg in die zweite Liga. Zusammen 800.000 Mark brachten die Transfers von Anthony Woodcock (Fortuna Köln) und Ralf Geilenkirchen (FC Antwerpen) dem FC ein. Aufgefüllt wurde der Kader mit Falko Götz (Bayer Leverkusen), Andreas Keim (FC Homburg), Frank Greiner (1. FC Nürnberg), Günter Schlipper (RW Oberhausen) und Ralf Sturm (eigene Amateure). Aber der große Star, den Christoph Daum gefordert hatte, war letztendlich nicht dabei.

Rund 2.000 Zuschauer besuchten die Saisoneröffnung, die nicht wie heute als kommerzielles Event abgehalten wurde, sondern mehr als familiäre Mannschaftsvorstellung. Das ganze Umfeld des FC freute sich auf die neue Saison, auch weil es endlich wieder internationalen Fußball zu sehen gab. Mit dem FC Antwerpen, dem ältesten Club Belgiens, kehrten gleich drei ehemalige FC'ler (Keßler, Lehnhoff, Geilenkirchen) in die Domstadt zurück. Doch vor der Kür stand zunächst einmal die Pflicht auf dem Programm.

ALLES WIE IMMER

Der Bundesligaauftakt gegen Bayer Uerdingen endete holprig: Ein dürftiges 1:1 zum Auftakt gegen den „kleinen" Werksverein. Doch in den zwei folgenden Spielen lief es etwas besser. Einem souveränen 2:0 auf der Baustelle in Nürnberg folgte ein glückliches 1:0 gegen den VfL Bochum. Dazwischen wurde der SV Darmstadt 98 in der ersten Runde des DFB-Pokals mit 6:1 (viermal Thomas Allofs) abgefertigt. Am 4. Spieltag führte die Reise zum amtierenden Pokalsieger Eintracht Frankfurt. Die hatten Probleme mit Chefcoach Karl-Heinz Feldkamp, der seit vier Wochen regelmäßig eine Krankmeldung in der Geschäftsstelle abgab. Trotzdem reichte es für die Hessen zu einem 1:0-Sieg. Was folgte, war wieder einmal unerklärlich. Der Niederlage beim Tabellenletzten folgte ein 6:1 gegen den Spitzenreiter aus Karlsruhe. Das Wechselbad der Gefühle ging weiter. Beim VfB Stuttgart reichte es nicht zu einem Treffer. Die Gastgeber dagegen zielten bei Dauerregen zweimal genau und hatten so die Nase vorn. Vor dem Spiel in Stuttgart hatte Thomas Häßler noch Grund zu feiern. Der kleine Wirbelwind hatte in Finnland mit einem tollen Debüt den Grundstein zum 4:0-Erfolg der Nationalmannschaft gelegt. Insgesamt fünf Geißböcke standen beim WM-Qualifikationsspiel in Helsinki auf dem Platz.

International startete die Mannschaft furios. In Antwerpen erzielte sie dank einer souveränen zweiten Hälfte einen 4:2-Erfolg; und das mit vier-

[Interessantes & Kurioses]

- Die B1 der Geißböcke wird Mittelrheinmeister. In der Endrunde um die Deutsche Meisterschaft scheidet das Team unglücklich gegen den Titelverteidiger Hertha Zehlendorf im Elfmeterschießen aus. Die B2, von Ex-FC-Profi Rainer Nicot betreut, holt sich die Kreismeisterschaft und stellt dabei acht Spieler für die Kreisauswahl ab. Mittelrheinpokalsieger wird die C-Jugend mit einem 2:1-Erfolg über Bayer Leverkusen.

- Erstmals gibt es im Müngersdorfer Stadion ein Europapokalspiel ohne Kölner Beteiligung. 58.000 Zuschauer sehen das Viertelfinalspiel zwischen Galatasaray Istanbul und dem AS Monaco, das 1:1 endet. Im Vorfeld darf die D2-Jugend des FC die berühmte Europapokalluft schnuppern. Sie bestreitet das Vorspiel gegen den SC Wisskirchen und gewinnt mit 1:0.

- Großer Erfolg der Handball-Damen. Die Mannschaft steigt in die zweite Liga auf und kann ab 1989 in der Regionalliga auf Torejagd gehen.

- Ihr 40-jähriges Bestehen feiert die Tischtennisabteilung des 1. FC Köln.

- Für seinen Treffer zum 1:0 gegen Nürnberg erhält Ralf Sturm die Ehrung für das „Tor des Monats" Juli.

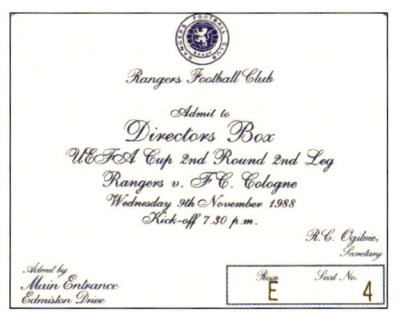

Erinnerungswimpel aus Glasgow.

UEFA-Cup gegen die Glasgow Rangers: Zutrittskarte zur „Directors Box" eines Rangers-Vorstandsmitglieds.

Die Menükarte vom Bankett im Geißbockheim nach dem Spiel gegen San Sebastian.

fachem Ersatz. In der Bundesliga kehrte wiederum der Alltag ein. Gegen den HSV setzte es die erste Heimniederlage (1:2) der Saison. Daum hatte übrigens dem ZDF erlaubt, in der Halbzeit in der Kabine zu drehen. Ein Umstand, der damals Seltenheit hatte. Seltenheit hatten in den letzten Jahren auch Punktgewinne in Kaiserslautern.

OLYMPIAPAUSE UND POKALSPIELE

Das 1:1 auf dem Betzenberg sorgte für einen überraschenden Punktgewinn vor der Olympiapause. Der FC überbrückte diese Zeit ohne Armin Görtz, Olaf Janßen und Thomas Häßler, die in Südkorea im Einsatz waren, erfolgreich. Am Ende kehrten die Akteure mit der Bronzemedaille um den Hals zurück. Trainer Johannes Löhr, der selbst bis vor gut zwei Jahren noch am Militärring gearbeitet hatte, führte das junge Team zu dem bis heute einmaligen Erfolg.

Nach der Rückkehr kam der Ligaalltag mit voller Wucht. In Gladbach setzte es eine erneute Niederlage. Mittlerweile war das Team seit vier Spielen ohne doppelten Punktgewinn. Da musste der UEFA-Pokal fürs Selbstvertrauen herhalten. Im Rückspiel gegen Antwerpen reichte es zu einem knappen 2:1-Erfolg. Immerhin schien der Sieg neues Leben in die müden Beine gebracht zu haben. In der Liga ging es nun endlich wieder aufwärts. Siege gegen den Deutschen Meister Bremen (2:0), in Dortmund (4:0) und gegen Hannover (1:0) ließen die Mannschaft langsam nach oben klettern. Dazu kam der Erfolg im Europapokal gegen Glasgow Rangers (2:0, 1:1), der den Sprung in Runde drei ermöglichte.

Einzig das DFB-Pokal-Aus gegen Mannheim (1:2) schmerzte. Aber wirklich enttäuscht war am Spielabend niemand im Müngersdorfer Stadion. Die Mannschaft hatte auf Teufel komm raus gestürmt, aber ein in Weltklasseform spielender Uwe Zimmermann im Tor der Waldhöfer ermöglichte die Sensation. Eine Woche später gab es in der Liga die letzte Pleite für das Jahr 1988. Bei den Bayern setzte es ein glattes 0:2, und der FC schien sich frühzeitig aus dem Meisterschaftsrennen verabschiedet zu haben. Aber vier Siege in Folge brachten die Daum-Schützlinge bis zur Winterpause wieder bis auf drei Punkte an die führenden Münchner heran: 3:0 über Leverkusen (mit dem Debüt von Uwe Rahn), 5:1 gegen die Stuttgarter Kickers (mit drei Treffern von Rahn) und jeweils ein 1:0 beim FC St. Pauli und gegen Mannheim.

Im UEFA-Pokal war dagegen in Runde drei Endstation. Real San Sebastian lag nach einem 1:0-Hinspielerfolg auf eigenem Platz beim Rückspiel in Müngersdorf mit 0:2 hinten. Da waren gerade einmal 28 Minuten gespielt. Noch vor der Pause verkürzten die Spanier per Foulelfmeter auf 1:2. Eine Elfmeterchance hatte auch Thomas Allofs in Halbzeit zwei, scheiterte aber am spanischen Keeper. In der Schlussminute kassierten die geschockten Geißböcke noch den Ausgleich und schieden somit aus.

UNRUHIGE WINTERPAUSE

Der Gang in die Winterpause war trotz der guten Platzierung mit trüben Aussichten garniert. So kündigte Jürgen Kohler seinen Abschied aus Köln in Richtung Isar an (3,1 Millionen DM) und unterschrieb dort Anfang Januar für vier Jahre. Die Unterschrift animierte sogar den *Kicker* zu der spitzfindigen Bemerkung, dass der 1.000 DM teure Commodore-Computer, den der Abwehrspieler von seiner damaligen Lebensgefährtin Esther Schmidt unter den Weihnachtsbaum gelegt bekam, in München billiger zu bekommen gewesen wäre, da der Hersteller ja auch Hauptsponsor der Bayern war.

Sein Nachfolger sollte übrigens Hans-Georg Dreßen (1,1 Millionen DM) werden. Überhaupt bastelte der Vorstand bereits im Frühjahr kräftig an einer neuen Mannschaft. Kurz nach der Verpflichtung von Dreßen wurde noch Alfons Higl aus Freiburg geholt und der Pole Andrzej Rudy langfristig gebunden. Rudy war im November, beim Freundschaftsspiel des GKS Kattowitz in Mailand, von seiner Mannschaft geflüchtet und kam über Frankreich nach Deutschland. Ihm drohten allerdings bis zu zwei Jahren Sperre. Wenigstens klappte alles bei den weiteren Verhandlungen. Trainer Christoph Daum verlängerte bis 1991 seinen Vertrag, Bodo Illgner und Paul Steiner bis 1992 und Thomas Häßler sogar bis 1994. Somit hatte „Icke" den am längsten laufenden Vertrag in der Bundesliga. Dabei hatte es zwei Jahre zuvor gar nicht danach ausgesehen, als im Zuge der Kohler-Verpflichtung von Waldhof Mannheim der kleine Berliner als „Verrechnungssumme" zu den Badenern transferiert werden sollte. Dies zerschlug sich glücklicherweise.

DAUM ÜBER HEYNCKES, WETTERKARTEN UND SCHLAFTABLETTEN

Sportlich startete die Mannschaft mit Hallenturnieren ins neue Jahr. Mit Köln und Düsseldorf wurden zwei der fünf Turniere gewonnen. Anschließend bereitete sich der FC wie im Vorjahr in Israel auf die Rückrunde vor. Die startete jeweils mit einer Punkteteilung in Uerdingen und gegen Nürnberg. Die Liga schien in eine lähmende Langeweile zu verfallen, denn nach 19 Spieltagen hatte Bayern bereits fünf Punkte Vorsprung. Die Geißböcke ließen sich davon allerdings nicht beirren. Mit Siegen in Bochum (3:1) und gegen Frankfurt (3:2), einem Punkt in Karlsruhe (0:0) und einem 3:0 gegen den VfB Stuttgart blieben die Rheinländer auf der Erfolgsspur. Leider auch die Bayern. Sie gaben ebenfalls nur einen Punkt ab in diesen vier Partien. „Die Geißböcke springen hinterher", war im *Kicker* zu lesen. „Wir legen diese Superserie von 17:3

Punkten hin, und die Bayern gewinnen immer mit", so Pierre Littbarski zur Lage der Liga.

Ausgerechnet jetzt ging es nach Hamburg – dort war der FC zuletzt 1968 als Sieger vom Platz gegangen. Dieser 24. Spieltag sollte der Anfang einer imponierenden Aufholjagd werden, mit gleichzeitiger Schlammschlacht zwischen den Bayern Uli Hoeneß, Jupp Heynckes und dem Kölner Trainer Christoph Daum, die im legendären *Sportstudio* gipfelte. Daum hatte schnell erkannt, dass Fußball immer mehr zum Showbusiness geworden war. Und so wechselte er in die Rolle des Marktschreiers. Doch der Reihe nach: Der FC hatte tatsächlich die schwarze Serie beim HSV beenden können. Pierre Littbarski konnte per Foulelfmeter Mitte der 2. Halbzeit ins Schwarze treffen und sorgte für das umjubelte 1:0. Die Bayern unterlagen gleichzeitig in Mönchengladbach. Der Siegtreffer der Gladbacher durch Christian Hochstädter fiel in der exakt gleichen Minute (67.) wie der Kölner im Volksparkstadion. Plötzlich waren es nur noch drei Punkte. Christoph Daum preschte nach vorn. „Wir werden nicht mehr ausrutschen. Die Bayern bekommen jetzt die Krise, die wir nach der Olympiapause mitgemacht haben", diktierte er in den Block von *Kicker*-Redakteur Frank Lußem. Uli Hoeneß schoss bereits drei Tage später zurück: „Daum soll sich nur an den Strohhalm klammern, an dem er hängt. Uns macht er nicht nervös."

Beide Clubs gaben in dem folgenden Heimspiel jeweils einen Punkt ab. Die Bayern gossen nach dem 0:0 gegen Bremen wieder Öl ins Feuer. „Der Daum kommt mir vor wie einer, der bei einem Internisten auf einem Laufband steht, das man nicht mehr abschalten kann", so Hoeneß. Und auch Augenthaler meldete sich zu Wort: „Wer ist schon Daum?" Daum schoss sich mittlerweile auf sein sensibles Gegenüber Jupp Heynckes ein: „Die Wetterkarte ist interessanter als ein Gespräch mit Heynckes", oder: „Heynckes könnte auch Werbung für Schlaftabletten machen". In der Woche darauf blieben erneut beide Teams sieglos. Der FC hatte in Leverkusen einen Punkt (0:0) erkämpft. Der mit so vielen Ambitionen gestartete Werksclub lag auf Rang 12 und hatte zwei Tage zuvor Ex-FC-Trainer Rinus Michels zurück in die Niederlande geschickt. Auch die Bayern holten einen Punkt durch ein 1:1 beim BVB. Durch die Länderspielpause beruhigte sich die Lage vorerst ein wenig, und beide punkteten fleißig weiter. Der FC schlug zuerst M'gladbach (3:1) und gewann beim Vorjahresmeister Werder Bremen (2:1). Die Münchner gaben sich keine Blöße und gewannen ihrerseits gegen Hannover (4:0) und auch gegen Mannheim (1:0). Sechs Spieltage vor Schluss waren es noch immer drei Zähler, die die Kölner von den Münchnern trennten. Der FC ließ sich nicht beirren. Auch gegen Dortmund konnte gewonnen werden (2:0). Und plötzlich war es nur noch ein Zähler. Die Bayern verloren ausgerechnet beim Tabellenvorletzten Stuttgarter Kickers mit 0:2. „Beneidenswert, in dieser Phase ein Kölner zu sein", war im *Kicker* zu lesen. Und als Christoph Daum den Presseraum betrat, wurden ihm stehende Ovationen entgegengebracht. In den Spielen selbst war es wieder einmal exakt dieselbe Minute, die für die Entscheidung sorgte. In Köln traf Falko Götz eine Viertelstunde vor Schluss, in Stuttgart der Mittelfeldakteur Wolfgang Schüler. Trotzdem blieb Hoeneß optimistisch: „Wir sind Spitzenreiter, nicht die Kölner." Er ging sofort wieder zum verbalen Gegenangriff in Richtung Domstadt über: „Nach Köln fahren wir in Lederhosen." Sogleich stellte der *Kicker* die Frage: „Auch zurück?"

Daum hielt sich vorerst zurück und bemerkte lediglich lapidar: „Jetzt können wir aus eigener Kraft Meister werden." Wie wahr: Fünf Spieltage vor Saisonende hatten die Bayern gerade einmal einen Zähler Vorsprung, und zwei Wochen später sollte der große Showdown in Köln steigen. Doch vor diesem Topspiel mussten die Geißböcke, noch zum Tabellenletzten nach Hannover, der mit acht Punkten Rückstand auf das rettende Ufer faktisch schon abgestiegen war.

EIN TRAUM ZERPLATZT

Der FC versuchte nun alles in Bewegung zu setzen. So kaufte man bei 96 kurzerhand 5.000 Tickets, um diese an die Fans zu verschenken. Es half alles nichts. Mit Glück, Thomas Allofs traf zwei Minuten vor dem Ende zum Ausgleich, reichte es gerade zum Punktgewinn. Die Führung der Niedersachsen hatte kurz zuvor der Ex-Kölner Holger Willmer erzielt. Bayern schlug dagegen St. Pauli und hatte den Vorsprung wieder auf zwei Punkte ausgebaut. Ein

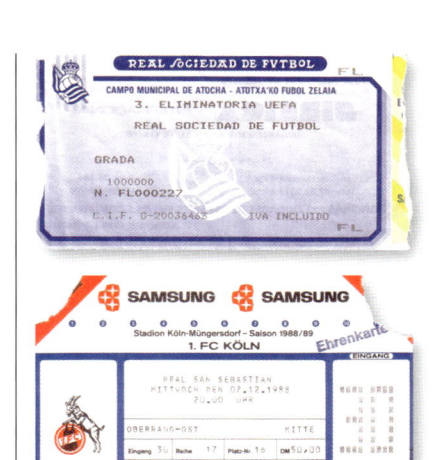

Ging leider am Saisonende zu den Bayern: Jürgen Kohler mit den FC-Fans in der Südkurve.

Die Tickets zu den UEFA-Pokal-Partien in San Sebastian und in Müngersdorf.

Autogrammkarte von Ralf Sturm aus der Saison 1988/89.

Im ersten *Geißbock Echo* der Saison 1988/89 gab Trainer Christoph Daum die Richtung vor: Es geht aufwärts!

Beinahe hätten sie die Meisterschale nach Köln geholt: Christoph Daum und sein Spielgestalter „Icke" Häßler.

Thomas Allofs wurde in der Saison 1988/89 als bis heute letzter FC-Spieler Torschützenkönig der 1. Bundesliga. Hier mit Töchterchen nach dem 6:1-Heimsieg über den Karlsruher SC, bei dem Allofs drei Treffer erzielte. 17 Tore hatte der Angreifer am Saisonende auf seinem Konto.

■ Die Anzahl der FC-Fanclubs steigt stetig an. Zum Ende der Saison 1988/89 haben die Kölner 64 eingetragene Clubs vorzuweisen, darunter je einer in Polen und der DDR.

paar Tage zuvor hatten sich Christoph Daum und Uli Hoeneß das Verbal-Scharmützel im *ZDF-Sportstudio* geliefert: „Du überschätzt dich maßlos!", giftete beispielsweise Hoeneß. „Um das Maß an Überschätzung zu erreichen wie du, muss ich 100 Jahre alt werden", bellte Daum zurück.

96 Stunden später war der große Traum der Kölner ausgeträumt. „Drei Wohlfahrt-Tore! Bayern wird Meister!", posaunte der *Kicker* in seiner Schlagzeile und „Am Ende tanzte nur Heynckes". Die Bayern hatten in Köln verdient mit 3:1 gewonnen und damit drei Wochen vor Toresschluss auch fast die Meisterschaft klar gemacht. Held des Tages war der dreifache Torschütze Roland Wohlfahrt, jener Torjäger mit Ladehemmung, der seit drei Monaten auf einen Treffer gewartet hatte. Gut zwei Wochen später war den Bayern auch rechnerisch die Meisterschaft nicht mehr zu nehmen. Sie gewannen 5:0 gegen Uerdingen, wohingegen der FC wieder einmal bei einem Kellerkind, dieses Mal bei den Stuttgarter Kickers (0:0), einen Punkt liegen ließ.

Am Ende gewannen die Geißböcke gegen den FC St. Pauli (4:2) und erlebten eine Niederlage bei Waldhof Mannheim (1:2). Mit der Vizemeisterschaft war man am Militärring durchaus zufrieden, wie auch Daum anmerkte. „Im Vorjahr waren wir Dritter, jetzt Zweiter, na, dann holen wir nächste Saison den Titel."

Einer, der in dieser Saison noch einen Titel in den Händen hielt, war Thomas Allofs. Gemeinsam mit Roland Wohlfahrt gewann er die Torjägerkanone. Der traf am letzten Spieltag gegen den VfL Bochum gleich viermal ins Schwarze. Allofs hatte in Mannheim nichts mehr für seine Quote tun können, da er wegen Verletzung gefehlt hatte. Und auch „Icke" konnte feiern. Der „Zwerg", wie er manchmal auch von seiner Frau Angela im Geißbockheim gerufen wurde, erhielt die Auszeichnung „Spieler des Jahres". Gerade weil diese Wahl durch seine Kollegen erfolgt sei, sei er mächtig stolz darauf, freute sich der Dribbelkönig. Gleichzeitig widersprach er allen Gerüchten über einen Wechsel nach Italien. „Wir beziehen doch gerade erst unser neu gebautes Haus", freute sich Häßler auf die kommende Spielzeit am Rhein.

On Tour: FC-Fans im Zentrum von Antwerpen vor dem UEFA-Cup-Hinspiel in der belgischen Metropole.

Der Karnevalsorden der Session 1988/89.

STATISTIK 1988/89

BUNDESLIGA

23.07.1988 1. FC Köln - Bayer 05 Uerdingen 1:1 (1:0)
Zuschauer: 12.000
Tore: 1:0 (45.) Steiner, 1:1 (57.) Steffen.
Aufstellung: Illgner, Steiner, Kohler, Häßler, Janßen, Littbarski, Görtz, Götz, Allofs (80. Sturm), Povlsen, Keim.

30.07.1988 1. FC Nürnberg - 1. FC Köln 0:2 (0:0)
Zuschauer: 17.500
Tore: 0:1 (58.) Sturm, 0:2 (85.) Allofs.
Aufstellung: Illgner, Steiner, Kohler Keim, Häßler, Littbarski, Götz, Janßen (65. Gielchen), Görtz, Allofs, Povlsen (56. Sturm).

16.08.1988 1. FC Köln - VfL Bochum 1:0 (0:0)
Zuschauer: 18.000
Tor: 1:0 (89.) Allofs (HE).
Aufstellung: Illgner, Keim, Steiner, Kohler, Hönerbach (78. Sturm), Littbarski, Görtz, Häßler, Allofs, Götz, Povlsen.
B.V.: Platzverweise für Kempe (81) und Littbarski (81).

19.08.1988 Eintracht Frankfurt - 1. FC Köln 1:0 (1:0)
Zuschauer: 15.000
Tor: 1:0 (45.) Turowski.
Aufstellung: Illgner, Steiner, Keim, Kohler, Häßler, Engels, Gielchen, Görtz, Götz (12. Sturm), Allofs, Povlsen (59. Schlipper).

27.08.1988 1. FC Köln - Karlsruher SC 6:1 (2:1)
Zuschauer: 15.000
Tore: 1:0 (18.) Allofs, 2:0 (24.) Povlsen, 2:1 (28.) Spies, 3:1 (48.) Allofs (FE), 4:1 (59.) Janßen, 5:1 (61.) Engels, 6:1 (71.) Allofs.
Aufstellung: Illgner, Keim (79. Jensen), Steiner, Kohler, Hönerbach, Häßler, Janßen (79. Schlipper), Engels, Allofs, Görtz, Povlsen.

03.09.1988 VfB Stuttgart - 1. FC Köln 2:0 (1:0)
Zuschauer: 29.000
Tore: 1:0 (28.) Walter, 2:0 (48.) Allgöwer.
Aufstellung: Illgner, Steiner, Hönerbach, Kohler, Häßler, Engels, (57. Gielchen), Littbarski, Janßen, Görtz, Allofs, Povlsen.

10.09.1988 1. FC Köln - Hamburger SV 1:2 (1:0)
Zuschauer: 15.000
Tore: 1:0 (42.) Allofs, 1:1, 1:2 (62., 79.) Bierhoff.
Aufstellung: Illgner, Steiner, Kohler, Keim, Hönerbach, Littbarski, Janßen (75. Engels), Görtz (80. Götz), Häßler, Povlsen, Allofs.

13.09.1988 1. FC Kaiserslautern - 1. FC Köln 1:1 (0:0)
Zuschauer: 26.363
Tore: 0:1 (61.) Steiner, 1:1 (66.) Schupp (FE).
Aufstellung: Illgner, Steiner, Hönerbach, Kohler, Görtz, Häßler, Littbarski, Jensen, Engels, Allofs, Povlsen (88. Götz).

08.10.1988 Borussia M'gladbach - 1. FC Köln 1:0 (1:0)
Zuschauer: 18.000
Tor: 1:0 (39.) Criens.
Aufstellung: Illgner, Steiner, Keim (65. Götz), Kohler, Hönerbach, Janßen (87. Jensen), Littbarski, Häßler, Görtz, Povlsen, Allofs.

22.10.1988 1. FC Köln - SV Werder Bremen 2:0 (0:0)
Zuschauer: 24.000
Tore: 1:0 (66.) Allofs, 2:0 (70.) Götz.
Aufstellung: Illgner, Hönerbach, Steiner, Kohler, Häßler, Olsen (62. Götz), Littbarski, Engels, Görtz, Allofs, Povlsen.

29.10.1988 Borussia Dortmund - 1. FC Köln 0:4 (0:2)
Zuschauer: 35.400
Tore: 0:1, 0:2 (14., 32.) Allofs, 0:3 (73.) Helmer (E), 0:4 (81.) Povlsen.
Aufstellung: Illgner, Hönerbach, Steiner, Kohler, Häßler, Littbarski, Olsen (58. Janßen), Engels, Görtz, Allofs (67. Götz), Povlsen.

05.11.1988 1. FC Köln - SV Hannover 96 1:0 (0:0)
Zuschauer: 9.000
Tor: 1:0 (68.) Häßler.
Aufstellung: Illgner, Kohler, Steiner, Hönerbach, Häßler (89. Sturm), Janßen, Littbarski, Jensen, Engels (46. Götz), Povlsen, Allofs.

12.11.1988 FC Bayern München - 1. FC Köln 2:0 (0:0)
Zuschauer: 34.000
Tore: 1:0 (50.) Wegmann, 2:0 (66.) Pflügler.
Aufstellung: Illgner, Steiner, Gielchen (35. Engels), Kohler, Hönerbach, Häßler, Littbarski, Janßen (46. Götz), Görtz, Povlsen, Allofs.

16.11.1988 1. FC Köln - Bayer 04 Leverkusen 3:0 (0:0)
Zuschauer: 29.000
Tore: 1:0 (54.) Häßler, 2:0 (88.) Allofs, 3:0 (90.) Hausmann (E).
Aufstellung: Illgner, Steiner (74. Engels), Hönerbach, Kohler, Häßler, Littbarski, Janßen, Görtz, Allofs, Rahn (69. Götz), Povlsen.
B.V.: Littbarski verschießt FE (32.).

19.11.1988 1. FC Köln - Stuttgarter Kickers 5:1 (3:1)
Zuschauer: 8.000
Tore: 0:1 (08.) Schüler, 1:1 (31.) Rahn, 2:1, 3:1 (44., 45.) Allofs, 4:1, 5:1 (60., 74.) Rahn.
Aufstellung: Illgner, Engels, Hönerbach, Kohler, Janßen, Povlsen, Häßler (80. Schlipper), Götz (74. Sturm), Görtz, Rahn, Allofs.

26.11.1988 FC St. Pauli - 1. FC Köln 0:1 (0:1)
Zuschauer: 20.551
Tor: 0:1 (24.) Häßler.
Aufstellung: Illgner, Gielchen, Hönerbach, Kohler, Janßen, Görtz, Häßler, Littbarski (82. Götz), Rahn, Allofs, Povlsen.

02.12.1988 1. FC Köln - SV Waldhof Mannheim 1:0 (0:0)
Zuschauer: 8.500
Tor: 1:0 (88.) Häßler.
Aufstellung: Illgner, Gielchen, Kohler, Hönerbach (78. Schlipper), Häßler, Janßen (63. Götz), Littbarski, Povlsen, Görtz, Allofs, Rahn.

18.02.1989 Bayer 05 Uerdingen - 1. FC Köln 1:1 (0:1)
Zuschauer: 11.000
Tore: 0:1 (29.) Allofs, 1:1 (78.) Kuntz.
Aufstellung: Illgner, Steiner, Kohler, Hönerbach, Häßler, Janßen, Littbarski, Povlsen (32. Gielchen), Görtz, Rahn (86. Götz), Allofs.

25.02.1989 1. FC Köln - 1. FC Nürnberg 1:1 (1:0)
Zuschauer: 11.000
Tore: 1:0 (03.) Littbarski, 1:1 (90) Wagner (FE).
Aufstellung: Illgner, Steiner, Kohler, Gielchen, Häßler, Janßen (74. Götz), Littbarski, Povlsen (89. Sturm), Görtz, Allofs, Rahn.

04.03.1989 VfL Bochum - 1. FC Köln 1:3 (1:0)
Zuschauer: 16.000
Tore: 1:0 (29.) Kree, 1:1 (54.) Kree (E), 1:2 (62.) Allofs, 1:3 (86.) Olsen.
Aufstellung: Illgner, Steiner, Hönerbach, Kohler, Görtz, Häßler (46. Sturm), Olsen, Rahn, Littbarski, Povlsen (87. Götz), Allofs.

11.03.1989 1. FC Köln - Eintracht Frankfurt 3:2 (1:0)
Zuschauer: 13.000
Tore: 1:0 (45.) Povlsen, 1:1 (59.) Andersen, 2:1 (77.) Götz, 3:1 (85.) Allofs, 3:2 (88.) Andersen.
Aufstellung: Illgner, Steiner, Götz, Hönerbach, Sturm (57. Janßen), Olsen (84. Gielchen), Littbarski, Häßler, Görtz, Allofs, Povlsen.

18.03.1989 Karlsruher SC - 1. FC Köln 0:0
Zuschauer: 26.000
Aufstellung: Illgner, Steiner, Hönerbach, Kohler, Häßler, Littbarski, Olsen, Rahn (61. Sturm), Görtz, Povlsen (80. Götz), Allofs.

25.03.1989 1. FC Köln - VfB Stuttgart 3:0 (0:0)
Zuschauer: 22.000
Tore: 1:0 (49.) Povlsen, 2:0, 3:0 (50., 68.) Rahn.
Aufstellung: Illgner, Steiner, Kohler, Hönerbach (70. Götz), Häßler, Olsen (76. Janßen), Littbarski, Rahn, Gielchen, Allofs, Povlsen.

01.04.1989 Hamburger SV - 1. FC Köln 0:1 (0:0)
Zuschauer: 23.000
Tor: 0:1 (67.) Littbarski (FE).
Aufstellung: Illgner, Steiner, Kohler, Gielchen (46. Götz), Olsen, Littbarski, Rahn (76. Hönerbach), Görtz, Häßler, Allofs, Povlsen.

08.04.1989 1. FC Köln - 1. FC Kaiserslautern 2:2 (1:0)
Zuschauer: 28.000
Tore: 1:0 (40.) Götz, 1:1 (62.) Kohr, 1:2 (87.) Labbadia, 2:2 (89.) Littbarski (FE).
Aufstellung: Illgner, Olsen, Steiner, Littbarski, Häßler, Gielchen (74. Götz), Rahn (74. Sturm), Görtz, Allofs, Povlsen, Kohler.

15.04.1989 Bayer 04 Leverkusen - 1. FC Köln 0:0
Zuschauer: 24.000
Aufstellung: Illgner, Steiner, Hönerbach, Kohler, Häßler, Olsen (74. Götz), Littbarski, Rahn, Görtz, Allofs, Povlsen.

29.04.1989 1. FC Köln - Borussia M'gladbach 3:1 (3:0)
Zuschauer: 40.000
Tore: 1:0 (32.) Littbarski, 2:0 (42.) Götz, 3:0 (44.) Häßler, 3:1 (52.) Bruns.
Aufstellung: Illgner, Steiner, Hönerbach (27. Götz), Gielchen, Häßler, Olsen, Littbarski, Rahn, Görtz, Allofs, Povlsen.

06.05.1989 SV Werder Bremen - 1. FC Köln 1:2 (1:1)
Zuschauer: 32.700
Tore: 1:0 (05.) Ordenewitz, 1:1 (24.) Littbarski, 1:2 (58.) Povlsen.
Aufstellung: Illgner, Steiner, Gielchen, Kohler (17. Hönerbach), Häßler, Olsen, Littbarski, Rahn, Görtz, Allofs (87. Sturm), Povlsen.

13.05.1989 1. FC Köln - Borussia Dortmund 2:0 (0:0)
Zuschauer: 32.000
Tore: 1:0 (67.) Steiner, 2:0 (75.) Götz.
Aufstellung: Illgner, Steiner, Hönerbach (65. Sturm), Gielchen, Götz, Olsen, Littbarski (82. Janßen), Rahn, Görtz, Allofs, Povlsen.

20.05.1989 SV Hannover 96 - 1. FC Köln 2:2 (0:0)
Zuschauer: 16.500
Tore: 0:1 (67.) Steiner, 1:1 (75.) Schatzschneider, 2:1 (83.) Willmer, 2:2 (88.) Allofs.
Aufstellung: Illgner, Steiner, Gielchen, Hönerbach (84. Sturm), Häßler, Olsen (59. Götz), Littbarski, Rahn, Görtz, Allofs, Povlsen.

25.05.1989 1. FC Köln - FC Bayern München 1:3 (1:1)
Zuschauer: 58.000
Tore: 0:1 (25.) Wohlfahrt, 1:1 (32.) Allofs, 1:2, 1:3 (85., 89.) Wohlfahrt.
Aufstellung: Illgner, Steiner, Gielchen (67. Götz), Kohler (80. Sturm), Häßler, Olsen, Littbarski, Rahn, Görtz, Allofs, Povlsen.

06.061989 Stuttgarter Kickers - 1. FC Köln 0:0
Zuschauer: 8.900
Illgner, Steiner, Hönerbach, Rahn, Janßen, Olsen, Gielchen (55. Götz), Häßler, Görtz, Povlsen, Allofs (86. Greiner).

10.06.1989 1. FC Köln - FC St. Pauli 4:2 (1:1)
Zuschauer: 9.000
Tore: 0:1 (05.) Golke, 1:1 (35.) Steiner, 2:1 (57.) Rahn, 3:1 (68.) Götz, 3:2 (85.) Großkopf, 4:2 (88.) Janßen.
Aufstellung: Illgner, Steiner, Hönerbach, Götz, Häßler, Littbarski, Olsen (63. Greiner), Rahn, Görtz, Allofs (46. Janßen), Povlsen.

17.06.1989 SV Waldhof Mannheim - 1. FC Köln 2:1 (1:0)
Zuschauer: 13.000
Tore: 1:0 (18.) Bührer, 1:1 (52.) Rahn, 2:1 (82.) Bockenfeld.
Aufstellung: Kraft, Steiner, Greiner, Hönerbach (84. Baumann), Häßler, Janßen, Littbarski, Rahn, Gielchen, Götz, Povlsen.

STATISTIK 1988/89

DFB-POKAL

1. Runde
05.08.1988 1. FC Köln - SV Darmstadt 98 6:1 (4:0)
Zuschauer: 6.000
Tore: 1:0 (05.) Allofs, 2:0 (13.) Janßen, 3:0, 4:0 (20., 41.) Allofs, 4:1 (54.) Kuhl, 5:1 (76.) Häßler, 6:1 (82.) Allofs.
Aufstellung: Illgner, Keim (70. Gielchen), Steiner, Kohler, Häßler, Janßen, Littbarski, Götz, Görtz (70. Engels), Allofs, Povlsen.

2. Runde
01.11.1988 1. FC Köln - SV Waldhof Mannheim 1:2 (0:1)
Zuschauer: 10.000
Tore: 0:1 (28.) Quaisser, 1:1 (78.) Götz, 1:2 (82.) Bockenfeld.
Aufstellung: Illgner, Kohler Steiner, Hönerbach, Häßler, Olsen (39. Janßen), Littbarski, Engels (72. Keim), Görtz, Allofs, Götz.

UEFA-POKAL

1. Runde (Hinspiel)
06.09.1988 RFC Antwerpen - 1. FC Köln 2:4 (2:1)
Zuschauer: 23.000
Tore: 0:1 (03.) Keim, 1:1 (34.) van Rooy, 2:1 (43.) Goossens, 2:2 (47.) Allofs, 2:3 (55.) Povlsen, 2:4 (87.) Janßen.
Aufstellung: Illgner, Gielchen, Kohler, Keim, Janßen, Littbarski, Häßler (88. Sturm), Hönerbach, Jensen, Povlsen (78. Engels), Allofs.

1. Runde (Rückspiel)
12.10.1988 1. FC Köln - RFC Antwerpen 2:1 (2:1)
Zuschauer: 12.000
Tore: 0:1 (04.) Dekenne, 1:1 (08.) Littbarski, 2:1 (10.) Allofs.
Aufstellung: Illgner, Steiner, Kohler, Hönerbach, Jensen (77. Engels), Janßen, Littbarski, Häßler (57. Götz), Görtz, Povlsen, Allofs.

2. Runde (Hinspiel)
26.10.1988 1. FC Köln - Glasgow Rangers 2:0 (0:0)
Zuschauer: 45.000
Tore: 1:0 (75.) Janßen, 2:0 (87.) Allofs.
Aufstellung: Illgner, Kohler, Steiner, Jensen (65. Janßen), Hönerbach (30. Götz), Häßler, Engels, Görtz, Povlsen, Allofs, Littbarski.

2. Runde (Rückspiel)
09.11.1988 Glasgow Rangers - 1. FC Köln 1:1 (0:0)
Zuschauer: 44.000
Tore: 1:0 (77.) Drinkell, 1:1 (90.) Janßen.
Aufstellung: Illgner, Kohler, Steiner, Jensen (62. Keim), Hönerbach, Häßler, Janßen, Görtz, Povlsen, Allofs (89. Götz), Littbarski.

Achtelfinale (Hinspiel)
22.11.1988 Real Sociedad San Sebastian - 1. FC Köln 1:0 (0:0)
Zuschauer: 23.000
Tor: 1:0 (75.) Loinaz.
Aufstellung: Illgner, Kohler, Gielchen, Hönerbach, Häßler, Engels (16. Götz), Görtz, Povlsen, Allofs, Littbarski, Janßen.

Achtelfinale (Rückspiel)
07.12.1988 1. FC Köln - Real Sociedad San Sebastian 2:2 (2:1)
Zuschauer: 38.000
Tore: 1:0 (04.) Götz, 2:0 (28.) Engels, 2:1 (36.) Goicoechea (FE), 2:2 (90.) Fuentes.
A.: Illgner, Steiner (73. Schlipper), Hönerbach, Kohler, Häßler, Littbarski, Engels, Povlsen, Görtz, Allofs, Götz (47. Sturm).
B.V.: Allofs verschießt einen FE (71.).

FREUNDSCHAFTSSPIELE

24.06.1988 FC Pesch - 1. FC Köln 1:9 (0:5)

02.07.1988 BVL 08 Remscheid - 1. FC Köln 1:4 (1:2)

06.07.1988 FC Garm.-Partenkirchen - 1. FC Köln 1:16 (0:8)

08.07.1988 FC Swarovski Tirol - 1. FC Köln 3:6 (2:6)
(in Innsbruck/Österreich)

10.07.1988 VfL Kaufering - 1. FC Köln 0:8

12.07.1988 BC Aichach - 1. FC Köln 0:7 (0:3)

16.07.1988 FC Schalke 04 - 1. FC Köln 2:3 (1:2)

31.07.1988 TSV Bayer Dormagen - 1. FC Köln 2:8

10.08.1988 AS Rom - 1. FC Köln 1:2 (0:1)
(in Pescara)

13.08.1988 Nottingham Forest - 1. FC Köln 0:2 (0:0)
(in Pescara)

16.09.1988 TuS Wiehl - 1. FC Köln 0:7 (0:3)

20.09.1988 SG Düren 99 - 1. FC Köln 0:6

24.09.1988 FC Bologna - 1. FC Köln 1:1 (0:1)
(in Terrassa/Italien)

28.09.1988 AC Trento - 1. FC Köln 0:2 (0:0)
(in Terrassa/Italien)

02.10.1988 Erftkreisausw. - 1. FC Köln 3:13 (1:8) (in Kerpen)

18.10.1988 SC Pulheim - 1. FC Köln 0:11

22.01.1989 Shimshon Tel Aviv - 1. FC Köln 0:2 (0:0)

23.01.1989 Maccabi Haifa - 1. FC Köln 1:4 (1:3)

24.01.1989 Hapoel Kfar-Saba FC - 1. FC Köln 2:7 (0:6)
(in Tel Aviv/Israel)

04.02.1989 Mouloudia Club Algier - 1. FC Köln 0:2 (0:0)

11.02.1989 RFC Lüttich - 1. FC Köln 1:0 (0:0)

21.04.1989 Fortuna Köln - 1. FC Köln 6:1

BUNDESLIGAKADER 1988/89

Abgänge: Baranowski (FC Homburg), Engels (Fortuna Köln, w.d.l.S.), Geilenkirchen (FC Antwerpen), Griehsbach (Rot-Weiß Essen), Hohs (eigene Amateure), Woodcock (Fortuna Köln)

Zugänge: Baumann (eigene Amateure, w.d.l.S.), Götz (Bayer Leverkusen), Greiner (1. FC Nürnberg), Keim (FC Homburg/Saar), Kraft (SpVgg Wirges), Rahn (Borussia M'gladbach, w.d.l.S.), Schlipper (Rot-Weiß Oberhausen), Sturm (eigene Amateure)

Trainer: Christoph Daum

Tor:
Illgner, Bodo 33/0
Kraft, Michael 1/0
Kargus, Rudi 0/0

Feld:
Povlsen, Flemming 34/5
Allofs, Thomas 33/17
Häßler, Thomas 33/5
Götz, Falko 31/5
Steiner, Paul 31/5
Görtz, Armin 31/1
Littbarski, Pierre 30/5
Hönerbach, Matthias 28/0
Kohler, Jürgen 27/0
Janßen, Olaf 21/2
Rahn, Uwe 20/7
Gielchen, Andreas 19/0
Olsen, Morten 16/1
Sturm, Ralf 15/1
Engels, Stephan 11/1
Keim, Andreas 7/0
Jensen, Jann 4/0
Schlipper, Günter 4/0
Greiner, Frank 3/0
Baumann, Karsten 1/0
Prestin, Dieter 0/0

Dazu kommen Eigentore von Christian Hausmann (Bayer Leverkusen), Thomas Helmer (Borussia Dortmund) und Martin Kree (VfL Bochum).

1. BUNDESLIGA 1988/89

1.	Bayern München	67:26	50:18
2.	1. FC Köln	58:30	45:23
3.	Werder Bremen (M)	55:32	44:24
4.	Hamburger SV	60:36	43:25
5.	VfB Stuttgart	58:49	39:29
6.	Borussia M'gladbach	44:43	38:30
7.	Borussia Dortmund	56:40	37:31
8.	Bayer 04 Leverkusen	45:44	34:34
9.	1. FC Kaiserslautern	47:44	33:35
10.	FC St. Pauli (N)	41:42	32:36
11.	Karlsruher SC	48:51	32:36
12.	Waldhof Mannheim	43:52	31:37
13.	Bayer 05 Uerdingen	50:60	31:37
14.	1. FC Nürnberg	36:54	26:42
15.	VfL Bochum	37:57	26:42
16.	Eintracht Frankfurt (P)	30:53	26:42
17.	Stuttgarter Kickers (N)	41:68	26:42
18.	Hannover 96	36:71	19:49

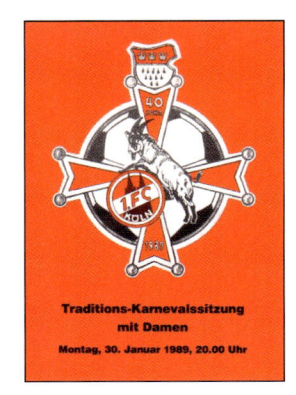

Sein 40. Jubiläum feierte die FC-Karnevals-Sitzung 1989. Einzig die Zusammenkunft 1962 war ausgefallen.

FIEBERKURVE 1988/89

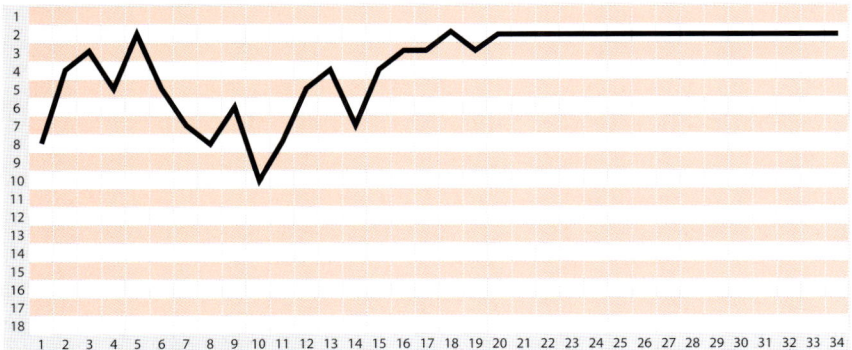

1989/90
1. BUNDESLIGA

Umbruch während des Aufbruchs

Hintere Reihe von links: Andreas Gielchen, Hans-Georg Dreßen, Frank Greiner, Ralf Sturm, Uwe Schöler, Franz Wunderlich, Karsten Baumann, Olaf Janßen, Matthias Hönerbach. Mittlere Reihe von links: Zeugwart Willi Rechmann, Betreuer Heinrich Kaulhausen, Paul Steiner, Frank Ordenewitz, Jann Jensen, Uwe Rahn, Anders Giske, Axel Britz, Günter Baerhausen, Konditionstrainer Rolf Herings, Co-Trainer Roland Koch, Trainer Christoph Daum. Vordere Reihe von links: Pierre Littbarski, Flemming Povlsen, Armin Görtz, Falko Götz, Volker Diergardt, Bodo Illgner, Rudi Kargus, Alfons Higl, Horst Heldt, Thomas Häßler, Masseur Jürgen Schäfer.

[LEGENDEN]

Thomas „Icke" Häßler
Beim FC von 1983 bis 1990 (Spieler), seit 2006 (Techniktrainer)
Geboren: 30.05.1966 in Berlin
Pflichtspiele beim FC: 182
Pflichtspieltore: 18

Ein Berliner in Köln
Bei Thomas Häßler gab es einige Parallelen zu Pierre Littbarski: Beide stammen aus Berlin, sind von eher kleiner Körpergröße und mit einem überragenden Ballgefühl ausgestattet. Von Hannes Löhr entdeckt und verpflichtet, kam Häßler 1983 in die Domstadt und spielte beim FC zunächst in der von Christoph Daum betreuten A1-Jugend. Schnell hatte er wegen seiner Berliner Herkunft den Spitznamen „Icke" weg. Zur Spielzeit 1984/85 wurde der Juniorennationalspieler Profi. Obwohl regelmäßig zum Einsatz kommend, dauerte es lange, bis dem kleinen Mittelfeldregisseur der endgültige Durchbruch gelang. Selbst als sein großer Förderer Daum im September 1986 Cheftrainer wurde, war der sensible Techniker nur Ergänzungsspieler. Der Grund, dass Häßlers Karriere stockte, war sein seinerzeit unprofessioneller Lebenswandel. Falsche Freunde, nächtliche Diskothekenbesuche und eine dilettantische Einstellung sorgten dafür, dass er sein riesiges Potenzial (noch) nicht dauerhaft zeigte. Nachdem ihm Daum und der damalige FC-Sportdirektor Udo Lattek unmissverständlich klargemacht hatten, dass er auf diese Art seine Laufbahn aufs Spiel setzte, bekam „Icke" die Kurve. In der Saison 1987/88 konzentrierte sich Häßler ausschließlich auf den Fußball. Beim FC glänzte er als Spielgestalter im Mittelfeld, als hervorragender Vorlagengeber und war selbst immer für ein Tor gut. Überragend war der Mann, der bei Meteor 06 Berlin und den Reinickendorfer Füchsen das Fußballspielen erlernt hatte, bei Standardsituationen.

→

Was wird aus dem FC in der neuen Spielzeit? Bis auf die Torwartposition standen überall große Fragezeichen. In der Abwehr war Jürgen Kohler zu den Bayern abgewandert und kein Ersatz in Sicht. Das gleiche galt für Morten Olsen. Der fast 40-jährige Däne war während der vergangenen Saison der verlängerte Arm für Christoph Daum auf dem Spielfeld gewesen. Und in der Spitze hatte man mit Thomas Allofs den Bundesligatorschützenkönig der Saison 1988/89 an Racing Straßburg verloren.

So äußerten sich alle Experten skeptisch und glaubten kaum daran, dass der FC in diesem Jahr den Bayern wieder Paroli bieten könnte. Dabei waren die Neuzugänge Anders Giske aus Nürnberg, Hans-Georg Dreßen aus Mönchengladbach und Frank Ordenewitz vom SV Werder Bremen, der noch schnell vor dem Trainingslager heiratete, gestandene Erstligaspieler. Alfons Higl, der von der Dreisam an den Rhein wechselte, galt als einer der besten Abwehrspieler in Liga zwei. Insgesamt hatten die Kölner durchaus eine Mannschaft mit Potenzial.

EINE HARTE VORBEREITUNG

Zur Saisoneröffnung drängten sich die Zuschauer im Franz-Kremer-Stadion, sammelten fleißig Autogramme und kauften Dauerkarten. Zum Auftakt hatte die Mannschaft am Vortag gegen den Verbandsligisten Sportfreunde Siegen 13 Treffer erzielt, und auch die weiteren Spiele in der Vorbereitung zeigten, dass mit dem FC wieder zu rechnen war. Nur zwei der acht Vorbereitungsbegegnungen gingen verloren, aber es gab zwei Turniersiege gegen internationale Topteams in Bern und Odense. „Ich will nicht den Amateurteams den Kasten vollhauen, sondern die Mannschaft echten Tests unterziehen", so begründete Daum das umfangreiche Programm in den Sommermonaten. Sogar dem brasilianischen Meister FR Botafogo Rio de Janeiro (1:0) wurden in Bern seine Grenzen aufgezeigt.

Trotz der guten Vorbereitung kehrte im Geißbockheim keine Ruhe ein. Flemming Povlsen wollte den Verein verlassen, da der FC seine Zusagen nicht eingehalten hatte. Lazio Rom bot für den Dänen und für Häßler sofort eine Gesamtsumme von 22 Millionen an. Das Ganze zog sich bis zum 3. Spieltag hin. Zu den Wechselaktivitäten kamen noch unbedachte Äußerungen von Vorstandsmitglied Jupp Söller in Richtung Ausrüster Puma. Die Spieler würden in Plastikschuhen rumlaufen, und die Trikots gingen kaputt. So hatte die Mannschaft keine idealen Voraussetzungen beim Saisonstart.

Doch das neu zusammengestellte Team blieb von der

Regelmäßig erzielte er wunderschöne Freistoßtore. Der Aufstieg des Mittelfeldspielers war eng mit seiner damaligen Ehefrau Angela verbunden, die ihn unterstützte und „managte". Inzwischen ist Icke mit Anke in zweiter Ehe glücklich verheiratet. Auch dem Teamchef der Nationalmannschaft, Franz Beckenbauer, blieb der Kölner Ballzauberer nicht verborgen. Am 31. August 1988 feierte der Berliner sein Debüt in der A-Nationalmannschaft. Es war der Auftakt zu einer großartigen internationalen Laufbahn. Insgesamt 97-mal (davon 17-mal als Spieler des 1. FC Köln) trug Häßler den Adlerdress, wurde 1990 Weltmeister sowie 1996 Europameister und nahm an insgesamt drei Weltmeisterschaften teil. Zweimal, 1989 und 1992, wurde „Icke" zu Deutschlands „Fußballer des Jahres" gewählt. Nach zwei Vizemeisterschaften mit dem FC ging Häßler für die Rekordablösesumme von 17 Millionen Mark zu Juventus Turin. Sein tränenreicher Abschied aus Müngersdorf ist vielen FC-Fans noch heute präsent. Vier Jahre kickte er in Italien für „Juve" und den AS Rom, bevor er nach Deutschland zurückkam, um beim Karlsruher SC anzuheuern, wo er fünf erfolgreiche Jahre verbrachte. Bei Borussia Dortmund, wo Häßler 1998/99 unter Vertrag stand, wurde er nicht glücklich. Erst bei 1860 München bekam „Icke" wieder die Anerkennung, die er brauchte. Bis 2003 trug er den Löwendress. In Österreich beim SV Salzburg beendete der Freistoßspezialist 2004 seine aktive Laufbahn und verlegte seinen Wohnsitz wieder nach Köln. Inzwischen absolvierte er den Trainerschein und ist seit 2006 als Technik-Trainer wieder beim 1. FC Köln tätig. ■

Der FC schlägt Kaiserslautern mit 4:1. Die Torschützen Pierre Littbarski und Uwe Rahn beim Jubellauf, rechts Olaf Janßen.

Abenteuer Moskau: Die wenigen Fans, die mit in die Hauptstadt der UdSSR geflogen waren, brachten als Souvenir neben dem Ticket auch diesen Erinnerungswimpel mit.

Unruhe unbeeindruckt, startete exzellent und mischte sofort in der Spitzengruppe mit. Durch Siege in Bochum (1:0 – hier konnte Bodo Illgner seinen ersten Elfmeter parieren), in Uerdingen (3:2), gegen Kaiserslautern (4:1) und ein torloses Remis gegen den VfB stand die Mannschaft bereits nach vier Spielen auf dem 2. Rang. Dazu kam noch das 3:0 in Iserlohn gegen den VfR Sölde in der ersten Pokalrunde und noch eine Ehrung von Thomas Häßler, der vor dem Spiel gegen Stuttgart als „Fußballer des Jahres" ausgezeichnet wurde. Allerdings musste auch der Abgang von Flemming Povlsen kompensiert werden. In der Grotenburg gegen Uerdingen stand er zum letzten Mal mit dem springenden Geißbock auf der Brust auf dem Platz, leitete mit seinem Treffer zum 1:0 den Sieg ein und verabschiedete sich dann für 4,5 Millionen DM in Richtung Eindhoven.

HERBE PLEITE BEI DEN BAYERN

Doch es blieb nicht viel Zeit, um sich mit dem Abgang von Povlsen aufzuhalten. In der Liga stand das Schlagerspiel bei den Bayern an. Dritter gegen Zweiter, Meister gegen Vizemeister, Heynckes gegen Daum. Vor 68.000 elektrisierten Zuschauern erwies sich der FC an diesem Mittwochabend nur als Sparringspartner und bekam eine 1:5-Packung. Doch diese Pleite sollte zunächst die Ausnahme bleiben.
In den kommenden acht Ligaspielen blieb die Mannschaft ungeschlagen und kletterte nach dem 1:0 über den FC Homburg an die Tabellenspitze. Dort stand erstmals Andrzej Rudy für die Geißböcke auf dem Platz und spielte sich sogleich in die Kickerelf des Tages. Darüber hinaus wurde bei Arminia Hannover (4:2) die dritte Pokalrunde erreicht und international noch die Hürde Plastica Nitra im UEFA-Pokal genommen. Bereits im Hinspiel in Köln konnte dank des überragenden dreifachen Torschützen Falko Götz alles klargemacht werden. In der Tschechoslowakei reichte es dann zu einem knappen 1:0. Für die Fußballfreunde aus der DDR hatten die Verantwortlichen der Domstädter schon vorsorglich viele Souvenirartikel eingepackt. Doch ein anderes Geschenk erfreute die Fans dort fast noch mehr. Vor dem Hotel konnte sich jeder ostdeutsche FC-Anhänger in eine Liste eintragen und wurde fortan als Mitglied des 1. FC Köln geführt – kostenlos. Sportlich ging es im internationalen Wettbewerb in Osteuropa weiter. Jetzt erwartete das Team eine Reise zum „großen Bruder" der Tschechen. Spartak Moskau traf auf die Daum-Kicker. Das 3:1 aus dem Hinspiel weckte trotz eines rauschenden Fußballabends gemischte Gefühle. Es sollte am Ende genügen. In der russischen Hauptstadt gab es keine Tore. In der Liga dagegen umso mehr.

FUSSBALLFESTE UND HEIMPLEITEN

Aber leider nicht immer auf der richtigen Seite. Im Derby gegen Düsseldorf setzte es die erste Heimniederlage (1:3), und sofort entstand wieder Unruhe. Häßler, der in einer Formkrise steckte, sollte laut Günter Netzer am besten so schnell wie möglich verkauft werden. Der kleine Berliner wischte das Thema keck vom Tisch: „Was soll ich mich darüber aufregen. Der Netzer war zwar als Spieler gut, aber als Journalist ist er eine Wurst."
Die Ruhe rund um das Trainingsgelände am Militärring kehrte schnell wieder zurück. Siege in Mannheim (3:2) und beim Angstgegner Hamburg (2:0) führten zurück an die Tabellenspitze. Die Führung hielt allerdings nicht lange vor. Erneut gab es zu Hause eine Pleite zu beweinen. Der Spitzenreiter empfing den Tabellenfünften Frankfurt, und die 31.000 Zuschauer erwartete eine mitreißende Begegnung. Es wurde ein Spiel, wie es die Domstadt in 26 Bundesligajahren nur selten gesehen hatte. Offensivfußball von beiden Seiten, Kampf,

Jede Menge Fans aus der DDR waren zum UEFA-Cup Spiel des FC im tschechischen Nitra gereist, wie das Plakat vor der „Tribüne" beweist.

Tempo, Technik und acht Tore. Frankfurt gewann mit 5:3, und der FC fiel auf Platz 3 zurück, war aber immer noch punktgleich mit Spitzenreiter Bayern München. Eine Woche zuvor hatten Millionen Menschen in Ostdeutschland gefeiert. Am Tag als in Kaiserslautern das Pokalspiel gegen die Roten Teufel angepfiffen wurde, fiel die Berliner Mauer. Um 21.51 Uhr unterlag der FC mit 1:2 in einem packenden Pokalspiel auf dem Rasen hoch über Kaiserslautern. Doch die Geschehnisse im Osten Deutschlands machten das Spiel zur Nebensache. Die Liga stellte sich recht schnell auf die neuen Fans ein. So hatten in acht der neun Stadien – nur Dortmund konnte sich nicht beteiligen, da das Spiel gegen Bayern bereits ausverkauft war – DDR Bürger freien Eintritt zugesichert bekommen.
Durch die anstehende WM in Italien startete die Rückrunde bereits Ende November. Der FC gewann gegen den VfL Bochum sicher mit 2:0 und stand erneut auf dem Platz an der Sonne – zum 78. Mal in der Bundesligageschichte. International wurde es dagegen schwerer, sich weiter zu behaupten. In Belgrad hatten die Geißböcke vor 80.000 Zuschauern im Marakana-Stadion mit 0:2 verloren. „Das wird verdammt schwer", war im *Kicker* zu lesen. Aber wieder einmal erlebten die Fans (40.000) im Kölner Stadion ein Fußballfest. Nach einem 0:0 zur Pause drehten die Domstädter mächtig auf. Zwei Treffer von Falko Götz und das 3:0 durch Frank Ordenewitz in der Schlussminute sorgten für einen wahren Kölner Freudentaumel. Der FC war im Viertelfinale angekommen.

In der Liga ging es allerdings negativ weiter. Nach dem 1:3 in Stuttgart war die Spitzenposition erneut verloren, und die dritte Heimpleite der Saison gegen Uerdingen (0:1) eine Woche später ließ diese noch weiter entschwinden. Die Stuttgarter Niederlage wurde bereits während der Heimfahrt nebensächlich. Kölns Busfahrer Hans Schimberg hatte bei der Autobahnzufahrt Zuffenhausen offenbar einen BMW übersehen und mit dem Bus gegen das Fahrzeug geprallt. Zwei Verletzte, eine kaputte Limousine und ein abgeschleppter Bus lautete die Gesamtbilanz. Die Spieler selbst wurden mit Taxis zum Flughafen gebracht und landeten gegen 23.00 Uhr in Köln.
Die sportliche Bilanz zum Jahresende war dagegen durchweg positiv. Nach der Vizemeisterschaft stand die Elf erneut in der Spitzengruppe der Liga. Mit 2:1 hatte es beim 1. FC Kaiserslautern einen überraschenden und historischen Erfolg gegeben. Bis zum heutigen Tag konnte der 1. FC Köln nicht mehr auf dem Betzenberg gewinnen. Dies ahnte an diesem kalten Dezemberabend, an dem Pierre Littbarski mit seinem Foulelfmeter für den doppelten Punktgewinn sorgte, niemand. Diese Elfmeterentscheidung und die rote Karte für Stefan Kuntz wegen Schiedsrichterbeleidigung allerdings brachte die Westtribüne in Wallung. Leuchtraketen in Richtung Spielfeld und ein versuchter Platzsturm hätten fast für ein frühzeitiges Ende der Begegnung gesorgt.
Ein schönes Weihnachtsgeschenk kam aus Zürich: Im Viertelfinale wurde mit dem FC Antwerpen eine lösbare Aufgabe aus dem Topf der letzten Acht gezogen.

UNRUHE UM CHRISTOPH DAUM

Insgesamt drei Wochen Ruhe gönnte Christoph Daum seinen Schützlingen, ehe er erstmals am 11. Januar 1990 zum Training bat. Da hatte schon ein kleiner Teil der Mannschaft am Kölner Hallenturnier teilgenommen und sich für das Masters in Dortmund (3. Platz) qualifiziert. Und Thomas Häßler wurde erneut von der Bundesliga zum „Spieler des Jahres" gekürt.
Fast schon gewohnheitsgemäß führte der Weg nach Israel ins Trainingslager, wo drei Begegnungen anstanden, später dann fast zwei Wochen ins jugoslawische Split. Nicht dabei war Matthias Hönerbach, den es in der Winterpause nach Saarbrücken gezogen hatte. Den Kürzeren zog der FC übrigens auch vor dem Kölner Arbeitsgericht. Der Club musste Flemming Povlsen rund 125.000 DM nachzahlen, die er dem Stürmerstar bei dessen Kommen 1987 zugesagt hatte. Durch dieses Urteil aufgeschreckt, wurden die Verantwortlichen sofort hellhörig, als in den Kölner Boulevardblättern Aussagen von Christoph Daum auftauchten, er wolle nach Italien wechseln, eigene Sponsorenverträge abschließen und sei nun Berater von Thomas Häßler. Beim Rapport gestand Daum lediglich die Aussage, dass er nach Italien wolle – allerdings erst 1992. Diese Absicht habe er angesichts der UEFA-Pokalbegegnung gegen Moskau auch schon im *Kicker* kundgetan. Der Rest sei an den Haaren herbeigezogen: „Es ist halt Saure-Gurken-Zeit für Journalisten", so der Trainer.
Zum Auftakt nach der Winterpause stand das Topspiel gegen

[Interessantes & Kurioses]

■ Um rund 25 Prozent erhöht sich beim FC die Anzahl der Fanclubs. Mittlerweile kann der Fan-Beauftragte Michael Trippel bereits 80 Fanclubs in seiner Anschriftenliste aufführen.

■ Beim Sportpressefest hat Leverkusens Manager Reiner Calmund endlich einmal Glück. Er zieht mit der Losnummer 2000 auch ein Gewinnlos. Voller Vorfreude stellt sich das Leverkusener Schwergewicht in die Schlange der Wartenden und erhält als Preis zwei Tribünenkarten für die Begegnung des 1. FC Köln gegen Werkskonkurrent Bayer Uerdingen. Am Ende kann sich Sohnemann Marcel darüber freuen: „Der sieht den ‚Litti' so gerne", schmunzelt Calmund. Ob der wohlgeratene Spross der Familie angesichts der 0:1-Niederlage viel Freude an seinem Idol hatte, sei dahingestellt.

Erinnerungen an das Halbfinale gegen Juventus Turin. Sonderausgabe des *Geißbock Echo*.

Gedenkwimpel vom UEFA-Pokalspiel in Turin.

1989/90 359

Riesenerfolg der FC-Jugendabteilung: Der Gewinn der deutschen B-Junioren-Meisterschaft. Vom DFB gab es u. a. diesen Ehrenwimpel.

- 281 von 2.081 Mitgliedern sind bei der Jahreshauptversammlung im Geißbockheim anwesend und entlasten einstimmig und ohne Enthaltung den Vorstand. Die finanzielle Bilanz weist ein Minus von 974.000 DM für die Spielzeit 1988/89 aus, allerdings kann dort noch nicht die Summe für den Wechsel von Thomas Allofs nach Straßburg zugebucht werden, da diese von den Franzosen bisher nicht überwiesen wurde.

- Peter Weiand, der von 1973 bis 1987 als vierter FC-Präsident die Geschicke des Clubs leitete, verstirbt am 20. Januar 1990 an Herzversagen. In seiner Amtszeit wurde der Club nicht nur einmal Meister und dreimal Pokalsieger, er führte den FC auch über zwei Jahre lang durch die finanziell schwierige Zeit in der Radrennbahn.

Eintrittskarte von der UEFA-Cup-Partie bei der „alten Dame".

FC-Autogrammkarte 1989/90 von Alfons Higl.

die Bayern an. 59.500 Fans im ausverkauften Müngersdorfer Stadion sorgten für zwei Millionen DM in der Vereinskasse. RTL war genauso live am Ball wie der Bundestrainer und Deutschlands letzter Kaiser. Im Stadion selbst sorgten die „Höhner" für Stimmung am Karnevalsfreitag. Die Begegnung begann stürmisch für die Geißböcke, als Ralf Sturm bereits nach vier Minuten zur Führung traf, und ließ stark nach. Ludwig Kögl markierte in der 55. Minute den Ausgleich und damit auch den Endstand.

DERBY-SIEG, HALBFINALE UND VIZEMEISTERSCHAFT

Dem FC blieb keine Zeit, dem verlorenen Punkt nachzutrauern. Acht Tage später erwartete Lokalrivale Bayer Leverkusen, der bisher eine bärenstarke Saison hingelegt hatte, die Geißböcke. In der Chemiestadt hatten viele Fans auf eine Wachablösung gehofft. Doch diese Hoffnungen wurden bereits in der Anfangsphase im Keim erstickt. Olaf Janßen sorgte mit dem frühen Führungstreffer für die richtige (Fußball)Ordnung im Rheinland. Thomas Häßler erzielte noch vor dem Wechsel das entscheidende 2:0, und Köln feierte Karneval in Leverkusen. Mit einem weiteren Erfolg gegen St. Pauli (1:0) war das Team in die Spitzengruppe der Liga zurückgekehrt. Gleichzeitig hatte die Mannschaft nach dem 2:0-Sieg gegen Antwerpen bereits ein Bein im Halbfinale des UEFA-Pokals. Und wieder konnten die Geißböcke Werbung in eigener Sache machen, denn erneut spülte eine Live-Übertragung 1,2 Millionen DM in die FC-Kasse. Von Eigenwerbung war am 16. März 1990 an der Weser nicht viel zu sehen. Ein Ex-Meister im Spielrausch sorgte für ein glattes 0:4. Trainer Daum sah katastrophale Fehler und ein miserables Zweikampfverhalten. Dies besserte sich beim Rückspiel in Antwerpen zumindest soweit, dass ein in WM-Form auftretender Bodo Illgner mit seinen Paraden das 0:0 rettete und somit die Mannschaft endgültig ins Halbfinale führte.
Die Pleite in Bremen aber hatte das Team noch nicht ganz verdaut und schwächelte in der Liga. Gegen Dortmund und in Nürnberg reichte es jeweils nur zu einer Punkteteilung. In puncto Häßler schien sich aber eine Entscheidung anzubahnen. Nach dem Dortmundspiel gab die Clubführung bekannt, dass mit Rom und mit dem Halbfinalgegner im UEFA-Pokal Juventus Turin Gespräche über einen Wechsel geführt würden. Da bereits die erste Begegnung in Turin anstand, wurde die Verhandlung jedoch offiziell auf Eis gelegt. Dort führten die Italiener nach 54 Minuten bereits mit 3:0, als die Kölner im italienischen Dauerregen doch noch Moral bewiesen. Götz und Sturm trafen in den letzten zehn Minuten und sorgten somit für eine gute Ausgangsposition für das Rückspiel in zwei Wochen. Und auch in der Liga kehrte die Mannschaft auf die Erfolgsspur zurück. Siege gegen M'gladbach (3:0) und in Homburg (1:0) ließen die Truppe auf den 3. Platz klettern, wobei der Vorsprung der Bayern immer noch vier Zähler betrug. Dazwischen weilte noch immer der ungeliebte Emporkömmling aus der Nachbarstadt. Vor dem Bundesligaendspurt stand aber erst einmal das Rückspiel im UEFA-Pokal an. Es sollte trotz großartiger kämpferischer Leistung kein Happyend geben. Die Norditaliener ermauerten sich ein 0:0 und nahmen gleichzeitig als Gastgeschenk Thomas Häßler mit, der rund 17 Millionen DM in die Clubkassen spülte. Mit den 4,4 Millionen DM Einnahmen aus dem Halbfinale gehörten die Geißböcke somit zu den reichsten Clubs in Deutschland. Dass sie in den folgenden Jahren das viele Geld in den Sand setzten, steht auf einem anderen Papier. In den Sand gesetzt wurde auch das Heimspiel gegen den KSC. Mit einem 5:0 fuhren die Blau-Weißen freudetrunken nach Baden zurück, denn die Kicker von Winni Schäfer hatten mit diesem denkwürdigen Erfolg für die höchste Heimniederlage der Kölner Bundesligageschichte gesorgt. Auch beim Abstiegskandidaten in Düsseldorf reichte es nur zu einem 1:1. Vor und nach dem Spiel beim rheinischen Rivalen machten erstmals Gerüchte um Daums Ablösung die Runde. Unter anderem wurde dem Trainer übertriebener Hang zur Selbstdarstellung vorgeworfen. Der konterte die Gerüchte: „So etwas interessiert mich nicht. Ich bereite mich auf die neue Saison vor."
Doch bevor das neue Spieljahr beginnen konnte, musste das alte noch ordentlich zu Ende gebracht werden. Nach Siegen gegen Mannheim (6:0), mit vier Götz-Treffern, und gegen Hamburg (2:0) war der 2. Platz erreicht. Nach dem Spiel gegen Hamburg erhielt Häßler einen bewegten Abschied, sodass der kleine Wirbelwind mit Tränen in den Augen das weite Stadionrund verließ. Eine Feier der ganz anderen Art hatte Charly Körbel, der Frankfurter Dauerbrenner, bei seinem letzten Spiel gegen den 1. FC Köln. Er bestritt gegen die Rheinländer sein 569. Bundesligaspiel und war somit Rekordhalter der Liga. Die Hessen gewannen mit 3:1. Trotz der Niederlage hatten die Geißböcke erneut hinter dem FC Bayern München die Vizemeisterschaft eingefahren.

VIER KÖLNER IN ITALIEN

Vier Akteure feierten bei der Weltmeisterschaft in Italien gleich weiter. Neben Bodo Illgner, Pierre Littbarski und Thomas Häßler wurde überraschend auch Paul Steiner in Beckenbauers Aufgebot berufen. Noch vor einem Jahr hatte Steiner auf die Frage nach Nationalmannschaftsambitionen abgewunken: „Die spielen meistens mittwochs, und da habe ich nie Zeit", schmunzelte er stets. Für das Abenteuer Italien sagte er jetzt sogar den gemeinsamen Urlaub mit Ehefrau Carmen ab. „Die Teilnahme an einer WM ist was ganz Besonderes." Da störte es ihn auch nicht, dass auf seiner Position Klaus Augenthaler als gesetzt galt. „Ich kenne meine Rolle im Team."
Während es die Nationalspieler nach Malente zog, machte der Rest der FC-Truppe noch einen Trip in die USA mit vier Spielen innerhalb von zehn Tagen. Während dieser Reise kam erneut Unruhe auf. Thomas Häßler schoss aus dem Trainingslager der Nationalmannschaft gegen seinen Ex-Trainer. Nicht Daum, sondern Lattek wäre für seine Karriere verantwortlich, und zu einem freundschaftlichen

Publikumsliebling Frank Ordenewitz in Aktion beim Heimspiel gegen „Juve".

Berater fehle ihm das Format. Abgesehen von mangelnder fachlicher Kompetenz, was auch aus der Personalpolitik zu ersehen wäre. Natürlich wehrte sich Daum, allerdings höchst moderat, und erinnerte daran, dass er 1983 den Dribbelkönig entdeckt und 1989 um seine Vertragsverlängerung gekämpft habe. Aber beruhigt hatte sich die Lage damit noch nicht. Während der Turniere in Amerika tauchten dann erneut Gerüchte um seine Ablösung im Kicker auf, die sich während der Weltmeisterschaft bestätigen sollten. Assistenztrainer Roland Koch hatte den Club bereits verlassen. Er wollte endlich Verantwortung übernehmen und heuerte beim VfL Osnabrück an.

„WIR WOLLEN WELTMEISTER WERDEN"

„Wir wollen Weltmeister werden." Mit dieser Aussage auf der Titelseite des Kicker einen Tag vor dem Start in Italien gab Teamchef Franz Beckenbauer seine Zurückhaltung auf und setzte die Mannschaft endgültig unter Druck. Helfen sollte dabei vor allem das Kölner Korsett mit Illgner, Häßler und Littbarski. Umso überraschender war dann die Tatsache, dass „Litti" im ersten Spiel gegen Jugoslawien (4:1) nur auf der Bank saß. Auch gegen die Vereinigten Arabischen Emirate (5:1) und Kolumbien (2:0) wurde der Mittelfeldstar nur eingewechselt. Gegen die Südamerikaner war Litti allerdings der Matchwinner, traf zwei Minuten vor dem Ende zum 1:0 und gehörte fortan zur ersten Elf. Dafür war „Icke" aufgrund eines Muskelfaserrisses aus der Mannschaft gefallen. Aber auch eine Formschwäche hatte den Teamchef dazu veranlasst, dem Neu-Italiener eine Pause zu gönnen.

So wurden die Partien der beginnenden K.-o.-Runden gegen Holland (2:1) und der ČSSR (1:0) ohne Häßler siegreich abgeschlossen. Und mitten in der Vorbereitung zum Viertelfinale ereilte die Mannschaft eine echte Überraschung: Christoph Daum wurde beurlaubt, Erich Rutemöller als Nachfolger bekannt gegeben. Über die Gründe schwieg man sich aus. Vermutungen gab es viele – bestätigt wurden keine.

Vorerst stand aber das sportliche Geschehen der WM im Vordergrund. Die deutsche Elf hatte das Halbfinale erreicht, und die Verletzung von Thomas Häßler war auskuriert. Littbarski musste seinen Platz, trotz insgesamt guter Leistungen, wieder räumen. Es sollte ein denkwürdiges Spiel gegen England und Illgner der Held des Abends werden. Nach 120 Minuten stand es 1:1. Andi Brehmes Führungstreffer hatte Gary Lineker ausgleichen können. In der Verlängerung passierte nicht mehr viel, und im Elfmeterschießen konnte Illgner den vierten Schuss von Pearce parieren. Olaf Thon dagegen traf, und Chris Waddle drosch das Leder über den Kasten. Somit stand die deutsche Nationalmannschaft zum sechsten Mal in einem WM-Finale. Dort erwarteten die Adler-Träger die Argentinier, die ebenfalls im Elfmeterschießen Italien bezwungen hatten. Es wurde ein großes Finale mit einem verdienten Sieger aus Deutschland. Auf dem Platz standen von Beginn an erstmals drei Kölner. Neben den gesetzten Illgner und Häßler war Littbarski überraschend für Olaf Thon in die Mannschaft gerückt. Alle drei Geißböcke hatten maßgeblichen Anteil am dritten und bisher letzten deutschen Weltmeistertitel.

■ Was den Profis seit Jahren versagt bleibt, schafft die von Frank Schäfer trainierte B-Jugend: Sie ist Deutscher Meister. In einem begeisternden Spiel wird der Favorit VfB Stuttgart, immerhin mit sieben Jugendnationalspielern angereist, vor 4.000 Zuschauern im Franz-Kremer-Stadion mit 2:1 bezwungen. Folgende Spieler errangen die Meisterschaft: Ünsal Sönmezoglu, Olaf Hentschel, Ralf Bodelier, Joschi Chang, Florian Kötting, Sascha Koob, Ulf Menssen, Frank Ploeger, Guiliano Romano, Marcus Carl, Guido Jörres, Sascha Jores, Michael Kremer, Sascha Lenhart, Oliver Schmitt, Sezgin Cayirli, Sven Haunak, Pablo Thiam, Ingo Wiechmann, Rolandt Brandt.

■ Mit vier Punkten Vorsprung auf den VfL Köln 99 II gelingt den zweiten Amateuren die sofortige Rückkehr in die Kreisliga B.

■ Im Tischtennis gelingt im 41. Jahr des Bestehens die erfolgreichste Spielzeit der Vereinsgeschichte. So steigt die 1. Mannschaft in die Landesliga auf. Als Tabellenzweiter der Bezirksklasse gelingt der Klassensprung über zwei Qualifikationsrunden. Den gleichen Weg geht auch die 2. Mannschaft, die ebenfalls eine Vizemeisterschaft einfährt und über die Qualifikationsrunde den Aufstieg schafft.

■ Thomas Häßler wurde zum Wegbereiter für den WM-Titel 1990. Mit seinem Treffer zum 2:1 im Spiel gegen Wales löste der DFB in Köln das Ticket in Richtung Italien. Das Tor wird am Ende auch noch mit dem Prädikat „Tor des Monats" November 1989 ausgezeichnet.

Bye-bye, Christoph Daum. Unerwartet musste sich der Trainer (hier mit Dreßen) aus Köln verabschieden.

STATISTIK 1989/90

BUNDESLIGA

29.07.1989 VfL Bochum - 1.FC Köln 0:1 (0:0)
Zuschauer: 21.000
Tor: 0:1 (58.) Rahn (FE).
Aufstellung: Illgner, Steiner, Higl (50. Janßen), Giske, Häßler, Gielchen, Dreßen (85. Götz), Rahn, Littbarski, Görtz, Povlsen.
B.V.: Illgner hält FE von Leifeld (90.).

09.08.1989 1.FC Köln - VfB Stuttgart 0:0
Zuschauer: 33.000
Aufstellung: Illgner, Steiner, Higl, Giske, Häßler, Dreßen (82. Janßen), Rahn, Littbarski, Görtz, Povlsen, Ordenewitz (70. Götz).

12.08.1989 Bayer 05 Uerdingen - 1.FC Köln 2:3 (0:1)
Zuschauer: 20.000
Tore: 0:1 (19.) Povlsen, 1:1 (49.) Witeczek, 1:2 (73.) Janßen, 1:3 (74.) Görtz, 2:3 (83.) Witeczek.
Aufstellung: Illgner, Steiner, Higl, Jensen (87. Götz), Janßen, Häßler, Dreßen, Rahn, Littbarski, Görtz, Povlsen (90. Ordenewitz).

16.08.1989 1.FC Köln - 1.FC Kaiserslautern 4:1 (0:0)
Zuschauer: 30.000
Tore: 1:0 (51.) Rahn, 2:0 (54.) Littbarski, 3:0 (55.) Häßler, 4:0 (67.) Rahn, 4:1 (88.) Hartmann.
Aufstellung: Illgner, Steiner, Higl, Giske, Häßler, Dreßen (46. Janßen), Rahn, Littbarski, Götz (78. Greiner), Görtz, Ordenewitz.

23.08.1989 FC Bayern München - 1.FC Köln 5:1 (2:0)
Zuschauer: 68.000
Tore: 1:0 (17.) Wohlfahrt, 2:0 (31.) Thon, 3:0 (61.) Dorfner, 3:1 (68.) Götz, 4:1, 5:1 (82. [FE], 85.) Thon.
Aufstellung: Illgner, Steiner, Giske, Higl, Gielchen (39. Janßen), Häßler, Dreßen, Rahn, Littbarski, Görtz, Ordenewitz (58. Götz).

26.08.1989 1.FC Köln - Bayer 04 Leverkusen 1:1 (1:0)
Zuschauer: 17.000
Tore: 1:0 (40.) Ordenewitz, 1:1 (70.) Kree (FE).
Aufstellung: Illgner, Steiner, Higl, Giske, Häßler, Rahn (61.Janßen), Dreßen, Littbarski, Görtz, Götz, Ordenewitz.
B.V.: Görtz erhält einen Platzverweis (79).

02.09.1989 FC St. Pauli - 1.FC Köln 1:1 (0:0)
Zuschauer: 19.050
Tore: 0:1 (70.) Götz, 1:1 (84.) Manzi.
Aufstellung: Illgner, Steiner, Dreßen, Higl, Giske, Häßler, Littbarski, Janßen (66.Sturm), Rahn, Götz, Ordenewitz.

09.09.1989 1.FC Köln - SV Werder Bremen 4:2 (2:0)
Zuschauer: 21.000
Tore: 1:0 (08.) Littbarski, 2:0 (14.) Rahn, 3:0 (69.) Littbarski, 3:1 (78.) Bode, 4:1 (84.) Sturm, 4:2 (86.) Bode.
Aufstellung: Illgner, Steiner, Giske, Higl, Häßler, Dreßen (85. Janßen), Rahn, Littbarski, Görtz, Götz, Ordenewitz (57. Sturm).

16.09.1989 Borussia Dortmund - 1.FC Köln 0:0
Zuschauer: 47.800
Aufstellung: Illgner, Steiner, Dreßen, Higl, Häßler, Janßen, Rahn (68. Jensen), Littbarski, Görtz, Götz, Ordenewitz (84. Sturm).
B.V.: Janßen erhält einen Platzverweis (74.).

20.09.1989 1.FC Köln - 1.FC Nürnberg 2:1 (0:0)
Zuschauer: 23.000
Tore: 0:1 (63.) Kuhn, 1:1 (80.) Littbarski,2:1 (89.) Häßler.
Aufstellung: Illgner, Steiner, Higl, Dreßen, Greiner (56. Sturm), Häßler, Rahn, Littbarski, Görtz, Götz, Ordenewitz (74. Britz).
B.V.: Brunner erhält einen Platzverweis (45).

30.09.1989 Borussia M'gladbach - 1.FC Köln 0:2 (0:0)
Zuschauer: 29.000
Tore: 0:1 (63.) Götz, 0:2 (78.) Littbarski.
Aufstellung: Illgner, Steiner, Giske, Higl, Häßler, Dreßen (56. Greiner), Rahn, Littbarski, Görtz, Götz, Sturm (78. Ordenewitz).

07.10.1989 1.FC Köln - FC Homburg/Saar 1:0 (0:0)
Zuschauer: 14.000
Tor: 1:0 (51.) Rahn.
Aufstellung: Illgner, Steiner, Higl, Giske, Häßler, Rudy (70. Sturm), Rahn, Littbarski, Görtz, Ordenewitz (89. Greiner), Götz.

14.10.1989 Karlsruher SC - 1.FC Köln 0:0
Zuschauer: 20.000
Aufstellung: Illgner, Gielchen, Higl, Giske, Greiner, Häßler, Rahn, Littbarski, Görtz (29. Britz), Rudy (75. Ordenewitz), Götz.

21.10.1989 1.FC Köln - Fortuna Düsseldorf 1:3 (1:0)
Zuschauer: 25.000
Tore: 1:0 (38.) Sturm, 1:1 (76.) Walz, 1:2 (82.) Fuchs, 1:3 (88.) Walz.
Aufstellung: Illgner, Steiner, Giske, Häßler, Greiner, Higl, Rudy (61. Gielchen), Littbarski, Görtz, Sturm (76. Götz), Ordenewitz.

28.10.1989 SV Waldhof Mannheim - 1.FC Köln 2:3 (1:3)
Zuschauer: 14.000
Tore: 0:1 (14.) Häßler, 1:1 (20.) Schindler, 1:2 (30.) Sturm, 1:3 (32.) Giske, 2:3 (57.) Freiler.
Aufstellung: Illgner, Steiner, Higl, Giske, Häßler, Greiner (83. Dreßen), Littbarski, Janßen, Görtz, Sturm (68. Ordenewitz), Götz.

04.11.1989 Hamburger SV - 1.FC Köln 0:2 (0:1)
Zuschauer: 54.500
Tore: 0:1 (21.) Greiner, 0:2 (50.) Görtz.
Aufstellung: Illgner, Steiner, Higl, Giske, Greiner (79. Dreßen), Häßler, Janßen, Görtz, Littbarski, Götz, Sturm (69. Rahn).

18.11.1989 1.FC Köln - Eintracht Frankfurt 3:5 (2:2),
Zuschauer: 31.000
Tore: 0:1 (07.) Eckstein, 1:1 (10.) Häßler, 1:2 (12.) Eckstein, 2:2 (24.) Rahn, 2:3 (50.) Falkenmayer, 2:4 (62.) Andersen, 3:4 (64.) Littbarski, 3:5 (90.) Eckstein.
Aufstellung: Illgner, Steiner, Higl, Giske, Häßler, Rahn, Janßen, Littbarski, Görtz (49. Sturm), Götz, Ordenewitz (82. Rudy).

25.11.1989 1.FC Köln - VfL Bochum 2:0 (1:0),
Zuschauer: 15.000
Tore: 1:0 (38.) Janßen, 2:0 (47.) Rudy.
Aufstellung: Illgner, Steiner, Giske, Higl (63. Greiner), Häßler, Janßen, Rahn (76. Götz), Littbarski, Ordenewitz, Sturm, Rudy.

02.12.1989 VfB Stuttgart - 1.FC Köln 3:1 (1:0),
Zuschauer: 33.200
Tore: 1:0 (02.) Greiner (E), 2:0 (67.) Walter, 3:0 (73.) Kastl, 3:1 (90.) Sturm.
Aufstellung: Illgner, Steiner, Giske, Higl, Greiner, Rahn (77. Götz), Littbarski, Janßen (46. Ordenewitz), Rudy, Sturm.

09.12.1989 1.FC Köln - Bayer 05 Uerdingen 0:1 (0:1),
Zuschauer: 10.000
Tor: 0:1 (33.) Reich.
Aufstellung: Illgner, Gielchen, Giske, Higl (67. Janßen), Häßler, Greiner, Sturm, Littbarski, Ordenewitz, Götz (46. Rahn), Rudy.

16.12.1989 1.FC Kaiserslautern - 1.FC Köln 1:2 (0:1),
Zuschauer: 20.298
Tore: 0:1 (24.) Sturm, 1:1 (58.) Dooley, 1:2 (65.) Littbarski (FE).
Aufstellung: Illgner, Steiner, Giske, Janßen, Jensen, Häßler, Gielchen, Littbarski, Sturm (72. Rahn), Görtz, Ordenewitz (87. Britz).
B.V.: Kuntz erhält einen Platzverweis (64).

23.02.1990 1.FC Köln - FC Bayern München 1:1 (1:0),
Zuschauer: 59.500
Tore: 1:0 (04.) Sturm, 1:1 (55.) Kögl.
Aufstellung: Illgner, Steiner, Giske, Jensen, Janßen, Häßler, Littbarski, Higl, Britz, Sturm (66. Götz), Rahn (66. Ordenewitz).

03.03.1990 Bayer 04 Leverkusen - 1.FC Köln 0:2 (0:2),
Zuschauer: 26.500
Tore: 0:1 (04.) Janßen, 0:2 (33.) Häßler.
Aufstellung: Illgner, Steiner, Higl, Greiner, Häßler, Littbarski, Janßen, Jensen (72. Giske) Görtz, Sturm (80. Götz), Rudy.

10.03.1990 1.FC Köln - FC Sankt Pauli 1:0 (0:0),
Zuschauer: 11.000
Tor: 1:0 (67.) Götz.
Aufstellung: Illgner, Dreßen, Greiner, Giske, Häßler, Higl, Littbarski, Janßen, Görtz (61. Ordenewitz), Rudy, Sturm (61. Götz).

16.03.1990 SV Werder Bremen - 1.FC Köln 4:0 (3:0),
Zuschauer: 25.761
Tore: 1:0 (25.) Riedle, 2:0 (31.) Votava, 3:0 (37.) Neubarth, 4:0 (73.) Riedle.
Aufstellung: Illgner, Steiner, Giske, Higl (46. Götz), Greiner, Häßler, Janßen, Littbarski, Görtz (46. Rahn) Rudy, Ordenewitz.

24.03.1990 1.FC Köln - Borussia Dortmund 1:1 (0:1),
Zuschauer: 25.000
Tore: 0:1 (07.) Mac Leod, 1:1 (46.) Häßler.
Aufstellung: Illgner, Steiner, Giske, Dreßen (46. Ordenewitz), Janßen, Häßler, Littbarski, Greiner, Görtz, Rudy, Götz.

31.03.1990 1.FC Nürnberg - 1.FC Köln 1:1 (1:1),
Zuschauer: 23.600
Tore: 1:0 (17.) Dittwar (FE), 1:1 (23.) Görtz.
Aufstellung: Illgner, Steiner, Greiner, Jensen, Higl, Häßler, Janßen, Littbarski, Görtz, Sturm (76. Ordenewitz), Rudy (76. Götz).

07.04.1990 1.FC Köln - Borussia M'gladbach 3:0 (1:0),
Zuschauer: 30.000
Tore: 1:0 (10.) Effenberg (E), 2:0 (64.) Götz, 3:0 (83.) Rudy.
Aufstellung: Illgner, Steiner, Jensen (46. Gielchen), Greiner, Higl, Häßler, Littbarski (62. Götz), Rudy, Görtz, Sturm, Ordenewitz.

12.04.1990 FC Homburg/Saar - 1.FC Köln 0:1 (0:0),
Zuschauer: 7.000
Tore: 0:1 (76.) Ordenewitz (FE).
Aufstellung: Illgner, Gielchen, Greiner, Giske, Häßler, Littbarski, Rudy, Görtz (66. Götz), Sturm (82. Dreßen), Ordenewitz.

21.04.1990 1.FC Köln - Karlsruher SC 0:5 (0:2),
Zuschauer: 11.000
Tore: 0:1 (16.) Schmidt, 0:2 (40.) Schütterle, 0:3 (63.) Bogdan, 0:4 (66.) Schütterle, 0:5 (90.) Scholl.
Aufstellung: Illgner, Steiner, Giske, Gielchen, Häßler, Janßen, Dreßen (46. Rahn), Littbarski, Görtz, Götz, Sturm.

28.04.1990 Fortuna Düsseldorf - 1.FC Köln 1:1 (1:1),
Zuschauer: 25.000
Tore: 1:0 (13.) Werner, 1:1 (26.) Sturm.
Aufstellung: Illgner, Steiner, Giske, Greiner, Gielchen, Häßler, Janßen, Littbarski, Higl, Sturm (85. Rudy), Ordenewitz (77. Götz).

01.05.1990 1.FC Köln - SV Waldhof Mannheim 6:0 (2:0),
Zuschauer: 6.000
Tore: 1:0 (04.) Götz, 2:0 (08.) Sturm, 3:0 (52.) Götz, 4:0 (63.) Littbarski (HE), 5:0 (65.), 6:0 (65., 72.) Götz.
Aufstellung: Illgner, Steiner, Giske, Häßler, Greiner, Littbarski, Higl, Janßen, Ordenewitz (35. Rudy), Sturm (67. Rahn), Götz.

05.05.1990 1.FC Köln - Hamburger SV 2:0 (1:0),
Zuschauer: 22.000
Tore: 1:0 (42.) Ordenewitz, 2:0 (72.) Götz.
Aufstellung: Illgner, Steiner, Giske, Rudy, Häßler (87. Gielchen), Higl, Janßen, Ordenewitz, Götz, Sturm (55. Görtz).
B.V.: Spörl erhält einen Platzverweis (65).

12.05.1990 Eintracht Frankfurt - 1.FC Köln 3:1 (0:1),
Zuschauer: 32.000
Tore: 0:1 (29.) Götz, 1:1 (77.) Bein, 2:1 (86.) Binz, 3:1 (90.) Andersen.
Aufstellung: Illgner, Steiner, Giske, Higl, Häßler, Götz, Rudy, Littbarski, Görtz, Sturm (84. Gerlach), Ordenewitz.

STATISTIK 1989/90

Ralf Sturm köpfte das 2:3 beim Halbfinalhinspiel im UEFA-Cup bei Juventus Turin.

Heißes Pflaster Belgrad: Bei der Partie gegen Roter Stern wurden die mitgereisten FC-Fans von den Anhängern der Gastgeber massiv bedrängt.

DFB-POKAL

1. Runde
19.08.1989 VfR Sölde - 1. FC Köln 0:3 (0:2)
Zuschauer: 5.500
Tore: 0:1 (13.) Ordenewitz, 0:2 (37.) Götz, 0:3 (88.) Greiner.
Aufstellung: Illgner, Steiner, Higl, Giske, Gielchen, Häßler, Littbarski, Rahn, Görtz, Götz (85. Greiner), Ordenewitz (85. Britz).
B.V.: Das Spiel fand in Iserlohn statt.

2. Runde
23.09.1989 Arminia Hannover - 1. FC Köln 2:4 (2:3)
Zuschauer: 9.000
Tore: 0:1 (07.) Littbarski, 0:2, 0:3 (30., 36.) Rahn, 1:3 (41.) Stoecking, 2:3 (43.) Gilica, 2:4 (59.) Götz.
Aufstellung: Illgner, Jensen, Steiner, Higl, Greiner, Häßler (88. Sturm), Rahn, Littbarski, Görtz, Götz, Ordenewitz.

Achtelfinale
09.11.1989 1. FC Kaiserslautern - 1. FC Köln 2:1 (1:0)
Zuschauer: 15.710
Tore: 1:0 (11.) Kuntz, 2:0 (73.) Roos, 2:1 (90.) Kuntz (E).
Aufstellung: Illgner, Steiner, Higl, Giske, Greiner (60. Rudy), Häßler, Littbarski, Janßen, Görtz (46. Ordenewitz), Sturm, Götz.

UEFA-POKAL

1. Runde (Hinspiel)
13.09.1989 1. FC Köln - Plastika Nitra 4:1 (1:1)
Zuschauer: 7.000
Tore: 1:0 (07.) Götz, 1:1 (20.) Hipp, 2:1, 3:1 (56., 61.) Götz, 4:1 (73.) Littbarski (FE).
Aufstellung: Illgner, Steiner, Giske (19. Janßen), Higl, Häßler, Dreßen, Rahn, Littbarski, Görtz, Götz, Ordenewitz (77. Sturm).

1. Runde (Rückspiel)
27.09.1989 Plastika Nitra - 1. FC Köln 0:1 (0:1)
Zuschauer: 12.000
Tor: 0:1 (34.) Higl.
Aufstellung: Illgner, Steiner, Higl, Giske, Häßler, Greiner (77. Janßen), Görtz, Rahn, Littbarski, Götz, Ordenewitz (74. Sturm).

2. Runde (Hinspiel)
18.10.1989 1. FC Köln - Spartak Moskau 3:1 (2:1)
Zuschauer: 22.000
Tore: 0:1 (30.) Tscherenkow, 1:1 (32.) Sturm, 2:1 (38.) Götz, 3:1 (72.) Ordenewitz.
Aufstellung: Illgner, Steiner, Giske, Higl, Janßen, Häßler, Rahn (27.Sturm), Littbarski, Götz (79.Greiner), Görtz, Ordenewitz.

2. Runde (Rückspiel)
01.11.1989 Spartak Moskau - 1. FC Köln 0:0
Zuschauer: 40.000
Aufstellung: Illgner, Steiner, Higl, Giske, Greiner, Häßler, Götz (90.Rahn), Janßen, Littbarski, Görtz, Sturm (73.Ordenewitz).

Achtelfinale (Hinspiel)
22.11.1989 Roter Stern Belgrad - 1. FC Köln 2:0 (0:0),
Zuschauer: 80.000
Tore: 1:0, 2:0 (76., 80.) Savicevic.
Aufstellung: Illgner, Steiner, Higl, Giske, Häßler, Greiner, Jensen, Janßen (88. Ordenewitz), Littbarski, Rahn, Sturm (81. Götz).

Achtelfinale (Rückspiel)
06.12.1989 1. FC Köln - Roter Stern Belgrad 3:0 (0:0),
Zuschauer: 40.000
Tore: 1:0, 2:0 (57., 83.) Götz, 3:0 (89.) Ordenewitz.
Aufstellung: Illgner, Steiner, Higl, Giske, Häßler, Greiner (74. Britz), Sturm, Götz, Ordenewitz (46. Rahn), Littbarski, Görtz.
B.V.: Rahn und Drizic (90.) erhalten einen Platzverweis.

Viertelfinale (Hinspiel)
06.03.1990 1. FC Köln - RFC Antwerpen 2:0 (1:0),
Zuschauer: 26.000
Tore: 1:0 (02.) Littbarski, 2:0 (53.) Giske.
Aufstellung: Illgner, Gielchen, Greiner, Giske, Higl, Häßler, Janßen (74. Jensen), Littbarski, Görtz, Sturm (73. Götz), Rudy.

Viertelfinale (Rückspiel)
20.03.1990 RFC Antwerpen - 1. FC Köln 0:0,
Zuschauer: 23.000
Aufstellung: Illgner, Steiner, Higl (51. Dreßen), Giske, Janßen, Häßler, Littbarski, Jensen, Görtz, Rudy, Götz.

Halbfinale (Hinspiel)
04.04.1990 Juventus Turin - 1. FC Köln 3:2 (2:0),
Zuschauer: 46.000
Tore: 1:0 (22.) Barros, 2:0 (45.) Casiraghi, 3:0 (54.) Marocchi, 3:1 (80.) Götz, 3:2 (90.) Sturm.
Aufstellung: Illgner, Dreßen (58.Ordenewitz), Higl, Gielchen, Häßler, Littbarski, Greiner, Janßen, Görtz, Rudy (74. Götz), Sturm.

Halbfinale (Rückspiel)
18.04.1990 1. FC Köln - Juventus Turin 0:0,
Zuschauer: 58.000
Aufstellung: Illgner, Steiner, Gielchen, Giske, Häßler, Janßen, Rudy (73.Rahn), Greiner, Görtz (46. Götz), Sturm, Ordenewitz.

FREUNDSCHAFTSSPIELE

07.07.1989 Sportfreunde Siegen - 1. FC Köln 0:13

12.07.1989 Young Boys Bern - 1. FC Köln 1:4

14.07.1989 Botafogo FR - 1. FC Köln 0:1
(in Bern)

16.07.1989 FC Sochaux - 1. FC Köln 1:2

19.07.1989 SV Werder Bremen - 1. FC Köln 3:1
(in Koblenz)

20.07.1989 FC Bayern München - 1. FC Köln 2:0
(in Donauwörth)

23.07.1989 Odense BK - 1. FC Köln 0:2

24.07.1989 PSV Eindhoven - 1. FC Köln 1:2
(in Odense)

30.07.1989 TuS Heven - 1. FC Köln 0:7 (in Witten-Heven)

05.08.1989 KAA Gent - 1. FC Köln 1:0

06.08.1989 SpVgg Porz - 1. FC Köln 1:7

20.08.1989 Jeunesse Esch - 1. FC Köln 0:7

03.09.1989 SpVgg Oberaußem-Fortuna - 1. FC Köln 0:5

10.09.1989 Stadtauswahl Hürth - 1. FC Köln 3:22

10.10.1989 Kreisauswahl Bergheim - 1. FC Köln 0:12

17.12.1989 Auswahl Erftkreis - 1. FC Köln 1:9
(in Bergheim)

16.01.1990 Maccabi Haifa - 1. FC Köln 0:2

22.01.1990 Maccabi Tel Aviv - 1. FC Köln 2:3

02.02.1990 HNK Sibenik - 1. FC Köln 1:1

07.02.1990 Hajduk Split - 1. FC Köln 1:0

10.02.1990 Dinamo Zagreb - 1. FC Köln 2:0

18.02.1990 Preußen Münster - 1. FC Köln 0:3

18.03.1990 VfB Uplengen - 1. FC Köln 0:5
(in Uplengen/Remels)

18.05.1990 CR Vasco da Gama – 1. FC Köln 6:7 n.E.
(in San Jose/USA)

20.05.1990 Real Madrid - 1. FC Köln 1:0
(in San Jose/USA)

22.05.1990 Nationalmannschaft Mexiko - 1. FC Köln 1:1
(in Los Angeles/USA)

24.05.1990 Mittelamerika-Auswahl - 1. FC Köln 1:5
(in Los Angeles/USA)

STATISTIK 1989/90

1. BUNDESLIGA 1989/90

1.	Bayern München (M)	64:28	49:19
2.	1. FC Köln	54:44	43:25
3.	Eintracht Frankfurt	61:40	41:27
4.	Borussia Dortmund (P)	51:35	41:27
5.	Bayer Leverkusen	40:32	39:29
6.	VfB Stuttgart	53:47	36:32
7.	Werder Bremen	49:41	34:34
8.	1. FC Nürnberg	42:46	33:35
9.	Fortuna Düsseldorf (N)	41:41	32:36
10.	Karlsruher SC	32:39	32:36
11.	Hamburger SV	39:46	31:37
12.	1. FC Kaiserslautern	42:55	31:37
13.	FC St. Pauli	31:46	31:37
14.	Bayer 05 Uerdingen	41:48	30:38
15.	Borussia M'gladbach	37:45	30:38
16.	VfL Bochum	44:53	29:39
17.	Waldhof Mannheim	36:53	26:42
18.	FC Homburg (N)	33:51	24:44

BUNDESLIGAKADER 1989/90

Abgänge: Hönerbach (1. FC Saarbrücken, w.d.l.S.), Kohler (FC Bayern München), Kraft (Bakirköyspor/Türkei), Olsen (Ende der Laufbahn), T. Allofs (Racing Straßburg), Povlsen (PSV Eindhoven, w.dl.S.), Prestin (Sportinvalide, w.d.l.S.), Schöler (Preußen Münster, w.d.l.S.)

Zugänge: Britz (FSV Salmrohr), Diergardt (Rot-Weiß Essen), Dreßen (Bor. M'gladbach), Gerlach (eigene Amateure), Giske (1. FC Nürnberg), Higl (SC Freiburg), Ordenewitz (Werder Bremen), Rudy (GKS Katowice), Schöler (VfL Kirchheim)

Trainer: Christoph Daum (bis 28. Juni) Erich Rutemöller (ab 29. Juni)

Tor:
Illgner, Bodo 34/0
Diergardt, Volker 0/0
Kargus, Rudi 0/0
Baumann, Karsten 0/0

Feld:
Littbarski, Pierre 34/8
Häßler, Thomas 34/6
Götz, Falko 33/11
Ordenewitz, Frank 30/3
Higl, Alfons 30/0
Steiner, Paul 30/0
Giske, Anders 29/1
Görtz, Armin 27/3
Janßen, Olaf 27/3
Sturm, Ralf 25/8
Rahn, Uwe 23/6
Greiner, Frank 20/1
Rudy, Andrzej 18/2
Dreßen, Hans-Georg 17/0
Gielchen, Andreas 11/0
Jensen, Jann 7/0
Britz, Axel 4/0
Povlsen, Flemming 3/1
Gerlach, Jörg 1/0
Hönerbach, Matthias 0/0
Prestin, Dieter 0/0
Schöler, Uwe 0/0

Dazu kommt ein Eigentor von Stefan Effenberg (Borussia M'gladbach).

FIEBERKURVE 1989/90

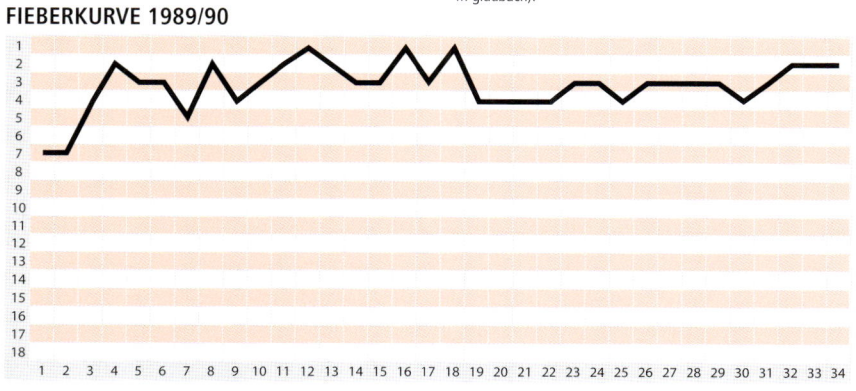

Das Programm zum UEFA-Pokalspiel in Moskau.

Mit diesem Prospekt warb der FC um Dauerkartenkunden für die Saison 1989/90.

Der Bus mit den Schlachtenbummlern aus Köln nach der Ankunft im tschechischen Nitra.

Gedenkwimpel zum UEFA-Pokal-Halbfinale gegen Juventus Turin.

1990/91
1. BUNDESLIGA

Immerhin Pokalfinalist

Hintere Reihe von links: Andreas Gielchen, Jann Jensen, Axel Britz, Uwe Fuchs, Henrik Andersen, Karsten Baumann, Ralf Sturm, Frank Ordenewitz, Zeugwart Willi Rechmann. Mittlere Reihe von links: Busfahrer und Betreuer Hans Schimberg, Mannschaftsarzt Dr. Günther Enderer, Trainer Erich Rutemöller, Paul Steiner, Armin Görtz, Maurice Banach, Reinhold Daschner, Anders Giske, Frank Greiner, Alfons Higl, Co-Trainer Hannes Linßen, Betreuer Heinrich Kaulhausen. Vordere Reihe von links: Pierre Littbarski, Hans-Dieter Flick, Falko Götz, Volker Diergardt, Bodo Illgner, Alexander Bade, Andrzej Rudy, Horst Heldt, Olaf Janßen, Masseur Jürgen Schäfer.

Der WM-Titel hatte endlich wieder eine Euphoriewelle losgetreten, die sich auch in den Verkaufszahlen der Dauerkarten bemerkbar machte. So setzten die Geißböcke rund zehn Prozent mehr Tickets ab als im Vorjahr.

Beim FC hatte der Alltag die Aktiven schnell wieder eingeholt. Zum einen, da bereits während der WM der neue Trainer zur Saisonvorbereitung geladen hatte, zum anderen, weil im Umfeld noch immer keine Ruhe eingekehrt war. Der Managerposten war beispielsweise neu zu besetzen, unter anderem wurde der Name Dieter Müller gehandelt. Dazu die drohende Klage von Christoph Daum. Beim DFB standen ebenfalls Veränderungen an. Die Vereine der DDR sollten 1991 in die Bundesliga eingegliedert werden. Dies lenkte zumindest die Aufmerksamkeit auf andere Schauplätze.

Die Mannschaft präsentierte sich in der Vorbereitung sehr launisch. Neben den üblichen zweistelligen Siegen gegen Verbands- und Landesligisten gab es nur einen 3:1-Erfolg auf Schalke. Dafür aber Niederlagen gegen Werder (0:2) und wieder einmal gegen die Bayern (1:4). Als großes Manko galt wie schon im Vorjahr die Abwehr. Dazu glaubte kaum einer der Experten, dass der Abgang von Thomas Häßler auch nur annähernd kompensiert werden könnte. Rund ums Geißbockheim herrschte Erleichterung, als zum Saisonauftakt in der ersten DFB-Pokalhauptrunde mit dem VfL Wolfsburg eine durchaus lösbare Aufgabe bevorstand. Dank eines bärenstarken Falko Götz, dem ein lupenreiner Hattrick gelang, wurde diese dann souverän mit 6:1 gelöst.

CHAOS RUND UM DEN MILITÄRRING

In der Liga verlief der Start dagegen holpriger. Bereits gegen

Erinnerungskarte zu Ehren der drei „kölschen Weltmeister" Pierre Littbarski, Bodo Illgner und Paul Steiner.

[LEGENDEN]

Maurice „Mucki" Banach
Beim FC von 1990 bis 1991
Geboren: 9.10.1967 in Münster
Gestorben: 17.11.1991
Pflichtspiele für den FC: 63
Pflichtspieltore für den FC: 30

Unvergessen
Als Torschützenkönig der 2. Bundesliga wechselte Maurice Banach im Sommer 1990 vom Aufsteiger Wattenscheid 09 zum 1. FC Köln. Unter Trainer Erich Rutemöller sicherte sich der damals 23-Jährige schnell einen Platz im Team des Vizemeisters. Am 1. September 1990 feierte der gebürtige Münsterländer im Derby gegen Borussia Mönchengladbach seine Torpremiere im FC-Dress: Er erzielte die zwischenzeitliche 1:0-Führung der Gäste beim 2:2 auf dem Bökelberg. Nur eine Woche später gelang ihm ausgerechnet gegen seinen Ex-Verein der erste „Doppelpack" für die Geißböcke. Nicht nur die Tatsache, dass Maurice Banach ein erstklassiger Stürmer war, sondern auch durch sein sympathisches Auftreten avancierte er im Handumdrehen zu einem der bis heute beliebtesten FC-Spieler. In seiner ersten Spielzeit in Köln gelangen „Mucki", so sein Spitzname bei Fans und Mitspielern, beachtliche 14 Bundesligatore. Der Einzug ins DFB-Pokalendspiel 1991, das die Kölner erstmals seit 1983 wieder erreichten, war auch in nicht unerheblichem Maße sein Verdienst. Drei Treffer, darunter die wichtigen Siegtore beim Zweitrundenauswärtsspiel in Kaiserslautern und im Viertelfinale gegen den VfB Stuttgart, ebneten den Weg nach Berlin. Im Finale, Gegner war Werder Bremen, egalisierte „Mucki" in der 68. Spielminute den Führungstreffer von Dieter Eilts und sorgte so dafür, dass die Verlängerung und das anschließende, dramatische Elfmeterschießen möglich wurden. Unglücklich mit 5:4 verlor der FC sein zehntes und bis heute letztes Po-

➜

kalendspiel, obwohl Banach „seinen" Elfmeter sicher verwandelte.

Bei Preußen Münster hatte der dunkelhaarige Offensivspieler seine Laufbahn begonnen und war im Alter von 15 Jahren zur Borussia nach Dortmund gewechselt, für die er bereits als kleiner Junge geschwärmt hatte. Schon mit 17 war ihm unter Reinhard Saftig der Sprung in den Profikader der Schwarz-Gelben gelungen. 14 Bundesligaspiele bestritt Banach für den BVB. Da er bei den Westfalen zumeist nur Reservist gewesen war, wechselte er zum Reviernachbarn Wattenscheid 09, wo der Durchbruch zum Goalgetter gelang. Bereits im Winter 1989 hatte sich der FC die Dienste des talentierten Stürmers gesichert. „Ich wollte zu einem Spitzenclub, in der Tabelle oben mitspielen und auch international dabei sein. Beim 1. FC Köln schienen mir diese Perspektiven am ehesten realisierbar", äußerte sich „Mucki" im *Geißbock Echo* zu seinem Wechsel.

In seinem zweiten Jahr bei den Geißböcken startete die Mannschaft schlecht in die Saison, es kam zum Trainerwechsel, und am 10. September 1991 wurde Jörg Berger neuer FC-Coach. Trotz der enttäuschenden Tabellenplatzierung war Banach immer noch bester Torjäger der Kölner. Wie schon bei seinem Vorgänger, war er auch bei Jörg Berger in der Offensivabteilung gesetzt. Zum 4:1-Heimsieg gegen Fortuna Düsseldorf am 9. November 1991 steuerte der passionierte Angler ebenfalls zwei Tore bei. Keiner der 20.000 Fans ahnte, dass es sein letztes Spiel vor heimischem Publikum sein sollte. Nicht einmal 24 Stunden nach dem Auswärtsspiel beim FC Schalke 04, bei dem der Publikumsliebling noch mitgewirkt hatte, erlitt er am Morgen des 17. November 1991 auf der Fahrt zum Training einen tödlichen Autounfall. Der plötzliche Tod von Maurice Banach stürzte den 1. FC Köln in tiefe Trauer. Erst wenige Wochen vorher hatte der Vater zweier Söhne seinen Vertrag bis 1995 verlängert. Zum Zeitpunkt des Unfalls führte Banach die Torjägerliste der Bundesliga mit zehn Toren an – bis ins Frühjahr 1992 hinein fand man seinen Namen noch unter den „Top ten". Beim 1. FC Köln und allen FC-Freunden, die „Mucki" Banach in seiner liebenswerten Art auf und neben dem Platz erlebt haben, bleibt er für immer unvergessen. ∎

Diesen Button verteilte die Berliner Polizei vor dem Pokalendspiel.

Düsseldorf gab es neben einem unnötigen Punktverlust (1:1) den ersten Nackenschlag mit der Verletzung von Weltmeister Paul Steiner: Bänderriss, sechs bis acht Wochen Pause hieß es. Dass diese Verletzung das Ende seiner Laufbahn bedeutete, ahnte zu dieser Zeit noch niemand. Zwei Wochen später folgte ihm Pierre Littbarski, der insgesamt sieben Monate fehlen sollte.

In Bochum verlor der FC mit 0:1, und sofort herrschte wieder Unruhe. Präsident Artzinger-Bolten, beim 0:1 noch im Urlaub weilend, sah sich genötigt, aufkommende Gerüchte über eine Ablösung von Trainer Erich Rutemöller zu dementieren. Somit konnte er zumindest von der immer größer werdenden Kritik ablenken, die ihm und seinen Vorstandskollegen zur Last gelegt wurde. Bereits gegen Düsseldorf waren „Vorstand raus"-Rufe durch das Müngersdorfer Stadion gehallt, gegen Bremen (1:0) waren sie dann unüberhörbar, und nach dem Spiel in M'gladbach (2:2) randalierten einige „Fans" sogar im Geißbockheim. „Chaos in Köln", war im *Kicker* zu lesen. Beim Lösen der Führungskrise sollte ein Spieler helfen. Vor dem Spiel in Wattenscheid wurde mit dem verletzten Pierre Littbarski plötzlich der Managerposten neu besetzt, zumindest übergangsweise. „Der Litti kann doch nicht ganz bei Trost sein", lautete Franz Beckenbauers Kommentar. Doch diese Aktion erzielte den gewünschten Effekt, und im aufgewühlten Umfeld kehrte etwas Ruhe ein. Auch bedingt durch den sportlichen Erfolg, der sich kurzfristig einstellte. Siege in Wattenscheid (3:0) und gegen Hamburg (1:0) sorgten für kurzfristiges Träumen von erfolgreichen Zeiten.

Innerhalb von 14 Tagen war die Managerlösung Littbarski schon wieder vom Tisch, da der kleine Dribbelkönig sich einer OP unterziehen musste. Zwischenzeitlich hatte sich der Vorstand bereits eine Abfuhr von Reiner Calmund abgeholt, um dann Mitte September mit Udo Lattek aufzuwarten.

VIER TORE UND DREI PLATZVERWEISE

Der FC ließ wieder die Launen einer Diva sehen: In Frankfurt und gegen Dortmund gab es jeweils ein 0:1, und beim Tabellenletzten Hertha BSC Berlin reichte es nur zu einem 0:0. Und ausgerechnet jetzt kamen die Bayern in die Domstadt. Und das mit breiter Brust, denn wieder einmal waren die Heynckes-Jünger Spitzenreiter und das Topteam der Liga. Die 54.000 Zuschauer im nicht ausverkauften Stadion sollten ein unvergessliches Spiel erleben. Bereits zur Pause führten die Geißböcke mit 3:0, und nach dem Wechsel kamen noch Treffer Nummer vier und drei Platzverweise. Neben den Bayern-Spielern Radmilo Mihajlovic und Manfred Bender erwischte es auch den Kölner Andreas Gielchen. Der FC schien den sogenann-

ten Lauf zu haben. Siege in der Bundesliga in Nürnberg (4:0) und gegen Uerdingen (3:1) sorgten für ein Klettern in der Tabelle. International ging es ebenfalls voran. Nach dem IFK Norrköping in Runde eins (3:1, 0:0) war auch Inter Bratislava (0:1, 2:0) verabschiedet worden. Der slowakische Vertreter machte es den Geißböcken aber ungleich schwerer als die Schweden. Nach der Heimspielniederlage mussten die Kölner in Bratislava eine gehörige Energieleistung aufbringen, um die dritte Runde zu erreichen. Spieler des Tages war Olaf Janßen, der mit dem 2:0 nicht nur den goldenen Treffer des Tages markierte, sondern mit seiner Direktabnahme aus 20 Metern das „Tor des Monats" November 1990 erzielte. Und auch im DFB-Pokal gelang eine Überraschung. Bei den Roten Teufeln hielt sich das Team von Erich Rutemöller schadlos und zog mit dem 2:1-Erfolg ebenfalls in Runde drei des nationalen Pokalwettbewerbs.

Während dieser Wochen tauchten immer wieder Namen von Neuzugängen auf. Der FC war nach den Abgängen in der Sommerpause auf einigen Positionen noch immer nicht fündig geworden. Namen wie Wolfram Wuttke (Espanol Barcelona), Henrik Herzog (FC Berlin), Bernd Schuster (Atletico Madrid), Hans-Peter Lehnhoff (FC Antwerpen), Thomas Doll (Hamburger SV) und vor allem Rico Steinmann (Chemnitzer FC) wurden im-

Kölner Fans machen „Bengalostimmung" beim UEFA-Cup-Auswärtsspiel in Norrköping.

Fußballfest in Müngersdorf. Der FC schlägt die Bayern mit 4:0. Mühelos erzielt Ralf Sturm das vierte Tor für die Geißböcke…

mer wieder genannt, ohne dass von den handelnden Personen Vollzug gemeldet wurde. Bis zu diesem Zeitpunkt schien kein dringender Bedarf vorhanden zu sein. Dies sollte sich allerdings in den kommenden Wochen ändern. Im Derby bei Bayer Leverkusen (0:2) erlebten die Domstädter den ersten Rückschlag.

ZUM DAUM-DEBÜT NACH STUTTGART

Nach einem erwarteten 2:0-Sieg gegen St. Pauli musste der FC zum VfB Stuttgart. Der hatte gerade seinen Coach Willi Entenmann entlassen und sich die Dienste Christoph Daums gesichert. Ein Glücksgriff, wie sich in den folgenden Jahren herausstellen sollte. Zehn Tage blieben dem Ex-Kölner Zeit, sein neues Team nach zehn Spielen ohne Sieg besonders zu motivieren. Zu Beginn der Partie sah alles danach aus, als wenn auch die elfte Begegnung ohne die nötigen Punkte bleiben sollte. Nach 50 Minuten lagen die Kölner bereits mit 2:0 in Front. Doch keine 20 Minuten später hatten die Schwaben die Partie gedreht, führten ihrerseits mit 3:2 und gewannen am Ende mit dem gleichen Ergebnis. Eine mehr als unnötige Niederlage, denn der Vorsprung auf die Tabellenspitze wäre ansonsten auf zwei Punkte zusammengeschmolzen. Die Mannschaft wirkte geschockt. Im DFB-Pokal reichte es gerade noch zu einem mageren 1:0 über den SV Meppen, dem 16. der 2. Bundesliga. 5.000 Zuschauer hatten sich an diesem tristen Dezembertag eingefunden und nicht viel Freude an der Begegnung. Eine Woche später erzielte man dann gegen den KSC auch nur eine magere Nullnummer. Der Mannschaft fehlte in dieser Phase das Selbstvertrauen, das notwendig war, zumal mit Atalanta Bergamo ein schwerer Gegner in der dritten Runde des UEFA-Pokals wartete. In Köln reichte es am Ende wieder nur zu einem 1:1. „Die Chancen für ein Weiterkommen sehe ich nur bei 30:70", so ein enttäuschter Udo Lattek. Der ehemalige schreibwütige

… und der anschließende Jubel bei Baumann, Illgner und Wunderlich.

[Interessantes & Kurioses]

■ Ein teurer Flop verabschiedet sich im September 1990 in Richtung Argentinien. Daniel Decoud kostet seinen neuen Club River Plate Buenos Aires nur noch 32.000 DM. Rund 15 Monate zuvor hatte der FC für den Vertragsamateur 750.000 DM an den RC Avellaneda überwiesen, doch er schaffte es nicht in den Profikader des 1. FC Köln vorzudringen.

■ Der FC weitet seine Fanarbeit aus. So wird zum ersten Mal den eingetragenen Fanclubs nicht nur ein Freiexemplar des *Geißbock Echos* zugesandt, sondern die Mitglieder erhalten die Möglichkeit, vergünstigte Dauerkarten für die Südkurve zu bekommen.

■ Auch die A-Jugend des 1. FC Köln verliert ihr DFB-Pokalfinale. Gegen den FC Augsburg verliert die Mannschaft im heimischen Franz-Kremer-Stadion nach einer 2:0-Führung noch mit 2:3. Die B-Jugend präsentiert sich dagegen erfolgreicher: Überlegen mit 41:3 Punkten holt das Team von Frank Schaefer die Mittelrheinmeisterschaft. Auch die B2 gewinnt in der Sonderstaffel mit 34:2 Punkten den Titel. Abgerundet wird ein erfolgreiches Jugendjahr mit dem Gewinn des Doubles bei der E-Jugend. Die von Christoph Henkel trainierte Mannschaft gewinnt Kreismeisterschaft und Kreispokal.

Das Ankündigungsplakat zur Saisoneröffnung am Geißbockheim.

Ticket vom UEFA-Cupspiel gegen Atalanta Bergamo.

Der Souvenirwimpel aus Bergamo.

- Ein Wechselbad der Gefühle erlebt die Amateurabteilung des FC. Während die 1. Mannschaft aus der Oberliga in die Verbandsliga hinabklettert, schafft die 2. Mannschaft den Weg nach oben. Als Debütant gelingt sofort die Meisterschaft in der B-Klasse und der damit verbundene Aufstieg in die höchste Liga des Kreises Köln.

- Im Geschäftsjahr 1989/90 nimmt der FC 29,5 Millionen DM allein aus dem Bundesligaspielbetrieb ein. Insgesamt 2 Millionen DM können dabei als Reingewinn verbucht werden. Rund 360 Mitglieder vernehmen diese Kunde auf der Jahreshauptversammlung und entlasten den Vorstand um Präsident Dietmar Artzinger-Bolten.

Meistertrainer sollte Recht behalten. Die Italiener gewannen vor 26.000 Fans mit 1:0 und verabschiedeten den FC mit einer Niederlage in die Winterpause, denn die letzte Partie in Kaiserslautern fiel dem ersten Schnee zum Opfer.

SCHWACHER RÜCKRUNDENAUFTAKT

Nach drei Wochen Pause startete man wie immer in der Halle ins neue Jahr. Dort war bereits in der Vorrunde Endstation. Zwischendurch wurde noch einmal die Gerüchteküche angeheizt: Maurizio Gaudino, Fritz Walter (beide VfB Stuttgart), Mike Büskens (Fortuna Düsseldorf), der jugoslawische Nationalspieler Robert Prosinecki (RS Belgrad), Henry Fuchs (Hansa Rostock) und Stefan Kohn (VfL Bochum) wurden als Neuzugänge gehandelt. Alle Spieler dementierten zunächst bzw. sagten ab. Die Mannschaft präsentierte sich in den Testspielen weit unter Form und ließ für den Start in die Rückrunde Schlimmes befürchten.

Die Winterpause endete dann aber, nach einer zweifachen Spielabsage in Kaiserslautern, mit einem 2:0-Erfolg in Düsseldorf. Dies sollte der letzte Bundesligasieg für die kommenden Wochen sein. Nur vier Punkte aus den nächsten sechs Begegnungen ließen die ohnehin nur geringen Meisterschaftsträume zerplatzen und stellten auch die UEFA-Pokal-Qualifikation in Frage.

„MACH ET, OTZE!"

Im DFB-Pokal kam es erneut zum Duell mit Daums VfB Stuttgart. Dieses Mal sollte der FC die Nase vorne haben. Auch dank eines wiedergenesenen Pierre Littbarskis, der erstmals seit sieben Monaten wieder auf dem Rasen stand. Bis zwei Minuten vor Spielbeginn konnte sein Auflaufen geheim gehalten werden. Und der kleine Zauberzwerg war es auch, der in der Verlängerung Maurice Banachs Siegtor per Freistoß maßgerecht vorbereitete und die Geißböcke somit ins Halbfinale des DFB-Pokals führte. Der Sieg schien das Team von Erich Rutemöller zu befreien. Die Mannschaft nahm in der Liga wieder Fahrt auf und kletterte in den kommenden Wochen bis auf Rang 5. Im DFB-Pokal war der MSV Duisburg als Gegner im Halbfinale zugelost worden. Nach 120 Minuten endete die Partie im Wedau-Stadion torlos, sodass man sich zwei Wochen später in Köln erneut traf. 35.000 Zuschauer gaben dem Spiel in Müngersdorf den entsprechenden Rahmen beim 3:0-Erfolg des FC.

Doch der Einzug ins Finale war schon Minuten nach dem Schlusspfiff zweitrangig. Vielmehr erregte eine Aussage von FC-Trainer Erich Rutemöller die Gemüter. Frank Ordenewitz hatte kurz vor Schluss, der FC führte bereits 2:0, seinen Platzverweis provoziert, weil er in der Begegnung seine zweite gelbe Karte in diesem Wettbewerb gesehen hatte. Da die rote Karte die gelbe Karte aufhob, wäre er nach einer Sperre, die damals noch nicht an einen Wettbewerb gebunden war, im Finale wieder spielberechtigt gewesen. Die Provokation – das Wegdreschen des Leders in den Schlussminuten – unternahm er in Absprache mit seinem Trainer, der dies jetzt vor laufender Kamera gestand: „Der Junge hat mich gefragt, und da habe ich gesagt: ‚Mach et, Otze!'", so Rutemöller. Es kam, wie es kommen musste: Der DFB sperrte den Stürmer fürs Endspiel und änderte ab der kommende Saison die Statuten dahingehend, dass alle Sanktionen gegen einen Spieler an den jeweiligen Wettbewerb gebunden wurden.

In der Liga präsentierte sich das Team zunächst unbeeindruckt von dem Wirbel. Nach dem klaren 3:0 in Uerdingen mit einem erneut bärenstarken Maurice Banach stand das Team sogar auf Rang 4. Doch anschließend kam der Einbruch. In den letzten fünf Begegnungen holte die Mannschaft gerade noch zwei Punkte. Darunter zwei ganz bittere Heimniederlagen gegen den VfB Stuttgart (1:6) und zwei

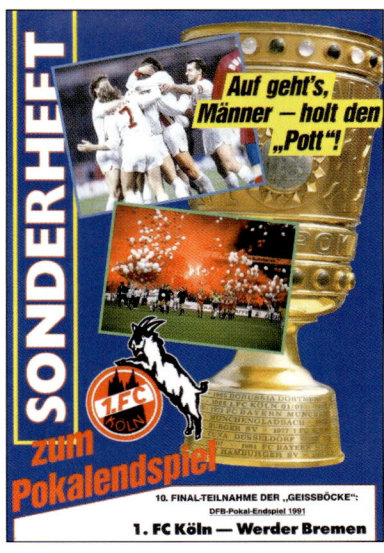

Das Programmheft des 1. FC Köln zum Pokalendspiel 1991.

Erich Rutemöller gibt Frank Ordenewitz beim Halbfinalrückspiel gegen Duisburg die bis heute legendäre Anweisung „Mach et, Otze!"

„Mucki" Banach in Aktion beim DFB-Pokalendspiel gegen Werder Bremen.

Wochen später gegen den 1. FC Kaiserslautern (2:6), der sich mit diesem Erfolg seine erste Bundesligameisterschaft in der Vereinsgeschichte holte. Der FC hatte in der Liga nur Platz 7 erreicht, was nicht für den Einzug in den UEFA-Pokal genügte.

PREMIERE IM FINALE

Trotz der Enttäuschungen in den letzten Saisonspielen lag der vermeintliche Höhepunkt noch vor der Mannschaft. „Ich will mittwochs nicht vor der Glotze hängen", mit dieser Aussage versuchte Mannschaftskapitän Littbarski seine Kollegen vor der Finalbegegnung nochmals wachzurütteln. Der kleine Berliner wollte in seiner Heimat unbedingt den Pott in die Höhe halten. Der Mittelfeldspieler wusste, wovon er redete. Durch seinen Treffer zum 1:0 gegen Fortuna Köln hatte der Club acht Jahre zuvor seinen letzten Titel geholt. Es sollte der letzte bleiben.
Gegen die Mannschaft von der Weser hieß es nach 90 Minuten 1:1. Den Führungstreffer von Dieter Eilts hatte Maurice Banach ausgleichen können. Da auch in der Verlängerung keine Entscheidung herbeigeführt werden konnte, kam es zum Elfmeterschießen, dem ersten in einem DFB-Pokalendspiel. Das verlor die Mannschaft mit 3:4. Tragik am Rande: Littbarski war der entscheidende Akteur, der seinen Elfmeter verschoss. Ausgerechnet der Held, der im Spiel gegen Stuttgart sein umjubeltes Comeback gefeiert hatte.
Am Ende der Saison standen die Geißböcke mit leeren Händen da: den UEFA-Pokal verspielt und den DFB-Pokal im Finale verloren. Das viel versprechende Team des Vorjahres war auseinandergebrochen und hinterließ viele offene Fragen hinsichtlich der sportlichen Zukunft.

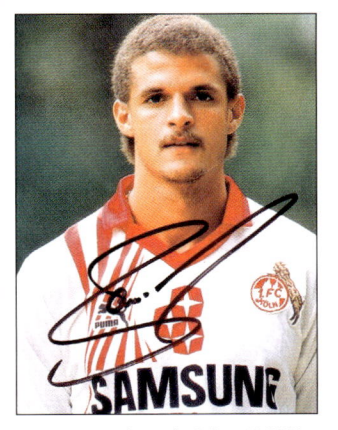

Ausgerechnet „Litti" verschießt den entscheidenden Elfmeter im Pokalfinale.

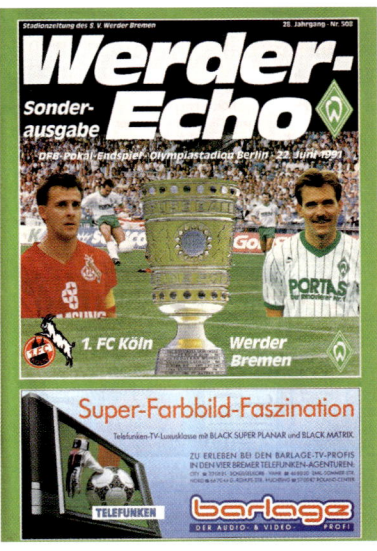

Erinnerungswimpel an das Pokalfinale 1991.

Die Eintrittskarte vom Pokalfinale 1991.

Die Autogrammkarte der Saison 1990/91 des unvergessenen „Mucki" Banach.

Das Programmheft des SV Werder Bremen zum DFB-Pokalfinale.

STATISTIK 1990/91

BUNDESLIGA

11.08.1990 1. FC Köln - Fortuna Düsseldorf 1:1 (0:0), Zuschauer: 28.000
Tore: 0:1 (58.) Allofs, 1:1 (81.) Higl.
Aufstellung: Illgner, Steiner (18. Baumann), Higl, Greiner (70. Ordenewitz), Flick, Rudy, Littbarski, Janßen, Andersen, Sturm, Götz.
B.V.: Schmadke hält FE von Littbarski (42.).

18.08.1990 VfL Bochum - 1. FC Köln 1:0 (0:0), Zuschauer: 20.000
Tor: 1:0 (84.) Kohn.
Aufstellung: Illgner, Götz, Higl, Greiner, Rudy, Janßen, Littbarski, Flick, Andersen, Sturm, Ordenewitz (74. Banach).

25.08.1990 1. FC Köln - Werder Bremen 1:0 (1:0), Zuschauer: 15.000
Tor: 1:0 (13.) Sturm.
Aufstellung: Illgner, Götz, Greiner, Higl, Giske, Janßen, Flick, Littbarski (63. Baumann), Andersen, Sturm (73. Ordenewitz), Banach.

01.09.1990 Borussia M'gladbach - 1. FC Köln 2:2 (0:1), Zuschauer: 18.500
Tore: 0:1 (16.) Banach, 1:1 (48.) Criens, 2:1 (61.) Pflipsen, 2:2 (83.) Götz.
Aufstellung: Illgner, Götz, Greiner, Giske, Baumann, Higl, Heldt (62. Ordenewitz), Flick, Andersen (75. Rudy), Banach, Sturm.

08.09.1990 SG Wattenscheid 09 - 1. FC Köln 0:3 (0:1), Zuschauer: 13.000
Tore: 0:1 (43.) Ordenewitz (FE), 0:2 (75., 89.) Banach.
Aufstellung: Illgner, Giske, Greiner, Götz, Higl, Baumann, Andersen (81. Britz), Sturm, Banach, Ordenewitz (89. Rudy).

15.09.1990 1. FC Köln - Hamburger SV 1:0 (0:0), Zuschauer: 18.000
Tor: 1:0 (90.) Rudy.
Aufstellung: Illgner, Götz, Giske (66. Rudy), Higl, Greiner, Flick, Sturm, Andersen, Britz, Banach, Ordenewitz.

22.09.1990 Eintracht Frankfurt - 1. FC Köln 1:0 (1:0), Zuschauer: 19.000
Tor: 1:0 (21.) Falkenmayer.
Aufstellung: Illgner, Götz, Giske, Greiner, Britz, Andersen (60. Rudy), Higl, Flick, Janßen, Sturm, Banach (60. Ordenewitz).

29.09.1990 1. FC Köln - Borussia Dortmund 0:1 (0:1), Zuschauer: 20.000
Tor: 0:1 (35.) Lusch.
Aufstellung: Illgner, Götz (26. Baumann), Higl, Janßen, Flick, Greiner, Rudy, Andersen, Britz (72. Ordenewitz), Sturm, Banach.

06.10.1990 Hertha BSC Berlin - 1. FC Köln 0:0, Zuschauer: 16.120
Aufstellung: Illgner, Götz, Giske, Greiner, Sturm (75. Baumann), Janßen, Rudy, Higl, Britz (82. Gielchen), Banach, Ordenewitz.

13.10.1990 1. FC Köln - FC Bayern München 4:0 (3:0), Zuschauer: 54.000
Tore: 1:0 (03.) Ordenewitz, 2:0 (25.) Janßen, 3:0 (38.) Banach, 4:0 (66.) Sturm.
Aufstellung: Illgner, Götz, Gielchen, Giske, Baumann, Janßen (80. Wunderlich), Flick, Rudy (70. Andersen) Ordenewitz, Sturm, Banach.
B.V.: Platzverweise für Mihajlovic (56.), Bender (77.) und Gielchen (88.).

20.10.1990 1. FC Nürnberg - 1. FC Köln 0:4 (0:2), Zuschauer: 20.100
Tore: 0:1, 0:2 (03., 19.) Sturm, 0:3 (83.) Janßen, 0:4 (86.) Banach.
Aufstellung: Illgner, Götz, Greiner, Giske, Higl (84. Baumann), Janßen, Flick, Rudy, Ordenewitz (64. Britz), Sturm, Banach.

27.10.1990 1. FC Köln - Bayer 05 Uerdingen 3:1 (1:0), Zuschauer: 13.000
Tore: 1:0, 2:0 (42., 47.) Sturm, 2:1 (78.) W.Funkel (FE), 3:1 (79.) Greiner.
Aufstellung: Illgner, Götz, Giske (62. Baumann), Flick, Greiner, Janßen, Rudy, Higl, Gielchen, Sturm (55. Heldt), Banach.

10.11.1990 Bayer Leverkusen - 1. FC Köln 2:0 (1:0), Zuschauer: 25.800
Tore: 1:0 (35.) Lesniak, 2:0 (68.) Thom.
Aufstellung: Illgner, Götz (64. Britz), Baumann, Higl, Greiner, Janßen, Flick (46. Heldt), Rudy, Andersen, Banach, Ordenewitz.

16.11.1990 1. FC Köln - FC St. Pauli 2:0 (2:0), Zuschauer: 10.000
Tore: 1:0 (39.) Heldt, 2:0 (45.) Greiner.
Aufstellung: Illgner, Gielchen, Baumann, Giske, Greiner, Higl, Rudy (67. Andersen), Heldt, Janßen, Ordenewitz (65. Britz), Banach.

24.11.1990 VfB Stuttgart - 1. FC Köln 3:2 (0:1), Zuschauer: 35.000
Tore: 0:1 (38.) Giske, 0:2 (49.) Banach, 1:2 (53.) Kögl, 2:2 (55.) Sammer, 3:2 (69.) Allgöwer.
Aufstellung: Illgner, Götz, Giske, Gielchen, Greiner, Higl, Baumann, Heldt (46. Ordenewitz), Janßen, Andersen (71. Sturm), Banach.

07.12.1990 1. FC Köln - Karlsruher SC 0:0, Zuschauer: 9.000
Aufstellung: Illgner, Götz, Giske, Greiner, Flick, Heldt, Higl, Andersen, Ordenewitz, Sturm, Banach (70. Gielchen).

27.02.1991 Fortuna Düsseldorf - 1. FC Köln 0:2 (0:0), Zuschauer: 21.000
Tore: 0:1 (49.) Sturm, 0:2 (54.) Heldt.
Aufstellung: Illgner, Götz, Baumann, Greiner, Flick, Higl, Heldt (72. Jensen), Andersen, Sturm (82. Banach), Ordenewitz.

02.03.1991 1. FC Köln - VfL Bochum 0:0, Zuschauer: 15.000
Aufstellung: Illgner, Götz, Baumann, Higl, Heldt (78. Daschner), Flick, Gielchen (62. Banach), Andersen, Sturm, Ordenewitz.

08.03.1991 Werder Bremen - 1. FC Köln 2:1 (0:0), Zuschauer: 24.128
Tore: 0:1 (53.) Ordenewitz, 1:1 (61.) Harttgen, 2:1 (86.) Neubarth.
Aufstellung: Illgner, Götz, Baumann, Greiner, Flick, Higl, Heldt (58. Jensen), Andersen, Sturm, Ordenewitz (77. Britz).

16.03.1991 1. FC Köln - Borussia M'gladbach 1:3 (1:2), Zuschauer: 28.000
Tore: 0:1 (09.) Götz (E), 1:1 (31.) Higl, 1:2 (39.) Kastenmaier, 1:3 (70.) Max.
Aufstellung: Illgner, Götz, Gielchen, Jensen (46. Daschner), Baumann, Higl, Heldt, Andersen, Britz, Sturm , Banach.

19.03.1991 1. FC Kaiserslautern - 1. FC Köln 2:2 (0:2), Zuschauer: 36.133
Tore: 0:1 (04.) Heldt, 0:2 (24.) Higl, 1:2 (74.) Winkler, 2.2 (80.) Haber.
Aufstellung: Illgner, Jensen, Baumann, Gielchen (58. Wunderlich), Greiner, Higl, Britz, Heldt, Andersen, Sturm, Ordenewitz (90. Banach).

23.03.1991 1. FC Köln - SG Wattenscheid 09 1:1 (0:0), Zuschauer: 10.000
Tore: 1:0 (62.) Banach, 1:1 (64.) Hartmann.
Aufstellung: Illgner, Götz, Baumann, Higl, Greiner, Rudy (62. Daschner) Gielchen, Heldt, Britz, Banach, Ordenewitz.

03.04.1991 Hamburger SV - 1. FC Köln 1:1 (1:0), Zuschauer: 30.000
Tore: 1:0 (42.) Eck, 1:1 (60.) Banach.
Aufstellung: Illgner, Jensen, Baumann, Gielchen, Greiner, Heldt (54. Banach), Littbarski, Higl, Andersen, Sturm (89. Britz), Ordenewitz.

06.04.1991 1. FC Köln - Eintracht Frankfurt 2:1 (1:1), Zuschauer: 23.000
Tore: 0:1 (24.) Binz, 1:1 (26.) Littbarski, 2:1 (50.) Sturm.
Aufstellung: Illgner, Götz, Gielchen, Greiner, Higl, Baumann, Littbarski (85. Britz), Heldt (71. Banach), Andersen, Sturm, Ordenewitz.

13.04.1991 Borussia Dortmund - 1. FC Köln 1:2 (0:2), Zuschauer: 44.547
Tore: 0:1, 0:2 (20., 35.) Banach, 1:2 (61.) Rummenigge (FE).
Aufstellung: Illgner, Götz, Gielchen, Baumann, Greiner (85. Britz), Higl, Littbarski, Heldt (72. Rudy), Andersen, Banach, Ordenewitz.

17.04.1991 1. FC Köln - Hertha BSC Berlin 2:1 (0:1), Zuschauer: 9.000
Tore: 0:1 (26.) Kretschmer, 1:1 (72.) Rudy, 2:1 (90.) Ordenewitz (FE).
Aufstellung: Illgner, Götz, Baumann, Higl, Greiner, Littbarski, Heldt, Gielchen, Ordenewitz, Sturm (83. Daschner), Rudy.

20.04.1991 FC Bayern München - 1. FC Köln 2:2 (1:0), Zuschauer: 27.000
Tore: 1:0 (02.) Laudrup, 1:1 (60.) Banach, 2:1 (86.) Schwabl, 2:2 (88.) Götz.
A.: Illgner, Götz, Gielchen, Baumann, Greiner (87. Britz), Rudy, Littbarski, Higl, Andersen (46. Banach), Ordenewitz.

04.05.1991 1. FC Köln - 1. FC Nürnberg 3:1 (1:1), Zuschauer: 13.000
Tore: 1:0 (25.) Oechler (E), 1:1 (26.) Oechler, 1:1 (54.) Littbarski, 3:1 (71.) Ordenewitz.
Aufstellung: Illgner, Götz, Baumann, Greiner, Higl, Rudy (66. Gielchen), Littbarski, Heldt, Andersen (83. Sturm), Ordenewitz.

11.05.1991 Bayer 05 Uerdingen - 1. FC Köln 0:3 (0:2), Zuschauer: 13.600
Tore: 0:1, 0:2 (12., 44.) Banach, 0:3 (85.) Ordenewitz.
Aufstellung: Illgner, Götz, Baumann, Greiner (87. Rudy), Littbarski, Higl, Heldt, Banach (88. Sturm), Ordenewitz.

18.05.1991 1. FC Köln - Bayer Leverkusen 1:1 (1:1), Zuschauer: 21.000
Tore: 0:1 (02.) Fischer, 1:1 (18.) Götz.
Aufstellung: Illgner, Götz, Baumann, Gielchen, Greiner, Heldt, Littbarski, Higl, Andersen, Ordenewitz, Rudy (18. Rudy - 71. Britz).

25.05.1991 FC St. Pauli - 1. FC Köln 2:0 (1:0), Zuschauer: 17.600
Tore: 1:0 (14.) Kocian, 2:0 (58.) Zander.
A.: Illgner, Götz, Gielchen, Giske (68. Rudy), Greiner, Higl, Littbarski, Andersen, Heldt (61. Daschner), Flick, Banach.

01.06.1991 1. FC Köln - VfB Stuttgart 1:6 (0:2), Zuschauer: 20.000
Tore: 0:1 (19.) Walter (HE), 0:2 (40.) Allgöwer, 0:3 (48.) Frontzek, 1:3 (54.) Higl, 1:4 (57.) Sammer, 1:5 (67.) Frontzek, 1:6 (79.) Sverisson.
Aufstellung: Illgner, Götz, Gielchen, Giske (46. Rudy), Baumann, Greiner, Higl, Littbarski, Heldt, Andersen, Banach, Ordenewitz (77. Daschner).

08.06.1991 Karlsruher SC - 1. FC Köln 1:1 (1:1), Zuschauer: 15.000
Tore: 1:0 (35.) Scholl, 1:1 (38.) Banach.
Aufstellung: Illgner, Götz, Giske, Higl (45. Rudy), Greiner, Littbarski, Flick (82. Sturm), Baumann, Gielchen, Banach, Ordenewitz.

15.06.1991 1. FC Köln - 1. FC Kaiserslautern 2:6 (1:4), Zuschauer: 55.000
Tore: 0:1 (05.) Haber, 0:2 (14.) Winkler, 1:2 (34.) Ordenewitz (FE), 1:3 (43.) Winkler, 1:4 (45.) Dooley, 2:4 (47.) Greiner, 2:5 (77.) Haber, 2:6 (90.) Schupp.
Aufstellung: Illgner, Götz, Giske, Higl (46. Heldt), Greiner, Flick, Littbarski, Rudy (72. Sturm), Gielchen, Banach, Ordenewitz.
B.V.: Platzverweis für Flick (31.).

STATISTIK 1990/91

DFB-POKAL

1. Runde
04.08.1990 VfL Wolfsburg - 1.FC Köln 1:6 (0:4),
Zuschauer: 5.100
Tore: 0:1 (05.) Ordenewitz, 0:2, 0:3, 0:4 (14., 24., 38.) Götz, 0:5 (51.) Flick, 0:6 (53.) Ordenewitz, 1:6 (81.) Ansorge.
Aufstellung: Illgner, Steiner, Higl, Greiner, Sturm (30. Rudy), Janßen, Flick, Littbarski, Andersen, Götz, Ordenewitz (78. Baumann).

2. Runde
03.11.1990 1.FC Kaiserslautern - 1.FC Köln 1:2 (1:1),
Zuschauer: 26.428
Tore: 0:1 (22.) Greiner, 1:1 (41.) Haber, 1:2 (88.) Banach.
Aufstellung: Illgner, Götz, Giske, Greiner (89. Baumann), Higl, Janßen, Flick (68. Heldt), Rudy, Gielchen, Ordenewitz, Banach.

Achtelfinale
01.12.1990 1.FC Köln - SV Meppen 1:0 (1:0),
Zuschauer: 5.000
Tor: 1:0 (43.) Greiner.
Aufstellung: Illgner, Götz, Giske, Greiner, Janßen, Heldt (64. Andersen), Higl, Gielchen, Ordenewitz, Sturm, Banach.

Viertelfinale
30.03.1991 1.FC Köln - VfB Stuttgart 1:0 n.V.,
Zuschauer: 37.000
Tor: 1:0 (110.) Banach.
Aufstellung: Illgner, Götz, Baumann, Gielchen, Greiner, Heldt, Littbarski, Rudy (84. Higl), Andersen, Sturm (91. Banach), Ordenewitz.
B.V.: Platzverweis für Götz (83.).

Halbfinale
23.04.1991 MSV Duisburg - 1.FC Köln 0:0 n.V.,
Zuschauer: 30.600
Aufstellung: Illgner, Götz, Gielchen, Baumann, Rudy, Higl, Littbarski, Andersen, Sturm (70. Heldt), Banach, Ordenewitz.

Halbfinale (Rückspiel)
07.05.1991 1.FC Köln - MSV Duisburg 3:0 (1:0),
Zuschauer: 35.000
Tore: 1:0 (30.) Higl, 2:0 (49.) Ordenewitz, 3:0 (90.) Banach.
Aufstellung: Illgner, Götz, Baumann, Gielchen, Greiner, Higl, Littbarski, Heldt (63. Rudy), Andersen (88. Britz), Banach, Ordenewitz.
B.V.: Platzverweis für Ordenewitz (85.).

Finale
22.06.1991 Werder Bremen - 1.FC Köln 5:4 n.E.,
Zuschauer: 73.000
Tore: 1:0 (48.) Eilts, 1:1 (62.) Banach.
Aufstellung: Illgner, Götz, Baumann, Higl, Jensen, Greiner, Littbarski, Sturm (59. Heldt), Gielchen, Banach, Andersen (96. Rudy).
Elfmeterschießen: Rudy (verschossen), Allofs (gehalten), Higl (0:1), Rufer (1:1), Littbarski (gehalten), Bratseth (2:1), Banach (2:2), Harttgen (3:2), Götz (3:3), Borowka (4:3).

UEFA-POKAL

1. Runde (Hinspiel)
19.09.1990 IFK Norrköping - 1.FC Köln 0:0,
Zuschauer: 11.403
Aufstellung: Illgner, Götz, Greiner, Giske, Higl, Flick, Rudy, Andersen, Britz, Banach (76. Ordenewitz), Sturm.

1. Runde (Rückspiel)
03.10.1990 1.FC Köln - IFK Norrköping 3:1 (0:1),
Zuschauer: 9.000
Tore: 0:1 (20.) Hellström, 1:1 (48.) Higl, 2:1 (72.) Banach, 3:1 (76.) Ordenewitz.
Aufstellung: Illgner, Götz, Greiner, Giske, Higl, Britz (38. Ordenewitz), Flick (68. Janßen), Rudy, Andersen, Sturm, Banach.

2. Runde (Hinspiel)
24.10.1990 1.FC Köln - Inter Bratislava 0:1 (0:0),
Zuschauer: 8.000
Tor: 0:1 (67.) Obsitnik.
Aufstellung: Illgner, Götz, Higl (70. Greiner) Giske, Janßen, Flick (78. Heldt), Rudy, Andersen, Banach, Sturm, Ordenewitz.

2. Runde (Rückspiel)
06.11.1990 Inter Bratislava - 1.FC Köln 0:2 (0:0),
Zuschauer: 12.000
Tore: 0:1 (56.) Götz, 0:2 (61.) Janßen.
Aufstellung: Illgner, Higl, Greiner, Giske, Götz, Janßen, Flick, Andersen (67. Gielchen), Banach (81. Heldt), Rudy, Ordenewitz.

Achtelfinale (Hinspiel)
28.11.1990 1.FC Köln - Atalanta Bergamo 1:1 (0:0),
Zuschauer: 25.000
Tore: 1:0 (50.) Progna (E), 1:1 (54.) Bordin.
Aufstellung: Illgner, Götz, Giske, Baumann (80. Jensen), Greiner, Janßen, Heldt, Higl, Ordenewitz, Banach, Sturm (46. Gielchen).

Achtelfinale (Rückspiel)
12.12.1990 Atalanta Bergamo - 1.FC Köln 1:0 (1:0),
Zuschauer: 26.000
Tor: 1:0 (17.) Nicolini.
Aufstellung: Illgner, Götz, Giske, Baumann, Greiner, Heldt, Higl, Flick, Ordenewitz (42. Andersen), Sturm, Banach (73. Daschner).

FREUNDSCHAFTSSPIELE

05.07.1990 Godesberger FV - 1.FC Köln 0:14 (0:5)

08.07.1990 SuS Nippes 1912 - 1.FC Köln 0:14 (0:5)

14.07.1990 Eintracht Trier - 1.FC Köln 2:1 (0:1)

17.07.1990 Preußen Münster - 1.FC Köln 2:2 (0:2)

19.07.1990 TuS Wagenfeld - 1.FC Köln 0:11 (0:6)

21.07.1990 FC Schalke 04 - 1.FC Köln 1:3 (1:1)

22.07.1990 TuS Hiltrup - 1.FC Köln 2:6 (2:4)

23.07.1990 Werder Bremen - 1.FC Köln 2:0 (1:0)

25.07.1990 Bayern München - 1.FC Köln 4:1 (1:1)

29.07.1990 1.FC Köln - Teutonia Widdersdorf 9:0 (1:0)

31.07.1990 1.FC Köln - SSG Bergisch Gladbach 10:0

07.08.1990 1.FC Köln - Rotor Wolgograd 2:2 (1:0)

12.08.1990 Viktoria Köln - 1.FC Köln 1:1 (1:0)

26.08.1990 Juventus Turin - 1.FC Köln 2:1 (0:0)

10.09.1990 IF Naestved - 1.FC Köln 2:1 (0:0)

23.01.1991 Bonner SC - 1.FC Köln 1:11 (0:4)

30.01.1991 1.FC Köln - Carl-Zeiss Jena 1:1 (0:1)

02.02.1991 Stuttgarter Kickers - 1.FC Köln 0:1 (0:1) (in Heilbronn)

04.02.1991 1.FC Köln - Rot-Weiß Erfurt 1:3 (1:1)

09.02.1991 Karlsruher SC - 1.FC Köln 1:3 (0:1) (in Mayen)

16.02.1991 1.FC Köln - SpVg Frechen 1920 6:0 (3:0)

23.02.1991 1.FC Köln - 1.FC Köln (A) 6:2 (2:1)

16.06.1991 SuS Schaag - 1.FC Köln 0:11

Das Ticket zum UEFA-Cup-Spiel in Bergamo.

STATISTIK 1990/91

1. BUNDESLIGA 1990/91

1.	1. FC Kaiserslautern (P)	72:45	48:20
2.	Bayern München (M)	74:41	45:23
3.	Werder Bremen	46:29	42:26
4.	Eintracht Frankfurt	63:40	40:28
5.	Hamburger SV	60:38	40:28
6.	VfB Stuttgart	57:44	38:30
7.	1. FC Köln	50:43	37:31
8.	Bayer Leverkusen	47:46	35:33
9.	Borussia M'gladbach	49:54	35:33
10.	Borussia Dortmund	46:57	34:34
11.	SG Wattenscheid 09 (N)	42:51	33:35
12.	Fortuna Düsseldorf	40:49	32:36
13.	Karlsruher SC	46:52	31:37
14.	VfL Bochum	50:52	29:39
15.	1. FC Nürnberg	40:54	29:39
16.	FC St. Pauli	33:53	27:41
17.	Bayer 05 Uerdingen	34:54	23:45
18.	Hertha BSC Berlin (N)	37:84	14:54

BUNDESLIGAKADER 1990/91

Abgänge: Dreßen (Bor. M'gladbach), Gerlach (eigene Amateure), Görtz (Hertha BSC Berlin, w.d.l.S.), Häßler (Juventus Turin), Kargus (Ende der Laufbahn), Rahn (Hertha BSC Berlin)

Zugänge: Andersen (RSC Anderlecht), Bade (eigene Jugend/Amateure), Banach (SG Wattenscheid 09), Daschner (Bayern München), Flick (Bayern München), Fuchs (Fortuna Düsseldorf), Heldt (eigene Amateure), Wunderlich (eigene Amateure)

Trainer: Erich Rutemöller

Tor:
Illgner, Bodo	34/0
Diergardt, Volker	0/0
Bade, Alexander	0/0

Feld:
Higl, Alfons	33/3	Andersen, Henrik	27/0
Greiner, Frank	32/3	Rudy, Andrzej	24/2
Banach, Maurice	31/14	Gielchen, Andreas	24/0
Ordenewitz, Frank	31/7	Heldt, Horst	22/3
Götz, Falko	30/3	Flick, Hans-Dieter	19/0
Baumann, Karsten	28/0	Britz, Axel	17/0
Sturm, Ralf	27/9	Giske, Anders	16/1
		Littbarski, Pierre	15/2
		Janßen, Olaf	12/2
		Daschner, Reinhold	6/0
		Jensen, Jann	5/0
		Wunderlich, Franz	2/0
		Steiner, Paul	1/0
		Fuchs, Uwe	0/0
		Görtz, Armin	0/0

Dazu kommt ein Eigentor von Mark Oechler (1. FC Nürnberg).

Das offizielle Programmheft des DFB zum Pokalendspiel.

FIEBERKURVE 1990/91

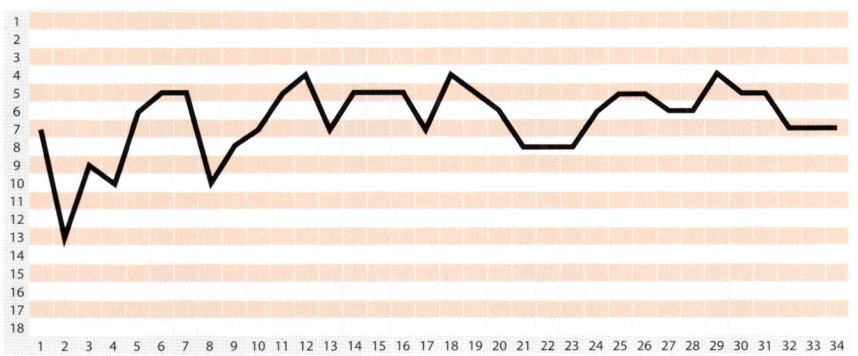

Wimpel von Werder Bremen, der vor dem DFB-Pokalfinale 1991 überreicht wurde, heute im FC-Museum zu besichtigen.

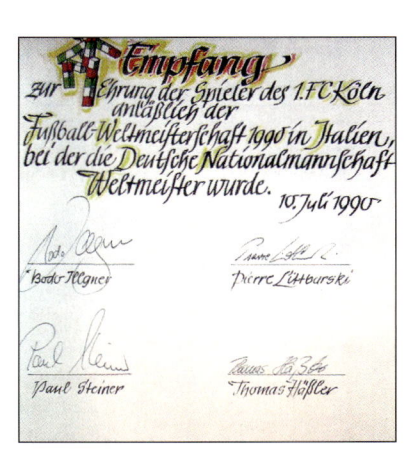

Traditionsgemäß trugen sich die Kölner WM-Fahrer 1990 ins goldene Buch der Stadt Köln ein. Auch die Signatur des nach Italien gewechselten Thomas Häßler durfte nicht fehlen.

Vor der Saison gab der FC dieses Sonderheft heraus.

372 ■ 1990/91

1991/92
1. BUNDESLIGA

Vier Trainer für ein Halleluja

Hintere Reihe von links: Jann Jensen, Axel Britz, Anders Giske, Maurice Banach, Henri Fuchs, Uwe Fuchs, Günter Baerhausen, Ralf Sturm, Carsten Baumann, Hans-Dieter Flick, Frank Ordenewitz, Henrik Andersen. Mittlere Reihe von links: Zeugwart Willi Rechmann, Co-Trainer Hannes Linßen, Trainer Erich Rutemöller, Paul Steiner, Hans-Georg Dreßen, Peter Müller, Rico Steinmann, Alfons Higl, André Trulsen, Konditionstrainer Rolf Herings, Mannschaftsarzt Dr. Günther Enderer. Vordere Reihe von links: Pierre Littbarski, Falko Götz, Frank Greiner, Adrian Spyrka, Sascha Häßler, Alexander Bade, Bodo Illgner, Udo Henn, Andrzej Rudy, Reinhold Daschner, Horst Heldt, Olaf Janßen, Masseur Jürgen Schäfer.

Es sollte die längste Spielzeit werden, die es bisher gab. Die Wiedervereinigung brachte eine Aufstockung der Bundesliga auf 20 Vereine mit sich und damit verbunden vier Begegnungen mehr im Spielplan. In der Domstadt versprach die Saison 1991/92 sowohl Neuerungen als auch Fragezeichen. Neu war u.a. Rico Steinmann, der dem FC Chemnitz einen warmen Geldregen von gut 3,6 Mio. DM einbrachte. Als Ost-Legionär Nummer zwei wurde Henry Fuchs (2,6 Mio. DM) aus Rostock verpflichtet. André Trulsen (FC St. Pauli) und Adrian Spyrka (1. FC Saarbrücken) mussten ebenfalls aus ihren Verträgen ausgelöst werden (jeweils 1 Mio. DM). Dazu rückten mit Sascha Häßler (Bruder von Thomas Häßler), Günter Baerhausen und Udo Henn vier Amateurspieler auf, und mit Peter Müller (RC Mechelen), der vor seinem Engagement in Belgien einen Vertrag bei den Amateuren hatte, und Hans-Georg Dreßen (M'gladbach) kehrten zwei Akteure aus ihren Leih-clubs zurück. Letzterer reichte im Oktober dann seinen Antrag auf Sportinvalidität ein. Das größte Fragezeichen stand hinter der Stimmung zwischen Erich Rutemöller und Udo Lattek: Würde diese Zwangsehe noch lange gut gehen? Viele Insider zweifelten daran.

REMISKÖNIGE
Zunächst verlief die Vorbereitungsphase ungewohnt ruhig, und rund 7.000 Anhänger fanden sich zur Saisoneröffnung im Franz-Kremer-Stadion ein. Im Trainingslager in der Schweiz wurde noch schnell der Uhren-Cup in Grenchen mitgenommen. Der Vorverkauf der Dauerkarten verlief dagegen recht schleppend. Gerade einmal 3.000 Tickets sollten im Vorfeld über die Ladentheke der Geschäftsstelle gereicht werden. Zu Recht, wie sich im Anschluss zeigen sollte. Nur fünf Vereine in der ersten Liga schrieben ähnlich kleine Zahlen.
In der Meisterschaft konnte erst am 14. Spieltag der erste Sieg eingefahren werden. Das Ganze gelang in Karlsruhe, und dort dauerte es immerhin 85 Minuten, ehe Kapitän Pierre Littbarski den viel umjubelten Siegtreffer einnetzte. In den Wochen davor hatte die Mannschaft sich als Remiskönig präsentiert. Von den 13 Spielen ohne Sieg endeten immerhin elf mit einem Gleichstand. Die Lage war gespannt, auch im eigenen Fanlager. In Bochum kam es zwischen Kölner Hools und FC-Anhängern zu Prügelszenen im eigenen Block.

LATTEK, LINSSEN, BERGER
Im DFB-Pokal erkämpfte man nach dem Freilos der ersten Runde ein 4:0 bei Rot-Weiß Wernigerode. Allerdings rettete

[LEGENDEN]

Frank „Otze" Ordenewitz
Beim FC von 1989 bis 1993
Geboren: 25.03.1965 in Dorfmark
Pflichtspiele beim FC: 155
Pflichtspieltore: 40

„Mach et, Otze"
Als gestandener Bundesligaprofi kam Frank Ordenewitz 1989 zum 1. FC Köln. Für den SV Werder Bremen hatte der Angreifer, der seine Jugend beim TSV Dorfmark verbrachte, bereits 125 Spiele in Deutschlands Eliteliga bestritten und war mit den Hanseaten 1988 Deutscher Meister geworden. Nach anfänglichem Misstrauen der Anhänger wurde Ordenewitz später vor allem bei den Zuschauern auf „Stehplatz Mitte" zum Publikumsliebling. „Otze" war wahrlich kein Ballästhet, aber einer, der immer kämpfte und nie aufsteckte. Auch in den hoffnungslosesten Situationen startete der zweimalige A-Nationalspieler seine umjubelten Offensivaktionen. Legendär wurde er durch die „Mach-et-Otze-Affäre" im Pokalhalbfinalrückspiel 1991 gegen den MSV Duisburg. Ordenewitz hatte während der Partie die zweite gelbe Karte im laufenden Wettbewerb gesehen und wäre damit für das bevorstehende Endspiel gegen Werder Bremen gesperrt gewesen. Es „musste" also eine gelb-rote Karte her, die laut Statuten nur eine Sperre für ein Bundesligaspiel zur Folge gehabt hätte. Nach Absprache mit Trainer Erich Rutemöller drosch „Otze" in der 84. Minute scheinbar unmotiviert den Ball in die Botanik und wurde folgerichtig „wie gewünscht" des Feldes verwiesen. Da Rutemöller später auch noch zugab, den Linksfuß mit den Worten „Mach et, Otze" zu seiner Tat motiviert zu haben, sperrte der DFB den „Sünder" kurzerhand für das Finale. Nach dieser Aktion war Ordenewitz endgültig Kult. Es gab sogar T-Shirts mit „Mach et, Otze"-Aufdruck. Der Offensivakteur war stets ein offener und ➔

ehrlicher Vertreter seiner Zunft, was ihm zusätzliche Anerkennung von Mitspielern und Fans einbrachte. 1993 verließ er den FC in Richtung Japan zum „Litti-Club" JEF United Ichihara, wo er bis 1994 aktiv war. Von 1995 bis 1996 kickte er beim HSV und zwischen 1996 und 1997 erneut in Japan bei Brummel Sendai. Bis Ordenewitz 1999 seine aktive Karriere beendete, spielte er noch bei den Amateurvereinen VfB Oldenburg, FSV Ottersberg und VSK Osterholz Scharmbeck. Später lebte der gelernte Bürokaufmann mit seiner Familie wieder in Bremen, war dort in der Kommunikationsbranche tätig und fungierte als Jugend-Chefscout von Werder Bremen. In Köln ist er gelegentlich noch zum Karneval zu Gast.

[Interessantes & Kurioses]

■ Mit Alfons Higl und Horst Heldt nutzen gleich zwei Akteure die Sommerpause, um ihre Lebensgefährtinnen zu ehelichen. Higl, der im heimischen Augsburg heiratet, bittet zu diesem Anlass extra Pfarrer Heinz Baumann aus Aachen um die Trauung. Verständlich, denn Baumann, zwar in der Printenstadt zu Hause, hat mit der Alemannia nicht viel am Hut. Seit Jahren ist er ständiger Gast bei den Spielen seiner Geißböcke.

■ Auch 1991 läuft alles noch etwas bodenständiger. So werden beispielsweise Wohnungen für Spieler auch über Anzeigen im *Geißbock Echo* gesucht, so geschehen beim dritten Heimspiel gegen die Bayern. Genug Leser wird die Anzeige finden. Mit 43.000 Zuschauern ist dies die zweitbestbesuchte Partie. Nur gegen Dortmund kamen 3.000 Beobachter mehr. Somit gibt es

Präsidentschaftskandidat Klaus Hartmann auf dem Cover des Geißbock Echo. Zwölf Tage später wird der ehemalige Schatzmeister und Kaufhof-Vorstand zum sechsten Präsidenten des 1. FC Köln gewählt.

Ostdeutsches Duell beim Spiel FC gegen Stuttgart (1:1): Zweikampf zwischen Matthias Sammer und Rico Steinmann.

dieser Erfolg Trainer Rutemöllers Job nicht mehr. Nach der 0:4-Pleite unter der Woche in Nürnberg, bei der Alfons Higl als erste FC'ler überhaupt die gelb-rote Karte sah, wurde der „nette" Erich entlassen. Beim Spiel gegen die Bayern saß dann plötzlich der große Zampano Udo Lattek selbst auf der Bank. Ob es nur sein Ego war, was ihn trieb, schließlich lautete der Gegner Bayern München, oder der Gedanke, etwas bewegen zu können, sei dahingestellt. Auf jeden Fall trat er schon drei Tage nach seinem Debüt wieder zurück. Nun besetzte Co-Trainer Hannes Linßen die noch warme Sitzgelegenheit im Stadion. Fazit: Sein Vertrag wurde gar nicht erst ausgedruckt. Niederlagen im Pokal in Leverkusen (0:2), wo Hools wieder einmal negativ auffielen, und in Dortmund (1:3) sorgten nach weiteren sechs Tagen für erneutes Rätselraten, wer den Chefposten übernehmen durfte. Am Ende setzte sich Jörg Berger gegen Jürgen Gelsdorf und den Holländer Ruud Krol (74 Länderspiele für die Niederlande) durch. Gehandelt wurden übrigens kurzfristig auch der Österreicher Hans Krankl und Morten Olsen.

BANACHS TOD SCHOCKT KÖLN

Wie schwer die Aufgabe sein sollte, die Mannschaft ins richtige Fahrwasser zu führen, zeigten die kommenden Wochen. Der FC war zunächst das einzige Team in der Liga ohne doppelten Punktgewinn. Auch mit Berger lief nicht sofort alles rund. Erst gut einen Monat später in Karlsruhe (1:0) gab es unter dem Neutrainer den ersten Erfolg. Berger hatte u.a. konsequent angefangen, den übervollen Kader auszudünnen.
Sportlich schien sich die Mannschaft nun gefangen zu haben. Siege gegen Werder (5:0), Düsseldorf (4:1) und ein Punktgewinn in Rostock (1:1) sorgten für eine bessere Stimmung am Militärring. Die schlug allerdings am Tag nach der 0:3-Niederlage beim FC Schalke radikal um. Schuld daran war nicht die schwache Vorstellung der Mannschaft, sondern der Tod von Maurice Banach. Der 24-Jährige war auf dem Weg zum sonntäglichen Training auf der A1 verunglückt. Ein geplatzter Reifen stürzte nicht nur ganz Köln, sondern Fußballdeutschland in Trauer. Der sympathische Stürmer galt als zukünftiger Nationalspieler und hatte gemeinsam mit dem Schweizer Stephane Chapuisat die Torschützenliste der Liga angeführt. Selbst drei Monate später lag er noch immer nur einen Treffer hinter den Besten der Torjägerliste. Bei der Trauerfeier in Münster trugen FC-Spieler den Sarg. Rund 1.500 Fußballfreunde aus ganz Deutschland waren anwesend, um ihm die letzte Ehre zu erweisen.
Das folgende Heimspiel gegen Dynamo Dresden wurde zwei Wochen nach hinten verlegt, damit die alten Kameraden ein wenig zur Ruhe finden

Der tödlich verunglückte Torjäger und Publikumsliebling Maurice „Mucki" Banach.

konnten. „Ich kann mich im Moment nicht auf den Platz stellen und rumkommandieren", zeigte sich FC-Trainer Jörg Berger dankbar, dass die Sachsen der Verlegung sofort zustimmten. Der Tod des Publikumslieblings sollte Verein und Mannschaft noch einige Wochen verfolgen. Bei vielen Spielen gab es Gedenkminuten, die auch von den gegnerischen Fans respektvoll eingehalten wurden.

Sportlich endete das Resthalbjahr wechselhaft. In den vier ausstehenden Meisterschaftsspielen bis zur Winterpause kamen noch fünf Punkte auf das Pluskonto, sodass die Mannschaft trotz schwachem Saisonstart nur zwei Punke hinter einem UEFA-Pokalplatz auf Rang 8 überwinterte.

DAS KLEINE WUNDER

In der Pause stand wieder einmal Hallenfußball auf dem Programm. Einschließlich Masters waren die Kölner viermal am Start, die beste Platzierung war der 2. Platz beim Heimturnier in Deutz. Umso überraschender war anschließend der gute Beginn nach der Winterpause in der Liga. Mit viel Elan holte die Mannschaft aus den ersten vier Begegnungen sechs Punkte und kletterte erstmals in dieser Saison auf einen UEFA-Pokalplatz. Erst der Tabellenführer aus Dortmund stoppte den neuen FC-Express mit einem 2:1-Erfolg in Müngersdorf. Intern dagegen schien die große Zeit des Abrechnens gekommen zu sein. Genau das schien nach Angaben des neuen Vorstandes das Problem seiner Vorgänger gewesen zu sein. Rund fünf Mio. DM Verbindlichkeiten würden den FC drücken, und das trotz der Millioneneinnahmen in den letzten zwei Jahren. Trainer Jörg Berger sah sich im Vorfeld um sein Konzept gebracht, das er zum Aufbau einer neuen Mannschaft entwickelt hatte. Dabei hatte Berger gezeigt, dass er zu den Besten seines Fachs gehörte. Mittlerweile waren Spieler wie Anders Giske, André Trulsen, Frank Greiner oder auch Henrik Andersen regelrecht aufgeblüht. Die Mannschaft stand nach 23:11 Punkten auf einem Platz, der für das internationale Geschäft ausreiche. Aber nun war kein Geld mehr vorhanden, denn die neuen Herren am Geißbockheim hatten einen rigorosen Sparkurs vorgegeben. So war es auch nicht verwunderlich, dass der Meistermacher von der Isar recht schnell seine Papiere aus seiner Kölner Personalakte mitnehmen durfte. Der Abschied wurde Lattek aber mit einer runden sechsstelligen Summe versüßt.

Natürlich wirkte sich diese Unruhe im Umfeld auch auf die Leistung aus. Nur ein Sieg aus den folgenden fünf Begegnungen ließ die Hoffnung auf die Teilnahme am Europapokal wieder schwinden. Aber die Mannschaft fing sich erneut. Mit 9:1 Punkten aus den letzten fünf Spielen legte der FC einen famosen Schlussspurt hin. Einem Sieg im Bremer Weserstadion (3:1) folgte ein

während dieser Spielzeit nicht eine Partie, die ausverkauft ist. Auch eine Seltenheit in der FC-Geschichte.

■ Standesgemäß ist der 300. Bundesligaheimsieg des 1. FC Köln. Mit 5:0 wird das norddeutsche Flaggschiff Werder Bremen versenkt.

■ Ein neuer Präsident übernimmt die Kommandobrücke beim 1. FC Köln. Klaus Hartmann löst Dietmar Artzinger-Bolten auf der Jahreshauptversammlung am 21. November 1991 im Kölner Congress-Centrum ab. „Ein kölscher Jung mit FC-Herz", so ließ sich Hartmann in der Clubzeitung zuvor beschreiben. Als Handballer stand er Mitte der 1950er Jahre im FC-Tor, als die Mannschaft in die höchste Liga in Deutschland aufgestiegen war. 891 Mitglieder wählen Hartmann mit deutlicher Mehrheit an die Spitze des 1. FC Köln. Er hatte allerdings im Vorfeld in noch nie da gewesener Weise die Werbetrommel gerührt. Gleich vier Seiten widmeten sich im letzten *Geißbock-Echo* vor der JHV dem Präsidentschaftskandidaten.

■ Pierre Littbarski wird zur Sendung „Schmidteinander" eingeladen und muss Moderator Harald Schmidt Paroli bieten. „Litti" meistert die Sache mit Bravour und hat die Lacher auf seiner Seite.

■ Seinen endgültigen Abschied feiert „Toni" Schumacher. Die deutsche Nationalmannschaft und „Tonis" Topteam, eine Mannschaft aus Weggefährten der letzten 20 Jahre, stehen sich in Müngersdorf gegenüber. Auf den Rängen tummeln sich 50.000 Fans und „live" dabei ist auch das Fernsehen. Ein würdiger Abschied für den Kölner Ausnahmesportler.

Eine Legende sagt „Tschö". Am 14. April 1992 verabschiedet sich „Toni" Schumacher in Müngersdorf von seinen Fans.

■ Durch zwei Siege gegen den Nachwuchs von Bayern München zieht die A-Jugend des 1. FC Köln zum vierten Mal nach 1971, 1974 und 1983 ins Endspiel um die Deutsche Meisterschaft ein. Vor 7.000 Zuschauern im ausverkauften Franz-Kremer-Stadion unterliegt das Team von Frank Schäfer zwar dem 1. FC Kaiserslautern mit 1:5, wird aber trotzdem frenetisch gefeiert. Mit dem Titel des deutschen Vizemeisters hatte schließlich vor der Saison keiner rechnen können. Bereits in der Mittelrheinmeisterschaft hatte die neuformierte Mannschaft begeistert und mit 44:0 Punkten eine blütenreine Weste vorzuweisen.

■ Im Oktober 1991 gründet sich das Fanprojekt des 1. FC Köln. An einem Infostand, einem Klapptisch mit Sonnenschirm, können sich Fans für Auswärtsfahrten anmelden bzw. Tickets für die Gastreisen der Geißböcke erwerben. „Von Fans und für Fans", so heißt die Devise. Kein halbes Jahr später erscheint erstmals das Fanmagazin *Kölsch live*. Rund 300 Fans melden sich innerhalb kürzester Zeit als Mitglieder an. 1. Vorsitzender wird Peter Fassbender. Wegen des immer größer werdenden Aufwands in der Fanarbeit unterstützt Rainer Mendel den Fanbeauftragten Michael Trippel bei seinen Aufgaben.

■ Vor dem Lokalrivalen Bonner SC schafft die 1. Amateurmannschaft die Rückkehr in die Oberliga Nordrhein. Auch die 2. Amateurmannschaft sorgt für Aufsehen. Nach zwei Meisterschaften in Folge holt sich das junge Team in der A-Klasse die Vizemeisterschaft und scheitert nur ganz knapp am Meisterhattrick.

■ Erneute Aufstiege gibt es in der Tischtennisabteilung zu bejubeln. Ohne Punktverlust holt sich die 1. Herrenmannschaft die Meisterschaft in der Landesliga und schafft den Sprung in die Verbandsliga. Mit acht Punkten Vorsprung auf den Zweiten sichert sich ebenfalls die 3. Herrenmannschaft den Aufstieg in die Bezirksklasse. Auch hier hat der FC eine gute Jugendarbeit vorzuweisen. In der Schüler-Bezirksklasse und in der Schüler-Aufbauklasse erringen die Jugendteams ebenfalls die Meisterschaft.

■ Der Verwaltungsapparat des 1. FC Köln entwickelt sich immer mehr zu einem mittelständischen Unternehmen. Zum Saisonende gibt es bereits 53 fest angestellte Mitarbeiter. Eine Zahl, die angesichts der zahlreichen Anfragen notwendig erscheint. Zeitweise 120 Postanfragen pro Tag mit Wünschen nach Fanartikeln, Kartenbestellungen oder einfacher Autogrammpost wandern über die Tische der Angestellten.

Frank Greiner (links) und Alfons Higl nehmen Heiko Herrlich beim Auswärtsspiel in Leverkusen in die Zange. Am Ende trennen sich der FC und die Farbenstädter mit 1:1.

doppelter Punktgewinn gegen die inzwischen von Erich Rutemöller betreuten Rostocker (3:1). Auch in Düsseldorf (3:1) und gegen Schalke (3:0) hielt man sich schadlos. Dennoch musste am letzten Spieltag bei Dynamo Dresden ein Sieg her. Doch dank gleichzeitiger Pleiten der Konkurrenz aus Leverkusen und Kaiserslautern reichte das 0:0 zum bislang letztmaligen Erreichen des UEFA-Cups, woraufhin einige der mitgereisten FC-Fans freudig den Platz stürmten. Schon damals orakelte der *Kicker*: „Es brechen schwere Zeiten an für den Club. Perspektivlosigkeit heißt das Erbe der Artzinger-Ära, zusammengesetzt aus finanzieller Schieflage und einem schlecht zusammengesetzten Kader." Ein Zustand, der sich zumindest sportlich in den nächsten Jahren nicht ändern sollte.

„DANISH DYNAMITE"
Bodo Illgner und Henrik Andersen konnten noch nicht in die Sommerferien gehen. Sie durften mit ihren Nationalmannschaften zur EM in Schweden reisen. Die Dänen waren kurzfristig ins Turnier berufen worden, da Jugoslawien aufgrund des herrschenden Bürgerkrieges kurzerhand ausgeladen wurde. Die Qualität des Turniers litt nicht darunter. Im Gegenteil, denn die Mannschaft von Sepp Piontek holte am Ende den Titel gegen die deutsche Elf. „Fußball mit Herz" – der Spaß am Spiel, die Lust und Lockerheit schlugen deutsche Wertarbeit, war im *Kicker* zu lesen. Der größte Wermutstropfen dieses Erfolges war, dass sich Henrik Andersen im Halbfinale des „Danish Dynamite" gegen die Niederlande so schwer verletzte, dass er über ein Jahr nicht spielen konnte. Der dänische Abwehrspieler erreichte leider nie wieder die Klasse, die er vor dem Turnier gezeigt hatte.

Im Oktober 1991 wurde das „Fan-Projekt" gegründet, dessen treibende Kräfte Michael Trippel und Rainer Mendel waren. Die erste Ausgabe des bis heute sehr beliebten Fanzines und Fan-Projekt-Sprachrohrs *Kölsch live* erschien am 22. Februar 1992.

Der auf dem FC-Karnevalsorden 1992 abgebildete „Schuss auf Platz eins" war nur ein Traum, immerhin qualifizierte man sich aber für den UEFA-Cup.

STATISTIK 1991/92

BUNDESLIGA

02.08.1991 VfL Bochum - 1. FC Köln 2:2 (1:2)
Zuschauer: 30.400
Tore: 0:1 (18.) Ordenewitz, 1:1 (31.) Epp, 1:2 (45.) Banach, 2:2 (74.) Bonan.
Aufstellung: Illgner, Jensen, Baumann, Trulsen, Götz, Steinmann (90. Greiner), Littbarski, Heldt, Sturm (76. Higl), Banach, Ordenewitz.

10.08.1991 1. FC Köln - Stuttgarter Kickers 0:0
Zuschauer: 16.000
Aufstellung: Illgner, Jensen, Baumann, Trulsen (46. Higl), Götz, Steinmann, Littbarski, Heldt, Sturm (46. Greiner), Banach, Ordenewitz.

14.08.1991 1. FC Köln - 1. FC Kaiserslautern 1:1 (0:0.)
Zuschauer: 28.000
Tore: 0:1 (56.) Hostic, 1:1 (86.) Banach.
Aufstellung: Illgner, Jensen (76. H. Fuchs), Baumann, Higl, Greiner, Flick (62. Banach), Littbarski, Heldt, Andersen, Steinmann, Ordenewitz.

21.08.1991 Hamburger SV - 1. FC Köln 1:1 (1:0)
Zuschauer: 26.800
Tore: 1:0 (11.) van Heesen, 1:1 (51.) Ordenewitz.
Aufstellung: Illgner, Jensen, Baumann, Higl, Greiner, Steinmann (72. H. Fuchs), Littbarski, Heldt, Andersen, Banach, Ordenewitz (83. Trulsen).

24.08.1991 1. FC Köln - Eintracht Frankfurt 1:1 (0:1)
Zuschauer: 21.000
Tore: 0:1 (36.) Kruse, 1:1 (63.) Ordenewitz (FE).
Aufstellung: Illgner, Jensen, Higl, Andersen, Greiner (46. Sturm), Steinmann, Littbarski (60. H. Fuchs), Baumann, Heldt, Banach, Ordenewitz.
B.V.: Platzverweis für Baumann (59.).

28.08.1991 1. FC Nürnberg - 1. FC Köln 4:0 (4:0)
Zuschauer: 40.000
Tore: 1:0 (01.) Wagner, 2:0 (28.) Friedmann, 3:0 (29.) Zarate, 4:0 (37.) Eckstein.
Aufstellung: Illgner, Jensen, Trulsen, Higl, Steinmann, Littbarski, Sturm, Andersen, Heldt, Banach (69. H. Fuchs), Ordenewitz (46. Greiner).
B.V.: Gelb-Rot für Higl (42.).

31.08.1991 1. FC Köln - FC Bayern München 1:1 (0:1)
Zuschauer: 43.000
Tore: 0:1 (14.) Effenberg, 1:1 (64.) Banach.
Aufstellung: Illgner, Götz, Giske, Trulsen (61. Heldt), Greiner, Flick, Steinmann, Littbarski, Andersen (35. H. Fuchs), Banach, Ordenewitz.

06.09.1991 Borussia Dortmund - 1. FC Köln 3:1 (1:1)
Zuschauer: 42.600
Tore: 0:1 (14.) Banach, 1:1 (37.) Mill, 2:1 (69.) Rummenigge (HE), 3:1 (76.) Povlsen.
Aufstellung: Illgner, Götz, Giske, Baumann (24. Trulsen), Greiner, Littbarski, Higl, Heldt (46. H. Fuchs), Ordenewitz, Steinmann, Banach.

14.09.1991 1. FC Köln - VfB Stuttgart 1:1 (1:1)
Zuschauer: 19.000
Tore: 0:1 (24.) Walter, 1:1 (39.) Banach.
Aufstellung: Illgner, Götz, Giske, Higl, Greiner, Littbarski, Andersen, (56. Heldt), Steinmann, Ordenewitz, H. Fuchs (81. Baumann), Banach.
B.V.: Platzverweis für Ordenewitz (80.).

20.09.1991 Borussia M'gladbach - 1. FC Köln 2:2 (1:1)
Zuschauer: 23.114
Tore: 0:1 (17.) Banach, 1:1 (28.) Kastenmaier, 2:1 (46.) Fach, 2:2 (57.) Steinmann.
Aufstellung: Illgner, Götz, Higl, Giske, Baumann, Littbarski, Flick, Rudy (86. Heldt), Müller (33. Trulsen), Ordenewitz, Banach.

27.09.1991 1. FC Köln - SG Wattenscheid 09 1:1 (0:0)
Zuschauer: 23.000
Tore: 0:1 (82.) Fink, 1:1 (88.) Moser (E).
Aufstellung: Illgner, Götz, Giske (46. Baumann), Sturm, Flick, Littbarski, Higl, Heldt, Ordenewitz, Banach, Steinmann (58. H. Fuchs).

05.10.1991 Bayer Leverkusen - 1. FC Köln 1:1 (0:0)
Zuschauer: 21.000
Tore: 1:0 (76.) Kree, 1:1 (90.) H. Fuchs.
Aufstellung: Illgner, Götz (46. Jensen), Higl, Baumann, Greiner, Flick (78. Ordenewitz), Littbarski, Heldt, Trulsen, Banach, H. Fuchs.

12.10.1991 1. FC Köln - MSV Duisburg 1:1 (0:1)
Zuschauer: 18.000
Tore: 0:1 (24.) Kober, 1:1 (86.) Banach.
Aufstellung: Illgner, Götz, Higl, Trulsen (46. Baumann), Greiner, Flick (63. Sturm), Littbarski, Heldt, Ordenewitz, Banach, H. Fuchs.
B.V.: Gelb-Rot für Tarnat (50.).

19.10.1991 Karlsruher SC - 1. FC Köln 0:1 (0:0)
Zuschauer: 17.000
Tor: 0:1 (85.) Littbarski.
Aufstellung: Illgner, Jensen, Higl, Baumann, Greiner, Flick, Littbarski, Heldt, Ordenewitz (74. Steinmann), Banach, H. Fuchs (46. Sturm).

26.10.1991 1. FC Köln - Werder Bremen 5:0 (3:0)
Zuschauer: 19.000
Tore: 1:0 (07.) H. Fuchs, 2:0 (41.) Heldt, 3:0 (43.) Banach, 4:0 (81.) Heldt, 5:0 (87.) Sturm.
Aufstellung: Illgner, Jensen, Baumann, Trulsen (69. Götz), Higl, Greiner, Heldt, Littbarski, Banach, H. Fuchs (46. Sturm), Banach.

02.11.1991 FC Hansa Rostock - 1. FC Köln 1:1 (0:1)
Zuschauer: 15.000
Tore: 0:1 (10.) H. Fuchs, 1:1 (51.) Persigehl.
Aufstellung: Illgner, Jensen, Baumann, Higl, Greiner, Littbarski, Flick, Heldt, Ordenewitz, Banach (46. Sturm), H. Fuchs (80. Götz).

09.11.1991 1. FC Köln - Fortuna Düsseldorf 4:1 (2:1)
Zuschauer: 20.000
Tore: 1:0 (04.) H. Fuchs, 1:1 (28.) Demandt, 2:1, 3:1 (45., 56.) Banach, 4:1 (68.) Greiner.
Aufstellung: Illgner, Jensen, Baumann, Greiner, Higl, Littbarski, Götz, Heldt (46. Steinmann), Ordenewitz, Banach (75. Giske), H. Fuchs.

16.11.1991 FC Schalke 04 - 1. FC Köln 3:0 (1:0)
Zuschauer: 61.400
Tore: 1:0 (17.) Anderbrügge (FE), 2:0 (72.) Borodjuk, 3:0 (80.) Sendscheid.
Aufstellung: Illgner, Jensen, Baumann, Greiner, Littbarski (65. Heldt), Götz, Higl, Ordenewitz (65. Sturm), Banach, H. Fuchs.

30.11.1991 1. FC Köln - VfL Bochum 1:0 (1:0)
Zuschauer: 13.000
Tor: 1:0 (42.) Sturm.
Aufstellung: Illgner, Jensen, Giske, Greiner, Götz, Steinmann (81. Littbarski), Heldt (73. Flick), Higl, Ordenewitz, Sturm, H. Fuchs.

07.12.1991 Stuttgarter Kickers - 1. FC Köln 0:3 (0:1)
Zuschauer: 4.800
Tore: 0:1 (03.) Trulsen, 0:2 (57.) H. Fuchs, 0:3 (90.) Greiner.
Aufstellung: Illgner, Jensen, Higl, Giske, Greiner, Götz (82. Baumann), Littbarski, Heldt (64. Steinman), Trulsen, Sturm, H. Fuchs.
B.V.: Gelb-Rot für H. Fuchs (72.).

10.12.1991 1. FC Köln - Dynamo Dresden 1:1 (1:1)
Zuschauer: 15.000
Tore: 0:1 (22.) Scholz, 1:1 (34.) Ordenewitz.
Aufstellung: Illgner, Jensen, Higl, Greiner, Götz, Littbarski, Steinmann (77. Flick), Trulsen (59. Heldt), Sturm, Ordenewitz.

14.12.1991 1. FC Kaiserslautern - 1. FC Köln 2:1 (2:0)
Zuschauer: 38.500
Tore: 1:0 (33.) Funkel, 2:0 (44.) Kuntz, 2:1 (52.) Heldt.
Aufstellung: Illgner, Jensen, Giske, Baumann, Greiner, Higl, Littbarski, Heldt (60. Sturm), Götz (75. Steinmann), Ordenewitz, H. Fuchs.
B.V.: Gelb-Rot für Jensen (35.).

08.02.1992 1. FC Köln - Hamburger SV 0:0
Zuschauer: 19.000
Aufstellung: Illgner, Götz, Giske, Baumann, Greiner, Flick, Heldt, Littbarski, Andersen, H. Fuchs (62. Müller), Ordenewitz (79. Steinmann).

15.02.1992 Eintracht Frankfurt - 1. FC Köln 1:2 (0:2)
Zuschauer: 22.000
Tore: 0:1 (01.) Giske, 0:2 (44.) Ordenewitz, 1:2 (52.) Falkenmayer.
Aufstellung: Illgner, Götz, Giske, Trulsen, Greiner, Littbarski, Baumann, Heldt, Andersen, Sturm (84. H. Fuchs), Ordenewitz (72. Steinmann).

22.02.1992 1. FC Köln - 1. FC Nürnberg 4:0 (3:0)
Zuschauer: 16.000
Tore: 1:0 (22.) Giske, 2:0, 3:0 (31., 44.) Ordenewitz, 4:0 (79.) Baumann.
Aufstellung: Illgner, Götz, Giske, Baumann, Greiner, Trulsen, Littbarski, Heldt (80. Higl), Andersen, H. Fuchs (46. Steinmann), Ordenewitz.
B.V.: Platzverweise für Oechler (30.) und Friedmann (76.), Köpke hält FE von Ordenewitz (35.), Illgner hält FE von Eckstein (55.).

29.02.1992 FC Bayern München - 1. FC Köln 0:0
Zuschauer: 32.000
Aufstellung: Illgner, Götz, Giske, Baumann, Greiner, Trulsen (78. Higl), Littbarski, Heldt (90. Flick), Andersen, H. Fuchs, Ordenewitz.
B.V.: Platzverweis für Aumann (62.).

07.03.1992 1. FC Köln - Borussia Dortmund 1:2 (0:0)
Zuschauer: 46.000
Tore: 0:1 (49.) Chapuisat, 1:1 (57.) Götz, 1:2 (62.) Zorc.
Aufstellung: Illgner, Götz (72. U. Fuchs), Baumann, Giske, Greiner, Heldt (46. Trulsen), Littbarski, Andersen, H. Fuchs, Ordenewitz.

14.03.1992 VfB Stuttgart - 1. FC Köln 1:0 (0:0)
Zuschauer: 26.500
Tor: 1:0 (83.) Sverrisson.
Aufstellung: Illgner, Götz (85. U. Fuchs), Trulsen, Giske, Greiner, Steinmann, Littbarski, Baumann, Andersen, H. Fuchs (62. Heldt), Ordenewitz.

21.03.1992 1. FC Köln - Borussia M'gladbach 1:1 (1:1)
Zuschauer: 27.000
Tore: 0:1 (05.) Max, 1:1 (45.) Giske.
Aufstellung: Illgner, Trulsen, Higl, Giske (46. Götz), Greiner, Baumann, Littbarski, Heldt, Andersen (24. H. Fuchs), Steinmann, Ordenewitz.

27.03.1992 SG Wattenscheid 09 - 1. FC Köln 1:2 (0:2)
Zuschauer: 12.000
Tore: 0:1, 0:2 (29., 42.) Ordenewitz, 1:2 (48.) Sane.
Aufstellung: Bade, Götz, Baumann, Giske, Greiner, Steinmann (80. Higl), Flick, Littbarski, Trulsen, Andersen, Ordenewitz (89. H. Fuchs).
B.V.: Platzverweis für Littbarski (14.).

04.04.1992 1. FC Köln - Bayer Leverkusen 1:1 (1:0)
Zuschauer: 23.000
Tore: 1:0 (08.) Giske, 1:1 (69.) Nehl.
Aufstellung: Illgner, Götz, Giske, Baumann (52. Higl), Greiner, Trulsen, Steinmann (81. U. Fuchs), Flick, Andersen, H. Fuchs, Ordenewitz.
B.V.: Gelb-Rot für Ordenewitz (61.).

11.04.1992 MSV Duisburg - 1. FC Köln 1:3 (0:0)
Zuschauer: 19.300
Tore: 0:1 (74.) Baumann, 0:2 (78.) Steinmann, 1:2 (88.) Steininger, 1:3 (90.) H. Fuchs.
Aufstellung: Illgner, Götz, Baumann, Giske, Greiner, Higl, Heldt (46. Weiser), Steinmann, (83. Sturm), Flick, Andersen, H. Fuchs.

STATISTIK 1991/92

18.04.1992 **1. FC Köln - Karlsruher SC** 2:3 (0:2)
Zuschauer: 13.000
Tore: 0:1 (26.) Rolff, 0:2 (36.) Krieg, 1:2, 2:2 (47., 55.) Giske, 2:3 (64.) Reich.
Aufstellung: Illgner, Götz, Giske, Baumann, Greiner, Flick (46. Sturm), Littbarski, Steinmann (70. Higl), Andersen, H. Fuchs, Ordenewitz.

25.04.1992 **Werder Bremen - 1. FC Köln** 1:3 (0:1)
Zuschauer: 16.000
Tore: 0:1 (28.) H. Fuchs, 0:2 (55.) Sturm, 0:3 (64.) Ordenewitz, 1:3 (73.) Kohn.
Aufstellung: Illgner, Giske, Higl, Baumann, Greiner, Littbarski, Flick, Janßen, Ordenewitz, Sturm (79. Steinmann), H. Fuchs (46. Götz).

02.05.1992 **1. FC Köln - FC Hansa Rostock** 3:1 (1:1)
Zuschauer: 14.000
Tore: 0:1 (12.) Persigehl, 1:1 (40.) Sturm, 2:1 (46.) H. Fuchs, 3:1 (68.) Janßen.
Aufstellung: Illgner, Baumann, Giske, Greiner, Higl, Littbarski (65. Götz), Janßen, Flick (19. Sturm), Andersen, H. Fuchs, Ordenewitz.

05.05.1992 **Fortuna Düsseldorf - 1. FC Köln** 1:3 (1:1)
Zuschauer: 7.000
Tore: 0:1 (10.) Sturm, 1:1 (33.) Rahn, 1:2 (69.) H. Fuchs, 1:3 (85.) Ordenewitz.
Aufstellung: Illgner, Giske, Baumann, Andersen, Greiner, Higl, Littbarski, Flick (56. Ordenewitz), Janßen, Sturm (72. Götz), H. Fuchs.

09.05.1992 **1. FC Köln - FC Schalke 04** 3:0 (1:0)
Zuschauer: 47.000
Tore: 1:0 (45.) Flick, 2:0 (70.) Andersen, 3:0 (90.) H. Fuchs.
Aufstellung: Illgner, Götz, Baumann, Flick, Greiner, Janßen, Littbarski, Sturm (81. Steinmann), Andersen, H. Fuchs, Ordenewitz (83. Heldt).

16.05.1992 **Dynamo Dresden - 1. FC Köln** 0:0
Zuschauer: 26.000
Aufstellung: Illgner, Giske, Baumann, Flick, Greiner, Janßen, Littbarski, Steinmann (77. Götz), Andersen, H. Fuchs, Sturm (66. Ordenewitz)

DFB-POKAL

Der FC hatte in Runde 1 ein Freilos.

2. Runde
17.08.1991 **Rot-Weiß Wernigerode - 1. FC Köln** 0:4 (0:2)
Zuschauer: 11.300
Tore: 0:1 (18.) Baumann, 0:2 (39.) Littbarski (FE) 0:3 (55.) Banach, 0:4 (67.) H. Fuchs.
Aufstellung: Illgner, Jensen, Higl, Baumann, Greiner (69. Sturm), Heldt, Steinmann, Littbarski, Andersen, Banach, Ordenewitz (61. H. Fuchs)

3. Runde
03.09.1991 **Bayer Leverkusen - 1. FC Köln** 2:0 (0:0)
Zuschauer: 20.000
Tore: 1:0 (64.) Buncol, 2:0 (69.) Fischer.
Aufstellung: Illgner, Götz, Giske, Baumann, Greiner, Higl (67. H. Fuchs), Littbarski, Heldt, Ordenewitz, Steinmann (70. Rudy), Banach.

FREUNDSCHAFTSSPIELE

14.07.1991 **FC Zürich - 1. FC Köln** 2:0 (2:0)
(in Murl/Schweiz)

17.07.1991 **FC Basel - 1. FC Köln** 2:3 (0:1)

20.07.1991 **Olimpia Posen - 1. FC Köln** 0:1 (0:0)
(in Grenchen/Schweiz)

21.07.1991 **FC Sion - 1. FC Köln** 7:8 n.E.
(in Grenchen/Schweiz)

24.07.1991 **SpVgg Erkenschwick - 1. FC Köln** 0:3 (0:1)

26.07.1991 **VfB Polch - 1. FC Köln** 0:4 (0:3)

28.07.1991 **1. FC Köln - TfG Nippes** 11:1

29.07.1991 **Alemannia Aachen - 1. FC Köln** 1:3 (0:2)

10.09.1991 **BC Ahrweiler - 1. FC Köln** 1:5 (1:2)

17.09.1991 **TSC Euskirchen - 1. FC Köln** 0:2 (0:0)

01.10.1991 **Kreisausw. Bergisch Gladb. - 1. FC Köln** 1:6 (1:0)

17.01.1992 **SC Portimao - 1. FC Köln** 1:1 (0:1)

19.01.1992 **VfB Leipzig - 1. FC Köln** 0:1 (0:0)
(in Lagos/Portugal)

22.01.1992 **FC Lagos - 1. FC Köln** 0:11 (0:4)

29.01.1992 **1. FC Köln - SC Jülich 1910** 4:0 (1:0)

01.02.1992 **1. FC Köln - Borussia Dortmund** 0:2 (0:0)

04.02.1992 **1. FC Köln - SC Pulheim** 9:0 (2:0)

15.03.1992 **Naestved IF - 1. FC Köln** 1:1 (1:0)

12.05.1992 **SC Pulheim - 1. C Köln** 2:9

17.05.1992 **SV Pößneck - 1. FC Köln** 2:11

19.05.1992 **Chemnitzer FC - 1. FC Köln** 2:2 (2:2)

24.05.1992 **Kreisauswahl Berrenrath - 1. FC Köln** 3:14

27.05.1992 **Blau-Weiß Kerpen - 1. FC Köln** 1:10

1. BUNDESLIGA 1991/92

1.	VfB Stuttgart	62:32	52:24
2.	Borussia Dortmund	66:47	52:24
3.	Eintracht Frankfurt	76:41	50:26
4.	1. FC Köln	58:41	44:32
5.	1. FC Kaiserslautern (M)	58:42	44:32
6.	Bayer Leverkusen	53:39	43:33
7.	1. FC Nürnberg	54:51	43:33
8.	Karlsruher SC	48:50	41:35
9.	Werder Bremen (P)	44:45	38:38
10.	Bayern München	59:61	36:40
11.	FC Schalke 04 (N)	45:45	34:42
12.	Hamburger SV	32:43	34:42
13.	Borussia M'gladbach	37:49	34:42
14.	Dynamo Dresden (N)	34:50	34:42
15.	VfL Bochum	38:55	33:43
16.	SG Wattenscheid 09	50:60	32:44
17.	Stuttgarter Kickers (N)	53:64	31:45
18.	FC Hansa Rostock (N)	43:55	31:45
19.	MSV Duisburg (N)	43:55	30:46
20.	Fortuna Düsseldorf	41:69	24:52

BUNDESLIGAKADER 1991/92

Abgänge: Baerhausen (Carl Zeiss Jena, w.d.l.S.), Banach (verunglückt, w.d.l.S.), Britz (Leihgabe an Fortuna Köln, w.d.l.S.), Dreßen (Sportinvalide, w.d.l.S.), Diergardt (Wuppertaler SV), Gielchen (MSV Duisburg), Rudy (Leihgabe Bröndby Kopenhagen, w.d.l.S.), Spyrka (Leihgabe Stuttgarter Kickers, w.d.l.S.), Steiner (Ende der Laufbahn), Wunderlich (Winfriedia Mülheim)
Zugänge: Baerhausen (eigene Amateure), Dreßen (Bor. M'gladbach), H. Fuchs (FC Hansa Rostock), S. Häßler (eigene Amateure), Henn (eigene Amateure), Müller (RC Mechelen), Spyrka (Stuttgarter Kickers), Steinmann (Chemnitzer FC), Trulsen (FC St. Pauli), Weiser (eigene Amateure, w.d.l.S.)

Trainer: Erich Rutemöller (bis 23. August), Udo Lattek (bis 3. September), Hannes Linßen (bis 9. September), Jörg Berger (ab 10. September).

Tor:
Illgner, Bodo	37/0
Bade, Alexander	1/0

Feld:
Greiner, Frank	36/2
Littbarski, Pierre	36/1
Ordenewitz, Frank	35/11
Fuchs, Henri	34/10
Baumann, Karsten	34/2
Götz, Falko	33/1
Heldt, Horst	31/3
Steinmann, Rico	31/2
Higl, Alfons	31/0
Giske, Anders	25/6
Sturm, Ralf	22/5
Andersen, Henrik	21/1
Flick, Hans-Dieter	21/1
Trulsen, André	20/1
Banach, Maurice	18/10
Jensen, Jann	16/0
Janßen, Olaf	5/1
Fuchs, Uwe	3/0
Müller, Peter	2/0
Rudy, Andrzej	1/0
Weiser, Patrick	1/0
Britz, Axel	0/0
Spyrka, Adrian	0/0
Dreßen, Hans-Georg	0/0
Baerhausen, Günter	0/0
Daschner, Reinhold	0/0
Henn, Udo	0/0
Häßler, Sascha	0/0

Dazu kommt in der Bundesliga ein Eigentor von Hans-Werner Moser (SG Wattenscheid 09).

Zeitschrift der FC-Amateure, September 1991

FIEBERKURVE 1991/92

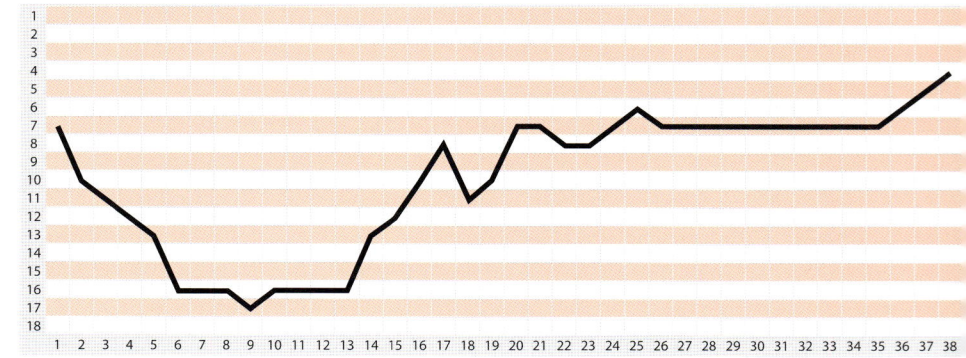

1992/93
1. BUNDESLIGA

Der Anfang vom Ende

Hintere Reihe von links: Jann Jensen, Axel Britz, Uwe Fuchs, Ralf Sturm, Henri Fuchs, Rico Steinmann, Adrian Spyrka, Karsten Baumann, Frank Ordenewitz. Mittlere Reihe von links: Trainer Jörg Berger, Zeugwart Willi Rechmann, Dirk Lehmann, Pablo Thiam, Guido Jörres, Patrick Weiser, Günter Baerhausen, André Trulsen, Co-Trainer Hannes Linßen, Konditionstrainer Rolf Herings. Vordere Reihe von links: Masseur Dirk Winter, Pierre Littbarski, Frank Greiner, Andrzej Rudy, Alfons Higl, Alexander Bade, Hans-Dieter Flick, Horst Heldt, Olaf Janßen, Masseur Jürgen Schäfer. Es fehlt: Bodo Illgner.

[LEGENDEN]

Bodo Illgner
Beim FC von 1983 bis 1996
Geboren: 07.04.1967 in Koblenz
Pflichtspiele beim FC: 382

Vom Weltmeister zum Romanautor

Allein von Seiten der Fans waren die Erwartungen für die 30. Bundesligasaison hoch gesteckt. „Wieder oben mitspielen", schrieb auch das *Geißbock Echo*. Mit den zwei Europameistern Henrik Andersen und Kim Christofte, der Letztere kam von Bröndby Kopenhagen, einem Vize-Europameister im Tor und dazu erfahrenen Spielern wie Pierre Littbarski, Frank Ordenewitz, Rico Steinmann oder Olaf Janssen konnte die Anhängerschaft von neuen Höhenflügen träumen.

Obwohl er nach außen diese optimistische Einstellung vertrat, hatte Trainer Jörg Berger den verletzten Andersen, aber auch den Kraftakt der vergangenen Spielzeit vor Augen. Die Mannschaft hatte sich nicht wesentlich verstärkt, und Geld für Neuzugänge war nicht vorhanden. Gerade einmal 250.000 DM für Neuzugänge gab es aus der schmalen Kasse zu verteilen. Daran sollte auch der Gegner in der ersten Runde des UEFA-Pokals nicht viel ändern: Celtic Glasgow war sportlich durchaus lösbar, aber wegen der ungünstigen Anstoßzeit um 18:00 Uhr kamen nur 26.000 Fans ins Stadion.

In der Vorbereitung lief alles nach Plan. Teilweise drittklassige Gegner wurden souverän besiegt. Beispielsweise gab es beim Trainingslager in Bregenz ein 16:1 gegen die dortige Amateurmannschaft Victoria Casino, wobei Ralf Sturm mit zehn Treffern erfolgreich war. Wenn es jedoch ernsthaft zur Sache ging, wie gegen das französische Erstligateam Racing Straßburg, bezahlte die Mannschaft Lehrgeld (0:5).

DOPPELTES POKALAUS

Positive Vorzeichen auf ein erfolgreiches Spieljahr waren also nicht unbedingt gegeben. Und die schlimmsten Befürchtungen wurden noch übertroffen: Nur ein Punkt aus den ersten sieben Bundesligaspielen, mit einem 2:2 gegen den HSV. Bitterere Niederlagen, wie ein 0:3 in Dresden, wo Rudy sich eine gelb-rote Karte abholte, oder auch das 2:4 in Wattenscheid trübten die Stimmung bei Mannschaft und Fans. Dazu kam das Pokalaus beim Zweitligisten in Duisburg. Einem 0:0 nach 120 schwachen Minuten folgte ein Elfmeterschießen, in dem die Kölner wieder einmal nur zweiter Sieger blieben. Alfons Higl und Pierre Littbarski vergaben die entscheidenden Elfmeter. In der ersten Runde war die Mannschaft noch problemlos über die Hürde Wacker Nordhausen (8:0) gesprungen. Neben dem Erfolg über das wackere Amateurteam gab es nur noch ein 2:0 im Hinspiel des UEFA-Pokals gegen Celtic Glasgow zu vermelden. Jann Jensen und Frank Ordenewitz sorgten zumindest kurzfristig für ein wenig Licht im Geißbockheim.

Ausgerechnet in dieser misslichen Lage stand das Derby bei Borussia M'gladbach an. Die Gazetten überschlugen sich schon mit Meldungen, wie der neue Trainer heißen sollte. Selbst der ansonsten seriöse *Kicker* stimmte mit ein: „Berger bleibt – bis Olsen kommt", titelte er und gab dem Kölner Trainer Schonfrist bis Dienstag. Dazu wurden mit Lorenz-Günter Köstner, Helmut Schulte und Gerd-Volker Schock auch schon einige Kandidaten namentlich aufgezählt. Die Fans dagegen standen hinter Berger, trotz der 1:13 Zähler in der Tabelle und vier Zählern Rückstand auf einen Nichtabstiegsplatz. Die Schonfrist verstrich, und der Sachse coachte noch immer

Beim Bonner Vorortclub FC Hardtberg erlernte Bodo Illgner das Fußball-ABC. Dem ehrgeizigen Jungtorwart gelang der Sprung in die Juniorennationalmannschaft, sodass auch größere Vereine auf Illgner aufmerksam wurden. Schließlich nahm er die Offerte des 1. FC Köln an, um ab 1983 unter der Regie von Christoph Daum in der A1-Jugend der Geißböcke zu spielen. Zur Spielzeit 1985/86 wurde der Offizierssohn in den FC-Profikader übernommen. Bei den Lizenzspielern war an der damaligen Nummer eins Harald „Toni" Schumacher allerdings kein Vorbeikommen. Erst Schumachers Skandalbuch „Anpfiff" ebnete Anfang März 1987 Illgners Weg ins FC-Tor.

Die Karriere des Keepers nahm nun eine fast schon atemberaubende Geschwindigkeit an. Seinen Stammplatz bei den Kölnern konnte er auf Anhieb sichern, und nur knapp sieben Monate später debütierte er in der A-Nationalmannschaft, wo er nach der EM 1988 seinen Kontrahenten Eike Immel verdrängte und fortan auch in der DFB-Auswahl gesetzt war. Nur zwei Jahre später durfte der Torwart seinen international größten Erfolg feiern: den Gewinn der Weltmeisterschaft 1990, an der er nicht unwesentlich Anteil hatte, zumal als jüngster Torwart eines Weltmeisters aller Zeiten. Die eher verkorkste WM 1994 in den USA bedeutete zugleich seinen letzten Auftritt in der Nationalmannschaft. Insgesamt 54-mal trug der gebürtige Koblenzer das Trikot mit dem Adler. Beim FC blieb der Schlussmann eine feste Größe. Als es mit den Kölnern in den 1990er Jahren stetig bergab ging, war es vor allem Illgner, der mit großartigen Leistungen den Verein vor dem Absturz rettete und als einer der wenigen noch internationale Klasse darstellte. Auf der

➔

Linie dürfte Bodo der wohl beste Keeper der Clubgeschichte gewesen sein. Defizite offenbarte er nur in der Strafraumbeherrschung und im fußballerischen Bereich. Nicht selten stockte den Fans der Atem, wenn Illgner den Rückpass eines Mitspielers per Fuß ins Feld zurückbefördern musste. Im Gegensatz zu seinem Vorgänger Schumacher war Illgner immer ein ruhiger, besonnener Typ. Wie Bernd Schuster oder Thomas Häßler durfte auch Bodo auf die Hilfe einer starken Frau an seiner Seite setzen. Gattin Bianca trieb als knallharter Verhandlungspartner den Fußballbossen die Schweißperlen auf die Stirn. Sie war es auch, die Anfang September 1996 seinen Blitzwechsel zu Real Madrid einfädelte. Mit den „Königlichen" wurde der Torhüter zweimal spanischer Meister, gewann zweimal die Champions League und einmal den Weltpokal. Später allerdings verdrängte ihn Jungstar Iker Casillas. 2001 beendete Bodo Illgner seine Laufbahn. Mit seiner Familie lebt er immer noch in Spanien und jobbt hin und wieder als TV-Experte. 2005 veröffentlichten die Illgners einen „fiktiven Tatsachenroman" mit dem Titel „Alles". Das eher dürftige Werk wurde allerdings kein Bestseller. ■

[Interessantes & Kurioses]

■ Nach mehr als 20-jähriger Tätigkeit als Geschäftsführer der Gastronomie des Geißbockheims, übergeben Andre und Helga Lescroart die Leitung an den ehemaligen Oberkellner Rudolf Kositzky, der bis Februar 1998 zusammen mit Herbert Noack für das Clubhaus verantwortlich ist.

■ Das „Merchandising" ist ab Saisonbeginn in neuen Händen. Der Altinternationale Heinz Hornig übernimmt die Leitung des Fanartikel-Verkaufs. Neu im Angebot ist ein FC-Männer-Parfüm „effcé cologne", das allerdings kaum Erflog hat.

■ Eine Vorreiterrolle in der Behindertenbetreuung spielt der FC bereits Mitte der 1990er Jahre. Ab der Saison 1992/93 haben Rollstuhlfahrer, inklusive einer Begleitperson, freien Eintritt zu den Spielen der Geißböcke. Das Fanprojekt versorgt sogar ab November die Rolli-Fahrer im Innenraum mit warmen Getränken.

■ Eine weitere Neuerung ist, dass ab Saisonbeginn alle Inhaber von Eintrittskarten freie Fahrt im Verkehrsverbund Rhein-Sieg haben. Und wer Glück hat, darf sogar erstmals mit einer Bahn anreisen, die durch ein FC-Design verziert ist.

■ Seltsame Blüten treibt das Fernsehen bereits 1992. So schreibt SAT.1 den „goldenen Günna" für das beste Mannschaftsvideo aus dem Trainingslager aus. Der FC belegt hinter dem HSV den 2. Platz.

Hansi Flick und Rico Steinmann können dem Hamburger Letchkov beim Heimspiel gegen den HSV (2:2) den Ball abjagen.

die Geißböcke. Der FC gewann beim alten Rivalen und fuhr am 8. Spieltag seinen ersten Sieg ein. Vier Tage später erneutes Entsetzen in der Domstadt. Mit einem 0:3 in Glasgow machte die Mannschaft die komplette Euphorie im Umfeld zunichte. Der *Kicker* brachte das Auftreten des FC in Schottland auf den Punkt: „Die Schotten rennen - die Kölner pennen". Der FC war in der ersten Runde des UEFA-Pokals ausgeschieden, obwohl man wegen der prekären Finanzlage so sehr auf ein Weiterkommen im lukrativen, internationalen Geschäft gehofft hatte.

RAUS AUS DEM TABELLENKELLER

In der Liga trampelten die FC-Kicker ebenfalls auf der Stelle. Zwar holte die Mannschaft im heimischen Stadion mit Siegen gegen Saarbrücken (4:2), Stuttgart (3:1), Leverkusen (1:0), Bochum (1:0) und Uerdingen (5:0) die optimale Ausbeute, doch auswärts bezog sie regelmäßig Prügel. Trotzdem kletterte das Team langsam nach oben und verließ nach der Partie gegen Bochum die Abstiegsränge, nachdem mit dem Sieg über den VfB erstmals der letzte Tabellenplatz verlassen worden war.

Vor der Begegnung gegen Leverkusen stand Pierre Littbarski im Blickpunkt. Zum einen wurde sein Steuerverfahren gegen die Zahlung von 60.000 DM für einen karitativen Zweck eingestellt, zum anderen war er vor dem Spiel gegen die rechtsrheinische Werksmannschaft auf der A 48 an einem Verkehrsunfall beteiligt und beging Fahrerflucht. Innerhalb der Mannschaft kostete Littbarski diese Aktion das Kapitänsamt, das nach Anweisung von Trainer Berger Bodo Illgner übernahm. Verantwortung übernahm u.a. auch der Ex-Vizepräsident Karl-Heinz Thielen, der den vakanten Posten des Managers ausfüllen sollte. Keine leichte Aufgabe, wie er bemerkte: „Ich kann nicht viel tun. Bei über sechs Millionen DM Schulden sind mir bei den notwendigen Transfers die Hände gebunden." Für einen neuen Abwehrspieler namens Roger Nilsen (Viking Stavanger) reichte es aber. Der Norweger lief erstmals im Derby gegen Bayer auf, ohne sonderlich aufzufallen.

Zur Winterpause sprang dann trotz des miserablen Saisonstarts von 1:13 Punkten noch Platz 14 heraus, und Berger durfte seinen Posten als Trainer über Weihnachten behalten. Dazu beigetragen hatte sicher auch die starke Vorstellung gegen Uerdingen. Der Tabellennachbar war mit 5:0 abgefertigt worden. Überraschend war auch der Zuschauerschnitt in Köln. Der lag mit 26.500 rund 5.000 über dem eingeplanten Soll. So konnte zumindest auf der Jahreshauptversammlung ein kleiner Abbau des Schuldenberges vermeldet werden. Insgesamt war die finanzielle Lage trotzdem bitter, wenn man bedenkt, dass der Verein fast drei Jahre zuvor „Ligakrösus" gewesen war. Am Abbau dieser Schulden arbeitete vor allem der Manager. Der sorgte mit dem Verkauf von Baerhausen und Jensen nicht nur für Einnahmen bzw. Verringerung der Ausgaben, da keine Gehaltszahlungen mehr geleistet werden mussten, sondern durch die Installierung eines Wirtschaftsrates auch für neue Geldquellen.

Einen bemerkenswerten Aktionstag rief der DFB aus: Mit der Trikot-Kampagne „Mein Freund ist Ausländer" bezogen Deutschlands Fußballer ganz klar Stellung gegen Ausländerfeindlichkeit. Bei allen Spielen der Bundesliga war diese Aussage auf der Brust eines jeden Spielers zu lesen, da die Werbepartner gemeinsam auf die Präsentation ihrer Werbelogos verzichtet hatten.

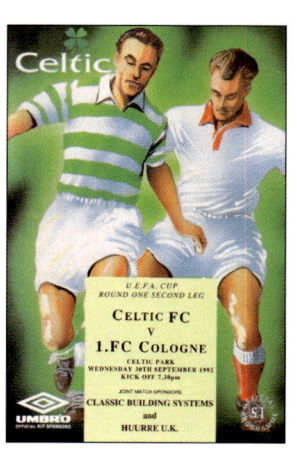

Zum bis heute letzten Mal spielte der FC im UEFA-Pokal. Hier das Programmheft der Partie in Schottland.

BERGER MUSS GEHEN

Sportlich startete das neue Jahr wieder einmal unterm Dach. Bei insgesamt fünf Hallenturnieren sammelten die Geißböcke „Masterspunkte". Durch den Sieg in Krefeld sowie zwei Finalteilnahmen in Hannover und Essen war der Weg nach München zum Masters frei. Dort überraschten die Rheinländer und holten sich den Titel des Hallenmasters 1993 mit einem 2:1-Endspielerfolg gegen den VfB Stuttgart.

Neben dem Norweger Roger Nilsen wurde der Kader noch mit dem polnischen Nationalspieler Andrzej Kobylanski aufgestockt. Beide konnten jedoch nicht die erhofften Akzente setzen. So ging es mit einer fast unveränderten Mannschaft in die Rückrunde. Der Start ging mit einem 0:3 gegen die Roten Teufel gehörig daneben. Somit stand Trainer Berger wieder in der Schusslinie. Dass er dann ausgerechnet bei seinem vorherigen Arbeitgeber in Frankfurt zum letzten Mal auf der Bank der Geißböcke saß, war wohl mehr Schicksal als geplant.

Die Domstädter waren jedenfalls wieder auf den Abstiegsrängen angekommen. Nun sollte Wolfgang Jerat, bisher Trainer der Amateure, das Ruder herumreißen. „Ich bin der wahrscheinlich Richtige", tönte er vollmundig bereits drei Tage später in den ersten Interviews. Wie sich schnell herausstellte, war er es nicht. Auch wenn zum Auftakt gegen Dresden ein 3:1-Erfolg stand, erkämpften sich die Geißböcke in den folgenden acht Begegnungen nur zwei weitere Siege (Wattenscheid 3:0, in Saarbrücken 3:0). Auswärts lief es weiterhin überhaupt nicht und so konnte auch Jerat seine Position nicht auf Dauer festigen.

OLSEN SOLL ES RICHTEN

Nachdem sich Morten Olsen als „Wunschtrainer" herauskristallisiert hatte, zierte sich der Däne zunächst das schwere Amt zu übernehmen. Erschwerend kam hinzu, dass Olsen noch nicht im Besitz der erforderlichen Fußballlehrerlizenz war, die er aber wenig später erwarb. Am Tag der Arbeit feierte der Skandinavier, zusammen mit dem jetzt zum Co-Trainer „degradierten" Wolfgang Jerat, sein Debüt als FC-Coach. Mittlerweile stand das Team, sechs Spieltage vor Saisonende, auf dem vorletzten Platz mit drei Punkten Rückstand auf das rettende Ufer. Und der Weltstar feierte einen Einstand nach Maß. Mit einem überzeugenden 2:0 gegen den „Club" aus Nürnberg kehrte neue Hoffnung in die Domstadt zurück. Neben Olsen waren weitere Kandidaten wie Christoph Daum, der in Stuttgart in der Kritik stand, oder Dragoslav Stepanovic, der erst vor einigen Wochen in Frankfurt gefeuert wurde, heiß gehandelt worden.

Am Schluss war es dann eben der 102-fache dänische Nationalspieler Olsen, der auf der Kölner Kommandobrücke stand. „Für keinen anderen Verein der Welt hätte ich dies gemacht", flüsterte er in die Notizblöcke der Journalisten und hatte sich sofort die Herzen der Südkurve erkämpft. Matchwinner gegen die Franken war übrigens Pierre Littbarski. In seinem letzten Pflichtspiel in Müngersdorf traf der Mannschaftskapitän zweimal ins Schwarze und sorgte so im Alleingang für den überlebenswichtigen Erfolg. Nun ging es ganz schnell mit Littis Abschied: Binnen einer Woche bestritt er zunächst sein Abschiedsspiel in Müngersdorf (04.05.1993), und lief vier Tage später beim 0:3 in Leverkusen zum endgültig letzten Mal im FC-Trikot auf. Nach 406 Bundesligaspielen für den 1. FC Köln zog es den 33-Jährigen im Spätherbst seiner Karriere nach Japan zu JEF United Ichihara. So musste die Mannschaft ohne ihren Star in den letzten vier Saisonspielen um den Klassenerhalt kämpfen. Nach einem erneuten Rückschlag in Leverkusen blieb das Team um Neu-Kapitän Bodo Illgner in der Restsaison ungeschlagen. Der Sieg gegen Schalke (2:1) am 33. Spieltag bedeutete vorzeitig den Ligaerhalt. Durch den Endspurt landete der FC in der Endabrechnung auf einem kaum noch für möglich gehaltenen 12. Tabellenplatz. Doch was zu diesem Zeitpunkt keiner ahnen konnte, die Saison 1992/93 war das erste Kapitel einer schwarzen Ära, unter der der Club bis in die heutige Zeit leidet und von der er sich nur mühsam erholt.

Zum Saisonende sorgte der Verein noch neben dem Platz für Schlagzeilen. Positiv war, dass durch das Herzschlagfinale in Sachen Abstieg der Schuldenstand schneller abgebaut wurde als geplant. Gesorgt hatten dafür die Fans, die wesentlich zahlreicher zu den Spielen gepilgert waren. Allerdings sollen auch Gelder aus Einnahmen verschwunden sein. Von 30.000 DM war die Rede, die ein Angestellter in die eigene Tasche abgeführt habe. Zum guten Schluss wurde darüber berichtet, dass ein Vereinsfunktionär eine Angestellte des Klubs am Telefon sexuell belästigt haben soll. Aber die Meldungen sollten wohl eher das anstehende Sommerloch füllen, denn mehr als haltlose Behauptungen wurden nie veröffentlicht.

Morten Olsen war der dritte FC-Trainer in der Spielzeit 1992/93. Der Däne rettete Litti & Co vor dem Abstieg.

■ Der langjährige Zeugwart Hans Thönnes verstirbt am 4. September im Alter von 78 Jahren. 1935 hatte er sein Amt bei der SpVgg Sülz angetreten, das er, auch nach der Fusion mit dem Kölner BC, beim 1. FC Köln bis 1986 ausübte.

■ Auf der ersten Jahreshauptversammlung des Kölner Fanprojektes begrüßt der Vorsitzender Peter Fassbender insgesamt 96 Mitglieder im Geißbockheim.

■ Sein 1.000 Bundesligaspiel bestreitet der 1. FC Köln am 19. Februar gegen den 1. FC Kaiserslautern. Leider kassiert die Truppe mit 0:3 gleichzeitig die höchste Heimniederlage der Saison.

■ Sein 400. Bundesligaspiel feiert Pierre Littbarski in Dortmund. Zahlreiche Präsente erhält er auch von Seiten der Borussen. Nur die Mannschaft kann ihm seinen größten Wunsch nicht erfüllen und unterliegt mit 1:4.

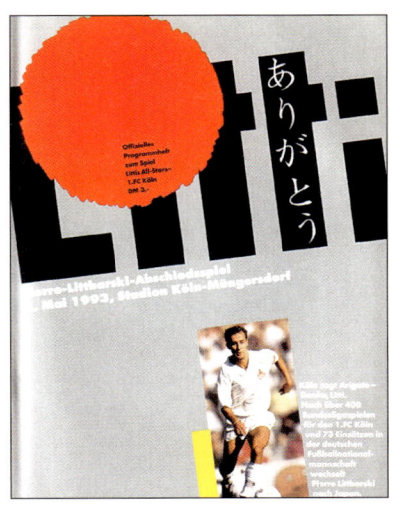

Ein Jahr nach „Toni" Schumacher bestritt auch „Litti" sein Abschiedsspiel in Müngersdorf.

■ Im Schnitt 27.400 Zuschauer sorgen trotz der sportlichen Tiefschläge für positive Zahlen auf den Geschäftskonten des Vereins. Damit liegt der FC über dem normalen Bundesligaschnitt von 25.200 Fans. Allein in den letzten fünf Heimspielen kommen durchschnittlich fast 40.000 Fans, um „ihren" FC zu retten.

■ Der Vorstand des FC blamiert sich durch eine merkwürdige Aktion neben dem Sportplatz. Man stellt Pierre Littbarski für die Organisation seines Abschiedsspiels runde 200.000 DM in Rechnung. Da die frühe Anstoßzeit um 17.45 Uhr nur knapp 20.000 Zuschauer ins Stadion lockt, steht „Litti" am Ende fast mit leeren Händen da.

■ A-Jugendspieler Carsten Jancker gelingt bei der U20-WM in Australien mit einem Fallrückzieher in der Gruppenphase das „Tor des Monats" im März 1993.

STATISTIK 1992/93

BUNDESLIGA

14.08.1992 1. FC Kaiserslautern - 1. FC Köln 1:0 (1:0)
Zuschauer: 37.117
Tor: 1:0 (24.) Eriksson.
Aufstellung: Illgner, Jensen, Baumann, Greiner, Janßen (52. Weiser), Littbarski, Christofte, Rudy, H. Fuchs, Sturm (52. Ordenewitz), Higl.

22.08.1992 1. FC Köln - Eintracht Frankfurt 0:1 (0:1)
Zuschauer: 28.000
Tore: 0:1 (42.) Yeboah.
Aufstellung: Illgner, Jensen (46. Sturm), Higl, Baumann, Greiner, Rudy, Janßen, Littbrski, Christofte (72. Heldt), Weiser, Ordenewitz.

26.08.1992 Dynamo Dresden - 1. FC Köln 3:0 (2:0)
Zuschauer: 16.000
Tore: 1:0 (34.) Jähnig, 2:0 (40.) Zander, 3:0 (72.) Pilz.
Aufstellung: Illgner, Jensen (46. Sturm), Higl, Baumann, Greiner, Rudy, Littbarski, Janßen, Weiser, H. Fuchs (46. U. Fuchs), Ordenewitz.
B.V.: Platzverweise für Zander (58.) und U. Fuchs (49.), Gelb-Rot für Rudy (58.).

29.08.1992 1. FC Köln - Hamburger SV 2:2 (1:0)
Zuschauer: 16.000
Tore: 1:0 (25.) Ordenewitz, 1:1 (54.) Rohde, 2:1 (70.) Steinmann, 2:2 (84.) Weichert.
Aufstellung: Illgner, Christofte, Higl, Flick, Greiner (61. H. Fuchs), Baumann, Janßen, Littbarski, Weiser (46. Heldt), Steinmann, Ordenewitz.

02.09.1992 1. FC Köln - FC Bayern München 1:3 (0:2)
Zuschauer: 37.000
Tore: 0:1 (32.) Kreuzer, 0:2 (44.) Wouters, 1:2 (68.) Ordenewitz, 1:3 (78.) Ziege.
Aufstellung: Illgner, Christofte (46. U. Fuchs), Baumann, Higl, Rudy, Janßen (66. Sturm), Flick, Littbarski, Heldt, Steinmann, Ordenewitz.

05.09.1992 SG Wattenscheid 09 - 1. FC Köln 4:2 (1:1)
Zuschauer: 7.000
Tore: 0:1 (14.) Ordenewitz, 1:1 (35.) Neuhaus, 2:1 (61.) Buckmaier, 2:2 (71.) Ordenewitz (FE), 3:2 (77.) Prinzen, 4:2 (79.) Sane.
Aufstellung: Illgner, Christofte (63. Sturm), Baumann, Jensen, Greiner (63. H. Fuchs), Flick, Littbarski, Heldt, Rudy, Steinmann, Ordenewitz.
B.V.: Gelb-Rot für Fink (80.).

19.09.1992 1. FC Köln - Borussia Dortmund 0:1 (0:1)
Zuschauer: 33.000
Tor: 0:1 (44.) Schmidt.
Aufstellung: Illgner, Jensen, Higl, Baumann, Greiner, Steinmann, Flick (46. Weiser), Heldt, Rudy, Littbarski, (46. Sturm), Ordenewitz.

26.09.1992 Borussia M'gladbach - 1. FC Köln 1:2 (1:1)
Zuschauer: 32.000
Tore: 0:1 (25.) Rudy, 1:1 (30.) Dahlin, 1:2 (55.) Ordenewitz.
Aufstellung: Illgner, Jensen, Higl, Baumann, Greiner (83. Keuler), Rudy, Steinmann, Heldt, Weiser, H. Fuchs, Ordenewitz (79. Sturm).

03.10.1992 1. FC Köln - 1. FC Saarbrücken 4:2 (2:1)
Zuschauer: 22.000
Tore: 1:0 (08.) Steinmann, 1:1 (28.) Wynalda, 2:1 (30.) Rudy, 3:1 (56.) Lehmann, 3:2 (69.) Sawitschew, 4:2 (90.) Sturm.
Aufstellung: Illgner, Jensen, Baumann, Higl, Keuler, Rudy, Littbarski, Heldt, Weiser, Steinmann (46. Lehmann), Ordenewitz (77. Sturm).

17.10.1992 Werder Bremen - 1. FC Köln 2:0 (1:0)
Zuschauer: 18.100
Tore: 1:0, 2:0 (18., 69.) Beiersdorfer.
Aufstellung: Illgner, Christofte, Baumann, Jensen, Keuler (63. Higl), Trulsen (46. Heldt), Littbarski, Rudy, Weiser, Lehmann, Ordenewitz.

24.10.1992 1. FC Köln - VfB Stuttgart 3:1 (2:0)
Zuschauer: 25.000
Tore: 1:0 (34.) Ordenewitz (HE), 2:0 (43.) Littbarski, 2:1 (62.) Sverisson, 3:1 (88.) Ordenewitz.
Aufstellung: Illgner, Christofte, Baumann, Higl, Greiner (69. Keuler), Rudy, Littbarski, Heldt, Weiser, Sturm (69. H. Fuchs), Ordenewitz.
B.V.: Platzverweis für Gaudino (33.).

31.10.1992 1. FC Nürnberg - 1. FC Köln 2:1 (1:1)
Zuschauer: 33.000
Tore: 0:1 (33.) Trulsen, 1:1 (45.) Köpke (FE), 2:1 (73.) Olivares.
Aufstellung: Illgner, Christofte, Higl, Jensen (76. H. Fuchs), Keuler (12. Trulsen), Steinmann, Heldt, Baumann, Weiser, Sturm, Ordenewitz.
B.V.: Platzverweis für Rösler (05.), Illgner hält FE von Dorfner (41.).

14.11.1992 1. FC Köln - Bayer Leverkusen 1:0 (1:0)
Zuschauer: 32.000
Tor: 1:0 (41.) H. Fuchs.
Aufstellung: Illgner, Christofte (45. Rudy), Nilsen, Baumann, Greiner, Higl, Littbarski (88. Steinmann), Heldt, Weiser, H. Fuchs, Ordenewitz.

21.11.1992 Karlsruher SC - 1. FC Köln 3:1 (2:0)
Zuschauer: 18.000
Tore: 1:0 (16.) Rudy (E), 2:0 (17.) Kirjakov, 3:0 (55.) Bender, 3:1 (76.) H. Fuchs.
Aufstellung: Illgner, Rudy, Baumann, Nilsen (46. Janßen), Greiner, Higl, Littbarski, Heldt, Weiser (85. Steinmann), H. Fuchs, Ordenewitz.

28.11.1992 1. FC Köln - VfL Bochum 1:0 (1:0)
Zuschauer: 18.000
Tor: 1:0 (25.) Greiner.
Aufstellung: Illgner, Baumann, Higl, Rudy, Greiner, Janßen, Littbarski, (56. Christofte), Heldt, Weiser, H. Fuchs, Ordenewitz (69. Steinmann).

06.12.1992 FC Schalke 04 - 1. FC Köln 1:0 (1:0)
Zuschauer: 33.100
Tor: 1:0 (23.) Mihajlovic.
Aufstellung: Illgner, Higl, Baumann, Rudy, Greiner, Janßen, Littbarski Heldt, Weiser, (46. U. Fuchs), H. Fuchs, Ordenewitz.

12.12.1992 1. FC Köln - Bayer 05 Uerdingen 5:0 (3:0)
Zuschauer: 14.000
Tore: 1:0 (11.) Greiner, 2:0 (21.) H. Fuchs, 3:0 (41.) U. Fuchs, 4:0 (80.) H. Fuchs, 5:0 (87.) Ordenewitz (FE).
Aufstellung: Illgner, Nilsen (59. Jensen), Higl, Baumann, Rudy, Greiner, Janßen, Littbarski, Heldt, H. Fuchs (56. Ordenewitz).

19.02.1993 1. FC Köln - 1. FC Kaiserslautern 0:3 (0:1)
Zuschauer: 26.000
Tore: 0:1 (28.) Witeczek, 0:2 (63.) Goldbaek, 0:3 (84.) Hotic.
Aufstellung: Illgner, Greiner, Baumann, Trulsen, Weiser, Janßen (81. H. Fuchs), Rudy, Steinmann, Christofte (31. Heldt), Kobylanski, Ordenewitz.

27.02.1993 Eintracht Frankfurt - 1. FC Köln 2:1 (2:0)
Zuschauer: 22.000
Tore: 1:0 (30.) Bein, 2:0 (45.) Schmidt, 2:1 (87.) Rudy.
Aufstellung: Illgner, Nilsen (22. Heldt), Trulsen, Greiner, Keuler, Rudy, Janßen (62. Sturm), Weber, Steinmann, Ordenewitz.

06.03.1993 1. FC Köln - Dynamo Dresden 3:1 (1:0)
Zuschauer: 19.000
Tore: 1:0 (19.) Keuler, 2:0 (64.) Sturm, 2:1 (74.) Maucksch, 3:1 (86.) H. Fuchs.
Aufstellung: Illgner, Spyrka (59. H. Fuchs), Baumann, Trulsen, Greiner, Littbarski, Steinmann, Rudy, Keuler, Weiser, Sturm (81. Caliskan).

12.03.1993 Hamburger SV - 1. FC Köln 3:0 (1:0)
Zuschauer: 20.450
Tore: 1:0 (07.) Eck, 2:0, 3:0 (68., 89.) von Heesen.
Aufstellung: Illgner, Spyrka, Baumann, Trulsen, Greiner, Littbarski (64. H. Fuchs), Steinmann (52. Bade), Rudy, Keuler, Weiser, Sturm.
B.V.: Platzverweis für Illgner (52.).

20.03.1993 FC Bayern München - 1. FC Köln 3:0 (1:0)
Zuschauer: 38.000
Tore: 1:0 (13.) Ziege, 2:0 (81.) Wohlfahrt, 3:0 (83.) Schupp.
Aufstellung: Bade, Spyrka, Baumann (60. H. Fuchs), Trulsen, Greiner (73. Ordenewitz), Littbarski, Rudy, Steinmann, Keuler, Weiser, Sturm.

27.03.1993 1. FC Köln - SG Wattenscheid 09 3:0 (0:0)
Zuschauer: 33.000
Tore: 1:0 (77.) U. Fuchs, 2:0 (88.) U. Fuchs, 3:0 (90.) Sturm.
Aufstellung: Bade, Spyrka, Trulsen, Keuler, Greiner, Littbarski, Rudy, Steinmann (46. Heldt), Weiser (74. U. Fuchs), Sturm, Ordenewitz.

03.04.1993 Borussia Dortmund - 1. FC Köln 4:1 (1:0)
Zuschauer: 41.800
Tore: 1:0 (04.) Zorc, 2:0 (66.) Chapuisat, 3:0 (70.) Sammer, 3:1 (82.) Rudy, 4:1 (85.) Sammer.
Aufstellung: Bade, Spyrka (26. U. Fuchs), Higl, Trulsen, Greiner, Littbarski, Keuler, Rudy, Steinmann, Weiser, Sturm (68. Ordenewitz).

10.04.1993 1. FC Köln - Borussia M'gladbach 1:2 (0:0)
Zuschauer: 55.000
Tore: 0:1 (68.) Schneider, 0:2 (76.) Dahlin, 1:2 (90.) U. Fuchs.
Aufstellung: Illgner, Nilsen, Trulsen, Higl, Greiner, Sturm (69. U. Fuchs), Keuler, Rudy, Weiser (71. Ordenewitz), Littbarski, Kobylanski.

17.04.1993 1. FC Saarbrücken - 1. FC Köln 0:3 (0:1)
Zuschauer: 30.000
Tore: 0:1 (30.) H. Fuchs, 0:2 (55.) Heldt, 0:3 (88.) Ordenewitz.
Aufstellung: Illgner, Christofte, Nilsen, Keuler, Baumann, Steinmann, Littbarski, Rudy, Heldt, U. Fuchs (66. Ordenewitz), H. Fuchs (77. Sturm).

23.04.1993 1. FC Köln - Werder Bremen 0:0
Zuschauer: 38.000
Aufstellung: Illgner, Christofte, Nilsen, Baumann, Keuler (77. Trulsen), Rudy, Littbarski, Steinmann, Heldt, H. Fuchs, U. Fuchs (61. Ordenewitz).

27.04.1993 VfB Stuttgart - 1. FC Köln 2:0 (0:0)
Zuschauer: 23.000
Tore: 1:0, 2:0 (52., 77.) Kienle.
Aufstellung: Illgner, Christofte, Keuler, Trulsen, Baumann (72. Ordenewitz), Rudy, H. Fuchs (65. Kobylanski), Littbarski, Steinmann, Heldt, U. Fuchs.

01.05.1993 1. FC Köln - 1. FC Nürnberg 2:0 (0:0)
Zuschauer: 26.000
Tore: 1:0, 2:0 (67., 71.) Littbarski.
Aufstellung: Illgner, Christofte, Keuler, Nilsen, Rudy, Janßen, Steinmann, Heldt (74. Greiner), H. Fuchs (46. Ordenewitz), Littbarski, U. Fuchs.

08.05.1993 Bayer Leverkusen - 1. FC Köln 3:0 (1:0)
Zuschauer: 26.850
Tore: 1:0, 2:0 (01., 47.) Kirsten, 3:0 (72.) Hapal.
Aufstellung: Illgner, Christofte, Keuler, Nilsen, Rudy (65. Andersen), Janßen, Steinmann, Heldt, Sturm, (58. U. Fuchs), Ordenewitz, Littbarski.
B.V.: Platzverweis für Steinmann (81.).

15.05.1993 1. FC Köln - Karlsruher SC 2:0 (0:0)
Zuschauer: 31.000
Tore: 1:0 (47.) Sturm, 2:0 (68.) Keuler.
Aufstellung: Illgner, Christofte, Keuler, Higl, Baumann, Janßen (33. Sturm), Rudy, Andersen, H. Fuchs (84. Greiner), Heldt, U. Fuchs.

22.05.1993 VfL Bochum - 1. FC Köln 0:0
Zuschauer: 41.021
Aufstellung: Illgner, Christofte, Keuler, Baumann, Greiner, Higl, Rudy, Heldt, Andersen (75. Ordenewitz), U. Fuchs (81. Nilsen), Sturm.

29.05.1993 1. FC Köln - FC Schalke 04 2:1 (1:0)
Zuschauer: 54.000
Tore: 1:0 (43.) Steinmann, 1:1 (78.) Müller, 2:1 (80.) Greiner.

STATISTIK 1992/93

Aufstellung: Illgner, Christofte, Baumann, Higl, Sturm, Janßen (79. Greiner), Rudy, Keuler, Steinmann, Heldt, U. Fuchs (67. Ordenewitz).

05.06.1993 Bayer 05 Uerdingen - 1.FC Köln 0:0
Zuschauer: 15.800
Aufstellung: Illgner, Christofte, Higl, Keuler, Greiner, Rudy, Janßen (46.Weiser), Heldt, Steinmann, Sturm (64. U. Fuchs), Kobylanski.

DFB-POKAL

1. Runde
18.08.1992 Wacker Nordhausen – 1.FC Köln 0:8 (0:1)
Zuschauer: 5.000
Tore: 0:1 (41.) Littbarski, 0:2 (47.) Ordenewitz (FE), 0:3 (53.) Sturm, 0:4 (65.) Ordenewitz, 0:5 (77.) Flick, 0:6 (80.) Heldt, 0:7 (83.) Rudy, 0:8 (90.) Greiner.
Aufstellung: Illgner, Christofte, Higl, Baumann, Greiner, Janßen (70. Flick), Littbarski (64. Heldt), Weiser, Rudy, Sturm, Ordenewitz.

2. Runde
12.09.1992 MSV Duisburg – 1.FC Köln 4:3 n.E.
Zuschauer: 17.400
Elfmeterschießen: Steinmann (0:1), Harforth (1:1), Ordenewitz (1:2), Tarnat (2:2), Heldt (2:3), Schmidt (3:3), Higl (gehalten), Nijhuis (4:3), Littbarski (gehalten).
Aufstellung: Illgner, Jensen, Baumann, Higl, Trulsen (23. Keuler), Flick, Rudy (95. Lehmann), Littbarski, Steinmann, Ordenewitz, Heldt.

UEFA-POKAL

1. Runde (Hinspiel)
15.09.1992 1.FC Köln - Celtic Glasgow 2:0 (1:0)
Zuschauer: 26.000
Tore: 1:0 (25.) Jensen, 2:0 (85.) Ordenewitz.
Aufstellung: Illgner, Jensen, Higl, Baumann, Rudy, Littbarski, Flick, Heldt, (89. Weiser), Steinmann, Lehmann (88. Sturm), Ordenewitz.

1. Runde (Rückspiel)
30.09.1992 Celtic Glasgow - 1.FC Köln 3:0 (2:0)
Zuschauer: 35.000
Tore: 1:0 (36.) McStay, 2:0 (38.) Creaney, 3:0 (80.) Collins.
Aufstellung: Illgner, Jensen, Higl, Baumann, Rudy, Keuler (60. Littbarski), Heldt, Weiser, Steinmann (54. H. Fuchs), Ordenewitz, Greiner.

FREUNDSCHAFTSSPIELE

08.07.1992 SG Betzdorf 06 - 1.FC Köln 1:11 (1:4)

11.07.1992 Bonner SC - 1.FC Köln 0:0

15.07.1992 Innsbrucker SK - 1.FC Köln 0:11 (0:7)
(in Seefeld/Österreich)

18.07.1992 Victoria Casino Bregenz - 1.FC Köln 1:16 (0:8)

20.07.1992 FC Memmingen - 1.FC Köln 1:6 (0:3)

22.07.1992 Sparta Prag - 1.FC Köln 1:2 (0:0)
(in Innsbruck/Österreich)

28.07.1992 Racing Straßburg - 1.FC Köln 5:0 (1:0)

29.07.1992 Kreisausw. Ortenaukreis - 1.FC Köln 0:12 (0:6)
(in Gamshurst)

02.08.1992 1.FC Köln - ESV Olympia Köln 10:0 (2:0)

04.08.1992 SV Brück - 1.FC Köln 1:6 (0:3)

06.08.1992 Eintracht Lollar - 1.FC Köln 2:12 (1:3)

08.08.1992 Eintracht Frankfurt - 1.FC Köln 0:0 (in Fulda)

10.10.1992 SC Brühl - 1.FC Köln 0:9 (0:5)

08.11.1992 TSC Euskirchen - 1.FC Köln 1:11 (0:3)

19.01.1993 FV Bad Honnef - 1.FC Köln 1:1 (0:1)

26.01.1993 Wuppertaler SV - 1.FC Köln 0:4 (0:2)

03.02.1993 SC Louletano - 1. FC Köln 1:2 (0:1)
(in Louremar/Portugal)

07.02.1993 Sparta Prag - 1. FC Köln 2:2 (1:0)
(in Faro/Portugal)

09.02.1993 FC Lucitano - 1.FC Köln 1:1 (0:0)
(in Vila Real/Portugal)

13.02.1993 1.FC Köln - Steaua Bukarest 1:0 (0:0)

06.04.1993 SG Bad Marienberg - 1.FC Köln 0:8 (0:2)

04.05.1993 1.FC Köln - Litti's All Star Team 5:2 (3:1)

18.05.1993 SpVgg Porz - 1.FC Köln 0:3 (0:2)

23.05.1993 SC Gederen - 1.FC Köln 1:8 (0:3)

1. BUNDESLIGA 1992/93

1.	Werder Bremen	63:30	48:20
2.	Bayern München	74:45	47:21
3.	Eintracht Frankfurt	56:39	42:26
4.	Borussia Dortmund	61:43	41:27
5.	Bayer Leverkusen	64:45	40:28
6.	Karlsruher SC	60:54	39:29
7.	VfB Stuttgart (M)	56:50	36:32
8.	1.FC Kaiserslautern	50:40	35:33
9.	Borussia M'gladbach	59:59	35:33
10.	FC Schalke 04	42:43	34:34
11.	Hamburger SV	42:44	31:37
12.	**1.FC Köln**	41:51	28:40
13.	1.FC Nürnberg	30:47	28:40
14.	SG Wattenscheid 09	46:67	28:40
15.	Dynamo Dresden	32:49	27:41
16.	VfL Bochum	45:52	26:42
17.	Bayer 05 Uerdingen (N)	35:64	24:44
18.	1.FC Saarbrücken (N)	37:71	23:45

FIEBERKURVE 1992/93

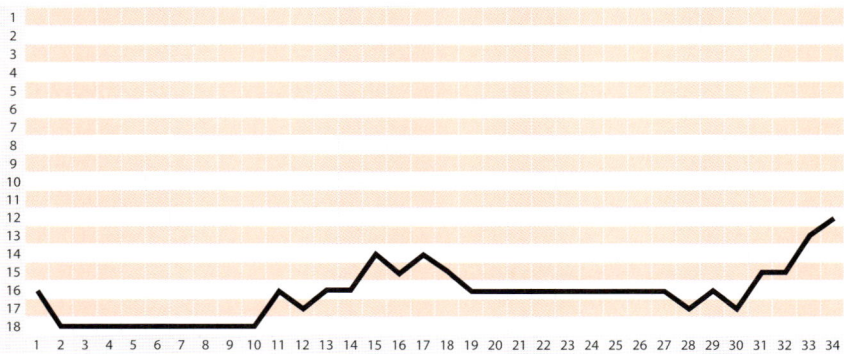

BUNDESLIGAKADER 1992/93

Abgänge: Baerhausen (Daramstadt 98, w.d.l.S.), Daschner (SV Hannover 96), Giske (Brann Bergen), Götz (Galatasaray Istanbul), Henn (eigene Amateure), Jensen (VfL Wolfsburg, w.d.l.S.), Littbarski (JEF United Ichihara, w.d.l.S.), P. Müller (FC Homburg),
Zugänge: Baerhausen (Carl Zeiss Jena), Britz (Fortuna Köln), Christofte (Bröndby Kopenhagen), Jörres (eigene Amateure), Keuler (eigene Amateure), Kobylanski (Siarka Tarnobrzeg, w.d.l.S.) Lehmann (Alemannia Aachen), Nilsen (Viking FK Stavanger, w.d.l.S.), Rudy (Bröndby Kopenhagen), Spyrka (Stuttgarter Kickers), Thiam (eigene Amateure), Zdebel (Rot-Weiß Essen)

Trainer: Jörg Berger (bis 28. Februar 1993), Wolfgang Jerat (bis 28. April 1993), Morten Olsen (ab 29. April 1993)

Tor:
Illgner, Bodo	31/0
Bade, Alexander	4/0

Feld:
Rudy, Andrzej	32/4
Ordenewitz, Frank	30/9
Baumann, Karsten	28/0
Heldt, Horst	27/1
Greiner, Frank	26/3
Littbarski, Pierre	26/3
Steinmann, Rico	24/3
Sturm, Ralf	23/4
Weiser, Patrick	23/0
Higl, Alfons	22/0
Fuchs, Henri	21/6
Keuler, Carsten	21/2
Christofte, Kim	20/0
Fuchs, Uwe	16/4
Janßen, Olaf	16/0
Trulsen, Andre	12/1
Jensen, Jann	10/0
Nilsen, Roger	10/0
Spyrka, Adrian	5/0
Flick, Hans-Dieter	4/0
Kobylanski, Andrzej	4/0
Andersen, Henrik	3/0
Lehmann, Dirk	2/1
Caliskan, Mahmut	1/0
Britz, Axel	0/0
Thiam Pablo	0/0
Häßler, Sascha	0/0
Zdebel, Tomasz	0/0
Baerhause, Günter	0/0
Jörres, Guido	0/0

Autogrammkarte der Saison 1992/93 von Uwe Fuchs.

1993/94
1. BUNDESLIGA

Auftritt: Toni Polster

[LEGENDEN]

Horst Heldt
Beim FC von 1986 bis 1995:
Geboren: 09.12.1969 in Königswinter
Pflichtspiele beim FC: 151
Pflichtspieltore: 14

Lichtblick „Hotte"

Wie viele andere erstklassige Fußballer war auch Horst Heldt ein „Produkt" der FC-Nachwuchsabteilung. Zur Saison 1989/90 schaffte der Mittelfeldspieler den Sprung in den Profikader. Das Problem des Nachwuchstalents war jedoch, dass mit Thomas Häßler und Pierre Littbarski zwei „Ikonen" Positionen besetzten, auf denen auch Heldt gerne gespielt hätte. Doch „Hotte" blieb am Ball, und nur ein Jahr später, Häßler war inzwischen nach Italien abgewandert, gehörte er bereits zum erweiterten Stamm und kam zu regelmäßigen Einsätzen. Die Fans mochten den nur 1,69 großen, technisch versierten Akteur auf Anhieb, erinnerte er doch optisch und spielerisch an die „kölschen Helden" Littbarski und Häßler. Der dauernde Vergleich wurde für den passionierten Billardspieler auf Dauer jedoch zur Belastung. Erst recht, als „Litti" 1993 den FC verließ und Heldt fortan das traditionsreiche Trikot mit der Nummer 10 trug. Wenn „Hotte" auch nie den Status seiner berühmten Vorgänger erreichte, so war er doch in einer zu seiner Kölner Zeit immer schwächer werdenden Mannschaft oft einer der Lichtblicke. 1995 ging Heldt zu 1860 München, wo er vier Jahre lang blieb. Zwei Jahre, von 1999 bis 2001, dauerte das anschließende Vertragsverhältnis mit der Frankfurter Eintracht. Von Hessen zog es ihn nach Österreich, wo er bei Sturm Graz sein Geld verdiente. Felix Magath holte Horst Heldt 2002 zum VfB Stuttgart, wo der zweimalige Nationalspieler im Januar 2006 seine Laufbahn beendete und sofort im Anschluss erfolgreich als Teammanager fungierte. ■

Hintere Reihe von links: Karsten Baumann, Patrick Weiser, Carsten Jancker, Ralf Sturm, Andreas Senk, Dirk Lehmann, Stephan Paßlack, Carsten Keuler, Henri Fuchs, Wolfgang Hilgers. Mittlere Reihe von links: Zeugwart Willi Rechmann, Mannschaftsarzt Dr. Günther Enderer, Konditionstrainer Rolf Herings, Henrik Andersen, Guido Jörres, Pablo Thiam, Alfons Higl, Rico Steinmann, Edward Sarpei, Andrzej Rudy, Sascha Lenhart, Co-Trainer Wolfgang Jerat, Trainer Morten Olsen. Vordere Reihe von links: Masseur Dirk Winter, Mirko Stark, Thomas Zdebel, Kim Christofte, Stefan Kohn, Alexander Bade, Olaf Janßen, Michael Kraft, Frank Greiner, Horst Heldt, Andrzej Kobylanski, Masseur Jürgen Schäfer. Es fehlt: Bodo Illgner.

Insgesamt 28 Spieler wurden zur Saisoneröffnung präsentiert. Aufgrund des finanziellen Engpasses der Geißböcke waren Trainer Morten Olsen die Hände gebunden, und vorerst musste er ohne nennenswerte Verstärkung auskommen. Zwischenzeitlich war sogar Thomas Berthold im Gespräch, der am Ende jedoch vom FC Bayern zum VfB Stuttgart wechselte. Mit Stefan Kohn war zwar ein Neuzugang für den Angriff verpflichtet worden, der aber nach seinem Kreuzbandriss erst wieder fit werden musste. Mit Ralf Hauptmann, der aus Dresden ins Rheinland anreiste, war man sich ebenfalls einig geworden. Die Fans sahen diese Neuzugänge eher als Ergänzung an. Und dann war noch ein Österreicher namens Anton Polster im Gespräch, der in Spanien in schöner Regelmäßigkeit ins Tor traf – ablösefrei. Sogleich meldeten sich die Berufspessimisten zu Wort: „Wat nix kost, is och nix." Sie alle sollten in den folgenden fünf Jahren eines Besseren belehrt werden. Dass auch der alpenländische Nationalkicker unbedingt an den Rhein wechseln wollte, zeigte die Tatsache, dass er auf rund 500.000 DM von seinem spanischen Ex-Arbeitgeber, dem Madrider Vorortverein Rayo Vallecano, verzichtete.

Sportlich stand die Mannschaft in der Vorbereitung vor keinen ernsthaften Aufgaben. Im einzigen echten Test verlor man mit 0:2 gegen den Erzrivalen aus M'gladbach. Umso verwunderlicher, dass trotz der schwachen Vorsaison zehn Prozent mehr Dauerkarten abgesetzt werden konnten. So machte sich im Umfeld vorsichtiger Optimismus breit. Doch der Saisonauftakt holte die Anhänger sofort wieder zurück in die harte Wirklichkeit. Dem 0:2 gegen die Roten Teufel folgte ein 0:1 in Nürnberg und wieder einmal ein Abstiegsplatz. Darüber hinaus war man als einziger Erstligist ohne Torerfolg. Dies änderte sich erst mit einem Sieg gegen Karlsruhe (2:1). Den beiden Punkten in der Liga folgte ein glattes 4:1 im Pokal gegen Mannheim, bei dem ein herausragender Toni Polster gleich im Doppelpack traf. Eine Woche später, beim Sieg auf Schalke (2:1), gehörte er ebenso zu den Besten wie auch gegen den SC Freiburg (2:0).

PEINLICHER AUFTRITT BEIM DFB

Allerdings war dieses Zwischenhoch schnell beendet. Niederlagen in Leverkusen (1:2) und zu Hause gegen Dresden (0:1) sorgten für

Andrzej Rudy und Kim Christofte nahmen beim Heimspiel gegen Kaiserslautern den Ex-Kölner Uwe Fuchs in die Mangel. Dennoch unterlag der FC mit 0:2.

Ernüchterung. Peinlich der Auftritt neben dem Sportplatz: So war Polster beim Spiel in Leverkusen wegen eines groben Foulspiels vom Platz geflogen, und natürlich beteuerten alle Beteiligten ihre Unschuld. Als Entlastung sollte die Videoaufnahme gelten, die von Sat.1 zur Verfügung gestellt wurde. So ausgerüstet machte sich die FC-Delegation in die Frankfurter DFB-Zentrale auf. Doch als die Richter während der Verhandlung die bereitgestellte Videokassette einlegten, flimmerten Ausschnitte der Kölner Bands Bläck Fööss und King Size Dick über die Bildschirme. Vielleicht hatten die Herren Mitleid, denn sie reduzierten die Strafe von acht auf fünf Wochen. Dies war die letzte Amtshandlung von Geschäftsführer Wolfgang Schänzler, der seine Tätigkeit zum 30. September 1993 beendete. Der letzte Getreue aus der Artzinger-Bolten-Ära wurde durch Wolfgang Loos ersetzt. Verbessert hat sich letztendlich nichts.

Einen weiteren Negativhöhepunkt bildete die Pokalpleite bei den Amateuren der Bayern, die die FC-Profis mit 5:4 im Elfmeterschießen aus dem Wettbewerb kegelten. Olsen platzte nach diesem K.o. der Kragen: „Wie die mit dem schönsten Beruf der Welt umgehen, da verliere ich jeden Respekt", polterte der ehemalige Vorzeigeprofi. Die Konsequenzen sahen recht einfach aus: Alle freien Tage wurden vorerst gestrichen. Die Mannschaft präsentierte sich launig. Vor allem auf heimischen Rasen, wie die deftigen 0:4-Niederlagen gegen die alten Rivalen Bayern und die „Pestfußballer" aus M'gladbach – so bezeichnete Olsen den Spielstil der Niederrheiner – zeigten. Dafür feierte man gegen Topteams wie Bremen (2:0), Hamburger SV (4:2) oder auch beim Herbstmeister in Frankfurt (3:0) Aufsehen erregende Siege.

Einen großen Anteil an diesen Erfolgen hatte der in den ersten Spielen viel gescholtene Stürmerstar aus Österreich, der in zwölf Spielen neunmal getroffen hatte. Trotzdem wollte Olsen den Anteil des Österreichers nicht zu hoch bewerten. „Toni spielt nicht allein. Ohne Unterstützung von seinen Nebenleuten läuft auch bei ihm wenig." Dafür aber sah der frischgebackene Diplom-Sportlehrer, der Mitte Oktober seinen Trainerschein vom DFB bekommen hatte, sein Team im Aufwärtstrend: „Unser Nahziel heißt Stabilität. Wenn wir eine gute Serie hinlegen, ist mehr drin, als es im Augenblick scheint", gab sich der dänische Rekordnationalspieler verhalten optimistisch.

Dass der Name 1. FC Köln in der Fußballwelt noch einen guten Klang hatte, zeigte allein der Kurztrip Mitte September in den Iran. 70.000 Zuschauer kamen zum Freundschaftsspiel gegen die Nationalmannschaft und erlebten ein torloses Unentschieden.

HOFFNUNG AUF BESSERE ZEITEN

In Köln gehen die Uhren anders. Gerade einmal sechs Monate waren vergangen seit dem glücklich verlaufenen Klassenkampf, der FC stand auf Platz acht der Tabelle, und trotzdem wurden Geschäftsführer Wolfgang Loos sowie Manager Bernd Cullmann, der ab dem 01. September 1993 den Posten von Karl-Heinz Thielen übernommen hatte, bereits als Macher-Duo gefeiert. Hatten sie doch auch für die Vertragsverlängerung von Horst Heldt gesorgt. Der 23-jährige Antreiber im Mittelfeld hatte sich Woche für Woche gesteigert und gehörte zu den Überraschungen der Hinrunde. Diese Euphorie war aber schnell verflogen. In den drei Begegnungen bis zur Winterpause in Kaiserslautern (0:3) und Karlsruhe (0:2) und gegen Nürnberg (0:1) kassierte das Team drei Niederlagen und schoss nicht einmal einen einzigen Treffer. Zum Weihnachtsfest waren die Domstädter ins Niemandsland der Tabelle abgerutscht und hofften auf bessere Zeiten im WM-Jahr 1994.

Der Grundstock für diese besseren Zeiten sollte mit einer konzentrierten Vorbereitung gelegt werden. Sechs Hallenturniere, unterbrochen durch eine

[Interessantes & Kurioses]

■ Ab der Spielzeit 1993/94 erscheint das beliebte Club- und Stadionmagazin „Geißbock Echo" nun komplett farbig.

■ Nach der erfolgreichen Organisation des Auswärtskartenverkaufs bietet das Fanprojekt ab Saisonbeginn auch Tickets für die Heimspiele an.

■ Endlich ist Köln wieder Austragungsort eines Länderspiels. Zu Besuch kommt kein Geringerer als Brasilien. Die Kicker vom Zuckerhut reisen mit einem 1:2 aus der Domstadt ab. Es ist übrigens das 18. Länderspiel in der schönsten Stadt Deutschlands. Das letzte war die Begegnung gegen Wales 1990.

■ Am 3. Januar 1994 wird der Fan-Shop im Erdgeschoss des Geißbockheims (auch heute noch dort zu finden) eröffnet. Zugleich wird auch der Eintrittskartenvorverkauf in den neuen Fan-Shop verlegt. Zur Eröffnung stehen die Lizenzspieler Toni Polster und Stefan Kohn sowie Zeugwart Willi Rechmann den anwesenden Fans und Kunden zur Verfügung.

Man erkennt ihn erst auf den zweiten Blick: Auf dem Cover des Kölsch live Nummer 9 vom 26. Februar 1994 war Fan-Beauftragter Rainer Mendel zu sehen.

■ Jahrelang war der FC (bevor er von den Bayern abgelöst wurde), nicht nur Spitzenreiter in der „Ewigen Bundesligatabelle", sondern auch in der „Ewigen UEFA-Pokaltabelle". Doch nach dem frühen Ausscheiden aus dem Wettbewerb im Vorjahr, zieht Juventus Turin an den Geißböcken vorbei.

■ Klaus Hartmann wird auf der Jahreshauptversammlung des 1. FC Köln am 2. Dezember 1993 für vier weitere Jahre in seinem Amt bestätigt. Als neuer dritter

Vorsitzender rückt Dr. Bernd Steegmann in den Vorstand auf. 525 Mitglieder haben den Weg in das Congress-Centrum der Kölnmesse gefunden.

■ Zu seinem zweiten internationalen Einsatz kommt Carsten Keuler. Trotz Reservistendaseins im Profikader darf er beim U21-Länderspiel gegen Spanien am 14. Dezember 1993 in Cordoba von Beginn an auflaufen. Zweiter Kölner im Bunde ist Carsten Jancker. Auch der spätere FCler Dirk Lottner befindet sich in der Startaufstellung.

■ Erstmals über 4.000 Mitglieder kann der FC ab Mitte Dezember vorweisen. Norbert Blüm, seinerzeit Bundesminister für Arbeit und Soziales, erhält die Mitgliedsnummer 4.000.

■ Ein seltenes Comeback gelingt Rudi Müller. Zwischen 1979 und 1982 gehörte der Angreifer bereits zum Profikader des 1. FC Köln, bevor er auf „Wanderschaft" ging und unter anderem beim Wuppertaler SV und Rot-Weiß Essen aktiv war. Fast 13 Jahre nach seinem letzten Pflichtspiel für den FC, kommt der eigentlich bei den Geißbock-Amateuren kickende Müller am 07. Mai 1994 beim Spiel der Profis in Frankfurt zum Einsatz. Eine Rekordpause, die einem Spieler bei einem Verein bisher noch nicht gelungen ist.

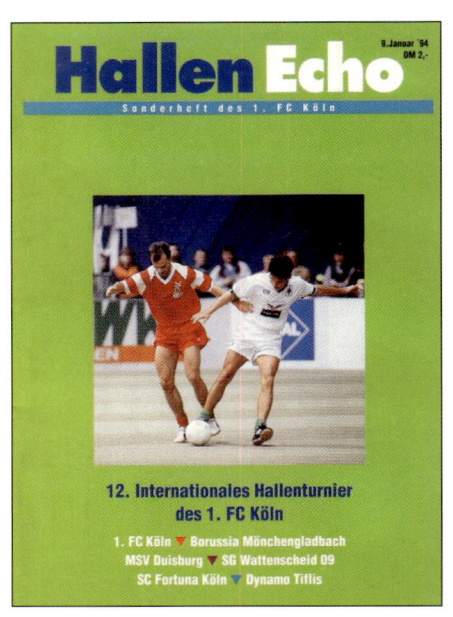

Das Dutzend voll: Zum 12. Mal richtet der 1. FC Köln im Januar 1994 sein traditionelles Hallenturnier aus.

Autogrammkarte der Saison 1993/94 von Stephan Paßlack.

Der Dauerkartenverkauf stieg stetig, die Fans waren und sind das Faustpfand des FC.

■ Der serbische Ex-Geißbock Slobodan Topalovic verstirbt bei einem Alt-Herren-spiel in Frankreich. Der Keeper war mit einem Gegenspieler zusammengeprallt und erliegt noch auf dem Spielfeld seinen Verletzungen.

■ Einen neuen Hauptsponsor geben die Geißböcke nach Saisonende bekannt. Ab der Saison 1994/95 ziert die „Ford-Pflaume" die Trikots der Rheinländer und löst den Getränkehersteller Pepsi ab.

Japan-Reise und abgeschlossen durch ein Trainingslager in Portugal, waren angedacht. Der FC absolvierte diese mit wechselndem Erfolg. Dem Turniersieg in Nürnberg folgten zweite Plätze in Köln, Krefeld und beim Masters-Turnier in Dortmund. Bitter, dass die Geißböcke ausgerechnet gegen den ungeliebten Nachbarn aus Leverkusen das Endspiel mit 1:5 verloren. Mit dem Ablösespiel für Frank Ordenewitz, der seinem Freund Littbarski nach Japan folgen sollte, hatte der FC sein Hallenprogramm für eine Woche unterbrochen. 60.000 Japaner feierten den 1. FC Köln und vor allem den vierfachen Torschützen Polster, der sich allein für den 4:3-Erfolg verantwortlich zeigte. Insgesamt stand die Vorbereitung jedoch unter keinem günstigen Stern. Zum einen erkrankte Morten Olsen und fiel fast zwei Wochen aus, und zum anderen sorgten Patrick Weiser und Bodo Illgner für Unmut, da sie ihre Frauen im Mannschaftshotel einquartiert hatten.

DIE BAYERN STOPPEN DEN ENDSPURT
Beim Rückrundenauftakt gegen den Vorletzten Schalke 04 reichte es nur zu einem 1:1. Mit dabei Rewas Arweladse. Der Georgier hatte im Kölner Hallenturnier mit zehn Treffern sowohl das heimische Publikum als auch den Verein begeistert – zum einzigen Mal übrigens während seiner kurzen Vereinszugehörigkeit. Doch die Mannschaft schien sich weiter einzuspielen. Immerhin errangen sie in den folgenden sechs Spielen 14 weitere Zähler, was sich in der Tabelle in Rang 7 widerspiegelte. Erst Tabellenführer Bayern München konnte den FC wieder stoppen. Die Münchner gewannen denkbar knapp mit 1:0. In den letzten sechs Saisonspielen schaffte der FC nur noch zwei Heimerfolge gegen Wattenscheid (3:2) und den HSV (3:0). Die Domstädter schlossen die Spielzeit auf einem insgesamt enttäuschenden 11. Platz ab. Somit war der Traum vom internationalen Wettbewerb erneut geplatzt. Lichtblick der Saison war Toni Polster, der nach schwachem Start regelmäßig getroffen hatte. Anthony Yeboah und Stefan Kuntz, die sich die Torjägerkanone teilten, waren mit 18 Treffern nur einmal mehr erfolgreich. Erstmals mussten die Rheinländer auch mit Lizenzauflagen seitens des DFB leben. Ein Transferüberschuss in sechsstelliger Höhe sollte erzielt werden und schränkte somit den Handlungsspielraum von Bernd Cullmann erheblich ein. Der Manager hoffte vielleicht, bei der anstehenden WM in Amerika noch ein Schnäppchen machen zu können. Dort war übrigens mit Bodo Illgner nur noch ein einziger Kölner vertreten. Die Adlerträger mussten durch ein schwaches 1:3 gegen Bulgarien im Viertelfinale bereits vorzeitig abreisen.

Toni Polster haut auf die Pauke – auf und neben dem Platz. Das Cover des Programms zur FC-Karnevalssitzung dokumentiert dies eindrucksvoll.

STATISTIK 1993/94

BUNDESLIGA

07.08.1993 1.FC Köln - 1.FC Kaiserslautern 0:2 (0:0)
Zuschauer: 37.000
Tore: 0:1 (60.) Sforza, 0:2 (89.) Marin.
Aufstellung: Illgner, Christofte, Keuler, Greiner, Higl, Rudy, Hauptmann, Heldt, Steinmann, Lehmann, (70. Sarpei), Polster (56. Kobylanski).

13.08.1993 1.FC Nürnberg - 1.FC Köln 1:0 (1:0)
Zuschauer: 49.700
Tor: 1:0 (18.) Wolf.
Aufstellung: Illgner, Christofte, Higl (64. Sarpei), Greiner, Paßlack, Rudy, Hauptmann, Heldt, Weiser, Steinmann, Kobylanski (70. Polster).

20.08.1993 1.FC Köln - Karlsruher SC 2:1 (1:0)
Zuschauer: 23.000
Tore: 1:0 (06.) Rudy, 1:1 (68.) Schmidt, 2:1 (85.) Kobylanski.
Aufstellung: Illgner, Christofte, Greiner, Higl, Steinmann, Hauptmann (58. Paßlack), Rudy, Heldt, Janßen, Weiser, Polster (76. Kobylanski).

28.08.1993 FC Schalke 04 - 1.FC Köln 1:2 (1:2)
Zuschauer: 35.500
Tore: 0:1 (12.) Rudy, 0:2 (14.) Weiser, 1:2 (45.) Scherr.
Aufstellung: Illgner, Christofte (46. Fuchs), Greiner, Higl, Steinmann, Hauptmann, Rudy, Janßen, Heldt (67. Paßlack), Weiser, Polster.
B.V.: Platzverweis für Steinmann (56.).

01.09.1993 1.FC Köln - SC Freiburg 2:0 (1:0)
Zuschauer: 18.000
Tore: 1:0, 2:0 (12. , 52.) Polster.
Aufstellung: Illgner, Christofte, Higl, Greiner, Fuchs (46. Sarpei), Hauptmann, Rudy (77. Paßlack), Janßen, Heldt, Weiser, Polster.

04.09.1993 Bayer Leverkusen - 1.FC Köln 2:1 (2:1)
Zuschauer: 27.100
Tore: 1:0 (17.) Kirsten, 2:0 (22.) Foda (FE), 2:1 (40.) Rudy.
Aufstellung: Illgner, Christofte (71. Kobylanski), Greiner, Higl (78. Fuchs), Paßlack, Hauptmann, Rudy, Janßen, Heldt, Weiser, Polster.
B.V.: Platzverweis für Polster (85.).

08.09.1993 1.FC Köln - Dynamo Dresden 0:1 (0:0)
Zuschauer: 17.000
Tor: 0:1 (53.) Jähnig.
Aufstellung: Illgner, Christofte (83. Keuler), Greiner, Higl, Paßlack, Hauptmann, Janßen (60. Fuchs), Rudy, Heldt, Weiser, Kobylanski.
B.V.: Platzverweis für Rath (57.).

17.09.1993 VfB Stuttgart - 1.FC Köln 1:1 (0:1)
Zuschauer: 22.000
Tore: 0:1 (13.) Paßlack, 1:1 (80.) Kögl (HE).
Aufstellung: Illgner, Christofte, Higl, Greiner, Paßlack, Hauptmann, Rudy, Janßen (88. Keuler), Heldt, Weiser, Kobylanski (83. Sturm).
B.V.: Platzverweis für Dubajic (81.).

25.09.1993 1.FC Köln - VfB Leipzig 3:1 (0:0)
Zuschauer: 14.000
Tore: 1:0 (56.) Lehmann, 1:1 (58.) Edmond, 2:1 (70.) Greiner, 3:1 (87.) Jancker.
Aufstellung: Illgner, Christofte, Higl, Greiner, Hauptmann, Rudy, Janßen, Heldt (88. Keuler), Weiser, Lehmann, Kobylanski (65. Jancker).

01.10.1993 MSV Duisburg - 1.FC Köln 0:0
Zuschauer: 26.000
Aufstellung: Illgner, Christofte, Higl, Greiner, Steinmann, Hauptmann (72. Keuler), Rudy (80. Kobylanski), Janßen, Heldt, Weiser, Lehmann.

09.10.1993 1.FC Köln - FC Bayern München 0:4 (0:1)
Zuschauer: 54.100
Tore: 0:1 (14.) Scholl, 0:2 (62.) Jorginho, 0:3 (75.) Helmer, 0:4 (77.) Zickler.
Aufstellung: Illgner, Christofte (74. Sturm), Greiner, Higl, Steinmann, Hauptmann (63. Fuchs), Rudy, Janßen, Heldt, Weiser, Lehmann.

15.10.1993 SG Wattenscheid 09 - 1.FC Köln 2:2 (0:2)
Zuschauer: 8.000
Tore: 0:1 (31.) Baumann, 0:2 (44.) Lehmann, 1:2 (70.) Fink, 2:2 (78.) Lesniak.
Aufstellung: Illgner, Rudy, Higl, Greiner, Baumann, Steinmann, Janßen, Heldt (85. Keuler), Weiser, Lehmann, Polster.

23.10.1993 1.FC Köln - Borussia Dortmund 2:0 (0:0)
Zuschauer: 41.000
Tore: 1:0, 2:0 (69. [FE], 71.) Polster.
Aufstellung: Illgner, Christofte, Greiner, Higl, Hauptmann, Steinmann, Rudy, Weiser, Janßen, Heldt (88. Baumann), Polster (90. Lehmann).

30.10.1993 Hamburger SV - 1.FC Köln 2:4 (0:3)
Zuschauer: 30.850
Tore: 0:1 (09.) Weiser, 0:2 (15.) Rudy, 0:3, 0:4 (30. , 61.) Polster, 1:4 (83.) Spies, 2:4 (85.) Bäron.
Aufstellung: Illgner, Christofte, Higl, Baumann, Hauptmann, Steinmann (86. Greiner), Rudy (62. Lehmann), Janßen, Heldt, Weiser, Polster.

06.11.1993 1.FC Köln - SV Werder Bremen 2:0 (1:0)
Zuschauer: 33.000
Tore: 1:0, 2:0 (04. , 67.) Polster.
Aufstellung: Illgner, Christofte (46. Baumann), Greiner, Higl, Hauptmann, Steinmann, Rudy (65. Lehmann), Janßen, Heldt, Weiser, Polster.

13.11.1993 1.FC Köln - Borussia M'gladbach 0:4 (0:2)
Zuschauer: 48.000
Tore: 0:1, 0:2 (06. , 35.) Max, 0:3 (58.) Wynhoff, 0:4 (60.) Max.
Aufstellung: Illgner, Christofte, Higl, Greiner, Steinmann (79. Paßlack), Hauptmann, Janßen, Heldt, Weiser, Lehmann (59. Fuchs), Polster.

19.11.1993 Eintracht Frankfurt - 1.FC Köln 0:3 (0:0)
Zuschauer: 29.500
Tore: 0:1 (62.) Polster, 0:2 (65.) Steinmann, 0:3 (75.) Heldt.
Aufstellung: Illgner, Christofte, Greiner, Higl, Steinmann, Hauptmann, Janßen, Heldt, Weiser, Rudy (79. Zdebel), Polster (85. Lehmann).

26.11.1993 1.FC Kaiserslautern -1.FC Köln 3:0 (2:0)
Zuschauer: 32.511
Tore: 1:0 (32.) Kuntz, 2:0 (34.) Wagner, 3:0 (69.) Fuchs.
Aufstellung: Illgner, Christofte, Greiner, Higl, Hauptmann, Rudy, Janßen (58. Lehmann), Heldt, Weiser, Polster.

04.12.1993 1.FC Köln - 1.FC Nürnberg 0:1 (0:0)
Zuschauer: 21.000
Tor: 0:1 (77.) Wiesinger.
Aufstellung: Illgner, Christofte (83. Fuchs), Higl, Steinmann, Hauptmann, Greiner, Rudy (59. Kohn), Janßen, Heldt, Weiser, Polster.

11.12.1993 Karlsruher SC - 1.FC Köln 2:0 (1:0)
Zuschauer: 15.000
Tore: 1:0 (04.) Bonan, 2:0 (80.) Kirjakow.
Aufstellung: Illgner, Christofte, Higl, Baumann, Paßlack (61. Kohn), Hauptmann, Rudy, Janßen, Heldt (75. Lehmann), Weiser, Polster.

16.02.1994 1.FC Köln - FC Schalke 04 1:1 (1:1)
Zuschauer: 41.000
Tore: 0:1 (38.) Linke, 1:1 (42.) Kohn.
Aufstellung: Illgner, Christofte, Greiner, Higl, Arweladse (56. Steinmann), Hauptmann, Andersen, Heldt (85. Paßlack), Weiser, Kohn, Lehmann.

19.02.1994 SC Freiburg - 1.FC Köln 2:4 (0:2)
Zuschauer: 15.000
Tore: 0:1 (08.) Polster (FE), 0:2 (27.) Heldt, 1:2 (52.) Kohl, 2:2 (55.) Rrakli, 2:3 (79.) Kohn, 2:4 (89.) Polster.
Aufstellung: Illgner, Christofte, Higl, Greiner, Steinmann, Hauptmann, Janßen, Heldt (46. Paßlack), Weiser, Kohn (81. Lehmann), Polster.
B.V.: Gelb-Rot für Borudjuk (22.), Platzverweis für Rrakli (63.).

26.02.1994 1.FC Köln - Bayer Leverkusen 1:1 (0:1)
Zuschauer: 31.000
Tore: 0:1 (43.) Wörns, 1:1 (75.) Heldt.
Aufstellung: Kraft, Christofte, Greiner, Higl (46. Paßlack), Steinmann, Hauptmann, Andersen (69. Arweladse), Heldt, Weiser, Kohn, Polster.

04.03.1994 Dynamo Dresden - 1.FC Köln 1:1 (0:1)
Zuschauer: 19.500
Tore: 0:1 (21.) Hauptmann, 1:1 (55.) Nowak.
Aufstellung: Illgner, Christofte, Higl, Greiner, Steinmann, Hauptmann, Rudy (67. Kohn), Janßen, Heldt (87. Andersen), Weiser, Polster.

13.03.1994 1.FC Köln - VfB Stuttgart 3:1 (1:1)
Zuschauer: 28.000
Tore: 1:0 (37.) Polster, 1:1 (40.) Heldt (E), 2:1 (69.) Heldt, 3:1 (90.) Arweladse.
Aufstellung: Illgner, Rudy, Greiner, Higl, Hauptmann, Steinmann, Janßen, Heldt (79. Baumann), Weiser, Kohn (82. Arweladse), Polster.

18.03.1994 VfB Leipzig - 1.FC Köln 2:3 (0:0)
Zuschauer: 5.500
Tore: 0:1 (48.) Polster (FE), 0:2 (51.) Baumann, 1:2 (82.) Anders, 1:3 (87.) Polster, 2:3 (89.) Rische.
Aufstellung: Illgner, Rudy, Greiner, Higl, Steinmann, Hauptmann, Janßen, Heldt (69. Paßlack), Weiser, Polster, Kohn (43. Baumann
B.V.: Gelb-Rot für Higl (35.).

26.03.1994 1.FC Köln - MSV Duisburg 1:0 (1:0)
Zuschauer: 32.000
Tor: 1:0 (34.) Weiser.
Aufstellung: Illgner, Rudy, Baumann, Greiner, Steinmann, Hauptmann, Janßen, Heldt (71. Paßlack), Weiser, Arweladse (80. Lehmann), Kohn.

02.04.1994 FC Bayern München - 1.FC Köln 1:0 (0:0)
Zuschauer: 52.000
Tor: 1:0 (66.) Valencia.
Aufstellung: Illgner, Rudy, Higl, Baumann, Weiser, Steinmann, Hauptmann, Heldt (85. Arweladse), Andersen (54. Greiner), Sturm, Kohn.

05.04.1994 1.FC Köln - SG Wattenscheid 09 3:2 (2:0)
Zuschauer: 21.000
Tore: 1:0 (05.) Bach (E), 2:0 (18.) Kohn, 2:1 (49.) Lesniak, 3:1 (61.) Kohn, 3:2 (74.) Sane.
Aufstellung: Illgner, Rudy, Baumann, Greiner, Steinmann, Hauptmann, Janßen, Heldt (79. Paßlack), Weiser, Kohn (71. Polster), Sturm.

08.04.1994 Borussia Dortmund - 1.FC Köln 2:1 (2:1)
Zuschauer: 42.800
Tore: 0:1 (22.) Higl, 1:1 (40.) Zorc (HE), 2:1 (41.) Higl (E).
Aufstellung: Illgner, Rudy, Greiner, Higl, Steinmann, Hauptmann, Janßen (67. Arweladse), Heldt (46. Andersen), Weiser, Kohn, Sturm.

15.04.1994 1.FC Köln - Hamburger SV 3:0 (1:0)
Zuschauer: 37.000
Tore: 1:0 (22.) Kohn, 2:0 (67.) Polster, 3:0 (87.) Sturm.
Aufstellung: Illgner, Rudy, Higl, Baumann, Weiser, Steinmann, Janßen (78. Paßlack), Heldt, Andersen, Kohn (83. Sturm), Polster.

22.04.1994 Werder Bremen - 1.FC Köln 3:1 (2:1)
Zuschauer: 25.555
Tore: 1:0 (21.) Neubarth, 2:0 (33.) Rufer, 2:1 (45.) Steinmann, 3:1 (90.) Rufer.
Aufstellung: Illgner, Rudy, Baumann, Higl, Steinmann, Hauptmann (80. Sturm), Janßen, Heldt, (70. Greiner), Weiser, Polster, Kohn.

30.04.1994 Borussia M'gladbach - 1.FC Köln 4:1 (0:1)
Zuschauer: 32.500

STATISTIK 1993/94

Tore: 0:1 (27.) Kohn, 1:1 (48.) Klinkert, 2:1 (62.) Dahlin, 3:1 (73.) Fach, 4:1 (85.) Wynhoff.
Aufstellung: Illgner, Baumann, Higl, Weiser, Sturm (74. Paßlack), Hauptmann, Heldt, Janßen, Andersen, Kohn, Polster (55. Lehmann).

07.05.1994 **1.FC Köln - Eintracht Frankfurt** 2:3 (0:1)
Zuschauer: 32.000
Tore: 0:1 (24.) Weber, 0:2 (54.) Gaudino, 1:2, 2:2 (62., 66.) Polster, 2:3 (71.) Yeboah (HE).
Aufstellung: Illgner, Müller (88. Sturm), Keuler, Paßlack, Baumann (46. Arweladse), Steinmann, Andersen, Weiser, Heldt, Polster, Kohn.

DFB-POKAL

Der FC hatte in der 1. Runde ein Freilos.

2. Runde
24.08.1993 **1.FC Köln - SV Waldhof Mannheim** 4:1 (2:0)
Zuschauer: 8.000
Tore: 1:0 (22.) Rudy, 2:0 (28.) Polster, 3:0 (55.) Janßen, 4:0 (69.) Polster, 4:1 (88.) Hecker.
Aufstellung: Illgner, Christofte, Greiner, Higl (56. Paßlack), Steinmann (46. Sarpei), Hauptmann, Rudy, Janßen, Heldt, Weiser, Polster.

3. Runde
11.09.1993 **FC Bayern München Am. - 1.FC Köln** 5:4 n.E.
Zuschauer: 3.000
Elfmeterschießen: Hamann (1:0), Weiser (1:1), Frey (2:1), Heldt (2:2), Protzel (3:2), Greiner (3:3), Grill (4:3), Christofte (4:4), Cerny (5:4), Rudy (verschossen).
A.: Illgner, Christofte, Higl, Greiner, Sarpei (09. Fuchs), Hauptmann, Janßen (68. Jancker), Rudy, Heldt, Weiser, Kobylanski.
B.V.: Frey verschießt einen FE (15.).

FREUNDSCHAFTSSPIELE

06.07.1993 **SC Holweide - 1.FC Köln** 0:6 (0:2)

08.07.1993 **Kreisauswahl Bergheim - 1.FC Köln** 0:8 (0:5) (in Quadrath-Ichendorf)

11.07.1993 **Teutonia Widdersdorf - 1.FC Köln** 0:11

13.07.1993 **SV Weilerswist - 1.FC Köln** 1:3 (1:3)

16.07.1993 **TSG Lütter - 1.FC Köln** 1:11 (0:6)

17.07.1993 **SV Niederaula - 1.FC Köln** 1:4 (1:2)

19.07.1993 **SC Gladenbach - 1.FC Köln** 0:5 (0:3)

22.07.1993 **SV Calbach - 1.FC Köln** 1:4 (1:2)

25.07.1993 **1.FC Köln - Galatasaray Istanbul** 1:0 (1:0)

28.07.1993 **FV Bad Honnef - 1.FC Köln** 0:0

30.07.1993 **FC Twente Enschede - 1.FC Köln** 1:3 (1:2) (in Stadtlohn)

31.07.1993 **Borussia M'gladbach - 1.FC Köln** 2:0 (2:0) (in Stadtlohn)

03.08.1993 **Bonner SC - 1.FC Köln** 0:4 (0:2)

10.08.1993 **Galatasaray Istanbul - 1.FC Köln** 3:2 (1:0)

17.08.1993 **Sportfreunde 1893 Köln - 1.FC Köln** 1:14

19.09.1993 **FV Engers - 1.FC Köln** 2:4 (2:1)

27.09.1993 **Nationalmannschaft Iran - 1.FC Köln** 0:0 (in Teheran)

12.10.1993 **SV Baesweiler - 1.FC Köln** 0:4 (0:2)

14.01.1994 **1.FC Köln - Dynamo Tiflis** 1:1 (0:1)

22.01.1994 **JEF United Ichihara - 1.FC Köln** 3:4 (1:1) (in Tokio/Japan)

01.02.1994 **Sporting Farense - 1.FC Köln** 0:1 (0:1) (in Faro)

04.02.1994 **Bohemians Prag - 1.FC Köln** 1:2 (1:0) (in Vae do Garrao/Portugal)

08.02.1994 **Alemannia Aachen - 1.FC Köln** 0:2 (0:0)

12.02.1994 **Bayer Uerdingen - 1.FC Köln** 2:2 (2:0)

22.03.1994 **TSC Euskirchen - 1.FC Köln** 1:5 (0:0)

23.04.1994 **TSG Dissen - 1.FC Köln** 0:12

01.05.1994 **Union Berlin - 1.FC Köln** 1:0 (1:0)

11.05.1994 **SV Prüm - 1.FC Köln** 0:1 (0:1)

13.05.1994 **SV Rhenania Alsdorf - 1.FC Köln** 1:13 (0:7)

20.05.1994 **Ahlener SG 93 - 1.FC Köln** 0:8

21.05.1994 **FSC Rheda - 1.FC Köln** 1:8

23.05.1994 **SpVgg Andernach - 1.FC Köln** 0:8 (0:2)

1. BUNDESLIGA 1993/94

1.	Bayern München	68:37	44:24
2.	1.FC Kaiserslautern	64:36	43:25
3.	Bayer Leverkusen (P)	60:47	39:29
4.	Borussia Dortmund	49:45	39:29
5.	Eintracht Frankfurt	57:41	38:30
6.	Karlsruher SC	46:43	38:30
7.	VfB Stuttgart	51:43	37:31
8.	Werder Bremen (M)	51:44	36:32
9.	MSV Duisburg (N)	41:52	36:32
10.	Borussia M'gladbach	65:59	35:33
11.	**1.FC Köln**	**49:51**	**34:34**
12.	Hamburger SV	48:52	34:34
13.	Dynamo Dresden	33:44	30:34
14.	FC Schalke 04	38:50	29:39
15.	SC Freiburg (N)	54:57	28:40
16.	1.FC Nürnberg	41:55	28:40
17.	SG Wattenscheid 09	48:70	23:45
18.	VfB Leipzig (N)	32:69	17:51

Dynamo Dresden wurden aufgrund gefälschter Bilanzen vier Punkte abgezogen.

FIEBERKURVE 1993/94

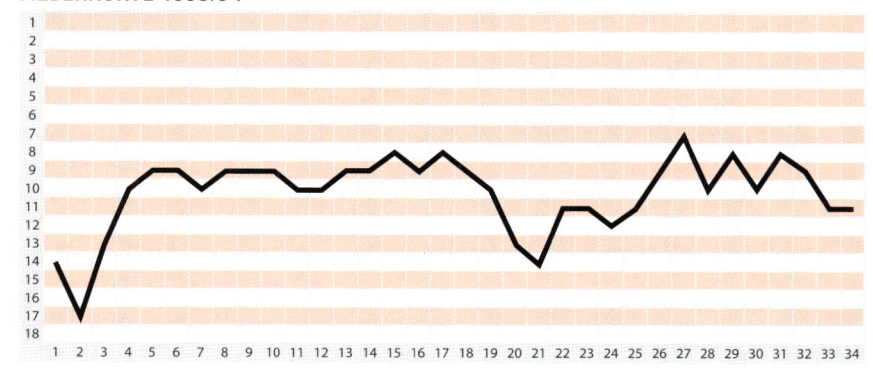

BUNDESLIGAKADER 1993/94

Abgänge: Caliskan (unbekannt), H. Fuchs (Dynamo Dresden, w.d.l.S.), U. Fuchs (1.FC Kaiserslautern), S. Häßler (unbekannt), Ordenewitz (JEF United Ichihara), Britz (FSV Salmrohr), Flick (Sportinvalide), Kobylanski (Tennis Borussia Berlin, w.d.l.S.), Nilsen (Sheffield United), Syprka (Rot-Weiß Essen), Trulsen (SV Lurup Hamburg)

Zugänge: Arweladse (Dynamo Tiflis, w.d.l.S.), Hauptmann (Dynamo Dresden), Jancker (eigene Amateure), Kohn (Werder Bremen), Kraft (Bakirköyspor), Paßlack (Bayer Uerdingen), Polster (Rayo Vallecano), Sarpei, Senk, Hilgers, Stark, Lenhart (alle eigene Amateure)

Trainer: Morten Olsen

Tor:
Illgner, Bodo 33/0
Kraft, Michael 1/0
Bade, Alexander 0/0

Feld:
Heldt, Horst 34/4
Weiser, Patrick 33/3
Hauptmann, Ralf 31/1
Higl, Alfons 31/1
Greiner, Frank 30/1
Rudy, Andrzej 28/4
Janßen, Olaf 28/0
Steinmann, Rico 27/2
Polster, Anton 25/17
Christofte, Kim 23/0
Paßlack, Stephan 18/1

Kohn, Stefan 16/6
Lehmann, Dirk 16/2
Baumann, Karsten 14/2
Sturm, Ralf 9/1
Kobylanski, Andrzej 8/1
Andersen, Henrik 8/0
Arweladse, Rewas 7/1
Fuchs, Henri 7/0
Keuler, Carsten 7/0
Sarpei, Edward 3/0
Jancker, Carsten 1/1
Müller, Rudolf 1/0
Zdebel, Tomasz 1/0
Thiam, Pablo 0/0
Jörres, Guido 0/0
Senk, André 0/0
Hilgers, Wolfgang 0/0
Stark, Mirko 0/0
Lenhart, Sascha 0/0

Dazu kommt in der Bundesliga ein Eigentor von Jörg Bach (SG Wattenscheid 09).

Der Mottoorden des FC im Jahr 1994.

1994/95
1. BUNDESLIGA

Mit neuem Torjäger in den UI-Cup

Hintere Reihe von links: Karsten Baumann, Patrick Weiser, Ralf Hauptmann, Bjarne Goldbaek, Rico Steinmann, Dariusz Dziekanowski, Henrik Andersen, Wolfgang Rolff. Mittlere Reihe von links: Betreuer und Busfahrer Hans Schimberg, Carsten Jancker, Pablo Thiam, Anton Polster, Reinhard Stumpf, Mirko Stark, Stefan Kohn, Co-Trainer Wolfgang Jerat, Trainer Morten Olsen. Vordere Reihe von links: Zeugwart Willi Rechmann, Frank Greiner, Guido Jörres, Tomasz Zdebel, Daniel Eschbach, Andrzej Rudy, Michael Kraft, Alfons Higl, Horst Heldt, Olaf Janßen, Masseur Jürgen Schäfer. Es fehlt Bodo Illgner.

Bereits während der WM bat FC-Trainer Morten Olsen seine Mannschaft zur ersten Trainingseinheit – zwei Wochen früher als beispielsweise Aufsteiger VfL Bochum. Mit dabei einige namhafte neue Akteure. „Ein interessantes Quintett hat sich der 1. FC Köln da zusammengekauft", schrieb das Fachblatt *Kicker* im Ausblick auf die neue Saison. Allen voran Bruno Labbadia, dessen Ablöse von 2,8 Millionen DM allerdings in zwei Raten an den FC Bayern München überwiesen wurde. Der Stürmer hatte sich wieder einmal mit seinem letzten Verein überworfen, wie schon so oft in seiner Laufbahn, und wechselte bereitwillig an den Rhein. Mit dem 34-jährigen Wolfgang Rolff (150.000 DM) vom Karlsruher SC und Reinhardt Stumpf (250.000 DM) von Galatasaray Istanbul kamen zwei erfahrene „Billiglösungen" für den Defensivbereich. Dazu der Däne Bjarne Goldbaek von Tennis Borussia Berlin und der 62-fache polnische Nationalspieler Darius Dziekanowski vom Amateurligisten Alemannia Aachen. Letzterer sollte nicht ein einziges Pflichtspiel in den kommenden zwei Jahren für die Kölner bestreiten. Einzig Bruno Labbadia schien zu halten, was er versprochen hatte. Immerhin sollte er gemeinsam mit Toni Polster am Ende über 60 Prozent der Kölner Bundesligatreffer erzielt haben.
Trotz des rigorosen Sparkurses zeigten sich die Verantwortlichen hinsichtlich des Saisonziels realitätsfremd. Präsident Klaus Hartmann und Manager Cullmann sahen den UEFA-Pokal-Platz als Maß aller Dinge an. Selbst der *Kicker* ließ sich angesichts so viel namentlicher Prominenz blenden. „Der FC wird bis zum Schluss um einen Platz im UEFA-Pokal mitspielen", prognostizierte er in seinem Saisonsonderheft. Der Trainer äußerte sich dagegen vorsichtiger.

AUFSTAND AM MARATHONTOR

Olsen sollte Recht behalten. Nach einem erwartungsgemäß klaren 7:0 im DFB-Pokal beim Oberligisten FC Remscheid stolperte die Mannschaft in die Saison. Dem 0:0 zum Auftakt in Frankfurt folgte ein deftiges 1:6 im ersten Heimspiel gegen Dortmund. In Stuttgart gab es beim 1:2 ebenfalls nicht viel zu holen, trotz einer guten Vorstellung. Erst nach dem 2:0 gegen Uerdingen und dem darauffolgenden Pokalerfolg in Wattenscheid (3:1) schien sich die Lage zu beruhigen. Der Sieg gegen Uerdingen wurde allerdings teuer bezahlt. Kölns Mittelfeldmotor Horst Heldt fiel nach einem rüden Foul von Sergej Gorlukowitsch für fast drei Monate aus.
Nach fünf weiteren Bundesligabegegnungen ohne Sieg herrschte große Unzufriedenheit in Müngersdorf. Auf Schalke, dort hatten die Mitglieder gerade Helmut Kremers auf den Präsidentenstuhl gehievt, reichte es genauso wenig zu einem Punktgewinn wie gegen den KSC. Dort wurde sogar eine 2:0-Führung verspielt. Die Badener, bei denen Thomas Häßler im Mittelfeld beeindruckend die Fäden zog, konnten das Spiel drehen und

[LEGENDEN]

Frank Greiner
Beim FC von 1988 bis 1995
Geboren: 03.07.1966 in Fürth am Berg
Pflichtspiele beim FC: 209
Pflichtspieltore: 19

„Retter" Greiner

Vom VfB Coburg kam der gelernte Stürmer Frank Greiner zum 1. FC Nürnberg. Obwohl beim „Club" häufig nur Bankdrücker, fiel Greiner bei einem Spiel der Kölner gegen Nürnberg positiv auf, und so verpflichtete ihn Christoph Daum zur Saison 1988/89. Es dauerte ein Jahr, ehe es dem gebürtigen Franken gelungen war, sich in den erweiterten Stamm zu spielen. Im Laufe der Jahre „wanderte" der eigentliche Offensivspieler zunächst ins Mittelfeld zurück, bevor er schließlich in der Defensive heimisch wurde. Beim Publikum kam der bodenständige und volksnahe Greiner gut an. Fußballerisch eher mit mageren Fähigkeiten ausgestattet, lagen seine Vorzüge eindeutig im läuferischen und kämpferischen Bereich. Unvergessen sein kurz nach seiner Einwechslung erzielter 2:1-Siegtreffer gegen Schalke 04 in der Saison 1992/93, der dem FC den Klassenerhalt sicherte.
Immerhin sieben Jahre war Greiner in Diensten der Geißböcke und dabei zumeist Stammkraft, bevor er 1995 zum 1. FC Kaiserslautern wechselte und drei Jahre lang in der Pfalz blieb. Vom „Betze" zog es ihn zum VfL Wolfsburg, wo er 2003 die Fußballstiefel an den Nagel hängte. Anschließend war er bei den „Wölfen" als Co-Trainer tätig. Selbiges Amt bekleidete Greiner bis Frühjahr 2007 beim Niedersachsenligisten MTV Gifhorn. Bei bestehender Personalnot war der Ex-Profi beim MTV auch noch selbst wieder dem runden Leder hinterher gejagt … ∎

[Interessantes & Kurioses]

- In Müngersdorf wird in der Sommerpause gebaut. Das Stadion erhält VIP-Logen, die dem FC rund 700.000 DM in die Kasse bringen sollen. Gut 8.600 DM soll ein Ticket für diese Bereiche kosten. Innerhalb von zwei Wochen sind bereits Karten für 600.000 DM abgesetzt. Zum Saisonstart sind dann alle Plätze vergeben.

- 7.000 Saisontickets werden an den Fan gebracht, ein neuer Dauerkartenrekord für den FC. Das sind rund 30 Prozent mehr als im Vorjahr.

- Die Saisoneröffnung entwickelt sich immer mehr zum Ereignis. Erstmals kommen über 10.000 Fans ans Geißbockheim und feiern bei Sonnenschein die Mannschaft und ihre Neuzugänge. Mit dabei erstmals die FC-Cheerleader-Gruppe. „Zwar hübsch anzusehen, aber genauso unnütz im Zusammenhang mit Fußball", so der langjährige Stadionsprecher Hans-Gerhard König in einer ruhigen Minute. Erfolgreich sind die Damen im Verlauf der Saison allemal. So gelingt es ihnen, überlegen den Titel der Westdeutschen Meisterschaft einzufahren und sich damit auch die Teilname an der Deutschen zu sichern.

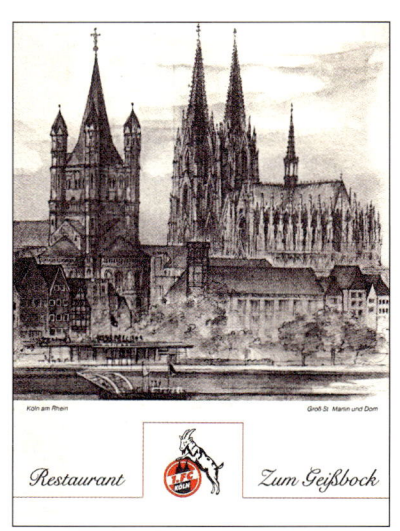

Sehenswert gestaltete Speisekarte des Geißbockheims aus der Saison 1994/95.

- Beim alljährlichen Turnier der Fanclubs in Neuwied-Irlich treten 24 Clubs an. An drei Tagen feiern die FC-Anhänger vor allem sich selbst und später auch den Turniersieger „Kölsche Klüngel".

- Ab dieser Spielzeit ziert eine blaue „Ford"-Pflaume die Trikots der Rheinländer. Schlappe drei Millionen DM bringt dieser neue Sponsorenvertrag.

- Durch die Einführung der neuen Regionalligen sind die Amateure seit Saisonbeginn nur noch viertklassig. In der gewannen mit 4:3. Zwei Wochen später hatten sich nach der desolaten Vorstellung gegen Dynamo Dresden (1:2) gut 300 „Fans" am Marathontor versammelt und verhinderten die Abfahrt des Mannschaftsbusses. Zahlreiche Wurfgeschosse flogen, sodass Busfahrer Hans Schimberg das Gefährt sogar in den Innenraum verfrachtete. Erst das Einschreiten von Manager Cullmann und Publikumsliebling Toni Polster beruhigte die Lage. Und das, obwohl die Menge mit Sprechchören wie „Ihr kommt hier nicht lebend raus" ihrem Frust über die letzten Darbietungen freien Lauf ließ.

Die Rheinischen hatten sich wieder einmal im Keller der Liga eingenistet. Der Sieg am 10. Spieltag gegen den VfL Bochum änderte nichts daran, denn in den folgenden Begegnungen präsentierte sich die Mannschaft weiterhin sehr unbeständig. Einzig die Tatsache, dass mit Duisburg, Bochum und Dresden noch schwächere Teams hinter dem FC standen, beruhigte etwas. So hatte die Mannschaft trotz des teilweise desolaten Auftretens zur Winterpause noch drei Punkte Vorsprung auf die Abstiegsplätze. Siege in Duisburg, gegen 1860 und ein Punktgewinn gegen den HSV hatten für das Punktepolster gesorgt. Allerdings hatten die schwachen Leistungen der letzten Wochen Mannschaftskapitän Rudy so angegriffen, dass er die Kapitänsbinde freiwillig an Bruno Labbadia weiterreichte. Zu den Punktgewinnen in den letzten Bundesligabegegnungen kam noch das Erreichen des Viertelfinales im DFB-Pokal. In der vorherigen Runde hatte die Mannschaft die richtigen Schlüsse aus der Bundesligabegegnung gegen Dresden gezogen und setzte sich nun knapp mit 2:1 gegen die Ostdeutschen durch.

Trotz der guten Ergebnisse gegen Ende der Hinrunde standen die Mannschaft und Trainer Olsen in der Kritik der Medien. Der *Kicker* schrieb, dass bereits nach der Niederlage gegen Schalke die Kölner beim kurz zuvor in Monaco geschassten Arsène Wenger eine Anfrage gestartet haben sollen. Diese Meldung blieb unbestätigt und wurde auch von Geschäftsführer Wolfgang Loos vehement bestritten.

KNAPP VORBEI

Am Tag der Heiligen Drei Könige startete die Mannschaft in die Vorbereitung zur Rückrunde. Zunächst natürlich mit Hallenfußball, und das ziemlich erfolgreich. Turniersiegen in Nürnberg, Stuttgart und in der eigenen Sporthalle folgten ein 2. Rang in Dortmund und ein 3. Platz in Hannover. Beim Masters in München allerdings konnte am Ende nur der 8. und letzte Platz belegt werden. Auch auf dem grünen Rasen ließ es sich gut an. Ungeschlagen in der Vorbereitung, startete die Mannschaft mit zwei Heimsiegen gegen Frankfurt (3:0) und Stuttgart (1:0) in die Bundesliga. Zwischenzeitlich verlor man unglücklich in Dortmund (1:2), aber insgesamt präsentierte sich der FC ausgeglichener. Matchwinner gegen Frankfurt war eindeutig Bruno Labbadia. Zwei Treffer machte der Ex-Münchner selbst, den dritten bereitete er vor. Dazu kamen noch drei Pfostenschüsse. Der gebürtige Darmstädter hatte einen sensationellen Lauf und riss die gesamte Mannschaft mit. Selbst so hoch gehandelte Teams wie Schalke, mit Jörg Berger als Trainer, (5:1) und die großen Bayern (3:1) konnten das Team nicht bremsen. Der Erfolg gegen die Isarkicker ist übrigens der letzte bis heute in Müngersdorf in einem Pflichtspiel. Zwischenzeitlich trat man im Viertelfinale des DFB-Pokals gegen den KSC an, der mit FC-Idol Thomas Häßler auflief. Der FC hatte es schlichtweg versäumt, das quirlige Mittel-

Der FC „demütigt" Schalke 04 in Müngersdorf mit 5:1. Hier setzt sich Frank Greiner gegen Büskens durch.

Ralf „Haube" Hauptmann in Aktion beim umkämpften 0:0 in Uerdingen.

feldass zurück in die Heimat zu holen. Aber auch ohne Häßler setzte sich die Mannschaft von Olsen bei Schneeregen in einer kampfbetonten Partie am Ende mit 2:1 durch. Torschütze natürlich zweimal Bruno Labbadia. Damit stand erstmals seit 1991 der 1. FC Köln wieder im Halbfinale um den DFB-Pokal. In der Meisterschaft stand die Olsen-Elf mittlerweile im gesicherten Mittelfeld. Zwar war der Abstand nach oben zu groß, aber die Abstiegsränge lagen immerhin acht Punkte entfernt. In Dresden glückte dann noch die Revanche für die desolate Hinspielniederlage, und in Köln richtete sich langsam der Blick auf die DFB-Pokal-Partie gegen den Zweitligisten Wolfsburg. Der *Express* schaukelte das Spiel zum „10-Millionen-Mark-Ding" hoch. Pokalsieg mal Europapokal ergäbe Millioneneinnahmen. Und die Möchtegernreporter zeigten sich sogar noch zurückhaltend, da nur bis zur 2. Runde des UEFA-Pokals gerechnet wurde.

Die Fans nahmen diese Euphorie gerne mit. Bereits in der Nacht der Halbfinalauslosung spuckte das Faxgerät Finalkartenbestellungen im Minutentakt aus. Aber zuerst musste die Partie gewonnen werden. Und wie so oft bei einer solchen Ausgangslage zeigte der FC Nerven. Ein hellwacher Siggi Reich vernaschte die FC-Abwehr ein einziges Mal. In den folgenden 70 Minuten gelang es dem haushohen Favoriten nicht, die Wolfsburger Abwehr zu überlisten. So standen am Ende die Kölner mit leeren Händen da. „Wolfsburg zerstört Kölns heile Fußballwelt", stand in der *Kölnischen Rundschau* zu lesen, oder „FC Stars im Pokalhalbfinale ohne richtige Einstellung". Redakteur Martin Becker lag mit seiner Einschätzung richtig. Zwar waren die Geißböcke ständig feldüberlegen gewesen, aber große Möglichkeiten gab es nicht zu bewundern. Zum Schluss verließ ein Großteil der 36.000 Zuschauer enttäuscht das Müngersdorfer Stadion und bereitete sich auf eine kurze Sommerpause vor, da nun der UI-Cup auf ihr Team wartete. Im anderen Halbfinale setzte sich übrigens der alte Rivale aus Mönchengladbach durch. Somit hätte in Berlin das Traumfinale angestanden, welches 1973 die Fans in ganz Deutschland begeistert hatte.

BESSER, ABER ENTTÄUSCHEND

Die Mannschaft zeigte in den letzten Wochen der Saison wieder sehr wechselhafte Leistungen. So kassierte sie im Heimspiel gegen Absteiger Duisburg mit 0:3 die zweithöchste Heimniederlage der Saison. Der bereits feststehende Neuzugang Dorinel Munteanu muss vom Auftreten seiner zukünftigen Mannschaftskollegen geschockt gewesen sein. „Geldstrafe für die FC-Schlaffis", titelte der *Kicker*, und Manager Cullmann ließ seinem Ärger freien Lauf: „Fußball ist auch die Bereitschaft, zu laufen und zu kämpfen. Dass das nicht gemacht wurde, kann ich nicht akzeptieren", so der Kölner Altinternationale. Eine zeitlose Aussage, die auch in den letzten Jahren noch zutreffend war. Dass sie es können, zeigte die Olsen-Bande wiederum eine Woche später. Ein 4:0 in Hamburg kam auch nicht alle Tage vor. Im Derby gegen Leverkusen sahen die Zuschauer in Müngersdorf dann ein packendes Spiel. Nach einer guten Stunde führten die Gäste mit 3:0, und deren Fans schunkelten bereits im Gleichtakt. Aber innerhalb von 15 Minuten drehten die Geißböcke die Begegnung. Zum Saisonabschluss musste der FC noch einmal reisen und kehrte mit einer 1:3-Niederlage aus der Pfalz zurück. Unterm Strich bedeutete der 10. Platz zwar eine Verbesserung gegenüber dem Vorjahr, aber insgesamt enttäuschend waren vor allem die vielen deprimierenden Vorstellungen der Mannschaft. Diese musste bereits eine Woche nach Saisonabschluss wieder die Fußballschuhe schnüren. Der UI-Cup stand an, und mit ihm sollte versucht werden, doch noch die Qualifikation zu einem großen internationalen Wettbewerb zu realisieren.

zurückliegenden Saison hatte es in der Oberliga nur zu Platz 10 gereicht.

■ Ab der Rückrunde werden Getränke im Stadion nur noch in Mehrwegbechern ausgegeben. Und auch Würstchen werden ab sofort nur noch im Brötchen gereicht.

■ Der FC ist immer ein Gesprächsthema, auch auf höchster Ebene. Leider nicht wegen positiver sportlicher Leistung, sondern wegen zahlreicher Nebenkriegsschauplätze. So hat die halbe Mannschaft mittlerweile die Steuerfahndung an den Fersen, da die Spieler Eupen als ihren Erstwohnsitz angeben. Grund sind die Steuervorteile, die in dem kleinen belgischen Städtchen herrschen. Gerade einmal 15 Prozent Einkommenssteuer werden dort fällig.

■ Mit einer FC-Gala will der Club in den Wonnemonat Mai starten. Im Kristallsaal der Kölnmesse sind stolze 140 DM und Abendgarderobe Pflicht.

■ Klaus Hartmann wird von Kölns Regierungspräsident Franz-Josef Antwerpes mit dem Verdienstkreuz 1. Klasse des Verdienstordens der Bundesrepublik Deutschland ausgezeichnet. NRW-Ministerpräsident Johannes Rau hatte den Präsidenten des 1. FC Köln bei Bundespräsident Roman Herzog vorgeschlagen. Neben seinem Engagement im Sport wird Hartmann aber auch wegen seiner Verdienste um den Berufsstand Kaufmann/Kauffrau im Deutschen Einzelhandel ausgezeichnet.

■ Zum Abschluss der Saison gewinnen die Amateure von Stefan Engels, durch einen klaren 5:1-Erfolg über Germania Teveren, den Mittelrhein-Pokal. Somit qualifiziert sich der Oberligist erstmals seit zehn Jahren wieder für die erste Hauptrunde um den DFB-Pokal.

Unter anderem mit diesen beiden jungen Damen warb der FC 1994/95 auf Plakaten für seine Heimspiele.

STATISTIK 1994/95

BUNDESLIGA

20.08.1994 Eintracht Frankfurt - 1. FC Köln 0:0
Zuschauer: 44.000
Aufstellung: Illgner, Rudy, Greiner, Higl, Goldbaek, Steinmann, Rolff, Heldt (46. Janßen), Weiser, Labbadia, Polster (61. Kohn).

23.08.1994 1. FC Köln - Borussia Dortmund 1:6 (1:3)
Zuschauer: 52.000
Tore: 0:1 (12.) Möller, 1:1 (18.) Labbadia, 1:2, 1:3 (22., 35.) Möller, 1:4 (73.) Sammer, 1:5 (81.) Zorc, 1:6 (83.) Povlsen.
Aufstellung: Illgner, Rudy, Greiner, Higl, Steinmann, Goldbaek (67. Zdebel), Rolff, Heldt, Weiser, Labbadia, Polster.

29.08.1994 VfB Stuttgart - 1. FC Köln 2:2 (2:1)
Zuschauer: 30.000
Tore: 0:1 (18.) Labbadia, 1:1 (24.) Kögl (FE), 2:1 (37.) Bobic, 2:2 (90.) Labbadia.
Aufstellung: Illgner, Rolf, Higl Stumpf (46. Greiner), Steinmann, Goldbaek, Janßen, Rudy (81. Kohn), Weiser, Polster, Labbadia.

03.09.1994 1. FC Köln - FC Bayer 05 Uerdingen 2:0 (0:0)
Zuschauer: 21.000
Tore: 1:0 (61.) Polster, 2:0 (76.) Heldt.
Aufstellung: Illgner, Rudy, Greiner, Higl, Goldbaek (46. Hauptmann), Steinmann, Janßen (74. Andersen), Heldt, Weiser, Labbadia, Polster.

17.09.1994 FC Schalke 04 - 1. FC Köln 3:1 (1:1)
Zuschauer: 39.570
Tore: 1:0 (14.) Anderbrügge, 1:1 (24.) Hauptmann, 2:1 (65.) Mulder, 3:1 (75.) Anderbrügge (HE).
Aufstellung: Illgner, Rolff, Higl, Hauptmann, Weiser, Steinmann, Janßen, Rudy, Andersen (67. Greiner), Polster (46. Kohn), Labbadia.

24.09.1994 1. FC Köln - Karlsruher SC 3:4 (2:2)
Zuschauer: 29.000
Tore: 1:0, 2:0 (06., 09.-HE) Polster, 2:1 (28.) Bilic, 2:2 (37.) Polster (E), 2:3 (53.) Kirjakow, 3:3 (74.) Labbadia, 3:4 (88.) Bonan.
Aufstellung: Illgner, Greiner, Higl, Weiser, Rolff, Goldbaek, Hauptmann (65. Kohn), Rudy, Steinmann, Labbadia, Polster.

01.10.1994 FC Bayern München - 1. FC Köln 2:2 (0:2)
Zuschauer: 63.000
Tore: 0:1 (43.) Labbadia, 0:2 (43.) Polster, 1:2 (67.) Ziege, 2:2 (83.) Zickler.
Aufstellung: Illgner, Stumpf, Higl, Greiner, Goldbaek (29. Polster), Rolff, Weiser (73. Kohn), Janßen, Steinmann, Rudy, Labbadia.

08.10.1994 1. FC Köln - Dynamo Dresden 1:2 (0:1)
Zuschauer: 23.000
Tore: 0:1 (18.) Spies, 0:2 (57.) Ekström, 1:2 (83.) Polster.
Aufstellung: Illgner, Stumpf, Greiner, Higl, Goldbaek (82. Zdebel), Rolff, Rudy, Janßen (46. Kohn), Steinmann, Labbadia, Polster.

15.10.1994 Werder Bremen - 1. FC Köln 2:2 (1:0)
Zuschauer: 26.867
Tore: 1:0 (20.) Bode, 2:0 (48.) Bestschastnich, 2:1 (51.) Polster, 2:2 (80.) Weiser.
Aufstellung: Illgner, Sturm, Baumann, Higl, Steinmann, Hauptmann (70. Janßen), Rolff (75. Rudy), Greiner, Weiser, Polster, Labbadia.

21.10.1994 1. FC Köln - VfL Bochum 2:1 (2:1)
Zuschauer: 25.000
Tore: 1:0 (05.) Rudy, 1:1 (24.) Wegmann, 2:1 (28.) Polster (HE).
Aufstellung: Illgner, Stumpf, Greiner, Higl, Hauptmann, Steinmann, Rudy, Rolff, Weiser, Labbadia (34. Andersen) Polster (69. Kohn).
B.V.: Gelb-Rot für Rolff (30.).

29.10.1994 SC Freiburg - 1. FC Köln 4:2 (1:0)
Zuschauer: 18.000
Tore: 1:0 (43.) Cardoso, 1:1 (67.) Zdebel, 2:1 (76.) Todt, 2:2 (78.) Janßen, 3:2 (83.) Spanring, 4:2 (90.) Spies.
Aufstellung: Illgner, Stumpf (46. Andersen), Higl, Zdebel, Hauptmann, Baumann, Rudy, Janßen, Weiser, Labbadia (63. Kohn), Polster.
B.V.: Gelb-Rot für Higl (17.).

05.11.1994 Borussia M'gladbach - 1. FC Köln 1:3 (1:1)
Zuschauer: 53.000
Tore: 0:1 (26.) Wynhoff, 1:1 (31.) Polster, 1:2 (55.) Kastenmaier, 1:3 (74.) Herrlich.
Aufstellung: Illgner, Rolff, Thiam, Baumann, Greiner, Hauptmann, Rudy (69. Goldbaek), Andersen, Weiser, Labbadia (72. Kohn), Polster.

12.11.1994 MSV Duisburg - 1. FC Köln 1:3 (1:1)
Zuschauer: 18.000
Tore: 0:1 (10.) Kohn (FE), 1:1 (45.) Közle, 1:2 (58.) Greiner, 1:3 (73.) Labbadia.
Aufstellung: Illgner, Hauptmann, Baumann, Thiam, Greiner, Janßen, Rudy (77. Rolff), Andersen, Weiser, Kohn (81. Goldbaek), Labbadia.
B.V.: Gelb-Rot für Hopp (54.).

18.11.1994 1. FC Köln - Hamburger SV 1:1 (1:0)
Zuschauer: 28.000
Tore: 1:0 (12.) Hauptmann, 1:1 (86.) Albertz.
Aufstellung: Illgner, Hauptmann (77. Higl), Baumann, Thiam, Greiner, Janßen, Rudy, Andersen, Weiser, Polster (81. Kohn), Labbadia.

26.11.1994 1. FC Köln - 1860 München 2:1 (0:0)
Zuschauer: 22.000
Tore: 1:0 (70.) Polster, 1:1 (77.) Pacult, 2:1 (85.) Janßen.
Aufstellung: Illgner, Baumann, Hauptmann, Thiam, Greiner (70. Steinmann), Janßen, Rudy, Andersen (86. Heldt), Weiser, Polster, Labbadia.

29.11.1994 1. FC Köln - 1. FC Kaiserslautern 0:1 (0:1)
Zuschauer: 28.000
Tor: 0:1 (32.) Kuntz.
Aufstellung: Illgner, Hauptmann, Baumann, Thiam, Greiner (45. Goldbaek), Steinmann, Janßen, Heldt (80. Kohn), Weiser, Labbadia, Polster.

03.12.1994 Bayer Leverkusen - 1. FC Köln 3:1 (2:1)
Zuschauer: 27.600
Tore: 1:0 (19.) Völler, 1:1 (21.) Labbadia, 2:1 (33.) Scholz, 3.1 (88.) Münch.
Aufstellung: Illgner, Hauptmann (81. Jancker), Baumann, Thiam, Steinmann, Goldbaek, Janßen, Heldt (46. Rudy), Weiser, Polster, Labbadia.
B.V.: Gelb-Rot für Baumann (65.).

17.02.1995 1. FC Köln - Eintracht Frankfurt 3:0 (1:0)
Zuschauer: 26.000
Tore: 1:0 (03.) Labbadia, 2:0 (51.) Polster, 3:0 (60.) Labbadia.
Aufstellung: Illgner, Hauptmann, Greiner, Thiam, Dziwior, Rudy, Janßen, Steinmann, (82. Zdebel), Weiser, Polster (81. Jancker), Labbadia.

25.02.1995 Borussia Dortmund - 1. FC Köln 2:1 (2:0)
Zuschauer: 42.800
Tore: 1:0 (02.) Tretschok, 2:0 (32.) Chapuisat, 2:1 (55.) Polster (HE).
Aufstellung: Illgner, Hauptmann, Greiner, Thiam (46. Baumann), Dziwior (82. Goldbaek), Rudy, Janßen, Steinmann, Weiser, Polster, Labbadia.

05.03.1995 1. FC Köln - VfB Stuttgart 1:0 (0:0)
Zuschauer: 24.000
Tor: 1:0 (88.) Heldt.
Aufstellung: Illgner, Hauptmann, Baumann, Thiam (89. Stumpf), Dziwior (56. Heldt), Rudy, Janßen, Steinmann, Weiser, Polster, Labbadia,
B.V.: Illgner hält FE von Kögl (68.).

11.03.1995 FC Bayer 05 Uerdingen - 1. FC Köln 0:0
Zuschauer: 18.800
Aufstellung: Illgner, Hauptmann, Janßen, Greiner, Baumann, Zdebel (62. Heldt), Rudy, Steinmann, Weiser, Labbadia, Polster.

18.03.1995 1. FC Köln - FC Schalke 04 5:1 (3:1)
Zuschauer: 38.000
Tore: 0:1 (04.) Kohn, 1:1 (11.) Labbadia, 2:1 (22.) Steinmann, 3:1 (26.) Polster, 4:1 (50.) Greiner, 5:1 (74.) Thon (E).
Aufstellung: Illgner, Hauptmann, Baumann, Higl (79. Heldt), Greiner, Janßen, Steinmann, Weiser (75. Andersen), Polster, Labbadia.
B.V.: Platzverweis für Mulder (55.).

25.03.1995 Karlsruher SC - 1. FC Köln 0:0
Zuschauer: 26.500
Aufstellung: Illgner, Hauptmann (10. Heldt), Greiner, Zdebel, Rudy, Janßen, Steinmann, Weiser, Polster (74. Higl), Labbadia.

01.04.1995 1. FC Köln - FC Bayern München 3:1 (1:1)
Zuschauer: 55.000
Tore: 1:0 (43.) Thiam, 1:1 (44.) Babbel, 2:1, (62., 75.) Polster.
Aufstellung: Illgner, Higl, Thiam, Baumann, Greiner, Rudy, Andersen, Steinmann (90. Zdebel), Weiser (85. Heldt), Polster, Labbadia.

08.04.1995 Dynamo Dresden - 1. FC Köln 1:3 (1:0)
Zuschauer: 12.500
Tore: 1:0 (15.) Jähnig, 1:1 (65.) Labbadia, 1:2 (70.) Greiner, 1:3 (89.) Polster.
A.: Illgner, Hauptmann (71. Higl), Thiam, Baumann, Greiner, Rudy, Steinmann, Janßen, Weiser, Polster, Labbadia (86. Rolff).

15.04.1995 1. FC Köln - Werder Bremen 1:1 (0:0)
Zuschauer: 36.000
Tore: 0:1 (68.) Neubarth, 1:1 (90.) Higl.
Aufstellung: Illgner, Hauptmann, Baumann, Higl, Greiner, Rudy, Andersen (38. Rolff), Janßen (08. Zdebel), Weiser, Polster, Labbadia.

21.04.1995 VfL Bochum - 1. FC Köln 1:0 (0:0)
Zuschauer: 25.012
Tor: 1:0 (48.) Frontzeck.
Aufstellung: Illgner, Higl, Baumann, Thiam, Greiner (56. Zdebel), Goldbaek (76. Jancker), Rolff, Rudy, Heldt, Weiser, Polster.
B.V.: Gelb-Rot für Rolff (24.).

28.04.1995 1. FC Köln - SC Freiburg 2:0 (1:0)
Zuschauer: 26.000
Tore: 1:0 (24.) Labbadia, 2:0 (88.) Greiner.
Aufstellung: Illgner, Higl, Thiam, Baumann, Greiner, Rudy, Janßen, Heldt, Weiser, Polster, Labbadia (88. Jancker).

06.05.1995 Borussia M'gladbach - 1. FC Köln 0:0
Zuschauer: 34.500
Aufstellung: Illgner, Higl, Baumann, Stumpf, Greiner, Steinmann, Janßen (46. Hauptmann), Andersen, (74. Zdebel) Weiser, Labbadia, Polster.

13.05.1995 1. FC Köln - MSV Duisburg 0:3 (0:1)
Zuschauer: 21.000
Tore: 0:1 (18.) Nijhuis, 0:2 (47.) Hopp, 0:3 (87.) Löbe.
Aufstellung: Illgner, Higl, Baumann, Thiam, Greiner (71. Heldt), Rudy, Andersen, Steinmann, Weiser (46. Janßen), Polster, Labbadia.

19.05.1995 Hamburger SV - 1. FC Köln 0:4 (0:3)
Zuschauer: 20.619
Tore: 0:1 (20.) Rudy, 0:2, 0:3 (23., 41.) Polster, 0:4 (87.) Dziwior.
A.: Illgner, Higl, Baumann, Thiam (55. Greiner), Dziwior, Rudy, Steinmann (75. Weiser), Janßen, Andersen, Polster, Labbadia.

26.05.1995 1860 München - 1. FC Köln 2:1 (2:0)
Zuschauer: 28.500
Tore: 1:0 (31.) Nowak, 2:0 (41.) Bodden, 2:1 (85.) Labbadia.
Aufstellung: Illgner, Higl, Baumann, Thiam (41. Weiser), Dziwior, Janßen, Steinmann (79. Zdebel), Heldt, Andersen, Polster, Labbadia.
B.V.: Gelb-Rot für Schwabl (19.) und Janßen (82.).

10.06.1995 1. FC Köln - Bayer Leverkusen 3:3 (0:1)
Zuschauer: 33.000
Tore: 0:1 (30.) Völler (FE), 0:2, 0:3 (53., 62.) Kirsten, 1:3 (69.) Labbadia, 2:3 (74.) Weiser, 3:3 (85.) Steinmann.
A.: Illgner, Hauptmann, Higl, Weiser, Dziwior, Rudy, Greiner (35. Zdebel), Andersen, Steinmann, Heldt (58. Rösele), Labbadia.
B.V.: Gelb-Rot für Lupescu (80.).

17.06.1995 1. FC Kaiserslautern - 1. FC Köln 3:1 (1:0)
Zuschauer: 38.000
Tore: 1:0 (15.) Haber, 2:0 (53.) Kuntz, 2:1 (57.) Janßen, 3:1 (86.) Kuntz.
Aufstellung: Illgner, Hauptmann, Janßen (66. Goldbaek), Higl, Baumann, Dziwior, Rudy, Zdebel, Steinmann (76. Rösele), Polster, Labbadia.

STATISTIK 1994/95

DFB-POKAL

1. Runde
14.08.1994 FC Remscheid - 1. FC Köln 0:7 (0:3)
Zuschauer: 8.000
Tore: 0:1 (14.) Kohn, 0:2 (32.) Steinmann, 0:3 (35.) Higl, 0:4 (65.) Kohn, 0:5, 0:6 (71., 73.) Polster, 0:7 (83.) Kohn.
Aufstellung: Illgner, Rudy, Higl, Stumpf, Goldbaek, Steinmann, Rolff, Heldt (72. Zdebel), Weiser, Kohn, Polster (78. Labbadia).

2. Runde
10.09.1994 SG Wattenscheid 09 - 1. FC Köln 1:3 (0:1)
Zuschauer: 7.161
Tore: 0:1 (45.) Andersen, 1:1 (60.) Wolters, 1:2 (63.) Greiner, 1:3 (89.) Rudy.
Aufstellung: Illgner, Rolff, Greiner, Higl, Steinmann, Hauptmann (46. Goldbaek), Rudy, Andersen (75. Polster), Weiser, Kohn, Labbadia.

Achtelfinale
25.10.1994 1. FC Köln - Dynamo Dresden 2:1 (2:1)
Zuschauer: 15.000
Tore: 1:0 (05.) Labbadia, 1:1 (36.) Maucksch, 2:1 (39.) Labbadia.
Aufstellung: Illgner, Stumpf, Greiner, Higl (46. Andersen), Steinmann, Hauptmann, Rolff (71. Janßen), Rudy, Weiser, Labbadia, Polster.

Viertelfinale
08.03.1995 1. FC Köln - Karlsruher SC 2:1 (1:0)
Zuschauer: 19.100
Tore: 1:0 (02.) Labbadia, 1:1 (46.) Kirjakow, 2:1 (49.) Labbadia.
Aufstellung: Illgner, Hauptmann, Greiner, Baumann, Steinmann, Zdebel, Rudy, Janßen (53. Stumpf), Weiser, Labbadia, Polster (73. Heldt).
B.V.: Gelb-Rot für Wück (87.).

Halbfinale
11.04.1995 1. FC Köln - VfL Wolfsburg 0:1 (0:1)
Zuschauer: 36.000
Tor: 0:1 (20.) Reich.
Aufstellung: Illgner, Hauptmann, Baumann, Thiam, Greiner (72. Heldt), Rudy, Janßen (39. Andersen), Steinmann, Weiser, Labbadia, Polster.

FREUNDSCHAFTSSPIELE

01.07.1994 SSV Bornheim - 1. FC Köln 0:26 (0:11)

03.07.1994 1. FC Köln - CfB Ford Niehl 9:0 (5:0)

06.07.1994 SV Adler Dellbrück - 1. FC Köln 0:9 (0:3)

08.07.1994 SSV Troisdorf - 1. FC Köln 0:18 (0:8)

10.07.1994 VfL Lauterbach - 1. FC Köln 0:15 (0:6)

12.07.1994 Hessische Amateurausw. - 1. FC Köln 1:8 (1:2)

14.07.1994 VfB Gießen - 1. FC Köln 1:3 (0:1)

17.07.1994 VfL Eschhofen - 1. FC Köln 0:12 (0:10)

19.07.1994 1. FC Köln - FC Boby Brno 4:0 (2:0)

22.07.1994 RFC Seraing - 1. FC Köln 4:4 (3:2)
(in Rocherath/Belgien)

26.07.1994 SG Herdorf - 1. FC Köln 1:13 (0:6)

30.07.1994 Standard Lüttich - 1. FC Köln 2:0 (1:0)
(in Eupen)

02.08.1994 FC Chelsea - 1. FC Köln 0:2
(„Miniturnier" in Kopenhagen)

02.08.1994 FC Kopenhagen - 1. FC Köln 0:1
(„Miniturnier" in Kopenhagen)

05.08.1994 FC Everton - 1. FC Köln 0:2 (0:0)
(in Stadtlohn)

06.08.1994 Bayer Leverkusen - 1. FC Köln 0:2 (0:2)
(in Stadtlohn)

09.08.1994 SpVgg Porz - 1. FC Köln 1:7 (0:4)

29.08.1994 Atletico Madrid - 1. FC Köln 5:1 (3:0)

13.09.1994 SV Buschdorf - 1. FC Köln 0:4 (0:4)

27.09.1994 TSV Emmelshausen - 1. FC Köln 1:5 (0:3)

04.12.1994 SpVgg Oberaußem-Fortuna - 1. FC Köln 2:4 (0:1)

07.12.1994 Alemannia Aachen - 1. FC Köln 1:3 (0:2)

10.12.1994 SV Greven 09 - 1. FC Köln 0:3 (0:0)

14.01.1995 1. FC Köln - Besiktas Istanbul 3:1 (2:0)

24.01.1995 SCB Preußen Köln - 1. FC Köln 2:2 (0:2)

26.01.1995 Wuppertaler SV - 1. FC Köln 0:0
(in der 52. Minute abgebrochen wegen Nebels)

04.02.1995 VfL Wolfsburg - 1. FC Köln 0:1 (0:1) (in Gifhorn)

08.02.1995 Lausanne Sports - 1. FC Köln 0:0
(in Albufeira/Portugal)

10.02.1995 Slavia Prag - 1. FC Köln 2:3 (1:1)
(in Almancil/Portugal)

21.02.1995 Fortuna Köln - 1. FC Köln 0:0

27.05.1995 TSV Röthlein - 1. FC Köln 1:11 (0:5)

03.06.1995 F91 Dudelange - 1. FC Köln 0:10

Toni Polster Superstar überall, auch auf dem Cover des Mitgliederjahrbuchs, erschienen im November 1994.

FIEBERKURVE 1994/95

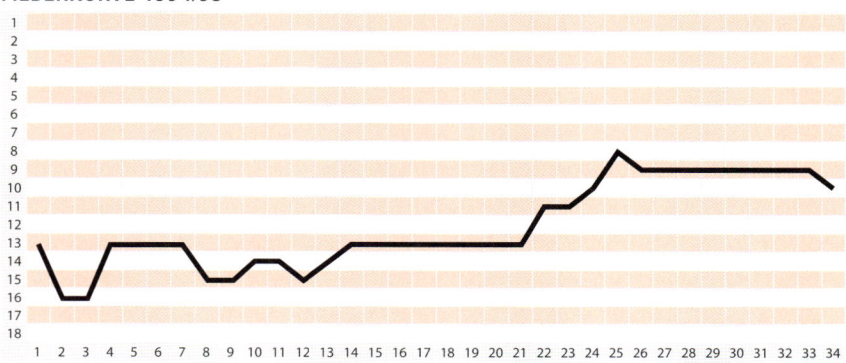

BUNDESLIGAKADER 1994/95

Abgänge: Arweladse (Tennis Borussia Berlin), Bade (Bayer Uerdingen), Christofte (Ende der Laufbahn), Hilgers (unbekannt), Keuler (SG Wattenscheid 09), Kohn (FC Schalke 04, w.d.l.S.), Paßlack (Eintracht Frankfurt), Sturm (Wuppertaler SV), Lehmann (Lierse SK), Lenhart (eigene Amateure), Müller (eigene Amateure), Sarpei (Vorwärts Steyr), Senk (unbekannt)

Zugänge: Dziekanowski (Alemannia Achen), Eschbach (eigene Amateure), Goldbaek (Tennis Borussia Berlin), Dziwior (eigene Amateure, w.d.l.S.), Labbadia (Bayern München), Rolff (Karlsruher SC), Rösele (eigene Amateure, w.d.l.S.), Stumpf (Galatasaray Istanbul)

Trainer: Morten Olsen

Tor:			
Illgner, Bodo	34/0	Hauptmann, Ralf	23/2
Kraft, Michael	0/0	Baumann, Karsten	23/0
Eschbach, Daniel	0/0	Heldt, Horst	16/2
Feld:		Thiam, Pablo	16/1
Labbadia, Bruno	33/14	Andersen, Henrik	16/0
Polster, Anton	32/17	Goldbaek, Bjarne	14/0
Weiser, Patrick	32/2	Rolff, Wolfgang	14/0
Rudy, Andrzej	31/2	Zdebel, Tomasz	13/1
Greiner, Frank	29/4	Kohn, Stefan	12/1
Janßen, Olaf	27/3	Stumpf, Reinhard	8/0
Steinmann, Rico	27/2	Dziwior, Janosch	7/1
Higl, Alfons	25/1	Jancker, Carsten	4/0
		Rösele, Michael	2/0
		Stark, Mirko	0/0
		Jörres, Guido	0/0
		Dziekanowski, Darius	0/0

Dazu kommt in der Bundesliga noch ein Eigentor von Olaf Thon (FC Schalke 04)

1. BUNDESLIGA 1994/95

1.	Borussia Dortmund	67:33	49:19
2.	Werder Bremen (P)	70:39	48:20
3.	SC Freiburg	66:44	46:22
4.	1. FC Kaiserslautern	58:41	46:22
5.	Borussia M'gladbach	66:41	43:25
6.	Bayern München (M)	55:41	43:25
7.	Bayer Leverkusen	62:51	36:32
8.	Karlsruher SC	51:47	36:32
9.	Eintracht Frankfurt	41:49	33:35
10.	1. FC Köln	54:54	32:36
11.	FC Schalke 04	48:54	31:37
12.	VfB Stuttgart	52:66	30:38
13.	Hamburger SV	43:50	29:39
14.	1860 München (N)	41:57	27:41
15.	Bayer 05 Uerdingen (N)	37:52	25:43
16.	VfL Bochum (N)	43:67	22:46
17.	MSV Duisburg	31:64	20:48
18.	Dynamo Dresden	33:68	16:52

Dynamo Dresden wurde wegen finanzieller Unregelmäßigkeiten direkt in die Regionalliga Nordost versetzt.
Die Begegnung Eintracht Frankfurt gegen Bayern München (2:5) wurde mit 2:0 für Frankfurt gewertet, da Bayern unerlaubterweise vier Amateure eingesetzt hatte.

1995/96
1. BUNDESLIGA

Neururer als Retter

[LEGENDEN]

Sunday Oliseh
Beim FC von 1995 bis 1997
Geboren: 14.09.1974 in Abavo/Nigeria
Pflichtspiele beim FC: 55
Pflichtspieltore: 4

Die Herzen erobert

Von seinem Heimatverein Julius Berger in Nigerias Hauptstadt Lagos kam Sunday Oliseh schon als Jugendlicher nach Belgien zum RFC Lüttich. Die Belgier transferierten das Talent nach Italien zum AC Reggiana. Morten Olsen holte seinen Wunschspieler 1995 nach Köln, wurde jedoch kurz darauf entlassen. Oliseh, der mit Nigeria 1994 den Afrika-Cup geholt hatte, tat sich in der neuen Umgebung schwer. Er brauchte eine lange Anlaufzeit, bis er sich in der Domstadt eingelebt hatte. Zumindest sportlich, denn seinen Wohnsitz behielt er in Belgien, unweit der deutschen Grenze. Nach einer eher verkorksten Premierensaison, manche stempelten den Nigerianer als Fehleinkauf ab, startete der defensive Mittelfeldspieler modernster Prägung 1996/97 richtig durch. Mit seinem Heimatland hatte er bei der Olympiade 1996 die Goldmedaille gewonnen.

Oliseh glänzte mit seiner tollen Technik – kompromisslos in der Defensive und stark im Spielaufbau. Mit enormer Schusskraft ausgestattet, war der Nationalspieler auch bei Standards und Fernschüssen brandgefährlich. So eroberte er letztlich die Herzen der FC-Fans, die traurig waren, als Sunday den Verein nach nur zwei Jahren verließ, um für rund sieben Millionen Mark Ablöse bei Ajax Amsterdam anzuheuern. Weitere Stationen waren Juventus Turin und Borussia Dortmund sowie der VfL Bochum. Mit dem BVB wurde er 2002 sogar Deutscher Meister. 2006 beendete Oliseh in Belgien beim KRC Genk seine Karriere und war danach kurzfristig als Sportdirektor bei Zweitligist KAS Eupen tätig. Später lebte er als Privatier in Belgien.

Hintere Reihe von links: Karsten Baumann, Sunday Oliseh, Rico Steinmann, Holger Gaißmayer, Reinhold Breu, Pablo Thiam, Janosch Dziwior, Patrick Weiser, Wolfgang Rolff. Mittlere Reihe von links: Co-Trainer Wolfgang Jerat, Christian Dollberg, Thomas Cichon, Michael Rösele, Anton Polster, Martin Braun, Bjarne Goldbaek, Ralf Hauptmann, Marcell Fensch, Carsten Jancker, Trainer Morten Olsen. Vordere Reihe von links: Zeugwart Willi Rechmann, Reinhard Stumpf, Stefan Kohn, Bruno Labbadia, Bodo Illgner, Michael Kraft, Tomasz Zdebel, Dorinel Munteanu, Olaf Janßen, Masseur Jürgen Schäfer.

Aufgrund des UI-Cups ging es ohne Sommerpause direkt weiter ins neue Spieljahr. Dass es kein Wettbewerb sein sollte, den man im Vorbeigehen gewinnt, merkte die sportliche Leitung bereits während der ersten Begegnung in Schweden. Bei Östers Växjö reichte es nur zu einem 0:0, und auch nur dank eines starken Bodo Illgner im Tor. Carsten Jancker war der Spieler, der als erster von der neuen Wechselregelung profitierte, als er nach einer guten Stunde als dritter Akteur für Michael Rösele eingesetzt wurde. Auch das Heimspiel gegen Luzern, das im Südstadion ausgetragen wurde, konnte nicht gewonnen werden. Beim 2:2 fielen aber immerhin die ersten Treffer der Saison. Den ersten Sieg und damit die ersten drei Punkte der Vereinsgeschichte holte sich das Team im idyllischen Velenje. Allerdings fiel dieser in der slowenischen Kleinstadt mit 1:0 denkbar knapp aus. Zum letzten Gruppenspiel kam Tottenham Hotspur ins Müngersdorfer Stadion. Doch den anwesenden Zuschauern war nach wenigen Minuten klar, dass hier nur eine englische Nachwuchsmannschaft auf dem Platz stand. So gewannen die Geißböcke deutlich mit 8:0 und zogen als Gruppensieger ins Achtelfinale ein. Hier wartete mit dem FC Tirol eine durchaus lösbare Aufgabe, zumal man wieder im heimischen Stadion auflaufen durfte. Aber die Kölner zeigten einmal mehr, dass auf alles Verlass ist, sogar auf ihre Unbeständigkeit. Die Österreicher siegten mit 3:1, wobei Harald Cerny die Domstädter mit seinen drei Toren ganz allein aus dem Wettbewerb kegelte.

MANGELNDE BALLFERTIGKEIT

Somit stand der FC gleich zu Saisonbeginn vor den Trümmern seiner Überheblichkeit. Dabei konnte sich das Gesicht der neuen Mannschaft durchaus sehen lassen: Sunday Oliseh (AC Reggiana), der für zwei Millionen DM aus Italien an den Rhein gekommen war, und dazu der bisher in Belgien kickende Rumäne Dorinel Munteanu (Cercle Brügge) konnten durchaus als Verstärkung angesehen werden. Und auch Martin Braun (SC Freiburg) war bereits ein gestandener Bundesligaprofi. Dazu kamen noch einige Nachwuchskicker von den eigenen Amateuren sowie ein Argentinier namens Christian Dollberg. Nun sollen ja in den südamerikanischen Ländern enge Freundschaften zwischen Spielern und Spielgerät geknüpft und gepflegt werden, so der allgemeine Glaube auf dem europäischen Festland. Die Freundschaft muss zumindest bei Dollberg sehr einseitig verlaufen sein, denn der *Kölner Stadtanzeiger* witzelte: „Der

Bei den Schweden von Östers Växjö wird der Besuch aus der Domstadt per Schild angekündigt.

einzige lebende Argentinier ohne Ballfertigkeit." Insgesamt elf Bundesligaspiele brauchte man beim FC, um zu erkennen, dass man nicht gerade einen Ballkünstler eingekauft hatte. Zu spät: Im Pokal in Runde eins rausgeflogen und in der Liga mal wieder auf einem Abstiegsrang. Dies kostete erst Morten Olsen und später auch Stephan Engels den Job.

OLSEN MUSS GEHEN

Es war wie so oft. Der FC träumte von Höherem und fiel dementsprechend tief. 42.000 erwartungsfrohe Fans füllten gegen die Knappen am 1. Spieltag die Ränge und machten sich enttäuscht und wütend wieder auf den Heimweg. Das kraftlose, mutlose und vor allem systemlose Spiel hatte für zahlreiche Unmutsäußerungen gesorgt. Dabei war das Auftreten der Gäste nicht übermächtig, eher sogar bieder. Aber es reichte für einen ungefährdeten 1:0-Erfolg. Eine Woche später gab es beim Derby in Düsseldorf zumindest den ersten Punkt, aber wesentlich verbessert präsentierte sich die Mannschaft nicht.

So stand Olsen bereits nach zwei Spieltagen in der Kritik. Als dann auch noch das Pokalaus in Beckum dazukam, war der Däne nicht mehr zu halten und wurde, 13 Tage nach seinem 46. Geburtstag, gegen Stephan Engels ausgetauscht, der bislang die FC-Amateure betreut hatte. Der Mondorfer, der selbst über zehn Jahre für den 1. FC Köln spielte, war die billigste Lösung für die klammen Domstädter. Und er hatte mit dem 3:2 gegen den Hamburger SV einen traumhaften Einstand. Es war der erste Saisonsieg der Geißböcke und sollte bis zum 16. Spieltag der einzige bleiben. Dazwischen lagen drei Monate Trauer, Wut und Resignation rund ums Geißbockheim. Vor allem die Niederlagen gegen Karlsruhe (0:1) mit Thomas Häßler als Torschütze, M'gladbach (0:2) und in Dortmund (0:3) taten weh. So nahm Manager Cullmann angesichts der Blamage gegen die Fohlen erstmals das Wort „Abstieg" in den Mund: „Viele von uns haben noch gar nicht begriffen, dass es drei und nicht fünf Minuten vor zwölf ist. Wenn wir so weitermachen, steigen wir ab."

Viel besser wurde es allerdings nicht. Die Mannschaft holte sich zwar ab und an einen Punkt, rutschte aber trotzdem immer tiefer in den Keller. Ausgerechnet nach einem 0:0 gegen die Bayern, bei dem Bodo Illgner eine überragende Vorstellung ablieferte, kam der FC am Tabellenende an. Umso überraschender fünf Tage später der erste Auswärtssieg beim letztjährigen Vizemeister Werder Bremen. Glücklich, da sich bis heute keiner erklären kann, warum Bremens Ersatzkeeper Frank Rost Stefan Kohns Hoppelball passieren ließ. Trotz des

Nachdenkliche Mienen bei Dollberg, Baumann, Masseur Schäfer, Janßen, Illgner und Olsen (von links) vor der Verlängerung des DFB-Pokal-Erstrundenspiels beim SV Beckum.

[Interessantes & Kurioses]

■ Wieder einmal weit über 10.000 Fans kommen zur Saisoneröffnung ans Geißbockheim und sorgen für eine tolle Stimmung bei strahlendem Sonnenschein.

Müngersdorf im Mittelpunkt: FC-Eintrittskarte 1995/96 vom Spiel gegen Frankfurt, das die Geißböcke mit 3:0 für sich entschieden.

■ Ebenfalls im DFB-Pokal vertreten sind die Amateure des 1. FC Köln. Die Mannschaft von Stephan Engels empfängt Zweitligist Bayer Uerdingen im Franz-Kremer-Stadion und unterliegt mit 0:2.

■ Zum Auswärtsspiel in Frankfurt organisiert das Fanprojekt erstmals eine sogenannte Kiddy-Fahrt. Die Begleiter dieser Fahrten wollen den jugendlichen Teilnehmern bis 16 Jahren vermitteln, dass Fußball auch ohne Gewalt und Drogen ein tolles Erlebnis sein kann. Dementsprechend sind Alkohol sowie Zigaretten bei Betreuern und Kids auf diesen Fahrten tabu.

■ Ab dieser Spielzeit wird ein sozialpädagogisches Fanprojekt in Köln installiert, wie bereits in 20 anderen deutschen Städten zuvor.

■ In der Winterpause rücken die Bauarbeiter in Müngersdorf an. Durch die UEFA-Auflagen müssen die Stehplätze in Sitzplätze umgewandelt werden. Dies wird ab 1996 schrittweise umgesetzt. Die Kapazität wird dadurch bis auf rund 42.000 reduziert. Eine Aktion, die, wie sich zeigen sollte, vollkommen sinnlos ist. Bis zum Abriss des alten Stadions werden diese Umbauten von Kölner Seite aus nie benötigt. Vielen FC-Freunden wird mit der Abschaffung von „Stehplatz Mitte" die langjährige Heimat genommen.

■ 1.712.497,12 DM Gewinn können auf der Jahreshauptversammlung des 1. FC Köln am 05. Dezember 1995 stolz vom Vorstand verkündet werden. Der Rest der Versammlung ist nicht so erfreulich. Anfeindungen in Richtung Präsident und Vorstand aufgrund der sportlichen Misere werden laut, die bis zu Abwahlforderungen gehen.

Auch die „Beschwörungen" im Stadionheft der Leverkusener halfen nicht: Der FC siegte mit 2:1.

■ Gleich bei drei Spielern stehen große Familienfeierlichkeiten an. Zum einen im Hause Baumann. Karsten ehelicht seine Freundin Ute in den USA. In Köln führt Pablo Thiam seine Alethea vor den Traualtar. Bereits im Januar wurden die beiden glückliche Eltern eines Sohnes mit dem Namen Justin. Nachwuchs gibt es auch bei Familie Janßen zu feiern. Der Mittelfeldspieler und seine Frau freuen sich über Sohnemann Giacomo. Im fernen Japan heiratet Pierre Littbarski. Mit der 26 Jahre jungen Hitomi Koizumi feiert der ehemalige Kölner Dribbelkönig nach japanischer Zeremonie vor einer riesigen Hochzeitstorte.

■ Zum 01. Januar 1996 wird die „1. FC Köln Marketing und Vertriebs GmbH" gegründet. Die Tochterfirma des 1. FC Köln kümmert sich um sämtliche, das Merchandising betreffende Aufgaben. Im Frechener Industriegebiet wird gar eigens ein großer Fanshop samt Lager und Ticketvorverkauf eröffnet. 5 Millionen DM Umsatz peilen die Geschäftsführer Heinz Hornig und Klaus Becker an. Auch der Versand der FC-Devotionalien wird nun von Frechen aus geregelt.

■ Ehrenmitgliedschaften im Fanprojekt sind etwas Besonderes. Aus diesem Grund freut sich Hans-Gerhard König besonders über diese Auszeichnung. Der Stadionsprecher der Geißböcke hat schon immer ein offenes Ohr für die Belange der Fans und steht auch dem Fanprojekt bei vielen Aktionen hilfreich zur Seite.

■ Toni Polster ist allerorten präsent. Neben seinen sportlichen Aufgaben hat der lustige Österreicher mit Abstand die meisten PR-Termine für den 1. FC Köln. Gleich viermal wird der Stürmer innerhalb weniger Wochen zu Fernsehsehungen eingeladen. Nach *RTL Samstag Nacht*, der *Harald Schmidt Show* und *Dalli Dalli* wurde er von

Erfolgs kehrte keine Ruhe ein, im Gegenteil. Auf der Jahreshauptversammlung kochten die Emotionen hoch. Es wurde eine teilweise niveaulose Verbalschlacht unter den über 800 Mitgliedern. Das ging so weit, dass ein Mitglied sogar den Antrag auf eine außerordentliche Mitgliederversammlung stellte, um einen neuen Vorstand zu wählen. Wolfgang Overath zeigte sich empört über das Auftreten einiger Teilnehmer: „Ich bin stolz, ein FC-Mitglied zu sein, aber was sich hier abspielt, erinnert an Schalker Verhältnisse. Die Anschuldigungen und Anfeindungen sind niederträchtig und mies."

MÜDER GEISSBOCK UND RASENDER ELEFANT

Zumindest sportlich konnte die Talfahrt in der Hinrunde noch einigermaßen abgefangen werden. Nach dem 3:0 am letzten Spieltag vor der Winterpause verließ der FC erstmals seit zwei Monaten die Abstiegsränge. Die Winterpause selbst wurde dazu genutzt, um sich nach neuen Spielern umzusehen bzw. andere abzustoßen. Bei Letzteren stand auch Bruno Labbadia mit auf der Liste. Der Stürmer war seit Monaten angeschlagen und konnte nicht eingesetzt werden. Von Trainer und Vorstand als Simulant betitelt, verließ Labbadia den FC in Richtung „Lieblingsclub" Bremen für rund 2,8 Millionen DM. Für ihn kam Dietmar Beiersdorfer von der Weser an den Rhein.
Der Abwehrspieler gab der löchrigen Abwehr endlich mehr Festigkeit. Dies war auch gleich in den ersten drei Begegnungen zu erkennen. Nur einen Gegentreffer musste die Mannschaft hinnehmen. Leider gelang ihr aber auch kein eigener Treffer, sodass insgesamt nur zwei der insgesamt neun möglichen Punkte gutgeschrieben werden konnten. Spielerisch befand sich die Geißbock-Elf weiterhin in einem Jammertal. Nach dem 0:0 gegen Düsseldorf äußerte sogar ein genervter Trainer Engels höchstpersönlich, dass man sich beim Zuschauer für die Darbietungen entschuldigen müsse. Nur Mannschaftsarzt Enderer nahm die ganze Situation noch mit Humor und fügte an, dass man sich heute

Schmerzensgeld an der Kasse 15 abholen dürfe. Selbst das Fachmagazin *Kicker* zeigte seine humorvolle Ader und warb mit der Schlagzeile: „Geißbock-Elf wie eine Herde müder Lämmer".
Vielleicht lag es an der gerade zu Ende gegangenen Karnevalszeit, dass die Fans der Mannschaft zwar symbolträchtig, aber trotzdem humorvoll zeigten, wie sie das Team zurzeit einschätzten: Rund 20 der 300 Kiebitze beim Training verteilten Lutscher an die Akteure, um zu demonstrieren, was sie von ihrer Einstellung hielten. Am Tag zuvor hatte es gegen den Karlsruher SC (0:1) ebenfalls nicht zu einem Dreier gereicht. Die Fans pilgerten wieder einmal zu ihrem neuen Wallfahrtsort, dem Marathontor, wo sie in den letzten Monaten des Öfteren ihrem Unmut Luft gemacht hatten. Es war übrigens das letzte Spiel des Maskottchens. Elf Tage später war Hennes VI. tot. Dass die Erlebnisse der letzten Monate für die „Jeiß" der Anfang vom Ende gewesen sein sollen, sei dahin gestellt. Aber von diesem Zeitpunkt an stand die Anschaffung eines neuen Maskottchens ganz oben auf der Prioritätenliste. Nur zwei Tage später stand Hennes VII. im weiten Rund der Hauptkampfbahn, sah einen 2:0-Erfolg über 1860 München und hatte nichts zu meckern. Vorerst zumindest. Apropos Maskottchen: Ein Elefant sollte es in der Grotenburg von Bayer 05 Uerdingen richten. Beim Besuch der Geißböcke war allerdings nichts von einem gemütlichen Dickhäuter zu

bemerken. Im Spielbericht von Schiedsrichter Hartmut Strampe war zu lesen, dass der Mann im Elefanten-Kostüm Linienrichter Füllbrunn fast tätlich angegriffen habe.

PETER FÜR KÖLN

Die folgenden drei Begegnungen blieben ohne Kölner Tore. Nur im Nachholspiel beim HSV reichte es zu einem überraschenden Punktgewinn, wobei sich ein FC-Stürmer als bester Hamburger Verteidiger entpuppte. „Kohn rettet HSV einen Punkt", witzelte die Presse. Fünf Minuten vor dem Ende verhinderte der Unglücksrabe mit seinem Hinterteil den Siegtreffer von Bjarne Goldbaek. Es folgte eine Niederlage in Freiburg (0:2) und beim FCK (0:1).
Der FC stand erneut auf einem Abstiegsplatz, und somit war auch die Uhr von Trainer Engels abgelaufen. Mit ihm verließ ebenfalls Bernd Cullmann die sportliche Kommandobrücke und übernahm damit einen Teil der Verantwortung für die Misere in der Domstadt. Seine Arbeit übernahm ab sofort Geschäftsführer Wolfgang Loos. Den Trainerstuhl besetzte Peter Neururer. Das Medien- und Zuschauerinteresse war riesengroß, als er am 1. April zur ersten Trainingseinheit aufforderte. Runde 2.500 Zuschauer säumten den Platz und feierten den bekennenden FC-Fan. Neururer gelang ein Einstand nach Maß. Im Derby gegen Bayer Leverkusen gab es ein 2:1. Toni Polster hatte drei Minuten vor dem Abpfiff für die Kölner Glückseligkeit gesorgt. Und der neue Besen schien

Meilenstein auf dem Weg zum Klassenerhalt: Toni Polster köpft den 2:1-Siegtreffer in Leverkusen.

auch weiter gut zu kehren. Der Tabellenzweite Dortmund kam in der Domstadt nur zu einem 0:0. Zwar gab es bei den wieder erstarkten Fohlen (1:2) nichts zu holen, doch nach Siegen gegen St. Pauli (1:0), in Stuttgart (1:0) und gegen Frankfurt (3:0) waren die Geißböcke auf Platz 12 geklettert und hatten bereits sechs Punkte Abstand von den Abstiegsrängen. Dieses Punktepolster sollte auch notwenig sein. Zum einen, weil es in München (2:3) und auch im Heimspiel gegen Bremen (1:2) jeweils Niederlagen hagelte, und zum anderen, weil die Konkurrenz weiterhin punktete.

ENDSPIEL GEGEN DEN ABSTIEG

So war der 34. und letzte Spieltag ein Endspieltag. Neben dem FC konnten noch Kaiserslautern und Leverkusen für ihre teilweise desolaten Leistungen in den vergangenen Monaten mit dem Abstieg bestraft werden. Da Leverkusen und Kaiserslautern sich in einem direkten Duell gegenüberstanden, reichte den Kölnern ein Punkt in Rostock, um endgültig den Klassenerhalt feiern zu dürfen. Die Gastgeber dagegen wollten unbedingt drei Punkte, um damit ins internationale Geschäft vorzustoßen. Es wurden dramatische 90 Minuten in Rostock. Die Mannschaft hatte erkannt, worum es ging, und erkämpfte sich einen 1:0-Erfolg, den Holger Gaißmayer 17 Minuten vor dem Ende sicherstellte. Zu diesem Zeitpunkt waren die Werksfußballer zweitklassig. Acht Minuten später trafen sie dann doch noch zum Ausgleich und schickten Kaiserslautern in die „Hölle" zweite Liga. Vorausgegangen war dem Tor übrigens eine Unsportlichkeit der Pillen, die nach einer Behandlungspause für Olaf Marschall das von Miroslav Kadlec ins Aus gespielte Leder nicht wie üblich an den Gegner zurückgaben, sondern in den eigenen Reihen hielten. Allerdings durfte aus Köln niemand mit Steinen werfen, saß der Club doch selbst im Glashaus mit seinen acht Platzverweisen.

Der FC war nun endlich gerettet, doch Ruhe kehrte nicht ein. Trotz der guten Arbeit von Peter Neururer wurde in Köln, eigentlich schon kurz nach seiner Verpflichtung, immer wieder der Name Daum gehandelt. Und der Flirt schien so heftig zu sein, dass die *Kölsche Rundschau* die Umbesetzung zur neuen Saison sogar als perfekt meldete. Doch nach zwei Verhandlungsrunden sagte der Startrainer endgültig ab. Der FC reagierte sofort und verlängerte den Vertrag mit Peter Neururer. Daum unterschrieb übrigens kurze Zeit später doch noch einen Vertrag am Rhein. Allerdings suchte er sich als neuen Arbeitgeber ausgerechnet den „Plastikclub" nur wenige Kilometer rheinabwärts aus.

Diesmal wurde die Aufforderung der Fans, endlich zu kämpfen, von den FC-Profis auch umgesetzt.

Die „Rettung von Rostock" war dem FC-Fanclub „Ultras CCAA" eine eigens angefertigte Fotocollage wert. Aus den 1995 entstandenen „Ultras CCAA" ging 1996 die heute in Köln allgegenwärtige Ultragruppierung „Wilde Horde" hervor.

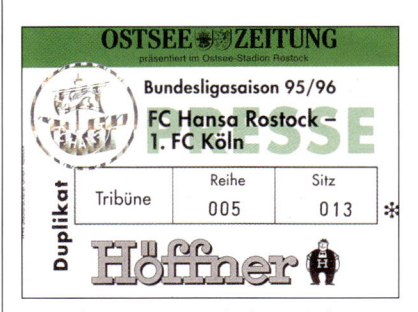

Frank Elstner für die Sendung *April, April* auf die Schippe genommen.

■ Gegen Borussia Dortmund präsentiert der 1. FC Köln zum ersten Mal ein Fan-TV. In der Nordkurve wird eigens für diese Vorführung eine Videoleinwand installiert.

■ 3.000 Fans im Festzelt und weitere 3.000 drum herum feiern hinter der Südkurve die erste große Fanfete mit den Anhängern des FC St. Pauli. Anlass ist die seit 1978 bestehende Fanfreundschaft zwischen beiden Gruppen. Der 1:0-Sieg der Geißböcke tut dieser Feier keinen Abbruch. Stargast des Abends ist Guildo Horn.

■ Neue Wege in der Organisation von Auswärtsfahrten beschreitet das Fanprojekt. Zu den Begegnungen in Freiburg und in Stuttgart kommt jeweils ein Samba-Wagen zum Einsatz. Die Aktion kommt sowohl bei Fans als auch in der Öffentlichkeit gut an. Zum einen, weil die beiden Fahrten restlos ausgebucht sind, und zum anderen durch das disziplinierte Auftreten der Fans.

■ Ehrenvolle Auszeichnung von FC-Mitglied Gero Bisanz. Er bekommt für seine Verdienste im Einsatz für den Frauenfußball das Bundesverdienstkreuz verliehen. Der Fußballlehrer, der von 1957 bis 1960 als Vertragsspieler beim 1. FC Köln auflief, bekleidet seit 1980 die Stelle des Ausbildungschefs beim DFB. Zuvor war er auch einige Jahre als Amateurtrainer der Domstädter am Militärring tätig.

■ Nur ein einziger Akteur aus Reihen des FC gelangt zu Länderspielehren während der Europameisterschaft in England. Der Rumäne Dorinel Munteanu kommt zu zwei Einsätzen. Allerdings scheiden die Osteuropäer mit 0 Punkten frühzeitig aus.

■ Wieder einmal gewinnt die A-Jugend die Mittelrheinmeisterschaft. Am Ende beträgt der Vorsprung auf den Nachwuchs von Bayer Leverkusen fünf Punkte. In der B-Jugend gibt es zum Saisonende die gleiche Abschlusstabelle, nur der Vorsprung ist mit vier Zählern etwas geringer.

Historisches Erinnerungsstück: die Eintrittskarte zum Spiel bei Hansa Rostock. Durch das goldene Tor von Gaißmayer rettete sich der FC am letzten Spieltag vor dem Abstieg.

STATISTIK 1995/96

BUNDESLIGA

12.08.1995 1. FC Köln - FC Schalke 04 0:1 (0:0)
Zuschauer: 42.000
Tor: 0:1 (75.) Mulder.
Aufstellung: Illgner, Baumann, Hauptmann, Dollberg, Braun (77. Zdebel), Steinmann, Oliseh, Dziwior (61. Janßen), Munteanu (83. Kohn), Labbadia, Polster.

20.08.1995 Fortuna Düsseldorf - 1. FC Köln 1:1 (1:0)
Zuschauer: 45.000
Tore: 1:0 (30.) Mill, 1:1 (61.) Janßen.
Aufstellung: Illgner, Hauptmann, Oliseh (59. Janßen), Baumann, Dollberg, Braun, Steinmann, Munteanu, Andersen (73. Zdebel), Kohn, Labbadia (80. Polster).

29.08.1995 1. FC Köln - Hamburger SV 3:2 (1:0)
Zuschauer: 21.000
Tore: 1:0 (34.) Polster, 2:0 (51.) Labbadia, 2:1 (52.) Henchoz, 2:2 (62.) Albertz, 3:2 (68.) Polster.
Aufstellung: Illgner, Cichon, Thiam, Dollberg, Braun, Steinmann, Oliseh, Munteanu, Weiser (85. Dziwior), Labbadia (90. Kohn), Polster (86. Gaißmayer).

01.09.1995 Karlsruher SC - 1. FC Köln 1:0 (0:0)
Zuschauer: 22.000
Tor: 1:0 (82.) Häßler.
Aufstellung: Illgner, Cichon, Thiam, Dollberg (70. Zdebel), Braun, Steinmann, Oliseh (82. Wolski), Munteanu (86. Kohn), Dziwior, Labbadia, Polster.

08.09.1995 1. FC Köln - KFC Uerdingen 0:0
Zuschauer: 16.000
Aufstellung: Illgner, Cichon, Baumann, Dollberg, Braun, Steinmann (80. Zdebel), Oliseh, Munteanu, Dziwior (29. Andersen), Kohn (53. Gaißmayer), Labbadia.

16.09.1995 1860 München - 1. FC Köln 2:1 (1:1)
Zuschauer: 35.000
Tore: 1:0 (04.) Winkler, 1:1 (06.) Baumann, 2:1 (76.) Nowak.
Aufstellung: Illgner, Cichon, Thiam, Dollberg, Braun (52. Zdebel), Steinmann, Baumann, Munteanu, Oliseh (72. Janßen), Polster (67. Gaißmayer), Labbadia.

23.09.1995 1. FC Köln - SC Freiburg 1:1 (0:1)
Zuschauer: 21.000
Tore: 0:1 (40.) Wassmer, 1:1 (75.) Polster (HE).
Aufstellung: Illgner, Cichon, Baumann, Dollberg, Braun (56. Rösele), Oliseh, Janßen, Munteanu, Dziwior (61. Gaißmayer), Polster, Labbadia.

30.09.1995 1. FC Kaiserslautern - 1. FC Köln 1:1 (1:1)
Zuschauer: 36.646
Tore: 1:0 (10.) Hengen, 1:1 (34.) Polster.
Aufstellung: Illgner, Cichon, Baumann, Dollberg, Wolski (83. Thiam), Hauptmann, Munteanu, Janßen, Labbadia (87. Kohn), Polster.
B.V.: Gelb-Rot für Hollerbach (56.).

15.10.1995 1. FC Köln - Bayer Leverkusen 2:2 (1:2)
Zuschauer: 36.000
Tore: 0:1 (11.) Feldhoff, 1:1 (34.) Munteanu, 1:2 (37.) Sergio, 2:2 (66.) Gaißmayer.
Aufstellung: Illgner, Hauptmann, Dziwior (61. Kohn), Baumann, Cichon (61. Wolski), Janßen (81. Thiam), Munteanu, Oliseh, Weiser, Gaißmayer, Polster.

21.10.1995 Borussia Dortmund - 1. FC Köln 3:0 (0:0)
Zuschauer: 42.800
Tore: 1:0 (60.) Kohler, 2:0 (71.) Zorc, 3:0 (83.) Herrlich.
Aufstellung: Illgner, Cichon, Baumann, Dollberg (76. Zdebel), Wolski (70. Kohn), Dziwior, Hauptmann, Munteanu, Weiser, Polster, Gaißmayer.

27.10.1995 1. FC Köln - Borussia M'gladbach 0:2 (0:1)
Zuschauer: 51.000
Tore: 0:1 (39.) Pflipsen, 0:2 (68.) Effenberg.
Aufstellung: Illgner, Cichon, Baumann, Oliseh, Weiser, Wolski (61. Kohn), Hauptmann, Munteanu, Dziwior (73. Zdebel), Gaißmayer, Polster.

03.11.1995 FC St. Pauli - 1. FC Köln 3:3 (0:1)
Zuschauer: 20.565
Tore: 0:1 (09.) Polster, 0:2 (54.) Munteanu, 1:2 (57.) Scharping, 2:2 (71.) Pröpper, 2:3 (75.) Dziwior, 3:3 (81.) Trulsen.
Aufstellung: Illgner, Hauptmann, Baumann, Dollberg, Thiam, Oliseh, Munteanu, Dziwior, Weiser (46. Zdebel), Gaißmayer (62. Kohn), Polster (84. Braun).

11.11.1995 1. FC Köln - VfB Stuttgart 2:2 (0:0)
Zuschauer: 25.000
Tore: 1:0 (57.) Gaißmayer, 1:1 (62.) Bobic, 2:1 (72.) Goldbaek, 2:2 (79.) Elber.
Aufstellung: Illgner, Hauptmann, Thiam, Baumann, Braun, Goldbaek, Dziwior, Janßen (78. Cichon), Steinmann (80. Wolski), Gaißmayer, Polster.

18.11.1995 Eintracht Frankfurt - 1. FC Köln 1:0 (0:0)
Zuschauer: 27.000
Tor: 1:0 (73.) Becker.
Aufstellung: Illgner, Cichon, Thiam, Baumann, Braun (75. Goldbaek), Janßen (75. Kohn), Oliseh (69. Dollberg), Munteanu, Dziwior, Polster, Gaißmayer.

26.11.1995 1. FC Köln - FC Bayern München 0:0
Zuschauer: 54.000
Aufstellung: Illgner, Hauptmann, Thiam, Baumann, Zdebel, Janßen, Oliseh, Munteanu, Dziwior, Kohn (68. Gaißmayer), Polster.

01.12.1995 Werder Bremen - 1. FC Köln 0:1 (0:0)
Zuschauer: 26.373
Tor: 0:1 (88.) Kohn.
Aufstellung: Illgner, Hauptmann, Weiser, Baumann, Dziwior, Thiam, Oliseh, Zdebel (60. Kohn), Munteanu (90. Cichon), Janßen, Polster (67. Goldbaek).
B.V.: Gelb-Rot für Weiser (66.).

10.12.1995 1. FC Köln - FC Hansa Rostock 3:0 (1:0)
Zuschauer: 28.000
Tore: 1:0 (45.) Kohn, 2:0 (73. , 90.) Polster.
Aufstellung: Illgner, Hauptmann, Baumann, Thiam, Zdebel, Oliseh, Dziwior, Munteanu (66. Goldbeak), Janßen (90. Braun), Kohn (81. Gaißmayer), Polster.

14.02.1996 1. FC Köln - Fortuna Düsseldorf 0:0
Zuschauer: 22.000
Aufstellung: Illgner, Hauptmann, Baumann, Beiersdorfer, Braun (46. Cichon), Janßen, Munteanu, Steinmann (69. Gaißmayer), Andersen, Kohn, Polster.

02.03.1996 1. FC Köln - Karlsruher SC 0:1 (0:0)
Zuschauer: 18.000
Tor: 0:1 (72.) Kirjakow.
Aufstellung: Illgner, Hauptmann, Beiersdorfer, Baumann, Zdebel, Munteanu (65. Goldbaek), Dziwior (70. Gaißmayer), Oliseh, Weiser (31. Cichon), Polster, Kohn.

05.03.1996 FC Schalke 04 - 1. FC Köln 0:0
Zuschauer: 33.800
Aufstellung: Illgner, Hauptmann, Baumann, Beiersdorfer, Braun, Oliseh, Goldbaek, Janßen (71. Thiam), Munteanu, Zdebel, Kohn (86. Rösele).

09.03.1996 KFC Uerdingen - 1. FC Köln 1:1 (1:0)
Zuschauer: 15.500
Tore: 1:0 (02.) Lesniak, 1:1 (77.) Polster (HE).
Aufstellung: Illgner, Hauptmann, Thiam, Beiersdorfer, Braun (61. Rösele), Oliseh, Goldbaek (35. Polster), Janßen, Munteanu (85. Stumpf), Kohn, Zdebel.
B.V.: Gelb-Rot für Thiam (65), Platzverweis für Heintze (82) und Polster (83.).

15.03.1996 1. FC Köln - 1860 München 2:0 (0:0)
Zuschauer: 21.000
Tore: 1:0 (47.) Kohn, 2:0 (80.) Goldbaek.
Aufstellung: Illgner, Hauptmann, Beiersdorfer, Baumann, Zdebel, Goldbeak, Janßen, Oliseh, Dziwior, Munteanu (88. Rösele), Andersen, Kohn (76. Steinmann).

19.03.1996 Hamburger SV - 1. FC Köln 0:0
Zuschauer: 20.644
Aufstellung: Illgner, Hauptmann (07. Stumpf), Beiersdorfer, Baumann, Zdebel, Oliseh, Janßen (25. Thiam), Goldbaek (89. Steinmann), Munteanu, Dziwior, Kohn.

23.03.1996 SC Freiburg - 1. FC Köln 2:0 (0:0)
Zuschauer: 22.500
Tore: 1:0 (68.) Decheiver (HE), 2:0 (81.) Wassmer.
Aufstellung: Illgner, Stumpf, Beiersdorfer, Baumann, Zdebel (78. Rösele), Thiam, Oliseh, Hauptmann, Munteanu (70. Dziwior), Goldbaek (66. Steinmann), Kohn.
B.V.: Gelb-Rot für Hauptmann (64.) und Oliseh (72.).

29.03.1996 1. FC Köln - 1. FC Kaiserslautern 0:1 (0:1)
Zuschauer: 27.000
Tor: 0:1 (08.) Wagner.
Aufstellung: Illgner, Stumpf, Baumann (54. Rösele), Beiersdorfer, Zdebel, Goldbaek, Thiam (46. Gaißmayer), Janßen, Dziwior (29. Steinmann), Munteanu, Kohn.

06.04.1996 Bayer Leverkusen - 1. FC Köln 1:2 (1:1)
Zuschauer: 26.500
Tore: 0:1 (10.) Beiersdorfer, 1:1 (30.) Kirsten, 1:2 (87.) Polster.
Aufstellung: Illgner, Hauptmann, Stumpf, Beiersdorfer, Thiam, Steinmann, Oliseh (64. Goldbaek), Janßen, Munteanu (73. Andersen), Kohn (34. Gaißmayer), Polster.

09.04.1996 1. FC Köln - Borussia Dortmund 0:0
Zuschauer: 53.000
Aufstellung: Illgner, Stumpf, Baumann, Beiersdorfer, Steinmann, Oliseh, Thiam, Munteanu (51. Andersen), Zdebel, Gaißmayer (73. Rösele), Polster (86. Goldbaek).

13.04.1996 Borussia M'gladbach - 1. FC Köln 2:1 (1:0)
Zuschauer: 34.500
Tore: 1:0 (45.) Wynhoff, 1:1 (60.) Janßen, 2:1 (75.) Klinkert.
Aufstellung: Illgner, Hauptmann, Stumpf, Beiersdorfer, Steinmann, Thiam, Oliseh (80. Goldbaek), Janßen, Munteanu, Polster (64. Andersen), Kohn (88. Gaißmayer).
B.V.: Gelb-Rot für Thiam (50.), Rot für Steinmann (64.).

20.04.1996 1. FC Köln - FC St. Pauli 1:0 (0:0)
Zuschauer: 32.000
Tor: 1:0 (88.) Gaißmayer.
Aufstellung: Illgner, Stumpf, Beiersdorfer, Baumann, Zdebel, Janßen (60. Braun), Hauptmann, Munteanu (71. Goldbaek), Andersen, Kohn (74. Gaißmayer), Polster.

27.04.1996 VfB Stuttgart - 1. FC Köln 0:1 (0:0)
Zuschauer: 33.000
Tor: 0:1 (56.) Polster.
Aufstellung: Illgner, Stumpf, Beiersdorfer, Baumann (18. Weiser), Zdebel (61. Braun), Thiam, Hauptmann, Munteanu, Andersen (65. Cichon), Kohn, Polster.

01.05.1996 1. FC Köln - Eintracht Frankfurt 3:0 (1:0)
Zuschauer: 52.000
Tore: 1:0 (29.) Kohn, 2:0, 3:0 (81. - FE, 87.) Munteanu.
Aufstellung: Illgner, Stumpf, Baumann, Beiersdorfer, (46. Braun), Thiam, Hauptmann (58. Goldbaek), Munteanu, Weiser, Kohn, Polster (74. Gaißmayer).

04.05.1996 FC Bayern München - 1. FC Köln 3:2 (1:0)
Zuschauer: 63.000
Tore: 1:0 (04.) Kostadinov, 1:1 (48.) Matthäus (E), 2:1 (53.) Klinsmann, 3:1 (61.) Kostadinov, 3:2 (73.) Polster (FE).
Aufstellung: Illgner, Stumpf, Baumann, Thiam, Zdebel, (31. Polster), Janßen (54.) Braun, Oliseh, Munteanu (67. Andersen), Weiser, Kohn, Gaißmayer.
B.V.: Platzverweis für Baumann (54.).

11.05.1996 1. FC Köln - Werder Bremen 1:2 (1:0)
Zuschauer: 40.000
Tore: 1:0 (30.) Baiano (E), 1:1, 1:2 (65. , 76.-FE) Basler.
Aufstellung: Illgner, Stumpf, Beiersdorfer, Cichon, Braun, Hauptmann, Oliseh (78. Steinmann), Munteanu, Weiser, Polster, Kohn (60. Gaißmayer).

18.05.1996 FC Hansa Rostock - 1. FC Köln 0:1 (0:0)
Zuschauer: 25.800
Tor: 0:1 (73.) Gaißmayer.
Aufstellung: Illgner, Stumpf, Beiersdorfer, Cichon, Braun, Thiam, Hauptmann, Munteanu (84. Andersen), Weiser, Kohn (08. Gaißmayer), Polster (77. Steinmann).

STATISTIK 1995/96

DFB-POKAL

1. Runde
26.08.1995 Spvgg Beckum - 1. FC Köln 4:3 n.E.
Zuschauer: 7.000
Elfmeterschießen: Hardes (1:0), Polster (1:1), Klingen (2:1), Kohn (2:2), Korek (3:2), Dollberg (verschossen), Graskamp (4:2), Steinmann (4:3), Beckstedde (gehalten), Labbadia (gehalten).
Aufstellung: Illgner, Baumann, Thiam, Dollberg, Braun (77. Dziwior), Zdebel (98. Kohn), Munteanu, Andersen, Steinmann, Polster, Labbadia.
B.V.: Platzverweis für Baumann (114.).

UI-CUP

Vorrunde
25.06.1995 Östers Växjö - 1. FC Köln 0:0
Zuschauer: 800
Aufstellung: Illgner, Hauptmann, Thiam, Baumann, Goldbaek, Dziwior, (46. Braun), Janßen (06. Stumpf), Zdebel, Steinmann, Rösele (65. Jancker), Labbadia.

Vorrunde
08.07.1995 1. FC Köln - FC Luzern 2:2 (2:1)
Zuschauer: 5.300
Tore: 1:0 (12.) Labbadia, 2:0 (14.) Baumann, 2:1 (26.) Wolf (FE), 2:2 (72.) Aleksandrov.
Aufstellung: Illgner, Hauptmann, Baumann, Thiam, Braun, Steinmann (68. Zdebel), Munteanu, Andersen, Weiser (56. Dziwior), Polster, Labbadia.

Vorrunde
15.07.1995 FC Rudar Velenje - 1. FC Köln 0:1 (0:1)
Zuschauer: 2.000
Tor: 0:1 (16.) Polster.
Aufstellung: Illgner, Baumann, Hauptmann, Dollberg, Braun (78. Dziwior), Zdebel, Rolff, Munteanu, Steinmann, Polster (81. Kohn), Labbadia (89. Gaißmayer).

Vorrunde
22.07.1995 1. FC Köln - Tottenham Hotspur 8:0 (4:0)
Zuschauer: 6.100
Tore: 1:0 (04.) Munteanu, 2:0, 3:0 (10., 30.) Labbadia, 4:0 (37.) Polster, 5:0 (51.) Munteanu, 6:0 (58.) Polster, 7:0 (83.) Labbadia, 8:0 (88.) Kohn.
Aufstellung: Illgner, Baumann, Hauptmann, Dollberg, Braun, Steinmann, Janßen (79. Cichon), Munteanu, Weiser (50. Dziwior), Polster (68. Kohn), Labbadia.

Achtelfinale
29.07.1995 1. FC Köln - FC Tirol Innsbruck 1:3 (1:2)
Zuschauer: 6.500
Tore: 0:1 (23.) Cerny, 1:1 (35.) Munteanu, 1:2, 1:3 (44., 56.) Cerny.
Aufstellung: Illgner, Baumann, Hauptmann (33. Stumpf - 63. Thiam), Andersen (28. Kraft), Braun, Steinmann, Janßen, Munteanu, Dziwior, Labbadia, Polster.
B.V.: Platzverweis für Illgner (28.).

FREUNDSCHAFTSSPIELE

12.07.1995 **1. FC Köln - Cercle Brügge** 4:1 (0:1)

19.07.1995 **SC Kaufungen - 1. FC Köln** 0:13 (0:3)

25.07.1995 **Bonner SC - 1. FC Köln** 1:7 (0:1)

01.08.1995 **Eintracht Frankfurt - 1. FC Köln** 4:3 n.E.

03.08.1995 **SC Roda Kerkrade - 1. FC Köln** 2:1 (1:0)

05.08.1995 **FV Bad Honnef - 1. FC Köln** 0:6 (0:2)

08.08.1995 **SC Kreuzau - 1. FC Köln** 0:21 (0:10)

10.08.1995 **SV Baesweiler - 1. FC Köln** 2:8

02.09.1995 **AS Rom - 1. FC Köln** 1:1 (0:1)

05.09.1995 **SC Preußen Köln - 1. FC Köln** 0:3 (0:1)

12.09.1995 **SpVgg. Porz - 1. FC Köln** 0:13

04.10.1995 **SV 09 Wermelskirchen - 1. FC Köln** 0:11 (0:3)

17.01.1996 **SC Preußen Münster - 1. FC Köln** 1:4 (0:3)

20.01.1996 **1. FC Köln - SC Fortuna Köln** 2:1 (0:1)

24.01.1996 **1. FC Köln - Rudar Velenje** 4:0 (1:0)

02.02.1996 **1. FC Köln - Karlsruher SC** 2:2 (0:1)

05.02.1996 **1. FC Köln - Borussia Dortmund** 2:2 (1:2)

11.02.1996 **1. FC Köln - Bayer Leverkusen** 0:0

24.02.1996 **1. FC Köln - Arminia Bielefeld** 0:1 (0:0)

05.05.1996 **FC Augsburg - 1. FC Köln** 1:2 (1:0)

19.05.1996 **Kreisauswahl Torgelow - 1. FC Köln** 0:13 (0:6)

21.05.1996 **FSV Hoyerswerda - 1. FC Köln** 2:4 (0:3)

23.05.1996 **Erzgebirge Aue - 1. FC Köln** 2:2 (0:0)

1. BUNDESLIGA 1995/96

1.	Borussia Dortmund (M)	76:38	68
2.	Bayern München	66:46	62
3.	FC Schalke 04	45:36	56
4.	Borussia M'gladbach (P)	52:51	53
5.	Hamburger SV	52:47	50
6.	Hansa Rostock (N)	47:43	49
7.	Karlsruher SC	53:47	48
8.	1860 München	52:46	45
9.	Werder Bremen	39:42	44
10.	VfB Stuttgart	59:62	43
11.	SC Freiburg	30:41	42
12.	1. FC Köln	33:35	40
13.	Fortuna Düsseldorf (N)	40:47	40
14.	Bayer Leverkusen	37:38	38
15.	FC St. Pauli (N)	43:51	38
16.	1. FC Kaiserslautern	31:37	36
17.	Eintracht Frankfurt	43:68	32
18.	KFC Uerdingen 05	33:56	26

Bayer 05 Uerdingen benannte sich am 01. Juli in Krefelder FC Uerdingen 05 um.

UI-CUP – VORRUNDENGRUPPE

1.	1. FC Köln	11:2	8
2.	FC Luzern	8:5	8
3.	Östers Växjö	7:5	7
4.	Tottenham Hotspur	3:13	3
5.	Rudar Velenje	3:7	1

FIEBERKURVE 1995/96

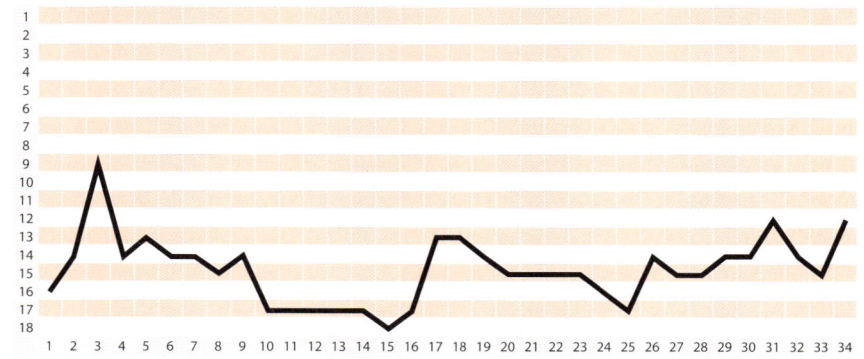

BUNDESLIGAKADER 1995/96

Abgänge: Dziekanowski (Polonia Warschau, w.d.l.S.), Greiner (1. FC Kaiserslautern), Heldt (1860 München), Higl (Fortuna Köln), Jancker (Rapid Wien, w.d.l.S.), Labbadia (SV Werder Bremen, w.d.l.S.), Rolff (Fortuna Köln w.d.S.), Rudy (VfL Bochum), Stark (eigene Amateure)

Zugänge: Beiersdorfer (SV Werder Bremen, w.d.l.S.), Braun (SC Freiburg), Breu (SV Aubing/eigene Amateure), Cichon (Schwarz-Weiß Essen/eigene Amateure), Dollberg (CA Lanus), Fensch (FC Berlin), Gaißmayer (Rot-Weiß Oberhausen), Kohn (FC Schalke 04), Munteanu (Cercle Brügge), Neumann (eigene Amateure), Oliseh (AC Reggiana), Wolski (eigene Amateure).

Trainer: Morten Olsen (bis 27. August 1995), Stephan Engels (bis 31. März 1996), Peter Neururer (ab 01. April 1996)

Tor:
01 Illgner, Bodo 34/0
16 Kraft, Michael 0/0
31 Eschbach, Daniel 0/0

Feld:
10 Munteanu, Dorinel 33/4
29 Kohn, Stefan 30/4
09 Polster, Anton 28/11
03 Baumann, Karsten 27/1
04 Hauptmann, Ralf 25/0
17 Oliseh, Sunday 24/0
15 Gaißmayer, Holger 23/4
19 Thiam, Pablo 23/0
25 Zdebel, Tomasz 23/0
06 Janßen, Olaf 21/2
13 Dziwior, Janosch 20/1
07 Braun, Martin 20/0
21 Cichon, Thomas 17/0
08 Steinmann, Rico 17/0
23 Goldbaek, Bjarne 16/2
02 Beiersdorfer, Dietmar 16/1
28 Stumpf, Reinhard 13/0
05 Weiser, Patrick 12/0
14 Andersen, Henrik 11/0
12 Dollberg, Christian 11/0
11 Labbadia, Bruno 8/1
22 Rösele, Michael 7/0
24 Wolski, Christian 6/0
20 Fensch, Marcell 0/0
30 Jancker, Carsten 0/0
18 Rolff, Wolfgang 0/0
26 Jörres, Guido 0/0
27 Neumann, Patrick 0/0
32 Breu, Reinhold 0/0

Dazu kommen in der Bundesliga die Eigentore von Lothar Matthäus (Bayern München) und Junior Baiano (Werder Bremen).

„Retter" Holger Gaißmayer beim Angriff auf das Tor von Stefan Klos beim Auswärtsspiel in Dortmund.

1996/97
1. BUNDESLIGA

„Skandalöse Rasenschlampen"

[LEGENDEN]

Anton „Toni" Polster
Beim FC von 1993 bis 1998
Geboren: 10.03.1964 in Wien/Österreich
Pflichtspiele beim FC: 168
Pflichtspieltore: 88

„Toni Doppelpack"

Obwohl Toni Polster Nationalspieler Österreichs war und 1987 den „goldenen Schuh" als bester Torschütze Europas errungen hatte, war er in Köln eher unbekannt. Von Manager Karl-Heinz Thielen nach einigem Transferhickhack 1993 ans Geißbockheim geholt, wurde Polster zur echten kölschen Legende. Wie nur ganz wenige hatte der schlaksige Angreifer einen angeborenen Torinstinkt, war ein richtiger „Knipser". Auf die regelmäßigen Treffer des Strafraumspezialisten konnten sich die FC-Fans verlassen. Besonders gut harmonierte der „Ösi" mit Bruno Labbadia in der Spielzeit 1994/95. Allein 31 Bundesligatore erzielte das Sturmduo. Auch bei Elfmetern zeigte sich Polster als traumhaft sicherer Schütze. Da er nicht selten zweimal in einer Begegnung traf, verpasste man ihm den Spitznamen „Toni Doppelpack". Auch außerhalb des Platzes lebte sich Toni in Köln schnell ein. Er wurde ehrenamtlicher Präsident des Amateurvereins SV Weiden und sang mit der Band „Die fabulösen Thekenschlampen" das Lied „Toni, lass es polstern". In Zeiten des chronischen Abstiegskampfes waren diese Auftritte den Vereinsoberen nicht selten ein Dorn im Auge. Für die Geißböcke war Polster unverzichtbar, was 88 Tore in 168 Pflichtspielen eindrucksvoll belegen.

Begonnen hatte er seine Karriere bei Austria Wien. Es folgte ein Jahr in Italien beim AC Turin, bevor der Wiener fünf Jahre lang in Spanien beim FC Sevilla, CD Logrones und Rayo Vallecano kickte. 95 Länderspiele bestritt der immer zu Scherzen aufgelegte Polster für die Alpenrepublik, nahm an zwei Weltmeisterschaften (1990 und 1998) teil und ist bis heute Österreichs Rekordtorjäger. Für einen faden Beigeschmack bei den FC-Fans sorgte sein Abgang in Richtung Mönchenglad- ➜

Hintere Reihe von links: Karsten Baumann, Thomas Cichon, Marco Weller, Tuncay Nadaroglu, Marcell Fensch, Tomasz Zdebel, Pablo Thiam, Martin Braun, Henrik Andersen, Bodo Schmidt, Konditionstrainer Rolf Herings. Mittlere Reihe von links: Mannschaftsarzt Dr. Jörg Warmke, Zeugwart Willi Rechmann, Busfahrer und Betreuer Hans Schimberg, Janosch Dziwior, Michael Rösele, Ralf Hauptmann, Anton Polster, Christian Kaes, Dorinel Munteanu, Ion Vladoiu, Michael Kostner, Co-Trainer Günter Güttler, Trainer Peter Neururer. Vordere Reihe von links: Reinhard Stumpf, Holger Gaißmayer, Stefan Kohn, Bodo Illgner, Michael Kraft, Rico Steinmann, Sven Fischer, Olaf Janßen, Masseur Jürgen Schäfer.

Köln hatte wieder einmal etwas zu feiern. Nicht die Mannschaft, die war in den vergangenen Monaten zu beschämend aufgetreten. Auch nicht die Europameisterschaft, die Deutschland gewann; denn erstmals seit dem Krieg gehörte kein Geißbock dem offiziellen Aufgebot des DFB an. Nur bei den Rumänen trieb sich mit Dorinel Munteanu ein FC'ler in England herum. Aber Köln hatte immerhin einen Goldmedaillen-Gewinner zu vermelden. Sunday Oliseh hatte sich bei den Olympischen Spielen in Atlanta mit Nigeria diesen Traum erfüllt.

Nicht vorzeigbar waren die Neuzugänge, zumindest nach der Meinung von Karl-Heinz Thielen. „Es wird mit keinem überdurchschnittlichen Spieler verhandelt. Bei dem Namen Kostner verschlägt es mir die Sprache. Kostner ist zwar begabt, aber überall gescheitert." Dies sollte in Köln nicht anders sein. Um das herauszufinden, brauchte man allerdings am Geißbockheim zwei volle Jahre.

Dazu kamen Bodo Schmidt vom Deutschen Meister Borussia Dortmund und Ion Vladoiu von Steaua Bukarest. Den rumänischen Stürmer brachten Manager Wolfgang Loos und Trainer Peter Neururer als EM-Andenken an den Militärring mit.

Den Verein verlassen hatten Bjarne Goldbaek (FC Kopenhagen), Reinhard Stumpf (Brumel Sendai/Japan) und Christian Dollberg (Boca Juniors Buenos Aires). Allerdings weinte den Akteuren in Köln keiner allzu viele Tränen nach. Anders sah es dagegen bei Bodo Illgner aus. Nach vier Spieltagen erhielt dieser ein Angebot von Real Madrid, das er genauso annahm, wie auch zwei Monate später Olaf Janßen, bei der Anfrage von Eintracht Frankfurt nicht nein sagen konnte.

POPSTERNCHEN

Freuen konnte man sich auch über die Post vom DFB. Erstmals seit einigen Jahren erhielt der Club keine Auflagen seitens des Verbandes. Im Hintergrund hatte der Vorstand auf wirtschaftlicher Ebene erfolgreich gearbeitet. Ein Grund dafür war auch die immer größer werdende Medienpräsenz im Stadion, die Geld in die klammen Kassen spülte. Anders war die „Geilheit" von verschiedenen Promis auf eine Ehrenmitgliedschaft im Club kaum zu verstehen. Paradebeispiel war Samantha Fox, eine englische Sängerin, die von Fußball offensichtlich keine Ahnung hatte. Dennoch nahm Klaus Hartmann die Aufgabe, dem „Musiksternchen" die Ehrenmitgliedschaft persönlich zu überreichen, sehr gerne wahr. Danach hat man von der Dame, zumindest in der Domstadt, nichts mehr gehört.

ÜBERRASCHUNGEN

Die Aussichten auf die kommende Spielzeit waren zwiespältig. Der Kicker traute dem FC zumindest eine sorgenfreie Saison zu, falls die Mannschaft es schaffen würde, endlich eine Einheit zu werden.

Zwei der Neuzugänge, Ion Vladoiu und Michael Kostner, präsentieren sich im Rahmen der Saisoneröffnung den Fans.

Und dies schien in den ersten Wochen auch zu gelingen. Immerhin sahen die Fans ein 3:1 beim Verbandsligisten FV Donaueschingen in der ersten Runde des DFB-Pokals. In der Liga startete der FC ebenfalls vollkommen untypisch mit drei Siegen in Düsseldorf (3:0), gegen die Löwen (1:0) und in Freiburg (3:1), sodass die Truppe von Peter Neururer nach dem dritten Spiel auf Platz 1 der Tabelle thronte – das erste Mal seit dem 25. November 1989. Darüber hinaus war der Sieg im Breisgau auch der 500. der Kölner Bundesligageschichte insgesamt.
In der folgenden Woche mehrten sich jedoch die negativen Ereignisse. Zunächst wechselte Illgner für vier Millionen DM nach Madrid. Er selbst strich runde 1,5 Millionen DM ein, pro Jahr versteht sich und netto wohlgemerkt. Natürlich überschlug sich der Kölner Boulevard mit Kritik, die leider auch unter die Gürtellinie ging.
Zwei Tage nach der Vertragsunterschrift stand das Pokalspiel in Zwickau an. Ergebnis 1:3 n.V. Was aber viel mehr als die Niederlage den Zorn der Vereinsoberen erweckte, war das Auftreten der Zwickauer Zuschauer. Jede Ballberührung von Oliseh wurde mit Affengeräuschen und „Neger raus"-Rufen begleitet. Das Erschreckende dabei war, dass diese von einem Großteil der Zuschauer ausgingen, die auf den teuren Plätzen saßen. Leider sah sich der Ostverein nicht genötigt, während der Begegnung einzugreifen und sich bei den betroffenen Spielern – später erlebte dies auch noch der eingewechselte Pablo Thiam – für das Auftreten der Rassisten zu entschuldigen. Hier schien die geistige Zivilisation seit 60 Jahren stehen geblieben zu sein.
Auch in der Liga endeten die Erfolgserlebnisse. Ausgerechnet die sieglose Hansa-Kogge stoppte das Kölner Aufbegehren bereits vier Tage vor der Zwickauer Pokalpleite und gewann in der Domstadt mit 2:0. Dem Kick gegen Rostock folgte ein 0:4 in Stuttgart. Somit war der FC recht schnell wieder von seinem kleinen Höhenflug in den grauen Alltag zurückgefallen, auch wenn in den folgenden Wochen zumindest noch kräftig an den UEFA-Pokal-Plätzen geschnuppert wurde. Vor allem solche Kantersiege wie das 4:0 gegen M'gladbach ließen die Enttäuschung schnell wieder in den Hintergrund treten. Es reihten sich Punktgewinne bei St. Pauli (0:0) und Bochum (2:0) an. Damit stand der FC nach einem Viertel der Saison immerhin auf Platz 4. Peter Neururer feierte schon den „neuen" FC. „Ich habe schon vor der Saison gesagt, dass man nach sieben Spieltagen sehen kann, wohin der Weg geht." Konnte man nicht, wie sich herausstellte. Dafür waren die Geißböcke zu unbeständig. Beim Drittletzten Duisburg setzte es ein deprimierendes 0:3, und gegen die wiedererstarkten Bayern vor ausverkauftem Haus eine glatte 2:4-Heimniederlage. So wechselten Erfolgserlebnisse und Pleiten sich in schöner Regelmäßigkeit ab. Siegen beim Tabellenletzten Bielefeld (4:1) und gegen Schalke (3:1) folgten Niederlagen in Karlsruhe (1:4), in Leverkusen (2:4) und gegen Dortmund (1:3).
Genauso wie die Erfolgserlebnisse wechselten auch die Torhüter ihren Platz. Nach Illgner kam Michael Kraft. Der verletzte Kraft wurde durch Antonio Ananiev ersetzt. Dieser wiederum erhielt gegen den HSV die rote Karte, sodass Oliseh in das Torwarttrikot schlüpfte, da der FC bereits dreimal ausgewechselt hatte. In Leverkusen stand dann mit Daniel Eschbach insgesamt der fünfte Spieler im Tor der Geißböcke.

FC VERHINDERT TITEL FÜR DAUM

Zur Rückrunde war alles Schnee von gestern. Der Mannschaft war eine zufriedenstellende Vorbereitung gelungen. Mit dabei war seit dem 1. Januar ein Schwede namens Christer Fursth, der bereits im November seine Zusage gegeben hatte. Er war allerdings nicht die Bereicherung, die man sich von ihm versprochen hatte.
Nach dem 2:0 zum Rückrundenauftakt gegen Düsseldorf ging es rapide bergab. Dem 1:0 gegen den SC Freiburg, nach einer 1:2-Pleite bei den Löwen, folgten neun sieglose Spiele und somit der Sturz von Platz 5 auf Rang 13. Vier Heimniederlagen in Folge (Stuttgart 1:5, St. Pauli 0:1, MSV 2:5, Bielefeld 2:5) regten dazu an, samt Klappstuhl zum Marathontor zu pilgern, denn dort versammelten sich jetzt wieder häufiger die Fans, um in Anlehnung an Polsters neue Sangespartner den „skandalösen Rasenschlampen" zu huldigen.
Erst das klare 4:1 gegen den KSC am 30. Spieltag sorgte für Luft im Klassenkampf. Denn dort waren die Geißböcke nach der Pleitenserie gelandet. Vor der Begegnung gegen die Badener lag die Mannschaft gerade einmal sechs Zähler vor einem Abstiegsplatz. Endgültig gesichert hatte sich das Team zwei Wochen später. Beim HSV (4:0) gab es wie im Vorjahr ein Polsterfestival. Mit einem lupenreinen Hattrick sorgte er für Katerstimmung in der Hansestadt. Acht Tage darauf rettete sich aber auch der HSV. In die Domstadt kam zum letzten bach nach dem Abstieg der Kölner 1998. Bis 2000 spielte er am Niederrhein und beendete noch im selben Jahr bei Austria Salzburg seine Laufbahn. Von 2001 bis 2004 arbeitete Toni Polster in der Marketingabteilung von Borussia Mönchengladbach und fungierte von 2004 bis 2005 als Generalmanager bei Austria Wien. In Köln trifft man Toni noch regelmäßig an. Zudem verdingte sich der ehemalige Torjäger auch als Fußball-Experte bei diversen TV-Stationen.

[Interessantes & Kurioses]

■ Nach dem Heimspiel gegen Mönchengladbach explodiert in einer Imbissbude am Stadion eine Gasflasche. Dabei erleidet eine Frau schwere Brandverletzungen und wird ins Klinikum Köln-Merheim eingeliefert.

Heimspielticket vom Derby gegen Gladbach.

■ Erstmals mischt auch der FC bei seltsamen Fanartikeln mit. Ganz vorne steht natürlich das „FC-Kölsch", gefolgt von den neuen „1.-FC-Köln-Nudeln", FC-Senf und FC-Kondomen, die in den Regalen des Fanshops angeboten werden.

■ Dazu passt, dass pünktlich zum Weihnachtsgeschäft im Herzen der Domstadt ein neuer Fanshop eröffnet wird. Lange konnte sich das Geschäft in exponierter Lage nicht halten. Bereits im Dezember 1998 wurde der so genannte „FC-City Shop" wegen mangelnder Wirtschaftlichkeit geschlossen.

■ Werner Müller stirbt kurz vor Vollendung seines 90. Lebensjahres in seiner Heimatstadt Köln. Müller, der 1967 die Nachfolge des verstorbenen Präsidenten

Aus Plastik und im Scheckkartenformat präsentierte sich der FC-Mitgliedsausweis 1996/97.

Franz Kremer antrat, gehörte dem FC seit 1951 als Mitglied an. Kurz nach dem ersten Pokalsieg machte er seinem Nachfolger Oskar Maaß Platz. Er zog sich in den Sportbeirat zurück, wo er noch viele Jahre wirkte.

■ Ein neuer Arzt betreut den 1. FC Köln ab dem 18. September. Dr. Peter Schäferhoff steht unter anderem auch regelmäßig an der Eishockeybande des KEC. Er löst Dr. Günther Enderer ab.

■ „Geißbock-Fon" nennt sich eine seit Saisonbeginn eingerichtete Servicenummer, unter der die FC-Fans kostenpflichtig News rund um den Verein abhören können. Passend dazu erscheint im Herbst 1996 das erste Handy im FC-Design.

■ Mit den „Fabulösen Thekenschlampen" schmettert Toni Polster: „Toni, lass es polstern". Ob sich die Zuhörer mittlerweile von dem Kulturschock erholt haben, ist selbst heute noch nicht bekannt. Auch mit der Kölner Kultband „BAP" enterte der sangesfreudige Österreicher die Bühne. Zusammen mit BAP-Frontmann und FC-Fan Wolfgang Niedecken rockte Toni vor 6.000 Fans in der Kölner Sporthalle.

Kurz vor seinem Abflug zu Real Madrid warb Bodo Illgner noch für die FC-Dauerkarten.

■ Unmittelbar nach dem letzten Heimspiel gegen Leverkusen startet der Umbau am Geißbockheim. Der Hauptfokus wird auf die Nasszellen der Lizenzspieler und die medizinischen Betreuungsräume gerichtet. Der Bereich für die Jugendabteilung wird genauso vergrößert wie der Fanshop.

■ Durch zwei Siege in den letzten beiden Heimspielen sichert sich die Damenhandball-Mannschaft den Klassenerhalt in der 2. Bundesliga. Die Gegner sind Meister und Vizemeister. Gegen Rot-Weiß Auerbach gewinnen die Damen mit 20:18, und Titelträger Metzingen wird mit einem 20:18 zurück nach Baden-Württemberg geschickt.

■ Zwei Meisterschaften gibt es in der Tischtennisabteilung zu feiern. In der Herrenbezirksliga holt sich die 2. Herrenmannschaft genauso den Titel wie in der 2. Kreisklasse die 4. Herrenmannschaft. Letztere gibt während der Saison nur einen einzigen Punkt ab.

Der FC vereitelte Bayer Leverkusen am 24. Mai 1997 die Chance, Meister zu werden. Mit 4:0 gingen Christoph Daum und seine Mannschaft vom rechten Rheinufer in Müngersdorf baden. Szene der Partie: Sunday Oliseh im Zweikampf mit Carsten Ramelow.

Saisonheimspiel der Nachbar aus Leverkusen angereist. Die „Rechtsrheinischen" waren mittlerweile der einzige Verfolger der Bayern und lagen einen Punkt hinter dem Tabellenführer auf Platz 2. Es wurde ein weiteres Polsterfestival. Wieder war der Österreicher dreimal erfolgreich und hatte gleichzeitig seinen Alptraum vereitelt: „Ich will nicht täglich das Stadion des Meisters sehen", hatte der schlagfertige Stürmer noch vor der Begegnung den Kölner Reportern in die Notizblöcke geflüstert. Musste er auch nicht. Die Bayern gewannen bekanntlich 4:2 gegen den VfB Stuttgart und waren somit wieder einmal vorzeitig Meister, zum 14. Mal, und der Toni von diesem Zeitpunkt an beliebtester Österreicher in der bayerischen Hauptstadt.
Gott sei Dank blieb der Wunsch von Stuttgarts Präsident MV unerhört. Im Frühjahr hatte er noch selbst auf die Schale spekuliert. „Wenn wir es dann doch nicht schaffen, dann wünsche ich Christoph Daum den Titel", so Mayer-Vorfelder beschwingt. Der spätere DFB-Präsident lehnte sich aber auch zum Saisonfinale weit hinaus, indem er eine Schiedsrichterschelte verkündete, wofür heute Trainer zwei Spiele gesperrt werden. In der ganzen Rückrunde sei im Zweifel gegen den VfB gepfiffen worden, schimpfte MV.
Über Köln lachte also wieder die Sonne, über Leverkusen ganz Deutschland, denn den Club hatte erstmals ein Schicksal ereilt, das ihn fortan ständig begleiten sollte: „Vize". Das letzte Spiel nach diesem traumhaften Derbyauftritt musste eigentlich nur noch für die Statistikbücher ausgetragen werden. Der Tabellendritte Dortmund empfing den Neunten 1. FC Köln und gewann mit 2:1. Das letzte Kölner Tor der Saison gelang Stefan Kohn. Trotzdem Dortmund nun die Meisterschale wieder nach München schicken musste, waren die 55.000 Fans im Westfalenstadion in Feierlaune. Drei Tage zuvor hatte der Verein mit einem 3:1 gegen Juventus Turin, eben in München, mit dem Gewinn der Champions League den größten Erfolg der Vereinsgeschichte errungen. Und der FC konnte auch etwas Neues aus dem Westfalenland mitnehmen. Denn nach Spielende schmückte René Tretschok noch schnell ein Kölner Papier mit seiner Unterschrift und lief in der kommenden Saison für den rheinischen Bundesligisten auf.
Unterm Strich hatten die letzten drei Begegnungen etwas für das grauenvolle Gekicke der zehn Monate davor entschädigt. Finanziell stand der Verein wieder auf gesunden Beinen. Zumindest das war ein positiver Aspekt. 31.000 Zuschauer entrichteten in schöner Regelmäßigkeit ihren Obolus an den Stadiontoren. Dazu kamen die Transfersumme von Illgner und Oliseh, der in der kommenden Saison in Amsterdam kicken sollte, mit insgesamt weit über zehn Millionen DM. Sportlich wurde das Saisonziel, ein einstelliger Tabellenplatz, knapp verfehlt. Glück im Unglück war, dass trotzdem die Qualifikation zum UI-Cup gelungen war. So sollte zumindest nach der Sommerpause über den „Strohhalmcup" zu internationalen Ebenen vorgestoßen werden.

Eine der ersten richtig großen „Choreos" in Köln. Vor dem letzten Heimspiel gegen Leverkusen bietet sich den Zuschauern dieses farbenprächtige Bild. Mit den Jahren wurden die von der Ultragruppierung „Wilde Horde" konzipierten und umgesetzten Choreographien immer aufwändiger und gehören heute zum regelmäßigen Bestandteil der Südkurve bzw. Südtribüne.

STATISTIK 1996/97

BUNDESLIGA

18.08.1996 Fortuna Düsseldorf - 1.FC Köln 0:3 (0:1)
Zuschauer: 40.000
Tore: 0:1 (36.) Thiam, 0:2 (52.) Gaißmayer, 0:3 (71.) Oliseh.
Aufstellung: Illgner, Kostner, Baumann, Schmidt, Munteanu, Oliseh (79. Steinmann), Hauptmann, Andersen, Thiam (82. Braun), Gaißmayer (70. Polster), Vladoiu.

21.08.1996 1.FC Köln - 1860 München 1:0 (1:0)
Zuschauer: 28.000
Tor: 1:0 (05.) Vladoiu.
Aufstellung: Illgner, Kostner, Baumann, Schmidt, Oliseh, Thiam (76. Cichon), Hauptmann, Munteanu (61. Steinmann), Andersen, Gaißmayer (67. Polster), Vladoiu.
B.V.: 1860 Keeper Meier hält einen FE von Munteanu (3.Minute).

24.08.1996 SC Freiburg - 1.FC Köln 1:3 (0:1)
Zuschauer: 22.500
Tore: 0:1 (09.) Gaißmayer, 1:1 (52.) Zeyer, 1:2, 1:3 (86., 90.) Polster,.
Aufstellung: Illgner, Kostner, Baumann (28. Baumann), Schmidt, Andersen, Oliseh, Hauptmann, Munteanu, Thiam (69. Braun), Vladoiu, Gaißmayer (78.Polster).

28.08.1996 1.FC Köln - Hansa Rostock 0:2 (0:1)
Zuschauer: 27.000
Tore: 0:1, 0:2 (05., 59.) Akpoborie.
Aufstellung: Illgner, Kostner, Schmidt, Baumann, Oliseh, Thiam (67. Braun), Hauptmann, Andersen, Steinmann (72. Kohn), Vladoiu, Gaißmayer.

08.09.1996 VfB Stuttgart - 1.FC Köln 4:0 (0:0)
Zuschauer: 53.000
Tore:1:0 (49.) Schneider, 2:0 (51.) Soldo, 3:0 (72.) Elber, 4:0 (78.) Balakov.
Aufstellung: Kraft, Kostner, Schmidt, Baumann, Thiam, Andersen, Hauptmann, Braun (78. Zdebel), Munteanu, Gaißmayer (46. Polster), Vladoiu.

14.09.1996 1.FC Köln - Borussia M'gladbach 4:0 (2:0)
Zuschauer: 43.000
Tore: 1:0 (30.) Oliseh, 2:0 (43.) Munteanu, 3:0 (62.) Vladoiu, 4:0 (88.) Polster.
Aufstellung: Kraft, Kostner, Baumann (54. Cichon), Schmidt, Scherr (75. Braun), Oliseh, Thiam, Andersen, Munteanu, Vladoiu (70. Gaißmayer), Polster.

21.09.1996 FC St. Pauli - 1.FC Köln 0:0
Zuschauer: 19.572
Aufstellung: Kraft, Kostner, Baumann, Andersen, Oliseh, Scherr (63. Thiam), Andersen, Munteanu (82. Cichon), Polster, Vladoiu (66. Gaißmayer), Hauptmann.

27.09.1996 1.FC Köln - VfL Bochum 2:0 (0:0)
Zuschauer: 23.000
Tore: 1:0 (58.) Vladoiu, 2:0 (76.) Oliseh (FE).
Aufstellung: Kraft, Kostner, Baumann, Schmidt, Hauptmann, Oliseh, Braun (66. Cichon), Munteanu, Andersen, Vladoiu, (80. Weiser), Polster (73. Gaißmayer).

05.10.1996 MSV Duisburg - 1.FC Köln 3:0 (2:0)
Zuschauer: 18.700
Tore: 1:0 (24.) Emmerling, 2:0 (41.) Wohlert, 3:0 (89.) Bicanic.
Aufstellung: Kraft, Kostner (83. Thiam), Baumann, Schmidt, Andersen, Oliseh, Scherr, Weiser (44. Zdebel), Hauptmann, Polster, Gaißmayer (44. Kohn).
B.V.: Gelb-Rot für Osthoff (73.).

12.10.1996 1.FC Köln - FC Bayern München 2:4 (0:1)
Zuschauer: 52.000
Tore: 0:1 (35.) Klinsmann, 0:2 (56.) Scholl (FE), 1:2 (59.) Hauptmann, 1:3 (68.) Klinsmann, 2:3 (77.) Polster (FE), 2:4 (90.) Witeczek.
Aufstellung: Kraft, Kostner (65. Zdebel), Baumann, Schmidt, Scherr, Oliseh, Andersen (67. Weiser), Hauptmann, Munteanu, Polster, Vladoiu (59. Gaißmayer).

19.10.1996 Arminia Bielefeld - 1.FC Köln 1:4 (0:1)
Zuschauer: 22.512
Tore: 0:1 (19.) Polster, 0:2 (49.) Schmidt, 1:2 (54.) Breitkreuz, 1:3 (76.) Vladoiu, 1:4 (89.) Gaißmayer.

Aufstellung: Kraft, Cichon, Schmidt, Baumann, Andersen (67. Weiser), Oliseh, Scherr, Thiam, Munteanu (74. Steinmann), Vladoiu (77. Gaißmayer), Polster.
B.V.: Gelb-Rot für Molata (85.).

26.10.1996 1.FC Köln - FC Schalke 04 3:1 (1:0)
Zuschauer: 43.000
Tore: 1:0 (34.) Vladoiu, 1:1 (48.) Wilmots, 2:1 (65.) Baumann, 3:1 (68.) Vladoiu.
Aufstellung: Ananiev, Cichon, Baumann, Schmidt, Scherr, Thiam (76. Braun), Oliseh (67. Weiser), Andersen, Munteanu, Vladoiu (71. Gaißmayer), Polster.

03.11.1996 Karlsruher SC - 1.FC Köln 4:1 (1:1)
Zuschauer: 30.000
Tore: 1:0 (18.) Reich, 1:1 (30.) Schuster (E), 2:1 (49.) Fink, 3:1 (54.) Wück, 4:1 (90.) Keller.
Aufstellung: Ananiev, Kostner (44. Cichon), Baumann, Schmidt, Weiser, Oliseh, Scherr, Munteanu, Hauptmann (80. Thiam), Gaißmayer (75. Zdebel), Polster.

15.11.1996 1.FC Köln - Werder Bremen 4:1 (1:0)
Zuschauer: 26.000
Tore: 1:0 (27.) Andersen, 2:0, 3:0 (64., 76.) Polster, 4:0 (83.) Munteanu, 4:1 (89.) Bode.
Aufstellung: Kraft, Hauptmann (81. Zdebel), Schmidt, Baumann, Oliseh, Andersen, Thiam, Munteanu, Scherr (57. Cichon), Polster, Vladoiu (73. Gaißmayer).

23.11.1996 1.FC Köln - Hamburger SV 2:2 (1:2)
Zuschauer: 27.000
Tore: 1:0 (03.) Polster, 1:1 (05.) Salihamidzic, 1:2 (74.) Kmetsch, 2:2 (84.) Gaißmayer.
Aufstellung: Ananiev, Hauptmann, Schmidt, Baumann, Thiam (72. Cichon), Scherr (61. Zdebel), Oliseh, Munteanu, Andersen, Polster, Vladoiu (76. Gaißmayer).
B.V.: Platzverweis für Ananiev (90.)., Oliseh geht für Ananiev ins Tor.

30.11.1996 Bayer Leverkusen - 1.FC Köln 4:2 (0:0)
Zuschauer: 21.000
Tore: 1:0 (49.) Happe, 2:0 (61.) Kirsten, 3:0 (67.) Sergio, 3:1 (83.) Andersen, 4:1 (86.) Baumann (E), 4:2 (88.) Vladoiu.
Aufstellung: Eschbach, Hauptmann, Weiser, Baumann, Thiam, Andersen, Munteanu, Oliseh (65. Steinmann), Zdebel (62. Gaißmayer), Polster (72. Braun), Vladoiu.

07.12.1996 1.FC Köln - Borussia Dortmund 1:3 (1:0)
Zuschauer: 51.000
Tore: 1:0 (45.) Vladoiu, 1:1 (69.) Herrlich, 1:2 (72.) Zorc, 1:3 (86.) Herrlich.
Aufstellung: Eschbach, Cichon, Schmidt, Weiser, Hauptmann, Oliseh, Andersen, Zdebel, Munteanu (83. Thiam), Vladoiu (68. Rösele), Gaißmayer.

14.02.1997 1.FC Köln –Fortuna Düsseldorf 2:0 (1:0)
Zuschauer: 27.500
Tore: 1:0 (44.) Polster, 2:0 (85.) Bach (E).
Aufstellung: Kraft, Kostner, Baumann (46. Weiser), Braun (46. Thiam), Hauptmann Andersen, Steinmann, Munteanu, Vladoiu (87. Zdebel), Polster.

22.02.1997 1860 München - 1.FC Köln 2:1 (0:0)
Zuschauer: 31.000
Tore: 1:0 (52.) Trares, 2:0 (84.) Winkler, 2:1 (90.) Munteanu.
Aufstellung: Kraft, Kostner, Baumann, Schmidt, Andersen, Oliseh, Braun (83. Kohn), Munteanu, Steinmann (75. Zdebel), Vladoiu (63. Gaißmayer), Polster.

01.03.1997 1.FC Köln - SC Freiburg 1:0 (0:0)
Zuschauer: 23.000
Tor: 1:0 (76.) Gaißmayer.
Aufstellung: Kraft, Kostner, Baumann, Schmidt, Hauptmann, Oliseh, Andersen, Steinmann (67. Gaißmayer), Munteanu (80. Fursth), Vladoiu, Polster (89. Thiam).
B.V.: Gelb-Rot für Vladoiu (69.), Platzverweis für Frey (71.).

07.03.1997 FC Hansa Rostock - 1.FC Köln 0:0
Zuschauer: 17.400
Aufstellung: Kraft, Kostner, Baumann, Schmidt, Hauptmann, Andersen, Oliseh, Munteanu, Steinmann, Gaißmayer (39. Kohn), Polster.
B.V.: Platzverweis für Bräutigam (08.).

11.03.1997 1.FC Köln - VfB Stuttgart 1:5 (1:2)
Zuschauer: 27.000
Tore: 1:0 (20.) Steinmann, 1:1, 1:2 (21., 33.) Bobic, 1:3 (57.) Elber,1:4 (86.) Bobic, 1:5 (89.) Lisztes.
Aufstellung: Kraft, Kostner, Baumann, Schmidt, Oliseh, Hauptmann (65. Gaißmayer), Fursth (46. Thiam), Steinmann, Munteanu, Vladoiu (81. Zdebel), Polster.
B.V.: Gelb-Rot für Kostner (70.).

15.03.1997 Borussia M'gladbach - 1.FC Köln 2:1 (0:0)
Zuschauer: 34.200
Tore: 0:1 (51.) Polster (FE), 1:1 (68.) Lupescu (FE), 2:1 (76.) Wynhoff.
Aufstellung: Kraft, Cichon, Baumann, Schmidt, Oliseh, Hauptmann (76. Gaißmayer), Andersen, Munteanu, Steinmann (66. Thiam), Polster, Vladoiu.

22.03.1997 1.FC Köln - FC St. Pauli 0:1 (0:1)
Zuschauer: 23.000
Tor: 0:1 (28.) Pisarew.
Aufstellung: Kraft, Kostner, Schmidt, Baumann, Hauptmann, Oliseh, Munteanu, Steinmann, Andersen, Polster (64. Gaißmayer), Vladoiu.

28.03.1997 VfL Bochum - 1. FC Köln 2:1 (1:1)
Zuschauer: 33.300
Tore: 1:0 (16.) Stickroth (HE), 1:1 (45.) Hauptmann, 1:2 (51.) Polster (FE), 2:2 (76.) Schreiber.
Aufstellung: Kraft, Kostner, Baumann, Schmidt, Hauptmann, Oliseh, Munteanu, Thiam (24. Zdebel), Gaißmayer (87. Braun), Polster (65. Cichon).
B.V.: Platzverweis Hauptmann (87.).

04.04.1997 1.FC Köln - MSV Duisburg 2:5 (2:1)
Zuschauer: 18.000
Tore: 1:0 (08.) Andersen, 2:0 (22.) Braun, 2:1 (42.) Schmidt (E), 2:2 (61.) Marin, 2:3 (69.) Salou, 2:4 (74.) Wolters, 2:5 (85.) Steffen.
Aufstellung: Kraft, Kostner, Nadaroglu, Schmidt, Braun, Cichon, Steinmann, Munteanu (72. Zdebel), Andersen, Vladoiu (52. Gaißmayer), Polster.

12.04.1997 FC Bayern München - 1.FC Köln 3:2 (1:0)
Zuschauer: 63.000
Tore: 1:0 (43.) Babbel, 2:0 (51.) Klinsmann, 3:0 (59.) Rizzitelli, 3:1 (79.) Scherr, 3:2 (88.) Zdebel.
Aufstellung: Kraft, Kostner (89. Gaißmayer), Baumann, Schmidt, Oliseh, Andersen (80. Zdebel), Munteanu, Hauptmann, Cichon (75. Scherr), Vladoiu, Polster.
B.V.: Gelb-Rot für Oliseh (86.).

19.04.1997 1.FC Köln - Arminia Bielefeld 2:5 (0:3)
Zuschauer: 21.000
Tore: 0:1 (05.) Kuntz, 0:2 (17.) Maul, 0:3 (37.) Maas, 1:3 (48.) Polster, 1:4 (54.) Kuntz, 2:4 (65.) Andersen, 2:5 (75.) Reina.
Aufstellung: Kraft, Kostner, Baumann, Cichon, Hauptmann, Munteanu (72. Zdebel), Thiam (21. Gaißmayer), Oliseh, Andersen, Vladoiu, Polster.

26.04.1997 FC Schalke 04 - 1.FC Köln 1:1 (1:0)
Zuschauer: 47.100
Tore: 1:0 (20.) Büskens, 1:1 (69.) Kohn.
Aufstellung: Kraft, Kostner, Baumann, Schmidt, Andersen (83. Fursth), Scherr (46. Kohn), Cichon, Dziwior (59. Braun), Hauptmann, Zdebel, Polster.

03.05.1997 1.FC Köln - Karlsruher SC 4:1 (1:1)
Zuschauer: 23.000
Tore: 0:1 (03.) Dundee, 1:1 (20.) Oliseh, 2:1 (50.) Braun, 3:1, 4:1 (68., 76.) Polster.
Aufstellung: Kraft, Cichon (46. Braun), Schmidt, Baumann, Oliseh (74. Nadaroglu), Hauptmann,. Fursth (65. Dziwior), Zdebel, Munteanu, Vladoiu, Polster.

09.05.1997 Werder Bremen - 1.FC Köln 3:2 (2:2)
Zuschauer: 33.016
Tore: 0:1 (09.) van Lent (E), 1:1, 2:1 (30.-FE, 34.) van Lent, 2:2 (43.) Polster (FE), 3:2 (89.) van Lent.
Aufstellung: Kraft, Kostner (46. Cichon), Baumann, Schmidt, Andersen (39. Dziwior), Oliseh, Braun, Munteanu, Zdebel (74. Scherr), Vladoiu, Polster.

STATISTIK 1996/97

17.05.1997 Hamburger SV - 1.FC Köln 0:4 (0:1)
Zuschauer: 22.089
Tore: 0:1 (41.) Munteanu, 0:2, 0:3, 0:4 (48., 54., 67.) Polster.
Aufstellung: Kraft, Kostner, Schmidt, Baumann, Hauptmann (58. Zdebel), Munteanu, Oliseh, Dziwior (73. Kohn), Braun, Polster, Vladoiu (65. Gaißmayer).

24.05.1997 1.FC Köln - Bayer Leverkusen 4:0 (2:0)
Zuschauer: 48.000
Tore: 1:0 (11.) Polster (FE), 2:0 (44.) Dziwior, 3:0, 4:0 (61., 85.-FE) Polster.
Aufstellung: Kraft, Kostner, Schmidt, Baumann, Hauptmann, Oliseh, Dziwior, Braun (86. Zdebel), Munteanu (77. Kohn), Polster, Vladoiu (51. Gaißmayer).

31.05.1997 Borussia Dortmund - 1.FC Köln 2:1 (1:0)
Zuschauer: 55.000
Tore: 1:0 (33.) Chapuisat, 2:0 (74.) But, 2:1 (87.) Kohn.
Aufstellung: Ananiev, Kostner, Braun (66. Scherr), Schmidt, Oliseh (68. Kohn), Baumann, Hauptmann, Dziwior (27. Thiam), Munteanu, Polster, Gaißmayer.

DFB-POKAL

1. Runde
10.08.1996 FV Donaueschingen - 1.FC Köln 1:3 (1:1)
Zuschauer: 4.165
Tore: 0:1 (05.) Munteanu, 1:1 (40.) Limberger, 1:2 (50.) Baumann, 1:3 (85.) Vladoiu.
Aufstellung: Illgner, Kostner, Schmidt, Baumann, Zdebel (62. Kohn), Thiam Hauptmann, Munteanu, Andersen, Polster (46. Gaißmayer), Vladoiu.
B.V.: Platzverweis für Kälble (73.).

2. Runde
01.09.1996 FSV Zwickau - 1.FC Köln 3:1 n.V.,
Zuschauer: 11.409
Tore: 0:1 (17.) Gaißmayer, 1:1 (70.) Günther, 2:1 (118.) Kirsten, 3:1 (120.) Klee.
Aufstellung: Kraft, Kostner, Schmidt, Baumann, Braun, Steinmann (64. Thiam), Oliseh, Hauptmann, Andersen, Vladoiu (75. Cichon), Gaißmayer (91. Kohn).
B.V.: Gelb-Rot für Kostner (72.).

FREUNDSCHAFTSSPIELE

06.07.1996 1.FC Köln - CFB Ford Niehl 8:0

07.07.1996 Ford Jubiläumsteam - 1.FC Köln 2:7 (0:2)

10.07.1996 Eintracht Rheine - 1.FC Köln 0:12 (0:8)

11.07.1996 FC Homburg/Saar - 1.FC Köln 2:2 (1:0)

13.07.1996 VfL Nordstemmen - 1.FC Köln 1:8 (1:3)

17.07.1996 TuS Norderney - 1.FC Köln 1:14 (0:4)

19.07.1996 Concordia Ihrhoven - 1.FC Köln 0:7

21.07.1996 TuS Celle - 1.FC Köln 0:0

24.07.1996 1.FC Köln Am - 1.FC Köln 0:4

28.07.1996 KFC Uerdingen - 1.FC Köln 2:3 (0:2)

31.07.1996 FC Twente Enschede - 1.FC Köln 3:0 (2:0) (in Vreden)

03.08.1996 1.FC Köln - FC Gremio Porto Alegre 0:2 (0:0)

05.08.1996 SpVgg Porz - 1.FC Köln 0:5

14.08.1996 FC Valencia - 1.FC Köln 1:1 (1:1)

22.09.1996 TSV Fahrdorf - 1.FC Köln 1:5 (1:2)

06.10.1996 VfL Rheinbach - 1.FC Köln 1:8 (0:6)

13.10.1996 Sportfreunde Eisbachtal - 1.FC Köln 0:7 (0:4)

15.01.1997 Schwarz-Weiß Essen - 1.FC Köln 1:3 (0:1)

20.01.1997 Suwon Samsung Bluewings - 1.FC Köln 0:3 (0:3) (in Valo de Lobo/Portugal)

24.01.1997 MSV Duisburg - 1.FC Köln 0:1 (0:1) (in Valo de Lobo/Portugal)

28.01.1997 FC Carl Zeiss Jena - 1.FC Köln 2:2 (0:1) (in Valo de Lobo/Portugal)

02.02.1997 1.FC Köln - Brann Bergen 0:2 (0:1)

05.02.1997 1.FC Köln - Fortuna Köln 4:0 (1:0)

09.02.1997 SV Meppen - 1.FC Köln 1:0 (0:0) (in Rheine)

13.04.1997 Sportbund Rosenheim - 1.FC Köln 3:10 (2:5)

29.04.1997 1.FC Viersen - 1.FC Köln 3:4 (0:2)

11.05.1997 Grün-Weiss Firrel - 1.FC Köln 0:11 (0:5)

1. BUNDESLIGA 1996/97

1.	Bayern München	68:34	71
2.	Bayer Leverkusen	69:41	69
3.	Borussia Dortmund (M)	63:41	63
4.	VfB Stuttgart	78:40	61
5.	VfL Bochum (N)	54:51	53
6.	Karlsruher SC	55:44	49
7.	1860 München	56:56	49
8.	Werder Bremen	53:52	48
9.	MSV Duisburg (N)	44:49	45
10.	1.FC Köln	62:62	44
11.	Borussia M'gladbach	46:48	43
12.	FC Schalke 04	35:40	43
13.	Hamburger SV	46:60	41
14.	Arminia Bielefeld (N)	46:54	40
15.	Hansa Rostock	35:46	40
16.	Fortuna Düsseldorf	26:57	33
17.	SC Freiburg	43:67	29
18.	FC St. Pauli	32:69	27

BUNDESLIGAKADER 1996/97

Abgänge: Beiersdorfer (AC Reggiana, w.d.l.S.), Breu (Austria Wien), Dollberg (Boca Juniors, w.d.l.S.), Goldbaek (FC Kopenhagen), Illgner (Real Madrid, w.d.l.S.), Jan0en (Eintracht Frankfurt, w.d.l.S.), Jörres (Fortuna Düsseldorf Amateure), Neumann (1.FC Saarbrücken), Stumpf (Brumel Sendai, w.d.l.S.), Wolski (Bonner SC)
Zugänge: Ananiev (FC Energie Cottbus, w.d.l.S.), Fischer, Brinkmann, Kolobourdas, Katzorke, Hebel (alle eigene Amateure), Fursth (Helsingborgs IF, w.d.l.S.), Kaes (TuS Koblenz/eigene Amateure), Kostner (FC Homburg), Nadaroglu (FV Bad Honnef/eigene Amateure, w.d.l.S.), Scherr (FC Schalke 04, w.d.l.S.), Schmidt (Borussia Dortmund), Vladoiu (Steaua Bukarest), Weller (eigene Jugend/eigene Amateure)

Trainer: Peter Neururer

Tor:
16 Kraft, Michael 24/0
37 Ananiev, Antonio 4/0
01 Illgner, Bodo 4/0
31 Eschbach, Daniel 2/0
33 Katzorke, Marco 0/0

Feld:
09 Polster, Anton 32/21
03 Baumann, Karsten 32/1
04 Schmidt, Bodo 32/1
08 Munteanu, Dorinel 31/4
13 Gaißmayer, Holger 30/5
15 Oliseh, Sunday 30/4
11 Vladoiu, Ion 28/8
19 Andersen, Henrik 28/4
07 Hauptmann, Ralf 28/2
05 Kostner, Michael 26/0
18 Thiam, Pablo 22/1
25 Zdebel, Tomasz 20/1

20 Cichon, Thomas 19/0
21 Braun, Martin 18/2
02 Scherr, Uwe 13/1
23 Steinmann, Rico 13/1
06 Weiser, Patrick 9/0
17 Kohn, Stefan 8/2
14 Dziwior, Janosch 6/1
12 Fursth, Christer 4/0
39 Nadaroglu, Tuncay 2/0
24 Rösele, Michael 1/0
27 Dollberg, Christian 0/0
22 Fensch, Marcell 0/0
12 Janßen, Olaf 0/0
26 Stumpf, Reinhard 0/0
28 Weller, Marco 0/0
02 Beiersdorfer, Dietmar 0/0
29 Fischer, Sven 0/0
30 Brinkmann, Hagen 0/0
32 Kolobourdas, Nikolaos 0/0
34 Kaes, Christian 0/0
36 Hebel, Dirk 0/0

Dazu kommen Eigentore von Dirk Schuster (Karlsruher SC), Jörg Bach (Fortuna Düsseldorf) und Arie van Lent (Werder Bremen).

Der FC-Karnevalsorden der Session 1996/97.

FIEBERKURVE 1996/97

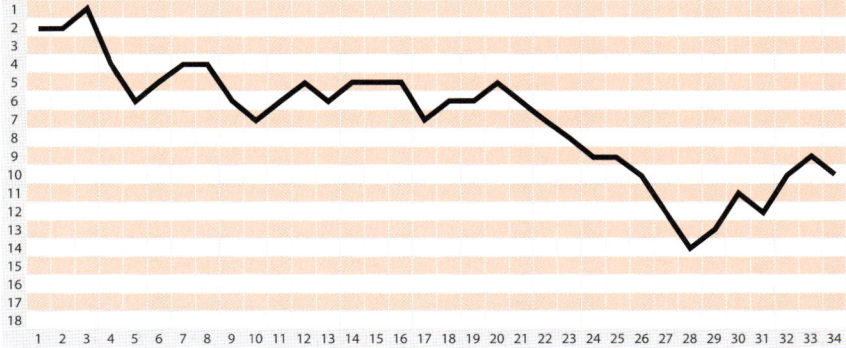

1997/98
1. BUNDESLIGA

Erster Abstieg

Hintere Reihe von links: Karsten Baumann, Thomas Cichon, Holger Gaißmaier, Marcell Fensch, Henrik Andersen, Goran Vucevic, Michael Kostner, Bodo Schmidt. Mittlere Reihe von links: Mannschaftsarzt Jürgen Böhle, Mannschaftsarzt Dr. Peter Schäferhoff, Ralf Hauptmann, Christer Fursth, Michael Rösele, Anton Polster, Tuncay Nadaroglu, Pablo Thiam, Tomasz Zdebel, Berkan Algan, Betreuer und Busfahrer Hans Schimberg, Co-Trainer Günter Güttler, Trainer Peter Neururer. Vordere Reihe von links: Zeugwart Willi Rechmann, Uwe Scherr, Stefan Kohn, Dennis Vogt, Marco Weller, Michael Kraft, Andreas Menger, Ion Vladoiu, Dorinel Munteanu, Rene Tretschok, Dirk Schuster, Masseur Jürgen Schäfer.

Nach gerade einmal zwei Wochen Urlaub musste der Kader wieder ins Geißbockheim zurückkehren, um sich für die erste Begegnung im „Strohhalm-Cup" vorzubereiten. Mit dabei Neuzugang Dirk Schuster (Karlsruher SC), der auch beim ersten Spiel in Israel zum Einsatz kam. In Tel Aviv gewann man beim Vorstadtclub Maccabi Petah Tikva ungefährdet 3:1. Gut 300 Zuschauer, darunter 13 Kölner Fans, sahen einen verdienten Sieg, bei dem die Mannschaft kaum gefordert wurde.

Verkehrte Welt dagegen in Eisenstadt. Beim Freundschaftsspiel gegen Rapid Wien (1:1) lösten über 14.000 Zuschauer ein Ticket gegen den österreichischen Rekordmeister. Beim ersten UI-Cup-Auftritt in der Domstadt waren es jedoch nur 11.000, die den FC und seinen Schweizer Gast aus Aarau sehen wollten. Die, die nicht kamen, verpassten ein glattes 3:0 im serviceunfreundlichen Südstadion. Aber auch am Militärring stockte der Dauerkartenverkauf. Die Fans hatten die Grauen der letzten Saison wohl noch nicht verarbeitet. Gegen die Schweizer kamen mit Goran Vucevic (FC Barcelona) und Andreas Menger (SpVgg Greuther Fürth) zwei weitere Neuzugänge zum Einsatz und konnten überzeugen. Held des Tages war aber zweifellos Ion Vladoiu, der sich für alle drei Treffer verantwortlich zeigte. Auch in Cork blieb der FC ohne Gegentreffer und hatte nach dem 2:0 gegen die Iren schon vorzeitig den Gruppensieg gesichert. So schickte Neururer gegen den belgischen Vertreter Standard Lüttich nur eine Reservetruppe ins Rennen und der holländische Schiedsrichter Wegereef Vucevic bereits nach 31 Minuten wegen einer Tätlichkeit zum Duschen. Im ersten Halbfinalspiel gegen den SC Montepellier fehlte er genauso wie Zuschauer. 7.500 Menschen füllten gerade einmal die Ränge. Die fingen kurz nach der Pause an zu feiern, nachdem Dirk Schuster den zweiten Treffer erzielt hatte. 20 Minuten später dann der Schock, als der Gast noch zum Anschlusstreffer kam. Im Rückspiel, drei Tage später, zeigte sich, wie wertvoll dieser Treffer sein sollte. Vor knapp 5.000 Fans gewann Montpellier mit 1:0, und die Geißböcke standen schon vor Saisonbeginn vor einem Scherbenhaufen.

NEURURER GEHT, KÖSTNER KOMMT

Drei Tage später startete der Spielbetrieb in der Bundesliga. Mit dem MSV Duisburg hatten die Kölner eine lösbare Aufgabe vor der Brust, die trotz zweimaligen Rückstands noch siegreich gestaltet wurde. Wie die Mannschaft wirklich

[LEGENDEN]

Dorinel Munteanu
Beim FC von 1995 bis 1999
Geboren: 25.06.1968 in Gradinari/Rumänien
Pflichtspiele beim FC: 141
Pflichtspieltore: 24

Stark bei Standards
Als neue Nummer 10 war der rumänische Nationalspieler Dorinel Munteanu 1995 verpflichtet worden. Über FC Olt Scomicesti, Inter Sibiu und Dinamo Bukarest war der Mittelfeldakteur nach Belgien zu Cercle Brügge gegangen, von wo ihn die Kölner ins Rheinland lotsten. Trotz einiger Startschwierigkeiten war „Munti" von Beginn bis Ende seiner FC-Zeit gesetzt. Ende der 1990er Jahre war der kleine Rumäne noch einer der wenigen Lichtblicke, nicht nur als Ballverteiler, sondern besonders bei Standardsituationen. Auch nach dem Abstieg 1998 blieb der Techniker den Geißböcken treu. Als unter Trainer Bernd Schuster der Wiederaufstieg um Längen verfehlt wurde, war er allerdings nicht mehr zu halten und wechselte zum VfL Wolfsburg. Seit 2004 war Munteanu wieder in seiner Heimat aktiv, zunächst für Steaua Bukarest, dann für Arges Pitesti und als Spielertrainer des FC Vaslui. Am 12. September 2007 bestritt „Munti" bei der Partie gegen Deutschland sein 134. Länderspiel und ist damit Rekordinternationaler Rumäniens.

Idyllisch: UI-Cup bei den Iren von Cork City. Man beachte die kultige Tribüne im Hintergrund…! Der FC gewann auf der „grünen Insel" mit 2:0.

[Interessantes & Kurioses]

■ 833 FC-Mitglieder haben sich am 4. Dezember 1997 zur Jahreshauptversammlung im Congress-Centrum der KölnMesse eingefunden. Haupttagesordnungspunkt sind die Neuwahlen des Vorstandes. Nach sechsjähriger Amtszeit wird Klaus Hartmann vom ehemaligen Ford-Chef Albert Caspers als Präsident des 1. FC Köln abgelöst. Caspers wird mit überwältigender Mehrheit von den Mitgliedern gewählt. Mit Dr. Klaus-Dieter Leister erhält der Club auch einen neuen Vizepräsidenten. Leister wird Nachfolger von Dr. Bernhard Worms. Auch der Sportbeirat und Ehrenrat werden neu gewählt.

■ Teile des Umbaus am Geißbockheim sind am Anfang der Saison fertiggestellt. Im Zuge dieser Maßnahme wird unter anderem auch der Fanshop auf die dreifache vorherige Fläche vergrößert.

■ Wegen des Transportes von ausgedienten Brennstäben (Castor-Transport) ins atomare Zwischenlager Ahaus muss, neben drei anderen Spielen in NRW, auch das Gastspiel des FC auf Schalke einen Monat nach hinten geschoben werden. Die Polizei sieht sich nicht imstande, die anstehenden Bundesligaspiele sicher zu begleiten.

■ Nur Kurz nach der Eröffnung des Fanshops findet die Grundsteinlegung für den Erweiterungsbau von Lizenzspielertrakt und Jugendbereich statt. Sieben Monate Bauzeit werden insgesamt dafür veranschlagt.

■ Ab dem 18. August 1997 ist der 1. FC Köln auch im Internet präsent, die offizielle Vereinshomepage *www.fc-koeln.de* wird ins weltweite Datennetz gestellt.

Viel Grund zum Jubeln, wie hier beim 3:2-Auftaktsieg über den MSV Duisburg, hatten Fans und Spieler in der Saison 1997/98 nicht. Von links: Kostner, Gaißmayer, Schmidt.

Ungeahnte Sympathiewelle – Tränen am letzten Spieltag in Müngersdorf. Das Geißbock Echo berichtete ausführlich über den Tag des ersten Abstiegs der Vereinsgeschichte und die Unterstützung der Anhänger.

einzuschätzen war, zeigte sich in den folgenden drei Wochen: klare Pleiten in Dortmund (0:3) und Mönchengladbach (1:4), dazu ein Punkt gegen den FCK (0:0). Und es gab ja noch einen weiteren Wettbewerb, in dem die Kölner aufgrund früherer glorreicher Auftritte zu den Renommiertesten in Deutschland gehörten: der DFB-Pokal. Gleich in der 1. Runde wurde man allerdings von einer Amateurmannschaft hinausgeworfen. Der Grund: Arroganz und Überheblichkeit. Der Gegner: SSV Ulm 1846. Das Ergebnis 1:3 n.V. Selbst der *Kicker* ließ sich zum Begriff „Pokal-Trottel" hinreißen. Zwar waren damit auch die „Mönche" als kommender Gegner gemeint, die ebenfalls gegen eine Amateurmannschaft ausgeschieden waren, aber der ruhmreiche Verein aus der Domstadt war in Fachkreisen immer mehr zur Lachnummer geworden. Die Konsequenz waren Drohgebärden von Trainer und Vorstand, aber unterm Strich änderte sich nichts. Nach der 4:1-Niederlage in Gladbach gab es gegen Neuling Wolfsburg noch ein abwechslungsreiches 5:3. Die Uhr tickte bereits gegen Neururer. Einer der Hauptkritiker war Sportdirektor Karl-Heinz Rühl, der schon zu Saisonbeginn an den Fähigkeiten des Übungsleiters gezweifelt hatte. Nach Niederlagen in Hamburg (1:2), gegen die Bayern (1:3) und in Berlin (0:1) musste der Trainer sein Zimmer am Geißbockheim räumen. Selbst gegen den Tabellenletzten von der Spree hatte die Mannschaft vom Rhein kein Rezept finden können und erneut verloren. Für den Lautsprecher Neururer wurde der zurückhaltende Lorenz-Günter Köstner verpflichtet.

DRUNTER UND DRÜBER

Dass es im Verein mal wieder drunter und drüber ging, zeigte das Fernsehen brühwarm in alle Haushalte: Ein am Geißbockheim herumirrender Vizepräsident Worms, der nicht wusste, wo die Verhandlungen mit dem Trainerkandidaten angesetzt waren. Nicht viel besser erging es dem dritten Vorsitzenden Dr. Steegmann. Nur saß er im Wohnzimmer von Klaus Hartmann und wartete dort auf seinen „Chef". Beide erfuhren von der Entscheidung am kommenden Morgen aus der Zeitung. „Ein Fehler", wie Rühl später lapidar kommentierte. Zumindest kurzfristig sollte der Wechsel auf der Kommandobrücke für Ruhe sorgen, denn im Spiel eins nach Neururer gewann der FC beim Vierten in Rostock mit 2:1. Rühl nutzte die neue Euphorie noch schnell, um für den Präsidentenanwärter Albert Caspers zu werben. „Er ist ein Glücksfall", flüsterte er *Kicker*-Reporter Robin Halle in den Notizblock, um sich dann aber wieder an den sportlichen Schwächen zu reiben, die schnell wieder ersichtlich waren. Eine Heimniederlage gegen Schalke (0:2) und eine weitere Niederlage in Bochum (1:2) sorgten für den erneuten Fall auf die Abstiegsränge. Gegen Schalke gab es übrigens eine weitere Folge der Kölner Sketchparade. 40 Minuten waren gespielt, als sich Dirk Schuster in einem Zweikampf das Nasenbein brach. Trainer Köstner gab Marcell Fensch das Zeichen, sich für seinen Einsatz vorzubereiten. Der hatte allerdings sein Trikot in der Kabine vergessen. Insgesamt vier Minuten blieben die Kölner in Unterzahl und kassierten darüber hinaus genau in dieser Zeit den ersten Gegentreffer. Fensch kassierte für seine Schlafmützigkeit eine Geldstrafe.

Der FC kassierte dagegen seine nächsten Punkte, wohlgemerkt auf der Habenseite, zwei Wochen später im Spiel gegen den VfB Stuttgart (4:2). Es folgten aber noch acht Spiele bis zur Winterpause, aus denen nur sieben Punkte eingefahren wurden. Ein glückliches 2:0 gegen Bremen, die beiden Treffer durch Gaißmayer und Thiam fielen in den letzten vier Minuten, und ein 4:2 gegen Weltpokalsieger Dortmund mit einem bärenstarken, dreimal erfolgreichen Toni Polster. Dem gegenüber standen jedoch blamable Vorstellungen in Leverkusen (0:4), bei den Münchner Löwen (0:1) im „Eisschrank" Olympiastadion und ein 3:5 zu Hause gegen Bielefeld.

Zum Jahreswechsel stand der FC am Tabellenende, und viele im Umfeld hatten sich innerlich schon von der Bundesliga verabschiedet. Innerhalb der Mannschaft brodelte es. Nach der bösen 0:4-Pleite im Derby schimpfte Polster: „Bei uns wollen fünf bis sechs Spieler den Ball nicht", aber auch die Führung bekam ihr Fett weg.

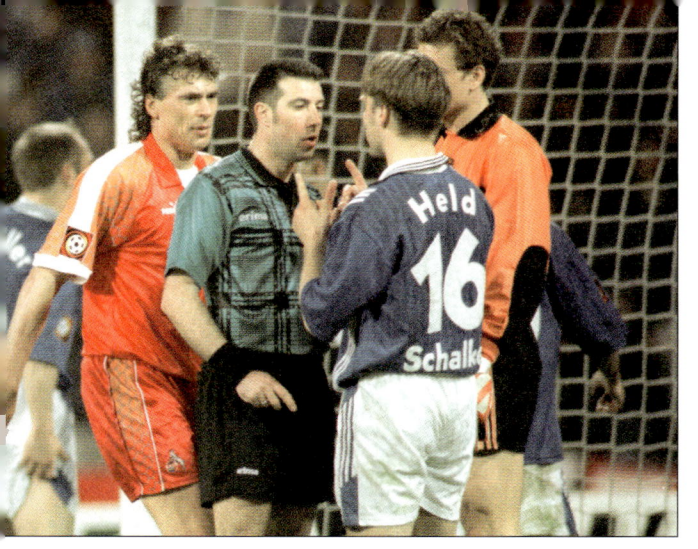

Bis heute unvergessen: Oliver Held leugnet sein elfmeterreifes Handspiel auf der Torlinie und bringt den FC dem Abgrund ein Stück näher.

„Ich bin jetzt 4½ Jahre hier, und der Verein hat es nicht geschafft, eine Mannschaft zusammenzustellen, die halbwegs Fußball spielen kann." Wie recht er doch hatte.

EIN SIEG IN MÜNCHEN GIBT HOFFNUNG

Insgesamt blieb es ruhig zum Start ins neue Jahr. Die Vorbereitung verlief mit fünf Spielen, von denen vier gewonnen wurden, recht gut. Erst kurz vor dem Rückrundenstart kam das erste Störfeuer. Sportdirektor Rühl zog die Zusage an Vucevic, der um die Freigabe gebeten hatte, zurück, obwohl bereits drei Clubs aus dem Ausland eine Anfrage gestartet hatten. „Da stimmten die finanziellen Rahmenbedingungen nicht", äußerte er sich nur knapp. Eingesetzt wurde der Kroate nicht mehr. Zum Bundesligaauftakt gewann der FC mit 3:2 gegen die Mannschaft vom Niederrhein, kletterte auf Platz 14 und stimmte so hoffnungsfroh auf die kommenden Wochen ein. Dieser Trend sollte sich auch erst einmal fortsetzen. Zwar folgte dem Punktgewinn in Wolfsburg eine Niederlage im Jubiläumsspiel (50 Jahre 1. FC Köln) gegen den HSV, aber in München wurden die verlorenen Punkte zurückgekämpft. Mit einem 2:0 beim amtierenden Deutschen Meister im Gepäck kehrten die Geißböcke zurück. Mit dabei auch jede Menge Hoffnung. Wer in München gewinnt, kann nicht absteigen. Diese Floskel hatte sich wohl fälschlicherweise in den Köpfen der Spieler eingebrannt. Zumal die Mannschaft auch in den nächsten vier Spielen ungeschlagen blieb und acht Punkte einfahren konnte. Negativ war in dieser Phase nur der Rauswurf von Alexander Ryschkow. Eine Bewährungsstrafe wegen sexueller Belästigung (zwei Jahre) und Führerscheinentzug (zwei Promille) waren zu viel.

TALFAHRT

Sechs Spiele vor Saisonende schien der FC auf dem besten Weg zum Ligaerhalt zu sein. Fünf Punkte vor einem Abstiegsplatz, dazu mit Karlsruhe und 1860 München zwei Teams in Müngersdorf zu Gast, die hinter den Domstädtern standen. Es sollte eine rasante Abfahrt in die 2. Bundesliga werden. Fest eingeplante Punkte gegen Karlruhe (0:1) und gegen die Löwen (2:3) wurden achtlos liegengelassen. Dazu ein chancenloses 0:3 in Bremen mit zwei Treffern von Bruno Labbadia und ein Skandalspiel in Gelsenkirchen (0:1). Stein des Anstoßes war Oliver Held, der zehn Minuten vor Ende einen Ball der Kölner für 55.000 Zuschauer deutlich sichtbar mit der Hand auf der Linie spielte. Ein schlimmer Regelverstoß, der zum Skandal wurde als der Schalker Mittelfeldakteur sein Vergehen bei der anschließenden Befragung von Schiedsrichter Kemmling vehement abstritt. So blieb es zunächst beim 0:0, ehe Sekunden vor Schluss Latal zum Siegtreffer für die Knappen traf. Die Mannschaft war angezählt. In diesem Zustand musste sie am vorletzten Spieltag zum Tabellenletzten nach Bielefeld und verlor trotz Pausenführung noch mit 1:2. Ausgerechnet der Ex-Kölner Uwe Fuchs, sonst eher kein Synonym für Torgefahr, erzielte beide Treffer für die Ostwestfalen. Das Gründungsmitglied der Liga war zweitklassig. Zwar bestand vor der letzten Begegnung gegen Leverkusen rein rechnerisch noch eine Chance auf den Klassenerhalt, mehr aber auch nicht. Die Partie endete mit 2:2, und Dirk Lottner schoss das letzte Erstligator in jenem Jahrtausend in Müngersdorf, allerdings für die falsche Seite. Nach Abpfiff konnte kaum jemand die Tränen zurückhalten, als Trude Herrs „Niemals geht man so ganz" erklang. Es war auch das letzte Spiel von zahlreichen Akteuren im FC-Trikot, die Köln verließen. Manche zeigten sich wirklich geknickt, anderen ging dieser Abstieg aber auch am verlängerten Rückgrat vorbei. Die Söldnermentalität hatte in Köln zu sehr um sich gegriffen. Dabei war bei Trainer Köstner und Präsident Caspers die geringste Schuld zu suchen. Von Manager Rühl wurden mit Vucevic und Rytschkow millionenschwere Flops verpflichtet. Der Weggang von Sunday Oliseh konnte ebenfalls nicht kompensiert werden. Dazu kam, dass der kleine Iraner Azizi im Abstiegskampf in den wichtigen Begegnungen fehlte. Nicht zu vergessen die beiden Noteinkäufe Münch und Grassow in der Winterpause. Zwei Reservisten können einem Verein in akuter Abstiegsgefahr nicht unbedingt weiterhelfen. Drei Tage nach dem letzten Saisonspiel wurde auch die Trennung von Trainer Köstner bekannt gegeben. Für ihn kam Bernd Schuster an den Militärring. Weit zu fahren brauchte er nicht, hatte er doch in der letzten Saison noch Fortuna Köln betreut. Mit Köstner ging auch Karl-Heinz Rühl. Wie sehr der Verein auch intern an Profil verloren hatte, zeigte sich ebenfalls beim letzten Saisonspiel in Varna (Bulgarien). Sechs Fans hatten sich trotz des sportlichen Niedergangs aufgemacht, um am Schwarzen Meer beim Saisonabschluss dabei zu sein. Die meisten Spieler würdigten sie keines Blickes. Rühmliche Ausnahme war Ion Vladoiu, der sogar den Abend mit der Gruppe verbringen wollte, aber dann von Vereinsseite wieder zurückgepfiffen wurde.

Auch Trainer Lorenz-Günter Köstner konnte den Abstieg nicht verhindern.

Nur 13 FC-Fans sind im Besitz dieser Eintrittskarte. Denn exakt so viele reisten zum UI-Cup-Spiel nach Israel

■ Bernd Johannwerner, seit 1971 für die Jugendabteilung sowohl als Schriftführer als auch als ehrenamtlicher Geschäftsführer und Abteilungsleiter tätig, bekommt am 24. Juni 1998 das Verdienstkreuz am Bande des Verdienstordens der Bundesrepublik Deutschland verliehen. Ausgezeichnet wird damit sein seit 1971 bestehendes Engagement in der Jugendarbeit und für die Integration ausländischer Kinder.

■ An glorreichere Zeiten erinnert der Kader, wenn man die Zahl der Kölner WM-Teilnehmer betrachtet. Mit Khodadad Azizi (Iran), Dorinel Munteanu (Rumänien) und Toni Polster (Österreich) sind es gleich drei Akteure, die in Frankreich auflaufen.

■ Willi Rechmann sagt nach über 700 Spielen als Zeugwart des 1. FC Köln „Auf Wiedersehen".

Den drohenden Abstieg vor Augen, wurde das 50-jährige Jubiläum der Fusion von KBC und Sülz 07 ein recht trauriger Feiertag. Dennoch gab es neben Festempfängen im Rathaus und im Geißbockheim auch eine Festschrift zum „Goldjubiläum".

STATISTIK 1997/98

BUNDESLIGA

02.08.1997 1.FC Köln - MSV Duisburg 3:2 (1:1)
Zuschauer: 21.000
Tore: 0:1 (19.) Hajto, 1:1 (36.) Gaißmayer, 1:2 (70.) Zeyer (FE), 2:2 (73.) Tretschok, 3:2 (77.) Polster.
Aufstellung: Menger, Schuster, Baumann, Schmidt, Kostner (64. Vucevic), Thiam, Munteanu, Scherr (46. Ryschkow), Tretschok, Gaißmayer, Polster (86. Rösele).

06.08.1997 Borussia Dortmund - 1.FC Köln 3:0 (2:0)
Zuschauer: 55.000
Tore: 1:0 (08.) Kohler, 2:0 (38.) Herrlich, 3:0 (77.) Heinrich.
Aufstellung: Menger, Hauptmann, Schmidt, Schuster, Baumann, Tretschok, Thiam (46. Rösele), Munteanu, Ryschkow, Polster, Gaißmayer (58. Vucevic - 82. Vogt).

09.08.1997 1.FC Köln - 1.FC Kaiserslautern 0:0
Zuschauer: 31.000
Aufstellung: Menger, Cichon, Baumann, Schuster, Hauptmann, Thiam, Tretschok, Ryschkow (77. Azizi), Munteanu, Gaißmayer (70. Rösele), Polster.

23.08.1997 Borussia M'gladbach - 1.FC Köln 4:1 (3:0)
Zuschauer: 30.500
Tore: 1:0 (25.) Witeczek, 2:0 (28.) Andersson, 3:0 (41.) Wynhoff, 3:1 (51.) Andersson (E), 4:1 (73.) Pflipsen.
Aufstellung: Menger, Kostner, Schuster, Schmidt (51. Vucevic), Baumann, Hauptmann (46. Ryschkow), Munteanu, Tretschok, Rösele (46. Thiam), Azizi, Polster.

30.08.1997 1.FC Köln - VfL Wolfsburg 5:3 (2:1)
Zuschauer: 16.000
Tore: 1:0 (10.) Baumann, 1:1 (12.) Präger, 2:1 (35.) Tretschok, 3:1 (47.) Azizi, 3:2 (63.) Stammann, 4:2 (82.) Schuster, 4:3 (87.) Meißner, 5:3 (88.) Tretschok.
Aufstellung: Menger, Baumann, Schmidt, Schuster, Thiam, Vucevic (65. Andersen), Munteanu, Ryschkow (46. Rösele), Tretschok, Azizi (71. Gaißmayer), Polster.

12.09.1997 Hamburger SV - 1.FC Köln 2:1 (2:0)
Zuschauer: 22.433
Tore: 1:0, 2:0 (33., 36.) Salihamidzic, 2:1 (79.) Polster.
Aufstellung: Menger, Kostner, Baumann, Schmidt (68. Andersen), Hauptmann, Scherr, Schuster, Munteanu (68. Ryschkow), Vucevic (46. Gaißmayer), Tretschok, Polster.

20.09.1997 1.FC Köln - FC Bayern München 1:3 (1:2)
Zuschauer: 47.000
Tore: 0:1 (14.) Jancker, 0:2 (21.) Nerlinger, 1:2 (34.) Treschok, 1:3 (90.) Scholl.
Aufstellung: Kraft, Kostner, Baumann, Schuster, Cichon (81. Vucevic), Thiam (74. Rösele), Tretschok (74. Ryschkow), Munteanu, Andersen, Gaißmayer, Polster.

28.09.1997 Hertha BSC Berlin - 1.FC Köln 1:0 (1:0)
Zuschauer: 44.917
Tore: 1:0 (36.) Sverrisson.
Aufstellung: Menger, Kostner, Schuster (69. Schmidt), Baumann, Cichon (65. Vladoiu), Tretschok, Andersen, Thiam, Munteanu, Polster, Gaißmayer.
B.V.: Gelb-Rot: Kostner (90.).

04.10.1997 FC Hansa Rostock - 1.FC Köln 1:2 (0:1)
Zuschauer: 21.000
Tore: 0:1 (27.) Polster, 0:2 (46.) Rösele, 1:2 (62.) Neuville.
Aufstellung: Menger, Baumann, Schuster, Schmidt, Cichon, Thiam, Tretschok (80. Scherr), Andersen, Munteanu, Rösele (71. Gaißmayer).

14.10.1997 1.FC Köln - FC Schalke 04 0:2 (0:1)
Zuschauer: 37.000
Tore: 0:1 (44.) Held, 0:2 (86.) Mulder.
Aufstellung: Menger, Baumann, Schmidt, Schuster (46. Fensch - 75. Gaißmayer), Cichon, Thiam, Tretschok, Munteanu (52. Vladoiu), Andersen, Rösele, Polster.

17.10.1997 VfL Bochum - 1.FC Köln 2:1 (1:0)
Zuschauer: 26.675
Tore: 1:0 (27.) Wosz, 1:1 (66.) Thiam, 2:1 (90.) Waldoch.
Aufstellung: Menger, Baumann, Schmidt, Schuster, Andersen, Cichon, Munteanu, Tretschok, Thiam, Polster (85. Gaißmayer), Vladoiu (80. Rösele).
B.V.: Gospodarek hält FE von Polster (62.).

26.10.1997 1.FC Köln - VfB Stuttgart 4:2 (3:1)
Zuschauer: 25.500
Tore: 1:0 (02.) Vladoiu, 1:1 (09.) Poschner, 2:1 (15.) Tretschok, 3:1 (39.) Vladoiu, 4:1 (69.) Rösele, 4:2 (75.) Raducioiu.
Aufstellung: Menger, Baumann, Cichon, Schmidt, Schuster, Thiam, Andersen, Tretschok, Munteanu (79. Ryschkow), Vladoiu (66. Rösele), Polster (88. Nadaroglu).

01.11.1997 Karlsruher SC - 1.FC Köln 3:1 (0:1)
Zuschauer: 28.800
Tore: 0:1 (42.) Polster, 1:1 (56.) Ritter, 2:1, 3:1 (67., 90.) Häßler.
Aufstellung: Menger, Baumann, Schmidt, Cichon (80. Emilio), Schuster, Andersen, Thiam, Munteanu (61. Rösele), Tretschok, Vladoiu, Polster.

08.11.1997 1.FC Köln - SV Werder Bremen 2:0 (0:0)
Zuschauer: 21.000
Tore: 1:0 (86.) Gaißmayer, 2:0 (90.) Thiam.
Aufstellung: Menger, Baumann, Schmidt, Schuster (46. Rösele), Cichon, Thiam, Andersen, Tretschok, Munteanu (88. Nadaroglu), Polster, Vladoiu (68. Gaißmayer).

11.11.1997 Bayer Leverkusen - 1.FC Köln 4:0 (2:0)
Zuschauer: 22.500
Tore: 1:0 (18.) Meijer, 2:0, 3:0, 4:0 (37., 89., 90.) Kirsten.
Aufstellung: Menger, Baumann, Schuster, Schmidt, Cichon (46. Scherr), Andersen, Thiam, Munteanu (70. Rösele), Tretschok, Vladoiu (46. Gaißmayer), Polster.

19.11.1997 1860 München - 1.FC Köln 1:0 (1:0)
Zuschauer: 20.000
Tor: 1:0 (22.) Agostino.
Aufstellung: Menger, Cichon (88. Azizi), Baumann, Thiam, Tretschok, Schuster, Munteanu (74. Gaißmayer), Vucevic, Polster, Vladoiu (66. Rösele).

22.11.1997 1.FC Köln - Arminia Bielefeld 3:5 (2:2)
Zuschauer: 18.000
Tore: 0:1 (07.) Reeb, 0:2 (10.) Kuntz, 1:2 (13.) Tretschok, 2:2 (20.) Baumann, 2:3 (47.) Kuntz, 3:3 (63.) Gaißmayer, 3:4 (82.) Reina, 3:5 (90.) Kuntz.
Aufstellung: Menger, Baumann, Schmidt, Fensch (77. Emilio), Thiam, Schuster, Vucevic (14. Scherr), Tretschok, Munteanu, Rösele (60. Gaißmayer), Polster.

06.12.1997 MSV Duisburg - 1.FC Köln 2:2 (1:1)
Zuschauer: 11.163
Tore: 1:0 (03.) Komljenovic, 1:1 (45.) Azizi, 2:1 (71.) Hirsch, 2:2 (80.) Ryschkow.
Aufstellung: Menger, Hauptmann, Baumann, Cichon, Thiam, Schuster, Munteanu, Polster (60. Ryschkow), Azizi (70. Vladoiu).

13.12.1997 1.FC Köln - Borussia Dortmund 4:2 (2:1)
Zuschauer: 33.000
Tore: 1:0, 2:0 (07., 17.) Polster, 2:1 (20.) Herrlich, 2:2 (50.) Chapuisat, 3:2 (62.) Azizi, 4:2 (76.) Polster.
Aufstellung: Menger, Hauptmann, Schmidt, Grassow, Thiam (90. Ryschkow), Baumann, Schuster, Cichon, Munteanu, Azizi (68. Vladoiu), Polster (77. Cichon).

20.12.1997 1.FC Kaiserslautern - 1.FC Köln 3:2 (1:1)
Zuschauer: 38.000
Tore: 0:1 (24.) Hristov, 1:1 (45.) Munteanu, 2:1 (59.) Riedl, 2:2 (75.) Trares, 3:2 (82.) Schjönberg.
Aufstellung: Menger, Hauptmann, Grassow, Schuster, Schmidt (85. Gaißmayer), Baumann, Thiam, Munteanu, Tretschok, Polster, Azizi (63. Vladoiu).

31.01.1998 1.FC Köln - Borussia M'gladbach 3:2 (1:0)
Zuschauer: 42.000
Tore: 1:0 (30.) Baumann, 1:1 (51.) Petterson, 2:1 (68.) Schuster, 2:2 (72.) Petterson, 3:2 (84.) Polster.
Aufstellung: Menger, Grassow, Baumann, Schmidt, Schuster, Thiam, Tretschok, Munteanu, Münch, Vladoiu (78. Azizi), Polster (89. Cichon).

08.02.1998 VfL Wolfsburg - 1.FC Köln 1:1 (0:0)
Zuschauer: 19.113
Tore: 1:0 (76.) Präger, 1:1 (87.) Azizi.
Aufstellung: Menger, Hauptmann, Grassow (85. Ryschkow), Baumann, Schuster, Münch, Munteanu, Tretschok, Cichon (72. Schmidt), Vladoiu (72. Azizi), Polster.

13.02.1998 1.FC Köln - Hamburger SV 1:2 (0:0)
Zuschauer: 29.000
Tore: 0:1 (64.) Salihamdizic, 0:2 (80.) Hollerbach, 1:2 (87.) Tretschok.
Aufstellung: Menger, Hauptmann, Grassow, Schmidt (83. Vucevic), Schuster, Ryschkow, Münch (72. Gaißmayer), Munteanu, Vladoiu (46. Azizi), Polster.

28.02.1998 FC Bayern München - 1.FC Köln 0:2 (0:0)
Zuschauer: 45.000
Tore: 0:1 (49.) Münch (FE), 0:2 (63.) Azizi.
Aufstellung: Menger, Hauptmann, Schuster, Schmidt, Münch, Baumann, Thiam, Andersen, Tretschok, Azizi (90. Rösele), Vladoiu (84. Cichon).

07.03.1998 1.FC Köln - Hertha BSC Berlin 2:0 (1:0)
Zuschauer: 24.000
Tore: 1:0 (42.) Tretschok, 2:0 (88.) Münch.
Aufstellung: Menger, Hauptmann, Schmidt, Schuster, Baumann, Thiam, Münch, Tretschok (85. Grassow), Munteanu, Polster (63. Cichon), Azizi (75. Vladoiu).
B.V.: Gelb-Rot für Hauptmann (36.), Kiraly hält FE von Tretschok (52.).

15.03.1998 1.FC Köln - Hansa Rostock 0:0
Zuschauer: 27.000
Aufstellung: Menger, Hauptmann, Schmidt, Schuster, Cichon, Thiam (30. Fensch), Tretschok, Munteanu, Münch, Polster (60. Vladoiu), Azizi (80. Gaißmayer).

29.03.1998 1.FC Köln - VfL Bochum 2:1 (1:0)
Zuschauer: 32.000
Tore: 1:0, 2:0 (30., 49.) Polster, 2:1 (51.) Dickhaut.
Aufstellung: Menger, Baumann, Schmidt, Schuster, Cichon, Hauptmann, Münch, Thiam (78. Fensch), Munteanu, Azizi (59. Vladoiu), Polster (85. Grassow).
B.V.: Gelb-Rot für Cichon (81.).

05.04.1998 VfB Stuttgart - 1.FC Köln 1:1 (0:0)
Zuschauer: 33.000
Tore: 1:0 (66.) Lisztes, 1:1 (84.) Polster.
Aufstellung: Menger, Grassow, Baumann, Schmidt, Hauptmann, Schuster, Thiam (79. Vladoiu), Münch, Polster, Azizi.

11.04.1998 1.FC Köln - Karlsruher SC 0:1 (0:1)
Zuschauer: 33.000
Tor: 0:1 (35.) Guie-Mien.
Aufstellung: Menger, Baumann, Schmidt (80. Rösele), Schuster, Hauptmann, Thiam (62. Vladoiu), Münch, Tretschok, Munteanu, Azizi (84. Gaißmayer), Polster.
B.V.: Platzverweis für Buchwald (86.).

17.04.1998 Werder Bremen - 1.FC Köln 3:0 (1:0)
Zuschauer: 34.679
Tore: 1:0 (36.) Labbadia, 2:0 (66.) Frey, 3:0 (81.) Labbadia (FE).
Aufstellung: Menger, Baumann, Schmidt, Münch, Hauptmann, Munteanu, Tretschok, Thiam (56. Vladoiu), Azizi, Polster (84. Gaißmayer).
B.V.: Menger hält FE von Labbadia (85.).

25.04.1998 1.FC Köln - 1860 München 2:3 (0:3)
Zuschauer: 32.000
Tore: 0:1 (13.) Cerny, 0:2 (33.) Winkler, 0:3 (35.) Heldt, 1:3 (51.) Schuster, 2:3 (56.) Polster (FE).
Aufstellung: Menger, Baumann, Schmidt, Schuster, Cichon (76. Rösele), Thiam (46. Münch), Tretschok, Munteanu, Polster, Azizi.

29.04.1998 FC Schalke 04 - 1.FC Köln 1:0 (0:0)
Zuschauer: 55.255
Tor: 1:0 (90.) Latal.
Aufstellung: Menger, Hauptmann, Baumann, Schmidt (90. Rösele), Schuster, Cichon, Scherr, Munteanu, Tretschok, Polster, Vladoiu (77. Gaißmayer).

02.05.1998 Arminia Bielefeld - 1.FC Köln 2:1 (0:1)
Zuschauer: 22.512
Tore: 0:1 (16.) Munteanu, 1:1, 2:1 (55., 75.) Fuchs.
Aufstellung: Menger, Hauptmann, Schuster, Baumann, Cichon (68. Schmidt), Münch, Munteanu, Tretschok, Thiam (77. Scherr), Polster, Gaißmayer (66. Azizi).

09.05.1998 1.FC Köln - Bayer Leverkusen 2:2 (1:0)
Zuschauer: 38.500

STATISTIK 1997/98

Tore: 1:0 (24.) Muntanu, 2:0 (61.) Scherr, 2:1 (83.) Feldhoff, 2:2 (88.) Lottner.
Aufstellung: Menger, Hauptmann, Schmidt, Baumann, Cichon (72. Gaißmayer), Rösele (46. Scherr), Tretschok, Munteanu, Münch, Azizi (57. Vladoiu), Polster.

DFB-POKAL

1. Runde
15.08.1997 SSV Ulm 1846 - 1.FC Köln 3:1 (3:1)
Zuschauer: 8.500
Tore: 1:0 (03.) Widmayer, 2:0 (07.) Trkulja (HE), 2:1 (16.) Rösele, 3:1 (33.) Trkulja.
Aufstellung: Menger, Schmidt, Hauptmann, Baumann, Rösele, Ryschkow (46. Azizi), Vucevic, Tretschok, Andersen (53. Fursth), Polster, Gaißmayer.

UI-CUP

Vorrunde
21.06.1997 Maccabi Petah Tikva - 1.FC Köln 1:3 (0:2)
Zuschauer: 300
Tore: 0:1 (03.) Munteanu, 0:2 (37.) Gaißmayer, 1:2 (53.) Idan, 1:3 (75.) Tretschok.
Kraft, Schmidt, Cichon, Schuster, Scherr (69. Zdebel), Hauptmann (78. Fursth), Kostner, Munteanu, Tretschok, Gaißmayer (62. Kohn), Vladoiu.

Vorrunde
05.07.1997 1.FC Köln - FC Aarau 3:0 (2:0)
Zuschauer: 11.000
Tore: 1:0, 2:0, 3:0 (22., 29., 84.) Vladoiu.
Aufstellung: Menger, Schmidt, Kostner (58. Cichon), Baumann, Scherr, Hauptmann, Vucevic (66. Thiam), Munteanu, Fursth, Vladoiu, Polster (75. Kohn).

Vorrunde
12.07.1997 Cork City FC - 1.FC Köln 0:2 (0:1)
Zuschauer: 4.000
Tore: 0:1 (31.) Munteanu, 0:2 (53.) Polster.
Kraft, Kostner, Schuster, Baumann, Scherr, Hauptmann (66. Andersen), Vucevic (46. Ryschkow), Munteanu, Tretschok, Vladoiu (63. Kohn), Polster.

Vorrunde
19.07.1997 1.FC Köln - Standard Lüttich 1:1 (1:1)
Zuschauer: 8.700
Tore: 1:0 (16.) Gaißmayer, 1:1 (37.) M´Penza.
Aufstellung: Menger, Nadaroglu, Cichon, Schuster (46. Baumann), Thiam, Zdebel, Vucevic, Ryschkow, Tretschok (05. Fursth), Gaißmayer (59. Polster), Kohn.
B.V.: Platzverweis für Vucevic (31.).

Halbfinale (Hinspiel)
27.07.1997 1.FC Köln - SC Montpellier 2:1 (1:0)
Zuschauer: 7.500
Tore: 1:0 (9.) Polster (HE), 2:0 (48.) Schuster, 2:1 (69.) Sauzee.
Aufstellung: Menger, Kostner, Baumann, Schuster, Hauptmann, Tretschok, Scherr (69. Thiam), Ryschkow, Munteanu, Polster, Vladoiu.

Halbfinale (Rückspiel)
30.07.1997 SC Montpellier - 1.FC Köln 1:0 (1:0)
Zuschauer: 4.877
Tor: 1:0 (24.) Rouviere.
Aufstellung: Menger, Kostner, Schuster, Baumann, Thiam, Cichon, Tretschok, Munteanu (87. Fursth), Ryschkow (78. Zdebel), Polster, Vladoiu (11. Gaißmayer).

FREUNDSCHAFTSSPIELE

01.07.1997 Rapid Wien - 1.FC Köln 1:1 (1:1) (in Eisenstadt)

02.07.1997 SG Telgte - 1.FC Köln 1:12 (1:5)

09.07.1997 VfB Leipzig - 1.FC Köln 3:0 (2:0)

15.07.1997 Kickers Emden - 1.FC Köln 2:2

17.07.1997 TuS Norderney - 1.FC Köln 1:12

23.07.1997 FV Bad Honnef - 1.FC Köln 0:2 (0:2)

21.08.1997 TuS Rheinland Dremmen - 1.FC Köln 1:5

31.08.1997 Nationalmann. Luxemburg - 1.FC Köln 0:3 (0:1)

13.09.1997 VfL Nordstemmen - 1.FC Köln 1:7 (0:3)

23.09.1997 TuS Koblenz - 1.FC Köln 0:3 (0:2)

05.10.1997 FSV Wacker 07 Gotha - 1.FC Köln 0:4 (0:2)

21.10.1997 BW Luftwaffenauswahl - 1.FC Köln 0:12 (0:4)

14.11.1997 1.FC Köln - SV Weiden 18:2 (10:0)

30.11.1997 SpVgg Porz - 1.FC Köln 1:10

10.01.1998 Rot-Weiß Oberhausen - 1.FC Köln 0:1 (0:1)

14.01.1998 Preußen Köln - 1.FC Köln 0:4 (0:2)

17.01.1998 Preußen Münster - 1.FC Köln 1:3 (1:1)

22.01.1998 MVV Maastricht - 1.FC Köln 1:0 (0:0)

25.01.1998 VfL Osnabrück - 1.FC Köln 1:2 (0:1)

25.03.1998 FC Nantes - 1.FC Köln 1:2

18.04.1998 VfB Erftstadt - 1.FC Köln 1:7 (1:5)

15.05.1998 Hallescher FC - 1.FC Köln 3:7 (1:4)

17.05.1998 GW Wolfen/RW Thalheim - 1.FC Köln 0:8 (0:2)

22.05.1998 Spartak Varna - 1.FC Köln 3:2 (2:2)

1. BUNDESLIGA 1997/98

1.	1.FC Kaiserslautern (N)	63:39	68
2.	Bayern München (M)	69:37	66
3.	Bayer Leverkusen	66:39	55
4.	VfB Stuttgart (P)	55:49	52
5.	FC Schalke 04	38:32	52
6.	Hansa Rostock	54:46	51
7.	Werder Bremen	43:47	50
8.	MSV Duisburg	43:44	44
9.	Hamburger SV	38:46	44
10.	Borussia Dortmund	57:55	43
11.	Hertha BSC Berlin (N)	41:53	43
12.	VfL Bochum	41:49	41
13.	1860 München	43:54	41
14.	VfL Wolfsburg (N)	38:54	39
15.	Borussia M'gladbach	54:59	38
16.	Karlsruher SC	48:60	38
17.	1.FC Köln	49:64	36
18.	Arminia Bielefeld	43:56	32

FIEBERKURVE 1997/98

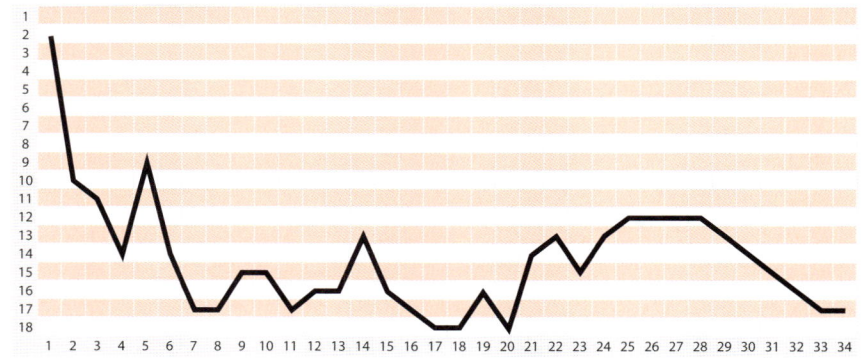

UI-CUP – VORRUNDENGRUPPE 4

1.	1.FC Köln	9:2	10
2.	Maccabi Petah Tikva	2:3	5
3.	Standard Lüttich	1:1	4
4.	Cork City FC	0:2	3
5.	FC Aarau	0:4	2

BUNDESLIGAKADER 1997/98

Abgänge: Algan (Bursaspor, w.d.l.S.), Ananiev (VfB Leipzig), Braun (Rapid Wien), Dziwior (FC Gütersloh), Eschbach (Energie Cottbus), Fischer (Hannover 96), Hebel (Bursaspor), Katzorke, Brinkmann, Kaes (eigene Amateure), Kohn (OGC Nizza), Kolobourdas (unbekannt), Oliseh (Ajax Amsterdam), Steinmann (Twente Enschede), Weiser (Stade Rennes), Zdebel (Lierse SK)

Zugänge: Algan (VfL Pinneberg/eigene Amateure, w.d.l.S.), Azizi (Pirouzi Teheran, w.d.l.S.), Grassow (Bayern München), Luciano (Rio Branco FC/eigene Amateure, w.d.l.S.), Menger (SpVgg Greuther Fürth), Münch (Bayern München, w.d.l.S.), Ryschkow (RC Lens), Schuster (Karlsruher SC), Tretschock (Borussia Dortmund), Vogt (Borussia Dortmund) Selke (eigene Amateure, w.d.l.S.), Vucevic (FC Barcelona)

Trainer: Peter Neururer (bis 30. September), Lorenz-Günther Köstner (ab 01.Oktober)

Tor:
01 Menger, Andreas	33/0		24 Rösele, Michael	20/2
16 Kraft, Michael	1/0		07 Hauptmann, Ralf	18/0
21 Selke, Sebastian	0/0		14 Münch, Markus	13/2
			15 Ryschkow, Alex.	12/1
Feld:			19 Andersen, Henrik	11/0
23 Tretschok, Rene	34/8		10 Vucevic, Goran	9/0
09 Polster, Anton	33/13		02 Scherr, Uwe	8/1
03 Baumann, Karsten	33/3		25 Grassow, Dennis	8/0
08 Munteanu, Dorinel	33/3		05 Kostner, Michael	5/0
06 Schuster, Dirk	33/3		22 Fensch, Marcell	4/0
04 Schmidt, Bodo	32/0		42 Emilio, Luciano	2/0
18 Thiam, Pablo	28/2		39 Nadaroglu, Tuncay	2/0
13 Gaißmayer, Holger	23/3		26 Vogt, Dennis	1/0
11 Vladoiu, Ion	23/2		41 Algan, Berkan	0/0
20 Cichon, Thomas	23/0		12 Fursth, Christer	0/0
17 Azizi, Khodadad	20/5		17 Kohn, Stefan	0/0
			28 Weller, Marco	0/0
			25 Zdebel, Tomasz	0/0
			40 Weiser, Patrick	0/0
			14 Dziwior, Janosch	0/0

Dazu kommt ein Eigentor von Patrik Andersen (Borussia M'gladbach).

Auch der FC-Karnevalsorden war vom „Jubiläumsfieber" befallen.

1998/99
2. BUNDESLIGA

Im Niemandsland

[LEGENDEN]

Alexander Voigt
Beim FC von 1987 bis 2005
Geboren: 13.04.1978 in Köln
Pflichtspiele beim FC: 208
Pflichtspieltore: 13

Die Kämpfernatur

Bevor er im Alter von neun Jahren 1987 zum FC kam, hatte Alexander Voigt bei Eintracht Köln gespielt. Bei den Geißböcken durchlief er sämtliche Jugendmannschaften bis hin zur U23. Bernd Schuster holte den U21-Nationalspieler im Oktober 1998 zu den Profis. Für FC-Fan Voigt, der früher selbst in der Südkurve gestanden hatte, ging ein Traum in Erfüllung. Zunächst im linken Mittelfeld und später wieder in der Abwehr eingesetzt, konnte sich der gelernte Verteidiger einen Stammplatz sichern. In den kommenden Jahren erlebte Voigt mit dem FC eine regelrechte Achterbahnfahrt, war bei zwei Ab- und drei Aufstiegen dabei. Gelegentlich pendelte er zwischen Ersatzbank und erster Garnitur, war aber immer fester Bestandteil des Kaders. Unvergessen ist sein „Hammertor" zum zwischenzeitlichen 4:3 beim 5:3-Sieg in Hannover 1999/2000, das den Wiederaufstieg des 1. FC Köln besiegelte. Fußballerisch mit Defiziten, kämpfte Voigt immer bis zum Umfallen. Da war es für ihn besonders bitter, dass man nach dem Aufstieg 2005 offensichtlich keine Verwendung mehr für ihn hatte. So folgte der Publikumsliebling, der in Köln-Ehrenfeld einen Kiosk betreibt, seinem Ex-Trainer Huub Stevens in die Niederlande zu Roda Kerkrade. Bis Ende 2006 blieb er in Holland und ging dann zum FC Carl Zeiss Jena, wo der Rheinländer auf Anhieb zum Leistungsträger avancierte. Seit Beginn der Spielzeit 2007/08 steht Alexander Voigt, der von Ex-FC-Spieler und -Manager Karl-Heinz Thielen beraten wird, in Diensten von Borussia Mönchengladbach. ■

Hintere Reihe von links: Karsten Baumann, Thomas Cichon, Marco Weller, Claus-Dieter Wollitz, Josef Tuma, Holger Gaißmaier, Carsten Cullmann, Dennis Grassow. Mittlere Reihe von links: Mannschaftsarzt Dr. Jürgen Böhle, Zeugwart Michael Lüken, Mannschaftsarzt Dr. Peter Schäferhoff, Ralf Hauptmann, Michael Rösele, Jens Keim, Alexander Voigt, Markus Bähr, Co-Trainer Uwe Speidel, Torwarttrainer Walter Junghans, Trainer Bernd Schuster. Vordere Reihe von links: Physiotherapeut Jürgen Kuhlbach, Stephan Glaser, Luciano Emilio, Markus Pröll, Andreas Menger, Sebastian Selke, Goran Vucevic, Dirk Schuster, Masseur Jürgen Schäfer.

„Niemals geht man so ganz", hallte es beim letzten Heimspiel in der zurückliegenden Spielzeit aus den Lautsprechern. Etliche Akteure verließen den Verein, und bei einem Großteil davon waren die Fans erleichtert. Zahlreiche Neue hatten zwar bereits beim renommierten Zweitligisten angeheuert, aber bei den meisten handelte es sich um namenlose Akteure, die vorwiegend aus unterklassigen Clubs kamen.

Der „blonde Engel", Bernd Schuster, kam als Hoffnungsträger und stürzte mit den Geißböcken unsanft ab.

Immerhin ragten unter den einheimischen Nachwuchskräften die viel versprechenden Talente Markus Pröll, Alexander Voigt und Carsten Cullmann heraus.

„NUR DER TRAINER IST ERSTKLASSIG"

„Nur der Trainer ist erstklassig", fasste der *Kicker* kurz, aber treffend zusammen, als er den FC im Sonderheft vorstellte. Und natürlich der Etat mit 28 Millionen DM. Aber die Mannschaft? Zu viele Mitläufer seien im Aufgebot, und das bei Schusters Aufstiegs-Parole: „Die Truppe steigt auf", verkündete er vollmundig. Der Trainer weiter: „Die Liga ist schwach, und meine Jungs verfügen über das Potenzial, um jeden zu schlagen." Und daran glaubte man fest in der Domstadt. Einige führten sofort die kometenhafte Rückkehr des 1. FC Kaiserslautern an, der 1996 abstieg, 1997 wieder zurückkehrte, um dann als Neuling

die Meisterschaft zu holen. Da die Vorbereitung mit neun Spielen und acht Siegen optimal verlaufen war, glaubten alle an die Prognosen.

„WASCHLAPPEN, DIE NICHT KÄMPFEN"

Doch recht schnell waren die rheinischen Kicker auf dem harten Zweitligaparkett angekommen. Reichte es beim Auftakt noch zu einem glücklichen 1:0 in Gütersloh, dank eines bärenstarken Andreas Menger, setzte es im ersten Heimspiel gleich die erste Pleite gegen Unterhaching. Die hochdotierten Stürmer fanden kein Mittel gegen Lorenz-Günther Köstners Maurer-Truppe. Dabei hätten alle zufrieden sein können. 21.000 Zuschauer hatten an diesem Abend das Ticket an den Kassen gelöst, davon 6.000 Dauerkarteninhaber. Mit einem solchen Ansturm hatte niemand gerechnet. Nur wenige Kassen hatten geöffnet, und die konnten den Zuschau-

Kapitän Ralf Hauptmann im Duell mit dem Ulmer Tomasz Bodog.

erandrang nicht bewältigen. 2.000 Anhänger standen nach Spielbeginn noch vor verschlossenen Kassenhäuschen. Das Lächerliche dabei war, dass sich eine Woche später gegen Ulm genau die gleichen Szenen abspielten. Die Fans waren verrückt auf den FC, aber die Mannschaft zahlte nichts davon zurück.
Gegen den SSV Ulm reichte es nur zu einem 1:1. Der *Stadtanzeiger* nahm es schon jetzt mit Humor: „1. FC Köln und zweite Liga – das ist wie ein Sitzenbleiber, der die ersten beiden Klassenarbeiten vermasselt."
Und es ging weiter. In Mainz gab es ein 1:2, im DFB-Pokal ein 0:1 gegen Rostock und bei Aufsteiger Hannover 96 gar ein 1:6. Nach fünf Spielen brannte der Baum. Tabellensechzehnter in Liga zwei und im Pokal, wie üblich, ausgeschieden. „Der FC zum Schluss ein Torso, ein Hühnerhaufen, ein Absteiger", so sah es zumindest die lokale Presse. Dabei bekam in der Hauptsache und zu Recht die Mannschaft ihr Fett weg. Bernd Schuster blieb weiterhin unangetastet, vorerst noch.
Bei Dauerregen gab es auch gegen den FC St. Pauli eine glatte 1:4-Pleite. Bereits zur Pause stand das Ergebnis fest, und während der 15-minütigen Unterbrechung blieb Schuster demonstrativ im Stadion im Regen stehen. „Ich sehe nur Waschlappen, die nicht kämpfen", schimpfte auch Promi Wolfgang Niedecken über den Auftritt seiner „Lieblinge". Die Fans schwenkten von Zorn in Häme um und einige breiteten ein Plakat mit den Worten „Weiter so Jungs, und nächstes Jahr auf Asche" aus. Die La-Ola-Welle zog durchs Stadion, und die Spieler wurden ausgelacht. Der FC eine Lachnummer in der zweiten Liga. Und ganz Deutschland konnte daran teilhaben, wurden doch die beiden letzten Begegnungen live in jedes Wohnzimmer gesendet.
Schuld an der Misere war eine sportliche Abteilung, die neben dem Platz mit einem arroganten Verhalten brillierte. „Wir können uns nur selber schlagen", feierte schon Christian Springer das 1:0 gegen Düsseldorf wie den Einzug in den UEFA-Pokal. Wenige Tage

Choreografie der „Wilden Horde" zum Stadtderby gegen Fortuna Köln.

[Interessantes & Kurioses]

■ Trotz des Abstiegs stehen die Fans zum FC. Die Zahl der offiziellen FC-Fanclubs hat sich um über zehn Prozent auf 382 erhöht.

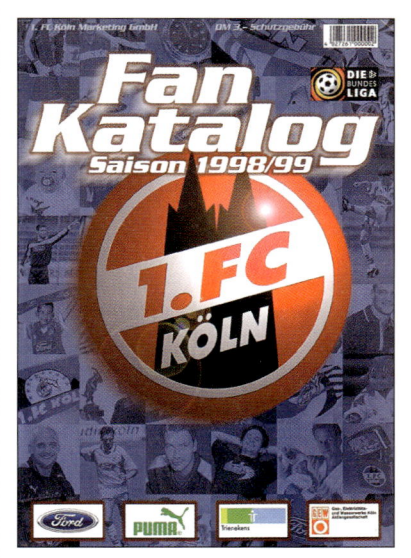

Der FC-Fanartikelkatalog zur Spielzeit 1998/99.

■ Früher kamen die Clubs aus der ganzen Welt in die Domstadt, um sich Anregungen für ihre Vereinsstrukturen beim 1. FC Köln zu holen. Heute müssen Vorstandsmitglieder des FC diesen Weg gehen. So sind Präsident Albert Caspers und sein Vize Dr. Klaus-Dieter Leistner bei Celtic Glasgow eingeladen, um sich dort das Vereinsgelände anzusehen und die perfekt funktionierenden Organisationsstrukturen zu studieren.

■ Die kölsche Rockgruppe „BAP" um Frontmann Wolfgang Niedecken veröffentlicht im September 1998 mit dem Titel „FC, Jeff Jas!" ein beliebtes FC-Lied. Beteiligt an dem Song sind auch Moderator Stefan Raab und „Ulkmusiker" Guildo Horn. Bereits im Februar 1998 hatten die „Höhner" zudem ihre bis heute gängige FC-Hymne „Mer stonn zo Dir, FC Kölle" veröffentlicht.

■ Die WM 2006 wirft bereits ihre Schatten voraus. Für das Kölner Stadion wird zunächst „nur" ein Umbau angedacht. Gott sei Dank wird das 40.000.000-DM-Projekt nie umgesetzt.

■ In Kooperation mit der Firma „Küppers Kölsch" lässt der FC die Fans eine „Hall of Fame" ehemaliger FC-Spieler wählen. Die Namen, der von den Anhängern gewählten „Legenden", werden auf großen Metallschildern an den Ein- und Ausgängen im Oberrang des Müngersdorfer Stadions präsentiert.

■ 575 Mitglieder kommen zur Jahreshauptversammlung am 26. November

1998 in der Köln-Messe. Im Kristallsaal werden unter anderem Helmut Bartsch für 65 Jahre Mitgliedschaft und Willi Kremer, Bruder von Clubgründer Franz Kremer, für 75 Jahre Mitgliedschaft geehrt.

■ Beim Turnier um die „Copa Santiago" in Chile feiert Jürgen Schäfer im ersten Spiel gegen Lausanne Sports ein seltenes Jubiläum. Von 1982 bis 1999 betreute er die Lizenzspielermannschaft in 1.000 Spielen als Sportphysiotherapeut. Bereits 1979 hatte er kurzfristig als Aushilfe während des Trainingslagers in Grünberg erste Kontakte knüpfen können.

■ Gerade einmal drei Monate dauert der Auftritt von Otto Pohlmann als Gesamtgeschäftsführer, der erst im März 1999 zur Entlastung von Wolfgang Loos installiert wurde. Präsident Caspers sieht eine Übernahme nach der Probezeit, die am 30. Juni endet, nicht als sinnvoll an.

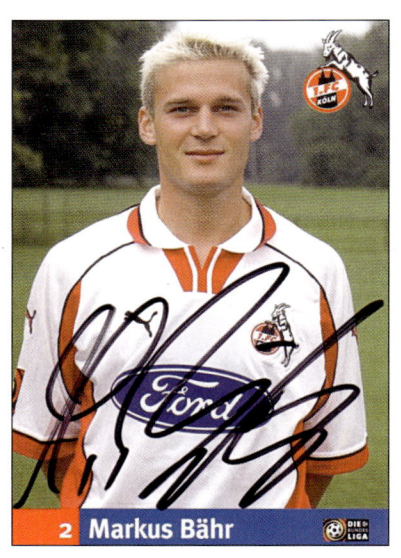

FC-Autogrammkarte aus der Saison 1998/99 von Markus Bähr.

Einer der bittersten Momente in der Spielzeit 1998/99 war das 1:4 gegen den FC St. Pauli vor nur noch 10.000 Zuschauern. Trainer Schuster war so bedient, dass er trotz strömenden Regens in der Halbzeit nicht zur Mannschaft in die Kabine ging.

Voller Körpereinsatz. Thomas Cichon im Kampf um den Ball beim rheinischen Vergleich 1. FC Köln – Fortuna Düsseldorf.

zuvor hatte Claus-Dieter Wollitz bereits gemutmaßt: „Wir sind stark, unser Trainer ist ein Weltstar. Ich bin davon überzeugt, dass wir Mannschaften wie Nürnberg, Frankfurt oder Wolfsburg schlagen können – und die spielen in der Bundesliga." Das Ergebnis der „neuen" Stärke sah man zwei Monate später. Tabellensiebzehnter, mit Abstand die schwächste Abwehr und dazu ein Sturm, der noch nicht einmal die Beschreibung „laues Lüftchen" verdient hatte. Zumindest hatten die Probleme an den Kassenhäuschen ein Ende, was aber nicht auf eine bessere Organisation zurückzuführen war, sondern auf sinkende Zuschauerzahlen. Gegen den FC St. Pauli beispielsweise kamen nur noch 10.000 Fans. Wie schrieb der Kicker in seinem Kommentar zu der aktuellen Situation: „Man muss auf das Schlimmste gefasst sein. Armer FC! Arme Fans! Armes Köln. Diese Angestellten hast du nicht verdient."

SCHLAPPE IM LOKAL-DERBY UND DIE FOLGEN

Als nächstes stand die Partie bei Energie Cottbus an. Die Geißböcke waren, da diese Partie auf Montag verlegt worden war, sogar auf den letzten Platz abgesunken. „Ein Sieg – mehr nicht", hatte der Kicker anschließend zu vermelden. Der FC hatte endlich eine Partie (3:2) gewonnen, und das nach einem 0:2 Rückstand. Auch gegen Oberhausen reichte es zu einem Dreier (2:1), so dass die Mannschaft zumindest die Abstiegsränge wieder verlassen konnte.

Trotzdem stand der kommende Gegner in der Tabelle noch zwei Plätze besser da. Und das war Lokalrivale Fortuna. Erst ein einziges Mal hatten sich die Wege der beiden Vereine in Meisterschaftsspielen gekreuzt. 1973/74 schickte der „große" FC die aufstrebende Fortuna mit zwei Niederlagen wieder in die neu eingeführte 2. Bundesliga. Die Zeiten hatten sich geändert, auch auf dem Spielfeld. 41.000 Zuschauer rieben sich verwundert die Augen. Die kleinen Südstädter hatten die Startruppe nach Strich und Faden vorgeführt und mit 4:2 gedemütigt. Schuster hatte genug und fing an auszumisten. Azizi und Donkov wurden zunächst einmal auf die Tribüne verbannt. Hutwelker und Springer durften nur auf Bewährung noch ran. Freie Tage gehörten der Vergangenheit an.
Auf Kurs brachten diese Maßnahmen die Mannschaft aber noch lange nicht. Einem glücklichen Sieg gegen Düsseldorf folgte ein Pünktchen in Uerdingen und eine erneute Heimniederlage (0:1) gegen die Stuttgarter Kickers. Der Niederlage gegen die Schwaben folgte der Rauswurf von Menger und Gaißmayer aus dem Verein aufgrund einer Auseinandersetzung mit Schuster. Die Mannschaft stolperte weiter durch Liga zwei. Einem Punkt in Berlin (1:1) folgte ein Sieg gegen Fürth (1:0) und ein weiterer Punkt in Wattenscheid (1:1). Und schon fing Schuster wieder an, vom Aufstieg zu reden: „Im November kann man nie das Ziel abhaken. So etwas gibt es nicht im Fußball." Der neue Sportdirektor Hannes Linßen (seit November 1998 im Amt) sah das Ganze realistischer: „Wir müssen schon jetzt einen Neuaufbau starten und dann im kommenden Jahr versuchen, unser Ziel zu erreichen."

Die Jahreshauptversammlung, auf der nur 575 Mitglieder erschienen, zeigte deutlich, dass sich immer mehr vom Verein abwandten. Die Anwesenden fassten das Ganze so zusammen: „Der FC hat eine zerstrittene Mannschaft, charakterlose Spieler, die Außendarstellung des Clubs ist amateurhaft und der Verwaltungsrat eine Posten-Bewahranstalt." So schloss eine ereignisreiche Woche, an deren Ende die Neuverpflichtung von Dirk Lottner stand. Mit ihm zeigte der FC gleich beim 4:1 gegen den KSC eine ansprechende Leistung. Auch nach dem 0:0 in Bielefeld konnten die Fans wieder von besseren Zeiten träumen. Zum Rückrundenauftakt gegen Gütersloh (1:1) jedoch folgte der Rückfall in dunkle Zeiten, dem sich die Schlappe in Unterhaching (0:2) nahtlos anschloss. In der Winterpause stand der Traditionsverein aus der Domstadt vor einem Scherbenhaufen. Der Rückstand zu einem Aufstiegsplatz betrug zwölf Punkte. Die Mannschaft hatte in der gesamten Hinrunde nur eine zufriedenstellende Partie gezeigt und musste, auch bei sieben Punkten Vorsprung, zumindest mit einem Auge nach unten schielen.

Dass dieser Gedanke nicht ganz abwegig war, zeigte sich gleich zum Auftakt im neuen Jahr. Einer erneuten Pleite in Müngersdorf gegen Hannover (0:2) folgte ein mageres 2:2 in Ulm. In der Vorbereitung hatte die Mannschaft noch überraschen können: Bei einem Turnier in Chile gewann die Mannschaft das Turnier auch dank einem Jahrhunderttor des neuen Mannschaftskapitäns Dirk Lottner, einem Sonntagsschuss aus 70 Metern. Davon war in der Liga allerdings nicht viel zu sehen. Die Mannschaft dümpelte vor sich hin, holte Siege gegen Mainz (2:1) und in Oberhausen (4:0), dazwischen Punkte in Hamburg und gegen Cottbus (2:2), um dann in den beiden folgenden Derbys gegen den Stadtrivalen (0:3) und in Düsseldorf (1:2) erneut zu versagen.

Im Hintergrund dagegen arbeitete Hannes Linßen an einem Neuaufbau. Erstmals fiel nach der Begegnung gegen Mainz der Name Ewald Lienen. Im Laufe der kommenden Wochen zeichnete sich immer mehr ab, dass der Ex-Mönchengladbacher das schwere Amt am Militärring übernehmen sollte. Ein neuer Mann musste schon allein deshalb her, da die Mannschaft teilweise sogar den Eindruck machte, sie sei den Anforderungen der zweiten Liga nicht gewachsen. Selbst bei klaren Siegen wie dem 4:0 gegen Uerdingen kam keine Zufriedenheit auf. So Hans Schäfer nach der desolaten 1. Halbzeit: „Mein Gott, da sind Spieler dabei, die hätten zu meiner Zeit gar nicht mittrainieren dürfen", so der Weltmeister von 1954 verbittert. Wie recht er doch hatte. „FC nur noch eine Lachnummer", titelte die *Rundschau* nach der peinlichen 0:2-Klatsche in Stuttgart.

„FRANZ KREMER WÜRDE KOTZEN"

Es folgte das Heimspiel gegen Tennis Borussia Berlin (1:0). Die Fans begrüßten ihre Mannschaft mit einem übergroßen Transparent: „Franz Kremer würde kotzen". Das Stadion klatschte Beifall, als es ausgerollt wurde. Vielleicht hatte das die Truppe zeitweise mal an ihre Aufgaben erinnert, denn zumindest in den zweiten 45 Minuten stimmten Engagement und Einsatz. Gegen Aufstiegskandidat Fürth (1:0) wurde ebenso wie gegen die SG Wattenscheid (2:1) gewonnen. Die Länderspielpause nutzte der Club, um sich mit Freundschaftsspielen noch einige Mark in die Vereinskasse zu spielen. In Luxemburg beim Gastspiel bei Union Sportive merkte man, dass sich Schuster innerlich bereits vom Verein verabschiedet hatte. Gelöst wie selten plauderte er vor dem Spiel mit den mitgereisten Anhängern und das, obwohl er nur 13 Spieler mitgenommen hatte, da Verletzungen und Abstellungen für die verschiedenen Nationalmannschaften den Kader schmälerten: „Ihr könnt ja mitspielen, viel schlechter als die seid ihr bestimmt auch nicht."

Auch die folgenden zwei Freundschaftsspiele konnten gewonnen werden. Beim KSC gab es allerdings anschließend ein 1:3 und im letzten Heimspiel gegen Bielefeld mal wieder fünf Gegentreffer bei nur drei eigenen. Bielefeld feierte somit im Südstadion seine Meisterschaft, wovon der FC nur träumen konnte. Dass im Südstadion gespielt wurde, zeigt auch, wie sehr der Club an Ansehen verloren hatte. Die Vorbereitungen zu einem Konzert der Rolling Stones veranlassten die Stadt Köln dazu, das Müngersdorfer Stadion zu diesem Termin an eine Agentur zu vergeben. Man kam sich fast schon vor wie in Düsseldorf. Nach dem letzten Spieltag hieß es Abschiednehmen. Am meisten schmerzte es wohl Stadionsprecher Hans-Gerhard König. Dass er seinen letzten Einsatz nicht auf seinem angestammten Platz in Müngersdorf erlebte, tat doppelt weh. „Das muss ich mir nicht mehr antun", waren seine wehmütigen Worte, wohl wissend, was die Mannschaft in den letzten Monaten dem Verein angetan hatte. Auf Wiedersehen hieß es auch für die Partnerschaft mit Ford. Die Automobilfirma wurde durch die VPV Versicherungen ersetzt. Auch Spieler wurden verabschiedet. Einzig Dorinel Munteanu, der insgesamt vier Jahre am Rhein unter Vertrag gestanden hatte, bekam die Zuneigung der Fans zu spüren, indem sie ihm zu Ehren die rumänische Fahne hochhielten.

Der FC verabschiedete sich ebenfalls von Stil und Anstand. So wurde Trainer Bernd Schuster im Stadion kein Wort der Anerkennung ausgesprochen. Auch in diesem Zusammenhang passte dann wieder das Transparent von Berlin! Der große Vorzeigeclub war sportlich sowie neben dem Spielfeld ganz unten angekommen.

Ein Künstler am Mikrophon: Hans-Gerhard König.

Ende Mai 1998 beendete Willi Rechmann seine Tätigkeit als Betreuer und Zeugwart. Zu diesem Anlass erschien das abgebildete „Sonderheft".

■ Im Alter von 68 Jahren verstirbt der langjährige Zeugwart Willi Rechmann nach schwerer Krankheit am 11. Mai 1999. Zwölf Jahre lang hatte er neben dem Platz alles getan, damit sich die Spieler im Stadion und auch auf dem Trainingsgelände wohlfühlten.

■ „Warum geht er schon?", fragen sich viele Kenner des 1. FC Köln, als Hans-Gerhard König seinen Abschied vom Mikrophon im Stadion Köln Müngersdorf bekannt gibt. Über 1.000 Spiele des 1. FC Köln und rund 30 Länderspiele in ganz Deutschland hat der Mann mit der markanten Stimme begleitet. Das Ganze immer objektiv und fair. „Ich habe in all den Jahren nie in einer Gastmannschaft unseren Feind gesehen", so König im *Geißbock Echo* bei seinem letzten Spiel. Vielleicht unterscheidet sich Hans-Gerhard König gerade deshalb so wohltuend von seinen Kollegen.

Einer der wenigen Lichtblicke war die Verpflichtung von Dirk Lottner, den man auf die „richtige Rheinseite" zurückholte.

STATISTIK 1998/99

BUNDESLIGA

02.08.1998 FC Gütersloh - 1. FC Köln 0:1 (0:0)
Zuschauer: 12.500
Tor: 0:1 (75.) Hutwelker.
Aufstellung: Menger, Hauptmann, Bulajic, Schuster, Hutwelker, Vucevic (78. Grassow), Springer (74. Emilio), Wollitz, Munteanu, Donkov (55. Azizi), Gaißmayer.

09.08.1998 1. FC Köln - SpVgg Unterhaching 0:1 (0:1)
Zuschauer: 21.000
Tor: 0:1 (04.) Oberleitner.
Aufstellung: Menger, Hauptmann, Bulajic (18. Grassow), Schuster, Hutwelker, Vucevic, Springer, Wollitz, Munteanu, Gaißmayer (71. Azizi), Donkov (56. Emilio).

16.08.1998 1. FC Köln - SSV Ulm 1846 1:1 (0:1)
Zuschauer: 22.000
Tore: 0:1 (22.) Pleuler, 1:1 (84.) Hauptmann.
Aufstellung: Menger, Cichon, Hauptmann, Schuster, Vucevic, Hutwelker (57. Bähr), Springer, Wollitz, Munteanu, Gaißmayer, Azizi (78. Rösele).

21.08.1998 FSV Mainz 05 - 1. FC Köln 2:1 (1:0)
Zuschauer: 14.730
Tore: 1:0 (15.) Neustädter, 1:1 (52.) Azizi, 2:1 (84.) Neustädter.
Aufstellung: Menger, Grassow, Hauptmann, Cullmann, Hutwelker, Cichon, Springer, Munteanu, Wollitz, Azizi, Gaißmayer (77. Donkov).

10.09.1998 Hannover 96 - 1. FC Köln 6:1 (1:1)
Zuschauer: 27.000
Tore: 1:0 (03.) Asamoah, 1:1 (21.) Donkov, 2:1 (60.) Addo, 3:1 (73.) Asamoah, 4:1 (85.) Lala, 5:1, 6:1 (87., 89.) N'Diaye.
Aufstellung: Menger, Cullmann (63. Gaißmayer), Hauptmann, Grassow, Hutwelker (70. Bähr), Springer (22. Voigt), Cichon, Wollitz, Munteanu, Azizi, Donkov.

14.09.1998 1. FC Köln - FC St. Pauli 1:4 (1:4)
Zuschauer: 10.000
Tore: 0:1 (19.) Mason, 0:2 (20.) Chmielewski, 0:3 (29.) Marin, 0:4 (45.) Scherz, 1:4 (45.) Vucevic.
Aufstellung: Menger, Grassow, Cullmann (32. Vucevic), Schuster, Hutwelker, Hauptmann, Wollitz, Springer, Munteanu (66. Rösele), Azizi (46. Emilio), Donkov.

21.09.1998 FC Energie Cottbus - 1. FC Köln 2:3 (2:2)
Zuschauer: 6.834
Tore: 1:0 (03.) Irrgang, 2:0 (25.) Rath, 2:1, 2:2 (33.-FE, 45.) Munteanu, 2:3 (83.) Heidrich (E).
Aufstellung: Selke, Hauptmann, Grassow, Schuster, Hutwelker, Cichon, Wollitz, Springer (89. Voigt), Munteanu, Gaißmayer (84. Rösele), Donkov (77. Glaser).

27.09.1998 1. FC Köln - Rot-Weiß Oberhausen 2:1 (2:0)
Zuschauer: 11.300
Tore: 1:0 (05.) Cichon, 2:0 (25.) Schuster, 2:1 (86.) Lipinski.
Aufstellung: Selke, Hauptmann, Grassow, Schuster, Cichon (68. Vucevic), Bähr, Wollitz, Munteanu, Springer, Donkov (86. Glaser), Gaißmayer (76. Emilio).

05.10.1998 Fortuna Köln - 1. FC Köln 4:2 (3:0)
Zuschauer: 41.000
Tore: 1:0 (10.) Brdaric, 2:0 (18.) Grlic, 3:0 (45.) Brdaric, 3:1 (70.) Gaißmayer, 4:1 (77.) Schütterle, 4:2 (85.) Schuster.
Aufstellung: Selke, Hauptmann, Grassow, Schuster, Hutwelker, Cichon (16. Vucevic), Springer, Wollitz, Munteanu, Hasenhüttl (75. Rösele), Donkov (49. Gaißmayer).

19.10.1998 1. FC Köln - Fortuna Düsseldorf 1:0 (0:0)
Zuschauer: 15.000
Tor: 1:0 (63.) Gaißmayer.
Aufstellung: Menger, Bulajic, Grassow, Schuster (48. Cullmann), Hauptmann, Cichon (88. Springer), Bähr, Voigt, Munteanu (76. Wollitz), Hasenhüttl, Gaißmayer.

25.10.1998 KFC Uerdingen - 1. FC Köln 2:2 (2:1)
Zuschauer: 8.374
Tore: 0:1 (23.) Gaißmayer, 1:1, 2:1 (39., 45.) van der Ven, 2:2 (80.) Schuster.
Aufstellung: Menger, Bulajic, Grassow, Schuster, Hutwelker, Cichon (75. Springer), Vucevic (65. Wollitz), Munteanu, Voigt, Hasenhüttl, Gaißmayer (84. Cullmann).
B.V.: Gelb-Rot für Munteanu (58.).

30.10.1998 1. FC Köln - Stuttgarter Kickers 0:1 (0:0)
Zuschauer: 11.000
Tor: 0:1 (75.) Kevric (FE).
Aufstellung: Pröll, Bulajic (80. Rösele), Grassow, Schuster, Cichon, Bähr (76. Hutwelker), Hauptmann, Wollitz, Voigt, Gaißmayer, Hasenhüttl (71. Donkov).

09.11.1998 Tennis Borussia Berlin - 1. FC Köln 1:1 (1:1)
Zuschauer: 2.650
Tore: 1:0 (20.) Dermech, 1:1 (45.) Bulajic.
Aufstellung: Pröll, Wollitz, Schuster, Bulajic, Cichon (41. Hauptmann), Bähr, Hutwelker, Munteanu, Voigt, Donkov, Hasenhüttl (10. Rösele - 86. Glaser).

15.11.1998 1. FC Köln - SpVgg Greuther Fürth 1:0 (0:0)
Zuschauer: 11.000
Tor: 1:0 (56.) Rösele.
Aufstellung: Pröll, Bulajic, Wollitz, Schuster, Bähr (88. Azizi), Hauptmann, Cichon, Voigt, Munteanu (84. Springer), Rösele (75. Hutwelker), Donkov.
B.V.: Gelb-Rot für Donkov (57.) und Kerbr (87.).

20.11.1998 SG Wattenscheid 09 - 1. FC Köln 1:1 (0:0)
Zuschauer: 4.821
Tore: 0:1 (54.) Bulajic, 1:1 (70.) Stark.
Aufstellung: Pröll, Wollitz, Schuster, Bähr, Hauptmann, Cichon, Voigt, Munteanu (85. Springer), Rösele (84. Azizi), Hutwelker.
B.V.: Gelb-Rot für Hutwelker (68.).

30.11.1998 1. FC Köln - Karlsruher SC 4:1 (2:0)
Zuschauer: 12.000
Tore: 1:0 (09.) Hasenhüttl, 2:0 (36.) Rösele, 2:1 (61.) Reich, 3:1 (72.) Wollitz, 4:1 (88.) Azizi.
Aufstellung: Pröll, Lottner, Bulajic, Schuster, Hauptmann, Voigt, Bähr, Wollitz (75. Cichon), Munteanu, Rösele (69. Azizi), Hasenhüttl (69. Donkov).

07.12.1998 Arminia Bielefeld - 1. FC Köln 0:0
Zuschauer: 11.126
Aufstellung: Pröll, Lottner, Schuster, Grassow, Wollitz, Bähr, Hauptmann, Munteanu, Voigt, Hasenhüttl (82. Azizi), Rösele (74. Donkov).

13.12.1998 1. FC Köln - FC Gütersloh 1:1 (1:0)
Zuschauer: 17.000
Tore: 1:0 (45.) Rösele, 1:1 (48.) Choroba.
Aufstellung: Pröll, Bulajic, Schuster, Lottner, Wollitz, Bähr, Hauptmann (46. Hutwelker), Munteanu, Voigt, Hasenhüttl (61. Azizi), Rösele (76. Donkov).

20.12.1998 SpVgg Unterhaching - 1. FC Köln 2:0 (1:0)
Zuschauer: 4.600
Tore: 1:0 (23.) Rraklli, 2:0 (55.) Strehmel.
Aufstellung: Pröll, Lottner, Bulajic, Schuster, Bähr (58. Grassow), Hauptmann (46. Marasa), Springer, Voigt (68. Azizi), Wollitz, Donkov, Munteanu.
B.V.: Gelb-Rot für Bulajic (42.).

26.02.1999 1. FC Köln - Hannover 96 0:2 (0:1)
Zuschauer: 17.000
Tore: 0:1 (23.) Morinas, 0:2 (71.) Kreuz.
Aufstellung: Pröll, Lottner, Grassow, Schuster, Hutwelker, Hauptmann (58. Cullmann), Wollitz, Voigt, Donkov (76. Rösele), Hasenhüttl (60. Azizi).

07.03.1999 SSV Ulm 1846 - 1. FC Köln 2:2 (0:2)
Zuschauer: 12.000
Tore: 0:1 (13.) Rösele, 0:2 (22.) Voigt, 1:2 (62.) Gora, 2:2 (70.) Zdrilic.
Aufstellung: Pröll, Grassow (75. Bulajic), Lottner, Schuster, Hutwelker, Hauptmann (79. Cullmann), Wollitz, Voigt, Munteanu, Azizi, Rösele.
B.V.: Gelb-Rot für Zdrilic (70.).

14.03.1999 1. FC Köln - FSV Mainz 05 2:1 (1:0)
Zuschauer: 15.000
Tore: 1:0 (14.) Bulajic, 1:1 (58.) Klopp, 2:1 (85.) Cullmann.
Aufstellung: Pröll, Bulajic, Lottner, Schuster, Hauptmann (58. Cullmann), Wollitz, Voigt, Munteanu (85. Hasenhüttl), Rösele, Azizi (88. Cichon).
B.V.: Platzverweis für Neustädter (44.).

22.03.1999 FC St. Pauli - 1. FC Köln 0:0
Zuschauer: 15.008
Aufstellung: Pröll, Lottner, Bulajic, Schuster, Hauptmann, Wollitz, Voigt, Cullmann, Munteanu, Azizi, Rösele, (79. Hasenhüttl).

04.04.1999 1. FC Köln - FC Energie Cottbus 2:2 (1:1)
Zuschauer: 12.000
Tore: 0:1 (35.) Schröder, 1:1 (38.) Munteanu (FE), 2:1 (54.) Lottner, 2:2 (60.) Miriuta.
Aufstellung: Pröll, Lottner, Bulajic (28. Grassow), Schuster, Wollitz, Hutwelker, Cullmann (60. Cichon), Voigt, Munteanu, Rösele, Azizi (75. Hasenhüttl).

09.04.1999 Rot-Weiß Oberhausen - 1. FC Köln 0:4 (0:2)
Zuschauer: 8.163
Tore: 0:1 (17.) Munteanu, 0:2 (42.) Azizi, 0:3 (54.) Wollitz, 0:4 (61.) Voigt.
Aufstellung: Pröll, Cullmann, Lottner, Schuster, Hutwelker, Cichon, Wollitz, Voigt (68. Springer), Munteanu (75. Bähr), Rösele, Azizi (84. Donkov).

19.04.1999 1. FC Köln - Fortuna Köln 0:3 (0:1)
Zuschauer: 32.000
Tore: 0:1 (22.) Westerbeek, 0:2 (58.) Spanier, 0:3 (69.) Schütterle.
Aufstellung: Pröll, Lottner (25. Springer), Bulajic, Schuster, Hutwelker (73. Bähr), Wollitz, Cullmann, Voigt, Rösele (60. Hasenhüttl), Azizi.

23.04.1999 Fortuna Düsseldorf - 1. FC Köln 2:1 (1:0)
Zuschauer: 18.000
Tore: 1:0, 2:0 (36., 60.) Lesniak, 2:1 (76.) Donkov.
Aufstellung: Pröll, Wollitz, Bulajic (63. Donkov), Schuster, Hutwelker (68. Bähr), Cichon, Cullmann, Springer, Munteanu, Azizi, Rösele (52. Hasenhüttl).
B.V.: Platzverweis für Jack (81.).

30.04.1999 1. FC Köln - KFC Uerdingen 4:0 (0:0)
Zuschauer: 9.000
Tore: 1:0 (52.) Bähr, 2:0 (65.) Wollitz, 3:0 (70.) Donkov, 4:0 (84.) Munteanu.
Aufstellung: Pröll, Lottner, Bulajic, Voigt, Bähr, Cullmann (46. Grassow), Cichon (25. Hauptmann), Springer, Munteanu, Azizi, Donkov (82. Hasenhüttl).

07.05.1999 Stuttgarter Kickers - 1. FC Köln 2:0 (1:0)
Zuschauer: 5.065
Tore: 1:0 (02.) Carl, 2:0 (90.) Aziz.
Aufstellung: Pröll, Wollitz, Bulajic (49. Grassow), Voigt, Bähr, Hauptmann, Cullmann, Springer (69. Hasenhüttl), Munteanu, Donkov, Azizi.

16.05.1999 1. FC Köln - Tennis Borussia Berlin 1:0 (0:0)
Zuschauer: 10.000
Tor: 1:0 (50.) Wollitz.
Aufstellung: Pröll, Bulajic, Wollitz, Lottner, Cichon (65. Schuster), Hauptmann (80. Bähr), Voigt, Munteanu, Donkov, Azizi (89. Grassow).

23.05.1999 SpVgg Greuther Fürth - 1. FC Köln 0:1 (0:0)
Zuschauer: 8.722
Tor: 0:1 (78.) Munteanu.
Aufstellung: Pröll, Lottner, Cullmann, Grassow, Springer, Hauptmann, (65. Bähr), Voigt, Wollitz, Munteanu, Donkov (81. Cichon), Azizi (65. Rösele).

28.05.1999 1. FC Köln - SG Wattenscheid 09 2:1 (1:0)
Zuschauer: 9.000
Tore: 1:0 (08.) Springer, 2:0 (55.) Azizi, 2:1 (86.) Stark (FE).
A.: Pröll, Lottner, Grassow, Schuster, Bähr, Cullmann (70. Hutwelker), Cichon, Voigt, Springer, Azizi (88. Glaser), Donkov.
B.V.: Gelb-Rot für Donkov (56.), Platzverweis für Feinbier (89.).

STATISTIK 1998/99

13.06.1999 Karlsruher SC - 1. FC Köln 3:1 (2:0)
Zuschauer: 24.600
Tore: 1:0 (10.) Bäumer, 2:0 (34.) Schwarz, 3:0 (63.) Guie-Mien, 3:1 (84.) Lottner.
Aufstellung: Pröll, Lottner, Grassow, Cullmann, Bähr, Hauptmann, Munteanu, Voigt, Wollitz, Azizi, Hutwelker.

17.06.1999 1. FC Köln - Arminia Bielefeld 3:5 (1:3)
Zuschauer: 12.000
Tore: 1:0 (18.) Munteanu (FE), 1:1 (27.) Labbadia, 1:2 (43.) Reina, 1:3 (45.) Labbadia, 1:4 (63.) Reina, 2:4 (80.) Cullmann, 3:4 (81.) Lottner, 3:5 (83.) Bode.
Aufstellung: Selke, Lottner, Grassow (46. Bulajic), Schuster, Bähr, Cichon, Hauptmann, Munteanu (46. Cullmann), Voigt, Azizi, Donkov (68. Hasenhüttl).
B.V.: Das Spiel fand im Südstadion statt.

DFB-POKAL

1. Runde
29.08.1998 1. FC Köln - FC Hansa Rostock 0:1 (0:1)
Zuschauer: 11.000
Tor: 0:1 (45.) Majak.
Aufstellung: Menger, Hauptmann, Cullmann, Grassow, Hutwelker, Cichon (80. Bähr), Munteanu, Voigt, Wollitz, Azizi, Donkov (71. Gaißmayer).

FREUNDSCHAFTSSPIELE

05.07.1998 1. FC Köln - CFB Ford Niehl 9:0

11.07.1998 Ostfrisia Moordorf - 1. FC Köln 0:4 (0:2)

17.07.1998 TuS Norderney - 1. FC Köln 0:10

19.07.1998 BW Post Recklinghausen - 1. FC Köln 0:6 (0:4)

22.07.1998 Alemannia Aachen - 1. FC Köln 2:2 (0:1)
(in Kohlscheid)

24.07.1998 Bahlinger SC - 1. FC Köln 0:3 (0:1)

25.07.1998 Borussia M'gladbach - 1. FC Köln 2:3 (2:0)
(in Bahlingen)

26.07.1998 FC Remscheid - 1. FC Köln 1:4 (1:4)

29.07.1998 TSC Euskirchen - 1. FC Köln 2:4 (0:3)

12.08.1998 1. FC Köln - Ajax Amsterdam 1:3 (0:2)

09.10.1998 NAC Breda - 1. FC Köln 3:2 (0:1)

22.01.1999 Alemannia Aachen - 1. FC Köln 1:2 (0:2)

23.01.1999 SpVgg Porz - 1. FC Köln 0:4 (0:2)

30.01.1999 FC Utrecht - 1. FC Köln 1:1 (1:1)
(in Harten/Niederlande)

04.02.1999 CSD Colo Colo - 1. FC Köln 1:1 (0:0)
(in Santiago de Chile/Chile)

07.02.1999 Lausanne Sports - 1. FC Köln 1:1 (0:1)
(in Santiago de Chile/Chile)

09.02.1999 CF Universidad de Chile - 1. FC Köln 2:3 (1:0)
(in Santiago de Chile/Chile)

11.02.1999 Lausanne Sports - 1. FC Köln 1:4 (0:2)
(in Santiago de Chile/Chile)

17.02.1999 Stadtauswahl Toisdorf - 1. FC Köln 1:7 (0:5)

20.02.1999 1. FC Köln - Sportfreunde Siegen 1:2 (0:2)

13.04.1999 1. FC Köln - Stadtausw. in Köln lebender Iraner 11:0 (4:0)

30.05.1999 Union Sportive Luxemburg - 1. FC Köln 3:6 (2:3)

01.06.1999 SV Adler Niederfischbach - 1. FC Köln 0:19 (0:8)

04.06.1999 SV Neubeckum - 1. FC Köln 0:13 (0:4)

2. BUNDESLIGA 1998/99

1.	Arminia Bielefeld (A)	62:32	67
2.	SpVgg Unterhaching	47:30	63
3.	SSV Ulm (N)	63:51	58
4.	Hannover 96 (N)	52:36	57
5.	Karlsruher SC (A)	54:43	56
6.	Tennis Borussia Berlin (N)	47:39	54
7.	FSV Mainz 05	48:44	50
8.	SpVgg Greuther Fürth	40:31	49
9.	FC St. Pauli	49:46	45
10.	1. FC Köln (A)	46:53	45
11.	Energie Cottbus	48:42	41
12.	Rot-Weiß Oberhausen (N)	40:47	41
13.	Stuttgarter Kickers	38:53	41
14.	Fortuna Köln	49:55	40
15.	FC Gütersloh	39:58	37
16.	KFC Uerdingen	34:57	31
17.	SG Wattenscheid 09	31:46	30
18.	Fortuna Düsseldorf	35:59	28

FIEBERKURVE 1998/99

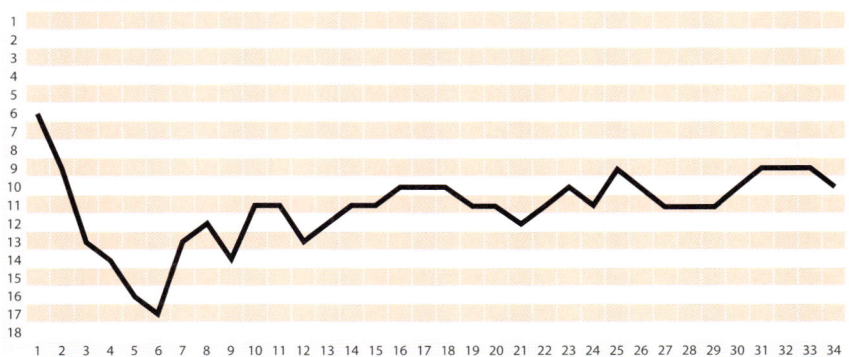

Lizenz zum Leiden: FC-Dauerkarte 1998/99.

BUNDESLIGAKADER 1998/99

Abgänge: Andersen (Laufbahn beendet), Baumann (Borussia Dortmund), Fensch (Arminia Bielefeld), Fursth (Hammarby IF), Gaißmayer (Rot-Weiß Oberhausen, w.d.l.S.), Kostner (Wacker Burghausen), Kraft (FC Gütersloh), Marasa (eigene Amateure, w.d.l.S.), Menger (MSV Duisburg, w.d.l.S.), Münch (FC Genua 1893), Nadaroglu (Bursapor), Polster (Borussia M'gladbach), Ryschkow (FC Basel), Scherr (Wuppertaler SV), Schmidt (1. FC Magdeburg), Thiam (VfB Stuttgart), Tretschok (Hertha BSC Berlin), Vladoiu (Dinamo Bukarest), Vogt (Borussia Dortmund Am.).
Zugänge: Bähr (Karlsruher SC), Bulajic (NK Maribor), Cullmann (eigene Amateure), Donkov (VfL Bochum), Glaser (Bonner SC), Hasenhüttl (Lierse SK, w.d.l.S.), Hutwelker (VfL Bochum), Keim (eigene Amateure), Lottner (Bayer Leverkusen, w.d.l.S.), Marasa (eigene Amateure, w.d.l.S.), Pröll (eigene Jugend), Springer (FC St. Pauli), Tuma (SV Lohhof), Voigt (eigene Amateure), Wollitz (KFC Uerdingen)

Trainer:
Bernd Schuster

Tor:
21 Pröll, Markus 22/0
01 Menger, Andreas 8/0
16 Selke, Sebastian 4/0

Feld:
08 Munteanu, Dorinel 32/7
10 Wollitz, Claus-Dieter 32/4
06 Schuster, Dirk 29/2
11 Azizi, Khodadad 27/4
07 Hauptmann, Ralf 27/1
26 Voigt, Alexander 26/2
09 Donkov, Georgi 24/3
04 Grassow, Dennis 24/0

03 Hutwelker, Karsten 24/1
02 Bähr, Markus 22/1
20 Cichon, Thomas 22/1
05 Bulajic, Spasoje 21/3
25 Cullmann, Carsten 20/2
19 Rösele, Michael 20/4
15 Springer, Christian 20/1
17 Hasenhüttl, Ralph 17/1
30 Lottner, Dirk 16/3
13 Gaißmayer, Holger 11/4
18 Vucevic, Goran 7/1
14 Emilio, Luciano 4/0
22 Glaser, Stephan 4/0
29 Marasa, Claudio 1/0
23 Tuma, Josef 0/0
28 Weller, Marco 0/0
27 Keim, Jens 0/0

Dazu kommt ein Eigentor von Steffen Heidrich (Energie Cottbus).

1999/2000
2. BUNDESLIGA

„Der Aufstieg ist unvermeidbar"

[LEGENDEN]

Dirk Lottner
Beim FC von 1998 bis 2004 (Spieler), 2006 bis 2007 (Co-Trainer U23), ab 2007 (Trainer U17)
Geboren: 04.03.1972 in Köln
Pflichtspiele beim FC: 174
Pflichtspieltore: 57

Ein kölscher Held

„Davon habe ich schon als kleiner Junge geträumt", jubelte Dirk Lottner, als er im November 1998 von Bayer Leverkusen zum FC wechselte. Genau wie die Legenden Hans Schäfer und Fritz Pott erlernte Lottner bei RW Zollstock das Fußballspielen. Von hier ging er zu Fortuna Köln, für die er bis 1997 die Fußballstiefel schnürte. Schon bei der Fortuna war „Lotte" für seinen linken Hammer berühmt. 1997 ging er zu Bayer Leverkusen, wo er sich trotz guter Ansätze in der mit Stars gespickten Bayer-Mannschaft nur selten in Szene setzen konnte. Für die FC-Fans war der als Libero verpflichtete Ur-Kölner ein echter Hoffnungsträger. Doch die „Horrorsaison" 1998/99, während der Lottner zum FC-Kapitän wurde, konnte auch er nicht mehr retten. Unter Trainer Ewald Lienen avancierte der Zollstocker dann aber endgültig zum kölschen Helden. Als Spiellenker hinter den Spitzen eingesetzt, hatte er maßgeblichen Anteil am Wiederaufstieg im Jahr 2000. „Lotte" glänzte als Vorbereiter und Torschütze zugleich. Trotz seines enormen Beliebtheitsgrades war er z. T. umstritten. Hauptkritikpunkt waren seine eher dürftigen läuferischen und konditionellen Fähigkeiten. Seine oft sehenswerten Treffer waren aber nicht selten allein das Eintrittsgeld wert. Nach zwei Auf- und Abstiegen verließ Lottner den FC im Sommer 2004 nach einem emotionalen Abschied in Richtung MSV Duisburg. Anschließend kam er ans Geißbockheim zurück, um im Trainerbereich zu arbeiten. Zunächst als Co-Trainer der Amateure (2006/07) und ab der Spielzeit 2007/08 als Cheftrainer der U17. ■

Hintere Reihe von links: Spasoje Bulajic, Matthias Scherz, Claus-Dieter Wollitz, Michael Rösele, Dirk Lottner, Ralph Hasenhüttl, Carsten Cullmann, Thomas Cichon. Mittlere Reihe von links: Betreuer und Busfahrer Hans-Peter Dick, Co-Trainer Jan Kocian, Ralf Hauptmann, Janosch Dziwior, Christian Springer, Georgi Donkov, Hristo Jovov, Alexander Voigt, Markus Kurth, Trainer Ewald Lienen, Mannschaftsärzte Dr. Peter Schäferhoff und Jürgen Böhle. Vordere Reihe von links: Zeugwart Michael Lüken, Markus Bähr, Pascal Ojigwe, Stephan Glaser, Markus Pröll, Sebastian Selke, Marcel Gebhardt, Khodadad Azizi, Dirk Schuster, Masseur Jürgen Schäfer, Physiotherapeut Peter Kuhlbach.

Fußball in Köln ist eigentlich unbegreiflich. Die Liebe der Fans zum Verein manchmal noch weniger. Da spielte das Team eine grottenschlechte Saison, aber zur Saisoneröffnung kommen doch alle wieder: 12.000 Zuschauer bevölkerten das Gelände am Militärring.

Dass in dieser Saison andere Charaktere am Werk sein sollten, merkten die Fans bereits während der Testspielphase. Gleich in der ersten Begegnung, gegen die Ostholländer aus der Nähe von Venlo, spielten beide Teams mit so hohem Einsatz, dass Neuzugang Pascal Ojigwe (Nasenbeinbruch) und Ralf Hauptmann (Knieprellung) sich Verletzungen zuzogen, die sie mehrere Wochen pausieren lassen mussten. Der Gegner durfte nach der 3:2-Niederlage seinen Kummer in der Heimat mit Genever ertränken.

Der FC, besser gesagt Trainer Ewald Lienen, bastelte derweil an einer neuen Mannschaft. Und das mit Erfolg, wie sich im Laufe des Spieljahres herausstellen sollte. Zunächst aber wurde aufgeräumt. Hristo Jovov, erst seit drei Wochen unter Vertrag, musste seinen Spind in der Kölner Nasszelle wieder räumen. „Er hat versucht, uns zu betrügen. Der Weggang dieses völlig charakterlosen Spielers wird den Kader stärken", so Lienen im Rückblick. Der Ex-Löwe hatte, trotz Vertragsabsprachen, versucht, mehr Geld rauszuschlagen, und wollte den FC abzocken.

Aber außer dem Fall Jovov war eine fast schon vergessene Harmonie in die Domstadt eingezogen. Ohne Querelen durch die Testspiele, das gab es seit fast 20 Jahren nicht mehr. Neun Spiele, mit sieben Siegen und nur einer Niederlage (2:4 gegen Wolfsburg). Dazu kam noch der Spielabbruch der Partie gegen Nijmwegen in Groesbeek. Der wurde von holländischen Hooligans provoziert, als sie den Rasen im Stadion des kleinen Städtchens stürmten. Ansonsten herrschte in Köln gespannte Vorfreude auf das, was sich in den kommenden Monaten abspielen sollte.

SIEGE IM DFB-POKAL

Stell dir vor, es ist DFB-Pokal, und der FC spielt mit. Ein lange nicht mehr erlebtes Gefühl. Nach einem Freilos in der ersten Runde ging es nun zur SG Wattenscheid 09, die in der letzten Saison abgestiegen war. Christian Timm hieß der neue Stürmer in den Reihen des 1. FC Köln, der mit einem lupenreinen Hattrick innerhalb von 20 Minuten den Grundstein für das klare 7:1 gegen die Westfalen legte.

Das Gros der Neuzugänge passte und der neue Trainer sollte zum wahren Glücksfall werden. Die Fans waren

Wurden in Köln zum Kult: Trainer Ewald Lienen und sein legendäres blaues Hemd.

neugierig auf ihre Geißböcke, die in der letzten Saison so an den Nerven gezerrt hatten. So kamen zum ersten Heimspiel 22.000 Zuschauer gegen Rot-Weiß Oberhausen, eine Truppe, die bis auf ihre kurze Bundesligazeit in den 1970ern noch nie großartig auf sich aufmerksam machen konnte. Die Fans feierten ihr Team selbst nach einem denkbar knappen 1:0-Erfolg. „Der schlafende Riese erwacht", schrieb der *Express* und schien recht zu behalten. Die Mannschaft zeigte endlich Tugenden, die man seit Jahren nicht mehr in der Domstadt vorgefunden hatte, Kampfgeist und Einsatzwillen. Und das Team begeisterte weiter: 4:1 gegen die Stuttgarter Kickers, nach einem 0:1-Rückstand, sowie ein 3:2 in Bochum nach zweimaliger Aufholjagd. Nach vier Spielen standen die Geißböcke in der Spitzengruppe. „Die Mannschaft ist stark genug aufzusteigen", tönte schon jetzt Hannes Linßen. Prompt folgte der erste Rückschlag. Gegen Tennis Borussia Berlin gelang es zwar, erneut einen Rückstand wettzumachen, mehr als das 1:1 war aber nicht mehr zu holen. In Mönchengladbach war dann aber der Aufwind mit Neu-Trainer Ewald Lienen verflogen. Es gab eine glatte 1:3-Niederlage und somit den Abschied von den Aufstiegsplätzen. Der Durchhänger war jedoch nur von kurzer Dauer. Siege gegen Mannheim (3:0), im Pokal gegen Frankfurt (2:1) und in Offenbach (1:0) führten das Team endlich auf Platz eins. Bundesligist Eintracht Frankfurt, der mit Jörg Berger, Horst Heldt und Olaf Janßen gleich drei ehemalige Geißböcke beschäftigt hatte, musste im DFB-Pokal die neue Kölner Stärke (2:1) anerkennen. Es folgte das Kölsche Derby. Aber auch die Fortuna kann der Mannschaft vom Militärring nichts entgegensetzen. Zweimal Lottner und Cichon sorgen für einen klaren Erfolg. In Mainz wurde ein 0:0 erkämpft und Verfolger Nürnberg im wahrsten Sinne des Wortes mit 6:1 überrollt, dem höchsten FC-Sieg in einem Punktspiel seit über neun Jahren.

VORSPRUNG AUSGEBAUT

Am 9. Spieltag betrug der Vorsprung auf einen Nichtaufstiegsplatz drei Punkte. Und dieser wurde weiter ausgebaut, teils mit solider Handwerksarbeit, teils aber auch mit begeisterndem Angriffsspiel. Dem sensationellen 6:1 gegen den 1. FC Nürnberg folgte mit dem Chemnitzer FC eine Mannschaft, die seit 33 Spielen das eigene Gelände nicht mehr als Verlierer verlassen musste. Bis der FC zur Flutlichtpremiere kam. Durch einen Wintereinbruch hatte die Begegnung lange Zeit auf der Kippe gestanden, endete aber mit einem verdienten 3:1 zu Gunsten der Rheinländer. Das gleiche Ergebnis stand nach 90 Minuten gegen Hannover auf der Anzeigetafel in Müngersdorf, und wieder war Dirk Lottner zweifacher Torschütze und Matchwinner. „Ich kann zur Zeit gegen eine Eisenstange treten, und sogar die fliegt ins Tor", freute sich der FC-Kapitän scherzhaft.

So langsam erwachte in Köln wieder die Liebe zum FC. In den beiden letzten Heimspielen des alten Jahrtausends kamen jeweils rund 40.000 Zuschauer, um sich deutliche Siege gegen die Verfolger aus Aachen (4:0) und Cottbus (4:1) anzusehen. Dazwischen lag dann noch der Erfolg auf St. Pauli (2:1). Mit einer souveränen Tabellenführung und einem Vorsprung von 14 Punkten auf Platz vier ging es in die Winterpause. Allerdings hatte die Begegnung im „Freudenhaus der Liga" gezeigt, wie wertvoll Lottner für die Mannschaft geworden war. Dort hatte der Mittelfeld-

„Lotte", der Aufstiegsgarant. Mit 14 Saisontoren hatte Dirk Lottner maßgeblichen Anteil daran, dass der FC nach zweijähriger Abstinenz in die erste Liga zurückkehrte.

Erstmals wird der FC Meister der 2. Bundesliga. Auch dafür verleiht der DFB einen entsprechenden Ehrenwimpel.

[Interessantes & Kurioses]

■ Ursprünglich hat seine Rosi für das blaue Hemd der Marke Ralph Lauren rund 150 DM hingeblättert. Es sollte im Laufe der Saison in Köln Kultstatus erreichen. Ewald Lienen trug es seit seinem Dienstantritt in der Domstadt. Wochenlang nimmt sich fast jeder Berichterstatter des Glücksbringers an. Imitate überfluten Köln und die Südkurve. Selbst Wolfgang Niedecken lässt sich mitreißen und tritt im neuen „Lienen-Blau" auf. Heute liegt das Original schön zusammengefaltet im FC-Museum.

■ Seit dem 01. November hat der 1. FC Köln einen neuen Hauptgeschäftsführer. Claus Horstmann hatte zuvor in Diensten der Center Parcs gestanden.

■ Das Geißbockheim bekommt einen neuen Pächter. Eugen Glöckner übernimmt ab Dezember 1999 diese Aufgabe. In der Weihnachtspause wird die Begegnungsstätte für FC'ler umfangreich renoviert, um Mitte Februar wieder seine Pforten für die Gäste zu öffnen.

■ Standing Ovations bekommt Ewald Lienen auf der Jahreshauptversammlung am 9. Dezember 1999 von den 616 anwesenden Mitgliedern, als er den Kristallsaal betritt. Auch sonst verläuft das jährliche Treffen der FC-Mitglieder endlich wieder einmal äußerst harmonisch.

■ Für die Krimiserie „SK Kölsch" dient der heimliche Star des FC, Geißbock Hennes, als Mordopfer. Das „arme" Tier wird vom Tribünendach aus erschossen, um den Forderungen eines Erpressers Nachdruck zu verleihen. Mit dabei in dieser Krimifolge auch Keeper Markus Pröll, der für Interviewzwecke zur Verfügung stand. Gesendet wird das Gesamtwerk im Herbst des Jahres 2000.

■ Auch die schreibende Zunft profitiert vom Aufstieg der Geißböcke. Gleich fünf Bücher kommen nach dem feststehenden

Aufstieg auf den Markt. Am schnellsten reagiert der Emons Verlag mit seinem Werk „Die Helden des 1. FC Köln". Nur wenige Tage später legt Kiepenheuer & Witsch nach: „1. FC Köln – Der Aufstieg" ist ein Rückblick auf das noch laufende Spieljahr. Auch die Buchserie der Edition Steffan wird mit „So ein Tag 1997 – 2000" fortgesetzt. Die komplette Vereinsgeschichte umfasst „Hennes & Co" aus dem Werkstatt-Verlag. Dazu gibt es auch ein Buch aus Fansicht. „Zurück aus Cottbus" erzählt die Geschichte der Fans und ihren Leiden in den letzten Monaten.

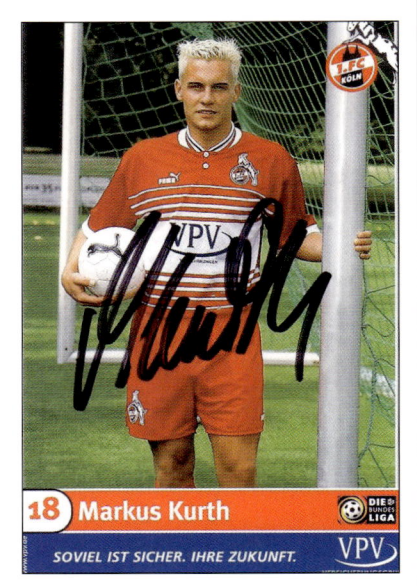

So liebten ihn die FC-Fans: Das kölsche Urgestein Alexander Voigt im Kampf mit dem Cottbuser und späteren Kölner Sebastian Helbig.

FC-Autogrammkarte aus der Saison 1999/2000.

■ Natürlich wird die neue Popularität der FC-Stars sofort ausgenutzt. „Fussich Julchen", Marita Köllner, krallt sich schnell noch Dirk Lottner, um mit ihm „Mir sin kölsche Junge" auf CD brennen zu lassen.

Legendär: Mit einem unvergessenen 5:3 bei Hannover 96 macht der 1. FC Köln den Aufstieg perfekt.

Der „Aufstiegsbus".

regisseur gefehlt, und prompt hatte die Mannschaft Probleme gehabt.
Was für eine Halbserie. Der FC stand unangefochten an der Spitze. Bereits neun Punkte lagen zwischen den Lienen-Jüngern und dem Zweiten Cottbus. So dominiert hatte seit 13 Jahren kein Verein mehr in der zweiten Liga. Mit Trainer Ewald Lienen kam Kompetenz und Konstanz zurück ans Geißbockheim. Selbst die Niederlage Anfang Dezember im DFB-Pokal in Stuttgart (0:4) sorgte nicht für Unruhe. Der FC war wieder wer, und die Fans freuten sich auf die Rückrunde.

ERNEUT 2.000 DAUERKARTEN

Fußball im neuen Jahrtausend. Die Anhänger rund um die Müngersdorfer Hauptkampfbahn warteten sehnsüchtig auf den Rückrundenauftakt. Dies registrierte man auch in der Geschäftsstelle: Im Weihnachtsgeschäft wurden nochmals rund 2.000 Dauerkarten abgesetzt, sodass die Gesamtzahl auf 8.000 stieg – Vereinsrekord. „Der Aufstieg ist unvermeidbar", titelte der Kicker in seinem letzten Heft vor dem Rückrundenstart. Und genau dieser misslang, denn in der Schlammwüste Oberhausen gab es zum Auftakt die zweite Saisonniederlage. Die Mannschaft kam nach der Winterpause offensichtlich

schwerer in Tritt. Auch gegen Fürth reichte es noch nicht zum ersten Dreier, und das trotz einer 2:0-Führung. Erst bei den Kickers am Stuttgarter Fernsehturm kehrte die Lienen-Elf wieder in die Erfolgsspur zurück. Dem 2:1 bei den Blauen folgte ein brillantes 3:0 gegen den Tabellenzweiten VfL Bochum. Der Vorsprung war wieder auf 15 Punkte angewachsen, was Dirk Lottner zu der Aussage „Jetzt stoppt uns nur noch eine Katastrophe" veranlasste.
Und die schien sich auf einmal anzubahnen. Fünf Spiele blieb man sieglos. Zuhause nur zwei kümmerliche Punkte gegen Verfolger M'gladbach (1:1), wo Lottner erst in der letzten Minute der Ausgleich gelang, und Offenbach (1:1). Auswärts drei Pleiten in Folge in Berlin (0:2), Mannheim (1:2) und

gegen Fortuna Köln (1:4). Beim FC machte sich Ratlosigkeit breit. In der Rückrundentabelle stand das Team auf Platz 14 mit schlappen neun Punkten aus neun Spielen. Im regulären Klassement sah das Ganze noch nicht so dramatisch aus. Platz eins mit immerhin noch satten sieben Punkten Vorsprung vor dem Vierten Nürnberg.

AUFSTIEG IN HANNOVER

Gegen den FSV Mainz 05 wurde der Sinkflug endlich gestoppt. Zwar gab's auch hier keine Brillanz zu bewundern, aber das 1:0 brachte die erforderlichen drei Punkte. In Nürnberg sollte nun auch auswärts endlich wieder gepunktet werden. „Die Geißböcke sind aufgestanden", feierte der Kicker an diesem Osterwochenende den FC. Gegen Chemnitz zeigte das Team zu

Die Kölner Zeitungen würdigten die Erstligarückkehr der Geißböcke mit Sonderheften.

Hause, dass es sich wieder gefestigt hatte. Trotz des Rückstands drehte die Mannschaft die Begegnung und gewann dank eines wiedererstarkten Ralf Hauptmann mit 2:1. Fünf Spieltage vor Schluss ging es nun nach Hannover. Auch die Niedersachsen machten sich noch Hoffnung auf den Aufstieg. Mit einem Sieg wäre 96 zumindest punktgleich mit dem Dritten Cottbus. Der FC dagegen könnte mit einem Dreier den Aufstieg bereits am 30. Spieltag perfekt machen. Es sollte eine der eindrucksvollsten Vorstellungen des neuen Kölner Geistes werden. Nach gut einer Stunde schien schon alles verloren. Viele erinnerten sich in der Anfangsphase an das bittere 1:6 vom Vorjahr, denn die Gastgeber führten bereits nach sieben Minuten mit 2:0. Doch die Rheinischen schlugen zurück. Lottner traf noch vor der Pause zum Anschlusstreffer. Als jedoch Lala erneut die Führung auf zwei Treffer ausbaute, glaubte niemand mehr an den Erfolg. Ganze zwei Minuten dauerte die Depression, ehe erst Cullmann und weitere zwei Minuten darauf Thomas Cichon sogar zum Ausgleich einnetzte. Jetzt waren die Geißböcke nicht mehr zu halten und spielten die Gastgeber an die Wand.

Held des Abends war Alexander Voigt, der mit seinem Hammer aus 25 Metern seine Mannschaft in Führung schoss. Drei Minuten später schickte Markus Kurth ganz Köln endgültig in die Glückseligkeit. „500.000 feiern Karneval in Köln", meldete der *Kicker* und beschrieb die chaotischen Zustände in der Domstadt, als der Schlusspfiff in der Landeshauptstadt Niedersachsens ertönt war. Der FC hatte 5:3 gewonnen, und die Anhänger waren nicht mehr zu halten. Direkt nach Spielende blockierten die Fans die Ringe in der Kölner Innenstadt und feierten so die Rückkehr ihrer Lieblinge in die deutsche Eliteklasse. Als die Mannschaft gegen 3:30 Uhr das Clublokal anfuhr, standen dort hunderte von Fans und feierten sie frenetisch.

FEIER TROTZ NIEDERLAGE

Das anschließende Heimspiel gegen den Tabellenletzten Karlsruhe wurde mit 1:2 verloren, dem einzigen in dieser Saison. 32.500 Zuschauer, die den Triumphmarsch miterleben wollten, schickten ihre Lieblinge mit einem gellenden Pfeifkonzert in die Kabinen. In Aachen (2:1) und gegen St. Pauli (6:3) zeigte sich, dass dies ein Ausrutscher bleiben sollte. Mit dem Sieg gegen die Paulianer fuhren die Lienen-Jünger endgültig die Meisterschaft in dieser Zweitligasaison ein. Im Anschluss an diese Partie gab es hinter der Südkurve ein rauschendes Fest. Gemeinsam mit den Fans des FC St. Pauli wurde der Aufstieg bis in die Morgenstunden gefeiert. Das 0:2 beim letzten Spiel in Cottbus nahm der Mannschaft keiner mehr krumm. Die energiegeladenen Kicker aus der Lausitz schafften somit selbst den Aufstieg in Liga eins und ließen den Verfolger und Kölner Lieblingsrivalen Mönchengladbach ein weiteres Jahr in der zweiten Liga zurück. Die Wege von FC und Ortsrivale Fortuna Köln sollten sich noch aus anderen Gründen für lange Zeit trennen. Die Südstädter hatten zwei Jahre erfolglos versucht, dem FC den Rang abzulaufen. Trainer wie Harald Schumacher und am Ende auch Hans Krankl konnten aber den Abstieg des sympathischen Vereins nicht verhindern. Kurz darauf wütete noch die Steuerfahndung im Hause Löring. Präsident Löring hatte jahrelang Gelder für seine „Lieblinge" bei der Fortuna abgezweigt. Fortan stand der Club immer kurz vor dem Kollaps. Noch heute leiden die sich erst langsam wieder erholenden Südstädter an den „Sünden" der 1990er Jahre.

Der FC verabschiedete sich mit einem Freundschaftsspiel gegen den VfL Meckenheim von seinen Fans. Einzig Spasoje Bulajic konnte noch nicht seine Sommerpause antreten, denn der slowenischen Nationalmannschaft war die Qualifikation zur EURO 2000 gelungen, wo sie mit ihrer erfrischenden Spielweise begeisterte. Die Deutschen dagegen enttäuschten und belegten im Abschlussklassement den 15. und damit vorletzten Platz.

Das Stadtderby letztmals unter Ligabedingungen: Während der FC das Hinspiel mit 3:0 gewann, konnten die Südstädter ihr „Heimspiel" mit 4:1 für sich entscheiden.

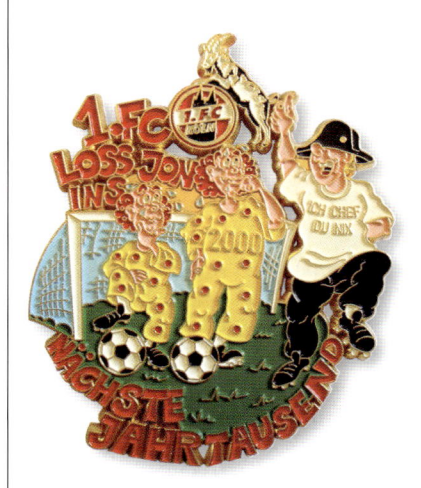

„Millennium": der FC-Karnevalsorden thematisiert den Gang ins neue Jahrtausend.

Am letzten Spieltag feierten die FC-Fans in Cottbus nicht nur den eigenen, bereits feststehenden Aufstieg, sondern auch den gleichzeitigen „Nichtaufstieg" des Erzrivalen aus Mönchengladbach.

Das mit 6:3 gewonnene letzte Heimspiel gegen den FC St. Pauli war eine einzige, riesige kölsche Party.

1999/2000

STATISTIK 1999/2000

BUNDESLIGA

14.08.1999 1. FC Köln - Rot-Weiß Oberhausen 1:0 (0:0)
Zuschauer: 22.000
Tor: 1:0 (71.) Springer.
Aufstellung: Pröll, Lottner, Cullmann, Dziwior, Ojigwe, Voigt (84. Cichon), Scherz, Wollitz, Springer, Timm (89. Azizi), Kurth (71. Donkov).

20.08.1999 SpVgg Greuther Fürth - 1. FC Köln 0:0
Zuschauer: 11.153
Aufstellung: Pröll, Cullmann, Lottner, Dziwior, Scherz, Ojigwe, Voigt, Springer (88. Cichon), Wollitz, Timm (90. Bulajic), Kurth (79. Rösele).

27.08.1999 1. FC Köln - Stuttgarter Kickers 4:1 (2:1)
Zuschauer: 20.000
Tore: 0:1 (18.) Pfuderer, 1:1 (21.) Scherz, 2:1 (35.) Wollitz, 3:1 (56.) Springer, 4:1 (58.) Timm.
Aufstellung: Pröll, Lottner, Cullmann, Dziwior, Hauptmann (74. Bulajic), Ojigwe, Scherz, Wollitz (85. Voigt), Springer, Timm, Kurth (79. Rösele).

13.09.1999 VfL Bochum - 1. FC Köln 2:3 (1:1)
Zuschauer: 25.010
Tore: 1:0 (21.) Weber, 1:1 (31.) Azizi, 2:1 (53.) Ristau, 2:2, 2:3 (60., 68.) Kurth.
Aufstellung: Pröll, Lottner, Cullmann, Dziwior, Voigt, Springer, Scherz, Ojigwe, Azizi (82. Rösele), Kurth (88. Cichon), Timm (87. Donkov).

20.09.1999 1. FC Köln - Tennis Borussia Berlin 1:1 (0:1)
Zuschauer: 24.000
Tore: 0:1 (15.) Walker, 1:1 (78.) Hasenhüttl.
Aufstellung: Pröll, Cullmann (46. Sichone), Lottner, Dziwior, Voigt (61. Cichon), Ojigwe, Scherz, Springer, Azizi (61. Hasenhüttl), Timm, Kurth.
B.V.: Gelb-Rot für Capado (66.).

27.09.1999 Borussia M'gladbach - 1. FC Köln 3:1 (0:1)
Zuschauer: 30.100
Tore: 0:1 (40.) Timm (FE), 1:1 (57.) Ketelaer, 2:1 (80.) Scherz (E), 3:1 (87.) Polster (FE).
Aufstellung: Pröll, Lottner, Dziwior, Sichone, Scherz (87. Glaser), Cullmann (81. Donkov), Ojigwe, Springer, Rösele (81. Hasenhüttl), Timm, Kurth.

01.10.1999 1. FC Köln - Waldhof Mannheim 3:0 (2:0)
Zuschauer: 17.000
Tore: 1:0 (21.) Lottner, 2:0 (45.) Kurth, 3:0 (83.) Timm.
Aufstellung: Pröll, Cichon, Dziwior, Sichone, Voigt, Scherz, Ojigwe, Lottner (73. Gebhardt), Springer, Kurth (73. Hasenhüttl), Timm (84. Donkov).
B.V.: Gelb-Rot für Zhou (57.).

15.10.1999 Kickers Offenbach - 1. FC Köln 0:1 (0:0)
Zuschauer: 21.000
Tor: 0:1 (90.) Curko (E).
Aufstellung: Pröll, Sichone, Cichon, Dziwior, Voigt, Scherz (83. Rösele), Springer, Ojigwe (77. Hauptmann), Lottner, Hasenhüttl (83. Kurth), Donkov.

25.10.1999 1. FC Köln - Fortuna Köln 3:0 (2:0)
Zuschauer: 38.000
Tore: 1:0 (15.) Lottner, 2:0 (45.) Cichon, 3:0 (58.) Lottner.
Aufstellung: Pröll, Cichon, Sichone, Dziwior, Voigt, Scherz (72. Rösele), Springer, Ojigwe (87. Bähr), Lottner, Kurth, Donkov (79. Dworrak).

29.10.1999 FSV Mainz 05 - 1. FC Köln 0:0
Zuschauer: 12.236
Aufstellung: Pröll, Cichon, Sichone, Dziwior, Scherz, Ojigwe, Lottner (84. Hauptmann), Springer, Voigt, Kurth (84. Hasenhüttl), Donkov (71. Timm).

07.11.1999 1. FC Köln - 1. FC Nürnberg 6:1 (3:0)
Zuschauer: 27.000
Tore: 1:0 (16.) Springer, 2:0 (23.) Kurth, 3:0 (37.) Dziwior, 4:0 (51.) Lottner, 5:0 (86.) Scherz, 6:0 (90.) Lottner, 6:1 (90.) Nikl.
Aufstellung: Pröll, Cichon (67. Hauptmann), Dziwior, Sichone, Ojigwe, Scherz, Lottner, Voigt (80. Cullmann), Springer, Kurth, Donkov (74. Timm).

22.11.1999 Chemnitzer FC - 1. FC Köln 1:3 (1:1)
Zuschauer: 11.237
Tore: 1:0 (27.) König, 1:1 (45.) Lottner (FE), 1:2 (47.) Kurth, 1:3 (79.) Lottner.
Aufstellung: Pröll, Hauptmann, Dziwior, Sichone, Ojigwe, Scherz (89. Rösele), Lottner, Voigt, Springer, Kurth (81. Hasenhüttl), Donkov (81. Timm).

26.11.1999 1. FC Köln - Hannover 96 3:1 (1:0)
Zuschauer: 23.500
Tore: 1:0 (03.) Lottner, 1:1 (48.) Hauptmann (E), 2:1 (83.) Lottner, 3:1 (86.) Timm.
Aufstellung: Pröll, Hauptmann, Dziwior, Sichone, Ojigwe, Voigt (84. Bähr), Scherz, Lottner, Springer, Donkov (46. Timm), Kurth (69. Hasenhüttl).

06.12.1999 Karlsruher SC - 1. FC Köln 0:0
Zuschauer: 10.500
Aufstellung: Pröll, Cichon, Dziwior, Sichone, Scherz (79. Rösele), Ojigwe, Voigt (87. Hasenhüttl), Springer, Kurth (90. Donkov), Timm.
B.V.: Platzverweis für Addo (24.).

10.12.1999 1. FC Köln - Alemannia Aachen 4:0 (2:0)
Zuschauer: 40.000
Tore: 1:0 (27.) Cichon, 2:0 (32.) Kurth, 3:0 (58.) Timm, 4:0 (76.) Donkov.
Aufstellung: Pröll, Cichon (79. Cullmann), Sichone, Dziwior, Ojigwe, Voigt, Scherz (80. Rösele), Springer, Lottner, Kurth (62. Donkov), Timm.

15.12.1999 FC St. Pauli - 1. FC Köln 1:2 (1:0)
Zuschauer: 13.291
Tore: 1:0 (39.) Hanke, 1:1 (67.) Kurth, 1:2 (82.) Donkov.
Aufstellung: Pröll, Cichon (23. Cullmann), Dziwior, Sichone, Scherz (53. Rösele), Ojigwe, Springer, Voigt, Kurth (88. Hasenhüttl), Timm, Donkov.

18.12.1999 1. FC Köln - FC Energie Cottbus 4:1 (3:0)
Zuschauer: 36.500
Tore: 1:0 (11.) Lottner (FE), 2:0 (35.) Scherz, 3:0 (40.) Lottner, 3:1 (77.) Helbig, 4:1 (90.) Hasenhüttl.
Aufstellung: Pröll, Dziwior, Lottner, Cullmann, Ojigwe (83. Bähr), Voigt, Scherz, Wollitz (68. Bulajic), Timm, Kurth, Donkov (88. Hasenhüttl).

13.02.2000 Rot-Weiß Oberhausen - 1. FC Köln 1:0 (0:0)
Zuschauer: 12.000
Tor: 1:0 (53.) Vier.
Aufstellung: Pröll, Cichon (67. Sichone), Dziwior, Bulajic, Voigt, Scherz (65. Dworrak), Ojigwe (75. Wollitz), Lottner, Springer, Kurth, Timm.

18.02.2000 1. FC Köln - SpVgg Greuther Fürth 2:2 (2:0)
Zuschauer: 20.000
Tore: 1:0 (26.) Walther (E), 2:0 (40.) Hauptmann, 2:1 (66.) Meichelbeck, 2:2 (81.) Skarabela.
Aufstellung: Pröll, Hauptmann, Dziwior, Sichone, Ojigwe, Voigt, Lottner, Springer, Timm (81. Rösele), Kurth (75. Hasenhüttl), Donkov (75. Dworrak).

27.02.2000 Stuttgarter Kickers - 1. FC Köln 1:2 (0:0)
Zuschauer: 6.339
Tore: 0:1 (56.) Donkov, 0:2 (74.) Springer, 1:2 (80.) Maric.
Aufstellung: Pröll, Hauptmann, Dziwior, Sichone, Ojigwe, Voigt, Wollitz (83. Scherz), Springer, Timm, Donkov (70. Cichon), Kurth (90. Bulajic).

03.03.2000 1. FC Köln - VfL Bochum 3:0 (1:0)
Zuschauer: 35.000
Tore: 1:0 (36.) Timm, 2:0 (62.) Springer, 3:0 (77.) Donkov.
Aufstellung: Pröll, Hauptmann (47. Cichon), Sichone, Cullmann, Ojigwe, Voigt, Timm, Springer, Lottner (71. Wollitz), Kurth (82. Hasenhüttl), Donkov.

13.03.2000 Tennis Borussia Berlin - 1. FC Köln 2:0 (2:0)
Zuschauer: 4.578
Tore: 1:0 (05.) Kirjakow, 2:0 (16.) Ciric.
Aufstellung: Pröll, Cichon (73. Wollitz), Cullmann, (36. Scherz), Sichone, Timm, Dziwior, Voigt (74. Hasenhüttl), Ojigwe, Springer, Kurth, Donkov.
B.V.: Platzverweis für Suchoparek (18.).

20.03.2000 1. FC Köln - Borussia M'gladbach 1:1 (0:0)
Zuschauer: 42.500
Tore: 0:1 (82.) Keteler, 1:1 (90.) Lottner.
Aufstellung: Pröll, Cichon (85. Hasenhüttl), Cullmann, Sichone, Voigt, Ojigwe, Springer (90. Scherz), Lottner, Timm, Donkov, Kurth.

26.03.2000 Waldhof Mannheim - 1. FC Köln 2:1 (1:0)
Zuschauer: 14.300
Tore: 1:0 (27.) Protzel, 1:1 (66.) Kurth, 2:1 (71.) Protzel.
Aufstellung: Pröll, Scherz (76. Hasenhüttl), Dziwior, Sichone, Cullmann, Hauptmann, Timm, Springer, Lottner (76. Wollitz), Kurth, Donkov (76. Rösele).

01.04.2000 1. FC Köln - Kickers Offenbach 1:1 (0:1)
Zuschauer: 25.000
Tore: 0:1 (05.) Grevelhörster, 1:1 (52.) Cullmann.
Aufstellung: Pröll, Cullmann (88. Rösele), Cichon, Sichone, Ojigwe, Voigt (83. Dworrak), Scherz, Wollitz, Springer, Timm, Donkov (77. Hasenhüttl).
B.V.: Curko hält FE von Timm (90.).

09.04.2000 Fortuna Köln - 1. FC Köln 4:1 (2:0)
Zuschauer: 34.000
Tore: 1:0, 2:0 (06., 38.) Younga-Mouhani, 2:1 (55.) Timm, 3:1 (60.) Schuler, 4:0 (90.) Graf.
Aufstellung: Pröll, Cichon (46. Hasenhüttl), Sichone, Cullmann, Ojigwe, Wollitz, Scherz, Lottner, Springer, Timm, Kurth (77. Donkov).
B.V.: Platzverweis für Cullmann (68.).

16.04.2000 1. FC Köln - FSV Mainz 05 1:0 (1:0)
Zuschauer: 23.000
Tor: 1:0 (15.) Donkov.
Aufstellung: Pröll, Cichon, Lottner (81. Bulajic), Sichone, Ojigwe, Hauptmann, Voigt, Timm, Springer, Donkov, Kurth (63. Hasenhüttl - 90. Scherz).

20.04.2000 1. FC Nürnberg - 1. FC Köln 1:1 (1:1)
Zuschauer: 38.600
Tore: 1:0 (30.) Stoilov, 1:1 (42.) Lottner.
Aufstellung: Pröll, Bulajic, Lottner, Cichon (53. Dziwior), Ojigwe, Voigt, Timm, Hauptmann, Springer, Donkov (90. Wollitz), Hasenhüttl (76. Kurth).

30.04.2000 1. FC Köln - Chemnitzer FC 2:1 (1:1)
Zuschauer: 24.500
Tore: 0:1 (09.) Jendrossek, 1:1 (20.) Springer, 2:1 (57.) Hauptmann.
Aufstellung: Pröll, Sichone, Lottner (84. Dziwior), Cichon, Ojigwe, Hauptmann, Scherz (62. Dworrak), Springer, Donkov, Hasenhüttl (75. Cullmann).

08.05.2000 Hannover 96 - 1. FC Köln 3:5 (2:1)
Zuschauer: 36.092
Tore: 1:0 (02.) Kobylanski, 2:0 (07.) Stendel, 2:1 (41.) Lottner, 3:1 (63.) Lala, 3:2 (65.) Cullmann, 3:3 (67.) Cichon, 3:4 (81.) Voigt, 3:5 (84.) Kurth.
Aufstellung: Pröll, Sichone (46. Cullmann), Cichon, Voigt, Lottner, Hauptmann, Scherz, Springer, Ojigwe (82. Wollitz), Hasenhüttl (78. Kurth), Donkov.

14.05.2000 1. FC Köln - Karlsruher SC 1:2 (1:1)
Zuschauer: 32.500
Tore: 1:0 (11.) Wollitz, 1:1 (39.) Bäumer, 1:2 (78.) Auer.
Aufstellung: Pröll, Lottner, Bulajic (80. Glaser), Dziwior (64. Voigt), Rösele, Cichon, Cullmann, Springer, Wollitz, Kurth (64. Donkov), Hasenhüttl.

18.05.2000 Alemannia Aachen - 1. FC Köln 1:2 (0:2)
Zuschauer: 22.500
Tore: 0:1 (02.) Voigt, 0:2 (33.) Scherz, 1:2 (76.) Hui Xie.
Aufstellung: Pröll, Cullmann, Lottner, Cichon, Voigt, Scherz (80. Rösele), Sichone, Ojigwe, Springer, Donkov (65. Hasenhüttl), Kurth (84. Bulajic).

STATISTIK 1999/2000

21.05.2000 **1. FC Köln - FC St. Pauli** 6:3 (4:2)
Zuschauer: 40.000
Tore: 1:0 (02.) Cichon, 2:0 (03.) Donkov, 2:1 (12.) Wehlage, 2:2 (18.) Klasnic, 3:2 (31.) Springer, 4:2 (38.) Ojigwe, 5:2 (53.) Scherz, 5:3 (60.) Gerber, 6:3 (61.) Ojigwe.
Aufstellung: Pröll, Cichon, Voigt, Cullmann, Sichone, Lottner, Ojigwe (71. Bähr), Springer, Scherz, (57. Rösele), Donkov (57. Hasenhüttl), Kurth.

26.05.2000 **FC Energie Cottbus - 1. FC Köln** 2:0 (1:0)
Zuschauer: 20.400
Tore: 1:0 (43.) Irrgang, 2:0 (49.) Miriuta.
Aufstellung: Pröll, Cullmann, Cichon, Lottner, Scherz, Sichone (67. Glaser), Ojigwe (75. Dziwior), Voigt, Springer, Donkov (60. Dworrak), Kurth.

DFB-POKAL

Der 1. FC Köln hatte in der 1. Runde ein Freilos.

2. Runde
07.08.1999 **SG Wattenscheid 09 - 1. FC Köln** 1:7 (1:4)
Zuschauer: 4.032
Tore: 0:1, 0:2, 0:3 (06., 14., 26.) Timm, 0:4 (33.) Ojigwe, 1:4 (45.) Ebbers, 1:5 (67.) Cullmann, 1:6 (78.) Dziwior, 1:7 (83.) Timm.
Aufstellung: Pröll, Lottner, Cullmann, Dziwior, Scherz, Wollitz, Ojigwe, Springer (79. Rösele), Voigt (70. Cichon), Kurth (70. Donkov), Timm.

3. Runde
12.10.1999 **1. FC Köln - Eintracht Frankfurt** 2:1 (2:0)
Zuschauer: 32.000
Tore: 1:0 (44.) Donkov, 2:0 (45.) Lottner, 2:1 (47.) Gebhardt.
Aufstellung: Pröll, Dziwior, Cichon, Sichone, Scherz (88. Hauptmann), Ojigwe, Lottner, Voigt (90. Cullmann), Springer, Donkov, Hasenhüttl (78.Dworrak).

Viertelfinale
30.11.1999 **VfB Stuttgart - 1. FC Köln** 4:0 (1:0)
Zuschauer: 15.000
Tor: 1:0 (37.) Ganea, 2:0 (52.) Pinto, 3:0 (63.) Ganea, 4:0 (90.) Hosny.
Aufstellung: Pröll, Dziwior (77. Hauptmann), Cichon, Sichone, Scherz, Voigt, Lottner (74. Wollitz), Ojigwe, Springer, Timm, Hasenhüttl (65. Kurth).

FREUNDSCHAFTSSPIELE

11.07.1999 **SV Blau-Weiß Kerpen - 1. FC Köln** 0:16 (0:7)

13.07.1999 **1. FC Köln - Borussia M'gladbach** 3:2 (0:1)

16.07.1999 **TSC Euskirchen - 1. FC Köln** 0:9 (0:6)

20.07.1999 **FC Wegberg-Beeck - 1. FC Köln** 2:3 (0:2)

23.07.1999 **Sportfreunde Ricklingen - 1. FC Köln** 1:3 (0:2)

25.07.1999 **TSV Barsinghausen - 1. FC Köln** 1:13 (0:5)

27.07.1999 **VfL Wolfsburg - 1. FC Köln** 4:2 (0:2)
(in Schöppingen)

31.07.1999 **NEC Nijmegen - 1. FC Köln** 3:3 (3:1)
(in Groesbeek/Niederlande) (Spielabbruch)

03.08.1999 **BC Kirdorf-Blerichen - 1. FC Köln** 1:6 (1:2)

01.09.1999 **VfL Köln 99 - 1. FC Köln** 2:13 (1:4)

07.09.1999 **FC Vorwärts Wettringen - 1. FC Köln** 0:13 (0:4)

06.10.1999 **SSG Bergisch Gladbach- 1. FC Köln** 0:4 (0:1)

15.01.2000 **SpVgg Proz-Grembergh. - 1. FC Köln** 0:6 (0:4)

21.01.2000 **MSV Duisburg - 1. FC Köln** 1:1 (1:0)
(in Albufeira/Portugal)

23.01.2000 **Hertha BSC Berlin - 1. FC Köln** 1:2 (0:0)
(in Albufeira/Portugal)

25.01.2000 **VfB Stuttgart - 1. FC Köln** 2:1 (2:1)
(in Albufeira/Portugal)

29.01.2000 **SC Brück Preußen Köln - 1. FC Köln** 1:1 (0:0)

30.01.2000 **Pulheimer SC - 1. FC Köln** 1:7 (0:5)

02.02.2000 **VfL Rheinbach - 1. FC Köln** 0:1 (0:0)
(in Euskirchen)

06.02.2000 **1. FC Köln - Rotor Wolgograd** 3:1 (1:1)

22.02.2000 **MSV Duisburg - 1. FC Köln** 0:1 (0:1)
(in Troisdorf)

08.03.2000 **FC Rostov - 1. FC Köln** 0:2 (0:1) (in Troisdorf)

01.06.2000 **VfL Meckenheim - 1. FC Köln** 1:8 (1:3)
(in Bonn)

Die FC-Dauerkarte 1999/2000.

2. BUNDESLIGA 1999/2000

1.	1. FC Köln	68:39	65
2.	VfL Bochum (A)	67:48	61
3.	Energie Cottbus	62:42	58
4.	1. FC Nürnberg (A)	54:46	55
5.	Borussia M'gladbach (A)	60:43	54
6.	Rot-Weiß Oberhausen	43:34	49
7.	Greuther Fürth	40:39	46
8.	Alemannia Aachen (N)	46:54	46
9.	FSV Mainz 05	41:42	45
10.	Hannover 96	56:56	44
11.	Chemnitzer FC (N)	42:49	43
12.	Waldhof Mannheim (N)	50:56	42
13.	Tennis Borussia Berlin	42:50	40
14.	FC St. Pauli	37:45	39
15.	Kickers Stuttgart	49:58	39
17.	Fortuna Köln	38:50	35
16.	Kickers Offenbach (N)	35:58	35
18.	Karlsruher SC	35:56	27

BUNDESLIGAKADER 1999/2000

Abgänge: Azizi (San Jose Earthquakes, w.d.l.S.), Emilio (Alemannia Aachen), Grassow (SpVgg Unterhaching), Hutwelker (1. FC Saarbrücken), Jovov (FC Litex Lovetch), Keim (FC Ederbergland), Munteanu (VfL Wolfsburg), Schuster (Antalyaspor, w.d.l.S.), Tuma (FC Schweinfurt 05), Vucevic (Hajduk Split), Weller (Dynamo Dresden),
Zugänge: Dziwior (FC Gütersloh), Dworrak (eigene Amateure, w.d.l.S.), Gebhardt (eigene Amateure), Jovov (1860 München), Kurth (1. FC Nürnberg), Ojigwe (1. FC Kaiserslautern), Scherz (FC St. Pauli), Sichone (Nchanga Rangers FC, w.d.l.S.), Teuber (Greuther Fürth, w.d.l.S.), Timm (Borussia Dortmund).

Trainer:
Ewald Lienen

Tor:
01 Pröll, Markus   34/0
16 Selke, Sebastian   0/0
35 Teuber, Ronny   0/0

Feld:
15 Springer, Christian 33/7
18 Kurth, Markus   32/9
06 Ojigwe, Pascal   32/2
03 Voigt, Alexander   31/2
30 Lottner, Dirk   30/14
09 Donkov, Georgi   30/6
08 Scherz, Matthias   30/5
20 Cichon, Thomas   27/4

04 Sichone, Moses   27/0
23 Timm, Christian   26/7
13 Dziwior, Janosch   26/1
24 Hasenhüttl, Ralph   24/2
12 Cullmann, Carsten   22/2
19 Rösele, Michael   16/0
07 Hauptmann, Ralf   14/2
10 Wollitz, Cl.-Dieter 14/2
05 Bulajic, Spasoje   9/0
33 Dworrak, Markus   6/0
02 Bähr, Markus   4/0
11 Azizi, Khodadad   3/1
22 Glaser, Stephan   3/0
17 Gebhardt, Marcel   1/0
14 Jovov, Hristo   0/0
21 Schuster, Dirk   0/0

Dazu kommt jeweils ein Eigentor von Goran Curko (Kickers Offenbach) und Ingo Walther (Spvgg Greuther Fürth).

FIEBERKURVE 1999/2000

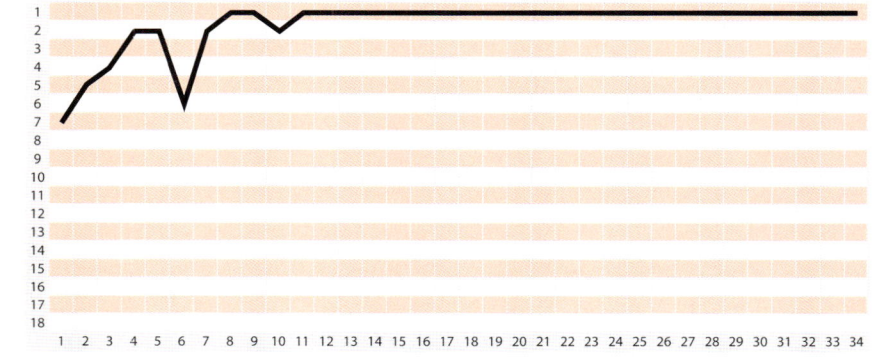

2000/01
1. BUNDESLIGA

Klassenerhalt gesichert

[LEGENDEN]

Markus Kurth
Beim FC von 1999 bis 2003
Geboren: 30.07.1973 in Neuss
Pflichtspiele beim FC: 131
Pflichtspieltore: 27

Der „Wühler"

Seine Jugend verbrachte Markus Kurth bei der SpVgg Benrath. Von hier ging er 1989 zu BV 04 Düsseldorf und nur kurze Zeit später zu Bayer Leverkusen. Bis 1995 blieb er bei den Farbenstädtern, ehe es ihn zum 1. FC Nürnberg zog. Vier Jahre lang war „Kurthi" im Frankenland aktiv, bevor er 1999 dem Angebot des 1. FC Köln zustimmte und ins Rheinland zurückkam. Genau wie zuvor beim „Club" erwarb sich der Angreifer auch in der Domstadt schnell zahlreiche Freunde. Obwohl seine Torquote für einen Stürmer nicht gerade überragend war, kam sein ausgeprägter Kampfgeist bei den Fans besonders gut an. Kurth war ein richtiger „Wühler", klein und wuselig konnte er in so mancher Abwehrreihe für Verwirrung sorgen und war zudem ein guter Vorbereiter. Auch außerhalb des Platzes war er ein Mann von Charakter, der immer ein offenes Ohr für die Anliegen der Fans hatte. Nachdem er mit dem FC zweimal auf- und einmal abgestiegen war, wechselte der passionierte Skatspieler 2003 zum MSV Duisburg. Für die „Zebras" kickte er drei Jahre lang. Ab der Spielzeit 2007/08 war Markus Kurth bei Rot-Weiß Essen aktiv. ■

Der FC-Mitgliedsausweis 2000/01.

Hintere Reihe von links: Ivica Grlic, Matthias Scherz, Dirk Lottner, Ivan Vukomanovic, Claus-Dieter Wollitz, Christian Springer, Georgi Donkov, Carsten Cullmann, Thomas Cichon. Mittlere Reihe von links: Co-Trainer Jan Kocian, Zeugwart Michael Lüken, Betreuer und Busfahrer Hans-Peter Dick, Ralf Hauptmann, Massimo Cannizzaro, Alexander Voigt, Miroslav Baranek, Markus Dworrak, Spasoje Bulajic, Janosch Dziwior, Darko Pivaljevic, Jens Keller, Mannschaftsärzte Dr. Peter Schäferhoff und Jürgen Böhle, Trainer Ewald Lienen. Vordere Reihe von links: Physiotherapeut Peter Kuhlbach, Archil Arweladse, Markus Kreuz, Markus Kurth, Markus Pröll, Moses Sichone, Alexander Bade, Christian Timm, Marcel Gebhardt, Alassane Ouédraogo, Masseur Jürgen Schäfer.

Nach zwei Jahren hatte im deutschen Fußball endlich wieder alles seine Ordnung. Der FC stand in Liga eins, und die Spielberichte im *Kicker* konnten wieder im vorderen Bereich nachgeschlagen werden. Zwei Jahre lang war der FC ein zugkräftiger und deshalb gern gesehener Gast in der zweiten Liga. Doch das sollte nun der Vergangenheit angehören.

10 MILLIONEN DM FÜR NEUZUGÄNGE

Die Rot-Weißen hatten mächtig aufgerüstet. Fast 10 Millionen DM wurden von den eigenen auf größtenteils europäische Konten überwiesen. Das meiste ging in die Nachbarstaaten Belgien und Tschechische Republik. Von dort gesellten sich Miroslav Baranek (Sparta Prag) und Darko Pivaljevic (RFC Antwerpen) zum Kader der Geißböcke. Insgesamt brachten sie es auf 21 Spiele und drei Tore. So viel zur Effektivität der beiden Drei-Millionen-Kicker. Die Fans schienen vom Erfolg der neuen Mannschaft überzeugt. Erstmals in der Vereinsgeschichte hatte der Klub bereits zum Saisonauftakt über 13.000 Dauerkarten abgesetzt. Zu dem warmen Geldsegen durch den Zuschauerboom kamen noch rund 1,5 Millionen DM vom Sponsor VPV.

BLAMAGE IN MAGDEBURG

Die Euphorie in und um Köln war riesengroß. Das merkten die Verantwortlichen schon zum Saisonauftakt in Schalke. Zum alten Westschlager auf Schalke machten sich gut 10.000 Fans auf und sahen trotz der 1:2-Niederlage eine gute Leistung ihrer Mannschaft. Sieben Tage später war nicht nur das Auftreten überzeugend, sondern auch das Ergebnis. Mit 4:1 gewannen die Lienen-Schützlinge gegen Eintracht Frankfurt.
Im Pokal bekamen es die Kölner wieder mit einem Amateurteam zu tun. Es ging Richtung Osten nach Magdeburg. Der einzige Europapokalsieger der DDR nahm die Stars aus der Domstadt regelrecht auseinander und gewann mit 5:2. Auch in der Liga konnte die anfängliche Begeisterung nicht gehalten werden, zumindest innerhalb der Mannschaft. Es folgten sieben Spiele mit nur einem 2:0-Erfolg über den VfL Bochum. Negativer Höhepunkt war das Debakel beim VfL Wolfsburg. Bereits nach einer halben Stunde führten die Niedersachsen mit 3:0. Am Ende gab es sogar ein 0:6 zu betrauern. Am meisten schmerzte die Tatsache, dass diese Niederlage auch in der Höhe vollkommen verdient war. Der FC konnte von Glück reden, dass just an diesem Tag in Christoph Daums „Kokainaffäre" die sensationellen Ergebnisse der Haaranalyse veröffentlicht wurden. So geriet man aus der öffentlichen Schusslinie.
Der FC war wieder einmal im Keller, sprich auf einem Abstiegsplatz, der ersten Liga angelangt. Da halfen auch die guten Kritiken bei den Punkteteilungen in Freiburg (0:0) oder gegen Leverkusen (1:1) nicht. Selbst beim 1:3 in Kaiserslautern konnte bis zur 88. Minute gehofft werden, ehe die Roten Teufel doch noch zweimal trafen. „Alarmzeichen beim Aufsteiger", so beschrieb der *Kicker* die angespannte Lage in der Domstadt. Die Probleme sah das Fachblatt hauptsächlich im Angriff. Der erste Treffer eines nominellen Stürmers war erst beim 2:4

Hitziges Derby gegen Bayer Leverkusen in Müngersdorf. Rangelei zwischen Springer und Dziwior (FC) sowie Zivkovic, Ramelow und Kirsten.

in Berlin gefallen. Auch in dieser Begegnung hatten die Geißböcke zunächst überzeugt und sogar nach einer knappen halben Stunde mit 2:0 in Führung gelegen. Doch innerhalb von nur 17 Minuten drehten die Hauptstädter das Spiel. Knackpunkt war das Traumtor von Alex Alves aus dem Anstoßkreis. Danach folgte der Einbruch. Bereits zur Pause lagen die Herthaner 3:2 vorne. 60 Sekunden nach dem Wechsel folgte der vierte Treffer, und somit war die dritte Niederlage in Folge perfekt.

VIER SIEGE IN FOLGE

In der Domstadt kriselte es mal wieder. Aber diesmal wurde nicht am Stuhl des Trainers gesägt, sondern die Mannschaft stand im Fokus der Kritik. Erstes Opfer wurde Ivan Vukomanovic, der zunächst wegen seiner unprofessionellen Einstellung abgemahnt worden war und anschließend nach der Vorrunde zu Roter Stern Belgrad transferiert wurde. Die Mahnungen schienen gefruchtet zu haben, denn nun lief es. Es folgten acht Spiele mit fünf Siegen. 17 Punkte auf der Habenseite führten dazu, dass man in Müngersdorf plötzlich vom internationalen Fußball träumte. Richtungsweisend war die Partie gegen den VfB Stuttgart. In einer kampfbetonten Partie drehte der FC das Spiel und gewann dank Dirk Lottners Siegtreffer mit 3:2. Lottner sollte in den kommenden Wochen regelmäßig zum Matchwinner schlechthin avancieren. Nach dem hart erkämpften Sieg gegen die Schwaben folgte ein 0:0 in Unterhaching. Auch hier stimmte die Einstellung in einer Mannschaft, die fast zwei Drittel der Spielzeit mit zehn Mann auskommen musste, nachdem Moses Sichone zu Unrecht des Feldes verwiesen worden war. Es folgte die Begegnung gegen den Hamburger SV. Hier stimmte endlich auch wieder das spielerische Element. Und es war erneut Lottner, der vier Minuten vor Schluss mit seinem zweiten Treffer die endgültige Entscheidung herbeiführte und somit beim 50. Pflichtspiel seines Trainers Ewald Lienen gleich das passende Geschenk lieferte. Auch gegen Hansa Rostock war der Zollstocker beim 5:2 unter den Torschützen zu finden. Neben seinem Ausgleichstreffer zum 2:2 glänzte er als zweifacher Vorbereiter.

Der FC blieb auf dem Weg nach oben. In Cottbus klappte es auch einmal auswärts mit einem Dreier. Für die Entscheidung sorgte auch dieses Mal „Lotte". Ebenfalls zum Leistungsträger aufgestiegen war Christian Timm. Der Stürmer, der von der Dortmunder Borussia an den Rhein gekommen war, hatte bereits siebenmal getroffen und somit dazu beigetragen, dass der FC plötzlich auf Platz 6 der Tabelle rangierte. Gegen 1860 München folgte ein weiterer Erfolg. Das 4:0 war mittlerweile der vierte Sieg in Folge. Eine Serie, die zuletzt im Mai 1992 gefeiert werden konnte. Aber jede Serie geht einmal zu Ende. In den letzten drei Begegnungen in Bremen (1:2), Dortmund (0:0) und Schalke (2:2) reichte es gerade einmal zu zwei Punkten. Die Domstädter schienen ihre Hausaufgaben zu machen, denn in der Phase vor Weihnachten wurden etliche Verträge verlängert. Unter anderem auch der von Christian Timm. In seinem Statement merkte man ebenfalls, dass der 21-Jährige weiterdachte. „Du kommst aus jedem Vertrag raus, egal ob drei oder von mir aus sieben Jahre. Das ist halt seit Bosman so", so der Stürmer zur dreijährigen Laufzeit. Am Ende der folgenden Saison sah man, was das Papier noch wert war, denn der Leistungsträger wechselte zum 1. FC Kaiserslautern.

PAUKENSCHLAG IN FRANKFURT

Der FC stand glänzend da, Platz 8 in der Tabelle und somit bester Neuling der Saison. Dazu Tuchfühlung zu den UEFA-Pokalrängen. Alles hatte sich zum Positiven entwickelt. Der Sturm, nach dem Berlin-Spiel noch hart kritisiert, war mittlerweile Garant der neuen Stärke. Die Fans stürmten förmlich zum FC. Eine Stadionauslastung von 85 Prozent, so etwas hatte es selbst im Meisterjahr 1978 nicht gegeben. „Nur ein absoluter Fehlstart dürfte den 1. FC Köln noch in akute Abstiegsnöte stürzen", schätzte auch der *Kicker* die Kölner als ligatauglich ein. Dies sollte sich im Laufe der ausgeglichenen Rückrunde bewahrheiten. Sie begann mit einem Paukenschlag: 5:1 in Frankfurt. Mehr Tore auswärts hatte der FC zuletzt nur im Mai 1984 beim 6:4 in Uerdingen erzielt. Mit der Schlagzeile „Kölner Spaß-Fußball" feierte das Fachblatt *Kicker* den rheinischen Aufschwung. Die Pleite der Hessen kostete Trainer Felix Magath übrigens den Job. Davon war FC-Coach Lienen weit entfernt, auch nach den drei folgenden Niederlagen gegen Freiburg (0:1),

[Interessantes & Kurioses]

■ Eine schöne Geste gibt es seit Saisonbeginn für jugendliche Fußballer in Köln. Gemeinsam mit den Bundesligaspielern laufen sie Hand in Hand ins Müngersdorfer Stadion ein und können somit vor großer Kulisse ihren großen Stars endlich einmal so richtig nah sein.

■ Zehnjähriges Bestehen kann in diesem Jahr das Fanprojekt der Geißböcke feiern. Bereits 2.200 Anhänger des 1. FC Köln haben die günstige Mitgliedschaft bisher genutzt, um unter anderem leichter an Karten oder Auswärtsfahrten des 1. FC Köln zu gelangen.

FC-Kultkoch Josef „Jupp" Müller.

Die auf dem Programmheft angekündigte Revanche blieb aus. Auch in Hamburg konnten die Geißböcke nicht geschlagen werden. Die Partie endete 1:1.

■ Von Januar an gibt die Jugendabteilung ein eigenes Informationsblatt heraus. „FC-Jugend NEWS" heißt das vierseitige Druckwerk und soll bis zu sechsmal im Jahr verteilt werden.

■ Zum Heimspiel gegen die SpVgg Unterhaching übertrifft der FC die magische Marke von 500.000 Zuschauern. Der glückliche Besucher erhält als besondere Überraschung eine Dauerkarte für die kommende Spielzeit.

- Erstmals erscheint in Nr. 12 des *Geißbock Echo* eine Beilage unter dem Namen „StadionNews", worin Oberbürgermeister Fritz Schramma die ersten Gedanken und Schritte für den Bau des neuen Stadions vorstellt.

- 50 Jahre Tischtennis beim 1. FC Köln wird am 19. Januar 2001 im großen Rahmen im Geißbockheim gefeiert. Viele aktuelle und auch ehemalige Aktive sind zu diesem Anlass angereist.

Der FC-Karnevalsorden der Session 2000/01.

- Der sinnloseste Fanartikel des Jahres kommt in dieser Saison vom neuen Co-Sponsor Kamps: Das FC-Brot wird in allen Filialen der Großbäckerei angeboten.

- Die gute Seele in der Küche des Geißbockheims, Josef Müller, geht in Rente. 35 Jahre (vom 8. Mai 1965 bis August 2000) war Josef Müller für die Gaumenfreuden der Stars und der Gäste im Vereinslokal des 1. FC Köln zuständig. Noch unter Franz Kremer begann er, frisch verheiratet, seinen neuen Posten und blieb bis ins Rentenalter dem Clubhaus treu. Noch heute trauern viele regelmäßige Clubhausgänger den Kochkünsten von Jupp Müller nach.

- Die FC-Legende Hans Schäfer, Weltmeister von 1954, wird mit dem bronzenen Fuß in der „Hall of Fame" des deutschen Fußballs im Sport- und Olympiamuseum Köln verewigt.

Mit der Broschüre „Füttern erlaubt" sollten alte Sponsoren informiert und neue hinzugewonnen werden.

Darko Pivaljevic nach seinem einzigen Pflichtspieltor im FC-Dress, dem 3:2-Siegtreffer beim VfL Bochum.

in Leverkusen (1:4) und gegen den FCK (0:1). Konnte die 0:1-Niederlage gegen Freiburg, der Gegentreffer fiel erst drei Minuten vor dem Ende, noch als unglücklich eingestuft werden, so zeigten die Chemiker den Kölnern ganz klar ihre sportlichen Grenzen auf. Über eine Stunde lang lag die Sensation in der Luft, denn dank Lottner führten die Gäste mit 1:0. Erst der Ausgleich von Lucio ließ die Partie kippen, und am Ende hatte Bayer mit 4:1 die Nase vorn. Am meisten schmerzte, dass auf der Gegenseite mit Harald Schumacher und Pierre Littbarski zwei großartige Kölner Sportler standen, die dem Werksklub halfen, den Kölnern den Rang abzulaufen.

SAISONZIEL FRÜHZEITIG ERREICHT

Die Wende erfolgte ausgerechnet beim Tabellenführer Bayern München. Beinahe hätte es sogar zur Sensation gereicht. Bis zur 65. Minute führte der FC mit 1:0 durch einen Treffer von Markus Kreuz. Ausgerechnet der Ex-Kölner Carsten Jancker traf aber noch zum Ausgleich. Es folgten sechs weitere Spiele ohne Niederlage. Eingeleitet wurde diese Serie mit einem knappen, aber hochverdienten 1:0 über Hertha BSC. Bei der Partie in Bochum stand Schiedsrichter Fröhlich im Mittelpunkt. Insgesamt vier Platzverweise sprach der Berliner aus. Drei davon gegen den FC. Und trotzdem drehten die Gäste noch die Partie, in der sie mit 0:2 hinten gelegen hatten, und gewannen mit 3:2. Auch ohne die Rot-Sünder Sichone, Springer und Lottner reichte es

gegen Wolfsburg zu einem 0:0. Ebenfalls nicht anwesend war Hennes VII. Die Maul- und Klauenseuche, die in Deutschland wütete, hatte zu dieser Vorsichtsmaßnahme geführt. Dabei sein durfte der „alte Junge" dann doch, denn der Vierbeiner wurde per Videoeinspielung aus dem Stall ins Stadion geholt. In der Arena vertrat ihn ein lebloser Pappkamerad. In Stuttgart zeigte sich zumindest die Mannschaft wesentlich lebhafter und gewann mit 3:0. Auf der Bank bei den Schwaben saß mit Felix Magath der diesjährige Lieblingstrainer der Kölner. Drei Spiele, null Punkte – 2:12 Tore. Der FC hatte jetzt die magischen 40 Punkte erreicht und konnte somit bereits nach dem 27. Spieltag das Erreichen des Saisonziels bekannt geben.

DIE LUFT IST RAUS

Insgesamt war die Liga spannend wie nie zuvor. Der Sechste, der 1. FC Kaiserslautern, lag gerade einmal drei Punkte hinter Tabellenführer Bayern. Und noch ein Novum gab es. Der FC Energie Cottbus schickte beim 0:0 gegen Wolfsburg zum ersten Mal in der Bundesligageschichte eine Elf ins Rennen, in der kein einziger Akteur einen deutschen Pass vorlegen konnte. Köln ging andere Wege – über 70 Prozent des Kaders bestanden aus deutschen Kickern. Damit waren die Rheinländer führend im Profifußball.
Gegen Unterhaching gab es, erneut ohne Maskottchen, ein enttäuschendes 1:1. Das gleiche Ergebnis übrigens wie eine Woche später in Hamburg, wo

ebenfalls die Führung nicht über die Zeit gerettet werden konnte. Zweimal scheiterten die Hanseaten übrigens mit einem Foulelfmeter. In Rostock gab es die erste Niederlage seit sieben Wochen. Das 1:2 bedeutete den endgültigen Abschied vom UEFA-Pokal, für den UI-Cup hatte der FC nicht gemeldet. Als nächstes kam mit dem FC Energie Cottbus ein aktueller Abstiegskandidat nach Müngersdorf, und Dirk Lottner beendete endlich seine Torflaute. In den letzten 15 Spielen hatte der Mittelfeldakteur nur ein einziges Mal ins Schwarze getroffen. In der Begegnung gegen die Lausitzer zeichnete er für die ersten beiden der insgesamt vier Treffer und somit für den ersten Sieg seit vier Wochen verantwortlich. Es sollte der letzte Dreier in dieser Spielzeit bleiben. In den letzten Begegnungen setzte es zwei 1:3-Pleiten bei den Löwen und gegen Bremen und ein ansehnliches 3:3 in der Westfalenmetropole Dortmund.
Der FC hatte als Neuling die Saison als Zehnter abgeschlossen, eine Bilanz, die man insgesamt als zufriedenstellend einordnen konnte. Meister waren die Münchner Bayern, die den Titel im wahrsten Sinne des Wortes in letzter Sekunde noch den Schalkern weggeschnappt hatten. Durch die Nichtmeldung für den UI-Cup war für die Kicker des 1. FC Köln die Saison beendet. Nicht aber für Lienen und Linßen. Die beiden bastelten bereits jetzt an einer neuen Mannschaft für die kommende Spielzeit, die wegen der WM 2002 bereits Ende Juli angepfiffen werden sollte.

STATISTIK 2000/01

BUNDESLIGA

13.08.2000 FC Schalke FC - 1.FC Köln 2:1 (2:0)
Zuschauer: 62.000
Tor: 1:0 (12.) Sand, 2:0 (37.) Mpenza, 2:1 (89.) Hajto (E).
Aufstellung: Pröll, Cullmann, Lottner (77. Kreuz), Keller, Timm, Hauptmann, Baranek (50. Scherz), Voigt, Springer, Arweladse (73. Donkov), Kurth.

20.08.2000 1.FC Köln - Eintracht Frankfurt 4:1 (2:0)
Zuschauer: 35.000
Tore: 1:0 (25.) Voigt, 2:0 (39.) Scherz, 3:0 (58.) Springer, 3:1 (82.) Kutschera, 4:1 (90.) Kreuz.
Aufstellung: Pröll, Sichone, Cichon (65. Bulajic), Keller, Scherz (84. Donkov), Hauptmann, Lottner (72. Kreuz), Voigt, Springer, Arweladse, Timm.

05.09.2000 SC Freiburg - 1.FC Köln 0:0
Zuschauer: 25.000
Aufstellung: Pröll, Bulajic, Cichon, Keller, Scherz, Cullmann, Springer, Kreuz (89. Hauptmann), Voigt (90. Lottner), Timm, Arweladse (75. Donkov).

09.09.2000 1.FC Köln - Bayer 04 Leverkusen 1:1 (0:1)
Zuschauer: 40.000
Tore: 0:1 (32.) Kirsten, 1:1 (75.) Lottner.
Aufstellung: Pröll, Sichone, Cichon, Keller, Scherz (84. Baranek), Voigt, Cullmann, Vukomanovic (62. Lottner), Kreuz, Timm, Arweladse (78. Donkov).
B.V.: Platzverweis für Vranjes (74.).

15.09.2000 1.FC Kaiserslautern - 1.FC Köln 3:1 (1:1)
Zuschauer: 39.733
Tore: 1:0 (10.) Djorkaeff (HE), 1:1 (18.) Timm, 2:1 (88.) Ramzy, 3:1 (90.) Komljenovic.
Aufstellung: Pröll, Sichone, Cichon (90. Lottner), Cullmann, Scherz, Hauptmann (86. Vukomanovic), Voigt, Kreuz, Springer, Timm, Arweladse (76. Donkov)
B.V.: Platzverweis für Grammozis (89.).

23.09.2000 1.FC Köln - FC Bayern München 1:2 (1:1)
Zuschauer: 41.000
Tore: 0:1 (15.) Elber, 1:1 (41.) Scherz, 1:2 (73.) Santa Cruz.
Aufstellung: Pröll, Cullmann, Cichon (78. Donkov), Sichone, Scherz, Hauptmann, Lottner (78. Baranek), Voigt, Kreuz, Timm, Arweladse (84. Kurth).

30.09.2000 Hertha BSC Berlin - 1.FC Köln 4:2 (3:2)
Zuschauer: 37.714
Tore: 0:1 (23.) Arweladse, 0:2 (28.) Lottner (FE), 1:2 (28.) Alves, 2:2 (29.) Preetz, 3:2, 4:2 (45., 46.) Wosz.
Aufstellung: Pröll, Sichone, Cichon (63. Hauptmann), Keller, Baranek (63. Donkov), Cullmann, Lottner, Kreuz, Voigt (82. Dworrak), Timm, Arweladse.

14.10.2000 1.FC Köln - VfL Bochum 2:0 (0:0)
Zuschauer: 33.500
Tore: 1:0 (82.) Timm, 2:0 (86.) Kurth.
Aufstellung: Pröll, Cullmann, Lottner, Sichone, Scherz, Hauptmann, Springer, Keller (59. Dziwior), Timm, Kurth, Arweladse (08. Kreuz - 72. Pivaljevic).

21.10.2000 VfL Wolfsburg - 1.FC Köln 6:0 (4:0)
Zuschauer: 15.816
Tore: 1:0 (03.) Kühbauer, 2:0 (18.) Nowak, 3:0 (29.) Akpoborie, 4:0 (38.) Sebescen, 5:0 (67.) Maric, 6:0 (90.) Akonnor (FE).
Aufstellung: Pröll, Cullmann, Lottner, Sichone, Scherz, Hauptmann (75. Dziwior), Springer, Keller, Kreuz (46. Cichon), Kurth, Timm (46. Voigt).

29.10.2000 1.FC Köln - VfB Stuttgart 3:2 (2:2)
Zuschauer: 32.000
Tore: 0:1 (28.) Ganea, 1:1, 2:1 (31., 36.) Springer, 2:2 (41.) Thiam, 3:2 (75.) Lottner.
Aufstellung: Pröll, Cullmann, Cichon, Sichone (46. Dziwior), Scherz, Voigt, Lottner (82. Wollitz), Keller, Timm, Kurth (89. Grlic), Springer.

05.11.2000 SpVgg Unterhaching - 1.FC Köln 0:0
Zuschauer: 9.500
Aufstellung: Pröll, Cullmann, Cichon, Sichone, Scherz, Voigt (88. Hauptmann), Lottner, Keller, Springer, Timm (90. Baranek),Kurth (79. Dziwior).
B.V.: Platzverweis für Sichone (38.).

11.11.2000 1.FC Köln - Hamburger SV 4:2 (2:0)
Zuschauer: 40.000
Tore: 1:0 (16.) Kurth, 2:0 (19.) Timm, 3:0 (49.) Lottner, 3:1 (62.) Barbarez, 3:2 (69.) Yeboah, 4:2 (86.) Lottner.
Aufstellung: Pröll, Cullmann, Cichon, Dziwior, Keller, Scherz, Voigt, Lottner (88. Hauptmann), Springer, Timm (79. Donkov), Kurth (78. Baranek).
B.V.: Gelb-Rot für Keller (78.).

18.11.2000 1.FC Köln - Hansa Rostock 5:2 (3:2)
Zuschauer: 27.000
Tore: 1:0 (09.) Cullmann, 1:1 (24.) Arvidsson, 1:2 (29.) Lange, 2:2 (34.) Lottner, 3:2 (40.) Kurth, 4:2, 5:2 (49., 71.) Timm.
Aufstellung: Pröll, Sichone, Cichon (84. Baranek), Dziwior, Cullmann, Voigt, Lottner, Springer, Scherz, Kurth (75. Arweladse), Timm (89. Kreuz).
B.V.: Gelb-Rot für Majak (84.).

25.11.2000 FC Energie Cottbus - 1.FC Köln 0:2 (0:1)
Zuschauer: 13.816
Tore: 0:1 (13.) Timm, 0:2 (69.) Lottner.
Aufstellung: Pröll, Cullmann, Cichon, Sichone, Springer, Dziwior, Lottner, Keller, Scherz, Kurth (66. Arweladse), Timm (88. Donkov).

02.12.2000 1.FC Köln - 1860 München 4:0 (1:0)
Zuschauer: 30.000
Tore: 1:0 (42.) Kurth, 2:0 (65.) Arweladse, 3:0 (67.) Lottner, 4:0 (76.) Springer.
Aufstellung: Bade, Sichone, Cichon (83. Baranek), Keller, Cullmann, Dziwior (73.Hauptmann), Lottner, Springer, Scherz, Kurth (77. Donkov), Arweladse.

10.12.2000 SV Werder Bremen - 1.FC Köln 2:1 (0:0)
Zuschauer: 29.144
Tore: 0:1 (69.) Arweladse, 1:1, 2:1 (73., 84.) Bogdanovic.
A.: Pröll, Sichone, Cichon, Keller, Cullmann, Dziwior (86. Donkov), Lottner, Springer, Scherz, Kurth (58. Arweladse), Timm.
B.V.: Gelb-Rot für Stalteri (39.).

13.12.2000 1.FC Köln - Borussia Dortmund 0:0
Zuschauer: 41.000
Aufstellung: Pröll, Cullmann, Cichon, Sichone, Keller, Voigt (84. Donkov), Lottner, Springer, Scherz, Kurth (75. Arweladse), Timm.

16.12.2000 1.FC Köln - FC Schalke 04 2:2 (0:2)
Zuschauer: 42.000
Tore: 0:1 (11.) Böhme, 0:2 (34.) Asamoah, 1:2 (72.) Donkov, 2:2 (75.) Cullmann.
Aufstellung: Pröll, Cullmann, Cichon, Sichone, Keller, Voigt, Lottner, Springer (54. Arweladse), Scherz, Kurth (68. Donkov), Timm (90. Kreuz).
B.V.: Gelb-Rot für Voigt (78.).

27.01.2001 Eintracht Frankfurt - 1.FC Köln 1:5 (0:4)
Zuschauer: 28.100
Tore: 0:1 (12.) Kurth, 0:2 (28.) Kracht (E), 0:3 (36.) Scherz, 0:4 (41.) Kurth, 1:4 (63.) Kryszalowicz, 1:5 (89.) Arweladse.
Aufstellung: Bade, Sichone (90. Bulajic), Cichon, Cullmann, Dziwior, Lottner, Springer, Scherz (82. Arweladse), Kurth (89. Dworrak), Timm.

03.02.2001 1.FC Köln - SC Freiburg 0:1 (0:0)
Zuschauer: 28.500
Tor: 0:1 (87.) Kobiaschwili (FE).
Aufstellung: Bade, Sichone, Cichon (89. Bulajic), Keller, Dziwior, Sinkala, Lottner, Voigt, Scherz (85. Donkov), Kurth (72. Arweladse), Timm.

10.02.2001 Bayer 04 Leverkusen - 1.FC Köln 4:1 (0:1)
Zuschauer: 22.500
Tore: 0:1 (08.) Lottner (FE), 1:1 (57.) Lucio, 2:1 (65.) Ballack, 3:1 (78.) Neuville, 4:1 (90.) Lucio.
Aufstellung: Bade, Sichone, Cichon, Keller, Cullmann, Dziwior (81. Bulajic), Lottner (81. Donkov), Springer, Scherz (63. Kreuz), Arweladse, Timm.

18.02.2001 1.FC Köln - 1.FC Kaiserslautern 0:1 (0:1)
Zuschauer: 36.000
Tor: 0:1 (14.) Lokvenc.
Aufstellung: Bade, Cullmann, Keller, Bulajic, Dziwior (61. Sinkala), Lottner (70. Kreuz), Springer, Voigt, Timm, Kurth, Arweladse (70. Donkov).

24.02.2001 FC Bayern München - 1.FC Köln 1:1 (0:1)
Zuschauer: 36.000
Tore: 0:1 (25.) Kreuz, 1:1 (65.) Jancker.
Aufstellung: Pröll, Cullmann, Dziwior, Sichone, Keller, Timm, Springer, Voigt, Lottner (90. Hauptmann), Kreuz (90. Baranek), Donkov (70. Dworrak).

03.03.2001 1.FC Köln - Hertha BSC Berlin 1:0 (0:0)
Zuschauer: 34.500
Tor: 1:0 (48.) Cullmann.
Aufstellung: Pröll, Cullmann, Dziwior, Sichone, Keller, Arweladse (83. Bulajic), Springer, Lottner, Timm (90. Baranek), Kurth, Kreuz (87. Scherz).

10.03.2001 VfL Bochum - 1.FC Köln 2:3 (2:1)
Zuschauer: 21.683
Tore: 1:0 (24.) Buckley, 2:0 (31.) Schindzielorz, 2:1 (38.) Arweladse, 2:2 (61.) Kreuz, 2:3 (80.) Pivaljevic.
Aufstellung: Pröll, Cullmann, Sichone, Dziwior, Keller (53. Voigt), Arweladse (62. Pivaljevic), Springer, Lottner, Scherz, Timm, Kreuz (83. Bulajic).
B.V.: Jeweils Gelb-Rot für Drincic (40), Springer (82.), Lottner (85.) und einen Platzverweis gegen Sichone (34.).

16.03.2001 1.FC Köln - VfL Wolfsburg 0:0
Zuschauer: 27.500
Aufstellung: Pröll, Bulajic, Sinkala, Dziwior, Scherz (82. Donkov), Voigt, Arweladse (65. Baranek), Keller, Timm, Kurth (65. Pivaljevic), Kreuz.

31.03.2001 VfB Stuttgart - 1.FC Köln 0:3 (0:2)
Zuschauer: 32.000
Tore: 0:1 (03.) Springer, 0:2 (23.) Kreuz, 0:3 (76.) Baranek.
Aufstellung: Pröll, Dziwior, Sinkala (78. Hauptmann), Keller, Bulajic, Voigt, Baranek (85. Kurth), Springer, Kreuz, Scherz (89. Grlic), Timm.

07.04.2001 1.FC Köln - SpVgg Unterhaching 1:1 (1:0)
Zuschauer: 32.500
Tore: 1:0 (11.) Timm, 1:1 (46.) Oberleitner.
Aufstellung: Pröll, Bulajic, Sinkala, Dziwior, Keller, Baranek, Voigt (75. Arweladse), Springer, Scherz (64. Kurth), Timm, Kreuz.

15.04.2001 Hamburger SV - 1.FC Köln 1:1 (0:1)
Zuschauer: 50.029
Tore: 0:1 (20.) Baranek, 1:1 (76.) Barbarez.
Aufstellung: Pröll, Sichone, Bulajic, Dziwior, Voigt, Baranek, Springer, Lotner (89. Cichon), Scherz, Timm (90. Kurth), Kreuz (90. Donkov).
B.V.: Aufstellung: Pröll hält FE von Butt (53.), Barbarez verschießt FE (71.). Platzverweis für Baranek (85.).

21.04.2001 FC Hansa Rostock - 1.FC Köln 2:1 (1:0)
Zuschauer: 15.200
Tore: 1:0 (23.) Benken, 2:0 (48.) Majak, 2:1 (73.) Kurth.
Aufstellung: Pröll, Bulajic, Sinkala (37. Cichon), Sichone, Springer, Voigt, Lottner, Keller (68. Arweladse), Timm, Kurth, Kreuz (27. Scherz).

28.04.2001 1.FC Köln - FC Energie Cottbus 4:0 (2:0)
Zuschauer: 30.000
Tore: 1:0, 2:0 (21. [FE], 33.) Lottner, 3:0 (46.) Springer, 4:0 (81.) Arweladse.
Aufstellung: Pröll, Sichone, Bulajic, Voigt, Lottner (78. Arweladse), Cichon, Dziwior, Springer, Timm, Kurth (50. Pivaljevic), Kreuz (65. Ouedraogo).

05.05.2001 1860 München - 1.FC Köln 3:1 (1:1)
Zuschauer: 26.900

STATISTIK 2000/01

Tore: 0:1 (11.) Timm, 1:1 (12.) Max, 2:1 (82.) Agostino, 3:1 (83.) Arweladse (E).
Aufstellung: Pröll, Bulajic, Cichon, Dziwior, Keller, Lottner, Voigt, Springer (83. Arweladse), Kreuz (46. Scherz), Timm, Kurth (75. Pivaljevic).

12.05.2001 1.FC Köln - SV Werder Bremen 1:3 (1:1)
Zuschauer: 41.760
Tore: 0:1 (14.) Pizarro, 1:1 (20.) Arweladse, 1:2, 1:3 (70., 74.) Ailton.
Aufstellung: Pröll, Scherz (67. Kurth), Cullmann, Dziwior, Keller, Baranek, Springer, Lottner (75. Wollitz), Timm, Arweladse (46. Sichone), Kreuz.

19.05.2001 Borussia Dortmund - 1.FC Köln 3:3 (1:2)
Zuschauer: 68.600
Tore: 1:0 (21.) Stevic, 1:1 (28.) Dede (E), 1:2 (35.) Kreuz, 2:2 (49.) Reina, 2:3 (82.) Kreuz, 3:3 (89.) Bobic.
Aufstellung: Pröll, Cullmann, Cichon, Sichone, Keller (81. Voigt), Scherz, Dziwior, Lottner (85. Kurth), Springer, Kreuz, Baranek.
B.V.: Platzverweis für Heinrich (73.). Pröll hält FE. von Stevic (53.).

DFB-POKAL

1. Runde
27.08.2000 1.FC Magdeburg - 1.FC Köln 5:2 (2:1)
Zuschauer: 8.004
Tore: 1:0 (03.) Zani (FE), 1:1 (11.) Scherz, 2:1 (13.) Hannemann, 3:1, 4:1 (49., 54.) Papic, 4:2 (62.) Springer, 5:2 (86.) Ofodile.
Aufstellung: Pröll, Sichone, Cichon, Keller, Scherz (61. Kurth), Hauptmann, Lottner (61. Kreuz), Springer, Voigt, Arweladse (78. Donkov), Timm.

FREUNDSCHAFTSSPIELE

08.07.2000 Tuspo Richrath - 1.FC Köln 1:12 (1:5)
12.07.2000 SSG Bergisch-Gladbach - 1.FC Köln 0:6 (0:2)
14.07.2000 SC Renault Brühl - 1.FC Köln 0:7 (0:5)
16.07.2000 1.FC Köln - CFB Ford Niehl 14:0
22.07.2000 VfL Osnabrück - 1.FC Köln 3:2 (2:2)
25.07.2000 TSG Dülmen - 1.FC Köln 1:5 (0:0)
29.07.2000 MSV Duisburg - 1.FC Köln 1:0 (1:0)
30.07.2000 Rot-Weiß Oberhausen - 1.FC Köln 1:3 (0:3)
05.08.2000 1.FC Köln - Real Sociedad San Sebastian 1:3 (1:0)
08.08.2000 FC Junkersdorf - 1.FC Köln 1:6 (0:3)
30.08.2000 SC West-Köln - 1.FC Köln 1:5 (0:4)
20.09.2000 SC Preußen Köln - 1.FC Köln 0:4 (0:3)
26.09.2000 1.FC Köln - FC Remscheid 6:3 (3:1)
06.10.2000 1.FC Saarbrücken - 1.FC Köln 3:1 (2:0)
24.10.2000 1.FC Köln - SG Wattenscheid 09 0:1 (0:0)
31.10.2000 New York Metro Stars - 1.FC Köln 1:2 (1:2) (in Troisdorf)
07.11.2000 1.FC Köln - Alemannia Aachen 5:0 (2:0)
14.11.2000 1.FC Köln - Borussia M'gladbach 3:0 (1:0)
21.11.2000 1.FC Köln - 1.FC Köln U23 1:0 (0:0)

06.01.2001 SpVgg Hürth-Hermülheim - 1.FC Köln 0:15 (0:7)
12.01.2001 Wuppertaler SV - 1.FC Köln 1:4 (1:1)
17.01.2001 Roda Kerkrade - 1.FC Köln 3:2 (0:1)
20.01.2001 1.FC Köln - Borussia M'gladbach 1:1 (0:1)
21.01.2001 1.FC Köln - Fortuna Köln 2:2 (1:1)
13.02.2001 1.FC Köln - MSV Duisburg 3:1 (1:1)
27.02.2001 1.FC Köln - Nationalmann. Georgien 0:2 (0:0)
24.03.2001 LR Ahlen - 1.FC Köln 5:1 (1:1)
03.04.2001 1.FC Köln - Rot-Weiß Oberhausen 2:3 (0:1)
10.04.2001 1.FC Köln - Rot-Weiß Essen 4:1 (1:0)
24.04.2001 1.FC Köln - Alemannia Aachen 4:0 (0:0)
08.05.2001 Fortuna Köln - 1.FC Köln 2:1 (0:0)

1. BUNDESLIGA 2000/01

1.	FC Bayern München (M, P)	62:37	63
2.	FC Schalke 04	65:35	62
3.	Borussia Dortmund	62:42	58
4.	Bayer 04 Leverkusen	54:40	57
5.	Hertha BSC Berlin	58:52	56
6.	SC Freiburg	54:37	55
7.	Werder Bremen	53:48	53
8.	1.FC Kaiserslautern	49:54	50
9.	VfL Wolfsburg	60:45	47
10.	1.FC Köln (N)	59:52	46
11.	TSV 1860 München	43:55	44
12.	FC Hansa Rostock	34:47	43
13.	Hamburger SV	58:58	41
14.	FC Energie Cottbus (N)	38:52	39
15.	VfB Stuttgart	42:49	38
16.	SpVgg Unterhaching	35:59	35
17.	Eintracht Frankfurt	41:68	35
18.	VfL Bochum (N)	30:67	27

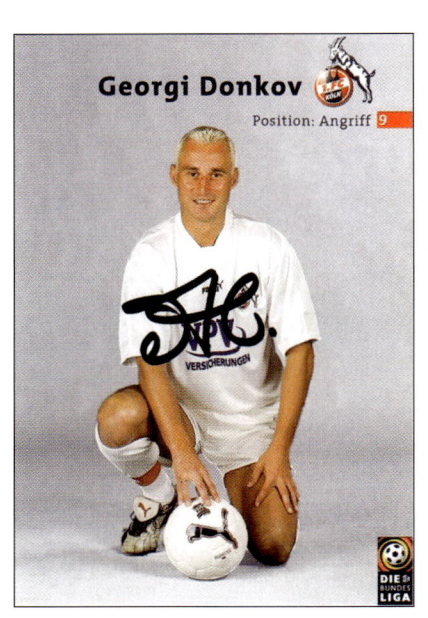

Die FC-Autogrammkarte der Saison 2000/01 von Georgi Donkov.

BUNDESLIGAKADER 2000/01

Abgänge: Bähr (SV Sandhausen), Glaser (Bonner SC), Hasenhüttl (SpVgg Greuther Fürth), Ojigwe (Bayer Leverkusen), Rösele (LR Ahlen, w.d.l.S.), Selke (KFC Uerdingen), Teuber (SpVgg Greuther Fürth), Vukomanovic (Roter Stern Belgrad, w.d.l.S.)
Zugänge: Arweladse (NAC Breda), Bade (Hamburger SV), Baranek (Sparta Prag), Cannizzaro (eigene Amateure), Dworrak (eigene Amateure), Grlic (Fortuna Köln), Keller (VfB Stuttgart), Kreuz (SV Hannover 96), Ouédraogo (RSC Charleroi), Pivaljevic (RFC Antwerpen), Sinkala (FC Bayern München, w.d.l.S.), Vukomanovic (Girondins Bordeaux)

Trainer: Ewald Lienen

Tor:
01 Pröll, Markus 29/0
16 Bade, Alexander 5/0

Feld:
23 Timm, Christian 32/8
30 Lottner, Dirk 31/11
08 Scherz, Matthias 30/3
15 Springer, Christian 29/6
12 Keller, Jens 29/0
11 Arweladse, Archil 26/7
18 Kurth, Markus 26/7
03 Voigt, Alexander 26/1
04 Sichone, Moses 26/0
14 Kreuz, Markus 25/6

02 Cullmann, Carsten 25/3
20 Cichon, Thomas 24/0
13 Dziwior, Janosch 24/0
09 Donkov, Georgi 19/1
24 Baranek, Miroslav 16/2
05 Bulajic, Spasoje 15/0
07 Hauptmann, Ralf 13/0
06 Sinkala, Andrew 6/0
22 Pivaljevic, Darko 5/1
25 Dworrak, Markus 3/0
21 Grlic, Ivica 2/0
06 Vukomanovic, Ivan 2/0
10 Wollitz, Claus-Dieter 2/0
27 Ouédraogo, Alassane 1/0
17 Gebhardt, Marcel 0/0
19 Rösele, Michael 0/0
28 Cannizzaro, Massimo 0/0

Dazu kommen Eigentore von Tomasz Hajto (FC Schalke 04), Torsten Kracht (Eintracht Frankfurt) und Dede (Borussia Dortmund).

FIEBERKURVE 2000/01

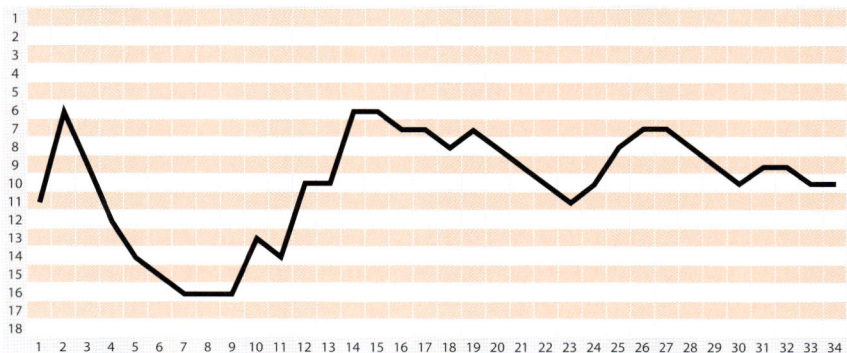

2001/02
1. BUNDESLIGA

„Wie ein Absteiger"

Hintere Reihe von links: Spasoje Bulajic, Matthias Scherz, Georgi Donkov, Miroslav Baranek, Christian Springer, Dirk Lottner, Carsten Cullmann, Thomas Cichon. Mittlere Reihe von links: Co-Trainer Jan Kocian, Zeugwart Michael Lüken, Busfahrer Hans-Peter Dick, Marco Reich, Archil Arweladse, Jörg Reeb, Alexander Voigt, Markus Kurth, Christan Timm, Jens Keller, Mannschaftsarzt Dr. Peter Schäferhoff, Konditionstrainer Rolf Herings, Mannschaftsarzt Jürgen Böhle, Trainer Ewald Lienen. Vordere Reihe von links: Peter Kuhlbach, Alassane Ouédraogo, Markus Kreuz, Markus Pröll, Andrew Sinkala, Moses Sichone, Alexander Bade, Darko Pivaljevic, Janosch Dziwior, Masseur Jürgen Schäfer.

Im zweiten Jahr in der Bundesliga setzten Ewald Lienen, Hannes Linßen und Co. auf Kontinuität. Ein zahlenmäßig sehr wenig veränderter Kader sollte dafür Sorge tragen. Ganze drei Akteure wechselten an den Rhein. Mit Marco Reich kam der teuerste Neuzugang vom 1. FC Kaiserslautern. Der Stürmer aus der Pfalz kostete sechs Millionen DM. Diese hätte man, in der Nachbetrachtung, auch genauso gut von der Deutzer Brücke in den Rhein werfen können, denn gebracht hat der in der Pfalz in Ungnade gefallene Stürmer dem Verein nichts. Wesentlich effektiver war dafür Hanno Balitsch. Der Mannheimer brachte seinen Waldhöfern immerhin auch vier Millionen DM in die klamme Vereinskasse. Angesichts dieser Ausgaben lehnte sich der Clubvorstand schon mächtig weit aus dem Fenster. „Die Mannschaft ist bereit zu großen Taten", frohlockte Albert Caspers optimistisch. Die Experten im *Kicker* dagegen sahen den Club nicht so aufstrebend. Auf Platz 15 stuften Thomas Helmer, Stefan Kuntz und die Mitarbeiter des Fachblattes die Rot-Weißen ein. „Hennes" reagierte in der ersten Ausgabe des Clubmagazins beleidigt, allerdings ahnte er nicht, was ihn in den kommenden Monaten erwarten sollte. Die Fans aber blieben davon unbeeindruckt: 18.000 Dauerkarten sorgten schon vor dem ersten Spiel dafür, dass die Spiele immer einen ansehnlichen Zuschauerzuspruch bekommen würden. Es hätten sogar noch mehr Tickets verkauft werden können, hätte der FC nicht den weiteren Dauerkartenverkauf gestoppt.

NEGATIVSERIE

Die Vorbereitungszeit verlief ruhig und sportlich zufriedenstellend. In elf Spielen blieb die Mannschaft ungeschlagen und besiegte unter anderem Dynamo Tiflis mit einem glatten 5:0.
Auch der Spielbetrieb in der Liga startete erfreulich. Einem 0:0 beim VfB Stuttgart folgte ein glattes 2:0 gegen die Münchner Löwen. Rückschläge in Kaiserslautern (1:2) und Mönchengladbach (0:2) wurden verdaut. Es folgten wieder positive Schlagzeilen. So gab es beim DFB-Pokalspiel in Chemnitz nicht nur ein Wiedersehen mit FC-Akteur Ralf Hauptmann, sondern auch ein deutliches 5:2. Bereits mit 2:0 hatten die Gastgeber nach acht Minuten geführt, und jeder der mitgereisten Anhänger hatte die Schreckensmeldungen aus Magdeburg wieder vor Augen. Doch noch vor dem Seitenwechsel drehte die Mannschaft dank eines starken Matthias Scherz, der insgesamt dreimal traf, das Spiel. Zwei Wochen später gegen den Hamburger SV gehörte Dirk Lottner zu den Matchwinnern. Als sich alles schon auf ein Unentschieden einstellte, traf der Mannschaftskapitän in der Nachspielzeit zum 2:1-Siegtreffer. Der Zollstocker war es auch, der beim 1:1 im Bremer Weserstadion traf. Doch dies sollte für die kommenden zwei Monate die letzte erfreuliche Meldung der Geißböcke gewesen sein.
Es setzte sieben Niederlagen in Folge. Dafür aber hatten die Gegner jeweils Grund zum Feiern: Nürnberg mit dem 2:1 seinen ersten Auswärtssieg seit fünf Monaten; Berlin beim 3:0 mit Sebastian Deislers Führungstreffer das 1.000. Bundesligator der alten Dame; Wolfsburg mit 4:0 nicht nur

[LEGENDEN]

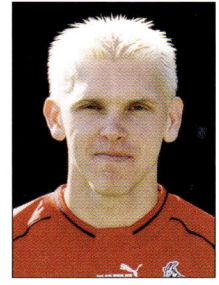

Thomas Cichon
Beim FC von 1995 bis 2004
Geboren: 09.07.1976 in Ruda Slaska (Polen)
Pflichtspiele beim FC: 232
Pflichtspieltore: 8

Der „Erlöser"

Eher als Ergänzungsspieler zur Saison 1995/96 von Schwarz-Weiß Essen zum FC gekommen, sorgte die Inthronisierung von Stephan Engels als Cheftrainer Ende August 1995 dafür, dass es mit der Karriere von Thomas Cichon steil bergauf ging. Denn Engels setzte auf den erst 19-jährigen Verteidiger, ließ ihn als „Ausputzer" und Libero auflaufen. Mit Erfolg – Cichon gewöhnte sich schnell an die raue Bundesligaluft. In Polen geboren und im Ruhrpott aufgewachsen, kam „Tommy" schon im Alter von fünf Jahren zum BV Altenessen. 1989 dann der Wechsel zu Preußen Essen und später zu SWE. Bis 1995 kickte das Talent am Uhlenkrug, bevor es ihn nach Köln zog.
In Anlehnung an Franz Beckenbauer, der genau wie zeitweise Cichon auf der Liberoposition spielte, verpassten ihm die Mitspieler den Spitznamen „Franz". Von den spielerischen Fähigkeiten her hatte er mit seinem Namensvetter kaum Gemeinsamkeiten. Cichons Vorzüge lagen im groben, defensiven Bereich. Ein Kämpfer, der im Eifer des Gefechts den Ball auch mal klärend übers Stadiondach drischt. Bei den FC-Fans war „Franz" gerade deshalb beliebt. Unter seinen nur acht Pflichtspieltoren, die der Bowlingliebhaber während seiner FC-Zeit erzielte, war eines in der Spielzeit 2001/02 von historischer Bedeutung: Sein Treffer zum 1:1 gegen Hertha BSC Berlin in der 75. Minute beendete nach genau 1.033 Minuten einen bis heute unerreichten Kölner „Torlosrekord" in der Bundesliga.
Nach Differenzen mit Trainer Marcel Koller und Manager Andreas Rettig wechselte Cichon im Sommer 2004 zu Rot-Weiß Oberhausen, wo er ein Jahr lang blieb. Es folgten ein dreimonatiges Gastspiel in Griechenland bei Panionios Athen bevor er zum VfL Osnabrück ging.

[Interessantes & Kurioses]

■ Physiotherapeut Jürgen Schäfer verlässt nach 20 Jahren den 1. FC Köln. Der 47-Jährige hat in seiner Zeit beim 1. FC Köln kein einziges der 717 Pflichtspiele verpasst. Um diese „Serie" aufrechtzuerhalten, ließ er sich sogar vor einer Partie bei Bayern München fitspritzen, nachdem er wegen eines Fahrradunfalls eine Wirbelsäulen- und Beckenstauchung erlitten hatte.

■ Der 11. September zieht seine Kreise bis in die Fußball-Bundesliga. Nach den Anschlägen von New York werden in allen Bundesligastadien Gedenkminuten für die Opfer eingelegt. Außerdem sagt die UEFA alle internationalen Spiele am 12. September ab und terminiert sie neu auf den 10. Oktober. An diesem Datum hat der DFB allerdings die 2. Runde des Pokalwettbewerbs angesetzt, wo auch der FC in Aachen zum Einsatz kommen soll. Diese Begegnungen werden nun auf den 28. November verlegt.

■ Wolfgang Niedecken ersingt sich seine Eintrittskarte zum Spiel seiner Geißböcke in Freiburg. BAP gastiert am Abend im nahen Rastatt und will kurzfristig die Begegnung besuchen. Da diese bereits ausverkauft ist, bietet Freiburgs Manager Andreas Rettig scherzhaft an, die Band könne ja im Stadion auftreten. Niedecken nimmt den Pass auf und stimmt mit seinen Bandkollegen die Fans in der ausverkauften Arena vor dem Spiel ein.

Ewald Lienen überwacht das Training.

seinen höchsten Auswärtssieg in der Bundesliga überhaupt. Die Presse schoss sich dagegen langsam auf den Trainer ein: „Hat Lienen abgewirtschaftet?", fragte bereits ein großes Boulevardblatt. Aber es sollte noch schlimmer kommen, denn die Niederlagenserie hielt an. In Rostock gab es ein 0:3, für die Hansa-Kogge ebenfalls der erste Heimsieg seit fünf Monaten. Die Bayern landeten ihren achten Bundesligasieg in Folge beim 2:0 in Köln. In der Knappen-Arena der Schalker gelang dem FC beim 1:3 zumindest der Führungstreffer, das erste Tor seit 462 Minuten, man verlor aber am Ende genauso wie zwei Wochen später gegen Leverkusen. Das 1:2 markierte den ersten Sieg der Werksmannschaft in Müngersdorf seit 15 Jahren.

Der *Kicker* hatte es schon nach der Berliner Niederlage kommen gesehen. „Der FC so schwach wie ein Absteiger", titelte er und deutete an, in welcher Gefahr sich der Traditionsclub bereits nach einem Viertel der Saison befand.

IM TABELLENKELLER

Mitte November war das Tabellenende erreicht. Die Mannschaft war dabei, Vereinsgeschichte zu schreiben. Sieben Niederlagen in Folge, das hatte es noch nie beim 1. FC Köln gegeben. Auch die 462 Minuten ohne Torerfolg waren Rekord für die Rheinländer. Aber dieser sollte nochmals übertroffen werden. Der Verein sah Handlungsbedarf und verpflichtete mit Rigobert Song und Marc Zellweger zwei neue Akteure. Letzterer spielte sich gleich bei seinem ersten Auftritt in die *Kicker*-Elf des Tages. Der FC hatte bei St. Pauli mit 2:1 gewonnen und der Schweizer bereits vor der Pause den zweiten Treffer markiert. Aber auch Song wusste, vor allem durch seinen unbändigen Einsatz, zu gefallen. 2,5 Millionen DM sollte den FC am Ende das Gastspiel des Rechtsfüßers kosten, nur an Gehalt wohlgemerkt. West Ham United als abgebender Verein verlangte

Mit entsprechend deutlichen Transparenten machten die Fans ihrem Unmut über die Mannschaft Luft.

Der Kameruner Rigobert Song avancierte in Köln auf Anhieb zum Publikumsliebling. Den Abstieg konnte der „Löwe" aber nicht im Alleingang verhindern.

Zwei Originale beim Werbedreh: Dirk Lottner und Hella von Sinnen.

dagegen keine Gebühr. Dem Erfolg in der Hansestadt folgte ein 2:1-Sieg in Aachen, womit das Achtelfinale im DFB-Pokal erreicht werden konnte. In der Liga dagegen ging es nun richtig bergab. Nach der 0:2-Niederlage gegen Dortmund gab es noch drei torlose Unentschieden in Freiburg und zu Hause gegen Cottbus und Stuttgart. Die beiden Heimauftritte waren Fußball in seiner grausamsten Form. Der FC hatte somit die schlechteste Heimbilanz seiner Bundesligageschichte vorzuweisen. In über der Hälfte der Begegnungen gelang kein Treffer.

Zum Jahresende gab es dann aber doch noch Positives aus dem sportlichen Bereich zu berichten. Im DFB-Pokal gelang der Sprung ins Viertelfinale. Nach 120 Minuten stand es beim KFC Uerdingen 1:1. Anschließend gewann der FC erstmals in der Vereinsgeschichte ein Elfmeterschießen in einem Pflichtspiel.

LIENEN MUSS GEHEN

Mit gemischten Gefühlen ging die Clubführung in die Winterpause. Die Harmonie, die im Vorjahr den Mannschaftsgeist beflügelt hatte, war verflogen. So sah sich Hannes Linßen weiterhin nach Verstärkungen um und fand in England Lilian Laslandes, der zuletzt beim FC Sunderland unter Vertrag stand. Er sollte vor allem helfen, die Sturmmisere zu beheben. Keine Mannschaft in den ersten drei Ligen in Deutschland hatte so wenige Treffer erzielt. Der Franzose konnte das Problem jedoch nicht lösen. Ganze fünf Einsätze hatte er, und die Trefferquote lag bei Null.

Gleich nach dem ersten Spiel gegen 1860 zeigten die Verantwortlichen ein weiteres Kabinettstück in amateurhaftem Arbeiten. Nachdem es bei den Löwen nicht zu einem Tor, geschweige denn zu seinem Sieg gereicht hatte und 509 torlose Minuten zu betrauern waren, folgte zwei Tage später der Rauswurf von Trainer Lienen. Dieser hätte in der Winterpause mit den Treueschwüren noch sein Wohnzimmer tapezieren können, doch das war nun für die Vereinsspitze Schnee von gestern. Anschließend gab es die üblichen aussagekräftigen Floskeln, dass diese Entscheidung nicht leicht gefallen wäre und sie auch jedem leid tue. Der Neue hieß zunächst Wolfgang John und hatte bis dahin die Amateure trainiert, die einen vorzüglichen 3. Platz in der Oberliga Nordrhein belegten. Nur 48 Stunden nachdem John das schwere Amt übernommen hatte, musste die Mannschaft in Berlin zu ihrem Viertelfinalspiel im Pokal antreten und gewann dank einer kämpferisch starken Leistung überraschend mit 2:1 n.V. In der Liga ging das Verlieren aber weiter. Die schon übliche Heimniederlage gegen den FCK (0:1) – auch da wurde mal wieder ein Minusrekord ausgebaut, denn seit mittlerweile sieben Heimspielen gelang gegen die Betzebuben kein Treffer – fiel noch denkbar knapp aus. In

■ Zum Rückrundenauftakt will der FC mit einer eigenen Fernsehsendung an den Start gehen. „GeißbockTV" soll sie heißen und im DSF ausgestrahlt werden. Als Beispiel dient die Sendung des FC Schalke 04, der bereits seit Saisonbeginn diesen Weg beschreitet. Der Gedanke ist allerdings nicht voll ausgereift und wird nie umgesetzt. Die Schalker stellen ihre Sendung nach kurzer Zeit wieder ein.

Autogrammkarte der Saison 2001/02.

Nach 1.033 Minuten beendete Thomas Cichon mit einem Gewaltschuss den Kölner „Torlosrekord".

Dauerkarte zur Saison 2001/02.

■ Stehende Ovationen bekommt der Vorstand des 1. FC Köln von den 1.004 anwesenden Mitgliedern auf der Jahreshauptversammlung am 29. November 2001. Der FC-Vorstand wird einstimmig für zwei weitere Jahre bestätigt. Darüber hinaus wird beschlossen, die Profiabteilung aus dem Gesamtverein auszugliedern und als GmbH & Co. KGaA zu führen.

■ Zum Saisonende verlassen gleich mehrere langjährige Mitarbeiter den Verein. Zeugwart Michael Lüken wechselt zur Geschäftsstelle der Offenbacher Kickers. Auch Geschäftsführer Wolfgang Loss beendet seine Tätigkeit nach fast neun Jahren zum 30. Juni 2002. In Richtung MSV Duisburg verabschiedet sich Physiotherapeut Peter Kuhlbach.

■ Die Bundesrepublik Deutschland nimmt Abschied von der D-Mark. Ab dem 01.01.2002 ist der Euro das offizielle Zahlungsmittel in zwölf europäischen Ländern. Nach dem letzten Heimspiel gegen Stuttgart nehmen auch die FC-Fans Abschied: Nachdem Mitte Juni die Pläne zum Stadionneubau verabschiedet werden, beginnt Ende Dezember 2001 der Neubau. Mit der Sprengung der Südtribühne müssen die FC-Fans in die Nordkurve umziehen, während die Gästeanhänger im Unterrang Ost untergebracht werden.

Am 19. Dezember 2001 findet beim 0:0 gegen den VfB Stuttgart das letzte Spiel im „alten" Müngersdorfer Stadion statt. Nur einen Tag später rollen die Bagger an – die legendäre Südkurve wird dem Erdboden gleichgemacht.

Hamburg und Mönchengladbach war es jeweils mit 0:4 schon deutlicher. Das Betragen der FC-Fans tat ein Übriges. In Mönchengladbach musste die Partie minutenlang unterbrochen werden, da zahlreiche Leuchtraketen aufs Spielfeld geschossen wurden.

1.033 MINUTEN FÜR DIE EWIGKEIT

Der einzige aus dem Kader, der sich in dieser Phase noch freuen konnte, war Rigobert Song. Mit der Nationalmannschaft von Kamerun holte sich der Neuzugang den Afrika-Cup. Im Finale gewannen die Löwen mit 3:2 nach Elfmeterschießen gegen den Senegal. Der FC war mittlerweile am Tabellenende angekommen. Daran änderte auch der überraschende Punktgewinn gegen Bremen (0:0) nichts. Als Konsequenz der sportlichen Misere trennten sich der FC und Sportmanager Hannes Linßen am 12. Februar „in gegenseitigem Einvernehmen". Der Rückstand auf das rettende Ufer betrug bereits sechs Zähler, und der Klassenerhalt verschwand immer weiter am Horizont. Gegen Bremen wurde auch die Trainerbank neu besetzt, denn John hatte nach drei Bundesligaspielen ohne Punkt und ohne Tor ausgedient. Nun baute der Verein auf Friedhelm Funkel. Ad hoc konnte auch Funkel, der u.a. im Kicker nur als Notnagel angesehen wurde, den Patienten 1. FC Köln nicht heilen. Eine abermalige 0:2-Niederlage, dieses Mal in Nürnberg, brachte weiteren Hohn und Spott und die Erkenntnis, dass die Mannschaft nur fünf Minuten vor einem neuerlichen Rekord stand: dem der längsten Torflaute der Bundesliga. Bisher stand dort der 1. FC Saarbrücken in den Bundesligabüchern. In der Spielzeit 1992/93 waren die Saarländer genau 964 Minuten torlos geblieben. Der FC hatte bereits vor der Partie gegen Berlin 959 Minuten erreicht. In der Partie selbst wurden nach fünf Minuten die Sekunden von den eigenen Zuschauern lautstark heruntergezählt. Und auch, als dann Thomas Cichon in Minute 75 endlich der lang ersehnte Treffer gelang, wollte keine richtige Freude aufkommen. Die Jubelgesänge waren eher hämisch einzuschätzen. 1.033 Minuten hatten die Anhänger vergeblich auf diesen Moment gewartet. Für den Kicker war der Treffer Grund genug, Kölns „Fußballgott" als „Mann des Tages" zu feiern. Für Cichon selbst war dieser Treffer sein erster in der 1. Bundesliga – aber immer noch mehr, als der 6-Millionen-Mann Reich je für den FC in der Bundesliga erzielen sollte.

ERSTER SIEG NACH ZEHN HEIMSPIELEN

Mit dem Pokalhalbfinale hatte die Mannschaft trotz der zahlreichen Bundesligapleiten noch ein Eisen im Feuer. Das Los wollte es so, dass der FC ausgerechnet zum „Lieblingsgegner" über den Rhein fahren sollte. In einem dramatischen Spiel unterlagen die Geißböcke mit 1:3 in der Verlängerung, konnten aber hoch erhobenen Hauptes die ungemütliche Stätte verlassen.
Auf die Liga hatte das positive Auftreten im Pokalwettbewerb keinen Einfluss. Die Negativserie sollte noch nicht gestoppt werden. Auch in Wolfsburg kam man mit 1:5 unter die Räder. Erst gegen Hansa Rostock gelang die „Wende", in einer Begegnung in der die Rostocker zunächst wie der sichere Sieger aussahen und zur Pause mit 2:0 in Front lagen. Beim Gang in die Kabinen wurden die FC-Spieler nicht nur gnadenlos ausgepfiffen, sondern auch mit Safttüten und Feuerzeugen beworfen. Nach dem Seitenwechsel erkämpften sich die Kölner noch einen 4:2-Erfolg. Trotz dieses Erfolges glaubten eigentlich nur noch die größten Optimisten, bei sechs Punkten Rückstand an den Klassenerhalt. Zumal mit Bayern, Schalke und Leverkusen noch drei der vier Topteams auf dem Restspielplan standen.
So verliefen auch die kommenden drei Wochen mehr oder weniger wie erwartet. Zwei Auswärtsniederlagen in München (0:3) und Leverkusen (0:2), dazwischen ein Punktgewinn gegen die Knappen (1:1) sorgten für Endzeitstimmung in Müngersdorf.

Friedhelm Funkel versuchte 2001/02 beim FC sein Glück – den erneuten Abstieg konnte er nicht verhindern.

AUFRÄUMARBEITEN

Der FC hatte in dieser Phase schon angefangen auszusortieren. Marc Zellweger gehörte seit der Pleite in Wolfsburg schon nicht mehr zur Mannschaft. Marco Reich kam nur noch zu Kurzeinsätzen, um dann ebenfalls ganz zu verschwinden. „Ich erwarte, dass sich nach Niederlagen wie in Wolfsburg die Mannschaft den Hintern aufreißt – ohne dass sie der Trainer dazu bittet", so der Coach. Aber genau diese Eigenschaft gehörte nicht zu den Stärken des eigenwilligen Fußballers Reich. In 21 Spielen hatte der Stürmer mitgewirkt und einen Notendurchschnitt von 4,61 im Kicker vorzuweisen. Der Begriff Oberligaformat wäre da eine Beleidigung für jeden ehrenwerten Viertligakicker.
Im Management hatte, der vom SC Freiburg gekommene, Andreas Rettig Mitte März den verwaisten Posten von Hannes Linßen übernommen. Er sollte allerdings schon die nötige Vorarbeit für die zukünftige Zweitligasaison leisten. Daran änderte auch der 2:1-Erfolg über Mitabsteiger St. Pauli und das damit verbundene Verlassen des letzten Tabellenplatzes nichts. Fünf Punkte Rückstand auf Nürnberg und das bescheidene Torverhältnis ließen drei Spieltage vor Saisonende Träumereien nicht mehr zu. Nach der, wenn auch sehr unglücklichen, 1:2-Niederlage in Dortmund war es am 32. Spieltag endgültig. Der FC sollte zum zweiten Mal in seiner Vereinsgeschichte absteigen. Dass die beiden letzten Partien gegen Freiburg (2:0) und in Cottbus (3:2) gewonnen werden konnten, hatte nur noch statistischen Wert.

Der Abstieg ist perfekt. Konsternierte Blicke bei: Springer, Keller, Balitsch, Reich und Cullmann (von links).

TROTZ ABSTIEG – KÖLN FEIERT

Aber Köln wäre nicht Köln, wenn sich nicht doch ein Grund zum Feiern finden ließe. Denn in dieser Saison hatte sich rheinabwärts Bayer Leverkusen aufgemacht, dem FC in punkto Titelsammlung Konkurrenz zu machen.

Sie standen im Finale der Champions League gegen Real Madrid, im Finale des DFB-Pokals gegen den FC Schalke 04 und auch in der Meisterschaft waren die Chancen auf den Titel groß, denn hier lagen sie drei Spieltage vor Schluss mit fünf Punkten Vorsprung auf Platz eins.

Doch es folgten zwei Niederlagen im Finale der Champions League und des DFB-Pokals. Außerdem gab man den sicheren Vorsprung in der Meisterschaft ab und am Ende blieb als „Titel" nur noch der neue Begriff „Vizekusen".

Die (Schaden-)Freude über den mehrfach misslungenen Versuch des Nachbarn, an die Erfolge der Domstädter anzuknüpfen, sollte aber nicht darüber hinwegtäuschen, dass die wahren Verlierer zu dieser Zeit am Militärring unter Vertrag standen. Viele dieser Söldner hatten sich nach der Begegnung mit Cottbus sofort in den Urlaub verabschiedet. Andere, wie z.B. der Kameruner Rigobert Song oder der Slowene Spasoje Bulajic, liefen mit ihren Nationalteams in Asien bei der Fußball-Weltmeisterschaft auf. Für beide war allerdings das WM-Abenteuer nach der Vorrunde beendet. Song, einer der wenigen Aufrechten bei den Abgängen, wechselte zum französischen Vizemeister RC Lens. Bulajaic, der in Köln aufgrund seiner schwerwiegenden Verletzungen nie richtig zum Zuge gekommen war, schnürte seine Fußballschuhe fortan beim FSV Mainz 05.

Die deutsche Nationalmannschaft erreichte bei der WM das Finale. Ausgerechnet Oliver Kahn patzte im Endspiel, der vor allem während der K.-o.-Runde mit begeisternden Leistungen dafür gesorgt hatte, dass die Mannschaft überhaupt so weit gekommen war. Brasilien siegte mit 2:0. Somit hatte in Lucio zumindest ein Akteur aus der verbotenen Stadt einen Titelgewinn zu feiern. Die fünf „zahnlosen Löwen" im Aufgebot der deutschen Mannschaft (nämlich die Leverkusener Ballack, Ramelow, Schneider, Neuville und Butt) durften sich erneut nur den Ausdruck „Vize" auf die Fahnen schreiben.

Der FC-Karnevalsorden nimmt ebenfalls Bezug auf das neue Stadion.

■ Der U23 des 1. FC Köln gelingt nach der Meisterschaft in der Oberliga Nordrhein der Aufstieg in die Regionalliga Nord. Die Meistermannschaft von Trainer Christoph John und Co-Trainer Georg Winkelhoch: Massimo Cannizzaro, Evangelos Nessos, Giovanni Federico, Alexander Ende, Nermin Celikovic, Henrik Bemboom, Michael Niedrig, Alexander Kutz, Marcus Steegmann, Bashir Kaba, Marcel Ndjeng, Dominique Ndjeng, Matthias Schmidt, Mitja Schäfer, Stefan Kuchem, Ferhat Kiskanc, Frank Opitz, Slava Sokolow, Aidin Bagheri, Jörg Maaßen, Alexander Pütz und Markus Rodi. Die D-Jugend gewinnt gegen den SC Köln-West das Finale im Mittelrheinpokal.

■ 20.000 Fans kommen zur Saisoneröffnung ans Geißbockheim. Hier wird zum ersten Mal das FC-Jahrbuch, in dem auf 160 Seiten alles rund um den FC zu finden ist, vorgestellt

Der Mitgliedsausweis zur Saison 2001/02.

Erstmals erschien zur Spielzeit 2001/02 das vom FC herausgegebene offizielle Jahrbuch.

Mit dem 3:2 beim FC Energie Cottbus gelang erst am letzten Spieltag der erste Auswärtssieg.

STATISTIK 2001/02

BUNDESLIGA

28.07.2001 VfB Stuttgart - 1.FC Köln 0:0
Zuschauer: 32.000
Aufstellung: Bade, Cullmann, Lottner (80. Kurth), Keller, Cichon, Scherz, Reeb, Springer, Kreuz (89. Ouédraogo), Baranek, Reich (71. Balitsch).

04.08.2001 1.FC Köln - 1860 München 2:0 (0:0)
Zuschauer: 30.000
Tore: 1:0, 2:0 (47., 88.) Kurth.
Aufstellung: Bade, Cullmann, Sichone, Reeb, Springer, Keller, Baranek, Lottner (82. Voigt), Reich (73. Scherz), Kurth, Kreuz (82. Ouédraogo).

11.08.2001 1.FC Kaiserslautern - 1.FC Köln 2:1 (2:0)
Zuschauer: 39.603
Tore: 1:0, 2:0 (27., 37.) Lokvenc, 2:1 (47.) Springer.
Aufstellung: Bade, Sichone, Cullmann, Keller (80. Voigt), Springer, Reeb, Lottner, Baranek, Kreuz (71. Arweladse) Kurth, Reich (46.Scherz).

19.08.2001 1.FC Köln - Borussia M'gladbach 0:2 (0:0)
Zuschauer: 41.836
Tore: 0:1 (47.) Korzynietz, 0:2 (90.) van Lent.
Aufstellung: Bade, Reeb, Cullmann, Keller, Cichon (73. Baranek), Voigt, Lottner (73. Arweladse), Springer, Scherz (65. Kreuz), Kurth, Reich.

09.09.2001 1.FC Köln - Hamburger SV 2:1 (0:1)
Zuschauer: 35.000
Tore: 0:1 (21.) Cullmann (E), 1:1, 2:1 (67., 90.) Lottner,
Aufstellung: Bade, Reeb, Dziwior, Cullmann, Voigt (42. Keller), Balitsch (74. Kurth), Springer, Kreuz, Scherz, Baranek, Donkov (53. Lottner).

15.09.2001 Werder Bremen - 1.FC Köln 1:1 (0:1)
Zuschauer: 26.718
Tore: 0:1 (16.) Lottner, 1:1 (68.) Ailton.
Aufstellung: Bade, Cullmann, Dziwior, Keller, Balitsch, Springer, Reeb, (46. Sichone), Lottner, Scherz (90. Cichon), Kreuz, Baranek (68. Donkov).

22.09.2001 1.FC Köln - 1.FC Nürnberg 1:2 (1:2)
Zuschauer: 29.000
Tore: 0:1 (15.) Nikl, 1:1 (24.) Baranek, 1:2 (28.) Sanneh.
Aufstellung: Bade, Cullmann, Keller, Scherz, Springer, Lottner (80. Pivaljevic), Baranek, Reich (46. Dziwior), Kreuz, Arweladse (46. Kurth).

29.09.2001 Hertha BSC Berlin - 1.FC Köln 3:0 (1:0)
Zuschauer: 34.926
Tore: 1:0 (27.) Deisler (FE), 2:0 (49.) Marcelinho, 3:0 (85.) Preetz.
Aufstellung: Bade, Cichon (58. Reich), Cullmann, Keller, Balitsch (65. Balitsch), Dziwior (81. Pivaljevic), Springer, Lottner, Scherz, Kreuz, Baranek.

14.10.2001 1.FC Köln - VfL Wolfsburg 0:4 (0:2)
Zuschauer: 29.000
Tore: 0:1 (02.) Petrov, 0:2 (07.) Ponte, 0:3 (50.) Petrov (FE), 0:4 (61.) Karhan.
Aufstellung: Bade, Keller, Bulajic, Cichon (18. Balitsch - 41. Reich), Springer, Voigt, Lottner (77. Dziwior), Kreuz, Kurth, Pivaljevic, Scherz.

20.10.2001 FC Hansa Rostock - 1.FC Köln 3:0 (0:0)
Zuschauer: 15.000
Tore: 1:0 (60.) Yasser, 2:0 (62.) Beierle, 3:0 (73.) Wibran.
Aufstellung: Bade, Keller, Dziwior, Cullmann, Voigt (74. Springer), Reeb, Sinkala, Kreuz, Lottner (74. Baranek), Reich, Scherz 52. Kurth).

27.10.2001 1.FC Köln - FC Bayern München 0:2 (0:1)
Zuschauer: 42.000
Tore: 0:1, 0:2 (27., 70.) Pizarro.
Aufstellung: Pröll, Sichone (75. Reich), Dziwior, Cullmann, Reeb, Sinkala, Keller (75. Baranek), Lottner (42. Springer), Scherz, Kurth, Kreuz.

03.11.2001 FC Schalke 04 - 1.FC Köln 3:1 (1:1)
Zuschauer: 60.400
Tore: 0:1 (37.) Sinkala, 1:1 (45.) Sand, 2:1 (54.) Möller, 3:1 (80.) Asamoah.
Aufstellung: Pröll, Keller, Sinkala, Cullmann, Dziwior, Springer, Reeb (76. Nessos), Kreuz, Baranek, Kurth (59. Donkov - 76. Reich), Scherz.
B.V.: Scherz erhält Gelb-Rot (31.).

17.11.2001 1.FC Köln - Bayer Leverkusen 1:2 (0:0)
Zuschauer: 41.000
Tore: 1:0 (57.) Kurth, 1:1 (63.) Kirsten, 1:2 (72.) Neuville.
Aufstellung: Pröll, Sichone, Cichon (80. Donkov), Keller, Cullmann, Reeb, Springer, Sinkala, Kurth (69. Dziwior), Reich (59. Timm), Kreuz.
B.V.: Keller erhält Gelb-Rot (52.).

24.11.2001 FC St. Pauli - 1.FC Köln 1:2 (0:2)
Zuschauer: 19.617
Tore: 0:1 (28.) Sinkala, 0:2 (31.) Zellweger, 1:2 (88.) Gibbs.
Aufstellung: Pröll, Song, Cullmann, Cichon, Zellweger, Reeb (57. Dziwior), Springer, Reich (83. Sichone), Sinkala (80. Lottner), Scherz, Kurth.

01.12.2001 1.FC Köln - Borussia Dortmund 0:2 (0:2)
Zuschauer: 42.000
Tore: 0:1 (17.) Amoroso (FE), 0:2 (42.) Ewerthon.
Aufstellung: Pröll, Zellweger, Cichon (76. Scherz), Song, Keller, Reeb, Sinkala (58. Lottner), Springer (82.Kreuz), Reich, Kurth, Timm.

09.12.2001 SC Freiburg - 1.FC Köln 0:0
Zuschauer: 25.000
Aufstellung: Pröll, Song, Cichon, Zellweger, Keller (72. Kreuz), Balitsch, Cullmann, Lottner, Timm (88. Scherz), Kurth, Springer.

15.12.2001 1.FC Köln - Energie Cottbus 0:0
Zuschauer: 29.000
Aufstellung: Pröll, Zellweger, Cichon (69. Baranek), Song, Keller, Cullmann, Springer, Lottner (55. Kreuz), Timm, Kurth, Reich.

19.12.2001 1.FC Köln - VfB Stuttgart 0:0
Zuschauer: 28.000
Aufstellung: Pröll, Zellweger, Cichon, Song, Cullmann, Balitsch, Sinkala (54. Voigt), Lottner, Timm, Kurth (73. Scherz), Kreuz (83. Donkov).

26.01.2002 1860 München - 1.FC Köln 3:0 (0:0)
Zuschauer: 20.000
Tore: 1:0 (56.) Max, 2:0 (61.) Tyce, 3:0 (80.) Suker.
Aufstellung: Pröll, Cullmann, Cichon (70. Reich), Zellweger, Keller, Balitsch, Nessos, Voigt (78. Lottner), Kreuz (78. Kurth), Laslandes, Timm.

02.02.2002 1.FC Köln - 1.FC Kaiserslautern 0:1 (0:0)
Zuschauer: 27.000
Tor: 0:1 (57.) Klose.
Aufstellung: Pröll, Cullmann, Zellweger, Cichon (81. Baranek), Voigt (76. Reich), Balitsch, Scherz (60. Kurth), Lottner, Springer, Timm, Laslandes.

05.02.2002 Borussia M'gladbach - 1.FC Köln 4:0 (0:0)
Zuschauer: 32.200
Tore: 1:0 (51.) Münch (FE), 2:0, 3:0, 4:0 (54., 60., 68.) van Lent.
Aufstellung: Pröll, Keller, Zellweger, Cullmann, Balitsch, Voigt (61. Springer), Lottner, Reeb, Timm (17. Reich), Laslandes (75. Cichon), Kurth.

10.02.2002 Hamburger SV - 1.FC Köln 4:0 (1:0)
Zuschauer: 38.719
Tore: 1:0 (34.) Fukal, 2:0 (63.) Sichone (E), 3:0 (67.) Barbarez, 4:0 (83.) Romeo.
Aufstellung: Pröll, Sichone, Cichon, Zellweger, Balitsch, Reeb (74. Reich), Springer, Scherz (60. Nessos), Baranek, Kreuz (74. Voigt), Landandes.
B.V.: Platzverweis für Laslandes (87.).

17.02.2002 1.FC Köln - Werder Bremen 0:0
Zuschauer: 26.000
Aufstellung: Pröll, Cichon, Zellweger, Cullmann, Balitsch, Voigt, Springer, Kreuz, Timm, Kurth, Donkov (73. Reich).
B.V.: Platzverweis für Wehlage (57.).

23.02.2002 1.FC Nürnberg - 1.FC Köln 2:0 (1:0)
Zuschauer: 25.100
Tore: 1:0, 2:0 (02., 71.) Cacau.
Aufstellung: Pröll, Song, Cichon, Zellweger, Voigt (63. Baranek), Cullmann, Balitsch, Kreuz, Springer, Scherz (63. Reich), Kurth.

02.03.2002 1.FC Köln - Hertha BSC Berlin 1:1 (0:1)
Zuschauer: 22.000
Tore: 0:1 (12.) Beinlich, 1:1 (75.) Cichon.
A.: Pröll, Cichon, Zellweger, Song, Cullmann, Balitsch, Baranek, Sinkala, Scherz, Donkov (64. Kurth), Springer (59. Timm).

09.03.2002 VfL Wolfsburg - 1.FC Köln 5:1 (3:1)
Zuschauer: 12.583
Tore: 1:0 (04.) Klimowicz, 2:0 (07.) Rau, 3:0 (18.) Klimowicz, 3:1 (45.) Reich, 4:1 (62.) Petrov, 5:1 (77.) Karhan.
Aufstellung: Pröll, Cichon, Cullmann, Song, Zellweger (24. Kreuz), Voigt, Balitsch, Baranek, Scherz (58. Springer), Reich, Laslandes.

16.03.2002 1.FC Köln - Hansa Rostock 4:2 (0:2)
Zuschauer: 21.500
Tore: 0:1 (06., 32.) Arvidsson, 1:2 (46.) Lottner, 2:2 (51.) Kurth, 3:2 (76.) Springer, 4:2 (90.) Scherz.
Aufstellung: Pröll, Cichon, Cullmann, Song, Voigt, Cichon, Balitsch, Lottner, Kreuz, Scherz, Kurth, Springer (86. Keller).
B.V.: Platzverweis für Bräutigam (69.).

23.03.2002 FC Bayern München - 1.FC Köln 3:0 (0:0)
Zuschauer: 44.000
Tore: 1:0 (64.) Elber, 2:0 (83.) Salihamidzic (FE), 3:0 (88.) Elber.
Aufstellung: Pröll, Cichon, Cullmann (73. Keller), Song, Sichone, Balitsch, Voigt, Springer, Scherz, Kurth.

31.03.2002 1.FC Köln - FC Schalke 04 1:1 (0:1)
Zuschauer: 30.000
Tore: 0:1 (40.) Sand, 1:1 (60.) Lottner.
Aufstellung: Pröll, Cichon, Song, Sichone, Keller, Balitsch (67. Kreuz), Voigt (75. Reich), Springer (82. Baranek), Lottner, Scherz, Kurth.

06.04.2002 Bayer Leverkusen - 1.FC Köln 2:0 (2:0)
Zuschauer: 22.500
Tore: 1:0 (13.) Butt (FE), 2:0 (25.) Lucio.
Aufstellung: Pröll, Song, Voigt, Sichone, Cichon, Balitsch, Keller, Springer, Kurth, Scherz (46. Reich).

13.04.2002 1.FC Köln - FC St. Pauli 2:1 (1:0)
Zuschauer: 26.000
Tore: 1:0 (07.) Lottner, 1:1 (46.) Inceman, 2:1 (90.) Scherz.
Aufstellung: Pröll, Cichon, Keller (65. Scherz), Sichone, Song, Springer (63. Reich), Voigt, Baranek (75. Kreuz), Lottner, Kurth, Balitsch.

20.04.2002 Borussia Dortmund - 1.FC Köln 2:1 (1:0)
Zuschauer: 68.600
Tore: 1:0 (21.) Rosicky, 1:1 (56.) Lottner, 2:1 (89.) Amoroso (FE).
A.: Pröll, Cichon, Keller (65. Scherz), Sichone, Song, Springer (63. Reich), Voigt, Baranek (75. Kreuz), Lottner, Kurth, Balitsch.

27.04.2002 1.FC Köln - SC Freiburg 2:0 (1:0)
Zuschauer: 30.000
Tore: 1:0 (26.) Cullmann, 2:0 (86.) Scherz.
Aufstellung: Pröll, Song (87. Keller), Cichon, Sichone, Balitsch, Voigt, Cullmann, Lottner (71. Kreuz), Springer, Kurth, Baranek (63. Scherz).

04.05.2002 FC Energie Cottbus - 1.FC Köln 2:3 (0:1)
Zuschauer: 19.435
Tore: 0:1 (35.) Kurth, 0:2, 0:3 (57., 63.) Lottner, 1:3 (81.) Topic, 2:3 (87.) Reichenberger.
Aufstellung: Pröll, Song, Keller, Sichone (71. Bulajic), Cullmann, Balitsch, Voigt (86. Reeb), Lottner, Springer, Kurth (77. Scherz), Baranek.

STATISTIK 2001/02

DFB-POKAL

1. Runde
26.08.2001 Chemnitzer FC - 1.FC Köln 2:5 (2:3)
Zuschauer: 4.330
Tore: 1:0 (07.) Fröhlich, 2:0 (08.) Krieg, 2:1 (09.) Scherz, 2:2 (19.) Donkov, 2:3 (42.) Kreuz, 2:4, 2:5 (66., 75.) Scherz.
Aufstellung: Bade, Dziwior, Cullmann, Reeb, Balitsch, Kreuz, Springer (79. Sinkala), Voigt, Scherz, Baranek (79. Kurth), Donkov (64. Reich).
B.V.: Hiemann hält FE von Voigt.

2. Runde
28.11.2001 Alemannia Aachen - 1.FC Köln 1:2 (0:2)
Zuschauer: 22.500
Tore: 0:1 (05.) Kurth, 0:2 (29.) Reich, 1:2 (60.) Zernicke.
Aufstellung: Pröll, Zellweger, Cichon (85. Dziwior), Song, Keller, Sinkala (76. Kreuz), Cullmann, Springer, Timm (69. Scherz), Kurth, Reich.

Achtelfinale
12.12.2001 KFC Uerdingen - 1.FC Köln 4:6 n.E.
Zuschauer: 20.112
Tore: 0:1 (62.) Kurth, 1:1 (72.) Rodriguez.
Elfmeterschießen: Keller (0:1), Schmugge (1:1), Baranek (1:2), Maaß (2:2), Lottner (2:3), Rodriguez (3:3), Donkov (3:4), Emerson (gehalten), Cichon (3:5).
Aufstellung: Pröll, Zellweger, Cichon, Song, Keller, Cullmann, Dziwior (98. Ouédraogo), Lottner, Kreuz, Scherz (81. Donkov), Kurth (114. Baranek).

Viertelfinale
30.01.2002 Hertha BSC Berlin - 1.FC Köln 1:2 n.V.
Zuschauer: 17.202
Tore: 1:0 (47.) Goor, 1:1 (85.) Zellweger, 1:2 (105.) Lottner.
Aufstellung: Pröll, Cullmann, Cichon (73. Kurth) Zellweger, Keller, Scherz (77. Reich), Baltisch, Lottner, Voigt (83. Springer), Timm, Laslandes.

Halbfinale
05.03.2002 Bayer Leverkusen - 1.FC Köln 3:1 n.V.
Zuschauer: 22.500
Tore: 1:0 (59.) Zellweger (E), 1:1 (90.) Song, 2:1(100.) Zivkovic, 3:1 (114.) Schneider.
Aufstellung: Pröll, Song, Cichon, Cullmann, Zellweger, Balitsch, Baranek (77. Kreuz), Dziwior (80. Laslandes), Voigt, Scherz (66. Donkov), Kurth.
B.V.: Platzverweis für Donkov (76.).

FREUNDSCHAFTSSPIELE

23.06.2001 SpVgg Frechen 20 - 1.FC Köln 0:13 (0:4)

27.06.2001 SV Vorgebirge - 1.FC Köln 0:8 (0:3)
(in Bornheim)

30.06.2001 Erftkreis-Auswahl - 1.FC Köln 0:8 (0:1)
(in Kerpen-Horrem)

01.07.2001 1.FC Köln - CFB Ford Niehl 12:0 (5:0)

04.07.2001 SV Sandhausen - 1.FC Köln 1:1 (0:1)

07.07.2001 FC Remscheid - 1.FC Köln 0:6 (0:2)

11.07.2001 FC Schalke 04 - 1.FC Köln 2:3 (1:2) (in Olpe)

15.07.2001 Arminia Bielefeld - 1.FC Köln 2:3 (1:0)

17.07.2001 SV Enger-Westerenger - 1.FC Köln 1:7 (1:1)

20.07.2001 1.FC Köln - Besiktas Istanbul 1:1 (1:0)

21.07.2001 1.FC Köln - Dynamo Tiflis 5:0 (1:0) (in Troisdorf)

29.07.2001 SC Verl - 1.FC Köln 2:1 (1:1)

08.08.2001 Germania Dürwiß - 1.FC Köln 0:10 (0:2)

31.08.2001 Wormatia Worms - 1.FC Köln 0:7 (0:4)

02.10.2001 Uni Köln - 1.FC Köln 0:4 (0:1)

05.10.2001 FC Schweinfurt 05 - 1.FC Köln 0:4 (0:3)

17.10.2001 DFB U21 - 1.FC Köln 1:1 (0:0)

10.11.2001 1.FC Köln - Nationalmann. Kamerun 1:1 (1:1)

13.11.2001 GW Brauweiler - 1.FC Köln 1:17 (1:8)

04.12.2001 1.FC Köln - Rot-Weiß Essen 2:1 (2:1)

06.01.2002 Kreisauswahl Bergheim - 1.FC Köln 0:4 (0:0)

12.01.2002 SC Heerenveen - 1.FC Köln 2:0 (1:0)
(in Marbella)

15.01.2002 Nationalmann. Tunesien - 1.FC Köln 2:1 (1:1)
(in Marbella)

19.01.2002 Roda Kerkrade - 1.FC Köln 3:3 (2:0)

21.01.2002 VfL Bochum - 1.FC Köln 3:1 (2:1)

1. BUNDESLIGA 2001/02

1.	Borussia Dortmund	62:33	70
2.	Bayer 04 Leverkusen	77:38	69
3.	FC Bayern München (M)	65:25	68
4.	Hertha BSC Berlin	61:38	61
5.	FC Schalke 04 (P)	52:36	61
6.	Werder Bremen	54:43	56
7.	1.FC Kaiserslautern	62:53	56
8.	VfB Stuttgart	47:43	50
9.	1860 München	59:59	50
10.	VfL Wolfsburg	57:49	46
11.	Hamburger SV	51:57	40
12.	Borussia M'gladbach(N)	41:53	39
13.	FC Energie Cottbus	36:60	35
14.	FC Hansa Rostock	35:54	34
15.	1.FC Nürnberg (N)	34:57	34
16.	SC Freiburg	37:64	30
17.	**1.FC Köln**	26:61	29
18.	FC St. Pauli (N)	37:70	22

BUNDESLIGAKADER 2001/02

Abgänge: Cannizzaro (eigene Amateure), Donkov (Xamax Neuchatel, w.d.l.S.),Dworrak (SpVgg Greuther Fürth), Gebhardt (Wormatia Worms), Grlic (Alemannia Aachen), Hauptmann (Chemnitzer FC), Pivaljevic (RSC Charleroi, w.d.l.S.), Wollitz (Ende der Laufbahn)

Zugänge: Balitsch (Waldhof Mannheim), Laslandes (FC Sunderland, w.d.l.S.), Nessos (eigene Amateure, w.d.l.S.), Reeb (Bayer Leverkusen), Reich (1.FC Kaiserslautern), Sokolow (eigene Amateure, w.d.l.S.), Song (West Ham United, w.d.l.S.), Zellweger (FC St. Gallen, w.d.l.S.)

Trainer: Ewald Lienen (bis 28.01.2002), Christoph John (28.01.2002 - 14.02.2002), Friedhelm Funkel (ab 15.02.2002)

Tor:
01	Pröll, Markus	24/0
16	Bade, Alexander	10/0
32	Sokolow, Wjatscheslaw	0/0

Feld:
15	Springer, Christian	32/2
18	Kurth, Markus	30/5
08	Scherz, Matthias	29/3
02	Cullmann, Carsten	28/1
30	Lottner, Dirk	27/9
10	Kreuz, Markus	27/1
20	Cichon, Thomas	26/1
12	Keller, Jens	26/0
14	Balitsch, Hanno	24/0
17	Reich, Marco	24/0
03	Voigt, Alexander	22/0
24	Baranek, Miroslav	21/1
07	Reeb, Jörg	16/0
25	Song, Rigobert	16/0
19	Zellweger, Marc	13/1
04	Sichone, Moses	13/0
13	Dziwior, Janosch	10/0
23	Timm, Christian	10/0
09	Donkov, Georgi	8/0
06	Sinkala, Andrew	8/2
33	Laslandes, Lilian	5/0
11	Arweladse, Archil	3/0
37	Nessos, Evangelos	3/0
22	Pivaljevic, Darko	3/0
05	Bulajic, Spasoje	2/0
27	Ouédraogo, Alassane	2/0

„Himmel und Hölle", titelte das *Geißbock Echo*. Am Ende landete der FC wieder in der „Hölle", sprich in der 2. Bundesliga.

FIEBERKURVE 2001/02

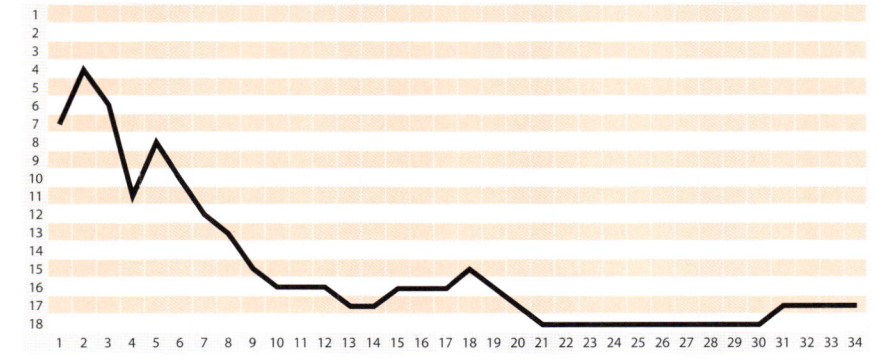

2002/03
2. BUNDESLIGA

Wiederaufstieg mit Beigeschmack

[LEGENDEN]

Matthias Scherz
Beim FC ab 1999
Geboren:
14.12.1971 in Rotenburg/Wümme
Pflichtspiele beim FC: 284
Pflichtspieltore: 70

Treue Seele

Als Wandervogel kann man Matthias Scherz wahrlich nicht bezeichnen. Bevor er zu den Geißböcken wechselte, war er lediglich für seinen Heimatverein Rot-Weiß Scheeßel (1979 bis 1994) sowie für den FC St. Pauli aktiv gewesen. Scherz ist bereits seit 1999 beim FC und inzwischen zum echten Urgestein des Vereins geworden. In dieser Zeit erlebte der Norddeutsche eine echte Achterbahnfahrt. Dreimal gab es einen Abstieg zu betrauern (2002, 2004, 2006) und viermal einen Aufstieg zu bejubeln (2000, 2003, 2005, 2008).
Vor allem an den Aufstiegen (besonders 2002/03) hatte der Stürmer mit hoher Torquote einen hohen Anteil. Doch auch in den schlimmsten Zeiten war es zumeist Scherz, der bei der allgemeinen Torflaute im FC-Angriff wenigstens noch ab und an einen Treffer verbuchen konnte. Die Gesamttorquote spricht für den Liebhaber asiatischer Bonsaibäume, auch wenn er an schlechten Tagen auf den Betrachter einen eher lustlosen Eindruck macht. Erst im mittlerweile hohen Fußballeralter muss er sich häufiger mit der Jokerrolle zufrieden geben. In der Mannschaft hat sein Wort Gewicht. In Köln ist Scherz, der mit einer Spielerin der FC-Handballdamen liiert ist, längst heimisch geworden, wenn er auch noch gelegentlich über die kölsche Mentalität den Kopf schüttelt. ■

Das Trainergespann Greiber, Luhukay und Funkel begrüßt zusammen mit Wilhelm Schäfer und Hennes die Neuzugänge der Saison 2002/03. Stehend von links: Happe, Helbig, Kringe. Hockend von links: Schröder, Dworrak, Federico und Nessou.

Sowohl die sportliche als auch die finanzielle Zukunft des Vereins klärte sich nach dem erneuten Abstieg nur langsam. Die Finanzlage hing unmittelbar mit der ungelösten Fernsehgelderfrage zusammen: Leo Kirchs Imperium war zusammengebrochen, und nun wusste niemand, wie die Gelder in der anstehenden Saison fließen würden. Die Domstädter versuchten, diesen Zustand mit Verkäufen abzumindern.

AUSVERKAUF AUF KÖLNER FLOHMARKT

Kölns teuerstes Missverständnis, Marco Reich, wurde im wahrsten Sinne des Wortes an Werder Bremen verscherbelt. Für drei Millionen Euro war er an den Rhein gekommen, um ein Jahr später für noch nicht einmal zehn Prozent davon wieder zu verschwinden. Dass er sich auch in der Hansestadt nicht durchsetzen konnte, überrascht nicht sonderlich. Insgesamt kam beim Kölner „Flohmarkt" nicht viel in die Schatulle von Manager Andreas Rettig. Knapp 3,7 Millionen Euro standen unter dem Strich als Einnahme aus 13 Abgängen. So musste bei den Neuzugängen auf „Altstars" oder „Jungtalente" zurückgegriffen werden. Unterm Strich ein schmaler Grat, der jedoch am Ende erfolgreich beschritten werden sollte. Wie eng der Gürtel geschnallt werden musste, zeigte allein die Tatsache, dass Marc Zellweger ohne Gebühr zum FC Wil gehen durfte, nur damit das Gehalt gespart werden konnte.
Trotz der schwachen letzten Saison war die Zuneigung der Fans ungebrochen. Bereits am ersten Tag wurden 2.500 Saisontickets verkauft, und bis zum Saisonstart waren es sogar über 13.000.

„LITTI" KOMMT ZUR TRIBÜNENERÖFFNUNG

Bereits Anfang Juni holte sich Friedhelm Funkel seine „Mitarbeiter" erstmals zusammen, um mit ihnen einen Leistungstest vorzunehmen. Aus diesem Grunde reiste die Mannschaft zunächst einmal für ein Lauftrainingslager nach Langeoog. Sechs Tage auf der Insel endeten u.a. mit einem 19:0-Testspielsieg gegen den dort beheimateten TSV. Insgesamt präsentierte sich die Truppe während der Vorbereitung extrem launisch. Einem Sieg gegen Slavia Prag, immerhin aktueller tschechischer Pokalsieger, folgte ein desolates 1:4 in Mönchengladbach. Der höchste Erfolg gelang unmittelbar vor dem Saisonauftakt beim 23:0 gegen den VfL Sürth. Die Liga startete mit einem Auswärtsspiel. Beim Karlsruher SC mussten die mitgereisten Anhänger bis zur 90. Minute bangen, ehe Neuzugang Kioyo alle erlöste. Eine Woche später schaute mit dem MSV Duisburg ein alter Bekannter in Müngersdorf vorbei. Pierre Littbarski hatte zu Saisonbeginn das Traineramt bei den Zebras angetreten und gab seine Visitenkarte zur Neueröffnung der Südtribüne ab. „Natürlich ist das keine Begegnung

Zur Einweihung der neuen Südtribüne gelang ein 4:3 über die Zebras.

[Interessantes & Kurioses]

■ Etwas ganz Neues hat sich der 1. FC Köln für seine verärgerten Dauerkartenkunden aus dem Vorjahr einfallen lassen: die Punktprämie. Für jeden Punkt, den sich die Mannschaft in der Saison erspielt, werden dem Karteninhaber 50 Cent (25 Cent bei Stehplätzen) gutgeschrieben. Die angesparte Gesamtsumme kann am Ende der Spielzeit auf den Kauf einer neuen Dauerkarte angerechnet werden oder als Fanartikel-Gutschein genutzt werden.

Mit 0:8 bezieht der FC im DFB-Pokal bei den Bayern die höchste Pflichtspielniederlage seiner Vereinsgeschichte.

■ Die Südtribüne wurde in der Sommerpause fertiggestellt und beim ersten Heimspiel gegen den MSV Duisburg eingeweiht. In der ersten Begegnung gibt es sogar Fußball nach englischer Sitte – ohne Zäune. Doch der DFB schiebt Sicherheitsbedenken für die Zuschauer vor und veranlasst den Bau des Zaunes. Mit den Bauarbeiten geht es seit Mai mit der Westtribüne weiter, die im Sommer gesprengt worden war. Dieser Bereich ist ab der Rückrunde schon bezugsfähig. Gleichzeitig wird mit dem Abriss der Nordtribüne begonnen.

Mit diesem Sonderheft ging der FC auf „Sponsorenfang".

Das unverändert beliebte *Kölsch live* widmete sich ausgiebig der zum Saisonbeginn eingeweihten neuen Südtribüne.

---

wie jede andere", deutete der ehemalige Kölner Dribbelkönig im Vorfeld an. Er sollte Recht behalten. Sieben Tore fielen in einem packenden Spiel – am Ende hatte der FC vier auf dem Konto. Dies erschien äußerst wichtig, da es nun zum Derby an die belgische Grenze ging. Durch den Punktgewinn (0:0) in Aachen gelang erstmals der Sprung auf einen der begehrten ersten drei Plätze. Diese Region sollte die Mannschaft bis zum Saisonende nicht mehr verlassen. Aber zunächst einmal war Pokal- und Länderspielpause. Beim Cup-Wettbewerb führte die Reise zu den wackeren Amateuren des VfL Wolfsburg, die mit 3:1 besiegt werden konnten.

KÖLNER KANTERSIEG GEGEN UNION

In der Liga stand nun der Besuch der Frankfurter Eintracht an, die ebenfalls einen blendenden Start hingelegt hatte und einen Platz vor dem FC rangierte. Auch hier sahen die 28.500 Zuschauer im ausverkauften Kölner Stadion eine abwechslungsreiche Partie. Erneut drehten die Rot-Weißen erfolgreich einen Rückstand, gewannen mit 3:2 und standen nun an der Spitze der Tabelle. Allerdings nur für drei Tage. In Ahlen hatten die Hausherren einen zufriedenstellenden Start hingelegt und am Ende reichte es zu einem leistungsgerechten 0:0. Als nächstes wartete die Überraschungsmannschaft aus Lübeck. Der Neuling stand auf Platz 5 in Lauerstellung und leistete in Köln erbitterten Widerstand. Erst eine Minute vor dem Ende gelang Christian Springer der Siegtreffer.
Dass die Mannschaft ihre Launenhaftigkeit nicht so ganz ablegen konnte, zeigte sie kurz darauf in Braunschweig. Die Norddeutschen standen auf dem vorletzten Rang und kämpften bravourös gegen den Favoriten. Auch hier war es Springer, der mit seinem Treffer zumindest noch für einen Punkt auf der Habenseite sorgte. Von den kommenden Spielen verlor man zwar keines, konnte aber auch nicht regelmäßig gewinnen. Gegen Union Berlin siegte der FC dagegen deutlich. 7:0 wurden die Hauptstädter zurück an die Spree geschickt und waren damit noch gut bedient. Bereits nach zehn Minuten hatte es 3:0 gestanden. Danach fielen die Treffer in schöner Regelmäßigkeit und sorgten für eine angenehme Feierstimmung im Kölner Stadion.
Nach einem Viertel der Saison lag der FC auf Platz 2 in der Tabelle und war, neben Borussia Dortmund, die einzige Mannschaft in den ersten drei Ligen, die noch keine Niederlage hinnehmen musste. So fiel das Fazit im *Kicker* durchweg positiv aus: „Bei Standards hat die Mannschaft schon jetzt Bundesliganiveau." Nicht verwunderlich, denn die Hälfte der 18 Treffer war aus solchen Spielsituationen entstanden.

ERSTMALS SPITZENREITER

Auch am Bruchweg bei Mainz 05 bewiesen die Funkel-Schützlinge ihre neue Stärke. Selbst eine 2:0-Führung der Hausherren brachte die Mannen um Dirk Lottner nicht aus dem Tritt. Am Ende stand es 2:2, und der FC war endlich Ligakrösus und verteidigte diese Position fünf Tage später mit einem 3:1 über das Tabellenschlusslicht Waldhof Mannheim. Es folgten zwei Teilerfolge in Oberhausen (2:2) und zu Hause gegen den SSV Reutlingen (1:1). Dazwischen lag noch ein verdientes 5:1 gegen den Regionalligisten TSG Hoffenheim in der 2. Runde des DFB-Pokals. In Oberhausen hatte es wieder einmal Tumulte mit den Kölner Anhängern gegeben. Auslöser waren hier aber eher die Ordnungskräfte, die völlig unmotiviert Tränengas einsetzten, nur weil die Fans am Zaun gerüttelt hatten. Bei dieser Aktion wurden auch Kinder verletzt, sodass Manager Andreas Rettig erwog, eine Klage gegen die Beamten anzustreben.
Sportlich blieb die Mannschaft weiterhin in der Spur. Am Hamburger Millerntor klappte es mit der Rückkehr auf Platz eins. Dank eines brillant aufgelegten dreifachen Torschützen Matthias Scherz gewann der FC mit 3:2. Scherz zeigte sich ebenfalls für den einzigen

2002/03 ■ 435

■ Über 20.000 Anhänger bevölkern zur Saisoneröffnung den Grüngürtel rund ums Geißbockheim und stellen den Vorjahresrekord erneut ein.

Im Rahmen einer „Veröffentlichungsoffensive" wurden für alle FC-Freunde entsprechende Publikationen produziert. Ob Business, Sponsor, Mitglieder, Amateure, Kunden oder Kids – niemand blieb „verschont".

■ Die U23-Mannschaft präsentiert pünktlich zum Saisonstart ihre neue Stadionzeitung unter dem Namen „FC-U23 NEWS". Das altbewährte *Geißbock Echo* gibt es seit dieser Spielzeit auch an Zeitungskiosken und in Tankstellen zu kaufen.

■ Mitte Juli 2002 bekommt das Müngersdorfer Stadion einen neuen Namen: Energieversorger RheinEnergie hat sich vorläufig bis 2009 die Namensrechte am neu entstehenden Kölner Fußballtempel gesichert. Seitdem trägt die Spotstätte den Namen „RheinEnergieStadion". Während des Stadionneubaus ist die Kapazität der Arena auf rund 30.000 Plätze beschränkt.

■ Gegen den SSV Reutlingen fliegen Gegenstände aus der Südkurve auf das Spielfeld und nach dem Spiel wird der Mannschaftsbus der Reutlinger mit Steinen beworfen. Der FC reagiert sofort und versieht den Süden mit einem Fangnetz. Überhaupt haben sich seit der Eröffnung der Südtribüne immer wieder Vorfälle ereignet, die den Verein zu einem verschärften Vorgehen veranlassen. So nutzen einige „Fans" die neue Nähe zum Spielfeld zu Spuckattacken gegen Gästespieler. Aber auch hier wird die Vereinsführung aktiv.

■ Am 10. September 2002 unterschreibt das Zehntausendste Mitglied den Antrag. Damit hat sich die Zahl der Mitglieder seit dem ersten Abstieg 1998 fast verdoppelt.

■ Nicht nur die Zahl der FC-Mitglieder steigt, auch das Fanprojekt kann sich über einen deutlichen Mitgliederzuwachs freuen. Anfang Februar sind es schon über

18 Tore erzielte „Knipser" Matthias Scherz und lieferte damit einen großen Beitrag zum Aufstieg 2003.

Treffer in der Partie gegen den SC Freiburg verantwortlich. Dem Ex-St.-Paulianer gelang in dieser Saisonphase beinahe alles. Beim 3:2 gegen Fürth traf er genauso wie eine Woche später in der alten Römerstadt Trier (3:2). Der FC hatte, wie man so schön sagt, einen Lauf. Im Pokal gab es auch in Nürnberg kein Halten. Die Geißböcke gewannen mit 2:0, und wieder war Scherz der zweifache Torschütze. Zweiter Matchwinner an diesem Abend wurde Markus Pröll, der kurz vor der Pause einen Foulelfmeter von Ciric parieren konnte. In der letzten Begegnung vor der Winterpause reiste der SV Wacker Burghausen nach Müngersdorf. Gegen den bayrischen Neuling wurde mit 1:0 gewonnen, und dadurch thronten die Funkel-Schützlinge mit sechs Punkten Vorsprung vor dem ärgsten Verfolger Eintracht Frankfurt auf Platz eins. „Halbzeitmission erfüllt", war im *Kicker* zu lesen. Neun Punkte vor einem Nichtaufstiegsplatz und als Sahnehäubchen im Viertelfinale des DFB-Pokals. Dazu als einzige Mannschaft im deutschen Profifußball noch ungeschlagen.

Eine eindrucksvolle Bilanz. Nichtsdestotrotz durfte man die Augen nicht vor den Tatsachen verschließen: Auch gegen Burghausen war der FC spielerisch hinter den Erwartungen zurückgeblieben.

UNVERÄNDERTER KADER

So gingen die Herren aus der Vorstandsetage nicht ganz sorgenfrei in die Winterpause. Aktiv wurden sie aber nicht, und erstmals seit vielen Jahren wurde die Saison mit dem vorhandenen Kader zu Ende gespielt. Zum Ligaauftakt schien alles so weiterzulaufen wie bisher. Der KSC wurde souverän mit 3:0 abgefertigt. Beim Pokalviertelfinale in München, bei teilweise starkem Schneetreiben im Olympiastadion, ereilte den FC eine schlimme Pleite. Mit 8:0 überrannten die Bayern den Zweitligisten und fügten der Mannschaft die erste Niederlage in dieser Saison zu, aber auch die schlimmste der Vereinsgeschichte. Noch nie hatte der 1. FC Köln in dieser Höhe verloren.

Noch nie hatte man in Köln auch etwas von Emmanuel Krontriris gehört. Der junge Stürmer von Alemannia Aachen war in der 56. Minute eingewechselt worden. Zu die-

Mit dieser Postkarte erfreute der FC die mitgereisten Fans im Wintertrainingslager.

sem Zeitpunkt lagen die Domstädter gegen Aachen bereits mit 3:0 in Front. Der Angreifer brauchte nur gut 20 Minuten, um alles über den Haufen zu werfen. Am Ende stand es 3:3, und der Debütant war durch seinen Hattrick der Held der Alemannen.

DER FC-MOTOR STOTTERT

In Frankfurt war dagegen Torwart Oka Nikolov der Held, als er beim Stand von 1:1 einen Foulelfmeter von Dirk Lottner abwehren konnte und somit der Eintracht einen Punkt rettete. Gegen Ahlen, die Westfalen waren mittlerweile in der Tabelle weit zurückgefallen und kämpften gegen den Abstieg, gab es neben dem 2:1 nur magere Fußballkost. Glücklicherweise hatte „Lotte" hier seine Treffsicherheit zurückgefunden. Der Kapitän verwandelte in der Nachspielzeit einen Strafstoß zum Siegtor. Es folgten drei Remis auswärts in Lübeck (1:1), in Duisburg (2:2) und zu Hause gegen den Tabellenletzten Braunschweig (1:1), mit der Erkenntnis, dass man nicht die Übermannschaft der Liga darstellte und ganz einfach von der Nachlässigkeit der Gegner profitierte. Denn trotz der Punktverluste kam die Konkurrenz einfach nicht näher heran. Im Gegenteil, nach dem 3:0 gegen die Berliner Union stieg der Vorsprung auf einen Nichtaufstiegsplatz auf zehn Zähler an.

Eine Woche später waren die Rheinischen endgültig reif zum Abschuss. Bereits seit der Winterpause kickte sich die Mannschaft meist nur mit Glück durch die Begegnungen. Mit dem FSV Mainz 05 kam eine junge freche Truppe nach Köln, die keinerlei Respekt vor dem Tabellenführer zeigte. Und der Sieg der Rheinhessen fiel deutlich aus. Thomas Cichon brachte die Situation genau auf den Punkt: „Ich möchte nicht sagen, dass wir überheblich sind, aber wir gehen zu leichtfertig in die Spiele", so der Kölner Libero. Das 1:4 war nicht nur die erste Bundesliganiederlage in dieser Saison, sondern auch die erste seit 338 Tagen. Schon fünf Wochen zuvor hatte der FC den Rekord von Hannover 96 aus der Saison 2001/02 eingestellt. Es war übrigens auch die erste Heimniederlage unter Trainer Funkel, der bis dato in 19 Begegnungen in Müngersdorf ungeschlagen blieb.

FRÜHZEITIGER AUFSTIEG

Offensichtlich hatten die Aktiven aus dieser Pleite ihre Lehren gezogen. Es folgten vier Spiele ohne Punktverlust, die allerdings ohne Glanz bestritten wurden. Mannheim (2:1), Oberhausen (2:0), Reutlingen (2:1) und St. Pauli (2:1) waren allesamt nur in der unteren Tabellenhälfte zu finden. Mit dem Sieg gegen die Hanseaten hatte der FC bereits am 30. Spieltag seine Rückkehr in die Eliteklasse des deutschen Fußballs erreicht. Chefcoach Friedhelm Funkel dazu, der bei seinem Engagement für viele nur als Notlösung angesehen wurde: „Beeindruckender kann man nicht aufsteigen." Und weiter: „Dieser Erfolg ist eine Genugtuung für mich. Ich bin hier in einer schwierigen Situation eingestiegen, und wir haben die Rückkehr in die erste Liga souverän umgesetzt." Aber da war sie auch wieder, die Kölsche Überheblichkeit, die Arroganz, oder vielleicht doch der Kölsche Klüngel. Egal, wie man das Kind nennt, vom Zeitpunkt des Aufstieges an war es vorbei mit dem sportlichen Auftrieb. Die restlichen vier Meisterschaftsspiele gingen verloren. 0:3 in Freiburg, jeweils 0:2 in Fürth und Burghausen und zu Hause beim angedachten Aufstiegsfest ein peinliches 1:3 gegen die Eintracht aus Trier. Am Ende holte sich der SC Freiburg den Meisterkranz der zweiten Liga. Mit in diesen Aufstiegssog gerissen wurde die Frankfurter Eintracht, die in letzter Sekunde die Rückkehr ins Oberhaus feiern durfte.

3.000 Anhänger, die die ehrenamtliche Arbeit unterstützen.

■ Seinen 75. Geburtstag feiert FC-Legende Hans Schäfer am 19.10.2002. Die „Knoll", die 1954 half, den Weltmeistertitel nach Deutschland zu holen, erfreut sich bester Gesundheit. Gefeiert hat Schäfer im engsten Familienkreis. „Da kann ich auch niemanden vergessen, und keiner ist beleidigt", so der langjährige Mannschaftskapitän.

■ Exakt 911 Mitglieder besuchen die Jahreshauptversammlung des 1. FC Köln am 28. November 2002, die insgesamt ohne große Vorkommnisse endet.

■ Langsam strebt das Stadion seiner Fertigstellung entgegen. Zum Heimspiel gegen Braunschweig werden endlich auch die neuen Verkaufsstände eröffnet.

■ Das „Tor des Monats" März 2003 gelingt Alexander Voigt bei der Begegnung gegen den FSV Mainz 05. Sein Volleyschuss aus gut 25 Metern sorgt für eine Ergebniskorrektur bei der 1:4-Niederlage.

■ Bereits frühzeitig schaffen die Handball-Damen des 1. FC Köln den Titelgewinn und dürfen somit in der kommenden Spielzeit in der Regionalliga antreten. Gefeiert wird ebenfalls in der Fußballjugend. Die B-Jugend gewinnt den Mittelrheinpokal.

■ Der umjubelte Aufstieg wird lukrativ vermarktet: Neben einem „Aufstiegsschal" und einem „Aufstiegs T-Shirt" ist der *Express* mit einem großen „Aufstiegssonderheft" zur Stelle, welches auch zum Aufstieg 2005 publiziert wird.

Schon am 30. Spieltag machte der FC nach dem 2:1-Heimsieg über den FC St. Pauli den Aufstieg perfekt. Ausgelassen feierten die Akteure vor der imposanten, neuen Südtribüne.

STATISTIK 2002/03

BUNDESLIGA

12.08.2002 Karlsruher SC - 1.FC Köln 0:1 (0:0)
Zuschauer: 20.500
Tor: 0:1 (90.) Kioyo.
Aufstellung: Bade, Sichone, Cichon, Happe, Cullmann, Lottner, Kreuz, Voigt (53. Dworrak), Springer, Scherz (67. Kioyo), Kurth.
B.V.: Platzverweis für Labbadia (70.).

16.08.2002 1.FC Köln - MSV Duisburg 4:3 (2:1)
Zuschauer: 27.000
Tore: 0:1 (05.) Gomis, 1:1 (27.) Springer, 2:1 (36.) Scherz, 3:1 (54.) Happe, 3:2 (60.) Ebbers, 3:3 (61.) Güvenisik, 4:3 (66.) Springer.
Aufstellung: Bade, Cichon, Cullmann, Happe, Lottner, Sinkala (88. Kringe), Sichone, Springer, Voigt, Kurth (57. Kioyo), Scherz (78. Helbig).

26.08.2002 Alemannia Aachen - 1.FC Köln 0:0
Zuschauer: 20.800
Aufstellung: Bade, Cullmann, Cichon, Sichone, Sinkala, Kreuz (70. Kringe), Voigt (68. Happe), Lottner, Scherz, Springer, Kioyo.

10.09.2002 1.FC Köln - Eintracht Frankfurt 3:2 (1:1)
Zuschauer: 28.500
Tore: 1:0 (13.) Lottner, 1:1 (45.) Bindewald, 1:2 (46.) Kryszalowicz, 2:2 (71.) Bindewald (E), 3:2 (75.) Scherz.
Aufstellung: Bade, Cullmann, Cichon, Sichone, Scherz, Sinkala, Voigt (64. Kreuz), Springer, Lottner (84. Kringe), Kioyo, Kurth (64. Helbig).

13.09.2002 LR Ahlen - 1.FC Köln 0:0
Zuschauer: 11.000
Aufstellung: Bade, Cichon, Happe, Sichone, Cullmann, Lottner, Kringe, Springer, Scherz, Kreuz (75. Kurth), Kioyo (67. Helbig).

22.09.2002 1.FC Köln - VfB Lübeck 2:1 (1:1)
Zuschauer: 24.500
Tore: 1:0 (17.) Scherz, 1:1 (40.) Bärwolf, 2:1 (89.) Springer.
Aufstellung: Bade, Cullmann, Cichon, Sichone, Happe (61. Kreuz), Scherz, Kringe, Lottner, Springer (90. Voigt), Kioyo (46. Helbig), Kurth.
B.V.: Gelb-Rot für Scharping (58.).

27.09.2002 Eintracht Braunschweig - 1.FC Köln 1:1 (1:0)
Zuschauer: 17.008
Tore: 1:0 (09.) Mazingu-Dinzey, 1:1 (54.) Springer.
Aufstellung: Bade, Sichone, Cichon, Happe, Cullmann, Kringe (85. Sinkala), Voigt, Springer, Lottner, Kurth (67. Kioyo).

07.10.2002 1.FC Köln - Union Berlin 7:0 (4:0)
Zuschauer: 21.500
Tore: 1:0 (01.) Cichon, 2:0, 3:0 (04., 09.) Kringe, 4:0 (43.) Lottner, 5:0 (60.) Scherz, 6:0 (77.) Lottner, 7:0 (85.) Kurth.
Aufstellung: Pröll, Cullmann, Cichon, Happe, Kringe (72. Kreuz), Voigt (80. Sinkala), Scherz, Lottner, Springer (83. Dworrak), Kioyo, Kurth.

21.10.2002 FSV Mainz 05 - 1.FC Köln 2:2 (2:1)
Zuschauer: 17.500
Tore: 1:0, 2:0 (18., 23.) Voronin, 2:1 (32.) Happe, 2:2 (63.) Voigt.
Aufstellung: Bade, Cichon, Cullmann, Sichone, Happe, Kringe (61. Scherz), Lottner, Voigt, Springer, Kreuz, Kurth (34. Kioyo).

25.10.2002 1.FC Köln - SV Waldhof Mannheim 3:1 (2:1)
Zuschauer: 25.000
Tore: 1:0 (02.) Scherz, 1:1 (14.) Licht, 2:1 (24.) Kurth, 3:1 (52.) Lottner.
Aufstellung: Bade, Sichone, Cichon, Happe, Cullmann, Kringe (80. Kreuz), Voigt, Lottner, Scherz (71. Dworrak), Kurth (89. Sinkala), Springer.

01.11.2002 Rot-Weiß Oberhausen - 1.FC Köln 2:2 (0:1)
Zuschauer: 19.135
Tore: 0:1 (21.) Lottner (HE), 1:1 (74.) Scharpenberg, 1:2 (76.) Lottner, 2:2 (82.) Beliakov.
Aufstellung: Bade, Cichon, Sichone, Happe, Cullmann, Kringe, Voigt, Lottner, Springer, Scherz (74. Kioyo), Kurth.

10.11.2002 1.FC Köln - SSV Reutlingen 1:1 (1:1)
Zuschauer: 28.300
Tore: 0:1 (29.) Würll, 1:1 (31.) Scherz.
Aufstellung: Bade, Cullmann, Sichone, Cichon, Happe, Kringe (75. Kreuz), Lottner, Voigt, Scherz, Springer, Kurth (61. Kioyo).

18.11.2002 FC St. Pauli - 1.FC Köln 2:3 (1:1)
Zuschauer: 19.295
Tore: 1:0 (15.) Patschinski (FE), 1:1, 1:2, 1:3 (36., 52., 59.) Scherz, 2:3 (73.) Meier.
Aufstellung: Bade, Happe, Cichon, Sichone, Kreuz, Cullmann, Lottner, Voigt, Scherz (77. Kioyo), Springer (54. Kringe), Kurth (88. Schröder).

25.11.2002 1.FC Köln - SC Freiburg 1:0 (1:0)
Zuschauer: 28.500
Tor: 1:0 (16.) Scherz.
Aufstellung: Bade, Sichone, Cichon, Happe, Cullmann, Kringe, Voigt, Lottner, Kreuz, Scherz, Kurth.

01.12.2002 1.FC Köln - SpVgg Greuther Fürth 3:2 (1:1)
Zuschauer: 23.000
Tore: 1:0 (18.) Lottner, 1:1 (26.) Cichon (E), 2:1 (69.) Scherz, 2:2 (81.) Rösler, 3:2 (90.) Kringe.
Aufstellung: Bade, Sichone, Cichon, Happe, Cullmann, Kringe, Sinkala, Lottner, Kreuz (62. Kioyo), Scherz, Kurth (77. Schröder).
B.V.: Gelb-Rot für Sichone (73.).

08.12.2002 Eintracht Trier - 1.FC Köln 2:3 (1:1)
Zuschauer: 13.500
Tore: 0:1 (23.) Scherz, 1:1 (25.) Benschneider, 1:2 (52.) Cullmann, 1:3 (72.) Kreuz, 2:3 (75.) Winkler (HE).
Aufstellung: Bade, Cullmann, Sichone, Cichon, Voigt, Schröder, Kringe, Lottner, Scherz (68. Kioyo), Kurth, Kreuz.

13.12.2002 1.FC Köln - Wacker Burghausen 1:0 (0:0)
Zuschauer: 22.000
Tor: 1:0 (57.) Kringe.
Aufstellung: Bade, Sichone, Cichon, Schröder, Cullmann, Kringe, Voigt, Lottner, Scherz, Kurth, Kreuz (44. Dworrak - 65. Kioyo).

24.01.2003 1.FC Köln - Karlsruher SC 3:0 (1:0)
Zuschauer: 25.000
Tore: 1:0 (23.) Cichon (FE), 2:0 (54.) Scherz, 3:0 (87.) Kringe.
Aufstellung: Bade, Cichon, Sichone, Cullmann, Voigt, Sinkala (89. Schröder), Kringe, Federico, (87. Helbig), Scherz, Kurth (82. Kioyo), Springer.
B.V.: Gelb-Rot für Labbadia (81.).

10.02.2003 1.FC Köln - Alemannia Aachen 3:3 (1:0)
Zuschauer: 27.500
Tore: 1:0, 2:0 (45., 52.) Lottner, 3:0 (66.) Kringe, 3:1, 3:2, 3:3 (69., 82., 90.) Krontiris.
Aufstellung: Bade, Sichone, Cichon, Happe, Kringe, Sinkala, Voigt, Lottner, Scherz, Springer (90. Helbig), Kurth (85. Kioyo).
B.V.: Platzverweise für Cichon (75.), und Lanzaat (77.).

17.02.2003 Eintracht Frankfurt - 1.FC Köln 1:1 (1:0)
Zuschauer: 23.000
Tore: 1:0 (02.) Beierle, 1:1 (58.) Kioyo.
Aufstellung: Bade, Sichone, Sinkala, Happe (46. Kringe), Cullmann, Springer, Helbig (75. Voigt), Lottner, Scherz, Kioyo, Dworrak (90. Kurth).
B.V.: Nikolov hält FE von Lottner (66.), Gelb-Rot für Schur (70.).

21.02.2003 1.FC Köln - LR Ahlen 2:1 (1:1)
Zuschauer: 22.500
Tore: 1:0 (03.) Springer, 1:1 (29.) Rath, 2:1 (90.) Lottner (FE).
Aufstellung: Bade, Cichon, Sinkala, Schröder, Voigt, Cullmann, Springer, Helbig (69. Kringe), Lottner, Kioyo, Kurth (58. Happe).
B.V.: Platzverweis für Sichone (55.).

02.03.2003 VfB Lübeck - 1.FC Köln 1:1 (0:0)
Zuschauer: 11.500
Tore: 1:0 (76.) Zandi, 1:1 (82.) Kioyo.
Aufstellung: Bade, Cichon, Happe (77. Kurth), Cullmann, Voigt, Kringe, Sinkala, Lottner, Scherz (66. Helbig), Springer, Kioyo.

05.03.2003 MSV Duisburg - 1.FC Köln 2:2 (2:1)
Zuschauer: 16.348
Tore: 1:0 (09.) Ebbers, 2:0 (34.) Zeyer (FE), 2:1 (42.) Kringe, 2:2 (66.) Lottner (FE).
Aufstellung: Bade, Cichon, Schröder, Cullmann, Kringe, Sinkala, Voigt, Lottner, Scherz (88. Federico), Kioyo, Kurth (67. Helbig).

09.03.2003 1.FC Köln - Eintracht Braunschweig 1:1 (1:1)
Zuschauer: 30.500
Tore: 0:1 (08.) Sinkala (E), 1:1 (27.) Scherz.
Aufstellung: Bade, Schröder, Sinkala, Cichon, Voigt, Helbig (80. Nessos), Kringe, Lottner, Scherz (60. Springer), Federico (75. Kreuz), Kioyo.

16.03.2003 Union Berlin - 1.FC Köln 0:3 (0:0)
Zuschauer: 12.603
Tore: 0:1 (53.) Scherz, 0:2 (55.) Kioyo, 0:3 (87.) Lottner.
Aufstellung: Bade, Cichon, Cullmann, Happe, Schröder, Sinkala, Lottner (87. Federico), Kringe, Voigt, Scherz (71. Helbig), Kioyo (85. Kurth).

24.03.2003 1.FC Köln - FSV Mainz 05 1:4 (1:3)
Zuschauer: 27.000
Tore: 0:1 (09.) Thurk, 0:2 (11.) N.Weiland, 0:3 (25.) Thurk, 1:3 (26.) Voigt, 1:4 (70.) Voronin.
Aufstellung: Bade, Cullmann, Happe, Schröder, (46. Kreuz), Cichon, Kringe (66. Helbig), Sinkala, Lottner, Voigt, Scherz, Kioyo (46. Kurth).

04.04.2003 SV Waldhof Mannheim - 1.FC Köln 1:2 (0:0)
Zuschauer: 8.500
Tore: 0:1 (50.) Kowalik (E), 0:2 (56.) Lottner, 1:2 (84.) Ivanov.
Aufstellung: Bade, Cullmann, Cichon, Happe, Lottner, Helbig, Kringe (82. Schröder), Scherz (90. Kreuz), Kioyo, Kurth.

14.04.2003 1.FC Köln - Rot-Weiß Oberhausen 2:0 (2:0)
Zuschauer: 26.000
Tore: 1:0, 2:0 (42., 44.) Scherz.
Aufstellung: Bade, Cullmann, Happe, Kringe (65. Kreuz), Cichon, Voigt, Lottner, (75. Sinkala), Helbig, Scherz, Kioyo, Kurth (46. Springer).

20.04.2003 SSV Reutlingen - 1.FC Köln 1:2 (1:1)
Zuschauer: 9.677
Tore: 0:1 (06.) Springer, 1:1 (12.) Becker, 1:2 (54.) Scherz.
Aufstellung: Bade, Cullmann, Happe (46. Schröder), Cichon, Kringe, Lottner, Helbig, Voigt, Scherz (79. Kurth), Kioyo, Springer (87. Kreuz).

28.04.2003 1.FC Köln - FC St. Pauli 2:1 (2:0)
Zuschauer: 30.500
Tore: 1:0 (18.) Cullmann, 2:0 (24.) Kioyo, 2:1 (52.) Gerber.
Aufstellung: Bade, Cullmann, Cichon, Sichone (76. Happe), Helbig (62. Schröder), Kringe, Voigt, Lottner, Scherz, Springer, Kioyo (72. Kurth).

02.05.2003 SC Freiburg - 1.FC Köln 3:0 (2:0)
Zuschauer: 25.000
Tore: 1:0, 2:0 (10., 21.) Bajramovic, 3:0 (68.) Iaschwili.
Aufstellung: Bade, Cullmann, Cichon, Sinkala, Kringe (74. Federico), Voigt, Nessos, Lottner, Scherz, Kreuz (78. Kurth).

08.05.2003 SpVgg Greuther Fürth - 1.FC Köln 2:0 (1:0)
Zuschauer: 11.208
Tore: 1:0 (26.) Azzouzi, 2:0 (82.) Reichel (FE).
Aufstellung: Bade, Cichon, Sichone, Happe, Cullmann, Schröder, Kringe, Voigt (59. Kreuz), Lottner (73. Federico), Scherz, Helbig (63. Kurth).

18.05.2003 1.FC Köln - Eintracht Trier 1:3 (1:1)
Zuschauer: 30.500
Tore: 1:0 (21.) Kurth, 1:1 (40.) Dragusha, 1:2 (69.) Winkler, 1:3 (76.) Koster (FE).
Aufstellung: Pröll, Sichone, Happe, Cullmann, Cichon (79. Sinkala), Schröder, Kringe (60. Voigt), Kreuz (71. Dworrak), Lottner, Helbig, Kurth.
B.V.: Gelb-Rot für Helbig (30.), Platzverweis für Voigt (90.).

25.05.2003 Wacker Burghausen - 1.FC Köln 2:0 (1:0)
Zuschauer: 8.700
Tore: 1:0 (08.) Younga-Mouhani, 2:0 (60.) Schmidt.
Aufstellung: Bade, Sichone, Cichon, Happe, Cullmann, Sinkala, Schröder, Federico, Dworrak (46. Kringe), Scherz, Kurth (46. Nessos).

STATISTIK 2002/03

DFB-POKAL

1. Runde
31.08.2002 VfL Wolfsburg Am - 1.FC Köln 1:3 (1:1)
Zuschauer: 2.800
Tore: 1:0 (32.) Kolm, 1:1 (36.) Kurth, 1:2 (53.) Sinkala, 1:3 (78.) Kioyo.
A.: Pröll, Sichone, Cichon, Happe, Scherz (74. Cullmann), Sinkala, Lottner, Kreuz (46. Kringe), Springer, Kurth, Helbig (46. Kioyo).

2. Runde
05.11.2002 TSG Hoffenheim - 1.FC Köln 1:5 (0:3)
Zuschauer: 4.600
Tore: 0:1 (28.) Kioyo, 0:2 (35.) Kreuz, 0:3 (43.) Happe, 0:4 (59.) Scherz, 0:5 (66.) Sinkala, 1:5 (78.) Eller.
A.: Pröll, Sichone (66. Schröder), Cichon, Happe, Sinkala, Cullmann, Lottner (62. Federico), Kreuz, Scherz, Kioyo, Dworrak.

Achtelfinale
04.12.2002 1.FC Nürnberg - 1.FC Köln 0:2 (0:0)
Zuschauer: 16.300
Tore: 0:1 (47., 78.) Scherz.
Aufstellung: Pröll, Cichon, Sichone, Happe (66. Kringe), Cullmann, Sinkala, Lottner, Schröder (80. Kurth), Scherz (83. Federico), Kioyo, Kreuz.
B.V.: Pröll hält FE von Ciric (43.).

Viertelfinale
04.02.2003 FC Bayern München - 1.FC Köln 8:0 (4:0)
Zuschauer: 13.000
Tore: 1:0 (07.) Elber, 2:0 (20.) Hargreaves, 3:0 (31.) Schweinsteiger, 4:0 (33.) Elber, 5:0 (51.) Schweinsteiger, 6:0 (56.) Ze Roberto, 7:0 (70.) Elber, 8:0 (88.) Sagnol.
Aufstellung: Pröll, Sichone, Cichon, Happe, Schröder, Kringe, Lottner, Voigt, Scherz, Kurth, Springer.

FREUNDSCHAFTSSPIELE

16.06.2002 TSV Langeoog - 1.FC Köln 0:19 (0:13)

06.07.2002 TSG Backnang - 1.FC Köln 1:6 (1:2)

10.07.2002 ETSC Euskirchen - 1.FC Köln 0:14 (0:6)

13.07.2002 Stadtauswahl Troisdorf - 1.FC Köln 0:10 (0:4)

16.07.2002 Bonner SC - 1.FC Köln 0:6 (0:2)
(in Bad Godesberg)

20.07.2002 Slavia Prag - 1.FC Köln 0:1 (0:1) (in Weiler)

23.07.2002 SV Reinstetten - 1.FC Köln 0:4 (0:1)

28.07.2002 Borussia M'gladbach - 1.FC Köln 4:1

30.07.2002 TuS Daun - 1.FC Köln 0:3
(Spielabbruch in der 38. Min. wegen Platzregens)

03.08.2002 VfL Bochum - 1.FC Köln 1:1 (1:1)
(in Bergisch-Gladbach)

04.08.2002 1.FC Köln - CFB Ford Niehl 8:0 (4:0)

06.08.2002 VfL Sürth - 1.FC Köln 0:23 (0:14)

20.08.2002 VfR Büttgen - 1.FC Köln 0:13 (0:4)

04.09.2002 Fortuna Köln - 1.FC Köln 1:5 (1:1)

13.11.2002 KFC Uerdingen - 1.FC Köln 0:0

08.01.2003 VfB Stuttgart - 1.FC Köln 0:1 (0:0)
(in Vilamoura/Portugal)

10.01.2003 Hansa Rostock - 1.FC Köln 3:2 (0:2)
(in Vilamoura/Portugal)

12.01.2003 RW Oberhausen - 1.FC Köln 1:0 (1:0)
(in Vilamoura/Portugal)

19.01.2003 VfL Bochum - 1.FC Köln 2:4 (1:1)
(in Recklinghausen)

13.05.2003 SpVgg Porz-Grembergh. - 1.FC Köln 1:6 (1:3)

27.05.2003 FC Gärtringen - 1.FC Köln 1:7 (0:4)

2. BUNDESLIGA 2002/03

1.	SC Freiburg (A)	58:32	67
2.	**1. FC Köln (A)**	**63:45**	**65**
3.	Eintracht Frankfurt	59:33	62
4.	FSV Mainz 05	64:39	62
5.	SpVgg Greuther Fürth	55:35	57
6.	Alemannia Aachen	57:48	51
7.	Eintracht Trier (N)	53:46	48
8.	MSV Duisburg	42:47	46
9.	Union Berlin	6:48	45
10.	Wacker Burghausen (N)	48:41	44
11.	VfB Lübeck (N)	51:50	44
12.	LR Ahlen	48:60	40
13.	Karlsruher SC	35:47	39
14.	Rot-Weiß Oberhausen	38:48	37
15.	Eintracht Braunschweig (N)	33:53	34
16.	SSV Reutlingen	43:53	33
17.	FC St. Pauli (A)	48:67	31
18.	Waldhof Mannheim	32:71	25

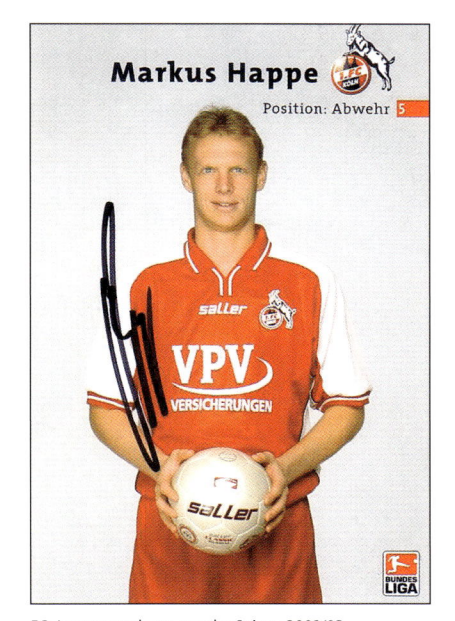

FC-Autogrammkarte aus der Saison 2002/03.

Der FC-Karnevalsorden 2002/03.

BUNDESLIGAKADER 2002/03

Abgänge: Balitsch (Bayer Leverkusen), Baranek (Sparta Prag), Bulajic (FSV Mainz 05), Dziwior (Eintracht Braunschweig), Keller (Eintracht Frankfurt), Laslandes (FC Sunderland), Ouédraogo (eigene Amateure), Reeb (FC Augsburg), Reich (Werder Bremen), Song (West Ham United), Timm (1.FC Kaiserslautern), Zellweger (FC Wil)

Zugänge: Dworrak (SpVgg Greuther Fürth), Federico (eigene Amateure), Happe (FC Schalke 04), Helbig (FC Energie Cottbus), Kioyo (SpVgg Greuther Fürth), Kringe (Borussia Dortmund), Schröder (Hertha BSC Berlin)

Trainer: Friedhelm Funkel

Tor:
16 Bade, Alexander 32/0
01 Pröll, Markus 2/0
32 Sokolow, Wjatscheslaw 0/0

Feld:
07 Kringe, Florian 33/7
08 Scherz, Matthias 32/18
30 Lottner, Dirk 32/13
18 Kurth, Markus 32/3
20 Cichon, Thomas 31/2
03 Voigt, Alexander 31/2

02 Cullmann, Carsten 32/2
23 Kioyo, Francis 28/5
05 Happe, Markus 26/2
04 Sichone, Moses 25/0
15 Springer, Christian 22/6
10 Kreuz, Markus 22/1
06 Sinkala, Andrew 21/0
09 Helbig, Sebastian 19/0
12 Schröder, Oliver 17/0
11 Dworrak, Markus 7/0
13 Federico, Giovanni 7/0
14 Nessos, Evangelos 3/0
21 Arweladse, Archil 0/0

Dazu kommen Eigentore von Uwe Bindewald (Eintracht Frankfurt) und Krzysztof Kowalik (SV Waldhof Mannheim).

FIEBERKURVE 2002/03

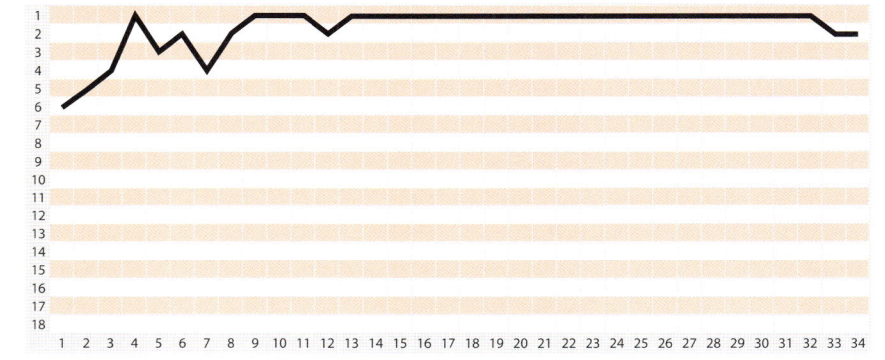

2003/04
1. BUNDESLIGA

Zurück im Fahrstuhl

[LEGENDEN]

Christian Springer
Beim FC von 1998 bis 2006
Geboren: 15.07.1971 in Forchheim
Pflichtspiele beim FC: 220
Pflichtspieltore: 31

Absolut integer

Von Trainer Bernd Schuster wurde Christian Springer 1998 vom FC St. Pauli zum FC geholt. Den richtigen Durchbruch bei den Geißböcken feierte Springer aber erst ein Jahr später. Als unter Ewald Lienen der umjubelte Wiederaufstieg gelang, hatte der Mittelfeldspieler daran maßgeblichen Anteil, tat sich als Torschütze und Vorbereiter hervor.

Begonnen hatte er seine Karriere 1984 bei der SpVgg Jahn Forchheim. Über den TSV Vestenbergsgreuth, SC Bamberg und erneut Jahn Forchheim kam Springer 1994 zum FC St. Pauli. Acht lange Jahre trug der gebürtige Franke den Geißbock-Dress, erlebte in dieser Zeit je drei Auf- und Abstiege. Zumeist gehörte er dabei zum Stammpersonal. Ein Rastelli ist der Rockmusikliebhaber nie gewesen, herausragend war allerdings seine Kopfballstärke. Bei den Fans hatte Springer nicht immer einen leichten Stand, für viele war der „Evergreen" das Synonym für die seit Jahren anhaltende, chronische Krise des Vereins. Dabei war der intelligente Süddeutsche einer der integersten und menschlich einwandfreiesten Akteure, der in den letzten Jahren bei den FC-Profis aktiv war.

Im Sommer 2006 beendete der gelernte Industriekaufmann seine Laufbahn, um ins Management von FC-Sponsor und Bekleidungshersteller „Jack Wolfskin" einzusteigen. ∎

Hintere Reihe von links: Markus Happe, Matthias Scherz, Marius Ebbers, Christian Springer, Markus Dworrak, Michael Niedrig, Dirk Lottner, Carsten Cullmann, Thomas Cichon. Mittlere Reihe von links: Busfahrer Michael Liebetrut, Zeugwart Volker Hartjens, Physiotherapeuten Baybora Acemi und Dirk Leminski, Jörg Heinrich, Mustafa Dogan, Alexander Voigt, Oliver Schröder, Sebastian Helbig, Evangelos Nessos, Torwarttrainer Peter Greiber, Co-Trainer Jos Luhukay, Mannschaftsärzte Jürgen Böhle, Dr. Michael Preuhs und Dr. Peter Schäferhoff, Trainer Friedhelm Funkel. Vordere Reihe von links: Sebastian Schindzielorz, Florian Kringe, Stefan Wessels, Moses Sichone, Wjatscheslaw Sokolow, Andrew Sinkala, Alexander Bade, Giovanni Federico, Michael Lejan.

Es war die zweite Rückkehr des 1. FC Köln ins deutsche Fußballoberhaus. Doch anders als 2000 machte sich vor dieser Saison keine große Euphorie breit. Die Befürchtung, dass der FC zu einer Fahrstuhlmannschaft mutierte, war zu groß in der Domstadt. Dass trotzdem mit dem Verkauf von 20.600 Dauerkarten ein neuer Vereinsrekord aufgestellt wurde, war umso verwunderlicher. Die meisten Bedenken wurden an der Person Friedhelm Funkel festgemacht. Dabei war die Bilanz vom Vorjahr, zumindest rein statistisch gesehen, durchaus vorzeigbar. Immerhin hatte sich seine Mannschaft den noch heute gültigen Startrekord von 25 Spielen ohne Niederlage geholt.

Sportlich gesehen erschien der Kader nur teilweise erstligatauglich. Nur wenn die Abwehr stabilisiert würde, könne es mit dem Klassenverbleib klappen, bemängelte beispielsweise der *Kicker*.

Offensiv sollte durchaus mehr Abwechslung möglich sein. Zu den torgefährlichen Akteuren wie Dirk Lottner und Matthias Scherz kam der Torschützenkönig der vergangenen Zweitligasaison, Andrej Voronin, vom FSV Mainz 05 an den Militärring.

Erfreulich war die Tatsache, dass der Neubau des Stadions voranschritt. In der Sommerpause war auch der Nordbereich fertiggestellt worden und als Letztes musste nur noch die gute alte Osttribüne fallen. Im Umfeld merkte man sofort, dass der FC wieder in Liga eins angekommen war. Abgesehen davon, dass sich immer mehr „Erfolgsfans" über ein Jahresticket einkauften, war auch das Stadion auf Erstklassigkeit getrimmt worden. Nicht aber bei der Qualität der Produkte, sondern nur bei den Preisen. Die Angebotspalette der Gastronomie-Partner entsprach eher bescheidenen Verhältnissen.

TRAUER IN MÜNGERSDORF

Nach drei Bundesligawochen folgte die erste Ernüchterung: 0:1 in Gladbach, durch ein Eigentor von „Gladbach-Fan" Matthias Scherz; 1:2 gegen Schalke, dazwischen die übliche Klatsche gegen die Roten Teufel aus Kaiserslautern (1:2). Mehr noch als die Niederlage gegen Kaiserslautern schmerzte die Verletzung von Neuzugang Sebastian Schindzielorz, der sich im Training den Mittelfuß brach und nur noch ein einziges Mal in dieser Saison zum Einsatz kam. Der FC stand wieder einmal am Tabellenende. Mit einem 1:0 gegen die Dortmunder Borussia, dem ersten Sieg seit sieben Pflichtspielniederlagen in Folge, kehrte kurzzeitig Hoffnung auf Besserung zurück, die sich aber in den kommenden vier Spielen wieder verflüchtigte. Niederlagen bei den Münchner Löwen (1:2), gegen Wolfsburg (2:3) und gegen Bremen (1:4) stürzten die

Nach dem Desaster von Bochum diskutiert Dirk Lottner mit den aufgebrachten Fans.

FC-Fans in tiefe Trauer. Dazu kam noch, dass der Verein mit Hans-Gerhard König eine seiner letzten Galionsfiguren verloren hatte. Einen Tag vor der Begegnung gegen Wolfsburg verstarb der langjährige Stadionsprecher, der seit 1958 für den 1. FC Köln im Einsatz war, an den Folgen eines Herzinfarktes. Bei seiner Gedenkminute rangen während der Ansprache von Michael Trippel etliche Zuhörer um Fassung. Mit dem 74-jährigen König ging der letzte Mitstreiter der großen Franz-Kremer-Ära von der Bühne und hinterließ eine nur schwer zu schließende Lücke.

Nach der Heimpleite gegen die Bremer stand die Mannschaft wieder einmal auf dem letzten Rang, und innerhalb des Klubs reagierte man. Zunächst bildete allerdings nicht der Trainer den Angriffspunkt, sondern die Mannschaft. Der freie Sonntag wurde gestrichen, und ab 22 Uhr hatten die Spieler zu Hause erreichbar zu sein. Dabei handelte es sich wohl eher um eine populistische Aktion, als dass sie wirklich sinnvoll erschien. Daran änderte auch der überraschende Punktgewinn beim Tabellenführer Stuttgart nichts. Selbst nach dem knappen 1:0 im darauf folgenden Heimspiel gegen die angestaubten Breisgau-Brasilianer aus Freiburg wollte keine richtige Feierstimmung aufkommen. Es lief nicht rund. Zum einen wegen der zahlreichen angeschlagenen Akteure, aber auch aufgrund von Undiszipliniertheiten der Spieler. Bereits in den ersten fünf Pflichtspielen mussten vier FC-Akteure vorzeitig zum Duschen. Zumindest beim 0:2 gegen Frankfurt durften alle FC'ler bis zum Schluss auf dem Platz bleiben.

Nachdem sich der FC unter der Woche bei den Amateuren des VfL Wolfsburg in der 2. Runde des DFB-Pokals nur mühsam mit 3:2 weitergerumpelt hatte, wurde Trainer Friedhelm Funkel zwei Tage später, am 30. Oktober 2003, entlassen. Für ihn nahm Co-Trainer Jos Luhukay gegen Hannover auf der Trainerbank Platz, um diese drei Tage später für Marcel Koller zu räumen. Die Mannschaft hatte mit 1:2 verloren und damit die erste Heimniederlage gegen die Roten seit 1971 kassiert.

Im Pokal konnte nach sehr glücklichen Siegen in Oberneuland (5:2 n.V.) und bei den bereits erwähnten Amateuren des VfL Wolfsburg (3:2) das Achtelfinale erreicht werden.

AUFSCHWUNG VOR DER WINTERPAUSE

Sechs Tage hatte Marcel Koller Zeit, seine neue Mannschaft und das Umfeld kennenzulernen. Nicht genug, wie in Bochum für jeden ersichtlich war. Mit 0:4 erlebte man die höchste Schlappe gegen die Westfalen und somit den schlechtesten Saisonstart in der Vereinsgeschichte inklusive Platz 18 in der Tabelle. Das folgende

Das Spiel in Bochum war zugleich die Premiere des neuen Trainers Marcel Koller. Sie geriet beim 0:4 zum Debakel.

[Interessantes & Kurioses]

- Zum Saisoneröffnungsspiel besucht der FC Liverpool den 1. FC Köln, gewinnt mit 3:1 und sorgt für eine volle Hütte bei einem Feundschaftsspiel. Zuletzt schaffte dies Wolfgang Overath am 17. Mai 1977 bei seinem Abschiedsspiel gegen das DFB-Team von 1974.

- Nach sieben Jahren verlässt Marketingleiter Thomas Pholmann den FC. Sein Nachfolger wird Lars Nierfeld, der bis heute Chef der Marketingabteilung ist.

- Bevor das neue Schmuckkästchen in Müngersdorf überhaupt fertiggestellt ist, hat die Stadion GmbH bereits umgebaut. Die Blöcke 5 und 6 im Unterrang Süd werden von Sitz- wieder in Stehplätze umgerüstet.

- Ab dieser Spielzeit kann der interessierte Fan über das Internet Tickets für die Heimspiele ordern. Mit einer völlig neuen 3D-Ansicht könne man von zu Hause aus bereits einen realen optischen Eindruck von seinem Platz gewinnen, so der Betreiber KölnTicket.

- Hennes, das Markenzeichen des Ersten Kölner Fußballclubs, dreht insgesamt drei Werbespots, um damit die Begegnungen im Kölner Stadion anzupreisen.

Auch Hennes und die gesegnete Kerze konnten den erneuten FC-Abstieg nicht verhindern.

- Für das erste Highlight der neuen Saison sorgt die B-Jugend. Im Mittelrhein-Pokalfinale, das erst am 2. Juli 2003 seine Austragung findet, werden mit einem klaren 4:1 dem ewigen Rivalen Leverkusen die Grenzen aufgezeigt.

- Ab dieser Saison wird die Firma Nike offizieller Schuhausrüster des 1. FC Köln. Trickots und Trainigsbekleidung liefert weiterhin das Unternehmen Saller.

- Bis zum Saisonstart werden fast 21.000 Dauerkarten abgesetzt, was einen neuen Rekord bedeutet.

Ein Sonderdruck des *Express* zum Rückrundenauftakt sollte die große Unterstützung des in höchster Abstiegsgefahr befindlichen FC dokumentieren.

Positive Entdeckung einer schlechten Saison: Jungstar Lukas Podolski, der seinen umjubelten 1:0-Siegtreffer im Heimderby gegen Mönchengladbach feiert.

■ Bei der Saisoneröffnung sind es wieder über 20.000 Menschen, die das Gelände am Geißbockheim überfluten. Im kommenden Jahr soll das Spektakel am und im Stadion durchgeführt werden.

■ Fünf Tage vor dem Bundesligastart präsentiert der FC mit Knabbergebäckproduzent Funny Frisch einen neuen Trikotsponsor.

■ Der Verein reagiert endlich auf jahrelange Eintrittskartenverkäufe bei „Ebay". Ab der Winterpause werden Inhaber von Tickets, die in diesem Forum veräußert wurden, von weiteren Kartenkäufen beim 1. FC Köln ausgeschlossen.

■ Große Auszeichnung für Wolfgang Overath von seiner Heimatgemeinde Siegburg. Der Weltmeister von 1974 wird zum Ehrenbürger der Stadt ernannt. Neben seinen sportlichen Erfolgen soll damit auch sein soziales Engagement hervorgehoben werden.

■ Am 31. März 2004 wird das ehemalige Müngersdorfer Stadion nach seinem Umbau feierlich eröffnet. 51.000 Zuschauer geben der Veranstaltung bei einem Länderspiel gegen Belgien (3:0) den passenden Rahmen. Einzig die geplante monumentale Skulptur „Ball im Netz", die an der Südseite errichtet werden soll, kann – bis heute – nicht umgesetzt werden. Auch nach dem Neubau bleibt Köln ein gutes Pflaster für das DFB-Team. Seit fast 70 Jahren erfuhr es in der Domstadt keine Niederlage (12. Mai 1935, 1:2 gegen Spanien) mehr. Starke Leistung, wenn man bedenkt, dass gegen Belgien der DFB zum 20. Mal in Müngersdorf zu Gast war.

Heimspiel, Gast war der HSV, verlief nicht unbedingt besser. Nur das Ergebnis war mit 0:1 nicht so deutlich wie beim VfL. Mit dabei war übrigens zum ersten Mal ein junger Akteur namens Lukas Podolski. Eine Woche später schien es endlich aufwärts zu gehen. Ein 2:2 bei den Bayern, der zweite Auswärtspunkt der Saison, gab Anlass zur Hoffnung. Umso deprimierender war an diesem Spieltag der Blick auf die Tabelle. Der Rückstand auf das rettende Ufer war bereits auf fünf Punkte angewachsen. Doch plötzlich schien das Team Moral hervorzuholen. Es folgten vier weitere Begegnungen ohne Niederlage mit acht Zählern auf der Habenseite. Im Derby gegen Bayer Leverkusen, immerhin Tabellendritter, wurde ein 0:0 erzielt. Weitere Punktgewinne in Rostock (1:1) und gegen Berlin (3:0) hatten zur Folge, dass sogar das Tabellenende verlassen werden konnte. In dieser Saisonphase konnte man auch erkennen, wie schnell sich Pressezeilen ändern können. Wurde der Trainer nach dem 1:1 in Rostock schon angezweifelt, so war er zehn Tage später der mögliche Retter von Köln. „Pessimistisch betrachtet, hat der Aufsteiger auch in der sechsten Partie unter dem Schweizer nicht gewonnen", war im *Kicker* nach dem Remis in der Hansestadt zu lesen. Im Hinrunden-Fazit war dann plötzlich zu lesen, dass taktische Fortschritte zu erkennen wären und dass man zuletzt vier Spiele ungeschlagen geblieben wäre. Die Hoffnung auf den Klassenerhalt, zwischenzeitlich schon fast begraben, sie lebte wieder. Einer der Gründe dafür war die neue Sturmhoffnung Lukas Podolski, der bereits bei seinem ersten Auftritt zeigte, was er zu leisten vermochte. Den einzigen Wermutstropfen stellte die Heimniederlage gegen den Zweitligisten SpVgg Greuther Fürth im DFB-Pokal dar. Die „lösbare Aufgabe", so war es im *Geißbock Echo* zumindest zu lesen, gewann nach Elfmeterschießen (2:4). Lediglich Carsten Cullmann konnte seinen Elfmeter verwandeln. Der Rest der Koller-Truppe scheiterte kläglich an Stephan Louboué, dem Keeper der Franken, der die Schüsse von Florian Kringe, Alexander Voigt und Mustafa Dogan allesamt abwehren konnte.

ABSTURZ TROTZ NEUER STURMHOFFNUNG

Auf Ruhe, um sich auf die kommenden Aufgaben im neuen Jahr vorbereiten zu können, hoffte Marcel Koller in der Weihnachtspause. Die dauerte gerade einmal fünf Wochen, und mit dem Auftaktspiel gegen Mönchengladbach hatten die Geißböcke sofort einen passenden Auftaktgegner. Neu im Kader waren mit Markus Feulner (Bayern München) und Albert Streit (VfL Wolfsburg) zwei Hoffnungsträger, die der so oft überforderten Mannschaft endlich Stabilität geben sollten. Ein Trugschluss, wie sich bald herausstellte. Gegen die Mannschaft vom Bökelberg lief es aber zunächst wunschgemäß. Durch einen Podolski-Treffer, der später zum „Tor des Monats" gekürt wurde, gewannen die Geißböcke das Auftaktspiel. 50.997 Fans fanden ab sofort im umgebauten Stadion Platz „und sollen den FC zum Klassenerhalt schreien. Klappt das nicht, haben sie wenigstens die schönste Zweiliga-Hütte." Ob der *Kicker* im Januar da bereits etwas geahnt hatte? Durch den 1:0-Erfolg gegen die Gladbacher konnten nun endlich die Abstiegsränge verlassen werden. Letztmalig, denn eine Woche später folgte der erneute Sturz in den Keller, von dem die Geißböcke sich nicht mehr erholten. Mit dem 0:1 in Kaiserslautern, dort

Mit vereinten Kräften stemmte sich die FC-Mauer gegen den Freistoß des Stuttgarter Marcello Bordon. 2:2 lautete es am Ende.

Die Autogrammkarte der Saison 2003/04.

hatte gerade Kurt Jara seinen Trainerjob angetreten, wurde eine deprimierende Niederlagenserie eingeleitet. Nach dem FCK-Spiel folgte ein 0:2 gegen die Knappen, und auch in Dortmund gelang kein Treffer (0:1). Es folgten 1860 (1:3), Wolfsburg (0:2) und Bremen (2:3). Gegen Stuttgart gab es ein kurzes Aufbäumen (2:2), um in Freiburg (0:3) wieder zusammenzusacken. Acht Spiele, ein Zähler war die magere Bilanz unterm Strich.

Auch der Sieg am 27. Spieltag, ein 2:0 gegen den späteren Mitabsteiger Frankfurt, konnte niemanden versöhnen oder gar wieder Hoffnung aufkommen lassen, denn das rettende Ufer lag bereits acht Punkte entfernt. Wer FC-Spiele besuchen wollte, konnte getrost später ins Stadion gehen: Erstmals gelang gegen Frankfurt ein Treffer in der ersten halben Stunde, und den erzielte mit Ingo Hertzsch dann noch ein Gästespieler mit einem Eigentor. Anschließend konnte man nur noch einmal drei Zähler auf der Habenseite verbuchen. Am vorletzten Spieltag erbrachte die Mannschaft zumindest eine annehmbare Abschiedsvorstellung. Gegen unmotivierte Rostocker wurde noch ein 4:0, und damit der höchste Saisonsieg, eingefahren. Davor lagen nochmals fünf Begegnungen mit null Punkten, um anschließend die Saison mit 1:3 in Berlin zu beenden. Insgesamt war die Rückrunde eine Frechheit am zahlenden Zuschauer. 17 Spiele, drei Siege und ein Remis, der Rest nur Pleiten. Einzig Lukas Podolski und Lukas Sinkewicz hatten sich in den letzten Monaten positiv präsentiert. Vor allem Ersterer hatte für Schlagzeilen gesorgt. Nach dem „Tor des Monats" Januar holte er sich auch im Mai die traditionsreiche Auszeichnung für seinen Führungstreffer beim 1:2 gegen den späteren Vizemeister Bayern München. Insgesamt zehn Treffer waren dem Jungstar seit November in 19 Spielen gelungen.

Dies brachte ihn nicht nur bei der Nationalmannschaft ins Gespräch, sondern sogar noch auf den EM-Zug, der nach Portugal abfuhr. Sein Debüt gab der Angreifer im letzten Test gegen die Ungarn (0:2), wo er nach 74 Minuten für Fredi Bobic eingewechselt wurde. Im Turnier selbst konnte auch er nichts retten. Zwei Remis gegen Holland (1:1) und Lettland (0:0) gab es ohne den Kölner. In der letzten Begegnung gegen Tschechien kam er zur Pause, schaffte aber nicht mehr die Wende (1:2). Deutschland schied in der Vorrunde aus und hatte, genau wie der FC, eine bescheidene Bilanz vorzuweisen, was am Ende auch Rudi Völler zum Abschied trieb. Die deutsche Nationalmannschaft stand ebenso wie der FC vor einem Neubeginn. Der einzige Unterschied war, dass in Köln mit Huub Stevens bereits ein neuer Trainer zur Stelle war.

Der FC-Karnevalsorden 2004.

■ Die Fußball-WM in Deutschland wirft bereits 2004 ihre Schatten voraus. So kommt André Hellers Fußball-Globus auf eine Stippvisite an den Rhein.

■ Nach sechseinhalb Jahren als Präsident des 1. FC Köln tritt Albert Caspers am 7. Mai 2004 mit sofortiger Wirkung von seinem Amt zurück. Dies hat zur Folge, dass eine außerordentliche Mitgliederversammlung einberufen werden muss, die am 14. Juni 2004 zusammenkommt. Einziger Tagungsordnungspunkt ist die Wahl des neuen Chefs beim FC. Den Platz nimmt Wolfgang Overath ein, der als Mitbringsel in Huub Stevens gleich einen neuen Trainer präsentiert.

■ Die Jungenmannschaft im Tischtennis spielt die Saison ihres Lebens: Verbandsligameister, Westdeutscher Meister und der Deutsche Vizetitel im hessischen Alsfeld.

Unverändert fester Bestandteil des Vereinslebens ist das Jugendturnier um den „Geißbock Cup".

2003/04 ■ 443

STATISTIK 2003/04

BUNDESLIGA

03.08.2003 Borussia M'gladbach - 1.FC Köln 1:0 (0:0)
Zuschauer: 34.500
Tore: 1:0 (62.) Scherz (E).
Aufstellung: Wessels, Cullmann, Dogan, Sichone, Heinrich, Schindzielorz (87. Helbig), Springer, Lottner, Scherz (63. Schröder), Voronin, Ebbers.
B.V.: Platzverweis für Sichone (61.).

09.08.2003 1.FC Köln - 1.FC Kaiserslautern 1:2 (1:1)
Zuschauer: 33.000
Tore: 1:0 (37.) Ebbers, 1:1 (39.) Klose, 1:2 (75.) Grammozis.
Aufstellung: Wessels, Schröder, Cullmann, Dogan (11. Happe - 83. Helbig), Heinrich, Springer (77. Kringe), Schindzielorz, Lottner, Scherz, Voronin, Ebbers.
B.V.: Wiese hält FE von Lottner (55.), Platzverweis für Wiese (64.).

17.08.2003 FC Schalke 04 - 1.FC Köln 2:1 (1:0)
Zuschauer: 61.027
Tore: 1:0 (42.) Agali, 1:1 (51.) Lottner, 2:1 (90.) Altintop.
Aufstellung: Wessels, Cullmann, Klos (85. Happe), Schröder, Heinrich, Kringe, Springer, Lottner (83. Federico), Scherz, Voronin (90. Helbig), Ebbers.
B.V.: Gelb-Rot für Ebbers (90.), Platzverweise für Heinrich (53.) und Seitz (53.).

23.08.2003 1.FC Köln - Borussia Dortmund 1:0 (0:0)
Zuschauer: 33.000
Tor: 1:0 (57.) Lottner.
Aufstellung: Wessels, Cullmann, Klos, Schröder, Springer, Kringe (72. Cichon), Voigt, Lottner, Voronin, Scherz, Helbig.

13.09.2003 1860 München - 1.FC Köln 2:1 (1:0)
Zuschauer: 22.000
Tore: 1:0 (07.) Kioyo, 1:1 (61.) Springer, 2:1 (83.) Agostino.
Aufstellung: Wessels, Cullmann, Klos, Voigt (79. Schröder), Springer, Lottner, Scherz, Voronin, Ebbers (38. Cichon), Kringe (87. Helbig), Sichone.

20.09.2003 1.FC Köln - VfL Wolfsburg 2:3 (1:2)
Zuschauer: 33.000
Tore: 0:1 (03.) Biliskov, 0:2 (26.) Petrov, 1:2 (33.) Scherz, 2:2 (60.) Voronin, 2:3 (73.) Klimowicz.
Aufstellung: Wessels, Klos (78. Sichone), Schröder, Cullmann, Heinrich, Voigt, Springer, Lottner, Scherz (77. Dworrak), Voronin, Ebbers (71. Helbig).

27.09.2003 1.FC Köln - Werder Bremen 1:4 (0:2)
Zuschauer: 33.000
Tore: 0:1 (10.) Micoud, 0:2 (40.) Klasnic, 0:3 (70.) Stalteri, 1:3 (79.) Scherz, 1:4 (90.) Charisteas.
Aufstellung: Wessels, Dogan, Sichone, Cullmann, Heinrich, Voigt (72. Cichon), Springer, Kringe (42. Helbig), Lottner, Voronin, Scherz.

04.10.2003 VfB Stuttgart - 1.FC Köln 0:0
Zuschauer: 52.000
Aufstellung: Wessels, Dogan, Cichon, Sichone, Schröder, Springer, Lottner (83. Kringe), Heinrich, Helbig (90. Voigt), Scherz (67. Dworrak), Ebbers.

18.10.2003 1.FC Köln - SC Freiburg 1:0 (0:0)
Zuschauer: 33.000
Tor: 1:0 (70.) Dogan.
Aufstellung: Wessels, Dogan, Cichon, Sichone, Springer, Schröder (66. Federico), Heinrich (75. Voigt), Lottner (85. Kringe), Helbig, Scherz, Ebbers.

25.10.2003 Eintracht Frankfurt - 1.FC Köln 2:0 (0:0)
Zuschauer: 27.500
Tore: 1:0 (63.) Frommer, 2:0 (80.) Dragusha.
Aufstellung: Wessels, Dogan, Cichon (76. Kennedy), Sichone, Springer, Schröder, Heinrich, Lottner, Helbig, Ebbers, Scherz (70. Federico).

01.11.2003 1.FC Köln - SV Hannover 96 1:2 (1:1)
Zuschauer: 33.000
Tore: 0:1 (32.) Brdaric, 1:1 (37.) Scherz, 1:2 (81.) Stendel.
Aufstellung: Wessels, Cullmann, Sichone, Dogan (52. Klos), Heinrich, Kringe (71. Federico), Voigt, Lottner, Helbig (84. Ebbers), Scherz, Springer.

08.11.2003 VfL Bochum - 1.FC Köln 4:0 (3:0)
Zuschauer: 30.777
Tore: 1:0 (07.) Hashemian, 2:0 (15.) Madsen, 3:0 (45.) Kalla, 4:0 (87.) Stevic.
Aufstellung: Wessels, Cullmann, Klos, Sichone (19. Schröder), Heinrich, Kringe, Springer, Lottner, Helbig (59. Voigt), Voronin (76. Ebbers), Scherz.

22.11.2003 1.FC Köln - Hamburger SV 0:1 (0:1)
Zuschauer: 38.600
Tor: 0:1 (42.) Barbarez.
Aufstellung: Wessels, Schröder, Dogan, Cichon (88. Ebbers),Voigt, Springer, Kringe, Sinkala (73. Heinrich), Lottner, Voronin, Podolski (79. Scherz).

29.11.2003 FC Bayern München - 1.FC Köln 2:2 (1:1)
Zuschauer: 48.000
Tore: 0:1 (35.) Voronin, 1:1, 2:1 (42., 49.) Pizarro, 2:2 (60.) Springer.
Aufstellung: Wessels, Cullmann, Cichon, Dogan, Schröder, Springer, Voigt, Kringe (72. Federico), Sinkala, Podolski (88. Scherz), Voronin (89. Ebbers).

07.12.2003 1.FC Köln - Bayer Leverkusen 0:0
Zuschauer: 40.000
Aufstellung: Wessels, Dogan, Cichon, Cullmann, Kringe, Springer, Voigt, Scherz, Sinkala, Podolski, Voronin.

13.12.2003 FC Hansa Rostock - 1. FC Köln 1:1 (0:1)
Zuschauer: 22.200
Tore: 0:1 (34.) Podolski, 1:1 (64.) Prica.
Aufstellung: Wessels, Dogan, Cichon, Cullmann, Kringe (74. Scherz), Voigt, Springer, Sinkala (74. Heinrich), Podolski (80. Lottner), Voronin.
B.V.: Wessels hält FE von Max (64.).

16.12.2003 1.FC Köln - Hertha BSC Berlin 3:0 (0:0)
Zuschauer: 35.000
Tore: 1:0 (46.) Voronin, 2:0 (75.) Podolski, 3:0 (87.) Scherz.
Aufstellung: Wessels, Dogan, Cichon, Cullmann, Schröder, Springer, Voigt, Kringe (68. Sinkala), Heinrich (82. Scherz), Podolski (89. Lottner), Voronin.
B.V.: Platzverweis für Rafael (72.).

31.01.2004 1.FC Köln - Borussia M'gladbach 1:0 (0:0)
Zuschauer: 50.997
Tor: 1:0 (52.) Podolski.
Aufstellung: Wessels, Dogan, Cichon, Sichone, Schröder, Voigt, Springer, Streit (74. Kringe), Heinrich, Podolski (90. Feulner), Voronin (89. Ebbers).

07.02.2004 1.FC Kaiserslautern - 1.FC Köln 1:0 (1:0)
Zuschauer: 37.529
Tor: 1:0 (23.) Lokvenc.
Aufstellung: Wessels, Dogan, Cichon, Sichone, Schröder, Springer (46. Kringe), Voigt, Streit (66. Scherz), Heinrich (75. Lottner), Podolski, Voronin.

14.02.2004 1.FC Köln - FC Schalke 04 0:2 (0:1)
Zuschauer: 50.600
Tore: 0:1 (25.) van Kerckhoven, 0:2 (81.) Delura.
Aufstellung: Wessels, Dogan (77. Scherz), Cichon, Sichone, Schröder, Voigt (62. Heinrich), Kringe, Grujic, Lottner, Podolski, Voronin.

22.02.2004 Borussia Dortmund - 1.FC Köln 1:0 (1:0)
Zuschauer: 80.500
Tor: 1:0 (26.) Ewerthon.
Aufstellung: Wessels, Cullmann, Cichon, Sichone, Schröder (69. Streit), Grujic, Heinrich, Kringe, Lottner (77. Ebbers), Podolski (24. Feulner), Voronin.

28.02.2004 1.FC Köln - 1860 München 1:3 (0:3)
Zuschauer: 38.000
Tore: 0:1 (14.) Schroth, 0:2 (36.) Lauth (FE), 0:3 (39.) Schroth, 1:3 (49.) Voronin.

Aufstellung: Wessels, Cullmann, Cichon, Sichone, Grujic, Kringe, Heinrich, Lottner (73. Ebbers), Streit, Springer (46. Scherz), Voronin.

07.03.2004 VfL Wolfsburg - 1.FC Köln 2:0 (1:0)
Zuschauer: 18.246
Tore: 1:0 (30.) Klimowicz, 2:0 (84.) Topic.
Aufstellung: Wessels, Dogan, Cichon, Schröder, Feulner, Springer, Voigt, Lottner, Streit, Scherz, Voronin (68. Federico).

13.03.2004 Werder Bremen - 1.FC Köln 3:2 (3:0)
Zuschauer: 39.555
Tore: 1:0 (16.) Micoud, 2:0, 3:0 (37., 43.) Ailton, 3:1 (57.) Schröder, 3:2 (70.) Lottner.
Aufstellung: Wessels, Dogan, Cichon (85. Kennedy), Sichone, Schröder, Voigt, Springer, Kringe (66. Lottner), Streit, Feulner (78. Federico), Scherz.
B.V.: Gelb-Rot für Voigt (87.).

20.03.2004 1.FC Köln - VfB Stuttgart 2:2 (1:1)
Zuschauer: 50.200
Tore: 0:1 (28.) Meißner, 1:1 (45.) Kringe, 2:1 (71.) Feulner, 2:2 (72.) Scherz (E).
Aufstellung: Wessels, Dogan, Cichon, Sichone, Springer (79. Grujic), Feulner, Heinrich, Lottner (87. Federico), Kringe (69. Podolski), Streit, Scherz.

27.03.2004 SC Freiburg - 1.FC Köln 3:0 (1:0)
Zuschauer: 25.000
Tore: 1:0 (15.) Iashvili, 2:0 (76.) Riether, 3:0 (81.) Antar.
Aufstellung: Wessels, Dogan, Cichon (62. Kennedy), Sichone, Heinrich, Feulner, Grujic, Kringe, Lottner, Streit, Podolski.

03.04.2004 1.FC Köln - Eintracht Frankfurt 2:0 (2:0)
Zuschauer: 45.500
Tore: 1:0 (05.) Hertzsch (E), 2:0 (35.) Podolski.
Aufstellung: Wessels, Schröder, Cichon, Dogan, Voigt, Grujic (46. Niedrig), Kringe, Feulner (73. Sinkala), Streit, Federico (87. Kennedy), Podolski.

11.04.2004 SV Hannover 96 - 1.FC Köln 1:0 (1:0)
Zuschauer: 27.200
Tor: 1:0 (34.) Brdaric.
Aufstellung: Wessels, Schröder, Dogan, Cichon (41. Sichone), Voigt, Grujic, Kringe, Streit (69. Lejan), Federico (56. Scherz), Podolski.

18.04.2004 1.FC Köln - VfL Bochum 1:2 (0:1)
Zuschauer: 43.500
Tore: 0:1 (30.) Wosz, 1:1 (54.) Podolski, 1:2 (64.) Fahrenhorst.
Aufstellung: Wessels, Schröder, Dogan, Sichone, Voigt, Grujic, Kringe, Sinkala, Scherz (83. Lejan), Federico (74. Streit) Podolski.

24.04.2004 Hamburger SV - 1.FC Köln 4:2 (1:1)
Zuschauer: 48.413
Tore: 1:0 (41.) Rahn, 1:1 (44.) Podolski, 2:1 (52.) Barbarez, 3:1 (63.) Jarolim, 4:1 (68.) Fukal, 4:2 (83.) Springer.
Aufstellung: Wessels, Schröder, Dogan, Sinkiewicz, Voigt (60. Feulner), Grujic, Sinkala, Kringe, Scherz (76. Springer), Federico (60. Streit), Podolski.

01.05.2004 1.FC Köln - FC Bayern München 1:2 (1:1)
Zuschauer: 50.200
Tore: 1:0 (24.) Podolski, 1:1 (40.) Pizarro, 1:2 (75.) Schweinsteiger.
Aufstellung: Wessels, Dogan, Sinkiewicz, Sichone, Schröder, Springer, Voigt, Feulner, Sinkala (82. Streit), Podolski, Scherz.

08.05.2004 Bayer Leverkusen - 1.FC Köln 2:0 (1:0)
Zuschauer: 22.500
Tore: 1:0 (21.) Fritz, 2:0 (73.) Franca.
Aufstellung: Wessels (49. Bade), Dogan, Sinkiewicz, Sichone, Schröder, Springer, Voigt, Feulner (81. Grujic), Sinkala (46. Kringe), Podolski, Scherz.
B.V.: Bade hält FE von Berbatov (85.).

15.05.2004 1.FC Köln - Hansa Rostock 4:0 (1:0)
Zuschauer: 40.000
Tore: 1:0 (45.) Podolski (HE), 2:0 (56.) Sinkala, 3:0 (58.) Podolski, 4:0 (89.) Lottner.

STATISTIK 2003/04

Aufstellung: Bade, Schröder, Sinkiewicz, Sichone, Springer, Sinkala, Streit (82. Ebbers), Voigt, Feulner (29. Lottner), Podolski, Scherz (71. Kringe).
B.V.: Platzverweis für Madsen (44.), Geb-Rot für Rydlewicz (41.).

22.05.2004 **Hertha BSC Berlin - 1. FC Köln** 3:1 (0:0)
Zuschauer: 56.038
Tore: 1:0 (51.) Marcelinho (FE), 1:1 (54.) Podolski, 2:1 (63.) Bobic, 3:1 (78.) Rafael.
Aufstellung: Bade, Schröder, Grujic, Sichone, Sinkala, Feulner (71. Lottner), Kringe (88. Schindzielorz), Springer, Streit, Scherz (82. Ebbers), Podolski.

DFB-POKAL

1. Runde
30.08.2003 **FC Oberneuland - 1. FC Köln** 2:5 n.V.
Zuschauer: 2.500
Tore: 1:0 (37.) Muzzicato, 1:1 (89.) Lottner, 1:2 (91.) Heinrich, 1:3 (95.) Voronin, 1:4 (101.) Ebbers, 2:4 (115.) Klemptner, 2:5 (119.) Voronin.
Aufstellung: Bade, Cullmann, Klos (69. Federico), Schröder, Springer, Kringe, Lottner, Voigt (63. Heinrich), Scherz (58. Ebbers), Helbig, Voronin.
B.V.: Gelb-Rot für Helbig (84.).

2. Runde
28.10.2003 **VfL Wolfsburg Am - 1. FC Köln** 2:3 (1:2)
Zuschauer: 2.396
Tore: 1:0 (35.) Janicki, 1:1 (38.) Springer, 1:2 (39.) Federico, 2:2 (70.) Janicki, 2:3 (87.) Ebbers.
Aufstellung: Bade, Schröder, Dogan, Sichone, Heinrich, Cichon (78. Kringe), Voigt, Lottner, Federico, Springer, Ebbers.

Achtelfinale
03.12.2003 **1. FC Köln - SpVgg Greuther Fürth** 2:4 n.E.
Zuschauer: 19.000
Tore: 1:0 (23.) Kringe, 1:1 (76.) Kleine.
Elfmeterschießen: Kringe (Pfosten), Westermann (0:1), Cullmann (1:1), Kleine (1:2), Voigt (gehalten), Kümmerle (1:3), Dogan (gehalten).
Aufstellung: Bade, Dogan, Cichon, Cullmann, Schröder (18. Lottner), Springer, Voigt, Sinkala, Kringe, Podolski (81. Scherz), Voronin (64. Ebbers).

FREUNDSCHAFTSSPIELE

29.06.2003 **PSV Ribnitz-Damgarten - 1. FC Köln** 0:11 (0:3)

03.07.2003 **FSV Salmrohr - 1. FC Köln** 1:8 (0:3)

06.07.2003 **SpVgg Wesseling-Urfeld - 1. FC Köln** 1:8 (1:3)

09.07.2003 **FV Ravensburg - 1. FC Köln** 0:4 (0:3)

12.07.2003 **Casino SW Bregenz - 1. FC Köln** 1:3 (1:1)

13.07.2003 **Sparta Prag - 1. FC Köln** 0:2 (0:0) (in Bregenz)

16.07.2003 **1. FC Köln - FC Liverpool** 1:3 (1:1)

20.07.2003 **1. FC Köln - CFB Ford Niehl** 4:0 (3:0)

23.07.2003 **Rot-Weiß Lüdenscheid - 1. FC Köln** 0:2 (0:1)

25.07.2003 **Rot-Weiß Essen - 1. FC Köln** 0:2 (0:0)

29.07.2003 **Viktoria Köln - 1. FC Köln** 0:4 (0:1)

02.09.2003 **TuS Daun - 1. FC Köln** 0:15 (0:10)

12.10.2003 **1. FC Köln - Schwarz-Weiß Köln** 21:0 (12:0)

16.01.2004 **ZSKA Moskau - 1. FC Köln** 1:9 (0:2) (in Alvor)

18.01.2004 **Eintracht Trier - 1. FC Köln** 3:2 (1:2) (in Alfamar)

20.01.2004 **Nationalmann. Nigeria - 1. FC Köln** 3:2 (0:0) (in Alvor)

24.01.2004 **Arminia Bielefeld - 1. FC Köln** 1:4 (1:2)

05.05.2004 **Siegburger SV - 1. FC Köln** 2:11 (1:6)

25.05.2004 **Jugendsport Wenau - 1. FC Köln** 0:3 (0:1)

1. BUNDESLIGA 2003/04

1.	Werder Bremen	79:38	74
2.	Bayern München (M,P)	70:39	68
3.	Bayer 04 Leverkusen	73:39	65
4.	VFB Stuttgart	52:24	64
5.	VfL Bochum	57:39	56
6.	Borussia Dortmund	59:48	55
7.	FC Schalke 04	49:42	50
8.	Hamburger SV	47:60	49
9.	FC Hansa Rostock	55:54	44
10.	VfL Wolfsburg	56:61	42
11.	Borussia M'gladbach	40:49	39
12.	Hertha BSC Berlin	42:59	39
13.	SC Freiburg (N)	42:67	38
14.	Hannover 96	49:63	37
15.	1. FC Kaiserslautern	39:62	36
16.	Eintracht Frankfurt (N)	36:53	32
17.	1860 München	32:55	32
18.	1. FC Köln (N)	32:57	23

FIEBERKURVE 2003/04

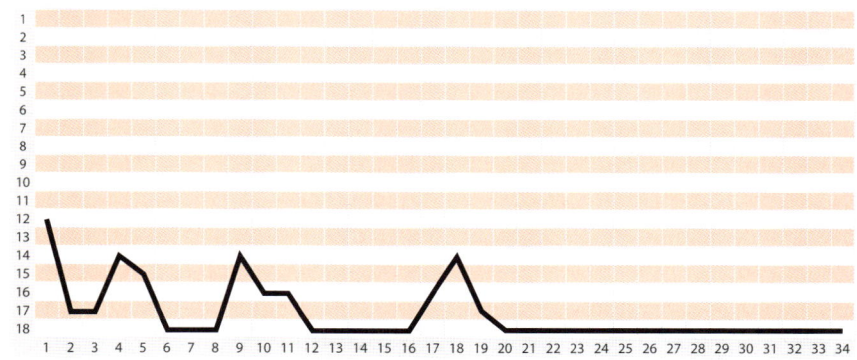

BUNDESLIGAKADER 2003/04

Abgänge: Dworrak (FSV Mainz 05, w.d.l.S.), Happe (Kickers Offenbach, w.d.l.S.), Helbig (SpVgg Unterhachingen, w.d.l.S.), Kioyo (1860 München), Klos (Wisla Krakau, w.d.l.S.), Kreuz (Eintracht Frankfurt), Kurth (MSV Duisburg), Pröll (Eintracht Frankfurt), Arweladse (Dinamo Tiflis),

Zugänge: Dogan (Fenerbahce Istanbul), Ebbers (MSV Duisburg), Feulner (Bayern München, w.d.l.S.), Grujic (FK Borac Banja Luka, w.d.l.S.), Heinrich (Borussia Dortmund), Kennedy (eigene Amateure, w.d.l.S.), Klos (1. FC Kaiserslautern, w.d.l.S.), Lejan (eigene Amateure, w.d.l.S.), Niedrig (eigene Amateure, w.d.l.S.), Podolski (eigene Jugend, w.d.l.S.), Schindzielorz (VfL Bochum), Sinkiewicz (eigene Jugend, w.d.l.S.), Streit (VfL Wolfsburg, w.d.l.S.), Wessels (Bayern München), Voronin (FSV Mainz 05)

Trainer: Friedhelm Funkel (bis 30.10.2003), Jos Luhukay (31.10.2003 – 01.11.2003), Marcel Koller ab 02.11.2003

Tor:
33 Wessels, Stefan	32/0	
16 Bade, Alexander	3/0	
31 Sokolow, Wjatscheslaw	0/0	

Feld:
08 Scherz, Matthias	30/4		17 Heinrich, Jörg	20/0
07 Kringe, Florian	29/1		36 Podolski, Lukas	19/10
15 Springer, Christian	28/3		10 Voronin, Andrej	19/4
12 Schröder, Oliver	28/1		25 Ebbers, Marius	17/1
30 Lottner, Dirk	25/4		02 Cullmann, Carsten	15/0
22 Dogan, Mustafa	25/1		19 Streit, Albert	15/0
03 Voigt, Alexander	25/0		06 Sinkala, Andrew	13/1
04 Sichone, Moses	23/0		23 Feulner, Markus	12/1
20 Cichon, Thomas	22/0		13 Federico, Giovanni	12/0
			09 Helbig, Sebastian	12/0
			11 Grujic, Vladan	11/0
			40 Klos, Tomasz	6/0
			34 Kennedy, Joshua	4/0
			27 Sinkiewicz, Lukas	4/0
			21 Schindzielorz, Seb.	3/0
			11 Dworrak, Markus	2/0
			05 Happe, Markus	2/0
			38 Lejan, Michael	2/0
			32 Niedrig, Michael	1/0
			14 Nessos, Evangelos	0/0

Dazu kommt ein Eigentor von Ingo Hertzsch (Eintracht Frankfurt).

Die Dauerkarte zur Saison 2003/04.

2004/05
2. BUNDESLIGA

Das Ergebnis stimmt

[LEGENDEN]

Lukas Podolski
Beim FC von 1995 bis 2006
Geboren: 04.06.1985 in Gleiwitz (Polen)
Pflichtspiele beim FC: 85
Pflichtspieltore: 51

Das Juwel

Im Alter von drei Jahren kam Lukas Podolski aus dem polnischen Gleiwitz ins rheinische Bergheim. Schon drei Jahre später war Jugend 07 Bergheim sein erster Fußballclub. Sein außergewöhnliches Talent blieb nicht lange verborgen, und so wechselte er noch als D-Jugendlicher zum 1. FC Köln. Marcel Koller, im November 2003 soeben neuer FC-Trainer geworden, holte „Poldi" aus der U19 direkt zu den Profis. Der Schweizer hatte erkannt, welches Juwel da in der eigenen Jugend spielte. Von nun an ging es mit Podolskis Karriere in Lichtgeschwindigkeit voran. Sein erstes Bundesligaspiel absolvierte er am 22. November 2003 beim 0:1 gegen den HSV. Gut drei Wochen später folgte das erste Bundesligator beim 1:1 in Rostock. Zwei Wochen später wurde sein 1:0-Siegtreffer im Derby gegen Mönchengladbach zum „Tor des Monats" gewählt. Eine Ehrung, die der Bergheimer inzwischen bereits achtmal einheimsen konnte. Damit ist er Rekordhalter – niemand vor ihm erzielte häufiger ein „Tor des Monats".

Schon am 9. Juni 2004 feierte Podolski beim 0:2 gegen Ungarn seine Premiere in der A-Nationalmannschaft. Er blieb im Dunstkreis der DFB-Elitekicker, nahm an der EM 2004 und am „Sommermärchen 2006" teil. Im August 2007 hat „Poldi" bereits 40 A-Länderspiele bestritten und dabei stolze 23 Tore erzielt. Schnell wurde der Jungnationalspieler zum Idol und zur Werbe-Ikone. Sein findiger Berater Kon Schramm schoss lukrative Werbeverträge für den privat eher ruhigen Angreifer ab, der in Interviews häufig etwas einsilbig daherkommt. Podolski hat nahezu alle

Hintere Reihe von links: Kostas Konstantinidis, Matthias Scherz, Christian Springer, Marius Ebbers, Roland Benschneider, Vladan Grujic, Michael Niedrig, Carsten Cullmann. Mittlere Reihe von links: Mannschaftsärzte Dr. Paul Klein und Dr. Peter Schäferhoff, Zeugwart Volker Hartjens, Mannschaftsarzt Jürgen Böhle, Physiotherapeut Sven Rinke, Alexander Voigt, Rolf-Christel Guie-Mien, Christian Lell, Lukas Sinkiewicz, Timo Achenbach, Albert Streit, Michael Lejan, Torwarttrainer Holger Gehrke, Torwarttrainer Peter Greiber, Trainer Huub Stevens. Vordere Reihe von links: Physiotherapeut Baybora Acemi, Busfahrer Michael Liebetrut, Sebastian Schindzielorz, Markus Feulner, Stefan Wessels, Andrew Sinkala, Alexander Bade, Giovanni Federico, Lukas Podolski, Co-Trainer Jos Luhukay.

Die Domstädter standen in Liga zwei wieder vor einem Neubeginn. Der Kader für den angestrebten Wiederaufstieg musste neu zusammengestellt werden. Die Personen, die aber am meisten Euphorie ausgelöst hatten, befanden sich neben dem Platz: Huub Stevens und Denkmal Wolfgang Overath. Vor allem Stevens, das Antrittsgeschenk von Präsident Overath, elektrisierte die Massen in der Domstadt.

HOFFNUNGSTRÄGER

Allein 50.000 Menschen kamen zur Saisoneröffnung. Der FC hatte diese erstmals vom Geißbockheim aufs Stadiongelände verlegt. Was einerseits aufgrund des enormen Andrangs am Clubhaus verständlich war, hinterließ auf der anderen Seite einen faden Beigeschmack, da wieder ein Stückchen Tradition verloren ging. Somit war nun auch die Saisoneröffnung im Profibereich angekommen. Sportlich hatte man die Veranstaltung mit einem Spiel gegen Fenerbahce Istanbul ein wenig aufgewertet. Die Kicks über zweimal 20 Minuten gegen eine Amateurmannschaft gehörten der Vergangenheit an.

Der Vergangenheit angehören sollten auch die wechselhaften Vorstellungen, die den Fans im Vorjahr die Zornesröte ins Gesicht getrieben hatten. Insgesamt sechs „Fremdzugänge" und drei „Aufsteiger" aus den eigenen Reihen, wobei Letztere (Lejan, Sinkiewicz, Podolski) bereits im Laufe der Vorsaison den Sprung in den Profikader geschafft hatten, sollten an besseren Zeiten mitwirken. So war mit Attila Tököli ein 22-facher ungarischer Nationalspieler für die Offensive unter Vertrag genommen werden. Der FC hatte bei Ungarns Teamchef Lothar Matthäus Erkundigungen über dessen Stärken eingeholt… Drei Einsätze, genauer gesagt 35 Bundesligaspielminuten, erreichte der „Hoffnungsträger" insgesamt. Viele Neuzugänge sollten am Ende nicht überzeugen.

ERGEBNISORIENTIERT

Wenig überzeugend war auch die Leistung der Mannschaft in den ersten Begegnungen. Im Heimspiel gegen Energie Cottbus hatte es nur zu einem 0:0 gereicht. Stevens erkannte schnell, was der Mannschaft fehlte, und monierte die mangelnde Laufbereitschaft. Im bayrischen Burghausen setzte sich das Elend fort, und die Geißböcke erlebten eine 2:4-Pleite. Nicht etwa, weil Wacker brillierte, sondern weil es kämpfte. „Unfassbar, wie wir uns präsentiert haben", äußerte sich Stevens tief enttäuscht und setzte kurzerhand ein Sondertraining auf dem Aschenplatz an und darüber hinaus einen Besuch in einer Kohlengrube. Der *Kicker* wies bereits zu diesem Zeitpunkt auf das altbekannte Übel hin, nämlich „das mangelhafte Verschieben zu Ball und Gegner". Der Fan in der Kurve wurde da deutlicher: „Scheiß Millionäre" gehörte zu den netteren Äußerungen.

In der ersten Runde des

DFB-Pokals in Saarbrücken gewann man gegen schwache Saarländer klar mit 4:1. Dabei waren die Saarländer nicht an einer starken Mannschaftsleistung gescheitert, sondern an einem Akteur: Lukas Podolski zeigte sich für alle vier Tore verantwortlich und schoss den FCS im Alleingang ab. Der Erfolg im Pokal brachte ebenfalls eine Trendwende im Ligabetrieb. Auch ein Markus Pröll, der mittlerweile das Gehäuse in Frankfurt hütete, konnte den 2:0-Sieg der Geißböcke nicht verhindern. Der Weg ging weiter nach oben. Dem 1:0 in Karlsruhe, laut Stevens ein Fehlpass-Festival, folgten jeweils ein 3:2 gegen Aachen und gegen Dresden. Die Sachsen hatten bis zur 72. Minute wie der sichere Sieger ausgesehen, brachen aber nach dem Anschlusstreffer völlig ein. Plötzlich standen die Kölner hinter Greuther Fürth auf Platz zwei, einem Aufstiegsplatz. Damit hatte in dieser kurzen Zeit niemand ernsthaft gerechnet. So stimmte zumindest die bisherige Ergebnisbilanz. Spielerisch war das Auftreten jedoch meist beschämend. Und dann zeigte sich auch wieder die berühmte Überheblichkeit. Erneut ging die Reise nach Saarbrücken. „In Köln fehlt es an der Bereitschaft, Zweikämpfe anzunehmen und für sich zu entscheiden", so das *Kicker*-Sportmagazin nach der 0:2-Niederlage der Kölner. Der Chefcoach Stevens fand ebenfalls deutliche Worte: „Man ist immer enttäuscht, wenn man nicht den Fußball sieht, den man sehen will. Wenn Leidenschaft und Siegeswillen nicht da sind, ist man noch enttäuschter." Zur Pause hatte der Trainer komplett geschwiegen und die Ansprache ausschließlich seinem Assistenten überlassen. Montags folgte noch eine Ansprache von Präsident Wolfgang Overath. Somit hatte der Club bereits nach einem Fünftel der Saison fast sein komplettes Repertoire zum Wachrütteln aufgebraucht. Besser wurde es anschließend nur, wenn man ergebnisorientiert dachte. Gegen RWO reichte es, trotz zweimaligen Rückstandes, zu einem 3:2. Kommentar Overath: „Ich kann nicht verstehen, was die Mannschaft spielt." Und der Trainer ergänzte: „Ich könnte wieder zwei Tage über unsere Fehler reden." Dreifacher Torschütze war, wie konnte es anders sein, Lukas Podolski. Mit seinem Treffer zum 1:1 aus spitzem Winkel holte er sich zum dritten Mal die Medaille zum „Tor des Monats". In Essen kassierte man erneut zwei Gegentreffer. Bis zur 88. Minute hatte RWE 2:0 geführt. Dann trat Podolski in Aktion, der das Leder zweimal versenkte. Der *Kicker* brachte es wieder einmal auf den Punkt. „Wenn der 19-Jährige nur ein Teil der Mannschaft ist – dann aber mit Abstand der stärkste."

ENDLICH SPITZENREITER

Gegen die Löwen gewannen die Geißböcke endlich wieder verdient. Eingeleitet wurde der Sieg bereits nach drei Minuten, erneut von Shootingstar Podolski.
Endlich schien die Formkurve nach oben zu zeigen. Nach dem 1:0 beim Tabellenführer Fürth zogen die Geißböcke nach Punkten mit den Franken gleich, um eine Woche später mit einem 3:0 über LR Ahlen vorbeizuziehen. Weitere Siege in Unterhaching und gegen Aue ließen den Vorsprung schnell ansteigen. Wie sich herausstellen sollte, war dieses Polster auch nötig, um in der Spitzengruppe zu verbleiben. Nur zwei Zähler aus den drei folgenden Partien in Trier (0:0), gegen Erfurt (1:1) und in Duisburg (0:1) bedeuteten „nur" Platz zwei zu Weihnachten.
Trotz oft wenig überzeugenden Leistungen lag der FC klar auf Aufstiegskurs. Da aber häufig die spielerischen Darbietungen zu wünschen übrig ließen, musste im Kader nachgebessert werden. Europameister Vasileios Tsiartas von AEK Athen war nur der Anfang. Dazu kamen mit dem Brasilianer Fabio Bilica und dem Hamburger Christian Rahn noch zwei eher defensiv orientierte Akteure an den Rhein.
Zumindest war der FC in puncto Zuschauerzahlen absolut erstklassig. Fast 37.000 Fans hatten in den ersten acht Heimspielen in schöner Regelmäßigkeit ein Ticket gelöst.

HOYZER UND EIN KOMFORTABLER VORSPRUNG

Die Euphorie der Fans hielt auch während der Winterpause: Zwei Wochen vor einem Freundschaftsspiel gegen die Bayern waren bereits 35.000 Plätze an den Mann gebracht worden. Dazu kam, dass sich mittlerweile das 20.000ste Mitglied eingeschrieben hatte. Sportlich konnte die Vorbereitungsphase, genau wie die zurückliegenden sieben Monate, nicht zufriedenstellen. Tabellarisch lag die Mannschaft zwar auf Kurs. Aber hinter Trainer Stevens tauchten im-

Fähigkeiten, die ein guter Stürmer haben muss: Schnelligkeit, einen enorm wichtigen, linken „Hammer", glänzende Übersicht, gepaart mit toller Technik und – seine größte Stärke – Eiseskälte beim Torabschluss. Trotz verlockender Angebote blieb er nach dem Abstieg 2004 beim FC und ballerte den Verein als Torschützenkönig der zweiten Liga mit 24 Treffern praktisch im Alleingang zurück in die Erstklassigkeit. Als nach nur einem Jahr der erneute Abstieg „seines" FC feststand, war der Nationalspieler nicht mehr zu halten. Für eine Ablösesumme von rund zehn Millionen Euro plus zweier „Ablösespiele" wechselte der Held der kölschen Massen im Sommer 2006 nach der WM zum FC Bayern München. Dort machten ihm zunächst Verletzungen zu schaffen. Zudem war es nicht gerade leicht, sich im mit Superstars gespickten neuen Kader der Bayern einen Stammplatz zu erkämpfen. Für die meisten FC-Fans steht ohnehin fest, dass ihr „Poldi" eines Tages wieder das Trikot mit dem Geißbock tragen wird.

Der neue Präsident holte zur Saison 2004/05 einen neuen Trainer: Wolfgang Overath und Huub Stevens.

Ganz im Zeichen des Kölner Fußball-Tempels stand der FC-Fanartikelkatalog 2004/05.

Neben „Poldi" war mit Lukas Sinkiewicz ein weiterer Senkrechtstarter aus der eigenen Jugend maßgeblich am Aufstieg beteiligt.

[Interessantes & Kurioses]

■ Mit Ron-Robert Zieler wechselt bereits ein Spieler im B-Jugendalter nach England. Der Torhüter unterschreibt zum Sommer 2005 einen Vertrag beim englischen Topteam Manchester United.

■ Mehr als 2.500 FC-Fans am Flughafen und weitere 3.000 am Geißbockheim bereiteten der Aufstiegsmannschaft nachts um 3:00 Uhr (!) nach der Rückkehr aus Aue einen überwältigenden Empfang. Da war selbst der einiges gewöhnte Huub Stevens „baff"…

■ Ab dieser Saison arbeitet der FC mit einem elektronischen Einlass-System. Dauerkarten und Tagesticket werden von einem Lesegerät geprüft, bevor der Zuschauer über ein Drehkreuz das Stadion betreten kann.

■ Attila Tököli hat sich für die Spielzeit vom FC mit der Trikotnummer 55 melden lassen. Die Herren der Deutschen Fußball Liga legen jedoch ihr Veto ein. So bekommt der Ungar „nur" die Leibchen mit der Neun auf dem Rücken.

mer öfter Fragezeichen auf. Sein Kokettieren mit Kerkrade wurde ihm übel genommen. Ein klares Bekenntnis zum FC blieb aus. So kehrte auch weiterhin nicht die notwendige Ruhe im Umfeld ein, und die Premiere im Jahr 2005 stand unter keinem günstigen Stern.

Dass diese nicht in den Sand gesetzt wurde, dafür sorgte wieder einmal Lukas Podolski. Beim 5:3 gegen Cottbus hatte der Nationalspieler viermal ins Schwarze getroffen.
Von sich reden machte in diesen Tagen auch ein Schiedsrichter namens Robert Hoyzer.

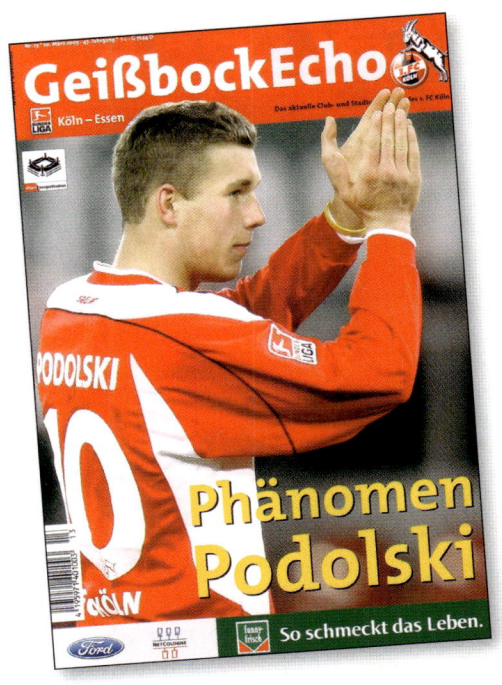

Mit 24 Saisontoren ballerte Lukas Podolski den FC fast im Alleingang zurück in die 1. Bundesliga. Das *Geißbock Echo* sprach vom „Phänomen Podolski".

Er wurde der Spielmanipulation überführt und in einem späteren Gerichtsverfahren dafür zu einer Haftstrafe verurteilt. Spiele der Geißböcke waren nicht betroffen. Diese konzentrierten sich weiterhin auf den Aufstieg. Mit einem 8:1 gegen Burghausen demonstrierten sie eindrucksvoll ihre Ambitionen. Überragender Spieler war erneut Lukas Podolski. Er traf an diesem Abend zwar nur zweimal selbst, glänzte aber als Vorbereiter. Der FC war wieder einmal Spitzenreiter, hatte vor dem Vierten Aachen neun Punkte Vorsprung und einen vor den Zweit- und Drittplatzierten Fürth und Duisburg. Und wenn der FC mal patzte, konnten die Ligakonkurrenten nicht nachlegen, so zu sehen nach der 0:1-Niederlage gegen Frankfurt, die ebenfalls noch um einen Aufstiegsplatz mitspielten, und nach den Punktverlusten gegen die im Abstiegskampf steckenden Karlsruher (2:2). Auch jetzt waren es noch immer sieben Zähler vor Platz vier. Dieser Vorsprung wuchs von Woche zu Woche. Siege gegen Aachen (1:0), Saarbrücken (3:1) und in Oberhausen (3:0) sorgten für den Erhalt des komfortablen Punktepolsters. So fielen Schwächephasen mit einem 1:2 in Dresden und zwei torlosen Spielen gegen Essen und bei den Münchner Löwen nicht sonderlich ins Gewicht. Sieben Spieltage vor Schluss hatte die Mannschaft noch immer sieben Punkte Vorsprung vor Platz vier und konnte gelassen dem Restprogramm entgegensehen.

PODOLSKI MACHT DEN UNTERSCHIED
Von Ruhe konnte in der Trainerfrage keine Rede sein. Der Abgang von Huub Stevens wurde immer wahrscheinlicher. Stevens' Gründe, gesundheitliche Probleme seiner Frau, waren mehr als nachvollziehbar. Das Einzige, was man dem Niederländer vorwerfen konnte, war, dass er nicht klar Stellung bezog. Allerdings sah man beim FC in Stevens' möglichem Fortgang auch eine Chance. Früh knüpfte Präsident Overath Kontakte zu Bielefelds Trainer Uwe Rapolder. Sportlich agierte das Team in den kommenden Wochen

Ausgelassen feierten die FC-Fans den Aufstieg beim letzten Heimspiel gegen Duisburg.

unbeständig. Einem Sieg über den direkten Aufstiegskonkurrenten Fürth (3:2) folgte eine Niederlage gegen Abstiegskandidat LR Ahlen (0:1). Nach dem Spiel in Ostwestfalen konnte endlich offiziell spekuliert werden. Stevens hatte in einer Pressekonferenz seinen Abschied aus der Domstadt bekanntgegeben. Als Nachfolger wurde Uwe Rapolder gehandelt, der zu diesem Zeitpunkt noch vehement dementierte. Der FC steuerte weiter unbeirrt auf Liga eins zu. Nach dem knappen und lustlosen Gekicke gegen Unterhaching (1:0) wurde in Aue die Rückkehr in die erste Liga endgültig perfekt gemacht. Das 2:1 bei den Erzgebirglern reichte, um drei Spieltage vor Saisonende den Wiederaufstieg zu feiern.

Als nächstes kam Eintracht Trier nach Müngersdorf, und man fühlte sich in alte Zeiten zurückversetzt: Aufstieg klar, die Bude voll und schlechte Akteure. Trotz vollmundiger Versprechungen im Vorfeld, keine Begegnung herzuschenken, war nur ansatzweise zu erkennen, dass hier ein angehender Erstligist einem angehenden Regionalligisten gegenüberstand. Die Trierer gewannen mit 2:1, und das am Ende auch verdient. Zumindest in den beiden letzten Partien zeigte sich der FC an seiner Ehre gepackt. Beim Absteiger Erfurt gewann man mit 1:0 und gegen den Mitaufsteiger MSV Duisburg beeindruckend mit 4:0.

So hatten sich die Geißböcke nach 2000 zum zweiten Mal die Meisterschaft in der 2. Bundesliga gesichert. Darüber hinaus hatte Lukas Podolski mit der Torschützenkrone der Liga seinen ganz persönlichen Achtungserfolg errungen. Dass dieser Titel kein Zufallsprodukt war, hatte er gegen den MSV Duisburg nochmals eindrucksvoll bewiesen und drei Treffer seinem Torkonto zugeführt. Überhaupt war dies das Jahr des Kölner Youngsters. Neben der Torjägerkrone und dem Aufstieg zum Nationalspieler hatte er mittlerweile schon fünfmal das „Tor des Monats" erzielt. Mit dem vierten Treffer in Cottbus und dem 3:0 gegen Saarbrücken heimste er zwei weitere Medaillen in der Sportschau ein. Und mit seinem Tor beim Länderspiel im Confederations Cup gegen Mexiko sollte bald noch eine dazukommen.

Der FC stand wieder in Liga eins. Das Saisonziel Aufstieg war zwar erreicht worden, aber wenn man den Ausdruck „bieder" verwenden würde, wäre das noch geschmeichelt. Das Ergebnis stimmte häufiger als die Vorstellung der Mannschaft. Für glänzende Augen sorgte die Spielweise des 1. FC Köln schon seit Jahren nicht mehr. Und gerade das war in früheren Jahren der Grund gewesen, weshalb der Club ein solch großes Ansehen in Europa genossen hatte.

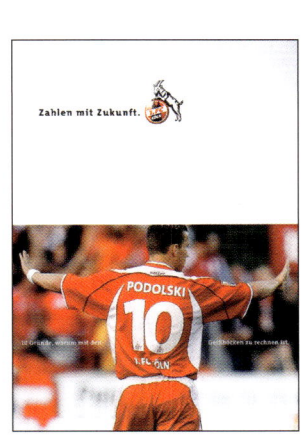

Heft für die FC-Sponsoren – „Poldi" als Werbezugpferd.

■ Trotz einer 0:3-Niederlage erreichen die FC-Amateure die zweite Runde des DFB-Pokals. Grund ist das Mitwirken von Marian Hristov beim VfL Wolfsburg. Der hatte im Mai 2003 im Endspiel seines 1. FC Kaiserslautern gegen die Bayern (1:3) die rote Karte gesehen und für den Platzverweis drei Spiele Sperre aufgebrummt bekommen. Diese Strafe wird von den Wölfen ganz einfach vergessen.

■ Zivile Fahnder werden zum Einsatz gegen das Zünden von Rauchpulver eingesetzt. Diese Unsitte tritt bei den letzten Saisonbegegnungen immer häufiger auf und gefährdet die Täter selbst sowie die umstehenden Besucher.

STATISTIK 2004/05

BUNDESLIGA

08.08.2004 1.FC Köln - Energie Cottbus 0:0
Zuschauer: 38.000
Aufstellung: Wessels, Lell, Sinkiewicz, Cullmann, Benschneider, Schindzielorz (71. Voigt), Springer, Streit (75. Tököli), Feulner (58. Scherz), Guie-Mien, Podolski.

13.08.2004 Wacker Burghausen - 1.FC Köln 4:2 (2:1)
Zuschauer: 7.200
Tore: 0:1 (02.) Scherz, 1:1 (25.) R.Schmidt, 2:1 (37.) Reisinger, 3:1 (61.) Younga-Mouhani, 3:2 (65.) Scherz, 4:2 (66.) R.Schmidt.
Aufstellung: Wessels, Lell, Sinkiewicz, Cullmann, Voigt, Streit, Schindzielorz (57. Feulner), Springer (53. Benschneider), Guie-Mien (68. Konstantinidis), Podolski, Scherz.
B.V.: Schiedsrichter Koop wird durch Assistent Melms wegen Verletzung ab der 7. Minute ersetzt.

30.08.2004 1.FC Köln - Eintracht Frankfurt 2:0 (1:0)
Zuschauer: 42.000
Tore: 1:0 (34.) Scherz, 2:0 (80.) Podolski.
Aufstellung: Wessels, Sinkala, Sinkiewicz, Voigt, Cullmann, Schindzielorz (70. Benschneider), Springer, Guie-Mien, Streit, Scherz (63. Ebbers), Podolski.

12.09.2004 Karlsruher SC - 1.FC Köln 0:1 (0:0)
Zuschauer: 18.000
Tor: 0:1 (82.) Feulner.
Aufstellung: Wessels, Cullmann, Sinkiewicz, Voigt, Sinkala, Schindzielorz (38. Grujic), Springer (66. Feulner), Streit (72. Ebbers), Guie-Mien, Podolski, Scherz.

19.09.2004 Alemannia Aachen - 1.FC Köln 2:3 (1:0)
Zuschauer: 21.200
Tore: 1:0 (25.) Michalke, 1:1 (61.) Cullmann, 1:2 (65.) Podolski, 2:2 (78.) Michalke, 2:3 (83.) Ebbers.
Aufstellung: Bade, Cullmann, Sinkiewicz, Voigt, Sinkala, Schindzielorz (46. Ebbers), Springer (41. Feulner), Guie-Mien (90. Lell), Streit, Scherz, Podolski.
B.V.: Platzverweis für Blank (19.).

26.09.2004 1.FC Köln - Dynamo Dresden 3:2 (0:2)
Zuschauer: 34.000
Tore: 0:1 (20.) Fröhlich, 0:2 (44.) Beuchel, 1:2 (72.) Ebbers, 2:2 (76.) Podolski, 3:2 (82.) Ebbers.
Aufstellung: Bade, Cullmann, Sinkiewicz (63. Lell), Voigt, Sinkala, Springer, Feulner (46. Scherz), Guie-Mien, Streit (71. Bröker), Podolski, Ebbers.

03.10.2004 1.FC Saarbrücken - 1.FC Köln 2:0 (1:0)
Zuschauer: 17.500
Tore: 1:0, 2:0 (40., 72.) Diane.
Aufstellung: Bade, Lell, Voigt, Cullmann, Sinkala, Schindzielorz (51. Guie-Mien), Feulner, Springer (79. Streit), Scherz, Ebbers (59. Bröker), Podolski.

17.10.2004 1.FC Köln - Rot-Weiß Oberhausen 3:2 (1:2)
Zuschauer: 35.500
Tore: 0:1 (10.) Keita, 1:1 (23.) Podolski, 1:2 (35.) Rietpietsch, 2:2 , 3:2 (51., 83.) Podolski.
Aufstellung: Bade, Sinkiewicz, Voigt, Lell, Sinkala, Springer, Streit, Guie-Mien (72. Schindzielorz), Scherz (21. Feulner), Ebbers (72. Bröker), Podolski.

22.10.2004 Rot-Weiß Essen - 1.FC Köln 2:2 (1:0)
Zuschauer: 20.650
Tore: 1:0 (27.) Yildirim, 2:0 (66.) Bilgin (FE), 2:1, 2:2 (88. [FE], 90.) Podolski.
Aufstellung: Bade, Sinkiewicz, Voigt (70. Ebbers), Benschneider, Sinkala, Schindzielorz, Achenbach, Guie-Mien (57. Feulner), Streit, Scherz (75. Bröker), Podolski.
B.V.: Platzverweis für Benschneider (65.).

26.10.2004 1.FC Köln - 1860 München 2:0 (2:0)
Zuschauer: 38.500
Tore: 1:0 (03.) Podolski, 2:0 (40.) Voigt.
Aufstellung: Bade, Sinkala, Voigt, Sinkiewicz, Lell, Schindzielorz (86. Niedrig), Achenbach, Scherz, Podolski, Streit (66. Ebbers), Bröker (89. Guie-Mien).

29.10.2004 SpVgg Greuther Fürth - 1.FC Köln 0:1 (0:0)
Zuschauer: 12.052
Tor: 0:1 (69.) Scherz.
Aufstellung: Bade, Sinkala, Konstantinidis, Sinkiewicz, Lell, Schindzielorz, Achenbach, Scherz (82. Niedrig), Podolski, Streit (88. Guie-Mien), Bröker (64. Ebbers).

07.11.2004 1.FC Köln - LR Ahlen 3:0 (2:0)
Zuschauer: 33.400
Tore: 1:0, 2:0 (39., 45.) Scherz, 3:0 (78.) Sinkiewicz.
Aufstellung: Bade, Sinkiewicz (81. Cullmann), Konstantinidis, Voigt, Sinkala, Schindzielorz, Achenbach, Feulner (52. Guie-Mien), Scherz, Streit, Bröker (61. Ebbers).

15.11.2004 SpVgg Unterhaching - 1.FC Köln 1:3 (1:0)
Zuschauer: 5.000
Tore: 1:0 (42.) Akonnor, 1:1 (51.) Bröker, 1:2 (63.) Voigt (FE), 1:3 (90.) Streit.
Aufstellung: Bade, Cullmann, Sinkiewicz, Voigt, Achenbach, Schindzielorz (80. Benschneider), Guie-Mien (74. Springer), Sinkala, Scherz, Streit, Bröker (83. Ebbers).

19.11.2004 1.FC Köln - Erzgebirge Aue 1:0 (0:0)
Zuschauer: 34.100
Tor: 1:0 (84.) Voigt (FE).
Aufstellung: Bade, Cullmann, Sinkiewicz, Voigt, Sinkala, Schindzielorz (59. Feulner), Achenbach (70. Springer), Guie-Mien, Bröker, (61. Ebbers), Scherz, Streit.

26.11.2004 Eintracht Trier - 1.FC Köln 0:0
Zuschauer: 10.254
Aufstellung: Bade, Cullmann, Sinkiewicz, Voigt, Konstantinidis, Schindzielorz (76. Benschneider), Achenbach, Guie-Mien (65. Podolski), Scherz, Streit (79. Ebbers), Bröker.

05.12.2004 1.FC Köln - Rot-Weiß Erfurt 1:1 (0:0)
Zuschauer: 36.800
Tore: 0:1 (72.) Schnetzler, 1:1 (89.) Tsiartas.
Aufstellung: Bade, Sinkala, Konstantinidis (74. Ebbers), Voigt, Cullmann, Schindzielorz (71. Benschneider), Achenbach, Tsiartas, Scherz, Streit (79. Tököli), Podolski.

12.12.2004 MSV Duisburg - 1.FC Köln 1:0 (0:0)
Zuschauer: 30.700
Tor: 1:0 (75.) Ahanfouf (FE).
Aufstellung: Bade, Sinkala, Voigt, Konstantinidis, Cullmann, Springer, Achenbach, Tsiartas (70. Feulner), Streit (81. Tököli), Podolski, Scherz.

23.01.2005 Energie Cottbus - 1.FC Köln 3:5 (2:2)
Zuschauer: 11.000
Tore: 1:0 (04.) Baumgart, 1:1 (10.) Podolski, 2:1 (19.) Mokhtari (FE), 2:2 (42.) Podolski (FE), 2:3 (57.) Streit, 2:4, 2:5 (60., 67.-FE) Podolski, 3:5 (83.) Mokhtari (FE).
Aufstellung: Bade, Sinkala, Sinkiewicz, Konstantinidis (46. Cullmann), Voigt, Schindzielorz, Springer, Streit, Podolski, Rahn (76. Benschneider), Ebbers (80. Scherz).
B.V.: Gelb-Rot für Sinkala (74.).

28.01.2005 1.FC Köln - Wacker Burghausen 8:1 (4:0)
Zuschauer: 30.500
Tore: 1:0 (03.) Podolski, 2:0 (12.) Ebbers, 3:0 (28.) Konstantinidis, 4:0 (37.) Podolski, 5:0 (46.) Voigt, 6:0 (65.) Scherz, 6:1 (81.) Reisinger, 7:1 (82.) Lell, 8:1 (88.) Scherz.
Aufstellung: Bade, Bilica, Konstantinidis (63. Benschneider), Voigt, Cullmann (73. Lell), Schindzielorz, Achenbach, Streit (56. Scherz), Podolski, Rahn, Ebbers.

04.02.2005 Eintracht Frankfurt - 1.FC Köln 1:0 (0:0)
Zuschauer: 35.000
Tor: 1:0 (59.) van Lent.
Aufstellung: Bade, Bilica, Voigt, Cullmann, Konstantinidis, Achenbach (73. Springer), Schindzielorz, Streit, Rahn (62. Scherz), Ebbers, Podolski (66. Bröker).

14.02.2005 1.FC Köln - Karlsruher SC 2:2 (0:1)
Zuschauer: 28.200
Tore: 0:1 (06.) Masmanidis, 1:1 (47.) Springer, 1:2 (50.) Bilica (E), 2:2 (52.) Ebbers.
Aufstellung: Bade, Bilica, Konstantinidis, Voigt, Sinkala (65. Cullmann), Schindzielorz, Springer, Streit (78. Bröker), Podolski, Rahn (42. Scherz), Ebbers.

20.02.2005 1.FC Köln - Alemannia Aachen 1:0 (0:0)
Zuschauer: 50.374
Tor: 1:0 (88.) Podolski.
Aufstellung: Bade, Cullmann, Sinkiewicz (71. Achenbach), Bilica, Voigt, Schindzielorz (82. Springer), Sinkala, Rahn, Scherz (57. Ebbers), Streit, Podolski.
B.V.: Gelb-Rot für Stehle (57.).

07.03.2005 1.FC Köln - 1.FC Saarbrücken 3:1 (3:0)
Zuschauer: 31.000
Tore: 1:0 (25.) Ebbers, 2:0, 3:0 (31., 35.) Podolski, 3:1 (76.) Thiebaut.
Aufstellung: Bade, Cullmann, Sinkiewicz, Bilica, Voigt, Schindzielorz (79. Benschneider), Scherz, Sinkala, Guie-Mien (63. Springer), Rahn, Podolski, Ebbers (71. Bröker).

11.03.2005 Rot-Weiß Oberhausen - 1.FC Köln 0:3 (0:2)
Zuschauer: 10.270
Tore: 0:1 (13.) Podolski (FE), 0:2 (35.) Rahn, 0:3 (67.) Ebbers.
Aufstellung: Bade, Sinkiewicz, Sinkala, Bilica, Cullmann (82. Lell), Schindzielorz, Voigt, Streit, Rahn (77. Achenbach), Ebbers (72. Scherz), Podolski.

16.03.2005 Dynamo Dresden - 1.FC Köln 2:1 (0:0)
Zuschauer: 19.406
Tore: 0:1 (66.) Voigt, 1:1, 2:1 (76., 90.) Fröhlich.
Aufstellung: Bade, Sinkiewicz, Sinkala, Bilica, Cullmann, Schindzielorz (70. Springer), Voigt, Streit, Rahn, Ebbers (60. Scherz), Podolski.

20.03.2005 1.FC Köln - Rot-Weiß Essen 0:0
Zuschauer: 46.500
Aufstellung: Bade, Sinkiewicz (51. Scherz), Sinkala (81. Benschneider), Bilica, Cullmann, Schindzielorz, Voigt (84. Springer), Streit, Rahn, Ebbers, Podolski.
B.V.: Gelb-Rot für Karlsson (37.).

03.04.2005 1860 München - 1.FC Köln 0:0
Zuschauer: 40.200
Aufstellung: Bade, Sinkala, Konstantinidis, Bilica, Cullmann, Schindzielorz, Voigt, Rahn (71. Feulner), Streit, Scherz (88. Ebbers), Podolski.

11.04.2005 1.FC Köln - SpVgg Greuther Fürth 3:2 (2:0)
Zuschauer: 40.000
Tore: 1:0 (24.) Podolski (HE), 2:0, 3:0 (29., 51.) Scherz, 3:1 (70.) Albertz, 3:2 (79.) Ruman.
Aufstellung: Bade, Cullmann, Sinkiewicz, Konstantinidis, Voigt (73. Bilica), Schindzielorz, Sinkala, Tsiartas (80. Rahn), Scherz (75. Ebbers), Streit, Podolski.

17.04.2005 LR Ahlen - 1.FC Köln 1:0 (0:0)
Zuschauer: 10.680
Tor: 1:0 (74.) Mikolajczak.
Aufstellung: Bade, Sinkala, Konstantinidis, Bilica, Cullmann (79. Bröker), Schindzielorz, Voigt, Tsiartas (41. Springer), Streit (54. Lell), Scherz, Podolski.
B.V.: Gelb-Rot für Konstantinidis (52.).

25.04.2005 1.FC Köln - SpVgg Unterhaching 1:0 (1:0)
Zuschauer: 35.700
Tor: 1:0 (22.) Scherz.
Aufstellung: Wessels, Sinkiewicz, Bilica, Lell, Voigt, Springer, Schindzielorz, Streit (88., Achenbach), Podolski, Rahn (79. Ebbers), Scherz.

02.05.2005 Erzgebirge Aue - 1.FC Köln 1:2 (1:1)
Zuschauer: 15.000
Tore: 1:0 (01.) Juskowiak, 1:1 (44.) Springer, 1:2 (66.) Ebbers.
Aufstellung: Bade, Sinkala, Sinkiewicz, Bilica, Voigt, Feulner (61. Lell), Schindzielorz, Streit (90. Konstantinidis), Guie-Mien (80. Bröker), Springer, Ebbers.

06.05.2005 1.FC Köln - Eintracht Trier 1:2 (0:1)
Zuschauer: 49.000
Tore: 0:1 (41.) Pekovic, 1:1 (68.) Podolski, 1:2 (86.) Patschinski.

STATISTIK 2004/05

Aufstellung: Bade, Sinkiewicz, Voigt (46. Ebbers), Sinkala, Lell, Schindzielorz (65. Rahn), Springer, Streit, Guie-Mien, Scherz, Podolski.

15.05.2005 Rot-Weiß Erfurt - 1.FC Köln 0:1 (0:0)
Zuschauer: 17.549
Tor: 0:1 (61.) Ebbers.
Aufstellung: Wessels, Sinkala (46. Lell), Sinkiewicz, Bilica, Voigt, Schindzielorz (76. Benschneider), Scherz, Guie-Mien, Rahn, Podolski (81. Streit), Ebbers.

22.05.2005 1.FC Köln - MSV Duisburg 4:0 (0:0)
Zuschauer: 50.000
Tore: 1:0 (48.) Podolski, 2:0 (69.) Sinkala, 3:0, 4:0 (70., 88.) Podolski.
Aufstellung: Wessels, Lell, Sinkiewicz, Bilica, Voigt (81. Achenbach), Sinkala, Scherz, Guie-Mien, Springer (74. Rahn), Ebbers (72. Streit), Podolski.

DFB-POKAL

1. Runde
21.08.2004 1.FC Saarbrücken - 1.FC Köln 1:4 (1:3)
Zuschauer: 10.000
Tore: 0:1 (02.) Podolski, 1:1 (21.) Örtülü, 1:2, 1:3, 1:4 (35., 37., 81.) Podolski.
Aufstellung: Wessels, Lell, Sinkiewicz, Cullmann, Voigt, Springer, Schindzielorz (60. Benschneider), Streit, Feulner (72. Sinkala), Scherz, Podolski (82. Ebbers).
B.V.: Gelb-Rot für Cullmann (31.).

2. Runde
22.09.2004 1.FC Köln - Hansa Rostock 5:7 n.E.
Zuschauer: 21.000
Tore: 1:0 (19.) Feulner, 1:1 (33.) Tjikuzu, 1:2 (38.) di Salvo, 2:2 (57.) Podolski (HE), 3:2 (65.) Sinkala, 3:3 (66.) di Salvo.
Elfmeterschießen: Podolski (gehalten), Madsen (0:1), Lell (gehalten), Persson (0:2), Guie-Mien (1:2), Lantz (1:3), Voigt (2:3), Rydlewicz (2:4).
Aufstellung: Bade, Sinkiewicz, Voigt, Sinkala, Grujic (46. Guie-Mien), Lell, Springer, Streit (46. Ebbers), Feulner, Scherz (83. Bröker), Podolski.
B.V.: Platzverweis für Möhrle (56.).

FREUNDSCHAFTSSPIELE

03.07.2004 TG Hilgen 04 - 1.FC Köln 0:12 (0:7)

07.07.2004 Standard Lüttich - 1.FC Köln 2:1 (2:1)
(in Verviers)

11.07.2004 FC Zürich - 1.FC Köln 0:2 (0:2)

14.07.2004 FC Wil - 1.FC Köln 2:0 (2:0)

18.07.2004 FV 04 Würzburg - 1.FC Köln 1:6 (0:4)
(in Veitshöchheim)

25.07.2004 1.FC Köln - Fenerbahce Istanbul 2:2 (1:2)

28.07.2004 SC Renault Brühl - 1.FC Köln 0:4 (0:3)

01.08.2004 FSV Mainz 05 - 1.FC Köln 1:3 (1:2)
(in Wiesbaden)

03.11.2004 Deutschland U20 - 1.FC Köln 0:1 (0:1)
(in Bergisch-Gladbach)

10.01.2005 NAC Breda - 1.FC Köln 1:1 (0:1) (in Albufeira)

16.01.2005 1.FC Köln - FC Bayern München 0:1 (0:0)

18.01.2005 1.FC Köln - Roda Kerkrade 2:3 (1:1)

23.03.2005 1.FC Kaiserslautern - 1.FC Köln 0:2 (0:0)
(in Koblenz)

24.05.2005 SC Pulheim - 1.FC Köln 0:12 (0:5)

2. BUNDESLIGA 2004/05

1.	1.FC Köln (A)	62:33	67
2.	MSV Duisburg	50:37	62
3.	Eintracht Frankfurt (A)	65:39	61
4.	1860 München (A)	52:39	57
5.	SpVgg Greuther Fürth	51:42	56
6.	Alemannia Aachen	60:40	54
7.	Erzgebirge Aue	49:40	51
8.	Dynamo Dresden (N)	48:53	49
9.	Wacker Burghausen	48:55	48
10.	SpVgg Unterhaching	40:43	45
11.	Karlsruher SC	46:47	43
12.	1.FC Saarbrücken (N)	44:50	40
13.	LR Ahlen	43:49	39
14.	Energie Cottbus	35:48	39
15.	Eintracht Trier	39:53	39
16.	Rot-Weiß Oberhausen	40:62	34
17.	Rot-Weiß Essen (N)	35:51	33
18.	Rot-Weiß Erfurt (N)	34:60	30

Programmheft und Karnevalsorden 2004/05.

FIEBERKURVE 2004/05

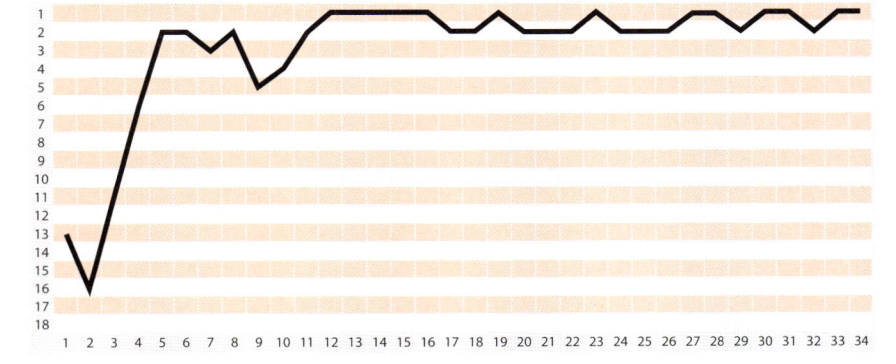

BUNDESLIGAKADER 2004/05

Abgänge: Cichon (Rot-Weiß Oberhausen), Dogan (Besiktas Istanbul), Grujic (Alania Wladikawkas – w.d.l.S.), Heinrich (Ludwigsfelder FC), Helbig (Erzgebirge Aue/war an SpVgg Unterhaching ausgeliehen), Kennedy (Dynamo Dresden), Kringe (Borussia Dortmund), Lottner (MSV Duisburg), Nessos (TuS Koblenz), Schröder (Hertha BSC Berlin), Sichone (Alemanna Aachen), Sokolow (KFC Uerdingen), Voronin (Bayer Leverkusen)
Zugänge: Achenbach (VfB Lübeck), Benschneider (Arminia Bielefeld), Bilica (Gremio Porto Alegre, w.d.l.S.), Guie-Mien (SC Freiburg), Konstantinidis (Hannover 96), Leese (eigene Amateure, w.d.l.S.), Lell (Bayern München), Rahn (Hamburger SV, w.d.l.S.), Tsiartas (AEK Athen, w.d.l.S.), Tököli (Ferencvaros Budapest)

Trainer: Huub Stevens

Tor:
16 Bade, Alexander 27/0
33 Wessels, Stefan 7/0
31 Leese, Lars 0/0

Feld:
08 Scherz, Matthias 33/11
03 Voigt, Alexander 33/5
19 Streit, Albert 33/2
11 Ebbers, Marius 31/9
21 Schindzielorz, Seb. 31/0
10 Podolski, Lukas 30/24
06 Sinkala, Andrew 27/1
20 Sinkiewicz, Lukas 26/1
02 Cullmann, Carsten 25/1

15 Springer, Christian 23/2
14 Guie-Mien, R.-Chr. 20/0
30 Lell, Christian 16/1
29 Bröker, Thomas 15/1
34 Rahn, Christian 15/1
12 Achenbach, Timo 15/0
35 Bilica, Fabio A. d. S 15/0
05 Konstantinidis, K. 14/1
23 Feulner, Markus 13/1
04 Benschneider, Rol. 12/0
32 Tsiartas, Vasileios 4/1
09 Tököli, Attila 3/0
22 Niedrig, Michael 2/0
07 Grujic, Vladan 1/0
13 Federico, Giovanni 0/0
18 Lejan, Michael 0/0

2004/05 ■ 451

2005/06
1. BUNDESLIGA

Wechselspiele

[LEGENDEN]

Carsten Cullmann
Beim FC ab 1996
Geboren:
05.03.1976 in Köln
Pflichtspiele beim FC: 205
Pflichtspieltore: 12

„Cuuuuuulli…"
Wie schon sein berühmter Vater Bernd erlernte auch Carsten Cullmann bei der SpVgg Porz das Fußballspielen. Bis 1996 kickte er für die Porzer, ehe er zu den Amateuren des 1. FC Köln kam. Nach zwei Jahren bei den „Amas" holte ihn Trainer Bernd Schuster zu den Profis. Im verkorksten Jahr 1998/99 war „Culli" noch einer der Lichtblicke. Wenn der Abwehrspieler in mittlerweile neun Profijahren auch nicht immer unumstrittene Stammkraft war, fand man ihn dennoch immer wieder im Kader. Die Fans mögen ihn, lang gezogene „Cuuuuuulliiiii" – Rufe schallen durchs Stadion, wenn er am Ball ist. Genau wie Vater Bernd ist auch Carsten mittlerweile ein echtes FC-Urgestein, obgleich er sportlich an die internationale Klasse des Vaters nicht ganz heranreicht. Zu Beginn der Spielzeit 2006/07 ernannte ihn Hanspeter Latour sogar zum Kapitän. Alle Auf- und Abstiege der letzten Jahre erlebte der Porzer hautnah mit. Später wurde der erfahrene Recke als Führungsspieler in der U23 des 1. FC Köln eingesetzt. ■

Hintere Reihe von links: Kostas Konstantinidis, Matthias Scherz, Christian Springer, Christian Lell, Tobias Nickenig, Timo Achenbach, Thomas Bröker, Carsten Cullmann. Mittlere Reihe von links: Trainer Uwe Rapolder, Physiotherapeut Baybora Acemi, Torwarttrainer Holger Gehrke, Busfahrer Michael Liebetrut, Zeugwart Volker Hartjens, Lukas Sinkiewicz, Andrew Sinkala, Patrick Helmes, Marius Ebbers, Attila Tököli, Rolf-Christel Guie-Mien, Albert Streit, Dimitrios Grammozis, Mannschaftsärzte Dr. Peter Schäferhoff und Jürgen Böhle, Co-Trainer Frank Leicht und Wolfgang Geiger. Vordere Reihe von links: Physiotherapeut Sven Rinke, Sebastian Schindzielorz, Markus Feulner, Björn Schlicke, Stefan Wessels, Christian Rahn, Alexander Bade, Imre Szabics, Roland Benschneider, Anthony Lurling, Mannschaftsarzt Dr. Paul Klein.

Schon vor der Saison musste der FC eine empfindliche Pleite einstecken. Von einem angeblichen „Hauptsponsor", der so genannten „Satena Holding", waren Präsidium und Geschäftsführung der Kölner reingelegt worden. Die offensichtlich nicht existente Firma hatte mit den Verantwortlichen einen Vertrag ausgehandelt, nach dem der FC ab der Saison 2005/06 für den Touristikverband der Insel Zypern auf dem Trikot werben sollte. Allerdings kannte in Zypern niemand die „Satena Holding" und so kam die ursprünglich auf 4,3 Millionen Euro per Anno fixierte Zusammenarbeit nicht zustande. Geschäftsführer Horstmann gestand später einen Imageschaden für den 1. FC Köln ein. Mit der Versicherungsgruppe Gerling präsentierte man dennoch zu Saisonbeginn einen neuen Hauptsponsor.

NEUE AKTEURE

Sportlich trat der Verein weiterhin auf der Stelle. Der Klub vom Rhein war nicht mehr die große Hausnummer früherer Tage. Hochklassige Akteure sagten bereits frühzeitig ab und wendeten sich anderen Arbeitgebern zu. So musste man eher „B-Lösungen" wie beispielsweise Dimitrios Grammozis (1. FC Kaiserslautern), den Niederländer Anthony Lurling (Feyenoord Rotterdam) oder Imre Szabics (VfB Stuttgart) verpflichten. Nur das für schlappe 150.000 Euro von den Sportfreunden Siegen gekommene Sturmtalent Patrick Helmes deutete im Saisonverlauf trotz relativ weniger Einsätze sein enormes Potential an.
Neu dabei war auch Trainer Rapolder. Dafür verließ mit Alexander Voigt ein Dauerbrenner den Verein. Der Klub hatte Voigt, der seit 18 Jahren am Militärring zu Hause war, keinen Vertrag mehr angeboten. Peinlich, weil kein gleichwertiger Ersatz verpflichtet werden konnte, und beschämend, weil der Verein mit einem verdienten „Angestellten" unangemessen umgesprungen war. Sicher war Voigt nie ein brillanter Techniker, aber in puncto Einstellung und Kampfkraft immer ein Vorbild gewesen. Mit ihm ging ein Profi, der stolz gewesen war, das Geißbock-Trikot zu tragen.

ANSPRUCH UND WIRKLICHKEIT

„Da ist er wieder! Der 1. FC Köln – willkommen in der Bundesliga." Mit dieser Zeile begrüßte der *Kicker* den ersten Bundesligameister von 1964. Doch noch immer waren Anspruchsdenken und Leistung weit voneinander entfernt. In einem Verein, in dem sich bis Anfang der 1990er Jahre Nationalspieler die Türklinke in die Hand gaben, stand nur noch ein Star: Lukas Podolski. Das Juwel war bereits jetzt heiß begehrt. Die anderen Stars standen neben dem Platz und kamen zahlreich wie noch nie: Rund 43.000 Zuschauer wur-

Schon im Dezember war Schluss. Nach der 2:4-Pleite in Bielefeld am 17. Dezember 2005 mussten Trainer Uwe Rapolder und Manager Andreas Rettig gehen.

den im Schnitt erwartet – allein über 25.000 Dauerkarten wurden abgesetzt.
Ansonsten waren in vielen Bereichen Zweifel an der Ligatauglichkeit angebracht. Daran änderte auch der überraschend gute Start in die neue Spielzeit nichts. Drei Siege in den ersten fünf Spielen sorgten zumindest für einen sorgenfreien Spätsommer, der aber in einem tristen Herbst und einem noch bitterem Winter enden sollte. Gestartet wurde gegen den FSV Mainz 05 mehr schlecht als recht. Ein Elfmeter drei Minuten vor Schluss durch Neuzugang Björn Schlicke brachte die Entscheidung. Sechs Tage später gab es gleich den ersten Auswärtserfolg beim VfB Stuttgart und einen der ganz wenigen Auftritte in dieser Spielzeit, der positiv in Erinnerung bleiben würde. Ein frühes Tor, Feulner traf nach neun Minuten, spielte dem FC in die Karten, und in der Folgezeit hatten die Rheinländer die Schwaben im Griff. Nach einem Doppelschlag von Streit stand es zeitweise sogar 3:0, ehe der VfB nochmals herankam. Am Ende gewann die Mannschaft dank einer kämpferischen Glanzleistung verdient mit 3:2.
Die ersten Rückschläge erfolgten im DFB-Pokal beim Zweitligisten Offenbach (1:3), in der Liga gegen Dauerangstgegner Kaiserslautern (2:3) und in Dortmund (1:2). Es folgte das Heimspiel gegen den ewigen Rivalen: Borussia Mönchengladbach. Das 2:1 für den FC war das Ergebnis einer zunächst desolaten Gladbacher Vorstellung. Nach der Pause wurde der Gast zusehends stärker, doch der FC rettete den Sieg über die Zeit. Es sollte der letzte Dreier für das folgende halbe Jahr bleiben.
18 Bundesligaspiele konnten nicht mehr gewonnen werden. Den Auftakt bildete ein emotionsloses 1:2-Derby 15 Kilometer rheinabwärts, dem die erste Heimniederlage gegen Hertha BSC Berlin (0:1) seit 21 Jahren hinterher eilte. Dem 1. FC Nürnberg überließ man bei seinem Besuch die drei Zähler zum ersten Saisonsieg. Selbst das Testspiel, während der Länderspielpause, bei Zweitligist Paderborn ging mit 1:2 verloren. Im Heimspiel gegen Hannover setzte es ein deftiges 1:4. Eine Woche später in Frankfurt schlug das Spielgerät sogar sechsmal ein und führte zu einem 3:6-Debakel. Da sah das knappe 1:2 im Heimspiel gegen Bayern München noch ansprechend aus.
Natürlich war der Name Rapolder nach sechs Niederlagen in Folge auf der Abschussliste der Bundesligatrainer ziemlich weit nach oben geklettert, ganz im Gegenteil zur Mannschaft. Die stand mittlerweile auf Rang 15, mit Tendenz nach unten. „Einen stürmischen Herbst" prognostizierte auch der *Kicker*. Es wurde ein Sturm, der sich langsam zu einem Tornado entwickelte, auch wenn die Niederlagenserie durch drei Remis in den folgenden vier Spielen vorerst gestoppt werden konnte. Einem Punktgewinn in Wolfsburg (1:1) folgte ein 2:2 gegen Schalke 04, ein 1:3 beim HSV sowie ein 1:1 gegen Duisburg.
Für den drohenden Tornado war zu dieser Zeit ebenfalls das Geschehen neben dem Platz verantwortlich. Beim 1:3 in Hamburg wurde ein Trommelstock aus der Kölner Kurve geworfen, der den Hamburger Alexander Laas traf und ihn zusammenbrechen ließ. Dieser und einige andere Hamburger jubelten nach dem 1:0 provozierend vor dem Kölner Fanblock, woraufhin Gegenstände auf das Spielfeld flogen. Auch Torschütze Benjamin Lauth wurde von einem Plastikbecher gestreift. Alpay rundete das bescheidene Auftreten ab, indem er sich nach einer Stunde zu einer Tätlichkeit gegen Guy Demel hinreißen ließ, wofür er im Nachhinein durch das DFB-Sportgericht mit einer vierwöchigen Sperre bestraft wurde. Nur drei Tage später der nächste Skandal beim Nachholspiel in Duisburg. Norbert Meier attackierte bei einem verbalen Disput Albert Streit mit einem Kopfstoß und schauspielerte daraufhin selbst eine Verletzung. Anstatt den Duisburger Trainer zu bestrafen, bekam Streit den roten Karton unter die Nase gehalten. Meier mimte noch Stunden nach dem Spiel das Unschuldslamm. Erst am folgenden Tag, als ihn die Fernsehbilder klar als Täter überführt hatten, ruderte er zurück und gestand seine Tat ein.

RAPOLDER UND RETTIG GEHEN, MEIER UND LATOUR KOMMEN

Zwei Spieltage vor der Winterpause brannte somit wieder einmal der Baum in der Domstadt. Nur dem Umstand, dass die Konkurrenz genauso leichtfertig die Punkte herschenkte wie die Geißböcke, war es zu verdanken, dass sich der Verein noch immer nicht abgeschlagen am Tabellenende befand. Die Mannschaft erholte sich auch an den beiden letzten Spieltagen nicht. Mit einem 1:4 zu Hause gegen Bremen und einem 2:3 in Bielefeld verabschiedete sich das Team als Drittletzter von den Fans und einen Tag später von Manager Andreas Rettig sowie von Trainer Uwe Rapolder. Ein logischer Schritt des Clubs, denn die Leistung in Bielefeld war wieder einmal katastrophal gewesen. Was viel schlimmer erschien, war die Tatsache, dass

[Interessantes & Kurioses]

■ Zum Saisonbeginn bringt der 1. FC Köln für seine Fans, Freunde und Mitglieder die „FC-Anleihe" heraus. Zum Stückpreis von 100,- Euro werden die mit jährlich 5% verzinsten Wertpapiere verausgabt. Innerhalb weniger Wochen kann der FC das Komplettvolumen von fünf Millionen Euro absetzen und so „frisches Kapital" generieren.

Zur Spielzeit 2005/06 gab der FC Anleihen heraus, die die Fans zum Stückpreis von 100 Euro erwerben konnten. Auch Trainer Rapolder stellte sich für die dazugehörige Werbekampagne zur Verfügung.

■ Nach dreijähriger Zusammenarbeit endet der Ausrüstervertrag mit der Firma Saller. Stattdessen wird der FC ab der Saison 2005/06 wieder von Adidas beliefert, was zuletzt vor 20 Jahren der Fall war.

■ 26.600 Mitglieder zählt der 1. FC Köln am 6. August 2005. Damit kommt der Club seinem Ziel von 30.000 Mitgliedern im WM-Jahr immer näher. Bereits Anfang Juli begrüßte Geschäftsführer Claus Horstmann mit Baby Jasper Hennes das 25.000 Mitglied des Geißbockclubs.

Den FC-Karnevalsorden zierte die Vorfreude auf die Fußball-Weltmeisterschaft in Deutschland.

- An der Stätte, wo Thomas Häßler seine große Laufbahn begann, absolviert der Weltmeister von 1990 auch sein Abschiedsspiel. Ickes Dream-Team gewinnt gegen die FC-Köln-Allstars mit 8:6.

Bewegender Abschied: Am 22. August 2005 feiert Thomas „Icke" Häßler sein Abschiedsspiel im RheinEnergieStadion.

- Beim 4:2-Erfolg der Nationalelf gegen Südafrika trifft Podolski dreimal. Das 1:0 hatte noch positive „Spätfolgen", da es dem Stürmer die vierte Medaille für das „Tor des Monats" September 2005 einbringt.

- 2.152 stimmberechtigte Mitglieder besuchen die Jahreshauptversammlung des 1. FC Köln am 14. November 2005 in Halle 8 des Messe-Congress-Centrums. Die traditionsreiche JHV hat inzwischen den familiären Charakter früherer Jahre verloren und den Flair eines Events bekommen. Die Neuwahlen bestätigen den Vorstand mit überwältigender Mehrheit in seinem Amt.

- Neben Trainer, Manager und Spielern wird auch in der Presseabteilung gewechselt. Für Rolf Dittrich übernimmt Christopher Lymberopoulos die Position des Leiter Abteilung Medien und Kommunikation beim 1. FC Köln.

Autogrammkarte 2005/06 von Carsten Cullmann.

Konnte den Abstieg nicht mehr verhindern: der Schweizer Hanspeter Latour.

erneut ein „Fan" meinte, ein Feuerzeug werfen zu müssen. Für den FC drohte nun als „Wiederholungstäter" ein Geisterspiel. Dementsprechend zogen die Medien zu Weihnachten ein erschreckendes Fazit: „Kahlschlag statt Konzeptfußball", „Manager weg, Trainer weg, die schlechteste Vorrunde der Vereinsgeschichte. Der Aufsteiger liegt fast schon wieder in Trümmern." In dieser Saison wurden in der Bundesliga insgesamt sieben Trainer bereits vorzeitig entlassen – so viele wie noch nie zuvor bis zur Winterpause. Während die Aktiven sich in ihren unverdienten Urlaub verabschiedeten, versuchte Wolfgang Overath die Scherben um das Geißbockheim zu kitten. Bei der Personalie Manager wurde der Ex-Nationalspieler in Michael Meier sehr schnell fündig. Der ehemalige Manager von Borussia Dortmund erhielt einen Vertrag bis 2009. Meier, bereits 1981-87 in FC-Diensten, musste sich zunächst auf Trainersuche begeben. Ottmar Hitzfeld, Otto Rehhagel oder Christoph Daum schwebten bereits mit ihren Heiligenscheinen um die angeblasste Clubanlage. Als „Notlösungen" wurden Matthias Sammer, Klaus Augenthaler oder Klaus Toppmöller gehandelt. So entwickelte sich die Trainersuche zur unendlichen Geschichte. Alle genannten Kandidaten sagten ab, dazu gesellte sich noch Ralf Rangnick, der kurzfristig auf Platz eins der Wunschliste geklettert war. Am Ende bekam mit Hanspeter Latour ein sympathischer Schweizer, der von den Grasshoppers Zürich zum FC kam, den Posten des Chefcoachs.

In Köln und in Deutschland kannten ihn allerdings nur die Fachleute.
Der Neue sorgte ebenfalls für frischen Wind bei den Spielern. Der Schweizer Marco Streller und Boris Zivkovic kamen aus Stuttgart, dazu mit Evanilson ein abgehalfterter Ex-Dortmunder fürs Grobe in der Abwehr. Als Letzter gesellte sich noch Ricardo Cabanas (Grasshoppers Zürich – 650.000 Euro) zu den Neuzugängen.

ACHTZEHN SPIELE SIEGLOS
Latour bekam bei seinem Bundesligaeinstand, ein 2:4 in Mainz, gleich vor Augen geführt, was ihn erwartet. „Erschütternder Auftritt – wer kann jetzt noch helfen?", kommentierte der *Kicker*. Und es wurde immer düsterer. Zwar blieb das Team in den Partien gegen Stuttgart (0:0), in Kaiserslautern (2:2) und gegen Dortmund (0:0) ungeschlagen, aber die Konkurrenz punktete fleißig. So betrug der Rückstand aufs rettende Ufer zwei Wochen später, der FC hatte noch schnell die zwei bedeutsamen Derbys gegen Borussia Mönchengladbach (0:2) und Bayer Leverkusen (0:3) verloren, glatte sechs Zähler. Der *Kicker* nahm bereits Abschied: „Das war's wohl." Alpay war in der Zwischenzeit wieder einmal mit einem Gegenspieler aneinandergeraten und durfte vorzeitig unter die Dusche. Drei Tage später hatte der Abwehrspieler noch eine handgreifliche Auseinandersetzung mit Christian Springer. „Wir bieten Alpay Hilfe an, wie sie Piloten oder Polizisten bekommen. Annehmen muss er sie selbst, aber er soll nicht als Treter von Istanbul in die FC-Geschichte eingehen", so Michael Meier. Rückblickend wäre es besser gewesen, er wäre nie in der Geschichte des FC aufgetaucht.

Mit der kommenden Reise nach Berlin ging es zu einem Gegner, bei dem seit 28 Jahren nicht mehr gewonnen wurde. Der FC siegte in der Hauptstadt zwar mit 4:2, aber ohne zu glänzen. Dieser Erfolg war nur ein Strohfeuer, denn die Geißböcke setzen ihren aufrechten Gang in die zweite Liga fort. Zuhause ein 3:4 gegen Nürnberg und in Hannover ein knappes, aber auch glückliches 0:1. Der Rückstand zum rettenden Ufer betrug inzwischen neun Zähler. Einen Vorteil hatte das lustlose Ballgeschiebe: Manager Meier konnte sich bereits im Frühjahr gewissenhaft auf die neue Spielzeit vorbereiten und einen schlagkräftigen Kader zusammenstellen, der in der zweiten Liga bestehen konnte.
Just in dieser Situation kam die stärkste FC-Spielphase der Saison: Punktgewinne gegen Frankfurt (1:1) und bei den Bayern (2:2) sowie der erste Sieg vor eigenem Publikum seit elf Spielen gegen Wolfsburg (3:0). Ein weiterer Zähler auf Schalke (1:1), wo sich Torschütze Podolski mit seinem

Ein Mann, der polarisierte: Zur Verstärkung der Abwehr holte man den türkischen Internationalen Alpay.

Treffer wieder die „Sportschau"-Plakette abholte, und gegen Duisburg (3:1) erneut drei Pluspunkte. Nicht, dass nun nach fünf Begegnungen ohne Niederlagen irgendwelche Phantasten wieder den Klassenerhalt als erreichbares Ziel ausgegeben hätten, aber zumindest war der letzte Tabellenplatz verlassen worden. Am nächsten Spieltag gewann der HSV am Rhein (1:0) und schickte den 1. FC Köln zum vierten Mal in Liga zwei. Begleitet wurden die Geißböcke von den Zebras und den roten Teufeln. Beim letzten Auswärtsspiel in Bremen gingen die Geißböcke mit 0:6 unter. Erschreckend, und wenn man den Notendurchschnitt der Mannschaft betrachtete, 5,1 – also schlechter als mangelhaft – , weiß man, was sich auf dem Platz abgespielt hat. Es war die zweithöchste Niederlage einer Kölner Mannschaft in der Bundesliga und die beschämendste überhaupt. Daraufhin reagierte der FC-Vorstand auf das Desaster von Bremen und verdonnerte die Mannschaft den nach Bremen mitgereisten Fans den Eintrittspreis zurückzuerstatten. Zähneknirschend willigten die Profis ein. Einige, wie beispielsweise Albert Streit, weigerten sich beharrlich den symbolischen „Schadensersatz" für die treuen Anhänger zu entrichten. Der Abschied vor eigenem Publikum fiel beim 4:2 gegen Arminia Bielefeld versöhnlicher aus. Abschiednehmen hieß es auch von Lukas Podolski, der dem Lockruf der bayrischen Euros nicht widerstehen konnte und fortan sein Zimmer mit seinem Kumpel „Schweini" teilen durfte. Die Fans feierten nochmals ihr Idol, das zum Dank zweimal ins Schwarze traf.

DIE FANS – DAS PHÄNOMEN DER LIGA

Über 47.000 Fans kamen im Schnitt ins Stadion, was einer Auslastung von 98 Prozent entsprach. Und das, obwohl bereits nach zwei Dritteln der Saison die Weichen auf Abstieg gestellt waren. Am achten Spieltag traf Bayer Leverkusen im eigenen Stadion vor 20.800 Zuschauern auf Arminia Bielefeld. Ein gutes halbes Jahr später kommt der gleiche Verein aus Ostwestfalen und reist nur 15 Kilometer weiter rheinaufwärts zu einem Verein, der seit Februar bereits für die zweite Liga planen darf, der sich eine Woche zuvor seine zweithöchste Bundesliganiederlage abholte, und da stehen 49.000 auf den Rängen und feuern ihre Mannschaft an. Spätestens dann wird deutlich, was der 1. FC Köln für die Region darstellt. Fehlen nur noch die Aktiven, die genau dieses Gefühl auf dem Platz umsetzen.

DREI KÖLNER WM-TEILNEHMER

Ein neues Gefühl lernten in den kommenden Wochen die Spieler der deutschen Nationalmannschaft kennen. Die Euphorie, die im Lande teils durch die guten Auftritte, aber auch durch die Medien geschürt wurde, übertrug sich auf das ganze Land und ließ die zeitweise freiheitsberaubenden Maßnahmen rund um die WM vergessen. Trotz des Eventcharakters des Turniers war es sportlich sehenswert, und der dritte Platz der Klinsmann-Elf übertraf die Erwartungen. Auch vom 1. FC Köln waren drei Akteure dabei. Neben dem gesetzten Lukas Podolski kamen für die Schweizer Elf mit Marco Streller und Ricardo Cabanas zwei weitere Geißböcke zu WM-Ehren.

Ein besonders originelles Cover seines Stadionheftes präsentierte der FSV Mainz 05 zum Gastspiel der Kölner. Es war der Einstand von Hanspeter Latour als FC-Coach, den die Geißböcke mit 2:4 verloren.

■ Als 41. Nationalspieler kann sich Lukas Sinkiewicz in die Clubgeschichte des 1. FC Köln eintragen. Am 3. September 2005 bestreitet er in Bratislava gegen die Slowakei sein Debüt.

■ Am 11. Juni 2006 verstirbt mit „Bauer" Wilhelm Schäfer eines der bekanntesten Originale des 1. FC Köln. Seit 1970 war der Hobbylandwirt aus Köln-Widdersdorf als „Geißbockhüter" tätig und für das Wohl des Kölner Wappentieres verantwortlich.

Sie waren wie immer erstklassig: die FC-Fans.

STATISTIK 2005/06

BUNDESLIGA

06.08.2005 1. FC Köln - FSV Mainz 05 1:0 (0:0)
Zuschauer: 50.000
Tor: 1:0 (87.) Schlicke (FE).
Aufstellung: Wessels, Sinkiewicz, Schlicke, Matip, Sinkala, Grammozis (67. Tököli), Springer, Streit, Feulner, Madsen (75. Guie-Mien), Podolski (80. Helmes).

14.08.2005 VfB Stuttgart - 1. FC Köln 2:3 (0:1)
Zuschauer: 49.000
Tore: 0:1 (09.) Feulner, 0:2, 0:3 (47., 55.) Streit, 1:3 (58.) Streller, 2:3 (69.) Tiffert.
Aufstellung: Wessels, Grammozis, Sinkiewicz, Matip, Lell (69. Scherz), Springer, Sinkala, Streit (85. Madsen), Guie-Mien (80. Benschneider), Feulner, Podolski.
B.V.: Wessels hält FE von Meißner (35.), Gelb-Rot für Sinkala (71.).

27.08.2005 1. FC Köln - 1. FC Kaiserslautern 2:3 (0:1)
Zuschauer: 50.000
Tore: 0:1, 0:2 (19., 79.) Altintop, 1:2 (81.) Scherz, 2:2 (90.) Podolski, 2:3 (92.) Skela (FE).
Aufstellung: Wessels, Lell (76. Scherz), Sinkiewicz, Matip (46. Lurling), Springer, Grammozis (64. Mokhtari), Guie-Mien, Streit, Feulner, Podolski, Madsen.

11.09.2005 Borussia Dortmund - 1. FC Köln 2:1 (1:0)
Zuschauer: 78.400
Tore: 1:0, 2:0 (25. [FE], 73.) Ricken, 2:1 (92.) Scherz.
Aufstellung: Wessels, Lell (76. Madsen), Sinkiewicz, Alpay, Rahn (52. Lurling), Schlicke, Sinkala (66. Scherz), Streit, Mokhtari, Feulner, Podolski.

17.09.2005 1. FC Köln - Borussia M'gladbach 2:1 (2:0)
Zuschauer: 50.000
Tore: 1:0 (12.) Podolski, 2:0 (30.) Schlicke, 2:1 (80.) Neuville (FE).
Aufstellung: Wessels, Sinkiewicz, Schlicke, Alpay, Lell, Sinkala, Lurling (62. Schindzielorz), Rahn (68. Springer), Mokhtari (64. Guie-Mien), Scherz, Podolski.

21.09.2005 Bayer Leverkusen - 1. FC Köln 2:1 (1:0)
Zuschauer: 22.500
Tore: 1:0 (25.) Voronin, 2:0 (67.) Rolfes, 2:1 (77.) Helmes.
Aufstellung: Wessels, Sinkiewicz, Schlicke, Matip, Lell, Sinkala (32. Guie-Mien), Streit (70. Madsen), Lurling (61. Helmes), Mokhtari, Podolski, Scherz.
B.V.: Platzverweis für Scherz und Schneider (89.).

25.09.2005 1. FC Köln - Hertha BSC Berlin 0:1 (0:0)
Zuschauer: 48.000
Tor: 0:1 (52.) Madlung.
Aufstellung: Wessels, Sinkiewicz, Schlicke, Sinkala, Lell, Schindzielorz (56. Streit), Lurling (56. Feulner), Rahn, Mokhtari, Madsen (66. Helmes), Podolski.

01.10.2005 1. FC Nürnberg - 1. FC Köln 2:1 (1:0)
Zuschauer: 27.418
Tore: 1:0, 2:0 (32., 67.) Kießling, 2:1 (75.) Helmes.
Aufstellung: Wessels, Sinkiewicz, Schlicke, Alpay (65. Helmes), Lell, Rahn, Schindzielorz, Mokhtari (57. Lurling), Feulner, Madsen (57. Streit), Podolski.

16.10.2005 1. FC Köln - SV Hannover 96 1:4 (0:0)
Zuschauer: 50.000
Tore: 1:0 (47.) Streit, 1:1 (48.) Stajner, 1:2 (53.) Brdaric, 1:3 (56.) Sousa (FE), 1:4 (70.) Brdaric.
Aufstellung: Wessels, Lell, Schlicke, Sinkiewicz, Springer, Grammozis (72. Sinkala), Schindzielorz (46. Podolski), Streit, Mokhtari, Lurlling, Madsen (72. Epstein).

22.10.2005 Eintracht Frankfurt - 1. FC Köln 6:3 (4:1)
Zuschauer: 47.800
Tore: 1:0 (02.) Amanatidis, 1:1 (05.) Streit, 2:1 (08.) Rehmer, 3:1 (28.) Chris, 4:1 (35.) Köhler, 4:2 (54.) Podolski (HE), 5:2 (78.) Meier, 6:2 (89.) Cha, 6:3 (90.) Alpay.
Aufstellung: Wessels, Lell, Sinkiewicz, Alpay, Weiser (46. Schlicke), Grammozis, Sinkala (46. Schindzielorz), Streit, Guie-Mien, Lurling (52. Scherz), Podolski.

29.10.2005 1. FC Köln - FC Bayern München 1:2 (1:0)
Zuschauer: 50.000
Tore: 1:0 (28.) Scherz, 1:1 (54.) Lucio, 1:2 (74.) Ballack.
Aufstellung: Wessels, Sinkiewicz, Schlicke, Alpay, Lell, Matip (79. Grammozis), Rahn (79. Benschneider), Mokhtari, Streit, Podolski, Scherz (68. Helmes).

05.11.2005 VfL Wolfsburg - 1. FC Köln 1:1 (1:0)
Zuschauer: 20.631
Tore: 1:0 (41.) Klimowicz, 1:1 (88.) Epstein.
Aufstellung: Wessels, Sinkiewicz, Schlicke, Alpay, Lell, Matip (60. Epstein), Rahn (75. Benschneider), Streit, Mokhtari, Podolski, Scherz (18. Grammozis).
B.V.: Gelb-Rot für Hofland (77.).

19.11.2005 1. FC Köln - FC Schalke 04 2:2 (0:1)
Zuschauer: 50.000
Tore: 0:1 (23.) Kuranyi, 1:1 (47.) Benschneider, 2:1 (57.) Epstein, 2:2 (86.) Sand.
Aufstellung: Wessels, Lell (46. Epstein), Schlicke, Sinkiewicz, Benschneider, Alpay, Schindzielorz, Mokhtari (71. Lurling), Streit, Podolski, Scherz (80. Grammozis).

03.12.2005 Hamburger SV - 1. FC Köln 3:1 (1:0)
Zuschauer: 55.800
Tore: 1:0 (43.) Atouba, 2:0 (54.) Lauth, 2:1 (58.) Schlicke, 3:1 (73.) Barbarez.
Aufstellung: Wessels, Sinkiewicz, Schlicke, Alpay (74. Mokhtari), Benschneider, Schindzielorz, Matip, Streit, Podolski (74. Scherz), Epstein, Szabics (84. Lell).

06.12.2005 MSV Duisburg - 1. FC Köln 1:1 (1:1)
Zuschauer: 30.295
Tore: 1:0 (05.) Ahanfouf, 1:1 (30.) Podolski.
Aufstellung: Wessels, Schlicke (46. Lell), Sinkiewicz, Matip, Benschneider, Grammozis, Schindzielorz, Streit, Podolski (89. Szabics), Rahn (90. Lurling), Scherz.
B.V.: Platzverweis für Streit (85.).

11.12.2005 1. FC Köln - Werder Bremen 1:4 (1:1)
Zuschauer: 50.000
Tore: 1:0 (24.) Szabics, 1:1 (34.) Naldo, 1:2 (50.) Klose, 1:3 (90.) Micoud, 1:4 (91.) Klose.
Aufstellung: Wessels, Sinkala, Sinkiewicz, Matip, Benschneider, Grammozis (53. Guie-Mien), Schindzielorz, Scherz, Mokhtari, Rahn (53. Epstein), Szabics (30. Lurling).

17.12.2005 Arminia Bielefeld - 1. FC Köln 3:2 (0:1)
Zuschauer: 26.601
Tore: 0:1 (01.) Springer, 1:1 (52.) Kobylik, 2:1, 3:1 (54., 59.) Fink, 3:2 (72.) Scherz.
Aufstellung: Wessels, Schlicke, Sinkiewicz, Matip, Benschneider, Schindzielorz, Springer (57. Grammozis), Streit, Lurling (57. Mokhtari), Rahn (67. Epstein), Scherz.

28.01.2006 FSV Mainz 05 - 1. FC Köln 4:2 (1:1)
Zuschauer: 20.300
Tore: 1:0 (05.) Thurk, 1:1 (31.) Podolski (FE), 1:2 (48.) Scherz, 2:2 (55.) Thurk, 3:2 (61.) Zidan, 4:2 (87.) Auer.
Aufstellung: Wessels, Schlicke, Sinkiewicz, Zivkovic, Benschneider, Matip, Schindzielorz, Springer (46. Scherz), Streit, Podolski, Streller (78. Szabics).

04.02.2006 1. FC Köln - VfB Stuttgart 0:0
Zuschauer: 47.500
Aufstellung: Wessels, Sinkiewicz, Zivkovic, Alpay, Scherz, Cabanas, Grammozis (78. Schindzielorz), Springer, Streit, Podolski, Streller.

07.02.2006 1. FC Kaiserslautern - 1. FC Köln 2:2 (1:1)
Zuschauer: 29.145
Tore: 0:1 (37.) Streller, 1:1 (42.) Sanogo (FE), 1:2 (75.) Streller, 2:2 (76.) Schönheim.
Aufstellung: Wessels, Sinkiewicz, Zivkovic, Alpay, Scherz (90. Lell), Cabanas, Grammozis (82. Benschneider), Springer, Streit (85. Szabics), Podolski, Streller.

12.02.2006 1. FC Köln - Borussia Dortmund 0:0
Zuschauer: 50.000
Aufstellung: Wessels, Lell (87. Sinkiewicz), Alpay, Zivkovic, Benschneider, Matip, Springer (37. Schindzielorz), Cabanas, Streit (72. Helmes), Podolski, Streller.

18.02.2006 Borussia M'gladbach - 1. FC Köln 2:0 (0:0)
Zuschauer: 54.019
Tore: 1:0 (54.) Lell (E), 2:0 (74.) Neuville.
Aufstellung: Wessels (46. Bade), Sinkiewicz, Zivkovic, Alpay, Lell (84. Szabics), Grammozis, Benschneider, Cabanas (76. Scherz), Streit, Podolski, Streller.
B.V.: Platzverweis für Benschneider (28.).

25.02.2006 1. FC Köln - Bayer Leverkusen 0:3 (0:0)
Zuschauer: 50.000
Tore: 0:1 (67.) Berbatov, 0:2 (70.) Voronin, 0:3 (83.) Krzynowek.
Aufstellung: Bade, Sinkiewicz, Zivkovic, Alpay, Lell, Grammozis, Scherz (71. Szabics), Cabanas, Streit, Podolski, Streller.
B.V.: Gelb-Rot für Alpay (77.).

04.03.2006 Hertha BSC Berlin - 1. FC Köln 2:4 (0:0)
Zuschauer: 38.880
Tore: 0:1 (53.) Podolski, 0:2 (54.) Streller, 1:2 (56.) Pantelic, 1:3 (75.) Podolski, 2:3 (83.) Pantelic, 2:4 (87.) Scherz.
Aufstellung: Bade, Sinkiewicz, Zivkovic, Matip, Lell, Cullmann, Springer, Cabanas, Streit, Streller (82. Scherz), Podolski (92. Schindzielorz).

11.03.2006 1. FC Köln - 1. FC Nürnberg 3:4 (1:3)
Zuschauer: 47.500
Tore: 0:1, 0:2, 0:3 (06. [FE], 16., 22. [FE]) Vittek, 1:3 (27.) Zivkovic, 1:4 (58.) Saenko, 2:4 (61.) Matip, 3:4 (62.) Podolski.
Aufstellung: Bade, Cullmann (74. Szabics), Zivkovic (46. Springer), Alpay (38. Scherz), Matip, Lell, Cabanas, Grammozis, Streit, Podolski, Streller.
B.V.: Gelb-Rot für Lell (82.)

18.03.2006 SV Hannover 96 - 1. FC Köln 1:0 (1:0)
Zuschauer: 37.214
Tor: 1:0 (39.) Hashemian.
Aufstellung: Bade, Alpay, Sinkiewicz, Matip, Springer, Cabanas, Schindzielorz (56. Grammozis), Evanilson, Streit (81. Epstein), Scherz, Szabics (56. Podolski).

25.03.2006 1. FC Köln - Eintracht Frankfurt 1:1 (1:1)
Zuschauer: 48.000
Tore: 1:0 (02.) Springer, 1:1 (16.) Rehmer.
Aufstellung: Bade, Matip, Sinkiewicz, Alpay, Springer (46. Cullmann), Lell (59. Evanilson), Cabanas, Streit, Szabics, Podolski, Streller (82. Scherz).
B.V.: Platzverweis für Szabics (45.).

01.04.2006 FC Bayern München - 1. FC Köln 2:2 (2:2)
Zuschauer: 69.000
Tore: 1:0 (12.) Scherz, 1:1 (29.) Sagnol, 1:2 (36.) Streit, 2:2 (39.) Makaay.
Aufstellung: Bade, Cullmann, Sinkiewicz, Alpay, Matip, Lell (89. Rahn), Feulner (46. Grammozis), Cabanas, Streit, Scherz (61. Helmes), Podolski.

08.04.2006 1. FC Köln - VfL Wolfsburg 3:0 (0:0)
Zuschauer: 43.500
Tore: 1:0 (77.) Scherz, 2:0 (78.) Helmes, 3:0 (81.) Sarpei (E).
Aufstellung: Bade, Cullmann, Alpay, Matip, Evanilson (46. Rahn), Feulner (62. Helmes), Cabanas, Streit (73. Epstein), Podolski, Scherz.

15.04.2006 FC Schalke 04 - 1. FC Köln 1:1 (0:1)
Zuschauer: 61.524
Tore: 0:1 (45.) Podolski, 1:1 (80.) Bajramovic.
Aufstellung: Bade, Alpay, Sinkiewicz, Cullmann, Lell, Matip, Streit, Feulner (52. Helmes), Cabanas (91. Springer), Scherz (74. Streller), Podolski.

22.04.2006 1. FC Köln - MSV Duisburg 3:1 (1:0)
Zuschauer: 47.000
Tore: 1:0 (37.) Streit, 2:0 (62.) Feulner, 2:1 (79.) Ahanfouf, 3:1 (80.) Podolski.
Aufstellung: Bade, Cullmann, Sinkiewicz, Alpay, Matip, Lell, Feulner (74. Helmes), Cabanas, Streit, Scherz (46. Streller), Podolski.

STATISTIK 2005/06

02.05.2006 **1.FC Köln - Hamburger SV** 0:1 (0:1)
Zuschauer: 50.000
Tor: 0:1 (03.) Sinkiewicz (E).
Aufstellung: Bade, Lell, Sinkiewicz, Cullmann (87. Szabics), Matip (77. Springer), Feulner, Cabanas, Helmes, Epstein, Streller, Podolski.

06.05.2006 **Werder Bremen - 1.FC Köln** 6:0 (3:0)
Zuschauer: 42.000
Tore: 1:0 (11.) Borowski, 2:0 (19.) Klose, 3:0 (25.) Borowski, 4:0, 5:0 (51., 69.) Klasnic, 6:0 (75.) Klose.
Aufstellung: Bade, Lell, Sinkiewicz, Cullmann, Matip, Feulner (78. Grammozis), Cabanas, Helmes, Streit (88. Epstein), Podolski, Streller (27. Springer).

13.05.2006 **1.FC Köln - Arminia Bielefeld** 4:2 (1:0)
Zuschauer: 49.000
Tore: 1:0 (44.) Podolski, 1:1 (46.) Kobylik, 2:1 (56.) Scherz, 2:2 (70.) Dalovic, 3:2 (84.) Podolski, 4:2 (86.) Helmes.
Aufstellung: Bade, Cullmann, Sinkiewicz, Alpay, Feulner, Matip, Cabanas (89. Schindzielorz), Epstein (74. Springer), Helmes, Scherz (69. Streller), Podolski.

DFB-POKAL

1. Runde
20.08.2005 **Kickers Offenbach - 1.FC Köln** 3:1 (0:1)
Zuschauer: 15.500
Tore: 0:1 (29.) Feulner, 1:1 (65.) O.Mokhtari, 2:1 (72.) Türker (HE), 3:1 (86.) Rahn (E).
Aufstellung: Wessels, Sinkala, Streit, Podolski, Guie-Mien (75. Rahn), Springer (75. Madsen), Grammozis (75. Mokhtari), Sinkiewicz, Feulner, Matip, Lell.
B.V.: Platzverweis für Sinkala.

FREUNDSCHAFTSSPIELE

02.07.2005 **GFC Düren - 1.FC Köln** 1:8 (1:3)

03.07.2005 **SSG Bergisch-Gladbach - 1.FC Köln** 0:8 (0:4)

09.07.2005 **Grasshoppers Zürich - 1.FC Köln** 2:2 (2:0)
(in Winterthur)

11.07.2005 **FC Isny - 1.FC Köln** 1:13 (1:4)

14.07.2005 **Besiktas Istanbul - 1.FC Köln** 0:0
(in Weingarten)

17.07.2005 **FC Kempten - 1.FC Köln** 1:4 (0:2)

24.07.2005 **1.FC Köln - Fenerbahce Istanbul** 1:1 (0:1)

27.07.2005 **Standard Lüttich - 1.FC Köln** 2:0 (1:0)
(in Eupen)

30.07.2005 **Kickers Offenbach - 1.FC Köln** 2:1 (2:1)

02.08.2005 **Fortuna Köln - 1.FC Köln** 0:10 (0:4)

31.08.2005 **Bonner SC - 1.FC Köln** 2:3 (0:2)

08.09.2005 **TuS Schmidt - 1.FC Köln** 1:7 (1:4)

04.10.2005 **Sportfreunde Troisdorf - 1.FC Köln** 0:4 (0:1)

07.10.2005 **SC Paderborn - 1.FC Köln** 2:1 (1:0)

08.11.2005 **Union Solingen - 1.FC Köln** 3:2 (1:1)

13.01.2006 **Alemannia Aachen - 1.FC Köln** 1:1 (1:1)

16.01.2006 **VfL Wolfsburg - 1.FC Köln** 1:3 (0:1)
(in Ayamonte)

18.01.2006 **Imortal Albufeira - 1.FC Köln** 2:6 (2:2)
(in Portimao)

20.01.2006 **1.FC Köln U23 - 1.FC Köln** 1:1 (1:0)
(in Portimao)

24.01.2006 **1.FC Köln - VfL Osnabrück** 2:2 (1:2)

30.01.2006 **1.FC Köln - Rot- Weiß Essen** 2:1 (2:0)

14.02.2006 **Bayer Leverkusen - 1.FC Köln** 2:1 (1:0)

22.02.2006 **1.FC Köln - FK Saturn Oblast Moskau** 4:1 (1:1)

17.05.2006 **SC Leichlingen - 1.FC Köln** 0:9 (0:2)

19.05.2006 **SpVgg Porz-Grembergh. - 1.FC Köln** 1:10 (0:6)

1. BUNDESLIGA 2005/06

1.	FC Bayern München (M, P)	67:32	75
2.	Werder Bremen	79:37	70
3.	Hamburger SV	53:30	68
4.	FC Schalke 04	47:31	61
5.	Bayer Leverkusen	64:49	52
6.	Hertha BSC Berlin	52:48	48
7.	Borussia Dortmund	45:42	46
8.	1.FC Nürnberg	49:51	44
9.	VfB Stuttgart	37:39	43
10.	Borussia M'gladbach	42:50	42
11.	FSV Mainz 05	46:47	38
12.	Hannover 96	43:47	38
13.	Arminia Bielefeld	32:47	37
14.	Eintracht Frankfurt (N)	42:51	36
15.	VfL Wolfsburg	33:35	34
16.	1.FC Kaiserslautern	47:71	33
17.	**1.FC Köln (N)**	**49:71**	**30**
18.	MSV Duisburg (N)	34:63	27

FIEBERKURVE 2005/06

BUNDESLIGAKADER 2005/06

Abgänge: Achenbach (SpVgg Greuther Fürth, w.d.l.S.), Bilica (FC Santos), Bröker (Dynamo Dresden, w.d.l.S.), Ebbers (Alemann a Aachen), Federico (Karlsruher SC), Konstantinidis (OFI Kreta, w.d.l.S.), Lejan (Wuppertaler SV), Lurling (RKC Waalwijk, w.d.l.S.), Madsen (FC Southampton, w.d.l.S.), Niedrig (Holstein Kiel), Tököli (Anorthosis Famagusta, w.d.l.S.), Tsiartas (unbekannt), Voigt (Roda Kerkrade),
Zugänge: Alpay (Urawa Red Diamonds, w.d.l.S.), Cabanas (Grasshoppers Zürich, w.d.l.S.), Evanilson (Atletico Mineiro, w.d.l.S.), Grammozis (1.FC Kaiserslautern), Helmes (Sportfreunde Siegen), Lurling (Feyenoord Rotterdam), Madsen, Matip (beide VfL Bochum), Mokhtari (Energie Cottbus, w.d.l.S.), Nickenig (eigene U23), Özalan (Urawa Red Diamonds, w.d.l.S.), Schlicke (Hamburger SV), Streller (VfB Stuttgart, w.d.l.S.), Szabics (VfB Stuttgart), Weiser (VfL Wolfsburg, w.d.l.S.), Zivkovic (VfB Stuttgart, w.d.l.S.)

Trainer:
Uwe Rapolder (bis 18.12.2005), Hanspeter Latour (ab 03.01.2006)

Tor:
33 Wessels, Stefan 22/0
16 Bade, Alexander 13/0

Feld:
20 Sinkiewicz, Lukas 33/0
10 Podolski, Lukas 32/12
07 Streit, Albert 30/6
08 Scherz, Matthias 27/8
30 Lell, Christian 26/0
25 Matip, Marvin 23/1
27 Özalan, Alpay 21/1
18 Grammozis, Dimitri. 19/0
15 Springer, Christian 18/2
29 Cabanas, Ricardo 16/0
21 Schindzielorz, Seb. 16/0
22 Schlicke, Björn 15/3

28 Streller, Marco 14/3
17 Helmes, Patrick 13/4
23 Feulner, Markus 13/3
36 Mokhtari, Youssef 13/0
04 Benschneider, Rol. 12/1
13 Lurling, Anthony 12/0
39 Epstein, Denis 11/2
19 Szabics, Imre 11/1
03 Rahn, Christian 11/0
02 Cullmann, Carsten 10/0
06 Sinkala, Andrew 9/0
24 Zivkovic, Boris 8/1
11 Madsen, Peter 8/0
14 Guie-Mien, Rolf-Christel 7/0
12 Evanilson, Aparecido 3/0
09 Tököli, Attila 1/0
37 Weiser, Patrick 1/0
29 Bröker, Thomas 0/0
12 Achenbach, Timo 0/0
05 Konstantinidis, K. 0/0
26 Nickenig, Tobias 0/0

Dazu kommt ein Eigentor von Hans Sarpei (VfL Wolfsburg).

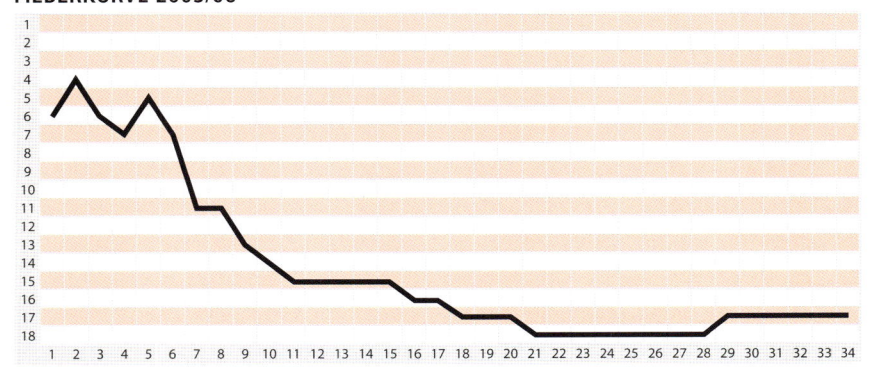

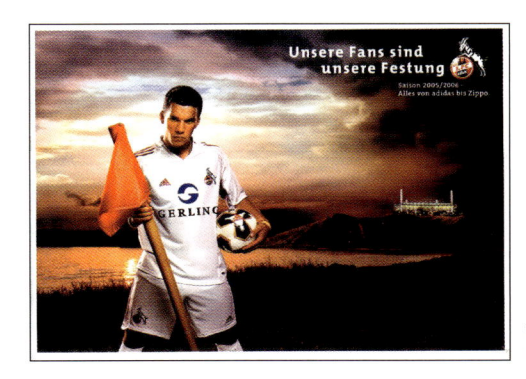

Werbe-Ikone „Poldi" zierte den FC-Fanartikel-Katalog 2005.

2006/07
2. BUNDESLIGA

Der „Messias" kehrt zurück

[LEGENDEN]

Adil Chihi
Beim FC ab 2003
Geboren: 21.02.1988 in Düsseldorf
Pflichtspiele beim FC: 58
Pflichtspieltore: 11

Sympathisches Sturmtalent

Seine ersten fußballerischen Erfahrungen sammelt der Deutsch-Marokkaner Adil Chihi beim FC Tannenhof. Weitere Stationen waren DSV Düsseldorf und Fortuna Düsseldorf. Seit der U16 spielt Chihi beim FC. Hier bestätigte er sein enormes Talent und durfte direkt in der U19 ran. Nur ein Jahr später findet sich der Basketballfan schon in der U23 wieder. Zur Spielzeit 2006/07 holte ihn Trainer Hanspeter Latour etwas überraschend in den Profikader. Die FC-Fans mochten das erfrischend unbeschwert aufspielende Sturmtalent auf Anhieb. Auch sportlich verlief die Premierensaison im Profifußball verheißungsvoll – Chihi wurde sowohl in der Startelf als auch als „Joker" eingesetzt. Zu Beginn seiner Zeit in Köln wohnte der Angreifer im Kölner Sport-internat, inzwischen hat er eine eigene Wohnung bezogen. Lange mit sich gerungen hat das Talent, als es darum ging, für welches Land er zukünftig spielen möchte. Nach einigem Hin und Her entschied sich Chihi für seine Wurzeln, sprich für Marokko. In der Spielzeit 2007/08 hatte der Offensivallrounder mit starken Leistenproblemen zu kämpfen, so bestritt er „nur" 22 Pflichtspiele in denen er immerhin vier Treffer erzielte. Ein dramatisches Erlebnis hatte Chihi neben dem Spielfeld: Als er mit der marokkanischen U19-Nationalmannschaft von einem Spiel Richtung Casablanca zurückfliegen sollte, fing ein Triebwerk des Fliegers Feuer. Im Flugzeug herrschte Panik und über Notrutschen wurden Chihi und seine Mannschaftskameraden gerettet.

Hintere Reihe von links: Mannschaftsarzt Dr. Paul Klein, Baykal, Matthias Scherz, Bernt Haas, Alpay, Carsten Cullmann, Thomas Bröker, Aleksandar Mitreski, Konditionstrainer Cem Bagci. Mittlere Reihe von links: Physiotherapeut Sven Rinke, Adil Chihi, Patrick Helmes, Marvin Matip, Peter Madsen, Fabrice Ehret, Thomas Broich, Pekka Lagerblom, Co-Trainer Thomas Binggeli, Torwarttrainer Holger Gehrke, Trainer Hanspeter Latour. Vordere Reihe von links: Physiotherapeut Baybora Acemi, Denis Epstein, Enis Alushi, Benjamin Finke, Lukas Sinkiewicz, Stefan Wessels, Tobias Nickenig, Patrick Weiser, Salvatore Gambino.

Die Zielsetzung für die neue Saison war mit dem sofortigen Wiederaufstieg eindeutig gesteckt. Die Voraussetzungen dafür waren alles andere als glücklich. Markus Feulner zog seine, laut Manager Meier, gegebene „Fast-Zusage" wieder zurück und gab stattdessen dem FSV Mainz 05 eine „Ganz-Zusage". Die Neuzugänge waren eher unspektakulär: Von den Reservebänken in Dortmund und Bremen wurden Salvatore Gambino, bzw. der Finne Pekka Lagerblom verpflichtet. Baykal Kulaksizoglu, zuvor beim FC Basel aktiv, war ein alter Bekannter von Trainer Latour, der schon seit dem Ende der vergangenen Saison bei den FC-Profis mittrainiert hatte. Den Durchbruch schaffte er in Köln jedoch nicht. Zumindest als international erfahren konnte man den Schweizer Nationalspieler Bernt Haas bezeichnen, der vom SC Bastia den Weg an den Rhein fand. Auch der Mazedonier Aleksandar Mitreski, der von den Grasshoppers aus Zürich kam, gehörte zu Latours „Schweiz-Connection" und war nur Insidern ein Begriff. Für Belebung im Mittelfeld sollte Thomas Broich sorgen, der für 500.000 Euro Ablöse von Borussia Mönchengladbach losgeeist wurde. Trotz seines enormen Potenzials dauerte es fast zwei Jahre, bis der sympathische Techniker sportlich in der Domstadt ankam und im Aufstiegskampf 2008 zeigte wie wertvoll er für den FC sein kann. Teuerster Neuzugang war der slowenische Angreifer Milivoje Novakovic, der nach wochenlangem Transfergerangel für stolze 1,5 Millionen Euro von Litex Lovetsch (Bulgarien) ans Geißbockheim geholt wurde. Nach anfänglichen Zweifeln sollte sich herausstellen, dass „Nova" jeden Cent der hohen Ablösesumme wert war. Hinzu kamen noch der Franzose Ehret vom FC Aarau, sowie Chihi und Alushi aus der eigenen Jugend, bzw. von der eigenen U23.

HOFFNUNGSVOLLER AUFTAKT

Der Start bestätigte die Hoffnungen der Fans auf den direkten Wiederaufstieg. Immerhin vier Siege aus den ersten fünf Begegnungen konnten die Geißböcke einfahren, was die Tabellenführung zur Folge hatte. Die beeindruckendste Leistung zeigten sie am 2. Spieltag beim 5:1 gegen Burghausen, nachdem bereits der Auftakt beim Aufsteiger in Augsburg mit 2:0 verdient gewonnen wurde. „Wenn wir so weiterspielen, sind wir nur schwer zu schlagen", freute sich Patrick Helmes. Der Tabellenelfte Carl Zeiss Jena zeigte dem Spitzenreiter Köln allerdings mit einem 3:2-Erfolg die Grenzen auf. Zwei Wochen später führte der Weg im DFB-Pokal den FC erneut nach Thüringen und diesmal erfolgreicher, zumindest was das Ergebnis angeht. Adil Chihi traf zweimal, und Torhüter Wessels avancierte zum besten Mann auf dem Platz, der dem FC das 2:1 festhielt.

Das seit langem beste Spiel des 1. FC Köln war das DFB-Pokalspiel gegen den FC Schalke 04. Hier bejubelt Adil Chihi sein Tor zum 4:2.

POKALKNÜLLER GEGEN SCHALKE

Dem klaren 4:1 über Eintracht Braunschweig folgte ein teuer erkauftes 1:0 im Westderby gegen Rot-Weiss Essen. Torschütze Helmes musste wenige Minuten nach seinem Treffer mit einem Mittelfußbruch ausgewechselt werden. Der Stürmer trug es 24 Stunden später schon wieder mit Humor: „Ich bin halt der, der mit gebrochenem Fuß noch ein Tor gemacht hat." Helmes sollte insgesamt fast fünf Monate ausfallen. Nach dem Dreier gegen die Elf von der Hafenstraße – dort war mittlerweile Olaf Janßen, der elf Jahre beim FC unter Vertrag gestanden hatte, als Sportdirektor angestellt – ging es mit den Geißböcken rapide bergab. „Unsere Auftritte auf fremden Plätzen sind absolut ungenügend. Wir wurden in Jena und in Paderborn niedergekämpft", stellte Latour nach der 0:2-Pleite in Ostwestfalen treffend fest. Aber nicht nur auswärts, auch auf heimischem Rasen ging es steil abwärts. War das 1:1 gegen den Spitzenreiter aus Karlsruhe noch vertretbar, so gehörte die Nullnummer gegen Unterhaching in die Kategorie „unansehnlich". Langsam wurden in Köln die Missfallensbekundungen lauter. Michael Meier forderte „Ergebnisse" und bekam sie prompt geliefert – allerdings in beide Richtungen.

Zunächst stand das DFB-Pokalspiel gegen die Knappen an. Die Schalker waren der große Favorit im ausverkauften Stadion. Millionen an den Fernsehgeräten rieben sich verwundert die Augen, denn der FC, und allen voran Thomas Broich, lieferte eine sensationelle Partie und gewann mit 4:2. Broich und Adil Chihi hatten am Ende noch in der Verlängerung getroffen.

Nach dem Aus von Hanspeter Latour kam der „Messias" ans Geißbockheim zurück. Christoph Daum übernahm am 27. November 2006 das Ruder.

[Interessantes & Kurioses]

- Einen Monat vor Saisonbeginn hat der FC bereits 20.000 Dauerkarten verkauft.

- Mitte Juli werden mit größeren Kabinen, neuen Räumlichkeiten für die Physiotherapie sowie neuem Trainer- und Besprechungszimmer die Umbauarbeiten am Geißbockheim fertiggestellt.

- Im September 2006 sind 31.477 Personen in die Mitgliederlisten des Ersten Fußballclub Köln eingetragen. Das bedeutet deutschlandweit immerhin Platz 5.

Im Heimspiel gegen Paderborn holte der FC ein mühsames 1:1-Unentschieden.

- Seit Oktober 2006 hat der FC endlich wieder einen Weltmeister am Geißbockheim. Thomas Häßler kehrt zurück und arbeitet nun als Technik-Trainer an der Seite von Hanspeter Latour.

■ Vor 15 Jahren, im Oktober 1991, wurde das Fanprojekt gegründet. Anfangs auf Tapeziertischen, heute mit sieben festen Verkaufsständen werden Fanartikel, Eintrittskarten und Zugfahrscheine an den Mann gebracht.

■ Erstmals in der FC-Geschichte gewinnt ein Torwart (!) der Geißböcke bei der Wahl zum „Tor des Monats." Mit seinem Treffer zum 1:1-Endstand im Oberligaspiel der U23 gegen die Spielvereinigung Velbert am 17. September 2006 sichert sich Dieter Paucken die begehrte ARD-Plakette.

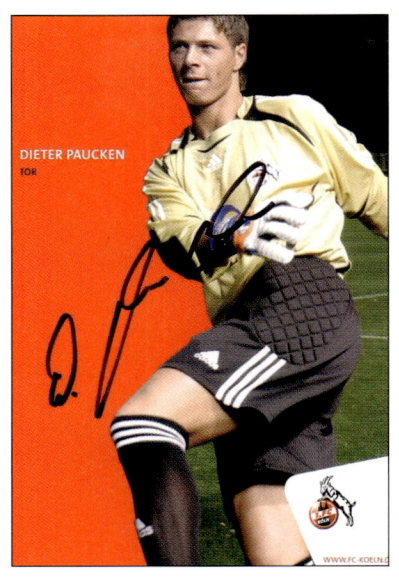

FC-Autogrammkarte 2006/07 von Dieter Paucken.

■ Seit dem Spiel gegen den 1. FC Kaiserslautern am 15.12.2006 gibt es im Kölner Stadion keine Zigaretten mehr käuflich zu erwerben.

■ Mit Hendrik Rachow wird erstmals ein FC'ler in die Jugendnationalmannschaft der Handballer berufen.

Seit 2001 präsentiert der FC das Mitgliederjahresheft im DIN-A4-Format.

TRAINERWIRREN AM GEISSBOCKHEIM

Nur fünf Tage später sahen die Zuschauer auch gegen Rostock ein ordentliches Spiel. Die Hansestädter kamen als Tabellenführer in die Domstadt und luchsten den Geißböcken ein verdientes Remis ab. Nach den beiden positiven Eindrücken folgte die Ernüchterung. Was die Mannschaft in Koblenz (1:3) zeigte, grenzte schon an Frechheit. „Ich habe die Enttäuschung der Fans gesehen und werde versuchen, diese Eindrücke der Mannschaft in der Kabine zu vermitteln", schrieb Lukas Sinkiewicz, der in Koblenz in der Fankurve gestanden hatte, im Stadionheft. Seine Kollegen hatten wohl nicht zugehört, wie beim 0:1 gegen Aue erkennbar war. Und das trotz vollmundiger Versprechungen, diesmal von Manager Meier: Ein Sturm werde über Aue fegen. Nach der 0:1-Niederlage entschuldigte er sich: „Offenbar habe ich nicht im Namen der Mannschaft gesprochen."

Diese Niederlage kostete Hanspeter Latour seinen Job. Holger Gehrke übernahm das Amt des Interimstrainers und holte in Freiburg einen Punkt. Aber das blieb nur eine Randerscheinung, denn die Trainersuche sorgte für das wahre Aufsehen. Absoluter Wunschkandidat von Vorstand und Fans war natürlich Christoph Daum. Der war just ohne Verein und erholte sich im Kölner St. Elisabeth-Krankenhaus von einer Mandeloperation. Noch nach der Niederlage gegen Aue eilten Manager Meier und Präsident Overath an Daums Krankenbett um dem „Zampano" eine Rückkehr zum FC schmackhaft zu machen. Im Rahmen einer skurrilen Pressekonferenz im Foyer der Klinik, ausgerechnet am 11.11. erteilte Daum den Kölnern „aus gesundheitlichen Gründen" eine Absage, ließ sich aber mit den Worten, „man könne ja in ein paar Wochen noch mal miteinander reden", noch ein Hintertürchen offen. Der FC „baggerte" weiter an Daum, der nach einer Marathonsitzung mit Meier und Overath in seinem Haus in Köln-Hahnwald den Geißböcken am 14. November 2006 erneut absagte. Während eines Telefonates mit Manager Meier anlässlich dessen Geburtstags am 15. November 2006 muss bei Daum die Kehrtwende eingetreten sein. Bei der Heimpleite (1:2) gegen 1860 München am 19. November saß jedoch noch Holger Gehrke auf der Trainerbank. Die Anzeichen auf eine Rückkehr des Meistertrainers verdichteten sich zusehends und schon beim Auswärtsspiel in Fürth, dass die Geißböcke mit 2:1 gewinnen konnten, saß Daum als gefeierter Tribünenadler im „Playmobilstadion". Einen Tag später trat der „Messias", wie er von Teilen der Presse schnell bezeichnet wurde, seinen Dienst an. Das Auftakttraining fand im RheinEnergieStadion statt und neben unzähligen Journalisten wollten 10.000 FC-Fans die Rückkehr ihres Wunschtrainers bestaunen. Was für eine Mannschaft Daum übernommen hatte, wurde ihm spätestens nach dem ersten Spiel unter seiner Regie gegen den MSV Duisburg klar, dass glatt mit 1:3 verloren wurde. „Wie schlecht seine Mannschaft spielen kann, verblüffte Daum", stand da im *Kicker* zu lesen. Mitreski, Ehret und Novakovic bekamen vom Fachblatt die Höchststrafe mit der Note sechs. Einige Unverbesserliche aus der Kurve machten ihrem Unmut durch das Werfen von Gegenständen Luft, mit dem Ergebnis, dass die Netze hinter dem Tor verlängert wurden.

In Offenbach (0:2) zeigte sich das Team unverbessert, auch wenn der Notendurchschnitt von 5,0 auf 3,8 stieg. Daum läutete bereits den Überlebenskampf ein, denn der Vorsprung auf die Abstiegsplätze betrug nur noch drei Punkte. Der Abstand nach unten veränderte sich auch nach dem 2:2 im letzten Hinrundenspiel gegen Kaiserslautern nicht, und die zwölf Punkte Rückstand auf die Aufstiegsplätze sprachen für sich. Umso verwunderlicher, dass ein Patrick Helmes doch noch vom Aufstieg sprach. „40 Punkte in der Rückrunde sind doch machbar, und dann reicht es. Ich hake den Aufstieg nicht ab", so der verletzte Stürmer. Vier Tage später musste bereits der DFB-Pokal abgeschrieben werden. Die Geißböcke unterlagen in Frankfurt mit 1:3 in der Verlängerung. Da fiel das Weihnachtsfest bescheiden aus. Der Aufstiegsfavorit Nummer eins lag darnieder und musste bereits jetzt für die kommende Saison in der 2. Bundesliga planen.

FC-Keeper Stefan Wessels beim 0:5-Debakel an der Hafenstraße in Essen.

„ABSURDISTAN AM RHEIN"

„Fußball ist ein Spiel der Realitäten." So stand es im ersten Interview von Christoph Daum im *Geißbock Echo* gegen den FC Augsburg zu lesen. Und die Realität sah laut *Kicker* bitter aus: „Über keinen der Neuverpflichtungen gibt es etwas Positives zu sagen. Chaos pur im Kader. Köln und seine Transfers – Absurdistan am Rhein!" Von den fünf Neuzugängen in der Winterpause wurde nur Luciano in der ersten Begegnung gegen Augsburg (1:1) eingesetzt. Er konnte allerdings nichts bewegen: ein erneuter „Grottenkick", Pfiffe und Erklärungsnot. Zumindest hatte man in der Führungsetage erkannt, dass der Aufstiegszug nun endgültig abgefahren war. Der Trainer war anscheinend tief enttäuscht über das Auftreten seiner Mannschaft. Das ging so weit, dass er die Truppe vor versammelter Journalistenschar bei Trainingsbeginn verhöhnte: „So, Jungs, heute wird gearbeitet. Ausruhen ist am Freitag in Burghausen." Dort errang man dann den ersten Sieg (3:1) im fünften Spiel unter der Regentschaft von Daum. Und die Mannschaft legte überraschenderweise zweimal nach. Zumindest vom Spielergebnis her reichte es mit den beiden 1:0-Erfolgen über Jena und Braunschweig zur Maximalausbeute.

DER TIEFPUNKT

Die spielerischen Auftritte blieben bescheiden. In Jena kickte mit Alexander Voigt ein alter Bekannter aus der Domstadt, der, wie man zu Spielbeginn merkte, noch viele Freunde in der Südkurve besaß. Dem knappen 1:0 folgte neun Tage später das 0:5-Debakel bei Rot-Weiß Essen. Eine interne Krisensitzung sowie eine mit den Fans wurden abgehalten. Die Geißbockanhänger hatten sich verständlicherweise von der Mannschaft abgewandt und sie mit Schmährufen in Essen verabschiedet. Daum wertete dieses Auftreten als Zeichen für die Mannschaft: „Ich gehe davon aus, dass jeder Spieler dieses Signal versteht und auf dem Spielfeld eine entsprechende Reaktion zeigt." Das Team reagierte nicht. Gegen den Abstiegskandidaten Paderborn präsentierte man sich mit einem 1:1 erneut eher mäßig. In Karlsruhe folgte gar eine 1:2-Niederlage.

Die Launen der Mannschaft gingen weiter. Mit Siegen gegen Unterhaching (4:1) und einem Punkt beim Aufstiegsaspiranten Rostock (1:1) wurde die Volksseele beruhigt. Gegen Neuling Koblenz (3:1) konnte, wenn auch glücklich, ebenso gewonnen werden wie in Aue (1:0). Nun trat auch der altbekannte Übermut wieder auf. „Jetzt sind sechs Siege drin", tönte Torwart Stefan Wessels und schürte somit wieder die fast erloschene Glut der Aufstiegshoffnung bei den Fans. Doch spätestens bei der Lehrstunde der Finke-Schützlinge war diese Glut endgültig erloschen. Mit 3:0 gewannen die Breisgauer zugleich in der Höhe verdient. Das schnelle Kombinationsspiel deckte eklatant die Kölner Schwächen auf. Mit zwei weiteren Niederlagen bei den Münchner Löwen (1:3) und gegen Fürth (0:2) setze sich der erneute Negativtrend fort. Da nutzte es nichts, wenn man einmal kurzfristig dem MSV Duisburg in die Aufstiegssuppe spuckte und dort mit 3:1 gewann. Mit jeweils einem 2:2 gegen Offenbach und in Kaiserslautern endete eine trostlose Spielzeit.

NUR DIE FANS SIND ERSTKLASSIG

Der Aufstiegsfavorit war gescheitert. Die einzige Tabelle, in der der 1. FC Köln ganz oben stand, war die der Zuschauergunst. Fast 40.000 Menschen besuchten regelmäßig die Heimspiele in Müngersdorf. Kein Zweitligist weltweit konnte zu diesem Zeitpunkt einen höheren Zuschauerschnitt vorweisen, als der Kölner Traditionsverein.

Der FC-Karnevalsorden 2007.

■ Am 28. März 2007 gibt Patrick Helmes sein Debüt im Nationaldress in Duisburg gegen Dänemark. Die deutsche Elf verliert zwar mit 0:1, aber der Kölner Stürmer hätte zwei Minuten vor Schluss fast noch den Ausgleich erzielt.

■ Mit Andreas Nau beheimatet der 1. FC Köln einen Deutschen Meister. Im Tischtennis-Endspiel um den Titel der Behinderten siegt er mit 3:0.

Das Ticket zum DFB-Pokalspiel gegen Schalke 04.

Auch in der Saison 2006/07 gab es wieder sehenswerte Choreographien auf der Südtribüne in Müngersdorf zu sehen.

STATISTIK 2006/07

BUNDESLIGA

14.08.2006 FC Augsburg - 1.FC Köln 0:2 (0:1)
Zuschauer: 28.000
Tore: 0:1 (02.) Helmes, 0:2 (83.) Scherz.
Aufstellung: Wessels, Cullmann, Alpay, Lagerblom, Helmes, Broich, Cabanas, Ehret, Mitreski, Kulaksizoglu (71. Matip), Chihi (46. Scherz).

20.08.2006 1.FC Köln - Wacker Burghausen 5:1 (3:0)
Zuschauer: 41.000
Tore: 1:0 (05.) Chihi, 2:0 (25.) Cabanas, 3:0 (28.) Chihi, 4:0 (46.) Scherz, 5:0 (61.) Helmes, 5:1 (71.) Nicu.
Aufstellung: Wessels, Cullmann, Mitreski, Alpay, Ehret, Lagerblom (58. Gambino), Cabanas (81. Epstein), Kulaksizoglu, Broich, Helmes, Chihi (46. Scherz).

25.08.2006 Carl Zeiss Jena - 1.FC Köln 3:2 (2:2)
Zuschauer: 10.159
Tore: 1:0 (02.) Schlitte, 1:1 (12.) Helmes (FE), 1:2 (22.) Helmes, 2:2 (23.) Werner, 3:2 (68.) Schlitte.
Aufstellung: Wessels, Cullmann, Mitreski, Alpay, Ehret, Lagerblom (79. Gambino), Matip, Kulaksizoglu (70. Epstein), Broich, Helmes, Chihi (54. Scherz).

15.09.2006 1.FC Köln - Eintracht Braunschweig 4:1 (2:1)
Zuschauer: 40.000
Tore: 1:0 (10.) Helmes, 2:0 (17.) Helmes, 2:1 (30.) Graf, 3:1 (67.) Scherz (FE), 4:1 (89.) Scherz.
Aufstellung: Wessels, Haas, Cullmann, Alpay, Ehret, Lagerblom (81. Matip), Cabanas, Kulaksizoglu, Broich, Helmes (36. Scherz), Chihi (55. Madsen).

25.09.2006 1.FC Köln - Rot-Weiß Essen 1:0 (0:0)
Zuschauer: 39.000
Tore: 1:0 (74.) Helmes.
Aufstellung: Wessels, Haas, Mitreski, Alpay, Ehret, Cabanas, Kulaksizoglu (56. Lagerblom), Broich, Helmes (81. Scherz), Novakovic, Chihi (46. Madsen).

29.09.2006 SC Paderborn 07 - 1.FC Köln 2:0 (1:0)
Zuschauer: 10.165
Tore: 1:0 (65.) Koen, 2:0 (91.) Röttger.
Aufstellung: Wessels, Haas, Mitreski, Alpay, Ehret, Lagerblom, Cabanas (78. Gambino), Kulaksizoglu (73. Epstein), Broich, Scherz (70. Chihi), Novakovic.

16.10.2006 1.FC Köln - Karlsruher SC 1:1 (0:0)
Zuschauer: 40.000
Tore: 0:1 (77.) Kapllani, 1:1 (83.) Lagerblom.
Aufstellung: Wessels, Haas, Mitreski, Alpay, Ehret, Cabanas, Lagerblom, Broich (79. Gambino), Novakovic (60. Scherz), Chihi, Madsen (79. Epstein).

20.10.2006 SpVgg Unterhaching - 1.FC Köln 0:0
Zuschauer: 5.500
Aufstellung: Wessels, Haas, Mitreski, Alpay, Ehret, Cabanas, Lagerblom, Broich, Novakovic, Chihi (60. Scherz), Madsen (56. Gambino).

29.10.2006 1.FC Köln - Hansa Rostock 2:2 (1:1)
Zuschauer: 46.500
Tore: 1:0 (13.) Novakovic, 1:1 (31.) Kern, 2:1 (57.) Chihi, 2:2 (85.) Hähnge.
Aufstellung: Wessels, Alpay, Mitreski, Haas, Ehret, Lagerblom, Cabanas, Gambino (71. Madsen), Broich, Scherz (46. Chihi), Novakovic.

03.11.2006 TuS Koblenz - 1.FC Köln 3:1 (0:0)
Zuschauer: 15.000
Tore: 1:0 (57.) Sukalo, 2:0 (69.) Ziehl, 2:1 (83.) Scherz, 3:1 (86.) Dzaka.
Aufstellung: Wessels, Alpay, Mitreski, Haas, Cullmann (80. Ehret), Lagerblom (60. Epstein), Cabanas, Gambino, Broich, Chihi (58. Scherz), Novakovic.

08.11.2006 1.FC Köln - Erzgebirge Aue 0:1 (0:1)
Zuschauer: 34.000
Tor: 0:1 (14.) Juskowiak.
Aufstellung: Wessels, Mitreski, Haas (78. Madsen), Ehret, Matip, Cabanas, Gambino (46. Kulaksizoglu), Epstein (46. Chihi), Broich, Scherz, Novakovic.

12.11.2006 SC Freiburg - 1.FC Köln 0:0
Zuschauer: 20.000
Aufstellung: Wessels, Mitreski, Haas, Cullmann, Matip, Cabanas, Lagerblom, Chihi (92. Epstein), Broich, Scherz (84. Madsen), Novakovic.

19.11.2006 1.FC Köln - 1860 München 1:2 (1:0)
Zuschauer: 44.800
Tore: 1:0 (06.) Scherz, 1:1 (55.) Adler, 1:2 (83.) Milchraum
Aufstellung: Wessels, Alpay, Ehret (62. Epstein), Matip, Haas, Cullmann, Cabanas, Lagerblom, Broich, Scherz (29. Madsen), Novakovic (83. Chihi).

26.11.2006 SpVgg Greuther Fürth - 1.FC Köln 1:2 (0:1)
Zuschauer: 10.000
Tor: 0:1 (39.) Broich, 0:2 (70.) Novakovic, 1:2 (73.) Kucukovic.
Aufstellung: Wessels, Alpay, Cullmann, Mitreski, Ehret (80. Epstein), Matip, Cabanas, Gambino, Chihi (78. Madsen), Broich, Novakovic.
B.V.: Rote Karte gegen Broich (89.).

04.12.2006 1.FC Köln - MSV Duisburg 1:3 (0:2)
Zuschauer: 48.000
Tore: 0:1, 0:2 (18., 30.) Daun, 0:3 (81.) Lavric, 1:3 (92.) Tripodi
Aufstellung: Wessels, Mitreski, Haas, Alpay, Ehret, Matip (46. Tripodi), Lagerblom, Chihi, Madsen (46. Epstein), Scherz (61. Cabanas), Novakovic.
B.V.: Gelb-Rot für Alpay (68.).

10.12.2006 Kickers Offenbach - 1.FC Köln 2:0 (0:0)
Zuschauer: 18.100
Tore: 1:0 (77.) Toppmöller, 2:0 (83.) Mokhtari.
Aufstellung: Wessels, Mitreski, Haas, Madsen, Ehret, Matip, Cullmann, Lagerblom, Kulaksizoglu (80. Epstein), Chihi, Scherz.

15.12.2006 1.FC Köln - 1.FC Kaiserslautern 2:2 (2:0)
Zuschauer: 49.500
Tor: 1:0 (14.) Bouzid (E), 2:0 (36.) Scherz, 2:1 (60.) Hajnal, 2:2 (83.) Bohl.
Aufstellung: Wessels, Mitreski, Haas, Madsen, Ehret, Matip, Cullmann, Kulaksizoglu (84. Epstein), Chihi, Broich, Scherz (70. Alushi).
B.V.: Jeweils Gelb-Rot für Madsen (86.), Haas (89.).

21.01.2007 1.FC Köln - FC Augsburg 1:1 (1:1)
Zuschauer: 43.000
Tore: 1:0 (10.) Novakovic, 1:1 (38.) da Costa.
Aufstellung: Wessels, Mitreski, Luciano, Alpay, Ehret, Sinkiewicz (66. Gambino), Lagerblom, Chihi, Broich (86. Cabanas), Scherz (86. Kulaksizoglu), Novakovic.

26.01.2007 Wacker Burghausen - 1.FC Köln 1:3 (0:0)
Zuschauer: 5.012
Tore: 1:0 (58.) Nicu, 1:1 (65.) Serhat, 1:2 (81.) Scherz, 1:3 (85.) Broich.
Aufstellung: Wessels, Johnsen, Luciano, Alpay, Ehret (61. Tiago), Sinkiewicz, Haas, Lagerblom (75. Chihi), Serhat, Broich, Novakovic (61. Scherz).

04.02.2007 1.FC Köln - Carl Zeiss Jena 1:0 (0:0)
Zuschauer: 42.500
Tor: 1:0 (84.) Scherz (FE).
Aufstellung: Wessels, Johnsen, Luciano, Alpay, Haas, Sinkiewicz, Lagerblom (61. Scherz), Chihi (69. André), Broich, Serhat (46. Madsen), Tiago.

09.02.2007 Eintracht Braunschweig - 1.FC Köln 0:1 (0:1)
Zuschauer: 19.700
Tor: 0:1 (27.) Banecki (E).
Aufstellung: Wessels, Johnsen, Luciano, Alpay, Ehret (44. Scherz), Haas, Sinkiewicz, Lagerblom (78. Mitreski), André, Broich, Tiago (73. Helmes).

18.02.2007 Rot-Weiß Essen - 1.FC Köln 5:0 (3:0)
Zuschauer: 16.152
Tore: 1:0 (16.) Kiskanc, 2:0 (39.) Boskovic, 3:0 (41.) Calik, 4:0 (54.) Barut, 5:0 (69.) Boskovic.
Aufstellung: Wessels, Johnsen, Luciano, Alpay (57. Mitreski), Haas (46. Chihi), Tiago, Sinkiewicz, Lagerblom, Broich, Scherz, André (46. Helmes).

25.02.2007 1.FC Köln - SC Paderborn 07 1:1 (1:1)
Zuschauer: 36.000
Tore: 0:1 (18.) de Graef, 1:1 (25.) Helmes.
Aufstellung: Wessels, Johnsen, Luciano, Alpay, Matip, Ehret, Mitreski, Sinkiewicz (61. Broich), Helmes, Cabanas, Novakovic (61. Scherz - 87. Chihi).

05.03.2007 Karlsruher SC - 1.FC Köln 2:1 (1:1)
Zuschauer: 28.300
Tore: 1:0 (13.) Freis, 1:1 (21.) Novakovic, 2:1 (66.) Kapllani
Aufstellung: Wessels, Johnsen, Luciano (76. Chihi), Luciano, Alpay, Ehret, Sinkiewicz (68. André), Matip, Cabanas, Mitreski (80. Lagerblom), Helmes, Novakovic.

11.03.2007 1.FC Köln - SpVgg Unterhaching 4:1 (2:0)
Zuschauer: 39.000
Tore: 1:0 (25.) Gambino 2:0 (41.) Helmes, 3:0 (49.) Gambino, 4:0 (71.) Helmes, 4:1 (89.) Rathgeber.
Aufstellung: Wessels, Johnsen (52. Chihi), Luciano, Alpay, Ehret, Mitreski, Sinkiewicz (76. Schöneberg), Gambino, Cabanas (68. André), Helmes, Novakovic.

19.03.2007 Hansa Rostock - 1.FC Köln 1:1 (1:1)
Zuschauer: 16.300
Tore: 0:1 (19.) Novakovic, 1:1 (45.) Gledson
Aufstellung: Wessels, Johnsen, Luciano, Alpay, Ehret (60. Chihi), Sinkiewicz, Cabanas (80. Broich), Serhat (60. Gambino), Mitreski, Novakovic, Helmes.

01.04.2007 1.FC Köln - TuS Koblenz 3:1 (0:1)
Zuschauer: 48.000
Tore: 0:1 (10.) Maierhofer, 1:1 (65.) Cabanas, 2:1 (71.) Helmes, 3:1 (88.) Novakovic
Aufstellung: Wessels, Johnsen (53. Chihi), Luciano, Alpay (62. Schöneberg), Ehret, Cabanas, Serhat, Kulaksizoglu (53. Broich), Mitreski, Novakovic, Helmes.

05.04.2007 Erzgebirge Aue - 1.FC Köln 0:1 (0:0)
Zuschauer: 16.500
Tore: 0:1 (74.) Chihi.
Aufstellung: Wessels, Johnsen, Luciano, Sinkiewicz, Cabanas, Serhat, Ehret (66. Chihi), Broich (84. Lagerblom), Mitreski, Novakovic, Helmes.

15.04.2007 1.FC Köln - SC Freiburg 0:3 (0:1)
Zuschauer: 44.000
Tore: 0:1 (12.) Pitroipa, 0:2 (49.) Iashvili, 0:3 (54.) Matmour.
Aufstellung: Wessels, Johnsen, Luciano, Ehret, Sinkiewicz, Cabanas (69. Chihi), Serhat (46. Gambino), Broich (62. Matip), Mitreski, Novakovic, Helmes.

20.04.2007 1860 München - 1.FC Köln 3:1 (1:1)
Zuschauer: 36.100
Tore: 1:0 (06.) Göktan, 1:1 (42.) Broich, 2:1 (59.) Ghvinianidze, 3:1 (68.) Göktan.
Aufstellung: Wessels, Mitreski, Schöneberg, Alpay, Ehret, Lagerblom (75. Tiago), Matip, Broich (85. André), Chihi, Novakovic, Helmes.

29.04.2007 1.FC Köln - SpVgg Greuther Fürth 0:2 (0:1)
Zuschauer: 37.000
Tore: 0:1 (22.) Andreasen, 0:2 (80.) Cidimar.
Aufstellung: Wessels, Schöneberg, Matip, Ehret, Lagerblom, Serhat (70. Tiago), Broich (58. André), Chihi, Mitreski (76. Haas), Novakovic, Helmes.

07.05.2007 MSV Duisburg - 1.FC Köln 1:3 (0:1)
Zuschauer: 25.113
Tore: 0:1 (41.) Novakovic, 1:1 (55.) Grlic, 1:2 (64.) Helmes, 1:3 (83.) Novakovic.
Aufstellung: Wessels, Haas (86. Lagerblom), Schöneberg, Alpay, Ehret, Cabanas, Matip, André, Chihi (75. Cullmann), Novakovic, Helmes (89. Broich).

STATISTIK 2006/07

13.05.2007 **1.FC Köln - Kickers Offenbach** 2:2 (0:1)
Zuschauer: 40.000
Tore: 0:1 (21.) Türker, 1:1 (63.) Helmes, 2:1 (65.) Novakovic, 2:2 (69.) Agritis.
Aufstellung: Kessler, Schöneberg (80. Cullmann), Alpay, Ehret, Cabanas (66. Lagerblom), Sinkiewicz, Matip, André, Chihi (77. Gambino), Novakovic, Helmes
B.V.: Platzverweis für Ehret (24.).

20.05.2007 **1.FC Kaiserslautern - 1.FC Köln** 2:2 (0:1)
Zuschauer: 48.500
Tore: 0:1 (28.) Novakovic, 1:1 (64.) Hajnal, 1:2 (76.) Helmes (FE), 2:2 (79.) Hajnal (HE).
Aufstellung: Kessler, Johnsen, Sinkiewicz, Alpay, Schöneberg, Matip, Olivera (82. Broich), Cabanas (62. Lagerblom), Chihi, Novakovic, Helmes (88. Scherz).
B.V.: Platzverweis für Lagerblom (78.).

DFB-POKAL

1. Runde
10.09.2006 **Carl Zeiss Jena - 1.FC Köln** 1:2 (0:2)
Zuschauer: 7.203
Tore: 0:1 (21.) Chihi, 0:2 (29.) Chihi, 1:2 (66.) Hasse.
Aufstellung: Wessels, Cullmann, Mitreski, Haas, Ehret, Lagerblom (90. Matip), Cabanas, Kulaksizoglu, Broich, Helmes (60. Novakovic), Chihi (69. Epstein).

2. Runde
24.10.2006 **1.FC Köln - FC Schalke 04** 4:2 n.V.
Zuschauer: 50.000
Tore: 1:0 (34.) Rodriguez (E.), 2:0 (36.) Novakovic, 2:1 (55.) Lövenkrands, 2:2 (75.) Rodriguez, 3:2 (98.) Broich, 4:2 (111.) Chihi.
Aufstellung: Wessels, Alpay, Mitreski, Haas, Ehret (100. Cullmann), Lagerblom, Cabanas, Gambino (91. Madsen), Broich, Scherz (75. Chihi), Novakovic.
B.V.: Platzverweis für Bajramovic (69.).

Achtelfinale
19.12.2006 **Eintracht Frankfurt - 1.FC Köln** 3:1 n.V.
Zuschauer: 50.700
Tor: 1:0 (02.) Meier, 1:1 (18.) Madsen, 2:1 (95.) Takahara, 3:1 (112.) Kyrgiakos.
Aufstellung: Wessels, Mitreski, Alpay, Lagerblom, Haas, Madsen, Ehret (99. Epstein), Matip, Kulaksizoglu, Chihi (106. Nickenig), Broich (79. Scherz),

FREUNDSCHAFTSSPIELE

30.06.2006 **Artmedia Bratislava - 1.FC Köln** 1:3 (0:2) (in Hermagor)

03.07.2006 **Austria Wien - 1.FC Köln** 4:2 (3:1) (in St. Veit)

07.07.2006 **FC Bergheim 2000 - 1.FC Köln** 0:8 (0:5)

14.07.2006 **Young Boys Bern - 1.FC Köln** 3:0 (2:0) (in Grenchen)

16.07.2006 **FC Basel - 1.FC Köln** 2:1 (0:0) (in Grenchen)

19.07.2006 **KSC Lokeren - 1.FC Köln** 3:2 (2:2) (in Wiehl)

22.07.2006 **SV Ottfingen - 1.FC Köln** 0:8 (0:2) (in Kreuztal)

28.07.2006 **AZ Alkmaar - 1.FC Köln** 2:1 (2:0) (in Neuss)

30.07.2006 **1.FC Köln - CFB Ford Niehl** 11:2 (6:0)

06.08.2006 **Vitesse Arnheim - 1.FC Köln** 1:1 (1:0) (in Emmerich)

30.08.2006 **1.FC Köln - Red Bull Salzburg** 1:0 (1:0) (in Troisdorf)

06.10.2006 **Wuppertaler SV Borussia - 1.FC Köln** 1:5 (1:2)

09.01.2007 **Hercules Alicante - 1.FC Köln** 1:0 (0:0) (in La Manga)

10.01.2007 **FC Cartagena - 1.FC Köln** 0:0 (in La Manga)

14.01.2007 **PSV Eindhoven - 1.FC Köln** 0:2 (0:2) (in La Manga)

11.02.2007 **Rot-Weiß Oberhausen - 1.FC Köln** 2:2 (1:2)

25.03.2007 **Blau-Weiß Köln - 1.FC Köln** 1:15 (0:6)

27.03.2007 **Fortuna Köln - 1.FC Köln** 0:5 (0:4)

2. BUNDESLIGA 2006/07

1.	Karlsruher SC	69:41	70
2.	Hansa Rostock	49:30	62
3.	MSV Duisburg (A)	66:40	60
4.	SC Freiburg	55:39	60
5.	SpVgg Greuther Fürth	53:40	55
6.	1. FC Kaiserslautern (A)	48:34	53
7.	FC Augsburg (N)	43:32	52
8.	1860 München	47:49	48
9.	1. FC Köln (A)	49:50	46
10.	Erzgebirge Aue	46:48	44
11.	SC Paderborn 07	36:41	42
12.	TuS Koblenz (N)	36:45	41
13.	FC Carl Zeiss Jena (N)	40:56	38
14.	Kickers Offenbach	42:59	36
15.	Rot-Weiß Essen (N)	34:40	35
16.	SpVgg Unterhaching	33:49	35
17.	Wacker Burghausen	42:63	32
18.	Eintracht Braunschweig	20:48	23

FIEBERKURVE 2006/07

Grüße aus dem Trainingslager.

BUNDESLIGAKADER 2006/07

Abgänge: Alushi (SV Wehen, w.d.l.S.), Bade (VfL Bochum), Benschneider (FC Augsburg), Bröker (SC Paderborn, w.d.l.S., war an Dynamo Dresden verliehen), Evanilson (Atletico Paranaense), Epstein (Rot-Weiß Essen, w.d.l.S.), Feulner (FSV Mainz 05), Grammozis (Rot-Weiß Essen), Guie-Mien (FC Sachsen Leipzig), Lell (Bayern München), Luciano (Flamengo Rio de Janeiro, w.d.l.S.), Lurling (FC Den Bosch, war an RKC Waalwijk ausgeliehen), Mokhtari (MSV Duisburg, war von Energie Cottbus ausgeliehen), Nickenig (Sportfreunde Siegen, w.d.l.S.), Podolski (Bayern München), Rann (Hansa Rostock), Schindzielorz (Start Kristiansand), Schlicke (MSV Duisburg), Sinkala (SC Paderborn), Springer (Ende der Laufbahn), Streit (Eintracht Frankfurt), Streller (VfB Stuttgart), Szabics (FSV Mainz 05, w.d.l.S.), Zivkovic (VfB Stuttgart).

Zugänge: Akin (RSC Anderlecht, w.d.l.S.), Alushi (eigene U23), André (FC Santos, w.d.l.S.), Bröker (Dynamo Dresden, war ausgeliehen), Broich (Borussia M'gladbach), Chihi (eigene U19), Ehret (FC Aarau), Finke (eigene U23), Gambino (Borussia Dortmund), Haas (SC Bastia), Johnsen (Start Kristiansand, w.d.l.S.), Kessler (eigene U23), Kulaksizoglu (FC Basel), Lagerblom (Werder Bremen), Luciano (Rentistas Montevideo, w.d.l.S.), Madsen (FC Southampton, war ausgeliehen), Mitreski (Grasshoppers Zürich), Novakovic (Litex Lovetch, w.d.l.S.), Paucken (eigene U23, w.d.l.S.), Schöneberg (eigene U23, w.d.l.S.), Tiago (America FC Natal, w.d.l.S.), Tripodi (Boca Juniors/eigene U23).

Trainer: Hanspeter Latour (bis 09.11.2006), Holger Gehrke (09.11.2006 – 26.11.2006), Christoph Daum (seit 27.11.2006)

Tor:
33 Wessels, Stefan 32/0
41 Kessler, Thomas 2/0
31 Finke, Benjamin 0/0
32 Paucken, Dieter 0/0

Feld:
36 Chihi, Adil 33/4
22 Ehret, Fabrice 30/0
10 Broich, Thomas 29/3
07 Lagerblom, Pekka 27/1
05 Alpay, Özalan 27/0
26 Mitreski, Aleksandar 27/0
21 Novakovic, Milivoje 25/10
15 Cabanas, Ricardo 25/2
08 Scherz, Matthias 23/9
09 Helmes, Patrick 19/14
06 Haas, Bernt 19/0
04 Matip, Marvin 18/0
18 Gambino, Salvatore 13/2
11 Madsen, Peter 13/0
20 Sinkiewicz, Lukas 13/0
02 Cullmann, Carsten 12/0
39 Epstein, Denis 12/0
03 Johnsen, Marius 12/0
50 Luciano, Fabio 12/0
30 Kulaksizoglu, Bayk. 11/0
16 André 10/0
24 Akin, Serhat 7/1
25 Schöneberg, Kevin 7/0
19 Tiago, Fernandes 6/0
14 Alushi, Enis 1/0
12 Tripodi, Mariano 1/1
13 Bröker, Thomas 0/0
23 Nickenig, Tobias 0/0
17 Weiser, Patrick 0/0
19 Szabics, Imre 0/0

Dazu kommen Eigentore von Francis Banecki (Eintracht Braunschweig) und Ismael Bouzid (1. FC Kaiserslautern).

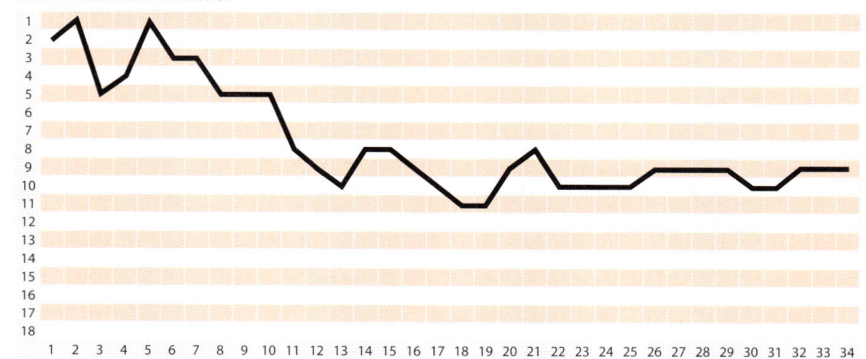

2007/08
2. BUNDESLIGA

Der Aufstieg als Mannschaftsleistung

[LEGENDEN]

Milivoje Novakovic
Beim FC ab 2006
Geboren:
18.05.1979 in
Ljubljana/Slowenien
Spiele: 61
Tore: 32

Unverzichtbarer „Nova"

Nach zähen Verhandlungen konnte Manager Michael Meier endlich den Wunschstürmer des damaligen Trainers Hanspeter Latour, Milivoje Novakovic, für die stolze Ablösesumme von 1,5 Millionen Euro von Litex Lovetsch nach Köln lotsen. Der 1,92 Meter große slowenische Nationalspieler tat sich im neuen Umfeld anfangs schwer und bekam von der *Bild* vorschnell den Spitznamen „Novakonix" verpasst. Doch schon im Laufe der insgesamt verkorksten Saison 2006/07 deutete der schlaksige Stürmer seine Torgefährlichkeit an, immerhin zehnmal traf er in der ersten Saison beim FC. Auch neben dem Platz sorgte „Nova" für Aufsehen, als er sich nach einem Weihnachtmarktbesuch im November 2007 alkoholisiert ans Steuer setzte und prompt erwischt wurde. Für sieben Monate musste der Slowene nun auf seinen „Lappen" verzichten. Zum Aufstiegshelden und endgültigen Fanliebling avancierte „Nova" in der Saison 2007/08, als er mit 20 Treffern maßgeblichen Anteil am Aufstieg des FC hatte und Torschützenkönig der 2. Bundesliga wurde. Zudem harmonierte er hervorragend mit seinem starken Sturmpartner Patrick Helmes. Im Sommer 2008 verlängerte das FC-Management seinen Vertrag vorzeitig bis 2011. ■

Ticket vom „Aufstiegsendspiel" gegen Mainz 05, das der FC mit 2:0 gewinnen konnte.

Hintere Reihe von links: Matthias Scherz, Kevin McKenna, Milivoje Novakovic, Tobias Nickenig, Carsten Cullmann, Roda Antar, Alpay (wurde im Saisonverlauf aussortiert), Konditionstrainer Cem Bagci. Mittlere Reihe von links: Co-Trainer Roland Koch, Torwarttrainer Holger Gehrke, Nemanja Vucicevic, Fabrice Ehret, Ümit Özat, Aleksandar Mitreski, Baykal Kulaksizoglu, Thomas Broich, Marvin Matip, Kevin Schöneberg, Teambetreuer Murat Kus. Vordere Reihe von links: Cheftrainer Christoph Daum, Patrick Helmes, André, Dieter Paucken, Stefan Wessels, Faryd Mondragon, Thomas Kessler, Salvatore Gambino, Adil Chihi, Techniktrainer Thomas Häßler. Es fehlen: Youssef Mohamad, Kevin Pezzoni, Maynor Suazo, Michael Niedrig, Michael Parensen.

In der vergangenen Saison wurde der avisierte Aufstieg trotz der Rückkehr von Wunschtrainer Christoph Daum meilenweit verpasst, und große „Topstars" gab es auch nicht zu bestaunen. Dennoch gelang es Michael Meier, einige namhafte Akteure zu verpflichten.

PERSONALROTATION

Der türkische Nationalspieler Ümit Özat, sollte der Abwehr Stabilität geben und mit seinen Qualitäten im Aufbauspiel für Spielkultur sorgen. Ebenfalls für die Defensive konnte der Kapitän von Energie Cottbus, Kevin McKenna, gewonnen werden. Zurück aus Siegen kam das verliehene Abwehrtalent Tobias Nickenig, große Hoffnungen verbanden viele FC-Fans mit Nemanja Vucicevic, der von 1860 München kam. Er hatte bei den Löwen eine starke Saison gespielt, blieb aber im Premierenjahr bei den Kölnern hinter den Erwartungen zurück. Auf Empfehlung von Thomas Häßler kam der defensive Mittelfeldspieler Maynor Suazo leihweise aus der Türkei. Für mehr Kreativität im Mittelfeld sollte der Libanese Roda Antar sorgen. Außerdem wurde sein Landsmann Youssef Mohamad für 1,3 Millionen Euro Ablöse transferiert. Mohamad war dank seiner Qualitäten als torgefährlicher, schneller Verteidiger ebenso eine echte Verstärkung wie Antar.
Es gab auch jede Menge Abgänge: Lukas Sinkiewicz zog die sportliche Perspektive nach Leverkusen, Ricardo Cabanas ging zurück in die Schweiz zu den Grasshoppers Zürich, Bernt Haas wechselte zum FC St. Gallen, Baykal heuerte bei den Young Boys Bern an. Nach vier Jahren verließ auch Torhüter Stefan Wessels den Verein in Richtung FC Everton. Der Keeper war enttäuscht über die Tatsache, dass man ihm Mondragon quasi vor die Nase gesetzt hatte. Urgestein Carsten Cullmann sollte den Nachwuchskräften mit seiner Erfahrung weiterhelfen.

„LOOKING FOR EXCELLENCE"

Unter das Motto „Looking for Excellence" stellte Trainer Daum die Vorbereitung. Rund 1.500 Schaulustige hatten sich zum ersten Training der Saison am Geißbockheim eingefunden. Um nichts dem Zufall zu überlassen, hatte man zwei Trainingslager arrangiert. Zunächst ging es in die beschauliche Sportschule Bitburg in der Eifel, dann nach Tröpolach in Österreich.
Der Verlauf der obligatorischen Testspiele war eher durchwachsen, doch zum Ende der Vorbereitung machte ein 3:1-Erfolg gegen die Bayern im ersten „Podolski-Ablösespiel" Hoffnung auf eine gute Saison.
Doch schon fünf Tage später, in der ersten Runde des DFB-Pokals, scheiterte man trotz einer 2:0-Führung mit 2:4 nach Verlängerung an Werder Bremens U23.

Das überragende Sturmduo Patrick Helmes und Milivoje Novakovic war das Faustpfand im Kampf um den Aufstieg. Hier feiern die beiden gerade den 1:0-Führungstreffer in Augsburg durch Helmes.

Wenigstens glückte der Zweitligaauftakt in der „Baustelle" Millerntor gegen den FC St. Pauli (2:0) durch Tore von Helmes und Novakovic. Die Heimpremiere aber ging mit einem 0:1 im Rheinduell gegen Alemannia Aachen gründlich daneben. Ausgerechnet der Ex-Kölner Marius Ebbers erzielte den Siegtreffer für die Gäste. Im Mittelpunkt stand allerdings nicht das Geschehen auf, sondern neben dem Platz. Da er nach der Partie öffentlich das Verhalten der Schiedsrichter bei FC-Spielen aufs Heftigste kritisiert hatte, wurde Christoph Daum vom DFB-Sportgericht für zwei Spiele gesperrt.

Auch gegen Carl Zeiss Jena kam man nur zu einem mühsamen 4:3-Erfolg. Bitterer Beigeschmack nach dem Sieg: Roda Antar, handelte sich nach einem Kopfstoß gegen Stefan Kühne eine drei Spiele lange Sperre ein. Erst am 4. Spieltag bei Tabellenführer 1860 München zeigte der FC eine gute Leistung, musste aber durch einen Elfmeter noch den Ausgleich (1:1) hinnehmen.

Einem 0:0 vor eigenem Publikum gegen die starken Fürther, die vom Ex-Kölner Bruno Labbadia betreut wurden, folgte ein glücklicher 2:1-Sieg in Koblenz. Eine Woche später setzte es auf eigenem Platz gegen den SC Freiburg eine deutliche 1:3-Pleite.

Einer der Negativhöhepunkte der Hinrunde war sicherlich die Partie gegen Aufsteiger SV Wehen Wiesbaden. Nach ordentlichem Auftakt führte der FC nach 20 Minuten 2:0. Doch noch vor der Pause lagen die Gastgeber plötzlich mit 3:2 in Front. Die Geißböcke konnten zwar noch den zwischenzeitlichen Ausgleich erzielen, verloren aber am Ende peinlich mit 3:4. Im folgenden Heimspiel konnte sich die Mannschaft mit einem 4:1 über Kickers Offenbach halbwegs rehabilitieren. Auch im Derby in Mönchengladbach zeigte der FC beim 2:2 eine ansprechende Leistung. Der zum Beginn der Spielzeit von Trainer Daum zum Kapitän ernannte Patrick Helmes gab die Binde freiwillig an FC-Oldie Matthias Scherz ab – durch seine schon in der letzten Saison bekannt gewordenen Wechselabsichten nach Leverkusen hatte er sich den Unmut der FC-Fans zugezogen.

Mit viel Dusel und zwei Novakovic-Toren siegte man anschließend in letzter Sekunde mit 2:1 gegen den SC Paderborn. Bei Aufsteiger VfL Osnabrück, mit den Ex-Kölnern Thomas Cichon und Trainer „Pele" Wollitz, setzte es im Hexenkessel an der Bremer Brücke eine unerwartete 1:2-Schlappe. Der Niederlage folgte eine Serie von drei Siegen in Folge. Sie begann mit einem 3:2 gegen Aue, wo trotz 2:0-Führung bis zum Schluss gezittert werden musste, dann ein starkes 2:0 bei Aufsteiger Hoffenheim und ein ungefährdetes 3:0 in Müngersdorf gegen den FC Augsburg. Bis auf einen Punkt arbeitete man sich an die Aufstiegsplätze heran.

Nach einer knappen 0:1-Niederlage in Mainz überwinterte der 1. FC Köln dank eines 2:1-Erfolges über den 1. FC Kaiserslautern überraschend auf einem Aufstiegsplatz. Es war der erste Sieg gegen die Pfälzer in einem Ligaspiel seit 18 Jahren.

In der Winterpause wurde ein Trainingslager in Belek (Türkei) bezogen. Mit dabei war auch Neuzugang Kevin Pezzoni, der von den Blackburn Rovers verpflichtet wurde. Der Rückrundenauftakt misslang vor 50.000 Zuschauern gegen St. Pauli in Müngersdorf, denn es gab nur ein 1:1 zu sehen.

DIE MANNSCHAFT WIRD ZUR MANNSCHAFT

Zehn Tage später setzte es unter Flutlicht auf dem Aachener Tivoli gar eine 2:3-Niederlage. Dies bedeutete Tabellenplatz fünf. Eine bittere Pleite beim alten Westrivalen zwei Tage vor dem 60. Geburtstag des 1. FC Köln. Das Umfeld reagierte nervös, doch Trainer Daum betonte, dass es vor allem auf den Endspurt ankommen würde. Einem 3:1 in Jena folgten Unentschieden gegen 1860 München (0:0) und Greuther Fürth (2:2, erneut nach 2:0-Führung!) sowie ein glücklicher 1:0-Erfolg über TuS Koblenz. Nur einen Zähler betrug der Rückstand auf die Aufstiegsplätze, wobei den Kölnern die Tatsache entgegenkam, dass die Konkurrenz fleißig Punkte liegen ließ. Erst im Spitzenspiel beim SC Freiburg gab es mit einem unglücklichen 0:1 wieder eine Niederlage zu verzeichnen. Danach setzte der FC zum, von Christoph Daum angekündigten, Endspurt an. Neun Spiele in Serie blieb man fortan ungeschlagen. „Wir müssen jetzt den Tunnelblick haben und nur von Spiel zu Spiel denken", gab Daum die Marschroute vor.

Die Mannschaft wuchs im letzten Drittel der Saison zur echten Einheit. Offensichtlich hatte auch ein gemeinsames Essen bei Torwart Faryd Mondragon ohne Trainer und Betreuer den Teamgeist gestärkt. Der Kolumbianer war als Leader auf und neben dem

[Interessantes & Kurioses]

■ Einen Skandal gab es am letzten Tag des Trainingslagers in Österreich: Einige Spieler hatten sich nachts getroffen, um etwas zu feiern. Dabei griff einer der Akteure zur Gitarre, vielleicht Thomas Broich, und die anderen sangen dazu. Einige Hotelgäste beschwerten sich und der FC belegte die „Feiergesellschaft" mit Geldstrafen und Abmahnungen.

■ Mit seinem Tor zum 1:0 im Vorbereitungsspiel gegen Eintracht Trier gewinnt Nemanja Vucicevic die ARD-Medaille für das „Tor des Monats" im Juli 2007, und Roda Antar gewinnt die Wahl zum „Tor des Monats" im März 2008 für seinen Treffer zum 1:0 gegen Wehen Wiesbaden.

■ Im Oktober 2007 wird Weltstar Pelé Ehrenmitglied des 1. FC Köln.

■ Zum Saisonbeginn wird im RheinEnergieStadion ein bargeldloses Zahlsystem mittels sogenannter „JustPay-Karten" eingeführt. Von vielen Fans wird das neue „Plastikgeld" allerdings alles andere als positiv aufgenommen.

■ Am 18. August 2007 feiert das *Geißbock Echo* sein 50-jähriges Jubiläum.

■ Seinen 80. Geburtstag feiert am 19. Oktober 2007 FC-Urgestein und 1954er Weltmeister Hans Schäfer. Heinz Hornig, ein weiterer FC-Altinternationaler hat am 28. September 2007 sein 70. Wiegenfest. 60 Jahre alt wird „Double-Regisseur" Heinz Flohe am 28. Januar 2008.

Zum 60-jährigen Jubiläum veröffentlichte der FC ein eigenes Magazin und einen erstklassigen Film mit eindrucksvollen Bildern der FC-Historie.

■ Seinen 60. Geburtstag feiert der 1. FC Köln am 13. Februar 2008. Auf eine große Feier wird angesichts des ungewissen Saisonausgangs verzichtet. Es erscheint jedoch ein Hochglanzmagazin und ein aufsehenerregender FC-Geschichtsfilm zum Jubiläum. Bei der Premiere des Streifens im Kölner Cinedom sind neben der aktuellen Mannschaft auch zahlreiche Stars und Persönlichkeiten der FC-Geschichte zugegen.

■ Große Trauer: Am 24. Juni 2007 verstirbt FC-Legende Hansi Sturm an den Folgen einer Krebserkrankung.

■ Für Diskussionsstoff sorgt bei der Jahrshauptversammlung des 1. FC Köln am 6. November 2007 vor allem eine emotionale Rede von Präsident Overath, der beteuert, sich aus dem Tagesgeschäft weitestgehend herauszuhalten.

■ Am 3. Dezember 2007 besuchen die FC-Profis die Kinderklinik in der Amsterdamer Straße.

■ Marcus Rauert heißt der neue Teambetreuer, der als Nachfolger von Murat Kus die Schnittstelle zwischen Team, Trainern, Betreuern, Mitarbeitern und Vereinsführung einnimmt.

■ Im Rahmen seiner Trainerausbildung hospitiert Lothar Matthäus für einige Tage bei der U19 des 1. FC Köln.

■ Sonderbewachung für Hennes VII.: Weil nach dem „Fahnenklau" erboste Gladbach-Fans im Internet damit drohten, Geißbock Hennes VII. zu entführen, wird das Maskottchen in seiner Heimat Widdersdorf einige Tage von einem Sicherheitsdienst bewacht.

■ Zur Saison 2008/09 wird das *Geißbock Echo* von den *11Freunden* zum besten Stadionmagazin aller Erstligisten gewählt.

Platz wertvoll für die Truppe. Überragend war das Sturmduo Helmes/Novakovic. Helmes spielte trotz seines feststehenden Wechsels nach Leverkusen hervorragend. Auch „Nova" avancierte zum echten Knipser und Fanliebling. Die Südkurve widmete dem Slowenen sogar ein eigenes Lied. In der Abwehr hatte man mit dem starken Mohamad und McKenna gute Kräfte. Hinzu kamen Mitreski und Talent Kevin Pezzoni. Im Mittelfeld war Roda Antar Antreiber und Torjäger zugleich. In den letzten zehn Spielen erzielte der Libanese sieben Treffer. Besonders hervorzuheben ist auch Thomas Broich, der die letzten Partien trotz schwerwiegender Lungenerkrankung bestritt. Gestartet wurde der Endspurt zum Aufstieg mit einem 2:1-Heimsieg über Wehen Wiesbaden, dem ein 3:1-Auswärtserfolg auf dem Bieberer Berg in Offenbach folgte.

DERBY IM ZEICHEN DES „FAHNENKLAU"

Nun stand das Derby gegen Gladbach auf dem Programm, um das es im Vorfeld reichlich Gesprächsstoff gegeben hatte: Einige Kölner hatten sich offensichtlich Zutritt zum Lagerraum des Gladbacher Nordparkstadions verschafft und dort u.a. die Fahne der Gladbacher Ultras mitgenommen. Ein ungeschriebenes Gesetz der Ultras ist, die Gruppierung aufzulösen, wenn die Fahne in den Besitz des „Feindes" gelangt. So lösten sich die „Ultras MG" auf und fuhren missmutig nach Köln. Beim Derby führten die Gladbacher bis kurz vor Abpfiff mit 1:0, ehe sie ihre Fahne im Unterrang der Südtribüne präsentiert bekamen, die vor ihren Augen zerrissen wurde. Nun rastete ein Teil der Gäste aus, dabei flog auch ein „Bengalo" auf das Spielfeld. Die fällige Nachspielzeit nutzte der FC, um durch einen umstrittenen Elfmeter nach Foul an Novakovic durch Helmes den umjubelten Ausgleich zu erzielen. Dem heißen Derby folgte ein biederes 2:2 in Paderborn und ein ungefährdeter 2:0-Erfolg gegen den VfL Osnabrück. In Aue reichte es trotz des anwesenden „Erzgebirgsgeißbocks" Rocky „nur" zu einem 3:3. In der Tabelle befand sich der FC auf Platz 4, einen Punkt hinter Mainz 05. Da am vorletzten Spieltag die Mainzer noch in Müngerdorf gastierten, hatte man den Aufstieg selbst in der Hand. Dazu musste allerdings erst einmal Hoffenheim geschlagen werden, die immerhin Platz 2 der Tabelle belegten. Vor 50.000 begeisterten Zuschauern gelang dank einer geschlossenen Mannschaftsleistung ein 3:1. Und das, obwohl Hennes VII. fehlte. Das Tier laborierte an einer hartnäckigen Huferkrankung und war auch beim letzten Heimspiel gegen Mainz nicht einsatzfähig.

Am Saisonende wurde er gar in den vorzeitigen Ruhestand verabschiedet, und die Mitglieder des FC konnten auf der Homepage des Klubs ihren neuen Hennes wählen. Selbstbewusst reiste man zum vorletzten Auswärtsspiel zu Abstiegskandidat FC Augsburg. Dort wurde dank des wieder einmal überragenden Sturmduos Helmes / Novakovic mit 3:1 gewonnen.

PLATZSTURM IN MÜNGERSDORF

So wurde das letzte Heimspiel der Saison gegen Mainz 05 zum „Aufstiegsendspiel". Vor ausverkauftem Haus behielten die Kölner gegen schwache Mainzer durch einen Doppelpack von Antar verdient mit 2:0 die Oberhand. Der FC war zurück in der 1. Bundesliga, und nach dem Abpfiff kannte der Jubel keine Grenzen mehr. Das Stadion erbebte, und im Unterrang der Südtribüne versuchte ein Teil der Fans den Platz zu stürmen. Zunächst wurde dies noch von den Ordnern verhindert, doch später musste man sich aus Sicherheitsgründen der Masse beugen. Es wurde eine rauschende Aufstiegsfeier, und rund 90 Prozent der Besucher ließen es sich nicht nehmen, einmal den heiligen Rasen von Müngersdorf zu betreten. Souvenirjäger holten Rasenstücke, Tornetz oder Eckfahnen… So entstand dem FC und der Kölner Sportstätten GmbH ein Schaden in sechsstelliger Höhe. Nach den ausgiebigen Feierlichkeiten musste man zur letzten Begegnung noch auf dem Kaiserslauterer Betzenberg antreten. Die Roten Teufel kämpften noch um den Klassenerhalt und konnten gegen die vom vielen Feiern müden Geißböcke mit 3:0 gewinnen und damit dem Abstieg entgehen. Eine imposante „Karawane" von mehr als 12.000 FC-Anhängern hatte sich auf den Weg in die Pfalz gemacht. Auch im Fritz-Walter Stadion ließ man nach dem Spiel die Zuschauer auf den Platz, wobei es mitten in den Feierlichkeiten zu Auseinandersetzungen und Handgemengen zwischen Kölner und Lauterer Fans kam. Mehr als 32.000 Fans warteten bei der großen Aufstiegsparty im RheinEnergieStadion auf die Rückkehr ihrer Helden.

Grenzenloser Jubel. Nach dem 2:0-Sieg über Mainz 05 feiern Fans und Mannschaft auf und neben dem Platz den feststehenden Aufstieg.

Die REWE Group als Hauptsponsor des 1. FC Köln freut sich auf eine erfolgreiche 1. Liga.

Mehr als 290.000 Mitarbeiter in 16 Ländern begrüßen täglich über 50 Millionen Kunden in unseren Märkten. Über die Hälfte aller Deutschen kauft jeden Monat bei uns ein. Mit einem Umsatz von über 45 Milliarden Euro aus Handel und Touristik sind wir einer der größten Konzerne Europas – und jeden Tag ein Teil Ihrer Welt. Wir sind die REWE Group.

www.rewe-group.com

REWE GROUP

STATISTIK 2007/08

BUNDESLIGA

10.08.2007 FC St. Pauli - 1. FC Köln 0:2 (0:0)
Zuschauer: 15.500
Tore: 0:1 (65.) Helmes, 0:2 (78.) Novakovic
Aufstellung: Mondragon, Schöneberg, Matip, McKenna, Ümit Özat, Mitreski, Antar, Vucicevic (81. Suazo), Chihi (68. Broich), Helmes, Novakovic (84. Scherz).

20.08.2007 1. FC Köln - Alemannia Aachen 0:1 (0:1)
Zuschauer: 50.000
Tor: 0:1 (23.) Ebbers
Aufstellung: Mondragon, Schöneberg (62. Gambino), McKenna, Mitreski (46. Ehret), Nickenig, Antar, Broich, Vucicevic, Chihi, Helmes, Novakovic (69. Scherz).

24.08.2007 1. FC Köln - Carl Zeiss Jena 4:3 (1:2)
Zuschauer: 37.700
Tore: 0:1 (05.) Torghelle, 1:1 (20.) Novakovic, 1:2 (37.) Müller, 1:3 (55.) Omodiagbe, 2:3 (73.) Chihi, 3:3 (84.) Chihi, 4:3 (86.) Jensen (E)
Aufstellung: Mondragon, Nickenig (59. Schöneberg), McKenna, Mitreski, Ehret, Antar, Broich (59. Gambino), Vucicevic, Chihi, Helmes, Novakovic (59. Scherz).

31.08.2007 TSV 1860 München - 1. FC Köln 1:1 (0:0)
Zuschauer: 50.400
Tore: 0:1 (67.) Novakovic, 1:1 (78.) Berhalter (FE)
Aufstellung: Mondragon, Schöneberg (79. Nickenig), McKenna, Mohamad, Ehret, Mitreski, Suazo (90. Ümit Özat), Broich, Vucicevic, Helmes, Scherz (46. Novakovic).

16.09.2007 1. FC Köln - SpVgg Greuther Fürth 0:0
Zuschauer: 41.300
Aufstellung: Mondragon, Schöneberg, McKenna (30. Nickenig), Mohamad, Ümit Özat, Suazo (61. Ehret), Broich, Gambino (76. Scherz), Chihi, Helmes, Novakovic.

23.09.2007 TuS Koblenz - 1. FC Köln 1:2 (1:1)
Zuschauer: 15.000
Tore: 1:0 (31.) Dzaka, 1:1 (37.) Novakovic, 1:2 (71.) Novakovic
Aufstellung: Mondragon (43. Kessler), Schöneberg, Mohamad (67. Broich), Nickenig, Ümit Özat, Mitreski, Suazo, Matip, Scherz, Helmes (84. Chihi), Novakovic.

26.09.2007 1. FC Köln - SC Freiburg 1:3 (1:1)
Zuschauer: 45.000
Tore: 1:0 (08.) Scherz, 1:1 (41.) Uzoma, 1:2 (48.) Jäger, 1:3 (84.) Matmour
Aufstellung: Kessler, Nickenig, Mohamad, Mitreski (60. Chihi), Ümit Özat, Suazo (68. André), Matip (46. Broich), Antar, Scherz, Novakovic, Ehret.

30.09.2007 SV Wehen Wiesbaden - 1. FC Köln 4:3 (3:2)
Zuschauer: 12.158
Tore: 0:1 (14.) Mohamad, 0:2 (20.) Novakovic, 1:2 (29.) König, 2:2 (33.) König, 3:2 (36.) König, 3:3 (62.) Novakovic, 4:3 (67.) Diakité
Aufstellung: Kessler, Nickenig (43. Schöneberg), McKenna, Mohamad, Ümit Özat, Antar, Suazo (46. Helmes), André, Scherz (61. Gambino), Chihi, Novakovic.

05.10.2007 1. FC Köln - Kickers Offenbach 4:1 (2:1)
Zuschauer: 35.000
Tore: 1:0 (02.) Chihi, 2:0 (05.) McKenna, 2:1 (26.) Judt, 3:1 (65.) Mohamad, 4:1 (68.) Helmes
Aufstellung: Mondragon, Nickenig (83. Mitreski), Mohamad, McKenna, Ümit Özat, Matip, Antar, Scherz, Chihi (85. Ehret), Helmes, Novakovic (88. André).

22.10.2007 Borussia M'gladbach - 1. FC Köln 2:2 (0:0)
Zuschauer: 50.067
Tore: 1:0 (57.) Neuville, 1:1 (60.) Mohamad, 1:2 (62.) Helmes, 2:2 (65.) Daems
Aufstellung: Mondragon, Mitreski, Mohamad, McKenna, Ümit Özat, Suazo, Antar (74. Broich), Scherz (90. Matip), Chihi (64. Ehret), Helmes, Novakovic.
B.V.: Gelb-Rot für Mitreski (61.).

28.10.2007 1. FC Köln - SC Paderborn 07 2:1 (1:0)
Zuschauer: 41.000
Tore: 1:0 (04.) Novakovic, 1:1 (51.) Döring, 2:1 (89.) Novakovic
Aufstellung: Mondragon, Nickenig, Mohamad, McKenna, Ümit Özat, Suazo (63. Vucicevic), Antar, Scherz, Chihi (70. Ehret), Helmes (91. Matip), Novakovic.

01.11.2007 VfL Osnabrück - 1. FC Köln 2:1 (2:0)
Zuschauer: 17.100
Tore: 1:0 (07.) Schuon, 2:0 (08.) Reichenberger, 2:1 (59.) Helmes
Aufstellung: Mondragon, Schöneberg, Nickenig, Mohamad, Ümit Özat, Matip, Antar (73. Broich), Scherz (46. Vucicevic), Ehret (73. Chihi), Helmes, Novakovic.

09.11.2007 1. FC Köln - Erzgebirge Aue 3:2 (2:2)
Zuschauer: 34.000
Tore: 1:0 (01.) Helmes, 2:0 (10.) Novakovic, 2:1 (13.) Klinka, 2:2 (45.) Nemec, 3:2 (65.) Novakovic
Aufstellung: Mondragon, Ümit Özat, Ehret, Mohamad, Ümit Özat, Mitreski, Suazo (57. Scherz), Vucicevic (81. Antar), Broich (57. Chihi), Helmes, Novakovic.

25.11.2007 TSG Hoffenheim - 1. FC Köln 0:2 (0:1)
Zuschauer: 6.350
Tore: 0:1 (30.) Novakovic, 0:2 (61.) Helmes
Aufstellung: Mondragon, Ümit Özat, McKenna, Mohamad, Ehret (82. Matip), Mitreski, Antar, Vucicevic (88. Broich), Scherz, Helmes, Novakovic (90. Chihi).

02.12.2007 1. FC Köln - FC Augsburg 3:0 (1:0)
Zuschauer: 39.200
Tore: 1:0 (23.) Novakovic, 2:0 (74.) Broich, 3:0 (75.) Novakovic
Aufstellung: Mondragon, Ümit Özat, McKenna, Mohamad, Ehret (78. Matip), Mitreski (64. Broich), Antar, Vucicevic, Scherz (84. Chihi), Helmes, Novakovic.

07.12.2007 FSV Mainz 05 - 1. FC Köln 1:0 (0:0)
Zuschauer: 20.300
Tor: 1:0 (59.) Hoogland
Aufstellung: Mondragon, Ümit Özat, McKenna, Mohamad, Ehret, Antar, Mitreski, Broich (77. André), Vucicevic (43. Chihi), Helmes, Novakovic.

17.12.2007 1. FC Köln - 1. FC Kaiserslautern 2:1 (1:1)
Zuschauer: 46.000
Tore: 0:1 (18.) Simpson, 1:1 (33.) McKenna, 2:1 (83.) Mohamad
Aufstellung: Mondragon, Ümit Özat, McKenna, Mohamad (87. Matip), Ehret, Mitreski, Antar, Broich (67. André), Vucicevic (77. Chihi), Helmes, Novakovic.

01.02.2008 1. FC Köln - FC St. Pauli 1:1 (0:1)
Zuschauer: 50.000
Tore: 0:1 (45.) Meggle, 1:1 (84.) Chihi
Aufstellung: Mondragon, Ümit Özat, McKenna, Mohamad, Ehret, Mitreski, Antar (58. Broich), Scherz (54. Matip), Vucicevic (80. Chihi), Helmes, Novakovic.

11.02.2008 Alemannia Aachen - 1. FC Köln 3:2 (1:1)
Zuschauer: 20.800
Tore: 0:1 (28.) Helmes, 1:1 (37.) Reghecampf (FE), 2:1 (48.) Krontiris, 3:1 (74.) Fiel, 3:2 (89.) Helmes (FE)
Aufstellung: Mondragon, Ümit Özat, McKenna, Mohamad, Ehret, Mitreski, Antar (63. Chihi), Broich (63. Scherz), Vucicevic (85. André), Helmes, Novakovic.

15.02.2008 Carl Zeiss Jena - 1. FC Köln 1:3 (0:1)
Zuschauer: 9.904
Tore: 0:1 (28.) Helmes, 1:1 (61.) Müller, 1:2 (80.) Novakovic, 1:3 (90.) Novakovic
Aufstellung: Mondragon, Ümit Özat, McKenna, Mohamad, Ehret, Mitreski, Antar, Broich (72. Gambino), Vucicevic (68. Chihi), Helmes (88. Scherz), Novakovic.
B.V.: Platzverweis für Maul (47.).

22.02.2008 1. FC Köln - TSV 1860 München 0:0
Zuschauer: 46.000
Aufstellung: Mondragon, Ümit Özat, McKenna, Mohamad, Ehret, Mitreski (46. Suazo), Antar, Vucicevic (68. Scherz), Chihi (46. Matip), Helmes, Novakovic.
B.V.: Gelb-Rot für McKenna (39.).

29.02.2008 SpVgg Greuther Fürth - 1. FC Köln 2:2 (1:2)
Zuschauer: 10.200
Tore: 0:1 (04.) Mauersberger (E), 0:2 (14.) Helmes (FE), 1:2 (25.) Lanig, 2:2 (85.) Reisinger
Aufstellung: Mondragon, Ümit Özat, Mitreski, Mohamad, Matip, Suazo, Antar, Helmes, André (88. Scherz), Broich, Novakovic.

09.03.2008 1. FC Köln - TuS Koblenz 1:0 (0:0)
Zuschauer: 48.500
Tor: 1:0 (54.) Novakovic
Aufstellung: Mondragon, Ümit Özat, McKenna, Mohamad, Matip, Suazo, Antar, Helmes, André (79. Mitreski), Chihi (46. Vucicevic), Novakovic.

17.03.2008 SC Freiburg - 1. FC Köln 1:0 (0:0)
Zuschauer: 22.500
Tor: 1:0 (58.) Jäger
A.: Mondragon, Ümit Özat, McKenna, Mohamad, Matip, Mitreski, Antar, Broich, Vucicevic (71. Scherz), Helmes, Novakovic.

23.03.2008 1. FC Köln - SV Wehen Wiesbaden 2:1 (2:1)
Zuschauer: 40.000
Tore: 1:0 (18.) Antar, 2:0 (31.) Vucicevic, 2:1 (45.) Diakité
Aufstellung: Mondragon, Ümit Özat, Mitreski, Mohamad, Pezzoni, Matip (62. Scherz), Antar, Broich, Vucicevic (90. Gambino), Helmes (62. Novakovic), McKenna.
B.V.: Platzverweis für Kopilas (79.).

30.03.2008 Kickers Offenbach - 1. FC Köln 1:3 (1:1)
Zuschauer: 16.446
Tore: 1:0 (02.) Judt, 1:1 (30.) Antar, 1:2 (52.) Helmes, 1:3 (74.) Novakovic
Aufstellung: Mondragon, Ümit Özat, Mitreski, Mohamad, Pezzoni (71. Vucicevic), Matip, Antar, Broich, Helmes (80. Scherz), McKenna, Novakovic (87. Schöneberg).

07.04.2008 1. FC Köln - Borussia M'gladbach 1:1 (0:1)
Zuschauer: 50.000
Tore: 0:1 (32.) Rösler, 1:1 (90.) Helmes (FE)
Aufstellung: Mondragon, Ümit Özat (85. Gambino), Mohamad, Matip, Antar, Broich (82. André), Vucicevic (59. Scherz), Helmes, McKenna, Novakovic.
B.V.: Platzverweis für Brouwers (90.).

11.04.2008 SC Paderborn 07 - 1. FC Köln 2:2 (1:1)
Zuschauer: 8.954
Tore: 0:1 (32.) Helmes, 1:1 (35.) Bogavac, 1:2 (51.) Antar, 2:2 (64.) Löbe
Aufstellung: Mondragon, Ümit Özat, Mitreski, Mohamad, Matip, Pezzoni (72. Vucicevic), Antar, Broich, Helmes, McKenna (69. Scherz), Novakovic (83. Ehret).

15.04.2008 1. FC Köln - VfL Osnabrück 2:0 (2:0)
Zuschauer: 40.000
Tore: 1:0 (41.) Helmes, 2:0 (44.) Antar
Aufstellung: Mondragon, Schöneberg (46. Scherz), McKenna, Mohamad, Matip, Ümit Özat, Mitreski, Antar, Broich (81. Gambino), Helmes, Novakovic (60. Ehret).

25.04.2008 Erzgebirge Aue - 1. FC Köln 3:3 (2:2)
Zuschauer: 11.400
Tore: 1:0 (01.) Nemec, 1:1 (29.) Helmes, 2:2 (45.) Nemec, 2:3 (78.) Pezzoni, 3:3 (90.) Sykora
Aufstellung: Mondragon, Schöneberg (66. Suazo), McKenna, Mohamad, Matip, Ümit Özat, Mitreski (70. Pezzoni), Antar, Vucicevic (86. Ehret), Scherz, Helmes.
B.V.: Gelb-Rot für Scherz (69.).

04.05.2008 1. FC Köln - TSG Hoffenheim 3:1 (1:1)
Zuschauer: 50.000
Tore: 1:0 (11.) Novakovic, 1:1 (26.) Salihovic (FE), 2:1 (66.) Antar, 3:1 (69.) Mohamad
Aufstellung: Mondragon, Ümit Özat (90. Schöneberg), Mohamad, McKenna, Matip, Pezzoni, Suazo, Broich (71. Vucicevic), Antar, Helmes, Novakovic (84. Ehret).

STATISTIK 2007/08

07.05.2008 **FC Augsburg - 1. FC Köln** 1:3 (0:2)
Zuschauer: 17.124
Tore: 0:1 (08.) Helmes, 0:2 (45.) Novakovic, 0:3 (54.) Helmes, 1:3 (82.) da Costa
Aufstellung: Mondragon, Ümit Özat, Mohamad, McKenna, Matip (78. Ehret), Pezzoni, Suazo, Broich (90. André), Antar, Helmes, Novakovic (90. Scherz).

11.05.2008 **1. FC Köln - FSV Mainz 05** 2:0 (1:0)
Zuschauer: 50.000
Tore: 1:0 (22.) Antar, 2:0 (67.) Antar
Aufstellung: Mondragon, Mohamad, Pezzoni, Matip (55. Mitreski), Ümit Özat, McKenna, Antar, Broich (87. Schöneberg), Novakovic (90. Scherz), Suazo, Helmes.

18.05.2008 **1. FC Kaiserslautern - 1. FC Köln** 3:0 (0:0)
Zuschauer: 48.500
Tore: 1:0 (70.) Simpson, 2:0 (75.) Ziemer, 3:0 (81.) Ziemer
Aufstellung: Kessler, Mohamad, Pezzoni, Ehret (46. Mitreski), Ümit Özat, McKenna, Antar, Broich (78. Scherz), Novakovic, Vucicevic, Helmes.

DFB-POKAL

1. Runde
05.08.2007 **SV Werder Bremen II - 1. FC Köln** 4:2 n. V.
Zuschauer: 2.500
Tore: 0:1 (13.) Novakovic, 0:2 (24.) Vucicevic, 1:2 (39.) Harnik, 2:2 (56.) Harnik, 3:2 (113.) Löning (HE), 4:2 (118.) Schmidt
Aufstellung: Mondragon, Schöneberg, McKenna, Nickenig, Ümit Özat, Vucicevic (91. Scherz), Antar, Broich, Chihi (58. Ehret), Helmes, Novakovic (91. André).
B.V.: Gelb-Rot für Nickenig (112.).

FREUNDSCHAFTSSPIELE

28.06.2007 **TV Hoffnungsthal/Union Rösrath - 1. FC Köln** 0:9 (0:6) (in Venauen)

30.06.2007 **Stadtauswahl Pulheim - 1. FC Köln** 0:7 (0:4)

06.07.2007 **SG Schneifel - 1. FC Köln** 1:6 (0:4) (in Stadtkyll)

08.07.2007 **Eintracht Trier - 1. FC Köln** 0:2 (0:1)

11.07.2007 **1. FC Köln - Alemannia Aachen** 3:1 (2:0) (in Euskirchen)

15.07.2007 **1. FC Köln - Galatasaray Istanbul** 0:0 (in Bonn)

19.07.2007 **Sparta Prag - 1. FC Köln** 2:0 (1:0) (in St. Veit/Österreich)

22.07.2007 **Genclerbirligi Ankara - 1. FC Köln** 0:0 (in Wolfsberg/Österreich)

24.07.2007 **Hannover 96 - 1. FC Köln** 3:1 (0:1) (in Velden/Österreich)

28.07.2007 **1. FC Köln - Real Valladolid** 2:2 (1:2) (in Bergisch Gladbach)

29.07.2007 **1. FC Köln - CFB Ford Niehl** 6:0

31.07.2007 **1. FC Köln - FC Bayern München** 3:1 (1:1)

10.10.2007 **VfL Bochum - 1. FC Köln** 2:1 (1:1)

13.10.2007 **1. FC Köln - Skoda Xanthi FC** 1:0 (0:0)

13.11.2007 **Fortuna Düsseldorf - 1. FC Köln** 3:2 (3:0)

20.11.2007 **Euskirchener TSC - 1. FC Köln** 2:5 (1:3)

11.12.2007 **1. FC Köln - SC Borussia Hohenlind** 13:1 (4:0)

18.01.2008 **FC Otelul Galati - 1. FC Köln** 1:0 (0:0)
(in Kundu/Türkei)

20.01.2008 **Schachtjor Donezk - 1. FC Köln** 3:1 (1:0)
(in Kundu/Türkei)

22.01.2008 **Tom Tomsk - 1. FC Köln** 1:1 (1:1)
(in Kundu/Türkei)

26.01.2008 **1. FC Köln - Bayer Leverkusen** 3:1 (1:1)

2. BUNDESLIGA 2007/08

1.	Borussia M'gladbach	71:38	66
2.	TSG Hoffenheim	60:40	60
3.	**1. FC Köln**	**62:44**	**60**
4.	FSV Mainz 05	62:36	58
5.	SC Freiburg	49:44	55
6.	SpVgg Greuther Fürth	53:47	52
7.	Alemannia Aachen	49:44	51
8.	SV Wehen Wiesbaden	47:53	44
9.	FC St. Pauli	46:47	42
10.	TuS Koblenz	46:48	41
11.	TSV 1860 München	42:45	41
12.	VfL Osnabrück	43:54	40
13.	1. FC Kaiserslautern	37:37	39
14.	FC Augsburg	39:51	38
15.	Kickers Offenbach	38:60	38
16.	Erzgebirge Aue	49:57	32
17.	SC Paderborn 07	33:54	31
18.	FC Carl Zeiss Jena	45:68	29

Der FC-Karnevalsorden der Saison 2007/08.

FIEBERKURVE 2007/08

BUNDESLIGAKADER 2007/08

Abgänge: Alushi (SV Wehen Wiesbaden, war an SV Wehen ausgeliehen), Cabanas (Grasshoppers Zürich), Cullmann (eigene U23, blieb auch im Profikader), Finke (SC Verl), Haas (FC St. Gallen), Johnsen (Start Kristiansand), Lagerblom (Alemannia Aachen), Lurling (NAC Breda, war an FC Den Bosch ausgeliehen), Madsen (Bröndby IF), Serhat (RSC Anderlecht, war ausgeliehen), Sinkiewicz (Bayer Leverkusen), Tiago (Iraty SC, war ausgeliehen), Tripodi (Boca Juniors), Weiser (Ende der Laufbahn), Epstein (Kickers Offenbach, war an Rot-Weiß Essen ausgeliehen), Wessels (FC Everton, w.d.l.S.), Baykal Kulaksizoglu (Young Boys Bern, w.d.l.S.).

Zugänge: Antar (SC Freiburg), Epstein (Rot-Weiß Essen, war ausgeliehen), McKenna (Energie Cottbus), Mondragon (Galatasaray Istanbul), Nickenig (Sportfreunde Siegen, war ausgeliehen), Niedrig (Holstein Kiel/eigene U23), Ümit Özat (Fenerbahce Istanbul), Vucicevic (1860 München), Mohamad (SC Freiburg), Suazo (Antalyaspor, w.d.l.S.), Parensen (Borussia Dortmund II/eigene U23, w.d.l.S.), Pezzoni (Blackburn Rovers, w.d.l.S.).

Trainer:
Christoph Daum

Tor:
01 Mondragon, Faryd	31/0
41 Kessler, Thomas	4/0
32 Paucken, Dieter	0/0
33 Wessels, Stefan	0/0

Feld:
09 Helmes, Patrick	33/17
11 Novakovic, Milivoje	33/20
06 Özat, Ümit	32/0
20 Antar, Roda	31/7
03 Mohamad, Youssef	31/5
23 McKenna, Kevin	30/2
08 Scherz, Matthias	30/2

26 Mitreski, Aleksandar	28/0
10 Broich, Thomas	28/1
21 Vucicevic, Nemanja	24/1
22 Ehret, Fabrice	24/0
04 Matip, Marvin	24/0
36 Chihi, Adil	21/4
12 Suazo, Maynor	16/0
25 Schöneberg, Kevin	13/0
15 Nickenig, Tobias	10/0
16 André	10/0
17 Pezzoni, Kevin	8/1
18 Gambino, Salvatore	7/0
02 Cullmann, Carsten	0/0
05 Alpay, Özalan	0/0
19 Niedrig, Michael	0/0
27 Parensen, Michael	0/0
30 Kulaksizoglu, Baykal	0/0

Dazu kommen Eigentore von Jan Mauersberger (Greuther Fürth) und Kasper Jensen (Carl Zeiss Jena).

Zur Saison 2008/09 bekommt der FC den modernsten Bus der Liga.

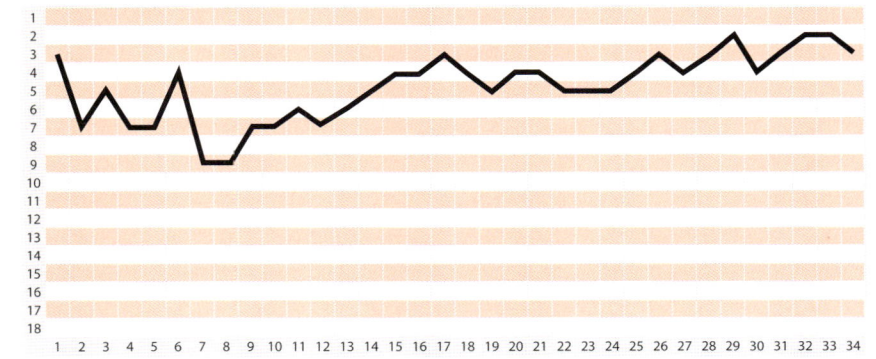

Foto: Picture Alliance

Rund um den FC

Hennes – eine Erfolgsstory

HENNES I.

Als der aus der Domstadt stammende Zirkus Williams im letzten Kriegsjahr 1945 auf der Flucht von Prag nach Neustadt an der Orla war, fanden die Zirkusleute am Straßenrand die völlig abgemagerte Mutter von Hennes I. Der tierliebe Direktor Harry Williams nahm die hilflose Ziege in seine Obhut. Vier Jahre später, 1949, wurde Hennes I. geboren. Im Rahmen der am 13. Februar 1950 im Williamsbau zu Köln stattfindenden zweiten FC-Karnevalssitzung überreichte die „Hausherrin" Carola Williams, Ehemann Harry war inzwischen verstorben, den erst ein Jahr alten Hennes I. dem FC als Geschenk. Die Idee, dem Verein das originelle Maskottchen zu schenken, hatte übrigens Johann Thelen, der bei Williams als Zirkusdirektor engagiert war. Zu später, bierseliger Stunde taufte man den Bock in Anlehnung an Spielertrainer Hennes Weisweiler auf den Namen „Hennes".

Anfangs waren nicht wenige FC-Fans und Mitglieder gegen den Geißbock, weil sie fürchteten, man würde sich mit dem Tier lächerlich machen. Doch vor allem Franz Kremer setzte sich für die Etablierung des neuen Maskottchens ein. Schon bald fuhr Hennes sogar mit zu den Auswärtsspielen, entweder in einem kleinen Hänger am Mannschaftsbus oder sogar im Bus. Trat der FC ohne Geißbock in der Fremde an, betrachteten das die Gegner als Herabwürdigung. Schnell wurden die Kölner bundesweit als „Geißbockclub" bekannt.

Hennes I. wohnte nicht am Geißbockheim, wie vielfach behauptet wird. FC-Mitglied Wilhelm Siepen beherbergte ihn von 1950 bis 1959 auf seinem Grundstück in der Marsiliusstraße. Eine kurzfristige Verlegung von Hennes I. in den Köln-Dünnwalder Tierpark im Sommer 1958 scheiterte, da das Tier dort seine Artgenossen attackierte. Als Wilhelm Siepen den Geißbock aus Altersgründen nicht mehr versorgen konnte, nahm sich Landwirt Peter Filz des Geißbocks an und brachte ihn auf seinem Hof in der Belvederestraße in Köln-Müngersdorf unter. Hier fand Hennes I. bis 1966 eine erstklassige Heimat. Filz begleitete den Bock auch zu den Heimspielen ins Stadion. Da sich vor allem Tierschützer gegen den Transport des Tieres aussprachen, verzichtete man ab Mitte der 1960er Jahre endgültig darauf, Hennes mit zu den Auswärtspartien zu nehmen.

Ab Herbst 1966 löste der aus Hürth-Efferen stammende Günter Neumann den verdienten Peter Filz als Hennes-Betreuer ab. Mit einem ans Moped gebundenen Anhänger chauffierte er zwischen 1966 und 1970 Hennes zu den Heimspielen ins Stadion. Von 1966 bis 1970 war auch der einzige Zeitraum, in dem ein amtierender, offizieller Hennes am Geißbockheim wohnte. Hier hatte man bereits ein kleines „Gehege" eingerichtet, in dem die Geißböcke „Oskar" und „Heinzchen" seit 1963 angesiedelt waren. Oskar und Heinzchen waren Geschenke von Privatleuten an den FC, sie amtierten allerdings nie.

Im biblisch hohen Geißbockalter von 17 Jahren starb Hennes I. am 4. November 1966 eines natürlichen Todes.

HENNES II.

Carola Williams zögerte nicht lange und überreichte Ende November 1966 Hennes II. an Liselotte Kremer, die Frau von Präsident Franz Kremer. Seinen Einstand gab Hennes II. am 26. November 1966 beim Heimspiel gegen Gladbach, das die Kölner mit 1:2 verloren.

Der neue Bock wurde nicht annähernd so alt wie sein Vorgänger. Er starb im August 1970 in seinem Gehege am Geißbockheim. Es wurde gemunkelt, rivalisierende Gladbach-Fans hätten das Tier vergiftet. Ein Märchen. Hennes-Betreuer Günter Neumann erinnert sich: „Leider war morgens ein Schäferhund beim Hennes eingedrungen. Dieser Umstand wurde zu spät bemerkt, und so fügte der Hund dem Geißbock tödliche Verletzungen zu. Die Legende mit der Vergiftung wurde dann von irgendwelchen Leuten in Umlauf gebracht."

HENNES III.

Mit dem Tod von Hennes II. begann auch die Zeit von „Bauer" Wilhelm Schäfer. Das Kölner Boulevardblatt Express suchte einen Nachfolger und wurde auf dem Bauernhof von Schäfer in Köln-Widdersdorf fündig. Der Hobbylandwirt hatte einen Geißbock namens „Lieschen" im Stall stehen. Aus „Lieschen" wurde Hennes III., und fortan war Wilhelm Schäfer Hüter des Geißbocks. Hennes III. hatte seine offizielle Premiere am 22. August 1970 beim Heimspiel gegen Eintracht Braunschweig – der FC siegte mit 3:1. Immerhin fünf Jahre lang amtierte das Tier, ehe es im Sommer 1975 verstarb.

HENNES IV.

Zur Spielzeit 1975/76 trat Hennes IV. sein Amt an. Er erlebte 1978 mit dem Gewinn des Doubles und dem Pokalsieg 1977 die erfolgreichste Phase der FC-Geschichte. Auf mehr als sieben Jahre zumeist glücklicher Amtszeit konnte Hennes IV. somit zurückblicken, als er am 13. November 1982 an den Folgen einer Herzerkrankung verstarb. Kurioserweise ereignete sich sein Tod am selben Tag, an dem der FC mit 1:0 durch ein Littbarski-Tor bei den Bayern gewonnen hatte.

HENNES V.

Wilhelm Schäfer organisierte flugs einen neuen Geißbock, sodass Hennes V. am 20. November

Der unvergessene Franz Kremer mit Hennes II.

Nach seinem Tod wurde der Kopf von Hennes I. ausgestopft und hing lange im Geißbockheim. Heute wird das Präparat im FC-Museum ausgestellt.

Geht als Rentnerbock in die Geschichte ein: Hennes VII.

Der „Bock ohne Namen", heißt nun Hennes VIII.

1982 beim 1:1-Heimremis gegen den HSV sein Debüt feiern konnte. Er war rund sieben Jahre im „Dienst" und starb im Juli 1989 eines natürlichen Todes. Das genaue Datum ist leider nicht bekannt.

HENNES VI.

Die Sommerpause 1989 nutzte man, um Hennes VI. zu beschaffen, der zur Spielzeit 1989/90 ins Amt eingeführt wurde. Die immer schlechter werdenden sportlichen Leistungen der Kölner Kicker machten Hennes VI. arg zu schaffen. Immerhin hielt er bis zum 13. März 1996 durch, bevor er verstarb.

HENNES VII.

Erneut suchte die Kölner Boulevardpresse einen Nachfolger und fand ihn in Person von Hennes VII., der am 15. März 1996 beim 2:0-Heimsieg über 1860 München debütierte. Unfassbare vier Abstiege musste das arme Tier bisher ertragen.
Sein langjähriger „Hüter" Wilhelm Schäfer verstarb am 11. Juni 2006. Dennoch war Hennes VII. immer noch bei den Schäfers in Widdersdorf untergebracht, wird von Witwe Hildegard Schäfer und einem Freund der Familie liebevoll betreut. Zu den Heimspielen geht es im eigenen „Henneskurier" der Firma „TNT".
Neben den vier Abstiegen erlebte Hennes VII. auch vier Aufstiege. Doch nicht nur deswegen wird der siebte Bock der „Dynastie" in die Geschichte eingehen: Als erster Amtsinhaber muss er seinen Posten noch zu Lebzeiten räumen. Eine Arthrose an den Kapillargelenken lässt ein weiteres Amtieren nicht zu, und so wird Hennes VII. am 23. Juli 2008 in den Ruhestand verabschiedet. Der Rentnerbock wird weiterhin in Köln-Widdersdorf bei Hildegard Schäfer seinen Lebensabend verbringen.

HENNES VIII.

Vier verschiedene Geißböcke, „Jimmy", „Elvis", „Rocky" und der „Bock ohne Namen" standen als Nachfolgekandidaten bereit. Am 24. Juli 2008 wurde vom 1. FC Köln das Endergebnis der „Henneswahl" bekanntgegeben. Über 70 Prozent der mehr als 8.000 Wähler hatten auf der Homepage des Vereins für den „Bock ohne Namen" der Familie Landwehr aus Bergisch-Gladbach gestimmt. Im Rahmen der offiziellen Saisoneröffnung des 1. FC Köln am 3. August 2008 im RheinEnergieStadion wurde das neue Maskottchen erstmals der Öffentlichkeit präsentiert.

DIE HENNES-AHNENREIHE

Hennes I.	= 13.2.1950 bis 4.11.1966
Hennes II.	= 26.11.1966 bis 8/1970
Hennes III.	= 22.8.1970 bis 7/1975
Hennes IV.	= 8/1975 bis 13.11.1982
Hennes V.	= 20.11.1982 bis 7/1989
Hennes VI.	= 8/1989 bis 13.3.1996
Hennes VII.	= 15.3.1996 bis 23.7.2008
Hennes VIII.	= ab 24.7.2008

DIE HENNES-BETREUER

Wilhelm Siepen	1950 bis 1959
Peter Filz	1959 bis 1966
Günter Neumann	1966 bis 1970
Wilhelm Schäfer	1970 bis 2006
Hildegard Schäfer	seit 2006

Hennes IV. 1979 als Fotomotiv.

60 Jahre Leidenschaft – die Fans des 1. FC Köln

Schon der KBC und Sülz 07 verfügten über eine eigene, treue Anhängerschaft. Zwischen beiden Lagern herrschte zwar eine gewisse Rivalität, jedoch keine strikte Abneigung. Nach der Fusion der beiden Clubs sprangen zwar einige alte Sülz- und KBC-Fans ab, doch der neue Großclub gewann neben den Anhängern aus früheren Zeiten rasch neue hinzu. Auch dank der schnellen Erfolge des 1. FC Köln, der nur gut ein Jahr nach seiner Gründung in die höchste Spielklasse aufstieg. Schnell bildete sich ein treuer Anhängerkern, der den Club auch auswärts regelmäßig unterstützte. Schon in den 1950er Jahren organisierte der FC Busse oder bei Bedarf Sonderzüge, die die Schlachtenbummler zu den Auswärtsspielen transportierten. Viele Jahre lang sammelten sich die Fans zur Abfahrt vor dem Zigarrenhaus Röhrig in der Luxemburger Straße.

DER ERSTE FC-FANCLUB
Der erste FC-Fanclub wurde am 26. Dezember 1959 in Quadrath-Ichendorf gegründet und auf den Namen „1. FC Köln Anhängerclub Ichendorf" getauft. Einige Jahre lang sollten die Ichendorfer die einzige organisierte Anhängergruppe bleiben. Nur zögerlich bildeten sich im Laufe der Jahre neue Fanclubs. Dies war nicht nur in Köln, sondern bundesweit der Fall. Der harte Kern der FC-Fans, in den 1950er und 1960er Jahren auch als „Vertragszuschauer" bezeichnet, hatte auf den Stehplätzen der Nordkurve in der alten, ab Oktober 1973 abgerissenen Hauptkampfbahn seine Stammplätze. Damals wie heute hielten sich die „betuchteren" Anhänger auf der Westtribüne auf, was ebenfalls während der Zeit im Radrennbahn-Provisorium der Fall war.

Auch in der Fremde waren die Geißböcke nie allein. Hier besteigen die FC-Freunde Anfang der 1960er Jahre die zum Auswärtsspiel bereitgestellten Busse.

Riesenandrang im Müngersdorfer Stadion während der ersten Bundesligasaison 1963/64.

GEWALT IN DER KURVE
Auch Ausschreitungen gehörten, wie bereits berichtet, leider dazu. In den 1970er und 1980er Jahren nahmen handgreifliche Auseinandersetzungen durch die sogenannten „Hooligans" und deren Trittbrettfahrer dramatisch zu. Initiativen, wie die von Hans-Gerhard König ins Leben gerufene Kampagne „Begeisterung Ja – Krawalle Nein", hatten nur mäßigen Erfolg. Mit der Fertigstellung des neuen Müngersdorfer Stadions zogen die „Hardcore-FC-Fans" in die Südkurve um.

Im Laufe der Jahre sollte hier ein echtes Problem entstehen. Die „Freunde der dritten Halbzeit", die einer handfesten Auseinandersetzung nie abgeneigt waren und sind, standen zusammen mit den „normalen" Fans in der Kurve. So gab es häufig Konflikte, auch untereinander, und mancher Anhänger traute sich gar nicht mehr in die Kurve. Eine Alternative bot der Bereich „Stehplatz Mitte", in dem sich nicht nur die Fans einfanden, die „zu alt" für die Südkurve waren, sondern auch „gesittetere" FC-Freunde, die dennoch ihre Mannschaft unterstützen wollten. Leider wurde diesen Fans durch die Versitzplatzung der Gegengeraden im Jahre 1996 die Heimat genommen.

ERSTE ORGANISIERTE FANBETREUUNG
Einen entscheidenden Schritt in Sachen Fanarbeit beim 1. FC Köln leistete Michael Trippel, der nach zähem Kampf mit der Vereinsführung als erster, damals noch ehrenamtlicher, Fanbeauftragter im Jahre 1984 eine organisierte Fanbetreuung etablierte. Trippel managte Auswärtsfahrten, kümmerte sich bei Heimspielen um die Anhänger und führte eine „Fan-Ecke" im *Geißbock Echo* ein. Zudem gelang es ihm, in Zusammenarbeit mit Polizei, Verein und Ordnungsdienst, die Hooligans aus der Südkurve zu bekommen. Sie fanden im Oberrang Nord ein neues Zuhause und sind dort bis heute beheimatet. 1989 übernahm Rainer Mendel, zuvor Assistent Trippels, das Amt des Fanbeauftragten, das er seit 1997 hauptamtlich innehat. Mendel und Trippel waren auch die Initiatoren des 1991 ins Leben gerufenen Fanprojekts, eines mittlerweile mehr als 6.000 Mitglieder umfassenden Fanzusammenschlusses, der Auswärtsfahrten und Tickets organisiert, den Fanartikelverkauf im Stadion regelt und mit dem beliebten Fanzine *Kölsch live* eine eigene Zeitschrift herausgibt.

DIE „ULTRAS"
In den 1990er Jahren bildete sich mit der „Ultra-Bewegung" eine bis dato in deutschen Stadien unbekannte Fangruppierung. Angeregt von den Ultras in Italien, unterstützt man den Verein durch viele Fahnen, Doppelhalter, Spruchbänder und aufwändige Choreographien. Auch das Abbrennen von Pyrotechnik gehört zum Repertoire der Ultras. 1995 trat mit den „Ultras CCAA" die erste Gruppierung dieser Art in Müngersdorf auf. Als Abspaltung der „Ultras CCAA" entstand 1996 die „Wilde Horde", die heute das Bild im Unterrang der

DIE FANS

Eine herausragende Choreografie der Ultras zu Ehren des legendären FC-Präsidenten Franz Kremer in der Saison 2006/07.

Südkurve bzw. Südtribüne bestimmt und mit zahlreichen sehenswerten Choreographien auf sich aufmerksam macht. Die Gruppe stellt auch den „Vorsänger", der auf dem Zaun sitzend die Lieder für die Fans anstimmt. Vor allem die älteren FC-Freunde nehmen die Sangeskünste des Souffleurs nicht selten mit Befremden zur Kenntnis.

Auch im neuen, 2004 fertig gestellten RheinEnergieStadion sitzen die zahlungskräftigen Fans auf der Westtribüne, im Unterrang befinden sich die Plätze der VIP- und Edelfans. Den Gästefans steht ein Eckbereich im Unter- und Oberrang der Nordtribüne zur Verfügung. Auf der Osttribüne tummeln sich eher Tageskarteninhaber und „Gelegenheitsbesucher", während die Plätze im Westen, Süden und Oberrang Nord nahezu vollständig an Dauerkarteninhaber vergeben sind. Auch in sportlich mageren Zeiten strömen die Fans in hellen Scharen zum FC – und bei Erfolg sowieso. Das neue RheinEnergieStadion, ein wahres Schmuckstück, ist immer gut gefüllt bzw. ausverkauft. Eine der größten Stärken der kölschen Fans ist die Tatsache, dass man vor allem in schlechten Zeiten dem Club den Rücken stärkt. Davon hätten so manche Verantwortliche zu sportlich besseren Zeiten nicht zu träumen gewagt.

ERZFEINDE

Wie alle Fußballfreunde haben auch die FC-Fans ihre ganz speziellen Erzfeinde. Auf der Abneigungsliste der Geißbockanhänger ganz oben stehen die Kollegen aus Mönchengladbach. Das Derby mit den Fohlen ist das einzige, das dieses Prädikat in vollem Umfang verdient und eine lange Geschichte hat. Zu Oberligazeiten waren die Männer vom Niederrhein für den FC nur „Testspieler". Dies änderte sich in der Bundesliga, als die Gladbacher die Geißböcke regelmäßig im eigenen Stadion auskonterten. Vor allem durch den „Kölner" Hennes Weisweiler wurde die Rivalität zwischen dem FC und den Borussen in den 1970er Jahren begründet und „gefördert". Für viele jüngere Anhänger zählt Bayer Leverkusen zu den aktuellen Widersachern oder andere Westvereine, wie Schalke, Aachen oder Dortmund.

EINE KLASSE FÜR SICH

Doch am liebsten feiern die Kölner sich selbst, denn sie sind eine Klasse für sich. Fast 44.000 Zuschauer sahen im Schnitt die Zweitligaspiele der Saison 2007/08. 39.901 Mitglieder (Stand Juli 2008) tragen den Vereinsausweis in der Tasche, mehr als 1.200 eingetragene FC-Fanclubs waren im Sommer 2008 verzeichnet. In Deutschland können nur die Bayern und Schalke 04 auf mehr Fanclubs verweisen. Der Dauerkartenverkauf für die Spielzeit 2008/09 wurde bei 25.000 verkauften Abos vom Verein eingestellt, trotz signifikant höherer Nachfrage.

Vor einem FC-Spiel in der ersten Bundesligasaison stehen die Fans an den Kassen der alten Hauptkampfbahn Schlange.

Fanzimmer in den 1960er Jahren von Rolf und Monika Kever.

MITGLIEDERZAHLEN 1. FC KÖLN

1947/48:	783	1981/82:	2.500
1948/49:	1.273	1982/83:	2.400
1949/50:	1.486	1983/84:	2.200
1950/51:	1.443	1984/85:	2.200
1951/52:	1.421	1985/86:	2.100
1952/53:	1.574	1986/87:	2.100
1953/54:	2.064	1987/88:	2.100
1954/55:	3.003	1988/89:	2.200
1955/56:	2.349	1989/90:	2.300
1956/57:	2.364	1990/91:	2.795
1957/58:	2.232	1991/92:	3.117
1958/59:	2.219	1992/93:	3.976
1959/60:	2.320	1993/94:	4.300
1960/61:	2.395	1994/95:	4.370
1961/62:	2.110	1995/96:	4.427
1962/63:	2.150	1996/97:	4.687
1963/64:	2.266	1997/98:	5.357
1964/65:	2.284	1998/99:	5.309
1965/66:	2.205	1999/00:	5.100
1966/67:	2.200	2000/01:	5.500
1967/68:	2.155	2001/02:	7.500
1968/69:	2.100		(7/2001)
1969/70:	2.000	2002/03:	9.800
1970/71:	2.050		(7/2002)
1971/72:	2.000	2003/04:	12.400
1972/73:	2.000		(7/2003)
1973/74:	2.000	2004/05:	15.700
1974/75:	2.078		(7/2004)
1975/76:	2.100	2005/06:	25.000
1976/77:	2.300		(7/2005)
1977/78:	2.500	12/2005:	30.000
1978/79:	2.400	2006/07:	34.000
1979/80:	2.679	10/2007:	35.600
1980/81:	2.600	7/2008:	39.901

Das Stadion des 1. FC Köln

Das Müngersdorfer Stadion im Jahr 1929.

ORT DER LEIDENSCHAFT

Anfang des 20. Jahrhunderts rückte wie in ganz Deutschland auch in Köln der Sport immer mehr in das gesellschaftliche Interesse. Seinerzeit standen in der Rheinmetropole jedoch keine geeigneten Sportanlagen zur Verfügung. Die bestehenden Kölner Sportstätten waren dem immer größer werdenden Zuschauerinteresse nicht gewachsen. Und auch der Weidenpescher Park – er verfügte immerhin schon über eine überdachte Sitztribüne – konnte die Anforderungen nicht erfüllen. Die Zuschauerzahlen bewegten sich mit 3.500 bzw. 5.000 Besuchern dabei noch in einem überschaubaren Rahmen. Doch der Ruf nach einer Großarena wurde immer lauter – zumal in anderen deutschen Städten schon fleißig gebaut wurde. Erst durch den Friedensvertrag nach dem 1. Weltkrieg wurden diese Pläne konkreter, da die Bebauungssperre entlang der Kölner Militärringstraße aufgehoben wurde. So konnte Bürgermeister Konrad Adenauer in der Stadtverordnetenversammlung am 2. September 1921 die Pläne zur Erstellung eines Sportplatzes an der Aachener Straße vorlegen. Bis es endlich so weit war, musste Adenauer jedoch viel Überzeugungsarbeit leisten. Zuerst erhoben sich die Landwirte gegen die Enteignung ihrer Grundstücke, dann liefen dem Bauherrn die Kosten davon. Von geplanten 15,4 Millionen RM stiegen die Gesamtkosten auf insgesamt 47,4 Millionen RM. Dieses Problem erledigte sich allerdings zwei Monate nach der Eröffnung des Stadions von selbst. Durch die Währungsreform im November 1923 wurde der Stadt Köln der Großteil der Schulden kurzerhand gestrichen.

100.000 BEI ERÖFFNUNGSFEIER

Die Eröffnung der seinerzeit größten Sportarena Deutschlands wurde am 16. September 1923 im großen Stil gefeiert. Über 100.000 Menschen bestaunten die fünf Sportstätten, die unmittelbar nebeneinander lagen. Im Mittelpunkt stand die Hauptkampfbahn. Umrahmt wurde diese von der Ost- und Westkampfbahn. Dazu kamen dann noch die Radrennbahn sowie das Bade- und Schwimmstadion. Köln gehörte nach diesem Kraftakt zu den größten Sportmetropolen Europas. Keine andere deutsche Stadt hatte in der Zeit der Weimarer Republik so viele sportliche Großveranstaltungen wie die Domstadt. Doch Köln wäre nicht Köln, wenn nicht das berühmte Haar in der Suppe auftauchen würde. Schon bei der Eröffnungsfeier wurde die erbaute Tribüne kritisiert. Die Zuschauer der oberen Ränge müssten glauben, sich in einem Dachstuhl zu befinden, warfen Kritiker dem Architekten vor. So wurde die Tribüne nur zwei Jahre nach der Eröffnung erneuert. Auch weitere Umbauarbeiten im Umfeld des Stadions wurden in Angriff genommen. Stadtbaudirektor Adolf Abel entwarf und verwirklichte den noch heute vorhandenen massiven Ziegelsteinbau beim Haupteingang des Stadions am Marathontor.

Genutzt wurde die Hauptkampfbahn in den folgenden Jahren hauptsächlich bei Leichtathletik-Veranstaltungen. Die erste große Fußballveranstaltung kam am 20. November 1927. Beim ersten Fußballänderspiel auf Kölner Boden gab es ein 2:2 gegen den Erzrivalen aus den Niederlanden. 52.000 Zuschauer besuchten an diesem Tag das Spiel. Den Zuschauerrekord vor dem Krieg, 75.000, gab es übrigens beim Finale um die Deutsche Meisterschaft 1935, in dem der FC Schalke 04 den VfB Stuttgart mit

RUND UM DEN FC

DAS STADION

6:4 schlug. Ein Rekord für die Ewigkeit: Zehn Tore in einem Endspiel um die Deutsche Meisterschaft gab es zuvor und danach nie wieder. Auf Vereinsebene tat sich im großen Kölner Stadion nicht allzu viel. Die meisten Fußball treibenden Vereine verfügten über vereinseigene Sportanlagen. Allerdings kämpfte FC-Vorläufer Sülz 07 in der Müngersdorfer Radrennbahn um Punkte und Meisterehren. Bei Spielen mit größerem Publikumsinteresse zog Sülz 07 auch in die Hauptkampfbahn um. Ab 1933 machten sich auch die Nazis den großen Kölner Sportkomplex zunutze und hielten große Propagandafeiern im Kölner Stadion ab. Doch diese gingen ab 1943, wie auch der Sportbetrieb, immer mehr zurück und kamen gegen Ende des 2. Weltkrieges völlig zum Erliegen.

FLICKSCHUSTEREI

Mit Ende des 2. Weltkrieges war in Köln an Sport nicht zu denken. 80 Prozent der Sportstätten waren zerstört. Darunter natürlich auch die Müngersdorfer Hauptkampfbahn. Das Stadion war zudem von der amerikanischen Besatzungsmacht beschlagnahmt worden. Allerdings gestattete die Militärregierung der Kölner Bevölkerung die Nutzung der Plätze, was auch dankbar von den Sportlern angenommen wurde. Zu dieser Zeit fanden sich auch die beiden Vorsitzenden der Vereine Sülz 07 und Kölner BC zur Gründung des 1. FC Köln zusammen. Diese Entscheidung gab den Startschuss zu einem Fußballboom in der Stadt. Der neue Klub trug zunächst seine Heimspiele der Rheinbezirksliga in der Radrennbahn aus. Deren Grenzen waren aber schnell erreicht. Beim Entscheidungsspiel zum Aufstieg in die Oberliga war das Stadion ausverkauft. Mit 22.000 Zuschauern war die Kapazität der kleinen Arena restlos erschöpft. Aus diesem Grund wurde nach dem Aufstieg endlich in die Hauptkampfbahn gewechselt. Gegner wie Schalke 04 oder Borussia Dortmund ließen auch diese Arena, die mittlerweile restauriert und von den Kriegsschäden befreit war, oftmals aus allen Nähten platzen. Nun konnten endlich wieder Länderspiele in Köln ausgetragen werden.
Trotzdem wies der Sportstandort Köln erhebliche Mängel aus. Erste Diskussionen über den Bau eines neuen Stadions wurden laut. Geldmangel ließ die Kritiker schnell verstummen, und es wurde am alten Stadion weiter herumgeflickt. 1957 gab es eine Flutlichtanlage, und Anfang der 1960er Jahre wurde die 500-Meter-Laufbahn um 100 Meter verkürzt. Der Wendepunkt in der Stadionfrage war die Vergabe der Fußball-Weltmeisterschaft nach Deutschland. Köln hatte sich als Austragungsort beworben und musste gezwungenermaßen die Neubaupläne wieder aus der verstaubten Schublade holen. Gleich drei Modelle fanden sich da. Das Modell des Kölner Architekten Hans Schulten galt als Favorit. Das Schulten-Modell war bereits 1965 zur Diskussion gestellt worden: eine komplett überdachte Arena mit einer transparenten Zeltdachkonstruktion. 80.000 Zuschauer sollten darin Platz finden. Aber wie so oft in Köln wurde der zweite Schritt vor dem ersten gemacht. Denn nachdem Schulten sein Modell mitsamt Kosten vorgelegt hatte, machte der Kämmerer der Stadt Köln einen Kassensturz und musste zu seinem Bedauern mitteilen, dass die Schulten-Variante nicht zu finanzieren wäre. Auf rund 50 Millionen DM wurden die Baukosten geschätzt. Auch nachdem Schulten seinen Entwurf nochmals überarbeitet hatte und die Kosten auf 46 Millionen senken konnte,

DAS STADION

Das Müngersdorfer Stadion in den 1980er Jahren.

nahm die Stadt Abschied von diesem Modell – und der DFB von der Kölner WM-Bewerbung. Der kölsche Klüngel hatte es geschafft, dass dieses sportliche Großereignis nicht in der großen Rheinmetropole Köln stattfand, sondern auf so kleinen Nebenschauplätzen wie Düsseldorf oder Dortmund. Währenddessen verfiel die alte Hauptkampfbahn weiter. Statt eines Neubaus sollte nun geprüft werden, ob sie nicht restauriert werden könnte.

Der FC war mittlerweile in die Radrennbahn umgezogen. Zwar hatte diese nur einen spärlichen Komfort zu bieten, doch erwies sie sich für die Spieler als absoluter Hexenkessel. Denkwürdige Siege wurden in dem kleinen Stadion gefeiert. Ein 5:1 im DFB-Pokal gegen Bayern München nach einer 0:3-Hinspielniederlage oder das 6:0 gegen Olympique Marseille waren auch ein Resultat der intensiven Atmosphäre, die in diesem engen Ground herrschte. Allein das gemeinsame Füßetrampeln auf der alten Holztribüne – diese war übrigens aus der alten Hauptkampfbahn übernommen worden – sorgte für eine Gänsehaut bei den Besuchern. Finanziell gestaltete sich der Umzug schwierig. Nur dem Geschick der Präsidenten Oskar Maaß und Peter Weiand war es zu verdanken, dass der 1. FC Köln in dieser Zeit nicht in den Konkurs schlingerte. Die Stars machten dem Klub in dieser Zeit ebenfalls Zugeständnisse, verzichteten auf Höchstgagen und blieben trotz Geldeinbußen beim Verein.

„DAS MODERNSTE STADION DEUTSCHLANDS"

Im Rathaus waren die Tränen über die missglückte WM-Bewerbung mittlerweile getrocknet und machten so den Blick nach vorn frei. Dort schwebte immer noch der Traum von einem Stadionneubau. Wieder wurde ein Wettbewerb zum Stadionneubau ausgeschrieben. Unter den 21 eingereichten Entwürfen gewann das Modell der Firma Dyckerhoff & Widmann. Das 42 Millionen DM teure Objekt bot nicht nur 61.114 Zuschauern Platz und gute Sichtverhältnisse, sondern darüber hinaus auch bei Regen und Schnee noch ein Dach über dem Kopf. Nachdem das Dyckerhoff-Modell den Zuschlag bekommen hatte, ging alles ganz schnell. In einer Rekordbauzeit von 23 Monaten wurde die neue Arena hochgezogen, und am 12. November 1975 feierte ganz Köln das modernste Stadion Deutschlands. Doch nur drei Monate später zogen wieder dunkle Wolken durchs Rheintal. Von Abriss und Einsturzgefahr war die Rede. Vom Träger 23 hatte sich ein Betonbrocken gelöst. Das Stadion wurde gesperrt. Der FC musste, wenn auch nur für die Begegnung gegen Bayer Uerdingen, zurück in die Radrennbahn, und das Kölner Stadion wurde von der Firma Dyckerhoff mit Kobalt-Bomben nochmals auf seine Belastungsfähigkeit getestet.

Finanziell ging es jetzt für den FC bergauf. Bei Spielen gegen Bayern oder Mönchengladbach wurde nun mehr als das Doppelte eingenommen als zuvor in dem kleinen Stadion, doch die Spieler trauerten der alten Arena nach. Toni Schumacher beschrieb die Situation noch am treffendsten: „Bei geringer Auslastung glaubt man, sich in einem Kühlschrank zu befinden." Dies war nur zu verständlich. Manchmal verloren sich selbst bei Bundesligaspielen nur 6.000 bis 8.000 Zuschauer im weiten Rund. Auch mit dem Rasen gab es Probleme. Wer in seinen Reihen einen Harald Konopka oder Heinz Simmet beheimatet, braucht einen strapazierfähigen Rasenteppich. Der wurde nach wenigen Monaten neu verlegt. Zu den Höhepunkten im neuen Stadion zählten einige Länderspiele, die Europameisterschaft 1988 und das rein Kölner Pokalfinale. Und nicht zu vergessen die zahlreichen ASV-Abendsportfeste, die im Oval von Müngersdorf großen Anklang fanden. Apropos Klang: Auch zahlreiche Rock- und Popkonzerte waren im Veranstaltungskalender zu finden. Im Lauf der Zeit wurde auch am neuen Stadion immer wieder rumgewerkelt. Schon zur Euro '88 wurde der komplette Ehrengast- und Pressebereich erneuert. Mitte der 1990er Jahre zerstörten die Kölner Stadtoberen eine ganze Fankultur, indem sie den Stehplatz-Mittelbereich auflösten. „Wer sitzt, prügelt nicht", hieß die Parole der „alten Herren" in Zürich und Genf. Unter der Vorgabe, dass das Müngersdorfer Stadion europapokaltauglich sein müsste, wurden diese Umbauarbeiten vorgenommen. Allerdings war dies angesichts der sportlichen Entwicklung, die sich zu diesem Zeitpunkt schon stark abzeichnete, nur eine vorgeschobene Begründung. In den Kurven der Stadien standen fortan Vario-Sitze. Zum Glück kam es nie zu einer Paniksituation, denn sonst hätte es bei einer solchen Platzanordnung noch eher zu einer Katastrophe kommen können. Insgesamt also nur eine Aktion, die zur Erhöhung der Eintrittspreise führte, aber nicht zur Verbesserung der Sicherheit diente.

DAS RHEINENERGIESTADION

Für die WM im eigenen Land 2006 hatte sich Köln als Austragungsort beworben, und schon wieder schien das Ganze ein Possenspiel erster Klasse zu werden. Zunächst hieß es: Wir bauen nur um. Satte 50 Millionen Euro sollte die Umgestaltung kosten. Danach Neuwahlen in Köln, Wahlversprechen und eine gelungene Unterschriftenaktion des Kölner Fanprojektes. Nun war ein kompletter Neubau Favorit – erst in Deutz, dann auf den Jahnwiesen. Als auch dieses nicht realisierbar war, kam mit einem Neubau am alten Platz endlich ein umsetzbarer Vorschlag. Die Bauarbeiten wurde während des laufenden Spielbetriebes bewerkstelligt, die „Betonschüssel" verschwand etappenweise und wich der heutigen Arena. Am 31. Januar 2004, zum Heimspiel gegen Borussia Mönchengladbach, war es endlich so weit: Erstmals nach dem Beginn des Neubaus am 20. Dezember 2001, stand den Fans das komplette Stadion zur Verfügung. Fast 51.000 Zuschauer erlebten einen 1:0-Erfolg über die Mannschaft vom

DAS STADION

Das RheinEnergieStadion nach der Fertigstellung.

Niederrhein. Lukas Podolski, Kölns neuer Hoffnungsträger, traf und stand fortan in den Kölner Geschichtsbüchern als erster Torschütze. Knapp 118 Millionen Euro hatte der Neubau insgesamt gekostet.

Die Macher hatten ein Schmuckkästchen gebastelt, das sich absolut als WM-tauglich erwies. Während bei Meisterschaftsspielen die Heimat des 1. FC Köln für 50.997 Fans, davon 9.168 Stehplätze, zugelassen ist, können bei internationalen Spielen immerhin 46.134 Menschen einer Begegnung beiwohnen. Die maximale Entfernung zum Spielfeld beträgt im Süden gerade einmal 61,45 Meter, bei einem Neigungswinkel von 33,8 Grad. Im Neubau selbst ist mittlerweile alles untergebracht, was zum Betrieb des Stadions benötigt wird. So hat die Geschäftsstelle des 1. FC Köln ihre Zelte im Osten aufgeschlagen, im gleichen Gebäudekomplex wie auch die Kölner Sportstätten GmbH. Der gestiegenen Nachfrage nach VIP-Logen Rechnung tragend, wird die FC-Geschäftsstelle aber schon im Laufe des Jahres 2009 in einen Neubau am Geißbockheim einziehen, um Platz für neue Logen in der Osttribüne zu schaffen. Im Westen liegt das Allerheiligste der Mannschaft – Spielerkabinen mit Wellnessbereich und Entmüdungsbecken. Eine Etage höher befinden sich das Pressezentrum mit eigenem Fernsehstudio sowie in den oberen Etagen die 48 VIP-Räume. Damit die VIPs auch ungestört anreisen können, liegt unter dem Stadion eine Tiefgarage mit 650 Parkplätzen. Der Norden beheimatet noch einen Fan-Shop und das FC-Museum. Der Aufbau des Museums wurde im Wesentlichen von Dirk Unschuld und Thomas Hardt bewerkstelligt, zwei leidenschaftlichen Fans und Sammlern des 1. FC Köln (sowie Autoren dieses Buches). Ehrenamtlich haben sie dazu beigetragen, dass einige Schmuckstücke den Weg in die Vitrinen fanden. Da der 1. FC Köln mit seiner Geschichte eher nachlässig umging, war er auf die Mithilfe der Anhänger angewiesen.

Vom alten Müngersdorfer Stadion sind einzig die beiden Abel-Bauten erhalten geblieben. Diese Anfang der 1920er Jahre aus Ziegelstein erbauten Gebäude stehen mittlerweile unter Denkmalschutz und wurden nur generalüberholt. Auch die anderen Sportarenen haben sich in Lauf der Zeit verändert. Die Westkampfbahn wird mittlerweile von der Deutschen Sporthochschule betrieben und hat noch vor der WM eine komplett neue Tribüne erhalten. In der Ostkampfbahn spielt man auf Kunstrasen. Komplett neu gestaltet wurde das Radstadion, welches bereits 1996 wieder eröffnet wurde. Die alte Radrennbahn fiel 1982 der Abrissbirne zum Opfer. In den erweiterten Komplex „Müngersdorfer Stadion" kann man auch die Sportanlage des ASV Köln und die Tennisplätze von Rot-Weiß Köln einbeziehen, die im Lauf der Jahrzehnte dort aufgebaut wurden. Und mittendrin das „RheinEnergieStadion". Doch für die Traditionalisten wird es immer das Müngersdorfer Stadion bleiben. Die Stätte, wo 1964 die Meisterschale in Empfang genommen werden konnte und wo Spieltag für Spieltag die Fans feiern oder aber auch fluchen.

RUND UM DEN FC ■ 479

Die Heimat des 1. FC Köln – das Geißbockheim

DAS ALTE FORT IST ZU KLEIN

Dort, wo heute das Geißbockheim steht, hatte schon FC-Vorgängerverein Sülz 07 ab 1926 sein Clubhaus. Hier stand das so genannte „Fort VIb", das Teil des im 18. Jahrhundert erbauten Verteidigungsrings um Köln war. Auf dem angrenzenden Aschenplatz spielten die unteren Senioren- und Juniorenmannschaften der „Rothosen", während die 1. Mannschaft in der Regel ihre Heimspiele in der Müngersdorfer Radrennbahn oder der Hauptkampfbahn bestritt.

Bis zum Winter 1951 nutzte der 1. FC Köln das „Fort VI b" als Vereinsheim, doch schon bald war es für den rasant wachsenden Verein zu klein. Schon im Jahre 1949 bildete der FC auf Anregung von Franz Kremer ein Sonderkonto zur „Schaffung einer Großsportanlage". 10 Prozent jeder Spieleinnahme der 1. Mannschaft wurden auf dieses Konto abgeführt. 1950 plante man erstmals konkret den Bau eines Sportparks mit Clubheim. Vom Plan, die Anlage auf dem alten KBC-Platz unweit des Geißbockheims am Militärring/Luxemburger Straße zu errichten, rückten die Verantwortlichen schnell ab und entschieden sich für das Gelände rund um „Fort VI b", der Heimat von Sülz 07.

GEISSBOCKHEIM UND SPORTPARK ENTSTEHEN

Im Sommer 1951 begannen mit der Anlage eines Rasenplatzes die Bauarbeiten zur Errichtung des FC-Sportparks. Im Frühjahr 1952 wurde der Grundstein für das Geißbockheim gelegt. Besondere Verdienste in dieser Bauphase hatte der spätere Präsident Oskar Maaß, der sich als Vorsitzender des Bauausschusses verdient machte. Am 12. September 1953 wurde das soeben fertiggestellte Geißbockheim eingeweiht. Die Gesamtbaukosten betrugen mehr als 250.000 DM, eine für die damalige Zeit sehr hohe Summe. Viele FC-Mitglieder fürchteten im Vorfeld wegen der Kosten den finanziellen Kollaps des Vereins. Zur Einweihung waren unter anderem DFB-Präsident Peco Bauwens und Sporthochschulenchef Carl Diem erschienen. Erste Pächter und damit verantwortlich für die Gastronomie war das Ehepaar Trautvetter.

Das Geißbockheim samt der umliegenden Anlage war einmalig in Deutschland. Viele Vereinsvertreter aus dem In- und Ausland holten sich im Kölner Grüngürtel im Laufe der Jahre Anregungen.

DIE GESCHÄFTSSTELLE ZIEHT EIN

Erste Fußballmannschaft, die im Geißbockheim gastierte, war kurioserweise der spätere Erzrivale Borussia Mönchengladbach, der nach dem Oberligaspiel am 13. September 1953

Das alte Sülzer „Fort VI b" im Jahre 1951. An gleicher Stelle entstand nur zwei Jahre später das Geißbockheim.

Umkleideraum im Geißbockheim in den 1960er Jahren. Deutlich ist die alte Fortarchitektur zu erkennen.

(3:0 für den FC) zum Bankett geladen wurde. Am 15. September 1953 fand im Clubhaus die erste Jahreshauptversammlung statt. Viele Jahre lang war das Geißbockheim Schauplatz der Mitgliederversammlungen, bis es zu klein wurde und man in die Räumlichkeiten der Köln-Messe umzog. Im Juni 1959 erhielt das Haus eine zentrale Ölheizung. Zwei neue Rasen- und ein neuer Aschenplatz wurden angelegt. Zusätzlich begann man mit dem Bau der Sporthalle und der Befestigung des Parkplatzes. Auch die Außenterrasse und der Anbau für die Jugendabteilung entstanden. Zum August 1959 fand der Umzug der FC-Geschäftsstelle von der Luxemburger Straße 303 (im Zigarrenhaus Jupp Röhrig) ins Geißbockheim statt, wo sie bis zum Umzug ins Rhein-EnergieStadion im Juni 2004 beheimatet blieb. Nach umfangreichen Renovierungs- und Neubauarbeiten wurde das Geißbockheim im Juli 1961 unter der Regie des neuen Pächterehepaares Heinz und Anni Rausch wiedereröffnet. Auch die Sporthalle und die neuen Rasenplätze wurden ihrer Bestimmung übergeben. Zwei rauschende Meisterfeiern fanden 1962 und 1964 am Clubhaus statt. Im Dezember 1968 löste das Ehepaar Hans-Julius und Gertrud Röth die Familie Rausch als Pächter ab, doch schon im Frühjahr 1972 mussten sie aus gesundheitlichen Gründen die Führung des Hauses an die Eheleute Andre und Helga Lescroart weitergeben. Zusätzlich wurde

DAS GEISSBOCKHEIM

FC-Vorstandsmitglied Herbert Noack ehrenamtlicher Geschäftsführer der für die Clubhausbewirtschaftung zuständigen „Geißbock Gaststätten GmbH".

Eine der prägendsten Figuren im traditionsreichen Vereinsheim war Chefkoch Jupp Müller, der von 1965 bis 2000 die Gaumen der Gäste verwöhnte und auch gelegentlich die erste Mannschaft bei den Europapokalauswärtsspielen bekochte. Nach dem Pokalsieg 1978 ging bei der anschließenden Feier die große Theke zu Bruch und musste erneuert werden. Auch das Double wurde im Grüngürtel gefeiert. Verstimmt reagierten die wenigen Fans, die nach dem 1983er Pokalsieg ans Geißbockheim gekommen waren: Drinnen feierte man im kleinen Kreis ohne die treuen Anhänger.

GROSSER UMBAU ENDE DER 1990ER JAHRE

1998 begann man mit Renovierungsarbeiten am Aktiventrakt, und nachdem im Dezember 1999 Eugen Glöckner neuer Pächter des Hauses wurde, starteten noch umfangreiche Veränderungsarbeiten im Gastbereich des Clubhauses. Viele FC-Freunde reagierten enttäuscht, als sie das Ergebnis der Renovierung sahen. Die alte Gemütlichkeit des Hauses war ebenso dahin wie viele der alten Erinnerungsstücke, die man als Gast zuvor in den Vitrinen des Hauses bewundern konnte. Die beliebte, überdimensionale 1962er Meistermannschaft an der Wand des Gastraumes, der nun fast an eine Wartehalle erinnerte, war entfernt worden.

Traditionell fanden auch die Saisoneröffnungen rund um das Geißbockheim statt. Früher schöne Feste mit familiärem Charakter, steht seit ein paar Jahren das „Event" im Vordergrund. Am 20. Juli 2003 fand die letzte Saisoneröffnung am „GBH" statt, bevor man 2004 nach Müngersdorf ging.

Schon viele prominente Gäste aus Sport, Politik und öffentlichem Leben waren in den letzten 54 Jahren im Geißbockheim zu Gast, wie beispielsweise Ludwig Erhard (der auch FC-Mitglied war!), Willy Brand, Franz Beckenbauer oder Sepp Herberger, um nur einige zu nennen. Es fanden sogar Länderspielbankette statt, wenn es in Köln zu internationalen Vergleichen kam.

Das Geißbockheim (oben) und der Blick ins Franz-Kremer-Stadion.

Blick auf die Vitrine des Geißbockheims im Jahre 1961. Herrliche Erinnerungsstücke ziehen den Blick der Besucher an.

UNVERÄNDERT SCHÖN

Auch heute noch ist das gesamte Areal eine der schönsten und besten Vereinsanlagen Deutschlands. Das vereinseigene, zwischen 1966 und 1971 entstandene, 5.000 Zuschauer fassende Franz-Kremer-Stadion ist die Heimat der Amateur- und Jugendmannschaften. Insgesamt fünf Rasenplätze stehen den Profis, Amateuren und der Jugend zur Verfügung. Hinzu kommt ein Kunstrasen- sowie Fußballtennisplatz. Neben der Gastronomie finden sich im Geißbockheim auch die Medizinische Abteilung, die Scoutingabteilung und der Fanshop. Immer wieder zieht es die FC-Freunde hinaus in den Grüngürtel, sei es um beim Training der Lizenzspieler zu „kiebitzen" oder einfach nur ein Kölsch zu trinken. Für sie wird das Geißbockheim immer die Heimat „ihres" FC sein.

Seit Mai 2008 finden rund um das Clubhaus große Bauarbeiten statt. Die Garagen vor dem Haus (Terrassenseite) werden abgerissen. An gleicher Stelle baut der 1. FC Köln ein neues Verwaltungsgebäude, in dass ab 2009 die Geschäftsstelle einziehen wird. Da in der Osttribüne des RheinEnergieStadions, wo die Geschäftsstelle momentan noch untergebracht ist, neue VIP-Logen entstehen, kehren die FC-Mitarbeiter zurück in ihre „Heimat".

DIE FC-GESCHÄFTSSTELLEN VON 1948 BIS 2007

Sülzgürtel 12
▷ Februar 1948 bis August 1949

Sülzgürtel 34
▷ August 1949 bis November 1950

Luxemburger Straße 303
▷ November 1950 bis Juli 1959

Cluballee 1-3 (Geißbockheim)
▷ Juli 1959 bis Juni 2004

RheinEnergieStadion
▷ seit Juni 2004

Drei für die Geißböcke

Franz Kremer
Geboren: 30. Juli 1905 in Köln
Verstorben: 11. November 1967 in Köln
Präsident: 13. Februar 1948 bis
11. November 1967

DER „BOSS"

Er war der bekannteste Präsident in der langen Geschichte des 1. FC Köln. Franz Kremer steht noch heute für die Entwicklung des Geißbockclubs zu einem der erfolgreichsten deutschen Fußballvereine.

Am 30. Juli 1905 erblickte Franz Kremer als viertes Kind des Lokomotivführers Franz Kremer in Köln das Licht der Welt. Schon früh interessierte er sich nicht nur für den Fußballsport, sondern auch für die Leichtathletik und wurde 1919 Mitglied des KBC. Bei den Schwarz-Roten war er sowohl in der Fußballjugend als auch in der Leichtathletik- und Feldhockeyabteilung aktiv. Dem KBC blieb der gelernte Kaufmann immer treu, auch wenn er während des 2. Weltkriegs beruflich und im Militärdienst außerhalb Kölns tätig war.

In Oberschlesien festigte Franz Kremer seine berufliche Position. Er wurde Geschäftsführer der Kaufhalle (einer Kaufhof-Tochter) in Beuthen. Bei der Wehrmacht wurde er in Frankreich dem Sonderkommando „Seelöwe" unterstellt und heiratete noch während des Krieges, am 24. Juli 1944, in Paris seine Frau Liselotte.

Nach dem Krieg brachte es Kremer schnell wieder zu Geld und Ansehen, züchtete zur Aufbesserung der Einkünfte zusammen mit seiner Ehefrau Enten. 1947 wählten die Mitglieder des KBC den erfolgreichen Geschäftsmann zum 1. Vorsitzenden. Als Franz Bolg und Fritz Plate die Idee der Fusion von Sülz 07 und KBC hatten, ließ sich der KBC-Vorsitzende vom Fusionsgedanken überzeugen und wurde zum ersten Präsidenten des 1. FC Köln. Mit dem legendären Satz „Wollt ihr mit mir Deutscher Meister werden?" gewann Kremer viele für die Idee, einen ambitionierten Kölner Großverein zu etablieren. Es gelang ihm, in den schweren Anfangsjahren für die damalige Zeit professionelle Strukturen einzuführen und einflussreiche Personen aus Politik und Wirtschaft für den Verein zu begeistern. Hier seien stellvertretend der Kölner Wurstfabrikant Jupp Schlömer, ein eingefleischter FC-Fan, oder der Kaufhof genannt. Franz Kremer kannte aus seiner früheren beruflichen Tätigkeit viele Kaufleute, die trotz der im Sommer 1948 erfolgten Währungsreform rasch zu Geld gekommen waren. Mit dem im September 1953 eröffneten Geißbockheim erfüllte sich Franz Kremer den Wunsch nach einer Heimat für die Geißbockfamilie.

Aber nicht nur für den FC war der von Spielern und Fans nur respektvoll „Boss" genannte Präsident eine unbezahlbare Größe. Auch der deutsche Fußball hat ihm vieles zu verdanken, denn er war einer der profiliertesten und revolutionärsten Funktionäre seiner Zeit. Die Stimme des FC-Präsidenten hatte auch beim DFB Gewicht. Über viele Jahre hinweg setzte sich Franz Kremer für die Gründung der Bundesliga ein, die es ohne ihn, den „Vater der Bundesliga", wohl nie oder erst viel später gegeben hätte. Der „Boss" war, wie er sich selbst bezeichnete, ein „demokratischer Diktator", der das Ruder fest in der Hand hatte. Die großen Erfolge des 1. FC Köln sind zu einem großen Teil Franz Kremers Werk. Für seine mannigfaltigen Verdienste wurde er am 9. August 1965 mit dem Bundesverdienstkreuz ausgezeichnet. Sein plötzlicher Tod am 11. November 1967 an den Folgen eines Herzinfarktes versetzte nicht nur den gesamten FC, sondern auch ganz Köln in einen Schock. Die Beisetzung Franz Kremers fand am 16. November 1967 unter großer Anteilnahme der Bevölkerung sowie vieler Persönlichkeiten aus Sport, Politik, Wirtschaft und öffentlichem Leben auf dem Kölner Südfriedhof statt. Über 19 Jahre Präsidentschaft der Geißböcke waren beendet und bleiben für immer unvergessen.

Hans-Gerhard König
Geboren: 24. März 1929 in Braunschweig
Verstorben: 19. September 2003 in Köln
Clubsekretär: 1959 bis 1960
Geschäftsführer: 1965 bis 1972
Stadionsprecher: 1959 bis 1986, 1991 bis 1999
Schriftleiter *Clubnachrichten:* 1961 bis 1971
Schriftleiter *Geißbock Echo:* 1960 bis 1972, 1974 bis 1986
Langjähriger FC-Pressesprecher und „Produzent" der Mitgliederjahreshefte

DIE „STIMME DES FC"

Obwohl in Braunschweig geboren, wuchs Hans-Gerhard König in Hannover auf. In der Niedersachsenmetropole schloss er sich schon in jungen Jahren Hannover 96 an und wurde bei den Roten Jugendbetreuer. Im Niedersachsenstadion sammelte König auch erste Erfahrungen in dem Metier, in dem er später bekannt werden sollte. 1954 beim Länderspiel Deutschland gegen Frankreich hatte er seine Premiere als Stadionsprecher.

1958 verschlug es ihn beruflich nach Köln, wo Franz Kremer, der für gute Leute immer ein Auge hatte, auf König aufmerksam wurde. Kremer machte den Norddeutschen zum Clubsekretär, und am 23. Mai 1959 feierte

Enge Vertraute:
Franz Kremer und
Hans-Gerhard König.

DREI FÜR DIE GEISSBÖCKE

er beim Endrundenspiel in Müngersdorf gegen Werder Bremen sein Debüt als FC-Stadionsprecher. Die sonore, im perfekten Hochdeutsch vortragende Stimme Königs sollte zum unverzichtbaren Bestandteil der FC-Spiele werden. Alle Erfolge des 1. FC Köln erlebte er hautnah mit. Von 1965 bis 1972 bekleidete er zudem das Amt des Geschäftsführers, bevor Ex-Profi Karl-Heinz Thielen die Position übernahm.

Besondere Verdienste hat „HGK" auch um die Presse- und Öffentlichkeitsarbeit der Geißböcke. Das von Hermann Immel ins Leben gerufene *Geißbock Echo* übernahm er 1960 als Chefredakteur und war von 1961 bis 1971 für die *Clubnachrichten* verantwortlich, die er ebenfalls von Immel übernommen hatte. Als Pressesprecher war König stets ein hervorragender Repräsentant des Clubs. Großes Organisationstalent zeichnete den Niedersachsen aus, so managte er beispielsweise die Abschiedsspiele von Wolfgang Overath, Hannes Löhr und Wolfgang Weber. Nachdem zwischen 1986 und 1991 Holger Rathke das Amt des FC-Stadionsprechers übernahm, feierte „die Stimme von Köln" im Jahre 1991 das von den Fans herbeigesehnte Comeback am Mikrofon in Müngersdorf. Weitere acht Jahre blieb König Sprecher, ehe er 1999 seinen endgültigen Rücktritt erklärte und in Michael Trippel einen würdigen Nachfolger fand. Neben Fußballspielen moderierte das Multitalent Veranstaltungen wie das Kölner Sportpressefest oder die FC-Hallenturniere. Hinzu kamen zahlreiche Länderspiele bundesweit, bei denen König im Einsatz war. Für seine Verdienste ehrte der 1. FC Köln ihn mit der silbernen (1962) und goldenen (1972) Ehrennadel. Generationen von Stadionbesuchern sind mit Königs Stimme groß geworden. Das FC-Urgestein setzte sich auch immer massiv gegen Gewalt und Randale im Stadion ein. Sein Motto „Begeisterung Ja – Krawalle Nein" sorgte in den 1970er Jahren für großes Aufsehen. Am 19. September 2003 verstarb die „Stimme des FC" an den Folgen eines Herzleidens.

Hans-Gerhard König und sein Nachfolger Michael Trippel.

Wolfgang Overath
Geboren: 29.09.1943 in Siegburg
Beim FC von 1962 bis 1977 (Spieler),
1991 bis 1998 (Mitglied Verwaltungsrat),
seit 14.06.2004 Präsident 1. FC Köln
Pflichtspiele beim FC: 543
Pflichtspieltore: 118

KAPITÄN, WELTMEISTER, PRÄSIDENT

In Siegburg geboren und aufgewachsen, wurde Wolfgang Overath mit neun Jahren Mitglied des SSV Siegburg 04. 1962 unterschrieb er bei den Geißböcken. Nach damaligen Statuten war er zunächst für ein Jahr gesperrt. Als 1963 die Bundesliga startete, ging es auch mit der Karriere des Spielgestalters in Lichtgeschwindigkeit voran. Gleich in der Premierensaison errang er mit den Kölnern als Stammspieler die Deutsche Meisterschaft und erzielte am ersten Spieltag in Saarbrücken das erste Bundesligator des 1. FC Köln. Auch der Sprung in die Nationalelf ließ nicht lange auf sich warten. In der DFB-Auswahl sicherte sich Overath sofort einen Stammplatz, wurde 1966 bei der WM in England Vizeweltmeister. Beim FC gelang ihm erst mit dem DFB-Pokalsieg 1968 wieder ein Titelgewinn. Im selben Jahr wurde er Spielführer der Geißböcke. 1970 nahm er in Mexiko an seiner zweiten Weltmeisterschaft teil und wurde mit der DFB-Elf immerhin Dritter. Vier Jahre später krönte er mit dem Weltmeistertitel beim Turnier im eigenen Land seine internationale Karriere. Kurze Zeit später gab Overath seinen Rücktritt aus der Nationalelf bekannt. Als zur Saison 1976/1977 Hennes Weisweiler nach Köln zurückkam, waren die Tage des Ballzauberers auch im rot-weißen Dress gezählt. Nach einem demütigenden Ende mit dem „Höhepunkt" der Nichtaufstellung im (zweiten) 1977er Pokalfinale gegen Hertha BSC Berlin gab der Ballvirtuose seinen Rücktritt von der Fußballbühne bekannt.

Eine Ära war zu Ende, denn Overath hatte mehr als 15 Jahre lang die FC-Geschichte geprägt. Von überdurchschnittlichem Ehrgeiz angetrieben, hatte es der aus einer Großfamilie mit acht Kindern stammende Siegburger zu Weltruhm gebracht. Overath vereinigte alle Anlagen, die einen Spielgestalter internationalen Formats auszeichneten: stark am Ball, technisch versiert und mit genialer Übersicht. Zentimetergenau erreichten seine Pässe oft über mehr als 30 Meter ihren Adressaten. Auch im Torabschluss und bei Standardsituationen bewies er unzählige Male seine Klasse. Overath war für die Mannschaft enorm wichtig. Fehlte er – lief es beim FC nicht. Aber Overath polarisierte auch. Bei Auswärtsspielen wurde er oft gnadenlos ausgepfiffen. Mit seiner nicht selten hitzköpfigen Art eckte er bei Gegenspielern und Fans regelmäßig an. Oft wurde dem Kölner Kapitän vorgeworfen, für die Nationalmannschaft besser zu spielen als für den FC. Zumal der kölsche Regisseur fast immer mit Günter Netzer, dem anderen Weltklassespielgestalter der 1970er Jahre, verglichen wurde und Netzer eher im Vereinsdress statt beim DFB zur Hochform auflief. Das Duell zwischen Overath und Netzer, die sich privat übrigens bestens verstanden, fesselte die Fußballfans in ganz Deutschland viele Jahre lang. Wolfgang Overath war und ist dennoch eine der beliebtesten und international bekanntesten Persönlichkeiten, die je das Trikot des 1. FC Köln getragen haben. Kein Wunder, dass die Fans ihn bei seinem Abschiedsspiel am 17. Mai 1977 wie einen Helden verabschiedeten.

Nach dem Ende seiner Spielerkarriere kümmerte sich der findige Geschäftsmann um seine zahlreichen Immobilien und wurde Repräsentant der Firma Adidas. Schon in den Anfangsjahren seines Engagements beim FC hatte Overaths väterlicher Berater Franz Kremer mitgeholfen, dem Nationalspieler ein finanzielles Fundament aufzubauen, das er später erfolgreich vergrößerte. Der Weltmeister setzt sich aber auch intensiv für soziale Projekte ein. So unterstützt der gelernte Kaufmann nicht nur die Obdachlosen seiner Heimatstadt, er spielt regelmäßig für den guten Zweck in der „Lotto-Elf" sowie in der FC-Traditionsmannschaft. Das Geschehen bei „seinem" Club verfolgte er stets aufmerksam. Immer geisterte sein Name durch die Gazetten, wenn nach einem „Retter" für den FC gesucht wurde. Im Juni 2004 wurde Overath zum achten Präsidenten des 1. FC Köln gewählt.

Die Präsidentschaft des kölschen Idols gestaltete sich zunächst schwieriger als erwartet. Die anfangs eher zurückhaltende Finanzpolitik war genauso wenig von Erfolg gekrönt wie größere Investitionen. Overath schaffte es dennoch, den FC neben dem Platz noch besser aufzustellen. Er holte adidas zurück und stellte auch den Kontakt zum aktuellen Hauptsponsor REWE her.

Die Trainer des 1. FC Köln

Kurt Baluses

Beim FC von 1954 bis 1955
Geboren: 30.06.1914 in Allenstein/Ostpreußen
Verstorben: 28.03.1972

Aus Ostpreußen stammender Fußballlehrer. Als aktiver Spieler ein erstklassiger Außenläufer beim VfB Königsberg und später beim Itzehoer SV. Trainierte unter anderem auch Eintracht Braunschweig, VfB Stuttgart und den KSC.

Jörg Berger

Beim FC vom 10.09.1991 bis 28.02.1993
Geboren: 13.10.1944 in Gotenhafen (Gdynia), Polen

Als DDR-Juniorentrainer im Rahmen eines Länderspiels in den Westen abgesetzt. Rettete schon einige Clubs vor dem Abstieg. So trainierte er unter anderem Fortuna Düsseldorf, Eintracht Frankfurt, Schalke 04, KSC und Alemannia Aachen. Den FC führte er als bislang letzter Trainer 1992 in den UEFA-Cup. Später war der Fußballlehrer Privatier.

Zlatko „Tschik" Cajkovski

Beim FC von 1955 bis 1957 (Spieler), 1961 bis 1963 (Trainer), 1973 bis 1975 (Trainer)
Geboren: 24.11.1923 in Zagreb
Gestorben: 27. Juli 1998 in München
Pflichtspiele beim FC (als Spieler): 57
Pflichtspieltore: 6

Da er schon als Kind immer der Kleinste war, verpasste man ihm schnell den bis heute berühmten Spitznamen „Tschik" (jugoslawisch: Cik), was so viel wie „Stummel" bedeutet. Der erstklassige Techniker eroberte sich bei den Geißböcken schnell einen Stammplatz. Ab 1961 erfolgreich Trainer der Geißböcke. Trainierte später u.a. Bayern München, Hannover 96 oder den 1. FC Nürnberg. Von 1973 bis 1975 war der Publikumsliebling zum zweiten Mal FC-Coach, konnte aber an die Erfolge seiner ersten Amtszeit nicht mehr anknüpfen.

Christoph Daum

Beim FC von 1975 bis 1986 (Amateurspieler, Jugendtrainer, Co-Trainer Profis), 23.09.1986 bis 28.06.1990 (Cheftrainer), seit 27.11.2006 (Cheftrainer)
Geboren: 24.10.1953 in Zwickau

1975 wurde er FC-Mitglied und spielte fortan bei den Amateuren der Geißböcke. 1977 fing der Verteidiger als Trainer im Jugendbereich an. Zur Spielzeit 1985/1986 wurde Daum erfolgreich erst Co-Trainer und dann Chef bei den Profis. Unter dubiosen Umständen 1990 entlassen. Daum feierte weitere Erfolge, wurde Meister mit dem VfB Stuttgart und führte Bayer Leverkusen vom Abstiegskampf in die Champions League. Als der extrovertierte Fußballlehrer schon als kommender Nationaltrainer feststand, warf ihn die hinlänglich bekannte „Kokain-Affäre" kurz aus der Bahn. So ging er, wie schon zwischen 1994 und 1996, in die Türkei. Seit 27.11.2006 wieder am Geißbockheim.

Stephan Engels
siehe Seite 498

Karl Flink
siehe Seite 24

Friedhelm Funkel

Beim FC vom 15.02.2002 bis 30.10.2003
Geboren: 10.12.1953 in Neuss

Als Spieler in Kaiserslautern und Uerdingen ein erfahrener Recke, zählt Funkel inzwischen auch zu den bekanntesten Köpfen der Trainergilde. Beim FC konnte er den Abstieg 2002 zwar nicht mehr verhindern, stieg aber postwendend wieder auf. Leider hatte man in Köln nicht die nötige Geduld, den Trainer etwas aufbauen zu lassen, und feuerte ihn vorzeitig. Später feierte Funkel mit der Frankfurter Eintracht beachtliche Erfolge.

Holger Gehrke

Beim FC von 2004 bis heute (Torwarttrainer), 09.11.2006-26.11.2006 (Cheftrainer)
Geboren: 22.08.1960 in Berlin

Ehemaliger Keeper, unter anderem bei Schalke, Duisburg und Karlsruhe. Huub Stevens brachte ihn 2004 als Co-Trainer mit. Chefcoach war er nur übergangsweise, bis Christoph Daum übernahm. Heute Torwarttrainer der Geißböcke.

Karl-Heinz Heddergott

Beim FC vom 16.4.1980 bis 04.10.1980
Geboren: 27.08.1926 in Düsseldorf

War lange Jahre als Trainerausbilder beim DFB tätig und ein hervorragender Theoretiker. Verkrachte sich beim FC noch mit Superstar Bernd Schuster und beschleunigte so dessen Abgang zum FC Barcelona. Später genoss Heddergott seinen Ruhestand im beschaulichen Hennef an der Sieg.

Rolf Herings

Beim FC von 1969-1972, 1973-1998, seit 1999
Geboren: 10.07.1940 in Rheydt
Konditionstrainer/Torwarttrainer/Co-Trainer/Interims-Cheftrainer (05.04.1972-30.06.1972, 05.10.1980-15.10.1980)

Konditionstrainer und Torwarttrainer. Wenn „Not am Mann" war, sprang der Leichtathlet auch als Interimscoach auf den Chefsessel – zweimal (1972 und 1980) war dies der Fall. Olympiateilnehmer und Deutscher Meister im Speerwurf, Berater von Christoph Daum, heute Individualtrainer der Lizenzspielerabteilung.

Wolfgang Jerat

Beim FC von 1991 bis 1993 (Amateurtrainer), 28.02.1993-28.04.1993 (Cheftrainer), 1993-1996 (Co-Trainer)
Geboren: 09.02.1955 in Köln

Vom Amateurtrainer stieg Wolfgang Jerat zum Coach der FC-Profis auf, konnte dem Abstiegskampf 1992/1993 aber keine Wendung mehr geben und wurde von Morten Olsen abgelöst. Später beim Wuppertaler SV beschäftigt.

DIE TRAINER DES 1. FC KÖLN VON 1948 BIS 2007

1947/48	Karl Flink
1948/49	Hennes Weisweiler
1949/50	Hennes Weisweiler
1950/51	Hennes Weisweiler
1951/52	Hennes Weisweiler
1952/53	Helmut Schneider
1953/54	Karl Winkler
1954/55	Kurt Baluses
1955/56	Hennes Weisweiler
1956/57	Hennes Weisweiler
1957/58	Hennes Weisweiler
1958/59	Peter Szabo
1959/60	Oswald Pfau
1960/61	Oswald Pfau
1961/62	Zlatko Cajkovski
1962/63	Zlatko Cajkovski
1963/64	Georg Knöpfle
1964/65	Georg Knöpfle
1965/66	Georg Knöpfle
1966/67	Willi Multhaup
1967/68	Willi Multhaup
1968/69	Hans Merkle
1969/70	Hans Merkle
1970/71	Ernst Ocwirk
1971/72	Gyula Lorant (bis 4.4.)
	Rolf Herings (ab 5.4.)
1972/73	Rudolf Schlott
1973/74	Rudolf Schlott (bis 16.9.)
	Zlatko Cajkovski (ab 17.9.)
1974/75	Zlatko Cajkovski
1975/76	Zlatko Cajkovski (bis 13.12.)
	Georg Stollenwerk (ab 1.1.)
1976/77	Hennes Weisweiler
1977/78	Hennes Weisweiler
1978/79	Hennes Weisweiler
1979/80	Hennes Weisweiler (bis 15.4.)
	Karl-Heinz Heddergott (ab 16.4.)
1980/81	Karl-Heinz Heddergott (bis 4.10.)
	Rolf Herings (5.10.-15.10.)
	Rinus Michels (ab 16.10.)
1981/82	Rinus Michels
1982/83	Rinus Michels
1983/84	Rinus Michels (bis 23.8.)
	Hannes Löhr (ab 24.8.)
1984/85	Hannes Löhr
1985/86	Hannes Löhr (bis 6.2.)
	Georg Keßler (ab 7.2.)
1986/87	Georg Keßler (bis 22.9.)
	Christoph Daum (ab 23.9.)
1987/88	Christoph Daum
1988/89	Christoph Daum
1989/90	Christoph Daum
1990/91	Erich Rutemöller
1991/92	Erich Rutemöller (bis 28.8.)
	Udo Lattek (29.8.-3.9.)
	Hannes Linßen (4.9.-9.9.)
	Jörg Berger (ab 10.9.)
1992/93	Jörg Berger (bis 28.2.)
	Wolfgang Jerat (28.2.-28.4.)
	Morten Olsen (ab 29.4.)
1993/94	Morten Olsen
1994/95	Morten Olsen
1995/96	Morten Olsen (bis 27.8.)
	Stephan Engels (28.8.-31.3.)
	Peter Neururer (ab 1.4.)
1996/97	Peter Neururer
1997/98	Peter Neururer (bis 30.9.)
	Lorenz-Günther Köstner (ab 1.10.)
1998/99	Bernd Schuster
1999/00	Ewald Lienen
2000/01	Ewald Lienen
2001/02	Ewald Lienen (bis 28.1.)
	Christoph John (28.1.-14.2.)
	Friedhelm Funkel (ab 15.2.)
2002/03	Friedhelm Funkel
2003/04	Friedhelm Funkel (bis 30.10.)
	Jos Luhukay (31.10.-1.11.)
	Marcel Koller (ab 2.11.)
2004/05	Huub Stevens
2005/06	Uwe Rapolder (bis 18.12.)
	Hanspeter Latour (ab 3.1.)
2006/07	Hanspeter Latour (bis 9.11.)
	Holger Gehrke (9.11.-26.11.)
	Christoph Daum (ab 27.11.)
2007/08	Christoph Daum
2008/09	Christoph Daum

Christoph John

Beim FC von 1994 bis 2007 (Jugend- und Amateurtrainer [U23]), 28.01.2002-14.02.2002 (Cheftrainer) Geboren: 24.12.1958 in Heidenheim

Bei den Profis nur Übergangslösung, führte er die FC-Amateure in die Regionalliga, stieg aber auch wieder ab. Auch als Jugendtrainer erfolgreich. Im Sommer 2007 trennte sich der FC von John. Aktuell Cheftrainer des Wuppertaler SV.

Georg Keßler

Beim FC vom 07.02.1986 bis 22.09.1986 Geboren: 23.09.1932 in Saarbrücken

Früherer Nationaltrainer der Niederlande (1966-1970), der in Köln nicht zurechtkam. Kessler betreute unzählige Clubs, darunter RSC Anderlecht, Hertha BSC und AZ Alkmaar, wo ihm 1981 der Gewinn des „Doubles" gelang.

Georg Knöpfle

Beim FC von 1963 bis 1966 Geboren: 15.05.1904 in Schramberg Verstorben: 14.12.1987 in Hamburg

Als Akteur der SpVgg Fürth und des FSV Frankfurt bestritt „Knopf" 23 A-Länderspiele. Seine Laufbahn als Coach führte ihn u.a. zu Arminia Hannover, FC Bayern, Alemannia Aachen, HSV und Werder Bremen. Sein größter Erfolg war allerdings der Gewinn der Deutschen Meisterschaft im Premierenjahr der Bundesliga mit dem 1. FC Köln. Später Sportdirektor beim HSV.

Marcel Koller

Beim FC vom 02.11.2003 bis 2004 Geboren: 11.11.1960 in Zürich

17 Jahre lang spielte Marcel Koller für die Grasshoppers Zürich, feierte sieben Meisterschaften und fünf Pokalsiege. Als Trainer wurde er mit St. Gallen und den Grasshoppers ebenfalls Meister. Beim FC stieg der Schweizer 2004 sang- und klanglos ab. Allerdings entdeckte er Lukas Podolski und holte ihn zu den Profis. Später in Bochum tätig.

Lorenz-Günther Köstner

Beim FC vom 01.10.1997 bis 1998 Geboren: 30.01.1952 in Wallenfels

Zuvor erfolgreich in Unterhaching, schaffte es Köstner nicht, den FC vor dem Abstieg zu retten. Bekam von den Spielern den wenig respektvollen Spitznamen „Pater Leppisch" verpasst. Bis Ende Mai 2007 Trainer bei Rot-Weiß Essen.

Hanspeter Latour

Beim FC vom 03.01.2006 bis 09.11.2006 Geboren: 04.06.1947 in Thun/Schweiz

Hatte vor dem FC zahlreiche Co- und Cheftrainerposten in der Schweiz. Trotz guter Ansätze schaffte es der liebenswerte Eidgenosse nicht, die schlecht besetzte Mannschaft zu retten. Der Sammler von Elefantenfiguren wurde im November 2006 von Christoph Daum abgelöst und arbeitete später bei den Grasshoppers Zürich.

Udo Lattek

Beim FC von 1987 bis 1988 (Sportdirektor), 1990-1992 (Sportdirektor), 29.08.1991-03.09.1991 (Cheftrainer) Geboren: 16.01.1935 in Bosemb/Ostpreußen

Einer der erfolgreichsten deutschen Trainer, gewann vor allem mit Mönchengladbach und Bayern zahlreiche Titel. War zweimal als Sportdirektor beim FC engagiert – mit wechselhaftem Erfolg. Fungierte als Cheftrainer nur als Interimslösung. Lebte später als Ruheständler in Köln und arbeitete fürs Sportfernsehen.

Ewald Lienen

Beim FC von 1999 bis 28.01.2002
Geboren: 28.11.1953 in Schloß Holte-Stukenbrock

In Köln trotz Gladbacher Vergangenheit sehr beliebt. Nachdem er den FC zum Aufstieg 2000 geführt hatte, war sein blaues Hemd Kult, und der Coach wurde zum „heiligen Ewald" erklärt. Leider nutzte sich Lienen zu schnell ab und musste vorzeitig gehen. Lienen, der auch bei Duisburg, Teneriffa, Rostock, Gladbach und Hannover an der Seitenlinie stand, war später bei Panionios Athen tätig.

Hannes Linßen

Beim FC 1990-1993 (Co-Trainer), 04.09.1991-09.09.1991 (Cheftrainer), November 1998 - Februar 2002 Sportdirektor
Geboren: 28.09.1949 in Wachtendonk

Der Mann mit der lustigen Frisur wurde auch durch seine langjährige Trainertätigkeit für Fortuna Köln und den FC Gütersloh bekannt. Als Cheftrainer beim FC nur Interimslösung.

Hannes Löhr
siehe Seite 188

Gyula Lorant

Beim FC von Juni 1971 bis 4.4.1972
Geboren: 06.02.1923 in Köszeg/Ungarn
Verstorben: 31.05.1981 in Saloniki/Griechenland

Der streitbare Ungar war ein guter Trainer, doch in Köln eckte er zu viel an, geriet nicht nur mit Zeugwart Hans Thönnes, sondern auch mit Präsident Oskar Maaß aneinander. So waren seine Tage in der Domstadt gezählt. Neben dem FC betätigte sich Lorant unter anderem auch bei Kaiserslautern, MSV Duisburg, Offenbach, Bayern, Eintracht Frankfurt und Schalke 04.

Jos Luhukay

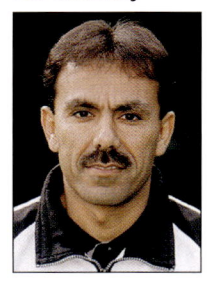

Beim FC von 2002 bis 2005 (Co-Trainer), 31.10.2003-01.11.2003 (Cheftrainer)
Geboren: 13.06.1963 in Venlo/Niederlande

Als Spieler unter anderem in Waalwijk und Uerdingen aktiv, war Luhukay von 1998-2002 Trainer beim SV Straelen und in Uerdingen. Nach der Entlassung von Friedhelm Funkel kurz Übergangslösung, bis Marcel Koller das Amt übernahm. Später Cheftrainer in Mönchengladbach.

Hans Merkle

Beim FC von 1968 bis 1970
Geboren: 01.06.1918 in Karlsruhe

„Granit-Hans" kam von den Young Boys Bern (Schweiz) zum FC, hatte zuvor unter anderem beim SSV Reutlingen und den Offenbacher Kickers gearbeitet. Eher autoritärer Typ mit gutem Blick für Talente. Köln war seine erste und einzige Bundesligastation.

Rinus Michels

Beim FC vom 16.10.1980 bis 23.08.1983
Geboren: 09.02.1928 in Amsterdam
Gestorben: 03.03.2005 in Aalst/Belgien

Der Holländer betreute unter anderem die niederländische Nationalmannschaft (Vizeweltmeister 1974) und den FC Barcelona. Auch als Spieler eine Legende – als Torjäger von Ajax Amsterdam. Holte als Trainer mit dem Pokalsieg 1983 den bislang letzten Titel der Kölner. Wurde zu Hollands „Trainer des Jahrhunderts" gewählt.

Willi Multhaup

Beim FC von 1966 bis 1968
Geboren: 19.07.1903 in Essen
Verstorben: 18.12.1982 in Essen

Als Spieler ein erstklassiger Außenläufer bei SW Essen, war „Fischken" Multhaup als Trainer noch erfolgreicher. Mit dem FC Pokalsieger 1968. Seinen Spitznamen bekam Multhaup, weil sein Vater in Essen einen Fischhandel betrieb. Der FC war seine letzte Trainerstation (der Coach arbeitete unter anderem noch für SW Essen, RW Essen, VfB Bottrop, Preußen Münster und Meidericher SV).

Peter Neururer

Beim FC vom 01.04.1996 bis 30.09.1997
Geboren: 26.04.1955 in Marl

Seit seiner Kindheit war Peter Neururer FC-Fan. 1996 wurde er zum Retter, bewahrte den FC in letzter Minute vor dem Abstieg. Man verpasste die rechtzeitige Trennung, es ging abwärts und so wurde noch unter Neururer die erste Abstiegssaison der Vereinsgeschichte eingeläutet. Neben dem FC betreute der „Pitter" aus dem Ruhrpott u.a. noch Hertha, Saarbrücken, Schalke, Bochum sowie Hannover.

Ernst Ocwirk

Beim FC von 1970 bis 1971
Geboren: 07.03.1926 in Wien/Österreich
Verstorben: 23.01.1980 in Klein-Pöchlarn/Österreich

Ehemaliger österreichischer Nationalspieler von Austria Wien, als Spieler auch in Italien bei Sampdoria Genua aktiv. Der Disziplinfanatiker blieb nur ein Jahr in Köln und tauchte in der Bundesliga fortan nicht mehr auf.

Morten Olsen
siehe Seite 346

Oswald Pfau

Beim FC von 1959 bis 1961
Geboren: 07.01.1915 in Zwickau
Verstorben: 03.01.1969 in Dortmund
Trainer

Spielte bei Eintracht Frankfurt und Hertha BSC Berlin. Trainer zunächst bei kleineren Clubs, ab Januar 1956 Nationaltrainer der DDR. Nach weiteren Stationen bei den Stuttgarter Kickers und Bremerhaven kam er zum FC. Danach noch bei FK Pirmasens, Alemannia Aachen, VfR Mannheim und Borussia Dortmund tätig.

Uwe Rapolder

Beim FC von 2005 bis 18.12.2005
Geboren: 29.05.1958 in Hausen

Als Spieler eher unbekannt, machte sich Uwe Rapolder als Trainer unter anderem von Waldhof Mannheim und vor allem Arminia Bielefeld einen Namen. Beim FC scheiterte der Verfechter des „Konzept-Fußballs" trotz starken Auftakts jedoch gnadenlos. Er geriet mit Superstar Lukas Podolski aneinander. Später Cheftrainer der TuS Koblenz.

Erich Rutemöller

Beim FC von 1980 bis 1985 (Amateurtrainer), 29.06.1990-28.08.1991 (Cheftrainer), 1970-1973 (FC-Amateurspieler)
Geboren: 08.02.1945 in Recke

Trainer der FC-Amateure, mit denen er 1981 deutscher Amateurmeister wurde. Legendär wurde der Sportlehrer mit der „Mach et, Otze"-Aktion beim Pokalhalbfinale 1991. Neben dem FC trainierte er unter anderem auch den Bonner SC und Hansa Rostock. Später Ausbildungsleiter der Trainerakademie an der Sporthochschule in Köln.

Rudolf „Rudi" Schlott

Beim FC von 1972 bis 06.09.1974
Geboren: 18.01.1927

Der diplomierte Sportlehrer war lange Zeit Assistent von Hennes Weisweiler bei Borussia Mönchengladbach. Als Chefcoach gab er trotz seines enormen Fachwissens eine eher unglückliche Figur ab. So widmete er sich wieder ganz seiner Pädagogentätigkeit am Solinger Humboldt-Gymnasium.

Helmut Schneider

Beim FC von 1952 bis 1953
Geboren: 13.07.1913 in Altrip
Verstorben: 13.02.1984 in Mannheim

Vom VfR Mannheim zum FC gekommen. Spielte in den 1930er Jahren für Bayern München und Waldhof Mannheim. Als Trainer zuvor auch schon bei der SpVgg Fürth erfolgreich. Betreute später u.a. noch Borussia Dortmund, Bayern München, 1. FC Saarbrücken und den Karlsruher SC.

Bernd Schuster

siehe Seite 291

Huub Stevens

Beim FC von 2004 bis 2005
Geboren: 29.11.1953 in Sittard/Niederlande

Als Aktiver vor allem beim PSV Eindhoven berühmt, wurde die Trainerlaufbahn des Ex-Nationalspielers noch eindrucksvoller. Angefangen in Kerkrade, feierte er mit Schalke zwischen 1996 und 2002 riesige Erfolge, holte zweimal den Pokal und 1997 den UEFA-Cup. Mit dem FC stieg Stevens 2005 souverän auf. Später Coach beim HSV und PSV Eindhoven.

Georg Stollenwerk

siehe Seite 103

Peter Szabo

Beim FC von 1958 bis 1959
Geboren: 13.04.1901 in Budapest/Ungarn
Verstorben: 21.09.1963

Als Nachfolger von Hennes Weisweiler fehlte dem Ungarn die nötige Autorität. Wurde als Spieler mit dem 1. FC Nürnberg Deutscher Meister (1920). Als Trainer war er auch noch unter anderem bei Eintracht und FSV Frankfurt, VfB Dillingen sowie in Polen, der Türkei und in der Schweiz tätig.

Karl Winkler

Beim FC von 1953 bis 1954
Geboren: 04.04.1906 in Frankenthal

Kam vom Lokalrivalen Preußen Dellbrück. Wurde als erster Coach mit dem FC Westdeutscher Meister. Spitzname: „der Alte". Betreute auch SW Essen, RW Oberhausen und Bayer Leverkusen.

HANS „HENNES" WEISWEILER

Beim FC von 01.07.1948 bis 30.06.1952 (Spielertrainer), 01.07.1955-30.06.1958 (Trainer), 01.07.1976-15.04.1980 (Trainer)
Pflichtspiele beim FC als Spieler/Spielertrainer: 100
Pflichtspieltore: 9
Geboren: 5.12.1919 in Lechenich
Verstorben: 5.7.1983 in Aesch (Schweiz)

Schon im Kölner BC, dessen Mitgliedsausweis er seit 1935 in der Tasche hatte, war Weisweiler aktiv. Hier feierte er beim Gauligaderby gegen den VfL Köln 99 in der Saison 1937/1938 seine Premiere in der ersten Mannschaft. In dieser Zeit wurde aus Hans „Hennes". Seine ersten fußballerischen Sporen hatte sich Weisweiler jedoch bei seinem Heimatverein, dem VfB Lechenich, verdient. Zunächst als Mittelstürmer eingesetzt, wurde er später zum kompromisslosen Verteidiger. 1945 kehrte der Fußballer aus Leidenschaft in die Heimat zurück und baute beim VfB Lechenich eine neue Mannschaft auf. Doch schon kurz darauf zog es ihn zum KBC zurück. Nach der Fusion der Schwarz-Roten mit Sülz 07 war der Abwehrspieler Teil der Mannschaft, die im ersten Spiel als 1. FC Köln mit 8:2 gegen Nippes 12 eine gelungene Premiere gab.

Schon früh strebte der aus Lechenich bei Erftstadt stammende Sohn eines Prokuristen auch den Trainerberuf an und war 1947 Teilnehmer beim ersten Trainerlehrgang an der Kölner Sporthochschule unter Sepp Herberger. Später war „Hennes" auch als Assistent des legendären Bundestrainers tätig und wurde dessen Nachfolger an der Sporthochschule. Bereits nach kurzer Zeit löste er Karl Flink beim FC ab und wurde Spielertrainer. Der wegen seiner ländlichen Herkunft von den Kölnern liebevoll „de Boor" (= der Bauer) genannte Fußballlehrer feierte 1949 mit dem Oberligaaufstieg des 1. FC Köln seinen ersten großen Erfolg. Bis zum Ende der Saison 1951/1952 blieb Weisweiler für die sportlichen Geschicke der Geißböcke verantwortlich, ehe er an den Niederrhein zum Rheydter SV wechselte. Drei Jahre später folgte die zweite Amtszeit als FC-Trainer. Sportlicher Höhepunkt dieser Zeit war das Erreichen der Endrunde um die Deutsche Meisterschaft 1958. Nach Differenzen mit FC-Boss Franz Kremer zog es ihn noch im selben Jahr zum Lokalrivalen Viktoria Köln auf die „Schäl Sick", wo er bis 1964 unter Vertrag stand. Seinen neuen Club Borussia Mönchengladbach führte er von der Regionalliga bis in die deutsche und europäische Spitze. Mit den „Fohlen" gewann der passionierte Skatspieler in elf Trainerjahren drei deutsche Meisterschaften, sowie je einmal den DFB-Pokal und den UEFA-Cup. Das anschließende Engagement Weisweilers beim FC Barcelona dauerte nur neun Monate. Wegen anhaltender Differenzen mit Superstar Johan Cruyff trennten sich die Katalanen und der Rheinländer.

1976 kam Weisweiler zum dritten Mal ans Geißbockheim. Mit der Rückkehr des „verlorenen Sohnes" stellte sich auch gleich wieder Erfolg ein. Der DFB-Pokalsieg 1977 war der erste Titel für die Geißböcke seit neun Jahren. Ein Jahr später der Triumph: Die Weisweiler-Elf holte das „Double". Es folgten Engagements bei Cosmos New York (US-Meister 1980) und Grasshoppers Zürich (Double 1983).

Junge, talentierte Spieler zu entdecken und zu fördern war eine Spezialität des Fußballdozenten. Mit den etablierten „Stars" gab es häufiger Reibungspunkte. Der „Fußballprofessor" konnte polarisieren, war ein Mensch mit Ecken und Kanten. Mit seiner Reibeisenstimme wirkte er nach außen zuweilen bärbeißig und unfreundlich. Doch der „Boor" konnte herzensgut sein und verabscheute Ungerechtigkeiten gegen Schwache.

Weisweiler starb am 5. Juli 1983 in seinem Haus im schweizerischen Aesch am Zürichsee an den Folgen eines Herzinfarktes. Die Trauerfeier in Köln glich einem Staatsbegräbnis, zu dem sich mehr als 20.000 Trauergäste im Kölner Dom versammelt hatten.

Wichtige Persönlichkeiten der FC-Geschichte

Die folgende Auflistung berücksichtigt einige Persönlichkeiten aus der Geschichte des 1. FC Köln. Sie ist bewusst nicht vollständig, da eine Nennung aller relevanten Personen schlicht den Rahmen gesprengt hätte. Dennoch möchten wir ausdrücklich betonen, dass auch die unzähligen nicht aufgeführten Personen ihren Einfluss (ob positiv oder negativ) auf die bewegte FC-Historie hatten.

Ahlfeld, Heinz, Dr.
Geboren: 31.12.1914
Vorstand/Verwaltungsrat 1952-1987
Von Beruf Oberregierungsrat, später Ministerialdirektor.

Amerongen, von, Otto Wolff
Geboren: 06.08.1918
Verstorben: 08.03.2007
Vorstand/Verwaltungsrat 1956-1975

Berühmter Kölner Industrieller, später unter anderem Vorsitzender des Ostausschusses der deutschen Wirtschaft.

Artzinger-Bolten, Dietmar
Geboren: 23.08.1940 in Allenstein/Ostpreußen
Präsident 03.04.1987 - 20.11.1991

Betreibt in Köln eine renommierte Anwaltskanzlei. Seine Präsidentschaft brachte anfangs sportliche Erfolge unter Trainer Daum. Überschattet wurde die Zeit von der Daum-Entlassung, den „verschwundenen" Häßler-Millionen und Vorstandsmissmanagement.

Assenmacher, Josef, Dr. med.
Mannschaftsarzt 1974-1976

Böhle, Jürgen
Geboren: 25.07.1946 in Bergisch-Gladbach
Seit 1994 internistischer Mannschaftsarzt.

Bohne, Peter, Dr. med.
Mannschaftsarzt 1960-1974
Geboren: 01.06.1927 in Köln
Verstorben: 2001 in Bergisch-Gladbach

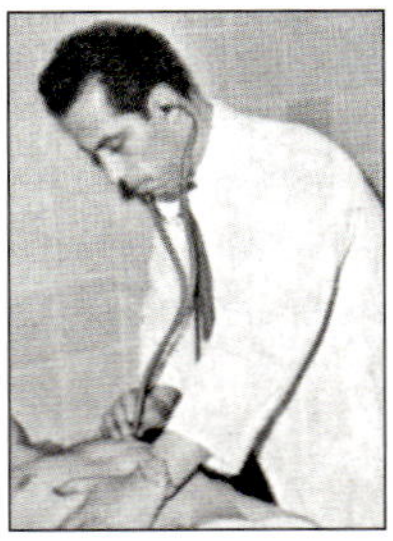

War 1960 Azt der deutschen Olympiamannschaft. Später als Orthopäde mit eigener Praxis in Bennsberg tätig.

Bolg, Franz
Geboren: 07.04.1896 in Köln
Verstorben: 1988 in Köln
Vertragsspielerobmann/„Manager" 1948-1954

Hatte zusammen mit Fritz Plate (Sülz 07) die Idee zur Fusion. Bolg war bereits in den 1920er Jahren ein hervorragender Spieler beim KBC. Später wurde er Vorstandsmitglied bei den Schwarz-Roten. Beim FC war er erster Obmann, so etwas wie der heutige Manager, allerdings ehrenamtlich. Franz Bolg führte in Köln-Sülz ein Installateurgeschäft.

Bonnekoh, Alfons, Dr. med.
Mannschaftsarzt 1976-1978, 1982-1983
Geboren: 02.08.1930 in Menden

Hochschularzt Lehrbeauftragter der deutschen Sporthochschule, stand auch neben seinen „offiziellen Amtszeiten" dem FC und seinen Spielern zur Verfügung.

Braun, Egidius
Geboren: 27.02.1925 in Breinig
Verwaltungsrat 1983-1987

Erlangte später als DFB-Präsident bundesweite Berühmtheit.

Bremm, Heinz
Geboren: 06.01.1896 in Köln
Verstorben: 08.03.1952 in Köln
2. Vorsitzender 1948-1952

Von Beruf Lehrer und schon bei Sülz 07 im Vorstand. Mitunterzeichner des Fusionsvertrages.

Burauen, Theo
Geboren: 19.10.1906 in Köln
Verstorben: 28.10.1987 in Köln
Verwaltungsrat 1957-1971, Vorstand 1956-1957

Der SPD-Politiker war von 1956 bis 1973 Oberbürgermeister von Köln.

BUSFAHRER DES 1. FC KÖLN

Zymelka, Heinz (1970er Jahre)
Schimberg, Hans 1980er/90er Jahre bis 1999 (war zudem schon seit den 1970er Jahren als Betreuer aktiv.)
Dick, Hans-Peter 1999-2002
Liebetrut, Michael seit 2002
(Ohne Anspruch auf Vollständigkeit)

Caspers, Albert
Geboren: 27.02.1933 in Lissendorf
Verwaltungsrat 1995-1997
Präsident 04.12.1997 - 07.05.2004

Der ehemalige Ford-Chef, zuvor schon im Verwaltungsrat tätig, forcierte die Verbindungen zwischen dem Weltunternehmen und dem Geißbockclub. Seine Präsidentschaftszeit war von drei Abstiegen überschattet. Allerdings gelang ihm die Neustrukturierung des Vereins in Sachen Wirtschaftlichkeit, Sponsoring und Marketing.

Eich, Barthel
Verstorben: 12.02.1962
Kassierer 1948-1949
Erster Kassierer der FC-Historie, Mitbegründer des 1. FC Köln.

Enderer, Günther, Dr. med.
Mannschaftsarzt 1983-1996
Seit 1986 mit eigener Praxis in Köln, davor am Eduardus-Krankenhaus in Köln-Deutz tätig.

Engels, Josef, Dr. med.
Geboren: 01.09.1914
3. Vorsitzender 1948-1952
Vorstand/Verwaltungsrat 1952-1961

Zuvor im KBC-Vorstand. Chef der Leichtathletikabteilung, arbeitete als Arzt in Köln-Sülz. Mitunterzeichner des Fusionsvertrages. Starb dramatisch durch Mord.

Erping, Heinz

Geboren: 1901
Verstorben: Februar 1958
Schatzmeister 1948-1958
Schriftführer „1. FC Köln Nachrichtenblatt" 1948-1951

Organisierte „nebenbei" den Transport von Geißbock Hennes zu den Auswärtsspielen.

Floßbach, Franz, Dr. med.

Verstorben: 28.08.1950
Von 1947 (Sülz 07) bis 1950 erster Mannschaftsarzt des 1. FC Köln.

Fröhlich, Karl-Ludwig

Clubsekretär 1960-1963
Spielte und trainierte zudem einige Jahre lang für die FC-Amateure.

Göbbels, Hans

Vorstand 1957-1960
„FC-Hausfotograf" und Vergnügungsobmann.

Guckuk, Fritz

Verwaltungsrat seit 1999.

Der Inhaber einer Spedition ist seit vielen Jahren Sponsor des Vereins („Fritz Guckuk präsentiert die Zuschauerzahl…").

Hahn, Josef

Geboren: 1885
Verstorben: 25.04.1957
Vorstand 1948-1957
Mitgründer des 1. FC Köln.

Bringt auch Juniorenspieler als Azubis in seinem Betrieb unter.

Hammerschmidt, Fritz

Geboren: 14.12.1923 in Bad Godesberg
Vorstand/Teambetreuer 1961-1971

Das verdiente Vorstandsmitglied war, zusammen mit Heinz Neubauer, ganz „nah dran" an der 1. Mannschaft. Der Bekleidungsfabrikant brachte auch monetäre Mittel in den Verein und war bei jedem Spiel dabei.

Hartmann, Klaus

Geboren: 05.07.1929 in Köln
Präsident 21.11.1991 - 04.12.1997
1967-1973 Sportbeirat Vorstand/Vizepräsident/
Schatzmeister 1973-1981
Verwaltungsrat 1981-1991

War schon Mitglied von Sülz 07 und ein guter Handballtorwart, hatte in seiner Zeit als Präsident sportlich kein Glück, stellte den Verein aber auf finanziell gesunde Füße. Beruflich in der Führungsebene der Kaufhof AG tätig.

Haumann, Helmut

Verwaltungsrat 1999-2007

Der sportbegeisterte Chef von Energieversorger RheinEnergie war in Sachen Stadion- und Vereinssponsoring wertvoll für den FC. Galt als „Revoluzzer" im Verwaltungsrat.

Heinen, Wilhelm, Dr. med.

Mannschaftsarzt 1969-1978

Hertel, Eckard, Prof. Dr. med.

Mannschaftsarzt 1984-1989
Langjähriger Chefarzt der orthopädischen Abteilung des Eduardus-Krankenhauses in Köln-Deutz. Seit 2004 im Ruhestand.

Hofmann, Heinz

Geboren: 09.11.1937
Sportbeirat 1982-1987

Bekannt unter dem Spitznamen „Gurkendoktor", da er in der Gemüsebranche tätig war. Hat große Verdienste um die Betreuung der FC-Amateure.

Holthoff, Heinz

Geboren: 20.07.1906 in Bonn
Vorstand 1957-1959
Kassierer 1957-1959
Geschäftsführer 1959-1965

Horstmann, Claus

Geboren: 14.12.1964 in Iserlohn
Hauptgeschäftsführer/Geschäftsführer Finanzen seit 01.11.1999

Der frühere Zeitoffizier und Geschäftsführer der „Center Parcs" liefert seit Amtsantritt erstklassige Arbeit ab. Die seriöse Wirtschaftspolitik des 1. FC Köln ist vor allem ein Verdienst des Finanzfachmanns.

Immel, Hermann

Geboren: 14.07.1915
Schriftleiter Clubnachrichten 1956-1961
Schriftleiter Geißbock Echo 1957-1960

Führte das FC-Archiv und war Erfinder des *Geißbock Echo*.

Jacobi, Willi, Dr. dent.

Geboren: 1907 in Bochum
Verstorben: 28.01.1965 in Köln
Vergnügungsobmann 1951-1956

In Köln am Brüsseler Platz praktizierender Zahnarzt, Mitbegründer der kölnischen Karnevalsgesellschaft von 1945. Fanatischer FC-Fan und „Allesfahrer."

Jung, Adolf

Masseur 1948-1954
Erster Masseur der FC-Geschichte.

Klein, Paul, Dr. med.

Geboren: 23.05.1967 in Prüm
Seit 2004 Mannschaftsarzt

Kluge, Horst

Geboren: 13.07.1916 in Görlitz
Verstorben: 1968 in Köln
Vorstand 1951-1968

Betrieb im Haus der ersten FC-Geschäftsstelle an der Luxemburger Straße einen Buchhandel.

König, Hans-Gerhard

siehe Seite 482

WICHTIGE PERSÖNLICHKEITEN

Krahn, Fritz 
Geboren: 30.04.1900
Verstorben: 1984
Chef der Handballabteilung 1940er bis 1970er Jahre

Arbeitete als Speditionskaufmann.

Kremer, Franz
siehe Seite 482

Kremer, Norbert, Dr. 
Geboren: 07.10.1932 in Köln
Verstorben: 1972
Vorstand 1965-1971, Verwaltungsrat 1971-1972

Neffe von Franz Kremer. Von Beruf Rechtsanwalt, juristischer Berater des Clubs. Verstarb bei tragischem Verkehrsunfall.

Krischer, Wilhelm 
Ehrenvorsitzender 1948-1955
Verstorben: 23.04.1955

Larena, Antonio, Prof. Dr. med.
Mannschaftsarzt 1978-1985

Laugomer, Julius 
Geboren: 17.05.1913
Schriftleiter der Clubnachrichten 1951-1956
Vorstand: 1951-1956

Schon als Leichtathlet im KBC aktiv. Wohnte in Büderich bei Düsseldorf (!) und betrieb eine Fleischhandlung. Große Verdienste um die Clubnachrichten in den Anfangsjahren.

Leister, Klaus-Dieter, Dr. 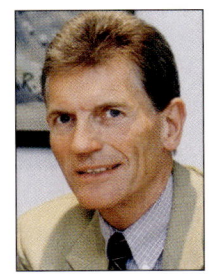
Geboren: 26.11.1937 in Berlin
Verwaltungsrat 1987-1997, 1997-2004 Vizepräsident, seit 2004 Verwaltungsrat

Ehemaliger Staatsekretär und Chef der Staatskanzlei von NRW. Vorstand der Westdeutschen Landesbank.

Liessem, Thomas 
Geboren: 09.09.1910 in Köln
Vergnügungsobmann 1948-1951
Mitorganisator der ersten FC-Karnevalssitzung 1949

Loos, Wolfgang 
Geboren: 06.08.1955 in Essen
Geschäftsführer 1993-2002

Managte neben dem FC schon den VfL Osnabrück, Eintracht Braunschweig und 1. FC Saarbrücken. Aktuell bei der TuS Koblenz tätig.

MASSEURE DES 1. FC KÖLN
Adolf Jung (1948-1954)
Mischa Sijacic (1954-1961, 1966-1968)
Josef Bocsai (1961-1963)
Otto Hermanns (1963-1966)
Reinhard Hansch (1968-1973)
Günther Roth (1973-1974)
Carlo Drauth (1974-1976)
Perikles Filipou (1976-1980)
Theo Müller (1980-1984)
Jürgen Schäfer (1982-1984 A-Jugend, 1984-2002 Lizenzspieler)
Dirk Winter (1992-1994)
Peter Kuhlbach (1998-2002)
Dirk Leminski (2002-2004)
Baybora Acemi (2002-2007)
Dirk Pagenstecher (2002-2008)
Sven Rinke (seit 2004)
Hans Adenauer (seit 2007)
Dieter Trzolek (seit 2008)
(Ohne Anspruch auf Vollständigkeit)

Maaß, Oskar 
Geboren: 23.09.1910 in Stettin
Verstorben: 20.12.1986
Präsident 09.08.1968-12.10.1973
Vorstand/Ehrenrat 1953-1965
Verwaltungsrat, 1965-1968, 1973-1986

Der studierte Architekt und Regierungsbaumeister machte sich besonders verdient um den Bau des Geißbockheims. Als Präsident führte er den FC durch einen Teil der schweren Jahre in der Radrennbahn. Leidenschaftlicher Züchter von Schäferhunden und enger Vertrauter von Franz Kremer.

Meier, Michael 
Geboren: 15.11.1949 in Lünen
Geschäftsführendes Vorstandsmitglied 1981-1987
Geschäftsführer Sport seit 2005

War nach seiner ersten FC-Zeit für Bayer Leverkusen und Borussia Dortmund tätig.

Mendel, Rainer 
Geboren: 11.03.1965 in Mechernich
Fanbeauftragter seit 1989 (seit 1997 hauptamtlich).

Engagierte sich schon in den 1980er Jahren zusammen mit Michael Trippel intensiv in Sachen Fanbetreuung. Seit 1997 bekleidet er das nicht gerade einfache Amt des Mittlers zwischen Verein und Fans hauptamtlich.

Müller, Werner 
Geboren: 20.09.1906
Verstorben: 13.08.1996
Präsident 12.11.1967-08.08.1968
2. Vorsitzender 1952-1973

Sportbeirat 1973-1987
Eines der wertvollsten Vorstandsmitglieder, die der FC je hatte. War Chef der Kaufhof AG und brachte sowohl Geld als auch Arbeitsstellen für Spieler in den Club. Erstklassiger Finanzfachmann und Berater. Leidenschaftlicher Jäger. Sprang nach dem Tod von Franz Kremer für neun Monate als Präsident ein.

Neubauer, Heinz 
Geboren: 04.09.1921 in Köln
Vorstand 1956-1970
Obmann/Manager der Vertrags- bzw. Lizenzspieler.

Legendärer „Manager" der FC-Profiabteilung. Von Beruf Geschäftsführer einer Metallwarenhandlung.

Neukirch, Hans 
Geboren: 02.02.1935 in Völklingen
Vizepräsident 1987-1991

Inhaber eines Kölner Büroeinrichtungshauses.

Neukirch, Friedrich 
Geboren: 19.07.1946 in Vöcklabruck (Österreich)
Verwaltungsrat 1995-2004
Vizepräsident seit 2004

Chef der Firma Klosterfrau („4711").

Noack, Herbert
Als ehrenamtlicher Geschäftsführer des Geißbockheims in den 1970er und 1980er Jahren hat er große Verdienste.

Pelzer, Richard
Verstorben: 1985
Schatzmeister 1958-1973
Sportbeirat 1973-1984

Verdienstvoller „FC-Finanzminister", Inhaber der bekannten Kölner Darmgroßhandlung Eichel und Pelzer.

PRÄSIDENTEN DES 1. FC KÖLN
1948-1967	Franz Kremer
1967-1968	Werner Müller
1968-1973	Oskar Maaß
1973-1987	Peter Weiand
1987-1991	Dietmar Artzinger-Bolten
1991-1997	Klaus Hartmann
1997-2004	Albert Caspers
Seit 2004	Wolfgang Overath

Rauert, Marcus
Geboren: 16.09.1961 in Hamburg

Seit März 2008 Teambetreuer Lizenzspieler, zuvor bei der Fluggesellschaft German Wings als „Leiter Bodendienste" tätig.

Rettig, Andreas
Geboren: 25.04.1963 in Leverkusen
Sportmanager 2002-2005

Seine erstklassigen Kontakte waren für den Verein wertvoll. Immer nett und „volksnah". Hatte Pech mit einigen unglücklichen Spielertransfers. Aktuell Manager des FC Augsburg.

Roesch, Friedrich
Geboren: 09.04.1920 in Mannheim
Verstorben: 27.03.1994
Vorstand 1965-1968, Verwaltungsrat 1968-1994

Wie Werner Müller und Dr. Werner Schulz eine Führungspersönlichkeit der Kaufhof AG.

Röhrig, Alexander
Geboren: 04.06.1906
Verstorben: 1967
Vorstand 1948-1967

Als Rechtsanwalt in Köln tätig, Sohn Manfred spielte bei den Amateuren. Nicht verwandt mit Jupp Röhrig!

Ruland, Peter-Josef
Geboren: 11.07.1892 in Köln
Verstorben: 23.11.1967 in Köln
Ehrenrat 1955-1967

Urgestein des KBC, wo er auch im Vorstand aktiv war. Auch beim FC vor allem in den Anfangstagen ein wertvoller Helfer im Hintergrund.

Schäfer, Karl-Heinz, „King"
Geboren: 25.02.1911 in Köln
Verstorben: 25.12.1984 in Köln
Vorstand 1951-1984
3. Vorsitzender 1951-1973

Eine Ewigkeit lang im FC-Vorstand. Sein Herz gehörte der Amateurabteilung, für die er Zeit und Geld opferte. Unter dem Spitznamen „King" bekannt. Arbeitete als Vertreter bei einer Stofffirma.

Schäferhoff, Peter, Dr. med.
Geboren: 14.01.1955 in Köln
Seit 1996 Mannschaftsarzt

Schänzler, Wolfgang
Geschäftsführer 1987-1993

Zuvor Leiter des Sport- und Bäderamtes der Stadt Pulheim. Später Geschäftsführer des Entsorgungsunternehmens Trienekens.

Schmitz, Jupp
Geboren: 23.12.1891 in Köln
Verstorben: 28.06.1971 in Köln
Geschäftsführer 1948-1959
Vorstand 1959-1971

Eine FC-Legende. Schon als Spieler viele Jahre lang für Sülz 07 aktiv. Seit 1921 (Sülz 07) Geschäftsführer des Clubs. Schaffte vor allem in den Anfangsjahren massenhaft lokale Sponsoren heran. Agierte auch als fähiger Talent- und Spielerscout für „seinen" FC. Ihn kannte auf den Straßen Kölns jedes Kind. Gelernter Versicherungskaufmann.

Schneider, Paul-Gerhard, Prof. Dr. med.
Mannschaftsarzt 1969-1978
Verstorben: 14.02.2006

Langjähriger Chefarzt im Dreifaltigkeits-Krankenhaus in Köln-Braunsfeld.

Schulz, Werner, Dr.
Geboren: 21.05.1901
Verstorben: 06.10.1971
Vorstand/Verwaltungsrat 1956-1971

In führender Position beim Kaufhof-Konzern tätig. Förderte den FC großzügig.

Söller, Joseph
Geboren: 15.11.1936 in Vollmershoven
Vorstand 1987-1991

War 1984 Kölner Karnevalsprinz, Inhaber eines Glasereibetriebes.

Stahl, Willi
Geboren: 19.12.1899 in Köln
Verstorben: 1987
Chef der Jugendabteilung 1948-1959
Ehrenrat 1963-1987

Legendärer Chef der FC-Jugendabteilung. Bekleidete dieses Amt schon bei Sülz 07.

Steegmann, Bernd, Dr.
Geboren: 16.06.1950 in Hitzacker
1974-1979 (FC-Amateurspieler)
Vizepräsident 1997-2004

Der Zahnarzt hat vor allem um die Jugendabteilung große Verdienste. Spielte in den 1970er Jahren für die FC-Amateure.

Trippel, Michael
Geboren: 04.07.1954 in Recklinghausen 
Fanbeauftragter 1984-1992
Stadionsprecher seit 1999

Michael „Michi" Trippel war der Pionier in Sachen Fanarbeit beim 1. FC Köln. 1984 wurde er erster Fanbeauftragter des Vereins und war treibende Kraft bei der Gründung des Fan-Projekts 1991. Zusätzlich war der Regionalmanager eines Chemieunternehmens einige Jahre im Sportbeirat aktiv. 1999 erfüllte sich für ihn ein Kindheitstraum: Er wurde als Nachfolger von Hans-Gerhard König Stadionsprecher „seines" FC. Zuvor war der im Alter von zwei Monaten nach Köln gekommene Trippel schon Stadionsprecher und Pressewart der FC-Amateure.

ZEUGWARTE DES 1. FC KÖLN

- 1948-1971: Hans Thönnes (bekleidete das Amt schon seit 1935 bei Sülz 07)
- 1971-1972: Hans Krausenecker
- 1972-1986: Hans Thönnes
- 1986-1998: Willi Rechmann
- 1998-2002: Michael Lüken
- 2002-2007: Volker Hartjens
- seit 2007: Volker Hartjens/ Kresimir Ban

Tusch, Karl-Peter, Dr. med.

Verstorben: 1975
Mannschaftsarzt 1950-1960
Ehrenrat 1967-1975

Waldecker, Bernhard, Dr. med.

Mannschaftsarzt 1978-1983
Heute eigene Praxis in Bonn.

Weiand, Peter

Geboren: 19.06.1919 in Steinforth
Verstorben: 20.01.1990 in Köln
Präsident 16.10.1973-02.04.1987
Vorstand 1965-1967

Seit 1965 im Vorstand, schied nach Differenzen mit Franz Kremer aus. Verschaffte als Vorstandsmitglied beim mächtigen Nordwestlotto etlichen Spielern lukrative Lotto-Annahmestellen. Führte den Verein als Präsident zum größten Erfolg – dem „Double" 1978. Seine noch lebende Ehefrau ist seit vielen Jahren eng befreundet mit Liselotte Kremer, Witwe von „Boss" Franz Kremer.

Werner, Kurt

Geboren: 08.11.1922 in Illmenau
Verstorben: 25.05.1982 in Köln
Ehrenrat 1970-1973
Vorstand/ Vorsitzender Sportbeirat 1973-1982

Spielte von 1951-1957 bei den FC-Amateuren und war deren Kapitän. Vor allem um die Amateure hat der Geschäftsführer einer Kölner Medizin- und Laborbedarfsfirma große Verdienste.

Worms, Bernhard, Dr.

Geboren: 14.03.1930 in Pulheim-Stommeln
Vizepräsident 1991-1997
Verwaltungsrat 1982-1991, 2001-2003
Vorstand- und Ehrenrat seit 1982

Der CDU-Politiker war und ist für den FC Gold wert. Durch seine enormen Kontakte fädelte er einige große Sponsorendeals ein.

DIE NATIONALSPIELER DES 1. FC KÖLN

(Erfasst sind nur A-Länderspieleinsätze während der Zugehörigkeit zum 1. FC Köln. In Klammern Einsätze und Tore in diesem Zeitraum.)

Overath, Wolfgang (81/17)
Schumacher, Harald (76/0)
Littbarski, Pierre (71/18)
Illgner, Bodo (54/0)
Weber, Wolfgang (53/2)
Cullmann, Bernd (40/6)
Schäfer, Hans (39/15)
Flohe, Heinz (39/8)
Podolski, Lukas (32/15)
Allofs, Klaus (29/7)
Schnellinger, Karl-Heinz (24/0)
Kohler, Jürgen (20/0)
Löhr, Johannes (20/5)
Stollenwerk, Georg (19/0)
Häßler, Thomas (17/1)
Fischer, Klaus (15/9)
Wilden, Leo (15/0)
Zimmermann, Herbert (14/2)
Müller, Dieter (12/9)
Röhrig, Josef (12/2)
Strack, Gerhard (10/1)
Schuster, Bernd (9/1)
Engels, Stephan (8/0)
Hornig, Heinz (7/0)
Rahn, Helmut (6/2)
Mebus, Paul (6/0)
Helmes, Patrick (5/0)
Ewert, Fritz (4/0)
Pott, Fritz (3/0)
Sturm, Hans (3/0)
Sinkiewicz, Lukas (3/0)
Bonhof, Rainer (2/0)
Dörner, Herbert (2/0)
Görtz, Armin (2/0)
Kapellmann, Hans-Josef (2/0)
Konopka, Harald (2/0)
Manglitz, Manfred (2/0)
Thielen, Karl-Heinz (2/0)
Allofs, Thomas (1/0)
Labbadia, Bruno (1/0)
Neumann, Herbert (1/0)
Steiner, Paul (1/0)

Das FC-Spielerlexikon

Bei den Fans beliebt: Torhüter Faryd Mondragon. Der kolumbianische Nationalkeeper kam 2007 von Galatasaray Istanbul an den Rhein.
(Foto: Picture Alliance)

Hinweis: Erfasst sind im folgenden Lexikon alle Spieler, die in der 1. Mannschaft des 1. FC Köln gespielt haben. Die Zeit der FC-Zugehörigkeit umfasst nicht nur Profi-Jahre, sondern auch die Jugend- und Amateurzeit. Angegeben sind die Pflichtspieleinsätze als Profi für den FC („Spiele") sowie die Pflichtspieltore für den FC („Tore"). Stand: 31.7.2008.

[A]

Timo Achenbach
Beim FC von 2004 bis 2005
Geboren: 03.09.1982 in Witten
Spiele: 15
Mittelfeld

Ergänzungsspieler im Aufstiegsjahr 2004/05, später bei Greuther Fürth.

Serhat Akin
Beim FC von Februar 2007 bis Juni 2007
Geboren: 05.06.1981 in Karlsruhe
Spiele: 7
Tore: 1
Angriff

Der türkische Angreifer schlug nicht ein. Zurück zum RSC Anderlecht.

Joachim Alda
Beim FC von 1961 bis 1962
Geboren: 29.02.1940
Spiele: 1
Angriff

Nur ein Jahr bei den Geißböcken. Lebte später in Siegburg.

Franz Alexius
siehe Seite 64

Paul Alger
Beim FC von 1957 bis 1968 (bis heute passives Mitglied)
Geboren: 13.08.1943 in Köln
Spiele: 1
Angriff

Viele Jahre in der FC-Jugend- und Amateurabteilung aktiv. Später beim DFB angestellt.

Klaus Allofs
siehe Seite 326

Thomas Allofs
siehe Seite 351

Alpay (Özalan)
Beim FC von 2005 bis 2008
Geboren: 29.05.1973 in Istanbul/Türkei
Spiele: 50
Tore: 1
Abwehr

Der erfahrene türkische Nationalspieler verließ den FC nach Differenzen mit Trainer Daum. Zuvor unter anderem bei Besiktas und Fenerbahce Istanbul sowie Aston Villa.

Enis Alushi
Beim FC von 2003 bis 2007
Geboren: 22.12.1985 in Mitrovica/Serbien
Spiele: 1
Mittelfeld

Spielte in der FC-Jugend und der U23. Später beim SV Wehen/Wiesbaden.

Antonio Ananiev
Beim FC von 1996 bis 1997
Geboren: 08.05.1965 in Sofia/Bulgarien
Spiele: 4
Tor

Kurzgastspiel beim FC: Bulgariens „Nummer eins", aktuell Talentscout bei Energie Cottbus.

Henrik Andersen
Beim FC von 1990 bis 1998
Geboren: 07.05.1965 in Kopenhagen/Dänemark
Spiele: 147
Tore: 6
Abwehr

Der sympathische, technisch beschlagene dänische Internationale hatte großes Verletzungspech. Heute ist der damalige „FC-Rekordtransfer" Spielerberater.

André Oliveira de Lima
Beim FC seit Januar 2006
Geboren: 20.04.1985 in Natal/Brasilien
Spiele: 21
Mittelfeld

Trotz guter Ansätze wartet der Brasilianer noch auf einen Stammplatz.

Roda Antar
Beim FC seit 2007
Geboren: 12.09.1980 in Freetown/Sierra Leone
Spiele: 32
Tore: 7
Mittelfeld

Sammelte in Deutschland schon beim HSV und SC Freiburg Erfahrungen. Torgefährlicher Mittelfeldakteur und libanesischer Nationalspieler.

Archil Arweladse
Beim FC von 2000 bis 2002
Geboren: 22.02.1973 in Tiflis/Georgien
Spiele: 30
Tore: 7
Angriff

Der georgische Dribbler spielt wieder in seiner Heimat bei Lokomotive Tiflis.

Rewas Arweladse
Beim FC von Januar 1993 bis 1994
Geboren: 15.09.1969 in Tiflis/Georgien
Spiele: 7
Tore: 1
Angriff

Älterer Bruder von Archil Arweladse. In Georgien als Trainer tätig.

Ralf Außem
Beim FC von 1973 bis 1980
Geboren: 01.09.1960
Spiele: 1
Mittelfeld

Als Jugendspieler lange beim FC. Wurde bei Fortuna Köln zur Legende. Später Kioskbesitzer und Co-Trainer von RW Essen.

Khodadad Azizi
Beim FC von 1997 bis 2000
Geboren: 22.06.1971 in Maschad/Iran
Spiele: 52
Tore: 10
Angriff

Iranischer Volksheld mit Licht und Schatten in Köln. Später Privatier im Iran.

[B]

Alexander Bade
Beim FC von 1988 bis 1994, 2000 bis 2006
Geboren: 25.08.1970 in Berlin
Spiele: 100
Tor

War lange am Geißbockheim, oft verkannt. Später beim SC Paderborn und Borussia Dortmund unter Vertrag.

Anthony Baffoe
Beim FC von 1980 bis 1985
Geboren: 25.05.1965 in Bad Godesberg
Spiele: 2
Abwehr

Sohn ghanaischer Diplomaten. Später TV-Moderator, ghanaischer Verbandsrepräsentant und FC-Jugendpate.

Markus Bähr

Beim FC von 1998 bis 2000
Geboren: 10.09.1974 in Heidelberg
Spiele: 27
Tore: 1
Mittelfeld

Stieg 2000 mit Lienen auf. Arbeitet später in der Fußballschule von Eintracht Frankfurt und als Trainer im Amateurbereich.

Willi Bars

Beim FC von 1949 bis 1953
Geboren: 13.02.1916 in Meerbeck/Moers
Spiele: 74
Tore: 28
Angriff/Mittelfeld

„Stürmender Schulmeister" – bis zur Pensionierung als Schulrektor tätig.

Uwe Bein

Beim FC von 1984 bis 1987
Geboren: 26.09.1960 in Heringen
Spiele: 84
Tore: 24
Mittelfeld

Launischer Ballzauberer aus Hessen. Später Manager bei Kickers Offenbach. Zudem ist er an einer Fußballschule beteiligt.

Winfried Berkemeier

Beim FC von 1972 bis 1975
Geboren: 22.01.1953 in Düren
Spiele: 6
Angriff

Top bei den FC-Amateuren, schaffte es bei den Profis nicht, lebte später in der Schweiz.

Hanno Balitsch

Beim FC von 2001 bis 2002
Geboren: 02.01.1981 in Alsbach-Hähnlein
Spiele: 27
Mittelfeld

Schade, dass der beständige Mittelfeldspieler nach dem Abstieg 2002 nicht zu halten war. Danach in Leverkusen, Mainz und Hannover aktiv.

Karsten Baumann

Beim FC von 1988 bis 1998
Geboren: 14.10.1969 in Oldenburg
Spiele: 250
Tore: 12
Abwehr

Lange beim FC, zeitweilig sogar Kapitän. Ging nach dem Abstieg 1998 zu Borussia Dortmund. Danach als Trainer tätig, aktuell bei RW Erfurt.

Roland Benschneider

Beim FC von 2004 bis 2006
Geboren: 22.08.1980 in Neuruppin
Spiele: 25
Tore: 1
Abwehr

Der zwei Meter große Abwehrspieler hatte keinen leichten Stand in Köln. Danach verdiente er sein Geld beim FC Augsburg.

Bilica Fabio Alves Da Silva

Beim FC von Januar 2005 bis Juni 2005
Geboren: 04.01.1979 in Campina Grande/Brasilien
Spiele: 15
Abwehr

Rustikaler Brasil-Ausputzer und Aufsteiger 2005. Später in Frankreich beim FC Istres und in der Türkei bei Sivasspor aktiv.

Maurice „Mucki" Banach

siehe 365

Miroslav Baranek

Beim FC von 2000 bis 2002
Geboren: 10.11.1973 in Havirov/Tschechien
Spiele: 40
Tore: 3
Mittelfeld

Wurde nicht der erhoffte Regisseur. Später in Tschechien beim FK Jablonec, aktuell bei Admira Wacker Mödling in Österreich unter Vertrag.

Matthias Baranowski

Beim FC von 1987 bis 1988
Geboren: 08.02.1967
Spiele: 12
Tore: 3
Angriff

Nur ein Jahr beim FC, danach unter anderem in Schweinfurt und beim FC Homburg aktiv.

Franz Becker

Beim FC von 1951 bis 1954
Geboren: 01.03.1918 in Köln
Gestorben: Juli 1965 in Köln
Spiele: 43
Abwehr

Das „kleine Fränzchen" war der Liebling der FC-Fans.

Dietmar Beiersdorfer

Beim FC von Januar 1996-Juni 1996
Geboren: 16.11.1963 in Fürth
Spiele: 16
Tore: 1
Abwehr

Toller Kurzauftritt in Köln. Später Manager beim HSV.

Helmut Benthaus

Beim FC von 1962 bis 1965
Geboren: 05.06.1935 in Herne
Spiele: 78
Tore: 7
Mittelfeld/Angriff

Topspieler im Meisterjahr 1964, später Meistertrainer, lebt als Ruheständler in der Schweiz.

Helmut Bergfelder

Beim FC von 1965 bis 1968
Geboren: 21.11.1946 in Flamersheim
Spiele: 1
Angriff

Erfolgreich bei den FC-Amateuren, noch erfolgreicher bei Fortuna Köln. Arbeitete später bei der Stadt Trier.

Rolf Birkhölzer

Beim FC von 1959 bis 1970
Geboren: 20.09.1949 in Morsbach
Spiele: 14
Tor

Torwarttalent aus der FC-Jugend. Später freier Sportjournalist und Torwarttrainer in Gießen.

Gero Bisanz

Beim FC von 1957 bis 1960 (Spieler), 1957 bis 1958, 1969 bis 1973, 1975 bis 1980 (Amateurtrainer)
Geboren: 03.11.1935 in Koppelgrund/Westpreußen
Spiele: 13
Tore: 1
Mittelfeld/Abwehr

Nur kurz Vertragsspieler. Später berühmt als FC-Amateurcoach und Frauennationaltrainer.

Werner Biskup

Beim FC von 1968 bis 1972
Geboren: 26.04.1942 in Bottrop
Spiele: 148
Tore: 19
Mittelfeld

Eigentlich ein „Großer". Private Probleme machten ihm zu schaffen. Später Amateurtrainer beim SC Sternbusch bei Cloppenburg.

Josef Bläser

Beim FC von 1970 bis 1974
Geboren: 11.12.1952
Spiele: 38
Tore: 2
Mittelfeld

FC-Eigengewächs, später in Aachen und Österreich (Linz) aktiv.

Peter Blusch

Beim FC von 1968 bis 1970
Geboren: 11.06.1942 in Bad Berleburg
Spiele: 54
Tore: 5
Abwehr

Bodenständiger Abwehrrecke, nach der Karriere in der Schweiz „hängengeblieben".

Rainer Bonhof

Beim FC von 1980 bis Dezember 1982
Geboren: 29.03.1952 in Emmerich
Spiele: 90
Tore: 16
Mittelfeld

Konnte in Köln trotz einiger starker Spiele nicht an seine legendäre Gladbacher Zeit anknüpfen. Kam vom FC Valencia, ging zu Hertha BSC Berlin. Später Scout beim FC Chelsea.

Herbert Bönnen

Beim FC von 1964 bis 1966
Geboren: 21.08.1942 in Leverkusen
Spiele: 7
Tore: 1
Angriff/Mittelfeld

Ergänzungsspieler beim FC, später in Holland (NEC Nijmegen) ein Star.

Georg Bosbach

Beim FC von 1968 bis 1972
Geboren: 11.10.1953
Gestorben: 13.09.1972
Spiele: 1
Angriff

Supertalent, verstarb bei tragischem Verkehrsunfall.

René Botteron

Beim FC von 1980 bis 1982
Geboren: 17.10.1954 in der Schweiz
Spiele: 52
Tore: 4
Mittelfeld

Schweizer Nationalspieler, kölscher Spitzname „Botteram", lebte später in Riehen/Schweiz. Nach dem FC spielte er noch bei Standard Lüttich (ausgeliehen), 1. FC Nürnberg und FC Basel.

Martin Braun

Beim FC von 1995 bis 1997
Geboren: 18.11.1968 in Löffingen
Spiele: 45
Tore: 2
Abwehr

Zwei unauffällige Jahre beim FC. Später PR-Manager des SC Freiburg. Ab März 2008 Geschäftsführer des VfR Aalen.

Christian Breuer

Beim FC von 1958 bis 1962
Geboren: 24.04.1939 in Fliesteden
Spiele: 100
Tore: 13
Mittelfeld/Abwehr/Angriff

Eine der Säulen der Meistermannschaft 1962. Später Schreibwarenladenbesitzer und Privatier in Aachen. Ist nicht verwandt mit Fritz Breuer.

Fritz Breuer

siehe Seite 95

Axel Britz

Beim FC von 1989 bis 1991, 1992 bis 1993
Geboren: 16.01.1969 in Koblenz
Spiele: 26
Abwehr

War in zwei Etappen beim FC. Danach unter anderem bei der TuS Koblenz. Beendete seine Laufbahn 2005 beim FV Engers.

Hans Broich

Beim FC von 1948 bis 1949, 1950 bis 1951
Geboren: 1928 in Köln
Spiele: 6
Abwehr

Spielte schon mit Hans Schäfer zusammen bei RW Zollstock. Wertvoller „Haudegen" der Anfangstage. Zwischendurch ein Jahr bei der DJK Herdorf, bevor er für eine Saison zum FC zurückkam.

Thomas Broich

Beim FC seit 2006
Geboren: 29.01.1981 in München
Spiele: 61
Tore: 5
Mittelfeld

Nach schwieriger Anfangszeit in Köln zeigte Broich im Aufstiegskampf 2008 neben seinem spielerischen Potential auch kämpferische Qualitäten, spielte trotz Erkrankung und hatte maßgeblichen Anteil am Aufstieg.

Thomas Bröker

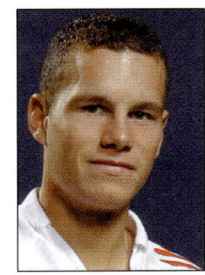

Beim FC von 2004 bis 2005, 2006
Geboren: 22.01.1985 in Meppen
Spiele: 16
Tore: 1
Angriff

Viel versprechender Auftakt beim FC der sich nicht fortsetzte. Später beim SC Paderborn und bei Dynamo Dresden.

Matthias Brücken

Beim FC von 1975 bis 1976
Geboren: 23.07.1953 in Frechen
Spiele: 16
Tore: 8
Angriff

Großes Sturmtalent, konnte sich unerklärlicherweise beim FC nicht endgültig etablieren. Danach spielte er noch in Würzburg, Leverkusen und bei Viktoria Köln. Später Personalchef der Firma „RWE Power".

Ludwig Bründl

Beim FC von 1968 bis 1969
Geboren: 23.11.1946
Spiele: 13
Tore: 1
Angriff

War neben dem FC auch bei 1860 München und den Stuttgarter Kickers unter Vertrag. Seine erfolgreichste Zeit hatte er bei Eintracht Braunschweig. Spielte später in der Traditionself der „60er".

Franz Brungs

Beim FC von 1958 bis 1960
Geboren: 04.12.1936 in Bad Honnef
Spiele: 28
Tore: 6
Angriff

Der FC war das Sprungbrett. Machte in Gladbach, Nürnberg, Dortmund und bei Hertha BSC Berlin Karriere. Später Kioskbesitzer in Nürnberg.

Spasoje Bulajic

Beim FC von 1998 bis 2002
Geboren: 24.11.1975 in Slovenj Gradec/Slowenien
Spiele: 47
Tore: 3
Abwehr

Passabler Verteidiger, vom Unfall- und Verletzungspech arg gebeutelt. Später unter anderem in Zypern (AEL Limassol) aktiv. Danach bei NK Celje (Slowenien).

Walter Butscheidt

Beim FC von 1949 bis 1951
Geboren: 25.11.1923 in Bonn
Verstorben: 04.08.1980 in Konz
Spiele: 31
Tor

Guter Keeper, aber von Legende Frans de Munck verdrängt. Betrieb später drei Tabakgeschäfte in Trier.

[C]

Ricardo Cabanas

Beim FC von Januar 2006 bis 2007
Geboren: 17.01.1979 in Zürich/Schweiz
Spiele: 43
Tore: 2
Mittelfeld

Der Schweizer Nationalspieler konnte die Erwartungen nicht ganz erfüllen. Kam von den Grasshoppers Zürich, wohin er auch wieder zurück ging.

Zlatko „Tschik" Cajkovski
Siehe S. 478

Mahmut Caliskan

Beim FC von 1990 bis 1993
Geboren: 25.01.1966
Spiele: 1
Angriff

Spielte einige Jahre bei den FC-Amateuren.

Bartholomäus „Bert" Carlier

Beim FC von 1952 bis 1953
Geboren: 23.06.1929 in Venlo/Niederlande
Spiele: 8
Tore: 7
Angriff

Hochtalentierter Angreifer, konnte jedoch Hans Schäfer nicht verdrängen. Später holländischer Nationalspieler und französischer Meister mit AS Monaco.

Srdjan Cebinac

Beim FC von 1965 bis 1966
Geboren: 08.12.1939 in Jugoslawien
Spiele: 4
Tore: 1
Angriff

Sein Zwillingsbruder Zvezdan (Hannover, Nürnberg) war offensichtlich der bessere Spieler. Später in der Schweiz (u.a. FC Aarau) als Trainer tätig.

Adil Chihi
siehe Seite 458

Kim Christofte

Beim FC von 1992 bis 1994
Geboren: 24.08.1960 in Odense/Dänemark
Spiele: 46
Abwehr

Europameister aus Dänemark, zwei mäßige Jahre in Köln. 1994 beendete der leidenschaftliche Segler seine Laufbahn.

Thomas Cichon
siehe Seite 427

Manfred Classen

Beim FC von 1970 bis 1971
Geboren: 30.12.1943
Spiele: 6
Abwehr

Nur zwölf Monate in Köln, zuvor mit dem SC Jülich deutscher Amateurmeister.

Bernd Cullmann
siehe Seite 300

Carsten Cullmann
siehe Seite 452

[D]

Reinhold Daschner

Beim FC von 1990 bis 1992
Geboren: 16.10.1969 in München
Spiele: 7
Mittelfeld

Der talentierte Akteur war vom FC Bayern nach Köln gekommen. Später unter anderem bei Hannover 96, LR Ahlen und 1. FC Hersbruck.

Frans de Munck

Beim FC von 1950 bis 1954
Geboren: 20.08.1922 in Goes/Niederlande
Spiele: 113
Tore: 2
Tor

Legendärer FC-Torwart der 1950er Jahre, Publikumsliebling und Frauenschwarm, Niederländischer Internationaler. Auch bekannt als der „schwarze Panther", lebte in der Nähe von Arnheim.

Josef Deutsch

Beim FC von 1955 bis 1956
Geboren: 07.03.1935
Spiele: 2
Abwehr

Kam von Rapid Köln zum FC, danach u.a. noch bei Eintracht Braunschweig und VfB Bottrop aktiv. Lebt als Rentner in Köln.

Detlef Dezelak

Beim FC von 1983 bis 1986
Geboren: 01.08.1964
Spiele: 1
Angriff

Überwiegend bei den FC-Amateuren eingesetzt. Später u.a. bei RW Oberhausen, Preußen Münster und RW Essen.

Norbert Dickel

Beim FC von 1984 bis 1986
Geboren: 27.11.1961 in Berghausen
Spiele: 41
Tore: 9
Angriff

Wurde in Dortmund zur Legende. Später Stadionsprecher und Eventmanager beim BVB.

Peter Dilly

Beim FC von 1945 bis 1950 (Sülz 07, 1. FC Köln)
Geboren: 1929 in Köln
Gestorben: 1990 in Köln
Spiele: 1
Mittelfeld/Angriff

Spielte schon bei Sülz 07. Später Trainer von Fortuna Köln und Angestellter der Kölner Verkehrsbetriebe.

Mustafa Dogan

Beim FC von 2003 bis 2004
Geboren: 01.01.1976 in Yalvac/Türkei
Spiele: 27
Tore: 1
Abwehr

Zuvor bei Bayer Uerdingen und Fenerbahce Istanbul unter Vertrag, wanderte der deutsche Ex-Nationalspieler türkischer Abstammung wieder ab. Danach in Diensten von Besiktas Istanbul wo er 2007 seine Karriere beendete.

Christian Dollberg

Beim FC von 1995 bis 1996
Geboren: 03.11.1971 in Buenos Aires/Argentinien
Spiele: 14
Abwehr

Argentinischer Verteidiger mit deutschen Vorfahren. Eine Verstärkung war der „Gaucho" nicht. Ging nach nur gut einem Jahr wieder nach Argentinien zurück.

Georgi Donkov

Beim FC von 1998 bis Januar 2002
Geboren: 02.06.1970 in Sofia/Bulgarien
Spiele: 88
Tore: 14
Angriff

Der bulgarische Internationale kam nach dem 1. Abstieg als Sturmhoffnung vom VfL Bochum. Die Erwartungen konnte er nur bedingt erfüllen. Später u.a. bei Xamax Neuchatel, SC Paderborn und Waldhof Mannheim. Ende der Karriere 2008 beim FSV Ludwigshafen-Oggersheim.

Herbert Dörner

siehe Seite 89

Hans-Georg Dreßen

Beim FC von 1989 bis 1990, 1991 bis 1992
Geboren: 30.12.1964 in Mönchengladbach
Spiele: 20
Mittelfeld

Hatte seine besten Zeiten bei der Gladbacher Borussia. Laufbahnende wegen Sportinvalidität. Betrieb später ein mobiles Fußballcamp für Jugendliche.

Markus Dworrak

Beim FC von 1997 bis 2004
Geboren: 23.01.1978 in Plettenberg
Spiele: 20
Angriff

Zunächst bei den FC-Amateuren, dann im Profikader. Ging später auf Wanderschaft, spielte in Fürth, Mainz, Erfurt, Cottbus, Dresden, Engers und bei Germania Dattenfeld.

Janosch Dziwior

Beim FC von 1992 bis 1997, 1999 bis 2002
Geboren: 19.09.1974 in Knurow/Polen
Spiele: 107
Tore: 5
Mittelfeld

Unspektakulär und bodenständig. Nach „Lehrzeit" beim FC Gütersloh stieg er mit dem FC im Jahre 2000 auf. Danach bei Eintracht Braunschweig, Fortuna Düsseldorf, KFC Uerdingen und SC Jülich aktiv, Laufbahnende 2006.

[E]

Marius Ebbers

Beim FC von 2003 bis 2005
Geboren: 04.01.1978 in Essen
Spiele: 53
Tore: 12
Angriff

Der Stürmer kam vom MSV Duisburg. Heute spielt der Punk- und Rockmusikfan nach drei Jahren in Aachen beim FC St. Pauli.

Rudolf „Rudi" Eder

Beim FC von 1954 bis 1959
Geboren: 22.09.1930 in Gelsenkirchen-Buer
Spiele: 30
Tore: 2
Abwehr

In Bonn bekannter als in Köln, früher Gastwirt mit FC-Vorverkaufsstelle und Vereinswirt des Bonner SC.

Peter Ehmke

Beim FC von 1974 bis 1975
Geboren: 22.07.1953
Spiele: 12
Mittelfeld

Aus Schalke gekommen blieb er nur ein Jahr in Köln. Bei RW Essen und Bayer Uerdingen war er später Stammspieler.

Fabrice Ehret

Beim FC ab 2006
Geboren: 28.09.1979 in Viganello/Schweiz
Spiele: 58
Mittelfeld

Zuvor u.a. in Diensten von Racing Straßburg, RSC Anderlecht und dem FC Aarau, ist der französische „Hobby-DJ" seit 2006 in Köln.

Gerald Ehrmann

Beim FC von 1977 bis 1984
Geboren: 18.02.1959 in Tauberbischofsheim
Spiele: 3
Tor

Sieben Jahre lang die „Nummer zwei" hinter Harald Schumacher. Machte erst beim 1. FC Kaiserslautern Karriere, wo er später auch als Torwarttrainer fungierte.

Hans-Paul „Paul" Eich

Beim FC von 1957 bis 1963
Geboren: 23.02.1938 in Wesseling
Spiele: 1
Mittelfeld

Urgestein der FC-Amateure. Lebt immer noch in Köln.

Luciano Emilio

Beim FC von 1997 bis 1999
Geboren: 12.12.1978 in Sao Paulo/Brasilien
Spiele: 6
Angriff

Brasilianisches Sturmtalent, spielte später in Aachen, Brasilien, Honduras und Mexiko. Seit 2007 mit großem Erfolg bei D.C. United in den USA.

Stephan Engels

Beim FC von 1976 bis 1989 (Spieler Jugend und Profis), 1993 bis 1994 (Co-Trainer Amateure), 1994 bis 1995 (Cheftrainer Amateure), 1995 bis 1996 (Cheftrainer Lizenzspieler), 1996 bis 1999 (Cheftrainer Amateure), seit 1999 Scout
Geboren: 06.09.1960 in Troisdorf
Spiele: 294
Tore: 56
Mittelfeld

FC-Urgestein, 8-facher Nationalspieler, als Spieler, Trainer und Scout bei den Geißböcken. Wurde 1983 mit dem FC Pokalsieger.

Denis Epstein

Beim FC von 1998 bis 2007
Geboren: 02.07.1986 in Köln
Spiele: 25
Tore: 2
Angriff

Das Talent aus der Jugendabteilung der Geißböcke wurde nach hoffnungsvollem Auftakt später von Christoph Daum aussortiert. Zwischendurch kurz an RW Essen ausgeliehen, spielte „Epstone", so sein Spitzname, später für Kickers Offenbach und Iraklis Thessaloniki.

Daniel Eschbach

Beim FC von 1993 bis 1997
Geboren: 05.10.1973
Spiele: 2
Tor

Torwart der FC-Amateure. Fungierte als „Stand-by-Keeper" für die Profis. Später in Cottbus, Uerdingen und Wuppertal.

Evanilson (Aparecido Ferreira)

Beim FC von 17.01.2006 bis Juni 2006
Geboren: 12.09.1975 in Diamantina/Brasilien
Spiele: 3
Abwehr

Zuvor mit Erfolg in Dortmund unter Vertrag, konnte er dem FC im Abstiegskampf 2006 kurzfristig nicht entscheidend helfen. Danach wieder in seiner Heimat Brasilien aktiv.

Paul Ewe

Beim FC von 1954 bis 1955
Geboren: 08.12.1933 in Düsseldorf
Spiele: 17
Tore: 3
Angriff

Der gelernte Kraftfahrer lebte später in den Niederlanden.

Fritz Ewert

Beim FC von 1957 bis 1966
Geboren: 09.02.1937 in Düsseldorf
Gestorben: 16.03.1990 in Swisttal-Heimerzheim
Spiele: 231
Tor

Meistertorwart 1962 und 1964, vierfacher Nationalspieler, die „Plaat" war eine Legende im FC-Tor. Arbeitete später bei „Shell" und „Metro". Verstarb an den Folgen eines Gehirntumors.

[F]

Hans Faber

Beim FC von 1948 bis 1950
Geboren: 24.03.1925
Spiele: 31
Tore: 21
Angriff

Wertvoller Angreifer der Anfangstage. Arbeitete und lebte später in Freiburg.

Giovanni Federico

Beim FC von 2000 bis 2005
Geboren: 04.10.1980 in Hagen
Spiele: 23
Tore: 1
Mittelfeld

Beim FC gelang ihm der Durchbruch nicht, beim KSC wurde er zum Leistungsträger. Wechselte aus Karlsruhe 2007 zu Borussia Dortmund.

Helmut Fendel

siehe Seite 114

Marcell Fensch

Beim FC von 1995 bis 1998
Geboren: 23.08.1975 in Parchim
Spiele: 4
Abwehr

Wurde berühmt für seinen „Trikotvergesser" 1997/98. Laufbahnende 2005 in Babelsberg.

Markus Feulner

Beim FC von Januar 2004 bis 2006
Geboren: 12.02.1982 in Scheßlitz
Spiele: 41
Tore: 7
Mittelfeld

Man hätte den vom FC Bayern gekommenen Mittelfeldakteur gerne in Köln behalten, doch er ging nach dem Abstieg 2006 nach Mainz.

Herbert Finken

Beim FC von 1951 bis 1960
Geboren: 30.12.1939 in Köln
Spiele: 2
Mittelfeld

Lange bei den FC-Amateuren. Später Tasmania Berlin, heute wieder im Rheinland ansässig.

Klaus Fischer

Beim FC von 1981 bis 1984
Geboren: 27.12.1949 in Kreuzstraßl
Spiele: 116
Tore: 47
Angriff

Wechselte 1981 als Nationalspieler nach elf Jahren Schalke 04 zum 1. FC Köln. Hatte drei gute Jahre beim FC und wechselte danach zum VfL Bochum, wo er seine Karriere beendete. Betreibt heute eine Fußballschule.

Hans-Dieter Flick

Beim FC von 1990 bis 1993
Geboren am: 24.02.1965 in Heidelberg
Spiele: 54
Tore: 3
Mittelfeld/Abwehr

Arbeitete drei Jahre lang recht solide bei den Geißböcken. Später Co-Trainer von Jogi Löw bei der Nationalmannschaft.

Heinz Flohe

siehe Seite 271

Henri Fuchs

Beim FC von 1991 bis Januar 1994
Geboren am: 23.06.1970 in Greifswald
Spiele: 66
Tore: 17
Angriff

Nach drei Jahren im Rheinland ging der Stürmer zurück in den Osten, spielte u.a. in Dresden, Rostock und Erfurt. Laufbahnende 2005 bei TSG Neustrelitz. Später Jugendtrainer bei RW Erfurt.

Uwe Fuchs

Beim FC von 1990 bis 1993
Geboren: 23.07.1966 in Kaiserslautern
Spiele: 19
Tore: 4
Angriff

Hatte vor und nach dem FC etliche Profistationen, u.a. FC Homburg, Stuttgarter Kickers, 1. FC Kaiserslautern und Arminia Bielefeld. Klassischer „Wandervogel". Zuletzt Trainer beim VfB Lübeck.

Christer Fursth

Beim FC von 1997 bis 1998
Geboren: 06.07.1970 in Örebro/Schweden
Spiele: 9
Mittelfeld

In Köln gelang es ihm nicht sich als Stammkraft zu etablieren. Danach für Hammarby IF und Al Ain Club (Vereinigte Arabische Emirate) am Ball.

[G]

Holger Gaißmayer

Beim FC von 1995 bis Dezember 1998
Geboren: 02.07.1970 in Essen
Spiele: 95
Tore: 19
Angriff

Legendärer „Rettungstorschütze" von Rostock 1996. Von RW Oberhausen gekommen, wechselte er später häufig den Verein, kickte u. a. erneut bei RW Oberhausen, Kickers Offenbach, LR Ahlen, Wuppertaler SV und zuletzt beim FSV Vohwinkel.

Salvatore Gambino

Beim FC von 2006 bis 2008
Geboren: 27.11.1983 in Hagen
Spiele: 21
Tore: 2
Mittelfeld

Nach zwei Jahren als Reservist beim FC ging der aus Dortmund gekommene Italiener zur Saison 2008/09 zur TuS Koblenz.

Georg Gawliczek

Beim FC von 1951 bis 1953
Geboren: 02.02.1919 in Schelersdorf/Oberschlesien
Gestorben: 04.09.1999 in Karlsruhe
Spiele: 64
Tore: 5
Mittelf./Angriff

Beim FC Leistungsträger, später berühmt als Vereinstrainer und Assistent von Sepp Herberger.

Gerhard Gawliczek

Beim FC von 1951 bis 1952
Geboren: 10.07.1924 in Schelersdorf/Oberschlesien
Spiele: 2
Abwehr

Ging nach einem Jahr Köln zu Phönix Ludwigshafen. Erreichte nicht den Bekanntheitsgrad seines Bruders Georg. Lebt heute im südhessischen Bürstadt.

Rainer Gebauer

Beim FC von 1972 bis 1973
Geboren: 24.08.1951 in Bonn
Spiele: 25
Tore: 4
Angriff

In Köln Ergänzungsspieler, später erfolgreicher Torjäger in Belgien (Eupen, Charleroi).

Marcel Gebhardt

Beim FC von 1998 bis 2001
Geboren: 15.09.1979
Spiele: 1
Mittelfeld

Zuvor u.a. in Dresden und Uerdingen aktiv, war Gebhardt Leistungsträger bei den FC-Amateuren. Später spielte er beim VfB Leipzig und Wormatia Worms.

Ralf Geilenkirchen

Beim FC von 1981 bis 1988
Geboren: 26.04.1966
Spiele: 81
Tore: 13
Angriff

Eigengewächs der FC-Jugend und ordentlicher Ergänzungsspieler. Später spielte er noch u.a. in Antwerpen, Braunschweig und Uerdingen.

Karlheinz Geils

Beim FC von 1984 bis 1987
Geboren: 20.05.1955
Spiele: 105
Tore: 4
Abwehr

Leistete solide Dienste in der FC-Abwehr. Spielte neben dem FC noch in Bremen, Bielefeld und Hannover. Heute Fahrschulbesitzer in Ritterhude.

Roland Gerber

Beim FC von 1975 bis 1982
Geboren: 20.05.1953 in Gerlachsheim
Spiele: 171
Tore: 8
Abwehr

Abwehrchef der „Double"-Mannschaft, erstklassiger Libero. Wurde nach schwerer Verletzung zunächst an Darmstadt 98 ausgeliehen und 1982 zum VfL Osnabrück transferiert.

Jörg Gerlach

Beim FC von 1978 bis 1986, 1988 bis 1993
Geboren: 23.08.1967 in Köln
Spiele: 1
Mittelfeld/Abwehr

Seit der D-Jugend bei den Geißböcken, später Stammkraft bei den FC-Amateuren. Dazwischen kurzer Abstecher zu Frechen 20 und Düren 99. Heute Inhaber eines Sanitärbetriebes in Frechen.

Andreas Gielchen

Beim FC von 1980 bis 1991
Geboren: 27. Oktober 1964 in Eschweiler
Spiele: 165
Tore: 2
Abwehr

FC-Eigengewächs, lange Jahre fester Bestandteil der Geißbockmannschaft. Später im Raum Aachen als Physiotherapeut tätig.

Wilhelm „Willi" Gierlich

Beim FC von 1952 bis 1954
Geboren: 16.08.1932 in Köln
Spiele: 27
Tore: 3
Mittelfeld/Angriff

Amateurnationalspieler, später Pressechef von Bayer Leverkusen.

Anders Giske

Beim FC von 1989 bis 1992
Geboren am: 22.11.1959 in Namsos/Norwegen
Spiele: 90
Tore: 9
Abwehr

Sehr kopfballstarker und stellungssicherer Defensivspezialist, zuvor in Leverkusen und Nürnberg aktiv. Später sportlicher Leiter bei Sogndal IL in Norwegen.

Stephan Glaser

Beim FC von 1998 bis 2000
Geboren: 11.03.1976 in Bonn
Spiele: 7
Mittelfeld

Kam vom Bonner SC. Mittlerweile ist der Rechtsreferendar Leistungsträger bei Fortuna Köln.

Jürgen Glowacz

Beim FC von 1970 bis 1977, 1978-1979 (Spieler), ab 14. Juni 2004 Vizepräsident
Geboren: 30.09.1952 in Köln
Spiele: 259
Tore: 29
Abwehr

Gehörte bis 1977 zum erweiterten Stamm der Geißböcke, verließ aber nach Streitigkeiten mit Trainer Weisweiler den FC in Richtung Bremen. Kehrte noch einmal für kurze Zeit zurück, bevor er nach Leverkusen ging.

Heinz Goffart

Beim FC von 1952 bis 1957
Geboren: 03.04.1932 in Köln
Spiele: 15
Mittelfeld/Abwehr

Spielte beim FC in der Jugend und bei den Amateuren, später Ergänzungskraft bei den Vertragsspielern. Danach als Amateurtrainer tätig, heute Privatier in Köln-Porz.

Karl-Heinz Goldau

Beim FC von 1968 bis 1974 (Spieler), 1974 bis 1981 (Betreuer Amateure)
Geboren: 21.01.1941 in Köln
Spiele: 1
Abwehr

Als Spieler und Betreuer eng mit den FC-Amateuren verbunden. Von Beruf Kesselbauer, lebte später als Rentner in Köln.

Bjarne Goldbaek

Beim FC von 1994 bis 1996
Geboren: 06.10.1968 in Nyköbing/Dänemark
Spiele: 33
Tore: 2
Mittelfeld

Zuvor u.a. in Schalke und Kaiserslautern, blieb der dänische Nationalspieler zwei Jahre lang beim FC. Später noch in Kopenhagen, Chelsea, Fulham und RW Essen. Laufbahnende 2005.

Armin Görgens

Beim FC von 1984 bis 1986
Geboren: 27.08.1961
Spiele: 8
Abwehr

Zwei Jahre im FC-Profikader, später Polizeibeamter und Trainer des SC Uckerath im Rhein-Sieg-Kreis.

Armin Görtz

Beim FC von 1986 bis 1990
Geboren: 30.08.1959 in Dortmund
Spiele: 135
Tore: 9
Abwehr/Mittelfeld

Zuvor u.a. bei Eintracht und FSV Frankfurt sowie KSV Waregem, gelang ihm in Köln der Durchbruch. Gewann 1988 Olympiabronze in Seoul, 2-facher Nationalspieler, wechselte 1990 zu Hertha BSC. Regelmäßiger Gast in Müngersdorf.

Falko Götz

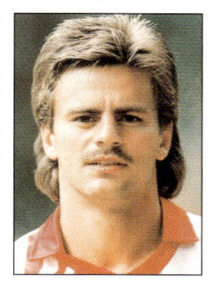

Beim FC von 1988 bis 1992
Geboren: 26.03.1962 in Rodewisch
Spiele: 161
Tore: 33
Mittelfeld

Kam aus Leverkusen auf die „richtige" Rheinseite. Zeigte vier Jahre lang beständige Leistungen im Geißbockdress. Danach bei Gal. Istanbul, Saarbrücken und Hertha BSC unter Vertrag. Als Trainer für Hertha und 1860 München tätig.

Hans Graf

siehe Seite 99

Dimitrios Grammozis

Beim FC von 2005 bis 2006
Geboren: 08.07.1978 in Wuppertal
Spiele: 20
Mittelfeld

Zuvor beim HSV und in Uerdingen, blieb „Dimi" nur ein Jahr beim FC. Ging zu RW Essen und später nach Griechenland zu Ergothelis.

Dennis Grassow

Beim FC von Januar 1998 bis 1999
Geboren: 10.10.1971 in Berlin
Spiele: 33
Abwehr

Sollte im Abstiegskampf 1998 die FC-Abwehr verstärken. Kam vom FC Bayern, ging später nach Unterhaching und danach zu Jahn Regensburg.

Frank Greiner

siehe Seite 389

Michael Griehsbach

Beim FC von 1987 bis 1988
Geboren: 28.09.1961 in Dortmund
Spiele: 3
Mittelfeld

Zuvor u.a. in Dortmund, wechselte nach einem Jahr beim FC zu RW Essen. Danach beim FC Remscheid aktiv. Später war der Bankangestellte Trainer im Amateurbereich.

Ivica Grlic

Beim FC von 2000 bis 2001
Geboren: 06.08.1975 in München
Spiele: 2
Mittelfeld

Kam von Fortuna Köln. Nach einem Jahr Abschied in Richtung Aachen, später beim MSV Duisburg. Nationalspieler Bosnien-Herzegowina.

Vladan Grujic

Beim FC von Januar 2004 bis Januar 2005
Geboren: 17.05.1981 in Banja Luka (Bosnien-Herzegowina)
Spiele: 13
Mittelfeld

Der aus Banja Luka gekommene Grujic bekam von der Presse den Spitznamen „Gruselig". Nach gut 12 Monaten in Köln machte er noch Station in Russland, Bulgarien und Bosnien, bevor es den bosnischen Internationalen 2008 zu Moss FK in die 2. Liga Norwegens zog.

Rolf-Christel Guie-Mien

Beim FC von 2004 bis 2006
Geboren: 28.10.1977 in Brazzaville/Kongo
Spiele: 29
Mittelfeld

Zuvor u.a. beim KSC und Eintracht Frankfurt aktiv, kam er beim FC nicht über den Status des Ergänzungsspielers hinaus. Danach Kurzgastspiele bei Sachsen Leipzig und RW Essen. Seit 2008 beim SC Paderborn.

[H]

Bernt Haas

Beim FC von 2006 bis 2007
Geboren: 08.04.1978 in Wien/Österreich
Spiele: 22
Abwehr

International erfahrener Schweizer Nationalspieler, konnte in Köln dennoch kaum Akzente setzen. Später beim FC St. Gallen.

Uwe Haas

Beim FC von 1982 bis 1985
Geboren: 26.02.1964 in Merchweiler
Spiele: 42
Tore: 2
Mittelfeld

Stieg von der Jugend in die Profiabteilung auf. Später Amateurtrainer im Saarland.

Ernst-Günter Habig
Beim FC von 1960 bis 1963
Geboren: 14.09.1935 in Köln
Spiele: 104
Tore: 21
Angriff/Mittelfeld

Berühmt als „de Bums" für seinen harten Schuss, Leistungsträger des 1962er Meisterteams. Später Trainer bei Fortuna Köln, dann Ruheständler in der Domstadt.

Karl-Heinz Hähnchen
Beim FC von 1971 bis 1973
Geboren: 15.06.1952 in Dorsten
Spiele: 12
Tore: 1
Angriff

Der studierte Ingenieur spielte später noch beim 1. FC Saarbrücken und im Amateurbereich.

Alfred Hammer
Beim FC von 1952 bis 1956
Geboren: 06.05.1928 in Köln
Spiele: 1
Angriff

Von Blau-Weiß Köln gekommen, verstärkte er zumeist die FC-Amateure. Der gelernte Landschaftsgärtner lebt immer noch in Köln.

Markus Happe
Beim FC von 2002 bis Januar 2004
Geboren: 11.02.1972 in Münster
Spiele: 32
Tore: 3
Abwehr

Vor allem wegen seiner langen Jahre in Leverkusen hatte Happe bei den FC-Fans einen schweren Stand. Später wechselte er für drei Jahre nach Offenbach und 2007 zu Bayer Leverkusen II.

Klaus Hartenstein
Beim FC von 1953 bis 1955
Geboren: 24.03.1930
Spiele: 12
Tor

Zwei Jahre lang Ersatzkeeper der Kölner, zuvor in Schalke, später beim Duisburger SV.

Benno Hartmann
Beim FC von 1952 bis 1955
Geboren: 04.10.1924 in Schkeuditz
Verstorben: 12.04.2001 in Barsinghausen
Spiele: 62
Abwehr

Äußerst wertvoller Verteidiger, später Verbandssportlehrer in Barsinghausen/Niedersachsen.

Frank Hartmann
Beim FC von 1978 bis 1985
Geboren: 27.09.1960
Spiele: 106
Tore: 9
Mittelfeld/Angriff

Seit der A-Jugend beim FC, machte erst in Schalke, Kaiserslautern und Wattenscheid richtig Karriere. Später Trainer im Amateurbereich (z.B. TSV Emmelshausen).

William „Jimmy" Hartwig
Beim FC von 1984 bis Dezember 1985
Geboren: 05.10.1954 in Offenbach
Spiele: 36
Tore: 6
Mittelfeld

Zuvor u.a. beim HSV sehr erfolgreich, konnte an diese Erfolge nicht anknüpfen. Hatte später mit einer Krebserkrankung und privaten Problemen zu kämpfen und war als Trainer (u.a. Sachsen Leipzig), Fernsehexperte und RTL-Dschungelcampbewohner tätig.

Ralph Hasenhüttl
Beim FC von 1998 bis 2000
Geboren: 09.08.1967 in Graz/Österreich
Spiele: 43
Tore: 3
Angriff

Ein Goalgetter war der stämmige „Ösi" nicht. Später noch in Fürth und beim FC Bayern II. Seit Oktober 2007 Cheftrainer in Unterhaching.

Thomas „Icke" Häßler
siehe Seite 357

Ralf Hauptmann
Beim FC von 1993 bis 2001
Geboren: 20.09.1968 in Eberswalde
Spiele: 201
Tore: 8
Mittelfeld/Abwehr

DDR-Nationalspieler, acht Jahre beim FC, war sogar Kapitän. Lebt wieder in Sachsen. Seit Juli 2008 Leiter des Nachwuchsleistungszentrums von Dynamo Dresden.

Herbert Hein
Beim FC von 1969 bis Oktober 1978
Geboren: 27.03.1954 in Wüstenbrand/Sachsen
Spiele: 145
Tore: 10
Abwehr

Wurde mit der FC-A-Jugend 1971 Deutscher Meister und gewann mit den Profis 1978 das Double. Häufig zu Gast bei Heimspielen des 1. FC Köln.

Jörg Heinrich
Beim FC von 2003 bis 2004
Geboren: 06.12.1969 in Rathenow
Spiele: 22
Tore: 1
Abwehr

Champions-League-Sieger mit Dortmund, in Köln glücklos. Später Sportdirektor von Union Berlin. Seit 2008 kickt er zum Spaß bei BSC Rathenow.

Jürgen „Schimmel" Heitmann
Beim FC von 1959 bis 1963
Geboren: 02.06.1935 in Herford
Verstorben: 18.12.1997 in Herford
Spiele: 1
Angriff

Bei den FC-Amateuren spielender Sportstudent, eher durch Zufall zum Profieinsatz gekommen.

Sebastian Helbig
Beim FC von 2002 bis Januar 2004
Geboren: 25.04.1977 in Gotha
Spiele: 33
Angriff

Kein Tor in zwei Jahren. Danach u.a. bei Unterhaching, Jena und aktuell beim FSV Zwickau unter Vertrag.

Horst Heldt
siehe Seite 384

Patrick Helmes
Beim FC von 1997 bis 2000 (Nachwuchsabteilung), 2005 bis 2008
Geboren: 01.03.1984 in Köln
Spiele: 67
Tore: 35
Angriff

Angreifer mit riesigem Potential, der beim FC zum Nationalspieler reifte. Schade, dass er durch seine Vertragsunterschrift in Leverkusen bei einigen FC-Fans „unten durch" war. Hatte aber großen Anteil am Aufstieg 2008.

Matthias Hemmersbach
siehe Seite 174

Fritz Herkenrath

Beim FC von 1951 bis 1952
Geboren: 09.09.1928 in Köln-Dellbrück
Spiele: 15
Tor

Beim FC nur kurz die Nummer eins, mit RW Essen wurde er Meister, Pokalsieger und Nationalspieler. Lebte später als pensionierter Lehrer in Aachen.

Bernhard Hermes

Beim FC von 1966 bis 1970
Geboren: 08.09.1945 in Quadrath-Ichendorf
Spiele: 25
Tore: 1
Mittelfeld

Stieg von den FC-Amateuren zu den Profis auf, danach in Wuppertal und bei Viktoria Köln. Der pensionierte Bankkaufmann lebte später in Quadrath-Ichendorf bei Köln.

Paul Heyeres

Beim FC von 1966 bis 1969
Geboren: 30.05.1946 in Aachen
Spiele: 28
Tor

Kurzfristig die Nummer eins beim FC. Lebte später in Aachen.

Otto Hiestermann

Beim FC von 1975 bis 1976
Geboren: 07.01.1949 in Hermannsburg
Spiele: 11
Tore: 1
Mittelfeld

Der Amateurnationalspieler ging nach einem Jahr Köln zum FV Würzburg 04. Später Tennislehrer in Tübingen.

Alfons Higl

Beim FC von 1989 bis 1995
Geboren: 17.12.1964 in Aindling
Spiele: 208
Tore: 9
Abwehr

Sechs Jahre lang grundsolider Arbeiter der FC-Defensive. Später Co-Trainer des VfB Stuttgart.

Martin Hirche
siehe Seite 74

Stephan Hochgeschurtz

Beim FC von 1944 bis 1949 (Sülz 07 und 1. FC Köln)
Geboren: 27.02.1930 in Köln
Spiele: 2
Angriff

Kickte schon bei Sülz 07, wurde mit Bergisch Gladbach deutscher Amateurmeister 1953. Langjähriger „Büdchenbesitzer" in Köln.

Hans Hohs

Beim FC von 1974 bis 1989
Geboren: 08.04.1960
Spiele: 1
Abwehr

Begann in der FC-Jugend, dann 2. und 1. Amateurmannschaft.

Matthias Hönerbach

Beim FC von 1981 bis 1989 (Spieler), 1995 bis 1996 (Amateurtrainer)
Geboren: 13.04.1962 in Köln
Spiele: 222
Tore: 4
Abwehr

Hervorragender Kämpfer vom alten Schlag. Schlug nach der Spieler- die Trainerlaufbahn ein. Unter anderem bei den FC-Amateuren, Preußen Köln und als Co-Trainer bei Werder Bremen.

Heinz Hornig
siehe Seite 205

Heinz-Theo Horst

Beim FC von 1971 bis 1976
Geboren: 26.11.1947
Spiele: 1
Angriff/Mittelfeld

Spielte fünf Jahre lang bei den FC-Amateuren.

Heinz Hungs

Beim FC von 1930 bis 1949 (KBC und 1. FC Köln)
Geboren: 1918 in Köln
Spiele: 32
Abwehr

Schon beim KBC eine Größe. Viele Verdienste um den FC in den schweren Anfangstagen. Spielte später bei den „Geißbock-Altherren".

Karsten Hutwelker

Beim FC von 1998 bis 1999
Geboren: 27.08.1971 in Wuppertal
Spiele: 25
Tore: 1
Mittelfeld/Abwehr

Erzielte das erste Zweitligator der FC-Geschichte. Erkrankte 2006 an Knochenkrebs und wurde geheilt. Kickte später beim SCR Altach (Österreich).

[I]

Gerhard „Gerd" Ihns

Beim FC von 1952 bis 1953
Geboren: 19.07.1926 in Schwerin
Spiele: 29
Tore: 8
Angriff

Verließ leider nach einer starken Saison die Domstadt in Richtung HSV. Hatte auf der Luxemburger Straße ein Fahrradgeschäft. Lebte später in Oldenburg. War auch als Tennisspieler und Amateurboxer erfolgreich.

Bodo Illgner
siehe Seite 379

[J]

Carsten Jancker

Beim FC von 1991 bis 1995
Geboren: 28.08.1974 in Grevesmühlen
Spiele: 7
Tore: 1
Angriff

Wurde mit der FC-A-Jugend Deutscher Vizemeister. Über Rapid Wien kam er zu den Bayern. Verdiente später sein Geld beim SV Mattersburg (Österreich).

Günter Jansen

Beim FC von 1954 bis 1956
Geboren: 20.01.1932 in Duisburg
Spiele: 55
Tor

Zwei Jahre lang Stammtorwart der Geißböcke, dann auch in Gladbach erfolgreich, später Verbandssportlehrer in Edenkoben.

Olaf Janßen

Beim FC von 1984 bis 1996
Geboren: 08.10.1966 in Krefeld
Spiele: 253
Tore: 22
Mittelfeld

Lange zwölf Jahre blieb der „treue Olaf" in Köln. Gewann 1988 Olympiabronze. Später Sportdirektor bei RW Essen.

SPIELER ■ 503

Jürgen Jendrossek

Beim FC von 1959 bis 1969
Geboren: 24.02.1948 in Berlin
Spiele: 68
Tore: 15
Angriff

Kam aus der eigenen Jugend, später in den Niederlanden (Nijmegen) und Bielefeld aktiv. Trainierte diverse Amateurclubs. Lebte als Privatier in Köln und ist regelmäßiger Gast der FC-Heimspiele.

Jann Jensen

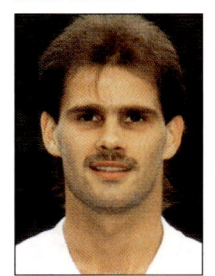

Beim FC von 1988 bis Januar 1993
Geboren am: 22.02.1969 in Odense/Dänemark
Spiele: 56
Tore: 1
Abwehr

Fünf Jahre lang Ergänzungskraft der FC-Defensive, danach beim VfL Wolfsburg. Beendete seine Laufbahn in der dänischen Heimat.

Wolfgang John

Beim FC von 1970 bis 1971
Geboren: 14.01.1945
Spiele: 3
Angriff

Schaffte in Köln nicht den Durchbruch. Später als Trainer tätig, unter anderem bei Hertha Zehlendorf.

Marius Johnsen

Beim FC von Januar 2007 bis Juni 2007
Geboren: 28.08.1981 in Kristiansand/Norwegen
Spiele: 12
Abwehr

Sympathischer, norwegischer Nationalspieler. Kam von Start Kristiansand. Inzwischen wieder in Norwegen bei Lilleström SK aktiv.

Dittmar Jost

Beim FC von 1955 bis 1961
Geboren: 09.03.1940 in Morawitza/Rumänien
Spiele: 23
Tore: 8
Angriff

Stammte aus Rumänien, spielte später unter anderem beim TSV Marl-Hüls.

Hans-Josef „Jupp" Kapellmann

siehe Seite 231

[K]

Andreas Keim

Beim FC von 1988 bis 1989
Geboren: 08.06.1962
Spiele: 11
Tore: 1
Abwehr

Kam aus Karlsruhe nach Köln. Stieg außer beim FC mit jedem Club aus der Bundesliga ab.

Jens Keller

Beim FC von 2000 bis 2002
Geboren: 24.11.1970 in Stuttgart
Spiele: 59
Tore: 1
Abwehr

Zuvor u.a. bei 1860 München, VfB Stuttgart und Wolfsburg. Ging nach dem Abstieg mit Köln zu Eintracht Frankfurt.

Joshua Kennedy

Beim FC von 2003 bis 2004
Geboren: 20.08.1982 in Wodonga/Australien
Spiele: 4
Angriff

Sturmtalent, zumeist bei den Amateuren eingesetzt. Später u.a. 1. FC Nürnberg und KSC.

Heinrich Kerscher

Beim FC von 1978 bis 1981
Geboren: 17.09.1961
Spiele: 6
Abwehr

Als A-Jugendlicher zum FC gekommen. Später noch in Wattenscheid und beim SC Paderborn.

Thomas Kessler

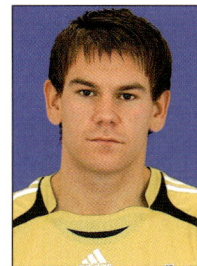

Beim FC ab 2000
Geboren: 20.01.1986 in Köln
Spiele: 6
Tor

Der Jungtorwart war die Nummer zwei hinter Faryd Mondragon.

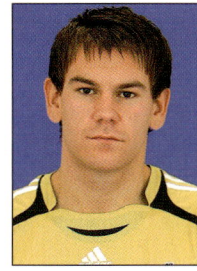

Carsten Keuler

Beim FC von 1987 bis 1994
Geboren: 30.08.1971 in Neuwied
Spiele: 30
Tore: 2
Abwehr/Mittelfeld

Kam als B-Jugendlicher zum FC. Danach u.a. in Wattenscheid, Unterhaching, SV Wehen, SpVgg Bendorf und FV Engers aktiv.

Francis Kioyo

Beim FC von 2002 bis 2003
Geboren: 18.09.1979 in Yaunde/Kamerun
Spiele: 31
Tore: 7
Angriff

Ein paar wichtige Tore im Aufstiegsjahr 2003, später bei Energie Cottbus und Netanya (Israel).

Hans-Jürgen Kleinholz

Beim FC von 1963 bis 1966
Geboren: 11.09.1945 in Duisburg
Spiele: 3
Tore: 1
Angriff

Westdeutscher und Mittelrheinmeister mit der FC-A-Jugend und den Amateuren. Später Trainer im Amateurbereich. Der verrentete Einzelhandelskaufmann lebte in Düsseldorf.

Günter Klemm

Beim FC von 1956 bis 1960
Geboren: 10.11.1929 in Neumünster
Spiele: 76
Tor

Zeitweise Stammkeeper, wurde von Fritz Ewert verdrängt. Lebte später als Rentner in Köln, war jahrelang Autoverkäufer der Firma „Kierdorf".

Tomasz Klos

Beim FC von 2003 bis Januar 2004
Geboren: 07.03.1973 in Zgierz/Polen
Spiele: 7
Abwehr

Der polnische Nationalspieler, zuvor in Kaiserslautern, sollte die Geißbockabwehr verstärken, wurde jedoch zum klassischen Fehlgriff. Ging in die Heimat zu Wisla Krakau zurück.

Joachim Knappert

Beim FC von 1954 bis 1959
Geboren: 28.01.1939 in Berlin
Spiele: 6
Tore: 2
Angriff/Mittelfeld

Kam aus der FC-Jugend, später bei Fortuna Köln. Wohnhaft in der Domstadt.

Hermann Knöppel

Beim FC von 1970 bis 1987
Geboren: 15.10.1956
Spiele: 3
Tore: 1
Mittelfeld/Angriff

Lange Jahre bei der FC-Jugend und den Amateuren eingesetzt, ging dann als Spielertrainer zum SSV Weilerswist.

Andrzej Kobylanski

Beim FC von Januar 1993 bis 1994
Geboren: 31.07.1970 in Ostrowiec/Polen
Spiele: 13
Tore: 1
Angriff

Der polnische Nationalstürmer setzte sich beim FC nicht durch. Danach u.a. in TB Berlin, Hannover und Cottbus. Laufbahnende 2004 beim Wuppertaler SV.

Jürgen Kohler

Beim FC von 1987 bis 1989
Geboren: 06.10.1965 in Lambsheim
Spiele: 67
Tore: 2
Abwehr

Von Waldhof Mannheim gekommen, nahm Kohlers Karriere beim FC richtig Fahrt auf. Spielte später bei Bayern, in Italien, beim BVB und bestritt insgesamt 105 A-Länderspiele. Weltmeister 1990, heute Privatier.

Stefan Kohn

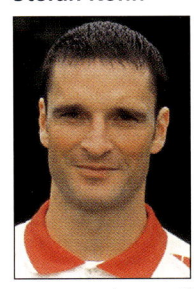

Beim FC von 1993 bis Dezember 1994, 1995 bis 1997
Geboren: 09.10.1965 in Ellwangen
Spiele: 77
Tore: 17
Angriff

Der „Wandervogel" spielte unter anderem für Bochum, Hannover und Bremen. In Köln agierte er eher glücklos. Später im Bereich Spielerberatung tätig.

Harald Konopka
siehe Seite 254

Kostas Konstantinidis

Beim FC von 2004 bis 2005
Geboren: 31.08.1972 in Schorndorf
Spiele: 14
Tore: 1
Abwehr

Zuvor unter anderem bei Hertha, Hannover und Bolton. Beim FC war der griechische Nationalspieler bestenfalls Ergänzungskraft. Später beim OFI Kreta unter Vertrag.

Klaus Kösling

Beim FC von 1975 bis 1980
Geboren: 17.03.1958 in Bonn
Spiele: 13
Tore: 1
Angriff

Von Preußen Münster war der Linksaußen 1975 in die FC-Jugend gewechselt. 1980 musste er seine Laufbahn wegen Sportinvalidität beenden.

Michael Kostner

Beim FC von 1996 bis 1998
Geboren am: 07.02.1969 in München
Spiele: 38
Abwehr

„Liebling" von Trainer Neururer, zuvor u.a. bei Frankfurt, Offenbach und HSV. Die Abwehr verstärkte „Balou" weniger. Später Spieler und Trainer im Amateurbereich (u.a. TSV Ampfing).

Kurt Kowalski

Beim FC von 1968 bis 1971
Geboren: 14.12.1948 in Troisdorf
Spiele: 14
Abwehr

Schaffte es nicht, sich im Stammaufgebot festzusetzen. Spielte später für Bayer Leverkusen und arbeitete für die Bayer AG.

Michael Kraft

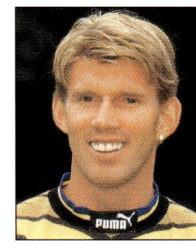

Beim FC von 1988 bis 1989, 1993 bis 1998
Geboren am: 23.04.1966 in Dernbach
Spiele: 31
Tor

„Tiger" Kraft wurde nach Bodo Illgners Abgang kurzfristig die Nummer eins im FC-Tor. Spielte u.a. auch in der Türkei und in Gütersloh. Später Torwarttrainer bei Werder Bremen.

Franz Krauthausen

Beim FC von 1965 bis 1966
Geboren: 27.02.1946
Spiele: 15
Tore: 6
Angriff/Mittelfeld

Machte erst nach seiner FC-Zeit richtig Karriere: zunächst bei Rot-Weiß Oberhausen, dann sogar beim FC Bayern München. Später agierte er in der amerikanischen Profiliga bei den San Diego Stockers.

Markus Kreuz

Beim FC von 2000 bis 2003 
Geboren am: 29.04.1977 in Ingelheim
Spiele: 82
Tore: 10
Mittelfeld

Nach drei Jahren FC setzte er seine Wanderschaft fort und spielte bei Eintracht Frankfurt, Erfurt, Real Murcia, Kickers Offenbach und FSV Frankfurt.

Florian Kringe

Beim FC von 2002 bis 2004
Geboren: 18.08.1982 in Siegen
Spiele: 68
Tore: 9
Mittelfeld

Zwei gute Jahre in Köln, „musste" leider wieder nach Dortmund zurück.

Helmut Kronsbein

Beim FC von 1948 bis 1949
Geboren: 25.12.1914
Gestorben: 27.03.1991
Spiele: 2
Abwehr

Spielte als Student der Sporthochschule beim FC. Als Trainer (u.a. Hannover, Aachen), wurde „Fiffi" bundesweit bekannt.

Thomas Kroth

Beim FC von 1978 bis 1982
Geboren: 26.08.1959
Spiele: 69
Tore: 3
Mittelfeld

Wurde erst nach seiner FC-Zeit (Frankfurt, HSV, Dortmund) richtig erfolgreich. Später als Berater von Profisportlern tätig.

Baykal Kulaksizoglu

Beim FC von 2006 bis Dezember 2007
Geboren: 12.05.1983 in Istanbul/Türkei
Spiele: 13
Mittelfeld

Zuvor bei GC Zürich, FC Thun und FC Basel, dennoch nur Insidern bekannt als er zum FC kam. Seit Januar 2008 bei Young Boys Bern (Schweiz).

Markus Kurth
siehe Seite 422

[L]

Bruno Labbadia
Beim FC von 1994 bis Dezember 1995
Geboren: 08.02.1966 in Darmstadt
Spiele: 52
Tore: 23
Angriff

Ein tolles Jahr im FC-Dress, im Unfrieden nach Bremen gewechselt. „Wandervogel", spielte u.a. bei Kaiserslautern, Bayern, Karlsruhe, Bielefeld und HSV. Danach Trainer in Darmstadt, Fürth und Leverkusen.

Pekka Lagerblom
Beim FC von 2006 bis 2007
Geboren: 19.10.1982 in Lahti/Finnland
Spiele: 30
Tore: 1
Mittelfeld

Eher „rustikaler" Finne, kam aus Bremen. Nur ein Jahr beim FC, später bei Alemannia Aachen.

Stefan Langen
Beim FC von 1946 bis 1955 (Sülz 07 und 1. FC Köln)
Geboren: 15.01.1925 in Hürth-Efferen
Spiele: 191
Tore: 4
Abwehr

Von der Gründung bis 1955 unverzichtbarer Bestandteil der FC-Abwehr. Besaß eine Weinstube in Hürth-Efferen, lebte später in Neuss.

Preben-Elkjaer Larsen
Beim FC von 1976 bis 1978
Geboren: 11.09.1957 in Kopenhagen/Dänemark
Spiele: 13
Tore: 3
Angriff

Riesentalent, 69-facher dänischer Internationaler, schaffte es beim FC leider nicht. Später Kommentator beim dänischen Fernsehen.

Lilian Laslandes
Beim FC von 2001 bis 2002
Geboren: 04.09.1971 in Pauillac/Frankreich
Spiele: 7
Angriff

Zuvor u.a. bei Auxerre, Bordeaux und Sunderland aktiv, wurde er beim FC zum Flop und bekam den Spitznamen „Laslandesliga". Später bei OGC Nizza.

Detlev Lauscher
Beim FC von 1971 bis 1976
Geboren: 30.09.1952 in Linnich
Spiele: 109
Tore: 13
Mittelfeld/Angriff

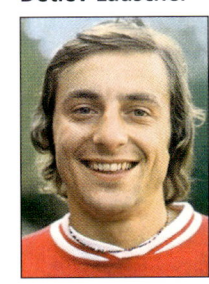

Verdienstvoller Ergänzungsspieler. Fand später in der Schweiz privates und berufliches Glück, betrieb bei den Eidgenossen eine Firma für Türen, Tore und Zargen.

Manfred Lefkes
Beim FC von 1977 bis 1985
Geboren: 07.08.1959 in Köln
Spiele: 24
Tore: 3
Abwehr/Mittelfeld

Kämpfte sich von der A-Jugend zu den Lizenzspielern. Wechselte später zu Union Solingen. Lebte noch immer in Köln. Arbeitet bei einer privaten Krankenversicherung.

Dirk Lehmann
Beim FC von 1992 bis 1994
Geboren: 16.08.1971 in Aachen
Spiele: 20
Tore: 3
Angriff

In Köln zumeist nur Ersatz. Später beim FC Fulham. In Schottland bei den „Hibs" und dem FC Motherwell war er Publikumsliebling. Kickte später bei Borussia Freialdenhoven.

Paul Lehmann
Beim FC von 1949 bis 1950
Geboren: 22.03.1923
Spiele: 29
Tore: 8
Angriff

Zeigte eine gute Saison beim FC, ging dann leider zum Freiburger FC und wurde im Breisgau sesshaft.

Hans-Peter Lehnhoff
Beim FC von 1984 bis 1988
Geboren: 12.07.1963 in Frechen
Spiele: 119
Tore: 11
Mittelfeld

Vier Jahre lang eine Verstärkung des FC-Mittelfeldes. Spielte später beim FC Antwerpen und bei Bayer Leverkusen, wo er als Teambetreuer fungierte.

Michael Lejan
Beim FC von 1994 bis 2005
Geboren: 02.05.1983 in Soest
Spiele: 2
Mittelfeld

In Deutschland geborener Belgier, spielte in der FC-Jugend und bei der U23. Später beim Wuppertaler SV aktiv.

Christian Lell
Beim FC von 2004 bis 2006
Geboren: 29.08.1984 in München
Spiele: 45
Tore: 1
Abwehr

Das Talent aus der Nachwuchsabteilung des FC Bayern spielte zwei Jahre lang in Köln. Inzwischen wieder bei den Münchnern, wo „Lelle" überraschend oft zum Einsatz kommt.

Hans-Jürgen Lex
Beim FC von 1968 bis 1971
Geboren: 29.12.1946
Spiele: 11
Tore: 1
Mittelfeld

Spielte bei den FC-Amateuren, danach bei Viktoria Köln aktiv.

Wilhelm Lipponer
Beim FC von 1946 bis 1948 (Sülz 07 und 1. FC Köln)
Geboren: 15.02.1925
Spiele: 8
Tore: 1
Mittelfeld

Stand bei der „FC-Premiere" am 15.02.1948 auf dem Platz. Ging später zu Jugend 07 Bergheim.

Pierre „Litti" Littbarski
siehe Seite 313

Johannes „Hannes" Löhr
siehe Seite 188

Dirk Lottner
siehe Seite 416

Fabio Luciano
Beim FC von Januar 2007 bis April 2007
Geboren: 29.04.1975 in Vinhedo/Brasilien
Spiele: 12
Abwehr

Sinnbild des ehrlosen Legionärs. Verließ den Verein bei Nacht und Nebel nach nur knapp vier Monaten, um bei Cruzeiro Belo Horizonte anzuheuern.

Anthony Lurling

Beim FC von 2005 bis 2007
Geboren: 22.04.1977 in Hertogenbosch/Niederlande
Spiele: 12
Mittelfeld/Angriff

Der Techniker aus Holland blieb nicht lange am Rhein. Er absolvierte ein Länderspiel für die Niederlande und spielte später wieder in der Ehrendivision bei NAC Breda.

[M]

Peter Madsen

Beim FC von 2005 bis 2007
Geboren: 26.04.1978 in Roskilde/Dänemark
Spiele: 24
Tore: 1
Angriff

Für eine hohe Ablöse aus Bochum gekommen, enttäuschte der Däne. Zwischendurch an den FC Southampton ausgeliehen, verkaufte der FC ihn an Bröndby Kopenhagen.

Roger Magnusson

Beim FC von 1966 bis 1967
Geboren: 20.03.1945 in Mönsterås/Schweden
Spiele: 22
Tore: 4
Angriff

Technisch überragend, kam mit der kölschen Mentalität aber nicht zurecht. Später im Ausland (u.a. Marseille, Paris) erfolgreich.

Manfred Manglitz

Beim FC von 1969 bis 1971
Geboren: 08.03.1940 in Köln
Spiele: 84
Tor

Vor dem FC bei Leverkusen und MSV Duisburg erfolgreich. Dann Gastwirt und Diskothekenbesitzer. Lebte später in Spanien.

Claudio Marasa

Beim FC von 1998 bis 2000
Geboren: 01.10.1978 in Köln
Spiele: 1
Mittelfeld

Beim FC „nur" bei den Amateuren aktiv. Ging später zu Dynamo Dresden, Saarbücken, Aachen und der SpVgg Au/Iller (Verbandsliga).

Marvin Matip

Beim FC seit 2005
Geboren: 25.09.1985 in Bochum
Spiele: 68
Tore: 1
Abwehr

Das Abwehrtalent aus Bochum kam 2005 zum FC und ist seitdem im erweiterten Stamm der Geißbockprofis zu finden.

Wolfgang Mattern

Beim FC von 1973 bis 1987
Geboren: 17.07.1956 in Köln
Spiele: 4
Tor

Mehr als 20 Jahre hielt Wolfgang Mattern als Jugend- und Amateurtorwart den Geißböcken die Treue, bevor er zu Viktoria Köln ging.

Kevin McKenna

Beim FC seit 2007
Geboren: 21.01.1980 in Calgary/Kanada
Spiele: 31
Tore: 2
Abwehr

Der Defensivspezialist und kanadische Nationalspieler kam von Energie Cottbus zum FC. Gleich im ersten Jahr gelang dem kopfballstarken Hünen mit den Geißböcken der Aufstieg.

Paul Mebus
siehe Seite 79

Werner Meier

Beim FC von 1951 bis 1952
Geboren: 21.09.1929
Spiele: 12
Tore: 1
Mittelfeld

Nur ein Jahr beim FC, später u.a. noch beim 1. FC Saarbrücken und Phönix Ludwigshafen.

Andreas Menger

Beim FC von 1997 bis 1998
Geboren: 11.09.1972 in Berlin
Spiele: 47
Tor

Hatte als Nachfolger von Bodo Illgner einen schweren Stand. Kam aus Fürth, später in Duisburg und Frankfurt aktiv, danach Torwarttrainer bei Eintracht Frankfurt.

Vincent Mennie

Beim FC von 1982 bis 1985
Geboren: 19.05.1964 in Aberdeen/Schottland
Spiele: 34
Tore: 2
Angriff/Mittelfeld

In Deutschland aufgewachsener Schotte, der sich beim FC nicht durchsetzten konnte. Ging anschließend zum FC Dundee. Ließ seine Karriere bei diversen Amateurclubs ausklingen.

Willi Minich

Beim FC von 1954 bis 1957
Geboren: 24.02.1934 in Oberhausen
Spiele: 47
Tore: 1
Abwehr

Drei Jahre lang beim FC, zumeist wertvolle Stammkraft. Der verrentete Elektriker lebte in Oberhausen und trainierte einige Amateurvereine.

Aleksandar Mitreski

Beim FC seit 2006
Geboren: 05.08.1980 in Ohrid/Mazedonien
Spiele: 58
Abwehr/Mittelfeld

Der mazedonische Nationalspieler kam von GC Zürich zum FC. Seither hat der unauffällige Defensivallrounder zumeist einen Stammplatz.

Youssef Mohamad

Beim FC seit 2007
Geboren: 01.07.1980 in Beirut/Libanon
Spiele: 31
Tore: 5
Abwehr

Der libanesische Nationalspieler kam 2007 vom SC Freiburg und war auf Anhieb eine Verstärkung. Schnell, sicher in der Defensive und zudem torgefährlich war „Dodo" einer der Aufstiegsgaranten.

Jürgen Mohr

Beim FC von 1978 bis 1980
Geboren: 18.08.1958 in Aachen
Spiele: 6
Mittelfeld

In Köln gelang ihm der Durchbruch nicht, dafür später bei Hertha, Frankfurt, Saarbrücken und BW 90 Berlin. Laufbahnende 1995 bei Eintracht Trier.

Youssef Mokhtari

Beim FC von 2005 bis 2006
Geboren: 05.03.1979 in Benisidel/Marokko
Spiele: 14
Mittelfeld

Der eigenwillige marokkanische Nationalspieler kam beim FC nicht zurecht und agierte glücklos. Später trug er das Trikot des MSV Duisburg und ging von dort zu Al-Rayyan/Katar.

Faryd Mondragon

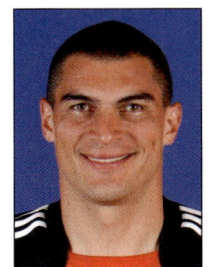

Beim FC seit 2007
Geboren: 21.06.1971 in Cali/Kolumbien
Spiele: 32
Tor

Zuvor u.a. bei Real Saragossa, FC Metz und Galatasaray Istanbul unter Vertrag, wechselte der ehemalige, kolumbianische Nationalkeeper im Sommer 2007 zum FC, wo er auf Anhieb die „Nummer 1" wurde. Bei den Fans beliebt, genießt die erfahrene Respektsperson auch im Mannschaftskreis hohes Ansehen.

Ernst Moog

Beim FC von 1943 bis 1949 (KSG SÜLZ 07/VfL Köln, Sülz 07 und 1. FC Köln)
Geboren: 16.08.1909
Spiele: 34
Mittelfeld/Abwehr

Sowohl bei Sülz 07 als auch beim FC geschätzter, vielseitiger Defensivallrounder.

Herbert Mühlenberg

Beim FC von 1970 bis 1973
Geboren: 23.04.1949
Spiele: 4
Tore: 1
Angriff

Bei den FC-Amateuren Top, bei den Profis reichte es nicht ganz. Ging dann nach Osnabrück und wurde später Trainer im Amateurbereich und Sportlehrer in Osnabrück.

Günter Mühlenbock

Beim FC von 1957 bis 1960
Geboren: 26.01.1937 in Bonn
Spiele: 98
Tore: 1
Abwehr/Mittelfeld

Drei Jahre lang eine echte Verstärkung für die Geißböcke. Arbeitete später als Architekt in Bad Münstereifel.

Christian Müller

Beim FC von 1958 bis 1966
Geboren: 29.08.1938 in Fliesteden
Spiele: 252
Tore: 181
Angriff

Legendärer Goalgetter der 60er Jahre und einer der besten der FC-Geschichte. Schoss den FC mit seinen Toren zu den Meisterschaften 1962 und 1964. Ging später nach Streit mit Franz Kremer nach Karlsruhe. Danach Trainer im Amateurbereich, Sportlehrer und Versicherungsvertreter.

Dieter Müller

siehe Seite 260

Peter Müller

Beim FC von 1991 bis 1992
Geboren: 15.12.1969 in Nürnberg
Spiele: 2
Mittelfeld/Angriff

Setzte sich in Köln nicht durch, dafür später beim FC Homburg und dem Bonner SC.

Rudolf Müller

Beim FC von 1979 bis 1982, 1993 bis 1995
Geboren am: 28.09.1960
Spiele: 4
Angriff/Mittelfeld

In seiner ersten Zeit beim FC Profi, setzte sich jedoch nicht durch und ging zu RW Essen. In den 1990ern noch zwei Jahre bei den FC-Amateuren aktiv.

Walter Müller

siehe Seite 83

Markus Münch

Beim FC von Januar 1998 bis Juli 1998
Geboren: 07.09.1972 in Nußloch
Spiele: 13
Tore: 2
Abwehr/Mittelfeld

Während der Saison 1997/98 von den Bayern ausgeliehen. Später unter anderem bei Genua 93, Besiktas Istanbul und Panathinaikos Athen.

Dorinel Munteanu

siehe Seite 405

Dietmar Mürdter

Beim FC von 1967 bis 1968
Geboren: 04.10.1943 in Danzig
Spiele: 2
Angriff

Konnte sich beim FC nicht durchsetzen. Später bei Leverkusen und TB Berlin. Lebt zurückgezogen in der Hauptstadt.

[N]

Tuncay Nadaroglu

Beim FC von 1997 bis 1998
Geboren: 27.07.1974 in Siegburg
Spiele: 5
Mittelfeld

Kam vom FV Bad Honnef, schaffte den Durchbruch nicht und wechselte in die Türkei zu Bursaspor. Später für Darmstadt, Babelsberg, Aschaffenburg und Eintracht Frankfurt II aktiv.

Willi „Männ" Nagelschmidt

Beim FC von 1948 bis 1951
Geboren: 29.01.1922 in Köln
Spiele: 47
Tore: 35
Angriff

Eine echte Legende der frühen FC-Zeit, berühmt für seine „Bombenschüsse". Arbeitete später als Fleischwarenvertreter von FC-Sponsor Jupp Schlömer.

Matthias Nebinger

Beim FC von 1922 bis 1948 (KBC und 1. FC Köln)
Geboren: 02.03.1911 in Köln
Spiele: 4
Angriff/Abwehr

Urgestein des KBC, half in den Anfangstagen aus, wenn Not am Mann war.

Harald „Harry" Nelles
Beim FC von 1927 bis 1953 (KBC und 1. FC Köln)
Geboren: 13.02.1918 in Köln
Spiele: 30
Tor

Der erste FC-Torwart überhaupt, Stammkraft in der Premierensaison, später noch Keeper der FC-Altherren.

Evangelos Nessos
Beim FC von 1999 bis 2004
Geboren: 27.06.1978 in Solingen
Spiele: 6
Mittelfeld

Spielte zumeist bei den FC-Amateuren. Ab 2004 verdiente „Vangi" bei der TuS Koblenz sein Geld.

Otto Neteler
Beim FC von 1955 bis 1961
Geboren: 04.06.1936 in Essen/Oldenburg
Spiele: 13
Tore: 4
Angriff

Spitzname „Atom-Otto". Der Diplom-Kaufmann arbeitete als Steuerberater in Köln.

Franz-Peter Neumann
Beim FC von 1961 bis 1968
Geboren: 17.08.1944 in Stotzheim
Spiele: 11
Tore: 7
Angriff

Riesiges Talent – unerklärlich, warum er sich nicht durchsetzte. Ging in die Niederlande zu Vitesse Arnheim und später noch zu Fortuna Köln.

Herbert Neumann
siehe Seite 240

Ricardo Horacio Neumann
Beim FC von 1972 bis 1974
Geboren: 12.07.1946 in Buenos Aires/Argentinien
Spiele: 20
Tore: 3
Angriff

Bei den weiblichen Fans kam der gelernte Bäcker besonders gut an, hatte leider Unfall- und Verletzungspech. Ging zum SSC Bastia nach Korsika.

Tobias Nickenig
Beim FC von 2000 bis Dezember 2006, seit Juli 2007
Geboren: 01.08.1984 in Neuwied
Spiele: 12
Abwehr

„Nicke" war von Kindesbeinen an FC-Fan, spielte seit der Jugend bei den Geißböcken. Nach kurzem „Leihaufenthalt" bei den Sportfreunden Siegen fester Bestandteil des Kölner Profikaders.

Rainer Nicot
Beim FC von 1964 bis 1982 (Spieler Jugend und Amateure), 1988 bis 1993 (Jugend- und Amateurtrainer)
Geboren: 06.06.1954
Spiele: 10
Abwehr

Spielte lange für die FC-Jugend sowie für die Amateure, fungierte dort später auch als Trainer. Half gelegentlich bei den Lizenzspielern aus. Lebte in Hürth bei Köln.

Michael Niedrig
Beim FC von 1991 bis 2005, ab 2007
Geboren: 12.01.1980 in Köln
Spiele: 3
Mittelfeld

Kam vom FC Remscheid zur FC-Jugend. War zwei Jahre lang an Holstein Kiel ausgeliehen, ab Sommer 2007 wieder zurück.

Roger Nilsen
Beim FC von 1992 bis 1993
Geboren: 08.08.1969 in Tromsö/Norwegen
Spiele: 10
Abwehr

Der FC war die erste Auslandsstation des Norwegers. Später u.a. bei Sheffield United, Tottenham und dem Grazer AK. Danach Teammanager von Viking Stavanger. War auch norwegischer Nationalspieler.

Michael Nißl
Beim FC von 1982 bis 1986
Geboren: 03.11.1964 in Leverkusen
Spiele: 1
Tor

Schon in der FC-Jugend aktiv, von 1983-1986 Ersatzkeeper bei den Profis. Ging später zum SC Brück. Arbeitete in führender Position bei der Sparkasse Köln-Bonn.

Dr. Berthold Nordmann
Beim FC von 1950 bis 1958
Geboren: 22. April 1926 in Essen/Oldenburg
Spiele: 156
Tore: 64
Angriff

Äußerst verdienstvoller Torjäger der 1950er Jahre, später in leitender Position beim „Kaufhof" tätig. Lebte in München.

Milivoje Novakovic
siehe Seite 464

Walter Nußbaum
Beim FC von 1948 bis 1951
Geboren: 20.12.1920 in Bonn
Spiele: 58
Tore: 10
Mittelfeld/Angriff

Perfekter Offensivallrounder mit Spielmacherqualitäten. Lebte die letzten Jahre bis zu seinem Tod in einem Seniorenheim im pfälzischen Meisenheim.

[O]

Pascal Ojigwe
Beim FC von 1999 bis 2000
Geboren: 11.12.1976 in Aba/Nigeria
Spiele: 35
Tore: 3
Mittelfeld

Von Kaiserslautern verpflichtet, avancierte Ojigwe beim FC zum Senkrechtstarter. Später war der Nationalspieler in Leverkusen, Gladbach und bei 1860 glücklos. Wechselte zu Enyimba Aba (Nigeria).

Yasuhiko Okudera
Beim FC von 1977 bis 1980
Geboren am: 12.03.1952 in Furukawa/Japan
Spiele: 94
Tore: 21
Mittelfeld/Angriff

Erster Japaner in der Bundesliga. Leistete seinen Anteil am „Double" 1978. Spielte danach noch für Hertha BSC und Werder Bremen. Später war der gelernte Programmierer beim japanischen Verband und beim Fernsehen tätig.

Morten Olsen
siehe Seite 346

Sunday Oliseh
siehe Seite 394

Frank „Otze" Ordenewitz
siehe Seite 373

Alassane Ouédraogo

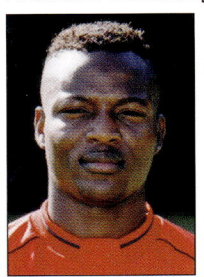

Beim FC von 2000 bis 2003
Geboren: 07.09.1980 in Boussouma/Sanmatenga/Burkina Faso
Spiele: 4
Mittelfeld

Spielte zumeist bei den Amateuren. Ging dann nach Oberhausen. Ab 2005 bei TuS Koblenz unter Vertrag, Nationalspieler von Burkina Faso.

Wolfgang Overath
siehe Seite 153

Ümit Özat

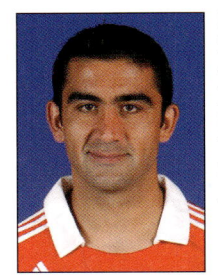

Beim FC seit 2007
Geboren: 30.10.1976 in Ankara/Türkei
Spiele: 33
Abwehr

Erfahrener, türkischer Nationalspieler und Ex-Kapitän von Fenerbahce Istanbul. Mit großer Übersicht ausgestatteter, erstklassiger Vorlagengeber, daher auch sein Spitzname „goldener Außenrist". Im Sommer 2008 aussichtsreicher Kandidat für das Kapitänsamt beim FC.

[P]

Thomas Parits

Beim FC von 1970 bis 1971
Geboren: 07.10.1946 in Siegendorf/Österreich
Spiele: 45
Tore: 10
Angriff/Mittelfeld

Österreichischer Nationalspieler, kam von Austria Wien, blieb nur ein Jahr. Später u.a. noch bei Granada, Austria Wien. Seit 2006 Generalmanager von Austria Wien.

Stephan Paßlack

Beim FC von 1993 bis 1994
Geboren: 24.08.1970 in Moers
Spiele: 19
Tore: 1
Mittelfeld/Abwehr

Kam erst, als er den FC verlassen hatte, groß heraus, spielte später in Gladbach, bei 1860 München und dem 1. FC Nürnberg. Bestritt sogar 4 A-Länderspiele.

Friedrich „Fritz" Pecher

Beim FC von 1951 bis 1952
Geboren: 02.04.1927 in Sporitz/Sudetenland
Verstorben: 19.06.2006 in Remscheid
Spiele: 6
Tore: 2
Angriff

Ging nach einem Jahr zum VfB Remscheid.

Walter Pecher

Beim FC von 1951 bis 1952
Geboren: 16.04.1925 in Sporitz/Sudetenland
Spiele: 1
Angriff

Ging wie sein Bruder „Fritz" nach nur einem Jahr nach Remscheid, lebte dort mit ihm im gemeinsamen Haus.

Miodrag Petrovic

Beim FC von Juni 1975 bis Dezember 1975
Geboren: 16.11.1946 in Jugoslawien
Spiele: 4
Tore: 1
Angriff

Blieb nur ein halbes Jahr und wechselte dann zu Westfalia Herne. Später noch kurz bei Werder Bremen aktiv.

Kevin Pezzoni

Beim FC seit Januar 2008
Geboren: 22.03.1989 in Frankfurt/Main
Spiele: 8
Tore: 1
Abwehr

Erlernte in der Jugend bei RW Walldorf und Eintracht Frankfurt das Fußballspielen. Bis Dezember 2007 spielte er beim englischen Traditionsclub Blackburn Rovers, kam aber nur im Reserve-Team zum Einsatz. In Köln hofft man auf eine große Karriere des Talents.

Hans „Hennes" Pfeiffer

Beim FC von 1953 bis 1959
Geboren: 15.02.1937 in Köln
Spiele: 64
Tore: 25
Angriff

Kam als A-Jugendlicher zum FC, torgefährliches Sturmtalent, später in Holland (Enschede, Deventer) sehr erfolgreich. Der gelernte Rohrschlosser lebte in Köln.

Darko Pivaljevic

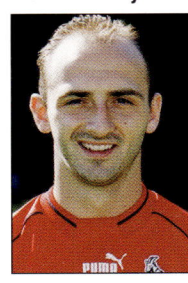

Beim FC von 2000 bis Januar 2002
Geboren: 18.02.1975 in Valjevo/Jugoslawien
Spiele: 8
Tore: 1
Angriff

Für viel Geld aus Antwerpen gekommen, setzte sich der Serbe beim FC nicht durch. So zog es „Pivo" zurück nach Belgien, zunächst zu Charleroi, dann über Rad Belgrad und Cercle Brügge zurück zum FC Antwerpen.

David Pizanti

Beim FC von 1985 bis 1987
Geboren: 27.05.1962 in Hedera/Israel
Spiele: 24
Abwehr

Erster und einziger israelischer Akteur beim FC. Wechselte nach zwei Jahren zu den Queens Park Rangers. Beendete seine Karriere 1989 bei Hapoel Haifa.

Lukas Podolski
siehe Seite 446

Anton „Toni" Polster
siehe Seite 400

Fritz Pott
siehe Seite 181

Flemming Povlsen

Beim FC von 1987 bis 1989
Geboren: 03.12.1966 in Viby/Dänemark
Spiele: 80
Tore: 20
Angriff

Ging für eine Millionenablöse zum PSV Eindhoven, war später noch beim BVB und als Trainer in Dänemark beim AC Horsens tätig.

Dieter Prestin
siehe Seite 320

Markus Pröll

Beim FC von 1995 bis 2003
Geboren: 28.08.1979 in Rheinbach
Spiele: 123
Tor

Bernd Schuster holte den Nachwuchskeeper zu den Profis. Ab 2003 bei Eintracht Frankfurt, wo er zur unumstrittenen Nummer eins avancierte.

[R]

Walter Radant
siehe Seite 59

Christian Rahn

Beim FC von Januar 2005 bis 2006
Geboren: 15.06.1979 in Hamburg
Spiele: 27
Mittelfeld

Beim FC wurde der vom HSV gekommene Ex-Nationalspieler nicht sonderlich glücklich. Seit 2006 spielt er bei Hansa Rostock.

Helmut Rahn

Beim FC von 1959 bis 1960
Geboren: 16.08.1929 in Essen
Verstorben: 14.08.2003 in Essen
Spiele: 38
Tore: 18
Angriff

Der von RW Essen gekommene „Held von Bern" hatte ein tolles Jahr in Köln, ging dann in die Niederlande zum SC Enschede. Später noch beim Meidericher SV, danach Autohändler und Verkaufsleiter in Essen.

Uwe Rahn

Beim FC von 1988 bis 1990
Geboren: 21.05.1962 in Mannheim
Spiele: 52
Tore: 15
Angriff

Deutscher Nationalspieler. Vor allem als Torjäger von Mönchengladbach berühmt, neben dem FC noch bei Hertha, Frankfurt, Waldhof und Düsseldorf. Laufbahnende 1995 in Urawa/Japan.

Wolfgang Rausch

Beim FC von 1961 bis 1968
Geboren: 30.04.1947 in Aachen
Spiele: 58
Abwehr

Sohn der Clubhauspächter Rausch, machte später Karriere bei RW Essen, Kickers Offenbach, Bayern München und Dallas Tornados. Lebt als Privatier in Hürth.

Jörg Reeb

Beim FC von 2001 bis 2002
Geboren: 06.01.1972 in Saarbrücken
Spiele: 17
Mittelfeld

Zuvor in Saarbrücken, Bielefeld und Leverkusen. Nach einem Jahr beim FC weiter zum FC Augsburg, später noch „zum Spaß" bei den Amateuren von SF Köllerbach und ASC Dudweiler aktiv. Lebte zeitweise in Mallorca.

Anton „Toni" Regh

Beim FC von 1961 bis 1969
Geboren: 12.09.1940 in Stotzheim
Spiele: 178
Tore: 25
Abwehr

Viele Jahre lang solide Größe der FC-Defensive, fester Bestandteil der Meistermannschaft 1964. Später Wirt in Euskirchen bzw. Privatier in Stotzheim.

Marco Reich

Beim FC von 2001 bis 2002
Geboren: 30.12.1977 in Meisenheim
Spiele: 27
Tore: 1
Angriff

Aus Kaiserslautern gekommener, größter Transferflop der FC-Geschichte. 6 Millionen DM Ablöse. Später in Bremen, Derby County und Offenbach.

Hans-Werner Reif

Beim FC von 1982 bis 1985
Geboren: 03.12.1964 in Andernach
Spiele: 18
Mittelfeld

Seit der A-Jugend in Köln, wieselflinker „Wühler". Später als kaufmännischer Angestellter in der Nähe von Koblenz tätig.

Wolfgang Riemann

Beim FC von 1969 bis 1970
Geboren: 18.11.1949 in Trier
Spiele: 8
Mittelfeld

Ging nach einem Jahr zum 1. FC Nürnberg, etablierte sich später bei Eintracht Trier, wo er eine Versicherungsagentur betreibt.

Karl-Heinz Ripkens

Beim FC von 1957 bis 1964
Geboren: 09.12.1937 in Köln
Spiele: 75
Tore: 14
Angriff/Mittelfeld

Äußerst wertvoller Ergänzungsspieler in den frühen 1960er Jahren. Danach noch bei Viktoria und Fortuna Köln. Betreibt eine Gebäudereinigung in Köln und ist leidenschaftlicher Golfspieler.

Reinhard Roder

Beim FC von 1967 bis 1968
Geboren: 06.07.1941 in Breslau
Spiele: 12
Abwehr

Als Spieler neben dem FC u. a. bei Göttingen 05 und Leverkusen. Als Trainer bei Göttingen 05, Osnabrück und TB Berlin. Als Manager bei Uerdingen und Hertha BSC. Lebt in Krefeld.

Hans Roggow

Beim FC von 1949 bis 1950
Geboren: 01.03.1921 in Koblenz
Gestorben: 07.01.2004 in Axams/Österreich
Spiele: 2
Angriff

Ging nach einem Jahr zum Freiburger FC, trainierte diverse Amateurclubs, arbeitete als Beamter. Lebte bis zu seinem Tod in Österreich.

Ferdinand Rohde

Beim FC von 1976 bis 1977
Geboren: 07.11.1957 in Dringenberg
Spiele: 5
Angriff/Mittelfeld

Kam aus Paderborn, setzte sich in Köln nicht durch. Später bei RW Lüdenscheid und in Belgien aktiv.

Josef „Jupp" Röhrig

siehe Seite 120

Josef „Josi" Röhrig (Junior)

Beim FC von 1964 bis 1969
Geboren: 04.04.1948 in Köln-Porz
Spiele: 1
Angriff

Sohn von Legende Jupp Röhrig. Zog die Karriere außerhalb des Fußballplatzes vor. Später Leiter einer Bank in Köln.

Manfred Röhrig

Beim FC von 1947 bis 1963 (KBC und 1. FC Köln)
Geboren: 27.07.1938 in Köln
Spiele: 1
Abwehr

Nicht verwandt mit Jupp Röhrig. Seit der Jugend beim KBC und FC. Spielte bis 1963 bei den FC-Amateuren.

Wolfgang Rolff

Beim FC von 1994 bis 1995
Geboren: 26.12.1959 in Lamstedt
Spiele: 18
Abwehr/Mittelfeld

Bekam beim FC das „Gnadenbrot". Zuvor vor allem beim HSV sehr erfolgreich. Später Co-Trainer bei Werder Bremen.

Michael Rösele

Beim FC von 1994 bis Januar 2001
Geboren: 07.10.1974 in Friedberg (Bayern)
Spiele: 69
Tore: 7
Mittelfeld/Angriff

Beim FC Ergänzungsspieler, wechselte 2001 zu LR Ahlen. Beendete seine Laufbahn 2004 bei Fortuna Düsseldorf.

Heinz Rother

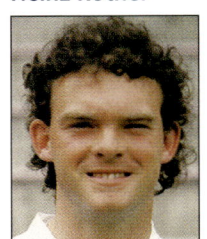

Beim FC von 1985 bis 1986
Geboren am: 12.05.1963
Spiele: 1
Angriff

Nur ein Jahr beim FC, danach für Viktoria Köln aktiv.

Andrzej Rudy

Beim FC von 1989 bis 1992, 1993 bis 1995 (Lizenzspieler), ab 2007 (Techniktrainer Jugend)
Geboren am: 15.10.1965 in Scinawa/Polen
Spiele: 161
Tore: 17
Mittelfeld

Großer Techniker, wechselhafte FC-Karriere, wurde mit Lierse SK (Belgien) und Ajax Amsterdam Meister. Zudem noch u.a. bei Bröndby, Westerlo und Viktoria Köln. Später u.a. Trainer beim Bonner SC und TSC Euskirchen. Seit 2007 ist er Techniktrainer der FC-Jugend.

Karl-Heinz Rühl

siehe Seite 196

Jürgen Rumor

Beim FC von 1957 bis 1968
Geboren: 19.02.1945 in Bergneustadt
Spiele: 73
Tore: 2
Abwehr

FC-Eigengewächs, später auch in Kaiserslautern sowie bei Hertha und TB Berlin unter Vertrag.

Bernd Rupp

Beim FC von 1969 bis 1972
Geboren: 24.02.1942 in Burgsolms
Spiele: 128
Tore: 61
Angriff

Starker Angreifer mit guter Torquote. Ging später nach Gladbach zurück und arbeitete als Versicherungsfachmann in Wiesbaden.

Alexander „Sascha" Ryschkow

Beim FC von 1997 bis 1998
Geboren: 29.09.1974 in Irkutsk/Russland
Spiele: 17
Tore: 1
Mittelfeld

Kam von RC Lens. Fiel mehr durch Alkohol- und Gewalteskapaden neben dem Platz, als durch Leistung auf. Spielte zudem u.a. noch bei Standard Lüttich, SC Paderborn und zuletzt AC Bellinzona (Schweiz).

[S]

Edward Sarpei

Beim FC von 1991 bis 1994
Geboren: 25.06.1969
Spiele: 5
Angriff

Bruder von Hans Sarpei (Leverkusen). Spielte bei den FC-Amateuren, half bei den Profis aus. Ging später zu Yurdumspor Köln und SSV Hagen. Seit 2007 Spielertrainer beim FC Rheindorf 05.

Günter Schäfer

Beim FC von 1974 bis 1976
Geboren: 30.08.1953
Spiele: 1
Mittelfeld

Der gelernte Heizungsbauer war ein Jahr lang im FC-Profikader, davor bei den Amateuren. Danach noch drei Jahre lang beim VfL Osnabrück.

Hans Schäfer

siehe Seite 144

Paul Scheermann

Beim FC von 1970 bis 1973
Geboren: 18.03.1949 in Finnentrop
Spiele: 42
Tore: 9
Mittelfeld

Wirbelte im FC-Mittelfeld. Später Sportlehrer an einem Gymnasium in Lüdenscheid.

Günther Schemmerling

Beim FC von 1951 bis 1952
Geboren: 27.12.1925
Spiele: 26
Tore: 15
Angriff

Toptorjäger, später bei Preußen Dellbrück und anschließend Trainer im Amateurbereich. Lebte als Ruheständler in Wachtberg bei Bonn.

Uwe Scherr

Beim FC von 1996 bis 1998
Geboren: 16.11.1966 in Amberg
Spiele: 25
Tore: 2
Mittelfeld

Nach guten Gastspielen in Schalke und Kaiserslautern beim FC enttäuschend. Später als Scout beim FC Schalke 04 angestellt.

Matthias Scherz

siehe Seite 434

Sebastian Schindzielorz

Beim FC von 2003 bis 2006
Geboren: 21.01.1979 in Krappitz/Polen
Spiele: 51
Mittelfeld

Das Bochumer Urgestein amtierte zeitweise als Mannschaftskapitän. Später bei Start Kristiansand (Norwegen), APO Levadiakos in Griechenland und dem VfL Wolfsburg II.

Björn Schlicke

Beim FC von 2005 bis 2006
Geboren: 23.06.1981 in Erlangen
Spiele: 15
Tore: 3
Abwehr

Kam vom HSV und hatte einen traumhaften Einstand, kam dann aber nicht mehr zurecht. Zuvor u.a. bei Greuther Fürth. Seit 2006 beim MSV Duisburg.

Günter Schlipper

Beim FC von Juli 1988 bis Dezember 1988
Geboren: 13.08.1962
Spiele: 5
Mittelfeld

Nur ein Jahr beim FC, später u.a. bei Schalke und als Trainer bei Adler Osterfeld.

Bodo Schmidt

Beim FC von 1996 bis 1998
Geboren: 03.09.1967 in Preetz
Spiele: 69
Tore: 1
Abwehr

Konnte beim FC nicht an die alten Erfolge mit dem BVB anknüpfen. Später Trainer des SV Frisia 03 (Bezirksoberliga Schleswig-Holstein).

Ferenc Schmidt

Beim FC von 1981 bis Dezember 1983
Geboren: 28.07.1963 in Heilbronn
Spiele: 5
Mittelfeld

Beim FC glücklos, später unter anderem beim MSV Duisburg erfolgreich. Führte später in Wülfrath eine Jugendfußballschule.

Benno Schmied

Beim FC von 1948 bis 1949
Geboren: 03.02.1914 in Recklinghausen
Verstorben: 14. September 1995 in Finnentrop
Spiele: 17
Tor

1948/49 zeitweise Stammkeeper, trainierte später diverse Amateurclubs und betrieb in Finnentrop (Sauerland) zwei Gaststätten.

Heinz-Dieter Schmitz

Beim FC von 1967 bis 1974
Geboren: 06.09.1950 in Köln
Spiele: 5
Abwehr

Kickte bei der FC-Jugend und den Amateuren, lebte später in Köln-Porz.

Karl Schmitz

Beim FC von 1949 bis 1950
Geboren: 24.06.1924 in Niederkassel
Spiele: 12
Abwehr

Als eisenharter „Stand-by-Verteidiger" erwarb er den Spitznamen „Schutzmann Schmitz". Später noch bei Preußen Dellbrück aktiv.

Reinhard Schmitz

Beim FC von 1973 bis 1974
Geboren: 09.06.1951
Spiele: 2
Abwehr/Mittelfeld

Beim FC nur Ersatz, lief er später noch für TB Berlin in der Bundesliga auf. Laufbahnende 1981 bei Viktoria Köln.

Robert Schmitz

Beim FC von 1985 bis Dezember 1987
Geboren: 01.07.1963
Spiele: 3
Angriff

Zwei Jahre lang Torjäger bei den FC-Amateuren, half bei den Profis aus. Ging später zum BVL Remscheid.

Willi Schmitz

Beim FC von 1940 bis 1949 (Sülz 07 und 1. FC Köln)
Spiele: 18
Abwehr

Solider Verteidiger, trug schon das Spielkleid von Sülz 07, wurde 1949 Sportinvalide.

Karl-Heinz Schnellinger
siehe Seite 133

Kevin Schöneberg

Beim FC ab 1993
Geboren: 24.08.1985 in Köln
Spiele: 21
Abwehr

Stammt aus der guten Nachwuchsarbeit des 1. FC Köln und ist fester Bestandteil des Profikaders.

Oliver Schröder

Beim FC von 2002 bis 2004
Geboren: 11.06.1980 in Berlin
Spiele: 51
Tore: 1
Abwehr

„Olli" spielte zwei Jahre lang eine solide Rolle beim FC. Ging dann zur Hertha zurück und kickte ab 2006 für den VfL Bochum.

Anton „Toni" Schumacher

Beim FC von 1960 bis 1968
Geboren: 01.12.1938 in Bonn
Spiele: 111
Tor

Legendärer „Held von Liverpool", später in Belgien (KV Mechelen) und Rheydt aktiv. Arbeitete als Cheffahrer und lebte in Bornheim.

Harald „Toni" Schumacher
siehe Seite 332

Bernd Schuster
siehe Seite 291

Dirk Schuster

Beim FC von 1997 bis 1999
Geboren: 29.12.1967 in Karl Marx Stadt (Chemnitz)
Spiele: 67
Tore: 6
Abwehr

Kam sowohl für die DDR als auch für die BRD zu A-Länderspielehren. Als er vom KSC zum FC kam, hatte er seine besten Zeiten schon hinter sich. Danach noch u.a. in Antalya, Ahlen, Mannheim, Alemannia Wiferdingen (Kreisliga) aktiv.

Anton „Toni" Schütz

Beim FC von 1951 bis 1952
Geboren: 25.10.1927 in Köln
Spiele: 4
Abwehr

Blieb ein Jahr, später noch beim Rheydter SV aktiv.

Dieter Schwabe

Beim FC von 1975 bis 1976
Geboren: 12.09.1956 in Siegburg
Spiele: 1
Abwehr

Von Troisdorf 05 gekommen, blieb er nur ein Jahr beim FC. Danach spielte der gelernte Installateur und Schwarzwaldfan u.a. noch beim Bonner SC und bei Bayer Uerdingen.

Bernd Schwier

Beim FC von 1950 bis 1956
Geboren: 01.06.1936 in Köln
Spiele: 1
Angriff

Stütze der FC-Jugend- und Amateurmannschaft. Später Torjäger bei Preußen Dellbrück, bzw. Viktoria Köln.

Sebastian Selke

Beim FC von 1997 bis 2000
Geboren: 22.02.1974
Spiele: 4
Tor

Amateurkeeper, stieg zum dritten Torwart der Profis auf, ging später zum KFC Uerdingen, war dazwischen bei SW Essen und SSVg Velbert. Wirkte in der TV-Serie „Das perfekte Dinner" mit.

Moses Sichone

Beim FC von 1999 bis 2004
Geboren: 31.05.1977 in Mufulira/Sambia
Spiele: 122
Abwehr

Der sambische Nationalspieler zeigte vor allem im ersten Jahr überragende Leistungen. Später kickte er bei Alemannia Aachen und Kickers Offenbach.

Heinz Simmet
siehe Seite 212

Andrew Sinkala

Beim FC von Januar 2001 bis 2006
Geboren: 18.06.1979 in Chingola/Sambia
Spiele: 93
Tore: 7
Mittelfeld

Vom FC Bayern gekommen, fungierte er zeitweilig als Ergänzungsspieler oder Stammkraft. Später beim SC Paderborn und seit 2008 beim FC Augsburg unter Vertrag.

Lukas Sinkiewicz

Beim FC von 1996 bis 2007
Geboren: 09.10.1985 in Tychy/Polen
Spiele: 79
Tore: 1
Abwehr

Spielte seit seinem 11. Lebensjahr bei den Geißböcken und wurde in Köln zum Nationalspieler. Im Sommer 2007 dann der Wechsel nach Leverkusen.

Edhem Sljivo

Beim FC von 1982 bis 1984
Geboren: 16.03.1950 in Sarajevo/Jugoslawien
Spiele: 45
Tore: 5
Mittelfeld

Im ersten Jahr Stammspieler, danach nur noch Ersatz, wechselte der jugoslawische Nationalspieler zum FC Lüttich und später zu OGC Nizza.

Rigobert Song

Beim FC von 2001 bis 2002
Geboren: 01.07.1976 in Nkanglicock/Kamerun
Spiele: 19
Tore: 1
Abwehr

Der Nationalspieler aus Kamerun wurde sofort Fanliebling. Erstklassiger Verteidiger. Ging leider nach dem Abstieg 2002. Spielte zudem u.a. für FC Metz, FC Liverpool, West Ham United, Galatasaray Istanbul und seit 2008 für Trabzonspor.

Ole Sörensen

Beim FC von 1965 bis 1966
Geboren: 25.11.1937 in Kopenhagen/Dänemark
Spiele: 17
Tore: 1
Mittelfeld

Technisch versierter Däne, der in Köln vor allem mit Overath nicht zurechtkam. Später beim PSV Eindhoven. War lange als Fischhändler tätig.

Milutin Soskic

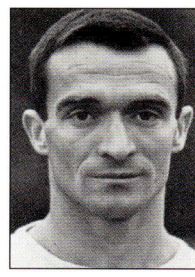

Beim FC von 1966 bis 1971
Geboren: 31.12.1937 in Pec/Jugoslawien
Spiele: 79
Tor

DFB-Pokalsieger 1968, bei den Fans außerordentlich beliebt. Später Torwarttrainer in den USA.

Christian Springer
siehe Seite 440

Adrian Spyrka

Beim FC von Januar 1992 bis 1993
Geboren: 01.08.1967 in Zabrze/Polen
Spiele: 5
Abwehr/Mittelfeld

Neben dem FC u.a. noch für Dortmund, RW Essen, Wattenscheid und Mainz 05 aktiv. Später Inhaber einer Werbeagentur und Trainer im Amateurbereich.

Paul Steiner
siehe Seite 340

Rico Steinmann

Beim FC von 1991 bis 1997
Geboren: 26.12.1967 in Karl-Marx-Stadt (Chemnitz)
Spiele: 157
Tore: 11
Mittelfeld

23 Länderspiele für die DDR. Konnte die hohen Erwartungen trotz seines Potenzials nicht erfüllen. Beendete seine Laufbahn 2000 bei Twente Enschede.

Harald „Harry" Stelzner

Beim FC von 1954 bis 1955
Geboren: 17.01.1932 in Deutsch-Eylau/Westpreußen
Spiele: 14
Tore: 2
Mittelfeld/Abwehr/Angriff

Sehr vielseitiger Allrounder, lange Jahre Spieler und Trainer bei Schleswig 06. „Harry" schulte vom Elektriker zum Krankenpfleger um.

Hubert Stock

Beim FC von 1936 bis 1948 (Sülz 07 und 1. FC Köln)
Geboren: 16.01.1920 in Köln
Spiele: 6
Abwehr

Sülzer Urgestein, Ergänzungsspieler im Gründungsjahr, später bei der SG Bergisch Gladbach aktiv.

Georg „Schorsch" Stollenwerk
siehe Seite 103

Gerd Strack
siehe Seite 247

Albert Streit

Beim FC von Januar 2004 bis 2006
Geboren: 28.03.1980 in Bukarest/Rumänien
Spiele: 81
Tore: 8
Mittelfeld

Kam vom VfL Wolfsburg, stark am Ball und als Vorbereiter. Danach bei Eintracht Frankfurt und seit 2008 bei Schalke 04.

Marco Streller

Beim FC von Januar 2006 bis Juli 2006
Geboren: 18.06.1981 in Basel/Schweiz
Spiele: 14
Tore: 3
Angriff

Ausgeliehen vom VfB Stuttgart, wurde 2007 mit dem VfB Meister und spielt später beim FC Basel.

Karl-Heinz Struth

Beim FC von 1963 bis 1968
Geboren: 17.04.1948 in Köln
Spiele: 15
Tore: 2
Abwehr

Profi bei Fortuna Köln und dem Karlsruher SC. Später Geschäftsführer einer Elektrofirma bei Karlsruhe.

Reinhard Stumpf

Beim FC von 1994 bis 1996
Geboren: 26.11.1961 in Lieblos-Gelnhausen
Spiele: 26
Abwehr

Zuvor u.a. bei Offenbach, Kaiserslautern und Galatasaray Istanbul, konnte er beim FC kaum etwas bewegen. Danach noch in Japan und Hannover aktiv, später Co-Trainer in Kaiserslautern, Wolfsburg und bei Galatasaray Istanbul. Seit 2007 Cheftrainer in Ankara.

Hans „Hansi" Sturm

siehe Seite 108

Ralf Sturm

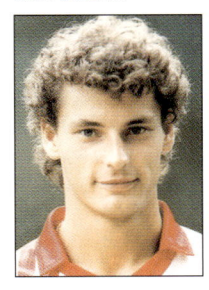

Beim FC von 1979 bis 1994
Geboren: 18.10.1968 in Köln
Spiele: 147
Tore: 31
Angriff

Sohn von FC-Legende Hansi Sturm. Solider Stamm- und Ergänzungsspieler, seit seinem 11. Lebensjahr beim FC. Später beim Wuppertaler SV und RW Oberhausen.

Maynor Suazo

Beim FC von August 2007 bis Juni 2008
Geboren: 10.08.1979 in San Pedro Sula/Honduras
Spiele: 16
Mittelfeld

Nationalspieler aus Honduras, zuvor u.a. bei Brann Bergen, Austria Salzburg und Antalyaspor aktiv. Eher ein Mann fürs Grobe, großer Kämpfer. Spitzname „Honduras-Bulle". Wertvolle Stütze im Aufstiegskampf 2007/08. Ging im Sommer 2008 nach Antalya zurück, da er nur leihweise beim FC war.

Imre Szabics

Beim FC von 2005 bis 2006
Geboren: 22.03.1981 in Szeged/Ungarn
Spiele: 11
Tore: 1
Angriff

Kam vom VfB Stuttgart, in Köln glücklos oder verletzt. Ging nach Mainz bzw. war ab Sommer 2007 beim FC Augsburg aktiv.

Eduard Szilinsky

Beim FC von 1946 bis 1949 (Sülz 07 und 1. FC Köln)
Geboren: 18.08.1921 in Übach-Palenberg
Spiele: 8
Abwehr

Spielte schon bei Sülz 07, textete das erste FC-Vereinslied „Clublied des 1. FC Köln." Arbeitet als Trainer und Sportlehrer in Lingen/Ems.

[T]

Coskun Tas

Beim FC von 1959 bis 1961
Geboren: 23.04.1935 in Aydin/Türkei
Spiele: 28
Tore: 8
Angriff

Der erste Türke beim FC, der 18. in Köln überhaupt. Später Trainer im Amateurbereich und Systemanalytiker bei Ford.

Werner Thelen

Beim FC von 1967 bis 1970
Geboren: 08.07.1947 in Gürzenich
Spiele: 15
Tore: 3
Angriff/Mittelfeld

Amateurnationalspieler, spielte später u.a. noch in Aachen, Saarbrücken und beim FSV Frankfurt.

Pablo Thiam

Beim FC von 1989 bis 1998
Geboren: 03.01.1974 in Conakry/Guinea
Spiele: 100
Tore: 4
Mittelfeld

Der Diplomatensohn spielte seit der Jugend beim FC und machte später beim VfB Stuttgart, den Bayern und dann VfL Wolfsburg Karriere.

Karl-Heinz Thielen

siehe Seite 222

Fernandes Cavalcanti Tiago

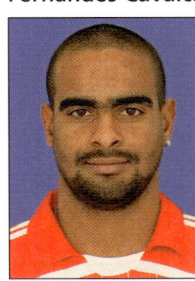

Beim FC von Januar bis Juni 2007
Geboren: 05.09.1984 in Mirassol/Brasilien
Spiele: 6
Angriff

Nach einem halben Jahr in Köln ging der Brasilianer in die Heimat zurück.

Christian Timm

Beim FC von 1999 bis 2002
Geboren: 27.02.1979 in Herten-Westerholt
Spiele: 73
Tore: 19
Angriff

Von den Fans gefeiertes Riesentalent. Verletzungen und Angebote anderer Clubs machten dem Talent das Leben schwer. Spielte später in Kaiserslautern, Fürth und beim Karlsruher SC.

Attila Tököli

Beim FC von 2004 bis 2005
Geboren: 14.05.1976 in Pecs/Ungarn
Spiele: 4
Angriff

Der ungarische Nationalstürmer erwies sich als Fehleinkauf. Heuerte später bei Famagusta (Zypern) und bei Ferencvaros Budapest an. Seit 2007 bei Paksi SE (Ungarn).

Slobodan Topalovic

Beim FC von 1974 bis 1977
Geboren: 08.11.1952 in Cacak/Jugoslawien
Verstorben: 1994 in Belgrad
Spiele: 28
Tor

Verdrängte kurzzeitig sogar Toni Schumacher aus dem FC-Tor. Später noch für Viktoria Köln und Olympique Lyon aktiv.

René Tretschok

Beim FC von 1997 bis 1998
Geboren am: 23.12.1968 in Wolfen
Spiele: 40
Tore: 9
Mittelfeld

Kam aus Dortmund und spielte in Köln trotz Abstiegs eine starke Saison. Später u.a. bei Hertha BSC Berlin; betreibt eine Fußballschule in Babelsberg.

Mariano Tripodi

Beim FC von 2006 bis 2007
Geboren: 03.07.1986 in Buenos Aires/ Argentinien
Spiele: 1
Tore: 1
Angriff

Von den Boca Juniors gekommenes Sturmtalent der FC-Amateure. Spielt seit 2008 in Brasilien beim FC Santos.

Georg Tripp

Beim FC von 1962 bis 1963
Geboren: 18.03.1941 in Marburg
Spiele: 3
Tore: 1
Angriff

Hessischer Amateurrekordtorjäger. Danach bei Mainz 05, später „Tingeltour" durch Frankreich, u.a. FC Metz und Racing Paris.

André Trulsen

Beim FC von 1991 bis 1993
Geboren: 28.05.1965 in Hamburg
Spiele: 33
Tore: 2
Abwehr

Zwei Jahre lang Ergänzungsspieler in der FC-Abwehr. Später Trainer des FC St. Pauli.

Vasileios Tsiartas

Beim FC von 2004 bis 2005
Geboren: 12.11.1972 in Alexandreia/Griechenland
Spiele: 4
Tore: 1
Mittelfeld

Der griechische Spielmacher und Europameister, der von AEK Athen kam, war beim FC kein „Leader". Später bei Ethnikos Piräus, bevor er seine Laufbahn im Februar 2007 beendete.

[V]

Roger van Gool

Beim FC von 1976 bis 1980
Geboren: 01.06.1950 in Essen/Belgien
Spiele: 127
Tore: 42
Angriff

Erster Millionentransfer der Bundesliga. Kam vom FC Brügge. Später noch u.a. bei Coventry City und RFC Antwerpen. Heute als Spielerberater tätig.

Michel van de Korput

Beim FC von 1985 bis 1987
Geboren: 18.09.1956 in Wagenberg/Niederlande
Spiele: 39
Tore: 1
Abwehr

23-facher holländischer Nationalspieler, zuvor bei Feyenoord Rotterdam und beim AC Turin. Beendete seine Karriere in Belgien.

Ion Vladoiu

Beim FC von 1996 bis 1998
Geboren: 05.11.1968 in Pitesti/Rumänien
Spiele: 58
Tore: 14
Angriff

Der wendige Kämpfertyp eroberte die Herzen der Südkurve. 2004 beendete der Nationalspieler in Rumänien seine Karriere und ist heute als Trainer tätig.

Dennis Vogt

Beim FC von 1997 bis 1998
Geboren: 20.05.1978 in Dortmund
Spiele: 1
Mittelfeld

Ging nach nur einem Jahr zu den Borussia-Amateuren zurück. Später bei SC Hassel und den Amateuren von Schalke aktiv.

Alexander Voigt

siehe Seite 410

Karlheinz Volz

Beim FC von 1971 bis 1972
Geboren: 30.03.1947
Spiele: 3
Tor

Ein Jahr lang als Ersatzkeeper in Köln, später Nummer eins beim FSV Frankfurt. Kam von den Kickers Offenbach zum FC.

Andrej Voronin

Beim FC von 2003 bis 2004
Geboren: 21.07.1979 in Odessa/Ukraine
Spiele: 21
Tore: 6
Angriff

Ging nach dem FC-Abstieg zu Leverkusen und spielte zuvor u.a. in Mönchengladbach und Mainz. Ab Sommer 2007 beim FC Liverpool unter Vertrag.

Goran Vucevic

Beim FC von 1997 bis 1999
Geboren am: 18.05.1971 in Split/Kroatien
Spiele: 20
Tore: 1
Mittelfeld

Kam vom FC Barcelona, wurde zur Enttäuschung. Später Gaststättenbesitzer in Split und seit 2008 Trainer von Hajduk Split.

Nemanja Vucicevic

Beim FC seit 2007
Geboren: 11.08.1979 in Belgrad/Serbien
Spiele: 25
Tore: 2
Angriff/Mittelfeld

Von 1860 München gekommener, technisch versierter Offensivallrounder. Hatte im ersten Jahr einige Startschwierigkeiten und Verletzungspech. Will sich in der Bundesliga bei den Geißböcken etablieren und lehnte ein Millionenangebot von Roter Stern Belgrad ab.

Ivan Vukomanovic

Beim FC von 2000 bis 2001
Geboren am: 19.06.1977 in Uzice/Jugoslawien
Spiele: 2
Mittelfeld/Abwehr

Zuvor u.a. bei Girondins Bordeaux, war der Verteidiger für den FC keine Verstärkung. Später wieder in Bordeaux sowie u.a. bei Dynamo Moskau, Alanija Wladikawkas, Maccabi Herzlia und SC Lokeren.

[W]

Günter Weber
Beim FC von 1974 bis 1976
Geboren am: 11.07.1952 in Köln
Spiele: 3
Angriff

Spielte bei den FC-Amateuren und den Profis. Später beim MSV Duisburg und bei Viktoria Köln.

Wolfgang Weber
siehe Seite 162

Patrick Weiser
Beim FC von 1982 bis 1997, 2005 bis 2007
Geboren: 25.12.1971 in Düren
Spiele: 123
Tore: 5
Mittelfeld

Kickte seit der Jugend beim FC. Ging danach auf „Wanderschaft" (Rennes, Wolfsburg). Die letzten Jahre war er nur verletzt und ist seit 2007 Jugendkoordinator bei Fortuna Köln.

Hans „Hennes" Weisweiler
Siehe Seite 487

Gerhard Welz
Beim FC von: 1971-1975
Geboren: 1. Februar 1945 in Frankfurt/Main
Spiele: 129
Tor

Der Manglitz-Nachfolger war 3 Jahre Stammtorwart. Danach u.a. bei Fortuna Köln und dem VfB Stuttgart aktiv. Später Gastwirt und Trainerberater.

Benny Wendt
Beim FC von 1975 bis 1976
Geboren: 04.11.1950 in Norrköping/Schweden
Spiele: 6
Angriff

Setzte sich in Köln nicht durch, später bei TB Berlin und dem 1. FC Kaiserslautern erfolgreicher. Arbeitete hinterher als Maurer in seiner schwedischen Heimat.

Stefan Wessels
Beim FC von 2003 bis 2007
Geboren: 28.02.1979 in Rahden
Spiele: 98
Tor

Kam von den Bayern. Beim FC mal Stamm, mal Ersatz. Hatte auch Verletzungspech. Ging im Herbst 2007 zum FC Everton und danach zum VfL Osnabrück.

Willi „Bubi" Weyer
siehe Seite 69

Dr. Franz Wichelhaus
Beim FC von 1952 bis 1953
Geboren: 13.12.1924 in Dorsten
Verstorben: 05.11.1993 in Mönchengladbach
Spiele: 14
Tore: 1
Mittelfeld/Angriff

Der Zahnarzt spielte zuvor in Leverkusen und später in Gladbach, wo er auch seine Praxis hatte. Enger Freund von Hennes Weisweiler.

Leo Wilden
siehe Seite 127

Jürgen Willkomm
Beim FC von 1968 bis 1981
Geboren: 07.09.1959
Spiele: 9
Tore: 1
Mittelfeld/Abwehr

Kam aus der eigenen Jugend, spielte später unter anderem für Wattenscheid 09, Waldhof Mannheim und Alemannia Aachen.

Holger Willmer
Beim FC von 1977 bis 1984
Geboren: 25.09.1958 in Lübeck
Spiele: 205
Tore: 18
Mittelfeld/Abwehr

Vielseitiger Allrounder. Nach zwei Pokalsiegen und einer Meisterschaft noch bei den Bayern und in Hannover aktiv. Trainer beim Verbandsligisten 1. FC Dornbreite Lübeck.

Jakob Wimmer
Beim FC von 1951 bis 1952
Geboren: 02.10.1920
Spiele: 22
Mittelfeld

Beim FC ordentlich, wurde später bei Fortuna Düsseldorf noch zum Dauerbrenner. Schon vor und während des Krieges beim VfL Benrath eine Größe. Später auch als Trainer u.a. beim SV Schlebusch erfolgreich.

Wilfried Wittenberg
Beim FC von 1950 bis 1951
Geboren: 09.07.1928 in Landau
Spiele: 1
Mittelfeld

Kam durch ein Inserat (!) im „Kicker" zum FC. Später in leitender Funktion bei der „Nordstern Versicherung" in Köln tätig.

Claus-Dieter Wollitz
Beim FC von 1998 bis 2001
Geboren: 19.07.1965 in Brakel
Spiele: 51
Tore: 6
Mittelfeld

Spitzname „Pelé", seine riesige Erfahrung half in der zweiten Liga. War neben dem FC u.a. auch für Schalke, Leverkusen, Kaiserslautern, Wolfsburg und Uerdingen aktiv. Später erfolgreicher Trainer des VfL Osnabrück.

Michael Wollitz
Beim FC von 1986 bis 1987
Geboren: 28.03.1961 in Brakel
Spiele: 24
Tore: 1
Abwehr

Älterer Bruder von Claus-Dieter, ging nach nur einer Saison zu Schalke. Später selbständiger Autovermittler und Trainer der SpVgg Bad Pyrmont.

Christian Wolski
Beim FC von 1994 bis 1996
Geboren: 17.06.1973 in Bonn
Spiele: 6
Mittelfeld

Spielte zwei Jahre lang bei den FC-Amateuren. Ging später zum Bonner SC und betrieb eine Praxis für Physiotherapie.

Anthony „Tony" Woodcock
siehe Seite 307

Willi Wrenger

Beim FC von 1960 bis 1961
Geboren: 15.04.1938 in Essen
Spiele: 18
Tore: 7
Mittelfeld/Angriff

Der gelernte Schlosser spielte nach dem FC u.a. noch in Kaiserslautern, RW Essen, RW Oberhausen und sogar in den USA bei Pittsburgh Phantoms.

Franz Wunderlich

Beim FC von 1989 bis 1991
Geboren: 11.10.1963
Spiele: 2
Mittelfeld

Kam von Viktoria Köln zu den FC-Amateuren. Später Trainer der SpVg Porz und des FC Junkersdorf.

[Z]

Tomasz Zdebel

Beim FC von 1992 bis 1997
Geboren: 25.05.1973 in Rybnik/Polen
Spiele: 67
Tore: 2
Mittelfeld

Ging vom FC nach Belgien (Lierse SK), 14 A-Länderspiele für Polen. Später beim VfL Bochum unter Vertrag.

Marc Zellweger

Beim FC von Januar 2002 bis Juli 2002
Geboren: 17.10.1973 in Winterthur/Schweiz
Spiele: 17
Tore: 2
Abwehr

In Köln hatte der Schweizer Nationalspieler den Spitznamen „Käse-Zelli". Spielte später beim FC St. Gallen.

Jose Gilson Rodriguez „Zeze"

Beim FC von 1964 bis 1965
Geboren: 18.12.1942 in Rio de Janeiro/Brasilien
Verstorben: 2006
Spiele: 7
Tore: 1
Angriff

Erster Brasilianer beim FC und in der Bundesliga, ging schnell wieder in die Heimat zurück. Kam 2000 auf Einladung des WDR zu einem Kurzbesuch in die Domstadt zurück.

Herbert Zimmermann

siehe Seite 281

Boris Zivkovic

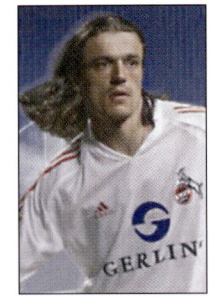

Beim FC von Januar 2006 bis Juli 2006
Geboren: 15.11.1975 in Zivinice/Bosnien-Herzegowina
Spiele: 8
Tore: 1
Abwehr

Zuvor schon u.a. bei Leverkusen, Portsmouth und VfB Stuttgart aktiv, konnte er den FC nicht entscheidend verstärken. Spielte später bei Hajduk Split.

Der FC-Kader der Saison 2008/09

Hintere Reihe (von links): Leiter SportsLab Boris Notzon, Zeugwart Kresimir Ban, Zeugwart Volker Hartjens, Matthias Scherz, Michael Parensen, Nemanja Vucicevic, Youssef Mohamad, Pierre Womé, Kevin Schöneberg, Thomas Broich, Physiotherapeut Hans Adenauer, Physiotherapeut Sven Rinke. Dritte Reihe (von links): Mannschaftsarzt Dr. Peter Schäferhoff, Mannschaftsarzt Jürgen Böhle, Konditionstrainer Cem Bagci, Leiter Physiotherapie Dieter Trzolek, Adil Chihi, Marvin Matip, Ümit Özat, Aleksandar Mitreski, Manasseh Ishiaku, Fabrice Ehret, Michael Niedrig, Busfahrer Michael Liebetrut. Zweite Reihe (von links): Mannschaftsarzt Dr. Paul Klein, Individualtrainer Rolf Herings, Carsten Cullmann, Roda Antar, Kevin Pezzoni, Kevin McKenna, Milivoje Novakovic, Pedro Geromel, Tobias Nickenig, Taner Yalcin, Torwarttrainer Holger Gehrke. Vordere Reihe (von links): Chef-Trainer Christoph Daum, Co-Trainer Roland Koch, André, Michael Gardawski, Thomas Kessler, Faryd Mondragon, Dieter Paucken, Miso Brecko, Daniel Brosinski, Wilfried Sanou, Techniktrainer Thomas Häßler.
Es fehlt: Teambetreuer Marcus Rauert.

1. FC Köln – Steckbrief

Best of Colonia

Gründungsdatum
13. Februar 1948
(Fusion aus Kölner BC 1901 und Spielvereinigung Sülz 07)

Erfolge
Deutscher Meister 1962, 1964, 1978
Deutscher Pokalsieger 1968, 1977, 1978, 1983
Deutscher Amateurmeister 1981
Westdeutscher Meister 1954, 1960, 1961, 1962, 1963
Westdeutscher Pokalsieger 1953, 1965
Deutscher A-Jugendmeister 1971
Deutscher B-Jugendmeister 1990

Vorstand
Wolfgang Overath (Präsident)
Friedrich Neukirch (Vizepräsident)
Jürgen Glowacz (Vizepräsident)

Verwaltungsrat
Johannes Becker
Dr. Klaus R. Behrenbeck
Dietmar P. Binkowska
Fritz Guckuk
Lovro Mandac
Bernhard Mattes
Konstantin Neven DuMont
Josef Sanktjohanser
Dr. Rolf Martin Schmitz
Fritz Schramma
Dr. Werner Wolf
Alexander Wüerst

Geschäftsführung
Claus Horstmann (Finanzen)
Michael Meier (sportlich)

Fanbeauftragter
Rainer Mendel

Fan-Projekt 1. FC Köln 91 e.V.
www.fan-projekt.de

Stadion
RheinEnergieStadion (50.000 Plätze)

Internet
www.fc-koeln.de

E-Mail
info@fc-koeln.de

Service-Hotline
01805-325656 oder 0221-71616-300

FC-„TORSCHÜTZEN DES MONATS"
Januar 1973   Jupp Kappellmann
April 1974   Herbert Neumann
März 1975   Jürgen Glowacz
Januar 1976   Johannes Löhr
Juni 1976   Dieter Müller
November 1976   Heinz Flohe
April 1978   Yasuhiko Okudera
Januar 1980   Tony Woodcock
November 1980   Gerd Strack
Oktober 1981   Pierre Littbarski
Juli 1982   Klaus Fischer (auch Tor des Jahres)
November 1982   Stephan Engels
April 1985   Pierre Littbarski (auch Tor des Jahres)
Januar 1986   Klaus Allofs
August 1987   Pierre Littbarski
Oktober 1987   Thomas Häßler
Juli 1988   Ralf Sturm
November 1989   Thomas Häßler
November 1990   Olaf Janßen
März 1993   Carsten Jancker
März 2003   Alexander Voigt
Januar 2004   Lukas Podolski
Mai 2004   Lukas Podolski
Oktober 2004   Lukas Podolski
Januar 2005   Lukas Podolski
März 2005   Lukas Podolski
Juli 2005   Lukas Podolski
September 2005   Lukas Podolski
April 2006   Lukas Podolski
November 2006   Dieter Paucken
Juli 2007   Nemanja Vucicevic
März 2008   Roda Antar

FC-„FUSSBALLER DES JAHRES"
1962   Karl-Heinz Schnellinger
1963   Hans Schäfer
1984   Harald Schumacher
1986   Harald Schumacher
1989   Thomas Häßler

FC-BUNDESLIGA-TORSCHÜTZENKÖNIGE
1968   Johannes Löhr (27 Tore)
1977   Dieter Müller (34 Tore)
1978   Dieter Müller (24 Tore)
1985   Klaus Allofs (26 Tore)
1989   Thomas Allofs (17 Tore)
2005   Lukas Podolski (24 Tore, 2. BL)
2008   Milivoje Novakovic (20 Tore, 2. BL)

REKORD-TORSCHÜTZEN BUNDESLIGA
Johannes Löhr 166
Dieter Müller 159
Pierre Littbarski 116
Klaus Allofs 88
Wolfgang Overath 83

REKORD-TORSCHÜTZEN 2. BUNDESLIGA
Matthias Scherz 45
Patrick Helmes 31
Milivoje Novakovic 30
Dirk Lottner 30
Lukas Podolski 24

REKORDSPIELER PFLICHTSPIELE
Wolfgang Overath 543
Harald Schumacher 542
Hans Schäfer 507
Pierre Littbarski 505
Johannes Löhr 505

REKORDSPIELER BUNDESLIGA
Harald Schumacher 422
Wolfgang Overath 409
Pierre Littbarski 406
Johannes Löhr 381
Heinz Simmet 357

REKORDSPIELER 2. BUNDESLIGA
Alexander Voigt 121
Matthias Scherz 118
Carsten Cullmann 111
Christian Springer 98
Thomas Cichon 80

Erfolgreichster FC-Torschütze: Hannes Löhr.